Inhalt

W0288593

Hinweise zur Benutzung des Wörterbuchs

Sie werden dieses Wörterbuch benutzen, weil Sie entweder die Bedeutung eines russischen Wortes wissen wollen, oder aber die russische Entsprechung für ein deutsches Wort suchen. Das sind zwei ganz verschiedene Vorgänge, und entsprechend verschieden sind die Probleme bei der Benutzung der beiden Teile des Wörterbuchs. Um Ihnen zu helfen, Ihr Wörterbuch richtig zu nutzen, werden die Hauptmerkmale dieses Buches im folgenden erläutert.
Die „Wortliste" ist eine alphabetisch angeordnete Auflistung aller fettgedruckten Wörter, nämlich der „Stichwörter". Das Stichwort steht am Anfang eines „Eintrags". Ein Eintrag kann weitere Einträge, wie z.B. Wendungen und Ableitungen in halbfettem Druck enthalten. In Absatz 1. wird beschrieben, wie diese Untereinträge angeordnet sind.
Im ganzen Wörterbuch stehen wahlweise mögliche Buchstaben in Klammern. Beim Stichwort **öd(e)** bedeutet das, daß man sowohl **öd** als auch **öde** sagen kann, ohne den Sinn zu verändern.

Drei verschiedene Schriftarten werden verwendet, um die drei verschiedenen Arten von Text im Wörterbuch zu unterscheiden. Alle **fett** und **halbfett** gedruckten Wörter gehören der „Ausgangssprache" an. Sie haben eine Entsprechung in der anderen Sprache, der „Zielsprache". Diese Übersetzungen in der Zielsprache sind mager gedruckt. *Kursiv* Gedrucktes gibt nähere Auskunft über das zu übersetzende Wort in Form einer Abkürzung, eines „Wegweisers" zur richtigen Übersetzung, einer Erklärung.

1. Wo findet man das gesuchte Wort?

1.1 Ableitungen

In der deutschen Wortliste findet man die Wörter **ehrenamtlich** und **Ehrenbürger** als durch Strichpunkte abgetrennte Untereinträge unter dem Stichwort **Ehre**. Die Ableitungen sind im Anschluß an den Artikel des Hauptstichworts aufgeführt und erscheinen in fettem Druck.

1.2 Homographe

Homographe sind zwei verschiedene Wörter, die genau gleich geschrieben werden wie z.B. die deutschen Wörter **Bank** (die Sitzbank) und **Bank** (das Geldinstitut). Die Einträge für diese Stichwörter werden durch

Homographennummer **Bank** 1, **Bank** 2 unterschieden.

Russische Wörter, die sich nicht in der Schreibung, wohl aber in der Betonung unterscheiden, werden nicht als Homographe behandelt, d.h. sie werden ohne Homographennummer aufgeführt, um auf den bestehenden Unterschied in der Betonung hinzuweisen.

1.3 Betonung

Wichtig für eine korrekte Aussprache des Russischen ist der Wortakzent, der im Russischen allerdings frei ist, d.h. nicht an eine bestimmte Position gebunden. Deshalb wird er bei allen Wörtern angegeben, ebenso wie der Betonungswechsel innerhalb eines Wortes. Befinden sich auf einem Wort zwei Betonungszeichen, so ist die Betonung fakultativ. Finden sich bei einem Wort keinerlei Hinweise auf eine Betonungsveränderung, so bleibt die Betonung stets auf derselben Silbe. Der Betonungswechsel bei finiten Verbformen wird durch die Angabe der ersten und zweiten Person Singular wiedergegeben. Die weiteren Formen folgen der zweiten Person Singular. Substantive mit Betonungswechsel erhalten eine Angabe zum Betonungsmuster, das der Kurzgrammatik entnommen werden kann. Betonungen der Kurzform der Adjektive werden dann aufgeführt, wenn sie sich von der maskulinen Kurzform unterscheiden, die - sofern vorhanden - immer aufgeführt wird. Präpositionen erhalten, wenn nötig, im Stichworteintrag ein Betonungszeichen, obwohl sie im Redefluß ohne eigenen Akzent gesprochen werden.

1.4 Beispiele und Wendungen

In einem Wörterbuch der vorliegenden Größe kann aus Platzgründen nur eine begrenzte Anzahl idiomatischer Wendungen gegeben werden. Besonderes Gewicht wurde bei der Auswahl auf verbale Wendungen gelegt wie z.B. **jdm einen Bären aufbinden** (Stichwort: **Bär**); aber unter den Wendungen finden Sie auch wichtige Kollokationen wie z.B. **ökologisches Gleichgewicht** (Stichwort: **ökologisch**). Eine große Zahl von Anwendungsbeispielen dient vor allem dazu, Konstruktionen zu verdeutlichen. Idiomatische Wendungen sind in der Regel unter den „bedeutungstragenden" Elementen aufgeführt, also nicht etwa unter einer Präposition. So findet sich z.B. die Wendung **auf etw geeicht sein** *fig* unter **eichen** und nicht etwa unter **auf**.

In Beispielsätzen und Wendungen steht die Tilde (~) für das unveränderte Stichwort.

1.5 Abkürzungen und Eigennamen

Um das Auffinden zu erleichtern, wurden Abkürzungen, Kurzwörter und Eigennamen an der entsprechenden alphabetischen Stelle in der Wortliste aufgeführt und nicht in einer gesonderten Liste im Anhang abgehandelt. Der **TÜV** wird im Deutschen genauso als Wort gebraucht wie der **Führerschein** oder die **Zulassung**, im Russischen **ВУЗ** genauso wie **учрежде́ние**, und daher werden diese Wörter entsprechend abgehandelt.

1.6 Zusammengesetzte Wörter

Großeltern, Liebesbrief, работоспосо́бность, **социа́льное обеспече́ние** sind zusammengesetzte Wörter. Im Deutschen werden die meisten davon zusammengeschrieben und stellen daher bei der Suche weniger Probleme dar, da sie an der entsprechenden Stelle in der alphabetischen Reihenfolge zu finden sind. In anderen Sprachen, so auch im Russischen, bestehen zusammengesetzte Wörter oft aus einzelnen Elementen, die nicht (oder mit einem Bindestrich) verbunden sind. Sie sind schwieriger zu finden.

1.6.1 Zusammengesetzte Wörter im Russischen

Es gibt viele zusammengesetzte Wörter im Russischen, die aus zwei Elementen bestehen wie z. B. **желе́зная доро́га** oder **попы́тка сближе́ния**. Die meisten dieser Verbindungen bestehen entweder aus zwei Substantiven oder aus einem Substantiv und einem Adjektiv. Bei Verbindungen von zwei Substantiven findet man den Eintrag unter dem erstgenannten Substantiv, bei oben genanntem Beispiel also unter **попы́тка**. Substantiv-Adjektiv-Verbindungen findet man in der Regel unter dem Stichworteintrag des Substantivs.

1.6.2 Zusammengesetzte Wörter im Deutschen

Alle zusammengesetzten Wörter befinden sich an ihrer entsprechenden alphabetischen Stelle in der deutschen Wortliste.

1.7 Unregelmäßige Formen

Unregelmäßige Formen von Verben und Substantiven sind als eigene Stichwörter aufgeführt, wenn sie in der alphabetischen Reihenfolge nicht unmittelbar vor oder nach der Grundform kommen. Sie werden auf die Grundform verwiesen. Elementare grammatische Grundkenntnisse über Verb- und Pluralformen werden allerdings vorausgesetzt.
Es wird also vorausgesetzt, daß Sie wissen, daß **пал** eine Form des Verbs **пасть**, **друзья́** der Plural von **друг** ist.
Beim Partizip Perfekt kann es vorkommen, daß dieses auch als Adjektiv gebraucht wird, wie z.B. **ergriffen**. Diese Adjektive werden als eigenständige Stichwörter in einem vollständigen Eintrag behandelt.

2. Wie sind die Einträge aufgebaut?

Alle Einträge, egal wie lang oder komplex sie sind, sind systematisch aufgebaut. Im deutsch-russischen Teil sind die verschiedenen Wortarten bzw. syntaktischen Klassen der Verben mit arabischen Ziffern numeriert, z.B. **da 1.** *adv*, **2.** *konj* oder **erhängen 1.** *vt*, **2.** *vr*.
Im russisch-deutschen Teil hingegen bezeichnen römische Ziffern die verschiedenen Wortarten, denen das Stichwort angehört bzw. bei Präpositionen die verschiedenen syntaktischen Konstruktionsweisen. Arabische Ziffern bezeichnen hier Bedeutungen des Stichworts, die sich wesentlich unterscheiden, z.B. **план 1**. Plan **2**. Grundriß oder **наблюда́ть 1**. beobachten **2.** beaufsichtigen.

Die Beispielsätze zu allen Wortarten folgen im Anschluß. Am Anfang mag es wohl etwas schwierig sein, sich in langen Einträgen zurechtzufinden, mit der Zeit wird Ihnen jedoch Ihr Wörterbuch vertraut werden. Die folgenden Informationen werden Ihnen helfen, das jedem Eintrag zugrundeliegende System zu verstehen.

2.1 „Wegweiser“ zur richtigen Übersetzung

Wenn Sie ein russisches Wort nachschlagen und eine Reihe sehr unterschiedlicher deutscher Übersetzungen vorfinden, wird es Ihnen nicht schwerfallen, diejenige auszusuchen, die für Ihren Sinnzusammenhang die passende ist, denn Sie wissen ja, was die deutschen Wörter bedeuten, und in dem gegebenen Zusammenhang werden sich die unpassenden automatisch ausschließen. Anders jedoch, wenn Sie das passende russische Wort für z.B. **Bahn** in dem Zusammenhang „ zwischen den beiden Orten verkehrt eine

Bahn“ suchen und einen Eintrag vorfinden, der Ihnen folgendes anbietet: **Bahn** доро́га, по́езд, трамва́й, железнодоро́жное ве́домство, кегельба́н, поло́тнище. Natürlich könnten Sie jetzt versuchen, mit Hilfe des anderen Wörterbuchteils herauszufinden, was jedes dieser russischen Wörter bedeutet. Das braucht jedoch viel Zeit und gibt nicht immer den gewünschten Aufschluß. Aus diesem Grunde finden Sie in diesem Wörterbuch „Wegweiser“, die zur richtigen Übersetzung führen. Im Falle von **Bahn** finden Sie dann folgenden Eintrag. *(Weg)* доро́га; *(Zug)* по́езд; *(Straßen~)* трамва́й; *(Bundes~)* железнодоро́жное ве́домство; *(Kegel~)* кегельба́н; *(Stoff)* поло́тнище.

„Wegweiser“, die auf ein bestimmtes Sachgebiet hinweisen, stehen in Großbuchstaben. Sie sind zusammen mit anderen im Wörterbuch benutzten Abkürzungen in einer alphabetisch angeordneten Liste vorn im Wörterbuch erläutert. Weitere Hilfen sind die Angaben von Synonymen, Kollokatoren, Stilebenen und rhetorischem Gebrauch.

In dem von Ihnen gesuchten Zusammenhang handelt es sich um einen Zug, und daher wissen Sie, daß **по́езд** die richtige Übersetzung ist. Auch bei diesen erklärenden Zusätzen ersetzt die Tilde das Stichwort.

2.2 Grammatische Kategorisierung und Bedeutungsunterscheidung

Komplexe Einträge werden zuallererst in grammatische Kategorien unterteilt, z.B. **richten 1.** *vt* und **2.** *vr*. Zur Unterteilung werden im deutsch-russischen Wörterbuch arabische, im russisch-deutschen Wörterbuch römische Ziffern benutzt. Lesen Sie vor allem längere Einträge durch, und Sie werden feststellen, wie nützlich die „Wegweiser“ sind. Jede einzelne grammatische Kategorie ist, wo nötig, in verschiedene Bedeutungen unterteilt. Die Wegweiser führen Sie direkt zur richtigen Übersetzung.

3. Wie wird die Übersetzung im Satz verwendet?

3.1 Das Geschlecht

Die Bildung der weiblichen Form zu einem Substantiv (vgl. deutsch **Lehrer** - **Lehrerin**) ist im Russischen bei weitem nicht so regelmäßig wie im Deutschen. Existiert eine mit dem Suffix -ка gebildete Femininform wie in **лабора́нт, -ка**, wird diese entsprechend angegeben. In vielen Fällen existiert im Russischen aber nur die maskuline Form (vgl. deutsch **Lyriker(in)** - russisch **ли́рик**).

Bei Substantiven, die wie Adjektive dekliniert werden, wird nur die maskuline Form, die dem Stichwort direkt entspricht, bei der Übersetzung angegeben. So findet man bei dem Stichwort **обвиня́емый** nur die Übersetzung „Angeklagter", die feminine Form **обвиня́емая** bedeutet dann „Angeklagte".
Es gibt auch Fälle, in denen nur eine Form existiert, doch wird dies schon aus der Übersetzung deutlich, vgl. dazu den Eintrag **мастерска́я** „Werkstatt".

3.2 Der Plural

Die Kenntnis der regelmäßigen Pluralbildung von russischen Substantiven wird vorausgesetzt (vgl. Kurzgrammatik im Anhang). In den Fällen, in denen Unregelmäßigkeiten auftreten, wird beim Stichwort darauf hingewiesen.

3.3 Das Verb

In beiden Wörterbuchteilen wird zu jedem russischen Verb der Aspekt angegeben. Im deutsch-russischen Teil gilt: Als Grundentsprechung des deutschen Stichworts wird immer die imperfektive Form des russischen Verbs angenommen. Daher steht bei dieser Grundentsprechung nicht ausdrücklich die Abkürzung *impf*.
Finden Sie hinter der russischen Verbform dennoch *impf*, soll dies bedeuten, daß dieses russische Verb nur in der imperfektiven Form existiert. Im russisch-deutschen Teil bedeutet die Abkürzung *impf* jedoch nur, daß das Stichwort imperfektiv ist. Der fehlende Aspektpartner wird jeweils ergänzt. Findet sich keine Angabe des Aspektpartners, so bedeutet dies, daß das Verb nur in dieser Form existiert.
Wird der Aspektpartner über Präfixe, wie z. B. на- oder по- gebildet, so werden sie als на- oder по- angegeben. Wenn der Aspektpartner jedoch über ein Suffix oder gar eine andere Wortwurzel gebildet wird, so wird er vollständig aufgeführt. Es muß auch darauf hingewiesen werden, daß im russisch-deutschen Teil bei den Stichworteinträgen der perfektiven Aspektpartner nur eine Grundbedeutung wiedergegeben wird. Ausführlichere Übersetzungen und Wendungen finden sich nur bei den Stichworteinträgen der imperfektiven Verben, so daß es empfehlenswert ist, gegebenenfalls auch diese zu konsultieren.

Im deutsch-russischen Teil wird bei den einfachen unregelmäßigen deutschen Verben sowohl die Form des Präteritums, als auch die des Partizip

Perfekts angegeben, also etwa **kommen <kam, gekommen>**. Bei zusammengesetzten unregelmäßigen Verben des Deutschen steht *irr* wie z.B. bei **ankommen** *irr vi*. Dies bedeutet, daß **ankommen** dieselben unregelmäßigen Formen aufweist wie **kommen**.

3.3 Umgangssprachliche Wörter

Grundsätzlich sollten Sie beim Benutzen von umgangssprachlichen russischen Wörtern vorsichtig sein. Wenn ein deutsches Wort oder ein deutscher Beispielsatz mit (*umg*), d.h. umgangssprachlich, gekennzeichnet ist, können Sie davon ausgehen, daß die russische Übersetzung ebenso umgangssprachlich ist und daher in manchen Situationen genauso unangebracht wäre wie das Deutsche.

3.4 „Grammatische Wörter“

Es ist äußerst schwierig, in einem so kleinen Wörterbuch Wörter wie **für, der** oder **es** bzw. **на** oder **что** etc. ausführlich genug zu behandeln.
Es wurde versucht, möglichst viel nützliche Information über die häufigsten Anwendungsfälle zu geben. In vielen Fällen ist es jedoch empfehlenswert, ein gutes einsprachiges Wörterbuch und eine gute russische Grammatik hinzuzuziehen.

3.5 „Ungefähre“ Übersetzungen und kulturell bedingte Unterschiede

Es ist nicht immer möglich, eine genaue Entsprechung in der anderen Sprache anzugeben, wenn z.B. ein deutsches Wort einen Gegenstand oder eine Einrichtung bezeichnet, die es in den Staaten der GUS in der Form nicht gibt. Hier kann nur eine ungefähre Übersetzung oder aber eine Erklärung gegeben werden. Diese erscheinen dann in kursiver Schrift. Siehe z.B. die Einträge für **ICE** oder **прихватиза́ция, отка́зник**.

3.6 Mehrere Übersetzungen

Übersetzungen, die durch ein Komma getrennt nebeneinanderstehen, können im allgemeinen austauschbar verwendet werden. Durch Strichpunkte getrennte Übersetzungen können nicht gegeneinander ausgetauscht werden, da ein Bedeutungsunterschied zwischen ihnen besteht. Sollte dieser

Bedeutungsunterschied nicht hinlänglich klar sein, sollten Sie sich in einem einsprachigen Wörterbuch oder einem größeren zweisprachigen oder im anderen Teil Ihres Wörterbuchs vergewissern. In den allermeisten Fällen, in denen ein Strichpunkt steht, finden Sie allerdings auch einen „Wegweiser", der den Bedeutungsunterschied deutlich macht.

Der Schrägstrich weist darauf hin, daß es sich um parallele, aber nicht gleichbedeutende Aussagen handelt, z. B. **быть в хорóш ем/плохóм настроéнии** guter/schlechter Laune sein.

Ein in Klammern stehender, mit *o* eingeleiteter Ausdruck in den Wendungen gibt eine teilweise austauschbare Alternative an, wie z.B. im Eintrag **ложи́ться спать**. Die beiden Übersetzungsmöglichkeiten heißen also „ins [*oder* zu] Bett gehen".

Im Text verwendete Abkürzungen

ктó–л.	ктó–либо
комý–л.	комý–либо
когó–л.	когó–либо
кéм–л.	кéм–либо
о ком–л.	о ком–либо
чтó–л.	чтó–либо
чегó–л.	чегó–либо
чемý–л.	чемý–либо
чем–л.	чем–либо
о чём–л.	о чём–либо
ADMIN	Verwaltung
AGR	Landwirtschaft
ANAT	Anatomie
ASTR	Astronomie
abk	Abkürzung
adj	Adjektiv
adv	Adverb
akk	Akkusativ
akr	Akronym

arch	archaisch
BAU	Bauwesen
BERGB	Bergbau
BIO	Biologie
BOT	Botanik
best	bestimmt
CHEM	Chemie
conj	Konjunktion
DV	Datenverarbeitung
dat	Dativ
dim	Diminutiv
EL	Elektrotechnik
etw	etwas
FILM	Film
FOT	Fotographie
f	Femininum
fig	übertragen
fut	Futur
g	Gerundium = Adverbiodpartizip
GEOG	Geographie
GEOL	Geologie
geh	gehoben
gen	Genitiv
HIST	Geschichte
imp	Imperativ
impf	imperfektiv
indekl	indeklinabel
inst	Instrumental
interj	Interjektion, Ausruf
irr	unregelmäßig
JUR	Recht
jd	jemand

jdm	jemandem
jdn	jemanden
jds	jemandes
KFZ	Kfz-Wesen
kaus	kausal
kf	Kurzform
komp	Komparativ
LING	Linguistik
LIT	Literatur(wissenschaft)
MAR	Schiffahrt
MATH	Mathematik
MED	Medizin
METEO	Meteorologie
MIL	Militär
MUS	Musik
m	Maskulinum
mf	Maskulinum und Femininum
mod	modal
n	Substantiv
nom	Nominativ
nt	Neutrum
num	Zahlwort
ÖKOL	Ökologie
ÖKON	Wirtschaft
o	oder
part	Partikel
part perf	Partizip Perfekt
part präs akt	Partizip Präsens Aktiv
part präs pass	Partizip Präsens Passiv
part prät akt	Partizip Präteritum Aktiv
part prät pass	Partizip Präteritum Passiv
perf	Perfekt

PHIL	Philosophie
PHYS	Physik
POL	Politik
PRESSE	Zeitungswesen
PSYCH	Psychologie
pej	abwertend
pers	Person
pf	perfektiv
pl	Plural
präpos	Präpositiv
präs	Präsens
prät	Präteritum
präp	Präposition
pron	Pronomen
pron det	Determinativpronomen
pron indef	Indefinitpronomen
pron inter	Interrogativpronomen
pron neg	verneinendes Pronomen
pron pers	Personalpronomen
pron poss	Possessivpronomen
pron refl	Reflexivpronomen
pron rel	Relativpronomen
®	eingetragenes Warenzeichen
REL	Religion
RUNDF	Rundfunk
SOZIOL	Soziologie
SPORT	Sport
sg	Singular
super	Superlativ
TECH	Technik
TELKOM	Telekommunikation
THEAT	Theater

TRANSP	Verkehr und Transport
TV	Fernsehen
temp	temporal
umg	umgangssprachlich
unbest	unbestimmt
ungebr	ungebräuchlich
vi	intransitives Verb
vr	reflexives Verb
vt	transitives Verb
vulg	vulgär
ZOOL	Zoologie

Russisch-Deutsch

A

а, **А** [1] *nt indekl kyrillischer Buchstabe*
а [2] *konj* **I.** und, aber, sondern; **сегóдня не втóрник, а средá** heute ist nicht Dienstag, sondern Mittwoch; **а то** sonst; **II.** *part zur Einleitung eines Fragesatzes* (*umg*) wie? **а? что ты сказáл?** wie? was hast du gesagt
абажýр *m K* Lampenschirm *m*
аббáт, **аббатúса** *m K / f A* Abt, Äbtissin *m/f*
аббáтство *nt O* Abtei *f*
аббревиатýра *f A* Abkürzung *f*
абзáц *m K* Absatz *m*
абитуриéнт *m K* Schulabgänger *m*, Studienbewerber *m*
абонемéнт *m K* Abonnement *nt*
абонéнт *m K* **1.** Abonnent, -in *m/f*; **2.** Bibliotheksbenutzer, -in *m/f*
абонéнтный *adj* Abonnenten-; **~ я́щик** Postfach *nt*
абóрт *m K* Abtreibung *f*, Schwangerschaftsabbruch *m*; **дéлать ~** abtreiben
абрикóс *m K* **1.** Aprikose *f*; **2.** Aprikosenbaum *m*
абсолю́тизм *m K* Absolutismus *m*
абсолю́тно *adv* absolut, ganz; **э́то ~ бесмы́сленно** das hat überhaupt keinen Sinn
абсолю́тный *adj* absolut; **~ слух** absolutes Gehör *nt*
абстрагúровать *vi E2 impf/pf* abstrahieren, abziehen
абстрáктный ⟨*kf*: -тен, -тна⟩ *adj* abstrakt; **абстрáктные рассуждéния** Drumherumreden *nt*
абстракционúзм *m K* abstrakte Kunst *f*
абсýрд *m K* Unsinn *m*; **довестú до ~а** ad absurdum führen
абсýрдный *adj* absurd
абсцéсс *m K* (*MED*) Abszess *m*
абсцúсса *f A* (*MATH*) Abszisse *f*
авангáрд *m K* **1.** Stoßtrupp *m*, Vorhut *f*; **2.** (*fig*) Moderne *f*, Avantgarde *f*
авангардúзм *m K* Avantgardismus *m*
авангáрдный *adj* avantgardistisch; **авангáрдная роль** führende Rolle *f*
авáнс *m K* Vorschuß *m*; **~ом** im voraus; als Vorschuß
авансúровать *vt E2 impf/pf* (**дéньги**) vorschießen, vorstrecken
авансцéна *f A* **1.** Vorbühne *f*; **2.** (*fig*) Vordergrund *m*
авантю́ра *f A* Abenteuer *nt*, Wagnis *nt*
авантюрúст, **авантюрúстка** *m K / f A* **1.** Abenteurer, -in *m/f*, Draufgänger, -in *m/f*; **2.** Hochstapler, -in *m/f*
авантюристúческий *adj* abenteuerlich, hochstaplerisch
аварúйность *f I* Unfallhäufigkeit *f*
аварúйный *adj* Störungs-, **~ разлúв нéфти** Ölkatastrophe *f*; **~ тóрмоз** Notbremse *f*
авáрия *f A2* **1.** Unfall *m*, Unglück *nt*; **2.** Störfall *m*; **3.** (*KFZ*) Panne *f*
áвгуст *m K* August *m*
авиабилéт *m K* Flugticket *nt*
авиадéло *nt O* (*umg*) Fliegerei *f*
авиадиспéтчер *m K* Fluglotse *m*
авиакатастрóфа *f A* Flugzeugabsturz *m*
авиакомпáния *f A2* Fluggesellschaft *f*
авиакострýктор *m K* Flugzeugkonstrukteur *m*
авиалáйнер *m K* Verkehrsflugzeug *nt*
авиалúния *f A2* Fluglinie *f*, Flugverbindung *f*
авиамóст *m K* Luftbrücke *f*
авианóсец ⟨*gen sg*: -нóсца⟩ *m K* Flugzeugträger *m*
авиапассажúр *m K* Fluggast *m*, Passagier *m*
авиапóчта *f A* Luftpost *f*; **авиапóчтой** mit Luftpost
авиарéйс *m K* Linienflug *m*
авиациóнный *adj* Flug-, Flugzeug-, Luft-
авиáция *f A2* Flugwesen *nt*, Luftfahrt *f*
авитаминóз *m K* (*MED*) Vitaminmangel *m*; **весéнний ~** Frühjahrsmüdigkeit *f*
авóсь *part* vielleicht, wenn man Glück hat; **на ~** aufs Geratewohl
австралúец, **австралúйка** *m K / f A* Australier, -in *m/f*
австралúйский *adj* australisch
Австрáлия *f A2* Australien *nt*
австрúец, **австрúйка** *m K / f A* Österreicher, -in *m/f*
австрúйский *adj* österreichisch
Áвстрия *f A2* Österreich *nt*
автó *nt O* (*umg*) Auto *nt*
áвто- [1] *abk von* **автоматúческий** automatisch
áвто- [2] *präfix* Selbst-, Auto-
автобáза *f A* Transportbetrieb *m*, Fuhrpark *m*
автобиогрáфия *f A2* **1.** Autobiographie *f*; **2.** Lebenslauf *m*; **~ на блáнке** tabellarischer Lebenslauf *m*
автóбус *m K* Bus *m*, Omnibus *m*
автовладéлец ⟨*gen sg*: -льца⟩ *m K* Fahrzeughalter *m*
автовокзáл *m K* Busbahnhof *m*
автогéн *m K* Schweißgerät *nt*
автóграф *m K* **1.** Autogramm *nt*; **2.** Autograph *m*
автодéло *nt O* Verkehrswesen *nt*
автодозвóн *m K* (*umg*) automatische

Wahlwiederholung *f*

автодоро́га *f A* **1.** Kraftfahrstraße *f*; **2.** Autobahn *f*

автозапра́вочная ста́нция *f A2* Tankstelle *f*

автокатастро́фа *akr von* автомоби́льная катастро́фа *f* Autounfall *m*

автолюби́тель *m K1* Autofan *m*, Autoliebhaber *m*

автомагази́н *m K* Autohaus *nt*

автомагистра́ль *f A1* Kraftfahrstraße *f*, Fernverkehrsstraße *f*

автома́т *m K* **1.** Automat *m*; **~ для прода́жи напи́тков** Getränkeautomat *m*; **биле́тный ~** Fahrkartenautomat *m*; **телефо́н-~** Münzfernsprecher *m* **2.** Maschinenpistole *f*

автоматиза́ция *f A2* Automatisierung *f*

автоматизи́рованный *adj* automatisiert; **автоматизи́рованное произво́дство** automatische Fertigung *f*; **по́лностью ~** vollautomatisiert

автоматизи́ровать *vt E2 impf/pf* automatisieren

автома́тика *f A* Automatik *f*

автомати́ческий *adj* **1.** automatisch, selbsttätig; **автомати́ческая телефо́нная ста́нция (АТС)** Fernsprechamt *nt* für Selbstwählbetrieb; **2.** unbewußt, unwillkürlich

автомаши́на *f A* Auto *nt*, Kraftfahrzeug *nt*

автомобилиза́ция *f A2* Motorisierung *f*

автомобили́ст, **автомобили́стка** *m K / f A* Autofahrer, -in *m/f*

автомоби́ль *m K1* Auto *nt*, Kraftfahrzeug *nt*; **легково́й ~** Personenwagen *m*, Pkw *m*; **грузово́й ~** Lastwagen *m*, Lkw *m*; **~ ско́рой по́мощи** Rettungswagen *m*; **поде́ржанный ~** Gebrauchtwagen *m*; **~ с улу́чшенными показа́телями токси́чности** schadstoffarmes Auto *nt*

автомоби́льный *adj* Auto-, Automobil-; **автомоби́льная ава́рия** Autounfall *m*; **автомоби́льная промы́шленность** Automobilindustrie *f*

автоно́мия *f A2* Autonomie *f*, Selbstverwaltung *f*

автоно́мный ⟨*kf*: -мен, -мна⟩ *adj* autonom

автоотве́тчик *m K* automatischer Anrufbeantworter *m*

автопило́т *m K* Autopilot *m*, Kurssteueranlage *f*

автопогру́зчик *m K* Selbstlader *m*; **ви́лочный ~** Gabelstapler *m*

автопо́езд *m K ple* Lastzug *m*, Sattelschlepper *m*

автопокры́шка *f A* Autoreifen *m*

автопортре́т *m K* Selbstbildnis *nt*

автопробе́г *m K* Autorennen *nt*

а́втор *m K* **1.** Autor, -in *m/f*; **и́стинный ~** Ghostwriter *m*; **~ сцена́рия** Drehbuchautor *m*; **~ го́ла** (*SPORT*) Torschütze *m* **2.** Komponist, -in *m/f*; **3.** Künstler, -in *m/f*

автора́лли *nt indekl* Autorallye *f*

авторитари́зм *m K* autoritäre Herrschaftsform *f*

авторита́рный *adj* autoritär; **~ режи́м** autoritäres Regime *nt*

авторите́т *m K* **1.** Autorität *f*, Ansehen *nt*; **по́льзоваться больши́м ~ом** großes Ansehen genießen; **теря́ть по- ~** an Autorität verlieren; **2.** Kapazität *f*

авторите́тный *adj* **1.** angesehen; **2.** kompetent; **авторите́тное мне́ние** sachkundige Meinung *f*

а́вторский *adj* **1.** Autoren-, Urheber-; **а́вторское пра́во** Urheberrecht *nt*; **2.** individuell; **~ ве́чер** Soloabend *m* (eines Künstlers); **а́вторское телеви́дение** nichtstaatliches Fernsehen *nt*, Privatfernsehen *nt*

авториу́чка ⟨*gen pl*: -чек⟩ *f A* Füller *m*, Federhalter *m*

автосало́н *m K* **1.** Autoschau *f*; **2.** Autohaus *nt*

автосе́рвис *m K* Autowerkstatt *f*

автоспу́ск *m K* (*FOT*) Selbstauslöser *m*

автосто́п *m K* automatisches Haltesignal *nt*; **е́хать ~ом** per Anhalter fahren

автостоя́нка ⟨*gen pl*: -нек⟩ *f A* Parkplatz *m*

автостра́да *f A* Autobahn *f*, Fernstraße *f*

автотелефо́н *m K* Sprechfunk *m*

автотра́нспорт *m K* Kraftverkehr *m*

автотури́зм *m K* Autotourismus *m*

автотури́ст *m K* Autotourist *m*, Camper *m*

автофурго́н *m K* Lieferwagen *m*

автошко́ла *f A* Fahrschule *f*

ага́ *interj* aha

аге́нт, **аге́нтка** *m K / f A* **1.** Agent, -in *m/f*, Spion, -in *m/f*; **двойно́й ~** Doppelagent *m*; **засыла́ть ~а** einen Agenten einschleusen; **разоблача́ть ~а** einen Agenten enttarnen; **2.** (*ÖKON*) Vermittler *m*, Vertreter *m*; **торго́вый ~** Handelsvertreter *m*

аге́нтский *adj* Agenten-

аге́нтство *nt O* Agentur *f*, Vertretung *f*; **печа́ти ~** Presseagentur *f*

агенту́ра *f A* Agentur *f*, Aufklärungsdienst *m*; **созда́ть разветвлённую агенту́ру** einen Agentenring *m* aufbauen

агита́тор *m K* Agitator *m*

агита́ция *f A2* Agitation *f*

агломера́ция *f A2* **1.** Anhäufung *f*; **2.**

Ballungsgebiet *nt*
áгнец ⟨*gen sg*: áгнца⟩ *m K* (*REL*) Lamm Gottes *nt*
агрáрий ⟨*präpos sg*: -ии⟩ *m K2* Landwirt *m*
агрáрный *adj* Agrar-, Boden-, landwirtschaftlich; **агрáрная рефóрма** Bodenreform *f*
агрегáт *m K* (*TECH*) Aggregat *nt*
агресси́вность *f I* Aggressivität *f*
агресси́вный *adj* aggressiv, angriffslustig
агрéссия *f A2* **1.** Aggression *f*; **2.** Angriff *m*
агрéссор *m K* Agressor *m*, Angreifer *m*
ад ⟨*präpos sg*: в адý⟩ *m K* (*REL*) Hölle *f*
адаптáция *f A2* Adaption *f*, Anpassung *f*
адáптер *m K* (*EL*) Adapter *m*
адапти́ровать *vt E2 impf/pf* anpassen
адапти́роваться *vi E2 impf/pf* sich anpassen, sich eingewöhnen
адвокáт *m K* **1.** Anwalt, Anwältin *m/f*; **2.** Verteidiger, -in *m/f*; **нанять ~а** sich einen Anwalt nehmen; **3.** (*fig*) Fürsprecher *m*
адеквáтный *adj* angemessen, entsprechend
адинами́я *f A2* Bewegungsmangel *m*
администрати́вный *adj* Verwaltungs-; **администрати́вное наказáние** Ordnungsstrafe *f*; **в администрати́вном порядке** auf dem Verwaltungsweg *m*
администрáтор *m K* Verwalter *m*, Funktionär *m*, verantwortlicher Leiter *m*, Geschäftsführer *m*
администрáция *f A2* Verwaltung *f*, Geschäftsleitung *f*
администри́рование *nt O2* Herumkommandieren *nt*
адмирáл *m K* Admiral *m*
адренали́н *m K* (*MED*) Adrenalin *nt*
áдрес ⟨*nom pl*: -cá⟩ *m K ple* Adresse *f*, Anschrift *f*; **~ отправи́теля** Absender *m*; **поздрави́тельный ~** Grußadresse *f*, Glückwunschschreiben *nt*; **попáсть не по ~у** (*auch fig*) an die falsche Adresse geraten
адресáт *m K* Adressat *m*, Empfänger *m*
áдресный *adj* Adressen-; **áдресное бюрó** Adressenauskunft *f*; **áдресная пóмощь** gezielte Hilfe *f*
адресовáть *vt E2 impf/pf* **1.** adressieren; **2.** richten (an +*akk*)
Адриáтика *f A* Adria *f*
áдский *adj* (*auch fig*) höllisch; **áдская боль** wahnsinniger Schmerz *m*
аэрозóль *m K1* **1.** Spray *m*; **2.** Sprühdose *f*
ажиотáж *m K* Lärm *m*, Rummel *m*, Aufregung *f*
ажиотáжный *adj* Erregungs-; **~ спрос** Kaufrausch *m*
ажýр *m K Zustand bester Ordnung;* **быть в ~е** unter Dach und Fach sein, in bester Ordnung sein
азáрт *m K* **1.** Eifer *m*; **рабóтать с ~ом** mit Eifer an die Arbeit gehen; **2.** Jähzorn *m*
азáртный *adj* leidenschaftlich; **азáртные и́гры** Glücksspiele *nt pl*
áзбука *f A* Alphabet *nt*; **~ для слепых** Blindenschrift *f*; **нóтная ~** Notenschrift *f*; **~ Мóрзе** Morsealphabet *nt*; **передавáть áзбукой Мóрзе** morsen
Азербайджáн *m K* Aserbaidschan *nt*
азербайджáнец, **азербайджáнка** ⟨*gen sg m*: -нца, *gen pl f*: -нок⟩ *m K / f A* Aserbaidschaner, -in *m/f*
азербайджáнский *adj* aserbaidschanisch
азиáт, **азиáтка** *m K / f A* Asiat, -in *m/f*
азиáтский *adj* asiatisch
Áзия *f A2* Asien *nt*
Азóрские островá *m pl K* Azoren *pl*
азóт *m K* Stickstoff *m*
азы́ *m pl K* Anfangsgründe *m pl*; **начáть с азóв** von Grund auf beginnen
áист *m K* Storch *m*
айвá *f A* **1.** Quitte *f*; **2.** Quittenbaum *m*
áйсберг *m K* Eisberg *m*; **ви́димая часть** [*o* **верхýшка**] **~а** (*auch fig*) die Spitze des Eisbergs
АК *abk von* акционéрная компáния *f* AG *f*, Aktiengesellschaft *f*
академгородóк ⟨*gen sg*: -дкá⟩ *m K e* Akademikersiedlung *f*
академи́зм *m K akademisches, theoretisches Verhalten*
акадéмик *m K* **1.** Akademiemitglied *nt*; **2.** Akademiker *m*
академи́ческий *adj* **1.** akademisch; **2.** (*auch pej*) rein theoretisch, abstrakt; **академи́ческое звáние** akademischer Titel *m*; **академи́ческая медици́на** Schulmedizin *f*
академи́чный ⟨*kf*: -чен, -чна⟩ *adj* professoral, praxisfremd
акадéмия *f A2* Akademie *f*; **~ наýк** Akademie der Wissenschaften
АКБ *abk von* Акционéрный коммéрческий банк *m* kommerzielle Aktienbank *f*
акваля́нг *m K* Sauerstoffgerät *nt*
акваланги́ст *m K* Sporttaucher *m*
акварéль *f A1* Aquarell *nt*
аквáриум *m K* Aquarium *nt*
акватóрия *f A2* Seegebiet *nt*, Gewässer *nt*; **охраня́емая ~** Wasserschutzgebiet *nt*
акведýк *m K* Aquädukt *m*
акклиматизи́ровать *vt E2 impf/pf* akklimatisieren, anpassen
акклиматизи́роваться *vi E2 impf/pf*

sich anpassen, sich eingewöhnen; **хорошо́ акклиматизи́рующийся** anpassungsfähig

аккомпанеме́нт *m K* (*MUS*) Begleitung *f*, Begleitmusik *f*

аккомпани́ровать *vt E2 impf* (*кому́-либо/чему́-либо на чём-либо*) begleiten

акко́рд *m K* Akkord *m*; **заверша́ющий ~** Schlußakkord *m*

аккордео́н *m K* Akkordeon *nt*

аккредитацио́нный *adj* Beglaubigungs-; **аккредитацио́нная ка́рточка** Presseausweis *m*

аккредитова́ть *vt E2 impf/pf* beglaubigen, bevollmächtigen

аккумуля́тор *m K* (*KFZ*) Batterie *f*

аккумуля́ция *f A2* Akkumulation *f*, Ansammlung *f*

аккура́тность *f I* **1.** Genauigkeit *f*, Sorgfalt *f*; **2.** Pünktlichkeit *f*

аккура́тный *adj* **1.** ordentlich; **у него́ аккура́тный по́черк** er hat eine saubere Handschrift; **2.** pünktlich

акри́л *m K* (*CHEM*) Acryl *nt*

акроба́т *m K* Akrobat *m*

акселера́т *m K* Frühreifer *m*

аксессуа́р *m K* Accessoire *nt*

акт *m K* **1.** Aktion *f*, Handlung *f*; **~ до́брой во́ли** Geste *f* des guten Willens; **террористи́ческий ~** Terrorakt *m*, Terroranschlag *m*; **2.** (*THEAT*) Akt *m*, Aufzug *m*; **3.** Urkunde *f*, Dokument *nt*; **обвини́тельный ~** Anklageschrift *f*

актёр *m K* **1.** Schauspieler *m*; **2.** (*pej*) Heuchler *m*

акти́в *m K* **1.** (*POL*) aktive Mitglieder *nt pl*; **2.** (*ÖKON*) Guthaben *nt*

активиза́ция *f A2* Aktivierung *f*

активизи́ровать *vt E2 impf/pf* aktivieren, intensivieren

активизи́роваться *vi E2 impf/pf* sich stärker geltend machen

активи́ст *m K* aktives Mitglied *nt*; **~ борьбы́ за гражда́нские права́** Bürgerrechtler *m*; **~ охра́ны окружа́ющей среды́** Umweltschützer *m*; **профсою́зный ~** Gewerkschaftler *m*

акти́вность *f I* Aktivität *f*, Engagement *nt*; **повы́шенная со́лнечная ~** erhöhte Sonneneinstrahlung *f*

акти́вный *adj* aktiv, engagiert; **акти́вная зо́на реа́ктора** (*PHYS*) Reaktorkern *m*; **~ о́тдых** Aktivurlaub *m*

акти́вы *m pl K* (*ÖKON*) Aktiva, Guthaben *nt*

а́ктовый *adj* Akten-; **~ зал** Aula *f*

актри́са *f A* Schauspielerin *f*

актуа́льность *f I* **1.** Aktualität *f*; **2.** Relevanz *f*

актуа́льный *adj* **1.** aktuell, zeitgemäß; **2.** relevant

аку́ла *f A* Haifisch *m*

акупрессу́ра *f A* Akupressur *f*

акупункту́ра *f A* Akupunktur *f*

аку́стика *f A* Akustik *f*; **в э́том за́ле хоро́шая ~** in diesem Raum herrscht eine gute Akustik

акуше́рка ⟨*gen pl*: -рок⟩ *f A* Hebamme *f*, Geburtshelferin *f*

акуше́рский *adj* Entbindungs-

акуше́рство *nt O* Geburtshilfe *f*

акце́нт *m K* **1.** Akzent *m*; **он говори́т без ~а** er spricht akzentfrei; **2.** Betonung *f*; **3.** (*fig*) Schwerpunkt *m*; **де́лать ~ на что-ли́бо** einen Schwerpunkt setzen (auf +*akk*)

акценти́ровать *vt E2 impf/pf* (*auch fig*) betonen

акционе́р *m K* Aktionär *m*, Anteilseigner *m*

акционе́рный *adj* Aktien-; **акционе́рное о́бщество** Aktiengesellschaft *f*, AG *f*

акциони́рование *nt O2 Umwandlung staatlicher Betriebe in Aktiengesellschaften*

а́кция [1] *f A2* Aktie *f*; **его́ а́кции упа́ли** (*auch fig*) es sieht schlecht für ihn aus

а́кция [2] *f A2* Aktion *f*, Handlung *f*; **~ проте́ста** Protestaktion *f*

алба́нец, **алба́нка** *m K / f A* Albaner, -in *m/f*

Алба́ния *f A2* Albanien *nt*

алба́нский *adj* albanisch

а́лгебра *f A* Algebra *f*

алгори́тм *m K* (*MATH*) Algorithmus *m*

Алжи́р *m K* **1.** Algerien *nt*; **2.** Algier *nt*

алжи́рец ⟨*gen sg*: -рца⟩ *m K* Algerier *m*

а́либи *nt indekl* Alibi *nt*

алиме́нты *pl K* Alimente *pl*

алка́ш *m K* (*umg*) Trunkenbold *m*, Säufer *m*

алкоголи́зм *m K* Alkoholismus *m*, Alkoholabhängigkeit *f*; **лече́ние от ~а** Entziehungskur *f*

алкого́лик *m K* Alkoholiker *m*

алкого́ль *m K1* Alkohol *m*; **пло́хо переноси́ть ~** Alkohol schlecht vertragen

алкого́льный *adj* alkoholisch

аллегори́ческий *adj* allegorisch, sinnbildlich

аллего́рия *f A2* Allegorie *f*

аллерге́н *m K* (*MED*) Allergen *nt*

алле́ргик *m K* Allergiker, -in *m/f*

аллерги́ческий *adj* allergisch; **~ на́сморк** Heuschnupfen *m*

аллерги́я *f A2* Allergie *f*; **у него́ ~ на кого́-либо/что-ли́бо** er ist allergisch (gegen +*akk*)

алле́я ⟨*gen pl*: -ле́й⟩ *f A1* Allee *f*

аллитера́ция *f A2* (*LING*) Alliteration *f*
алло́ *interj* hallo
аллю́ры *m pl K* Allüren *f pl*
алма́з *m K* Diamant *m*; **у тебя́ не глаз, а ~** du hast aber ein scharfes Auge
алта́рь *m K1* Altar *m*
алфавит *m K* Alphabet *nt*
алфавитный *adj* alphabetisch; **расста́вить в алфави́тном поря́дке** alphabetisch anordnen
алхи́мия *f A2* Alchimie *f*
а́лчность *f I* Habsucht *f*, Gier *f*
а́лчный ⟨*kf*: -чен, -чна⟩ *adj* habgierig
а́лый ⟨*kf*: ал, а́ла⟩ *adj* purpurrot
альбатро́с *m K* Albatros *m*
альбино́с *m K* Albino *m*
альбо́м *m K* **1.** Album *nt*, Fotoalbum *nt*; **2.** Bildband *m*
альмана́х *m K* Almanach *m*
альпи́йский *adj* Alpen-, alpin; **альпи́йские ви́ды спо́рта** alpine Sportarten *f pl*
альпини́зм *m K* **1.** Bergsteigen *nt*; **2.** Klettern *nt*
А́льпы *pl A* die Alpen *pl*
альт *m K* **1.** (*MUS*) Alt *m*, Altstimme *f*; **2.** Bratsche *f*
альтернати́ва *f A* Alternative *f*
альтернати́вный *adj* Alternativ-, alternativ; **альтернати́вные исто́чники** alternative Energiequellen *f pl*; **альтернати́вная воинская слу́жба** Zivildienst *m*; **~ кандида́т** Gegenkandidat *m*
а́льфа *f K* Alpha *nt*; **~ и оме́га** das A und O; **от а́льфы до оме́ги** von A bis Z
алья́нс *m K* (*POL*) Allianz *f*, Bündnis *nt*
алюми́ний ⟨*präpos sg*: -нии⟩ *m K2* Aluminium *nt*
амазо́нка *f A* Amazone *f*
Амазо́нка *f A* Amazonas *m*
амальга́ма *f A* (*CHEM*) Amalgam *nt*
амба́р *m K* **1.** Scheune *f*; **2.** Lagerhaus *nt*
амби́ция *f A2* **1.** Ehrgeiz *m*; **2.** (*im pl*) Ambitionen *f pl*; **ли́чные ~** persönlicher Ehrgeiz *m*
амбразу́ра *f A* Schießscharte *f*
амбулато́рный *adj* ambulant; **~ое лече́ние** ambulante Behandlung *f*
Аме́рика *f A* Amerika *nt*; **Лати́нская ~** Lateinamerika *nt*
америка́нец, **америка́нка** ⟨*gen sg m*: -нца, *gen pl f*: -нок⟩ *m K / f A* Amerikaner, -in *m/f*
америка́нский *adj* amerikanisch; **~ о́браз жи́зни** "American way of life"
амнисти́ровать *vt E2 impf/pf* amnestieren
амни́стия *f A2* Amnestie *f*; **попада́ть/попа́сть под амни́стию** begnadigt werden
амора́льный ⟨*kf*: -лен, льна⟩ *adj* unmoralisch
амортиза́тор *m K* (*TECH*) Stoßdämpfer *m*, Dämpfer *m*
амортизи́ровать *vt E2 impf/pf* **1.** amortisieren; **2.** (*ÖKON*) tilgen
амплиту́да *f A* Amplitude *f*
амплуа́ *nt indekl* **1.** (*THEAT*) Rolle *f*; **2.** Rollenfach *nt*
ампути́ровать *vt E2 impf/pf* amputieren
амфи́бия *f A2* Amphibie *f*
амфитеа́тр *m K* Amphitheater *nt*
ана́лиз *m K* **1.** Analyse *f*, Untersuchung *f*; **2.** (*MED*) Untersuchung *f*; **3.** Probe *f*; **~ кро́ви** Blutprobe *f*; **~ кро́ви на спид** Aidstest *m*; **~ мочи́** Urinprobe *f*
анализи́ровать *vt E2 impf* (*pf*: про-) analysieren, auswerten
анали́тик *m K* Analytiker *m*
аналити́ческий *adj* Analyse-, analytisch
аналоги́чный ⟨*kf*: -чен, -чна⟩ *adj* analog, gleichartig
анало́гия *f A2* Analogie *f*, Ähnlichkeit *f*
ана́льный *adj* anal; **ана́льное отве́рстие** After *m*
анана́с *m K* Ananas *f*
анархи́ст *m K* Anarchist, -in *m/f*
ана́рхия *f A2* Anarchie *f*
анатоми́ческий *adj* anatomisch; **~ теа́тр** (*MED*) Anatomiesaal *m*
анато́мия *f A2* **1.** Anatomie *f*; **2.** (*fig*) Hintergründe *m pl*
ана́фема *f A* Kirchenbann *m*; **преда́ть ана́феме кого́-ли́бо** den Bann *m* aussprechen (über *+akk*)
анахоре́т *m K* Einsiedler *m*
анахрони́зм *m K* Anachronismus *m*
анахрони́ческий *adj* anachronistisch
ангажи́рованный *adj* (акти́вно) engagiert
анга́р *m K* Hangar *m*, Flugzeuschuppen *m*
а́нгел *m K* Engel *m*; **а́нгел-храни́тель** Schutzengel *m*
анги́на *f A* Angina *f*, Halsentzündung *f*
англи́йский *adj* englisch
англи́стика *f A* Anglistik *f*
англици́зм *m K* Anglizismus *m*
англича́нин, **англича́нка** ⟨*pl*: -ча́не, -ча́н, -ча́нам, *gen pl f*: -нок⟩ *m U2 / f A* Engländer, -in *m/f*
А́нглия *f A2* England *nt*
англоговоря́щий *adj* englischsprechend; **англоговоря́щие страны́** englischsprechende Länder *nt pl*
англоязы́чный *adj* englischsprachig; **англоязы́чное населе́ние** englischsprachige Bevölkerung *f*

андергра́унд *m K* (*nur sg*) *avantgardistische Kunst im Untergrund, die von der öffentlichen Kunstkritik nicht anerkannt wird*
Андо́рра *f A* Andorra *nt*
анекдо́т *m K* Anekdote *f*, Witz *m*; **расска́зывать ~ы** Witze reißen
анекдоти́ческий *adj* anekdotenhaft; **анекдоти́ческая ситуа́ция** unmögliche Situation *f*
анемо́на *f A* Anemone *f*
анестези́ровать *vt E2 impf* (*pf*: про-) betäuben, anästhesieren
анестези́я *f A2* Betäubung *f*, Anästhesie *f*; **ме́стная ~** örtliche Betäubung *f*; **о́бщая ~** Vollnarkose *f*
ани́с *m K* **1.** (*BOT*) Anis *m*; **2.** Anisschnaps *m*
анке́та *f A* **1.** Umfrage *f*; **2.** Fragebogen *m*; **ви́зовая ~** Visumantrag *m*
анке́тный *adj* Umfrage-; **анке́тные да́нные** Personalien *pl*
анна́лы *m pl K* Annalen *pl*
аннекси́ровать *vt E2 impf/pf* annektieren, sich gewaltsam aneignen
анне́ксия *f A2* Annexion *f*, gewaltsamer Anschluß *m*
аннота́ция *f A2* kurze Inhaltsangabe *f*
аннoти́ровать *vt E2 impf/pf* eine kurze Inhaltsangabe verfassen
аннули́рование *nt O2* Annullierung *f*
аннули́ровать *vt E2 impf/pf* annulieren, für ungültig erklären; **~ догово́р** einen Vertrag aufheben
ано́д *m K* Anode *f*
анома́льный *adj* **1.** anomal, regelwidrig; **2.** (*PSYCH*) verhaltensgestört
анони́м *m K* Anonymus *m*, unbekannter Verfasser *m*
анони́мка *f A* (*umg*) anonymer Brief *m*
анони́мность *f I* Anonymität *f*
анони́мный ⟨*kf*: -мен, -мна⟩ *adj* anonym
анони́мщик *m K* (*umg*) *Schreiber anonymer Briefe*
ано́нс *m K* Annonce *f*, Anzeige *f*
анса́мбль *m K1* **1.** (*MUS, THEAT*) Ensemble *nt*; **2.** Gesamtbild *nt*
антагони́зм *m K* **1.** Gegensatz *m*; **2.** Widerstreit *m*
Антаркти́да *f A* Antarktis *f*
анте́нна *f A* Antenne *f*; **ко́мнатная ~** Zimmerantenne *f*; **параболи́ческая ~** Parabolantenne *f*
а́нти- *präfix* Anti-, anti-, -feindlich, -feindlichkeit
антибио́тик *m K* Antibiotikum *nt*
антивое́нный *adj* Antikriegs-; **антивое́нное движе́ние** Friedensbewegung *f*
антигума́нный *adj* unmenschlich
антидемократи́зм *m K antidemokratischeTendenzen/Praktiken*
антидемократи́ческий *adj* demokratiefeindlich
антидо́т *m K* Gegengift *nt*
антиза́падный *adj* anti-westlich; **антиза́падные настрое́ния** anti-westliche Stimmung *f*
антиквариа́т *m K* **1.** Antiquariat *nt*; **2.** Antiquitätengeschäft *nt*
антиква́рный *adj* antiquarisch; **антиква́рная вещь** Antiquität *f*
антиконституцио́нный *adj* verfassungswidrig
антило́па *f A* Antilope *f*
антинаро́дный *adj* volksfeindlich
антипати́чный ⟨*kf*: -чен, -чна⟩ *adj* unsympathisch
антипа́тия *f A2* Abneigung *f*, Antipathie *f*
антиперестро́ечный ⟨*kf*: -чен, -чна⟩ *adj* perestroikafeindlich; **антиперестро́ечные си́лы** Gegner *m pl* der Perestroika
антиправи́тельственный *adj* regierungsfeindlich
антиры́ночник *m K* Gegner *m* der Marktwirtschaft
антисанита́рный ⟨*kf*: -рен, -рна⟩ *adj* unhygienisch; **антисанита́рные усло́вия** gesundheitswidrige Verhältnisse *nt pl*
антисемити́зм *m K* Antisemitismus *m*
антисеми́тский *adj* antisemitisch, judenfeindlich
антисовети́зм *m K* Antisowjetismus *m*
антисове́тский *adj* antisowjetisch
антисове́тчик *m K* Sowjetgegner *m*
антистати́ческий *adj* antistatisch
антите́за *f A* Antithese *f*
антите́ло *nt O* (*BIO*) Antikörper *m*
антифри́з *m K* Frostschutzmittel *nt*
антицикло́н *m K* (*METEO*) Hoch *nt*, Hochdruckgebiet *nt*
анти́чность *f I* Antike *f*
анти́чный *adj* antik
анто́ним *m K* (*LING*) Antonym *nt*, Gegenteil *nt*
антра́кт *m K* **1.** (*THEAT*) Pause *f*; **2.** Zwischenmusik *f*
антраци́т *m K* Anthrazit *m*
антропоге́нный *adj* durch den Menschen verursacht; **антропоге́нная пусты́ня** Kulturwüste *f*
антропофа́г *m K* Menschenfresser *m*
аншла́г *m K* (*THEAT*) *Anschlag: "Ausverkauft"*; **спекта́кль идёт с ~ом** die Vorstellung ist ausverkauft
аню́тины гла́зки *m pl K* Stiefmütterchen *nt*
АО *abk von* акционе́рное о́бщество *nt*

Aktiengesellschaft *f*, AG *f*
ао́рта *f A* Aorta *f*, Hauptschlagader *f*
апартеи́д *m K* Apartheid *f*, Rassentrennung *f*
апати́чный *adj* apathisch, lustlos
апа́тия *f A2* Apathie *f*, Teilnahmslosigkeit *f*
апелли́ровать *vi E2 impf/pf* **1.** (*к кому́-либо/чему́-ли́бо*) appellieren (an *+akk*); **2.** (*JUR*) Berufung einlegen
апелля́ция *f A2* **1.** Appell *m*; **2.** (*JUR*) Berufung *f*; **пода́ть апелля́цию** Berufung einlegen
апельси́н *m K* Apfelsine *f*, Orange *f*
апельси́новый *adj* orange; **апельси́новое де́рево** Apfelsinenbaum *m*; **~ сок** Orangensaft *m*
аперити́ф *m K* Aperitif *m*, leichter Drink *m*
АПК *abk von* агра́рно-промы́шленный ко́мплекс *m* Agrar-Industrie-Komplex *m*
аплоди́ровать *v + dat E2 impf/pf* applaudieren, Beifall klatschen
аплодисме́нты *m pl K* Applaus *m*, Beifall *m*; **под бу́рные ~** unter stürmischem Beifall; **сорва́ть ~** Beifall ernten
апоге́й *m K2* **1.** (*ASTR*) Apogäum *nt*; **2.** (*fig*) Höhepunkt *m*; **достига́ть своего́ ~** seinen Höhepunkt erreichen
апока́липсис *m K* Apokalypse *f*
аполити́чность *f I* politisches Desinteresse *nt*, Politikverdrossenheit *f*
аполити́чный ⟨*kf*: -чен, -чна⟩ *adj* unpolitisch, politikverdrossen
апопле́ксия *f A2* Gehirnschlag *m*
апо́стол *m K* Apostel *m*
апо́строф *m K* Apostroph *m*, Auslassungszeichen *nt*
аппара́т *m K* **1.** (*TECH*) Apparat *m*, Gerät *nt*; **копирова́льный ~** Kopiergerät *nt*; **факсими́льный ~** Faxgerät *nt*; **2.** (*POL*) Apparat *m*, Nomenklatura *f*; **госуда́рственный ~** Staatsapparat *m*; **~ подавле́ния** (*POL*) Unterdrückungsapparat *m*; **3.** (*LIT*) Apparat *m*; **крити́ческий ~** Textanmerkung *f*, kritischer Apparat *m*
аппара́тный *adj* Apparat-; **аппара́тные сре́дства** (*DV*) Hardware *f*
аппарату́ра *f A* Apparaturen *f pl*; **подслу́шивающая ~** Abhörgeräte
аппара́тчик *m K* Verwaltungsbeamte(r) *m*, Apparatschik *m*
аппендици́т *m K* Blinddarmentzündung *f*
аппети́т *m K* Appetit *m*; **прия́тного ~а!** guten Appetit! **~ прихо́дит во вре́мя еды́** der Appetit kommt beim Essen; **во́лчий ~** Bärenhunger *m*; **отсу́тствие ~а** Appetitlosigkeit *f*
аппети́тный ⟨*kf*: -тен, -тна⟩ *adj* appetitanregend, verlockend
апре́ль *m K1* April *m*
апре́льский *adj* April-; **апре́льская шу́тка** Aprilscherz *m*
априо́ри *part* a priori, von vornherein
апроба́ция *f A2* Approbation *f*, Genehmigung *f*
апроби́ровать *vt E2 impf/pf* gutheißen, billigen
апте́ка *f A* Apotheke *f*; **произво́дственная ~** Apotheke *f*; **у нас всё как в апте́ке** (*fig*) wir sind sehr genau
апте́карь *m K1* Apotheker, -in *m/f*
апте́чка ⟨*gen pl*: -чек⟩ *f A* Verbandskasten *m*; **дома́шняя ~** Hausapotheke *f*
ар *m K* (*AGR*) Ar *nt*
ара́б, ара́бка ⟨*gen pl f*: -бок⟩ *m K / f A* Araber, -in *m/f*
ара́бский *adj* arabisch; **ара́бские ци́фры** arabische Ziffern *f pl*
арави́йский *adj* arabisch; **Арави́йская пусты́ня** *f* Sahara *f*
Ара́вия *f A2* Arabien *nt*
Ара́льское мо́ре *nt O1* Aralsee *m*
ара́хис *m K* Erdnuß *f*
арби́тр *m K* (*JUR, SPORT*) Schiedsrichter *m*
арбитра́ж *m K* **1.** (*JUR*) Schiedsgericht *nt*; **2.** (*ÖKON*) Arbitrage *f*
арбитра́жный *adj* arbiträr, willkürlich
арбу́з *m K* Wassermelone *f*
Аргенти́на *f A* Argentinien *nt*
аргуме́нт *m K* **1.** Argument *nt*; **2.** Beweis *m*; **весо́мый ~** stichhaltiges [*o* schwerwiegendes] Argument *nt*; **неубеди́тельный ~** haltloser Beweis *m*; **приводи́ть ~** ein Argument vorbringen; **опроверга́ть чьи-ли́бо ~** jds Argument widerlegen
аргумента́ция *f A2* **1.** Argumentation *f*; **2.** Beweisführung *f*
аргументи́ровать *vt E2 impf/pf* argumentieren
ареа́л *m K* Areal *nt*, Gebiet *nt*
аре́на *f A* **1.** (*SPORT*) Arena *f*; **2.** (*auch fig*) Schauplatz *m*
аре́нда *f A* Pacht *f*; **брать в аре́нду** pachten; **сдава́ть в аре́нду** verpachten
аренда́тор *m K* Pächter *m*
арендова́ть *vt E2 impf/pf* pachten
аре́ст *m K* **1.** Haft *f*; **2.** Festnahme *f*
аресто́вывать *vi E2 impf* (*pf*: арестова́ть) verhaften, festnehmen
аристокра́тия *f A2* Adel *m*, Aristokratie *f*
аритми́я *f A2* (*MED*) Rhythmusstörung *f*; **серде́чная ~** Herzrhythmusstörung *f*
арифме́тика *f A* Arithmetik *f*
арифмети́ческий *adj* arithmetisch; **арифмети́ческая зада́ча** Rechenauf-

gabe *f*
ария *f A2* Arie *f*
арка ⟨*gen pl*: арок⟩ *f A* (*BAU*) Bogen *m*
Арктика *f A* Arktis *f*
арктический *adj* arktisch; **~ полюс** Nordpol *m*
АРМ *abk von* автоматизированное рабочее место *nt* automatisierter [*o* computergestützter] Arbeitsplatz *m*, CAD-Arbeitsplatz *m*
Армения *f A2* Armenien *nt*
армия *f A2* **1.** Armee *f*, Heer *nt*; **~ спасения** Heilsarmee *f*; **служить в армии** seinen Wehrdienst leisten; **2.** (*auch fig*) große Menge *f*
армянин, **армянка** ⟨*pl m*: -мяне, -мян⟩ *m U2 / f A* Armenier, -in *m/f*
армянский *adj* armenisch
аромат *m K* Aroma *nt*, Duft *m*
ароматизировать *vt E2 impf/pf* aromatisieren
ароматный ⟨*kf*: -тен, -тна⟩ *adj* aromatisch, wohlriechend
артерия *f A2* **1.** (*ANAT*) Arterie *f*, Pulsader *f*; **2.** (*fig*) Verkehrsweg *m*; **транспортная ~** Hauptverkehrsader *f*
артикль *m K1* (*LING*) Artikel *m*
артист, **артистка** ⟨*gen pl f*: -ток⟩ *m K / f A* **1.** Künstler, -in *m/f*; **2.** Schauspieler, -in *m/f*; **3.** (*fig*) Sonderling *m*; **ну ты ~!** (*umg*) na, du bist mir einer!
артистка ⟨*gen pl*: -ток⟩ *f A* Künstlerin *f*, Schauspielerin *f*
арфа *f A* Harfe *f*
архаизм *m K* **1.** (*LING*) Archaismus *m*; **2.** Überbleibsel *nt*
архангел *m K* Erzengel *m*
археолог *m K* Archäologe *m*
археология *f A2* Archäologie *f*
архив *m K* Archiv *nt*; **сдавать в ~** archivieren, ad acta legen; **открыть ~ы** Archive der Öffentlichkeit zugänglich machen
архиепископ *m K* Erzbischof *m*
архитектор *m K* **1.** Architekt *m*, Baumeister *m*; **2.** (*auch fig*) Mitgestalter *m*
архитектура *f A* Architektur *f*, Baukunst *f*
архитектурный *adj* architektonisch; **~ памятник** Baudenkmal *m*
аршин ⟨*gen pl*: аршин⟩ *m K altes russisches Längenmaß: 0,71m;* **мерить всех на свой ~** alles am eigenen Maßstab messen
асбест *m K* Asbest *m*
асимметрия *f A2* (*auch fig*) Asymmetrie *f*, Mißverhältnis *nt*
аспект *m K* Aspekt *m*, Gesichtspunkt *m*
аспирант *m K* Anwärter *m*, Aspirant *m*; **учиться в ~е** Doktorand sein
ассамблея *f A2* Versammlung *f*; **генеральная ~ ООН** UNO-Vollversammlung *f*
ассигнования *f A2* **1.** Bewilligung *f*; **2.** Geldanweisung *f*
ассигновывать *vt E2 impf* (*pf*: ассигновать) Gelder bewilligen [*o* bereitstellen]
ассистент, **ассистентка** *m K / f A* Assistent, -in *m/f*
ассорти *nt indekl* Mischung *f*; **конфеты ~** Pralinenmischung *f*
ассортимент *m K* Sortiment *nt*, Angebot *nt*; **~ товаров** Warenangebot *nt*; **широкий ~** große Auswahl *f*, reichhaltiges Angebot *nt*
ассоциация *f A2* **1.** Vereinigung *f*, Gesellschaft *f*; **2.** (*PSYCH*) Gedankenverbindung *f*, Assoziation *f*
ассоциировать *vt E2 impf/pf* (*что-либо с чем-либо*) assoziieren, verbinden
астра *f A* Aster *f*
астрология *f A2* Astrologie *f*
астронавт *m K* **1.** Astronaut, -in *m/f*; **2.** US-Raumfahrer, -in *m/f*
астрономический *adj* **1.** astronomisch; **2.** (*fig*) immens, unermeßlich; **астрономические суммы** Unsummen *f pl*
астрономия *f A2* Astronomie *f*
атака *f A* **1.** Attacke *f*, **2.** (*auch fig*) Angriff *m*; **идти в атаку** angreifen; **отбить атаку противника** den gegnerischen Angriff abwehren
атаковать *vt E2 impf/pf* **1.** angreifen; **2.** (*auch fig*) bedrängen
атас *m K tatarischer Schlachtruf;* **стоять на ~е** Schmiere stehen
атеист *m K* Atheist *m*
ателье *nt indekl* **1.** Atelier *nt*, Künstlerwerkstatt *f*; **2.** Reparaturwerkstatt *f*; **~ по ремонту обуви** Schusterwerkstatt *f*
Атлантика *f A* Atlantik *m*
атлантический *adj* atlantisch; **~ океан** *m* Atlantischer Ozean *m*
атлас *m K* Atlas *m*; **~ мира** Weltatlas *m*
атлет *m K* Athlet *m*, Sportler *m*
атмосфера *f A* (*auch fig*) Atmosphäre *f*; **земная ~** Erdatmosphäre *f*; **тягостная ~** bedrückende Atmosphäre; **~ переговоров** Gesprächsklima *nt*; **беседа прошла в непринуждённой атмосфере** das Gespräch verlief in ungezwungener Atmosphäre
атмосферный *adj* atmosphärisch; **атмосферное давление** Luftdruck *m*; **атмосферные осадки** Niederschläge
атом *m K* Atom *nt*

áтомный *adj* Atom-, Kern-; **áтомная бóмба** Atombombe *f*; **~ вес** Atomgewicht *nt*; **áтомное орýжие** *nt* Atomwaffe *f*; **áтомная электростáнция** Atomkraftwerk *nt*; **áтомная энéргия** Kernkraft *f*

атрибýт *m K* (*LING*) Attribut *nt*, Beifügung *f*

АТС *siehe* **автоматúческий**

аттестáт *m K* Zeugnis *nt*; **~ зрéлости** Reifezeugnis *nt*; **получúть ~ зрéлости** das Abitur machen

аттестáция *f A2* Bescheinigung *f*

аттестовáть *vt E2 impf/pf* beurteilen, attestieren

аттрактúвный *adj* (*предложéние*) attraktiv, lohnend

аудиокассéта *f A* Audiokassette *f*

аудúрование *nt O2* Hören *nt*

аудúт *m K* Buchprüfung *f*, Rechnungsprüfung *f*

аудúтор *m K* Wirtschaftsprüfer *m*

аудитóрия *f A2* **1.** Hörsaal *m*, Seminarraum *m*; **2.** Auditorium *nt*, Zuhörerschaft *f*

аукциóн *m K* Auktion *f*; **продавáть с ~а** versteigern

áут *m K* (*SPORT*) Aus *nt*; **быть в ~е** im Aus sein

аутотрéнинг *akr von* аутогéнная тренирóвка *f* autogenes Training *nt*

аутсáйдер *m K* **1.** (*SPORT*) abstiegsgefährdeter Verein *m*; **2.** (*fig*) Außenseiter *m*

афгáнец ⟨*gen sg*: -нца⟩ *m K* **1.** Afghane *m*; **2.** Afghanistankämpfer *m*

Афганистáн *m K* **1.** Afghanistan *nt*; **2.** (*umg*) Afghanistankrieg *m*

афгáнка *f A* Afghanin *f*

афгáнский *adj* afghanisch

аферúст *m K* Schwindler *m*, Trickbetrüger *m*

Афúны *pl A* Athen *nt*

афúша *f A* Anschlagzettel *m*, Plakat *nt*

афишúровать *vt E2 impf/pf* zur Schau stellen

афорúзм *m K* Aphorismus *m*

Áфрика *f A* Afrika *nt*

африкáнец, **африкáнка** ⟨*gen sg m*: -нца, *gen pl f*: -нок⟩ *m K / f A* Afrikaner, -in *m/f*

африкáнский *adj* afrikanisch

Ахиллéс *m K* Achilles *m*; **ахиллéсова пя́та** Achillesferse *f*

аэрáция *f A2* (*ÖKOL*) Belüftung *f*, Durchlüftung *f*; **~ стóчных вод** Abwasserbelüftung *f*

аэрóбус *m K* Airbus *m*, Großraumflugzeug *nt*

аэровокзáл *m K* **1.** Flughafengebäude *nt*; **2.** Abfertigungshalle *f*

аэродинамúческий *adj* aerodynamisch

аэродрóм *m K* Flugplatz *m*

аэропóрт *m K* Flughafen *m*

аэростáт *m K* Ballon *m*

аэротéнк *m K* (*ÖKOL*) Belüftungsbecken *nt*

Аэрофлóт *m K* *russische Luftfahrtgesellschaft*

аэрофотоснúмок ⟨*gen sg*: -мка⟩ *m K* Luftbild *nt*

АЭС *abk von* áтомная электростáнция *f* Atomkraftwerk *nt*

Б

б, Б *nt indekl kyrillischer Buchstabe*

бáбочка *f A* **1.** Fliege *f*, Binder *m*; **2.** (*ZOOL*) Schmetterling *m*

бáбушка *f A* Großmutter *f*, Oma *f*

Бавáрия *nt A2* Bayern *nt*

бавáрский *adj* bayrisch

багáж *m K e* Gepäck *nt*; **~ знáний** (*fig*) Kenntnisse

багáжник *m K* **1.** (*KFZ*) Kofferraum *m*; **2.** Gepäckträger *m*

багáжный *adj* Gepäck-; **~ вагóн** Gepäckwagen *m*

Багáмские островá *m K ple* Bahamas *pl*

багрóвый *adj* purpurrot

Бадéн-Вюртембéрг *m K* Baden-Württemberg *nt*

бадминтóн *m K* Badminton *nt*, Federball *nt*

бадья́ ⟨*gen pl*: -éй⟩ *f A1* Eimer *m*, Kübel *m*

бáза *f A* **1.** Basis *f*, Grundlage *f*; **заложúть бáзу для чегó-либó** den Grundstein [*o* das Fundament] legen (für +*akk*) **2.** Warenlager *nt*; **3.** Militärstützpunkt *m*; **~ дáнных** (*DV*) Datenbank *f*

базáр *m K* **1.** Markt *m*; **2.** (*umg*) Stimmengewirr *nt*; **птúчий ~** Vogelkolonie *f*

базúроваться *vi E2 impf* **1.** (*на чём-лúбо*) sich stützen (auf +*akk*); **2.** beruhen (auf +*dat*); **3.** (*где-лúбо*) ansässig sein, den Sitz haben

бáзовый *adj* Grund-, Basis-; **бáзовые знáния** *nt* Grund [*o* Vor-]kenntnisse *f pl*

байдáрка ⟨*gen pl*: -рок⟩ *f A* Paddelboot *nt*, Kajak *nt*; **разбóрная ~** Faltboot *nt*

Байкáл *m K* Baikalsee *m*

байт *m K* (*DV*) Byte *nt*

бак *m K* Behälter *m*; **запаснóй ~** Reservekanister *m*

бáкен *m K* Boje *f*

бакенбáрды *f pl A* Backenbart *m*

бáки *f pl A* Backenbart *m*, Koteletten *pl*

баклажáн *m K* Aubergine *f*

баклу́ша *f A* Holzklötzchen *nt*; **бить баклу́ши** Däumchen drehen
бактериа́льный *adj* bakteriell
бакте́рия *f A2* Bakterie *f*
бал ⟨*präpos sg*: на балу́⟩ *m K ple* Ball *m*; **устро́ить ~** einen Ball geben; **пра́вить ~** das Sagen haben
балага́н *m K* **1.** Bude *f*, Schaubude *f*; **2.** (*fig*) Durcheinander *nt*, Tohuwabohu *nt*
балагу́рить *vi I impf* (*umg*) Spaß machen, Witze machen
балала́йка ⟨*gen pl*: -ла́ек⟩ *f A* Balalaika *f*
бала́нс *m K* **1.** Bilanz *f*; **~ годово́й** Jahresbilanz *f*: **2.** Balance *f*; **~интере́сов** Interessenausgleich *m*; **~ сил** (*POL*) Kräfteverhältnis *nt*
баланси́ровать [1] *vi E2 impf* (*pf*: с-) (*на чём-ли́бо/чем-ли́бо*) balancieren
баланси́ровать [2] *vt E2 impf* (*pf*: сбаланси́ровать) Bilanz ziehen
балдёж *m K* (*umg*) Trip *m*, Rauschzustand *m*
балде́ть *vi E impf* **1.** (*umg*: *наркотизи́роваться*) auf einen Trip gehen; **2.** die Zeit gut verbringen
балери́на *f A* Ballerina *f*, Ballettänzerin *f*
балеру́н *m K* Ballettänzer *m*
бале́т *m K* Ballet *nt*; **~ на льду** Eisrevue *f*
ба́лка ⟨*gen pl*: -лок⟩ *f A* Balken *m*
Балка́ны ⟨*gen*: Балка́н⟩ *f pl A* Balkan *m*
балко́н *m K* Balkon *m*
балла́да *f A* Ballade *f*
балла́ст *m K* **1.** Ballast *m*; **сбро́сить ~** (ideologischen) Ballast abwerfen; **2.** Schotter *m*
балла́стный *adj* Ballast-; **балла́стные вещества́** Ballaststoffe *m*
балл [1] *m K* Note *f*, Zensur *f*; **она́ получи́ла хоро́ший ~** sie hat eine gute Note bekommen
балл [2] *m K* Stärkegrad *m*; **ве́тер в 6 ~ов** Windstärke 6 *f*
балло́н *m K* Ballon *m*; **га́зовый ~** (*CHEM, PHYS*) Gasflasche *f*
баллоти́роваться *vi E2 impf* kandidieren
ба́лова́ть *vt E2 impf* (*pf*: из-) verwöhnen, verhätscheln
ба́ловаться *vi E2 impf* (*umg*) Unfug treiben, unartig sein
баловство́ *nt O* Übermut *m*
балти́йский *adj* baltisch
Балти́йское мо́ре *nt O1* Ostsee *f*
Ба́лтика *f A* Baltikum *nt*
бальза́м *m K* Balsam *m*
бамбу́к *m K* Bambus *m*
ба́мпер *m K* (*KFZ*) Stoßstange *f*
бана́льность *f I* Banalität *f*
бана́льный ⟨*kf*: -лен, -льна⟩ *adj* banal
бана́н *m K* Banane *f*
ба́нда *f A* Verbrecherbande *f*
банда́ж *m K* Bandage *f*; **накла́дывать ~** bandagieren
бандеро́ль *f A1* **1.** Päckchen *nt*; **посла́ть что-ли́бо ~ю** etw als Päckchen schicken; **2.** Streifbandsendung *f*
ба́нджо *nt indekl* Banjo *nt*
банди́т *m K* Bandit *m*
банди́тский *adj* Banden-
банк *m K* **1.** (*ÖKON*) Bank *f*; **~ да́нных** (*DV*) Datenbank *f*; **2.** Spielbank *f*; **собра́ть ~** die Bank sprengen
ба́нка [1] ⟨*gen pl*: -нок⟩ *f A* Dose *f*, Büchse *f*; **консе́рвная ~** Konservendose *f*
ба́нка [2] ⟨*gen pl*: -нок⟩ *f A* (*MAR*) Untiefe *f*; **подво́дная ~** Sandbank *f*
банке́т *m K* Bankett *nt*, Festessen *nt*
банки́р *m K* Bankier *m*
банкно́та *f A* Banknote *f*, Geldschein *m*
ба́нковский *adj* Bank-: **ба́нковское де́ло** Bankwesen *nt*; **~ и́ндекс** Bankleitzahl *f*; **~ слу́жащий** Bankangestellte(r) *m*
банкома́т *m K* Geldautomat *m*
банкро́тство *nt O* **1.** Bankrott *m*, Konkurs *m*; **объявля́ть ~** Konkurs anmelden; **2.** (*fig*) Scheitern *nt*, Mißerfolg *m*
ба́ночка *dim von* **ба́нка**[1]
бант *m K* Schleife *f*; **завяза́ть ~ом** eine Schleife binden
ба́ня *f A1* russisches Dampfbad *nt*
бараба́н *m K* Trommel *f*
бараба́нить *vi I impf* trommeln
бараба́нщик, **бараба́нщица** *m K / f A* **1.** Trommler, -in *m/f*; **2.** (*umg*) Denunziant, -in *m/f*
бара́к *m K* Baracke *f*
бара́н *m K* Hammel *m*; **смотре́ть на что-ли́бо как ~ на но́вые воро́та** (*fig*) dastehen wie der Ochs vorm Berg
бара́нина *f A* Hammelfleisch *nt*
барахло́ *nt O* (*umg*) Krempel *m*, Kram *m*
бара́хтаться *vi E impf* zappeln, strampeln
бара́шек ⟨*gen sg*: -шка⟩ *m K* Lamm *nt*, Lämmchen *nt*
бар [1] *m K* **1.** Bar *f*, Theke *f*; **2.** Imbißstube *f*
бар [2] *m K* (*PHYS*) Bar *nt*
бард *m K* Liedermacher *m*
барда́к *m K* (*umg*) Schlamperei *f*, Lotterwirtschaft *f*
ба́рель *m K1* Fass *nt*
барито́н *m K* Bariton *m*
ба́рмен *m K* Barkeeper *m*
ба́рменша *f A* **1.** Barkeeperin *f*; **2.** Bardame *f*
баро́кко *nt indekl* Barock *nt*

баро́метр *m K* Barometer *nt*
баро́чный *adj* barock
баррика́да *f A* Barrikade *f*; **вы́йти на баррика́ды** (*fig*) auf die Barrikaden gehen
ба́рский *adj* herrschaftlich; **жить на ба́рскую но́гу** (*fig*) auf großem Fuß leben
барсу́к *m K* Dachs *m*
ба́ртер *m K* Tauschgeschäft *nt*, Tauschhandel *m*
ба́рхат *m K* Samt *m*
ба́рхатный *adj* Samt-, samten
ба́рышня ⟨*gen pl*: -шень⟩ *f A1* (*auch pej*) gnädiges Fräulein *nt*; **кисе́йная ~** (*pej*) Zierpuppe *f*
барье́р *m K* **1.** (*auch fig*) Barriere *f*, Schranke *f*, Hindernis *nt*; **2.** (*SPORT*) Hürde *f*; **торго́вые ~ы** Handelsschranken *f pl*; **звуково́й ~** Schallmauer *f*; **языково́й ~** Verständigungsproblem *nt*, Sprachbarriere *f*
бас *m K* Bass *m*
баскетбо́л *m K* Basketball *m*
ба́сня ⟨*gen pl*: -сен⟩ *f A1* Fabel *f*
бассе́йн *m K* Bassin *nt*, Becken *nt*; **~ реки́** Flußbecken *nt*
бастова́ть *vi E2 impf* (*pf*: за-) streiken
бата́лия *f A2* Schlacht *f*, Streit *m*, Wortgefecht *nt*; **полити́ческая ~** politische Auseinandersetzung *f*
батальо́н *m K* Bataillon *nt*
батаре́йка ⟨*gen pl*: -péeк⟩ *f A* kleine Batterie *f*
батаре́я ⟨*gen pl*: -ре́й⟩ *f A2* **1.** (*MIL, EL*) Batterie *f*; **2.** (*EL*) Aku *m*; **со́лнечная ~** Solarzelle *f*; **отопи́тельная ~** Heizkörper *m*
ба́тик *m indekl* Batik *f*; **печа́тать ~** batiken
ба́тник *m K* Hemdbluse *f*
бато́н *m K* Stangenweißbrot *nt*
бах! *interj* bums!, baff
бахва́литься *v + inst I impf* prahlen, aufschneiden
бахва́льство *nt O* Prahlerei *f*
бахрома́ *f A* Franse *f*
баци́лла *f A* Bazillus *m*
ба́шня ⟨*gen pl*: -шен⟩ *f A1* **1.** Turm *m*; **2.** (*umg*) Hochhaus *nt*
бди́тельность *f I* Wachsamkeit *f*
бди́тельный ⟨*kf*: -лен, -льна⟩ *adj* wachsam
бег ⟨*präpos sg*: на бегу́⟩ *m K* Lauf *m*; **~ на выно́сливость** Dauerlauf *m*; **~ на ме́сте** Treten auf der Stelle
бега́ ⟨*gen pl*: -о́в⟩ *m K ple* **1.** Rennen *nt*, Wettrennen *nt*; **2.** Pferderennen *nt*; **~ в мешка́х** Sackhüpfen *nt*; **в ~х** auf der Flucht
бе́гать *vi E unbest* (*best*: бе́жать) hin und her laufen
бегемо́т *m K* Flußpferd *nt*, Nilpferd *nt*
бегле́ц *m K* Flüchtling *m*
бе́гло *adv* fließend, schnell; **она ~ говори́т по-неме́цки** sie spricht fließend Deutsch
бе́глый *adj* **1.** flüchtig, entlaufen; **2.** (*fig*) flüchtig, schnell; **~ взгляд** flüchtiger Blick *m*
бегля́нка ⟨*gen pl*: -нок⟩ *f A* weiblicher Flüchtling *m*
бегово́й *adj* Renn-
бего́м *adv* laufend, im Laufschritt
беготня́ ⟨*inst sg*: -нёю, *gen pl*: -не́й⟩ *f A1* (*umg*) Lauferei *f*
бе́гство *nt O* Flucht *f*; **~ вперёд** Flucht nach vorn; **обрати́ть в ~** in die Flucht schlagen; **обрати́ться в ~** die Flucht ergreifen
бегу́н, бегу́нья *m K / f A1* (*SPORT*) Läufer, -in *m/f*
беда́ *f A pls* Unglück *nt*, Elend *nt*, Not *f*; **~ в том, что** das Schlimme ist, daß; **не ~** das ist nicht so schlimm; **лиха́ ~ нача́ло** aller Anfang ist schwer; **~ как** (*umg*) sehr; **~ ско́лько** (*umg*) schrecklich viel
бе́дность *f I* Armut *f*
бе́дный ⟨*kf*: -ден, -дна́, -дно⟩ *adj* **1.** arm; **2.** unglücklich
бедня́жка ⟨*gen pl*: -жек⟩ *mf A* (*umg*) armer Mensch *m*, armer Tropf *m*
бедня́к *m K e* Arme(r) *m*, armer Bauer *m*
бедро́ ⟨*pl*: бёдра, -дер, -драм⟩ *nt O* **1.** Oberschenkel *m*; **2.** Hüfte *f*
бе́дственный ⟨*kf*: -вен, венна⟩ *adj* erbärmlich, miserabel
бе́дствие *nt O2* Unheil *nt*, Katastrophe *f*; **стихи́йное ~** Naturkatastrophe *f*
бе́дствовать *vi E2 impf* Not leiden, darben
бедуи́н, бедуи́нка *m K / f A* Beduine *m*, Beduinin *f*
бежа́ть ⟨*präs*: бегу́, бежи́шь⟩ *vi UI best* (*unbest*: бе́гать) hinlaufen, hinrennen; **~ за кем-либо** jdm hinterherlaufen; **~ из чего́-либо** fliehen aus; **часы́ бегу́т** (*fig*) die Uhr geht vor; **молоко́ бежи́т** die Milch läuft über
бе́жевый *adj* beige
бе́женец ⟨*gen sg*: -нца⟩ *m K* Flüchtling *m*, Asylbeweber *m*; **наплы́в бе́женцев** Flüchtlingsstrom *m*
без, безо *präp +gen* ohne (*+akk*); **~ оши́бок** fehlerlos; **~ сомне́ния** zweifellos; **~ пяти́ двена́дцать** fünf Minuten vor zwölf
безала́берный ⟨*kf*: -рен, -рна⟩ *adj* liederlich, unordentlich
безала́берщина *f A* Schlamperei *f*

безалкого́льный *adj* alkoholfrei
безапелляцио́нный ⟨*kf*: -о́нен, -о́нна⟩ *adj* (*JUR*) kategorisch, Berufung ausschließend
беза́томный *adj* atom(waffen)frei; **беза́тонмая зо́на** atomwaffenfreie Zone *f*
безбиле́тный *adj* fahrscheinlos; **~ пассажи́р** Schwarzfahrer *m*
безболе́зненный *adj* **1.** schmerzlos; **2.** (*fig*) problemlos, reibungslos
безбра́чие *nt O2* Ehelosigkeit *f*, Zölibat *m*
безбре́жный *adj* endlos, uferlos; **безбре́жные просто́ры** endlose Weiten
безве́трие *nt O2* Windstille *f*
безви́зовый *adj* visumfrei; **~ режи́м** Reisefreiheit *f*, Visumfreiheit *f*
безвку́сица *f A* **1.** (*fig*) Geschmacklosigkeit *f*; **2.** Kitsch *m*
безвку́сный *adj* **1.** (*о пи́ще*) geschmacklos; **2.** kitschig
безвозме́здный *adj* unentgeltlich, kostenlos
безво́льный ⟨*kf*: -лен, -льна⟩ *adj* willenlos
безвре́дный *adj* unschädlich, harmlos
безвре́менный *adj* (*geh*) vorzeitig, zu früh, ungelegen
безвы́ходный *adj* ausweglos; **он в ~ом положе́нии** er ist in einer ausweglosen Lage, er weiß weder ein noch aus
безгра́мотность *f I* **1.** Analphabetentum *nt*; **2.** Unwissenheit *f*
безграни́чный ⟨*kf*: -чен, -чна⟩ *adj* grenzenlos; **безграни́чная ра́дость** grenzenlose Freude *f*
безда́рный ⟨*kf*: -рен, -рна⟩ *adj* unbegabt
безде́йствие *nt O2* Tatenlosigkeit *f*; **~ поли́ции** Nichteinschreiten der Polizei
безде́йствовать *vi E2 impf* **1.** tatenlos zusehen; **2.** (*JUR*) nicht greifen, nicht wirksam werden
безде́йствующий *adj* **1.** unwirksam; **2.** untätig, passiv
безде́лица *f A* Kleinigkeit *f*, Bagatelle *f*
безделу́шки ⟨*gen pl*: -шек⟩ *f pl A* Nippes *m pl*
безде́лье *nt O1* Nichtstun *nt*
безде́льник *m K* Faulpelz *m*, Taugenichts *m*
безде́льничать *vi E impf* faulenzen, herumgammeln
безде́тный ⟨*kf*: -тен, -тна⟩ *adj* kinderlos
безде́ятельный ⟨*kf*: -лен, -льна⟩ *adj* tatenlos
бе́здна *f A* **1.** Abgrund *m*; **2.** (*umg*) Unmenge *f*; **~ дел** eine Menge Arbeit
бездо́мный ⟨*kf*: -мен, -мна⟩ *adj* **I.** obdachlos; **II.** *m wie adj* Obdachlose(r) *m*
бездо́нный *adj* bodenlos; **бездо́нная бо́чка** (*fig*) ein Faß ohne Boden
бездоро́жный ⟨*kf*: -жен, -жна⟩ *adj* unwegsam, unfahrbar
безду́мно *adv* gedankenlos, unbedacht
безду́мность *f I* Gedankenlosigkeit *f*
безду́шный *adj* herzlos, hartherzig
безжа́лостный *adj* erbarmungslos, unbarmherzig
безжи́зненный *adj* leblos
беззабо́тный *adj* sorglos, unbekümmert
беззако́ние *nt O2* **1.** Gesetzlosigkeit *f*; **2.** Willkür *f*; **соверша́ть беззако́ния** gesetzwidrig handeln
беззасте́нчивый *adj* unverschämt, rücksichtslos
беззащи́тный *adj* schutzlos, wehrlos
беззву́чный *adj* lautlos, kaum hörbar
безлицензио́нный *adj* lizenzfrei
безли́чный *adj* unpersönlich
безлю́дный *adj* menschenleer, öde
безме́рный *adj* maßlos, unermeßlich
безнадёжность *f I* Hoffnungslosigkeit *f*
безнадёжный *adj* hoffnungslos
безнака́занно *adv* ungestraft, straflos
безнали́чный *adj* bargeldlos; **~ расчёт** bargeldloser Zahlungsverkehr *m*
безнра́вственность *f I* Unmoral *f*
безнра́вственный *adj* unmoralisch
безоби́дный *adj* harmlos
безо́блачный *adj* wolkenlos; **безобла́чное сча́стье** (*fig*) ungetrübtes Glück *nt*
безобра́зие *nt O2* **1.** Häßlichkeit *f*; **2.** Unverschämtheit *f*; **э́то ~!** das ist ein Unding
безоговоро́чно *adv* bedingungslos, vorbehaltlos
безопа́сность *f I* Sicherheit *f*, Gefahrlosigkeit *f*; **~ пре́жде всего́** die Sicherheit geht vor; **быть в безопа́сности** in Sicherheit sein; **о́рганы госуда́рственной безопа́сности** Staatssicherheitsorgane
безопа́сный *adj* ungefährlich, sicher
безостано́вочный *adj* ununterbrochen, pausenlos
безотве́тственный *adj* unverantwortlich, verantwortungslos
безотка́зный *adj* störungsfrei, einwandfrei; **~ рабо́та** störungsfreier Betrieb *m*; **~ челове́к** *m* (*fig*) Pflichtmensch *m*
безотхо́дный *adj* abfallfrei; **безотхо́дная техноло́гия** abfallfreies Produktionsverfahren *nt*
безоши́бочный *adj* fehlerfrei, fehlerlos
безрабо́тица *f A* Arbeitslosigkeit *f*; **рост безрабо́тницы** Anstieg der Arbeitslosigkeit; **у́ровень безрабо́тницы**

Arbeitslosenquote *f*

безрабо́тный *adj* **I.** arbeitslos; **II.** *m wie adj* Arbeitslose(r) *m*

безра́достный *adj* freudlos

безразли́чие *nt O2* Gleichgültigkeit *f*

безразли́чно *adv* gleichgültig; **э́то мне ~** das ist mir ganz gleich

безрассу́дный ⟨*kf*: -ден, -дна⟩ *adj* unbesonnen, kopflos; **~ посту́пок** unüberlegte Handlung *f*

безрезульта́тный ⟨*kf*: -тен, -тна⟩ *adj* ergebnislos

безу́держный ⟨*kf*: -жен, -жна⟩ *adj* **1.** unaufhaltsam; **~ рост цен** ständiger Preisanstieg *m* **2.** hemmungslos, zügellos; **безуде́ржная фанта́зия** zügellose Phantasie *f*

безукори́зненный ⟨*kf*: -нен, -ненна⟩ *adj* makellos, tadellos

безу́мие *nt O2* Wahnsinn *m*, Verrücktheit *f*

безу́мный ⟨*kf*: -мен, -мна⟩ *adj* wahnsinnig, verrückt

безу́мствовать *vi E2 impf* unvernünftig handeln, toben

безупре́чный ⟨*kf*: -чен, -чна⟩ *adj* **1.** einwandfrei, tadellos; **2.** unbescholten; **безупре́чная репута́ция** einwandfreier Ruf *m*

безусло́вно *adv* sicherlich, zweifellos

безусло́вный ⟨*kf*: -вен, -вна⟩ *adj* **1.** unbedingt; **безусло́вное повинове́ние** unbedingter Gehorsam *m*; **2.** sicher, eindeutig; **~ успе́х** eindeutiger Erfolg *m*

безуспе́шность *f I* Erfolglosigkeit *f*

безуспе́шный ⟨*kf*: -шен, -шна⟩ *adj* erfolglos; **безуспе́шная попы́тка** mißglückter Versuch *m*

безуте́шный ⟨*kf*: -шен, -шна⟩ *adj* untröstlich

безуча́стный ⟨*kf*: -тен, -тна⟩ *adj* teilnahmslos, unbeteiligt; **~ свиде́тель** unbeteiligter Zeuge *m*

безъя́дерный ⟨*kf*: -рен, -рна⟩ *adj* kernwaffenfrei

безыде́йность *f I* Ideenlosigkeit *f*

безымя́нный *adj* dem Namen nach unbekannt; **~ па́лец** (*fig*) Ringfinger *m*

безынициати́вность *f I* fehlende Initiative *f*

беккере́ль *m K1* Becquerel *nt*

беле́ть *vi E impf* (*pf:* по-) weiß werden, verbleichen

бели́ла *pl O* Deckweiß *nt*

бели́ть ⟨*präs*: белю́, бе́лишь⟩ *vt I* (*pf:* по-) weiß anstreichen

бе́лка *f A* **1.** Eichhörnchen *nt*; **2.** Feh *nt*, Eichhörnchenfell *nt*; **верте́ться как ~ в колёсе** (*fig*) hin und her hetzen

беллетри́стика *f K* Unterhaltungsliteratur *f*

бело́к ⟨*gen sg*: белка́⟩ *m K* **1.** (*BIO*) Eiweißstoff *m*; **2.** Eiweiß *nt*; **3.** *das Weiße im Auge*

белоку́рый *adj* blond, hellblond

белору́с, **белору́ска** *m K / f A* Weißrusse, -russin *m/f*

Белору́ссия *f A2* Weißrußland *nt*

белору́сский *adj* weißrussisch

Белосне́жка *f A* Schneewittchen *nt*

белосне́жный ⟨*kf*: -жен, -жна⟩ *adj* schneeweiß, schlohweiß, blütenweiß

бе́лый ⟨*kf*: бел, бела́, бело́, белы́, *komp*: беле́е⟩ *adj* weiß; **~ гриб** Steinpilz *m*; **~ дом** das Weiße Haus *nt*; **~ медве́дь** Eisbär *m*; **~ хлеб** Weißbrot *nt*; **~ как мел** kreidebleich; **средь бе́ла дня** am hellichten Tag; **~ биле́т** Befreiung vom Armeedienst aus Gesundheitsgründen; **~ стих** (*LIT*) Blankvers *m*; **~ та́нец** Damenwahl *f*; **бе́лая воро́на** (*fig*) schwarzes Schaf *nt*; **бе́лая кость** (*fig*) blaues Blut *nt*; **бе́лое пятно́** *nt* (*fig*) weißer Fleck auf der Landkarte; **бе́лые но́чи** helle Nächte *f*

бельги́ец, **бельги́йка** ⟨*gen sg m*: -и́йца, *gen pl f*: -ги́ек⟩ *m K / f A* Belgier, -in *m/f*

бельги́йский *adj* belgisch

Бе́льгия *f A2* Belgien *nt*

бельё *nt O1* Wäsche *f*; **ни́жнее ~** Unterwäsche *f*; **посте́льное ~** Bettwäsche *f*; **цветно́е ~** Buntwäsche *f*; **~ для кипяче́ния** Kochwäsche *f*; **копа́ться в чужо́м гря́зном белье́** (*umg*) schmutzige Wäsche waschen, über jds Privatleben herziehen

бельмо́ *nt O pls* (*MED*) Star *m*; **быть для кого́-ли́бо бельмо́м на глазу́** (*fig*) jdm ein Dorn im Auge sein

бельэта́ж *m K* (*THEAT*) erster Rang *m*

бензи́н *m K* Benzin *nt*; **неэтили́рованный ~** bleifreies Benzin; **обы́чный ~** Normalbenzin *nt*

бензоколо́нка *f A* **1.** Tankstelle *f*; **2.** Zapfsäule *f*

бензонасо́с *m K* Benzinpumpe *f*

бе́рег ⟨*präpos sg*: на берегу́, *nom pl*: берега́⟩ *m K ple* Ufer *nt*, Küste *f*; **круто́й ~** Steilküste *f*; **быть вы́брошенным на ~** stranden; **выходи́ть из ~о́в** über die Ufer treten; **сойти́ на ~** an Land gehen; **от одного́ ~а отста́ть, к друго́му не приста́ть** (*fig*) sich zwischen zwei Stühle setzen

бережёный *adj* behütet, beschützt; **бережёного бог бережёт** Vorsicht ist besser als Nachsicht

бережли́вость *f I* Sparsamkeit *f*

бережли́вый *adj* sparsam, wirtschaftlich

бе́режно *adv* behutsam; **обраща́ться ~**

с кем-ли́бо/чем-ли́бо behutsam umgehen (mit *+dat*)

бе́режный ⟨*kf*: -жен, жна⟩ *adj* behutsam, vorsichtig

берёза *f A* Birke *f*

бере́менеть *vi E impf* (*pf*: за-) schwanger werden

бере́менная *adj* **I.** schwanger; **II.** *f wie adj* Schwangere *f*

бере́менность *f I* Schwangerschaft *f*; **она на тре́тьем ме́сяце ~и** sie ist im dritten Monat schwanger; **на после́днем ме́сяце бере́менности** hochschwanger; **нежела́тельная ~** ungewollte Schwangerschaft *f*

бере́т *m K* **1.** Barett *nt*; **2.** Baskenmütze *f*

бере́чь ⟨*präs*: берегу́, бережёшь, *prät*: берёг, берегла́⟩ *vt UE4 impf* (*pf*: с-) **1.** schonen; **~ си́лы** seine Kräfte schonen **2.** sparen; **3.** bewahren, aufbewahren; **~ та́йну** ein Geheimnis wahren **4.** schützen, hüten; **~ как зени́цу о́ка** wie seinen Augapfel hüten; **береги́ себя́!** paß gut auf dich auf

бере́чься ⟨*präs*: берегу́сь, бережёшься⟩ *vi UE4 impf* (*mit gen oder inf*) sich vorsehen, sich in acht nehmen (vor *+dat*)

берму́дас *m pl indekl* Bermudashorts *pl*

беру́ши *pl O1* Ohrenschützer *m pl*

бес *m K* (*umg*) Teufel *m*; **в него́ всели́лся ~** der Teufel ist in ihn gefahren

бесе́да *f A* **1.** Gespräch *nt*, Unterhaltung *f*; **~ с гла́зу на́ глаз** Gespräch unter vier Augen; **2.** Interview *nt*

бесе́дка *f A* Gartenlaube *f*

бесе́довать *vi E2 impf* (*pf*: по-) (*с кем-ли́бо/чем-ли́бо; о чем-ли́бо*) sich unterhalten, ein Gespräch führen

беси́ть ⟨*präs*: бешу́, бе́сишь⟩ *vt I impf* (*pf*: вз-) wütend machen, auf die Palme bringen

беси́ться *vr I impf* (*pf*: вз-) **1.** (*nur 3. pers*) tollwütig werden; **2.** (*umg*) wütend werden

бесконе́чность *f I* Unendlichkeit *f*

бесконе́чный ⟨*kf*: -чен, чна⟩ *adj* unendlich, endlos

бесконтро́льность *f I* Unkontrolliertheit *f*

бескоры́стный ⟨*kf*: -тен, -тна⟩ *adj* uneigennützig, selbstlos

бесперебо́йный ⟨*kf*: -о́ен, -о́йна⟩ *adj* kontinuierlich, ununterbrochen

бесперспекти́вный ⟨*kf*: -вен, -вна⟩ *adj* aussichtslos, ohne Perspektive

беспе́чность *f I* Sorglosigkeit *f*, Leichtsinn *m*

беспе́чный ⟨*kf*: -чен, -чна⟩ *adj* sorglos, unbekümmert

беспла́новый *adj* planlos

беспла́тно *adv* gratis

беспла́тный ⟨*kf*: -тен, -тна⟩ *adj* kostenlos, unentgeltlich

беспло́дие *nt O2* (*MED*) Unfruchtbarkeit *f*

беспло́дность *f I* (*fig*) Fruchtlosigkeit *f*, Ergebnislosigkeit *f*

беспло́дный ⟨*kf*: -ден, -дна⟩ *adj* **1.** (*MED*) unfruchtbar, steril; **2.** (*fig*) fruchtlos, ergebnislos

бесподо́бный ⟨*kf*: -бен, -бна⟩ *adj* unvergleichlich, beispiellos

беспоко́ить *vt I impf* **1.** beunruhigen; **2.** stören, belästigen

беспоко́иться *vr I impf* (*pf*: за-) **1.** (*о ком-ли́бо/чём-ли́бо*) besorgt sein, sich Sorgen machen um; **2.** sich bemühen; **пожа́луйста, не беспоко́йтесь!** bitte machen sie sich keine Umstände!

беспоко́йный ⟨*kf*: -о́ен, -о́йна⟩ *adj* **1.** unruhig, ruhelos; **беспоко́йная рабо́та** aufreibende Arbeit *f*; **2.** fahrig, hastig; **~ взгляд** flüchtiger Blick *m*

беспоко́йство *nt O* **1.** Unruhe *f*, Besorgnis *f*; **вы́звать ~** Besorgnis erregen; **2.** Störung *f*; **извини́те за ~!** entschuldigen Sie die Störung

бесполе́зно *adv* nutzlos; **э́то ~** das nützt nichts; **ему́ ~ об э́том говори́ть** es lohnt sich nicht, mit ihm darüber zu reden

бесполе́зность *f I* Nutzlosigkeit *f*

бесполе́зный ⟨*kf*: -зен. -зна⟩ *adj* nutzlos, vergeblich

беспо́мощность *f I* Hilflosigkeit *f*, Ohnmacht *f*

беспо́мощный ⟨*kf*: -щен, -щна⟩ *adj* **1.** hilflos; **2.** unbeholfen

беспо́рно *adv* unbestreitbar; **~, что...** feststeht, daß...

беспоря́дки *m pl K* Ausschreitungen *f pl*, Krawalle *m pl*

беспоря́док ⟨*gen sg*: -дка⟩ *m K* **1.** Unordnung *f*, Durcheinander *nt*; **2.** (*im pl*) Ausschreitungen *f pl*, Krawalle *m pl*

беспоря́дочный ⟨*kf*: -чен, -чна⟩ *adj* unordentlich, ungeordnet, kunterbunt

беспоса́дочный *adj* ohne Zwischenlandung; **~ перелёт** Nonstopflug *m*

беспо́шлинный *adj* zollfrei

беспоща́дный ⟨*kf*: -ден, -дна⟩ *adj* gnadenlos, schonungslos; **беспоща́дная кри́тика** schonungslose Kritik *f*

бесправие *nt O2* Rechtlosigkeit *f*

беспра́вный ⟨*kf*: -вен, -вна⟩ *adj* rechtlos, entrechtet

беспреде́л *m K* **1.** (*umg*) Unart *f*; **2.** Wahnsinn *m*; **правово́й ~** Rechtsextre-

mismus *m*; **разруши́тельный ~** Zerstörungswut *f*; **~ цен** horrende Preise
беспреде́льный ⟨*kf*: -лен, -льна⟩ *adj* (*auch fig*) grenzenlos, unermeßlich
беспредме́тный ⟨*kf*: -тен, -тна⟩ *adj* (*разгово́р*) gegenstandslos
беспрепя́тственный *adj* ungehindert
беспреры́вный ⟨*kf*: -вен, -вна⟩ *adj* ununterbrochen, pausenlos
беспреста́нно *adv* unaufhörlich, in einem fort
беспрецеде́нтный *adj* beispiellos
беспризо́рный ⟨*kf*: -рен, -рна⟩ *adj* **I.** verwahrlost, auf der Straße lebend; **II.** *m wie adj* verwahrloste(r) Jugendliche(r) *m*
бесприме́рный ⟨*kf*: -рен, -рна⟩ *adj* beispiellos
беспристра́стный ⟨*kf*: -тен, -тна⟩ *adj* unvoreingenommen, unparteiisch
беспричи́нный ⟨*kf*: -нен, -нна⟩ *adj* grundlos; **~ смех** grundloses Gelächter *nt*
бесприю́тный ⟨*kf*: -тен, -тна⟩ *adj* obdachlos
беспроце́нтный *adj* zinslos; **~ заём** zinsloses Darlehen *nt*
бессвя́зный ⟨*kf*: -зен, -зна⟩ *adj* zusammenhangslos, unzusammenhängend
бессерде́чный ⟨*kf*: -чен, -чна⟩ *adj* herzlos, hartherzig
бесси́лие *nt O2* Kraftlosigkeit *f*, Ohnmacht *f*
бесси́льный ⟨*kf*: -лен, -льна⟩ *adj* kraftlos, machtlos
бессла́вный ⟨*kf*: -вен, -вна⟩ *adj* schmählich, glanzlos; **~ коне́ц** glanzloses Ende *nt*
бессле́дно *adv* spurlos; **~ исче́знуть** spurlos verschwinden; **ничто́ не прохо́дит ~** alles hinterläßt seine Spuren
бесслове́сный ⟨*kf*: -сен, -сна⟩ *adj* **1.** stumm; **2.** wortkarg
бессме́ртие *nt O2* Unsterblichkeit *f*
бессме́ртный ⟨*kf*: -тен, -тна⟩ *adj* unsterblich
бессмы́сленность *f I* Sinnlosigkeit *f*
бессмы́сленный ⟨*kf*: -ен, -енна⟩ *adj* sinnlos; **бесмы́сленная зате́я** ein sinnloses Unterfangen *nt*
бессо́вестный ⟨*kf*: -тен, -тна⟩ *adj* **1.** gewissenlos; **2.** unverschämt
бессо́нница *f A* Schlaflosigkeit *f*
бессо́нный *adj* schlaflos
бесспо́рный ⟨*kf*: -рен, -рна⟩ *adj* ganz offenkundig
бессро́чный *adj* fristlos, unbefristet
бессты́дный ⟨*kf*: -ден, -дна⟩ *adj* unverschämt
бессты́дство *nt O* **1.** Unverschämtheit *f*; **2.** Schamlosigkeit *f*
беста́ктность *f I* Taktlosigkeit *f*
бе́стия *f A* **1.** Bestie *f*, **2.** (*auch fig*) Biest *nt*
бестолко́вый *adj* **1.** (*umg*) schwer von Begriff; **2.** unverständlich; **бестолко́вое указа́ние** unverständliche Anleitung *f*
бестсе́ллер *m K* Bestseller *m*, Verkaufsschlager *m*
бесфо́рменный ⟨*kf*: -мен, -мна⟩ *adj* formlos, klobig
бесхара́ктерность *f I* Charakterlosigkeit *f*
бесхара́ктерный ⟨*kf*: -рен, -рна⟩ *adj* charakterlos
бесхо́зный *adj* herrenlos, niemandem gehörend
бесхозя́йственность *f I* Mißwirtschaft *f*
бесцве́тный ⟨*kf*: -тен, -тна⟩ *adj* (*auch fig*) farblos
бесце́льный ⟨*kf*: -лен, -льна⟩ *adj* **1.** ziellos; **2.** zwecklos
бесце́нный ⟨*kf*: -нен, -нна⟩ *adj* **1.** sehr wertvoll; **2.** unschätzbar
бесце́нок *m K* Schleuderpreis *m*; **за ~** spottbillig
бесцеремо́нность *f I* Rücksichtslosigkeit *f*
бесцеремо́нный ⟨*kf*: -нен, -нна⟩ *adj* **1.** rücksichtslos; **2.** ungeniert
бесчелове́чный ⟨*kf*: -чен, -чна⟩ *adj* unmenschlich
бесче́стие *nt O2* Schmach *f*, Schande *f*
бесче́стный ⟨*kf*: -тен, -тна⟩ *adj* ehrlos, schändlich; **~ посту́пок** Schandtat *f*
бесчи́нства *nt pl O* Ausschreitungen *f pl*, Übergriffe *m pl*
бесчи́нствовать *vi E2 impf* sein Unwesen treiben, randalieren
бесчи́сленный ⟨*kf*: -ен, -енна⟩ *adj* unzählig, zahllos; **бесчи́сленное мно́жество** eine Unmenge *f*
бесчу́вственность *f I* Gefühllosigkeit *f*
бесчу́вственный ⟨*kf*: -ен, -енна⟩ *adj* **1.** gefühllos, unempfindlich; **2.** bewußtlos, ohnmächtig; **3.** (*fig*) mitleidlos, herzlos
бесшу́мный ⟨*Kf*: -мен, -мна⟩ *adj* **1.** geräuschlos, lautlos; **2.** schallgedämpft
бето́н *m K* Beton *m*
бетони́ровать *vi E2 impf* (*pf*: за-) betonieren
бечёвка ⟨*gen pl*: -вок⟩ *f A* Schnur *f*, Bindfaden *m*
бе́шенство *nt O* **1.** Wut *f*, Zorn *m*; **2.** (*MED*) Tollwut *f*
бе́шеный *adj* **1.** (*umg*) wütend, rabiat; **2.** (*MED*) tollwütig; **3.** (*umg*) ungeheuer; **бе́шеная ско́рость** halsbrecherische Geschwindigkeit *f*; **бе́шеное сопротивле́ние** hartnäckiger Widerstand

m; **бе́шеные це́ны** horrende Preise; **име́ть ~ успе́х** (*umg*) einen Wahnsinnserfolg haben
бибабо́ *nt indekl* Handpuppe *f*
библе́йский *adj* biblisch
библиографи́ческий *adj* bibliographisch; **библиографи́ческие да́нные** bibliographische Angaben *pl*
библиогра́фия *f A2* Bibliographie *f*
библиоте́ка *f A* Bibliothek *f*
библиоте́карь *m K1* Bibliothekar, -in *m/f*
би́блия *f A2* Bibel *f*
бива́к *m K* Biwak *nt*
би́вень ⟨*gen sg*: -вня⟩ *m K1* **1.** Vorderzahn *m*; **2.** Stoßzahn *m*
бигуди́ *nt pl indekl* Lockenwickler *m*
биде́ *nt indekl* Bidet *nt*
бидерме́йер *m K* Biedermeier *nt*
бидо́н *m K* Blechkanne *f*; **~ молока́** Milchkanne *f*
бие́ние *nt O2* Schlag *m*; **~ пу́льса** Pulsschlag *m*; **~ се́рдца** Herzschlag *m*
бижуте́рия *f A2* **1.** (*украше́ния*) Schmuck *m*; **2.** Schmuckwaren *f pl*
би́знес *m K* **1.** Geschäft *nt*; **2.** Geschäftsleben *nt*; **би́ржевой ~** Börsengeschäft *nt*; **большо́й ~** Großunternehmen *nt*; **прибы́льный ~** einträgliches Geschäft *nt*; **ча́стный ~** Privatunternehmen *nt*; **де́лать ~ на чем-ли́бо** ein Geschäft machen (mit *+dat*)
бизнесме́н *m K* **1.** Geschäftsmann, -frau *m/f*; **2.** (*pej*) Geschäftemacher *m*; **3.** Schwarzhändler *m*
бики́ни *nt indekl* Bikini *m*
биле́т *m K* **1.** Fahrkarte *f*; **обра́тный ~** Rückfahrkarte *f*; **железнодоро́жный ~** Bahnfahrkarte *f*; **2.** Eintrittskarte *f*; **~ в теа́тр** Theaterkarte *f*; **пригласи́тельный ~** Einladung *f*; **3.** Lotterielos *nt*; **~ без вы́игрыша** Niete *f*; **вы́игрышный ~** Gewinnlos *nt*; **4.** Ausweis *m*; **студе́нческий ~** Studentenausweis *m*; **чита́тельский ~** Benutzerausweis *m*, **чле́нский ~** Mitgliedskarte *f*; **парти́йный ~** Parteibuch *nt*
билингви́зм *m K* Zweisprachigkeit *f*
билья́рд *m K* Billard *nt*
бино́кль *m K1* Fernglas *nt*; **о́перный ~** Opernglas *nt*
бинт *m K* (*MED*) Verband *m*
бинтова́ть *vt E2 impf* (*pf:* за-) verbinden
био- *präfix* Bio-, biologisch
биога́з *m K* Biogas *nt*
био́граф *m K* Biograph, -in *m/f*
биогра́фия *f A2* **1.** Biographie *f*; **2.** Lebenslauf *m*
био́лог *m K* Biologe, Biologin *m/f*
биологи́ческий *adj* biologisch
биоло́гия *f A2* Biologie *f*
биото́п *m K* Biotop *nt*
биохи́мия *f A2* Biochemie *f*
би́ржа *f A* (*ÖKON*) Börse *f*; **~недви́жимости** Immobilienmarkt *m*; **~ труда́** Arbeitsamt *nt*
биржеви́к *m K* **1.** Börsenspekulant *m*; **2.** Börsianer *m*
биржево́й *adj* Börsen-; **~ курс** Börsenkurs *m*; **биржевы́е сде́лки** Börsengeschäfte
би́рка ⟨*gen pl*: -рок⟩ *f A* **1.** Kerbholz *nt*; **2.** Kofferanhänger *m*
бирю́лька ⟨*gen pl*: -лек⟩ *f A* Strohhälmchen *nt*; **игра́ть в бирю́льки** (*fig*) Däumchen drehen
бисексуа́льный *adj* bisexuell
би́сер *m K* Glasperlen *f pl*; **мета́ть ~ перед сви́ньями** (*fig*) Perlen vor die Säue werfen
бискви́т *m K* Biskuit *nt*
бит *m K* (*DV*) Bit *nt*
би́тва *f A* Schlacht *f*
битко́м *adv* sehr viel; **~ наби́тый** (*umg*) vollgestopft, gerammelt voll
бито́к ⟨*gen sg*: -тка́⟩ *m K e* Fleischkloß *m*, Klops *m*
би́тый ⟨*part prät pass von*: бить⟩ *adj* **1.** geschlagen; **2.** zerschlagen, kaputt; **~ автомоби́ль** Unfallwagen *m*; **~ час** eine geschlagene [*o* volle] Stunde *f*
бить ⟨*präs*: бью, бьёшь⟩ *vt E4 impf* (*pf:* по-, про-, раз-) **1.** schlagen, hauen; **~ по лицу́** ins Gesicht schlagen; **~ по чьим-ли́бо интере́сам** jds Interessen schädigen; **~ по недоста́ткам** Mängel [*o* Fehler] bekämpfen; **э́то бьёт по карма́ну** das geht ins Geld; **часы́ бьют 8** die Uhr schlägt 8; **2.** hämmern, trommeln; **~ в бараба́н** die Trommel schlagen; **~ в ладо́ши** in die Hände klatschen; **~ в цель** (*auch fig*) ins Ziel [*o* Schwarze] treffen; **3.** zerbrechen, zerschlagen; **4.** besiegen; **~ фигу́ру** eine Figur schlagen; **~ карту́** eine Karte stechen; **5.** sprudeln, quellen
би́ться *vr E4 impf* **1.** (*с кем-ли́бо*) sich schlagen (mit *+dat*); **2.** (*над чем-ли́бо*) sich abmühen (mit *+dat*); **3.** (*обо что-ли́бо*) stoßen (gegen *+akk*); **~ голово́й о сте́нку** (*fig*) mit dem Kopf gegen die Wand rennen; **4.** zu Bruch gehen, zerbrechlich sein; **посу́да бьётся к сча́стью** Scherben bringen Glück; **5.** schlagen, klopfen, pochen; **се́рдце бьётся** das Herz klopft; **~ в исте́рике** einen hysterischen Anfall haben, um sich schlagen; **~ об закла́д** wetten, eine Wette eingehen
бихейвори́стика *f A* Verhaltensfor-

schung *f*

бич ⟨*gen pl*: -éй⟩ *m K e* **1.** Peitsche *f*; **2.** (*fig*) Plage *f*; **3.** (*vulg*) Landstreicher *m*

бичевáть *vt E2 impf* **I.** auspeitschen; **II.** *vi E2* als Landstreicher leben

блáго *nt O* **I. 1.** Wohl *nt*; **2.** Gut *nt*; **3.** Nutzen *m*; **общéственное ~** Gemeinwohl *nt*; **идтú на ~ комý-лúбо** jdm zugute kommen; **считáть за ~** etw für gut erachten; **4.** (*im pl*) Wohltaten *f pl*; **5.** Güter *nt pl*; **6.** Wohlstand *m*; **всех благ!** (*umg*) alles Gute! **II.** *adv* **1.** wohl; **2.** ein Glück; **III.** *konj* **1.** (*umg*) um so mehr als; **2.** weil ja; **3.** wenn schon; **~, я оказáлся здесь** wenn ich schon einmal hier bin

благовúдный ⟨*kf*: -ден, -дна⟩ *adj* gutaussehend; **под благовúдным предлóгом** (*fig*) unter einem passenden Vorwand *m*

благовоспúтанный ⟨*kf*: -ан, -анна⟩ *adj* wohlerzogen, manierlich

благоговéйный ⟨*kf*: -éен, -éйна⟩ *adj* erfurchtsvoll

благоговéние *nt O2* **1.** Andacht *f*; **2.** Ehrfurcht *f*

благоговéть *vi E impf* (*перед кем-лúбо/чем-лúбо*) verehren, großen Respekt haben (vor *+dat*)

благодарúть *vt I impf* (*pf*: по-) danken, sich bedanken; **благадарю вас!** danke!

благодáрность *f I* **1.** Dank *m*; **2.** Dankbarkeit *f*; **из благодáрности** aus Dankbarkeit

благодáрный ⟨*kf*: -рен, -рна⟩ *adj* dankbar; **благодáрная тéма** (*fig*) ein dankbaresThema *nt*

благодáтный ⟨*kf*: -тен, -тна⟩ *adj* segensreich, wohltuend; **~ клúмат** (*auch fig*) ein gutes Klima *nt*

благодéнствие *nt O2* Wohlfahrt *f*

благодéтель, благодéтельница *m K1 / f A* Wohltäter, -in *m/f*

благодéтельный ⟨*kf*: -лен, -льна⟩ *adj* wohltätig

благодеяние *nt O2* Wohltat *f*

благодря́ *präp +dat* dank (*+gen*); **~ томý, что** dadurch, daß

благодýшный ⟨*kf*: -шен, -шна⟩ *adj* gutmütig

благожелáтельный ⟨*kf*: -лен, -льна⟩ *adj* (*geh*) wohlwollend

благозвýчие *nt O2* Wohlklang *m*

благóй *adj* gut; **имéть благúе намéрния** gute Vorsätze haben; **кричáть благúм мáтом** (*umg*) schreien wie am Spieß

благонадёжный ⟨*kf*: -жен, -жна⟩ *adj* zuverlässig, vertrauenswürdig

благонрáвный ⟨*kf*: -вен, -вна⟩ *adj* sittsam

благополýчие *nt O2* Wohlergehen *nt*, Glück *nt*

благополýчныи ⟨*kf*: -чен, -чна⟩ *adj* erfolgreich, glücklich; **~ конéц** Happy-End *nt*

благопристóйный ⟨*kf*: -óен, -óйна⟩ *adj* (*geh*) schicklich

благоприя́тный ⟨*kf*: -тен, -тна⟩ *adj* günstig; **~ момéнт** ein günstiger Augenblick; **~ отвéт** positive Antwort *f*

благоприя́тствовать *v + dat E2 impf* begünstigen, fördern

благоразýмие *nt O2* **1.** Besonnenheit *f*; **2.** Einsicht *f*

благоразýмный ⟨*kf*: -мен, -мна⟩ *adj* besonnen, vernünftig

благорóдный ⟨*kf*: -ден, -да⟩ *adj* **1.** adlig, vornehm; **2.** (*fig*) edel, nobel; **~ жест** eine noble Geste *f*, **благорóдные метáллы** (*CHEM*) Edelmetalle

благорóдство *nt O* **1.** Adel *m*; **2.** Edelmut *m*

благосклóнный ⟨*kf*: -нен, -нна⟩ *adj* (*geh*) geneigt, gewogen

благословéние *nt O2* **1.** (*REL*) Segen *m*; **2.** (*fig*) Billigung *f*

благословéнный ⟨*kf*: -вéн, -вéнна⟩ *adj* gesegnet

благословúть ⟨*fut*: -влю́, -вúшь⟩ *vt I pf* (*impf*: благословля́ть) **1.** segnen; **2.** (*fig*) absegnen, gutheißen

благосостоя́ние *nt O2* Wohlstand *m*

благотворúтельный *adj* Wohltätigkeits-; **благотворúтельное мероприя́тие** Wohltätigkeitsveranstaltung *f*

благотвóрный ⟨*kf*: -рен, -рна⟩ *adj* **1.** wohltuend, nutzbringend; **2.** heilsam

благоустрáивать *vt E impf* (*pf*: благоустрóить) (*квартúру*) einrichten

благоустрóенный ⟨*kf*: -óен, -óена⟩ *adj* komfortabel eingerichtet

благоустрóить *vt I pf* (*impf*: благоустрáивать) einrichten

благоухáние *nt O2* Duft *m*, Wohlgeruch *m*

благоухáть *vi E impf* (*geh*) duften

блажéнный ⟨*kf*: -жéн, -жéнна⟩ *adj* **1.** selig, überglücklich; **2.** (*nur Langform*) töricht

блáйзер *m K* Blazer *m*

бланк *m K* Formular *nt*; **~ закáза** Bestellzettel *m*; **~ зая́вки** Anmeldeformular *nt*

блат *m K* Beziehungen *f pl*; **по ~у** durch Beziehungen, hintenherum

блевáть ⟨*präs*: блюю́, блюёшь⟩ *vi E2 impf* (*pf*: с-) (*vulg*) kotzen

бледнéть *vi E impf* (*pf*: по-) **1.** blaß werden; **2.** (*fig*) verblassen, unbedeutend

erscheinen
бле́дный ⟨*kf*: -ден, -дна́, -дно⟩ *adj* blaß, bleich; **име́ть ~ вид** (*fig*) alt aussehen, aufgeschmissen sein
блёклый *adj* matt, welk, verblaßt
блёкнуть *vi E1 impf* (*pf*: по-) **1.** fahl werden; **2.** verwelken
блеск *m K* Glanz *m*, Funkeln *nt*; **~ остроу́мия** Geistesblitz *m*
блесна́ ⟨*pl*: блёсны, блёсен⟩ *f A pls metallischer Köder beim Angeln*
блесну́ть *vi E1 pf* aufblitzen
блесте́ть ⟨*präs*: блещу́, блести́шь, *oder*: блещу́, бле́щешь⟩ *vi I impf* **1.** glitzern, glänzen; **2.** leuchten
блестя́щий *adj* **1.** glänzend, blank; **2.** (*fig*: иде́я) hervorragend, brillant
блеф *m K* Bluff *m*
блефова́ть *vi E2 impf/pf* bluffen
бле́ять ⟨*nur 3. pers*: бле́ет, бле́ют⟩ *vi E* blöken, meckern
ближа́йший *adj super* **1.** nächste(r, s), nächstliegend; **когда́ идёт ~ий по́езд до Москвы́?** wann fährt der nächste Zug nach Moskau? **в ближа́йшее вре́мя** *f* demnächst; **2.** engste(r, s); **3.** beste(r, s); **он мой ~ий друг** er ist mein bester Freund; **при ближа́йшем рассмотре́нии** bei genauerer Betrachtung
бли́жний *adj* **I. 1.** nahe; **2.** vertraut; **Бли́жний Восто́к** (*GEOG*) Naher Osten *m*; **~ свет** (*KFZ*) Abblendlicht *nt*; **II.** *m wie adj* (*REL*) Nächste(r) *m*; **возлюби́ ~его тво́его, как са́мого себя́!** liebe deinen Nächsten wie dich selbst
близ *präp +gen* **1.** nahe (*+dat*); **2.** bei (*+dat*)
бли́зиться ⟨*nur 3. pers*: близи́тся⟩ *vr I impf* (*pf*: при-) sich nähern
бли́зкий ⟨*kf*: -зок, -зка́, -зко, *komp*: бли́же⟩ *adj* **I.** nahe, nahegelegen; **бли́зко от чего-ли́бо** nahe bei; **~ с кем-ли́бо/чем-ли́бо** vertraut (mit *+dat*); **II.** *m pl wie adj* die nächsten Angehörigen *mf pl*
близлежа́щий *adj* nahegelegen
близнецы́ ⟨*nom sg*: близне́ц⟩ *m pl K e* Zwillinge *m pl*
близору́кий *adj* (*auch fig*) kurzsichtig
бли́зость *f I* **1.** Nähe *f*; **2.** Vertrautheit *f*, Intimität *f*; **3.** Ähnlichkeit *f*
блик *m K* Lichtfleck *m*, Reflex *m*
блин *m K e* Plinse *f*, Pfannkuchen *m*; **пе́рвый ~ (всегда́) ко́мом** aller Anfang ist schwer
бли́нчики *m pl K* kleine Pfannkuchen *m pl*
блиста́тельный ⟨*kf*: -лен, -льна⟩ *adj* (*fig*) glänzend, großartig
блиста́ть *v + inst E impf* **1.** glänzen; **2.** glänzen, sich auszeichnen ; **~ отсу́тствием** durch Abwesenheit glänzen
блок *m K* **1.** (*TECH*) Block *m*, Baustein *m*; **~ сигаре́т** eine Stange Zigaretten; **2.** (*POL*) Bündnis *nt*, Pakt *m*
блока́да *f A* **1.** Belagerung *f*; **2.** Blockade *f*; **3.** Sitzstreik *m*; **вводи́ть блока́ду** eine Blockade verhängen; **обходи́ть блока́ду** die Blockade umgehen
блоки́ровать *vt E2 impf/pf* **1.** blockieren; **2.** absperren; **3.** belagern
блоки́роваться *vi E2 impf/pf* (*POL*) paktieren (mit *+dat*)
блокно́т *m K* Schreibblock *m*
блонди́нка ⟨*gen pl*: -нок⟩ *f A* Blondine *f*
блоха́ *f A ple1* Floh *m*
бло́чный *adj* Block-; **~ дом** *m* Blockhaus *nt*
блу́дный *adj* **1.** ausschweifend lebend; **2.** umherirrend; **возвраще́ние блу́дного сы́на** (*fig*) die Heimkehr des verlorenen Sohnes
блужда́ть *vi E impf* umherirren
блу́зка ⟨*gen pl*: -зок⟩ *f A* Bluse *f*
блю́дечко ⟨*gen pl*: -чек⟩ *nt O* **1.** Schüsselchen *nt*; **2.** kleine Untertasse *f*; **принести́ на блю́дечке с голубо́й каёмочкой** jdm etw auf dem Präsentierteller servieren
блю́до *nt O* **1.** Speise *f*, Gericht *nt*, Gang *m*; **люби́мое ~** Lieblingsessen *nt*; **2.** Schüssel *f*
блю́дце ⟨*gen pl*: -дец⟩ *nt O1* Untertasse *f*
блюз *m K* Blues *m*
блюсти́ ⟨*präs*: блюду́, -дёшь⟩ *vi E6a impf* (*pf*: со-) hüten, bewahren; **~ национа́льные интере́сы** nationale Interessen wahren
блюсти́тель *m K1* Hüter *m*, Wächter *m*; **~ поря́дка** Ordnungshüter *m*
бля́ха *f A* kleines Blechschild *nt*
боа́ *m indekl* **I.** (*ZOOL*) Riesenschlange *f*; **II.** *nt indekl* Federboa *f*
боб *m K e* Bohne *f*; **~ы разводи́ть** (*fig*) Unsinn reden; **сиде́ть на ~а́х** leer ausgehen
бобёр ⟨*gen sg*: бобра́⟩ *m K e* Biberfell *nt*
бобо́вые *nt pl wie adj* Hülsenfrüchte *f pl*
бобр *m K e* Biber *m*
бобсле́й *m K2* (*SPORT*) Bob *m*
Бог ⟨*vok sg*: Бо́же⟩ *m K* Gott *m*; **ве́рить в ~а** an Gott glauben; **бо́же мо́й!** mein Gott! **бог зна́ет** weiß Gott; **не да́й бог!** Gott bewahre! **сла́ва бо́гу** Gott sei Dank! **кто ра́но встаёт, тому́ бог даёт** Morgenstund hat Gold im Mund
богате́ть *vi E impf* (*pf*: раз-) reich werden

богáтство *nt O* Reichtum *m*, Schatz *m*
богáтый ⟨*komp*: богáче⟩ *adj* **1.** reich, wohlhabend; **~ вы́бор** *m* (*fig*) eine große Auswahl *f*; **2.** (*чем-ли́бо*) reich (an *+akk*); **~ белкáми** eiweißreich
богаты́рь *m K1 e* Held *m*, Recke *m*
богáч ⟨*gen pl*: -чéй⟩ *m K e* reicher Mensch *m*
богéма *f A* Bohème *f*
Богéмия *f A2* Böhmen *nt*
богéмный *adj von* **богéма**
богéмский *adj* böhmisch
боги́ня *f A1* Göttin *f*
богослóв *m K* Theologe *m*
богослóвие *nt O2* Theologie *f*
богослóвский *adj* theologisch
богослужéние *nt O2* Gottesdienst *m*; **вести́ ~** Gottesdienst feiern
боготвори́ть ⟨*präs*: -творю́, -твори́шь⟩ *vt I impf* (*pf*: о-) vergöttern, anhimmeln
богохýльство *nt O* Blasphemie *f*, Gotteslästerung *f*
бодри́ть ⟨*präs*: бодрю́, -ри́шь⟩ *vt I impf* (*pf*: о-) ermuntern, ermutigen
бóдрость *f I* Munterkeit *f*
бóдрствовать *vi E2 impf* wach bleiben, wachen
бодрствýющий *adj* wach
бóдрый ⟨*kf*: бодр, бодрá, бóдро⟩ *adj* rüstig, munter
боеви́к *m K* **1.** Kämpfer *m*; **2.** Extremist *m*; **3.** (*FILM*) Knüller *m*; **отря́ды ~ов** Schlägertrupps *m pl*
боевóй *adj* **1.** Kampf-; **2.** kampfbereit, kriegerisch
боеприпáсы *m pl K* Munition *f*
боеспосóбный ⟨*kf*: -бен, -бна⟩ *adj* gefechtsbereit, kampffähig
бóже *siehe* **Бог**
бóжеский *adj* annehmbar; **по бóжеским цéнам** zu vertretbaren Preisen, relativ billig
божéственный ⟨*kf*: -ен, -енна⟩ *adj* **1.** göttlich; **2.** entzückend
божествó *nt O* Gottheit *f*
бóй ⟨*präpos sg*: в бою́, *gen pl*: боёв⟩ *m K2 ple* **1.** (*MIL*) Kampf *m*, Gefecht *nt*; **без бóя** kampflos; **ýличные бои́** Straßenkämpfe; **2.** (*fig*) Streit *m*
бóйкий ⟨*kf*: бóек, бойкá, бóйко, бойки́, *komp*: бóйче⟩ *adj* **1.** gewandt, fix; **2.** lebhaft, belebt; **бóйкая ýлица** eine belebte Straße *f*
бойкоти́ровать *vt E2 impf* boykottieren
бойни́ца *f A* Schießscharte *f*
бóйня ⟨*gen pl*: бóен⟩ *f A1* **1.** Schlachthof *m*; **2.** Massaker *nt*, Gemetzel *nt*
бок ⟨*präpos sg*: на бокý, *nom pl*: бокá⟩ *m K ple* Seite *f*; **нá ~** zur Seite; **~ о ~** Seite an Seite; **под бокóм** in allernächster Nähe
бокáл *m K* **1.** Becher *m*; **2.** Pokal *m*
боковóй *adj* Seiten-, seitlich
бокс *m K* Boxkampf *m*
боксёр *m K* Boxer *m*
бокси́ровать *vi E2 impf* boxen
болвáн *m K* **1.** Holzklotz *m*; **2.** (*fig*) Dummkopf *m*
Болгáрия *f A2* Bulgarien *nt*
болгáрский *adj* bulgarisch
болевóй *adj* schmerzhaft; **болевáя тóчка** (*auch fig*) Schmerzstelle *f*, wunder Punkt *m*
бóлее *adv* **1.** (*geh*) mehr; **ситуáция всё ~ обостря́ется** die Situation spitzt sich immer mehr zu; **2.** reichlich; **~-мéнее** mehr oder weniger; **тем ~, что** umso mehr, als; **~ чем когдá-ли́бо** mehr denn je; **3.** *mit adj oder adv zur Bildung des komp;* **~ удóбный момéнт трýдно себé представить** einen günstigeren Augenblick kann man sich kaum vorstellen
болéзненный ⟨*kf*: -нен, -ненна⟩ *adj* **1.** kränklich; **2.** krankhaft; **3.** schmerzhaft; **болéзненные воспоминáния** (*fig*) schmerzliche Erinnerungen; **болéзненная проблéма** brennende [*o* akute] Frage *f*; **~ процéсс** schmerzhafter [*o* langwieriger] Prozess *m*
болéзнь *f I* Krankheit *f*; **зарáзная ~** ansteckende Krankheit; **лучевáя ~** Strahlenkrankheit *f*; **по болéзни** krankheitshalber, aus gesundheitlichen Gründen
болéльщик *m K* **1.** leidenschaftlicher Anhänger *m*, Fan *m*; **2.** (*SPORT*) Schlachtenbummler *m*
болéть [1] ⟨*präs*: болéю, болéешь⟩ *vi E impf* **1.** krank sein; **2.** (*чем-ли́бо*) leiden (an *+dat*); **3.** (*о ком-ли́бо/чём-ли́бо*) sich sorgen um, bangen um; **4.** (*за когó-ли́бо*) jds Fan sein
болéть [2] ⟨*nur 3. pers*: боли́т⟩ *vi I impf* schmerzen , weh tun; **что у бас боли́т?** was tut Ihnen weh? **у меня́ боли́т головá** ich habe Kopfschmerzen
болеутоля́ющий *adj* schmerzstillend
Боли́вия *f A2* Bolivien *nt*
болóтистый *adj* sumpfig
болóто *nt O* Moor *nt*, Sumpf *m*, Morast *m*
болт *m K* (*TECH*) Bolzen *m*
болтáть *vi E impf* **1.** (*umg*) rühren, schütteln; **~ ногáми** mit den Beinen baumeln; **2.** (*umg*) plaudern, quatschen
болтáться *vi E impf* **1.** (*umg*) baumeln; **2.** (*одéжда*) schlottern; **3.** herumgammeln
болтли́вый *adj* geschwätzig, schwatzhaft
болтовня́ *f A1 e* (*pej*) Geschwätz *nt*, Gefasel *nt*
болтýн, болтýнья *m K / f A1* Schwätzer, -in *m/f*

боль *f I* **1.** Schmerz *m*; **головна́я ~** Kopfschmerzen; **~ в го́рле** Halsweh *nt*; **~ в мы́шца́х** Muskelkater *m*; **2.** (*fig*) Sorge *f*, Leid *nt*
больни́ца *f A* Krankenhaus *nt*
больни́чный *adj* **I.** Kranken-; **больни́чная ка́сса** *f* Krankenkasse *f*; **II.** *m pl wie adj* Krankengeld *nt*
больно́й ⟨*kf*: бо́лен, больна́⟩ *adj* **I. 1.** krank; **2.** (*fig*) wund; **больно́е ме́сто** (*auch fig*) wunder Punkt *m*; **~ вопро́с** (*fig*) ein heikles Thema *nt*; **II.** *m wie adj* Kranke(r) *mf*, Patient, -in *m/f*; **тяжело́ ~** Schwerkranke(r) *m*
бо́льше ⟨*komp-von*: большо́й; вели́кий; мно́го⟩ *adj komp* **I.** größer, mehr; **II.** *adv* in Zunkunft, mehr; **всё ~** immer mehr, in zunehmendem Maße
большинство́ *nt O* Mehrheit *f*; **~ голосо́в** Stimmenmehrheit *f*; **составля́ть ~** die Mehrheit bilden
большо́й ⟨*komp*: бо́льший, *oder*: бо́льше⟩ *adj* **1.** groß; **2.** bedeutend; **3.** erwachsen; **~ спорт** Hochleistungssport; **бо́льшей ча́стью** meistens; **са́мое бо́льшее** höchstens
бо́мба *f A* Bombe *f*; **взрыв бо́мбы** Bombenexplosion *f*
бомбарди́р *m K* **1.** (*SPORT*) Stürmer *m*; **2.** Torschütze *m*
бомбёжка ⟨*gen pl*: -жек⟩ *f A* Bombenangriff *m*
бомби́ть ⟨*präs*: -блю́, -би́шь⟩ *vt I impf* bombardieren
бомбоубе́жище *nt O1* Luftschutzkeller *m*
бомж *akr von* без определённого ме́ста жи́тельства *m* Landstreicher *m*
бомжи́ха *f von* **бомж**
борде́ль *m K1* Bordell *nt*
боре́ц ⟨*gen sg*: -рца⟩ *m K* **1.** Kämpfer *m*; **~ за гражда́нские права́** Bürgerrechtler *m*; **2.** (*SPORT*) Ringer *m*
бормота́ние *nt O2* Gemurmel *nt*
бормота́ть ⟨*präs*: -мочу́, -мо́чешь⟩ *vi E4 impf* murmeln, brummen
борови́к *m K e* Steinpilz *m*
борода́ *f A* Bart *m*, Vollbart *m*; **отра́щивать себе́ бороду́** sich einen Bart wachsen lassen
борода́вка ⟨*gen pl*: -вок⟩ *f A* Warze *f*
борода́тиый *adj* bärtig
борозда́ *f A ple1* **1.** (*AGR*) Furche *f*; **2.** (*TECH*) Rille *f*, Nut *f*
борона́ *f A e2* Egge *f*
боро́ться ⟨*präs*: борю́сь, бо́решься, *prät*: боро́лся, -лась⟩ *vi E4b impf* (с кем-ли́бо/чем-ли́бо) kämpfen, ringen; **~ с престу́пностью** (*fig*) die Kriminalität bekämpfen; **~ за кого́-ли́бо/что-ли́бо** streiten [*o* sich einsetzen] (für *+akk*)
борт ⟨*präpos sg*: на борту́⟩ *m K ple* (*MAR*) Bord *m*; **ле́вый ~** Backbord *nt*; **пра́вый ~** Steuerbord *nt*; **выбра́сывать за ~** (*auch fig*) über Bord werfen
бортово́й *adj* Bord-, an Bord befindlich
бортпроводни́к, **бортпроводни́ца** *m K / f A* Steward, Stewardess *mf*
борщ ⟨*gen pl*: -ще́й⟩ *m K e Suppe aus roten Rüben und anderem Gemüse*
борьба́ *f A* **1.** (с чем-ли́бо) Kampf *m* (gegen *+akk*); **2.** (за кого́-ли́бо/чего́-ли́бо) Streit *m* (um *+akk*); **3.** Auseinandersetzung *f*; **4.** (*SPORT*) Wettkampf *m*
босико́м *adv* barfuß
босни́йский *adj* bosnisch
Бо́сния *f A2* Bosnien *nt*
Босфо́р *m K* Bosporus *m*
боти́нок ⟨*gen sg* : -нка, *gen pl*: -нок⟩ *m K* **1.** Schnürschuh *m*; **2.** Halbstiefel *m*
бо́чка ⟨*gen pl*: -чек⟩ *f A* Faß *nt*, Tonne *f*; **бездо́нная ~** (*fig*) ein Faß ohne Boden
боязли́вость *f I* Ängstlichkeit *f*
боязли́вый *adj* ängstlich, furchtsam
боя́знь *f I* Angst *f*; **~ простра́нства** Platzangst *f*
боя́ться ⟨*präs*: бою́сь, бои́шься⟩ *vr I impf* **1.** (кого́-ли́бо/чего́-ли́бо*oder mit inf*) sich fürchten, Angst haben; **не бо́йся!** keine Angst! **2.** (*fig*) fürchten, befürchten; **она боя́лся опозда́ть** sie fürchtete, zu spät zu kommen
Брази́лия *f A2* Brasilien *nt*
брак [1] *m K* Ehe *f*; **незарегистри́рованный ~** Ehe ohne Trauschein; **вступи́ть в ~** eine Ehe schließen; **расто́ргнуть ~** eine Ehe annullieren
брак [2] *m K* **1.** Ausschuß *m*; **2.** Ausschußware *f*; **стекло́ с бра́ком** ein schadhaftes Glas *nt*
бракова́ть *vt E2 impf* (*pf:* за-) aussondern
бракосочета́ние *nt O2* Trauung *f*, Eheschließung *f*
брани́ть *vt I impf* (*pf:* вы́-) schelten, schimpfen
брани́ться *vi I impf* (*pf:* по-) **1.** (с кем-ли́бо) sich streiten, sich zanken; **ми́лые браня́тся - то́лько те́шатся** was sich liebt, das neckt sich; **2.** fluchen
брасле́т *m K* Armband *nt*
брат ⟨*pl*: бра́тья, -ьев, -ьям⟩ *m K* Bruder *m*; **сво́дный ~** Stiefbruder *m*; **бра́тья и сёстры** Geschwister
бра́тский *adj* Bruder-, brüderlich; **бра́тская моги́ла** Massengrab *nt*

брать ⟨*präs*: беру́, берёшь, *prät*: брал, брала́, бра́ло⟩ *vt E4a impf* (*pf:* взять) **1.** nehmen, ergreifen; **2.** entgegennehmen; **3.** annehmen, sich geben lassen; **4.** (*с собо́й*) mitnehmen; **5.** (*на себя́*) auf sich nehmen; **6.** (*на рабо́ту*) einstellen, anstellen; **7.** (*nur 3. pers*) in Anspruch nehmen, erfordern; **~ в зало́г** als Pfand nehmen; **~ приме́р с кого́-либо** sich an jdm ein Beispiel nehmen; **~ себя́ в ру́ки** sich beherrschen, sich zusammennehmen

бра́ться *vi E4a impf* (*pf:* взя́ться) **1.** anfassen, berühren; **2.** (*за ру́ки*) einander bei den Händen fassen; **3.** (*за что-ли́бо*) etw in Angriff nehmen; **~ за рабо́ту** sich an die Arbeit machen; **~ за ум** zur Besinnung kommen

бра́чный *adj* ehelich, Hochzeits-

бревно́ ⟨*pl*: брёвна, -вен, -внам⟩ *nt O pls* **1.** Baumstamm *m*; **2.** Balken *m*

бред *m K* Unsinn *m*; **в бреду́** im Delirium

бре́дить ⟨*präs*: бре́жу, бре́дишь⟩ *vi I impf* (*MED*) phantasieren

бредо́вый *adj* (*umg*) hirnverbrannt; **бредо́вая иде́я** Schnapsidee *f*

бре́згать *v + inst E impf* (*pf:* по-) sich ekeln, Abscheu empfinden

брезгли́вый *adj* angeekelt

брезе́нт *m K* Plane *f*, Zeltbahn *f*

бре́зжить ⟨*nur 3. pers*: бре́зжит⟩ *vi I impf* (*pf:* за-) schwach schimmern, dämmern; **брезжи́т рассве́т** der Morgen graut

бре́мя *nt U1* Last *m*, Bürde *m*; **~ нало́гов** (*ÖKON*) Steuerlast *f*

бренча́ть ⟨*präs*: бренчу́, -чи́шь⟩ *vi I impf* klirren, klimpern; **~ на гита́ре** auf der Gitarre klimpern

брести́ ⟨*präs*: бреду́, бредёшь, *prät*: брёл, брела́⟩ *vi E6a best* (*unbest*: броди́ть) **1.** sich mit Mühe fortbewegen; **2.** langsam gehen

брешь *f I* Bresche *f*, Lücke *f*; **проби́ть ~** (*auch fig*) eine Bresche schlagen

брига́да *f A* Brigade *f*; **~ специали́стов** Expertenteam *nt*

брилья́нт *m K* Brillant *m*

брита́нец, **брита́нка** ⟨*gen sg m*: -нца⟩ *m K / f A* Brite, Britin *m/f*

брита́нский *adj* britisch

бри́тва *f A* **1.** Rasierklinge *f*, Rasiermesser *nt*; **2.** Rasierer *m*; **электри́ческая ~** Rasierapparat *m*

бритоголо́вый *m wie adj* Skinhead *m*

бритьё *nt O1* Rasur *f*

бри́ться ⟨*präs*: бре́юсь, бре́ешь⟩ *vr E4c impf* (*pf:* по-) sich rasieren

бри́финг *m K* Kurzbesprechung *f*

бровь *f I ple1* Augenbraue *f*; **поднима́ть бро́ви** die Augenbrauen hochziehen; **он и бро́вью не повёл** er verzog keine Miene; **попа́сть не в ~, а в глаз** (*fig*) den Nagel auf den Kopf treffen

брод *m K* Furt *f*

броди́ть [1] ⟨*präs*: брожу́, бро́дишь⟩ *vi I unbest* (*best*: брести́) umherstreifen, wandern

броди́ть [2] ⟨*nur 3. pers*: бро́дит⟩ *vt I impf* gären; **пи́во бро́дит** das Bier gärt

бродя́га *m A* Landstreicher *m*, Vagabund *m*

бродя́жничать *vi E impf* sich herumtreiben, vagabundieren

броже́ние *nt O2* Gärung *f*; **в наро́де ~** (*fig*) im Volk brodelt es

бро́кер *m K* Börsenmakler *m*

броне- *präfix* gepanzert, Panzer-

бронежиле́т *m K* kugelsichere Weste *f*

бро́нза *f A* Bronze *f*

брони́рование *nt O2* **1.** Panzerung *f*; **2.** Buchung *f*, Reservierung *f*

брони́ровать *vt E2 impf/pf* **1.** panzern; **2.** reservieren

бро́нхи *pl K* Bronchien *f pl*

бронхи́т *m K* Bronchitis *f*

бронь, **бро́ня** *f I / f A1* **1.** Reservierung *f*; **2.** Reservierungsschein *m*

броня́ *f A1* Panzerung *f*

бро́сить ⟨*fut*: бро́шу, бро́сишь⟩ *vt I pf* (*impf:* броса́ть) **1.** werfen, hinwerfen; **~ замеча́ние** (*fig*) eine Bemerkung fallen lassen; **~ взгляд** einen Blick werfen; **2.** verlassen, im Stich lassen; **~ всё** alles stehen und liegen lassen **3.** (*что-ли́бо*) aufhören, aufgeben; **~ кури́ть** sich das Rauchen abgewöhnen; **~ учёбу** das Studium abbrechen

бро́ситься ⟨*fut*: бро́шусь, бро́сишься⟩ *vi I pf* (*impf:* броса́ться) **1.** sich werfen, sich stürzen; **~ в сто́рону** zur Seite springen; **~ в глаза́** (*fig*) ins Auge springen, auffallen; **2.** (*чем-ли́бо*) einander bewerfen

бро́ский ⟨*kf*: -сок, -ска⟩ *adj* auffällig, grell

бро́совый *adj* minderwertig, wertlos; **~ э́кспорт** Dumping *nt*; **~ цена́** (*umg*) Schleuderpreis *m*

бросо́к ⟨*gen sg*: -ска⟩ *m K* Wurf *m*; **броско́м** mit einem Ruck *m*

бро́шка ⟨*gen pl*: -шек⟩ *f A* Brosche *f*

брошю́ра *f A* Informationsschrift *f*

бруси́ка *f A* Preiselbeere *f*

брусча́тка *f A* **1.** Kopfsteinpflaster *nt*; **2.** Pflasterstein *m*

бру́сья ⟨*pl*: бру́сья, -ьев, -ьям⟩ *pl K* (*SPORT*) Barren *m*

бры́згать ⟨ *Formen auch nach E4*:

брызжу, -жешь〉 *vi E impf* (*pf:* за-) **1.** spritzen; **2.** (на кого́-либо/что-ли́бо) bespritzen
бры́зги *pl A* **1.** Spritzer *m pl*; **2.** Gischt *f*
бры́знуть *vi E1 pf* plötzlich hervorspritzen
брюзга́ *mf A* (*umg*) Nörgler, -in *m/f*
брюзгли́вый *adj* mürrisch, griesgrämig
брюзжа́ние *nt O2* Nörgelei *f*, Quengelei *f*
брюзжа́ть 〈*präs*: брюзжу́, -жи́шь〉 *vi I impf* (*umg*) nörgeln, meckern
брю́ки *pl A* Hose *f*
брюши́на *f A* Bauchfell *nt*
бря́кать *vi E impf* **1.** (*umg*) klappern, klirren; **2.** geradeheraus sagen, herausplatzen
бря́кнуть *vi E1 pf* klirren
бу́бен 〈*gen sg*: -бна〉 *m K* Schellentrommel *f*
бу́бны 〈*gen pl*: бубён, *dat pl*: бубна́м〉 *pl A* Karo *nt*, Schellen *f*
бугóр 〈*gen sg*: бугра́〉 *m K* Hügel *m*; **за бугро́м** (*umg*) im Ausland; **слиня́ть за ~** sich ins Ausland absetzen
будди́зм *m K* Buddhismus *m*
буди́льник *m K* Wecker *m*
буди́ть 〈*präs*: бужу́, бу́дишь〉 *vt I impf* (*pf:* раз-) wecken, aufwecken
бу́дка 〈*gen pl*: -док〉 *f A* Häuschen *nt*; **соба́чья ~** Hundehütte *f*; **телефо́нная ~** Telefonzelle *f*
бу́дни 〈*gen pl*: -дней〉 *pl K* Alltag *m*, Werktag *m*
бу́дничный *adj* Alltags-, alltäglich
будора́жить 〈*präs*: -ра́жу, -ра́жишь〉 *vt I impf* (*pf:* вз-) **1.** aufregen; **2.** aufrütteln; **~ обще́ственное мне́ние** (*fig*) die Öffentlichkeit wachrütteln
бу́дто *konj* als ob, als wenn
бу́дущее *nt wie adj* **1.** Zukunft *f*; **~ за таки́ми фи́рмами** die Zukunft gehört solchen Unternehmen; **в бу́дущем** in Zukunft **2.** (*LING*) Futur *nt*
бу́дущий *adj* zukünftig; **на бу́душей неде́ле** in der kommenden Woche
бузина́ *f A* Holunder *m*
буй 〈*gen pl*: буёв〉 *m K2 ple* Boje *f*
бу́йвол *m K* Büffel *m*
бу́йный 〈*kf*: бу́ен, буйна́, -о〉 *adj* eigenwillig, ungestüm
бу́йствовать *vi E2 impf* **1.** toben; **2.** Amok laufen
бук *m K* Buche *f*
бу́ква 〈*gen pl*: букв〉 *f A* Buchstabe *m*; **прописна́я ~** Großbuchstabe *m*; **стро́чная ~** Kleinbuchstabe *m*; **~ в бу́кву** Wort für Wort
буква́льный *adj* buchstäblich, wörtlich; **в буква́льном смы́сле** im eigentlichen Sinne
буке́т *m K* **1.** Blumenstrauß *m*; **2.** (*fig*) Blume *f*, Aroma *nt*
букси́р *m K* (*MAR*) Schlepper *m*
букси́рный *adj* Schlepp-; **~ кана́т** Abschleppseil *nt*
буксова́ть 〈*meist nur 3. pers*: буксу́ет〉 *vi E2 impf* **1.** (*KFZ*) rutschen; **2.** (*fig*) auf der Stelle treten, nicht vorankommen; **перестро́йка буксу́ет** die Perestrojka ist festgefahren
була́вка 〈*gen pl*: -вок〉 *f A* Stecknadel *f*; **англи́йская ~** Sicherheitsnadel *f*
бу́лочка 〈*gen pl*: -чек〉 *f A* Brötchen *nt*
бу́лочная *f wie adj* Bäckerei *f*
булы́жник *m K* Pflasterstein *m*
бульва́рный *adj* Boulevard-; **~ рома́н** Groschenroman *m*
бу́лькать *vi E impf* gluckern, glucksen
бу́лькнуть *vi E1 pf* gluckern
бульо́н *m K* Bouillon *f*, **мясно́й ~** Fleischbrühe *f*
бум *m K* Boom *m*
бума́га [1] *f A* **1.** Papier *nt*; **2.** Dokument *nt*; **почто́вая ~** Briefpapier *nt*; **лино́ванная ~** liniertes Papier *nt*; **~ в клётку** kariertes Papier *nt*; **вы́разить что-ли́бо на бума́ге** etw zu Papier bringen
бума́га [2] *f A* Baumwolle *f*
бума́жка 〈*gen pl*: -жек〉 *f A* **1.** Zettel *m*; **2.** Geldschein *m*
бума́жник *m K* Brieftasche *f*
бума́жный [1] *adj* Papier-; **бума́жная волоки́та** Papierkrieg *m*; **~ кулёк** Papiertüte *f*; **бума́жная салфе́тка** Papiertaschentuch *nt*
бума́жный [2] *adj* Baumwoll-
бумажо́нка *f A* (*umg*) Wisch *m*
бундесве́р *m K* Bundeswehr *f*
бу́нкер *m K ple* Bunker *m*
бунт *m K* Aufstand *m*, Revolte *f*, Meuterei *f*; **поднима́ть ~** meutern
бунта́рский *adj* rebellisch
бунтова́ть *vi E2 impf* **1.** sich empören; **2.** rebellieren
бур *m K* Bohrer *m*
бура́вить 〈*präs*: -влю, -вишь〉 *vi I impf* (*pf:* про-) bohren
бура́н *m K* Scheesturm *m*
бургоми́стр *m K* Bürgermeister, -in *m/f*
буржуа́зный *adj* bürgerlich
бури́ть *vi I impf* (*pf:* про-) (*GEOL*) bohren
бурли́ть *vi I impf* (*auch fig*) brodeln, kochen; **наро́д бурли́т** das Volk ist in Aufruhr
бу́рный 〈*kf*: -рен, -рна́, -рно〉 *adj* **1.** stürmisch; **бу́рное мо́ре** stürmische See *f*; **бу́рные аплодисме́нты** stürmischer

Beifall *m* **2.** leidenschaftlich, ungestüm

буровóй *adj* Bohr-; **буровáя платфóрма** Bohrinsel *f*

бурчáть ⟨*präs*: бурчý, -чúшь⟩ *vi I impf* (*pf:* про-) (*umg*) knurren, brummen

бýря *f A1* Sturm *m*, Unwetter *nt*; **~ и нáтиск** (*LIT*) Sturm und Drang

бýсы *m pl K* Glasperlen *f pl*

бутафóрия *f A2* **1.** Requisiten *pl*; **2.** Attrappe *f*

бутербрóд *m K* Butterbrot *nt*, belegtes Brötchen *nt*

бутóн *m K* Knospe *f*

буты́лка ⟨*gen pl*: -лок⟩ *f A* Flasche *f*; **~ из-под молокá** leere Milchflasche *f*

бýферный *adj* Puffer-; **бýферная зóна** Pufferzone *f*, Schutzzone *f*

буфéт *m K* **1.** Buffet *nt*; **2.** Kantine *f*, Imbißraum *m*

бух! *interj* plumps!, bums

бухáнка ⟨*gen pl*: -нок⟩ *f A* Laib *m*; **~ хлéба** Schwarzbrot *nt*

бухгалтéрия *f A2* Buchführung *f*

бýхта *f A* Bucht *f*

бушевáть *vi E2 impf* **1.** tosen, stürmen; **2.** (*umg*) toben, Radau machen

буя́н *m K* Raufbold *m*, Randalierer *m*

буя́нить ⟨*präs*: буя́ню, -нишь⟩ *vi I impf* (*umg*) Radau machen, krakeelen

бывáлый *adj* erfahren, routiniert; **он человéк ~ый** er ist ein alter Hase

бывáть *vi E2 impf* **1.** vorkommen, geschehen; **бывáет ещё хýже** es gibt Schlimmeres; **зачастýю бывает так, что** es geschieht häufig, daß; **как ни в чём не бывáло** als ob nichts geschehen wäre; **2.** zu sein pflegen; **рáньше я чáсто у них бывáл** früher habe ich sie oft besucht

бы́вший *adj* ehemalig, einstig; **~ий СССР** die ehemalige UdSSR; **~ муж** Ex-Mann *m*; **~ федерáльный кáнцлер** Altbundeskanzler *m*

бык *m K e* Stier *m*; **брать ~á за рогá** (*fig*) den Stier bei den Hörnern packen

былúнка ⟨*gen pl*: -нок⟩ *f A* Grashalm *m*

быстротá *f A* Schnelligkeit *f*, Geschwindigkeit *f*

бы́стрый ⟨*kf*: быстр, -á, бы́стро⟩ *adj* schnell, rasch

быт ⟨*präpos sg*: в бытý⟩ *m K* Lebensgewohnheiten *f pl*, Lebensart *f*; **домáшний ~** häusliches Leben *nt*

бытиé *nt O2* (*PHIL*) Sein *nt*, Dasein *nt*; **~ определяéт сознáние** das Sein bestimmt das Bewußtsein; **кнúга бытия́** (*REL*) das 1. Buch Mose

бытовáть ⟨*nur 3. pers*: бытýет⟩ *vi E2 impf* vorkommen, verbreitet sein; **бытýет мнéние, что** es besteht [*o* herrscht] die Meinung, daß

бытовóй *adj* **1.** Lebens-; **бытовы́е услóвия** Lebensbedingungen *f*; **2.** Haushalts-; **бытовáя тéхника** Haushaltsgeräte *nt*

быть ⟨*präs nur 3. pers sg*: есть⟩ *vi UE1 impf* **1.** sein; **2.** werden; **3.** sich ereignen; **~ вне себя́** außer sich sein; **как ~?** und was nun? **мóжет ~** vielleicht; **чем ты хóчешь ~?** was möchtest du einmal werden? **жил-был...** es war einmal..

бэр *m K* (*PHYS*) Rem *nt*

бюджéт *m K* Budget *nt*, Etat *m*; **государственный ~** (*POL*) Staatshaushalt *m*; **проéкт ~а** Haushaltsentwurf *m*

бюджéтник *m K* staatliche(r) Angestellte(r) *m*

бюллетéнить *vi I impf* krankgeschrieben sein

бюллетéнь *m K1* **1.** Bericht *m*; **2.** ärztliches Attest *nt*; **брать ~** sich krankschreiben lassen; **давáть комý-лúбо ~** jdn krankschreiben; **3.** Stimmzettel *m*, Wahlzettel *m*

бюрó *nt indekl* **1.** Büro *nt*, Sekretariat *nt*; **2.** Schreibtisch *m*; **~ нахóдок** Fundbüro *nt*; **~ по трудоустрóйству** Stellenvermittlung *f*

бюрократúческий *adj* bürokratisch

бюрокрáтия *f A2* Bürokratie *f*

бюст *m K* **1.** Büste *f*, Skulptur *f*; **2.** Busen *m*

бюстгáльтер *m K* Büstenhalter *m*, BH *m*

В

в, **В** [1] *nt indekl kyrillischer Buchstabe*

в (во) [2] *präp lok +akk* **I. 1.** (**кудá?**) in (*+akk*); **2.** nach (*+dat*); **в шкóлу** in die Schule; **в Москвý** nach Moskau; **II.** *präp temp +akk* an (*+dat*); **в пя́тницу** am Freitag; **в пять часóв** um fünf Uhr; **в прóшлом годý** im letzten Jahr; **III.** *präp lok +präpos* **1.** (**где?**) in (*+dat*); **2.** auf (*+dat*); **в шкóле** in der Schule; **в чём?** worin? **в э́том** darin; **в три рáза бóльше** dreimal so viel

вагóн *m K* Waggon *m*, Eisenbahnwagen *m*; **жёсткий ~** (*TRANSP*) Wagen 2. Klasse; **мя́гкий ~** Wagen 1. Klasse

вагонéтка ⟨*gen pl*: -ток⟩ *f A* Grubenwagen *m*, Lore *f*

вáжничать *vi E impf* (*umg*) wichtig tun, angeben

вáжность *f I* Wichtigkeit *f*, Bedeutung *f*

вáжный ⟨*kf*: -жен, -жнá, -жно⟩ *adj* wichtig, bedeutend; **мне** [*o* **для**

меня́]**ва́жно** mir liegt daran; **ва́жная пти́ца** *f (umg)* hohes Tier *nt*
ва́за *f A* **1.** Vase *f*; **2.** Schale *f*
вака́нсия *f A2* Vakanz *f*, freie [*o* unbesetzte] Stelle *f*
вака́нтный ⟨*kf*: -тен, -тна⟩ *adj* vakant, unbesetzt
ва́куумный *adj* vakuum-; **в ва́кумной упако́вке** vakuumverpackt
вакци́на *f A* Impfstoff *m*
вакцина́ция *f A2* Impfung *f*
вал ⟨*präpos sg*: на валу́⟩ *m K ple* **1.** Schutzwall *m*; **2.** (*TECH*) Welle *f*, Walze *f*; **3.** (*MAR*) Welle *f*, Woge *f*; **девя́тый ~** (*fig*) größtes Hindernis *nt*
ва́ленки ⟨*gen pl*: -нок⟩ *m pl K* Filzstiefel *m pl*
валериа́на *f A* Baldrian *m*
валерья́нка *f A* Baldriantropfen *m pl*
вали́ть [1] ⟨*präs*: валю́, ва́лишь⟩ *vt I impf* (*pf*: с-) **1.** umwerfen, zu Fall bringen; **2.** unordentlich zusammenwerfen; **~ лес** Holz fällen; **~ вину́ на кого́-ли́бо** (*fig*) jdm die Schuld in die Schuhe schieben; **~ всё в одну́ ку́чу** alles in einen Topf werfen
вали́ть [2] ⟨*nur 3. pers*: вали́т, валя́т⟩ *vi I impf* herbeiströmen; **снег вали́т** dichter Schnee fällt
валово́й *adj* Brutto-; **~ дохо́д** Bruttoeinkommen *nt*
валто́рна *f A* Waldhorn *nt*
вальс *m K* Walzer *m*
валю́та *f A* **1.** Währung *f*; **2.** Devisen *pl*; **усто́йчивая ~** stabile Währung *f*
валя́ться *vi E impf* unordentlich umherliegen; **~ в посте́ли** (*umg*) sich im [*o* auf dem] Bett fläzen
вам ⟨*dat von*: вы⟩ *pron pers* ihnen, euch
ва́ми ⟨*inst von*: вы⟩ *pron pers* ihnen, euch
вандали́зм *m K* Vandalismus *m*, Zerstörungswut *f*
вани́ль *f I* Vanille *f*
ва́нна *f A* **1.** Wanne *f*; **2.** Badewanne *f*; **принима́ть ва́нну** ein Bad nehmen
ва́нная *f wie adj* Bad *nt*, Badezimmer *nt*
ва́рварский *adj* barbarisch
ва́рварство *nt O* Barbarei *f*
ва́режки ⟨*gen pl*: -жек⟩ *f pl A* Fausthandschuhe *m pl*
варёнка ⟨*gen pl*: -нок⟩ *f A* (*джи́нсы*) *(schwarze) stone-washed Jeans*
варёный *adj* gekocht
варе́нье *nt O1 sehr fruchtige, süße Konfitüre*
вариа́ция *f A2* Variation *f*; **вариа́ции на ста́рую те́му** (*MUS*) Variationen über ein altes Thema
вари́ть ⟨*präs*: варю́, ва́ришь⟩ *vt I impf* (*pf*: с-) kochen, abkochen; **~ пи́во** Bier brauen
вари́ться *vi I impf* (*pf*: с-) kochen, sieden; **~ в со́бственном соку́** im eigenen Saft schmoren
варьи́ровать *vt E2 impf* variieren, abwechseln
вас ⟨*gen/akk/präpos von*: вы⟩ *pron pers* **1.** ihr, euer; **2.** Sie, euch
василёк ⟨*gen sg*: -лька́⟩ *m K e* Kornblume *f*
ва́та *f A* Watte *f*; **на ва́те** wattiert
ва́тный *adj* aus Watte; **ва́тное одея́ло** Steppdecke *f*
ватру́шка ⟨*gen pl*: -шек⟩ *f A* Quarktasche *f*
ва́учер *m K* **1.** Gutschein *m*; **2.** Firmenanteil *m*
ваучериза́ция *f A2* (*ÖKON*) *Veräußerung von Staatsbetrieben durch Ausgabe von Gratisanteilen*
ва́фельница *f A* Waffeleisen *nt*
ва́фля ⟨*gen pl*: ва́фель⟩ *f A1* Waffel *f*
ва́хта *f A* Schiffswache *f*
ваш *pron poss* euer, Ihr; **с ~ей стороны́** eurerseits, Ihrerseits; **э́то не ~е де́ло** das geht euch nichts an, das geht Sie nichts an
вбежа́ть ⟨*fut*: вбегу́, вбежи́шь⟩ *vi U1 pf* (*impf:* вбега́ть) hineinlaufen, hineinrennen
вбива́ть *vt E impf* (*pf:* вбить) einschlagen, einhämmern; **~ гвоздь в стену́** einen Nagel in die Wand schlagen; **~ себе́ в го́лову** (*fig*) sich etw in den Kopf setzen
вбира́ть *vi E impf* (*pf:* вобра́ть) aufsaugen, absorbieren
вбить ⟨*fut*: вобью́, вобьёшь⟩ *vt E4c pf* (*impf:* вбива́ть) einhämmern
вблизи́ *adv* in der Nähe
вбра́сывание *nt O2* (*SPORT*) Einwurf *m*
вброд *adv* durch eine Furt; **переходи́ть ре́ку ~** den Fluß an einer Furt durchwaten
вва́ливаться *vi E impf* (*pf:* ввали́ться) **1.** (*во что-ли́бо*) hineinstürzen, hineinfallen; **2.** (*umg*) hereinstürzen, hereinplatzen; **3.** (*nur 3. pers: щёки*) einfallen
ввали́ться ⟨*fut*: ввалю́сь, вва́лишь⟩ *vi I pf* (*impf:* вва́ливаться) hineinstürzen
введе́ние *nt O2* **1.** Einleitung *f*, Vorwort *nt*; **2.** Einführung *f*; **~ са́нкций** Anwendung von Sanktionen; **~ чрезвыча́йного положе́ния** Verhängung des Ausnahmezustandes
ввезти́ ⟨*fut*: ввезу́, -зёшь⟩ *vt E6 pf* (*impf:* ввози́ть) hineinfahren
вве́рить ⟨*fut*: вве́рю, -ришь⟩ *vt I pf* (*impf:* вверя́ть) anvertrauen
ввернý́ть *vt E1 pf* (*impf:* ввёртывать) einschrauben
ввёртывать *vt E impf* (*pf:* вверну́ть) einschrauben; **~ остро́ту** (*umg*) eine spit-

ze Bemerkung einflechten [*o* machen]

вверху́ [1] *adv* nach oben, hinauf; ~ **по тече́нию** stromaufwärts; ~ **дном** drunter und drüber

вверху́ [2] *adv* oben

вверя́ть *vt E impf* (*pf:* вве́рить) anvertrauen

ввести́ ⟨*fut:* введу́, -дёшь⟩ *vt E6a pf* (*impf:* вводи́ть) **1.** hinführen; **2.** hineinführen

ввиду́ *präp +gen* wegen (*+gen*), angesichts (*+gen*); ~ **того́, что** da, weil

ввинти́ть ⟨*fut:* ввинчу́, -нти́шь⟩ *vt I pf* (*impf:* вви́нчивать) (*что-ли́бо во что-ли́бо*) einschrauben

ввод *m K* Einführung *f*, Einsetzung *f*; ~ **войск** Truppeneinmarsch *m*; ~ **да́нных** (*DV*) Dateneingabe *f*; ~ **в де́йствие** Inbetriebnahme *f*

вводи́ть ⟨*präs:* ввожу́, вво́дишь⟩ *vt I impf* (*pf:* ввести́) **1.** hereinführen, hineinführen; **2.** einführen, einsetzen; **3.** (*DV*) eingeben; ~ **войска́** Truppen entsenden; ~ **са́нкции** Sanktionen verhängen; ~ **в заблужде́ние** irreführen, täuschen; ~ **кого-ли́бо в курс де́ла** jdn mit einer Sache vetraut machen, jdn in etw einführen

вво́дный *adj* Einführungs-, einleitend

ввоз *m K* Einfuhr *f*, Import *m*

ввози́ть ⟨*präs:* ввожу́, вво́зишь⟩ *vt I impf* (*pf:* ввезти́) einführen, importieren

вво́лю *adv* **1.** nach Herzenslust; **2.** in Hülle und Fülle

ВВС *abk von* во́енно-возду́шные си́лы Luftstreitkräfte *pl*, Luftwaffe *f*

ввяза́ться ⟨*fut:* ввяжу́сь, ввя́жешься⟩ *vi E4 pf* (*impf:* ввя́зываться) (*во что-ли́бо*) sich einmischen (in *+akk*)

вглубь *adv* in die Tiefe, in das Innere

вгляде́ться ⟨*fut:* вгляжу́сь, вгляди́шься⟩ *vi I pf* (*impf:* вгля́дываться) (*в кого́-ли́бо/что-ли́бо*) genau betrachten, aufmerksam anschauen

вдава́ться *vi E3 impf* (*pf:* вда́ться) **1.** (*во что*) eindringen, hineinragen; **2.** sich einlassen (auf *+akk*); ~ **в подро́бности** auf Einzelheiten eingehen

вда́лбливать *vt E impf* (*pf:* вдолби́ть) (*umg: что-ли́бо в кого́-ли́бо/что-ли́бо; кому́-ли́бо/чему́-ли́бо*) eintrichtern, einpauken

вдалеке́ *adv* in der Ferne

вдали́ *wie* **вдалеке́**

вдаль *adv* in die Ferne

вда́ться ⟨*fut:* вда́мся, вда́шься⟩ *vi U2 pf* (*impf:* вдава́ться) eindringen

вдво́е *adv* zweimal, doppelt; ~ **бо́льше** doppelt so viel; ~ **ме́ньше** halb so viel; **снижа́ть** ~ halbieren; **скла́дывать лист** ~ ein Blatt zusammenfalten

вдвоём *adv* zu zweit

вдвойне́ *adv* zweifach, doppelt

вдева́ть *vt E impf* (*pf:* вдеть) durchziehen; ~ **ни́тку в иго́лку** einfädeln

вдеть ⟨*fut:* вде́ну, -нешь⟩ *vt E9b pf* (*impf:* вдева́ть) durchziehen

вдоба́вок *adv* überdies, außerdem

вдова́ *f A pls* Witwe *f*; **соло́менная** ~ Strohwitwe *f*

вдове́ц ⟨*gen sg:* -вца⟩ *m K* Witwer *m*

вдо́воль *adv* **1.** in Hülle und Fülle, reichlich; **2.** vollauf

вдого́нку *adv* unmittelbar hinterher; **крича́ть кому́-ли́бо что-ли́бо** ~ jdm etw hinterherrufen; **посыла́ть письмо́** ~ einen Brief nachsenden

вдолби́ть ⟨*fut:* вдолблю́, -би́шь⟩ *vt I pf* (*impf:* вда́лбливать) eintrichtern

вдоль *präp +gen* **I.** entlang (*+akk*), entlang (*+dat*); **II.** *adv* der Länge nach; ~ **и поперёк** kreuz und quer; **знать** ~ **и поперёк** in- und auswendig kennen

вдох *m K* Atemzug *m*

вдохнове́ние *nt O2* **1.** Inspiration *f*, Eingebung *f*; **2.** Begeisterung *f*

вдохнови́ть ⟨*fut:* вдохновлю́, -ви́шь⟩ *vi I pf* (*impf:* вдохновля́ть) **1.** (*кого́-ли́бо*) begeistern; **2.** (*кого́-ли́бо на что*) inspirieren [*o* anregen] (zu *+dat*)

вдохнови́ться ⟨*fut:* вдохновлю́сь, -ви́шься⟩ *v + inst I pf* (*impf:* вдохновля́ться) sich begeistern (für *+akk*)

вдохну́ть *vi E1 pf* (*impf:* вдыха́ть) einatmen

вдребе́зги *adv* ganz entzwei; **разбива́ться** ~ in Scherben gehen

вдруг *adv* plötzlich, unerwartet; **всё** ~ alles auf einmal

вдрызг *adv* völlig

вду́маться *vr E pf* (*impf:* вду́мываться) sich hineindenken

вду́мчивый *adj* **1.** ernst; **2.** nachdenklich

вду́мываться *vr E impf* (*pf:* вду́маться) (*во что-ли́бо*) sich hineindenken, sich vertiefen (in *+akk*)

вдыха́ть *vt E impf* (*pf:* вдохну́ть) einatmen

вегетариа́нец, вегетариа́нка ⟨*gen sg m:* -нца⟩ *m K / f A* Vegetarier, -in *m/f*

вегетариа́нский *adj* vegetarisch

ве́дать *vi E impf* **1.** (*alt*) wissen; **2.** (*чем-ли́бо*) verwalten, leiten; **кто ве́дает э́тим?** wer ist dafür zuständig?

ве́домость *f I ple1* Liste *f*, Verzeichnis *nt*

ве́домство *nt O* Amt *nt*, Behörde *f*

ведро́ ⟨*pl:* вёдра, -дер⟩ *nt O pls* Eimer *m*; ~ **для му́сора** Mülleimer *m*

веду́щий *adj* **I. 1.** grundlegend; **веду́шее нача́ло** Grundprinzip *nt*; **2.** führend, leitend; **II.** *m wie adj* (*TV*) Moderator *m*

ведь *part* **I. 1.** ja; **~ я не спо́рю!** ich streite ja gar nicht!; **2.** wirklich; **~ пра́вда?** ist es wirklich wahr? **II.** *konj* **1.** denn; **2.** doch

ве́дьма *f A* **1.** Hexe *f*; **2.** (*umg:pej*) Drachen *m*, zänkisches Weib *nt*

ве́ер ⟨*nom pl*: -pá⟩ *m K ple* Fächer *m*

ве́жливость *f I* Höflichkeit *f*

ве́жливый *adj* höflich, zuvorkommend

везде́ *adv* überall; **~ и всю́ду** an allen Ecken und Enden

вездехо́д *m K* Geländewagen *m*

везти́ [1] ⟨*präs*: везу́, везёшь⟩ *vt E6 best* (*unbest*: вози́ть) fahren, bringen

везти́ [2] ⟨*nur 3. pers*: везёт⟩ *vi E6 impf* (*pf:* по-) Glück haben; **ему́ везёт** er hat Glück; **ему́ не везёт** er hat Pech

век ⟨*präpos sg*: на веку́, *nom pl*: века́⟩ *m K ple* **1.** Jahrhundert *nt*; **2.** Zeitalter *nt*, Epoche *f*; **ка́менный ~** Steinzeit *f*; **сре́дние ~** Mittelalter *nt*; **3.** Lebenszeit *f*, Menschenleben *nt*; **~ живи́, ~ учи́сь** man lernt nie aus

ве́ко ⟨*nom pl*: ве́ки⟩ *nt O* Augenlid *nt*

ве́ксель ⟨*pl*: -я́, -е́й, *und*: -и, -ей⟩ *m K1 ple* (*ÖKON*) Wechsel *m*; **опла́чивать ~** einen Wechsel einlösen; **раздава́ть векселя́** (*fig*) große Versprechungen machen

веле́ние *nt O2* Befehl *m*; **~ вре́мени** das Gebot der Stunde

веле́ть ⟨*präs und fut*: велю́, вели́шь⟩ *vt I impf/pf* (*кому́-либо/чему́-либо что́бы oder mit inf*) befehlen

велика́н, велика́нша *m K / f A pls* Riese, Riesin *m/f*

вели́кий ⟨*kf*: -и́к, -ика́, *super*: велича́иший⟩ *adj* groß, gewaltig; **вели́кая держа́ва** Großmacht *f*

Великобрита́ния *f A2* Großbritannien *nt*

великоду́шие *nt O2* Großmut *m*

великоду́шный ⟨*kf*: -шен, шна⟩ *adj* großmütig, großherzig

великоле́пие *nt O2* Herrlichkeit *f*, Pracht *f*

великоле́пный ⟨*kf*: -пен, -пна⟩ *adj* **1.** prächtig, herrlich; **2.** (*fig*) großartig

велича́вый *adj* majestätisch, erhaben

вели́чественный ⟨*kf*: -вен, -венна⟩ *adj* majestätisch, imposant; **вели́чественные пла́ны** gewaltige Pläne

вели́чество *nt O* Majestät *f*

вели́чие *f A2* **1.** Herrlichkeit *f*; **2.** Würde *f*; **3.** Ruhm *m*

величина́ *f A* **1.** Umfang *m*, Dimension *f*; **2.** (*MATH*) Größe *f*

велого́нка *f A* Radrennen *nt*

велопробе́г *m K* Fahrradtour *f*

велосипе́д *m K* Fahrrad *nt*; **го́рный ~** Mountainbike *nt*; **е́здить на ~е** radfahren, radeln

велосипеди́ст, велосипеди́стка *m K / f A* Radfahrer, -in *m/f*

велоспо́рт *m K* Radsport *m*

велю́р *m K* Velours *m*

ве́на *f A* Vene *f*; **вскрыть себе́ ве́ны** sich die Pulsadern aufschneiden

Ве́на *f A* Wien *nt*

венге́рский *adj* ungarisch

венгр, венге́рка *m K / f A* Ungar, -in *m/f*

Ве́нгрия *f A2* Ungarn *nt*

ве́нец, ве́нка ⟨*gen sg*: -нца⟩ *m K / f A* Wiener, -in *m/f*

вене́ц [1] ⟨*gen sg*: -нца́⟩ *m K e* **1.** Kranz *m*; **2.** Krone *f*; **терно́вый ~** (*REL*) Dornenkrone *f*; **идти́ под ~** sich kirchlich trauen lassen; **3.** (*fig*) Krönung *f*, Höhepunkt *m*; **коне́ц - де́лу ~** Ende gut, alles gut

вене́ц [2] ⟨*gen sg*: -нца́⟩ *m K e* Gebälk *nt*

ве́ник *m K* **1.** Handfeger *m*; **2.** (*в ба́не*) Rutenbesen *m*

вено́к ⟨*gen sg*: -нка́⟩ *m K e* Kranz *m*; **ла́вровный ~** Lorbeerkranz *m*

вентили́ровать *vi E2 impf* (*pf:* про-) **1.** lüften; **2.** (*fig*) erörtern, klären

вентиля́тор *m K* Ventilator *m*

венча́ние *nt O2* Trauung *f*

венча́ть *vt E impf* (*pf:* у-, об-) **1.** (*чем-либо*) krönen; **2.** (*fig*) krönen, erfolgreich zu Ende bringen; **3.** (*кого́-либо с кем-либо*) kirchlich trauen

ве́ра *f A* **1.** (*REL*) Glaube *m*; **~ в бо́га** Glaube an Gott; **2.** Religion *f*; **3.** Zuversicht *f*, Vertrauen *nt*

ве́рба *f A* Weide *f*

верба́льный ⟨*kf*: -лен, -льна⟩ *adj* (*geh*) verbal, mündlich

верблю́д *m K* Kamel *nt*; **одного́рбый ~** Dromedar *nt*

вербова́ть *vt E2 impf* (*pf:* за-) (*кого́-либо во что-либо*) anwerben

верёвка ⟨*gen pl*: -вок⟩ *f A* Seil *nt*, Strick *m*; **бельева́я ~** Wäscheleine *f*

верени́ца *f A* (lange) Reihe *f*; **~ автомоби́лей** Autoschlange *f*

ве́реск *m K* Heidekraut *nt*

верете́ница *f A* Blindschleiche *f*

вери́тельный *adj* Beglaubigungs-; **вери́тельная гра́мота** Beglaubigungsschreiben *nt*

вери́ть ⟨*präs*: ве́рю, -ри́шь⟩ *v + dat I impf* (*pf:* по-) **1.** glauben, vertrauen; **~ кому́-либо на́ слово** jdm aufs Wort glauben; **2.** (*во что-ли́бо*) glauben (an *+akk*)

вермише́ль *f I* Fadennudeln *f pl*

ве́рно *adv* **1.** treu; **2.** wahrscheinlich, wohl; **3.** richtig; **э́то ~** das stimmt; **э́то, пожа́луй, ~** das mag stimmen

ве́рность *f I* **1.** Richtigkeit *f*; **для ве́рности** sicherheitshalber; **2.** Zuverlässigkeit *f*, Treue *f*; **храни́ть ~ кому́-ли́бо** jdm treu bleiben

верну́ть *vt E1 pf* **1.** zurückgeben; **2.** zurückholen

верну́ться *vi E1 pf* zurückkommen, zurückkehren

ве́рный ⟨*kf*: -рен, -рна́, -рно⟩ *adj* **I. 1.** richtig, wahr; **ве́рное замеча́ние** eine treffende Bemerkung *f*; **2.** sicher, zuverlässig; **ве́рное сре́дство от чего́.ли́бо** ein sicheres Mittel (gegen *+akk*); **II.** *adv* treu; **оста́ться ве́рным себе́** sich treu bleiben, seinen Prinzipien treu bleiben

ве́рование *nt O2* **1.** Glaube *m*; **2.** Religion *f*

вероисповеда́ние *nt O2* Konfession *f*

вероло́мный ⟨*kf*: -мен, -мна⟩ *adj* wortbrüchig, treulos

веротерпи́мость *f I* Glaubensfreiheit *f*

вероя́тно *adv* wahrscheinlich, vermutlich

вероя́тность *f I* Wahrscheinlichkeit *f*; **~ успе́ха** Erfolgsrate *f*; **по все́й вероя́тности** aller Wahrscheinlichkeit nach

вероя́тный ⟨*kf*: -тен, -тна⟩ *adj* wahrscheinlich

ве́рсия *f A2* **1.** Version *f*, Fassung *f*; **2.** Auflage *f*

верста́к *m K* **1.** Werkbank *f*; **2.** Hobelbank *f*

верста́ть *vt E impf* (*pf:* с-) (*текст*) umbrechen

вёрстка *f A* (*текст*) Umbruch *m*

ве́ртел *m K ple* Bratspieß *m*

верте́ть ⟨*präs*: верчу́, ве́ртишь⟩ *vi I impf* **1.** (*кого́-ли́бо/что-ли́бо; кем-ли́бо/че́м-ли́бо*) drehen, herumdrehen; **2.** (*umg: кем-ли́бо/чем-ли́бо*) mit jdm nach Belieben [*o* Laune] verfahren; **верте́ла им, как хоте́ла** sie machte mit ihm, was sie wollte

верте́ться *vr I impf* **1.** sich drehen, rotieren; **2.** (*umg*) sich herumtreiben, sich ständig befinden; **~ на языке́ у кого́-ли́бо** jdm auf der Zunge liegen

вёрткий ⟨*kf*: -ток, -тка́, -тко⟩ *adj* sehr beweglich, wendig

вертля́вый *adj* zappelig, unruhig

вертолёт *m K* Hubschrauber *m*

ве́рующий *m wie adj* (*REL*) Gläubige(r) *mf*

верфь *f I* (*MAR*) Werft *f*

верх ⟨*präpos sg*: на верху́⟩ *m K ple* **1.** oberer Teil *m*; **2.** (*KFZ*) Verdeck *nt*; **3.** (*fig*) Höhepunkt *m*, Gipfel *m*; **э́то ~ на́глости** (*umg*) das geht auf keine Kuhhaut; **брать ~** die Oberhand gewinnen; **4.** (*im pl*) Spitze *f*, Obrigkeit *f*

верхненеме́цкий *adj* hochdeutsch

ве́рхний *adj* obere, Ober-; **ве́рхняя пала́та** (*POL*) Oberhaus *nt*

верхо́вный *adv* oberst, höchst; **Верхо́вный Сове́т** der Oberste Sowjet *m*

верхово́й *adj* Reit-; **ве́рхая езда́** Reiten *nt*

верхо́вье ⟨*gen pl*: -вьев⟩ *nt O1* Oberlauf *m*; **в верхо́вьях Во́лги** am Oberlauf der Wolga

верхо́м *adv* **1.** oben; **2.** zu Pferde; **е́хать ~** reiten

верху́шка ⟨*gen pl*: -шек⟩ *f A* **1.** Spitze *f*; **2.** Führungsspitze *f*

верши́на *f A* **1.** Spitze *f*, **2.** Gipfel *m*; **3.** Wipfel *m*; **4.** (*MATH*) Scheitel *m*

верши́ть ⟨*präs*: вершу́, -ши́шь⟩ *vt I impf* **1.** (*что-ли́бо; чем-ли́бо*) entscheiden, verfügen; **2.** leiten

вес ⟨*gen sg*: -а/-у⟩ *m K ple* **1.** Gewicht *nt*, Masse *f*, **быть на ~у́** (*fig*) in der Schwebe sein; **2.** (*fig*) Geltung *f*, Bedeutung *f*; **име́ть большо́й ~** einen hohen Stellenwert haben

веселе́ть *vi E impf* (*pf:* по-) lustig werden

весели́ть ⟨*präs*: веселю́, -ли́шь⟩ *vt I impf* (*pf:* раз-) belustigen, erheitern

весели́ться *vr I impf* (*pf:* раз-) sich vergnügen, sich amüsieren

весёлость *f I* Heiterkeit *f*

весёлый ⟨*kf*: ве́сел, -а́, -о⟩ *adj* lustig, fröhlich, heiter; **мне ве́село** mir ist froh zumute

весе́лье *nt O1* Frohsinn *m*, Fröhlichkeit *f*

весе́нний *adj* Frühlings-, Frühjahrs-

ве́сить ⟨*präs*: ве́шу, ве́сишь⟩ *vi I impf* wiegen, Gewicht haben

ве́ский ⟨*kf*: ве́сок, -ска⟩ *adj* **1.** schwer; **2.** (*fig*) schwerwiegend, stichhaltig; **сказа́ть своё ве́ское сло́во** ein Machtwort sprechen

весло́ ⟨*pl*: вёсла, вёсел, вёслам⟩ *nt O pls* Ruder *nt*

весна́ ⟨*pl*: вёсны, вёсен, вёснам⟩ *f A pls* Frühling *m*

весно́й *adv* im Frühling

весну́шка ⟨*pl*: весну́шки, -шек, -шкам⟩ *f A* Sommersprosse *f*

весну́шчатый *adj* sommersprossig

весо́мый *adj* gewichtig; **весо́мые успе́хи** spürbare Erfolge

вести́ ⟨*präs*: веду́, ведёшь⟩ *vt E6 best* (*unbest*: води́ть) **1.** führen; **~ заседа́ние** eine Sitzung leiten; **~ перегово́ры** verhandeln; **2.** (*автомоби́ль*) führen, lenken; **3.** (*nur 3. pers*) führen; **куда́ ведёт э́та доро́га?** wohin führt dieser Weg?; **4.** (*себя́*) sich aufführen, sich benehmen; **веди́ себя́ как сле́дует!** benimm dich anständig!
вести́сь ⟨*nur 3. pers*: ведётся⟩ *vi E6 impf* (*pf:* по-) (*umg*) üblich sein
ве́стник *m K* Bote *m*
весть *f I e2* Nachricht *f*, Botschaft *f*; **счита́ться пропа́вшим без вести́** verschollen sein, vermißt werden
весы́ *pl K e* Waage *f*
весь ⟨*gen*: всего́, *dat*: всему́⟩ *pron det* alle(s), ganz; **по всей Евро́пе** in ganz Europa; **в э́том он весь** das ist ganz seine Art
весьма́ *adv* **1.** sehr, überaus; **~ вероя́тно, что** es ist durchaus möglich, daß; **2.** ziemlich, recht; **в ~ сло́жной обстано́вке** in einer ziemlich komplizierten Situation
ветвь *f I e1* (*auch fig*) Ast *m*, Zweig *m*; **~ нау́ки** Zweig der Wissenschaft
ве́тер ⟨*gen sg*: ве́тра, *präpos sg*: на ветру́⟩ *m K* Wind *m*; **попу́тный ~** günstiger Wind; **держа́ть нос по ве́тру** (*fig*) seine Fahne nach dem Wind drehen; **не броса́ть слов на ~** zu seinem Wort stehen
ветерина́р *m K* Tierarzt, -ärztin *m/f*
ветеро́к ⟨*gen sg*: -рка⟩ *m K* leichter Wind *m*
ве́тка ⟨*gen pl*: -ток⟩ *f A* **1.** kleiner Zweig *m*; **2.** (*fig*) Abzweigung *f*
ве́то *nt indekl* Veto *nt*, Einspruch *m*; **накла́дывать ~ на что-ли́бо** Einspruch erheben (gegen *+akk*)
ве́треный ⟨*kf*: -ен, -ена⟩ *adj* **1.** windig; **2.** (*fig*) flatterhaft, leichtfertig
ветро́вка *f A* Blouson *m*, Windjacke *f*
ве́тры *pl K* (*vulg*) Furz *m*; **выпуска́ть ~** furzen
ветряно́й *adj* Wind-; **~ двига́тель** Windkraftanlage *f*; **ветряна́я ме́льница** Windmühle *f*
ве́тряный *adj* Wind-; **ве́тряная о́спа** (*MED*) Windpocken
ве́тхий ⟨*kf*: ве́тх, -а́, -о⟩ *adj* **1.** baufällig; **2.** gebrechlich; **~ заве́т** (*REL*) Altes Testament *nt*
ве́тхость *f I* **1.** Alter *nt*; **2.** Altersschwäche *f*; **3.** Baufälligkeit *f*
ветчина́ ⟨*nom pl*: ветчи́ны⟩ *f A pls* Schinken *m*
ве́ха *f A* **1.** Markstein *m*; **2.** (*auch fig*) Meilenstein *m*
ве́чер ⟨*nom pl*: вечера́⟩ *m K ple* **1.** Abend *m*; **под ~** gegen Abend; **до́брый ~** guten Abend! **ещё не ~** man soll den Tag nicht vor dem Abend loben; **2.** Abendveranstaltung *f*
вечери́нка *f A* Abendgesellschaft *f*, Party *f*; **~ накану́не сва́дьбы** Polterabend *m*
вече́рний *adj* abendlich, Abend-; **вече́рняя заря́** Abendrot *nt*
вече́рня ⟨*gen pl*: -рен⟩ *f A1* Abendandacht *f*, Vesper *f*
ве́чером *adv* abends
вече́ря *f A1* Abendmahlzeit *f*; **Та́йная ~** (*REL*) Heiliges Abendmahl *nt*
ве́чно *adv* **1.** ewig; **ничто́ не ~ под луно́й** nichts währt ewig; **2.** (*umg*) ewig, ständig, dauernd; **~ ты мне меша́ешься под нога́ми** du stehst mir dauernd im Weg
ве́чность *f I* Ewigkeit *f*
ве́чный ⟨*kf*: -чен, -чна⟩ *adj* **1.** ewig; **ве́чная дру́жба** ewige Freundschaft *f*; **2.** zeitlos
ве́шалка ⟨*gen pl*: -лок⟩ *f A* **1.** Kleiderhaken *m*; **2.** Kleiderbügel *m*; **3.** Aufhänger *m*
ве́шать [1] *vt E impf* (*pf:* пове́сить) **1.** hängen; **не ве́шай го́лову!** laß den Kopf nicht hängen! **2.** aufhängen; **~ телефо́нную тру́бку** den Hörer auflegen
ве́шать [2] *vt E impf* (*pf:* с-) abwiegen, wägen
ве́шаться [1] *vr E impf* (*pf:* пове́ситься) sich erhängen
ве́шаться [2] *vr E impf* (*pf:* с-) sich wiegen
ве́шний *adj* Frühlings-
веще́ственный ⟨*kf*: -вен, -венна⟩ *adj* **1.** materiell; **2.** (*CHEM*) stofflich
вещество́ *nt O* Stoff *m*, Substanz *f*; **живо́е ~** lebende Materie *f*
вещи́зм *m K* Konsumdenken *nt*
вещь *f I ple1* Ding *nt*, Sache *f*; **~ в себе́** (*PHIL*) das Ding an sich
ве́яние *f A2* geistige Strömung *f*, Tendenz *f*; **~ мо́ды** Modetrend *m*
ве́ять ⟨*präs*: ве́ю, ве́ешь⟩ *vi E impf* (*pf:* по-) wehen; **ве́тер ве́ет** der Wind weht; **от него́ ве́яло хо́лодом** (*fig*) er strahlte Kälte aus
взад *adv* zurück; **~ и вперёд** vor und zurück, hin und her
взаи́мность *f I* **1.** Gegenseitigkeit *f*; **что-ли́бо осно́вано на взаи́мности** etw beruht auf Gegenseitigkeit; **2.** Gegenliebe *f*; **не встреча́ть взаи́мности** nicht auf Gegenliebe stoßen
взаи́мный ⟨*kf*: -мен, -мна⟩ *adj* gegenseitig
взаимо- *präfix* gegenseitig
взаимоде́йствие *nt O2* **1.** Zusammen-

wirken *nt*; **2.** Wechselwirkung *f*

взаимоде́йствовать *vi E2 impf* zusammenwirken

взаимоотноше́ние *nt O2* Wechselbeziehung *f*; **взаимоотноше́ния челове́ка и живо́тных** die Beziehung zwischen Mensch und Tier

взаимопонима́ние *nt O2* gegenseitiges Einvernehmen *nt*; **~ ме́жду наро́дами** Völkerverständigung *f*

взаимосвя́зь *f I* Wechselbeziehung *f*, Zusammenhang *m*

взаймы́ *adv* leihweise; **брать ~** borgen, entleihen; **дава́ть ~** verborgen, verleihen

взаме́н *präp +gen* anstatt (*+gen*), anstelle (*+gen*)

взаперти́ *adv* eingesperrt, hinter Schloß und Riegel

вза́пуски *adv* um die Wette

взба́лмошный ⟨*kf*: -шен, -шна⟩ *adj* **1.** unausgeglichen; **2.** unberechenbar

взба́лтывать *vi E impf* (*pf:* взболта́ть) schütteln

взбежа́ть ⟨*fut*: взбегу́, -бежи́шь⟩ *vi U1 pf* (*impf:* взбега́ть) hinauflaufen

взбеси́ть ⟨*fut*: взбешу́, -бе́сишь⟩ *vt I pf* (*impf:* беси́ть) in Wut bringen

взбеси́ться *vr I pf* (*impf:* беси́ться) **1.** wütend werden; **2.** tollwütig werden

взбешённый *adj* (*umg*) wütend, fuchsteufelswild

взбива́ть *vt E impf* (*pf:* взбить) rühren, schlagen; **~ поду́шки** Kissen aufschütteln; **~ сли́вки** Sahne schlagen

взбира́ться *vr E impf* (*pf:* взобра́ться) hinaufklettern; **~ на го́ру** auf einen Berg steigen

взбить ⟨*fut*: взбью, -бьёшь⟩ *vt E4 pf* (*impf:* взбива́ть) schlagen

взболта́ть *vi E pf* (*impf:* взба́лтывать) schütteln

взбудора́жить ⟨*fut*: взбудора́жу, -жишь⟩ *vt I pf* (*impf:* взбудора́живать) in Aufruhr bringen; **но́вость взбудора́жила всех** die Nachricht versetzte alle in Aufruhr

взбунтова́ться *vr E2 pf* meutern, sich empören

взвали́ть ⟨*fut*: взвалю́, взва́лишь⟩ *vt I pf* (*impf:* вза́ливать) **1.** aufladen; **2.** (*что-либо на кого́-ли́бо*) aufbürden

взве́сить ⟨*fut*: взве́шу, взве́сишь⟩ *vt I pf* (*impf:* взве́шивать) abwiegen

взвести́ ⟨*fut*: взведу́, -ведёшь⟩ *vt E6 pf* (*impf:* взводи́ть) hinaufführen

взве́шенность *f I* Ausgewogenheit *f*

взве́шенный *adj* **1.** ausgewogen; **2.** bedacht

взве́шивать *vt E impf* (*pf:* взве́сить) **1.** abwiegen; **2.** (*fig*) abwägen, erwägen; **~ все за и про́тив** das Für und Wider abwägen

взви́нчивание *nt O2* **1.** (*не́рвов*) starke Anspannung *f*; **2.** (*fig*) Hochschrauben *nt*; **~ цен** unrealistischer Preisanstieg *m*

взвод *m K* (*MIL*) Zug *m*

взводи́ть ⟨*präs*: взвожу́, -во́дишь⟩ *vt I impf* (*pf:* взвести́) hinaufführen; **~ поклёп на кого́-ли́бо** jdn grundlos beschuldigen, jdn verleumden

взволно́ванный ⟨*kf*: -ан, -анна⟩ *adj* aufgeregt, erregt

взволнова́ть *vt E2 pf* (*impf:* волнова́ть) bewegen

взгляд *m K* **1.** Blick *m*; **на пе́рвый ~** [*o* **с пе́рвого ~а**] auf den ersten Blick; **2.** (*fig*) Ansicht *f*, Meinung *f*; **на мо́й ~** meiner Meinung nach, meines Erachtens

взгляну́ть ⟨*fut*: взгляну́, взгля́нешь⟩ *vt E1 pf* (*impf:* взгля́дывать) (*на кого́-ли́бо/что-ли́бо*) jdn/etw anblicken, betrachten; **да́й мне ~!** laß mich mal sehen

взгрева́ть *vt E2 impf* (*pf:* взгреть) (*umg: кого́-ли́бо*) ausschimpfen, einheizen

вздор *m K* Unsinn *m*, dummes Zeug *nt*

вздо́рить ⟨*präs*: вздо́рю, -ришь⟩ *vi I impf* (*pf:* по-) (*umg*) sich zanken, streiten

вздо́рный ⟨*kf*: -рен, -рна⟩ *adj* **1.** unsinnig, töricht; **2.** zänkisch, streitsüchtig

вздох *m K* Seufzer *m*; **~ облегче́ния** erleichtertes Aufatmen *nt*; **до после́днего ~а** bis zum letzten Atemzug

вздохну́ть *vi E1 pf* aufseufzen

вздра́гивать *vi E impf* (*pf:* вздро́гнуть) zusammenzucken, auffahren

вздремну́ть *vi E1 pf* (*umg*) ein Schläfchen machen

вздро́гнуть *vi E1 pf* (*impf:* вздра́гивать) zusammenzucken

вздува́ться ⟨*nur 3. pers*: вздува́ется⟩ *vr E impf* (*pf:* взду́ться) **1.** (*MED*) schwellen, anschwellen; **2.** (*це́ны*) übermäßig ansteigen

взду́маться *vi E pf* (*unpers mit inf*) einfallen, in den Sinn kommen; **ему́ взду́малось прогуля́ться** er wollte auf einmal spazierengehen

взду́тие *nt O2* (*MED*) Blähung *f*

взду́ться *vi E pf* (*impf:* вздува́ться) anschwellen

вздыха́ть *vi E impf* (*pf:* вздохну́ть) **1.** seufzen; **2.** (*по ком-ли́бо/чём-ли́бо; о ком-ли́бо/чём-ли́бо*) sich sehnen (nach *+dat*)

взима́ть *vt E impf* erheben, einziehen; **~ нало́ги** Steuern einziehen

взира́ть *vt E impf* schauen, ansehen; **не взира́я на ли́ца** (*fig*) ohne Ansehen der

Person; **не взира́я на э́то** ungeachtet dessen; **не взира́я ни на что** trotz alledem

взла́мывать *vt E impf* (*pf:* взлома́ть) aufbrechen; **~ замо́к** ein Schloß aufbrechen; **~ програ́мму** (*DV*) ein Computerprogramm knacken

взлёт *m K* **1.** Start *m*, Abflug *m*; **2.** (*ÖKON*) Aufschwung *m*

взлете́ть ⟨*fut*: взлечу́, -лети́шь⟩ *vi I pf* (*impf:* взлета́ть) starten, aufsteigen; **~ на во́здух** (*auch fig*) in die Luft gehen, explodieren

взлом *m K* Einbruch *m*; **защищённый от ~а** einbruchsicher; **кра́жа со ~ом** Einbruchsdiebstahl *m*

взлома́ть *vt E pf* (*impf:* взла́мывать) **1.** aufbrechen; **2.** einbrechen

взмах *m K* Schwung *m*, Schwingen *nt*; **~ кры́льев** Flügelschlag *m*

взма́хивать *v + inst E impf* (*pf:* взмахну́ть) schwenken, schwingen; **~ кры́льями** mit den Flügeln schlagen

взмо́рье *nt O2* **1.** Strand *m*; **2.** Küste *f*

взнос *m K* Einzahlung *f*, Beitrag *m*; **благотвори́тельный ~** Spende *f*

взобра́ться ⟨*fut*: взберу́сь, -берёшься⟩ *vr UE5 pf* (*impf:* взбира́ться) hinaufklettern

взойти́ ⟨*fut*: взойду́, взойдёшь⟩ *vi E7a pf* (*impf:* всходи́ть) hinaufsteigen

взор *m K* Blick *m*; **обраща́ть свой ~ы куда́-ли́бо** [*o* **на что-ли́бо**] seinen Blick richten (auf *+akk*); **потупи́ть ~** den Blick senken

взорва́ть ⟨*fut*: взорву́, -вёшь⟩ *vi E4 pf* (*impf:* взрыва́ть) sprengen

взорва́ться ⟨*fut*: взорву́сь, -вёшься⟩ *vi E4 pf* (*impf:* взрыва́ться) explodieren

взрасти́ть ⟨*fut*: взращу́, взрасти́шь⟩ *vt I pf* (*impf:* взра́щивать) züchten

взра́щивать *vt E impf* (*pf:* взрасти́ть) **1.** züchten; **2.** großziehen; **3.** (*тала́нты*) fördern

взросле́ть *vi E impf* (*pf:* по-) erwachsen werden

взро́слый *adj* **I.** erwachsen; **II.** *m wie adj* Erwachsene(r) *m*

взрыв *m K* **1.** Explosion *f*, Detonation *f*; **2.** (*fig*) *plötzlicher geräuschvoller Ausbruch;* **~ аплодисме́нтов** Beifallssturm *m*

взрыва́ть *vi E impf* (*pf:* взорва́ть) **1.** sprengen; **2.** (*fig*) empören, aus der Fassung bringen

взрыва́ться *vi E impf* (*pf:* взорва́ться) **1.** explodieren; **2.** (*fig*) vor Ärger in die Luft gehen

взрывоопа́сный *adj* (*fig*) explosiv, brisant; **взрывоопа́сное положе́ние** brenzlige Situation *f*

взрывча́тка *f A* Sprengstoff *m*

взры́вчатый *adj* explosiv; **взры́вчатое вещество́** Sprengstoff *m*

взъеро́шенный *adj* struppig, zerzaust

взыва́ть *vi E impf* (*pf:* воззва́ть) (*geh:* *к комы́-ли́бо о чём-ли́бо*) anflehen (um *+akk*), anrufen; **~ к Го́споду** (*REL*) den Herrn anrufen

взыска́ние *nt O2* (*JUR*) Strafe *f*, Geldstrafe *f*

взыска́тельный ⟨*kf*: -лен, -льна⟩ *adj* anspruchsvoll, streng

взыска́ть ⟨*fut*: взыщу́, взы́щешь⟩ *vt I pf* (*impf:* взы́скивать) (*что с кого́-ли́бо*) einziehen, eintreiben; **~ до́лг** Schulden eintreiben; **не взыщи́те!** (*fig*) seien Sie bitte nachsichtig

взя́тие *nt O2* Einnahme *f*, Eroberung *f*

взя́тка ⟨*gen pl*: -ток⟩ *f A* **1.** (*в ка́рточной игре́*) Stich *m*; **2.** Bestechungsgeschenk *nt*, Schmiergeld *nt*; **брать взя́тки** sich bestechen lassen; **дава́ть взя́тки** jdn bestechen; **с него́ взя́тки гла́дки** ihm ist nicht beizukommen, ihm ist nichts nachzuweisen

взя́точничество *nt O* **1.** Bestechung *f*; **2.** Bestechlichkeit *f*

взять ⟨*fut*: возьму́, возьмёшь, *prät*: взял⟩ *vt E4a pf* (*impf:* брать) **1.** nehmen; **2.** (*umg*) folgern, schließen; **с чего́ ты взял?** woraus schließt du das? **3.** (*umg*) *drückt in Verbindung mit einem Verb in der gleichen Form und einer Konjunktion eine plötzliche, unerwartete Handlung aus;* **возьму́ да и скажу́** ich werde es sagen; **а он возьми́ и приди́** und plötzlich kam er doch

взя́ться ⟨*fut*: возьму́сь, возьмёшься⟩ *vr E4a pf* (*impf:* бра́ться) anfassen, berühren; **~ за кго́-ли́бо** (*fig*) sich jdn vorknöpfen

виаду́к *m K* Viadukt *nt*

вибри́ровать *vi E2 impf* **1.** vibrieren; **2.** schlottern

ВИД *abk von* ви́рус имму́ного дефици́та *m* Aids-Virus *nt*, HIV *nt*

вида́ть *vi E impf* (*pf:* по-, у-) sehen, treffen; **не вида́ть** (*nur inf*) nicht zu sehen sein; **~, он до́ма** (*als Schaltwort*) offensichtlich ist er zu Hause

вид [1] ⟨*gen sg*: -а/-у, *präpos sg*: в/на виду́⟩ *m K* **1.** Aussehen *nt*, Äußeres *nt*; **у тебя́ уста́лый ~** du siehst müde aus; **2.** Anschein *m*; **де́лать ~, что** so tun, als ob; etw vortäuschen **3.** Blick *m*, Aussicht *f*; **ко́мната с ~ом на мо́ре** Zimmer mit Blick auf das Meer; **~ сбо́ку** Seitenansicht *f*; **потеря́ть кого́-ли́бо из ~у** jdn aus den Augen verlieren; **4.** Absicht *f*; **я име́л в ~у совсе́м друго́е** ich habe etw ganz anderes gemeint; **имéть ~ы на что-лúбо** etw im Auge haben, aus sein (auf *+akk*)

вид [2] *m K* **1.** Art *f*; **в какóм ~е?** in welcher Form? **ни под какúм ~ом** auf keinen Fall **2.** (*BIO*) Art *f*; **3.** (*LING*) Aspekt *m*

видéние *nt O2* Vision *f*; **нóвое ~ мúра** neue Weltsicht *f*

вúдео- *präfix* Video-; **~магнитофóн** Videorecorder *m*; **~зáпись** Videoaufzeichnung *f*

вúдеть ⟨*präs*: вúжу, вúдишь⟩ *vt I impf* (*pf:* у-) **1.** sehen, sehen können; **2.** begegnen, treffen; **рад вас ~** ich freue mich, Sie zu sehen; **3.** einsehen, erkennen; **он вúдел свою́ ошúбку** er hat seinen Fehler eingesehen

вúдеться ⟨*fut*: вúжусь, вúдишься⟩ *vr I impf* (*pf:* у-, с-, при-) **1.** sich sehen, einander begegnen; **2.** (*unpers*) erscheinen; **мне э́то вúдится совершéнно инáче** mir erscheint das völlig anders; **мне вúделось во сне** mir träumte

вúдик *m K* (*umg*) Videorecorder *m*; **покáзывать ~и** Videos zeigen

вúдимо *adv* vermutlich, offenbar

вúдимо-невúдимо *adv* sehr viel, eine große Menge

вúдимость *f I* **1.** Sicht *f*; **2.** Sichtweite *f*; **3.** Schein *m*, Anschein *m*; **создавáть ~ демокрáтии** Demokratie vorgaukeln; **сохрaня́ть ~ чегó-лúбо** den Anschein von etw wahren

вúдимый *adj* sichtbar

виднéться *vi E impf* sichtbar sein

вúдный ⟨*kf*: вúден, -днá, вúдно⟩ *adj* **1.** sichtbar; **2.** ansehnlich; **3.** angesehen

видоизменéние *nt O2* **1.** Abänderung *f*; **2.** Veränderung *f*

видоизменúть ⟨*fut*: -изменю́, -изменúшь⟩ *vt I pf* (*impf:* видоизменя́ть) abändern

видоизменя́ть *vt E impf* (*pf:* видоизменúть) abändern, modifizieren

видоискáтель *m K1* (*FOT*) Sucher *m*

вúза *f A* **1.** Visum *nt*; **запрáшивать ~у** ein Visum beantragen; **2.** Sichtvermerk *m*

визг *m K* Gewinsel *nt*

визгну́ть *vi E1 pf* aufheulen

визжáть ⟨*präs*: визжу́, -жúшь⟩ *vt I impf* (*pf:* за-) **1.** kreischen, quietschen; **2.** winseln

визúровать [1] *vi E2 impf* (*pf:* за-) **1.** abzeichnen, beglaubigen; **2.** mit einem Visum versehen

визúровать [2] *vt E2 impf/pf* anvisieren

визúт *m K* **1.** Besuch *m*; **2.** Visite *f*; **~ в Россúю** Rußlandbesuch *m*

визитёр *m K* **1.** (*geh*) Besucher *m*; **2.** ungebetener Gast *m*

визúтка ⟨*gen pl*: -ток⟩ *f A* **1.** Visitenkarte *f*; **2.** Ausgehanzug *m*

визúтный *adj* Visiten-; **визúтная кáрточка** Visitenkarte *f*

вúзовый *adj* Visum-; **~ режúм** Visumpflicht *f*

викторúна *f A* Quiz *nt*

вúлка ⟨*gen pl*: -лок⟩ *f A* **1.** Gabel *f*; **2.** (*EL*) Stecker *m*

вúлы *pl A* Mistgabel *f*

вильну́ть *vi E1 pf* **1.** kurz wedeln; **2.** plötzlich eine andere Richtung einschlagen

виля́ть *vi E impf* **1.** wedeln; **~ хвостóм** mit dem Schwanz wedeln; **2.** (*umg*) Ausflüchte machen

винá *f A pls* Schuld *f*; **по винé когó-лúбо** durch jds Verschulden; **снимáть вину́ с когó-лúбо** jdn freisprechen

винегрéт *m K Salat aus Gemüse, Eiern, Fleisch oder Fisch mit scharfer Soße*

винúть ⟨*präs*: виню́, винúшь⟩ *vt I nur impf* (когó-лúбо в чём-лúбо) vorwerfen

вúнный *adj* Wein-

винó *nt O pls* Wein *m*; **úстина в винé** in vino veritas, im Wein liegt Wahrheit

виновáтый *adj* schuldig; **ты сам виновáт** du bist selbst schuld (daran); **я не виновáт** ich kann nichts dafür

винóвник *m K* Schuldige(r) *m*, Verursacher *m*

виногрáд *m K* **1.** Weinrebe *f*, Weinstock *m*; **2.** Weintrauben *f pl*

виногрáдарство *nt O* Weinbau *m*

виногрáдарь *m K1* Winzer *m*

винт *m K* Schraube *f*

вúнтик *m K* Schräubchen *nt*

винтúть ⟨*präs*: винчу́, винтúшь⟩ *vt I impf* (*pf:* за-) (*umg*) schrauben

винтóвка ⟨*gen pl*: -вок⟩ *f A* Gewehr *nt*

винтовóй *adj* Schraub-; **винтовáя лéстница** Wendeltreppe *f*

виолончéль *f I* Violoncello *nt*

вирáж ⟨*gen pl*: -éй⟩ *m K e* Kurve *f*

виртуóзный ⟨*kf*: -зен, -зна⟩ *adj* virtuos

вúрус *m K* Virus *nt*

вúселица *f A* Galgen *m*

висéть ⟨*präs*: вишу́, висúшь⟩ *vi I impf* hängen

вúски *nt indekl* Whisky *m*

висóк ⟨*gen sg*: вискá⟩ *m K e* Schläfe *f*

високóсный *adj* (*nur in fester Verbindung mit* год) Schalt-; **~ год** Schaltjahr *nt*

витáть *vi E impf* (*geh*) schweben, sich befinden; **~ в облакáх** (*fig*) über den Wolken schweben, wirklichkeitsfremd sein

витиевáтый *adj* **1.** verschnörkelt; **2.** schwülstig

витúя *m A2* **1.** Redner *m*; **2.** (*pej*) Schwät-

zer *m*
витóк ⟨*gen sg*: -ткá⟩ *m K e* Windung *f*, Drehung *f*
витрúна *f A* **1.** Schaufenster *nt*; **2.** Schaukasten *m*
вить ⟨*präs*: вью, вьёшь⟩ *vt E4c impf* (*pf:* с-) **1.** drehen; **2.** flechten
вúться ⟨*fut*: вьюсь, вьёшься⟩ *vr E4c impf* **1.** sich schlingen; **2.** (*вóлосы*) sich kräuseln
вихрь *m K1* Wirbelwind *m*
вице- *präfix* Vize-
вúшня ⟨*gen pl*: -шен⟩ *f A1* **1.** Kirsche *f*; **2.** Kirschbaum *m*
вкáпывать *vt E impf* (*pf:* вкопáть) eingraben
вклад *m K* **1.** Anlage *f*, Investition *f*; **2.** Beitrag *m*; **вносúть ~** einen Beitrag leisten
вклáдчик *m K* Sparer *m*
вклáдывать *vt E impf* (*pf:* вложúть) investieren, hineinstecken; **~ все свóи сúлы во что-лúбо** seine ganze Kraft einsetzen (für *+akk*); **~ дéньги в что-лúбо** Geld anlegen (in *+akk*)
вклéить ⟨*fut*: вклéю, вклéишь⟩ *vt I pf* (*impf:* вклéивать) hineinkleben
включáть *vt E impf* (*pf:* включúть) **1.** (*рáдио*) anschalten, einschalten; **2.** einbeziehen; **~ в докумéнт** in ein Dokument aufnehmen
включáться *vr E impf* (*pf:* включúться) **1.** (*свет*) angehen; **2.** (*во что-лúбо*) teilnehmen (an *+dat*)
включáя *präp +akk* einschließlich (*+gen*)
включéние *nt O2* Einschalten *nt*; **прямóе ~** Direktschaltung *f*, Live-Übertragung *f*
включúтельно *adv* inbegriffen, inclusive
включúть ⟨*fut*: включý, вклю́чишь⟩ *vt I pf* (*impf:* включáть) einschalten
включúться ⟨*fut*: включýсь, вклю́чишься⟩ *vt I pf* (*impf:* включáться) **1.** teilnehmen; **2.** sich einschalten
вколотúть ⟨*fut*: вколочý, -лóтишь⟩ *vt I pf* (*impf:* вколáчивать) einrammen, einschlagen
вкопáть *vt E pf* (*impf:* вкáпывать) eingraben; **он остановúлся как вкóпанный** er blieb wie angewurzelt stehen
вкрáсться ⟨*fut*: вкрадýсь, вкрадёшься, *prät*: вкрáлся⟩ *vr E4 pf* (*impf:* вкрáдываться) (*auch fig*) sich hineinstehlen, sich einschleichen; **здесь вкрáлась ошúбка** hier hat sich ein Fehler eigeschlichen; **~ в довéрие к комý-лúбо** sich jds Vertrauen erschleichen
вкрутýю *adv* hart
вкус *m K* (*auch fig*) Geschmack *m*; **дéло ~а** Geschmacksache *f*, Ansichtssache *f*; **со ~ом** geschmackvoll
вкýсный ⟨*kf*: -сен, -снá, -сно⟩ *adj* **1.** schmackhaft; **2.** appetitlich; **быть вкýсным** gut schmecken
вкушáющий *adj* genießerisch, genüßlich
влáга *f A* Nässe *f*, Feuchtigkeit *f*; **драгоцéнная ~** (*geh*) das kostbare Naß *nt*
влагáлище *nt O1* Vagina *f*, Scheide *f*
владéлец, **владéлица** ⟨*gen sg m*: -льца⟩ *m K / f A* **1.** Eigentümer, -in *m/f*; **2.** Inhaber, -in *m/f*
владéние *nt O2* Besitz *m*
владéть *v + inst E impf* **1.** besitzen; **2.** beherrschen; **она владéет двумя́ инострáнными языкáми** sie beherrscht zwei Fremdsprachen
влáжность *f I* Feuchtigkeit *f*
влáжный ⟨*kf*: -жен, -жнá, -жно⟩ *adj* feucht
влáмываться *vr E impf* (*pf:* вломúться) (*во что-лúбо*) gewaltsam eindringen, einbrechen
влáствовать *vi E2 impf* (*над кем-лúбо/чем-лúбо*) herrschen (über *+akk*), regieren
властúтель, **властúтельница** *m K1 / f A* Herrscher, -in *m/f*
влáстный ⟨*kf*: -тен, -тна⟩ *adj* **1.** herrisch; **2.** (*nur kf*) ermächtigt
власть *f I ple1* **1.** Macht *f*, **2.** Gewalt *f*; **захвáтывать ~** die Macht ergreifen; **борьбá за ~** Machtkampf *m*; **смéна влáсти** Machtwechsel *m*; **3.** (*im pl*) Obrigkeit *f*; **мéстные влáсти** die örtlichen Behörden; **россúйские влáсти** die russische Führung *f*
влачúть ⟨*präs*: влачý, -чúшь⟩ *vt I impf* ertragen; **~ жáлкое существовáние** dahinvegetieren
влезáть *vi E impf* (*pf:* влезть) **1.** (*на что-лúбо*) hinaufklettern; **2.** (*во что-лúбо*) hineingehen, hineingeraten; **~ в долгú** (*fig*) Schulden machen; **3.** (*umg*) hineinpassen; **все вéщи в чемодáн не влéзут** die Sachen gehen nicht alle in den Koffer hinein
влезть ⟨*fut*: влéзу, -зешь, *prät*: влез, -ла, *imp*: влезь⟩ *vi E6 pf* (*impf:* влезáть) hinaufklettern
влечь ⟨*präs*: влекý, влечёшь,влекýт, *prät*: влёк, влеклá⟩ *vt UE4 impf* (*pf:* у-, по-) **1.** (*geh*) schleppen, ziehen; **2.** (*fig: за собóй*) nach sich ziehen, zur Folge haben; **3.** locken, anziehen; **егó влечёт к наýке** ihn zieht es zur Wissenschaft

вливáния *nt pl O2* (*MED*) Injektionen *f pl*; **финáнсовые ~** (*fig*) Finanzspritzen *pl*
влúться ⟨*nur 3. pers*: вольётся⟩ *vr E4 pf* (*impf:* вливáться) **1.** (*во что-лúбо*) hineinfließen; **2.** (*во что-лúбо*) hinzukommen
влия́ние *nt O2* Einfluß *m*; **благотвóрное ~** wohltuende Wirkung *f*; **имéть ~ на когó-лúбо/что-лúбо** Einfluß haben (auf *+akk*); **поддавáться чьему́-лúбо влия́нию** sich beeinflussen lassen (von *+dat*)
влия́тельный ⟨*kf*: -лен, -льна⟩ *adj* einflußreich
вложúть ⟨*fut*: вложу́, влóжишь⟩ *vt I pf* (*impf:* вклáдывать) hineinlegen
вломúться ⟨*fut*: вломлю́сь, влóмишься⟩ *vr I pf* (*impf:* вламывáться) gewaltsam eindringen
влюбúться ⟨*fut*: влюблю́сь, влю́бишься⟩ *vr I pf* (*impf:* влюбля́ться) (*в когó-лúбо*) sich verlieben (in *+akk*)
влюблённость *f I* Verliebtheit *f*
влюблённый ⟨*kf*: -лён, -ленá⟩ *adj* verliebt
вменя́емый *adj* zurechnungsfähig
вмéсте *adv* zusammen, gemeinsam; **~ с тем** gleichzeitig
вместúмость *f I* Fassungsvermögen *nt*, Rauminhalt *m*
вместúть ⟨*fut*: вмещу́, вместúшь⟩ *vt I pf* (*impf:* вмещáть) fassen, aufnehmen
вмéсто *präp +gen* anstelle (*+gen*), anstatt (*+gen*)
вмешáтельство *nt O* Einmischung *f*, Intervention *f*
вмéшиваться *vi E impf* (*pf:* вмешáться) **1.** sich einmischen; **~ во все** überall mitreden; **2.** eingreifen
вмещáть ⟨*nur 3. pers*: вмещáет⟩ *vt E impf* (*pf:* вместúть) fassen, Platz bieten
вмиг *adv* augenblicklich, sofort
вмонтúровать *vt E2 pf* (*impf:* вмонтирóвывать) einbauen
вмя́тина *f A* **1.** Knick *m*; **2.** Delle *f*, Beule *f*
вначáле *adv* zuerst, anfangs, zu Beginn
вне *präp +gen* **1.** außer (*+gen*); **~ дóма** außer Haus; **2.** außer (*+dat*); **быть ~ себя́** außer sich sein; **~ вся́ких сомнéний** unbezweifelbar
вне- *präfix* außer-
внебрáчный *adj* unehelich
вневéдомственный *adj* außerbehördlich
внедрéние *nt O2* Einführung *f*, Durchsetzung *f*; **быстрéйшее ~ реfóрм** schnellstmögliche Durchsetzung von Reformen
внедрúть ⟨*fut*: внедрю́, -дрúшь⟩ *vt I pf* (*impf:* внедря́ть) einführen; **~ в прáктику** in die Praxis umsetzen
внедрúться ⟨*fut*: внедрю́сь, -дрúшься⟩ *vr I pf* (*impf:* внедря́ться) **1.** eingeführt werden; **2.** eindringen; **~ в сознáние** (*fig*) sich im Bewußtsein verankern
внезáпно *adv* plötzlich, unerwartet
внеземнóй *adj* außerirdisch
внеочереднóй *adj* außer der Reihe, außerordentlich
внестú ⟨*fut*: внесу́, -сёшь, *prät*: внёс⟩ *vt E6 pf* (*impf:* вносúть) hineinbringen
внéшний *adj* **1.** äußerlich; **~ мир** Außenwelt *f* **2.** auswärtig; **внéшняя полúтика** Außenpolitik *f*
внéшность *f I* Äußeres *nt*, Aussehen *nt*; **следúть за своéй ~** auf sein Äußeres achten
вниз *adv* abwärts, hinunter, nach unten; **~ по течéнию рекú** flußabwärts
внизу́ *adv* unten
вникáть *vi E impf* (*pf:* вни́кнуть) eindringen, ergründen; **~ во что-лúбо** Einsicht nehmen (in *+akk*); **~ в чьи-лúбо проблéмы** sich um jds Probleme kümmern
внимание *nt O2* Aufmerksamkeit *f*; **обращáть ~ на что-лúбо** etw beachten; **принимáть во ~** in Betracht ziehen; **принимáя во ~** in Anbetracht dessen; **благодарúм за ~!** vielen Dank für die Aufmerksamkeit!
внимáтельный ⟨*kf*: -лен, -льна⟩ *adj* **1.** aufmerksam, konzentriert; **2.** rücksichtsvoll, zuvorkommend; **быть внимáтельным** achtgeben, aufpassen
внимáть *vi E impf* (*pf:* внять) **1.** (*geh*) zuhören, lauschen; **2.** hören (auf *+akk*), jds Rat befolgen
вничью́ *adv* (*SPORT*) unentschieden
вносúть ⟨*präs*: вношу́, внóсишь⟩ *vt I impf* (*pf:* внестú) **1.** hereinbringen; **2.** einzahlen, einbringen; **~ вклад** einen Beitrag leisten; **~ нóвое услóвие в договóр** eine neue Bedingung in einen Vertrag aufnehmen
внук *m K* Enkel *m*, Enkelkind *nt*
вну́тренний *adj* **1.** Innen-; **вну́тренние болéзни** innere Krankheiten *pl* **2.** intern; **3.** innenpolitisch, Binnen-; **~ ры́нок** (*ÖKON*) Binnenmarkt *m*
внутрú *präp +gen* **I.** innerhalb (*+gen*); **II.** *adv* innen
внутрипартúйный *adj* innerparteilich
внутрь *präp +gen* **I.** ins Innere von; **II.** *adv* nach innen

вну́чка ⟨*gen pl*: -чек⟩ *f A* Enkelin *f*
внуша́ть *vt E impf* (*pf:* внуши́ть) **1.** (*что-либо кому́-ли́бо*) einflößen; **2.** einreden, weismachen; **~ дове́рие** Vertrauen einflößen
внуше́ние *nt O2* **1.** Suggestion *f*, Einflößung *f*; **2.** Verweis *m*, Rüge *f*; **де́лать кому́-ли́бо ~** jdm einen Verweis erteilen
внуши́тельный ⟨*kf*: -лен, -льна⟩ *adj* **1.** eindringlich; **2.** beeindruckend
внуши́ть ⟨*fut*: внушу́, -ши́шь⟩ *vt I pf* (*impf:* внуша́ть) einflößen, einreden
вня́ть ⟨*fut ungebr; imp*: вними́, *prät*: внял⟩ *vi E9a pf* (*impf:* внима́ть) (*кому́-ли́бо*) Aufmerksamkeit schenken; **~ про́сьбе** eine Bitte erhören
во́время *adv* rechtzeitig
во́все *adv* ganz und gar; **~ нет** überhaupt nicht
во́гнутый *adj* eingebogen, konkav
вода́ ⟨*akk sg*: во́ду⟩ *f A pls* **1.** Wasser *nt*; **питьева́я ~** Trinkwasser *nt*; **пре́сная ~** Süßwasser; *nt* **2.** (*im pl*) Gewässer *nt pl*, Mineralquellen *f pl*; **чи́стой воды́** vollkommen, in höchstem Maße; **как в во́ду ка́нуть** spurlos verschwinden; **как две ка́пли воды́** zum Verwechseln ähnlich; **он прошёл сквозь ого́нь и во́ду** er ist mit allen Wassern gewaschen; **из воды́ сухи́м вы́йти** mit heiler Haut davonkommen; **жёлтая ~** (*MED*) grüner Star *m*
води́тель *m K1* Fahrer *m*, Kraftfahrer *m*; **второ́й ~** Beifahrer *m*
води́ть ⟨*präs*: вожу́, во́дишь⟩ *vt I unbest* (*best*: вести́) **1.** führen, herumführen; **~ за нос** (*fig*) jdn an der Nase herumführen; **2.** (*автомобиль*) Auto fahren können; **3.** (*что-либо с кем-ли́бо/чем-ли́бо*) Umgang haben (mit *+dat*); **~ знако́мство с ке́м-ли́бо** bekannt sein (mit *+dat*)
води́ться ⟨*präs*: вожу́сь, -во́дишься⟩ *vr I unbest* (*best*: вести́сь) **1.** (*с кем-ли́бо/чем-ли́бо*) mit jdm Umgang pflegen; **2.** (*nur 3. pers*) vorhanden sein, vorkommen; **в э́той реке́ во́дится мно́го ры́бы** in diesem Fluß gibt es viele Fische; **3.** (*nur 3. pers*) üblich sein; **у нас так во́дится** bei uns ist es so üblich
во́дка ⟨*gen pl*: -док⟩ *f A* Wodka *m*
во́дник *m K* Schiffer *m*
водоворо́т *m K* Strudel *m*
водоём *m K* **1.** Gewässer *nt*; **2.** Wasserreservoir *nt*
водола́з *m K* Taucher *m*
водола́зка *f A* (*umg*) T-Shirt *nt*
водола́зный *adj* Taucher-
водоле́й *m K2* **1.** (*созве́здие*) Wassermann *m*; **2.** (*pej*) Schwätzer *m*
водомёт *m K* Wasserwerfer *m*
водонагрева́тель *m K1* Warmwasserboiler *m*
водонепроница́емый *adj* wasserdicht
водопа́д *m K* Wasserfall *m*
водопо́й *m K2* Tränke *f*
водопрово́д *m K* Wasserleitung *f*
водопрово́дный *adj* Wasserleitungs-; **водопрово́дная вода́** Leitungswasser *nt*
водоразде́л *m K* Wasserscheide *f*
водоро́д *m K* Wasserstoff *m*
во́доросль *m K1* Wasserpflanze *f*, Alge *f*
водосто́к *m K* **1.** Abfluß *m*; **2.** Dachrinne *f*
водохрани́лище *nt O1* Stausee *m*
водяни́стый *adj* wässerig
водяно́й *adj* **I.** Wasser-; **II.** *m wie adj* Wassermann *m*
воева́ть ⟨*präs*: вою́ю, вою́ешь⟩ *vi E2 nur impf* **1.** (*с кем-ли́бо*) Krieg führen (gegen *+akk*); **2.** (*umg*) sich streiten
воеди́но *adv* vereint; **сли́ться ~** zu einem Ganzen verschmelzen
военача́льник *m K* Feldherr *m*
военизи́рованный *adj* paramilitärisch
военнопле́нный *m wie adj* Kriegsgefangene(r) *m*
военнослу́жащий *m wie adj* Armeeangehörige(r) *m*
вое́нный *adj* **I. 1.** Kriegs-; **обьяви́ть вое́нное положе́ние** das Kriegsrecht verhängen; **вое́нное преступле́ние** Kriegsverbrechen *nt*; **2.** militärisch, Militär-; **II.** *m wie adj* **1.** Militär *nt*; **2.** Soldat *m*
вожа́к *m K* Anführer *m*, Führer *m*
вожделе́ние *nt O2* (*geh*) Lust *f*, Begierde *f*
вождь *m K1* **1.** Führer *m*; **2.** Häuptling *m*
воз ⟨*präpos sg*: на возу́⟩ *m K ple* **1.** Fuhre *f*; **2.** Fuhrwerk *nt*; **ско́лько мы ни стара́лись, а ~ и ны́не там** (*fig*) trotz all unserer Mühe sind wir noch kein Stück vorwärts gekommen
возбуди́мость *f I* Erregbarkeit *f*, Reizbarkeit *f*
возбуди́мый *adj* reizbar, erregbar
возбуди́тель *m K1* Erreger *m*; **~ заболева́ний** Krankheitserreger *m*
возбуди́ть ⟨*fut*: возбужу́, -буди́шь⟩ *vt I pf* (*impf:* возбужда́ть) **1.** (*интере́с*) hervorrufen, erwecken; **2.** (*аппети́т*) anregen; **3.** aufregen; **~ де́ло про́тив кого́-ли́бо** einen Prozeß anstrengen (gegen *+akk*)
возбужда́ющий *adj* anregend; **возбуда́ющие сре́дства** Aufputschmittel *nt*, Doping *nt*
возбужде́ние *nt O2* Aufregung *f*, Erregung *f*
возбуждённый *adj* aufgeregt

возвести́ ⟨*fut*: возведу́, -ведёшь⟩ *vt E6a pf* (*impf:* возводи́ть) **1.** errichten; **2.** aufbauen

возвести́ть ⟨*fut*: возвещу́, -ести́шь⟩ *vt I pf* (*impf:* возвеща́ть) (*geh: что-ли́бо; о чём-ли́бо*) verkünden

возводи́ть ⟨*präs*: возвожу́, -во́дишь⟩ *vt I impf* (*pf:* возвести́) bauen, aufbauen, errichten

возвра́т *m K* **1.** Rückgabe *f*; **2.** Rückerstattung *f*; **~ боле́зни** (*MED*) Rückfall *m*; **~а наза́д нет** es gibt kein Zurück

возврати́ть ⟨*fut*: возвращу́, -врати́шь⟩ *vt I pf* (*impf:* возвраща́ть) zurückgeben

возврати́ться ⟨*fut*: возвращу́сь, врати́шься⟩ *vr I pf* (*impf:* возвраща́ться) zurückkommen

возвра́тный *adj* **1.** Rück-; **~ путь** Rückweg *m*; **2.** (*LING*) reflexiv; **~ глаго́л** reflexives Verb *nt*

возвраща́ть *vt E impf* (*pf:* возврати́ть) zurückerstatten, zurückgeben

возвраща́ться *vr E impf* (*pf:* возврати́ться) zurückkehren, zurückkommen; **~ домо́й** heimkommen; nach Hause kommen; **~ к вопро́су** (*fig*) auf eine Frage zurückkommen

возвраще́ние *nt O2* **1.** Rückkehr *f*, Heimkehr *f*; **2.** Rückerstattung *f*

возвы́ситься ⟨*fut*: возвы́шу, -вы́сишь⟩ *vi I pf* (*impf:* возвыша́ться) **1.** steigen, ansteigen; **2.** (*де́лать карье́ру*) aufsteigen; **3.** sich erheben

возвыше́ние *nt O2* **1.** (*карье́ра*) Aufstieg *m*; **2.** Empore *f*

возвы́шенный ⟨*kf*: -шен, -шенна⟩ *adj* erhaben

возгла́вить ⟨*fut*: возгла́влю, -вишь⟩ *vt I pf* (*impf:* возглавля́ть) **1.** leiten; **2.** anführen, an der Spitze stehen; **~ делега́цию** eine Delegation leiten

воздвига́ть *vt E impf* (*pf:* воздви́гнуть) errichten, erbauen

возде́йствие *nt O2* **1.** (*на кого́-ли́бо/что-ли́бо*) Einfluß *m*; **2.** Auswirkung *f*

возде́йствовать *vt E2 impf/pf* (*на кого́-ли́бо/что-ли́бо*) einwirken (auf *+akk*), sich auswirken (auf *+akk*)

возде́лывать *vt E impf* (*pf:* возде́лать) bebauen, bestellen; **~ по́ле** das Feld bestellen

воздержа́ние *nt O2* Enthaltsamkeit *f*, Abstinenz *f*

возде́ржанный ⟨*kf*: -жан, -жанна⟩ *adj* enthaltsam

воздержа́ться ⟨*fut*: воздержу́сь, -де́ржишься⟩ *vr I pf* (*impf:* возде́рживаться) **1.** sich enthalten; **2.** sich der Stimme enthalten; **~ от примене́ния си́лы** auf Gewaltanwendung verzichten

во́здух *m K* Luft *f*; **носи́тся в ~е** (*fig*) in der Luft liegen

воздуходу́вка ⟨*gen pl*: -вок⟩ *f A* Gebläse *nt*

возду́шный *adj* Luft-, luftig; **~ поцелу́й** Kußhand *f*; **стро́ить возду́шные за́мки** (*fig*) Luftschlösser bauen

воззва́ть ⟨*fut*: воззову́, -вёшь⟩ *vi E4a pf* (*impf:* взыва́ть) anflehen

воззре́ние *nt O2* Ansicht *f*, Anschauung *f*

вози́ться ⟨*präs*: вожу́сь, во́зишься⟩ *vr I impf* **1.** hantieren, sich zu schaffen machen; **~ в ку́хне** sich in der Küche zu schaffen machen **2.** (*с кем-ли́бо/чем-ли́бо*) sich abrackern, sich abmühen (mit *+akk*)

возлю́бленный, возлю́бленная *m/f wie adj* Geliebte(r) *mf*

возме́здие *nt O2* Vergeltung *f*, Rache *f*

возмести́ть ⟨*fut*: возмещу́, -мести́шь⟩ *vt I pf* (*impf:* возмеща́ть) (*что-ли́бо чем-ли́бо*) ersetzen, erstatten; **обя́занный возмести́ть убы́тки** schadensersatzplichtig

возмеще́ние *nt O2* **1.** Ersatz *m*; **~ уще́рба** Schadensersatz *m*; **2.** Abfindung *f*

возмо́жно *adv* vielleicht, möglicherweise

возмо́жность *f I* Möglichkeit *f*, Gelegenheit *f*; **по возмо́жности** soweit möglich; gegebenenfalls; **упу́щенная ~** verpaßte Chance *f*

возмо́жный ⟨*kf*: -жен, -жна⟩ *adj* **1.** möglich; **де́лать возмо́жным** ermöglichen; **2.** denkbar

возмути́тель *m K1* Aufrührer *m*; **~ споко́йствия** Störenfried *m*

возмути́тельный ⟨*kf*: -лен, -льна⟩ *adj* empörend

возмути́ть ⟨*fut*: возмущу́, -мути́шь⟩ *vt I pf* (*impf:* возмуща́ть) **1.** empören, erzürnen; **2.** aufwiegeln

возмуще́ние *nt O2* Empörung *f*, Zorn *m*

вознагради́ть ⟨*fut*: вознагражу́, -гради́шь⟩ *vt I pf* (*impf:* вознагражда́ть) belohnen, honorieren

вознагражде́ние *nt O2* **1.** Belohnung *f*; **2.** Entgelt *nt*, Honorar *nt*

вознесе́ние *nt O2* Himmelfahrt *f*

возника́ть ⟨*nur 3. pers*: возника́ет⟩ *vi E impf* (*pf:* возни́кнуть) aufkommen, entstehen

возникнове́ние *nt O2* Entstehung *f*, Aufkommen *nt*

возни́ца *m A* Kutscher *m*

возня́ *f A1* Gepolter *nt*, Schererei *f*; **~ вокру́г** Feilschen *nt* (um *+akk*)

возобнови́ть

⟨*fut*: возобновлю́, -ви́шь⟩ *vt I pf* (*impf:* возобновля́ть) von neuem beginnen
возобновле́ние *nt O2* **1.** Erneuerung *f*; **2.** Wiederaufnahme *f*
возража́ть *vi E impf* (*pf:* возрази́ть) **1.** (*кому́-либо на что-ли́бо*) widersprechen; **2.** (*про́тив кого́-ли́бо/чего́-ли́бо*) sich aussprechen (gegen *+akk*)
возраже́ние *nt O2* **1.** Einwand *m*; **2.** Widerrede *f*
возрази́ть ⟨*fut*: возражу́, -ази́шь⟩ *vi I pf* (*impf:* возража́ть) widersprechen
во́зраст *m K* Alter *nt*, Entwicklungsstufe *f*; **де́тский ~** Kindesalter *nt*; **пенсио́нный ~** Rentenalter *nt*; **одного́ ~а** gleichaltrig
возраста́ть ⟨*nur 3. pers*: возраста́ет⟩ *vi E impf* (*pf:* возрасти́) zunehmen, größer werden, anwachsen
возрасти́ ⟨*nur 3. pers*: возрастёт⟩ *vi E6 pf* (*impf:* возраста́ть) größer werden
возроди́ть ⟨*fut*: возрожу́, -оди́шь⟩ *vt I pf* (*impf:* возрожда́ть) **1.** wiederbeleben, aufleben lassen; **2.** erneuern
возрожде́ние *nt O2* **1.** Wiedergeburt *f*; **2.** Erneuerung *f*; **3.** Wiederaufbau *m*; **4.** Renaissance *f*
воз-, вос- *präfix* **1.** auf-, empor-; **2.** von neuem, wieder-
во́инский *adj* **1.** Kriegs-; **2.** Militär-
вои́нственный ⟨*kf*: -вен, -венна⟩ *adj* **1.** kriegerisch; **2.** militant
вои́нствующий *adj* **1.** militant; **2.** aggressiv, streitbar
во́й *m K2* Heulen *nt*, Geheul *nt*; **~ сире́ны** Sirenengeheul *nt*
во́йлочный *adj* aus Filz, Filz-
война́ *f A pls* Krieg *m*; **братоуби́йственная ~** Bruderkrieg *m*; **гражда́нская ~** Bürgerkrieg *m*; **быть на войне́** an der Front sein; **вступа́ть в войну́** in den Krieg eintreten
во́йско *nt O* **1.** Truppen *f pl*; **2.** Streitkräfte *f pl*
войти́ ⟨*fut*: войду́, -дёшь, *prät*: вошёл, вошла́⟩ *vi E7a pf* (*impf:* входи́ть) hineingehen
вокза́л *m K* Bahnhof *m*
вокру́г *präp +gen* **I. 1.** um ... herum (*+akk*); **2.** wegen (*+gen*); **~ э́того** darum, deswegen; **II.** *adv* ringsumher
вол *m K ple* Ochse *m*
Во́лга *f A* **1.** (*GEOG*) Wolga *f*; **2.** (*KFZ*) Wolga *m*
волево́й *adj* willensstark
волейбо́л *m K* Volleyball *m*
волк *m K ple1* Wolf *m*
волна́ *f A pls* Welle *f*, Woge *f*; **на волне́ успе́ха** (*fig*) auf einer Erfolgswelle
волнова́ть *vt E2 impf* (*pf:* вз-) **1.** Wellen schlagen; **2.** (*fig*) aufregen
волноре́з *m K* Wellenbrecher *m*
во́лос ⟨*gen pl*: воло́с⟩ *m K ple1* (*meist pl*) Haar *nt*; **~ы встаю́т ды́бом** (*fig*) die Haare stehen zu Berge
волосо́к ⟨*gen sg*: -ска́⟩ *m K e* **1.** Härchen *nt*, Fussel *m*; **2.** Drähtchen *nt*; **на ~** um ein Haar, um Haaresbreite
волчи́ца, **волчи́ха** *f A* Wölfin *f*
волчо́к ⟨*gen sg*: -чка́⟩ *m K* Brummkreisel *m*
волше́бник, **волше́бница** *m K / f A* Zauberer, Zauberin *m/f*
волше́бный *adj* **1.** Zauber-; **волше́бное сло́во** Zauberwort *nt*; **2.** zauberhaft, bezaubernd
во́льный [1] *adj* **1.** frei; **2.** unabhängig
во́льный [2] ⟨*kf*: -лен, -льна́, -льно⟩ *adj* bewußt, gewollt
вольт *m K* Volt *nt*
во́ля [1] *f A1* **1.** Wille *m*; **2.** Willensstärke *f*
во́ля [2] *f A1* Freiheit *f*; **дать во́лю свои́м чу́вствам** seinen Gefühlen freien Lauf lassen
вон *adv* fort, weg
вонь *f I* Gestank *m*
вообще́ *adv* **1.** im allgemeinen; **2.** überhaupt; **~ говоря́** eigentlich
вооруже́ние *nt O2* Bewaffnung *f*, Rüstung *f*
во-пе́рвых *adv* **1.** erstens; **2.** zunächst
вопию́щий *adj* **1.** schreiend; **2.** (*fig*) krass
воплоти́ть ⟨*fut*: воплощу́, -оти́шь⟩ *vt I pf* (*impf:* воплоща́ть) (*кого́-ли́бо/что в ком-ли́бо/чём-ли́бо*) verkörpern
воплоще́ние *nt O2* Verkörperung *f*
вопреки́ *präp +dat* **1.** ungeachtet (*+gen*); **2.** wider (*+akk*)
вопро́с *m K* Frage *f*; **о́стрый ~** akute Frage *f*; **задава́ть ~** eine Frage stellen; **быть под ~ом** in Frage gestellt sein
вор *m K ple1* Dieb *m*; **~ карма́нник** Taschendieb *m*
ворва́ться ⟨*fut*: ворву́сь, -вёшься⟩ *vr E4 pf* (*impf:* врыва́ться) hineinstürmen
ворова́ть *vi E2 impf* stehlen
ворожи́ть ⟨*präs*: ворожу́, -жи́шь⟩ *vi I impf* (*pf:* на-) **1.** wahrsagen; **2.** zaubern
во́рон *m K* Rabe *m*
воро́на *f A* Krähe *f*; **бе́лая ~** (*fig*) schwarzes Schaf *nt*
воро́нка ⟨*gen pl*: -нок⟩ *f A* Trichter *m*
воро́та *pl O* **1.** Tor *nt*; **2.** Pforte *f*
воротни́к *m K* Kragen *m*
ворча́ть ⟨*präs*: ворчу́, -чи́шь⟩ *vi I impf* (*pf:* за-) **1.** brummen; **2.** knurren, murren
ворчли́вый *adj* mürrisch, griesgrämig
во́семь ⟨*gen*: восьми́, *inst*: восемью́, *oder*: восьмью́⟩ *num* acht
во́семью *adv* achtmal

воск *m K* Wachs *nt*
воскресáть *vi E impf* (*pf:* воскрéснуть) **1.** (*REL*) auferstehen; **2.** (*fig*) wiederbeleben
воскресéние *nt O2* Auferstehung *f*
воскресéнье *nt O1* Sonntag *m*
воскреснуть *vi E1 pf* (*impf:* воскресáть) auferstehen
воспалéние *nt O2* Entzündung *f*
воспалённый ⟨*kf*: -лён, -ленá⟩ *adj* entzündet
воспитáние *nt O2* Erziehung *f*
воспи́танный ⟨*kf*: -ан, -анна⟩ *adj* wohlerzogen
воспóльзоваться *v + inst E2 pf* (*impf:* пóльзоваться) anwenden, benutzen, gebrauchen
воспоминáние *nt O2* **1.** Erinnerung *f*; **2.** (*im pl*) Memoiren *pl*
воспрети́ть ⟨*fut*: воспрещý, -прети́шь⟩ *vt I pf* (*impf:* воспрещáть) (*что-ли́бо oder mit inf*) verbieten, untersagen
восприя́тие *nt O2* **1.** Wahrnehmung *f*; **2.** Rezeption *f*
воспроизведéние *nt O2* **1.** Nachbildung *f*, Kopie *f*; **2.** Wiedergabe *f*
воспроти́виться ⟨*fut*: воспроти́влюсь, -вишься⟩ *vr I pf* (*impf:* проти́виться) Widerstand leisten
воссоединéние *nt O2* Wiedervereinigung *f*
восстанови́ть ⟨*fut*: восстановлю́, -óвишь⟩ *vt I pf* (*impf:* восстанáвливать) **1.** wiederherstellen; **~ в пáмяти** (*fig*) ins Gedächtnis zurückrufen; **2.** (*BAU*) restaurieren
восстановлéние *nt O2* Wiederaufbau *m*; **~ дипломати́ческих отношéний** Wiederaufnahme diplomatischer Beziehungen
востóк *m K* Osten *m*; **на ~е** im Osten; **на ~** nach Osten; **с ~а** von [*o* aus dem] Osten
Востóк *m K* Orient *m*; **Бли́жний ~** Naher Osten *m*
востóрг *m K* Begeisterung *f*; **прийти́ в ~** begeistert sein
востóрженный ⟨*kf*: -жен, -женна⟩ *adj* begeistert
восторжествовáть *vi E2 pf* (*impf:* торжествовáть) (*над кем-ли́бо/чем-ли́бо*) die Oberhand gewinnen, triumphieren
восточногермáнский *adj* ostdeutsch
востóчный *adj* Ost-, östlich; **Востóчная Еврóпа** Osteuropa *nt*
восхити́тельный ⟨*kf*: -лен, -льна⟩ *adj* wunderschön, entzückend
восхити́ть ⟨*fut*: восхищý, -ити́шь⟩ *vt I pf* (*impf:* восхищáть) (*geh*) begeistern, entzücken
восьмёрка ⟨*gen pl*: -рок⟩ *f A* **1.** Acht *f*, Achter *m*; **2.** *Straßenbahnlinie Nr. 8*
восьмóй *num ord* achte(r, s)
вот *part* hier, jetzt; **вот наш дом** da wohnen wir; **вот как!** na, so etwas! **вот и всё** so ist das eben
воткнýть *vt E1 pf* (*impf:* втыкáть) hineinstechen
вошь ⟨*gen sg*: вши, *inst sg*: вóшью⟩ *f I* Laus *f*
вощёный *adj* gewachst, gebohnert
впéрвые *adv* zum ersten Mal
вперёд *adv* **1.** vorwärts, nach vorn; **2.** in Zukunft; **3.** im voraus; **часы́ ушли́ ~** die Uhr ging vor
впереди́ *präp +gen* **I.** vor (*+dat*); **II.** *adv* voraus, voran
вперемéжку *adv* abwechselnd
вперемéшку *adv* durcheinander, in Unordnung
впечатлéние *nt O2* Eindruck *m*; **какóе у вас ~ от э́того?** welchen Eindruck haben Sie davon
впивáть *vt E impf* (*pf:* впить) (*в себя́*) in sich aufnehmen
впивáться *vr E impf* (*pf:* впи́ться) sich klammern (an *+akk*); **~ зубáми** sich festbeißen; **~ глазáми в когó-ли́бо/что-ли́бо** kein Auge lassen (von *+dat*); **~ в кни́гу** (*fig*) sich in ein Buch vertiefen
вписáть ⟨*fut*: впишý, впи́шешь⟩ *vt I pf* (*impf:* впи́сывать) einschreiben, eintragen
впить ⟨*fut*: вопью́, вопьёшь⟩ *vt E4c pf* (*impf:* впивáть) in sich aufnehmen
впи́ться ⟨*fut*: вопью́сь, вопьёшься⟩ *vr E4c pf* (*impf:* впивáться) sich festklammern (an *+dat*)
впи́хивать *vt E impf* (*pf:* впихнуть) (*когó-ли́бо/что-ли́бо во что-ли́бо*) hineinzwängen, hineinpferchen
вполгóлоса *adv* halblaut
вполнé *adv* völlig, durchaus
впрáво *adv* **1.** rechts; **2.** nach rechts
впрóчем *konj* **1.** nichtsdestoweniger, trotzdem; **2.** übrigens, im übrigen
впры́скивать *vt E impf* (*pf:* впры́снуть) (*TECH, MED*) einspritzen, injizieren
впя́теро *adv* fünfmal
враг *m K e* Feind *m*, Gegner *m*
враждовáть *vi E2 nur impf* (*с кем-ли́бо/чем-ли́бо*) auf dem Kriegsfuß stehen (mit *+dat*)
враз *adv* gleichzeitig, alle zusammen
вратáрь *m K1* Torwart *m*
врать ⟨*präs*: вру, врёшь⟩ *vi E4 impf* (*pf:* соврáть) (*umg*) flunkern, lügen
врач ⟨*gen pl*: -чéй⟩ *m K e* Arzt *m*
вращáться *vr E nur impf* **1.** sich drehen;

2. verkehren; **~ в учёных кру́гах** in gelehrten Kreisen verkehren

вре́дный ⟨*kf*: -ден, -дна́, -дно⟩ *adj* schädlich, gefährlich

времена́ми *adv* zeitweise, ab und zu

временно́й *adj* Zeit-, zeitlich; **временно́е ограниче́ние** zeitliche Begrenzung *f*

вре́менный *adj* zeitweilig, vorübergehend; **вре́менная ме́ра** Provisorium *nt*; **~ поря́док** Übergangsregelung *f*

вре́мя ⟨*gen sg* : вре́мени⟩ *f U1* Zeit *f*, Uhrzeit *f*; **~ су́ток** Tageszeit *f*; **тра́тить ~ впусту́ю** Zeit verschwenden; **~ от вре́мени** von Zeit zu Zeit; **всё ~** immer, ständig; **в то же ~** gleichzeitig; **тем вре́менем** zur selben Zeit

времяпрепровожде́ние *nt O2* Zeitvertreib *m*

вруче́ние *nt O2* Überreichen *nt*, Verleihung *f*

вручи́ть ⟨*fut*: вручу́, -чи́шь⟩ *vt I pf* (*impf:* вруча́ть) aushändigen, überreichen

врыва́ться *vr E impf* (*pf:* ворва́ться) gewaltsam eindringen, einbrechen

ВС *abk von* Верхо́вный Сове́т *m* Oberster Sowjet *m*

вса́дник, **вса́дница** *m K / f A* Reiter, -in *m/f*

все- *präfix* all-, allumfassend

всё [1] *siehe* **весь**

всё [2] *adv* **1.** dauernd, immer; **2.** bis jetzt; **он ~ ещё бо́лен** er ist immer noch krank; **~ же** dennoch, trotzdem

всевозмо́жный *adj* allerlei, vieler Art

всегда́ *adv* immer

вселе́нная *f wie adj* Weltall *nt*, Universum *nt*

всеме́рный *adj* größtmöglich

все́меро *adv* siebenmal

всеми́рно *adv* Welt-; **~-изве́стный** weltberühmt

всеми́рный *adj* **1.** Welt-; **2.** weltweit; **всеми́рная сла́ва** Weltruhm *m*

всеобъе́млющий ⟨*kf*: -лющ⟩ *adj* umfassend; **~ контро́ль** totale Kontrolle *f*

всерьёз *adv* im Ernst, ernstgemeint

всё-таки *adv* trotzdem, ungeachtet dessen

вска́кивать *vi E impf* (*pf:* вскочи́ть) **1.** (*на кого́-ли́бо/что-ли́бо*) hinaufspringen; **2.** aufspringen, auffahren; **~ с посте́ли** aus dem Bett fahren; **~ от испу́га** vor Schreck aufspringen

вско́льзь *adv* beiläufig, nebenher

вско́ре *adv* bald, in kurzer Zeit

вскочи́ть ⟨*fut*: вскочу́, вско́чишь⟩ *vi I pf* (*impf:* вска́кивать) hinaufspringen

вскри́кивать *vi E impf* (*pf:* вскри́кнуть) aufschreien

вскружи́ть ⟨*fut*: вскружу́, вскру́жи́шь⟩ *vt I pf* verdrehen, verwirren; **~ го́лову кому́-ли́бо** jdm den Kopf verdrehen

вскрыть ⟨*fut*: вскро́ю, вскро́ешь⟩ *vt E8 pf* (*impf:* вскрыва́ть) **1.** öffnen, aufmachen; **2.** (*fig: недоста́тки*) aufdecken, offenbaren; **3.** (*MED*) operieren; **4.** (*MED*) obduzieren

всласть *adv* nach Herzenslust

вследствие *präp +gen* infolge (*+gen*), aufgrund (*+gen*)

вслепу́ю *adv* blindlings, aufs Geratewohl

всмя́тку *adv* weichgekocht; **варёные ~ я́йца** weichgekochte Eier

всо́вывать *vt E impf* (*pf:* всу́нуть) (*что-ли́бо во что-ли́бо*) etw einstecken; **~ ру́ки в карма́ны** die Hände in die Taschen stecken

вспо́мнить ⟨*fut*: вспо́мню, вспо́мнишь⟩ *vi I pf* (*impf:* вспомина́ть) (*кого́-ли́бо/что-ли́бо; о ком-ли́бо/чём-ли́бо*) denken, sich erinnern (an *+akk*); **вспо́мнил!** jetzt fält es mir ein

вспыли́ть ⟨*fut*: вспылю́, -ли́шь⟩ *vi I pf* aufbrausen, zornig werden

вспы́льчивый ⟨*kf*: -ив⟩ *adj* reizbar, jähzornig

вспы́хивать *vi E impf* (*pf:* вспы́хнуть) **1.** in Brand geraten, aufflammen; **2.** (*fig: война́*) ausbrechen; **3.** erröten, erglühen

вспы́шка *f A* **1.** Aufflammen *nt*; **2.** (*fig*) Ausbruch *m*; **~ эпиде́мии** Ausbruch *m* einer Epidemie; **~ гне́ва** Wutanfall *m*; **3.** (*FOT*) Blitzlicht *nt*

вспя́ть *adv* rückwärts, zurück

встава́ть ⟨*präs*: встаю, встаёшь⟩ *vi E3 impf* (*pf:* встать) **1.** aufstehen, sich erheben; **2.** aufgehen; **со́лнце вста́ло** die Sonne ist aufgegangen

вста́вить ⟨*fut*: вста́влю, -вишь⟩ *vt I pf* (*impf:* вставля́ть) einsetzen

вста́вка ⟨*gen pl*: -вок⟩ *f A* **1.** Einfügen *nt*; **2.** Zusatz *m*

вставля́ть *vt E impf* (*pf:* вста́вить) einsetzen, einfügen, einlegen; **~ плёнку в фотоаппара́т** einen Film einlegen

встать ⟨*fut*: вста́ну, вста́нешь⟩ *vi E9b pf* (*impf:* встава́ть) aufstehen

встре́тить ⟨*fut*: встечу́, встре́тишь⟩ *vi I pf* (*impf:* встреча́ть) treffen

встре́ча *f A* **1.** Treffen *nt*, Begegnung *f*; **~ на вы́сшем у́ровне** Gipfeltreffen *nt*; **2.** Begrüßung *f*, Empfang *m*; **устро́ить торже́ственную встре́чу** jdn feierlich empfangen; **3.** (*SPORT*) Spiel *nt*, Begegnung *f*

встреча́ть *vi E impf* (*pf:* встре́тить) **1.** treffen, begegnen; **2.** empfangen; **~ кого́-ли́бо на вокза́ле** jdn am Bahnhof abholen; **~ Но́вый год** das Neue Jahr willkommen heißen; **3.** finden; **~ понимáние у когó-либо** auf Verständnis stoßen (bei *+dat*)

встречáться *vr E impf* (*pf:* встрéтиться) **1.** (*с кем-либо*) sich treffen; **2.** vorkommen; **такóе встречáется не чáсто** so etwas kommt selten vor; **3.** (*SPORT*) spielen (gegen *+akk*)

встрéчный *adj* Gegen-, entgegenkommend; **встрéчное движéние** Gegenverkehr *m*; **~ вопрóс** Rückfrage *f*, Gegenfrage *f*

встря́хивать *vt E impf* (*pf:* встряхнýть) **1.** (*ковёр*) ausschütteln; **2.** (*fig*) aufrütteln

вступи́ть ⟨*fut*: вступлю́, вступишь⟩ *vi I pf* (*impf:* вступáть) **1.** (*во что-либо*) einmarschieren; **2.** eintreten, Mitglied werden; **3.** (*MUS*) einsetzen

вступи́ться ⟨*fut*: вступлю́сь, вступишься⟩ *vr I pf* (*impf:* вступáться) **1.** sich einsetzen; **2.** (*за когó-либо/что-либо*) sich einsetzen (für *+akk*)

вступлéние *nt O2* **1.** Einmarsch *m*; **2.** Einleitung *f*, Vorwort *nt*; **3.** (*MUS*) Vorspiel *nt*

всýнуть *vt E1 pf* (*impf:* всóвывать) hineinstecken

всю́ду *adv* überall

вся *siehe* **весь**

вся́кий *pron det* **1.** jede(r, s); **~ раз однó и то же** jedes Mal dasselbe; **во вся́ком слýчае** jedenfalls; **2.** verschieden; **вся́кие кни́ги** verschiedene Bücher; **без вся́кого сомнéния** ganz ohne Zweifel

Вт *abk von* Ватт *m* Watt *nt*

втáйне *adv* heimlich, im stillen

втерéть ⟨*fut*: вотрý, -трёшь, *prät*: втёр, -ла⟩ *vt E4b pf* (*impf:* втирáть) (*что-либо во что-либо*) einreiben, einmassieren; **~ очки́ комý-либо** (*fig*) jdm Sand in die Augen streuen

втерéться ⟨*fut*: вотрýсь, -трёшься⟩ *vi E4b pf* (*impf:* втирáться) **1.** sich hineindrängen; **2.** (*fig*) sich einschleichen; **~ в довéрие к комý-либо** sich einschmeicheln (bei *+dat*)

втихомóлку *adv* im geheimen, klammheimlich

вторгáться *vi E impf* (*pf:* втóргнуться) gewaltsam eindringen, einbrechen

втóргнуться *vi E1 pf* (*impf:* вторгáться) eindringen

вторжéние *nt O2* **1.** Einbruch *m*; **2.** (*MIL*) Invasion *f*

втóрник *m K* Dienstag *m*

вторóй *num ord* zweite(r, s); **со вторóго захóда** beim zweiten Versuch; **узнáть из вторы́х рук** aus zweiter Hand erfahren

второстепéнный ⟨*kf*: -éнен, -éнна⟩ *adj* **1.** zweitrangig, nebensächlich; **2.** Durchschnitts-

в-трéтьих *adv* drittens

втрóе *adv* dreimal, dreifach

втýлка ⟨*gen pl*: -лок⟩ *f A* Buchse *f*

втыкáть *vt E impf* (*pf:* воткнýть) (*EL*) einstecken

вуали́ровать *vt E2 impf* (*pf:* за-) verschleiern, vertuschen

вуз *abk von* вы́сшее учéбное заведéние *nt* Hochschule *f*

вход *m K* **1.** Eingang *m*; **глáвный ~** Haupteingang *m*; **2.** Eintritt *m*; **бесплáтный ~** freier Eintritt *m*

входи́ть ⟨*präs*: вхожý, вхóдишь⟩ *vi I impf* (*pf:* войти́) **1.** (*во что-либо*) hineingehen, eintreten; **войди́те!** herein! **2.** (*в автóбус*) einsteigen; **3.** eintreten, Mitglied werden; **4.** (*MIL*) einmarschieren; **5.** (*в шкаф*) hineinpassen; **~ в привы́чку** (*fig*) zur Gewohnheit werden; **~ в чье-либо положéние** sich in jds Lage versetzen

входнóй *adj* Eingangs-; **вхóдая дверь** Eingangstür *f*

входя́щий *adj* (*ADMIN*) eingehend; **входя́щие докумéнты** eingehende Unterlagen *pl*

вцепи́ться ⟨*fut*: вцеплю́сь, вцéпишься⟩ *vi I pf* (*impf:* вцепля́ться) (*во когó-либо/что-либо*) sich festklammern (an *+dat*)

вчерá *adv* gestern

вчéтверо *adv* viermal, vierfach

в-четвёртых *adv* viertens

вшéстеро *adv* sechsmal, sechsfach

в-шесты́х *adv* sechstens

въезд *m K* **1.** (*в нóвую квартиру*) Einzug *m*; **2.** Einreise *f*

въéхать ⟨*fut*: въéду, въéдешь⟩ *vi UE2 pf* (*impf:* въезжáть) **1.** hineinfahren; **2.** einreisen; **3.** einziehen

вы ⟨*2. pers pl*: вы, вас, вам, вас, вáми, о вас⟩ *pron pers* ihr, Sie

вы- *präfix* **1.** *verbales Präfix zum Ausdruck des Erreichens eines Zieles ('völlig');* **2.** *Präfix mit der Bedeutung 'aus-', 'heraus-'*

выбивáть *vi E impf* (*pf:* вы́бить) **1.** (*стеклó*) zerschlagen; **2.** (*ковёр*) ausklopfen; **~ дополни́тельные срéдства** (*fig*) zusätzliche Mittel herausschlagen; **~ когó-либо из колеи́** jdn aus dem Gleis bringen [*o* werfen]

выбивáться *vr E impf* (*pf:* вы́биться) mühselig herauskommen; **~ из долгóв** aus den roten Zahlen [*o* Schulden] kommen; **~ из сил** von Kräften kommen

выбира́ть *vt E impf* (*pf:* вы́брать) **1.** herausziehen; **2.** auswählen; **3.** wählen
выбира́ться *vr E impf* (*pf:* вы́браться) mit Mühe hinausgelangen; **~ из кри́зиса** eine Krise überwinden; **~ в теа́тр** die Möglichkeit finden, ins Theater zu gehen
вы́бить ⟨*fut*: вы́бью, вы́бешь⟩ *vt E4c pf* (*impf:* выбива́ть) herausschlagen
вы́бор *m K* **1.** Wahl *f*; **2.** Auswahl *f*; **де́лать ~** eine Auswahl treffen; **3.** (*im pl*) Wahlen *f pl*; **досро́чные ~ы** vorgezogene Neuwahlen *pl*
вы́борка *f A* **1.** Teilmenge *f*; **2.** (*meist pl*) Exzerpt *nt*, Auszug *m*
вы́борщик *m K* Wahlmann *m*
выбра́сывыть *vt E impf* (*pf:* вы́бросить) **1.** wegwerfen; **2.** (*auch fig*) hinauswerfen; **~ на сва́лку** auf den Müll werfen; **~ на ры́нок** auf den Markt bringen; **~ что-ли́бо из головы́** sich etw aus dem Kopf schlagen
вы́брать ⟨*fut*: вы́беру, -берешь, *prät*: вы́брал⟩ *vt UE5 pf* (*impf:* выбира́ть) auswählen
вы́браться ⟨*fut*: вы́берусь, -берешься⟩ *vr UE5 pf* (*impf:* выбира́ться) mit Mühe hinausgelangen
вы́брос *m K* Emission *f*
вы́бросить ⟨*fut*: вы́брошу́, -бросишь⟩ *vt I pf* (*impf:* выбра́сывать) hinauswerfen
вы́быть ⟨*fut*: вы́буду, -будешь⟩ *vt UE1 pf* (*impf:* выбыва́ть) **1.** abreisen, wegfahren; **2.** abgehen; **~ из шко́лы** von der Schule abgehen; **3.** (*SPORT*) ausscheiden
вы́везти ⟨*fut*: вы́везу, -зешь⟩ *vt E6 pf* (*impf:* вывози́ть) wegfahren
вы́веска ⟨*gen pl*: -сок⟩ *f A* **1.** Aushängeschild *nt*; **2.** Firmenschild *nt*; **сме́на вы́весок** Etikettenschwindel *m*
вы́вести ⟨*fut*: вы́веду, -ведешь⟩ *vt E6 pf* (*impf:* выводи́ть) hinausführen
вы́вод *m K* **1.** Hinausbefördern *nt*; **~ во́йск** (*MIL*) Truppenabzug *m*; **2.** Schlußfolgerung *f*; **де́лать ~ы** Konsequenzen ziehen
выводи́ть ⟨*präs*: вывожу́, -во́дишь⟩ *vt I impf* (*pf:* вы́вести) **1.** hinausbefördern, hinausführen; **~ войска́** die Truppen abziehen; **~ из кри́зиса** aus der Krise führen; **~ из терпе́ния** aus der Fassung bringen; **~ пятно́** einen Fleck entfernen; **2.** (*BIO*) ausbrüten; **3.** züchten
вы́воз *m K* Ausfuhr *m*, Export *m*
вывози́ть ⟨*präs*: вывожу́, -во́зишь⟩ *vt I impf* (*pf:* вы́везти) **1.** hinausfahren; **~ дете́й на о́тдых** die Kinder in ein Ferienlager bringen; **2.** exportieren; **3.** mitnehmen, mitbringen
вы́глядеть ⟨*präs*: вы́гляжу, -глядишь⟩ *vi I impf* aussehen; **ты чуде́сно вы́глядишь** du siehst blendend aus
вы́говор *m K* **1.** (*LING*) Aussprache *f*; **2.** (*fig*) Rüge *f*, Verweis *m*
вы́года *f A* Vorteil *m*, Nutzen *m*
вы́годный ⟨*kf*: -ден, -дна⟩ *adj* vorteilhaft, günstig
выгора́живать *vt E impf* (*pf:* вы́городить) **1.** umzäunen, abzäunen; **2.** (*fig: кого́-ли́бо*) reinwaschen
вы́гореть ⟨*nur 3. pers*: вы́горит⟩ *vi I pf* (*impf:* выгора́ть) **1.** verbrennen, niederbrennen; **2.** gelingen; **де́ло не вы́горело** (*umg*) die Sache ist schiefgegangen
вы́городить ⟨*fut*: вы́горожу, -городишь⟩ *vt I pf* (*impf:* выгора́живать) abzäunen
выдава́ть ⟨*präs*: выдаю́, выдаёшь⟩ *vt E3 impf* (*pf:* вы́дать) **1.** aushändigen, verteilen, ausgeben; **2.** (*докуме́нт*) ausstellen; **~ та́йну** ein Geheimnis verraten [*o* preisgeben]; **~ себя́** sich verraten; **~ себя́ за кого́-ли́бо/что-ли́бо** vorgeben, jd/etw zu sein; **~ за́муж** ein Mädchen verheiraten
выдава́ться ⟨*fut*: выдаю́сь, -выдаёшься⟩ *vr E3 impf* (*pf:* вы́даться) **1.** verteilt werden; **2.** herausstehen, hervorragen
выдаю́щийся *adj* hervorragend, namhaft
выдвига́ть *vt E impf* (*pf:* вы́двинуть) **1.** (*я́щик*) herausziehen; **2.** nach vorne rücken; **3.** (*fig*) aufstellen, nominieren; **~ на Но́белевскую пре́мию** für den Nobelpreis vorschlagen; **4.** fördern; **5.** vorbringen; **~ но́вые иде́и** neue Ideen entwickeln; **~ тре́бования** Forderungen stellen
вы́дворить ⟨*fut*: вы́дворю, -ришь⟩ *vt I pf* (*impf:* выдворя́ть) ausweisen, des Landes verweisen
выделе́ние *nt O2* **1.** Gewährung *f*; **~ средств** Zuweisung von Mitteln; **2.** (*в те́ксте*) Hervorhebung *f*, Betonung *f*; **3.** Absonderung *f*
вы́делить ⟨*fut*: вы́делю, -делишь⟩ *vt I pf* (*impf:* выделя́ть) **1.** (*на чью-ли́бо*) zuweisen, zur Verfügung stellen; **2.** delegieren; **3.** hervorheben; **4.** absondern
вы́делиться ⟨*fut*: вы́делюсь, -делишься⟩ *vi I pf* (*impf:* выделя́ться) **1.** sich hervortun, sich auszeichnen; **2.** sich absondern
вы́держанный *adj* **1.** konsequent, folgerichtig; **2.** beherrscht, diszipliniert
вы́держать ⟨*fut*: вы́держу, -жишь⟩ *vt I pf* (*impf:* выде́рживать) **1.** aushalten, ertragen; **что-ли́бо не выде́рживает кри́тики** etw hält der Kritik nicht stand; **2.** (*экза́мен*) bestehen; **3.** (*вино́*) reifen
вы́держка [1] ⟨*gen pl*: -жек⟩ *f A* **1.** Aus-

dauer *f*, Standhaftigkeit *f*; **2.** (*FOT*) Belichtungszeit *f*
вы́держка [2] ⟨*gen pl*: -жек⟩ *f A* Zitat *nt*
вы́дохнуться ⟨*prät*: вы́дохся, -хлась⟩ *vi E1 pf* (*impf:* выдыха́ться) an Kraft verlieren
вы́дра *f A* Fischotter *m*
выду́мывать *vt E impf* (*pf:* вы́думать) sich etw ausdenken, sich etw einfallen lassen
выдыха́ться *vi E impf* (*pf:* вы́дохнуться) **1.** an Kraft verlieren; **я совсе́м вы́дохся** ich bin fix und fertig; **2.** an Aroma verlieren
вы́езд *m K* **1.** Abfahrt *f*, Abreise *f*; **2.** Ausreise *f*
выезжа́ть *vi E impf* (*pf:* вы́ехать) **1.** hinausfahren, ausreisen; **2.** umziehen; **3.** (*umg: на ком-ли́бо/чём-ли́бо*) jds Arbeit/etw zum eigenen Vorteil ausnutzen
вы́емка ⟨*gen pl*: -мок⟩ *f A* **1.** Einschnitt *m*; **2.** Vertiefung *f*
вы́ехать ⟨*fut*: вы́еду, -дешь⟩ *vt UE2 pf* (*impf:* выезжа́ть) hinausfahren
вы́жать ⟨*fut*: вы́жму, -мешь⟩ *vt E9 pf* (*impf:* выжима́ть) auspressen
выжива́ние *nt O2* Überleben *nt*, Fortbestand *m*
выжида́тельный *adj* abwartend
выжима́ть *vt E impf* (*pf:* вы́жать) **1.** (*сок*) auspressen; **2.** (*бельё*) auswringen; **3.** (*SPORT*) heben, stemmen
вы́звать ⟨*fut*: вы́зову, -вешь⟩ *vt E4a pf* (*impf:* вызыва́ть) herbeirufen
вы́зов *m K* **1.** Einladung *f*; **2.** Aufforderung *f*; **3.** Herausforderung *f*; **приня́ть ~** eine Herausfordung annehmen
вы́зубрить ⟨*fut*: вы́зубрю, -ришь⟩ *vi I pf* (*impf:* зубри́ть) (*umg*) pauken, büffeln
вызыва́ть *vt E impf* (*pf:* вы́звать) **1.** herbeirufen; **~ врача́** einen Arzt holen; **~ такси́** ein Taxi bestellen; **2.** einladen, vorladen; **3.** (*кого́-ли́бо на что-ли́бо*) zu etw bringen [*o* veranlassen]; **~ беспоко́йство** Besorgnis erregen; **~ интере́с** Interesse erwecken
вызыва́ющий *adj* herausfordernd, provozierend
вы́играть *vt E impf* (*pf:* выи́грывать) **1.** gewinnen; **2.** (*от чего́-ли́бо*) profitieren (von *+dat*)
вы́игрыш ⟨*gen pl*: -шей⟩ *m K* Gewinn *m*; **гла́вный ~** Hauptgewinn *m*
вы́йти ⟨*fut*: вы́йду, дешь⟩ *vi E7a pf* (*impf:* выходи́ть) hinausgehen
вы́кидыш ⟨*gen pl*: -шей⟩ *m K* Fehlgeburt *f*
вы́кладка ⟨*gen pl*: -док⟩ *f A* **1.** Auslegen *nt*, Bedecken *nt*; **2.** (*meist pl*) Berechnungen *f pl*, Formeln *f pl*
вы́ключить ⟨*fut*: вы́ключу, -чишь⟩ *vt I pf* (*impf:* выключа́ть) ausschalten, abstellen
вы́корчевать ⟨*fut*: вы́корчую, -чуешь⟩ *vt E2 pf* (*impf:* выкорчёвывать) **1.** mit der Wurzel herausreißen; **2.** ausmerzen, ausrotten
вы́купать *vt E pf* (*impf:* купа́ть) baden
вы́купаться *vi E pf* (*impf:* купа́ться) baden, ein Bad nehmen
вы́купить ⟨*fut*: вы́куплю, -пишь⟩ *vt I pf* (*impf:* выкупа́ть) **1.** einlösen; **2.** loskaufen
вы́лазка ⟨*gen pl*: -зок⟩ *f A* **1.** (*MIL*) Ausfall *m*; **2.** (*fig*) heimtückischer Angriff *m*
вы́лечить ⟨*fut*: вы́лечу, -чишь⟩ *vt I pf* (*impf:* выле́чивать) **1.** heilen; **2.** auskurieren
вы́манить ⟨*fut*: вы́маню, -нишь⟩ *vt I pf* (*impf:* выма́нивать) **1.** herauslocken; **2.** sich etw erschleichen
выма́тывать *vt E impf* (*pf:* вы́мотать) entkräften, zermürben
выме́нивать *vt E impf* (*pf:* вы́менять) (*кого́-ли́бо/что-ли́бо на кого́-ли́бо/что-ли́бо*) eintauschen, umtauschen
вымога́ть *vt E impf* erpressen
вы́мотать *vt E pf* (*impf:* выма́тывать) zermürben
вы́муштровать *vt E2 pf* (*impf:* муштрова́ть) drillen
вы́нести ⟨*fut*: вы́несу, -сешь⟩ *vt E6 pf* (*impf:* выноси́ть) hinaustragen
вынима́ть *vt E impf* (*pf:* вы́нуть) herausnehmen, herausziehen; **~ пи́сьма из почто́вого я́щика** den Briefkasten leeren
выноси́ть ⟨*präs*: выношу́, -о́сишь⟩ *vt I impf* (*pf:* вы́нести) **1.** hinaustragen; **2.** ertragen; **3.** zur Beurteilung vorlegen; **~ како́й-то вопро́с на рефере́ндум** ein Referendum durchführen; **~ пригово́р** ein Urteil fällen; **~ сор из избы́** (*fig*) schmutzige Wäsche (vor anderen Leuten) waschen
выно́сливость *f I* **1.** Widerstandsfähigkeit *f*, Zähigkeit *f*; **2.** (*SPORT*) Kondition *f*
выно́сливый ⟨*kf*: -лив⟩ *adj* widerstandsfähig, standhaft
вы́нудить ⟨*fut*: вы́нужу, -удишь⟩ *vt I pf* (*impf:* вынужда́ть) zwingen, erzwingen
вы́нуть ⟨*imp*: вынь,-те⟩ *vt E1 pf* (*impf:* вынима́ть) herausziehen
вы́пасть ⟨*fut*: вы́паду, -дешь⟩ *vt E6 pf* (*impf:* выпада́ть) **1.** herausfallen; **2.** (*во́лосы*) ausfallen; **3.** (*снег*) fallen; **вы́пал снег** es hat geschneit; **4.** (*nur 3. pers*) zuteil werden, zufallen; **вы́пало мне сча́стье** ich habe großes Glück gehabt

вы́печка *f A* **1.** Backen *nt*; **2.** Kleingebäck *nt*

вы́писать ⟨*fut*: вы́пишу, -шешь⟩ *vt I pf* (*impf:* выпи́сывать) **1.** herausschreiben; **2.** abonnieren; **3.** von der Liste streichen; **~ кого́-ли́бо из больни́цы** jdm aus dem Krankenhaus entlassen

вы́писка ⟨*gen pl*: -сок⟩ *f A* **1.** (*текст*) Auszug *m*; **2.** Abmeldung *f*

вы́пить ⟨*fut*: вы́пью, -пьешь⟩ *vi E4c pf* (*impf:* пить) austrinken

вы́плата *f A* **1.** Zahlung *f*; **2.** Auszahlung *f*

выполне́ние *nt O2* Erfüllung *f*, Verwirklichung *f*

вы́полнить ⟨*fut*: вы́полню, -нишь⟩ *vt I pf* (*impf:* выполня́ть) erfüllen, verwirklichen; **~ поруче́ние** einen Auftrag ausführen

вы́потрошить *vt I pf* (*impf:* потроши́ть) die Eingeweide entfernen, ausnehmen

вы́пуклость *f I* Rundung *f*

вы́пуклый *adj* **1.** nach außen gewölbt, konvex; **2.** (*fig*) reliefartig, anschaulich

вы́пуск *m K* **1.** Herauslassen *nt*; **2.** (*книги*) Herausgabe *f*; **3.** Fertigung *f*; **после́дний ~** das neuste Modell

выпускно́й *adj* zum Hinauslassen; **выпускы́е экза́мены** Abschlußprüfungen *fpl*

вы́пустить ⟨*fut*: вы́пущу, -пустишь⟩ *vt I pf* (*impf:* выпуска́ть) **1.** herauslassen; **2.** freilassen; **3.** (*книги*) herausgeben; **4.** produzieren, herstellen; **~ студе́нтов** Schulabgänger entlassen; **~ шов** einen Saum herauslassen

выраба́тывать *vt E impf* (*pf:* вы́работать) **1.** herstellen, produzieren; **2.** ausarbeiten; **3.** erarbeiten

вы́работка ⟨*gen pl*: -ток⟩ *f A* **1.** Herstellung *f*, Erzeugung *f*; **2.** Erarbeitung *f*; **~ програ́ммы** (*DV*) Erstellung *f* eines Programms

выраже́ние *nt O2* **1.** Ausdruck *m*; **2.** Redensart *f*

вы́разить ⟨*fut*: вы́ражу, -разишь⟩ *vt I pf* (*impf:* выража́ть) ausdrücken, zum Ausdruck bringen; **~ чьи-ли́бо интере́сы** jds Interessen vertreten

вы́разиться ⟨*fut*: вы́ражусь, -разишься⟩ *vr I pf* (*impf:* выража́ться) **1.** (*nur 3.pers*) in etw zum Ausdruck kommen; **на лице́ вы́расилось удивле́ние** das Gesicht drückte Erstaunen aus; **2.** (*nur impf*) fluchen

вы́расти ⟨*fut*: вы́расту, -тешь, *prät*: вы́рос, -ла⟩ *vi E6 pf* (*impf:* выраста́ть) **1.** wachsen, groß werden; **2.** anwachsen; **семья́ вы́росла** die Familie ist größer geworden; **3.** herauswachsen; **ма́льчик вы́рос из пальто́** der Junge ist aus dem Mantel herausgewachsen; **4.** sich zeigen

вы́растить ⟨*fut*: вы́ращу, -растишь⟩ *vt I pf* (*impf:* выра́щивать) **1.** (*дете́й*) großziehen; **2.** heranbilden; **3.** (*BIO*) züchten

вы́рвать ⟨*fut*: вы́рву, -вешь⟩ *vt E4 pf* (*impf:* вырыва́ть) herausreißen

вы́рваться ⟨*fut*: вы́рвусь, -рвешься⟩ *vr E4 pf* (*impf:* вырыва́ться) sich losreißen

вы́рез *m K* **1.** Zurechtschneiden *nt*; **2.** (*оде́жда*) Ausschnitt *m*; **треуго́льный ~** V-Ausschnitt *m*

вырожде́ние *nt O2* **1.** Entartung *f*; **2.** Verfall *m*, Dekadenz *f*

вы́ручить ⟨*fut*: вы́ручу, -чишь⟩ *vt I pf* (*impf:* выруча́ть) **1.** (*кого́-ли́бо*) aus der Klemme helfen; **2.** (*де́ньги*) erwirtschaften, verdienen

вы́ручка *f A* Erlös *m*

вырыва́ть *vt E impf* (*pf:* вы́рвать) **1.** herausreißen; **2.** entreißen; **3.** (*зуб*) herausziehen; **4.** (*fig: у кого́-ли́бо*) erzwingen, abringen

вырываться *vr E impf* (*pf:* вы́рваться) (*auch fig*) sich losreißen; **~ вперёд** vorpreschen

вы́садить ⟨*fut*: вы́сажу, -садшь⟩ *vt I pf* (*impf:* выса́живать) **1.** (*пассажи́ров*) aussteigen lassen, absetzen; **2.** (*BIO*) verpflanzen; **~ на гря́дку** ins Beet einpflanzen

вы́сечь [1] ⟨*fut*: вы́секу, -ечешь, *prät*: вы́сек, -ла⟩ *vt UE4 pf* (*impf:* высека́ть) einmeißeln, in Stein meißeln

вы́сечь [2] ⟨*fut*: вы́секу, -ечешь, *prät*: вы́сек, -ла⟩ *vt UE4 pf* (*impf:* сечь) verprügeln

вы́сказаться ⟨*fut*: вы́скажу, -сказешь⟩ *vr E4 pf* (*impf:* выска́зываться) sich äußern, Stellung nehmen (zu *+dat*)

вы́скочить ⟨*fut*: вы́скочу, -чишь⟩ *vi I pf* (*impf:* выска́кивать) hinausspringen; **~ за́муж** (*umg*) sehr plötzlich heiraten

вы́слать ⟨*fut*: вы́шлю, -лешь, *prät*: вы́слал⟩ *vt E4 pf* (*impf:* высыла́ть) schicken

вы́смеять ⟨*fut*: вы́смею, -смеешь⟩ *vt E pf* (*impf:* высме́ивать) auslachen, verspotten

вы́смолить *vt I pf* (*impf:* смоли́ть) teeren

вы́сморкаться *vr E pf* (*impf:* сморка́ться) sich die Nase putzen

высо́кий ⟨*kf*: -ок, -ока́, -о́ко́, -око́, *komp*: вы́ше, *super*: вы́сший/ высоча́йший⟩ *adj* **1.** hoch; **2.**

(*челове́к*) groß
высокого́рный *adj* Gebirgs-, im Gebirge gelegen; ~ **масси́в** Hochgebirge *nt*
высокока́чественный *adj* hochwertig, von hoher Qualität
высококвалифици́рованный *adj* hochqualifiziert, sachkundig
высокоме́рный ⟨*kf*: -рен -рна⟩ *adj* hochmütig, eingebildet
высокопа́рный ⟨*kf*: -рен, -рна⟩ *adj* **1.** hochtrabend; **2.** (*стиль*) schwülstig
высокопро́бный ⟨*kf*: -бен, -бна⟩ *adj* **1.** (*зо́лото*) von hohem Feingehalt; **2.** allerbeste(r, s)
высокопроце́нтный *adj* hochprozentig
высота́ ⟨*nom pl*: высо́ты⟩ *f A pls* **1.** Höhe *f*; **2.** Anhöhe *f*; **быть на высоте́ положе́ния** der Situation gewachsen sein
высо́тный *adj* Hoch-; **высо́тное зда́ние** Hochhaus *nt*
высотоме́р *m K* Höhenmesser *m*
вы́сохнуть ⟨*fut*: вы́сохну, -нешь, *prät*: вы́сох, -ла⟩ *vi E1a pf* (*impf:* высыха́ть) trocken werden
вы́ставить ⟨*fut*: вы́ставлю, -вишь⟩ *vt I pf* (*impf:* выставля́ть) **1.** nach vorn stellen; **2.** hinausstellen; **3.** ausstellen, zur Schau stellen; **4.** (*кандида́т*) aufstellen, nomimieren; ~ **за дверь** vor die Tür setzen hinauswerfen
вы́ставка ⟨*gen pl*: -вок⟩ *f A* Austellung *f*; **передвижна́я** ~ Wanderausstellung *f*
выступа́ть *vi E impf* (*pf:* вы́ступить) **1.** nach vorn treten, hervortreten; **2.** (öffentlich) auftreten, sprechen; ~ **с докла́дом** einen Vortrag halten **3.** (*nur impf 3. pers*) hinausragen; **4.** (*nur impf*) einherschreiten
вы́сший *adj super* **1.** höchste(r, s]; **2.** hochgradig; **на вы́сшем у́ровне** auf höchster Ebene
высыла́ть *vt E impf* (*pf:* вы́слать) **1.** schicken; **2.** hinausschicken; **3.** ausweisen, des Landes verweisen
высыха́ть *vi E impf* (*pf:* вы́сохнуть) **1.** (*nur 3. pers*) trocken werden; **2.** austrocknen; **3.** verwelken; **4.** (*umg*) abmagern
выта́скивать *vt E impf* (*pf:* вы́тащить) hinausschleppen, hinausschleifen
вы́тачать *vt E pf* (*impf:* тача́ть) zusammennähen
выта́чивать *vt E impf* (*pf:* вы́точить) drechseln
вы́тащить ⟨*fut*: вы́тащу, -щишь⟩ *vt I pf* (*impf:* выта́скивать) hinausschleppen
вытека́ть ⟨*nur 3. pers*: вытека́ет⟩ *vi E impf* (*pf:* вы́течь) **1.** herausfließen, auslaufen; **2.** (*nur impf: река́*) entspringen; **3.** (*fig: из чего́-ли́бо*) sich ergeben, resultieren aus (aus *+dat*)
вытесне́ние *nt O2* Verdrängung *f*
вы́теснить ⟨*fut*: вы́тесню, -нишь⟩ *vt I pf* (*impf:* вытесня́ть) **1.** hinausdrängen; **2.** verdrängen
вы́течь ⟨*nur 3. pers*: вы́течет, вы́текут⟩ *vi UE4 pf* (*impf:* вытека́ть) herausfließen
вы́точить ⟨*fut*: вы́точу, -чишь⟩ *vt I pf* (*impf:* выта́чивать) drechseln
вы́удить ⟨*fut*: вы́ужу, -удишь⟩ *vt I pf* (*impf:* выу́живать) **1.** herausangeln; **2.** (*fig*) ergaunern
выха́живать *vt E impf* (*pf:* вы́ходить) **1.** pflegen; **2.** (*больно́го*) gesundpflegen
вы́ход *m K* **1.** Ausgang *m*; **запа́сный ~** Notausgang; **2.** Ausscheiden *nt*; **~ из па́ртии** Parteiaustritt **3.** (*THEAT*) Auftritt *m*; **4.** (*PRESSE*) Erscheinen *nt*; **5.** (*fig*) Ausweg *m*, Lösung *f*
выходи́ть ⟨*präs*: выхожу́, -хо́дишь⟩ *vi I impf* (*pf:* вы́йти) **1.** hinausgehen; **2.** aussteigen; **3.** ausscheiden; **4.** (*газ*) entweichen; **5.** (*кни́ги*) erscheinen; **~ за́муж за кого́-ли́бо** (*von Frauen*) jdn heiraten; **~ в отста́вку** zurücktreten, seinen Abschied nehmen; **~ в фина́л** (*SPORT*) ins Finale kommen; **~ на пе́нсию** in Pension gehen; **~ на свобо́ду** freikommen; **~ на сце́ну** die Bühne betreten; **~ сухи́м из воды́** ungeschoren davonkommen; **~ из дове́рия** die Glaubwürdigkeit verlieren; **~ из мо́ды** aus der Mode kommen; **~ из себя́** außer sich geraten; **о́кна выхо́дит в сад** die Fenster gehen auf den Garten hinaus; **э́то у меня́ не выхо́дит из головы́** das will mir nicht aus dem Kopf; **у меня́ ничего́ не выхо́дит** (*umg*) bei mir kommt da einfach nichts raus, ich schaffe das nicht
вы́ходить ⟨*fut*: вы́хожу, -ходишь⟩ *vt I pf* (*impf:* выха́живать) pflegen
вы́ходка ⟨*gen pl*: -док⟩ *f A* Ungezogenheit *f*, ungehörige Handlung *f*
выходно́й *adj* **I. 1.** zum Hinausgehen; **2.** Ausgangs-; **~ день** Ruhetag *m*, arbeitsfreier Tag *m*; **выходны́е да́нные** Impressum *nt*; **II.** *mf wie adj* **1.** *jd, der seinen arbeitsfreien Tag hat;* **он сего́дня ~** er hat heute frei; **2.** (*umg: выходно́й день*) Ruhetag *m*; **у меня́ сего́дня ~о́й** ich habe heute frei
вы́хужденный ⟨*kf*: -ден⟩ *adj* zwangsweise; **вы́хужденная ме́ра** Zwangsmaßnahme *f*; **вы́хужденная поса́дка** Notlandung *f*
вы́цвести ⟨*nur 3. pers*: вы́цветет, вы́цветут⟩ *vi E6a pf* (*impf:* выцвета́ть) **1.** ausbleichen; **2.** sich verfärben
вычёркивать *vt E impf* (*pf:* вы́черкнуть) streichen, durchstreichen
вы́черкнутый *adj* gestrichen

вы́честь ⟨*fut*: вы́чту, -чтешь, *prät*: вы́чел, вы́чла⟩ *vi E6 pf* (*impf:* вычита́ть) subtrahieren
вычисли́тельный *adj* zum Ausrechnen, Rechen-; **вычисли́тельная маши́на** Rechenmaschine *f*, Computer *m*
вычита́ть *vi E impf* (*pf:* вы́честь) (*что-ли́бо из чего́-ли́бо*) subtrahieren, abziehen
вы́ше *präp +gen* **I.** oberhalb (*+gen*); **э́то ~ мои́х сил** das übersteigt meine Kräfte; **II.** *adj komp* höher; **он ~ меня́** er ist größer als ich; **III.** *adv* weiter oben; **как ска́зано ~** wie oben erwähnt
вы́шка ⟨*gen pl*: -шек⟩ *f A* **1.** Turm *m*, Warte *f*; **2.** Dachzimmer *nt*
вы́явить ⟨*fut*: вы́явлю, -явишь⟩ *vt I pf* (*impf:* выявля́ть) **1.** zeigen, an den Tag bringen; **2.** (*недоста́тки*) aufdecken, enthüllen
вы́явиться ⟨*fut*: вы́явлюсь, -явишься⟩ *vr I pf* (*impf:* выявля́ться) **1.** sich zeigen; **2.** sich herausstellen, zum Vorschein kommen
выясне́ние *nt O2* Klärung *f*, Klarstellung *f*
вы́яснить ⟨*fut*: вы́ясню, -яснишь⟩ *vt I pf* (*impf:* выясня́ть) (*положе́ние*) klarstellen, klären
вы́ясниться ⟨*fut*: вы́явлюсь, -явишься⟩ *vr I pf* (*impf:* выясня́ть) klarwerden
вьюно́к ⟨*gen sg*: -нка́⟩ *m K* Kletterpflanze *f*, Winde *f*
вяз *m K* Ulme *f*
вяза́ть ⟨*präs*: вяжу́, вя́жешь, *prät*: вязял, -а⟩ *vt E4 impf* (*pf:* с-) **1.** zusammenbinden; **2.** stricken; **3.** häkeln; **4.** fesseln
вя́зкий ⟨*kf*: -зок, -зка́, -зко, *komp*: вя́зче⟩ *adj* **1.** zäh, zähflüssig; **2.** matschig, sumpfig
вя́нуть ⟨*prät*: вя́л, вя́ла, *oder*: вя́нул⟩ *vi E1 impf* (*pf:* за-, у-) welken, verwelken

Г

г, Г *nt indekl kyrillischer Buchstabe*
га́вань *f I* Hafen *m*
гад *m K* **1.** *Sammelbezeichnung für Reptilien und Amphibien;* **2.** (*fig*) Scheusal *nt*
гада́лка ⟨*gen pl*: -лок⟩ *f A* Wahrsagerin *f*
гада́ть *vi E impf* (*pf:* по-) **I.** wahrsagen; **II.** *vi E nur impf* (*о ком-ли́бо/чём-ли́бо*) mutmaßen
га́дить ⟨*präs*: га́жу, га́дишь⟩ *vi I impf* (*pf:* на-) **I.** (*о живо́тных*) sich entleeren; **II.** *v + dat I impf* (*pf:* на-) **1.** (*umg*) dazwischenpfuschen, verpfuschen; **2.** schaden
га́дкий ⟨*kf*: -док, -дка́, -дко, *komp*: га́же⟩ *adj* abscheulich, widerlich
гадю́ка *f A* **1.** (*ZOOL*) Viper *f*; **обыкнове́нная ~** Kreuzotter *f*; **2.** (*fig: же́нщина*) Giftspritze *f*
газ [1] *m K* **1.** Gas *nt*; **дава́ть ~** Gas geben; **приро́дный ~** Erdgas *nt*; **выхлопны́е ~ы** Autoabgase *nt pl*; **отрабо́танные ~ы** Abgase; **2.** (*nur pl*) Blähungen *f pl*
газ [2] *m K* Gaze *f*
газе́ль *f I* Gazelle *f*
газе́та *f A* Zeitung *f*; **ежедне́вная ~** Tageszeitung *f*; **стенна́я ~** Wandzeitung *f*
газифици́ровать *vt E2 impf/pf* **1.** (*у́голь*) zu Gas verarbeiten; **2.** (*кварти́ры*) ans Gasnetz anschließen, mit Gas versorgen
га́зовыи *adj* Gas-; **~ заво́д** Gaswerk *nt*; **га́зовая ка́мера** Gaskammer *f*
газо́н *m K* Rasen *m*, Rasenplatz *m*
газонокоси́лка ⟨*gen pl*: -лок⟩ *f A* Rasenmäher *m*
га́йка ⟨*gen pl*: га́ек⟩ *f A* Schraubenmutter *f*
гала́ктика *f A* Galaxie *f*
галантере́я *f A2* Kurzwaren *pl*
гала́нтный ⟨*kf*: -тен, -тна⟩ *adj* galant
галде́ть ⟨*nur 2. und 3. pers*: галди́шь, -ди́т⟩ *vi I impf* krakeelen, lärmen
галере́я *f A2* Galerie *f*; **обходна́я ~** (*кресто́вый ход*) Kreuzgang *m*
галёрка *f A* (*THEAT*) Galerie *f*, oberster Rang *m*
гале́та *f A* Zwieback *m*; **~ для соба́к** Hundekuchen *m*
галлюцина́ция *f A2* Halluzination *f*
гало́п *m K* Galopp *m*; **скака́ть ~ом** galoppieren
галопи́ровать *vi E2 impf* (*fig: инфля́ция*) in großem Tempo voranschreiten
га́лстук *m K* Krawatte *f*, Schlips *m*
га́лька ⟨*gen pl*: -лек⟩ *f A* **1.** Geröll *nt*; **2.** Kieselstein *m*
гама́к *m K* Hängematte *f*
Га́мбург *m K* Hamburg *nt*
га́мма *f A* (*MUS*) Tonleiter *f*; **~ кра́сок** (*fig*) Farbskala *f*
га́нгстер *m K* Gangster *m*
гандбо́л *m K* Handball *m*
ганте́ль *f I* Hantel *f*
гара́ж ⟨*gen pl*: -е́й⟩ *m K* Garage *f*; **подзе́мный ~** Tiefgarage *f*
гаранти́йный *adj* Garantie-; **ещё не истёк ~ срок** die Garantie ist noch nicht abgelaufen
гаранти́ровать *vt E2 impf/pf* garantieren, gewährleisten

гара́нтия *f A2* Garantie *f*, Gewähr *f*; **дава́ть гара́нтию на год в чем-ли́бо** auf etw ein Jahr Garantie geben; **~ от необосно́ванного увольне́ния** Kündigungsschutz *m*
гардеро́б *m K* **1.** Garderobe *f*; **2.** Kleiderschrank *m*
га́ревый *adj* Aschen-; **га́ревая доро́жка** (*SPORT*) Aschenbahn *f*
гармони́чный *adj* harmonisch
гармо́ния *f A2* **1.** Harmonie *f*; **2.** (*fig*) Einklang *m*
гарпу́н *m K e* Harpune *f*; **бить ~о́м** harpunieren
Гарц *m K* Harz *m*
гаси́ть ⟨*präs*: гашу́, га́сишь⟩ *vt I impf* (*pf:* за-, по-) **1.** löschen, auslöschen; **2.** (*fig*) unterdrücken; **3.** entwerten, ungültig machen
га́снуть ⟨*nur 3. pers*: га́снет⟩ *vi E1 impf* (*pf:* за-, по-, у-) **1.** (*ого́нь*) ausgehen; **2.** (*fig: наде́жда*) erlöschen
гастри́т *m K* Gastritis *f*
гастроли́ровать *vi E2 impf* ein Gastspiel geben
гаши́ш *m K* Haschisch *nt*; **кури́ть ~** kiffen
гвозди́ка *f A* **1.** Nelke *f*; **2.** Gewürznelke *f*
гвоздь [1] ⟨*nom pl*: гво́зди⟩ *m K1 e1* Nagel *m*; **и никаки́х гвозде́й!** (*fig*) keine Widerrede
гвоздь [2] ⟨*nom pl*: гво́зди⟩ *m K1 e1* **1.** (*вопро́с*) Kernpunkt *m*; **2.** Knüller *m*; **~ сезо́на** der Schlager *m* der Saison
где *adv* wo; **~ ни на есть** ganz gleich wo; **~-либо** [*o* **~-нибудь**] irgendwo
ГДР *abk von* Герма́нская Демократи́ческая Респу́блика *f* Deutsche Demokratische Republik *f*, DDR *f*
гее́нна *f A* Hölle *f*
ге́лий ⟨*präpos sg*: ге́лии⟩ *m K2* Helium *nt*
геморро́й *m K2* Hämorrhoiden *pl*
ген *m K* Gen *nt*
генера́льный *adj* allgemein, General-; **~ подря́дчик** Hauptauftragnehmer *m*; **генера́льная репети́ция** Generalprobe *f*
гене́тика *f A* Genetik *f*
генети́ческий *adj* genetisch
гениа́льный ⟨*kf*: -лен, -льна⟩ *adj* genial
ге́ний *m K2* **1.** Genie *nt*; **2.** Genius *m*
ге́нный *adj* Gen-; **ге́нная инжене́рия** Gentechnologie *f*
геноци́д *m K* Völkermord *m*
географи́ческий *adj* geographisch; **географи́ческая ка́рта** Landkarte *f*
геогра́фия *f A2* Geographie *f*, Erdkunde *f*
гео́лог *m K* Geologe, Geologin *m/f*
геоло́гия *f A2* Geologie *f*, Erdgeschichte *f*
геометри́ческий *adj* geometrisch
геоме́трия *f A2* Geometrie *f*
георги́н *m K* Dahlie *f*
гепа́рд *m K* Gepard *m*
герб *m K* Wappen *nt*
гербици́д *m K* Herbizid *nt*, Pflanzenschutzmittel *nt*
германи́ст, **германи́стка** *m K / f A* Germanist, -in *m/f*
германи́стика *f A* Germanistik *f*
Герма́ния *f A2* Deutschland *nt*
герметизи́ровать *vt E2 impf/pf* hermetisch verschließen, abdichten
гермети́ческий *adj* hermetisch
геро́ин *m K* Heroin *nt*
герои́ня *f A1* (*auch LIT*) Heldin *f*
герои́ческий *adj* heldenhaft
геро́й *m K2* (*auch LIT*) Held *m*
герц *m K* Hertz *nt*
ге́рцогство *nt O* Herzogtum *nt*
Ге́ссен *m K* Hessen *nt*
гетеросексуа́льный *adj* heterosexuell
ге́тто *nt indekl* Ghetto *nt*
гиаци́нт *m K* Hyazinthe *f*
ги́бель *f I* Verderben *nt*, Tod *m*; **~ лесо́в** Waldsterben *nt*
ги́бкий ⟨*kf*: -бок, -бка́, -о, *komp*: ги́бче⟩ *adj* biegsam, gelenkig, flexibel
ги́бнуть *vi E1 impf* (*pf:* по-) **1.** zugrunde gehen; **2.** (*BOT*) eingehen
гига́нт *m K* Riese *m*, Gigant *m*
гига́нтский *adj* gigantisch
гигие́на *f A* Hygiene *f*
гид *m K* **1.** Fremdenführer, -in *m/f*; **2.** Reiseleiter, -in *m/f*
гидравли́ческий *adj* hydraulisch
гидропо́ника *f A* Hydrokultur *f*
гидроэлектроста́нция *f A2* Wasserkraftwerk *nt*
гие́на *f A* Hyäne *f*
ги́льдия *f A2* Gilde *f*, Innung *f*
ги́льза *f A* Hülse *f*
гимн *m K* Hymne *f*
гимнази́ст, **гимнази́стка** *m K / f A* Gymnasiast, -in *m/f*
гимна́зия *f A2* Gymnasium *nt*
гимна́ст, **гимна́стка** *m K / f A* Turner, -in *m/f*
гимна́стика *f A* Gymnastik *f*; **спорти́вная ~** Geräteturnen *nt*; **худо́жественная ~** Kunstturnen *nt*
гинеко́лог *m K* Gynäkologe, Gynäkologin *m/f*, Frauenarzt, -ärztin *m/f*
гинекологи́ческий *adj* gynäkologisch; **гинекологи́ческая кли́ника** Frauenklinik *f*
гиперинфля́ция *f A2* (*ÖKON*) drastischer Wertverlust *m*
гипно́з *m K* Hypnose *f*
гипнотизи́ровать *vt E2 impf* (*pf:* за-) hypnotisieren

гипо́теза *f A* Hypothese *f*, Behauptung *f*
гипотети́ческий *adj* hypothetisch
гиппопота́м *m K* Nilpferd *nt*
гипс *m K* Gips *m*
гипсова́ть *vt E2 impf* einen Gipsverband anlegen, eingipsen
гирля́нда *f A* Girlande *f*
ги́ря *f A1* Hantel *f*, Gewicht *nt*
гита́ра *f A* Gitarre *f*
глава́ *f A pls* **1.** (*geh*) Haupt *nt*; **2.** Oberhaupt *nt*; **~ прави́тельства** Regierungschef *m*; **во главе́ чего́-либо** an der Spitze (*+gen*); **ста́вить во главу́ угла́ что-ли́бо** etw über alles stellen, etw als das Wichtigste erachten; **3.** (*BAU*) Kuppel *f*; **4.** (*LIT*) Kapitel *nt*, Abschnitt *m*
глава́рь *m K1* Anführer *m*, Häuptling *m*
главвра́ч ⟨*gen pl*: -е́й⟩ *m K* Chefarzt *m*
главнокома́ндующий *m wie adj* (*MIL*) Oberkommandierende(r) *m*; **верхо́вный ~** Oberbefehlshaber *m*
гла́вный *adj* hauptsächlich, Haupt-, Ober-; **гла́вная доро́га** [*o* **у́лица**] Hauptstraße *f*; **~ аргуме́нт** Hauptargument *nt*; **гла́вная мысль** Leitgedanke *m*; **гла́вное предложе́ние** (*LING*) Hauptsatz *m*; **э́то гла́вное** das ist die Hauptsache
главпочта́мт *m K* Hauptpostamt *nt*
глаго́л *m K* Verb *nt*; **вспомога́тельный ~** Hilfsverb *nt*
гладио́лус *m K* Gladiole *f*
гла́дить ⟨*präs*: гла́жу, гла́дишь⟩ *vt I impf* (*pf*: вы́-, по-) **1.** bügeln; **2.** (*кого́-ли́бо/что-ли́бо; по кому́-ли́бо/чему́-ли́бо*) streichen (über *+akk*); **3.** streicheln
гла́дкий ⟨*kf*: -док, -дка́, -дко, *komp*: гла́же⟩ *adj* **1.** glatt, eben; **2.** (*стиль*) fließend
глаз ⟨*präpos*: в глазу́⟩ *m K ple* Auge *nt*; **не ве́рить ~а́м свои́м** seinen Augen nicht trauen; **не спуска́ть ~ с кого́-ли́бо** jdn im Auge behalten; **не попада́йся мне бо́льше на ~а́!** (*umg*) komm mir bloß nicht mehr unter die Augen!; **сказа́ть кому́-ли́бо в ~а́** jdm etw geradeheraus sagen; **с ~у на ~** unter vier Augen; **с ~ доло́й - из се́рдца вон** aus den Augen, aus dem Sinn
глазе́ть *vi E impf* **1.** (*umg*) glotzen; **2.** (*на кого́-ли́бо/что-ли́бо*) jdn/etw anstarren
глазо́к ⟨*gen sg*: -зка́ , *pl*: гла́зки, гла́зок, гла́зкам⟩ *m K pls* (*dim*) Äuglein *nt*; **аню́тины гла́зки** (*BOT*) Stiefmütterchen *nt pl*; **стро́ить кому́-ли́бо гла́зки** jdm schöne Augen machen
глазу́нья *f A2* Spiegelei *nt*
глазу́рь *f I* Glasur *f*; **покрыва́ть ~ю** glasieren
гласи́ть ⟨*nur 3. pers*: гласи́т⟩ *vi I impf* lauten, besagen
гла́сность *f I* **1.** Glasnost *f*; **2.** Öffentlichkeit *f*; **3.** Offenheit *f*
гла́сный *adj* **I. 1.** öffentlich; **2.** vokalisch; **~ звук** Vokal; **II.** *m wie adj* Vokal *m*
глауко́ма *f A* grüner Star *m*
гле́тчер *m K* Gletscher *m*
гли́на *f A* Lehm *m*
глинтве́йн *m K* Glühwein *m*
гли́няный *adj* **1.** lehmig; **2.** Ton-; **гли́нявые изде́лия** Tonwaren *pl*
глист *m K* Bandwurm *m*
глоба́льный ⟨*kf*: -лен, -льна⟩ *adj* **1.** global; **2.** weltweit
глода́ть ⟨*präs*: гложу́, гло́жешь, *auch*: глода́ю, -а́ешь⟩ *vt E4 impf* **1.** nagen, knabbern; **2.** (*fig*) zermürben, quälen
глосса́рий ⟨*präpos sg*: -рии⟩ *m K2* Glossar *nt*, Wörterverzeichnis *nt*
глота́ть *vt E impf* schlucken
гло́тка ⟨*gen pl*: -ток⟩ *f A e* Kehle *f*, Schlund *m*; **во всю гло́тку** aus voller Kehle, lauthals
глотну́ть *vt E1 pf* kurz schlucken
глото́к ⟨*gen sg*: -тка́⟩ *m K* Schluck *m*
глубина́ ⟨*nom pl*: глуби́ны⟩ *f A pls* Tiefe *f*; **~ ре́зкости** (*FOT*) Tiefenschärfe *f*
глубо́кий ⟨*kf*: -бо́к, -бока́, -бо́ко́ , *komp*: глу́бже, *super*: глубоча́йший⟩ *adj* **1.** tief; **2.** tiefgreifend; **3.** fundiert
глубокомы́сленный ⟨*kf*: -лен, -ленна⟩ *adj* tiefsinnig
глубь *f I* Tiefe *f*; **~ страны́** Landesinnere *nt*
глуми́ться ⟨*präs*: глумлю́сь, -ми́шься⟩ *vi I impf* (*над кем-ли́бо/чем-ли́бо*) sich lustig machen (über *+akk*)
глупе́ть *vi E impf* (*pf*: по-) verblöden, schwachsinnig werden
глупе́ц ⟨*gen sg*: -пца́⟩ *m K* (*umg*) Dummkopf *m*, Depp *m*
глупи́ть ⟨*präs*: глуплю́, глупи́шь⟩ *vi I impf* (*pf*: с-) (*umg*) Dummheiten machen
глу́пость *f I* Dummheit *f*, Torheit *f*
глу́пый ⟨*kf*: глуп, -а́, -о⟩ *adj* **1.** dumm, doof; **2.** (*ситуа́ция*) dumm, unerfreulich
глухо́й ⟨*kf*: глух, -а́, -о, *komp*: глу́ше⟩ *adj* **1.** taub; **2.** dumpf; **3.** (*LING*) stimmlos; **~ переу́лок** Sackgasse *f*
глухонемо́й *adj* taubstumm
глухота́ *f A* Taubheit *f*
глуши́тель *m K1* **1.** (*TECH*) Schalldämpfer *m*; **2.** (*KFZ*) Auspufftopf *m*
глуши́ть ⟨*präs*: глушу́, глу́шишь⟩ *vt I impf* (*pf*: о-, за-) **1.** betäuben; **2.** (*зву́ки*) dämpfen
глушь *f I* Einöde *f*, abgelegener Ort *m*
глы́ба *f A* Klumpen *m*, Brocken *m*
глюко́за *f A* Glukose *f*, Traubenzucker *m*

гляде́ть ⟨*präs*: гляжу́, гляди́шь⟩ *vi I impf* (*pf:* по-) **1.** (*на кого́-ли́бо/что-ли́бо*) anschauen, anblikken; **2.** (*за кем-ли́бо/чем-ли́бо*) aufpassen (auf *+akk*)

гля́нуть *vi E1 pf* einen kurzen Blick werfen

гна́ться ⟨*präs*: гоню́сь, го́нишься, *prät*: гна́лся, гнала́сь, гна́ло́сь⟩ *vi I best* (*unbest*: гоня́ться) **1.** (*за кем-ли́бо/чем-ли́бо*) nachrennen; **2.** (*fig*) nacheifern; **~ за успе́хом** auf Erfolg aus sein

гнев *m K* Zorn *m*, Wut *f*

гне́вный ⟨*kf*: -вен, -вна́, -вно⟩ *adj* zornig, wütend

гнезди́ться ⟨*nur 2. und 3. pers*: гнезди́шься, -ди́тся⟩ *vi I impf* **1.** nisten; **2.** (*auch fig*) sich einnisten

гнездо́ ⟨*nom pl*: гнёзда⟩ *nt O pls* Nest *nt*

гнило́й ⟨*kf*: гнил, -а́, -о⟩ *adj* **1.** faulig; **2.** (*auch fig: компроми́сс*) faul; **3.** morsch

гниль *f I* Fäulnis *f*

гнить ⟨*präs*: гнию́, гниёшь⟩ *vi E4 impf* (*pf:* по-, с-) **1.** faulen, verfaulen; **2.** vermodern

гнои́ться ⟨*nur 3. pers*: гнои́тся⟩ *vi I impf* eitern

гно́й *m K2* Eiter *m*

гнойничо́к ⟨*gen sg*: -чка́⟩ *m K e* Pustel *f*

гно́йный *adj* eitrig; **гно́йная ра́на** eiternde Wunde *f*

гну́сность *f I* Scheußlichkeit *f*

гну́сный ⟨*kf*: -сен, -сна́, -сно⟩ *adj* scheußlich; **~ посту́пок** Schandtat *f*

гнуть ⟨*präs*: гну, гнёшь⟩ *vt E1 impf* (*pf:* со-, по-) **1.** biegen, krümmen; **2.** (*что-ли́бо; к чему́-ли́бо*) abzielen (auf *+akk*); **~ свою́ ли́нию** seinen Kopf durchsetzen wollen

гово́й *m K2* Oboe *f*

говори́ть ⟨*präs*: говорю́, -ри́шь⟩ *vi I impf* (*pf:* сказа́ть) **1.** sagen; **он говори́т пра́вду** er sagt die Wahrheit; **2.** sprechen; **она хорошо́ говори́т по-ру́сски** sie spricht gut Russisch; **3.** (*о ком-ли́бо/чём-ли́бо*) reden (über *+akk*); **4.** (*с кем-ли́бо*) reden (mit *+dat*); **со́бственно говоря́** eigentlich; **не говоря́ о ком-ли́бо/чём-ли́бо** ganz zu schweigen von (*+dat*); **говоря́т, что** man sagt, daß; **~ что-ли́бо за чьей-ли́бо спино́й** (*fig*) etw hinter jds Rücken sagen

говя́дина *f A* Rindfleisch *nt*

гогота́ть ⟨*präs*: гогочу́, -го́чешь⟩ *vi E4 impf* (*гу́си*) gackern, schnattern

год ⟨*präpos sg*: в году́, *nom pl auch*: года́, *gen pl auch* : лет⟩ *m K ple* Jahr *nt*; **високо́сный ~** Schaltjahr *nt*; **~ вы́пуска** Baujahr *nt*; **вре́мя ~а** Jahreszeit *f*; **~а́ми** jahrelang

годи́ться ⟨*präs*: гожу́сь, годи́шься⟩ *vi I impf* taugen, sich eignen

го́дность *f I* Tauglichkeit *f*

го́дный ⟨*kf*: -ден, -дна́, -о⟩ *adj* tauglich, geeignet

годово́й *adj* jährlich, Jahres-; **~ дохо́д** Jahreseinkommen *nt*

годо́вщина *f A* Jahrestag *m*

гол *m K ple* (*SPORT*) Tor *nt*; **~, заби́тый в свой воро́та** Eigentor *nt*

голки́пер *m K* Torwart *m*

голла́ндец, голла́ндка ⟨*gen sg m*: -дца, *gen pl f*: -док⟩ *m K / f A* Holländer, -in *m/f*

Голла́ндия *f A2* Holland *nt*

голла́ндский *adj* holländisch

голова́ *f A e2* **1.** Kopf *m*; **приходи́ть в го́лову** einfallen, in den Kopf kommen; **теря́ть го́лову** (*fig*) den Kopf verlieren, die Beherrschung verlieren; **сломя́ го́лову** Hals über Kopf; **2.** Haupt *nt*, Oberhaupt *nt*

голова́стик *m K* Kaulquappe *f*

голо́вка ⟨*dim von* : голова́, *gen pl*: -вок⟩ *f A* **1.** Köpfchen *nt*; **була́вочная ~** Stecknadelkopf *m*; **~ звукоснима́теля** (*EL*) Tonkopf *m*; **2.** (*ANAT*) Eichel *f*

головно́й *adj* **1.** Kopf-; **быть чьей-ли́бо голово́й бо́лью** jdm Kopfzerbrechen bereiten; **2.** Haupt-, Leit-; **головая организа́ция** Dachorganisation *f*

головоло́мка ⟨*gen pl*: -мок⟩ *f A* Denksportaufgabe *f*

головомо́йка ⟨*gen pl*: -моек⟩ *f A* **1.** Verweis *m*; **2.** Strafpredigt *f*

го́лод *m K* **1.** Hunger *m*; **2.** Hungersnot *f*

голода́ние *nt O2* Hungern *nt*; **лече́бное ~** Heilfasten *nt*

голода́ть *vi E impf* hungern, Hunger leiden

голо́дный ⟨*kf*: го́лоден, -дна́, го́лодно⟩ *adj* hungrig

голодо́вка ⟨*gen pl*: -вок⟩ *f A* Hungerstreik *m*

гололёд *m K* Glatteis *nt*

гололе́дица *f A* Glätte *f*

го́лос ⟨*nom pl*: голоса́⟩ *m K ple* **1.** Stimme *f*; **2.** (*MUS*) Stimme *f*; **пра́во ~а** (*POL*) Stimmrecht *nt*; **в оди́н ~** einstimmig

голосова́ние *nt O2* Abstimmung *f*; **зао́чное ~** Briefwahl *f*

голосова́ть *vi E2 impf* (*pf:* про-) **1.** abstimmen; **2.** (*за кого́-ли́бо/что-ли́бо*) stimmen (für *+akk*)

голубе́ц ⟨*gen sg*: -бца́⟩ *m K e* Krautroulade *f*

голубогла́зый ⟨*kf*: -а́з⟩ *adj* blauäugig

голубо́й *adj* **I.** hellblau, himmelblau; **II.** *m wie adj* (*umg*) Schwule(r) *m*
го́лубь *m K1 ple1* Taube *f*
го́лый ⟨*kf*: гол, -ла́, го́ло⟩ *adj* **1.** nackt; **2.** kahl; ~ **расчёт** (*fig*) eiskalte Berechnung *f*; **а коро́ль-то гол** (*fig*) der Kaiser hat keine Kleider an
гольф *m K* (*SPORT*) Golf *nt*
Гольфстри́м *m K* Golfstrom *m*
гомеопа́тия *f A2* Homöopathie *f*
гомосексуали́ст *m K* Homosexuelle(r) *m*
гомосексуа́льность *f I* Homosexualität *f*
гомосексуа́льный *adj* homosexuell
гонг *m K* Gong *m*
гондо́ла *f A* Gondel *f*
го́нка ⟨*gen pl*: -нок⟩ *f A* **1.** (*SPORT*) Rennen *nt*; ~ **фо́рмула оди́н** (*KFZ*) Formel-1-Rennen *nt*; ~ **пресле́дования** Verfolgungsjagd *f*; **2.** (*umg*) Hetze *f*
гонора́р *m K* Honorar *nt*, Gage *f*
гонча́р *m K* Töpfer *m*
гонча́рный *adj* Töpfer-; **гонча́рная мастерска́я** Töpferwerkstatt *f*
го́нщик, **го́нщица** *m K / f A* Rennfahrer, -in *m/f*
гоня́ть *vt E unbest* (*best*: гнать) **1.** jagen; **2.** vertreiben; ~ **мяч** (*SPORT*) den Ball kicken
гоня́ться *vi E unbest* (*best*: гна́ться) (*за кем-ли́бо/чем-ли́бо*) jdm/etw nachjagen, jdn/etw verfolgen
гора́ *f A e2* Berg *m*; ~ **отхо́дов** Müllberg *m*; **в го́ру** bergauf; **на́ши дела́ иду́т в го́ру** (*fig*) es geht aufwärts mit uns; **под го́ру** [*o* **с горы́**] bergab; **зима́ не за гора́ми** (*umg*) der Winter steht vor der Tür; **сули́ть кому́-ли́бо золоты́е го́ры** (*fig*) jdm goldene Berge versprechen; **он мо́жет сдви́нуть го́ры** (*fig*) er kann Berge versetzen
горб *m K ple* **1.** Höcker *m*; **2.** (*ANAT*) Buckel *m*
горба́тый *adj* bucklig
горди́ться ⟨*präs*: горжу́сь, горди́шся⟩ *vr + inst I impf* **1.** stolz sein (auf *+akk*); **2.** sich brüsten (mit *+dat*)
го́рдость *f I* Stolz *m*
го́рдый ⟨*kf*: горд, горда́, го́рдо⟩ *adj* stolz
го́ре *nt O1* Kummer *m*, Leid *nt*
го́ре- *präfix* (*vor Substantiv*) erbärmlichs, schlecht; **~-администра́тор** (*fig*) Schildbürger *m*
горе́ть ⟨*präs*: горю́, гори́шь⟩ *vi I impf* (*pf*: с-) **1.** brennen; **2.** verbrennen
гореча́вка *f A* Enzian *m*
горизо́нт *m K* (*auch fig*) Horizont *m*
горизонта́льный ⟨*kf*: -лен, льна⟩ *adj* horizontal, waagerecht
гори́лла *f A* Gorilla *m*
гори́стый ⟨*kf*: -рист⟩ *adj* **1.** bergig; **2.** Gebirgs-
го́рка ⟨*dim von*: гора́, *gen pl*: -рок⟩ *f A* Rutschbahn *f*
горла́нить ⟨*präs*: горла́ню, -нишь⟩ *vi I impf* (*umg*) grölen
го́рло *nt O* Hals *m*, Kehle *f*; **по** ~ (*auch fig*) bis zum Hals
го́рлышко ⟨*dim von*: го́рло, *gen pl*: -шек⟩ *nt O* Flaschenhals *m*
гормо́н *m K* Hormon *nt*
го́рничная *f wie adj* Zimmermädchen *nt*
горноста́й *m K2* Hermelin *m*
го́рный *adj* Berg-, Gebirgs-; ~ **во́здух** Höhenluft *f*; **го́рное де́ло** Bergbau *m*; **го́рная цепь** Gebirgskette *f*
горня́к *m K* Bergmann *m*, Bergarbeiter *m*
го́род ⟨*nom pl*: города́⟩ *m K ple* Stadt *f*; **~-миллионе́р** Millionenstadt *f*; **~-спу́тник** Trabantenstadt *f*; **~-побрати́м** Partnerstadt *f*; **за́** ~ aufs Land, ins Grüne
городско́й *adj* städtisch, Stadt-; **городско́е управле́ние** Stadtverwaltung *f*
горожа́нин, **горожа́нка** ⟨*nom pl m*: горожа́не, *gen pl f*: -нок⟩ *m U2 / f A* Städter, -in *m/f*
гороско́п *m K* Horoskop *nt*
горо́ховый *adj* Erbsen-; ~ **суп** Erbsensuppe *f*
горо́шина *f A* Erbse *f*
го́рстка ⟨*gen pl*: -нок⟩ *f A* eine Handvoll *f*
горта́нь *f I* Kehlkopf *m*
горчи́ца *f A* Senf *m*
горчи́чник *m K* (*SPORT*) Gelbe Karte *f*
горшо́к ⟨*gen sg*: -шка́⟩ *m K e* Tontopf *m*; ~ **для цвето́в** [*o* **с цвета́ми**] Blumentopf *m*; **от горшка́ два вершка́** (*umg*) Dreikäsehoch *m*
го́рький ⟨*kf*: -рек, -рька́, -рько, *komp*: го́рче, *oder*: го́рше⟩ *adj* **1.** (*komp: го́рче*) bitter; **2.** (*komp: го́рше*) schwer, kummervoll; **~ое разочарова́ние** bittere Enttäuschung *f*
горю́чее *nt wie adj* Brennstoff *m*, Treibstoff *m*
горю́чий *adj* brennbar; **горю́чие слёзы** (*fig*) heiße Tränen *f pl*
горя́чее *nt wie adj* warme Mahlzeit *f*
горя́чий ⟨*kf*: -я́ч, -яча́⟩ *adj* **1.** heiß; **горя́чая вода́** warmes Wasser *nt*; ~ **во́здух** Heißluft *f*; **2.** (*umg*) hitzig, heftig; **горя́чая голова́** Hitzkopf *m*; **горя́чая то́чка** Krisengebiet *nt*; **горя́чие деньки́** hektische [*o* arbeitsreiche] Tage
горячи́ть ⟨*präs*: горячу́, -чи́шь⟩ *vt I impf* (*pf*: раз-) erhitzen, erregen

горячи́ться ⟨*präs*: горячу́сь, -чи́шься⟩ *vr I impf* (*pf:* раз-) sich ereifern
го́спиталь *m K1 ple1* Hospital *nt*
господи́н ⟨*pl*: господа́, -о́д, -ода́м⟩ *m U2* Herr *m*; **господа́!** (*Anrede*) meine Herren
госпо́дство *nt O* **1.** Herrschaft *f*; **2.** Vorherrschaft *f*, Dominanz *f*
госпо́дствовать *vi E2 impf* **1.** (*над кем-ли́бо/чем-ли́бо*) herrschen (über *+akk*); **2.** vorherrschen
госсекрета́рь *m K1* Staatssekretär *m*
гостеприи́мный ⟨*kf*: -мен, -мна⟩ *adj* gastlich, gastfreundlich
гостеприи́мство *nt O* Gastfreundschaft *f*
гости́ная *f wie adj* Gästezimmer *nt*
гости́ница *f A* **1.** Gasthaus *nt*, Gastwirtschaft *f*; **2.** (kleines) Hotel *nt*
гость *m K1 ple1* Gast *m*; **почётный ~** Ehrengast *m*; **у меня́ го́сти** ich habe Besuch *m*; **принима́ть госте́й** Gäste empfangen; **ходи́ть в го́сти к кому́-ли́бо** jdn besuchen; **быть в гостя́х у кого́-ли́бо** zu Besuch sein (bei *+dat*)
госуда́рственный *adj* staatlich, Staats-; **~ муж** Staatsmann *m*; **госуда́рственные интере́сы** Staatsinteressen *nt pl*
госуда́рство *nt O* Staat *m*; **~ всео́бщего благоде́нствия** Wohlfahrtsstaat *m*; **правово́е ~** Rechtsstaat *m*; **федера́льное ~** Bundesstaat *m*; **госуда́рства Перси́дского зали́ва** Golfstaaten *pl*
го́тика *f A* Gotik *f*
готи́ческий *adj* gotisch
гото́вить ⟨*präs*: гото́влю, -вишь⟩ *vt I impf* **1.** (*докуме́нт*) vorbereiten; **2.** (*пи́щу*) vorbereiten, zubereiten
гото́виться ⟨*präs*: гото́влю, -вишься⟩ *vr I impf* **1.** (*к чему́-ли́бо oder mit inf*) sich vorbereiten, Vorbereitungen treffen; **2.** sich gefaßt machen
гото́вность *f I* Bereitschaft *f*; **~ к компроми́ссам** Kompromißbereitschaft *f*, Entgegenkommen *nt*; **боева́я ~** Kampfbereitschaft *f*; **в по́лной гото́вности** einsatzbereit
гото́вый ⟨*kf*: -о́в⟩ *adj* **1.** fertig; **2.** bereit; **гото́вое блю́до** Fertiggericht *nt*; **~ к печа́ти** druckreif; **быть гото́вым на что-ли́бо** bereit sein (zu *+dat*)
грабёж ⟨*gen sg*: грабежа́⟩ *m K e* **1.** Raub *m*; **2.** Plünderung *f*
граби́тель *m K1* **1.** Räuber *m*; **2.** Plünderer *m*
граби́тельский *adj* räuberisch
гра́бить ⟨*präs*: гра́блю, -бишь⟩ *vt I impf* (*pf:* о-) **1.** rauben; **2.** plündern
гра́бли ⟨*gen pl*: -бель, *oder*: -блей⟩ *pl A1* **1.** Harke *f*; **2.** Rechen *m*
гра́вий ⟨*präpos sg*: -вии⟩ *m K2* Kies *m*, Schotter *m*
гравирова́ть *vt E2 impf* (*pf:* вы-, на-) gravieren
гравита́ция *f A2* Gravitation *f*, Schwerkraft *f*
гравю́ра *f A* Kupferstich *m*
град *m K* Hagel *m*; **идёт ~** es hagelt; **уда́ры сы́пались ~ом** (*fig*) es hagelte Prügel; **~ пуль** (*fig*) Kugelhagel *m*
гради́рня ⟨*gen pl*: -рен⟩ *f A1* **1.** Kühlturm *m*; **2.** Gradierwerk *nt*
градострои́тельство *nt O* Städtebau *m*
гра́дус *m K* Grad *nt*; **де́лать поворо́т на сто во́семьдесят ~ов** (*auch fig*) sich um hundertachtzig Grad drehen, seine Meinung völlig ändern; **под ~ом** (*umg*) beschwipst, angeheitert
гра́дусник *m K* Fieberthermometer *nt*
граждани́н ⟨*pl*: гра́ждане⟩ *m U2 pls* Staatsbürger *m*; **~!** (*Anrede*) Herr! **~ ФРГ** Bundesbürger *m*; **почётный ~** Ehrenbürger *m*; **учи́тывающий интере́сы гра́ждан** bürgernah
гражда́нка ⟨*gen pl*: -нок⟩ *f A* Staatsbürgerin *f*, **~!** (*Anrede*) Frau!
гражда́нский *adj* **1.** Bürger-; **гражда́нская война́** Bürgerkrieg *m*; **2.** Zivil-; **гражда́нское лицо́** Zivilist, -in *m/f*; **гражда́нское му́жество** Zivilcourage *f*; **гражда́нское населе́ние** Zivilbevölkerung *f*
гражда́нство *nt O* Staatsangehörigkeit *f*; **двойно́е ~** doppelte Staatsbürgerschaft *f*; **лицо́ без гражда́нства** Staatenloser *m*; **дава́ть ~** einbürgern; **лиша́ть гражда́нства** ausbürgern
грамм ⟨*gen pl auch*: грамм⟩ *m K* Gramm *nt*
грамма́тика *f A* Grammatik *f*
граммати́ческий *adj* grammatisch, grammatikalisch
гра́мота *f A* **1.** Urkunde *f*; **вери́тельная ~** Ernennungsurkunde *f*; **2.** Lesen und Schreiben *nt*; **учи́ть кого́-ли́бо гра́моте** jdm das Lesen und Schreiben beibringen
гра́мотный ⟨*kf*: -тен, -тна⟩ *adj* **1.** des Lesens und Schreibens kundig; **2.** (*инжене́р*) sachkundig
грана́та *f A* Granate *f*
грандио́зный ⟨*kf*: -зен, -зна⟩ *adj* grandios, großartig
грани́т *m K* Granit *m*
грани́ца *f A* Grenze *f*; **за грани́цу** ins Ausland *nt*; **за грани́цей** im Ausland *nt*

грани́чить ⟨*nur 3. pers*: грани́чит⟩ *vi I impf* (*auch fig:* **с чем-ли́бо**) grenzen an; **э́то грани́чит с преда́тельством** das kommt einem Verrat gleich
грань *f I* Grenzlinie *f*; **на гра́ни войны́** am Rande des Krieges; **проводи́ть чёткую ~** etw genau [*o* scharf] abgrenzen
граф *m K* Graf *m*
гра́фик *m K* **1.** Bauplan *m*; **2.** Zeitplan *m*; **вы́биться из ~а** den Zeitplan nicht einhalten können; **3.** Graphik *f*, Schaubild *nt*; **4.** Graphiker, -in *m/f*
графи́н *m K* Karaffe *f*
графи́ня *f A1* Gräfin *f*
графи́т *m K* Graphit *nt*
графи́ческий *adj* graphisch
гра́фство *nt O* Grafschaft *f*
граффи́то *nt indekl* Graffiti *nt pl*
грацио́зный ⟨*kf*: -зен, -зна⟩ *adj* graziös, anmutig
гребёнка ⟨*gen pl*: -нок⟩ *f A* Kamm *m*; **стричь всех под одну́ гребёнку** (*fig*) alle über einen Kamm scheren
гре́бень *m K1* Kamm *m*; **петуши́ный ~** Hahnenkamm *m*; **~ горы́** Bergkamm, *m* Bergrücken *m*; **~ волны́** Wellenkamm *m*
гребе́ц ⟨*gen sg*: -бца́⟩ *m K e* Ruderer, Ruderin *m/f*
грёза ⟨*meist nur pl*: грёзы⟩ *f A* **1.** Träumerei *f*; **2.** Trugbild *nt*
грейпфру́т *m K* Grapefruit *f*
грек *m K* Grieche *m*
гре́лка ⟨*gen pl*: -лок⟩ *f A* Wärmflasche *f*
греме́ть ⟨*präs*: гремлю́, -ми́шь⟩ *vi I impf* **1.** dröhnen; **2.** rasseln
Гренла́ндия *f A2* Grönland *nt*
грести́ ⟨*präs*: гребу́, -бёшь, *p-rät*: грёб, гребла́⟩ *vi E6 impf* **1.** rudern; **~ про́тив тече́ния** (*fig*) gegen den Strom schwimmen; **2.** zusammenharken; **~ де́ньги лопа́той** (*umg*) Geld wie Heu haben; **~ под себя́** (*umg*) seine Schäfchen ins trockene bringen
греть *vt E impf* (*pf:* на-, со-) **1.** erwärmen, aufwärmen; **2.** wärmen; **со́лнце све́тит, но не гре́ет** die Sonne scheint, aber sie wärmt nicht; **~ себе́ ру́ки на чём-ли́бо** (*fig*) sich gesundstoßen (an *+dat*)
грех *m K e* **1.** Sünde *f*; **перворо́дный ~** Ursünde *f*; **смерте́льный ~** Todsünde *f*; **отпуска́ть кому́-ли́бо ~и́** jdm die Sünden vergeben; **2.** (*fig*) Fehler *m*; **3.** Vergehen *nt*; **ста́рые ~и́** [*o* **~и́ про́шлого**] Altlasten *f*; **обвиня́ть кого́-ли́бо во всех сме́ртных ~а́х** (*umg*) jdm alles Mögliche in die Schuhe schieben; **с ~о́м попола́м** mit Ach und Krach, mit Müh und Not
Гре́ция *f A2* Griechenland *nt*
греча́нка ⟨*gen pl*: -нок⟩ *f A* Griechin *f*
гре́ческий *adj* griechisch
греча́ха *f A* Buchweizen *m*
греши́ть ⟨*präs*: грешу́, -ши́шь⟩ *vi I impf* (*pf:* со-) **1.** (*REL*) sündigen; **2.** (**про́тив чего́-ли́бо**) verstoßen (gegen *+akk*)
гре́шник, **гре́шница** *m K / f A* Sünder, -in *m/f*
гре́шный ⟨*kf*: -шен, -шна́, -шно⟩ *adj* sündhaft
гриб *m K e* Pilz *m*; **ядови́тый ~** Giftpilz *m*; **съедо́бный ~** Speisepilz *m*; **расти́ как ~ы́ по́сле дождя́** (*fig*) wie Pilze aus dem Boden schießen; **а́томный ~** Atompilz *m*
гри́ва *f A* Mähne *f*
грим *m K* Schminke *f*
грима́са *f A* Grimasse *f*
гримёр, **гримёрша** *m K / f A* Maskenbildner, -in *m/f*
гримирова́ть *vt E2 impf* (*pf:* на-, за-) **1.** schminken; **2.** (**кем-ли́бо/чем-ли́бо**) schminken als (*+akk*)
гримирова́ться *vr E2 impf* (*pf:* за-) sich schminken
грипп *m K* Grippe *f*
гриппо́зный *adj* Grippe-, grippal
гриф [1] *m K* (*MUS*) Steg *m*, Hals *m*
гриф [2] *m K* Namensstempel *m*; **~ секре́тности** Vermerk *m* über Vertraulichkeitsgrad auf einem Dokument
гроб ⟨*präpos sg*: в гробу́⟩ *m K ple* Sarg *m*; **смотре́ть в гроб** (*fig*) dem Tode nahe sein
грог *m K* Grog *m*
гроза́ *f A pls* **1.** Gewitter *nt*; **разрази́лась ~** es gewittert; **2.** (*fig*) Schrecken *m*
грозово́й *adj* gewittrig, Gewitter-
гром *m K ple1* Donner *m*
громи́ть ⟨*präs*: громлю́, -ми́шь⟩ *vt I impf* (*pf:* раз-) **1.** vernichten; **2.** demolieren
гро́мкий ⟨*kf*: -мок, -мка́, -мко, *komp*: гро́мче⟩ *adj* **1.** (**го́лос**) laut; **2.** (*fig:* **успе́х**) berühmt, glänzend
гро́мко *adv* (*MUS*) forte
громкоговори́тель *m K1* Lautsprecher *m*
гро́мкость *f I* Lautstärke *f*
громозди́ть ⟨*präs*: громозжу́, -зди́шь⟩ *vt I impf* (*pf:* на-) anhäufen, auftürmen
громо́здкий ⟨*kf*: -док, -дка⟩ *adj* sperrig
громоотво́д *m K* Blitzableiter *m*
громыха́ть *vi E impf* (*umg*) poltern, donnern, rumpeln
грот *m K* Grotte *f*
гроте́скный *adj* grotesk
грохота́ть ⟨*präs*: грохочу́, -о́чешь⟩ *vi E4 impf* **1.** krachen; **2.** (**гром**) rollen; **3.** laut lachen

гро́хот [1] *m K* **1.** Sieb *nt*; **2.** (*TECH*) Sortiersieb *nt*
гро́хот [2] *m K* **1.** Knall *m*; **2.** Krachen *nt*; **3.** lautes Gelächter *nt*
грош ⟨*gen pl*: -е́й⟩ *m K e* Groschen *m*; **~а́ ло́маного не сто́ит** (*umg*) keinen Pfifferling wert sein; **не име́ть за душо́й ни ~а́** (*umg*) völlig blank sein
грубия́н *m K* Grobian *m*
грубова́тый *adj* burschikos
гру́бость *f I* Grobheit *f*
гру́бый ⟨*kf*: груб, груба́, гру́бо⟩ *adj* **1.** grob; **2.** rau; **гру́бая ложь** (*fig*) eine grobe Lüge *f*; **гру́бая оплó́шность** ein grobes Versehen *nt*; **3.** (*TECH*) unbearbeitet, roh
гру́да *f A* großer Haufen *m*; **~ разва́лин** Trümmerhaufen *m*
груди́нка *f A* Brustbein *nt*
грудь ⟨*präpos sg*: в/на груди́⟩ *f I ple1* **1.** Brust *f*; **2.** Busen *m*; **корми́ть ~ю** stillen
груз *m K* **1.** Fracht *f*, Ladung *f*; **~ осо́бой сро́чности** Expressgut *nt*; **шту́чный ~** Stückgut *nt*; **2.** (*fig*) Last *f*
грузи́ло *nt O* Senkblei *nt*, Lot *nt*
грузи́н, **грузи́нка** ⟨*gen-pl m*: грузи́н, *gen pl f*: -нок⟩ *m K / f A* Georgier, -in *m/f*
грузи́нский *adj* georgisch
грузи́ть ⟨*präs*: гружу́, гру́зишь⟩ *vt I impf* (*pf:* за-, на-, по-) **1.** (*кем-либо/чем-либо*) beladen; **2.** aufladen; **3.** verladen
Гру́зия *f A2* Georgien *nt*
грузови́к *m K* **1.** Lastwagen *m*; **2.** Güterwagen *m*
грузово́й *adj* Last-, Fracht-; **~ автомоби́ль** Lastkraftwagen *m*, Lkw *m*
грузоподъёмность *f I* Tragfähigkeit *f*
грунт *m K* Erdboden *m*
грунто́вый *adj* Grund-; **грунто́вые во́ды** Grundwasser *nt*
гру́ппа *f A* Gruppe *f*; **~ кро́ви** Blutgruppe *f*; **~ ри́ска** Risikogruppe *f*; **~ самопо́мощи** Selbsthilfegruppe *f*
группово́й *adj* Gruppen-; **группова́я рабо́та** Gruppenarbeit *f*
грусти́ть ⟨*präs*: грущу́, грусти́шь⟩ *vi I impf* (*pf:* за-) traurig sein
гру́стный ⟨*kf*: -тен, -тна́, -тно⟩ *adj* traurig
грусть *f I* **1.** Traurigkeit *f*; **2.** Kummer *m*
гру́ша *f A* **1.** Birne *f*; **2.** Birnbaum *m*
грушеви́дный ⟨*kf*: -ден, -дна⟩ *adj* birnenförmig
гры́жа *f A* (*MED*) Bruch *m*; **па́ховая ~** Leistenbruch *m*
грызть ⟨*präs*: грызу́, -зёшь⟩ *vt E6 impf* (*pf:* раз-) **1.** nagen, knabbern; **2.** (*fig кого́-либо/что-либо*) ständig reizen, dauernd ärgern
грызу́н *m K e* Nagetier *nt*
гря́дка ⟨*gen pl*: -док⟩ *f A* Beet *nt*
грязни́ть ⟨*präs*: грязню́, -ни́шь⟩ *vt I impf* (*pf:* за-) **1.** beschmutzen; **2.** beschmieren
грязни́ться ⟨*wie*: грязни́ть⟩ *vr I impf* (*pf:* за-) schmutzig werden
грязну́ля *mf A1* Schmutzfink *m*, Dreckspatz *m*
гря́зный ⟨*kf*: -зен, -зна́, -зно⟩ *adj* **1.** schmutzig, dreckig; **2.** unordentlich, schmuddelig; **гря́зная посу́да** Abwasch *m*; **выполня́ть гря́зную рабо́ту** (*fig*) die Dreckarbeit machen
грязь *f I* **1.** Schmutz *m*, Dreck *m*; **2.** Schlamm *m*; **лече́бная ~** (*MED*) Fango *m*, Heilschlamm *m*; **сме́шивать кого́-ли́бо/что-ли́бо с гря́зью** (*fig*) jdn/etw durch den Schmutz ziehen
губа́ ⟨*nom pl*: гу́бы⟩ *f A ple1* Lippe *f*; **ве́рхняя ~** Oberlippe *f*; **ни́жняя ~** Unterlippe *f*; **за́ячья ~** (*MED*) Hasenscharte *f*
губи́ть ⟨*präs*: гублю́, гу́бишь⟩ *vt I impf* (*pf:* по-) zugrunde richten, ins Verderben stürzen
гу́бка ⟨*gen pl*: -бок⟩ *f A* **1.** (*BOT*) Schwamm *m*; **2.** Badeschwamm *m*
губно́й *adj* Lippen-; **губна́я гармо́шка** Mundharmonika *f*; **губна́я пома́да** Lippenstift *m*
гуде́ть ⟨*präs*: гужу́, гуди́шь⟩ *vi I impf* (*мото́р*) heulen, dröhnen, surren
гудо́к ⟨*gen sg*: -дка́⟩ *m K* **1.** Hupe *f*; **2.** Sirene *f*
гул *m K* Getöse *nt*; **~ голосо́в** Stimmengewirr *nt*
гу́лкий ⟨*kf*: -лок, -лка́, -лко⟩ *adj* laut, dröhnend, schallend
гуля́ть *vi E impf* (*pf:* по-) **1.** spazierengehen; **2.** frei haben; **3.** feiern, sich vergnügen
гуля́ш *m K* Gulasch *nt*
гумани́зм *m K* **1.** Humanität *f*; **2.** Humanismus *m*
гуманисти́ческий *adj* humanistisch
гуманита́рный ⟨*kf*: -рен ,-рна⟩ *adj* **1.** humanitär; **гуманита́рная по́мощь** humanitäre Hilfe *f*; **2.** humanistisch; **гуманита́рное образова́ние** humanistische Bildung *f*; **гуманита́рные нау́ки** Geisteswissenschaften *f pl*
гума́нный ⟨*kf*: -а́нен, -а́нна⟩ *adj* human, menschlich
гурма́н, **гурма́нка** *m K / f A* Feinschmecker, -in *m/f*
гуру́ *m indekl* Guru *m*
гу́сеница *f A* **1.** (*ZOOL*) Raupe *f*; **2.** (*TECH*) Kettenraupe *f*
густо́й

⟨*kf*: густ, густа́, гу́сто, *komp*: гу́ще⟩ *adj* **1.** (*тума́н; лес*) dicht; **2.** (*бро́ви*) buschig; **3.** dick, zähflüssig
густонаселённый *adj* dichtbevölkert
гусь *m K1 ple1* Gans *f*; **с него́ как с гу́ся вода́** (*fig*) an ihm prallt alles ab
гусько́м *adv* im Gänsemarsch
гутали́н *m K* Schuhcreme *f*
ГЭС *abk von* гидроэлектроста́нция *f* Wasserkraftwerk *nt*

Д

д, Д *nt indekl kyrillischer Buchstabe*
да *part* ja
дава́ть ⟨*präs*: даю́, даёшь⟩ *vt E3 impf* (*pf:* дать) **1.** (*auch fig*) geben, bieten, erteilen; **~ сове́т** einen Rat geben; **~ полномо́чия** Vollmachten erteilen; **~ напрока́т** verleihen, ausleihen; **~ по́вод для чего́-ли́бо** Anlaß geben (zu *+dat*); **~ представле́ние о чём-ли́бо** eine Vorstellung vermitteln (von *+dat*); **не ~ поко́я кому́-ли́бо** jdm keine Ruhe lassen; **2.** (*конце́рт*) veranstalten; **3.** (*imp + inf eines impf Verbs/ imp + 1. pl eines pf Verbs*) laß(t) uns, wir wollen; **дава́й игра́ть в ша́хматы!** laß uns Schach spielen! **дава́йте ча́й пить!** laßt uns einen Tee trinken! **дава́й пойдём!** komm, gehen wir!
дава́ться ⟨*präs*: даю́сь, даёшься⟩ *vr E3 impf* (*pf:* да́ться) **1.** sich fangen lassen; **не ~ себя́ обману́ть** sich nicht betrügen lassen **2.** (*meist nur 3. pers*) leichtfallen; **э́то ему́ даётся** das fällt ihm leicht; **э́то ему́ не даётся** das fällt ihm schwer
дави́ть ⟨*präs*: давлю́, да́вишь⟩ *vt I impf* (*pf:* за-) **1.** (*nur 3. pers*) drücken, quetschen, ausquetschen; **2.** (*на кого́/что, auch fig*) lasten (auf *+dat*)
да́вка *f A* Gedränge *nt*, Gewühl *nt*
давле́ние *nt O2* **1.** Druck *m*; **кровяно́е ~** Blutdruck *m*; **избы́точное ~** (*TECH*) Überdruck *m*; **2.** (*fig*) Druck *m*, Zwang *m*; **ока́зывать ~ на кого́-ли́бо** Druck ausüben (auf *+akk*)
да́вний *adj* **1.** lang vergangen; **2.** (*тради́ции*) althergebracht; **с ~их пор** seit eh und je, von alters her
давно́ *adv* **1.** längst; **2.** seit langem
да́вность *f I* (*JUR*) Verjährung *f*; **теря́ть си́лу за ~ю** verjähren; **собы́тия ме́сячной да́вности** (*geh*) Ereignisse, die einen Monat zurückliegen
да́же *part* sogar; **~ не** nicht einmal
да́лее *adv* (*да́льше*) ferner; **и так ~** und so weiter
далёкий ⟨*kf*: -лёк, -ека́, -ёко/-еко́, *komp*: да́льше⟩ *adj* fern, entfernt, weit; **я далёк от мы́сли** es liegt mir fern
даль *f I* Ferne *f*; **в дали́** in der Ferne
да́льний *adj* fern, weit; **~ райо́н** entlegenes Gebiet *nt*; **~ ро́дственник** entfernter Verwandter *m*; **~ свет** (*KFZ*) Fernlicht *nt*
дальнови́дность *f I* Voraussicht *f*, Umsicht *f*
дальнови́дный ⟨*kf*: -ден, -дна⟩ *adj* (*поли́тика*) vorausschauend, weitblickend
дальнозо́ркий ⟨*kf*: -рок, -рка⟩ *adj* **1.** (*MED*) weitsichtig; **2.** (*fig*) weitblickend
да́льность *f I* Weite *f*, Reichweite *f*
дальто́ник *m K* farbenblinder Mensch *m*
да́ма *f A* Dame *f*; **пи́ковая ~** Piquedame *f*
да́мский *adj* Damen-; **~ велосипе́д** Damenfahrrad *nt*
Да́ния *f A2* Dänemark *nt*
да́нные ⟨*sg*: да́нная, *oder*: да́нное⟩ *f pl wie adj* Daten *pl*, Angaben *f pl*; **исхо́дные ~** (*DV*) Ausgangsdaten; **па́спортные ~** Personalien; **по име́ющимся да́нным** nach vorliegenden Angaben
да́нный ⟨*part prät pass von*: дать⟩ *adj* gegeben; **в да́нном слу́чае** im vorliegenden Fall; **в ~ моме́нт** derzeit, momentan
дар *m K ple* **1.** Geschenk *nt*; **2.** (*fig*) Gabe *f*
даре́ние *nt O2* Schenkung *f*
дари́ть ⟨*präs*: дарю́, да́ришь⟩ *vt I impf* (*pf:* по-) (*кому́-ли́бо что-ли́бо*) schenken
дармое́д *m K* (*fig*) Schmarotzer *m*
дарова́ние *nt O2* Begabung *f*, Talent *nt*
да́ром *adv* **1.** umsonst, unentgeltlich; **нам ничто́ не даётся ~** uns wird nichts geschenkt; **2.** umsonst, vergeblich; **уси́лия пропа́ли ~** die Anstrengungen waren umsonst
да́та *f A* Datum *nt*; **~ рожде́ния** Geburtsdatum *nt*
дати́ровать *vt E2 impf/pf* datieren
да́тский *adj* dänisch
датча́нин, датча́нка ⟨*nom pl m*: датча́не⟩ *m U2 / f A* Däne *m*, Dänin *f*
да́тчик *m K* (*TECH*) Fühler *m*
дать ⟨*fut*: дам, дашь⟩ *vt U2 pf* (*impf:* дава́ть) geben
да́ча *f A* Datscha *f*, Sommerhaus *nt*
два ⟨*f*: две⟩ *num m/nt* zwei; **в двух слова́х** (*fig*) kurz gesagt; **ни ~ ни полтора́** nichts Halbes und nichts Ganzes; **увели́чивать в ~ ра́за** verdoppeln; **уменьша́ть в ~ ра́за** halbieren
два́дцать ⟨*gen*: двадцати́⟩ *num* zwanzig
два́жды *adv* zweimal; **~ два - четы́ре** zweimal zwei ist vier
двена́дцать *num* zwölf

две́рца ⟨*gen pl*: -рец⟩ *f A* **1.** kleine Tür *f*; **2.** (*KFZ*) Wagenschlag *m*

дверь ⟨*präpos sg*: на двери́, *inst pl*: дверя́ми, *und*: дверьми́⟩ *f I ple1* Tür *f*; **вы́ставить кого́-ли́бо за ~** (*auch fig*) jdn vor die Tür setzen; **хло́пнуть ~ю** (*auch fig*) die Tür zuschlagen, einer Sache den Rücken kehren; **при закры́тых дверя́х** (*fig*) unter Ausschluß der Öffentlichkeit

две́сти ⟨*gen*: двухсо́т⟩ *num* zweihundert

двига́тель *m K1* **1.** Motor *m*; **~ вну́треннего сгора́ния** Verbrennungsmotor *m*; **двухта́ктный ~** Zweitaktmotor *m*; **2.** (*fig*) treibende Kraft *f*

дви́гать ⟨*präs auch*: дви́жу, дви́жешь⟩ *vt E impf* (*pf:* дви́нуть) **1.** (*ме́бель*) verrücken, verschieben; **2.** bewegen; **~ плеча́ми** mit den Schultern zucken **3.** (*meist nur 3. pers: рефо́рмы, проце́сс*) voranbringen

дви́гаться *vr E impf* (*pf:* дви́нуться) sich bewegen; **~ в путь** sich auf den Weg machen; **де́ло не дви́гается** (*fig*) die Sache kommt nicht voran

движе́ние *nt O2* **1.** Bewegung *f*; **~ за незави́симость** (*POL*) Unabhängigkeitsbewegung *f*; **~ сопротивле́ния** (*POL*) Widerstandsbewegung *f*; **2.** Vorankommen *nt*; **3.** innere Bewegung *f*, Rührung *f*

движи́тель *m K1* (*TECH*) Antrieb *m*, Triebwerk *nt*

дви́жущий *adj* bewegend, treibend; **~ моти́в** Beweggrund *m*; **дви́жущая си́ла** Triebkraft *f*

дви́нуть *vt E1 pf* (*impf:* дви́гать) bewegen

дво́е ⟨*gen*: двои́х⟩ *num sammel* zwei; **нас бы́ло ~** wir waren zu zweit

двоебо́рье *nt O1* Zweikampf *m*

двоеже́нство *nt O* Bigamie *f*

двоето́чие *nt O2* Doppelpunkt *m*

дво́ечник *m K* schlechter Schüler *m*, *in Rußland ist eine Eins die schlechteste Note*

двои́ть ⟨*präs*: двою́, двои́шь⟩ *vt I impf* (*pf:* вз-) **1.** in zwei Teile teilen; **2.** verdoppeln

дво́йка ⟨*gen pl*: дво́ек⟩ *f A* Zwei *f*, Zweier *m*

двойни́к *m K* Doppelgänger *m*

двойно́й *adj* doppelt, Doppel-; **вести́ двойну́ю жизнь** ein Doppelleben führen ; **вести́ двойну́ю игру́** (*fig*) doppeltes Spiel treiben

дво́йня ⟨*gen pl*: дво́ен⟩ *f A1* Zwillinge *m pl*

дво́йственность *f I* Zwielichtigkeit *f*

двор *m K e* Hof *m*; **постоя́лый ~** Gasthof *m*; **шко́льный ~** Schulhof *m*; **на ~е́** auf dem Hof, draußen

дворе́ц ⟨*gen sg*: -рца́⟩ *m K e* Palast *m*; **~ спо́рта** Sportpalast *m*

дво́рник *m K* **1.** Hausmeister *m*; **2.** (*KFZ*) Scheibenwischer *m*

дворня́жка ⟨*gen pl*: -жек⟩ *f A* (*pej*) Köter *m*, Hundevieh *nt*

дворя́нский *adj* adlig

дворя́нство *nt O* Adel *m*

двою́родный *adj verwandt im 2. Grad;* **~ брат** (*кузе́н*) Cousin *m*; **двою́родная сестра́** (*кузи́на*) Cousine *f*

двоя́кий *adj* (*значе́ние*) doppelt, zweifach

двубо́ртный *adj* (*костю́м*) zweireihig

двукра́тный *adj* zweifach, zweimalig

двули́чный ⟨*kf*: -чен, -чна⟩ *adj* heuchlerisch, falsch

двуо́кись *f I* Dioxyd *nt*; **~ се́ры** Schwefeldioxyd *nt*; **~ углеро́да** Kohlendioxyd *nt*

двусмы́сленность *f I* Doppelsinnigkeit *f*, Zweideutigkeit *f*

двусмы́сленный ⟨*kf*: -лен, -ленна⟩ *adj* **1.** zweideutig; **2.** (*шу́тка*) anzüglich

двусторо́нний *adj* **1.** zweiseitig; **2.** beiderseitig; **двусторо́нние отноше́ния** (*POL*) bilaterale Beziehungen

двухле́тний *adj* zweijährig

двухнеде́льный *adj* **1.** zweiwöchig, vierzehntägig; **2.** zwei Wochen alt

двуязы́чный *adj* zweisprachig

деба́ты *m pl K* Debatte *f*; **~ в парла́менте** Parlamentsdebatte *f*

дебетова́ние *nt O2* Lastschrift *f*

дебо́ш ⟨*gen pl*: -шей⟩ *m K* **1.** Skandal *m*; **2.** Radau *m*

дебоши́р *m K* Ruhestörer *m*, Randalierer *m*

дебюрократиза́ция *f A2* Entbürokratisierung *f*

дебю́т *m K* **1.** Debüt *nt*; **2.** (*ша́хматы*) Eröffnung *f*

дебюти́ровать *vi E2 impf/pf* debütieren

девальва́ция *f A2* (*ÖKON*) Entwertung *f*, Geldabwertung *f*

дева́ть *vt E impf/pf* **1.** (*umg:impf zu* деть) hintun; **2.** (*umg:pf, nur prät*) irgendwohin legen, verlegen; **не по́мню, куда́ я дева́л кни́жку** ich weiß nicht mehr, wohin ich das Buch gelegt habe

дева́ться *vi E impf/pf* **1.** (*umg:impf zu* де́ться) hingeraten; **2.** (*umg:pf, nur prät*) irgendwo hingeraten, verlorengehen; **куда́ дева́лась моя́ кни́жка?** wo ist nur mein Buch hingekommen

деви́з *m K* Devise *f*, Motto *nt*

деви́за *f A* Devise *f*, *ausländisches Zahlungsmittel*

деви́ца *f A* **1.** (*geh:* де́вушка) Mädchen

nt; **2.** Jungfrau *f*
девúческий *adj* mädchenhaft
дéвка ⟨*gen pl*: -вок⟩ *f A* **1.** Mädchen *nt*; **засидéться в дéвках** (*umg*) sitzenbleiben, keinen Mann bekommen **2.** (*pej*) Dirne *f*
дéвочка ⟨*gen pl*: -чек⟩ *f A* kleines Mädchen *nt*
дéвственность *f I* **1.** Jungfräulichkeit *f*; **2.** (*auch fig*) Unberührtheit *f*; **3.** (*fig*) Ursprünglichkeit *f*
дéвушка ⟨*gen pl*: -шек⟩ *f A* junges Mädchen *nt*
девянóсто ⟨*gen*: -ста⟩ *num* neunzig
девя́тка *f A* Neun *f*, Neuner *m*
девятнáдцать *num* neunzehn
девя́тый *num ord* neunte(r, s); **в девя́тых** neuntens
девя́ть ⟨*gen*: девятú⟩ *num* neun
девятьсóт *num* neunhundert
дегенерúровать *vi E2 impf/pf* degenerieren, entarten
дёготь ⟨*gen sg*: дёгтя⟩ *m K1* Teer *m*
деградáция *f A2* Verfall *m*; **социáльная ~** sozialer Abstieg *m*
деградúровать *vi E2 impf/pf* verfallen, sich allmählich verschlechtern
дегустáция *f A2* Kostprobe *f*; **~ вин** Weinprobe *f*
дегустúровать *vt E2 impf/pf* abschmekken, kosten
дед *m K* Großvater *m*; **дед-морóз** Väterchen Frost *nt*, Weihnachtsmann *m*
дéдушка ⟨*gen pl*: -шек⟩ *m A* Großväterchen *nt*, Opa *m*; **~ и бáбушка** Großeltern *pl*
дееспосóбность *f I* (*JUR*) Zurechnungsfähigkeit *f*
дееспосóбный ⟨*kf*: -бен, -бна⟩ *adj* **1.** arbeitsfähig; **2.** (*JUR*) zurechnungsfähig; **3.** geschäftsfähig
дежýрить ⟨*präs*: дежýрю, -ришь⟩ *vi I impf* **1.** Dienst haben; **2.** wachen
дежýрный *adj* **I.** diensthabend; **дежýрная аптéка** Apotheke mit Sonntagsdienst; **дежýрное блюдо** Stammessen *nt*; **II.** *mf wie adj* **1.** Diensthabende(r) *mf*; **2.** (*nur f*: *дежýрная*) Etagenfrau *f*
дежýрство *nt O* Bereitschaftsdienst *m*
дезертúр *m K* Deserteur *m*
дезертúровать *vi E2 impf/pf* desertieren
дезинтегрáция *f A2* (*fig*) Auseinanderbrechen *nt*, Zerfall *m*
дезинфицúровать *vt E2 impf* (*pf*: про-) desinfizieren
дезинфицúрующий *adj* desinfizierend; **дезинфицúрующее срéдство** Desinfektionsmittel *nt*
дезинформáция *f A2* falsche Information *f*
дезодорáнт *m K* Deospray *nt*, Deo *nt*
дезориентúровать *vt E2 impf/pf* irreführen
дéйственность *f I* Wirksamkeit *f*
дéйственный *adj* wirksam, wirkungsvoll
дéйствие *nt O2* **1.** (*áкция*) Handlung *f*, Tat *f*; **2.** (*эффéкт*) Wirkung *f*; **побóчное ~** (*MED*) Nebenwirkung *f*; **3.** (*JUR*) Gültigkeit *f*; **4.** (*THEAT*) Akt *m*, Aufzug *m*; **5.** (*pl*) Maßnahmen *f pl*, Schritte *m pl*; **6.** (*pl*) Vorgehensweise *f*; **~ полúции** das Vorgehen [*o* Einschreiten] der Polizei
действúтельно *adv* **1.** wirklich, tatsächlich; **2.** ja, das stimmt
действúтельность *f I* **1.** Wirklichkeit *f*, Realität *f*; **2.** Gültigkeit *f*
действúтельный ⟨*kf*: -лен, -льна⟩ *adj* **1.** wirklich, real; **2.** echt; **3.** gültig; **~ прóпуск** gültiger Ausweis *m*
дéйствовать *vi E2 impf* **1.** handeln, vorgehen; **~ в чьих-лúбо интерéсах** in jds Interesse handeln; **~ навернякá** (*umg*) auf Nummer Sicher gehen; **2.** (*dazu pf*: *подéйствовать*) wirken, Wirkung zeigen; **~ комý-лúбо на нéрвы** (*umg*) jdm auf die Nerven gehen; **3.** funktionieren; **аппарáт хорошó дéйсвует** der Apparat funktioniert prima; **4.** (*музéй*) bestehen, existieren; **5.** (*закóн*) gelten, gültig sein
дéйствующий ⟨*part präs akt von*: дéйствовать⟩ *adj* **1.** (*TECH*) intakt, funktionierend; **2.** (*JUR*) gültig
декáбрь *m K1 e* Dezember *m*
декáбрьский *adj* Dezember-
декларатúвный ⟨*kf*: -вен, -вна ⟩ *adj* **1.** rein verbal, phrasenhaft; **обещáния нóсят ~ый харáктер** das Versprechen ist rein formal; **2.** (*nur Langform*) deklarativ, feierlich
декларáция *f A2* Deklaration *f*; **налóговая ~** Steuererklärung *f*; **тамóженная ~** Zollerklärung *f*
декларúровать *vt E2 impf/pf* öffentlich erklären, deklarieren
декóр *m K* Dekor *nt*, Schmuck *m*
декоратúвный ⟨*kf*: -вен, -вна⟩ *adj* **1.** dekorativ; **декоратúвное растéние** *nt* Zierpflanze *f*, **2.** unecht, nur zur Dekoration
декорáтор *m K* **1.** Dekorateur *m*; **2.** Bühnenbildner *m*
декрет *m K* Verfügung *f*, Dekret *nt*
декретúровать *vt E2 impf/pf* durch ein Dekret anordnen [*o* bestimmen]
дéлать *vt E impf* (*pf*: с-) **1.** tun, machen, handeln; **~ предложéние** einen Vorschlag machen; **~ честь комý-лúбо** jdm Ehre machen **2.** (*когó-лúбо/что-лúбо кем-лúбо/чем-лúбо*) jdn/etw machen (zu

+*dat*); **тако́й успе́х де́лал его́ счастли́вым** solcher Erfolg machte ihn glücklich; **~ вид, что** so tun, als ob; **не́чего ~** da ist nichts zu machen

де́латься *vr + inst E impf* (*pf:* с-) **1.** werden; **он де́лался весёлым** er wurde fröhlich; **2.** (*nur 3. pers*) geschehen; **что сде́лалось?** was ist passiert? **э́то де́лается о́чень легко́** das ist leicht machbar

делега́т *m K* Delegierter *m*

делега́ция *f A2* Delegation *f*, Abordnung *f*; **возглавля́ть делега́цию** eine Delegation leiten

делеги́ровать *vt E2 impf/pf* delegieren

делёж ⟨*gen pl*: дележе́й⟩ *m K e* Teilung *f*, Aufteilung *f*; **по дележу́** durch Teilung

деле́ние *nt O2* **1.** Teilen *nt*; **2.** (*MATH*) Division *f*; **3.** (*BIO*) Teilung *f*; **~ кле́тки** Zellteilung

деле́ц ⟨*gen sg*: дельца́⟩ *m K e* (*pej*) Geschäftemacher *m*

деликате́с *m K* Delikatesse *f*

делика́тность *f I* Zartgefühl *nt*, Feinfühligkeit *f*

делика́тный ⟨*kf*: -тен, -тна⟩ *adj* **1.** feinfühlig, zartfühlend; **2.** (*вопро́с*) delikat, heikel

дели́ть ⟨*präs*: делю́, де́лишь⟩ *vt I impf* (*pf:* раз-) **1.** teilen, aufteilen; **2.** (*MATH*) dividieren; **~ два́дцать на пять** zwanzig durch fünf teilen; **3.** (*с кем-ли́бо*) teilen (mit +*dat*)

дели́ться ⟨*präs*: делю́сь, де́лишься⟩ *vr I impf* (*pf:* раз-) **I.** teilbar sein; **II.** *vr I* (*pf:* по-) **1.** (*с кем-ли́бо*) teilen (mit +*dat*); **2.** teilhaben lassen (an +*akk*); **~ о́пытом** Erfahrungen weitergeben

де́ло *nt O ple* **1.** (*вопро́с*) Sache *f*, Angelegenheit *f*; **переходи́ть сра́зу к де́лу** gleich zur Sache kommen; **я к тебе́ по де́лу** ich habe ein Anliegen an dich; **в чём ~?** worum geht es? **~ в том, что** das Problem besteht darin, daß; **е́сли ~ дойдёт до э́того** wenn es dazu kommt; **то и ~** immer wieder; **на де́ле** in Wirklichkeit, in der Praxis; **2.** (*заня́тие*) Geschäft *nt*; **изда́тельское ~** Verlagswesen *nt*; **при́быльное ~** ein lukratives [*o* lohnendes] Geschäft; **3.** (*рабо́та*) Arbeit *f*; **быть без де́ла** ohne Arbeit sein; **4.** (*JUR*) Fall *m*; **его́ наказа́ли за ~** (*umg*) er hat seine Strafe verdient; **5.** (*im pl*) Taten *f pl*; **как ва́ши дела́?** (*umg*) wie geht es Ihnen? **как дела́?** wie geht's? **ну и дела́!** (*umg*) das ist aber allerhand

делови́тий ⟨*kf*: -ви́т⟩ *adj* **1.** tüchtig , geschickt; **2.** ernst, sachlich

делови́тость *f I* **1.** Tüchtigkeit *f*; **2.** Sachkenntnis *f*

делово́й *adj* **1.** Geschäfts-, geschäftlich; **~ англи́йский** Wirtschaftsenglisch *m*; **~ визи́т** Arbeitsbesuch *m*; **делова́я пое́здка** Geschäftsreise *f*; **2.** sachdienlich; **делово́е предложе́ние** konkreter Vorschlag *m*; **делову́е ка́чества** fachliches Können *nt*; **по делову́м ка́чествам** nach fachlichen Kriterien; **3.** (*человек*) geschäftig, rege; **делову́е лю́ди** unternehmungslustige Menschen *pl*; Geschäftsleute *pl*

делопроизводи́тель, делопроизводи́тельница *m K1 / f A* Sachbearbeiter, -in *m/f*

де́льный ⟨*kf*: -лен, -льна⟩ *adj* **1.** (*nur Langform: рабо́тник*) tüchtig, gründlich; **2.** vernünftig; **э́то де́льно** das hat Hand und Fuß

де́льта *f A* Flußdelta *nt*

дельтапла́н *m K* (*SPORT*) Drachenflieger *m*

дельтапланери́зм *m K* Drachenfliegen *nt*

дельфи́н *m K* (*ZOOL*) Delphin *m*; **пла́вать сти́лем ~** (*SPORT*) Delphinschwimmen *nt*

деля́чество *nt O* (*pej*) Geschäftemacherei *f*

демаго́г *m K* Demagoge *m*

демилитаризи́ровать *vi E2 impf/pf* entmilitarisieren

демо́граф *m K* Meinungsforscher *m*, Demoskop *m*

демографи́ческий *adj* bevölkerungsstatistisch; **~ взрыв** Bevölkerungsexplosion *f*

демократиза́ция *f A2* Demokratisierung *f*

демократи́ческий *adj* demokratisch; **демократи́ческое госуда́рство** Demokratie *f*

демократи́чный *adj* **1.** demokratisch; **2.** (*о челове́ке*) volksnah

демокра́тия *f A2* Demokratie *f*

де́мон *m K* Dämon *m*

демони́ческий *adj* dämonisch

демонстра́нт *m K* Demonstrant *m*

демонстрати́вный ⟨*kf*: -вен, -вна⟩ *adj* demonstrativ, ostentativ

демонстра́ция *f A2* **1.** Demonstration *f*; **~ проте́ста** Protestkundgebung *f*; **2.** Vorführung *f*; **~ мод** Modenschau *f*

демонстри́ровать *vt E2 impf/pf* **1.** demonstrieren; **2.** veranschaulichen; **3.** (*dazu auch pf: продемонстри́ровать*) vorführen; **~ фи́льм** einen Film zeigen

демонта́ж *m K* Demontage *f*, Abbau *m*

демонти́ровать *vt E2 impf/pf* **1.** abbauen; **2.** abmontieren

деморализова́ть *vt E2 impf/pf* demoralisieren

де́мпинг *m K* Dumping *nt*, *Unterbieten der Preise im Ausland*

день ⟨*gen sg*: дня⟩ *m K1* Tag *m*; ~ **неде́ли** Wochentag *m*; ~ **рожде́ния** Geburtstag *m*; **тре́тьего дня** (*позавчера́*) vorgestern; **изо дня в** ~ tagein, tagaus; **це́лыми дня́ми** tagelang

де́ньги ⟨*gen pl*: де́нег, *ab dat pl auch endbetont*: де́ньга́м⟩ *pl A* Geld *nt*; **ме́лкие** ~ Kleingeld *nt*; **быть при де́ньгах** gut bei Kasse sein

депони́ровать *vt E2 impf/pf* deponieren, hinterlegen

депорта́ция *f A2* **1.** Deportation *f*, Verschleppung *f*; **2.** Abschiebung *f*

депре́ссия *f A2* **1.** (*ÖKON*) Depression *f*; **2.** (*PSYCH*) Depression *f*, Niedergeschlagenheit *f*

депута́т *m K* Abgeordnete(r) *mf*; **наро́дный** ~ Volksdeputierte(r) *mf*

дёргать *vt E impf* **1.** ruckartig ziehen, zupfen; ~ **за рука́в** am Ärmel zupfen; **2.** (*чем-ли́бо*) zucken; **3.** (*fig*) dauernd belästigen; ~ **кого́-ли́бо постоя́нными тре́бованиями** jdn mit ständigen Forderungen belästigen

дереве́нский *adj* **1.** Dorf-; ~ **жи́тель** Dorfbewohner *m*; **2.** ländlich

дере́вня ⟨*gen pl*: -ве́нь⟩ *f A1 ple1* Dorf *nt*; **на дере́вне** auf dem Lande

де́рево
⟨*Pl*: дере́вья, дере́вьев, дере́вьям⟩ *nt O pls1* **1.** Baum *m*; **ли́ственное** ~ Laubbaum *m*; **хво́йное** ~ Nadelbaum *m*; **генеалоги́ческое** ~ (*fig*) Stammbaum *m*; **2.** Holz *nt*

дереву́шка ⟨*gen pl*: -шек⟩ *f A* kleines Dorf *nt*, Dörfchen *nt*

деревя́нный *adj* **1.** hölzern, Holz-; **2.** (*fig: рубль*) schwach

держа́ва *f A* (*geh*) Staat *m*, Macht *f*; **вели́кая** ~ Großmacht *f*; **я́дерная** ~ Atommacht *f*

держа́вный *adj* mächtig, majestätisch

де́ржаный *adj* gebraucht, abgenützt

держа́тель *m K1* **1.** (*TECH*) Halter *m*, Haltebügel *m*; **2.** (*а́кций*) Besitzer *m*

держа́ть ⟨*präs*: держу́, де́ржишь⟩ *vt I impf* **1.** halten; **2.** (*за ру́ку*) festhalten; **3.** (*fig*) halten, bewahren; ~ **в чистоте́** sauberhalten; ~ **в та́йне** geheimhalten; ~ **наготóве** bereithalten; ~ **да́нное сло́во** sein Wort halten; ~ **речь** eine Rede halten; ~ **экза́мен** eine Prüfung bestehen; ~ **себя́** sich verhalten, sich benehmen; ~ **себя́ в рука́х** sich beherrschen

держа́ться
⟨*präs*: держу́сь, де́ржишься⟩ *vr I impf* **1.** sich halten; ~ **вме́сте** zusammenhalten; ~ **на плаву́** sich über Wasser halten **2.** (*за кого́-ли́бо/что-ли́бо*) sich festhalten [*o* festklammern] (an *+dat*); ~ **за ру́ки** sich an den Händen halten; **3.** (*чего-ли́бо*) sich an eine bestimmte Richtung halten; ~ **пра́вой стороны́** rechts gehen; **4.** (*вести́ себя́*) sich benehmen; ~ **уве́ренно** sicher auftreten; ~ **особняко́м** sich aus etw heraushalten

дерза́ть *vi E impf* (*pf*: дерзну́ть) (*geh*) wagen, sich erkühnen

де́рзкий
⟨*kf*: -зок, -зка́, -зко, *komp*: де́рзче⟩ *adj* **1.** unverschämt, anmaßend, frech; **2.** kühn, verwegen

де́рзость *f I* **1.** Unverschämtheit *f*, Dreistigkeit *f*; **2.** Kühnheit *f*, Wagemut *m*

дермато́лог *m K* Dermatologe *m*, Hautarzt *m*

дёрн *m K* Rasen *m*

дёрнуть *vt E1 pf* zupfen

дерьмо́ *nt O* (*vulg*) Dreck *m*, Scheiße *f*

десе́рт *m K* Nachtisch *m*, Desert *nt*

дёсны ⟨*gen pl*: дёсен⟩ *f pl A* Zahnfleisch *nt*

деспоти́зм *m K* **1.** Gewaltherrschaft *f*; **2.** Willkür *f*

десятибо́рье *nt O1* Zehnkampf *m*

десятикра́тный *adj* zehnfach

десятиле́тный *adj* zehnjährig

десяти́чный *adj* dezimal; **десяти́чная дробь** Dezimalbruch *m*

деся́тка ⟨*gen pl*: -ток⟩ *f A* Zehn *f*; **попа́сть в деся́тку** ins Schwarze treffen

деся́ток ⟨*gen sg*: -тка⟩ *m K* zehn Stück *pl*; **деся́тками** dutzendweise; **в деся́ткий раз** (*umg*) zigmal

деся́тый *num ord* zehntens; **одна́ деся́тая** ein Zehntel *nt*

де́сять ⟨*gen*: десяти́⟩ *num* zehn; ~ **раз** zehnmal, zehnfach

дета́ль *f I* **1.** Detail *nt*, Einzelheit *f*; **вдава́ться в дета́ли** ins Detail gehen; **2.** (*TECH*) Einzelteil *nt*

дета́льный ⟨*kf*: -лен, -льна⟩ *adj* detailliert, ausführlich; **бо́лее дета́льная информа́ция** nähere Informationen

де́тдом *akr von* де́тский дом *m* Kinderheim *nt*

детекти́в *m K* **1.** Detektiv *m*; **2.** (*детекти́вный рома́н*) Krimi *m*

детекти́вный *adj* Detektiv-; ~ **рома́н** Detektivroman *m*

дете́ктор *m K* Detektor *m*; ~ **лжи** Lügendetektor *m*

детёныш ⟨*gen pl*: -шей⟩ *m K* Tierjunges *nt*

де́ти ⟨*ab gen pl*: дете́й, де́тям, дете́й,

детьми́, де́тях, *pl von*: дитя́, *und* : ребёнок⟩ *nt pl O1* Kinder *nt pl*; **лю́бящий дете́й** kinderlieb

детса́д *abk von* де́тский сад *m* Kindergarten *m*

де́тский *adj* **I. 1.** kindlich, Kinder-; **де́тская боле́знь** Kinderkrankheit *f*; **де́тская коля́ска** Kinderwagen *m*; **~ сту́льчик** Kindersitz *m* **2.** (*fig*) kindisch, naiv; **II.** *m pl wie adj* Kindergeld *nt*

де́тство *nt O* Kindheit *f*

деть ⟨*fut*: де́ну, де́нешь, *imp*: день⟩ *vt E9b pf* (*impf:* дева́ть) hintun

де́ться ⟨*fut*: де́нусь, де́нешься⟩ *vr E9b pf* (*impf:* дева́ться) hingeraten

дефе́кт *m K* Defekt *m*; **~ зре́ния** Sehfehler *m*

дефе́ктный *adj* schadhaft, defekt

дефини́ция *f A2* Definition *f*

дефици́т *m K* **1.** Defizit *nt*, Knappheit *f*; **2.** Versorgungsengpaß *m*; **быть в ~е** Mangelware sein

дефици́тный ⟨*kf*: -тен, -тна⟩ *adj* knapp; **~ това́р** Mangelware *f*

децентрализова́ть *vt E2 impf/pf* dezentralisieren

дешеве́ть *vi E impf* (*pf:* по-) (цена́) billiger werden

дешёвый ⟨*kf*: дёшев, дешева́, дёшево, *komp*: деше́вле⟩ *adj* **1.** billig, preiswert; **2.** (*fig*) billig, wertlos, nichtig

де́ятель *m K1* Persönlichkeit *f*; **~ иску́сств** Künstler *m*; **полити́ческий ~** Politiker *m*, Spitzenpolitiker *m*

де́ятельность *f I* Tätigkeit *f*, Wirken *nt*; **предпринима́тельская ~** Unternehmertätigkeit *f*

де́ятельный ⟨*kf*: -лен, -льна⟩ *adj* tätig, aktiv, energisch

джаз *m K* Jazz *m*

джем *m K* Konfitüre *f*

дже́мпер *m K* Pullover *m*

джентльме́н *m K* Gentleman *m*

джин *m K* Gin *m*

джи́нсы ⟨*auch*: джинс⟩ *m pl K* Jeans *f*

джу́нгли ⟨*gen*: джу́нглей⟩ *pl K1* (*auch fig*) Dschungel *m*

диабе́т *m K* Diabetes *f*; **са́харный ~** Zuckerkrankheit *f*

диабе́тик *m K* Diabetiker *m*

диа́гноз *m K* Diagnose *f*; **поста́вить ~** eine Diagnose stellen

диагно́ст *m K* Diagnostiker *m*

диагона́ль *f I* Diagonale *f*

диагона́льный *adj* diagonal

диагра́мма *f A* Diagramm *nt*, Schaubild *nt*

диа́лиз *m K* Dialyse *f*

диало́г *m K* Dialog *m*

диа́метр *m K* Durchmesser *m*

диапазо́н *m K* **1.** (*TECH*) Ausmaß *nt*, Bereich *m*; **2.** (*EL*) Bandbreite *f*

диапозити́в *m K* Dia *nt*

диафра́гма *f A* **1.** (*ANAT*) Zwerchfell *nt*; **2.** (*FOT*) Blende *f*

диафрагми́ровать *vi E2 impf* (*FOT*) die Blende einstellen

ди́ва *f A* Diva *f*, Filmstar *m*

дивиде́нд *m K* Dividende *f*, Gewinnanteil *m*

диви́зия *f A2* (*MIL*) Division *f*

диви́ть ⟨*präs*: дивлю́, -ви́шь⟩ *vt I impf* (*umg*) in Erstaunen versetzen, verwundern

диви́ться ⟨*präs*: дивлю́сь, -ви́шься⟩ *vr I impf* (*pf:* по-) (*umg:* кому́-ли́бо/чему́-ли́бо) sich wundern, staunen (über *+akk*)

ди́вный ⟨*kf*: -вен, вна⟩ *adj* wundervoll, wunderbar

ди́во *nt O* Wunder *nt*; **на ~** ausgezeichnet; **что за ~!** erstaunlich!; das ist gar nicht verwunderlich

дида́ктика *f A* Didaktik *f*

дидакти́ческий *adj* **1.** didaktisch; **2.** (*auch pej*) belehrend

дие́та *f A* **1.** Diät *f*; **2.** Schonkost *f*; **соблюда́ть дие́ту** Diät halten

диети́ческий *adj* diätisch, diät-; **диети́ческая пи́ща** *f* Schon- [*o* Diät-]kost *f*

дието́лог *m K* Ernährungswissenschaftler *m*

диза́йн *m K* Design *nt*

диза́йнер *m K* Designer *m*

ди́зель *m K1* **1.** Diesel *m*, Dieselmotor *m*; **2.** Dieselkraftstoff *m*

дизентери́я *f A2* (*MED*) Ruhr *f*

дика́рь, **дика́рка** ⟨*gen pl f*: -рок⟩ *m K1 / f A* **1.** Wilde(r) *mf*; **2.** Einzeltourist, -in *m/f*, Einzelurlauber, -in *m/f*

ди́кий ⟨*kf*: дик, ди́ка, ди́ко⟩ *adj* **1.** (живо́тные/расте́ния) wildlebend, wildwachsend; **2.** (челове́к) primitiv; **3.** (*fig*) wild, roh; **~ За́пад** der Wilde Westen *m*; **ди́кие це́ны** horrende Preise

дикта́т *m K* Diktat *nt*

дикта́тор *m K* Diktator *m*

дикта́торский *adj* diktatorisch

диктату́ра *f A* Diktatur *f*, Gewaltherrschaft *f*; **установи́ть диктату́ру** eine Diktatur errichten

диктова́ть *vt E2 impf* (*pf:* про-) diktieren; **~ кому́-ли́бо свои́ усло́вия** jdm seine Bedingungen aufzwingen

ди́ктор *m K* Nachrichtensprecher *m*; **~ телеви́дения** Fernsehansager *m*

диктофо́н *m K* Diktiergerät *nt*

диле́мма *f A* Dilemma *nt*; **стоя́ть пе́ред диле́ммой** vor einem Dilemma stehen

ди́лер *m K* **1.** Händler *m*, Vertreter *m*; **2.** Drogenhändler *m*, Dealer *m*
дилета́нт *m K* Dilettant *m*, Laie *m*
дилета́нтский *adj* dilettantisch, nicht berufsmäßig
дина́мика *f A* **1.** Dynamik *f*, Beweglichkeit *f*; ~ **гру́ппы** Guppendynamik *f*; **2.** (*ÖKON*) Entwicklung *f*; **наблюда́ть что-ли́бо в дина́мике** die Entwicklung verfolgen (von *+dat*)
динами́т *m K* Dynamit *nt*
динами́ческий *adj* **1.** (*PHYS*) dynamisch; **2.** (*fig*) bewegt, voll Dynamik
динами́чный ⟨*kf*: -чен, -чна⟩ *adj* dynamisch, sich schnell wandelnd
дина́мо *nt indekl* Dynamo *m*
дина́стия *f A2* Dynastie *f*
динозáвр *m K* Dinosaurier *m*
диокси́н *m K* Dioxin *nt*
дипло́м *m K* **1.** Diplom *nt*, Studienabschluß *m*; **2.** Urkunde *f*; **3.** (*umg*) Diplomarbeit *f*
диплома́т *m K* **1.** Diplomat *m*; **2.** (*fig*: *портфе́ль*) Aktenkoffer *m*
дипломати́ческий *adj* diplomatisch; ~ **ко́рпус** diplomatisches Korps *nt*
дипломати́чный ⟨*kf*: -чен, -чна⟩ *adj* gewandt, diplomatisch
дипло́мный *adj* Diplom-; **дипло́мная рабо́та** Diplomarbeit *f*
дире́ктор *m K ple* Direktor *m*
дире́кция *f A2* Direktion *f*, Geschäftsleitung *f*
дирижа́бль *m K1* Luftschiff *nt*, Zeppelin *m*
дирижёр *m K* Dirigent *m*
дирижи́ровать *v + inst E2 impf* (*MUS*) dirigieren, leiten
дисгармо́ния *f A2* Disharmonie *f*, Mißklang *m*
диск *m K* **1.** (*TECH*) Scheibe *f*; **2.** (*SPORT*) Diskus *m*; **жёсткий ~** (*DV*) Festplatte *f*
дисквалифици́ровать *vt E2 impf/pf* (*SPORT*) disqualifizieren
диске́та *f A* Diskette *f*
диск-жоке́й *m K2* Diskjockey *m*
дисково́д *m K* Diskettenlaufwerk *nt*
дискомфо́рт *m K* Unbehagen *nt*
диско́нт *m K* Diskont *m*, Zinsvergütung *f*
дискоте́ка *f A* Diskothek *f*, Disko *f*
дискре́тный ⟨*kf*: -тен, -тна⟩ *adj* diskret, vertraulich
дискре́ция *f A2* Diskretion *f*
дискримина́ция *f A2* **1.** Diskriminierung *f*; **2.** (*umg*) Benachteiligung *f*
дискримини́ровать *vt E2 impf/pf* diskriminieren
диску́ссия *f A2* Diskussion *f*; **жа́ркая ~** Wortgefecht *nt*
дискути́ровать *vt E2 impf* (*auch*: *о чём-ли́бо*) diskutieren
диспансериза́ция *f A2* (*MED*) (*jährliche*) *Gesundheitsvorsorgeuntersuchung*
диспе́тчерская *f wie adj* Verkehrszentrale *f*
диспле́й *m K2* (*DV*) Bildschirm *m*
диспропо́рция *f A2* Mißverhältnis *nt*
ди́спут *m K* Disput *m*, wissenschaftliches Streitgespräch *nt*
диссерта́ция *f A2* Dissertation *f*; **написа́ть диссерта́цию** eine Doktorarbeit schreiben
диссиде́нт *m K* Dissident *m*
диссона́нс *m K* (*auch fig*) Dissonanz *f*, Mißklang *m*
дистанцио́нный *adj* Fern-, fern-; **с дистанцио́нным управле́нием** ferngesteuert; **дистанцио́нное обслу́живание** Fernbedienung *f*; **~ взрыва́тель** Zeitzünder *m*
дистанци́роваться *vr E2 impf* (*от кого́-ли́бо/чего́-ли́бо*) sich distanzieren (von *+dat*)
диста́нция *f A2* Distanz *f*, Abstand *m*; **соблюда́ть диста́нцию** (*auch fig*) Abstand halten
дистрибью́тер *m K* Verteiler *m*
дисципли́на *f A* **1.** Disziplin *f*, Ordnung *f*; **2.** Fachgebiet *nt*
дисциплини́рованный *adj* diszipliniert
дитя́ ⟨*im sg nur nom gebräuchlich; pl siehe*: де́ти⟩ *nt A1* (*ребёнок*) Kind *nt*
дифтери́я *f A2* Diphterie *f*
диффама́ция *f A2* Diffamierung *f*, Verleumdung *f*
дифференциа́льный *adj* Differential-; **дифференциа́льное исчисле́ние** (*MATH*) Differentialrechnung *f*; **дифференциа́льная переда́ча** (*KFZ*) Differentialgetriebe *nt*
дифференци́ровать *vt E2 impf/pf* differenzieren, abstufen
despite
дича́ть *vi E impf* (*pf*: о-) **1.** verwildern; **2.** menschenscheu werden
дичь *f I* **1.** (*ZOOL*) Wild *nt*; **2.** (*umg*) Unsinn; **говори́ть ~** Unsinn reden
длина́ *f A pls* Länge *f*
дли́нный ⟨*kf*: -нен, -нна́, -нно⟩ *adj* (*räumlich und zeitlich*) lang
дли́тельный ⟨*kf*: -лен, -льна⟩ *adj* **1.** lang andauernd; **2.** langwierig; **пока́зывать дли́тельное возде́йствие** eine nachhaltige Wirkung zeigen
дли́ться ⟨*präs*: длю́сь, дли́шься⟩ *vi I impf* dauern, sich hinziehen
для *präp +gen* für (*+akk*); **~ чего́ э́то тебе́ ну́жно?** wozu brauchst du das? ~

того́, что́бы um zu; **ведро́ ~ воды́** Wassereimer *m*; **вре́дный ~ здоро́вья** gesundheitsschädlich; **~ нача́ла** als erstes; **~ поря́дка** ordnungshalber

дневни́к *m K* Tagebuch *nt*; **вести́ ~** ein Tagebuch führen

дневно́й *adj* Tages-; **дневна́я но́рма** Tagesnorm *f*; **~ свет** Tageslicht *nt*

днём *adv* **1.** am Tage; **2.** tagsüber; **~ ра́ньше** einen Tag früher

Днепр *m K* Dnjepr *m*

дно ⟨*pl*: до́нья, до́ньев, до́ньям⟩ *nt O* Boden *m*, Grund *m*; **морско́е ~** Meeresboden *m*; **пить до дна** austrinken; **золото́е ~** (*fig*) Goldgrube *f*; **оказа́ться на дне** (*fig*) heruntergekommen sein, auf den Hund gekommen sein; **вверх дном** drunter und drüber

до *präp +gen* **1.** bis zu (*+dat*), bis nach (*+akk*); **~ за́втра** bis morgen; **~ пя́тницы** bis Freitag; **~ свида́ния!** auf Wiedersehen! **~ сих пор** bisher, bis jetzt; **с утра́ ~ ве́чера** von früh bis spät; **е́хать ~ Москвы́** nach Moskau fahren **2.** vor (*+dat*); **~ на́шей э́ры** vor unserer Zeitrechnung; **~ войны́** vor dem Krieg; **3.** (*приблизи́тельно*) etwa, ungefähr; **моро́з доходи́л ~ сорока́ гра́дусов** die Kälte erreichte ungefähr vierzig Grad unter Null; **ему́ ни ~ чего́ нет де́ла** er kümmert sich um nichts; **мне не ~ того́** mir ist nicht danach zumute

доба́вить ⟨*fut*: доба́влю, -вишь⟩ *vt I pf* (*impf:* добавля́ть) hinzufügen, ergänzen; **остаётся ~, что** bleibt nur noch hinzuzufügen, daß; **мне к э́тому ~ не́чего** ich habe dem nichts hinzuzufügen; **к э́тому сле́дует ~** dazu muß noch gesagt werden

доба́вка ⟨*gen pl*: -вок⟩ *f A* Zusatz *m*, Ergänzung *f*; **вкусовы́е доба́вки** Aromastoffe *m pl*

доби́ться ⟨*fut*: добью́сь, -бьёшься⟩ *vt E4c pf* (*impf:* добива́ться) (*чего́-ли́бо*) durch Anstrengung erlangen, erreichen, erzielen; **~ бо́льших успе́хов** große Erfolge erzielen; **~ своего́** sein Ziel erreichen, seinen Willen durchsetzen

добра́ться ⟨*fut*: доберу́сь, -берёшься⟩ *vr UE5 pf* (*impf:* добира́ться) (*до кого́-ли́бо/чего́-ли́бо*) mit Mühe erreichen; **~ до го́рода пешко́м** zu Fuß in die Stadt kommen; **я ещё до тебя́ доберу́сь!** (*fig*) dir werde ich es noch zeigen!, du kannst noch was erleben

добро́ *nt O* **I. 1.** Gutes *nt*, Nützliches *nt*; **де́лать ~ кому́-ли́бо** jdm Gutes tun; **э́то не к ~у́** das führt zu nichts Gutem; **2.** (*geh*) Zustimmung *f*, Einverständnis *nt*; **дава́ть ~ на что-ли́бо** etw befürworten, etw genehmigen; **3.** Hab und Gut *nt*, Habseligkeiten *f pl*; **II.** *adv* (*als Verstärkung*) gut, einverstanden; **~, сде́лаем так!** einverstanden, das machen wir so! **~ пожа́ловать!** herzlich willkommen

доброво́лец ⟨*gen sg*: -льца⟩ *m K* (*meist MIL*) Freiwillige(r) *m*

доброво́льный ⟨*kf*: -лен, -льна⟩ *adj* freiwillig

доброде́тель *f I* Tugend *f*

доброде́тельный ⟨*kf*: -лен, -льна⟩ *adj* tugendhaft

доброду́шие *nt O2* Gutmütigkeit *f*

доброду́шный ⟨*kf*: -шен, -шна⟩ *adj* gutmütig

доброжела́тельность *f I* Wohlwollen *nt*

доброжела́тельный ⟨*kf*: -лен, -льна⟩ *adj* wohlwollend, gönnerhaft

доброка́чественный ⟨*kf*: -вен, -венна⟩ *adj* **1.** von guter Qualität, gediegen; **2.** (*MED о́пухоль*) gutartig

добросо́вестность *f I* Gewissenhaftigkeit *f*

добросо́вестный ⟨*kf*: -тен, -тна⟩ *adj* gewissenhaft

доброта́ *f A* Gutmütigkeit *f*, Herzensgüte *f*

добро́тный ⟨*kf*: -тен, -тна⟩ *adj* (*доброка́чественный*) von guter Qualität, gediegen

до́брый ⟨*kf*: добр, добра́, до́бро, до́бры́, *super*: добре́йший⟩ *adj* **1.** gut; **2.** gutmütig; **3.** von guter Qualität; **~ый день!** guten Tag! **всего́ до́брого!** alles Gute! **бу́дьте добры́, помоги́те мне!** seien Sie so gut, und helfen Sie mir! **по ~ой во́ле** freiwillig; **~ая полови́на** gut die Hälfte

добы́ть ⟨*fut*: добу́ду, -бу́дешь, *prät*: до́был, добыла́, до́было⟩ *vt UE1 pf* (*impf:* добыва́ть) **1.** erwerben, (sich) beschaffen; **2.** (*GEOL нефть*) fördern, gewinnen

добы́ча *f A* **1.** (*GEOL*) Gewinnung *f*, Förderung *f*; **~ не́фти** Ölförderung *f*; **~ у́гля** Kohleabbau *m*; **2.** (*auch fig*) Fang *m*, Beute *f*; **дом стал ~ей огня́** das Haus fiel den Flammen zum Opfer

дове́ренность *f I* (*JUR*) Vollmacht *f*; **де́йствовать по ~и** laut Vollmacht handeln

дове́ренный *adj* **I. 1.** bevollmächtigt; **2.** beauftragt; **II.** *m wie adj* **1.** Bevollmächtigter *m*; **2.** Treuhänder *m*

дове́рие *nt O2* Vertrauen *nt*; **пита́ть ~ к кому́-ли́бо** Vertrauen haben (zu *+dat*); **внуша́ющий ~** vertrauenerweckend; **по́льзоваться дове́рием** Vertrauen genießen

доверительный ⟨*kf*: -лен, -льна⟩ *adj* **1.** vertrauensvoll; **2.** (*разговор*) vertraulich
доверить *v + dat I pf* (*impf:* доверять) **1.** vertrauen; **2.** (*тайну*) anvertauen
довериться *vr + dat I pf* (*impf:* доверяться) sich verlassen (auf *+akk*)
доверчивость *f I* Leichtgläubigkeit *f*
доверчивый ⟨*kf*: -ив⟩ *adj* vertrauensselig, arglos
довести ⟨*fut*: доведу, -ведёшь⟩ *vt E6a pf* (*impf:* доводить) (*до чего-либо*) führen, bringen
довестись ⟨*nur 3. pers*: доведётся⟩ *vr E6a pf* (*impf:* доводиться) sich ergeben, daß
довод *m K* **1.** Argument *nt*; **2.** Beweis *m*
доводить ⟨*präs*: довожу, -водишь⟩ *vt I impf* (*pf:* довести) (*до чего-либо*) führen, bringen; **~ ребёнка до дома** ein Kind nach Hause bringen; **~ дело до конца** (*fig*) etw zu Ende führen; **~ воду до кипения** Wasser zum Kochen bringen; **~ до сведения** (*geh*) zur Kenntnis bringen
доводиться ⟨*nur 3. pers*: доводится⟩ *vr I impf* (*pf:* довестись) sich ergeben, daß; **мне довелось встретить его** ich hatte Gelegenheit, ihn zu sehen
довоенный *adj* Vorkriegs-
довольно *adv* **1.** ziemlich, reichlich; **он ~ умён** er ist ziemlich klug; **уже ~ поздно** es ist schon reichlich spät; **2.** (*prädikativ mit gen*) genug, ausreichend; **с меня этого ~** das genügt mir; **3.** (*mit inf oder gen*) genug! **~ спорить!** Hört auf zu streiten! **~ слов!** genug der Worte! **~ на сегодня!** genug, das reicht für heute
довольный ⟨*kf*: -лен, -льна⟩ *adj* zufrieden
довольствоваться *vr + inst E2 impf* sich begnügen, sich zufriedengeben (mit *+dat*); **~ малым** keine großen Ansprüche stellen
довыборы *m pl K* (*POL*) Nachwahlen *f pl*
дог *m K* Dogge *f*
догадаться *vi E pf* (*impf:* догадываться) erraten
догадка ⟨*gen pl*: -док⟩ *f A* Vermutung *f*, Annahme *f*
догадываться *vi E impf* (*pf:* догадаться) **1.** erraten; **2.** vermuten, ahnen; **об этом остаётся только ~** darüber kann man nur rätseln
догнать ⟨*fut*: догоню, -онишь, *prät*: догнал, -ала, -ало⟩ *vt I pf* (*impf:* догонять) einholen
договаривать *vi E impf* (*pf:* договорить) bis zu Ende sprechen
договариваться *vi E impf* (*pf:* договориться) (*о чём-либо*) übereinkommen, sich einigen; **~ о встрече** ein Treffen vereinbaren
договор *m K* Vertrag *m*, Abkommen *nt*; **~ аренды** Mietvertrag *m*; **заключать ~** einen Vertrag schließen; **расторгать ~** einen Vertrag kündigen
договорённость *f I* Abmachung *f*, Vereinbarung *f*, Übereinkunft *f*; **достигнуть договорённости** eine Abmachung treffen, eine Übereinkunft erzielen
договорить *vi I pf* (*impf:* договаривать) bis zu Ende sprechen; **дать кому-либо ~** jdn aussprechen lassen
договориться *vi I pf* (*impf:* договариваться) übereinkommen, sich einigen; **договорились!** abgemacht!
договорный *adj* vertraglich
догонять *vt E impf* (*pf:* догнать) (*auch fig*) einholen
догореть ⟨*fut*: догорю, -ришь⟩ *vi I pf* (*impf:* догорать) **1.** abbrennen; **2.** verbrennen
доделывать *vt E impf* (*pf:* доделать) fertigstellen, erledigen
доесть ⟨*fut*: доем, доешь⟩ *vt U2 pf* (*impf:* доедать) **1.** aufessen; **2.** das Essen beenden
дождаться ⟨*fut*: дождусь, -дёшься⟩ *vt E4 pf* (*impf:* дожидаться) erwarten
дождевой *adj* Regen-; **дождевая капля** Regentropfen *m*; **~ червь** Regenwurm *m*
дождливый *adj* (*погода*) regnerisch
дождь *m K1 e* Regen *m*; **затяжной ~** Dauerregen *m*; **идёт ~** es regnet
дожидаться *vt E impf* (*pf:* дождаться) **1.** (*кого-либо/чего-либо*) erwarten; **2.** abwarten; **ждём не дождёмся** wir können es kaum erwarten
доза *f A* Dosis *f*; **~ облучения** Strahlendosis *f*
дозвониться *vi I pf* (*impf:* дозваниваться) (*до кого-либо/ по телефону*) jdn (telephonisch) erreichen
дозиметрист *m K* Strahlungstechniker *m*
дозировать *vt E2 impf/pf* dosieren; **~ нагрузку** sich schonen
доить ⟨*präs*: дою, доишь⟩ *vt I impf* melken
дойти ⟨*fut*: дойду, -дёшь, *prät*: дошёл, дошла⟩ *vi E7a pf* (*impf:* доходить) gehen, gelangen; **дошло?** (*понял?*) kapiert? klar? **дошло до того, что** es ist soweit gekommen, daß
док *m K* Dock *nt*
доказательство *nt O* **1.** Beweis *m*; **2.** Nachweis *m*

доказа́ть ⟨*fut*: докажу́, дока́жешь⟩ *vt E4 pf* (*impf:* дока́зывать) beweisen
доказу́емый ⟨*kf*: -у́ем⟩ *adj* beweisbar, nachweisbar
дока́пываться *vi E impf* (*pf:* докопа́ться) ausfindig machen; **~ до и́стины** hinter die Wahrheit kommen
до́кер *m K* Hafenarbeiter *m*
докла́д *m K* **1.** Vortrag *m*, Referat *nt*; **де́лать ~** ein Referat halten; **2.** Bericht *m*
докла́дчик *m K* Redner *m*, Referent *m*
докла́дывать *vi E impf* (*pf:* доложи́ть) **I.** (*что-ли́бо/о чём-ли́бо*) berichten, melden; **II.** *vt E impf* (*pf:* доложи́ть) (*что-ли́бо/чего́-ли́бо*) dazulegen, hinzufügen
докона́ть *vt E nur pf* (*umg*) erledigen, den Rest geben
докопа́ться *vi E pf* (*impf:* дока́пываться) herausfinden
до́ктор *m K* **1.** (*врач*) Arzt *m*, Ärztin *f*; **2.** Doktor *m*; **почётный ~** Ehrendoktor *m*
доктора́нт *m K* Doktorand *m*
до́кторша *f A* (*umg*) Ärztin *f*
докуме́нт *m K* **1.** Dokument *nt*, Schriftstück *nt*; **2.** (*im pl*) Ausweispapiere *nt pl*; **подшива́ть ~ы в де́ло** Unterlagen abheften
документа́льный *adj* dokumentarisch
доку́чливый ⟨*kf*: -ив⟩ *adj* lästig, zudringlich
долг ⟨*präpos sg*: в долгу́⟩ *m K ple* Pflicht *f*, Schuldigkeit *f*; **сознаю́щий сво́й ~** pflichtbewußt; **по ~у слу́жбы** pflichtgemäß; **не оста́ться в ~у́ у кого́-ли́бо** sich revanchieren (bei *+dat*); **зале́зть в долги́** (*fig*) Schulden machen; **ходи́ть в долга́х** verschuldet sein
до́лгий ⟨*kf*: до́лог, долга́, до́лго, *komp*: до́льше, *und*: до́лее⟩ *adj* (*räumlich und zeitlich*) lang; **откла́дывать в ~ я́щик** (*fig*) auf die lange Bank schieben; **до́лго ли, ко́ротко ли** über kurz oder lang
долгове́чный *adj* dauerhaft
долгово́й *adj* Schuld-
долговре́менный *adj* (*цель, интере́сы*) langfristig
долгосро́чный *adj* (*креди́т*) langfristig
до́лжен ⟨*f*: должна́, *nt*: должно́, *pl*: должны́⟩ *adj präd* **1.** (*кому́-ли́бо что-ли́бо*) schulden, schuldig sein; **он мне ~ сто рубле́й** er schuldet mir hundert Rubel; **2.** (*mit inf*) müssen; **ты не ~ э́того де́лать** du mußt das nicht machen; **он ~ ско́ро прийти́** er muß gleich kommen
должни́к *m K* Schuldner *m*
до́лжное *nt wie adj* Gebührendes *nt*; **возда́ть ~ кому́-ли́бо** jdm Gerechtigkeit widerfahren lassen, jdm etw zugute halten
до́лжность *f I* Amt *nt*, Stelle *f*, Funktion *f*; **занима́ть ~** ein Amt bekleiden, eine Funktion ausüben
до́лжный *adj* **1.** gebührend; **2.** nötig; **оказа́ть до́лжную по́мощь** erforderliche Hilfe leisten
доли́на *f A* Tal *nt*
доли́ть ⟨*fut*: долью́, дольёшь⟩ *vt E4c pf* (*impf:* долива́ть) (*что-ли́бо/чего́-ли́бо*) nachfüllen, auffüllen, vollgießen
до́ллар *m K* Dollar *m*, US-Dollar *m*
до́лларовый *adj* Dollar-; **до́лларовые це́ны** Dollarpreise *m*
доложи́ть ⟨*fut*: доложу́, -ло́жишь⟩ *vi I pf* (*impf:* докла́дывать) **I.** berichten; **II.** *vt I* hinzufügen
доло́й *adv* nieder!, weg damit
долото́ ⟨*pl*: доло́та, доло́т⟩ *nt O pls* Meißel *m*
до́ля ⟨*gen pl*: доле́й⟩ *f A1 ple1* **1.** Teil *m*; **2.** Anteil *m*; **~ насле́дства** Erbteil *nt*; **льви́ная ~** Löwenanteil *m*; **в э́том есть ~ и́стины** daran ist etwas Wahres; **3.** (*MATH*) Bruch *m*; **4.** (*у́часть*) Schicksal *nt*, Los *nt*; **у него́ незави́дная ~** er ist nicht zu beneiden
дом ⟨*gen sg*: и́з дому, *oder*: из до́ма⟩ *m K ple* **1.** Haus *nt*; **~-новостро́йка** Neubau *m*; **бло́чный ~** Plattenbau *m*; **сбо́рный ~** Fertighaus *nt*; **2.** Heim *nt*, Zuhause *nt*; **де́тский ~** Kinderheim *nt*; **о́тчий** [*o* **роди́тельский**] **~** Elternhaus *nt*; **вне ~а** außerhalb, auswärts
до́ма *adv* zu Hause, daheim; **быть как ~** sich wie zu Hause fühlen
дома́шний *adj* Haus-, häuslich; **дома́шнее живо́тное** Haustier *nt*; **дома́шнее зада́ние** Hausaufgaben *f*; **доа́шняя колбаса́** hausgemachte Wurst *f*
до́мик *m K* Häuschen *nt*; **садо́вый ~** Gartenhaus *nt*; **рассыпа́ться как ка́рточный ~** wie ein Kartenhaus zusammenfallen
домина́нтный *adj* (*geh*) dominant, vorherrschend
домини́ровать *vi E2 impf* (*meist nur 3. pers*) dominieren, vorherrschen
домкрат *m K* Wagenheber *m*
домовладе́лец ⟨*gen sg*: -льца⟩ *m K* Hausbesitzer *m*
домово́й *m wie adj* Hausgeist *m*
домо́й *adv* nach Hause
доморо́щеный *adj* **1.** selbstgezüchtet; **2.** (*pej*) hausbacken
домосе́д *m K* (*pej*) Stubenhocker *m*
домохозя́йка *f A* Hauswirtin *f*
домрабо́тница *f A* Hausangestellte *f*
до́мысел ⟨*gen sg*: -сла⟩ *m K* unbegrün-

dete Vermutung *f*, Lügenmärchen *nt*
Донбáсс *akr von* Донéцкий бассéйн *m* Donezkohlebecken *nt*
донесéние *nt O2* dienstliche Meldung *f*, Bericht *m*
донести́ ⟨*fut*: донесý, -сёшь⟩ *vi E6 pf* (*impf*: доноси́ть) etw irgendwohin tragen [*o* bringen]
донимáть *vt E impf* (*pf*: донять) (*umg*) piesacken, belästigen
дóнор *m K* **1.** (*MED*) Blutspender *m*, Organspender *m*; **2.** (*ÖKON*) Geldgeber *m*
доноси́ть ⟨*präs*: доношý, -óсишь⟩ *vt I impf* (*pf*: донести́) **1.** etw irgendwohin tragen [*o* bringen]; **2.** (*о чём-ли́бо*) berichten, melden; **3.** (*на когó-ли́бо*) denunzieren, anzeigen
донóсчик *m K* Denunziant *m*
доня́ть ⟨*fut*: доймý, доймёшь⟩ *vt E9 pf* (*impf*: донимáть) belästigen
допивáть *vt E impf* (*pf*: допи́ть) austrinken
дóпинг *m K* **1.** (*SPORT*) Doping *nt*; **2.** Aufputschmittel *nt*; **принимáть ~** dopen, Aufputschmittel nehmen
дóпинговый *adj* Doping-; **~ контрóль** Dopingkontrolle *f*
допи́ть ⟨*fut*: допью́, допьёшь⟩ *vt E4c pf* (*impf*: допивáть) austrinken
доплáта *f A* **1.** Nachzahlung *f*; **2.** Zuschlag *m*
доплати́ть ⟨*fut*: доплачý, доплáтишь⟩ *vt I pf* (*impf*: доплáчивать) **1.** nachzahlen; **2.** (*umg:fig*) draufzahlen
дополнéние *nt O2* Ergänzung *f*, Nachtrag *m*
дополни́тельный *adj* **1.** ergänzend; **2.** zusätzlich; **дополни́тельная информáция** Hintergrundinformation *f*; **дополни́тельные затрáты** Mehrkosten *pl*
допóлнить ⟨*fut*: допóлню, -пóлнишь⟩ *vt I pf* (*impf*: дополня́ть) ergänzen, vervollständigen, nachtragen
допрóс *m K* Verhör *nt*, Vernehmung *f*
допроси́ть ⟨*fut*: допрошý, допрóсишь⟩ *vt I pf* (*impf*: допрáшивать) **1.** verhören; **2.** befragen
дóпуск *m K* **1.** Einlaß *m*, Zutritt *m*; **2.** Zulassung *f*; **3.** (*TECH*) Toleranz *f*
допускáть *vt E impf* (*pf*: допусти́ть) **1.** erlauben, gestatten; **2.** (*fig*) annehmen, für möglich halten; **допýстим, что** angenommen, daß
допусти́мый *adj* zulässig, vertretbar
допусти́ть ⟨*fut*: допущý, допýстишь⟩ *vt I pf* (*impf*: допускáть) zulassen
допущéние *nt O2* Annahme *f*, Hypothese *f*
дорабáтывать *vt E impf* (*pf*: дорабóтать) **1.** die Arbeit beenden (an +*dat*); **2.** nachbessern, den letzten Schliff geben; **~ до утрá** bis zum Morgen durcharbeiten
дорабóтка *f A* **1.** Nachbesserung *f*; **2.** (*о проéкте*) Endfassung *f*
дорóга *f A* **1.** (*путь*) Weg *m*; **2.** Straße *f*; **желéзная ~** Eisenbahn *f*; **в** [*o* **по**] **дорóге** unterwegs; **давáть дорóгу комý-ли́бо** jdm den Weg freimachen; **стоя́ть на дорóге комý-ли́бо** jdm im Weg stehen, ein Hindernis sein; **дорóгу!** (*umg*) Bahn frei! **тудá емý и ~** das geschieht ihm recht
дорогови́зна *f A* Teuerung *f*
дорогóй ⟨*kf*: дóрог, дорогá, дóрого, *komp*: дорóже⟩ *adj* **1.** teuer; **2.** wertvoll; **дорогóе удовóльствие** ein teures Vergnügen *nt*; **3.** (*nur kf*) teuer, wert; **мне дорогá егó дрýжба** seine Freundschaft bedeutet mir sehr viel; **4.** (*в пи́сьмах*) lieb; **дороги́е друзья́!** liebe Freunde!
дорóгой *adv* unterwegs
дорогостóящий *adj* kostspielig
дорóдность *f I* Beleibtheit *f*, Behäbigkeit *f*
дорóдный ⟨*kf*: -ден, -дна⟩ *adj* beleibt, behäbig, stattlich
дорожáть *vi E impf* (*pf*: вз-, по-) (*цéны*) teurer werden
дорожи́ть ⟨*präs*: дорожý, -жи́шь⟩ *v* + *inst I impf* wertschätzen
дорóжка ⟨*gen pl*: -жек⟩ *f A* **1.** Weg *m*; **2.** schmaler Teppich *m*, Läufer *m*; **3.** (*SPORT*) Bahn *f*; **беговáя ~** Rennbahn *f*; **4.** (*TECH*) Spur *f*; **звуковáя ~** Tonspur *f*
досáда *f A* Ärger *m*, Entrüstung *f*, Verdruß *m*
досади́ть ⟨*fut*: досажý, досади́шь⟩ *v* + *dat I pf* (*impf*: досаждáть) ärgern
досáдный ⟨*kf*: -ден ,-дна⟩ *adj* ärgerlich, verdrießlich; **мне досáдно** es ärgert mich
досáдовать *vi E impf* (*на когó-ли́бо/что-ли́бо*) sich ärgern (über +*akk*)
досаждáть *v* + *dat E impf* (*pf*: досади́ть) **1.** ärgern; **2.** belästigen; **~ прóсьбами** jdm mit Bitten zur Last fallen; **здóрово ~** (*umg*) jdm arg zusetzen
доскá ⟨*gen pl*: досóк⟩ *f A e2* **1.** Brett *nt*, Bohle *f*; **2.** Tafel *f*, Schultafel *f*; **глади́льная ~** Bügelbrett *nt*; **шáхматная ~** Schachbrett *nt*
досконáльный ⟨*kf*: -лен, -льна⟩ *adj* gründlich, sehr genau, penibel
дослáть ⟨*fut*: дошлю́, дошлёшь, *imp*: дошли́, дошли́те⟩ *vt E4 pf* (*impf*: досылáть) nachsenden
дослóвный *adj* (*перевóд*) wörtlich;

досло́вно Wort für Wort
досмотре́ть ⟨*fut*: досмотрю́, досмо́тришь⟩ *vt I pf* (*impf:* досма́тривать) **1.** (*фильм*) bis zu Ende ansehen; **2.** einer (Zoll-)Kontrolle unterziehen, durchsuchen
доспе́хи *m pl K* Rüstung *f*; **ры́царские ~** Ritterrüstung *f*
достава́ла *f A* (*дефици́тных проду́ктов*) Beschaffer, -in *m/f*
достава́ть ⟨*präs*: достаю́, -стаёшь⟩ *vt E3 impf* (*pf:* доста́ть) **I. 1.** (*из карма́на*) herausholen, herausnehmen; **2.** auftreiben, beschaffen; **3.** (*umg: довести́ кого́-либо до гне́ва*) zur Weißglut bringen; **II.** *vi E3* reichen, langen
достава́ться ⟨*präs*: достаю́сь, достаёшься⟩ *vr E3 impf* (*pf:* доста́ться) **1.** (*кому́-ли́бо*) zuteilwerden,, zufallen; **2.** (*unpersönlich*) eine Strafe abbekommen; **ему́ доста́лось** (*umg*) er hat eins abgekriegt
доста́вить ⟨*fut*: доста́влю, -вишь⟩ *vt I pf* (*impf:* доставля́ть) **1.** bringen; **~ в больни́цу** ins Krankenhaus bringen; **2.** (*по́чту*) zustellen; **3.** (*fig*) bereiten; **~ удово́льствие** Vergnügen bereiten; **~ кому́-ли́бо нема́ло хлопо́т** jdm viel zu schaffen machen
доста́вка ⟨*gen pl*: -вок⟩ *f A* Lieferung *f*, Zustellung *f*
доста́точно *adv* genug
доста́точный ⟨*kf*: -чен, -чна⟩ *adj* **1.** ausreichend; **2.** hinlänglich; **быть ~ым** ausreichen
доста́ть ⟨*fut*: доста́ну, -нешь⟩ *vt E9b pf* (*impf:* достава́ть) **I.** herausnehmen; **II.** *vi E9b* reichen; **доста́нет на всех** es langt [*o* reicht]für alle; **у негóне доста́нет ду́ху** er hat nicht den Mut; **э́того ещё не достава́ло** (*umg*) das fehlte noch
доста́ться ⟨*fut*: доста́нусь, -нешься⟩ *vr E9b pf* (*impf:* достава́ться) **1.** zuteilwerden; **2.** abbekommen
дости́гнуть ⟨*fut*: дости́гну, -нешь⟩ *vt E1a pf* (*impf:* достига́ть) (*чего́-ли́бо*) erreichen, erzielen; **~ успе́ха** Erfolg erzielen
достиже́ние *nt O2* **1.** Errungenschaft *f*; **2.** Leistung *f*
достижи́мый ⟨*kf*: -и́м⟩ *adj* erreichbar
дости́чь *wie* **дости́гнуть**
достове́рный ⟨*kf*: -рен, -рна⟩ *adj* glaubwürdig, glaubhaft; **достове́рные да́нные** aussagekräftige Daten
досто́инство *nt O* **1.** Vorzug *m*, Wert *m*; **2.** Würde *f*; **держа́ться с ~м** sich würdevoll verhalten; **оцени́ть по досто́инству** nach Gebühr würdigen
досто́йный ⟨*kf*: -о́ин, -о́йна⟩ *adj* **1.** (*отве́т*) würdig; **2.** (*чего́-ли́бо*) wert; **~ подража́ния** nachahmenswert; **~ восхище́ния** bewundernswert; **~ любви́** liebenswert
достопочте́нный *adj* ehrbar, ehrwürdig
достопримеча́тельность *f I* Sehenswürdigkeit *f*
достопримеча́тельный ⟨*kf*: -лен, -льна⟩ *adj* **1.** bemerkenswert; **2.** sehenswert
достоя́ние *nt O2* **1.** Eigentum *nt*, Besitz *m*; **2.** Gut *nt*; **о́бщее ~** Gemeingut *nt*; **стать ~м исто́рии** in die Geschichte eingehen; **сде́лать ~м обще́ственности** der Öffentlichkeit zugänglich machen
до́ступ *m K* Zugang *m*, Zutritt *m*
досту́пный ⟨*kf*: -пен, -пна⟩ *adj* (*auch fig*) zugänglich; **по досту́пной цене́** erschwinglich, preisgünstig
досу́г *m K* Muße *f*; **на ~е** in den Mußestunden, in der Freizeit
досыла́ть *vt E impf* (*pf:* досла́ть) (*по́чту*) nachsenden, nachschicken
досы́пать ⟨*fut*: досы́плю, -лешь, *umg auch ab 2. sg*: досы́пешь⟩ *vt E4 pf* (*impf:* досыпа́ть) **1.** hinzuschütten; **2.** nachfüllen
досье́ *nt indekl* Dossier *nt*
досяга́емый *adj* greifbar, erreichbar
дота́ция *f A2* Subvention *f*, Zuschuß *m*
дохо́д *m K* Einkommen *nt*, Ertrag *m*; **посторо́нный ~** Nebeneinkünfte *pl*; **с ни́зким ~** einkommensschwach
доходи́ть ⟨*präs*: дохожу́, дохо́дишь⟩ *vi I impf* (*pf:* дойти́) **1.** (*до кого́-ли́бо/чего́-ли́бо*) kommen, gelangen (zu *+akk*); **до меня́ дохо́дят слу́хи** mir sind Gerüchte zu Ohren gekommen; **2.** (*до кого́-ли́бо*) bewußt werden, klar werden; **до него́ до́лго дохо́дит** (*umg*) er hat eine lange Leitung **3.** (*до чего-ли́бо*) bis zum Äußersten gehen; **~ до бе́шенства** wütend werden
дохо́дный ⟨*kf*: -ден, -дна⟩ *adj* einträglich, rentabel; **~ дом** Mietshaus *nt*
доходя́га *mf A* (*umg*) armes Luder *nt*
доце́нт *m K* Dozent, -in *m/f*
доче́рний *adj* Tochter-; **доче́рняя компа́ния** (*ÖKON*) Tochtergesellschaft *f*
дочи́тывать *vt E impf* (*pf:* дочита́ть) zu Ende lesen
дочь ⟨*inst pl meist*: дочерьми́⟩ *f I1 ple1* Tochter *f*
д-р *abk von* до́ктор *m* Dr. *m*, Doktor *m*
драгоце́нность *f I* **1.** Kostbarkeit *f*, **2.** Kleinod *nt*
драгоце́нный ⟨*kf*: -е́нен, -е́нна⟩ *adj* kostbar; **~ ка́мень** Edelstein *m*
драже́ *nt indekl* Dragée *nt*

дразни́ть *vt I impf* **1.** necken, reizen; **2.** (*аппети́т*) anregen
дра́ка *f A* Prügelei *f*, Schlägerei *f*; **затéять дра́ку** eine Prügelei anzetteln
драко́н *m K* Drache *m*
драко́новский *adj* drakonisch, grausam; **драко́новские мéры** drakonische Maßnahmen
дра́ма *f A* **1.** (*LIT*) Drama *nt*; **2.** (*fig*) Drama *nt*, Tragödie *f*
драматизи́ровать *vt E2 impf/pf* (*auch fig*) dramatisieren; **не бу́дем ~** wir wollen es nicht übertreiben
драмати́ческий *adj* dramatisch; **~ актёр** Schauspieler *m*
драмати́чный *adj* (*ситуа́ция*) dramatisch zugespitzt, spannungsvoll
дра́нка *f A* Dachschindel *f*
дра́ться ⟨*fut*: деру́сь, дерёшься⟩ *vr UE5 impf* (*pf:* по-) (*с кем-ли́бо/чем-ли́бо*) sich raufen, sich herumschlagen (mit *+dat*)
драчу́н *m K* Raufbold *m*
дребезжа́ть ⟨*nur 3. pers*: дребезжи́т⟩ *vi I impf* (*стака́ны*) klirren
древéсный *adj* Holz-; **~ у́голь** Holzkohle *f*; **не содержа́щий древéсной ма́ссы** holzfrei; **древéсная лягу́шка** Laubfrosch *m*
древнéйший *adj super* uralt
древнеру́сский *adj* altrussisch
дрéвний ⟨*kf*: -вен, -вня⟩ *adj* alt, altertümlich, antik; **дне́вняя исто́рия** Geschichte des Altertums
дрéвность *f I* Altertum *nt*, Antike *f*
дрéво ⟨*Pl*: древеса́, древéс, древеса́м⟩ *nt O* (*alte Form von дéрево*) Baum *m*; **~ зна́ния** (*REL*) Baum der Erkenntnis
древото́чец ⟨*gen sg*: -чца⟩ *m K* Holzwurm *m*
дрель *f I* Bohrer *m*; **э́лектро~** Bohrmaschine *f*
дрема́ть ⟨*präs*: дремлю́, дрéмлешь⟩ *vi E4 impf* dösen, schlummern
дрема́ться ⟨*unpers*: дрéмлется⟩ *vi E4 impf* (*кому́-ли́бо*) schläfrig sein, im Halbschlaf sein; **мне дрéмлется** mir ist ganz schläfrig zumute
дремота́ *f A* Schlummer *m*, Halbschlaf *m*
дрена́ж *m K* **1.** Bodenentwässerung *f*; **2.** (*MED*) Dränage *f*
дрени́ровать *vt E2 impf/pf* entwässern
дрессирова́ть *vt E2 impf* (*pf:* вы-) dressieren, abrichten
дрессиро́вка ⟨*gen pl*: -вок⟩ *f A* Dressur *f*
дрессиро́вщик, **дрессиро́вщица** *m K / f A* Dompteur *m*, Dompteuse *f*
дроби́ть ⟨*präs*: дроблю́, -би́шь⟩ *vt I impf* (*pf:* раз-) (*ка́мень*) zerstückeln, zermalmen
дробови́к *m K* Schrotflinte *f*
дробь *f I* **1.** Schrot *nt*; **2.** (*MATH*) Bruch *m*; **дéйствия с дро́бями** Bruchrechnen *nt*
дрова́ *nt pl O* **1.** Holz *nt*; **2.** Brennholz *nt*
дро́гнуть [1] ⟨*präs*: дро́гну, -нешь, *prät*: дрог, *und* : дро́гнул⟩ *vi E1a impf* frieren
дро́гнуть [2] ⟨*fut*: дро́гну, -нешь⟩ *vi E1 pf* (*impf:* дрожа́ть) erzittern
дрожа́ть ⟨*präs*: дрожу́, -жи́шь⟩ *vi I impf* (*pf:* дро́гнуть) **1.** zittern; **2.** (*от стра́ха*) schaudern; **3.** (*TECH*) vibrieren
дрожжево́й *adj* Hefe-
дро́жжи ⟨*gen pl*: -жéй⟩ *pl A ple1* Hefe *f*
дро́жки ⟨*gen pl*: -жек⟩ *pl A* Droschke *f*
дрожь *f I* Zittern *nt*, Frösteln *nt*, Schauer *m*
дрозд *m K* Drossel *f*
друг ⟨*nom pl*: друзья́⟩ *m U3* Freund *m*; **~ по перепи́ске** Brieffreund *m*
друго́й *adj* anderer; **э́то друго́е дéло** das ist etw anderes; **в ~ раз** ein andermal; **други́ми слова́ми** mit anderen Worten, anders gesagt; **с ~ стороны́** andererseits
друг дру́га ⟨*gen*: друг у дру́га, *dat*: друг дру́гу, *akk*: друг дру́га, *inst*: друг с дру́гом, *präpos*: друг о дру́ге⟩ *pron* **1.** einander; **2.** (*gen*) beieinander; **3.** (*inst*) miteinander; **4.** (*präpos*) voneinander; **забо́титься друг о дру́ге** füreinander sorgen
дру́жба *f A* Freundschaft *f*
дружелю́бный ⟨*kf*: -бен, -бна⟩ *adj* freundlich
дру́жеский *adj* freundschaftlich; **в дру́жеском кру́гу** im Freundeskreis; **быть на дру́жексой ногé с кем-ли́бо** mit jdm auf freundschaftlichem Fuß stehen
дружéственный *adj* (*на́ции*) befreundet
дружи́ть ⟨*präs*: дружу́, дру́жишь⟩ *vi I impf* (*с кем-ли́бо*) befreundet sein (mit *+dat*)
дружи́ться ⟨*präs*: дружу́сь, дру́жишься⟩ *vi I impf* (*с кем-ли́бо*) sich anfreunden (mit *+dat*)
дру́жный ⟨*kf*: -жен, -жна́, -жно⟩ *adj* einmütig, einträchtig
дры́хнуть ⟨*präs*: дры́хну, -нешь⟩ *vi E1a impf* (*umg*) pennen
дря́блость *f I* (*мышц*) Schlaffheit *f*
дря́блый ⟨*kf*: дрябл, -á, -о⟩ *adj* **1.** schlaff, schlapp; **2.** (*fig*) willensschwach
дрянно́й *adj* minderwertig, lumpig
дрянь *f I* **1.** Schmutz *m*, Schund *m*; **2.** Kitsch *m*
дря́хлость *f I* **1.** Gebrechlichkeit *f*; **2.** Altersschwäche *f*

дря́хлый ⟨*kf*: дряхл, -á, -о⟩ *adj* **1.** klapperig, gebrechlich; **2.** altersschwach
ДТП *abk von* доро́жно-тра́нспортное происше́ствие *nt* Verkehrsunfall *m*
дуб *m K ple* Eiche *f*
дуба́сить ⟨*präs*: дуба́шу, -а́сишь⟩ *vt I impf* (*pf:* от-) (*umg*) durchprügeln, windelweich schlagen
дуби́льный *adj* Gerb-; **~ое произво́дство** *nt* (*дуби́льня*) Gerberei *f*
дуби́на *f A* **1.** Knüppel *m*, Keule *f*; **2.** (*fig*) sturer Mensch *m*, Dummkopf *m*
дуби́нка ⟨*gen pl*: -нок⟩ *f A* Knüppel *m*, Schlagstock *m*
дуби́ть ⟨*präs*: дублю́, дуби́шь⟩ *vt I impf* (*pf:* вы́-) gerben
дублёр *m K* Double *nt*
дубли́ровать *vt E2 impf* **1.** (*фильм*) synchronisieren; **2.** (*роль*) doubeln
ду́ло *nt O* Gewehrmündung *f*
Ду́ма *f A* russisches Parlament *nt*, Abgeordnetenversammlung *f*
ду́мать *vi E impf* (*pf:* по-) **I.** (*о чём-ли́бо*) denken (an *+akk*), nachdenken (über *+akk*); **II.** *vi E nur impf* glauben, meinen; **и не (по-)ду́маю** ich denke gar nicht daran; **и не ду́майте!** wagen Sie es bloß nicht
Дуна́й *m K2* Donau *f*
дунове́ние *nt O2* Lufthauch *m*
ду́нуть *vi E1 pf* wehen
дура́к *m K e* Dummkopf *m*, Narr *m*; **валя́ть ~а́** den Dummen spielen; **держа́ть кого́-ли́бо за ~а́** jdn für dumm verkaufen; **остава́ться в ~а́х** der Dumme sein
дура́цкий *adj* **1.** närrisch; **2.** blödsinnig
дура́чество *nt O* **1.** Albernheit *f*; **2.** Firlefanz *m*
дура́читься ⟨*präs*: дура́чу, -чишь⟩ *vi I impf* herumalbern, blödeln
дурма́нить *vt I impf* (*pf:* о-) betäuben
дурно́й ⟨*kf*: ду́рён, дурна́, ду́рно, ду́рны́⟩ *adj* schlimm, übel; **дурна́я весть** schlechte Nachricht *f*; **дурна́я приме́та** böses Omen *nt*
ду́рочка ⟨*gen pl*: -чек⟩ *f A* Närrin *f*, törichte Frau *f*
дуть ⟨*präs*: ду́ю, ду́ешь⟩ *vi E impf* (*ветр*) wehen, blasen
ду́ться ⟨*präs*: ду́юсь, ду́ешься⟩ *vi E impf* (*umg*) schmollen, maulen
дух *m K* **1.** Geist *m*; **~ вре́мени** Zeitgeist *m*; **в ~е вре́мени** zeitgemäß; **свято́й ~** (*REL*) Heiliger Geist *m*; **2.** Atem *m*; **перевести́ ~** Atem holen [*o* schöpfen]; **3.** Mut *m*; **па́дать ~ом** den Mut verlieren **4.** Stimmung *f*; **быть в ~е** gutgelaunt sein
духи́ *m pl K* Parfüm *nt*
ду́хи *m pl K* Geister *m pl*
духове́нство *nt O* Klerus *m*, Geistlichkeit *f*
духо́вка ⟨*gen pl*: -вок⟩ *f A* Backofen *m*
духо́вный *adj* **1.** geistig, seelisch; **2.** geistlich, religiös; **духо́вая бли́зость** Geistesverwandtschaft *f*; **духо́вое завеща́ние** geistiges Vermächtnis *nt*; **духо́вые це́нности** geistige Werte *m pl*; **~ оте́ц** Beichtvater *m*; **духо́вая му́зыка** geistliche Musik *f*
духово́й *adj* **1.** Luft-; **2.** Blas-; **духово́е ружьё** Luftgewehr *nt*; **~ орке́стр** Blasorchester *nt*
душ ⟨*gen pl*: ду́шей⟩ *m K* Dusche *f*; **принима́ть ~** duschen
душа́ ⟨*akk sg*: ду́шу⟩ *f A pls* Seele *f*; **~ моя́!** mein(e) Liebe(r)! **все́й душо́й** mit Leib und Seele; **в душе́ он не́ был согла́сен** innerlich war er nicht einverstanden; **жить ~ в ду́шу** ein Herz und eine Seele sein; **излива́ть кому́-ли́бо ду́шу** jdm sein Herz ausschütten; **ско́лько душе́ уго́дно** soviel das Herz begehrt, nach Herzenslust
душевнобольно́й *adj* **I.** geisteskrank; **II.** *mf wie adj* Geisteskranke(r) *mf*
душе́вность *f I* Herzlichkeit *f*, Innigkeit *f*
душе́вный *adj* **1.** herzlich, innig; **2.** seelisch, innerlich; **душе́вное состоя́ние** Gemütszustand *m*; **душе́вное споко́йствие** Seelenfrieden *m*
душево́й *adj* Dusch-; **душева́я каби́на** Duschkabine *f*
душераздира́ющий *adj* (*крик*) herzzerreißend
души́ть [1] ⟨*präs*: душу́, ду́шишь⟩ *vt I impf* (*pf:* за-) **1.** würgen; **2.** erwürgen, erdrosseln; **3.** (*fig*) abwürgen, unterdrücken
души́ть [2] ⟨*präs*: душу́, ду́шишь⟩ *vt I impf* (*pf:* на-) parfümieren
ду́шный ⟨*kf*: -шен, -шна́, -шно⟩ *adj* stickig, schwül
дуэ́ль *f I* Duell *nt*; **вы́звать на ~** zum Duell fordern; **слове́сная ~** Wortgefecht *nt*
дуэ́т *m K* **1.** Duett *nt*; **2.** Duo *nt*
ды́бом *adv* gesträubt; **при э́том во́лосы встаю́т ~** da stehen einem ja die Haare zu Berge
дыбы́: на дыбы́ *adv* auf die Hinterbeine; **встава́ть на дыбы́** (*auch fig*) sich auf die Hinterbeine stellen, sich sträuben
дым *m K ple* Rauch *m*; **нет ~а без огня́** (*fig*) wo Rauch ist, ist auch Feuer
дыми́ть ⟨*präs*: дымлю́, дыми́шь⟩ *vi I impf* (*pf:* на-) **1.** (*nur 3. pers*) schlecht

brennen, schwelen; **2.** (*чем-ли́бо*) paffen, rauchen
дыми́ться ⟨*wie*: дыми́ть⟩ *vr I impf* dampfen, qualmen
ды́мка *f A* Dunst *m*, Dunstschleier *m*
ды́мный *adj* **1.** qualmend; **2.** verqualmt, rauchig
ды́ня *f A1* Melone *f*
дыра́ *f A pls* Loch *nt*
ды́рка ⟨*gen pl*: -рок⟩ *f A* kleines Loch *nt*, Löchlein *nt*
дыроко́л *m K* Locher *m*
дыря́вить ⟨*präs*: дыря́влю, -вишь⟩ *vt I impf* **1.** lochen; **2.** löchern
дыря́вый ⟨*kf*: -я́в⟩ *adj* löchrig; **дыря́вая па́мять** (*umg*) ein Gedächtnis wie ein Sieb
дыха́ние *nt O2* **1.** Atem *m*; **2.** Atmung *f*; **задержа́ть ~** den Atem anhalten; **затруднённое ~** Atemnot *f*; **иску́сственное ~** künstliche Beatmung *f*; **у него́ дыха́ние спёрло** (*umg*) ihm ist die Puste ausgegangen
дыша́ть ⟨*präs*: дышу́, ды́шишь⟩ *vi I impf* **1.** atmen; **~ тяжело́** keuchen, schnaufen; **2.** (*чем-ли́бо*) strahlen (vor *+dat*); **его́ лицо́ дыша́ло ра́достью** er strahlte vor Freude
ды́шло *nt O* Deichsel *f*
дья́вол *m K* Teufel *m*, Dämon *m*
дьячо́к ⟨*gen sg*: -чка́⟩ *m K e* (*понома́рь*) Küster *m*
дю́бель *m K1* Dübel *m*
дю́жий ⟨*kf*: дюж, дюжа́, дю́же⟩ *adj* kräftig, robust
дю́жина *f A* Dutzend *nt*
дю́ны *f pl A* Dünen *f pl*
дя́дюшка *m A* Onkelchen *nt*
дя́дя ⟨*gen pl*: -дей, *oder*: -дьёв⟩ *m A1* Onkel *m*
дя́тел ⟨*gen sg*: дя́тла⟩ *m K* Specht *m*

Е

е, **Е** *nt indekl kyrillischer Buchstabe*
ева́нгелие *nt O2* Evangelium *nt*
евангели́ческий *adj* evangelisch, protestantisch
евре́й, **евре́йка** *m K2 / f A* Jude, Jüdin *m/f*
евре́йский *adj* jüdisch
Еврови́дение *nt O2* Eurovision *f*
Евро́па *f A* Europa *nt*; **Восто́чная ~** Osteuropa *nt*
европе́ец ⟨*gen sg*: -е́йца⟩ *m K* Europäer *m*
европеизи́ровать *vt E2 impf/pf* europäisieren
европе́йский *adj* europäisch; **Европе́йское Соо́бщество** Europäische Union *f*
евроче́к *m K* Eurocheque *m*
Еги́пет ⟨*gen sg*: -пта⟩ *m K* Ägypten *nt*
его́ [1] *pron poss* sein
его́ [2] ⟨*gen/akk sg von*: он⟩ *pron pers* ihn
еда́ *f A* **1.** Essen *nt*; **2.** Speise *f*; **дома́шняя ~** Hausmannskost *f*; **во вре́мя еды́** [*o* **за едо́й**] während des Essens
едва́ *adv* **I. 1.** (*с трудо́м*) mit Müh und Not; **2.** (*чуть*) kaum; **его́ го́лос ~ слы́шен** seine Stimme ist kaum zu hören; **3.** (*то́лько что*) soeben; **ему́ ~ испо́лнилось три́дцать лет** er ist gerade dreißig geworden; **~ ли** kaum, schwerlich; **~ ли не** fast; **II.** *konj* kaum, sobald; **~ он вошёл, как все ста́ли его́ расспра́шивать** er war kaum eingetreten, als ihn schon alle mit Fragen bestürmten
едине́ние *nt O2* **1.** Einigung *f*; **2.** Zusammenschluß *m*
едини́ца *f A* **1.** Eins *f*; **получи́ть едини́цу** eine Eins [*o* die schlechteste Note] bekommen; **2.** (*PHYS*) Einheit *f*, Maßeinheit *f*; **~ длины́** Längenmaß *nt*; **де́нежная ~** Währungseinheit *f*
едини́чный ⟨*kf*: -чен, -чна⟩ *adj* **1.** einzeln; **2.** vereinzelt; **3.** einmalig; **~ слу́чай** Einzelfall *m*
единобо́рство *nt O* Zweikampf *m*
единовре́менный *adj* einmalig; **единовре́менное посо́бие** einmalige Zuwendung *f*
единогла́сие *nt O2* Einstimmigkeit *f*
единогла́сный ⟨*kf*: -сен, -сна⟩ *adj* einhellig, einstimmig
единоду́шие *nt O2* Einmütigkeit *f*
единоду́шный ⟨*kf*: -шен, -шна⟩ *adj* einmütig, einträchtig; **единоду́шное мне́ние** übereinstimmende Meinung *f*
единомы́шленник *m K* Gleichgesinnte(r) *m*
единообра́зие *nt O2* Einheitlichkeit *f*
единообра́зный ⟨*kf*: -зен, -зна⟩ *adj* **1.** einheitlich; **2.** konform
единоро́г *m K* Einhorn *nt*
еди́нственный *adj* einzige(r, s); **~ ребёнок** Einzelkind *nt*; **еди́нственное число́** (*LING*) Einzahl *f*, Singular *m*; **~ в своём ро́де** einzigartig
еди́нство *nt O* Einheit *f*, Einigkeit *f*
еди́ный ⟨*kf*: -и́н⟩ *adj* einheitlich, einig; **приде́рживаться еди́ного мне́ния с кем-ли́бо** sich mit jdm einig sein ; **приходи́ть к еди́ному мне́нию** sich einig werden
е́дкий

⟨*kf*: едок, едка, едко, *komp*: едче⟩ *adj* **1.** (*CHEM*) ätzend; **2.** (*дым*) beißend; **3.** (*замечание*) bissig, scharf; **едкая ирония** beißende Ironie *f*

её [1] ⟨*gen/akk sg von*: она⟩ *pron pers* sie

её [2] *pron poss* ihr

ёж ⟨*gen sg*: ежа, *gen pl*: ежей⟩ *m K e* Igel *m*

ежевика *f A* **1.** Brombeere *f*; **2.** Brombeerstrauch *m*

ежегодный *adj* jährlich

ежедневный *adj* **1.** täglich; **2.** alltäglich, gewöhnlich

ежемесячный *adj* monatlich

еженедельный *adj* wöchentlich

ежечасный *adj* stündlich

ёжик *m K* **1.** kleiner Igel *m*; **2.** Bürstenhaarschnitt *m*

ежовый *adj* Igel-; **держать кого-либо в ежовых рукавицах** (*fig*) jdn unter der Fuchtel halten

езда *f A* **1.** Fahren *nt*; **2.** Fahrt *f*; **верховая ~** Reiten *nt*

ездить ⟨*präs*: езжу, ездишь⟩ *vi I unbest* (*best*: ехать) **1.** hin- und her fahren; **2.** fahren, fahren können; **~ верхом** reiten; **~ зайцем** (*umg*) schwarzfahren; **~ на велосипеде** radfahren; **~ на поезде** mit dem Zug fahren

еле-еле *adv* (*едва*) kaum, mit Müh und Not

елейный *adj* salbungsvoll, süßlich

ёлка ⟨*gen pl*: ёлок⟩ *f A* **1.** (*BOT*) Fichte *f*, Rottanne *f*; **2.** Weihnachtsbaum *m*

еловый *adj* Fichten-; **~ лес** Fichtenwald *m*; **еловая шишка** Tannenzapfen *m*

ёлочный *adj* Christbaum-; **ёлочные игрушки** Christbaumschmuck *m*

ель *f I* Fichte *f*, Rottanne *f*

ёмкий ⟨*kf*: ёмок, ёмка⟩ *adj* geräumig; **ёмкая формулировка** (*fig*) umfassende Formulierung *f*; **~ рынок** (*ÖKON*) aufnahmefähiger Markt *m*

ёмкость *f I* **1.** (*сосуд*) Behälter *m*; **~ для бензина** Benzinkanister *m*; **2.** Fassungsvermögen *nt*; **~ рынка** (*ÖKON*) Aufnahmefähigkeit des Marktes; **3.** (*EL*) Kapazität *f*; **4.** (*ÖKOL*) Belastbarkeit *f*

ему ⟨*dat sg von*: он⟩ *pron pers* ihm

енот *m K* Waschbär *m*

епархия *f A2* Diözese *f*

епископ *m K* Bischof *m*

епископальный *adj* bischöflich

епископство *nt O* Bistum *nt*

ералаш *m K* (*umg*) Unordnung *f*, Saustall *m*

ересь *f I* (*REL*) Häresie *f*, Ketzerei *f*; **нести ~** (*umg*) völligen Unsinn reden

еретик *m K* Ketzer *m*

еретический *adj* ketzerisch

ерунда *f A* **1.** Unsinn *m*, dummes Zeug *nt*; **2.** Kleinigkeit *f*

ерундовский *adj* (*вопрос*) dumm, unbedeutend

ёрш ⟨*gen sg*: ерша, *gen pl*: -шей⟩ *m K e* **1.** (*ZOOL*) Kaulbarsch *m*; **2.** Flaschenbürste *f*; **3.** (*umg*) *Mischung aus Wodka und Bier*

ЕС *abk von* Европейское Сообщество *nt* Europäische Union *f*, EU *f*

если *konj* **1.** wenn, falls; **~ сможешь, приезжай** wenn du magst, dann komm; **что ~?** und wenn aber?; **2.** (*mit Konjunktiv*) wenn, falls; **~ бы что-нибудь случилось, нас бы известили** wenn etw passiert wäre, hätten sie uns benachrichtigt

естественность *f I* Natürlichkeit *f*

естественный ⟨*kf*: -вен, венна⟩ *adj* **1.** (*nur Langform*) natürlich, Natur-; **~ продукт** Naturprodukt *nt*; **естественная наука** Naturwissenschaft *f*; **2.** (*fig*) natürlich, selbstverständlich; **3.** ungezwungen

естествознание *nt O2* Naturwissenschaft *f*

есть [1] ⟨*präs*: ем, ешь⟩ *vi U2 impf* (*pf*: съесть) **1.** essen; **2.** (*животное*) fressen; **3.** (*CHEM*) zerfressen; **дым ест глаза** der Rauch beißt in den Augen

есть [2] ⟨*3. pers sg präs von*: быть⟩ *vi UE1 impf* (*имеется*) es gibt, es sind da; **у меня ~ идея** ich habe eine Idee; **~ такое предложение** es liegt folgender Vorschlag vor; **в этом что-то ~** das hat etw für sich

есть [3] *interj* (*MIL*) zu Befehl

ефрейтор *m K* (*MIL*) Gefreiter *m*

ехать ⟨*präs*: еду, едешь⟩ *vi UE2 best* (*unbest*: ездить) **1.** fahren; **2.** reisen; **~ в Москву** nach Moskau fahren; **~ домой** heimreisen; **~ вдоль** entlangfahren; **~ вместе с кем-либо** mitfahren (mit +*dat*)

ехидничать *vi E impf* (*umg*) sticheln, lästern

ехидный ⟨*kf*: -ден, -дна⟩ *adj* **1.** (*улыбка*) boshaft; **2.** (*человек*) tückisch

ещё *adv* **1.** noch; **~ молод** noch jung; **~ раз** noch einmal; **нет ~** noch nicht; **2.** schon; **~ год назад** schon vor einem Jahr; **~ недавно** erst vor kurzem; **~ бы!** und ob! natürlich! **~ какой!** und was für einer

Ж

ж, Ж *nt indekl kyrillischer Buchstabe*

жаба *f A* Kröte *f*

жа́бры *f pl A* Kiemen *f pl*; **взять кого́-ли́бо за ~** (*fig*) jdm das Messer an die Kehle setzen
жа́воронок ⟨*gen sg*: -нка⟩ *f A* Lerche *f*
жа́дность *f I* **1.** Gier *f*; **2.** Habsucht *f*; **~ к деньга́м** Geldgier *f*; **3.** Geiz *m*
жа́дный ⟨*kf*: -ден, -дна́, -дно⟩ *adj* **1.** gierig, habgierig; **~ к де́ньга́м** geldgierig; **~ до зна́ний** wißbegierig; **2.** geizig
жа́жда *f A* **1.** Durst *m*; **2.** (*fig*) Begierde *f*, Verlangen *nt*; **~ де́йствий** Tatendrang *m*; **~ зна́ний** Wißbegier *f*; **~ стра́нствий** Wanderlust *f*, Fernweh *nt*
жа́ждать ⟨*präs*: жа́жду, -дешь⟩ *vt E4 impf* **1.** dürsten; **2.** (*fig: чего́-ли́бо*) begehren, verlangen (nach *+dat*)
жале́ть *vt E impf* (*pf:* по-) **1.** Mitleid haben (mit *+dat*), bedauern; **2.** schonen, sparen; **не ~ трудо́в** keine Mühe scheuen
жа́лить *vt I impf* (*pf:* у-) **1.** stechen; **2.** (*змея́*) beißen
жа́лкий ⟨*kf*: -лок, -лка́, -лко, *komp*: жа́льче⟩ *adj* **1.** bedauernswert, bemitleidenswert; **2.** jämmerlich, armselig; **игра́ть жа́лкую роль** (*fig*) eine traurige Figur abgeben [*o* machen]
жа́лко *adv präd* (*жаль*) schade, es ist bedauerlich; **мне ~ его́** er tut mir leid; **мне ~ вре́мени** schade um die Zeit
жа́лоба *f A* Beschwerde *f*, Klage *f*; **подава́ть жа́лобу на кого́-ли́бо** (*JUR*) eine Klage einreichen (gegen *+akk*)
жа́лобщик *m K* **1.** (*JUR*) Kläger *m*; **2.** (*pej*) Querulant *m*
жа́лованье *nt O1* Gehalt *nt*, Besoldung *f*
жа́ловаться *vi E2 impf* (*pf:* по-) (*на кого́-ли́бо/что-ли́бо*) klagen, sich beschweren (über *+akk*)
жа́лость *f I* **1.** Mitleid *nt*; **2.** Bedauern *nt*; **вызыва́ть ~** Mitleid erwecken
жаль *siehe* **жа́лко**
жалюзи́ *nt indekl* Jalousie *f*, Rolladen *m*
жанр *m K* Genre *nt*, Gattung *f*
жар ⟨*gen sg*: -а/-у, *präpos*: в жару́⟩ *m K* Hitze *f*, Glut *f*; **задава́ть жа́ру кому́-ли́бо** (*fig*) jdm einheizen, jdm Dampf machen
жара́ *f A* (*пого́да*) Hitze *f*
жа́рить *vt I impf* (*pf:* за-, из) **I.** braten; **II.** *vt I impf* **1.** (*шашлы́к*) grillen; **2.** (*со́лнце*) sengen, brennen
жа́риться *vi I impf* (*pf:* за-, из-) **I.** gebraten werden, schmoren; **II.** *vi I impf* (*umg*) sich sonnen
жа́ркий ⟨*kf*: -рок, -рка́, -рко, *komp*: жа́рче⟩ *adj* **1.** heiß; **2.** (*fig*) heftig, leidenschaftlich
жарко́е *nt wie adj* Braten *m*
жаросто́йкий *adj* hitzebeständig
жать[1] ⟨*präs*: жму, жмёшь⟩ *vt E9 impf* **1.** (*сжима́ть*) pressen, zusammendrücken; **~ кому́-ли́бо ру́ку** jdm die Hand schütteln; **2.** (*unpers: о́бувь*) drücken, zu eng sein
жать[2] ⟨*präs*: жну, жнёшь⟩ *vt E9 impf* (*pf:* с-) (*вести́ жа́тву*) Getreide mähen
жгу́чий ⟨*kf*: жруч⟩ *adj* **1.** glühend heiß, sengend; **2.** (*боль*) beißend; **3.** (*fig: кри́тика*) beißend, ätzend; **жгу́чая пробле́ма** brennendes [*o* aktuelles] Problem *nt*
ждать ⟨*präs*: жду, ждёшь⟩ *vt E4 impf* (*кого́-ли́бо/что-ли́бо; кого́-ли́бо/чего́-ли́бо*) warten (auf *+akk*), erwarten; **~ свое́й о́череди** warten, bis man an die Reihe kommt; **меня́ ждут** ich werde erwartet; **я жду не дожду́сь** ich kann es kaum noch erwarten
же *part Verstärkung* aber, doch, denn, hingegen; **что же ты молчи́шь?** warum sagst du denn nichts? **тогда́ ~** ebendann; **тот ~** derselbe; **та ~** dieselbe; **то ~** dasselbe
жева́ть ⟨*präs*: жую́, жуёшь⟩ *vt E2 impf* kauen; **~ жва́чку** Kaugummi kauen
жела́ние *nt O2* **1.** Wunsch *m*; **при всём жела́нии** beim besten Willen; **по жела́нию** auf Wunsch; **2.** Begierde *f*; **3.** Lust *f*; **име́ть ~ что-ли́бо сде́лать** [*o* **име́ть ~ к чему́-ли́бо**] zu etw Lust haben
жела́нный *adj* ersehnt, erwünscht, willkommen; **пришёл ~ миг** der langersehnte Moment ist da
жела́тельный ⟨*kf*: -лен, -льна⟩ *adj* **1.** erwünscht; **2.** (*реше́ние*) wünschenswert
желати́н *m K* Gelatine *f*
жела́ть *vt E impf* (*pf:* по-) (*чего́-ли́бо*) wünschen, verlangen; **~ кому́-ли́бо всего́ хоро́шего** jdm alles Gute wünschen
жела́ющий *m wie adj* Interessent *m*, Bewerber *m*
желе́ *nt indekl* Gelee *nt*
железа́ ⟨*pl*: же́лезы, желёз, железа́м⟩ *f A ple1* Drüse *f*; **поджелу́дочная ~** Bauchspeicheldrüse *f*
железнодоро́жник *m K* Eisenbahner *m*, Bahnbeamte(r) *m*
железнодоро́жный *adj* Bahn-, Eisenbahn-; **железнодоро́жная ли́ния** Bahnlinie *f*
желе́зный *adj* **1.** eisern; **желе́зная доро́га** Eisenbahn *f*; **2.** (*fig: дисципли́на*) eisern, unbeugsam
желе́зо *nt O* **1.** Eisen *nt*; **2.** (*umg:DV*) Hardware *f*
железобето́н *m K* Stahlbeton *m*
железосодержа́щий *adj* eisenhaltig

жёлоб ⟨*nom pl*: желоба́⟩ *m K ple* Rinne *f*; **водосто́чный ~** Regenrinne *f*
желобо́к ⟨*gen sg*: -бка́⟩ *m K* kleine Rinne *f*, Rille *f*
желте́ть *vi E impf* (*pf*: по-) **1.** gelb werden; **2.** vergilben; **3.** (*dazu kein pf*) gelb schimmern [*o* leuchten]
желтова́тый *adj* gelblich
желто́к ⟨*gen sg*: -тка́⟩ *m K* Eigelb *nt*, Eidotter *m*
желту́ха *f A* Gelbsucht *f*
жёлтый ⟨*kf*: жёлт, желта́, жёлто, *und*: желто́⟩ *adj* gelb; **~ дом** (*umg*) Irrenanstalt *f*; **жёлтая лихора́дка** (*MED*) Gelbfieber *nt*; **жёлтая пре́сса** Sensationspresse *f*
желу́док ⟨*gen sg*: -дка⟩ *m K* Magen *m*; **расстро́йство желу́дка** (*MED*) Durchfall *m*
желу́дочный *adj* Magen-; **желу́дочная кислота́** Magensäure *f*
жёлудь *m K1 ple1* (*auch ANAT*) Eichel *f*
жёлчь *f I* **1.** (*ANAT*) Galle *f*; **2.** (*fig*) Zorn *m*, Gereiztheit *f*; **его́ переполня́ет ~** ihm läuft die Galle über
жема́нный ⟨*kf*: -нен, -нна⟩ *adj* **1.** (*коке́тливый*) neckisch; **2.** (*чо́порный*) geziert, affig
жема́нство *nt O* Affektiertheit *f*, Getue *nt*
жемчу́жина *f A* Perle *f*
жена́ ⟨*pl*: жёны, жён⟩ *f A pls* Ehefrau *f*
жена́тый ⟨*kf*: -áт⟩ *adj* (*sg: Mann; pl: Ehepaar*) verheiratet
Жене́ва *f A* Genf *nt*
жени́ть ⟨*fut und präs*: женю́, же́нишь⟩ *vt I impf/pf* (*Mann: кого́-ли́бо на ко́м-ли́бо*) verheiraten
жени́тьба *f A* (*Mann*) Heirat *f*
жени́ться ⟨*fut und präs*: женю́сь, же́нишься ⟩ *vi I impf/pf* (*vom Mann: на ком-ли́бо*) heiraten, sich verheiraten
жени́х *m K* Bräutigam *m*, Verlobte(r) *m*; **~и неве́ста** Brautpaar *nt*
женоненави́стник *m K* Frauenhasser *m*
же́нский *adj* Frauen-, weiblich; **же́нское движе́ние** Frauenbewegung *f*
же́нственный ⟨*kf*: -вен, -венна⟩ *adj* **1.** fraulich; **2.** weiblich
же́нщина *f A* Frau *f*; **рабо́тающая ~** berufstätige Frau; **~-вра́ч** Ärztin *f*; **~-бизнесме́н** Geschäftsfrau *f*
женьше́нь *m K1* Ginseng *m*
жердь *f I ple1* **1.** Stange *f*; **2.** Zaunpfahl *m*
жеребёнок ⟨*gen sg*: -нка, *nom pl*: жеребя́та⟩ *m U4* Fohlen *nt*
жеребе́ц ⟨*gen sg*: -бца́⟩ *m K e* Hengst *m*
жеребьёвка ⟨*gen pl*: -вок⟩ *f A* Verlosung *f*, Losziehung *f*; **проводи́ть жеребьёвку** verlosen
же́ртва *f A* **1.** Opfer *nt*; **же́ртвы землетрясе́ния** Erdbebenopfer; **пасть же́ртвой** zum Opfer fallen; **2.** Verzicht *m*
жертвова́ть *vi E2 impf* (*pf*: по-) **1.** (*де́ньги*) spenden; **2.** (*кем-ли́бо/чем-ли́бо*) opfern; **~ собо́й** sich aufopfern
жест *m K* **1.** Geste *f*; **2.** Handbewegung *f*
жестикули́ровать *vi E2 impf* gestikulieren
жёсткий ⟨*kf*: жёсток, жёстка, жёстко, *komp*: жёстче⟩ *adj* **1.** hart, fest; **2.** (*мя́со*) zäh; **3.** (*fig*) streng, grob; **сторо́нник жёсткого ку́рса** (*POL*) Hardliner *m*
жесто́кий ⟨*kf*: -óк, -ока́, -óко, *komp*: жесто́че, *super*: жесточа́йший⟩ *adj* **1.** (*нра́вы*) grausam, brutal; **жесто́кое обраще́ние** Mißhandlung *f*; **2.** (*моро́з*) heftig, stark; **3.** (*оши́бка*) schwer
жестокосе́рдный ⟨*kf*: -ден, дна⟩ *adj* hartherzig
жесто́кость *f I* **1.** Grausamkeit *f*, Härte *f*; **2.** Schwere *f*
жесть *f I* Blech *nt*
жестя́ник *m K* Klempner *m*
жечь ⟨*präs*: жгу, жжёшь, жгут, *prät*: жёг, жгла, жгло⟩ *vt UE4 impf* (*pf*: с) **I.** (*бума́га*) verbrennen; **II.** *vi UE4 impf* (*pf*: с-) (*крапи́ва*) brennen
живо́й ⟨*kf*: жив, жива́, жи́во⟩ *adj* **1.** lebendig; **живо́е существо́** Lebewesen *nt*; **2.** (*fig: бесе́да*) lebhaft; **3.** (*nur Langform*) echt, wirklich; **~ интере́с к чему́-ли́бо** reges Interesse (für *+akk*)
живопи́сный ⟨*kf*: -сен, -сна⟩ *adj* **1.** malerisch; **2.** (*приро́да*) schön
жи́вопись *f I* **1.** Malerei *f*, **2.** Gemälde *nt*; **насте́нная ~** *f* Wandmalerei *f*
жи́вость *f I* Lebendigkeit *f*, Vitalität *f*
живо́т *m K* Bauch *m*, Unterleib *m*; **у меня́ разболи́тся ~** ich habe Bauchschmerzen
живо́тное *nt wie adj* Tier *nt*
живо́тный *adj* **1.** Tier-, tierisch; **2.** (*fig*) animalisch, triebhaft
жи́вчик *m K* **1.** (*umg*) Quirl *m*, lebhafter Mensch *m*; **2.** (*BIO*) männliche Samenzelle *f*
живьём *adv* lebend, bei lebendigem Leibe
жи́дкий ⟨*kf*: -док, -дка́, -дко, *komp*: жи́же⟩ *adj* **1.** flüssig; **2.** (*ча́й*) wäßrig; **3.** (*аргуме́нт*) schwach, inhaltsleer
жи́дкость *f I* Flüssigkeit *f*
жизнелю́б *m K* Frohnatur *f*, lebensfroher Mensch *m*
жи́зненный ⟨*kf*: -знен, -зненна⟩ *adj* **1.** Lebens-; **~ о́пыт** Lebenserfahrung *f*; **2.**

lebenswichtig, lebensnotwendig

жизнера́достность *f I* Lebensfreude *f*

жизнера́достный ⟨*kf*: -тен, -тна⟩ *adj* lebensfroh, lebenslustig

жизнь *f I* **1.** (*BIO*) Leben *nt*, Existenz *f*; **всю ~** zeitlebens; **при жи́зни** zu Lebzeiten; **ни в ~** im Leben nicht, niemals; **не на ~, а на смерть** (*fig*) auf Leben und Tod; **тебе́ что ~ надое́ло?** (*fig:umg*) bist du lebensmüde? **2.** (*бу́нди*) Alltag *m*, Lebensumstände *m pl*; **ча́стная ~** Privatleben *nt*; **не от хоро́шей жи́зни** aus Not

жи́ла *f A* **1.** (*ANAT*) Ader *f*; **2.** Sehne *f*; **найти́ золоту́ю жи́лу** (*GEOL*) auf eine Goldader stoßen

жиле́т *m K* Weste *f*; **пла́каться в ~ку кому́-ли́бо** (*umg*) jdm etw vorjammern

жиле́ц, **жили́ца** ⟨*gen sg m*: -льца⟩ *m K / f A* Mieter, -in *m/f*; **он на све́те** [*o* **земле́**] **уже́ не ~** (*umg*) er macht ' s nicht mehr lange, er wird wohl bald sterben

жили́ще *nt O1* **1.** (*кварти́ра*) Wohnung *f*; **2.** Behausung *f*

жили́щный *adj* Wohnungs-; **жили́щное строи́тельство** Wohnungsbau *m*; **жили́щные усло́вия** Wohnbedingungen *pl*

жи́лка ⟨*gen pl*: -лок⟩ *f A* kleine Ader *f*, Äderchen *nt*; **име́ть жи́~у к чему́-ли́бо** (*fig*) eine Ader [*o* Begabung] haben (für +*akk*)

жило́й *adj* **1.** bewohnbar; **2.** bewohnt; **3.** Wohn-; **~ райо́н** Wohngebiet *nt*

жилпло́щадь *akr von* жила́я пло́щадь *f* Wohnraum *m*, Wohnfläche *f*

жильё *nt O1* **1.** Wohnung *f*; **по́иски жилья́** Wohnungssuche *f*; **2.** bewohntes Gebiet *nt*; **3.** Wohnraum *m*

жир *m K ple* Fett *nt*; **сма́зывать ~ом** einfetten

жира́ф *m K* Giraffe *f*

жире́ть *vi E impf* (*pf:* о-, раз-) dick werden, Fett [*o* Speck] ansetzen

жи́рность *f I* Fettgehalt *m*

жи́рный ⟨*kf*: -рен, рна́, рно⟩ *adj* **1.** (*суп*) fett; **2.** (*челове́к*) fett, dickleibig; **3.** fettig; **жи́рное пятно́** Fettfleck *m*; **на́бранный жи́рным шри́фтом** fettgedruckt

жите́йский *adj* alltäglich, Alltags-; **жите́йские забо́ты** Alltagssorgen *pl*; **жите́йские ме́лочи** der tägliche Kleinkram *m*; **жите́йская ситуа́ция** Lebenslage *f*

жи́тель, **жи́тельница** *m K1 / f A* Bewohner, -in *m/f*, Einwohner, -in *m/f*

жи́тельство *nt O* Wohnsitz *m*, Aufenthaltsort *m*

жи́тница *f A* Kornkammer *f*

жить ⟨*präs*: живу́, живёшь⟩ *vi UE3 impf* **1.** leben; **2.** wohnen; **он живёт в Москве́** er wohnt in Moskau; **3.** (*чем-ли́бо; на что-ли́бо*) seinen Lebensunterhalt bestreiten; **она́ живёт на стипе́ндию** sie lebt von einem Stipendium; **жил-был** (*в ска́зке*) es war einmal

жи́ться ⟨*nur 3. pers*: живётся⟩ *vi UE3 impf* (*umg: кому́-ли́бо*) (irgendwie) leben; **нам живётся хорошо́** uns geht es gut

жму́риться *vi I impf* (*pf:* за-) blinzeln, die Augen zusammenkneifen

жму́рки ⟨*gen pl*: -рок⟩ *pl A* Blindekuh; **игра́ть в ~** Blindekuh spielen

жнивьё ⟨*nom pl*: жни́вья, *gen pl*: жни́вьев⟩ *nt O1 pls* **1.** (*AGR жни́во; жнитво́*) Stoppelfeld *nt*; **2.** Stoppeln *f pl*

жрать ⟨*präs*: жру, жрёшь⟩ *vi E4 impf* (*pf:* со-) (*живо́тное*) fressen

жре́бий ⟨*präpos sg*: -ии⟩ *m K2* Los *nt*; **тяну́ть ~** losen; **~ бро́шен** (*fig*) die Würfel sind gefallen

жужжа́ть ⟨*präs*: жужжу́, жужжи́шь⟩ *vi I impf* **1.** (*пчела́*) summen; **2.** (*жук*) surren, brummen

жук *m K e* **1.** (*ZOOL*) Käfer *m*; **2.** (*umg*) Schlitzohr *nt*

жу́лик *m K* Gauner *m*, Dieb *m*

жу́льничать *vt E impf* (*pf:* с-) (*umg*) betrügen

жура́вль *m K1 e* Kranich *m*

журна́л *m K* Journal *nt*, Zeitschrift *f*

журнали́ст *m K* Journalist *m*

журнали́стика *f A* Journalismus *m*

журча́ть ⟨*nur 3. pers: sg*: журчи́т, *pl*: журча́т⟩ *vt I impf* **1.** (*руче́й*) rauschen, rieseln; **2.** (*fig: речь*) vor sich hinplätschern

жу́ткий ⟨*kf*: -ток, -тка́, -тко⟩ *adj* (*ужа́сный*) schauerlich, gruselig, unheimlich; **жу́ткая исто́рия** Schauergeschichte *f*; **мне жу́тко** mich [*o* mir] gruselt es

жу́тко *adv* (*umg:als Verstärkung*) schrecklich, unheimlich; **мне ~ неудо́бно** es ist mir schrecklich peinlich

жюри́ *nt indekl* Jury *f*, Preisgericht *nt*

З

з, **З** *nt indekl kyrillischer Buchstabe*

за *präp +akk* **I. 1.** (*wohin?*) hinter (+*akk*); **уе́хать ~ грани́цу** ins Ausland fahren; **2.** an (+*akk*); **сесть ~ стол** sich an den Tisch setzen; **3.** (*wann?*) während (+*gen*); **он сде́лал всю рабо́ту ~ оди́н день** er hat die ganze Arbeit an einem Tag erledigt; **~ час до конце́рта** eine Stunde vor dem Konzert; **II.** *präp +inst* **1.** (*wo?*) hinter (*+dat*); **~ грани́цей** im Ausland; **2.** an (*+dat*); **сиде́ть ~ столо́м** am Tisch sitzen; **3.** bei (*+dat*); **сиде́ть ~ ча́ем** bei einer Tasse Tee sitzen; **4.** außerhalb (*+gen*); **он живёт ~ го́родом** er wohnt außerhalb der Stadt; **5.** hinter ... her (*+dat*); **бе́гать ~ кем-ли́бо** hinter jdm herlaufen; **идти́ ~ хле́бом** Brot holen; **6.** nach (*+dat*); **посла́ть ~ до́ктором** nach dem Doktor schicken, den Doktor holen; **III.** *präp +akk* für (*+akk*); **купи́ть что-ли́бо ~ сто рубле́й** etw für hundert Rubel kaufen; **пить ~ чьё-ли́бо здоро́вье** auf jds Wohl trinken; **~ и про́тив** für und wider; **я ~ э́то** ich bin dafür

забавля́ть *vt E impf* belustigen, amüsieren

заба́вный ⟨*kf*: -вен, -вна⟩ *adj* (*смешно́й*) amüsant, lustig, witzig

забаллоти́ровать *vt E2 pf* (*impf:* забаллотиро́вывать) (*кандида́та*) niederstimmen, abwählen

забастова́ть *vi E2 pf* **1.** einen Streik beginnen; **2.** streiken

забасто́вка ⟨*gen pl*: -вок⟩ *f A* Streik *m*, Ausstand *m*; **предупреди́тельная ~** Warnstreik *m*

забве́ние *nt O2* Vergessen *nt*; **иска́ть ~ия** etw zu vergessen suchen

забега́ть *vi E impf* (*pf:* забежа́ть) **1.** (*к кому́-ли́бо*) kurz besuchen; **2.** (*в магази́н*) hineinlaufen; **~ вперёд** (*auch fig*) vorauseilen, vorwegnehmen

забе́гать *vi E pf* anfangen (hin und her) zu laufen

забежа́ть ⟨*fut*: забегу́, -бежи́шь⟩ *vi UI pf* (*impf:* забега́ть) (*к кому́-ли́бо*) kurz besuchen, kurz vorsprechen (bei *+dat*)

забеспоко́иться ⟨*fut*: забеспоко́юсь, -о́ишься⟩ *vr I pf* unruhig werden

забетони́ровать *vt E2 pf* (*impf:* бетони́ровать) betonieren

забива́ть *vt E impf* (*pf:* заби́ть) **1.** einschlagen, rammen; **~ на́смерть** erschlagen; **2.** (*SPORT*) ins Ziel schießen; **~ гол** ein Tor schießen; **3.** (*скот*) abschlachten

забива́ться *vr E impf* (*pf:* заби́ться) **1.** sich verstecken; **~ в у́гол** (*umg*) sich in die Ecke verkriechen; **2.** (*пыль*) eindringen

забира́ть *vt E impf* (*pf:* забра́ть) **1.** nehmen, ergreifen; **~ из ремо́нта** [*o* **почи́нки**] von der Reparatur abholen; **2.** (*umg*) wegnehmen; **3.** (*аресто́вывать*) verhaften, abführen

заби́ть ⟨*fut*: забью́, -бьёшь⟩ *vt E4c pf* (*impf:* забива́ть) einschlagen, rammen

заби́ться ⟨*fut*: забью́сь, -бьёшься⟩ *vr E4c pf* (*impf:* забива́ться) sich verstecken

забия́ка *mf A* Raufbold *m*

заблесте́ть ⟨*fut*: заблещу́, -блести́шь⟩ *vi I pf* anfangen zu strahlen [*o* glänzen]

заблуди́ться ⟨*fut*: заблужу́сь, -блу́дишься⟩ *vr I pf* (*в лесу́*) sich verirren, sich verlaufen

заблужде́ние *nt O2* Irrtum *m*; **находи́ться в заблужде́нии** sich im Irrtum befinden, im Irrtum sein

заболева́ние *nt O2* Erkrankung *f*; **профессиона́льное** [*o* **проф-**] **~** Berufskrankheit *f*

заболе́ть *v + inst E pf* (*impf:* заболева́ть) **I.** erkranken (an *+akk*); **II.** ⟨*nur 3. pers*: заболи́т⟩ *vi I pf* (*impf:* заболева́ть) anfangen zu schmerzen

забо́р *m K* **1.** Zaun *m*, Umzäunung *f*; **2.** (*SPORT*) Hindernis *nt*; **огора́живать ~ом** einzäunen; **3.** (*воды́*) Entnahme *f*

забо́та *f A* **1.** Sorge *f*; **~ о бу́дущем** Sorge um die Zukunft; **мне бы твой забо́ты!** deine Sorgen möchte ich haben! **2.** (*зада́ча*) Anliegen *nt*; **э́то не моя́ ~** das ist nicht mein Problem; **3.** (*внима́ние*) Sorge *f*, Fürsorge *f*; **окружи́ть больно́го забо́той** einen Kranken mit Fürsorge umhegen

забо́титься ⟨*präs*: забо́чусь, -бо́тишся⟩ *vr I impf* (*pf:* по-) **1.** (*о ком-ли́бо/чём-ли́бо*) sich sorgen (um *+akk*); **2.** sorgen (für *+akk*); **3.** jdn pflegen

забо́тливый *adj* fürsorglich

забра́сывать *vt E impf* (*pf:* заброса́ть) **I.** (*кого́-ли́бо/что-ли́бо чем-ли́бо:auch fig*) bewerfen, zuschütten; **~ кого́-ли́бо вопро́сами** jdn mit Fragen überhäufen; **II.** *vt E* (*pf:* забро́сить) **1.** (zu) weit werfen; **2.** (*fig*) vernachlässigen, aufgeben; **~ учёбу** sein Studium aufgeben [*o* schmeißen]

забронирова́ть *vt E2 pf* (*impf:* бронирова́ть) panzern

заброни́ровать *vt E2 pf* (*impf:* брони́ровать) reservieren

забры́згивать *vt E impf* (*pf:* забры́згать) (*гря́зью*) bespritzen, beklekkern

забыва́ть *vt E2 impf* (*pf:* забы́ть) (*кого́-ли́бо/что-ли́бо; о ком-ли́бо/чём-ли́бо*) vergessen, nicht mehr denken (an *+akk*); **~ о свои́х обя́занностях** seine Pflichten vernachlässigen; **мы не должны́ ~, что** wir dürfen nicht übersehen [*o* vergessen], daß

забыва́ться *vr E impf* (*pf:* забы́ться) **1.** das Bewußtsein verlieren; **2.** (*umg*) sich vergessen, die Beherrschung verlieren

забы́вчивость *f I* Vergeßlichkeit *f*, Zer-

streutheit *f*
забы́вчивый ⟨*kf*: -ив⟩ *adj* vergeßlich, zerstreut
забы́ть ⟨*fut*: забу́ду, -бу́дешь⟩ *vt UE1 pf* (*impf:* забыва́ть) vergessen
забы́ться ⟨*fut*: забу́дусь, -бу́дешься⟩ *vr UE1 pf* (*impf:* забыва́ться) **1.** das Bewußtsein verlieren; **2.** sich vergessen
зава́жничать *vi E pf* (*umg*) anfangen wichtig zu tun, anfangen sich etw einzubilden
завали́ть ⟨*fut*: завалю́, -ва́лишь⟩ *vt I pf* (*impf:* зава́ливать) **1.** zuschütten, versperren; **2.** (*auch fig: пода́рками*) zuschütten, überhäufen; **3.** (*рабо́той*) überlasten; **~ экза́мен** das Examen nicht bestehen
завари́ть ⟨*fut*: заварю́, -ва́ришь⟩ *vt I pf* (*impf:* зава́ривать) (*ча́й*) aufbrühen; **ты завари́л ка́шу, а мне прихо́дится расхлёбывать** (*fig*) ich muß die Suppe auslöffeln, die du eingebrockt hast
зава́рка *f A Teeaufguß im Samowar*
заведе́ние *nt O2* **1.** Unternehmen *nt*; **2.** Institution *f*; **вы́сшее уче́бное ~** Hochschule *f*
заве́довать *v + inst E2 impf* verwalten, leiten
заве́домо *adv* bewußt, wissentlich
заве́дующий, **заве́дующая** *m/f wie adj* **1.** (*чем-ли́бо*) Leiter, -in *m/f*; **2.** Verwalter, -in *m/f*
завербова́ть *vt E2 pf* (*impf:* вербова́ть) anwerben
завере́ние *nt O2* **1.** (*слове́сное*) Versicherung *f*, Beteuerung *f*; **2.** (*докуме́нта*) Beglaubigung *f*
заве́рить *vt I pf* (*impf:* заверя́ть) **1.** versichern; **2.** beglaubigen
заверну́ть *vt E1 pf* (*impf:* завёртывать) (*umg impf auch: завора́чивать*) einwickeln, einbiegen
заверша́ть *vt E impf* (*pf:* заверши́ть) abschließen, beenden
заверше́ние *nt O2* **1.** Abschluß *m*; **в ~ конгре́сса** zum Abschluß des Kongresses; **2.** Vollendung *f*
заверя́ть *vt E impf* (*pf:* заве́рить) **1.** (*кого́-ли́бо в чём-ли́бо*) versichern, beteuern; **2.** (*докуме́нт*) beglaubigen
заве́са *f A* (*пелена́*) Schleier *m*; **дымова́я ~** Dunstschleier *m*
заве́сить ⟨*fut*: заве́шу, -ве́сишь⟩ *vt I pf* (*impf:* заве́шивать) zuhängen
завести́ ⟨*fut*: заведу́, -ведёшь⟩ *vt E6a pf* (*impf:* заводи́ть) **1.** hinführen; **2.** einführen
завести́сь ⟨*fut*: заведу́сь, -ведёшься⟩ *vr E6a pf* (*impf:* заводи́ться) sich einfinden
заве́т *m K* (*meist pl*) Vermächtnis *nt*; **Ве́тхий ~** (*REL*) Altes Testament *nt*; **Но́вый ~** Neues Testament *nt*
заве́тный *adj* geheim, verborgen; **заве́тная мечта́** Herzenswunsch *m*
заве́шивать *vt E2 impf* (*pf:* заве́сить) (*окно́*) zuhängen, verhängen
завеща́ние *nt O2* Testament *nt*, Vermächtnis *nt*
завеща́ть *vt E impf/pf* (*что-ли́бо кому́-ли́бо*) vererben, vermachen
завива́ть *vt E impf* (*pf:* зави́ть) **1.** (*во́лосы*) kräuseln; **2.** flechten
зави́вка ⟨*gen pl*: -вок⟩ *f A* Kräuseln *nt*; **шестиме́сячная** [*o* **хими́ческая**] **~** Dauerwelle *f*
зави́довать *v + dat E2 impf* (*pf:* по-) beneiden, neidisch sein (auf *+akk*)
завизи́ровать *vt E2 pf* (*impf:* визи́ровать 1) **1.** beglaubigen; **2.** mit einem Visum versehen
завинти́ть ⟨*fut*: завинчу́, -винти́шь⟩ *vt I pf* (*impf:* зави́нчивать) **1.** zuschrauben; **2.** festschrauben
зависа́ть ⟨*präs*: завишу́, -ви́шешь⟩ *vi E4 impf* (*pf:* зави́снуть) (*DV: о компью́тере*) hängenbleiben, abstürzen
зави́сеть ⟨*präs*: зави́шу, -ви́сишь⟩ *vi I impf* **1.** (*от кого́-ли́бо/чего́-ли́бо*) abhängig sein (von *+dat*); **2.** angewiesen sein (auf *+akk*)
зави́симость *f I* Abhängigkeit *f*
зави́симый ⟨*kf*: -им⟩ *adj* abhängig
зави́снуть *vi E1 pf* (*impf:* зависа́ть) (*DV*) hängenbleiben, abstürzen
зави́стливый ⟨*kf*: -ив⟩ *adj* **1.** (*челове́к*) neidisch; **2.** (*взгляд*) neiderfüllt
зави́стник *m K* neidischer Mensch *m*, Neider *m*
за́висть *f I* Neid *m*; **досто́йный за́висти** beneidenswert
зави́ть ⟨*fut*: завью́, -вьёшь⟩ *vt E4c pf* (*impf:* завива́ть) (*во́лосы*) flechten
завладева́ть *v + inst E2 impf* (*pf:* завладе́ть) **1.** in Besitz nehmen; **2.** (*fig: разгово́ром*) an sich reißen
завле́чь ⟨*fut*: завлеку́, -влечёшь⟩ *vt UE4 pf* (*impf:* завлека́ть) **1.** locken; **2.** verlocken
заво́д *m K* **1.** Werk *nt*, Betrieb *m*, Fabrik *f*; **пивова́ренный ~** Brauerei *f*; **2.** (*у часо́в*) Aufziehwerk *nt*
заводи́ть ⟨*präs*: завожу́, -во́дишь⟩ *vt I impf* (*pf:* завести́) **1.** hinbringen; **2.** (*поря́док*) herstellen, einführen; **3.** (*начина́ть*) anknüpfen; **~ знако́мство с кем-ли́бо** Bekanntschaft machen (mit *+dat*); **~ разгово́р о чём-.ли́бо** zu sprechen kommen (auf *+akk*); **~ спор**

einen Streit anfangen; **4.** (*TECH: мото́р*) ankurbeln, anlassen; **5.** (*часы́*) aufziehen
заводи́ться ⟨*präs*: завожу́сь,-во́дишься⟩ *vr I impf* (*pf:* завести́сь) **1.** sich einfinden; **2.** (*мото́р*) anspringen; **3.** (*fig: нача́ть спо́рить*) ungehalten werden
заводно́й *adj* (*игру́шка*) zum Aufziehen
заводско́й *adj* **1.** Fabrik-; **2.** betriebseigen
завоева́ние *nt O2* **1.** Errungenschaft *f*, Leistung *f*; **2.** (*MIL*) Eroberung *f*
завоева́тель *m K1* Eroberer *m*
завоёвывать *vt E impf* (*pf:* завоева́ть) (*MIL*) erobern; **~ чьё-ли́бо расположе́ние** (*fig*) jdn für sich gewinnen; **~ побе́ду** (*SPORT*) den Sieg erringen
заволо́чься ⟨*fut*: заволоку́сь, -волочёшься, *prät*: заволо́кся, заволокла́сь⟩ *vr UE4 pf* (*impf:* завола́киваться) sich bedecken, sich überziehen; **не́бо заволокло́сь облака́ми** der Himmel bewölkte sich
завора́живать *vt E impf* (*pf:* заворожи́ть) bezaubern, in seinen Bann ziehen
завора́чивать *vt E impf* (*pf:* заворoти́ть) **1.** (*за у́гол*) einbiegen, abbiegen; **2.** (*не пропуска́ть*) zum Umkehren zwingen, umlenken; **3.** (*упако́вывать*) einwickeln, einpacken
заворожи́ть *vt I pf* (*impf:* завора́живать) bezaubern
завсегда́тай *m K2* Stammgast *m*, ständiger Besucher *m*
за́втра *adv* morgen
за́втрак *m K* Frühstück *nt*; **корми́ть ~ами** (*fig*) jdn mit leeren Versprechungen abspeisen, jdn ständig auf morgen vertrösten
за́втракать *vi E impf* (*pf:* по-) frühstücken
завуали́ровать *vt E2 pf* (*impf:* вуали́ровать) verschleiern, vertuschen
завы́сить ⟨*fut*: завы́шу, -вы́сишь⟩ *vt I pf* (*impf:* завыша́ть) (*це́ну*) zu hoch festsetzen, zu hoch ansetzen; **~ тре́бования** an jdn zu hohe Anforderungen stellen
завяза́ть ⟨*fut*: завяжу́, -вя́жешь⟩ *vt E4 pf* (*impf:* завя́зывать) **1.** zuknoten; **2.** (*узло́м*) etw verknoten; **3.** (*га́лстук*) binden; **~ делов́ые конта́кты** (*fig*) Geschäftskontakte knüpfen; **~ разгово́р** ein Gespräch anknüpfen
завяза́ться ⟨*fut*: завяжу́сь, -вя́жешься⟩ *vr E4 pf* (*impf:* завя́зываться) **1.** (*га́лстук*) zugebunden werden; **2.** (*fig*) sich entspinnen; **завяза́лась оживлённая бесе́да** es entspann sich eine angeregte Unterhaltung
зага́дить ⟨*fut*: зага́жу, -га́жишь⟩ *vt I pf* (*impf:* зага́живать) beschmutzen
зага́дка ⟨*gen pl*: -док⟩ *f A* Rätsel *nt*
зага́дочный ⟨*kf*: -чен, чна⟩ *adj* rätselhaft, mysteriös
зага́живать *vt E impf* (*pf:* зага́дить) (*umg*) beschmutzen, besudeln
загазо́ванный *adj* (*ÖKOL*) abgasbelastet; **не ~** abgasarm
зага́р *m K* Sonnenbräune *f*, Bräune *f*
загво́здка ⟨*gen pl*: -док⟩ *f A* (*fig*) Haken *m*, Schwierigkeit *f*; **в чём ~?** woran hapert es
загиба́ть *vt E impf* (*pf:* загну́ть) umbiegen; **~ страни́цу в кни́ге** ein Eselsohr machen; **~ брю́ки** die Hosen hochkrempeln
загла́вие *nt O2* **1.** Titel *m*; **2.** Überschrift *f*
загла́вный *adj* Titel-; **загла́вная бу́ква** Großbuchstabe *m*; **загла́вное сло́во** (*в словаре́*) Stichwort *nt*
загло́вок ⟨*gen sg*: -вка⟩ *m K* Überschrift *f*; **бро́ский ~** Schlagzeile *f*
заглуши́ть *vt I pf* (*impf:* заглуша́ть) **1.** (*зву́ки*) übertönen; **2.** abdämpfen
загляде́нье *nt O1* Augenweide *f*, schöner Anblick *m*
загля́дывать *vi E impf* (*pf:* загляну́ть) **1.** flüchtig hinsehen; **2.** (*umg*) kurz hereinschauen, einen kurzen Besuch machen
загна́ть ⟨*fut*: загоню́, -го́нишь⟩ *vt I pf* (*impf:* загоня́ть) hineinjagen, hineintreiben
загни́ть ⟨*fut*: загнию́, -гниёшь⟩ *vi E pf* (*impf:* загнива́ть) verfaulen
загну́тый *adj* **1.** gebogen; **2.** umgeknickt
загну́ть *vt E1 pf* (*impf:* загиба́ть) umbiegen
за́говор *m K* **1.** (*POL*) Verschwörung *f*, Komplott *nt*; **2.** Zauberspruch *m*
заговори́ть *vi I pf* (*impf:* загова́ривать) **I. 1.** zu reden beginnen; **2.** ein Gespräch beginnen; **II.** *vt I* **1.** die Ohren vollreden; **2.** besprechen
загоня́ть *vt E impf* (*pf:* загна́ть) **1.** (*скот*) hineinjagen, hineintreiben; **2.** (*ло́шадь*) abhetzen; **3.** (*fig*) hetzen; **~ в у́гол** jdn in die Enge treiben
загора́живать *vt E impf* (*pf:* загороди́ть) **1.** umzäunen; **2.** versperren, verstellen; **~ свет кому́-ли́бо** jdm im Licht stehen
загоре́вший *adj* braungebrannt
загоре́ть *vi I pf* (*impf:* загора́ть) **1.** (*на со́лнце*) sich sonnen; **2.** braun werden
загоре́ться *vr I pf* (*impf:* загора́ться) **1.** anfangen zu brennen, aufflammen; **2.** (*fig*) sich begeistern, Feuer und Flamme

sein (für *+akk*)

загороди́ть ⟨*fut*: загорожу́, -горóди́шь⟩ *vt I pf* (*impf:* загора́живать) **1.** umzäunen; **2.** versperren

за́городный *adj* außerhalb der Stadt

грани́ца *f A* Ausland *nt*

заграни́чный *adj* Auslands-, ausländisch; **загани́чная командирóвка** Auslandsreise *f*

загреба́ть *vt E impf* (*pf:* загрести́) zusammenraffen; **~ дéньги** (*fig*) Geld scheffeln

загрести́ ⟨*fut*: загребу́, -гребёшь⟩ *vt E6a pf* (*impf:* загреба́ть) zusammenraffen

загримирова́ть *vt E2 pf* (*impf:* гримирова́ть) schminken

загрязнéние *nt O2* Verschmutzung *f*; **~ вóздуха** Luftverschmutzung *f*; **~ окружа́ющей среды́** Umweltverschmutzung *f*

загрязни́ть ⟨*fut*: загрязню́, -грязни́шь⟩ *vt I pf* (*impf:* загрязня́ть) beschmutzen, verunreinigen

загрязни́ться ⟨*fut*: загрязню́сь, -грязни́шься⟩ *vr I pf* (*impf:* загрязня́ться) beschmutzt werden

загс *abk von* отдéл за́писей а́ктов гражда́нского состоя́ния *m* Standesamt *nt*

зад ⟨*präpos sg*: на/в заду́⟩ *m K ple* **1.** hinterer Teil *m*; **2.** Gesäß *nt*

задави́ть ⟨*fut*: задавлю́, -да́вишь⟩ *vt I pf* (*impf:* дави́ть) **1.** auspressen, zerquetschen; **2.** (*nur pf: переéхать*) überfahren

зада́ние *nt O2* **1.** Auftrag *m*; **2.** Aufgabe *f*; **дома́шнее ~** Hausaufgabe *f*, **пла́новое ~** Planvorgabe *f*

за́данный *adj* vorgegeben

зада́ча *f A* **1.** Aufgabe *f*; **2.** Übungsaufgabe *f*

задви́жка ⟨*gen pl*: -жек⟩ *f A* (*запóр*) Riegel *m*

задвóрки ⟨*gen pl*: -рков⟩ *m pl K* Hinterhof *m*

задева́ть *vt E2 impf* (*pf:* задéть) **1.** (*когó-ли́бо/что-ли́бо; за что-ли́бо*) streifen, leicht berühren; **~ за у́гол** anecken; **2.** (*fig*) bei jdm anecken, jdn kränken

задéйствовать *vt E2 pf* **1.** einsetzen, einbeziehen; **~ возмóжности ОÓН** die UNO einbeziehen; **2.** in Gang setzen

задéл *m K* Vorleistungen *f pl*, Vorarbeit *f*

задéлывать *vt E impf* (*pf:* задéлать) **1.** fest zumachen, verschließen; **2.** (*пробóину*) abdichten

задёрганный *adj* (*человéк*) abgehetzt

задержа́ние *nt O2* Festnahme *f*, Verhaftung *f*

задержа́ть ⟨*fut*: задержу́, -дéржишь⟩ *vt I pf* (*impf:* задéрживать) **1.** aufhalten; **2.** verzögern; **3.** (*арестóвывать*) festnehmen, verhaften

задержа́ться *vr I pf* (*impf:* задéрживаться) **1.** sich (zu) lange aufhalten; **2.** sich verzögern; **3.** (*затя́гиваться*) sich in die Länge ziehen

задéржка ⟨*gen pl*: -жек⟩ *f A* Verzögerung *f*, Störung *f*

задéть ⟨*fut*: задéну, -дéнешь⟩ *vt E9b pf* (*impf:* задева́ть) streifen, leicht berühren

за́дний *adj* hinten befindlich, Hinter-; **~ свет** (*KFZ*) Rücklicht *nt*; **за́днее сидéнье** (*KFZ*) Rücksitz *m*; **за́дняя мысль** (*fig*) Hintergedanke *m*; **за́дним числóм** im Nachhinein, nachträglich

задóлженность *f I* Verschuldung *f*, Schulden *pl*; **внéшняя ~** Auslandsverschuldung *f*

задóр *m K* **1.** Eifer *m*; **2.** Heftigkeit *f*

задóрный ⟨*kf*: -рен, -рна⟩ *adj* **1.** eifrig, begeistert; **2.** hitzig, herausfordernd

задохну́ться *vr E1a pf* (*impf:* задыха́ться) ersticken

заду́мать *vt E pf* (*impf:* заду́мывать) **1.** sich vornehmen, beabsichtigen; **2.** sich ausdenken

заду́маться *vr E pf* (*impf:* заду́мываться) (*над чем-ли́бо*) sich Gedanken machen (über *+akk*); **заставля́ть ~ когó-ли́бо** jdm zu denken geben

заду́мка ⟨*gen pl*: -мок⟩ *f A* **1.** Vorhaben *nt*; **2.** (*umg*) Einfall *m*, Idee *f*

задуши́ть ⟨*fut*: задушу́, -ду́шишь⟩ *vt I pf* (*impf:* души́ть) **1.** erwürgen; **2.** (*fig*) unterdrücken

задыха́ться *vr E impf* (*pf:* задохну́ться) **1.** keuchen; **2.** ersticken; **~ от востóрга** (*fig*) außer sich sein vor Begeisterung

заéзд *m K* **1.** (*SPORT*) Rennen *nt*, Lauf *m*; **2.** Anreise *f*

заéздить ⟨*fut*: заéзжу, -éздишь⟩ *vt I pf* **1.** (*задёргать*) abhetzen; **2.** (*лóшадь*) zuschanden reiten

заéхать ⟨*fut*: заéду, -éдешь⟩ *vi UE2 pf* (*impf:* заезжа́ть) **1.** einen Abstecher machen; **2.** (*за кем-ли́бо/чем-ли́бо*) mit dem Auto abholen

зажа́рить *vt I pf* (*impf:* жа́рить) gar braten, rösten

зажа́тый *adj* **1.** (*TECH*) eingeklemmt; **2.** (*PSYCH*) verklemmt

зажа́ть ⟨*fut*: зажму́, -жмёшь⟩ *vt E9 pf* (*impf:* зажима́ть) einklemmen

зажéчь ⟨*fut*: зажгу́, зажжёшь, зажгёт, *prät*: зажёг, зажгла́⟩ *vt UE4 pf* (*impf:* зажига́ть) anzünden

зажéчься ⟨*fut*: зажгýсь, зажжёшься, зажгётся⟩ *vr UE4 pf* (*impf:* зажигáться) (*свет*) angehen
заживáть *vi E impf* (*pf:* зажи́ть) **1.** (*nur 3. pers*) verheilen; **2.** vernarben
зажигáлка ⟨*gen pl*: -лок⟩ *f A* Feuerzeug *nt*
зажигáние *nt O2* (*KFZ*) Zündung *f*
зажигáть *vt E impf* (*pf:* зажéчь) **1.** (*спи́чку*) anzünden; **2.** (*свет*) einschalten; **3.** (*fig*) begeistern; **~ слýшателей** die Zuhörer mitreißen
зажигáться *vr E impf* (*pf:* зажéчься) **1.** (*свет*) angehen; **2.** (*fig: глазá*) aufleuchten; **3.** (*воодушевля́ться*) sich begeistern
зажи́м *m K* **1.** (*TECH*) Klemme *f*; **2.** (*fig*) Unterdrückung *f*, Einschränkung *f*
зажимáть *vt E impf* (*pf:* зажáть) **1.** (*TECH*) einklemmen, zusammenpressen; **2.** (*fig: кри́тику*) unterdrücken
зажитóчный ⟨*kf*: -чен , -чна⟩ *adj* wohlhabend
зажи́ть ⟨*fut*: заживý, -живёшь⟩ *vi UE3 pf* (*impf:* заживáть) verheilen
зажмýриться ⟨*fut*: зажмýрюсь, -жмýришься⟩ *vi I pf* (*impf:* жмýриться) blinzeln
заземля́ть *vt E impf* (*pf:* заземли́ть) (*EL*) erden
зазнáйка ⟨*gen*: -нáек⟩ *mf A* **1.** (*pej*) Besserwisser, -in *m/f*; **2.** Angeber, -in *m/f*
зазнáйство *nt O* **1.** (*pej*) Besserwisserei *f*; **2.** Angeberei *f*
зазóрный ⟨*kf*: -рен, -рна⟩ *adj* anstößig; **в э́том нет ничегó зазóрного** daran kann man keinen Anstoß nehmen
зазýбрина *f A* (*TECH*) Scharte *f*, Zacke *f*
заигрáть *vi E pf* (*impf:* заи́грывать) **1.** (*nur impf: мýзыка*) zu spielen anfangen; **2.** (*кáрты*) abnutzen, abgreifen
заи́грывание *nt O2* **1.** Flirt *m*; **2.** Liebelei *f*
заи́грывать *vi E impf* (*pf:* заигрáть) **I. 1.** zu spielen anfangen; **2.** abnutzen; **II.** *vi E nur impf* (*umg: с кéм-ли́бо*) schäkern, flirten
заикáться *vi E impf* stottern, stammeln
заи́мствование *nt O2* **1.** Übernahme *f*; **2.** Entlehnung *f*; **3.** (*LING*) Lehnwort *nt*
заи́мствовать *vt E2 impf/pf* **1.** (*чужóй обы́чай*) übernehmen; **2.** entlehnen
заинтересóванность *f I* (*в чём-ли́бо*) Interesse *nt*, Interessiertheit *f*
заинтересóванный ⟨*kf*: -ван⟩ *adj* (*в чём-ли́бо*) interessiert (an *+dat*)
заинтересовáться *vr + inst E pf* sich interessieren (für *+akk*)
заискáть ⟨*fut*: заищý, -и́щешь⟩ *vi E4 pf* (*impf:* заи́скивать) (*пéред кем-ли́бо*) sich einschmeicheln (bei *+dat*)
займ *m K* (*ÖKON*) Anleihe *f*
зайти́ ⟨*fut*: зайдý, -йдёшь⟩ *vi E7a pf* (*impf:* заходи́ть) kurz hineingehen
закабали́ть *vt I pf* (*impf:* закабаля́ть) knechten, unterjochen
закáз *m K* **1.** Bestellung *f*; **2.** Auftrag *m*; **на ~** auf Bestellung
заказáть [1] ⟨*fut*: закажý, -кáжешь⟩ *vt E4 pf* (*impf:* закáзывать) bestellen
заказáть [2] ⟨*fut*: закажý, -кáжешь⟩ *vt E4 pf* (*impf:* закáзывать) verbieten
закáзник *m K* (*ÖKOL*) Reservat *nt*; **орнитологи́ческий ~** Vogelschutzgebiet *nt*
заказнóй *adj* auf Bestellung; **~ костю́м** *m* Maßanzug *m*; **заказнóе письмó** Einschreiben *nt*
закáзчик, закáзчица *m K / f A* **1.** Auftraggeber, -in *m/f*; **2.** Kunde, Kundin *m/f*
закáзывать [1] *vt E impf* (*pf:* заказáть) **1.** bestellen; **2.** (*билéты*) vorbestellen; **3.** in Auftrag geben
закáзывать [2] *vt E impf* (*pf:* заказáть) (*что-ли́бо oder mit inf*) verbieten
закалённый ⟨*kf*: -лён ,-енá⟩ *adj* abgehärtet
закали́ть *vt I pf* (*impf:* закаля́ть) **1.** (*TECH*) härten; **2.** (*здорóвье*) abhärten
закáлывать *vt E impf* (*pf:* заколóть) **1.** (*вóлосы*) feststecken; **2.** (*ножóм*) erstechen
закáнчивать *vt E impf* (*pf:* закóнчить) beenden, abschließen, fertigstellen
закáнчиваться *vr E impf* (*pf:* закóнчиться) enden, zu Ende gehen, beendet werden
закáпать *vt E pf* (*impf:* закáпывать) **I. 1.** bespritzen; **2.** einträufeln; **II.** *vi E nur pf* (*дождь*) zu tropfen [*o* tröpfeln] beginnen
закáпывать [1] *vt E impf* (*pf:* закáпать) **1.** bespritzen, vollspritzen; **2.** (*сýпом*) bekleckern; **3.** (*лекáрство в нос*) einträufeln
закáпывать [2] *vt E impf* (*pf:* закопáть) (*в зéмлю*) vergraben, eingraben
закáтывать *vt E impf* (*pf:* закати́ть) irgendwohin rollen; **~ брю́ки** die Hosen hochkrempeln; **~ глазá** die Augen verdrehen; **~ сцéну** [*o* **истéрику**] (*fig:umg*) eine Szene machen
закипéть ⟨*fut*: закиплю́, -кипи́шь⟩ *vi I pf* (*impf:* закипáть) **1.** zu kochen beginnen, aufkochen; **2.** (*fig: рабóта*) in Gang kommen
заклáдка ⟨*gen pl*: -док⟩ *f A* Lesezeichen *nt*
заклáдная *f wie adj* Pfandbrief *m*
заклáдывать *vt E impf* (*pf:* заложи́ть)

1. verpfänden; 2. (*óвощи*) auf Vorrat legen; 3. (*в докумéнт*) zugrunde legen; **~ фундамéнт** (*auch fig*) den Grundstein legen

заклéить *vt I pf* (*impf:* заклéивать) **1.** zukleben; **2.** (*óкна*) abdichten

заклейми́ть ⟨*fut*: заклеймлю́, -клейми́шь⟩ *vt I pf* (*impf:* клейми́ть) **1.** stempeln, mit einen Zeichen versehen; **2.** (*auch fig*) brandmarken

заклёпка ⟨*gen pl*: -пок⟩ *f A* (*TECH*) Niete *f*

заклинáние *nt O2* Zauberspruch *m*, Beschwörungsformel *f*

заклинáть *vt E impf* (*pf:* закля́сть) **1.** mit Zaubersprüchen beschwören; **2.** (*fig*) inständig bitten

заключáть *vt E impf* (*pf:* заключи́ть) **1.** einschließen; **~ под стрáжу** inhaftieren; **~ в объя́тия** in die Arme nehmen, umarmen; **~ словá в кавы́чки** in Anführungszeichen setzen; **2.** abschließen; **~ договóр** einen Vertrag schließen; **~ речь** eine Rede beenden; **3.** (*дéлать вы́воды*) schlußfolgern; **из э́того я заключáю, что** ich schließe daraus, daß; **~ в себé** beinhalten, enthalten

заключéние *nt O2* **1.** (*JUR*) Haft *f*; **предвари́тельное ~** Untersuchungshaft *f*; **2.** (*договóра*) Abschluß *m*, Unterzeichnen *nt*; **3.** Schlußfolgerung *f*; **4.** (*завершéние*) Abschluß *m*; **в ~** (*в концé*) abschließend; **5.** (*заключи́тельное слóво*) Schlußwort *nt*; **6.** Gutachten *nt*; **состáвить ~** ein Gutachten abgeben

заключённый *adj* **I. 1.** darin enthalten; **2.** (*договóр*) abgeschlossen; **II.** *m wie adj* Häftling *m*, Strafgefangene(r) *m*

заключи́ть *vt I pf* (*impf:* заключáть) einschließen

закля́сть ⟨*fut*: закляну́, -нёшь, *prät*: закля́л⟩ *vt E9b pf* (*impf:* заклинáть) beschwören

закóлка ⟨*gen pl*: -лок⟩ *f A* **1.** (*для волóс*) Haarnadel *f*, Haarspange *f*; **2.** (*для гáлстука*) Krawattennadel *f*

заколóть ⟨*fut*: заколю́, -кóлешь⟩ *vt E4 pf* (*impf:* закáлывать) **1.** feststecken; **2.** erstechen

закóн *m K* Gesetz *nt*; **принимáть ~** ein Gesetz verabschieden [*o* erlassen]; **нарушáть ~** gegen ein Gesetz verstoßen; **~ о вы́борах** Wahlgesetz *nt*; **сухóй ~** Alkoholverbot *nt*; **~ прирóды** Naturgesetz *nt*; **~ гостеприи́мства** Gastrecht *nt*; **~ бóжий** Religionsunterricht *m*

закóнность *f I* **1.** Gesetzmäßigkeit *f*; **2.** Rechtmäßigkeit *f*

закóнный ⟨*kf*: -óнен, -óнна⟩ *adj* rechtmäßig, gesetzlich, legitim

законодáтель *m K1* Gesetzgeber *m*

законодáтельный *adj* gesetzgebend; **законодáтельная власть** gesetzgebende Gewalt *f*, Legislative *f*

законодáтельство *nt O* Gesetzgebung *f*; **иммиграциóнное ~** Einwanderungsgesetz *nt*; **антимонопóльное ~** (*ÖKON*) Kartellrecht *nt*

закономéрный *adj* **1.** gesetzmäßig; **2.** berechtigt

законопослу́шный ⟨*kf*: -шен, -шна⟩ *adj* gesetzestreu

законопроéкт *m K* Gesetzesentwurf *m*, Gesetzesvorlage *f*

законсерви́ровать *vt E pf* (*impf:* консерви́ровать) konservieren, einkochen; **~ строи́тельный объéкт** ein Bauvorhaben stillegen

закóнченный *adj* **1.** abgeschlossen, vollendet; **2.** völlig; **~ идиóт** (*umg*) Vollidiot *m*

закóнчить *vt I pf* (*impf:* закáнчивать) beenden

закóнчиться *vr I pf* (*impf:* закáнчиваться) **1.** enden; **2.** beendet werden

закопáть *vt E pf* (*impf:* закáпывать) eingraben, vergraben

закопчённый *adj* rußig, verrußt

закоренéлый *adj* eingefleischt, unverbesserlich

закрепи́ть ⟨*fut*: закреплю́, -пи́шь⟩ *vt I pf* (*impf:* закрепля́ть) **1.** befestigen, festmachen; **2.** (*в конститу́ции*) verfassungsmäßig verankern; **3.** (*fig*) festigen; **~ свóй успéх** seinen Erfolg ausbauen; **4.** (*за кем-ли́бо*) reservieren (für +*akk*); **~ за кем-ли́бо земéльный учáсток** jdm ein Grundstück zusprechen

закрепи́ться ⟨*fut*: закреплю́сь, -пи́шься⟩ *vr I pf* (*impf:* закрепля́ться) **1.** befestigt werden; **2.** (*MIL*) sich festsetzen, sich verschanzen; **3.** (*fig*) Fuß fassen

закреплéние *nt O2* **1.** Festigung *f*; **2.** Festmachung *f*; **~ кáдров на произвóдстве** Bindung der Fachkräfte an einen Betrieb; **~ прав** Verankerung der Rechte

закруглéние *nt O2* **1.** Rundung *f*; **2.** Abrunden *nt*

закругли́ть ⟨*fut*: закруглю́, -ли́шь⟩ *vt I pf* (*impf:* закругля́ть) **1.** (*у́гол*) abrunden; **2.** (*fig: фрáзу*) ausfeilen

закры́тие *nt O2* **1.** Schließen *nt*; **2.** Schließung *f*; **~ магази́на** Ladenschluß *m*; **~ предприя́тия** Stillegung *f* eines Betriebes

закры́тый ⟨*kf*: -ы́т⟩ *adj* **1.** geschlossen; **2.** gesperrt; **закры́тое заседа́ние** Sitzung hinter verschlossenen Türen, unter Ausschluß der Öffentlichkeit; **закры́тая зо́на** Sperrgebiet *nt*

закры́ть ⟨*fut*: закро́ю, -кро́ешь⟩ *vt E8 pf* (*impf:* закрыва́ть) zumachen, abdecken; **~ водопрово́дный кран** den Wasserhahn zudrehen; **~ движе́ние тра́нспорта** den Straßenverkehr sperren; **~ предприя́тие** einen Betrieb stillegen [*o* schließen]; **~ заседа́ние** eine Sitzung schließen; **~ глаза́ на что-ли́бо** (*fig*) vor etw die Augen verschließen

закули́сный *adj* unterschwellig, geheim; **~ руководи́тель** Drahtzieher *m*, Hintermann *m*

закупи́ть ⟨*fut*: закуплю́, -ку́пишь⟩ *vt I pf* (*impf:* закупа́ть) **1.** (*ÖKON*) aufkaufen; **2.** auf Vorrat kaufen

заку́пка ⟨*gen pl*: -пок⟩ *f A* **1.** Einkauf *m*; **2.** Aufkauf *m*

заку́порить ⟨*fut*: заку́порю, -ришь⟩ *vt I pf* (*буты́лку*) zukorken, zupfropfen

заку́ска ⟨*gen pl*: -сок⟩ *f A* **1.** Imbiß *m*; **2.** Vorspeise *f*

заку́сочная *f wie adj* **1.** Lokal *nt*; **2.** Imbißstube *f*

заку́тать *vt E pf* (*impf:* заку́тывать) (*чем-ли́бо; во что-ли́бо*) warm einwickeln, einhüllen

зал *m K* **1.** Saal *m*; **заседа́ний ~** Konferenzraum *m*; **~ ожида́ния** Wartesaal *m*; **2.** Halle *f*; **~ вы́лета** (*TRANSP*) Abflughalle *f*; **~ прилёта** (*TRANSP*) Ankunftshalle *f*; **тренажёрный ~** (*SPORT*) Fitnesscenter *nt*

зала́мывать *vt E impf* (*pf:* заломи́ть) einknicken, umknicken; **~ ру́ки** (*umg*) (vor Verzweiflung) die Hände ringen; **~ це́ны** (*umg*) zu hohe Preise verlangen

залёживаться *vr E impf* (*pf:* залежа́ться) (*това́ры*) liegenbleiben, nicht verkauft werden

за́лежный *adj* (*зе́мли*) brach, brachliegend

зали́в *m K* (*GEOG*) Golf *m*; **Перси́дский ~** Persischer Golf *m*

зали́ть ⟨*fut*: залью́, -льёшь⟩ *vt E4c pf* (*impf:* залива́ть) **1.** (*auch fig*) überschwemmen, überfluten; **~ ого́нь** ein Feuer löschen; **~ вино́м своё го́ре** seinen Kummer ersäufen; **2.** (*фундаме́нт*) gießen; **3.** übergießen

зали́ться ⟨*fut*: залью́сь, -льёшься⟩ *vr E4c pf* (*impf:* залива́ться) **I.** hineinrinnen; **II.** *vr + inst E4c* **1.** (*пе́сней*) anstimmen; **2.** (*о пти́цак*) schmettern, flöten; **~ сме́хом** in Lachen ausbrechen

зало́г [1] *m K* **1.** Pfand *nt*; **2.** (*в магази́не*) Flaschenpfand *nt*; **3.** (*JUR*) Kaution *f*; **~ успе́ха** (*fig*) Erfolgsgewähr *f*

зало́г [2] *m K* (*LING*) Verbalgenus *nt*

заложи́ть ⟨*fut*: заложу́, -ло́жишь⟩ *vt I pf* (*impf:* закла́дывать) **I.** zugrunde legen; **II.** *vt I nur pf* **1.** verlegen, an einen falschen Ort legen; **2.** (*чем-ли́бо*) versperren, verstellen

зало́жник *m K* Geisel *f*; **взя́тие ~ов** Geiselnahme *f*; **захвати́вший ~ов** Geiselnehmer *m*

заломи́ть ⟨*fut*: заломлю́, -ло́мишь⟩ *vt I pf* (*impf:* зала́мывать) umknicken

залп *m K* Salve *f*

залы́сины *f pl A* Geheimratsecken *pl*

зама́зать ⟨*fut*: зама́жу, -жешь⟩ *vt E4 pf* (*impf:* зама́зывать) **1.** übermalen; **2.** kitten

зама́зка ⟨*gen pl*: -зок⟩ *f A* Kitt *m*

зама́лчивать *vt E impf* (*pf:* замолча́ть) **1.** (*umg*) totschweigen; **2.** stillschweigend übergehen

замани́ть ⟨*fut*: заманю́, -ма́нишь⟩ *vt I pf* (*impf:* зама́нывать) **1.** anlocken; **2.** verlocken

замара́ть *vt E pf* bekleckern, beschmutzen

замара́шка *f A* (*umg*) Schmutzfink *m*, Schmierfink *m*

замаскирова́ться *vr E2 pf* (*impf:* маскирова́ться) **1.** sich maskieren; **2.** sich verkleiden

зама́тывать *vt E impf* (*pf:* замота́ть) **1.** einwickeln; **2.** (*чем-ли́бо*) umwickeln (mit +*dat*)

заме́длить ⟨*fut*: заме́длю, -лишь⟩ *vt I pf* (*impf:* замедля́ть) **1.** (*шаг*) verlangsamen; **2.** verzögern

заме́на *f A* **1.** Ersatz *m*; **2.** Ablösung *f*

замени́мый ⟨*kf*: -и́м⟩ *adj* ersetzbar

замени́ть ⟨*fut*: заменю́, -ме́нишь⟩ *vt I pf* (*impf:* заменя́ть) **1.** (*кем-ли́бо/чем-ли́бо*) ersetzen (durch +*akk*); **2.** auswechseln, austauschen; **3.** ablösen

заменя́емый *adj* austauschbar

замере́ть ⟨*fut*: замру́, замрёшь, *prät*: за́мер, замерла́⟩ *vi E4b pf* (*impf:* замира́ть) **1.** verklingen; **2.** erstarren

замёрзнуть *vi E1a pf* (*impf:* замерза́ть) **1.** (*челове́к*) frieren; **2.** erfrieren; **3.** (*о водоёме*) zufrieren

замести́тель, **замести́тельница** *m K1 / f A* Stellvertreter, -in *m/f*

замести́ть ⟨*fut*: замещу́, -мести́шь⟩ *vt I pf* (*impf:* замеща́ть) vertreten

заме́тить ⟨*fut*: заме́чу, -ме́тишь⟩ *vt I pf* (*impf:* замеча́ть) **1.** bemerken; **2.** wahrnehmen

заме́тка ⟨*gen pl*: -ток⟩ *f A* **1.** Kennzeichen *nt*; **2.** Bemerkung *f*; **~ на поля́х** Randnotiz *f*, Randbemerkung *f*; **брать что-ли́бо на заме́тку** sich etw merken, sich etw notieren

заме́тный ⟨*kf*: -тен, -тна⟩ *adj* **1.** merklich; **2.** bemerkenswert; **игра́ть заме́тную роль** (*fig*) eine bedeutende Rolle spielen

замеча́ние *nt O2* Bemerkung *f*, Äußerung *f*; **крити́ческое ~** kritischer Hinweis *m*

замеча́тельный ⟨*kf*: -лен, -льна⟩ *adj* bemerkenswert, hervorragend

замеча́ть *vt E impf* (*pf:* заме́тить) **1.** bemerken; **2.** wahrnehmen; **не ~ кого́-ли́бо** jdn nicht bemerken keine Notiz nehmen (von *+dat*)

заме́шанный *adj* verwickelt; **быть заме́шанным во что-ли́бо** in etw verwickelt sein, seine Hand im Spiel haben

замеща́ть *vt E impf* (*pf:* замести́ть) **1.** vertreten; **2.** (*кого́-ли́бо/что-ли́бо кем-ли́бо/чем-ли́бо*) ersetzen (durch *+akk*)

зами́нка ⟨*gen pl*: -нок⟩ *f A* **1.** Stockung *f*; **2.** Verzögerung *f*

замира́ть *vi E impf* (*pf:* замере́ть) **1.** (*о се́рдце*) stocken; **2.** (*от стра́ха*) erstarren; **3.** (*му́зыка*) verklingen, verhallen

за́мкнутость *f I* **1.** Abgeschlossenheit *f*, Isolation *f*; **2.** Verschlossenheit *f*

за́мкнутый *adj* **1.** verschlossen; **2.** kontaktarm; **он о́чень за́мкнут** er geht nicht aus sich heraus

замкну́ться *vr E1 pf* (*impf:* замыка́ться) **1.** sich schließen; **2.** sich abschließen

замо́к ⟨*gen sg*: -мка́⟩ *m K* **1.** (Tür-)Schloß *nt*; **2.** Verschluß *m*; **навесно́й ~** Vorhängeschloß *nt*

за́мок ⟨*gen sg*: -мка⟩ *m K* **1.** Schloß *nt*; **2.** Burg *f*; **средневеко́вый ~** mittelalterliche Burg *f*

замо́лвить ⟨*fut*: замо́лвлю, -мо́лвишь⟩ *vt I nur pf* (*umg: слове́чко за кого́-ли́бо*) ein gutes Wort einlegen (für *+akk*)

замолча́ть ⟨*fut*: замолчу́, -чи́шь⟩ *vi I pf* **I.** verstummen; **заста́вить кого́-ли́бо ~** jdn zum Schweigen bringen; **II.** *vt I pf* (*impf:* зама́лчивать) totschweigen

замора́живание *nt O2* **1.** (*TECH*) Einfrieren *nt*; **2.** (*fig*) Sperrung *f*; **~ зарпла́ты** Lohnstop *m*, Einfrieren von Gehältern; **~ строи́тельства поселе́ний** Baustop *m*

замора́живать *vt E impf* (*pf:* заморо́зить) **1.** einfrieren; **2.** (*fig*) einfrieren, sperren; **~ отноше́ние** eine Beziehung auf Eis legen; **~ перегово́ры** Verhandlungen einschlafen lassen

заморо́зить ⟨*fut*: заморо́жу, ро́зишь⟩ *vt I pf* (*impf:* замора́живать) (*auch fig*) einfrieren

за́морозки *m pl K* leichter Frost *m*; **~ на по́чве** Bodenfrost *m*; **ма́йские ~** (*METEO*) die Eisheiligen

замота́ть *vt E pf* (*impf:* зама́тывать) einwickeln

замо́чный *adj* **1.** Verschluß-; **2.** Schloß-; **замо́чная сква́жина** Schlüsselloch *nt*

за́муж *adv steht in Verbindungen bezüglich der Heirat der Frau;* **выдава́ть ~** eine Frau vermählen; **выходи́ть ~** heiraten

заму́жняя *adj* verheiratet

заму́ченный *adj* **1.** (*umg*) abgespannt; **2.** total übermüdet

замыка́ться *vr E impf* (*pf:* замкну́ться) **1.** (*замо́к*) sich schließen; **2.** (*fig*) sich absondern, sich abkapseln; **~ на чём-ли́бо** sich konzentrieren (auf *+akk*)

за́мысел ⟨*gen sg* : -сла⟩ *m K* Absicht *f*, Vorhaben *nt*

замы́слить *vt I pf* (*impf:* замышля́ть) **1.** planen; **2.** beabsichtigen; **~ недо́брое** nichts Gutes im Schilde führen

замыслова́тый ⟨*kf*: -а́т⟩ *adj* (*сло́жный*) ausgeklügelt, kompliziert

за́навес *m K* Vorhang *m*, Bühnenvorhang *m*; **желе́зный ~** (*fig*) der Eiserne Vorhang; **под ~ сезо́на** (*SPORT*) kurz vor Saisonende

занести́ ⟨*fut*: занесу́, -несёшь, *prät*: занёс, занесла́⟩ *vt E6 pf* (*impf:* заноси́ть) vorbeibringen

зани́зить ⟨*fut*: зани́жу , -ни́зишь⟩ *vt I pf* (*impf:* занижа́ть) zu niedrig angeben; **~ оце́нку кому́-ли́бо** (*SPORT*) jdn zu schlecht beurteilen; **~ це́ну** den Preis zu niedrig ansetzen

занима́тельный ⟨*kf*: -лен, -льна⟩ *adj* unterhaltsam, interessant

занима́ть [1] *vt E impf* (*pf:* заня́ть) sich ausleihen; **~ де́ньги у кого́-ли́бо** sich Geld borgen (bei *+dat*)

занима́ть [2] *vt E impf* (*pf:* заня́ть) **1.** (*ме́сто*) einnehmen, beanspruchen; **~ мно́го ме́ста** viel Platz in Anspruch nehmen; **2.** (*пост*) einnehmen, bekleiden; **~ второ́е ме́сто** (*SPORT*) den zweiten Platz belegen; **3.** (*интересова́ть*) interessieren, beschäftigen

занима́ться *vr + inst E impf* (*pf:* заня́ться) **1.** sich beschäftigen (mit *+akk*), sich befassen (mit *+akk*); **2.** sich interessieren (für *+akk*); **3.** einer Tätigkeit nachgehen; **~ воспита́нием дете́й** sich der Kindererziehung widmen; **~ спо́ртом** Sport treiben; **4.** (*umg*) sich jdn vornehmen [*o* vorknöpfen]

заноси́ть ⟨*präs*: заношу́, -но́сишь⟩ *vt I impf* (*pf:* занести́) **1.** vorbeibringen; **2.** (*в *журнáл*) eintragen; **3.** (*рýку*) hochheben; **4.** (*KFZ*) schleudern; **когдá он вы́пьет, егó начинáет ~** (*fig*) wenn er betrunken ist, wird er leicht ausfällig

занóсчивость *f I* **1.** Arroganz *f*, Überheblichkeit *f*; **2.** Anmaßung *f*

занóсчивый ⟨*kf*: -ив⟩ *adj* **1.** arrogant, überheblich; **2.** anmaßend

занýда *f A* (*pej*) Nervensäge *f*

заня́тие *nt O2* **1.** (*MIL*) Einnahme *f*, Besetzung *f*; **2.** Tätigkeit *f*, Arbeit *f*, Beschäftigung *f*; **люби́мое ~** Lieblingsbeschäftigung *f*; **3.** (*meist pl*) Unterricht *m*

заня́тный ⟨*kf*: -тен, -тна⟩ *adj* interessant, unterhaltsam

занятóй ⟨*kf*: зáнят, -тá, -то⟩ *adj* **1.** (*человéк*) beschäftigt; **2.** (*телефóн*) besetzt; **знак зáнято** Besetztzeichen *nt*

зáнятость *f I* Beschäftigung *f*; **пóлная ~** Vollbeschäftigung *f*; **прогрáмма обеспечéния ~** Arbeitsbeschaffungsmaßnahmen *f pl*

заня́ть [1] ⟨*fut*: займý, -мёшь, *prät*: зáнял, -нялá⟩ *vt E9 pf* (*impf:* занимáть) sich borgen

заня́ть [2] ⟨*fut*: займý, -мёшь⟩ *vt E9 pf* (*impf:* занимáть) **1.** einnehmen, beanspruchen; **2.** beschäftigen

заня́ться ⟨*fut*: займýсь, -мёшься⟩ *vr + inst E9 pf* (*impf:* занимáться) **1.** sich beschäftigen (mit *+akk*); **2.** (*umg*) sich jdn vornehmen [*o* vorknöpfen]; **я ещё тобóй займýсь** ich werde dich mir noch vorknöpfen

заоднó *adv* **1.** im Einvernehmen; **быть ~ с кем-ли́бо** am gleichen Strang ziehen; (mit *+dat*) **2.** zugleich

заостри́ть ⟨*fut*: заострю́, -остри́шь⟩ *vt I pf* (*impf:* заостря́ть) **1.** spitz machen; **2.** (*fig: вопрóс*) zuspitzen; **3.** betonen

заóчный *adj* in Abwesenheit; **заóчная учёба** Fernstudium *nt*

зáпад *m K* Westen *m*; **на ~е** im Westen; **на ~** nach Westen; **с ~а** von [*o* aus dem] Westen

зáпадник *m K* Westler *m*

зáпадничество *nt O* Verwestlichung *f*

западногермáнский *adj* westdeutsch

западноевропéец ⟨*gen sg*: -пéйца⟩ *m K* Westeuropäer *m*

западноевропéйский *adj* westeuropäisch

зáпадный *adj* West-, westlich; **Зáпадная Еврóпа** Westeuropa *nt*

запáивать *vt E impf* (*pf:* запая́ть) zulöten, verlöten

запáс *m K* **1.** Vorrat *m*; **у нас в ~е два дня** wir haben noch Vorrat für zwei Tage; **неприкосновéнный ~** eiserne Reserve *f*; **~ слов** (*LING*) Wortschatz *m* **2.** (*у плáтья*) Saum *m*

запаснóй *adj* Ersatz-, Reserve-; **~ игрóк** (*SPORT*) Ersatzspieler *m*; **запаснáя часть** Ersatzteil *nt*

запáсный *adj* Ersatz-, Reserve-; **~ вы́ход** Notausgang *m*; **~ путь** Abstellgleis *nt*

зáпах *m K* **1.** Geruch *m*; **2.** Duft *m*; **~ изо рта** Mundgeruch *m*; **без ~а** geruchlos

запáчкать *vt E pf* (*impf:* пáчкать) beschmieren, beschmutzen

запая́ть *vt E pf* (*impf:* запáивать) zulöten, verlöten

запевáть *vt E impf* ein Lied anstimmen

запекáнка ⟨*gen pl*: -нок⟩ *f A* Auflauf *m*; **картóфельная ~** Kartoffelauflauf *m*

запеленáть *vt E pf* (*impf:* пеленáть) in Windeln wickeln

запеленговáть *vt E2 pf* (*impf:* пеленговáть) anpeilen

заперéть ⟨*fut*: запрý, -прёшь, *prät*: запéр, заперлá⟩ *vt E4b pf* (*impf:* запирáть) **1.** einschließen; **2.** abschließen

запечáтать *vt E pf* (*impf:* запечáтывать) **1.** versiegeln; **2.** (*письмó*) zukleben

запинáться *vr E impf* (*pf:* запнýться) stocken, im Vortrag steckenbleiben

запирáть *vt E impf* (*pf:* заперéть) **1.** (*в шкаф*) einschließen; **2.** (*дверь*) abschließen

записáть ⟨*fut*: запишý, -пи́шешь⟩ *vt E4 pf* (*impf:* запи́сывать) aufschreiben

записáться ⟨*fut*: запишýсь, -пи́шешься⟩ *vr E4 pf* (*impf:* запи́сываться) sich eintragen

запи́ска ⟨*gen pl*: -сок⟩ *f A* **1.** Zettel *m*; **2.** Nachricht *f*; **3.** (*im pl*) Aufzeichnungen *f pl*

записнóй *adj* Notiz-; **записнáя кни́жка** Notizbuch *nt*; **электрóнная записнáя кни́жка** (*DV*) Notebook *nt*

запи́сывать *vt E impf* (*pf:* записáть) **1.** aufschreiben, notieren; **2.** (*впи́сывать*) eintragen, einschreiben; **3.** (*на магнитофóн*) aufnehmen; **4.** (*карти́ну*) übermalen; **~ в договóре** vertraglich festhalten; **~ в пáмять** (*DV*) abspeichern; **у тебя́ есть чем записáть?** hast du was zum Schreiben

запи́сываться *vr E impf* (*pf:* записáться) **1.** sich einschreiben, sich eintragen; **2.** sich anmelden

зáпись *f I* **1.** Notieren *nt*, Aufschreiben *nt*; **~ на приём** Anmeldung *f*; **~ в дéбет счёта** (*ÖKON*) Lastschrift *f*; **~ в креди́т счёта** Gutschrift *f*; **2.** (*фоногрáмма*) Aufnahme *f*, Mitschnitt *m*

заплати́ть ⟨*fut*: заплачý, -плáтишь⟩ *vt I pf* (*impf:* плати́ть) (*что-ли́бо; за что-ли́бо*) bezahlen

заплéсневелый *adj* verschimmelt
заплéсневеть *vi E pf* (*impf:* плéсневеть) schimmeln
запломбировáть *vt E2 pf* (*impf:* пломбировáть) plombieren
запнýться *vr E1 pf* (*impf:* запинáться) stocken, steckenbleiben
заповéдник *m K* (*ÖKOL*) Naturschutzgebiet *nt*; **áтомный ~** atomare Schutzzone *f*
заповéдовать *vt E2 impf* (*pf:* заповéдать) (*ÖKOL*) unter Naturschutz stellen
зáповедь *f I* (*REL*) Gebot *nt*; **дéсять зáповедей** die Zehn Gebote; **нарýшить** [*o* **преступи́ть**] **~** gegen ein Gebot verstoßen
запóлнить *vt I pf* (*impf:* заполня́ть) (*бланк*) ausfüllen
заполучáть *vt E impf* (*pf:* заполучи́ть) (*umg*) bekommen; **~ нáсморк** sich einen Schnupfen holen
запоминáть *vt E impf* (*pf:* запóмнить) sich einprägen, sich merken; **хорошó ~ чьи-ли́бо словá** jds Worte beherzigen
запоминáться *vr E impf* (*pf:* запóмниться) in Erinnerung haben; **э́то мне хорошó запóмнилось** das habe ich noch gut in Erinnerung
зáпонка ⟨*gen pl*: -нок⟩ *f A* Manschettenknopf *m*
запóр *m K* **1.** Verschluß *m*, Riegel *m*; **2.** (*MED*) Verstopfung *f*
запотéлый *adj* (*umg: óкно*) angelaufen, beschlagen
заправи́ла *m A* (*umg*) Boß *m*
заприáвить ⟨*fut*: заприáвлю, -вишь⟩ *vt I pf* (*impf:* заправля́ть) **1.** zurechtmachen; **~ маши́ну бензи́ном** tanken; **~ постéль** das Bett machen; **~ рубáшку в брю́ки** das Hemd in die Hose stecken; **2.** (*fig*) in der Hand haben; **онá всем заправляет в дóме** zu Hause hält sie die Zügel in der Hand
заприáвиться ⟨*fut*: заприáвлюсь, -вишься⟩ *vr I pf* (*impf:* заправля́ться) tanken
заприáвочный *adj* Tank-; **заправóчная стáнция** Tankstelle *f*
запрáшивать *vt E impf* (*pf:* запроси́ть) (*о чём-ли́бо*) beantragen, anfragen
запрéт *m K* Verbot *nt*; **~ на передáчу информáции** Nachrichtensperre *f*; **~ на профéссии** Berufsverbot *nt*; **~ стоя́нки** Parkverbot *nt*; **вопреки́ ~у** verbotenerweise; **быть под ~ом** verboten sein
запрети́ть ⟨*fut*: запрещý, -прети́шь⟩ *vt I pf* (*impf:* запрещáть) verbieten
запрéтный *adj* verboten; **~ знак** *m* Verbotsschild *nt*
запрещáть *vt E impf* (*pf:* запрети́ть) (*комý-ли́бо что-ли́бо oder mit inf*) verbieten, untersagen
запрограмми́ровать *vt E2 pf* (*impf:* программи́ровать) (*DV*) programmieren
запропасти́ться ⟨*fut*: запропащýсь, -пасти́шься⟩ *vr I pf* (*umg*) verlorengehen, abhanden kommen
запрóс *m K* **1.** (*ADMIN*) Antrag *m*; **2.** Anfrage *f*; **3.** (*im pl*) Ansprüche *m pl*, Bedürfnisse *nt pl*; **с высóкими ~ами** anspruchsvoll
запроси́ть ⟨*fut*: запрошý, -прóсишь⟩ *vt I pf* (*impf:* запрáшивать) beantragen
запруди́ть ⟨*fut*: запружý, -прýди́шь⟩ *vt I pf* (*impf:* запрýживать) **1.** (*рекý*) stauen; **2.** (*fig: толпá*) überfluten
запугáть *vt E pf* (*impf:* запýгивать) einschüchtern
зáпуск *m K* **1.** (*ракéты*) Start *m*, Abschuß *m*; **2.** (*DV: прогрáммы*) Programmstart *m*
запускáть [1] *vt E impf* (*pf:* запусти́ть) **1.** starten; **2.** (*мотóр*) anlassen
запускáть [2] *vt E impf* (*pf:* запусти́ть) **1.** verkommen lassen; **2.** vernachlässigen; **~ свои́ делá** seine Geschäfte vernachlässigen
запчáсти *akr von* запасны́е чáсти Ersatzteile *nt pl*
запыхáвшийся *adj* (*umg*) atemlos
запя́стье *nt O1* Handgelenk *nt*
запятáя *f wie adj* Komma *nt*
зарабáтывать *vt E impf* (*pf:* заработáть) **I. 1.** verdienen; **~ себé на жизнь чем-ли́бо** seinen Lebensunterhalt bestreiten (mit *+dat*) **2.** erarbeiten, erwirtschaften; **II.** *vi E* anfangen zu arbeiten, in Gang kommen
зáработный *adj* erarbeitet; **зáработная (плáта)** Arbeitslohn *m*
зáработок ⟨*gen sg*: -тка⟩ *m K* Verdienst *m*, Lohn *m*; **ми́зерный ~** Hungerlohn *m*
заражáть *vt E impf* (*pf:* зарази́ть) (*MED: когó-ли́бо чем-ли́бо*) anstecken
заражéние *nt O2* Ansteckung *f*, Infektion *f*; **~ крóви** Blutvergiftung *f*
зарáза *f A* Seuche *f*, Epidemie *f*
зарази́ть ⟨*fut*: заражý, -рази́шь⟩ *vt I pf* (*impf:* заражáть) anstecken
зарáзный ⟨*kf*: -зен, -зна⟩ *adj* ansteckend
зарáнее *adv* **1.** im voraus; **2.** beizeiten
зарвáться ⟨*fut*: зарвýсь, -вёшься⟩ *vi E4 pf* (*impf:* зарывáться) (*fig*) zu weit gehen
зарегистри́ровать *vt E2 pf* (*impf:* регистри́ровать) eintragen, registrieren
зарезерви́ровать *vt E2 pf* (*impf:* резерви́ровать) reservieren
зарекомендовáть себя́ *vr E2 pf* (*impf:* зарекомендóвывать себя́) **I.**

sich bewähren; **II.** *vr + inst E2* sich bewähren als

заржаве́ть *vi E pf* (*impf:* ржаве́ть) rosten, rostig werden

за́риться *vt I impf* (*pf:* по-) (*umg: на кого́/ что-ли́бо*) erpicht sein, scharf sein (auf *+akk*)

зароди́ть ⟨*fut*: зарожу́, -роди́шь⟩ *vt I pf* (*impf:* зарожда́ть) (*наде́жду*) hervorrufen, erwecken

зароди́ться ⟨*nur 3. pers*: зароди́тся⟩ *vr I pf* (*impf:* зарожда́ться) (*мысль*) sich bilden, aufkommen, keimen; **то́лько ~** (*fig: иде́я*) noch in den Kinderschuhen stecken

заро́дыш ⟨*gen pl*: -ей⟩ *m K* Keim *m*; **задуши́ть что-ли́бо в ~е** etw im Keim ersticken, etw nicht aufkommen lassen

за́росли *f pl I* Dickicht *nt*; **~ кустá́рника** Gestrüpp *nt*

зарпла́та *akr von* за́работная пла́та *f* **1.** Lohn *m*; **2.** Gehalt *nt*

зарубе́жный *adj* ausländisch

зарубе́жье *nt O2* **1.** (*грани́ца*) Ausland *nt*; **бли́жнее ~** Nachbarrepubliken der ehemaligen UdSSR; **2.** (*эмигра́ция*) Emigration *f*; **ру́сское ~** Auslandsrussen *pl*; **литерату́ра ~ья** russische Exilliteratur *f*

зару́бка ⟨*gen pl*: -бок⟩ *f A* Einschnitt *m*, Kerbe *f*

зарубцева́ться ⟨*nur-3. pers*: зарубцу́ется⟩ *vr E2 pf* (*impf:* зарубцо́вываться) vernarben

заручи́ться ⟨*fut*: заручу́сь, -чи́шься⟩ *vr + inst I pf* (*impf:* заруча́ться) sich versichern; **~ подде́ржкой** sich jds Unterstützung sichern

зарыва́ть *vt E impf* (*pf:* зары́ть) vergraben; **~ свой тала́нт в зе́млю** (*fig*) sein Licht unter den Scheffel stellen

зарыва́ться *vi E impf* (*pf:* зарва́ться) **1.** (*fig*) zu weit gehen; **2.** sich überschätzen

зары́ть ⟨*fut*: заро́ю, -ро́ешь⟩ *vt E8 pf* (*impf:* зарыва́ть) vergraben

заря́ ⟨*akk sg*: зарю́, *und (alt)*: зо́рю, *pl*: зо́ри, зорь, зо́рям⟩ *f A1* **1.** (*у́тренняя*) Morgenrot *nt*; **2.** (*вече́рняя*) Abendrot *nt*; **3.** (*MIL*) Zapfenstreich *m*

заря́д *m K* **1.** (*EL*) Ladung *f*; **2.** (*MIL*) Sprengladung *f*; **3.** (*fig*) Sprengkraft *f*

заря́дка ⟨*gen pl*: -док⟩ *f A* (*у́тренняя*) Morgengymnastik *f*

заса́да *f A* Hinterhalt *m*; **сиде́ть в заса́де** auf der Lauer liegen

засади́ть ⟨*fut*: засажу́, -са́дишь⟩ *vt I pf* (*impf:* заса́живать) (*AGR*) bepflanzen

заса́ленный *adj* **1.** schmutzig, schmierig; **2.** abgegriffen

засверка́ть *vi E pf* aufblitzen, aufleuchten

засвети́ть ⟨*fut*: засвечу́, -све́тишь⟩ *vt I pf* anzünden

засвети́ться ⟨*fut*: засвечу́сь, -засве́тишься⟩ *vi I pf* **1.** aufleuchten, erstrahlen; **2.** (*umg*) sich verplappern

засвиде́тельствовать *vt E2 pf* (*impf:* свиде́тельствовать) **1.** beglaubigen; **2.** bestätigen

заседа́ние *nt O2* **1.** Sitzung *f*; **~ правле́ния** Vorstandssitzung *f*; **2.** Tagung *f*

заседа́ть *vi E impf* **1.** an einer Sitzung teilnehmen; **2.** tagen

засека́ть [1] *vt E impf* (*pf:* засе́чь) **1.** orten, den Standort bestimmen; **2.** (*вре́мя*) stoppen

засека́ть [2] *vt E impf* (*pf:* засе́чь) zu Tode prügeln

засели́ть *vt I pf* (*impf:* заселя́ть) bevölkern, besiedeln

засе́чь [1] ⟨*fut*: засеку́, -сечёшь, *prät*: засе́к, засекла́⟩ *vt UE4 pf* (*impf:* засека́ть) orten

засе́чь [2] ⟨*fut*: зассеку́, -сечёшь, *prät*: засе́к, засекла́⟩ *vt UE4 pf* (*impf:* засека́ть) zu Tode prügeln

заси́лье *nt O1* Dominanz *f*, übermächtiger Einfluß *m*

заско́к *m K* (*umg*) Spleen *m*; **у него́ ~** er hat einen Vogel

засла́ть ⟨*fut*: зашлю́, -лёшь, *prät*: засла́л⟩ *vt E4 pf* (*impf:* засыла́ть) (zu weit) schicken

заслу́га *f A* Verdienst *nt*; **ста́вить что-ли́бо в заслу́гу кому́-ли́бо** jdm etw hoch anrechnen

заслу́женный *adj* **1.** verdient; **2.** (*о́тдых*) wohlverdient

заслу́живать *vt E impf* (*pf:* заслужи́ть) verdienen, sich einer Sache wert erweisen

засну́ть *vi E1 pf* (*impf:* засыпа́ть 1) einschlafen

засо́в *m K* (*запо́р*) Riegel *m*, Türriegel *m*

засо́вывать *vt E2 impf* (*pf:* засу́нуть) einstecken; **засу́нуть ру́ки в карма́ны** die Hände in die Taschen stecken

засоли́ть ⟨*fut*: засолю́, -со́ли́шь⟩ *vt I pf* (*impf:* соли́ть) einsalzen, einlegen

засори́ть ⟨*fut*: засорю́, -ри́шь⟩ *vt I pf* (*impf:* засоря́ть) beschmutzen, verschmutzen

засо́хнуть *vi E1a pf* (*impf:* засыха́ть) vertrocknen, vedorren

за́спанный *adj* verschlafen, schläfrig, verträumt

застава́ть *vt E3 impf* (*pf:* заста́ть) **1.** antreffen, vorfinden; **2.** ertappen, erwischen; ~ **кого́-ли́бо на ме́сте преступле́ния** jdn auf frischer Tat ertappen

заста́вить ⟨*fut*: заста́влю, -вишь⟩ *vt I pf* (*impf:* заставля́ть) **1.** zwingen; **2.** veranlassen; **что заста́вило вас приня́ть тако́е реше́ние?** was hat sie dazu veranlaßt, diese Entscheidung zu treffen? ~ **кого́-ли́бо говори́ть** jdn zum Reden bringen; ~ **себя́** sich überwinden; ~ **себя́ сде́лать что-ли́бо** sich zu etw aufraffen

заста́ть ⟨*fut*: заста́ну, -нешь⟩ *vt E9b pf* (*impf:* застава́ть) antreffen

застёгивать *vt E impf* (*pf:* застегну́ть) (*пальто́*) zuknöpfen

застёжка ⟨*gen pl*: -жек⟩ *f A* Verschluß *m*; **~-мо́лния** Reißverschluß *m*; ~ **на липу́чках** Klettverschuß *m*

застенографи́ровать *vi E2 pf* (*impf:* стенографи́ровать) stenographieren

засте́нок ⟨*gen sg*: -нка⟩ *m K* Folterkammer *f*

засте́нчивость *f I* **1.** Schüchternheit *f*; **2.** Verlegenheit *f*

засте́нчивый *adj* **1.** schüchtern; **2.** verlegen

засто́й *m K2* **1.** Stillstand *m*; **2.** (*ÖKON*) Stagnation *f*, Flaute *f*

засто́йный *adj* **1.** stockend; **2.** stillstehend; **засто́йные во́ды** stillstehende Gewässer; **3.** (*ÖKON*) stagnierend

застоя́вшийся *adj* (*вода́*) abgestanden

застра́ивать *vt E2 impf* (*pf:* застро́ить) bebauen

застрахова́ться *vr E2 pf* (*impf:* страхова́ться) (*JUR*) sich versichern

застрева́ть *vi E2 impf* (*pf:* застря́ть) steckenbleiben, festsitzen; **де́ло застря́ло** (*fig*) die Sache kommt nicht voran

застрели́ть ⟨*fut*: застрелю́, -стре́лишь⟩ *vt I pf* erschießen

застро́ить ⟨*fut*: застро́ю, -стро́ишь⟩ *vt I pf* (*impf:* застра́ивать) bebauen

застро́йщик *m K* Bauherr *m*

застря́ть ⟨*fut*: застря́ну, -нешь⟩ *vi E9 pf* (*impf:* застрева́ть) steckenbleiben

заступа́ться *vi E impf* (*pf:* заступи́ться) **1.** (*за кого́-ли́бо/что-ли́бо*) sich einsetzen (für +*akk*); **2.** in Schutz nehmen

заступле́ние *nt O2* Antritt *m*; ~ **на до́лжность** [*o* **пост**] Amtsantritt *m*

засту́пник, **засту́пница** *m K / f A* Fürsprecher, -in *m/f*

засту́пничество *nt O* Fürsprache *f*

засты́ть ⟨*fut*: засты́ну, -нешь⟩ *vi E9b pf* (*impf:* застыва́ть) **1.** erstarren; ~ **в одно́й по́зе** in einer Stellung verharren; **2.** (*бето́н*) fest werden; **3.** gefrieren

засу́нуть ⟨*imp*: засу́нь⟩ *vt E1 pf* (*impf:* засо́вывать) hineinstecken

за́суха *f A* Dürre *f*, Trockenheit *f*

засуши́ть ⟨*fut*: засушу́, -су́шишь⟩ *vt I pf* (*impf:* засу́шивать) (*цвето́к для герба́рия*) pressen, trocknen

засчи́тывать *vt E impf* (*pf:* засчита́ть) anrechnen, gutschreiben

засыла́ть *vt E impf* (*pf:* засла́ть) **1.** (*посыла́ть*) schicken; **2.** fehlleiten; **3.** (*аге́нта*) einschleusen

засыпа́ть [1] *vi E impf* (*pf:* засну́ть) einschlafen

засыпа́ть [2] *vt E impf* (*pf:* засы́пать) **1.** zuschütten; **2.** (*auch fig:* *вопро́сами*) überhäufen

засыха́ть *vi E impf* (*pf:* засо́хнуть) eintrocknen

затаи́ть ⟨*fut*: затаю́, -таи́шь⟩ *vt I pf* (*impf:* зата́ивать) **1.** geheimhalten; **2.** verbergen; ~ **дыха́ние** den Atem anhalten

зата́сканный *adj* (*выраже́ние*) abgedroschen, abgegriffen, strapaziert

затво́рник *m K* Einsiedler *m*

затева́ть *vt E2 impf* (*pf:* зате́ять) **1.** (*mit inf*) sich vornehmen; **2.** anfangen, anzetteln; **3.** (*интри́гу*) einfädeln; ~ **перестро́йку** die Umgestaltung einleiten

зате́м *adv* **1.** (*temp*) danach, anschließend; **2.** (*kaus*) darum, deswegen; **~, что́бы** damit, um zu

затемне́ние *nt O2* Verdunklung *f*

затемни́ть ⟨*fut*: затемню́, -ни́шь⟩ *vt I pf* (*impf:* затемня́ть) dunkel machen, verdunkeln

зате́я *f A2* (*pej*) Vorhaben *nt*, Unterfangen *nt*

зате́ять *vt E pf* (*impf:* затева́ть) **1.** anfangen; **2.** anzetteln

зати́хнуть *vi E1a pf* (*impf:* затиха́ть) **1.** verhallen, verklingen; **2.** verstummen

зати́шье *nt O1* (*безве́трие*) Flaute *f*; ~ **перед бу́рей** (*auch fig*) Ruhe vor dem Sturm

заткну́ть *vt E1 pf* (*impf:* затыка́ть) zustopfen

затмева́ть *vt E2 impf* (*pf:* затми́ть) **1.** (*не́бо*) verdunkeln, verfinstern; **2.** (*fig*) in den Schatten stellen, übertreffen

затме́ние *nt O2* Finsternis *f*; **со́лнечное** ~ (*ASTR*) Sonnenfinsternis *f*

затми́ть ⟨*nur 2. und 3. pers*: затми́шь, затми́т⟩ *vt I pf* (*impf:* затмева́ть) **1.** verdunkeln; **2.** (*fig*) in den Schatten stellen

зато́ *konj* dafür, jedoch

зато́р *m K* Verkehrsstockung *f*, Stau *m*

затормози́ть ⟨*fut*: заторможу́, -мози́шь⟩ *vt I pf* (*impf:*

тормози́ть) **1.** (*KFZ*) bremsen; **2.** (*fig*) hemmen, aufhalten

затрáгивать *vt E impf* (*pf:* затрóнуть) (*auch fig*) berühren, streifen; **~ тéму** (*fig*) ein Thema anschneiden

затрáта *f A* **1.** Aufwand *m*; **2.** (*im pl*) Kosten *f pl*; **затрáты на реклáму** Werbekosten

затрéбовать *vt E2 pf* anfordern, verlangen

затрóнуть *vt E1 pf* (*impf:* затрáгивать) berühren, streifen

затруднéние *nt O2* **1.** Behinderung *f*; **2.** Schwierigkeit *f*; **я получи́л загранпáспорт без вся́ких затруднéний** ich habe ohne jegliche Schwierigkeiten einen Reisepaß bekommen; **испы́тывать дéнежные затруднéния** in finanzielle Schwierigkeiten geraten

затрудни́тельный ⟨*kf*: -лен, льна⟩ *adj* **1.** hinderlich; **2.** schwierig; **оказáться в затрудни́тельном положéнии** in arge Verlegenheit geraten

затрудни́ть ⟨*fut*: затрудню́, -ни́шь⟩ *vi I pf* (*impf:* затрудня́ть) **1.** erschweren; **2.** Schwierigkeiten bereiten

затумáнить *vt I pf* (*impf:* затумáнивать) **1.** vernebeln; **2.** (*fig*) verschleiern

затупи́ться ⟨*fut*: затуплю́сь, -ту́пишься⟩ *vi I pf* (*impf:* затупля́ться) (*карандáш*) stumpf werden

затухáть *vi E impf* (*pf:* зату́хнуть) **1.** (*о колебáниях*) abklingen; **2.** erlöschen

зáтхлый *adj* (*вóздух*) stickig, muffig

затыкáть *vt E impf* (*pf:* заткну́ть) (*буты́лку*) zustopfen; **~ комý-ли́бо рот** (*umg*) jdm den Mund stopfen, jdn zum Schweigen bringen

заты́лок ⟨*gen sg*: -лка⟩ *m K* **1.** Hinterkopf *m*; **2.** Nacken *m*

заты́чка ⟨*gen pl*: -чек⟩ *f A* **1.** (*прóбка*) Pfropf *m*, Stopfen *m*; **2.** (*fig*) Lückenbüßer *m*

затя́гивать *vt E impf* (*pf:* затяну́ть) **1.** fest zuziehen; **~ ту́же пóяс** (*fig*) den Gürtel enger schnallen; **2.** (*fig: переговóры*) hinziehen, hinauszögern

затя́гиваться *vr E impf* (*pf:* затяну́ться) **1.** (*у́зел*) sich zuziehen; **~ ту́чами** (*о небé*) sich bewölken; **2.** (*переговóры*) sich in die Länge ziehen

затяжнóй *adj* schleppend, langwierig

зауря́дный ⟨*kf*: -ден, -дна⟩ *adj* durchschnittlich, mittelmäßig

зау́чивать *vt E impf* (*pf:* заучи́ть) auswendig lernen

зафикси́ровать *vt E2 pf* (*impf:* фикси́ровать) fixieren, festhalten

захвáт *m K* (*MIL*) Eroberung *f*; **~ влáсти** Machtergreifung *f*; **~ залóжников** Geiselnahme *f*

захвати́ть ⟨*fut*: захвачу́, -вáтишь⟩ *vt I pf* (*impf:* захвáтывать) **1.** ergreifen; **2.** (*MIL*) erobern

захвáтчик *m K* (*MIL*) Eindringling *m*

захвáтывать [1] *vt E impf* (*pf:* захвати́ть) **1.** (*MIL*) erobern; **2.** erbeuten; **~ плéнных** Gefangene nehmen; **~ самолёт** ein Flugzeug in seine Gewalt bringen; **3.** (*fig: инициати́ву*) ergreifen; **~ власть** die Macht ergreifen

захвáтывать [2] *vt E impf* (*pf:* захватáть) abgreifen, durch häufiges Berühren beschmutzen

захирéть *vi E pf* (*impf:* хирéть) dahinsiechen, verkümmern

захлóпнуть *vt E1 pf* (*impf:* захлóпывать) **1.** (*дверь*) zuschlagen; **2.** (*fig:nur impf*) *eine Rede durch lautes Klatschen übertönen*

захмелéть *vi E pf* (*impf:* хмелéть) (*umg*) betrunken werden

захóд *m K* **1.** (*SPORT*) Runde *f*; **~ сóлнца** Sonnenuntergang *m*; **2.** (*попы́тка*) Versuch *m*; **со вторóго ~а** beim zweiten Anlauf

заходи́ть ⟨*präs*: захожу́, -хóдишь⟩ *vi I impf* (*pf:* зайти́) **1.** kurz hineingehen; **~ к комý-ли́бо** bei jdm vorbeikommen [*o* vorbeischauen]; **~ на мину́тку** (*umg*) auf einen Sprung vorbeikommen; **~ за кем-ли́бо/чем-ли́бо** jdn/etw abholen; **~ сзáди** hintergehen; **2.** (*сóлнце*) untergehen; **~ на посáдку** (*самолёт*) zur Landung ansetzen; **3.** (*fig*) zu weit gehen; **~ сли́шком далекó в свои́х трéбованиях** mit seinen Forderungen zu weit gehen

захоронéние *nt O2* **1.** Beerdigen *nt*; **2.** (*радиоакти́вных отхóдов*) Endlagerung *f*

захорони́ть ⟨*fut*: захороню́, -рóнишь⟩ *vt I pf* (*impf:* захороня́ть) **1.** begraben, beerdigen; **2.** endlagern, deponieren

захотéть ⟨*fut*: захочу́, -хóчешь, -хóчет, *pl*: -хоти́м, -хоти́те, -хотя́т⟩ *vi U1 pf* (*impf:* хотéть) (*чегó-ли́бо oder mit inf*) wollen, wünschen

зацéпка ⟨*gen pl*: -пок⟩ *f A* **1.** Häkchen *nt*; **2.** Anhaltspunkt *m*; **3.** Vorwand *m*

зацепля́ться *vr E impf* (*pf:* зацепи́ться) **1.** hängenbleiben; **2.** (*TECH*) einrasten; **3.** (*fig*) Fuß fassen

заци́кливаться *vi E impf* (*pf:* заци́клиться) **1.** sich auf eine Sache konzentrieren; **2.** sich (gedanklich) festfahren

зачáтие *nt O2* (*BIO*) Empfängnis *f*;

непорóчное ~ (*REL*) unbefleckte Empfängnis *f*

зачáток ⟨*gen sg*: -тка⟩ *m K* **1.** (*BIO*) Keim *m*; **2.** (*fig*) Ansatz *m*

зачáхнуть *vi E1a pf* (*impf:* чáхнуть) **1.** verkümmern; **2.** verwelken

зачéм *adv* weshalb, wozu

зачёркивать *vt E impf* (*pf:* зачеркнýть) durchstreichen, streichen

зачёркнутый ⟨*part prät pass von*: зачеркнýть⟩ *adj* gestrichen

зачёт *m K* **1.** Anrechnung *f*; **2.** (*в университéте*) Zwischenprüfung *f*; **3.** (*SPORT*) Wertung *f*

зачинáтель *m K1* Initiator *m*, Vorreiter *m*

зачи́нщик *m K* (*pej*) Anstifter *m*

зачи́тывать *vt E impf* (*pf:* зачитáть) **1.** laut vorlesen, verlesen; **2.** (*кни́га*) zerlesen

заши́ть ⟨*fut*: зашью́, зашьёшь⟩ *vt E4c pf* (*impf:* зашивáть) zunähen

зашифрóвывать *vt E impf* (*pf:* зашифрóвать) chiffrieren, verschlüsseln

заштóрить ⟨*fut*: заштóрю, -ришь⟩ *vt I pf* (*impf:* заштóривать) (*окнó*) zuhängen, verhängen

заштриховáть *vt E2 pf* (*impf:* штриховáть) **1.** schraffieren; **2.** stricheln

защёлкиваться *vi E impf* (*pf:* защёлкнуться) (*замóк*) einschnappen

защи́та *f A* **1.** Schutz *m*, Sicherung *f*; **~ дáнных** Datenschutz *m*; **~ матери́нства** Mutterschutz *m*; **~ окружáющей среды́** Umweltschutz *m*; **~ от радиáции** Strahlenschutz *m*; **2.** (*MIL*) Verteidigung *f*; **3.** (*SPORT*) Verteidigung *f*

защити́ть ⟨*fut*: защищý, -щити́шь⟩ *vt I pf* (*impf:* защищáть) verteidigen

защи́тник *m K* **1.** Verteidiger *m*; **2.** (*JUR*) Rechtsanwalt *m*; **3.** Beschützer *m*; **~ живóтных** Tierschützer *m*

защи́тный *adj* **1.** Schutz-; **~ костю́м** Schutzanzug *m*; **2.** Verteidigungs-

защищáть *vt E impf* (*pf:* защити́ть) **1.** verteidigen; **2.** schützen, bewahren

защищённость *f I* Geborgenheit *f*, Schutz *m*

защищённый *adj* geborgen; **социáльно ~** sozial abgesichert; **~ от поддéлки** fälschungssicher

заяви́ть ⟨*fut*: заявлю́, -я́вишь⟩ *vt I pf* (*impf:* заявля́ть) erklären

заяви́ться ⟨*fut*: заявлю́сь, -я́вишься⟩ *vr I pf* (*impf:* заявля́ться) **1.** sich einfinden; **2.** (*fig*) auftauchen

зая́вка ⟨*gen pl*: -вок⟩ *f A* **1.** Anmeldung *f*; **2.** Antrag *m*; **предвари́тельная ~ на билéты** (*THEAT*) Kartenreservierung *f*; **патéнтная ~** Patentanmeldung *f*; **концéрт по ~ам** Wunschkonzert *nt*

заявлéние *nt O2* **1.** (*POL*) Erklärung *f*; **дéлать ~ для печáти** eine Presseerklärung abgeben; **2.** Antrag *m*, Gesuch *nt*; **подавáть ~** einen Antrag stellen

заявля́ть *vt E impf* (*pf:* заяви́ть) **1.** öffentlich erklären; **2.** äußern; **~ о свои́х претéнзиях** Ansprüche geltend machen; **3.** (*JUR*) anzeigen, mitteilen; **~ на когó-ли́бо** Anzeige erstatten (gegen +*akk*)

заявля́ться *vr E impf* (*pf:* заяви́ться) **1.** sich einfinden; **2.** (*fig*) auftauchen

зáяц ⟨*gen sg*: зáйца⟩ *m K* **1.** Hase *m*; **одни́м удáром уби́ть двух зáйцев** (*fig*) zwei Fliegen mit einer Klappe schlagen; **2.** (*fig*) Schwarzfahrer *m*

зáячий *adj gattung* Hasen-; **зáячья гýба** (*MED*) Hasenscharte *f*

звáние *nt O2* Rang *m*, Dienstgrad *m*; **почётное ~** Ehrentitel *m*

звать ⟨*präs*: зовý, зовёшь⟩ *vt E4a impf* **1.** rufen; **~ к столý** zum Essen rufen; **~ на пóмощь** um Hilfe rufen, um Hilfe bitten **2.** heißen; **как тебя́ зовýт?** wie heißt du

звездá ⟨*nom pl*: звёзды⟩ *f A pls* **1.** (*ASTR*) Stern *m*; **пáдающая ~** Sternschnuppe *f*; **2.** (*fig*) Star *m*

звёздный *adj* **1.** Stern-; **~ чáс** (*fig*) Sternstunde *f*; **2.** mit vielen Sternen

звенéть ⟨*präs*: звеню́, -ни́шь⟩ *vi I impf* (*телефóн*) klingeln, rasseln

звенó ⟨*pl*: звéнья, -ьев, -ьям⟩ *nt O pls* **1.** Kettenglied *nt*; **2.** (*fig*) Glied *nt*, Bestandteil *m*; **связýющее ~** Bindeglied *nt*; **всё э́то звéнья однóй цепи́** all das gehört zusammen

зверéть *vi E impf* (*pf:* озверéть) **1.** grausam werden, verrohen; **2.** (*umg*) zum Tier werden, sich sehr ärgern

звéрский *adj* **1.** bestialisch, grausam; **2.** (*umg: аппети́т*) tierisch, riesig

зверь *m K1 ple1* **1.** wildes Tier *nt*; **2.** Raubtier *nt*

звон *m K* **1.** Ton *m*; **2.** Läuten *nt*; **колокóльный ~** Glockenspiel *nt*, Geläut *nt*

звони́ть *vi I impf* (*pf:* по-) **1.** (*комý-ли́бо по телефóну*) anrufen; **2.** läuten, klingeln

звóнкий ⟨*kf*: -нок, -нкá, -нко, *komp*: звóнче⟩ *adj* **1.** klangvoll; **2.** (*гóлос*) klar; **3.** (*LING*) stimmhaft

звонóк ⟨*gen sg*: -нкá⟩ *m K* **1.** (*телефóнный*) Anruf *m*; **2.** Klingel *f*; **3.** Klingelzeichen *nt*

звук *m K* Laut *m*, Schall *m*; **~ вы́стрела** Knall *m*; **скóрость ~а** Schallgeschwindigkeit *f*

звуконепроницáемый *adj* schall-

dicht
звукопоглоти́тель *m K1* Schalldämpfer *m*
звуча́ть ⟨*präs*: звучу́, -чи́шь⟩ *vi I impf* (*pf:* за-) tönen, erklingen
зву́чный
⟨*kf*: -чен, -чна́, -чно, *komp*: звучне́е⟩ *adj* (*зво́нкий*) klangvoll
зда́ние *nt O2* Gebäude *nt*; **но́вое ~** Neubau *m*
здесь *adv* **1.** (*на э́том ме́сте*) hier, da; **2.** hieran, hierbei
здоро́ваться *vi E2 impf* (*pf:* по-) (*с ке́м-ли́бо*) einander begrüßen, sich grüßen
здо́рово *adv* (*umg*) klasse, prima
здоро́вый ⟨*kf*: -о́в, *komp*: здорове́е⟩ *adj* **1.** gesund; **~ как бык** kerngesund; **~ о́браз жи́зни** gesunde Lebensweise *f*; **2.** (*fig: эконо́мика*) intakt
здоро́вье *nt O1* Gesundheit *f*; **он пы́шет здоро́вьем** er strotzt vor Gesundheit; **на ~!** prost! zum Wohl
здра́вие *nt O2* Wohl *nt*; **быть в по́лном здра́вии** (*geh*) wohlauf sein
здра́вица *f A* Hoch *nt*, Trinkspruch *m*; **произноси́ть здра́вицы в чью-ли́бо честь** jdn hochleben lassen
здравоохране́ние *nt O2* Gesundheitswesen *nt*
здра́вствовать *vi E2 impf* sich wohlbefinden, leben; **здра́вствуйте!** guten Tag
здра́вый *adj* vernünftig; **~ смысл** gesunder Menschenverstand *m*
зе́бра *f A* Zebra *nt*
зев *m K* Rachen *m*, Schlund *m*
зева́ка *mf A* Schaulustige(r) *mf*
зева́ть *vi E impf* gähnen
зелёненькие *m pl wie adj* (*umg*) Dollarscheine *m pl*
зелене́ть *vi E impf* (*pf:* по-) grünen, grün werden
зелёный ⟨*kf*: зе́лен, -а́, -о⟩ *adj* **I. 1.** grün; **~ая капу́ста** *f* Grünkohl *m*; **зелёные насажде́ния** (*im pl*) Grünanlagen *pl*, Grünstreifen *m*; **~ теа́тр** Freilichtbühne *f*; **~ змий** (*umg*) Alkohol *m*; **дава́ть ~ свет чему́-ли́бо** (*fig*) einer Sache grünes Licht geben; **2.** (*auch fig*) unreif; **~ юне́ц** Grünschnabel *m*; **II.** *m wie adj* Umweltschützer *m*, Grüner *m*
земе́льный *adj* **1.** Boden-; **земе́льная рефо́рма** Agrarreform *f*; **2.** Landes-; **~ парла́мент** (*POL*) Landtag *m*
землевладе́ние *nt O2* Grundbesitz *m*
земледе́лие *nt O2* Ackerbau *m*
землетрясе́ние *nt O2* Erdbeben *nt*
земля́ ⟨*akk sg*: зе́млю, *pl*: зе́мли, земе́ль, зе́млям⟩ *f A1 pls* **1.** (*земно́й шар*) Erde *f*, Erdkugel *f*; **на земле́** auf der Erde; **2.** (*грунт*) Erde *f*, Land *nt*, Erdboden *m*; **больша́я ~** Festland *nt*; **федера́льная ~** *f* (*POL*) Bundesland *nt*; **сравня́ть с земле́й** dem Erdboden gleichmachen
земляни́ка *f A* Erdbeere *f*
земляно́й *adj* erdig
земно́й *adj* **1.** Erd-; **2.** irdisch; **~ шар** Erdkugel *f*; **земно́е притяже́ние** (*PHYS*) Erdanziehung *f*
зе́ркало *nt O ple* Spiegel *m*; **~ за́днего ви́да** (*KFZ*) Rückspiegel *m*
зерка́льный ⟨*kf*: -лен, -льна⟩ *adj* **1.** Spiegel-; **2.** spiegelblank; **3.** (*nur Langform*) spiegelbildlich; **зерка́льное отраже́ние** Spiegelbild *nt*, Spiegelung *f*
зерно́ ⟨*pl*: зёрна, зёрен, зёрам⟩ *nt O pls* **1.** Korn *nt*, Samenkorn *nt*; **2.** Getreide *nt*
зигза́г *m K* Zickzack *m*
зи́ждиться ⟨*nur 3. pers*: зи́ждется⟩ *vi E4 impf* (*на чём-ли́бо*) beruhen (auf *+dat*)
зима́ ⟨*akk sg*: зи́му⟩ *f A pls* Winter *m*; **суро́вая ~** strenger Winter *m*
зи́мний *adj* Winter-, winterlich; **зи́мняя спя́чка** Winterschlaf *m*
зия́ть *vi E impf* (*бе́здна*) klaffen, gähnen
злить ⟨*präs*: злю, зли́шь⟩ *vt I impf* (*pf:* о-, разо-) (*серди́ть*) ärgern
зло ⟨*gen sg*: зла, *im pl nur gen*: зол⟩ *nt O* **1.** Übel *nt*; **из двух зол вы́брать ме́ньшее** das kleinere Übel wählen; **2.** Ärger *m*, Wut *f*; **вымеща́ть ~ на ком-ли́бо** seine Wut auslassen (an *+dat*); **не держа́ть зла на кого́-ли́бо** keinen Groll hegen (gegen *+akk*)
зло́ба *f A* Zorn *m*, Haß *m*; **пи́тать зло́бу про́тив кого́-ли́бо** (*umg*) einen Haß haben (auf *+akk*); **~ дня** Tagesgespräch *nt*, Tagesereignis *nt*
зло́бность *f I* **1.** Bosheit *f*; **2.** Gehässigkeit *f*
зло́бный ⟨*kf*: -бен ,-бна⟩ *adj* **1.** boshaft; **2.** (*взгляд*) bitterböse
злободне́вный ⟨*kf*: -вен, -вна⟩ *adj* **1.** aktuell; **2.** akut
злове́щий ⟨*kf*: -е́щ⟩ *adj* drohend, unheimlich
злодея́ние *nt O2* Verbrechen *nt*, Frevel *m*
зло́й ⟨*kf*: зол, зла, *komp*: зле́йший⟩ *adj* **1.** böse, böswillig; **2.** (*боле́знь*) schlimm; **3.** (*nur kf: на кого́-ли́бо/что-ли́бо*) böse sein (auf *+akk*); **осторо́жно, зла́я соба́ка!** Vorsicht, bissiger Hund
злока́чественный *adj* (*MED: о́пухоль*) bösartig
злонаме́ренный *adj* böswillig
злопа́мятный ⟨*kf*: -тен, -тна⟩ *adj* nachtragend

злополу́чный ⟨*kf*: -чен, -чна⟩ *adj* **1.** unglückselig; **2.** unheilvoll
злора́дный ⟨*kf*: -ден, -дна⟩ *adj* schadenfroh
злора́дство *nt O* Schadenfreude *f*
злоупотреби́ть ⟨*fut*: злоупотреблю́, -би́шь⟩ *v + inst I pf* (*impf*: злоупотребля́ть) mißbrauchen
злоупотребле́ние *nt O2* **1.** Mißbrauch *m*; **2.** Übergriff *m*; **~ служе́бным положе́нием** Amtsmißbrauch *m*
зме́й *m K2* **1.** (*LIT*) Drache *m*; **2.** (*бума́жный*) Drachen *m*, Papierdrachen *m*; **запуска́ть зме́я** einen Drachen steigen lassen
змея́ *f A2 pls* Schlange *f*; **ядови́тая ~** Giftschlange *f*; **подколо́дная ~** (*fig*) falsche Schlange *f*, heimtückischer Mensch *m*
знак *m K* **1.** Zeichen *nt*; **2.** Signal *nt*; **3.** Symbol *nt*; **вопроси́тельный ~** Fragezeichen *nt*; **доро́жный ~** Verkehrszeichen *nt*; **~ ра́венства** (*MATH*) Gleichheitszeichen *nt*; **~ дро́би** (*MATH*) Bruchstrich *m*; **мя́гкий ~** (*LING*) Weichheitszeichen *nt*; **това́рный ~** Warenzeichen *nt*; **в ~ благода́рности** als Zeichen der Dankbarkeit; **подава́ть кому́-ли́бо ~** jdm ein Zeichen geben
знако́мить ⟨*präs*: знако́млю, -мишь⟩ *vt I impf* (*pf*: по-) (*кого́-ли́бо с кем-ли́бо/чем-ли́бо*) bekanntmachen (mit *+dat*)
знако́миться ⟨*präs*: знако́млюсь, -мишься⟩ *vr I impf* (*pf*: по-) (*с кем-ли́бо/чем-ли́бо*) sich bekannt machen, sich einander vorstellen, jdn/etw kennenlernen
знако́мство *nt O* **1.** (*с кем-ли́бо*) Bekanntschaft *f*; **слу́жба знако́мств** Partnervermittlung *f*; **э́то мо́жно сде́лать то́лько по знако́мству** (*umg*) das läuft nur über Beziehungen; **2.** (*с чем-ли́бо*) Kenntnis *f*; **при бо́лее бли́зком знако́мстве** bei näherem Hinsehen
знако́мый *adj* **I.** bekannt, vertraut; **быть бли́зко знако́мым с кем-ли́бо** mit jdm näher bekannt sein; **II.** *mf wie adj* Bekannte(r) *mf*
знамена́тель *m K1* (*MATH*) Nenner *m*
знамена́тельный ⟨*kf*: -лен, -льна⟩ *adj* **1.** bedeutungsvoll; **2.** (*день*) bedeutsam, denkwürdig
знаме́ние *nt O2* Vorzeichen *nt*, Omen *nt*
знамени́тость *f I* Berühmtheit *f*, prominente Persönlichkeit *f*
знамени́тый ⟨*kf*: -и́т⟩ *adj* berühmt, prominent
знаменова́ть *vt E2 impf* (*geh*) kennzeichnen, bezeichnen
зна́мя ⟨*gen sg*: зна́мени⟩ *nt U1* Fahne *f*, Flagge *f*
зна́ние *nt O2* **1.** Wissen *nt*, Erkenntnis *f*; **~ люде́й** (*человекове́дение*) Menschenkenntnis *f*; **2.** (*im pl*) Kenntnisse *f pl*; **ба́зовые зна́ния** Grundwissen *nt*, Vorkenntnisse *pl*
знато́к *m K* Kenner *m*, Experte *m*
знать [1] *vt E impf* (*что-ли́бо; о ком-ли́бо/чём-ли́бо*) kennen, wissen; **~ как свой пять па́льцев** (*umg*) aus dem Effeff kennen
знать [2] *f I* **1.** Aristokratie *f*; **2.** vornehme Welt *f*
зна́харь, зна́харка ⟨*gen pl f*: -рок⟩ *m K1 / f A* **1.** (*pej*) Kurpfuscher, -in *m/f*; **2.** (*pej*) Quacksalber *m*
значе́ние *nt O2* (*смысл*) Bedeutung *f*, Sinn *m*; **э́то не име́ет значе́ния** das ist nicht von Belang, das spielt keine Rolle; **придава́ть чему́-ли́бо осо́бое ~** besonderen Wert legen (auf *+akk*)
зна́чимость *f I* Bedeutsamkeit *f*, Stellenwert *m*
значи́тельный ⟨*kf*: -лен, -льна⟩ *adj* **1.** bedeutend; **2.** beträchtlich, erheblich
зна́чить ⟨*präs*: зна́чу, -чишь⟩ *vi I impf* bedeuten; **что э́то зна́чит?** was heißt das?, was bedeutet das
значо́к ⟨*gen sg*: -чка́⟩ *m K* Abzeichen *nt*, Plakette *f*
знobи́ть ⟨*unpers*: знoби́т⟩ *vi I impf* frösteln; **меня́ знoби́т** mich fröstelt
зоб ⟨*präpos sg*: в зобу́⟩ *m K ple* Kropf *m*
зов *m K* **1.** Ruf *m*; **2.** Aufforderung *f*
зола́ *f A* Asche *f*
золо́вка ⟨*gen pl*: -вок⟩ *f A* (*сестра́ му́жа*) Schwägerin *f*
золоти́стый ⟨*kf*: -и́ст⟩ *adj* (*о волоса́х*) goldblond
золоти́ть ⟨*präs*: золочу́, -оти́шь⟩ *vt I impf* vergolden
зо́лото *nt O* **1.** Gold *nt*; **чёрное ~** (*нефть*) Erdöl *nt*; **не всё ~, что блести́т** (*fig*) es ist nicht alles Gold, was glänzt; **2.** (*SPORT*) Goldmedaille *f*
золото́й *adj* **1.** Gold-, golden; **золота́я о́сень** *f* goldene Herbstzeit *f*; **~ дел ма́стер** Goldschmied *m*; **золото́е пра́вило** Faustregel *f*; **золота́я середи́на** (*fig*) goldener Mittelweg *m*; **у него́ золоты́е ру́ки** er hat goldene Hände; **2.** (*fig*) goldig, herzig
Зо́лушка *f A* Aschenputtel *nt*, Aschenbrödel *nt*
зо́на *f A* Zone *f*, Bereich *m*; **~ бе́дствия** Katastrophengebiet *nt*; **~ конфли́кта** Krisengebiet *nt*
зонд *m K* (*TECH*) Sonde *f*
зонт *m K* Regenschirm *m*; **раскрыва́ть ~** den Schirm aufspannen

зоо́лог *m K* Zoologe, Zoologin *m/f*
зооло́гия *f A2* Zoologie *f*
зоопа́рк *m K* zoologischer Garten *m*, Zoo *m*
зрачо́к ⟨*gen sg*: зрачка́⟩ *m K* Pupille *f*
зре́лость *f I* Reife *f*; **полова́я ~** Pubertät *f*; **дости́гший полово́й зре́лости** geschlechtsreif
зре́лый ⟨*kf*: зрел, зрела́, -о⟩ *adj* **1.** (*я́блока*) reif; **2.** reif, erwachsen; **3.** (*реше́ние*) reiflich erwogen
зре́ние *nt O2* Sehvermögen *nt*; **то́чка зре́ния** (*fig*) Gesichtspunkt *m*, Standpunkt *m*
зре́ть *vi E impf* (*pf*: со-) reifen, reif werden
зри́тель, **зри́тельница** *m K1 / f A* **1.** Zuschauer, -in *m/f*; **2.** Betrachter, -in *m/f*
зря *adv* umsonst, unnütz
зуб *m K ple1* Zahn *m*; **глазно́й ~** Eckzahn *m*; **~ му́дрости** Weisheitszahn *m*; **име́ть ~ на** [*o* **про́тив**] **кого́-ли́бо** (*umg*) jdm grollen; **э́то у меня́ в зуба́х навя́зло** (*umg*) das hängt mir zum Halse heraus; **облома́ть себе́ ~ы обо что-ли́бо** (*fig*) sich an etw die Zähne ausbeißen
зубе́ц ⟨*gen sg*: -бца́⟩ *m K* (*TECH*) Zahn *m*, Zacke *f*
зуби́ло *nt O* Meißel *m*
зубно́й *adj* Zahn-; **~ врач** Zahnarzt *m*; **зубна́я щётка** Zahnbürste *f*; **зубна́я эма́ль** Zahnschmelz *m*
зубоска́лить *vi I impf* spotten, spötteln
зубочи́стка ⟨*gen pl*: -ток⟩ *f A* Zahnstocher *m*
зубри́ть ⟨*präs*: зубрю́, зу́бри́шь⟩ *vt I impf* (*umg*) büffeln, pauken
зубча́тый *adj* gezahnt; **зубча́тое колесо́** (*TECH*) Zahnrad *nt*
зуд *m K* **1.** Juckreiz *m*; **2.** (*fig*) Prickeln *nt*, Drängen *nt*
зуде́ть ⟨*nur 3. pers*: зуди́т⟩ *vi I impf* jukken, prickeln
зэк *m K* (*umg: заключённый*) Strafgefangener *m*
зя́блик *m K* Buchfink *m*
зя́бнуть *vi E1a impf* frieren, frösteln
зять ⟨*pl*: зятья́, зятьёв, зятья́м⟩ *m K1 ple* **1.** Schwiegersohn *m*; **2.** (*муж сёстры*) Schwager *m*

И

и, **И** *nt indekl kyrillischer Buchstabe*
и *konj* **1.** und; **~ так да́лее** und so weiter; **2.** auch, sogar; **~...~** sowohl ... als auch; **~ без того́** ohnehin
и́бо *konj* (*geh: потому́ что*) denn, weil
и́ва *f A* Weide *f*
игла́ *f A pls* **1.** Nadel *f*; **2.** Spitze *f*
иглотерапи́я *f A2* Akupunktur *f*
игнори́рование *nt O2* Mißachtung *f*
игнори́ровать *vt E2 impf/pf* **1.** ignorieren, mißachten; **2.** übersehen
иго́лка ⟨*gen pl*: -лок⟩ *f A* **1.** Nadel *f*; **2.** Nähnadel *f*; **иска́ть иго́лку в сто́ге се́на** eine Stecknadel im Heuhaufen suchen; **3.** (*у ежа́*) Stachel *m*
иго́льный *adj* Nadel-; **иго́льное ушко́** Nadelöhr *nt*
игра́ *f A pls* Spiel *nt*; **насто́льная ~** Brettspiel *nt*; **~ на своём по́ле** (*SPORT*) Heimspiel *nt*; **двойна́я ~** (*fig*) doppeltes Spiel; **~ воображе́ния** Gedankenspiel *nt*, Einbildung *f*; **~ сто́ит свеч** der Einsatz lohnt sich
игра́ть *vi E impf* **1.** spielen; **~ на пиани́но** Klavier spielen; **~ на не́рвах** auf die Nerven gehen; **2.** (*auch fig: с кем-ли́бо/чем-ли́бо*) spielen (mit *+dat*); **3.** (*вино́*) perlen, moussieren
игра́ючи *adv* spielend; **~ спра́виться с чем-ли́бо** etw spielend leicht erledigen
игрово́й *adj* Spiel-; **игрово́е кино́** Spielfilmkunst *f*; **~ прито́н** Spielhölle *f*
игро́к *m K* Spieler *m*; **запасно́й ~** Ersatzspieler *m*
игру́шка ⟨*gen pl*: -шек⟩ *f A* Spielzeug *nt*, Spielsachen *pl*
игу́мен, **игу́менья** ⟨*gen pl f*: -ий⟩ *m K / f A1* Abt, Äbtissin *m/f*
иде́ал *m K* **1.** Ideal *nt*; **2.** Idealbild *nt*
иде́йный ⟨*kf*: -е́ен, -е́йна⟩ *adj* Ideen-; **иде́йное насле́дие** Gedankengut *nt*; **~ челове́к** Mensch *m* mit Prinzipien; **~ проти́вник** ideologischer Gegner *m*
идео́лог *m K* Ideologe *m*, Vordenker *m*
идеологи́ческий *adj* ideologisch
иде́я ⟨*gen pl*: -е́й⟩ *f A2* Idee *f*, Einfall *m*; **бредо́вая ~** Schnapsidee *f*; **европе́йская ~** europäischer Gedanke *m*
иди́ллия *f A2* Idylle *f*; **любо́вная ~** Schäferstündchen *nt*
идиоти́зм *m K* Blödsinn *m*
и́дол *m K* **1.** Götze *m*, Götzenbild *nt*; **2.** Idol *nt*; **3.** (*umg:pej*) Holzkopf
идолопокло́нство *nt O* Götzendienst *m*, Abgötterei *f*
идти́ ⟨*präs*: иду́, идёшь, *prät*: шёл, шла⟩ *vi E7 best* (*unbest*: ходи́ть) (*pf*: пойти́) **1.** gehen, laufen; **~ навстре́чу** jdm entgegengehen; **~ на вы́боры** zur Wahl gehen; **2.** (*auch fig: за кем-ли́бо/чем-ли́бо*) hinterherlaufen, nachfolgen; **3.** (*fig: (к) кому́-ли́бо/чему́-ли́бо*) passen zu; **шля́па ей идёт** der Hut steht ihr; **4.** (*fig: на что-ли́бо*) eingehen (auf *+akk*), sich

einlassen (auf *+akk*); **они́ иду́т на на́ши усло́вия** sie gehen auf unsere Bedingungen ein; **5.** (*fig: о ком-ли́бо/чём-ли́бо*) handeln (von *+dat*); **речь идёт о но́вом фи́льме** es geht um den neuen Film; **6.** (*fig: о пье́се*) gegeben werden; **что идёт в кино́?** was läuft im Kino? **7.** anbrechen, kommen; **весна́ идёт** der Frühling kommt; **нововведе́ния иду́т тру́дно** das Neue setzt sich nur schwer durch; **идёт дождь** es regnet; **идёт снег** es schneit

иерархи́ческий *adj* hierarchisch; **иерархи́ческая ле́стница** Rangordnung *f*

иера́рхия *f A2* Hierarchie *f*

иеро́глиф *m K* Hieroglyphe *f*

иждиве́ние *nt O2* Unterhaltszahlung *f*, Unterstützung *f*; **на моём иждиве́нии** auf meine Kosten

из *präp +gen* aus (*+dat*), von (*+dat*); **из загра́ницы** aus dem Ausland; **из э́того вытека́ет, что** daraus geht hervor, daß; **~ любви́** aus Liebe; **лу́чший ~ всех** der beste von allen; **~ после́дних сил** mit letzter Kraft

из- *präfix* aus-, heraus-

изба́ ⟨*akk sg auch*: и́збу⟩ *f A pls* hölzernes Bauernhaus *nt*

изба́вить ⟨*fut*: изба́влю, -ба́вишь⟩ *vt I pf* (*impf:* избавля́ть) (*кого́-ли́бо от кого́-ли́бо/чего́-ли́бо*) erretten, erlösen, befreien

изба́виться ⟨*fut*: изба́влюсь, -ба́вишься⟩ *vr I pf* (*impf:* избавля́ться) (*от кого́-ли́бо/чего́-ли́бо*) loskommen (von *+dat*), sich befreien; **~ от дурно́й привы́чки** eine schlechte Angewohnheit ablegen; **~ от предрассу́дков** sich von Vorurteilen freimachen; **не могу́ изба́вится от впечатле́ния, что** ich kann mich des Eindrucks nicht erwehren, daß

избавле́ние *nt O2* (*освобожде́ние*) Befreiung *f*, Erlösung *f*

изба́ловать *vt E2 pf* (*impf:* ба́ловать) verwöhnen

избега́ть *vi E impf* (*pf:* избежа́ть) **I.** (*кого́-ли́бо/чего́-ли́бо*) ausweichen, entkommen; **II.** *vi E impf* (*чего́-ли́бо oder mit Infinitiv*) etw zu vermeiden suchen, sich drücken (um *+akk*); **~ отве́тственности** sich der Verantwortung entziehen

избежа́ть ⟨*fut*: избегу́, -бежи́шь⟩ *vi U1 pf* (*impf:* избега́ть) (*кого́-ли́бо/чего́-ли́бо*) entkommen, herumkommen (um *+akk*); **э́то мо́жно бы́ло ~** das ließe sich vermeiden

избива́ть *vt E impf* (*pf:* изби́ть) **1.** (*бить*) verprügeln; **2.** erschlagen

избира́тель, **избира́тельница** *m K1 / f A* Wähler, -in *m/f*

избира́тельный *adj* Wahl-; **~ бюллете́нь** Stimmzettel *m*; **избера́тельное пра́во** Wahlrecht *nt*

изби́тый *adj* **1.** zusammengeschlagen, mißhandelt; **2.** (*fig: выраже́ние*) abgegriffen, abgedroschen

изби́ть ⟨*fut*: изобью́, -бьёшь⟩ *vt E4c pf* (*impf:* избива́ть) **1.** zusammenschlagen; **2.** erschlagen

избра́ние *nt O2* Wahl *f*; **~ на но́вый срок** (*POL*) Wiederwahl *f*

и́збранный *adj* **1.** (*президе́нт*) gewählt; **2.** (*элита́рный*) auserlesen, erlesen, exquisit

избы́ток ⟨*gen sg*: -тка⟩ *m K* **1.** Überschuß *m*; **2.** Rest *m*; **3.** (*оби́лие*) Überfluß *m*; **у него́ ~ сил** er strotzt vor Energie

избы́точный *adj* überschüssig; **~ вес** *m* Übergewicht *nt*; **избы́точное давле́ние** Überdruck *m*

и́зверг *m K* Unmensch *m*, Scheusal *nt*

изверну́ться *vr E1 pf* (*impf:* извора́чиваться) sich herauswinden

изве́стие *nt O2* Nachricht *f*

извести́ть ⟨*fut*: извещу́, -вести́шь⟩ *vt I pf* (*impf:* извеща́ть) benachrichtigen

изве́стность *f I* Bekanntheit *f*, Bekanntheitsgrad *m*; **приобрета́ть ~** bekannt werden, sich einen Namen machen

изве́стный ⟨*kf*: -тен, -тна⟩ *adj* **1.** bekannt, berühmt; **2.** bestimmt, festgesetzt; **в изве́стной сте́пени** in gewissem Maße

известня́к *m K* Kalkstein *m*

и́звесть *f I* Kalk *m*

извеще́ние *nt O2* Mitteilung *f*, Benachrichtigung *f*

извива́ться *vr E impf* (*pf:* изви́ться) (*река́*) sich krümmen, eine Biegung machen

изви́лина *f A* **1.** (*река́*) Krümmung *f*; **2.** Wegbiegung *f*; **у него́ всего́ две изви́лины** (*umg*) er hat eine lange Leitung

изви́листый ⟨*kf*: -ист⟩ *adj* gewunden; **изви́листая доро́га** kurvenreiche Straße *f*; **изви́листая ли́ния** Schlangenlinie *f*

извине́ние *nt O2* Entschuldigung *f*; **приноси́ть кому́-ли́бо свои́ извине́ния** jdn um Entschuldigung bitten

извини́ть *vt I pf* (*impf:* извиня́ть) entschuldigen, verzeihen; **извини́те!** Entschuldigung

изви́ться ⟨*fut*: изовью́сь, -вьёшься⟩ *vr E4c pf* (*impf:* извива́ться) sich krümmen

извле́чь ⟨*fut*: извлеку́, -влечёшь, *prät*: извлёк, -влекла́⟩ *vt UE4 pf* (*impf:*

извлека́ть) **1.** (*получа́ть*) erhalten; **2.** herausziehen; **3.** gewinnen; **~ для себя́ вы́году** einen Vorteil für sich erzielen; **~ уро́к из чего́-ли́бо** eine Lehre ziehen (aus *+dat*)

извора́чиваться *vr E impf* (*pf:* изверну́ться) **1.** sich herauswinden; **2.** (*fig*) sich winden wie ein Aal; **3.** (*fig*) sich aus der Verlegenheit ziehen

изворо́тливый ⟨*kf*: -лив⟩ *adj* **1.** wendig; **2.** (*pej*) aalglatt

извратить ⟨*fut*: извращу́, -врати́шь⟩ *vt I pf* (*impf:* извраща́ть) **1.** (*фа́кты*) verdrehen; **2.** verzerren

извраще́ние *nt O2* **1.** Verdrehung *f*; **2.** Entstellung *f*; **3.** Perversität *f*

извращённый ⟨*kf*: -ён, -ена́⟩ *adj* **1.** entstellt; **2.** pervers

изги́б *m K* **1.** Biegung *f*, Krümmung *f*; **2.** Knick *m*

изгна́ние *nt O2* **1.** Vertreibung *f*; **2.** Verbannung *f*; **3.** Exil *nt*

и́згнанный *adj* **I.** vertrieben; **II.** *mf wie adj* Vertriebener, Vertriebene *m/f*

изголода́ться *vi E pf* **1.** ausgehungert sein; **2.** (*fig: по чему́-ли́бо*) hungern, sich sehnen (nach *+dat*)

изготови́тель *m K1* Hersteller *m*

изгото́вить ⟨*fut*: изгото́влю, -вишь⟩ *vt I pf* (*impf:* изготовля́ть) herstellen, produzieren

изгото́виться ⟨*fut*: изгото́влюсь, -вишься⟩ *vr I pf* (*impf:* изготовля́ться) sich vorbereiten

изготовле́ние *nt O2* Erzeugung *f*, Herstellung *f*, Produktion *f*

издава́ть ⟨*präs*: издаю́, -даёшь⟩ *vt E3 impf* (*pf:* изда́ть) **1.** (*кни́гу*) herausgeben; **2.** (*зако́н*) erlassen

издалека́ *adv* von weitem; **нача́ть разгово́р ~** (*fig*) weit ausholen

изда́ние *nt O2* (*о проду́кте*) Ausgabe *f*, Edition *f*; **карма́нное ~** (*о кни́ге*) Taschenbuchausgabe *f*; **по́лное ~** Gesamtausgabe *f*

изда́тель *m K1* **1.** Herausgeber *m*; **2.** Verleger *m*

изда́тельство *nt O* Verlag *m*

изда́ть ⟨*fut*: изда́м, -да́шь⟩ *vt U2 pf* (*impf:* издава́ть) herausgeben

издева́тельство *nt O* **1.** Verspottung *f*; **2.** Hohn *m*; **3.** (*pl*) Schikane *f*

издева́ться *vi E2 impf* **1.** schikanieren; **2.** (*над кем-ли́бо/чем-ли́бо*) jdn/etw verspotten, seinen Spott treiben (mit *+dat*)

издёвка ⟨*gen pl*: -вок⟩ *f A* Hohn *m*

изде́лие *nt O2* **1.** Erzeugnis *nt*; **2.** Ware *f*

изде́ржки ⟨*gen pl*: -жек⟩ *f pl A* (*затра́ты*) Auslagen *pl*, Spesen *pl*, Unkosten *pl*; **суде́бные ~** (*JUR*) Prozeßkosten *pl*

издо́хнуть *vi E1 pf* (*impf:* издыха́ть) **1.** (*о живо́тных*) sterben, verenden; **2.** (*vulg*) krepieren

изжи́ть ⟨*fut*: изживу́, -вёшь⟩ *vt UE3 pf* (*impf:* изжива́ть) **1.** (*недоста́тки*) überwinden, ausmerzen; **2.** abschaffen

изжо́га *f A* Sodbrennen *nt*

из-за *präp +gen* **1.** hinter...hervor (*+dat*); **встать ~ стола́** vom Tisch aufstehen; **2.** wegen (*+gen*); **~ тебя́** deinetwegen

излага́ть *vt E impf* (*pf:* изложи́ть) **1.** darlegen, schildern; **2.** (*про́сьбу*) vorbringen

излече́ние *nt O2* Heilung *f*

излечи́мый *adj* heilbar

излечи́ть ⟨*fut*: излечу́, -ле́чишь⟩ *vt I pf* (*impf:* изле́чивать) heilen, kurieren

изли́шек ⟨*gen pl*: -шка⟩ *m K* Überschuß *m*, Überfluß *m*; **~ сельхозпроду́кции** Agrarüberschüsse *m pl*

изли́шество *nt O* Überfluß *m*, Übermaß *nt*

изли́шний ⟨*kf*: -шен, -шна⟩ *adj* **1.** (*чрезме́рный*) überflüssig, übertrieben; **2.** (*нену́жный*) entbehrlich

излия́ние *nt O2* **1.** Ausgießen *nt*; **2.** (*im pl*) heftige Gefühlsäußerung *f*; **пусти́ться в излия́ния свои́х чувств** seinen Gefühlen freien Lauf lassen

изложе́ние *nt O2* **1.** Schilderung *f*, Darstellung *f*; **2.** (*кра́ткое содержа́ние*) Kurzfassung *f*

изложи́ть ⟨*fut*: изложу́, -ло́жишь⟩ *vt I pf* (*impf:* излага́ть) schildern

изло́м *m K* **1.** Knick *m*; **2.** Bruchstelle *f*

излуче́ние *nt O2* **1.** Strahlung *f*; **2.** (*fig*) Ausstrahlung *f*

излучи́ться ⟨*nur 3. pers*: излучи́тся⟩ *vr I pf* (*impf:* излуча́ться) (*auch fig*) ausstrahlen, ausströmen, emittieren

излю́бленный *adj* bevorzugt, Lieblings-; **излю́бленное заня́тие** Lieblingsbeschäftigung *f*

изма́тывать *vt E impf* (*pf:* измота́ть) zermürben, erschöpfen, aufreiben

измельчи́ть *vt I pf* (*impf:* измельча́ть) zerkleinern

изме́на *f A* **1.** Untreue *f*; **2.** Verrat *m*; **госуда́рственная ~** Hochverrat *m*

измене́ние *nt O2* **1.** Änderung *f*; **2.** Veränderung *f*

измени́ть ⟨*fut*: изменю́, -ме́нишь⟩ *vt I pf* (*impf:* изменя́ть) **I.** verändern, abändern; **II.** *v + dat I* **1.** verraten; **2.** (*auch fig*) untreu werden; **~ себе́** seinen Prinzipien untreu werden

изме́нник, изме́нница *m K / f A* Verräter, -in *m/f*

изме́нчивый ⟨*kf*: -ив⟩ *adj* unbeständig

измере́ние *nt O2* **1.** Vermessung *f*; **2.** (*MATH*) Dimension *f*
измери́мый *adj* meßbar
измери́тельный *adj* Meß-; **~ инструме́нт** *m* Meßinstrument *nt*
изме́рить ⟨*fut*: изме́рю, -ришь⟩ *vt I pf* (*impf:* измеря́ть) messen, vermessen
измота́ть *vt E pf* (*impf:* изма́тывать) erschöpfen, aufreiben
измышле́ние *nt O2* Verleumdung *f*, Lüge *f*
измя́ть ⟨*fut*: изомну́, -нёшь⟩ *vt E9 pf* (*impf:* мять) zerknittern, zerknüllen
изна́нка *f A* **1.** (*тка́ни*) Innenseite *f*; **2.** Rückseite *f*; **3.** (*fig*) Kehrseite *f*
изнаси́лование *nt O2* **1.** Vergewaltigung *f*; **2.** sexueller Mißbrauch *m*
изнаси́ловать *vt E2 pf* (*impf:* наси́ловать) **1.** vergewaltigen; **2.** zwingen
изна́шивать *vt E impf* (*pf:* износи́ть) **1.** (*оде́жду*) abtragen; **2.** abnutzen
изне́жить ⟨*fut*: изне́жу, -жишь⟩ *vt I pf* (*impf:* изне́живать) verwöhnen, verhätscheln
изнеможе́ние *nt O2* Erschöpfung *f*
изнеможённый ⟨*kf*: -ён, -ена́⟩ *adj* völlig erschöpft
изнемо́чь ⟨*fut*: изнемогу́, -мо́жешь⟩ *vi UE4 pf* (*impf:* изнемога́ть) ganz von Kräften kommen; **~ от жары́** (*umg*) in der Hitze schmoren
изно́с *m K* Abnutzung *f*, Verschleiß *m*; **не зна́ющий ~а** verschleißfest, unverwüstlich
износи́ть ⟨*fut*: изношу́, -но́сишь⟩ *vt I pf* (*impf:* изна́шивать) abnutzen
изно́шенный *adj* abgenutzt, schäbig
изнуре́ние *nt O2* **1.** Erschöpfung *f*; **2.** Entkräftung *f*
изнури́ть ⟨*fut*: изнурю́, -ри́шь⟩ *vt I pf* (*impf:* изнуря́ть) erschöpfen, entkräften; **~ себя́ рабо́той** (*umg*) sich abarbeiten
изоби́лие *nt O2* Überfluß *m*, Fülle *f*
изобража́ть *vt E impf* (*pf:* изобрази́ть) **1.** darstellen, abbilden; **2.** (*на лице́*) ausdrücken
изображе́ние *nt O2* Abbildung *f*, Darstellung *f*
изобрази́ть ⟨*fut*: изображу́, -ази́шь⟩ *vt I pf* (*impf:* изобража́ть) abbilden
изобрести́ ⟨*fut*: изобрету́, -тёшь, *prät*: изобрёл, -брела́⟩ *vt E6a pf* (*impf:* изобрета́ть) **1.** erfinden; **2.** (*umg*) sich einfallen lassen
изобрета́тель, изобрета́тельница *m K / f A* Erfinder, -in *m/f*
изобрета́тельность *f I* Erfindungsgabe *f*, Einfallsreichtum *m*
изобрета́тельный ⟨*kf*: -лен, -льна⟩ *adj* erfinderisch, einfallsreich
изобрете́ние *nt O2* Erfindung *f*
изо́гнутый *adj* verkrümmt
изоли́ровать *vt E2 impf/pf* isolieren, absondern
изоля́ция *f A2* **1.** Isolation *f*; **2.** Absonderung *f*
изощрённый *adj* **1.** (*ум*) scharf; **2.** (*слух*) fein
из-под *präp +gen* **1.** unter...hervor (*+dat*); **2.** aus der Gegend von (*+dat*)
Изра́иль *m K1* Israel *nt*
израсхо́довать *vt E2 pf* (*impf:* расхо́довать) **1.** (*де́ньги*) ausgeben; **2.** verbrauchen
изрече́ние *nt O2* (*афори́зм*) Spruch *m*
изуве́ченный *adj* verkrüppelt
изуми́ться ⟨*fut*: изумлю́сь, -ми́шься⟩ *vr + dat I pf* (*impf:* изумля́ться) in Erstaunen geraten, sich sehr wundern
изумлённый *adj* erstaunt, verblüfft
изумру́д *m K* Smaragd *m*
изуро́довать *vt E2 pf* (*impf:* уро́довать) **1.** verunstalten, entstellen; **2.** verstümmeln, zum Krüppel machen
изуча́ть *vt E impf* (*pf:* изучи́ть) **1.** erlernen; **2.** studieren; **3.** erforschen, untersuchen
изуче́ние *nt O2* **1.** Studium *nt*; **2.** Untersuchung *f*; **3.** Erforschung *f*; **~ обще́ственного мне́ния** Meinungsforschung *f*; **~ ры́нка** (*ÖKON*) Marktforschung *f*, Marktanalyse *f*
изъя́н *m K* Fehler *m*, Mangel *m*; **с ~ом** schadhaft, fehlerhaft
изъя́тие *nt O2* **1.** (*конфиска́ция*) Sicherstellung *f*, Beschlagnahmung *f*; **2.** (*JUR*) Streichung *f*; **сде́лать ~ в зако́не** aus dem Gesetz streichen; **без изъя́тия** ohne Abstriche, ohne Ausnahme
изъя́ть ⟨*fut*: изыму́, -ы́мешь⟩ *vt E9a pf* (*impf:* изыма́ть) (*ору́жие*) sicherstellen; **~ из обраще́ния** (*де́ньги*) aus dem Verkehr [*o* Umlauf] ziehen
изы́сканный ⟨*kf*: -ан, -анна⟩ *adj* **1.** (*блю́да*) fein, erlesen; **2.** raffiniert
изыска́ть ⟨*fut*: изыщу́, -ы́щешь⟩ *vt E4 pf* (*impf:* изы́скивать) (*geh*) ausfindig machen; **~ возмо́жности** nach Möglichkeiten suchen
изю́м *m K* Rosine *f*
изю́минка ⟨*gen pl*: -нок⟩ *f A* **1.** Rosinchen *nt*; **2.** (*fig: соль*) Pointe *f*
изя́щество *nt O* **1.** Eleganz *f*; **2.** Zierlichkeit *f*
изя́щный ⟨*kf*: -щен, -щна⟩ *adj* **1.** (*грацио́зный*) elegant, grazil; **2.** (*изы́сканный*) apart
ико́на *f A* Ikone *f*, Heiligenbild *nt*
ико́та *f A* Schluckauf *m*

икрá *f A* **1.** Kaviar *m*; **2.** Laich *m*
и́кры *f pl A* Wade *f*
ил *m K* Schlamm *m*
и́ли *konj koord* **1.** oder; **2.** beziehungsweise; **~...~** entweder... oder
и́листый *adj* schlammig
иллю́зия *f A2* **1.** Illusion *f*, Wunschvorstellung *f*; **2.** Täuschung *f*; **создавáть у когó-ли́бо иллю́зию** jdm etw vormachen [*o* vorgaukeln]; **я не питáю иллю́зий** ich mache mir nichts vor; **не стрóить иллю́зий** sich keine Illusionen machen
иллюминáция *f A2* Beleuchtung *f*; **прáздничная ~** Festbeleuchtung *f*
иллюстрáция *f A2* Abbildung *f*, Illustration *f*
иллюстри́ровать *vt E2 impf/pf* **1.** bebildern; **2.** veranschaulichen
имéние *nt O2* Gutshof *m*, Landgut *nt*
и́менно *part* ausgerechnet, gerade; **~ э́то я и имéл в видý** gerade das meinte ich ja; **почемý ~ он?** warum ausgerechnet er? **а ~** nämlich, und zwar
имéть *vt E impf* haben, besitzen; **~ наготóве** bereithalten; **~ с собóй** dabeihaben
имéться *vi E impf* (*nur 3. pers*) vorhanden sein; **имéется** es gibt
и́мидж *m K* Image *nt*, Ansehen *nt*
имитáция *f A2* Imitation *f*, Nachbildung *f*
имити́ровать *vt E2 impf* imitieren, nachmachen
иммигрáнт *m K* Immigrant *m*, Einwanderer *m*; **~, просящий убéжища** Asylbewerber *m*
иммигри́ровать *vi E2 impf/pf* einwandern
иммуни́тéт *m K* (*MED, JUR*) Immunität *f*
императи́в *m K* **1.** (*PHIL*) kategorischer Imperativ *m*; **2.** (*LING*) Imperativ *m*
импéрия *f A2* Imperium *nt*, Reich *nt*
импéрский *adj* Großmacht-
импи́чмент *m K* Amtsenthebung *f*, Absetzung *f*
и́мпорт *m K* Import *m*, Einfuhr *f*
импорти́ровать *vt E2 impf/pf* importieren
и́мпортный *adj* importiert, Import-
импровизи́рованный *adj* improvisiert, provisorisch, behelfsmäßig
и́мпульс *m K* Impuls *m*, Antrieb *m*; **послужи́ть ~ом для чегó-ли́бо** als Anregung dienen (für *+akk*)
имýщество *nt O* Vermögen *nt*, Besitz *m*
и́мя ⟨*pl*: именá, имён⟩ *nt U1 ple* Name *m*, Vorname *m*; **~ прилагáтельное** (*LING*) Adjektiv *nt*; **~ существи́тельное** (*LING*) Substantiv *nt*; **сдéлать себé ~ на чём-ли́бо** sich einen Namen machen (mit *+dat*); **и́менем** in jds Auftrag, im Namen (*+gen*); **по и́мени** namens
инакомы́слящий, инакомы́слящая *m/f wie adj* Andersdenkende(r) *mf*
инаугурáция *f A2* (*президéнта*) Amtseinführung *f*
и́нáче *adv* **I.** (*по-другóму*) anders; **ты дóлжен вести́ себя́ совершéнно ~** du mußt dich völlig anders verhalten; **II.** *konj* (*а то*) sonst, andernfalls; **так и́ли ~** unbedingt, unter allen Umständen
инвали́д *m K* Behinderte(r) *mf*; **рассчи́танный на ~ов** behindertengerecht
инвентаризáция *f A2* Inventur *f*, Bestandsaufnahme *f*
инвести́ция *f A2* **1.** Investition *f*; **2.** (*im pl:ÖKON*) Geldanlage *f*
индéец ⟨*gen sg*: индéйца, *nom pl*: индéйцы⟩ *m K* Indianer *m*
индéйка *f A* **1.** Pute *f*; **2.** Putenfleisch *nt*
индéйский *adj* indianisch
и́ндекс *m K* Index *m*, Verzeichnis *nt*; **почтóвый ~** Postleitzahl *f*
индиáнка ⟨*gen pl*: -нок⟩ *f A* **1.** Inderin *f*; **2.** Indianerin *f*
индивидуали́ст *m K* Individualist *m*
индивидуáльный ⟨*kf*: -лен, -льна⟩ *adj* individuell, persönlich; **индивидуáльные заня́тия** Einzelunterricht *m*
инди́ец ⟨*gen sg*: -и́йца⟩ *m K* Inder *m*
инди́йский *adj* indisch
И́ндия *f A2* Indien *nt*
индуи́зм *m K* Hinduismus *m*
индýс *m K* Hindu *m*
индустриáльный *adj* industriell; **индустриáльные стрáны** Industrieländer *nt pl*
индю́к *m K* Puter *m*
и́ней *m K2* Rauhreif *m*; **вы́пал ~** es hat gereift
инéртность *f I* Trägheit *f*, Tatenlosigkeit *f*
инéртный ⟨*kf*: -тен, -тна⟩ *adj* **1.** träge; **2.** phlegmatisch
инéрция *f A2* Trägheit *f*; **дéлать что-ли́бо по инéрции** etw aus Gewohnheit tun, etw ganz mechanisch tun
инженéр *m K* Ingenieur *m*
инженéрия *f A2* Technik *f*; **гéнная ~** Gentechnik *f*
инженéрный *adj* **1.** Ingenieur-; **2.** technisch
инжи́р *m K* **1.** Feige *f*; **2.** Feigenbaum *m*
инициати́ва *f A* Initiative *f*, Antrieb *m*; **по сóбственной инициати́ве** aus eigenem Antrieb; **выступáть с инициати́вой** die Initiative ergreifen

инициати́вный *adj* (*акти́вный*) engagiert
инициа́тор *m K* Initiator *m*, Wegbereiter *m*
иннова́ция *f A2* Neuerung *f*
иногда́ *adv* manchmal, ab und zu
иногоро́дний *adj* **1.** aus einer anderen Stadt stammend; **2.** ortsfremd
ино́й *adj* **1.** andere(r, s); **2.** manche(r, s); **~ые ду́мают, что...** manche meinen, daß..
инокорреспонде́нт *m K* Fremdsprachenkorrespondent, -in *m/f*
инома́рка *f A* (*umg*) *ausländisches Automodell*
инопланетя́нин *m U2* Außerirdische(r) *mf*
иносказа́тельный *adj* allegorisch, sinnbildlich
иностра́нец, **иностра́нка** *m K / f A* Ausländer, -in *m/f*
иностра́нный *adj* **1.** ausländisch; **2.** fremd; **~ рабо́чий** Gastarbeiter *m*; **~ язы́к** Fremdsprache *f*
инофи́рма *f A* ausländisches Unternehmen *nt*
инспе́кция *f A2* Inspektion *f*
инста́нция *f A2* Dienststelle *f*
институ́т *m K* **1.** Institut *nt*; **2.** (*вуз*) Hochschule *f*; **3.** (*учрежде́ние*) Institution *f*
инструкта́ж *m K* Instruktion *f*, Anleitung *f*
инструкти́ровать *vt E2 impf/pf* instruieren, anleiten
инстру́ктор *m K* Ausbilder *m*; **~ по вожде́нию** Fahrlehrer *m*
инстру́кция *f A2* Anweisung *f*; **~ для по́льзователей** Gebrauchsanweisung *f*
инструме́нт *m K* **1.** (*TECH*) Werkzeug *nt*; **2.** (*MUS*) Instrument *nt*; **духово́й ~** Blasinstrument *nt*
интеллиге́нтный ⟨*kf*: -тен, -тна⟩ *adj* intelligent
интенси́вный ⟨*kf*: -вен, -вна⟩ *adj* intensiv
интерва́л *m K* **1.** Zwischenraum *m*; **2.** (*MUS*) Intervall *nt*
интерве́нт *m K* Eindringling *m*
интерде́вочка ⟨*gen pl*: -чек⟩ *f A* (*umg*) Devisennutte *f*
интере́с *m K* Interesse *nt*, Aufmerksamkeit *f*; **экономи́ческие ~ы** wirtschaftliche Interessen *nt pl*; **проявля́ть ~ к чему́-ли́бо** Interesse zeigen (für *+akk*)
интере́сный ⟨*kf*: -сен, -сна⟩ *adj* interessant; **быть в интере́сном положе́нии** in anderen Umständen sein, schwanger sein; **с интере́сной вне́шностью** gutaussehend
интересова́ться *vr + inst E2 impf* sich interessieren (für *+akk*)
интерфе́йс *m K* (*DV*) Schnittstelle *f*; **рабо́чий ~** (*DV*) Benutzeroberfläche *f*
интона́ция *f A2* **1.** Tonfall *m*; **2.** (*MUS*) Intonation *f*
интри́га *f A* Intrige *f*
интригова́ть *vi E2 impf* **I.** (*про́тив кого́-ли́бо*) intrigieren; **II.** *vt E2 impf* (*pf*: за-) neugierig machen
интуи́ция *f A2* Intuition *f*, Eingebung *f*
Интури́ст *m K russisches Reisebüro*
инфа́ркт *m K* Infarkt *m*; **~ миока́рда** (*MED*) Herzinfarkt *m*
инфекцио́нный *adj* **1.** Infektions-; **2.** ansteckend
инфе́кция *f A2* Infektion *f*; **кише́чная ~** Darminfektion *f*
инфля́ция *f A2* Inflation *f*, Geldentwertung *f*
информа́ция *f A2* Information *f*, Auskunft *f*
информи́ровать *vt E2 impf/pf* informieren
инциде́нт *m K* Zwischenfall *m*; **пограни́чный ~** Grenzzwischenfall *f*
инъе́кция *f A2* Injektion *f*, Spritze *f*
Инъя́з *akr von* институ́т иностра́нных языко́в *m* Fremdspracheninstitut *nt*
ипоте́ка *f A* Hypothek *f*
ипохо́ндрик *m K* Hypochonder *m*
ипподро́м *m K* Rennbahn *f*
Ира́к *m K* Irak *m*
Ира́н *m K* Iran *m*
Ирла́ндия *f A2* Irland *nt*
ирони́чный ⟨*kf*: -чен, -чна⟩ *adj* ironisch
иро́ния *f A2* Ironie *f*
искажённый *adj* verzerrt; **изкажённое изображе́ние** Zerrbild *nt*
искази́ть ⟨*fut*: искажу́, -ази́шь⟩ *vt I pf* (*impf*: искажа́ть) **1.** (*фа́кты*) verzerren, verfälschen; **2.** (*лицо́*) entstellen
искале́чить *vt I pf* (*impf*: кале́чить) zum Krüppel machen, verstümmeln
иска́ние *nt O2* Suchen *nt*, Bemühen *nt*
иска́тель *m K1* Sucher *m*; **~ приключе́ний** Abenteurer *m*
иска́ть ⟨*präs*: ищу́, и́щешь⟩ *vt E4 impf* suchen
исключа́ть *vt E impf* (*pf*: исключи́ть) (*изгоня́ть*) ausschließen; **~ из институ́та** exmatrikulieren; **изключено́!** ausgeschlossen!
исключа́я *präp +gen* außer (*+dat*), ausgenommen (*+akk*)
исключе́ние *nt O2* **1.** (*из организа́ции*) Ausschluß *m*; **2.** (*из пра́вила*) Ausnahme *f*; **без исключе́ний** ausnahmslos; **в ви́де исключе́ния** ausnahmsweise

исключи́тельно *adv* ausschließlich
исключи́тельный ⟨*kf*: -лен, -льна⟩ *adj* **1.** (*nur Langform*) Sonder-, Ausnahme-; **2.** ungewöhnlich; **3.** exklusiv, ausgezeichnet
исковéркать *vt E pf* (*impf:* ковéркать) **1.** zerbrechen, kaputt machen; **2.** (*язы́к*) falsch aussprechen
исколо́ть ⟨*fut*: исколю́, -о́лешь⟩ *vt E4 pf* (*impf:* иска́лывать) zerstechen
ископа́емое *nt wie adj* (*GEOL*) Fossil *nt*
ископа́емые *nt pl wie adj* (*поле́зные ископа́емые*) Bodenschätze *pl*
искорени́ть *vt I pf* (*impf:* искореня́ть) ausrotten, ausmerzen
и́скра ⟨*gen pl*: искр⟩ *f A* Funke *m*
и́скренний ⟨*kf*: -ренен, -ренна⟩ *adj* aufrichtig; **и́скреннее жела́ние** Herzenswunsch *m*
искривле́ние *nt O2* **1.** (*MATH*) Krümmung *f*; **2.** (*MED*) Verkrümmung *f*; **~ позвоно́чника** Rückgratverkrümmung *f*
и́скри́ться ⟨*nur 3. pers*: и́скри́тся⟩ *vr I impf* **1.** funkeln; **2.** (*вино́*) perlen
искупа́ть [1] *vt E impf* (*pf:* искупи́ть) sühnen, wiedergutmachen; **~ свою́ вину́** seine Schuld büßen
искупа́ть [2] *vt E pf* (*impf:* купа́ть) baden
искупа́ться *vr E pf* (*impf:* купа́ться) ein Bad nehmen
искупле́ние *nt O2* Sühne *f*, Buße *f*
искуса́ть *vt E pf* (*impf:* иску́сывать) **1.** (*о насеко́мых*) zerstechen, an vielen Stellen stechen; **2.** beißen
иску́сный ⟨*kf*: -сен, -сна⟩ *adj* **1.** (*челове́к*) geschickt; **2.** kunstvoll
иску́сственный ⟨*kf*: -вен, -венна⟩ *adj* **1.** (*смех*) gekünstelt, unnatürlich; **2.** (*nur Langform*) künstlich; **~ые воло́кна** Kunstfaser *f*
иску́сство *nt O* **1.** Kunst *f*; **2.** Fertigkeit *f*
искусствове́д *m K* Kunsthistoriker, -in *m/f*
искуше́ние *nt O2* Versuchung *f*
испа́нец ⟨*gen sg*: -нца⟩ *m K* Spanier *m*
Испа́ния *f A2* Spanien *nt*
испа́нка ⟨*gen pl*: -нок⟩ *f A* Spanierin *f*
испа́нский *adj* spanisch
испари́ться *vr I pf* (*impf:* испаря́ться) **1.** verdampfen, verdunsten; **2.** (*umg: смыва́ться*) verduften, sich aus dem Staub machen
испа́чкать *vt E pf* (*impf:* па́чкать) beschmutzen
испе́чь ⟨*fut*: испеку́, -ечёшь⟩ *vt UE4 pf* (*impf:* печь) backen
исповеда́льня ⟨*gen pl*: -лен⟩ *f A1* Beichtstuhl *m*
испове́даться *vr E pf* (*impf:* испове́дываться) beichten
и́споведь *f I* Beichte *f*
исполи́н *m K* (*гига́нт*) Riese *m*
исполне́ние *nt O2* Ausführung *f*, Erfüllung *f*; **приводи́ть в ~** (*JUR: пригово́р*) vollstrecken
исполни́тель, **исполни́тельница** *m K1 / f A* **1.** Bearbeiter, -in *m/f*, Sachbearbeiter, -in *m/f*; **2.** (*FILM*) Hauptdarsteller, -in *m/f*
испо́лнить *vt I pf* (*impf:* исполня́ть) **1.** (*вы́полнить*) erfüllen, ausführen; **~ обя́занности** ein Amt ausüben; **2.** (*THEAT*) darstellen; **3.** (*MUS*) spielen; **~ стихотворе́ние** ein Gedicht vortragen
испо́лниться *vr I pf* (*impf:* исполня́ться) **1.** in Erfüllung gehen; **2.** vollenden; **ему́ вчера́ испо́лнилось 50 лет** er ist gestern 50 Jahre alt geworden
испо́льзование *nt O2* **1.** Ausnutzung *f*; **2.** Benutzung *f*; **~ креди́тов** Inanspruchnahme *f* von Krediten; **~ не по назначе́нию** Zweckentfremdung *f*
испо́льзовать *vt E2 impf/pf* **1.** ausnutzen, sich zunutze machen; **2.** verwenden
испо́льзоваться *vr E2 impf/pf* zur Anwendung kommen, verwendet werden
испо́ртить ⟨*fut*: испо́рчу, -ртишь⟩ *vt I pf* (*impf:* по́ртить) **1.** verderben; **2.** beschädigen
исправи́тельный *adj* Besserungs-; **исправи́тлеьные рабо́ты** Strafarbeit *f*
испра́вить ⟨*fut*: испра́влю. -вишь⟩ *vt I pf* (*impf:* исправля́ть) (*оши́бку*) berichtigen, verbessern
исправле́ние *nt O2* Berichtigung *f*, Korrektur *f*
испражни́ться *vr I pf* (*impf:* испражня́ться) Kot absondern
испро́бовать *vt E2 pf* (*impf:* про́бовать) ausprobieren; **~ все сре́дства** alle Mittel ausprobieren
испу́г *m K* Schreck *m*; **отде́латься лёгким ~ом** mit dem Schrecken davonkommen
испуга́ть *vt E pf* (*impf:* пуга́ть) erschrekken
испусти́ть ⟨*fut*: испущу́, -у́стишь⟩ *vt I pf* (*impf:* испуска́ть) **1.** (*арома́т*) verströmen; **2.** (*крик*) ausstoßen; **~ дух** (*fig*) den Geist aufgeben
испыта́ние *nt O2* Prüfung *f*; **вы́держать ~** eine Prüfung bestehen; **ходово́е ~** (*KFZ*) Probefahrt *f*; **~ на му́жество** Mutprobe *f*, **~ на терпе́ние** Geduldsprobe *f*
испы́танный *adj* erprobt, bewährt
испыта́тельный *adj* Probe-; **~ срок** Probezeit *f*
испыта́ть *vt E pf* (*impf:* испы́тывать) **1.** prüfen, erproben; **2.** (*пережи́ть*) erleben;

~ му́ки Qualen ausstehen; ~ стыд sich schämen
испыту́емый *m wie adj* Prüfling *m*
иссле́дование *nt O2* **1.** Studie *f*, Untersuchung *f*; **2.** Forschung *f*; **косми́ческие исле́дования** Weltraumforschung *f*
иссле́дователь, иссле́довательница *m K / f A* Forscher, -in *mf*
иссле́довать *vt E2 impf/pf* erforschen, untersuchen
исте́блишмент *m K* Establishment *nt*
истека́ть *vi E impf* (*pf:* исте́чь) **1.** (*срок*) ablaufen; **срок де́йствия догово́ра истека́ет 1-го января́** der Vertrag endet am 1. Januar; **2.** herausfließen; ~ **кро́вью** viel Blut verlieren, verbluten
истери́чный ⟨*kf*: -чен, -чна⟩ *adj* hysterisch
исте́ц ⟨*gen sg*: истца́⟩ *m K* (*JUR*) Kläger, -in *m/f*
истече́ние *nt O2* Ablauf *m*; **по истече́нии сро́ка** nach Ablauf der Frist
исте́чь ⟨*fut*: истеку́, -течёшь, *prät*: истёк, -текла́⟩ *vi UE4 pf* (*impf:* истека́ть) ablaufen
и́стина *f A* Wahrheit *f*; **а́збучная ~** Binsenweisheit *f*
и́стинный ⟨*kf*: -нен, -нна⟩ *adj* **1.** wahr; **и́стинное положе́ние веще́й** der tatsächliche Stand der Dinge; **2.** echt
истолко́вывать *vt E impf* (*pf:* истолкова́ть) auslegen, interpretieren
истоми́ться ⟨*fut*: истомлю́сь, -ми́шься⟩ *vr I pf* (*impf:* томи́ться) schmachten, leiden
исто́рик *m K* Historiker, -in *m/f*
историогра́фия *f A2* Geschichtsschreibung *f*
истори́чексий *adj* **1.** geschichtlich; **истори́ческое созна́ние** Geschichtsbewußtsein *nt*; **2.** historisch; **истори́ческая часть го́рода** Altstadt *f*
исто́рия *f A2* **1.** Geschichte *f*, Geschichtswissenschaft *f*; **2.** Geschichte *f*, Erzählung *f*; ~ **боле́зни** Krankenbericht *m*
исто́чник *m K* (*auch fig*) Quelle *f*, Ursprung *m*; ~ **дохо́дов** Einnahmequelle *f*; ~ **эне́ргии** Energiequelle *f*; **из хорошо́ информи́рованных ~ов** aus gut informierten Kreisen
истоще́ние *nt O2* Erschöpfung *f*
истощи́ть ⟨*fut*: истощу́, -щи́шь⟩ *vt I pf* (*impf:* истоща́ть) **1.** entkräften; **2.** (*эне́ргию*) aufbrauchen, erschöpfen
истреби́ть ⟨*fut*: истреблю́, -би́шь⟩ *vt I pf* (*impf:* истребля́ть) vernichten, ausrotten; ~ **леса́** Wälder abholzen
исхо́д *m K* **1.** Ausgang *m*, Ende *nt*; **быть на ~е** zur Neige gehen; **2.** (*REL*) Auszug *m*, Exodus *m*
исходи́ть ⟨*präs*: исхожу́, -о́дишь⟩ *vi I impf* (*из чего́-ли́бо*) ausgehen (von *+dat*), sich stützen (auf *+akk*)
исхо́дный *adj* Ausgangs-; **исхо́дная то́чка** Ausgangspunkt *m*; **исхо́дные да́нные** Ausgangsdaten *pl*
исхуда́ть *vi E pf* abmagern
исчезнове́ние *nt O2* Verschwinden *nt*
исче́знуть ⟨*prät*: изче́з, -ла⟩ *vi E1a pf* (*impf:* исчеза́ть) verschwinden, verlorengehen; ~ **из ви́ду** (*umg*) von der Bildfläche verschwinden
исче́рпывать *vt E impf* (*pf:* исчерпа́ть) **1.** (*сре́дства*) erschöpfen, verbrauchen; **2.** (*вопро́с*) vollständig klären
исче́рпывающий *adj* **1.** (*отве́т*) ausführlich; **2.** lückenlos
исчи́слить *vt I pf* (*impf:* исчисля́ть) berechnen, ausrechnen
ита́к *konj* also, folglich
Ита́лия *f A2* Italien *nt*
италья́нец, италья́нка ⟨*gen sg m*: -нца, *gen pl f*: -нок⟩ *m K / f A* Italiener, -in *m/f*
италья́нский *adj* italienisch
ИТАР *abk von* информацио́нно-телегра́фное аге́нство Росси́и *nt russische Nachrichtenagentur*
ито́г *m K* Bilanz *f*, Fazit *nt*; **подводи́ть ~и** Bilanz ziehen; **~и вы́боров** Wahlergebnis *nt*
иша́к *m K e* **1.** Esel *m*; **2.** (*fig*) Arbeitstier *nt*
ию́ль *m K1* Juli *m*
ию́нь *m K1* Juni *m*
и т. д. *abk von* и так да́лее und so weiter, usw

Й

й, Й *nt indekl kyrillischer Buchstabe*
йо́га *f A* Yoga *nt*
йо́д *m K* Jod *nt*

К

к, К [1] *nt indekl kyrillischer Buchstabe*
к [2] *präp lok +dat* **I.** zu (*+dat*), an (*+akk*); **подъе́хать к ста́нции** zum Bahnhof fahren; **позва́ть к телефо́ну** ans Telefon rufen; **II.** *präp temp +dat* bis (*+akk*); **к 2000-му го́ду** bis zum Jahr 2000;

готóвиться к экзáмену sich auf das Examen vorbereiten; **III.** *präp +dat* zu; **э́то ни к чемý** es hat keinen Zweck; **к счáстью** zum Glück; **к сожалéнию** leider; **IV.** *präp +dat* gegen; **к девяти часáм** gegen neun Uhr

кабáк *m K e* Kneipe *f*

кабалá *f A e* Knechtschaft *f*, Sklaverei *f*

кабáн *m K e* **1.** Wildschwein *nt*; **2.** Eber *m*

кабарé *nt indekl* Kabarett *nt*

кáбель *m K1* Kabel *nt*

кáбельный *adj* Kabel-; **поключáть к сети́ кáбельного телеви́дения** (*TV*) verkabeln

каби́на *f A* Kabine *f*; **~ пилóта** Cockpit *nt*

кабинéт *m K* **1.** Arbeitszimmer *nt*; **2.** Amtszimmer *nt*; **3.** (*врачéбный*) Sprechzimmer *nt*, Behandlungsraum *m*; **лингафóнный ~** Sprachlabor *nt*; **4.** (*POL*) Kabinett *nt*, Ministerrunde *f*

каблýк *m K e* (*тýфли*) Absatz *m*; **тýфли на высóких ~áх** Schuhe mit hohen Absätzen; **быть под ~óм у когó-ли́бо** (*fig*) unter dem Pantoffel stehen

кабриолéт *m K* Kabrio *nt*, Kabriolett *nt*

кавалéр *m K* **1.** Kavalier *m*; **2.** (*óрдена*) Ordensträger *m*; **3.** Ordensritter *m*

кавалéрия *f A2* Kavallerie *f*

кавалькáда *f A* (*маши́н*) Wagenkolonne *f*

кавардáк *m K e* Durcheinander *nt*, Wirrwarr *m*

кáверза *f A* **1.** (*злáя шýтка*) Schabernack *m*; **2.** (*приди́рка*) Schikane *f*

кáверзный *adj* **1.** (*мудрёный*) kniffelig; **2.** verfänglich; **3.** heimtückisch, arglistig; **~ вопрóс** eine peinliche Frage *f*

Кавкáз *m K* Kaukasus *m*; **на ~е** im Kaukasus

кавкáзец, **кавкáзка** ⟨*gen sg m*: -зца⟩ *m K / f A* **1.** Kaukasier, -in *m/f*; **2.** (*pej*) *Händler in Moskau*

кавкáзский *adj* kaukasisch

кавы́чки ⟨*gen pl*: -чек⟩ *f pl A* Anführungszeichen *nt pl*; **взять цитáту в ~** ein Zitat in Anführungszeichen setzen

кáдка ⟨*gen pl*: -док⟩ *f A* (*чан*) Kübel *m*, Zuber *m*

кáдмий ⟨*präpos sg*: -ии⟩ *m K2* Kadmium *nt*

кадр *m K* (*FILM*) Einzelbild *nt*, Momentaufnahme *f*; **за ~ом** im Off

кáдровый *adj* **1.** Personal-; **2.** (*профессионáльный*) Berufs-; **кáдровые вопрóсы** personelle Fragen *f pl*; **кáдровые перестанóвки** personelle Veränderungen *f pl*; **~ воéнный** Berufssoldat *m*

кáдры *m pl K* **1.** Kader *m*; **2.** Stammpersonal *nt*; **отдéл кáдров** Personalabteilung *f*

каждоднéвный *adj* tagtäglich

кáждый *pron det* jede(r, s)

казáк ⟨*pl*: -и, -ов, *und*: -и́, -óв⟩ *m K* Kosak *m*

казáрма *f A* Kaserne *f*

казáться ⟨*präs*: кажýсь, кáжешься⟩ *vr + inst E4 impf* (*pf*: по-) **1.** scheinen, den Anschein haben; **чтóбы ~ молóже** um jünger zu erscheinen; **2.** (*unpers*) vorkommen; **э́то мне кáжется стрáнным** das kommt mir seltsam vor; **3.** (*nur 3. pers sg*) anscheinend; **он, кáжется, соглáсен** anscheinend ist er einverstanden

Казахстáн *m K* Kasachstan *nt*

казённый *adj* staatlich; **за ~ счёт** auf Staatskosten

казинó *nt indekl* Kasino *nt*, Spielkasino *nt*

казнá *f A* (*бюджéт*) Staatskasse *f*, Fiskus *m*

казначéй *m K2* Schatzmeister *m*

казни́ть *vt I impf/pf* hinrichten; **~ себя́** (*fig*) sich quälen

казнь *f I* Hinrichtung *f*; **смéртная ~** Todesstrafe *f*

каймá ⟨*gen pl*: каём⟩ *f A e* Borte *f*, Kante *f*

кайф *m K* (*umg*) Spaß *m*, Riesenspaß *m*

кайфовáть *vi E2 impf* sich amüsieren, Spaß haben

как *adv* **I.** wie; **~ вы сказáли?** wie bitte? **~ дéла?** wie geht's? **~ ты догадáлся?** wie kommst du darauf? **II.** *konj* als, wie; **~ бýдто** [*o* **бы**] als ob; **~ бы то ни́ было** jedenfalls; **~ ни в чём не бывáло** als sei nichts geschehen [*o* gewesen]; **~ всегдá** wie immer; **~ мóжно скорéе** baldmöglichst; **~ прáвило** gewöhnlich, normalerweise; **~ раз** gerade, ausgerechnet; **~ ... так и** sowohl ... als auch; **~ тóлько** sobald

какáо *nt indekl* Kakao *m*

кáк-либо *adv* irgendwie

кáк-нибудь *adv* irgendwie

какóй *pron inter* was für ein(er, s), welche(r, s); **какáя сегóдня погóда?** wie ist denn heute das Wetter? **~ по счёту** der wievielte

кáктус *m K* Kaktus *m*

кал *m K* (*экскремéнты*) Kot *m*

каламбýр *m K* Kalauer *m*

калéка *mf A* Krüppel *m*

календáрный *adj* Kalender-; **календáрная недéля** Kalenderwoche *f*; **~ грáфик** Arbeitsplan *m*

календáрь *m K1 e* **1.** Kalender *m*; **граждáнский ~** weltlicher Kalender *m*; **церкóвный ~** Kirchenkalender *m*; **2.** Terminkalender *m*; **3.** (*грáфик*) Zeitplan *m*

калéчить *vt I impf* (*pf*: ис-) **1.** zum

Krüppel machen; **2.** verstümmeln
кали́бр *m K* (*TECH*) Kaliber *nt*, Durchmesser *m*
калиброва́ть *vt E2 impf* (*TECH*) eichen
ка́лий ⟨*präpos sg*: -ии⟩ *m K2* Kalium *nt*
калори́йность *f I* Kaloriengehalt *m*
калори́фер *m K* Heizkörper *m*
кало́рия *f A2* Kalorie *f*
калькуля́тор *m K* Taschenrechner *m*
калькуля́ция *f A2* (*ÖKON*) Kalkulation *f*; **производи́ть калькуля́цию** kalkulieren
ка́льций ⟨*präpos sg*: -ии⟩ *m K2* Kalzium *nt*
камени́стый ⟨*kf*: -и́ст⟩ *adj* steinig
ка́менный *adj* steinern; **~ век** Steinzeit *f*
каменоло́мня ⟨*gen pl*: -мен⟩ *f A1* Steinbruch *m*
каменотёс *m K* Steinmetz *m*
ка́менщик, **ка́менщица** *m K / f A* Maurer, -in *m/f*
ка́мень ⟨*gen sg*: -мня⟩ *m K1 ple1* Stein *m*; **драгоце́нный ~** Edelstein *m*; **~ преткнове́ния** (*fig*) Stein des Anstoßes, Streitpunkt *m*; **филосо́фский ~** Stein der Weisen; **броса́ть ка́мнем в кого́-либо** (*fig*) mit Steinen auf jdn werfen; **не оста́вить ка́мня на ка́мне** keinen Stein auf dem anderen lassen, alles dem Erdboden gleichmachen; **у меня́ ~ с души́ свали́лся** (*fig*) mir ist ein Stein vom Herzen gefallen
ка́мера [1] *f A* **1.** (*TECH*) Kammer *f*; **2.** Raum *m*; **~ хране́ния** Gepäckaufbewahrung *f*; **3.** (*тюре́мная*) Gefängniszelle *f*; **~ пы́ток** Folterkammer *f*
ка́мера [2] *f A* Kamera *f*
ка́мерный *adj* Kammer-; **ка́мерная му́зыка** Kammermusik *f*
камерто́н *m K* Stimmgabel *f*
ками́н *m K* Kamin *m*
кампа́ния *f A2* Kampagne *f*; **~ по сбо́ру по́дписей** Unterschriftensammlung *f*; **предвы́борная ~** Wahlkampagne *f*; **разну́зданная ~ клеветы́** wilde Hetz [*o* Verleumdungs-]kampagne *f*
камуфли́ровать *vt E2 impf/pf* **1.** kaschieren; **2.** tarnen
ка́мушек ⟨*gen sg*: -шка⟩ *m K* Murmel *f*; **это каму́шки в мо́й огоро́д** (*fig*) das ist auf mich gemünzt
камы́ш ⟨*gen pl*: -ше́й⟩ *m K e* Binse *f*
кана́ва *f A* kleiner Graben *m*; **сто́чная ~** Rinnstein *m*
кана́вка ⟨*gen pl*: -вок⟩ *f A* **1.** Rille *f*, **2.** Einschnitt *m*
Кана́да *f A* Kanada *nt*
кана́дец, **кана́дка** ⟨*gen sg m*: -дца, *gen pl f*: -док⟩ *m K / f A* Kanadier, -in *m/f*
кана́дский *adj* kanadisch
кана́л *m K* **1.** Kanal *m*; **2.** (*fig*) Weg *m*, Verbindung *f*; **по дипломати́ческим ~ам** auf diplomatischem Wege
канализа́ция *f A2* Kanalisation *f*
канаре́йка ⟨*gen pl*: -е́ек⟩ *f A* Kanarienvogel *m*
кана́т *m K* Seil *nt*; **перетя́гивание ~а** (*auch fig*) Tauziehen *nt*; **хожде́ние по ~у** (*auch fig*) Seiltanz *m*, Balanceakt *m*
канатохо́дец ⟨*gen sg*: -дца⟩ *m K* Seiltänzer, -in *m/f*
кандалы́ *pl K ple* Fesseln *f pl*
кандида́т, **кандида́тка** ⟨*gen pl f*: -ток⟩ *m K / f A* Kandidat, -in *m/f*, Bewerber, -in *m/f*; **~ в президе́нты** Präsidentschaftskandidat *m*; **основно́й ~** Spitzenkandidat *m*; **~ нау́к** Doktor, -in *m/f*; **~ юриди́ческих нау́к** promovierter Jurist *m*
кандидату́ра *f A* Kandidatur *f*; **выдвига́ть чью-ли́бо кандидату́ру** jdn als Kandidaten aufstellen; **выставля́ть свою́ кандидату́ру** kandidieren
кани́кулы *pl A* Ferien *pl*; **парла́ментские ~** parlamentarische Sommerpause *f*
кани́стра *f A* Blechkanister *m*; **~ для бензи́на** Benzinkanister *m*
каните́ль *f I* **1.** Goldfaden *m*, Silberfaden *m*; **2.** (*fig*) langwierige Angelegenheit *f*; **3.** Litanei *f*, langer Vortrag *m*
каннибали́зм *m K* Kannibalismus *m*
кано́н *m K* **1.** Kanon *m*; **2.** Gesetz *nt*; **3.** Maxime *f*; **приде́рживаться ~ов** sich streng an die Traditionen halten
кано́э *nt indekl* (*ло́дка*) Kanu *nt*
кану́н *m K* (*auch fig*) Vorabend *m*; **Кану́н Но́вого го́да** Silvester *m*
канцеляри́зм *m K* Beamtensprache *f*
канцеля́рия *f A2* Kanzlei *f*
канцероге́нный *adj* krebserregend
ка́нцлер *m K* Kanzler *m*
ка́пать ⟨*präs*: ка́паю, -аешь, *und*: ка́плю, -лешь⟩ *vi E impf* **I.** tropfen; **II.** *vt E* (*pf*: на-) einträufeln; **III.** *v + inst E* (*pf*: на-) danebengießen
ка́пельница *f A* (*MED*) Tropf *m*
капита́л *m K* Kapital *nt*; **нача́льный ~** Startkapital *nt*
капитали́зм *m K* Kapitalismus *m*
капитали́ст *m K* Kapitalist *m*
капиталисти́ческий *adj* kapitalistisch
капиталовложе́ния *nt pl O2* Investitionen *f pl*, Kapitalanlage *f*; **пойти́ на ~** Investitionen tätigen
капита́н *m K* **1.** (*MIL*) Hauptmann *m*; **2.** (*MAR*) Kapitän *m*
капитули́ровать *vi E2 impf/pf* kapitu-

lieren
капитуля́ция *f A2* Kapitulation *f*
ка́пля ⟨*gen pl*: -пель⟩ *f A1* Tropfen *m*; **дождева́я ~** Regentropfen *m*; **~ в мо́ре** (*fig*) ein Tropfen auf den heißen Stein; **э́то ста́ло после́дней ка́плей, перепо́лнившей ча́шу терпе́ния** (*fig*) das hat das Faß zum Überlaufen gebracht; **ни ка́пли нет** (*umg*) kein bißchen, überhaupt nicht
ка́пнуть *vi E1 pf* tröpfeln
капо́т *m K* Motorhaube *f*
капри́з *m K* Laune *f*; **отучи́ть кого́-ли́бо от ~ов** jdm die Flausen austreiben
капри́зный ⟨*kf*: -зен , -зна⟩ *adj* launenhaft, launisch
ка́псула *f A* Kapsel *f*
капу́ста *f A* Kohl *m*; **белокоча́нная ~** Weißkraut *nt*; **брюссе́льская ~** Rosenkohl *m*; **ква́шеная ~** Sauerkraut *nt*; **краснокоча́нная ~** Rotkraut *nt*; **цветна́я ~** Blumenkohl *m*
капюшо́н *m K* Kapuze *f*
кара́бкаться *vi E impf* (*pf:* вс-) **1.** klettern; **2.** hinaufklettern
карава́й *m K2* Brotlaib *m*
карава́н *m K* Karawane *f*
кара́кули *f pl A1* Gekritzel *nt*
караме́ль *f I* **1.** Karamel *m*; **2.** (*конфе́та*) Bonbon *nt*
каранда́ш ⟨*gen pl*: -е́й⟩ *m K e* Bleistift *m*; **кра́сный ~** Rotstift *m*; **брать на ~** notieren, vermerken
каранти́н *m K* Quarantäne *f*
карате́ *nt indekl* Karate *nt*
кара́ть *vt E impf* (*pf:* по-) strafen, bestrafen
карау́л *m K* **I.** (*MIL*) Wache *f*; **заступа́ть в ~** Wache stehen; **II.** *interj* Hilfe! **крича́ть ~** zetermordio schreien
карбюра́тор *m K* Vergaser *m*
кардина́льный *adj* grundlegend; **кардина́льные вопро́сы** Grund [*o* Kardinal-]fragen *f pl*; **кардина́льная экономи́ческая рефо́рма** durchgreifende Wirtschaftsreform *f*
кардиоло́гия *f A2* Kardiologie *f*
каре́та *f A* (*экипа́ж*) Kutsche *f*
Кари́бское мо́ре *nt O1* Karibik *f*
ка́риес *m K* Karies *f*
карикату́ра *f A* Karikatur *f*; **рисова́ть на кого́-ли́бо карикату́ру** karikieren
карка́с *m K* Gerippe *nt*, Gestell *nt*
ка́ркать *vi E impf* **1.** (*о воро́не*) krächzen; **2.** (*fig*) unken; **не ка́ркай!** beschrei es nicht
карма́н *m K* Tasche *f*; **~ брюк** Hosentasche *f*; **вы́ложить из со́бственного ~а** (*fig*) aus der eigenen Tasche bezahlen; **уда́рить кому́-ли́бо по ~у** jdm ins Geld gehen; **э́то мне не по ~у** das kann ich mir nicht leisten; **он за сло́вом в ~ не поле́зет** er ist nicht auf den Mund gefallen
карма́нный *adj* Taschen-; **де́ньги на карма́нные расхо́ды** [*o* **карма́нные де́ньги**] Taschengeld *nt*; **~ вор** Taschendieb *m*; **кни́жка карма́нного форма́та** Taschenbuch *nt*
карма́нщик *m K* Taschendieb *m*
карнава́л *m K* **1.** Karneval *m*; **2.** (*ма́сленица*) Fastnacht *f*, Fasching *m*
карнава́льный *adj* Karneval-; **карнава́льное ше́ствие** Faschingszug *m*
карни́з *m K* Sims *m*; **око́нный ~** Fenstersims *m*
карп *m K* Karpfen *m*
ка́рта *f A* Karte *f*; **географи́ческая ~** Landkarte *f*; **игра́льная ~** Spielkarte *f*; **(по)ста́вить всё на одну́ ка́рту** (*auch fig*) alles auf eine Karte setzen; **что-ли́бо поста́влено на ка́рту** etw steht auf dem Spiel; **раскрыва́ть свои́ ка́рты** seine Karten aufdecken
карте́ль *m K1* Kartell *nt*
карти́на *f A* **1.** Bild *nt*; **~, напи́санная ма́слом** Ölgemälde *nt*; **сего́дня ина́я ~** (*fig*) heute sieht die Situation anders aus; **2.** (*фильм*) Film *m*, Spielfilm *m*
карто́н *m K* Pappe *f*
карто́нный *adj* Papp-; **карто́нная коро́бка** Karton *m*, Pappschachtel *f*
картоте́ка *f A* **1.** Kartei *f*; **2.** (*ÖKON*) *amtliche Liste von Betrieben, die gegenseitig verschuldet sind;* **сиде́ть на картоте́ке** auf der Schuldnerliste stehen
карто́фель *m K1* **1.** (*BOT*) Kartoffelpflanze *f*; **2.** Kartoffeln *f pl*; **жа́реный ~** Bratkartoffeln *pl*; **~ в мунди́ре** Pellkartoffeln *pl*; **отварно́й ~** Salzkartoffeln *pl*; **хрустя́щий жа́реный ~** Kartoffelchips *pl*
карто́фельный *adj* Kartoffel-; **карто́фельное пюре́** Kartoffelbrei *m*, Kartoffelpüree *nt*
ка́рточка ⟨*gen pl*: -чек⟩ *f A* **1.** Kärtchen *nt*; **2.** (*тало́н*) Bezugschein *m*; **визи́тная ~** Visitenkarte *f*, Gästeausweis *m*; **картоте́чная ~** Karteikarte *f*; **пла́стиковая ~** Bankkarte *f*
карто́шка ⟨*gen pl*: -шек⟩ *f A* Kartoffel *f*
ка́рты *f pl A* Spielkarten *f pl*, Kartenspiel *nt*
карусе́ль *f I* Karussell *nt*
карцино́ма *f A* Karzinom *nt*, Krebsgeschwulst *f*
карье́ра *f A* Karriere *f*; **(с)де́лать карье́ру** Karriere machen

карьери́зм *m K* Karrieredenken *nt*
карьери́ст *m K* **1.** Karrieremensch *m*; **2.** (*pej*) Streber, -in *m/f*
карьери́стский *adj* Karriere-; **из карьери́стских соображе́ний** aus Karrieregründen
каса́тельно *präp +gen* betreffs (*+gen*), bezüglich (*+gen*)
каса́ться *vt E impf* (*pf:* косну́ться) **1.** (*кого́-ли́бо/чего́-ли́бо*) berühren; **2.** (*fig: те́мы*) betreffen; **что каса́ется** in bezug auf; **что каса́ется э́того** diesbezüglich; **что каса́ется меня́** was mich anbelangt, soweit es mich betrifft
ка́сса *f A* Kasse *f*; **~ одно́й-двух поку́пок** Schnellkasse *f*; **сберега́тельная ~** Sparkasse *f*
кассе́та *f A* **1.** Kassette *f*; **2.** Magazin *nt*
кассе́тник *m K* (*umg*) Kassettenrecorder *m*
касси́р, **касси́рша** *m K / f A* Kassierer, -in *m/f*
ка́ссовый *adj* Kassen-; **~ аппара́т** Registrierkasse *f*; **ка́ссовые сбо́ры** Verkaufsschlager *m*; **~ фильм** Kassenschlager *m*
кастра́ция *f A2* Kastration *f*
кастри́ровать *vt E2 impf/pf* kastrieren
кастрю́ля *f A1* Kochtopf *m*
катала́жка ⟨*gen pl*: -жек⟩ *f A* (*umg: тюрьма́*) Kittchen *nt*
катализа́тор *m K* Katalysator *m*
катало́г *m K* Katalog *m*; **зака́зывать по ~у** über Versandhandel [*o* per Katalog] bestellen
каталогизи́ровать *vt E2 impf/pf* katalogisieren
ката́ние *nt O2* **1.** Rollen *nt*; **2.** Spazierenfahren *nt*; **~ на конька́х** Schlittschuhlaufen *nt*; **~ на лы́жах** Skilaufen *nt*; **~ на са́нках** Schlittenfahren *nt*
катапу́льта *f A* Katapult *nt*, Schleuder *f*
ката́р *m K* (*MED*) Katarrh *m*
катара́кта *f A* grauer Star *m*
катастро́фа *f A* Katastrophe *f*
катастрофи́ческий *adj* kastastrophal
ката́ться *vi E unbest* (*best*: кати́ться) **1.** gleiten; **2.** rollen; **~ со сме́ху** sich kaputtlachen; **3.** (*на чём-ли́бо*) spazierenfahren; **~ на велосипе́де** radfahren; **~ на конька́х** eislaufen; **~ на ло́дке** Boot fahren; **~ на саня́х** [*o* **са́нках**] Schlitten fahren
категори́ческий *adj* **1.** (*PHIL*) kategorisch; **2.** entschieden
категори́чность *f I* Entschiedenheit *f*
катего́рия *f A2* Kategorie *f*, Klasse *f*; **~ налогообложе́ния** Steuerklasse *f*
кате́тер *m K* Katheter *m*
кати́ться ⟨*präs*: качу́сь, ка́тишься⟩ *vi I best* (*unbest*: ката́ться) **1.** rollen; **2.** sich fortbewegen
като́д *m K* Kathode *f*
като́к ⟨*gen sg*: -тка́⟩ *m K e* **1.** Eisbahn *f*; **2.** Walze *f*; **доро́жный ~** Dampfwalze *f*; **~ для белья́** Wäschemangel *f*
като́лик, **католи́чка** ⟨*gen pl f*: -чек⟩ *m K / f A* Katholik, -in *m/f*
католи́ческий *adj* katholisch
каучу́к *m K* Kautschuk *m*
кафе́ *nt indekl* Café *nt*; **~-моро́женое** Eisdiele *f*
ка́федра *f A* **1.** Katheder *nt*, Rednerpult *nt*; **2.** (*церко́вная*) Kanzel *f*; **3.** (*в ву́зе*) Lehrstuhl *m*, Abteilung *f*
ка́фель *m K1* Kachel *f*
кафете́рий *m K2* Cafeteria *f*
кача́ть *vt E impf* **1.** schaukeln; **2.** (*ребёнка*) wiegen; **3.** (*во́ду*) pumpen; **~ права́** (*umg*) auf sein Recht pochen
кача́ться *vi E impf* **1.** schaukeln; **2.** schlenkern; **3.** pendeln
каче́ли *pl A* Schaukel *f*
ка́чественный ⟨*kf*: -вен, -венна⟩ *adj* **1.** Qualitäts-, qualitativ; **ка́чественное изде́лие** Qualitätsprodukt *nt*; **2.** Edel-; **ка́чественная сталь** Edelstahl *m*
ка́чество *nt O* Qualität *f*; **~ жи́зни** Lebensqualität *f*; **в э́том ка́честве** in dieser Eigenschaft [*o* Funktion]
ка́чка *f A* **1.** Schaukeln *nt*; **2.** Schwanken *nt*
ка́ша *f A* Brei *m*; **зава́ривать ка́шу** (*umg*) eine schöne Suppe einbrocken; **с ке́м-ли́бо ка́ши не сва́ришь** (*umg*) nicht einig werden (mit *+dat*)
ка́шель ⟨*gen sg*: -шля⟩ *m K1* Husten *m*
кашеми́р *m K* Kaschmir *m*
ка́шлянуть *vi E1 pf* hüsteln
ка́шлять *vi E impf* husten
кашта́н *m K* **1.** Kastanie *f*; **2.** (*съедо́бный*) Marone *f*; **3.** Kastanienbaum *m*
каю́та *f A* Kajüte *f*, Kabine *f*
ка́яться ⟨*präs*: ка́юсь, ка́ешься⟩ *vi E4 impf* (*pf*: по-) **1.** (*в чём-ли́бо*) bereuen; **2.** (*кому́-ли́бо*) gestehen
квадра́т *m K* **1.** Quadrat *nt*; **2.** Quadratzahl *f*
квадра́тный *adj* quadratisch; **~ метр** Quadratmeter *m*
ква́кать *vi E impf* quaken
ква́кша *f A* (*обыкнове́нная*) Laubfrosch *m*
квалифика́ция *f A2* Qualifikation *f*, **повыша́ть квалифика́цию** sich qualifizieren, sich weiterbilden
квалифици́рованный ⟨*kf*: -ан, -анна⟩ *adj* **1.** qualifiziert; **2.** sachkundig

квалифици́ровать *vt E2 impf/pf (geh)* bewerten, prüfen
кварта́л *m K* **1.** Quartal *nt*; **2.** Häuserblock *m*
кварте́т *m K* Quartett *nt*
кварти́ра *f A* Wohnung *f*; **двухко́мнатная ~** Zweizimmerwohnung *f*; **снима́емая ~** Mietwohnung *f*; **со́бственная ~** Eigentumswohnung *f*
кварти́рный *adj* **1.** Wohn-; **2.** Wohnungs-; **кварти́рное бюро́** Mitwohnzentrale *f*
квартиросъёмщик, квартиросъёмщица *m K / f A* Mieter, -in *m/f*
квартпла́та *akr von* кварти́рная пла́та *f* Miete *f*
кварц *m K* Quarz *m*
квас *m K ple* Kwaß *m*, *säuerliches Getränk aus Hefe (oder Schwarzbrot) und Malz*
кви́нта *f A (MUS)* Quinte *f*
квит *adj kurzf* quitt; **мы кви́ты** wir sind quitt; **мы с ним кви́ты** ich bin mit ihm quitt
квита́ция *f A2* Quittung *f*
кво́та *f A* Quote *f*
квоти́рование *nt O2* **1.** Quotierung *f*; **2.** Quotenregelung *f*
кВт *abk von* килова́тт *m* Kilowatt *nt*, kW *nt*
кг *abk von* килогра́мм *m* Kilogramm *nt*, kg *nt*
КГБ *abk von* комите́т госуда́рственной безопа́сности *m* KGB *m*
кегельба́н *m K* Kegelbahn *f*
ке́гля ⟨*gen pl*: -ей⟩ *f A1* **1.** Kegel *m*; **2.** (*im pl*) Kegeln *nt*, Kegelspiel *nt*; **игра́ть в ке́гли** kegeln
кекс *m K eine Art Rosinenbrötchen;* **рожде́ственский ~** Stollen *m*
келе́йный ⟨*kf*: -е́ен, -е́йна⟩ *adj* **1.** Zellen-; **2.** im geheimen, im stillen; **келе́йно принима́ть реше́ния** eine Entscheidung im kleinen Kreis treffen
ке́лья ⟨*gen pl*: -лий⟩ *f A1* Klosterzelle *f*, Klause *f*
кем ⟨*inst von*: кто⟩ *pron inter* mit wem
ке́мпинг *m K* **1.** Camping *nt*, Zelten *nt*; **2.** Campingplatz *m*; **жить в ~е** campen, zelten
кенгуру́ *nt indekl* Känguruh *nt*
кера́мика *f A* Keramik *f*
кероси́н *m K* **1.** Kerosin *nt*; **2.** Petroleum *nt*
кероси́нка ⟨*gen pl*: -нок⟩ *f A* Petroleumkocher *m*
ке́сарев *akr von* ке́сарево сече́ние *nt* Kaiserschnitt *m*
кетчу́п *m K* Ketchup *nt*
кива́ть *vi E impf* **1.** (*чем-ли́бо*) nicken; **2.** (*кому́-ли́бо*) zunicken; **~ на кого́-ли́бо** (*umg*) jdm die Schuld in die Schuhe schieben
кивну́ть *vi E1 pf* kurz nicken
кида́ть *vt E impf* (*pf*: ки́нуть) (*броса́ть*) werfen, schmeißen
кий ⟨*präpos sg*: кию́, *gen pl*: киёв⟩ *m K2 e* (*билья́рдный*) Queue *nt*, Billardstock *m*
килоба́йт *m K* Kilobyte *nt*
килоджо́уль *m K1* Kilojoule *nt*
килокало́рия *f A2* Kilokalorie *f*
киломе́тр *m K* Kilometer *m*
километра́ж *m K* Kilometerstand *m*
киль *m K1 (MAR)* Kiel *m*
кильва́тер *m K* Kielwasser *nt*
кинжа́л *m K* Dolch *m*
кино́ *nt indekl* Kino *nt*
киноактёр, киноактри́са *m K / f A* Filmschauspieler, -in *m/f*
кинозвезда́ ⟨*nom pl*: -звёзды⟩ *f A* Filmstar *m*
кинока́мера *f A* Filmkamera *f*
кинопродю́сер *mf K* **1.** Filmemacher, -in *m/f*; **2.** Produzent, -in *m/f*
киносъёмка ⟨*gen pl*: -мок⟩ *f A* Filmaufnahme *f*
кинотеа́тр *m K* Kino *nt*
кинофестива́ль *m K1* Filmfestival *nt*
ки́нуть *vt E1 pf* (*impf*: кида́ть) werfen
кио́ск *m K* (*ларёк*) Kiosk *m*
ки́па *f A* Bündel *nt*, Ballen *m*; **~ пи́сем** ein Stoß *m* [*o* Stapel *m*] Briefe
кипари́с *m K* Zypresse *f*
кипе́ть ⟨*präs*: киплю́, -пи́шь⟩ *vi I impf* (*pf*: вс-) **1.** (*о воде́*) brodeln, sieden; **2.** (*спори́ться*) gut vorangehen; **рабо́та кипи́т** die Arbeit flutscht; **3.** (*fig*: *чем-ли́бо*) kochen, brennen; **она́ кипи́т гне́вом** sie kocht vor Wut; **он кипи́т нетерпе́нием** er brennt vor Ungeduld
Кипр *m K* Zypern *nt*
кипяти́льник *m K* **1.** Tauchsieder *m*; **2.** Boiler *m*
кипяти́ть ⟨*präs*: кипячу́, -яти́шь⟩ *vt I impf* (*pf*: вс-) (*во́ду*) kochen, abkochen
Кирги́зия *f A2* Kirgisien *nt*
кири́ллица *f A* Kyrilliza *f*, kyrillische Schrift *f*
кирпи́ч ⟨*gen pl*: -е́й⟩ *m K e* **1.** Ziegel *m*; **2.** Ziegelstein *m*
кирпи́чик *m K* **1.** (*auch fig*) Steinchen *nt*; **2.** Mosaiksteinchen *nt*
кисе́ль *m K1 süßsaure, mit Fruchtsaft gekochte Mehlspeise*
кислова́тый ⟨*kf*: -а́т⟩ *adj* säuerlich
кислоро́д *m K* Sauerstoff *m*
кислота́ ⟨*nom pl*: кисло́ты⟩ *f A pls* Säure *f*; **азо́тная ~** Salpetersäure *f*; **се́рная ~** Schwefelsäure *f*; **у́гольная ~** Kohlensäure

f
кисло́тность *f I* pH-Wert *m*
кисло́тный *adj* (*CHEM*) sauer; **~ дождь** (*ÖKOL*) saurer Regen *m*
кислотосто́йкий *adj* säurebeständig
ки́слый ⟨*kf*: -сел, -сла́, -сол⟩ *adj* sauer; **ки́слое молоко́** Sauermilch *f*; **у него́ ~ вид** (*fig*) er sieht ziemlich sauer aus, er guckt ziemlich sauer
ки́снуть ⟨*prät*: кис *und*: ки́снул⟩ *vi E1 impf* (*pf*: про-) (*молоко́*) sauer werden
киста́ *f A* Zyste *f*
кисть *f I ple1* Pinsel *m*
кит *m K e* Walfisch *m*; **голубо́й ~** Blauwal *m*; **~ы́ би́знеса** (*fig*) Geschäftsriesen *m pl*
кита́ец, **китая́нка** ⟨*gen sg m*: -йца, *gen pl f*: -нок⟩ *m K / f A* Chinese, Chinesin *m/f*
Кита́й *m K2* China *nt*
кита́йский *adj* chinesisch
китч *m K* Kitsch *m*
кичи́ться ⟨*präs*: кичу́сь, -чи́шься⟩ *v + inst I nur impf* protzen, angeben (mit *+dat*)
кичли́вый ⟨*kf*: -и́в⟩ *adj* (*umg*: *надме́нный*) großspurig, eingebildet
кише́ть ⟨*nur 3. pers*: киши́т⟩ *vi I nur impf* **I.** sich drängen; **II.** *v + inst I* wimmeln von; **у́лица киши́т людьми́** auf der Straße wimmelt es von Menschen
кишка́ ⟨*gen pl*: -шо́к⟩ *f A* Darm *m*; **пряма́я ~** Mastdarm *m*; **у тебя́ для э́того ~ тонка́** (*umg*) dem bist du nicht gewachsen
Ккал *abk von* килокало́рия *f* Kilokalorie *f*, kcal *f*
клавиату́ра *f A* Tastatur *f*
кла́виша *f A* Taste *f*
клад *m K* Schatz *m*
кла́дбище *nt O1* Friedhof *m*
кла́дка *f A* Mauerwerk *nt*; **вести́ ка́менную кла́дку** mauern
кладова́я *f wie adj* Lagerraum *m*, Magazin *nt*
кладо́вка *f A* **1.** (*чула́н*) Abstellraum *m*, Rumpelkammer *f*; **2.** Vorratskammer *f*
кла́ксо́н *m K* (*гудо́к*) Hupe *f*
кла́няться *vr + dat E impf* (*pf*: поклони́ться) sich verbeugen, sich verneigen (vor *+dat*)
кла́пан *m K* Ventil *nt*
кларне́т *m K* Klarinette *f*
класс *m K* **1.** (*SOZIOL*) Klasse *f*; **2.** Kategorie *f*; **3.** (*у́ровень*) Niveau *nt*; **4.** (*MUS*) Fach *nt*; **по кла́ссу виолонче́ли** im Fach Violoncello; **5.** Klassenzimmer *nt*, Klassenraum *m*
кла́ссик *m K* Klassiker *m*
кла́ссика *f A* Klassik *f*; **люби́тели кла́ссики** Klassikfreunde *m pl*
классифика́ция *f A2* Klassifikation *f*
классифици́ровать *vt E2 impf/pf* klassifizieren, einstufen, einordnen
класси́ческий *adj* **1.** antik; **2.** (*BAU*) klassizistisch; **3.** (*литерату́ра; му́зыка*) klassisch; **4.** klassisch, Standard-
кла́ссный *adj* **1.** Klassen-; **~ руководи́тель** Klassenlehrer, -in *m/f*; **2.** (*umg*) erstklassig
кла́ссовый *adj* klassenbedingt; **кла́ссовая борьба́** (*SOZIOL*) Klassenkampf *m*; **кла́ссовая принадле́жность** Klassenzugehörigkeit *f*
класть ⟨*präs*: кладу́, -дёшь, *prät*: клал⟩ *vt E6a impf* (*pf*: положи́ть) **1.** hinlegen, legen; **2.** hineintun, hinzutun; **~ нача́ло** einen Anfang machen; **~ коне́ц** ein Ende setzen
клева́ть *vi E2 impf* **1.** (*клю́вом*) picken, hacken; **2.** (*о ры́бе*) anbeißen; **~ но́сом** (*fig*) einnicken
кле́вер ⟨*nom pl*: -а́⟩ *m K ple* Klee *m*
клевета́ *f A* Verleumdung *f*
клевета́ть ⟨*präs*: клевещу́, -е́щешь⟩ *vi E4 impf* (*pf*: на-) **1.** (*на кого́-либо*) klatschen (über *+akk*); **2.** verleumden
клеветни́ческий *adj* verleumderisch
кле́ить ⟨*präs*: кле́ю, кле́ишь⟩ *vt I impf* (*pf*: с-) kleben, leimen
клей ⟨*gen sg*: кле́я⟩ *m K2* Klebstoff *m*, Leim *m*; **универса́льный ~** Alleskleber *m*; **нама́зывать кле́ем** leimen
кле́йкий *adj* klebrig
клейми́ть ⟨*präs*: клеймлю́, -ми́шь⟩ *vt I impf* (*pf*: за-) **1.** (*това́ры; живо́тных*) stempeln, markieren; **2.** (*fig*) brandmarken, anprangern
кле́мма *f A* (*TECH*) Klemme *f*
клён *m K* Ahorn *m*
клено́вый *adj* Ahorn-
клептома́ния *f A2* Kleptomanie *f*
кле́тка ⟨*gen pl*: -ток⟩ *f A* **1.** Käfig *m*; **~ для птиц** Vogelbauer *nt*; **сиде́ть в золото́й кле́тке** (*fig*) im goldenen Käfig sitzen; **2.** (*BIO*) Zelle *f*; **заро́дышевая ~** Keimzelle *f*; **3.** (*кле́тчатый узо́р*) Karo *nt*; **в ме́лкую кле́тку** kleinkariert
кле́тчатый *adj* kariert
клёцка ⟨*gen pl*: -цек⟩ *f A* Kloß *m*, Knödel *m*
клещ ⟨*gen pl*: -е́й⟩ *m K e* **1.** Milbe *f*; **2.** Zecke *f*
кле́щи ⟨*gen pl*: -е́й⟩ *m pl K ple1* Zange *f*, Kneifzange *f*
клие́нт, **клие́нтка** ⟨*gen pl f*: -ток⟩ *m K / f A* Klient, -in *m/f*, Kunde, Kundin *m/f*; **постоя́нный клие́нт** Stammkunde *m*
клиенту́ра *f A* Kundschaft *f*
кли́зма *f A* Klistier *nt*, Einlauf *m*

кли́ка *f A* (*auch pej*) Clique *f*, Klüngel *m*
кли́макс *m K* Klimakterium *nt*, Wechseljahre *pl*
кли́мат *m K* (*auch fig*) Klima *nt*; **суро́вый ~** rauhes Klima *nt*
климати́ческий *adj* klimatisch; **климати́ческие усли́вия** Klimaverhältnisse *pl*
клин ⟨*pl*: кли́нья, -ьев, -ьям⟩ *m K* Keil *m*
кли́ника *f A* Klinik *f*; **не́рвная ~** Nervenheilanstalt *f*
клини́ческий *adj* klinisch
клино́к ⟨*gen sg* : -нка́⟩ *m K e* Klinge *f*, Schneide *f*
клич *m K* Ruf *m*; **боево́й ~** Schlachtruf *m*
кли́чка ⟨*gen pl*: -чек⟩ *f A* **1.** Spitzname *m*; **2.** Deckname *m*
клише́ *nt indekl* (*auch fig: стереоти́п*) Klischee *nt*, Druckschablone *f*
клок *m K e* **1.** Büschel *nt*; **2.** Fetzen *m*; **~ воло́с** Haarbüschel *nt*
клокота́ть ⟨*nur 3. pers*: клоко́чет⟩ *vi E4 impf* sprudeln, brodeln
клони́ть ⟨*präs*: клоню́, кло́нишь⟩ *vt I impf* **1.** beugen, neigen; **2.** (*к чему́-ли́бо*) zwingen (zu *+akk*); **3.** (*fig: речь*) bringen, lenken (auf *+akk*); **он клони́л речь к тому́** er kam darauf zu sprechen; **куда́ он кло́нит?** worauf will er hinaus
клоп *m K e* **1.** (*ZOOL*) Wanze *f*; **2.** (*umg: малы́ш*) Knirps *m*, Kleine(r) *m*
кло́ун *m K* Clown *m*
клуб *m K* Klub *m*, Verein *m*
клу́бень ⟨*gen sg*: -бня⟩ *m K1* Knolle *f*
клуби́ться ⟨*nur 3. pers*: клуби́тся⟩ *vi I impf* (*о тума́не*) in Schwaden aufsteigen
клубни́ка *f A* Gartenerdbeeren *f pl*
клубо́к ⟨*gen sg*: -бка́⟩ *f A* Knäuel *nt*; **~ ше́рсти** Wollknäuel *nt*
клык *m K* **1.** (*у живо́тных*) Eckzahn *m*; **2.** Stoßzahn *m*
клюв *m K* Schnabel *m*
клю́ка *f A* Gehstock *m*, Krücke *f*
клю́нуть *vi E1 pf* anbeißen; **~ на прима́нку** [*о* **что-ли́бо**] (*fig*) auf den Leim gehen, hereinfallen (auf *+akk*)
ключ [1] ⟨*gen pl*: -е́й⟩ *m K e* **1.** Schlüssel *m*; **~ от кварти́ры** Wohnungsschlüssel *m*; **~ зажига́ния** (*KFZ*) Zündschlüssel *m*; **га́ечный ~** Schraubenschlüssel *m*; **басо́вый ~** (*MUS*) Baßschlüssel *m*; **скрипи́чный ~** Violinschlüssel *m*; **2.** (*TECH*) Taste *f*, Schalter *m*
ключ [2] ⟨*gen pl*: -е́й⟩ *m K e* Quelle *f*; **бить ~о́м** quellen, brodeln; **там жизнь бьёт ~о́м** dort herrscht Hochbetrieb
ключево́й [1] *adj* Schlüssel-; **ключево́й вопро́с** Kernfrage *f*; **ключева́я роль** Schlüsselrolle *f*; **ключево́е сло́во** Stichwort *nt*
ключево́й [2] *adj* Quell-; **ключева́я вода́** Quellwasser *nt*
ключи́ца *f A* Schlüsselbein *nt*
кля́кса *f A* Klecks *m*; **посади́ть** [*о* **сажа́ть**]**кля́ксу** klecksen
кляп *m K* Knebel *m*; **затыка́ть рот ~ом** knebeln
клясть ⟨*präs*: кляну́, -нёшь, *prät*: клял, кляла́, кля́ло⟩ *vt E9 impf* verfluchen
кля́сться ⟨*präs*: кляну́сь, -нёшься⟩ *vi E9 impf* (*pf*: по-) schwören; **~ в ве́рности кому́-ли́бо** jdm Treue schwören
кля́тва *f A* Eid *m*, Schwur *m*; **дава́ть кля́тву** geloben
кля́твенный *adj* eidlich
кля́узник *m K* Querulant *m*
км *abk von* **киломе́тров** *m* Kilometer *m*, km *m*
кни́га *f A* Buch *nt*; **насто́льная ~** Handbuch *nt*; **пова́ренная ~** Kochbuch *nt*; **~ за семью печа́тями** (*fig*) ein Buch mit sieben Siegeln
книголю́б *m K* Bücherfreund *m*; **о́бщество ~ов** Lesegesellschaft *f*
книгопеча́тание *nt O2* Buchdruck *m*
книготорго́вец ⟨*gen sg*: -вца⟩ *m K* Buchhändler, -in *m/f*
книготорго́вля *f A1* Buchhandel *m*
книгохрани́лище *nt O1* (*в библиоте́ке*) Magazin *nt*
кни́жка ⟨*gen pl*: -жек⟩ *f A* Büchlein *nt*; **~ с карти́нками** Bilderbuch *nt*; **записна́я ~** Notizbuch *nt*; **зачётная ~** (*зачётка*) Studienbuch *nt*; **сберега́тельная ~** Sparbuch *nt*
кни́жный *adj* Buch-; **~ магази́н** Buchhandlung *f*; **кни́жная я́рмарка** Buchmesse *f*
кно́пка ⟨*gen pl*: -пок⟩ *f A* **1.** Knopf *m*; **2.** Druckknopf *m*; **3.** (*канцеля́рская*) Reißzwecke *f*
кнут *m K e* Peitsche *f*
княги́ня *f A1* Fürstin *f*
кня́жеский *adj* fürstlich
кня́жество *nt O* Fürstentum *nt*
князь *m K1* Fürst *m*
коали́ция *f A2* Koalition *f*, Allianz *f*
ко́бальт *m K* Kobalt *nt*
кобе́ль *m K1 e* Rüde *m*
кобы́ла *f A* Stute *f*
кова́рный ⟨*kf*: -рен, -рна⟩ *adj* hinterlistig, heimtückisch
кова́рство *nt O* Hinterlist *f*; **~ и любо́вь** (*LIT*) Kabale und Liebe
кова́ть ⟨*präs*: кую́, куёшь⟩ *vt E2 impf* (*auch fig*) schmieden
ковбо́й *m K2* Cowboy *m*
ковёр ⟨*gen sg*: -вра́⟩ *m K* Teppich *m*;

вы́звать на ~ когó-ли́бо (*fig*) jdn zu sich zitieren
ковéркать *vt E impf* (*pf:* ис-) **1.** kaputt machen; **2.** (*мысль*) verdrehen; **~ словá** die Wörter verdrehen, ein Kauderwelsch sprechen
кóврик *m K* **1.** kleiner Teppich *m*, Läufer *m*; **2.** Matte *f*
ковыля́ть *vi E impf* hinken, humpeln
ковыря́ть *vi E impf* (*в чём-ли́бо*) stochern
когдá *adv* **I.** wann; **~ он придёт?** wann kommt er? **~-нибýдь** irgendwann; **II.** *konj* **1.** als; **~ он проснýлся, бы́ло ещё темнó** als er erwachte, war es noch dunkel; **2.** wenn; **~ бы знал, не пошёл бы** wenn er es gewußt hätte, wäre er nicht gekommen
когó ⟨*gen/akk von*: кто⟩ *pron inter* wessen, wen
кóготь ⟨*gen sg*: -гтя⟩ *m K1 ple1* Kralle *f*, Klaue *f*
код *m K* Kode *m*; **штриховóй ~** (*на товáрах*) Strichkode *m*
кóдекс *m K* Gesetzbuch *nt*; **уголóвный ~** Strafgesetzbuch *nt*
коди́рование *nt O2* Kodieren *nt*, Verschlüsseln *nt*
коди́ровать *vt E2 impf/pf* kodieren
кóдовый *adj* Kode-
кóе-где *adv* mancherorts
кóе-как *adv* mehr schlecht als recht, irgendwie
кóе-кто *pron indef* **1.** (so) manche(r, s); **2.** irgendwer
кóе-что *pron indef* manches
кóжа *f A* **1.** Leder *nt*; **2.** (*шкýра*) Haut *f*; **натурáльная ~** Echtleder *nt*; **издéлия из кóжи** Lederwaren *pl*; **сбрáсывать с себя́ кóжу** sich häuten; **~ да кóсти** nur noch Haut und Knochen; **из кóжи лезть вон, чтóбы доби́ться чегó-ли́бо** sich für etw abstrampeln, sein möglichstes tun
кóжный *adj* Haut-; **кóжная болéзнь** Hautkrankheit *f*
кóжух *m K e* (*TECH*) Gehäuse *nt*
козá *f A pls* Ziege *f*
козёл ⟨*gen sg*: -злá⟩ *m K* Ziegenbock *m*; **гóрный ~** Steinbock *m*; **~ отпущéния** (*fig*) Sündenbock *m*
Козерóг *m K* (*созвéздие*) Steinbock *m*
козлёнок ⟨*gen sg*: -нка, *nom pl*: козля́та⟩ *m U4* Ziegenkitz *nt*, Zicklein *nt*
козырёк ⟨*gen sg*: -рькá⟩ *m K* **1.** Mützenschirm *m*; **2.** (*у кры́ши*) Vordach *nt*
кóзырь *m K1 ple1* Trumpf *m*
козыря́ть *vi E impf* auftrumpfen
кóйка ⟨*gen pl*: кóек⟩ *f A* Koje *f*
кок *m K* Schiffskoch *m*
кокаи́н *m K* Kokain *nt*
кокéтливый ⟨*kf*: -лив⟩ *adj* kokett, nekkisch
кокéтничать *vi E impf* kokettieren, liebäugeln (mit *+dat*)
кокéтство *nt O* Koketterie *f*
кóклюш *m K* Keuchhusten *m*
кокóсовый *adj* Kokos-; **~ орéх** Kokosnuß *f*
кокс *m K* Koks *m*
коктéйль *m K1* **1.** Cocktail *m*; **2.** (*приём*) Cocktailparty *f*
кол ⟨*pl*: кóлья, -льев, -льям⟩ *m K e* Pfahl *m*
кóла *f A* Cola *f*
колбасá ⟨*nom pl*: колбáсы⟩ *f A pls* Wurst *f*; **твердокопчёная ~** Dauerwurst *f*
колгóтки ⟨*gen pl*: -ток⟩ *f pl A* Strumpfhosen *f pl*
колдовáть *vi E2 impf* zaubern, hexen
колдовствó *nt O e* Zauberei *f*, Hexerei *f*
колдýн, колдýнья *m K / f A1* **1.** Zauberer, Zauberin *m/f*; **2.** Hexenmeister, Hexe *m/f*
колебáние *nt O2* **1.** Schwankung *f*; **2.** Schwingung *f*; **колебáния кýрса дóллара** das Auf und Ab *nt* des Dollarkurses
колебáться ⟨*präs*: колéблюсь, -лешь⟩ *vi E4 impf* (*pf:* по-) **I. 1.** schwanken, schwingen; **2.** pendeln; **II.** *vi E4 nur impf* (*fig*) schwanken, unschlüssig sein, zaudern
колéно ⟨*pl*: колéни, -ей, -ям⟩ *nt O* Knie *nt*; **станóвиться на колéни** sich hinknien; **постáвить на колéни когó-ли́бо** jdn in die Knie zwingen; **упрáшивать когó-ли́бо на колéнях** jdn beknien [*o* inständig bitten]; **емý мóре по ~** er fürchtet sich vor nichts
колесó ⟨*nom pl*: колёса⟩ *nt O pls* Rad *nt*; **чёртово ~** Riesenrad *nt*
колесóванный *adj* gerädert
колея́ *f A2* **1.** Fahrbahn *f*, **2.** Gleis *nt*; **э́то вы́било егó из колеи́** (*fig*) das hat ihn aus der Bahn *f* geworfen
кóлика *f A* Kolik *f*
коли́чественный *adj* quantitativ; **коли́чественное числи́тельное** Kardinalzahl *f*, Grundzahlwort *nt*
коли́чество *nt O* Quantität *f*, Menge *f*, Anzahl *f*
кóлкий ⟨*kf*: кóлок, колкá, кóлко⟩ *adj* **1.** spitz, stachelig; **2.** (*замечáние*) beißend, spöttisch
кóлкости *f pl I* Sticheleien *f pl*, Anzüglichkeiten *f pl*
коллáж *m K* Collage *f*
коллáпс *m K* Kollaps *m*
коллéга *mf A* Kollege, Kollegin *m/f*; **~ по рабóте** Arbeitskollege, Arbeitskollegin

m/f
коллéгия *f A2* Kollegium *nt*
коллектúв *m K* Kollektiv *nt*, Team *nt*; **трудовóй ~** Belegschaft *f*; **редáкторский ~** Lektorat *nt*
коллективúзм *m K* Kollektivgeist *m*, Teamgeist *m*
коллектúвный *adj* kollektiv, gemeinschaftlich; **коллектúвная заявка** Sammelbestellung *f*
коллекционéр *m K* Sammler, -in *m/f*
коллекционúровать *vt E2 impf* (*собирáть*) sammeln
коллéкция *f A2* **1.** Sammlung *f*; **собрáть коолéкцию** eine Sammlung aufbauen [*o* zusammentragen]; **2.** (*моделей одéжды*) Kollektion *f*
колóда *f A* **1.** (*чурбáн*) Holzklotz *m*; **2.** Klotz *m*; **~ карт** (*fig*) Kartenspiel *nt*
колóдец ⟨*gen sg*: -дца⟩ *m K* Brunnen *m*
кóлокол ⟨*nom pl*: -á⟩ *m K ple* Glocke *f*; **бить во все ~á** Alarm schlagen
колокóльня ⟨*gen pl*: -лен⟩ *f A1* **1.** Glockenturm *m*; **2.** Kirchturm *m*
колокóльчик *m K* **1.** Glöckchen *nt*; **2.** Schelle *f*; **двернóй ~** Türklingel *f*
колониалúзм *m K* Kolonialismus *m*
колонизáция *f A2* Kolonisation *f*
колóния *f A2* Kolonie *f*
колóнка [1] ⟨*gen pl*: -нок⟩ *f A* **1.** (*стóлбик*) Spalte *f*, **2.** (*в газéте*) Kolumne *f*; **3.** Rubrik *f*
колóнка [2] ⟨*gen pl*: -нок⟩ *f A* **1.** Hydrant *m*; **2.** (*вáнная*) Badeofen *m*; **бензúновая ~** Zapfsäule *f*; **акустúческая ~** Lautsprecherbox *f*
колóнна *f A* **1.** Kolonne *f*; **2.** (*BAU*) Säule *f*
кóлос ⟨*pl*: колóсья, -ьев, -ьям⟩ *m K pls1* Ähre *f*
колóсс *m K* (*гигáнт*) Koloß *m*, Riese *m*
колоссáльный ⟨*kf*: -лен, -льна⟩ *adj* kolossal, enorm
колотúть ⟨*präs*: колочý, -óтишь⟩ *vt I impf* (*pf*: по-) **1.** hauen; **2.** prügeln
колóть ⟨*präs*: колю́, кóлешь⟩ *vt E4 impf* **1.** stechen; **2.** (*орéхи*) knacken; **3.** (*дровá*) hacken
колóться ⟨*präs*: колю́сь, кóлешься⟩ *vi E4 impf* **1.** stachelig sein; **2.** (*umg*: *наркомáн*) fixen; **емý и хóчется и кóлется** (*fig*) er macht sich die Entscheidung schwer
колпáк *m K e* **1.** Kappe *f*; **шутовскóй ~** Narrenkappe *f*; **2.** (*TECH*) Kappe *m*; **~ для сы́ра** Käseglocke *f*; **быть под ~óм у КГБ** vom KGB überwacht werden
Колýмбия *f A2* Kolumbien *nt*
колхóз *akr von* коллектúвное хозя́йство *nt* Kolchose *f*
колчáн *m K* (*для стрел*) Köcher *m*
колыбéль *f I* Wiege *f*
колыбéльная *f wie adj* (*пéсня*) Schlaflied *nt*, Wiegenlied *nt*
колыхáть ⟨*präs*: колы́шу, -ы́шешь⟩ *vt E4 impf* leicht bewegen, wiegen
колье́ *nt indekl* Kollier *nt*
кольрáби *f indekl* Kohlrabi *m*
кольцó ⟨*gen pl*: -лец⟩ *nt O pls* Ring *m*; **обручáльное ~** Ehering *m*
колю́чий ⟨*kf*: -ю́ч⟩ *adj* stachelig; **колю́чая прóволока** Stacheldraht *m*
колю́чка ⟨*gen pl*: -чек⟩ *f A* **1.** (*BOT*) Distel *f*; **2.** (*шип*) Dorn *m*
кóлющий *adj* (*боль*) stechend
коля́ска ⟨*gen pl*: -сок⟩ *f A* Handwagen *m*, Wagen *m*; **дéтская ~** Kinderwagen *m*; **инвалúдная ~** Rollstuhl *m*; **мотоцúкл с ~ой** Motorrad *nt* mit Beiwagen
ком ⟨*pl*: кóмья, -ьев, -ьям⟩ *m K* Klumpen *m*, Kloß *m*, Ball *m*; **снéжный ~** Schneeball *m*
кóма *f A* Koma *nt*
комáнда *f A* **1.** (*прикáз*) Kommando *nt*, Befehl *m*; **2.** Mannschaft *f*, Truppe *f*; **правúтельственная ~** Regierungsmannschaft *f*
командúр *m K* **1.** Kommandeur *m*; **2.** Kapitän *m*
командирóвка ⟨*gen pl*: -вок⟩ *f A* Dienstreise *f*
командирóвочный *adj* Dienstreise-; **командирóвочные расхóды** Reisekosten *pl*
комáндовать *v + inst E2 impf* kommandieren, befehlen
комáр *m K e* Stechmücke *f*, **всё бýдет сдéлано так, что ~ нóса не подтóчит** (*fig*) alles wird tipptopp [*o* tadellos] sein
комбáйн *m K* Mähdrescher *m*; **кухóнный ~** Küchenmaschine *f*
комбинáция *f A2* **1.** (*сочетáние*) Kombination *f*, Verknüpfung *f*; **2.** Unterkleid *nt*
комбинезóн *m K* Overall *m*
комбинúровать *vt E2 impf* kombinieren
комедиáнт, **комедиáнтка** *m K / f A* Komödiant, -in *m/f*
комéдия *f A2* Komödie *f*, Lustspiel *nt*
комендáнт *m K* Kommandant, -in *m/f*; **~ общежúтия** Wohnheimleiter *m*
комендáнтский *adj* Kommandanten-; **~ час** Ausgangssperre *f*
комéта *f A* Komet *m*
кóмик *m K* **1.** Komiker, -in *m/f*; **2.** Spaßvogel *m*
кóмикс *m K* **1.** Cartoon *m*; **2.** Comic *m*; **кнúжка с ~ами** Comicheft *nt*
комиссáр *m K* Kommissar, -in *m/f*

комиссио́нные *m pl wie adj* Provision *f*
комиссио́нный *adj* Komissions-; **~ магази́н** An- und Verkauf *m*, Secondhand-Laden *m*
коми́ссия *f A2* Kommission *f*, Ausschuß *m*; **~ ОО́Н по права́м челове́ка** UNO-Menschenrechtskommission *f*; **согласи́тельная ~** Schlichtungsausschuß *m*
комите́т *m K* **1.** Ausschuß *m*, Komitee *nt*; **роди́тельский ~** (*в шко́ле*) Elternbeirat *m*; **2.** (*umg*) KGB *m*
коми́чность *f I* Komik *f*
коми́чный ⟨*kf*: -чен, -чна⟩ *adj* komisch
ко́мкать *vt E impf* **1.** (*мять*) knautschen, zerknittern; **2.** (*выступле́ние*) kurz und abgehackt sprechen
коммента́рий ⟨*präpos sg*: -ии⟩ *m K2* Kommentar *m*, Anmerkung *f*
коммента́тор *m K* Kommentator *m*, -in *f*
комменти́ровать *vt E2 impf/pf* kommentieren
коммерса́нт *m K* **1.** Kaufmann *m*; **2.** Großhändler *m*
комме́рция *f A2* Kommerz *m*, Handel *m*
комме́рческий *adj* **1.** (*торго́вый*) kaufmännisch; **комме́рческое учи́лище** Handelsschule *f*; **2.** (*на комме́рческой осно́ве*) kommerziell, nichtstaatlich, privat; **комме́рческая програ́мма** Privatfernsehen *nt*; **комме́рческие це́ны** freie Preise *m pl*
комме́рческий магази́н *m K mit freien Preisen arbeitendes Geschäft*
комму́на *f A* **1.** Kommune *f*; **2.** Gemeinde *f*
коммуна́лка *f A Wohnung für mehrere Familien mit gemeinsamer Bad- und Küchenbenutzung*
коммуна́льныйс *adj* Kommunal-; **коммуна́льные вы́боры** Gemeindewahl *f*
коммуни́зм *m K* Kommunismus *m*
коммуника́бельный ⟨*kf*: -лен, -льна⟩ *adj* kommunikativ, mitteilsam
коммуника́ция *f A2* **1.** Kommunikation *f*; **2.** (*im pl*) Verkehrswege *m pl*; **3.** Versorgungsleitungen *f pl*
коммуни́ст, **коммуни́стка** *m K* **1.** Kommunist, -in *m/f*; **2.** Parteimitglied *nt*; **бы́вший ~** Altkommunist *m*
коммунисти́ческий *adj* kommunistisch
коммута́ция *f A2* (*EL*) Schaltung *f*
коммюнике́ *nt indekl* Kommuniqué *nt*
ко́мната *f A* Zimmer *nt*, Raum *m*; **~ для госте́й** Gästezimmer *nt*; **~ ма́тери и ребёнка** Babywickelraum *m*; **жила́я ~** Wohnzimmer *nt*
ко́мнатный *adj* Zimmer-; **ко́мнатное расте́ние** Zimmerpflanze *f*
комо́д *m K* Kommode *f*
комо́к [1] ⟨*gen sg*: -мка́⟩ *m K* **1.** Klümpchen *nt*; **2.** Bündel *nt*; **~ не́рвов** Nervenbündel *nt*
комо́к [2] *akr von* комме́рческий ларёк *m* Kiosk *m*
комо́чек ⟨*gen sg*: -чка⟩ *m K* Klümpchen *nt*
компа́кт-диск *m K* Compact Disc *f*, CD *f*
компа́ктный ⟨*kf*: -тен, тна⟩ *adj* **1.** kompakt; **2.** dicht
компа́ния *f A2* **1.** (*фи́рма*) Unternehmen *nt*; **кру́пная ~** Großunternehmen *nt*; **нефтяна́я ~** Ölgesellschaft *f*; **2.** (*круг обще́ния*) Umgang *m*; **враща́ться в дурно́й компа́нии** schlechten Umgang haben; **попа́сть в дурну́ю компа́нию** in schlechte Gesellschaft geraten
компаньо́н *m K* Kompagnon *m*, Geschäftspartner *m*
ко́мпас *m K* Kompaß *m*
компенса́ция *f A2* **1.** Ausgleich *m*; **2.** Entschädigung *f*
компенси́ровать *vt E2 impf/pf* kompensieren, ausgleichen, wettmachen
компете́нтность *f I* Kompetenz *f*, Sachkenntnis *f*
компете́нтный ⟨*kf*: -тен, -тна⟩ *adj* kompetent, sachkundig
компете́нция *f A2* Kompetenz *f*, Zuständigkeitsbereich *m*; **э́то не вхо́дит в мою́ компете́нцию** dafür bin ich nicht zuständig
ко́мплекс *m K* **1.** Gesamtheit *f*, Komplex *m*; **~ мер** (*POL*) Maßnahmenpaket *nt*; **2.** (*PSYCH*) Komplex *m*, Hemmung *f*; **~ неполноце́нности** Minderwertigkeitskomplex *m*
ко́мплексность *f I* Komplexität *f*
ко́мплексный *adj* komplex
компле́кт *m K* Gesamtanzahl *f*; **вхо́дит в ~ поста́вки** zum Lieferumfang gehören
компле́ктный *adj* (*по́лный*) komplett, vollständig
комплектова́ть *vt E2 impf* (*pf*: с-) vervollständigen
комплиме́нт *m K* Kompliment *nt*; **засыпа́ть кого́-ли́бо ~ами** jdn mit Komplimenten überschütten
компози́тор *m K* Komponist, -in *m/f*
компози́ция *f A2* **1.** (*компоно́вка*) Zusammenstellung *f*, Anordnung *f*; **2.** (*MUS*) Komposition *f*
компоне́нт *m K* Komponente *f*, Bestandteil *nt*

компóст *m K* Kompost *m*
компóстер *m K* Fahrscheinentwerter *m*
компóт *m K* Kompott *nt*
компрéсс *m K* Kompresse *f*
компрометúровать *vt E2 impf* (*pf*: с-) kompromittieren, bloßstellen
компромúсс *m K* Kompromiß *m*, Kompromißlösung *f*; **идти́ на ~** einen Kompromiß eingehen; **готóвый к ~ам** kompromißbereit
компромúссный *adj* Kompromiß-; **компромúссное решéние** Kompromißlösung *f*; **~ вариáнт** Mittelweg *m*
компью́тер *m K* Computer *m*
компью́терный *adj* Computer-; **компью́терные и́гры** Computerspiele *nt pl*
комý ⟨*dat von*: кто⟩ *pron inter* wem
комфóрт *m K* (удóбство) Komfort *m*, Bequemlichkeit *f*
комфортáбельность *f I* Komfortausstattung *f*
комфортáбельный ⟨*kf*: -лен, -льна⟩ *adj* komfortabel
конвéйер *m K* Fließband *nt*; **сходи́ть** [*o* **сойти́**] **с ~а** vom Band *nt* rollen
конвéнция *f A2* Konvention *f*, Übereinkunft *f*
конверсиóнный *adj* Konversions-; **конверсиóнная прогрáмма** Umstellungsprogramm *nt*
конвéрсия *f A2* **1.** Umstellung *f*; **~ воéнного произвóдства** Umstellung der Rüstungsindustrie auf Zivilproduktion; **2.** (*ÖKON*: валю́т) Konvertierbarkeit *f*
конвéрт *m K* Briefumschlag *m*
конверти́ровать *vt E2 impf/pf* konvertieren; **конверти́руемая** (валю́та) konvertierbar
конвóй *m K2* (эскóрт) Geleitschutz *m*, Konvoi *m*
конгрéсс *m K* Kongreß *m*
конденсáт *m K* **1.** Kondensat *nt*; **2.** Kondenswasser *nt*
конденси́ровать *vt E2 impf/pf* kondensieren, verdichten
конди́тер *m K* Konditor, -in *m/f*
конди́терская *f wie adj* Konditorei *f*
кондиционéр *m K* Klimaanlage *f*; **с ~ом** klimatisiert
кондициони́ровать *vt E2 impf* (вóздух) klimatisieren
конди́ция *f A2* **1.** (ýровень кáчества) Bedingung *f*; **2.** Lieferbedingung *f*; **3.** (*SPORT*) Kondition *f*, Fitneß *f*
кондýктор, **кондýкторша** *m K / f A* Schaffner, -in *m/f*
конёк ⟨*gen sg*: конькá⟩ *m K* **1.** Pferdchen *nt*; **2.** (*BAU*) Dachfirst *m*; **3.** (*fig*) Steckenpferd *nt*, Lieblingsbeschäftigung *f*
конéц ⟨*gen sg*: -нцá⟩ *m K* Ende *nt*, Schluß *m*; **~ недéли** Wochenende *nt*; **счастли́вый ~** Happy End *nt*; **к концý 1994 гóда** am Jahresende 1994; **чемý-ли́бо концá не ви́дно** etw nimmt kein Ende; **~ - дéлу венéц** Ende gut, alles gut; **в концé концóв** schließlich; **положи́ть ~ чемý-ли́бо** einer Sache ein Ende bereiten; **едвá своди́ть концы́ с концáми** (*fig*) von der Hand in den Mund leben; **отдáть концы́** (*vulg*) abkratzen
конéчно *part* natürlich, selbstverständlich, gewiß
конéчность *f I* (*ANAT*) Extremität *f*
конéчный ⟨*kf*: -чен, -чна⟩ *adj* **1.** End-; **~ результáт** Endergebnis *nt*; **конéчная останóвка** Endstation *f*; **в конéчном счёте** letztlich; **2.** vergänglich, endlich
кони́ческий *adj* konisch
конкрéтный ⟨*kf*: -тен, -тна⟩ *adj* konkret
конкурéнтный *adj* Konkurrenz-; **конкурéнтная борьбá** Konkurrenzkampf *m*
конкурентоспосóбность *f I* Konkurrenzfähigkeit *f*
конкурентоспосóбный ⟨*kf*: -бен, -бна⟩ *adj* **1.** konkurrenzfähig; **2.** (*ÖKON*) absatzfähig
конкурéнция *f A2* **1.** Konkurrenz *f*; **2.** Wettbewerb *m*; **выдéрживать конкурéнцию** im Wettbewerb bestehen; **быть вне конкурéнции** konkurrenzlos sein
конкури́ровать *vi E2 impf* (с кем-ли́бо/чем-ли́бо в чём-ли́бо) konkurrieren, wetteifern
кóнкурс *m K* **1.** Wettbewerb *m*; **2.** Preisausschreiben *nt*; **3.** Ausschreibung *f*; **4.** (при поступлéнии в институ́т) Numerus clausus *m*; **~ красоты́** Schönheitskonkurrenz *f*; **откры́тый ~** öffentliche Ausschreibung *f*; **докумéнты, подавáемые на ~** Bewerbungsunterlagen *pl*
кóнкурсный *adj* Wettbewerbs-; **кóнкурсные начáла** Wettbewerbsprinzip *nt*
кóнный *adj* Pferde-; **~ завóд** Gestüt *nt*; **~ спорт** Reiten *nt*, Pferdesport *m*
коноплЯ́ *f A1 e* Hanf *m*
консáлтинг *m K* Consulting *nt*, Beratungsmaßnahmen *f pl*
консéнсус *m K* (соглáсие) Konsens *m*, Einvernehmen *nt*
консервáнт *m K* Konservierungsmittel *nt*
консервати́вный ⟨*kf*: -вен, -вна⟩ *adj* konservativ; **консервати́вные взгля́ды** konservative Ansichten *f pl*; **крáйне ~** erzkonservativ

консерви́ровать *vt E2 impf* (*pf:* за-) **1.** (*фру́кты, о́вощи*) konservieren, einmachen, einkochen; **2.** (*держа́ться за что-ли́бо*) beibehalten, festhalten (an *+dat*)
консе́рвный *adj* Konserven-; **~ нож** Büchsenöffner *m*; **стекля́нная консе́рвная ба́нка** Einmachglas *nt*
консе́рвы *m pl K* Konserven *f pl*
конста́нта *f A* Konstante *f*
констата́ция *f A2* Feststellung *f*, Aussage *f*
конституцио́нный *adj* konstitutionell, verfassungsmäßig; **~ суд** Verfassungsgericht *nt*
конститу́ция *f A2* **1.** (*POL*) Konstitution *f*, Verfassung *f*, Grundgesetz *nt*; **2.** (*MED*) Körperbau *m*, Gesundheitszustand *m*
конструи́рование *nt O2* Konstruktion *f*, Entwicklung *f*
конструи́ровать *vt E2 impf* (*pf:* с-) **1.** konstruieren, entwerfen; **2.** bauen
конструкти́вный *adj* **1.** konstruktiv; **2.** (*предложе́ние*) nützlich
констру́ктор *m K* **1.** Konstrukteur, -in *m/f*; **2.** (*игру́шка*) Baukasten *m*
констру́кция *f A2* Konstruktion *f*, Bauweise *f*, Bauart *f*
ко́нсул *m K* Konsul *m*
ко́нсульство *nt O* Konsulat *nt*
консульта́нт *m K* (*сове́тник*) Berater, -in *m/f*; **~ по вопро́сам семьи́ и бра́ка** Eheberater, -in *m/f*
консульта́ция *f A2* **1.** Rat *m*; **2.** Beratungsstelle *f*; **беспла́тные юриди́ческие консулта́ции** kostenlose Rechtsberatung *f*; **обрати́ться за консулта́цией к специали́стам** fachmännischen Rat einholen
консульти́рование *nt O2* Beratung *f*
консульти́ровать *vi E2 impf* **I.** (*с кем-ли́бо/чем-ли́бо*) um Rat fragen; **II.** *vt E2 impf* (*pf:* про-) einen Rat erteilen
конта́кт *m K* **1.** Kontakt *m*, Berührung *f*; **2.** Umgang *m*; **завя́зывать** [*o* **устана́вливать**] **~ с кем-ли́бо** sich in Verbindung *f* setzen (mit *+dat*)
конта́ктный ⟨*kf:* -тен, -тна⟩ *adj* **1.** kontaktfreudig; **2.** Kontakt-; **конта́ктная ли́нза** Kontaktlinse *f*
конте́йнер *m K* Container *m*, Behälter *m*; **~ для му́сора** Mülltonne *f*; **~ для сбо́ра стеклоотхо́дов** Altglascontainer *m*
конте́кст *m K* Kontext *m*, Zusammenhang *m*
континге́нт *m K* **1.** Kontingent *nt*; **2.** Höchstmenge *f*; **3.** Pflichtbeitrag *m*
контине́нт *m K* Kontinent *m*, Erdteil *m*
конто́ра *f A* Büro *nt*; **обме́нная ~** Wechselstube *f*
контраба́нда *f A* **1.** Schmuggel *m*; **2.** (*контраба́ндный това́р*) Schmuggelware *f*
контрабанди́ст, контрабанди́стка ⟨*gen pl f:* -ток⟩ *m K / f A* Schmuggler *m*, -in *f*
контраба́с *m K* Kontrabaß *m*
контраге́нт *m K* Vertragspartner *m*
контракт *m K* Vertrag *m*; **заключа́ть ~** einen Vertrag abschließen
контраргуме́нт *m K* Gegenargument *nt*
контра́ст *m K* Kontrast *m*
контрацепти́в *m K* Verhütungsmittel *nt*
контраце́пция *f A2* Empfängnisverhütung *f*
контрме́ра *f A* Gegenmaßnahme *f*; **в ка́честве контрме́ры** im Gegenzug *m*
контрнаступле́ние *nt O2* Gegenangriff *m*, Gegenoffensive *f*
контролёр *m K* Kontrolleur, -in *m/f*
контроли́ровать *vt E2 impf* (*pf:* про-) kontrollieren, überprüfen; **~ положе́ние** (*fig*) die Lage im Griff haben
контро́ль *m K1* Kontrolle *f*, Überwachung *f*; **~ вооруже́ний** Rüstungskontrolle *f*; **пограни́чный ~** Genzkontrolle *f*; **выходи́ть из-под контро́ля** sich der Kontrolle entziehen, außer Kontrolle geraten
контро́льная *f wie adj* (*контро́льная рабо́та*) Klassenarbeit *f*, Klausur *f*
контро́льный *adj* Kontroll-; **~ сове́т** Aufsichtsrat *m*; **контро́льная ци́фра** Kontrollnummer *f*; Richtwert *m*
конту́зия *f A2* Quetschung *f*, Prellung *f*
ко́нтур *m K* **1.** Kontur *f*; **2.** Schattenriß *m*
ко́нус *m K* Kegel *m*
конфера́нс *m K* Moderation *f*; **занима́ться ~ом** moderieren
конферансье́ *m indekl* Moderator, -in *m/f*
конфере́нц-зал *m K* Konferenzraum *m*, Tagungsraum *m*
конфере́нция *f A2* Konferenz *f*
конфетти́ *nt indekl* Konfetti *nt*
конфе́ты *f pl A* Konfekt *nt*; **шоколя́дные ~** Pralinen *f pl*
конфиденциа́льный ⟨*kf:* -лен, -льна⟩ *adj* (*информа́ция*) vertraulich, intern
конфирма́ция *f A2* Konfirmation *f*
конфискова́ть *vt E2 impf/pf* konfiszieren, beschlagnahmen
конфли́кт *m K* **1.** Konflikt *m*; **2.** Auseinandersetzung *f*; **~ поколе́ний** Generationskonflikt *m*; **~ со́вести** Gewissenskonflikt *m*; **этни́ческие ~ы** ethnische Konflikte *m pl*; **~ назрева́ет** der Konflikt schwelt

конфликтова́ть *vi E2 impf* (с *ке́м-ли́бо*) mit jdm in Streit geraten; **конфликту́ющиие сто́роны** Streitparteien *f pl*

концентра́т *m K* Konzentrat *nt*

концентра́ция *f A2* **1.** (*внима́ния*) Konzentration *f*, Konzentrationsfähigkeit *f*; **2.** (*населе́ния*) Ballung *f*, Dichte *f*

концентри́роваться *vr E2 impf* (*pf:* с-) (*nur 3. pers*) sich konzentrieren, sich verdichten

конце́рн *m K* Konzern *m*

конце́рт *m K* Konzert *nt*; **~ по зая́вкам** Wunschkonzert *nt*; **благотвори́тельный ~** Wohltätigkeitskonzert *nt*

конце́ссия *f A2* Konzession *f*, Genehmigung *f*

концла́герь *akr von* концентрацио́нный ла́герь *m* Konzentrationslager *nt*

ко́нчик *m K* Kuppe *f*, Spitze *f*; **~ па́льца** Fingerkuppe *f*; **~ но́са** Nasenspitze *f*

ко́нчить *vi I pf* (*impf:* конча́ть) beenden, abschließen; **ко́нчено!** und damit basta

ко́нчиться *vi I pf* (*impf:* конча́ться) zu Ende gehen, enden; **моя́ подпи́ска ко́нчилась** mein Abonnement ist abgelaufen

конъюнктиви́т *m K* Bindehautentzündung *f*

конъюнкту́ра *f A* Konjunktur *f*, Geschäftslage *f*; **высо́кая ~** Hochkonjunktur *f*

конъюнкту́рный *adj* konjunkturbedingt

конъюнкту́рщик *m K* (*pej*) Opportunist *m*

конь ⟨*nom pl*: ко́ни⟩ *m K1 e1* Pferd *nt*; **коне́й на перепра́ве на меня́ют** (*fig*) in der Furt wechselt man keine Pferde

коньки́ ⟨*sg*: конёк, -нька́⟩ *m pl K* Schlittschuhe *m pl*; **ро́ликивые ~** Rollschuhe *m pl*

конькобе́жец, **конькобе́жка** ⟨*gen sg m*: -жца, *gen pl f*: -жек⟩ *m K* / *f A* Schlittschuhläufer, -in *m/f*

конья́к *m K e* Kognak *m*

коню́шня ⟨*gen pl*: -шен⟩ *f A1* Pferdestall *m*

кооперати́в *m K* Genossenschaft *f*; **строи́тельный ~** Baugenossenschaft *f*

кооперати́вный *adj* kooperativ, genossenschaftlich

коопера́ция *f A2* Kooperation *f*, Zusammenarbeit *f*

координа́та *f A* Koordinate *f*

координи́ровать *vt E2 impf/pf* koordinieren

копа́ть *vt E impf* (*pf:* вы-) graben, schaufeln

копа́ться *vi E impf* **1.** (*в чём-ли́бо*) herumkramen (in *+dat*); **2.** (*umg:* с *чем-ли́бо*) herumtrödeln (mit *+dat*)

копе́ечка ⟨*dim von*: копе́йка⟩ *f A* Kopeke *f*; **влете́ть в копе́ечку кому́-ли́бо** (*umg*) jdn teuer zu stehen kommen

копе́йка ⟨*gen pl*: -е́ек⟩ *f A* Kopeke *f*; **ни копе́йки** keinen Pfennig; **с то́чностью до копе́йки** auf Heller und Pfennig

копи́лка ⟨*gen pl*: -лок⟩ *f A* Sparschwein *nt*

копирова́льный *adj* Kopier-; **~ аппара́т** (*ксе́рокс*) Kopierer *m*, Kopiergerät *nt*

копи́ровать *vt E2 impf* (*pf:* с-) **1.** kopieren; **2.** nachahmen

ко́пия *f A2* **1.** Kopie *f*, Abschrift *f*, Durchschlag *m*; **2.** (*о челове́ке*) Abbild *nt*, Ebenbild *nt*

копна́ ⟨*gen pl*: -пён⟩ *f A e1* Heuhaufen *m*; **~ воло́с** (*fig*) dichter Haarschopf *m*

копоши́ться ⟨*präs*: копошу́сь, -ши́шься⟩ *vi I impf* **1.** kribbeln, wimmeln; **2.** (*мы́сли*) schwirren

копти́ть ⟨*präs*: копчу́, копти́шь⟩ *vt I impf* (*pf:* за-) **I.** räuchern; **II.** *vi I* (*pf:* на-) (*nur 3. pers*) rußen; **свеча́ копти́т** die Kerze rußt

копчёный *adj* geräuchert; **копчёное мя́со** Rauchfleisch *nt*

ко́пчик *m K* Steißbein *nt*

копы́то *nt O* Huf *m*

копьё ⟨*gen pl*: -ий⟩ *nt O1 pls* **1.** Lanze *f*; **2.** Speer *m*; **лома́ть ко́пья вокру́г чего́-ли́бо** (*fig*) heftig streiten (um *+akk*)

кора́ *f A* (*BOT*) Rinde *f*; **~ головно́го мо́зга** (*ANAT*) Hirnrinde *f*; **земна́я ~** (*GEOL*) Erdkruste *f*

кораблекруше́ние *nt O2* Schiffbruch *m*

кора́бль *m K1 e* Schiff *nt*; **лине́йный ~** Schlachtschiff *nt*; **косми́ческий ~** Raumschiff *nt*; **~ многора́зового испо́льзования** Raumfähre *f*

кора́лл *m K* Koralle *f*

кора́лловый *adj* Korallen-; **~ риф** Korallenriff *nt*

кора́н *m K* Koran *m*

коре́йский *adj* koreanisch

корена́стый ⟨*kf*: -а́ст⟩ *adj* (*кря́жистый*) stämmig, untersetzt

коренно́й *adj* **1.** grundlegend; **~ вопро́с** Kernfrage *f*; **коренна́я черта́** Grundzug *m*; **коренны́е преобразова́ния** grundlegende Veränderungen *f pl*; **коренны́м о́бразом** gründlich; **~ зуб** Backenzahn *m*; **2.** gebürtig, alteingesessen; **она́ коренна́я москви́чка** sie ist eine waschechte Moskauerin

ко́рень ⟨*gen sg*: -рня⟩ *m K1* (*auch fig*)

Wurzel *f*; **пускáть кóрни** (*растéние*) Wurzeln schlagen; **социáльные кóрни** soziale Hintergründe *pl*; **в кóрне изменить что-либо** etw von Grund auf verändern
Корéя *f A2* Korea *nt*
корзина *f A* Korb *m*; **~ для бумáг** Papierkorb *m*
коридóр *m K* (*перéдняя*) Korridor *m*, Flur *m*; **~ для захóда на посáдку** (*fig*) Einflugschneise *f*; **воздýшный ~** Luftkorridor *m*
корить *vt I impf* rügen, schelten, tadeln
корица *f A* Zimt *m*
коричневый *adj* braun
кóрка *f A* **1.** (*дéрева*) Rinde *f*; **2.** (*хлéба*) Kruste *f*; **апельсинная ~** Orangenschale *f*
корм ⟨*nom pl*: кормá⟩ *m K ple* Futter *nt*, Tiernahrung *f*
кормá *f A* Heck *nt*, hinterer Teil *m*
кормилец, **кормилица** ⟨*gen sg m*: -льца⟩ *m K / f A* Ernährer, -in *m/f*
кормить ⟨*präs*: кормлю, кóрмишь⟩ *vt I impf* (*pf*: на-) **1.** (*людéй*) ernähren; **2.** (*живóтных*) füttern; **~ грýдью** (*ребёнка*) stillen; **~ из рожкá** das Fläschchen geben; **~ пустыми обещáниями** (*fig*) mit leeren Versprechungen abspeisen
кормýшка *f A* **1.** Futterkrippe *f*; **2.** (*fig*) Versorgungsstelle *f*
кóрна *f A* (*umg*) Witz *m*
коробéйник *m K* Hausierer *m*
корóбить ⟨*präs*: корóблю, -бишь⟩ *vi I impf* (*pf*: с-) abstoßen, unangenehm berühren; **это егó корóбит** daran nimmt er Anstoß
корóбка ⟨*gen pl*: -бок⟩ *f A* **1.** Kiste *f*; **2.** Schachtel *f*; **~ конфéт** Pralinenschachtel *f*; **картóнная ~** Pappkarton *m*; **~ передáч** (*KFZ*) Getriebe *nt*; **двернáя ~** Türrahmen *m*
корóва *f A* Kuh *f*; **дóйная ~** Milchkuh *f*
корóвник *m K* Kuhstall *m*
королéва *f A* **1.** (*царица*) Königin *f*; **2.** (*шáхматы*) Dame *f*
королéвский *adj* königlich; **~ обéд** (*fig*) ein fürstliches Mahl *nt*
королéвство *nt O* (*цáрство*) Königreich *nt*
корóль *m K1 e* (*царь*) König *m*; **некоронóванный ~** ungekrönter König *m*
корóна *f A* Krone *f*
коронáция *f A2* (*коронов́ание*) Krönung *f*
корóнный *adj* Kron-; **~ нóмер** (*fig*) Spezialität *f*
коронов́ать *vt E2 impf/pf* krönen
коротáть *vt E impf* (*pf*: с-) (*врéмя чем-либо*) sich die Zeit vertreiben (mit *+dat*)
корóткий ⟨*kf*: кóрóток, короткá, кóрóтко, кóрóтки, *komp*: корóче⟩ *adj* kurz; **~ие вóлны** (*EL*) Kurzwellen *f pl*; **корóткое замыкáние** Kurzschluß *m*; **в сáмые корóткие срóки** in kürzester Zeit [*o* Frist]; **кóротко и ясно** kurz und bündig, klipp und klar
короткоживýщий *adj* kurzlebig, schnellebig
корóче *adj komp* (*корóче говоря́*) kurz gesagt
корпéть ⟨*präs*: корплю, -пишь⟩ *vi I impf* (*umg: над чем-либо*) ackern (an *+dat*), brüten (über *+dat*)
корпорáция *f A2* (*союз*) Körperschaft *f*, Verein *m*
кóрпус *m K* **I.** (*живóе существó*) Rumpf *m*, Körper *m*; **II.** ⟨*nom pl*: -á⟩ *m K ple* **1.** Hülle *f*; **2.** (*часóв*) Gehäuse *nt*; **~ корабля́** Schiffsrumpf *m*; **3.** (*в áдресе*) Wohnblock *m*, Gebäudetrakt *m*; **4.** (*MIL*) Korps *nt*; **~ мира** Friedenstruppe *f*
корректирóвка ⟨*gen pl*: -вок⟩ *f A* Korrektur *f*; **~ кýрса** Kurskorrektur *f*
коррéктный ⟨*kf*: -тен, -тна⟩ *adj* korrekt
корректýра *f A* Korrekturabzug *m*, Korrekturfahne *f*; **читáть ~у** Korrektur lesen
коррéкция *f A2* (*корректирóвка*) Korrektur *f*; **постепéнная ~** schrittweise Verbesserung *f*
корреспондéнт, **корреспондéнтка** ⟨*gen pl f*: -ток⟩ *m K / f A* **1.** Korrespondent, -in *m/f*; **2.** Berichterstatter, -in *m/f*; **заграничный ~** Auslandskorrespondent, -in *m/f*
корреспондéнция *f A2* Korrespondenz *f*, Briefwechsel *m*
коррóзия *f A2* Korrosion *f*
коррумпирóванный ⟨*kf*: -ван⟩ *adj* (*продáжный*) korrupt, käuflich
коррýпция *f A2* Korruption *f*, Bestechlichkeit *f*
корсéт *m K* Korsett *nt*
кóрточки ⟨*gen pl*: -чек⟩ *f A* Hocke *f*; **присéсть на ~** in die Hocke gehen; **сидéть на кóрточках** hocken, kauern
корф *m K* Kühltasche *f*
корчевáние *nt O2* Rodung *f*
корчевáть *vt E2 impf* (*pf*: рас-) roden
кóршун *m K* **1.** Geier *m*; **2.** Milan *m*
корыстный ⟨*kf*: -тен, -тна⟩ *adj* (*интерéсы*) eigennützig
корыстолюбивый ⟨*kf*: -ив⟩ *adj* habgierig, geldgierig
корь *f I* Masern *pl*
косá[1] ⟨*akk sg*: кóсу⟩ *f A pls* Zopf *m*

косá [2] ⟨*akk sg auch*: кóсу⟩ *f A pls* Sense *f*; **нашлá ~ на кáмень** (*fig*) es ging hart auf hart

кóсвенный *adj* indirekt, mittelbar; **кóсвенная речь** (*LING*) indirekte Rede *f*

косерóг *m K* Steinbock *m*

косúть [1] ⟨*präs*: кошý, кóсишь⟩ *vt I impf* (*pf*: с-) mähen

косúть [2] ⟨*präs*: кошý, косúшь⟩ *vi I impf* **1.** schielen; **2.** (*fig*: *под когó-лúбо*) sich ausgeben (für +*akk*)

космéтика *f A* **1.** (*грим*) Kosmetika *nt pl*; **2.** Kosmetik *f*; **áвто~** (*KFZ*) Autoputzmittel *nt*; **употреблять космéтику** sich schminken

косметúческий *adj* kosmetisch; **косметúческая операция** Schönheitsoperation *f*; **~ ремóнт** Schönheitsreparatur *f*

косметúчка ⟨*gen pl*: -чек⟩ *f A* Kosmetiktasche *f*, Kosmetikbeutel *m*

космúческий *adj* kosmisch; **космúческое прострáнство** Weltraum *m*; **~ие исслéдования** Weltraumforschung *f*

космонáвт *m K* **1.** Kosmonaut, -in *m/f*; **2.** Raumfahrer, -in *m/f*

космонáвтика *f A* Raumfahrt *f*; **пилотúруемая ~** bemannte Raumfahrt *f*

космополúт, космополúтка ⟨*gen pl f*: -ток⟩ *m K / f A* Kosmopolit, -in *m/f*, Weltbürger, -in *m/f*

кóсмос *m K* Kosmos *m*, Weltall *nt*; **в открытом ~е** im freien Raum *m*

коснýться *vt E1 pf* (*impf*: касáться) (*auch fig*) berühren

кóсный ⟨*kf*: -сен, -сна⟩ *adj* **1.** geistig nicht beweglich, unflexibel; **2.** konservativ

косóй ⟨*kf*: кос, косá, кóсо⟩ *adj* schräg, schief; **бросáть на когó-лúбо косые взгляды** (*fig*) jdn schief [*o* scheel] ansehen

костёр ⟨*gen sg*: -трá⟩ *m K* **1.** Lagerfeuer *nt*; **2.** Scheiterhaufen *m*

костлявый ⟨*kf*: -яв⟩ *adj* **1.** knochig, dürr; **2.** (*рыба*) grätig

кóстный *adj* Knochen-; **~ мозг** Knochenmark *nt*

кóсточка ⟨*dim von*: кость⟩ *f A* kleiner Knochen *m*, Knöchelchen *nt*; **перемывáть кóсточки комý-лúбо** (*fig*) jdn durchhecheln; herummeckern (an +*dat*)

костыль *m K1 e* Krücke *f*

кость ⟨*präpos sg*: в костú⟩ *f I ple1* **1.** Knochen *m*; **слонóвая ~** Elfenbein *nt*; **2.** (*рыбная*) Gräte *f*; **выбирáть кóсти** entgräten; **3.** (*игрáльная*) Würfel *m*; **игрá в ~** Würfelspiel *nt*

костюм *m K* **1.** (*мужскóй*) Anzug *m*; **2.** (*жéнский*) Kostüm *nt*; **3.** (*карнавáльный*) Faschingskostüm *nt*; **4.** (*национáльный*) Tracht *f*

костюмúроваться *vr E2 impf/pf* sich kostümieren, sich verkleiden

костяк *m K e* **1.** (*скелéт*) Gerippe *nt*; **2.** (*основнáя часть: трудовóго коллектúва*) Kern *m*, Stamm *m*

косýля *f A1* Reh *nt*

косынка ⟨*gen pl*: -нок⟩ *f A* Dreieckstuch *nt*, Kopftuch *nt*

кот *m K e* Kater *m*; **всё ~ý под хвост** (*fig*) für die Katz *f* sein; **не всё ~ý мáсленица** es ist nicht alle Tage Sonntag; **покупáть ~á в мéшке** die Katze *f* im Sack kaufen

котёл ⟨*gen sg*: -тлá⟩ *m K* Kessel *m*

котéльная *f wie adj* **1.** Kesselhaus *nt*; **2.** Heizungskeller *m*

котёнок ⟨*gen sg*: -нка, *nom pl*: котята⟩ *m U4* Kätzchen *nt*, Katzenjunges *nt*

кóтик *m K* **1.** (*dim von* кот) Kätzchen *nt*; **2.** Seebär *m*

котúться ⟨*nur 3. pers*: котúтся⟩ *vr + inst I impf* (*pf*: о-) (*о кóшке*) Junge werfen

котлéта *f A* Frikadelle *f*; **рýбленая ~** Bulette *f*; **отбúвная ~** Kotelett *nt*

котловúна *f A* Mulde *f*, Talmulde *f*

котóрый *pron inter* **I.** welche(r, s); **котóрый час?** wieviel Uhr ist es? **II.** *pron rel* der

коттéдж ⟨*gen pl*: -ей⟩ *m K* **1.** Einfamilienhaus *nt*; **2.** Eigenheim *nt*

кóфе *m indekl* **1.** Kaffee *m*; **2.** Kaffeepause *f*; **~ в зёрнах** Bohnenkaffee *m*; **~ в порошкé** Pulverkaffee *m*; **~ с молокóм** Milchkaffee *m*

кофевáрка *f A* Kaffemaschine *f*

кофеúн *m K* Koffein *nt*; **без ~а** koffeinfrei

кофéйник *m K* Kaffeekanne *f*

кофéйный *adj* Kaffee-; **кофéйная гýща** Kaffeesatz *m*

кофемóлка *f A* Kaffemühle *f*

кочáн ⟨*gen sg*: -чнá⟩ *m K e* **1.** (*капýсты*) Kohlkopf *m*; **2.** (*салáта*) Salatkopf *m*

кочéвник, кочéвница *m K / f A* Nomade, Nomadin *m/f*

кочерыжка ⟨*gen pl*: -жек⟩ *f A* (*капýсты*) Kohlstrunk *m*

кошелёк ⟨*gen sg*: -лькá⟩ *m K e* Geldbeutel *m*, Portemonnaie *nt*

кóшечка ⟨*gen pl*: -чек⟩ *f A* Kätzchen *nt*

кóшка ⟨*gen pl*: -шек⟩ *f A* Katze *f*

кошмáр *m K* Alptraum *m*

кощýнство *nt O* **1.** Lästerei *f*; **2.** Blasphemie *f*

кощýнствовать *vi E2 impf* (*над кем-лúбо/чем-лúбо*) lästern (über +*akk*)

краб *m K* Krabbe *f*
кра́деное *nt wie adj* Diebesgut *nt*
кра́деный *adj* gestohlen
краеве́дение *nt O2* Landeskunde *f*
краеве́дческий *adj* landeskundlich; **~ музе́й** Heimatmuseum *nt*
кра́жа *f A* Diebstahl *m*; **кварти́рная ~** Einbruchsdiebstahl *m*
кра́й ⟨*präpos sg*: в/на краю́, *pl*: края́, краёв⟩ *m K2 ple* **1.** Rand *m*; **2.** Randgebiet *nt*; **на краю́ стола́** an der Tischkante *f*; **на краю́ све́та** am Ende *nt* der Welt; **пере́дний ~** (*MIL*) vorderste Linie *f*, Front *f*; **3.** (*ме́стность*) Gegend *f*, Region *f*
кра́йне *adv* überaus, äußerst
кра́йний *adj* (*удивле́ние*) extrem, maßlos; **в кра́йнем слу́чае** im Notfall, im Ernstfall; **на ~ слу́чай** für den Notfall *m*; **по ~ей ме́ре** zumindest, wenigstens
кра́йность *f A* Extrem *nt*; **мета́ние из одно́й кра́йности в другу́ю** Fallen von einem Extrem ins andere
кран [1] *m K* (*водопрово́дный*) Wasserhahn *m*; **водоразбо́рный ~** (*коло́нка*) Hydrant *m*
кран [2] *m K* Baukran *m*
крапи́ва *f A* Brennessel *f*
крапи́вник *m K* Zaunkönig *m*
краса́вица *f A* **1.** Schöne *f*, schöne Frau *f*; **она́ пи́саная ~** sie ist bildschön; **2.** (*красота́*) Schönheit *f*; **спя́щая ~** Dornröschen *nt*
краси́вый ⟨*kf*: -и́в⟩ *adj* **1.** schön; **2.** hübsch; **краси́вая жизнь** Luxusleben *nt*
краси́тель *m K1* Farbstoff *m*
кра́сить ⟨*präs*: кра́шу, кра́сишь⟩ *vt I impf* (*pf:* вы-, о-, по-) **1.** (*во́лосы*) färben; **2.** (*сте́ны*) anstreichen; **~ в бе́лый цвет** weiß anstreichen; **э́тот посту́пок его́ не кра́сит** (*fig*) darauf braucht er sich nichts einzubilden
краси́ться ⟨*fut*: кра́щусь, кра́сишься⟩ *vi I impf* **I.** abfärben; **II.** *vr I* (*pf:* на-) sich schminken; **III.** *vr I* (*pf:* вы́-, по-) (*во́лосы*) sich die Haare färben
кра́ска *f A* **1.** Farbe *f*, Malfarbe *f*; **2.** (*im pl*) Farbkasten *m*; **сгуща́ть ~** (*fig*) zu dick auftragen, übertreiben
красне́ть *vi E impf* (*pf:* по-) rot werden, erröten
красновá́тый *adj* rötlich
красноречи́вый ⟨*kf*: -и́в⟩ *adj* **1.** beredt, redegewandt; **2.** (*о заявле́нии*) aufschlußreich, vielsagend
красноре́чие *nt O2* Redegewandtheit *f*
красну́ха *f A* (*MED*) Röteln *pl*
кра́сный ⟨*kf*: -сен, -сна́, -сно⟩ *adj* **1.** rot; **2.** (*в наро́дной ре́чи и поэ́зии*) schön; **кра́сное де́рево** Mahagoni *nt*; **~ уголо́к** Kulturraum *m*; **Кра́сная ша́почка** Rotkäppchen *nt*; **не ра́ди кра́сного словца́** (*fig*) nicht der schönen Worte wegen
красова́ться *vi E2 impf* stolzieren, sich zur Schau stellen
красота́ ⟨*nom pl*: красо́ты⟩ *f A pls* Schönheit *f*; **красота́ приро́ды** die Schönheit der Natur
кра́сочный *adj* farbenfroh
красть ⟨*präs*: краду́, -дёшь⟩ *vt E6a impf* (*pf:* у-) stehlen
кра́сться ⟨*fut*: краду́сь, крадёшься⟩ *vr E6a impf* sich hineinschleichen, sich hineinstehlen
кра́тер *m K* (*вулка́на*) Krater *m*
кра́ткий ⟨*kf*: -ток, -тка́, -тко, *komp*: кра́тче, *super*: кратча́йший⟩ *adj* kurz; **~ визи́т** Kurzbesuch *m*; **кра́ткая фо́рма** *f* (*LING*) Kurzform *f*
краткосро́чный ⟨*kf*: -чен, -чна⟩ *adj* kurzfristig
кра́ткость *f I* Kürze *f*
кра́тный ⟨*kf*: -тен, -тна⟩ *adj* (*MATH*) teilbar; **де́вять - число́ кра́тное трём** Neun ist eine durch drei teilbare Zahl
крах *m K* (*ÖKON*) Zusammenbruch *m*; **экономи́ческий ~** Wirtschaftskollaps *m*
креве́тка ⟨*gen pl*: -ток⟩ *f A* Garnele *f*
креди́т *m K* Kredit *m*; **~ дове́рия** (*fig*) Vertrauensvorsprung *m*
креди́тный *adj* Kredit-; **креди́тная ка́рточка** Kreditkarte *f*
кредито́р *m K* (*ÖKON*) Gläubiger *m*
кре́до *nt indekl* Glaubensbekenntnis *nt*, Credo *nt*
крем *m K* **1.** Creme *f*; **2.** (*десе́рт*) Süßspeise *f*; **~ для бритья́** Rasiercreme *f*; **~ от зага́ра** Sonnencreme *f*; **увлажня́ющий ~** Feuchtigkeitscreme *f*; **~ для о́буви** (*гутали́н*) Schuhcreme *f*; **нама́зывать ~ом** eincremen
кремато́рий ⟨*präpos sg*: -ии⟩ *m K2* Krematorium *nt*
крема́ция *f A2* Feuerbestattung *f*, Einäscherung *f*
кре́мень ⟨*gen sg*: -мня́⟩ *m K1* Feuerstein *m*
Кремль *m K1 e* **1.** Moskauer Kreml *m*; **2.** *Stadtfestung in russischen Städten*
крен *m K* Schlagseite *f*; **~ впра́во** (*auch fig:POL*) Rechtsdrall *m*, Rechtsruck *m*
кре́ндель *m K1 ple1* **1.** Brezel *f*; **2.** Kringel *m*
креп *m K* Krepp *m*
кре́пкий ⟨*kf*: -пок, -пка́, -пко, *komp*: кре́пче, *super*: крепча́йший⟩ *adj* **1.** fest; **2.** hart; **3.** (*о старике́*) rüstig; **4.** haltbar; **кре́пкая ба́за** solide Basis *f* [*o* Grundlage *f*]

крепостнóй *adj* **I.** leibeigen, hörig; **II.** *mf wie adj* Leibeigene(r) *mf*
крéпость *f I ple1* **1.** Festung *f*; **2.** (*nur sg*) Festigkeit *f*, Stärke *f*
крéсло ⟨*gen pl*: -сел⟩ *nt O* Sessel *m*; **инвалúдное ~** Rollstuhl *m*; **~-качáлка** Schaukelstuhl *m*; **держáться за свои крéсла** (*fig*) sich an seine Ämter klammern
крест *m K e* Kreuz *nt*; **постáвить ~ на чём-лúбо** Schluß machen (mit *+dat*)
крестúны *pl A* (*REL: крещéние*) Taufe *f*
крестúть ⟨*präs und fut*: крещý, крéстишь⟩ *vt I impf/pf* (*pf:* о-) **I.** taufen; **II.** *vt I impf* (*pf:* пере-) bekreuzigen
крестúться ⟨*fut*: крещýсь, крéстишься⟩ *vi I impf/pf* (*pf:* о-) **I.** sich taufen lassen; **II.** *vr I impf* (*pf:* пере-) sich bekreuzigen
крéстник, **крéстница** *m K / f A* Patenkind *nt*
крéстный *adj* Kreuz-; **~ ход** (*REL*) Prozession *f*
крёстный *adj* Paten-; **крёстная мать** Patin *f*, Patentante *f*; **~ отéц** Pate *m*, Patenonkel *m*
крестовúдный *adj* kreuzförmig; **~ шурýп** (*TECH*) Kreuzschlitzschraube *f*
крестовúк *m K e* Kreuzspinne *f*
крестóвый *adj* Kreuz-; **~ похóд** Kreuzzug *m*; **~ ход** (*BAU*) Kreuzgang *m*
крестьянин, **крестьянка** ⟨*nom pl m*: крестя́не, *gen pl f*: -нок⟩ *m U2 / f A* Bauer, Bäuerin *m/f*
крестья́нский *adj* bäuerlich; **~ двор** Bauernhof *m*
крещéние *nt O2* Taufe *f*; **Крещение** Dreikönigsfest *nt*
кривáя *f wie adj* Kurve *f*
кривúться ⟨*präs*: кривлю́сь, -вúшься⟩ *vr I impf* (*pf:* с-) **1.** sich biegen; **2.** krumm werden
кривóй ⟨*kf*: крив, кривá, крúво⟩ *adj* **1.** krumm, schief; **кривóе зéркало** Zerrspiegel *m*; **кривáя улыбка** (*pej*) schiefes Lächeln *nt*; **2.** (*одноглáзый*) einäugig
кривошúп *m K* (*TECH*) Kurbel *f*
крúзис *m K* Krise *f*; **~ довéрия** Vertrauenskrise *f*; **~ середúны жúзни** Midlifecrisis *f*; **~ экономики** Wirtschaftskrise *f*; **переживáть ~** sich in einer Krise befinden; **преодолéть ~** eine Krise überwinden
крúзисный *adj* Krisen-; **крúзисная ситуáция** Krisensituation *f*
крик *m K* **1.** Schrei *m*; **2.** (*im pl*) Geschrei *nt*; **~ о пóмощи** Hilferuf *m*
крúкнуть *vi E1 pf* aufschreien
криминáл *m K* (*криминáльный слýчай*) Kriminalfall *m*
криминогéнный *adj* kriminell; **~ райóн** Gegend *f* mit hoher Verbrechensrate *f*
кристáлл *m K* Kristall *m*
критéрий ⟨*präpos sg*: -ии⟩ *m K2* Kriterium *nt*, Maßstab *m*
крúтик *m K* Kritiker, -in *m/f*; **~ режúма** (*диссидéнт*) Regimekritiker, -in *m/f*
крúтика *f A* Kritik *f*, Beurteilung *f*; **рéзкая ~** scharfe Kritik; **навестú крúтику на что-лúбо** Kritik üben (an *+dat*)
критиковáть *vt E2 impf* kritisieren
критúческий *adj* kritisch
кричáть ⟨*präs*: кричý, -чúшь⟩ *vi I impf* **1.** schreien; **2.** (*на когó-лúбо*) jdn anschreien, anfahren
кров *m K* Obdach *nt*, Bleibe *f*; **без ~а** obdachlos
кровáвый *adj* **1.** blutig; **2.** blutrünstig
кровáть *f I* Bett *nt*; **двуспáльная ~** Doppelbett *nt*
крóвельщик *m K* Dachdecker *m*
крóвный *adj* **1.** leiblich, blutsverwandt; **2.** (*fig: интерéсы*) eigen, ureigen
кровоизлия́ние *nt O2* Bluterguß *m*
кровообращéние *nt O2* Blutkreislauf *m*
кровопролúтие *nt O2* **1.** Blutvergießen *nt*; **2.** (*резня́*) Blutbad *nt*, Massaker *nt*
кровопролúтный ⟨*kf*: -тен, -тна⟩ *adj* blutig, mörderisch
кровоснабжéние *nt O2* Durchblutung *f*
кровотечéние *nt O2* Blutung *f*; **носовóе ~** Nasenbluten *nt*; **человéк, страдáющий кровотечéниями** Bluter *m*
кровоточúть ⟨*nur 3. pers*: кровоточúт⟩ *vi I impf* bluten
кровь ⟨*präpos sg*: в кровú⟩ *f I ple1* Blut *nt*; **консервúрованная ~** Blutkonserve *f*
кровянóй *adj* Blut-; **кровянóе давлéние** Blutdruck *m*; **кровянáя колбасá** Blutwurst *f*; **кровяны́е тельцá** Blutkörperchen *nt pl*
кроúть *vt I impf* (*pf:* с-) zuschneiden
крокéты *m pl K* Kroketten *f pl*
крокодúл *m K* Krokodil *nt*
крóкус *m K* Krokus *m*
крóлик *m K* Kaninchen *nt*; **подóпытный ~** Versuchskaninchen *nt*
кроль *m K1* (*SPORT*) Kraul *nt*
крóме *präp +gen* außer (*+dat*); **~ тогó** außerdem
крóмка ⟨*gen pl*: -мок⟩ *f A* Kante *f*, Rand *m*

кроссво́рд *m K* Kreuzworträtsel *nt*
кроссо́вки *f pl A* Sportschuhe *m pl*, Turnschuhe *m pl*
крот *m K e* Maulwurf *m*
кро́ткий ⟨*kf*: -тик, -тка́, -тко⟩ *adj* sanft, ruhig; **~ как ове́чка** lammfromm
крото́вый *adj* Maulwurfs-; **~ ход** Maulwurfshügel *m*
кроха́ *f A e2* (*хле́ба*) Krümel *m*
кро́ха *mf A* (*кро́шка*) Kleine(r) *mf*, Knirps *m*
кро́шечный *adj* winzig
кроши́ть ⟨*präs*: крошу́, кро́шишь⟩ *vt I impf* (*pf*: ис-, рас-, на-) **1.** zerkrümeln; **2.** in kleine Stücke brechen; **~ хле́бом** Brot zerkrümeln
кроши́ться ⟨*fut*: крошу́сь, кро́шишься⟩ *vi I impf* (*pf*: ис-, рас-) **1.** abbröckeln; **2.** in kleine Stücke zerfallen
кро́шка ⟨*gen pl*: -шек⟩ *f A* **1.** Krümel *m*; **2.** (*umg: ма́ленький ребёнок*) Kleine(r) *mf*, Knirps *m*
круг ⟨*präpos sg*: в/на кру́ге⟩ *m K ple* **I.** (*MATH*) Kreis *m*; **на ~** (*umg: в сре́днем исчисле́нии*) im Durchschnitt; **II.** ⟨*präpos sg*: в/на кругу́⟩ *m K ple* **1.** Kreis *m*, Runde *f*; **2.** (*SPORT*) 400-m Lauf *m*; **~ знако́мых** Bekanntenkreis *m*; **~ обя́занностей** Aufgabenbereich *m*; **поро́чный** [*o* **за́мкнутый**]**~** Teufelskreis *m*; **спаса́тельный ~** Rettungsring *m*; **~ замкну́лся** der Kreis hat sich geschlossen; **у меня́ голова́ ~ом идёт** mir dreht sich alles; **ходи́ть ~а́ми вокру́г кого́-ли́бо/чего́-ли́бо** wie die Katze um den heißen Brei schleichen
кру́глый ⟨*kf*: кругл, -а́, -о⟩ *adj* rund, kreisförmig; **~ год** das ganze Jahr über, ganzjährig; **кру́глая да́та** runder Geburtstag *m*; **перегово́ры за кру́глым столо́м** (*POL*) Gespräche am Runden Tisch; **~ как шар** kugelrund
кругово́й *adj* Kreis-; **кругово́е движе́ние** Kreisverkehr *m*
круговоро́т *m K* Kreislauf *m*
кругозо́р *m K* **1.** (*обзо́р*) Gesichtskreis *m*; **2.** (*fig*) Horizont *m*, Interessenkreis *m*
круго́м *adv* ringsherum
кружи́ть ⟨*präs*: кружу́, кру́жишь⟩ *vi I impf* kreisen, Kreise ziehen
кружи́ться ⟨*fut*: кружу́сь, кру́жишься⟩ *vi I impf* **1.** (*в ва́льсе*) sich drehen; **2.** (*nur 3. pers: пыль*) aufgewirbelt werden
кру́жка ⟨*gen pl*: -жек⟩ *f A* Kanne *f*
кружо́к ⟨*gen sg*: -жка́⟩ *m K* **1.** kleiner Kreis *m*; **2.** (*fig*) Arbeitsgemeinschaft *f*, Zirkel *m*
круи́з *m K* Kreuzfahrt *f*, Rundreise *f*
крупа́ *f A pls (zerkleinerte) Getreidekörner ohne Spelzen;* **ма́нная ~** Grieß *m*; **перло́вая ~** Graupen; **сне́жная ~** (*fig*) Graupelschauer *m*
кру́пный ⟨*kf*: -пен, -пна́, -пно⟩ *adj* **1.** bedeutend; **2.** beträchtlich; **кру́пное землевладе́ние** Großgrundbesitz *m*; **3.** (*песо́к*) grob
круто́й ⟨*kf*: крут, -а́, -о, *komp*: кру́че⟩ *adj* **1.** (*бе́рег*) steil; **2.** (*ре́зкий*) jäh, scharf; **~ поворо́т** einschneidende Wende *f*; **3.** (*хара́ктер*) hart, unnachgiebig; **4.** (*па́рень*) abgebrüht; **5.** (*umg*) echt stark, geil
круше́ние *nt O2* **1.** Scheitern *nt*, Niedergang *m*; **2.** Unglück *nt*; **~ по́езда** Zugunglück *nt*
крыжо́вник *m K* **1.** Stachelbeere *f*; **2.** Stachelbeerstrauch *m*
крыла́тый ⟨*kf*: -а́т⟩ *adj* geflügelt; **крыла́тая ракéта** (*MIL*) Marschflugkörper *m*; **крыла́тое выраже́ние** (*fig*) geflügeltes Wort *nt*
крыло́ ⟨*pl*: кры́лья, -ьев, -ьям⟩ *nt O pls* **1.** Flügel *m*; **2.** (*POL*) Parteiflügel *m*; **3.** (*KFZ*) Kotflügel *m*
Крым *m K* Krim *f*; **в ~у** auf der Krim
кры́са *f A* Ratte *f*; **водяна́я ~** Wasserratte *f*
кры́тый *adj* **1.** bedeckt; **2.** überdacht; **~ бассе́йн** Hallenbad *nt*; **~ ры́нок** Markthalle *f*
крыть ⟨*präs*: кро́ю, кро́ешь⟩ *vt E8 impf* (*pf*: по-) decken; **~ кры́шу** das Dach decken
кры́ться ⟨*nur 3. pers*: кро́ется⟩ *vr E8 impf* (*в чём-ли́бо*) sich verbergen
кры́ша *f A* **1.** Dach *nt*; **раздвижна́я ~** Schiebedach *nt*; **2.** (*fig*) Deckmantel *m*
кры́шка ⟨*gen pl*: -шек⟩ *f A* Deckel *m*; **~ радиа́тора** (*KFZ*) Kühlerhaube *f*; **тепе́рь ему́ ~** (*umg*) jetzt ist es aus mit ihm
крючкотво́рствовать *vi E2 impf* das Recht verdrehen
крючо́к ⟨*gen sg*: -чка́⟩ *m K e* **1.** Haken *m*; **2.** Häkchen *nt*; **3.** (*вяза́льный*) Häkelnadel *f*; **4.** Stricknadel *f*
крюшо́н *m K* (*пунш*) Bowle *f*
кряхте́ть ⟨*präs*: кряхчу́, -хти́шь⟩ *vi I impf* krächzen
ксенофо́бия *f A2* Ausländerfeindlichkeit *f*, Ausländerhaß *m*
ксенофо́бный *adj* ausländerfeindlich
ксероко́пия *f A2* Fotokopie *f*; **де́лать ксероко́пию** (*umg: ксе́рить*) fotokopieren
ксе́рокс *m K* (*копирова́льный аппара́т*) Kopiergerät *nt*, Kopierer *m*
кста́ти *adv* **1.** (*впро́чем*) übrigens, nebenbei gesagt; **2.** zur rechten Zeit; **придти́ как нельзя́ ~** wie gerufen kommen, im

rechten Augenblick kommen; **э́то мне весьма́ ~** das kommt mir sehr gelegen
кто ⟨кто, кого́, кому́, кого́, кем, о ком⟩ *pron inter* **I.** wer; **II.** *pron rel* **1.** der, welcher; **2.** die, welche; **3.** das, welches
кто-ли́бо *pron indef* irgend jemand
кто-нибудь *pron indef* irgend jemand
кто́-то *pron indef* jemand
Ку́ба *f A* Kuba *nt*
ку́бик *m K* **1.** kleiner Würfel *m*; **2.** (*де́тский*) Baustein *m*
кубі́ческий *adj* Kubik-; **~ сантиме́тр** Kubikzentimeter *m*
ку́бок ⟨*gen sg*: -бка⟩ *m K* **1.** (*ча́ша*) Kelch *m*; **~ с я́дом** Giftbecher *m*; **2.** (*SPORT*) Pokal *m*; **~ Евро́пы** Europacup *m*
Куве́йт *m K* (*GEOG*) Kuwait *nt*
кувши́н *m K* **1.** Kanne *f*; **2.** Krug *m*; **~ для молока́** Milchkanne *f*
кувырко́м *adv* kopfüber; **всё идёт ~** alles geht drunter und drüber
куда́ *adv* **1.** wohin; **2.** (*vor komp*) bei weitem
ку́дри ⟨*gen pl*: кудре́й⟩ *m K1 ple1* Locken *f pl*
кудря́вый ⟨*kf*: -я́в⟩ *adj* (*курча́вый*) lokkig, gelockt
кузе́н, **кузи́на** *m K / f A* Cousin, Cousine *m/f*
кузне́ц *m K e* Schmied *m*
ку́зница *f A* Schmiede *f*
ку́зов *m K* Karosserie *f*
кукареку́ *interj* kikeriki
ку́кла ⟨*gen pl*: -кол⟩ *f A* **1.** Puppe *f*; **2.** Attrappe *f*
кукова́ть *vi E2 impf* kuckuck rufen
ку́колка ⟨*gen pl*: -лок⟩ *f A* **1.** Püppchen *nt*; **2.** (*ZOOL*) Puppe *f*
ку́кольный *adj* Puppen-
кукуру́за *f A* **1.** Mais *m*; **2.** (*кукуру́зные хло́пья*) Cornflakes *pl*; **возду́шная ~** Popcorn *nt*
куку́шка ⟨*gen pl*: -шек⟩ *f A* Kuckuck *m*
кула́к [1] *m K e* Faust *f*; **пуска́ть в ход кулаки́** handgreiflich werden; **сжать** [*o* **сжима́ть**] **ру́ку в ~** die Hand zur Faust ballen
кула́к [2] *m K e* Kulak *m*, *Großbauer im Rußland der zwanziger Jahre*
кули́к *m K* Schnepfe *f*; **всяк ~ своё боло́то хва́лит** (*fig*) jedem Narren gefällt seine eigene Kappe
кулина́рный *adj* kulinarisch
кули́са *f A* Kulisse *f*; **загля́дывать за кули́сы** hinter die Kulissen schauen
кулуа́ры *m pl K Wandelgang im Parlament oder im Theater;* **в кулуа́рах конфере́нции** (*fig*) am Rande *m* der Konferenz
кульмина́ция *f A2* Höhepunkt *m*; **достига́ть свое́й кульмина́ции в чём-ли́бо** gipfeln (in *+dat*)
культ *m K* Kult *m*; **~ ли́чности** Personenkult *m*; **~ наси́лия** Gewaltverherrlichung *f*
культиви́ровать *vt E2 impf* kultivieren
культу́ра *f A* Kultur *f*; **~ ре́чи** Sprachpflege *f*; **восходя́щий к не́скольким культу́рам** multikulturell
культури́зм *m K* Bodybuilding *nt*
культури́ст *m K* **1.** Bodybuilder, -in *m/f*; **2.** Muskelprotz *m*
культу́рный *adj* **I.** Kultur-, kulturell; **II.** ⟨*kf*: -рен, -на⟩ *adj* **1.** kultiviert; **2.** (*воспи́танный*) wohlerzogen
кунжу́т *m K* Sesam *m*
куни́ца *f A* Marder *m*
купа́льный *adj* Bade-; **~ костю́м** Badeanzug *m*
купа́льня ⟨*gen pl*: -лен⟩ *f A1* Bad *nt*, Badeanstalt *f*; **откры́тая ~** Freibad *nt*
купа́ть *vt E impf* (*pf*: вы́-, ис-) (*ребёнка*) baden
купа́ться *vi E impf* (*pf*: вы-, ис-) **1.** baden; **2.** schwimmen; **идти́** [*o* **пойти́**] **~** baden gehen; **~ в де́ньгах** (*fig*) in [*o* im] Geld schwimmen
купе́ *nt indekl* Abteil *nt*, Zugabteil *nt*; **~ для куря́щих** Raucherabteil *nt*
купе́ль *f I* Taufbecken *nt*
купе́ц ⟨*gen sg*: -пца́⟩ *m K e* Kaufmann *m*
купе́ческий *adj* kaumännisch
купи́ть ⟨*fut*: куплю́, ку́пишь⟩ *vt I pf* (*impf*: покупа́ть) **1.** kaufen; **2.** bestechen
ку́пол ⟨*nom pl*: -á⟩ *m K ple* Kuppel *f*
купо́н *m K* **1.** (*ÖKON*) Coupon *m*; **2.** *Währungseinheit in der heutigen Ukraine*
курд, **курдя́нка** ⟨*gen pl f*: -нок⟩ *m K / f A* Kurde, Kurdin *m/f*
куре́ние *nt O2* Rauchen *nt*; **пасси́вное ~** Passivrauchen *nt*
кури́льщик, **кури́льщица** *m K / f A* Raucher, -in *m/f*; **зая́длый ~** Kettenraucher *m*
кури́ровать *vt E2 impf* (*ADMIN*) betreuen, zuständig sein
кури́ть ⟨*präs*: курю́, ку́ришь⟩ *vi I impf* (*pf*: по-) rauchen; **бро́сить ~** das Rauchen aufgeben
ку́рица ⟨*pl*: ку́ры, кур, ку́рам⟩ *f A* Huhn *nt*, Henne *f*
куропа́тка ⟨*gen pl*: -ток⟩ *f A* Rebhuhn *nt*
куро́рт *m K* Kurort *m*, Badeort *m*; **климати́ческий ~** Luftkurort *m*; **лече́бный** Heilbad *nt*
куро́ртник, **куро́ртница** *m K / f A* Kurgast *m*
курс [1] *m K* **1.** Kurs *m*, Lehrgang *m*; **2.** Studienjahr *nt*
курс [2] *m K* **1.** Kurs *m*, Route *f*; **2.** (*POL*)

Linie *f*; **бра́ть** [*o* **взять**] **~ на что-ли́бо** (*auch fig*) etw ansteuern, etw anstreben; **приде́рживаться ~а** an einem Kurs festhalten; **быть в ~е чего́-ли́бо** auf dem laufenden sein; **держа́ть кого́-ли́бо в ~е чего́-ли́бо** jdn auf dem laufenden halten; **3.** (*ÖKON*) Kurs *m*; **~ до́ллара** Dollarstand *m*; **обме́нный ~** Wechselkurs *m*

курси́ровать *vi E2 impf* **1.** (*TRANSP*) verkehren; **2.** pendeln, hin- und herfahren

курсо́р *m K* (*DV*) Cursor *m*

ку́ртка ⟨*gen pl*: -ток⟩ *m K* Jacke *f*; **~ с капюшо́ном** Anorak *m*

курча́вый ⟨*kf*: -а́в⟩ *adj* (*кудря́вый*) gelockt, lockig, kraus

курьёз *m K* (*смешно́й или стра́нный слу́чай*) Kuriosum *nt*

курьёзность *f I* (*раритéт*) Kuriosität *f*

курьёзный ⟨*kf*: -зен, -зна⟩ *adj* kurios, seltsam

курье́р *m K* **1.** Kurier *m*; **2.** Eilbote *m*

куса́ть *vt E impf* **1.** beißen; **2.** (*кома́р*) stechen

куса́ться *vi E impf* (*umg*) viel zu teuer sein; **э́ти це́ны куса́ются** das sind gepfefferte Preise

куса́чки ⟨*gen pl*: -чек⟩ *pl A* Kneifzange *f*, Beißzange *f*

кусо́к ⟨*gen sg*: -ска́⟩ *m K e* **1.** Stück *nt*; **2.** Happen *m*; **3.** (*хле́ба*) Scheibe *f*, **4.** (*umg*) Tausendrubelschein *m*

кусо́чек ⟨*gen sg*: -чка⟩ *m K* Stückchen *nt*

куст *m K e* **1.** Strauch *m*; **2.** Busch *m*; **3.** (*im pl*) Gebüsch *nt*

куста́рный *adj* Handwerks-; **куста́рное предприя́тие** Handwerksbetrieb *m*

куста́рь *m K e* (*реме́сленник*) Handwerker *m*

ку́стик *m K* kleiner Strauch *m*

кути́ла *mf A* **1.** Schlemmer, -in *m/f*; **2.** Zecher, -in *m/f*

кути́ть ⟨*präs*: кучу́, ку́тишь⟩ *vi I impf* **1.** prassen; **2.** zechen

ку́хня ⟨*gen pl*: ку́хонь⟩ *f A1* **1.** Küche *f*; **2.** (*fig:nur sg*) Hintergründe *m pl*, Machenschaften *f pl*

ку́ча *f A* Haufen *m*; **наво́зная ~** Misthaufen *m*; **зараба́тывать ку́чу де́нег** jede Menge Geld verdienen

ку́чер ⟨*nom pl*: -а́⟩ *m K ple* Kutscher *m*

кучкова́ться *vi E2 impf* (*umg*) die Köpfe zusammenstecken, sich kurz beraten

ку́шанье *nt O1* (*блю́до*) Essen *nt*, Speise *f*

ку́шать *vi E impf* (*pf*: вы́-, по-, с-) essen

куше́тка ⟨*gen pl*: -ток⟩ *f A* Couch *f*

Л

л, Л *nt indekl kyrillischer Buchstabe*

лаби́льный ⟨*kf*: -лен, -льна⟩ *adj* (*PSYCH*) labil

лабири́нт *m K* **1.** Labyrint *nt*; **2.** (*у́лиц*) Gewirr *nt*

лаборато́рия *f A2* Labor *nt*

ла́ва *f A* Lava *f*

лава́нда *f A* Lavendel *m*

лави́на *f A* Lawine *f*

лави́ровать *vi E2 impf* manövrieren, sich geschickt durchschlängeln

ла́вка ⟨*gen pl*: -вок⟩ *f A* **1.** (*скамья́*) Bank *f*; **2.** (*магази́нчик*) Laden *m*, Verkaufsbude *f*

лавр *m K* **1.** Lorbeer *m*; **2.** Lorbeerbaum *m*; **3.** (*im pl:fig*) Lorbeeren *pl*; **почива́ть на ~ах** sich auf seinen Lorbeeren [*o* Erfolgen] ausruhen; **сниска́ть себе́ ~ы чем-ли́бо** für etw Lorbeeren ernten, sich verdient machen (um +*akk*)

ла́герь ⟨*nom pl*: -я́⟩ *m K1 ple* **1.** (*SPORT*) Lager *nt*, Camp *nt*; **ле́тний оздорови́тельный ~ для шко́льников** Kinderferienlager *nt*; **уче́бно-трениро́вочный ~** Trainings [*o* Ausbildungs-]lager *nt* **2.** (*JUR*) Lager *nt*, Strafanstalt *f*; **исправи́тельный ~** Straflager *nt*; **~ сме́рти** Vernichtungslager *nt*; **~ для бе́женцев** Flüchtlingslager *nt*, Auffanglager *nt*; **разби́ть ~** ein Lager aufschlagen

лагу́на *f A* Lagune *f*

лад ⟨*präpos sg*: в ладу́⟩ *m K ple* **1.** Eintracht *f*; **2.** Ordnung *f*; **быть не в ~а́х с орфогра́фией** mit der Rechtschreibung auf dem Kriegsfuß *m* stehen; **быть не в ~а́х с собо́й** mit sich selbst nicht im reinen sein; **3.** (*umg*) Art und Weise *f*; **на но́вый ~** auf eine neue Art und Weise

ла́дить ⟨*präs*: ла́жу, ла́дишь⟩ *vi I impf* (*с кем-ли́бо/чем-ли́бо*) auskommen, klarkommen (mit +*dat*)

ла́дно *part* (*umg*) einverstanden, geht in Ordnung

ладо́нь *f I* Hand *f*, Handfläche *f*

лаз *m K* (*вход*) Einstieg *m*; **~, веду́щий на черда́к** Dachluke *f*

лазаре́т *m K* Lazarett *nt*

ла́зать *vi E unbest* (*best*: лезть) (*pf*: с-) klettern

лазе́йка ⟨*gen pl*: -е́ек⟩ *f A* Schlupfloch *nt*

ла́зер *m K* Laser *m*

ла́зерный *adj* Laser-; **~ диск** Compact Disc *f*, CD *f*; **~ луч** Laserstrahl *m*

лазу́рный ⟨*kf*: -рен, -рна⟩ *adj* wasserblau; **Лазу́рный бе́рег** (*GEOG*) Côte d'Azur *f*

лазу́рь *f I* Wasserblau *nt*
лай *m K2* Gebell *nt*; **соба́чий ~** Hundegebell *nt*
лак *m K* Lack *m*; **~ для воло́с** Haarlack *m*, Haarspray *m*; **~ для ногте́й** Nagellack *m*
лака́ть *vi E impf* **1.** schlabbern; **2.** schlürfend trinken
лаке́й *m K2* (*pej*) Kriecher *m*, Schleimer *m*
лакирова́ть *vt E2 impf* (*pf:* от-) lackieren
ла́комиться ⟨*präs*: ла́комлю, -мишь⟩ *vr + inst I impf* (*pf:* по-) schlecken, naschen
ла́комка *mf A* Leckermaul *nt*, Naschkatze *f*
ла́комый ⟨*kf*: -ом⟩ *adj* lecker; **~ кусо́чек** Leckerbissen *m*
лакони́чный ⟨*kf*: -чен, -чна⟩ *adj* lakonisch
ла́ма [1] *f A* Lama *nt*
ла́ма [2] *f A buddhistischer Priester oder Mönch*
ла́мпа *f A* Lampe *f*; **насто́льная ~** Tischleuchte *f*
ла́мпочка ⟨*gen pl*: -чек⟩ *f A* Glühbirne *f*; **мне всё до ла́мпочки** (*umg*) mir ist alles schnuppe
лангу́ст *m K* Languste *f*
ландта́г *m K* (*земе́льный парла́мент*) Landtag *m*
ландша́фт *m K* **1.** Landschaft *f*; **2.** Landschaftsbild *nt*; **лу́нный ~** Mondlandschaft *f*
ландша́фтный *adj* landschaftlich
ла́ндыш ⟨*gen pl*: -ей⟩ *m K* Maiglöckchen *nt*
ла́па *f A* **1.** Pfote *f*, Tatze *f*; **2.** (*ко́готь*) Klaue *f*
лапша́ *f A* Nudel *f*
ларёк ⟨*gen sg*: ларька́⟩ *m K e* (*кио́ск*) Verkaufsstand *m*, Bude *f*
ларёчник *m K* Krämer *m*, Händler *m*
ласка́тельный ⟨*kf*: -лен, льна⟩ *adj* zärtlich; **ласка́тельное обраще́ние** Kosewort *nt*
ласка́ть *vt E impf* (*pf:* при-) liebkosen
ла́сковый *adj* **1.** zärtlich, liebevoll; **2.** (*ве́тер*) sanft
ла́стик *m K* Radiergummi *m*
ла́сточка ⟨*gen pl*: -чек⟩ *f A* Schwalbe *f*
лата́ние *nt O2* Stopfen *nt*; **~ дыр в бюдже́те** (*fig*) ein Loch im Haushalt [*o* Etat] stopfen
лата́ть *vt E impf* (*pf:* за-) flicken, stopfen
Ла́твия *f A2* Lettland *nt*
лати́нский *adj* lateinisch; **~ алфави́т** (*лати́ница*) lateinische Schrift *f*; **~ язы́к** Latein *nt*
лату́нь *f I* Messing *nt*
лати́нь *f I* Latein *nt*
латы́ш, латы́шка ⟨*gen pl m*: латыше́й, *gen pl f*: -шек⟩ *m K / f A* Lette, Lettin *m/f*
латы́шский *adj* lettisch
лауреа́т *m K* Preisträger, -in *m/f*; **~ Но́белевской пре́мии** Nobelpreisträger, -in *m/f*
ла́цкан *m K* (*отворо́т пиджака́*) Revers *nt*
лачу́га *f A* Hütte *f*; **жа́лкая ~** Bruchbude *f*
ла́ять ⟨*präs*: ла́ю, ла́ешь⟩ *vi E5 impf* bellen, kläffen
лгать ⟨*präs*: лгу, лжёшь, *3. pers pl*: лгут⟩ *vi E4 impf* (*pf:* со-) **1.** lügen; **2.** (*кому́-ли́бо*) jdn belügen
лгун *m K e* Lügner *m*
лгу́нья *f A1* Lügnerin *f*
ле́бедь *m K1* Schwan *m*
лев ⟨*gen sg*: льва⟩ *m K* Löwe *m*
левосторо́нний *adj* auf der linken Seite; **левосторо́ннее движе́ние** Linksverkehr *m*
левша́ ⟨*gen pl*: -ше́й⟩ *mf A e* Linkshänder, -in *m/f*
ле́вые *f pl wie adj* (*POL*) Linke *f*
ле́вый *adj* **1.** linke(r, s); **~ кра́йний** (*SPORT*) Linksaußen *m*; **~ поворо́т** Linkskurve *f*; **2.** (*umg*) link, illegal
легализова́ть *vt E2 impf/pf* legalisieren
лега́льность *f I* Legalität *f*
лега́льный ⟨*kf*: -лен, -льна⟩ *adj* legal
леге́нда *f A* Legende *f*, Sage *f*
легенда́рный ⟨*kf*: -рен, -рна⟩ *adj* legendär, sagenhaft
легислату́рный *adj* Legislatur-; **~ пери́од** (*POL*) Legislaturperiode *f*
легитима́ция *f A2* (*JUR*) Legitimation *f*, Rechtfertigung *f*
лёгкий ⟨*kf*: лёгок, легка́, легко́; легки́, *oder*: лёгки, *komp*: ле́гче, *super*: легча́йший⟩ *adj* **1.** leicht; **2.** mühelos; **3.** (*непринуждённый*) leger; **4.** (*о пла́тье*) luftig; **лёгкая атле́тика** Leichtathletik *f*; **лёгкое недомога́ние** leichte Unpäßlichkeit *f*; **~ий как пёрышко** federleicht; **лёгок на поми́не** (*fig*) Lupus in fabula, wenn man vom Teufel spricht, kommt er; **легко́ смотре́ть на что-ли́бо** etw auf die leichte Schulter nehmen; **тебе́ легко́ говори́ть** du hast leicht [*o* gut] reden
легкове́рный ⟨*Kf*: -рен, -рна⟩ *adj* leichtgläubig
лёгкое *nt wie adj* Lunge *f*
легкомы́сленный ⟨*kf*: -лен, -ленна⟩ *adj* leichtfertig, leichtsinnig
легкомы́слие *nt O2* Leichtsinn *m*
лёгкость *f I* **1.** Leichtigkeit *f*; **2.** Unbe-

kümmertheit *f*
легкоусва́иваемый *adj* leichtverdaulich
лёд ⟨*gen sg*: льда, *präpos sg*: на льду⟩ *m K* Eis *nt*; **па́ковый ~** Packeis *nt*
леденéц ⟨*gen sg*: -нца́⟩ *m K e* **1.** Bonbon *nt*; **~ на па́лочке** Lutscher *m*; **~ от ка́шля** Hustenbonbon *nt*; **2.** (*im pl*) Kandiszucker *m*; **фрукто́вые леденцы́** Drops *pl*
леденя́щий *adj* eisig, eiskalt
ле́ди *f indekl* Lady *f*; **пе́рвая ~** First Lady *f*
ледоко́л *m K* Eisbrecher *m*
ледяно́й *adj* (*fig*) eisig, frostig
лежа́ть ⟨*präs*: лежу́, лежи́шь⟩ *vi I impf* **1.** liegen; **~ в посте́ли** im Bett liegen; **2.** (*fig: на ком-ли́бо/чём-ли́бо*) ruhen, lasten (auf *+dat*)
лежа́чий *adj* (*больно́й*) bettlägerig; **под ~ ка́мень вода́ не течёт** (*fig*) wer rastet, der rostet
ле́звие *nt O2* Klinge *f*, Schneide *f*
лезть ⟨*präs*: ле́зу, ле́зешь⟩ *vt E6 best* (*unbest*: ла́зать) **1.** klettern; **~ без о́череди** sich vordrängeln; **2.** (*umg: во что-ли́бо*) sich einmischen (in *+akk*); **~ не в своё де́ло** sich in fremde Angelegenheiten einmischen; **~ в дра́ку** handgreiflich werden
ле́йка ⟨*gen pl*: ле́ек⟩ *f A* Gießkanne *f*
лейкеми́я *f A2* Leukämie *f*
лейтена́нт *m K* Leutenant *m*
лейтмоти́в *m K* **1.** Leitmotiv *nt*; **2.** Grundgedanke *m*
лека́рственный *adj* Heil-; **лека́рственное расте́ние** Heilpflanze *f*
лека́рство *nt O* Arznei *f*; **~ от чего́-ли́бо** Heilmittel (gegen *+akk*)
ле́ксика *f A* Lexik *f*, Wortschatz *m*; **ба́зовая ~** Grundwortschatz *m*
лексико́н *m K* **1.** Lexikon *nt*; **2.** Wörterbuch *nt*; **3.** (*LING*) Wortschatz *m*, Vokabular *nt*
ле́кция *f A2* Vorlesung *f*; **вступи́тельная ~** Antrittsvorlesung *f*; **чита́ть ле́кцию** eine Vorlesung halten
лён ⟨*gen sg*: льна⟩ *m K* Flachs *m*
лени́вый ⟨*kf*: -и́в⟩ *adj* faul, träge
ле́нта *f A* Band *nt*, Streifen *m*; **кле́йкая ~** (*скоч*) Klebestreifen *m*; **магни́тная ~** Tonband *nt*; **широ́кая ~** Schärpe *f*
лентя́й, **лентя́йка** ⟨*gen pl f*: лентя́ек⟩ *m K / f A* **1.** Faulenzer, -in *m/f*; **2.** Faulpelz *m*
лень *f I* Faulheit *f*
леопа́рд *m K* Leopard *m*
лепета́ть ⟨*präs*: лепечу́, -е́чешь⟩ *vi E4 impf* **1.** lallen; **2.** stammeln
лепи́ть ⟨*präs*: леплю́, ле́пишь⟩ *vt I impf* (*pf*: вы́-, с-) kneten, modellieren
ле́пта *f A* kleiner Beitrag *m*; **вноси́ть свою́ ле́пту** sein Scherflein beitragen
лес ⟨*präpos sg*: в лесу́, *nom pl*: -а́⟩ *m K ple* Wald *m*; **ли́ственный ~** Laubwald *m*; **тропи́ческий ~** Regenwald *m*; **хво́йный ~** Nadelwald *m*
лесбия́нка ⟨*gen pl*: -нок⟩ *f A* Lesbierin *f*, Lesbe *f*
лесбия́нский *adj* lesbisch
леси́стый ⟨*kf*: -и́ст⟩ *adj* waldig
лесни́к *m K e* Förster, -in *m/f*
лесно́й *adj* Wald-; **~о́й пожа́р** *m* Waldbrand *m*; **~о́е хозя́йство** *nt* Forstwirtschaft *f*
лесопито́мник *m K* Baumschule *f*
лесоразведе́ние *nt O2* Aufforstung *f*
лесору́б *m K* Holzfäller *m*
ле́стница *f A* Treppe *f*, Aufgang *m*; **верёвочная ~** Strickleiter *f*; **винтова́я ~** Wendeltreppe *f*; **на ле́стнице** im Treppenhaus *nt*; **служе́бная ~** (*fig*) Dienstleiter *f*
ле́стничный *adj* Treppen-; **ле́стничная кле́тка** Treppenhaus *nt*
лесть *f I* Schmeichelei *f*
лета́ ⟨*gen pl und akk pl von*: год⟩ *nt pl O e* **1.** Alter *nt*; **2.** Jahre *nt pl*; **ско́лько вам лет?** wie alt sind Sie
летарги́я *f A2* Lethargie *f*, Teilnahmslosigkeit *f*
лете́ть ⟨*präs*: лечу́, лети́шь⟩ *vi I best* (*unbest*: лета́ть) **1.** fliegen; **2.** (*nur best*) dahineilen, sausen; **как бы́стро лети́т вре́мя** wie schnell die Zeit vergeht
ле́тний *adj* Sommer-; **ле́тнее вре́мя** Sommerzeit *f*; **~ курс** Ferienkurs *m*
лётный *adj* Flug-; **лётная шко́ла** Flugschule *f*
ле́то *nt O ple* Sommer *m*; **ба́бье ~** Altweibersommer *m*
летоисчисле́ние *nt O2* Zeitrechnung *f*
ле́топись *f I* Chronik *f*
лётчик, **лётчица** *m K / f A* **1.** Flieger, -in *m/f*; **2.** Pilot, -in *m/f*
лече́бный *adj* Heil-; **лече́бная гимна́стика** Krankengymnastik *f*; **в лече́бных це́лях** zu Heilzwecken
лече́ние *nt O2* Behandlung *f*, Kur *f*; **~ для похуде́ния** Schlankheitskur *f*; **~ от алкоголи́зма** Entziehungskur *f*
лечи́ть ⟨*präs*: лечу́, ле́чишь⟩ *vt I impf* **1.** behandeln; **2.** kurieren, heilen
лечь ⟨*fut*: ля́гу, ля́жешь, *prät*: лёг, легла́⟩ *vi UE5 pf* (*impf*: ложи́ться) sich hinlegen
лещи́на *f A* Haselstrauch *m*
лженау́ка *f A* Pseudowissenschaft *f*
лжеприся́га *f A* Meineid *m*

лжец *m K e* Lügner *m*
лжи́вость *f I* Falschheit *f*, Verlogenheit *f*
лжи́вый ⟨*kf*: лжив⟩ *adj* verlogen
ли *part* ob; **ли ... ли ...** ob ...oder ..
либерали́зм *m K* Liberalismus *m*
либерализова́ть *vt E2 impf/pf* liberalisieren
либера́льный ⟨*kf*: -лен, -льна⟩ *adj* liberal
ли́бо *konj* (*или*) oder
Лива́н *m K* Libanon *m*
ли́вень ⟨*gen sg*: ли́вня⟩ *m K1* Regenschauer *m*
ли́верный *adj* Leber-, *(auch aus anderen Innereien);* **ли́верная колбаса́** Leberwurst *f*
Ли́вия *f A2* Libyen *nt*
ливре́я *f A2* Livree *f*
ли́га *f A* Liga *f*, **Ли́га На́ций** Völkerbund *m*; **федера́льная ~** (*SPORT*) Bundesliga *f*
лигионе́р *m K* Ligaspieler *m*
ли́дер *m K* **1.** Führer *m*, Leitfigur *f*; **2.** (*ÖKON*) Vorreiter *m*; **3.** (*SPORT*) Tabellenführer *m*; **полити́ческие ~ы** führende Politiker; **~ оппози́ции** Oppositionsführer *m*
ли́дерство *nt O* Führung *f*
лиди́ровать *vt E2 impf* **1.** (*POL*) führen; **2.** (*SPORT*) in Führung liegen
лиза́ть ⟨*präs*: лижу́, ли́жешь⟩ *vt E4 impf* **1.** lecken, ablecken; **2.** schlecken
ли́зинг *m K* Leasing *nt*; **предоставля́ть** [*o* **брать**] **на усло́виях ~а** leasen
лизоблю́д *m K* (*pej*) Schleimer *m*, Kriecher *m*
ликвида́ция *f A2* **1.** (*ÖKON*) Liquidierung *f*, Auflösung *f*; **2.** Abschaffung *f*
ликвиди́ровать *vt E2 impf/pf* liquidieren, beseitigen; **~ а́рмию** die Armee abschaffen; **~ раке́ты** Raketen verschrotten
ликёр *m K* Likör *m*
ликова́ть *vi E2 impf* (*geh*) jubeln, frohlocken
лилипу́т, **лилипу́тка** ⟨*gen pl f*: -ток⟩ *m K / f A* Liliputaner, -in *m/f*
ли́лия *f A2* Lilie *f*
лило́вый *adj* lila
лими́т *m K* Limit *nt*, Höchstgrenze *f*
лими́тчик *m K Einwohner Moskaus (aus anderer Stadt stammend) mit befristeter Wohnerlaubnis*
лимо́н *m K* **1.** Zitrone *f*, **2.** (*umg*) 1 Million Rubel
лимона́д *m K* Limonade *f*
лимо́нный *adj* **1.** Zitronen-; **2.** zitonengelb; **~ сок** Zitronensaft *m*; **лимо́нные до́льки** Zitronenscheiben *f pl*
лимузи́н *m K* Limousine *f*
лимф *m K* Lymphe *f*, Lymphflüssigkeit *f*
лимфати́ческий *adj* Lymph-; **~ у́зел** Lymphknoten *m*
лингви́ст, **лингви́стка** ⟨*gen pl f*: -ток⟩ *m K / f A* Linguist, -in *m/f*, Sprachwissenschaftler, -in *m/f*
лингви́стика *f A* Linguistik *f*, Sprachwissenschaft *f*
лине́йка ⟨*gen pl*: -е́ек⟩ *f A* **1.** Lineal *nt*; **логарифми́ческая ~** (*MATH*) Rechenschieber *m*; **2.** (*ли́ния*) Linie *f*; **3.** (*о́бщее построе́ние в шко́ле или пионерла́гере*) Appell *m*
лине́йный *adj* linear
ли́нза *f A* Linse *f*
ли́ния *f A2* **1.** (*auch fig*) Linie *f*, **по матери́нской ли́нии** mütterlicherseits; **2.** (*POL*) Kurs *m*, Politik *f*; **3.** (*TRANSP*) Linie *f*, Route *f*; **парохо́дная ~** Schifffahrtslinie *f*; **идти́ по ли́нии наиме́ньшего сопротивле́ния** (*fig*) den leichtesten Weg *m* wählen; **4.** (*EL*) Leitung *f*, **~ высо́кого напряже́ния** Hochspannungsleitung *f*
линко́р *akr von* **лине́йный кора́бль** *m* Schlachtschiff *nt*
лино́ванный *adj* liniiert
лино́леум *m K* Linoleum *nt*
линчева́ть *vt E2 impf/pf* lynchen
ли́нька *f A* **1.** (*живо́тных*) Haaren *nt*; **2.** Mausern *nt*
линя́ть *vi E impf* (*pf*: по-) **I.** (*о тка́ни*) abfärben, ausbleichen; **II.** *vi E* (*pf*: вы-) **1.** (*о живо́тных*) haaren; **2.** sich mausern
ли́па [1] *f A* Linde *f*
ли́па [2] *f A* (*umg*) Fälschung *f*
ли́пкий ⟨*kf*: -пок, -пка́, -пко⟩ *adj* (*кле́йкий*) klebrig; **ли́пкая грязь** Schmiere *f*, klebriger Schmutz *m*
ли́повый [1] *adj* Linden-; **~ чай** Lindenblütentee *m*
ли́повый [2] *adj* (*umg*) gefälscht
ли́ра *f A* (*MUS*) Leier *f*
ли́рика *f A* Lyrik *f*
лиса́ *f A pls* (*лиси́ца*) Fuchs, Füchsin *m/f*
лиси́чка ⟨*gen pl*: -чек⟩ *f A* Pfifferling *m*
лист ⟨*pl*: ли́стья, -ьев, -ьям⟩ *m K e* **I.** (*BOT*) Blatt *nt*; **II.** ⟨*pl*: листы́, -о́в⟩ *m K e* **1.** (*бума́ги*) Blatt *nt*, Bogen *m*; **~ почто́вой бума́ги** Briefbogen *m*; **2.** (*спи́сок*) Liste *f*
листа́ть *vi E impf* blättern, umblättern
листва́ *f A* Laub *nt*
ли́ственница *f A* Lärche *f*
ли́ственный *adj* Laub-; **ли́ственное де́рево** Laubbaum *m*
листо́вка ⟨*gen pl*: -вок⟩ *f A* Flugblatt *nt*; **~-вкла́дыш** (*к лека́рствам*) Beipackzettel *m*
лита́вры *f pl A* Pauke *f*, **бить в ~** (*auch*

fig) auf die Pauke hauen
Литвá *f A* Litauen *nt*
литéйный *adj* Gieß-; **~ цех** [*o* **литéйное произвóдство**] Gießerei *f*
лúтера *f A* **1.** Buchstabe *m*; **2.** Letter *f*
литератýра *f A* Literatur *f*
литератýрный ⟨*kf*: -рен, -рна⟩ *adj* literarisch; **~ немéцкий язы́к** Hochdeutsch *nt*; **~ отдéл** (*в газéте*) Feuilleton *nt*
литературовéдение *nt O2* Literaturwissenschaft *f*
литóвец, **литóвка** ⟨*gen sg m*: -вца, *gen pl f*: -вок⟩ *m K / f A* Litauer, -in *m/f*
литóвский *adj* litauisch
литр *m K* Liter *m*
литургúя *f A2* Liturgie *f*
лить ⟨*präs*: лью, льёшь⟩ *vt E4c impf* gießen
лúться ⟨*nur 3. pers*: льётся⟩ *vi E4c impf* **1.** (*о дождé*) strömen, sich ergießen; **2.** (*водá*) ständig fließen
лифт *m K* Fahrstuhl *m*
лихáч *m K* (*KFZ*) Raser *m*
лихáчество *nt O* (*pej*) Raserei *f*, leichtsinnige Fahrweise *f*
лихáчить ⟨*präs*: лихáчу, -чишь⟩ *vi I impf* rasen, zu schnell fahren
лúхо *nt O* Böses *nt*
лихóй ⟨*kf*: лих, лихá, лúхо, *komp*: лúше⟩ *adj* **1.** keck; **2.** waghalsig
лихóй [1] ⟨*kf*: лих, лихá, лúхо, *komp*: лúше⟩ *adj* (*человéк*) böse; **лихá бедá начáло** (*fig*) aller Anfang ist schwer
лихорáдить ⟨*präs*: лихорáжу, -áдишь⟩ *vi I impf* **I.** Fieber haben; **II.** *vt I* (*unpers*) fiebern; **меня́ лихорáдит** mich fiebert
лихорáдка *f A* Fieber *nt*
лихорáдочный ⟨*kf*: -чен, -чна⟩ *adj* **1.** (*Langform*) Fieber-, fiebrig; **2.** (*fig*) fieberhaft, hektisch
лицевóй *adj* **1.** Gesichts-; **~ нерв** Gesichtsnerv *m*; **2.** (*ткáни*) rechts; **лицевáя сторонá** Außenseite *f*; **3.** persönlich; **~ счёт** persönliches Konto *nt*
лицéй *m K2* Lyzeum *nt*
лицемéр, **лицемéрка** ⟨*gen pl f*: -рок⟩ *m K / f A* Heuchler, -in *m/f*
лицемéрие *nt O2* Heuchelei *f*
лицемéрить ⟨*präs*: лицемéрю, -ришь⟩ *vi I impf* heucheln
лицемéрный ⟨*kf*: -рен, -рна⟩ *adj* heuchlerisch, scheinheilig
лицéнзия *f A2* Lizenz *f*, Genehmigung *f*; **~ на ИТД** Gewerbeschein *m*; **изготáвливать по ~ии** in Lizenz herstellen
лицó *nt O pls* **1.** Gesicht *nt*; **2.** Person *f*; **3.** (*фúрмы*) Image *nt*, Profil *nt*; **показáть своё úстинное ~** (*fig*) sein wahres Gesicht zeigen; **сохранúть ~** das Gesicht wahren; **невзирáя на лицá** ohne Ansehen der Person; **от лицá когó-лúбо/чегó-лúбо** im Namen, im Auftrag (*+gen*); **перéд лицóм когó-лúбо/чегó-лúбо** angesichts (*+gen*)
личúна *f A* Maske *f*, Larve *f*
личúнка ⟨*gen pl*: -нок⟩ *f A* Larve *f*, Made *f*
лúчно *adv* persönlich; **~ я** was mich betrifft
лúчность *f I* **1.** Person *f*; **2.** Persönlichkeit *f*; **выдаю́щаяся ~** prominente Persönlichkeit *f*
лúчный ⟨*kf*: -чен, -чна⟩ *adj* persönlich; **~ вклад** persönlicher Beitrag *m*; **лúчное дéло** Privatsache *f*
лишáйник *m K* (*BOT*) Flechte *f*
лишáть *vt E impf* (*pf*: лишúть) **1.** (*чегó-лúбо*) berauben; **2.** vorenthalten; **~ когó-лúбо возмóжности** jdm die Möglichkeit [*o* Chance] nehmen; **~ слóва** das Wort entziehen; **~ граждáнских прав** entmündigen; **~ граждáнства** die Staatsbürgerschaft aberkennen
лишáться *vr E impf* (*pf*: лишúться) **1.** (*когó-лúбо/чегó-лúбо*) jdn/etw verlieren; **2.** gebracht werden (um *+akk*); **~ рабóты** die Arbeit verlieren; **~ чувств** das Bewußtsein verlieren
лишён ⟨*part prät pass von*: лишúть⟩ *adj kf* beraubt, bar; **~ чýвства ю́мора** ohne jeglichen Sinn für Humor
лишéние *nt O2* **1.** Entzug *m*; **2.** (*JUR*) Aberkennung *f*; **~ граждáнских прав** Entmündigung *f*; **~ свобóды** Freiheitsstrafe *f* **3.** (*im pl*) Entbehrungen *f pl*; **терпéть ~** Not leiden
лишúть ⟨*fut*: лишý, лишúшь⟩ *vt I pf* (*impf*: лишáть) berauben
лишúться ⟨*fut*: лишýсь, лишúшься⟩ *vr I pf* (*impf*: лишáться) verlieren
лúшний ⟨*kf*: лúшне⟩ *adj* **1.** überflüssig, unnötig; **я не хочý лúшних разговóров** ich möchte unnötiges Gerede vermeiden; **~ вес** Übergewicht *nt*; **2.** zusätzlich; **лúшние дéнги мне сейчáс не помешáют** gegen etw mehr Geld hätte ich momentan nichts einzuwenden; **~ раз** noch einmal; **из негó слóва лúшнего не вы́тянешь** (*fig*) man muß ihm jedes Wort einzeln aus der Nase ziehen
лоб ⟨*präpos sg*: в/ на лбу⟩ *m K* Stirn *f*; **задáть вопрóс в ~** eine unvermittelte Frage stellen
лóбби *nt indekl* Lobby *f*
лоббúровать *vt E2 impf* beinflussen
лоббúст *m K* Lobbyist *m*, Meinungsmacher *m*

лов *m K* Fang *m*
лови́ть ⟨*präs*: ловлю́, ло́вишь⟩ *vt I impf* (*pf:* пойма́ть) **1.** fangen, auffangen; **~ ры́бу** angeln **2.** nutzen, ausnutzen; **~ ры́бку в му́тной воде** (*fig*) im Trüben fischen; **~ себя́ на мы́сли** sich bei dem Gedanken ertappen; **~ удо́бный слу́чай** eine günstige Gelegenheit abpassen [*o* nutzen]
ло́вкий ⟨*kf*: ло́вок, ловка́, ло́вко⟩ *adj* **1.** (*прово́рный*) geschickt, gewandt; **2.** (*ги́бкий*) gelenkig; **3.** (*хи́трый*) pfiffig, clever
ло́вкость *f I* Geschick *nt*, Geschicklichkeit *f*; **~ рук** Fingerfertigkeit *f*
лову́шка ⟨*gen pl*: -шек⟩ *f A* Falle *f*; **рада́рная ~** Radarfalle *f*
логари́фм *m K* Logarithmus *m*
ло́гика *f A* Logik *f*
логи́чный ⟨*kf*: -чен, -чна⟩ *adj* logisch, folgerichtig
ло́дка ⟨*gen pl*: -док⟩ *f A* Boot *nt*; **сиде́ть в одно́й ло́дке** (*fig*) im selben Boot sitzen
ло́дочки ⟨*gen pl*: -чек⟩ *f pl A* (*же́нские ту́фли*) Pumps *m pl*
лоды́жка ⟨*gen pl*: -жек⟩ *f A* Knöchel *m*
ло́жа *f A* Loge *f*; **масо́нская ~** Freimaurerloge *f*
ложи́ться ⟨*präs*: ложу́сь, ложи́шься⟩ *vi I impf* (*pf:* лечь) **1.** sich hinlegen; **2.** (*спать*) sich schlafen legen; **3.** (*пла́тье*) sich legen, fallen; **ложи́сь!** (*кома́нда соба́ке*) sitz! Platz
ло́жка ⟨*gen pl*: -жек⟩ *f A* Löffel *m*; **десе́ртная ~** Kaffeelöffel *m*
ло́жный ⟨*kf*: -жен, -жна⟩ *adj* **1.** (*оши́бочный*) unwahr, falsch; **2.** fälschlich; **ло́жная информа́ция** Fehlinformation *f*; **ло́жная показа́ния** Falschaussage *f*; **ло́жная трево́га** Fehlalarm *m*; **идти́ по ло́жному пути́** (*fig*) auf dem Holzweg *m* sein
ложь ⟨*gen sg*: лжи, *inst sg*: ло́жью⟩ *f I* Lüge *f*; **~ во спасе́ние** Notlüge *f*; **гру́бая** [*o* **на́глая**] **~** faustdicke [*o* glatte] Lüge
лоза́ *f A pls* **1.** (*виногра́дная*) Rebe *f*, Weinstock *m*; **2.** Rute *f*; **3.** Wünschelrute *f*
лозохо́дец *m K* Rutengänger *m*
ло́зунг *m K* Losung *f*, Parole *f*, Kennwort *nt*; **вы́двинуть ~** die Losung [*o* Parole] ausgeben
локализова́ть *vt E2 impf/pf* lokalisieren
лока́льный *adj* lokal, örtlich
лока́ут *m K* (*ÖKON*) Aussperrung *f*
локомоти́в *m K* Lokomotive *f*
ло́кон *m K* Locke *f*
ло́коть ⟨*gen sg*: ло́ктя⟩ *m K1 ple1* Ell(en-)bogen *m*; **чу́вство ло́ктя** Solidaritätsgefühl *nt*
лом *m K ple1* **1.** Brecheisen *nt*, Brechstange *f*; **2.** (*ло́маные ве́щи*) Bruch *m*
ло́маный *adj* zerbrochen; **говори́ть на ло́маном языке́** eine Sprache nur gebrochen sprechen
лома́ть *vt E impf* (*pf:* с-) **1.** brechen, zerbrechen; **2.** knicken; **~ дом** ein Haus abreißen; **~ го́лову над чем-ли́бо** (*fig*) sich den Kopf zerbrechen (über +*akk*)
лома́ться *vr E impf* (*pf:* с-) **1.** zu Bruch gehen; **2.** (*зуб*) abbrechen
ломи́ть ⟨*präs*: ломлю́, ло́мишь⟩ *vi I impf* **1.** (*umg*) zerbrechen; **у меня́ ло́мит го́лову** (*fig*) ich habe Kopfschmerzen; **2.** sich vorwärtsdrängen
ломи́ться ⟨*fut*: ломлю́сь, ло́мишься⟩ *vr I impf* brechend voll sein
ло́мка ⟨*gen pl*: -мок⟩ *f A* **1.** Zerbrechen *nt*; **2.** Bruch *m*; **~ го́лоса** Stimmbruch *m*
ло́мкий ⟨*kf*: -мок, -мка́, -мко⟩ *adj* **1.** zerbrechlich; **2.** brüchig
лопа́та *f A* **1.** Schaufel *f*; **2.** (*штыкова́я*) Spaten *m*; **рабо́тать лопа́той** schaufeln
лопа́тка ⟨*gen pl*: -ток⟩ *f A* **1.** Kelle *f*; **2.** (*ANAT*) Schulterblatt *nt*
ло́паться *vr E impf* (*стекло́*) zerspringen
ЛОР *abk von* отоларинго́лог *m* Hals-Nasen-Ohren-Arzt *m*, HNO-Arzt *m*
лоси́ны *f pl A* Leggings *pl*
лоск *m K* **1.** Glanz *m*; **2.** Schliff *m*
лоску́т *m K e* **1.** Lumpen *m pl*; **2.** Fetzen *m pl*
лосо́сь *m K1* Lachs *m*
лось *m K1 ple1* Elch *m*
лосьо́н *m K* Lotion *f*, **~ для бритья́** Rasierwasser *nt*; **~ для лица́** Gesichtswasser *nt*
лот *m K* (*MAR*) Lot *nt*
лотере́йный *adj* Lotterie-; **~ биле́т** Lottoschein *m*; **но́мер лотере́йного биле́та** Losnummer *f*
лотере́я *f A2* Lotterie *f*; **де́нежно-вещева́я ~** Tombola *f*
лото́ *nt indekl* (*игра́ на ка́ртах*) (Bilder-)Lotto *nt*
лохма́тый ⟨*kf*: -ма́т⟩ *adj* **1.** zottig, struppig; **2.** ungekämmt
лохмо́тья ⟨*gen pl*: -тьев⟩ *nt pl O* Lumpen *m pl*, Fetzen *m pl*; **оде́тый в ~** zerlumpt
ло́цман *m K* Lotse *m*
лошади́ный *adj* Pferde-; **лошади́ная си́ла, л.с.** Pferdestärke *f*, PS
ло́шадь ⟨*inst pl*: -дьми́⟩ *f I ple1* Pferd *nt*; **бегова́я ~** Rennpferd *nt*; **ездова́я ~** Reitpferd *nt*; **~-кача́лка** (*игру́шка*) Schaukelpferd *nt*
лоша́к *m K e* Maulesel *m*
лощёный *adj* (*о бума́ге*) glänzend,

Glanz-
лощи́на *f A* Mulde *f*, Talsenke *f*
лоя́льность *f I* Loyalität *f*
лоя́льный ⟨*kf*: -лен, -льна⟩ *adj* loyal
луг ⟨*präpos sg*: на лугу́, *nom pl*: -á⟩ *m K ple* (*лужа́йка*) Wiese *f*; **~ альпи́йский** Alm *f*
лу́жа *f A* Pfütze *f*
лужа́йка ⟨*gen pl*: -áек⟩ *f A* (*луг*) Wiese *f*
лук [1] *m K* Zwiebel *f*; **зелёный ~** Schnittlauch *m*; **лук-поре́й** Lauch *m*
лук [2] *m K* (*SPORT*) Bogen *m*; **стрело́к из ~а** Bogenschütze *m*
лу́ковица *f A* **1.** Knolle *f*; **2.** Zwiebel *f*; **цвето́чная ~** Blumenzwiebel *f*
луна́ *f A pls* Mond *m*
луна-парк *m K* Vergnügungspark *m*
луна́тик *m K* Schlafwandler *m*; **быть ~ом** schlafwandeln
лу́нный *adj* Mond-
лунохо́д *m K* Mondauto *nt*
лунохо́ды *m pl K* (*о́бувь*) Moonboots *m pl*
лу́па *f A* Lupe *f*
лупи́ться ⟨*präs*: луплю́, лу́пишь⟩ *vr I impf* (*pf*: об-) **1.** (*ко́жа*) sich schälen; **2.** abbröckeln
луч ⟨*gen pl*: -е́й⟩ *m K e* Strahl *m*; **~ све́та** Lichtstrahl *m*; **~ наде́жды** (*fig*) Hoffnungsschimmer *m*
лу́чше ⟨*komp von*: хоро́ший⟩ *adj* **I.** besser; **ему́ ~** es geht ihm besser; **II.** *adv* **1.** (*komp von: хорошо́*) besser; **как нельзя́ ~** bestens, ausgezeichnet; **2.** lieber; **~ сде́лай э́то сра́зу!** mach das lieber gleich
лу́чший ⟨*komp und super von*: хоро́ший⟩ *adj* beste(r, s); **мо́й ~ друг** mein bester Freund; **в лу́чшем слу́чае** bestenfalls; **он измени́лся в лу́чшую сто́рону** er hat sich zu seinem Vorteil verändert
лы́жи *f pl A* Ski *m pl*; **бегов́ые ~** Langlaufski *m pl*; **во́дные ~** Wasserski *m pl*
лы́жник, лы́жница *m K / f A* Skifahrer, -in *m/f*, Skiläufer, -in *m/f*
лы́жный *adj* Ski-; **~ костю́м** Skianzug *m*; **~ подъёмник** Skilift *m*; **лы́жные боти́нки** Skistiefel *m pl*
лыжня́ ⟨*gen pl*: -е́й⟩ *f A1* Skispur *f*, Loipe *f*
лы́ко ⟨*nom pl*: -и⟩ *nt O* Bast *m*
лы́сина *f A* Glatze *f*
лы́сый ⟨*kf*: лыс, -á, -о⟩ *adj* kahl, glatzköpfig
льви́ный *adj* Löwen-; **льви́ная до́ля** Löwenanteil *m*
льви́ца *f A* Löwin *f*
льго́та *f A* **1.** Privileg *nt*; **2.** Vergünstigung *f*; **~ на дете́й** Kinderfreibetrag *m*; **по́льзоваться льго́тами** Vorteile *m pl* ausnutzen
льго́тный *adj* vergünstigt; **~ биле́т** ermäßigte Fahrkarte *f*
льстец *m K e* Schmeichler, -in *m/f*
льстить ⟨*präs*: льщу, льстишь⟩ *v + dat I impf* (*pf*: по-) schmeicheln, Süßholz raspeln
любе́зничать *vi E impf* **1.** (*umg: с кем-ли́бо*) flirten, schäkern (mit *+dat*); **2.** sich einschmeicheln (bei *+dat*)
любе́зность *f I* **1.** Liebenswürdigkeit *f*; **2.** Gefallen *m*, Gefälligkeit *f*; **не откажи́те в любе́зности!** bitte tun Sie mir den Gefallen!
любе́зный ⟨*kf*: -зен, -зна⟩ *adj* liebenswürdig, freundlich
люби́мец, люби́мица ⟨*gen sg m*: -мца⟩ *m K / f A* Liebling *m*; **~ пу́блики** Publikumsliebling *m*
люби́мый ⟨*kf*: -и́м⟩ *adj* Lieblings-; **люби́мое блю́до** Lieblingsessen *nt*; **люби́мое заня́тие** Lieblingsbeschäftigung *f*, Hobby *nt*
люби́тель, люби́тельница *m K1 / f K* **1.** Kenner, -in *m/f*, Liebhaber, -in *m/f*; **2.** Anhänger, -in *m/f*; **3.** Amateur, -in *m/f*; **~ му́зыки** Musikfreund *m*; **~ пи́ва** Biertrinker *m*; **~ поспа́ть** Langschläfer *m*; **~ приключе́ний** abenteuerlustiger Mensch *m*; **садово́д-~** Gartenfreund *m*, Hobbygärtner *m*
люби́ть ⟨*präs*: люблю́, лю́бишь⟩ *vt I impf* **1.** lieben, liebhaben; **2.** mögen; **3.** gerne tun; **~ свою́ профе́ссию** an seinem Beruf hängen
любова́ться *vr E2 impf* (*pf*: по-) **I.** (*на кого́-ли́бо/что-ли́бо*) etw mit Vergnügen betrachten; **II.** *vr + inst E2 impf* (*geh*) sich weiden (an *+dat*)
любо́вник *m K* **1.** Liebhaber *m*, Geliebter *m*; **2.** Verliebter *m*
любо́вница *f A* **1.** Geliebte *f*; **2.** Verliebte *f*
любо́вный *adj* Liebes-; **любо́вное письмо́** Liebesbrief *m*; **любо́вная тоска́** Liebeskummer *m*
любо́вь ⟨*gen sg*: любви́, *inst sg*: любо́вью⟩ *f I* Liebe *f*, **~ к бли́жнему** Nächstenliebe *f*; **~ к живо́тным** Tierliebe *f*; **~ к приро́де** Naturverbundenheit *f*; **~ к поря́дку** Ordnungsliebe *f*; **~ к чте́нию** Leselust *f*; **матери́нская ~** Mutterliebe *f*; **~ с пе́рвого взгля́да** Liebe auf den ersten Blick; **с любо́вью** liebevoll
любозна́тельность *f I* Wissensdurst *m*
любозна́тельный ⟨*kf*: -лен, -льна⟩ *adj* wißbegierig

любо́й *adj* beliebig; **в любо́е вре́мя** zu jeder Zeit
любопы́тный ⟨*kf*: -тен , -тна⟩ *adj* **I. 1.** (*взгляд*) neugierig; **2.** interessant; **II.** *mf wie adj* **1.** Neugierige(r) *mf*; **2.** Schaulustige(r) *mf*
любопы́тство *nt O* Neugier *f*; **из любопы́тства** aus Neugier
любопы́тствовать *vi E2 impf* **1.** neugierig sein; **2.** (*спра́шивать*) sich erkundigen
лю́бящий ⟨*part präs akt von*: люби́ть⟩ *adj* liebevoll; **~ дете́й** kinderlieb
лю́ди ⟨ люде́й, лю́дям, люде́й, людьми́, о лю́дях, *pl von*: челове́к⟩ *pl K1* **1.** Menschen *m pl*; **2.** Leute *pl*
людое́д *m K* Menschenfresser *m*, Kannibale *m*
люк *m K* **1.** Luke *f*; **2.** Falltüre *f*
Люксембу́рг *m K* Luxemburg *nt*
лю́лька ⟨*gen pl*: -лек⟩ *f A* Wiege *f*
люмба́го *nt indekl* Hexenschuß *m*
лю́стра *f A* Kronleuchter *m*
лю́тый ⟨*kf*: лют, люта́, лю́то, *komp*: люте́е⟩ *adj* **1.** grausam, grimmig; **2.** schonungslos
лягуша́тник *m K* Planschbecken *nt*
лягуша́чий *adj gattung* Frosch-; **лягуша́чья ла́пка** Froschschenkel *m*
лягу́шка ⟨*gen pl*: -шек⟩ *f A* Frosch *m*; **древе́сная ~** Laubfrosch *m*
ля́жка ⟨*gen pl*: -жек⟩ *f A* **1.** (*бедро́*) Schenkel *m*; **2.** Hüfte *f*
ля́згать *v + inst E impf* **1.** klirren (mit *+dat*); **2.** (*зуба́ми*) mit den Zähnen klappern
ля́псус *m K* Lapsus *m*, Schnitzer *m*

М

м, **М** *nt indekl kyrillischer Buchstabe*
маг *m K* Magier *m*, Zauberer *m*
магази́н *m K* **1.** Geschäft *nt*, Laden *m*; **апте́карский ~** Drogerie *f*; **кни́жный ~** Buchhandlung *f*; **комиссио́нный ~** Secondhandladen *m*; **специализи́рованный ~** Fachgeschäft *nt*; **ходи́ть по ~ам** einen Einkaufsbummel machen **2.** Lagerhaus *nt*; **3.** (*MIL*) Magazin *nt*
магази́нный *adj* Laden-; **~ вор** Ladendieb *m*; **магази́нная це́на** Ladenpreis *m*
МАГАТЭ *abk von* Междунаро́дное Аге́нство А́томной Эне́ргии *nt* Internationale Atomenergieorganisation *f*
маги́стр *m K* Magister *m*
магистра́ль *f I* **1.** Verkehrsader *f*; **2.** Knotenpunkt *m*; **выходна́я** [*o* **выездна́я**] **~** Ausfallstraße *f*
магистра́т *m K* **1.** Magistrat *m*; **2.** Stadtrat *m*, Stadtverwaltung *f*
маги́ческий *adj* magisch; **маги́ческое сло́во** Zauberwort *nt*
ма́гия *f A2* Magie *f*
ма́гний *m K2* Magnesium *nt*
магни́т *m K* Magnet *m*
магни́тный *adj* magnetisch, Magnet-; **магни́тное по́ле** Magnetfeld *nt*
магнито́ла *f A* Radiorecorder *m*
магнитофо́н *m K* Tonbandgerät *nt*; **кассе́тный ~** Kasettenrecorder *m*
мажо́р *m K* Dur *nt*
мазня́ *f A1* Geschmier *nt*, Schmiererei *f*
мазохи́стский *adj* masochistisch
мазу́т ⟨*gen sg*: -а, -у⟩ *m K* Heizöl *nt*
мазь *f I* Salbe *f*; **~ от ожо́гов** Brandsalbe *f*; **натира́ть ~ю́** salben
май *m K2* Mai *m*
ма́йка ⟨*gen pl*: ма́ек⟩ *f A* **1.** T-Shirt *nt*; **2.** (*SPORT*) Trikot *nt*, Sporthemd *nt*; **3.** Unterhemd *nt*
майоне́з *m K* Mayonnaise *f*
майо́р *m K* Major *m*
ма́йский *adj* Mai-; **~ жук** Maikäfer *m*
мак *m K* Mohn *m*
макаро́нный *adj* Nudel-; **макаро́нные изде́лия** Teigwaren *pl*
макаро́ны ⟨*gen pl*: макаро́н⟩ *f pl A* Makkaroni *pl*
Македо́ния *f A2* Mazedonien *nt*
маке́т *m K* Layout *nt*
макия́ж *m K* (*косме́тика*) Make-up *nt*, Schminke *f*
ма́клер *m K* Makler *m*; **би́ржевый ~** Börsenmakler *m*; **~ по недви́жимости** (*ри́эльтер*) Immobilienmakler *m*
макре́ль *f I* Makrele *f*
макроэконо́мика *f A* Gesamtwirtschaft *f*
максимали́ст *m K einer, der immer aufs Ganze geht*
максима́льный ⟨*kf*: -лен, -льна⟩ *adj* maximal, Höchst-
ма́ксимум *m K* Maximum *nt*, Höhepunkt *m*; **приложи́ть ~ уси́лий** alles daran setzen
макулату́ра *f A* **1.** Makulatur *f*, Altpapier *nt*; **2.** (*umg*) Schundliteratur *f*
маку́шка *f A* Scheitel *m*
мале́йший *adj super* geringste(r,s), mindeste(r,s); **ни в мале́йшей сте́пени** nicht im geringsten
ма́ленький *adj* klein; **~ да уда́ленький** klein aber fein
мали́на *f A* **1.** Himbeere *f*; **2.** Himbeerstrauch *m*
мали́нник *m K* Himbeergesträuch *nt*
ма́ло *adv* (*немно́го*) wenig; **э́то ~-что**

меня́ет das ändert wenig an der Sache; **так же** ~ ebensowenig
малоду́шный ⟨*kf*: -шен, -шна⟩ *adj* kleinmütig, halbherzig, mutlos
малоизве́стный ⟨*kf*: -тен, -тна⟩ *adj* wenig bekannt
малокалори́йный *adj* kalorienarm
малокро́вный ⟨*kf*: -вен, -вна⟩ *adj* blutarm
малообеспе́ченный *adj* einkommensschwach
малообщи́тельный *adj* kontaktarm
малоотхо́дный *adj* abfallarm; **малоотхо́дные техноло́гии** abfallarme Produktionsverfahren *nt pl*
малоперспекти́вный *adj* wenig erfolgversprechend
малотокси́чный *adj* schadstoffarm
ма́лый ⟨*kf*: мал, , мала́⟩ *adj* klein; ~ **би́знес** kleine und mittlere Betriebe *m pl*; **ма́лое предприя́тие** Kleinbetrieb *m*; **иску́сство ма́лых форм** Kleinkunst *f*
малыш, **малы́шка** *m K / f A* Kleine(r) *mf*, Knirps *m*
ма́льва *f A* Malve *f*
Ма́льта *f A* Malta *nt*
ма́льчик *m K* Junge *m*; **я уже́ не** ~ ich bin nicht mehr der Jüngste; ~ **для битья́** (*fig*) Prügelknabe *m*; ~ **на побегу́шках** Mädchen *nt* für alles
мальчи́шеский *adj* knabenhaft
мальчи́шество *nt O* Kinderei *f*
мальчи́шка *f A* (*umg*) Bengel *m*, Lausbub *m*
малю́тка *f A* Kleinkind *nt*, Kleines *nt*
маля́р *m K* Anstreicher *m*, Maler *m*
малярия́ *f A2* Malaria *f*
ма́ма *f A* Mutter *f*, Mama *f*; **суррога́тная** ~ Leihmutter *f*
ма́менькин *adj gattung* Mutter-; ~ **сыно́к** Muttersöhnchen *nt*
ма́монт *m K* () Mammut *m*
ма́мочка *f A* Mami *f*, Mutti *f*
ма́нго *nt O* Mango *f*
манда́нт *m K* Mandant, -in *m/f*
мандари́н *m K* **1.** (*BOT*) Mandarine *f*; **2.** (*в дре́внем Кита́е*) Mandarin *m*
манда́т *m K* Mandat *nt*; **прямо́й** ~ Direktmandat *nt*
манёвр *m K* Manöver *nt*, Übung *f*
маневри́ровать *vi E2 impf* (*pf:* с-) manövrieren
мане́ж *m K* **1.** (*для верхово́й езды́*) Reitbahn *f*; **2.** (*цирк*) Manege *f*; **3.** (*для дете́й*) Laufstall *m*
манеке́н *m K* **1.** Mannequin *nt*; **2.** (*в витри́не*) Schaufensterpuppe *f*
манеке́нщик *m K* Dressman *m*
мане́ра *f A* Manier *f*, Art und Weise *f*; ~ **говори́ть** Ausdrucksweise *f*; ~ **держа́ться** Umgangsformen *pl*; ~ **исполне́ния** Vortragsweise *f*; **худо́жественная** ~ Malweise *f*
мане́рный ⟨*kf*: -рен, -рна⟩ *adj* manieriert, geziert , gekünstelt
манже́та *f A* Manschette *f*
маникю́р *m K* Maniküre *f*
манипули́ровать *v + inst E2 impf* manipulieren
манипуля́ция *f A2* **1.** Manipulation *f*; **2.** Machenschaft *f*; ~ **ге́нами** Genmanipulation *f*
мани́ть ⟨*präs*: маню́, ма́нишь⟩ *vt I impf* (*pf:* по-) locken, anlocken
мани́фест *m K* Manifest *nt*
ма́ния *f A2* **1.** Manie *f*; **2.** Wahn *m*; ~ **вели́чия** Größenwahn *m*; ~ **пресле́дования** Verfolgungswahn *m*
манса́рда *f A* Mansarde *f*
манья́к *m K* Wahnsinnige(r) *mf*, Geistesgestörte(r) *mf*; **сексуа́льный** ~ Triebtäter *m*
марафо́н *m K* Marathon *m*, Marathonlauf *m*
ма́рганец ⟨*gen sg*: -нца⟩ *m K* Mangan *nt*
маргари́н *m K* Margarine *f*
маргари́тка *f A* Gänseblümchen *nt*
маргина́лы ⟨*gen sg*: -ов⟩ *m pl K* (*POL*) Außenseiter *m pl*, Randgruppenvertreter *m pl*
маргина́льный *adj* marginal, Rand-
марина́д *m K* Marinade *f*
марино́ванный *adj* Essig-; **марино́ванные огурцы́** Essiggurken *f pl*
марино́ва́ть *vt E2 impf* (*pf:* за-) **1.** marinieren, einlegen; **2.** (*umg:fig*) auf die Folter spannen
марионе́тка *f A* (*auch fig*) Marionette *f*
марихуа́на *f A* Marihuana *nt*
ма́рка *f A* **1.** (*заводска́я*) Marke *f*, Firmenzeichen *nt*; **держа́ть ма́рку** das Image bewahren **2.** (*почто́вая*) Briefmarke *f*; **3.** (*Währung*) Mark *f*
ма́ркетинг *m K* Marketing *nt*
маркети́нговый *adj* Markt-; **маргети́нговые иссле́дования** Marktforschung *f*
марки́за *f A* Markise *f*
марки́рова́ть *vt E2 impf/pf* markieren, kennzeichnen
маркиро́вка *f A* Markierung *f*
маркси́зм *m K* Marxismus *m*
маркси́ст *m K* Marxist *m*
маркси́стский *adj* marxistisch
ма́рлевый *adj* Mull-; **ма́рлевая повя́зка** Mullbinde *f*
ма́рля *f A1* Mull *m*
мармела́д *m K* Marmelade *f*
Маро́кко *nt indekl* Marokko *nt*

Марс *m K* Mars *m*
март *m K* März *m*
марципа́н *m K* Marzipan *nt*
марш *m K* **I. 1.** (*MIL*) Marsch *m*; **~ проте́ста** Protestmarsch *m* **2.** (*MUS*) Marsch *m*; **3.** (*земля́*) Marsch *f*, Schwemmland *nt*; **4.** Treppe *f*; **II.** *interj* marsch!, vorwärts! **ша́гом ~!** (*MIL*) im Gleichschritt marsch! **~ отсю́да!** hau ab
ма́ска *f A* Maske *f*
маскара́д *m K* **1.** Maskenball *m*, Kostümfest *nt*, Maskerade *f*; **2.** (*umg*) Vermummung *f*
маскирова́ть *vt E2 impf* (*pf:* за-) (*камуфли́ровать*) tarnen, maskieren, verheimlichen
маскирова́ться *vr E2 impf* sich verkleiden, sich vermummen
маскиро́вка *f A* **1.** Tarnung *f*; **2.** Maskierung *f*
ма́сленица *f A* (*карнава́л*) Fastnacht *f*; **не всё коту́ ~** es ist nicht alle Tage Sonntag
масли́на *f A* **1.** Olive *f*; **2.** Olivenbaum *m*
ма́сло *nt O* **1.** Butter *f*; **2.** Öl *nt*; **всё идёт как по ма́слу** alles läuft wie geschmiert; **подлива́ть ма́сла в ого́нь** (*fig*) Öl in das Feuer gießen
ма́сляный *adj* ölig; **ма́сляная кра́ска** Ölfarbe *f*
ма́сса *f A* **1.** (*вес*) Masse *f*; **2.** (*umg*) Unmenge *f*
масса́ж *m K* Massage *f*; **де́лать ~** massieren
массажи́ст, **массажи́стка** *m K / f A* Masseur, -in *m/f*
масси́в *m K* Massiv *nt*; **го́рный ~** Gebirgsmassiv *nt*; **лесно́й ~** Waldbestand *m*
масси́вный ⟨*kf*: -вен, -вна⟩ *adj* **1.** massiv; **2.** massig, klotzig
масси́ровать *vt E2 impf* massieren
массме́диа *f A2* Massenmedien *pl*
ма́ссовый *adj* massenhaft; **ма́ссовое бе́гство** Massenflucht *f*, **~ вы́пуск** Serienfertigung *f*, **ма́ссовая демонстра́ция** Großdemonstration *f*; **ма́ссовое мероприя́тие** Großveranstaltung *f*; **ма́ссовая организа́ция** Massenorganisation *f*; **~ психо́з** Massenpsychose *f*, Massenhysterie *f*; **ма́ссовое созна́ние** öffentliches Bewußtsein *nt*; **ма́ссовые увольне́ния** Massenentlassungen *f pl*
ма́стер *m K* Handwerksmeister *m*; **дома́шний ~** Heimwerker *m*; **~ на все ру́ки** (*umg*) Tausendsassa *m*; **~ своего́ де́ла** Meister *m* seines Faches
мастери́ть *vt I impf* (*pf:* с-) basteln, hantieren
мастерска́я *f wie adj* **1.** Werkstatt *f*; **2.** (*худо́жника*) Atelier *nt*; **ремо́нтная ~** Reparaturwerkstatt *f*
ма́стерский *adj* meisterhaft
мастерство́ *nt O* Meisterschaft *f*, Können *nt*; **демонстри́ровать своё ~** sein Können unter Beweis stellen
мasти́ка *f A* Bohnerwachs *nt*; **натира́ть масти́кой** bohnern
масшта́б *m K* **1.** Maßstab *m*; **2.** (*fig*) Maßstab *m*, Ausmaß *nt*, Dimension *f*
масшта́бный ⟨*kf*: -бен, -бна⟩ *adj* **1.** umfassend, umfangreich; **2.** Maßstabs-
мат *m K* **1.** (*SPORT*) Matte *f*; **2.** (*в ша́хматах*) Matt *nt*; **получи́ть ~** schachmatt sein; **объяви́ть** [*o* **поста́вить**]**~** jdn mattsetzen **3.** (*umg*) gemeine Schimpfwörter *nt pl*
матема́тик *m K* **1.** Mathematiker, -in *m/f*, **2.** (*umg*) Mathematiklehrer, -in *m/f*
матема́тика *f A* Mathematik *f*
математи́ческий *adj* mathematisch
математи́чка *f A* (*umg*) Mathelehrerin *f*
материа́л *m K* **1.** Stoff *m*, Material *nt*; **2.** (*конструкцио́нный*) Werkstoff *m*; **3.** (*статья́*) Beitrag *m*
материали́зм *m K* Materialismus *m*
материализова́ть *vt E2 pf* (*impf:* материализо́вывать) umsetzen, verwirklichen
материали́ст *m K* Materialist *m*
материалисти́ческий *adj* materialistisch
материа́льный ⟨*kf*: -лен, -льна⟩ *adj* materiell; **материа́льная заинтересо́ванность** materielles Interesse *nt*; **~ уще́рб** Sachschaden *m*; **материа́льные це́нности** Sachwerte *m pl*
матери́к *m K* **1.** Festland *nt*; **2.** Kontinent *m*
матери́нский *adj* mütterlich; **матери́нская любо́вь** Mutterliebe *f*; **по матери́нской ли́нии** mütterlicherseits; **проявля́ть матери́нскую забо́ту о ком-ли́бо** jdn bemuttern
матери́нство *nt O* Mutterschaft *f*
мате́рия *f A2* **1.** Stoff *m*; **2.** (*PHYS, PHIL*) Materie *f*, Substanz *f*
ма́тка *f A* Gebärmutter *f*
ма́товый ⟨*kf*: -ов⟩ *adj* matt; **ма́товое стекло́** (*umg*) Mattscheibe *f*
матра́с, **матра́ц** *m K* Matratze *f*
ма́трица *f A* Matrize *f*, Matrix *f*
матро́с *m K* Matrose *m*
матч *m K* (*SPORT*) Spiel *nt*, Wettkampf *m*, Match *nt*
мать ⟨*gen sg*: ма́тери⟩ *f I1* Mutter *f*; **родна́я ~** leibliche Mutter *f*; **~-одино́чка** alleinerziehende Mutter *f*
ма́фия *f A2* Mafia *f*, organisiertes Verbre-

chen *nt*; **нарко-~** Drogenmafia *f*
мах *m K* Schwung *m*, Schlag *m*; **однúм ~ом** schlagartig, sofort
махáла *m A* Linienrichter *m*
махáть ⟨*präs*: машý, мáшешь⟩ *v + inst E4 impf* (*pf*: махнýть) **1.** winken; **2.** fuchteln
махинáция *f A2* **1.** Machenschaft *f*; **2.** Schiebung *f*
махрóвый *adj* **1.** frottiert; **махрóвое полотéнце** Frottiertuch *nt*; **махрóвая ткань** Frottee *m* **2.** Erz-; **~ реакционéр** Erzkonservative(r) *m*
мáчеха *f A* Stiefmutter *f*
мáчта *f A* (*MAR*) Mast *m*
машúна *f A* **1.** Maschine *f*; **~ врéмени** Zeitmaschine *f*; **стирáльная ~** Waschmaschine *f*; **швéйная ~** Nähmaschine *f* **2.** Auto *nt*; **3.** (*компьютер*) Computer *m*; **4.** Automat *m*
машинúст *m K* Maschinist, -in *m/f*; **~ тепловóза** Lokomotivführer, -in *m/f*
машинúстка *f A* Schreibkraft *f*
машúнка *f A* (*пúшущая*) Schreibmaschine *f*
машúнный *adj* maschinell; **~ зал** Computerraum *m*
машинопúсный *adj* maschinengeschrieben
машúнопись *f I* Maschinenschrift *f*
машиностроéние *nt O2* Maschinenbau *m*
машиносчúтываемый *adj* maschinenlesbar
маэ́стро *m indekl* (*MUS*) Maestro *m*, Meister *m*, Dirigent *m*
мая́к *m K e* Leuchtturm *m*
мáятник *m K* Pendel *nt*
МВЭС *abk von* Министéрство Внешнеэкономúческих Свя́зей *nt* Ministerium für Außenwirtschaft *nt*
мгла *f A* **1.** Nebel *m*; **2.** Dunst *m*
мглúстый ⟨*kf*: -úст⟩ *adj* dunstig, diesig
мгновéние *nt O2* Augenblick *m*; **в ~ óка** im Handumdrehen
мгновéнный ⟨*kf*: -вéнен, -вéнна⟩ *adj* momentan, augenblicklich; **мгновéнная реáкция** Sofortreaktion *f*
МГУ *abk von* Москóвский Госудáрственный Университéт *m Staatliche Moskauer Universität*
мéбель *f I* **1.** Möbelstück *nt*; **2.** Mobiliar *nt*, Einrichtung *f*; **мя́гкая ~** Polstermöbel *pl*; **óфисная ~** Büromöbel *pl*; **тóлько для мéбели** (*umg*) völlig nutzlos
мéбельный *adj* Möbel-; **мéбельная перевóзка** Möbelwagen *m*
мегабайт *m K* Megabyte *nt*
мегафóн *m K* Megaphon *nt*
мёд ⟨*gen sg*: -а, -у⟩ *m K* Honig *m*; **пчелúный ~** Bienenhonig *m*
медáль *f I* Medaille *f*; **брóнзовая ~** Bronzemedaille *f*; **золотáя ~** Goldmedaille *f*; **серéбрянная ~** Silbermedaille *f*; **завоевáть ~** eine Medaille gewinnen; **разы́грывать ~** eine Medaille vergeben
медальóн *m K* Medaillon *nt*
медвéдь *m K1* Bär *m*; **вестú себя́ как ~** (*fig*) sich wie die Axt im Wald benehmen
медвéжий *adj gattung* Bären-; **медвéжья берлóга** Bärenhöhle *f*; **оказáть комý-лúбо медвéжью услýгу** jdm einen Bärendienst erweisen
медвежóнок ⟨*gen sg*: -нка, *pl*: -жáта⟩ *m U4* **1.** Bärenjunges *nt*; **2.** Teddybär *m*
мéдик *m K* Mediziner, -in *m/f*
медикамéнт *m K* Medikament *nt*, Arznei *f*
медитáция *f A2* Meditation *f*, Selbstbesinnung *f*
мéдиум *m K* (*в оккультúзме*) Medium *nt*
медицúна *f A* **1.** Medizin *f*, Humanmedizin *f*; **2.** ärztliche Versorgung *f*; **óбщая ~** Allgemeinmedizin *f*
медицúнский *adj* medizinisch; **медицúнское образовáние** medzinische Ausbildung *f*
мéдленность *f I* Langsamkeit *f*
мéдленный ⟨*kf*: -лен, -ленна⟩ *adj* **1.** langsam, gemächlich; **2.** schleichend
медлúтельность *f I* Behäbigkeit *f*
медлúтельный ⟨*kf*: -лен, -льна⟩ *adj* **1.** behäbig, geruhsam; **2.** schleppend
мéдлить *vi I impf* (*с чем-лúбо*) zögern, zaudern
мéдный *adj* kupfern
медóвый *adj* Honig-; **~ мéсяц** Flitterwochen *pl*
медсестрá *akr von* медицúнская сестрá *f* Krankenschwester *f*
медýза *f A* **1.** (*ZOOL*) Qualle *f*, Meduse *f*; **2.** (*LIT*) Meduse *f*
медь *f I* Kupfer *nt*
межвéдомственный *adj* behördenübergreifend
межгосудáрственный *adj* zwischenstaatlich
мéжду *präp +inst* zwischen; **~ собóй** untereinander; **~ тем** inzwischen, unterdessen, außerdem
междунарóдный *adj* international; **~ матч** (*SPORT*) Länderspiel *nt*; **~ отдéл** Auslandsabteilung *f*; **междунарóдное прáво** Völkerrecht *nt*
межнационáльный *adj* zwischen den Nationen (bestehend); **~ конфлúкт** Nationalitätenkonflikt *m*; **~ концéрн** multinationales Unternehmen *nt*
межотраслевóй *adj* interdisziplinär

межрегиона́льный *adj* überregional
Мекленбу́рг-Ни́жняя Помера́ния *mf K* Mecklenburg-Vorpommern *nt*
Ме́ксика *f A* Mexiko *nt*
мел *m K* Kreide *f*
меланхоли́чный ⟨*kf*: -чен, -чна⟩ *adj* melancholisch
меланхо́лия *f A2* Melancholie *f*; **впада́ть в меланхо́лию** melancholisch werden
ме́лкий ⟨*kf*: -лок, -лка́, -лко⟩ *adj* **1.** klein; **ме́лкие де́ньги** Kleingeld *nt*; **напеча́танное ме́лким шри́фтом** Kleingedrucktes *nt* **2.** (*fig*) klein, unbedeutend
мелоди́чный ⟨*kf*: -чен, -чна⟩ *adj* melodisch
мело́дия *f A2* Melodie *f*
мелочёвка *f A* (*umg*) Kleinkram *m*
ме́лочи ⟨*gen* : -е́й⟩ *f pl I* Kleinkram *m*
ме́лочный *adj* kleinlich; **ме́лочные приди́рки** Haarspalterei *f*
ме́лочь *f I* **1.** Bagatelle *f*; **2.** Belanglosigkeit *f*; **3.** (*разме́нная моне́та*) Kleingeld *nt*
мель *f I* Sandbank *f*; **сади́ться** [*o* **сесть**]**на ~** (*MAR*) auf eine Sandbank auflaufen; **он оста́лся на ме́ли** (*umg:fig*) er ist abgebrannt, er sitzt auf dem Trockenen
ме́льница *f A* Mühle *f*; **~ для пе́рца** Pfeffermühle *f*; **ветряна́я ~** Windmühle *f*; **лить во́ду ня чью-ли́бо ме́льицу** (*fig*) Wasser auf jds Mühlen gießen; **борьба́ с ветряны́ми ме́льицами** (*fig*) der Kampf mit den Windmühlen
мембра́на *f A* Membran *f*
мемориа́л *m K* (*кому́-ли́бо*) Mahnmal *nt* (für +*akk*)
мемориа́льный *adj* Gedenk-; **~ музе́й** Gedenkstätte *f*
мему́ары ⟨*gen pl*: -ов⟩ *pl K* (*воспомина́ния*) Memoiren *pl*, Lebenserinnerungen *pl*
ме́неджер *m K* Manager *m*
ме́неджме́ент *m K* Management *nt*
ме́нее *adv* weniger; **~всего́** am wenigsten; **не ~** mindestens; **тем не ~** nichtsdestoweniger, trotzdem; **~ чем за год** in weniger als einem Jahr
мензу́рка *f A* Meßbecher *m*
менинги́т *m K* Hirnhautentzündung *f*
мени́ск *m K* Meniskus *m*
менструа́ция *f A2* Menstruation *f*
менталите́т *m K* Mentalität *f*
менто́л *m K* Menthol *nt*
ме́ньше *adv* kleiner, darunter
ме́ньший *adj komp* mindere(r,s); **по ме́ньшей ме́ре** mindestens; **из двух зол выбира́ть ме́ньшее** das kleinere von zwei Übeln wählen
меньшинство́ *nt O* Minderheit *f*
меню́ *nt indekl* **1.** Speisekarte *f*; **2.** Menue *nt*
меня́ ⟨*gen/akk von*: я⟩ *pron pers* **1.** meiner; **2.** mich
меня́ть *vt E impf* (*pf:* по-) **1.** tauschen, wechseln; **2.** auswechseln, ändern; **~ мне́ние** seine Meinung ändern; **~ окра́ску** sich verfärben; **~ профе́ссию** den Beruf wechseln
меня́ться *vr E impf* (*pf:* по-) **1.** sich verändern, sich wandeln; **2.** tauschen, austauschen
ме́ра *f A* **1.** Maß *nt*; **~ пло́щади** Flächenmaß *nt* **2.** (*fig*) Maß *nt*; **~ отве́тственности** Maß an Verantwortung; **в значи́тельной ме́ре** in hohem Maße, weitgehend; **в по́лной ме́ре** vollständig, in vollem Umfang; **в тако́й же ме́ре** ebenso; **отсу́тствие чу́вства ме́ры** Maßlosigkeit *f*; **соблюда́ть** [*o* **знать**]**ме́ру** maßhalten **3.** (*шаг*) Maßnahme *f*, Schritt *m*; **ме́ры безопа́сности** Sicherheitsvorkehrungen *pl*; **вре́менная ~** temporäre Maßnahme *f*
ме́рзкий ⟨*kf*: -зок, -зка́, -зко⟩ *adj* schmählich
мёрзнуть ⟨*prät*: мёрз, мёрзла⟩ *vi E1 impf* (*pf:* за-) frösteln, frieren
ме́рзость *f I* Scheußlichkeit *f*
ме́рка *f A* **1.** Maß *nt*, Meßlatte *f*; **2.** (*fig*) Maßstab *m*, Kriterium *nt*; **по сего́дняшним ме́ркам** nach heutigen Maßstäben; **по на́шим ме́ркам** für unsere Verhältnisse; **по челове́ческим ме́ркам** nach menschlichem Ermessen
мероприя́тие *nt O2* **1.** Maßnahme *f*, Schritt *m*; **2.** Veranstaltung *f*; **ма́ссовое ~** Großveranstaltung *f*; **мероприя́тия по созда́нию рабо́чих мест** ABM, Arbeitbeschaffungsmaßnahmen *f pl*
мертвечи́на *f A* Aas *nt*
мёртвый ⟨*kf*: мёртв, мертва́, мёртво⟩ *adj* tot; **сдви́нуть с мёртвой то́чки** den toten Punkt überwinden
мерца́ть ⟨*nur 3. pers*: -ца́ет⟩ *vi E impf* **1.** blinken, flimmern; **2.** (*огонёк*) flackern, glimmen
меси́ть ⟨*präs*: мешу́, ме́сишь⟩ *vt I impf* (*pf:* с-) (*те́сто*) rühren
ме́сса *f A* (*REL*) Messe *f*
месте́чко *nt O* **1.** Ortschaft *f*, **2.** Plätzchen *nt*
мести́ ⟨*präs*: мету́, метёшь, *prät*: мёл, мела́⟩ *vi E6 impf* (*pf:* под-) fegen, kehren
ме́стность *f I* Gegend *f*
ме́стный *adj* einheimisch, hiesig;

ме́стное вре́мя Ortszeit *f*; **~ жи́тель** Einheimische(r) *mf*; **ме́стная сеть** Ortsnetz *nt*; **~ телефо́нный разгово́р** Ortsgespräch *nt*

ме́сто *nt O ple* **1.** Ort *m*; **2.** Platz *m*, Stelle *f*; **3.** (*в парла́менте*) Parlamentssitz *m*, Mandat *nt*; **~ встре́чи** Treffpunkt *m*; **~ второ́го води́теля** Beifahrersitz *m*; **~ для ночле́га** Schlafgelegenheit *f*; **~ для прогу́лок** Promenade *f*; **~ заключе́ния** Haftanstalt *f*; **~ наро́дных гуля́ний** Rummelplatz *m*; **~ обраще́ния** (*для бе́женцев*) Anlaufstelle *f*; **~ пребыва́ния** Aufenthaltsort *m*; **~ преступле́ния** Tatort *m*; **~ проведе́ния** Austragungsort *m*; **~ происше́ствия** Unfallstelle *f*; **~ рабо́ты** Arbeitsstätte *f*; **~ рожде́ния** Geburtsort *m*; **~ у окна́** Fensterplatz *m*; **почётное ~** Ehrenplatz *m*; **рабо́чее ~** Arbeitsplatz *m*; **сидя́чее ~** Sitzplatz *m*; **стоя́чее ~** Stehplatz *m*; **в друго́м ме́сте** anderweitig, an anderer Stelle; **в надёжном ме́сте** an einem sicheren Ort; **в ну́жном ме́сте** (*umg*) am richtigen Ort, an richtiger Stelle; **на места́х** vor Ort; **заня́ть второ́е ~** an zweiter Stelle rangieren; **найти́ своё ~ в жи́зни** sich im Leben zurechtfinden; **оста́ться без ме́ста** seine Arbeit verlieren; **зал на 2000 мест** ein Saal, in dem 2000 Besucher Platz finden; **расста́вить всё по свои́м места́м** alles zurechtrücken, alles wieder ins Lot bringen; **я не хоте́л бы оказа́ться на его́ ме́сте** ich möchte nicht mit ihm tauschen

местожи́тельство *nt O* **1.** Wohnort *m*; **2.** Wohnsitz *m*

местоиме́ние *nt O2* Pronomen *nt*; **возвра́тное ~** Reflexivpronomen *nt*; **вопроси́тельное ~** Interrogativpronomen *nt*; **ли́чное ~** Personalpronomen *nt*; **относи́тельное ~** Relativpronomen *nt*; **притяжа́тельное ~** Possessivpronomen *nt*; **указа́тельное ~** Demonstrativpronomen *nt*

местонахожде́ние *nt O2* (*местоположе́ние*) Standort *m*, Sitz *m*

местопребыва́ние *nt O2* **1.** Aufenthalt *m*; **2.** Aufenthaltsort *m*

месторожде́ние *nt O2* (*BERGB*) Lager *nt*, Vorkommen *nt*

месть *f I* Rache *f*; **кро́вная ~** Blutrache *f*

ме́сяц *m K* **1.** Monat *m*; **2.** Mond *m*

ме́сячный ⟨*kf*: -чен, -чна⟩ *adj* monatlich; **~ окла́д** [*o* **ме́сячное жа́лованье**] Monatsgehalt *nt*

мета́лл *m K* Metall *nt*; **благоро́дный ~** Edelmetall *nt*

металли́ческий *adj* metallen, Metall-

металлурги́ческий *adj* Metall-; **металлурги́ческая промы́шленность** Metallindustrie *f*

мета́н *m K* Methangas *nt*

мета́ть ⟨*präs*: мечу́, ме́чешь⟩ *vt E4 impf* (*pf*: с-) schleudern; **~ би́сер пе́ред сви́ньями** (*fig*) Perlen vor die Säue werfen; **~ гро́мы и мо́лнии** (*fig*) Gift und Galle spucken; **~ икру́** (*ZOOL*) laichen

мета́фора *f A* Metapher *f*

мете́ль *f I* Schneegestöber *nt*, Schneesturm *m*

метео́р *m K* Meteor *m*

метеоро́лог *m K* Meteorologe *m*

метеорологи́ческий *adj* meteorologisch; **метеорологи́ческая ка́рта** Wetterkarte *f*

метеороло́гия *f A2* Meteorologie *f*

метеосво́дка *akr von* метеорологи́ческая сво́дка *f* Wetterbericht *m*

метеослу́жба *akr von* метеорологи́ческая слу́жба *f* Wetterdienst *m*

метеочувстви́тельный *adj* wetterfühlig

мети́с *m K* Mischling *m*

ме́тить ⟨*präs*: ме́чу, ме́тишь⟩ *vi I impf* (*pf*: на-, по-) **1.** markieren; **2.** (*в кого́-ли́бо/что-ли́бо*) aus sein, es abgesehen haben (auf *+akk*); **он ме́тит в президе́нта** er möchte gerne Präsident werden

ме́титься ⟨*präs*: ме́чусь, ме́тишься⟩ *vr I impf* (*pf*: на-) (*в кого́-ли́бо/что-ли́бо*) zielen, abzielen (auf *+akk*)

ме́тка *f A* **1.** Kerbe *f*; **2.** Markierung *f*

ме́ткий ⟨*kf*: -ток, -тка́, -тко⟩ *adj* **1.** treffsicher; **2.** (*fig*) treffend; **ме́ткое сравне́ние** treffender Vergleich *m*

метла́ ⟨*pl*: мётлы, мётел⟩ *f A pls* Besen *m*; **но́вая ~ по но́вому метёт** neue Besen kehren gut

ме́тод *m K* **1.** Methode *f*; **2.** (*техноло́гия*) Verfahren *nt*

мето́дика *f A* Methodik *f*; **~ расчётов** Rechenverfahren *nt*

методи́ст *m K* Methodiker *m*; **~ по лече́бной гимна́стике** Krankengymnast, -in *m/f*

методи́ческий *adj* methodisch, systematisch

метр *m K* **1.** Meter *m*; **2.** Metermaß *nt*; **складно́й ~** Zollstock *m*

метро́ *abk von* метрополите́н *nt* U-Bahn *f*

метропо́лия *f A2* Metropole *f*

мех *m K* **1.** (*кузне́чный*) Blasebalg *m*; **2.** (*у живо́тных*) Pelz *m*

механи́зм *m K* **1.** Mechanismus *m*; **2.**

Maschine *f*, Gerät *nt*; **3.** Verfahren *nt*, Verfahrensweise *f*
меха́ник *m K* Mechaniker, -in *m/f*
меха́ника *f A* Mechanik *f*
механи́ческий *adj* **1.** mechanisch; **2.** gedankenlos
мехово́й *adj* Pelz-; **мехова́я шу́ба** Pelzmantel *m*
мецена́т *m K* Mäzen *m*
мецена́тство *nt O* Mäzenatentum *nt*
меч *m K* Schwert *nt*; **над ним занесён Дамо́клов ~** (*fig*) über ihm schwebt das Schwert des Damokles
мече́ть *f I* Moschee *f*
мечта́ *f A* **1.** Traum *m*; **2.** Wunschtraum *m*; **голуба́я ~** sehnlichster Wunsch *m*; **несбы́точная ~** unerfüllbarer Traum *m*; **несбы́вшаяся ~** unerfüllter Traum *m*
мечта́ния *nt pl O2* Träumerei *f*
мечта́тель *m K1* Träumer, -in *m/f*
мечта́тельный ⟨*kf*: -лен, -льна⟩ *adj* schwärmerisch, träumerisch
мечта́ть *vi E impf* (*о ком-ли́бо/чём-ли́бо*) träumen, schwärmen (von *+dat*)
меша́лка *f A* **1.** Mischer *m*, Mischanlage *f*; **2.** Quirl *m*
меша́ть *vt E impf* (*pf:* по-, с-) **I. 1.** umrühren; **2.** mischen; **II.** *v + dat E impf* (*pf:* по-) **1.** stören, behelligen; **2.** behindern; **~ кому́-ли́бо рабо́тать** jdn bei der Arbeit stören; **э́то не помеша́ет** es wäre begrüßenswert
мешо́к ⟨*gen sg*: -шка́⟩ *m K e* **1.** Sack *m*; **2.** Beutel *m*; **спа́льный ~** Schlafsack *m*
мещани́н ⟨*nom pl*: -а́не⟩ *m U2 pls* **1.** Kleinbürger *m*; **2.** Spießbürger *m*
мига́лка *f A* (*umg*) Lichthupe *f*
мига́ть *vi E impf* (*pf:* мигну́ть) **1.** (*о ла́мпе*) flackern; **2.** (*о све́те*) flimmern; **3.** (*о маяке́*) blinken; **4.** (*о челове́ке*) blinzeln
мига́ющий *adj* flimmernd, blinkend; **~ свет** Blinklicht *nt*
мигра́нт *m K* **1.** Wanderer *m*; **2.** Pendler *m*
миграцио́нный *adj* Migranten-; **~ пото́к** Zuwandererstrom *m*
мигре́нь *m K1* (*arch*) Migräne *f*
МИД *abk von* Министе́рство Иностра́нных Де́л *nt* Auswärtiges Amt *nt*
ми́зерный ⟨*kf*: -рен, -рна⟩ *adj* **1.** klein, unbedeutend; **2.** armselig, läppisch
микроавто́бус *m K* Kleinbus *m*
микро́б *m K* Mikrobe *f*
микроволно́вый *adj* Mikrowellen-; **микроволно́вая печь** Mikrowellenherd *m*
микрокалькуля́тор *m K* Kleinrechner *m*
микрорайо́н *m K* Wohngebiet *nt*, Wohnbezirk *m*
микроско́п *m K* Mikroskop *nt*; **электро́нный ~** Elektronenmikroskop *nt*
микрофо́н *m K* Mikrophon *nt*
микроэлектро́ника *f A* Mikroelektronik *f*
ми́ксер *m K* Mixer *m*, Mixgerät *nt*
миксту́ра *f A* Mixtur *f*
милитари́зм *m K* Militarismus *m*
милитари́стский *adj* militaristisch
миллиа́рд *m K* Milliarde *f*
миллиарде́р *m K* Milliardär *m*
миллиа́рдный *adj* Milliarden-; **миллиа́рдные за́ймы** Kredite *m pl* in Milliardenhöhe; **~ зака́з** Milliardenauftrag *m*; **~ посети́тель** milliardster Besucher *m*
миллигра́мм *m K* Milligramm *nt*
миллиме́тр *m K* Millimeter *m*
миллио́н *m K* Million *f*
миллионе́р *m K* Millionär *m*
миллио́нный *adj* Millionen-
милови́дный ⟨*kf*: -ден, -дна⟩ *adj* **1.** lieblich; **2.** niedlich
милосе́рдие *nt O2* **1.** Barmherzigkeit *f*; **2.** Herzensgüte *f*
милосе́рдный ⟨*kf*: -ден, -дна⟩ *adj* barmherzig
ми́лостивый ⟨*kf*: -ив⟩ *adj* gnädig
ми́лостыня *f A1* Almosen *nt*; **проси́ть ми́лостыню** betteln
ми́лость *f I* Gnade *f*; **~ бого́в** Charisma *nt*; **Ва́ша ми́лость!** (*alte Anrede*) Eure Herrlichkeit
ми́лый ⟨*kf*: мил, мила́, ми́ло⟩ *adj* **1.** lieb; **2.** nett
ми́ля *f A1* Meile *f*; **морска́я ~** Seemeile *f*
ми́мика *f A* Mimik *f*
ми́мо *adv* vorbei; **проходи́ть ~** vorbeigehen
мимо́за *f A* (*auch fig*) Mimose *f*
мимохо́дом *adv* **1.** beiläufig; **2.** nebenher
ми́на *f A* **1.** (*MIL*) Mine *f*; **~ заме́дленного де́йствия** Zeitbombe *f* **2.** (*выраже́ние лица́*) Miene *f*, Gesichtsausdruck *m*; **де́лать хоро́шую ми́ну при плохо́й игре́** (*fig*) gute Miene zum bösen Spiel machen
минаре́т *m K* Minarett *nt*
минда́ль *m K1* (*BOT*) Mandel *f*
минда́льный *adj* Mandel-; **минда́льное пиро́жное** Makrone *f*
минера́л *m K* Mineral *nt*
минера́льный *adj* Mineral-; **минера́льная вода́** Mineralwasser *nt*
миниатю́ра *f A* Miniatur *f*
минигру́ппа *f A* Kleingruppe *f*
минима́льный ⟨*kf*: -лен, -льна⟩ *adj* minimal, Mindest-
ми́нимум *m K* **1.** Minimum *nt*; **2.** Min-

destmaß *nt*; **прожи́точный ~** Existenzminimum *nt*; **как ~** mindestens

министе́рство *nt O* Ministerium *nt*; **~ здравоохране́ния** Gesundheitsministerium *nt*; **~ иностра́нных дел** Auswärtiges Amt *nt*; **~ по дела́м ку́льтов** Kultusministerium *nt*; **силовы́е министе́рства** Innen-, Verteidigungs- und Sicherheitsministerium *nt*

мини́стр *m K* Minister, -in *m/f*; **~ без портфе́ля** Minister *m* ohne Geschäftsbereich; **~ иностра́нных дел** Außenminister *m*; **~ фина́нсов** Finanzminister *m*; **федера́льный ~** Bundesminister *m*

минию́бка *f A* Minirock *m*

мино́р *m K* **1.** (*MUS*) Moll *nt*; **2.** (*fig*) niedergedrückte Stimmung *f*; **сего́дня он в ~е** er ist heute sehr niedergeschlagen

мину́вший *adj* **1.** (*проше́дший*) vergangen, verflossen; **2.** (*про́шлый*) vorig; **на мину́вшей неде́ле** in der vorigen Woche

ми́нус *m K* **I. 1.** (*MATH*) Minuszeichen *nt*; **2.** (*fig*) Mangel *m*, Unzulänglichkeit *f*; **оказа́ться в ~е** in die roten Zahlen geraten; **II.** *part* (*MATH*) minus; **де́сять ~ три бу́дет семь** zehn minus drei ist sieben

мину́та *f A* Minute *f*; **~ молча́ния** Gedenkminute *f*

мину́тный *adj* Minuten-; **мину́тная стре́лка** Minutenzeiger *m*

мир *m K* **1.** Frieden *m*; **борьба́ за ~** Kampf *m* um den Frieden **2.** Welt *f*; **в совреме́нном ~е** in der Welt von heute

мири́ться *vr I impf* (*pf*: по-, при-) **1.** (*с кем-ли́бо*) sich aussöhnen (mit *+dat*); **2.** hinnehmen, akzeptieren; **3.** (*с чем-ли́бо*) etw in Kauf nehmen, sich abfinden (mit *+dat*); **~ с го́рькой необходи́мостью** (*fig*) in den sauren Apfel beißen

миркопроце́ссор *m K* Mikroprozessor *m*

ми́рный ⟨*kf*: -рен, -рна⟩ *adj* friedlich; **~ догово́р** Friedensvertrag *m*; **ми́рные перегово́ры** Friedensverhandlungen *f pl*; **в ми́рное вре́мя** in Friedenszeiten; **ми́рным путём** auf friedliche Art und Weise, friedlich

мировоззре́ние *nt O2* Gesinnung *f*, Weltanschauung *f*

мирово́й *adj* **1.** Friedens-; **2.** Welt-; **мирова́я война́** Weltkrieg *m*; **мирова́я обще́ственность** Weltöffentlichkeit *f*; **~ ры́нок** Weltmarkt *m*; **~ реко́рд** Weltrekord *m*; **но́вый ~ поря́док** neue Weltordnung *f*; **мирова́я скорбь** (*LIT*) Weltschmerz *m*; **учёный с мировы́м и́менем** weltbekannte(r) Gelehrte(r) *m*; **фи́рма с мировы́м и́менем** Weltunternehmen *nt*

миролюби́вый ⟨*kf*: -и́в⟩ *adj* friedliebend, friedfertig

миротво́рческий *adj* friedensfördernd, friedensstiftend; **миротво́рческие си́лы ООН** Friedenstruppen *f pl* der UNO

ми́ска *f A* **1.** Schüssel *f*; **2.** Napf *m*

миссионе́р, -ша *m K / f A* Missionar, -in *m/f*

ми́ссия *f A2* **1.** Mission *f*, Gesandtschaft *f*; **2.** Mission *f*, Auftrag *m*; **на э́том моя́ ~ зако́нчена** damit habe ich meine Pflicht getan

ми́стик *m K* Mystiker, -in *m/f*

ми́стика *f A* Mystik *f*

мистифика́ция *f A2* Täuschung *f*, Betrug *m*

ми́тинг *m K* Kundgebung *f*, Meeting *nt*

миф *m K* **1.** Mythos *m*, Legende *f*; **2.** Märchen *nt*, Erfindung *f*

мифоло́гия *f A2* Mythologie *f*

мише́нь *f I* **1.** Zielscheibe *f*; **2.** (*в ти́ре*) Schießbudenfigur *f*; **сде́лать кого́-ли́бо ~ю для насме́шек** jdn zur Zielscheibe des Spottes machen

мишура́ *f A e* Firlefanz *m*, Tand *m*

младе́нец ⟨*gen sg*: -нца⟩ *m K* Baby *nt*, Säugling *m*; **~ Христо́с** Christkind *nt*; **уста́ми младе́нца глаго́лит и́стина** Kindermund tut Wahrheit kund

мла́дший *adj komp* jüngere(r, s); **~ брат** kleiner Bruder *m*

млекопита́ющий *m wie adj* Säugetier *nt*

мле́чный *adj* Milch-; **Мле́чный Путь** Milchstraße *f*

мм *abk von* миллиме́тр *m* Millimeter *m*

мне ⟨*dat/präpos von*: я⟩ *pron pers* **1.** mir; **2.** von mir , über mich

мне́ние *nt O2* Meinung *f*, Auffassung *f*; **бытýющее** [*o* **расхо́жее**]**~** gängige Meinung *f*; **обще́ственное ~** öffentliche Meinung *f*; **по моему́ мне́нию** meiner Meinung nach; **выска́зывать своё ~** seine Meinung zum Ausdruck bringen; **остава́ться при своём мне́нии** auf seiner Meinung beharren; **приде́рживаться мне́ния** einen Standpunkt vertreten; **прийти́ к мне́нию** zu der Auffassung gelangen; **прислу́шиваться к чьему́-ли́бо мне́нию** auf jds Meinung Wert legen; **сходи́ться во мне́ниях с кем-ли́бо** mit jdm übereinstimmen (in *+dat*); **на́ши мне́ния расхо́дятся** unsere Meinungen differieren

мни́мый ⟨*kf*: мним⟩ *adj* **1.** eingebildet; **2.** scheinbar, vermeintlich

мни́тельность *f I* Argwohn *m*

мни́тельный ⟨*kf*: -лен, -льна⟩ *adj* arg-

wöhnisch, mißtrauisch
мно́гий *adj* viel; **мно́гие го́ды** seit Jahren; **во мно́гих отноше́ниях** in vielerlei Hinsicht
мно́го *adv* viel; **с тех пор ~ воды́ утекло́** seitdem ist viel Wasser den Bach hinuntergeflossen
мно́го- *präfix* viel-, mehr-
многоголо́сый *adj* (*MUS*) mehrstimmig
многогра́нный *adj* vielseitig
многоде́тный *adj* kinderreich
многозначи́тельный ⟨*kf*: -лен, -льна⟩ *adj* bedeutungsvoll, vielsagend
многозна́чность *f I* **1.** Mehrdeutigkeit *f*; **2.** Ambiguität *f*
многозна́чный ⟨*kf*: -чен, -чна⟩ *adj* mehrdeutig
многокра́тный ⟨*kf*: -тен, -тна⟩ *adj* **1.** vielfach; **2.** wiederholt; **многокра́тная ви́за** Dauervisum *nt*
многоле́тний *adj* langjährig, mehrjährig
многолю́дный *adj* belebt; **~ пло́щадь** belebter Platz *m*
многонациона́льный *adj* multinational; **многонациона́льное госуда́рство** Vielvölkerstaat *m*
многоно́жка *f A* Tausendfüßler *m*
многообеща́ющий *adj* vielversprechend
многообра́зие *nt O2* Vielfalt *f*, Mannigfaltigkeit *f*
многообра́зный ⟨*kf*: -зен, -зна⟩ *adj* vielfältig, mannigfaltig
многосторо́нний ⟨*kf*: -о́нен, -о́ння⟩ *adj* multilateral
многочи́сленный ⟨*kf*: -лен, -ленна⟩ *adj* zahlreich
мно́жество *nt O* **1.** (*MATH*) Menge *f*, **2.** Menge *f*, Vielzahl *f*; **~ стоя́щих пробле́м** Fülle *f* anstehender Probleme; **во мно́жестве** en masse
мобилизова́ть *vt E2 pf* (*impf*: мобилизо́вывать) mobilisieren; **~ все си́лы** alles aufbieten
моби́ль *m K1* **1.** Wohnmobil *nt*; **2.** Wohnwagen *m*
моби́льность *f I* Mobilität *f*, Beweglichkeit *f*
моби́льный ⟨*kf*: -лен, -льна⟩ *adj* mobil, beweglich
моги́ла *f A* Grab *nt*
моги́льщик *m K* Totengräber *m*
могу́чий ⟨*kf*: -у́ч⟩ *adj* gewaltig, mächtig
могу́щественный ⟨*kf*: -вен, -венна⟩ *adj* mächtig
могу́щество *nt O* Macht *f*
мо́да *f A* Mode *f*; **мужска́я ~** Herrenmode *f*; **входи́ть в мо́ду** in Mode kommen; **вы́йти из мо́ды** aus der Mode kommen; **следя́щий за мо́дой** [*o* **одева́ющийся по мо́де**] modebewußt
мода́льный *adj* Modal-; **~ глаго́л** Modalverb *nt*
моде́ль *f I* Model *nt*
моде́м *m K* Modem *nt*
модернизи́ровать *vt E2 impf/pf* modernisieren
модифика́ция *f A2* **1.** Abart *f*; **2.** Abänderung *f*, Modifizierung *f*
модифици́ровать *vt E2 impf/pf* modifizieren
мо́дный ⟨*kf*: -ден, -дна⟩ *adj* **1.** modisch; **2.** modebewußt; **3.** (*популя́рный*) beliebt; **4.** weit verbreitet; **мо́дная пье́са** Schlager *m*; **мо́дные украше́ния** Modeschmuck *m*
мо́жет быть *adv* vielleicht; **не ~** das ist unmöglich
мо́жно *adj kurzf* man kann, man darf; **~ войти́?** darf ich hereinkommen? **как ~ скоре́е** so schnell wie möglich
моза́ика *f A* Mosaik *nt*
мозг *m K e* **1.** Gehirn *nt*; **2.** (*ко́стный*) Mark *nt*; **спинно́й ~** Rückenmark *nt*; **раски́нуть ~а́ми** (*umg*) sein Köpfchen anstrengen
мозжечо́к ⟨*gen sg*: -чка⟩ *m K* Kleinhirn *nt*
мозо́ль *f I* **1.** (*на рука́х*) Schwiele *f*; **2.** (*на нога́х*) Hühnerauge *nt*
мой, **моё, моя́** ⟨*gen sg*: моего́, мое́й, моего́⟩ *pron poss* mein
мо́крый ⟨*kf*: мо́кр, мокра́, мо́кро⟩ *adj* **1.** feucht; **2.** naß; **~ до ни́тки** klatschnaß
мол *m K* Mole *f*
Молда́вия *f A2* **1.** (*GEOG*) Moldau *f*; **2.** (*POL*) Moldawien *nt*
молда́вский *adj* moldauisch
Молдо́ва *f A* Moldawien *nt*
моле́кула *f A* Molekül *nt*
моли́тва *f A* Gebet *nt*; **чита́ть моли́тву** ein Gebet sprechen
моли́ть ⟨*präs*: молю́, мо́лишь⟩ *vt I impf* flehen, anflehen
моли́ться ⟨*präs*: молю́сь, мо́лишься⟩ *vr I impf* beten; **~ Бо́гу** zu Gott beten
мо́лния *f A2* **1.** Blitz *m*; **2.** Reißverschluß *m*
молодёжь *f I* **1.** Jugend *f*; **2.** junge Leute *pl*; **3.** Nachwuchs *m*
молоде́ц ⟨*gen sg*: -дца́⟩ *m K e* **1.** Prachtkerl *m*; **2.** Prachtmädel *nt*
молодо́й ⟨*kf*: мо́лод, молода́, мо́лодо⟩ *adj* jung
мо́лодость *f I* Jugend *f*
молодцева́тость *f I* (*umg*) Schneid *m*
молодцева́тый ⟨*kf*: -а́т⟩ *adj* forsch, schneidig, zackig

молокó *nt O e* Milch *f*; **бáночное ~** Dosenmilch *f*; **цéльное ~** Vollmilch *f*; **сухóе ~** Milchpulver *nt*; **у негó ещё ~ на гýбах не обсóхло** er ist noch nicht trocken hinter den Ohren
мóлот *m K* Hammer *m*; **серп и ~** Hammer und Sichel
молотúть ⟨*präs*: -очý, -óтишь⟩ *vi I impf* **1.** dreschen; **2.** hämmern
молóть ⟨*präs*: мелю, мéлешь⟩ *vt UE5 impf* (*pf:* с-) mahlen
молóчный *adj* Milch-; **молóчная бутылка** Milchflasche *f*; **~ зуб** Milchzahn *m*; **молóчная фéрма** Molkerei *f*
молчалúвость *f I* Schweigsamkeit *f*
молчалúвый ⟨*kf*: -úв⟩ *adj* schweigsam
молчáние *nt O2* **1.** Schweigen *nt*; **2.** Verschwiegenheit *f*
молчáть *vi I impf* schweigen
моль *f I* Motte *f*; **срéдство от мóли** Mottenkugeln *f pl*
мольбéрт *m K* Staffelei *f*
момéнт *m K* **1.** Moment *m*, Augenblick *m*; **2.** Zeitpunkt *m*
моментáльный *adj* Momentan-, Sofort-; **моментáльное фóто** Momentaufnahme *f*; **~ фотоаппарáт** Sofortbildkamera *f*
Монáко *nt indekl* Monaco *nt*
монáрх *m K* Monarch *m*
монáрхия *f A2* Monarchie *f*
монастырский *adj* klösterlich, Kloster-
монастырь *m K1 e* Kloster *nt*
монáх, монáхиня *m K / f A1* **1.** Mönch *m*; **2.** Nonne *f*
монголóидный *adj* mongoloid
монéта *f A* Münze *f*, Geldstück *nt*; **~ в однý мáрку** Einmarkstück *nt*
монитóр *m K* Monitor *m*, Bildschirm *m*
монитóринг *m K* Monitoring *nt*, Überwachung *f*; **~ окружáющей среды** Umweltüberwachung *f*
моногáмный *adj* monogam
монокультýра *f A* Monokultur *f*
монолóг *m K* Monolog *m*, Selbstgespräch *nt*
монопóлия *f A2* Monopol *nt*; **ликвидúровать** [*o* **разрýшить**]**монопóлиию** das Monopol brechen
монотóнность *f I* Eintönigkeit *f*, Monotonie *f*
монотóнный ⟨*kf*: -óнен, -óнна⟩ *adj* eintönig, monoton
монстр *m K* Monster *nt*, Ungeheuer *nt*
монтáж *m K* Einbau *m*, Montage *f*
монтажёр *m K* Cutter, -in *m/f*
монтáжник, монтáжница *m K / f A* Monteur, -in *m/f*
монтёр *m K* Elektriker, -in *m/f*
монтúровать *vt E2 impf* (*pf:* с-) montieren, zusammenbauen
монумéнт *m K* Monument *nt*
монументáльный ⟨*kf*: -лен, -льна⟩ *adj* monumental; **монументáльная жúвопись** Monumentalgemälde *nt*
мопéд *m K* Moped *nt*
мопс *m K* Mops *m*
морáль *f I* Moral *f*
морáльный ⟨*kf*: -лен, -льна⟩ *adj* moralisch; **морáльная поддéржка** moralische Unterstützung *f*; **морáльное прáво** moralische Berechtigung *f*
морг *m K* Leichenhalle *f*
моргáние *nt O2* Augenzwinkern *nt*
моргáть *vi E impf* (*pf:* моргнýть) blinzeln; **не моргнýв глáзом** ohne mit der Wimper zu zucken
мóрда *f A* **1.** (*у живóтных*) Schnauze *f*, Maul *nt*; **2.** (*vulg*) Fresse *f*
мóре *nt O1 ple* Meer *nt*, See *f*; **~ огнéй** Lichtermeer *nt*; **внýтреннее ~** Binnenmeer *nt*; **рукотвóрное ~** Stausee *m*; **в открытом ~** auf hoher See
морéна *f A* Moräne *f*
мореплáвание *nt O2* Seefahrt *f*
морúлка *f A* Beize *f*
морúть *vt I impf* (*pf:* за-) **1.** vertilgen, vergiften; **2.** (*umg*) quälen , ausmergeln; **~ гóлодом** hungern lassen
моркóвь *f I* Möhre *f*
moróженое *nt wie adj* Speiseeis *nt*
морóз *m K* Frost *m*; **Дед Морóз** Väterchen Frost
морозúлка *f A* Gefrierfach *nt*
морозúльник *m K* Gefriertruhe *f*
морóзный ⟨*kf*: -зен, -зна⟩ *adj* frostig, eiskalt
моросúть ⟨*nur 3. pers*: -сúт⟩ *vi I impf* nieseln
морскóй *adj* Meeres-, See-; **~ путь** Seeweg *m*; **морскáя свúнка** (*ZOOL*) Meerschweinchen *nt*; **~ флот** Marine *f*; **страдáющий морскóй болéзнью** seekrank
морфéма *f A* Morphem *nt*
мóрфий *m K2* Morphium *nt*
морфолóгия *f A2* Morphologie *f*
морщúна *f A* Runzel *f*
морщúнистый ⟨*kf*: -ист⟩ *adj* runzelig, faltig
мóрщить *vt I impf* (*pf:* на-) runzeln; **~ лоб** die Stirn runzeln; **~ нос** die Nase rümpfen
морáк *m K e* **1.** Seemann *m*; **2.** Matrose *m*
Москвá *f A* **1.** (*Stadt*) Moskau *nt*; **~ не срáзу стрóилась** Rom wurde nicht an einem Tag erbaut **2.** (*Fluß*) Moskwa *f*
москвúч, москвúчка *m K / f A* Moskauer, -in *m/f*, Moskowiter, -in *m/f*
москúт *m K* Mosquito *nt*

моско́вский *adj* Moskauer
мост *m K ple* **1.** Brücke *f*; **вися́чий ~** Hängebrücke *f*; **возду́шный ~** Luftbrükke *f*; **сжига́ть все ~ы́** alle Brücken hinter sich abbrechen **2.** (*KFZ*) Achse *f*; **пере́дний ~** Vorderachse *f*
мо́стик *m K* **1.** Steg *m*; **2.** kleine Brücke *f*
мостки́ ⟨*gen. pl*: -ко́в⟩ *m pl K e* **1.** Steg *m*, Holzweg *m*; **2.** Laufsteg *m*
мота́ть *v + dat E impf* (*pf:* на-, по-, у-) (не́рвы) ärgern, auf die Nerven fallen [*o* gehen]; **~ себе́ не́рвы** (*umg*) sich herumärgern (mit *+dat*)
моте́ль *m K1* Motel *nt*
мотива́ция *f A2* Motivation *f*, Anregung *f*
мотиви́ровать *vt E2 impf/pf* motivieren, anregen
мотивиро́вка *f A* **1.** Motivierung *f*; **2.** Begründung *f*
моти́в *m K* **1.** Motiv *nt*, Anreiz *m*; **2.** Motiv *nt*, Sujet *nt*; **~ фотогра́фии** Bildmotiv *nt*
мотокро́сс *m K* Moto-Cross *nt*
мото́р *m K* Motor *m*; **подвесно́й ло́дочный ~** Außenbordmotor *m*
мото́рный *adj* Motor-; **мото́рная ло́дка** Motorboot *nt*
мото, ро́ллер *m K* Motorroller *m*
мотоспо́рт *m K* Motorsport *m*
мотоци́кл *m K* Motorrad *nt*
мотоцикли́ст *m K* Motorradfahrer, -in *m/f*
моты́га *f A* Hacke *f*
мотылёк ⟨*gen sg*: -лька́⟩ *m K e* **1.** Falter *m*; **2.** Schmetterling *m*
мох ⟨*gen sg*: мха⟩ *m K* Moos *nt*
мохна́тый ⟨*kf*: -а́т⟩ *adj* **1.** zottig; **2.** struppig; **3.** (*о тка́ни*) flauschig
моча́ *f A e* **1.** Harn *m*; **2.** Urin *m*
мочево́й *adj* Harn-; **~ пузы́рь** Harnblase *f*
мочи́ть ⟨*präs*: мочу́, мо́чишь⟩ *vt I impf* (*pf:* за-, на-) anfeuchten, befeuchten
мочи́ться ⟨*präs*: мочу́сь, мо́чишься⟩ *vr I impf* (*pf:* по-) urinieren, Harn lassen
мо́чка ⟨*gen pl*: -чек⟩ *f A* Ohrläppchen *nt*
мочь ⟨*präs*: могу́, мо́жешь⟩ *vi UE4 impf* (*pf:* с-) **I. 1.** dürfen; **2.** können; **II.** *f I* Kraft *f*; **что есть мо́чи крича́ть** aus vollem Halse schreien
моше́нник *m K* Gauner *m*, Schlitzohr *nt*
моше́нничать *vi E impf* (*pf:* с-) mogeln
моше́нничество *nt O* Gaunerei *f*
мо́шка *f A* Schnake *f*
мошо́нка *f A* Hoden *m*
мо́щность *f I* Leistung *f*
мо́щный ⟨*kf*: -щен, -щна́, -щно⟩ *adj* **1.** mächtig; **2.** gewaltig
мощь *f I* **1.** Macht *f*; **2.** Stärke *f*
МП *abk von* ма́лое предприя́тие *nt* Kleinbetrieb *m*
мрак *m K* Finsternis *f*
мра́мор *m K* Marmor *m*
мрачне́ть *vi E impf* (*pf:* по-) sich bewölken, sich verfinstern
мра́чный ⟨*kf*: -чен, -чна́, -чно⟩ *adj* düster, finster; **~ ю́мор** schwarzer Humor *m*
мсти́тельный ⟨*kf*: -лен, -льна⟩ *adj* rachsüchtig
муж *m K* Ehemann *m*, Gatte *m*
мужчи́на *m A* Mann *m*
музе́й *m K2* Museum *nt*
му́зыка *f A* Musik *f*
му́мия *f A2* Mumie *f*
мунди́р *m K* Uniform *f*
мундшту́к *m K* Mundstück *nt*
мураве́й ⟨*gen sg*: -вья́⟩ *m K2 e* Ameise *f*
мура́шки ⟨*gen pl*: -шек⟩ *f pl A* Gänsehaut *f*
мус *m K* Mus *nt*; **я́блочный ~** Apfelmus *nt*
муска́т *m K* Muskat *nt*
му́скул *m K* Muskel *m*
мускулату́ра *f A* Muskulatur *f*
мускули́стый *adj* muskulös, kräftig
му́сор *m K* **1.** Müll *m*; **2.** (*строи́тельный*) Bauschutt *m*; **3.** Kehricht *m*; **4.** (*umg*) Milizionär *m*
му́сорный *adj* Müll-; **му́сорное ведро́** Mülleimer *m*; **му́сорная сва́лка** Mülldeponie *f*
мусорово́з *m K* Müllabfuhr *f*
мусоропрово́д *m K* Müllschlucker *m*
мусоросжига́тельный *adj*: **мусоросжига́тельная устано́вка** Müllverbrennungsanlage *f*
му́сорщик *m K* Müllmann *m*
муссо́н *m K* Monsun *m*
мусульма́нин ⟨ *nom pl*: -а́не⟩ *m U2* Moslem *m*
мусульма́нский *adj* moslemisch
мусульма́нство *nt O* Islam *m*
мута́ция *f A2* Mutation *f*
му́тный ⟨*kf*: -тен, -тна́, -тно⟩ *adj* trübe, matt; **лови́ть ры́бу му́тной воде́** (*fig*) imTrüben fischen
му́ха *f A* Mücke *f*; **де́лать из му́хи слона́** aus einer Mücke einen Elephanten machen
мухомо́р *m K* Fliegenpilz *m*
муче́ние *nt O2* Qual *f*, Pein *f*
му́ченик *m K* Märtyrer *m*
му́ченический *adj* Märtyrer-; **му́ченическая смерть** Märtyrertod *m*
мучи́тель *m K1* **1.** Peiniger *m*; **2.** Quälgeist *m*
мучи́тельный ⟨*kf*: -лен, -льна⟩ *adj* **1.** qualvoll; **2.** mühsam
му́чить *vt I impf* (*pf:* за-, из-) quälen, peinigen , plagen, schinden, foltern; **меня́**

мýчают угрызéния сóвести ich habe Gewissensbisse
мýчиться *vr I impf* (*pf:* за-, из-) **1.** leiden; **2.** sich quälen
мучни́стый ⟨*kf:* -и́ст⟩ *adj* mehlig
муштровáть *vt E2 impf* (*pf:* вы́-) (*MIL*) drillen
мчáться *vr I impf* rennen, rasen
мщéние *nt O2* Vergeltung *f*
мы ⟨*1. pers pl:* нас, нам, нас нами, о нас⟩ *pron pers* wir
мы́ло *nt O* Seife *f*; **жи́дкое ~** Schmierseife *f*
мы́льный *adj* seifig
мыс *m K* Kap *nt*, Vorgebirge *nt*
мы́сленный *adj* gedanklich, mental
мы́слимый ⟨*kf:* -им⟩ *adj* denkbar, erdenklich
мысли́тель *m K1* (*филóсоф*) Denker *m*
мысли́тельный *adj* geistig; **мысли́тельные спосóбности** Denkfähigkeit *f*
мы́слить *vi I impf* denken, vorstellen; **как ты себé э́то мы́слишь?** wie stellst du dir das vor?
мысль *f I* **1.** Gedanke *m*, Idee *f*; **внезáпная ~** Einfall *m*, Eingebung *f*; **читáть** [*o* **угáдывать**]**~** Gedanken lesen **2.** (*мышлéние, систéма взгля́дов*) Denken *nt*
мыть ⟨*präs:* мóю, мóешь⟩ *vt E8 impf* (*pf:* вы́-, по-) **1.** waschen; **2.** baden; **~ пол** den Fußboden aufwischen; **~ посýду** abwaschen, spülen
мы́ться ⟨*präs:* мóюсь, мóешься⟩ *vr E8 impf* sich waschen, baden
мычáние *nt O2* Gebrüll *nt*
мышелóвка *f A* Mausefalle *f*
мышлéние *nt O2* **1.** Denken *nt*; **нóвое ~** neues Denken; *nt* **2.** Denkweise *f*
мышь *f I* Maus *f*; **летýчая ~** Fledermaus *f*
мышья́к ⟨*gen sg:* -á, -ý⟩ *m K e* Arsen *nt*
мэр *m K* Bürgermeister *m*
мю́зикл *m K* Musical *nt*
Мю́нхен *m K* München *nt*
мя́гкий ⟨*kf:* -гок, -гкá, -гко⟩ *adj* weich, mild, zart, sanft; **~ знак** Weichheitszeichen *nt*; **мя́гкая обши́вка** (*у мéбели*) Polster *nt*
мя́гко *adv* milde; **~ говоря́** milde gesagt
мя́гкость *f I* Weichheit *f*, Milde *f*
мягкотéлый ⟨*kf:* -éл⟩ *adj* **1.** energielos; **2.** charakterlos, willensschwach; **он ~ человéк** er hat kein Rückgrat
мяки́на *f A* Spreu *f*; **его́ на мяки́не не проведёшь** man kann ihn nicht hinters Licht führen
мя́коть *f I* Fruchtfleisch *nt*
мясни́к *m K* Fleischer *m*, Metzger *m*
мяснóй *adj* Fleisch-; **мясна́я ла́вка** Fleischerei *f*, Metzgerei *f*
мя́со *nt O* Fleisch *nt*; **рýбленое ~** Hackfleisch *nt*
мясорýбка *f A* Fleischwolf *m*
мя́та *f A* Minze *f*; **пéречная ~** Pfefferminze *f*
мятéж *m K e* Meuterei *f*, Rebellion *f*, Revolte *f*, Aufruhr *m*
мятéжник *m K* Rebell *m*
мятéжный ⟨*kf:* -жен, -жна⟩ *adj* **1.** rebellisch; **2.** aufsässig
мя́тый *adj* **1.** faltig; **2.** zerknittert
мять ⟨*präs:* мну, мнёшь⟩ *vt E9b impf* **1.** quetschen; **2.** zerknittern, zerknüllen
мя́ться ⟨*nur 3. pers:* мнётся⟩ *vr E9b impf* (*o тка́ни*) knittern
мяýкать *vi E impf* (*pf:* про-) miauen
мяч *m K e* Ball *m*

Н

н, Н *nt indekl kyrillischer Buchstabe*
на *präp +präpos* **I. 1.** (*где?*) auf (*+dat*); **~ столé** auf dem Tisch; **~ ýлице** auf der Straße **2.** (*где*) an (*+dat*); **~ стенé** an der Wand; **3.** (*где?*) in, bei (*+dat*); **~ заво́де** in einer Fabrik; **~ фи́рме** bei einer Firma; **4.** (*где*) bei ; **~ конферéнции** bei der Konferenz; **~ э́той встрéче** bei diesem Treffen; **5.** (*на чём?*) auf , mit; **éхать ~ автóбусе** mit dem Bus fahren; **игрáть ~ скри́пке** Geige spielen; **катáться ~ велосипéде** Rad fahren **6.** (*кудá?*) auf, an , zu (*+dat*); **идти́ ~ рабóту** zur Arbeit gehen; **поéхать ~ мóре** ans Meer fahren; **7.** (*на что?*) auf , für; **дéйствовать ~ нéрвы** auf die Nerven gehen; **дéньги ~ кни́гу** Geld für ein Buch; **прáво ~ жили́ще** Recht *nt* auf eine Wohnung; **~что тебé э́то?** wozu brauchst du das? **8.** (*когдá?*) an, in , für; **~ слéдующий день** am nächsten Tag; **~ Рождествó** über Weihnachten; **~ откры́тие Лéйпцигской я́рмарки** zur Eröffnung der Leipziger Messe; **опоздáть ~ час** sich um eine Stunde verspäten; **уéхать ~ недéлю** eine Woche wegfahren; **9.** in, auf; **перевести́ кни́гу ~ рýсский язы́к** das Buch ins Russische übersetzen; **посмотрéть ~ дрýга** den Freund ansehen; **раздели́ть пирóг ~ чáсти** den Kuchen aufteilen; **~ э́то** darauf, dazu; **~ э́тот раз** diesmal; **II.** *interj* ach! **вот тебé и ~** das ist ja eine schöne Bescherung
набалдáшник *m K* Knauf *m*

набе́г *m K* Überfall *m*
набега́ть *vi E impf* (*pf:* набежа́ть) **1.** rennen, anrennen (gegen *+akk*); **2.** zusammenströmen
на́бережная *f wie adj* Kai *m*
набива́ть *vt E impf* (*pf:* наби́ть) **1.** (*чу́чело*) ausstopfen; **2.** (*ме́бель*) polstern; **3.** (*текстиль*) bedrucken; **~ себе́ це́ну** (*fig*) sich selbst loben; **~ мо́рду кому́-ли́бо** (*vulg*) jdm die Fresse polieren
набива́ться ⟨*nur 3. pers*: -ается⟩ *vr E impf* (*pf:* наби́ться) sich ansammeln; **~ в друзья́ кому́-ли́бо** sich jdm anbiedern
набира́ть *vi E impf* (*pf:* набра́ть) **1.** sammeln; **~ очки́** Punkte sammeln; **~ си́лу** (*fig*) erstarken, Kraft sammeln **2.** zulegen; **~ ско́рость** hohe Geschwindigkeit erreichen; **~ высоту́** (*о самолёте*) an Höhe gewinnen **3.** (*MIL*) ausheben, rekrutieren; **4.** (*THEAT*) engagieren
набира́ться *vr E impf* (*pf:* набра́ться) **1.** sich ansammeln; **2.** sich ansetzen; **~ о́пыта** Erfahrungen sammeln; **~ сил** Kräfte sammeln; **~ зна́ний** (*umg*) sich Wissen [*o* Kenntnisse]aneignen; **~ ума́-ра́зума у кого́-ли́бо** lernen (von *+dat*)
наби́ть ⟨*fut*: набью́, -бьёшь⟩ *vt E4c pf* (*impf:* набива́ть) **1.** ausstopfen; **2.** polstern; **3.** bedrucken
наблюда́тель *m K1* **1.** Beobachter, -in *m/f*; **2.** Betracher, -in *m/f*; **сторо́нний ~** Außenstehende(r) *mf*; **~ на вы́борах** Wahlbeobachter *m*
наблюда́тельность *f I* Beobachtungsgabe *f*
наблюда́ть *vt E impf* **1.** beobachten, verfolgen; **2.** beaufsichtigen
наблюде́ние *nt O2* **1.** Beobachtung *f*; **2.** Überwachung *f*; **3.** Aufsicht *f*; **4.** Betrachtung *f*
на́божность *f I* Frömmigkeit *f*
на́божный ⟨*kf*: -жен, -жна⟩ *adj* fromm
набо́р *m K* **1.** Set *nt*, Garnitur *f*; **2.** Sortiment *nt*; **~ инструме́нтов** Handwerkszeug *nt*; **~ кра́сок** Malkasten *m*; **~ мя́гкой ме́бели** Polstergarnitur *f*; **почто́вый ~** Briefblock *m*; **сквозно́й ~** (*TELKOM*) Durchwahl *f*; **бессмы́сленный ~ слов** Wortschwall *m*
набо́рщик *m K* Setzer, -in *m/f*
набра́сывать *vt E impf* (*pf:* наброса́ть) **1.** (*прое́кт, схе́му*) konzipieren, entwerfen; **2.** umherwerfen
набра́сываться *vr E impf* (*pf:* набро́ситься) (*на кого́-ли́бо*) herfallen (über *+akk*), einstürmen (auf *+akk*)
набра́ть ⟨*fut*: наберу́, -берёшь⟩ *vt E4a pf* (*impf:* набира́ть) sammeln
набра́ться ⟨*fut*: наберу́сь, -берёшься⟩ *vr E4a pf* (*impf:* набира́ться) **1.** sich ansetzen, sich ansammeln; **2.** (*umg*) betrunken sein; **~ на́глости де́лать что-ли́бо** sich etw herausnehmen; **~ хра́брости** Mut fassen
наброса́ть *vt E pf* (*impf:* набра́сывать) **1.** konzipieren, entwerfen; **2.** umherwerfen
набро́сок ⟨*gen sg*: -ска⟩ *m K* Skizze *f*, Entwurf *m*, Konzept *nt*
навева́ть *vt E impf* (*pf:* наве́ять) **1.** heranwehen; **2.** hervorrufen
наве́даться *vt E pf* (*impf:* наве́дываться) kurz besuchen; **частё́нько ~ к кому́-ли́бо** ein- und ausgehen (bei *+dat*)
наверняка́ *adv* sicherlich, ganz bestimmt; **де́йствовать ~** sichergehen; **сказа́ть ~** mit Sicherheit sagen
наверста́ть *vt E pf* (*impf:* навёрстывать) aufholen, nachholen; **~ упу́щенное** Versäumtes nachholen
наве́рх *adv* nach oben, hinauf
наверху́ *adv* oben
навеселе́ *adv* angeheitert
наве́сить ⟨*fut*: наве́шу, -ве́сишь⟩ *vt I pf* (*impf:* наве́шивать) einhängen
навести́ ⟨*fut*: наведу́, -ведёшь⟩ *vt E6 pf* (*impf:* наво́дить) **1.** hinführen; **2.** lenken
навести́ть ⟨*fut*: навещу́, -вести́шь⟩ *vt I pf* (*impf:* навеща́ть) **1.** aufsuchen; **2.** besuchen
наве́тренный *adj* (*MAR*) luvwärts
наве́шивать *vt E impf* (*pf:* наве́сить) **1.** einhängen; **2.** anhängen
навеща́ть *vt E impf* (*pf:* навести́ть) **1.** aufsuchen; **2.** besuchen
наве́ять *vt E pf* (*impf:* навева́ть) **1.** heranwehen; **2.** hervorrufen
на́взничь *adv* rücklings
навига́ция *f A2* Navigation *f*
наводи́ть ⟨*präs*: -вожу́, -во́дишь⟩ *vt I impf* (*pf:* навести́) **1.** hinführen; **2.** lenken; **~ кого́-ли́бо на мысль** jdm einen Gedanken nahelegen; **~ красоту́** sich schön machen; **~ мосты́** (*fig*) Brücken schlagen; **~ на чей-ли́бо след** auf jds Spur bringen; **~ поря́док** Ordnung schaffen; **~спра́вки** Auskunft einholen
наводне́ние *nt O2* Flutkatastrophe *f*, Überschwemmung *f*
наводни́ть *vt I pf* (*impf:* наводня́ть) überschwemmen
наво́з ⟨*gen sg*: -а, -у⟩ *m K* Mist *m*; **выгреба́ть ~** ausmisten
наво́зный *adj* Mist-; **наво́зная ку́ча** Misthaufen *m*
на́волочка *f A* Kissenbezug *m*
навостри́ть ⟨*fut*: -стрю́, -стри́шь⟩ *vt I pf* (*umg*) schärfen; **~ у́ши** die Ohren spit-

zen
навреди́ть ⟨*fut*: -ежу́, -еди́шь⟩ *vt I pf* (*impf:* вреди́ть) Schaden zufügen, schädigen
навсегда́ *adv* für immer; **раз и ~** ein für alle Mal
навстре́чу *adv* entgegen; **идти́ ~** (*auch fig*) entgegenkommen; **идти́ ~ чьим-ли́бо тре́бованиям** jds Forderungen nachkommen
на́вык *m K* **1.** (*практи́ческое уме́ние*) Fertigkeit *f*; **2.** (*о́пыт, сноро́вка*) Routine *f*
навью́чивать *vt E impf* (*pf:* навью́чить) bepacken, laden
навяза́ть ⟨*fut*: -яжу́, -я́жешь⟩ *vt E4 pf* (*impf:* навя́зывать) **1.** (*на что-ли́бо*) an-, umbinden; **2.** stricken; **3.** aufdrängen
навя́зчивый ⟨*kf*: -чив⟩ *adj* aufdringlich, zudringlich
навя́зывать *vt E impf* (*pf:* навяжа́ть) **1.** anbinden, umbinden; **2.** stricken; **3.** aufzwingen, aufdrängen; **~ кому́-ли́бо своё мне́ние** jdm seine Meinung aufzwingen; **~ кому́-ли́бо что-ли́бо** (*umg*) jdm etw aufschwatzen
навя́зываться *vr + dat E impf* (*pf:* навяза́ться) sich aufdrängen, jdn belästigen
нага́дить ⟨*fut*: нага́жу, -га́дишь⟩ *vt I pf* (*impf:* га́дить) **1.** sich entleeren; **2.** schaden
нагиба́ться *vr E impf* (*pf:* нагнýться) (*за чем-ли́бо*) sich bücken (nach *+dat*)
нагле́ц *m K e* (*umg*) Frechdachs *m*
на́глость *f I* Frechheit *f*; **име́ть ~ сде́лать что-ли́бо** (*fig*) sich etw herausnehmen
на́глый ⟨*kf*: нагл, -гла́, -на́гло⟩ *adj* frech, unverschämt, dreist
нагля́дность *f I* Übersichtlichkeit *f*
нагля́дный ⟨*kf*: -ден, -дна⟩ *adj* **1.** anschaulich; **2.** übersichtlich
нагна́иваться ⟨*nur 3. pers*: нагна́ивается⟩ *vr E impf* (*pf:* нагно́иться) (*MED*) vereitern
нагну́ться ⟨*fut*: нагну́сь, -нёшься⟩ *vr E1 pf* (*impf:* нагиба́ться) sich bücken
на́голо *adv* kahl; **обрива́ть ~** kahlscheren
нагоня́й *m K2* (*umg*) Schelte *f*, Vorwurf *m*
нагото́ве *adv* bereit; **держа́ть ~** bereithalten; **стоя́ть ~** bereitstehen
награ́да *f A* Auszeichnung *f*
награжда́ть *vt E impf* (*pf:* награди́ть) auszeichnen, ehren; **~ о́рденом** jdn mit einem Orden auszeichnen
награжде́ние *nt O2* Ehrung *f*; **~ победи́телей** (*SPORT*) Siegerehrung *f*
нагрева́тель *m K1* (*TECH*) Erhitzer *m*; **прото́чный ~** Durchlauferhitzer *m*
нагру́дник *m K* Lätzchen *nt*
нагрузи́ть ⟨*fut*: -ужу́, -у́зишь⟩ *vt I pf* (*impf:* нагружа́ть) **1.** laden; **2.** beladen
нагру́зка *f A* **1.** Last *f*; **2.** (*fig*) Belastung *f*; **больша́я не́рвная ~** starke nervliche Belastung *f*
над *präp +inst* über; **~ столо́м** über dem Tisch; **смея́ться ~ кем-ли́бо** über jdn lachen
надба́вка *f A* Zuschlag *m*; **~ за опа́сные усло́вия труда́** Gefahrenzulage *f*
надвига́ться *vr E impf* (*pf:* надви́нуться) nahen; **надви́гается гроза́** ein Gewitter braut sich zusammen
надгро́бие *nt O2* **1.** Grabstein *m*; **2.** Grabplatte *f*
надева́ть *vt E impf* (*pf:* наде́ть) **1.** anziehen, anlegen; **2.** (*шля́пу*) aufsetzen; **~ кольцо́ на па́лец** den Ring an den Finger stecken; **помога́ть кому́-ли́бо ~ пальто́** jdm in den Mantel helfen
наде́жда *f A* Hoffnung *f*; **возлага́ть наде́жды на кого́-ли́бо/что-ли́бо** Hoffnung setzen (auf *+akk*); **вселя́ть в кого́-ли́бо наде́жду** jdm Hoffnung machen; **не оправда́ть наде́жды** Hoffnungen enttäuschen; **по́лный наде́жд** hoffnungsvoll
надёжность *f I* **1.** Zuverlässigkeit *f*; **2.** Sicherheit *f*
надёжный ⟨*kf*: -жен, -жна⟩ *adj* **1.** zuverlässig; **2.** verläßlich; **~ в эксплуата́ции** betriebssicher
наде́ть ⟨*fut*: наде́ну, -де́нешь⟩ *vt E9 pf* (*impf:* надева́ть) anziehen
наде́яться *vr E5 impf* (*pf:* по-) hoffen, erhoffen; **наде́юсь, что** hoffentlich
надзира́ть *vi E impf* (*geh: за кем-ли́бо/чем-ли́бо*) beaufsichtigen
надла́мывать *vt E impf* (*pf:* надломи́ть) **1.** anbrechen; **2.** knicken; **3.** (*fig*) brechen, untergraben
надлежа́щий *adj* **1.** gebührend; **2.** gehörig; **3.** ordnungsgemäß; **надлежа́щим о́бразом** sachgemäß
надло́м *m K* Bruch *m*
надло́мленный *adj* (*auch fig*) geknickt, niedergeschlagen
надме́нность *f I* Arroganz *f*, Hochmut *m*
надме́нный ⟨*kf*: -ме́нен, -ме́нна⟩ *adj* arrogant, eingebildet
на́добность *f I* Notwendigkeit *f*; **без осо́бой на́добности** unnötig; **по ме́ре на́добности** bei Bedarf, soweit nötig
надое́сть ⟨*fut*: -ем, -ешь⟩ *v + dat U2 pf* (*impf:* надоеда́ть) **1.** lästig werden; **2.** satt haben
надо́лго *adv* für lange Zeit

надóмный *adj* Heim-; **надóмная рабóта** Heimarbeit *f*

надорвáться ⟨*fut*: -рвýсь, -рвёшься⟩ *vr E4 pf* (*impf:* надрывáться) **1.** einreißen; **2.** sich überanstrengen

надписáть ⟨*fut*: -пишý, -пи́шешь⟩ *vt E4 pf* (*impf:* надпи́сывать) (*кни́гу*) signieren

нáдпись *f I* **1.** Aufschrift *f*; **2.** (*на стенé*) Inschrift *f*

надрéз *m K* **1.** Kerbe *f*; **2.** Einschnitt *m*

надрéзать ⟨*fut*: -рéжу, -рéжешь⟩ *vt E4 pf* (*impf:* надрезáть, надрéзывать) anschneiden, aufschneiden

надругáтельство *nt O* **1.** Schändung *f*; **~ над моги́лами** Grabschändung *f* **2.** (*богохýльство*) Blasphemie *f*

надрывáться *vr E impf* (*pf:* надорáться) **1.** einreißen; **2.** sich überanstrengen; **3.** (*umg*) schuften

надсмóтрщик *m K* Aufseher, -in *m/f*

надстрáивать *vt E impf* (*pf:* надстрóить) **1.** aufstocken; **2.** aufbauen

надстрóйка *f A* Aufbau *m*

надувáтельство *nt O* Betrug *m*

надувáть *vt E impf* (*pf:* надýть) **1.** aufblasen; **2.** blähen; **3.** (*umg*) beschwindeln, betrügen, beschummeln

надувнóй *adj* aufblasbar; **~ матрáс** Luftmatratze *f*

надýманный ⟨*kf*: -ман, -манна⟩ *adj* **1.** ausgeklügelt, durchdacht; **2.** unnatürlich, künstlich

надýтый ⟨*kf*: -дýт⟩ *adj* **1.** (*fig*) aufgeblasen, arrogant; **2.** unzufrieden

надýть *vt E pf* (*impf:* надувáть) aufblasen

надуши́ть ⟨*fut*: -душý, -дýшишь⟩ *vt I pf* (*impf:* души́ть) **1.** abwürgen, erwürgen; **2.** parfümieren

надуши́ться ⟨*fut*: -душýсь, -дýшишься⟩ *vr I pf* (*impf:* души́ться) sich parfümieren

наéзд *m K* (kurzer) Besuch *m*

наёмник *m K* Söldner *m*

наёмный *adj* Lohn-; **лицó наёмного трудá** Lohnarbeiter *m*; **~ уби́йца** bezahlter Mörder *m*

наждáк *m K e* Schmirgel *m*; **чисти́ть ~óм** schmirgeln

нажи́м *m K* (*auch fig*) Druck *m*; **окáзывать ~ на когó-ли́бо** jdn unter Druck setzen

нажимáть *vt E impf* (*pf:* нажáть) drücken; **~ на кнóпку** den Knopf betätigen; **~ спусковóй крючóк** abdrücken

нажи́ть ⟨*fut*: -живý, -вёшь⟩ *vt UE3 pf* (*impf:* наживáть) erwerben, gewinnen; **~ капитáл из чегó-ли́бо** Kapital schlagen (aus *+dat*); **~ себé врагóв** sich Feinde schaffen; **~ себé неприя́тности** sich Unannehmlichkeiten bereiten; **~ себé состоя́ние** sich ein Vermögen erwerben

нажи́ться ⟨*fut*: -живýсь, -вёшься⟩ *vr UE3 pf* (*impf:* наживáться) (*на чём-ли́бо*) profitieren (von *+dat*)

назáд *adv* **1.** zurück; **2.** rückwärts

назвáние *nt O2* Name *m*, Bezeichnung *f*; **~ фи́рмы** Firmenname *m*; **изменéние назвáния** Namensänderung *f*

назвáть ⟨*fut*: -зовý, -вёшь⟩ *vt E4a pf* (*impf:* называ́ть) **1.** bezeichnen; **2.** nennen

назéмный *adj* Erd-, Land-; **~ персонáл** Bodenpersonal *nt*; **назéмная стáнция** Bodenstation *f*

назидáние *nt O2* **1.** Mahnung *f*; **2.** (*geh*) Erbauung *f*, Belehrung *f*

назидáтельный ⟨*kf*: -лен, -льна⟩ *adj* **1.** mahnend; **2.** (*geh*) erbaulich; **3.** schulmeisterlich; **~ тон** belehrender Ton *m*

назлó *adv* zum Trotz, zum Ärger; **сдéлать что-ли́бо ~ комý-ли́бо** etw zu jds Ärger tun

назначáть *vt E impf* (*pf:* назнáчить) **1.** festlegen, festsetzen; **~ заседáние на бýдущей недéле** eine Sitzung für die nächste Woche festsetzen; **~ срок** einen Termin festsetzen; **~ цен** den Preis festsetzen; **~ свидáние комý-ли́бо** sich verabreden (mit *+dat*) **2.** benennen, ernennen; **~ на дóлжности** ernennen, berufen **3.** (*лекáрство*) verordnen

назначéние *nt O2* **1.** Zweck *m*, Bestimmung *f*; **испóльзовать не по назначéнию** zweckentfremdet nutzen **2.** Ernennung *f*, Berufung *f*

назнáчить ⟨*fut*: -знáчу, -чишь⟩ *vt I pf* (*impf:* назначáть) **1.** festlegen; **2.** nennen, benennen

назóйливый ⟨*kf*: -ив⟩ *adj* **1.** aufdringlich, zudringlich; **2.** naseweis

назревáть ⟨*nur 3. pers*: -вáет⟩ *vi E impf* (*pf:* назрéть) (*auch fig*) reifen; **назревáет конфли́кт/кри́зис** eine Auseinandersetzung wird unausweichlich

назрéвший *adj* **1.** herangereift; **2.** spruchreif; **3.** überfällig

называ́ть *vt E impf* (*pf:* назвáть) **1.** bezeichnen, nennen; **2.** nominieren; **~ вéщи свои́ми именáми** (*fig*) das Kind beim Namen nennen; **~ коммунисти́ческой пропагáндой** als kommunistische Hetze abtun; **~ по и́мени** mit Vornamen anreden; **~ ýлицу в честь когó-ли́бо** die Straße nach jdm benennen

называ́ться *vr E impf* heißen; **как называ́ется э́та ýлица?** wie heißt diese Straße

наи- *präfix dient zur Bildung des super;* **~легчáйший** der leichteste

наибо́лее *adv* **1.** am meisten; **2.** *dient zur Bildung des super;* **~ ва́жный** der wichtigste; **~ изве́стный** der bekannteste
наибо́льший *adj super* **1.** der größte; **2.** der höchste
наи́вность *f 1* Naivität *f*, Einfältigkeit *f*
наи́вный ⟨*kf*: -вен, -вна⟩ *adj* naiv, einfältig, kindisch
наизу́сть *adv* auswendig; **учи́ть** [*o* **заучи́ть,вы́учить**] **~** auswendig lernen; **расска́зывать ~** auswendig aufsagen
наименова́ние *nt O2* **1.** Bezeichnung *f*; **~ профе́ссии** Berufsbezeichnung *f* **2.** Position *f*, Posten *m*
наиме́ньший *adj super* mindeste(r, s); **идти́ по пути́ наиме́ньшего сопротивле́ния** den Weg des geringsten Widerstandes gehen
на́йтие *nt O2* (*geh*) Eingebung *f*; **по на́йтию** einer Eingebung folgend
найти́ ⟨*fut*: -йду́, -йдёшь⟩ *vt E7 pf* (*impf:* находи́ть) finden
наказа́ние *nt O2* **1.** Strafe *f*; **2.** Bestrafung *f*; **3.** Plage *f*
нака́занный *adj* bestraft; **быть нака́занным за что-ли́бо** büßen (für *+akk*)
наказа́ть ⟨*fut*: -кажу́, -ка́жешь⟩ *vt E4 pf* (*impf:* нака́зывать) bestrafen
наказу́емый ⟨*kf*: -ем⟩ *adj* **1.** strafbar; **2.** straffällig
нака́зывать *vt E impf* (*pf:* наказа́ть) **I. 1.** bestrafen; **2.** (*дете́й*) züchtigen; **II.** *vi E* (*внуша́ть кому́-ли́бо*) nahelegen, einimpfen
нака́лывать *vt E impf* (*pf:* наколо́ть) **1.** (*ножо́м, ви́лкой*) anstechen, aufstechen; **2.** schlachten, abschlachten; **3.** (*umg*) beschummeln; **4.** hacken, spalten
накану́не *adv* **I.** am Vortag; **II.** *präp +gen* (*fig*) am Vorabend (*+gen*); **~ визи́та** im Vorfeld des Besuchs; **~ Но́вого го́да** am Silvesterabend
нака́пливать *vt E impf* (*pf:* накопи́ть) konzentrieren, anhäufen; **~ запа́сы ору́жия** Waffen horten
нака́пливаться *vr E impf* (*pf:* накопи́ться) **1.** sich ansammeln, sich aufstauen; **2.** (*ÖKOL*) sich anreichern
нака́чивать *vt E impf* (*pf:* накача́ть) pumpen, aufpumpen
нака́чка *f A* finanzielle Unterstützung *f*, staatliche Unterstützung *f*
наки́дка *f A* Umhang *m*
наки́дывать *vt E impf* (*pf:* наки́нуть) **1.** (*пальто́*) überziehen; **2.** den Preis erhöhen, aufschlagen; **~ рубль** (um) einen Rubel aufschlagen
наки́дываться *vr E impf* (*pf:* наки́нуться) **1.** (*на кого́-ли́бо*) einstürmen (auf *+akk*); **2.** herfallen (über *+akk*)
наки́нуть *vt E1 pf* (*impf:* наки́дывать) überziehen
наки́нуться *vr E1 pf* (*impf:* наки́дываться) **1.** einstürmen; **2.** herfallen
накипе́ть ⟨*nur 3. pers*: -пи́т⟩ *vi I pf* (*impf:* накипа́ть) (*злость*) sich ansammeln, sich aufstauen
накла́дка *f A* **1.** (*TECH*) Lasche *f*; **2.** Mißgeschick *nt*; **произошла́ ~** ein Mißgeschick ist passiert
накла́дно *adv* **1.** aufwendig; **э́то ~** (*umg*) das geht ins Geld; **2.** umständlich
накла́дывать *vt E impf* (*pf:* наложи́ть) **1.** füllen, legen, auflegen; **~ в таре́лку ка́ши** Brei auf den Teller tun; **~ в штаны́** (*umg*) in die Hosen machen **2.** (*MED*) anlegen; **~ повя́зку** einen Verband anlegen; **~ на ра́ну швы** eine Wunde nähen **3.** auferlegen; **~ обяза́тельства на кого́-ли́бо** jdm Verpflichtungen auferlegen; **~ штраф на кого́-ли́бо** jdm eine Geldstrafe auferlegen; **~ отпеча́ток на что-ли́бо** (*fig*) etw seinen Stempel aufdrücken, prägen; **~ на себя́ ру́ки** sich etw antun
накле́ивать *vt E impf* (*pf:* накле́ить) auf-, ankleben; **~ ма́рку на конве́рт** einen Briefumschlag frankieren
накле́йка *f A* Aufkleber *m*
накли́кать ⟨*fut*: -и́чу, -и́чешь⟩ *vt E4 pf* (*impf:* накли́кать) (*беду́*) heraufbeschwören
накло́н *m K* **1.** (*SPORT*) Beuge *f*; **2.** (*TECH*) Neigung *f*, Gefälle *nt*
наклоне́ние *nt O2* **1.** Neigen *nt*; **2.** (*LING*) Modus *m*; **изъяви́тельное ~** Indikativ *m*; **повели́тельное ~** Imperativ *m*; **сослага́тельное ~** Konjunktiv *m*
накло́нный *adj* geneigt; **кати́ться по накло́нной про́пасти** (*fig*) auf die schiefe Bahn geraten
накова́льня *f A1* Amboß *m*
наколо́ть ⟨*fut*: -колю́, -ко́лешь⟩ *vt E4 pf* (*impf:* нака́лывать) anstechen, aufstechen
наконе́ц *adv* endlich, schließlich
накопи́ть ⟨*fut*: -коплю́, -ко́пишь⟩ *vt I pf* (*impf:* нака́пливать) konzentrieren, anhäufen
накопле́ние *nt O2* Rücklage *f*
накрича́ть ⟨*fut*: -чу́, -чи́шь⟩ *vi I pf* (*impf:* крича́ть) (*на кого́-ли́бо*) anschnauzen, anschreien
накроши́ть *vt I pf* (*impf:* кроши́ть) zerbröckeln, zerkrümeln
накрыва́ть *vi E impf* (*pf:* накры́ть) decken, bedecken, zudecken; **~ на стол** den Tisch decken; **~ на трои́х** für drei

Personen decken

нала́дить ⟨*fut*: -ла́жу, -ла́дишь⟩ *vt I pf* (*impf:* нала́живать) organisieren, in die Wege leiten

нала́дчик *m K* (*TECH*) Einrichter *m*; **~ станко́в** Maschinenschlosser *m*

нала́женный *adj* gut funktionierend, intakt

нала́живание *nt O2* (*конта́ктов*) Aufnahme *f*, Zustandekommen *nt*

нала́живать *vt E impf* (*pf:* нала́дить) **1.** (*рабо́ту*) organisieren; **2.** (*конта́кты*) aufnehmen; **3.** (*стано́к*) einrichten

нале́во *adv* nach links

налёт *m K* **1.** Überfall *m*, Raubüberfall *m*; **2.** (*бомбёжка*) Bombenangriff *m*; **возду́шный ~** Luftangriff *m* **3.** (*fig: отте́нок*) Anflug *m*, Andeutung *f*; **с ~ом гру́сти** mit einem Anflug von Trauer

налета́ть[1] *vi E impf* (*pf:* налете́ть) **1.** (*на кого́-ли́бо/что-ли́бо*) hereinbrechen (über *+akk*); **2.** anstürmen (gegen *+akk*)

налета́ть[2] *vi E pf* (*impf:* налётывать) eine bestimmte Strecke mit dem Flugzeug zurücklegen

нали́ть ⟨*fut*: -лью́, -льёшь⟩ *vt E4c pf* (*impf:* налива́ть) eingießen, einschenken; **повто́рно ~** nachfüllen

налицо́ *adv präd* vorhanden, anwesend; **быть ~** (*fig*) auf der Hand liegen

нали́чие *nt O2* Vorhandensein *nt*, Existenz *f*; **~ сре́дств на счёте** Kontostand *m*

нали́чный *adj* verfügbar, vorhanden; **нали́чные де́ньги** Bargeld *nt*; **распла́чиваться нали́чными** bar bezahlen

нало́г *m K* Steuer *f*, Abgabe *f*; **~ на приба́вочную сто́имость** Mehrwertsteuer *f*; **~ на за́работную пла́ту** Lohnsteuer *f*; **~ на соба́к** Hundesteuer *f*; **~ с оборо́та** Umsatzsteuer *f*; **автомоби́льный ~** Kraftfahrzeugsteuer *f*; **подохо́дный ~** Einkommenssteuer *f*; **промысло́вый ~** Gewerbesteuer *f*; **~ на электроэне́ргию** Energieabgabe *f*; **облага́ть ~ами** besteuern; **освобожда́ть от ~ов** von Steuern befreien; **уклоня́ться от ~ов** Steuern hinterziehen

нало́говый *adj* Steuer-, steuerlich; **~ консульта́нт** Steuerberater, -in *m/f*; **нало́говые льго́ты** Steuererleichterungen *pl*

налогоплате́льщик *m K* Steuerzahler, -in *m/f*

нало́женный *adj* auferlegt; **нало́женным платежо́м** per Nachnahme

наложи́ть ⟨*fut*: -ложу́, -ло́жишь⟩ *vt I pf* (*impf:* накла́дывать) **1.** füllen; **2.** auferlegen

нам ⟨*dat von*: мы⟩ *pron pers* uns

намагни́тить ⟨*fut*: -ни́чу, -ни́тишь⟩ *vt I pf* (*impf:* намагни́чивать) magnetisieren

нама́зать ⟨*fut*: -ма́жу, -ма́жешь⟩ *vt E4 pf* (*impf:* нама́зывать) bestreichen

нама́тывать *vt E impf* (*pf:* намота́ть) aufwickeln; **~ на ус** (*umg:fig*) sich hinter die Ohren schreiben, beherzigen

намёк *m K* Anspielung *f*, Andeutung *f*; **то́нкий ~** ein Wink mit dem Zaunpfahl

намека́ть *vi E impf* (*pf:* намекну́ть) (*на кого́-ли́бо/что-ли́бо*) anspielen, hindeuten (auf *+akk*)

намерева́ться *vr E impf* beabsichtigen, vorhaben

наме́рен *adj kurzf* gewillt; **я не ~ э́то де́лать** ich bin nicht gewillt, das zu tun

наме́рение *nt O2* Absicht *f*, Vorhaben *nt*

наме́тить ⟨*fut*: -ме́чу, -ме́тишь⟩ *vt I pf* (*impf:* намеча́ть) **1.** planen, sich vornehmen; **2.** abstecken, konzipieren

намо́рдник *m K* Maulkorb *m*

намо́рщить *vt I pf* (*impf:* мо́рщить) **1.** (*лоб*) runzeln; **2.** (*лицо́*) verziehen

намочи́ть ⟨*fut*: -мочу́, -мо́чишь⟩ *vt I pf* (*impf:* мочи́ть) **1.** anfeuchten; **2.** einweichen

намы́ливать *vt E impf* (*pf:* намы́лить) einseifen

намы́литься *vr I pf* **1.** sich einseifen; **2.** (*umg*) abhauen, das Land verlassen

нанести́ ⟨*fut*: -несу́, -несёшь⟩ *vt E6 pf* (*impf:* наноси́ть) **1.** zusammentragen; **2.** eintragen; **3.** zufügen

наниза́ть ⟨*fut*: -нижу́, -ни́жешь⟩ *vt E4 pf* (*impf:* низа́ть, нани́зывать) **1.** auffädeln; **2.** aneinanderreihen; **~ же́мчуг на ни́тку** Perlen auf eine Schnur reihen

наноси́ть ⟨*präs*: -ношу́, -но́сишь⟩ *vt I impf* (*pf:* нанести́) **1.** zusammentragen; **2.** eintragen; **3.** zufügen; **4.** (*кра́ску*) auftragen; **~ на ка́рту** auf der Karte einzeichnen; **~ оби́ду кому́-ли́бо** jdn beleidigen; **~ уда́р** einen Schlag versetzen; **~ уще́рб** Schaden zufügen

наоборо́т *adv* umgekehrt, im Gegenteil

наора́ть ⟨*fut*: -ру́, -рёшь⟩ *vi E4 pf* (*impf:* ора́ть) (*на кого́-ли́бо*) anbrüllen, anschnauzen

напада́ть *vi E impf* (*pf:* напа́сть) **1.** (*на кого́-ли́бо*) überfallen, angreifen, herfallen (über *+akk*); **2.** (*о вреди́телях*) befallen; **~ на след** jdm auf die Spur kommen

напада́ющий *m wie adj* **1.** Angreifer *m*; **2.** (*SPORT*) Stürmer *m*, Angreifer *m*; **центра́льный ~** Mittelstürmer *m*

нападе́ние *nt O2* **1.** Überfall *m*; **2.** Angriff *m*; **внеза́пное ~** Überraschungs-

angriff *f*
напáдки ⟨*gen pl*: напáдок⟩ *f pl A* **1.** Angriffe *m pl*; **2.** Beschuldigungen *f pl*; **3.** Anfeindungen *f pl*; **подвергáться напáдкам** sich Anfeindungen aussetzen
напáсть ⟨*fut*: -падý, -падёшь⟩ *vi E6 pf* (*impf:* нападáть) **I. 1.** überfallen; **2.** angreifen; **II.** *f I* **1.** Unglück *nt*; **2.** Übel *nt*, Unheil *nt*; **3.** Pech *nt*
напевáть *vt E impf* (*pf:* напéть) vor sich hin singen; **~ вполгóлоса** summen
напёрсток ⟨*gen sg*: -тка⟩ *m K* Fingerhut *m*
напéрчúть ⟨*fut*: н-éрчý, -пéрчúшь⟩ *vt I pf* (*impf:* пéрчúть) pfeffern
напечáтать *vt E pf* (*impf:* печáтать) **1.** veröffentlichen; **2.** abdrucken
напивáться *vr E impf* (*pf:* напúться) **1.** seinen Durst stillen; **2.** sich betrinken
напúльник *m K* Feile *f*
напирáть *vi E impf* drängen
написáние *nt O2* Schreibung *f*, Schreibweise *f*; **~ с прописнóй** [*o* **большóй**] **бýквы** Großschreibung *f*
написáть ⟨*fut*: -пишý, -пúшешь⟩ *vt E4 pf* (*impf:* писáть) **1.** schreiben; **2.** verfassen
напúток ⟨*gen sg*: -тка⟩ *m K* Getränk *nt*
напúться ⟨*fut*: -пьюсь, -пьёшься⟩ *vr E4c pf* (*impf:* напивáться) **1.** seinen Durst stillen; **2.** sich betrinken
напл́ыв *m K* **1.** Andrang *m*, Auflauf *m*; **~ бéженцев** Flüchtlingsstrom *m* **2.** (*FILM*) Einblendung *f*
наподóбие *präp +gen* in der Art von, à la
наполеóновский *adj:* **иметь наполеóновские плáны** hochfliegende Pläne haben, hoch hinaus wollen
наполнéние *nt O2* Füllung *f*
наполнять *vt E impf* (*pf:* напóлнить) füllen
наполовúну *adv* zur Hälfte
напоминáние *nt O2* **1.** Mahnung *f*; **2.** Erinnerung *f*
напóмнить *vt I pf* (*impf:* напоминáть) **1.** (*о ком-лúбо/чём-лúбо, когó-лúбо/что-лúбо*) erinnern (an *+akk*); **2.** (*комý-лúбо когó-лúбо:durch Ähnlichkeit*) erinnern (an *+akk*)
напр *abk von* напримéр z.B.
напрáвить ⟨*fut*: -влю, -вишь⟩ *vt I pf* (*impf:* направлять) schicken
направлéние *nt O2* **1.** Richtung *f*; **~ движéния** Fahrtrichtung *f* **2.** (*руковóдство*) Lenkung *f*; **3.** (*делегáции, войск*) Entsendung *f*; **4.** (*в больнúцу*) Einweisung *f*; **рабóта в этом направлéнии ведётся** daran wird gearbeitet
направлять *vt E impf* (*pf:* напрáвить) **1.** schicken; **~ по пóчте** mit der Post schicken **2.** entsenden, delegieren; **~ на лечéние** in Kur schicken **3.** (*войскá*) abkommandieren; **4.** lenken; **5.** (*вóду, пар*) leiten
направляющий *adj* leitend; **направляющая плáнка** Leitplanke *f*
напрáво *adv* nach rechts
напрáсный ⟨*kf*: -сен, -сна⟩ *adj* vergeblich
напрáшиваться *vr E impf* (*pf:* напросúться) **1.** (*в гóсти*) sich aufdrängen, sich selbst einladen; **~ на комплимéнт** ein Kompliment herausfordern **2.** (*fig*) sich ergeben, naheliegen; **отсю́да напрáшивается вы́вод** daraus ergibt sich die Schlußfolgerung; **напрáшивается вопрóс** es drängt sich die Frage auf
напрóтив *adv* **I.** verkehrt; **он всё дéлает ~** er macht alles verkehrt; **II.** *präp +gen* gegenüber von (*+dat*); **III.** *part* im Gegenteil, dagegen
напрягáть *vt E impf* (*pf:* напрячь) anstrengen; **~ все сúлы** alles aufbieten; **~ пáмять** sein Gedächtnis anstrengen
напряжéние *nt O2* Anspannung *f*; **высóкое ~** (*EL*) Hochspannung *f*; **с напряжéнием всех сил** unter vollem Einsatz aller Kräfte; **держáть когó-лúбо в напряжéнии** jdn in Schach halten
напряжёнка *f A* Stress *m*
напряжённость *f I* **1.** Spannung *f*, Anspannung *f*; **2.** gespannte Lage *f*; **нагнетáние напряжённости** Schüren *nt* von Spannungen; **рост социáльной напряжённости** wachsende soziale Spannungen *pl*
напряжённый ⟨*kf*: -ён, -ённа⟩ *adj* **1.** gespannt, angespannt; **2.** angestrengt; **3.** anstrengend; **напряжённая рабóта** Hochbetrieb *m*
напрямúк *adv* **1.** (*umg*) geradeaus; **2.** (*fig*) ohne Umstände [*o* Umschweife]
напрямýю *adv* (*umg*) direkt, unmittelbar
напрячь ⟨*fut*: -прягý, -пряжёшь⟩ *vt UE4 pf* (*impf:* напрягáть) **1.** anstrengen; **2.** aufbieten
напугáть *vt E pf* (*impf:* пугáть) **1.** erschrecken; **2.** einschüchtern
напýдрить *vi I pf* (*impf:* пýдрить) pudern, einpudern
напылúть ⟨*fut*: -пылю́, -лúшь⟩ *vt I pf* (*impf:* пылúть) vollstauben
нарастáние *nt O2* **1.** Zunahme *f*; **2.** Aufwärtstrend *m*; **~ недовóльства** wachsender Unmut *m*
нарастáть *vi E impf* (*pf:* нарастú) **1.** anwachsen, zunehmen; **2.** (*fig*) um sich

greifen
нарасхва́т *adv* rasch; **раскупа́ться ~** reißenden Absatz finden
наре́з *m K* Einschnitt *m*
нареза́ть ⟨*fut*: -ре́жу, -ре́жешь⟩ *vt E4 pf* (*impf:* наре́зать) **1.** (*хлеб*) schneiden; **2.** anschneiden; **~ ме́лко** kleinschneiden
наре́чие *nt O2* **1.** Adverb *nt*; **употребля́емый как ~** adverbial **2.** (*LING*) Mundart *f*
наре́чный *adj* adverbial
нарисова́ть *vt E2 pf* (*impf:* рисова́ть) **1.** zeichnen; **2.** (*fig*) darstellen, beschreiben
нарица́тельный *adj:* **имя нарица́тельное** Gattungsname *m*, Appellativum *nt*; **нарица́тельная сто́имость** (*ÖKON*) Nennwert *m*
наркобі́знес *m K* Drogengeschäft *nt*, Drogenhandel *m*
нарко́з *m K* (*MED*) Narkose *f*
наркома́н *m K* Drogenabhängige(r) *m*
наркома́ния *f A2* Drogensucht *f*
наркома́нка *f A* Drogenabhängige *f*
наркома́фия *f A2* Drogenmafia *f*
нарко́тик *m K* **1.** Droge *f*, Rauschgift *nt*; **2.** (*MED*) Betäubungsmittel *nt*; **употребля́ющий ~и** drogenabhängig
наркоти́ческий *adj* narkotisch; **наркоти́ческое сре́дство** Betäubungsmittel *nt*
наро́д ⟨*gen sg*: -а, -у⟩ *m K* **1.** Volk *nt*; **2.** (*nur sg:*) Menschen *pl*, Leute *pl*; **много ~у** viele Leute *pl*
наро́дный *adj* **1.** Volks-; **2.** volkstümlich; **наро́дная пе́сня** Volkslied *nt*; **наро́дная респу́блика** Volksrepublik *f*; **~ та́нец** Volkstanz *m*; **наро́дное хозя́йство** Volkswirtschaft *f*
наро́ст *m K* Auswuchs *m*
нару́жный ⟨*kf*: -жен, -жна⟩ *adj* **1.** äußere(r, s); **2.** extern; **3.** auswärtig; **нару́жная сторона́** Außenseite *f*; **только для нару́жного употребле́ния** nur zur äußerlichen Anwendung
нару́жу *adv* **1.** heraus; **2.** hervor
нарумя́нить *vt I pf* (*impf:* румя́нить) **1.** röten; **2.** rot schminken
нару́чники ⟨*gen pl*: -ков⟩ *m pl K* Handschellen *f pl*
наруша́ть *vt E impf* (*pf:* нару́шить) **1.** (*зако́н*) verletzen; **2.** verstoßen (gegen *+akk*); **~ тишину́** Ruhe stören; **~ че́й-ли́бо поко́й** jds Ruhe stören; **~ тради́цию** eine Tradition verletzen; **~ угово́р** sich nicht an die Absprache halten
наруше́ние *nt O2* Verletzung *f*, Verstoß *m* (gegen *+akk*); **~ неприкоснове́нности жили́ща** (*JUR*) Hausfriedensbruch *m*; **~ кровообраще́ния** (*MED*) Kreislaufstörung *f*; **~ прав челове́ка** Menschenrechtsverletzung *f*; **~ пра́вил** (*SPORT*) Foul *nt*; **~ споко́йствия** Ruhestörung *f*; **~ устано́вленного поря́дка** Ordnungswidrigkeit *f*
наруши́тель *m K1* Verletzer *m*; **~ грани́цы** Grenzverletzer *m*; **~ пра́вил у́личного движе́ния** Verkehrssünder *m*
нару́шить *vt I pf* (*impf:* наруша́ть) **1.** verletzen; **2.** verstoßen (gegen *+akk*)
нарци́сс *m K* Narzisse *f*
нары́в *m K* Geschwür *nt*
наряди́ть ⟨*fut*: -ряжу́, -ря́дишь⟩ *vt I pf* (*impf:* наряжа́ть) kostümieren
наряди́ться ⟨*fut*: -ряжу́сь, -ря́дишься⟩ *vr I pf* (*impf:* наряжа́ться) sich ausstatten
наряду́ *adv* **1.** neben, außer; **2.** ebenso wie; **~ с э́тим** gleichzeitig
наряжа́ть *vt E impf* (*pf:* наряди́ть) kostümieren; **~ неве́сту** die Braut schmükken
наряжа́ться *vr E impf* (*pf:* наряди́ться) sich ausstatten, sich schön machen, sich herausputzen, sich herrichten
нас ⟨*gen/akk von*: мы⟩ *pron pers* **1.** unser; **2.** uns
насади́ть ⟨*fut*: -сажу́, -са́дишь⟩ *vt I pf* (*impf:* насажда́ть) **1.** durchsetzen; **2.** zwangsweise einführen; **3.** kultivieren
наса́ливать *vi E impf* (*pf:* насоли́ть) salzen; **~ кому́-ли́бо** (*umg:fig*) jdm die Suppe versalzen
населе́ние *nt O2* Bevölkerung *f*; **~ земли́** Weltbevölkerung *f*
населённый ⟨*kf*: -лён ⟩ *adj* Bevölkerungs-; **~ пункт** Ortschaft *f*
насели́ть ⟨*fut*: -селю́, -сели́шь⟩ *vt I pf* (*impf:* населя́ть) bevölkern
насе́чка *f A* Einschnitt *m*
наси́лие *nt O2* **1.** Gewalt *f*; **2.** Zwang *m*; **соверша́ть ~ над кем-ли́бо** jdm Gewalt antun
наси́ловать *vt E2 impf* (*pf:* из-) **1.** sich vergreifen (an *+dat*); **2.** vergewaltigen
наси́льственный ⟨*kf*: -вен, -венна⟩ *adj* **1.** gewaltsam; **2.** gewalttätig; **наси́льственное преступле́ние** Gewaltverbrechen *nt*
наска́кивать *vi E impf* (*pf:* наскака́ть) **1.** (*на кого́-что*) prallen (gegen *+akk*); **2.** prellen (auf *+akk*)
наска́льный *adj* **1.** Fels-; **2.** Höhlen-; **наска́льные изображе́ния** Höhlenmalerei *f*
наскво́зь *adv* durch und durch, völlig; **промо́кнуть ~** bis auf die Haut durchnäßt werden
наско́лько *adv* **1.** um wieviel; **2.** inwieweit, inwiefern; **3.** soviel, soweit; **~**

мне изве́стно soviel [*o* soweit] ich weiß, meines Wissens
наскочи́ть ⟨*fut*: -скочу́, -ско́чишь⟩ *vi I pf* (*impf:* наска́кивать) **1.** prallen (gegen *+akk*); **2.** prellen (auf *+akk*)
наску́чить *vi I pf* (*umg*) überdrüssig werden; **э́то мне наску́чило** ich habe es satt
наслади́ться ⟨*fut*: -ажу́сь, -ади́шься⟩ *vr + inst I pf* (*impf:* наслажда́ться) genießen, sich laben (an *+dat*)
наслажда́ющийсья *adj* genießerisch, genüßlich
наслажде́ние *nt O2* Genuß *m*, Lust *f*
насле́дие *nt O2* Nachlaß *m*, Erbschaft *f*; **иде́йное ~** Ideengut *nt*
насле́дник, **насле́дница** *m K / f A* **1.** Erbe, Erbin *m/f*; **~ престо́ла** Thronfolger, -in *m/f* **2.** Stammhalter *m*; **3.** (*fig*) Nachfolger, -in *m/f*
насле́дный *adj* Erb-
насле́дование *nt O2* Erbfolge *f*, Nachfolge *f*; **пра́во насле́дования** Erbrecht *nt*
насле́довать *vt E2 impf/pf* (*pf:* у-) erben
насле́дственный *adj* Erb-; **насле́дственная боле́знь** Erbkrankheit *f*
насле́дство *nt O* Erbe *nt*; **лиша́ть насле́дства** enterben; **оставля́ть в ~** hinterlassen; **передава́ть по насле́дству** vererben; **получа́ть ~ от кого́-ли́бо** jdn beerben; **перехо́д по насле́дству** Vererbung *f*
насмеха́ться *vr E impf* (*над кем-ли́бо/чем-ли́бо*) verhöhnen, sich mokieren (über *+akk*)
насме́шка *f A* Hohn *m*, Spott *m*
насме́шливый *adj* höhnisch, gehässig
насоли́ть ⟨*fut*: -олю́, -о́лишь⟩ *vi I pf* (*impf:* наса́ливать) salzen
насо́с *m K* Pumpe *f*; **возду́шный ~** Luftpumpe *f*; **то́пливный ~** Einspritzpumpe *f*
на́спех *adv* eilig; **де́лать что-ли́бо ~** herumpfuschen (an *+dat*)
наста́вник *m K* **1.** Lehrmeister *m*; **2.** Betreuer *m*; **~-воспита́тель** Erziehungsberechtigte(r) *mf* **3.** (*SPORT*) Coach *m*
наста́ивать *vi E impf* (*pf:* насто́ять) (*на чём-ли́бо*) bestehen, beharren (auf *+dat*)
на́стежь *adv* sperrangelweit offen
насто́йчивость *f I* Beharrlichkeit *f*
насто́йчивый ⟨*kf*: -ив⟩ *adj* **1.** beharrlich; **2.** eindringlich
насто́льный *adj* Tisch-; **~ те́ннис** Tischtennis *nt*
насторáживать *vt E impf* (*pf:* насторожи́ть) **1.** befremden; **2.** aufhorchen lassen; **3.** aufschrecken
настоя́ние *nt O2* Drängen *nt*; **по её настоя́нию** auf ihr Drängen (hin)
настоя́тельница *f A* Äbtissin *f*
настоя́тельный ⟨*kf*: -лен, -льна⟩ *adj* vordringlich
настоя́ть ⟨*fut*: настою́, -стои́шь⟩ *vi I pf* (*impf:* наста́ивать) (*на чём-ли́бо*) bestehen (auf *+dat*)
настоя́щий *adj* **1.** echt; **2.** wahr ; **3.** regelrecht; **4.** (*о вре́мени*) augenblicklich; **к настоя́щему вре́мени** inzwischen; **настоя́щее вре́мя** (*LING*) Präsens *nt*
настра́ивать *vt E impf* (*pf:* настро́ить) **1.** beeinflussen, einnehmen; **~ кого́-ли́бо в по́льзу чего́-ли́бо** jdn einnehmen (für *+akk*) **2.** (*MUS*) stimmen
настра́иваться *vr E impf* (*pf:* настро́иться) sich einstellen (auf *+akk*)
настрое́ние *nt O2* **1.** Laune *f*, Stimmung *f*; **2.** Geisteshaltung *f*; **поднима́ть ~** die Stimmung heben; **быть в хоро́шем/пло́хом настрое́нии** guter/schlechter Laune sein
настро́енный ⟨*kf*: -ен⟩ *adj* **1.** gelaunt; **2.** gesinnt; **3.** (*MUS*) gestimmt
настро́ить *vt I pf* (*impf:* настра́ивать) **1.** (*MUS*) stimmen; **2.** beeinflussen, einnehmen
настро́иться *vr I pf* (*impf:* настра́иваться) sich einstimmen (auf *+akk*)
настро́й *m K2* **1.** Geisteshaltung *f*; **2.** Mentalität *f*; **крити́ческий ~** kritische Einstellung *f*; **о́бщий ~** Grundhaltung *f*
наступа́тельный ⟨*kf*: -лен, -льна⟩ *adj* Angriffs-, offensiv
наступа́ть *vi E impf* (*pf:* наступи́ть) **1.** kommen; **2.** (*су́мерки, ночь*) einbrechen, hereinbrechen; **3.** (*JUR*) verfallen; **~ на но́ги** jdm auf die Füße treten
наступле́ние *nt O2* **1.** Beginn *m*; **~ холодо́в** Kälteeinbruch *m*; **с наступле́нием темноты́** bei Anbruch der Dunkelheit **2.** (*MIL*) Angriff *m*, Offensive *f*; **предпринима́ть ~** zum Angriff ansetzen
насу́щный ⟨*kf*: -щен, -щна⟩ *adj* **1.** dringlich, akut; **2.** relevant
на́сыпь *f I* **1.** Damm *m*; **же́лезнодоро́жная ~** Bahndamm *m* **2.** Böschung *f*
насы́тить ⟨*fut*: -сы́щу, -сы́тишь⟩ *vt I pf* (*impf:* насыща́ть) sättigen
насы́щенный ⟨*kf*: -ен, -енна⟩ *adj* reichhaltig, gesättigt; **~ собы́тиями** ereignisreich; **насы́щенная програ́мма** gedrängtes Programm *nt*
ната́пливать *vt E impf* (*pf:* натопи́ть)

einheizen
натвори́ть *vt I pf* (*umg*) ausfressen, anrichten
натере́ть ⟨*fut*: -тру́, -трёшь⟩ *vt E4b pf* (*impf:* натира́ть) **1.** scheuern, bohnern; **2.** (*umg*) rubbeln
на́тиск *m K* Drang *m*
наткну́ть ⟨*fut*: -ткну́, -кнёшь⟩ *vt E1 pf* (*impf:* натыка́ть) aufspießen, aufstecken
НАТО *nt indekl* Nato *f*
натопи́ть ⟨*fut*: -топлю́, -то́пишь⟩ *vt I pf* (*impf:*ната́пливать) einheizen
наточи́ть ⟨*fut*: -точу́, -то́чишь⟩ *vt I pf* (*impf:* точи́ть) schleifen, schärfen
натрави́ть ⟨*fut*: -травлю́, -тра́вишь⟩ *vt I pf* (*impf:* натра́вливать) (*кого́-либо на кого́-что*) aufhetzen (gegen *+akk*)
на́трий *m K2* Natrium *nt*
нату́ра *f A* **1.** Natur *f*; **2.** Charakter *m*, Eigenart *f*; **он весёлый по нату́ре** er hat ein fröhliches Naturell
натурали́зм *m K* Naturalismus *m*
натыка́ть *vt E impf* (*pf:* наткну́ть) aufspießen, aufstecken
натюрмо́рт *m K* Stilleben *nt*
натя́гивать *vt E impf* (*pf:* натяну́ть) spannen, straffen
натя́жка *f A* **1.** Bezug *m*; **2.** Gezwungenheit *f*; **э́то ве́рно с натя́жкой** dies stimmt nur mit Vorbehalt
натя́нутость *f I* Steifheit *f*
натя́нутый ⟨*kf*: -ут⟩ *adj* stramm, gespannt; **натя́нутые отноше́ния** gespanntes Verhältnis *nt*
натяну́ть ⟨*fut*: -тяну́, -тя́нешь⟩ *vt E1 pf* (*impf:* натя́гивать) spannen, straffen
науга́д *adv* auf gut Glück, blindlings
нау́ка *f A* **1.** Wissenschaft *f*; **2.** Forschung *f*; **есте́ственная ~** Naturwissenschaft *f*
наутёк *adv* auf und davon
научи́ть ⟨*fut*: -учу́, -у́чишь⟩ *vt I pf* (*impf:* учи́ть) lehren, unterrichten
нау́чно-популя́рный *adj* populärwissenschaftlich
нау́чный ⟨*kf*: -чен, -чна⟩ *adj* wissenschaftlich, Forschungs-; **нау́чные иссле́дования** Forschung *f*; **~ рабо́тник** Wissenschaftler *m*; **~ центр** Forschungszentrum *nt*
нау́шники *m pl K* Kopfhörer *m*
наха́льный ⟨*kf*: -лен, -льна⟩ *adj* frech, dreist , vorlaut
нахлобу́чивать *vt E impf* (*pf:* нахлобу́чить) stülpen
нахму́рить *vt I pf* (*impf:* хму́рить) die Stirn runzeln
находи́ть ⟨*präs*: -хожу́, -хо́дишь⟩ *vt I impf* (*pf:* найти) **1.** finden, ausfindig machen, entdecken; **~ вре́мя на что-ли́бо** sich Zeit nehmen (für *+akk*); **~ в себе́ си́лы** die Kraft aufbringen; **~ доро́гу путём рассро́сов** sich durchfragen; **~ друзе́й** Freunde gewinnen; **~ своё ме́сто** sich zurechtfinden; **~ сре́дства** Mittel aufbringen; **~ удово́льствие в чём-ли́бо** Spaß finden (an *+dat*) **2.** übermannen; **что на тебя́ нашло́?** was ist in dich gefahren
находи́ться ⟨*präs*: -хожу́сь, -хо́дишься⟩ *vr I impf* (*pf:* найтись) **1.** sich befinden, liegen; **2.** (*umg*) sich müde laufen
нахо́дка *f A* Fund *m*
нахо́дчивость *f A* Schlagfertigkeit *f*
нахо́дчивый ⟨*kf*: -ив⟩ *adj* **1.** schlagfertig; **2.** einfallsreich
нацара́пать *vt E pf* (*impf:* цара́пать) kratzen, zerkratzen
наце́лить *vi I pf* (*impf:* це́лить) (*во что-ли́бо*) zielen, anspielen (auf *+akk*)
наце́нка *f A* Aufpreis *m*
на́цизм *m K* **1.** Nazismus *m*; **2.** Nationalsozialismus *m*
национализи́ровать *vt E2 impf/pf* verstaatlichen
национали́зм *m K* Nationalismus *m*
национа́льность *f I* Nationalität *f*
национа́льный ⟨*kf*: -лен, -льна⟩ *adj* national; **~ пра́здник** Nationalfeiertag *m*; **~ геро́й** Nationalheld *m*; **~ гимн** Nationalhymne *f*; **национа́льная сбо́рная** Nationalmannschaft *f*
наци́ст *m K* Nationalsozialist, -in *m/f*, Nazi *m*
на́ция *f A2* Nation *f*
нача́ло *nt O* Anfang *m*; **для нача́ла** fürs erste; **~ игры́** (*SPORT*) Anspiel *nt*; **положи́ть ~ чему́-ли́бо** den Grundstein legen (zu *+dat*); **с нача́ла до конца́** von A bis Z
нача́льник *m K* **1.** Leiter *m*; **2.** Vorgesetze(r) *mf*; **~ отде́ла** Abteilungsleiter *m*; **~ отде́ла ка́дров** Personalchef *m*; **быть сам себе́ ~** sein eigener Herr sein
нача́ть ⟨*fut*: -чну́, -нёшь⟩ *vt E9 pf* (*impf:* начина́ть) anfangen, beginnen; **~ издалека́** weit ausholen; **~ с нуля́** bei Null beginnen
начина́ющий *adj* **I.** angehend; **~ худо́жник** angehender Künstler *m*; **II.** *m wie adj* Anfänger *m*
начи́слить *vt I pf* (*impf:* начисля́ть) berechnen
начи́танный ⟨*kf*: -ан, -анна⟩ *adj* **1.** belesen; **2.** bewandert
начи́щенный *adj* **1.** blitzsauber; **2.** blank
наш *pron poss* unser; **с ~ей стороны́** unsererseits
нашаты́рь *m K1* Salmiak(geist) *m*
наэлектризова́ть *vt E2 pf* (*impf:*

электризовать) elektrisieren
не *part Verneinung* nicht; **это ~ моё дело** das geht mich nichts an; **я тут ~ при чём** ich kann nichts dafür
неадекватный ⟨*kf*: -тен, -тна⟩ *adj* (*geh*) unangemessen
неаккуратный *adj* (*geh*) unordentlich, nicht korrekt
неаппетитный *adj* unappetitlich
небесный ⟨*kf*: -сен, -сна⟩ *adj* himmlisch, Himmels-; **небесное тело** Himmelskörper *m*
неблагодарность *f I* Undank *m*, Undankbarkeit *f*
неблагодарный ⟨*kf*: -рен, -рна⟩ *adj* undankbar
неблагоприятный *adj* **1.** ungünstig; **2.** mißgünstig
небо ⟨*nom pl*: небеса⟩ *nt O ple* Himmel *m*
нёбо *nt O* Gaumen *m*
небоскрёб *m K* Wolkenkratzer *m*
небрежность *f I* Nachlässigkeit *f*
небрежный ⟨*kf*: -жен, -жна⟩ *adj* **1.** nachlässig, schlampig; **небрежная работа** Schlamperei *f*, Pfuscherei *f*; **2.** fahrlässig
небылица *f A* erfundene Geschichte *f*, Märchen *nt*; **рассказывать кому-либо небылицы** (*fig*) jdm einen Bären aufbinden
неважный ⟨*kf*: -жен, -жна⟩ *adj* **1.** unwichtig, belanglos; **2.** mies, miserabel
невежественный ⟨*kf*: -вен, -венна⟩ *adj* ungebildet, unwissend
невезение *nt O2* Mißgeschick *nt*
неверность *f I* Untreue *f*; **супружеская ~** Ehebruch *m*
неверный ⟨*kf*: -рен, -рна⟩ *adj* **1.** falsch, unrichtig; **2.** untreu, treulos
невероятность *f I* Unwahrscheinlichkeit *f*
невероятный ⟨*kf*: -тен, -тна⟩ *adj* **1.** unwahrscheinlich; **2.** unglaublich
невесомость *f I* Schwerelosigkeit *f*
невесомый ⟨*kf*: -сом⟩ *adj* schwerelos
невеста *f A* Braut *f*
невестка *f A* Schwiegertochter *f*
невзрачный ⟨*kf*: -чен, -чна⟩ *adj* unansehnlich
невзыскательность *f I* Genügsamkeit *f*, Anspruchslosigkeit *f*
невзыскательный ⟨*kf*: -лен, -льна⟩ *adj* genügsam
невиданный ⟨*kf*: -дан, -данна⟩ *adj* **1.** ungeahnt; **2.** unerhört
невидимый ⟨*kf*: -им⟩ *adj* unsichtbar
невинность *f I* Unschuld *f*
невинный ⟨*kf*: -инен, -инна⟩ *adj* **1.** unschuldig; **с невинным видом** mit Unschuldsmiene **2.** harmlos
невиновный ⟨*kf*: -вен, -вна⟩ *adj* (*JUR*) unschuldig
невменяемый ⟨*kf*: -ем⟩ *adj* **1.** unzurechnungsfähig; **2.** unberechenbar
невнимательность *f I* **1.** Unachtsamkeit *f*; **2.** Unaufmerksamkeit *f*
невнимательный ⟨*kf*: -лен, -льна⟩ *adj* **1.** achtlos; **2.** unaufmerksam
невнятный ⟨*kf*: -тен, -тна⟩ *adj* undeutlich; **~ говор** Gemurmel *nt*
невозможность *f I* Unmöglichkeit *f*
невозможный ⟨*kf*: -жен, -жна⟩ *adj* unmöglich
невольный ⟨*kf*: -лен, -льна⟩ *adj* unwillkürlich
невоспитанность *f I* Ungezogenheit *f*
невоспитанный *adj* ungezogen
невостребованный *adj* **1.** nicht abgeholt; **2.** (специалист) nicht gebraucht
невредимый ⟨*kf*: -им⟩ *adj* heil
невроз *m K* Neurose *f*
невролог *m K* (*MED*, *невропатолог*) Neurologe *m*
неврология *f A2* Neurologie *f*
невротик *m K* Neurotiker *m*
невротический *adj* neurotisch
невыгодный ⟨*kf*: .ден, -дна⟩ *adj* nachteilig, unvorteilhaft
невыносимый ⟨*kf*: -им⟩ *adj* unerträglich
невыполнение *nt O2* Nichtbefolgung *f*; **~ приказа** Befehlsverweigerung *f*
невыразительный *adj* ausdruckslos
негатив *m K* (*FOT*) Negativ *nt*
негативный ⟨*kf*: -вен, -вна⟩ *adj* negativ
негерметичный *adj* undicht
неглиже *nt indekl* Morgenrock *m*
негодность *f I* Unbrauchbarkeit *f*; **пришедший в ~** ausgedient
негодный ⟨*kf*: -ден, -дна⟩ *adj* **1.** unbrauchbar; **2.** untauglich
негодование *nt O2* **1.** Zorn *m*; **2.** Empörung *f*; **приходить в ~** sich entrüsten
негодяй *m K2* Halunke *m*, Schuft *m*, Schurke *m*
неготовность *f I* Nichtbereitschaft *f*; **~ к контактам** Berührungsangst *f*
неграмотный *m wie adj* Analphabet *m*
негуманный *adj* unmenschlich
недавний *adj* unlängst geschehen; **с недавних пор** seit neuestem
недавно *adv* vor kurzem, neulich
недалёкий ⟨*kf*: -лёк, -лека⟩ *adj* nahe; **в недалёком будущем** in absehbarer Zukunft
недальновидный *adj* kurzsichtig
недаром *adv* nicht umsonst, nicht ohne Grund
недвусмысленный *adj* eindeutig, unzweideutig
недействительность *f I* Ungültigkeit

f

недействи́тельный *adj* ungültig; **станови́ться недействи́тельным** (*JUR*) erlöschen

недели́мый ⟨*kf*: -и́м⟩ *adj* unteilbar

неде́ля *f A1* Woche *f*; **сорокачасова́я рабо́чая ~** Vierzigstundenwoche *f*

неде́лями *adv* wochenlang

недисциплини́рованный *adj* undiszipliniert

недифференци́рованный *adj* undifferenziert

недоброжела́тельность *f I* **1.** Abneigung *f*; **2.** Widerwille *m*

недове́рие *nt O2* Mißtrauen *nt*; **вы́разить ~** Mißtrauen aussprechen

недове́рчивый *adj* mißtrauisch

недово́льный ⟨*kf*: -лен, -льна⟩ *adj* **1.** unzufrieden; **2.** mißmutig, verdrießlich; **3.** verärgert

недово́льство *nt O* **1.** Unzufriedenheit *f*; **2.** Unmut *m*; **вы́звать ~** Unmut hervorrufen; **выража́ть ~** sein Mißfallen äußern

недоеда́ние *nt O2* Unterernährung *f*

недоеда́ющий *adj* unterernährt

недои́мка *f A* **1.** Zahlungsrückstand *m*; **2.** Steuerhinterziehung *f*

недо́лго *adv* nicht lange; **~ ду́мая** kurzerhand, ohne lange zu überlegen

недооце́нивать *vt E impf* (*pf*: недооцени́ть) unterschätzen, unterbewerten

недопусти́мый ⟨*kf*: -и́м⟩ *adj* unzulässig

недоразуме́ние *nt O2* Mißverständnis *nt*; **по недоразуме́нию** fälschlicherweise

недостава́ть ⟨*unpers*: -стаёт⟩ *vi E3 impf* (*pf*: недоста́ть) **1.** mangeln, knapp sein; **2.** fehlen, vermißt werden; **нам тебя́ недостава́ло** wir haben dich vermißt; **э́то ещё не недостава́ло!** das hat uns gerade noch gefehlt

недоста́ток ⟨*gen sg*: -тка⟩ *m K* **1.** Nachteil *m*; **2.** Fehler *m*; **3.** Mangel *m*; **испы́тывать о́стрый ~ в чём-ли́бо** Mangel leiden (an *+dat*)

недоста́точный ⟨*kf*: -чен, -чна⟩ *adj* ungenügend, unzureichend

недоста́ча *f A* (*ÖKON*) Fehlbetrag *m*, Manko *nt*

недосто́йный ⟨*kf*: -о́ин, -о́йна⟩ *adj* unwürdig; **~ челове́ка** menschenunwürdig

недосчита́ться *vt E pf* (*impf*: недосчи́тываться) **1.** vermissen; **2.** verloren haben

недоуме́ние *nt O2* **1.** Befremden *nt*; **2.** Entrüstung *f*; **вы́звать чьё-ли́бо ~** jdn befremden

нежела́ние *nt O2* **1.** Unwille *m*; **2.** Unlust *f*

нежела́тельный ⟨*kf*: -лен, -льна⟩ *adj* unerwünscht

нежи́рный *adj* (*о мя́се*) mager

не́житься *vr I impf* (*umg*) sich aalen

не́жность *f I* **1.** Zärtlichkeit *f*; **2.** Zartheit *f*

не́жный ⟨*kf*: -жен, -жна́, -жно⟩ *adj* **1.** zärtlich; **2.** zart

незабу́дка *f A* Vergißmeinnicht *nt*

незабыва́емый ⟨*kf*: -а́ем⟩ *adj* (*geh*) unvergeßlich

незави́симость *f I* Unabhängigkeit *f*

незави́симый ⟨*kf*: -им⟩ *adj* unabhängig

незако́нный *adj* ungesetzlich, illegal

незако́нченный *adj* unvollendet

незамедли́тельный ⟨*kf*: -лен, -льна⟩ *adj* unverzüglich

незамени́мый ⟨*kf*: -и́м⟩ *adj* **1.** unersetzbar; **2.** unabkömmlich

незаме́тный ⟨*kf*: -тен, -тна⟩ *adj* **1.** unauffällig; **2.** unmerklich

незаму́жняя *adj* (*о же́нщине*) unverheiratet, ledig

незапа́мятный *adj* undenklich; **с незапа́мятных времён** immer schon, seit eh und je

незаслу́женный *adj* unverdient

незащищённый *adj* **1.** schutzlos; **2.** schutzbedürftig; **социа́льно незащищённые гру́ппы населе́ния** sozial nicht abgesicherte Bevölkerungsgruppen

незва́ный *adj* ungeladen

нездоро́вый ⟨*kf*: -о́в⟩ *adj* **1.** ungesund; **2.** (*auch fig*) krankhaft

неземно́й *adj* überirdisch

незлоби́вый *adj* arglos

незнако́мый *adj* unbekannt, fremd

незначи́тельный ⟨*kf*: -лен, -льна⟩ *adj* bedeutungslos, belanglos

незре́лый *adj* unreif

неизбе́жный ⟨*kf*: -жен, -жна⟩ *adj* **1.** unausweichlich; **2.** unabwendbar

неизве́стный ⟨*kf*: -тен, -тна⟩ *adj* **1.** unbekannt; **2.** obskur; **э́то пока́ никому́ неизве́стно** das steht in den Sternen

неизме́нный ⟨*kf*: -мен, -менна⟩ *adj* **1.** unverändert; **2.** unabänderlich; **3.** gleichbleibend

неиму́щий *adj* (*geh*) besitzlos, mittellos

нeiскренний *adj* unaufrichtig

неисправи́мый *adj* unverbesserlich

неispра́вность *f I* **1.** Defekt *m*; **2.** Panne *f*; **~ мото́ра** Motorschaden *m*; **~ станка́** Maschinenschaden *f*

неispра́вный ⟨*kf*: -вен, -вна⟩ *adj* **1.** defekt; **2.** mangelhaft

не́истовство *nt O* Zorn *m*, Rage *f*

не́истовствовать *vi E2 impf* rasen

не́истовый ⟨*kf*: -ов⟩ *adj* **1.** leidenschaft-

lich; **2.** rasend
нейло́н *m K* Nylon *nt*
нейтрализова́ть *vt E2 impf/pf* neutralisieren
нейтра́льный ⟨*kf*: -лен, -льна⟩ *adj* neutral
нейтро́н *m K* Neutron *nt*
нейтро́нный *adj* Neutronen-; **нейтро́нное ору́жие** Neutronenwaffe *f*
нека́чественная (проду́кция) *f wie adj* minderwertiges Produkt *nt*
неквалифици́рованный *adj* **1.** ungelernt; **2.** unqualifiziert; **~ рабо́чий** Hilfskraft *f*
некомпане́йский *adj* ungesellig; **~ челове́к** Spielverderber *m*
некомпете́нтность *f I* Inkompetenz *f*
некото́рый *pron indef* **1.** ein gewisser; **2.** (*im pl:*) manche, einige; **с некото́рых пор** seit geraumer Zeit
некрити́чный *adj* **1.** kritiklos; **2.** unkritisch
некроло́г *m K* Nachruf *m*
некуря́щий *m wie adj* Nichtraucher *m*
нела́дно *adv* schlecht, nicht in Ordnung; **здесь что-то ~** hier ist etw faul, hier stimmt etw nicht
нелёгкий *adj* langwierig; **нелёгкая борьба́** harter Kampf
неле́пость *f I* Unsinnigkeit *f*
неле́пый ⟨*kf*: -ле́п⟩ *adj* unsinnig, widersinnig; **неле́пая иде́я** ausgefallene Idee *f*
нeléстный *adj* abfällig; **неле́стное выска́зывание** abfällige Bemerkung *f*
нело́вкий ⟨*kf*: -вок, -вка́⟩ *adj* **1.** peinlich; **поста́вить кого́-ли́бо в нело́вкое положе́ние** jdn in eine peinliche Lage bringen **2.** plump, ungeschlacht
нело́вкость *f I* **1.** Peinlichkeit *f*; **испыта́ть чу́вство нело́вкости** peinlich berührt sein **2.** Ungeschicklichkeit *f*, Plumpheit *f*
нелоги́чный *adj* unlogisch
нельзя́ *adv präd* **1.** man darf nicht; **2.** man soll nicht
нелюди́мый ⟨*kf*: -и́м⟩ *adj* menschenscheu
нема́ло *adv* etliche, viele; **тому́ ~ приме́ров** dafür gibt es viele Beispiele
немалова́жный *adj* wesentlich, relevant
нема́лый ⟨*kf*: -ма́л⟩ *adj* nicht unbedeutend, ordentlich; **~ срок** geraume Zeit *f*, **в нема́лой сте́пени** in beträchtlichem Maße
неме́дленный ⟨*kf*: -лен, -ленна⟩ *adj* sofortig, augenblicklich; **неме́дленное де́йствие** Sofortwirkung *f*
не́мец ⟨*gen sg*: -мца⟩ *m K* Deutscher *m*
неме́цкий *adj* deutsch; **~ язы́к** Deutsch *nt*; **уро́к неме́цкого языка́** Deutschunterricht *m*
немецкоязы́чный *adj* deutschsprachig
не́мка *f A* **1.** Deutsche *f*; **2.** (*umg*) Deutschlehrerin *f*
немно́гий *adj* wenig
немно́го *adv* ein wenig, ein bißchen
немногосло́жный *adj* **1.** einsilbig; **2.** kurz angebunden
немну́щийся *adj* (**об оде́жде**) bügelfrei
немо́й ⟨*kf*: нем, -ма́, -мо⟩ *adj* (*auch fig*) stumm
немы́слимый ⟨*kf*: -им⟩ *adj* unvorstellbar, undenkbar
ненави́деть ⟨*präs*: -ви́жу, -ви́дишь⟩ *vt I impf* **1.** hassen; **2.** verabscheuen
ненави́стный ⟨*kf*: -тен, -тна⟩ *adj* verhaßt
не́нависть *f I* Haß *m*; **испо́лненный не́иависти** haßerfüllt
ненадёжность *f I* **1.** Unsicherheit *f*; **2.** Unzuverlässigkeit *f*
ненадёжный *adj* unsicher, unzuverlässig
нена́рушенный *adj* **1.** unzerstört; **2.** (*ÖKOL*) naturbelassen
ненаси́льственный *adj* gewaltlos
нена́стный ⟨*kf*: -тен, -тна⟩ *adj* trübe, regnerisch
нену́жность *f I* Nutzlosigkeit *f*
нену́жный *adj* entbehrlich, nutzlos, überflüssig; **нену́жное зачеркну́ть** Unzutreffendes streichen
необду́манный ⟨*kf*: -ман, -манна⟩ *adj* unüberlegt
необосно́ванный *adj* unbegründet, nicht stichhaltig
необразо́ванный *adj* ungebildet
необрати́мый *adj* **1.** nicht umkehrbar; **2.** unwiderruflich
необу́зданный ⟨*kf*: -дан, -данна⟩ *adj* zügellos, ungezügelt; **необу́жданная фантази́я** ausschweifende Phantasie *f*
необходи́мо *adv präd* es ist nötig
необходи́мость *f I* Notwendigkeit *f*; **~ де́йствий** Handlungsbedarf *m*; **при необходи́мости** notfalls
необходи́мый ⟨*kf*: -и́м⟩ *adj* notwendig
необщи́тельный *adj* kontaktarm
необы́чный ⟨*kf*: -чен, -чна⟩ *adj* **1.** ungewöhnlich, ausgefallen; **2.** fremdartig
необяза́тельный *adj* **1.** unverbindlich; **2.** pflichtvergessen
неограни́ченный *adj* unbegrenzt, unbeschränkt; **неограни́ченные возмо́жности** unbegrenzte Möglichkeiten
неоднозна́чность *f I* **1.** Doppelsinnigkeit *f*, Doppeldeutigkeit *f*; **2.** Mehrdeutigkeit *f*, Ambiguität *f*

неоднокра́тный ⟨*kf*: -тен, -тна⟩ *adj* wiederholt, mehrfach
неодноро́дный *adj* nicht gleichartig, heterogen
неодобре́ние *nt O2* Mißbilligung *f*
неожи́данность *f I* Überraschung *f*; **растеря́ться от неожи́данности** (*umg*) baff sein
неожи́данный ⟨*kf*: -дан, -данна⟩ *adj* **1.** überraschend, unerwartet; **2.** plötzlich, abrupt
неомрачённый *adj* ungetrübt
нео́н *m K* Neon *nt*
неонаци́ст *m K* Neonazi *m*
нео́новый *adj* Neon-; **нео́новая ла́мпа** Neonlampe *f*; **нео́новое освеще́ние** Neonlicht *nt*
неопа́сный *adj* **1.** unbedenklich; **2.** ungefährlich
неопра́вданный *adj* ungerechtfertigt
неопределённость *f I* **1.** Unbestimmtheit *f*; **2.** Ungewißheit *f*; **правова́я ~** Grauzone *f*, unübersichtliche Gesetzeslage *f*
неопределённый ⟨*kf*: -лёнен, лённа⟩ *adj* **1.** unbestimmt; **2.** ungewiß; **непоределённая фо́рма глаго́ла** (*LING*) Infinitv *m*
неопровержи́мый ⟨*kf*: -и́м⟩ *adj* unwiderlegbar
неопря́тный *adj* **1.** schmutzig; **2.** unordentlich; **3.** schmierig
нео́пытный *adj* unerfahren
неоргани́ческий *adj* anorganisch
неоседлый *adj* nicht seßhaft
неосторо́жный *adj* unvorsichtig
неотёсанный ⟨*kf*: -ан, -анна⟩ *adj* grobschlächtig, plump, ungeschlacht
неотрази́мый ⟨*kf*: -и́м⟩ *adj* unwiderstehlich
неофаши́зм *m K* Neofaschismus *m*
неохо́тно *adv* ungern
неохо́тный ⟨*kf*: -тен, -тна⟩ *adj* **1.** lustlos; **2.** halbherzig
неоцени́мый ⟨*kf*: -и́м⟩ *adj* (*geh*) unschätzbar
непи́саный *adj* ungeschrieben; **~ зако́н** ungeschriebenes Gesetz *nt*; **непи́саное пра́вило** Faustregel *f*
неплатёжеспосо́бный *adj* zahlungsunfähig
неповинове́ние *nt O2* Ungehorsam *m*
неповтори́мый ⟨*kf*: -и́м⟩ *adj* (*geh*) einmalig, unwiederholbar
непого́да *f A* Unwetter *nt*
непогреши́мость *f I* (*безгре́шность*) Unfehlbarkeit *f*
непогреши́мый ⟨*kf*: -и́м⟩ *adj* unfehlbar
неподви́жность *f I* **1.** Starrheit *f*, Steifheit *f*; **2.** Unbeweglichkeit *f*
неподви́жный ⟨*kf*: -жен, -жна⟩ *adj* **1.** unbeweglich, bewegungslos; **2.** starr, steif
неподгото́вленный *adj* unvorbereitet
неподде́льность *f I* Echtheit *f*
неподде́льный ⟨*kf*: -лен, -льна⟩ *adj* unverfälscht, ungeheuchelt, echt
непоколеби́мый ⟨*kf*: -и́м⟩ *adj* (*geh*) unerschütterlich, felsenfest
непоко́рный *adj* ungehorsam
непокры́тый *adj* unbedeckt; **с непокры́той голово́й** barhäuptig
непола́дки *f pl A* Störungen *f pl*; **техни́ческие ~** technisches Versagen *nt*
непо́лный *adj* lückenhaft, unvollständig; **рабо́тать ~ рабо́чий день** [*o* **непо́лную рабо́чую неде́лю**] kurzarbeiten
непонима́ние *nt O2* Unverständnis *nt*
непоня́тный ⟨*kf*: -тен, -тна⟩ *adj* **1.** unverständlich; **2.** seltsam
непопуля́рный *adj* **1.** unbeliebt; **2.** unpopulär
непосе́да *f A* (*umg*) Zappelphilipp *m*
непосе́дливый ⟨*kf*: -ив⟩ *adj* **1.** zappelig; **2.** rege
непослу́шный *adj* ungehorsam, aufsässig
непосре́дственный ⟨*kf*: -вен, -венна⟩ *adj* **1.** unmittelbar; **2.** unbefangen
непостижи́мый ⟨*kf*: -и́м⟩ *adj* **1.** unbegreiflich; **2.** unfaßbar; **э́то непостожи́мо!** es ist nicht zu fassen
непостоя́нный ⟨*kf*: -нен, -нна⟩ *adj* unbeständig, unstet, flatterhaft
непочти́тельный *adj* respektlos
непра́вда *f A* Unwahrheit *f*; **э́то ~!** das stimmt nicht
непра́вдоподо́бный *adj* unglaubwürdig
непра́вильный *adj* **1.** falsch; **2.** regelwidrig; **непра́вильные де́йствия люде́й** menschliches Versagen *nt*
неправноме́рный *adj* **1.** ungleichmäßig; **2.** unausgewogen
неправоме́рный *adj* rechtswidrig
непракти́чный *adj* unpraktisch
непредвзя́тый *adj* unvoreingenommen
непредви́денный ⟨*kf*: -ен⟩ *adj* unvorhergesehen
непредсказу́емый ⟨*kf*: -ем⟩ *adj* **1.** unkalkulierbar; **2.** (*о челове́ке*) unberechenbar
непреме́нный ⟨*kf*: -нен, -нна⟩ *adj* **1.** unbedingt; **2.** unablässig
непреры́вный ⟨*kf*: -вен, -вна⟩ *adj* ununterbrochen, kontinuierlich
непреста́нный ⟨*kf*: -нен, -нна⟩ *adj* unaufhörlich
непрести́жность *f I* geringes Ansehen

nt
неприве́тливость *f I* Unfreundlichkeit *f*
неприве́тливый *adj* unfreundlich
непривлека́тельный *adj* reizlos
непривы́чный *adj* ungewohnt
неприго́дный ⟨*kf*: -ден, -дна⟩ *adj* **1.** unbrauchbar; **2.** ungeeignet
непри́знанный *adj* verkannt; **~ ге́ний** verkanntes Genie *nt*
неприкры́тый ⟨*kf*: -ы́т⟩ *adj* unverhohlen, offenkundig
неприли́чный ⟨*kf*: -чен, -чна⟩ *adj* unanständig, anstößig
непримири́мый ⟨*kf*: -и́м⟩ *adj* unversöhnlich, unvereinbar
непринуждённость *f I* Zwanglosigkeit *f*
непринуждённый ⟨*kf*: -дён, -дённа⟩ *adj* zwanglos, ungezwungen, locker, natürlich
неприсоедини́вшийся *adj* blockfrei
непристо́йность *f I* Obszönität *f*, Unanständigkeit *f*
непристо́йный ⟨*kf*: -о́ен, -о́йна⟩ *adj* unanständig, obszön
непристу́пный ⟨*kf*: -пен, -пна⟩ *adj* **1.** unnahbar; **2.** abweisend
непритяза́тельность *f I* Genügsamkeit *f*, Anspruchslosigkeit *f*
непритяза́тельный ⟨*kf*: -лен, -льна⟩ *adj* anspruchslos, genügsam
неприхотли́вый *adj* anspruchslos
неприя́знь *f I* Abneigung *f*, Aversion *f*
неприя́тие *nt O2* Ablehnung *f*, Widerwille *m*
неприя́тность *f I* **1.** Ärger *m*; **2.** Unannehmlichkeit *f*
неприя́тный ⟨*kf*: -тен, -тна⟩ *adj* **1.** unangenehm; **~ вкус во рту** fader Geschmack *m* im Mund **2.** unangenehm, leidig; **~ вопрос** peinliche Frage *f*
непродолжи́тельный *adj* kurz; **~ визи́т** Kurzbesuch *m*, Stippvisite *f*
непроизво́льный ⟨*kf*: -лен, -льна⟩ *adj* **1.** spontan; **2.** unwillkürlich
непрости́тельный ⟨*kf*: -лен, -льна⟩ *adj* unverzeihlich, sträflich
непрофессиона́л *m K* **1.** Laie *m*; **2.** Dilettant *m*
непро́шенный *adj* (*umg*) ungeladen, ungebeten
непунктуа́льный *adj* unpünktlich
неравноме́рность *f I* **1.** Ungleichmäßigkeit *f*; **2.** Unausgewogenheit *f*; **~ в у́ровне разви́тия се́вера и ю́га** Nord-Süd-Gefälle *nt*
нера́вный ⟨*kf*: -вен, -вна́⟩ *adj* ungleich; **ста́вить кого́-ли́бо в ~ые усло́вия** jdn benachteiligen
неразбери́ха *f A* (*umg*) Durcheinander *nt*; **по́лная ~** völliges Durcheinander *nt*; **~ в зако́нах** Grauzone *f*
неразбо́рчивый *adj* (**по́черк**) unleserlich
неразвито́й *adj* **1.** unterentwickelt; **2.** geistig zurückgeblieben
неразгово́рчивый *adj* **1.** wortkarg, mundfaul; **2.** schweigsam
неразлу́чный *adj* unzertrennlich
неразрешённый *adj* **1.** unerlaubt; **2.** verboten
неразреши́мый ⟨*kf*: -и́м⟩ *adj* (*о пробле́ме*) unlösbar
неразры́вный ⟨*kf*: -вен, -вна⟩ *adj* **1.** unauflöslich; **2.** unzerreißbar
неразу́мный ⟨*kf*: -мен, -мна⟩ *adj* unvernünftig
нерасположе́ние *nt O2* Abneigung *f*
нерасторжи́мый ⟨*kf*: -и́м⟩ *adj* unlösbar
нерациона́льный ⟨*kf*: -лен, -льна⟩ *adj* unrationell
нерв *m K* Nerv *m*; **де́йствовать на ~ы** auf die Nerven gehen
нерви́рующий *adj* nervtötend
не́рвный *adj* **1.** Nerven-, nervlich; **2.** nervös; **нервное истоще́ние** Nervenzusammenbruch *m*; **нервная систе́ма** Nervensystem *nt*; **нервная рабо́та** nervenaufreibende Arbeit *f*
нерво́зность *f I* **1.** Nervosität *f*; **2.** Hektik *f*
нерву́щийся *adj* strapazierfähig
нереа́льный ⟨*kf*: -лен, -льна⟩ *adj* **1.** unwirklich, irreal; **2.** wirklichkeitsfremd
нерегуля́рность *f I* Unregelmäßigkeit *f*
нерегуля́рный *adj* unregelmäßig
нере́зкий *adj* unscharf
нерента́бельный *adj* unrentabel, unwirtschaftlich
нереши́тельный ⟨*kf*: -лен, -льна⟩ *adj* **1.** unentschlossen; **2.** zaghaft
нержаве́ющий *adj* rostfrei
неря́ха *mf A* **1.** (*umg*) Dreckspatz *m*; **2.** Schlamper *m*
неря́шливость *f I* Schlamperei *f*
неря́шливый ⟨*kf*: -ив⟩ *adj* schlampig
несамостоя́тельный *adj* unselbständig
несве́дущий *adj* unwissend
несво́йственный *adj* **1.** nicht eigen; **2.** fremd; **быть несво́йственным кому́-ли́бо** jdm fernliegen
несвя́зный *adj* **1.** unzusammenhängend; **2.** lose; **~ расска́з** wirre Geschichte *f*
несгово́рчивый *adj* **1.** unnachgiebig; **2.** rechthaberisch
нессе́р *m K* Necessaire *nt*
несимпати́чный *adj* unsympathisch
неска́занный *adj* unsagbar

нéсколько *num* **1.** einige, etliche; **2.** mehrere; ~ **раз** mehrmals
нескрóмный ⟨*kf*: -мен, -мнá⟩ *adj* **1.** unbescheiden; **2.** vorlaut, naseweis
несловоохóтливый *adj* wortkarg
неслыханный ⟨*kf*: -ан, -анна⟩ *adj* unerhört
несмотря́ на *präp +akk* trotz (*+dat*)
несмотря́ на то, что *konj* obwohl
неснóсный ⟨*kf*: -сен, -сна⟩ *adj* unausstehlich
несóбранный *adj* **1.** unkonzentriert; **2.** fahrig
несовершеннолéтный *adj* **I.** minderjährig; **II.** *m wie adj* Minderjährige(r) *m*
несовершéнный ⟨*kf*: -éнен, -éнна⟩ *adj* unvollkommen
несовмести́мый ⟨*kf*: -и́м⟩ *adj* **1.** unvereinbar, unverträglich; **2.** (*DV*) inkompatibel
несовпадáющий *adj* abweichend; **несовпадáющие мнéния** Meinungsverschiedenheit *f*
несовпадéние *nt O2* **1.** Differenz *f*; **2.** Diskrepanz *f*; ~ **интерéсов** Interessendivergenz *f*
несовремéнный *adj* unzeitgemäß
несоглáсие *nt O2* **1.** Uneinigkeit *f*; **2.** Unstimmigkeit *f*; **3.** Ablehnung *f*
несомнéнный ⟨*kf*: -éнен, -éнна⟩ *adj* zweifellos, unbestritten
несообрази́тельный *adj* begriffsstutzig
несоответ́ствие *nt O2* Diskrepanz *f*, Nichtübereinstimmung *f*
несостоя́тельность *f I* **1.** (*об аргумéнтах*) Haltlosigkeit *f*; **2.** (*JUR*) Zahlungsunfähigkeit *f*, Konkurs *m*
несостоя́тельный ⟨*kf*: -лен, -льна⟩ *adj* **1.** nicht stichhaltig, haltlos; **2.** (*JUR*) bankrott, zahlunsunfähig; **поли́тики оказáлись несостоя́тельными** die Politiker haben versagt
неспéшный ⟨*kf*: -шен, -шна⟩ *adj* langsam, gemächlich
неспорти́вный *adj* unsportlich
неспосóбность *f I* Unfähigkeit *f*; ~ **принимáть решéния** mangelnde Entscheidungsfähigkeit *f*
неспосóбный *adj* unfähig
несправедли́вость *f I* Ungerechtigkeit *f*
несправедли́вый ⟨*kf*: -и́в⟩ *adj* ungerecht
несравнéнный ⟨*kf*: -éнен, -éнна⟩ *adj* ohnegleichen, einmalig
нестаби́льность *f I* Instabilität *f*
нестандáртный *adj* ungewöhnlich, unüblich
нести́ ⟨*präs*: несу́, -сёшь, *prät*: нёс, неслá⟩ *vt E6 best* (*unbest*: носи́ть) **1.** (*auch fig*) tragen; ~ **вздор** (*umg*) quasseln; ~ **наказáние** bestraft werden; ~ **ответ́ственность** Verantwortung tragen; ~ **расхóды** Kosten bestreiten; ~ **слу́жбу** Dienst leisten; ~ **ущéрб** Schaden erleiden; ~ **чемодáн** Koffer tragen **2.** bringen; **ку́ры несу́т я́йца** Hühner legen Eier
нести́сь ⟨*präs*: несу́сь, -сёшься⟩ *vr E6 impf* **1.** rennen, rasen, sausen; **2.** (*о зву́ках*) ertönen, erschallen; **3.** (*о ку́рах*) Eier legen
несурáзный ⟨*kf*: -зен, -зна⟩ *adj* widersinnig, unlogisch, dumm
несу́шка *f A* Henne *f*
несущéственный *adj* unwesentlich, irrelevant
несчáстный ⟨*kf*: -тен, -тна⟩ *adj* unglücklich; ~ **слу́чай** Unfall *m*, Unglücksfall *m*
несчáстье *nt O1* **1.** Unglück *nt*; **2.** Unheil *nt*; **3.** Mißgeschick *nt*; ~ **в горáх** Bergnot *f*; **к несчáстью** unglücklicherweise
несши́тый *adj* lose
нет *part* nein; **категори́ческое** ~ klares Nein *nt*; **ответа ещё** ~ die Antwort steht noch aus
нетерпели́вый *adj* ungeduldig
нетерпéние *nt O2* Ungeduld *f*
нетерпи́мость *f I* **1.** Intoleranz *f*; **2.** Unduldsamkeit *f*
неторопли́вость *f I* Behäbigkeit *f*
неторопли́вый *adj* behäbig
нетóчность *f I* Ungenauigkeit *f*
нетóчный *adj* ungenau
нетрадициóнный *adj* unkonventionell
нетрéбовательность *f I* Bescheidenheit *f*, Anspruchslosigkeit *f*
нетрéзвый *adj* angetrunken; **быть в нетрéзвом ви́де** unter Alkoholeinfluß stehen
нетрóнутый *adj* **1.** unberührt; **2.** (*ÖKOL*) naturbelassen
нетрудоспосóбный ⟨*kf*: -бен, -бна⟩ *adj* arbeitsunfähig, erwerbsunfähig
нéтто *adv* netto
неуважи́тельность *f I* Respektlosigkeit *f*
неуважи́тельный *adj* **1.** respektlos; **2.** geringschätzig
неувéренность *f I* Unsicherheit *f*
неувéренный *adj* unsicher
неудáча *f A* **1.** Mißerfolg *m*; **2.** Mißgeschick *nt*; **3.** Pech *nt*; **4.** Rückschlag *m*; **закóнчиться неудáчей** fehlschlagen; **потерпéть неудáчу** eine Niederlage erleiden
неудáчник *m K* **1.** Verlierer *m*; **2.** Versager *m*; **3.** Pechvogel *m*
неудáчный ⟨*kf*: -чен, -чна⟩ *adj* mißglückt, mißlungen

неудо́бный ⟨*kf*: -бен, -бна⟩ *adj* **1.** unbequem; **2.** peinlich, deplaziert
неудовлетвори́тельный ⟨*kf*: -лен, -льна⟩ *adj* unbefriedigend; **кра́йне неудовлетвори́тельное состоя́ние** Mißstand *m*
неудово́льствие *nt O2* Unzufriedenheit *f*; **во́зглас** [*o* **выраже́ние**]**неудово́льствия** Buhruf *m*; **вы́звать ~** Unwillen hevorrufen
неукло́нный ⟨*kf*: -о́нен, -о́нна⟩ *adj* stetig, unaufhörlich, kontinuierlich, unaufhaltsam
неуклю́жий ⟨*kf*: -ю́ж⟩ *adj* linkisch, plump, ungeschickt, klobig; **быть неклю́жим** zwei linke Hände haben
неуме́ние *nt O2* Unvermögen *nt*, Unfähigkeit *f*
неуме́стный ⟨*kf*: -тен, тна⟩ *adj* unangebracht, unangemessen, deplaziert; **быть неуме́стным** fehl am Platze sein
неумоли́мый ⟨*kf*: -и́в⟩ *adj* (*geh*) unerbittlich
неумы́шленный *adj* unabsichtlich
неуправля́емый ⟨*kf*: -я́ем⟩ *adj* unlenkbar, außer Kontrolle geraten
неуравнове́шенный *adj* unausgeglichen, unausgewogen
неусто́йчивый ⟨*kf*: -ив⟩ *adj* unbeständig, schwankend
неусту́пчивый ⟨*kf*: -ив⟩ *adj* unnachgiebig, starrsinnig
неутоми́мый ⟨*kf*: -и́м⟩ *adj* unermüdlich
неухо́женный *adj* ungepflegt
неуча́стие *nt O2* Nichtteilnahme *f*; **~ в вы́борах** Wahlenthaltung *f*
неую́тный *adj* ungemütlich
неф *m K* Kirchenschiff *nt*; **боково́й ~** Seitenschiff *nt*; **попере́чный ~** Querschiff *nt*; **продо́льный ~** Längsschiff *nt*; **центра́льный ~** Mittelschiff *nt*
неформа́л *m K* (*umg: член неформа́льной гру́ппы*) Sponti *m*
неформа́льный *adj* **1.** informell; **2.** inoffiziell; **3.** ungezwungen, spontan
нефтеперераба́тывающий *adj* Erdöl verarbeitend; **~ заво́д** Raffinerie *f*
нефть *f I* Erdöl *nt*; **~-сыре́ц** Rohöl *nt*
нефтяно́й *adj* Öl-; **нефтяно́е загрязне́ние** Ölpest *f*; **нефтяно́е пятно́** Ölteppich *m*; **~ та́нкер** Öltanker *m*
нехва́тка *f A* **1.** Mangel *m*, Knappheit *f*; **~ жилья́** Wohnungsnot *f*; **~ персона́ла** Personalmangel *m*; **~ ме́ста** Platzmangel *m*; **~ вре́мени** Zeitmangel *m* **2.** Manko *nt*, Fehlbetrag *m*
нехи́трый ⟨*kf*: -тёр, -тра́⟩ *adj* (*umg*) leicht, einfach, unkompliziert
нечаянный ⟨*kf*: -ян, -янна⟩ *adj* **1.** unbeabsichtigt, ungewollt; **2.** unverhofft, unerwartet
нече́стный ⟨*kf*: -тен, -тна́⟩ *adj* unehrlich, unfair, unlauter
нечистопло́тный ⟨*kf*: -тен, -тна⟩ *adj* **1.** schmierig, schmutzig; **2.** (*fig*) gewissenlos, unehrlich
нечисто́ты ⟨*gen pl*: -то́т⟩ *f pl A* Kot *m*
не́что *pron indef* (*nur im nom und akk*) etwas
неэкономи́чный *adj* unwirtschaftlich
неэмоциона́льность *f I* Gefühllosigkeit *f*
неэтили́рованный *adj* unverbleit, bleifrei
неэффекти́вный *adj* unwirksam
нея́сность *f I* Unklarheit *f*
нея́сный ⟨*kf*: -сен, -сна́⟩ *adj* **1.** unklar; **2.** undeutlich, vage
ни *part Verneinung* nicht; **~ в ко́ем слу́чае** keinesfalls; **~ ра́зу** nie; **~ с того́ ~ с сего́** mir nichts dir nichts, aus heiterem Himmel; **~ то ~ сё** nichts Ganzes und nichts Halbes, weder Fisch noch Fleisch
нигде́ *adv* nirgends, nirgendwo
нигили́зм *m K* Nihilismus *m*
нигилисти́ческий *adj* nihilistisch
нидерла́ндский *adj* niederländisch
Нидерла́нды ⟨*gen pl*: -дов⟩ *m pl K* Holland *nt*, die Niederlande *pl*
ни́же *adj komp* **I. 1.** niedriger; **2.** (*fig*) niedriger, gemeiner; **II.** *adv* **1.** darunter; **2.** im folgenden, im weiteren
нижненеме́цкий *adj* plattdeutsch
ни́жний *adj* untere, Unter-; **ни́жняя то́чка** Tiefpunkt *m*; **~ эта́ж** Erdgeschoß *nt*; **Ни́жняя Саксо́ния** Niedersachsen *nt*
низи́на *f A* Niederung *f*
ни́зкий ⟨*kf*: -зок, -зка́, -зко⟩ *adj* **1.** niedrig; **2.** (*fig*) niedrig, gemein
низкопокло́нник *m K* Kriecher *m*
ни́зменность *f I* Flachland *nt*
никако́й *pron neg* keine(r, s)
ни́кель *m K1* Nickel *nt*
никогда́ *adv* nie, niemals; **сейча́с как ~** jetzt erst recht
нико́им о́бразом *adv* (*geh*) keineswegs
никоти́н *m K* Nikotin *nt*; **с ни́зким содержа́нием ~а** nikotinarm
никто́ *pron neg* niemand, keine(r, s)
никчёмный ⟨*kf*: -мен, -мна⟩ *adj* unnütz, nutzlos; **~ челове́к** (*umg*) Niete *f*
нимб *m K* Nimbus *m*; **свято́й ~** Heiligenschein *m*
ни́тка *f A* **1.** Faden *m*; **вдеть ни́тку в иго́лку** einfädeln **2.** (*im pl*) Nähgarn *nt*
ни́точка *f A* Fussel *f*
нитра́т *m K* Nitrat *nt*
нить *f I* (*fig*) Faden *m*; **потеря́ть ~**

разговóров den Faden verlieren; **проходи́ть крáсной ~ю** (*fig*) sich wie ein roter Faden durchziehen
ничегó *adv* nichts; **ничегó!** das macht nichts! **э́то ещё ~** das ist halb so schlimm; **~ не говоря́щий** nichtssagend
ничтó ⟨ ничегó, ничемý, ничтó, ничéм, ни о чём⟩ *pron neg* nichts
ничтóжный ⟨*kf*: -жен, -жна⟩ *adj* nichtig, geringfügig
ничья́ ⟨*gen sg*: ничьéй⟩ *f wie adj e* (*SPORT*) Unentschieden *nt*
ни́ша *f A* Nische *f*; **ры́ночная ~** Marktlücke *f*; **экологи́ческая ~** ökologische Nische *f*
ни́щенский *adj* gering; **ни́щенская зарплáта** Hungerlohn *m*
нищетá *f A* Elend *nt*
ни́щий ⟨*kf*: нищ, нищá, ни́ще⟩ *adj* **I.** bettelarm; **II.** *m wie adj* Bettler *m*
НЛО *abk von* неопóзнанный летáющий объéкт *m* Ufo *nt*
но *konj* aber, jedoch; **бéзо вся́ких ~** ohne Wenn und Aber
нóбелевский *adj* Nobel-; **~ лауреáт** [*o* **лауреáт нóбелевской прéмии**] Nobelpreisträger *m*; **нóбелевская прéмия за укреплéние ми́ра** Friedensnobelpreis *m*
новáтор *m K* **1.** Erneuerer *m*; **2.** Pionier *m*
новáторский *adj* wegweisend, bahnbrechend
новáторство *nt O* Pioniergeist *m*
новáция *f A2* **1.** Innovation *f*; **2.** Erneuerung *f*
Нóвая Зелáндия *f A2* Neuseeland *nt*
новéлла *f A* **1.** Erzählung *f*, Novelle *f*; **2.** (*geh*) Neuerung *f*, Novelle *f*
нóвенький *adj* (*umg*) funkelnagelneu
нови́нка *f A* Novum *nt*; **кни́жная ~** Neuerscheinung *f*
новичóк ⟨*gen sg*: -чкá⟩ *m K e* Neuling *m*, Anfänger *m*
новобрáнец ⟨*gen sg*: -нца⟩ *m K* Rekrut *m*
новолýние *nt O2* Neumond *m*
новострóйка *f A* Neubau *m*
нóвость *f I* **1.** Neuigkeit *f*; **2.** Nachricht *f*
нóвшество *nt O* **1.** Novum *nt*; **2.** Innovation *f*; **3.** Neuheit *f*
нóвый ⟨*kf*: нов, новá, нóво, новы́⟩ *adj* neu, neuartig; **Нóвый Год** Neujahr *nt*; **встречáть Нóвый Год** Silvester feiern; **нóвая каталóг** aktueller Katalog *m*; **~ президéнт** neugewählter Präsident *m*; **нóвая редáкция** Neubearbeitung *f*; **нóвая стóимость** Neuwert *m*; **нóвое врéмя** Neuzeit *f*
ногá *f A e2* **1.** Bein *nt*; **2.** Fuß *m*; **~ в ги́псе** Gipsbein *nt*; **жить на ширóкую нóгу** (*fig*) auf großem Fuße leben; **идти́ в нóгу** im Gleichschritt gehen [*o* marschieren]; **идти́ в нóгу со врéменем** mit der Zeit Schritt halten; **идти́ не в нóгу** aus der Reihe tanzen; **нóги колесóм** O-Beine; **поднимáть на нóги** (*fig*) auf die Beine stellen; **протянýть нóги** (*vulg*) abkratzen
нóготь ⟨*gen sg*: нóгтя⟩ *m K2 ple1* Fingernagel *m*
нож *m K e* Messer *nt*; **~ для чи́стки картóфеля** Kartoffelschäler *m*; **охóтничний ~** Jagdmesser *nt*; **перочи́нный ~** Taschenmesser *nt*; **консéрвный ~** Büchsenöffner *m*; **~ для вскры́тия пи́сем** Brieföffner *m*; **складнóй ~** Klappmesser *nt*
нóжка *f A* **1.** Füßchen *nt*; **свинáя ~** Eisbein *nt* **2.** Bein *nt*; **~ стýла** Stuhlbein *nt* **3.** (*BOT*) Stiel *m*
нóжницы ⟨*gen pl*: -ниц⟩ *pl A* Schere *f*; **маникю́рные ~** [*o* **~ для ногтéй**] Nagelschere *f*, **садóвые ~** Gartenschere *f*, Heckenschere *f*
нóжны ⟨*gen pl*: -жен⟩ *pl A* Scheide *f*; **вложи́ть меч в ~** (*fig*) den Krieg beenden
ноздря́ *f A1* Nasenloch *nt*
НОК *abk von* Национáльный Олимпи́йский Комитéт *m* Nationales Olympisches Komittee *nt*
нокаути́рованный *adj* k.o
ноль *m K1* Null *f*
нóмер *m K* **1.** Nummer *f*; **~ дóма** Hausnummer *f*; **~ расчётного счёта** Kontonummer *f*; **~ телефóна** Rufnummer *f*; **вы́игрышный ~** Gewinnummer *f* **2.** (*журнáла*) Heft *nt*, Ausgabe *f*; **3.** Hotelzimmer *nt*, Appartment *nt*; **двухмéстный ~** Doppelzimmer *nt*; **одномéстный ~** Einbettzimmer *nt*
номернóй *adj* Nummern-; **~ знак** (*KFZ*) Nummernschild *nt*
номинáльный ⟨*kf*: -лен, -льна⟩ *adj* nominell, Nominal-; **номинáльная стóимость** Nennwert *m*
Норвéгия *f A2* Norwegen *nt*
норвéжец, **норвéжка** ⟨*gen sg m*: -жца⟩ *m K / f A* Norweger, -in *m/f*
норвéжский *adj* norwegisch
нóрка *f A* **1.** (kleine) Höhle *f*; **2.** (*ZOOL*) Nerz *m*
нóрма *f A* **1.** Norm *f*; **2.** Rate *f*
нормализовáть *vt E2 impf/pf* **1.** normalisieren; **2.** wieder ins Lot bringen
нормáльный ⟨*kf*: -лен, -льна⟩ *adj* normal
норми́ровать *vt E2 impf/pf* normen
нос ⟨*präpos sg*: о нóсе, в носý⟩ *m K ple* **1.**

Nase *f*; ~ **крючко́м** Hakennase *f*; **вздёрнутый** ~ Stupsnase *f*; **води́ть за** ~ an der Nase herumführen; **заруби́ть себе́ на ~у** (*fig*) sich hinter die Ohren schreiben; **оста́ться с ~ом** leer ausgehen; **на ~у вы́боры** die Wahlen stehen vor der Tür; **на ~у коне́ц го́да** das Jahr geht bald zu Ende **2.** (*MAR*) Bug *m*

носи́лки *pl A* Tragbahre *f*

носи́льщик *m K* Gepäckträger *m*

носи́тель *m K1* Träger *m*; ~ **да́нных** (*DV*) Datenträger *m*; ~ **рекла́мы** Werbeträger *m*; ~ **языка́** Muttersprachler *m*; **раке́та-~** Trägerrakete *f*

носи́ть ⟨*präs*: ношу́, но́сишь⟩ *vt I unbest* (*best*: нести́) (*auch fig*) tragen; ~ **коро́ткую причёску** das Haar kurzgeschnitten tragen; ~ **очки́** eine Brille tragen; ~ **фами́лию му́жа** den Namen des Ehemannes führen

носи́ться ⟨*präs*: ношу́сь, но́сишься⟩ *vr I impf* hin- und herlaufen; **э́ти иде́и но́сятся в во́здухе** diese Ideen liegen in der Luft

но́ский ⟨*kf*: -сок, -ска́, -ско⟩ *adj* (*об оде́жде*) haltbar, strapazierfähig

носово́й *adj* Nasen-; **носовы́е кровотече́ния** Nasenbluten *nt*

носо́к ⟨*gen sg*: -ска́⟩ *m K e* Socke *f*

носоро́г *m K* Nashorn *nt*, Rhinozeros *nt*

ностальги́я *f A2* **1.** (*geh*) Nostalgie *f*; **2.** Sehnsucht *f*

но́та *f A* **1.** (*MUS*) Note *f*; **2.** (*POL*) Note *f*; ~ **проте́ста** Protestnote *f*

нотариа́льный *adj*: **нотариа́льная конто́ра** Notariat *nt*

нота́риус *m K* Notar, -in *m/f*

нота́ция *f A2* **1.** Moralpredigt *f*, Gardinenpredigt *f*; **2.** (*MUS*) Notierung *f*, Notenschrift *f*

но́тный *adj* Noten-; ~ **ключ** (*MUS*) Notenschlüssel *m*

но́у-ха́у *nt indekl* Know-how *nt*, Fachwissen *nt*; **переда́ча** ~ Know-how-Transfer *m*

ночёвка *f A* Übernachtung *f*

ночле́г *m K* **1.** Übernachtungsmöglichkeit *f*; **2.** Übernachtung *f*

ночно́й *adj* Nacht-, nächtlich; **ночна́я сме́на** Nachtschicht *f*; **ночна́я соро́чка** [*o* **руба́шка**] Nachthemd *nt*; **ночно́е дежу́рство** Nachtdienst *m*; ~ **дозо́р** Nachtwache *f*; **ночно́е заведе́ние** Nachtlokal *nt*; ~ **поко́й** Nachtruhe *f*; **наруша́ть чей-ли́бо ~ поко́й** jds Nachtruhe stören; ~ **сто́рож** Nachtwächter *m*; **в ночно́е вре́мя** bei Nacht

ночь *f I ple1* Nacht *f*; **~ю** bei Nacht; **по ноча́м** nachts; **споко́йной но́чи!** gute Nacht

но́ша *f A* Last *f*

ноя́брь *m K1* November *m*

НПС *abk von* нало́г на приба́вочную сто́имость *m* Mehrwertsteuer *f*

нрав *m K* Gemüt *nt*, Naturell *nt*; **~ы и обы́чаи** Sitten und Gebräuche

нра́виться *vr I impf* (*pf*: по-) **1.** gefallen, behagen; **не** ~ mißfallen **2.** (*о пи́ще*) schmecken

нравоуче́ние *nt O2* Moralpredigt *f*

нра́вственность *f I* Sittlichkeit *f*

нра́вственный ⟨*kf*: -вен, -венна⟩ *adj* sittlich

НТР *abk von* нау́чно-техни́ческая револю́ция *f* wissenschaftlich-technische Revolution *f*

ну! *interj* na

нувори́ш *m K* (*pej*) Neureiche(r) *m*

нуди́зм *m K* Nudismus *m*, Freikörperkultur *f*

ну́дный ⟨*kf*: -ден, -дна́, -дно⟩ *adj* langweilig, monoton

нужда́ *f A pls* Not *f*, **жить в нужде́** Not leiden; **спрвля́ть нужду́** seine Notdurft verrichten

нужда́ться *vr E impf* **1.** (*в чём-ли́бо*) brauchen, benötigen; **2.** entbehren

нужда́ющийся *adj* bedürftig; ~ **в по́мощи** hilfsbedürftig

нулево́й *adj* Null-; ~ **вариа́нт** Nulllösung *f*; **нулева́я то́чка** Nullpunkt *m*; ~ **результа́т** kein Ergebnis *nt*

нуль *m K1* Null *f*; **начина́ть с ну́ля** bei Null anfangen

нумера́ция *f A2* Numerierung *f*, **де́лать сплошну́ю нумера́цию** durchnumerieren

нумерова́ть *vt E2 impf* (*pf*: за-, про-) numerieren, durchnumerieren

нутро́ *nt O e* (*umg*) Inneres *nt*, Seele *f*; **э́то мне не по нутру́** das geht mir gegen den Strich

ны́не *adv* heute, jetzt

ны́нешный *adj* (*umg*) jetzig, diesjährig

ныря́льщик, **ныря́льщица** *m K / f A* Taucher, -in *m/f*

ны́тик *m K* Quengler *m*

ныть ⟨*präs*: но́ю, но́ешь⟩ *vi E8 impf* quengeln, jammern

нытьё *nt O1 e* Quengelei *f*, Nörgelei *f*

нюа́нс *m K* Nuance *f*

ню́хать *vt E impf* (*pf*: по-) **1.** riechen; **2.** schnuppern

ня́ня ⟨*gen pl*: нянь, ня́ней⟩ *f A1* **1.** Kinderfrau *f*; **2.** Au pair *nt*; **3.** Babysitter *m*

О

о, **О** [1] *nt indekl kyrillischer Buchstabe*
о [2] *präp +präpos* (*vor Vokalen:* **об**) über, von, zu; **~ чём** worüber, wovon; **ду́мать ~ бу́дущем** an die Zukunft denken; **забо́титься ~ де́тях** sich um die Kinder sorgen; **проси́ть ~ по́мощи** um Hilfe bitten; **расска́зывать ~ пое́здке** von der Reise erzählen; **об э́том** darüber, davon; **об э́том я позабо́чусь** das kannst du mir überlassen; **об э́том не мо́жет быть и ре́чи** das kommt nicht in Frage
оа́зис *m K* Oase *f*
обагри́ть *vt I pf* (*impf:* обагря́ть) röten
обалдева́ть *vi E impf* (*pf:* обалде́ть) **1.** erstaunt [*o* verblüfft]sein; **2.** verrückt werden
обанкро́тившийся *adj* bankrott, pleite
обанкро́титься ⟨*fut*: -о́чусь, -о́тишься⟩ *vr I pf* bankrott gehen, Konkurs anmelden
оба, обе, оба ⟨*gen*: обо́их, обе́их, обо́их⟩ *num m/f/nt* beide; **мы ~** wir beide; **обе́ими рука́ми** mit beiden Händen
обая́ние *nt O2* Anmut *f*
обая́тельный ⟨*kf*: -лен, -льна⟩ *adj* anmutig, bezaubernd
обва́л *m K* Einsturz *m*; **го́рный ~** Bergrutsch *m*
обвести́ ⟨*fut*: -веду́, -ведёшь⟩ *vt E6a pf* (*impf:* обводи́ть) **1.** herumführen; **2.** umgeben, umringen; **3.** (*SPORT*) umspielen; **~ кого́-ли́бо вокру́г па́льца** (*fig*) jdn um den kleinen Finger wickeln
обветша́лый ⟨*kf*: -а́л⟩ *adj* baufällig
обвива́ть *vt E impf* (*pf:* обви́ть) umschlingen
обвине́ние *nt O2* Anklage *f*, Beschuldigung *f*; **выдвига́ть** [*o* **предъявля́ть**]**~ кому́-ли́бо** einen Vorwurf erheben (gegen *+akk*)
обвини́ть *vt I pf* (*impf:* обвиня́ть) **1.** anklagen, beschuldigen; **2.** vorwerfen, unterstellen
обвиня́емый *m wie adj* Angeklagte(r) *m*
обви́сший *adj* schlaff, schlapp
обви́ть ⟨*fut*: -вью́, -вьёшь⟩ *vt E4c pf* (*impf:* обвива́ть) umschlingen
обвора́живать *vt E impf* (*pf:* обворожи́ть) entzücken
обгова́ривать *vt E impf* (*pf:* обговори́ть) absprechen, besprechen, vereinbaren
обгоня́ть *vt E impf* (*pf:* обогна́ть) überholen, überrunden
обгоре́вший *adj* angebrannt
обде́лать *vt E pf* (*impf:* обде́лывать) deichseln
обдели́ть *vt I pf* (*impf:* обделя́ть) übervorteilen
обду́мать *vt E pf* (*impf:* обду́мывать) überdenken, durchdenken
обе́гать *vt E pf* (*umg*) ablaufen, abklappern; **~ весь го́род в по́исках чего́-ли́бо** die ganze Stadt auf der Suche nach etw ablaufen
обе́д *m K* **1.** Essen *nt*, Mahlzeit *f*; **2.** Mittagessen *nt*; **оби́льный ~** opulentes Mahl *nt*; **по́сле ~а** nachmittags; **сего́дня по́сле ~а** heute nachmittag; **у нас в 12 ~** wir haben um 12 Uhr Mittagspause
обе́дать *vi E impf* (*pf:* по-) speisen, zu Mittag essen
обе́денный *adj* Mittags-; **обе́денное вре́мя** Mittagszeit *f*; **~ переры́в** Mittagspause *f*; **~ стол** Eßtisch *m*; **в обе́денное вре́мя** mittags
обезбо́ливание *nt O2* (*MED*) Betäubung *f*
обезбо́ливающий *adj* Betäubungs-; **обезбо́ливающее сре́дство** Betäubungsmittel *nt*; **сде́лать кому́-ли́бо ~ уко́л** jdn betäuben
обезгла́вить ⟨*fut*: -влю, -вишь⟩ *vt I pf* (*impf:* обезгла́вливать) **1.** köpfen; **2.** (*geh*) der Führung berauben
обезжи́ренный *adj* fettarm, mager; **обезжи́рное молоко́** Magermilch *f*; **~ творо́г** Magerquark *m*
обезлю́деть ⟨*nur 3. pers*: -еет⟩ *vi E pf* menschenleer werden
обезобра́живать *vt E impf* (*pf:* обезобра́зить) verunstalten
обезья́на *f A* Affe *m*; **человекообра́зная ~** Menschenaffe *m*
обезья́нничанье ⟨*gen sg*: -ья⟩ *nt O1* Faxen *pl*, Albernheiten *f pl*
обели́ть *vt I pf* (*impf:* обеля́ть) (*fig*) reinwaschen
оберега́ть *vt E impf* (*pf:* обере́чь) (*от чего́-ли́бо*) behüten (vor *+dat*)
обёртка *f A* Einschlag *m*
обескура́живать *vt E impf* (*pf:* обескура́жить) entmutigen
обеспече́ние *nt O2* Versorgung *f*; **аппара́тное ~** (*DV*) Hardware *f*; **социа́льное ~** Sozialhilfe *f*
обеспе́ченный *adj* gutsituiert, begütert; **материа́льно ~** materiell abgesichert
обеспе́чивать *vt E impf* (*pf:* обеспе́чить) sichern, sicherstellen, gewährleisten, ermöglichen
обессе́ривание *nt O2* Entschwefelung *f*
обессе́ривать *vt E impf* (*pf:* обессе́рить) entschwefeln
обесси́ленный *adj* erschöpft

обесцве́тить ⟨*fut*: -цве́чу, -цве́тишь⟩ *vt I pf* (*impf:* обесцве́чивать) (*во́лосы*) blondieren

обесце́нивание *nt O2* Entwertung *f*; **~ де́нег** Inflation *f*; **~ рубля́** Rubelverfall *m*

обесце́нивать *vt E impf* (*pf:* обесце́нить) entwerten, wertlos machen

обесче́стить ⟨*fut*: -е́щу, -е́стишь⟩ *vt I pf* (*impf:* бесче́стить) entehren

обеща́ние *nt O2* Versprechen *nt*; **брать ~ с кого́-ли́бо** jdm ein Versprechen abnehmen; **дава́ть ~** ein Versprechen geben; **сдержа́ть ~** ein Versprechen halten

обеща́ть *vt E impf* (*pf:* по-) (*кому́-ли́бо что-ли́бо*) versprechen

обже́чь ⟨*fut*: обожгу́, обожжёшь⟩ *vt UE4 pf* (*impf:* обжига́ть) **1.** brennen; **2.** sich verbrennen

обжо́ра *f A* (*umg:pej*) Vielfraß *m*, Freßsack *m*

обзавести́сь ⟨*fut*: -еду́сь, -едёшься⟩ *v + inst E6 pf* (*impf:* обзаводи́ться) sich anschaffen, sich ausstatten (mit *+dat*); **~ семьёй** eine Familie gründen

обзва́нивать *vt E pf* (*impf:* обзвони́ть) durchrufen, herumtelefonieren

обзо́р *m K* Überblick *m*; **~ пре́ссы** Presseschau *f*

обива́ть *vt E impf* (*pf:* оби́ть) **1.** beschlagen; **2.** polstern

оби́вка *f A* Bezug *m*, Polsterung *f*

оби́да *f A* Ressentiment *nt*, Abscheu *f*; **не дава́ть себя́ в оби́ду** seinen Mann stehen

оби́деть ⟨*fut*: оби́жу, оби́дишь⟩ *vt I pf* (*impf:* обижа́ть) kränken, beleidigen; **он му́хи не оби́дит** (*fig*) er kann keiner Fliege etw zuleide tun

оби́деться ⟨*fut*: оби́жусь, оби́дишься⟩ *vr I pf* (*impf:* обижа́ться) beleidigt sein, sich gekränkt fühlen

оби́дчивый ⟨*kf*: -ив⟩ *adj* reizbar

оби́женный *adj* gekränkt, verletzt , befremdet

оби́лие *nt O2* Überfluß *m*

оби́льный ⟨*kf*: -лен, -льна⟩ *adj* reichlich, reichhaltig; **~ обе́д** ausgiebige Mahlzeit *f*

обиня́к *m K e* Anspielung *f*, Andeutung *f*; **без ~о́в** ohne Umschweife, klipp und klar

обита́емый ⟨*kf*: -а́ем⟩ *adj* bewohnbar

обита́тель, **обита́тельница** *m K / f A* Bewohner, -in *m/f*

обита́ть *vt E impf* bewohnen

оби́ть ⟨*fut*: обобью́, обобьёшь⟩ *vt E4c pf* (*impf:* обива́ть) beschlagen, polstern

обихо́д *m K* **1.** Alltag *m*; **2.** Gebrauch *m*, Bedarf *m*; **предме́ты дома́шнего ~а** Haushaltswaren *pl*

обка́тка *f A* Probefahrt *f*

обкле́ивать *vt E impf* (*pf:* обкле́ить) bekleben

обкра́дывать *vt E impf* (*pf:* обокра́сть) bestehlen

обла́ва *f A* Razzia *f*

облага́ть *vt E impf* (*pf:* обложи́ть) **1.** verkleiden, bedecken; **2.** belegen; **~ нало́гом** besteuern

облада́тель *m K1* Besitzer *m*; **~ ку́бка** (*SPORT*) Pokalsieger *m*

облада́ть *v + inst E impf* **1.** besitzen, verfügen (über *+akk*); **2.** (*vulg: же́нщиной*) ficken

о́блако *nt O ple* Wolke *f*

обла́мывать *vt E impf* (*pf:* облома́ть) abbrechen

обласка́ть *vt E pf* **1.** gütig behandeln; **2.** begünstigen

о́бласть *f I* **1.** Gebiet *nt*, Bereich *m*; **~ зна́ний** Fachgebiet *nt*, Wissensgebiet *nt*; **в о́бласти** auf dem Gebiet, im Bereich; **2.** Gegend *nt*, Landkreis *m*

о́блачность *f I* Bewölkung *f*

о́блачный ⟨*kf*: -чен, -чна⟩ *adj* wolkig, bewölkt

облега́ть ⟨*nur 3. pers*: -га́ет⟩ *vi E impf* (*pf:* обле́чь) (*о пла́тье*) sich schmiegen, eng anliegen

облегча́ть *vt E impf* (*pf:* облегчи́ть) erleichtern; **~ со́весть** sein Gewissen entlasten

облегче́ние *nt O2* Erleichterung *f*, Befreiung *f*

облеза́ть *vi E impf* (*pf:* обле́зть) **1.** (*во́лосы*) ausfallen; **2.** (*кра́ска*) abbröckeln

обле́ниваться *vr E impf* (*pf:* облени́ться) faul werden, vergammeln

облесённый *adj* bewaldet

облета́ть *vi E pf* (*impf:* облётывать) **1.** vorbeifliegen, umfliegen; **2.** herumfliegen

о́блик *m K* **1.** (*вне́шний вид*) Antlitz *nt*; **2.** (*хара́ктер, своеобра́зие*) Charakter *m*, Eigenart *f*, Gepräge *nt*

обло́жка *f A* Umschlag *m*, Cover *nt*

облока́чиваться *vr E impf* (*pf:* облокоти́ться) sich mit dem Ellenbogen aufstützen

облупи́ться ⟨*nur 3. pers*: облу́пится⟩ *vr I pf* (*impf:* лупи́ться) **1.** sich häuten, sich schälen; **2.** abbröckeln, abblättern

облуча́ть *vt E impf* (*pf:* облучи́ть) bestrahlen

облуче́ние *nt O2* Bestrahlung *f*

обма́кивать *vt E impf* (*pf:* обмакну́ть) eintauchen

обма́н *m K* Betrug *m*, Täuschung *f*; **~ зре́ния** optische Täuschung *f*; **~ чу́вств** Sinnestäuschung *f*

обману́ть ⟨*fut*: -ану́, -а́нешь⟩ *vt E1 pf* (*impf:* обма́нывать) täuschen, betrügen
обма́нчивый ⟨*kf*: -ив⟩ *adj* betrügerisch, täuschend
обма́нщик *m K* Betrüger *m*
обме́н *m K* **1.** Austausch *m*; **2.** Umtausch *m*; **~ валю́ты** Geldwechsel *m*; **~веществ** Stoffwechsel *m*; **~ кварти́р** Wohnungstausch *m*; **~ мне́ниями** Meinungsaustausch *m*; **~ уда́рами** Schlagabtausch *m*; **молодёжный ~** Jugendaustausch *m*; **шко́льный ~** Schüleraustausch *m*; **в ~е на что-ли́бо** im Austausch (gegen *+akk*); **пункт ~а валю́ты** Wechselstube *f*
обме́нивать *vt E impf* (*pf:* обменя́ть) (*на что-ли́бо*) tauschen (gegen *+akk*)
обме́ниваться *v + inst E impf* (*pf:* обменя́ться) wechseln, tauschen; **~ впечатле́ниями** Erlebnisse austauschen; **~ почто́выми ма́рками** Briefmarken tauschen; **~ посла́ми** Botschafter austauschen
обмолоти́ть ⟨*fut*: -лочу́, -ло́тишь⟩ *vt I pf* (*impf:* молоти́ть) dreschen
обморо́женный *adj* erfroren; **обморо́женное ме́сто** Frostbeule *f*
о́бморок *m K* Bewußtlosigkeit *f*, Ohnmacht *f*; **упа́сть в ~** in Ohnmacht fallen, bewußtlos werden
обмыва́ть *vt E impf* (*pf:* обмы́ть) **1.** waschen, reinigen; **2.** (*поко́йника*) *den Leichnam vor der Grablegung waschen (orthodoxes Ritual)*
обнадёживать *vt E impf* (*pf:* обнадёжить) hoffen lassen, Hoffnungen erwecken
обнадёживающий *adj* vielversprechend
обнажа́ть *vt E impf* (*pf:* обнажи́ть) **1.** bloßstellen; **2.** entblößen, aufdecken
обнажённый *adj* **1.** (*челове́к*) nackt, bloß; **2.** (*са́бля*) blank; **3.** (*фа́кты*) offengelegt
обнаро́дование *nt O2* Publikmachen *nt*, Verkündigung *f*
обнару́живать *vt E impf* (*pf:* обнару́жить) **1.** offenbaren; **2.** auffinden
обнару́живаться *vr E impf* (*pf:* обнару́житься) sich offenbaren
обнима́ть *vt E impf* (*pf:* обня́ть) umarmen
обнови́ть ⟨*fut*: -влю́, -ви́шь⟩ *vt I pf* (*impf:* обновля́ть) erneuern, neugestalten, aktualisieren; **~ устаре́вшее обору́дование** die Altanlage sanieren
обню́хать *vt E pf* (*impf:* обню́хивать) beschnuppern
обня́ть ⟨*fut*: -ниму́, -ни́мешь⟩ *vt E9 pf* (*impf:* обнима́ть) umarmen
обобща́ть *vt E impf* (*pf:* обобщи́ть) verallgemeinern, generalisieren
обобще́ние *nt O2* **1.** Verallgemeinerung *f*; **2.** Zusammenfassung *f*
обогати́ть ⟨*fut*: -ащу́, -ати́шь⟩ *vt I pf* (*impf:* обогаща́ть) **1.** aufbereiten; **2.** anreichern; **3.** (*fig*) bereichern, ergänzen
обогаще́ние *nt O2* Bereicherung *f*
обогна́ть ⟨*fut*: обгоню́, обго́нишь⟩ *vt I pf* (*impf:* обгоня́ть) überholen
обогрева́емый *adj* heizbar
о́бод *m K* Felge *f*
обожестви́ть ⟨*fut*: -влю́, ви́шь⟩ *vt I pf* (*impf:* обожествля́ть) vergöttern
обозли́ться ⟨*fut*: -злю́, зли́шься⟩ *vr I pf* (*impf:* зли́ться) sich erzürnen, in Wut geraten
обознача́ть *vt E impf* (*pf:* обозна́чить) **1.** markieren, kennzeichen; **2.** bedeuten, besagen
обозначе́ние *nt O2* **1.** (*на ка́рте*) Markierung *f*; **2.** (*наименова́ние*) Bezeichnung *f*
обозрева́ть *vt E impf* (*pf:* обозре́ть) überblicken
обозри́мый ⟨*kf*: -и́м⟩ *adj* absehbar
обо́и ⟨*gen pl*: -о́ев⟩ *m pl K2* Tapete *f*; **мо́ющиеся ~** abwaschbare Tapete *f*; **окле́ивать обо́ями** tapezieren
обойти́ ⟨*fut*: -йду́, -йдёшь⟩ *vt E7 pf* (*impf:* обходи́ть) (*auch fig*) umgehen, übergehen
обойти́сь ⟨*fut*: -йду́сь, -йдёшься⟩ *vr E7 pf* (*impf:* обходи́ться) **1.** (*с кем-ли́бо*) behandeln, umgehen (mit *+dat*); **2.** (*чем-ли́бо*) auskommen (mit *+dat*); **3.** (*без чего́-ли́бо*) entbehren können
обокра́сть ⟨*fut*: -краду́, -крадёшь⟩ *vt E6a pf* (*impf:* обкра́дывать) bestehlen
оболва́нивание *nt O2* Verdummung *f*; **~ наро́дных масс** Verdummung *f* der Volksmassen
оболва́нивать *vt E impf* (*pf:* оболва́нить) verdummen
оболо́чка *f A* **1.** Hülle *f*; **бре́нная ~** sterbliche Hülle *f*; **земна́я ~** Erdkruste *f* **2.** (*ANAT*) Haut *f*; **се́тчатая ~** Netzhaut *f*
обольсти́тельный ⟨*kf*: -лен, -льна⟩ *adj* verführerisch
обольсти́ться ⟨*fut*: -льшу́сь, -льсти́шься⟩ *vr I pf* (*impf:* обольща́ться) sich verführen [*o* verleiten]lassen
обоня́ние *nt O2* Geruchssinn *m*
обоня́ть *vt E impf* (*geh*) riechen
обо́рванный ⟨*kf*: -ан⟩ *adj* (*umg*) zerlumpt
оборва́ть ⟨*fut*: -рву́, -рвёшь⟩ *vt E4 pf* (*impf:* обрыва́ть) **1.** abpflücken, abreißen; **2.** zerreißen

обо́рка *f A* Krause *f*, Rüsche *f*
оборо́на *f A* (*MIL*) Verteidigung *f*, Abwehr *f*; **министе́рство оборо́ны** Verteidigungsministerium *nt*
оборони́тельный *adj* defensiv
оборо́нка *f A* (*umg: оборо́нная промы́шленность*) Rüstungindustrie *f*
оборо́т *m K* **1.** Wendung *f*; **2.** Umsatz *m*; **3.** (*TECH*) Umdrehung *f*; **брать кого́-ли́бо в ~** jdn ins Gebet nehmen, jdn in die Mangel nehmen; **на ~е** auf der Rückseite; **приня́ть неожи́данный ~** eine überraschende Wendung nehmen
оборо́тный *adj* umgekehrt; **оборо́тная сторона́** Kehrseite *f*, Rückseite *f*
обору́дование *nt O2* Ausrüstung *f*, Ausstattung *f*, Einrichtung *f*
обору́довать *vt E2 impf* einrichten, ausstatten; **~ лаборато́рию** ein Labor einrichten
обоснова́ние *nt O2* Begründung *f*
обосно́ванность *f I* Stichhaltigkeit *f*
обосно́ванный ⟨*kf*: -ан⟩ *adj* stichhaltig
обоснова́ть *vt E2 pf* (*impf:* обосно́вывать) begründen
обоснова́ться *vr E2 pf* (*impf:* обосно́вываться) **1.** sich niederlassen; **2.** sich etablieren
обосо́бить ⟨*fut*: -блю, -би́шь⟩ *vt I pf* (*impf:* обособля́ть) ausgrenzen, absondern
обособле́ние *nt O2* Absonderung *f*, Isolierung *f*
обостре́ние *nt O2* Verschärfung *f*; **~ конфли́кта** Zuspitzung *f* des Konflikts
обостри́ть ⟨*fut*: -рю́, -ри́шь⟩ *vt I pf* (*impf:* обостря́ть) verschärfen, zuspitzen
обостри́ться ⟨*fut*: -рю́сь, -ри́шься⟩ *vr I pf* (*impf:* обостря́ться) sich verschärfen, zunehmen
обраба́тывать *vt E impf* (*pf:* обрабо́тать) **1.** bearbeiten, abarbeiten; **2.** (*о земле́*) bestellen, bewirtschaften
обрабо́тка *f A* **1.** Bearbeitung *f*; **2.** (*информа́ции*) Auswertung *f*; **~ да́нных** (*DV*) Datenverarbeitung *f*
обра́довать *vt E2 pf* (*impf:* ра́довать) erfreuen
о́браз *m K* **1.** Bild *nt*; **2.** (*литерату́рный*) Gestalt *f*; **~ врага́** Feindbild *nt*; **~ жи́зни** Lebensweise *f*, Lebenswandel *m*
образе́ц ⟨*gen sg*: -зца́⟩ *m K e* **1.** Muster *nt*, Vorbild *nt*; **2.** (*TECH*) Probe *f*, Prüfstück *nt*
о́бразный ⟨*kf*: -зен, -зна⟩ *adj* bildhaft, figürlich
образова́ние *nt O2* **1.** Bildung *f*; **~ взро́слых** Erwachsenenbildung *f*; **вы́сшее ~** Hochschulbildung *f* **2.** Formation *f*; **3.** Gebilde *nt*
образо́ванный ⟨*kf*: -ан⟩ *adj* **1.** gebildet, kultiviert; **2.** gelehrt; **3.** (*со́зданный*) gegründet
образова́ть *vt E2 pf* (*impf:* образо́вывать) **1.** bilden; **2.** formieren
образова́ться *vr E2 pf* (*impf:* образо́вываться) **1.** entstehen; **2.** sich bilden; **всё образу́ется** alles kommt wieder ins Lot; **остально́е образу́ется** das übrige wird sich finden
образцо́вый ⟨*kf*: -о́в⟩ *adj* beispielhaft, mustergültig
обра́мить ⟨*fut*: -млю, -мишь⟩ *vt I pf* (*impf:* обрамля́ть) einfassen, umrahmen
обрати́ть ⟨*fut*: -ащу́, -ати́шь⟩ *vt I pf* (*impf:* обраща́ть) **1.** hinwenden, zuwenden; **2.** (*fig*) lenken, richten
обрати́ться ⟨*fut*: -ащу́сь, -ати́шься⟩ *vr I pf* (*impf:* обраща́ться) **1.** sich wenden, sich richten (an *+akk*); **2.** verfahren, umgehen, vorgehen
обра́тный *adj* **1.** entgegengesetzt, konträr, Gegen-; **2.** zurück, Rück-; **~ биле́т** Rückfahrkarte *f*; **обра́тная доро́га** Rückweg *m*; **обра́тная перемо́тка** Playback *nt*; **обра́тной по́чтой** postwendend zurückschicken; **~ полёт** Rückflug *m*; **обра́тной си́лой** rückwirkend; **~ слова́рь** rückläufiges Wörterbuch *nt*; **на обра́тном пути́** auf der Heimreise; **обра́тная свя́зь** Rückkoppelung *f*, Feedback *nt*
обраща́ть *vt E impf* (*pf:* обрати́ть) **1.** hinwenden, zuwenden; **2.** (*fig*) lenken, richten; **~ внима́ние на что-ли́бо** seine Aufmerksamkeit richten (auf *+akk*); **не ~ на что-ли́бо внима́ние** hinwegsehen (über *+akk*)
обраща́ться *vr I impf* (*pf:* обрати́ться) **1.** verfahren, umgehen, vorgehen; **уме́ть ~ с чем-ли́бо** etw handhaben; **пло́хо ~ с чем-ли́бо** etw stiefmütterlich behandeln **2.** sich wenden (an *+akk*); **3.** vorsprechen; **~ в арбитра́жную коми́ссию** die Schiedskommission anrufen; **~ в газе́ту** an eine Zeitungsredaktion schreiben; **~ за сове́том** um Rat fragen; **~ с вопро́сом к кому́-ли́бо** eine Frage richten (an *+akk*); **~ к кому́-ли́бо за по́мощью** jdn um Hilfe bitten; **~ к кому́-ли́бо с про́сьбой** mit einer Bitte herantreten (an *+akk*) **4.** ansprechen, anreden; **~ на вы** siezen; **~ по и́мени к кому́-ли́бо** jdn mit dem Vornamen anreden
обраще́ние *nt O2* **1.** Umgang *m*, Verkehr *m* (mit *+dat*); **прибо́р прост в обраще́нии** das Gerät ist leicht zu handhaben **2.** Anrede *f*; **3.** Eingabe *f*, Botschaft *f*; **~ к наро́ду** Appell *m* an das Volk **4.** Rückgriff *m* (auf *+akk*); **5.** (*TECH*) Umlauf

m; **6.** (*REL*) Bekehrung *f*
обреза́ние *nt O2* Beschneidung *f*
обреза́ть ⟨*fut*: -ре́жу, -ре́жешь⟩ *vt E4 pf* (*impf:* обре́зать) **1.** (*садо́вые дере́вья*) stutzen; **2.** beschneiden
обремени́тельный ⟨*kf*: -лен, -льна⟩ *adj* **1.** beschwerlich; **2.** lästig
оброни́ть ⟨*fut*: -оню́, -о́нишь⟩ *vt I pf* **1.** fallen lassen, verlieren; **2.** nebenbei bemerken
обруга́ть *vt E pf* (*impf:* руга́ть) **1.** schimpfen, beschimpfen; **2.** kritisieren
о́бруч *m K* Reifen *m*
обруча́ться *vr E impf* (*pf:* обручи́ться) sich verloben
обру́шение *nt O2* Einsturz *m*
обру́шиваться *vr E impf* (*pf:* обру́шиться) **1.** einstürzen; **2.** heimsuchen
обры́в *m K* Abgrund *m*, Abhang *m*
обрыва́ть *vt E impf* (*pf:* оборва́ть) abreißen; **~ на полсло́ве** mitten im Satz abbrechen; **~ разгово́р** das Gespräch abbrechen
обры́вок ⟨*gen sg*: -вка⟩ *m K* Bruchstück *nt*, Fetzen *m*
обры́згать *vt E pf* (*impf:* обры́згивать) bespritzen
обсервато́рия *f A2* Observatorium *nt*, Sternwarte *f*
обсле́дование *nt O2* Untersuchung *f*, Test *m*; **~ на СПИД** Aidstest *m*
обслу́живание *nt O2* **1.** Betreuung *f*, Bedienung *f*; **медици́нское ~** ärztliche Versorgung *f* **2.** (*пассажи́ров*) Abfertigung *f*; **3.** (*те́хники*) Bedienung *f*
обслу́живать *vt E impf* (*pf:* обслужи́ть) **1.** (*те́хники*) bedienen; **2.** (*делега́цию*) betreuen
обста́вить ⟨*fut*: -влю. -вишь⟩ *vt I pf* (*impf:* обставля́ть) (*кварти́ру*) herrichten, möblieren, ausstatten
обстано́вка *f A* **1.** Atmosphäre *f*, Klima *nt*; **2.** (*кварти́ры*) Ausstattung *f*, Einrichtung *f*
обстоя́тельный ⟨*kf*: -лен, -льна⟩ *adj* **1.** ausführlich, eingehend; **2.** umständlich
обстоя́тельство *nt O* **1.** Umstand *m*; **2.** (*LING*) Adverb *nt*; **форс-мажо́рные обстоя́тельства** höhere Gewalt *f*; **с учётом э́тих обстоя́тельств** unter diesen Gesichtspunkten
обстре́л *m K* Beschuß *m*
обсуди́ть ⟨*fut*: -ужу́, -у́дишь⟩ *vt I pf* (*impf:* обсужда́ть) besprechen, erörtern, diskutieren
обсужде́ние *nt O2* Besprechung *f*, Erörterung *f*, Diskussion *f*
обсчита́ть *vt E pf* (*impf:* обсчи́тывать) übervorteilen, prellen
обта́чивать *vt E impf* (*pf:* обточи́ть) abschleifen
обтека́емый ⟨*kf*: -ем⟩ *adj* stromlinienförmig
обтрёпываться *vr E impf* (*pf:* обтрепа́ться) ausfransen
обу́гливаться *vr E impf* (*pf:* обу́глиться) verkohlen
обу́за *f A* (*fig*) Last *f*, lästige Verpflichtung *f*
обузда́ть *vt E pf* (*impf:* обу́здывать) zügeln, bändigen
обусла́вливать, обусло́вливать *vt E impf* (*pf:* обусло́вить) bedingen, Grundlage sein (für +*akk*)
обустра́ивать *vt E impf* (*pf:* обустро́ить) **1.** eingliedern, integrieren; **2.** ordnen, Ordnung schaffen
обустро́йство *nt O* Wiedereingliederung *f*
о́бух *m K* Beilrücken *m*
обуча́ть *vt E impf* (*pf:* обучи́ть) ausbilden, schulen, lehren
обуча́ться *v* + *dat E impf* (*pf:* обучи́ться) lernen
обуче́ние *nt O2* **1.** Unterricht *m*; **2.** Ausbildung *f*; **3.** Schulung *f*, Training *nt*; **~ пра́вилам безопа́сности движе́ния** Verkehrserziehung *f*
обхо́д *m K* Rundgang *m*; **враче́бный ~** (*MED*) Visite *f*; **в ~ зако́на** in Umgehung des Gesetzes
обходи́тельность *f I* **1.** Umgänglichkeit *f*; **2.** Zuvorkommenheit *f*
обходи́тельный ⟨*kf*: -лен, -льна⟩ *adj* **1.** umgänglich, gesellig; **2.** zuvorkommend
обходи́ть ⟨*präs*: -хожу́, -хо́дишь⟩ *vt I impf* (*pf:* обойти́) **1.** (*auch fig*) umgehen, übergehen; **~ кого́-ли́бо за версту́** jdn meiden einen Bogen machen (um +*akk*) **2.** begehen; **3.** (*umg*) abklappern
обходи́ться ⟨*präs*: -хожу́сь, -хо́дишься⟩ *vr I impf* (*pf:* обойти́сь) **1.** (*с кем-ли́бо*) behandeln, umgehen (mit +*dat*); **2.** (*чем-ли́бо*) auskommen (mit +*dat*); **3.** (*без чего́-ли́бо*) entbehren können; **не име́ть возмо́жности ~ без чего́-ли́бо** angewiesen sein (auf +*akk*); **совсе́м без тру́дности не обошло́сь** ganz ohne Schwierigkeiten ging es nicht ab
обши́вка *f A* **1.** Bezug *m*; **2.** Borte *f*; **3.** (*металли́ческая*) Beschlag *m*
обща́ться *vr E impf* **1.** kontaktieren; **2.** Umgang haben, verkehren (mit +*dat*)
обще- *präfix* Gesamt-, All-, allgemein-
общегерма́нский *adj* gesamtdeutsch
общежи́тие *nt O2* **1.** Wohnheim *nt*; **2.** Unterkunft *f*; **студе́нческое ~** Studentenwohnheim *nt*; **челове́ческое ~** Zusammenleben *nt*, Miteinander *nt*

общéние *nt O2* **1.** Kontakt *m*; **2.** Umgang *m*, Verkehr *m*
общéственность *f I* **1.** Öffentlichkeit *f*; **2.** Allgemeinheit *f*, Allgemeinwesen *nt*; **свя́зи с ~ю** Öffentlichkeitsarbeit *f*; **учáстие общéственности** Bürgerbeteiligung *f*; **сдéлать что-ли́бо достоя́нием общéственности** vor die Öffentlichkeit treten (mit *+dat*); **стать достоя́нием общéственности** an die Öffentlichkeit gelangen
общéственный *adj* **1.** öffentlich; **2.** gesellschaftlich; **общéственная жи́знь** Gemeinwesen *nt*; **общéственное мнéние** öffentliche Meinung *f*; **общéственное объединéние** Bürgervereinigung *f*; **общéственная организáция** Massenorganisation *f*; **~ трáнспорт** öffentliche Verkehrsmittel *nt pl*; **в общéственных местáх** in der Öffentlichkeit; **на общéственных начáлах** ehrenamtlich
óбщество *nt O* **1.** (*общéственность*) Gesellschaft *f*; **2.** Allgemeinheit *f*; **3.** Öffentlichkeit *f*; **4.** (*сою́з*) Gesellschaft *f*, Verband *m*, Vereinigung *f*; **~ защи́ты прав потреби́телей** Verbraucherzentrale *f*; **~ потреблéния** Konsumgesellschaft *f*; **~, оснóванное на высóкой производи́тельности** Leistungsgesellschaft *f*; **~ с ограни́ченной отвéтственностью** GmbH *f*; **граждáнское ~** bürgerliche Gesellschaft *f*; **опекýнское ~** Treuhandanstalt *f*; **откры́тое ~** offene Gesellschaft *f*; **спорти́вное ~** Sportverein *m*
обществовéдение *nt O2* Sozialkunde *f*, Gemeinschaftskunde *f*
общечеловéческий *adj* allgemeinmenschlich; **общечеловéческая культýра** Menschheitskultur *f*
óбщий ⟨*kf*: óбщ, общá, óбще⟩ *adj* gesamt, allgemein; **óбщее впечатлéние** Gesamteindruck *m*; **óбщее образовáние** Allgemeinbildung *f*; **~ харáктер** Allgemeinheit *f*, **óбщие цéли** gemeinsame Ziele *nt pl*; **в óбщем и цéлом** im großen und ganzen; **дéлать óбщее дéло** an einem Strang ziehen; **имéть что-ли́бо óбщее с кем-ли́бо** etw gemein haben (mit *+dat*)
óбщина *f A* **1.** Gemeinde *f*; **2.** Bevölkerungsgruppe *f*
общи́тельность *f I* **1.** Geselligkeit *f*; **2.** Kontaktfreudigkeit *f*
общи́тельный ⟨*kf*: -лен, -льна⟩ *adj* **1.** kontaktfreudig; **2.** gesellig, aufgeschlossen
óбщность *f I* Gemeinsamkeit *f*
объединéние *nt O2* **1.** Vereinigung *f*, Zusammenschluß *m*, Fusion *f*; **2.** Union *f*, Verbund *m*; **~ Гермáнии** Wiedervereinigung *f* Deutschlands; **~ избирáтелей** Wählergemeinschaft *f*; **~ профсою́зов** Gewerkschaftsbund *m*; **уси́лий** vereinte Bemühungen *f pl*
объединённый *adj* vereint, geeint
объедини́ть *vt I pf* (*impf:* объедня́ть) **1.** vereinigen; **2.** verknüpfen
объедини́ться *vr I pf* (*impf:* объединя́ться) (*с кем-ли́бо прóтив когó-ли́бо*) sich (mit jdm gegen jdn) verbünden
объéзд *m K* **1.** Umleitung *f*; **2.** Umgehungsstraße *f*
объéздить ⟨*fut*: -зжу, -здишь⟩ *vt I pf* (*impf:* объезжáть) bereisen
объезжáть *vt E impf* (*pf:* объéздить, объéхать) **1.** bereisen; **2.** umfahren; **3.** alles abfahren; **4.** aufsuchen
объéкт *m K* **1.** Objekt *nt*, Gegenstand *m*; **2.** Ziel *nt*; **~ вожделéний** Lustobjekt *nt*; **~ изучéния** Studienobjekt *nt*; **воéнный ~** Rüstungsanlage *f*; **неопóзнанный летáющий ~** Ufo *nt*
объекти́в *m K* (*FOT*) Objektiv *nt*
объекти́вность *f I* Objektivität *f*
объекти́вный ⟨*kf*: -вен, -вна⟩ *adj* objektiv
объём *m K* **1.** Umfang *m*, Volumen *nt*; **2.** Fassungsvermögen *nt*, Rauminhalt *m*; **~ груди́** Oberweite *f*; **~ добы́чи** (*BERGB*) Fördermenge *f*; **~ продáж** Umsatz *m*
объёмистый ⟨*kf*: -ист⟩ *adj* (*umg*) umfassend, voluminös
объёмный ⟨*kf*: -мен, -мна⟩ *adj* umfangreich
объéхать ⟨*fut*: -éду, -éдешь⟩ *vt UE2 pf* (*impf:* объезжать) **1.** bereisen; **2.** umfahren; **3.** alles abfahren; **4.** aufsuchen
объяви́ть ⟨*fut*: -явлю, -я́вишь⟩ *vt I pf* (*impf:* объявля́ть) erklären , bekanntgeben, bekanntmachen
объяви́ться ⟨*fut*: -явлю́сь, -я́вишься⟩ *vr I pf* (*impf:* объявля́ться) sich einfinden, auftauchen
объявлéние *nt O2* **1.** Erklärung *f*; **2.** Ankündigung *f*, Bekanntmachung *f*; **3.** Aushang *m*; **4.** (*в газéте*) Inserat *nt*, Annonce *f*; **5.** (*по рáдио*) Ansage *f*, Durchsage *f*; **~ войны́** Kriegserklärung *f*; **~ о рóзыске (престýпника)** Steckbrief *m*; **~ нóвый вы́боров** Ausschreibung *f* von Neuwahlen; **~ о свобóдных вакáнсиях** Stellenanzeige *f*; **~ чрезвычáйного положéния** Verhängung *f* des Ausnahmezustandes; **небольшóе ~** Kleinanzeige *f*; **чáстное ~** private Anzeige *f*; **давáть** [*о* **помещáть**]**~** annoncieren
объя́вленный *adj* **1.** erklärt; **2.** angekündigt, angesagt, bekanntgegeben

объявля́ть *vt E impf* (*pf:* объяви́ть) **1.** erklären; **2.** bekanntgeben, bekanntmachen; **3.** ansagen; **~ но́вые вы́боры** Neuwahlen ausschreiben; **~ о предстоя́щем бракосочета́нии** das Aufgebot bestellen; **~ чрезвыча́йного положе́ния** den Ausnahmezustand verhängen **4.** (*кого́-ли́бо кем-ли́бо*) ausrufen, proklamieren; **~ святы́м** jdn heiligsprechen

объявля́ться *vr E impf* (*pf:* объяви́ться) sich einfinden, auftauchen

объясне́ние *nt O2* Erklärung *f*; **~ в любви́** Liebeserklärung *f*

объясни́мый ⟨*kf*: -и́м⟩ *adj* (*geh*) erklärbar

объясни́ть *vt I pf* (*impf:* объясня́ть) **1.** erklären; **2.** auseinandersetzen

обыкнове́нный ⟨*kf*: -е́нен, -е́нна⟩ *adj* **1.** normal; **2.** gewöhnlich, gemein; **обыкнове́нные лю́ди** Durchschnittsmenschen *m pl*

о́быск *m K* Hausdurchsuchung *f*

обыска́ть ⟨*fut*: -ыщу́, ы́щешь⟩ *vt E4 pf* (*impf:* обы́скивать) absuchen, durchsuchen

обы́чай *m K2* Brauch *m*, Sitte *f*; **наруша́ть стари́нный ~** einen alten Brauch brechen

обы́чный ⟨*kf*: -чен, -чна⟩ *adj* **1.** gewöhnlich, normal, durchschnittlich; **2.** konventionell, herkömmlich

обя́занность *f I* **1.** Pflicht *f*; **2.** Verpflichtung *f*; **накла́дывать на кого́-ли́бо дополни́тельные обя́занности** jdm zusätzliche Verpflichtungen auferlegen; **э́то вхо́дит в его́ ~** dies gehört zu seinen Pflichten

обя́занный ⟨*kf*: -ан, -ана⟩ *adj* verpflichtet; **быть обя́занным чем-ли́бо кому́-ли́бо** jdm etw zu verdanken haben

обяза́тельность *f I* Verbindlichkeit *f*

обяза́тельный ⟨*kf*: -лен, -льна⟩ *adj* **1.** unbedingt; **2.** obligatorisch; **~ предме́т** Pflichtfach *nt*; **обяза́тельная програ́мма** Pflichtprogramm *nt*; **обяза́тельная регистра́ция** Meldepflicht *f*; **обяза́тельное усло́вие** unablässige Bedingung *f*

обяза́тельство *nt O* Verpflichtung *f*; **брать на себя́ обяза́тельства** Verpflichtungen eingehen

ова́льный ⟨*kf*: -лен, -льна⟩ *adj* oval

ова́ция *f A2* Ovation *f*; **бу́рные ова́ции** frenetischer Beifall *m*

овдове́вший *adj* verwitwet

овёс *m K* Hafer *m*

ове́чка *f A* Schäfchen *nt*; **неви́нная ~** (*fig*) Unschuldslamm *nt*

ОВИ́Р *abk von* отде́л виз и регистра́ций *m Amt für Visa und Ausländerregistrierung*

овладева́ть *v + inst E impf* (*pf:* овладе́ть) **1.** (*MIL*) einnehmen; **2.** erlernen; **3.** meistern, beherrschen

о́вощи ⟨*gen pl*: -щей⟩ *pl K1* Gemüse *nt*

овся́ный *adj* Hafer-; **овся́ные хло́пья** Haferflocken *pl*

овца́ *f A* Schaf *nt*

овча́рка *f A* Schäferhund *m*

ога́рок ⟨*gen sg*: -рка⟩ *m K* Kerzenstummel *m*

огласи́ть ⟨*fut*: -ашу́, -аси́шь⟩ *vt I pf* (*impf:* оглаша́ть) bekanntgeben, mitteilen, publik machen

огла́ска *f A* Verbreiten *nt*, Ausplaudern *nt*; **предава́ть огла́ске** an die Öffentlichkeit bringen; **э́то не подлежи́т ~** dies ist vertraulich zu behandeln

огло́бля *f A1* Deichsel *f*

оглуша́ть *vt E impf* (*pf:* оглуши́ть) betäuben

оглуши́тельный ⟨*kf*: - лен, -льна⟩ *adj* ohrenbetäubend

огляде́ться ⟨*fut*: -яжу́сь, -яди́шься⟩ *vr I pf* (*impf:* огля́дываться) **1.** sich umsehen, umblicken; **2.** (*fig*) sich umsehen, heimisch werden

о́гненный ⟨*kf*: -нен, -ненна⟩ *adj* feurig

огнетуши́тель *m K1* Feuerlöscher *m*

огнеупо́рный ⟨*kf*: -рен, -рна⟩ *adj* feuerfest

огова́ривать *vt E impf* (*pf:* оговори́ть) **1.** vereinbaren, ausbedingen; **~ сра́зу** von vornherein hinweisen **2.** (*umg*) nachsagen, verleumden

огово́рка *f A* **1.** Ausrutscher *m*, Flüchtigkeitsfehler *m*; **2.** Vorbehalt *m*, Einschränkung *f*; **де́лать огово́рку** vorbehalten **3.** (*JUR*) Klausel *f*

оголённый *adj* bar

ого́нь ⟨*gen sg*: огня́⟩ *m K1 e* Feuer *nt*; **олимпи́йский ~** olympisches Feuer *nt*; **перекрёстный ~** Kreuzfeuer *nt*; **быть ме́жду двух огне́й** (*fig*) zwischen die Fronten geraten sein

огора́живать *vt E impf* (*pf:* огороди́ть) **1.** abgrenzen, begrenzen; **2.** absperren; **3.** umzäunen

огоро́д *m K* Gemüsegarten *m*

огороди́ть ⟨*fut*: -ожу́, -о́дишь⟩ *vt I pf* (*impf:* огора́живать) **1.** abgrenzen, begrenzen; **2.** absperren; **3.** umzäunen

огорча́ть *vt E impf* (*pf:* огорчи́ть) **1.** verärgern; **2.** enttäuschen, bekümmern

огорче́ние *nt O2* Verdruß *m*

огорчённый *adj* betrübt

огра́бить ⟨*fut*: -блю, -бишь⟩ *vt I pf* (*impf:* гра́бить) **1.** ausrauben, berauben; **2.** einbrechen; **~ банк** (*umg*) eine Bank knacken

ограбле́ние *nt O2* **1.** Raub *m*; **2.** Überfall *m*
огражде́ние *nt O2* **1.** Umzäunung *f*; **2.** Absperrung *f*
ограниче́ние *nt O2* **1.** Beschränkung *f*; **2.** Einschränkung *f*, Restriktion *f*; **~ вооруже́ний** Rüstungsbegrenzung *f*; **~ ско́рости** Tempolimit *nt*
ограни́ченность *f I* **1.** Begrenztheit *f*; **2.** Beschränktheit *f*
ограни́ченный ⟨*kf*: -чен⟩ *adj* **1.** beschränkt, borniert, stur; **2.** beschränkt, knapp
ограни́чивать *vt E impf* (*pf:* ограни́чить) **1.** begrenzen, beschränken; **2.** drosseln
ограни́чиваться *v + inst E impf* (*pf:* ограни́читься) es bewenden lassen (bei, mit *+dat*)
огро́мный ⟨*kf*: -мен, -мна⟩ *adj* **1.** enorm; **2.** gewaltig
огу́льный ⟨*kf*: -лен, -льна⟩ *adj* unterschiedslos, pauschal
огуре́ц ⟨*gen sg*: -рца́⟩ *m K e* Gurke *f*
ода́лживать *vt E impf* (*pf:* одо́лжить) borgen, leihen
одарённый ⟨*kf*: -ён⟩ *adj* begabt, talentiert
ода́ривать *vt E impf* (*pf:* одари́ть) schenken, bescheren
одева́ть *vt E impf* (*pf:* оде́ть) anziehen, ankleiden
оде́жда *f A* **1.** Kleidung *f*, Bekleidung *f*; **2.** Tracht *f*; **~ для досу́га** Freizeitkleidung *f*; **ве́рхняя ~** Oberbekleidung *f*
оде́рживать *vt E impf* (*pf:* одержа́ть) erringen; **~ побе́ду над кем-ли́бо** einen Sieg erringen (über *+akk*)
одержи́мый ⟨*kf*: -и́м⟩ *adj* besessen
оде́тый *adj* angezogen; **быть оде́тым во что-ли́бо** etw anhaben, etw tragen
оде́ть ⟨*fut*: -е́ну, -е́нешь⟩ *vt E9 pf* (*impf:* одева́ть) anziehen, ankleiden
одея́ло *nt O* **1.** Bettdecke *f*; **2.** Decke *f*; **стёганое ~** Steppdecke *f*; **шерстяно́е ~** Wolldecke *f*
одея́ние *nt O2* Gewand *nt*
оди́н, **одна́, одно́** *num m/ f/ nt* **1.** eins; **2.** eine(r, s); **оди́н во мно́гих ли́цах** (*umg*) Hansdampf in allen Gassen; **оди́н за други́м** einer nach dem anderen; **оди́н из основа́телей** Mitbegünder *m*; **оди́н к одному́** ganz genau wie; **оди́н-оди́ндинёшенек, одна́-одинёшенька** mutterseelenallein; **я́сно одно́** eines steht fest
одина́ковый ⟨*kf*: -ов⟩ *adj* **1.** gleich; **2.** ähnlich; **3.** konform; **одина́ковые усло́вия** gleiche Bedingungen *pl*; **в одина́ковой ме́ре** gleichermaßen
оди́ннадцать *num* elf
одино́кий ⟨*kf*: -о́к⟩ *adj* **I. 1.** einsam, verlassen; **2.** alleinstehend, alleinlebend; **II.** *m wie adj* **1.** Alleinstehender *m*; **2.** Alleinerziehender *m*
одино́чество *nt O* Einsamkeit *f*, Alleinsein *nt*; **чу́вство одино́чества** Vereinsamung *f*; **остава́ться в одино́честве** vereinsamen
одино́чный *adj* Einzel-; **одино́чная игра́** (*SPORT*) Einzel *nt*; **одино́чное заключе́ние** Einzelhaft *f*; **одино́чная ка́мера** Einzelzelle *f*
одио́зный ⟨*kf*: -зен, -зна⟩ *adj* **1.** ominös; **2.** verhaßt, unbeliebt
одна́ *siehe* **оди́н**
одна́жды *adv* einmal, einst
одна́ко *konj* jedoch, allerdings
одно́ *siehe* **оди́н**
одно- *präfix* **1.** ein-; **2.** *bezeichnet Zugehörigkeit zu demselben*
одновре́менный ⟨*kf*: -е́нен, -е́нна⟩ *adj* gleichzeitig, simultan
одногла́зый *adj* einäugig
одногоди́чный *adj* einjährig
однодне́вный *adj* eintägig
однозна́чный ⟨*kf*: -чен, -чна⟩ *adj* **1.** eindeutig; **2.** unmißverständlich; **~ вы́вод** eindeutige Schlußfolgerung *f*
одноимённый ⟨*kf*: -ёнен, -ённа⟩ *adj* gleichlautend
однока́шник, **однока́шница** *m K / f A* **1.** Mitschüler, -in *m/f*; **2.** Kommilitone, Kommilitonin *m/f*
однокла́ссник *m K* Klassenkamerad *m*
одноколе́йный *adj* **1.** eingleisig; **2.** einspurig
одноме́стный *adj* Einmann-
однообра́зие *nt O2* Einerlei *nt*, Eintönigkeit *f*, Monotonie *f*
однообра́зный ⟨*kf*: -зен, -зна⟩ *adj* einförmig, eintönig, monoton
однора́зовый *adj* einmalig; **однора́зовая буты́лка** Einwegflasche *f*; **однора́зовая та́ра** Einwegverpakkung *f*; **~ шприц** Einwegspritze *f*
одноро́дный ⟨*kf*: -ден, дна⟩ *adj* **1.** gleichartig; **2.** homogen
однору́кий *adj* einarmig
односери́йный *adj* einteilig
односторо́нность *f I* Einseitigkeit *f*
односторо́нный ⟨*kf*: -о́нен, -о́нна⟩ *adj* einseitig
одното́мный *adj* einbändig
одноэта́жный *adj* einstöckig
одноязы́чный *adj* einsprachig
однояйцо́вый *adj* (*близне́ц*) eineiig
одобре́ние *nt O2* **1.** Befürwortung *f*; **2.** Billigung *f*
одо́брить *vt I pf* (*impf:* одобря́ть) **1.**

befürworten; **2.** billigen, gutheißen; **не ~** mißbilligen

одолева́ть *vt E impf* (*pf:* одоле́ть) übermannen, überkommen; **его́ одолева́ют сомне́ния** er wird von Zweifeln geplagt

одолже́ние *nt O2* Gefallen *m*, Gefälligkeit *f*; **сде́лать кому-ли́бо ~** jdm einen Gefallen tun

одолжи́ть ⟨*fut*: -жу́, -жи́шь⟩ *vt I pf* (*impf:* ода́лживать) borgen, leihen

одува́нчик *m K* Löwenzahn *m*

одура́чить *vt I pf* (*impf:* дура́чить) übertölpeln

одурма́нить *vt I pf* (*impf:* дурма́нить) berauschen, betäuben, umnebeln

ожере́лье *nt O1* (колье́) Halskette *f*, Kollier *nt*

ожесточе́ние *nt O2* Verbitterung *f*

ожесточённый *adj* erbittert, verbissen

оживи́ть ⟨*fut*: -влю́, -ви́шь⟩ *vt I pf* (*impf:* оживля́ть) wiederbeleben, animieren; **~ эконо́мику** die Wirtschaft ankurbeln

оживи́ться ⟨*fut*: -влю́сь, -ви́шься⟩ *vr I pf* (*impf:* оживля́ться) aufleben

оживле́ние *nt O2* Betrieb *m*, Betriebsamkeit *f*; **там цари́ло ~** dort herrschte reges Leben

оживлённость *f I* Lebhaftigkeit *f*

оживлённый ⟨*kf*: -ён⟩ *adj* **1.** lebhaft; **2.** belebt

ожида́ние *nt O2* **1.** Erwartung *f*, **2.** Hoffnung *f*; **по́лный ожида́ний** erwartungsvoll; **не опра́вдывать чьих-ли́бо ожида́ний** jdn in seinen Erwartungen enttäuschen

ожида́ть *vt E impf* **1.** erwarten; **2.** entgegensehen; **как и сле́довало ~** erwartungsgemäß

ожо́г *m K* **1.** Verbrennung *f*, **2.** Brandwunde *f*

озабо́ченность *f I* **1.** Besorgnis *f*, **2.** Sorge *f*

озабо́ченный ⟨*kf*: -чен⟩ *adj* besorgt, sorgenvoll

озагла́вить ⟨*fut*: -влю, -вишь⟩ *vt I pf* (*impf:* озагла́вливать) betiteln, überschreiben

озада́ченный ⟨*kf*: -ен⟩ *adj* **1.** verdutzt; **2.** betroffen, bestürzt

озада́чивать *vt E impf* (*pf:* озада́чить) **1.** bestürzen; **2.** in Verlegenheit bringen; **3.** verblüffen

озаре́ние *nt O2* Erleuchtung *f*

озари́ть ⟨*nur 3. pers*: -и́т⟩ *vt I pf* (*impf:* озаря́ть) **1.** erleuchten; **2.** bescheinen

озву́чивать *vt E impf* (*pf:* озву́чить) vertonen

оздорови́ть ⟨*fut*: -влю́, -ви́шь⟩ *vt I pf* (*impf:* оздоровля́ть) **1.** gesund machen; **2.** sanieren

оздоровле́ние *nt O2* **1.** Sanierung *f*, Erneuerung *f*; **2.** Gesundung *f*; **~ окружа́ющей среды́** ökologische Sanierung *f*

о́зеро ⟨*pl*: озёра, озёр, озёрам⟩ *nt O* See *m*; **иску́сственное ~** Stausee *m*, Baggersee *m*

озло́бленный ⟨*kf*: -ен⟩ *adj* verbittert, erbost

ознако́мить ⟨*fut*: -млю, -мишь⟩ *vt I pf* (*impf:* знако́мить) **1.** bekanntmachen; **2.** vertraut machen

ознако́миться ⟨*fut*: -млюсь, -мишься⟩ *vr I pf* (*impf:* знако́миться) Einblick gewinnen, sich vertraut machen

ознакомле́ние *nt O2* Einsicht(nahme) *f*

ознаменова́ть *vt E2 pf* (*impf:* знаменова́ть) **1.** (*geh*) bedeuten; **2.** kennzeichnen, bezeichnen

означа́ть *vt E impf* bedeuten

озно́б *m K* **1.** Schauder *m*, Schauer *m*; **2.** Schüttelfrost *m*

озо́н *m K* Ozon *nt*

озо́новый *adj* Ozon-; **озо́новая дыра́** Ozonloch *nt*; **~ слой** Ozonschicht *f*

озорни́к *m K e* Schlingel *m*, Strolch *m*

озорно́й *adj* mutwillig

озорство́ *nt O e* Ausgelassenheit *f*, Übermut *m*

озя́бнуть *vi E1 pf* (*impf:* зя́бнуть) frieren

оказа́ние *nt O2* Bezeigung *f*; **~ по́мощи** Hilfeleistung *f*; **~ по́мощи развива́ющимся стра́нам** Förderung *f* der Entwicklungsländer

оказа́ть ⟨*fut*: -ажу́, -а́жешь⟩ *vt E4 pf* (*impf:* ока́зывать) erweisen, bezeigen; **~ дове́рие** Vertrauen entgegenbringen; **~ услу́гу** einen Dienst erweisen; **~ честь** Ehre erweisen

оказа́ться ⟨*fut*: -ажу́сь, -а́жешься⟩ *vr + inst E4 pf* (*impf:* ока́зываться) sich erweisen, sich herausstellen, sich entpuppen (als *+nom*); **прогно́з оказа́лся пра́вильным** die Prognose erwies sich als richtig

окайми́ть ⟨*fut*: -млю́, -ми́шь⟩ *vt I pf* (*impf:* окаймля́ть) umsäumen, einfassen

ока́лина *f A* Schlacke *f*

ока́нчивать *vt E impf* (*pf:* око́нчить) **1.** beenden, zum Abschluß bringen; **игра́ око́нчена** das Spiel ist aus; **2.** absolvieren

ока́нчиваться *vr E impf* (*pf:* око́нчить) enden, zu Ende gehen, seinen Abschluß finden

океа́н *m K* Ozean *m*; **за ~ом** in Übersee

окисли́ться ⟨*nur 3. pers*: окисли́тся⟩ *vr I pf* (*impf:* окисля́ться) oxidieren

о́кись *f I* (*CHEM:* окси́д) Oxyd *nt*;

~азо́та Stickoxyd *nt*; **~ ме́ди** Patina *f*; **~ углеро́да** Kohlenmonoxyd *nt*
оккупа́нт *m K* Besatzer *m*, Eindringling *m*
оккупацио́нный *adj* Besatzungs-; **оккупацио́нная держа́ва** Besatzungsmacht *f*
оккупа́ция *f A2* Besatzung *f*
оккупи́ровать *vt E2 impf/pf* (*MIL*) besetzen, einnehmen
окла́д *m K* Gehalt *nt*
оклевета́ть ⟨*fut*: -ещу́, -е́щешь⟩ *vt E4 pf* (*impf:* клевета́ть) verleumden
окно́ *nt O pls* Fenster *nt*; **прорубить ~ в Евро́пу** das Tor zu Europa aufstoßen
око́вы ⟨*gen pl*: око́в⟩ *pl A* Fesseln *pl*
околдова́ть *vt E2 pf* (*impf:* околдо́вывать) **1.** bezaubern, faszinieren; **2.** verzaubern, behexen
о́коло *präp +gen* etwa, circa, um
око́льный *adj* (*о доро́ге*) umständlich, nicht direkt; **~ путь** Umweg *m*; **око́льными путя́ми** auf Umwegen
оконча́ние *nt O2* **1.** Ende *nt*, Schluß *m*; **~ ве́чера** Ausklang *m* des Abends; **~ рабо́ты** Feierabend *m* **2.** (*LING сло́ва*) Endung *f*; **3.** (*в ша́хматах*) Endspiel *nt*
оконча́тельный ⟨*kf*: -лен, -льна⟩ *adj* **1.** abschließend; **2.** endgültig; **я не хочу́ пока́ принима́ть оконча́тельное реше́ние** ich möchte mich noch nicht endgültig festlegen
око́нчить *vt E pf* (*impf:* ока́нчивать) beenden
око́п *m K* Schützengraben *m*, Schanze *f*
окочене́вший *adj* **1.** klamm; **2.** erstarrt
око́шко *f A* **1.** kleines Fenster *nt*; **2.** (*на по́чте*) Schalter *m*; **3.** (*в ба́нке*) Kassenschalter *m*
окра́ина *f A* Rand *m*, Randgebiet *nt*; **~ го́рода** Stadtrand *m*; **~ ле́са** Waldrand *m*
окра́сить ⟨*fut*: окра́шу, окра́сишь⟩ *vt I pf* (*impf:* окра́шивать) **1.** färben, anstreichen; **2.** röten
окра́ска *f A* **1.** Färbung *f*, **2.** Farbton *m*
окрести́ть ⟨*fut*: -ещу́, -е́стишь⟩ *vt I pf* (*impf:* крести́ть) **1.** (*REL*) taufen; **2.** (*umg*) nennen, taufen
окре́стный *adj* umliegend
о́круг *m K* Bezirk *m*, Distrikt *m*; **избира́тельный ~** Wahlkreis *m*
округли́ть *vt I pf* (*impf:* округля́ть) aufrunden, pauschalisieren
окру́глый ⟨*kf*: -у́гл⟩ *adj* rundlich, kugelrund
окружа́ть *vt E impf* (*pf:* окружи́ть) einkreisen, umringen, umzingeln; **~ себя́ тала́нтливыми людьми́** talentierte Leute um sich scharen
окружа́ющий *adj* umgebend; **не́нависть ко всему́ окружа́ющему** Haß *m* auf alles ringsum; **окружа́ющие** (*nur pl*) Mitmenschen *pl*; **окружа́ющая среда́** Umwelt *f*
окруже́ние *nt O2* Umfeld *nt*, Umgebung *f*; **в окруже́нии кого́-ли́бо** im Kreise (*+gen*); **попа́сть в ~** (*MIL*) in einen Kessel geraten
окружи́ть *vt I pf* (*impf:* окружа́ть) einkreisen, umringen, umzingeln
окрылённый *adj* beschwingt
окрыли́ть *vt I pf* (*impf:* окрыля́ть) beflügeln; **успе́х его́ окрыли́л** der Erfolg hat ihn beflügelt
окта́ва *f A* Oktave *f*
окта́новый *adj* (*CHEM*) Oktan-; **окта́новое число́** Oktanzahl *f*
октя́брь *m K1* Oktober *m*
окули́ст *m K* Augenarzt, -ärztin *m/f*
окуна́ть *vt E impf* (*pf:* окуну́ть) eintauchen
о́кунь *m K1* Barsch *m*
окупа́ться *vr E impf* (*pf:* окупи́ться) sich auszahlen, sich lohnen
оку́ривать *vt E impf* (*pf:* окури́ть) räuchern
оку́рок ⟨*gen sg*: -рка⟩ *m K* Zigarettenkippe *f*
оку́тать *vt E pf* (*impf:* оку́тывать) einhüllen, umwickeln
ола́дья ⟨*gen sg*: -ьи⟩ *f A1* Krapfen *m*
оле́нь *m K1* Hirsch *m*; **се́верный ~** Rentier *nt*
оли́ва *f A* **1.** Olivenbaum *m*; **2.** Olive *f*
олимпиа́да *f A* Olympiade *f*
олимпи́йский *adj* olympisch; **олимпи́йские и́гры** Olympische Spiele *pl*; **~ чемпио́н/олимпи́йская чемпио́нка** Olympiasieger, -in *m/f*
оли́фа *f A* Firnis *f*
олицетвори́ть *vt I pf* (*impf:* олицетворя́ть) verkörpern, personifizieren
о́лово *nt O* Zinn *nt*
оловя́нный *adj* Zinn-; **~ солда́тик** Zinnsoldat *m*
о́лух *m K* (*umg*) Lümmel *m*
ольха́ *f A pls* Erle *f*
ома́р *m K* Hummer *m*
омле́т *m K* Omelett *nt*
омола́живать *vt E impf* (*pf:* омолоди́ть) verjüngen
ОМОН *abk von* отря́д мили́ции осо́бого назначе́ния *m Sondereinheit des russischen Innenministeriums*
омо́новец ⟨*gen sg*: -вца⟩ *m K Angehöriger dieser Sondereinheit*
омрача́ть *vt E impf* (*pf:* омрачи́ть) **1.** überschatten; **2.** verdüstern
омрача́ться *vr E impf* (*pf:*

омрачи́ться) sich bewölken
он ⟨*3. pers sg*: его́, ему́, его́, им, о нём⟩ *pron pers* er
она́ ⟨*3. pers sg*: её, ей, её, (ею) ей, о ней⟩ *pron pers* sie
онали́чивать *vt E impf* (*pf*: онали́чить) verflüssigen
онани́зм *m K* Masturbation *f*
они́ ⟨*3. pers pl*: их, им, их, и́ми, о них⟩ *pron pers* sie
оно́ ⟨*3. pers sg*: его́, ему́, его́, им, о нём⟩ *pron pers* es
ООН *abk von* Организа́ция Объединённых На́ций *f* UNO *f*
опада́ть *vi E impf* (*pf*: опа́сть) (*ли́стья с дере́вьев*) (von den Bäumen) abfallen
опа́ла *f A* **1.** Ungnade *f*; **2.** Acht *f*, Bann *m*
опали́ть *vt I pf* (*impf*: пали́ть) versengen
опаса́ться *vr E impf* **1.** (*чего́-ли́бо*) fürchten, befürchten; **2.** (*за кого́-ли́бо*) bangen (um *+akk*)
опасе́ние *nt O2* **1.** Befürchtung *f*; **2.** Bedenken *pl*
опа́сность *f I* Gefahr *f*; **~ для жи́зни** Lebensgefahr *f*; **~ обруше́ния** Einsturzgefahr *f*; **~ пожа́ров** Feuergefahr *f*; **~ сокры́тия следо́в** Verdunklungsgefahr *f*; **подверга́ть опа́сности** gefährden; **в слу́чае действи́тельной** [*o* **реа́льной**]**опа́сности** im Ernstfall
опа́сный ⟨*kf*: -сен, -сна⟩ *adj* **1.** gefährlich, riskant; **2.** bedrohlich; **~ для жи́зни** lebensgefährlich; **социа́льно** [*o* **обще́ственно**]**~** gemeingefährlich
ОПЕК *m K* OPEC *f*
опе́ка *f A* Bevormundung *f*
опека́ть *vt E impf* **1.** bevormunden; **2.** behüten; **ме́лочно ~** gängeln
опеку́н *m K e* Vormund *m*
о́пера *f A* **1.** Oper *f*; **2.** Opernhaus *nt*; **мы́льная ~** Seifenoper *f*; **э́то из друго́й о́перы** das ist ein Kapitel für sich, das gehört nicht hierher
операти́вность *f I* Wendigkeit *f*, Schnelligkeit *f*
операти́вный ⟨*kf*: -вен, -вна⟩ *adj* kurzfristig, prompt, schnell; **операти́вная информа́ция** Sofortinformation *f*; **операти́вная па́мя́ть** (*DV*) Arbeitsspeicher *m*; **операти́вная сво́дка** Lagebericht *m*; **~ штаб** Krisenstab *m*
опера́тор *m K* **1.** Kameramann *m*; **2.** (*DV*) Operator *m*, Operationsbefehl *m*
операциони́ст *m K* (*в ба́нке*) Schalterbeamte(r), -beamtin *m/f*
операцио́нная *f wie adj* Operationssaal *m*, OP *m*
операцио́нный *adj* **1.** operativ; **2.** Operations-; **~ зал** (*в ба́нке*) Schalterraum *m*; **операцио́нная систе́ма** (*DV*) Betriebssystem *nt*; **~ стол** (*MED*) Operationstisch *m*
опера́ция *f A2* **1.** (*POL*) Handlung *f*, Manipulation *f*; **2.** (*TECH*) Arbeitsgang *m*, Operation *f*; **3.** (*ÖKON*) Geschäft *nt*, Transaktion *f*, Operation *f*; **4.** (*MIL*) Aktion *f*; **5.** (*MED*) Operation *f*, chirurgischer Eingriff *m*; **опера́ции с це́нными бума́гами** Wertpapiergeschäfte *pl*; **~ на се́рдце** Herzoperation *f*; **де́лать опера́цию** operieren
опереди́ть ⟨*fut*: -ежу́,-еди́шь⟩ *vt E4 pf* (*impf*: опережа́ть) **1.** überholen, zuvorkommen; **2.** übertreffen
опережа́ющий *adj* **1.** vorauseilend, beschleunigt; **2.** überdurchschnittlich
опере́ние *nt O2* Gefieder *nt*
опере́тта *f A* Operette *f*
опере́ться ⟨*fut*: обопру́сь, обопрёшься⟩ *vr E4b pf* (*impf*: опира́ться) **1.** (*на кого́-ли́бо/что-ли́бо, обо что-ли́бо*) sich stützen (auf *+akk*); **2.** sich lehnen (an *+akk*); **3.** sich auflehnen (gegen *+akk*); **4.** Unterstützung suchen (bei *+dat*)
опе́рившийся *adj* flügge
опери́ровать *vt E2 impf/pf* **I. 1.** (*MED*) operieren; **2.** (*geh*) operieren, handeln; **II.** *v + inst E2 impf* operieren, hantieren (mit *+dat*)
опери́ться *vr I pf* (*impf*: оперя́ться) flügge werden
о́перный *adj* Opern-; **~ бино́кль** Opernglas *nt*; **~ певе́ц** Opernsänger *m*; **~ теа́тр** Opernhaus *nt*
опеча́тать *vt E pf* (*impf*: опеча́тывать) versiegeln
опеча́тка *f A* **1.** Druckfehler *m*; **2.** Tippfehler *m*; **сде́лать опеча́тку** sich vertippen
опи́лки ⟨*gen pl*: -лок⟩ *pl A* Sägemehl *nt*
опира́ться *vr E impf* (*pf*: опере́ться) **1.** (*на кого́-ли́бо/что-ли́бо, обо что-ли́бо*) sich stützen (auf *+akk*); **2.** sich lehnen (an *+akk*); **3.** sich auflehnen (gegen *+akk*); **4.** Unterstützung suchen (bei *+dat*)
описа́ние *nt O2* Beschreibung *f*; **не поддава́ться никако́му описа́нию** jeder Beschreibung spotten
описа́ть ⟨*fut*: опишу́, опи́шешь⟩ *vt E4 pf* (*impf*: опи́сывать) beschreiben
опи́ска *f A* **1.** Flüchtigkeitsfehler *m*; **2.** Schreibfehler *m*
о́пись *f I* **1.** Verzeichnis *nt*; **2.** (*JUR*) Beschlagnahmung *f*
о́пиум *m K* Opium *nt*
опла́та *f A* **1.** Bezahlung *f*; **2.** Einzahlung *f*; **3.** Rückzahlung *f*, Tilgung *f*; **~ нали́чными** Barzahlung *f*; **~ обра́тного письма́** Rückporto *nt*; **~**

труда́ Gehalt *nt*, Honorar *nt*; **почасова́я ~** Stundenlohn *m*; **сде́льная ~** Stücklohn *m*
оплати́ть ⟨*fut*: -ачу́, -а́тишь⟩ *vt I pf* (*impf:* опла́чивать) **1.** bezahlen; **2.** vergüten
оплодотвори́ть *vt I pf* (*impf:* оплодотворя́ть) befruchten
опло́т *m K* Bollwerk *nt*, Hochburg *f*
опло́шность *f I* **1.** Fehlgriff *m*; **2.** Fehltritt *m*
опозда́вший *m wie adj* Nachzügler *m*
опозда́ние *nt O2* Verspätung *f*
опозда́ть *vi E pf* (*impf:* опа́здывать) sich verspäten; **~ на по́езд** den Zug verpassen
опозо́рить *vt I pf* (*impf:* позо́рить) entehren, schänden
опозо́риться *vr I pf* (*impf:* позо́риться) sich blamieren, sich eine Blöße geben
о́ползень *m K1* Erdrutsch *m*
опо́мниться *vr I pf* sich besinnen, zur Besinnung kommen
опо́ра *f A* **1.** Stütze *f*, Halt *m*; **2.** Rückhalt *m*
опо́рный *adj* Stütz-; **~ пункт** Stützpunkt *m*
опорожни́ть *vt I pf* (*impf:* опорожня́ть) (*umg*) leeren, entleeren
оппозицио́нный *adj* oppositionell
оппози́ция *f A2* Opposition *f*
оппоне́нт *m K* Gegenspieler *m*, Opponent *m*
оппортуни́зм *m K* Opportunismus *m*
оппортуни́ст *m K* Opportunist, -in *m/f*, Trittbrettfahrer, -in *m/f*
опра́ва *f A* **1.** Einfassung *f*, Fassung *f*; **2.** (*для очко́в*) Brillengestell *nt*
оправда́ние *nt O2* **1.** Rechtfertigung *f*, Entschuldigung *f*; **2.** (*JUR*) Freispruch *m*
оправда́ть *vt E pf* (*impf:* опра́вдывать) **1.** rechtfertigen; **2.** (*fig*) reinwaschen; **3.** (*JUR*) freisprechen
опра́виться ⟨*fut*: -влюсь, -ви́шься⟩ *vr I pf* (*impf:* оправля́ться) **1.** (*пла́тье, причёску*) in Ordnung bringen; **2.** sich erholen; **~ от уда́ра** sich von einem Schlag erholen
опра́шивать *vt E impf* (*pf:* опроси́ть) abfragen, befragen
определе́ние *nt O2* **1.** Ermittlung *f*, Bestimmung *f*; **2.** Definition *f*; **3.** (*LING*) Attribut *nt*
определённый ⟨*kf*: -ёнен, -ённа⟩ *adj* bestimmt, definitiv
определи́ть *vt I pf* (*impf:* определя́ть) **1.** ermitteln, bestimmen, ausmachen; **2.** festlegen, festsetzen, konzipieren; **3.** (*срок*) anberaumen; **4.** definieren
определя́ющий *adj* maßgebend, entscheidend
оприхо́довать *vt E2 pf* (*impf:* прихо́довать) verbuchen
опроверга́ть *vt E impf* (*pf:* опрове́ргнуть) **1.** bestreiten, dementieren; **2.** widerlegen, entkräften; **3.** widerrufen
опроверже́ние *nt O2* **1.** Dementi *nt*; **2.** (*ре́плика*) Entgegnung *f*; **3.** Gegendarstellung *f*
опроки́дывать *vt E impf* (*pf:* опроки́нуть) **1.** kippen; **2.** umstürzen
опроки́дываться *vr E impf* (*pf:* опроки́нуться) umkippen, kentern
опро́с *m K* Umfrage *f*; **~ обще́ственного мне́ния** Meinungsumfrage *f*
опроси́ть ⟨*fut*: -ошу́, -о́сишь⟩ *vt I pf* (*impf:* опра́шивать) abfragen, befragen
опротестова́ть *vt E2 pf* (*impf:* опротесто́вывать) Einspruch erheben (gegen *+akk*)
о́птик *m K* Optiker, -in *m/f*
о́птика *f A* **1.** Optik *f*; **2.** Optikergeschäft *nt*
оптима́льный ⟨*kf*: -лен, -льна⟩ *adj* optimal
оптимизи́ровать *vt E2 impf/pf* optimieren
оптими́зм *m K* Optimismus *m*
оптими́ст *m K* Optimist *m*; **неисправи́мый ~** unverbesserlicher Optimist *m*
оптимисти́чный ⟨*kf*: -чен, -чна⟩ *adj* optimistisch, zuversichtlich
оптими́стка *f A* Optimistin *f*
о́птимум *m K* Optimum *nt*
опти́ческий *adj* optisch
опто́вый *adj* Großhandels-; **опто́вая торго́вля** Großhandel *m*
о́птом *adv* en gros
опубликова́ть *vt E2 pf* (*impf:* опублико́вывать) veröffentlichen
опуска́ть *vt E impf* (*pf:* опусти́ть) **1.** (*письмо́*) einwerfen; **2.** (*в во́ду*) eintauchen; **3.** sinken lassen; **~ кры́лья** die Flügel hängen lassen; **~ ру́ки** (*auch fig*) die Hände sinken lassen, den Mut verlieren; **4.** auslassen, weglassen
опуска́ться *vr E impf* (*pf:* опусти́ться) **1.** sich setzen, sich niederlassen; **~ на коле́ни** in die Knie gehen **2.** sinken, heruntergehen; **3.** verlottern, vergammeln, herunterkommen
опустоша́ть *vt E impf* (*pf:* опустоши́ть) **1.** verwüsten; **2.** zugrunde richten
опустоше́ние *nt O2* Verwüstung *f*
опустоши́тельный ⟨*kf*: -лен, -льна⟩ *adj* verheerend, mörderisch
о́пухоль *f I* Geschwulst *f*, **ра́ковая ~**

Krebsgeschwür *nt*

опыли́ть *vt I pf* (*impf:* опыля́ть) bestäuben

о́пыт *m K* **1.** Erfahrung *f*, Erkenntnis *f*; **2.** Routine *f*; **многоле́тный ~** langjährige Erfahrung *f*; **нако́пленный ~** gesammelte Erfahrungen *f pl*; **профессиона́льный ~** Berufserfahrung *f*; **по ~у** erfahrungsgemäß; **по со́бственному ~у** aus eigener Erfahrung; **узна́ть на со́бственном ~е** am eigenen Leibe erfahren; **3.** (*экспериме́нт*) Versuch *m*; **~ы на живо́тных** Tierversuche *m pl*

о́пытный ⟨*kf*: -тен, -тна⟩ *adj* **1.** erfahren, versiert; **2.** routiniert

опьяне́ние *nt O2* **1.** Alkoholeinfluß *m*, Trunkenheit *f*; **находи́ться в состоя́нии алкого́льного опьяне́ния** unter Alkoholeinfluß stehen; **в состоя́нии наркоти́ческого опьяне́ния** unter Drogeneinfluß; **2.** (*fig: эйфо́рия*) Rausch *m*

опьяни́ть *vt I pf* (*impf:* опьяня́ть) berauschen

опя́ть *adv* wieder, noch einmal

ора́нжевый ⟨*kf*: -ев⟩ *adj* orange

оранжере́я *f A2* **1.** Orangerie *f*; **2.** Gewächshaus *nt*

ора́тор *m K* Redner, -in *m/f*; **предыду́щий ~** Vorredner, -in *m/f*

ора́ть ⟨*präs*: ору́, орёшь⟩ *vi E4 impf* (*pf:* за-, на-) **1.** schreien, brüllen; **2.** grölen, krakeelen

орби́та *f A* (*ASTR*) Orbit *m*, Umlaufbahn *f*; **~ земли́** Erdumlaufbahn *f*; **на орби́те** im Weltraum; **выводи́ть на орби́ту** auf die Umlaufbahn bringen, ins Weltall befördern

орга́зм *m K* Orgasmus *m*, Höhepunkt *m*

о́рган *m K* **1.** (*ANAT*) Organ *nt*; **~ чувств** Sinnesorgan *nt* **2.** (*инста́нция*) Gremium *nt*, Körperschaft *f*; **~ы безопа́сности** Sicherheitsbehörden *f pl*; **госуда́рственные ~ы** Staatsorgane *nt pl*; **парти́йный ~** Parteizeitung *f*; **печа́тный ~** Presseorgan *nt*; **3.** (*MUS*) Orgel *f*

организа́тор *m K* Organisator *m*, Veranstalter *m*, Ausrichter *m*; **~ пое́здки** Reiseveranstalter *m*

организацио́нный *adj* organisatorisch

организа́ция *f A2* **1.** Organisation *f*; **2.** Institution *f*, Einrichtung *f*; **3.** Aufbau *m*, Gestaltung *f*; **~ досу́га** Freizeitgestaltung *f*

органи́зм *m K* Organismus *m*

организова́ть *vt E2 impf/pf* **1.** organisieren, veranstalten; **2.** gründen; **~ со́бственный теа́тр** ein eigenesTheater schaffen

органи́ст, **органи́стка** *m K / f A* (*MUS*) Organist, -in *m/f*

о́ргия *f A2* Orgie *f*

оргкомите́т *akr von* организацио́нный комите́т *m* Organisationskomittee *nt*

орда́ *f A pls* Horde *f*

о́рден *m K* **1.** Orden *m*, Auszeichnung *f*; **2.** (*REL*) Orden *m*

о́рдер *m K* Order *f*, Anweisung *f*; **~ на аре́ст** Haftbefehl *m*; **~ на о́быск** Durchsuchungsbefehl *m*

ордина́рный ⟨*kf*: -рен, -рна⟩ *adj* gewöhnlich

орёл ⟨*gen sg*: орла́⟩ *m K e* Adler *m*

оре́х *m K* Nuß *f*; **земляно́й ~** Erdnuß *f*; **лесно́й ~** Haselnuß *f*

оре́шник *m K* Nußbaum *m*

оригина́л *m K* **1.** (*по́длинник*) Original *nt*; **2.** (*о челове́ке*) Sonderling *m*, Eigenbrötler *m*

оригина́льность *f I* Originalität *f*

оригина́льный ⟨*kf*: -лен, -льна⟩ *adj* original, originell; **оригина́льная иде́я** neue Idee *f*; **оригина́льные те́ксты** Originaltexte *m pl*

ориента́ция *f A2* Orientierung *f*; **потеря́ть ориента́цию** die Orientierung verlieren

ориенти́р *m K* Anhaltspunkt *m*, Orientierung *f*, Richtlinie *f*; **но́вые ~ы** neue Trends *m pl*

ориенти́ровать *vt E2 impf/pf* **1.** orientieren; **2.** (einen Standpunkt) anzeigen

ориенти́роваться *vr E2 impf/pf* (*pf:* с-) sich zurechtfinden, sich orientieren

орке́стр *m K* Orchester *nt*, Kapelle *f*; **джа́зовый ~** Jazzkapelle *f*; **духово́й ~** Blaskapelle *f*; **симфони́ческий ~** Symphonieorchester *nt*

орнаме́нт *m K* Ornament *nt*

ornитóлог *m K* Ornithologe, -in *m/f*, Vogelkundler, -in *m/f*

ороси́ть ⟨*fut*: -ошу́, -оси́шь⟩ *vt I pf* (*impf:* ороша́ть) bewässern

ороше́ние *nt O2* Bewässerung *f*

ортодокса́льный ⟨*kf*: -лен, -льна⟩ *adj* (*REL*) orthodox

ортопе́д *m K* Orthopäde, Orthopädin *m/f*

ортопеди́ческий *adj* orthopädisch

ору́дие *nt O2* **1.** Werkzeug *nt*, Gerät *nt*; **2.** (*MIL*) Geschütz *nt*; **3.** (*fig*) Werkzeug *nt*, Waffe *f*, Mittel *nt*

ору́довать *v + inst E2 impf* hantieren (mit *+dat*)

ору́жие *nt O2* Waffe *f*; **~ ма́ссового пораже́ния** Massenvernichtungswaffen *f pl*; **огнестре́льное ~** Schußwaffe *f*

орфографи́ческий *adj* orthographisch; **орфографи́ческая оши́бка** Rechtschreibfehler *m*

орфогра́фия *f A2* Orthographie *f*
орхиде́я *f A2* Orchidee *f*
ОС *abk von* операцио́нная систе́ма *f* Betriebssystem *nt*
оса́ *f A pls* Wespe *f*
оса́да *f A* Belagerung *f*
осади́ть ⟨*fut*: -ажу́, -а́дишь⟩ *vt I pf* (*impf:* осажда́ть) **I. 1.** belagern; **2.** bestürmen, bedrängen; **II.** *vt I* (*impf:* оса́живать) **1.** zum Stehen bringen, zügeln; **2.** (*fig*) zügeln, zurechtweisen
осади́ться ⟨*fut*: ажу́сь, -а́дишься⟩ *vr I pf* (*impf:* осажда́ться) (*CHEM*) (sich) ansetzen
оса́дки ⟨*gen pl*: -дков⟩ *m pl K* **1.** Niederschlag *m*; **2.** (*радиоакти́вные*) Fallout *m*
оса́док ⟨*gen sg*: -дка⟩ *m K* (*CHEM*) Rückstand *m*
осажда́ть *vt E impf* (*pf:* осади́ть) **1.** belagern; **2.** bestürmen, bedrängen
осажда́ться *vr E impf* (*pf:* осади́ться) (*CHEM*) (sich) ansetzen
оса́живать *vt E impf* (*pf:* осади́ть) **1.** zum Stehen bringen, zügeln; **2.** (*fig*) zügeln, zurechtweisen
ОСВ *abk von* оборони́тельные стратеги́ческие вооруже́ния *nt* SALT
осва́ивать *vt E impf* (*pf:* осво́ить) **1.** (*террито́рию*) erschließen; **2.** (*зна́ния*) sich aneignen
осва́иваться *vr E impf* (*pf:* осво́иться) **1.** sich einarbeiten; **2.** sich eingewöhnen, sich einleben
осведоми́тель *m K1* Denunziant *m*
осве́домиться ⟨*fut*: -млюсь, -мишься⟩ *vr I pf* (*impf:* осведомля́ться) **1.** sich erkundigen, sich informieren; **2.** erfragen
освежа́ть *vt E impf* (*pf:* освежи́ть) **1.** erfrischen; **2.** auffrischen
освежа́ться *vr E impf* (*pf:* освежи́ться) sich erfrischen, sich laben
освежи́тельный ⟨*kf*: -лен, -льна⟩ *adj* erfrischend; **освежи́тельные напи́тки** Erfrischungsgetränke *nt pl*; **освежи́тельная салфе́тка** Erfrischungstuch *nt*
осве́тить ⟨*fut*: -ещу́, ети́шь⟩ *vt I pf* (*impf:* освеща́ть) erleuchten
осветля́ть *vt E impf* (*во́лосы*) blondieren
освеща́ть *vt E impf* (*pf:* освети́ть) **1.** erleuchten; **2.** beleuchten; **3.** erhellen, aufhellen; **4.** (*о пре́ссе*) behandeln; **широко́ ~ что-ли́бо** ausführlich berichten (über *+akk*)
освеще́ние *nt O2* **1.** Erleuchtung *f*; **2.** Beleuchtung *f*; **3.** (*о пре́ссе*) Berichterstattung *f*
освещённость *f I* Lichtverhältnisse *pl*
освиста́ть ⟨*fut*: -ищу́, и́щешь⟩ *vt E4 pf* (*impf:* осви́стывать) auspfeifen
освободи́ть ⟨*fut*: -ожу́, -оди́шь⟩ *vt I pf* (*impf:* освобожда́ть) **1.** befreien; **2.** freilassen; **~ из под аре́ста** aus der Haft entlassen; **~ це́ны** die Preise freigeben **3.** freistellen; **4.** (*от до́лжности*) (vom Amt) entbinden, (vom Dienst) suspendieren; **5.** entrümpeln; **6.** (*кварти́ру*) ausziehen, räumen; **7.** (*от чего́-ли́бо*) entlasten
освобожде́ние *nt O2* **1.** Befreiung *f*; **2.** Entlassung *f*, Freilassung *f*; **~ от а́рмии** Befreiung vom Wehrdienst; **~ от занима́емой до́лжности** Amtsentbindung *f*; **~ от тамо́женных по́шлин** Zollbefreiung *f*; **~ от физкульту́ры** Freistellung *f* vom Sport(unterricht); **~ цен** Freigabe *f* der Preise
освое́ние *nt O2* **1.** (*о зна́ниях*) Aneignung *f*, Beherrschung *f*; **2.** (*о террито́рии*) Erschließung *f*
осво́ить *vt I pf* (*impf:* осва́ивать) **1.** erschließen; **2.** sich aneignen
освяти́ть ⟨*fut*: -ящу́, -яти́шь⟩ *vt I pf* (*impf:* освяща́ть) (*REL*) weihen; **да освяти́тся и́мя твоё** geheiligt werde dein Name
освяще́ние *nt O2* (*REL*) Weihe *f*; **откры́тие и ~ па́мятника** Enthüllung *f* und Weihung *f* eines Denkmals
оседа́ть *vi E impf* (*pf:* осе́сть) **1.** (*пыль*) sich absetzen, sich ablagern; **2.** (*на зе́млю*) sich senken, herabsinken; **3.** sich niederlassen, seßhaft werden
оседла́ть *vt E pf* (*impf:* осёдлывать) **1.** satteln; **2.** bevormunden, gängeln; **3.** (*MIL*) besetzen
осе́длый ⟨*kf*: -е́дл⟩ *adj* **1.** ansässig; **2.** seßhaft
осёл ⟨*gen sg*: осла́⟩ *m K e* Esel *m*
осело́к ⟨*gen sg*: -лка́⟩ *m K e* **1.** Schleifstein *m*; **2.** (*fig*) Prüfstein *m*
осе́нний *adj* herbstlich
о́сень *f I* Herbst *m*; **цыпля́т по о́сени счита́ют** (*fig*) man soll den Tag nicht vor dem Abend loben; **~ю** im Herbst
осе́сть ⟨*fut*:峙ся́ду, ося́дешь⟩ *vi UE5 pf* (*impf:* оседа́ть) **1.** sich absetzen; **2.** sich niederlassen
осироте́вший *adj* verwaist
оска́лить *vi I pf* (*impf:* ска́лить) **1.** (*зу́бы*) fletschen; **2.** (*umg*) lachen, grinsen
оскверни́ть *vt I pf* (*impf:* оскверня́ть) schänden, beschmieren, entweihen
оско́лок ⟨*gen sg*: -лка⟩ *m K* Splitter *m*; **~ стекла́** Glasscherbe *f*; **~ снаря́да** Granatsplitter *m*
оскорби́тельный ⟨*kf*: -лен, -льна⟩ *adj* beleidigend, ausfallend, verletzend
оскорби́ть ⟨*fut*: -блю́, -би́шь⟩ *vt I pf* (*impf:* оскорбля́ть) beleidigen, kränken;

~ де́йствием handgreiflich werden
оскорбле́ние *nt O2* Beleidigung *f*, Beschimpfung *f*
оскорблённый *adj* verletzt, beleidigt; **оскорблённое честолю́бие** verletzter Ehrgeiz *m*; **чувствовать себя́ оскорблённым** sich angeekelt fühlen
ослабева́ть *vi E impf* (*pf:* ослабе́ть) **1.** erschlaffen; **2.** (*auch fig*) erlahmen
осла́бить ⟨*fut*: -блю, -бишь⟩ *vt I pf* (*impf:* ослабля́ть) **1.** schwächen; **2.** lokkern
ослабле́ние *nt O2* Schwächung *f*
осла́вить ⟨*fut*: -влю, -вишь⟩ *vt I pf* (*impf:* сла́вить) verleumden
ослепи́тельный ⟨*kf*: -лен, -льна⟩ *adj* blendend
ослепи́ть ⟨*fut*: -плю, -пи́шь⟩ *vt I pf* (*impf:* ослепля́ть) blenden
ослеплённый *adj* geblendet; **~ снéгом** schneeblind
осложне́ние *nt O2* Komplikation *f*
осма́тривать *vt E impf* (*pf:* осмотре́ть) **1.** (*музе́й*) besichtigen; **2.** (*ко́мнату*) in Augenschein nehmen; **3.** mustern
осме́ивать *vt E impf* (*pf:* осмея́ть) auslachen, lächerlich machen
осме́ливаться *vr E impf* (*pf:* осме́литься) wagen, sich erdreisten
осмо́тр *m K* **1.** Besichtigung *f*; **нача́ло ~а** Beginn *m* des Rundgangs **2.** (*MIL*) Musterung *f*
осмотре́ть *vt I pf* (*impf:* осма́тривать) **1.** besichtigen; **2.** mustern
осмысле́ние *nt O2* **1.** Erfassen *nt*, Erkennen *nt*; **2.** Überdenken *nt*; **~ исто́рии** Geschichtsbewältigung *f*, Aufarbeitung der Geschichte
оснаща́ть *vt E impf* (*pf:* оснасти́ть) **1.** ausstatten, ausrüsten; **2.** (*MAR*) auftakeln
оснаще́ние *nt O2* Ausstattung *f*, Ausrüstung *f*
осно́ва *f A* **1.** Basis *f*, Grundlage *f*; **2.** (*ÖKON*) Stamm *m*; **3.** (*LING*) Stamm *m*
основа́ние *nt O2* **1.** Gründung *f*, Stiftung *f*; **2.** (*по́вод*) Anlaß *m*, Grund *m*, Begründung *f*; **име́ть под собо́й основа́ния** Hand und Fuß haben **3.** (*CHEM*) Base *f*
основа́тель, **основа́тельница** *m K1 / f A* Gründer, -in *m/f*
основа́тельный ⟨*kf*: -лен, -льна⟩ *adj* gründlich, tiefgehend, tiefschürfend
основа́ть *vt E2 pf* (*impf:* осно́вывать) gründen, begründen, stiften
основно́й *adj* Haupt-, hauptsächlich; **основно́е зда́ние** Hauptgebäude *nt*; **основно́е значение (сло́ва)** Grundbedeutung *f*; **основна́я мысль** Leitgedanke *m*; **основно́е отли́чие** Hauptunterschied *m*; **основно́й предме́т** Hauptfach *nt*; **в основно́м** im wesentlichen
основополага́ющий *adj* grundlegend
основополо́жник *m K* Begründer *m*
осно́вывать *vt E impf* (*pf:* основа́ть) **I. 1.** gründen, begründen, ins Leben rufen; **2.** stiften; **II.** *vi E* (*на чём-ли́бо*) beruhen, basieren (auf *+dat*)
осо́бенно *adv* besonders
осо́бенность *f I* **1.** Besonderheit *f*; **2.** Eigenheit *f*, Eigenart *f*
осо́бенный ⟨*kf*: -бе́нен, -бе́нна⟩ *adj* besonders; **что́-то осо́бенное** etwas Besonderes *nt*
особня́к *m K e* **1.** Eigenheim *nt*; **2.** Einfamilienhaus *nt*
особняко́м *adv* abseits
осо́бый *adj* besondere(r, s), Sonder-; **осо́бые заслу́ги** besondere Verdienste *nt pl*; **осо́бые приме́ты** besondere Kennzeichen *nt pl*; **~ слу́чай** Sonderfall *m*
осознава́ть ⟨*präs*: -наю́, -наёшь⟩ *vt E3 impf* (*pf:* осозна́ть) **1.** einsehen; **2.** sich bewußt sein; **3.** verinnerlichen
осозна́ние *nt O2* Begreifen *nt*, Erkennen *nt*, Bewußtwerden *nt*
о́спа *f A* Pocken *pl*
оспа́ривать *vt E impf* (*pf:* оспо́рить) ab-, bestreiten, in Abrede stellen
остава́ться ⟨*präs*: -таю́сь, -таёшься⟩ *vr E3 impf* (*pf:* оста́ться) **1.** bleiben, verharren, dableiben; **2.** übrigbleiben; **3.** bestehenbleiben; **~ в живы́х** mit dem Leben davonkommen, überleben; **оста́вшиеся в живы́х** Überlebende *pl*; **~ в коали́ции** in der Koalition verbleiben; **~ в посте́ли** liegenbleiben; **~ на второ́й год** (*в шко́ле*) sitzenbleiben; **~ ни с чем** [*o* **при свои́х интере́сах**] leer ausgehen, das Nachsehen haben; **~ по́сле уро́ков** nachsitzen
оста́вить ⟨*fut*: -влю- ви́шь⟩ *vt I pf* (*impf:* оставля́ть) **1.** zurücklassen; **2.** (*сдава́ть*) preisgeben; **3.** hierlassen, stehenlassen, liegenlassen; **4.** lassen; **оста́вьте!** lassen Sie das! **~ в замке́** (*о ключе́*) steckenlassen; **~ висе́ть** hängenlassen; **~ здесь** dalassen; **~ как есть** belassen; **~ на второ́й год** nicht versetzen, eine Klasse wiederholen lassen; **~ откры́той** (*дверь*) offenlassen; **5.** zurücklassen; **~ в зало́г** als Pfand dalassen; **~ завеща́ние** ein Testament hinterlassen; **~ следы́** Spuren hinterlassen; **6.** verlassen, im Stich lassen, sitzen lassen; **~ в поко́е** in Ruhe lassen, zufriedenlassen; **~ дете́й без присмо́тра** Kinder unbeaufsichtigt lassen; **~ на чье-ли́бо усмотре́ние** jdm die Entscheidung überlassen; **~ по́сле уро́ков** nachsitzen lassen; **7.** (*сохраня́ть*) behalten; **~ за собо́й** sich

vorbehalten; **~ себé** dabehalten, aufheben; **8.** fahren lassen, aufgeben; **~ вся́кую надéжду** alle Hoffung fahren lassen; **~ желáть лу́чшего** viel zu wünschen übrig lassen

остальнóй *adj* übrig, restlich, sonstig

останáвливать *vt E impf* (*pf:* останови́ть) **1.** aufhalten, stoppen, zum Stillstand bringen; **~ кровотечéние** (*MED*) eine Blutung stillen; **~ спад произвóдства** den Produktionsrückgang stoppen **2.** (*автомаши́ну*) anhalten; **3.** (*часы́*) stoppen; **4.** (*произвóдство*) stilllegen, abstellen

останáвливаться *vr E impf* (*pf:* останови́ться) **1.** stehenbleiben, haltmachen; **2.** rasten, innehalten; **глáвное - вóвремя ~** man soll nichts übertreiben; **не останови́ться не перед чем** vor nichts zurückschrecken; **не ~ пéред жéртвами** kein Opfer scheuen; **подрóбно ~ на чём-ли́бо в своей рéчи** in seiner Rede eingehen (auf *+akk*) **3.** (*об автóбусе*) anhalten; **4.** (*часы́*) ablaufen, stehenbleiben; **5.** (*о произвóдстве*) zum Stillstand kommen, ruhen; **6.** (*в гости́нице*) absteigen, einkehren, logieren

останóвка *f A* **1.** Halt *m*, Rast *f*; **2.** (*в пути́, в хóде визи́та*) Zwischenstation *f*, Zwischenstop *m*; **3.** Haltestelle *f*; **автóбусная ~** Bushaltestelle *f*; **~ по трéбованию** Bedarfshaltestelle *f*; **~ сéрдца** (*MED*) Herzversagen *nt*; **без остановки произвóдства** bei laufender Produktion

остáток ⟨*gen sg*: -тка⟩ *m K* **1.** Rest *m*, Überrest *m*, Überbleibsel *nt*, Relikt *nt*; **2.** Rückstand *m*; **3.** Ende *nt*, Stumpf *m*; **~ дня** Rest *m* des Tages; **без остáтка** restlos

остáточный *adj* restlich, Rest-

остáться ⟨*fut*: -áнусь, -áнешься⟩ *vr E9 pf* (*impf:* оставáться) **1.** bleiben, übrigbleiben, verbleiben; **2.** bestehenbleiben

остекли́ть *vt I pf* (*impf:* остекля́ть) verglasen

остерегáться *vr E impf* (*pf:* остерéчься) (*когó-ли́бо*) sich in Acht nehmen (vor *+dat*)

óстов *m K* **1.** Gerüst *nt*, Gestell *nt*; **2.** Gerippe *nt*

осторóжность *f I* Vorsicht *f*, Behutsamkeit *f*

осторóжный ⟨*kf*: -жен, -жна⟩ *adj* **1.** vorsichtig, behutsam; **2.** bedächtig

осточертéть *v + dat E pf* (*impf:* осточертевáть) (*umg*) zuwider sein, zum Halse heraushängen; **емý э́то ужé осточертéло** das hängt ihm zum Halse heraus; **э́то мне осточертéло** das kotzt mich an

остриё *nt K2 e* Schneide *f*; **~ ножá** Messerspitze *f*; **на остриé ножá** auf Messers Schneide

остри́ть *vt I impf* **I.** schärfen; **II.** *vi I impf* (*pf:* состри́ть) Witze machen, flachsen

óстров *m K ple* Insel *f*; **~ сокрóвищ** Schatzinsel *f*; **необитáемый ~** verlassene Insel *f*

островóк ⟨*gen sg*: -вкá⟩ *m K e* kleine Insel *f*; **~ безопáсности** Verkehrsinsel *f*

острослóв *m K* Witzbold *m*, geistreicher Spötter *m*

остротá *f A e* Schärfe *f*

острóта *f A* Witz *m*, geistreiche Äußerung *f*; **неудáчная ~** Kalauer *m*, schlechter Witz *m*

остроýмие *nt O2* Esprit *m*, Geist *m*

остроýмный ⟨*kf*: -ýмен, -ýмна⟩ *adj* geistreich, witzig

óстрый ⟨*kf*: остёр/остр, острá⟩ *adj* **1.** scharf, spitz; **2.** scharfsinnig; **~ ум** scharfer Verstand *m*; **вести́ óстрые дикýссии** kontrovers diskutieren; **óстрые спóры** heftige Auseinandersetzungen *f pl* **3.** (*актуáльный*) akut, relevant; **4.** scharf, gepfeffert

остуди́ть ⟨*fut*: -ужý, -ýдишь⟩ *vt I pf* (*impf:* студи́ть, остужáть) auskühlen lassen, kaltstellen

остывáть *vi E impf* (*pf:* осты́ть) (*auch fig*) sich abkühlen, auskühlen

осуди́ть ⟨*fut*: -ужý, -ýдишь⟩ *vt I pf* (*impf:* осуждáть) verurteilen, mißbilligen

осуждéние *nt O2* Verurteilung *f*

осушáть *vt E impf* (*pf:* осуши́ть) **1.** trocknen; **2.** (*ÖKOL: болóта*) trockenlegen; **3.** austrinken, leeren

осуществи́ть ⟨*fut*: -влю́, -ви́шь⟩ *vt I pf* (*impf:* осуществля́ть) durchführen, verwirklichen

осуществлéние *nt O2* Durchführung *f*, Verwirklichung *f*, Umsetzung *f*

осы́паться ⟨*fut*: -плюсь, -плешься⟩ *vr E4 pf* (*impf:* осыпáться) **1.** abbröckeln, abfallen; **2.** entlauben, Blätter verlieren

ось *f I e1* Achse *f*

от *präp +gen* von (*+dat*), ab; **~ и́мени** stellvertretend für; **~ ... до** von ... bis; **~ дýши** nach Herzenslust; **срéдство ~ кáшля** Mittel *nt* gegen Husten

отáпливать *vt E impf* (*pf:* отопи́ть) heizen, beheizen

отбéливать *vt E impf* (*pf:* отбели́ть) bleichen

отбивáть *vt E impf* (*pf:* отби́ть) **1.** (*MIL*) zurückerobern; **~ атáку** einen Angriff abwehren **2.** (*umg*) abspenstig machen, wegnehmen; **~ женý у когó-ли́бо** jdm die

Frau abspenstig machen; **~ охо́ту к чему́-ли́бо у кого́-ли́бо** jdm die Lust nehmen (zu *+dat*); **~ хлеб у кого́-ли́бо** (*fig*) jdm ins Handwerk pfuschen

отбира́ть *vt E impf* (*pf:* отобра́ть) **1.** auswählen, auslesen, aussondern; **2.** abnehmen, wegnehmen, abknöpfen

отби́ть ⟨*fut*: -бью́, -бьёшь⟩ *vt E4c pf* (*impf:* отбива́ть) **1.** zurückerobern; **2.** abspenstig machen, wegnehmen

отблагодари́ть *vt I pf* sich erkenntlich zeigen, sich revanchieren

о́тблеск *m K* **1.** (*отраже́ние:auch fig*) Abglanz *m*, Widerschein *m*; **~ пре́жней сла́вы** Abglanz *m* vergangenen Ruhmes; **2.** (*отсве́т*) Gegenlicht *nt*

отбо́й *m K2* **1.** (*MIL*) Entwarnung *f*; **~ возду́шной трево́ги** Entwarnung *f* nach Fliegeralarm **2.** (*в пионерла́гере*) Nachtruhe *f*; **бить ~** abblasen; **нет отбою** [*o* **отбоя**] mehr als genug; **от них отбо́я нет** man kann sich ihrer nicht erwehren

отбо́р *m K* Auslese *f*; **есте́ственный ~** (*BIO*) natürliche Auslese *f*

отбо́рный *adj* (*эли́тный*) ausgewählt, erlesen

отбро́сить ⟨*fut*: -о́шу, -о́сишь⟩ *vt I pf* (*impf:* отбра́сывать) verwerfen, aufgeben

отбро́сы *pl K* Abfall *m*

отбуксирова́ть *vt E2 pf* abschleppen

отбы́ть ⟨*fut*: -бу́ду, -бу́дешь⟩ *vt UE1 pf* (*impf:* отбыва́ть) **1.** abreisen, abfahren; **2.** ableisten, verbüßen; **~ срок наказа́ния** eine Strafe verbüßen

отва́живаться *vr E impf* (*pf:* отва́житься) (*осме́литься*) wagen

отва́жный ⟨*kf*: -жен, -жна⟩ *adj* tapfer, mutig

отва́л *m K* Halde *f*, Kippe *f*; **нае́сться до ~а** sich bis zum Umfallen vollessen

отва́ливаться *vr E impf* (*pf:* отвали́ться) **1.** bröckeln; **2.** (*umg*) sich zurücklehnen, sich räkeln

отва́ривать *vt E impf* (*pf:* отвари́ть) abkochen

отведе́ние *nt O2* (*сто́чных вод*) Ableitung *f*

отвезти́ ⟨*fut*: -езу́, -езёшь⟩ *vt E6 pf* (*impf:* отвози́ть) hinfahren, hinschaffen, befördern

отверга́ть *vt E impf* (*pf:* отве́ргнуть) **1.** ablehnen, zurückweisen; **2.** verbannen, ausstoßen

отверну́ть *vt E1 pf* (*impf:* отвёртывать, отвора́чивать) **1.** aufdrehen, öffnen; **2.** wenden, abwenden; **3.** zurückschlagen, umschlagen

отве́рстие *nt O2* Öffnung *f*, Loch *nt*

отвёртка *f A* Schraubenzieher *m*

отвёртывать *vt E impf* (*pf:* отверну́ть) **1.** aufdrehen, öffnen; **~ кран** den Hahn aufdrehen; **2.** wenden, abwenden; **3.** zurückschlagen, umschlagen

отве́с *m K* Lot *nt*

отве́сный ⟨*kf*: -сен, -сна⟩ *adj* steil, abschüssig

отвести́ ⟨*fut*: -веду́, -ведёшь⟩ *vt E6a pf* (*impf:* отводи́ть) **1.** hinbringen, wegbringen; **2.** ablenken, entfernen

отве́т *m K* Antwort *f*, Bescheid *m*; **дать ~** antworten, Auskunft geben; **держа́ть ~ пе́ред кем-ли́бо** jdm Rede und Antwort stehen; **привлека́ть к ~у** belangen; **призыва́ть к ~у** zur Rede stellen, zur Rechenschaft ziehen; **в ~ на что-ли́бо** als Antwort (auf *+akk*)

ответвле́ние *nt O2* Abzweigung *f*

отве́тить ⟨*fut*: -ве́чу, -ве́тишь⟩ *vi I pf* (*impf:* отвеча́ть) antworten

отве́тный *adj* **1.** Antwort-; **2.** Gegen-; **отве́тное письмо́** Antwortschreiben *nt*; **~ визи́т** Gegenbesuch *m*; **отве́тная любо́вь** Gegenliebe *f*; **отве́тная реа́кция** Gegenreaktion *f*; **~ уда́р** (*MIL*) Vergeltungsschlag *m*; **~ ход** Gegenzug *m*; **приня́ть отве́тные ме́ры** Gegenmaßnahmen treffen

отве́тственность *f I* **1.** Verantwortung *f*, Verantwortungsgefühl *nt*; **2.** (*JUR*) Verantwortlichkeit *f*, Haftung *f*; **бе́гство от отве́тственности** Flucht *f* vor der Verantwortung; **привлека́ть к отве́тственности за что-ли́бо** jdn haftbar machen (für *+akk*)

отве́тственный ⟨*kf*: -вен, -венна⟩ *adj* **1.** verantwortlich; **2.** haftbar; **3.** verantwortungsbewußt; **~ подхо́д** verantwortungsvolles Handeln *nt*; **4.** (*ва́жный*) bedeutend

отвеча́ть *vi E impf* (*pf:* отве́тить) **1.** antworten, erwidern; **2.** (*за что-ли́бо*) geradestehen, haften (für *+akk*); **~ за свои́ посту́пки** für seine Handlungen Rede und Antwort stehen; **3.** entsprechen; **не ~ тре́бованиям** den Anforderungen nicht genügen

отвинти́ть ⟨*fut*: -нчу, -нти́шь⟩ *vt I pf* (*impf:* отви́нчивать) abschrauben

отвлека́ть *vt E impf* (*pf:* отвле́чь) **1.** ablenken; **2.** abziehen

отвлека́ющий *adj* ablenkend, Ablenkungs-; **~ манёвр** Ablenkungsmanöver *nt*

отвлече́ние *nt O2* **1.** Ablenkung *f*; **2.** Abstraktion *f*

отвлечённый ⟨*kf*: -ён⟩ *adj* abstrakt

отвле́чь ⟨*fut*: -влеку́, -влечёшь⟩ *vt UE4 pf* (*impf:* отвлека́ть) **1.** ablenken; **2.** abziehen

отво́д *m K* **1.** (*MIL*) Abzug *m*, Rückzug *m*; **2.** Ablehnung *f*, Einspruch *m*; **дать** [*o*

заяви́ть]~ Einspruch erheben; **дать ~ судье́** den Richter ablehnen

отводи́ть ⟨*präs*: -ожу́, -о́дишь⟩ *vt I impf* (*pf:* отвести́) **1.** hinbringen, wegbringen; **~ ребёнка в шко́лу** das Kind in die Schule begleiten **2.** ablenken, entfernen; **3.** (*сто́чные во́ды*) ableiten

отвози́ть ⟨*präs*: -вожу́, -во́зишь⟩ *vt I impf* (*pf:* отвезти́) hinfahren, hinschaffen, befördern

развора́чивать

отвора́чивать *vt E impf* (*pf:* отверну́ть) **I. 1.** aufdrehen, öffnen; **2.** wenden, abwenden; **3.** zurückschlagen, umschlagen; **II.** *vt E impf* (*pf:* отвороти́ть) fortwälzen, beiseite räumen

отворо́т *m K* Aufschlag *m*, Revers *nt*

отврати́тельный ⟨*kf*: -лен, -льна⟩ *adj* abscheulich, ekelhaft, widerwärtig

отвраще́ние *nt O2* Abscheu *f*, Ekel *m*, Widerwille *m*, Abneigung *f*; **вы́звать ~ у кого́-ли́бо** jdn anekeln, jdn anwidern; **испыта́ть ~ к кому́-ли́бо** jdn verabscheuen; **испыта́ть ~ к чему́-ли́бо** sich ekeln (vor *+dat*); **вызыва́ющий ~** ekelerregend

отвыка́ть *vi E impf* (*pf:* отвы́кнуть) (*от чего́-ли́бо*) sich abgewöhnen; **~ от дурно́й привы́чки** eine schlechte Gewohnheit ablegen

отвя́занный *adj* lose

отвяза́ть ⟨*fut*: -яжу́, -я́жешь⟩ *vt E4 pf* (*impf:* отвя́зывать) abbinden, losbinden; **~ верёвку** den Strick aufbinden

отгова́ривать *vt E impf* (*pf:* отговори́ть) (*от чего́-ли́бо*) ausreden, abraten, abbringen (von *+dat*)

отгово́рка *f A* Ausrede *f*, Ausflucht *f*; **пусты́е отгово́рки** faule Ausreden *f pl*

отгора́живать *vt E impf* (*pf:* отгороди́ть) abgrenzen

отгружа́ть *vt E impf* (*pf:* отгрузи́ть) **1.** abladen; **2.** verladen

отгру́зка *f A* Ladung *f*, Lieferung *f*

отгрыза́ть *vt E impf* (*pf:* отгры́зть) abnagen

отдава́ть ⟨*präs*: -даю́, -даёшь⟩ *vt E3 impf* (*pf:* отда́ть) **1.** abgeben, weggeben; **2.** zurückgeben; **3.** (*долг*) zurückzahlen; **~ все свои́ си́лы** alles daran setzen, sein Bestes geben; **~ до́лжное** Gerechtigkeit widerfahren lassen; **~ на о́ткуп** ganz überlassen; **~ после́дний ко́зырь** seinen letzen Trumpf ausspielen

отдава́ться ⟨*präs*: -даюсь, -даёшься⟩ *vr E3 impf* (*pf:* отда́ться) sich hingeben; **~ целико́м чему́-ли́бо** frönen (*+dat*)

отдалённый ⟨*kf*: -ён⟩ *adj* entfernt, entlegen; **отдалённые перспекти́вы** langfristige Perspektiven *f pl*; **отдалённые после́дствия** Dauerfolgen *f pl*; **отдалённое схо́дство** keine große Ähnlichkeit *f*; **име́ть весьма́ отдалённые представле́ния о чём-ли́бо** völlig falsche Vorstellungen haben (von *+dat*)

отдали́ть *vt I pf* (*impf:* отдаля́ть) **1.** hinauszögern; **2.** entfremden

отда́ть ⟨*fut*: -дам, -дашь⟩ *vt U2 pf* (*impf:* отдава́ть) **1.** abgeben, weggeben; **2.** zurückgeben

отда́ться ⟨*fut*: -да́мся, -да́шься⟩ *vr U2 pf* (*impf:* отдава́ться) sich hingeben

отда́ча *f A* **1.** Rückschlag *m*; **2.** Rückprall *m*, Rückstoß *m*; **3.** (*ÖKON*) Nutzen *m*, Nutzeffekt *m*; **4.** Engagement *nt*, persönlicher Einsatz *m*

отде́л *m K* **1.** Abteilung *f*; **2.** Dezernat *nt*; **~ ка́дров** Personalabteilung *f*; **~ по борьбе́ с нарко́тиками** Rauschgiftdezernat *nt*

отде́лать *vt E pf* (*impf:* отде́лываться) **1.** vollenden; **2.** herrichten, ausstatten; **3.** ausschmücken, garnieren

отде́латься *vr E pf* (*impf:* отде́лываться) **1.** fertig werden; **2.** (*от кого́-ли́бо/чего́-ли́бо*) loswerden; **3.** davonkommen

отделе́ние *nt O2* **1.** Abteilung *f*; **2.** (*филиа́л*) Zweigstelle *f*; **3.** (*в больни́це*) Station *f*; **4.** Abtrennung *f*, Abspaltung *f*; **~ це́ркви от госуда́рства** Trennung *f* von Staat und Kirche; **~ раке́ты-носи́теля** Abkoppeln *nt* der Trägerrakete

отдели́ть *vt I pf* (*impf:* отделя́ть) **1.** abgrenzen; **2.** abtrennen, abschneiden

отде́лка *f A* **1.** (*BAU*) Ausbau *m*, Vollendung *f*; **2.** Ausstattung *f*, Verzierung *f*

отде́лывать *vt E impf* (*pf:* отде́лать) **1.** vollenden; **2.** herrichten, ausstatten; **3.** ausschmücken, garnieren

отде́лываться *vr E impf* (*pf:* отде́латься) **I. 1.** fertig werden; **2.** (*от кого́-ли́бо*) loswerden; **от меня́ так легко́ не отде́лаешься** so einfach lasse ich mich nicht abfertigen; **3.** (*от чего́-ли́бо*) loskommen (von *+dat*); **4.** sich erwehren (*+gen*); **я не мог ~ от впечатле́ния** ich konnte mich des Eindrucks nicht erwehren; **II.** *v + inst E* davonkommen; **~ лёгким испу́гом** mit dem Schrecken davonkommen; **~ пусты́ми фра́зами** jdn mit hohlen Phrasen abspeisen

отде́льный *adj* **1.** (*изоли́рованный*) einzeln, separat; **~ предме́т** Einzelteil *nt*; **отде́льная ко́мната** Einzelzimmer *nt* **2.** (*не́который*) mancher; **3.** ausgewählt; **отде́льные перегово́ры** gesonderte Verhandlungen *f pl*

отделя́ть *vt E impf* (*pf:* отдели́ть) **1.** abgrenzen; **2.** abtrennen, abzweigen; **3.** scheiden; **~ запято́й** (*LING*) durch Komma trennen

отдохну́ть *vi E2 pf* (*impf:* отдыха́ть) sich erholen, ausruhen, ausspannen

о́тдых *m K* Erholung *f*, Entspannung *f*; **нужда́ющийся в ~е** erholungsbedürftig; **часы́ ~а** erholsame Stunden *f pl*

отека́ть *vi E impf* (*pf:* оте́чь) (*MED*) anschwellen

оте́ц ⟨*gen sg*: отца́⟩ *m K e* **1.** Vater *m*; **2.** (*REL*) Pater *m*; **~-одино́чка** Alleinerziehender *m*; **по отцу́** [*o* **со стороны́ отца́**] väterlicherseits; **пробле́ма отцо́в и дете́й** Generationskonflikt *m*

оте́ческий *adj* väterlich, Vater-

оте́чественный *adj* einheimisch, Vaterlands-; **оте́чественная культу́ра** Nationalkultur *f*

оте́чество *nt O* (*geh*) Vaterland *nt*

оте́чь ⟨*nur 3. pers*: отечёт⟩ *vi UE4 pf* (*impf:* отека́ть) (*MED*) anschwellen

отзвуча́ть *vi E impf* verhallen, abklingen

о́тзыв *m K* **1.** Gutachten *nt*; **2.** Stellungnahme *f*; **3.** Abberufung *f*

отзыва́ть *vt E impf* (*pf:* отозва́ть) **1.** abberufen; **2.** zurückziehen, zurücknehmen

отзы́вчивость *f I* Hilfsbereitschaft *f*

отзы́вчивый ⟨*kf*: -ив⟩ *adj* **1.** bereitwillig; **2.** hilfsbereit, hilfreich

отка́з *m K* **1.** Ablehnung *f*, Absage *f*; **2.** Weigerung *f*, Verweigerung *f*; **3.** Verzicht *m*; **4.** (*TECH*) Ausfall *m*; **5.** Kündigung *f*; **~ от до́ма** Hausverbot *nt*

отказа́ть ⟨*fut*: -кажу́, -ка́жешь⟩ *vi E4 pf* (*impf:* отка́зывать) **1.** absagen; **2.** verweigern, abschlagen; **в э́том ему́ нельзя́ ~** das muß man ihm lassen; **~ в по́мощи кому́-ли́бо** jdm Hilfe versagen; **~ в про́сьбе кому́-ли́бо** jdm eine Bitte abschlagen

отказа́ться ⟨*fut*: -кажу́сь. -ка́жешься⟩ *vr E4 pf* (*impf:* отка́зываться) **1.** verzichten (auf +*akk*); **2.** ablehnen; **я не откажу́сь вы́пить ча́шечку ко́фе** ich wäre einer Tasse Kaffee nicht abgeneigt; **наотре́з ~** rundweg [*o* entschieden]ablehnen; **~ да́чи показа́ний** (*JUR*) die Aussage verweigern; **~ от первонача́льного пла́на** vom ursprünglichen Plan abkommen

отка́зник *m K* **1.** (*рефю́зник*) *Person, der die sowjetischen Behörden kein Ausreisevisum ins Ausland (auf ständigen Wohnsitz) ausstellten;* **2.** (*уклоня́ющийся от во́инской слу́жбы*) Wehrdienstverweigerer *m*

откармлива́ние *nt O2* Mast *f*

отка́рмливать *vt E impf* (*pf:* откорми́ть) mästen

откача́ть *vt E pf* (*impf:* отка́чивать) auspumpen

отка́шливаться *vr E impf* (*pf:* отка́шляться) sich räuspern

откла́дывать *vt E impf* (*pf:* отложи́ть) **1.** aufschieben, hinauszögern; **2.** ablegen, zurücklegen

о́тклик *m K* **1.** Echo *nt*; **2.** Widerhall *m*, Anklang *m*; **встреча́ть ~** Anklang finden

отклика́ться *vr E impf* (*pf:* откли́кнуться) (*на что-ли́бо*) reagieren; **~ на приглаше́ние** einer Einladung Folge leisten

отклоне́ние *nt O2* **1.** Abweichung *f*; **2.** Ablehnung *f*; **3.** (*PHYS*) Ausschlag *m*, Ablenkung *f*

отклони́ть ⟨*fut*: -оню́, -о́нишь⟩ *vt I pf* (*impf:* отклоня́ть) ablehnen, abweisen; **~ предложе́ние** einen Vorschlag ablehnen

отклони́ться ⟨*fut*: -оню́сь, -о́нишься⟩ *vr I pf* (*impf:* отклоня́ться) **1.** abweichen, abkommen; **~ от те́мы** abschweifen **2.** (*PHYS*) ausschlagen

отключа́ть *vt E impf* (*pf:* отключи́ть) ausschalten, abschalten

откомандирова́ть *vt E2 pf* (*impf:* откомандиро́вывать) (*куда-ли́бо, на что-ли́бо*) abkommandieren, schicken

отко́рм *m K* Mast *f*

открепи́ть ⟨*fut*: -плю́, -пи́шь⟩ *vt I pf* (*impf:* открепля́ть) abmachen, losmachen

открепи́ться ⟨*fut*: -плю́сь, -пи́шься⟩ *vr I pf* (*impf:* открепля́ться) sich abmelden

открепле́ние *nt O2* Abmeldung *f*

открове́ние *nt O2* (*REL*) Offenbarung *f*

открове́нный ⟨*kf*: -е́нен, -е́нна⟩ *adj* aufrichtig, freimütig, offen

открыва́лка *f A* **1.** (*umg*) Öffner *m*; **~ для консе́рвных ба́нок** Dosenöffner *m*; **~ для буты́лок** Flaschenöffner *m*; **2.** Korkenzieher *m*

открыва́тель *m K1* Entdecker, -in *m/f*

открыва́ть *vt E impf* (*pf:* откры́ть) **1.** öffnen, aufmachen; **2.** (*кни́гу*) aufschlagen; **3.** (*кран*) aufdrehen; **4.** (*па́мятник*) enthüllen; **5.** (*вы́ставку*) eröffnen; **6.** (*теа́тр*) einweihen; **7.** (*fig*) aufdecken, entdecken; **8.** (*fig*) aufschließen, einleiten; **~ но́вый эта́п** eine neue Etappe einleiten

открыва́ться *vr E impf* (*pf:* откры́ться) **1.** sich öffnen, aufgehen; **отту́да открыва́ется чуде́сный вид на го́род** von dort aus bietet sich ein wunderschöner Blick über die Stadt; **2.** (*о конфере́нции*) beginnen; **3.** sich jdm offenbaren

откры́тие *nt O2* **1.** Eröffnung *f*; **торже́ственное ~** Eröffnungsfeier *f*; **2.** Öffnung *f*; **~ грани́ц** Grenzöffnung *f*; **3.**

Entdeckung *f*, Erkenntnis *f*
откры́тка *f A* **1.** (*почто́вая*) Postkarte *f*; **2.** (*с ви́дом*) Ansichtskarte *f*; **3.** Bestellkarte *f*
откры́тость *f I* Offenheit *f*
откры́тый ⟨*kf*: -ыт⟩ *adj* **1.** offen, geöffnet; **держа́ть откры́тым** offenhalten; **на откры́том во́здухе** im Freien; **остава́ться откры́тым** offenbleiben; **оставля́ть откры́тым** offenlassen; **стоя́ть отркы́тым** offenstehen; **2.** exponiert; **3.** aufgeschlossen, offen; **~ для вне́шнего ми́ра** weltoffen
отку́да *adv* woher
отку́поривать *vt E impf* (*pf*: отку́порить) **1.** öffnen, entkorken; **2.** anzapfen, anstechen
откуси́ть ⟨*fut*: -ушу́, -у́сишь⟩ *vt I pf* (*impf:* отку́сывать) **1.** abbeißen; **2.** abkneifen, abknipsen
отлага́ть *vt E impf* (*pf:* отложи́ть) aufschieben, verschieben
отлакирова́ть *vt E2 pf* (*impf:* лакирова́ть) lackieren
отла́мывать *vt E impf* (*pf:* отломи́ть) abbrechen, zerbrechen; **~ кусо́к хле́ба** ein Stück Brot abbrechen
отлёт *m K* Abflug *m*
отлете́ть ⟨*fut*: -ечу́, -ети́шь⟩ *vi I pf* (*impf:* отлета́ть) **1.** abfliegen; **2.** (*fig*) verfliegen
отли́в *m K* **1.** Ausguß *m*; **2.** (*MAR*) Ebbe *f*
отлича́ющийся *adj* andersgeartet, abweichend
отли́чный ⟨*kf*: -чен, -чна⟩ *adj* **1.** ausgezeichnet, hervorragend; **2.** (*umg*) prima
отложи́ть *vt I pf* (*impf:* откла́дывать) **I. 1.** aufschieben, hinauszögern; **2.** ablegen, zurücklegen, beiseite legen; **II.** *vt I* (*impf:* отлага́ть) aufschieben, verschieben
отлома́ть *vt E pf* (*impf:* отла́мывать) abbrechen
отлуча́ть *vi E impf* (*pf:* отлучи́ть) **1.** (*geh*) ausstoßen, ausschließen; **2.** (*REL: от це́ркви*) exkommunizieren
отлуча́ться *vr E impf* (*pf:* отлучи́ться) **1.** kurz verreisen, weggehen; **2.** abkömmlich sein; **я не могу́ ~** ich bin leider unabkömmlich
отлуче́ние *nt O2* (*от це́ркви*) Kirchenbann *m*
отлу́чка *f A* kurze Abwesenheit *f*
отма́лчиваться *vr E impf* (*pf:* отмолча́ться) sich in Schweigen hüllen
отма́хиваться *vr E impf* (*pf:* отмахну́ться) abwinken
отмежёвываться *vr E impf* (*pf:* отмежева́ться) (*от кого́-ли́бо*) sich distanzieren (von *+dat*); **~ от чьих-ли́бо взгля́дов** sich von jds Auffassung abgrenzen
о́тмель *f I* seichte Uferstelle *f*; **песча́ная ~** Sandbank *f*
отмени́ть *vt I pf* (*impf:* отменя́ть) aufheben, rückgängig machen, streichen; **~ встре́чу** ein Treffen absagen; **~ вы́зов такси́** das Taxi abbestellen; **~ де́ньги** das Geld abschaffen; **~ зако́н** ein Gesetz abschaffen; **~ матч** ein Spiel absagen; **~ наступле́ние** (*MIL*) den Angriff abblasen
отмеря́ть *vt E impf* (*pf:* отме́рить) abmessen
отме́тить ⟨*fut*: -ме́чу, -ме́тишь⟩ *vt I pf* (*impf:* отмеча́ть) **1.** anmerken; **2.** feststellen
отме́тка *f A* **1.** Zensur *f*, Note *f*; **2.** Prädikat *nt*, Note *f*; **3.** Vermerk *m*; **~ о вы́писке** Abmeldung *f*
отмеча́ть *vt E impf* (*pf:* отме́тить) **1.** anmerken, anstreichen, markieren; **~ кра́сным** rot anstreichen **2.** begehen, feiern; **3.** vermerken, feststellen, verweisen (auf *+akk*); **~ награ́дой** auszeichnen
отмыва́ние *nt O2* Geldwäsche *f*
отмы́ть ⟨*fut*: -мо́ю, -мо́ешь⟩ *vt E8 pf* (*impf:* отмыва́ть) reinwaschen
отмы́чка *f A* **1.** Nachschlüssel *m*; **2.** Dietrich *m*
отнести́ ⟨*fut*: -несу́, -несёшь⟩ *vt E6 pf* (*impf:* относи́ть) **1.** hinbringen; **2.** beziehen
отнести́сь ⟨*fut*: -несу́сь, -несёшься⟩ *vr E6 pf* (*impf:* относи́ться) (*к кому́-ли́бо/чему́-ли́бо*) sich verhalten
отнима́ть *vt E impf* (*pf:* отня́ть) abnehmen, wegnehmen; **мно́го/ма́ло вре́мени** viel/wenig Zeit beanspruchen; **отнима́ющий мно́го вре́мени** zeitraubend; **~ но́гу** das Bein amputieren; **~ у кого́-ли́бо всё вре́мя и си́лы** jdn voll und ganz beanspruchen
относи́тельно *adv* **1.** bezüglich, hinsichtlich (*+gen*); **~ э́того** diesbezüglich; **2.** verhältnismäßig
относи́тельность *f I* Relativität *f*; **тео́рия относи́тельности** Relativitätstheorie *f*; **подчёркивать ~ чего́-ли́бо** relativieren
относи́тельный ⟨*kf*: -лен, -льна⟩ *adj* relativ; **относи́тельное прида́точное предложе́ние** (*LING*) Relativsatz *m*
относи́ть ⟨*präs*: -ношу́, -но́сишь⟩ *vt I impf* (*pf:* отнести́) **1.** hinbringen, hinschaffen; **2.** (*к чему́-ли́бо*) beziehen (auf *+dat*)
относи́ться ⟨*präs*: -ношу́сь, -но́сишься⟩ *vr I impf* (*pf:* отнести́сь) **1.** angehören, dazugehören, zählen (zu *+dat*); **э́то к де́лу не отно́сится** das gehört nicht zur Sache; **2.**

(*к комý-лйбо/чемý-лйбо*) sich verhalten; **~ с уважéнием к комý-лйбо** jdm Achtung entgegenbringen; **~ к чемý-лйбо с понимáнием** Verständnis aufbringen (für *+akk*)

отношéние *nt O2* **1.** Beziehung *f*, Hinsicht *f*; **2.** Relation *f*; **~ к религии** Verhältnis *nt* zur Religion; **во всех отношéниях** in jeder Hinsicht; **во мнóгих отношéниях** in vielerlei Hinsicht

отня́тие *nt O2* Entfernen *nt*, Wegnehmen *nt*; **~ ребёнка от грудй** Entwöhnung *f*

отня́ть ⟨*fut*: -нимý, -нймешь⟩ *vt E9a pf* (*impf:* отнимáть) **1.** abnehmen, wegnehmen; **2.** beanspruchen

отображáть *vt E impf* (*pf:* отобразйть) abbilden, darstellen

отображéние *nt O2* **1.** Abbild *nt*; **2.** Abbildung *f*

отодвигáть *vt E impf* (*pf:* отодвйнуть) hinausschieben, zurückstellen

отозвáть ⟨*fut*: отзовý, отзовёшь⟩ *vt E4a pf* (*impf:* отзывáть) **1.** abberufen; **2.** zurückziehen, zurücknehmen

отойтй ⟨*fut*: -йдý, -йдёшь⟩ *vi E7 pf* (*impf:* отходйть) **1.** weggehen; **2.** sich trennen, verlassen; **3.** zu Ende gehen, vergehen

отоларингóлог *m K* Hals-Nasen-Ohren-Arzt, -Ärztin *m/f*

отомстйть ⟨*fut*: -мщý, -мстйшь⟩ *v + dat I pf* (*impf:* мстйть) (*за что-лйбо*) sich rächen, Rache nehmen (für *+akk*)

отопйтельный *adj* Heiz-; **~ прибóр** Heizkörper *m*

отоплéние *nt O2* Heizung *f*, **мáсляное ~** Ölheizung *f*, **этáжное ~** Etagenheizung *f*, **систéма отоплéния с ночны́м накоплéнием теплá** Nachtspeicherheizung *f*, **центрáльное ~** Zentralheizung *f*

отапля́емый *adj* beheizbar

отóрванный *adj* **1.** abgerissen; **2.** getrennt; **~ от жйзни** lebensfremd, praxisfern

оторвáть ⟨*fut*: -вý, -вёшь⟩ *vt E4 pf* (*impf:* отрывáть) **1.** abreißen; **2.** trennen

оторопéть *vi E pf* (*impf:* оторопевáть) (*umg*) baff sein, verwirrt werden

отпарйровать *vt E2 pf* (*impf:* парйровать) parieren, abwehren

отпечáтаться *vr E pf* (*impf:* отпечáтываться) **1.** Spuren hinterlassen; **2.** (*fig*) sich einprägen

отпечáток ⟨*gen sg*: -тка⟩ *m K* Abdruck *m*; **~ пáльцев** Fingerabdruck *m*; **цветнóй ~** (*FOT*) Farbabzug *m*; **налагáть ~** (*fig*) prägen

отпивáть *vi E impf* (*pf:* отпйть) (*из стакáна*) nippen

отпйливать *vt E impf* (*pf:* отпилйть) absägen

отпйть ⟨*fut*: отопьó, отопьёшь⟩ *vi E4c pf* (*impf:* отпивáть) nippen

отплатйть ⟨*fut*: -ачý, -áтишь⟩ *v + dat I pf* (*impf:* отплáчивать) heimzahlen; **~ комý-лйбо той же монéтой** mit gleicher Münze heimzahlen

отплывáть *vi E impf* (*pf:* отплы́ть) (*MAR*) ablegen, auslaufen

отплы́тие *nt O2* (*MAR*) Auslaufen *nt*

отполировáть *vt E2 pf* (*impf:* полировáть) (blank) polieren

отпóр *m K* Abfuhr *f*, **дать ~** eine Abfuhr erteilen, Paroli bieten

отправйтель *m K1* Absender, -in *m/f*, Einsender, -in *m/f*

отпрáвить ⟨*fut*: -влю, -вишь⟩ *vt I pf* (*impf:* отправля́ть) **1.** auf den Weg schicken; **2.** (*товáры*) abladen; **3.** (*пóезд*) abfertigen; **4.** (*письмó*) abschicken, absenden

отпрáвиться ⟨*fut*: -влюсь, -вишься⟩ *vr I pf* (*impf:* отправля́ться) **1.** sich begeben; **~ в пýть** aufbrechen; **~ домóй** heimreisen, die Heimreise antreten; **~ в гóры** eine Bergtour machen; **~ в путешéствие** eine Reise antreten; **~ за рубéж** ins Ausland reisen; **2.** (*пóезд*) abfahren; **3.** (*самолёт*) abfliegen

отправлéние *nt O2* **1.** Abfahrt *f*, Abflug *m*; **2.** Absendung *f*, Einsendung *f*

отпрáздновать *vt E2 pf* (*impf:* прáздновать) feiern, begehen

отпрáшиваться *vr E impf* (*pf:* отпросйться) um Urlaub bitten, freibekommen; **мы отпросйлись на час** wir haben eine Stunde freibekommen

отпружйнить *vi I pf* (*impf:* пружйнить) federn, schnellen

óтпрыск *m K* Sprößling *m*

отпýгивание *nt O2* Abschreckung *f*

отпýгивать *vt E impf* (*pf:* отпугнýть) abschrecken

óтпуск *m K* Urlaub *m*; **~ для воспитáния детéй** Erziehungsurlaub *m*; **~ за свой счёт** [*o* **без сохранéния содержáния**] unbezahlter Urlaub *m*; **краткосрóчный ~** Kurzurlaub *m*; **неиспóльзованные дни ~а** Resturlaub *m*; **учéбный ~** Bildungsurlaub *m*; **отправля́ть в ~** beurlauben; **уходйть в ~** in Urlaub gehen

отпускáть *vt E impf* (*pf:* отпустйть) **1.** entlassen, loslassen; **2.** freistellen, entschuldigen; **3.** (*TECH*) lockerlassen; **~ бóроду** einen Bart wachsen lassen; **~ цéны** die Preise freigeben

отпускнйк *m K e* Urlauber, -in *m/f*

отрабáтывать *vt E impf* (*pf:* отрабóтать) **1.** durcharbeiten, einüben; **~**

програ́мму ein Programm testen; **2.** abarbeiten; **3.** (*BERGB*) abbauen
отрабо́танный *adj* **1.** erprobt, bewährt; **2.** (*ÖKOL*) verbraucht; **отрабо́танные га́зы** Abgase *pl*; **отрабо́танная кислота́** Abfallsäure *f*
отрабо́тка *f A* (*BERGB*) Abbau *m*; **~ месторожде́ния** Lagerstättenabbau *m*
отрави́ть ⟨*fut*: отравлю́, отра́вишь⟩ *vt I pf* (*impf:* отравля́ть) **1.** vergiften; **2.** (*fig*) belasten
отравле́ние *nt O2* Vergiftung *f*; **~ гриба́ми** Pilzvergiftung *f*
отра́дный ⟨*kf*: -ден, -дна⟩ *adj* erfreulich; **отра́дное изве́стие** erfreuliche Neuigkeit *f*; **отра́дное явле́ние** erfreuliche Erscheinung *f*
отража́тель *m K1* Reflektor *m*, Rückstrahler *m*
отража́ть *vt E impf* (*pf:* отрази́ть) **1.** reflektieren, widerspiegeln; **2.** (*MIL*) abwehren, abschlagen
отража́ться *vr E impf* (*pf:* отрази́ться) **1.** sich spiegeln; **2.** (*fig*) sich zeigen, seinen Niederschlag finden
отраже́ние *nt O2* **1.** Spiegelbild *nt*; **2.** Reflexion *f*; **3.** (*MIL*) Abwehr *f*; **4.** (*fig*) Ausdruck *m*
отражённый *adj* reflexiv
отраслево́й *adj* Branchen-; **~ спра́вочник фирм** Branchenverzeichnis *nt*
о́трасль *f I* Zweig *m*, Branche *f*
отре́зать ⟨*fut*: -е́жу, -е́жешь⟩ *vt E4 pf* (*impf:* отреза́ть) abschneiden
отрезвле́ние *nt O2* Ernüchterung *f*, Desillusionierung *f*
отре́зок ⟨*gen sg*: -зка⟩ *m K* Abschnitt *m*, Strecke *f*; **~ пути́** Wegstrecke *f*
отрека́ться *vr E impf* (*pf:* отре́чься) (*от кого́-ли́бо/чего́-ли́бо*) abschwören, enstsagen; **~ от престо́ла** abdanken
отрепети́ровать *vt E2 pf* (*impf:* репети́ровать) **1.** proben, einstudieren; **2.** Nachhilfe erteilen
отрецензи́ровать *vt E2 pf* (*impf:* рецензи́ровать) rezensieren
отре́чься ⟨*fut*: -еку́сь, -ечёшься⟩ *vr UE4 pf* (*impf:* отрека́ться) abschwören, entsagen
отрица́ние *nt O2* **1.** Verneinung *f*; **2.** (*LING*) Negation *f*
отрица́тельный ⟨*kf*: -лен, -льна⟩ *adj* negativ, abfällig; **отрица́тлеьное отноше́ние к чему́-ли́бо** Aversion (gegen +*akk*)
отрица́ть *vt E impf* **1.** leugnen, verneinen, negieren; **2.** widerlegen; **3.** ablehnen
отро́ги ⟨*gen pl*: -ов⟩ *m pl K* (*GEOL*) Ausläufer
отро́сток ⟨*gen sg*: -тка⟩ *m K* (*BOT*) Ableger *m*, Sproß *m*
о́троческий *adj* **1.** Knaben-, Jungen-; **2.** Mädchen-; **~ го́ды** (*перехо́дный во́зраст*) Flegeljahre *pl*
отруба́ть *vt E impf* (*pf:* отруби́ть) abhacken, abhauen
о́труби ⟨*gen pl*: отрубе́й⟩ *pl K1 ple1* Kleie *f*
отруга́ть *vt E pf* (*impf:* руга́ть) ausschimpfen
отры́в *m K* **1.** Lösung *f*; **2.** Abriß *m*; **~ от действи́тельности** Kluft *f* zur Wirklichkeit; **~ от жи́зни** Entfernung *f* vom Leben, Entfremdung *f*; **~ па́ртии от наро́да** Abkopplung *f* der Partei vom Volk; **без ~а от произво́дства** ohne Unterbrechung seiner Berufstätigkeit
отрыва́ть *vt E impf* (*pf:* оторва́ть) **1.** abreißen; **2.** trennen
отры́вок ⟨*gen sg*: -вка⟩ *m K* Passage *f*, Ausschnitt *m*
отря́д *m K* **1.** (*MIL*) Einheit *f*, Truppe *f*; **~ корабле́й** Kampfschiffverband *m*; **2.** Gruppe *f*, Abteilung *f*; **~ птиц** Klasse *f* der Vögel
отсалютова́ть *vi E2 pf* (*impf:* салютова́ть) salutieren
о́тсвет *m K* **1.** (*о́тблеск*) Gegenlicht *nt*; **2.** (*рефле́кс*) Widerschein *m*
отсе́ивать *vt E impf* (*pf:* отсе́ять) aussieben, auslesen
отсека́ть *vt E impf* (*pf:* отсе́чь) abhacken, abhauen
отсиде́ть ⟨*fut*: -ижу́, -иди́шь⟩ *vt I pf* (*impf:* отси́живать) absitzen; **~ срок** eine Strafe absitzen
отска́кивать *vi E impf* (*pf:* отскочи́ть) abprallen
отслужи́вший *adj* ausgedient
отсове́товать *v + dat E2 pf* abraten
отсро́чить *vt I pf* **1.** hinausschieben, hinauszögern; **2.** hinausziehen; **3.** stunden
отсро́чка *f A* **1.** Stundung *f*, Aufschub *m*; **2.** (*umg*) Verlängerung *f*
отстава́ние *nt O2* Nachholbedarf *m*, Rückstand *m*
отстава́ть ⟨*präs*: -та́ю, -та́ешь⟩ *vi E3 impf* (*pf:* отста́ть) zurückbleiben, nicht nachkommen
отста́вка *f A* **1.** Rücktritt *m*; **2.** Ruhestand *m*; **3.** Verabschiedung *f*; **в отста́вке** außer Dienst; **уходи́ть в отста́вку** zurücktreten, abtreten; aus dem Dienst scheiden, in den Ruhestand gehen; **дать отста́вку кому́-ли́бо** (*fig*) jdm einen Korb geben
отставно́й *adj* **1.** verabschiedet; **2.** außer Dienst
отста́вший *m wie adj* **1.** Zurückbleibender *m*; **2.** Nachzügler *m*

отстáивать *vt E impf* (*pf:* отстоять) sich einsetzen, sich stark machen (für *+akk*); **~ свой интерéсы** seine Interessen verteidigen [*o* wahren]
отстáлый ⟨*kf*: -áл⟩ *adj* rückständig
отстаю́щий *adj* **I.** (*о шкóльнике*) leistungsschwach; **II.** *m wie adj* (*в соревновáнии*) Schlußlicht *nt*
отстёгивáть *vt E impf* (*pf:* отстегну́ть) **1.** aufknöpfen, aufhaken; **2.** (*ремни́*) abschnallen
отстоя́ть ⟨*fut*: -ою́, -ои́шь⟩ *vt I pf* (*impf:* отстáивать) sich stark machen, sich einsetzen (für *+akk*)
отстрани́ть *vt I pf* (*impf:* отстраня́ть) entfernen, absetzen; **~ от влáсти** entmachten; **~ от дóлжности** vom Dienst suspendieren
óтступ *m K* Rand *m*, Abstand *m*; **дéлать ~** einrücken
отступáть *vi E impf* (*pf:* отступи́ть) **1.** (*auch fig*) zurücktreten, beiseite treten; **~ перед тру́дностями** vor Schwierigkeiten zurückweichen **2.** (*MIL*) sich zurückziehen; **3.** aufgeben, abtrünnig werden; **~ от вéры** vom Glauben abfallen; **~ от дáнной кля́твы** einen Eid brechen
отступлéние *nt O2* **1.** Abweichung *f*, Abweg *m*; **2.** (*MIL*) Defensive *f*, Rückzug *m*
отсу́тствие *nt O2* Fehlen *nt*, Abwesenheit *f*; **~ вся́ких желáний** Lustlosigkeit *f*; **~ интерéса** Desinteresse *nt*; **~ срéдств** fehlende Finanzen *pl*; **~ чёткой концéпции** Konzeptionslosigkeit *f*; **блистáть отсу́тствием** durch Abwesenheit glänzen; **при отсу́тствии** mangels (*+gen*)
отсу́тствовать *vi E2 impf* **1.** fehlen; **2.** abwesend sein; **~ без уважи́тельной причи́ны** unentschuldigt fehlen
отсу́тствующий *adj* **1.** fehlend, nicht vorhanden; **2.** abwesend; **3.** ausbleibend
отсчёт *m K* **1.** Zählung *f*, **2.** Abzählen *nt*; **нóвый ~ врéмени** neue Zeitrechnung *f*; **~ врéмени** Countdown *m*
отсчи́тывать *vt E impf* (*pf:* отсчитáть) abzählen
отсю́да *adv* hieraus, von hier aus; **иди́ ~!** hau ab
оттáивать *vi E impf* (*pf:* оттáять) auftauen
оттáлкивать *vt E impf* (*pf:* оттолкну́ть) **1.** (*auch fig*) abstoßen; **~ лóдку от бéрега** das Boot vom Ufer abstoßen; **2.** wegschieben
оттáлкивающий *adj* abstoßend, widerwärtig
оттáскивать *vt E impf* (*pf:* оттаскáть, оттащи́ть) **1.** fortziehen, fortschleppen; **2.** zerren, ziehen; **~ за вóлосы** an den Haaren ziehen
оттáять *vi E pf* (*impf:* оттáивать) auftauen
оттени́ть *vt I pf* (*impf:* оттеня́ть) **1.** schattieren; **2.** (*цветá*) hervorheben, abstufen
оттéнок ⟨*gen sg*: -нка⟩ *m K* **1.** Färbung *f*, Farbton *m*; **2.** (*fig*) Schattierung *f*, Nuance *f*; **~ значéния** Bedeutungsschattierung *f*
óттепель *f I* Tauwetter *nt*
оттесни́ть *vt I pf* (*impf:* оттесня́ть) zurückdrängen; **~ сопéрника** den Rivalen ausstechen
óттиск *m K* Abdruck *m*; **корректу́рный ~** Korrekturfahne *f*
оттóк *m K* Abwanderung *f*, Flucht *f*; **~ бéженцев** Flüchtlingsstrom *m*; **~ капитáла** (*ÖKON*) Kapitalflucht *f*
оттолкну́ть *vt E1 pf* (*impf:* оттáлкивать) abstoßen
оттопы́риваться *vr E impf* (*pf:* оттопы́риться) (*у́ши*) abstehen
отту́да *adv* dorther, von dort
оття́гивать *vt E impf* (*pf:* оттяну́ть) **1.** hinauszögern; **2.** hinausziehen
отупéвший *adj* **1.** abgestumpft; **2.** stupide
отупéть *vi E pf* (*impf:* тупéть) (*auch fig*) stumpf werden, abstumpfen
отучáть *vt E impf* (*pf:* отучи́ть) (*когó-либо от чегó-либо*) abgewöhnen; **~ когó-ли́бо от капри́зов** die Flausen austreiben
отфутбóливать *vt E impf* (*pf:* отфутбóлить) **1.** weiterleiten; **2.** (*umg*) von Pontius zu Pilatus schicken
отхóд *m K* **1.** Abfahrt *f*; **2.** (*auch fig*) Zurückweichen *nt*, Abzug *m*
отходи́ть ⟨*präs*: -хожу́, -хóдишь⟩ *vi I impf* (*pf:* отойти́) **1.** abfahren; **2.** kurz weggehen; **я не могу́ ~** ich bin unabkömmlich; **3.** (*приходи́ть в себя́*) zu sich kommen, sich erholen; **4.** abrücken; **~ от тéмы** vom Thema abkommen
отхóды *m pl K* **1.** Abfall *m*; **2.** Abfallstoffe *m pl*
отчекáнить *vt I pf* (*impf:* чекáнить) **1.** (*монéту*) prägen; **2.** deutlich artikulieren
óтчество *nt O* Vatersname *m*
отчёт *m K* **1.** Bericht *m*; **2.** Rechenschaft *f*; **отдавáть себé ~ в чём-ли́бо** sich voll bewußt sein (über *+akk*)
отчётливый ⟨*kf*: -ив⟩ *adj* klar, deutlich
отчётность *f I* **1.** Abrechung *f*, **2.** Berichtswesen *nt*; **статисти́ческая ~** Meldewesen *nt*
отчи́зна *f A* (*geh*) Vaterland *nt*
óтчим *m K* Stiefvater *m*
отчисля́ть *vt E impf* (*pf:* отчи́слить) **1.** (*ÖKON*) abführen; **2.** (*из институ́та*) ex-

matrikulieren

отчитáть *vt E pf* (*impf:* отчи́тывать) (*umg*) abkanzeln, die Leviten lesen

отчитáться *vr E pf* (*impf:* отчи́тываться) Bericht erstatten, berichten

отчуждáть *vt E impf* **1.** veräußern; **2.** entfremden, verfremden

отчуждéние *nt O2* **1.** Verkauf *m*, Veräußerung *f*; **2.** Entfremdung *f*, Verfremdung *f*

отшéльник *m K* Einsiedler *m*, Eremit *m*

отшлифовáть *vt E2 pf* (*impf:* шлифовáть) schleifen, abschleifen

отъезд *m K* Abreise *f*, Abfahrt *f*, Aufbruch *m*

отыскáть ⟨*fut*: -ыщу́, -ы́щешь⟩ *vt E4 pf* (*impf:* оты́скивать) auffinden, ausfindig machen

отягчáть *vt E impf* (*pf:* отягчи́ть) erschweren, belasten

офéрта *f A* Angebot *nt*, Offerte *f*

óфис *m K* **1.** Geschäftsstelle *f*; **2.** Bürohaus *nt*, Büroraum *m*

óфисный *adj* Büro-; **óфисная оргтéхника** Bürotechnik *f*

офицéр *m K* Offizier *m*

официáльный ⟨*kf*: -лен, -льна⟩ *adj* **1.** amtlich; **2.** offiziell; **~ запрóс** offizielle Anfrage *f*; **официáльные круги́** offizielle Kreise *pl*

официáнт, **официáнтка** *m K / f A* Kellner, -in *m/f*, Ober *m*

офóрмить ⟨*fut*: -млю, -мишь⟩ *vt I pf* (*impf:* оформля́ть) **1.** gestalten; **2.** (*багáж*) abfertigen; **3.** (*пáспорт*) ausstellen; **~ на рабóту** anstellen, einstellen

оформлéние *nt O2* **1.** (*внéшнее*) Gestaltung *f*; **~ интерьéра** Raumgestaltung *f*; **худóжественное ~ кни́ги** Buchausstattung *f*, künstlerische Gestaltung *f* eines Buches; **2.** (*ÖKON*) Abwicklung *f*; **~ багажá** Gepäckabfertigung *f*; **~ тамóженных формáльностей** Zollabfertigung *f*

офóрт *m K* Radierung *f*

офсáйд *m K* (*SPORT*) Abseits *nt*

охáивать *vt E impf* (*pf:* охáять) **1.** schlechtmachen; **2.** schmähen

охарактеризовáть *vt E2 pf* (*impf:* характеризовáть) charakterisieren

охвати́ть ⟨*fut*: -ачу́, -áтишь⟩ *vt I pf* (*impf:* охвáтывать) **1.** (*включáть*) umfassen; **2.** (*страх, пáника*) ergreifen, befallen

охладевáть *vi E impf* (*pf:* охладéть) (*к комý-ли́бо/чемý-ли́бо*) gleichgültig werden, sich entfremden (von *+dat*)

охлади́ть ⟨*fut*: -ажу́, -ади́шь⟩ *vt I pf* (*impf:* охлаждáть) kühlen, abkühlen, kaltstellen

охлади́ться ⟨*fut*: -ажу́сь, -ади́шься⟩ *vr I pf* (*impf:* охлаждáться) (*auch fig*) sich abkühlen

охлаждённый *adj* gekühlt; **~ на льду** eisgekühlt

охóта *f A* **1.** Jagd *f*; **~ на ведьм** (*fig*) Hexenjagd *f*; **2.** Lust *f*; **отбивáть у когó-ли́бо охóту к чемý-ли́бо** jdm etw verleiden

охóтиться ⟨*fut*: -óчусь, -óтишься⟩ *vr I impf* (*на когó-ли́бо/что-ли́бо, за кем-ли́бо/чем-ли́бо, auch fig*) jagen, nachjagen (*+dat*)

охóтник *m K* Jäger *m*

охóтно *adv* **1.** gerne; **2.** bereitwillig

охрáна *f A* Bewachung *f*, Schutz *m*, Wache *f*; **внутризаводскáя ~** Werkschutz *m*; **~ грани́цы** Grenzschutz *m*; **~ конститýции** Verfassungsschutz *m*; **~ окружáющей среды́** Umweltschutz *m*; **~ пáмятников** Denkmalschutz *m*; **~ прирóды** Naturschutz *m*; **~ живóй прирóды** Artenschutz *m*

охрани́ть *vt I pf* (*impf:* охраня́ть) **1.** bewachen; **2.** schützen

охрáнник *m K* Schutzmann *m*

охри́пший *adj* heiser

оцéнивать *vt E impf* (*pf:* оцени́ть) **1.** einschätzen, beurteilen; **2.** werten, bewerten; **~ по достóинству** würdigen; **3.** abwägen, abschätzen

оцéнка *f A* **1.** Einschätzung *f*, Beurteilung *f*; **2.** Wertung *f*, Bewertung *f*; **3.** Schätzung *f*; **4.** Note *f*, Zensur *f*; **выставля́ть оцéнку** benoten

оцеплéние *nt O2* **1.** Absperrung *f*; **2.** Sperrbereich *m*

очáг *m K* (*auch fig*) Herd *m*; **~ инфéкции** Krankheitsherd *m*; **~ напряжённости** Spannungsherd *m*, Konfliktherd *m*

очаровáние *nt O2* Zauber *m*

очарóванный *adj* verzaubert; **быть очарóванным кем-ли́бо** in jds Bann stehen

очаровáтельный ⟨*kf*: -лен, -льна⟩ *adj* charmant, anmutig, zauberhaft

очаровáть *vt E2 pf* (*impf:* очарóвывать) **1.** faszinieren; **2.** (*fig*) verhexen, in seinen Bann schlagen

очеви́дец ⟨*gen sg*: -дца⟩ *m K* **1.** Augenzeuge *m*; **2.** Ohrenzeuge *m*; **яви́ться очеви́дцем чегó-ли́бо** miterleben, Zeuge sein (von *+dat*)

очеви́дный ⟨*kf*: - ден, -дна⟩ *adj* offenkundig, offensichtlich

óчень *part* sehr, überaus

очереднóй *adj* **1.** nächste(r, s); **2.** regulär; **в ~ раз** erneut, abermals

очерёдность *f I* Reihenfolge *f*, Abfolge

f

о́чередь *f I* Warteschlange *f*; **тепе́рь твоя́ ~** jetzt bist du an der Reihe; **чья ~?** wer ist dran? **быть на о́череди** an der Reihe sein; **в свою́ ~** seinerseits, im Gegenzug; **занима́ть ~** sich anstellen; **лезть без о́череди** sich vordrängen; **стоя́ть в о́череди** Schlange stehen

о́черк *m K* **1.** Aufriß *m*, Grundriß *m*; **2.** Studie *f*, Essay *m*

очерни́ть *vt I pf* (*impf:* черни́ть) **1.** schwärzen, schwarz machen; **2.** (*fig*) anschwärzen, verleumden

очерта́ние *nt O2* Umriß *m*, Kontur *f*

очи́стить ⟨*fut*: -и́щу, -и́стишь⟩ *vi I pf* (*impf:* очища́ть) **1.** säubern, reinigen; **2.** freimachen, räumen

очи́стка *f A* **1.** Reinigung *f*; **2.** Räumung *f*

очистно́й *adj* Reinigungs-; **очистно́е сооруже́ние** Kläranlage *f*

очища́ть *vt E impf* (*pf:* очи́стить) **1.** säubern, reinigen; **2.** freimachen, räumen; **~ от хла́ма** entrümpeln; **~ кише́чник** den Darm entleeren

очи́щенный *adj* gereinigt, raffiniert

очки́ ⟨*gen pl*: -ко́в⟩ *pl K e* **1.** Brille *f*; **надева́ть ~** Brille aufsetzen; **2.** (*SPORT*) Punkte *m pl*

очну́ться *vr E1 pf* hellwach werden

о́чный *adj* direkt, unmittelbar; **устра́ивать о́чную ста́вку** konfrontieren

ошара́шенный *adj* verblüfft; **быть ошара́шенным** baff sein

оше́йник *m K* Halsband *nt*; **соба́чий ~** Hundehalsband *nt*

ошеломи́ть ⟨*fut*: -млю́, -ми́шь⟩ *vt I pf* (*impf:* ошеломля́ть) erschüttern, bestürzen

ошеломлённый *adj* konsterniert, bestürzt, verblüfft

ошиби́ться ⟨*fut*: -бу́сь, -бёшься⟩ *vr E4 pf* (*impf:* ошиба́ться) **1.** einen Fehler begehen, fehlgehen; **2.** (*при вы́боре чего́-ли́бо*) sich vergreifen; **~ в расчётах** sich verkalkulieren; **3.** (*заблужда́ться*) sich irren

оши́бка *f A* Irrtum *m*, Fehler *m*; **арифмети́ческая ~** Rechenfehler *m*; **враче́бная ~** [*o* **~ специали́ста**] (*MED*) Kunstfehler *m*; **логи́ческая ~** Denkfehler *m*; **~ сде́ланная по рассе́янности** Flüchtigkeitsfehler *m*

оши́бочный ⟨*kf*: -чен, -чна⟩ *adj* **1.** fehlerhaft; **2.** irrtümlich; **3.** abwegig; **4.** (*ло́жный*) fälschlich

ощипа́ть ⟨*fut*: -иплю́, -и́плешь⟩ *vt E4 pf* (*impf:* ощи́пывать, щипа́ть) **1.** rupfen; **2.** (*fig: пе́рец*) brennen

ощу́пать *vt E pf* (*impf:* ощу́пывать) befühlen, betasten, abtasten

ощути́мый ⟨*kf*: -и́м⟩ *adj* spürbar, fühlbar

ощути́ть ⟨*fut*: -ущу́, -ути́шь⟩ *vt I pf* (*impf:* ощуща́ть) **1.** spüren; **2.** (*fig*) empfinden, fühlen

ощуще́ние *nt O2* Empfindung *f*

П

п, П *nt indekl kyrillischer Buchstabe*

пабли́сити *nt indekl* Publicity *f*

павиа́н *m K* Pavian *m*

павильо́н *m K* Pavillon *m*; **вы́ставочный ~** Messehalle *f*

павли́н *m K* Pfau *m*

па́водок ⟨*gen sg*: -дка⟩ *m K* Hochwasser *nt*

па́губный ⟨*kf*: -бен, -бна⟩ *adj* verderblich, unheilvoll

па́даль *f I* Kadaver *m*, Aas *nt*

па́дать *vi E impf* (*pf:* пасть, упа́сть) **1.** fallen, hinfallen, herunterfallen; **~ в о́бморок** in Ohnmacht fallen; **2.** abstürzen, stürzen; **3.** (*fig*) sinken, umfallen

паде́ж *m K e* (*LING*) Kasus *m*; **вини́тельный ~** Akkusativ *m*; **да́тельный ~** Dativ *m*; **имени́тельный ~** Nominativ *m*; **предло́жный ~** Präpositiv *m*; **роди́тельный ~** Genetiv *m*; **твори́тельный ~** Instrumental *m*

падёж *m K e* Krepieren *nt*, Sterben *nt*; **~ скота́** Viehsterben *nt*

паде́ние *nt O2* **1.** Fall *m*, Absturz *m*, Sturz *m*; **~ Берли́нской стены́** Berliner Mauerfall *m*; **2.** (*ÖKON*) Rückgang *m*, Abfall *m*, Absinken *nt*; **ре́зкое ~ ку́рса а́кций** Aktieneinbruch *m*; **~ цен** Preisverfall *m*; **~ интере́са к поли́тике** Politikverdrossenheit *f*; **~ нра́вов** moralischer Verfall *m*

па́дкий ⟨*kf*: -док, -дка⟩ *adj* (*на кого́-ли́бо/что́-ли́бо*) erpicht (auf *+akk*)

паёк ⟨*gen sg*: пайка́⟩ *m K e* Ration *f*

паж *m K e* Page *m*

паз *m K ple* (*TECH*) Fuge *f*, **де́лать ~** aussparen

па́зуха *f A* **1.** (*ANAT*) Busen *m*, Brust *f*; **2.** (*ANAT*) Höhle *f*; **~ но́са** Nasenhöhle *f*; **ло́бная ~** Stirnhöhle *f*

па́йщик *m K* Teilhaber, -in *m/f*

пакга́уз *m K* Lagerhalle *f*

паке́т *m K* **1.** Packet *nt*; **~ с бутербро́дами** Lunchpaket *nt*; **2.** Bündel *nt*; **~ програ́мм** Softwarepaket *nt*; **3.** Tüte *f*; **полиэтиле́новый ~** Plastiktüte *f*

пакети́ровать *vt E2 impf/pf* **1.** packen; **2.** bündeln

Пакистáн *m K* Pakistan *nt*
паковáть *vt E2 impf* (*pf:* -за, у-) packen
пакт *m K* Pakt *m*; **~ о ненападéнии** Nichtangriffspakt *m*
палáта *f A* Kammer *f*; **~ представúтелей** (*POL*) Repräsentantenkammer *f*; **вéрхняя ~ парлáмента** (*POL*) Oberhaus *nt*; **торгóво-промы́шленная ~** Industrie- und Handelskammer *f*; **больнúчная ~** Krankenzimmer *nt*
палáтка *f A* **1.** Zelt *nt*; **жить в палáтке** zelten **2.** (*на ры́нке*) Bude *f*
палáточный *adj* Zelt-; **~ гóрод** [*o* **лáгерь**] Zeltlager *nt*
палáч *m K e* Henker *m*, Scharfrichter *m*
Палестúна *f A* Palästina *nt*
палестúнец, палестúнка ⟨*gen sg m*: -нца⟩ *m K / f A* Palästinenser, -in *m/f*
пáлец ⟨*gen sg*: пáльца⟩ *m K* Finger *m*; **безымя́нный ~** Ringfinger *m*; **большóй ~** (*на рукé*) Daumen *m*; **большóй ~** (*на ногé*) Zehe *f*; **срéдний ~** Mittelfinger *m*; **указáтельный ~** Zeigefinger *m*; **знать что-лúбо как свой пять пáльцев** sich wie in seiner Westentasche auskennen (in *+dat*); **пáльцем не трóгать когó-лúбо** jdm kein Haar krümmen; **смотрéть сквóзь пáльцы на чью-лúбо ошúбку** ein Auge zudrücken, jdm einen Fehler nachsehen
палúтра *f A* **1.** Palette *f*; **2.** (*fig*) Palette *f*, Bandbreite *f*
пáлка *f A* Spazierstock *m*, Wanderstab *m*; **~ о двýх концáх** (*fig*) zweischneidiges Schwert *nt*; **перегибáть пáлку** zu weit treiben, den Bogen überspannen
палóмник, палóмница *m K / f A* Pilger, -in *m/f*, Wallfahrer, -in *m/f*
палóмничать *vi E impf* pilgern
палóмничество *nt O* Wallfahrt *f*, Pilgerfahrt *f*; **совершáть ~** pilgern
пáлочка *f A* **1.** kleiner Stock *m*; **2.** Eßstäbchen; **3.** (*MUS*) Schlegel *m*; **волшéбная ~** Wünschelrute *f*; **солёная ~** Salzstange *f*
пáлуба *f A* Deck *nt*; **прогýлочная ~** Promenadendeck *nt*; **срéдняя ~** Zwischendeck *nt*
пáльма *f A* (*BOT*) Palme *f*; **отдáть комý-лúбо пáльму пéрвенства** (*SPORT*) jdn favorisieren; **отобрáть у когó-лúбо пáльму пéрвенства** jdm den Rang ablaufen
пальтó *nt indekl* Mantel *m*
пáмятка *f A* Merkblatt *nt*
пáмятник *m K* Denkmal *nt*; **~ культýры** Kulturdenkmal *nt*; **надгрóбный ~** Grabmal *nt*; **открывáть ~** ein Denkmal enthüllen; **(по-)стáвить ~ комý-лúбо** jdm ein Denkmal setzen
пáмятный ⟨*kf*: -тен, -тна⟩ *adj* **1.** denkwürdig; **2.** Gedenk-, Erinnerungs-; **~ подáрок** Erinnerungsstück *nt*; Andenken *nt*
пáмять *f I* **1.** Gedächtnis *nt*, Merkfähigkeit *f*; **оперативная ~** Kurzzeitgedächtnis *nt*; **2.** Erinnerung *f*, Andenken *nt*, Gedenken *nt*; **éсли мне не изменя́ет ~** wenn ich mich recht erinnere
панéль *f I* **1.** (*BAU*) Wandplatte *f*; **2.** Bürgersteig *m*; **идтú на ~** auf den Strich gehen
пáника *f A* Panik *f*; **возникла ~** Panik brach aus
паникёрство *nt O* Panikmache *f*
паниковáть *vi E2 impf* (*pf:* за-) Panik machen, in Panik geraten
панúческий *adj* panisch; **~ страх** panische Angst *f*
панк *m K* Punk *m*
панорáма *f A* Panorama *nt*, Rundblick *m*
пансиóн *m K* **1.** Pensionat *nt*; **2.** Pension *f*; **пóлный ~** Vollpension *f*
пансионáт *m K* **1.** Ferienheim *nt*; **2.** Pension *f*
панславúзм *m K* Panslavismus *m*
пантéра *f A* Panther *m*
пантомúма *f A* Pantomime *f*
пáпа *m A* **1.** (*отéц*) Papa *m*; **2.** (*Рúмский*) Papst *m*
папáйя *f indekl* Papaya *f*
пáпка *f A* **1.** Briefmappe *f*, Mappe *f*; **2.** Aktendeckel *m*, Pappdeckel *m*
пáпоротник *m K* Farn *m*
папьé-машé *nt indekl* Pappmache *nt*
пар *m K* Dampf *m*; **водянóй ~** Wasserdampf *m*; **выпускáть ~** Dampf ablassen, dampfen
пáра *f A* Paar *nt*
парáбола *f A* (*MATH*) Parabel *f*
парáграф *m K* Paragraph *m*
парáд *m K* Parade *f*; **~ шля́геров** Hitparade *f*
парáдный ⟨*kf*: -ден, -дна⟩ *adj* **1.** Haupt-; **2.** Parade-, Fest-, Gala-; **~ зал** Festsaal *m*; **~ костю́м** Gala *f*
парадóкс *m K* Paradoxon *nt*
парадоксáльный *adj* paradox
парадонтóз *m K* Parodontose *f*
паразúт *m K* **1.** (*BIO*) Schmarotzer *m*; **2.** Parasit *m*, Nichtsnutz *m*
паразитúровать *vi E2 impf* schmarotzen
парализóванный *adj* gelähmt
парализовáть *vt E2 impf/pf* **1.** (*MED*) lähmen; **2.** (*fig*) lähmen, lahmlegen
паралúч *m K* (*MED*) Lähmung *f*

параллелогра́м *m K* Parallelogramm *nt*
паралле́ль *f I* Parallele *f*; **проводи́ть** ~ (*fig*) eine Parallele ziehen, vergleichen
паралле́льный *adj* **1.** parallel; **2.** parallel verlaufend; ~ **телефо́н** (*TELKOM*) Zweitanschluß *m*
пара́метр *m K* Parameter *m*
па́рами *adv* paarweise
парапе́т *m K* Brüstung *f*, Geländer *nt*
парашю́т *m K* Fallschirm *m*
парашюти́ст, **парашюти́стка** *m K / f A* Fallschirmspringer, -in *m/f*
па́рень ⟨*gen sg*: -рня⟩ *m K* Bursche *m*, Kerl *m*
пари́ *nt indekl* Wette *f*; **держа́ть** ~ wetten, eine Wette abschließen
Пари́ж *m K* Paris *nt*
пари́к *m K* Perücke *f*
парикма́хер *m K* Friseur *m*
пари́ровать *vt E2 impf* (*pf:* от-) parieren, kontern, entgegnen
пари́ть *vi I impf* schweben, gleiten
па́рить *vt I impf* dämpfen, dünsten; **па́рит** es ist schwül
парк *m K* **1.** Park *m*; **луна-**~ Vergnügungspark *m*; **техно-**~ Industriepark *m*; **2.** Bestand *m*; ~ **автомаши́н** Kraftfahrzeugbestand *m*
парке́т *m K* Parkett *nt*
паркова́ться *vi E2 impf* parken
парку́р *m K* Parcours *m*
парла́мент *m K* Parlament *nt*
парламента́рий *m K2* (*geh*) Parlamentarier *m*
парламентёр *m K* Parlamentär *m*, Unterhändler *m*
парла́ментский *adj* parlamentarisch
парнико́вый *adj* im Frühbeet gezogen, Treibhaus-; ~ **эффе́кт** (*ÖKOL*) Treibhauseffekt *m*
па́рный *adj* **1.** paarig; **2.** (*SPORT*) Paar-; **па́рная игра́** Doppel *nt*
парово́з *m K* Dampflokomotive *f*
парово́й *adj* Dampf-; **парова́я маши́на** Dampfmaschine *f*
пароди́ровать *vt E2 impf/pf* parodieren
паро́дия *f A2* Parodie *f*
паро́ль *m K1* **1.** (*MIL*) Parole *f*, Kennwort *nt*; **2.** (*DV*) Passwort *nt*
паро́м *m K* Fähre *f*
парохо́д *m K* Dampfer *m*
парохо́дство *nt O* Reederei *f*; **владе́лец парохо́дства** Reeder *m*
па́рта *f A* Schulbank *f*; **сиде́ть за одно́й па́ртой** gemeinsam die Schulbank drükken
партбиле́т *m K* Parteibuch *nt*
парте́р *m K* Parterre *nt*
партиза́н *m K* **1.** Partisane *m*; **2.** Heckenschütze *m*
партиза́нский *adj* Partisanen-; **партиза́нская война́** Partisanenkrieg *m*, Guerillakrieg *m*
партиту́ра *f A* Partitur *f*
па́ртия *f A2* **1.** Partei *f*; **пра́вящая** ~ Regierungspartei *f*; **2.** (*SPORT*) Partie *f*; **3.** (*MUS*) Rolle *f*, Partie *f*; **исполня́ть веду́щую па́ртию** die Titelpartie singen; **4.** (*ÖKON*) Bezugsgröße *f*, Menge *f*; **пе́рвая ~ това́ров** erste Lieferung *f*
партнёр, **партнёрша** *m K / f A* **1.** Partner, -in *m/f*; **ну́жный** [*o* **ну́жная**]~ Ansprechpartner, -in *m/f*; **торго́вый** ~ Handelspartner -in *m/f*; **2.** (*SPORT*) Kontrahent, -in *m/f*, Mitspieler, -in *m/f*
партнёрский *adj* partnerschaftlich; **партнёрские свя́зи ме́жду города́ми** Städtepartnerschaft *f*
партнёрство *nt O* Partnerschaft *f*
па́рус *m K* Segel *nt*
паруси́на *f A* Segeltuch *nt*
па́русник *m K* Segelboot *nt*
парфюме́рия *f A2* Parfümerie *f*
парча́ *f A* Brokat *m*
парши́вый ⟨*kf*: -и́в⟩ *adj* **1.** schorfig; **2.** räudig; **3.** (*umg*) mies, scheußlich
пас *m K* (*SPORT*) Paß *m*, Zuspiel *nt*, Ballabgabe *f*; **нето́чный** ~ Fehlpass *m*
па́смурный ⟨*kf*: -рен, -рна⟩ *adj* **1.** trüb, dunstig; **2.** (*fig*) finster, mürrisch
пасова́ть *vi E2 impf* (*pf:* с-) **I. 1.** (*при игре́ в ка́рты*) passen; **2.** kapitulieren, aufgeben, resignieren; ~ **пе́ред тру́дностями** vor Schwierigkeiten zurückschrecken; **II.** *vi E2 impf* (*pf:* паса́нуть) (*SPORT*) passen, den Ball abgeben
па́спорт *m K ple* **1.** Paß *m*; **заграни́чный** ~ Reisepaß *m*; **2.** Personalausweis *m*; **3.** Ausweis *m*; ~ **на автомоби́ль** Kraftfahrzeugschein *m*
па́спортный *adj* Paß-; **па́спортные да́нные** Personalien *pl*; ~ **контро́ль** Paßkontrolle *f*; ~ **режи́м** Paßzwang *m*; ~ **стол** Einwohnermeldeamt *nt*
пасса́ж *m K* **1.** (*перехо́д с магази́нами*) Einkaufspassage *f*; **2.** (*MUS*) Passage *f*
пассажи́р, **пасажи́рка** *m K / f A* Fahrgast *m*, Passagier *m*, Reisende(r) *mf*
пассажи́рский *adj* Passagier-; **пассажи́рские перево́зки** Reiseverkehr *m*
пассив *m K* **1.** (*meist pl:ÖKON*) Passiva *pl*; **2.** (*LING*) Passiv *nt*
пасси́вность *f I* Passivität *f*
пасси́вный ⟨*kf*: -вен, -вна⟩ *adj* passiv
па́стбище *nt O1* Weide *f*; **го́рное** ~ Alm *f*

пасте́ль *f I* Pastell *nt*
пастеризова́ть *vt E2 impf/pf* pasteurisieren
пасти́сь ⟨*nur 3. pers*: -сётся⟩ *vi E6 impf* (*о живо́тных*) weiden, grasen
па́стор *m K* Pastor, -in *m/f*
пасту́х *m K* Schäfer, -in *m/f*
па́стырь *m K1* (*REL*) Hirte *m*
пасть[1] *f I* **1.** Maul *nt*; **2.** Rachen *m*, Schlund *m*
пасть[2] ⟨*präs*: паду́, падёшь, *prät*: пал⟩ *vi E6a pf* (*impf:* па́дать) **1.** fallen, hinfallen, herunterfallen; **~ в о́бморок** in Ohnmacht fallen; **2.** abstürzen, stürzen; **3.** (*fig*) sinken, umfallen
па́сха *f A* Ostern *nt*
пасха́льный *adj* Oster-; **пасха́льное яйцо́** Osterei *nt*
пате́нт *m K* Patent *nt*; **защищённый ~ами** patentrechtlich geschützt
пате́нтный *adj* Patent-; **пате́нтное ве́домство** Patentamt *nt*
патентова́ть *vt E2 impf* (*pf:* за-) patentieren
патети́ческий *adj* pathetisch
патологи́ческий *adj* pathologisch
патоло́гия *f A2* Pathologie *f*
патриа́рх *m K* **1.** (*REL*) Patriarch *m*; **2.** Stammvater *m*
патрио́т, **патрио́тка** *m K / f A* Patriot, -in *m/f*
патриоти́зм *m K* Patriotismus *m*
патриоти́ческий *adj* patriotisch
патро́н *m K* **1.** Patrone *f*; **холосто́й ~** Platzpatrone *f*; **2.** (*TECH*) Fassung *f*
патрули́ровать *vi E2 impf* **1.** patroullieren; **2.** überwachen
патру́ль *m K1* Patrouille *f*, Streife *f*
па́уза *f A* Pause *f*
пау́к *m K* Spinne *f*
паути́на *f A* **1.** Spinnwebe *f*; **2.** Spinnennetz *nt*
па́фос *m K* Pathos *nt*
пах *m K* (*ANAT*) Leiste *f*
паха́ть ⟨*präs*: пашу́, па́шешь⟩ *vt E4 impf* (*pf:* вс-) pflügen
па́хнуть *v + inst E1 impf* **1.** riechen, duften (nach *+dat*); **2.** (*fig*) riechen, in der Luft liegen; **па́хнет дождём** es sieht nach Regen aus; **па́хнет бедо́й** ein Unglück droht
па́хта *f A* Buttermilch *f*
пацие́нт, **пацие́нтка** *m K / f A* Patient, -in *m/f*, Kranke(r) *mf*
пацифи́ст, **пацифи́стка** *m K / f A* Pazifist, -in *m/f*
пацифи́стский *adj* pazifistisch
па́чка *f A* Packung *f*; **~ сигаре́т** Zigarettenschachtel *f*
па́чкать *vt E impf* (*pf:* вы́-, за-, ис- на-) **1.** beschmutzen; **2.** klecksen
па́чкаться *vr E impf* (*pf:* вы́-, за-) **1.** schmutzen; **2.** kleckern
па́шня *f A1* Acker *m*
паште́т *m K* Pastete *f*
пая́льник *m K* Lötkolben *m*
пая́ть *vi E impf* löten
ПВО *abk von* Противовозду́шная Оборо́на *f* Luftschutz *m*
пе́вец, **пе́вица** ⟨*gen sg m*: -вца́⟩ *m K / f A* Sänger, -in *m/f*
пе́гий ⟨*kf*: пег⟩ *adj* scheckig; **~ ло́шадь** Schecke *m*
педаго́г *m K* Pädagoge *m*
педаго́гика *f A* Pädagogik *f*
педагоги́ческий *adj* pädagogisch
педа́ль *f I* Pedal *nt*
педа́нт, **педа́нтка** *m K / f A* Pedant, -in *m/f*
педанти́зм *m K* Pedanterie *f*
педанти́чный ⟨*kf*: -чен, -чна⟩ *adj* pedantisch, akribisch
педиа́тр *m K* Kinderarzt *m*
пейза́ж *m K* Landschaft *f*
пека́рня *f A1* Bäckerei *f*
пе́карь *m K1* Bäcker, -in *m/f*
пелена́ть *vt E impf* (*pf:* за-) (*ребёнка*) wickeln
пеленгова́ть *vt E2 impf* (*pf:* за-) orten, anpeilen
пелёнка *f A* Windel *f*
пелика́н *m K* Pelikan *m*
пе́на *f A* **1.** Schaum *m*; **2.** (*бурля́щая*) Gischt *f*; **с пе́ной у рта** eifernd
пена́льти *nt indekl* Elfmeter *m*
пе́ние *nt O2* Gesang *m*
пе́нистый ⟨*kf*: -ист⟩ *adj* schaumig
пе́ниться ⟨*nur 3. pers*: -ится⟩ *vi I impf* (*pf:* вс-) schäumen
пеницилли́н *m K* Penicillin *nt*
пенопла́ст *m K* Schaumstoff *m*
пенсионе́р, **пенсионе́рка** *m K / f A* Rentner, -in *m/f*
пенсио́нный *adj* Renten-; **~ во́зрост** Rentenalter *nt*; **сниже́ние пенсио́нного возроста** Herabsetzung *f* des Rentenalters
пе́нсия *f A2* Rente *f*; **отправля́ть на пе́нсию** pensionieren
пень ⟨*gen sg*: пня⟩ *m K1* **1.** Baumstumpf *m*; **2.** Stumpf *m*
пеня́ть *v + dat E impf* (*pf:* по-) **1.** (*за что-либо*) Vorwürfe machen (wegen *+gen*); **2.** die Schuld geben (an *+dat*); **пеня́й на себя́!** du bist selbst schuld
пе́пел ⟨*gen sg*: -пла⟩ *m K* Asche *f*
пе́пельница *f A* Aschenbecher *m*
пе́рвенство *nt O* **1.** (*SPORT*) Meisterschaft *f*; **~ Евро́пы** Europameisterschaft *f*; **~ ми́ра** Weltmeisterschaft *f*; **2.** (*fig:*

приоритет) Vorrang *m*, Priorität *f*

первичный ⟨*kf*: -чен, -чна⟩ *adj* primär

перво- *präfix* Erst-, erst-

первозданный ⟨*kf*: -анен, -анна⟩ *adj* ursprünglich; **в первозданном виде** naturbelassen

первоклассник, первоклассница *m K / f A* Schulanfänger, -in *m/f*

первоклассный ⟨*kf*: -сен, -сна⟩ *adj* erstklassig; **первоклассная боевая техника** modernste Kampftechnik *f*

первоначальный ⟨*kf*: лен, -льна⟩ *adj* ursprünglich, anfänglich

первопроходец ⟨*gen sg*: -дца⟩ *m K* Vorreiter *m*, Wegbereiter *m*

первосортный ⟨*kf*: -тен, -тна⟩ *adj* erstklassig, erster Wahl

первостепенный ⟨*kf*: -енен, -енна⟩ *adj* vorrangig, dringlich; **вопрос первостепенной важности** Frage *f* äußerster Dringlichkeit

первоцвет *m K* Schlüsselblume *f*

первый *adj* erste(r, s); **~ в мире** welterster; **~ названный** ersterer; **самый ~** vorderster; **первая буква** Anfangsbuchstabe *m*; **первые лица** hochrangige Personen; **первая половина дня** Vormittag *m*; **в первой половине дня** am Vormittag; **первая помощь** Erste Hilfe *f*; **~ раз** das erste Mal; **первая страница** Vorderseite *f*, Titelblatt *nt*; **~ удар** Erstschlag *m*; **~ этаж** Erdgeschoß *nt*; **первым делом** zuerst; **информация из первых рук** Information *f* aus erster Hand; **на первом месте в мире** führend in der Welt; **на первом плане** im Vordergrund; **довольствоваться первым попавшимся** mit dem Nächstbesten vorliebnehmen

пергамент *m K* **1.** Pergament *nt*; **2.** Butterbrotpapier *nt*

перебазировать *vt E2 pf* verlagern

перебежчик, перебежчица *m K / f A* **1.** Überläufer, -in *m/f*; **2.** Verräter, -in *m/f*

перебеситься ⟨*fut*: -ешусь, -есишься⟩ *vr I pf* **1.** aufgeregt werden, in Wut geraten; **2.** (*umg*) sich austoben, sich die Hörner abstoßen

перебивать *vt E impf* (*pf:* перебить) **1.** unterbrechen, ins Wort fallen; **2.** (*auch fig*) erschlagen

перебирать *vr E impf* (*pf:* перебрать) sortieren, auslesen

перебой *m K2* **1.** Stockung *f*; **2.** Störung *f*; **3.** Unterbrechung *f*

перебранка *f A* **1.** Gezänke *nt*; **2.** Geplänkel *nt*; **3.** Wortgefecht *nt*

перебрать ⟨*fut*: -беру, берёшь⟩ *vt E4a pf* (*impf:* перебирать) sortieren, auslesen

перевал *m K* (*горный*) Gebirgspaß *m*

перевалка *f A* (*груза*) Umladen *nt*, Umschlag *f*

перевезти ⟨*fut*: -везу, -везёшь⟩ *vt E6 pf* (*impf:* перевозить) befördern, transportieren

перевернуть *vt E1 pf* (*impf:* переворачивать) **1.** umwenden; **2.** umkippen

перевернуться *vi E1 pf* (*impf:* переворачиваться) **1.** sich überschlagen; **2.** umstürzen, umkippen

перевести ⟨*fut*: -веду, -ведёшь⟩ *vt E6a pf* (*impf:* переводить) **1.** verlegen, verlagern, versetzen , umsetzen; **~ больного из одного отделения в другое** den Kranken von einer Station auf die andere verlegen; **2.** umstellen; **~ на самообеспечение** auf Selbstversorgung umstellen; **~ стрелки часов** die Uhr umstellen; **3.** (*устно*) dolmetschen; **4.** (*письменно*) übersetzen; **5.** (*стихи*) nachdichten; **6.** (*роман*) übertragen; **7.** (*ÖKON*) überweisen; **~ деньги на счёт** Geld auf das Konto überweisen; **8.** (*umg*) ausgeben, verschwenden; **~ деньги на ненужные вещи** Geld für unnütze Dinge ausgeben

перевод *m K* **1.** (*перемещение*) Überführung *f*; **2.** Übersetzung *f*, Übertragung *f*; **3.** (*денежный*) Überweisung *f*

переводной *adj* **1.** Übersetzungs-; **2.** Überweisungs-; **переводная картинка** Abziehbild *nt*; **переводная литература** Übersetzungsliteratur *f*; **~ фильм** Film *m* mit Untertitel

переводчик *m K* **1.** (*устный*) Dolmetscher, -in *m/f*; **2.** (*письменный*) Übersetzer, -in *m/f*; **3.** (*стихов*) Nachdichter, -in *m/f*; **~-референт** Referent *m* und Dolmetscher *m*; **синхронный ~** Simultandolmetscher *m*; **технический ~** Fachübersetzer *m*

перевозить ⟨*präs*: -вожу, -водишь⟩ *vt I impf* (*pf:* перевезти) befördern, transportieren

перевозка *f A* Beförderung *f*, Transport *m*; **~ грузов на дальние расстояния** (*TRANSP*) Güterfernverkehr *m*

переворачивать *vt E impf* (*pf:* перевернуть) **1.** umwenden; **2.** umkippen; **~ весь мир** (*fig*) die Welt aus den Angeln heben

переворачиваться *vr E impf* (*pf:* перевернуться) **1.** sich überschlagen; **2.** umstürzen, umkippen

переворот *m K* Umsturz *m*, Putsch *m*; **государственный ~** Staatsstreich *m*; **производить ~ в чём-либо** revolutionieren

перевы́боры ⟨*gen pl*: -ров⟩ *m pl K* Neuwahlen *f pl*

перевы́полнить *vt I pf* (*impf*: перевыполня́ть) überbieten, übererfüllen

перевя́зочный *adj* Verbands-; **~ материа́л** Verbandszeug *nt*

переги́б *m K* **1.** Knick *m*; **2.** (*fig*) Überspitzung *f*, Übertreibung *f*

перегно́й *m K2* Humus *m*

перегова́ривать *vi E impf* (*pf*: переговори́ть) (*с кем-ли́бо*) Rücksprache halten, sich besprechen (mit *+dat*)

перегово́рная *f wie adj* Besprechungsraum *m*, Konferenzraum *m*

перегово́ры ⟨*gen pl*: -ров⟩ *m pl K* Verhandlungen *f pl*, Gespräche *nt pl*, Beratungen *f pl*; **ми́рные ~** Friedensgespräche *pl*; **реши́ть за столо́м перегово́ров** auf dem Verhandlungsweg lösen

перегоро́дка *f A* Trennwand *f*; **раздвижны́е перегоро́дки** versetzbare Trennwände

перегрева́ться *vr E impf* (*pf*: перегре́ться) sich zu stark erhitzen, sich überhitzen

перегружа́ть *vi E impf* (*pf*: перегрузи́ть) **1.** überfordern, überlasten, überbeanspruchen; **2.** umladen

перегру́зка *f A* Überlastung *f*; **перегру́зки на рабо́те** berufliche Überlastung *f*

перегруппирова́ть *vt E2 pf* (*impf*: перегруппиро́вывать) umgruppieren

пе́ред *präp +inst* vor (*+dat*); **~ э́тим** davor, vorher

передава́ть ⟨*präs*: -даю́, -даёшь⟩ *vt E3 impf* (*pf*: переда́ть) **1.** übergeben, übermitteln, ausrichten; **мне ничего́ не передава́ли?** hat man etw für mich abgegeben? **~ приве́т кому́-ли́бо** jdm Grüße bestellen, jdn grüßen; **~ письмо́** einen Brief überbringen; **~ по фа́ксу** ein Fax senden, faxen; **2.** (*из поколе́ния в поколе́ние: об у́стном наро́дном тво́рчестве*) überliefern; **3.** erfassen; **~ атмосфе́ру** die Atmosphäre vermitteln

передава́ться ⟨*präs*: -даю́сь, -даёшься⟩ *vr E3 impf* (*pf*: переда́ться) neu erscheinen

переда́тчик *m K* Rundfunksender *m*

переда́ча *f A* **1.** Übergabe *f*, Übermittlung *f*; **~ вла́сти** Machtübergabe *f*; **~ да́нных** Datenkommunikation *f*; **~ мы́слей на расстоя́нии** Gedankenübertragung *f*; **~ но́у-ха́у** Know-how-Transfer *m*; **~ о́пыта** Vermittlung *f* von Erfahrungen; **2.** (*RUNDF: те́ле- и́ли ра́дио-*) Radiosendung *f*; **3.** (*TECH*) Getriebe *nt*

передвига́ть *vt E impf* (*pf*: передви́нуть) **1.** (*ме́бель*) verschieben, verrücken; **2.** (*fig*) verschieben, verlegen; **~ о́тпуск** den Urlaub verschieben

передвижно́й *adj* **1.** verstellbar, beweglich; **2.** Wander-; **~ цирк** Wanderzirkus *m*; **передвижна́я вы́ставка** Wanderausstellung *f*

переде́лать *vt E pf* (*impf*: переде́лываться) (*докуме́нт, пла́тье*) abändern, umändern

переде́лка *f A* Abänderung *f*, Umänderung *f*

передержа́ть ⟨*fut*: -держу́, -де́ржишь⟩ *vt I pf* (*impf*: переде́рживать) **1.** zu lange halten, zu lange stehen lassen; **2.** (*FOT*) überbelichten

пере́дний *adj* vordere(r, s); **пере́днее колесо́** Vorderrad *nt*; **~ план** Vordergrund *m*; **пере́днее сиде́нье** Vordersitz *m*; **пере́дняя сторона́** (*фаса́д зда́ния*) Vorderseite *f*, Front *f*

пере́дняя *f wie adj* Flur *m*, Hausflur *m*

передови́ца *f A* Leitartikel *m*

передово́й *adj* **1.** Vorder-, vorderer; **передова́я статья́** Leitartikel *m*; **2.** fortschrittlich; **передовы́е техноло́гии** Hochtechnologien *pl*

переду́мать *vi E pf* (*impf*: переду́мывать) **1.** seine Meinung ändern; **2.** sich durch den Kopf gehen lassen, nachdenken (über *+akk*)

передышка *f A* **1.** Atempause *f*, Verschnaufpause *f*; **2.** Ruhepause *f*, Besinnungspause *f*; **без переды́шки** pausenlos

перее́зд *m K* **1.** Umzug *m*; **2.** Bahnübergang *m*; **охраня́емый ~** beschränkter Bahnübergang *m*

переезжа́ть *vi E impf* (*pf*: перее́хать) **1.** fortziehen, umziehen; **2.** (*грани́цу*) passieren

пережёвывать *vt E impf* **1.** kauen; **2.** (*fig*) wiederkäuen

пережива́ние *nt O2* Erlebnis *nt*

пережива́ть *vt E impf* (*pf*: пережи́ть) **I. 1.** erleben; **2.** durchmachen, erleiden; **~ кри́зис** eine Krise durchmachen; **3.** überleben; **~ войну́** den Krieg überleben; **4.** (*смири́ться с чем-ли́бо*) hinwegkommen (über *+akk*); **II.** *vi E impf* (*за кого́-ли́бо/что-ли́бо*) sich beunruhigen, sich aufregen (wegen *+gen*)

переизбира́ть *vt E impf* (*pf*: переизбра́ть) neu wählen ; **~ на но́вый срок** wiederwählen

переиздава́ть ⟨*präs*: -даю́, -даёшь⟩ *vt E3 impf* (*pf*: переизда́ть) neu auflegen

переиздава́ться ⟨*nur 3. pers*: -даётся⟩ *vr E3 impf* (*pf*: переизда́ться) sich übertragen, vererbt werden

переизда́ние *nt O2* Neuauflage *f*

переименова́ть *vt E2 pf* (*impf:* переимено́вывать) umbennen, rückbenennen

переина́чивать *vt E impf* (*pf:* переина́чить) ummodeln, verdrehen

перейти́ ⟨*fut*: -йду́, -йдёшь⟩ *vt E7 pf* (*impf:* переходи́ть) **1.** überschreiten, überqueren; **2.** übergehen, sich verwandeln

перека́пывать *vt E impf* (*pf:* перекопа́ть) **1.** umgraben; **2.** einen Graben ziehen

переквалифици́роваться *vr E2 pf* umschulen

перекла́дина *f A* **1.** (*у футбо́льных воро́т*) Latte *f*; **2.** (*SPORT*) Reck *nt*

перекла́дывать *vt E impf* (*pf:* переложи́ть) **1.** verlegen, an einen anderen Ort legen; **2.** abschieben, abwälzen; **3.** verpacken, einpacken; **4.** übertragen; **~ на му́зыку** vertonen

переключа́ть *vt E impf* (*pf:* переключи́ть) umschalten; **~ на бли́жний свет** abblenden

переключе́ние *nt O2* **1.** Umstellung *f*; **2.** Umschalten *nt*; **~ скоросте́й** Gangschaltung *f*

перекопа́ть *vt E pf* (*impf:* перека́пывать) **1.** umgraben; **2.** einen Graben ziehen

переко́шенный *adj* verzerrt; **переко́шенное лицо́** Grimasse *f*

перекрести́ть ⟨*fut*: -крещу́, -кре́стишь⟩ *vt I pf* (*impf:* перекре́щивать) kreuzen

перекрёстный *adj* Kreuz-; **~ ого́нь** Kreuzfeuer *nt*

перекрёсток ⟨*gen sg*: -тка⟩ *m K* (*TRANSP*) Kreuzung *f*

перекрути́ть ⟨*fut*: -учу́, -у́тишь⟩ *vt I pf* (*impf:* перекру́чивать) verdrehen

перела́мывать *vt E impf* (*pf:* переломи́ть) **1.** zerbrechen; **2.** überwinden

перелётный *adj* Flug-; **перелётные пти́цы** Zugvögel *m pl*

perелива́ние *nt O2* Umfüllen *nt*, Umgießen *nt*; **~ кро́ви** Bluttransfusion *f*

перелива́ться *vr E impf* (*pf:* перели́ться) **1.** überlaufen; **2.** hinüberfließen

перелиста́ть *vt E pf* (*impf:* перели́стывать) **1.** durchblättern; **2.** umblättern

перело́м *m K* **1.** (*MED: ко́сти*) Fraktur *f*, Knochenbruch *m*; **2.** (*fig*) Umbruch *m*, Wende *f*, Umwälzung *f*

переломи́ть ⟨*fut*: -омлю́, -о́мишь⟩ *vt I pf* (*impf:* перела́мывать) **1.** zerbrechen; **2.** überwinden

перема́лывать *vt E impf* (*pf:* перемоло́ть) mahlen

перема́нивать *vt E impf* (*pf:* перемани́ть) abwerben

переме́на *f A* **1.** (*в шко́ле*) Pause *f*; **2.** Veränderung *f*, Wandel *m*; **~ ме́ста жи́тельства** Änderung *f* des Wohnsitzes; **~ пого́ды** Wetterumschwung *m*; **переме́ны в Восто́чной Евро́пе** Veränderungen in Osteuropa; **полити́ческие переме́ны** politischer Wandel *m*, politische Wende *f*

переме́нная *f wie adj* Variable *f*

переме́нный *adj* variabel, veränderbar, wechselnd; **переме́нная о́блачность** wechselnde Bewölkung *f*; **с переме́нным успе́хом** mit wechselndem Erfolg

переме́нчивый ⟨*kf*: -ив⟩ *adj* wechselhaft; **сча́стье переме́нчиво** das Glück ist launisch

перемести́ть ⟨*fut*: -ещу́, -ести́шь⟩ *vt I pf* (*impf:* перемеща́ть) **1.** verlagern, verlegen; **2.** (*TECH*) verfahren

перемеша́ть *vt E pf* (*impf:* переме́шивать) mischen, vermengen

перемеща́ть *vt E impf* (*pf:* перемести́ть) **1.** verlagern, verlegen; **2.** (*TECH*) verfahren

перемножа́ть *vt E impf* (*pf:* перемно́жить) multiplizieren

перемоло́ть ⟨*fut*: -мелю́, -ме́лешь⟩ *vt E4 pf* (*impf:* перема́лывать) mahlen

перемо́тка *f A* Spule *f*; **~ плёнки** Filmspule *f*

перенаселённость *f I* **1.** Überbevölkerung *f*; **2.** (*кварти́р*) Überbelegung *f*

перенести́ ⟨*fut*: -несу́, -несёшь⟩ *vt E6 pf* (*impf:* переноси́ть) **1.** übertragen; **2.** vertagen; **3.** ertragen; **больно́й хорошо́ перенёс опера́цию** der Kranke hat die Operation gut überstanden

перенима́ть *vt E impf* (*pf:* переня́ть) übernehmen, sich aneignen

перено́с *m K* **1.** Aufschub *m*; **2.** (*LING*) Silbentrennung *f*

переноси́ть ⟨*präs*: -ношу́, -но́сишь⟩ *vt I impf* (*pf:* перенести́) **1.** übertragen; **2.** verlegen, vertagen, verschieben; **~ на бо́лее ра́нний срок** vorverlegen; **3.** vertragen, ertragen; **он пло́хо перено́сит алкого́ль** er verträgt keinen Alkohol; **~ му́ки** Qualen ausstehen

перено́сный *adj* übertragen; **в перено́сном смы́сле** im übertragenen Sinne

переночева́ть *vi E2 pf* (*impf:* ночева́ть) übernachten

переня́ть ⟨*fut*: -ейму́, -еймёшь⟩ *vt E9 pf* (*impf:* перенима́ть) übernehmen, sich aneignen; **прия́тель переня́л у него́**

плохúе манéры sein schlechtes Betragen hat auf seinen Freund abgefärbt

переоборýдовать *vt E2 pf* umfunktionieren

переодевáть *vt E impf* (*pf:* переодéть) **1.** umkleiden; **~ костю́м** den Anzug wechseln; **2.** kostümieren

переодевáться *vr E impf* (*pf:* переодéться) **1.** sich umziehen; **2.** sich verkleiden, sich vermummen, sich maskieren

переосмы́сливать *vt E impf* (*pf:* переосмы́слить) neu durchdenken

переоцéнивать *vt E impf* (*pf:* переоценúть) überbewerten; **егó значéние невозмóжно ~** seine Bedeutung kann nicht hoch genug eingeschätzt werden

переоцéнка *f A* Neubewertung *f*; **~ цéнностей** Wertewandel *m*

перепáд *m K* Unterschied *m*; **~ высóт** Höhenunterschied *m*

перепадáть *v + dat E impf* (*pf:* перепáсть) entfallen (auf *+akk*); **мóжет быть, и мне чтó-то перепадёт** vielleicht fällt auch für mich etw ab; **он боúтся, что мне чтó-то перепадёт** er hat Angst, daß ich etw davon abbekomme; **тебé тóже кóе-что перепадёт** du kriegst auch etw ab

перепáчкать *vt E pf* an vielen Stellen schmutzig machen

перепечатать *vt E pf* (*impf:* перепечáтывать) **1.** abdrucken; **2.** nachdrucken

перепечáтка *f A* **1.** Abdruck *m*; **2.** Nachdruck *m*

перепúска *f A* Korrespondenz *f*, Briefwechsel *m*

переплестú ⟨*fut:* -летý, -летёшь⟩ *vt E6 pf* (*impf:* переплетáть) (*кнúгу*) einbinden

переплёт *m K* Einband *m*; **в переплёте** gebunden

переподготóвка *f A* Weiterbildung *f*, Qualifizierung der Kader *f*

перепóнка *f A* (*ANAT: барабáнная*) Trommelfell *nt*

перепрáва *f A* (*чéрез рéку*) Überfahrt *f*

перепýтать *vt E pf* (*impf:* пýтать) **1.** durcheinanderbringen, verwirren; **2.** verwechseln; **~ нóмер кóмнаты** sich in der Zimmernummer irren

перерабáтывать *vt E impf* (*pf:* переработать) **1.** verarbeiten, veredeln; **2.** überarbeiten; **3.** Überstunden machen

переработка *f A* **1.** Verarbeitung *f*, Veredelung *f*; **2.** Überstunden *f pl*

перераспределéние *nt O2* **1.** Neuverteilung *f*, Umverteilung *f*; **2.** (*средств*) Umschichtung *f*

перерасхóд *m K* Mehrverbrauch *m*, Mehrausgabe *f*

перерéзать ⟨*fut:* -рéжу, -рéжешь⟩ *vt E4 pf* (*impf:* перерезáть) durchschneiden, kappen

переры́в *m K* Pause *f*; **обéденный ~** Mittagspause *f*; **~ мéжду судéбными заседáниями** Verhandlungspause *f*

перерывáть *vt E impf* (*pf:* переры́ть) **1.** umgraben; **2.** (*fig*) durchstöbern, absuchen

пересадúть ⟨*fut:* -ажý, -áдишь⟩ *vt I pf* (*impf:* пересáживать) **1.** verpflanzen, umsetzen; **2.** (*MED*) verpflanzen, transplantieren

пересáдка *f A* **1.** Umsteigen *nt*; **дéлать пересáдку** umsteigen; **2.** (*MED*) Transplantation *f*, Implantation *f*, Verpflanzung *f*; **~ кóстного мóзга** Übertragung *f* von Knochenmark; **~ сéрдца** Herztransplantation *f*

пересáживаться *vr E impf* (*pf:* пересéсть) **1.** den Platz wechseln; **2.** umsteigen

пересáливать *vt E impf* (*pf:* пересолúть) **1.** versalzen; **2.** (*umg:fig*) übertreiben

пересекáть *vt E impf* (*pf:* пересéчь) **1.** durchqueren, überqueren, durchziehen, schneiden; **2.** (*чью-лúбо дорóгу*) kreuzen

переселéнец, переселéнка ⟨*gen sg m:* -нца⟩ *m K / f A* **1.** Einwanderer, -in *m/f*, **2.** Übersiedler, -in *m/f*, Aussiedler, -in *m/f*

переселéние *nt O2* Übersiedelung *f*; **~ нарóдов** Völkerwanderung *f*

переселúть *vt I pf* (*impf:* переселять) **1.** umsiedeln; **2.** (*насúльственно*) verschleppen

переселúться *vr I pf* (*impf:* переселя́ться) **1.** übersiedeln; **2.** abwandern; **~ в другýю мéстность** fortziehen

пересéчь ⟨*fut:* -секý, -ечёшь⟩ *vt UE4 pf* (*impf:* пересекáть) **1.** durchqueren; **2.** (*чью-лúбо дорóгу*) kreuzen

пересúлить *vt I pf* (*impf:* пересúливать) überwinden; **~ себя́** sich überwinden

пересκáз *m K* **1.** Nacherzählung *f*, **2.** Wiedergabe *f*

пересмáтривать *vt E impf* (*pf:* пересмотрéть) überprüfen, revidieren

пересмéнка *f A* Schichtwechsel *m*

пересмóтр *m K* **1.** Neuregelung *f*, **2.** Revision *f*; **~ граню́ц** Grenzverschiebung *f*; **~ дéла** Überprüfung *f* eines Falles; **~ цен** Neuordnung *f* der Preise; **~ в стóрону уменьшéния** nach unten korrigieren; **~ своегó подхóда** seine bisherige Einstellung korrigieren

пересоли́ть *vt I pf* (*impf:* пересáливать) **1.** versalzen; **2.** (*umg:fig*) übertreiben

пересóхнуть *vi E1 pf* (*impf:* пересыхáть) austrocknen, ausdörren, vertrocknen

переставáть ⟨*präs*: -стаю, -стаёшь⟩ *vi E3 impf* (*pf:* перестáть) aufhören; **дождь лил не переставáя** es regnete ohne Unterlaß; **~ выпи́сывать газéту** eine Zeitung abbestellen; **~ пить** vom Alkohol loskommen

перестáвить ⟨*fut*: -влю, -вишь⟩ *vt I pf* (*impf:* переставля́ть) (*мéбель*) verstellen

перестанóвка *f A* **1.** (*мéбели*) Umstellung *f*; **2.** Umstrukturierung *f*; **кáдровые перестанóвки** personelle Veränderungen *pl*, Umbesetzung (in der Regierung) *f*

перестарáться *vr E pf* (*umg*) zu viel des Guten tun

перестрáивать *vt E impf* (*pf:* перестрóить) **1.** umbauen, umgestalten; **2.** rekonstruieren; **3.** umstellen

перестрáиваться *vr E impf* (*pf:* перестрóиться) **1.** umdenken; **2.** sich umstellen; **~ в прáвый ряд** sich nach rechts einordnen

перестрéлка *f A* Feuergefecht *nt*, Schußwechsel *m*, Schießerei *f*

перестрóйка *f A* **1.** Perestrojka *f*, Umgestaltung *f*, Wende *f*, Reformpolitik *f*; **2.** Umbau *m*, Neuorientierung *f*, Erneuerung *f*; **~ экономи́ки** Umstrukturierung *f* der Wirtschaft; **структýрная ~** Strukturwandel *m*

пересчёт *m K* Umrechnung *f*

пересчитáть *vt E pf* (*impf:* пересчи́тывать) **1.** abzählen, durchzählen, nachzählen; **2.** umrechnen

пересыхáть *vi E impf* (*pf:* пересóхнуть) austrocknen, ausdörren, vertrocknen

перетекáть *vi E impf* (*капитáлы*) abfließen

перетóк *m K* (*капитáла*) Kapitaltransfer *m*

перетя́гивание *nt O2* Hin-und Herziehen *nt*; **~ канáта** (*SPORT*) Tauziehen *nt*

переубеди́ть ⟨*fut, nur 2. und- 3. pers*: -еди́шь⟩ *vt I pf* (*impf:* переубеждáть) umstimmen, von seiner Meinung abbringen

переýлок ⟨*gen sg*: -лка⟩ *m K* **1.** Gasse *f*; **2.** Seitenstraße *f*

переустрóйство *nt O* (*Еврóпы*) Neugestaltung *f*, Neuordnung *f*

переутоми́ться ⟨*fut*: -млюсь, -ми́шься⟩ *vr I pf* (*impf:* переутомля́ться) sich abarbeiten, sich überarbeiten, sich überanstrengen

переутомлéние *nt O2* Übermüdung *f*, Überanstrengung *f*

переýчивать *vt E impf* (*pf:* переучи́ть) umschulen

переýчиваться *vr E impf* (*pf:* переучи́ться) umschulen

перефрази́ровать *vt E2 impf/pf* abwandeln, umschreiben, mit anderen Worten wiedergeben

перехвáтывать *vt E impf* (*pf:* перехвати́ть) **1.** abfangen, auffangen; **2.** abjagen; **~ инициати́ву** die Initiative ergreifen

перехитри́ть *vt I pf* austricksen, überlisten

перехлёстываться *vi E impf* (*pf:* перехлестнýться) sich überlappen, sich überschneiden

перехóд *m K* **1.** Übergang *m*; **~ грани́ц** Grenzübergang *m*; **2.** (*TRANSP*) Übergang *m*; **~ зéбра** Zebrastreifen *m*; **пешехóдный ~** Fußgängerüberweg *m*; **подзéмный ~** Unterführung *f*

переходи́ть ⟨*präs*: -хожý, -хóдишь⟩ *vi I impf* (*pf:* перейти́) **1.** abwandern; **2.** übergehen, überwechseln (zu *+dat*); **~ в другýю кóмнату** ins andere Zimmer gehen; **~ в наступлéние** zum Angriff übergehen; **~ в слéдующий класс** in die nächste Klasse aufrücken; **~ из рук в рýки** in andere Hände übergehen, den Besitzer wechseln; **~ к дéлу** zur Sache kommen; **~ к слéдующей тéме** das nächste Thema anschneiden; **~ на другýю стóрону** auf die andere Seite gehen; **~ на ты** zum Du übergehen; **~ по наслéдству к комý-либо** vererbt werden; **~ рéку вброд** einen Fluß durchwaten; **~ Рубикóн** den Rubikon überschreiten; **~ чéрез дорóгу** die Straße überqueren

перехóдный *adj* **1.** Übergangs-; **~ вóзраст** Flegeljahre *pl*; **~ периóд** Übergangszeit *f*; **2.** (*LING*) transitiv

пéрец ⟨*gen sg*: -рца⟩ *m K* Pfeffer *m*; **крáсный ~** Paprika *f*

пéречень ⟨*gen sg*: -чня⟩ *m K1* Liste *f*, Verzeichnis *nt*; **~ мероприя́тий** Maßnahmenkatalog *m*

перечёркивать *vt E impf* (*pf:* перечеркнýть) ausstreichen, durchstreichen

перечи́слить *vt I pf* (*impf:* перечисля́ть) **1.** aufzählen, auflisten; **2.** (*ÖKON: взнóсы в фонд*) abführen (an *+akk*)

перешепнýться *vr E1 pf* (*impf:* перешёптываться) **1.** munkeln; **2.** tuscheln

перина *f A* Federbett *nt*

период *m K* Periode *f*; **~ времени** Zeitraum *m*; **~ дождей** Regenzeit *m*; **~ расцвета** Blütezeit *f*; **легислатурный ~** Legislaturperiode *f*; **ледниковый ~** Eiszeit *f*; **переходный ~** Übergangsphase *f*

периодический *adj* periodisch; **периодические издания** Periodika *pl*

периодичность *f A* Regelmäßigkeit *f*

перипетия *f A2* jähe Wendung *f*, Peripetie *f*; **жизненные перипетии** Wechselfälle des Lebens

перифериййный *adj* peripher; **~ район** Außenbezirk *m*

периферия *f A2* Peripherie *f*, Randgebiet *nt*

перл *m K* (*auch fig*) Perle *f*; **стилистический ~** Stilblüte *f*

перламутр *m K* Perlmutt *nt*

перманент *m K* Dauerwelle *f*

перманентный ⟨*kf*: -тен, -тна⟩ *adj* permanent, dauernd; **перманентное состояние** Dauerzustand *m*

перо ⟨*pl*: перья, перьев⟩ *nt U3 pls* Feder *f*

перпендикуляр *m K* Lot *nt*

перрон *m K* Bahnsteig *m*

персик *m K* Pfirsich *m*; **~-нектарин** Nektarine *f*

персона *f A* (*geh*) Person *f*, Persönlichkeit *f*; **собственной персоной** höchstpersönlich

персонал *m K* Personal *nt*; **обслуживающий ~** Bedienungspersonal *nt*; **подготовленный ~** geschultes Personal *nt*

персональный *adj* **1.** personell; **2.** persönlich; **персональная выставка** Einzelausstellung *f*; **~ компьютер** Personalcomputer *m*, PC *m*

перспектива *f A* Aussicht *f*, Ausblick *m*, Perspektive *f*; **в перспективе** langfristig, auf lange Sicht

перспективный ⟨*kf*: -вен, -вна⟩ *adj* **1.** perspektivisch; **2.** erfolgversprechend; **3.** zukunftsorientiert; **перспективная работа** ausbaufähige Stellung *f*

перфект *m K* Perfekt *nt*

перфекционизм *m K* Perfektionismus *m*, Hang *m* zur Perfektion

перфекционист *m K* Perfektionist *m*

перфоратор *m K* Bohrmaschine *f*

перчатка *m K* Handschuh *m*; **боксёрские перчатки** Boxhandschuhe *m pl*

перчить *vt I impf* (*pf*: на-, по-) pfeffern

пёс ⟨*gen sg*: пса⟩ *m K* Hund *m*, Köter *m*

песенка *f A* (kleines) Lied *nt*; **его ~ спета** (*fig*) er hat ausgespielt

песенник *m K* Gesangbuch *nt*, Liederbuch *nt*

пескоструйный *adj* Sandstrahl-

песня *f A1* Lied *nt*; **лирическая ~** Liebeslied *nt*; **церковная ~** Kirchenlied *nt*

песок ⟨*gen sg*: -ска⟩ *m K e* **1.** Sand *m*; **2.** (*сахарный*) Feinzucker *m*

песочница *f A* Sandkasten *m*

пессимизм *m K* Pessimismus *m*, Schwarzmalerei *f*

пессимист, **пессимистка** *m K / f A* Pessimist, -in *m/f*; **быть пессимистом/пессимисткой** schwarzsehen

пессимистичный ⟨*kf*: -чен, -чна⟩ *adj* pessimistisch

пестицид *m K* Pestizid *nt*, Pflanzenschutzmittel *nt*

пёстрый ⟨*kf*: пёстр, пестра, пёстро⟩ *adj* **1.** bunt; **2.** scheckig , gefleckt; **3.** (*fig*) heterogen, bunt gemischt

песчаник *m K* Sandstein *m*

песчаный *adj* sandig, Sand-

петля *f A1 pls* **1.** Schleife *f*; **2.** Schlinge *f*; **спустившаяся ~** Laufmasche *f*; **~ для пуговицы** Knopfloch *nt*

петрушка *f A* Petersilie *f*

Петрушка *f A* (*кукла-марионетка*) ≈ Kasperle *nt*

петух *m K e* Hahn *m*; **вставать с петухами** mit den Hühnern aufstehen

петь ⟨*präs*: пою, поёшь⟩ *vt E8 impf* (*pf*: про-, с-) **I.** singen; **II.** *vi E8* singen

печаль *f A1* Traurigkeit *f*

печальный ⟨*kf*: -лен, -льна⟩ *adj* traurig

печатать *vt E impf* (*pf*: на-, от-) **1.** abdrucken; **2.** (*на что-либо*) bedrucken; **~ на машинке** tippen

печатник *m K* Drucker *m*

печатный *adj* Druck-; **печатная буква** Druckbuchstabe *m*; **печатная машина** Druckmaschine *f*; **~ станок** Notenpresse *f*; **~ шрифт** Blockschrift *f*, Druckschrift *f*

печать *f I* **1.** Buchdruck *m*; **2.** Presse *f*; **3.** Siegel *nt*; **скреплять ~ю** besiegeln

печёнка *f A* (*Speise*) Leber *f*; **сидеть у кого-либо в печёнках** (*fig*) jdm im Magen liegen

печень *f I* Leber *f*

печенье *nt O2* Gebäck *nt*

печка *f A* Ofen *m*; **танцевать от печки** routinemäßig erledigen

печь *f I* **I.** Ofen *m*; **кафельная ~** Kachelofen *m*; **мирковольновая ~** Mikrowellenherd *m*; **II.** ⟨*präs*: пеку, печёшь⟩ *vt UE4 impf* (*pf*: ис-) backen

печься ⟨*präs*: пекусь, печёшься⟩ *vr UE4 impf* **1.** backen, gebacken werden; **2.** (*umg*) in der Sonne schmoren; **3.** (*о ком-чём*)

sich sorgen (um +*akk*); **~ своём блáге** auf sein eigenes Wohl bedacht sein
пешехóд *m K* Fußgänger, -in *m/f*
пешехóдный *adj* Fußgänger-; **пешехóдная дорóжка** Fußweg *m*, Gehweg *m*; **пешехóдная зóна** Fußgängerzone *f*; **~ перехóд** Fußgängerüberweg *m*
пéший *adj* Fuß-, zu Fuß gehend; **~ перехóд** Fußmarsch *m*
пéшка *f A* (*в шáхматах*) Bauer *m*, Schachfigur *f*; **быть пéшкой** (*fig*) eine Marionette sein
пешкóм *adv* zu Fuß
пещéра *f A* Höhle *f*
пианúно *nt indekl* Klavier *nt*, Piano *nt*
пианúст, **пианúстка** *m K / f A* Pianist, -in *m/f*
пивнáя *f wie adj* Kneipe *f*; **~ на откры́том вóздухе** Biergarten *m*
пивнóй *adj* Bier-; **пивнáя буты́лка** Bierflasche *f*; **пивнáя крýжка** Bierkrug *m*; **пивнáя палáтка** Bierzelt *nt*
пúво *nt O* Bier *nt*; **бáночное ~** Dosenbier *nt*; **безалкогóльное ~** alkoholfreies Bier *nt*; **бóчечное ~** Faßbier *nt*; **буты́лочное ~** Flaschenbier *nt*; **вы́дохшееся** Altbier *nt*
пивовáренный *adj:* **~ завóд** Brauerei *f*
пигмéнт *m K* Pigment *nt*
пигментáция *f A2* Färbung *f*
пиджáк *m K* Sakko *nt*
пижáма *f A* Pyjama *m*, Schlafanzug *m*
пик *m K* Höhepunkt *m*, Spitze *f*; **часы́ ~** Hauptverkehrszeit *f*
пикáнтный ⟨*kf*: -тен, -тна⟩ *adj* brisant, pikant
пикáп *m K* Kombiwagen *m*
пúкать *vi E impf* (*pf:* пúкнуть) **1.** piepsen; **2.** (*fig*) mucksen; **не ~** kuschen
пикéт *m K* Streikposten *m*
пикúрование *nt O2* Sturzflug *m*
пикнúк *m K* **1.** Picknick *nt*; **2.** Brigadeausflug *m*; **3.** Kaffeefahrt *f*
пúкнуть *vi E1 pf* (*impf:* пикáть) **1.** piepsen; **2.** (*fig*) mucksen
пиктогрáмма *f A* Piktogramm *nt*
пилá *f A pls* Säge *f*; **циркуля́рная** [*o* **дúсковая**]~ Kreissäge *f*; **лучкóвая ~** Bogensäge *f*
пилúть *vt I impf* **I. 1.** sägen; **2.** piesacken, belästigen; **II.** *vi I* sägen
пúлка *f A* Handsäge *f*; **~ для ногтéй** Nagelfeile *f*
пилорáма *f A* Sägewerk *nt*
пилóт *m K* Pilot, -in *m/f*
пилю́ля *f A1* Pille *f*; **глотáть гóрькую пилю́лю** (*fig*) eine bittere Pille schlucken
пинáть *vt E impf* (*pf:* пнуть) mit dem Fuß stoßen, einen Tritt versetzen, kicken
пингвúн *m K* Pinguin *m*
пúния *f A2* Pinie *f*
пинóк ⟨*gen sg*: -нкá⟩ *m K e* (*umg*) Tritt *m*, Fußtritt *m*
пинцéт *m K* Pinzette *f*
пионéр, **пионéрка** *m K / f A* **1.** Jungpionier, -in *m/f*; **2.** (*fig*) Pionier, -in *m/f*, Wegbereiter, -in *m/f*
пир *m K* Gastmahl *nt*, Gelage *f*
пирамúда *f A* Pyramide *f*
пирáт *m K* Pirat *m*, Seeräuber *m*
пирáтский *adj* Piraten-, Raub-; **пирáтское издáние** [*o* **пирáтская кóпия**] Raubkopie *f*
пировáть *vi E2 impf* **1.** schlemmen; **2.** prassen
пирóг *m K* **1.** Pastete *f*; **2.** Kuchen *m*; **я́блочный ~** Apfelstrudel *m*, Apfelkuchen *m*
пирóжное *nt wie adj* Kuchen *m*; **песóчное ~** Sandkuchen *m*
пиротéхник *m K* Pyrotechniker, -in *m/f*
пúсаный *adj* **1.** handgeschrieben; **2.** bemalt; **пúсаная красáвица** bildschöne Frau *f*; **носúться с кем-лúбо как с пúсаной тóрбой** (*fig*) jdn mit Samthandschuhen anfassen
пúсарь *m K1* Schreiber, -in *m/f*
писáтель, **писáтельница** *m K / f A* Schriftsteller, -in *m/f*, Literat, -in *m/f*
писáть ⟨*präs*: пишý, пúшешь⟩ *vt E4 impf* (*pf:* на-) **1.** schreiben; **~ комý-лúбо** jdn anschreiben; **~ карáкулями** kritzeln; **~ неразбóрчиво** unleserlich schreiben, kritzeln; **~ пóлностью** ausschreiben; **~ раздéльно** auseinanderschreiben; **~ слúтно** zusammenschreiben; **~ чéрез дефúс** mit Bindestrich schreiben; **не лю́бящий ~** schreibfaul; **2.** beschreiben; **3.** berichten (über +*akk*); **брóсить ~** die Schrifstellerei aufgeben; **~ с натýры** (*картúну*) nach der Natur malen
пúскнуть *vi E1 pf* (*impf:* пищáть) piepsen, quieken
пúсьменный *adj* schriflich, brieflich; **пúсьменные принадлéжности** Schreibzeug *nt*; **~ стол** Schreibtisch *m*
письмó *nt O pls* **1.** Brief *m*; **2.** (*официáльное*) Schreiben *nt*; **заказнóе ~** Einschreiben *nt*; **пúсьма читáтелей** Leserzuschriften *f pl*; **откры́тое ~** offener Brief *m*; **рекомендáтельное ~** Empfehlungsschreiben *nt*; **спéшное ~** Eilbrief *m*; **~-úсповедь** Bekennerbrief *m*
письмонóсец ⟨*gen sg*: -сца⟩ *m K* (*почтальóн*) Postbote *m*
питáние *nt O2* **1.** Kost *f*, Ernährung *f*; **дéтское ~** Babynahrung *f*; **искýсственное ~** künstliche Ernährung

f; **обще́ственное ~** Gastronomie *f*; **2.** (*EL*) Stromversorgung *f*
пита́тельность *f I* Nährwert *m*
пита́тельный ⟨*kf*: -лен, льна⟩ *adj* nahrhaft; **пита́тельные веществá** Nährstoffe *pl*
пита́ть *vt E impf* (*pf*: на-) **1.** ernähren, verpflegen; **2.** (*fig: наде́жду*) nähren , hegen; **~ симпа́тии к кому́-ли́бо** Sympathie hegen (für *+akk*)
пито́н *m K* Python *f*
пить ⟨*präs*: пью, пьёшь⟩ *vt E4c impf* (*pf*: вы́-) **I.** trinken; **мне хо́чется ~** ich habe Durst; **~ до дна** austrinken; **II.** *vi E4c impf* (*pf*: вы́пить) **1.** trinken; **2.** saufen, ein Trinker sein; **~ для хра́брости** sich Mut antrinken; **~ за чьё-ли́бо здоро́вье** auf jds Wohl trinken
питьево́й *adj* Trink-; **питьева́я вода́** Trinkwasser *nt*
пи́цца *f A* Pizza *f*
пи́шущий *adj* schreibend; **пи́шущая маши́нка** Schreibmaschine *f*
пи́ща *f A* Nahrung *f*, Kost *f*; **гру́бая ~** Rohkost *f*; **духо́вная ~** geistige Kost *f*; **дава́ть пи́щу для разгово́ров** Gesprächsstoff liefern; **дава́ть пи́щу для размышле́ний** Denkanstöße geben
пища́ть ⟨*präs*: пищу́, пищи́шь⟩ *vi I impf* (*pf*: пи́скнуть) piepsen, quieken
пищеваре́ние *nt O2* Verdauung *f*
пищево́д *m K* Speiseröhre *f*
ПК *abk von* персона́льный компью́тер *m* PC *m*
пла́ванье *nt O2* **1.** Schwimmen *nt*, Schwimmsport *m*; **~ кро́лем** Kraulstil *m*; **~ на спине́** Rückenschwimmen *nt*; **2.** (*о корабле́*) Fahrt *f*
плава́тельный *adj* Schwimm-; **~ бассе́йн** Schwimmbecken *nt*
пла́вать *vi E unbest* (*best*: плыть) schwimmen; **~ кро́лем** kraulen; **не уме́ющий ~** Nichtschwimmer *m*
пла́вить ⟨*präs*: -влю, -вишь⟩ *vt I impf* (*pf*: рас-) (*TECH*) schmelzen
пла́вки ⟨*gen pl*: -вок⟩ *pl A* Badehose *f*
плавни́к *m K e* Flosse *f*
пла́вный ⟨*kf*: -вен, -вна⟩ *adj* fließend; **~ перехо́д** fließender Übergang *m*
плагиа́т *m K* Plagiat *nt*
пла́зма *f A* Plasma *nt*
плака́т *m K* Plakat *nt*, Poster *nt*
пла́кать ⟨*präs*: пла́чу, пла́чешь⟩ *vi E4 impf* weinen; **пла́кали мои́ де́нежки** mein Geld ging flöten
пла́каться ⟨*präs*: пла́чусь, пла́чешься⟩ *vr E4 impf* (*umg*) klagen, quengeln
плакси́вый ⟨*kf*: -и́в⟩ *adj* (*umg*: *о ребёнке*) weinerlich, quengelig
пла́мя ⟨*gen sg*: пла́мени⟩ *nt U1* Flamme *f*
план *m K* **1.** Plan *m*; **2.** Grundriß *m*; **~ го́рода** Stadtplan *m*; **~ культу́рных мероприя́тий** Veranstaltungkalender *m*; **~ реконстру́кции** Sanierungsplan *m*; **генера́льный ~ сраже́ния** Schlachtplan *m*; **строи́тельный ~** Bauplan *m*; **съёмка кру́пным ~ом** Großaufnahme *f*
плане́та *f A* Planet *m*
планета́рий *m K2* Planetarium *nt*
плани́рование *nt O2* Planung *f*; **~ разме́ров семьи́** [*о* **семе́йное ~**] Familienplanung *f*
плани́ровать *vt E2 impf* (*pf*: за-) **1.** planen, einplanen; **2.** (*террито́рию*) planieren, einebnen
пла́нка *f A* Latte *f*, Leiste *f*, Planke *f*
планкто́н *m K* Plankton *nt*
пла́новый *adj* **1.** Plan-; **2.** planmäßig; **пла́новая прове́рка** Routineuntersuchung *f*; **пла́новая эконо́мика** Planwirtschaft *f*
планоме́рный ⟨*kf*: -рен, -рна⟩ *adj* planmäßig
планта́ция *f A2* Plantage *f*
пла́стик *m K* Plastik *nt*
пластили́н *m K* Plastilin *nt*, Knetmasse *f*
пласти́нка *f A* **1.** Schallplatte *f*; **долгоигра́ющая ~** Langspielplatte *f*; **2.** (*TECH*) Lamelle *f*
пласти́ческий *adj* plastisch
пластма́сса *f A* (*синтети́ческий материа́л*) Kunststoff *m*
пла́стырь *m K1* (*MED*) Pflaster *nt*, Wundschutz *m*; **кле́йкий** [*о* **ли́пкий**]**~** Heftpflaster *nt*
пла́та *f A* Gebühr *f*, Abgabe *f*; **~ за аре́нду помеще́ний** Miete *f*; **~ за вход** Eintrittsgeld *nt*; **~ за прока́т** Leihgebühr *f*; **за пользова́ние** Benutzungsgebühr *f*
плата́н *m K* Platane *f*
платёж *m K* Zahlung *f*, Einzahlung *f*
платёжеспосо́бный ⟨*kf*: -бен, -бна⟩ *adj* zahlungsfähig
плате́льщик *m K* Zahler *m*
пла́тина *f A* Platin *nt*
плати́ть ⟨*präs*: плачу́, пла́тишь⟩ *vt I impf* (*pf*: за-) **I.** bezahlen; **II.** *vi I* zahlen; **~ в рассро́чку** abzahlen, in Raten zahlen; **~ за кого́-ли́бо** jdn freihalten; **~ за свет** die Stromrechnung bezahlen; **~ кому́-ли́бо за молча́ние** jdn bestechen
пла́тный *adj* entgeltlich, gebührenpflichtig
плато́к ⟨*gen sg*: -тка́⟩ *m K e* Kopftuch *nt*; **носово́й ~** Taschentuch *nt*
платони́ческий *adj* platonisch; **платони́ческая любо́вь** platonische Liebe *f*
платфо́рма *f A* **1.** Bahnsteig *m*; **2.** (*POL*) Plattform *f*, **3.** (*TECH*) Plattform *f*;

нефтяна́я ~ Bohrinsel *f*

пла́тье *nt O2* Kleid *nt*; **~-костю́м** Hosenanzug *m*; **вече́рнее ~** Abendkleid *nt*; **закры́тое ~** hochgeschlossenes Kleid *nt*; **облега́ющее ~** hautenges Kleid *nt*; **подвене́чное ~** Brautkleid *nt*; **стро́гое ~** schlichtes Kleid *nt*

плацка́рта *f A* Platzkarte *f*

плаче́вный *adj* jämmerlich, erbärmlich, schlimm, katastrophal; **в плаче́вном состоя́нии** in jämmerlichem Zustand

плащ *m K e* Regenmantel *m*

плева́ть ⟨*präs*: плюю́, плюёшь⟩ *vi E2 impf* spucken

плейбо́й *m K2* Playboy *m*

пле́йер *m K* CD-Spieler *m*

плексигла́с *m K* Plexiglas *nt*

пле́мя ⟨*gen sg*: пле́мени⟩ *nt U1* Stamm *nt*, Sippe *f*

племя́нник, **племя́нница** *m K / f A* Neffe, Nichte *m/f*

плен *m K* **1.** Gefangenschaft *f*; **2.** Kriegsgefangenschaft *f*; **брать в ~** gefangennehmen; **попа́сть в ~** in Gefangenschaft geraten

плёнка *f A* **1.** Folie *f*; **2.** (*FOT*) Film *m*; **у́зкая ~** Schmalfilm *m*; **магнитофо́нная ~** Magnetband *nt*; **нефтяна́я ~** Ölfilm *m*

пле́нный *m wie adj* Gefangene(r) *m*

пле́нум *m K* Plenum *nt*

пле́сень *f I* (*BOT*) Schimmel *m*

плеска́ться ⟨*präs*: -ещу́сь, -е́щешься⟩ *vr E4 impf* **1.** plätschern; **2.** platschen, planschen

пле́сневеть ⟨*nur 3. pers*: -еет⟩ *vi E impf* (*pf:* запле́сневеть) schimmeln, verschimmeln, verderben

плести́ ⟨*präs*: плету́, плетёшь⟩ *vt E6 impf* **1.** flechten; **2.** (*pej*) schwätzen

плечо́ *nt O e* **1.** Schulter *f*; **2.** Achsel *f*; **э́та зада́ча ему́ по плечу́** er ist dieser Aufgabe gewachsen; **име́ть что-ли́бо за плеча́ми** etw hinter sich haben

плита́ *f A pls* Platte *f*, Kachel *f*, Fliese *f*; **~ для подогре́ва** Stövchen *nt*; **га́зовая ~** Gasherd *m*

пли́тка *f A* **1.** kleine Platte *f*, kleine Kachel *f*; **~ шокола́да** Tafel Schokolade *f*; **2.** (*umg*) Elektrokocher *m*

плове́ц, **пловчи́ха** ⟨*gen sg m*: -вца́⟩ *m K / f A* Schwimmer, -in *m/f*

плод *m K e* **1.** Frucht *f*; **ко́сточковые ~ы́** Steinobst *nt*; **2.** (*fig*) Ergebnis *nt*; **пожина́ть ~ы́ своего́ труда́** die Früchte seiner Arbeit genießen; **приноси́ть хоро́шие ~ы** seine Wirkung zeigen, sich auszahlen

плоди́ть ⟨*präs*: пложу́, плоди́шь⟩ *vt I impf* (*pf:* рас-) **1.** züchten , ziehen; **2.** (*fig*) erzeugen, hervorbringen

плодоноси́ть ⟨*nur 3. pers*: -о́сит⟩ *vt I impf* fruchten, Früchte tragen

плодоро́дность *f I* Fruchtbarkeit *f*

плодоро́дный ⟨*kf*: -ден, -дна⟩ *adj* fruchtbar

плодотво́рный ⟨*kf*: -рен, -рна⟩ *adj* fruchtbringend, ersprießlich

пло́мба *f A* Plombe *f*

пломбирова́ть *vt E2 impf* (*pf:* за-, о-) plombieren

пло́ский ⟨*kf*: -сок, -ска́, -ско⟩ *adj* **1.** eben, flach; **пло́ская кры́ша** Flachdach *nt*; **2.** fad, platt, abgeschmackt; **пло́ская шу́тка** platter Witz *m*

плоского́рье *nt O1* Hochland *nt*

плоскосто́пие *nt O2* Plattfuß *m*

пло́скость *f I* **1.** (*MATH*) Fläche *f*, Ebene *f*; **2.** (*fig*) Ebene *f*

плот ⟨*präpos sg*: о плоте́, на плоту́⟩ *m K e* Floß *nt*

плоти́на *f A* Deich *m*; **водоподъёмная ~** Staudamm *m*

пло́тник *m K* Zimmermann *m*

пло́тничать *vi E impf* als Zimmermann arbeiten

пло́тность *f I* **1.** Festigkeit *f*, Stärke *f*; **2.** Dichte *f*; **~ населе́ния** Bevölkerungsdichte *f*

пло́тный ⟨*kf*: -тен, -тна́, -тно, пло́тны́⟩ *adj* **1.** stämmig, fest; **2.** dicht; **пло́тно закрыва́ть** dichtmachen

плотоя́дный ⟨*kf*: -ден, -дна⟩ *adj* fleischfressend

плоть *f I* (*geh*) Leib *m*, Fleisch *nt*; **войти́ кому́-ли́бо в ~ и кровь** jdm in Fleisch und Blut übergehen; **от свое́й пло́ти** sein eigen Fleisch und Blut

плохо́й ⟨*kf*: плох, -á, -о, пло́хи́, *komp*: ху́же, *super*: ху́дший⟩ *adj* schlecht, schlimm

площа́дка *f A* Platz *m*; **~ для игры́ в го́льф** Golfplatz *m*; **де́тская ~** Kinderspielplatz *m*; **строи́тельная ~** Baustelle *f*

пло́щадь *f I* **1.** (*MATH*) Fläche *f*; **~ сече́ния** Schnittfläche *f*; **2.** Platz *m*; **привокза́льная ~** Bahnhofsplatz *m*; **я́рмарочная ~** Rummeplatz *m*

плуг *m K* Pflug *m*

плут *m K* Schelm *m*, Spitzbube *m*

плутовско́й *adj* schelmisch, spitzbübisch

плуто́ний *m K2* Plutonium *nt*

плыть ⟨*präs*: плыву́, плывёшь⟩ *vi UE3 best* (*unbest*: пла́вать) schwimmen; **~ по тече́нию** (*fig*) mit dem Strom schwimmen; **~ про́тив тече́ния** (*fig*) gegen den Strom schwimmen

плю́нуть *vi E1 pf* (*impf:* плева́ть) spukken

плюрали́зм *m K* Pluralismus *m*; **~ мне́ний** Meinungsvielfalt *f*
плюралисти́ческий *adj* pluralistisch
плюс *m K* **I. 1.** Pluszeichen *nt*; **2.** (*umg*) Plus *nt*, Vorteil *m*; **со все́ми ~ами и ми́нусами** mit allen Vor- und Nachteilen; **II.** *part* (*MATH*) plus; **два ~ пять бу́дет семь** zwei plus fünf ist sieben
плю́хаться *vr E impf* (*pf:* плю́хнуться) plumpsen, sich fallen lassen; **~ на дива́н** sich auf das Sofa fallen lassen; **~ в во́ду** ins Wasser plumpsen
плюш *m K* Plüsch *m*
плющ *m K* Efeu *nt*
пляж *m K* Strand *m*, Strandbad *nt*; **га́лечный ~** Kiesstrand *m*; **песча́ный ~** Sandstrand *m*
пневмати́ческий *adj* pneumatisch; **~ молото́к** Preßlufthammer *m*
пневмоподу́шка *f A* Airbag *m*
пнуть ⟨*fut*: пну, пнёшь⟩ *vt El pf* (*impf:* пинать) mit dem Fuß stoßen, einen Tritt versetzen, kicken
по *präp +dat* **I. 1.** (*lok*) über (*+akk*); **е́хать ~ мо́рю** übers Meer fahren; **2.** (*lok*) durch (*+akk*); **идти́ ~ лесу́** durch den Wald gehen; **3.** (*lok*) entlang (*+gen*); **~ у́лице** entlang der Straße; **4.** (*temp*) an (*+dat*); **~ вто́рникам** dienstags; **5.** (*mod*) nach , gemäß, laut; **~ мне** meinetwegen; **~-мо́ему** meines Erachtens; **~-друго́му** anders; **~-хоро́шему** gütlich; **~-ле́тнему** sommerlich; **II.** *präp +akk* **1.** (*temp*) bis (*+dat*); **~ май** bis zum Mai: **2.** (*lok*) bis (*+dat*); **стоя́ть ~ коле́но в воде́** bis zum Knie im Wasser stehen; **за́нят ~ го́рло** bis zum Hals in Arbeit stecken; **III.** *präp +präpos* (*temp*) nach (*+dat*); **~ истече́нии сро́ка** nach Ablauf der Frist; **~ сме́рти** nach dem Tode
побе́г *m K* Ausbruch *m*, Flucht *f*; **соверша́ть ~** ausbrechen
побе́да *f A* Sieg *m*; **~ на вы́борах** Wahlsieg *m*; **~ на эта́пе** Etappensieg *m*; **~ по очка́м** Punktesieg *m*
победи́тель, **победи́тельница** *m K / f A* Sieger, -in *m/f*, Gewinner, -in *m/f*
победи́ть ⟨*nur 2. und-3. pers*: -ди́шь, -ди́т⟩ *vi I pf* (*impf:* побежда́ть) **I.** siegen; **II.** *vt I* besiegen, bezwingen
победоно́сный ⟨*kf*: -сен ,-сна⟩ *adj* siegreich
побеждённый *adj* **I.** besiegt, geschlagen; **II.** *m wie adj* Besiegte(r) *m*
побели́ть ⟨*fut*: -белю́, -бе́лишь⟩ *vt I pf* (*impf:* бели́ть) **1.** weiß anstreichen; **2.** bleichen
побере́жье *nt O1* Küste *f*
побеспоко́ить *vt I pf* (*impf:* беспоко́ить) **1.** beunruhigen; **2.** stören
побира́ться *vi E impf* betteln
поблагодари́ть *vt I pf* (*impf:* благодари́ть) danken
побледне́ть *vi E pf* (*impf:* бледне́ть) bleich [*o* weiß]werden
поблёкнуть *vi El pf* (*impf:* блёкнуть) **1.** welken; **2.** verblassen
поблёскивать *vi E impf* blinzeln
побо́и ⟨*gen pl*: -о́ев⟩ *m pl K* Prügel *pl*
поболта́ть *vt E pf* (*impf:* болта́ть) **1.** rühren, umrühren, schütteln; **2.** baumeln, schlenkern; **3.** plaudern, schwatzen
побо́рник, **побо́рница** *m K / f A* Verfechter, -in *m/f*
поборо́ться ⟨*fut*: -борю́сь, -бо́решься⟩ *vi E4 pf* (*impf:* боро́ться) **1.** kämpfen; **2.** (*SPORT*) ringen
побо́чный ⟨*kf*: -чен, -чна⟩ *adj* Neben-; **побо́чное де́йствие** [*o* **эффе́кт**] Nebenwirkung *f*; **побо́чные расхо́ды** Nebenkosten *pl*; **~ проду́кт** Nebenprodukt *nt*; **~ за́работок** Nebenverdienst *m*
побрани́ть *vt I pf* (*impf:* брани́ть) schelten, schimpfen
побуди́ть ⟨*fut*: -ужу́, -у́дишь⟩ *vt I pf* (*impf:* побужда́ть) **1.** veranlassen, bewegen; **2.** (*umg*) wecken, zu wecken versuchen
побужде́ние *nt O2* Regung *f*, Antrieb *m*, Beweggrund *m*
побыва́ть *vi E impf* **1.** herumreisen, sich umsehen; **2.** besuchen
по́вар *m K* Koch *m*
пова́ренный *adj* Koch-; **пова́ренная кни́га** Kochbuch *nt*; **пова́ренная со́ль** Kochsalz *nt*
поварёшка *f A* Kochlöffel *m*
повари́ха *f A* Köchin *f*
поведе́ние *nt O2* Benehmen *nt*, Betragen *nt*, Verhalten *nt*
повелева́ть *v + inst E impf* (*pf:* повеле́ть) gebieten, verfügen (über *+akk*)
повели́тельный ⟨*kf*: -лен, -льна⟩ *adj* herrisch, gebieterisch; **повели́тельное наклоне́ние** (*LING*) Imperativ *m*
пове́рить *vi I pf* (*impf:* ве́рить) **1.** vertrauen; **2.** glauben; **тебе́ никто́ не пове́рит** niemand glaubt dir
пове́рка *f A* Überprüfung *f*, Kontrolle *f*; **на пове́рку** bei näherer Betrachtung
поверну́ть *vt El pf* (*impf:* повора́чивать) umdrehen, wenden; **~ исто́рию вспять** das Rad der Geschichte zurückdrehen
пове́рх *präp +gen* **I.** über (*+dat*), auf (*+dat*); **II.** *adv* darüber
пове́рхностный ⟨*kf*: -тен, -тна⟩ *adj* **1.** oberflächlich, Oberflächen-; **2.** (*fig*) oberflächlich, flüchtig

повéрхность *f I* Oberfläche *f*; **~ землѝ** Erdoberfläche *f*
повеселѝться *vr I pf* (*impf:* веселѝться) sich freuen, fröhlich sein
повéсить ⟨*fut*: -éшу, -éсишь⟩ *vt I pf* (*impf:* вéшать) **1.** aufhängen; **2.** erhängen
повестѝ ⟨*fut*: -ведý, -ведёшь⟩ *vt E6 pf* (*impf:* вестѝ) **1.** führen; **2.** geleiten, lenken
повéстка *f A* **1.** (*umg: дня*) Tagesordnung *f*; **2.** Vorladung *f*; **~ в суд** Vorladung *f* vor Gericht
пóвесть *f I* Erzählung *f*, Novelle *f*
повзрослéть *vi E pf* (*impf:* взрослéть) erwachsen werden
повиновáться *vr + dat E2 impf* gehorchen
повисáть *vi E impf* (*pf:* повѝснуть) **1.** hängenbleiben; **2.** herunterhängen; **~ у когó-лѝбо на шéю** (*fig*) sich jdm an den Hals werfen
повлéчь ⟨*fut*: -влекý, -влечёшь⟩ *vt UE4 pf* (*impf:* влечь) **1.** schleppen; **2.** ziehen; **3.** (*fig*) anziehen; **~ за собóй** nach sich ziehen, zur Folge haben
пóвод *m K* Anlaß *m*, Veranlassung *f*; **по ~у** anläßlich
поводóк ⟨*gen sg*: -дкá⟩ *m K e* Hundeleine *f*; **держáть на корóтком поводкé** (*fig*) an der kurzen Leine halten
повóдья ⟨*gen pl*: -дий⟩ *m K2* Zügel *m pl*; **натя́гивать ~** (*fig*) die Zügel anziehen; **отпускáть ~** die Zügel lockern
повóзка *f A* **1.** Kutsche *f*; **2.** Fuhrwerk *nt*
Повóлжье *nt O1* Wolgaregion *f*
поворáчивать *vt E impf* (*pf:* повернýть) umdrehen, wenden; **~ гóлову** den Kopf wenden; **~ налéво** nach links abbiegen; **~ обрáтно** kehrtmachen
поворóт *m K* Wende *f*, Wendung *f*; **~ дорóги впрáво** Rechtskurve *f*; **крутóй ~ дорóги** Haarnadelkurve *f*; **~ в упóре** (*SPORT*) Stemmbogen *m*; **давáть комý-лѝбо от ворóт ~** jdn abblitzen lassen, jdm einen Korb geben
поворóтный *adj* Wende-; **~ момéнт** Wendepunkt *m*
повредѝть ⟨*fut*: -ежý, -едѝшь⟩ *vt I pf* (*impf:* повреждáть) **1.** beschädigen, verletzen (*+akk*); **~ нóгу** das Bein verletzen; **2.** schaden (*+dat*); **э́то мóжет емý повредѝть** das könnte ihm schaden
повреждéние *nt O2* Beschädigung *f*
повседнéвный ⟨*kf*: -вен, -вна⟩ *adj* alltäglich
повстречáться *vi E pf* (*impf:* встречáться) (*с кем-лѝбо*) sich treffen (mit *+dat*)
повсю́ду *adv* überall
повторéние *nt O2* Wiederholung *f*
повторѝть *vt I pf* (*impf:* повторя́ть) **1.** wiederholen; **2.** rekapitulieren; **3.** (*за кем-лѝбо*) nachsprechen, nachsagen
повтóрный ⟨*kf*: -рен, -рна⟩ *adj* **1.** rückfällig; **2.** erneut, nochmalig; **повтóрное обслéдование** Nachuntersuchung *f*
повы́сить ⟨*fut*: -ы́шу, -ы́сишь⟩ *vt I pf* (*impf:* повышáть) **1.** erhöhen, steigern; **2.** (*в дóлжности*) befördern; **3.** (*зарплáту*) aufbessern; **4.** (*цéны*) anheben; **~ квалификáцию** sich fortbilden, sich qualifizieren
повышéние *nt O2* **1.** Erhöhung *f*; **~ квалификáции** Weiterbildung *f*, Fortbildung *f*; **~ налóгов** Anhebung *f* der Steuer; **~ оклáдов** Gehaltserhöhung *f*; **~ цен** Preissteigerung *f*; **2.** (*по слýжбе, в дóлжности*) Beförderung *f*; **получáть ~** aufrücken
повы́шенный ⟨*kf*: -шен⟩ *adj* gesteigert, erhöht; **повы́шенное давлéние** Bluthochdruck *m*; **повы́шенный интерéс** gesteigertes Interesse *nt*
повязáть ⟨*fut*: -яжý, -я́жешь⟩ *vt E4 pf* (*impf:* повя́зывать) **1.** umwickeln, umbinden; **2.** fesseln
повя́зка *f A* Binde *f*; **гѝпсовая ~** Gipsverband *m*; **тугáя ~** Bandage *f*
погáный ⟨*kf*: -áн⟩ *adj* **1.** ungenießbar; **2.** schlecht, ekelhaft; **3.** heidnisch
погасѝть ⟨*fut*: -гашý, -гáсишь⟩ *vt I pf* (*impf:* гасѝть) **1.** löschen, auslöschen; **2.** unterdrücken; **3.** ungültig machen
погáснуть ⟨*prät*: -гас, -гáсла/-гáснул, -гáснула⟩ *vt E2 pf* (*impf:* гáснуть) **1.** erlöschen; **2.** versiegen
погашáть *vt E impf* (*долг*) tilgen
погибáть *vi E2 impf* (*pf:* погѝбнуть) umkommen, sterben
погѝбель *f I* Verderben *nt*, Untergang *m*
поглáдить ⟨*fut*: -глáжу, -глáдишь⟩ *vt I pf* (*impf:* глáдить) **1.** bügeln, plätten; **2.** streicheln
поглотѝть ⟨*fut*: -ощý, -отѝшь⟩ *vt I pf* (*impf:* поглощáть) **1.** (*TECH*) absorbieren; **2.** (*POL*) vereinnahmen, einverleiben; **~ когó-лѝбо целикóм** jdn voll und ganz beanspruchen
поглупéть *vi E pf* (*impf:* глупéть) dumm werden
поглядéть ⟨*fut*: -гляжý, -глядѝшь⟩ *vi I pf* (*impf:* глядéть) **1.** (*на когó-лѝбо/что-лѝбо*) schauen, blicken (auf *+akk*); **2.** (*за кем-лѝбо/чем-лѝбо*) aufpassen (auf *+akk*)
пóгнутый *adj* gebogen
поговáривать *vi E impf* (*о ком-лѝбо/чём-лѝбо*) sich immer wieder unterhalten (über *+akk*)

поговори́ть *vi I pf* (*с кем-ли́бо*) eine Weile sprechen (mit *+dat*)
пого́да *f A* Wetter *nt*; **апре́льская ~** Aprilwetter *nt*; **дождли́вая ~** Regenwetter *nt*; **полити́ческая ~** politische Großwetterlage *f*; **в любу́ю пого́ду** bei jedem Wetter; **де́лать пого́ду где-ли́бо** das Geschehen bestimmen
пого́ня *f A1* Verfolgungsjagd *f*; **~ за дешёвыми эффе́ктами** billige Effekthascherei *f*
пограни́чный *adj* Grenz-; **(федера́льная) пограни́чная охра́на** (Bundes-)Grenzschutz *m*; **~ райо́н** Grenzgebiet *nt*
погреба́ть *vt E impf* (*pf:* погрести́) beerdigen, beisetzen
погребе́ние *nt O2* Beerdigung *f*, Beisetzung *f*, Bestattung *f*
погребо́к ⟨*gen sg*: -бка́⟩ *m K e* (*ви́нный*) Kellerei *f*
погрему́шка *f A* Rassel *f*
погрести́ ⟨*fut*: -ребу́, -ребёшь⟩ *vt E6 pf* (*impf:* погреба́ть) beerdigen
погро́м *m K* Pogrom *nt*
погружа́ть *vt E impf* (*pf:* погрузи́ть) (*в во́ду*) eintauchen
погружа́ться *vi E impf* (*pf:* погрузи́ться) einsinken
погруже́ние *nt O2* Eintauchen *nt*; **ме́тод погруже́ния** Crash-Methode *f*
погру́зчик *m K* Ladegerät *nt*; **ви́лочный ~** Gabelstapler *m*
под *präp +inst* **I.** unter (*+dat*), bei (*+dat*); **~ гита́ру** mit Gitarrenbegleitung; **~ Москво́й** bei Moskau; **~ ним** darunter; **что сле́дует ~ э́тим понима́ть?** was ist darunter zu verstehen? **II.** *präp +akk* unter (*+akk*), gegen (*+akk*); **~ ве́чер** gegen Abend
подава́ть ⟨*präs*: -даю́, -даёшь⟩ *vt E3 impf* (*pf:* пода́ть) **1.** reichen, geben; **~ дурно́й приме́р** ein schlechtes Beispiel geben; **~ наде́жду** Hoffnung erwecken; **2.** (*блю́да*) auftragen; **3.** (*предложе́ние*) einreichen; **4.** schieben
подави́ть ⟨*fut*: -давлю́, -да́вишь⟩ *vt I pf* (*impf:* подавля́ть) niederschlagen, vereiteln
подавле́ние *nt O2* Unterdrückung *f*, Niederschlagung *f*
пода́вленность *f I* Niedergeschlagenheit *f*
пода́вленный ⟨*kf*: -ен, -енна⟩ *adj* niedergeschlagen, deprimiert
пода́гра *f A* Gicht *f*
подари́ть *vt I pf* (*impf:* дари́ть) schenken
пода́рок ⟨*gen sg*: -рка⟩ *m K* Geschenk *nt*; **~ на па́мять** [*o* **па́мятный ~**] Andenken *nt*; **це́нный ~** Sachprämie *f*, Sachwert *m*
пода́тливый ⟨*kf*: -ив⟩ *adj* gefügig, nachgiebig
пода́ть ⟨*fut*: -дам , -дашь⟩ *vt U2 pf* (*impf:* подава́ть) **1.** reichen, geben; **2.** auftragen; **3.** einreichen; **4.** schieben
пода́ча *f A* **1.** Zufuhr *f*; **2.** Auftragen *nt*; **3.** Einreichung *f*
подая́ние *nt O2* Almosen *nt*
подба́дривать *vt E impf* (*pf:* подбодри́ть) ermuntern, animieren
подбива́ть *vt E impf* (*pf:* подби́ть) **1.** (*на что-ли́бо*) verleiten, anstiften (zu *+dat*); **2.** (*танк, самолёт*) abschießen
подбира́ть *vt E impf* (*pf:* подобра́ть) **1.** aufheben, aufsammeln; **2.** aussuchen; **~ пода́рок** ein Geschenk aussuchen; **~ ключ** den passenden Schlüssel finden
подби́ть ⟨*fut*: -бью, -бьёшь⟩ *vt E4c pf* (*impf:* подбива́ть) **1.** verleiten, anstiften; **2.** abschießen
подбодри́ть *vt I pf* (*impf:* подба́дривать) ermuntern, animieren
подборо́док ⟨*gen sg*: -дка⟩ *m K* Kinn *nt*
подва́л *m K* **1.** Keller *nt*; **2.** Teil *m* der Zeitung unter dem Strich
подвезти́ ⟨*fut*: -везу́, везёшь, *prät*: -вёз, -везла́⟩ *vt E6 pf* (*impf:* подвози́ть) mitnehmen
подверга́ть *vt E impf* (*pf:* подве́ргнуть) unterziehen, aussetzen; **~ опа́сности** in Gefahr bringen, gefährden
подве́сить ⟨*fut*: -е́шу, -е́сишь⟩ *vt I pf* (*impf:* подве́шивать) aufhängen
подвести́ ⟨*fut*: -веду́, -ведёшь, *prät*: -вёл, -вела́⟩ *vt E6a pf* (*impf:* подводи́ть) **1.** im Stich lassen, hängenlassen; **2.** auswerten , nachbereiten
подве́тренный *adj* windabgewandt; **подве́тренная сторона́** (*MAR*) Lee *f*
подве́шенный *adj* aufgehängt; **находи́ться в подве́шенном положе́нии** in der Schwebe sein; **име́ть хорошо́ ~ язы́к** ein loses Mundwerk haben
подве́шивать *vt E impf* (*pf:* подве́сить) aufhängen
подвига́ться *vr E impf* (*pf:* подви́нуться) **1.** rücken, sich bewegen; **2.** Fortschritte machen, vorankommen; **де́ло подвига́ется** die Sache geht voran
подви́жность *f I* **1.** Beweglichkeit *f*; **2.** Mobilität *f*
подви́жный ⟨*kf*: -жен, -жна⟩ *adj* **1.** beweglich; **2.** mobil
подводи́ть ⟨*präs*: -ожу́, -о́дишь⟩ *vt I impf* (*pf:* подвести́) **1.** heranführen, heranbringen; **2.** im Stich lassen, hängenlassen; **3.** auswerten , nachbereiten; **~ ито́ги**

Ergebnisse zusammenfassen; **~ черту́ под про́шлым** einen Strich unter die Vergangenheit ziehen
подво́дный *adj* Unterwasser-; **подво́дная ло́дка** U-Boot *nt*
подво́з *m K* **1.** Zufuhr *f*; **2.** (*MIL*) Nachschub *nt*
подвози́ть ⟨*präs*: -вожу́, -во́дишь⟩ *vt I impf* (*pf:* подвезти́) (im Wagen) mitnehmen; **~ до чего́-ли́бо** absetzen (vor *+dat*)
подвы́пивший *adj* angetrunken, beschwipst
подголо́вник *m K* Kopfstütze *f*
подгоня́ть *vt E impf* (*pf:* подогна́ть) antreiben, Dampf machen
подгора́ть *vi E impf* (*pf:* подгоре́ть) anbrennen
подгото́вить ⟨*fut*: -влю, -вишь⟩ *vt I pf* (*impf:* гото́вить) **1.** vorbereiten; **2.** zubereiten; **3.** ausbilden
подгото́вка *f A* **1.** (*к чему́-ли́бо*) Vorbereitung *f* (auf *+akk*); **2.** Ausbildung *f*; **безо вся́кой подгото́вки** auf Anhieb; **~ ка́дров** Fachkräfteausbildung *f*; **полити́ческая ~** politische Schulung *f*; **предвари́тельная ~** Vorbildung *f*; **профессиона́льная ~** Berufsausbildung *f*
по́дданный *m wie adj* **1.** Untergebene(r) *m*; **2.** Untertan *m*
поддева́ть *vt E impf* (*pf:* подде́ть) **1.** anstechen; **2.** (*fig*) hänseln, necken
подде́лать *vt E pf* (*impf:* подде́лывать) **1.** nachmachen; **2.** fälschen; **3.** (*umg*) sich einschmeicheln
поддержа́ть *vt E4 pf* (*impf:* подде́рживать) **1.** unterstützen, befürworten; **2.** beistehen, den Rücken stärken; **3.** aufrechterhalten; **~ прямы́е конта́кты** direkte Kontakte unterhalten; **4.** (*BAU*) stützen
подде́ржка *f A* Unterstützung *f*, Rückhalt *m*; **госуда́рственная ~** staatliche Förderung *f*; **мора́льная ~** moralische Unterstützung *f*
подде́ть ⟨*fut*: -де́ну, -де́нешь⟩ *vt E9b pf* (*impf:* поддева́ть) **1.** anstechen; **2.** hänseln, necken
подели́ть *vt I pf* (*impf:* дели́ть) **1.** teilen, einteilen, verteilen; **2.** dividieren
подели́ться *vr I pf* (*impf:* дели́ться) **1.** teilbar sein; **2.** sich teilen; **3.** (*чем-ли́бо с кем-ли́бо*) anvertrauen
поде́лка *f A* Machwerk *nt*
подёржанный ⟨*kf*: -ан⟩ *adj* **1.** Gebraucht-; **2.** (*о челове́ке*) verbraucht, verlebt
поджа́ривать *vt E impf* (*pf:* поджа́рить) anbraten, rösten
подже́чь ⟨*fut*: подожгу́, подожжёшь, *prät*: поджёг, подожгла́⟩ *vt UE4 pf* (*impf:* поджига́ть) anzünden, in Brand stecken
поджига́тель, **поджига́тельница** *m K / f A* Brandstifter, -in *m/f*
поджида́ть *vi E impf* (*кого́-ли́бо/чего́-ли́бо*) erwarten
поджо́г *m K* Brandstiftung *f*
подзаголо́вок ⟨*gen sg*: -вка⟩ *m K* Untertitel *m*
подзадо́ривать *vt E impf* (*pf:* подзадо́рить) animieren, aufmuntern
подзе́мный *adj* unterirdisch
подкаблу́чник *m K* Pantoffelheld *m*
подкарау́ливать *vt E impf* (*pf:* подкарау́лить) lauern (auf *+akk*)
подключа́ть *vt E impf* (*pf:* подключи́ть) **1.** anschließen; **2.** (*fig*) einschalten, miteinbeziehen
подко́ва *f A* **1.** Hufeisen *nt*; **2.** Beschlag *m*
подко́ванный *adj* (*umg:fig*) sattelfest, beschlagen
подкра́дываться *vi E impf* (*pf:* подкра́сться) sich heranschleichen, sich anpirschen (an *+akk*)
подкра́сить ⟨*fut*: -кра́шу, -кра́сишь⟩ *vt I pf* (*impf:* подкра́шивать) **1.** schminken; **2.** bemalen
подкрепи́ть ⟨*fut*: -плю́, -пи́шь⟩ *vt I pf* (*impf:* подкрепля́ть) **1.** befestigen, verstärken; **2.** untermauern, erhärten; **~ слова́ конкре́тными дела́ми** den Worten konkrete Taten folgen lassen; **~ ци́фрами** mit Zahlen erhärten **3.** stärken, erfrischen
подкрепле́ние *nt O2* **1.** (*MIL*) Verstärkung *f*; **2.** Befestigung *f*; **3.** Bekräftigung *f*; **4.** Erfrischung *f*
по́дкуп *m K* (*корру́пция*) Korruption *f*, Bestechung *f*
подкупа́ть *vt E impf* (*pf:* подкупи́ть) bestechen, korrumpieren
подлежа́щий *adj* fällig, zahlbar
подлета́ть *vt E impf* (*pf:* подлете́ть) anfliegen
по́длинник *m K* Original *nt*
по́длинность *f I* (*докуме́нта*) Echtheit *f*
по́длинный ⟨*kf*: -инен, -инна⟩ *adj* echt
по́длость *f I* **1.** Gemeinheit *f*; **2.** Niederträchtigkeit *f*
по́длый ⟨*kf*: подл, подла́, подло́⟩ *adj* gemein, niederträchtig
подма́заться ⟨*fut*: -а́жусь, -а́жешься⟩ *vi E4 pf* (*impf:* подма́зываться) (*к кому́-ли́бо*) sich einschmeicheln (bei *+dat*)
подмени́ть ⟨*fut*: -еню́, -е́нишь⟩ *vt I pf* (*impf:* подменя́ть) **1.** einspringen (für

+*akk*); **2.** (*POL*) jds Funktion übernehmen

подмести́ ⟨*fut*: -мету́, -метёшь⟩ *vt E6a pf* (*impf:* подмета́ть) ausfegen, kehren

подмётка *f A* Sohle *f*; **подбива́ть подмётки** besohlen

подми́гивать *vi E impf* (*pf:* подмигну́ть) blinzeln

Подмоско́вье *nt O1* Großraum Moskau *m*, Moskauer Umgebung *f*

подмо́стки ⟨*gen pl*: -ков⟩ *m pl K* Gerüst *nt*

подмы́шка *f A* Achselhöhle *f*

подна́чивание *nt O2* Stichelei *f*

подна́чивать *vt E impf* (*pf:* подна́чить) sticheln

поднести́ ⟨*fut*: -несу́, -несёшь, *prät*: -нёс, -несла́⟩ *vt E6a pf* (*impf:* подноси́ть) herantragen, heranführen

поднима́ть *vt E impf* (*pf:* подня́ть) **1.** heben; **2.** (вопро́с) aufwerfen, aufrollen; **3.** (го́лос) erheben; **4.** (пыль) aufwirbeln; **5.** (флаг) hissen; **6.** (це́ны) anheben; **~ мёртвых** die Toten auferwecken; **~ на рога́** aufspießen; **~ на смех** auslachen; **~ натрое́ние** die Stimmung heben; **~ ру́ку на кого́-ли́бо** sich an jdm vergreifen; **~ шум** Lärm schlagen; **не ~ но́ги** schlurfen

поднима́ться *vr E impf* (*pf:* подня́ться) hinaufsteigen, aufsteigen; **~ на го́ру** einen Berg besteigen; **~ на пьедеста́л почёта** auf das Siegertreppchen steigen; **~ со своего́ ме́ста** aufstehen, sich von seinem Platz erheben

поднови́ть ⟨*fut*: -влю́, -ви́шь⟩ *vt I pf* (*impf:* подновля́ть) aufarbeiten

подно́жка *f A* Trittbrett *nt*; **поста́вить подно́жку кому́-ли́бо** jdm ein Bein stellen

подно́с *m K* Tablett *nt*

подноси́ть ⟨*präs*: -ношу́, -но́сишь⟩ *vt I impf* (*pf:* поднести́) herantragen, heranführen; **~ кру́жку к губа́м** den Becher ansetzen

подня́ть ⟨*fut*: -ниму́, -ни́мешь⟩ *vt E9a pf* (*impf:* поднима́ть) heben, erheben, hochheben

подня́ться ⟨*fut*: -ниму́сь, -ни́мешься⟩ *vr E9a pf* (*impf:* поднима́ться) hinaufsteigen

подо *siehe* **под**

подоба́ть ⟨*nur 3. pers*: -а́ет⟩ *vi E impf* sich gehören

подо́бие *nt O2* Ähnlichkeit *f*; **жа́лкое ~** Abklatsch *m*

подо́бный ⟨*kf*: -бен, -бна⟩ *adj* **1.** ähnlich; **2.** derartig, dergleichen; **~ вам** euresgleichen; **~ мне** meinesgleichen

подобра́ть ⟨*fut*: подберу́, подберёшь⟩ *vt E4a pf* (*impf:* подбира́ть) **1.** aufsammeln, auflesen; **2.** aussuchen

подогрева́ть *vt E impf* (*pf:* подогре́ть) **1.** anwärmen, aufwärmen; **2.** (*fig*) anfeuern; **~ стра́сти** den Konflikt schüren

пододея́льник *m K* Bettbezug *m*

подозрева́ть *vt E impf* verdächtigen

подозре́ние *nt O2* Verdacht *m*, Verdächtigung *f*; **~ в уби́йстве** Mordverdacht *m*; **закра́лось ~** ein Verdacht kam auf

подозри́тельность *f I* Argwohn *m*

подозри́тельный ⟨*kf*: -лен, -льна⟩ *adj* **1.** argwöhnisch; **2.** verdächtig

подои́ть ⟨*fut*: -дою́, -до́ишь⟩ *vt I pf* (*impf:* дои́ть) melken

подойти́ ⟨*fut*: -йду́, -йдёшь⟩ *vi E7 pf* (*impf:* подходи́ть) **1.** herankommen, auf jdn zugehen; **2.** passen, geeignet sein

подоко́нник *m K* Fensterbank *f*

подо́нки ⟨*gen pl*: -ков⟩ *m pl K* Abschaum *m*

подопе́чный *m wie adj* Schützling *m*

подоплёка *f A* wahrer Beweggrund *m*, Hintergrund *m*

подо́рванный *adj* verbraucht; **подо́бранное здоро́вье** zerrüttete Gesundheit *f*

подотде́л *m K* Unterabteilung *f*

подо́шва *f A* Schuhsohle *f*

подпере́ть ⟨*fut*: подопру́, подопрёшь, *prät*: -пёр, -пёрла⟩ *vt E4b pf* (*impf:* подпира́ть) abstützen

подписа́ть ⟨*fut*: -пишу́, -пи́шешь⟩ *vt E4 pf* (*impf:* подпи́сывать) **1.** unterschreiben, unterzeichnen; **2.** beschriften, signieren

подпи́ска *f A* Abonnement *nt*; **годова́я ~** Jahresabonnement *nt*; **~ о невы́езде** schrifliche Erklärung *f*, seinen Aufenthaltsort nicht zu verlassen

по́дпись *f I* Unterschrift *f*; **сбор по́дписей** Unterschriftensammlung *f*

подпо́льный *adj* Untergrund-; **подпо́льное движе́ние** Untergrundbewegung *f*

подпо́рка *f A* Strebe *f*, Pfeiler *m*

подпры́гивать *vi E impf* (*pf:* подпры́гнуть) aufspringen, hopsen

подража́ние *nt O2* Nachahmung *f*; **жа́лкое ~** billiger Abklatsch *m*

подража́ть *v + dat E impf* **1.** nachahmen, kopieren; **2.** nacheifern, es jdm gleichtun

подраздели́ть *vt I pf* (*impf:* подразделя́ть) unterteilen, einteilen

подразумева́ться ⟨*nur-3. pers*: -а́ется⟩ *vr E impf* gemeint sein; **что под э́тим -а́ется?** was versteht man darunter

подраста́ть *vi E impf* (*pf:* подрасти́) heranwachsen

подра́ться ⟨*fut*: -деру́сь, -дерёшься⟩ *vr*

E4a pf (*impf:* дра́ться) sich raufen
подре́зать ⟨*fut*: -е́жу, -е́жешь⟩ *vt E4 pf* (*impf:* подреза́ть) stutzen
подро́бность *f I* Einzelheit *f*, Detail *nt*
подро́бный ⟨*kf*: -бен, -бна⟩ *adj* ausführlich, detailliert
подро́сток ⟨*gen sg*: -тка⟩ *m K* **1.** Jugendliche(r) *m*, Heranwachsende(r) *m*; **2.** Halbstarke(r) *m*
подру́га *f A* Freundin *f*
подружи́ться ⟨*fut*: -дружу́сь, -дру́жишься⟩ *vr I pf* (*impf:* дружи́ться) sich anfreunden
подру́жка *f A* Freundin *f*; **~ неве́сты** (*на сва́дьбе*) Brautjungfer *f*
подрыва́ть *vt E impf* (*pf:* подры́ть) **1.** (*auch fig*) untergraben; **2.** (*здоро́вье*) schwächen; **~ безопа́сность** die Sicherheit gefährden; **~ уси́лия** Anstrengungen zunichte machen; **~ эконо́мику** die Wirtschaft ruinieren
подрывно́й *adj* subversiv; **подрывна́я де́ятельность** subversive Tätigkeit *f*, Störpolitik *f*
подря́д *m K* Kontrakt *m*, Vertrag *m*
подря́дчик *m K* **1.** Vertragsfirma *f*; **2.** Auftragnehmer *m*
подсве́чник *m K* Kerzenständer *m*
подсказа́ть ⟨*fut*: -скажу́, -ска́жешь⟩ *vt E4 pf* (*impf:* подска́зывать) **1.** zuflüstern; **2.** einen Tip geben, nahelegen
подска́зка *f A* **1.** Tip *m*; **2.** Eselsbrücke *f*, Gedächtnisstütze *f*
подсласти́ть ⟨*fut*: -ащу́, -асти́шь⟩ *vt I pf* (*impf:* подсла́щивать) süßen, versüßen
подсне́жник *m K* Schneeglöckchen *nt*
подсо́бный *adj* **1.** Neben-; **2.** Hilfs-; **~ рабо́тник** Hilfsarbeiter *m*
подсоедине́ние *nt O2* Anschluß *m*
подсозна́ние *nt O2* Unterbewußtsein *nt*
подсо́лнечник *m K* Sonnenblume *f*
подсо́хнуть ⟨*prät*: -со́х, -со́хла⟩ *vi E1 pf* (*impf:* подсыха́ть) (langsam) trocknen
подсо́чка *f A* (*лес*) Anzapfung *f*; **де́лать подсо́чку у дере́вьев** anzapfen
подспо́рье *nt O1* Hilfsmittel *nt*, Behelf *m*
подспу́дный ⟨*kf*: -ден, -дна⟩ *adj* unterschwellig, verborgen
подста́вить ⟨*fut*: -влю, -вишь⟩ *vt I pf* (*impf:* подставля́ть) **1.** herhalten; **2.** (*MATH*) ansetzen; **3.** (*umg:POL*) jdn opfern
подста́вка *f A* Unterlage *f*, Halter *m*; **~ для нот** Notenständer *m*; **~ для пивно́й кру́жки** Bierdeckel *m*; **~ для яиц** Eierbecher *m*
подставно́й *adj* untergeschoben; **подставно́е лицо́** Strohmann *m*
подстёгивать *vt E impf* (*pf:* подстегну́ть) **1.** antreiben; **2.** forcieren
подстерега́ть *vt E impf* (*pf:* подстере́чь) auflauern
подстра́ивать *vt E impf* (*pf:* подстро́ить) **1.** anbauen; **2.** (*umg*) aushecken
подстрахо́вка *f A* Rückendeckung *f*, Schützenhilfe *f*
подстрека́тель *f I* Anstifter *m*, Rädelsführer *m*
подстрека́тельство *nt O* Anstiftung *f*
подстрека́ть *vt E impf* (*pf:* подстрекну́ть) **1.** wecken, hervorrufen; **~ чье-ли́бо любопы́тство** jds Neugier wecken; **2.** (*кого́-ли́бо к чему́-ли́бо*) jdn anstiften, aufwiegeln, anstacheln (zu *+dat*)
подстрига́ть *vt E impf* (*pf:* подстри́чь) (*во́лосы*) stutzen
подступа́ться *vr E impf* (*pf:* подступи́ться) (*к кому́/чему́*) beikommen; **к нему́ не подсту́пишься** ihm ist nicht beizukommen
подсуди́мый *m wie adj* Angeklagte(r) *m*
подсу́дность *f I* Gerichtsbarkeit *f*
подсчёт *m K* Kalkulation *f*, Berechnung *f*; **~ голосо́в** Auszählen *nt* der Stimmzettel
подсчита́ть *vt E pf* (*impf:* подсчи́тывать) **1.** ausrechnen, errechnen, kalkulieren; **2.** (*голоса́ на вы́борах*) auszählen
подсыха́ть *vi E impf* (*pf:* подсо́хнуть) (langsam) trocknen
подта́лкивать *vt E impf* (*pf:* подтолкну́ть) **1.** anschieben; **2.** anpeitschen, antreiben; **3.** bewegen, veranlassen
подтасо́вка *f A* **1.** Fälschung *f*; **2.** Manipulierung *f*, Betrug *m*
подтверди́ть ⟨*fut*: -ржу́, -рди́шь⟩ *vt I pf* (*impf:* подтвержда́ть) **1.** bestätigen, bekräftigen; **2.** belegen, bejahen
подтверди́ться ⟨*fut*: -ржу́сь, -рди́шься⟩ *vr I pf* (*impf:* подтвержда́ться) sich bewahrheiten, sich bestätigen
подтвержде́ние *nt O2* Bestätigung *f*, Nachweis *m*
подтека́ть *vi E impf* (*pf:* подте́чь) auslaufen
подтолкну́ть *vt E1 pf* (*impf:* подта́лкивать) **1.** anschieben; **2.** anpeitschen, antreiben; **3.** bewegen, veranlassen
подтру́нивание *nt O2* Frotzelei *f*, Hänselei *f*
подтру́нивать *vi E impf* (*pf:* подтруни́ть) (*над кем-ли́бо*) flachsen, hänseln, necken
подтя́гивание *nt O2* **1.** Aufrücken *nt*; **2.** (*SPORT*) Klimmzug *m*; **3.** Hosenträger *m*
подтя́нутый ⟨*kf*: -ут⟩ *adj* **1.** stramm, straff; **2.** diszipliniert

поду́мать *vi E pf* (*impf:* ду́мать) **1.** denken, nachdenken; **2.** glauben, meinen; **~ то́лько!** o du meine Güte! **как вы могли́ ~?** wo denken Sie hin? **и не поду́маю!** ich denke nicht daran

поду́ть ⟨*fut*: -ду́ю, -ду́ешь⟩ *vi E pf* (*impf:* дуть) (*ве́тер*) wehen, blasen

поду́шка *f A* **1.** Kissen *nt*, Kopfkissen *nt*; **2.** (*ме́бельная*) Polster *nt*; **возду́шная ~** Luftpolster *nt*; **штéмпельная ~** Stempelkissen *nt*

подхали́м *m K* (*pej*) Kriecher *m*

подхвати́ть ⟨*fut*: -ачу́, -а́тишь⟩ *vt I pf* (*impf:* подхва́тывать) **1.** (*мяч*) auffangen; **2.** (*fig*) aufgreifen; **~ чью-ли́бо мысль** jds Überlegung aufgreifen **3.** (*пе́сню*) mitsingen, einstimmen

подхо́д *m K* **1.** Haltung *f*, Einstellung *f*; **2.** Verhaltensweise *f*; **отве́тственный ~** Verantwortungsbewußtsein *nt*; **тво́рческий ~** Kreativität *f*

подходи́ть ⟨*präs*: -хожу́, -хо́дишь⟩ *vi I impf* (*pf:* подойти́) **1.** herankommen, herantreten; **2.** herkommen; **~ к перро́ну** (*о по́езде*) einfahren, ankommen; **~ к реше́нию пробле́мы с друго́й стороны́** das Problem von einer anderen Seite angehen; **~ к чему́-ли́бо с ра́зными ме́рками** verschiedene Maßstäbe ansetzen; **3.** passen, sich eignen; **они́ совсе́м не подхо́дят друг к дру́гу** sie passen nicht zueinander

подцепи́ть ⟨*fut*: -цеплю́, -це́пишь⟩ *vt I pf* (*impf:* подцепля́ть) **1.** erbeuten, kapern; **2.** (*umg*) aufreißen, anbaggern

подча́с *adv* mitunter

подчёркивать *vt E impf* (*pf:* подчеркну́ть) betonen, hervorheben, unterstreichen

подчини́ть *vt I pf* (*impf:* подчиня́ть) unterwerfen, unterordnen

подшива́ть *vt E impf* (*pf:* подши́ть) (*в де́ло*) abheften, ablegen

подши́пник *m K* (*TECH: ша́риковый*) Kugellager *nt*

подшути́ть ⟨*fut*: -учу́, -у́тишь⟩ *vi I pf* (*impf:* подшу́чивать) (*над кем-ли́бо*) sich lustig machen (über *+akk*)

подшу́чивание *nt O2* Hänselei *f*, Neckerei *f*

подъезд *m K* **1.** Hauseingang *m*; **2.** Zufahrt *f*, Auffahrt *f*

подъём *m K* **1.** Aufschwung *m*, Begeisterung *f*, Elan *m*; **2.** Steigung *f*, Gefälle *nt*; **3.** (*в го́ру*) Aufstieg *m*; **~ эконо́мики** Wirtschaftsaufschwung *m*; **быть на ~е** im Aufwind sein

подъёмник *m K* Aufzug *m*, Lift *m*; **лы́жный ~** Skilift *m*

подъёмный *adj* Hebe-; **подъёмная грузова́я платфо́рма** Hebebühne *f*

подыма́ться *vi E impf* (*umg*) hinaufsteigen

поды́скивать *vt E impf* (*pf:* подыска́ть) suchen, sich umschauen; **~ рабо́ту** auf Arbeitssuche sein

по́езд *m K* Zug *m*; **грузово́й** [*о това́рный*]**~** Güterzug *m*; **пассажи́рский ~** Personenzug *m*; **ско́рый ~** Eilzug *m*; **при́городный ~** Nahverkehrszug *m*

пое́здка *f A* Reise *f*, Fahrt *f*; **~ в оди́н коне́ц** Hinfahrt *f*; **~ по желе́зной доро́ге** Bahnfahrt *f*; **служе́бная ~** Dienstreise *f*; **туристи́ческая ~** Urlaubsreise *f*

пое́хать ⟨*fut*: -е́ду, -е́дешь⟩ *vi UE2 pf* hinfahren

пожа́ловаться *vi E2 pf* (*impf:* жа́ловаться) (*на кого́-ли́бо/что-ли́бо*) klagen, sich beschweren

пожа́луй *part* wohl

пожа́луйста *part* **1.** bitte! **2.** bitte schön

пожа́р *m K* Brand *m*, Feuer *nt*

пожа́рить *vt I pf* (*impf:* жа́рить) **1.** braten, grillen; **2.** sengen, brennen

пожа́рник *m K* Feuerwehrmann *m*

пожа́рный *m wie adj* **I.** Feuerwehrmann *m*; **II.** *adj* Feuer-; **~ извеща́тель** Feuermelder *m*; **пожа́рная кома́нда** Feuerwehr *f*; **пожа́рная ле́стница** Feuerleiter *f*; **пожа́рная маши́на** Löschfahrzeug *nt*; **пожа́рная трево́га** Feueralarm *m*

пожаробезопа́сный *adj* feuersicher

пожароопа́сный *adj* feuergefährlich

пожа́тие *nt O2* Drücken *nt*; **~ руки́** Händedruck *m*; **~ плеча́ми** Achselzucken *nt*

пожа́ть ⟨*fut*: -жну́, -жнёшь⟩ *vt E9 pf* (*impf:* пожина́ть) ernten

пожела́ние *nt O2* Wunsch *nt*

пожела́ть *vi E pf* (*impf:* жела́ть) wünschen, verlangen

пожени́ть *vt I pf* (*impf:* жени́ть) verheiraten

поже́ртвование *nt O2* **1.** Opfer *nt*; **2.** Spende *f*

поже́ртвовать *vt E2 pf* (*impf:* же́ртвовать) opfern

пожи́зненный ⟨*kf*: - знен, -зненна⟩ *adj* lebenslänglich

пожина́ть *vt E impf* (*pf:* пожа́ть) (*auch fig*) ernten; **~ пло́ды успе́ха** die Früchte seines Erfolgs ernten

пожитки ⟨*gen pl*: -ков⟩ *m K* Kram *m*, Habe *f*

по́за *f A* **1.** Körperhaltung *f*, Stellung *f*; **2.** Pose *f*, Positur *f*; **станови́ться в по́зу** sich in Positur stellen

позабо́титься ⟨*fut*: -о́чусь, -о́тишься⟩

vr I pf sich kümmern (um *+akk*); **зара́нее ~ о чём-ли́бо** Vorsorge treffen (für *+akk*)
позави́довать *v + dat E2 pf* (*impf:* зави́довать) jdn beneiden
позавчера́ *adv* vorgestern
позади́ *adv* dahinter
позаи́мствовать *vt E2 pf* (*impf:* заи́мствовать) übernehmen, entlehnen
поза́риться *vi I pf* (*impf:* за́риться) (*umg*) scharf sein , erpicht sein
позво́лить *vt I pf* (*impf:* позволя́ть) **1.** gestatten, erlauben; **2.** ermöglichen, befähigen; **он не мо́жет себе́ э́того ~** das kann er sich nicht leisten; **ты сли́шком мно́го себе́ позволя́ешь** du nimmst dir zuviel heraus
позвони́ть *vi I pf* (*impf:* звони́ть) **1.** anrufen; **2.** läuten, klingeln
позвоно́чник *m K* Wirbelsäule *f*, Rückgrat *nt*
позвоно́чный *m wie adj* (*BIO*) Wirbeltier *nt*
по́здний *adj* spät; **са́мое поздне́е** allerspätestens
по́здно *adv* spät; **лу́чше ~ чем никогда́** besser spät als nie
поздоро́ваться *vr E2 pf* (*impf:* здоро́ваться) einander begrüßen
поздрави́тель *m K1* Gratulant, -in *m/f*
поздра́вить ⟨*fut*: -влю, -вишь⟩ *vt I pf* (*impf:* поздравля́ть) beglückwünschen, gratulieren
поздравле́ние *nt O2* Glückwunsch *m*, Gratulation *f*
пози́ция *f A2* **1.** (*POL*) Haltung *f*, Position *f*, Stellung *f*; **2.** (*MIL*) Stellung *f*; **име́ть вы́игрышную пози́цию** im Vorteil sein
познава́ть ⟨*präs*: -знаю́, -знаёшь⟩ *vt E3 impf* (*pf:* позна́ть) erfahren, erleben, erkennen; **позна́й самого́ себя́!** erkenne dich selbst
познако́миться ⟨*fut*: -млю, -мишь⟩ *vt I pf* (*impf:* знако́миться) (sich) kennenlernen; **я рад с ва́ми ~** ich freue mich, Sie kennenzulernen
позна́ние *nt O2* Erkenntnis *f*
позна́ть ⟨*fut*: -зна́ю, -зна́ешь⟩ *vt E pf* (*impf:* познава́ть) erkennen, erleben, erfahren
позоло́та *f A* Blattgold *nt*; **покрыва́ть позоло́той** vergolden
позолоти́ть ⟨*fut*: -очу́, -оти́шь⟩ *vt I pf* (*impf:* золоти́ть) vergolden
позо́р *m K* Blamage *f*, Schande *f*
позо́рить *vt I impf* (*pf:* о-) blamieren
позо́риться *vr I impf* (*pf:* о-) sich blamieren, sich eine Blöße geben
позо́рный *adj* **1.** blamabel; **2.** schändlich; **позо́рное пятно́** Schandfleck *m*; **пригвозди́ть к позо́рному столбу́** jdn an den Pranger stellen
позывны́е ⟨*gen pl*: -ых⟩ *m wie adj* Sendesignale *nt pl*, Rufzeichen *nt pl*
поимённый *adj* (*голосова́ние*) namentlich
по́иск *m K* (*meist pl*) Suche *f*, Recherche *f*; **~ и́стины** Wahrheitsfindung *f*; **~ компроми́сса** Suche *f* nach einem Kompromiß; **~ рабо́ты** Arbeitssuche *f*; **~ сча́стья** Suche *f* nach dem Glück
пойма́ть *vt E pf* (*impf:* лови́ть) **1.** fangen, auffangen; **2.** abfangen; **3.** (*fig*) ertappen; **~ себя́ на чем-ли́бо** sich ertappen (bei *+dat*)
пойти́ ⟨*fut*: -йду́, -йдёшь⟩ *vi E7 pf* (*impf:* походи́ть) **1.** losgehen, losfahren; **2.** (*за кем-ли́бо*) folgen; **3.** (*за кого́-ли́бо, nur für Frauen*) heiraten; **4.** (*на что-ли́бо*) eingehen (auf *+akk*); **5.** sich einlassen (auf *+akk*); **не ~ на собра́ние** einer Versammlung fernbleiben
пока́ *adv* **I.** vorläufig, einstweilen; **II.** *konj* während, solange, bis; **III.** *part* (*umg: Verabschiedung*) tschüß!, bis dann
пока́з *m K* Darstellung *f*; **~ мод** Modenschau *f*
показа́ние *nt O2* **1.** (*JUR*) Aussage *f*; **ло́жное ~** Falschaussage *f*; **2.** (*MED*) Indikation *f*
показа́тель *m K1* **1.** Kennzahl *f*, Kennziffer *f*; **2.** (*fig*) Zeichen *nt*, Kennzeichen *nt*
показа́тельный ⟨*kf*: -лен, -льна⟩ *adj* **1.** bezeichnend, typisch; **2.** ausgezeichnet, mustergültig; **3.** öffentlich, Schau-; **показа́тельные выступле́ния (фигури́стов)** (*SPORT*) Schaulaufen *nt*; **устро́ить ~ проце́сс** einen Schauprozeß inszenieren
показа́ть ⟨*fut*: -ажу́, -а́жешь⟩ *vt E4 pf* (*impf:* пока́зывать) **1.** zeigen, klarmachen; **2.** nachweisen , dokumentieren; **~ себя́** sich bewähren; sich beweisen; **~ кому́-ли́бо го́род** jdn in der Stadt herumführen; **~ на дверь кому́-ли́бо** jdm die Tür weisen
показа́ться ⟨*fut*: -ажу́сь, -а́жешься⟩ *vr E4 pf* (*impf:* пока́зываться) **1.** sich zeigen, erscheinen; **2.** scheinen; **3.** (*umg*) gefallen; **4.** (*кому́-ли́бо*) sich untersuchen lassen (von *+dat*)
показно́й *adj* zur Schau getragen, ostentativ
покара́ть *vt E pf* (*impf:* кара́ть) strafen, bestrafen
покatáться *vr E pf* eine Weile rollen, gleiten
покати́ться ⟨*fut*: -ачу́сь, -а́тишься⟩ *vr I pf* rollen, sich fortbewegen; **~ по накло́нной пло́скости** (*fig*) auf die schiefe Bahn geraten

покáшливать *vi E impf* (*pf:* покáшлять) sich räuspern
покаяние *nt O2* **1.** Reue *f*; **2.** Buße *f*
покáяться ⟨*fut*: -кáюсь, -кáешься⟩ *vr E4 pf* (*impf:* кáяться) **1.** bereuen; **2.** gestehen
покидáть *vt E impf* (*pf:* покúнуть) verlassen; **меня не покидáет мысль, что** ich werde den Gedanken nicht los, daß; **~ рóдину** die Heimat verlassen, auswandern
поклóн *m K* Verbeugung *f*
поклонúться ⟨*fut*: -клонюсь, -клóнишься⟩ *vr I pf* (*impf:* клáняться) verbeugen, verneigen
покóиться *vr I impf* **1.** ruhen; **2.** (*на чём-лúбо*) beruhen (auf *+dat*)
покóй *m K2* Ruhe *f*; **душéвный ~** Seelenfrieden *m*; **оставлять в покóе** in Ruhe lassen; **оставь меня в покóе!** laß mich in Ruhe
покóйный *m wie adj* Verstorbene(r) *m*
поколéние *nt O2* Generation *f*; **машúны нóвого поколéния** neuartige Maschinen
поколотúть ⟨*fut*: -очу́, -óтишь⟩ *vt I pf* (*impf:* колотúть) hauen, prügeln
покóнчить *vi I pf* (*с кем-лúбо/чем-лúбо*) beenden, Schluß machen
покорúть *vt I pf* (*impf:* покоря́ть) bezwingen
покорúться *vr I pf* (*impf:* покоря́ться) sich unterwerfen
покóрность *f I* Demut *f*, Unterwürfigkeit *f*
покóрный ⟨*kf*: -рен, -рна⟩ *adj* demütig, unterwürfig
покрáсить ⟨*fut*: -крáшу, -крáсишь⟩ *vt I pf* (*impf:* крáсить) **1.** färben; **2.** anstreichen
покрáска *f A* **1.** Färbung *f*; **2.** Anstrich *m*
покраснéть *vi E pf* (*impf:* краснéть) rot werden, erröten
покритиковáть *vt E2 pf* (*impf:* критиковáть) kritisieren
покрóв *m K* Deckmantel *m*; **волосянóй ~** Behaarung *f*; **ледянóй ~** Eisdecke *f*; **снéжный ~** Schneedecke *f*
покровúтель *m K1* **1.** Schirmherr *m*, Schutzherr *m*; **2.** Gönner *m*
покровúтельственный ⟨*kf*: -вен, -венна⟩ *adj* **1.** gönnerhaft; **2.** (*ÖKON*) Schutz-
покровúтельство *nt O* **1.** Schirmherrschaft *f*; **2.** Schutz *m*, Obhut *f*
покровúтельствовать *v + dat E2 impf* begünstigen, protegieren
покрóй *m K2* (*у одéжды*) Schnitt *m*
покрывáло *nt O* **1.** Decke *f*; **2.** Bettdecke *f*
покрывáть *vt E impf* (*pf:* покры́ть) (*auch fig*) abdecken, bedecken; **~ за день по 50 км** jeweils 50 km an einem Tag zurücklegen
покры́тие *nt O2* Deckung *f*; **~ с ты́ла** Rückendeckung *f*
покры́тый *adj* bedeckt
покры́шка *f A* Bezug *m*; **автомобúльная ~** Autoreifen *m*
покупáтель, **покупáтельница** *m K / f A* Käufer, -in *m/f*; **случáйные покупáтели** Laufkundschaft *f*
покупáть *vt E pf* (*impf:* купúть) kaufen, erwerben; **~ у когó-лúбо** jdm etw abkaufen
покýпка *f A* **1.** Einkauf *m*; **2.** (*ÖKON*) Kauf *m*, Ankauf *m*, Erwerb *m*; **~ в рассрóчку** Ratenkauf *m*
покусáть *vt E pf* (*impf:* кусáть) **1.** beißen; **2.** stechen
покушéние *nt O2* (*auch fig*) Anschlag *m*, Attentat *nt*
пол *m K* **1.** Fußboden *m*; **2.** (*BIO*) Geschlecht *nt*
полагáть *vt E impf* **1.** (*geh*) meinen, glauben; **2.** annehmen; **есть все основáния ~, что** es gibt allen Grund anzunehmen, daß
полагáться *vr E impf* (*pf:* положúться) **I.** (*на когó-лúбо*) sich verlassen (auf *+akk*); **на негó нельзя́ ~** auf ihn ist kein Verlaß; **II.** ⟨*nur 3. pers*: -áется⟩ *vr E nur impf* **1.** (sich) gehören, (sich) gebühren; **2.** zustehen
полáдить *vi I pf* (*impf:* лáдить) klarkommen
полáкомиться ⟨*fut*: -млюсь, -мишься⟩ *vi I pf* (*impf:* лáкомиться) naschen, schlecken
поламúд *m K* Polyamid *nt*
пóлдень *m K1* Mittag *m*; **сегóдня в ~** heute mittag
пóлдник *m K* Brotzeit *f*, kleine Mahlzeit *f*
полдня́ *adv* halbtags
пóле *nt O1* **1.** Feld *nt*; **~ бóя** Schlachtfeld *nt*; **лётное ~** Rollfeld *nt*; **2.** (*SPORT*) Spielfeld *nt*; **футбóльное ~** Fußballfeld *nt*; **3.** (*зрéния*) Blickfeld *nt*; **оставáться вне пóля зрéния** unbeachtet bleiben; **4.** (*im pl*) Gefilde *nt*
полевóй *adj* Feld-; **полевáя дорóга** Feldweg *m*; **~ бинóкль** Feldstecher *m*; Fernglas *nt*; **полевáя фóрма одéжды** Kampfanzug *m*
полéзный ⟨*kf*: -зен, -зна⟩ *adj* nützlich, sinnvoll; **общéственно ~** gemeinnützig; **полéзные совéты** nützliche Hinweise
полéзть ⟨*fut*: -зу, -зешь⟩ *vi E6 pf* anfangen zu klettern

полéмика *f A* Polemik *f*
полеми́ческий *adj* polemisch
полéно ⟨*pl*: -нья, -ньев⟩ *nt U3* Holzscheit *m*
полёт *m K* Flug *m*; **дли́тельный ~** Langstreckenflug *m*; **пики́рующий ~** Sturzflug *m*
ползти́ ⟨*präs*: -зý, -зёшь, *prät*: полз, ползлá⟩ *vi E6 best* (*unbest*: пóлзать) kriechen, krabbeln, rutschen
ползунóк ⟨*gen sg*: -нкá⟩ *m K e* **1.** Kind *nt* im Krabbelalter; **2.** Strampelanzug *m*
поливáть *vt E impf* (*pf*: поли́ть) begießen
полигóн *m K* **1.** Versuchsstrecke *f*; **2.** Testgebiet *nt*; **3.** Schießplatz *m*
полиня́ть *vi E pf* (*impf:* линя́ть) **1.** abfärben; **2.** sich häuten
полировáть *vt E2 impf* (*pf:* на-, от-) polieren
полирóвка *f A* Politur *f*
пóлис *m K* **1.** Police *f*; **страховóй ~** Versicherungspolice *f*; **2.** (*hist*) Polis *f*, Stadtstaat *m*
поли́тик *m K* Politiker, -in *m/f*
поли́тика *f A* Politik *f*; **~ в óбласти образовáния** Bildungspolitik *f*; **~ разря́дки** Entspannungspolitik *f*; **~ рефóрм** Reformpolitik *f*; **большáя ~** hohe Politik *f*; **внéшная ~** Außenpolitik *f*; **вну́тренная ~** Innenpolitik *f*; **мировáя ~** Weltpolitik *f*; **недальнови́дная ~** kurzsichtige Politik *f*; **оши́бочная ~** verfehlte Politik *f*; **природоохрáнная ~** Umweltschutzpolitik *f*; **социáльная ~** Sozialpolitik *f*; **проводи́ть поли́тику** Politik betreiben; **придéрживаться поли́тики** an einer Politik festhalten
полити́ческий *adj* politisch
политолóгия *f A2* Politikwissenschaft *f*
политу́ра *f A* Politur *f*
поли́ть ⟨*fut*: -лью́, -льёшь⟩ *vt E4c pf* (*impf:* поливáть) begießen
полицéйский *adj* **I.** polizeilich, Polizei-; **глáвное полицéйское управлéние** Polizeipräsidium *nt*; **II.** *m wie adj* **1.** Polizist *m*; **2.** (*umg*) Bulle *m*
поли́ция *f A2* Polizei *f*; **~ нрáвов** Sittenpolizei *f*; **железнодорóжная ~** Bahnpolizei *f*; **налóговая ~** Steuerfahndung *f*; **уголóвная ~** Kriminalpolizei *f*; **экологи́ческая ~** Umweltpolizei *f*
полиэ́стр *m K* Polyester *nt*
полк ⟨*präpos sg*: о полкé, в полку́⟩ *m K e* Regiment *nt*
пóлка *f A* Regal *nt*; **кни́жная ~** Bücherregal *nt*
полкóвник *m K* Oberst *m*
полковóдец ⟨*gen sg*: -дца⟩ *m K* Feldherr *m*, Heerführer *m*
полнолу́ние *nt O2* Vollmond *m*
полнометрáжный *adj* abendfüllend
полномóчие *nt O2* Befugnis *f*, Vollmacht *f*; **превышáть свои́ полномóчия** die Grenzen seiner Macht überschreiten; **проси́ть предоставлéния осóбых полномóчий** um Sondervollmacht bitten; **сложи́ть свои́ полномóчия** sein Amt niederlegen
полномóчный ⟨*kf*: -чен, -чна⟩ *adj* befugt
пóлностью *adv* völlig, vollständig
полнотá *f A e* Fülle *f*
пóлночь *f I* Mitternacht *f*
пóлный ⟨*kf*: пóлон, полнá, полнó⟩ *adj* **1.** voll; **2.** vollständig, lückenlos, komplett; **3.** (*о человéке*) mollig, vollschlank, korpulent; **~ запрéт хими́ческого орýжия** globales Verbot *nt* chemischer Waffen; **в пóлном состáве** vollzählig; **идти́ пóлным хóдом** auf Hochtouren laufen
полови́на *f A* Hälfte *f*; **в полови́не пя́того** um halb fünf; **пéрвая ~ игры́** erste Halbzeit *f*; **в пéрвой полови́не гóда** im ersten Halbjahr; **в пéрвой полови́не дня** am Vormittag; **во вторóй полови́не дня** am Nachmittag; **во вторóй полови́не 60-ых годóв** in den späten 60er Jahren
полови́нчатый ⟨*kf*: -ат⟩ *adj* inkonsequent, halbherzig
полови́ца *f A* Diele *f*, Planke *f*
половóй *adj* geschlechtlich, Geschlechts-; **~ акт** Geschlechtsverkehr *m*; **~ гормóн** Geschlechtshormon *nt*; **половы́е óрганы** Geschlechtsorgane *nt pl*; **половóе сношéние** Geschlechtsverkehr *m*
положéние *nt O2* Lage *f*, Stellung *f*; **~ вещéй** Sachlage *f*; **~ звёзд** (*ASTR*) Konstellation *f*; **быть в положéнии** in anderen Umständen sein
положи́тельный ⟨*kf*: -лен, -льна⟩ *adj* positiv; **давáть ~ отвéт** bejahen
положи́ть ⟨*fut*: -ожу́, -óжишь⟩ *vt I pf* (*impf:* класть) **1.** legen, hinlegen; **2.** hineintun
пóлоз ⟨*pl*: -лóзья, -ьев⟩ *m U3* Kufe *f*
полосá *f A e2* **1.** Streifen *m*; **~ зелёных насаждéний** Grünstreifen *m*; **2.** (*fig: перúод жи́зни*) Strähne *f*; **~ неудáч** Pechsträhne *f*; **~ удáч** [*о* **везéния**] Glückssträhne *f*; **3.** (*TRANSP*) Spur *f*, Bahn *f*; **взлётная ~** Startbahn *f*; **взлётно-посáдочная ~** Landebahn *f*; **~ для обгóна** Überholspur *f*; **~ для поворóта** Abbiegespur *f*; **4.** (*в газéте*) Seite *f*; **5.** Striemen *m*

полоса́ми *adv* strichweise
полоса́тый ⟨*kf*: -áт⟩ *adj* gestreift
полоска́ние *nt O2* Spülen *nt*; **~ рта** Gurgeln *nt*
полоска́ть ⟨*präs*: -ощу́, -о́щешь⟩ *vt E4 impf* (*pf:* вы́-) ausspülen, gurgeln
полоте́нце ⟨*gen sg*: -нца⟩ *nt O1* Handtuch *nt*; **махро́вое ~** Badetuch *nt*; **посу́дное ~** Geschirrtuch *nt*
полотно́ *m K pls* **1.** Leinen *nt*, Leinwand *f*; **2.** (*железнодоро́жное*) Bahndamm *m*
полтора́ *num* eineinhalb; **ни два ни ~** nichts Halbes *nt* und nichts Ganzes *nt*
полу- *präfix* Halb-, halb-
полуботи́нки ⟨*gen pl*: -нок⟩ *m K* Halbschuhe *m pl*
полуго́дие *nt O2* Halbjahr *nt*
полугодово́й *adj* halbjährig
полукру́г *m K* Halbkreis *m*
полуме́сяц *m K* Halbmond *m*
полуо́стров *m K ple* Halbinsel *f*
полупрово́дник *m K* Halbleiter *m*
полураспа́д *m K* (*PHYS*) Zerfall *m*; **пери́од ~а** Halbwertszeit *f*
полусве́т *m K* **1.** Halbdunkel *nt*, Dämmerlicht *nt*; **2.** Halbwelt *f*
полусо́н ⟨*gen sg*: полусна́⟩ *m K e* Halbschlaf *m*
полуфина́л *m K* Halbfinale *nt*
получасово́й *adj* halbstündig
получа́тель *m K1* Empfänger *m*; **~ окла́да** Gehaltsempfänger *m*
получа́ть *vt E impf* (*pf:* получи́ть) **1.** bekommen, erhalten; **2.** (*това́р, газе́ту*) beziehen; **~ при́быль** Gewinn erwirtschaften; **~ свою́ до́лю** seinen Anteil erhalten; **~ удово́льствие** befriedigt werden, auf seine Kosten kommen
получа́ться *vr E impf* (*pf:* получи́ться) gelingen, klappen; **не ~** schieflaufen, nicht klappen
получе́ние *nt O2* **1.** Erhalt *m*, Beschaffung *f*; **2.** (*това́р, газе́ту*) Bezug *m*
полу́чка *f A* **1.** Lohn *m*; **2.** Lohnauszahlung *f*; **3.** Lohntag *m*, Zahltag *m*
полуша́рие *nt O2* Halbkugel *f*, Hemisphäre *f*
по́лый *adj* hohl
полыха́ть *vi E impf* (*pf:* за-) **1.** lichterloh brennen; **2.** (*fig*) glühen
по́льза *f A* Nutzen *m*; **идти́ на по́льзу** nützen; **в по́льзу кого́-ли́бо** zugunsten (+*gen*); **приноси́ть по́льзу** nützen, fruchten
по́льзование *nt O2* Gebrauch *m*, Nutzung *f*
по́льзователь *m K1* Anwender, -in *m/f*, Benutzer, -in *m/f*, Betreiber, -in *m/f*, Kunde, Kundin *m/f*
по́льзоваться *vr + inst E2 impf* (*pf:* вос-) anwenden, benutzen, gebrauchen; **~ авторите́том** Ansehen genießen; **~ городски́м тра́нспортом** öffentliche Verkehrsmittel benutzen; **~ нало́говыми льго́тами** Anpsruch auf Steuervergünstigungen haben; **~ свои́м служе́бным положе́нием** seine dienstliche Stellung ausnutzen; **~ чьи́ми-то сове́тами** sich beraten lassen (von +*dat*); **~ чьей-то по́мощью** jds Hilfe beanspruchen
по́лька *f A* **1.** Polin *f*; **2.** (*та́нец*) Polka *f*
по́льский *adj* polnisch
По́льша *f A* Polen *nt*
полюби́ть ⟨*fut*: -юблю́, -ю́бишь⟩ *vt I pf* liebgewinnen
по́люс ⟨*pl*: -ы, -ов/-á, -о́в⟩ *m K* Pol *m*; **отрица́тельный ~** Minuspol *m*; **положи́тельный ~** Pluspol *m*
поля́к *m K* Pole *m*
поля́на *f A* Lichtung *f*
поля́рник *m K* Polarforscher *m*
поля́рный ⟨*kf*: -рен, -рна⟩ *adj* polar, Polar-; **~ круг** Polarkreis *m*
поля́чка *f A* (*arch*) Polin *f*
пома́да *f A* Pomade *f*; **гу́бная ~** Lippenstift *m*
помазо́к ⟨*gen sg*: -зка́⟩ *m K e* Rasierpinsel *m*
поменя́ться *v + inst E pf* (*impf:* меня́ться) (*с кем-ли́бо*) tauschen; **~ роля́ми** die Rollen tauschen; **~ места́ми** die Plätze tauschen
помёт *m K* Kot *m*
поме́тить ⟨*fut*: -ме́чу, -ме́тишь⟩ *vt I pf* (*impf:* помеча́ть) markieren, kennzeichnen
поме́тка *f A* Vermerk *m*
поме́ха *f A* Hindernis *nt*, Störung *f*; **устраня́ть поме́хи (ра́дио)** Störungen beseitigen
помеча́ть *vt E impf* (*pf:* поме́тить) markieren, kennzeichnen
помеша́ть *v + dat E pf* (*impf:* меша́ть) **1.** stören; **2.** verhindern, verhüten
помеще́ние *nt O2* Raum *m*
поме́щик, поме́щица *m K / f A* Gutsherr, -in *m/f*
поми́лование *nt O2* Begnadigung *f*; **проше́ние о поми́ловании** Gnadengesuch *nt*
поми́ловать *vt E2 pf* begnadigen
по́мнить *vt I impf* sich erinnern, denken (an +*akk*)
помно́жить *vt I pf* (*impf:* мно́жить) multiplizieren
помога́ть *v + dat E impf* (*pf:* помо́чь) helfen, behilflich sein, aushelfen; **~ заполучи́ть что-ли́бо** verhelfen (zu +*dat*); **~ наде́ть пальто́** jdn in den Mantel helfen; **~ снять пальто́** jdm aus dem Mantel helfen

помо́лвка *f A* Verlobung *f*
помоли́ться *vi I pf* (*impf:* моли́ться) beten
помоло́ть ⟨*fut*: -мелю́, -ме́лешь⟩ *vt UE5 pf* (*impf:* моло́ть) mahlen
помо́ст *m K* **1.** Podest *nt*, Podium *nt*; **2.** (*BAU*) Gerüst *nt*; **3.** Laufsteg *m*
помо́чь ⟨*fut*: -могу́, -мо́жешь⟩ *v + dat UE4 pf* (*impf:* помога́ть) helfen, behilflich sein
помо́щник *m K* **1.** Helfer *m*, Gehilfe, Gehilfin *m/f*, Hilfskraft *f*; **2.** (*у поли́тика*) persönlicher Referent *m*, Berater *m*; **вре́менный ~** Aushilfskraft *f*; **~ режиссёра** Regieassistent *m*
по́мощь *f I* **1.** Hilfe *f*, Hilfeleistung *f*, Hilfsmaßnahme *f*; **2.** Untersützung *f*, Beistand *m*; **3.** Abhilfe *f*, Mithilfe *f*; **~ развива́ющимся стра́нам** Entwicklungshilfe *f*; **~ социа́льно незащищённым** Sozialhilfe *f*; **оказа́ть материа́льную ~** jdn bezuschußen
по́мпа *f A* Pomp *m*, Prunk *m*
помпе́зный ⟨*kf*: -зен, -зна⟩ *adj* pompös, prunkvoll
помрачне́ть *vi E pf* (*impf:* мрачне́ть) sich verfinstern, sich verdunkeln
помы́ть ⟨*fut*: -мо́ю, -мо́ешь⟩ *vt E8 pf* (*impf:* мыть) waschen
понаде́яться *vi E5 pf* (*impf:* наде́яться) (*на что-ли́бо*) hoffen (auf *+akk*)
понаслы́шке *adv* vom Hörensagen
понеде́льник *m K* Montag *m*; **после́дний ~ ма́сленицы** Rosenmontag *m*
по́ни *nt indekl* Pony *nt*
понижа́ть *vt E impf* (*pf:* пони́зить) (*auch fig*) senken; **~ в зва́нии** degradieren; **~ го́лос** die Stimme dämpfen
понижа́ться *vi E impf* (*pf:* пони́зиться) **1.** sinken; **2.** sich verringern; **3.** schlechter werden
пониже́ние *nt O2* Verringerung *f*; **~ цен** Preissenkung *f*
понима́ние *nt O2* **1.** Erkennen *nt*, Begreifen *nt*; **2.** Verständnis *f*, Einsicht *f*; **в моём понима́нии** nach meinem Verständnis; **э́то вы́ше его́ понима́ния** das übersteigt sein Fassungsvermögen; **относи́ться к чему́-ли́бо с понима́нием** Verständnis aufbringen (für *+akk*)
понима́ть *vt E impf* (*pf:* поня́ть) **1.** verstehen, begreifen; **2.** einsehen, erkennen; **мно́го ты понима́ешь!** du hast vielleicht eine Ahnung! **неве́рно ~** mißverstehen
понима́ющий *adj* einfühlsam, verständnisvoll
понома́рь *m K1* Küster *m*
поно́с *m K* (*umg*) Durchfall *m*
поноси́ть ⟨*präs*: -ношу́, -но́сишь⟩ *vt I impf* schlechtmachen
понра́виться ⟨*fut*: -влюсь, -вишься⟩ *v + dat I pf* (*impf:* нра́виться) gefallen
по́нчик *m K* (gefüllter) Pfannkuchen *m*
поню́хать *vt E pf* (*impf:* ню́хать) riechen, einatmen
поня́тие *nt O2* Begriff *m*; **он не име́ет об э́том ни мале́йшего поня́тия** er hat nicht die geringste Ahnung davon; **э́то ~ растяжи́мое** das kann verschieden gedeutet werden
поня́тливость *f I* Auffassungsgabe *f*
поня́тный ⟨*kf*: -тен, -тна⟩ *adj* verständlich, begreiflich, plausibel
поня́ть ⟨*fut*: пойму́, поймёшь⟩ *vt E9 pf* (*impf:* понима́ть) **1.** verstehen, begreifen; **2.** einsehen, erkennen
пообе́дать *vi E pf* (*impf:* обе́дать) zu Mittag essen
пообеща́ть *vi E pf* (*impf:* обеща́ть) versprechen
поощре́ние *nt O2* **1.** Förderung *f*; **2.** Begünstigung *f*
по́па *f A* (*umg*) Popo *m*
попада́ть *vi E impf* (*pf:* попа́сть) (*во что-ли́бо*) gelangen, hingeraten; **как попа́ло** aufs Geratewohl; **~ впроса́к** (*umg*) hereinfallen, sich blamieren; **~ под маши́ну** von einem Auto überfahren werden; **не ~ в цель** danebengehen; **~ в са́мую то́чку** (*fig*) ins Schwarze treffen
попада́ться *vi E impf* (*pf:* попа́сться) **1.** hineingeraten; **2.** (*umg*) sich erwischen lassen; **~ на глаза́ кому́-ли́бо** jdm unter die Augen kommen
попере́к *adv* quer; **стано́виться ~ доро́ги кому́-ли́бо** jdm in die Quere kommen
попере́чный *adj* quer; **попере́чное сече́ние** Querschnitt *m*
попе́рчи́ть *vt I pf* (*impf:* пе́рчи́ть) pfeffern
попече́ние *nt O2* Fürsorge *f*, Obhut *f*
поп-звезда́ *f A* Popstar *m*
popla **попла́каться** ⟨*fut*: -пла́чусь, -пла́чешься⟩ *vi E4 pf* (*impf:* пла́каться) klagen, jammern
поплати́ться ⟨*fut*: -плачу́сь, -пла́тишься⟩ *vi I pf* (*impf:* плати́ться) (*чем-ли́бо/за что-ли́бо*, *fig*) bezahlen, büßen (für *+akk*)
поп-му́зыка *f A* Popmusik *f*
попола́м *adv* **1.** entzwei; **2.** zur Hälfte
попо́лниться ⟨*nur 3. pers*: -ится⟩ *v + inst I pf* (*impf:* пополня́ться) **1.** sich ergänzen, sich vervollständigen; **2.** sich rekrutieren (aus *+dat*)

поправиться ⟨*fut*: -влюсь, -вишься⟩ *vi I pf* (*impf:* поправляться) **1.** sich verbessern; **2.** gesunden; **он поправляется** es geht ihm besser
поправка *f A* **1.** Richtigstellung *f*; **2.** Abänderung *f*; **3.** (*JUR*) Klausel *f*; **4.** (*MED*) Besserung *f*; **больной идёт на поправку** der Kranke ist auf dem Weg der Besserung
попробовать *vt E2 pf* (*impf:* пробовать) **1.** erproben; **2.** probieren
попросить ⟨*fut*: -ошу, -осишь⟩ *vi I pf* (*impf:* просить) **1.** (*о ком-либо/о чём-либо*) bitten, ersuchen, auffordern; **2.** einladen
попрошайничанье *nt O1* Bettelei *f*
попугай *m K2* Papagei *m*; **волнистый ~** Wellensittich *m*
популизм *m K* Populismus *m*
популярность *f I* Popularität *f*, Beliebtheit *f*
популярный ⟨*kf*: -рен, -рна⟩ *adj* populär, beliebt
попутчик *m K* **1.** Reisegefährte *m*; **2.** (*im pl*) Reisegesellschaft *f*; **3.** (*POL*) Mitläufer *m*
попытаться *vi E pf* (*impf:* пытаться) versuchen
попытка *f A* Versuch *m*; **~ сближения** Annährungsversuch *m*
попятный *adj* Rückwärts-; **попятное движение** Rückwärtsbewegung *f*; **идти на ~** einen Rückzieher machen
пора *f A e2* (*период*) Zeit *f*, Saison *f*; **на первых порах** zunächst, anfangs; **давно ~** es ist höchste Zeit
пора *f A* Pore *f*
порадовать *vt E2 pf* (*impf:* радовать) erfreuen
поражать *vt E impf* (*pf:* поразить) **1.** treffen, vernichten; **2.** befallen, heimsuchen; **3.** überraschen, bestürzen; **неприятно ~** befremden
поражение *nt O2* (*MIL, SPORT*) Niederlage *f*; **~ на выборах** Wahlniederlage *f*; **потерпеть ~** unterliegen
поражённый *adj* befremdet, betroffen, unangenehm überrascht, bestürzt
порвать ⟨*fut*: -рву, -рвёшь, *prät*: -рвал, -рвала, рвало⟩ *vt E4 pf* (*impf:* рвать) **1.** zerreißen; **2.** (*fig*) abbrechen
порез *m K* Schnittwunde *f*
порекомендовать *vt E2 pf* (*impf:* рекомендовать) **1.** empfehlen; **2.** anraten
пористый ⟨*kf*: -ист⟩ *adj* porös
порицание *nt O2* Rüge *f*
порицать *vt E impf* (*geh*) rügen
порнография *f A2* Pornographie *f*
порог *m K* **1.** Schwelle *f*; **2.** Türschwelle *f*; **3.** (*fig*) Schwelle *f*; **4.** Stromschnelle *f*
порода *f A* **1.** Rasse *f*; **2.** Art *f*, Schlag *m*; **3.** (*GEOL*) Gestein *nt*
породистый ⟨*kf*: -ист⟩ *adj* reinrassig
породить ⟨*fut*: -ожу, -одишь⟩ *vt I pf* (*impf:* порождать) bewirken, erzeugen
порожний *adj* leer; **порожняя тара** Leergut *nt*
порой *adv* mitunter, manchmal
порок *m K* Laster *nt*, Fehler *m*; **~ сердца** (*MED*) Herzfehler *m*; **быть во власти ~а** einem Laster frönen
поросёнок ⟨*gen sg*: -нка, *pl*: -сята, -сят⟩ *m U4* Ferkel *nt*; **молочный ~** Spanferkel *nt*
порох *m K* Schießpulver *nt*
пороховой *adj* Pulver-; **пороховая бочка** Pulverfaß *nt*; **сидеть на пороховой бочке** (*fig*) auf einem Pulverfaß sitzen
порочить *vt I impf* (*pf:* о-) verunglimpfen, in Verruf bringen, verleumden
порочный ⟨*kf*: -чен, -чна⟩ *adj* **1.** lasterhaft; **2.** anrüchig, schändlich; **порочная практика** Unwesen *nt*, Unart *f*
порошкообразный *adj* pulverig
порошок ⟨*gen sg*: -шка⟩ *m K* Pulver *nt*
порт *m K* **1.** (*MAR*) Hafen *m*; **морской ~** Seehafen *m*; **речной ~** Binnenhafen *m*; **2.** (*аэропорт, воздушный*) Flughafen *m*
портал *m K* Portal *nt*
портвейн *m K* Portwein *m*
портить ⟨*präs*: -рчу, -ртишь⟩ *vt I impf* (*pf:* ис-) verderben, beschädigen
портиться ⟨*präs*: -рчусь, -ртишься⟩ *vi I impf* (*pf:* ис-) verderben, verschimmeln
портняжничать *vi E impf* (*портняжить*) schneidern
портовый *adj* Hafen-; **~ город** Hafenstadt *f*; **~ рабочий** Hafenarbeiter *m*
портрет *m K* Portrait *nt*, Bildnis *nt*; **рисовать чей-либо ~** jdn potraitieren
португалец ⟨*gen sg*: -льца⟩ *m K* Portugiese *m*
Португалия *f A2* Portugal *nt*
португалка *f A* Portugiesin *f*
португальский *adj* portugiesisch
портфель *m K1* **1.** Aktentasche *f*; **2.** Schulmappe *f*; **3.** (*ÖKON*) Portfolio *nt*, Bestand *m*; **~ заказов** Auftragsbuch *nt*; **~ ценных бумаг** Wertpapierbestand *m*
портье *m indekl* Portier *m*
поругаться *vi E pf* (*impf:* ругаться) schimpfen, zanken
поручать *vt E impf* (*pf:* поручить) beauftragen
поручение *nt O2* Auftrag *m*
поручитель *m K1* Bürge *m*
поручительство *nt O* Bürgschaft *f*
поручить *vt I pf* (*impf:* поручать) beauftragen

поручи́ться *vi I pf* (*impf:* руча́ться) bürgen (für *+akk*)
по́ручни ⟨*gen pl*: -чней⟩ *m K1* Reling *f*
по́рция *f A2* Portion *f*
поры́в *m K* **1.** Regung *f*, Drang *m*; **2.** Stoß *m*; ~ **ве́тра** Windstoß *m*
поры́вистый ⟨*kf*: -ист⟩ *adj* **1.** ruckartig; **2.** (*о ве́тре*) böig
поря́док ⟨*gen sg*: -дка⟩ *m K* **1.** Ordnung *f*; **2.** Regelung *f*, Vorgehensweise *f*; ~ **рабо́ты** Ablauf *m*; ~ **слов** (*LING*) Satzbau *m*; **в поря́дке экспериме́нта** versuchsweise; **для поря́дка** der Ordnung halber; **наводи́ть** ~ Ordnung schaffen, aufräumen; **приводи́ть в** ~ (*auch fig*) in Ordnung bringen
поря́дочность *f I* Anständigkeit *f*
поря́дочный ⟨*kf*: -чен, -чна⟩ *adj* **1.** anständig, rechtschaffen; **глубоко́** ~ hochanständig; **2.** (*umg*) gehörig, ordentlich; **поря́дочная су́мма де́нег** eine hübsche Summe *f*
посади́ть ⟨*fut*: -ажу́, -а́дишь⟩ *vt I pf* (*impf:* сажа́ть) **1.** setzen, stecken; **2.** einpflanzen, setzen
поса́дка *f A* **1.** Landung *f*; **вы́нужденная** ~ Notlandung *f*; **заходи́ть на поса́дку** zur Landung ansetzen; **соверша́ть поса́дку** landen; 2. (*AGR*) Pflanzung *f*
посвяти́ть ⟨*fut*: -ащу́, -ати́шь⟩ *vt I pf* (*impf:* посвяща́ть) **1.** (*кому́-ли́бо*) widmen; **2.** (*кого́-ли́бо во что-ли́бо*) einweihen (in *+akk*)
посвяще́ние *nt O2* **1.** Widmung *f*; **2.** Einweihung *f*
посвящённый *m wie adj* Eingeweihte(r) *m*, Mitwisser *m*
посе́в *m K* Saat *f*
посевно́й *adj* Saat-; **посевна́я материа́л** Saatgut *nt*
поселе́нец ⟨*gen sg*: -нца⟩ *m K* Siedler *m*
посёлок ⟨*gen sg*: -лка⟩ *m K* Siedlung *f*
посереди́не *adv* mitten drin
посети́тель, **посети́тельница** *m K / f A* Besucher, -in *m/f*
посети́ть ⟨*fut*: -сещу́, -сети́шь⟩ *vt I pf* (*impf:* посеща́ть) **1.** besuchen; **2.** überkommen, ereilen
посе́товать *vt E2 pf* (*impf:* се́товать) klagen, lamentieren
посеще́ние *nt O2* **1.** Besuch *m*; ~ **на дому́** Hausbesuch *m*; **2.** Heimsuchung *f*
посе́ять *vt E pf* (*impf:* се́ять) säen; **что посе́ешь, то и пожнёшь** wie man sich bettet, so liegt man
поскользну́ться *vi E1 pf* ausrutschen
поско́льку *konj* zumal, da ... ja
посла́ние *nt O2* Botschaft *f*, Nachricht *f*
посла́нник *m K* Gesandter *m*, Bote *m*
посла́ть ⟨*fut*: -шлю́, -шлёшь⟩ *vt E4 pf* (*impf:* посыла́ть) **1.** schicken; **2.** delegieren
по́сле *präp +gen* nach (*+dat*); ~ **э́того** danach; daraufhin; **сра́зу** ~ **э́того** anschließend, im Anschluß daran
послевое́нный *adj* Nachkriegs-; ~ **пери́од** Nachkriegszeit *f*; **послевое́нное поколе́ние** Nachkriegsgeneration *f*
после́дний *adj* letzte(r ,s); **на́званный после́дним** letzterer; **са́мый** ~ der allerletzte; **в после́днее вре́мя** neuerdings, in jüngster Zeit
после́довательность *f I* **1.** Konsequenz *f*, Folgerichtigkeit *f*; **2.** Abfolge *f*, Reihenfolge *f*
после́довательный ⟨*kf*: -лен, -льна⟩ *adj* **1.** folgerichtig, konsequent; **2.** schlüssig; ~ **перево́д** sequentielles Dolmetschen *nt*
после́довать *vi E2 pf* (*impf:* сле́довать) folgen
после́дствие *nt O2* **1.** Folge *f*; **2.** Folgeerscheinung *f*, Nachwirkung *f*
после́дующий *adj* anschließend, nachfolgend, folgend
послеза́втра *adv* übermorgen
послеобе́дный *adj* Nachmittags-; **послеобе́денное вре́мя** Nachmittag *m*; **в послеобе́денное вре́мя** nachmittags
послесло́вие *nt O2* Nachwort *nt*
посло́вица *f A* Sprichwort *nt*; **воше́дший в посло́вицу** sprichwörtlich
послуша́ние *nt O2* Gehorsam *m*
послу́шаться *vi E pf* (*impf:* слу́шаться) gehorchen
послу́шный ⟨*kf*: -шен, -шна⟩ *adj* gehorsam, brav, artig, folgsam
посме́иваться *vi E impf* (*над кем-ли́бо*) belächeln, sich ein wenig lustig machen (über *+akk*)
посме́ть *vi E pf* (*impf:* сметь) wagen
посме́шище *nt O1* Gespött *nt*; **де́лать** ~ **из кого́-ли́бо** jdn zum Gespött machen; **стано́виться посме́шищем** sich lächerlich machen
посмотре́ть ⟨*fut*: -смотрю́, -смо́тришь⟩ *vt I pf* (*impf:* смотре́ть) schauen, hinsehen
посо́бие *nt O2* **1.** Beihilfe *f*, finanzielle Unterstützung *f*; ~ **по безрабо́тице** Arbeitslosenunterstützung *f*; **2.** (*уче́бное*) Lehrmittel *pl*, Hilfsmittel *nt pl*
посо́бник *m K* **1.** Gehilfe *m*, Handlanger *m*; **2.** (*JUR*) Mittäter *m*
посо́бничество *nt O2* (*JUR*) Beihilfe *f*, Mittäterschaft *f*
посове́товать *vi E2 pf* (*impf:*

сове́товать) beraten
посове́товаться *vi E2 pf* (*impf:* сове́товаться) konsultieren
посоде́йствовать *vi E2 pf* (*impf:* соде́йствовать) **1.** beistehen, behilflich sein; **2.** fördern , unterstützen
посо́л ⟨*gen sg*: -сла́⟩ *m K e* Botschafter, -in *m/f*
посоли́ть ⟨*fut*: -солю́, -со́лишь⟩ *vt I pf* (*impf:* соли́ть) **1.** salzen; **2.** pökeln
посо́льство *nt O* Botschaft *f*
посочу́вствовать *v + dat E2 pf* (*impf:* сочу́вствовать) jdn bemitleiden
поспа́ть ⟨*fut*: -сплю́, -спи́шь⟩ *vi I pf* (*impf:* спать) schlafen
поспеши́ть *vi I pf* (*impf:* спеши́ть) eilen
поспе́шный ⟨*kf*: -шен, -шна⟩ *adj* hastig, eilig
посре́дник *m K* **1.** Vermittler, -in *m/f*; **2.** Zwischenhändler, -in *m/f*
посре́дничество *nt O* Vermittlung *f*
посре́дственный ⟨*kf*: -вен, -венна⟩ *adj* mittelmäßig, durchschnittlich
посре́дством *präp +gen* mittels (*+gen*), mit Hilfe (*+gen*)
поссо́рить *vt I pf* (*impf:* ссо́рить) entzweien
поссо́риться *vi I pf* (*impf:* ссо́риться) streiten, zanken, aneinandergeraten
пост ⟨*präpos sg*: о посте́, на посту́⟩ *m K e* **1.** Posten *m*, Amt *nt*; **~ ка́нцлера** Kanzleramt *nt*; **2.** (*REL*) Fastenzeit *f*, Fasten *nt*
поста́вить ⟨*fut*: -влю, -вишь⟩ *vt I pf* (*impf:* ста́вить) **I.** stellen, setzen; **II.** *vt I pf* (*impf:* поставля́ть) **1.** liefern; **2.** (*REL*) weihen
поста́вка *f A* Lieferung *f*
поставщи́к *m K e* Lieferant *m*
постано́вка *f A* **1.** Aufstellung *f*; **~ вопро́са** Fragestellung *f*; **2.** (*THEAT*) Aufführung *f*
постановле́ние *nt O2* **1.** Beschluß *m*; **2.** Verfügung *f*
постара́ться *vi E pf* (*impf:* стара́ться) sich bemühen, sich anstrengen
посте́ль *f I* Bett *nt*
посте́льный *adj* Bett-; **посте́льное бельё** Bezug *m*, Bettwäsche *f*; **~ режи́м** Bettruhe *f*
постепе́нный ⟨*kf*: -е́нен, -е́нна⟩ *adj* allmählich, schrittweise; **~ перехо́д** nahtloser Übergang *m*
постига́ть *vt E impf* (*pf:* пости́гнуть) **1.** erfassen, begreifen; **2.** befallen, heimsuchen
постира́ть *vt E pf* (*impf:* стира́ть) **1.** waschen; **2.** abwischen
пости́ться ⟨*präs*: пощу́сь, пости́шься⟩ *vi I impf* (*REL*) fasten
по́стный ⟨*kf*: -тен, -тна́, -тно⟩ *adj* (*мя́со*) mager
постово́й *m wie adj* Posten *m*, Wache *f*
посторони́ться ⟨*fut*: -оню́сь, -о́нишься⟩ *vi I pf* (*impf:* сторони́ться) aus dem Weg gehen
посторо́нний *adj* fremd; **посторо́ннее те́ло** Fremdkörper *m*
постоя́нная *f wie adj* (*MATH*) Konstante *f*
постоя́нный ⟨*kf*: -я́нен, -я́нна⟩ *adj* **1.** beständig, kontinuierlich; **2.** (*MATH*) konstant; **постоя́нная клиенту́ра** Stammkundschaft *f*; **~ посети́тель** Stammgast *m*
постоя́нство *nt O2* Beständigkeit *f*
постоя́ть *vi I pf* (*impf:* стоя́ть) **1.** stehen; **2.** eine Zeit lang stehen
пострада́вший *m wie adj* Geschädigte(r) *m*, Betroffene(r) *m*, Opfer *nt*
пострада́ть *vi E pf* (*impf:* страда́ть) **1.** leiden; **2.** zu Schaden kommen, verletzt werden
постре́л *m K* (*umg*) Lausbub *m*
построе́ние *nt O2* **1.** Aufbau *m*; **2.** (*geh*) Theorie *f*, Lehrgebäude *nt*; **3.** (*MIL*) Aufstellung *f*, Aufmarsch *m*
постро́ить *vt I pf* (*impf:* стро́ить) **1.** bauen, errichten; **2.** (*fig*) schmieden
постро́йка *f A* Bau *m*; **неотде́ланная ~** Rohbau *m*
поступа́тельный ⟨*kf*: -лен, -льна⟩ *adj* fortschreitend, vorwärtsgerichtet
поступа́ть *vi E impf* (*pf:* поступи́ть) **1.** handeln; **2.** verfahren, vorgehen; **3.** eingehen, einlaufen; **4.** eintreten, die Arbeit aufnehmen; **~ в университе́т** sich an der Universität einschreiben
поступа́ться *v + inst E impf* (*pf:* поступи́ться) aufgeben, preisgeben; **~ при́нципами** seine Prinzipien aufgeben [*o* preisgeben]
поступле́ние *nt O2* **1.** (*бума́г, де́нег*) Eingang *m*; **2.** (*в институ́т*) Immatrikulation *f*
посту́пок ⟨*gen sg*: -пка⟩ *m K* Handlung *f*, Tat *f*
посты́дный ⟨*kf*: -ден, -дна⟩ *adj* peinlich, beschämend
посу́да *f A* Geschirr *nt*; **бью́щаяся ~** zerbrechliches Geschirr *nt*
посудомо́ечный *adj* Geschirrspül-; **посудомо́ечная маши́на** Geschirrspülmaschine *f*
посчита́ть *vt E pf* (*impf:* счита́ть) **1.** zählen; **2.** rechnen; **3.** (*fig*) glauben
посыла́ть *vt E impf* (*pf:* посла́ть) **1.** schicken, senden; **2.** entsenden, delegieren; **3.** (*за кем-ли́бо/за чем-ли́бо*) jdn/etw abholen lassen
посы́лка *f A* Paket *nt*, Päckchen *nt*; **~ с**

гуманита́рной по́мощью Hilfsgütersendung *f*
посы́льный *m wie adj* Bote *m*
посы́пать ⟨*fut*: -плю, -плешь⟩ *vt E4 pf* (*impf:* посыпа́ть) bestreuen
посы́паться ⟨*nur 3. pers*: -плется⟩ *vi E4 pf* (*impf:* сы́паться) **1.** herabrieseln; **2.** (*fig*) niederprasseln, hageln
посяга́тельство *nt O* Attentat *nt*
посяга́ть *vi E impf* (*pf:* посягну́ть) **1.** (*на кого́-ли́бо/на что-ли́бо*) sich vergreifen (an *+akk*); **2.** einen Anschlag machen (auf *+akk*)
пот ⟨*gen sg*: -а, -у, *präpos sg*: о по́те, в поту́⟩ *m K ple* **1.** Schweiß *m*; **ка́пли ~а вы́ступили у него́ на лбу** der Schweiß perlte auf seiner Stirn; **2.** Niederschlag *m*
потасо́вка *f A* Prügelei *f*, Rauferei *f*
потво́рствовать *v + dat E2 impf* nachsichtig sein
потенциа́л *m K* Potential *nt*
потенциа́льный ⟨*kf*: -лен, -льна⟩ *adj* (*geh*) potentiell, denkbar, möglich
поте́нция *f A2* Potenz *f*
потерпе́ть ⟨*fut*: -ерплю́, -е́рпишь⟩ *vt I pf* erleiden; **~ пораже́ние** eine Niederlage erleiden
потёртый ⟨*kf*: -ёрт⟩ *adj* **1.** abgetragen, schäbig; **2.** müde, abgespannt
поте́ря *f A1* **1.** Verlust *m*; **2.** Schaden *m*, Einbuße *f*
поте́рянный *adj* verloren; **у него́ был ~ вид** er sah völlig ratlos aus
потеря́ть *vt E pf* (*impf:* теря́ть) verlieren
потеря́ться *vi E pf* (*impf:* теря́ться) **1.** verlorengehen, abhanden kommen; **2.** vermißt werden
поте́ть *vi E impf* (*pf:* за-, от-) **1.** schwitzen; **2.** (*окно́*) anlaufen, sich beschlagen
потеша́ться *vi E impf* (*над кем-ли́бо/над чем-ли́бо*) belächeln, sich lustig machen (über *+akk*)
поте́шный ⟨*kf*: -шен, -шна⟩ *adj* **1.** drollig, possierlich; **2.** Spiel-, Spielzeug-
потого́нный *adj* schweißtreibend
пото́к *m K* (*auch fig*) Strom *m*; **~ бе́женцев** Flüchtlingsstrom *m*; **ста́вить что-ли́бо на ~** massenweise produzieren
потоло́к ⟨*gen sg*: -лка́⟩ *m K e* Zimmerdecke *f*; **взя́то с потолка́** (*fig*) aus der Luft gegriffen
пото́м *adv* später, danach; **откла́дывать на ~** auf später verschieben
пото́мок ⟨*gen sg*: -мка⟩ *m K* Nachkomme *m*
пото́мство *nt O* Nachwuchs *m*, Nachkommenschaft *f*
потому́ *adv* **I.** deshalb, daher; **II.** *konj* (*что*) weil, da
пото́п *m K* Sintflut *f*
потороп́ить ⟨*fut*: -оплю́, -о́пишь⟩ *vt I pf* (*impf:* торопи́ть) antreiben, beschleunigen
поторопи́ться ⟨*fut*: -оплю́сь, -о́пишься⟩ *vi I pf* (*impf:* торопи́ться) sich beeilen, hasten
потра́ва *f A* Flurschaden *m*, Wildschaden *m*
потра́тить ⟨*fut*: -а́чу, -а́тишь⟩ *vt I pf* (*impf:* тра́тить) verschwenden, vergeuden
потреби́тель, **потреби́тельница** *m K / f A* Verbraucher, -in *m/f*, Konsument, -in *m/f*; **коне́чный ~** Endverbraucher *m*
потреби́ть ⟨*fut*: -блю́, -би́шь⟩ *vt I pf* (*impf:* потребля́ть) verbrauchen, konsumieren
потребле́ние *nt O2* Verbrauch *m*, Konsum *m*, Genuß *m*; **~ на ду́шу населе́ния** Prokopfverbrauch *m*
потре́бность *f I* Bedarf *m*; **со́бственная ~** Eigenbedarf *m*
потре́бовать *vt E2 pf* (*impf:* тре́бовать) **1.** fordern; **2.** erwarten
потрево́жить *vt I pf* (*impf:* трево́жить) **1.** beunruhigen; **2.** stören
потре́скивать *vi E impf* knistern, prasseln
потро́гать *vt E impf* leicht anfassen, berühren
потроха́ ⟨*gen pl*: -хо́в⟩ *nt O e* Eingeweide *pl*; **со все́ми потроха́ми** mit allem Drum und Dran
потроши́ть *vt I impf* (*pf:* вы́потрошить) **1.** die Eingeweide entfernen; **2.** (*auch fig*) ausnehmen
потряса́ть *vt E impf* (*pf:* потрясти́) (*auch fig*) erschüttern
потряса́ющий *adj* erschütternd; **~ успе́х** durchschlagender Erfolg *m*
потрясе́ние *nt O2* Erschütterung *f*
поту́хший *adj* erloschen
потуши́ть ⟨*fut*: -тушу́, -ту́шишь⟩ *vt I pf* (*impf:* туши́ть) löschen, auslöschen
потя́гивать *vi E impf* **1.** (*вино́*) schlürfen; **2.** (*unpers*) es zieht, es riecht
потя́гиваться *vi E impf* (*pf:* потяну́ться) sich rekeln, sich strecken, sich dehnen
поупражня́ться *vi E pf* (*impf:* упражня́ться) (*в чём-ли́бо, на что-ли́бо*) (sich) üben, sich beschäftigen
поутю́жить *vt I pf* (*impf:* утю́жить) plätten, bügeln
поуча́ствовать *vi E2 pf* (*impf:* уча́ствовать) (*в чём-ли́бо*) teilnehmen (an *+dat*)
поуча́ть *vt E impf* lehren
поуче́ние *nt O2* **1.** Belehrung *f*; **2.** Moralpredigt *f*
поучи́тельный ⟨*kf*: -лен. -льна⟩ *adj*

lehrreich
похвала́ *f A e* Lob *nt*
похвали́ть ⟨*fut*: -алю́, -а́лишь⟩ *vt I pf* (*impf:* хвали́ть) loben
похва́льный ⟨*kf*: -лен, -льна⟩ *adj* **1.** lobenswert; **2.** begrüßenswert
похва́статься *v + inst E pf* (*impf:* хва́статься) **1.** prahlen (mit *+dat*); **2.** sich rühmen (*+gen*)
похити́тель *m K1* Entführer *m*, Kidnapper *m*
похи́тить ⟨*fut*: -и́щу,-и́тишь⟩ *vt I pf* (*impf:* похища́ть) entführen, entwenden
похище́ние *nt O2* **1.** Raub *m*, Entwendung *f*; **2.** Entführung *f*
похо́д *m K* Wanderung *f*; **кресто́вый ~** Kreuzzug *m*
походи́ть ⟨*präs*: -хожу́, -хо́дишь⟩ *vi I impf* (*на кого́-ли́бо/на что-ли́бо*) ähneln, gleich sehen
похо́дка *f A* Gang *m*, Gangart *f*
похо́дный *adj* Wanderungs-, Feld-; **похо́дная крова́ть** Feldbett *nt*
похо́жий ⟨*kf*: -о́ж⟩ *adj* ähnlich; **э́то на него́ не похо́же** das ist nicht seine Art; **э́то на него́ похо́же** das sieht ihm ähnlich; **быть похо́жим на кого́-ли́бо** jdm ähneln
похолода́ние *nt O2* Temperaturrückgang *m*; **ре́зкое ~** Kälteeinbruch *m*
похорони́ть ⟨*fut*: -оню́, -о́нишь⟩ *vt I pf* (*impf:* хорони́ть) **1.** begraben, beerdigen; **2.** (*fig*) beerdigen, vergessen
по́хороны ⟨*gen pl*: по́хорон⟩ *pl A* Begräbnis *nt*
похотли́вый ⟨*kf*: -и́в⟩ *adj* wollüstig, geil
по́хоть *f I* Lust *f*, Begierde *f*
поцара́пать *vt E pf* (*impf:* цара́пать) zerkratzen
поцелова́ть *vt E2 pf* (*impf:* целова́ть) küssen
поцелу́й *m K2* Kuß *m*
поча́ток ⟨*gen sg*: -тка⟩ *m K* Kolben *m*; **кукуру́зный ~** Maiskolben *m*
по́чва *f A* **1.** Boden *m*, Erdboden *m*, Erdreich *nt*; **2.** (*fig*) Basis *f*, Grundlage *f*; **пита́тельная ~** Nährboden *m*; **выбива́ть у кого́-ли́бо по́чву из-под ног** jdm den Boden unter den Füßen wegziehen
почему́ *pron inter* warum, weshalb
по́черк *m K* Handschrift *f*
почеса́ть ⟨*fut*: -чешу́, -че́шешь⟩ *vt E4 pf* (*impf:* чесать) **1.** kämmen; **2.** kratzen, kraulen
почи́н *m K* **1.** Initiative *f*, Antrieb *m*; **2.** Anregung *f*
почи́стить ⟨*fut*: -чи́щу, -чи́стишь⟩ *vt I pf* (*impf:* чи́стить) säubern
почита́тель, **почита́тельница** *m K / f A* Bewunderer *m*, Verehrer, -in *m/f*
почита́ть *vt E pf* bewundern, verehren
по́чка *f A* **1.** (*BOT*) Knospe *f*; **2.** (*ANAT*) Niere *f*
по́чта *f A* Post *f*; **буты́лочная ~** Flaschenpost *f*; **пневмати́ческая ~** Rohrpost *f*; **электро́нная ~** E-Mail *f*
почтальо́н *m K* Briefträger, -in *m/f*
почта́мт *m K* Postamt *nt*
почте́ние *nt O2* Verehrung *f*
почте́нный ⟨*kf*: -е́нен, -е́нна⟩ *adj* respektabel, achtbar
почти́ *adv* fast, beinahe
почти́ть *vt I pf* Ehre erweisen, ehren; **~ чью-ли́бо па́мять** jds Andenken ehren
почто́вый *adj* Post-; **опла́чивать ~ сбор** frankieren; **~ и́ндекс** Postleitzahl *f*; **~ сбор** Porto *nt*; **~ ште́мпель** Poststempel *m*; **~ я́щик** Postfach *nt*
почу́ять ⟨*fut*: -чу́ю, -чу́ешь⟩ *vt E4 pf* (*impf:* чу́ять) **1.** wittern, riechen; **2.** (*fig*) spüren, empfinden
поша́тываться *vi E impf* taumeln
пошевели́ть *vt I pf* (*impf:* шевели́ть) **1.** bewegen, rühren; **2.** wenden
пошевели́ться *vi I pf* (*impf:* шевели́ться) **1.** sich bewegen, sich rühren; **2.** (*fig*) sich regen
по́шлина *f A* Zoll *m*; **облага́емый по́шлиной** zollpflichtig; **не облага́емый по́шлиной** zollfrei
по́шлость *f I* Banalität *f*
по́шлый ⟨*kf*: по́шл, пошла́, по́шло⟩ *adj* fade, abgeschmackt, platt
пошту́чно *adv* stückweise
пошути́ть ⟨*fut*: -шучу́, -шу́тишь⟩ *vi I pf* (*impf:* шути́ть) scherzen
пощади́ть ⟨*fut*: -щажу́, -щади́шь⟩ *vt I pf* (*impf:* щади́ть) schonen, verschonen
пощекота́ть ⟨*fut*: -очу́, -о́чешь⟩ *vt E4 pf* (*impf:* щекота́ть) kitzeln
пощёчина *f A* Ohrfeige *f*; **дать пощёчину кому́-ли́бо** jdn ohrfeigen
пощипа́ть ⟨*fut*: -щиплю́, -щи́плешь⟩ *vt E4 pf* (*impf:* щипа́ть) **1.** rupfen; **2.** prickeln
поэ́зия *f A2* Poesie *f*, Lyrik *f*, Dichtung *f*
поэ́т, **поэте́сса** *m K / f A* Dichter, -in *m/f*, Lyriker, -in *m/f*
поэти́ческий *adj* poetisch, lyrisch, dichterisch
поэ́тому *adv* darum, deshalb, deswegen
появи́ться ⟨*fut*: -явлю́сь, -я́виься⟩ *vi I pf* (*impf:* появля́ться) erscheinen, auftauchen, aufkommen
появле́ние *nt O2* **1.** Erscheinung *f*; **2.** Eintreffen *nt*, Auftauchen *nt*
по́яс *m K ple* **1.** Gürtel *m*; **2.** Taille *f*, Gürtellinie *f*; **разде́ньтесь до ~а!** den Oberkörper bitte freimachen! **3.** Zone *f*;

часовóй ~ Zeitzone *f*
пояснéние *nt O2* Erläuterung *f*
пояснúть *vt I pf* (*impf:* пояснять) erläutern
поясница *f A* Lende *f*
прабáбушка *f A* Urgroßmutter *f*
прáвда *f A* **I. 1.** Wahrheit *f*; **это прáвда?** stimmt das? **2.** Gerechtigkeit *f*; **II.** *part* wirklich, tatsächlich
правдúвый ⟨*kf*: -úв⟩ *adj* **1.** rechtschaffen, wahrhaftig; **2.** wahr, wahrheitsgetreu; **правдúвая картúна** naturgetreues Bild *nt*
прáвило *nt O* Regel *f*, Vorschrift *f*; **óбщее ~** Faustregel *f*; **брать за ~** zur Regel machen; **прáвила внýтреннего распорядка** Hausordnung *f*, Betriebsordnung *f*; **прáвила дорóжного движéния** Straßenverkehrsordnung *f*; **прáвила игры́** Spielregeln *pl*; **прáвила хорóшего тóна** Umgangsformen *pl*; **противорéчащий прáвилам ýличного движéния** verkehrswidrig
прáвильность *f I* Richtigkeit *f*
прáвильный ⟨*kf*: -лен, -льна⟩ *adj* **1.** richtig; **2.** gleichmäßig; **3.** regelmäßig
правúтельство *nt O* Regierung *f*
прáвить ⟨*präs*: -влю, -вишь⟩ *vt I impf* **I.** verbessern; **II.** *v + inst I impf* **1.** regieren; **2.** lenken, steuern
правлéние *nt O2* **1.** Amts-, Regierungszeit *f*; **2.** Vorstand *m*
прáвнук, прáвнучка *m K / f A* Urenkel, -in *m/f*
прáво *nt O ple* **1.** Recht *nt*; **2.** Anspruch *m*; **3.** Berechtigung *f*; **~ гóлоса** Stimmrecht *nt*; **междунарóдное ~** Völkerrecht *nt*; **~ на существовáние** Existenzberechtigung *f*; **~ на убéжище** Mitspracherecht *nt*; **~ преимýщественного проéзда** Vorfahrt *f*; **обы́чное ~** Gewohnheitsrecht *nt*; **давáть ~ на что-лúбо** jdn berechtigen (zu *+dat*); **водúтельские правá** Führerschein *m*; **правá человéка** Menschenrechte *pl*; **граждáнские правá** Bürgerrechte *pl*
правовéрный ⟨*kf*: -рен, -рна⟩ *adj* strenggläubig
правовóй *adj* rechtlich, Rechts-; **правовáя пóмощь** Rechtsbeistand *m*
правозащúтник *m K* Bürgerrechtler *m*
правомéрный ⟨*kf*: -рен, -рна⟩ *adj* berechtigt, rechtmäßig
правонарушéние *nt O2* Rechtsbruch *m*
правослáвный ⟨*kf*: -вен, -вна⟩ *adj* (*REL*) rechtsgläubig, orthodox
правосýдие *nt O2* Rechtsprechung *f*
правшá ⟨*gen pl*: -шéй⟩ *mf A e* Rechtshänder, -in *m/f*
прáвый ⟨*kf*: прав, правá⟩ *adj* **1.** rechte(r, s); **2.** reaktionär; **3.** (*meist kf*) recht haben; **вы пра́вы!** Sie haben recht! **оказáться прáвым** recht behalten
прагмáтик *m K* Pragmatiker, -in *m/f*
прагматúческий *adj* pragmatisch
прáдед *m K* (*прадéдушка*) Urgroßvater *m*
прáзднество *nt O* Feier *f*
прáздник *m K* **1.** Fest *nt*, Feier *f*; **2.** Feiertag *m*; **~ всех святы́х** Allerheiligen *nt*; **~ тéла Христóва** Fronleichnam *m*; **~ урожáя** Erntedankfest *nt*
прáздничный ⟨*kf*: -чен, -чна⟩ *adj* festlich, feierlich
прáздновать *vt E2 impf* (*pf:* от-) feiern, feierlich begehen
прáздный ⟨*kf*: -ден, -дна⟩ *adj* untätig, faul, müßig; **прáздная пýблика** Schaulustige *pl*; **прáздное времяпровождéние** Müßiggang *m*; **~ вопрóс** müßige Frage *f*
прáктика *f A* **1.** Praxis *f*; **общéственная ~** Gemeinschaftspraxis *f*; **приближённый к прáктике** praxisnah; **2.** Praktikum *nt*
практикáнт *m K* Praktikant, -in *m/f*
практиковáть *vt E2 impf* praktizieren
практúческий *adj* praktisch; **имéющий практúческую цéнность** praxistauglich, praxisreif
прах *m K* **1.** (*geh*) Vergängliches *nt*; **2.** (*fig*) Asche *f*
прáчечная *f wie adj* Wäscherei *f*
пращá *f A e* Schleuder *f*
пребывáние *nt O2* Aufenthalt *m*
превентúвный ⟨*kf*: -вен, -вна⟩ *adj* vorsorglich, präventiv; **превентúвная мéра** Präventivmaßnahme *f*
превзойтú ⟨*fut*: -йдý, -йдёшь⟩ *vt E7 pf* (*impf:* превосходúть) **1.** überbieten; **2.** übertreffen
превозмогáть *vt E impf* (*pf:* превозмóчь) (*geh*) überwinden, bezwingen; **~ боль** den Schmerz verkneifen; **~ устáлость** gegen die Müdigkeit ankämpfen
превознестú ⟨*fut*: -несý, -несёшь⟩ *vt E6 pf* (*impf:* превозносúть) (*geh*) hoch schätzen, lobpreisen
превосходúтельство *nt O* (*Anrede: Ваше*) (Eure) Exzellenz
превосходúть ⟨*präs*: -хожý, -хóдишь⟩ *vt I impf* (*pf:* превзойтú) **1.** überbieten, übertreffen, überlegen sein; **~ самогó себя́** sich selbst übertreffen; **2.** (*SPORT*) ausstechen
превосхóдный ⟨*kf*: -ден, -дна⟩ *adj* großartig, famos, exzellent
превосхóдство *nt O* Überlegenheit *f*; **чúсленное ~** Übermacht *f*

превосходя́щий *adj* überlegen
преврати́ть ⟨*fut*: -ащу́, -ати́шь⟩ *vt I pf* (*impf:* превраща́ть) (*в кого́-ли́бо/во что-ли́бо*) verwandeln
превраще́ние *nt O2* Verwandlung *f*
превы́сить ⟨*fut*: -ы́шу, -ы́сишь⟩ *vt I pf* (*impf:* превыша́ть) überbieten; **~ полномо́чия** seine Befugnisse überschreiten
превыше́ние *nt O2* Überschreitung *f*; **~ до́зы** Überdosis *f*; **~ предложе́ния над спро́сом** Überangebot *nt*
прегра́да *f A* Hindernis *nt*
предава́ть ⟨*präs*: -даю́, -даёшь⟩ *vt E3 impf* (*pf:* преда́ть) **1.** verraten; **2.** übergeben, überantworten; **~ суду́** vor Gericht stellen
предава́ться ⟨*präs*: -даю́сь, -даёшься⟩ *vi E3 impf* (*pf:* преда́ться) sich hingeben; **~ воспомина́ниям** in Erinnerungen schwelgen
преда́ние *nt O2* (mündliche) Überlieferung *f*
пре́данность *f I* **1.** Treue *f*, Ergebenheit *f*; **2.** Hingabe *f*
преда́тель *m K1* Verräter *m*
преда́тельский *adj* verräterisch
преда́тельство *nt O* Verrat *m*
преда́ть ⟨*fut*: -дам, -дашь⟩ *vt U2 pf* (*impf:* предава́ть) **1.** verraten; **2.** übergeben, überantworten
преда́ться ⟨*fut*: -дамся, -дашься⟩ *vi U2 pf* (*impf:* предава́ться) sich hingben
предвари́тельный ⟨*kf*: - лен, -льна⟩ *adj* **1.** vorhergehend; **2.** vorläufig; **3.** rechtzeitig, vorzeitig; **предвари́тельная прода́жа биле́тов** Kartenvorverkauf *m*
предвеща́ть *vt E impf* ankündigen, hindeuten (auf *+akk*)
предви́дение *nt O2* Voraussicht *f*
предви́деть ⟨*präs*: -ви́жу, -ви́дишь⟩ *vt I impf* voraussehen, vorhersagen
предвкуше́ние *nt O2* **1.** Vorfreude *f*; **2.** Vorgeschmack *m*, Ahnung *f*
предводи́тель *m K1* Anführer *m*
предвы́борный *adj* der Wahl vorausgehend, Wahl-; **предвы́борная борьба́** Wahlkampf *m*
предго́рье *nt O1* Gebirgsvorland *nt*; **предго́рья Альп** Alpenvorland *nt*
преддве́рие *nt O2* (*fig*) Vorabend *m*, Vorfeld *nt*; **в преддве́рии втре́чи на вы́сшем у́ровне** am Vorabend des Gipfeltreffens; **в преддве́рии съе́зда** im Vorfeld des Parteitages
преде́л *m K* Grenze *f*; **всему́ есть ~** alles hat seine Grenzen; **за ~ами** außerhalb
преде́льный *adj* Grenz-; **преде́льное значе́ние** (*MATH*) Grenzwert *m*
предзнаменова́ние *nt O2* Omen *nt*, Vorzeichen *nt*
предлага́ть *vt E impf* (*pf:* предложи́ть) **1.** vorschlagen; **2.** anbieten; **3.** empfehlen
предло́г *m K* **1.** Vorwand *m*; **2.** (*LING*) Präposition *f*
предложе́ние *nt O2* **1.** Vorschlag *m*; **2.** Angebot *nt*, Offerte *f*; **3.** (*LING*) Satz *m*; **вопроси́тельное ~** Fragesatz *m*
предложи́ть ⟨*fut*: -ложу́, -ло́жишь⟩ *vt I pf* (*impf:* предлага́ть) **1.** vorschlagen; **2.** anbieten; **3.** empfehlen
предме́т *m K* **1.** Gegenstand *m*; **~ оде́жды** Kleidungsstück *nt*; **~ потребле́ния** Gebrauchsgegenstand *m*; **~ разгово́ров** Geprächsstoff *m*; **2.** Fach *nt*; **уче́бный ~** Studienfach *nt*
преднаме́ренный ⟨*kf*: -рен, -ренна⟩ *adj* **1.** absichtlich; **2.** vorsätzlich, mutwillig
пре́док ⟨*gen sg*: -дка⟩ *m K* Vorfahr, -in *m/f*
предопла́та *f A* Anzahlung *f*; **де́лать предопла́ту** anzahlen, vorausbezahlen
предопределённый *adj* prädestiniert
предопредели́ть *vt I pf* (*impf:* предопределя́ть) **1.** vorherbestimmen; **2.** prädestinieren
предоста́вить ⟨*fut*: -влю, -вишь⟩ *vt I pf* (*impf:* предоставля́ть) **1.** überlassen; **~ кого́-ли́бо самому́ себе́** jdn sich selbst überlassen; **~ кому́-ли́бо сло́во** jdm das Wort erteilen; **2.** gewähren, zur Verfügung stellen
предотврати́мый *adj* vermeidbar
предотврати́ть ⟨*fut*: -ащу́, -ати́шь⟩ *vt I pf* (*impf:* предотвраща́ть) **1.** vermeiden, verhindern, verhüten; **2.** abwenden
предотвраще́ние *nt O2* Verhütung *f*
предохрани́тель *m K1* (*EL*) Sicherung *f*; **снима́ть с предохрани́теля** entsichern
предохрани́ть *vt I pf* (*impf:* предохраня́ть) (*от чего́-ли́бо*) behüten, bewahren (vor *+dat*)
предпле́чье *nt O1* Unterarm *m*
предполага́ть *vt E impf* (*pf:* предположи́ть) **1.** annehmen, vermuten; **2.** voraussetzen
предположе́ние *nt O2* Annahme *f*, Vermutung *f*
предположи́тельный ⟨*kf*: -лен, -льна⟩ *adj* **1.** mutmaßlich; **2.** voraussichtlich
предпосле́дний *adj* vorletzte(r, s)
предпосы́лка *f A* Voraussetzung *f*
предпоче́сть ⟨*fut*: -чту́, -чтёшь⟩ *vt E4 pf* (*impf:* предпочита́ть) bevorzugen, begünstigen

предпочте́ние *nt O2* Bevorzugung *f*; **отдава́ть чему́-ли́бо ~** bevorzugen
предприи́мчивый ⟨*kf*: -ив⟩ *adj* **1.** geschäftstüchtig, findig; **2.** unternehmungslustig
предпринима́тель *m K1* Unternehmer *m*
предпринима́ть *vt E impf* (*pf:* предприня́ть) unternehmen
предприя́тие *nt O2* **1.** Betrieb *m*, Unternehmen *nt*; **~-поставщи́к** zulieferndes Unternehmen *nt*; **индивидуа́льное ~** Einmannbetrieb *m*; **кру́пное ~** Großbetrieb *m*; **ма́лое ~** Kleinunternehmen *nt*; **2.** Vorhaben *nt*, Unterfangen *nt*
предрасполо́женность *f I* Veranlagung *f*
предрасполо́женный *adj* **1.** (*к чему́-ли́бо*) veranlagt (zu *+dat*); **2.** anfällig (für *+akk*)
председа́тель *m K1* Vorsitzender *m*; **~ па́ртии** Parteivorsitzender *m*
предсказа́ние *nt O2* Voraussage *f*
предсказа́ть ⟨*fut*: -скажу́, -ска́жешь⟩ *vt E4 pf* (*impf:* предска́зывать) voraussagen, vorhersagen, prophezeihen
представи́тель, представи́тельница *m K1 / f A* **1.** Vertreter, -in *m/f*, Repräsentant, -in *m/f*; **2.** Sprecher, -in *m/f*; **~ прави́тельства** Regierungssprecher, -in *m/f*; **~ пре́ссы** Pressesprecher, -in *m/f*; **~ торго́вой фи́рмы** Handelsvertreter, -in *m/f*
представи́тельный ⟨*kf*: -лен, -льна⟩ *adj* **1.** ansehnlich, stattlich; **2.** repräsentativ; **~ вопро́с** Repäsentativumfrage *f*
представи́тельство *nt O* **1.** Vertretung *f*, Büro *nt*; **2.** Repräsentanz *f*
предста́вить ⟨*fut*: -влю, -вишь⟩ *vt I pf* (*impf:* представля́ть) **1.** einreichen, vorlegen; **2.** (*себе́*) sich vorstellen, sich vergegenwärtigen
представле́ние *nt O2* **1.** Vorstellung *f*; **2.** Darstellung *f*; **дать ~ о чём-ли́бо** Aufschluß geben; **не име́ть ни мале́йшего представле́ния о чём-ли́бо** nicht die geringste Ahnung haben (von *+dat*); **соста́вить себе́ ~ о ком-ли́бо** sich ein Bild machen (von *+dat*)
предстоя́ть ⟨*nur 3. pers*: -ои́т⟩ *vi I pf* bevorstehen
предстоя́щий *adj* bevorstehend, kommend
предубежде́ние *nt O2* Vorurteil *nt*, Voreingenommenheit *f*
предупреди́тельный ⟨*kf*: -лен, -льна⟩ *adj* **1.** rücksichtsvoll, zuvorkommend; **2.** vorbeugend, prophylaktisch
предупреди́ть ⟨*fut*: -ежу́, -еди́шь⟩ *vt I pf* (*impf:* предупрежда́ть) **1.** warnen, mahnen; **2.** vorbeugen
предупрежде́ние *nt O2* **1.** Warnung *f*, Mahnung *f*; **ра́ннее ~** Frühwarnung *f*; **штормово́е ~** Sturmwarnung *f*; **без предупрежде́ния** unangemeldet; **2.** Vorbeugung *f*; **~ ра́ковых заболева́ний** Krebsvorsorge *f*
предусма́тривать *vt E impf* (*pf:* предусмотре́ть) **1.** vor(her)sehen; **2.** vorsorgen
предчу́вствие *nt O2* Vorgefühl *nt*, Ahnung *f*
предчу́вствовать *vt E2 impf* ahnen
предше́ственник, предше́ственница *m K / f A* Vorgänger, -in *m/f*
предше́ствующий *adj* vorherig
предъяви́тель *m K1* Überbringer *m*
предъяви́ть ⟨*fut*: -влю́, -ви́шь⟩ *vt I pf* (*impf:* предъявля́ть) **1.** vorzeigen, vorweisen; **2.** erklären , erheben; **~ прете́нзии** Ansprüche geltend machen; **3.** verklagen
предыду́щий *adj* vorig
предысто́рия *f A2* Vorgeschichte *f*
пре́емник *m K* Nachfolger, -in *m/f*
пре́емственность *f I* Kontinuität *f*
пре́жде *adv* **I. 1.** früher; **2.** zuerst; **II.** *präp +gen* früher als, vor (*+dat*); **~ всего́** vor allem
преждевре́менный ⟨*kf*: -менен, -менна⟩ *adj* frühzeitig, verfrüht
пре́жний *adj* frühere(r, s), bisherige(r, s)
презента́ция *f A2* Präsentation *f*, Promotion *f*
презервати́в *m K* Präservativ *nt*, Kondom *nt*
президе́нство *nt O* Präsidentschaft *f*
президе́нт *m K* Präsident, -in *m/f*
прези́диум *m K* Präsidium *nt*
презира́ть *vt E impf* verachten
презре́ние *nt O2* Verachtung *f*
презри́тельный ⟨*kf*: -лен, -льна⟩ *adj* verächtlich
преиму́щественно *adv* vornehmlich
преиму́щество *nt O* **1.** Vorteil *m*, Vorrang *m*; **2.** Privileg *nt*
преклоне́ние *nt O2* (*перед кем-ли́бо*) Verehrung *f*, Huldigung *f*
преклони́ться *vi I pf* (*impf:* преклоня́ться) verehren, huldigen
прекра́сный ⟨*kf*: -сен, -сна⟩ *adj* schön; **прекра́сная возмо́жность** großartige Gelegenheit *f*
прекрати́ть ⟨*fut*: -ащу́, -ати́шь⟩ *vt I pf* (*impf:* прекраща́ть) beenden, aufhören (mit *+dat*); **~ выпи́сывать газе́ту** die

Zeitung abbestellen
прекрати́ться ⟨*fut*: -ащу́сь, -ати́шься⟩ *vi I pf* (*impf:* прекраща́ться) **1.** aufhören; **2.** abklingen
прекраще́ние *nt O2* Einstellung *f*, Beendigung *f*, Abbruch *m*; **~ огня́** Waffenstillstand *m*, Waffenruhe *f*
преле́стный ⟨*kf*: -тен, -тна⟩ *adj* reizend, anmutig
пре́лесть *f I* Reiz *m*, Anmut *f*
прельсти́ть ⟨*fut*: -льщу́, -льсти́шь⟩ *vt I pf* (*impf:* прельща́ть) reizen, anziehen
преми́нуть *vi E1 pf* unterlassen, versäumen
премирова́ть *vt E2 impf/pf* prämieren
пре́мия *f A2* **1.** Prämie *f*; **2.** Preis *m*; **Но́белевская ~** Nobelpreis *m*
премье́ра *f A* **1.** Premiere *f*; **2.** Erstaufführung *f*, Uraufführung *f*
премье́р-мини́стр *m K* Premierminister, -in *m/f*, Ministerpräsident, -in *m/f*
пренебрега́ть *vt E impf* (*pf:* пренебре́чь) geringschätzen, verachten
пренебреже́ние *nt O2* Geringschätzung *f*, Verachtung *f*
пренебрежи́тельный ⟨*kf*: -лен, -льна⟩ *adj* geringschätzig, abfällig, verächtlich
пренесе́ние *nt O2* Überführung *f*, Verlegung *f*; **~ це́нтра тя́жести** Akzentverschiebung *f*
преоблада́ть *vt E impf* (*над кем-ли́бо/чем-ли́бо*) vorherrschen, dominieren (über *+akk*)
преоблада́ющий *adj* vorherrschend
преобразова́ние *nt O2* Umwandlung *f*
преобразова́ть *vt E2 pf* (*impf:* преобразо́вывать) umwandeln, umformen
преодолева́ть *vt E impf* (*pf:* преодоле́ть) überwinden, fertig werden (mit *+dat*)
преодоле́ние *nt O2* Überwindung *f*; **~ про́шлого** Vergangenheitsbewältigung *f*
препара́т *m K* Präparat *nt*
преподава́тель, преподава́тельница *m K / f A* Hochschullehrer, -in *m/f*, Dozent, -in *m/f*, Lektor, -in *m/f*
преподава́ть ⟨*präs*: -даю́, даёшь⟩ *vt E3 impf* lehren, unterrichten
преподнести́ ⟨*fut*: -несу́, -несёшь⟩ *vt E6 pf* (*impf:* преподноси́ть) überreichen; **~ сюрпри́з** jdn überraschen
препя́тствие *nt O2* Hindernis *nt*, Hinderungsgrund *m*
препя́тствовать *v + dat E2 impf* (*pf:* воспрепя́тствовать) behindern (bei *+akk*), verhindern
прерва́ть ⟨*fut*: -рву́, -рвёшь⟩ *vt E4 pf* (*impf:* прерыва́ть) **1.** abbrechen; **2.** unterbrechen
прерва́ться ⟨*fut*: -рву́сь, -рвёшься⟩ *vi E4 pf* (*impf:* прерыва́ться) abbrechen, aufhören
пререка́ние *nt O2* Streitigkeit *f*
прерыва́ние *nt O2* Unterbrechung *f*, Beendigung *f*; **~ бере́менности до определённого сро́ка** Fristenregelung *f*
прерыва́ть *vt E impf* (*pf:* прерва́ть) **1.** abbrechen; **2.** unterbrechen
прерыва́ться *vi E impf* (*pf:* прерва́ться) abbrechen, aufhören
пресека́ть *vt E impf* (*pf:* пресе́чь) unterbinden, abstellen
пресле́дование *nt O2* Verfolgung *f*
пресле́дователь *m K1* Verfolger *m*
пресле́довать *vt E2 impf* verfolgen
пресмыка́ющееся *nt wie adj* Reptil *nt*
пре́сный ⟨*kf*: -сен, -сна́, -сно⟩ *adj* fade, schal
пресс *m K* **1.** (*TECH*) Presse *f*; **2.** (*fig*) Druck *m*; **нало́говый ~** Steuerschraube *f*
пре́сса *f A* Presse *f*; **бульва́рная ~** Boulevardpresse *f*; **жёлтая ~** Regenbogenpresse *f*
пресс-конфере́нция *m K* Pressekonferenz *f*
прессова́ть *vt E2 impf* (*pf:* от-, с-) (*TECH*) pressen
пресс-папье́ *nt indekl* Briefbeschwerer *m*
престаре́лый ⟨*kf*: -е́л⟩ *adj* betagt, sehr alt
прести́ж *m K* Prestige *nt*, Renommee *nt*
прести́жный ⟨*kf*: -же́н, -жна⟩ *adj* angesehen, renommiert
преступле́ние *nt O2* Verbrechen *nt*; **вое́нное ~** Kriegsverbrechen *nt*; **осо́бо тя́жкое ~** Kapitalverbrechen *nt*; **тра́нспортное ~** Verkehrsdelikt *nt*
престу́пник, престу́пница *m K* Verbrecher, -in *m/f*, Täter, -in *m/f*; **вое́нный ~** Kriegsverbrecher *m*
престу́пность *f I* Kriminalität *f*; **организо́ванная ~** organisiertes Verbrechen *nt*; **экономи́ческая ~** Wirtschaftkriminalität *f*
престу́пный ⟨*kf*: -пен, -пна⟩ *adj* kriminell, verbrecherisch; **престу́пное легкомы́слие** sträflicher Leichtsinn *m*
пресыще́ние *nt O2* Überdruß *m*
пресы́щенность *f I* Verdrossenheit *f*; **~ жи́знью** Lebensüberdruß *m*; **~ поли́тикой** Politikverdrossenheit *f*
пресы́щенный ⟨*kf*: -ще́н⟩ *adj* überdrüssig, übersättigt
претенде́нт *m K* Anwärter, -in *m/f*
претендова́ть *vi E2 impf* (*на*

что-ли́бо) beanspruchen, Anspruch erheben (auf *+akk*)
претéнзия *f A2* **1.** Anspruch *m*, Anmaßung *f*; **2.** Beanstandung *f*; **предъявля́ть претéнзии** Ansprüche geltend machen; **без претéнзий** anspruchslos
претéрит *m K* Präteritum *nt*
преть *vi E impf* (*pf:* со-) faulen
преувеличи́ть *vt E impf* (*pf:* преувели́чить) **1.** übertreiben; **2.** aufbauschen
преувеличéние *nt O2* Übertreibung *f*
преувели́ченный *adj* **1.** übertrieben; **2.** exzessiv
преуменьшáть *vt E impf* (*pf:* преумéньшить) verkleinern; **~ серьёзность** [*o* **опáсность**] verharmlosen
преуспевáть *vi E impf* (*pf:* преуспéть) erfolgreich sein
преходя́щий *adj* vergänglich
прецедéнт *m K* Präzedenzfall *m*, Grundsatzurteil *nt*; **создавáть ~** einen Präzedenzfall schaffen
при *präp +präpos* bei (*+dat*); **я тут нé ~ чём** ich habe damit nichts zu tun; **~ э́том** dabei, hierbei; **~ всех трýдностях** trotz aller Schwierigkeiten; **~ Горбачёве** unter Gorbatschow; **~ капитали́зме** im Kapitalismus; **~ тепéрешнем ýровне знáний** mit [*o* bei] dem heutigen Wissensstand; **имéть ~ себé** bei sich haben; **остáться ~ свои́х интерéсах** leer ausgehen
прибáвить ⟨*fut*: -влю, -вишь⟩ *vi I pf* (*impf:* прибавля́ть) hinzufügen
прибáвиться ⟨*fut*: -влюсь, -вишься⟩ *vi I pf* (*impf:* прибавля́ться) hinzukommen, dazukommen
прибáлт, **прибáлтка** *m K / f A* Balte, Baltin *m/f*
прибалти́йский *adj* baltisch
Прибáлтика *f A* Baltikum *nt*
прибегáть *vi E impf* (*pf:* прибежáть) **1.** herlaufen, angerannt kommen; **2.** (*к чемý-ли́бо*) greifen (zu *+dat*)
прибедня́ться *vi E impf* (*pf:* прибедни́ться) sich arm stellen
прибивáть *vt E impf* (*pf:* приби́ть) **1.** (*гвоздя́ми*) festnageln; **2.** anspülen; **~ к бéрегу** ans Ufer treiben
приближáться *vi E impf* (*pf:* прибли́зиться) sich nähern, näher kommen; **приближáется кри́зис** es kriselt
приближéние *nt O2* Annährung *f*
приближённый *adj* ungefähr; **приближённое значéние** Nährungswert *m*
приблизи́телный *adj* ungefähr
приблизи́тельно *adv* annährend, schätzungsweise
прибли́зиться ⟨*fut*: -и́жусь, -и́жешься⟩ *vi E4 pf* (*impf:* приближáться) sich nähern, näherkommen
прибóй *m K2* Brandung *f*
прибóр *m K* Gerät *nt*; **столóвые ~ы** Besteck *nt*, Gedeck *nt*
прибывáть *vi E impf* (*pf:* прибы́ть) ankommen, eintreffen
при́быль *f I* Gewinn *m*, Profit *m*; **чи́стая ~** Reingewinn *m*
при́быльный ⟨*kf*: -лен, -льна⟩ *adj* gewinnbringend, lukrativ, profitabel
прибы́тие *nt O2* Ankunft *f*, Anreise *f*
прибы́ть ⟨*fut*: -бýду, -бýдешь⟩ *vi UE1 pf* (*impf:* прибывáть) ankommen, anreisen
привáдить ⟨*fut*: -áжу, -áдишь⟩ *vt I pf* (*impf:* привáживать) ködern, locken
привáл *m K* Halt *m*, Rast *f*; **дéлать ~** rasten
привари́ть ⟨*fut*: -арю́, -áришь⟩ *vt I pf* (*impf:* привáривать) (*TECH*) anschweißen, einschweißen
привáт-доцéнт *m K* Privatdozent *m*
приватизáция *f A2* Privatisierung *f*
приватизи́ровать *vt E2 impf/pf* privatisieren
привередливый ⟨*kf*: -ив⟩ *adj* wählerisch
привередни́чать *vi E impf* (*umg*) herummäkeln, nörgeln
привести́ ⟨*fut*: -ведý, -ведёшь⟩ *vt E6a pf* (*impf:* приводи́ть) **1.** mitbringen; **2.** holen; **3.** angeben, aufführen
привéт *m K* Gruß *m*; **передавáть ~** Grüße bestellen; **быть с ~ом** (*umg*) eine Meise [*o* einen Vogel]haben
привéтливость *f I* Freundlichkeit *f*
привéтливый ⟨*kf*: -ив⟩ *adj* freundlich
привéтственный *adj* Gruß-; **привéтственное слóво** Grußwort *nt*, Begrüßung *f*
привéтствие *nt O2* **1.** Gruß *m*; **2.** Begrüßung *f*
привéтствовать *vt E2 impf* (*pf:* по-) **1.** begrüßen, willkommenheißen; **2.** begrüßen, gutheißen
прививáть *vt E impf* (*pf:* приви́ть) beibringen, indoktrinieren
приви́вка *f A* Impfung *f*; **~ от столбнякá** Tetanusimpfung *f*; **профилакти́ческая ~** Schutzimpfung *f*
привилéгия *f A2* Privileg *nt*
при́вкус *m K* Nachgeschmack *m*, Beigeschmack *m*
привлекáтельный ⟨*kf*: -лен, -льна⟩ *adj* reizvoll, attraktiv, apart
привлекáть *vt E impf* (*pf:* привлéчь) heranziehen, einbeziehen; **~ внимáние**

die Aufmerksamkeit auf sich ziehen; **~ к уголо́вной отве́тственности** strafrechtlich belangen

приво́д *m K* (*KFZ*) Antrieb *m*; **~ на все колёса** Allradantrieb *m*; **~ на за́дние колёса** Hinterradantrieb *m*; **пере́дний ~** Vorderradantrieb *m*

приводи́ть ⟨*präs*: -вожу́, -во́дишь⟩ *vt I impf* (*pf:* привести́) **1.** mitbringen, holen; **2.** (*к чему́-ли́бо*) bewirken, führen (zu +*dat*); **~ в восто́рг** begeistern; **3.** angeben, aufführen; **~ приме́р** ein Beispiel anführen

приводно́й *adj* Antriebs-; **~ механи́зм** Triebwerk *nt*

привра́тник, **привра́тница** *m K / f A* **1.** Pförtner, -in *m/f*; **2.** Hausmeister, -in *m/f*

привыка́ние *nt O2* Gewöhnung *f*

привыка́ть *vi E impf* (*pf:* привы́кнуть) (*к чему́-ли́бо*) sich gewöhnen (an +*akk*)

привы́чка *f A* Gewohnheit *f*, Angewohnheit *f*; **жи́зненные привы́чки** Lebensart *f*

привы́чный ⟨*kf*: -чен, -чна⟩ *adj* gewohnt; **де́ло привы́чное** Routineangelegenheit *f*

привяза́ть ⟨*fut*: -яжу́, -я́жешь⟩ *vt E4 pf* (*impf:* привя́зывать) anbinden, festbinden

привя́зка *f A* Anpassung *f*

привя́зчивость *f I* Anhänglichkeit *f*

привя́зчивый ⟨*kf*: -ив⟩ *adj* (*umg*) anhänglich, anschmiegsam

привя́зывать *vt E impf* (*pf:* привяза́ть) anbinden, festbinden

пригиба́ться *vi E impf* (*pf:* пригну́ться) sich ducken, sich neigen

пригла́дить ⟨*fut*: -а́жу, -а́дишь⟩ *vt I pf* (*impf:* пригла́живать) **1.** (*во́лосы*) glätten, glattstreichen; **2.** (*fig*) glätten

пригласи́ть ⟨*fut*: -ашу́, -аси́шь⟩ *vt I pf* (*impf:* приглаша́ть) einladen

приглаше́ние *nt O2* Einladung *f*; **~ на та́нец** Aufforderung *f* zum Tanz; **ча́стное ~** persönliche Einladung *f*

приглуша́ть *vt E impf* (*pf:* приглуши́ть) (*звук*) dämpfen

пригляде́ть ⟨*fut*: -яжу́, -яди́шь⟩ *vt I pf* (*impf:* пригля́дывать) (*umg: за кем-ли́бо*) aufpassen (auf +*akk*)

пригну́ться *vi E1 pf* (*impf:* пригиба́ться) sich ducken, sich neigen

пригова́ривать *vt E impf* (*pf:* приговори́ть) verurteilen; **~ к сме́ртной ка́зни** zum Tode verurteilen

пригово́р *m K* Urteil *nt*, Urteilsspruch *m*; **оправда́тельный ~** Freispruch *m*; **~ трете́йского суда́** Schiedsspruch *m*

приго́дность *f I* Eignung *f*, Tauglichkeit *f*

приго́дный ⟨*kf*: -ден, -дна⟩ *adj* tauglich; **быть приго́дным** sich eignen

пригора́ть *vi E impf* (*pf:* пригоре́ть) anbrennen

пригоро́к ⟨*gen sg*: -рка⟩ *m K* Anhöhe *f*

пригота́вливать *vt E impf* (*pf:* пригото́вить) **1.** vorbereiten, zubereiten; **~ обе́д** Mittagessen kochen; **2.** bereitlegen

пригота́вливаться *vi E impf* (*pf:* пригото́виться) **1.** (*к чему́-ли́бо*) sich vorbereiten (auf +*akk*); **2.** sich gefaßt machen, sich einstellen (auf +*akk*)

приготовле́ние *nt O2* Vorbereitung *f*, Vorkehrung *f*; **де́лать приготовле́ния** Vorbereitungen treffen

пригу́бить ⟨*fut*: -блю, -бишь⟩ *vt I pf* (*impf:* пригу́бливать) nippen; **он едва́ пригу́бил рю́мку** er hat kaum an seinem Glas genippt

придава́ть ⟨*präs*: -даю́, -даёшь⟩ *vt E3 impf* (*pf:* прида́ть) **1.** hinzufügen; **2.** beimessen; **~ значе́ние** Bedeutung beimessen; **~ си́лу** Kraft verleihen

прида́ное *nt wie adj* Aussteuer *f*, Mitgift *f*; **~ для новоро́жденного** Babyausstattung *f*

прида́ток ⟨*gen sg*: -тка⟩ *m K* Anhängsel *nt*

прида́точный *adj* angehängt; **прида́точное предложе́ние** (*LING*) Nebensatz *m*

прида́ть ⟨*fut*: -дам, -дашь⟩ *vt U2 pf* (*impf:* придава́ть) **1.** hinzufügen; **2.** beimessen

прида́ча *f A* Zugabe *f*, Zulage *f*; **в прида́чу** überdies

приде́лать *vt E pf* (*impf:* приде́лываться) anbringen

приде́рживаться *vi E impf* **1.** (*за что-ли́бо*) folgen; **2.** (*чего́-ли́бо*) befolgen, sich halten (an +*akk*)

приди́ра *mf A* Nörgler, -in *m/f*

придира́ться *vi E impf* (*pf:* придра́ться) **1.** herummäkeln, nörgeln; **2.** (*umg: к кому́-ли́бо*) anmeckern; **мне да́же не́ к чему-либо ~** ich habe überhaupt nichts daran auszusetzen

приди́рка *f A* **1.** Schikane *f*; **2.** Nörgelei *f*

приди́рчивый ⟨*kf*: -ив⟩ *adj* quengelig, nörglerisch

приду́мать *vt E pf* (*impf:* приду́мывать) ausdenken, sich einfallen lassen

придуркова́тый ⟨*kf*: -а́т⟩ *adj* albern, dämlich

придуря́ться *vi E impf* herumalbern, blödeln

прие́зд *m K* Ankunft *f*

приезжа́ть *vi E pf* (*impf:* прие́хать) ankommen

приéзжий *adj* ortsfremd, zugereist
приём *m K* **1.** Übernahme *f*; **2.** (*в пáртию, в организáцию*) Aufnahme *f*; **3.** Empfang *m*; **устрáивать ~** einen Empfang geben; **4.** (*товáра*) Abnahme *f*; **5.** (*RUNDF*) Empfang *m*; **6.** Handgriff *m*; **7.** Kunstgriff *m*
приёмка *f A* (*товáра*) Abnahme *f*
приéмлемость *f I* **1.** Akzeptanz *f*, Annehmbarkeit *f*; **2.** Zulässigkeit *f*
приéмлемый ⟨*kf*: -ем⟩ *adj* **1.** akzeptabel, annehmbar; **2.** zulässig
приёмная *f wie adj* **1.** Empfangsraum *nt*; **2.** Sprechzimmer *nt*; **3.** Wartezimmer *nt*
приёмный *adj* **1.** Empfangs-, Sprech-; **~ день** Sprechtag *m*; **приёмные часы́** Sprechstunde *f*; **2.** Adoptiv-; **~ ребёнок** Adoptivkind *nt*; **приёмные роди́тели** Adoptiveltern *pl*
приёмыш *m K* (*umg*) Adoptivkind *nt*, Pflegekind *nt*
прижáть ⟨*fut*: -жмý, -жмёшь⟩ *vt E9 pf* (*impf:* прижимáть) **1.** niederdrücken; **2.** (*fig*) abdrängen
прижáться ⟨*fut*: -жмýсь, -жмёшься⟩ *vi E9 pf* (*impf:* прижимáться) sich andrükken, sich anschmiegen (an *+akk*)
прижигáние *nt O2* Ätzen *nt*
призвáние *nt O2* Berufung *f*
при́званный *adj* berufen
призвáть ⟨*fut*: -зовý, -зовёшь⟩ *vt E4a pf* (*impf:* призывáть) **1.** aufrufen; **2.** auffordern; **3.** mahnen, ermahnen
призвóдство *nt O* **1.** Produktion *f*; **2.** (*JUR*) Verfahren *nt*
призéмистый ⟨*kf*: -ист⟩ *adj* **1.** stämmig, untersetzt; **2.** niedrig
при́зма *f A* Prisma *nt*
признавáть ⟨*präs*: -знаю́, -знаёшь⟩ *vt E3 impf* (*pf:* признáть) **1.** zugeben, gestehen, anerkennen; **2.** sich bekennen (zu *+dat*); **3.** zugestehen; **~ за кем-ли́бо прáво** jdm das Recht einräumen
признавáться ⟨*präs*: -знаю́сь, -знаёшься⟩ *vi E3 impf* (*pf:* признáться) (*в чём-ли́бо*) eingestehen, zugeben
при́знак *m K* **1.** Merkmal *nt*; **2.** Anzeichen *nt*; **отличи́тельный ~** Kennzeichen *nt*; **не подавáть ~ов жи́зни** kein Lebenszeichen von sich geben
признáние *nt O2* **1.** (*JUR*) Anerkennung *f*; **2.** Bekenntnis *nt*, Geständnis *nt*; **~ винóвным** Schuldspruch *m*; **~ в любви́** Liebeserklärung *f*
при́знанный *adj* anerkannt, renommiert
признáтельность *f I* Dankbarkeit *f*; **вы́разить свою́ ~** sich erkenntlich zeigen
признáть *vt E pf* (*impf:* признавáть) **1.** zugeben, gestehen, anerkennen; **2.** sich bekennen (zu *+dat*); **3.** zugestehen
признáться *vi E pf* (*impf:* признавáться) eingestehen, zugeben
при́зрак *m K* Gespenst *nt*, Spuk *m*, Geist *m*; **броди́ть как ~** herumgeistern
при́зрачный ⟨*kf*: -чен, -чна⟩ *adj* geisterhaft, gespenstisch
призы́в *m K* **1.** Appell *m*, Aufruf *m*, Aufforderung *f*; **2.** Mahnung *f*, Ermahnung *f*
призывáть *vt E impf* (*pf:* призвáть) **1.** aufrufen, appellieren (an *+akk*); **2.** mahnen, ermahnen
призывни́к *m K e* (*MIL*) Rekrut *m*
прийти́ ⟨*fut*: придý, придёшь⟩ *vi E7 pf* (*impf:* приходи́ть) **1.** kommen, eintreffen; **2.** kommen, geraten
прийти́сь ⟨*fut*: придýсь, придёшься⟩ *vi E7 pf* (*impf:* приходи́ться) **1.** zusagen, gefallen; **2.** müssen; **3.** verwandt sein
прикáз *m K* **1.** Befehl *m*; **2.** Anordnung *f*; **3.** Dauerauftrag *m*
приказáть ⟨*fut*: -кажý, -кáжешь⟩ *v + dat E4 pf* (*impf:* прикáзывать) befehlen, anordnen; **он приказáл дóлго жить** ihn hat das Zeitliche gesegnet
прикармáнивать *vt E impf* (*pf:* прикармáнить) (*umg*) einstecken, mitgehen lassen
прикасáться *vi E impf* (*pf:* прикоснýться) (*к комý-ли́бо*) berühren
прики́дка *f A* Überschlag *m*, Schätzung *f*
прики́дывать *vt E impf* (*pf:* прики́нуть) **1.** veranschlagen; **2.** überschlagen
прики́дываться *vi E impf* (*pf:* прики́нуться) vorgeben, vortäuschen
прикла́д *m K* Gewehrkolben *m*
приклáдывать *vt E impf* (*pf:* приложи́ть) **1.** anwenden; **2.** aufwenden; **~ все уси́лия** alles daransetzen
приклéивать *vt E impf* (*pf:* приклéить) ankleben
приключéние *nt O2* Abenteuer *nt*; **поéздка с приключениями** abenteuerliche Fahrt *f*; **пóлный приключéний** abenteuerlich
приключéнческий *adj* abenteuerlich, Abenteuer-
прикомандировáть *vt E2 pf* (*impf:* прикомандирóвывать) abkommandieren
прикосновéние *nt O2* Berührung *f*
прикоснýться *vi E1 pf* (*impf:* прикасáться) berühren
прикрепи́ть ⟨*fut*: -плю́, -пи́шь⟩ *vt I pf* (*impf:* прикрепля́ть) **1.** befestigen, festmachen; **2.** zuteilen, übergeben; **~ к поликли́нике** in die Poliklinik überweisen

прикрова́тный *adj* Bett-; **~ ко́врик** Bettvorleger *m*
прикрыва́ть *vt E impf* (*pf:* прикры́ть) **1.** verdecken; **2.** schützen; **3.** (*SPORT*) dekken
прикры́тие *nt O2* **1.** (*BAU*) Belag *m*; **2.** (*TECH*) Überzug *m*; **3.** (*ÖKON*) Deckung *f*; **~ издéржек произво́дства** Deckung *f* der Produktionskosten
прику́ривать *vt E impf* (*pf:* прикури́ть) (*сигаре́ту*) anzünden; **дать кому́-ли́бо ~** jdm Feuer geben
прила́вок ⟨*gen sg*: -вка⟩ *m K* Ladentisch *m*
прилага́емый *adj* beiliegend
прилага́тельное *nt wie adj* Adjektiv *nt*
прилага́ть *vt E impf* (*pf:* приложи́ть) **1.** beifügen; **2.** anwenden; **3.** aufbieten; **~ все си́лы** alle Kraft aufbieten
прилежа́ние *nt O2* Fleiß *m*, Eifer *m*
приле́жный ⟨*kf*: -жен, -жна⟩ *adj* fleißig, eifrig; **~ в учёбе** lerneifrig
прилета́ть *vi E impf* (*pf:* прилете́ть) anfliegen
прили́в *m K* **1.** Flut *f*; **~ы и отли́вы** Gezeiten *pl* **2.** (*MED: кро́ви в голове́*) Blutandrang *m*
приливно́й *adj* Flut-; **приливна́я ГЭС** Gezeitenkraftwerk *nt*
прили́чный ⟨*kf*: -че́н, -чна⟩ *adj* ordentlich, anständig, manierlich
прили́чие *nt O2* Anstand *m*
приложе́ние *nt O2* Anlage *f*, Beilage *f*, Anhang *m*; **с приложением необходи́мых докуме́нтов** unter Beifügung der notwendigen Unterlagen
приложи́ть ⟨*fut*: -ожу́, -о́жишь⟩ *vt I pf* (*impf:* прикла́дывать, прилага́ть) **1.** beilegen; **2.** anwenden; **3.** aufwenden; **~ все си́лы** alle Kraft aufbieten
прилуне́ние *nt O2* Mondlandung *f*
прильну́ть *vi E1 pf* (*к кому́-ли́бо/чему́-ли́бо*) sich anschmiegen (an *+akk*)
прима́заться ⟨*fut*: -ма́жусь, -ма́жешься⟩ *vi E4 pf* (*impf:* прима́зываться) sich anbiedern
прима́нивать *vt E impf* (*pf:* примани́ть) anlocken, ködern
прима́нка *f A* Köder *m*
примене́ние *nt O2* Anwendung *f*, Einsatz *m*; **~ си́лы** Gewaltanwendung *f*
примени́мый *adj* anwendbar
примени́ть ⟨*fut*: -еню́, -е́нишь⟩ *vt I pf* (*impf:* применя́ть) anwenden, einsetzen, gebrauchen; **~ са́нкции** Sanktionen verhängen
примени́ться ⟨*fut*: -еню́сь, -е́нишься⟩ *vi I pf* (*impf:* применя́ться) zur Anwendung kommen; **ги́бко ~** flexibel gehandhabt werden
приме́р *m K* Beispiel *nt*, Exempel *nt*; **э́тот ~ мо́жет оказа́ться зарази́тельным** dieses Beispiel dürfte Schule machen; **нагля́дный ~** anschauliches Beispiel *nt*; **брать кого́-ли́бо в ~** sich an jdm ein Beispiel nehmen; **приводи́ть ~** ein Beispiel anführen; **проиллюстри́ровать ~ом** an einem Beispiel aufzeigen; **ста́вить кого́-ли́бо в ~** jdn zum Vorbild machen
приме́рить *vt I pf* (*impf:* примеря́ть) anprobieren
приме́рка *f A* Anprobe *f*
приме́рный ⟨*kf*: -рен, -рна⟩ *adj* **1.** exemplarisch, beispielhaft; **2.** ungefähr
приме́та *f A* **1.** Kennzeichen *nt*, Merkmal *nt*; **2.** Vorzeichen *nt*; **наро́дная ~** Bauernregel *f*
приме́тить ⟨*fut*: -е́чу, -е́тишь⟩ *vt I pf* (*impf:* примеча́ть) (*umg*) bemerken, beachten
примеча́ние *nt O2* Bemerkung *f*, Anmerkung *f*
примеча́тельный ⟨*kf*: -лен, -льна⟩ *adj* bemerkenswert
примире́ние *nt O2* Versöhnung *f*, Aussöhnung *f*
примири́тельный ⟨*kf*: -лен, -льна⟩ *adj* versöhnlich
примири́ть *vt I pf* (*impf:* примиря́ть) versöhnen
примири́ться *vi I pf* (*impf:* примиря́ться) (*с кем-ли́бо /чем-ли́бо*) sich versöhnen (mit *+dat*)
примити́вный ⟨*kf*: -вен, -вна⟩ *adj* primitiv
при́мула *f A* Primel *f*
при́мус *m K* Petroleumkocher *m*
примыка́ть *vi E impf* sich reihen, sich anschließen (an *+akk*)
принадлежа́ть *v + dat I impf* gehören; **он не принадлежи́т себе́** er ist nicht sein eigener Herr
принадле́жность *f I* **1.** Zugehörigkeit *f*; **2.** (*meist pl*) Zubehör *nt*; **канцеля́рские принадле́жности** Büromaterial *nt*; **купа́льные принадле́жности** Badezeug *nt*; **пи́сьменные принадле́жности** Schreibzeug *nt*
принести́ ⟨*fut*: -несу́, -несёшь⟩ *vt E6 pf* (*impf:* приноси́ть) **1.** bringen, herbeibringen; **2.** (*fig*) bringen, einbringen, verursachen
принижа́ть *vt E impf* (*pf:* прини́зить) **1.** erniedrigen; **2.** herunterspielen, abwerten
принима́ть *vt E impf* (*pf:* приня́ть) **1.** übernehmen, entgegennehmen; **2.** annehmen, akzeptieren; **~ пода́рок** ein Ge-

schenk annehmen; **~ к све́дению** zur Kenntnis nehmen; **~ что-ли́бо за чи́стую моне́ту** etw für bare Münze nehmen; **3.** abnehmen; **4.** aufnehmen; **~ бе́женцев** Flüchtlinge aufnehmen; **~ на рабо́ту** anstellen, einstellen; **5.** (*госте́й*) in Empfang nehmen, empfangen; **~ у себя́ кого́-ли́бо** jdn beherbergen; **6.** (*зако́н, резолю́цию*) beschließen, verabschieden; **~ ме́ры** Maßnahmen treffen; **~ реше́ние за кого́-ли́бо** jdm die Entscheidung abnehmen; **~ уча́стие** teilnehmen; **7.** befürworten; **~ поли́тику рефо́рм** die Reformpolitik befürworten; **8.** (*лека́рство*) einnehmen

принима́ться *vi E impf* (*pf:* приня́ться) **1.** sich vornehmen; **2.** sich annehmen (*+gen*)

приноси́ть ⟨*präs*: -ношу́, -но́сишь⟩ *vt I impf* (*pf:* принести́) **1.** bringen, herbeibringen, mitbringen; **2.** (*fig*) bringen, einbringen, verursachen; **~ кому́-ли́бо свои́ извине́ния** sich entschuldigen (bei *+dat*)

при́нтер *m K* (*DV*) Drucker *m*; **иго́льчатый ~** Nadeldrucker *m*; **ла́зерный ~** Laserdrucker *m*; **ма́тричный ~** Matrixdrucker *m*

принýдить ⟨*fut*: -у́жу, -у́дишь⟩ *vt I pf* (*impf:* принужда́ть) nötigen, zwingen; **~ себя́** sich Zwang antun

принц, принцесса *m K / f A* Prinz, Prinzessin *m/f*; **насле́дный принц** Kronprinz *m*; **насле́дная принцесса** Kronprinzessin *f*

при́нцип *m K* Grundsatz *m*, Prinzip *nt*; **вы́сший ~** oberstes Gebot *nt*; **в ~е** im Grunde; **~ де́йствия** Funktionsweise *f*; **идти́ на ~** seinem Prinzip folgen; **из ~а** aus Prinzip

принципиа́льный ⟨*kf*: -лен, -льна⟩ *adj* grundsätzlich, prinzipiell; **принципиа́льное разногла́сие** grundsätzliche Meinungsverschiedenheit *f*

приня́тие *nt O2* **1.** Aufnahme *f*; **2.** Beschließung *f*, Verabschiedung *f*; **~ мер** Einleitung *f* von Maßnahmen; **~ реше́ний** Entscheidungsfindung *f*

при́нятый *adj* **1.** aufgenommen; **2.** beschlossen; **при́нятые ме́ры** getroffene Maßnahmen; **при́нятое постановле́ние;** verabschiedeter Beschluß *m*; **3.** üblich; **~ в да́нной стране́** landesüblich; **как при́нято** wie üblich

приня́ть ⟨*fut*: приму́, при́мешь⟩ *vt E9 pf* (*impf:* принима́ть) **1.** annehmen; **2.** abnehmen; **3.** aufnehmen; **4.** beschließen, verabschieden; **5.** befürworten

приня́ться ⟨*fut*: приму́сь, -при́мешься⟩ *vi E9 pf* (*impf:* принима́ться) sich vornehmen

приобрести́ ⟨*fut*: -ету́, -етёшь⟩ *vt E6a pf* (*impf:* приобрета́ть) **1.** erlangen; **~ зна́ния** Kenntnisse erlangen; **~ о́пыт** Erfahrungen sammeln; **2.** anschaffen, beschaffen; **3.** erwerben, erstehen

приобрете́ние *nt O2* **1.** Kauf *m*, Erwerb *m*, Anschaffung *f*; **2.** Nutzen *m*, Gewinn *m*

приорите́т *m K* Vorrang *m*, Priorität *f*; **определя́ть ~ы** Prioritäten setzen; **отдава́ть ~ кому́-ли́бо/чему́-ли́бо** jdm/etw Vorrang einräumen

приорите́тный *adj* vorrangig; **приорите́тная зада́ча** vorrangige Aufgabe *f*

приостана́вливать *vt E impf* (*pf:* приостанови́ть) aussetzen, vorläufig stoppen; **перегово́ры приостано́влены** die Verhandlungen ruhen

приостана́вливаться *vi E impf* (*pf:* приостанови́ться) stocken, zum Stillstand kommen

приоткры́тый *adj* halboffen

припа́док ⟨*gen sg*: -дка⟩ *m K* Anfall *m*

припа́ивать *vt E impf* (*pf:* припая́ть) anlöten

припаркова́ться *vi E2 pf* (*impf:* паркова́ться) parken

припе́в *m K* (*MUS: рефре́н*) Refrain *m*, Kehrreim *m*

приписа́ть ⟨*fut*: -пишу́, -пи́шешь⟩ *vt E4 pf* (*impf:* припи́сывать) zuschreiben, andichten

приподнима́ть *vt E impf* (*pf:* приподня́ть) **1.** anheben; **2.** (*шля́пу*) lüften

припо́днятый *adj* gehoben; **быть в припо́днятом настрое́нии** guter Laune sein

припо́й *m K2* Lot *nt*

припомина́ть *vi E impf* (*pf:* припо́мнить) **1.** sich besinnen (auf *+akk*); **2.** ankreiden, nachtragen; **э́то я тебе́ припо́мню** das vergesse ich dir nie

припра́ва *f A* Gewürz *nt*

припра́внивание *nt O2* Gleichstellung *f*

припра́внивать *vt E impf* (*pf:* приравня́ть) gleichstellen, gleichsetzen

приро́да *f A* **1.** Natur *f*; **2.** (*fig*) Wesen *nt*, Beschaffenheit *f*

приро́дный *adj* **1.** naturgemäß; **2.** Natur-; **~ые воло́кна** Naturfaser *f*

прирождённый ⟨*kf*: -ён, -ённа⟩ *adj* anbegoren

приро́ст *m K* Zuwachs *m*

приручáть *vt E impf* (*pf:* приручи́ть) zähmen

присва́ивать *vt E impf* (*pf:* присво́ить) **1.** sich aneignen, sich anmaßen; **2.** (*umg*) einstecken, mitgehen lassen; **~ звáние** einen Titel verleihen

приседáние *nt O2* Kniebeuge *f*

прискóрбный ⟨*kf*: -бен, -бна⟩ *adj* (*geh*) bedauerlich; **~ факт** bedauerliche Tatsache *f*

прислáть ⟨*fut*: -шлю́, -шлёшь⟩ *vt E4 pf* (*impf:* присылáть) einschicken

прислони́ть *vt I pf* (*impf:* прислоня́ть) anlehnen (an *+akk*)

прислу́шаться *vi E pf* (*impf:* прислу́шиваться) **1.** aufhorchen, lauschen; **2.** (*fig*) Gehör schenken, jds Rat folgen

присмáтривать *vt E impf* (*pf:* присмотрéть) **I.** Ausschau halten, sich umsehen; **~ себé рабóту** sich nach Arbeit umsehen; **II.** *vi E impf* (*pf:* присмотрéть) (*за кем-ли́бо*) aufpassen (auf *+akk*)

присмáтриваться *vi E impf* (*pf:* присмотрéться) genau betrachten, untersuchen; **присмотрéвшись** bei genauerer Betrachtung

присовéтовать *v + dat E2 pf* (*impf:* совéтовать) beraten, einen Rat geben

присоедини́ть *vt I pf* (*impf:* присоединя́ть) anschließen, eingliedern

присоедини́ться *vi I pf* (*impf:* присоединя́ться) (*к комý-ли́бо*) sich jdm anschließen, sich zu jdm gesellen; **~ к соглашéнию** einem Abkommen beitreten

приспосáбливать *vt E impf* (*pf:* приспосóбить) einrichten, verwenden

приспосáбливаться *vi E impf* (*pf:* присосóбиться) (*к чемý-ли́бо*) sich anpassen (an *+akk*); **умéющий ~** anpassungsfähige Person *f*

приспособлéнец ⟨*gen sg*: -нца⟩ *m K* (*pej*) Anpasser *m*, Konjunkturritter *m*, Wendehals *m*

приспособлéние *nt O2* **1.** Anpassung *f*; **2.** Vorrichtung *f*, Hilfsmittel *nt*

приспосóбленный ⟨*kf*: -ен⟩ *adj* **1.** angepaßt; **2.** (*к чемý-ли́бо*) geeignet (für *+akk*)

приспу́щенный *adj* auf Halbmast

приставáть ⟨*präs*: -стаю́, -стаёшь⟩ *vi E3 impf* (*pf:* пристáть) **1.** anlegen, landen; **2.** (*umg*) belästigen, anmachen; **ну что ты ко мне пристáл?** laß mich gefälligst in Ruhe! **~ к жéнщине** sich an eine Frau heranmachen

пристáвить ⟨*fut*: -влю, -вишь⟩ *vt I pf* (*impf:* приставля́ть) anlehnen, andrücken

пристáвка *f A* **1.** (*TECH*) Zusatzgerät *nt*; **2.** (*LING*) Präfix *nt*, Vorsilbe *f*

при́стальный ⟨*kf*: -лен, -льна⟩ *adj* (*о взгля́де*) unverwandt, durchdringend; **пристáльное внимáние** verstärkte Aufmerksamkeit *f*

пристáнище *nt O1* Domizil *nt*, Bleibe *f*

пристáть ⟨*fut*: -стáну, -стáнешь⟩ *vi E9b pf* (*impf:* приставáть) **1.** anlegen, landen; **2.** belästigen, anmachen

пристёгивать *vt E impf* (*pf:* пристегнýть) **1.** festschnallen; **2.** (*fig*) sich anschließen

пристóйный ⟨*kf*: -óен, -óйна⟩ *adj* anständig, gefällig

пристрáивать *vt E impf* (*pf:* пристрóить) **1.** unterbringen; **2.** anbauen

пристрáстность *f I* Parteilichkeit *f*, Befangenheit *f*, Voreingenommenheit *f*

пристрáстный ⟨*kf*: -тен, -тна⟩ *adj* parteiisch, befangen

пристрóйка *f A* Anbau *m*

при́ступ *m K* (*MED*) Anfall *m*; **сердéчный ~** Herzinfarkt *m*; **~ кáшля** Hustenanfall *m*

приступáть *vi E impf* (*pf:* приступи́ть) **1.** herantreten; **2.** beginnen, in Angriff nehmen; **~ к рабóте** die Arbeit aufnehmen

пристыди́ть ⟨*fut*: -ыжý, -ыди́шь⟩ *vt I pf* (*impf:* стыди́ть) Vorwürfe machen, beschämen

присуди́ть ⟨*fut*: -ужý, -ýдишь⟩ *vt I pf* (*impf:* присуждáть) **1.** (*JUR*) verurteilen; **2.** verleihen

присуждéние *nt O2* **1.** Verurteilung *f*; **2.** Verleihung *f*; **~ учёной стéпени дóктора** Verleihung *f* der Doktorwürde

присýтствие *nt O2* Anwesenheit *f*, Gegenwart *f*, Präsenz *f*; **~ дýха** Geistesgegenwart *f*; **воéнное ~** militärische Präsenz *f*; **в присýтствии** im Beisein, in Gegenwart (*+gen*); **всегдá сохраня́ть ~ дýха** stets die Selbstbeherrschung bewahren

присýтствовать *vi E2 impf* **1.** zugegen sein, teilnehmen; **2.** dasein, vorhanden sein

присýтствующий *adj* anwesend

присылáть *vt E impf* (*pf:* прислáть) schicken, einschicken; **пришли́те когó-нибýдь за вéщами** lassen Sie die Sachen bei mir abholen

прися́га *f A* Eid *m*; **приводи́ть к прися́ге** vereidigen; **приведéние к прися́ге** Vereidigung *f*

прися́жный *m wie adj* (*JUR*) Geschworene(r) *m*, Schöffe *m*

притащи́ть ⟨*fut*: -тащý, -тáщишь⟩ *vt I pf* (*impf:* тащи́ть) anschleppen

притвори́ться ⟨*fut*: -орю́сь, -ори́шься⟩ *vi I pf* (*impf:* притворя́ться) vorgeben, vortäuschen, markieren

притесни́ть *vt I pf* (*impf:* притесня́ть) bedrängen, bedrücken, drangsalieren

притóк *m K* **1.** Nebenfluß *m*; **2.** (*fig*)

Zufluß *m*, Zustrom *m*
притóм *adv* überdies, darüber hinaus
притормáживать *vt E impf* (*pf:* притормозúть) abbremsen
притýпленный *adj* abgestumpft; **притýпленное восприя́тие** abgestumpftes Wahrnehmungsvermögen *nt*
прúтча *f A* Gleichnis *nt*, Parabel *f*
притягáтельный ⟨*kf*: -лен, -льна⟩ *adj* anziehend; **притягáтельная сúла** Anziehungskraft *f*, Ausstrahlungskraft *f*
притя́гивать *vt E impf* (*pf:* притянýть) anziehen; **притя́нутый за ýши** an den Haaren herbeigezogen
притяжéние *nt O2* **1.** (*PHYS*) Anziehung *f*; **2.** Ausstrahlungskraft *f*
притязáние *nt O2* Anspruch *m*; **территориáльные притязáния** Gebietsansprüche *pl*
притянýть ⟨*fut*: -янý, -я́нешь⟩ *vt E1 pf* (*impf:* притя́гивать) anziehen
приукрáсить ⟨*fut*: -áшу, áсишь⟩ *vt I pf* (*impf:* приукрáшивать) **1.** schmücken; **2.** (*fig*) beschönigen, ausschmücken
приумножáть *vt E impf* (*pf:* приумнóжить) vermehren
приумножéние *nt O2* Vermehrung *f*
приурóчивать *vt E impf* (*pf:* приурóчить) (*к чемý-лúбо*) festlegen (auf *+akk*)
приучáть *vt E impf* (*pf:* приучúть) angewöhnen
прихватизáция *f A2* (*Neologismus, Wortspiel*) *Privatisierung im Sinne der Nomenklatura*
прихватúть ⟨*fut*: -ачý, -áтишь⟩ *vt I pf* (*impf:* прихвáтывать) **1.** (*umg*) mitgehen lassen, mitnehmen; **2.** sich verschaffen
прихóд *m K* **1.** Kommen *nt*, Ankunft *f*; **~ к влáсти** Machtantritt *m*, Machtübernahme *f*; **2.** (*ÖKON*) Einnahme *f*; **3.** Gemeinde *f*, Pfarrei *f*
приходúть ⟨*präs*: -хожý, -хóдишь⟩ *vi I impf* (*pf:* прийтú) herkommen; **~ в себя́** zur Besinnung kommen; **~ к влáсти** an die Macht kommen; **~ к понимáнию чегó-лúбо** sich zu einer Erkenntnis durchringen
приходúться ⟨*präs*: -хожýсь,- хóдишься⟩ *vi I impf* (*pf:* прийтúсь) **1.** zusagen, gefallen; **2.** (*unpers + inf*) müssen; **мне прихóдится признáть, что** ich muß zugeben, daß; **3.** verwandt sein; **кем он тебé прихóдится?** wie ist er mit dir verwandt
прихóжая *f wie adj* Flur *m*, Hausflur *m*
прихрáмывать *vi E impf* hinken
прицéп *m K* Anhänger *m*; **грузовúк с ~ом** Lastzug *m*
прицепúть ⟨*fut*: -цеплю́, -цéпишь⟩ *vt I pf* (*impf:* прицепля́ть) (*вагóн*) anhängen, kuppeln
причáл *m K* Landungssteg *m*
причáливать *vt E impf* (*pf:* причáлить) anbinden, anlegen, vertäuen
причáстие *nt O2* **1.** Kommunion *f*; **пéрвое ~** Erstkommunion *f*; **святóе ~** Heiliges Abendmahl *nt*; **2.** (*LING*) Partizip *nt*
причастúть ⟨*fut*: -ащý, -астúшь⟩ *vt I pf* (*impf:* причащáть) (*REL*) die Kommunion austeilen
причастúться ⟨*fut*: -ащýсь, -астúшься⟩ *vi I pf* (*impf:* причащáться) (*REL*) das Heilige Abendmahl empfangen
причáстный ⟨*kf*: -тен, -тна⟩ *adj* **1.** teilhaftig, zugehörig; **2.** mitschuldig; **~ к убúйству** des Mordes mitschuldig
причём *konj* wobei
причесáть *vt E pf* (*impf:* причёсывать) **1.** kämmen, frisieren; **2.** (*fig*) frisieren, beschönigen; **~ фáкты** Tatsachen zurechtrücken
причёска *f A* Frisur *f*
причúна *f A* Grund *m*, Ursache *f*; **без причúны** grundlos
причинúть *vt I pf* (*impf:* причиня́ть) verursachen
причúнный *adj* (*geh*) ursächlich, kausal
причитáние *nt O2* **1.** Wehklagen *nt*; **2.** Klagelied *nt*; **бесконéчные причитáния** Litanei *f*
причýда *f A* Grille *f*, Marotte *f*, Schrulle *f*; **у кáждого свой причýды** jeder hat seine Fehler
причýдливый ⟨*kf*: -ив⟩ *adj* wunderlich, seltsam
пришвартовáться *vi E2 pf* (*impf:* пришвартóвываться) (*MAR*) festmachen, vertäuen
пришивáть *vt E impf* (*pf:* пришúть) annähen
прищёлкивать *vi E impf* (*pf:* прищёлкнуть) schnalzen
прищéпка *f A* Wäscheklammer *f*
прищýрить *vt I pf* (*impf:* прищýривать) (*глазá*) zusammenkneifen
приют *m K* Asyl *nt*, Domizil *nt*; **давáть ~ комý-лúбо** jdn beherbergen; **~ для бездóмных живóтных** Tierheim *nt*
приютúть ⟨*fut*: -ючý, -ютúшь⟩ *vt I pf* beherbergen, Asyl gewähren
приютúться ⟨*fut*: -ючýсь, -ютúшься⟩ *vi I pf* unterkommen, Unterkunft finden
прия́тель *m K1* Freund *m*, Kumpel *m*
прия́тный ⟨*kf*: -тен, -тна⟩ *adj* angenehm, nett; **прия́тная неожúданность** angenehme Überraschung *f*; **прия́тное чýвство** Behagen *nt*

про *präp +akk* über (*+akk*); **~ него́** über ihn; **ду́мать ~ себя́** bei sich etw denken
проанализи́ровать *vt E2 pf* (*impf:* анализи́ровать) anlysieren
про́ба *f A* Probe *f*; **~ сил** Machtprobe *f*, Kraftprobe *f*; **для про́бы** probeweise; **снима́ть про́бу с чего́-ли́бо** proben, kosten
пробе́г *m K* **1.** gefahrene Kilometer *m pl*; **2.** Auslaufen *nt*
пробега́ть *vt E impf* (*pf:* пробежа́ть) **1.** durchlaufen; **2.** vorbeilaufen; **3.** durchsehen, überfliegen
пробе́л *m K* **1.** Lücke *f*, Bildungslücke *f*; **восполня́ть ~** eine Lücke schließen; **2.** Leerzeichen *nt*, Leertaste *f*
пробива́ть *vt E impf* (*pf:* проби́ть) **1.** durchschlagen; **2.** schlagen; **3.** durchsetzen; **~ себе́ доро́гу** (*иде́я*) sich Bahn brechen
пробива́ться *vi E impf* (*pf:* проби́ться) **1.** sich durchschlagen; **2.** durchkommen; **3.** quellen, hervorsprießen
пробивно́й *adj* Durchschlagungs-, Durchsetzungs-; **пробивны́е спосо́бности** Durchsetzungsvermögen *nt*
проби́рка *f A* Reagenzglas *nt*
про́бка *f A* **1.** Pfropfen *m*, Kork *m*; **2.** Stockung *f*; **3.** Stau *m*; **4.** Verkehrsstau *m*
пробле́ма *f A* Problem *nt*; **без пробле́мы** problemlos
проблема́тика *f A* Problematik *f*, Problemkreis *m*
проблемати́чный ⟨*kf*: -че́н ,-чна⟩ *adj* problematisch
про́блеск *m K* **1.** Schimmer *m*, Lichtstrahl *m*; **2.** (*fig*) Schimmer *m*; **~ наде́жды** Hoffnungsschimmer *m*
про́бный *adj* Probe-, Prüf-; **~ ка́мень** Prüfstein *m*; **~ материа́л** Arbeitsprobe *f*; **как ~ шар** versuchsweise
про́бовать *vt E2 impf* (*pf:* ис-, по-) **1.** ausprobieren; **2.** (*оде́жду*) anprobieren; **3.** abschmecken, kosten
пробо́р *m K* Scheitel *m*
пробуди́ть ⟨*fut*: - бужу́, -бу́дишь⟩ *vt I pf* (*impf:* буди́ть) **1.** wecken; **2.** (*fig*) aufrütteln; **3.** (*fig: интере́с*) erwecken
пробуди́ться ⟨*fut*: -бужу́сь, -бу́дишься⟩ *vi I pf* (*impf:* пробужда́ться) **1.** aufwachen; **2.** (*fig*) entstehen, erwachen
пробурча́ть ⟨*fut*: -бу́рчу́, -бурчи́шь⟩ *vi I pf* (*impf:* бурча́ть) brummen, murmeln; **в живо́те бурчи́т** der Magen knurrt
прова́л *m K* Fehlschlag *m*, Rückschlag *m*
прова́ливать *vt E impf* (*pf:* провали́ть) **1.** durchbrechen; **2.** (*fig*) zu Fall bringen, scheitern lassen
прова́ливаться *vi E impf* (*pf:* провали́ться) **1.** hineinfallen, stürzen; **от сты́да я гото́в был ~ сквозь зе́млю** ich wäre vor Scham am liebsten im Boden versunken; **2.** scheitern, mißlingen, fehlschlagen; **3.** (*на экза́мене*) durchfallen
прове́дать *vt E pf* (*impf:* прове́дывать) **1.** erfahren; **2.** besuchen; **~ больно́го** einen Kranken besuchen
провезти́ ⟨*fut*: -везу́, -везёшь⟩ *vt E6 pf* (*impf:* провози́ть) **1.** hinfahren, hinschaffen; **2.** mit sich führen
прове́рить *vt I pf* (*impf:* проверя́ть) **1.** prüfen, überprüfen, kontrollieren; **2.** testen; **3.** korrigieren
прове́рка *f A* **1.** Überprüfung *f*, Kontrolle *f*, Probe *f*; **~ паспорто́в** Paßkontrolle *f*; **вы́держать прове́рку** die Bewährungsprobe bestehen; **устра́ивать кому́-ли́бо прове́рку** jdn auf die Probe stellen; **2.** Korrektur *f*, Verbesserung *f*; **3.** (*POL*) Verifizierung *f*; **4.** Nachuntersuchung *f*; **~ на СПИД** Aidstest *m*
провернýть *vt E1 pf* (*impf:* провёртывать, провора́чивать) **1.** durchbohren; **2.** durchdrehen; **~ де́ло** eine Sache deichseln
провести́ ⟨*fut*: -веду́, -ведёшь⟩ *vt E6a pf* (*impf:* проводи́ть) **1.** durchführen, ausrichten, veranstalten; **2.** verbringen; **3.** durchsetzen, durchbringen; **4.** betreiben, verfolgen
прове́тривание *nt O2* Lüftung *f*
прове́тривать *vt E impf* (*pf:* прове́трить) lüften, entlüften
провиа́нт *m K* Proviant *m*
провинциа́л, **провинциа́лка** *m K / f A* Provinzler, -in *m/f*
провинциа́льный ⟨*kf*: -лен, -льна⟩ *adj* provinziell, Provinz-
прови́нция *f A2* Provinz *f*
провиса́ть *vi E impf* (*pf:* прови́снуть) durchhängen
про́вод *m K ple* Draht *m*
проводи́мость *f I* (*EL*) Leitfähigkeit *f*
проводи́ть ⟨*präs*: -вожу́, -во́дишь⟩ *vt I impf* (*pf:* провести́) **I. 1.** durchführen, ausrichten, veranstalten; **2.** (*семиа́р, собра́ние*) abhalten; **~ соревнова́ния** (*SPORT*) Wettkämpfe austragen; **3.** (*вре́мя*) verbringen; **о́тпуск ~** den Urlaub verbringen; **4.** durchsetzen, umsetzen; **~ зако́н через парла́мент** das Gesetz beim Parlament durchbringen; **~ в жи́зни** in die Wirklichkeit umsetzen; **~ поли́тику** Politik betreiben; **5.** lotsen; **II.** *vt I pf* (*impf:* провожа́ть) **1.** begleiten, bringen; **2.** verabschieden
прово́дка *f A* **1.** (*EL*) Installation *f*; **2.** Buchung *f*

проводни́к *m K e* **1.** Zugführer *m*, Begleiter *m*; **2.** (в гора́х) Bergführer *m*; **3.** (*EL*) Leiter *m*; **4.** (*fig*) Wortführer *m*, Vorreiter *m*

про́воды *pl K* Verabschiedung *f*, Verabschiedungsfeier *f*; **~ зимы́** Vertreibung *f* des Winters

провожа́тый *m wie adj* Begleiter *m*

провожа́ть *vt E impf* (*pf:* проводи́ть) **1.** begleiten, geleiten, bringen; **~ до до́ма** [*о* **домо́й**] nach Hause bringen; **~ в аэропо́рт** zum Flughafen bringen; **~ на вокза́л** zum Bahnhof bringen; **~ на пе́нсию** pensionieren; **2.** verabschieden; **~ го́стя** einen Gast verabschieden; **3.** (глаза́ми) folgen, nachblicken

провозгласи́ть ⟨*fut*: -ашу́, -аси́шь⟩ *vt I pf* (*impf:* провозглаша́ть) verkünden, ausrufen; **~ то́ст в честь кого́-ли́бо** jdn hochleben lassen, ein Hoch auf jdn ausbringen

провози́ть ⟨*präs*: -вожу́, -во́дишь⟩ *vt I impf* (*pf:* провезти́) **1.** hinfahren, hinschaffen; **контраба́ндно ~** schmuggeln; **2.** mit sich führen

провока́ция *f A2* Provokation *f*

про́волока *f A* Draht *m*; **колю́чая ~** Stacheldraht *m*

проволо́чка *f A* bürokratische Verzögerung *f*

провора́чивать *vt E impf* (*pf:* проверну́ть) **1.** durchbohren; **2.** durchdrehen; **~ де́ло** eine Sache deichseln

прово́рный ⟨*kf*: -рен, -рна⟩ *adj* schnell, geschwind, flink

провоци́ровать *vt E2 impf/pf* (*pf:* с-) **1.** provozieren; **2.** anstiften

прога́лина *f A* (*umg*) Lichtung *f*

прогиба́ние *nt O2* Hohlkreuz *nt*

прогла́тывать *vt E impf* (*pf:* проглоти́ть) **1.** verschlucken, hinunterschlucken; **2.** (*fig*) schlucken, einstecken; **3.** (кни́ги) schmökern

прогляде́ть ⟨*fut*: -яжу́, -яди́шь⟩ *vt I pf* (*impf:* прогля́дывать) **1.** durchsehen, durchblättern; **2.** (*umg*) übersehen, nicht beachten; **3.** eine Weile betrachten

прогна́ть ⟨*fut*: -гоню́, го́нишь⟩ *vt I pf* (*impf:* прогоня́ть) fortjagen, vertreiben

прогни́вший *adj* morsch, vermodert

прогно́з *m K* Prognose *f*, Vorhersage *f*; **~ не подтверди́лся** die Prognose hat sich nicht bewahrheitet; **~ пого́ды** Wetterbericht *m*

прогнози́ровать *vt E2 impf/pf* prognostizieren, vorhersagen

проголосова́ть *vt E2 pf* (*impf:* голосова́ть) abstimmen

прогоня́ть *vt E impf* (*pf:* прогна́ть) fortjagen, vertreiben

прогора́ть *vt E impf* (*pf:* прогоре́ть) **1.** abbrennen; **2.** (*umg:fig*) abbrennen, Pleite gehen

прого́рклый *adj* (о ма́сле) ranzig

програ́мма *f A* **1.** Programm *nt*, Konzept *nt*; **антикри́зисная ~** Krisenkonzept *nt*; **ба́зовая ~** Basisprogramm *nt*; **2.** Programm *nt*, Programmablauf *m*; **~ пребыва́ния** Besuchsprogramm *nt*; **культу́рная ~** Kulturprogramm *nt*; **произво́льная ~** Kür *f*; **3.** (*DV*) Programm *nt*

программи́ровать *vt E2 impf* (*pf:* за-) programmieren

программи́ст, **программи́стка** *m K / f A* Programmierer, -in *m/f*

програ́ммный *adj* programmatisch; **програ́ммная речь** programmatische Rede *f*; **програ́ммное обеспече́ние** Software *f*

прогре́сс *m K* Fortschritt *m*; **ве́рящий в ~** fortschrittsgläubig

прогресси́вный ⟨*kf*: -вен, -вна⟩ *adj* fortschrittlich, progressiv

прогресси́ровать *vi E2 impf* fortschreiten, voranschreiten, Fortschritte machen

прогу́ливать *vi E impf* (*pf:* прогуля́ть) **I.** eine Weile spazierengehen; **II.** *vi E nur impf* (*umg*) verbummeln; **~ рабо́ту** blaumachen; **~ уро́ки** die Schule schwänzen

прогу́ливаться *vi E impf* (*pf:* прогуля́ться) **I.** spazierengehen; **II.** *vi E nur impf* bummeln, schlendern

прогу́лка *f A* Spaziergang *f*; **~ по ле́су** Wanderung *f*; **~ по магази́нам** Einkaufsbummel *m*

продава́ть ⟨*präs*: -даю́, -даёшь⟩ *vt E3 impf* (*pf:* прода́ть) verkaufen, zum Verkauf bieten; **все биле́ты про́даны** es ist alles ausverkauft

продаве́ц, **продавщи́ца** ⟨*gen m*: -вца́⟩ *m K / f A e* Verkäufer, -in *m/f*

прода́жа *f A* Verkauf *m*; **име́ющийся в прода́же** lieferbar

прода́жность *f I* Käuflichkeit *f*, Bestechlichkeit *f*

прода́жный ⟨*kf*: -жен, -жна⟩ *adj* **1.** verkäuflich, zum Verkauf stehend, erhältlich; **прода́жная цена́** Verkaufspreis *m*; **2.** bestechlich, käuflich, korrupt

прода́ть ⟨*fut*: -да́м ,-да́шь⟩ *vt U2 pf* (*impf:* продава́ть) verkaufen

продаю́щийся *adj* verkäuflich

продвига́ться *vi E impf* (*pf:* продви́нуться) vorrücken, nachrücken; **~ вперёд** fortschreiten, vorankommen; **~ по слу́жбе** aufrücken

продвиже́ние *nt O2* **1.** Vormarsch *m*; **~**

вперёд Vorankommen *nt*; **~ по слу́жбе** Aufstieg *m*; **2.** (*зако́на*) Durchsetzung *f*
продви́нуться *vi E1 pf* (*impf:* продвига́ться) vorrücken, nachrücken
продева́ть *vt E impf* (*pf:* проде́ть) durchziehen, einfädeln
продезинфици́ровать *vt E2 pf* (*impf:* дезинфици́ровать) desinfizieren
проде́лка *f A* Streich *m*
продемонстри́ровать *vt E2 pf* (*impf:* демонстри́ровать) **1.** demonstrieren; **2.** veranschaulichen
продёргивать *vt E impf* (*pf:* продёрнуть) **1.** durchziehen, einfädeln; **2.** (*umg*) schlecht machen, kritisieren
проде́ть ⟨*fut*: -де́ну, -де́нешь⟩ *vt E9b pf* (*impf:* продева́ть) durchziehen, einfädeln
продле́ние *nt O2* Verlängerung *f*
продлёнка *f A* (*umg*) Kinderhort *m*
продлённый *adj* verlängert; **гру́ппа продлённого дня** (*umg: продлёнка*) Kinderhort *m*, Kindertagesstätte *f*
продли́ть *vt I pf* (*impf:* продлева́ть) verlängern
продли́ться *vi I pf* (*impf:* дли́ться) dauern, sich hinziehen
продолгова́тый ⟨*kf*: -а́т⟩ *adj* länglich
продолжа́тель *m K1* Fortsetzer *m*, Fortführer *m*; **~ ро́да** Stammhalter *m*
продолжа́ть *vt E impf* (*pf:* продо́лжить) fortsetzen, fortführen, weitermachen; **продолжа́ющий** Fortgeschrittener *m*
продолжа́ться *vi E impf* (*pf:* продо́лжиться) dauern, andauern
продолжа́ющийся *adj* anhaltend, fortwährend
продолже́ние *nt O2* Fortsetzung *f*, Fortführung *f*
продолжи́тельность *f I* **1.** Dauer *f*, Länge *f*; **2.** Laufzeit *f*; **~ жи́зни** Lebensdauer *f*; **ожида́емая ~ жи́зни** Lebenserwartung *f*
продолжи́тельный ⟨*kf*: -лен, -льна⟩ *adj* langandauernd, langwierig, fortwährend; **продолжи́тельное вре́мя** seit geraumer Zeit
продо́лжить *vt I pf* (*impf:* продолжа́ть) fortsetzen, fortführen
продо́лжиться *vi I pf* (*impf:* продолжа́ться) dauern, andauern
продувно́й *adj* (*umg*) durchtrieben, gewieft
проду́кт *m K* Produkt *nt*; **валово́й национа́льный ~** Bruttosozialprodukt *nt*; **~ы пита́ния** Lebensmittel *f pl*; **основны́е ~ы пита́ния** Grundnahrungsmittel *nt pl*
продукти́вный ⟨*kf*: -вен, -вна⟩ *adj* produktiv, fruchtbar
проду́кция *f A2* Produktion *f*, Herstellung *f*
проду́мать *vt E pf* (*impf:* проду́мывать) über-, durchdenken
продыря́вить ⟨*fut*: -влю, -вишь⟩ *vt I pf* (*impf:* продыря́вливать) durchlöchern
прое́зд *m K* Durchreise *f*, Durchfahrt *f*
прое́здить ⟨*fut*: -зжу, -здишь⟩ *vt I pf* **1.** (*де́ньги*) verfahren; **2.** eine bestimmte Zeit fahren; **прое́здил всю неде́лю** er war eine ganze Woche unterwegs
проездно́й *adj* Reise-, Fahr-; **ме́сячный ~ биле́т** Monatsfahrkarte *f*
прое́здом *adv* auf der Durchreise
проезжа́ть *vt E impf* (*pf:* прое́хать) durchfahren, vorbeifahren
прое́зжий *adj* befahrbar; **прое́зжая ча́сть (у́лицы)** Fahrbahn *f*
прое́кт *m K* Projekt *nt*, Entwurf *m*, Vorhaben *nt*
прое́ктор *m K* **1.** Projektor *m*; **2.** Overheadprojektor *m*
прое́кция *f A2* Projektion *f*; **горизонта́льная ~** Grundriß *m*
прое́хать ⟨*fut*: -е́ду, -е́дешь⟩ *vt UE2 pf* (*impf:* проезжа́ть) durchfahren, vorbeifahren
проеци́ровать *vt E2 impf/pf* (*pf:* с-) projizieren
прожева́ть ⟨*fut*: -жую́, -жуёшь⟩ *vt E2 pf* (*impf:* прожёвывать) verdauen
проже́ктор *m K* Scheinwerfer *m*
проже́чь ⟨*fut*: -жгу́, -жжёшь, *Prät*: -жёг , -жгла́⟩ *vt UE4 pf* (*impf:* прожига́ть) durchbrennen
прожжённый ⟨*kf*: -жён⟩ *adj* (*umg*) gerissen, gewieft , ausgekocht
прожива́ть *vi E impf* (*pf:* прожи́ть) **1.** überleben; **2.** leben, verbringen
прожива́ющий *adj* wohnhaft
прожига́ть *vi E impf* (*pf:* проже́чь) durchbrennen; **~ жизнь** in Saus und Braus leben
прожо́рливый ⟨*kf*: -ив⟩ *adj* gefräßig
про́за *f A* Prosa *f*; **~ жи́зни** Ernst des Lebens *m*
прозаи́ческий *adj* **1.** Prosa-; **2.** prosaisch, nüchtern
прозвуча́ть ⟨*nur 3. pers*: -чи́т⟩ *vi I pf* (*impf:* звуча́ть) tönen, erklingen
прозорли́вость *f I* Scharfblick *m*, Scharfsinn *m*
прозра́чность *f I* Durchsichtigkeit *f*
прозра́чный ⟨*kf*: -чен, -чна⟩ *adj* durchsichtig, durchscheinend; **прозра́чная вода́** klares Wasser *nt*; **~ во́здух** klare Luft *f*; **~ намёк** Wink *m* mit dem Zaunpfahl; **прозра́чное пла́тье** durchsichtiges Kleid *nt*; **прозра́чная плёнка** Klarsichtfolie *f*

прозябáть *vi E impf* dahinvegetieren
проигнори́ровать *vt E2 pf* (*impf:* игнори́ровать) **1.** ignorieren, mißachten; **2.** übersehen
проигрáть *vt E pf* (*impf:* прои́грывать) **1.** (*в игрé*) verlieren; **2.** (*пласти́нку*) abspielen; **3.** eine Weile spielen
прои́грыватель *m K1* Plattenspieler *m*; **лáзерный ~** CD-Spieler *m*
произведéние *nt O2* Werk *nt*; **~ искýсства** Kunstwerk *nt*
произвести́ ⟨*fut*: -ведý, -ведёшь⟩ *vt E6a pf* (*impf:* производи́ть) **1.** erzeugen, herstellen, produzieren; **2.** auslösen, hervorrufen
производи́тель *m K1* Erzeuger *m*, Produzent *m*
производи́тельность *f I* Leistung *f*, Produktivität *f*
производи́ть ⟨*präs*: -вожý, -вóдишь⟩ *vt I impf* (*pf:* произвести́) **1.** erzeugen, herstellen, produzieren; **2.** auslösen, hervorrufen; **~ благоприя́тное впечатлéние** einen guten Eindruck machen; **3.** befördern; **он произведён в майóры** er ist zum Major befördert worden
произвóдственный *adj* **1.** betrieblich; **2.** Produktions-
произвóдство *nt O* **1.** Produktion *f*; **2.** (*JUR*) Verfahren *nt*
произвóльный ⟨*kf*: -лен, -льна⟩ *adj* willkürlich; **произвóльная прогрáмма** (*SPORT*) Kür *f*
произнести́ ⟨*fut*: -несý, -несёшь⟩ *vt E6 pf* (*impf:* произноси́ть) aussprechen; **~ тост** einen Trinkspruch ausbringen
произношéние *nt O2* Aussprache *f*, Artikulation *f*
произойти́ ⟨*fut*: -ойдý, -ойдёшь⟩ *vi E7 pf* (*impf:* происходи́ть) **1.** entspringen, abstammen; **2.** herrühren, herkommen; **3.** passieren, sich ereignen
проиллюстри́ровать *vt E2 pf* (*impf:* иллюстри́ровать) **1.** bebildern; **2.** veranschaulichen
проинструкти́ровать *vt E2 pf* (*impf:* инструкти́ровать) instruieren, anleiten
проинформи́ровать *vt E2 pf* (*impf:* информи́ровать) informieren
происходи́ть ⟨*präs*: -хожý, -хóдишь⟩ *vi I impf* (*pf:* произойти́) **1.** (*из чегó-ли́бо*) abstammen (von *+dat*); **2.** entspringen (aus *+dat*); **3.** herrühren (von *+dat*); **э́то происхóдит от тогó, что** das rührt daher, daß; **4.** herkommen (aus *+dat*); **5.** passieren, sich ereignen, erfolgen; **э́то произошлó у меня́ на глазáх** das geschah vor meinen Augen
происхождéние *nt O2* Herkunft *f*, Ursprung *m*, Geburt *f*
происшéствие *nt O2* Vorfall *m*, Vorkommnis *nt*; **дорóжно-трáнспортное ~** Verkehrsunfall *m*
пройдóха *mf A* (*umg*) Gauner *m*, Aas *nt*
пройти́ ⟨*fut*: -пройдý, пройдёшь⟩ *vt E7 pf* (*impf:* проходи́ть) **1.** vorbeigehen; **2.** ablaufen; **3.** vergehen, verfliegen; **4.** abschwellen; **5.** durchnehmen; **6.** durchlaufen
пройти́сь ⟨*fut*: пройдýсь, пройдёшься⟩ *vi E7 pf* (*impf:* прохáживаться) schlendern, umhergehen
прокáза *f A* Lepra *f*
прокáзник *m K* Schalk *m*, Spaßvogel *m*, Schelm *m*
прокáлывать *vt E impf* (*pf:* прокoлóть) durchstechen, durchbohren
прокáт *m K* **1.** Verleih *m*, Ausleihe *f*; **брать на ~** ausleihen; **2.** Vermietung *f*
прокипяти́ть ⟨*fut*: -ячý, -яти́шь⟩ *vt I pf* abkochen
проклáдывать *vt E impf* (*pf:* проложи́ть) **1.** anlegen, bauen; **2.** bahnen
прокламáция *f A2* Proklamation *f*
проклинáть *vt E impf* (*pf:* прокля́сть) verdammen, verfluchen
прокля́тие *nt O2* Fluch *m*
прокля́тый *adj* (*umg*) verdammt, verflucht
прокóл *m K* **1.** Loch *nt*, Durchstechen *nt*; **2.** (*fig*) Blamage *f*, Mißgeschick *nt*
проколóть ⟨*fut*: -колю́, -кóлешь⟩ *vt E4 pf* (*impf:* прокáлывать) durchstechen, durchbohren
прокомменти́ровать *vt E2 pf* (*impf:* комменти́ровать) kommentieren
проконсульти́ровать *vi E2 pf* (*impf:* консульти́ровать) konsultieren, um Rat fragen
проконтроли́ровать *vt E2 pf* (*impf:* контроли́ровать) kontrollieren, überprüfen
прокрути́ть ⟨*fut*: -учý, -ýтишь⟩ *vt I pf* (*impf:* прокрýчивать) drehen
прокýренный *adj* rauchig, verraucht
прокурóр *m K* Staatsanwalt *m*
прокуси́ть ⟨*fut*: -ушý, -ýсишь⟩ *vt I pf* (*impf:* прокýсывать) durchbeißen
прокути́ть ⟨*fut*: -учý, -ýтишь⟩ *vt I pf* (*impf:* прокýчивать) **1.** zechen; **2.** verprassen
пролáмывать *vt E impf* (*pf:* проломáть) durchbrechen
пролепетáть ⟨*fut*: -печý, -пéчешь⟩ *vi E4 pf* (*impf:* лепетáть) lallen, stammeln
пролёт *m K* **1.** Flug *m*; **2.** Durchzug *m*, Zug *m*
пролетариáт *m K* Proletariat *nt*
пролетáрий *m K2* Proletarier *m*
пролетáть *vi E impf* (*pf:* пролетéть) **1.** fliegen; **2.** durch-, vorbeifliegen; **3.** (*fig*)

fliegen, verfliegen
пролётка *f A* Droschke *f*
проли́в *m K* Meeresenge *f*, Straße *f*
пролива́ть *vt E impf* (*pf:* проли́ть) **1.** verschütten; **2.** (*geh*) vergießen; **~ кровь** Blut vergießen
проло́г *m K* Prolog *m*
проложи́ть ⟨*fut*: -ожу́, -о́жишь⟩ *vt I pf* (*impf:* прокла́дывать) **1.** anlegen, bauen; **2.** bahnen
проломи́ть ⟨*fut*: -омлю́, -о́мишь⟩ *vt I pf* (*impf:* прола́мывать) durchbrechen
пролонга́ция *f A2* Verlängerung *f*
пролонги́ровать *vt E2 impf/pf* verlängern
прома́зать ⟨*fut*: -а́жу, -а́жешь⟩ *vt E4 pf* (*impf:* прома́зывать) **1.** schmieren, ölen; **2.** (*umg*) das Ziel verfehlen, schlecht spielen
прома́тывать *vt E impf* (*umg*) vergeuden, verschwenden
про́мах *m K* **1.** Fehltritt *m*, Fehlgriff *m*; **2.** Reinfall *m*, Blamage *f*
прома́хиваться *vi E impf* (*pf:* промахну́ться) **1.** das Ziel verfehlen; **2.** (*fig*) einen Fehler machen
прома́чивать *vt E impf* (*pf:* промочи́ть) durchnässen, naß machen; **~ но́ги** nasse Füße bekommen
прома́шка *f A* **1.** Fehltritt *m*, Fehlschlag *m*; **2.** Blamage *f*, Blöße *f*; **дать прома́шку** eine Blöße geben
промедле́ние *nt O2* Verzögerung *f*
проме́длить *vi I pf* (*impf:* ме́длить) (*с чем-ли́бо*) hinausschieben, verzögern
промежу́точный ⟨*kf*: -чен, -чна⟩ *adj* Übergangs-, Zwischen-; **~ ито́г** Zwischenbilanz *f*
промена́д *m K* Promenade *f*
промёрзший *adj* durchgefroren
промо́зглый ⟨*kf*: -о́згл⟩ *adj* naßkalt
промока́ть *vi E impf* (*pf:* промо́кнуть) durchweichen, naß werden
промока́шка *f A* Löschpapier *nt*
промокну́ть ⟨*fut*: -ну́, -нёшь⟩ *vi E1 pf* (*mit Löschpapier*) löschen
промо́кнуть *vi E1 pf* (*impf:* промока́ть) durchweichen, naß werden
промота́ть *vt E pf* (*impf:* прома́тывать) vergeuden, verschwenden
промочи́ть ⟨*fut*: -очу́, -о́чишь⟩ *vt I pf* (*impf:* прома́чивать) durchnässen
промыва́ние *nt O2* Waschen *nt*, Spülung *f*; **~ мозго́в** Gehirnwäsche *f*
промыва́ть *vt E impf* (*pf:* промы́ть) spülen, ausspülen
про́мысел ⟨*gen sg*: -сла⟩ *m K* **1.** Fang *m*, Jagd *f*; **2.** Gewerbe *nt*; **занима́ющийся промы́слом** gewerbetreibend
промысло́вый *adj* gewerblich
пронести́сь ⟨*fut*: -несу́сь, -несёшься⟩ *vi E6 pf* (*impf:* проноси́ться) **1.** vorbeieilen, vorbeirauschen; **2.** (*слух*) um sich greifen, sich ausbreiten; **3.** (*го́ды*) verfliegen
пронза́ть *vt E impf* (*pf:* пронзи́ть) (*auch fig*) durchbohren; **~ насквозь (до мо́зга косте́й)** durch Mark und Bein gehen
пронзи́тельный ⟨*kf*: -лен, -льна⟩ *adj* durchdringend, schrill; **пронзи́тельно крича́ть** kreischen
проника́ть *vt E impf* (*pf:* прони́кнуть) durchdringen, eindringen
проникнове́ние *nt O2* Eindringen *nt*
проница́емый ⟨*kf*: -а́ем⟩ *adj* durchlässig
проница́тельность *f I* Scharfblick *m*, Scharfsichtigkeit *f*
проница́тельный ⟨*kf*: -лен, -льна⟩ *adj* scharfsinnig
проноси́ться ⟨*präs*: -ношу́сь, -но́сишься⟩ *vi I impf* (*pf:* пронести́сь) **1.** vorbeieilen, vorbeirauschen; **2.** um sich greifen, sich ausbreiten; **3.** verfliegen
пронумерова́ть *vt E2 pf* (*impf:* нумерова́ть) numerieren
проню́хать *vt E pf* (*impf:* проню́хивать) **1.** (*что-ли́бо или о чём-ли́бо*) Wind bekommen (von *+dat*); **2.** Lunte riechen
пропага́нда *f A* **1.** Propaganda *f*; **2.** Propagierung *f*, Verbreitung *f*
пропаганди́ровать *vt E2 impf* propagandieren
пропада́ть *vi E impf* (*pf:* пропа́сть) abhandenkommen, verlorengehen, verschwinden
пропа́н *m K* Propangas *nt*
пропа́сть ⟨*fut*: -аду́, -адёшь⟩ *vi E6 pf* (*impf:* пропада́ть) abhandenkommen, verlorengehen, verschwinden
про́пасть *f I* **1.** Abgrund *m*, Kluft *f*; **2.** (*fig*) Kluft *f*, Unterschied *m*
пропе́ллер *m K* Propeller *m*
прописа́ть ⟨*fut*: -пишу́, -пи́шешь⟩ *vt E4 pf* (*impf:* прописывать) (*лека́ртсво*) verschreiben
пропи́ска *f A* polizeiliche Anmeldung *f*; **обяза́тельная ~** Meldepflicht *f*
пропове́дник *m K* Prediger *m*
пропове́довать *vt E2 impf* (*auch fig*) predigen
про́поведь *f I* Predigt *f*
пропорциона́льный ⟨*kf*: -лен, -льна⟩ *adj* proportional, verhältnismäßig
пропо́рция *f A2* Proportion *f*, Relation *f*, Verhältnis *nt*
про́пуск *m K* **1.** (*MIL*) Kennwort *nt*,

Losung *f*; **2.** Lücke *f*; **3.** Einlaßschein *m*
пропуска́ть *vt E impf* (*pf:* пропусти́ть) **1.** durchlassen, passieren lassen; **2.** auslassen, weglassen; **3.** versäumen, verpassen
пропылесо́сить ⟨*fut*: -со́шу (-со́сю), -о́сишь⟩ *vi I pf* (*impf:* пылесо́сить) staubsaugen
прораба́тывать *vi E impf* (*pf:* прорабо́тать) durcharbeiten
прораста́ть *vi E impf* (*pf:* прорасти́) durchwachsen, keimen
прорва́ть ⟨*fut*: -рву́, -рвёшь⟩ *vt E4 pf* (*impf:* прорыва́ть) **1.** zerreißen; **2.** durchbrechen
про́резь *f I* Einschnitt *m*
проржа́веть *vi E pf* durchrosten
проро́к *m K* Prophet, -in *m/f*
проро́ческий *adj* prophetisch
проро́чество *nt O* Prophezeihung *f*; **мра́чные проро́чества** Unkenrufe *pl*
проро́чить *vt I impf* (*pf:* напроро́чить) prophezeihen
прорубить ⟨*fut*: -ублю́, -у́бишь⟩ *vt I pf* (*impf:* прорубать) durchschlagen, durchbrechen; **~ окно́ в Евро́пу** das Fenster zu Europa aufstoßen
проры́в *m K* **1.** Durchbruch *m*; **2.** Vorstoß *m*; **3.** Umwälzung *f*
прорыва́ть *vi E impf* (*pf:* прорва́ть) **1.** zerreißen; **2.** durchbrechen
проса́чиваться *vi E impf* (*pf:* просочи́ться) **1.** quellen; **2.** sickern, durchsickern
просверли́ть *vt I pf* (*impf:* просве́рливать, сверли́ть) durchbohren
просве́т *m K* **1.** Lichtschimmer *m*; **2.** (*fig*) Lichtblick *m*
просвети́ть [1] ⟨*fut*: -свещу́, -свети́шь⟩ *vt I pf* (*impf:* просвеща́ть) aufklären, bilden
просвети́ть [2] ⟨*fut*: -свечу́, -све́тишь⟩ *vt I pf* (*impf:* просве́чивать) durchleuchten, röntgen
просвеща́ть *vt E impf* (*pf:* просвети́ть) aufklären, bilden
просвеще́ние *nt O2* Aufklärung *f*, Bildung *f*
просвещённый *adj* aufgeklärt
про́сека *f I* Schneise *f*
просиде́ть ⟨*fut*: -ижу́, -иди́шь⟩ *vi I pf* (*impf:* проси́живать) **1.** eine Weile sitzen; **2.** (*umg*) durchsitzen, durchscheuern
проси́ть ⟨*präs*: прошу́, про́сишь⟩ *vt I impf* (*pf:* попроси́ть) bitten, ersuchen; **~ у кого́-ли́бо де́нег** jdn um Geld bitten; **~ у кого́-ли́бо проще́ния** jdn um Verzeihung bitten
просия́ть *vi E pf* (*auch fig*) aufleuchten, erstrahlen
просклоня́ть *vt E pf* (*impf:* склоня́ть) **1.** bewegen; **2.** flektieren, beugen; **3.** neigen, tendieren
просла́вить ⟨*fut*: -влю, -вишь⟩ *vt I pf* (*impf:* прославля́ть) verherrlichen
проследи́ть ⟨*fut*: -слежу́, -следи́шь⟩ *vi I pf* (*impf:* просле́живать, следи́ть) **1.** überwachen, kontrollieren; **2.** beschatten, bespitzeln
прослу́шать *vt E pf* (*impf:* прослу́шивать) **1.** überhören; **2.** anhören, abhorchen
просма́тривать *vt E impf* (*pf:* просмотре́ть) **1.** sichten, durchsehen; **2.** Einsicht nehmen
просмо́тр *m K* **1.** Durchsicht *f*; **2.** Einsichtnahme *f*
про́со *nt O* Hirse *f*
просочи́ться ⟨*nur 3. pers*: -и́тся⟩ *vi I pf* (*impf:* проса́чиваться) **1.** quellen; **2.** durchsickern
проспа́ть ⟨*fut*: -плю́, -пи́шь⟩ *vi I pf* (*impf:* просыпа́ть) **1.** eine Weile schlafen; **2.** verschlafen
проспе́кт *m K* Prospekt *m*, Faltblatt *nt*
проспряга́ть *vt E pf* (*impf:* спряга́ть) konjunktieren, beugen
просро́ченный *adj* abgelaufen; **~ про́пуск** abgelaufener Ausweis *m*; **просро́ченные платежи́** rückständige Zahlungsleistungen
просро́чивать *vt E impf* (*pf:* просро́чить) **1.** überschreiten, versäumen; **2.** verfallen lassen
проста́ивать *vi E impf* (*pf:* простоя́ть) **1.** stillstehen, lahmliegen; **2.** ungenutz bleiben
простере́ть ⟨*fut*: -тру́, -трёшь⟩ *vt E4b pf* (*impf:* простира́ть) ausstrecken, ausbreiten
прости́тельный ⟨*kf*: -лен, -льна⟩ *adj* entschuldbar, verzeihlich
проститу́тка *f A* Prostituierte *f*; **телефо́нная ~** Callgirl *nt*
проститу́ция *f A2* Prostitution *f*
прости́ть ⟨*fut*: прощу́, прости́шь⟩ *vt I pf* (*impf:* проща́ть) **1.** verzeihen; **2.** erlassen
прости́ться ⟨*fut*: прощусь, прости́шься⟩ *vi I pf* (*impf:* проща́ться) **1.** (*с кем-ли́бо*) Abschied nehmen (von *+dat*); **2.** sich trennen (von *+dat*)
про́сто *adv* einfach, schlechthin
простова́тый ⟨*kf*: -а́т⟩ *adj* (*umg*) einfältig
простоду́шный ⟨*kf*: -шен, -шна⟩ *adj* arglos, gutmütig
просто́й ⟨*kf*: прост, проста́, про́сто, про́сты⟩ *adj* **I. 1.** einfach, unkompliziert; **2.** einfach, schlicht; **II.** *m K2* **1.** Stillstand *m*; **2.** Aus-

fall *m*
простоква́ша *f A* Dickmilch *f*
простона́ть ⟨*fut*: -стону́, -сто́нешь⟩ *vi E4 pf* (*impf:* стона́ть) stöhnen, ächzen
просто́р *m K* **1.** Weite *f*, Raum *m*; **2.** (*fig*) Spielraum *m*
просто́рный ⟨*kf*: -рен, -рна⟩ *adj* geräumig
простота́ *f A e* Einfachheit *f*, Schlichtheit *f*
простофи́ля ⟨*gen pl*: -и́ль/-и́лей⟩ *mf A1* (*umg*) Dummkopf *m*, Trottel *m*
простра́нный ⟨*kf*: -а́нен, -а́нна⟩ *adj* **1.** weitläufig; **2.** (*о ре́чи, о письме́*) weitschweifig, langatmig
простра́нственный *adj* räumlich
простра́нство *nt O2* **1.** Raum *m*; **возду́шное ~** Luftraum *m*; **еди́ное экономи́ческое ~** gemeinsamer Wirtschaftsraum *m*; **жи́зненное ~** Lebensraum *m*; **2.** (*fig*) Spielraum *m*
простре́л *m K* Hexenschuß *m*
просту́да *f A* Erkältung *f*
простуди́ться ⟨*fut*: -ужу́сь, -у́дишься⟩ *vi I pf* (*impf:* простужа́ться) sich erkälten
просту́пок ⟨*gen sg*: -пка⟩ *m K* Delikt *nt*, Vergehen *nt*
простыня́ *f A1 ple1* Bettlaken *nt*
просуществова́ть *vi E2 pf* (*impf:* существова́ть) bestehen, existieren
просфора́ *f A ple1* Hostie *f*
просчёт *m K* Fehleinschätzung *f*, Fehlkalkulation *f*
просыпа́ть [1] *vi E impf* (*pf:* проспа́ть) **1.** eine Weile schlagen; **2.** verschlafen
просы́пать [2] ⟨*fut*: -плю, -плешь⟩ *vt E4 pf* (*impf:* просыпа́ть) verschütten, verstreuen
про́сьба *f A* Bitte *f*, Anliegen *nt*, Gesuch *nt*
прося́щий *adj* flehentlich
прота́скивать *vt E impf* (*pf:* протащи́ть) **1.** schleppen, ziehen; **2.** kritisieren
протеже́ *m indekl* Protegé *m*, Schützling *m*
проте́з *m K* Prothese *f*; **зубно́й ~** Zahnersatz *m*
протека́ть *vi E impf* (*pf:* проте́чь) **1.** durchfließen; **2.** (*го́ды*) vergehen; **3.** leck werden
протектора́т *m K* Protektorat *nt*
протекциони́зм *m K* Protektionismus *m*
проте́кция *f A2* Protektion *f*, Schutz *m*; **ока́зывать проте́кцию кому́-ли́бо** jdn protegieren
протере́ть ⟨*fut*: -тру́, -трёшь⟩ *vt E4b pf* (*impf:* протира́ть) abwischen, abreiben
проте́ст *m K* **1.** Protest *m*, Auflehnung *f*; **2.** (*JUR*) Einspruch *m*; **заявля́ть ~** Einspruch erheben
протеста́нт *m K* Protestant, -in *m/f*
протеста́нтский *adj* protestantisch
протестова́ть *vi E2 impf* (*pf:* о-) **1.** (*про́тив чего-ли́бо*) protestieren (gegen *+akk*); **2.** sich auflehnen (gegen *+akk*)
проте́чь ⟨*fut*: -теку́, -течёшь⟩ *vi UE4 pf* (*impf:* протека́ть) **1.** durchfließen; **2.** vergehen; **3.** leck werden
про́тив *präp +gen* gegen (*+akk*); **он ничего́ не име́ет ~** er hat nichts dagegen; **~ э́того** dagegen
про́тивень *m K1* Kuchenblech *nt*, Backform *f*
проти́виться ⟨*präs*: -влюсь, -вишься⟩ *v + dat I impf* (*pf:* вос-) sich widersetzen, entgegentreten, sich sträuben (gegen *+akk*)
проти́вник *m K* Gegner, -in *m/f*, Kontrahent, -in *m/f*, Widersacher, -in *m/f*; **~ режи́ма** Regimegegner *m*; **~ рефо́рм** Reformgegner *m*; **~ строи́тельства и эксплуата́ции АОС** Kernkraftgegner *m*
проти́вный [1] *adj* ekelhaft, widerlich
проти́вный [2] *adj* **1.** gegnerisch; **2.** entgegengesetzt; **быть проти́вным кому́-ли́бо** jdm widerstehen; **в проти́вном слу́чае** ansonsten
противо- *präfix* gegen-, Gegen-, anti-
противоблокиро́вочный *adj* antiblockier-; **противоблокиро́вочное устро́йство** (*KFZ*) Antiblockiersystem *nt*
противобо́рство *nt O2* **1.** Widerstreit *m*; **2.** Rivlität *f*; **3.** Konfrontation *f*, Auseinandersetzung *f*
противове́с *m K* Gegengewicht *nt*
противовозду́шный *adj* Luftabwehr-; **противовозду́шная оборо́на** Luftschutz *m*
противовоспали́тельный *adj* entzündungshemmend
противога́з *m K* Gasmaske *f*
противоде́йствие *nt O2* **1.** Gegenwirkung *f*; **2.** Gegenwehr *f*, Widerstand *m*
противозако́нный ⟨*kf*: -о́нен, -о́нна⟩ *adj* rechtwidrig, widerrechtlich
противозача́точный *adj* empfängnisverhütend; **противозача́точная табле́тка** Antibabypille *f*
противополо́жный ⟨*kf*: -жен, -жна⟩ *adj* entgegengesetzt, gegensätzlich; **противополо́женная сторона́** Gegenseite *f*; **противополо́женное утвержде́ние** gegenteilige Behauptung *f*
противополо́жность *f I* **1.** Gegenteil *nt*; **2.** Gegensatz *m*; **в ~ кого́-ли́бо/чего́-ли́бо** im Gegensatz (zu *+dat*)
противопоста́вить

⟨*fut*: -влю, -вишь⟩ *vt I pf* (*impf:* противопоставля́ть) **1.** gegenüberstellen; **2.** entgegensetzen
противопра́вный ⟨*kf*: -вен, -вна⟩ *adj* widerrechtlich, illegal
противоречи́вый ⟨*kf*: -и́в⟩ *adj* **1.** widersprüchlich; **2.** zwiespältig
противоре́чие *nt O2* **1.** Widerspruch *m*; **2.** Gegensatz *m*
противостоя́ть *v + dat I impf* **1.** gegenüberstehen; **2.** sich widersetzen, widerstehen
противоя́дие *nt O2* Gegengift *nt*
проти́рка *f A* Abreibung *f*
проткну́ть *vt E1 pf* (*impf:* протыка́ть) durchlöchern
протоко́л *m K* **1.** Protokoll *nt*; **2.** Akte *f*; **~ о наме́рениях** Absichterklärung *f*; **дипломати́ческий ~** diplomatisches Protokoll *nt*; **соста́вить ~** ein Protokoll aufsetzen
протоколи́ст *m K* Protokollführer, -in *m/f*
прото́н *m K* Proton *nt*
прототи́п *m K* Prototyp *m*
прото́чный ⟨*kf*: -чен, -чна⟩ *adj* fließend; **прото́чная вода́** fließend Wasser *nt*
протуха́ть ⟨*nur 3. pers*: -а́ет⟩ *vt E impf* (*pf:* проту́хнуть) faulen, verderben
протыка́ть *vt E impf* (*pf:* проткну́ть) durchlöchern
протя́гивать *vt E impf* (*pf:* протяну́ть) herhalten, hinhalten; **~ ру́ку** die Hand ausstrecken
проучи́ть ⟨*fut*: -учу́, -у́чишь⟩ *vt I pf* (*impf:* проу́чивать) **1.** eine Zeit lang lernen; **2.** zurechtweisen, einen Denkzettel verpassen
профа́н *m K* Laie *m*
профессиона́л *m K* Profi *m*
профессионали́зм *m K* **1.** Professionalität *f*; **2.** Kompetenz *f*
профессиона́льный ⟨*kf*: -лен, -льна⟩ *adj* **1.** professionell; **2.** beruflich, Berufs-; **профессиона́льное ма́стерство** fachliches Können *nt*; **профессиона́льная подгото́вка** Fachausbildung *f*; **~ поли́тик** Berufspolitiker *m*; **~ худо́жник** berufsmäßiger Künstler *m*
профе́ссия *f A2* Beruf *m*; **име́ть профе́ссию** einen Beruf ausüben
профе́ссор *m K* Professor, -in *m/f*
профессу́ра *f A* Professur *f*
профила́ктика *f A* Vorbeugung *f*, Prophylaxe *f*; **~ ра́ка** Krebsvorsorge *f*
профилакти́ческий *adj* prophylaktisch, vorbeugend
про́филь *m K1* **1.** Profil *nt*, Silhouette *f*; **2.** Scherenbild *nt*, Schattenschnitt *m*; **3.** (*fig*) Profil *nt*; **~ обуче́ния** Bildungsweg *m*
профориента́ция *f A2* Berufsberatung *f*
профсою́з *abk von* профессиона́льный сою́з *m* Gewerkschaft *f*
профсою́зный *adj* gewerkschaftlich; **профсою́зное движе́ние** Gewerkschaftsbewegung *f*
проха́живаться *vi E impf* (*pf:* пройти́сь) schlendern, umhergehen
прохла́да *f A* Kühle *f*
прохла́дный ⟨*kf*: -ден, -дна⟩ *adj* (*auch fig*) kühl
прохо́д *m K* Durchgang *m*; **за́дний ~** (*ANAT*) After *m*
проходи́ть ⟨*präs*: -хожу́, -хо́дишь⟩ *vt I impf* (*pf:* пройти́) **1.** passieren, vorbeigehen; **2.** durchgehen, durchkommen; **3.** stattfinden; **4.** ablaufen, verlaufen; **5.** vergehen, verfliegen; **прошли́ времена́** die Zeiten sind dahin; **6.** abschwellen; **7.** (*страх, кри́зис*) abklingen; **8.** (*на уро́ке*) durchnehmen; **9.** (*утвержда́ться: чья́-либо кандидату́ра*) durchkommen, bestätigt werden; **:.** (*шко́лу*) durchlaufen; **;.** (*слу́жбу*) ableisten
прохо́жий *m wie adj* Passant, -in *m/f*
процвета́ть *vi E impf* (*pf:* процвести́) (*fig*) florieren, gedeihen
процеди́ть ⟨*fut*: -ежу́, -е́дишь⟩ *vt I pf* (*impf:* проце́живать) durchseihen, filtern
процеду́ра *f A* Prozedur *f*, Verfahren *nt*; **~ вы́боров** Wahlverfahren *nt*, Wahlmodus *m*
процеду́рный *adj* Prozedur-, Verfahrens-; **~ кабине́т** (*процеду́рная*) Behandlungszimmer *nt*
проце́живать *vt E impf* (*pf:* процеди́ть) durchseihen, filtern
проце́нт *m K* **1.** Prozent *nt*; **2.** (*im pl*) Zinsen *pl*, Rendite *f*; **начисля́ть ~ы на** verzinsen
проце́нтный *adj* prozentual; **проце́нтная ставка** Diskontsatz *m*; Zinssatz *m*
проце́сс *m K* **1.** Ablauf *m*, Vorgang *m*, Prozeß *m*; **~ приня́тия реше́ний** Entscheidungsfindung *f*; **~ сближе́ния** Annährungsprozeß *m*; **необрати́мый ~** unumkehrbarer Prozeß *m*; **поступа́тельный ~** Aufwärtstrend *m*; **~ пошёл** (*geflügeltes Wort Gorbatschows*) der Anfang ist gemacht; **2.** (*JUR*) Prozeß *m*, Gerichtsverfahren *nt*; **показа́тельный ~** Schauprozeß *m*
проце́ссия *f A2* Prozession *f*; **похоро́нная ~** Trauerzug *m*
проце́ссор *m K* (*DV*) Prozessor *m*

процити́ровать *vt E2 pf* (*impf:* цити́ровать) zitieren
про́чий *adj* sonstig, übrig
прочита́ть *vt E pf* (*impf:* прочи́тывать, чита́ть) lesen, durchlesen
про́чность *f I* **1.** Festigkeit *f*; **2.** Belastbarkeit *f*
про́чный ⟨*kf*: -чён, -чна⟩ *adj* fest, haltbar, strapazierfähig
прочь *adv* beiseite, weg, fort; **он не ~ приня́ть моё предложе́ние** er ist nicht abgeneigt, meinen Vorschlag anzunehemen
прошепта́ть ⟨*fut*: -шепчу́, -ше́пчешь⟩ *vt E4 pf* (*impf:* шепта́ть) flüstern
про́шлое *nt wie adj* Vergangenheit *f*; **в про́шлом** früher
прошлый *adj* vergangen; **~ год** Vorjahr *nt*; **про́шлые заслу́ги** bisherige Verdienste
прошмыгну́ть *vi E1 pf* (*impf:* прошмы́гивать) vorbeihuschen
проща́ние *nt O2* Abschied *m*, Verabschiedung *f*
проща́ть *vi E impf* (*pf:* прости́ть) **1.** verzeihen; **2.** erlassen; **~ кому́-ли́бо долг** jdm seine Schulden erlassen; **~ кому́-ли́бо** jdm seine Eigenheiten nachsehen
проща́ться *vi E impf* (*pf:* прости́ться) **1.** (*с кем-ли́бо*) Abschied nehmen (von *+dat*); **2.** sich trennen (von *+dat*)
проще́ние *nt O2* Vergebung *f*, Verzeihung *f*
про́ще просто́го *adv* (*umg*) kinderleicht
прояви́ть ⟨*fut*: -явлю́, -я́вишь⟩ *vt I pf* (*impf:* проявля́ть) **1.** (*FOT*) entwickeln; **2.** zeigen , bekunden
прояви́ться ⟨*fut*: -явлю́сь, -я́вишься⟩ *vi I pf* (*impf:* проявля́ться) zum Ausdruck kommen, sich offenbaren, erkennbar werden
проявле́ние *nt O2* **1.** Ausdruck *m*, Zeichen *nt*; **2.** Erscheinungsform *f*; **~ забо́ты** Fürsorge *f*; **~ чу́вства** Regung *f*
проямоуго́льный *adj* rechteckig, rechtwinklig
проясни́ться ⟨*nur 3. pers*: -и́тся⟩ *vi I pf* (*impf:* проясня́ться) **1.** (*пого́да*) sich aufklären, sich aufheitern; **2.** (*fig*) sich aufklären
пруд *m K e* Teich *m*
пружи́нить *vi I impf* (*pf:* напружи́нить) federn, schnellen
прут ⟨*gen sg*: -á, *pl*: -тья, -тьев/-ы́, -о́в⟩ *m U3 pls* Rute *f*
пры́гать *vi E impf* (*pf:* пры́гнуть) hüpfen, springen
прыгу́н *m K e* (*SPORT*) Springer *m*
прыжо́к ⟨*gen sg*: -жка́⟩ *m K e* Sprung *m*; **~ в высоту́** Hochsprung *m*; **~ прогну́вшись с опо́рой на снаря́д** Hechtsprung *m*; **~ с парашю́та** Fallschirmsprung *m*
прыщ *m K e* Pickel *m*
пря́жа *f A* Garn *nt*
пря́жка *f A* Schnalle *f*
прямáя *f wie adj* (*MATH*) Gerade *f*
пря́мо *adv* geradeheraus, geradewegs
прямо́й ⟨*kf*: прям, пряма́, пря́мо, пря́мы́⟩ *adj* **1.** direkt; **прямо́е попада́ние** Volltreffer *m*; **пряма́я трансля́ция** Live-Übertragung *f*; **2.** aufrecht; **3.** rechtschaffen
прямоуго́льник *m K* Rechteck *nt*
пря́ник *m K* Lebkuchen *m*
пря́ность *f I* Gewürz *nt*
пря́сть ⟨*präs*: пряду́, прядёшь⟩ *vi E6 impf* (*pf:* с-) spinnen
пря́тать ⟨*präs*: пря́чу, пря́чешь⟩ *vt E4 impf* (*pf:* с-) **1.** verstecken; **2.** einstecken
пря́таться ⟨*präs*: пря́чусь, пря́чешься⟩ *vi E4 impf* (*pf:* с-) (*от кого́-ли́бо*) sich verstecken (vor *+dat*)
пря́тки ⟨*gen pl*: -ток⟩ *pl A* Versteckspiel *nt*
псало́м ⟨*gen sg*: -лма́⟩ *m K e* Psalm *m*
псевдони́м *m K* Pseudonym *nt*, Deckname *m*
псе́вдо- *präfix* pseudo-
психиа́тр *m K* Psychiater *m*
психиатри́я *f A2* Psychatrie *f*
пси́хика *f A* Psyche *f*; **расстро́енная ~** psychische Störungen
психи́ческий *adj* psychisch; **психи́ческие сдви́ги** psychische Störungen
психоанали́з *m K* Psychoanalyse *f*
психо́лог *m K* Psychologe, Psychologin *m/f*
психологи́ческий *adj* psychologisch
психоло́гия *f A2* **1.** Psychologie *f*, **2.** (*психи́ческий склад*) Psyche *f*
психопа́т *m K* Psychopath, -in *m/f*
психосомати́ческий *adj* psychosomatisch
психотерапе́вт *m K* Psychotherapeut, -in *m/f*
пти́ца *f A* **1.** Vogel *m*; **пе́вчая ~** Singvogel *m*; **перелётная ~** Zugvogel *m*; **2.** Geflügel *nt*; **3.** (*umg: о челове́ке*) großes Tier *m*
птицефа́брика *f A* Legebatterie *f*
ПТУ *abk von* профессиона́льно-техни́ческое учи́лище *nt Betriebsberufsschule*
пу́блика *f A* **1.** Publikum *nt*; **2.** Öffentlichkeit *f*
публика́ция *f A2* Publikation *f*, Ver-

öffentlichung *f*; **публика́вии пре́ссы** Pressebeiträge
публици́стика *f A* Publizistik *f*
публи́чный ⟨*kf*: -чен, -чна⟩ *adj* öffentlich; **публи́чное выступле́ние** öffentliche Rede *f*; **~ дом** Freudenhaus *nt*; Bordell *nt*
пу́гало *nt O* Vogelscheuche *f*
пуга́ть *vt E impf* (*pf*: ис-) erschrecken
пуга́ч *m K* Schreckschußpistole *f*
пугли́вый ⟨*kf*: -и́в⟩ *adj* scheu
пу́говица *f A* Knopf *m*
пу́дель *m K* Pudel *m*
пу́динг *m K* Pudding *m*
пу́дра *f A* Puder *m*
пу́дрить *vt I impf* (*pf*: на-, по-) pudern
пузырёк ⟨*gen sg*: -рька́⟩ *m K e* **1.** Bläschen *nt*; **2.** Fläschchen *nt*
пузы́рь *m K1 e* **1.** Luftblase *f*; **2.** (*MED*) Blase *f*; **~ от ожо́га** Brandblase *f*; **3.** (*ANAT*) Blase *f*
пуленепробива́емый *adj* kugelsicher
пульвериза́тор *m K* Zerstäuber *m*
пульс *m K* Puls *m*, Pulsschlag *m*
пульси́ровать *vi E2 impf* pulsieren
пульт *m K* **1.** Pult *nt*; **~ управле́ния** Steuerpult *nt*; **режиссёрский ~** Technikpult (im Funkstudio) *nt*; **2.** (*MUS*) Notenständer *m*
пу́ма *f A* Puma *m*
пункт *m K* **1.** Punkt *m*, Stelle *f*; **~ обме́на валю́ты** Wechselstube *f*; **~ мо́йки маши́н** Autowaschanlage *f*; **~ назначе́ния** Bestimmungsort *m*; **~ прока́та** Autoverleih *m*; **пограни́чно-пропускно́й ~** Grenzübergang *m*; **2.** (*JUR*) Klausel *f*
пункти́р *m K* punktierte Linie *f*; **обознача́ть ~ом** punktieren
пункти́рный *adj* punktiert, gestrichelt
пу́нктник *m K* **1.** Pünktchen *nt*; **2.** Eigenheit *f*, Marotte *f*, Spleen *m*
пунктуа́льность *f I* Pünktlichkeit *f*
пунктуа́льный ⟨*kf*: -лен, -льна⟩ *adj* pünktlich
пунктуа́ция *f A2* Interpunktion *f*, Zeichensetzung *f*
пу́нкция *f A2* (*MED*) Punktierung *f*; **брать** [*o* **де́лать**]**пу́нкцию** punktieren
пунш *m K* Punsch *m*, Bowle *f*
пупови́на *f A* Nabelschnur *f*
пупо́к ⟨*gen sg*: -пка́⟩ *m K e* Bauchnabel *m*
пу́рпур *m K* Purpur *nt*
пуска́ть *vt E impf* (*pf*: пусти́ть) **1.** ein-, hereinlassen; **2.** frei-, loslassen; **3.** werfen, schießen; **4.** anlassen; **~ во́ду** den Wasserhahn aufdrehen
пусково́й *adj* Abschuß-; **пускова́я устано́вка** Abschußrampe *f*
пусто́й ⟨*kf*: пуст, пуста́, пу́сто, пу́сты⟩ *adj* **1.** leer; **2.** unbesetzt; **пусто́е ме́сто** Lücke *f*; **3.** geistlos, hohl; **4.** unnütz, vergeblich
пустота́ *f A pls* Leere *f*
пустоте́льный *adj* hohl
пу́стошь *f I* Heide *f*
пусты́нный ⟨*kf*: -нен, -нна⟩ *adj* **1.** leer, öd(e); **2.** verlassen, menschenleer
пусты́ня *f A1* **1.** Wüste *f*; **2.** Einöde *f*
пусты́шка *f A* Lutscher *m*
пустя́к *m K e* Bagatelle *f*, Lappalie *f*; **па́ра ~о́в** Kinderspiel *nt*
пу́таница *f A* Gewirr *nt*
путеводи́тель *m K1* Fremdenführer *m*, Reiseführer *m*
путево́й *adj* Reise-; **путевы́е расхо́ды** Reisekosten *pl*
путеше́ственник *m K* **1.** Reisende(r) *mf*; **2.** (*im pl*) Reisegesellschaft *f*
путеше́ствие *nt O2* Reise *f*; **кругосве́тное ~** Weltreise *f*; **сва́дебное ~** Hochzeitsreise *f*
путеше́ствовать *vi E2 impf* reisen
пути́на *f A* Fischfangsaison *f*
путч *m K* Putsch *m*; **устро́ить ~** putschen
путчи́ст *m K* Putschist *m*
путь ⟨*inst sg*: путём⟩ *m I e* **1.** Weg *m*, Bahn *f*, Pfad *m*; **неве́рный ~** (*fig*) Holzweg *m*; **око́льный ~** Schleichweg *m*; **открыва́ющий но́вые пути́** bahnbrechend; **тормозно́й ~** Bremsspur *f*; **2.** Gleis *nt*
пух ⟨*präpos sg*: о пухе, в пуху́⟩ *m K* **1.** Daune *f*; **2.** Flaum *m*
пухленький *adj* pummelig
пухови́к *m K e* **1.** Daunenjacke *f*, Daunenmantel *m*; **2.** Daunendecke *f*
пухо́вый *adj* Daunen-; **пухо́вое одея́ло** Daunendecke *f*
пу́чить *vt I impf* (*pf*: вс-, вы́-) **1.** aufblähen; **2.** (*umg*) anstarren, anglotzen
пучо́к ⟨*gen sg* : -чка́⟩ *m K e* **1.** Büschel *nt*; **2.** (*PHYS*) Bündel *nt*; **3.** Haarknoten *m*
пуши́нка *f A* **1.** Flöckchen *nt*; **2.** Flaumfeder *f*
пуши́стый ⟨*kf*: -и́ст⟩ *adj* **1.** flauschig; **2.** flockig
пу́шка *f A* Kanone *f*
пушо́к ⟨*gen sg*: -шка́⟩ *m K e* Flaum *m*
пчела́ ⟨*pl*: пчёлы, пчёл⟩ *f A pls* Biene *f*
пыл ⟨*präpos sg*: о пы́ле, в пылу́⟩ *m K* Feuereifer *m*, Leidenschaft *f*; **в пылу́ сраже́ния** im Eifer des Gefechts
пыла́ть *vi I impf* lodern
пылесо́с *m K* Staubsauger *m*
пылесо́сить ⟨*präs*: -со́сю/-со́шу, -со́сишь⟩ *vi I impf* (*pf*: пропылесо́сить) staubsaugen
пыли́нка *f A* Staubkorn *nt*
пыли́ть *vi I impf* (*pf*: за-, на-) stauben

пылкий ⟨*kf*: -лок, -лка́, -лко⟩ *adj* eifrig, hitzig
пыль ⟨*präpos sg*: о пы́ле , в пылу́⟩ *m K* Staub *m*
пы́льный ⟨*kf*: -лен, -льна́, -льно⟩ *adj* staubig
пыльца́ *f A e* Blütenstaub *m*
пыта́ться *vi E impf* (*pf:* по-) versuchen
пыхте́ть ⟨*präs*: -хчу́, -хти́шь⟩ *vi I impf* schnauben, schnaufen, pusten, keuchen
пы́шность *f I* Pomp *m*, Prunk *m*
пы́шный ⟨*kf*: -шен, -шна́, -шно⟩ *adj* prunkvoll, üppig
пья́ница *mf A* Trinker, -in *m/f*, Säufer, -in *m/f*
пья́нство *nt O* Trinksucht *f*, Alkoholismus *m*
пья́нствовать *vi E2 impf* trinken, saufen
пья́ный ⟨*kf*: пьян, пьяна́, пья́но, пья́ны́⟩ *adj* betrunken, besoffen
ПЭВМ *abk von* персона́льная электро́нная вычисли́тельная маши́на *f* PC *m*, Personalcomputer *m*
пюре́ *nt indekl* Püree *nt*
пята́ *f A e2* Ferse *f*; **пресле́довать кого́-либо по пята́м** jdm auf den Fersen sein
пятёрка *f A* **1.** eine Gruppe von fünf *f*; **входи́ть в пятёрку крупне́йших ба́нков** zu den fünf größten Banken gehören **2.** (*Ziffer*) Fünf *f*; **3.** (*Schulnote*) Eins *f*
пятидне́вный *adj* Fünftage-; **пятидне́вная рабо́чая неде́ля** Fünftagewoche *f*
пятикра́тный *adj* fünffach
пятиле́тний *adj* fünfjährig; **~ план** Fünfjahresplan *m*
пя́тка *f A* Ferse *f*
пятна́дцать *num* fünfzehn
пятни́стый ⟨*kf*: -и́ст⟩ *adj* fleckig, gescheckt
пя́тница *f A* Freitag *m*; **у него́ семь пя́тниц на неде́ле** er ändert alle Tage seine Meinung
пятно́ *nt O pls* **1.** Fleck *m*, Klecks *m*; **роди́мое ~** Leberfleck *m*; **насажа́ть пя́тен** bekleckern; **без пя́тен** fleckenlos; **2.** Makel *m*
пятновыводи́тель *m K1* Fleckenentferner *m*
пя́тый *num ord* fünfte(r, s); **пя́тая часть** Fünftel *nt*
пять *num* fünf; **~ раз** fünfmal
пятьдеся́т ⟨*gen*: пяти́десяти⟩ *num* fünfzig; **~ на ~** fifty-fifty
пятьсо́т ⟨*gen*: пятиста́м⟩ *num* fünfhundert

Р

р, **Р** *nt indekl kyrillischer Buchstabe*
раб *m K* Sklave *m*
рабо́та *f A* **1.** Arbeit *f*, Anstellung *f*; **иска́ть рабо́ту** auf Arbeitssuche sein; **потеря́ть рабо́ту** seinen Arbeitsplatz verlieren; **идти́ на рабо́ту** zur Arbeit gehen; **опозда́ть на рабо́ту** zu spät zur Arbeit kommen; **~ с непо́лным рабо́чим днём** Teilzeitarbeit *f*; **нелега́льная ~** Schwarzarbeit *f* **2.** (*произведе́ние, творе́ние*) Arbeit *f*, Werk *nt*, Schöpfung *f*; **3.** (*конфере́нция*) Beratung *f*
рабо́тать *vi E impf* **1.** arbeiten, sich betätigen; **~ врачо́м** als Arzt arbeiten; **~ над собо́й** sich selbst vervollkommnen; **~ над чем-ли́бо** arbeiten (an *+dat*) **2.** operieren, agieren; **3.** tagen; **4.** (*зако́н*) greifen, wirksam sein; **не ~** (*маши́на, лифт*) außer Betrieb sein
рабо́тник, **рабо́тница** *m K / f A* **1.** Mitarbeiter, -in *m/f*; **сего́дня я не ~** heute kann ich nicht viel leisten; **~ предприя́тия** Betriebsangehörige(r) *mf*; **нау́чный ~** Wissenschaftler, -in *m/f*; **руководя́щий ~** Leiter, -in *m/f*, leitender Kader *m* **2.** (*nur m*) Knecht *m*
работого́лик *m K* (*umg*) Workaholic *m*
работода́тель *m K1* Arbeitgeber *m*
работоспосо́бность *f I* **1.** Leistungsfähigkeit *f*, **2.** Belastbarkeit *f*
рабо́чий *adj* **I.** Arbeits-; **рабо́чее вре́мя** Arbeitszeit *f*; **~ день** Arbeitstag *m*; **рабо́чая ло́шадь** (*umg*) Arbeitstier *nt*; **рабо́чая си́ла** Arbeitskraft *f*; **II.** *m wie adj* Arbeiter *m*; **иностра́нный ~** Gastarbeiter *m*; **квалифици́рованный ~** Facharbeiter *m*; **подсо́бный ~** Hilfsarbeiter *m*; **фабри́чный ~** Fabrikarbeiter *m*; **рабо́чие и слу́жащие** Arbeiter und Angestellte
ра́бский *adj* sklavisch
ра́бство *nt O* Sklaverei *f*, Knechtschaft *f*
рабы́ня *f A1* Sklavin *f*
ра́венство *nt O* Gleichheit *f*, Gleichberechtigung *f*
равни́на *f A* Flachland *nt*, Ebene *f*
равно́ *adv* gleich; **всё ~** ganz egal, sowieso
равнове́сие *nt O2* Gleichgewicht *nt*, Balance *f*; **выводи́ть из равнове́сия** aus dem Gleichgewicht bringen; **теря́ть ~** das Gleichgewicht verlieren
равноду́шие *nt O2* Gleichgültigkeit *f*
равноду́шний ⟨*kf*: -шен, -шна⟩ *adj* gleichgültig, lau
равнозна́чный ⟨*kf*: -чен, -чна⟩ *adj* **1.**

gleichbedeutend; **2.** gleichwertig
равноме́рный ⟨*kf*: -рен, -рна⟩ *adj* gleichmäßig
равнопра́вие *nt O2* Gleichberechtigung *f*; **~ мужчи́н и же́нщин** Gleichberechtigung *f* von Mann und Frau
равнопра́вный ⟨*kf*: -вен, -вна⟩ *adj* gleichberechtigt
равносторо́нний *adj* (*MATH*) gleichseitig
ра́вный ⟨*kf*: -вен, -вна⟩ *adj* **1.** gleich; **2.** ebenbürtig; **в ра́вной сте́пени** gleichermaßen; **ра́вные ша́нсы** Chancengleichheit *f*
равня́ть *vt E impf* **1.** gleichmachen; **2.** (*с кем-ли́бо/чем-ли́бо*) vergleichen
равня́ться *vr E impf* **1.** (*с кем-ли́бо/чем-ли́бо*) gleichen; **2.** (*на кого́-ли́бо/что-ли́бо*) nacheifern (in *+dat*)
рагу́ *nt indekl* Ragout *nt*
рад *adj kurzf* froh, erfreut
рада́р *m K* Radar *m*
рада́рный *adj* Radar-; **~ контро́ль** Radarkontrolle *f*
ра́ди *präp +gen* wegen (*+gen*); **~ тебя́** deinetwegen; **поря́дка ~** der Ordnung halber
радиа́тор *m K* **1.** (*KFZ*) Kühler *m*; **2.** Heizkörper *m*
радиа́ция *f A2* Strahlung *f*, Strahlenbelastung *f*
ра́дий *m K2* Radium *nt*
радика́л *m K* Radikale(r) *mf*
радика́льный ⟨*kf*: -лен, -льна⟩ *adj* radikal, einschneidend; **сторо́нник радика́льных рефо́рм** Radikalreformer *m*
ра́дио *nt indekl* Radio *nt*, Rundfunk *m*
радиоакти́вность *f I* Radioaktivität *f*
радиоакти́вный ⟨*kf*: -вен, -вна⟩ *adj* radioaktiv
радиогра́мма *f A* Funkspruch *m*
радиолюби́тель *m K1* Amateurfunker *m*
радиомолча́ние *nt O2* Funkstille *f*
радиопереда́тчик *m K* Radiosender *m*
радиоприёмник *m K* Rundfunkempfänger *m*
радиопье́са *f A* Hörspiel *nt*
радиосвя́зь *f I* Funkverkehr *m*, Funkverbindung *f*
радиосту́дия *f A1* Funkstudio *nt*
радиоце́нтр *m K* (*радиоста́нция*) Rundfunkanstalt *f*
ради́ровать *vi E2 impf/pf* funken
ради́ст, **ради́стка** *m K / f A* Funker, -in *m/f*
ра́диус *m K* **1.** Radius *m*; **2.** (*MIL*) Reichweite *f*; **в ~е 10 киломе́тров** im Umkreis von 10 Kilometern
ра́довать *vt E2 impf* (*pf*: об-, по-) erfreuen
ра́доваться *vr + dat E2* (*pf*: об-, по-) sich freuen
ра́достный ⟨*kf*: -тен, -тна⟩ *adj* **1.** erfreulich; **2.** fröhlich
ра́дость *f I* Freude *f*, Lust *f*; **~ жи́зни** Lebensfreude *f*; **к ра́дости** erfreulicherweise
ра́дуга *f A* Regenbogen *m*
раз *m K* **I.** Mal *nt*; **ни ~у** nicht ein einziges Mal; **оди́н ~ не счита́ется** einmal ist keinmal; **II.** *konj* (*umg*) wenn; **~ ..., то** wenn ..., dann
разба́вить ⟨*fut*: -влю, -вишь⟩ *vt E4 pf* (*impf*: разбавля́ть) verdünnen; **~ водо́й** panschen
разбаза́ривать *vt E2 impf* (*pf*: разбаза́рить) vergeuden, verschleudern
разбе́г *m K* Anlauf *m*
разбега́ться *vr E impf* (*pf*: разбежа́ться) **1.** (*SPORT*) Anlauf nehmen, zum Sprung ansetzen; **2.** (*в ра́зные сто́роны*) auseinanderlaufen; **у неё глаза́ разбежа́лись** sie wußte nicht, wo sie hinsehen sollte; **3.** (*umg*) sich scheiden lassen
разбива́ть *vt E impf* (*pf*: разби́ть) **1.** zerschlagen, zerbrechen; **~ пала́тку** ein Zelt aufschlagen **2.** teilen, aufteilen, verteilen; **~ на гру́ппы** in Gruppen einteilen
разбива́ться *vr E impf* (*pf*: разби́ться) **1.** zerbrechen, entzweigehen; **2.** zerschellen
разбира́ть *vt E impf* (*pf*: разобра́ть) **1.** (*на ча́сти*) auseinandernehmen; **2.** auswerten, analysieren; **3.** untersuchen, klären, ergründen
разбира́ться *vr E impf* (*pf*: разобра́ться) **1.** sich einrichten; **2.** seine Sachen in Ordnung bringen; **3.** (*в чём-ли́бо*) sich auskennen (in *+dat*)
разбо́р *m K* Auswahl *f*, Auslese *f*; **без ~а** wahllos; **с ~ом** wählerisch anspruchsvoll
разбо́рка *f A* Auseinandernehmen *nt*, Zerlegung *f*; **~ зда́ния** Demontage *f*
разбо́рчивый ⟨*kf*: -чив⟩ *adj* **1.** (*челове́к*) wählerisch, anspruchsvoll; **2.** (*по́черк*) deutlich, leserlich
разбра́сывать *vt E impf* (*pf*: разброса́ть) **1.** streuen, umherstreuen, auseinanderwerfen; **2.** (*umg*) verschwenden
разбро́с *m K* (*мне́ний, результа́тов*) Streuung *f*, Bandbreite *f*, Palette *f*
разбуди́ть ⟨*fut*: -бужу́, -бу́дишь⟩ *vt I pf* (*impf*: буди́ть) wecken
разва́л *m K* Zerrüttung *f*, Verfall *m*; **~ Сове́тского Сою́за** Zerfall *m* der Sowjetunion; **~ эконо́мики** Wirtschaftsmisere *f*

разва́ливать *vt E impf* (*pf:* развали́ть) **1.** abreißen, zerstören; **2.** (*fig*) zerrütten, desorganisieren

разва́ливаться *vr E impf* (*pf:* развали́ться) **1.** zusammenbrechen, auseinanderfallen; **2.** sich auflösen, zerfallen; **3.** (*umg: на дива́не, в кре́сле*) sich rekeln, sich lümmeln

разва́лина *f A* **1.** Trümmer *pl*; **2.** Ruinen *pl*

ра́зве *part* **I.** denn, etwa; **~ он бо́лен?** ist er etwa krank? **II.** *konj* es sei denn; **непреме́нно приду́, ~ заболе́ю** ich komme bestimmt, es sei denn ich werde krank

разве́дать *vt E pf* (*impf:* разве́дывать) auskundschaften, erkunden

разведённый *adj* (*брак*) geschieden

разве́ивать *vt E impf* (*pf:* разве́ять) **1.** verwehen; **2.** (*fig*) zerstreuen, vertreiben

развёртывание *nt O2* **1.** Aufwickeln *nt*, Losdrehen *nt*; **2.** (*MIL*) Aufmarsch *m*; **3.** Entfaltung *f*, Entwicklung *f*

разве́сти ⟨*fut*: -веду́, -ведёшь⟩ *vt E6 pf* (*impf:* разводи́ть) **1.** trennen; **2.** verteilen

развива́ть *vt E impf* (*pf:* разви́ть) entwickeln, entfalten; **~ мысль** einen Gedanken weiterführen

разви́лка *f A* Gabelung *f*, Abzweigung *f*

разви́тие *nt O2* Entwicklung *f*

развлека́ть *vt E impf* (*pf:* развле́чь) unterhalten, amüsieren, ablenken

развлече́ние *nt O2* Unterhaltung *f*, Spaß *m*; **он ищет ~** er sucht Ablenkung

развле́чь ⟨*fut*: -влеку́, -влечёшь⟩ *vt UE4 pf* (*impf:* развлека́ть) unterhalten

разво́д *m K* **1.** Ehescheidung *f*, Scheidung *f*; **2.** Trennung *f*; **оформля́ть ~** sich scheiden lassen; **3.** Aufzucht

разводи́ть ⟨*präs*: -вожу́, -во́дишь⟩ *vt I impf* (*pf:* развести́) **1.** trennen, auseinanderbringen; **2.** (*брак*) scheiden; **3.** (*лес*) aufforsten; **4.** (*мост*) aufziehen; **5.** (*разгово́ры*) führen; **~ рука́ми** die Hände zusammenschlagen

развра́т *m K* Ausschweifung *f*, Laster *nt*

разврати́ть ⟨*fut*: -вращу́, -врати́шь⟩ *vt I pf* (*impf:* развраща́ть) **1.** verführen; **2.** demoralisieren; **3.** prostituieren; **4.** korrumpieren

развра́тный ⟨*kf*: -тен, -тна⟩ *adj* ausschweifend, verderblich

развяза́ть ⟨*fut*: -вяжу́, -вя́жешь⟩ *vt E4 pf* (*impf:* развя́зывать) **1.** losbinden , entfesseln; **2.** (*у́зел*) lösen, auflösen; **3.** (*fig: войну́*) entfesseln, auslösen

разгада́ть *vt E pf* (*impf:* разга́дывать) **1.** erraten, enträtseln; **2.** knobeln

разга́дка *f A* Auflösung *f*

разга́р *m K* Höhepunkt *m*; **в ~е** auf dem Höhepunkt, inmitten; **~ сезо́на** Hauptsaison *f*; **быть в самом ~е** auf Hochtouren laufen; **~ ле́та** Hochsommer *f*

разгильдя́й *m K2* Schlendrian *m*, liederlicher Mensch *m*

разгильдя́йство *nt O* Liederlichkeit *f*

разгла́дить ⟨*fut*: -гла́жу, -гла́дишь⟩ *vt I pf* (*impf:* разгла́живать) (*морщи́ны, мя́тое пла́тье*) glätten, bügeln

разгляде́ть ⟨*fut*: -гляжу́, -гляди́шь⟩ *vt I pf* (*impf:* разгля́дывать) **1.** erkennen; **2.** betrachten

разгля́дывание *nt O2* (*витри́н*) Schaufensterbummel *m*

разгова́ривать *vi E impf* sich unterhalten; **~ по телефо́ну** telefonieren

разгово́р *m K* Gespräch *nt*, Unterhaltung *f*; **~ тет-а-тет** Gespräch *nt* unter vier Augen; **междугоро́дный ~** Ferngespräch *nt*; **междунаро́дный ~** Auslandgespräch *nt*; **мужско́й ~** Gespräch *nt* unter Männern; **служе́бный ~** Dienstgespräch *nt*; **никаки́х ~ов** ohne Widerrede

разгово́рник *m K* Sprachführer *m*

разгово́рный *adj* Konversations-, Gesprächs-; **разгово́рная речь** Umgangssprache *f*

разгово́рчивый *adj* gesprächig, geschwätzig

разгоня́ть *vt E impf* (*pf:* разогна́ть) **1.** auseinandertreiben; **2.** (*демонстра́цию*) gewaltsam auflösen; **3.** (*печа́ль, ску́ку, тоску́*) vertreiben; **4.** (*KFZ*) beschleunigen

разгорячи́ть ⟨*fut*: -рячу́сь, -ряча́шь⟩ *vt I pf* (*impf:* горячи́ть) **1.** erhitzen; **2.** anstacheln, anfeuern

разгра́бить ⟨*fut*: -гра́блю, -гра́бишь⟩ *vt I pf* (*impf:* гра́бить) rauben, ausrauben, plündern

разграни́чивать *vt E impf* (*pf:* разграни́чить) abgrenzen

разгроми́ть ⟨*fut*: -громлю́, -громи́шь⟩ *vt I pf* (*impf:* громи́ть) vernichten, zerschmettern

разгро́мный ⟨*kf*: -мен, мна⟩ *adj* vernichtend

разгружа́ть *vt E impf* (*pf:* разгрузи́ть) **1.** entladen, abladen; **2.** (*fig*) entlasten

разгру́зка *f A* **1.** Entladen *nt*; **2.** Entlastung *f*

раздава́ть ⟨*präs*: -даю́, -даёшь⟩ *vt E3 impf* (*pf:* разда́ть) vergeben, austeilen; **~ нале́во и напра́во обеща́ния** zu viele Versprechen machen

раздава́ться ⟨*nur 3. pers.*: раздаётся⟩ *vr E3 impf* (*pf:* разда́ться) (*му́зыка*) ertönen, erklingen

раздави́ть ⟨*fut*: -давлю́, -да́вишь⟩ *vt I pf* (*impf:* разда́вливать) zerdrücken, zerquetschen, zermalmen

раздáривать *vt E impf* (*pf:* раздари́ть) verschenken

раздáть ⟨*fut*: -дáм, -дáшь⟩ *vt U2 pf* (*impf:* раздавáть) austeilen

раздáться ⟨*nur 3. pers.*: -дастся⟩ *vr U2 pf* (*impf:* раздавáться) ertönen

раздáча *f A* **1.** Vergabe *f*; **2.** Verteilung *f*; **3.** Aufteilung *f*; **~ подáрков** Bescherung *f*

раздевáлка *f A* **1.** Garderobe *f*; **2.** Umkleideraum *m*

раздевáться *vr E impf* (*pf:* раздéться) sich ausziehen, ablegen

раздéл *m K* **1.** Teilung *f*, Aufteilung *f*; **~ имýщества супрýгов** Gütertrennung *f* **2.** Abschnitt *m*

раздéлаться *vr E pf* (*impf:* раздéлываться) **1.** erledigen; **2.** loswerden; **бы́стро ~ с кем-ли́бо** jdn kurz abtun; **бы́стро ~ с чем-ли́бо** schnell erledigen

разделéние *nt O2* Einteilung *f*; **~ властéй** Gewaltenteilung *f*; **~ полномóчий** Ämterentflechtung *f*

раздели́тельный *adj* Teilungs-, Trennungs-; **раздели́тельная полосá** Mittelstreifen *m*

раздели́ть ⟨*fut*: -делю. -дéлишь⟩ *vt I pf* (*impf:* разделя́ть) **1.** (*рáдость, мнéние, увлечéние*) teilen; **2.** trennen

раздéльный ⟨*kf*: -лен, -льна⟩ *adj* **1.** geteilt, getrennt; **2.** (*написáние, произношéние*) klar, deutlich

раздобы́ть ⟨*fut*: -бýду, -бýдешь⟩ *vt UE1 pf* (*impf:* раздобывáть) aufbringen, beschaffen; **~ хи́тростью** ergattern

раздóр *m K* Zwietracht *f*; **сéять ~ мéжду кем-ли́бо** entzweien

раздражáть *vt E impf* (*pf:* раздражи́ть) **1.** reizen; **2.** (*fig*) reizen, ärgern

раздражéние *nt O2* **1.** Reizung *f*; **2.** Ärger *m*

раздражённость *f I* Gereiztheit *f*

раздражённый ⟨*kf*: -жён, жёна⟩ *adj* gereizt, verärgert

раздражи́тельность *f I* Reizbarkeit *f*

раздражи́тельный ⟨*kf*: -лен, -льна⟩ *adj* **1.** reizbar, jähzornig; **2.** kratzbürstig

раздроби́ть ⟨*fut*: -блю́, -би́шь⟩ *vt I pf* (*impf:* дроби́ть) zersplittern, zerstückeln

раздувáть *vt E impf* (*pf:* раздýть) **1.** aufbauschen, aufblasen; **~ воéнные расхóды** Rüstungsausgaben in die Höhe treiben; **2.** (*костёр, конфли́кт*) entfachen

раздýмывать *vi E impf* (*pf:* раздýмать) **1.** überlegen; **2.** sich besinnen

раздýть ⟨*fut*: -дýю, -дуешь⟩ *vt E pf* (*impf:* раздувáть) aufbauschen, aufblasen

разжéчь ⟨*fut*: разожгý, разожжёшь⟩ *vt UE4 pf* (*impf:* разжигáть) **1.** entfachen, entzünden; **2.** (*fig: стрáсти*) schüren, aufstacheln

разжирéть *vi E pf* (*impf:* жирéть) fett, dick werden

рази́тельный ⟨*kf*: -лен, -льна⟩ *adj* überraschend, frappierend; **~ примéр** krasses Beispiel *nt*

разлагáть *vt E impf* (*pf:* разложи́ть) **1.** legen, auslegen, verteilen; **2.** zerlegen, zersetzen; **3.** korrumpieren

разлáмывать *vt E impf* (*pf:* разломáть, разломи́ть) **1.** (*хлеб*) brechen, zerbrechen; **2.** abreißen, zerstören

разлáмываться *vr E impf* (*pf:* разломáться, разломи́ться) entzweibrechen

разли́в *m K* **1.** Überschwemmung *f*, Hochwasser *nt*; **2.** (*алкогóльных напи́тков*) Ausschank *m*; **~ нéфти** Ölpest *f*

разливáть *vt E impf* (*pf:* разли́ть) **1.** (*в буты́лки*) eingießen, abfüllen; **2.** verschütten, vergießen; **их водóй не разольёшь** sie halten zusammen wie Pech und Schwefel

различáть *vt E impf* (*pf:* различи́ть) unterscheiden, auseinanderhalten

разли́чие *nt O2* Unterschied *m*, Differenz *f*; **~ мнéний** Meinungsverschiedenheit *f*

разли́чный ⟨*kf*: -чен, -чна⟩ *adj* verschieden, unterschiedlich

разложéние *nt O2* **1.** Zerfall *m*; **2.** Zerlegung *f*; **3.** (*BIO*) Abbau *m*

разложи́ть ⟨*fut*: -ложý, -лóжишь⟩ *vt I pf* (*impf:* разлагáть) **1.** legen, auslegen, verteilen ; **2.** zersetzen, zerlegen; **3.** korrumpieren

разломáть *vt E pf* (*impf:* разлáмывать) **1.** (*хлеб*) brechen, zerbrechen; **2.** abreißen, zerstören

разлýка *f A* Trennung *f*, Abschied *m*

размáтывать *vt E impf* (*pf:* размотáть) **1.** auswickeln; **2.** abwickeln

размáх *m K* **1.** Schwung *m*, Wucht *f*; **2.** Spannweite *f*

размáхивать *vi E impf* hin und her schwingen, schwenken; **~ рукáми** gestikulieren

размáхиваться *vr E impf* (*pf:* размахнýться) zum Schlag ausholen

размéнный *adj* Wechsel-; **размéнная монéта** Kleingeld *nt*

разменя́ть *vt E pf* (*impf:* размéнивать) wechseln

размéр *m K* **1.** Umfang *m*; **2.** Ausmaß *nt*; **3.** (*сýмма*) Höhe *f*, Betrag *m*; **~ óбуви** Schuhgröße *f*; **~ одéжды** Konfektionsgröße *f*

размести́ть ⟨*fut*: -мещý, -мести́шь⟩ *vt I*

pf (*impf:* размеща́ть) **1.** unterbringen, plazieren; **2.** (*MIL*) einquartieren, stationieren

разме́тить ⟨*fut*: -ме́чу, -ме́тишь⟩ *vt I pf* (*impf:* размеча́ть) markieren, kennzeichnen

разме́тка *f A* Markierung *f*

размеще́ние *nt O2* **1.** Unterbringung *f*; **2.** Unterkunft *f*; **~ предприя́тий** Ansiedlung *f* von Betrieben

размина́ть *vt E impf* (*pf:* размя́ть) **1.** weich machen; **2.** zerdrücken, zerquetschen; **~ но́ги** sich die Beine vertreten

размину́ться ⟨*fut*: -мину́сь, -минёшься⟩ *vr E1 pf* (*с кем-ли́бо*) verfehlen

размножа́ть *vt E impf* (*pf:* размно́жить) **1.** vervielfältigen; **2.** vermehren; **3.** (*BIO*) anbauen; **4.** züchten

размножа́ться *vr E impf* (*pf:* размно́житься) **1.** sich vermehren; **2.** (*BIO*) sich fortpflanzen

размноже́ние *nt O2* **1.** (*BIO*) Fortpflanzung *f*, Vermehrung *f*; **2.** Vervielfältigung *f*

размота́ть *vt E pf* (*impf:* разма́тывать) **1.** auswickeln; **2.** abwickeln

размы́тый ⟨*kf*: -мы́т⟩ *adj* unscharf; **размы́тые грани́цы** fließende Grenzen

размышле́ние *nt O2* **1.** Überlegung *f*; **2.** Reflexion *f*

размышля́ть *vi E impf* **1.** überlegen; **2.** grübeln

размягча́ть *vt E impf* (*pf:* размягчи́ть) **1.** auflockern; **2.** aufweichen; **3.** (*fig*) erweichen

размя́кнуть ⟨*fut*: -мя́кну, -мя́кнешь; *prät*: -мя́к, -мя́кла⟩ *vi E1 pf* (*impf:* размяка́ть) durchweichen, weich werden

размя́ть ⟨*fut*: разомну́, разомнёшь⟩ *vt E9 pf* (*impf:* размина́ть) **1.** weich machen; **2.** zerdrücken, zerquetschen; **~ но́ги** sich die Beine vertreten

разнаря́дка *f A* Vorgabe *f*, Auflage *f*

разнести́ ⟨*fut*: -несу́, -несёшь⟩ *vt E6 pf* (*impf:* разноси́ть) (*по́чту*) austragen, zustellen; **~ в пух и прах** (*fig*) Kleinholz machen (aus *+dat*)

ра́зница *f A* Unterschied *m*, Differenz *f*

разнови́дность *f I* Abart *f*, Abänderung *f*

разногла́сие *nt O2* **1.** Meinungsverschiedenheit *f*; **2.** Widerspruch *m*; **3.** Diskrepanz *f*

разнообра́зие *nt O2* **1.** Vielfalt *f*; **2.** Abwechslung *f*

разнообра́зный ⟨*kf*: -зен, -зна⟩ *adj* **1.** verschieden, verschiedenartig; **2.** abwechslungsreich

разно́с *m K* **1.** Zustellung *f*; **2.** Verweis *m*, Zurechtweisung *f*; **пойти́ в ~** außer Rand und Band geraten, Amok laufen; **продава́ть в ~** hausieren

разноси́ть ⟨*präs*: -ношу́, -но́сишь⟩ *vt I impf* (*pf:* разнести́) (*по́чту*) austragen, zustellen; **~ в пух и прах** Kleinholz machen (aus *+dat*)

ра́зность *f I* **1.** Unterschied *m*, Verschiedenartigkeit *f*; **2.** (*MAT*) Differenz *f*

разношёрстный ⟨*kf*: -тен, тна⟩ *adj* **1.** verschiedenartig; **2.** (*fig*) gemischt, kunterbunt

разну́зданность *f I* Zügellosigkeit *f*

разну́зданный ⟨*kf*: -дан⟩ *adj* zügellos, ausschweifend

ра́зный *adj* verschieden, unterschiedlich

разоблача́ть *vt E impf* (*pf:* разоблачи́ть) (*fig*) entlarven, aufdecken

разобра́ть ⟨*fut*: -беру́, -берёшь⟩ *vt E4a pf* (*impf:* разбира́ть) **1.** auseinandernehmen, zerlegen; **2.** untersuchen, ergründen

ра́зовый *adj* einmalig; **~ проездно́й биле́т** Einzelfahrschein *m*; **ра́зовое мероприя́тие** einmalige Aktion *f*; **~ шприц** Einwegspritze *f*

разогна́ть ⟨*fut*: -гоню́ , -го́нишь⟩ *vt I pf* (*impf:* разгоня́ть) **1.** auseinandertreiben; **2.** (*демонстра́цию*) gewaltsam auflösen; **3.** (*печаль, ску́ку, тоску́*) vertreiben; **4.** (*KFZ*) beschleunigen

разогреть ⟨*fut*: -гре́ю, -гре́ешь⟩ *vt E pf* (*impf:* разогрева́ть) **1.** aufwärmen; **2.** erwärmen, erhitzen

разоде́тый ⟨*kf*: -де́т⟩ *adj* geschniegelt, herausgeputzt

разоде́ться ⟨*fut*: -де́нусь, -де́нешься⟩ *vr E9 pf* (*impf:* раздева́ться) sich herausputzen, sich in Schale werfen

разозли́ть *vt I pf* (*impf:* зли́ть) in Wut bringen, verärgern

разойти́сь ⟨*fut*: -йду́сь, -йдёшься⟩ *vr E7 pf* (*impf:* расходи́ться) **1.** (*nur 3. pers*) auseinandergehen, sich zerstreuen; **2.** ausgehen, zerrinnen

ра́зом *adv* schlagartig, auf Anhieb, über Nacht

разонра́виться ⟨*fut*: -влюсь, -вишься⟩ *vr I pf* nicht mehr gefallen

разорва́ть ⟨*fut*: -рву́, -рвёшь⟩ *vt E4 pf* (*impf:* разрыва́ть) **1.** zerreißen; **2.** (*свя́зи, знако́мство*) abbrechen

разорва́ться ⟨*fut*: -рву́сь, -рвёшься⟩ *vr E4 pf* (*impf:* разрыва́ться) **1.** platzen; **2.** auseinandergehen

разори́ть *vt I pf* (*impf:* разря́ть) **1.** ruinieren; **2.** zerstören

разоружа́ть *vt E impf* (*pf:* разружи́ть) (*auch fig*) entwaffnen

разоруже́ние *nt O2* **1.** Abrüstung *f*; **2.** Entwaffnung *f*

разоруша́ться *vr E impf* (*pf:*

разружи́ться) abrüsten
разоря́ть *vt E impf* (*pf:* разри́ть) **1.** ruinieren; **2.** zerstören
разоткрове́нничаться *vr E pf* aus sich herausgehen
разохо́титься ⟨*fut*: -хо́чусь, -хо́тишься⟩ *vr I pf* (*на что-ли́бо*) Lust bekommen (zu *+dat*)
разочарова́ние *nt O2* **1.** (*разочаро́ванность*) Enttäuschung *f*, **2.** Resignation *f*
разочаро́ванный ⟨*kf*: -ван⟩ *adj* enttäuscht
разочарова́ть *vt E2 pf* (*impf:* разчаро́вывать) enttäuschen
разраба́тывать *vt E impf* (*pf:* разрабо́тать) **1.** entwickeln; **2.** erarbeiten, ausarbeiten; **3.** konzipieren; **~ пробле́му** ein Problem herausarbeiten
разрабо́тка *f A* **1.** Entwicklung *f*; **2.** Erarbeitung *f*; **3.** Konzipierung *f*; **4.** (*нау́чная*) Studie *f*; **5.** (*BERGB*) Abbau *f*; **го́рные разрабо́тки** Bergbau *m*
разраста́ние *nt O2* Wucherung *f*
разре́з *m K* **1.** Einschnitt *m*; **2.** Riß *m*; **3.** (*декольте́*) Ausschnitt *m*
разре́зать ⟨*fut*: -ре́жу, -ре́жешь⟩ *vt E4 pf* (*impf:* реза́ть, разреза́ть) schneiden, zerschneiden
разрекламирова́ть *vt E2 pf* (*impf:* реклами́ровать) reklamieren
разреша́ть *vt E impf* (*pf:* разреши́ть) **1.** erlauben, genehmigen; **2.** zustimmen; **3.** (*пробле́му*) lösen
разреше́ние *nt O2* **1.** Erlaubnis *f*, Genehmigung *f*, **~ на взлёт** Starterlaubnis *f*, **~ на ноше́ние ору́жия** Waffenschein *m*; **~ на поса́дку** Landeerlaubnis *f*; **~ на строительство** Baugenehmigung *f*; **2.** Lösung *f*; **3.** Regelung *f*; **~ конфли́кта** Konfliktlösung *f*, **~ кри́зиса** Lösung [*o* Überwindung]der Krise
разрисова́ть *vt E2 pf* (*impf:* разрисо́вывать) bemalen
разруша́ть *vt E impf* (*pf:* разру́шить) zerstören; **~ чьи-ли́бо иллю́зии** jdm seine Illusionen rauben
разруша́ться ⟨*nur 3. pers*: -ша́ется⟩ *vr E impf* (*pf:* разру́шиться) **1.** verfallen; **2.** zerstört werden
разруше́ние *nt O2* Zerstörung *f*
разры́в *m K* **1.** Riß *m*; **~ свя́зок** (*MED*) Bänderriß *m* **2.** (*fig*) Kluft *f*; **~ ме́жду сло́вом и де́лом** Diskrepanz *f* zwischen Wort und Tat; **~ дипломати́ческих отноше́ний** Abbruch *m* der diplomatischen Beziehungen **3.** (*MIL*) Explosion *f*
разрыва́ть *vt E impf* (*pf:* разрва́ть) **1.** zerreißen; **2.** (*свя́зи, знако́мство*) abbrechen
разрыва́ться *vr E impf* (*pf:* разрва́ться) **1.** platzen; **2.** auseinandergehen; **у меня́ се́рдце разрыва́ется** mit bricht das Herz
разря́д *m K* **1.** Rang *m*; **2.** Klasse *f*, **3.** (*EL*) Entladung *f*
разряди́ть ⟨*fut*: -ряжу́, -ряди́шь⟩ *vt I pf* (*impf:* разряжа́ть) **1.** (*El*) entladen; **2.** (*MIL*) entschärfen; **3.** (*fig*) entschärfen; **~ обстано́вку** die Situation entschärfen
разря́дка *f A* **1.** (*POL: напряжённости*) Entspannung *f*, **психи́ческая ~** psychische Entlastung *f* **2.** Sperrdruck *m*
разубеди́ть ⟨*fut*: -бежу́, -беди́шь⟩ *vt I pf* (*impf:* разбежда́ть) **1.** ausreden; **2.** (*в чем-ли́бо*) abbringen (von *+dat*)
разузнава́ть ⟨*präs*: -знаю́, -знаёшь⟩ *vt E3 impf* (*pf:* разна́ть) **1.** (*о чем-ли́бо*) nachforschen; **2.** Erkundungen anstellen; **3.** in Erfahrung bringen
ра́зум *m K* **1.** Vernunft *f*, **2.** Verstand *m*
разуме́ться ⟨*nur 3. pers*: -ме́ется⟩ *vr E impf* selbstverständlich, natürlich
разу́мный ⟨*kf*: мен, -мна⟩ *adj* vernünftig; **разу́мные существа́** vernunftbegabte Wesen
разу́чивать *vt E impf* (*pf:* разучи́ть) **1.** (*роль*) einüben, einstudieren; **2.** (*MUS*) einspielen
разъедини́ть *vt I pf* (*impf:* раздиня́ть) **1.** trennen; **2.** unterbrechen
разъярённый ⟨*kf*: -рён, -рена́⟩ *adj* (*umg*) fuchsteufelswild
разъясне́ние *nt O2* Erklärung *f*, Erläuterung *f*
разъясни́ть *vt I pf* (*impf:* разъясня́ть) erläutern, auseinandersetzen
разыгра́ть *vt E pf* (*impf:* разы́грывать) **1.** spielen, aufführen; **~ по роля́м** mit verteilten Rollen spielen **2.** auslosen, verlosen; **3.** (*SPORT*) austragen; **~ ку́бок** den Pokal austragen; **4.** auf den Arm nehmen; **5.** vortäuschen, mimen
разыска́ния *nt O2* Recherchen *f pl*; **вести́ ~** nachforschen
разыска́ть ⟨*fut*: -ыщу́, -ы́щешь⟩ *vt E4 pf* (*impf:* разы́скивать) herausfinden, ausfindig machen
рай *m K2* Paradies *nt*
райо́н *m K* **1.** Distrikt *m*; **2.** Landkreis *m*; **~ бе́дствия** Katastrophengebiet *nt*; **~ боевы́х де́йствий** Kampfgebiet *nt*; **~ конфли́кта** [*o* **кри́зисный ~**] Krisengebiet *nt*
районный *adj* **1.** Bezirks-; **2.** Kreis-; **~ центр** Kreisstadt *f*
райский *adj* (*geh*) paradiesisch, Paradies-; **ра́йская пти́ца** Paradiesvogel *m*
рак *m K* **1.** (*ZOOL*) Krebs *m*;

~-отшéльник Einsiedlerkrebs *m* **2.** (*MED*) Krebs *m*; **~ грудú** Brustkrebs *m*; **~ кóжи** Hautkrebs *m*; **~ лёгких** Lungenkrebs *m*
ракéта *f A* Rakete *f*; **пиротехнúческая ~** Feuerwerkskörper *m*; **~ срéдней дáльности** Mittelstreckenrakete *f*; **~-носúтель** Trägerrakete *f*
ракéтка *f A* (*SPORT*) Schläger *m*; **~ для настóльного тéнниса** Tischtennisschläger *m*; **пéрвая ~ мúра** Weltranglistenerste(r) *mf*
ракéтный *adj* Raketen-; **ракéтная бáза** Raketenstützpunkt *m*
рáковина *f A* **1.** Muschel *f*, Muschelschale *f*; **2.** Schneckenhaus *f*; **ушнáя ~** (*ANAT*) Ohrmuschel *f* **3.** Abfluß *m*, Ausguß *m*
ракýшка *f A* kleine Muschel *f*; **съедóбная ~** eßbare Muschel *f*, Miesmuschel *f*
рáлли *nt indekl* Ralley *f*
рáма *f A* Rahmen *m*; **~ для картúны** Bilderrahmen *m*; **окóнная ~** Fensterrahmen *m*
рáмпа *f A* (*THEAT*) Rampe *f*; **при свéте рáмпы** im Rampenlicht
РАН *abk von* Российская Академúя Наýк *f* Russische Akademie *f* der Wissenschaften
рáна *f A* Wunde *f*
ранг *m K* (*MIL*) Rang *m*; **тáбель о ~ах** Rangliste *f*
ранéние *nt O2* Verwundung *f*, Verletzung *f*; **пулевóе ~** Schußwunde *f*; **лёгкое ~** Streifschuß *m*
рáненый *adj* **I.** verletzt, verwundet; **II.** *m wie adj* Verwundete(r) *m*
рáнец ⟨*gen sg*: -нца⟩ *m K* Ranzen *m*; **шкóльный ~** Schultasche *f*
ранжúр *m K* bestimmte Reihenfolge *f*; **по ~у** der Größe nach
ранúмый ⟨*kf*: -нúм⟩ *adj* verletzlich, verwundbar
рáнний *adj* früh; **рáнняя птáха** Frühaufsteher, -in *m/f*; **сáмое рáннее** fühestens
рáно *adv* früh; **~ úли пóздно** über kurz oder lang
рань *f I* Frühe *f*
рáньше *adv* **1.** früher; **2.** bisher; **3.** eher; **4.** vorher
РАО *abk von* Россúйское Акционéрное Óбщество *nt* Russische Aktiengesellschaft *f*
рапс *m K* Raps *m*
раритéт *m K* Rarität *f*
расúзм *m K* Rassismus *m*
расúст *m K* Rassist, -in *m/f*
расúстский *adj* rassistisch
раскáиваться *vr E impf* (*pf:* раскáяться) (*в чем-лúбо*) bereuen
раскáлывать *vt E impf* (*pf:* расколóть) entzweibrechen
раскáпывать *vt E impf* (*pf:* раскопáть) ausgraben
раскачáться *vr E pf* (*impf:* раскáчиваться) **1.** in Schwung kommen; **2.** pendeln; **3.** (*umg*) sich aufraffen, loslegen
раскáяние *nt O2* Reue *f*
расквартировáть *vt E2 pf* (*impf:* растирóвывать) (*MIL*) einquartieren
расквитáться *vr E pf* (*с кем-лúбо за что-лúбо*) quitt sein, abrechnen (mit *+dat*)
раскидáть *vt E pf* (*impf:* раскúдывать) ausstreuen; **~ свой вéщи** seine Sachen herumliegen lassen
расклáд *m K* Verteilung *f*; **~ сил** Kräftekonstellation *f*; **при такóм ~е** unter diesen Umständen
раскóванный ⟨*kf*: -ван⟩ *adj* enthemmt, ungezwungen
расколóть *vt E pf* (*impf:* колóть, раскáлывать) (*auch fig*) spalten, entzweien
раскопáть *vt E pf* (*impf:* раскáпывать) ausgraben
раскóпка *f A* Ausgrabung *f*
раскошéливаться *vr E impf* (*pf:* раскошéлиться) **1.** freigebig sein; **2.** ausgeben; **3.** (*umg*) blechen; **заставлять когó-лúбо ~** jdn zur Kasse bitten
раскрáшивать *vt E impf* (*pf:* раскрáсить) kolorieren
раскритиковáть *vt E2 pf* heftig kritisieren
раскрошúть ⟨*fut*: -крошý, -крóшишь⟩ *vt I pf* (*impf:* крошúть) **1.** zerbröckeln, zerkrümeln; **2.** kurz und klein schlagen
раскрывáть *vt E impf* (*pf:* раскрыть) **1.** öffnen; **2.** aufdecken; **~ свой кáрты** sein Karten auf den Tisch legen; **3.** enthüllen; **~ преступлéние** ein Verbrechen aufklären; **4.** entfalten; **~ свой талáнты** seine Talente zur Entfaltung bringen
раскусúть ⟨*fut*: -кушý, -кýсишь⟩ *vt I pf* (*impf:* раскýсывать) durchschauen, auf die Schliche kommen
рáсовый *adj* rassisch, Rassen-; **рáсовые беспорядки** Rassenunruhen *pl*; **рáсовая дискриминáция** Rassendiskriminierung *f*; **рáсовая нéнависть** Rassenhaß *m*; **рáсовая сегрегáция** Rassentrennung *f*
распáд *m K* **1.** (*BIO*) Zerfall *m*, Abbau *m*; **2.** (*POL*) Zerfall *m*, Zusammenbruch *m*
распадáться ⟨*nur 3. pers*: -дáется⟩ *vr E impf* (*pf:* распáсться) **1.** (*BIO*) zerfallen; **2.** auseinanderbrechen, auseinanderfallen

распакова́ть *vt E2 pf* (*impf:* распако́вывать) auspacken
распа́хивать *vt E impf* (*pf:* распа́хнуть) (*дверь*) aufstoßen
распеча́тать *vt E pf* (*impf:* распеча́тывать) **1.** (*конве́рт, письмо́*) aufmachen; **2.** ausdrucken
распили́ть *vt I pf* (*impf:* распи́ливать) zersägen, durchsägen
распина́ть *vt E impf* (*pf:* распя́ть) kreuzigen
расписа́ние *nt O2* Fahrplan *m*; **~ уро́ков** Stundenplan *m*; **по расписа́нию** fahrplanmäßig
расписа́ться ⟨*fut*: -пишу́сь, -пи́шешься⟩ *vr E4 pf* (*impf:* распи́сываться) **1.** unterschreiben; **~ в получе́нии** quittieren; **2.** (*umg*) sich trauen lassen
распла́вить ⟨*fut*: -влю, -вишь⟩ *vt I pf* (*impf:* расплавля́ть) schmelzen
распла́та *f A* **1.** (*auch fig*) Abrechnung *f*; **2.** Rache *f*; **3.** Auszahlung *f*
расплати́ться ⟨*fut*: -плачу́сь, -пла́тишься⟩ *vr I pf* (*impf:* распла́чиваться) (*с кем-ли́бо*) abrechnen (mit *+dat*)
расплыва́ться *vr E impf* (*pf:* расплы́ться) zerfließen
расплы́вчатый ⟨*kf*: -чат⟩ *adj* **1.** verschwommen, verwaschen; **2.** schattenhaft
распого́диться ⟨*nur 3. pers*: -го́дится⟩ *vr I pf* sich aufheitern
распознава́ние *nt O2* **1.** Erkennen *nt*; **2.** Bestimmung *f*
распознава́ть ⟨*präs*: -знаю́, -знаёшь⟩ *vt E3 impf* (*pf:* распозна́ть) erkennen
располага́ть [1] *vt E impf* (*pf:* расположи́ть) **1.** plazieren, anordnen; **2.** Sympathie erwecken, geneigt stimmen; **~к себе́** jdn für sich einnehmen
располага́ть [2] *v + inst E impf* verfügen (über *+akk*)
располага́ться *vr E impf* (*pf:* расположи́ться) **1.** liegen; **2.** sich einrichten; **~ поудо́бнее** es sich bequem machen
располага́ющий *adj* **1.** (*о челове́ке*) sympathisch, gewinnend; **2.** (*об атмосфе́ре*) stimmungsvoll
расположе́ние *nt O2* **1.** Gunst *f*, Zuneigung *f*; **завоева́ть чье-ли́бо ~** jds Gunst erringen; **лиша́ть кого́-ли́бо расположе́ния** jdm die Gunst entziehen; **2.** (*MIL*) Anordnung *f*, Aufstellung *f*; **территориа́льное ~** Standort *m*; **3.** Stimmung *f*, Laune *f*; **в хоро́шем расположе́нии** gutgelaunt
располо́женный ⟨*kf*: -ло́жен⟩ *adj* **1.** zugeneigt, wohlwollend; **2.** (*к чему́-ли́бо*) geneigt, aufgelegt (zu *+dat*); **3.** gelegen; **~ к восто́ку от ...** östlich von ... gelegen
расположи́ть ⟨*fut*: -ложу́, -ло́жишь⟩ *vt I pf* (*impf:* располага́ть) **1.** plazieren, anordnen; **2.** Sympathie erwecken, geneigt stimmen; **~ к себе́** jdn für sich einnehmen
расположи́ться ⟨*fut*: -положу́сь, -ло́жишься⟩ *vr I pf* (*impf:* располага́ться) **1.** liegen; **2.** sich einrichten, Platz nehmen; **~ поудо́бнее** es sich bequem machen
распоряди́ться ⟨*fut*: -ряжу́сь, -ряди́шься⟩ *vr I pf* (*impf:* распоряжа́ться) **1.** (*о чём-ли́бо*) anordnen, veranlassen; **2.** disponieren, verfügen
распоря́док ⟨*gen sg*: -дка⟩ *m K* Ordnung *f*; **~ дня** Tagesablauf *m*
распоряже́ние *nt O2* **1.** Verfügung *f*, Anordnung *f*; **2.** (*администрати́вного о́ргана*) Bescheid *m*
распра́ва *f A* Abrechnung *f*
распра́вить ⟨*fut*: -пра́влю, -пра́вишь⟩ *vt I pf* (*impf:* расправля́ть) **1.** ausbreiten; **2.** glätten
распра́виться ⟨*fut*: -пра́влюсь, -пра́вишься⟩ *vr I pf* (*impf:* расправля́ться) (*с кем-ли́бо*) abrechnen (mit *+dat*)
распределе́ние *nt O2* **1.** Verteilung *f*, Einteilung *f*; **~ гуманита́рной по́мощи** Verteilung *f* der Hilfsgüter; **~ мест в парла́менте** Sitzverteilung *f* im Parlament; **~ роле́й** Rollenverteilung *f*, Besetzung *f*; **2.** Einsatz *m*, gezielte Vermittlung *f*
распредели́ть *vt I pf* (*impf:* распределя́ть) **1.** (*ме́жду кем-ли́бо*) verteilen (unter *+dat*); **2.** einsetzen; **пра́вильно ~ свой си́лы** seine Kräfte richtig einteilen
распродава́ть ⟨*präs*: -даю́, -даёшь⟩ *vt E3 impf* (*pf:* распрода́ть) **1.** ausverkaufen; **2.** feilhalten, anbieten
распрода́жа *f A* **1.** Ausverkauf *m*; **2.** Sonderverkauf *m*; **~ в конце́ сезо́на** Schlußverkauf *m*
распро́данный ⟨*kf*: -про́дан⟩ *adj* **1.** (*кни́ги*) vergriffen; **2.** (*биле́ты*) ausverkauft
распрода́ть ⟨*fut*: -да́м, -да́шь⟩ *vt U2 pf* (*impf:* распродава́ть) **1.** ausverkaufen; **2.** feilhalten, anbieten
распростране́ние *nt O2* (*пропага́нда*) Verbreitung *f*, **получи́ть ~** Verbreitung finden
распространённый ⟨*KF*: -нён⟩ *adj* verbreitet, gängig
распространи́ть *vt I pf* (*impf:* распространя́ть) **1.** verbreiten, vermitteln, weitergeben; **2.** (*на что-ли́бо*) aus-

dehnen (auf *+akk*); ~ **пре́ссу** Zeitungen und Zeitschriften verkaufen

распространи́ться *vr I pf* (*impf:* распространя́ться) **1.** um sich greifen, Verbreitung finden; **2.** (*об иде́ях*) sich durchsetzen; **3.** (*PHYS*) sich fortpflanzen; **4.** (*об эпиде́мии*) grassieren; **5.** (*umg*) sich auslassen (über *+akk*)

распря́чь ⟨*fut*: -прягу́, -пряжёшь⟩ *vt UE4 pf* (*impf:* распряга́ть) (*лошаде́й*) ausspannen

распуга́ть *vt E pf* (*impf:* распу́гивать) verscheuchen

распусти́ться ⟨*nur 3. pers*: -пу́стится⟩ *vr I pf* (*impf:* распуска́ться) **1.** sich lösen, aufgehen; **2.** (*о цветке́*) aufblühen; **3.** sich gehenlassen

распу́тать *vt E pf* (*impf:* распу́тывать) (*клубо́к*) entwirren

распу́тный ⟨*KF*: -тен, -тна⟩ *adj* ausschweifend, liederlich

распу́тство *nt O* Ausschweifung *f*

распу́тывать *vt E impf* (*pf:* распу́тать) (*клубо́к*) entwirren

распуха́ть ⟨*nur 3. pers*: -ха́ет⟩ *vi E impf* (*pf:* распу́хнуть) (*MED*) anschwellen

распу́хший *adj* **1.** angeschwollen; **2.** aufgedunsen

распыли́тель *m K1* Zerstäuber *m*

распыли́ть *vt I pf* (*impf:* распыля́ть) **1.** (*жи́дкость*) zerstäuben; **2.** pulverisieren

распя́тие *nt O2* **1.** Kruzifix *nt*; **2.** Kreuzigung *f*

распя́ть ⟨*fut*: распну́, распнёшь⟩ *vt E9 pf* (*impf:* распина́ть) kreuzigen

рассади́ть ⟨*fut*: -сажу́, -са́дишь⟩ *vt I pf* (*impf:* расса́живать) **1.** (*госте́й по места́м*) Platz anweisen; **2.** auseinandersetzen; **3.** pflanzen, verpflanzen; **4.** (*umg*) sich breitmachen, sich lümmeln

расса́дка *f A* Sitzordnung *f*

рассвирепе́вший *adj* (*umg*) fuchsteufelswild

рассе́ивание *nt O2* (*PHYS*) Streuung *f*

рассе́лина *f A* Felsspalte *f*

рассерди́ть ⟨*fut*: -сержу́, -се́рдишь⟩ *vt I pf* (*impf:* рассерди́ть) ärgern, reizen

рассе́яние *nt O2* Zerstreuung *f*

рассе́янность *f I* **1.** Zerstreutheit *f*; **2.** Konzentrationsschwäche *f*

рассе́янный ⟨*KF*: -се́ян, -се́янна⟩ *adj* **1.** zerstreut, fahrig, geistesabwesend; **2.** (*свет*) diffus

расска́з *m K* **1.** (*повествова́ние*) Erzählung *f*, Schilderung *f*; **2.** (*нове́лла*) Erzählung *f*

рассказа́ть ⟨*fut*: -скажу́, -ска́жешь⟩ *vt E4 pf* (*impf:* расска́зывать) erzählen

расска́зчик *m K* Erzähler, -in *m/f*

рассла́биться *vr I pf* (*impf:* расслабля́ться) sich entspannen

рассле́дование *nt O2* (*JUR*) Ermittlung *f*

рассле́довать *vt E2 impf/pf* (*JUR*) ermitteln, nachgehen

рассли́шать ⟨*fut*: -слы́шу, -слы́шишь⟩ *vi I pf* deutlich hören, vernehmen; **не ~** überhören

рассма́тривать *vt E impf* (*pf:* рассмотре́ть) **1.** betrachten, ansehen; **2.** prüfen, begutachten; **3.** erachten

рассмотре́ние *nt O2* Behandlung *f*, Begutachtung *f*

расспра́шивать *vt E impf* (*pf:* расспроси́ть) **1.** nachfragen; **2.** erfragen

расспро́с *m K* (*meist pl*) Erkundigungen *f pl*

рассро́чка *f A* Teilzahlung *f*; **в рассро́чку** auf Raten

расста́вить ⟨*fut*: -ста́влю, -ста́вишь⟩ *vt I pf* (*impf:* расставля́ть) **1.** stellen; **~ в определённом поря́дке** einordnen; **~ всё на свои́ места́** zurechtrücken; **2.** (*но́ги*) spreizen

расстано́вка *f A* **1.** Aufstellung *f*; **2.** Verteilung *f*; **~ сил** Kräfteverhältnis *nt*

расстоя́ние *nt O2* Entfernung *f*, Abstand *m*

расстра́ивать *vt E impf* (*pf:* расстро́ить) **1.** verwirren; **2.** desorganisieren; **3.** (*эконо́мику, здоро́вье*) zerrütten; **4.** (*пла́ны*) zunichte machen; **5.** (*MUS*) verstimmen; **6.** (*fig*) verstimmen

расстро́енный *adj* betrübt, mißmutig , verstimmt; **расстро́енные фина́нсы** marode Finanzwirtschaft *f*

расстро́йство *nt O* **1.** Verwirrung *f*; **2.** Desorganisation *f*; **~ желу́дка** Magenverstimmung *f*; **~ сна** Schlafstörung *f*; **одно́ ~** nichts als Ärger

рассуди́тельность *f I* **1.** Besonnenheit *f*; **2.** Urteilsvermögen *nt*

рассуди́тельный ⟨*kf*: -лен, -льна⟩ *adj* besonnen

рассу́док ⟨*gen sg*: -дка⟩ *m K* Verstand *m*; **лиша́ть рассу́дка** den Verstand rauben

рассужде́ние *nt O2* **1.** Überlegung *f*, Erwägung *f*; **2.** Schlußfolgerung *f*, Urteil *nt*; **3.** (*meist pl*) Erörterungen *f pl*, Gespräche *nt pl*; **в рассужде́нии** hinsichtlich, in Bezug auf

рассчита́ть *vt E pf* (*impf:* рассчи́тывать) (*на кого́-ли́бо*) bauen, hoffen, rechnen (auf *+akk*); **~ на чью-ли́бо по́мощь** mit jds Hilfe rechnen

рассчита́ться *vr E pf* (*impf:* рассчи́тываться) abrechnen; **я хоте́л бы ~** bitte zahlen ! **по поря́дку номеро́в рассчита́йсь!** durchzählen

рассы́лка *f A* Versand *m*
рассы́пать ⟨*fut*: -сы́плю, -сы́плешь⟩ *vt E4 pf* (*impf:* рассыпа́ть) **1.** streuen; **2.** schütten, verschütten
рассы́пчатый ⟨*kf*: -чат⟩ *adj* mürbe
раста́пливать *vt E impf* (*pf:* растопи́ть) **1.** (*лёд*) zum Schmelzen bringen; **2.** heizen, anheizen
раста́птывать *vt E impf* (*pf:* растопта́ть) zertreten, zerstampfen; **~ о́бувь** die Schuhe austreten
раста́ять ⟨*nur 3. pers*: -та́ет⟩ *vi E pf* (*impf:* та́ять) (*снег*) tauen, schmelzen
раство́р *m K* **1.** (*CHEM*) Lösung *f*; **2.** (*BAU*) Mörtel *m*
раствори́мый ⟨*kf*: -ри́м⟩ *adj* löslich
раствори́тель *m K1* Lösungsmittel *nt*
раствори́ться ⟨*nur 3. pers*: -тво́рится⟩ *vr I pf* (*impf:* растворя́ться) zergehen
растека́ться ⟨*nur 3. pers*: -ка́ется⟩ *vr E impf* (*pf:* расте́чься) zerrinnen; **~ мы́слью по дре́ву** drumherum reden
расте́ние *nt O2* Pflanze *f*, Gewächs *nt*
растере́ть ⟨*fut*: разотру́, -трёшь⟩ *vt E4b pf* (*impf:* растира́ть) **1.** zerreiben; **~ в порошо́к** pulverisieren; **2.** einreiben, abreiben, massieren
растерза́ть *vt E pf* (*impf:* расте́рзывать) (*auch fig*) zerfleischen, zerreißen
расте́рянный ⟨*kf*: -рян⟩ *adj* **1.** fassungslos, konfus, verwirrt; **2.** ratlos, verunsichert
растеря́ться ⟨*nur 3. pers*: -теря́ется⟩ *vr E pf* (*impf:* расте́риваться) **1.** abhanden kommen; **2.** in Verwirrung geraten
расте́чься ⟨*nur 3. pers*: -течётся, -теку́тся⟩ *vr UE4 pf* (*impf:* растека́ться) zerrinnen; **~ мы́слью по дре́ву** drumherum reden
расти́ ⟨*präs*: расту́, растёшь⟩ *vi E6 impf* (*pf:* вы́расти) **1.** wachsen; **2.** zunehmen, ansteigen
растира́ть *vt E impf* (*pf:* растере́ть) **1.** zerreiben; **~ в порошо́к** pulverisieren **2.** einreiben, abreiben; **3.** massieren
расти́тельность *f I* Vegetation *f*
расти́тельный *adj* pflanzlich; **расти́тельное ма́сло** Pflanzenöl *nt*
растоло́чь ⟨*fut*: -толку́, -толчёшь⟩ *vt UE4 pf* (*impf:* толо́чь) zerstoßen, zerkleinern
растопи́ться ⟨*nur 3. pers*: -то́пится⟩ *vr I pf* (*impf:* раста́пливаться) **1.** (*лёд*) zum Schmelzen bringen; **2.** anheizen
растор́жение *nt O2* **1.** Aufhebung *f*; **2.** Kündigung *f*
расторо́пный ⟨*kf*: -пен, -пна⟩ *adj* **1.** flink; **2.** gewandt
расточа́ть *vt E impf* (*pf:* расточи́ть) vergeuden; **~ похвалы́** Lob spenden
расточи́тельность *f I* Verschwendung *f*
расточи́тельный ⟨*kf*: -лен, -льна⟩ *adj* verschwenderisch
растр *m K* Raster *m*
растра́та *f A* (*JUR*) Unterschlagung *f*
растра́тить ⟨*fut*: -тра́чу, -тра́тишь⟩ *vt I pf* (*impf:* растра́чивать) **1.** vergeuden; **2.** (*JUR*) unterschlagen
растрёпанный ⟨*kf*: -пан⟩ *adj* **1.** wirr; **2.** struppig
растрепа́ться ⟨*fut*: -треплю́сь, -тре́п(л)ешься⟩ *vr E4 pf* (*impf:* растёрпываться) **1.** zersaust sein; **2.** kaputtgehen
растро́ганный ⟨*kf*: -ган⟩ *adj* bewegt
растро́гать *vt E pf* bewegen, rühren; **~ до слёз** zu Tränen rühren
растя́гивать *vt E impf* (*pf:* растяну́ть) **1.** dehnen, ausdehnen, recken, strecken; **2.** sich strecken
растяже́ние *nt O2* Zerrung *f*
растяжи́мый ⟨*kf*: -жи́м⟩ *adj* dehnbar; **растяжи́мое поня́тие** dehnbarer Begriff *m*
расфуфы́риться *vr I pf* (*impf:* расфы́риваться) (*umg*) sich auftakeln
расхва́ливать *vt E impf* (*pf:* расхвали́ть) sehr loben
расхлёбывать *vt E impf* (*pf:* расхлеба́ть) (*umg*) auslöffeln, ausbaden; **~ ка́шу** etwas ausbaden müssen
расхля́банный ⟨*kf*: -бан⟩ *adj* schlampig
расхо́д *m K* **1.** Verbrauch *m*; **2.** Ausgabe *f*, Aufwand *m*; **3.** (*im pl*) Kosten *pl*; **путевы́е ~ы** Reisekosten *pl*; **брать на себя́ ~ы** die Kosten tragen; **пойти на больши́е ~ы** sich in Unkosten stürzen
расходи́ться ⟨*nur 3. pers*: -хо́дится⟩ *vr I impf* (*pf:* разойти́сь) **1.** ausgehen; **2.** sich trennen; **их пути́ разошли́сь** ihre Wege trennten sich; **3.** (*го́сти*) aufbrechen; **4.** (*мне́ния*) differieren, auseinandergehen
расхо́довать *vt E2 impf* (*pf:* израсхо́довать) **1.** ausgeben, aufwenden; **2.** verausgaben
расхожде́ние *nt O2* **1.** Diskrepanz *f*; **2.** Widerspruch *m*; **~ сло́ва с де́лом** Diskrepanz *f* zwischen Wort und Tat
расхола́живать *vt E impf* (*pf:* расхолоди́ть) (*fig*) abkühlen, ernüchtern
расцве́т *m K* **1.** (*BOT*) Blüte *f*; **2.** (*fig*) Blüte *f*, Blütezeit *f*
расцвета́ть *vi E impf* (*pf:* расцвести́) aufblühen
расчеса́ть ⟨*fut*: -чешу́, -че́шешь⟩ *vt E4 pf* (*impf:* расчёсывать) **1.** kämmen, durchkämmen; **2.** kratzen
расчёт *m K* Kalkulation *f*, Berechnung *f*; **мы в ~е** wir sind quitt; **принима́ть в ~**

in Betracht ziehen; einkalkulieren
расчётливый ⟨*kf*: -лив⟩ *adj* **1.** berechnend; **2.** wirtschaftlich, sparsam
расчётный *adj* Rechen-; **~ отде́л бухгалте́рии** Lohnbuchhaltung *f*
расчёты *m pl K* Zahlungsverkehr *m*, Geldverkehr *m*; **~ нали́чными** Barzahlung *f*; **по всем расчётам** aller Berechnung nach; **систе́ма взаи́мных расчётов** Clearingsystem *nt*
расшире́ние *nt O2* Ausbau *m*; **~ сотру́дничества** Ausweitung *f* der Zusammenarbeit; **~ вен** (*MED*) Krampfadern *f*
расши́рить *vt I pf* (*impf*: расширя́ть) **1.** verbreitern; **2.** (*auch fig*) ausweiten, expandieren
расшифрова́ть *vt E2 pf* (*impf*: расшифро́вывать) **1.** aufschlüsseln, entziffern, dekodieren; **2.** ausschreiben
расще́лина *f A* Ritze *f*; **~ гле́тчера** Gletscherspalte *f*
расщепле́ние *nt O2* (*CHEM*) Abbau *m*; **~ я́дер** Kernspaltung *f*
ратифици́ровать *vt E2 impf/pf* ratifizieren
ра́товать *vt E2 impf* (за кого́-ли́бо/что-ли́бо) eintreten, plädieren (für *+akk*)
ра́туша *f A* Rathaus *nt*
рафини́рованный ⟨*kf*: -ван⟩ *adj* **1.** (*TECH*) raffiniert, gereinigt; **2.** (*fig*) verfeinert, erlesen
рахи́т *m K* Rachitis *f*
рацио́н *m K* Ration *f*
рационализи́ровать *vt E2 impf/pf* rationalisieren
рациона́льный ⟨*kf*: -лен, -льна⟩ *adj* **1.** rational, vernünftig; **2.** sinnvoll
ра́ция *f A2* Funkgerät *nt*
рвать ⟨*präs*: рву, рвёшь⟩ *vt E4 impf* (*pf*: рвану́ть) **1.** zerreißen, herausreißen; **~ на себе́ во́лосы** sich die Haare raufen; **2.** (цветки́) pflücken
рве́ние *nt O2* Eifer *m*
рво́та *f A* Brechreiz *m*
реабилита́ция *f A2* Rehabilitierung *f*; **социа́льная ~** Wiedereingliederung *f* in die Gesellschaft
реабилити́ровать *vt E2 impf/pf* rehabilitieren
реаги́ровать *vi E2 impf* (*pf*: про-, от-, с-) reagieren
реакти́вный ⟨*kf*: -вен, -вна⟩ *adj* **1.** reaktiv; **2.** Düsen-, Raketen-; **~ истреби́тель** Düsenjäger *m*; **~ самолёт** Düsenflugzeug *nt*
реа́ктор *m K* Reaktor *m*; **~ на бы́стрых нейтро́нах** schneller Brüter *m*; **термоя́дерный ~** Fusionsreaktor *m*
реакцио́нный ⟨*kf*: -цио́нен, -цио́нна⟩ *adj* reaktionär, fortschrittsfeindlich
реа́кция *f A2* **1.** Reaktion *f*, Echo *nt*; **2.** (*CHEM*) Reaktion *f*
реализа́ция *f A2* **1.** Verwirklichung *f*, Umsetzung *f*, Durchführung *f*; **2.** Verwertung *f*, Absatz *m*
реали́зм *m K* Realismus *m*
реализова́ть *vt E2 pf* (*impf*: реализо́вывать) **1.** realisieren, verwirklichen; **2.** (*ÖKON*) vermarkten, veräußern
реали́ст *m K* Realist *m*; **поли́тик-~** Realpolitiker *m*
реалисти́чный ⟨*kf*: -чен, -чна⟩ *adj* realistisch
реа́льность *f I* Realität *f*, Wirklichkeit *f*
реа́льный ⟨*kf*: -лен, -льна⟩ *adj* **1.** wirklich; **2.** machbar
реанимацио́нный *adj*: **реанимацио́нный отде́л больни́цы** Intensivstation *f*
реанима́ция *f A2* Reanimation *f*, Wiederbelebungsversuch *m*
ребёнок ⟨*nom pl*: де́ти, ребя́та⟩ *m U4* Kind *nt*
ребро́ *nt O pls* Rippe *f*
рёбрышко *nt O* Rippchen *nt*
ребя́чество *nt O* Kinderei *f*, kindisches Benehmen *nt*
рёв *m K* **1.** Gebrüll *nt*; **2.** Tosen *nt*
ревальви́ровать *vt E2 impf/pf* (*ÖKON*) aufwerten
рева́нш *m K* Revanche *f*; **брать ~** sich revanchieren
реве́нь *m K1 e* Rhabarber *m*
ревера́нс *m K* Knicks *m*
реве́ть ⟨*präs*: реву́, ревёшь⟩ *vi E4 impf* brüllen, plärren
ревмати́зм *m K* **1.** Rheuma *nt*; **2.** Rheumatismus *m*
ревни́вый ⟨*kf*: -ни́в⟩ *adj* eifersüchtig
ре́вностный ⟨*kf*: -тен, -тна⟩ *adj* eifrig
ре́вность *f I* Eifersucht *f*
револьве́р *m K* Revolver *m*
революционе́р *m K* Revolutionär *m*
революцио́нный ⟨*kf*: -цио́нен, -цио́нна⟩ *adj* revolutionär
револю́ция *f A2* Revolution *f*
ревю́ *nt indekl* Revue *f*
рега́та *f A* Regatta *f*
ре́гби *nt indekl* Rugby *nt*
регенера́ция *f A2* Regeneration *f*
регенери́ровать *vt E2 impf/pf* regenerieren
ре́гент *m K* Regent, -in *m/f*
регио́н *m K* Region *f*
регионали́зм *m K* Regionalismus *m*
региона́льный *adj* regional; **региона́льная програ́мма** Regionalprogramm *nt*

регистра́тор *m K* **1.** Registrator *m*; **2.** Aktenordner *m*
регистрату́ра *f A* Registratur *f*
регистра́ция *f A2* Anmeldung *f*; **~ бра́ка** Eheschließung *f*
регистри́ровать *vt E2 impf* (*pf:* за-) **1.** registrieren; **2.** anmelden; **3.** Buch führen
регла́мент *m K* **1.** Reglement *nt*, Vorschrift *f*; **2.** Redezeit *f*, Zeitbegrenzung *f*
регламенти́рованный *adj* geregelt
регламенти́ровать *vt E2 impf/pf* regeln, reglementieren
регре́сс *m K* **1.** Rückschritt *m*; **2.** rückläufige Entwicklung *f*; **3.** (*JUR*) Rückgriff *m*
регули́рование *nt O2* Regelung *f*; **валю́тное ~** Regulierung *f* des Devisenverkehrs
регули́ровать *vt E2 impf* (*pf:* у-) **1.** regulieren; **2.** einstellen, verstellen
регули́руемый *adj* einstellbar, verstellbar
регули́рующий *adj* eingreifend; **регули́рующая роль (госуда́рства)** dirigistische Eingriffe
регуля́рность *f I* Regelmäßigkeit *f*
регуля́рный ⟨*kf:* -рен, -рна⟩ *adj* **1.** regelmäßig; **2.** regulär
регуля́тор *m K* Regulator *m*, Regler *m*; **~ гро́мкости** Lautstärkeregler *m*
редакти́ровать *vt E2 impf* (*pf:* от-) **1.** korrigieren; **2.** redigieren
реда́ктор *m K* Redakteur, -in *m/f*, Lektor, -in *m/f*
реда́кция *f A2* **1.** Redaktion *f*, Lektorat *nt*; **2.** Korrektur *f*, Redigieren *nt*; **3.** Fassung *f*, Version *f*
реди́ска *f A* Radieschen *f*
ре́дкий ⟨*kf:* -док, -дка́⟩ *adj* **1.** selten; **2.** rar
ре́дкость *f I* **1.** Seltenheit *f*; **2.** (*рарите́т*) Rarität *f*, Kuriosität *f*
рее́стр *m K* **1.** Register *nt*; **~ торго́вых фирм** Handelsregister *nt* **2.** Liste *f*
режи́м *m K* **1.** (*POL*) Regime *nt*; **вое́нный ~** Militärregierung *f*; **демократи́ческий ~** Demokratie *f* **2.** Tagesablauf *m*, Tageseinteilung *f*; **3.** Bedingungen *f pl*, Verhältnisse *pl*; **во́дный ~** Wasserhaushalt *m*; **жёсткий ~ эконо́мики** drastische Sparmaßnahmen; **стро́гий посте́льный ~** strenge Bettruhe *f*
режиссёр *m K* Regisseur *m*
режиссу́ра *f A* Regie *f*, Spielleitung *f*
ре́зать ⟨*präs:* ре́жу, ре́жешь⟩ *vt E4 impf* (*pf:* за-, раз-, с-, резну́ть,) **1.** schneiden; **2.** operieren; **3.** schlachten; **~ слух** in den Ohren gellen
ре́заться *vr E4* (*зу́бы*) durchkommen; **у ребёнка ре́жутся зу́бы** das Kind zahnt
ре́звый ⟨*kf:* резв, резва́, ре́зво⟩ *adj* **1.** flink; **2.** ausgelassen; **3.** mutwillig
резе́рв *m K* Reserve *f*
резерви́ровать *vt E2 impf* (*pf:* за-) reservieren, buchen
резерви́ст *m K* Reservist *m*
резервуа́р *m K* Reservoir *nt*, Sammelbecken *nt*
резе́ц ⟨*gen sg:* -зца́⟩ *m K e* Meißel *m*
резиде́нция *f A2* **1.** Residenz *f*; **2.** Amtssitz *m*; **3.** Domizil *nt*; **~ епи́скопа** Bischofssitz *m*; **за́городная ~** Sommersitz *m*
рези́на *f A* Gummi *m*; **пе́нистая ~** Schaumgummi *m*
рези́нка *f A* Radiergummi *m*; **жева́тельная ~** Kaugummi *m*
рези́новый *adj* Gummi-; **рези́новая дуби́нка** Gummiknüppel *m*; **реази́новая ле́нта** Gummiband *nt*; **реази́новые сапоги́** Gummistiefel *m pl*
ре́зкий ⟨*kf:* ре́зок, резка́, ре́зко⟩ *adj* **1.** barsch, schroff; **2.** drastisch, scharf; **3.** vehement; **4.** (*за́пах*) penetrant; **ре́зким то́ном** in schroffem Tonfall
ре́зко *adv* schlagartig
резня́ *f A1 e* Gemetzel *nt*
резолю́ция *f A2* Resolution *f*, Entschluß *m*
резона́нс *m K* **1.** (*TECH*) Resonanz *f*; **2.** (*fig*) Widerhall *m*
результа́т *m K* Ergebnis *nt*, Resultat *nt*; **доби́ться ~а** ein Ergebnis erzielen; **в ~е** dadurch, infolgedessen; **~ы вы́боров** Wahlergebnis *nt*, Wahlausgang *m*
ре́зус-фа́ктор *m K* Rhesusfaktor *m*
ре́зчик *m K* Schneider, -in *m/f*; **~ по де́реву** Holzschnitzer, -in *m/f*
резьба́ *f A e* **1.** (*TECH*) Gewinde *nt*; **2.** Schnitzerei *f*; **~ по де́реву** Holzschnitt *m*
резюме́ *m indekl* **1.** Resümee *nt*; **2.** Zusammenfassung *f*
резюми́ровать *vt E2 impf/pf* resümieren, zusammenfassen
рейд *m K* **1.** (*MIL*) Streifzug *m*; **2.** (*MAR*) Reede *f*; **3.** Überprüfung *f*
ре́йка *f A* **1.** Latte *f*; **2.** Liste *f*
Рейн *m K* Rhein *m*
Ре́йнланд-Пфальц *m K* Rheinland-Pfalz *nt*
рейс *m K* Reiseroute *f*, Route *f*
ре́йтинг *m K* (*популя́рность*) Gewicht *nt*, Stellenwert *m*, Popularität *f*
рейх *m K* Reich *nt*; **тре́тий ~** das Dritte Reich *nt*
река́ *f A pls* Fluß *m*, Strom *m*
ре́квием *m K* Requiem *nt*
реквизи́т *m K* (*THEAT*) Requisit *nt*; **ба́нковские ~ы** Bankverbindungen *f pl*

реклáма *f A* Reklame *f*, Werbung *f*; **замаскирóванная ~** Schleichwerbung *f*
реклама́ция *f A2* Reklamation *f*
реклами́ровать *vt E2 impf/pf* **1.** werben, Reklame machen; **2.** reklamieren, beanstanden
реклáмный *adj* Werbe-; **реклáмая кампáния** Werbekampagne *f*; **реклáмые материáлы** Werbeschriften *pl*
рекомендáция *f A2* **1.** Empfehlung *f*, Hinweis *m*; **2.** Reverenz *f*; **3.** Bürgschaft *f*
рекомендовáть *vt E2 impf* (*pf:* по-) empfehlen
реконструи́ровать *vt E2 impf/pf* **1.** rekonstruieren, wiederaufbauen, sanieren; **2.** (*fig*) rekonstruieren, nachvollziehen
реконстрýкция *f A2* Rekonstruktion *f*, Wiederaufbau *m*
рекóрд *m K* Rekord *m*, Rekordleistung *f*; **ли́чный ~** persönliche Bestleistung *f*; **мировóй ~** Weltrekord *m*; **установи́ть ~** einen Rekord aufstellen; **кни́га ~ов Ги́несса** Guinessbuch *nt* der Rekorde
рекрути́ровать *vt E2 impf/pf* rekrutieren, stellen
рéктор *m K* Rektor, -in *m/f*
ректорáт *m K* Rektorat *nt*
релé *nt indekl* Relais *nt*
религиóзный ⟨*kf*: -зен, -зна⟩ *adj* religiös; **~ дéятель** kirchlicher Amtsträger *m*
рели́гия *f A2* Religion *f*
рели́квия *f A2* Reliquie *f*
рели́кт *m K* Relikt *m*
рельéф *m K* Relief *m*
рельс *m K* Eisenbahnschiene *f*; **сходи́ть с ~ов** entgleisen
ремéнь ⟨*gen sg*: -мня́⟩ *m K1 e* **1.** Gurt *m*; **2.** Gürtel *m*; **3.** Riemen *m*; **ремни́ безопáсности** Sicherheitsgurt *f*
ремéсленник *m K* Handwerker *m*
ремéсленный *adj* Handwerks-; **ремéсленная палáта** Handwerkskammer *f*
ремеслó ⟨*nom pl*: ремёсла⟩ *m K pls* **1.** Gewerbe *nt*; **2.** Handwerk *nt*; **худóжественное ~** Kunsthandwerk *nt*
ремóнт *m K* **1.** Reparatur *f*; **2.** Renovierung *f*; **нуждáющийся в ~е** reparaturbedürftig
ремонти́ровать *vt E2 impf* (*pf:* от-) **1.** reparieren; **2.** renovieren
ремóнтный *adj* Reparatur-; **ремóнтная мастерскáя** Reparaturwerkstatt *f*
Ренессáнс *m K* **1.** (*Возрождéние*) Renaissance *f*; **2.** Comeback *nt*
реномé *nt indekl* Ruf *m*, Leumund *m*
рентáбельный ⟨*kf*: -лен, -льна⟩ *adj* rentabel
рентгéн *m K* Röntgen *nt*; **дéлать ~** röntgen
рентгéновский *adj* Röntgen-; **рентгéновские лучи́** Röntgenstrahlen *pl*; **~ сни́мок** Röntgenaufnahme *f*
реорганизáция *f A2* Reorganisation *f*, Umstrukturierung *f*
репатриáнт *m K* Heimkehrer *m*
репéйник *m K* Klette *f*
репертуáр *m K* (*THEAT*) Repertoire *nt*, Spielplan *m*
репети́ровать *vt E2 impf/pf* proben
репети́ция *f A2* (*THEAT*) Probe *f*; **генерáльная ~** Generalprobe *f*
рéплика *f A* **1.** Einwurf *m*, Zwischenruf *m*; **встáвить рéплику** einwerfen; **2.** Erwiderung *f*, Einwand *m*; **3.** Gegendarstellung *f*
репортáж *m K* Reportage *f*
репортёр *m K* Reporter, -in *m/f*
репресси́вный *adj* repressiv
репрéссия *f A2* **1.** Repression *f*; **2.** Maßregelung *f*; **полити́ческие репрéссии** politische Verfolgung *f*
репродýкция *f A2* Reproduktion *f*; **худóжественная ~** Kunstdruck *m*
repти́лия *f A2* Reptil *nt*
репутáция *f A2* Ruf *m*, Leumund *m*
реси́вер *m K* Receiver *m*, Empfänger *m*
ресни́ца *f A* Wimper *f*
ресоциализáция *f A2* Resozialisierung *f*
респектáбельный ⟨*kf*: -лен, -льна⟩ *adj* respektabel, achtbar
респондéнт *m K* Befragte(r) *m*
респýблика *f A* Republik *f*
республикáнец ⟨*gen sg*: -нца⟩ *m K* Republikaner *m*
республикáнский *adj* republikanisch
рессóра *f A* (*TECH*) Feder *f*
реставрáтор *m K* Restaurator, -in *m/f*
реставри́ровать *vt E2 impf/pf* **1.** restaurieren; **2.** rekonstruieren
рестoрáн *m K* Restaurant *nt*; **дорóжный ~** Autobahnraststätte *f*; **привокзáльный ~** Bahnhofsgaststätte *f*
ресýрс *m K* **1.** letzter Ausweg *m*, äußerstes Mittel *nt*; **2.** (*im pl*) Vorräte *m pl*, Quellen *f pl*; **прирóдные ~ы** Naturschätze *pl*
ретóрта *f A* Retorte *f*
ретроспекти́ва *f A* Retrospektive *f*
ретроспекти́вно *adv* rückblickend
референдум *m K* Referendum *m*, Volksbefragung *f*, Volksentscheid *m*
референт *m K* Referent, -in *m/f*
рéфери́ *m indekl* Kampfrichter *m*
рефери́ровать *vt E2 impf/pf* (*pf:* про-) **1.** zusammenfassen; **2.** referieren
рефлéкс *m K* Reflex *m*; **дви́гательный** [*o* **мотóрный**] **~** Reflexbewegung *f*

рефле́ксия *f A2* (*размышле́ние, самоана́лиз*) Reflexion *f*
рефле́ктор *m K* Reflektor *m*
рефле́кторный *adj* Reflex-
рефо́рма *f A* Reform *f*; **администрати́вно-территориа́льная ~** Gebietsreform *f*; **де́нежная ~** Währungsreform *f*; **экономи́ческая ~** Wirtschaftsreform *f*
реформа́тор *m K* Reformator *m*
Реформа́ция *f A2* Reformation *f*
реформи́ровать *vt E2 impf/pf* **1.** reformieren; **2.** erneuern
рецензе́нт *m K* Gutachter *m*
рецензи́ровать *vt E2 impf* (*pf:* про-, от-) rezensieren, begutachten
реце́нзия *f A2* Rezension *f*
реце́пт *m K* Rezept *nt*; **патенто́ванный ~** Patentrezept *nt*; **отпуска́емый без ~а** rezeptfrei; **отпуска́емый стро́го (то́лько) по ~у** rezeptpflichtig
рециди́в *m K* Rückfall *m*
рециди́вный *adv* rückfällig
рецикли́рование *nt O2* Recycling *nt*
рецикли́ровать *vt E2 impf/pf* recyceln
речь *f I ple1* Rede *f*, Ansprache *f*; **~ защи́тника** Plädoyer *nt*; **выступа́ть с ~ю** eine Rede halten; **пи́сьменная ~** Schriftsprache *f*; **у́стная ~** gesprochene Sprache *f*; **об э́том не мо́жет быть ре́чи** das kommt nicht in Frage; **он лиши́лся да́ра ре́чи** es verschlug ihm die Sprache
реша́ть *vt E impf* (*pf:* реши́ть) **1.** entscheiden, lösen; **~ за кого́-ли́бо** jdm die Entscheidung abnehmen; **2.** knobeln
реша́ться *vr E impf* (*pf:* реши́ться) **1.** sich entschließen; **2.** sich trauen
реша́ющий *adj* ausschlaggebend, entscheidend; **реша́ющее возде́йствие** durchschlagende Wirkung *f*; **~ шаг** entscheidender Schritt *m*; **сказа́ть своё реша́ющее сло́во** ein Machtwort sprechen; **сыгра́ть реша́ющее значе́ние** ausschlaggebend sein
реше́ние *nt O2* **1.** Beschluß *m*; **2.** Entscheidung *f*; **3.** Entscheid *m*; **4.** (*администрати́вного о́ргана*) Bescheid *m*; **принима́ть ~** eine Entscheidung treffen, einen Entschluß fassen; **5.** (*зага́дки, зада́чи*) Auflösung *f*; **6.** (*JUR*) Verfügung *f*
решённый *adj* entschieden, beschlossen; **~ вопро́с** beschlossene Sache *f*
решётка *f A* **1.** Gitter *nt*; **сидеть за решёткой** hinter Gittern sitzen; **посади́ть кого́-ли́бо за решётку** jdn hinter Schloß und Riegel setzen; **2.** Rost *m*; **деревя́нная ~** Lattenrost *m*
реши́тельность *f I* **1.** Entschlossenheit *f*; **2.** Resolutheit *f*
реши́тельный ⟨*kf:* -лен, -льна⟩ *adj* resolut, entschlossen; **принима́ть реши́тельные ме́ры** durchgreifen
реши́ть *vt I pf* (*impf:* реша́ть) **1.** entscheiden, lösen; **~ за кого́-ли́бо** jdm die Entscheidung abnehmen; **решено́!** abgemacht! **2.** knobeln
ржаве́ть ⟨*nur 3. pers:* -ве́ет⟩ *vi E impf* (*pf:* за-) rosten, verrosten
ржа́вчина *f A* Rost *m*; **очища́ть от ржа́вчины** entrosten
ржа́вый ⟨*kf:* ржав⟩ *adj* rostig, verrostet
ри́зница *f A* Sakristei *f*
Рим *m K* Rom *nt*
ри́млянин, римля́нка ⟨*nom pl m:* ри́мляне⟩ *m U2 / f A* Römer, -in *m/f*
ри́мский *adj* römisch
ри́мско-католи́ческий *adj* römisch-katholisch
рис *m K* Reis *m*
рис. *abk von* рису́нок *m* Abbildung *f*
риск *m K* Risiko *nt*; **оста́точный ~** Restrisiko *nt*; **идти́ на ~** ein Risiko eingehen; **на свой страх и ~** auf eigene Gefahr
риско́ванный ⟨*kf:* -ван, -ванна⟩ *adj* riskant, gewagt; **весьма́ ~** hochbrisant
рискова́ть *vt E2 impf* (*pf:* рискну́ть) riskieren; **~ подойти́ к кому́-ли́бо/чему́-ли́бо** sich heranwagen (an *+akk*); **мы риску́ем, что** wir laufen Gefahr, daß
риско́вый *adj* risikofreudig
рисова́ть *vt E2 impf* (*pf:* на-) malen, zeichnen; **~ себе́** sich ausmalen; **~ чёрными кра́сками** schwarzmalen
рису́нок ⟨*gen sg:* -нка⟩ *m K* **1.** Zeichnung *f*; **2.** Bild *nt*; **3.** Abbildung *f*
ритм *m K* Rhythmus *m*; **биологи́ческие ~ы** Biorhythmus *m*
ритми́ческий *adj* rhythmisch
рито́рика *f A* Rhetorik *f*
ритори́ческий *adj* rhetorisch
ритуа́л *m K* Ritual *m*
ритуа́льный *adj* rituell, Ritual-; **ритуа́льные услу́ги** rituelle Handlungen *f*
риф *m K* Riff *nt*
ри́фма *f A* Reim *m*
рифмова́ть *vt E2 impf* (*pf:* с-) reimen
ро́бкий ⟨*kf:* ро́бок, робка́, ро́бко⟩ *adj* **1.** zaghaft, unentschlossen; **2.** verlegen, scheu
ро́бкость *f I* **1.** Scheu *f*; **2.** Zaghaftigkeit *f*
ро́бот *m K* Roboter *m*
ров ⟨*gen sg:* рва⟩ *m K* Graben *m*
рове́сник *m K* Altersgenosse *m*
ро́вно *adv* **1.** genau, gerade; **~ год** genau ein Jahr; **2.** ebenso wie

ро́вный ⟨*kf*: ро́вен, ровна́, ро́вно⟩ *adj* **1.** eben, gerade; **2.** gelassen, ausgeglichen
рог ⟨*nom pl*: рога́⟩ *m K ple* **1.** Horn *nt*; **2.** Geweih *nt*; **3.** (*MUS*) Horn *nt*; **брать быка́ за ~а** den Stier bei den Hörnern packen
рога́тка *f A* **1.** Schleuder *f*; **2.** (*fig*) Hindernis *nt*
рогово́й *adj*: **рогова́я оболо́чка** Hornhaut *f*
род *m K* **1.** Art *f*, Gattung *f*; **тако́го ~а** derart; **в не́котором ~е** gewissermaßen; **~ заня́тий** Metier *nt* **2.** Geschlecht *nt*, Stamm *m*; **челове́ческий ~** Menschengeschlecht *nt*; **3.** (*LING*) Genus *nt*
роди́льный *adj* Entbindungs-; **~ зал** [*o* **роди́льная пала́та**] Kreißsaal *m*; **роди́льная горя́чка** Kindbettfieber *nt*
роди́мый *adj* **1.** heimatlich; **2.** (*Anrede*) Lieber; **роди́мое пятно́** Muttermal *nt*
ро́дина *f A* Heimat *f*, Vaterland *m*; **втора́я ~** Wahlheimat *f*; **на ро́дину** heimwärts
ро́динка *f A* Muttermal *nt*, Leberfleck *m*
роди́тели ⟨*gen pl*: -лей⟩ *pl K1* Eltern *pl*; **приёмные ~** Stiefeltern *pl*
роди́тельский *adj* elterlich
роди́ть ⟨*präs/fut*: рожу́, роди́шь⟩ *vt I impf/pf* (*impf*: рож(д)а́ть,) **1.** gebären; **2.** (*fig*) hervorbringen
роди́ться ⟨*präs/fut*: рожу́сь, роди́шься⟩ *vr I impf/pf* **1.** zur Welt kommen; **2.** (*fig*) entstehen, aufkommen
родно́й *adj* **I. 1.** heimatlich, heimisch; **2.** (сын, дочь) leiblich; **родны́е де́ти** eigene Kinder; **родна́я страна́** Heimatland *nt*; **~ язы́к** Muttersprache *f*; **II.** *m wie adj* Angehörige(r) *m*, Verwandte(r) *m*
родово́й *adj* **1.** Sippen-, Stamm-, Erb-; **2.** Geburts-; **3.** (*LING*) Genus-
ро́дом *adv* gebürtig; **он ~ из Москвы́** er stammt aus Moskau
родонача́льник *m K* Begründer *m*, Stammvater *m*
ро́дственник, ро́дсвенница *m K / f A* Verwandte(r) *mf*; **бли́зкие ро́дственники поко́йного** Hinterbliebene *pl*
ро́дственный ⟨*kf*: -вен, -венна⟩ *adj* verwandt
родство́ *nt O e* Verwandtschaft *f*
ро́ды *pl K* Entbindung *f*, Geburt *f*; **преждевре́менные ~** Frühgeburt *f*
ро́жа *f A* Fratze *f*
рожа́ть *vt E impf* (*pf*: роди́ть) **1.** gebären; **2.** (*fig*) hervorbringen
рожда́емость *f I* Geburtenrate *f*; **с высо́ким у́ровнем рожда́емости** geburtenstark
рожда́ть *vt E impf* (*pf*: роди́ть) **1.** gebären; **2.** (*fig*) hervorbringen
рожда́ться *vr E impf* (*pf*: роди́ться) **1.** zur Welt kommen; **2.** (*fig*) entstehen
рожде́ние *nt O2* Geburt *f*
Рождество́ *nt O e* Weihnachten *nt*
рожо́к ⟨*gen sg*: -жка́⟩ *m K e* **1.** Hörnchen *nt*; **2.** (*MUS*) Horn *nt*; **де́тский ~** Saugflasche *f*, Babyflasche *f*; **полице́йский ~** Martinshorn *nt*
ро́за *f A* Rose *f*
ро́зга ⟨*gen pl*: ро́зог⟩ *f A* Rute *f*
розе́тка *f A* **1.** (*EL*) Steckdose *f*; **2.** Rosette *f*
ро́зовый ⟨*kf*: ро́зов⟩ *adj* rosa, rosig; **ви́деть что-ли́бо сквозь ро́зовые очки́** etw durch eine rosa Brille sehen
ро́зыгрыш *m K* **1.** (лотере́й) Ziehung *f*, Auslosung *f*; **2.** unentschiedenes Spiel *nt*
ро́зыск *m K* Fahndung *f*; **производи́ть ~и** recherchieren
рок *m K* **1.** Verhängnis *nt*; **2.** (рок-му́зыка) Rockmusik *f*; **тяжёлый ~** Hard Rock *m*
роково́й *adj* verhängnisvoll, schicksalshaft; **рокова́я же́нщина** Femme fatale *f*
рококо́ *nt indekl* Rokoko *nt*
ро́кот *m K* Getöse *nt*
рокота́ть ⟨*nur 3. pers*: -ко́чет⟩ *vi E4 impf* tosen, rauschen
ро́лик *m K* **1.** Rolle *f*; **2.** (*im pl*) Rollschuhe *m pl*
роль *f I* **1.** (*THEAT*) Rolle *f*, Part *m*; **2.** (*fig*) Rolle *f*, Funktion *f*, Bedeutung *f*
ром *m K* Rum *m*
рома́н *m K* **1.** Roman *m*; **2.** (любо́вная исто́рия) Romanze *f*, Liaison *f*
романи́ст *m K* **1.** Romanschriftsteller, -in *m/f*; **2.** Romanist, -in *m/f*
романи́стика *f A* Romanistik *f*
рома́нс *m K* (*MUS*) Romanze *f*
рома́нский *adj* romanisch; **~ стиль** Romanik *f*; **рома́нские языки́** romanische Sprachen *f pl*
рома́нтик *m K* Romantiker, -in *m/f*
рома́нтика *f A* Romantik *f*
романти́ческий *adj* romantisch
рома́шка *f A* Kamille *f*
ромб *m K* **1.** Karo *nt*; **2.** (*MATH*) Raute *f*
роня́ть *vt E impf* (*pf*: урони́ть) **1.** fallen lassen; **2.** (*fig*) erniedrigen
ропта́ть ⟨*präs*: ропщу́, ро́пщешь⟩ *vi E4 impf* ungehalten sein; **~ на судьбу́** mit dem Schicksal hadern
роско́шный ⟨*kf*: -шен, -шна⟩ *adj* **1.** prächtig; **2.** prunkvoll; **3.** luxuriös
ро́скошь *f I* **1.** Prunk *m*; **2.** Luxus *m*; **предме́ты ро́скоши** Luxusartikel *m pl*
ро́спуск *m K* **1.** Entlassung *f*; **2.** (парла́мента) Auflösung *f*
Росси́я *f A2* Rußland *nt*

рост ⟨*nom pl*: роста́⟩ *m K ple* **1.** Anstieg *m*; **2.** Wachstum *nt*; **3.** (*о челове́ке*) Wuchs *m*; **~ произво́дства** steigende Produktion *f*; **~ цен** Preissteigerung *f*; **профессиона́льный ~** berufliche Entwicklung *f*; **экономи́ческий ~** wirtschaftliches Wachstum *nt*

ростовщи́к *m K e* Wucherer *m*

ростовщи́чество *nt O* Wucher *m*; **занима́ться ростовщи́честом** wuchern

росто́к ⟨*gen sg*: -тка́⟩ *m K e* **1.** Keim *m*; **2.** (*fig*) Keim *m*, Ansatz *m*

рот ⟨*gen sg*: рта⟩ *m K* **1.** Mund *m*; **2.** (*у живо́тных*) Maul *nt*

ро́та *f A* Kompanie *f*

рота́ция *f A2* Rotation *f*

ротозе́й *m K2* Schaulustige(r) *mf*

ро́тор *m K* Rotor *m*

ртуть *f I* Quecksilber *nt*

руба́нок ⟨*gen sg*: -нка⟩ *m K* Hobel *m*

руба́шка *f A* Hemd *nt*, Oberhemd *nt*; **смири́тельная ~** Zwangsjacke *f*

рубе́ж *m K e* **1.** (*MIL*) Linie *f*; **2.** (*fig*) Meilenstein *m*, Einschnitt *m*

рубе́ц ⟨*gen sg*: -бца́⟩ *m K e* Striemen *m*

руби́льник *m K* Kippschalter *m*

руби́н *m K* Rubin *m*

руби́ть ⟨*präs*: рублю́, ру́бишь⟩ *vt I impf* (*pf:* рубну́ть, руба́нуть) **1.** hacken; **2.** hauen; **~ сплеча́** unüberlegt handeln

ру́бка *f A* Kajüte *f*

рублёвый *adj* Rubel-; **рублёвая зо́на** Rubelzone *f*; **рублёвые расхо́ды** Ausgabe *f* in Rubel

ру́бленый *adj* gehackt; **ру́бленное мя́со** Hackfleisch *nt*

ру́бль ⟨*gen sg*: рубля́⟩ *m K1 e* Rubel *m*; **гоня́ться за дли́нным рублём** auf schnelles Geld aus sein

ру́брика *f A* **1.** Rubrik *f*; **2.** Stichwort *nt*

руга́тельство *nt O* Schimpfwort *m*

руга́ть *vt E impf* (*pf:* вы́-, об-, от-) beschimpfen

руга́ться *vr E impf* (*pf:* по-) **1.** (*на кого́-ли́бо*) schimpfen; **~ ма́том** fluchen **2.** sich zanken; **~ с кем-ли́бо из-за чего́-ли́бо** sich mit jdm zanken (um *+akk*)

руда́ *f A pls* Erz *nt*; **желе́зная ~** Eisenerz *nt*

рудни́к *m K e* Bergwerk *nt*, Mine *m*

рудоно́сный ⟨*kf*: -сен, -сна⟩ *adj* erzhaltig

ружьё ⟨*gen sg*: ружья́⟩ *nt O1 e* Gewehr *nt*

руи́на *f A* Ruine *f*

рука́ *f A e2* **1.** Hand *f*; **2.** Arm *m*; **брать под ру́ку** sich einhaken (bei *+dat*); **брать на ру́ки** auf den Arm nehmen; **брать себя́ в ру́ки** sich zusammennehmen; **быть в надёжных рука́х** in guten Händen sein; **идти́ ~ об ру́ку с чем-ли́бо** einhergehen (mit *+dat*); **махну́ть руко́й на кого́-ли́бо** jdn aufgeben; **наложи́ть на себя́ ру́ки** Selbstmord begehen; **нехва́тка рабо́чих рук** Mangel *m* an Arbeitskräften; **поднима́ть ру́ки** die Hände hochhalten, sich ergeben; Handzeichen geben; **пожима́ть ру́ку кому́-ли́бо** jdm die Hand schütteln; **приложи́ть свою ру́ку к чему́-ли́бо** seinen Anteil haben (an *+dat*); **протя́гивать кому́-ли́бо ру́ку** jdm die Hand reichen; **под руко́й** griffbereit; **ну по рука́м!** also abgemacht! **разводи́ть рука́ми** die Hände zusammenschlagen; **распуска́ть ру́ки** handgreiflich werden; **на ско́ру ру́ку** auf die Schnelle; **своя́ ~ влады́ка** jeder ist sein eigner Herr; **сиде́ть сложа́ ру́ки** die Hände in den Schoß legen; **уда́рить по рука́м** ein Geschäft durch Handschlag besiegeln

рука́в *m K* Ärmel *m*

рукави́ца *f A* Fausthandschuh *m*

руководи́тель, **руководи́тельница** *m K1 / f A* Leiter, -in *m/f*; **~ гру́ппы** Reiseleiter *m*; **~ фи́рмы** Firmenchef *m*; **~ фра́кции** Fraktionschef *m*; **нау́чный ~** Doktorvater *m*

руководи́ть ⟨*präs*: -вожу́, -води́шь⟩ *v + inst I impf* **1.** führen, leiten; **2.** lenken; **~ чьи́ми-ли́бо посту́пками** jdn im Schlepptau haben

руково́дство *nt O* **1.** Leitung *f*, Führung *f*; **2.** Führungsspitze *f*; **3.** Anleitung *f*, Aufsicht *f*; **4.** Richtlinie *f*, Leitfaden *m*; **~ по эксплуата́ции** Gebrauchsanweisung *f*

руководя́щий *adj* leitend; **руководя́щая роль** Führungsrolle *f*; **руководя́щая си́ла** Führungskraft *f*

рукоде́лие *nt O2* Handarbeit *f*

ру́копись *f I* Manuskript *nt*, Handschrift *f*

рукопожа́тие *nt O2* Händedruck *m*; **скрепи́ть рукопожа́тием** durch Handschlag bekräftigen

рукоприкла́дство *nt O* Handgreiflichkeit *f*; **занима́ться рукоприкла́дством** handgreiflich werden

рукоя́тка *f A* **1.** Stiel *m*; **2.** Schaft *m*; **3.** Griff *m*

рула́да *f A* (*MUS*) Lauf *m*, Koloratur *f*

руле́т *m K* Roulade *f*

руле́тка *f A* **1.** Metermaß *nt*; **2.** Roulette *nt*

руло́н *m K* **1.** (*бума́ги*) Rolle *f*; **2.** Ballen *m*

руль *m K1 e* **1.** Lenkrad *nt*, Steuer *nt*; **2.** (*fig*) Ruder *nt*; **без руля́ и без ветри́л**

völlig orientierungslos
румы́н *m K* Rumäne *m*
Румы́ния *f A* Rumänien *nt*
румы́нка *f A* Rumänin *f*
румы́нский *adj* rumänisch
румя́на ⟨*gen pl*: румя́н⟩ *nt pl O* Rouge *nt*
румя́нец ⟨*gen sg*: -нца⟩ *m K* Röte *f*
румя́нить *vt I impf* (*pf:* за-, на-) **1.** röten; **2.** sich schminken
ру́пор *m K* Sprachrohr *nt*
Рур *m K* **1.** Ruhrgebiet *nt*; **2.** (*Fluß*) Ruhr *f*
руса́лка *f A* (*Figur der slawischen Mythologie*) Nixe *f*, Elfe *f*
ру́сло *nt O* **1.** Flußbett *nt*, Flußlauf *m*; **2.** (*fig*) Weg *f*, Richtung *f*; **в ру́сле кого́-чего́** im Sinne, im Geiste (*+gen*)
ру́сский *adj* **I.** russisch; **~ язы́к** Russisch *nt*; **II.** *m wie adj* Russe *m*
ру́хлядь *f I* Plunder *m*
ру́хнуть *vi E1 pf* **1.** einstürzen, einfallen; **2.** (*fig*) zusammenfallen
руча́ться *vr E impf* (*pf:* поручи́ться) (*за кого́-ли́бо*) einstehen, sich verbürgen (für *+akk*)
ручеёк ⟨*gen sg*: ручейка́⟩ *m K e* Rinnsal *nt*
руче́й ⟨*gen sg*: ручья́⟩ *m K2 e* Bach *m*
ру́чка *f A* **1.** Händchen *nt*; **целова́ть кому́-ли́бо ру́чку** jdm die Hand küssen; **2.** Federhalter *m*; **3.** Kugelschreiber *m*; **4.** Griff *m*, Henkel *m*; **5.** Klinke *f*, Knauf *m*
ручно́й *adj* **1.** manuell; **2.** Hand-; **ручна́я грана́та** Handgranate *f*; **ручна́я кладь** Handgepäck *nt*; **ручна́я сти́рка** Handwäsche *f*; **~ то́рмоз** Handbremse *f*; **ручно́й рабо́ты** handgemacht; **3.** (*о живо́тном*) zahm
ру́шиться ⟨*nur 3. pers*: ру́шится⟩ *vr I impf* (*pf:* об-, по-) zusammenbrechen
РФ *abk von* Росси́йская Федера́ция *f* Russische Föderation *f*
ры́ба *f A* Fisch *m*
рыба́к *m K e* Fischer, -in *m/f*
рыболо́в *m K* Angler *m*
рыболо́вство *nt O* Fischerei *f*, Fischfang *m*
рывко́м *adv* ruckartig
рыво́к ⟨*gen* : -вка́⟩ *m K e* **1.** Ruck *m*; **2.** Vorstoß *m*; **~ на фи́нише** Endspurt *m*
рыга́ть *vi E impf* (*pf:* рыгну́ть) rülpsen
рыда́ть *vi E impf* schluchzen
рыжева́тый *adj* rotblond
ры́жий ⟨*kf*: рыж, рыжа́⟩ *adj* rothaarig, fuchsrot
ры́льце ⟨*gen sg*: ры́льца⟩ *nt O1* **1.** (*BOT*) Narbe *f*; **2.** Ausguß *m*; **име́ть ~ в пушку́** etwas auf dem Kerbholz haben, Dreck am Stecken haben
ры́нок ⟨*gen sg*: ры́нка⟩ *m K* **1.** Markt *m*; **2.** (*umg*) Marktwirtschaft *f*; **~ труда́** Arbeitsmarkt *m*; **блоши́ный ~** Flohmarkt *m*; **вне́шний ~** Auslandsmarkt *m*; **вну́тренний ~** Binnenmarkt *m*; **кры́тый ~** Markthalle *f*; **перехо́д к ры́нку** Einzug *m* in die Marktwirtschaft
ры́ночник *m K* Befürworter der Marktwirtschaft *m*
ры́ночный *adj* marktwirtschaftlich; **ры́ночные отноше́ния** Marktverhältnisse *pl*; **~ пло́щадь** Marktplatz *m*; **ры́ночная эконо́мика** Marktwirtschaft *f*
рыса́к *m K e* Rennpferd *nt*
рысь *f I* **1.** Trab *m*; **2.** (*ZOOL*) Luchs *m*; **бежа́ть ~ю** traben
рыть ⟨*präs*: ро́ю, ро́ешь⟩ *vt E8 impf* (*pf:* вы-, от-) schaufeln, ausheben
ры́ться ⟨*präs*: ро́юсь, ро́ешься⟩ *vr E8 impf* (*в чём-ли́бо*) kramen, stöbern
ры́хлый ⟨*kf*: рыхл, рыхла́, ры́хло⟩ *adj* **1.** locker, porös, mürbe; **2.** (*fig*) schwammig
ры́царский *adj* ritterlich
ры́царь *m K1* Ritter *m*
рыча́г *m K e* Hebel *m*
рыча́ние *nt O2* Knurren *nt*
рыча́ть ⟨*präs*: рычу́, рычи́шь⟩ *vi I impf* (*auch fig*) knurren
рья́ный ⟨*kf*: рьян⟩ *adj* übereifrig
рэ́кет *m K* Schutzgelderpressung *f*
рэкетёр *m K* Erpresser *m* von Schutzgeldern
рюкза́к *m K* Rucksack *m*
ряби́на *f A* Eberesche *f*
ряби́ть ⟨*nur 3. pers*: ряби́т⟩ *vi I impf* flimmern; **у меня́ ряби́т в глаза́х** es flimmert mir vor den Augen
ряд *m K* Reihe *f*; **(по-)ста́вить в ~** reihen; **вступа́ть в ~ы** sich einreihen; **ста́вить в оди́н ~** in einem Atemzug nennen; **станови́ться в ~** sich reihen, sich eingliedern
рядово́й *adj* **I.** normal, durchschnittlich; **~ депута́т** einfache(r) Abgeordnete(r) *m*; **II.** *m wie adj* (*MIL*) Soldat *m*
ря́дом *adv* (*с кем-ли́бо/чем-ли́бо*) neben
ря́са *f A* Kutte *f*

С

с, **С** [1] *nt indekl kyrillischer Buchstabe*
с [2] *präp +inst* **I.** mit (*+dat*); **я пойду ~ тобо́й** ich gehe mit dir; **II.** *präp +gen* **1.** seit (*+dat*), ab (*+dat*); **~ за́втрашнего дня** ab morgen; **~ сего́дняшнего дня** seit heute; **~ каки́х пор?** seit wann? **~ тех пор** seitdem; **~ 18 лет** ab 18 Jahre;

2. von (*+dat*), aus (*+dat*); **~ ро́дины** aus der Heimat; **~ твое́й стороны́** deinerseits; **~ ю́га** aus dem Süden; **~ отча́яния** aus Verzweiflung; **III.** *präp +akk* ungefähr, etwa, gegen; **~ неде́лю наза́д** ungefähr vor einer Woche

Саа́р *m K* Saarland *nt*

са́бля *f A1* Säbel *m*

сабота́ж *m K* Sabotage *f*

саботи́ровать *vt E2 impf/pf* sabotieren

сад ⟨*präpos sg*: о са́де, в саду́⟩ *m K ple* Garten *m*; **~ на кры́ше** Dachgarten *m*; **ботани́ческий ~** botanischer Garten *m*; **де́тский ~** Kindergarten *m*; **зи́мний ~** Wintergarten *m*

сади́зм *m K* Sadismus *m*

сади́ст *m K* Sadist *m*

сади́стский *adj* sadistisch

сади́ться ⟨*präs*: сажу́сь, сади́шься⟩ *vi I impf* (*pf:* сесть) **1.** sich setzen, Platz nehmen; **~ на ко́рточки** sich niederkauern; **2.** einsteigen; **3.** aufsitzen; **~ на кора́бль** sich einschiffen; **~ в тюрьму́** ins Gefängnis kommen; **4.** landen

садово́д *m K* Gärtner *m*

садово́дство *nt O* **1.** Gartenbau *m*; **2.** Gärtnerei *f*

садо́вый *adj* Garten-; **~ до́мик** Gartenhäuschen *nt*; **~ уча́сток** Schrebergarten *m*

са́жа *f A* Ruß *m*

сажа́ть *vt E impf* (*pf:* посади́ть) **1.** setzen; **~ за стол** zu Tisch bitten; **2.** einsperren, festsetzen; **3.** (*расте́ние*) pflanzen, einpflanzen, setzen; **4.** (*самолёт*) landen

са́женец ⟨*gen sg*: -нца⟩ *m K* **1.** Steckling *m*; **2.** Setzling *m*

саквоя́ж *m K* Reisetasche *f*

Саксо́ния *f A2* Sachsen *nt*; **~-Анха́льт** Sachsen-Anhalt *nt*

саксофо́н *m K* Saxophon *nt*

сала́зки ⟨*gen pl*: -зок⟩ *pl A* Schlitten *m*

сала́т *m K* Salat *m*; **карто́фельный ~** Kartoffelsalat *m*; **коча́нный ~** Kopfsalat *m*

са́ло *nt O* Talg *m*; **топлёное ~** Schmalz *nt*

сало́н *m K* Salon *m*; **~-парикма́херская** Friseursalon *m*; **худо́жественный ~** Kunsthandlung *f*

салфе́тка *f A* Serviette *f*

са́льдо *nt indekl* Saldo *m*

са́льный [1] ⟨*kf*: -лен, -льна⟩ *adj* **1.** schmalzig; **2.** Speck-, Fett-

са́льный [2] ⟨*kf*: -лен, -льна⟩ *adj* unanständig, obszön

са́льто *nt indekl* Salto *m*

салютова́ть *vi E2 impf* salutieren

сам, сама́, само́ ⟨*gen sg*: самого́, само́й, самого́⟩ *pron det* selber, selbst; **тру́дности не исче́знут са́ми собо́й** die Schwierigkeiten werden nicht von selbst verschwinden; **сам по себе́** von sich aus; **само́ собо́й разуме́ется** selbstverständlich

сама́ *siehe* **сам**

саме́ц, са́мка ⟨*gen sg m*: -мца́⟩ *m K / f A* (*у живо́тных*) Männchen, Weibchen *nt*

самми́т *m K* (*fig*) Gipfel *m*, Gipfeltreffen *nt*

само́ *siehe* **сам**

само- *präfix* **1.** selbst-, Selbst-; **2.** eigen-, Eigen-

самоана́лиз *m K* Reflexion *f*

самобы́тность *f I* **1.** Eigenständigkeit *f*; **2.** Eigenwilligkeit *f*; **3.** Unverwechselbarkeit *f*, Originalität *f*

самова́р *m K* Samowar *m*; **е́хать в Ту́лу со свои́м ~ом** Eulen nach Athen tragen

самово́льный ⟨*kf*: -лен, -льна⟩ *adj* eigenmächtig

самовосхвале́ние *nt O2* Eigenlob *nt*

самовыраже́ние *nt O2* Selbstverwirklichung *f*, Entfaltung *f*

самоде́ятельность *f I* **1.** Laienkunst *f*, Dilettantismus *m*; **2.** Eigenmächtigkeit *f*, Eigeninitiative *f*

самодово́льный ⟨*kf*: -лен, -льна⟩ *adj* selbstgefällig, selbstzufrieden

самозахва́т *m K* Inbesitznahme *f*; **~ до́ма** Hausbesetzung *f*; **~ земли́** Landfrevel *m*

самоизоля́ция *f A2* Abkapselung *f*

самока́т *m K* (*у дете́й*) Roller *m*

самокле́ящийся *adj* selbstklebend; **самокле́ящаяся ле́нта** Selbstklebeband *nt*

самолёт *m K* Flugzeug *nt*; **боево́й ~** Kampfflugzeug *nt*; **реакти́вный ~** Düsenflugzeug *nt*

самолю́бие *nt O2* Ehrgefühl *nt*; **боле́зненное ~** krankhaftes Ehrgefühl *nt*; **уязвлённое ~** verletztes Ehrgefühl *nt*

самонаде́янность *f I* Vermessenheit *f*

самооблада́ние *nt O2* Fassung *f*, Selbstbeherrschung *f*; **сохраня́ть ~** Fassung bewahren, **сохраня́ющий ~** gefaßt, beherrscht; **теря́ть ~** die Beherrschung [*o* die Nerven]verlieren

самообма́н *m K* Selbstbetrug *m*

самооборо́на *f A* **1.** Notwehr *f*; **2.** Selbstverteidigung *f*; **отря́ды самооборо́ны** Freischärler *pl*

самообслу́живание *nt O2* Selbstbedienung *f*

самоокупа́емость *f A* **1.** (*ÖKON*) Eigenfinanzierung *f*; **2.** Kostendeckung *f*

самоопределе́ние *nt O2* Selbstbestimmung *f*

самоотве́рженность *f I* Selbstaufopferung *f*
самооце́нка *f A* Selbsteinschätzung *f*; **ни́зкая ~** Minderwertigkeitskomplex *m*
самопозна́ние *nt O2* Selbsterkenntnis *f*
самореклáма *f A* Selbstdarstellung *f*
саморо́дный ⟨*kf*: -ден, -дна⟩ *adj* **1.** angeboren, Natur-; **2.** (*о мета́лле*) gediegen
саморо́спуск *m K* (*парла́мента*) Selbstauflösung *f*
самосозна́ние *nt O2* **1.** Identität *f*; **2.** Selbstbewußtsein *nt*; **национа́льное ~** Nationalbewußtsein *nt*
самостоя́тельность *f I* Selbständigkeit *f*, Eigenständigkeit *f*
самостоя́тельный ⟨*kf*: -лен, -льна⟩ *adj* selbständig, eigenständig, eigenverantwortlich
самотёк *m K* (*fig*) Lauf *m*, Gang *m*; **пуска́ть на ~** seinen Gang gehen lassen, seinen Lauf nehmen lassen
самоуби́йственный ⟨*kf*: -вен ,-венна⟩ *adj* selbstmörderisch
самоуби́йство *nt O* Selbstmord *m*
самоуби́йца *mf A* Selbstmörder, -in *m/f*
самоуваже́ние *nt O2* Selbstachtung *f*
самоудовлетворе́ние *nt O2* Selbstbefriedigung *f*, Masturbation *f*
самоуправле́ние *nt O2* Selbstverwaltung *f*
самоупра́вство *nt O* **1.** Eigenmächtigkeit *f*; **2.** Willkür *f*
самоустране́ние *nt O2* Abkopp(e)lung *f*; **~ от вла́сти** Selbstentmachtung *f*
самоутвержде́ние *nt O2* Selbstbestätigung *f*
самоу́чка *mf A* Autodidakt *m*
самоце́ль *f I* Selbstzweck *m*
самочу́вствие *nt O2* Befinden *nt*
са́мый *pron det* **1.** (*in Verbindung mit: тот (же), э́тот (же)*) derselbe; **2.** (*bei Orts- und Zeitangaben*) unmittelbar, direkt; **3.** *zur Bildung des super (Elativs);* **~ большо́й** der größte; **в са́мом де́ле** tatsächlich; **на са́мом де́ле** in Wirklichkeit
санато́рий *m K2* **1.** Sanatorium *nt*; **2.** (*umg*) Kur *f*, Kuraufenthalt *m*
санато́рный *adj* Sanatoriums-, Kur-; **санато́рное лече́ние** Kur *f*
сана́ция *f A2* Sanierung *f*; **~ убы́точных предприя́тий** Unternehmenssanierung *f*
санда́лии *f pl A2* Sandalen *f pl*
са́ни ⟨*gen pl*: сане́й⟩ *pl K1 ple1* (Pferde-) Schlitten *m*; **гото́вь ~ ле́том, а теле́гу зимо́й!** man muß rechtzeitig Vorbereitungen treffen
санита́р, **санта́рка** *m K / f A* **1.** Krankenpfleger, -in *m/f*; **2.** Sanitäter, -in *m/f*
санита́рный *adj* sanitär; **санита́рные но́рмы** Gesundheitsbestimmungen *pl*
са́нки ⟨*gen pl*: са́нок⟩ *f A* Schlitten *m*; **ката́ться на са́нках** rodeln
санкциони́ровать *vt E2 impf/pf* **1.** sanktionieren; **2.** erlauben, genehmigen
са́нкция *f A2* **1.** Sanktion *f*, Strafmaßnahme *f*; **отме́на** [*o* **сня́тие**]**са́нкций** Aufhebung *f* der Sanktionen; **примене́ние са́нкций** Verhängung *f* von Sanktionen; **ужесточе́ние са́нкций** Verschärfung *f*der Sanktionen; **2.** (*geh*) Einwilligung *f*, Zustimmung *f*
сантиме́тр *m K* Zentimeter *m*; **куби́ческий ~** Kubikzentimeter *m*
сану́зел ⟨*gen sg*: -зла⟩ *m K* sanitäre Einrichtung *f*
са́па *f A* (*MIL*) Sappe *f*; **де́йствовать ти́хой са́пой** auf Schleichwegen gehen
сапёр *m K* (*MIL*) Pionier *m*
сапо́г ⟨*gen pl*: сапо́г⟩ *m K e* Stiefel *m*; **два ~а́ - па́ра** gleich und gleich gesellt sich gern
сапо́жник *m K* **1.** Schuhmacher *m*, Schuster *m*; **2.** (*umg:pej*) Stümper *m*
сапфи́р *m K* Saphir *m*
сара́й *m K2* Scheune *f*, Schuppen *m*
саранча́ *f A1 e* Heuschrecke *f*
сарде́лька [1] *f A* Sardelle *f*
сарде́лька [2] *f A* Würstchen *nt*; **жа́реная ~** Bratwurst *f*; **горя́чая ~** Bockwurst *f*
сарди́на *f A* Sardine *f*
Сарди́ния *f A2* Sardinien *nt*
сарка́зм *m K* Sarkasmus *m*
саркасти́ческий *adj* sarkastisch
саркофа́г *m K* Sarkophag *m*
сатана́ *m A e* Satan *m*
сати́н *m K* Satin *m*
сати́ра *f A* Satire *f*
сатири́ческий *adj* satirisch
Сату́рн *m K* Saturn *m*
Сау́довская Ара́вия *f A2* Saudi-Arabien *nt*; **жи́тель Сау́довской Ара́вии** Saudi-Araber *m*
са́уна *f A* Sauna *f*; **посеща́ть са́уну** saunieren
са́хар ⟨*gen sg*: -а,-у⟩ *m K* Zucker *m*; **жжёный ~** Karamel *nt*; **крупнокристалли́ческий ~** Kandiszucker *m*; **тростнико́вый ~** Rohrzucker *m*
сахари́н *m K* Sacharin *nt*, Süßstoff *m*
са́харница *f A* Zuckerdose *f*
са́харный *adj* Zucker-; **са́харная пу́дра** Puderzucker *m*; **са́харная свёкла** Zuckerrübe *f*; **~ тростни́к** Zuckerrohr *nt*
сачо́к [1] ⟨*gen sg*: -чка́⟩ *m K e* Fangnetz *nt*, Kescher *m*
сачо́к [2] ⟨*gen sg*: -чка́⟩ *m K e* (*pej*) Drücke-

berger *m*, Faulpelz *m*

сбáвить ⟨*fut*: -влю́, -вишь⟩ *vt I pf* (*impf:* сбавля́ть) **1.** abziehen, vermindern; **~ оборóты** kürzertreten; **2.** herabsetzen, ermäßigen; **~ цéну** den Preis senken

сбаланси́рованный *adj* ausgewogen

сбаланси́ровать *vi E2 pf* (*impf:* баланси́ровать) balancieren

сбегáть *vi E impf* (*pf:* сбежáть) fortlaufen, ausreißen, ausbrechen

сберегáтельный *adj* Spar-; **сберегáтельная кни́жка** Sparbuch *nt*; **~ счёт** Sparkonto *nt*

сбережéния *nt pl O2* Sparguthaben *nt*, Ersparnisse *pl*, Rücklagen *pl*; **~ на чёрный день** Notgroschen *m*

сберéчь ⟨*fut*: -егу́, -ежёшь, *p-rät*: -рёг, -реглá⟩ *vt UE4 pf* (*impf:* берéчь) **1.** schonen; **2.** wahren, schützen

сберкáсса *f A* Sparkasse *f*; **~ при почтóвом отделéнии** Postsparkasse *f*

сберкни́жка *f A* Sparbuch *nt*

сбивáть *vt E impf* (*pf:* сби́ть) **1.** zusammenschlagen; **2.** durcheinanderbringen; **~ с пути́** vom Wege abbringen; **~ с тóлку** beirren; **~ спесь с когó-ли́бо** jdm den Hochmut austreiben; **~ темп** das Tempo drosseln; **~ цéну** den Preis drücken; **3.** (*SPORT*) zu Fall bringen; **4.** abschießen

сбивáться *vi E impf* (*pf:* сби́ться) aus dem Konzept kommen, den Faden verlieren; **~ с пути́** vom Wege abkommen; **~ с ног в пóисках чегó-ли́бо** (*umg*) sich die Hacken ablaufen (nach *+dat*)

сближáться *vi E impf* (*pf:* сбли́зиться) **1.** sich befreunden; **2.** sich einander annähern

сближéние *nt O2* Annäherung *f*

сбóи ⟨*gen pl*: сбóев⟩ *m pl K1* **1.** (*TECH*) Störungen *f pl*; **2.** (*fig*) Fehlschläge *m pl*, Versäumnisse *nt pl*

сбор *m K* **1.** Sammeln *nt*; **мы все в ~е** wir sind alle da; **~ винограда** Weinlese *f*; **~ доброво́льных взнóсов** Kollekte *f*; **~ урожáя** Einbringen *nt* der Ernte; **~ чле́нских взнóсов** Kassieren *nt* von Mitgliedsbeiträgen; **2.** Erfassung *f*; **~ информáции** Datenerhebung *f*; **3.** Gebühr *f*, Abgabe *f*; **сезóнный ~** Kurtaxe *f*

сбóрище *nt O1* **1.** Menschenauflauf *m*; **2.** Zusammenkunft *f*

сбóрка *f A* Montage *f*, Zusammenbau *m*; **окончáтельная ~** Endfertigung *f*

сбóрник *m K* Sammelband *m*; **~ стихóв** Gedichtband *m*

сбóрщик *m K* Monteur *m*; **~ налóгов** Steuereintreiber *m*

сбрáсывание *nt O2* Abwurf *m*

сбрáсывать *vt E impf* (*pf:* сбрóсить) abschütteln, abwerfen; **нельзя́ ~ э́то со счетóв** man darf es nicht außer Acht lassen

сбрить ⟨*fut*: сбрéю, сбрéешь⟩ *vt E4c pf* (*impf:* сбривáть) abrasieren

сброд *m K* (*pej*) Pack *nt*

СБСЕ *abk von* Совещáние по Безопáсности и Сотру́дничеству в Еврóпе *nt* KSZE *f*

сбыт *m K* Vertrieb *m*, Absatz *m*; **находи́ть ~** Absatz finden

свáдебный *adj* Hochzeits-; **свáдебное плáтье** Hochzeitskleid *nt*; **свáдебное путешéствие** Hochzeitsreise *f*

свáдьба *f A* Hochzeit *f*; **да свáдьбы заживёт** das wird wieder gut

свáливаться *vi E impf* (*pf:* свали́ться) (*о волосáх*) sich verwirren, sich verfilzen

свали́ть ⟨*fut*: -алю́, -áлишь⟩ *vt I pf* (*pf:* свáливаться) **1.** (*umg*) abladen, kippen; **~ отхóды** Abfälle abladen; **~ всё в одну́ ку́чу** (*fig*) alles in einen Topf werfen; **2.** (*POL*) stürzen, zu Fall bringen; **3.** (*fig*) abladen, abwälzen (auf *+akk*)

свали́ться ⟨*fut*: -алю́сь, -áлишься⟩ *vi I pf* (*impf:* свáливаться) **1.** fallen, herunterfallen; **2.** unerwartet auftauchen; **3.** rutschen, abrutschen; **4.** filzen

свáлка *f A* **1.** Handgemenge *nt*, Rauferei *f*; **2.** Schuttplatz *m*, Mülldeponie *f*; **стáрые сцáлки отхóдов** Altlasten *pl*

свáривать *vt E impf* (*pf:* свари́ть) **1.** garkochen; **2.** (*TECH*) zusammenschweißen

сварли́вый ⟨*kf*: -и́в⟩ *adj* zänkisch, kratzbürstig

сварнóй *adj* zusammengeschweißt; **~ шов** Schweißnaht *f*

свáрщик *m K* Schweißer *m*

свáстика *f A* Hakenkreuz *nt*

свáя *f A2* Pfahl *m*

свéдение *nt O2* **1.** Mitteilung *f*; **2.** Kenntnisnahme *f*; **принимáть к свéдению** zur Kenntnis nehmen

свéдующий ⟨*kf*: -ущ⟩ *adj* (*в чём-ли́бо*) beschlagen, firm (in *+dat*)

свéжесть *f I* Frische *f*

свéжий ⟨*kf*: свеж, свежá, свежó, свéжи́⟩ *adj* frisch; **свéжее молокó** frische Milch *f*; **свéжая газéта** aktuelle Zeitung *f*

свёкла *f A* Rübe *f*

свёкор ⟨*gen sg*: свёкра⟩ *m K* (*отéц му́жа*) Schwiegervater *m*

свекрóвь *f A1* (*мать му́жа*) Schwiegermutter *f*

сверкáть *vi E impf* (*pf:* сверкну́ть) glitzern, funkeln, leuchten; **сверкáет мóлния** es blitzt; **~ чистотóй** vor Sauberkeit blitzen

сверкáющий *adj* leuchtend, strahlend

сверли́ть *vt I impf* (*pf:* просверли́ть)

bohren, durchbohren
сверло́ *nt O e* Bohrer *m*
сверну́ть *vt E1 pf* (*impf:* свёртывать) **1.** zusammenwickeln, zusammenrollen; **2.** (*fig*) einschränken, abbauen
сверну́ться *vi E1 pf* (*impf:* свёртываться) **1.** gerinnen; **2.** (*fig*) abgebaut werden
сверста́ть *vt E pf* (*impf:* верста́ть) (*текст*) umbrechen
свёртываемость *f I* Gerinnung *f*; ~ **кро́ви** Blutgerinnung *f*
свёртывание *nt O2* **1.** Gerinnung *f*; ~ **кро́ви** Blutgerinnung *f*; **2.** (*fig*) Abbau *m*
свёртывать *vt E impf* (*pf:* сверну́ть) **1.** zusammenwickeln, zusammenrollen; **2.** (*fig*) einschränken, abbauen
свёртываться *vi E impf* (*pf:* сверну́ться) **1.** gerinnen; **2.** (*fig*) abgebaut werden
сверх *präp +gen* **1.** über (*+akk*); **2.** auf (*+akk*)
сверх- *präfix* über-
све́рху *adv* **1.** oberhalb; **2.** oben
сверхуро́чные *pl wie adj* Überstunden *f pl*
сверхчелове́ческий *adj* übermenschlich; **сверхчелове́ческие уси́лия** übermenschliche Anstrengungen
сверхъесте́ственный *adj* übernatürlich, überirdisch
света́ть *vi E impf* tagen, Tag werden
свет [1] *m K* **1.** Licht *nt*; **2.** Beleuchtung *f*; **за́дний** ~ Rücklicht *nt*; **залива́ющий** ~ Flutlicht *nt*; ~ **ра́мпы** Rampenlicht *nt*; ~ **свече́й** Kerzenlicht *nt*; **пролива́ть ~ на что-ли́бо** erhellen, Aufschluß geben (über *+akk*) **3.** (*umg*) Strom *m*
свет [2] *m K* **1.** Welt *f*, Erde *f*; **2.** Menschheit *f*; **вы́сший** ~ (*fig*) die große Welt *f*
свети́ло *nt O* **1.** Himmelskörper *m*; **2.** (*fig*) Koryphäe *f*, Kapazität *f*
свети́ть ⟨*präs*: свечу́, све́тишь⟩ *vi I impf* (*pf:* по-) leuchten, strahlen
свети́ться ⟨*nur 3. pers*: све́тится⟩ *vi I impf* **1.** glühen; **2.** fluoreszieren
све́тло-ры́жий *adj* rotblond
све́тлость *f I* (*Anrede: Ваша*) (Eure) Herrlichkeit *f*
све́тлый ⟨*kf*: -тел, -тла́⟩ *adj* **1.** hell; **све́тлые во́лосы** blondes Haar *nt*; **2.** (*fig*) hell, licht; **све́тлое бу́дущее** glänzende Zukunft *f*; **све́тлая ли́чность** strahlende Persönlichkeit *f*; ~ **ум** klarer Verstand *m*
светлячо́к ⟨*gen sg*: -чка́⟩ *m K e* Glühwürmchen *nt*
светово́й *adj* Licht-, Leucht-; ~ **год** Lichtjahr *nt*; **светова́я рекла́ма** Leuchtreklame *f*
светофо́р *m K* Ampel *f*
све́тский *adj* **1.** weltlich; **2.** mondän; **све́тская бесе́да** gepflegte Unterhaltung *f*; **све́тское обраще́ние** feine Lebensart *f*; ~ **челове́к** ein Mann *m* von Welt
свеча́ *f A e* **1.** Kerze *f*; **2.** (*MED*) Zäpfchen *nt*; **игра́ сто́ит ~** es lohnt sich
свида́ние *nt O2* **1.** Verabredung *f*; **2.** Rendezvous *nt*; **3.** Wiedersehen *nt*; **до свида́ния!** Auf Wiedersehen
свиде́тель, **свиде́тельница** *m K1 / f A* **1.** (*JUR*) Zeuge, Zeugin *m/f*; ~ **защи́ты** Entlastungszeuge *m*; **гла́вный ~ обвине́ния** Kronzeuge *m*; **2.** Augenzeuge *m*; **3.** Trauzeuge *m*
свиде́тельский *adj* Zeugen-; **свиде́тельские показа́ния** Zeugenaussage *f*
свиде́тельство *nt O* **1.** Attest *nt*; **2.** Zeugnis *nt*, Zertifikat *nt*; **3.** Bescheinigung *f*; ~ **о бра́ке** Trauschein *m*; ~ **о рожде́нии** Geburtsurkunde *f*; ~ **о сме́рти** Sterbeurkunde *f*, Totenschein *m*
свиде́тельствовать *vt E2 impf* **1.** bescheinigen; **2.** bezeugen, aussagen
свина́рник *m K* **1.** Schweinestall *m*; **2.** (*fig*) Saustall *m*
свине́ц ⟨*gen sg*: -нца́⟩ *m K e* Blei *nt*
свини́на *f A* Schweinefleisch *nt*
сви́нка *f A* Mumps *m*
сви́нство *nt O* (*pej*) Sauerei *f*, Schweinerei *f*
свинцо́вый *adj* bleiern
свинья́ ⟨*pl*: сви́ньи, свине́й, сви́ньям⟩ *f A1 ple1* **1.** Schwein *nt*, Sau *f*; **2.** (*fig*) Schwein *nt*; **гря́зная ~** (*vulg*) Dreckschwein *nt*
свире́ль *f A1* Schalmei *f*, Rohrpfeife *f*
свире́пствовать *vi E2 impf* (*об эпиде́мии*) wüten, toben, grassieren
свире́пый ⟨*kf*: -е́п⟩ *adj* grimmig, wütend, rabiat
свисте́ть ⟨*präs*: -ищу́, -и́щешь⟩ *vi E4 impf* (*pf:* про-) pfeifen
свисто́к ⟨*gen*: -тка́⟩ *m K e* **1.** Pfiff *m*; **2.** (*в нача́ле игры́*) Anpfiff *m*
сви́тер *m K* Pullover *m*
свобо́да *f A* Freiheit *f*; ~ **де́йствий** Handlungsspielraum *m*; ~ **передвиже́ния** Reisefreiheit *f*, freier Reiseverkehr *m*; ~ **пре́ссы** Pressefreiheit *f*; ~ **со́вести** Gewissensfreiheit *f*
свобо́дный ⟨*kf*: -ден, -дна⟩ *adj* **1.** frei, freiheitlich; **2.** frei, kostenlos; **свобо́дное волеизъявле́ние** freie Willensäußerung *f*; ~ **мир** freie Welt *f*; **свобо́дные нра́вы** freie Sitten; **свобо́дное паде́ние** freier Fall *m*; ~ **полузащи́тник** (*SPORT*) Libero *m*;

свобóдная прéсса freie Presse *f*; **свобóдной профéссии** freischaffend; **человéк свобóдной профéссии** Freiberufler *m*; **~ вход** freier Eintritt *m*; **свобóдное врéмя** Freizeit *f*; **свобóдное мéсто** freier Platz *m*; **свобóдное таксú** freies Taxi *nt*

свод *m K* **1.** Zusammenführung *f*; **2.** Sammlung *f*; **3.** Gewölbe *nt*

свóдница *f A* Kupplerin *f*

свóдничество *nt O* Kuppelei *f*; **занимáться свóдничеством** kuppeln

своё *siehe* **свой**

своеврéменный ⟨*kf*: -менен, -менна⟩ *adj* rechtzeitig; **своеврéменное распознавáние** Früherkennung *f*

своенрáвность *f I* Eigensinn *m*

своенрáвный ⟨*kf*: -вен ,-вна⟩ *adj* rechthaberisch, eigensinnig

своеобрáзие *nt O2* Eigentümlichkeit *f*, Eigenart *f*

своеобрáзный ⟨*kf*: -зен, -зна⟩ *adj* **1.** eigenartig, eigentümlich; **2.** einzigartig, originell

свой, **своя́**, **своё** *pron poss* (*zeigt die Zugehörigkeit einer Sache zum Subjekt des Satzes an, unabhängig von der pers*) mein, dein, sein, ihr, unser, euer, ihr (pl)

свóйство *nt O* **1.** Eigenschaft *f*, Attribut *nt*; **2.** Beschaffenheit *f*, Qualität *f*

свóлочь *f I* **1.** Lump *m*, Luder *nt*; **2.** Pack *nt*

свóра *f A* **1.** (*bei der Jagd*) Meute *f*; **2.** (*fig*) Meute *f*, Bande *f*

сворáчивать *vt E impf* (*pf:* своротúть) abbiegen, einbiegen; **~ за ýгол** um die Ecke biegen; **~ напрáво** nach rechts abbiegen

своя́ *siehe* **свой**

свыкáться *vi E impf* (*pf:* свы́кнуться) (*с чем-лúбо*) sich einleben, sich eingewöhnen (in *+akk*)

свысокá *adv* herunter, herab; **смотрéть на когó-лúбо ~** herabsehen (auf *+akk*)

свя́занный *adj* **1.** (*auch fig*) verbunden, zusammengebunden; **с чем э́то свя́зано?** woran liegt es? **~ дáнным обещáнием** durch ein gegebenes Versprechen gebunden; **2.** (*PHYS*) kohärent

связáть ⟨*fut*: свяжý, свя́жешь⟩ *vt E4 pf* (*impf:* вязáть) **I. 1.** zusammenbinden; **2.** stricken, häkeln; **3.** fesseln; **II.** ⟨*fut*: свяжý, свя́жешь⟩ *vt E4 pf* (*impf:* свя́зывать) **1.** binden; **2.** fesseln; **3.** (*fig*) verbinden, in Verbindung setzen

связáться ⟨*fut*: свяжýсь, свя́жешься⟩ *vi E4 pf* (*impf:* свя́зываться) **1.** sich einlassen (mit *+dat*); **2.** Kontakt aufnehmen (mit *+dat*)

свя́зка *f A* **1.** Bündel *nt*, Pack(en) *m*; **~ ключéй** Schlüsselbund *m*; **2.** (*ANAT*) Band *nt*; **голосовы́е свя́зки** Stimmbänder *pl*

связнóй *m wie adj* Kontaktperson *f*

свя́зный *adj* zusammenhängend, kohärent

свя́зывание *nt O2* Kopplung *f*, Verbindung *f*

свя́зывать *vt E impf* (*pf:* связáть) **1.** binden, zusammenbinden; **2.** festbinden, fesseln; **~ в пáчки** bündeln; **3.** (*TECH*) koppeln; **4.** (*fig*) verbinden, verknüpfen (mit *+dat*)

свя́зываться *vi E impf* (*pf:* связáться) **1.** sich einlassen (mit *+dat*); **2.** Kontakt aufnehmen (mit *+dat*)

связь *f I* **1.** Verbindung *f*, Zusammenhang *m*; **в свя́зи с чем-лúбо** im Hinblick (auf *+akk*); **в свя́зи с э́тим** im Hinblick darauf, in Zusammenhang damit; **2.** Verbindung *f*, Kontakt *m*, Beziehung *f*; **3.** (*TELKOM*) Verbindung *f*; **междугорóдняя телефóнная ~** Ferngespräch *nt*; **радиотелефóнная ~** Funkverbindung *f*; **спýтниковая ~** Satellitenverbindung *f*; **телефóнная ~** Fernsprechverbindung *f*; **факсимúльная ~** Telefaxverbindung *f*

свя́тки ⟨*gen pl*: -ток⟩ *f pl A* Dreikönigsfest *nt*

святóй ⟨*kf*: свят, святá, свя́то⟩ *adj* **I.** heilig; **Святóе Писáние** Heilige Schrift *f*, Bibel *f*; **II.** *m wie adj* Heilige(r) *m*

святотáтство *nt O* Frevel *m*, Gotteslästerung *f*

святы́ня *f A1* Heiligtum *nt*

свящéнник *m K* Geistlicher *m*, Priester *m*, Pfarrer *m*

свящéнный ⟨*kf*: -éн/-éнен, -éнна⟩ *adj* heilig; **свя́щенная войнá** Heiliger Krieg *m*; **~ союз** Heilige Allianz *f*

сгибáть *vt E impf* krümmen, biegen, verbiegen

сгнить ⟨*fut*: сгнию. сгниёшь⟩ *vi E pf* (*impf:* гнить) **1.** faulen, verfaulen; **2.** vermodern

сговáриваться *vi I impf* (*pf:* сговорúться) (*о чём-лúбо*) übereinkommen, eine Abmachung treffen

сгóвор *m K* Abmachung *f*

сгорéвший *adj* abgebrannt

сгорéть *vi I pf* (*impf:* горéть) brennen, verbrennen

сгрестú ⟨*fut*: сгребý, сгребёшь⟩ *vt E6a pf* (*impf:* сгребáть) **1.** harken; **2.** hinunterwerfen; **3.** (*umg*) erfassen, packen

сгрузúть ⟨*fut*: -ужý, -ýзишь⟩ *vt I pf* (*impf:* сгружáть) abladen

сгущёнка *f A* Kondensmilch *m*

сдать ⟨*fut*: сдам, сдашь⟩ *vt U2 pf* (*impf:* сдавáть) **1.** abgeben, abliefern; **2.** übergeben; **3.** (*квартúру*) vermieten; **4.** preisgeben; **5.** (*не́рвы*) versagen; **у него́ сда́ли не́рвы** die Nerven gingen ihm durch

сда́ться ⟨*fut*: сда́мся, сда́шься⟩ *vi U2 pf* (*impf:* сдава́ться) sich ergeben; **~ властя́м** sich den Behörden stellen

сда́ча *f A* **1.** Abgabe *f*, Ablieferung *f*; **~ ору́жия** Entwaffnung *f*; **~ рабо́ты** Ablieferung *f* der Arbeit; **2.** Aufgabe *f*, Preisgabe *f*; **3.** Kleingeld *nt*; **дава́ть сда́чи** (*umg*) zurückschlagen

сдвиг *m K* **1.** Verschiebung *f*; **~ вле́во** Linkstrend *m*; **2.** (*meist pl*) Wandlung *f*, Veränderung *f*

сдвига́ться *vi E impf* (*pf:* сдви́нуться) sich in Bewegung setzen; **~ с мёртвой то́чки** über den toten Punkt hinwegkommen

сде́лать *vt E pf* (*impf:* де́лать) handeln, machen, tun

сде́лка *f A* Geschäftsabschluß *m*, Vertragsabschluß *m*; **заключа́ть вы́годную/невы́годную сде́лку** ein vorteilhaftes/unvorteilhaftes Abkommen treffen

сде́льный *adj:* **сде́льная рабо́та** Akkordarbeit *f*; **сде́льно рабо́тать** im Akkord arbeiten

сде́льщина *f A* Akkordarbeit *f*; **быть на сде́льщине** im Akkord arbeiten

сде́ржанность *f I* Zurückhaltung *f*, Steifheit *f*

сде́ржанный ⟨*kf*: -ан⟩ *adj* **1.** zurückhaltend, reserviert; **2.** beherrscht, maßvoll

сдержа́ть ⟨*fut*: сдержу́, сде́ржишь⟩ *vt I pf* (*impf:* сде́рживать) (*auch fig*) zurückhalten, aufhalten; **~ да́нное сло́во** sein Wort halten; **~ обеща́ние** sein Versprechen einlösen; **~ слёзы** die Tränen zurückhalten; **~ смех** ein Lachen unterdrükken

сде́рживание *nt O2* Zurückhaltung *f*, Abschreckung *f*; **я́дерное ~** nukleare Abschreckung *f*

сде́рживающий *adj* zurückhaltend, hemmend; **~ фа́ктор** hemmender Faktor *m*

сдира́ть *vt E impf* abschürfen; **~ шку́ру** abdecken

сдуть ⟨*fut*: сду́ю, сду́ешь⟩ *vt E pf* (*impf:* сдува́ть) **1.** wegblasen, fortblasen; **2.** (*у кого́-ли́бо*) abschreiben (von *+dat*)

сеа́нс *m K* **1.** (*кино́*) Vorstellung *f*; **2.** (*MED*) Behandlung *f*; **~ одновре́менной игры́** (*в ша́хматах*) Simultanpartie *f*

себесто́имость *f I* Selbstkostenpreis *m*, Herstellungskosten *pl*

себя́ ⟨ себе́, себя́, собо́й/собо́ю, о себя́⟩ *pron refl* (*für alle Personen*) mich, mir, dir, dich, sich, uns, euch, sich (pl)

се́вер *m K* Norden *m*; **на се́вере** im Norden; **с се́вера** aus dem Norden

Се́верная Аме́рика *f A* Nordamerika *nt*

Се́верная Герма́ния *f A2* Norddeutschland *nt*

Се́верная Евро́па *f A* Nordeuropa *nt*; **жи́тель Се́верной Евро́пы** Nordeuropäer, -in *m/f*

Се́верная Ирла́ндия *f A2* Nordirland *nt*

Се́верное Мо́ре *nt O1* Nordsee *f*

се́верный *adj* nördlich; **се́верное сия́ние** Nordlicht *nt*, Polarlicht *nt*; **~ по́люс** Nordpol *m*

Се́верный Рейн-Вестфа́лия *f A2* Nordrhein-Westfalen *nt*

се́веро-восто́к *m K* Nordosten *m*

се́веро-за́пад *m K* Nordwesten *m*

северонеме́цкий *adj* norddeutsch

сегме́нт *m K* Segment *nt*

сего́дня *adv* **1.** heute; **2.** heutzutage

сего́дняшний *adj* heutig

седла́ть *vt E impf* (*pf:* о-) satteln

седло́ *nt O pls* Sattel *m*; **уве́ренно держа́щийся в седле́** sattelfest

седоволо́сый ⟨*kf*: -óс⟩ *adj* grauhaarig

седьмо́й *num ord* siebte(r, s); **седьма́я часть** Siebtel *nt*

сезо́н *m K* Saison *f*; **тури́стский ~** Reisezeit *f*; **театра́льный ~** Theatersaison *f*; **пери́од до нача́ла ~а** Vorsaison *f*; **пери́од по́сле закры́тия ~а** Nachsaison *f*

сезо́нный ⟨*kf*: -нен, -нна⟩ *adj* Saison-; **~ рабо́чий** Saisonarbeiter *m*; **~ тари́ф** Saisontarif *m*

сейсмо́граф *m K* Seismograph *m*

сейф *m K* **1.** Safe *m*, Tresor *m*, Panzerschrank *m*; **2.** Schließfach *nt*

сейча́с *adv* jetzt, sofort, augenblicklich

сек *abk von* секу́нда *f* sek *f*

сека́тор *m K* Heckenschere *f*

секре́т *m K* **1.** Geheimnis *nt*; **раскры́ть ~** ein Geheimnis lüften; **~ы красоты́** Schönheitstips; *pl* **2.** Trick *m*

секретариа́т *m K* Sekretariat *nt*

секрета́рша *f A* Sekretärin *f*

секрета́рь *m K1* **1.** Sekretär *m*; **2.** (*собра́ния*) Protokollführer *m*

секре́тничанье *nt O1* Geheimniskrämerei *f*

секре́тный *adj* **1.** geheim, vertraulich; **2.** heimlich

секре́ция *f A2* (*MED*) Absonderung *f*, Abscheidung *f*, Sekretbildung *f*

секс *m K* Sex *m*

секси́ст *m K* Sexist *m*

секси́стский *adj* sexistisch

сексуа́льность *f I* Sexualität *f*
сексуа́льный ⟨*kf*: -лен, -льна⟩ *adj* **1.** sexuell; **сексуа́льная жизнь** Sexualleben *nt*; **2.** sinnlich
се́кта *f A* Sekte *f*
се́ктор *m K* Sektor *m*; **~ Га́за** Gazastreifen *m*
секу́нда *f A* Sekunde *f*; **ни секу́нды не колеба́ться** keine Sekunde zögern
секундоме́р *m K* Stoppuhr *f*
се́кция *f A2* **1.** Sektion *f*, Arbeitskreis *m*; **2.** (*SPORT*) Sportgemeinschaft *f*
селезёнка *f A* Milz *f*
селекти́вный *adj* selektiv, auswählend
селе́кция *f A2* Selektion *f*, Auswahl *f*
сели́тра *f A* Salpeter *m*
село́ ⟨*pl*: сёла, сёл⟩ *nt O pls* Dorf *nt*, Ortschaft *f*
сельдь *f I* Hering *m*; **~ пря́ного посо́ла** Rollmops *m*
се́льский *adj* ländlich; **се́льское населе́ние** Landbevölkerung *f*; **се́льское хозя́йство** Landwirtschaft *f*
сельскохозя́йственный *adj* landwirtschaftlich
семе́йный ⟨*kf*: -е́ен, -е́йна⟩ *adj* familiär, Familien-, häuslich; **в семе́йном кругу́** im Familienkreis; **семе́йная фи́рма** Familienbetrieb *m*; **семе́йное положе́ние** Familienstand *m*; **~ сове́т** Familienkonferenz *f*; **семе́йное торжество́** Familienfeier *f*
семе́йство *nt O* **1.** (*семья́*) Familie *f*; **2.** (*BIO*) Familie *f*
семёрка *f A* Sieben *f*; **больша́я ~** (*POL*) G7 (die Großen Sieben) *pl*
семе́стр *m K* Semester *nt*
семикра́тный *adj* siebenfach
семиле́тний *adj* siebenjährig
семина́р *m K* Seminar *nt*; **вво́дный** [*o* **подготови́тельный**]**~** Proseminar *nt*
семна́дцать *num* siebzehn
семь ⟨*gen*: семи́, *inst*: семью́⟩ *num* sieben; **~ раз** siebenmal
се́мьдесят ⟨*gen*-: семи́десяти, *inst*: семью́десятью⟩ *num* siebzig
семьсо́т ⟨*gen*-: семисо́т, *inst*: семьюста́ми⟩ *num* siebenhundert
семья́ ⟨*pl*: се́мей, семе́й, се́мьям⟩ *f A1 pls* **1.** Familie *f*; **безде́тная ~** kinderlose Ehe *f*; **обзаводи́ться семьёй** eine Familie gründen **2.** Familienleben *nt*; **3.** Geschlecht *nt*, Stamm *m*
се́мя ⟨*gen sg*: се́мени⟩ *nt U1* Samen *m*
сена́т *m K* Senat *m*
сенберна́р *m K* Bernhardiner *m*
се́ни ⟨*gen pl*: сене́й⟩ *pl I ple1* Flur *m*, Diele *f*
сенно́й *adj* Heu-; **сенна́я лихора́дка** Heuschnupfen *m*
се́но *nt O* **1.** Heu *nt*; **2.** (*umg*) Drogen *f pl*
сенсацио́нный ⟨*kf*: -о́нен, -о́нна⟩ *adj* sensationell, aufsehenerregend
сенса́ция *f A2* Sensation *f*, Aufsehen *nt*; **вы́звать сенса́цию** Aufsehen erregen, für Schlagzeilen sorgen
сентимента́льничанье *nt O1* Gefühlsduselei *f*
сентимента́льность *f I* Sentimentalität *f*
сентимента́льный ⟨*kf*: -лен, -льна⟩ *adj* sentimental, rührselig
сентя́брь *m K1* September *m*
сепарати́зм *m K* Separatismus *m*
се́ра *f A* Schwefel *m*
серб, **се́рбка** *m K / f A* Serbe, Serbin *m/f*
Се́рбия *f A2* Serbien *nt*
се́рбский *adj* serbisch
се́рвиз *m K* Service *m*, Kundendienst *m*
сервирова́ть *vt E2 impf/pf* servieren; **~ стол на двои́х** den Tisch für zwei dekken
серви́с *m K* Service *nt*; **кофе́йный ~** Kaffeeservice *nt*; **столо́вый ~** Tafelservice *nt*
се́рвисный *adj* Service-, Kunden-; **се́рвисная слу́жба** Kundendienst *m*
серде́чность *f I* Herzlichkeit *f*
серде́чный ⟨*kf*: -чен, -чна⟩ *adj* **1.** herzlich; **2.** gefühlvoll; **оказа́ть кому́-ли́бо ~ приём** jdm einen herzlichen Empfang bereiten; **3.** Herz-; **~ при́ступ** Herzanfall *m*
серди́ть ⟨*präs*: сержу́, се́рдишь⟩ *vt I impf* (*pf:* рассерди́ть) ärgern, verärgern, reizen
се́рдце *nt O* Herz *nt*
сердцебие́ние *nt O2* Herzklopfen *nt*
сердцеви́на *f A* **1.** (*BOT*) Kerngehäuse *nt*; **2.** (*fig*) Kern *m*, Herzstück *nt*
серебро́ *nt O e* Silber *nt*
сере́бряный *adj* silbern
середи́на *f A* Mitte *f*, **~ по́ля** (*SPORT*) Mittelfeld *nt*
серёжка *f A* **1.** Ohrring *m*; **2.** (*BOT*) Weidenkätzchen *nt*
серена́да *f A* Serenade *f*, Ständchen *nt*
сериа́л *m K* Fernsehserie *f*
сери́йный ⟨*kf*: -и́ен, -и́йна⟩ *adj* Serien-, serienmäßig; **сери́йное произво́дство** Serienproduktion *f*
се́рия *f A2* **1.** Serie *f*; **2.** (*umg*) Serienproduktion *f*; **3.** Reihe *f*, **~ книг** Buchreihe *f*; **~ экспериме́нтов** Versuchsreihe *f*
се́рна *f A* Gemse *f*
серп *m K* Sichel *f*
серпанти́н *m K* **1.** Serpentine *f*; **2.** Haar-

nadelkurve *f*

сертификáт *m K* Zertifikat *nt*, Zeugnis *nt*

сéрый ⟨*kf*: сер, серá, сéро⟩ *adj* **1.** grau; **2.** (*fig*) grau, langweilig, trist; **сéрые бýдни** grauer Alltag *m*

серьгá *f A e2* Ohrring *m*

серьёзность *f I* **1.** Seriosität *f*; **2.** Ernst *m*

серьёзный ⟨*kf*: -зен, -зна⟩ *adj* **1.** seriös; **2.** ernst, ernsthaft; **3.** folgenschwer, gravierend

сéссия *f A2* Sitzung *f*, Tagung *f*; **экзаменациóнная ~** Prüfungszeit *f*

сестрá ⟨*pl*: сёстры, сестёр, сёстрам⟩ *f A pls* Schwester *f*; **двоюрóдная ~** Cousine *f*, Base *f*; **медици́нская ~** Krankenschwester *f*; **свóдная ~** Stiefschwester *f*, Halbschwester *f*

сéстринский *adj* schwesterlich-, Schwestern-

сéсть ⟨*fut*: сяду, ся́дешь, *prät*: сел, сéла⟩ *vi UE5 pf* (*impf*: сади́ться) **1.** sich setzen; **2.** einsteigen; **3.** sich niederlassen, landen; **4.** (*сóлнце*) untergehen

сет *m K* (*SPORT*) Satz *m*

сéтка *f A* Netz *nt*; **прóволочная ~** Maschendraht *m*

сéтование *nt O2* Klage *f*, Beschwerde *f*

сéтовать *vi E2 impf* (*pf*: по-) (*на когó-ли́бо/что-ли́бо*) sich beklagen, lamentieren (über *+akk*)

сеть ⟨*präpos sg*: о сéти, в сети́⟩ *f I ple1* (*auch fig*) Netz *nt*; **ди́лерская ~** Vertriebsnetz *nt*; **торгóвая ~** Handelskette *f*; **прибóр, рабóтающий от сети́** (*EL*) Netzgerät *nt*

сéять ⟨*präs*: сéю, сéешь⟩ *vt E4 impf* (*pf*: по-) (*auch fig*) säen; **~ сомнéния** Zweifel erregen

сжáлиться *vi I pf* (*над кем-ли́бо/чем-ли́бо*) sich erbarmen (*+gen*)

сжáтие *nt O2* (*TECH*) Kompression *f*

сжáтый ⟨*kf*: сжат⟩ *adj* gedrängt, komprimiert

сжать ⟨*fut*: сожмý, сожмёшь⟩ *vt E9b pf* (*impf*: сжимáть) ballen, drücken, zusammendrücken

сжечь ⟨*fut*: сожгý, сожжёшь⟩ *vt UE4 pf* (*impf*: жечь) **I.** verbrennen; **~ за собóй все мосты́** alle Brücken hinter sich abbrechen; **II.** *vi UE4 pf* (*impf*: жечь) brennen

сжигáние *nt O2* Verbrennung *f*; **~ мýсора** Müllverbrennung *f*

сжимáть *vt E impf* (*pf*: сжать) ballen, drücken, zusammendrücken

сзáди *adv* **1.** hinten, dahinter; **2.** rücklings

сибари́т *m K* (*geh*) Schwelger *m*

сигáра *f A* Zigarre *f*

сигарéта *f A* Zigarette *f*; **~ с фи́льтром** Filterzigarette *f*

сигнáл *m K* Signal *nt*; **звуковóй ~** Hupen *nt*; **подавáть звуковóй ~** hupen

сигнализáция *f A2* Signalanlage *f*

сигнализи́ровать *vi E2 impf/pf* (*pf*: про-) signalisieren

сигнáльный *adj* Signal-; **сигнáльная установка** Alarmanlage *f*

сидéлка *f A* Altenpflegerin *f*

сидéнье *nt O1* Sitz *m*; **зáднее ~** Rücksitz *m*; **катапульти́руемое ~** Schleudersitz *m*; **перéднее ~** Vordersitz *m*; **~ с откиднóй спи́нкой** Liegestuhl *m*

сидéть ⟨*präs*: сижý, сиди́шь⟩ *vi I impf* sitzen; **~ на кóрточках** hocken; **~ сложá рýки** Däumchen drehen, herumsitzen; **~ с ребёнком** auf ein Kind aufpassen

си́ла *f A* **1.** (*TECH*) Kraft *f*, Stärke *f*, Wucht *f*; **~ вéтра** Windstärke *f*; **~ тя́жести** Schwerkraft *f*; **быть пóлным сил** Mumm in den Knochen haben; **2.** (*POL*) Macht *f*, Stärke *f*; **3.** (*JUR*) Kraft *f*, Rechtsgültigkeit *f*; **оставáться в си́ле** seine Gültigkeit behalten; **4.** (*fig*) Stärke *f*; **знáние - ~** Wissen ist Macht; **~ вóли** Willensstärke *f*; **~ убеждéния** Überzeugungskraft *f*; **в си́лу** kraft (*+gen*); **в си́лу рáзных причи́н** aus verschiedenen Gründen; **в пóлную си́лу** mit vollem Einsatz; **отдавáть все свои́ си́лы** seine ganze Kraft einsetzen; **си́лами** durch (*+akk*); **ремонт своими си́лами** Eigenreparatur *f*; **5.** (*meist pl:MIL*) Truppen *f pl*; **~ бы́строго реаги́рования** mobile Einsatztruppen *f pl*; **~ ООН по поддержáнию ми́ра** (*голубы́е берéты*) UN-Schutztruppen *pl*

си́лой *adv* mit Gewalt; **доби́ться ~** mit Gewalt erreichen [*o* durchsetzen]

силуэ́т *m K* **1.** Silhouette *f*, Profil *nt*; **2.** Schattenriß *m*, Scherenschnitt *m*

си́льный ⟨*kf*: силён/си́лен, сильнá, си́льно, си́льны́⟩ *adj* **1.** kräftig, stark; **2.** vehement; **си́льное выражéние** Kraftausdruck *m*; **быть си́льным в чём-ли́бо** firm sein (in *+dat*)

симбиóз *m K* Symbiose *f*

си́мвол *m K* **1.** Symbol *nt*; **2.** Wahrzeichen *nt*, Erkennungszeichen *nt*

символизи́ровать *vt E2 impf* (*geh*) symbolisieren

символи́ческий *adj* symbolisch; **символи́ческая фигýра** Symbolfigur *f*

симметри́чный ⟨*kf*: -чен, -чна⟩ *adj* symmetrisch

симмéтрия *f A2* Symmetrie *f*

симпатизи́ровать *v + dat E2 impf* sympathisieren (mit *+dat*)
симпати́чный ⟨*kf*: -че́н, -чна⟩ *adj* sympathisch
симпа́тия *f A2* Sympathie *f*; **пита́ть симпа́тию к ко́му-ли́бо** Sympathie hegen (für *+akk*)
симпто́м *m K* Symptom *nt*
симптомати́ческий *adj* symptomatisch
симули́ровать *vt E2 impf/pf* simulieren
симуля́нт *m K* Simulant, -in *m/f*
симфо́ния *f A2* Symphonie *f*
синаго́га *f A* Synagoge *f*
синдро́м *m K* Syndrom *nt*
синева́ *f A e* Blau *nt*, Bläue *f*
синегла́зый ⟨*kf*: -áз⟩ *adj* blauäugig
си́ний ⟨*kf*: синь, синя́, си́не⟩ *adj* blau; **~ цвет** Blau *nt*
сини́ца *f A* Meise *f*; **больша́я ~** Kohlmeise *f*
сино́ним *m K* Synonym *nt*
синоними́чный *adj* synonym
си́нтаксис *m K* Syntax *f*, Satzbau *m*
си́нтез *m K* Synthese *f*
синтеза́тор *m K* Synthesizer *m*
синте́тика *f A* Synthetik *f*
синтети́ческий *adj* synthetisch
си́нус *m K* Sinus *m*
синхронизи́ровать *vt E2 impf/pf* synchronisieren
синхро́нный ⟨*kf*: -нен, -нна⟩ *adj* **1.** (*geh*) synchron, gleichzeitig; **синхро́нное пла́вание** Synchronschwimmen *nt*, Kunstschwimmen *nt*; **2.** simultan; **~ перево́д** Simultandolmetschen *nt*
си́нька *f A* Blau *nt*, Bläue *f*
си́плый ⟨*kf*: сипл⟩ *adj* heiser
сире́на *f A* **1.** Sirene *f*; **2.** Hupe *f*
сире́нь *f A1* Flieder *m*
Си́рия *f A2* Syrien *nt*
сиро́п *m K* Sirup *m*; **~ от ка́шля** Hustensaft *m*
сирота́ ⟨*pl*: сиро́ты, сиро́т, сиро́там⟩ *mf A pls* Waise *f*
систе́ма *f A* **1.** System *nt*; **~ взгля́дов** Anschauungen *pl*; **~ координа́т** Koordinatensystem *nt*; **~ образова́ния** Bildungswesen *nt*; **~ противораке́тной оборо́ны** Raketenabwehrsystem *nt*; **~ ра́ннего оповеще́ния** Frühwarnsystem *nt*; **рабо́тающая ~** funktionierendes System *nt*; **2.** System *nt*, Staat *m*
систематизи́ровать *vt E2 impf/pf* systematisieren
система́тика *f A* Systematik *f*
систомати́ческий *adj* **1.** systematisch; **2.** fortwährend, regelmäßig
систе́мный *adj* **1.** System-; **2.** systematisch
си́ти *nt indekl* City *f*, Stadtzentrum *nt*
си́то *nt O* **1.** Sieb *nt*; **2.** Filter *m*
ситуа́ция *f A2* Situation *f*, Lage *f*; **правова́я ~** Rechtslage *f*
си́филис *m K* Syphilis *f*
Сици́лия *f A2* Sizilien *nt*
сия́ть *vi E impf* strahlen, leuchten
сия́ющий *adj* strahlend; **смотре́ть на что-ли́бо сия́ющими глаза́ми** anstrahlen
скабрёзность *f I* Obszönität *f*
скабрёзный ⟨*kf*: -зен, -зна⟩ *adj* obszön
сказа́ние *nt O2* Sage *f*
сказа́ть ⟨*fut*: скажу́, ска́жешь⟩ *vt E4 pf* (*impf*: говори́ть) **1.** sagen; **2.** mitteilen; **так ~** sozusagen
сказа́ться ⟨*fut*: скажу́сь, ска́жешься⟩ *vi E4 pf* (*impf*: ска́зываться) **1.** sich auswirken, sich bemerkbar machen; **2.** sich ausgeben (als *+akk*)
ска́зка *f A* Märchen *nt*; **расска́зывать ска́зки кому́-ли́бо** jdm einen Bären aufbinden
ска́зочный ⟨*kf*: -чен, -чна⟩ *adj* märchenhaft, fabelhaft, sagenhaft, traumhaft; **~ принц** Märchenprinz *m*; **ска́зочная страна́** Schlaraffenland *nt*
сказу́емое *nt wie adj* (*LING*) Prädikat *nt*
ска́зываться *vi E impf* **1.** sich auswirken, sich bemerkbar machen; **2.** sich ausgeben (als *+akk*)
скака́ть ⟨*fut*: скачу́, ска́чешь⟩ *vi E4 impf* (*pf*: скакну́ть) **1.** hüpfen, rennen, springen; **2.** galoppieren
скала́ *f A pls* Fels *m*; **отве́сная ~** Felswand *f*
скали́стый ⟨*kf*: -и́ст⟩ *adj* felsig
ска́лить *vt I impf* (*pf*: о-) lachen, grinsen; **~ зу́бы** die Zähne fletschen
скалола́з *m K* Kletterer *m*, Bergsteiger *m*
ска́льпель *m K1* Skalpell *nt*
скаме́йка *f A* Bank *f*, **~ запасны́х** (*SPORT*) Auswechselbank *f*
скамья́ *f A1 e* Bank *f*; **~ подсуди́мых** Anklagebank *f*
сканда́л *m K* **1.** Skandal *m*, Eklat *m*; **гро́мкий ~** gewaltiger Skandal *m* **2.** Krach *m*, Auseinandersetzung *f*; **вы́звать ~** öffentliches Ärgernis erregen
скандали́ст *m K* Radaumacher *m*, Randalierer *m*
сканда́лить *vi I impf* (*pf*: на-, о-) **I.** lärmen, randalieren; **II.** *vt I impf* (*pf*: на-, о-) bloßstellen, in eine peinliche Lage bringen
сканда́льный ⟨*kf*: -лен, -льна⟩ *adj* **1.** skandalös; **2.** peinlich
Скандина́вия *f A2* Skandinavien *nt*
ска́нер *m K* Scanner *m*
скани́ровать *vt E2 impf/pf* scannen

ска́пливаться *vi E impf* sich drängen, sich stauen
скарб *m K* (*umg*) Kram *m*; **дома́шний ~** Hausrat *m*
ска́редный ⟨*kf*: -ден, -дна⟩ *adj* knauserig
скарлати́на *f A* Scharlach *m*
скат [1] *m K* Abhang *m*
скат [2] *m K* Skat *m*
скат [3] *m K* Rad *nt*, Bereifung *f*
ска́терть *f I* Tischdecke *f*
скати́ться ⟨*fut*: скачу́сь, ска́тишься⟩ *vi I pf* (*impf:* ска́тываться) **1.** hinunterrollen, schlittern; **2.** (*fig*) abgleiten
скафа́ндр *m K* Taucheranzug *m*
ска́чки ⟨*gen pl*: ска́чек⟩ *f pl A* Pferderennen *nt*
ска́шивать [1] *vt E impf* (*pf:* скоси́ть) **1.** mähen; **2.** (*umg:fig*) töten
ска́шивать [2] *vt E impf* (*pf:* скоси́ть) **1.** abschrägen; **2.** zur Seite drehen
СКВ *abk von* свобо́дно конверти́руемая валю́та *f* frei konvertierbare Währung *f*
сквер *m K* Grünanlage *f*
скве́рный ⟨*kf*: -рен, -рна́, -рно, -рны/-рны́⟩ *adj* abscheulich, widerwärtig; **скве́рная пого́да** Sauwetter *nt*
сквозно́й *adj* Durchgangs-; **~ прое́зд** Durchgangsverkehr *m*
сквозня́к *m K e* Luftzug *m*
сквозь *präp +akk* durch (*+akk*)
скворе́ц ⟨*gen sg*: -рца́⟩ *m K e* (*ZOOL*) Star *m*
скворе́чник *m K* Nistkasten *m*
скеле́т *m K* Skelett *nt*
ске́псис *m K* Skepsis *f*
ске́птик *m K* Skeptiker *m*, Zweifler *m*
скепти́ческий *adj* skeptisch
ски́дка *f A* Abschlag *m*, Ermäßigung *f*, Rabatt *m*; **опто́вая ~** Mengenrabatt *m*
ски́петр *m K* Zepter *nt*
склад [1] *m K* **1.** Vorrat *m*; **2.** Lager *nt*, Lagerraum *m*, Depot *nt*; **~ боеприпа́сов** Munitionslager *nt*; **~ ору́жия** Waffenlager *nt*; **това́рный ~** Warenlager *nt*
склад [2] *m K* **1.** Geistesverfassung *f*; **2.** Mentalität *f*; **3.** Harmonie *f*, Einklang *m*
склади́рование *nt O2* Lagerung *f*
склади́ровать *vt E2 impf/pf* lagern, deponieren
скла́дка *f A* **1.** Runzel *f*, Falte *f*; **2.** Bügelfalte *f*
складно́й *adj* Klapp-; **~ нож** Klappmesser *nt*; **~ стул** Klappstuhl *m*
скла́дчатый ⟨*kf*: -ат⟩ *adj* faltig
скла́дчина *f A* Sammlung *f*; **в скла́дчину** auf gemeinsame Kosten
скла́дывать *vt E impf* (*pf:* сложи́ть) **1.** zusammenlegen; **2.** (*MATH*) addieren; **3.** verfassen; **4.** abladen; **5.** abgeben; **~ ору́жие** die Waffen strecken
скла́дываться *vi E impf* (*pf:* сложи́ться) sich bilden, sich formieren, entstehen; **у меня́ скла́дывается тако́е впечатле́ние, что** ich habe den Eindruck gewonnen, daß
скле́ивать *vt E impf* (*pf:* скле́ить) kleben, kitten
склеп *m K* Gruft *f*
склон *m K* Abhang *m*
склоне́ние *nt O2* **1.** Beugung *f*; **2.** (*LING*) Deklination *f*
склони́ть ⟨*fut*: -оню́, -о́нишь⟩ *vt I pf* (*impf:* склоня́ть) **1.** neigen, beugen; **2.** geneigt stimmen; **3.** (*LING*) deklinieren
склони́ться ⟨*fut*: -оню́сь, -о́нишься⟩ *vi I pf* (*impf:* склони́ться) **1.** sich verneigen; **2.** (*fig*) neigen, tendieren (zu *+dat*)
скло́чник *m K* Querulant, -in *m/f*
ско́бки ⟨*gen pl*: -бок⟩ *f pl A* Klammern *f pl*; **выноси́ть за ~** ausklammern; **заключа́ть в ~** einklammern
скобли́ть ⟨*präs*: -блю́, -бли́шь⟩ *vt I impf* kratzen, schaben
скова́ть ⟨*fut*: скую́, скуёшь⟩ *vt E2 pf* (*impf:* ско́вывать) **1.** fesseln, in Ketten legen; **2.** (*fig*) hemmen, zurückhalten
сковоро́дка *f A* Bratpfanne *f*
скольже́ние *nt O2* Gleiten *nt*, Rutschen *nt*; **~ по мо́крой пове́рхности** Aquaplaning *nt*
скользи́ть ⟨*präs*: -льжу́, -льзи́шь⟩ *vi I impf* (*pf:* скользну́ть) gleiten, rutschen
ско́льзкий ⟨*kf*: -зок, ско́льзка́, -зко⟩ *adj* **1.** rutschig; **2.** glitschig
скользя́щий *adj* **1.** rutschend; **2.** gleitend; **~ гра́фик** gleitende Arbeitszeit *f*
ско́лько *pron inter* **I.** wieviel; **~ тебе́ лет?** wie alt bist du? **~ раз** wie oft; **II.** *adv* soviel
скома́ндовать *v + inst E2 pf* (*impf:* кома́ндовать) kommandieren, befehlen
скомпромети́ровать *vt E2 pf* (*impf:* компромети́ровать) kompromittieren, bloßstellen
сконструи́ровать *vt E2 pf* (*impf:* конструи́ровать) **1.** konstruieren, entwerfen; **2.** bauen
сконфу́женный *adj* konfus, wirr, verwirrt
скопи́ться ⟨*nur 3. pers*: ско́пится⟩ *vr I pf* (*impf:* копи́ться) sich anhäufen, sich ansammeln
скопле́ние *nt O2* Anhäufung *f*, Ansammlung *f*; **~ наро́да** Menschenauflauf *m*
ско́рая *f wie adj* Rettungswagen *m*; **вы́звать ско́рую** einen Rettungswagen rufen
скорбе́ть ⟨*präs*: -блю́, -би́шь⟩ *vi I impf*

(*о ком-ли́бо/чём-ли́бо*) trauern (um *+akk*)

скорбя́щий *adj* trauernd, leidtragend

скоре́е *adj komp* **I.** schneller; **II.** *adv* **1.** eher; **как мо́жно ~** so schnell wie möglich, schleunigst; **2.** mehr; **3.** lieber

ско́ро *adv* bald, demnächst

скорова́рка *f A* Schnellkochtopf *m*

скорогово́рка *f A* Zungenbrecher *m*

скоростно́й *adj* Schnell-; **скоростна́я магистра́ль** Schnellstraße *f*

ско́рость *f I* **1.** Geschwindigkeit *f*, Tempo *nt*; **2.** Schnelligkeit *f*; **~ зву́ка** Schallgeschwindigkeit *f*; **максима́льная ~** Höchstgeschwindigkeit *f*; **~ све́та** Lichtgeschwindigkeit *f*; **сверхзвукова́я ~** Überschallgeschwindigkeit *f*; **~ в час** Stundengeschwindigkeit *f*; **3.** (*KFZ*) Gang *m*; **за́дняя ~** Rückwärtsgang *m*

скоросшива́тель *m K1* Schnellhefter *m*

скорота́ть *vt E pf* (*impf:* корота́ть) (*вре́мя чем-ли́бо*) sich die Zeit vertreiben (mit *+dat*)

скорпио́н *m K* (*ZOOL*) Skorpion *m*

ско́рый ⟨*kf*: скор, скора́, ско́ро⟩ *adj* **1.** schnell, rasch; **~ по́езд** Schnellzug *m*; **ско́рая по́мощь** Erste Hilfe *f*; **2.** baldig; **в ско́ром вре́мени** bald, demnächst; **до ско́рой встре́чи!** bis bald! **бо́льно ты ~!** sachte, sachte

скоси́ть [1] ⟨*fut*: скошу́, ско́сишь⟩ *vt I pf* (*impf:* коси́ть, ска́шивать) mähen

скоси́ть [2] ⟨*fut*: скошу́, ско́сишь⟩ *vi I pf* (*impf:* коси́ть) **1.** schielen; **2.** sich ausgeben (für *+akk*)

скоси́ть [3] ⟨*fut*: скошу́, ско́сишь⟩ *vt I pf* (*impf:* ска́шивать) **1.** abschrägen; **2.** zur Seite drehen

скот *m K e* **1.** Vieh *nt*; **кру́пный рога́тый ~** Rindvieh *nt*; **убо́йный ~** Schlachtvieh *nt*; **2.** (*pej*) Biest *nt*, Miststück *nt*

скотобо́йня *f A1* Schlachthof *m*

скребо́к ⟨*gen sg*: -бка́⟩ *m K e* Schaber *m*, Schabeisen *nt*

скрежета́ть ⟨*präs*: -ещу́ -е́щешь⟩ *vi E4 impf* knirschen

скрепи́ть ⟨*fut*: -плю́, -пи́шь⟩ *vt I pf* (*impf:* скрепля́ть) **1.** befestigen, verbinden; **2.** (*fig*) festigen, besiegeln; **~ рукопожа́тием** durch Handschlag besiegeln

скре́пка *f A* **1.** Klammer *f*, **2.** Büroklammer *f*, Heftklammer *f*

скрести́ ⟨*präs*: скребу́, скребёшь⟩ *vi E6a impf* **1.** kratzen, schaben; **2.** scheuern, scharren

скрести́ть ⟨*fut*: -ещу, -ести́шь⟩ *vt I pf* (*impf:* скре́щивать) kreuzen, verschränken

скрести́ться ⟨*nur 3. pers*: -и́тся⟩ *vr I pf* (*impf:* скре́щиваться) **1.** sich kreuzen; **2.** (*fig*) in die Quere kommen

скрипе́ть ⟨*präs*: -плю́,-пи́шь⟩ *vi I impf* (*pf:* скри́пнуть) ächzen, knarren; **~ зуба́ми** mit den Zähnen knirschen

скри́пка *f A* Geige *f*; **игра́ть пе́рвую скри́пку** (*auch fig*) die erste Geige spielen

скро́мность *f I* **1.** Bescheidenheit *f*, **2.** Genügsamkeit *f*, Anspruchslosigkeit *f*

скро́мный ⟨*kf*: -мен, -мна́, -мно, скро́мны́⟩ *adj* **1.** bescheiden; **2.** genügsam; **3.** schlicht

скрути́ть ⟨*fut*: -учу́, -у́тишь⟩ *vt I pf* (*impf:* скру́чивать) verdrehen

скрыва́ть *vt E impf* (*pf:* скрыть) verstecken, verbergen, geheimhalten; **не ~ чего́-ли́бо** keinen Hehl machen (aus *+dat*)

скрыва́ться *vr E impf* (*pf:* скры́ться) **1.** sich verstecken; **~ из ви́ду** von der Bildfläche verschwinden; **2.** dahinterstecken; **за э́тим что-то скрыва́ется** da steckt etw dahinter

скры́тный ⟨*kf*: -тен, -тна⟩ *adj* verschlossen, zurückhaltend

скры́тый ⟨*kf*: -ыт⟩ *adj* **1.** verborgen, versteckt; **2.** heimlich; **3.** latent

скрыть ⟨*fut*: скро́ю, скро́ешь⟩ *vt E8 pf* (*impf:* скрыва́ть) verstecken, verbergen, geheimhalten

скры́ться ⟨*fut*: скро́юсь, скро́ешься⟩ *vr E8 pf* (*impf:* скрыва́ться) **1.** sich verstecken; **2.** dahinterstecken

скря́га *mf A* Geizhals *m*, Geizkragen *m*; **не быть скря́гой** sich nicht lumpen lassen

ску́дный ⟨*kf*: -ден, -дна́, -дно, дны/-дны́⟩ *adj* karg, mager, armselig

ску́ка *f A* **1.** Langeweile *f*, **2.** Überdruß *m*; **навева́ть ску́ку на кого́-ли́бо** langweilen, anöden; **разгоня́ть ску́ку** die Langeweile vertreiben

ску́льптор *m K* Bildhauer *m*

скульпту́ра *f A* Skulptur *f*

скупа́ть *vt E impf* (*pf:* скупи́ть) aufkaufen, abkaufen

скупа́ться *vr E impf* (*pf:* скупи́ться) geizen, knausern

скупе́ц ⟨*gen sg*: -пца́⟩ *m K e* Geizhals *m*, Geizkragen *m*

скупо́й ⟨*kf*: скуп, скупа́, ску́по, ску́пы⟩ *adj* **I.** geizig; **II.** *m wie adj* Geizhals *m*

ску́пость *f I* Geiz *m*

скуча́ющий *adj* **1.** gelangweilt; **2.** überdrüssig

ску́чный ⟨*kf*: -чен, -чна́, -чно, ску́чны́⟩ *adj* langweilig, fade

скýшать *vi E pf* (*impf:* кýшать) essen
слабéть *vi E impf* (*pf:* о-) **1.** schwach werden; **2.** abflauen
слабúтельное *nt wie adj* Abführmittel *nt*
слабовóльный ⟨*kf*: -лен, -льна⟩ *adj* willensschwach
слаборáзвитый *adj* unterentwickelt
слáбость *f I* **1.** Schwäche *f*; **2.** Faible *nt*, Vorliebe *f*; **имéть** [*o* **питáть**] **~ к чемý-лúбо** ein Faible haben (für *+akk*)
слабоýмие *nt O2* Blödheit *f*, Schwachsinn *m*
слабоýмный ⟨*kf*: -мен, -мна⟩ *adj* blödsinnig, schwachsinnig
слабохарáктерность *f I* Charakterschwäche *f*
слáбый ⟨*kf*: слаб, слабá, слáбо, слáбы⟩ *adj* **1.** schwach, erschöpft, matt; **2.** schlapp, schlaff; **слáбое мéсто** Schwachstelle *f*; **слáбая надéжда** wenig Hoffnung *f*; **слáбые нéрвы** schwache Nerven; **слáбое утешéние** schwacher Trost *m*
слáва *f A* Ruhm *m*; **всемúрная ~** Weltruhm *m*; **стяжáть себé слáву** Ruhm ernten; **~ Бóгу!** Gott sei Dank
славúстика *f A* Slawistik *f*
слáвить ⟨*präs*: -влю, -вишь⟩ *vt I impf* (*pf:* о-) rühmen
слáвный ⟨*kf*: -вен, -внá, -вно⟩ *adj* ruhmreich, glorreich
славянúн, славянка ⟨*nom pl m*: -яне⟩ *m U2 / f A* Slawe, Slawin *m/f*
славянский *adj* slawisch
слагáть *vt E impf* (*pf:* сложúть) niederlegen
слáдкий ⟨*kf*: -док, -дкá, -дко, *komp*: слáще, *super*: слачáйший⟩ *adj* süß; **слáдкое блюдо** Süßspeise *f*; **кúсло-~** süß-sauer
сладковáтый *adj* süßlich
сладострáстие *nt O2* Lust *f*, Wollust *f*
сладострáстный ⟨*kf*: -тен, -тна⟩ *adj* wollüstig, geil, lüstern
слáлом *m K* Slalom *m*
слáмывать *vt E impf* (*pf:* сломúть) (*auch fig*) brechen; **~ когó-лúбо** jdm das Rückgrat brechen
слáнец ⟨*gen sg*: -нца⟩ *m K* Schiefer *m*
слащáвый ⟨*kf*: -áв⟩ *adj* süßlich, salbungsvoll
слéва *adv* links
след *m K ple* **1.** Spur *f*; **~ ногú** Fußspur *f*; **инверсиóнный ~** Kondensstreifen *m*; **оставлять ~ы** Spuren hinterlassen; **2.** Fährte *f*
следúть ⟨*präs*: слежý, следúшь⟩ *vi I impf* **1.** folgen; **2.** (*за кем-лúбо/чем-лúбо*) überwachen, kontrollieren; **3.** beschatten, bespitzeln; **4.** nachspionieren; **~ за мóдой** der Mode folgen; **~ за собóй** auf sein Äußeres achten; **~ за хóдом чьúх-лúбо мыслей** mitdenken
слéдовательно *adv* folglich, demzufolge
слéдовать *vi E2 impf* (*pf:* по-) **1.** folgen, befolgen; **непосрéдственно ~ за чем-лúбо** sich reihen (an *+akk*); **~ чьемý-лúбо примéру** jds Beispiel folgen; **2.** (sich) gebühren, (sich) ziemen; **не слéдует так поступáть** solches Benehmen gehört sich nicht
слéдствие *nt O2* **1.** Folge *f*, Folgerung *f*; **2.** (*JUR*) Untersuchung *f*
слéдующий *adj* **I.** nächste(r, s), kommende(r, s); **на слéдующей недéле** nächste Woche; **слéдующим óбразом** folgendermaßen; **II.** *m wie adj* Nächste(r) *m*; **кто ~?** wer ist der Nächste
слезá ⟨*pl*: слёзы, слёз, слезáм⟩ *f A e2* Träne *f*; **крокодúловы слёзы** Krokodilstränen *pl*
слезоточúвый ⟨*kf*: -úв⟩ *adj* **1.** tränend; **2.** Tränen-; **~ газ** Tränengas *nt*
слепúть [1] ⟨*fut*: -еплю, -éпишь⟩ *vt I pf* (*impf:* слеплять) formen, modellieren
слепúть [2] ⟨*präs*: -плю, -пúшь⟩ *vt I impf* blenden
слéпо *adv* blindlings
слепóй ⟨*kf*: слеп, слепá, слéпо⟩ *adj* **I.** blind; **слепáя кишкá** (*ANAT*) Blinddarm *m*; **II.** *m wie adj* Blinde(r) *m*
слéпок ⟨*gen sg*: -пка⟩ *m K* Abdruck *m*
слепотá *f A e* Blindheit *f*
слесáрный *adj* Schlosser-; **слесáрное дéло** Schlosserhandwerk *nt*; **слесáрная мастерскáя** Schlosserei *f*
слéсарь *m K1* Schlosser *m*; **~-ремóнтник** Maschinenschlosser *m*
слúва *f A* Pflaume *f*
сливáть *vt E impf* (*pf:* слить) abgießen, ausgießen
сливáться *vr E impf* (*pf:* слúться) **1.** zusammenfließen, sich vermischen; **2.** (*fig*) verschmelzen; **3.** fusionieren
слúвки *pl A* Sahne *f*, Rahm *m*; **взбúтые ~** Schlagsahne *f*; **снимáть ~** (*от молокá*) abschöpfen; **~ óбщества** (*fig*) Prominenz *f*, Crème de la crème *f*
слúвочный *adj* Sahne-, Rahm-; **~ крем** Sahnecreme *f*; **слúвочное мáсло** Butter *f*
слúзистый ⟨*kf*: -ист⟩ *adj* schleimig; **слúзистая оболóчка** Schleimhaut *f*
слизь *f A1* Schleim *m*
слипáться *vr E impf* (*pf:* слúпнуться) **1.** zusammenkleben; **2.** (*о глазáх*) zufallen

слúпнуться ⟨*prät*: слúпся, слúплась⟩ *vr E1 pf* (*impf:* слипáться) **1.** zusammenkleben; **2.** (*о глазáх*) zufallen
слúток ⟨*gen sg*: -тка⟩ *m K* (*зóлота*) Barren *m*
слить ⟨*fut*: солью́, сольёшь⟩ *vt E4c pf* (*impf:* сливáть) abgießen, ausgießen
слúться ⟨*fut*: солью́сь, сольёшься⟩ *vr E4c pf* (*impf:* сливáться) **1.** zusammenfließen, sich vermischen; **2.** (*fig*) verschmelzen; **3.** fusionieren
слúшком *adv* allzu; **~ дóрого** zu teuer
слия́ние *nt O2* **1.** Zusammenfluß *m*; **2.** Verschmelzung *f*, **3.** Fusion *f*, Zusammenschluß *m*
словáрный *adj* **1.** Wörterbuch-; **2.** Wort-; **~ запáс** Wortschatz *m*
словáрь *m K1 e* **1.** Wörterbuch *nt*; **иллюстрúрованный ~** Bildwörterbuch *nt*; **2.** Lexikon *nt*
Словéния *f A2* Slowenien *nt*
словéсный *adj* verbal; **словéсная дуэ́ль** Wortgefecht *nt*
слóвник *m K* **1.** Wörterliste *f*; **2.** Stichwortverzeichnis *nt*
слóво *nt O* Wort *nt*; **заглáвное ~** (*в словарé*) Stichwort *nt*; **привéтственное ~** Begrüßung *f*, Grußwort *nt*; **брать ~** das Wort ergreifen; **брать ~ с когó-лúбо** jdm ein Versprechen abnehmen; **держáть дáнное ~** sein Wort halten; **поймáть на слóве когó-лúбо** jdn beim Wort nehmen; **он за слóвом в кармáн не полéзет** er ist nicht auf den Mund gefallen; **без слов** wortlos; **в слóве** (*дослóвно*) wortwörtlich
словоохóтливый ⟨*kf*: -ив⟩ *adj* redselig
словосочетáние *nt O2* (*LING*) Wortverbindung *f*, Wortgefüge *nt*
слог *m K ple1* **1.** Silbe *f*, **2.** Stil *m*; **высóким слóгом** in hohem Stil
слоёный *adj* Blätterteig-; **~ пирóг** Blätterteiggebäck *nt*; **слоёное тéсто** Blätterteig *m*
сложéние *nt O2* **1.** (*MATH*) Addition *f*; **2.** Verfassen *nt*, Komponieren *nt*; **3.** (*полномóчий*) Niederlegung *f*
сложúвшийся *adj* (*историчéски*) gewachsen, entstanden
сложúть ⟨*fut*: сложу́, слóжишь⟩ *vt I pf* (*impf:* склáдывать, слагáть) **1.** niederlegen; **2.** (*MATH*) addieren; **3.** verfassen, komponieren; **4.** abladen, ablegen
слóжность *f I* **1.** Schwierigkeit *f*, Problem *nt*; **2.** Kompliziertheit *f*, **в óбщей слóжности** alles in allem, summa summarum
слóжный ⟨*kf*: -жен, -жна⟩ *adj* kompliziert, komplex; **у негó ~ харáктер** er hat einen schwierigen Charakter; **слóжное слóво** (*LING*) Kompositum *nt*
слой *m K2* Schicht *f*, Lage *f*; **социáльный ~** Gesellschaftsschicht *f*
слóманный *adj* kaputt, zerbrochen, abgebrochen
сломáть *vt E pf* (*impf:* ломáть) **1.** brechen, zerbrechen; **2.** knicken
сломáться *vr E pf* (*impf:* ломáться) zu Bruch gehen, abbrechen
сломúть ⟨*fut*: сломлю́, слóмишь⟩ *vt I pf* (*impf:* слáмывать) (*auch fig*) brechen; **сломя́ гóлову** Hals über Kopf; **~ когó-лúбо** jdm das Rückgrat brechen
слóмленный *adj* **1.** gebrochen; **2.** niedergeschlagen
слон, **слонúха** *m K / f A* Elephant, Elephantenkuh *m/f*
слонóвый *adj* Elfenbein-; **бáшня из слонóвой кóсти** (*fig*) Elfenbeinturm *m*
слоня́ться *vr E impf* (*umg: из углá в ýгол*) herumlungern
слугá, **служáнка** *m A / f A* (*auch fig*) Diener, -in *m/f*
слу́жащий *m wie adj* Angestellte(r) *m*; **контóрский ~** Büroangestellte(r) *m*
слу́жба *f A* Dienst *m*; **~ госбезопáсности** Staatssicherheitsdienst *m*; **~ знакóмств** Heiratsvermittlung *f*; **~ информáции** Nachrichtendienst *m*; **альтернатúвная ~** Ersatzdienst *m*; **госудáрственная ~** Staatsdienst *m*; **действúтельная ~** Grundwehrdienst *m*; **не в слу́жбу, а в дру́жбу** als kleinen Freundschaftsdienst
служéбный ⟨*kf*: -бен, -бна⟩ *adj* dienstlich, Dienst-; **служéбная машúна** Dienstwagen *m*; **служéбная квартúра** Dienstwohnung *f*; **служéбная запúска** Aktennotiz *f*; **служéбная командирóвка** Dienstreise *f*; **служéбное положéние** Dienststellung *f*
служúть ⟨*präs*: служу́, слу́жишь⟩ *vi I impf* (*pf:* по-) **1.** (*в чём-лúбо*) dienen; **~ в áрмии** in der Armee dienen; **2.** (*geh: комý-лúбо/чемý-лúбо*) dienen, zu Diensten stehen; **3.** (*чем-лúбо*) dienen (als *+nom*); **~ доказáтельсвом** als Beweis dienen
слух *m K* **1.** Gehör *nt*; **обладáющий тóнким ~ом** hellhörig; **2.** Gerücht *nt*; **опровергáть ~и** Gerüchte dementieren; **пускáть ~** ein Gerücht verbreiten; **распространя́ются ~и** Gerüchte kursieren
слуховóй *adj* Gehör-, Hör-; **~ аппарáт** Hörgerät *nt*
слу́чай *m K2* **1.** Zufall *m*; **нас всех подстерегáет ~** gegen den Zufall ist

niemand von uns gefeit; **2.** Begebenheit *f*; **истори́ческий** ~ Anekdote *f*; **3.** Anlaß *m*; **4.** Gelegenheit *f*; **для э́того мне до сих пор не предста́вился** ~ dazu habe ich noch keine Gelegenheit gehabt; **5.** Vorfall *m*, Fall *m*; **в любо́м слу́чае** auf jeden Fall, auf alle Fälle; **в слу́чае, е́сли** falls, wenn; **во́лей слу́чая** durch (reinen) Zufall; **на вся́кий** ~ vorsichtshalber, für alle Fälle; **на тот ~, что** für den Fall, daß; **от слу́чая к слу́чаю** gelegentlich, ab und zu; **по слу́чаю** anläßlich

случа́йность *f I* Zufall *m*

случа́йный *adj* **1.** gelegentlich; **2.** zufällig; **случа́йное знако́мство** Zufallsbekanntschaft *f*; **случа́йная поку́пка** Gelegenheitskauf *m*; **случа́йная рабо́та** Gelegenheitsarbeit *f*

случа́ться *vr E impf* (*pf:* случи́ться) geschehen, passieren; **что случи́лось?** was ist los

слу́шание *nt O2* Anhörung *f*

слу́шатель, слу́шательница *m K1 / f A* **1.** Zuhörer, -in *m*; **2.** (*im pl*) Zuhörerschaft *f*

слу́шать *vt E impf* (*pf:* по-) **1.** hören; **2.** zuhören; **3.** (*MED*) abhorchen; **4.** (*радиоста́нцию*) empfangen; **5.** (*сове́та*) folgen, befolgen; **6.** gehorchen

слы́шимость *f I* **1.** Akustik *f*; **2.** (*ра́дио*) Empfang *m*

слы́шный ⟨*kf*: -шен, -шна́ -шно, слы́шны́⟩ *adj* hörbar

слэнг *m K* Slang *m*

слюна́ ⟨*pl*: слю́ни, слюне́й⟩ *f A e2* Spukke *f*, Speichel *m*; **бры́згать слюно́й** geifern; **пуска́ть слю́ни** sabbern

сля́котный ⟨*kf*: -тен, -тна⟩ *adj* (*umg*) matschig

сля́коть *f I* Matsch *m*

СМ *abk von* Сове́т Мини́стров *m* Ministerrat *m*

сма́зать ⟨*fut*: сма́жу, сма́жешь⟩ *vt E4 pf* (*impf:* сма́зывать) **1.** schmieren, fetten; **2.** verwischen, verschmieren

сма́зка *f A* Schmiere *f*, Schmiermittel *nt*

смаку́ющий *adj* genießerisch, genüßlich

смастери́ть *vt I pf* (*impf:* мастери́ть) anfertigen, basteln

сма́чивать *vt E impf* (*pf:* смочи́ть) anfeuchten

сме́жник *m K* Zulieferer *m*, Zulieferbetrieb *m*

сме́жный ⟨*kf*: -жен, -жна⟩ *adj* (*auch fig*) benachbart, Nachbar-

смека́лка *f A* (*umg*) Grips *m*

сме́лость *f I* Kühnheit *f*, Mut *m*

сме́лый ⟨*kf*: смел, смела́, сме́ло, сме́лы́⟩ *adj* **1.** mutig, kühn; **2.** keck

сме́на *f A* **1.** Schicht *f*; **пе́рвая** ~ Frühschicht *f*; **2.** (*в пионерла́гере*) Belegung *f*, Saison *f*; **3.** Wechsel *m*, Ablösung *f*; ~ **вла́сти** Machtwechsel *m*; ~ **впечатле́ний** Tapetenwechsel *m*; ~ **вы́вески** Etikettenschwindel *m*; ~ **карау́ла** Wachablösung *f*; ~ **кли́мата** Klimawechsel *m*; ~ **ма́сла** (*KFZ*) Ölwechsel *m*; ~ **поколе́ний** Generationswechsel *m*; ~ **прави́тельства** Regierungswechsel *m*; ~ **роле́й** Rollentausch *m*; ~ **убежде́ний** Gesinnungswandel *m*

смени́ть ⟨*fut*: сменю́, сме́нишь⟩ *vt I pf* (*impf:* сменя́ть) wechseln; ~ **профе́ссию** den Beruf wechseln; ~ **те́му** das Thema wechseln

смени́ться ⟨*fut*: сменю́сь, сме́нишься⟩ *vr I pf* (*impf:* сменя́ться) **1.** sich ablösen; **2.** wechseln; **3.** sich verwandeln

сме́нный *adj* austauschbar, auswechselbar; ~ **режи́м рабо́ты** Schichtarbeit *f*

смерка́ться ⟨*unpers*: -а́ется⟩ *vi E impf* (*pf:* сме́ркнуться) dämmern

смерте́льный ⟨*kf*: -лен, -льна⟩ *adj* tödlich, tot-; **смерте́льно больно́й** totkrank; **смерте́льно уста́лый** totmüde

сме́ртность *f I* **1.** Sterblichkeit *f*; **2.** Sterblichkeitsrate *f*

сме́ртный ⟨*kf*: -тен, -тна⟩ *adj* **I.** sterblich; **сме́ртная казнь** Todesstrafe *f*; **на сме́ртном одре́** auf demTotenbett; ~ **пригово́р** Todesurteil *nt*; **II.** *m wie adj* Sterbliche(r) *m*

смерть *f I* Tod *m*

смести́ ⟨*fut*: смету́, сметёшь⟩ *vt E6a pf* (*impf:* смета́ть) **1.** kehren, fegen; **2.** (*fig*) hinwegfegen, vernichten

смесь *f I* Gemisch *nt*, Mischung *f*

сме́та *f A* Voranschlag *m*, Kostenvoranschlag *m*; **соста́вить сме́ту** einen Kostenvoranschlag machen

смета́ть *vt E impf* (*pf:* смести́) **1.** kehren, fegen; **2.** (*fig*) hinwegfegen, vernichten

сме́тка *f A* Auffassungsgabe *f*

сме́ть *vi E impf* wagen

смех *m K* Lachen *nt*, Gelächter *nt*; **тогда ему́ бу́дет не до ~а** dann wird ihm das Lachen vergehen; **выставля́ть кого́-либо на** ~ jdn zum Gespött machen

смехотво́рный ⟨*kf*: -рен, -рна⟩ *adj* lächerlich, lachhaft

сме́шанный *adj* gemischt; ~ **брак** Mischehe *f*, ~ **лес** Mischwald *m*; **сме́шанные чу́вства** gemischte Gefühle

смеша́ть *vt E pf* (*impf:* сме́шивать) **1.** vermischen; ~ **раство́р** (*CHEM*) eine Lösung ansetzen; **2.** verwechseln, durcheinanderbringen; **не ~** auseinanderhalten

смешно́й ⟨*kf*: -шо́н, -шна́⟩ *adj* **1.** lächerlich, lachhaft; **2.** komisch, lustig

смеще́ние *nt O2* Absetzung *f*, Amtsenthebung *f*

смея́ться ⟨*präs*: смею́сь, смеёшься⟩ *vr E impf* (*pf*: за-) (*над кем-ли́бо/чем-ли́бо*) lachen (über *+akk*); **~ в лицо́ кому́-либо** jdn anlachen; **~ до слёз** Tränen lachen; **~ до упа́да** sich kaputtlachen; **~ от ду́ши** herzhaft lachen

смина́ть *vt E impf* (*pf*: смять) **1.** zerknüllen; **2.** (*fig*) niederschlagen, überwältigen

смире́ние *nt O2* **1.** Bezwingung *f*; **2.** Demut *f*

смире́нный ⟨*kf*: -е́н, -е́нна⟩ *adj* **1.** demütig; **2.** unterwürfig

смири́тельный *adj* Zwangs-; **смири́тельная руба́шка** Zwangsjacke *f*

смири́ться *vr I pf* (*impf*: смиря́ться) **1.** (*с кем-ли́бо/чем-ли́бо*) sich unterwerfen; **2.** nachgeben; **3.** sich gewöhnen (an *+akk*); **4.** sich abfinden (mit *+dat*); **~ с мы́слью** sich mit dem Gedanken anfreunden; **~ с судьбо́й** sich in sein Schicksal fügen

смог *m K* Smog *m*

смо́кинг *m K* Smoking *m*

смола́ *f A pls* **1.** Pech *nt*; **2.** Harz *nt*; **3.** Teer *m*

смоли́ть *vt I impf* (*pf*: вы́-) teeren

смонти́ровать *vt E2 pf* (*impf*: монти́ровать) montieren

сморка́ться *vi E impf* (*pf*: вы́-) sich die Nase putzen

смо́рщенный *adj* runzlig, hutzelig

смо́рщить *vt I pf* (*impf*: мо́рщить) **1.** (*лоб*) runzeln; **2.** (*лицо́*) verziehen

смотр *m K* **1.** Schau *f*; **2.** (*MIL*) Truppenschau *f*, Parade *f*

смотре́ть ⟨*präs*: -отрю́, -о́тришь⟩ *vi I impf* (*pf*: по-) **1.** blicken, schauen; **~ вверх** aufblicken; **~ в зе́ркало** in den Spiegel blicken; **~ сквозь** durchblicken; **2.** ansehen, anschauen; **~ телеви́зор** fernsehen; **~ фильм** sich einen Film anschauen; **све́рху вниз на кого́-ли́бо** herabsehen, herunterblicken; (auf *+akk*) **3.** (*ве́село, хму́ро*) dreinblicken; **4.** nachsehen, nachschlagen; **5.** aufpassen, beaufsichtigen; **6.** (*fig*) betrachten; **~ на что-ли́бо крити́чески** etw kritisch betrachten

смотри́тель *m K1* Aufseher *m*, Wärter *m*

смотрово́й *adj* **1.** Aussichts-; **2.** Besichtigungs-; **смотрова́я площа́дка** Aussichtsplattform *f*

смочи́ть ⟨*fut*: смочу́, смо́чишь⟩ *vt I pf* (*impf*: сма́чивать) anfeuchten

сму́та *f A* **1.** Rebellion *f*; **2.** Revolte *f*

смути́ться ⟨*fut*: смущу́сь, смути́шься⟩ *vi I pf* (*impf*: смуща́ться) **1.** verwirrt werden; **2.** sich erheben, einen Aufstand beginnen

смути́ть ⟨*fut*: смущу́, смути́шь⟩ *vt I pf* (*impf*: смуща́ть) **1.** beunruhigen; **2.** verwirren; **3.** aufwiegeln

сму́тный ⟨*kf*: -тен, -тна́/-тна, -тно⟩ *adj* **1.** vage, schattenhaft; **2.** unruhig, wirr

смутья́н *m K* **1.** Störenfried *m*; **2.** Unruhestifter *m*

смуща́ть *vt E impf* (*pf*: смути́ть) **1.** beunruhigen; **2.** verwirren, beirren; **3.** aufwiegeln

смуща́ться *vr E impf* (*pf*: смути́ться) **1.** verwirrt werden; **2.** sich erheben, einen Aufstand beginnen

смуще́ние *nt O2* **1.** Bestürzung *f*; **2.** Befangenheit *f*; **3.** Verwirrung *f*; **4.** Verlegenheit *f*

смущённый *adj* **1.** bestürzt, betroffen; **2.** befangen, verlegen; **3.** konfus, wirr

смыва́ться *vr E impf* (*pf*: смы́ться) **1.** abwaschbar sein; **2.** (*umg*) verduften, sich aus dem Staub machen

смысл *m K* Sinn *m*; **~ жи́зни** Sinn *m* des Lebens; **по смы́слу** sinngemäß

смы́ться ⟨*fut*: смо́юсь, смо́ешься⟩ *vr E8 pf* (*impf*: смыва́ться) **1.** abwaschbar sein; **2.** (*umg*) verduften, sich aus dem Staub machen

смышлёность *f I* Auffassungsgabe *f*

смышлёный ⟨*kf*: -ён⟩ *adj* (*umg*) aufgeweckt, gescheit

см. на. об. *abk von* смотри́ на оборо́те! b. w

смягча́ть *vt E impf* (*pf*: смягчи́ть) **1.** weich machen; **2.** mildern, lindern; **3.** (*fig*) erweichen; **4.** (*LING*) palatalisieren

смягче́ние *nt O2* **1.** Milderung *f*, Linderung *f*; **2.** Erweichung *f*

смяте́ние *nt O2* Verwirrung *f*, Bestürzung *f*

смять ⟨*fut*: сомну́, сомнёшь⟩ *vt E9a pf* (*impf*: смина́ть) **1.** zerknüllen; **2.** (*fig*) niederschlagen, überwältigen

снабди́ть ⟨*fut*: -бжу́, -бди́шь⟩ *vt I pf* (*impf*: снабжа́ть) **1.** versorgen; **2.** ausstatten (mit *+dat*)

снабже́ние *nt O2* **1.** Versorgung *f*; **2.** Ausstattung *f*

сна́йпер *m K* Scharfschütze *m*

снару́жи *adv* **1.** außen; **2.** von außen

снаряди́ть ⟨*fut*: -яжу́, -яди́шь⟩ *vt I pf* (*impf*: снаряжа́ть) ausstatten; **~ поля́рную экспеди́цию** eine Polarexpedition ausstatten

снача́ла *adv* **1.** zuerst; **2.** zunächst

СНГ *abk von* Сою́з Незави́симых Госуда́рств *m* GUS *f*
снег ⟨*gen sg*: -а,-у⟩ *m K ple* Schnee *m*; **идёт ~** es schneit; **ры́хлый ~** Pulverschnee *m*; **сва́ливаться как ~ на го́лову** (*umg:fig*) hereinschneien
снеги́рь *m K1 e* Dompfaff *m*
снегови́к *m K e* Schneemann *m*
снегоочисли́тель *m K1* Schneepflug *m*
снегота́ялка *f A* Schneeschmelze *f*
снежи́нка *f A* Schneeflocke *f*
сне́жный ⟨*kf*: -жен, -жна⟩ *adj* Schnee-; **~ бура́н** Schneegestöber *nt*
снежо́к ⟨*gen sg*: -жка́⟩ *m K e* Schneeball *m*; **игра́ть в снежки́** eine Schneeballschlacht machen
снести́ ⟨*fut*: снесу́, снесёшь⟩ *vt E6 pf* (*impf:* сноси́ть) **1.** abbreißen, abbrechen; **2.** einreißen, abtragen; **3.** einstecken
снижа́ть *vt E impf* (*pf:* сни́зить) **1.** herabsetzen; **2.** unterbieten; **~ це́ну** den Preis senken
снижа́ющий *adj* senkend, drückend; **~ давле́ние** blutdrucksenkend
снижа́ющийся *adj* rückläufig
сниже́ние *nt O2* **1.** Rückgang *m*; **2.** Senkung *f*, Reduzierung *f*; **3.** (*регре́сс*) rückläufige Entwicklung *f*; **~ внима́ния** Konzentrationsschwäche *f*; **~ у́ровня тра́нспортного шу́ма** Verkehrsberuhigung *f*; **~ цен** Preissenkung *f*
сни́зить ⟨*fut*: сни́жу, сни́зишь⟩ *vt I pf* (*impf:* снижа́ть) **1.** herabsetzen; **2.** unterbieten
снизойти́ ⟨*fut*: -йду́, -йдёшь, *p-rät*: -ошёл, -ошла́⟩ *vi E7 pf* (*impf:* снисходи́ть) sich herablassen
снима́ть *vt E impf* (*pf:* снять) **1.** abnehmen, abmachen; **2.** entfernen, wegnehmen; **3.** (*кры́шу*) abdecken; **4.** (*оде́жду*) ausziehen; **5.** (*пала́тку*) abbrechen; **6.** (*сли́вки*) abschöpfen; **7.** filmen, einen Film drehen; **~ грим** abschminken; **~ с рабо́ты** entlassen, feuern; **~ де́ньги со счёта** Geld vom Konto abheben; **~ телефо́нную тру́бку** den Hörer abnehmen; **~ обвине́ние с кого́-ли́бо** (*fig*) jdn entlasten; **~ с пове́стки дня** von der Tagesordnung absetzen; **~ с учёта** abmelden; **~ кварти́ру** eine Wohnung mieten
снима́ться *vr E impf* (*pf:* сня́ться) **1.** abgehen, sich loslösen; **2.** aufbrechen; **~ с я́коря** den Anker lichten; **3.** sich photographieren lassen; **~ в фи́льме** in einem Film mitspielen; **~ с учёта** sich abmelden
сни́мок ⟨*gen sg*: -мка⟩ *m K* Aufnahme *f*, Bild *nt*; **момента́льный ~** Momentaufnahme *f*, Schnappschuß *m*; **рентге́новский ~** Röntgenbild *nt*; **~ на па́спорт** Paßbild *nt*; **~ со спу́тника** Satellitenaufnahme *f*
снисходи́тельный ⟨*kf*: -лен, -льна⟩ *adj* **1.** nachsichtig; **2.** herablassend; **снизходи́тельное отноше́ние** Herablassung *f*
снисходи́ть ⟨*präs*: -хожу́, -хо́дишь⟩ *vi I impf* (*pf*: снизойти́) (*к кому́-ли́бо*) sich herablassen (zu *+dat*)
снисхожде́ние *nt O2* Nachsicht *f*
сноб *m K* **1.** (*geh*) Snob *m*; **2.** (*im pl*) Schickeria *f*
сно́ва *adv* erneut, wieder
сноп *m K e* Garbe *f*
сноро́вка *f A* Routine *f*, Gewandtheit *f*
снос *m K* Abbruch *m*, Abriß *m*; **дом идёт на ~** das Haus steht vor dem Abbruch
сноси́ть ⟨*präs*: сношу́, сно́сишь⟩ *vt I impf* (*pf:* снести́) **1.** abreißen, abbrechen; **2.** einreißen, abtragen; **3.** (*umg*) einstecken; **мо́лча ~** schweigend über sich ergehen lassen
сно́ска *f A* Fußnote *f*
сно́сный ⟨*kf*: -сен, -сна⟩ *adj* (*umg*) erträglich, leidlich, passabel
снотво́рное *nt wie adj* Schlafmittel *nt*
снотво́рный ⟨*kf*: -рен, -рна⟩ *adj* einschläfernd, Schlaf-; **снотво́рная табле́тка** Schlaftablette *f*
сноше́ние *nt O2* **1.** Verbindung *f*, Beziehung *f*; **2.** Geschlechtsverkehr *m*
сня́тие *nt O2* **1.** Aufhebung *f*; **2.** Entlassung *f*; **~ с занима́емой до́лжности** Amtsentbindung *f*; **~ с креста́** (*REL*) Kreuzabnahme *f*; **~ с учёта** Abmeldung *f*
снять ⟨*fut*: сниму́, сни́мешь⟩ *vt E9 pf* (*impf:* снима́ть) **1.** abnehmen, abmachen; **2.** entfernen, wegnehmen; **3.** (*кры́шу*) abdecken; **4.** (*оде́жду*) ausziehen; **5.** (*пала́тку*) abbrechen; **6.** (*сли́вки*) abschöpfen
сня́ться ⟨*fut*: сниму́сь, сни́мешься⟩ *vr E9 pf* (*impf:* снима́ться) **1.** abgehen, sich loslösen; **2.** aufbrechen
соба́ка *f A* Hund *m*; **бесхо́зная ~** herrenloser Hund *m*; **бе́шеная ~** tollwütiger Hund *m*; **бродя́чая ~** streunender Hund *m*; **зла́я ~** bissiger Hund *m*; **~-поводы́рь** Blindenhund *m*; **выгу́ливать соба́ку** seinen Hund spazierenführen; **владе́лец соба́к** Hundehalter *m*
соба́чий ⟨*f*: -ья, *nt*: -ье⟩ *adj gattung* Hunde-; **соба́чья бу́дка** Hundehütte *f*, **соба́чья жизнь** (*umg*) Hundeleben *nt*; **соба́чьи консе́рвы** Hundefutter *nt*
собачо́нка *f A* (*pej*) Köter *m*
собесе́дник, **собесе́дница** *m K / f*

A Gesprächspartner, -in *m/f*
собесе́дование *nt O2* **1.** Gespräch *nt*; **2.** Besprechung *f*
собира́ть *vt E impf* (*pf:* собра́ть) **1.** sammeln, einsammeln; **~ чле́нские взно́сы** Mitgliedsbeiträge kassieren; **2.** (*монти́ровать*) montieren, zusammenbauen
собира́ться *vr E impf* (*pf:* собра́ться) **1.** beabsichtigen, vorhaben; **я как раз собира́юсь э́то сде́лать** ich bin gerade dabei, es zu tun; **2.** zusammenkommen, tagen; **3.** (*гро́за*) aufziehen; **4.** sich bereit machen, sich fertig machen; **~ в доро́гу** sich zur Reise rüsten; **~ с ду́хом** sich aufraffen; **~ с мы́слями** sich konzentrieren; **~ с си́лами** Kräfte sammeln
соблаговоли́ть *vi I pf* (*arch und ironisch*) geruhen; **~ сде́лать что-ли́бо** geruhen zu tun
собла́зн *m K* **1.** Lockung *f*, Verlockung *f*, Versuchung *f*; **2.** Lust *f*, Reiz *m*, Kitzel *m*
соблазни́тельный ⟨*kf*: -лен, -льна⟩ *adj* verlockend, verführerisch
соблазни́ть *vt I pf* (*impf:* соблазня́ть) verführen, verleiten (zu *+dat*)
соблюде́ние *nt O2* Einhaltung *f*
соблюсти́ ⟨*fut*: -юду́, -юдёшь, *prät*: -ю́л, -юла́⟩ *vt E6a pf* (*impf:* соблюда́ть) einhalten, befolgen; **~ дие́ту** Diät halten; **~ диста́нцию** Abstand halten; **~ пра́вила доро́жного движе́ния** Verkehrsregeln einhalten; **~ прили́чия** Anstandsregeln befolgen; **~ споко́йствие** Ruhe bewahren; **~ тишину́** Ruhe halten, sich ruhig verhalten
соболе́знование *nt O2* Beileid *nt*, Kondolenz *f*; **выража́ть ~** kondolieren
собо́р *m K* **1.** Dom *m*; **кафедра́льный ~** Kathedrale *f*; **2.** (*REL*) Konzil *nt*, Versammlung *f*; **Вселе́нский ~** Ökumenisches Konzil *nt*
собра́ние *nt O2* **1.** Versammlung *f*; **конституцио́нное ~** verfassungsgebende Versammlung *f*; **о́бщее ~** Vollversammlung *f*, Generalversammlung *f*; **2.** (*колле́кция*) Sammlung *f*; **по́лное ~ сочине́ний** (*LIT*) Gesamtausgabe *f*
собра́т ⟨*pl*: -тья, -тьев⟩ *m U3* **1.** (*geh*) Mitstreiter *m*; **2.** Kollege *m*; **собра́тья по перу́** Schriftstellerkollegen
собра́ть ⟨*fut*: -беру́, -берёшь⟩ *vt E4a pf* (*impf:* собира́ть) **1.** sammeln, einsammeln; **2.** montieren, zusammenbauen
собра́ться ⟨*fut*: -беру́сь, -берёшься⟩ *vr E4a pf* (*impf:* собира́ться) **1.** beabsichtigen, vorhaben; **2.** zusammenkommen, tagen; **3.** (*гроза́*) aufziehen; **4.** sich bereit machen, sich fertig machen
со́бственник *m K* Eigentümer *m*
со́бственно *adv* eigentlich, im eigentlichen Sinne
собственнору́чный ⟨*kf*: -чен, -чна⟩ *adj* eigenhändig
со́бственность *f I* Eigentum *nt*; **земе́льная ~** Grundbesitz *m*
со́бственный *adj* **1.** eigene(r ,s); **2.** Eigen-; **~ дом** Eigenheim *nt*; **со́бственной персо́ной** höchstpersönlich; **и́мя со́бственное** (*LING*) Eigenname *m*
собути́льник *m K* (*umg*) Saufkumpan *m*
собы́тие *nt O2* Ereignis *nt*; **гла́вное ~** Höhepunkt *m*
сова́ *f A pls* Eule *f*
сова́ть ⟨*präs*: сую́, суёшь⟩ *vt E2 impf* (*pf:* су́нуть) hineinstecken, hineinstopfen; **~ в карма́н** in die Tasche stecken; **~ нос не в свои́ дела́** (*fig*) seine Nase in fremde Angelegenheiten stecken
сова́ться ⟨*präs*: сую́сь, суёшься⟩ *vr E2 impf* (*pf:* су́нуться) sich einmischen; **не су́йся в мои́ дела́!** misch dich nicht in meine Angelegenheiten
соверша́ть *vt E impf* (*pf:* соверши́ть) **1.** vollbringen, bewerkstelligen; **2.** vollziehen; **~ оши́бку** einen Fehler begehen; **~ преступле́ние** ein Verbrechen begehen; **~ путеше́ствие** eine Reise unternehmen
совершенноле́тний *adj* volljährig
соверше́нный ⟨*kf*: -е́нен, -е́нна⟩ *adj* perfekt, vollkommen; **соверше́нно ве́рно** vollkommen richtig
соверше́нство *nt O* Perfektion *f*, Vollkommenheit *f*; **владе́ть чем-ли́бо в соверше́нстве** etw aus dem Effeff beherrschen
соверше́нствовать *vt E2 impf* (*pf:* у-) vervollkommnen, perfektionieren
соверши́ть *vt I pf* (*impf:* соверша́ть) **1.** vollbringen, bewerkstelligen; **2.** vollziehen
со́весть *f I* Gewissen *nt*; **име́ть что-ли́бо на со́вести** etw auf dem Gewissen haben
сове́т *m K* **1.** Rat(-schlag) *m*; **дава́ть ~** einen Rat geben; **проси́ть ~а** um Rat bitten; **послу́шаться ~а** einen Ratschlag beherzigen; **2.** Rat *m*; **~ безопа́сности** Sicherheitsrat *m*; **~ Мини́стров** Ministerrat *m*; **~ общи́ны** Gemeinderat *m*; **~ предприя́тия** Betriebsrat *m*; **~ управля́ющих** Verwaltungsrat *m*; **наблюда́тельный ~** Aufsichtsrat *m*
сове́тник *m K* Berater *m*
сове́товать *v + dat E2 impf* (*pf:* по-) raten, nahelegen; **я тебе́ не сове́тую э́то де́лать** ich rate dir davon ab
сове́товаться *vr E2 impf* (*pf:* по-) (*с кем-ли́бо*) konsultieren, Rücksprache hal-

ten (mit +*dat*)

Сове́тский Сою́з *m K* Sowjetunion *f*

сове́тчик *m K* Ratgeber *m*

совеща́ние *nt O2* Beratung *f*, Besprechung *f*, Konferenz *f*

совмести́мый ⟨*kf*: -и́м⟩ *adj* (*geh*) kompatibel, miteinander vereinbar

совме́стный ⟨*kf*: -тен, -тна⟩ *adj* zusammen, gemeinsam; **совме́стное заявле́ние** gemeinsame Erklärung *f*; **совме́стное предприя́тие** Joint-Venture *nt*; Gemeinschaftsunternehmen *nt*; **совме́стная рабо́та** Gemeinschaftsarbeit *f*

сово́к ⟨*gen sg*: -вка́⟩ *m K e* **1.** Kehrblech *nt*, Schippe *f*; **2.** (*umg*) homo soveticus *m*, Anpasser *m*

совокупле́ние *nt O2* **1.** Vereinigung *f*; **2.** (*geh*) Beischlaf *m*

совоку́пность *f I* Gesamtheit *f*

совпада́ющий *adj* **1.** übereinstimmend, deckungsgleich; **2.** (*MATH*) kongruent

совпа́сть ⟨*nur 3. pers*: -падёт, *p-rät*: -а́л, -ала́⟩ *vi E6a pf* (*impf*: совпада́ть) zusammenfallen, übereinstimmen (mit +*dat*)

соврати́ть ⟨*fut*: -ащу́, -ати́шь⟩ *vt I pf* (*impf*: совраща́ть) **1.** verleiten; **2.** verführen

совраще́ние *nt O2* Verführung *f*

совреме́нник, **совреме́нница** *m K / f A* Zeitgenosse, -genossin *m/f*

совреме́нность *f I* **1.** Gegenwart *f*; **2.** Modernität *f*

совреме́нный ⟨*kf*: -е́нен, -е́нна⟩ *adj* **1.** gegenwärtig, heutig; **2.** augenblicklich, jetzig; **3.** modern, neuartig; **совреме́нное иску́сство** moderne Kunst *f*; **совреме́нная литерату́ра** Gegenwartsliteratur *f*; **4.** zeitgemäß; **совреме́нные техноло́гии** Spitzentechnologie *f*

совсе́м *adv* **1.** ganz; **э́то ~ не то** das ist gar nicht so; **2.** überhaupt; **ты ~ не измени́лся** du hast dich überhaupt nicht verändert

согла́сие *nt O2* **1.** Zusage *f*; **2.** Zustimmung *f*, Einwilligung *f*; **дать своё ~ на что-ли́бо** seine Zustimmung erteilen; (zu +*dat*) **3.** Einvernehmen *nt*, Eintracht *f*; **4.** Konsens *m*; **гражда́нское ~** Burgfrieden *m*; **национа́льное ~** nationaler Konsens *m*

согласи́ться ⟨*fut*: -ашу́сь, -аси́шься⟩ *vr I pf* (*impf*: соглаша́ться) **1.** (*на что-ли́бо*) einwilligen (in +*akk*); **2.** zustimmen; **3.** befürworten, gutheißen

согла́сный ⟨*kf*: -сен, -сна⟩ *adj* **I.** einverstanden; **II.** *m wie adj* (*LING*) Konsonant *m*

согласова́ние *nt O2* **1.** Abstimmung *f*; **2.** (*LING*) Kongruenz *f*

согласо́ванный ⟨*kf*: -ан⟩ *adj* **1.** abgestimmt, koordiniert; **2.** (*LING*) kongruent

согласова́ть *vt E2 pf* (*impf*: согласо́вывать) abstimmen, absprechen, vereinbaren

соглаша́ться *vr E impf* (*pf*: согласи́ться) **1.** (*на что-ли́бо*) zustimmen, einwilligen (in +*akk*); **2.** (*с чем-ли́бо*) befürworten, gutheißen, eingehen (auf +*akk*)

соглаше́ние *nt O2* **1.** Vereinbarung *f*, Übereinkunft *f*, Abmachung *f*; **2.** (*JUR*) Abkommen *nt*, Vertrag *m*; **долгосро́чное ~** langfristiges Abkommen *nt*; **трудово́е ~** Werkvertrag *m*; **Маастре́хтские соглаше́ния** Maastrichter Verträge *pl*; **заключа́ть ~** eine Abmachung treffen

согну́ть *vt E1 pf* (*impf*: гнуть, сгиба́ть) krümmen, biegen

согражда́нин, **согражда́нка** ⟨*nom pl m*: -ане⟩ *m U2 / f A* Mitbürger, -in *m/f*

согрева́ть *vt E impf* (*pf*: согре́ть) aufwärmen, erwärmen

согреши́ть *vi I pf* (*impf*: греши́ть) **1.** sündigen; **2.** (*проти́в чего́-ли́во*) verstoßen (gegen +*akk*)

соде́йствие *nt O2* **1.** Förderung *f*; **2.** Unterstützung *f*, Beistand *m*

соде́йствовать *v + dat E2 impf/pf* (*pf*: по-) fördern, unterstützen

содержа́ние *nt O2* **1.** Inhalt *m*, Aussage *f*; **основно́е ~** Hauptinhalt *m*; **2.** Gehalt *m*, Konzentration *f*; **~ вре́дных веще́ств** Schadstoffbelastung *f*; **~ жи́ра** Fettgehalt *m*; **3.** (*ÖKON*) Bezug *m*; **4.** Unterhalt *m*, Führung *f*

содержа́тельный ⟨*kf*: -лен, -льна⟩ *adj* **1.** gehaltvoll; **2.** inhaltlich, stofflich

содержа́ть ⟨*präs*: -держу́, -де́ржишь⟩ *vt I impf* **1.** unterhalten, finanzieren; **2.** instandhalten; **3.** aushalten; **4.** enthalten, beinhalten

со́довая *f wie adj* Sodawasser *nt*

содрога́ться *vr E impf* (*pf*: содрогну́ться) **1.** beben, schwanken; **2.** schaudern, erzittern

содру́жество *nt O* Gemeinschaft *f*; **~ Незави́симых Госуда́рств** Gemeinschaft *f* unabhängiger Staaten, GUS *f*

соедине́ние *nt O2* **1.** Vereinigung *f*; **2.** Verbindung *f*, Kopplung *f*

Соединённые Шта́ты Аме́рики *pl K* Vereinigte Staaten von Amerika *pl*, USA *pl*

соедини́тельный *adj* **1.** verbindend; **2.** Binde-; **соедини́тельная тка́нь**

(*ANAT*) Bindegewebe *nt*
соедини́ть *vt I pf* (*impf:* соединя́ть) verbinden, anfügen (an *+akk*); **вас непра́вильно соедини́ли** Sie sind falsch verbunden
сожале́ние *nt O2* **1.** Reue *f*; **2.** Bedauern *nt*; **досто́йный сожале́ния** bedauernswert, bemitleidenswert; **к сожале́нию** leider, bedauerlicherweise
сожале́ть *vi E impf* (*о ком-ли́бо/чём-ли́во*) bedauern, jdm leid tun; **я и́скренне сожале́ю об э́том** das tut mir aufrichtig leid
созва́ть ⟨*fut*: -зову́, -зовёшь⟩ *vt E4a pf* (*impf:* созыва́ть) **1.** zusammenrufen, einladen; **2.** einberufen
созве́здие *nt O2* Gestirn *nt*, Sternbild *nt*
создава́ть ⟨*präs*: -даю́, -даёшь⟩ *vt E3 impf* (*pf:* созда́ть) **1.** schaffen, ins Leben rufen, aufbauen; **2.** schaffen, schöpfen, kreieren
созерца́ть *vt E impf* (*geh*) betrachten, anschauen
созида́ть *vt E impf* schöpfen, kreieren
созна́ние *nt O2* **1.** Bewußtsein *nt*; **обще́ственное** [*о* **ма́ссовое**]~ öffentliches Bewußtsein *nt*; **2.** Besinnung *f*; **без созна́ния** bewußtlos, besinnungslos
созна́тельный ⟨*kf*: -лен, -льна⟩ *adj* **1.** bewußt; **2.** absichtlich
созрева́ть *vi E impf* (*auch fig*) reifen
созре́вший *adj* reif
созре́ть *vi E pf* (*impf:* зреть) reifen, reif werden
созы́в *m K* Einberufung *f*
созыва́ть *vt E impf* (*pf:* созва́ть) **1.** zusammenrufen, einladen; **2.** einberufen
соизво́лить *vi I pf* (*impf:* соизволя́ть) geruhen
соиска́тель *m K1* **1.** Bewerber (um die Doktorwürde) *m*; **2.** Antragsteller *m*
со́йка *f A* Häher *m*
сойти́ ⟨*fut*: -йду́, -йдёшь⟩ *vi E7 pf* (*impf:* сходи́ть) **1.** hinuntergehen; **2.** fortgehen, weggehen; **~ с ре́льсов** entgleisen; **~ с ума́** den Verstand verlieren; **3.** (*за кого́-ли́бо*) gelten (als *+nom*); **молчи́ - за у́много сойдёшь** wenn der Dumme schweigt, gilt er für klug
сок ⟨*gen sg*: -а,-у⟩ *m K* Saft *m*; **фрукто́вый ~** Fruchtsaft *m*; **я́блочный ~** Apfelsaft *m*; **выжима́ть из кого́-ли́бо все ~и** (*fig*) jdn gewissenlos ausbeuten
со́кол *m K* Falke *m*
сократи́ть ⟨*fut*: -ащу́, -ати́шь⟩ *vt I pf* (*impf:* сокраща́ть) **1.** kürzen, abkürzen; **2.** verringern, senken, reduzieren; **~ вое́нные расхо́ды** die Militärausgaben senken; **~ произво́дство** die Produktion drosseln; **~ шта́ты** Personal abbauen; **~ слова́** Wörter abkürzen; **3.** (*MATH: дробь*) kürzen
сокраще́ние *nt O2* **1.** (Ab-)Kürzung *f*; **2.** Senkung *f*, Kürzung *f*; **~ ассигнова́ний** Kürzung *f* der Haushaltsmittel; **~ вооруже́ний** Abrüstung *f*; **~ персона́ла** [*о* **шта́тов**] Personalabbau *m*; **3.** (*LING*) Abkürzung *f*
сокращённый *adj* abgekürzt, gesenkt; **~ рабо́чий день** [*о* **сокращённая рабо́чая неде́ля**] Kurzarbeit *f*
сокро́вище *nt O1* **1.** Schatz *m*; **2.** (*fig*) Schatz *m*, Goldstück *nt*, Juwel *nt*
солга́ть ⟨*fut*: -лгу́, -лжёшь⟩ *vi E4 pf* (*impf:* лгать) **1.** lügen; **2.** (*кому́-ли́бо*) belügen
солда́т ⟨*gen pl*: солда́т⟩ *m K* Soldat *m*
солева́рня *f A1* Saline *f*
солёный ⟨*kf*: -ён, -ёна⟩ *adj* gesalzen, salzig; **солёная вода́** Salzwasser *nt*
солида́рность *f I* Solidarität *f*; **проявля́ть ~ с кем-ли́бо** sich solidarisieren (mit *+dat*)
солида́рный ⟨*kf*: -рен, -рна⟩ *adj* solidarisch
соли́дный ⟨*kf*: -ден, -дна⟩ *adj* **1.** solide; **2.** (*fig*) beachtlich; **соли́дные зна́ния** beachtliches Wissen *nt*
соли́ст, **соли́стка** *m K / f A* Solist, -in *m/f*
соли́ть ⟨*präs*: солю́, со́лишь⟩ *vt I impf* (*pf:* за-, по-) **1.** salzen; **2.** pökeln
со́лнечный ⟨*kf*: -чен, -чна⟩ *adj* **1.** sonnig; **2.** Solar-; **со́лнечная батере́я** Solarzelle *f* **3.** Sonnen-; **со́лнечное затме́ние** Sonnenfinsternis *f*, **~ зо́нтик** Sonnenschirm *m*; **со́лнечные очки́** Sonnenbrille *f*; **со́лне́ные часы́** Sonnenuhr *f*; **со́лнечная эне́ргия** Sonnenenergie *f*
со́лнце *nt O* Sonne *f*
со́ло *nt indekl* **I.** (*MUS*) Solo *nt*; **II.** *adv* solo, allein
солове́й ⟨*gen sg*: -вья́⟩ *m K2 e* Nachtigall *f*
со́лод ⟨*gen sg*: -а, -у⟩ *m K* Malz *nt*
соло́ма *f A* Stroh *nt*
соло́менный *adj* Stroh-; **соло́менная вдова́** Strohwitwe *f*; **~ вдове́ц** Strohwitwer *m*; **соло́менная кры́ша** Strohdach *nt*
соло́минка *f A* **1.** Strohhalm *m*; **2.** Trinkhalm *m*
соло́нка *f A* Salzstreuer *m*
соль *f I* **1.** Salz *nt*; **2.** (*fig*) Pointe *f*
соля́рий *m K2* Solarium *nt*
сомнева́ться *vr E impf* (*в ком-ли́бо/чём-ли́бо*) zweifeln (an *+dat*)
сомне́ние *nt O2* Zweifel *m*, Bedenken *pl*; **ста́вить под ~** in Frage stellen, bezwei-

feln; **что́бы не допуска́ть никаки́х сомне́ний** um keine Zweifel aufkommen zu lassen
сомни́тельный ⟨*kf*: -лен, -льна⟩ *adj* zweifelhaft, fraglich, obskur
сон ⟨*gen sg*: сна⟩ *m K* **1.** Schlaf *m*; **2.** Traum *m*; **ужа́сный ~** Alptraum *m*; **перед ~ом** vor dem Schlafengehen
сона́та *f A* Sonate *f*
соне́т *m K* Sonett *nt*
со́нный ⟨*kf*: -нен, -нна⟩ *adj* schläfrig, schlaftrunken
со́ня *mf A1* **1.** Schlafmütze *f*; **2.** Langschläfer, -in *m/f*
сообража́ть *vi E impf* (*pf:* сообрази́ть) (*umg*) kapieren, begreifen; **ме́дленно/ту́го/пло́хо ~** langsam/schwer/schlecht begreifen
соображе́ние *nt O2* Überlegung *f*, Erwägung *f*
сообрази́тельность *f I* Aufnahmefähigkeit *f*, Auffassungsgabe *f*
сообща́ *adv* gemeinsam, miteinander; **де́йствовать ~** an einem Strang ziehen
сообща́ть *vt E impf* (*pf:* сообщи́ть) **1.** mitteilen, melden; **как сообща́ют** wie verlautet **2.** anzeigen
сообща́ющийся *adj* mitteilend, kommunizierend; **сообща́ющиеся сосу́ды** (*PHYS*) kommunizierende Röhren
сообще́ние *nt O2* **1.** Mitteilung *f*, Nachricht *f*, Bescheid *m*; **пренеприя́тное ~** Hiobsbotschaft *f*; **2.** Verkehr *m*; **возду́шное ~** Flugverkehr *m*; **ме́стное ~** Nahverkehr *m*; **регуля́рное ~** Linienverkehr *m*
со́общество *nt O2* Gemeinschaft *f*; **Европе́йское ~** Europäische Union *f*, EU *f*; **мирово́е ~** Völkergemeinschaft *f*
сообщи́ть *vt I pf* (*impf:* сообща́ть) **1.** mitteilen, melden; **2.** anzeigen
со́общник, со́общница *m K / f A* Komplize, Komplizin *m/f*
соорудить ⟨*fut*: -ужу́, -уди́шь⟩ *vt I pf* (*impf:* сооружа́ть) bauen, erbauen, errichten
сооруже́ние *nt O2* Bauwerk *nt*, Anlage *f*; **спорти́вные сооруже́ния** Sportanlage *f*
соотве́тственно *adv* **1.** übereinstimmend; **2.** dementsprechend
соотве́тствие *nt O2* Übereinstimmung *f*; **перево́дческое ~** übersetzerische Übereinstimmung *f*, Äquivalenz *nt*
соотве́тствовать *v + dat E2 impf* jdm/etw entsprechen, übereinstimmen (mit *+dat*)
соотве́тствующий *adj* **1.** entsprechend, betreffend, jeweilig; **2.** einschlägig; **3.** angemessen
сооте́чественник *m K* Landsmann *m*
соотноше́ние *nt O2* Relation *f*, Verhältnis *nt*, Proportion *f*; **~ сто́имости и ка́чества** Preis-Leistungs-Verhältnis *nt*
сопе́рник, сопе́рница *m K / f A* Rivale, Rivalin *m/f*, Kontrahent, -in *m/f*; **быть досто́йным сопе́рником для кого́-ли́бо** es aufnehmen können (mit *+dat*)
сопе́рничать *vi E impf* (*с кем-ли́бо*) wetteifern, konkurrieren (mit *+dat*)
сопе́рничество *nt O* Rivalität *f*
сопе́ть ⟨*präs*: -плю́, -пи́шь⟩ *vi I impf* schnauben, schnaufen
со́пли ⟨*gen pl*: сопле́й⟩ *f pl I e2* (*vulg*) Rotz *m*
со́пло *nt O pls* Düse *f*
сопостави́мый ⟨*kf*: -и́м⟩ *adj* vergleichbar
сопоста́вить ⟨*fut*: -влю, -вишь⟩ *vt I pf* (*impf:* сопоставля́ть) gegenüberstellen, konfrontieren
сопоставле́ние *nt O2* **1.** Gegenüberstellung *f*, Konfrontation *f*; **2.** Vergleich *m*
сопра́но *nt indekl* **1.** Sopran *m*; **2.** Sopranistin *f*
сопроводи́тельный *adj* begleitend; **сопроводи́тельное письмо́** Begleitschreiben *nt*
сопроводи́ть ⟨*fut*: -ожу́, -оди́шь⟩ *vt I pf* (*impf:* сопровожа́ть) begleiten, geleiten
сопровожда́ющий *m wie adj* **1.** Begleiter, -in *m/f*, Begleitperson *f*; **2.** Reiseleiter, -in *m/f*; **3.** Reisebegleiter, -in *m/f*, Betreuer, -in *m/f*; **сопровожда́ющие ли́ца** Begleitpersonen *f pl*, Begleitung *f*
сопровожде́ние *nt O2* **1.** Begleitung *f*; **2.** (*MIL*) Geleit *nt*, Geleitschutz *m*; **3.** (*MUS*) Begleitung *f*
сопротивле́ние *nt O2* Widerstand *m*; **~ во́здуха** Luftwiderstand *m*; **оказа́ть ~** Widerstand leisten
сопротивля́ться *v + dat E impf* sich auflehnen (gegen *+akk*)
сопу́тствовать *v + dat E2 impf* begleiten; **ему́ сопу́тствует успе́х** er wird von Erfolg begleitet; **их пла́нам сопу́тствует уда́ча** ihre Pläne werden vom Glück begünstigt
сорване́ц ⟨*gen sg*: -нца́⟩ *m K e* (*umg*) Schlingel *m*, Bengel *m*
сорва́ть ⟨*fut*: -ву́, -вёшь⟩ *vt E4 pf* (*impf:* рва́ть, срыва́ть) **1.** abbrechen, abreißen; **2.** vereiteln, zum Scheitern bringen; **3.** (*fig*) abladen, entladen
соревнова́ние *nt O2* (*SPORT*) Wettkampf *m*
сориенти́роваться *vr E2 pf* (*impf:* ориенти́роваться) sich orientieren

сорня́к *m K e* Unkraut *nt*
со́рок ⟨*gen*: -á⟩ *num* vierzig
соро́ка *f A* Elster *f*; **~-воро́вка** (*auch fig*) diebische Elster *f*
соро́чка *f A* (Ober-)Hemd *nt*; **ночна́я ~** Nachthemd *nt*; **он в соро́чке роди́лся** (*fig*) er ist ein Sonntagskind
сорт ⟨*nom pl*: -á⟩ *m K ple* **1.** Sorte *f*, Art *f*; **2.** Güteklasse *f*
сортирова́ть *vt E2 impf* (*pf:* рас-) sortieren
соса́ть ⟨*präs*: сосу́, сосёшь⟩ *vt E4 impf* lutschen, saugen (an *+dat*)
сосе́д, **сосе́дка** *m K / f A* Nachbar, -in *m/f*
сосе́дний *adj* benachbart, nachbarlich; **~ дом** Nachbarhaus *nt*; **сосе́дняя ко́мната** Nachbarzimmer *nt*
сосе́дство *nt O* Nachbarschaft *f*; **по сосе́дству** in der Nachbarschaft, nebenan
соси́ска *f A* Bockwurst *f*
со́ска *f A* **1.** Schnuller *m*; **2.** Sauger *m*
соска́бливать *vt E impf* (*pf:* соскобли́ть) abkratzen, abreiben
соска́кивать *vi E impf* (*pf:* соскочи́ть) **1.** abspringen; **2.** (*umg*) plötzlich verschwinden
соска́льзывать *vi E impf* (*pf:* соскользну́ть) abrutschen
соско́к *m K* Absprung *m*
соскрести́ ⟨*fut*: -ребу́, -ребёшь⟩ *vt E6a pf* (*impf:* соскреба́ть) abkratzen, abschaben
сосла́ть ⟨*fut*: сошлю́, сошлёшь⟩ *vt E4 pf* (*impf:* ссыла́ть) verbannen
сосла́ться ⟨*fut*: сошлю́сь, сошлёшься⟩ *vr E4 pf* (*impf:* ссыла́ться) (*на что-ли́бо*) hinweisen, sich berufen (auf *+akk*)
сосна́ *f A pls* (*BOT*) Kiefer *f*; **обыкнове́нная ~** Föhre *f*
сосо́к ⟨*gen sg*: -ска́⟩ *m K e* Brustwarze *f*
сосредоточе́ние *nt O2* **1.** Konzentration *f*; **2.** Ansammlung *f*; **3.** (*MIL*) Aufmarsch *m*
сосредото́ченность *f I* Konzentrationsfähigkeit *f*
сосредото́чивать *vt E impf* (*pf:* сосредото́чить) konzentrieren; **~ своё внима́ние на чём-ли́бо** sich konzentrieren (auf *+akk*)
соста́в *m K* **1.** Zusammensetzung *f*, Bestand *m*; **~ правле́ния** Zusammensetzung *f* des Vorstandes; **социа́льный ~ о́бщества** Sozialstruktur *f*; **хими́ческий ~** chemische Zusammensetzung *f*; **2.** (*THEAT*) Besetzung *f*; **объя́вленный ~ уча́стников** (*SPORT*) nominiertes Aufgebot *nt*; **ли́чный ~** (*MIL*) Personalbestand *m*
соста́вить ⟨*fut*: -влю́, -вишь⟩ *vt I pf* (*impf:* составля́ть) **1.** erstellen, zusammenstellen; **2.** erarbeiten, ausfertigen; **3.** bilden, ausmachen; **э́то не соста́вит тебе́ осо́бого труда́** das wird dir keine besondere Mühe bereiten; **4.** (*о коли́честве*) betragen, sich belaufen (auf *+akk*); **~ большинство́** die Mehrheit bilden; **~ компа́нию кому́-ли́бо** jdm Gesellschaft leisten
составно́й *adj* Bestand-; **составна́я часть** Bestandteil *m*
состоя́ние *nt O2* **1.** Zustand *m*, Beschaffenheit *f*; **~ ду́ха** Geisteszustand *m*; **~ здоро́вья** Gesundheitszustand *m*; **не в состоя́нии** außerstande; **в состоя́нии алкого́льного опьяне́ния** unter Alkoholeinfluß; **2.** Vermögen *nt*, Besitz *m*; **завеща́ть кому́-ли́бо всё своё ~** jdm sein ganzes Vermögen hinterlassen
состоя́тельный ⟨*kf*: -лен, -льна⟩ *adj* **1.** vermögend, wohlhabend, begütert; **2.** stichhaltig, begründet
состоя́ть ⟨*präs*: -ою́, -ои́шь⟩ *vi I impf* **1.** (*из чего́-ли́бо*) bestehen (aus *+dat*); **2.** (*в чём-ли́бо*) bestehen (in *+dat*)
состоя́ться ⟨*fut*: -ою́сь, -ои́шься⟩ *vr I pf* **1.** stattfinden; **2.** (*как кто-ли́бо*) bestehen, anerkannt werden (als *+nom*)
сострада́ние *nt O2* Erbarmen *nt*
состри́ть *vi I pf* (*impf:* остри́ть) witzeln, (geistreiche) Witze machen
состяза́ние *nt O2* Wettkampf *m*, Wettlauf *m*
сосу́д *m K* Gefäß *nt*, Behälter *m*; **гли́няный ~** Tongefäß *nt*; **кровено́сный ~** (*ANAT*) Blutgefäß *nt*
сосу́лька *f A* (*ледяна́я*) Eiszapfen *m*
сосчита́ть *vt E pf* (*impf:* счита́ть) **1.** zählen; **2.** rechnen
сотвори́ть *vt I pf* (*impf:* твори́ть) **1.** schöpfen, schaffen; **2.** vollbringen, verwirklichen
сотру́дник, **сотру́дница** *m K / f A* Mitarbeiter, -in *m/f*; **~ уголо́вной поли́ции** Kriminalbeamte(r), -beamtin *m/f*
сотру́дничать *vi E impf* **1.** zusammenarbeiten; **2.** mitarbeiten, mitwirken
сотру́дничество *nt O* **1.** Zusammenarbeit *f*, Kooperation *f*; **2.** Mitarbeit *f*
сотрясе́ние *nt O2* Erschütterung *f*; **~ мо́зга** (*MED*) Gehirnerschütterung *f*
со́ты *pl K* (*пчели́ные*) Bienenwaben *f pl*
со́тый *num ord* hundertste(r, s); **одна́ со́тая** Hundertstel *nt*
со́ус ⟨*gen sg*: -а,-у⟩ *m K* Sauce *f*
соуча́стник, **соуча́стница** *m K / f A* Mittäter, -in *m/f*, Gehilfe, Gehilfin *m/f*
соучени́к, **соучени́ца** *m K / f A*

Mitschüler, -in *m/f*
сохране́ние *nt O2* **1.** Erhalt *m*, Bewahrung *f*; ~ **и созда́ние рабо́чих мест** Erhalt *m* und Schaffung *f* von Arbeitsplätzen; **2.** Erhaltung *f*, Fortbestand *m*, Fortdauer *f*
сохрани́ть *vt I pf* (*impf:* сохраня́ть) **1.** aufbewahren; **2.** beibehalten; **3.** wahren; ~ **ве́рность кому́-ли́бо** jdm die Treue halten; ~ **в та́йне** geheimhalten; ~ **споко́йствие** Ruhe bewahren
социа́л-демокра́т *m K* Sozialdemokrat *m*
социали́зм *m K* Sozialismus *m*
социали́ст *m K* Sozialist *m*
социалисти́ческий *adj* sozialistisch
социа́льный *adj* **1.** sozial; **2.** Sozial-; **социа́льные вы́платы** Sozialleistungen *pl*; **социа́льное госуда́рство** Sozialstaat *m*; **социа́льная защи́та** soziale Absicherung *f*; **социа́льные нау́ки** Sozialwissenschaften *pl*; **социа́льная поли́тика** Sozialpolitik *f*; ~ **рабо́тник** Sozialarbeiter *m*; **социа́льное страхова́ние** Sozialversicherung *f*
социо- *präfix* sozio-, Sozio-
социокульту́рный *adj* soziokulturell
социо́лог *m K* Soziologe *m*
социологи́ческий *adj* **1.** soziologisch; **2.** demoskopisch; ~ **вопро́с** Meinungsumfrage *f*
социоло́гия *f A2* **1.** Soziologie *f*, **2.** Demoskopie *f*
со́циум *m K* (*geh*) Sozius *m*
соче́льник *m K* Heiligabend *m*
сочета́ние *nt O2* **1.** Verbindung *f*, Kombination *f*; **2.** Paarung *f*
сочета́ть *vt E impf/pf* verbinden, kombinieren
сочине́ние *nt O2* **1.** Abhandlung *f*, Aufsatz *m*; **2.** Verfassen *nt*; **3.** Komponieren *nt*
со́чный ⟨*kf*: -чен, -чна́, -чно, со́чны́⟩ *adj* **1.** saftig; **2.** kraftvoll
сочу́вственный ⟨*kf*: -вен, -венна⟩ *adj* mitleidig
сочу́вствие *nt O2* **1.** Mitgefühl *nt*, Mitleid *nt*; **2.** Sympathie *f*
сочу́вствовать *v + dat E2 impf* (*pf:* по-) bemitleiden, Mitleid haben (mit *+dat*)
сочу́вствующий *m wie adj* Sympathisant *m*
со́шка *f A* Gewehrständer *m*; **ме́лкая со́шка** (*umg:fig*) kleine Fische
сою́з *m K* **1.** Verband *m*, Verein *m*; **тво́рческий** ~ Künstlerverband *m*; **2.** Bund *m*, Union *f*, Bündnis *nt*; **3.** (*umg*) Sowjetunion *f*; **4.** (*LING*) Konjunktion *f*
сою́зник *m K* Verbündeter *m*, Alliierter *m*
спад *m K* **1.** Rückgang *m*; ~ **произво́дства** rückläufige Produktion *f*; **экономи́ческий** ~ Rezession *f*, Talfahrt *f*; **2.** Rückschlag *m*
спа́льный *adj* Schlaf-; ~ **ваго́н** Schlafwagen *m*; ~ **костю́м** Schlafanzug *m*; ~ **мешо́к** Schlafsack *m*; ~ **райо́н** Wohngebiet *nt*
спа́льня *f A1* Schlafzimmer *nt*
спа́ржа *f A* Spargel *m*
спа́ривание *nt O2* Begattung *f*, Paarung *f*
спа́ривать *vt E impf* (*pf:* спа́рить) paaren
спарта́нский *adj* spartanisch; **вести́ ~ о́браз жи́зни** spartanisch leben
Спас *m K* Heiland *m*
спаса́тель *m K1* **1.** Retter *m*, Mitglied *m* einer Bergungsmannschaft; **2.** (*на воде́*) Rettungsschwimmer *m*
спаса́тельный ⟨*kf*: -лен, -льна⟩ *adj* Rettungs-; ~ **круг** Rettungsring *m*; **спаса́тельная рабо́та** Bergung *f*; **спаса́тельная шлю́пка** Rettungsboot *nt*
спаса́ть *vt E impf* (*pf:* спасти́) **1.** retten, erlösen; **2.** bergen; ~ **свою́ шку́ру** die eigene Haut retten
спасе́ние *nt O2* **1.** Rettung *f*; **2.** Bergung *f*
спаси́бо *part* **I.** danke! **~, не на́до!** nein, danke! **II.** *nt indekl* Dank *m*; **большо́е ~!** vielen Dank
спаси́тель *m K1* **1.** Retter *m*; **2.** (*REL*) Messias *m*
спасова́ть *vi E2 pf* (*impf:* пасова́ть) **1.** passen, aufgeben; **2.** (*SPORT*) passen
спасти́ ⟨*fut*: спасу́, спасёшь⟩ *vt E6 pf* (*impf:* спаса́ть) **1.** retten, erlösen; **2.** bergen
спать ⟨*präs*: сплю, спишь, *prät*: спал, спала́, спа́ло⟩ *vi I impf* **1.** schlafen; **ложи́ться** ~ zu [*o* ins]Bett gehen **2.** (*с кем-ли́бо*) schlafen (mit *+dat*)
СП [1] *abk von* совме́стное предприя́тие *nt* Joint-venture *nt*, Gemeinschaftsunternehmen *nt*
СП [2] *abk von* Сою́з Писа́телей *m* Schriftstellerverband *m*
спекта́кль *m K1* **1.** Aufführung *f*; **2.** (*fig*) Spektakel *nt*, Theater *nt*
спектр *m K* **1.** Spektrum *nt*; **2.** Streubreite *f*
спекули́ровать *vi E2 impf* (*pf:* спекульну́ть) **1.** schieben, spekulieren; **2.** (*fig*) spekulieren, rechnen (auf *+akk*)
спекуля́нт *m K* **1.** Schwarzhändler *m*; **2.** Spekulant *m*; **би́ржевый** ~ Börsenspekulant *m*
спекуля́ция *f A2* **1.** Schwarzhandel *m*, Schiebung *f*; **2.** (*fig*) Spekulation *f*, Mutmaßung *f*
сперва́ *adv* (*umg*) anfangs, zuerst, zu-

nächst
спéрма *f A* Sperma *nt*
спёртый ⟨*kf*: спёрт⟩ *adj* (*umg*) stickig, muffig
спеси́вый ⟨*kf*: -и́в⟩ *adj* **1.** hochmütig; **2.** protzig
специализáция *f A2* Spezialisierung *f*
специализи́ровать *vi E2 impf/pf* sich spezialisieren
специали́ст *m K* **1.** Spezialist *m*, Fachmann *m*, Experte *m*; **молодóй ~** Berufsanfänger *m*; **ýзкий ~** Fachidiot *m*; **2.** (*umg*) Könner *m*, Meister *m*; **3.** (*MED*) Facharzt *m*
специáльно *adv* eigens, extra
специáльный ⟨*kf*: -лен, -льна⟩ *adj* Spezial-, Sonder-, Fach-; **специáльные знáния** Fachkenntnisse *pl*; **специáльная литератýра** Fachliteratur *f*; **специáльная óбласть знáния** Fachbereich *m*; **специáльная подготóвка** fachliche Ausbildung *f*; **специáльная организáция ООН** UNO-Sonderorganisation *f*; **~ язы́к** Fachsprache *f*
специфи́ческий *adj* spezifisch
спецслýжба *f A* Geheimdienst *m*
спеши́ть *vi I impf* (*pf*: по-) eilen, sich beeilen; **мне нéкуда ~** ich habe es nicht eilig; **поспеши́шь- людéй несмеши́шь!** eile mit Weile! **не ~ с чем-ли́бо** sich Zeit nehmen (für *+akk*)
спéшка *f A* Eile *f*, Hast *f*
спéшный ⟨*kf*: -шен, -шна⟩ *adj* eilig, hastig; **в спéшном поря́дке** im Eilverfahren
СПИД *m K* Aids
спидóметр *m K* Kilometerzähler *m*
спи́кер *m K* **1.** Parlamentspräsident *m*; **2.** Parlamentssprecher *m*
спинá ⟨*akk sg*: спи́ну⟩ *f A pls* Rücken *m*; **за чьей-ли́бо спинóй** hinter jds Rükken; **говори́ть что-ли́бо о ком-ли́бо за егó спинóй** jdm etw nachsagen; **в спи́ну** hinterrücks; **гнуть спи́ну перед кем-ли́бо** katzbuckeln (vor *+dat*)
спи́нка *f A* **1.** Rückenlehne *f*; **2.** Rückenteil *nt*
спирáль *f I* Spirale *f*
спирт *m K* Spiritus *m*; **нашаты́рный ~** Franzbranntwein *m*; **сухóй ~** Brennspiritus *m*
спиртóвка *f A* Spirituskocher *m*
списáние *nt O2* Abschreibung *f*; **~ со счёта** Abbuchung *f*
списáть ⟨*fut*: спишý, спи́шешь⟩ *vt E4 pf* (*impf*: спи́сывать) abschreiben; **~ со счёта** abbuchen
спи́сок ⟨*gen sg*: -ска⟩ *m K* Liste *f*, Aufstellung *f*; **~ литератýры** Literaturverzeichnis *nt*; **~ очереднико́в** Wartelise *f*; **~ сокращéний** Abkürzungsverzeichnis *nt*; **~ разы́скиваемых** Fahndungsliste *f*
спи́ца *f A* **1.** Stricknadel *f*; **2.** (Rad-)Speiche *f*; **пя́тая ~ в колесни́це** (*fig*) das fünfte Rad am Wagen
спи́чка *f A* Streichholz *nt*, Zündholz *nt*
сплав [1] *m K* Flößerei *f*
сплав [2] *m K* **1.** Legierung *f*; **2.** (*fig*) Verbindung *f*
сплéтник, **сплéтница** *m K / f A* Klatschbase *f*
сплéтничать *vi E impf* klatschen, tratschen
сплоховáть *vi E2 pf* sich eine Blöße geben, einen Fehler machen
сплочéние *nt O2* Zusammenschluß *m*
сплошнóй *adj* **1.** durchgehend; **2.** lückenlos
сплошь *adv* **1.** ununterbrochen; **2.** ausnahmslos; **э́то встречáется ~ и ря́дом** das ist gang und gäbe
спокóйный ⟨*kf*: -óен, -óйна⟩ *adj* **1.** ruhig, geruhsam; **2.** (*мéдленный*) gemächlich; **3.** (*вы́держанный*) gefaßt
спокóйствие *nt O2* Ruhe *f*; **сохраня́ть ~** Ruhe bewahren
сполáскивать *vt E impf* (*pf*: сполоснýть) abspülen
спонси́ровать *vt E2 impf/pf* sponsern, fördern
спóнсор *m K* Sponsor *m*, Geldgeber *m*
спонтáнность *f I* Spontaneität *f*
спонтáнный ⟨*kf*: -áнен, -áнна⟩ *adj* spontan
спор ⟨*gen sg*: -а,-у⟩ *m K* **1.** Streit *m*, Auseinandersetzung *f*; **2.** (*JUR*) Streitfall *m*, Rechtsstreit *m*
спóрить *vi I impf* (*pf*: поспóрить) streiten
спори́ться ⟨*nur 3. pers*: -ится⟩ *vr I impf* (*о рабóте*) gut vorangehen
спóрный ⟨*kf*: -рен, -рна⟩ *adj* strittig, kontrovers, umstritten; **~ ворпóс** Streitfrage *f*
спорт *m K* Sport *m*; **мáссовый ~** Breitensport *m*; **пáрусный ~** Segelsport *m*; **~ высóких достижéний** Leistungssport *m*
спортзáл *m K* Turnhalle *f*
спорти́вный ⟨*kf*: -вен, -вна⟩ *adj* **1.** sportlich; **2.** Sport-
спортплощáдка *f A* Sportplatz *m*
спортсмéн, **спортсмéнка** *m K / f A* Sportler, -in *m/f*, Athlet, -in *m/f*
спóсоб *m K* **1.** Art und Weise *f*; **2.** (*LING*) Modus *m*
спосóбность *f I* **1.** Fähigkeit *f*, Befähigung *f*; **2.** Neigung *f*, Talent *nt*
спосóбный ⟨*kf*: -бен, -бна⟩ *adj* **1.** fähig; **быть спосóбным на что-ли́бо** fähig

sein (zu *+dat*); **де́лать спосо́бным на что-ли́бо** befähigen (zu *+dat*) **2.** (*тала́нтливый*) begabt

спосо́бствовать *v + dat E2 impf* (*pf:* по-) fördern, begünstigen

споткну́ться *vi E1 pf* (*impf:* спотыка́ться) holpern, stolpern, straucheln

спра́ва *adv* rechts

справедли́вость *f I* Gerechtigkeit *f*; **справедли́вости ра́ди** der Gerechtigkeit wegen

справедли́вый ⟨*kf*: -и́в⟩ *adj* **1.** gerecht; **2.** berechtigt

спра́вить ⟨*fut*: -влю, -вишь⟩ *vt I pf* (*impf:* справля́ть) **1.** feiern, begehen; **2.** erwerben, kaufen

спра́виться ⟨*fut*: влюсь, -вишься⟩ *vr I pf* (*impf:* справля́ться) **1.** (*с чем-ли́бо*) zurechtkommen (mit *+dat*); **2.** bewältigen, meistern; **3.** sich informieren (über *+akk*); **4.** sich erkundigen (nach *+dat*); **5.** nachschlagen, nachsehen

спра́вка *f A* **1.** Auskunft *f*, Bescheid *m*; **дать спра́вку** Auskunft erteilen, Bescheid geben; **обраща́ться за спра́вкой к кому́-ли́бо** Auskunft einholen (bei *+dat*) **2.** Bescheinigung *f*

спра́вочник *m K* Nachschlagewerk *nt*, Handbuch *nt*; **железнодоро́жный ~** Kursbuch *nt*

спра́шивать *vt E impf* (*pf:* спроси́ть) **1.** fragen; **2.** abfragen; **~ с кого́-ли́бо** jdn zur Rede stellen

спрессова́ть *vt E2 pf* (*impf:* прессова́ть) pressen, drücken

спринт *m K* (*SPORT*) Sprint *m*, Kurzstreckenlauf *m*

спрова́дить ⟨*fut*: -а́жу́, -а́дишь⟩ *vt I pf* (*impf:* спрова́живать) (*umg*) kurz abfertigen, hinauskomplimentieren

спровоци́ровать *vt E2 pf* (*impf:* провоци́ровать) provozieren

спроеци́ровать *vt E2 pf* (*impf:* проеци́ровать) projizieren

спрос ⟨*gen sg*: -а,-у⟩ *m K* Nachfrage *f*; **по́льзующийся ~ом** gefragt

спроси́ть ⟨*fut*: спрошу́, спро́сишь⟩ *vt I pf* (*impf:* спра́шивать) fragen

спры́гивать *vi E impf* (*pf:* спры́гнуть) abspringen, hinunterspringen

спряга́ть *vt E impf* (*pf:* про-) konjugieren

спряже́ние *nt O2* Konjugation *f*

спря́тать ⟨*fut*: -я́чу, -я́чешь⟩ *vt E4 pf* (*impf:* пря́тать) **1.** verstecken; **2.** einstekken

спря́таться ⟨*fut*: -я́чусь, -я́чешься⟩ *vr E4 pf* (*impf:* пря́таться) **1.** sich verstecken; **2.** vorschützen

спу́гивать *vt E impf* (*pf:* спугну́ть) scheuchen, aufscheuchen

спурт *m K* Spurt *m*; **фи́нишный ~** Endspurt *m*

спуск *m K* **1.** Abhang *m*; **2.** Abstieg *m*; **3.** (*FOT*) Auslöser *m*; **скорстно́й ~** (*SPORT*) Abfahrtslauf *m*

спусково́й *adj* Abfluß-, Abzug-; **~ крючо́к** Abzug *m*

спусти́ть ⟨*fut*: -ущу́, -у́стишь⟩ *vt I pf* (*impf:* спуска́ть) herunterlassen; **~ во́ду из ва́нны** das Badewasser ablassen; **~ на верёвке** sich abseilen; **~ с ле́стницы** hinauswerfen, vor die Tür setzen

спусти́ться ⟨*fut*: -ущу́сь, -у́стишься⟩ *vr I pf* (*impf:* спуска́ться) hinuntergehen, heruntersteigen, herunterkommen; **~ по кана́ту** sich abseilen; **~ с не́ба на гре́шную зе́млю** auf den Boden der Realität zurückkehren, aus allen Wolken fallen

спустя́ *präp +akk* nach (*+dat*); **~ год** nach einem Jahr, ein Jahr später

спу́тать *vt E pf* (*impf:* пу́тать) **1.** verwechseln; **2.** verwirren

спу́тник, **спу́тница** *m K / f A* **1.** Gefährte, Gefährtin *m/f*, Reisegefährte, -gefährtin *m/f*, Begleiter, -in *m/f*; **~ жи́зни** Lebensgefährte -gefährtin *m/f*; **2.** (*nur m*) Mond *m*; **3.** (*nur m*) Trabant *m*, Satellit *m*; **го́род-спу́тник** Trabantenstadt *f*

спя́тить ⟨*fut*: -я́чу, -я́тишь⟩ *vi I pf* den Verstand verlieren, verrückt werden; **ты совсе́м спя́тил** du bist total übergeschnappt

ср. *abk von* сравни́ vgl

сраба́тывать *vi E impf* (*pf:* срабо́тать) funktionieren

сравне́ние *nt O2* Vergleich *m*; **всё познаётся в сравне́нии** es kommt auf den Vergleich an; **по сравне́нию с кем-ли́бо/чем-ли́бо** gemessen (an *+dat*)

сра́внивать *vt E impf* (*pf:* сравни́ть) (*с кем-ли́бо/чем-ли́бо*) vergleichen (mit *+dat*)

сравни́тельно *adv* vergleichsweise, vergleichsmäßig

сравни́тельный ⟨*kf*: -лен, -льна⟩ *adj* vergleichbar

сража́ться *vi E impf* (*pf:* срази́ться) (*MIL*) kämpfen

сраже́ние *nt O2* Schlacht *f*

сра́зу *adv* **1.** sofort, gleich, prompt; **2.** auf einmal, mit einem Schlag, über Nacht

среда́ [1] ⟨*akk sg*: сре́ду⟩ *f A pls* Milieu *nt*, Umgebung *f*; **~ обита́ния** Lebensraum *m*; **конкуре́нтная ~** (*ÖKON*) Wettbewerbsbedingungen *pl*; **окружа́ющая ~** Umwelt *f*

среда́ [2] *f A e2* Mittwoch *m*; **по среда́м** mittwochs; **~ на пе́рвой неде́ле**

вели́кого постá Aschermittwoch *m*
Средизéмное мóре *nt O1* Mittelmeer *nt*
средиземномóрье *nt O1* Mittelmeerraum *m*
средневекóвый *adj* mittelalterlich
срéднее *nt O2* **1.** (*MATH*) Durchschnitt *m*; **в срéднем** durchschnittlich, im Durchschnitt; **2.** (*fig*) Mittelding *nt*, Zwischending *nt*
среднесрóчный *adj* mittelfristig
срéдний *adj* **1.** Durchschnitts-; **2.** durchschnittlich; **3.** mittlere(r, s); **срéдние векá** Mittelalter *nt*; **срéдние волны́** Mittelwelle *f*; **~ класс** [*o* **срéднее сослóвие**] Mittelstand *m*; **срéдние клáссы** Mittelstufe *f*; **~ род** (*LING*) Neutrum *nt*; **срéднего рóда** sächlich; **срéдняя скóрость** Durchschnittsgeschwindigkeit *f*; **срéдняя температу́ра** Durchschnittstemperatur *f*
срéдство *nt O* Mittel *nt*; **~ для борьбы́ с вреди́телями** Schädlingsbekämpfungsmittel *nt*; **~ для удалéния волóс** Enthaarungsmittel *nt*; **~ для ухóда за волосáми** Haarpflegemittel *nt*; **~ защи́ты растéний** Pflanzenschutzmittel *nt*; **срéдства мáссовой информáции** Massenmedien *pl*; **~ нажи́ма** Druckmittel *nt*; **~ от сóлнечных ожóгов** Sonnenschutzmittel *nt*; **анаболи́ческое ~** Anabolikum *nt*; **аппарáтные срéдства** Hardware *f*; **апроби́рованное ~** bewährtes Mittel *nt*; **возбуждáющее ~** Aufputschmittel *nt*; **вспомогáтельное ~** Hilfsmittel *nt*; **изобрази́тельное ~** Gestaltungsmittel *nt*; **крáйнее ~** letztes Mittel *nt*; **мóющее ~** Waschmittel *nt*; **прогрáммные срéдства** Software *f*; **чи́стящее ~** Putzmittel *nt*; **финáнсовые срéдства** Finanzen *pl*; **эффекти́вное ~** wirksames Mittel *nt*; **пусти́ть в ход все срéдства** alle Hebel in Bewegung setzen
срисовáть *vt E2 pf* (*impf:* срисóвывать) **1.** abmalen, abzeichnen; **2.** (*fig*) nachzeichnen
срок ⟨*gen sg*: -а,-у⟩ *m K* **1.** Frist *f*; **~ возврáта** Rückgabefrist *f*; **~ оплáты** Fälligkeit *f*; **~ подáчи** [*o* **пропи́ски**] Meldefrist *f*; **~ поми́лования** Gnadenfrist *f*; **~ раторжéния договóра** Kündigungsfrist *f*; **назнáчить** [*o* **определи́ть**]**~** befristen; **2.** Termin *m*; **крáйний ~ присы́лки** Einsendeschluß *m*; **3.** Dauer *f*, Länge *f*; **~ дéйствия** Geltungsdauer *f*, Laufzeit *f*; **~ окупáемости** Rückflußdauer *f*; **~ полномóчий** Amtszeit *f*; **~ хранéния** Haltbarkeitsdauer *f*; **~ эксплуатáции** Nutzungsdauer *f*
срóчно *adv* schleunigst, eilends; **éто не ~** das hat keine Eile
срóчность *f I* Dringlichkeit *f*
срóчный ⟨*kf*: -чен, -чна⟩ *adj* dringend, umgehend
сруби́ть ⟨*fut*: -блю́, -би́шь⟩ *vt I pf* (*impf:* срубáть) **1.** (*дéрево*) fällen; **2.** (*гóлову*) abschlagen
срыв *m K* Verhinderung *f*, Vereitelung *f*; **нéрвный ~** Nervenzusammenbruch *m*
срывáть *vt E impf* (*pf:* сорвáть) **1.** vereiteln, zum Scheitern bringen; **2.** (*цветóк*) abbrechen; **3.** (*зло*) entladen, abladen
срывáться *vr E impf* (*pf:* сорвáться) **1.** abstürzen; **éто слóво сорвáлось у меня́ с языкá** das ist mir so herausgerutscht; **2.** schiefgehen, scheitern; **3.** durchdrehen
ссáдина *f A* (*MED*) Abschürfung *f*
ссóра *f A* Gezänk *nt*, Streiterei *f*; **семéйная ~** Ehekrach *m*; **шу́мная ~** Donnerwetter *nt*
ссóрить *vt I impf* (*pf:* по-) entzweien
ссóриться *vr I impf* (*pf:* поссóриться) zanken, streiten
СССР *abk von* Сою́з Совéтских Социалисти́ческих Респу́блик *m* UdSSR *f*
ссу́да *f A* Darlehen *nt*
ссылáть *vt E impf* (*pf:* сослáть) verbannen
ссылáться *vr E impf* (*pf:* сослáться) (*на что-ли́бо*) hinweisen (auf *+akk*)
ссы́лка *f A* **1.** Verbannung *f*, Exil *nt*; **2.** Fußnote *f*; **3.** Bezugnahme *f*, Verweis *m*; **перекрестная ~** Querverweis *m*
стабилизи́ровать *vt E2 impf/pf* stabilisieren
стаби́льный ⟨*kf*: -лен, -льна⟩ *adj* stabil
стáвень ⟨*gen sg*: -вня⟩ *m K1* Fensterladen *m*
стáвить ⟨*präs*: -влю, -вишь⟩ *vt I impf* (*pf:* постáвить) **1.** hinstellen, setzen; **~ стакáн на стол** das Glas auf denTisch stellen; **~ в холоди́льник** in den Kühlschrank tun; **2.** durchführen, anstellen; **~ óпыты на живóтных** Tierversuche machen; **3.** (*fig: на что-ли́бо*) setzen (auf *+akk*); **~ всё на кáрту** alles auf eine Karte setzen; **4.** (*THEAT*) aufführen, inszenieren; **5.** (*кни́гу*) zurückstellen, einordnen; **6.** zurechtweisen; **~ себя́ на чьё-ли́бо мéсто** sich hineinversetzen (in *+akk*); **~ буты́лку комý-ли́бо** (*umg*) jdm eine Flasche Wodka spendieren; **~ в винý комý-ли́бо** jdm zur Last legen; **~ в заслу́гу комý-ли́бо** als jds Verdienst herausstellen; **~ заслóн комý-ли́бо** jdm einen Riegel vorschieben; **~ оцéнку**

кому́-ли́бо jdm eine Zensur [*o* Note]geben; **~ па́лки в колёса кому́-ли́бо** (*fig*) jdm Steine in den Weg legen; **~ усло́вия кому́-ли́бо** jdm Bedingungen stellen

ста́вка *f A* **1.** (*MIL*) Stab *m*; **2.** (*beim Spiel*) Einsatz *m*; **3.** (*fig*) Einsatz *m*, Hinwendung *f*, Orientierung *f*; **4.** (*окла́д*) Tarif *m*, Satz *m*; **наивы́сшая ~** Höchstsatz *m*

стадио́н *m K* Stadion *nt*

ста́дия *f A2* Stadium *nt*; **в ста́дии подгото́вки** in Vorbereitung

ста́дный ⟨*kf*: -ден, -дна⟩ *adj* Herden-; **ста́дное чу́вство** Herdentrieb *m*

ста́до *nt O ple* Herde *f*, Rudel *nt*

стаж *m K* Dauer *f*, Dienstalter *nt*; **парти́йный ~** Dauer *f* der Parteimitgliedschaft; **произво́дственный ~** Berufspraxis *f*, Berufserfahrung *f*

стажёр, **стажёрка** *m K / f A* Praktikant, -in *m/f*, Volontär, -in *m/f*, Referendar, -in *m/f*

стажиро́вка *f A* Studienaufenthalt *m*, Studienreise *f*; **языкова́я ~** Sprachaufenthalt (im Ausland) *m*

стака́н *m K* Glas *nt*

стака́нчик *m K* Becher *m*

сталагми́т *m K* Stalagmit *m*

сталакти́т *m K* Stalaktit *m*

ста́лкиваться *vr E impf* (*pf:* столкну́ться) **1.** (*с кем-ли́бо*) zusammenstoßen, zusammenprallen (mit *+dat*); **2.** (*fig*) konfrontiert werden (mit *+dat*)

сталь *f I* Stahl *m*; **высокока́чественная ~** Edelstahl *m*

станда́рт *m K* **1.** Norm *f*; **2.** (*fig*) Maßstab *m*, Kriterium *nt*

стано́виться ⟨*präs*: -влюсь, -вишься⟩ *vr I impf* (*pf:* ста́ться) werden

становле́ние *nt O2* Werdegang *m*, Werden *nt*

стано́к ⟨*gen sg*: -нка́⟩ *m K e* Maschine *f*; **~ уда́рного буре́ния** Schlagbohrmaschine *f*; **печа́тный ~** Notenpresse *f*

ста́нция *f A* Station *f*, Bahnhof *m*; **я провожу́ вас на ста́нцию** ich werde Sie an die Bahn bringen; **~ метро́** U-Bahnhof *m*; **автомати́ческая ~** (Raum-)Sonde *f*; **орбита́льная ~** Raumstation *f*; **метеорологи́ческая ~** Wetterstation *f*

стара́ние *nt O2* Bemühung *f*, Mühe *f*; **все стара́ния оказа́лись напра́сными** alle Mühe war umsonst; **ты до́лжен прилага́ть бо́льше стара́ния** du mußt dich mehr anstrengen; **было бы ~, а уме́ние придёт** ohne Fleiß kein Preis

стара́тельный ⟨*kf*: -лен, -льна⟩ *adj* **1.** strebsam, fleißig; **2.** tüchtig, beflissen

стара́ться *vr E impf* (*pf:* по-) **1.** sich Mühe geben, sich anstrengen; **он о́чень стара́ется в шко́ле** er ist sehr fleißig in der Schule; **на э́тот раз он постара́лся на сла́ву** diesmal hat er sein Bestes gegeben; **2.** (*стреми́ться*) versuchen, sich bemühen; **постара́йся не опа́здывать!** komm bitte pünktlich! **я стара́юсь не попада́ться ему́ на глаза́** ich gehe ihm möglichst aus dem Weg

старе́ть *vi E impf* (*pf:* у-) altern, alt werden

ста́рец ⟨*gen sg*: -рца⟩ *m K* (*стари́к*) Greis *m*

стари́нный ⟨*kf*: -и́нен, -и́нна⟩ *adj* altertümlich; **~ автомоби́ль** Oldtimer *m*; **стари́нные ве́щи** Antiquitäten *pl*; **стари́нная ме́бель** antike Möbel

старомо́дный ⟨*kf*: -ден, -дна⟩ *adj* altmodisch

ста́рость *f I* Alter *nt*

старт *m K* Start *m*

ста́ртер *m K* **1.** (*SPORT*) Starter *m*; **2.** (*TECH*) Anlasser *m*

стартова́ть *vt E2 impf/pf* starten

ста́ртовый *adj* Start-; **~ сигна́л** Startsignal *nt*

стару́ха *f A* Alte *f*, Greisin *f*; **и на стару́ху быва́ет прору́ха** Alter schützt vor Torheit nicht

ста́рческий *adj* altersbedingt, Alters-; **~ мара́зм** Altersschwäche *f*

ста́рший *adj komp* **I. 1.** ältere(r, s); **2.** Ober-; **~ врач** Oberarzt *m*; **ста́ршие кла́ссы** Oberstufe *f*; **II.** *m wie adj* **1.** Vorgesetze(r) *m*; **2.** (*im pl*) Erwachsene *pl*

ста́рый ⟨*kf*: стар, стара́, ста́ро́⟩ *adj* alt; **ста́рое зда́ние** Altbau *m*; **ста́рая часть го́рода** Altstadt *f*

старьё ⟨*gen sg*: -ья́⟩ *nt O1 e* (*pej*) Ramsch *m*, Kram *m*

ста́скивать *vt E impf* (*pf:* стащи́ть) **1.** herunterziehen, abziehen; **2.** stehlen, entwenden; **3.** (*umg*) mitgehen lassen, stibitzen

стати́ст *m K* Statist, -in *m/f*

стати́стик *m K* Statistiker, -in *m/f*

стати́стика *f A* Statistik *f*

статисти́ческий *adj* statistisch

стати́чный ⟨*kf*: -чен, -чна⟩ *adj* statisch

ста́тный ⟨*kf*: -тен, -тна́/-тна, тно⟩ *adj* stattlich, ansehnlich

ста́тус *m K* Status *m*; **осо́бый ~** Sonderstatus *m*; **получи́ть ~ бе́женцев** als Flüchtling anerkannt werden, Flüchtlingsstatus erhalten; **поте́ря социа́льного ~а** sozialer Abstieg *m*; **ста́тус-кво** Status quo *m*

ста́туя *f A2* Statue *f*

стать ⟨*fut*: ста́ну, ста́нешь⟩ *vi E9b pf*

(*impf:* станови́ться) werden
статья́ ⟨*gen pl*: -те́й⟩ *f A1 e* **1.** (*в газе́те*) Artikel *m*; **слова́рная ~** Wörterbucheintrag *m*; **2.** Abhandlung *f*; **3.** (*JUR*) Artikel *m*, Paragraph *m*
стациона́рный *adj* stationär
стащи́ть ⟨*fut*: стащу́, ста́щишь⟩ *vt I pf* (*impf:* ста́скивать) **1.** herunterziehen; **2.** stehlen
ста́я *f A2* Schwarm *m*, Rudel *nt*, Meute *f*
ствол *m K* **1.** Stamm *m*; **~ де́рева** Baumstamm *m*; **2.** (*винто́вки*) Gewehrlauf *m*; **3.** (*BERGB*) Schacht *m*
сте́бель ⟨*gen sg*: -бля⟩ *m K1* Stengel *m*, Halm *m*
стега́ть [1] *vt E impf* (*pf:* вы́-, про-) (*одея́ло*) steppen
стега́ть [2] *vt E impf* (*pf:* стегну́ть) auspeitschen
стека́ть *vi E impf* (*pf:* стечь) (*вода́*) abfließen, ablaufen
стекло́ ⟨*pl*: стёкла, стёкол⟩ *nt O pls* Glas *nt*; **око́нное ~** Fensterscheibe *f*
стеклови́дный ⟨*kf*: -ден, -дна⟩ *adj* glasig
стекловолокни́стый *adj* Glasfaser-; **~ ка́бель** Glasfaserkabel *nt*
стеклоду́в *m K* **1.** Glasbläser, -in *m/f*; **2.** Glaser, -in *m/f*
стекля́нный *adj* **1.** gläsern, Glas-; **2.** (*fig*) glasig, starr
стели́ть ⟨*präs*: стелю́, сте́лешь⟩ *vt E4 impf* (*pf:* по-, на-) ausbreiten; **~ посте́ль** betten
стелла́ж *m K e* **1.** Gestell *nt*; **2.** Regal *nt*
сте́лька *f A* Einlegesohle *f*
стена́ ⟨*akk sg*: сте́ну⟩ *f A pls* **1.** Wand *f*; **2.** Mauer *f*; **городска́я ~** Stadtmauer *f*
стенд *m K* **1.** Stand *m*; **вы́ставочный ~** Messestand *m*; **2.** (Informations-)Tafel *f*
сте́нка *f A* **1.** Schrankwand *f*; **2.** Mauer *f*; **ста́вить сте́нку** mauern
стенографи́ровать *vi E2 impf* (*pf:* за-) stenographieren
стенографи́стка *f A* Stenotypistin *f*
стеногра́фия *f A2* Stenographie *f*
степ *m K* Stepptanz *m*; **танцева́ть ~** steppen
сте́пень *f I ple1* **1.** Rang *m*, Titel *m*; **2.** Grad *m*, Stufe *f*; **~ ка́чество** Güteklasse *f*; **3.** (*MATH*) Potenz *f*; **превосхо́дная ~** (*LING*) Superlativ *m*; **в изве́стной сте́пени** quasi; **в како́й-то сте́пени** einigermaßen; **в тако́й сте́пени** dermaßen; **по сте́пени ва́жности** der Rangfolge nach
степь *f I e* Steppe *f*
сте́рва *f A* (*vulg*) Aas *nt*, Luder *nt*
стереоти́п *m K* **1.** Stereotyp *nt*; **2.** Klischee *nt*
стереоти́пный ⟨*kf*: -пен, -пна⟩ *adj* stereotyp
стереоустано́вка *f A* Stereoanlage *f*
стере́ть ⟨*fut*: сотру́, сотрёшь⟩ *vt E4b pf* (*impf:* стира́ть) **1.** abwischen; **2.** abschürfen; **3.** zerreiben
сте́ржень ⟨*gen sg*: -жня⟩ *m K1* **1.** Stab *m*, Schaft *m*; **2.** Kern *m*; **3.** (*fig*) Kernstück *nt*; **то́пливный ~** (*я́дерного реа́ктора*) Brennstab *m*
стерилиза́ция *f A2* Sterilisation *f*
стерилизи́ровать *vt E2 impf/pf* sterilisieren
стери́льный ⟨*kf*: лен, -льна⟩ *adj* steril, keimfrei
стерпе́ть ⟨*fut*: -ерплю́, -е́рпишь⟩ *vt I pf* ertragen, erdulden; **~ боль** den Schmerz verkneifen
стеснённый ⟨*kf*: -ён⟩ *adj* **1.** gehemmt; **2.** beschränkt; **3.** erschwert
стесни́ть *vt I pf* (*impf:* стесня́ть) **1.** beengen; **2.** behindern
стесни́ться *vi I pf* (*impf:* стесня́ться) **1.** sich einschränken; **2.** schwer werden
стесня́ться *vr E nur impf* sich genieren, gehemmt sein
стече́ние *nt O2* Ansammlung *f*; **~ наро́да** Menschenauflauf *m*
стечь ⟨*nur 3. pers*: стечёт, стеку́т, *prät*: стёк, стекла́⟩ *vi UE4 pf* (*impf:* стека́ть) (*вода́*) abfließen, ablaufen
стилисти́ческий *adj* stilistisch
стиль *m K1* **1.** Stil *m*; **2.** Stilrichtung *f*; **витиева́тый ~** blumige Redeweise *f*; **~ руково́дства** Führungsstil *m*
сти́мул *m K* Anreiz *m*, Ansporn *m*, Impuls *m*, Motivation *f*
стимули́ровать *vt E2 impf/pf* stimulieren, anregen, motivieren
стимуля́тор *m K* Stimulator *m*; **серде́чный ~** (*MED*) Herzschrittmacher *m*
стимуля́ция *f A2* Anregung *f*, Motivierung *f*
стипе́ндия *f A2* Stipendium *nt*
стира́льный *adj* Wasch-; **стира́льная маши́на** Waschmaschine *f*
стира́ть *vt E impf* (*pf:* вы́-) **I.** waschen; **II.** *vt E impf* (*pf:* стере́ть) **1.** abwischen; **2.** abschürfen; **3.** zerreiben
сти́рка *f A* Wäsche *f*
стиха́ть *vi E impf* (*pf:* сти́хнуть) **1.** (*слова́, му́зыка*) verhallen, verklingen; **2.** (*бу́ря, шум*) abflauen, abschwellen; **боль стиха́ет** der Schmerz klingt ab
стихи́йный ⟨*kf*: -и́ен, -и́йна⟩ *adj* **1.** spontan; **2.** elementar; **стихи́йное бе́дствие** Naturkatastrophe *f*
стихотворе́ние *nt O2* Gedicht *nt*
сто ⟨*gen sg*: ста⟩ *num* (ein)hundert; **~ раз**

hundertmal

сто́имость *f I* Wert *m*; **~ входно́го биле́та** Eintrittspreis *m*; **~ жи́зни** Lebenshaltungskosten *pl*; **~ прое́зда** Fahrpreis *m*; **оце́ночная ~** Schätzwert *m*

сто́ить *vi I impf* **1.** kosten; **2.** sich lohnen, der Mühe wert sein

стоя́ческий *adj* stoisch

сто́йка *f A* **1.** Ständer *m*; **~ для зонто́в** Schirmständer *m*; **2.** (*буфе́тная*) Tresen *m*; **~ на голове́** Kopfstand *m*; **~ на рука́х** Handstand *m*

сто́йкий ⟨*kf*: сто́ек, сто́йка́, сто́йко⟩ *adj* standhaft, zäh

сто́йкость *f I* Standhaftigkeit *f*, Zähigkeit *f*

сток *m K* Abfluß *m*, Ausguß *m*

стол *m K e* Tisch *m*; **~ для завсегдата́ев** Stammtisch *m*; **вое́нно-учётный ~** (*MIL*) Meldestelle *f*; **верну́ться за ~ перегово́ров** an den Verhandlungstisch zurückkehren

столб *m K e* Pfahl *m*, Pfeiler *m*; **~ для афи́ш и объявле́ний** Litfaßsäule *f*; **позо́рный ~** (*auch fig*) Pranger *m*

столбня́к *m K e* **1.** (*MED*) Tetanus *m*; **2.** Erstarrung *f*

столе́тний *adj* hundertjährig

столи́ца *f A* Hauptstadt *f*, Metropole *f*

столкнове́ние *nt O2* **1.** Zusammenprall *m*, Zusammenstoß *m*; **ма́ссовое ~ автомаши́н** Massenkarambolage *f*; **2.** (*fig*) Auseinandersetzung *f*, Streit *m*; **~ интере́сов** Interessenkonflikt *m*; **~ мне́ний** Meinungsstreit *m*

столо́вая *f wie adj* **1.** Eßzimmer *nt*; **2.** Speisesaal *m*; **заводска́я ~** Kantine *f*; **студе́нческая ~** Mensa *f*

столо́вый *adj* Eß-; **столо́вая ло́жка** Eßlöffel *m*; **столо́вое серебро́** Tafelsilber *nt*

сто́лько *adv* soviel; **~ же** ebensoviel

столя́р *m K e* Schreiner, -in *m/f*, Tischler, -in *m/f*

столя́рный *adj* Schreiner-; **столя́рная мастерска́я** Schreinerwerkstatt *f*, Schreinerei *f*

стона́ть ⟨*präs*: стону́, сто́нешь⟩ *vi E4 impf* ächzen, stöhnen

стоп *interj* stop, halt

стопа́ [1] *f A pls* Stapel *m*

стопа́ [2] *f A e* Fuß *m*, Fußsohle *f*; **пойти́ по чьим-ли́бо стопа́м** in jds Fußstapfen treten

сто́пка *f A* Stapel *m*; **~ книг** Bücherstoß *m*

стопроце́нтный *adj* hundertprozentig

стоп-сигна́л *m K* Bremslicht *nt*

сто́рож ⟨*pl*: -а́, -е́й⟩ *m K ple* Wächter *m*

сторожево́й *adj* Wach-; **сторожева́я вы́шка** Wachturm *m*

сторо́жка *f A* Bude *f*, Häuschen *nt*

сторона́ *f A e2* **1.** Seite *f*; **~ све́та** Himmelsrichtung *f*; **обра́тная ~** Rückseite *f*; **пере́дняя ~** Vorderseite *f*; **идти́ в сто́рону чего́-ли́бо** zugehen (auf +*akk*) **2.** (*аспе́кт*) Gesichtspunkt *m*, Aspekt *m*; **ни с како́й стороны́** in keinerlei Hinsicht; **со стороны́ кого́-ли́бо** seitens (+*gen*); **с одно́й стороны́** einerseits; **с друго́й стороны́** andererseits; **со свое́й стороны́** meinerseits, seinerseits ihrerseits; **3.** (*JUR*) Partner *m*, Vertragspartner *m*, Partei *f*; **догова́ривающиеся сто́роны** vertragsschließende Seiten, Vertragsbeteiligte(n); **принима́ть чью-ли́бо сто́рону** Partei ergreifen (für +*akk*) **4.** Abseits *nt*; **моё де́ло ~** das geht mich nichts an; **шу́тки в сто́рону** Spaß beiseite; **в стороне́** abseits, entfernt; **держа́ться в стороне́** weg vom Fenster sein; **откла́дываться в сто́рону** beiseite legen; **уклоня́ться в сто́рону от чего́-ли́бо** abschweifen (von +*dat*)

сторони́ться ⟨*präs*: -оню́сь, -о́нишься⟩ *vr I impf* (*pf*: по-) **1.** zur Seite gehen, die Bahn freimachen; **2.** (*fig*) meiden, aus dem Weg gehen

сторо́нник *m K* Anhänger *m*, Befürworter *m*; **~ жёсткого ку́рса** Hardliner *m*; **~ президе́нта** Parteigänger *m* des Präsidenten; **~ рефо́рм** Reformbefürworter *m*

сто́чный *adj* Abfluß-; **сто́чные во́ды** Abwasser *nt*; **сто́чная канализа́ция** Abwasserleitung *f*

стоя́нка *f A* **1.** Halt *m*, Rast *f*; **2.** Parkplatz *m*

стоя́ть *vi I impf* **1.** stehen; **~ навы́тяжку** strammstehen; **~ на стрёме** Schmiere stehen; **~ на часа́х** Wache stehen; **2.** (*о войска́х*) liegen; **~ вы́ше чего́-ли́бо** darüberstehen, stehen (über +*dat*); **~ за чем-ли́бо** dahinterstecken; **3.** (*наста́ивать*) bestehen (auf +*dat*); **я бу́ду ~ на своём** ich lasse mich davon nicht abbringen; **4.** liegen bleiben; **рабо́та стои́т** die Arbeit bleibt liegen

страда́ть *vi E impf* (*pf*: по-) **1.** (*чем-ли́бо*) leiden (an +*dat*); **~ а́стмой** an Asthma leiden; **2.** (*fig*) leiden (unter +*dat*); **3.** Schaden erleiden; **~ от за́сухи** von der Dürre heimgesucht werden

страна́ *f A pls* Land *nt*; **~-до́нор** kreditgebendes Land *nt*; **~-устро́йтель** Gastgeberland *nt*; **~-экспортёр** Exportland *nt*; **~, принима́ющая иммигра́нтов** Einwanderungsland *nt*; **~ происхожде́ния** Herkunftsland *nt*; **~ с моло́чными река́ми и кисе́льными берега́ми**

Schlaraffenland *nt*; **~ тури́зма** Reiseland *nt*, Urlaubsland *nt*; **стра́ны тре́тьего ми́ра** Dritteweltländer *nt pl*; **промы́шленно ра́звитые стра́ны** Industrienationen *f pl*; **развива́ющийся ~** Entwicklungsland *nt*; **в на́шей стране́** hierzulande

страни́ца *f A* Seite *f*; **страни́цы исто́рии** Stationen der Geschichte; **на страни́цах газе́т** in den Zeitungen; **не сходи́ть с пе́рвых страни́ц газе́т** die Schlagzeilen beherrschen

стра́нник *m K* Wanderer *m*

стра́нный ⟨*kf*: -анен, -анна́, -а́нно⟩ *adj* **1.** merkwürdig, seltsam, sonderbar; **2.** fremdartig

странове́дение *nt O2* Landeskunde *f*

стра́нствовать *vi E2 impf* (*geh*) wandern, auf Wanderschaft sein

страстно́й *adj* (*REL*) Kar-; **~ неде́ля** Karwoche *f*; **~ пя́тница** Karfreitag *m*

стра́стный ⟨*kf*: -тен, -тна⟩ *adj* **1.** sehnsüchtig, leidenschaftlich; **2.** (*коллекционе́р, охо́тник*) passioniert

стра́сть ⟨*gen pl*: -е́й⟩ *f I* Leidenschaft *f*; **укроща́ть свои́ стра́сти** seine Begierden zähmen

стратеги́ческий *adj* strategisch

страте́гия *f A2* Strategie *f*, Politik *f*; **делова́я ~** Geschäftpolitik *f*

стратосфе́ра *f A* Stratosphäre *f*

стра́ус *m K* (*ZOOL*) Strauß *m*

страх ⟨*gen sg*: -а,-у⟩ *m K* Angst *f*, Furcht *f*; **нагна́ть ~у на кого́-ли́бо** jdm bange machen; **~ перед экза́меном** Prüfungsangst *f*; **~ сме́рти** Angst *f* vor dem Tode; **смерте́льный ~** Todesangst *f*; **натерпе́ться ~** sich ängstigen

страхова́ние *nt O2* Versicherung *f*; **~ автотра́нспортных сре́дств** Kraftfahrzeugversicherung *f*; **~ гражда́нской отве́тственности** Haftpflichtversicherung *f*; **~ в це́лях оказа́ния правово́й защи́ты** Rechtsschutzversicherung *f*; **~ дома́шнего иму́щества** Hausratsversicherung *f*; **~ жи́зни** Lebensversicherung *f*; **~ от неча́стных слу́чаев** Unfallversicherung *f*; **медици́нское ~** Krankenversicherung *f*; **пенсио́нное ~** Rentenversicherung *f*

страши́ться *vr I impf* (*кого́-ли́бо/чего́-ли́бо*) sich ängstigen, sich fürchten (vor *+dat*)

стра́шный ⟨*kf*: -шен, -шна́, -шно, стра́шны́⟩ *adj* **1.** schrecklich, furchtbar; **2.** schauerlich, grausig

стрекоза́ *f A pls* Libelle *f*

стрела́ *f A pls* Pfeil *m*; **лете́ть стрело́й** flitzen

стре́лка *f A* **1.** (*часо́в*) Zeiger *m*; **секу́ндная ~** Sekundenzeiger *m*; **часова́я ~** Stundenzeiger *m*; **по часово́й стре́лке** im Uhrzeigersinn; **2.** (*на брю́ках*) Bügelfalte *f*; **3.** Weiche *f*; **переводи́ть стре́лки** die Weichen stellen

стрело́к ⟨*gen sg*: -лка́⟩ *m K e* Schütze *m*; **~ из лу́ка** Bogenschütze *m*

стрельба́ *f A pls* Schießen *nt*; **~ из лу́ка** Bogenschießen *nt*

стре́льбище *nt O1* Schießstand *m*

стреля́ть *vi E impf* (*pf*: стре́льнуть) schießen

стремгла́в *adv* (*о паде́нии*) Hals über Kopf

стреми́тельный ⟨*kf*: -лен, -льна⟩ *adj* rapide, rasant, flink

стреми́ться ⟨*präs*: -млю́сь, -ми́шься⟩ *vr I impf* **1.** (*к чему́-ли́бо*) streben (nach *+dat*); **2.** zustreben (auf *+akk*); **стра́стно ~** sich sehnen (nach *+dat*)

стремле́ние *nt O2* Betreben *nt*, Drang *m*; **~ к сча́стью** Glücksstreben *nt*

стре́мя ⟨*gen sg*: стре́мени, *pl*: -мена́, -мя́н, -мена́м⟩ *nt U1 ple* Steigbügel *m*

стресс *m K* Streß *m*; **в состоя́нии ~а** unter Streß

стре́ссовый *adj* streßig; **стре́ссовая ситуа́ция** Streßsituation *f*

стри́жка *f A* Haarschnitt *m*

стричь ⟨*präs*: -игу́, -ижёшь⟩ *vt UE4 impf* (*pf*: о(б)-) **1.** (*во́лосы*) abschneiden; **2.** (*ове́ц*) scheren

строга́ть *vt E impf* (*pf*: вы́-) hobeln

стро́гий ⟨*kf*: строг, строга́, стро́го, стро́ги́⟩ *adj* **1.** streng, strikt; **стро́го говоря́** strengenommen; **2.** (*о пла́тье*) schlicht, einfach

строево́й *adj* Kampf-; **занима́ться строево́й подгото́вкой** (*MIL*) exerzieren

строе́ние *nt O2* **1.** Aufbau *m*; **2.** Gefüge *nt*

строжа́йший *adj super* strengste(r, s); **строжа́йше** strengstens

строи́тель *m K1* **1.** Bauarbeiter *m*; **2.** (*fig*) Erbauer *m*, Schöpfer *m*

строи́тельный *adj* **1.** baulich; **2.** Bau-; **строи́тельные рабо́ты** Bauarbeiten *pl*

строи́тельство *nt O* **1.** Bau *m*, Errichtung *f*; **~ из сбо́рных элеме́нтов** Fertigbauweise *f*; **2.** (*строи́тельная о́трасль*) Baugewerbe *nt*, Baubranche *f*; **3.** (*fig*) Aufbau *m*, Organisation *f*

стро́ить *vt I impf* (*pf*: вы́-, по-) **1.** bauen, errichten; **2.** (*fig*) aufbauen, gestalten; **~ иллю́зии** sich Illusionen hingeben; **~ пла́ны** Pläne schmieden

стро́й *m K2* **1.** Aufbau *m*, Struktur *f*; **обще́ственный ~** Gesellschaftsordnung *f*; **2.** (*MIL*) Formation *f*, Front *f*; **вводи́ть в ~** in Betrieb nehmen; **вы́водить из стро́я** außer Gefecht setzen, unbrauchbar machen
стро́йка ⟨*gen pl*: -о́ек⟩ *f A* **1.** Erbauung *f*, Errichtung *f*; **2.** Baustelle *f*
стро́йный ⟨*kf*: -о́ен, -ойна́, -о́йно, -о́йны́⟩ *adj* **1.** schlank, grazil; **2.** harmonisch; **3.** folgerichtig
стройплоща́дка ⟨*gen pl*: -док⟩ *f A* **1.** Baustelle *f*, **2.** Bauplatz *m*
строка́ *f A e2* Zeile *f*; **чита́ть ме́жду строк** zwischen den Zeilen lesen
стро́нций *m K1* Strontium *nt*
стропи́ло *nt O* **1.** Dachsparren *m*; **2.** (*im pl*) Dachstuhl *m*
стропти́вый ⟨*kf*: -и́в⟩ *adj* aufsässig, widerspenstig
строфа́ *f A e2* Strophe *f*
строчи́ть *vi I impf* (*pf*: на-, про-) **1.** nähen, steppen; **2.** (*umg*) kritzeln; **3.** (*umg*: *из автома́та*) knattern
струи́ться ⟨*nur 3. pers*: -и́тся⟩ *vr I impf* (*geh*) rinnen, rieseln
структу́ра *f A* Struktur *f*, Gefüge *nt*, Aufbau *m*; **~ де́ятельности** Geschäftsstruktur *f*
структури́ровать *vt E2 impf/pf* strukturieren
структу́рный *adj* strukturell; **~ кри́зис** Strukturkrise *f*; **структу́рная перестро́йка** Strukturwandel *m*
струна́ *f A pls* Saite *f*
струя́ ⟨*gen pl*: стру́й⟩ *f A2 pls* **1.** (*воды́, га́за*) Strahl *m*; **2.** (*fig*) Strömung *f*, Richtung *f*
студе́нт, студе́нтка *m K / f A* Student, -in *m/f*
студе́нческий *adj* **1.** studentisch; **2.** Studierenden-
сту́день ⟨*gen sg*: -дня⟩ *m K* Sülze *f*
стук *m K* Klopfen *nt*; **войти́ без ~а** ohne Anklopfen eintreten
сту́кнуть *vi E1 pf* (*impf*: стуча́ть) (*в дверь*) anklopfen
стул ⟨*pl*: -лья, -льев⟩ *m U3* **1.** Stuhl *m*; **враща́ющийся ~** Drehstuhl *m*; **сиде́ть одновреме́нно на двух сту́льях** zwischen zwei Stühlen sitzen; **2.** Stuhlgang *m*
ступа́ть *vi E impf* (*pf*: ступи́ть) **1.** betreten; **2.** schreiten; **3.** auftreten
ступе́нь *f I* Stufe *f*
ступе́нька *f A* (Treppen-)Stufe *f*
ступи́ца *f A* (*у колеса́*) Nabe *f*
стуча́ть *vi E impf* (*pf*: сту́кнуть) anklopfen, pochen; **~ на пи́шущей маши́нке** auf der Schreibmaschine klappern; **~ от хо́лода** vor Kälte klappern
стыд *m K* **1.** Schmach *f*; **2.** Scham *f*; **у него́ ни ~а ни со́вести** er ist vollkommen abgebrüht
стыди́ть ⟨*präs*: стыжу́, стыди́шь⟩ *vt I impf* (*pf*: при-) beschämen
стыди́ться ⟨*präs*: стыжу́сь, стыди́шься⟩ *vr I impf* (*pf*: по-) sich schämen
стыдли́вый ⟨*kf*: -и́в⟩ *adj* schamhaft
сты́дный ⟨*kf*: -ден, -дна⟩ *adj* peinlich
стык *m K* **1.** Verbindungsstelle *f*; **2.** (*fig*) Berührungspunkt *m*
стюарде́сса *f A* Stewardess *f*, Flugbegleiterin *f*
субаре́нда *f A* Untermiete *f*
суббо́та *f A* Sonnabend *m*, Samstag *m*; **по суббо́там** sonnabends
субордина́ция *f A2* Rangordnung *f*
субстра́т *m K* Substrat *nt*
субъе́кт *m K* Subjekt *nt*
субъекти́вный ⟨*kf*: -вен, -вна⟩ *adj* subjektiv
сувени́р *m K* **1.** Souvenir *nt*, Andenken *nt*; **2.** Erinnerungsstück *nt*
суверените́т *m K* Souveränität *f*, Hoheit *f*
сувере́нный ⟨*kf*: -ре́нен, ре́нна⟩ *adj* souverän
сугро́б *m K* Schneewehe *f*
суд *m K e* **1.** (*JUR*) Gericht *nt*, Gerichtshof *m*; **~ прися́жных** Schwurgericht *nt*, Schöffengericht *nt*; **арбитра́жный ~** Schiedsgericht *nt*; **конституцио́нный ~** Verfassungsgericht *nt*; **2.** (*REL*) Gericht *nt*; **Стра́шный ~** das Jüngste Gericht *nt*; **3.** (*fig*: *сужде́ние*) Urteil *nt*; **верши́ть ~ над кем-ли́бо** Gericht halten (über +*akk*); **выноси́ть на ~ обще́ственности** in die Öffentlichkeit tragen; **отда́ть под ~** vor Gericht stellen
суда́чить *vi I impf* (*umg*) quasseln
суде́бный *adj* gerichtlich, richterlich; **суде́бные изде́ржки** Gerichtskosten *pl*; **~ исполни́тель** Gerichtsvollzieher *m*; **суде́бная медици́на** Gerichtsmedizin *f*; **~ поря́док рассмотре́ния де́ла** Rechtweg *m*; **суде́бная рефо́рма** Gerichtsreform *f*; **суде́бная эксперти́за** gerichtliches Gutachten *nt*
суди́мый *m wie adj* Vorbestrafte(r) *m*
суди́ть ⟨*präs*: сужу́, су́дишь⟩ *vt I impf* **1.** (*JUR*) vor Gericht stellen, gerichtlich belangen; **2.** (*fig*) urteilen, sich ein Urteil bilden (über +*akk*)
суди́ться ⟨*präs*: сужу́сь, су́дишься⟩ *vr I impf* (*с кем-ли́бо*) prozessieren (gegen +*akk*)
су́дно *nt O ple* Schiff *nt*; **грузово́е ~**

Frachter *m*; **па́русное ~** Segelschiff *nt*
судновладе́лец ⟨*gen sg*: -льца⟩ *m K* Reeder *m*
судопроизво́дство *nt O* Gerichtsverhandlung *f*
су́дорога *f A* Krampf *m*
су́дорожный *adj* krampfhaft, fieberhaft
судохо́дный *adj* schiffbar, befahrbar
судохо́дство *nt O* Schiffahrt *f*
судьба́ ⟨*pl*: су́дьбы, су́деб⟩ *f A pls* Schicksal *nt*
судьбоно́сный *adj* schicksalhaft, schicksalsträchtig
судья́ *m K1 pls* Richter, -in *m/f*; **~ на ри́нге** Ringrichter *m*; **боково́й ~** Linienrichter *m*
суеве́рие *nt O2* Aberglaube *m*
суеве́рный ⟨*kf*: -рен, -рна⟩ *adj* **1.** abergläubisch; **2.** (*мни́тельный*) argwöhnisch, mißtrauisch
суета́ *f A e* **1.** Eile *f*, Hektik *f*; **2.** Nichtigkeit *f*; **всё ~** alles ist eitel
суети́ться ⟨*präs*: суечу́сь, суети́шься⟩ *vr I impf* hasten, eilen
сужа́ть *vt E impf* (*pf:* су́зить) verengen, einengen
сужде́ние *nt O2* Urteil *nt*, Ansicht *f*
сук ⟨*präpos sg*: о суке́, в суку́, *pl*: су́чья, су́чьев⟩ *m U3* Ast *m*; **руби́ть ~, на кото́ром сиди́шь** am eigenen Ast sägen
сукно́ *nt O pls* Tuch *nt*; **класть что-ли́бо под ~** etw auf die lange Bank schieben
сули́ть *vt I impf* (*pf:* по-) verheißen, versprechen
султа́н *m K* Sultan *m*
сумасбро́дный ⟨*kf*: -ден, -дна⟩ *adj* wahnwitzig, hirnverbrannt
сумасше́дший *adj* **I.** verückt, irr; **II.** *m wie adj* Verrückte(r) *m*
сумато́ха *f A* **1.** Durcheinander *nt*; **2.** Getümmel *nt*
су́меречный *adj* dämmrig
су́мерки ⟨*gen pl*: -рек⟩ *pl A* Dämmerung *f*
су́мка *f A* Tasche *f*, **доро́жная ~** Reisetasche *f*; **хозя́йственная ~** Einkaufstasche *f*
сумма *f A* Betrag *m*, Summe *f*, **о́бщая ~** Pauschale *f*
сумма́рный ⟨*kf*: -рен, -рна⟩ *adj* **1.** summarisch; **2.** pauschal
сумми́ровать *vt E2 impf/pf* (*geh*) summieren
су́мочка *f A* Handtasche *f*
су́нуть *vt E1 pf* (*impf:* сова́ть) (*auch fig*) stecken, hineinstecken
суп ⟨*gen sg*: -а,-у, *präpos sg*: о су́пе , в супу́⟩ *m K ple* Suppe *f*
супер- *präfix* **1.** super-, Super-; **2.** über-
суперма́ркет *m K* (*универса́м*) Supermarkt *m*
суперобло́жка *f A* Schutzumschlag *m*
супру́г, **супру́га** *m K / f A* Ehemann, Ehefrau *m/f*, Gatte, Gattin *m/f*
супру́жеский *adj* Ehe-; **супру́жеская неве́рность** Ehebruch *m*; **супру́жеская па́ра** Ehepaar *nt*
суро́вый ⟨*kf*: -о́в⟩ *adj* streng, rigoros; **суро́вые нра́вы** strenge Sitten
суро́к ⟨*gen sg*: -рка́⟩ *m K e* Murmeltier *nt*
суста́в *m K* (*ANAT*) Gelenk *nt*
сутенёр *m K* (*pej*) Zuhälter *m*
су́тки ⟨*gen pl*: -ток⟩ *pl A* Tag *f* und Nacht *f*, vierundzwanzig Stunden *f pl*; **в любо́е вре́мя су́ток** zu jeder Tages- und Nachtzeit
су́толока *f A* Getümmel *nt*
суту́литься *vr I impf* (*pf:* с-) sich krümmen
суть *f I* Wesen *nt*, Kern *m*; **~ де́ла** Kern *m* der Sache
сутя́га *mf A* Querulant, -in *m/f*
суфле́ *nt indekl* Auflauf *m*, Soufflé *nt*
суфлёр, **суфлёрша** *m K / f A* Souffleur, Souffleuse *m/f*
суфли́ровать *v + dat E2 impf* jdm soufflieren
суха́рь *m K1 e* **1.** Zwieback *m*; **2.** Semmelbrösel; **обва́ливать в сухаря́х** panieren; **3.** (*fig*) trockener, humorloser Mensch *m*
сухо́й ⟨*kf*: сух, суха́, су́хо, су́хи⟩ *adj* **1.** trocken, dürr; **~ зако́н** Alkoholverbot *nt*; **~ оста́ток** Trockenmasse *f*; **2.** (*fig*) trokken , humorlos
сухофру́кты *m pl K* Dörrobst *nt*
сучкова́тый *adj* knorrig
суши́льный *adj* trocken-, Trocken-; **~ аппара́т** Haube *f*, Haartrockner *m*
суши́ть ⟨*präs*: сушу́, су́шишь⟩ *vt I impf* (*pf:* вы́-) dörren
суще́ственный ⟨*kf*: -вен, -венна⟩ *adj* wesentlich, relevant, nennenswert, beachtlich
существи́тельное *nt wie adj* Substantiv *nt*
существо́ *nt O e* **1.** Wesen *nt*; **живо́е ~** Lebewesen *nt*; **2.** Kern *m*, Hauptsache *f*; **по существу́** im Grunde, eigentlich
существова́ние *nt O2* Existenz *f*; **дальне́йшее ~** Fortbestand *m*; **за вре́мя сущетвова́ния** seit Bestehen
существова́ть *vi E2 impf* bestehen, existieren
су́щность *f I* Wesen *nt*, Kern *m*; **в су́щности** im Grunde genommen
сфальсифици́ровать *vt E2 pf* (*impf:* фальсифици́ровать) fälschen, verfäl-

schen
сфальши́вить ⟨*fut*: -влю, -вишь⟩ *vi I pf* (*impf:* фальши́вить) (*MUS*) falsch spielen, patzen
сфе́ра *f A* Bereich *m*, Sphäre *f*; **~ влия́ния** Einflußbereich *m*; **~ де́ятельности** Einzugsbereich *m*; **~ примене́ния** Anwendungsbereich *m*
сфери́ческий *adj* **1.** sphärisch; **2.** (*шарови́дный*) kugelrund
сфокуси́ровать *vt E2 pf* (*impf:* фокуси́ровать) bündeln, fokussieren
сформирова́ть *vt E2 pf* (*impf:* формирова́ть) formieren, bilden
схвати́ть ⟨*fut*: -ачу́, -а́тишь⟩ *vt I pf* (*impf:* хвата́ть) ergreifen
схва́тка *f A* Gefecht *nt*
схе́ма *f A* **1.** Schema *nt*, Plan *m*; **2.** (*TECH*) Schaltung *f*, Schaltplan *m*
схемати́чный ⟨*kf*: -чен, -чна⟩ *adj* **1.** schematisch; **2.** schablonenhaft
сходи́ть ⟨*präs*: схожу́, схо́дишь⟩ *vi I impf* (*pf:* сойти́) **1.** aussteigen; **~ на бе́рег** ans Ufer treten; **2.** holen; **~ за врачо́м** einen Arzt holen; **~ за хле́бом** Brot holen
схо́дный ⟨*kf*: -ден, схо́дна́, -дно⟩ *adj* (*с кем-ли́бо*) ähnlich
схо́дство *nt O* Ähnlichkeit *f*; **семе́йное ~** Familienähnlichkeit *f*
сце́на *f A* **1.** Szene *f*; **2.** Bühne *f*
сцена́рий *m K2* **1.** Drehbuch *nt*; **2.** Szenarium *nt*
сцепи́ть ⟨*fut*: сцеплю́, сце́пишь⟩ *vt I pf* (*impf:* сцепля́ть) (*TECH*) kuppeln, anschlagen
счастли́вчик *m K* (*umg*) Glückspilz *m*
счастли́вый ⟨*kf*: сча́стли́в⟩ *adj* glücklich; **счастли́вая случа́йность** Glücksfall *m*
сча́стье *nt O1* Glück *nt*; **к сча́стью** glücklicherweise; **вне себя́ от сча́стья** überglücklich
счёт ⟨*präpos sg*: на счёте, на счету́, *pl*: счета́, счетов⟩ *m K ple* **1.** Rechnung *f*; **~ за свет** Stromrechnung *f*; **не уплати́вший по ~у** Zechpreller *m*; **2.** (*ÖKON*) Konto *nt*; **~ жи́ро** Girokonto *nt*; **ба́нковский ~** Bankkonto *nt*; **3.** (*SPORT*) Spielstand *m*; **ро́вный ~** Gleichstand *m*; **быть на плохо́м ~у́ у кого́-ли́бо** schlecht angeschrieben sein (bei *+dat*); **принима́ть что-ли́бо на сво́й ~** etw auf sich beziehen; **на э́тот ~** diesbezüglich
счётник *m K* (*EL*) Zähler *m*; **~ Ге́йгера** (*PHYS*) Geigerzähler *m*
счёты *pl K* Rechenbrett *nt*
счита́ть *vt E impf* **I. 1.** zählen; **2.** (*MATH*) rechnen; **~ в уме́** kopfrechnen; **II.** *vi E impf* (*fig*) glauben, denken, meinen; **III.** *vt E impf* (*pf:* считывать) ablesen
счита́ться *vr E impf* (*pf:* по-) **1.** (*кем-ли́бо/чем-ли́бо*) gelten (als *+nom*); **2.** (*с кем-ли́бо/чем-ли́бо*) Rücksicht nehmen (auf *+akk*)
США *abk von* Соединённые Шта́ты Аме́рики USA *pl*
сшить ⟨*fut*: сошью́, сошьёшь⟩ *vt E4c pf* (*impf:* шить) **1.** nähen; **2.** sticken
съедо́бный ⟨*kf*: -бен, -бна⟩ *adj* eßbar, genießbar
съезд [1] *m K* Kongreß *m*; **~ па́ртии** Parteitag *m*
съезд [2] *m K* Abfahrt *f*; **~ с автостра́ды** Autobahnausfahrt *f*
съезжа́ть *vi E impf* (*pf:* съе́хать) **1.** hinunterfahren; **2.** rutschen; **3.** (*с кварти́ры*) ausziehen
съёмка ⟨*gen pl*: -мок⟩ *f A* **1.** Vermessung *f*; **заме́дленная ~** Zeitlupe *f*; **2.** (*im pl*) Dreharbeiten *pl*
съе́сть ⟨*fut*: съем, съешь, *prät*: съел, съела⟩ *vt U2 pf* (*impf:* есть) essen
съе́хать ⟨*fut*: съе́ду, съе́дешь⟩ *vi E2 pf* (*impf:* съезжа́ть) **1.** hinunterfahren; **2.** rutschen; **3.** (*с кварти́ры*) ausziehen
сы́воротка *f A* **1.** Molke *f*; **2.** (*MED*) Serum *nt*
сыгра́ть *vi E pf* (*impf:* игра́ть) spielen
сыгра́ться *vi E pf* (*impf:* сы́грываться) (*SPORT, MUS*) sich einspielen
сын ⟨*pl*: -новья́, -нове́й⟩ *m U3* Sohn *m*; **он ~ своего́ вре́мени** er ist ein Kind seiner Zeit
сы́пать ⟨*präs*: сы́плю, сы́плешь⟩ *vt E4 impf* (*pf:* сыпану́ть) (*auch fig*) verschütten; **~ вопро́сами** mit Fragen überschütten
сыпь *f I* (*MED*) Ausschlag *m*
сыр ⟨*gen sg*: -а,-у, *präpos sg*: в сы́ре,в сыру́⟩ *m K ple* Käse *m*; **пла́вленый ~** Schmelzkäse *m*
сыро́й ⟨*kf*: сыр, сыра́, сы́ро⟩ *adj* **1.** feucht; **2.** roh, ungekocht
сы́рость *f I* Nässe *f*, Feuchtigkeit *f*
сырьё *nt O1* Rohstoff *m*
сы́тый ⟨*kf*: сыт, сыта́, сы́то⟩ *adj* satt
сэконо́мить ⟨*fut*: -млю, -мишь⟩ *vt I pf* (*impf:* эконо́мить) sparen, einsparen
сэ́ндвич *m K* Sandwich *nt*
сюда́ *adv* herbei, herüber, hierher; **иди́ ~!** komm her
сюи́та *f A* Suite *f*
сюрпри́з *m K* Überraschung *f*, Bescherung *f*

Т

т, Т *nt indekl kyrillischer Buchstabe*
та *siehe* **тот**
таба́к ⟨*gen sg*: -á,-ý⟩ *m K e* Tabak *m*; **де́ло ~!** es steht schlimm darum! **ню́хательный ~** Schnupftabak *m*
табле́тка *f A* Tablette *f*; **~ от головно́й бо́ли** Kopfschmerztablette *f*; **противозача́точная ~** Antibabypille *f*, Pille *f*; **снотво́рная ~** Schlaftablette *f*
табли́ца *f A* Tabelle *f*; **~ умноже́ния** Einmaleins *nt*; **возглавля́ть турни́рную табли́цу** (*SPORT*) in der Tabelle führen
табли́чка *f A* Schild *nt*; **~ с назва́нием у́лицы** Straßenschild *nt*; **снабжа́ть ~** beschildern
табло́ *nt indekl* (**электро́нное**) Anzeigetafel *f*
табу́ *nt indekl* Tabu *nt*; **де́лать ~ из чего́-ли́бо** etw tabuisieren
табуля́тор *m K* Tabulator *m*
табуре́т *m K* **1.** Schemel *m*; **2.** (**в ба́ре**) Barhocker *m*
таз ⟨*präpos sg*: о та́зе, в тазу́⟩ *m K ple* **1.** Waschbecken *nt*; **2.** (*ANAT*) Becken *nt*
тазобе́дренный *adj* Hüft-; **~ суста́в** Hüftgelenk *nt*
таи́нственный ⟨*kf*: -вен, -вна⟩ *adj* geheimnisvoll, mysteriös
таи́нство *nt O* (*REL*) Sakrament *nt*
таи́ть *vt I impf* **1.** geheimhalten; **2.** (*fig*) bergen, beinhalten
тайм *m K* (*SPORT*) Halbzeit *f*
та́йна *f A* Geheimnis *nt*; **~ вкла́да** Bankgeheimnis *nt*; **~ и́споведи** Beichtgeheimnis *nt*; **~ перепи́ски** Briefgeheimnis *nt*; **враче́бная ~** ärztliche Schweigepflicht *f*; **госуда́рственная ~** Staatsgeheimnis *nt*; **произво́дственная ~** Betriebsgeheimnis *nt*; **профессиона́льная ~** Berufsgeheimnis *nt*; **служе́бная ~** Dienstgeheimnis *nt*; **разглаша́ть та́йну** ein Geheimnis lüften; **сохраня́ть в та́йне** geheimhalten; **та́йны Мадри́дского двора́** (*scherzhaft*) Geheimnistuerei *f*
тайни́к *m K e* Versteck *nt*
та́йный *adj* geheim, heimlich; **та́йная вече́ря** (*REL*) das Heilige Abendmahl *nt*
так *adv* **I.** so; **~ де́ло не пойдёт** so geht das nicht; **как бы не ~** nichts dergleichen; **~ ли э́то?** ist das wirklich so? **~ же** ebenso; **то́чно ~ же** ebensogut; **~ или ина́че** so oder so; **~ называ́емый** sogenannt; **~ сказа́ть** sozusagen; **II.** *konj* **1.** (**как**) da, weil; **2.** (**что**) so daß
така́я *siehe* **тако́й**
та́кже *adv* auch, ebenso; **а ~** sowie
тако́е *siehe* **тако́й**
тако́й, така́я, тако́е ⟨*gen sg*: тако́го, тако́й, тако́го⟩ *pron dem* solch, dergleichen; **ну что в э́том ~о́го?** was ist schon dabei? **~ как я** meinesgleichen; **таки́м о́бразом** dergestalt, derart; **~ же высо́кий** ebenso hoch
та́кса [1] *f A* Dackel *m*
та́кса [2] *f A* (*umg*) Gebühr *f*, Tarif *m*
такт [1] *m K* (*TECH, MUS*) Takt *m*; **~ в три че́тверти** Dreivierteltakt *m*
такт [2] *m K* Takt *m*, Feingefühl *nt*
та́ктика *f A* Taktik *f*; **~ проволо́чек** Verzögerungstaktik *f*
такти́ческий *adj* taktisch
такти́чность *f I* Taktgefühl *nt*
такти́чный ⟨*kf*: -чен, -чна⟩ *adj* taktvoll
тала́нт *m K* Talent *nt*, Begabung *f*; **зарыва́ть сво́й ~ в зе́млю** seine Begabung verkümmern lassen
тала́нтливый ⟨*kf*: -ив⟩ *adj* talentiert, begabt
та́лер *m K* Taler *m*
талисма́н *m K* Talisman *m*, Maskottchen *nt*
та́лия *f A2* Taille *f*
тало́н *m K* Bezugsschein *m*, Gutschein *m*, Coupon *m*; **~ на пита́ние** Essensmarke *f*; **~ на получе́ние багажа́** Gepäckschein *m*; **открепи́тельный ~** Wahlschein (für Wahlberechtigte, die in einem anderen Wahlkreis wählen wollen) *m*; **поса́дочный ~** (**в самолёте**) Bordkarte *f*
та́лый *adj* geschmolzen; **та́лая вода́** Schmelzwasser *nt*
таль *m K1* Flaschenzug *m*
там *adv* dort
тамо́женник *m K* Zollbeamte(r) *m*
тамо́женный *adj* Zoll-; **тамо́женная деклара́ция** Zollerklärung *f*; **тамо́женные форма́льности** Zollabfertigung *f*; **тамо́женная по́шлина** Zoll *m*; **тамо́женные пра́вила** zollrechtliche Bestimmungen *pl*; **выполня́ть тамо́женные форма́льности** Zollformalitäten erledigen
тамо́жня *f A1* Zollamt *nt*
та́мошний *adj* (*umg*) dortig
тампо́н *m K* **1.** (**ва́тный**) Wattebausch *m*; **2.** Tampon *m*
та́нде́м *m K* **1.** Tandem *nt*; **2.** (*fig*) Gespann *nt*
та́нец ⟨*gen sg*: -нца⟩ *m K* **1.** Tanz *m*; **2.** (*im pl*) Tanzverantaltung *f*, Tanzabend *m*; **~ живота́** Bauchtanz *m*
танк *m K* **1.** Panzer *m*; **2.** Tank *m*
та́нкер *m K* Tanker *m*
танцева́ть *vt E2 impf* tanzen
танцо́вщик, танцо́вщица *m K / f A*

Balletttänzer, -in *m/f*
танцо́р, танцо́рка *m K / f A* Tänzer *m*, -in *f*
та́почки ⟨*gen pl*: -чек⟩ *f pl A leichte Schuhe ohne Absatz;* **дома́шние ~** Hausschuhe *m pl*, Pantoffeln *m pl*; **спорти́вные ~** Sportschuhe *m pl*
тарака́н *m K* Schabe *f*
тарато́рить *vi I impf* (*umg*) plappern, quasseln
таре́лка *f A* Teller *m*
тари́ф *m K* Tarif *m*, Gebühr *f*; **основно́й ~** Grundgebühr *f*
тари́фный *adj* Tarif-; **~ догово́р** Tarifvertrag *m*
таска́ть *vt E unbest* (*best*: тащи́ть) schleppen, ziehen
Татарста́н *m K* Tatarstan *nt*
татуиро́вка *f A* Tätowierung *f*
тахоме́тр *m K* Tachometer *nt*, Drehzahlmesser *m*
тахта́ *f A e* Liege *f*
та́чка *f A* Schubkarren *m*
тащи́ть ⟨*präs*: тащу́, та́щишь⟩ *vt I best* (*unbest*: таска́ть) schleppen, ziehen
та́ять *vi E impf* (*pf*: рас-) **1.** schmelzen, tauen; **2.** (*fig*) zergehen, zerrinnen, rasch schwinden
твердоло́бый ⟨*kf*: -об⟩ *adj* halsstarrig, dickköpfig, stur
твёрдый ⟨*kf*: твёрд, тверда́,твёрдо, твёрды/тверды́⟩ *adj* **1.** hart; **~ как ка́мень** steinhart; **2.** (*ÖKON*) fest, fixiert; **3.** (*fig*) fest; **у него́ ~ хара́ктер** er hat Rückgrat
твой, твоя́, твоё ⟨*gen sg*: твоего́, твое́й, твоего́⟩ *pron poss* dein
творе́ние *nt O2* **1.** Schöpfung *f*; **2.** Geschöpf *nt*, Kreatur *f*
творе́ц ⟨*gen sg*: -рца́⟩ *m K e* (*geh*) Schöpfer *m*
твори́ть *vt I impf* (*pf*: со-) schöpfen, kreieren
творо́г ⟨*gen sg*: -á,-ý⟩ *m K e* Quark *m*; **нежи́рный ~** Magerquark *m*
творо́жистый ⟨*kf*: -ист⟩ *adj* Käse-
творо́жник *m K* Käsekuchen *m*
тво́рческий *adj* kreativ, schöpferisch; **тво́рческая биогра́фия** Schaffensweg *m*; **тво́рческая командиро́вка** Studienreise *f*; **~ потенциа́л** [*o* **эне́ргия**] Schaffenskraft *f*
тво́рчество *nt O* Werk *nt*, Schaffen *nt*
твоя́ *siehe* **твой**
теа́тр *m K* Theater *nt*; **~ абсу́рда** (*auch fig*) absurdes Theater *nt*, Affentheater *nt*; **~ ку́кол** [*o* **ку́кольный ~**] Kasperletheater *nt*; **драмати́ческий ~** Schauspielhaus *nt*; **~ одного́ актёра** Ein-Mann-Theater *m*; **о́перный ~** Opernhaus *nt*; **~ боевы́х де́йствий** (*MIL*) Kriegsschauplatz *m*
театра́льный *adj* **1.** theatralisch; **2.** Theater-; **театра́льная пье́са** Theaterstück *nt*
тебе́ ⟨*dat sg/präpos sg von*: ты⟩ *pron pers* dir, über dich
тебя́ ⟨*gen sg/akk sg von*: ты⟩ *pron poss* deiner, dich
те́зис *m K* These *f*
текст *m K* **1.** Text *m*; **2.** Wortlaut *m*, Fassung *f*
тексти́льный *adj* Textil-
теку́честь *f I* Fluktuation *f*
теку́чий ⟨*kf*: -у́ч⟩ *adj* dünnflüssig
теку́щий *adj* **1.** laufend, regelmäßig; **2.** laufend, gegenwärtig
телеви́дение *nt O2* Fernsehen *nt*; **ка́бельное ~** Kabelfernsehen *nt*; **спу́тниковое ~** Satellitenfernsehen *nt*
телеви́зор *m K* Fernsehapparat *m*, Fernseher *m*; **что пока́зывают сего́дня по ~у?** was läuft heute im Fernsehen? **смотре́ть ~** fernsehen
телегра́мма *f A* Telegramm *nt*
телегра́ф *m K* Fernmeldeamt *nt*
теле́жка *f A* **1.** Handwagen *m*, Karren *m*; **2.** (в магази́не) Einkaufswagen *m*; **~ для багажа́** Gepäckwagen *m*
телезаста́вка *f A* Fernsehspot *m*
телезри́тель *m K1* Fernsehzuschauer *m*
телеигра́ *f A e* Telespiel *nt*
телекоммуника́ция *f A2* Telekommunikation *f*
телекомпа́ния *f A2* Fernsehanstalt *f*
те́лекс *m K* Fernschreiben *nt*, Telex *nt*
телёнок ⟨*gen sg*: -нка, *pl*: -ля́та⟩ *m U4* Kalb *nt*
телеобъекти́в *m K* (*FOT*) Teleobjektiv *nt*
телепа́тия *f A2* Telepathie *f*
телеско́п *m K* Teleskop *nt*, Fernrohr *m*
телета́йп *m K* Fernschreiber *m*
телефо́н *m K* Telefon *nt*; **~-автома́т** Münzfernsprecher *m*; **~ дове́рия** Sorgentelefon *nt*; **ка́рточный ~** Kartentelefon *nt*; **позва́ть к ~у** ans Telefon rufen; **сказа́ть по ~у** am Telefon sagen
телефони́стка *f A* Telefonistin *f*
телефо́нный *adj* **1.** telefonisch; **2.** Telefon-; **телефо́нная бу́дка** Telefonzelle *f*; **~ звоно́к** Telefonanruf *m*; **телефо́нная ка́рточка** Telefonkarte *f*; **телефо́нная кни́га** Telefonbuch *nt*; **~ разгово́р** Telefongespräch *nt*, Telefonat *nt*
те́ло *nt O ple* Körper *m*, Leib *m*; **в здоро́вом те́ле здоро́вый дух** ein gesunder Geist in einem gesunden Körper
телосложе́ние *nt O2* Körperbau *m*, Statur *f*

телохрани́тель *m K1* Leibwächter *m*
теля́тина *f A* Kalbfleisch *nt*
тем *konj* desto, umso; **~ более, что** umso mehr als, erst recht weil; **~ не ме́нее** dennoch, trotzdem
те́ма *f A* Thema *nt*
тема́тика *f A* Thematik *f*
темати́ческий *adj* thematisch
темнота́ *f A e* Dunkelheit *f*, Finsternis *f*; **с наступле́нием темноты́** nach Einbruch der Dunkelheit
тёмный ⟨*kf*: тёмен, темна́, темно́⟩ *adj* (*auch fig*) dunkel; **э́то де́ло тёмное** das bleibt im Dunkeln; **тёмная ко́мната** Dunkelkammer *f*
темп *m K* Tempo *nt*; **~ы ро́ста** Zuwachsrate *f*
темпера́мент *m K* Temperament *nt*
темпера́ментный ⟨*kf*: -тен, -тна⟩ *adj* temperamentvoll
температу́ра *f A* **1.** Temperatur *f*; **2.** (*MED*) Fieber *nt*
те́мя ⟨*gen sg*: -мени⟩ *nt U1* (*ANAT*) Scheitelbein *nt*
тенденцио́зный *adj* tendenziös
тенде́нция *f A2* Tendenz *f*, Entwicklung *f*; **~ к сниже́нию** rücklaufige Tendenz *f*
тенево́й *adj* **1.** schattig; **2.** Schatten-; **тенево́е изображе́ние** Schattenriß *m*; **~ кабине́т** Schattenkabinett *nt*; **тенева́я сторона́** Schattenseite *f*; **теневя́я эконо́мика** Schattenwirtschaft *f*
те́ни ⟨*gen pl*: те́ней⟩ *f pl I* Lidschatten *m*
тени́стый ⟨*kf*: -и́ст⟩ *adj* schattig
те́ннис *m K* Tennis *nt*; **насто́льный ~** Tischtennis *nt*
теннеси́ст, **тенниси́стка** *m K / f A* Tennisspieler, -in *m/f*
те́нниска *f A* Polohemd *nt*
те́ннисный *adj* Tennis-; **~ корт** Tennisplatz *m*; **те́ннисная раке́тка** Tennisschläger *m*
тень ⟨*präpos sg*: в тени́⟩ *f I* (*auch fig*) Schatten *m*; **броса́ть ~ на кого́-ли́бо** ein schlechtes Licht werfen (auf *+akk*); **остава́ться в чьей-ли́бо тени́** in jds Schatten stehen; **оставля́ть в тени́** im Hintergrund bleiben
теорети́ческий *adj* theoretisch
тео́рия *f A2* Theorie *f*; **~ мно́жеств** (*MATH*) Mengenlehre *f*; **~ относи́тельности** (*PHYS*) Relativitätstheorie *f*; **~ позна́ния** (*PHIL*) Erkenntnistheorie *f*
тепе́решний *adj* derzeitig, augenblicklich
тепе́рь *adv* jetzt, nun
тепли́ца *f A* Treibhaus *nt*
тепло́ *nt O e* Wärme *f*
теплоизоля́ция *f A2* Wärmedämmung *f*
теплота́ *f A e* **1.** (*PHYS*) Wärme *f*; **2.** (*fig*) Wärme *f*, Herzlichkeit *f*
тёплый ⟨*kf*: тёпел, тепла́⟩ *adj* (*auch fig*) warm; **чуть ~** lauwarm; **оказа́ть кому́-ли́бо ~ приём** jdm einen herzlichen Empfang bereiten; **сиде́ть на тёплых месте́чках** auf sicheren Posten sitzen
терапе́вт *m K* Therapeut, -in *m/f*
терапевти́ческий *adj* therapeutisch
терапи́я *f A2* Therapie *f*
тере́ть ⟨*präs*: тру, трёшь⟩ *vt E4b impf* wischen, reiben
терза́ть *vt E impf* (*geh*) peinigen, quälen
тёрка *f A* Reibe *f*, Reibeisen *nt*
терма́льный *adj* Thermal-; **терма́льные ва́нны** Thermalbad *nt*
те́рмин *m K* Terminus *m*, Fachausdruck *m*
термина́л *m K* Terminal *nt*
терминоло́гия *f A2* Terminologie *f*
термо́метр *m K* Thermometer *nt*; **медици́нский ~** Fieberthermometer *nt*
те́рмос *m K* Thermoskanne *f*
термоста́т *m K* Thermostat *nt*
терпели́вый ⟨*kf*: -и́в⟩ *adj* **1.** geduldig, duldsam; **2.** ausdauernd
терпе́ние *nt O2* Geduld *f*; **моё ~ ло́пнуло** meine Geduld ist am Ende; **а́нгельское ~** Engelsgeduld *f*; **име́ть ~** sich gedulden; **запасти́сь терпе́нием** sich in Geduld fassen; **проявля́ть ~** Geduld üben; **теря́ть ~** die Geduld verlieren, aus der Haut fahren
терпе́ть ⟨*präs*: терплю́, те́рпишь⟩ *vt I impf* (*pf*: по-) **1.** dulden, tolerieren; **э́того я не потерплю́** das werde ich nicht dulden; **я его́ ~ не могу́** ich kann ihn nicht ausstehen; **2.** erdulden, über sich ergehen lassen; **3.** sich gedulden
терпи́мость *f I* Toleranz *f*, Duldsamkeit *f*
терпи́мый ⟨*kf*: -и́м⟩ *adj* **1.** tolerant; **2.** erträglich
те́рпкий ⟨*kf*: -пок, те́рпка́ -пко, *komp*: те́рпче⟩ *adj* herb
терра́са *f A* Terrasse *f*
террито́рия *f A2* Territorium *nt*, Gebiet *nt*; **~, отведённая под застро́йку** Bauland *nt*, Baugelände *nt*; **~ фа́брики** Fabrikgelände *nt*; **~ ФРГ** Bundesgebiet *nt*; **охраня́емая ~** (*ÖKOL*) Schutzgebiet *nt*
терро́р *m K* Terror *m*; **психологи́ческий ~** Psychoterror *m*
терроризи́ровать *vt E2 impf/pf* terrorisieren
террори́зм *m K* Terrorismus *m*; **специа́льное подразделе́ние для борьбы́ с ~ом** Antiterroreinheit *f*
террори́ст, **террори́стка** *m K / f A* Terrorist, -in *m/f*, Attentäter, -in *m/f*
террористи́ческий *adj* terroristisch; ~

акт Terroraktion *f*, Bombenanschlag *m*
тёртый *adj* **1.** gerieben; **2.** (*fig*) gerieben, durchtrieben
теря́ть *vt E impf* (*pf:* по-) verlieren, einbüßen; **~ в ве́се** abnehmen, Gewicht verlieren; **~ равнове́сие** das Gleichgewicht verlieren
теря́ться *vr E impf* (*pf:* по-) **I.** verlorengehen, abhanden kommen; **мой кошелёк где-то потеря́лся** meine Geldbörse ist mir abhanden gekommen; **II.** *vr E impf* (*pf:* рас-) verwirrt werden, ratlos sein
теса́ть ⟨*präs*: тешу́, те́шешь⟩ *vt E4 impf* behauen, zuhauen
теснота́ *f A e* Enge *f*, Beengtheit *f*
те́сный ⟨*kf*: -сен, -сна́, те́сно́⟩ *adj* eng, beengt
тест *m K* Test *m*
тести́ровать *vt E2 impf/pf* testen, abfragen
те́сто *nt O* Teig *m*; **они́ из одного́ те́ста** (*fig*) sie sind aus gleichem Holz geschnitzt; **дрожжево́е ~** Hefeteig *m*; **сдо́бное песо́чное ~** Mürbteig *m*
тесть *m K1* Schwiegervater *m*
тесьма́ *f A e* Borte *f*
тет-а-тет *adv* unter vier Augen
тетра́дь *f I* Heft *nt*; **разъёмная ~** Ringbuch *nt*
тётя ⟨*gen pl*: -ей́⟩ *f A1* Tante *f*
те́хник *m K* Techniker, -in *m/f*
те́хника *f A* Technik *f*, Gerätschaft *f*; **~ безопа́сности** Sicherheitssystem *nt*; **~ свя́зи** Nachrichtentechnik *f*; **вычисли́тельная ~** rechnergestützte Anlage *f*; **компью́терная ~** Computertechnik *f*; **о́фисная ~** Bürotechnik *f*
те́хникум *m K* Fachhochschule *f*
техни́ческий *adj* technisch
технологи́ческий *adj* technologisch, verfahrenstechnisch
техноло́гия *f A2* **1.** Technologie *f*; **2.** Technik *f*, Verfahren *nt*; **высо́кие техноло́гии** Spitzentechnologie *f*
технопа́рк *m K* Industriepark *m*
техобслу́живание *nt O2* Wartung *f*
техосмо́тр *m K* (*TECH*) Überholung *f*
тече́ние *nt O2* **1.** Verlauf *m*; **~ боле́зни** Krankheitsverlauf *m*; **~ вре́мени** Lauf *m* der Zeit; **в ~ чего́-ли́бо** binnen (*+gen*); **в ~ всей́ свое́й жи́зни** sein ganzes Leben (hindurch); **в ~ мно́гих лет** über viele Jahre hinweg; **2.** Strömung *f*; **вверх по ~ию** stromaufwärts; **вниз по ~ию** stromabwärts; **3.** (*fig*) Strömung *f*; **но́вые литерату́рные тече́ния** neue literarische Strömungen
течь ⟨*nur 3. pers*: течёт, теку́т, *prät*: тёк, текла́⟩ *vi UE4 impf* **I. 1.** fließen, strömen; **2.** quellen; **3.** rinnen; **4.** (*fig*) vergehen, verrinnen; **II.** *f I* Leck *nt*
тёща *f A1* Schwiegermutter *f*
тигр *m K* Tiger *m*
тик *m K* Zuckung *f*; **не́рвные ~и** nervöse Zuckungen
ти́кать *vi E impf* ticken
ти́на *f A* Schlamm *m*
тип *m K* Typ *m*
типи́чный ⟨*kf*: -чен, -чна⟩ *adj* typisch, charakteristisch
типогра́фия *f A2* Druckerei *f*
тир *m K* Schießstand *m*
тиражи́рование *nt O2* Vervielfältigung *f*
тиражи́ровать *vt E2 impf/pf* vervielfältigen
тира́н *m K* Tyrann *m*, Despot *m*
тира́нить *vt I impf* tyrannisieren
тирани́я *f A2* Tyrannis *f*, Gewaltherrschaft *f*
тире́ *nt indekl* Bindestrich *m*
тиски́ ⟨*gen pl*: -о́в⟩ *m pl K e* Schraubstock *m*
тита́н [1] *m K* Titan *m*, Riese *m*
тита́н [2] *m K* (*CHEM*) Titan *nt*
ти́тул *m K* **1.** Titel *m*, Überschrift *f*; **2.** Titel *m*, Anrede *f*
ти́хий ⟨*kf*: тих, тиха́, ти́хо, ти́хи́⟩ *adj* **1.** leise; **2.** still; **так ти́хо, что слы́шно, как му́ха лети́т** mäuschenstill; **3.** sanft
Ти́хий океа́н *m K* Stiller Ozean *m*, Pazifik *m*
тихо́ня ⟨*gen pl*: тихо́нь/-ней⟩ *mf A1* Duckmäuser *m*
тишина́ *f A e* Stille *f*; **гробова́я ~** Grabesstille *f*
ткань *f I* **1.** Stoff *m*, Gewebe *nt*; **2.** (*LIT*) Stoff *m*
тмин ⟨*gen sg*: -а,-у⟩ *m K* Kümmel *m*
ТНП *abk von* това́ры наро́дного потребле́ния Konsumgüter *pl*
то [1] *siehe* **тот**
то [2] *konj* dann; **е́сли ... то...** wenn ...dann
това́р ⟨*gen sg*: -а,-у⟩ *m K* Ware *f*, Artikel *m*; **~ы ма́ссового потребле́ния** Konsumgüter *nt pl*; **~ широ́кого спро́са** Massenware *f*; **дефици́тный ~** Mangelware *f*; **залежа́лый ~** Ladenhüter *m*
това́рищ *m K1* Genosse, Genossin *m/f*; **~ по кома́нде** Teamkollege *m*; **~ по несча́стью** Leidensgenosse *m*; **~ по па́ртии** Parteifreund *m*, Parteigenosse *m*; **шко́льный ~** Schulkamerad *m*
това́рищеский *adj* kameradschaftlich; **това́рищеские отноше́ния** Kameradschaft *f*
тогда́ *adv* **1.** damals; **2.** dann
тогда́шний *adj* damalig
то́же *adv* auch, ebenfalls
ток *m K* (*PHYS*) Strom *m*; **переме́нный**

~ Wechselstrom *m*; **постоя́нный ~** Gleichstrom *m*; **си́льный ~** Starkstrom *m*

тока́рный *adj* **1.** Dreh-; **2.** Drechsel-; **~ стано́к** Drehbank *f*

то́карь *m K1* Dreher *m*

токси́чность *f I* Toxizität *f*, Schadstoffbelastung *f*

токси́чный ⟨*kf*: -чен ,-чна⟩ *adj* toxisch, giftig

толк ⟨*gen sg*: -а,-у⟩ *m K* **1.** Sinn *m*; **знать ~ в чём-ли́бо** sich verstehen (auf *+akk*) **2.** (*umg*) Nutzen *m*, Vorteil *m*; **без ~у** nutzlos

толка́ть *vt E impf* (*pf:* толкну́ть) **1.** stoßen; **2.** (*fig: на что-ли́бо*) veranlassen (zu *+dat*)

толкова́ние *nt O2* Auslegung *f*, Interpretation *f*

толкова́ть *vt E2 impf* auslegen, deuten, interpretieren

толко́вый ⟨*kf*: -ов⟩ *adj* **1.** gescheit, vernünftig; **2.** klar, verständlich

то́лком *adv* vernünftig, sachlich

толкотня́ *f A1 e* Gedränge *nt*

толо́чь ⟨*präs*: -лку́, -лчёшь⟩ *vt UE4 impf* zerstampfen, zerstoßen

толпа́ *f A pls* Menschenmenge *f*, Schar *f*; **толпа́ми** scharenweise

толпи́ться ⟨*nur 3. pers*: -и́тся⟩ *vr I impf* sich scharen

толсте́ть *vi E impf* dick werden

толстоко́жий ⟨*kf*: -о́ж⟩ *adj* dickfellig; **быть толстоко́жим** ein dickes Fell haben

то́лстый ⟨*kf*: толст, толста́, то́лсто, то́лсты́⟩ *adj* dick

толстя́к *m K e* Fettwanst *m*

толчея́ *f A2 e* (*umg*) Drängelei *f*

толчо́к ⟨*gen sg*: -чка́⟩ *m K e* **1.** Stoß *m*; **2.** Erdstoß *m*; **3.** (*SPORT*) Anstoß *m*; **4.** (*fig*) Anstoß *m*; **дать ~ чему́-ли́бо** den Anstoß geben (zu *+dat*)

толщина́ *f A e* Dicke *f*

толь *m K1* Dachpappe *f*

то́лько *adv* **I.** nur, allein, bloß; **~ что** soeben; **II.** *konj* **1.** kaum, sobald; **2.** aber, jedoch

том ⟨*pl*: тома́, -о́в⟩ *m K ple* Band *m*

томи́ться ⟨*präs*: -млю́сь, -ми́шься⟩ *vr I impf* (*pf:* ис-) **1.** leiden, sich quälen; **2.** (*о́вощи*) dünsten, dämpfen

томогра́фия *f A2* Tomographie *f*; **компью́терная ~** (*MED*) Computertomographie *f*

тон ⟨*pl*: -а́, -о́в/-ы, -ов⟩ *m K* **1.** Ton *m*, Klang *m*; **2.** Umgangston *m*; **3.** (*fig*) Tenor *m*

тона́льность *f I* Tonart *f*

то́нкий ⟨*kf*: -нок, -нка́, -нко, то́ннки́⟩ *adj* **1.** dünn; **2.** fein, feinfühlig; **~ наблюда́тель** scharfsinniger Beobachter *m* **3.** delikat, subtil

то́нкость *f I* Feinheit *f*, Rafinesse *f*; **стилисти́ческие то́нкости** stilistische Feinheiten; **прояви́ть душе́вную ~** sich feinfühlig zeigen

то́нна *f A* Tonne *f*

тонча́йший *adj super* hauchdünn; **тонча́йшие нюа́нсы** feinste Nuancen

ТОО *abk von* това́рищество с ограни́ченной отве́тственностью *nt* GmbH *f*

то́пать *vi E impf* (*pf:* то́пнуть) stampfen

то́пливо *nt O* Brennmaterial *nt*

топографи́ческий *adj* topographisch

то́поль ⟨*pl*: -я́, -е́й⟩ *m K1 ple* Pappel *f*

топо́р *m K e* Axt *f*, Beil *nt*

топта́ться ⟨*präs*: топчу́сь, то́пчешься⟩ *vr E4 impf* (*на ме́сте*) auf der Stelle treten

торг ⟨*präpos sg*: о то́рге, на торгу́⟩ *m K* **1.** Handel *m*; **2.** (*meist pl*) Auktion *f*

торгова́ть *v + inst E2 impf* (*pf:* с-) handeln, Handel betreiben; **~ вразно́с** hausieren; **~ свои́м те́лом** auf den Strich gehen

торгова́ться *vr E2 pf* (*impf:* с-) feilschen, handeln

торго́вец, **торго́вка** ⟨*gen sg m*: -вца⟩ *m K / f A* Händler, -in *m/f*; **торго́вец нарко́тиками** Drogendealer *m*; **ры́ночная торго́вка** Marktfrau *f*; **у́личная торго́вка** Straßenhändlerin *f*

торго́вля *f A1* Handel *m*; **~ на э́кспорт** Exporthandel *m*; **~ ору́жием** Waffenhandel *m*; **биржева́я ~** Börsenhandel *m*; **кру́пная ~** Großmarkt *m*; **междунаро́дная ~** Welthandel *m*; **ро́зничная ~** Einzelhandel *m*; **у́личная ~** Straßenhandel *m*

торго́вый *adj* Handel-; **торго́вая война́** Handelskrieg *m*; **торго́вая компа́ния** Handelsgesellschaft *f*; **торго́вое соглаше́ние** Handelsabkommen *nt*; **торго́вые ряды́** Geschäftsstraße *f*; **гла́вная торго́вая у́лица** Hauptgeschäftsstraße *f*

торе́ц ⟨*gen sg*: -рца́⟩ *m K e* Stirnseite *f*, Kopfende *nt*

торже́ственный ⟨*kf*: -вен, -вна⟩ *adj* feierlich; **торже́ственно обеща́ть** geloben; **торже́ственное откры́тие** Eröffnungsfeier *f*; **~ приём** festlicher Empfang *m*; **торже́ственные про́воды** Abschiedsfeier *f*

торжество́ *nt O e* **1.** Triumph *m*; **2.** Fest *nt*; **семе́йное ~** Familienfest *nt*

торже́ствовать *vi E2 impf* **1.** feiern; **2.** (*над кем-ли́бо*) triumphieren (über *+akk*)

то́рмоз ⟨*pl*: -а́, -о́в⟩ *m K e* **1.** Bremse *f*; **ножно́й ~** Rücktrittbremse *f*; **ручно́й ~** Handbremse *f*; **2.** (*fig*) Hindernis *nt*

тормози́ть ⟨*präs*: -ожу́, -ози́шь⟩ *vt I impf* (*pf:* за-) **1.** bremsen, abbremsen; **2.** (*fig*) bremsen, aufhalten, hindern

тормозно́й *adj* Brems-; **тормозна́я коло́дка** Bremsbelag *m*; **~ путь** Bremsweg *m*

торопи́ть ⟨*präs*: -оплю́, -о́пишь⟩ *vt I impf* (*pf:* по-) **1.** antreiben; **2.** drängen (zu +*dat*)

торопи́ться ⟨*präs*: -оплю́сь, -о́пишься⟩ *vr I impf* (*pf:* по-) eilen, hasten

торопли́вый ⟨*kf*: -и́в⟩ *adj* hastig, eilig

торт *m K* Torte *f*

торф ⟨*gen sg*: -а,-у⟩ *m K* Torf *m*

торча́ть *vi I impf* **1.** hervorstehen, abstehen; **2.** (*fig*) stecken, sich aufhalten

тоска́ *f A e* Sehnsucht *f*, Wehmut *f*; **~ по ро́дине** Heimweh *nt*

тост [1] *m K* Toast *m*, Trinkspruch *m*

тост [2] *m K* Toast *m*

тот, **та**, **то** ⟨*gen sg*: того́, той, того́, *pl*: те⟩ *pron dem* jene(r, s); **тот же са́мый** derselbe; **и тот и друго́й** beide

тоталитари́зм *m K* Totalitarismus *m*

тоталита́рный ⟨*kf*: -рен, -рна⟩ *adj* totalitär

то́тчас *adv* sogleich, sofort

точи́лка *f A* **1.** Schleifstein *m*; **2.** (*для карандаше́й*) Bleistiftspitzer *m*

точи́ть ⟨*präs*: точу́, то́чишь⟩ *vt I impf* (*pf:* вы-) **1.** schärfen, wetzen, spitzen; **2.** (*fig*) verzehren, quälen

то́чка *f A* **1.** Punkt *m*; **~ замерза́ния** Gefrierpunkt *m*; **~ отсчёта** Bezugspunkt *m*; **~ пересече́ния** Schnittstelle *f*; **~ та́яния** Schmelzpunkt *m*; **2.** (*fig*) Punkt *m*; **~ зре́ния** Gesichtpunkt *m*, Standpunkt *m*; **~ опо́ры** Ansatzpunkt *m*; **~ соприкоснове́ния** Berührungspunkt *m*; **исхо́дная ~** Ausgangspunkt *m*; **попа́сть в са́мую то́чку** ins Schwarze treffen; **поста́вить точку** einen Schlußstrich ziehen; **теря́ть то́чку опо́ры** den Halt verlieren; **3.** (*LING*) Punkt *m*; **~ с запято́й** Semikolon *nt*

точне́йший *adj super* **1.** messerscharf; **2.** (*fig*) haarscharf

то́чно *adv* genau; **~ так же** genauso

то́чность *f I* **1.** Genauigkeit *f*, Präzision *f*; **2.** Pünktlichkeit *f*; **~ - ве́жливость короле́й** Pünktlichkeit ist die Höflichkeit der Könige

то́чный ⟨*kf*: -чен, -чна́, -чно, то́чны́⟩ *adj* genau, präzise, exakt; **то́чная меха́ника** Feinwerkmechanik *f*

тошни́ть ⟨*nur 3. pers*: -и́т⟩ *vt I impf* (*pf:* с-) (*unpers*) Übelkeit empfinden; **меня́ тошни́т** mir ist schlecht

тошнота́ *f A e* Übelkeit *f*

то́щий ⟨*kf*: тощ, тоща́, то́ще⟩ *adj* **1.** mager; **2.** (*fig*) dürftig, karg

трава́ *f A pls* **1.** Gras *nt*, Kraut *nt*; **2.** Rasen *m*

трави́нка *f A* Grashalm *m*

тра́вля *f A1* Hetze *f*, Hetzkampagne *f*

тра́вма *f A* Trauma *nt*; **психи́ческие тра́вмы** psychische Schäden; **родова́я ~** Geburtsschäden; **спорти́вные тра́вмы** Sportverletzungen; **получи́ть тра́вму** verletzt werden

траге́дия *f A2* **1.** Tragödie *f*, Unglück *nt*; **2.** (*THEAT*) Tragödie *f*, Trauerspiel *nt*

траги́зм *m K* Tragik *f*

трагикоми́ческий *adj* tragikomisch

траги́чный ⟨*kf*: -че́н, -чна⟩ *adj* tragisch

традицио́нный ⟨*kf*: -о́нен, -о́нна⟩ *adj* **1.** traditionell, herkömmlich; **2.** konventionell

тради́ция *f A2* Tradition *f*

траекто́рия *f A2* Flugbahn *f*

тракта́т *m K* (*geh*) Traktat *m*, Abhandlung *f*

тракти́р *m K* Gastwirtschaft *f*

тракти́рщик, **тракти́рщица** *m K / f A* Gastwirt, -in *m/f*

трактова́ть *vt E2 impf* (*geh*) abhandeln, behandeln

тра́ктор ⟨*pl*: -а́, -о́в⟩ *m K ple* Traktor *m*

тра́льщик *m K* (*ми́нный*) Minensuchboot *nt*

трамва́й *m K2* Straßenbahn *f*

трампли́н *m K* **1.** Trampolin *nt*; **2.** (*auch fig*) Sprungbrett *m*

транзи́стор *m K* Kofferradio *nt*, Transistorradio *nt*

транзи́т *m K* Transit *m*

транскри́пция *f A2* (*фонети́ческая*) Transkription *f*

трансли́ровать *vt E2 impf/pf* (*переда́чу*) ausstrahlen

трансля́ция *f A2* Ausstrahlung *f*, **прямая ~** Direktübertragung *f*

транспара́нт *m K* Transparent *nt*

тра́нспорт *m K* **1.** Transport *m*; **2.** Verkehr *m*; **обще́ственный ~** öffentliche Verkehrsmittel

транспорти́ровать *vt E2 impf/pf* transportieren, befördern

тра́нспортный *adj* Transport-; **тра́нспортное сре́дство** Transportmittel *nt*; **тра́нспортная фи́рма** Transportunternehmen *nt*

трансформа́тор *m K* Transformator *m*

трансформа́ция *f A2* Transformation *f*, Umwandlung *f*

трап *m K* **1.** (*MAR*) Fallreep *nt*; **2.**

(*самолёта*) Gangway *f*
трáсса *f A* **1.** Trasse *f*, Bahn *f*; **2.** (*SPORT*) Piste *f*
трáта *f A* Verschwendung *f*, Vergeudung *f*; **пустáя ~ врéмени** Zeitverschwendung *f*
трáтить ⟨*präs*: -áчу, -áтишь⟩ *vt I impf* (*pf*: ис-, по-) verschwenden, vergeuden
трáтиться ⟨*präs*: -áчусь, -áтишься⟩ *vr I impf* (*pf*: ис-, по-) (*на кого́-ли́бо/что-ли́бо*) ausgeben, verschwenden
трáур *m K* Trauer *f*; **объяви́ть национáльный ~** Nationaltrauer anordnen
трахéя *f A2* Luftröhre *f*
трéбование *nt O2* **1.** Forderung *f*; **2.** Erfordernis *f*; **по трéбованию** auf Anforderung, auf Betreiben; **предъяви́ть жёсткие трéбования** harte Forderungen stellen; **предъяви́ть чрезмéрные трéбования к кому́-ли́бо** jdn überfordern
трéбовательный ⟨*kf*: -лен, -льна⟩ *adj* anspruchsvoll
трéбовать *vt E2 impf* (*pf*: по-) fordern, verlangen
трéбуемый *adj* erforderlich, nötig
тревóга *f A* **1.** Beunruhigung *f*; **вызывáющий тревóгу** beängstigend; **2.** Alarm *m*; **воздýшная ~** Fliegeralarm *m*; **лóжная ~** blinder Alarm *m*; **поднимáть по тревóге** alarmieren
тревóжить *vt I impf* (*pf*: вс-) **1.** beunruhigen; **2.** stören
тревóжиться *vr I impf* (*pf*: вс-) **1.** sich beunruhigen; **2.** sich bemühen
тревóжный ⟨*kf*: -жен, -жна⟩ *adj* **1.** besorgt, beunruhigt; **2.** besorgniserregend, alarmierend
трéзвенник, **трéзвенница** *m K / f A* Antialkoholiker, -in *m/f*
трезвóнить *vi I impf* läuten
трéзвость *f I* Nüchternheit *f*
трéзвый ⟨*kf*: трезв, трезвá, трéзво, трéзвы́⟩ *adj* **1.** nüchtern; **2.** (*fig*) besonnen, verständig
трек *m K* Rennbahn *f*
трéккинг *m K* Trekking *nt*
тренажёр *m K* Trainingsgerät *nt*
трéнер *m K* Trainer *m*, Coach *m*
трéние *nt O2* **1.** (*TECH*) Reibung *f*; **2.** (*fig*) Reiberei *f*, Auseinandersetzung *f*; **без трéния** reibungslos
трениро́ванный *adj* trainiert, geübt
тренировáть *vt E2 impf* (*pf*: на-) trainieren
трениро́вка *f A* Training *nt*; **~ на физи́ческую выно́сливость** Konditionstraining *nt*
трениро́вочный *adj* Trainings-; **~ костю́м** Trainingsanzug *m*
трепетáть ⟨*präs*: -ещý, -éщешь⟩ *vi E4 impf* zittern, erzittern, beben
трепыхáться *vr E impf* (*pf*: трепыхнýться) **1.** zappeln; **2.** flattern
треск ⟨*gen sg*: -а,-у⟩ *m K* **1.** Knall *m*; **2.** Knacks *m*
трескá *f A* Dorsch *m*, Kabeljau *m*
третéйский *adj* Schieds-; **~ суд** Schiedsgericht *nt*; **~ судья́** Schiedsrichter *m*
трéтий, трéтья, трéтье *num ord* dritte(r, s); **~ ли́шний** der störende Dritte *m*; **~ мир** Dritte Welt *f*
трети́ровать *vt E2 impf* malträtieren, schikanieren, quälen
треть ⟨*gen pl*: -éй⟩ *f I* Drittel *nt*
трéтье *siehe* **трéтий, трéтья, трéтье**
трéтья *siehe* **трéтий, трéтья, трéтье**
треугóльник *m K* Dreieck *nt*; **Бермýдский ~** Bermuda-Dreieck *nt*
треугóльный *adj* dreieckig
трёхлéтний *adj* dreijährig
трёхмéрный *adj* dreidimensional
трёхсери́йный *adj* (*фильм*) dreiteilig
трещáть ⟨*präs*: -щý, -щи́шь⟩ *vi I impf* krachen, knacken
трéщина *f A* **1.** Knick *m*; **2.** Riß *m*
трещинoвáтый *adj* rissig
трещóтка *f A* **1.** Rassel *f*; **2.** (*umg:fig*) Plappermaul *nt*, Quasselstrippe *f*
три ⟨*gen*: трёх⟩ *num* drei; **~ вéщи** dreierlei; **~ чéтверти** dreiviertel
трибýна *f A* Tribühne *f*
тривиáльность *f I* Trivialität *f*, Banalität *f*
тривиáльный ⟨*kf*: -лен, -льна⟩ *adj* trivial
тригонométрия *f A2* Trigonometrie *f*
три́дцать *num* dreißig
три́жды *adv* dreimal
трикó *nt indekl* **1.** Trikot *nt*; **2.** Schlüpfer *m*
триллиóн *m K* Billion *f*
тринáдцать *num* dreizehn
три́о *nt indekl* Trio *nt*
три́плекс *m K* Verbundglas *nt*
три́ста ⟨*gen*: трёхсот⟩ *num* dreihundert
триýмф *m K* Triumph *m*
триумфáльный *adj* triumphal; **триумфáльная áрка** Triumphbogen *m*; **триумфáльное шéствие** Siegeszug *m*
трóгательный ⟨*kf*: -лен, -льна⟩ *adj* rührend
трóгать *vt E impf* (*pf*: трóнуть) **1.** berühren, anfassen; **2.** (*fig*) rühren, bewegen
трóгаться *vr E impf* (*pf*: трóнуться) **1.** gerührt sein; **2.** abfahren, sich in Bewegung setzen
троекрáтный *adj* dreimalig, dreifach
трóица *f A* Pfingsten *nt*; **Святáя ~** Trini-

tät *f*, Heilige Dreieinigkeit *f*
тро́йка *f A* **1.** Dreigespann *nt*; **2.** (*шко́льная оце́нка*) Drei *f*
тройно́й *adj* **1.** dreifach; **2.** Drei-; **~ прыжо́к** Dreisprung *m*
тро́йня *f A1* Drillinge
тромбо́з *m K* Thrombose *f*
тромбо́н *m K* Posaune *f*
трон *m K* Thron *m*
тро́нутый *adj* bewegt
тропа́ *f A pls* Pfad *m*, Steg *m*
тропи́ческий *adj* tropisch
трос *m K* Seil *nt*, Tau *nt*; **про́волочный ~** Drahtseil *nt*
тростни́к *m K e* Schilf *nt*
тротуа́р *m K* Gehweg *m*, Bürgersteig *m*
трофе́й *m K2* Trophäe *f*
труба́ *f A pls* **1.** (*TECH*) Rohr *nt*; **2.** Schornstein *m*; **3.** (*MUS*) Trompete *f*
труба́ч *m K e* Trompeter, -in *m/f*
тру́бка *f A* Röhre *f*; **телефо́нная ~** Telefonhörer *m*; **кури́тельная ~** Pfeife *f*
трубопрово́д *m K* Pipeline *f*
трубочи́ст *f A* Schornsteinfeger *m*, Kaminfeger *m*
труд *m K e* **1.** Arbeit *f*; **2.** Mühe *f*; **без ~а́** mühelos; **3.** (*нау́чный*) Abhandlung *f*
труди́ться ⟨*präs*: тружу́сь, тру́дишься⟩ *vr I impf* sich abmühen, sich bemühen
трудновоспиту́емый *adj* schwererziehbar
тру́дность *f I* Schwierigkeit *f*, Strapaze *f*
тру́дный ⟨*kf*: -ден, -дна́, -дно, тру́дны́⟩ *adj* schwierig, kompliziert
трудово́й *adj* Arbeits-; **~ де́нь** Arbeitstag *m*; **трудова́я де́ятельность** Berufsleben *nt*
трудоёмкий ⟨*kf*: -мок, -мка⟩ *adj* aufwendig, arbeitsintensiv
трудоспосо́бный ⟨*kf*: -бен, -бна⟩ *adj* arbeitsfähig, erwerbsfähig
трудоустро́йство *nt O* Arbeitsplatzvermittlung *f*
трудя́щийся *m wie adj* Werktätiger *m*
труп *m K* Leiche *f*, Leichnam *m*; **~ живо́тного** Kadaver *m*
трус *m K* Feigling *m*
тру́сить ⟨*präs*: тру́шу, тру́сишь⟩ *vi I impf* (*pf*: с-) (*перед кем-ли́бо/чем-ли́бо*) sich ängstigen (vor *+dat*)
трусли́вый ⟨*kf*: -и́в⟩ *adj* feige
тру́сость *f I* Feigheit *f*
трухля́вый ⟨*kf*: -я́в⟩ *adj* mürbe
трущо́ба *f A* Slums *pl*
трюк *m K* Trick *m*, Kunststück *nt*
тря́пка *f A* **1.** Lappen *m*, Lumpen *m*; **~ для стира́ния пы́ли** Staubtuch *nt*; **полова́я ~** Scheuerlappen *m*; **2.** (*umg*) Schlappschwanz *m*, Versager *m*
тряси́на *f A* Morast *m*
трясти́ ⟨*präs*: -су́, -сёшь, *prät*: тряс, трясла́⟩ *vt E6 impf* (*pf*: вы́-) **1.** schütteln, rütteln; **2.** pendeln
трясти́сь ⟨*präs*: -су́сь, -сёшься, *prät*: тря́сся, трясла́сь⟩ *vr E6 impf* (*pf*: вы́-) **1.** sich schütteln, schlottern; **2.** (*fig*) zittern; **~ за свою́ жи́знь** um sein Leben zittern
туале́т *m K* **1.** Toilette *f*; **же́нский ~** Damentoilette *f*; **мужско́й ~** Herrentoilette *f*; **2.** Toilette *f*, Garderobe *f*; **вече́рний ~** Abendgarderobe *f*
туале́тный *adj* Toiletten-; **туале́тная бума́га** Toilettenpapier *nt*
туберкулёз *m K* Tuberkulose *f*
туго́й ⟨*kf*: туг, туга́, ту́го, *komp*: ту́же⟩ *adj* **1.** stramm, straff; **~ у́зел** fester Knoten *m* **2.** prall, gefüllt; **3.** schwer, mühsam
тугоу́хий ⟨*kf*: -у́х⟩ *adj* schwerhörig
туда́ *adv* dorthin; **расха́живать ~-сюда́** auf- und abgehen
туз ⟨*akk sg*: туза́⟩ *m K e* (*beim Kartenspiel*) As *nt*
тузе́мец, **тузе́мка** ⟨*gen sg m*: -мца⟩ *m K / f A* **1.** Einheimische(r) *mf*; **2.** Eingeborene(r) *mf*
ту́ловище *nt O1* Rumpf *m*
тума́н ⟨*gen sg*: -а,-у⟩ *m K* Nebel *m*
тума́нный ⟨*kf*: -а́нен, -а́нна⟩ *adj* neblig, diesig
ту́мбочка *f A* (*прикрова́тная*) Nachttisch *m*
туне́ц ⟨*gen sg*: -нца́⟩ *m K e* Thunfisch *m*
тунея́дец ⟨*gen sg*: -дца⟩ *m K* Schmarotzer *m*, Faulenzer *m*
Туни́с *m K* Tunesien *nt*
тупе́ть *vi E impf* (*pf*: от-) (*auch fig*) abstumpfen, stumpf werden
тупи́к *m K e* (*auch fig*) Sackgasse *f*; **завести́ в ~** in eine Sackgasse führen; **зайти́ в ~** (*перегово́ры*) sich festfahren
тупико́вый *adj* verfahren, festgefahren, stagnierend
тупо́й ⟨*kf*: туп, тупа́, ту́по, ту́пы́⟩ *adj* **1.** stumpfsinnig, stur; **2.** stumpf; **тупа́я бо́ль** stumpfer Schmerz *m*
тупоу́мие *nt O2* **1.** Blödheit *f*; **2.** Stumpfsinn *m*
тупоу́мный ⟨*kf*: -мен, -мна⟩ *adj* **1.** blödsinnig; **2.** stur
тур *m K* **1.** Tour *f*; **2.** (*вы́боров*) Wahldurchgang *m*; **3.** (*SPORT*) Tour *f*, Runde *f*
турби́на *f A* Turbine *f*
турбюро́ *nt indekl* Reisebüro *nt*
туре́цкий *adj* türkisch
тури́зм *m K* Tourismus *m*, Fremdenverkehrswesen *nt*; **магази́нный ~** Einkaufstourismus *m*
тури́ст *m K* Tourist, -in *m/f*; **делово́й ~** Geschäftsreisende(r) *mf*; **~-индивидуа́л**

Individualreisende(r) *mf*; **пеший ~ (с рюкзаком)** Rucksacktourist *m*

туристический *adj* touristisch; **туристическая деятельность** Reiseverkehr *m*; **~ класс** Touristenklasse *f*

Туркменистан *m K* Turkmenistan *nt*

Туркмения *f A2* Turkmenien *nt*

турне *nt indekl* **1.** Rundreise *f*, Rundfahrt *f*; **2.** (гастроли) Konzertreise *f*, Tournee *f*

турник *m K e* Reck *nt*

турникет *m K* Drehkreuz *nt*

турнир *m K* Turnier *nt*; **сборочный ~** Qualifikationsturnier *nt*; **Уимблдонский ~** Tennisturnier *nt* in Wimbledon

турок ⟨*gen sg*: турка⟩ *m K* Türke *m*

турфирма *f A* Reiseveranstalter *m*

Турция *f A2* Türkei *f*

турчанка *f A* Türkin *f*

тусклый ⟨*kf*: тускл, тускла, тускло, тусклы⟩ *adj* trübe, matt

тусоваться ⟨*nur 3. pers*: -суется⟩ *vr E2 impf* (*Jugendsprache*) sich treffen, in Gruppen hin- und herschlendern

тусовка *f A nach bestimmten Interessen organisierte Jugendgruppen*

туфля *f A1* Schuh *m*; **домашние туфли** Pantoffeln *m pl*; **~ на шпильках** Stökkelschuhe *m pl*

тушить ⟨*präs*: тушу, тушишь⟩ *vt I impf* (*pf*: по-) **1.** löschen; **2.** (мясо, овощи) schmoren, dämpfen

тщательность *f I* Sorgfalt *f*

тщательный ⟨*kf*: -лен, -льна⟩ *adj* sorgfältig, sorgsam

тщедушный ⟨*kf*: -шен, -шна⟩ *adj* schmächtig, schwächlich

тщеславный ⟨*kf*: -вен, -вна⟩ *adj* ehrgeizig, ruhmsüchtig

ты ⟨*2. pers sg*: тебя, тебе, тебя, тобой, о тебе⟩ *pron pers* du; **быть на ~ с кем-либо** per Du sein (mit *+dat*)

тыкать ⟨*präs*: тычу, тычешь⟩ *vt E4 impf* (*pf*: ткнуть, тыкнуть) **1.** einstecken, stoßen; **2.** weisen, zeigen; **~ пальцем в кого-либо** mit dem Finger zeigen (auf *+akk*)

тыкаться ⟨*präs*: тычусь, тычешься⟩ *vr E4 impf* (*pf*: ткнуться) **1.** sich stoßen, sich anstoßen; **2.** hin- und herlaufen; **3.** (*umg*) von Pontius zu Pilatus geschickt werden

тыл ⟨*präpos sg*: о тыле, в тылу⟩ *m K ple* **1.** Hintergrund *m*; **2.** (*MIL*) Hinterland *nt*; **3.** (*fig*) Rückendeckung *f*, bürgerliche Sicherheit *f*

тысяча *f A* Tausend *nt*

т. е. *abk von* то есть d. h.

Тюрингия *f A* Thüringen *nt*

тюрьма *f A pls* Gefängnis *nt*, Haftanstalt *f*

тягостный ⟨*kf*: -тен, -тна⟩ *adj* bedrükkend; **тягостное молчание** drückendes Schweigen *nt*

тяжёлый ⟨*kf*: -жёл, -жела⟩ *adj* (*auch fig*) schwer; **тяжёлая атлетика** Gewichtheben *nt*; **тяжёлые времена** harte Zeiten; **~ характер** schwieriger Charakter *m*

тянуть ⟨*präs*: тяну, тянешь⟩ *vt E1 impf* (*pf*: по-) **1.** (*auch fig*) ziehen; **его тянет на родину** ihn zieht es in seine Heimat zurück; **2.** verzögern, in die Länge ziehen; **~ время** Zeit gewinnen

тянуться ⟨*präs*: тянусь, тянешься⟩ *vr E1 impf* (*pf*: по-) **1.** sich ausbreiten; **2.** (*auch fig*) sich hinziehen, sich schleppen

У

у, У [1] *nt indekl kyrillischer Buchstabe*

у [2] *präp +gen* **1.** an, bei, neben (*+dat*); **~ микрофона** am Mikrophon; **~ родителей** bei den Eltern; **~ Шекспира** bei Shakespeare; **2.** *zur Bezeichnung der Zugehörigkeit/des Besitzverhältnisses;* **~ меня есть брат** ich habe einen Bruder; **~ больного жар** der Kranke hat Fieber

убегать *vt E impf* (*pf*: убежать) davonlaufen, fortlaufen, ausreißen

убедительность *f I* Überzeugungskraft *f*

убедительный ⟨*kf*: -лен, -льна⟩ *adj* **1.** überzeugend, schlüssig; **2.** nachdrücklich, inständig

убедить ⟨*nur 2. und 3. pers*: -ишь⟩ *vt I pf* (*impf*: убеждать) **1.** überzeugen; **2.** überreden, bewegen

убежать ⟨*fut*: -егу, -ежишь⟩ *vi U1 pf* (*impf*: убегать) davonlaufen, fortlaufen, ausreißen

убеждение *nt O2* Überzeugung *f*

убежище *nt O1* **1.** Obdach *nt*, Bleibe *f*; **2.** (*POL*) Asyl *nt*; **лицо, попросившее ~** Asylant, -in *m/f*

убивать *vt E impf* (*pf*: убить) **1.** umbringen, ermorden; **2.** (на охоте) erlegen; **3.** (*fig*) totschlagen; **~ время** die Zeit totschlagen; **~ сразу двух зайцев** zwei Fliegen mit einer Klappe schlagen

убийственный ⟨*kf*: -вен⟩ *adj* **1.** tödlich; **2.** fatal; **3.** mörderisch

убийство *nt O* Mord *m*, Ermordung *f*; **~ с целью ограбления** Raubmord *m*; **отдел полиции по расследованию дел об убийстве** Mordkommission *f*

убийца *mf A* Mörder *m*; **наёмный ~** bezahlter Killer *m*

убирать *vt E impf* (*pf*: убрать) **1.** wegbringen, beseitigen; ~ **раке́ты** Raketen abziehen; **2.** (со стола́) abdecken, abräumen; **3.** (ко́мнату) aufräumen, in Ordnung bringen; **4.** absetzen

убира́ться *vr E impf* (*pf:* убра́ться) saubermachen, aufräumen; **убира́йся!** hau ab! **убира́йся ко всем черта́м!** scher dich zum Teufel

уби́ть ⟨*fut:* убью́, убьёшь⟩ *vt E4c pf* (*impf:* убива́ть) umbringen, ermorden

убо́гость *f I* Schäbigkeit *f*, Dürftigkeit *f*

убо́рка *f A* **1.** Aufräumen *nt*; **2.** Reinigung *f*; ~ **урожа́я** Ernte *f*

убо́рная *f wie adj* Toilette *f*; **артисти́ческая** ~ Künstlergarderobe *f*

убо́рочный *adj* Ernte-; **убо́рочная страда́** Ernte *f*, **убо́рочная те́хника** Erntemaschinen *f pl*

убо́рщица *f A* Putzfrau *f*, Raumpflegerin *f*

убра́ть ⟨*fut:* уберу́, уберёшь⟩ *vt E4a pf* (*impf:* убира́ть) **1.** wegbringen; **2.** (со стола́) abdecken, abräumen; **3.** (ко́мнату) aufräumen, in Ordnung bringen; **4.** absetzen, beseitigen

убра́ться ⟨*fut:* уберу́сь, уберёшься⟩ *vr E4c pf* (*impf:* убира́ться) saubermachen, aufräumen

убыва́ть *vi E impf* (*pf:* убы́ть) **1.** abnehmen, dahinschwinden; **2.** ausfallen

у́быль *f I* **1.** Abnahme *f*, Verringerung *f*; **2.** Ausfall *m*

убы́ток ⟨*gen sg:* -тка, -тку⟩ *m K* Verlust *m*, Einbußen *pl*; **нести́** ~ einen Verlust erleiden; **рабо́тать себе́ в** ~ mit Verlust arbeiten, in den roten Zahlen arbeiten; **уйти́ от убы́тков** aus den roten Zahlen herauskommen

уважа́емый *adj* **1.** achtbar, respektabel; **2.** verehrt; ~ **челове́к** Respektsperson *f*

уважа́ть *vt E impf* **1.** achten, respektieren; **2.** verehren

уваже́ние *nt O2* **1.** Verehrung *f*; **2.** Hochachtung *f*, Respekt *m*; **с уваже́нием** hochachtungsvoll; **по́льзоваться уваже́нием** Ansehen [*o* Respekt] genießen

уважи́тельный ⟨*kf:* -лен, -льна⟩ *adj* achtungsvoll, respektvoll; **уважи́тельная причи́на** triftiger Grund *m*

увари́ться ⟨*nur 3. pers:* ува́рится⟩ *vr I impf* (*pf:* ува́риваться) **1.** gar kochen; **2.** einkochen

уве́домить ⟨*fut:* -млю, -мишь⟩ *vt I pf* (*impf:* уведомля́ть) benachrichtigen

уведомле́ние *nt O2* Benachrichtigung *f*, Mitteilung *f*

увекове́чивать *vt E impf* (*pf:* увекове́чить) verewigen, ein Denkmal setzen

увеличе́ние *nt O2* **1.** Vergrößerung *f*, Erweiterung *f*; **2.** Zunahme *f*

увели́чивать *vt E impf* (*pf:* увели́чить) erhöhen, steigern, vergrößern

увели́чиваться *vr E impf* (*pf:* увели́читься) zunehmen, wachsen

увеличи́тельный *adj* Vergrößeruns-; **увеличи́тельное стекло́** Vergrößerungsglas *nt*

венча́ть *vt E pf* (*impf:* венча́ть) **1.** (*auch fig*) krönen; **2.** (kirchlich) trauen

уве́ренность *f I* **1.** Gewißheit *f*; **2.** Zuversicht *f*; ~ **в за́втрашнем дне** Glaube *m* an die Zukunft; ~ **в себе́** Glaube *m* an sich selbst; **вселя́ть** ~ ermutigen; **сказа́ть с уве́ренностью** mit Sicherheit sagen

уве́ренный ⟨*kf:* -рен⟩ *adj* zuversichtlich, sicher; ~ **в побе́де** siegessicher; ~ **в себе́** selbstsicher

увёртка *f A* (*umg*) Finte *f*, Trick *m*, Kniff *m*

увеселе́ние *nt O2* Vergnügung *f*, Erheiterung *f*

увесели́тельный *adj* vergnüglich, heiter; **увесели́тельное мероприя́тие** Vergnügung *f*

уве́систый ⟨*kf:* -ист⟩ *adj* tüchtig, kräftig

увести́ ⟨*fut:* -еду́, -едёшь⟩ *vt E6a pf* (*impf:* уводи́ть) **1.** abführen, wegführen; **2.** mitnehmen

увещева́ние *nt O2* Ermahnung *f*

увещева́ть *vt E impf* ermahnen, ins Gewissen reden

уви́деть ⟨*fut:* уви́жу, уви́дишь⟩ *vt I pf* (*impf:* ви́деть) erblicken, sehen

увлажни́ть *vt I pf* (*impf:* увлажня́ть) befeuchten, benetzen

увлека́тельный ⟨*kf:* -лен, -льна⟩ *adj* spannend

увлечённый *adj* begeistert

увле́чь ⟨*fut:* -еку́, -ечёшься⟩ *vt UE4 pf* (*impf:* увлека́ть) mitreißen, begeistern, packen

увле́чься ⟨*fut:* -еку́сь, -ечёшься⟩ *vr* + *inst UE4 pf* (*impf:* увлека́ться) sich hinreißen lassen, sich hingeben (+*dat*)

уводи́ть ⟨*präs:* -ожу́, -о́дишь⟩ *vt I impf* (*pf:* увести́) **1.** abführen, wegführen; **2.** mitnehmen

уво́лить *vt I pf* (*impf:* увольня́ть) **1.** freisetzen; **2.** entlassen; **3.** kündigen

увольне́ние *nt O2* **1.** Freisetzung *f*; **2.** Entlassung *f*, Kündigung *f*, **ма́ссовые увольне́ния** Massenentlassungen *pl*

увяда́ть *vt E impf* verwelken

угада́ть *vt E pf* (*impf:* уга́дывать) raten, erraten; ~ **чьи-ли́бо мы́сли по глаза́м** jds Gedanken von den Augen ablesen

углеводоро́д *m K* Kohlenwasserstoff *m*; **фто́ристые** ~**ы** Fluorkohlenwasserstoffe

pl
углево́ды *m pl K* Kohlehydrate *m pl*
углеро́д *m K* Kohlenstoff *m*
углова́тый ⟨*kf*: -áт⟩ *adj* **1.** eckig; **2.** (*fig*) linkisch, ungeschickt
углуби́ть ⟨*fut*: -блю́, -би́шь⟩ *vt I pf* (*impf:* углубля́ть) vertiefen
углубле́ние *nt O2* **1.** Vertiefung *f*; **2.** Delle *f*
угнести́ ⟨*fut*: -ету́, -етёшь⟩ *vt E6a pf* (*impf:* угнета́ть) **1.** unterdrücken; **2.** bedrücken, deprimieren
угова́ривать *vt E impf* (*pf:* уговори́ть) überreden, zureden; **дать себя́ ~** sich überzeugen lassen
угово́р ⟨*gen sg*: -а,-у⟩ *m K* **1.** Überreden *nt*, Zureden *nt*; **2.** Verabredung *f*, Absprache *f*; **э́то про́тив ~а** das ist gegen die Abmachung
уго́дно *adv* **I.** gefällig; **е́сли ~** wenn es recht ist; **II.** *part* beliebig; **он мог де́лать всё, что ~** er konnte anstellen, was immer er wollte; **ско́лько ~** nach Belieben
уго́дный ⟨*kf*: -ден, -дна⟩ *adj* angenehm, gefällig
у́гол ⟨*gen sg*: угла́, *präpos sg*: о угле́, на/в углу́⟩ *m K e1* **1.** Ecke *f*, Winkel *m*; **за угло́м** um die Ecke; **на углу́** an der Ecke; **загоня́ть кого́-ли́бо в ~** jdn in die Enge treiben; **свора́чивать за ~** um die Ecke biegen; **2.** (*MATH*) Winkel *m*
уголо́вный *adj* **1.** kriminell; **2.** Kriminal-, Straf-; **~ ко́декс** Strafgesetzbuch *nt*; **уголо́вная поли́ция** Kriminalpolizei *f*; **уголо́вное пра́во** Strafrecht *nt*; **уголо́вное преступле́ние** Straftat *f*
у́голь ⟨*gen sg*: у́гля⟩ *m K1* Kohle *f*; **активи́рованный ~** Aktivkohle *f*; **бу́рый ~** Braunkohle *f*; **древе́сный ~** Holzkohle *f*; **ка́менный ~** Steinkohle *f*
уго́н *m K* **1.** Vertreibung *f*; **2.** Diebstahl *m*; **~ автомоби́ля** Autodiebstahl *m*; **~ самолёта** Flugzeugentführung *f*
уго́нщик *m K* Entführer *m*, Luftpirat *m*
у́горь ⟨*gen sg*: у́гря⟩ *m K1* **1.** (*ZOOL*) Aal *m*; **2.** (*MED*) Pickel *m*, Mitesser *m*; **3.** (*im pl*) Akne *f*
угости́ть ⟨*fut*: -ощу́ , -ости́шь⟩ *vt I pf* (*impf:* угоща́ть) **1.** bewirten; **2.** spendieren
угоще́ние *nt O2* Bewirtung *f*; **устро́ить ~ по слу́чаю вступле́ния в до́лжность** jds Einstand feiern
угрожа́ть *vi E impf* androhen, bedrohen
угрожа́ющий *adj* bedrohlich
угро́за *f A* Bedrohung *f*, Gefährdung *f*; **приводи́ть в исполне́ние угро́зу** eine Drohung wahrmachen
угрызе́ние *nt O2* Scham *f*, Reue *f*; **угрызе́ния со́вести** Gewissensbisse *pl*
угрю́мый ⟨*kf*: -ю́м⟩ *adj* verdrossen, verdrießlich
удава́ться ⟨*nur 3. pers*: удаётся⟩ *vr E3 impf* (*pf:* уда́ться) gelingen, glücken; **как тебе́ удаётся?** wie bringst du das fertig? **не ~** scheitern, mißlingen
удалённый ⟨*kf*: -ён⟩ *adj* entlegen, abgelegen, entfernt
удали́ть *vt I pf* (*impf:* удаля́ть) **1.** beseitigen, entfernen; **2.** (*MED*) entfernen; **~ зуб** einen Zahn ziehen; **~ игро́ка с по́ля** (*SPORT*) einen Spieler des Feldes verweisen
уда́р *m K* **1.** Schlag *m*, Stoß *m*, Hieb *m*; **~ судьбы́** Schicksalsschlag *m*; **2.** (*SPORT*) Stoß *m*, Schuß *m*; **~ в подборо́док** Kinnhaken *m*; **~ голово́й** Kopfball *m*; **~ от воро́т** Abstoß *m*; **свобо́дный ~** Freistoß *m*; **3.** (*MED*) Schlaganfall *m*; **теплово́й ~** Hitzschlag *m*; **4.** (*мо́лнии*) Einschlag *m*; **5.** Anschlag *m*; **~ ножо́м** Messerstich *m*; **отве́тный ~** Vergeltungsschlag *m*; **~ штыко́м** Bajonettstich *m*
ударе́ние *nt O2* Betonung *f*
уда́рить *vt I pf* (*impf:* ударя́ть) **1.** schlagen, hauen; **~ кого́-ли́бо по лицу́** jdn ins Gesicht schlagen; **~ по рука́м** durch Handschlag besiegeln; **2.** (*fig*) treffen; **жизнь его́ си́льно уда́рила** das Leben hat ihm böse mitgespielt; **бо́льно ~ по кому́-ли́бо** jdn hart treffen, jdm sehr wehtun
уда́риться *vr I pf* (*impf:* ударя́ться) **1.** aufprallen; **2.** (*обо что-ли́бо*) prallen (gegen +*akk*); **~ голово́й в сте́ну** mit dem Kopf an die Wand schlagen; **3.** (*umg*) sich begeistern (für +*akk*); **~ в поли́тику** sich der Politik widmen
уда́рник *m K* **1.** Schlagzeug *nt*; **2.** Schlagzeuger *m*
уда́рный *adv* Schlag-; **уда́рная си́ла** Schlagkraft *f*
уда́чный ⟨*kf*: -чен, -чна⟩ *adj* erfolgreich, gelungen; **~ приме́р** gutes Beispiel *nt*
удва́ивать *vt E impf* (*pf:* удво́ить) verdoppeln
удвое́ние *nt O2* Verdopplung *f*
уде́л *m K* Los *nt*, Schicksal *nt*
удержа́ть ⟨*fut*: -ержу́, -е́ржишь⟩ *vt I pf* (*impf:* уде́рживать) **1.** halten, festhalten; **2.** (*от чего́-ли́бо*) abhalten (von +*dat*)
удержа́ться *vr I pf* (*impf:* уде́рживаться) **1.** sich halten, sich behaupten; **2.** (*от чего́-ли́бо*) verzichten (auf +*akk*); **3.** sich enthalten (+*gen*); **с трудо́м ~ от сме́ха** sich mit Mühe das Lachen verkneifen
удиви́тельный ⟨*kf*: -лен, -льна⟩ *adj* **1.** erstaunlich, überraschend; **2.** wundervoll,

zauberhaft

удиви́ть ⟨*fut*: -влю́, -ви́шь⟩ *vt I pf* (*impf:* удивля́ть) erstaunen, überraschen; **ты меня́ про́сто удивля́ешь** du machst Sachen; **неприя́тно ~** befremden

удиви́ться ⟨*fut*: -влю́сь, -ви́шься⟩ *vr I pf* (*impf:* удивля́ться) sich wundern, staunen

удивле́ние *nt O2* Erstaunen *nt*, Verwunderung *f*

удира́ть *vi E impf* (*pf:* удра́ть) (*umg*) abhauen, sich aus dem Staub machen

уди́ть ⟨*präs*: ужу́, у́дишь⟩ *vt I impf* fischen, angeln

удо́бный ⟨*kf*: -бен, -бна⟩ *adj* **1.** bequem, angenehm; **2.** handlich, günstig; **~ до́ступ** leichter Zugang *m*; **~ для по́льзователей** benutzerfreundlich; **~ по́вод** willkommener Anlaß *m*

удобре́ния *nt pl O2* Dünger *m*; **хими́ческие** [*o* **иску́сственные**]**~** Kunstdünger *m*

удо́брить *vt I pf* (*impf:* удобря́ть) düngen

удо́бство *nt O* Bequemlichkeit *f*, Komfort *m*

удовлетворе́ние *nt O2* **1.** Befriedigung *f*, Genugtuung *f*, Zufriedenheit *f*; **2.** (*JUR*) Abfindung *f*; **3.** (*наслажде́ние*) Genuß *m*

удовлетвори́тельный ⟨*kf*: -лен, -льна⟩ *adj* befriedigend, zufriedenstellend

удовлетвори́ть *vt I pf* (*impf:* удовлетворя́ть) **1.** befriedigen, zufriedenstellen; **~ про́сьбу** einer Bitte nachkommen; **~ расту́щие потре́бности** dem steigenden Bedarf nachkommen; **~ всем тре́бованиям** allen Anforderungen entsprechen; **2.** (*JUR*) abfinden

удово́льствие *nt O2* Vergnügen *nt*, Lust *f*; **с удово́льствием** mit Vergnügen, gerne; **жить в своё ~** in Saus und Braus leben; **находи́ть ~ в чём-ли́бо** Geschmack finden (an *+dat*)

удоста́ивать *vt E impf* (*pf:* удосто́ить) **1.** verleihen, auszeichnen (mit *+dat*); **2.** schenken, beehren (mit *+dat*); **~ внима́нием кого́-ли́бо** jdm Aufmerksamkeit schenken

удостовере́ние *nt O2* **1.** Ausweis *m*, Legitimation *f*; **~ ли́чности** Personalausweis *m*; **2.** (*JUR*) Beglaubigung *f*

удостове́рить *vt I pf* (*impf:* удостоверя́ть) **1.** ausweisen, nachweisen; **~ свою́ ли́чность** sich ausweisen; **2.** identifizieren; **3.** (*JUR*) beglaubigen, beurkunden

удочере́ние *nt O2* Adoption *f*

удочери́ть *vt I pf* (*impf:* удочеря́ть) adoptieren

у́дочка *f A* Angelrute *f*; **попада́ться на чью-ли́бо у́дочку** (*fig*) jdm auf den Leim gehen

удра́ть ⟨*fut*: удеру́, удерёшь⟩ *vi E4a pf* (*impf:* удира́ть) (*umg*) abhauen, sich aus dem Staub machen

удруча́ть *vt E impf* (*pf:* удручи́ть) beklemmen, deprimieren

удручённый *adj* niedergedrückt, niedergeschlagen

уединённый *adj* abgeschieden, zurückgezogen

уе́хать ⟨*fut*: -е́ду, -е́дешь⟩ *vi UE2 impf* (*pf:* уезжа́ть) **1.** abreisen, abfahren; **2.** verreisen, auf Reisen gehen; **3.** wegziehen; **~ в го́род** in die Stadt ziehen; **4.** auswandern, emigrieren; **~ на За́пад** in den Westen gehen

ужа́лить *vt I pf* (*impf:* жа́лить) **1.** stechen; **2.** beißen

у́жас *m K* Entsetzen *nt*, Grauen *nt*, Schrecken *m*; **бы́ть в ~е** sich entsetzen

ужаса́ть *vt E impf* (*pf:* ужасну́ть) erschrecken, in Schrecken versetzen

ужаса́ющий *adj* schauerlich, schauderhaft, grausig

ужа́сный ⟨*kf*: -сен, -сна⟩ *adj* furchtbar, entsetzlich, grauenhaft

уж [1] *m K e* Natter *f*, **обыкнове́нный ~** Ringelnatter *f*; **извива́ться как ~** (*fig*) sich winden wie ein Aal

уж [2] *adv* (*уже́*) schon

уже́ *adv* schon, bereits

ужесточа́ть *vt E impf* (*pf:* ужесточи́ть) verschärfen, erhärten

ужива́ться *vr E impf* (*pf:* ужи́ться) **1.** sich einleben, sich eingewöhnen; **2.** (*с кем-ли́бо*) gut auskommen (mit *+dat*)

у́жин *m K* Abendessen *nt*

у́жинать *vi E impf* (*pf:* по-) zu Abend essen

узако́нивать *vt E impf* (*pf:* узако́нить) legitimieren

узда́ *f A pls* (*auch fig*) Zaum *m*; **держа́ть в узде́ кого́-ли́бо** jdn im Zaum halten

у́зел ⟨*gen sg*: узла́⟩ *m K e1* **1.** (*auch fig*) Knoten *m*; **разруба́ть Го́рдиев ~** den gordischen Knoten lösen; **тра́нспортный ~** Verkehrsknoten *m* **2.** (*MAR*) Knoten *m*

у́зкий ⟨*kf*: у́зок, узка́, у́зко́, у́зки́⟩ *adj* schmal, eng; **у́зкое ме́сто** Engpaß *m*; **~ специали́ст** Fachidiot *m*

узколо́бый ⟨*kf*: -об⟩ *adj* engstirnig

узнава́ть ⟨*präs*: узнаю, узнаёшь⟩ *vt E3 impf* (*pf:* узна́ть) **1.** erfahren, in Erfahrung bringen; **2.** erkennen, identifizieren

у́зы *pl A* (*geh*) Fesseln *f pl*, Bande *pl*

уйти́ ⟨*fut*: уйду́, уйдёшь⟩ *vi E7 pf* (*impf:* уходи́ть) **1.** weggehen, verlassen; **2.** (от

кого́-ли́бо) idm entkommen; **3.** (*о вре́мени*) vergehen
ука́з *m K* Erlaß *m*, Dekret *nt*, Ukas *m*; **он мне не ~** er hat mir nichts zu befehlen
указа́ние *nt O2* **1.** Weisung *f*, Anweisung *f*, Bescheid *m*; **выполня́ть чьи-ли́бо указа́ния** jds Anweisungen folgen; **дава́ть указа́ния** Anweisungen geben [*o* erteilen]; **2.** Hinweis *m*, Angabe *f*; **~ исто́чника** Quellenangabe *f*
ука́занный *adj* **1.** genannt; **2.** angegeben
указа́тель *m K1* **1.** Anzeiger *m*, Hinweisschild *nt*; **2.** (*в кни́ге*) Index *m*, Stichwortverzeichnis *nt*
указа́ть ⟨*fut*: укажу́, ука́жешь⟩ *vi E4 pf* (*impf:* ука́зывать) **1.** angeben; **2.** (*на что-ли́бо*) hinweisen (auf *+akk*)
УКВ *abk von* ультракоро́ткие во́лны UKW
укла́дывать *vt E impf* (*pf:* уложи́ть) **1.** hinlegen; **~ спать** ins Bett bringen **2.** (*umg*) umlegen, töten; **3.** packen, einpacken
укла́дываться *vr E impf* (*pf:* уле́чься) **1.** sich hinlegen; **2.** sich legen, abflauen; **волне́ние улегло́сь** die Aufregung klang ab
укло́н *m K* **1.** Gefälle *nt*, Neigung *f*; **2.** (*POL*) Trend *m*
уклоне́ние *nt O2* **1.** Ausweichen *nt*; **2.** Abweichung *f*; **~ от слу́жбы** Dienstverweigerung *f*; **~ от упла́ты нало́гов** Steuerhinterziehung *f*
уклони́ться ⟨*fut*: -оню́сь, -о́нишься⟩ *vr I pf* (*impf:* уклоня́ться) sich entziehen, ausweichen; **~ от те́мы** vom Thema abkommen
уко́л *m K* **1.** Nadelstich *m*; **2.** (*MED*) Spritze *f*
укора́чивать *vt E impf* (*pf:* укороти́ть) verkürzen, abkürzen
укра́дкой *adv* verstohlen
Украи́на *f A* Ukraine *f*
укра́сить ⟨*fut*: -а́шу, -а́сишь⟩ *vt I pf* (*impf:* украша́ть) schmücken, dekorieren, verzieren
укра́сть ⟨*fut*: украду́, украдёшь⟩ *vt E6a pf* (*impf:* красть) stehlen
украше́ние *nt O2* **1.** Schmuckstück *nt*, Verzierung *f*; **2.** (*im pl*) Schmuck *m*
укрепи́тель *m K1* Festiger *m*; **~ воло́с** Haarfestiger *m*
укрепи́ть ⟨*fut*: -плю́, -пи́шь⟩ *vt I pf* (*impf:* урепля́ть) **1.** befestigen; **2.** (*fig*) festigen, bestärken
укрепле́ние *nt O2* **1.** Befestigung *f*; **2.** (*fig*) Stärkung *f*
укро́мный ⟨*kf*: -мен, -мна⟩ *adj* einsam, versteckt; **укро́мное месте́чко** lauschiges Plätzchen *nt*
укро́п ⟨*gen sg*: -а,-у⟩ *m K* Dill *m*
укроти́тель, **укроти́тельница** *m K1 / f A* Dompteur, Dompteuse *m/f*
укроти́ть ⟨*fut*: -ощу́, -оти́шь⟩ *vt I pf* (*impf:* укроща́ть) **1.** zähmen, bändigen; **2.** (*fig: гнев*) bändigen, beherrschen
укрыва́тель *m K1* (*JUR*) Hehler, -in *m/f*
укрыва́тельство *nt O* Hehlerei *f*
укры́тие *nt O2* Deckung *f*
укры́ть ⟨*fut*: укро́ю, укро́ешь⟩ *vt E8 pf* (*impf:* укрыва́ть) decken, schützen; **~ проду́кты** hamstern
у́ксус ⟨*gen sg*: -а,-у⟩ *m K* Essig *m*
уку́с *m K* Biß *m*; **~ насеко́мого** Insektenstich *m*; **змеи́ный ~** Schlangenbiß *m*; **комари́ный ~** Mückenstich *m*
уку́тать *vt E pf* (*impf:* уку́тывать) hüllen, einhüllen
ула́вливать *vt E impf* (*pf:* улови́ть) **1.** erhaschen, auffangen; **2.** abpassen
ула́дить ⟨*fut*: -а́жу, -а́дишь⟩ *vt I pf* (*impf:* ула́живать) **1.** ins Lot bringen; **2.** (*конфли́кт*) beilegen; **3.** (*спор*) schlichten
ула́живание *nt O2* Schlichtung *f*
улету́чиваться *vr E impf* (*pf:* улету́читься) (*о га́зе*) entweichen, sich verflüchtigen
уле́чься ⟨*fut*: уля́гусь, уля́жешься⟩ *vr UE5 pf* (*impf:* укла́дываться) **1.** sich hinlegen; **2.** sich legen, abflauen
улизну́ть *vi E1 pf* (*umg*) abhauen
ули́ка *f A* (*meist pl*) Beweismaterial *nt*
ули́тка *f A* Schnecke *f*
у́лица *f A* Straße *f*; **бокова́я ~** Seitenstraße *f*; **гла́вная ~** Vorfahrtsstraße *f*; **оживлённая ~** belebte Straße *f*; **~ с односторо́нним движе́нием** Einbahnstraße *f*; **на у́лице** draußen; **вы́йти на у́лицу** (*fig*) auf die Straße gehen, demonstrieren
улича́ть *vt E impf* (*pf:* уличи́ть) (*в чём-ли́бо*) überführen (*+gen*); **~ во лжи** der Lüge überführen
у́личный *adj* Straßen-; **у́личное движе́ние** Straßenverkehr *m*
улови́ть ⟨*fut*: уловлю́, уло́вишь⟩ *vt I pf* (*impf:* ула́вливать) **1.** erhaschen, auffangen; **2.** abpassen
уло́вка *f A* Trick *m*, Kniff *f*
уложи́ть ⟨*fut*: -ожу́, -о́жишь⟩ *vt I pf* (*impf:* укла́дывать) **1.** hinlegen; **2.** (*umg*) umlegen, töten; **3.** packen, einpacken
улучша́ть *vt E impf* (*pf:* улу́чшить) verbessern
улучша́ться *vr E impf* (*pf:* улу́чшиться) **1.** sich verbessern; **2.** sich bessern
улучше́ние *nt O2* Steigerung *f*, Verbesserung *f*
улыба́ться *vr E impf* (*pf:* улыбну́ться) lächeln; **~ кому́-ли́бо** jdn anlächeln; **~**

чему́-ли́бо etw belächeln
ультима́тум *m K* Ultimatum *nt*
ультразву́к *m K* Ultraschall *m*
ультрафиоле́товый *adj* ultraviolett
ум *m K e* **1.** Verstand *m*; **2.** Klugheit *f*; **лу́чшие ~ы́** die besten Köpfe; **то́нкий ~** Esprit *m*; **счита́ть в ~е́** kopfrechnen; **за́дним ~о́м** im nachhinein
умаля́ть *vt E impf* (*pf:* умали́ть) schmälern, herabwürdigen; **~ чьи-ли́бо заслу́ги** jds Verdienste schmälern
уме́лец ⟨*gen sg*: -льца⟩ *m K* **1.** Bastler *m*, Handwerker *m*; **2.** Könner *m*
уме́лый ⟨*kf*: -е́л⟩ *adj* geschickt, gekonnt, kunstvoll
уме́ние *nt O2* Können *nt*
уменьша́ть *vt E impf* (*pf:* уме́ньшить) mindern, vermindern, verringern; **~ свет** das Licht dämpfen
уменьше́ние *nt O2* **1.** Verkleinerung *f*, Abnahme *f*, Verminderung *f*, Verringerung *f*; **2.** (*сниже́ние*) Rückgang *m*
уменьши́тельный *adj* Verkleinerungs-; **уменьши́тельная фо́рма** (*LING*) Diminutiv *m*
уме́ренность *f I* **1.** Mäßigung *f*; **2.** Genügsamkeit *f*, Anspruchslosigkeit *f*
уме́ренный ⟨*kf*: -рен⟩ *adj* **1.** maßvoll; **2.** (*POL*) gemäßigt
умере́ть ⟨*fut*: умру́, умрёшь, *prät*: у́мер, умерла́, у́мерло⟩ *vi E4b pf* (*impf:* умира́ть) sterben
уме́рить *vt I pf* (*impf:* умеря́ть) beschränken, mäßigen; **~ чей-ли́бо пыл** jds Leidenschaften abkühlen
у́мерший *adj* gestorben
уме́стный ⟨*kf*: -тен, -тна⟩ *adj* angebracht, passend
уме́ть *vi E impf* können, beherrschen
умиле́ние *nt O2* Rührung *f*
умира́ть *vi E impf* (*pf:* умере́ть) sterben; **~ от жа́жды** verdursten; **~ с го́лода** verhungern
умиротворе́ние *nt O2* Beruhigung *f*, Besänftigung *f*
умиротвори́ть *vt I pf* (*impf:* умиротворя́ть) besänftigen, versöhnen
у́мница *mf A* gescheiter Mensch *m*, kluger Kopf *m*
умножа́ть *vt E impf* (*pf:* умно́жить) **1.** vermehren, vergrößern; **2.** (*MATH*) multiplizieren
у́мный ⟨*kf*: умён, умна́, умно́⟩ *adj* klug, gescheit; **~ не по года́м** altklug
умоли́ть *vt I pf* (*impf:* умоля́ть) anflehen
умолка́ть *vi E impf* (*pf:* умо́лкнуть) verstummen
умоля́ть *vt E impf* (*pf:* умоли́ть) anflehen
умы́ться ⟨*fut*: умо́юсь, умо́ешься⟩ *vr E8 pf* (*impf:* умыва́ться) sich waschen; **~на ско́рую ру́ку** (*umg*) Katzenwäsche machen
умы́шленный ⟨*kf*: -лен, -ленна⟩ *adj* absichtlich, vorsätzlich, wissentlich
унасле́довать *vt E2 pf* (*impf:* насле́довать) erben
унести́ ⟨*fut*: унесу́, унесёшь, *prät*: унёс. унесла́⟩ *vt E6 pf* (*impf:* уноси́ть) **1.** wegtragen, davontragen; **2.** (*umg*) stehlen
универма́г *akr von* универса́льный магази́н *m* Kaufhaus *nt*
универса́льный ⟨*kf*: -лен, -льна⟩ *adj* **1.** universell; **2.** generell
университе́т *m K* Universität *f*
униже́ние *nt O2* Demütigung *f*, Erniedrigung *f*
уни́зить ⟨*fut*: -и́жу, -и́зишь⟩ *vt I pf* (*impf:* унижа́ть) erniedrigen, demütigen
уника́льный ⟨*kf*: -лен, -льна⟩ *adj* einzigartig, einmalig, selten
у́никум *m K* Unikum *nt*, origineller Mensch *m*
унима́ть *vt E impf* (*pf:* уня́ть) beschwichtigen, beruhigen
унифици́ровать *vt E2 impf/pf* vereinheitlichen
уничтожа́ть *vt E impf* (*pf:* уничто́жить) **1.** vernichten, umbringen; **2.** (*живо́тных*) dezimieren; **3.** (*раке́ты*) verschrotten
уничтожа́ющий *adj* vernichtend
уничтоже́ние *nt O2* Vernichtung *f*
уноси́ть ⟨*präs*: -ошу́, -о́сишь⟩ *vt I pf* (*impf:* унести́) **1.** wegtragen, davontragen; **2.** (*umg*) stehlen
уны́лый ⟨*kf*: уны́л⟩ *adj* niedergeschlagen, mutlos, traurig
уня́ть ⟨*fut*: уйму́, уймёшь⟩ *vt E9 pf* (*impf:* унима́ть) beschwichtigen, besänftigen
упа́днический *adj* dekadent
упа́дничество *nt O* Verfall *m*, Dekadenz *f*
упа́док ⟨*gen sg*: -дка⟩ *m K* Niedergang *m*, Verfall *m*; **~ сил** Kräfteverfall *m*; **приходи́ть в ~** verfallen
упакова́ть *vt E2 pf* (*impf:* упако́вывать) abpacken, einpacken, verpacken
упако́вка *f A* Verpackung *f*
упа́сть ⟨*fut*: упаду́, упадёшь, *prät*: упа́л⟩ *vi E6a pf* (*impf:* па́дать) fallen, hinfallen, herunterfallen
упира́ться *vr E impf* (*pf:* упере́ться) **1.** sich stützen; **2.** (*umg*) sich weigern
упла́та *f A* Zahlung *f*, **~ в рассро́чку** Ratenzahlung
уплати́ть ⟨*fut*: -ачу́, -а́тишь⟩ *vt I pf* (*impf:* упла́чивать) zahlen, bezahlen

уплотни́ть *vt I pf* (*impf:* уплотня́ть) **1.** verdichten, dichter machen; **2.** (*fig*) auslasten, voll nutzen
упое́ние *nt O2* (восто́рг) Taumel *m*, Rausch *m*
уполнома́чивать *vt E impf* (*pf:* уполномо́чить) ermächtigen, bevollmächtigen
уполномо́ченный *m wie adj* Bevollmächtigte(r) *m*
упомина́ние *nt O2* Erwähnung *f*; **заслу́живающий упомина́ния** erwähnenswert
упомина́ть *vt E impf* (*pf:* упомяну́ть) erwähnen
упомя́нутый *adj* erwähnt, genannt, besagt
упо́р *m K* **1.** Stütze *f*; **де́лать ~ на чём-ли́бо** etw nachdrücklich betonen, besonders hervorheben **2.** (*TECH*) Prellbock *m*
упо́рный ⟨*kf*: -рен, -рна⟩ *adj* hartnäckig, beharrlich
упоря́дочивать *vt E impf* (*pf:* упоря́дочить) ordnen
употреби́тельный ⟨*kf*: -лен, -льна⟩ *adj* gebräuchlich, geläufig
употребле́ние *nt O2* Gebrauch *m*
управдо́м *akr von* управля́ющий до́мом *m* Hausverwalter *m*
управле́ние *nt O2* **1.** Regierung *f*, **2.** Verwaltung *f*, Management *nt*
управля́ть *v + inst E impf* **1.** regieren; **2.** verwalten; **~ свои́м те́лом** seinen Körper beherrschen
управля́ющий *m wie adj* **1.** Verwalter *m*; **2.** Geschäftsführer *m*
упражне́ние *nt O2* Übung *f*
упражня́ться *vr E impf* üben
упраздне́ние *nt O2* Abschaffung *f*, Aufhebung *f*, Beseitigung *f*, Abbau *m*
упраздни́ть *vt I pf* (*impf:* упраздня́ть) abschaffen, auflösen, beseitigen
упра́шивать *vt E impf* (*pf:* упроси́ть) durch Bitten bewegen
упрека́ть *vt E impf* (*pf:* упрекну́ть) Vorwürfe machen
упрости́ть ⟨*nur 3. pers*: -и́т⟩ *vi I pf* (*impf:* упроща́ть) vereinfachen
упря́жка *f A* Gespann *nt*
упря́мец ⟨*gen sg*: -мца⟩ *m K* Dickkopf *m*
упря́миться ⟨*präs*: -я́млюсь, -я́мишься⟩ *vr I impf* dickköpfig sein, sich stur stellen
упря́мый ⟨*kf*: -я́м⟩ *adj* dickköpfig, stur, störrisch
упусти́ть ⟨*fut*: -ущу́, -у́стишь⟩ *vt I pf* (*impf:* упуска́ть) **1.** entwischen lassen; **2.** versäumen, verpassen
упуще́ние *nt O2* Versäumnis *nt*, Unterlassung *f*
ура́ *interj* hurra
уравне́ние *nt O2* **1.** Gleichstellung *f*; **~ в права́х мужчи́н и же́нщин** Gleichberechtigung (von Mann und Frau) *f*; **2.** (*MATH*) Gleichung *f*; **составля́ть ~** eine Gleichung aufstellen
уравнове́шенность *f I* Ausgeglichenheit *f*
уравнове́шенный ⟨*kf*: -шен⟩ *adj* ausgeglichen
урага́н *m K* Sturm *m*, Orkan *m*
ура́н [1] *m K* Uran *nt*
Ура́н [2] *m K* (плане́та) Uran *m*
урегули́рование *nt O2* Regelung *f*; **~ конфли́кта** Schlichtung *f*, Beilegung (des Konflikts) *f*
уреза́ние *nt O2* Beschneidung *f*
уре́зать ⟨*fut*: -е́жу, -е́жешь⟩ *vt E4 pf* (*impf:* уреза́ть) **1.** abschneiden; **2.** (*fig*) beschneiden, einschränken
у́рна *f A* Urne *f*
у́ровень ⟨*gen sg*: -вня⟩ *m K1* **1.** Stand *m*, Höhe *f*; **~ воды́** Wasserstand *m*; **~ ма́сла** Ölstand *m*; **~ мо́ря** Meeresspiegel *m*; **2.** Niveau *nt*, Standard *m*; **~ жи́зни** Lebensstandard *m*; **~ сме́ртности** Sterblichkeitsrate *f*; **~цен** Preislage *f*; **3.** (*fig*) Ebene *f*; **встре́ча на вы́сшем у́ровнне** Treffen *nt* auf höchster Ebene
уро́дство *nt O* **1.** Mißbildung *f*, **2.** Häßlichkeit *f*; **3.** (*fig*) Anormalität *f*
урожа́й *m K2* Ernte *f*
урождённый *adj* gebürtig
уро́к *m K* **1.** Schulstunde *f*; **у дете́й сего́дня нет ~и** die Kinder haben heute frei; **~и англи́йского языка́** Englischunterricht *m*; **ча́стные ~и** Nachhilfeunterricht *m*; **2.** (*auch fig*) Lektion *f*
уро́лог *m K* Urologe *m*
уро́н *m K* Verlust *m*, Schaden *m*; **нанести́ ~** Abbruch tun, Schaden zufügen
урча́ть ⟨*präs*: -чу́, -чи́шь⟩ *vi I impf* (*pf:* про-) **1.** glucksen; **2.** knurren; **в животе́ урчи́т** der Magen knurrt
усвое́ние *nt O2* Aneignung *f*; **~ пита́тельных веще́ств** Nährstoffaufnahme *f*
усе́рдие *nt O2* Feuereifer *m*, Fleiß *m*
усе́рдный ⟨*kf*: -ден, -дна⟩ *adj* fleißig, strebsam
уси́дчивый ⟨*kf*: -ив⟩ *adj* fleißig, ausdauernd
у́сик *m K* Ranke *f*
усиле́ние *nt O2* Verstärkung *f*
уси́лие *nt O2* Anstrengung *f*, Bemühung *f*; **де́лать ~ над собо́й** sich überwinden; **прилага́ть ~** sich anstrengen, sich Mühe geben
усили́тель *m K1* (*TECH*) Verstärker *m*

уси́лить *vt I pf* (*impf:* уси́ливать) verstärken
ускольза́ть *vi E impf* (*pf:* ускользну́ть) **1.** entgleiten; **2.** entfliehen, entkommen
ускоре́ние *nt O2* Beschleunigung *f*
ускори́тель *m K1* Beschleuniger *m*
ускори́ть *vt I pf* (*impf:* ускоря́ть) beschleunigen
усла́вливаться *vr E impf* (*pf:* усло́виться) **1.** (*с кем-ли́бо о чём-ли́бо*) mit jdm übereinkommen (über *+akk*); **2.** etw verabreden (mit *+dat*)
усло́вие *nt O2* **1.** Bedingung *f*; **при усло́вии, что** vorausgesetzt [*o* unter der Bedingung], daß; **2.** (*договорённость*) Konvention *f*; **3.** (*im pl*) Konditionen *f pl*, Modalitäten *f pl*
усло́вный ⟨*kf*: -вен, -вна⟩ *adj* bedingt; **усло́вные обозначе́ния** (*на ка́рте*) Legende *f*
услу́га *f A* Dienst *m*, Dienstleistung *f*; **оказа́ть услу́гу кому́-ли́бо** jdm einen Dienst erweisen
услу́жливость *f I* Gefälligkeit *f*
услы́шать ⟨*fut*: -шу, -шишь⟩ *vt I pf* (*impf:* слы́шать) **1.** vernehmen, wahrnehmen; **2.** erfahren
усмеха́ться *vr E impf* (*pf:* усмехну́ться) lächeln, schmunzeln
усмире́ние *nt O2* **1.** Zähmung *f*; **2.** (*мяте́ж*) Niederschlagung *f*
усмири́ть *vt I pf* (*impf:* усмиря́ть) **1.** bändigen, zähmen; **2.** (*мяте́ж*) niederschlagen
усмотре́ние *nt O2* Ermessen *nt*, Gutdünken *nt*; **по со́бственному усмотре́нию** nach eigenem Ermessen
усоверше́нствовать *vt E2 pf* (*impf:* соверше́нствовать) vollenden, vollbringen
усомни́ться *vr I pf* (*в кого-ли́бо/чём-ли́бо*) zweifeln (an *+dat*)
усо́хнуть ⟨*prät*: усо́х, усо́хла⟩ *vi E1 pf* (*impf:* усыха́ть) ein-, vertrocknen
успева́ть *vi E impf* (*pf:* успе́ть) **1.** rechtzeitig kommen; **2.** Erfolg haben
успе́х *m K* Erfolg *m*; **колосса́льный ~** Riesenerfolg *m*; **пережи́тый ~** Erfolgserlebnis *nt*; **жела́ть ~а кому́-ли́бо** jdm die Daumen drücken; **по́льзующийся ~ом у пу́блики** publikumswirksam; **с таки́м же ~ом** ebensogut
успе́шный ⟨*kf*: -шен, -шна⟩ *adj* erfolgreich
успока́ивать *vt E impf* (*pf:* успоко́ить) **1.** beruhigen; **2.** (*боль*) lindern
успокое́ние *nt O2* Beruhigung *f*
успокои́тельный *adj* **1.** beruhigend; **2.** Beruhigungs-; **успокои́тельное сре́дство** Beruhigungsmittel *nt*
уста́в *m K* **1.** Satzung *f*; **2.** Reglement *nt*
устава́ть ⟨*präs*: -стаю́, -стаёшь⟩ *vi E3 impf* (*pf:* уста́ть) **1.** ermüden, müde werden; **2.** überdrüssig werden (*+gen*)
уста́лость *f I* Müdigkeit *f*
уста́лый ⟨*kf*: -а́л⟩ *adj* müde, abgespannt; **~ как соба́ка** (*umg*) hundemüde
устана́вливать *vt E impf* (*pf:* установи́ть) **1.** aufstellen, installieren; **2.** (*TECH*) einstellen; **3.** (*fig*) festlegen, festsetzen, anberaumen; **~ срок** einen Termin ansetzen; **~ це́ну** den Preis festsetzen; **4.** (*SPORT*) aufstellen; **~ мирово́й реко́рд** einen Weltrekord aufstellen
устано́вка *f A* **1.** Anlage *f*; **2.** (*монта́ж*) Installation *f*; **3.** (*fig*) Richtline *f*, Zielsetzung *f*
установле́ние *nt O2* Aufnahme *f*, Herstellung *f*; **~ деловы́х свя́зей** Aufnahme *f* von Geschäftsbeziehungen
устарева́ть *vi E impf* (*pf:* устаре́ть) veralten
устаре́вший *adj* veraltet, überholt
уста́ть ⟨*fut*: уста́ну, уста́нешь⟩ *vt E9b pf* (*impf:* устава́ть) ermüden
у́стный *adj* mündlich
усто́й *m K2* **1.** Pfeiler *m*, Stütze *f*; **2.** (*im pl:fig*) Grundsätze *m pl*, Prinzipien *nt pl*
усто́йчивый ⟨*kf*: -ив⟩ *adj* **1.** stabil; **2.** (*fig*) standfest
устра́ивать *vt E impf* (*pf:* устро́ить) **1.** einrichten, aufbauen; **2.** veranstalten, bewerkstelligen; **~ заса́ду** einen Hinterhalt legen; **~ пресс-конфере́нцию** eine Pressekonferenz geben; **~ сканда́л** einen Skandal hervorrufen
устра́иваться *vr E impf* (*pf:* устро́иться) **1.** sich einrichten; **~ поудо́бнее** es sich bequem machen; **2.** sich etablieren; **~ на рабо́ту** Arbeit finden; **3.** sich regeln; **всё устра́ивается как нельзя́ лу́чше** alles fügt sich bestens
устране́ние *nt O2* Beseitigung *f*
устрани́ть *vt I pf* (*impf:* устраня́ть) beseitigen, aufheben, abschaffen; **~ недоразуме́ние** ein Mißverständnis aus der Welt schaffen
устреми́ть ⟨*fut*: -млю́, -ми́шь⟩ *vt I pf* (*impf:* устремля́ть) richten, lenken; **~ взгля́д на кого́-ли́бо/что-ли́бо** den Blick richten (auf *+akk*)
у́стрица *f A* Aster *f*
устрои́тель *m K1* (*организа́тор*) Veranstalter *m*, Ausrichter *m*, Gastgeber *m*
устро́ить *vt I pf* (*impf:* устра́ивать) **1.** einrichten, aufbauen; **2.** veranstalten
устро́иться *vr I pf* (*impf:* устра́иваться) **1.** sich einrichten; **2.** sich

etablieren; **3.** sich regeln
устро́йство *nt O* **1.** Vorrichtung *f*, Einrichtung *f*; **2.** (*строе́ние*) Aufbau *m*; **госуда́рственное ~** (*POL*) Staatsaufbau *m*
усту́п *m K* Abstufung *f*, Stufe *f*
уступа́ть *vt E impf* (*pf:* уступи́ть) **1.** nachgeben, einlenken; **~ в цене́** im Preis nachlassen; **~ ме́сто** einen Platz freimachen; **2.** (*JUR*) abtreten
уступи́тельный *adj* konzessiv
усту́пка *f A* Zugeständnis *nt*, Konzession *f*; **идти́ на усту́пки** Konzessionen machen
усту́пчивый ⟨*kf*: -ив⟩ *adj* nachgiebig
у́стье ⟨*gen pl*: -ьев⟩ *nt O1* Mündung *f*
усугу́бить ⟨*fut*: -блю́, -би́шь⟩ *vt I pf* (*impf:* усугубля́ть) verschlimmern, verschlechtern
усы́ ⟨*gen pl* : усо́в⟩ *m pl K e* Schnauzbart *m*
усынови́ть ⟨*fut*: -влю́, -ви́шь⟩ *vt I pf* (*impf:* усыновля́ть) adoptieren
усыновле́ние *nt O2* Adoption *f*
усыпи́ть ⟨*fut*: -плю́, -пи́шь⟩ *vt I pf* (*impf:* усыпля́ть) **1.** einschläfern; **2.** betäuben
усыха́ть *vi E impf* (*pf:* усо́хнуть) eintrocknen
ута́ивать *vt E impf* (*pf:* утаи́ть) verheimlichen, geheimhalten
утверди́ть ⟨*fut*: -ржу́, -рди́шь⟩ *vt I pf* (*impf:* утвержда́ть) bestätigen; **~ зако́н** ein Gesetz verabschieden
утвержде́ние *nt O2* **1.** Bestätigung *f*; **2.** (*JUR*) Verabschiedung *f*; **3.** (*заявле́ние*) Behauptung *f*, Statement *nt*
утепли́ть *vt I pf* (*impf:* утепля́ть) isolieren
утёс *m K* Felsen *m*, Klippe *f*
уте́чка *f A* Auslaufen *nt*, Ausfluß *m*; **~ информа́ции** Informationsverlust *m*; **~ мозго́в** Flucht *f* der Intelligenz in andere Länder
утеша́ть *vt E impf* (*pf:* уте́шить) trösten
утеше́ние *nt O2* Trost *m*
утеши́тель, **утеши́тельница** *m K1 / f A* Tröster, -in *m/f*
утеши́тельный ⟨*kf*: -лен, -льна⟩ *adj* tröstlich; **~ приз** Trostpreis *m*
утилиза́ция *f A2* (*ÖKOL*) Nutzbarmachung *f*, Verwertung *f*
ути́ль *m K1* Alteisen *nt*
у́тка *f A* Ente *f*, **подса́дная ~** Lockvogel *m*; **газе́тная ~** (*fig*) Zeitungsente *f*, Falschmeldung *f*
утоли́ть *vt I pf* (*impf:* утоля́ть) **1.** (*жа́жду, го́лод*) stillen; **2.** (*любопы́тство*) befriedigen
утоми́тельный ⟨*kf*: -лен, -льна⟩ *adj* anstrengend, ermüdend
утоми́ть ⟨*fut*: -млю́, -ми́шь⟩ *vt I pf* (*impf:* утомля́ть) ermüden, strapazieren
утомле́ние *nt O2* Ermüdung *f*; **при́знаки утомле́ния** Ermüdungserscheinungen *f pl*
утомлённый *adj* ermüdet; **у тебя́ сего́дня ~ вид** du sieht heute müde aus
утону́ть ⟨*fut*: -ону́, -о́нешь⟩ *vi E1 pf* (*impf:* тону́ть) ertrinken
утончённый ⟨*kf*: -ён, -ённа⟩ *adj* fein, feinsinnig, subtil
утопи́ть ⟨*fut*: -оплю́, -о́пишь⟩ *vt I pf* (*impf:* топи́ть) ertränken
утопи́ческий *adj* utopisch
уто́пия *f A2* Utopie *f*
уточне́ние *nt O2* Richtigstellung *f*
утра́ивать *vt E impf* (*pf:* утро́ить) verdreifachen
утра́тить ⟨*fut*: -а́чу, -а́тишь⟩ *vt I pf* (*impf:* утра́чивать) verlieren
у́тренний *adj* Morgen-; **~ туале́т** Morgentoilette *f*
утри́ровать *vt E2 impf/pf* (*geh*) übertreiben, überspitzen
у́тро *nt O* Morgen *m*; **до́брое у́тро!** guten Morgen! **~ ве́чера мудрене́е** der Morgen ist klüger als der Abend; **по утра́м** morgens
утруди́ть ⟨*fut*: -ужу́, -уди́шь⟩ *vt I pf* (*impf:* утружда́ть) zur Last fallen, bemühen; **~ себя́** sich Mühe geben
утрясти́ ⟨*fut*: -су́, -сёшь, *p-rät*: утря́с, утрясла́⟩ *vt E6 pf* (*impf:* утряса́ть) **1.** zusammenschütten; **2.** (*umg*) durchrütteln
утю́г *m K e* Bügeleisen *nt*; **~ с пароувлажни́телем** Dampfbügeleisen *nt*
утю́жить *vt I impf* (*pf:* вы́-) bügeln
уха́бистый ⟨*kf*: -ист⟩ *adj* (*umg*) holperig
уха́живать *vi E impf* **1.** (*за кем-ли́бо*) pflegen, sorgen (für *+akk*); **2.** den Hof machen; **3.** jds Gunst erwerben
у́харский *adj* (*umg*) verwegen, forsch
ухмыльну́ться *vr E1 pf* (*impf:* ухмыля́ться) (*umg*) feixen, grinsen
у́хо ⟨*pl*: у́ши, уше́й⟩ *nt O e2* Ohr *nt*
ухо́д *m K* **1.** (*арти́ста*) Abgang *m*; **2.** (*поли́тика*) Rücktritt *m*; **3.** (*во́йск*) Rückzug *m*; **~ от действи́тельности** Wirklichkeitsflucht *f*; **4.** (*забо́та*) Pflege *f*, Sorge *f*; **~ за ко́жей** Hautpflege *f*; **~ за те́лом** Körperpflege *f*; **~ за зуба́ми** Zahnpflege *f*; **не тре́бующий осо́бого ~а** pflegeleicht
уходи́ть ⟨*präs*: ухожу́, ухо́дишь⟩ *vi I impf* (*pf:* уйти́) **1.** weggehen, davongehen; **у него́ все де́ньги ухо́дят на пита́ние** er gibt sein ganzes Geld für Essen aus; **2.** (*актёр*) abgehen; **3.** (*по́езд*) abfahren; **от те́мы** vom Thema abkom-

men

ухо́женный ⟨*kf*: -ен⟩ *adj* (*umg*) gepflegt, umsorgt

ухудша́ть *vt E impf* (*pf*: уху́дшить) verschlimmern, verschlechtern

ухудше́ние *nt O2* Verschlechterung *f*

уценённый *adj* verbilligt

уча́ствовать *vi E2 impf* **1.** (*в чём-ли́бо*) teilnehmen (an *+dat*); **2.** mitmachen, sich beteiligen; ~ **в управле́нии чем-ли́бо** mitbestimmen

уча́стие *nt O2* **1.** Teilnahme *f*; **2.** Beteiligung *f*, Mitwirkung *f*; ~ **в вы́борах** Wahlbeteiligung *f*; ~ **в управле́нии чем-ли́бо** Mitbestimmung *f*; **акти́вное** ~ Engagement *nt*; **3.** (*ÖKON*) Anteil *m*; ~ **в при́были** Gewinnbeteiligung *f*; **4.** (*сочу́вствие*) Anteilnahme *f*

участи́ться ⟨*nur 3. pers*: -и́тся⟩ *vr I pf* (*impf*: учаща́ться) **1.** sich häufen; **2.** sich beschleunigen

уча́стник, **уча́стница** *m K / f A* **1.** Teilnehmer, -in *m/f*; **2.** Beteiligte(r) *mf*; ~ **автодоро́жного движе́ния** Verkehrsteilnehmer, -in *m/f*

уча́сток ⟨*gen sg*: -тка⟩ *m K* **1.** Revier *nt*; **2.** Grundstück *nt*, Parzelle *f*

у́часть *f I* Schicksal *nt*, Geschick *nt*

учаща́ться *vr E impf* (*pf*: участи́ться) **1.** (*слу́чаи*) sich häufen; **2.** (*пульс*) sich beschleunigen

учёба *f A* **1.** Lehre *f*; **2.** Schulung *f*; **3.** Studium *nt*; ~ **в институ́те** [*o* **ву́зе**] Hochschulstudium *nt*

уче́бник *m K* Lehrbuch *nt*, Leitfaden *m*; **шко́льный** ~ Schulbuch *nt*

уче́бный *adj* Schul-, Lehr-, Studien-; ~ **год** Schuljahr *nt*; **уче́бное ме́сто** Lehrstelle *f*, Studienplatz *m*; **уче́бное посо́бие** Lehrwerk *nt*; **уче́бная програ́мма** Lehrplan *m*; **уче́бная тропа́** Lehrpfad *m*

учени́к, **учени́ца** *m K / f A* **1.** Schüler, -in *m/f*; **2.** Auszubildende(r) *mf*

учени́ческий *adj* Schüler-, Studierenden-; **учени́ческое удостовере́ние** Schülerausweis *m*, Studierendenausweis *m*

учени́чество *nt O* **1.** Lehre *f*; **2.** Lehrzeit *f*

учёность *f I* Gelehrtheit *f*

учёный ⟨*kf*: -ён⟩ *adj* **I.** gelehrt; **учёная сте́пень до́ктора нау́к** Doktortitel *m*; **II.** *m wie adj* Gelehrte(r) *mf*

уче́сть ⟨*fut*: учту́, учтёшь⟩ *vt E6a pf* (*impf*: учи́тывать) berücksichtigen, einkalkulieren

учёт *m K* **1.** Beachtung *f*, Berücksichtigung *f*, Einkalkulieren *nt*; **2.** (*ÖKON*) Erfassung *f*, Rechnungswesen *nt*; ~ **за́работной пла́ты** Gehaltsabrechnung *f*

учи́лище *nt O1* Schule *f*; **музыка́льное** ~ Musikschule *f*; **профессиона́льно-техни́ческое** ~ Berufsschule *f*; **реа́льное** ~ Realschule *f*

учи́тель, **учи́тельница** *m K1 / f A* Lehrer, -in *m/f*; ~ **физкульту́ры** Sportlehrer, -in *m/f*

учи́тывать *vt E impf* (*pf*: уче́сть) beachten, berücksichtigen, einkalkulieren, bedenken; **учи́тывая** angesichts

учи́ть ⟨*präs*: учу́, у́чишь⟩ *vt I impf* (*pf*: вы́-) **1.** lehren; **2.** lernen; ~ **наизу́сть** auswendig lernen

учи́ться ⟨*präs*: учу́сь, у́чишься⟩ *vr I impf* lernen, studieren

учреди́тель *m K1* Gründer *m*, Stifter *m*

учреди́ть ⟨*fut*: -ежу́, -еди́шь⟩ *vt I pf* (*impf*: учрежда́ть) **1.** stiften; **2.** spenden

учрежде́ние *nt O2* **1.** Stiftung *f*; **2.** Institution *f*, Einrichtung *f*; **медици́нское** ~ Krankenanstalt *f*

учти́вость *f I* Höflichkeit *f*

учти́вый ⟨*kf*: -и́в⟩ *adj* höflich, respektvoll

у́ши ⟨*pl von*: у́хо, *gen pl*: уше́й⟩ *nt O e1* Ohren; **тебе́ не вида́ть э́того, как со́бственных уше́й** das mußt du dir aus dem Kopf schlagen; **притя́гивать за** ~ an den Haaren herbeiziehen

уши́б *m K* Quetschung *f*

ушиби́ть ⟨*fut*: -бу, -бёшь, *prät*: уши́б, уши́бла⟩ *vt E4c pf* (*impf*: ушиба́ть) stoßen, verletzen; ~ **себе́ но́гу** sich den Fuß anstoßen

у́шко́ [1] *nt O e* kleines Ohr *nt*, Öhrlein *nt*

у́шко́ [2] *nt O e* **1.** Öse *f*; **2.** Nadelöhr *nt*

уще́лье *nt O1* **1.** Engpaß *m*; **2.** Schlucht *f*

ущеми́ть ⟨*fut*: -млю́, -ми́шь⟩ *vt I pf* (*impf*: ущемля́ть) benachteiligen, schmälern

ущемле́ние *nt O2* Benachteiligung *f*

уще́рб *m K* Schaden *m*, Einbuße *f*

уще́рбный ⟨*kf*: -бен, -бна⟩ *adj* **1.** schwindend; **2.** ungenügend

ущипну́ть *vt E1 pf* (*impf*: щипа́ть) **1.** zwicken; **2.** rupfen

Уэ́лс *m K* Wales *nt*

ую́т *m K* Gemütlichkeit *f*

ую́тный ⟨*kf*: -тен, -тна⟩ *adj* gemütlich, wohnlich, behaglich

уязви́мость *f I* **1.** Anfälligkeit *f*; **2.** Verwundbarkeit *f*

уязви́мый ⟨*kf*: -и́м⟩ *adj* **1.** anfällig; **2.** verwundbar; **уязви́мое ме́сто** (*fig*) Schwachstelle *f*

Ф

ф, **Ф** *nt indekl kyrillischer Buchstabe*

фа́брика *f A* Fabrik *f*
фабрика́нт *m K* Fabrikant *m*
фабрикова́ть *vt E2 impf* (*pf:* с-) fabrizieren
фаво́р *m K* Gunst *f*; **быть в ~е** begünstigt werden
фавори́т *m K* **1.** Günstling *m*; **2.** Liebling *m*; **3.** (*SPORT*) Favorit *m*; **входи́ть в число́ ~ов** zum Favoritenkreis zählen; **счита́ться ~ом** als Favorit gelten
фавори́тка *f A* Favoritin *f*
фа́за *f A* **1.** Phase *f*; **2.** Stadium *nt*
фаза́н *m K* Fasan *m*
файл *m K* (*DV*) Datei *f*, File *m*
фа́кел *m K* Fackel *f*
факс *m K* **1.** Telefax *nt*; **2.** Telefaxgerät *nt*; **переда́ть по ~у** faxen
факт *m K* Tatsache *f*, Faktum *nt*
факти́ческий *adj* tatsächlich, faktisch
фа́ктор *m K* Faktor *m*; **~ ри́ска** Risikofaktor *m*; **вре́дный ~** schädlicher Faktor *m*
факультати́вный ⟨*kf*: -вен, -вна⟩ *adj* (*geh*) fakultativ; **~ предме́т** Wahlfach *nt*
факульте́т *m K* Fakultät *f*
фальсифика́ция *f A2* Fälschung *f*; **~ (результа́тов) вы́боров** Wahlbetrug *m*
фальсифици́ровать *vt E2 impf/pf* fälschen, verfälschen
фальста́рт *m K* (*SPORT*) Fehlstart *m*, Frühstart *m*
фальш *f I* **1.** Unaufrichtigkeit *f*, Betrug *m*; **2.** (*MUS*) Falschspiel *nt*
фальши́вить ⟨*präs*: -влю, -вишь⟩ *vi I impf* (*pf:* с-) (*MUS*) falsch spielen, patzen
фальшивомоне́тчик *m K* Fälscher *m*, Falschgeldhersteller *m*
фальши́вый ⟨*kf*: -и́в⟩ *adj* **1.** falsch, gefälscht; **2.** falsch, unaufrichtig; **фальши́вые де́ньги** Falschgeld *nt*
фами́лия *f A2* **1.** Familienname *m*, Nachname *m*; **де́вичья ~** Mädchenname *m*; **2.** (*род*) Geschlecht *nt*, Familie *f*
фан *m K* Fan *m*
фана́т *m K* **1.** Fanatiker, -in *m/f*; **2.** Fan *m*; **3.** (*pej*) Fachidiot *m*
фанати́зм *m K* Fanatismus *m*
фана́тик *m K* Fanatiker, -in *m/f*, Freak *m*
фанати́чный ⟨*kf*: -чен, -чна⟩ *adj* fanatisch
фане́ра *f A* **1.** Furnier *nt*; **2.** Sperrholz *nt*
фа́н-клу́б *m K* Fanklub *m*
фант *m K* Pfand *nt*; **игра́ в ~ы** Pfänderspiel *nt*
фантази́ровать *vi E2 impf* (*pf:* с-) **1.** phantasieren; **2.** (*MUS*) improvisieren
фанта́зия *f A2* Phantasie *f*, Erfindungsgabe *f*; **с бе́дной фанта́зией** einfallslos
фанта́стика *f A* Phantastik *f*; **нау́чная ~** Science-fiction *f*
фантасти́ческий *adj* phantastisch
фанто́м *m K* (*geh*) Phantom *nt*
фанфа́ра *f A* Fanfare *f*
фа́ра *f A* Scheinwerfer *m*; **противотума́нная ~** Nebelscheinwerfer *m*
фармаце́втика *f A* Pharmazie *f*
фармацевти́ческий *adj* pharmazeutisch; **фармацевти́ческая промы́шленность** Pharmaindustrie *f*
фарс *m K* Farce *f*; **вы́борный ~** Scheinwahlen *f pl*
фа́ртук *m K* Schürze *f*
фарфо́р *m K* Porzellan *nt*
фарш *m K* Hackfleisch *nt*
фаса́д *m K* **1.** Fassade *f*; **2.** Vorderseite *f*, Front *f*
фасо́н *m K* (*об оде́жде*) Schnitt *m*, Machart *f*
фата́ *f A e* Hochzeitsschleier *m*
фата́льный ⟨*kf*: -лен, -льна⟩ *adj* fatal
фа́уна *f A* Fauna *f*, Tierwelt *f*
фаустпатро́н *m K* Panzerfaust *f*
фаши́зм *m K* Faschismus *m*
фаши́ст *m K* Faschist, -in *m/f*
фаши́стский *adj* faschistisch
фая́нс *m K* Steingut *nt*
февра́ль *m K1* Februar *m*
федерали́зм *m K* Föderalismus *m*
федера́льный *adj* Bundes-, Föderal-; **~ бюдже́т** Bundeshaushalt *m*; **федера́льная структу́ра** föderalistische Struktur *f*
федера́ция *f A2* Föderation *f*, Bund *m*; **~ профсою́зов** Gewerkschaftsbund *m*
фейерве́рк *m K* Feuerwerk *nt*
фельето́н *m K* Feuilleton *nt*
фемини́зм *m K* Feminismus *m*
фемини́стка *f A* Feministin *f*, Frauenrechtlerin *f*
фемини́стский *adj* feministisch
фен *m K* Fön *m*; **суши́ть во́лосы ~ом** Haare fönen
феноме́н *m K* Phänomen *nt*
фенхе́ль *m K1* Fenchel *m*
феодали́зм *m K* Feudalismus *m*
феода́льный *adj* feudal
ферзь *m K1* (*в ша́хматах*) Königin *f*
фе́рма *f A* Farm *f*
ферме́нт *m K* Enzym *nt*
фестива́ль *m K1* **1.** Festival *nt*; **2.** Festspiel *nt*; **~ под откры́тым не́бом** Open-air-Festival *nt*
фети́ш *m K* Fetisch *m*
фетиши́ст *m K* Fetischist *m*
фетр *m K* Filz *m*
фе́тровый *adj* Filz-
фехтова́ть *vi E2 impf* fechten
фе́я *f A2* **1.** Fee *f*; **2.** Zauberin *f*
фиа́лка *f A* Veilchen *nt*; **альпи́йская ~**

Alpenveilchen *nt*
фиа́ско *nt indekl* (*geh*) Fiasko *nt*; **по́лное** ~ totaler Fehlschlag *m*; **потерпе́ть** ~ ein Fiasko erleiden
фигу́ра *f A* **1.** (*MATH*) geometrische Figur *f*; **2.** Gestalt *f*; **3.** (*fig*) Person *f*, prominente Persönlichkeit *f*; **4.** Figur *f*; **у неё хоро́шая** ~ sie hat eine gute Figur
фигура́льный ⟨*kf*: -лен, -льна⟩ *adj* figurativ, bildlich; **фигура́льно выража́ясь** bildlich geprochen
фигури́ровать *vi E2 impf* **1.** fungieren, auftreten; **2.** auftauchen, vorkommen
фигу́рный *adj* Figuren-; **фигу́рное ката́ние** Eiskunstlauf *m*; **фигу́рная ско́бка** geschweifte Klammer *f*
фи́зик *m K* Physiker, -in *m/f*
фи́зика *f A* Physik *f*; ~ **а́тома** Atomphysik *f*
физиоло́гия *f A2* Physiologie *f*
физиотерапе́вт *m K* Physiotherapeut *m*
физи́ческий *adj* **1.** physisch, körperlich; **физи́ческая бли́зость** körperliche Nähe *f*; **физи́ческие недоста́тки** körperliche Mängel **2.** physikalisch
фикси́ровать *vt E2 impf* (*pf:* за-) fixieren, festlegen
фикти́вный ⟨*kf*: -вен, -вна⟩ *adj* fiktiv
филармо́ния *f A2* Philharmonie *f*; **рабо́тник филармо́нии** Philharmoniker *m*
филе́ *nt indekl* **1.** Filet *nt*; **ры́бное** ~ Fischfilet *nt*; **2.** Lende *f*
филиа́л *m K* Filiale *f*, Zweigstelle *f*
филигра́нный ⟨*kf*: -а́нен, -а́нна⟩ *adj* filigran
Филиппи́ны *f pl A* Philippinen *pl*
фило́лог *m K* Philologe *m*
филоло́гия *f A2* Philologie *f*
фило́соф *m K* Philosoph *m*
филосо́фия *f A2* **1.** Philosophie *f*; **2.** Denkweise *f*
филосо́фский *adj* philosophisch
филтрова́ть *vt E2 impf* (*pf:* от-, про-) filtern
фильм *m K1* Film *m*; ~ **у́жаса** Horrorfilm *m*; **мультипликацио́нный** ~ Zeichentrickfilm *m*; **ка́ссовый** ~ Kassenschlager *m*; **немо́й** ~ Stummfilm *m*; **узкоплёночный** ~ Schmalfilm *m*; **худо́жественный** ~ Spielfilm *m*
фильтр *m K* Filter *m*; ~ **для ко́фе** Kaffeefilter *m*
фильтрова́льный *adj* Filter-; **фильтрова́льная бума́га** Filterpapier *nt*; ~ **вкла́дыш** Filtertüte *f*
фина́л *m K* (*SPORT*) Finale *nt*, Endspiel *nt*; **вы́йти в** ~ sich für das Endspiel qualifizieren, die Endrunde erreichen
фина́льный *adj* Final-, End-; ~ **свисто́к** Abpfiff *m*; ~ **тур соревнова́нии** Endausscheidung *f*
финанси́рование *nt O2* Finanzierung *f*
финанси́ровать *vt E2 impf/pf* finanzieren
финанси́ст *m K* **1.** Finanzmann *m*; **2.** Finanzbeamte(r), -beamtin *m/f*
фина́нсовый *adj* finanziell, Finanz-; **фина́нсовая по́мощь** Finanzhilfe *f*; **фина́нсовая слу́жба** Finanzamt *nt*
фина́нсы ⟨*gen*: -сов⟩ *m pl K* Finanzen *pl*
фи́ник *m K* Dattel *f*
фи́ниш *m K* (*SPORT*) Finish *nt*
финиши́рование *nt O2* (*SPORT*) Einlauf *m*
финиши́ровать *vi E2 impf/pf* einlaufen, durch die Ziellinie laufen
фи́нка *f A* Finnin *f*
Финля́ндия *f A2* Finnland *nt*
финн *m K* Finne *m*
финский *adj* finnisch
фиоле́товый *adj* violett
фи́рма *f A* Firma *f*, Unternehmen *nt*
фирма́ч *m K* (*umg*) *Bezeichnung für westlichen Unternehmer*
фи́рменный *adj* firmeneigen, betriebseigen, Firmen-; ~ **бланк** Firmenbogen *m*; **фи́рменные джи́нсы** Markenjeans *f*; ~ **знак** Markenzeichen *nt*; ~ **магази́н** firmeneigenes Geschäft *nt*; ~ **кни́жный магази́н** Verlagsbuchhandlung *f*; **фи́рменные материа́лы** Firmenunterlagen *pl*; **фи́рменное обслу́живание** betriebseigener Kundendienst *m*; ~ **това́р** Markenartikel *m*
фити́ль *m K1* **1.** Docht *m*; **2.** Lunte *f*
фи́фти-фи́фти *adv* (*umg*) halbe-halbe
флаг *m K* **1.** Flagge *f*; **2.** Fahne *f*; **трёхцве́тный** ~ Trikolore *f* **3.** Kennzeichnung *f*, Markierung *f*
фла́гман *m K* **1.** Flaggschiff *nt*; **2.** (*fig*) Vorreiter *m*, Leitbetrieb *m*
флако́н *m K* Flakon *m*
флами́нго *nt indekl* Flamingo *m*
флане́ль *f I* Flanell *m*
флани́ровать *vi E2 impf* flanieren
фланк *m K* Flanke *f*
флегмати́чный ⟨*kf*: -чен, -чна⟩ *adj* phlegmatisch
фле́йта *f A* Flöte *f*; **попере́чная** ~ Querflöte *f*; **игра́ть на** ~ flöten
фли́гель *m K1* (*BAU*) Flügel *m*, Gebäudeteil *m*
флирт *m K* **1.** Flirt *m*; **2.** Liebelei *f*
флиртова́ть *vi E2 impf* (**с кем-ли́бо**) flirten (mit *+dat*)
флома́стер *m K* **1.** Filzstift *m*; **2.** Faserschreiber *m*
фло́ра *f A* Flora *f*, Pflanzenwelt *f*
флот *m K* Flotte *f*, Marine *f*

флуоресци́ровать *vi E2 impf* fluoreszieren
флю́гер *m K* **1.** Wetterfahne *f*, Windfahne *f*; **2.** (*fig*) Wendehals *m*, Anpasser *m*
флюи́д *m K* Fluidum *nt*, Flair *nt*
фля́га *f A* Feldflasche *f*
фойе́ *nt indekl* **1.** Foyer *nt*; **2.** Eingangshalle *f*, Lobby *f*
фокстро́т *m K* Foxtrott *m*
фо́кус *m K* Zauberkunststück *nt*; **пока́зывать ~ы** zaubern, Zauberkunststücke vorführen
фокуси́ровать *vt E2 impf* (*pf:* с-) (*PHYS*) bündeln
фо́кусник *m K* Zauberkünstler, -in *m/f*
фолиа́нт *m K* (*geh*) Folio *nt*
фольга́ *f I* Alufolie *f*
фолькло́р *m K* Folklore *f*
фон *m K* Hintergrund *m*; **на ~е чего́-ли́бо** angesichts (*+gen*)
фона́рь *m K1* **1.** (*карма́нный фона́рик*) Taschenlampe *f*; **2.** Laterne *f*, Straßenlaterne *f*
фонд *m K* **1.** Fond *m*, Stiftung *f*; **2.** Bestand *m*; **кни́жный ~** Bücherbestand *m*
фоне́тика *f A* Phonetik *f*, Lautlehre *f*
фонети́ческий *adj* phonetisch
фонозáл *m K* Sprachlabor *nt*
фонта́н *m K* Springbrunnen *m*
форе́ль *f I* Forelle *f*
фо́рма *f A* **1.** Form *f*; **2.** (*SPORT*) Kondition *f*; **быть в фо́рме** in Form sein; **3.** Form *f*, Gestalt *f*; **приня́ть другу́ю фо́рму** eine andere Gestalt annehmen; **4.** (*фо́рменная оде́жда*) Uniform *f*; **шко́льная ~** Schuluniform *f*; **спорти́вная ~** Sporttrikot *nt*
формали́зм *m K* **1.** (*форма́льный подхо́д*) Förmlichkeit *f*; **2.** Formalismus *m*
формальдеги́д *m K* Formaldehyd *nt*
форма́льность *f I* Formalität *f*
форма́льный ⟨*kf*: -лен, -льна⟩ *adj* **1.** formal; **2.** förmlich
форма́т *m K* Format *nt*; **вертика́льный ~** Hochformat *nt*; **попере́чный ~** Querformat *nt*
формати́ровать *vt E2 impf* (*DV*) formatieren
форма́ция *f A2* Formation *f*
формирова́ние *nt O2* **1.** Formierung *f*, Bildung *f*, Aufstellung *f*; **2.** (*MIL*) Formation *f*, Verband *m*
формирова́ть *vt E2 impf* (*pf:* с-) formieren, formen
фо́рмула *f A* Formel *f*
формули́ровать *vt E2 impf* (*pf:* с-) formulieren
формулиро́вка *f A* **1.** Formulierung *f*; **2.** Verfassen *nt*, Abfassen *nt*
формуля́р *m K* Formular *nt*
форси́ровать *vt E2 impf/pf* beschleunigen, forcieren
форс-мажо́р *m K* **1.** (*JUR*) höhere Gewalt *f*; **2.** zwingende Umstände *m pl*
форсу́нка *f A* Düse *f*
фо́рте *adv* (*MUS*) forte, laut
фо́рум *m K* Forum *nt*
фосфа́т *m K* Phosphat *nt*
фо́сфор *m K* Phosphor *m*
фосфоресци́ровать *vi E2 impf* phosphoreszieren
фо́то *nt O* Foto *nt*
фотоальбо́м *m K* Fotoalbum *nt*
фотоаппара́т *m K* Fotoapparat *m*
фотовспы́шка *f A* Blitzlicht *nt*
фотогени́чный *adj* fotogen
фото́граф *m K* Fotograf *m*
фотографи́ровать *vt E2 impf* (*pf:* с-) fotografieren
фотогра́фия *f A2* Fotografie *f*
фотока́рточка *f A* Lichtbild *nt*
фотоко́пия *f A2* Fotokopie *f*
фотокорреспонде́нт *m K* Fotoreporter *m*
фотомоде́ль *f I* Fotomodell *nt*
фотоплёнка *f A* (*FOT*) Film *m*
фотоси́нтез *m K* Photosynthese *f*
фотоэкспоно́метр *m K* Belichtungsmesser *m*
фрагме́нт *m K* Fragment *nt*, Bruchstück *nt*
фра́за *f A* Satz *m*, Phrase *f*; **пуста́я ~** Floskel *f*
фразеологи́ческий *adj* phraseologisch; **фразеологи́ческое выраже́ние** idiomatische Wendung *f*
фрак *m K* Frack *m*
фра́кция *f A2* Fraktion *f*
францу́женка *f A* Französin *f*
францу́з *m K* Franzose *m*
францу́зский *adj* französisch; **~ язы́к** Französisch *nt*
фрахтова́ть *vt E2 impf* (*pf:* за-) chartern
ФРГ *abk von* Федерати́вная Респу́блика Герма́ния *f* Bundesrepublik Deutschland *f*
фрега́т *m K* Fregatte *f*
фрезерова́ть *vt E2 impf* (*pf:* от-) fräsen
фре́ска *f A* Fresko *nt*
фриво́льный ⟨*kf*: -лен, -льна⟩ *adj* frivol
фриз *m K* Fries *m*
фрикаде́лька *f A* Frikadelle *f*, Fleischklops *m*
фрикассе́ *nt indekl* Frikassee *nt*
фритю́шница *f A* Friteuse *f*; **жа́рить во фритю́шнице** fritieren
фронт *m K* Front *f*
фронта́льный ⟨*kf*: -лен, -льна⟩ *adj* frontal

фронто́н *m K* Giebel *m*
фрукто́вый *adj* Frucht-, Obst-; **фрукто́вое де́рево** Obstbaum *m*; **~ пиро́г** Obstkuchen *m*; **~ сад** Obstgarten *m*
фру́кты *pl K* Früchte *f pl*, Obst *nt*; **сушёные ~** Backobst *nt*
фтор *m K* Fluor *nt*
фто́ристый *adj* Fluor-; **фто́ристые углеводоро́ды** Fluorkohlenwasserstoff *m*
фу! *interj* pfui
фунда́мент *m K* **1.** (*BAU*) Fundament *nt*; **2.** (*fig*) Grundlage *f*, Basis *f*
фундаментали́зм *m K* Fundamentalismus *m*
фундаментали́ст *m K* **1.** Fundamentalist *m*; **2.** radikaler Politiker *m*
фундамнета́льный ⟨*kf*: -лен, -льна⟩ *adj* fundamental; **фундамента́льные иссле́дования** Grundlagenforschung *f*
функционе́р *m K* Funktionär *m*
функциони́рование *nt O2* **1.** Funktionsweise *f*, Arbeitsweise *f*; **2.** Tätigkeit *f*, Betätigung *f*
функциони́ровать *vt E2 impf* (*geh*) funktionieren
фу́нкция *f A2* Funktion *f*
фура́жка *f A* Schirmmütze *f*
фу́рия *f A2* (*зло́бная же́нщина*) Furie *f*
фуро́р *m K* Furore *f*; **производи́ть ~** Furore machen
футбо́л *m K* Fußball *m*
футболи́ст *m K* Fußballspieler *m*
футбо́льный *adj* Fußball-; **~ боле́льщик** Fußballfan *m*; **футбо́льная кома́нда** Fußballmannschaft *f*, **~ матч** Fußballspiel *nt*; **~ стадио́н** Fußballstadion *nt*
футеро́вка *f A* (*TECH*) Verkleidung *f*
футля́р *m K* Etui *nt*, Futteral *nt*
футуристи́ческий *adj* futuristisch
фы́ркать *vi E impf* (*pf*: фы́ркнуть) prusten, schnauben
фьорд *m K* Fjord *m*

Х

х, **Х** *nt indekl kyrillischer Buchstabe*
хала́т *m K* **1.** Morgenmantel *m*; **купа́льный ~** Bademantel *m*; **2.** Kittel *m*; **больни́чный ~** Arztkittel *m*; **рабо́чий ~** Arbeitskittel *m*
хала́тность *f I* Nachlässigkeit *f*, Schlamperei *f*
хала́тный ⟨*kf*: -тен, -тна⟩ *adj* nachlässig, schlampig
халту́рить *vi I impf* (*pf*: с-) **1.** (*umg*) pfuschen; **2.** schlampen
халту́рный ⟨*kf*: -рен, -рна⟩ *adj* (*umg*) stümperhaft
халту́рщик *m K* Stümper *m*, Pfuscher *m*
хам, **ха́мка** *m K / f A* Flegel *m*, Rüpel *m*
хамелео́н *m K* (*auch fig*) Chamäleon *nt*
ха́мский *adj* rüpelhaft, grob
ханжа́ ⟨*gen pl*: -е́й⟩ *mf A e* **1.** Heuchler, -in *m/f*, **2.** Scheinheilige(r) *mf*
ха́ос *m K* Chaos *nt*, Wirrwarr *nt*, Durcheinander *nt*; **ве́ргнуть в ~** ins Chaos stürzen
ха́от *m K* Chaot *m*
хаоти́чный ⟨*kf*: -че́н, -чна⟩ *adj* chaotisch, wirr
хара́ктер *m K* **1.** Charakter *m*; **национа́льный ~** Mentalität *f*; **2.** Eigenschaft *f*, Beschaffenheit *f*
характеризи́ровать *vt E2 impf/pf* **1.** charakterisieren; **2.** beschreiben
характери́стика *f A* Charakterisierung *f*, **техни́ческие характери́стики** technische Daten *pl*
характе́рный ⟨*kf*: -рен, -рна⟩ *adj* charakteristisch, bezeichnend, kennzeichnend
хвалёный *adj* (*ironisch*) gepriesen, vielgerühmt
хвали́ть ⟨*präs*: хвалю́, хва́лишь⟩ *vt I impf* (*pf*: по-) loben, preisen
хва́стать *v + inst E impf* (*pf*: по-) prahlen, sich rühmen
хвастли́вый ⟨*kf*: -ив⟩ *adj* prahlerisch
хвастовство́ *nt O e* Prahlerei *f*, Angeberei *f*
хвасту́н *m K e* (*umg*) Prahlhans *m*, Großmaul *nt*
хвата́ть *vt E impf* (*pf*: схвати́ть, хвати́ть) **I.** greifen, ergreifen, fassen, fangen; **II.** *vi E nur impf* (*unpers*) ausreichen, genügen; **мне тебя́ о́чень не хвата́ет** ich vermisse dich sehr; **не ~** mangeln, knapp sein
хва́тка *f A* **1.** Griff *m*; **2.** Geschick *nt*; **у него́ хоро́шая ~** er hat großes Durchsetzungsvermögen
хво́йный *adj* (*BOT*) Nadel-; **хво́нное де́рево** Nadelbaum *m*; **~ лес** Nadelwald *m*
хвора́ть *vi E impf* krank werden, kränkeln
хво́рост *m K* **1.** Reisig *nt*; **2.** *eine Art von frittiertem Gebäck*
хворости́на *f A* Gerte *f*
хвост *m K e* Schwanz *m*, Rute *f*; **лошади́ный ~** Schweif *m*; **встава́ть в ~ о́череди** sich hinten anstellen; **плести́сь в о́череде** das Schlußlicht bilden; **поджима́ть ~** den Schwanz einziehen
хвостово́й *adj* Schwanz-, Schluß-; **хвостова́я часть** Heck *nt*

хемотерапи́я *f A2* Chemotherapie *f*
хе́ппи-энд *m K* Happy-End *nt*
хи́жина *f A* Hütte *f*
хи́лый ⟨*kf*: хил, хила́, хи́ло⟩ *adj* schmächtig, schwächlich, kränklich
химе́ра *f A* Chimäre *f*, Phantasiegebilde *nt*, Hirngespinst *nt*
хи́мик *m K* Chemiker, -in *m/f*
химика́т *m K* Chemikalie *f*
хими́ческий *adj* chemisch; **хими́ческая ата́ка** Giftgasangriff *m*; **хими́ческие воло́кна** Chemiefaser *f*; **хими́ческое ору́жие** C(hemie)-Waffen *f pl*
хи́мия *f A2* **1.** Chemie *f*; **2.** (*umg*) medikamentöse Krebsbehandlung *f*
химчи́стка *f A* chemische Reinigung *f*
хи́ппи *m indekl* Hippie *m*, Gammler, -in *m/f*
хире́ть *vi E impf* (*pf:* захире́ть) dahinsiechen, verkümmern
хиру́рг *m K* Chirurg, -in *m/f*
хирурги́ческий *adj* chirurgisch; **хирурги́ческое вмеша́тельство** chirurgischer Eingriff *m*
хирурги́я *f A2* Chirurgie *f*
хитре́ц *m K e* Schlaukopf *m*
хи́трость *f I* List *f*, Schlauheit *f*; **пойти́ на ~** zu einer List greifen
хи́трый ⟨*kf*: хитёр, хитра́, хи́тро́⟩ *adj* listig, schlau, pfiffig, raffiniert
хихика́ть *vi E impf* (*pf:* хихи́кнуть) kichern
хи́щник *m K* **1.** Raubtier *nt*; **2.** (*fig*) Räuber *m*, Dieb *m*
хи́щнический *adj* Raub-; **хи́щническая эксплуата́ция** Raubbau *m*
хи́щный ⟨*kf*: -щен, -щна⟩ *adj* Raub-; **хи́щная пти́ца** Raubvogel *m*
хладнокро́вие *nt O2* Kaltblütigkeit *f*, Gelassenheit *f*
хладнокро́вный ⟨*kf*: -вен, -вна⟩ *adj* kaltblütig, gelassen
хлам *m K* Ramsch *m*, Plunder *m*, Trödel *m*
хлеб *m K* **1.** Brot *nt*; **ржано́й ~** Roggenbrot *nt*; **чёрный ~** Schwarzbrot *nt*; **2.** (*fig*) Lebensunterhalt *m*; **отбива́ть ~ у кого́-либо** jdm die Arbeit wegnehmen; **уйти́ на во́льные ~а́** freischaffend werden
хлеба́ть *vt E impf* (*pf:* хлебну́ть) **1.** löffeln; **2.** trinken, schlürfen
хлев ⟨*präpos sg*: о хле́ве, в хлеву́, *pl*: -а́, -о́в⟩ *m K ple* **1.** Stall *m*; **2.** (*fig*) Saustall *m*
хлеста́ть ⟨*präs*: хлещу́, хле́щешь⟩ *vt E4 impf* (*pf:* хлестну́ть) **1.** peitschen, schlagen; **2.** strömen, sprudeln; **3.** (*umg*) viel trinken, saufen
хло́панье *nt O1* Knall *m*; **~ в ладо́ши** Händeklatschen *nt*
хло́пать *vt E impf* (*pf:* хло́пнуть) **1.** schlagen, klopfen; **~ в ладо́ши** in die Hände klatschen; **2.** (*umg*) trinken
хлопо́к ⟨*gen sg*: -пка́⟩ *m K e* Klatschen *nt*
хло́пок ⟨*gen sg*: -пка⟩ *m K* Baumwolle *f*
хлопота́ть ⟨*präs*: -очу́, -о́чешь⟩ *vi E4 impf* (*pf:* по-) **1.** hantieren, beschäftigt sein; **2.** (*за кого́-либо*) sich bemühen (um *+akk*); **3.** sich einsetzen (für *+akk*)
хлопу́шка ⟨*gen pl*: -шек⟩ *f A* Klappe *f*
хлор *m K* Chlor *m*
хлорофи́лл *m K* Chlorophyll *nt*
хлорофо́рм *m K* Chloroform *nt*
хлыст *m K e* Reitpeitsche *f*
хмель ⟨*gen sg*: -ля,-лю⟩ *m K1* Hopfen *m*
хму́риться *vr I impf* (*pf:* на-) **1.** die Stirn runzeln; **2.** sich verfinstern
хны́кать ⟨*präs*: хны́чу. хны́чешь⟩ *vi E4 impf* (*pf:* хны́кнуть) (*umg*) flennen, jammern
хо́бби *nt indekl* Hobby *nt*, Steckenpferd *nt*
хо́бот *m K* Rüssel *m*
ход ⟨*gen sg*: -а,-у, *präpos sg*: о хо́де, на/в хо́де/ходу́, *pl*: хо́ды́/хода́, хо́до́в⟩ *m K* **1.** Lauf *m*, Ablauf *m*, Verlauf *m*; **идёт свои́м ~ом** es geht seinen Gang; **~ веще́й/собы́тий** Lauf der Dinge/der Ereignisse *m*; **~ мы́слей** [*о* **рассужде́ний**] Gedankengang *m*; **~ перегово́ров** Verhandlungsverlauf *m*; **идти́ по́лным ~ом** voll im Gange sein; **пуска́ть в ~** anwenden; **2.** (*auch fig*) Schachzug *m*
хода́тайство *nt O* Antrag *m*, Gesuch *nt*; **обраща́ться с хода́тайством** beantragen
ходи́ть ⟨*präs*: хожу́, хо́дишь⟩ *vi I unbest* (*best*: идти́) **1.** gehen, laufen; **~ во сне** schlafwandeln; **учи́ться ~** laufen lernen; **2.** (*beim (Karten-)Spiel*) ausspielen; **вам ~!** Sie sind dran! **~ с да́мы** die Dame ausspielen; **~ с ко́зыря** einen Trumpf ausspielen; **3.** (*за кем-ли́бо/чем-ли́бо*) holen; **4.** pflegen
ходово́й *adj* Lauf-; **~ механи́зм** Laufwerk; **~ това́р** gefragte Ware *f*; **хохова́я часть** (*KFZ*) Fahrgestell *nt*
ходу́ли ⟨*gen pl*: -лей,-у́ль⟩ *f pl A1* Stelzen *f pl*
хозя́ин, хозя́йка ⟨*pl m*: -я́ева, -я́ев⟩ *m U3 / f A* **1.** Gastgeber, -in *m/f*; **2.** Eigentümer, -in *m/f*; **~ гости́ницы** Gastwirt, -in *m/f*; **~ до́ма** Hausherr, -in *m/f*; **~ кварти́ры** Vermieter, -in *m/f*; **~ постоя́лого двора́** Herbergsvater, -mutter *m/f*; **быть хозя́йном положе́ния** (*fig*) Herr der Lage sein
хозя́йничать *vi E impf* **1.** wirtschaften;

2. (*ба́нды*) sein Unwesen treiben
хозя́йский *adj* dem Wirt (Eigentümer) gehörend
хозя́йственник *m K* **1.** Manager *m*; **2.** Wirtschaftsfunktionär *m*
хозя́йственный *adj* Wirtschafts-, Haushalts-; **хозя́йственная су́мка** Einkaufstasche *f*
хозя́йство *nt O* **1.** (*дома́шнее*) Haushalt *m*; **вести́** ~ den Haushalt führen; **рабо́та по хозя́йству** Hausarbeit *f* **2.** (*эконо́мика*) Wirtschaft *f*, Volkswirtschaft *f*; **3.** (*се́льское*) Landwirtschaft *f*
хозя́йствование *nt O2* Wirtschaftsführung *f*
хокке́й *m K2* Hockey *nt*; **~ на льду** Eishockey *nt*
хо́лдинг *m K* Holding *f*, Trägergesellschaft *f*
холе́ра *f A* Cholera *f*
холери́ческий *adj* cholerisch
холестери́н *m K* Cholesterin *nt*
холм *m K e* Hügel *m*
холми́стый ⟨*kf*: -ист⟩ *adj* hügelig
хо́лод ⟨*gen sg*: -а,-у, *pl*: -á, -óв⟩ *m K ple* Kälte *f*
холоди́льник *m K* **1.** Kühlschrank *m*; **2.** (*промы́шленный*) Kühlhaus *nt*
хо́лодность *f I* Gefühlskälte *f*
холо́дный ⟨*kf*: хо́лоден, холодна́, хо́лодно, хо́лодны́⟩ *adj* kalt; **холо́дная война́** kalter Krieg *m*; **холо́дное вре́мя го́да** kalte Jahreszeit *f*; **холо́дные заку́ски** kaltes Büfett *nt*; **~ приём** frostiger Empfang *m*; **~ фронт** (*METEO*) Kaltfront *f*
холосто́й *adj* **1.** (*челове́к*) ledig, unverheiratet; **2.** (*TECH*) Leer-; **~ ход** Leerlauf *m*; **~ патро́н** Platzpatrone *f*
холст *m K e* **1.** Leinen *nt*; **2.** Leinwand *f*; **3.** Ölgemälde *nt*
хомя́к *m K e* Hamster *m*
хор *m K* **1.** Chor *m*; **2.** Chorlied *nt*
хора́л *m K* Choral *m*
хорва́т *m K* Kroate *m*
Хорва́тия *f A2* Kroatien *nt*
хорва́тка *f A* Kroatin *f*
хорео́граф *m K* Choreograph, -in *m/f*
хореогра́фия *f A2* Choreographie *f*
хорони́ть ⟨*präs*: -оню́, -о́нишь⟩ *vt I impf* (*pf:* по-, с-) **1.** begraben, bestatten; **2.** (*fig*) zu Grabe tragen
хоро́шенький *adj* hübsch, lieblich
хороше́нько *adv* (*umg*) ordentlich, gehörig
хоро́ший ⟨*kf*: -о́ш, -ошá, *komp*: лу́чше, *super*: лу́чший⟩ *adj* gut; **хоро́шая пого́да** schönes Wetter *nt*; **подава́ть ~ приме́р** mit gutem Beispiel vorangehen
хорошо́ *adv* gut; **тебе́ ~ говори́ть** du hast gut reden; **так же ~** ebensogut
хо́ры *m pl K* Empore *f*
хоте́ть ⟨*präs*: хочу́, хо́чешь⟩ *vt U1 impf* **1.** wollen, begehren; **2.** wünschen; **3.** Lust haben (auf *+akk*)
хотя́ *konj* obwohl, obgleich
хохоло́к ⟨*gen sg*: -лкá⟩ *m K e* (*у птиц*) Haube *f*
хо́хот *m K* **1.** Gelächter *nt*; **2.** Lache *f*
хра́брость *f I* Kühnheit *f*, Tapferkeit *f*; **вы́пить для хра́брости** sich Mut antrinken; **набра́ться ~** Mut aufbringen
хра́брый ⟨*kf*: храбр, храбра́, хра́бро, хра́бры́⟩ *adj* kühn, tapfer
храм *m K* **1.** Gotteshaus *nt*; **2.** (*fig*) Tempel *m*; **~ нау́ки** Tempel *m* der Wissenschaft
хране́ние *nt O2* Aufbewahrung *f*, Lagerung *f*
храни́лище *nt O1* Lager *nt*, Magazin *nt*, Depot *nt*; **~ хими́ческого ору́жия** Lagerstätte *f* für chemische Waffen
храни́тель *m K1* **1.** (*в музе́е*) Konservator *m*; **2.** (*ро́да*) Stammhalter *m*
храни́ть *vt I impf* **1.** aufbewahren, lagern; **2.** (*от кого́-ли́бо/чего́-ли́бо*) behüten, beschützen (vor *+dat*); **3.** (*fig*) bewahren; **~ в па́мяти** im Gedächtnis bewahren; **~ молча́ние** sich in Schweigen hüllen
храпе́ть ⟨*präs*: -плю́, пи́шь⟩ *vi I impf* (*pf:* храпну́ть) **1.** schnarchen; **2.** (*о живо́тных*) schnauben
хребе́т ⟨*gen sg*: -бтá⟩ *m K e* **1.** (*ANAT*) Rückgrat *nt*; **2.** (*umg*) Rücken *m*; **го́рный ~** Bergrücken *m*
хрен ⟨*gen sg*: -а,-у⟩ *m K* **1.** Meerrettich *m*; **2.** Rettich *m*
хрестома́тия *f A2* Lesebuch *nt*
хризанте́ма *f A* Chrysantheme *f*
хрипе́ть ⟨*präs*: -плю́, -пи́шь⟩ *vi I impf* (*pf:* про-) **1.** röcheln; **2.** (*umg*) heiser sein
хри́плый ⟨*kf*: хрипл, хрипла́, хри́пло⟩ *adj* heiser
хрипота́ *f A e* Heiserkeit *f*
христиани́н, христиа́нка ⟨*pl m*: -áне, -áн⟩ *m U2 / f A* Christ, -in *m/f*
христиа́нский *adj* christlich; **~ мир** Christenheit *f*
христиа́нство *nt O* Christentum *nt*
Христо́с ⟨*gen sg*: Христа́⟩ *m K e* Christus *m*
хром *m K* Chrom *nt*
хрома́ть *vi E impf* **1.** hinken; **2.** (*umg:fig*) zurückbleiben, hinterherhinken
хроми́рованный *adj* verchromt
хромо́й ⟨*kf*: хром, хрома́, хро́мо⟩ *adj* lahm
хромосо́ма *f A* Chromosom *nt*
хро́ник *m K* chronisch Kranke(r) *m*

хро́ника *f A* Chronik *f*
хрони́ческий *adj* chronisch
хронологи́ческий *adj* chronologisch; **в хрони́ческом поря́дке** in chronologischer Reihenfolge
хроноло́гия *f A2* Chronologie *f*, zeitliche Reihenfolge *f*
хру́пкий ⟨*kf*: -пок. -пка́- пко⟩ *adj* **1.** zerbrechlich, gebrechlich; **2.** mürbe
хруст *m K* Knacks *m*, Krachen *nt*
хруста́ль *m K1* Kristall *nt*
хрустя́щий *adj* knusprig
хряк *m K e* Eber *m*
хрящ [1] *m K e* Kies *m*
хрящ [2] *m K e* Knorpel *m*
хрящева́тый *adj* knorpelig
худоба́ *f A e* Magerkeit *f*
худо́жественный ⟨*kf*: -вен, -вна⟩ *adj* künstlerisch; **худо́жественное изде́лие** Kunstwerk *nt*
худо́жник *m K* **1.** Kunstmaler, -in *m/f*; **2.** Zeichner, -in *m/f*; **3.** Künstler, -in *m/f*
худо́й [1] ⟨*kf*: худ, худа́, ху́до, ху́ды́, *komp*: худе́е⟩ *adj* mager, dürr, hager
худо́й [2] ⟨*kf*: худ, худа́, ху́до, ху́ды́, *komp*: ху́же, *super*: ху́дший⟩ *adj* schlecht, schlimm
худоща́вый ⟨*kf*: -а́в⟩ *adj* schlank
ху́дший *adj super* schlimmste(r, s), schlechteste(r, s); **он измени́лся в ху́дшую сто́рону** er hat sich zu seinem Nachteil verändert; **в ху́дшем слу́чае** schlimmstenfalls
ху́же *adj komp* schlechtere(r, s), schlimmere(r, s)
хулига́н *m K* Hooligan *m*, Rowdy *m*, Randalierer *m*

Ц

ц, Ц *nt indekl kyrillischer Buchstabe*
ца́пля *f A1* Reiher *m*
цара́пать *vt E impf* (*pf*: на-, о-, по-) **1.** kritzeln; **2.** ritzen
цара́пина *f A* Kratzer *m*
цари́ца *f A* **1.** Zarin *f*; **2.** Monarchin *f*
ца́рский *adj* **1.** königlich; **2.** Zaren-
ца́рство *nt O* **1.** Zarenreich *nt*; **2.** Königreich *nt*; **~ птиц** Vogelparadies *nt*
царь *m K1 e* **1.** Zar *m*; **2.** Monarch *m*
ЦБР *abk von* Центра́льный Банк Росси́и *f Zentralbank Rußlands*
цвести́ ⟨*präs*: цвету́, цветёшь⟩ *vi E6a impf* (*auch fig*) blühen, aufblühen, erblühen
цвет [1] *m K* **1.** (*fig*) Blüte *f*; **2.** (*im pl*) Blüten *f pl*, Blumen *f pl*
цвет [2] ⟨*pl*: -а́, -о́в⟩ *m K ple* Farbe *f*; **~ ко́жи** Hautfarbe *f*; **~ лица́** Teint *m*; **национа́льные ~а́** Landesfarben *pl*
цветно́й *adj* **I.** bunt, farbig; **~ каранда́ш** Farbstift *m*; **цветна́я ле́нта** Farbband *nt*; **цветна́я плёнка** Farbfilm *m*; **~ телеви́зор** Farbfernseher *m*; **~ фо́то** Farbfoto *nt*; **II.** *m wie adj* Farbige(r) *m*
цветово́д *m K* Florist, -in *m/f*
цветово́й *adj* Farb-
цвето́к ⟨*gen sg*: -тка́, *pl*: цветы́⟩ *m K e* **1.** Blume *f*, **2.** Blüte *f*; **сре́занные цветы́** Schnittblumen *pl*
цеди́ть ⟨*präs*: цежу́, це́дишь⟩ *vt I impf* **1.** zapfen; **2.** seihen
це́дра *f A* Zitronenschale *f*
це́зий *m K2* Cäsium *nt*
цезу́ра *f A* Zäsur *f*
целе́бный ⟨*kf*: -бен, бна⟩ *adj* **1.** heilsam; **2.** Heil-; **целе́бное возде́йствие** therapeutische Wirkung *f*
целево́й *adj* Ziel-; **целева́я гру́ппа** Zielgruppe *f*
целенапра́вленный *adj* gezielt
целесообра́зность *f I* Zweckmäßigkeit *f*
целесообра́зный ⟨*kf*: -зен, -зна⟩ *adj* ratsam, sinnvoll, zweckmäßig
целеустремлённый ⟨*kf*: -ён, -ённа⟩ *adj* zielstrebig, zielbewußt
целиба́т *m K* (*REL*) Zölibat *m*
целико́м *adv* ganz, völlig
целина́ *f A e* **1.** Neuland *nt*; **2.** Brachland *nt*
це́лить *vi I impf* (*pf*: на-) (*в кого́-ли́бо/что-ли́бо*) zielen (auf *+akk*)
целлюло́за *f A* Zellstoff *m*
целова́ть *vt E2 impf* (*pf*: по-) küssen
це́лое *nt wie adj* das Ganze *nt*
целому́дренный ⟨*kf*: -рен, -ренна⟩ *adj* keusch
це́лостный ⟨*kf*: -тен, -тна⟩ *adj* in sich geschlossen
целофа́н *m K* Zellophan *nt*
це́лый ⟨*kf*: цел, цела́, це́ло⟩ *adj* **1.** ganz, voll; **~ год** das ganze Jahr; **2.** (*не разби́тый*) heil, ganz
цель *f I* **1.** Ziel *nt*, Zweck *m*; **цель опра́вдывает сре́дства** der Zweck heiligt die Mittel; **~ путеше́ствия** Reiseziel *nt*; **дидакти́ческая ~** Lernziel *nt*; **основна́я ~** Hauptanliegen *nt*; **пресле́довать ~** ein Ziel verfolgen, etw bezwecken; **с це́лью** zwecks; **2.** (*MIL*) Ziel *nt*; **поража́ть ~** das Ziel treffen
це́льность *f I* **1.** Einheit *f*, **2.** Integrität *f*
це́льный ⟨*kf*: -лен, -льна́, -льно⟩ *adj* **1.** einheitlich; **2.** heil, ganz; **3.** (*о челове́ке*) integer
Це́льсий *m K2* Celsius

цемéнт ⟨*gen sg*: -а,-у⟩ *m K* Zement *m*
цементи́ровать *vt E2 impf/pf* zementieren
цена́ ⟨*akk sg*: цéну⟩ *f A pls* Preis *m*; **цéны кусáются** die Preise sind gesalzen; **~ покýпки** Einkaufspreis *m*; **бéшеные** [*o* **ди́кие**]**цéны** horrende Preise; **~продáжная ~** Verkaufspreis *m*; **отпускáть цéны** die Preise freigeben; **любóй ценóй** um jeden Preis
цензýра *f A* Zensur *f*; **подвергáть цензýре** zensieren
цени́ть ⟨*präs*: ценю́, цéнишь⟩ *vt I impf* schätzen; **высокó ~** wertschätzen
цéнник *m K* Preisschild *nt*
цéнность *f I* **1.** Wert *m*; **2.** (*im pl*) Wertsachen *f pl*; **культýрные цéнности** kostbare Kulturgüter **3.** (*fig*) Wertvorstellung *f*; **переоцéнка цéнностей** Wertewandel *m*
цéнный ⟨*kf*: цéнен, цéнна́, цéнно⟩ *adj* **1.** wertvoll, teuer; **цéнные бумáги** (*ÖKON*) Wertpapiere *pl*; **2.** bedeutungsvoll, wertvoll
цéнтнер *m K* Doppelzentner *m*
центр *m K* **1.** Zentrum *nt*, Mitte *f*; **~ гóрода** Stadtmitte *f*; **~ тя́жести** Schwerpunkt *m*; **2.** Zentrum *nt*, Zentrale *f*; **вычисли́тельный ~** Rechenzentrum *nt*; **крýпный ~** Großstadt *f*; **финáнсовый ~** Finanzmetropole *f*; **реабилитациóнный ~** Rehabilitationszentrum *nt* Reha-Zentrum *nt*; **3.** (*fig*) Zentrum *nt*, Mittelpunkt *m*; **быть в ~е внимáния** im Mittelpunkt der Aufmerksamkeit stehen; **4.** Zentralregierung *f*, Zentralbehörde *f*
централизóванный *adj* **1.** zentralistisch; **2.** zentral
централизовáть *vt E2 impf/pf* zentralisieren
Центрáльная Еврóпа *f A* Mitteleuropa *nt*; **жи́тели** [*o* **населéние**]**Центрáльной Еврóпы** Mitteleuropäer *pl*
центрáльный ⟨*kf*: -лен, -льна⟩ *adj* zentral, Zentral-; **центрáльная блокирóвка** Zentralverriegelung *f*; **центрáльная нéрвная систéма** Zentralnervensystem *nt*; **центрáльное отоплéние** Zentralheizung *f*; **~ процéссор** (*DV*) Zentraleinheit *f*
центри́ровать *vt E2 impf/pf* zentrieren
центрифýга *f A* **1.** Zentrifuge *f*; **2.** (*в стирáльной маши́не*) Wäscheschleuder *f*
центробéжный *adj* zentrifugal; **центробéжная си́ла** Zentrifugalkraft *f*; **центробéжные тендéнции** (*POL*) Separatismusbestrebungen *pl*
центростреми́тельный *adj* zentripetal; **центростреми́тельная си́ла** Zentripetalkraft *f*
центрфóрвард *m K* Mittelstürmer *m*
цепля́ться *vi E impf* (*fig*: *за когó-ли́бо/что-ли́бо*) sich klammern (an +*akk*)
цепнóй *adj* Ketten-; **~ пес** Kettenhund *m*; **цепнáя реáкция** Kettenreaktion *f*
цепóчка *f A* **1.** Halskette *f*; **2.** (*auch fig*) Kette *f*; **живáя ~** Menschenkette *f*
цепь ⟨*präpos sg*: о цéпи, в/на цепи́⟩ *f I ple1* **1.** (*auch fig*) Kette *f*; **2.** (*гóрные*) Gebirgskette *f*
церемóния *f A2* Zeremonie *f*
церкóвный *adj* kirchlich, Kirchen-; **церкóвная мышь** Kirchenmaus *f*; **~ налóг** Kirchensteuer *f*; **~ слýжка** Küster *m*; **~ съезд** Kirchentag *m*
цéрковь ⟨*gen sg*: -кви⟩ *f I ple1* Kirche *f*
цивилизáция *f A2* Zivilisation *f*
цивилизи́рованный *adj* zivilisiert
цикл *m K* Zyklus *m*, Kreislauf *m*
цикóрий *m K2* Zichorie *f*
цили́ндр *m K* Zylinder *m*
цилиндри́ческий *adj* zylindrisch
цини́зм *m K* Zynismus *m*
ци́ник *m K* Zyniker, -in *m/f*
цини́чный ⟨*kf*: -чен, -чна⟩ *adj* zynisch
цинк *m K* Zink *nt*
цинóвка *f A* Matte *f*
цирк *m K* Zirkus *m*
ци́ркуль *m K1* Zirkel *m*
циркуля́р *m K* Rundschreiben *nt*
цитáта *f A* Zitat *nt*; **~ из би́блии** Bibelstelle *f*
цити́ровать *vt E2 impf* (*pf*: про-) zitieren, anführen
ци́трусовый *adj* Zitrus-
ци́фра *f A* Ziffer *f*
цифровóй *adj* **1.** digital; **2.** numerisch
цóколь *m K1* Sockel *m*
ЦРУ *abk von* Центрáльное Развéдывательное Управлéние *nt* CIA *m*
цугцвáнг *m K* **1.** (*в шáхматах*) Zugzwang *m*; **2.** (*fig*) Zwangslage *f*
цыгáне *m pl U2* Sinti und Roma *pl*
цыплёнок ⟨*gen sg*: -нка, *nom pl*: -я́та⟩ *m U4* Küken *nt*

Ч

ч, Ч *nt indekl kyrillischer Buchstabe*
чабáн *m K e* Schäfer *m*
чавкáть *vi E impf* (*pf*: чáвкнуть) **1.** schlürfen; **2.** schmatzen
чад ⟨*gen sg*: -а,-у, *präpos sg*: о чáде, в чаду́⟩ *m K* **1.** Dunst *m*; **2.** Qualm *m*; **3.** (*fig*) Verblendung *f*, Rausch *m*

чади́ть ⟨*präs*: чажу́, чади́шь⟩ *vi I impf* (*pf:* на-) qualmen
чадра́ *f A e* Schleier *m*
чаевы́е *m pl wie adj* (*umg*) Trinkgeld *nt*
чай ⟨*gen sg*: -я,-ю⟩ *m K2* Tee *m*; **~ из трав** Kräutertee *m*; **рома́шковый ~** Kamillentee *m*
ча́йка *f A* Möwe *f*
ча́йник *m K* Teekanne *f*
ча́йный *adj* Tee-; **ча́йная ло́жка** Teelöffel *m*
чан ⟨*präpos sg*: в ча́не, чану́⟩ *m K ple* Bottich *m*, Kübel *m*
чароде́й, **чароде́йка** *m K2 / f A* Zauberer, Zauberin *m/f*
ча́ртерный *adj* Charter-; **~ ре́йс** Charterflug *m*; **~ самолёт** Charterflugzeug *nt*
ча́ры *f pl A* **1.** Bann *m*, magische Kraft *f*; **2.** (*fig*) Bann *m*, Faszination *f*
час *m K ple* **1.** Stunde *f*, Uhr; **счастли́вые ~о́в не наблюда́ют** dem Glücklichen schlägt keine Stunde; **два ~а́** zwei Uhr; **~ икс** Stunde Null *f*; **~а́ми** stundenlang; **~ы́ пик** Hauptverkehrszeit *f*; **~ы́ посеще́ний** Besuchszeit *f*; **в дневны́е ~ы́** tagsüber; **2.** Unterrichtsstunde *f*
часово́й *adj* **I.** Stunden-, Uhr-; **~ механи́зм** Uhrwerk *nt*; **~ по́яс** Zeitzone *f*; **часова́я стре́лка** Uhrzeiger *m*; **по часово́й стре́лке** im Uhrzeigersinn; **II.** *m wie adj* (*MIL*) Wachmann *m*, Wache *f*
часовщи́к *m K e* Uhrmacher *m*
части́ца *f A* **1.** Teilchen *nt*, Partikel *m*; **2.** (*LING*) Partikel *m*
части́чно *adv* teilweise, teils
ча́стник *m K* Privatmann *m*
ча́стное *nt wie adj* Quotient *m*
ча́стный *adj* **1.** besondere(r, s), speziell; **2.** privat; **ча́стное де́ло** Privatangelegenheit *f*; **ча́стное лицо́** Privatperson *f*; **ча́стная со́бственность** Privateigentum *nt*; **находи́ться в ча́стной со́бственности** sich in Privatbesitz befinden
ча́сто *adv* oft; **так же ~** ebensooft
частота́ *f A pls* Frequenz *f*
ча́стый ⟨*kf*: част, часта́, часто⟩ *adj* häufig
часть *f I ple1* **1.** Teil *m*; **~ предложе́ния** Satzteil *m*; **~ ре́чи** Wortart *f*; **~ све́та** Erdteil *m*; **~ те́ла** Körperteil *m*; **2.** (*MUS*) Satz *m*; **3.** (*umg*) Bereich *m*, Fach *nt*
часы́ *pl K* Uhr *f*; **~ пу́щены** die Uhr [*o* der Countdown] läuft; **~ с брасле́том** Armbanduhr *f*; **ква́рцевые ~** Quarzuhr *f*; **контро́льные ~** Stechuhr *f*; **песо́чные ~** Sanduhr *f*; **со́лнечные ~** Sonnenuhr *f*; **электро́нные ~** Digitaluhr *f*; **сверя́ть ~** die Uhren vergleichen
ча́хнуть *vi E1 impf* (*pf:* за-) **1.** verwelken, verkümmern; **2.** (*fig*) dahinsiechen, vergehen
ча́ша *f A* **1.** Schale *f*; **2.** Kelch *m*
ча́шечка *f A* **1.** kleine Tasse *f*, Täßchen *nt*; **2.** (*ANAT*) Kniescheibe *f*; **3.** (*BOT*) Blütenkelch *m*
ча́шка *f A* **1.** Tasse *f*; **2.** Untertasse *f*
ча́ще *adv* öfter, häufiger
чва́ниться *v + inst I impf* (*umg*) protzen
чванли́вый ⟨*kf*: -и́в⟩ *adj* **1.** protzig; **2.** selbstgefällig; **3.** hochnäsig, eingebildet
чва́нный ⟨*kf*: -а́нен, -а́нна⟩ *adj* (*umg*) eitel, eingebildet
чей, **чья́, чьё** ⟨*gen sg*: чьего́, чьей, чьего́, *pl*: чьи⟩ *pron inter* **I.** wessen; **II.** *pron rel* dessen, deren
чек *m K* Scheck *m*; **доро́жный ~** Reisescheck *m*; **бла́нковый ~** Blankoscheck *m*; **ка́ссовый ~** Kassenzettel *m*; **расчётный ~** Verrechnungsscheck *m*
чека́нить *vt I impf* (*pf:* вы-, от-) prägen
чека́нка *f A* Prägung *f*
че́ковый *adj* Scheck-; **че́ковая кни́жка** Scheckbuch *nt*
челно́к *m K e* **1.** Kahn *m*, Nachen *m*; **2.** Webschiffchen *nt*; **3.** (*umg*) Schmuggler *m*; **4.** Raumfähre *f*, space shuttle *m*
челове́к ⟨*nom pl*: лю́ди⟩ *m K* **1.** Mensch *m*; **2.** Person *f*
человеколю́б *m K* Philanthrop *m*, Menschenfreund *m*
человеконенави́стник *m K* Misanthrop *m*, Menschenfeind *m*
человеконенави́стнический *adj* menschenfeindlich
человеконенави́стничество *nt O* Menschenverachtung *f*
челове́ческий *adj* **1.** menschlich; **2.** Menschen-
челове́чество *nt O* Menschheit *f*
челове́чность *f I* Menschlichkeit *f*, Humanität *f*
челове́чный ⟨*kf*: -чен, -чна⟩ *adj* menschlich, human
че́люсть *f I* **1.** Zahnprothese *f*, Gebiß *nt*; **2.** (*ANAT*) Kiefer *m*; **ве́рхняя ~** Oberkiefer *m*; **ни́жняя ~** Unterkiefer *m*
че́лядь *f I* **1.** Gesinde *nt*; **2.** (*pej*) Gesindel *nt*
чемода́н *m K* Koffer *m*
чемпио́н *m K* Champion *m*, Sieger *m*; **~ Евро́пы** Europameister *m*; **~ ми́ра** Weltmeister *m*
чемпиона́т *m K* Meisterschaft *f*, **~ Евро́пы** Europameisterschaft *f*; **~ ми́ра** Weltmeisterschaft *f*
чепе́ц ⟨*gen sg*: -пца́⟩ *m K e* Haube *f*, Häubchen *nt*

чепуха́ ⟨*gen sg*: -и́⟩ *f A e* Unsinn *m*, Blödsinn *m*
черви́вый ⟨*kf*: -ив⟩ *adj* madig, wurmig
червь *m K1 e1* (*auch fig*) Wurm *m*; **дождево́й ~** Regenwurm *m*; **кни́жный ~** (*fig*) Bücherwurm *m*; **ле́нточный ~** Bandwurm *m*
черда́к *m K e* Dachboden *m*
черёд ⟨*gen sg*: череда́⟩ *m K e* **1.** Schlange *f*, Reihe *f*; **2.** Reihenfolge *f*; **всё идёт свои́м ~о́м** alles nimmt seinen Lauf
чередова́ться *vi E2 impf* (**с кем-ли́бо**) sich abwechseln (mit *+dat*)
че́рез *präp lok +akk* **I. 1.** durch (*+akk*); **идти́ ~ лес** durch den Wald gehen **2.** über (*+akk*); **идти́ ~ у́лицу** über die Straße gehen; **II.** *präp temp +akk* **1.** nach (*+dat*); **2.** in (*+dat*); **~ год** nach einem Jahr
черено́к ⟨*gen sg*: -нка́⟩ *m K e* **1.** Griff *m*, Stiel *m*; **2.** (*BOT*) Halm *m*, Stiel *m*
че́реп ⟨*pl*: -а́, -о́в⟩ *m K ple* Schädel *m*
черепа́ха *f A* Schildkröte *f*
черепа́ший *adj* **1.** Schildkröten-; **2.** Schildplatt-; **~ шаг** (*fig*) Schneckentempo *nt*
черепи́ца *f A* Dachziegel *m*
черепо́к ⟨*gen sg*: -пка́⟩ *m K e* Scherbe *f*
чересчу́р *adv* **1.** allzu; **2.** zuviel; **э́то уже́ ~** das geht zu weit
чере́шня ⟨*gen pl*: -шен⟩ *f A1* **1.** Schwarzkirsche *f*; **2.** Kirschbaum *m*
черни́ка *f A* **1.** Heidelbeere *f*; **2.** Heidelbeerstrauch *m*
черни́ла ⟨*gen pl*: -и́л⟩ *pl A* Tinte *f*
черни́ть *vt I impf* (*pf*: за-, на-, о-) **1.** schwärzen, schwarz machen; **2.** (*fig*) anschwärzen, schlechtmachen
чёрно-бе́лый *adj* schwarzweiß
черно́вик *m K e* **1.** Entwurf *m*, Konzept *nt*; **2.** Schmierzettel *m*
черноволо́сый ⟨*kf*: -о́с⟩ *adj* dunkelhaarig
черносли́в *m K* Backpflaume *f*
чёрный ⟨*kf*: чёрен, черна́, чёрно́⟩ *adj* schwarz; **~ как смоль** rabenschwarz; **~ ры́нок** Schwarzmarkt *m*; **~ ход** Hinterausgang *m*; **~ ю́мор** schwarzer Humor *m*; **ви́деть в чёрном све́те** schwarzsehen; **попа́сть в ~ спи́сок** auf die schwarze Liste kommen; **напи́сано чёрным по бе́лому** schwarz auf weiß geschrieben sein
чернь *f I* (*pej*) Masse *f*, Pöbel *m*
черпа́к *m K e* Schöpflöffel *m*, Schöpfkelle *f*
че́рпать *vt E impf* (*pf*: че́рпнуть) (*auch fig*) schöpfen; **~ информа́цию** sich informieren
чёрствый ⟨*kf*: чёрств, черства́, чёрство, чёрствы́⟩ *adj* **1.** (*хлеб*) trokken, hart, altbacken; **2.** (*fig*) lieblos, gefühllos
чёрт ⟨*nom pl*: че́рти⟩ *m K ple1* Teufel *m*; **у ~а на кули́чках** (*fig*) wo sich Fuchs und Hase gute Nacht sagen
черта́ *f A e* **1.** Strich *m*; **заключи́тельная ~** Schlußstrich *m*; **жить за черто́й бе́дности** unterhalb der Armutsgrenze leben; **2.** (*ка́чество*) Zug *m*; **черты́ лица́** Gesichtszüge *pl*; **~ хара́ктера** Charakterzug *m*
чертёж ⟨*gen sg*: чертежа́⟩ *m K e* **1.** Skizze *f*, **2.** (*TECH*) Zeichnung *f*
чертёжник *m K* technischer Zeichner *m*
черти́ть ⟨*präs*: черчу́, че́ртишь⟩ *vt I impf* (*pf*: на-) **1.** skizzieren, entwerfen; **2.** zeichnen
чёрточка *f A* Bindestrich *m*
чертыха́ться *vi E impf* (*pf*: чертыхну́ться) (*umg*) fluchen
чеса́ть ⟨*präs*: чешу́, че́шешь⟩ *vt E4 impf* (*pf*: по-) **1.** kämmen; **2.** kratzen; **~ за у́хом** am Ohr kraulen
чесно́к ⟨*gen sg*: -а́, -у́⟩ *m K e* Knoblauch *m*
че́ствование *nt O2* Huldigung *f*, Ehrung *f*
че́ствовать *vt E2 impf* ehren
че́стность *f I* Ehrlichkeit *f*, Aufrichtigkeit *f*
че́стный ⟨*kf*: -тен -тна́ -тно, че́стны́⟩ *adj* rechtschaffen, ehrlich, redlich; **че́стное сло́во** Ehrenwort *nt*
честолюби́вый ⟨*kf*: -и́в⟩ *adj* ehrgeizig
честолю́бие *nt O2* Ehrgeiz *m*, Geltungsbedürfnis *nt*
честь *f I* Ehre *f*, **оказа́ть ~** Ehre erweisen; **отдава́ть ~** salutieren
четве́рг *m K* Donnerstag *m*; **чи́стый** [*o* **свято́й**]~ (*REL*) Gründonnerstag *m*
че́тверо *num sammel* **1.** eine Gruppe von vier; **2.** vier Paare
четвертова́ть *vt E2 impf/pf* vierteilen
четвёртый *num ord* vierte(r, s); **в четвёртых** viertens
че́тверть *f I* Viertel *nt*; **~ часа́** Viertelstunde *f*
чётки ⟨*gen pl*: -ток⟩ *f pl A* Rosenkranz *m*; **перебира́ть ~** den Rosenkranz beten
чёткий ⟨*kf*: чёток, чётка́, чётко⟩ *adj* klar, deutlich, eindeutig; **чётко рабо́тать** reibungslos funktionieren
чёткость *f I* Klarheit *f*
четы́ре ⟨*gen*: четрырёх⟩ *num* vier; **в ~ ра́за** viermal
четы́реста ⟨*gen*: четрырёхсот⟩ *num* vierhundert
четырёхгоди́чный *adj* vierjährig
четырёхкра́тный *adj* vierfach

четырёхуго́льник *m K* Viereck *nt*
четырёхуго́льный *adj* viereckig
четы́рнадцать ⟨*gen*: -ти⟩ *num* vierzehn
чех *m K* Tscheche *m*
Че́хия *f A2* Tschechien *nt*, Tschechische Republik *f*
чехо́л ⟨*gen sg*: -хла́⟩ *m K e* **1.** Bezug *m*, Überzug *m*; **2.** Etui *nt*
Че́чня *f A1* Tschetschenien *nt*
че́шка *f A* Tschechin *f*
че́шский *adj* tschechisch
Чи́ли *m indekl* Chile *nt*
чин *m K ple* (*MIL*) Rang *m*
чини́ть ⟨*präs*: чиню́, чи́нишь⟩ *vt I impf* (*pf*: по-) **1.** (*каранда́ш*) schärfen, spitzen; **2.** reparieren, instandsetzen; **3.** (*оде́жду*) ausbessern, flicken
чино́вник *m K* Beamte(r), Beamtin *m/f*
чип *m K* Chip *m*
чи́сленник *m K* Abreißkalender *m*
чи́сленный *adj* zahlenmäßig; **чи́сленное превосхо́дство** zahlenmäßige Überlegenheit *f*
числи́тельное *nt wie adj* Zahlwort *nt*; **коли́чественное ~** Kardinalzahlwort *nt*; **поря́дковое ~** Ordinalzahlwort *nt*
число́ ⟨*gen pl*: -сел⟩ *nt O pls* **1.** (*MATH*) Zahl *f*; **просто́е ~** Primzahl *f*; **2.** (*коли́чество*) Anzahl *f*; **~ оборо́тов** (*KFZ*) Drehzahl *f*; **3.** (*LING*) Numerus *m*; **еди́нственное ~** Singular *m*; **мно́жественное ~** Plural *m*; **4.** (*да́та*) Datum *nt*; **како́е сего́дня ~?** welches Datum haben wir heute? **в том числе́** darunter
чи́стенький *adj* blitzsauber
чисти́лище *nt O1* (*REL*) Fegefeuer *nt*
чи́стить ⟨*präs*: чи́щу, чи́стишь⟩ *vt I impf* (*pf*: вы́-, о-) säubern, reinigen
чи́стка *f A* **1.** Reinigung *f*; **отнести́ костю́м в ~** einen Anzug in die Reinigung bringen; **2.** Säuberung *f*, Säuberungsaktion *f*; **этни́ческая ~** ethnische Säuberung *f*
чистови́к *m K* Reinschrift *f*
чистокро́вный ⟨*kf*: -вен, -вна⟩ *adj* reinrassig
чистосерде́чный ⟨*kf*: -чен, -чна⟩ *adj* treuherzig
чистота́ *f A e* Reinheit *f*, Sauberkeit *f*
чи́стый ⟨*kf*: чист, чиста́, чи́сто, чи́сты́⟩ *adj* **1.** sauber, blank, rein; **чи́стое зо́лото** reines Gold *nt*; **чи́стая кра́ска** reine Farbe *f*; **чи́стая при́быль** Reingewinn *m*; **~ хлопо́к** reine Baumwolle *f*; **экологи́чески ~** umweltfreundlich **2.** (*fig*) pur, rein, echt; **~ дохо́д** Nettoeinkommen *nt*; **чи́стая со́весть** reines Gewissen *nt*; **принима́ть что-ли́бо за чи́стую моне́ту** etw für bare Münze halten
чистю́ля *mf A1* (*umg*) Sauberkeitsfanatiker *m*
чита́бельный *adj* lesbar
чита́тель, **чита́тельница** *m K1 / f A* Leser, -in *m/f*
чита́ть *vt E impf* (*pf*: проче́сть, про-) lesen; **~ вслух** vorlesen; **~ нота́ции** eine Gardinenpredigt halten
чиха́ть *vi E impf* (*pf*: чихну́ть) **1.** niesen; **2.** (*umg: на кого́-ли́бо/что-ли́бо*) pfeifen (auf *+akk*)
член *m K* **1.** Mitglied *nt*; **~ па́ртии** Parteimitglied *nt*; **~ правле́ния** Vorstandsmitglied *nt*; **~ профсою́за** Gewerkschafter, -in *m/f*; **~ семьи́** Familienangehörige(r) *mf*; **почётный ~** Ehrenmitglied *nt* **2.** (*ANAT*) Körperglied *nt*, Glied *nt*; **3.** (*im pl*) Gliedmaßen *pl*
члене́ние *nt O2* Gliederung *f*
члени́ть *vt I impf* (*pf*: рас-) gliedern, unterteilen
чле́нский *adj* Mitglieds-; **~ взнос** Mitgliedsbeitrag *m*
чле́нство *nt O* Mitgliedsbeitrag *m*
чмо́кать *vi E impf* (*pf*: чмо́кнуть) schmatzen
чо́каться *vi E impf* (*pf*: чо́кнуться) (*с кем-ли́бо за что-ли́бо*) mit jdm anstoßen (auf *+akk*)
чо́порный ⟨*kf*: -рен, -рна⟩ *adj* **1.** prüde; **2.** affektiert
ЧП *abk von* чрезвыча́йное происше́ствие *nt* Störfall *m*, Zwischenfall *m*
чревовеща́тель *m K1* Bauchredner *m*
чрезвыча́йный ⟨*kf*: -а́ен, -а́йна⟩ *adj* außerordentlich; **объявля́ть чрезвыча́йное положе́ние** den Ausnahmezustand ausrufen; **предоставля́ть чрезвыча́йные полномо́чия кому́-ли́бо** jdn mit Sondervollmachten ausstatten
чрезме́рный ⟨*kf*: -рен, -рна⟩ *adj* enorm, maßlos, übermäßig, exzessiv
чте́ние *nt O2* **1.** Lesen *nt*, Lektüre *f*; **2.** Lesung *f*; **одо́брить зако́н в пе́рвом чте́нии** das Gesetz in erster Lesung billigen
чти́во *nt O* (*umg*) Schmöker *m*
что ⟨*gen sg*: чего́⟩ *pron inter* **I.** was; **II.** *pron rel* der, die, das; **III.** *konj* daß
чу́вственность *f I* Sinnlichkeit *f*
чу́вственный ⟨*kf*: -вен, -венна⟩ *adj* sinnlich; **чувственное восприя́тие** sinnliche Wahrnehmung *f*
чувстви́тельность *f I* Empfindlichkeit *f*, **уменьша́ть ~** (*MED*) desensibilisieren
чувстви́тельный ⟨*kf*: -лен, -льна⟩ *adj* **1.** empfindlich; **2.** empfindsam

чу́вство *nt O* Gefühl *nt*; **~ вины́** Schuldgefühl *nt*; **~ вре́мени** Zeitgefühl *nt*; **~ до́лга** Pflichtgefühl *nt*; **~ ме́ры** Augenmaß *nt*; **~ недоуме́ния** Befremden *nt*; **~ отве́тственности** Verantwortungsbewußtsein *nt*; **~ реа́льности** Realitätsinn *m*; **~ самосохране́ния** Selbsterhaltungstrieb *m*; **~ со́бственного досто́инства** Selbstwertgefühl *nt*; **~ солида́рности** Solidaritätsgefühl *nt*; **~ та́кта** Feingefühl *nt*; **~ ю́мора** Sinn *m* für Humor; **~ языка́** Sprachgefühl *nt*; **ста́дное ~** Herdentrieb *m*; **шесто́е ~** sechster Sinn *m*; **продикто́ванный чу́вством** gefühlsmäßig
чу́вствовать *vi E2 impf* fühlen, spüren; **~ угрызе́ния со́вести** Gewissensbisse haben
чугу́н *m K e* Gußeisen *nt*
чуда́к *m K e* Eigenbrötler *m*, Sonderling *m*
чуде́сный ⟨*kf*: -сен, -сна⟩ *adj* himmlisch, herrlich, wundervoll
чу́до ⟨*pl*: чудеса́, -е́с, -еса́м⟩ *nt U3* Wunder *nt*; **~ све́та** Weltwunder *nt*; **экономи́ческое ~** Wirtschaftswunder *nt*; **твори́ть чудеса́** wahre Wunder wirken
чудо́вище *nt O1* Ungeheuer *nt*, Scheusal *nt*
чудо́вищный ⟨*kf*: -щен, -щна⟩ *adj* ungeheuer, ungeheuerlich
чужа́к *m K e* Fremde(r) *mf*
чужо́й *adj* fremd
чула́н *m K* Rumpelkammer *f*
чуло́к ⟨*gen sg*: -лка́, *gen pl*: -ло́к⟩ *m K e* Strumpf *m*
чума́ *f A e* (*MED*) Pest *f*
чурба́н *m K* **1.** Klotz *m*, Holzblock *m*; **2.** (*fig*) Tolpatsch *m*, Trottel *m*
чу́ткий ⟨*kf*: -ток, -тка́, -тко⟩ *adj* **1.** hellhörig, feinsinnig; **2.** einfühlsam
чу́ткость *f I* Zartgefühl *nt*, Einfühlungsvermögen *nt*
чуть *adv* **I. 1.** (*umg*) kaum; **2.** fast, beinahe; **II.** *konj* sobald
чутьё *nt O1 e* Gespür *nt*, Spürsinn *m*
чушь *f I* (*umg*) Unsinn *m*, Blödsinn *m*; **нести́ вся́кую ~** herumblödeln, herumalbern
чу́ять ⟨*präs*: чу́ю, чу́ешь⟩ *vt E4 impf* **1.** wittern, riechen; **2.** (*fig*) spüren, ahnen
чьё *siehe* **чей**
чья *siehe* **чей**

Ш

ш, Ш *nt indekl kyrillischer Buchstabe*
шаба́ш *m K* **I.** Ruhepause *f*, **II.** *part* basta
шабло́н *m K* Schablone *f*
шаг ⟨*gen sg*: -а, -у, *präpos sg*: о ша́ге, в/на шагу́⟩ *m K ple* Schritt *m*; **~ наза́д** (*auch fig*) Rückschritt *m*
шака́л *m K* Schakal *m*
шаловли́вый ⟨*kf*: -ив⟩ *adj* ausgelassen, übermütig
шалопа́й *m K* Taugenichts *m*, Tagedieb *m*
ша́лость *f I* **1.** Übermut *m*; **2.** Streich *m*
шалфе́й *m K2* Salbei *m*
шампа́нское *nt wie adj* Champagner *m*, Sekt *m*
шампиньо́н *m K* Champignon *m*
шампу́нь *m K1* Shampoo *nt*, Haarwaschmittel *nt*
шанс *m K* Chance *f*, Gelegenheit *f*; **уника́льный ~** einmalige Chance *f*; **упу́щенный ~** verpaßte Chance *f*; **~ы на успе́х** Erfolgsaussichten *pl*
шансо́н *m K* Chanson *nt*
шанта́ж *m K e* Erpressung *f*
шантажи́ровать *vt E2 impf* erpressen
ша́пка *f A* **1.** Mütze *f*; **~-уша́нка** Pudelmütze *f*; **2.** (*у докуме́нта*) Kopf *m*; **~ письма́** Briefkopf *m*
шар *m K* **1.** Kugel *f*; **билья́рдный ~** Billardkugel *f*; **2.** Ball *m*; **3.** Ballon *m*; **возду́шный ~** Luftballon *m*
шарж *m K* Karikatur *f*
ша́рить *vi I impf* kramen, herumsuchen
ша́ркать *vi E impf* (*pf*: ша́ркнуть) **1.** scharren; **2.** schlurfen, latschen
шарлата́н *m K* Scharlatan *m*
шарм *m K* Charme *m*
шарма́нка *f A* **1.** Drehorgel *f*; **2.** (*fig*) Leier *f*; **всё та же ~** immer die alte Leier
шарни́р *m K* Scharnier *nt*
шарообра́зный ⟨*kf*: -зен, -зна⟩ *adj* kugelförmig
шарф *m K* **1.** Schal *m*; **2.** Schärpe *f*
шасси́ *nt indekl* Fahrgestell *nt*
шата́ться *vi E impf* (*pf:* шатну́ться) taumeln, torkeln; **~ без де́ла** herumlungern
шатёр ⟨*gen sg*: -тра́⟩ *m K e* Zelt *nt*; **пра́здничный ~** Festzelt *nt*
ша́ткий ⟨*kf*: -ток, ша́тка́, -тко⟩ *adj* **1.** (*стол*) wackelig; **2.** (*fig*) schwankend, unsicher
шафра́н *m K* Safran *m*
шах *m K* **1.** Schah *m*; **2.** (*в ша́хматах*) Schach; **объявля́ть ~** Schach erklären
ша́хматы ⟨*gen pl*: ша́хмат⟩ *pl A* Schachspiel *nt*
ша́хматый *adj* Schach-; **ша́хматая фигу́ра** Schachfigur *f*; **в ша́хматом поря́дке** schachbrettartig
ша́хта *f A* (*BERGB*) Grube *f*
шахтёр *m K* Bergarbeiter *m*, Kumpel *m*
ша́шки ⟨*gen pl*: ша́шек⟩ *pl A* Damespiel

nt

шашлы́к *m K e* **1.** Schaschlik *nt*; **2.** Grillparty *f*

швартова́ть *vt E2 impf* (*pf:* при-, о-) (*MAR*) vertäuen, festmachen

швед, шве́дка *m K / f A* Schwede, Schwedin *m/f*

шве́дский *adj* schwedisch

шве́йный *adj* Näh-; **шве́йная маши́на** Nähmaschine *f*

швейца́р *m K* Pförtner *m*

швейца́рец, швейца́рка ⟨*gen sg m*: -рца⟩ *m K / f A* Schweizer, -in *m/f*

Швейца́рия *f A2* die Schweiz *f*, Schweizerische Eidgenossenschaft *f*

швейца́рский *adj* schweizerisch, eidgenössisch

Шве́ция *f A2* Schweden *nt*

швырну́ть *vt E1 pf* (*impf:* швыря́ть) schmettern, schleudern

шевели́ть *vi I impf* (*pf:* по-) bewegen

шеде́вр *m K* (*geh*) Meisterstück *nt*

шезло́нг *m K* Chaiselongue *f*, Liege *f*

шейх *m K* Scheich *m*

шелесте́ть ⟨*nur 2. und 3. pers*: -ти́шь⟩ *vi I impf* rauschen, säuseln

шёлк ⟨*gen sg*: -а, -у, *präpos sg*: о шёлке, на/вшелку́⟩ *m K* Seide *f*

шелкови́стый *adj* seidig

шёлковый *adj* seiden

шелуха́ *f A e* Pelle *f*, Schale *f*; **снима́ть шелуху́** pellen

шелуши́ться *vi I impf* sich schälen

ше́льма *mf A* **1.** Schelm *m*, Schalk *m*; **2.** Gauner, -in *m/f*, Betrüger, -in *m/f*

шельмова́тый ⟨*kf*: -а́т⟩ *adj* spitzbübisch, hämisch

шепеля́вить ⟨*präs*: -влю, -вишь⟩ *vi I impf* lispeln

шепта́ть ⟨*präs*: шепчу́, ше́пчешь⟩ *vi E4 impf* (*pf:* шепну́ть) flüstern, lispeln, raunen

шерохова́тый ⟨*kf*: -а́т⟩ *adj* (*auch fig*) rauh, holprig

шерсть *f I ple1* **1.** Fell *nt*, Wolle *f*; **2.** Wolle *f*, Wollgarn *nt*

ше́ршень ⟨*gen sg*: -шня⟩ *m K1* Hornisse *f*

шестерёнка *f A* Zahnrad *nt*

шестикра́тный *adj* sechsfach

шестиле́тний *adj* sechsjährig

шестна́дцать *num* sechzehn

шесто́й *num ord* sechste(r, s); **шеста́я часть** Sechstel *nt*

шесть *num* sechs; **~ раз** sechsmal

шестьдеся́т ⟨*gen*: шести́десяти, *inst*: шестью́десятью⟩ *num* sechzig

шестьсо́т ⟨*gen*: шестисо́т⟩ *num* sechshundert

шеф *m K* **1.** Chef, -in *m/f*; **~-по́вар** Küchenchef *m*; **2.** Pate *m*, Schirmherr *m*

ше́я *f A2* Hals *m*, Nacken *m*; **слома́ть себе́ ше́ю** sich den Hals brechen

шизофре́ник *m K* Schizophrene(r) *m*

шизофрени́ческий *adj* schizophren

шизофрени́я *f A2* Schizophrenie *f*

шика́рный ⟨*kf*: -рен, -рна⟩ *adj* (*umg*) schick, flott

шимпанзе́ *nt indekl* Schimpanse *m*

ши́на *f A* Reifen *m*

шиньо́н *m K* Haarteil *nt*

шип *m K e* **1.** Dorn *m*; **2.** Kralle *f*

шипе́ть ⟨*präs*: -плю́, -пи́шь⟩ *vi I impf* zischen

шипо́вник *m K* **1.** Hagebutte *f*; **2.** Hagebuttenstrauch *m*

ширина́ *f A e* Breite *f*

широ́кий ⟨*kf*: -о́к, -ока́, -о́ко́⟩ *adj* breit, weit

широкопле́чий ⟨*kf*: -е́ч⟩ *adj* breitschultrig

широта́ *f A pls* Breitengrad *m*

ширпотре́б *akr von* широ́кое потребле́ние *nt* Massenware *f*

шить ⟨*präs*: шью, шьёшь⟩ *vt E4c impf* (*pf:* с-) nähen

ши́фер *m K* Schiefer *m*

шифр *m K* Chiffre *f*

ши́шка *f A* **1.** Beule *f*; **2.** (*BOT*) Zapfen *m*; **ело́вая ~** Tannenzapfen *m*; **3.** (*fig*) hohes Tier *nt*, wichtige Persönlichkeit *f*

шкала́ *f A pls* Skala *f*

шкату́лка *f A* Schatulle *f*, Kästchen *nt*

шкаф *m K* Schrank *m*; **~ для докуме́нтов** Aktenschrank *m*; **кухо́нный ~** Küchenschrank *m*; **несгоря́емый ~** Tresor *m*; **платяно́й ~** Kleiderschrank *m*; **стенно́й ~** Wandschrank *m*

шквал *m K* Böe *f*

шко́ла *f A* Schule *f*; **~ автоде́ла** Fahrschule *f*; **~ гости́ничного би́знеса** Hotelfachschule *f*; **~ та́нцев** Tanzschule *f*; **нача́льная ~** Grundschule *f*; **учи́ться в шко́ле** zur Schule gehen

шко́льник, шко́льница *m K / f A* Schüler, -in *m/f*

шко́льный *adj* Schul-; **шко́льного во́зраста** schulpflichtig

шку́ра *f A* (*auch fig*) Fell *nt*, Haut *f*; **узна́ть на со́бственной шкуре** am eigenen Leibe erfahren

шку́рка *f A* Schmirgelpapier *nt*

шлагба́ум *m K* Schlagbaum *m*

шлак *m K* Schlacke *f*, **выводи́ть ~и (из органи́зма)** (*MED*) entschlacken

шланг *m K* Schlauch *m*

Шлезвиг-Гольште́йн *m K* Schleswig-Holstein *nt*

шлейф *m K* Schleppe *f*
шлем *m K* **1.** Helm *m*; **стальной ~** Stahlhelm *m*; **2.** Sturzhelm *m*
шлепок ⟨*gen sg*: -пка⟩ *m K e* Klaps *m*
шлифовальный *adj* Schleif-
шлифование *nt O2* Schliff *m*
шлифовать *vt E2 impf* (*pf:* от-) **1.** schleifen; **2.** (*fig*) feilen (an *+dat*)
шлюз *m K* Schleuse *f*
шлюзовать *vt E2 impf* schleusen
шлюпка *m K* Schlauchboot *nt*; **гребная ~** Ruderboot *nt*
шлюха *f A* (*pej*) Hure *f*, Nutte *f*
шлягер *m K* Schlager *m*, Hit *m*
шляпа *f A* **1.** Hut *m*; **мягкая ~** Schlapphut *m*; **2.** (*fig*) Versager *m*, Schlappschwanz *m*
шляпка *f A* **1.** Damenhut *m*; **2.** (*гвоздя*) Nagelkopf *m*
шмель *m K1* Hummel *f*
шмотки ⟨*gen pl*: -ток⟩ *f pl A* (*umg*) Klamotten *pl*
шмыгать *vi E impf* (*pf:* шмыгнуть) **1.** huschen; **2.** hin- und hergehen
шнапс *m K* Schnaps *m*
шницель *m K1* Schnitzel *nt*
шнырять *vi E impf* (*pf:* шнырнуть) hin- und hereilen
шов ⟨*gen sg*: шва⟩ *m K* Naht *f*, Fuge *f*
шовинизм *m K* Chauvinismus *m*
шовинист *m K* Chauvinist *m*
шовинистический, шовинистский *adj* chauvinistisch
шок *m K* Schock *m*
шокировать *vt E2 impf/pf* schockieren
шоковый *adj* **1.** schockartig; **2.** Schock-; **шоковая терапия** Schocktherapie *f*, Roßkur *f*
шоколад *m K* Schokolade *f*
шоколадка *f A* Schokoladentafel *f*
шорник *m K* Sattler *m*
шорты ⟨*gen pl*: шорт⟩ *f pl A* Shorts *pl*
шоры ⟨*gen pl*: шор⟩ *f pl A* Scheuklappen *pl*
шоссе *nt indekl* **1.** Chaussee *f*; **2.** Landstraße *f*
шотландец, шотландка ⟨*gen sg m*: -дца⟩ *m K / f A* Schotte, Schottin *m/f*
Шотландия *f A2* Schottland *nt*
шотландский *adj* schottisch
шоу *nt indekl* Show *f*
шоубизнес *m K* Showbusiness *nt*
шофёр *m K* **1.** Kraftfahrer *m*; **2.** Chauffeur *m*
шпага *f A* Degen *m*
шпагат *m K* **1.** Bindfaden *m*; **2.** (*SPORT*) Spagat *nt*
шпинат *m K* Spinat *m*
шпион *m K* Spion *m*
шпионаж *m K* Spionage *f*
шпионить *vi I impf* **1.** spionieren; **2.** (*за кем-либо*) nachspionieren
шприц *m K* Spritze *f*
шрам *m K* Narbe *f*
шрифт *m K* **1.** Schriftart *f*; **2.** Schrifttype *f*
штаб *m K* (*MIL*) Stab *m*
штабель *m K1* Stapel *m*; **укладывать штабелями** aufstapeln
штаб-квартира *f A* **1.** (*MIL*) Stabsquartier *nt*, Hauptquartier *nt*; **2.** (*партии*) Zentrale *f*
штамп *m K* **1.** Stempel *m*; **2.** (*fig*) Klischee *nt*; **3.** (*TECH*) Stanze *f*
штамповать *vt E2 impf* (*pf:* от-, про-) **1.** stempeln; **2.** stanzen; **3.** schablonenhaft handeln
штанга *f A* **1.** Metallstange *f*; **2.** (*SPORT*) Hantel *f*; **3.** Pfosten *m*, Latte *f*
штанина *f A* (*umg*) Hosenbein *nt*
штат [1] *m K* Personal *nt*, Personalbestand *m*; **быть в ~е** fest angestellt sein; **сокращать ~ы** Personal abbauen
штат [2] *m K* (*административная единица*) Bundesstaat *m*, Unionsstaat *m*
штатив *m K* Halter *m*, Stativ *nt*
штатный *adj* **1.** fest angestellt; **2.** Stellenplan-; **штатная единица** Planstelle *f*
штепсель *m K1* (*EL*) Stecker *m*
штиль *m K1* (*MAR*) Flaute *f*
штольня *f A1* (*BERGB*) Stollen *m*
штопанье *nt O1* **1.** Flicken *nt*, Flickerei *f*; **2.** Flickzeug *nt*
штора *m K* **1.** Übergardine *f*; **2.** Rollo *nt*
штраф *m K* Geldstrafe *f*, Bußgeld *nt*
штрафной *adj* Straf-; **штрафная площадка** (*SPORT*) Strafraum *m*; **~ удар** (*SPORT*) Strafstoß *m*
штрейкбрехер *m K* Streikbrecher, -in *m/f*
штрих *m K* **1.** dünner Strich *m*; **2.** (*fig*) Charakterzug *m*
штриховать *vt E2 impf* (*pf:* за-) schraffieren
штукатурка *f A* **1.** Putz *m*; **2.** Stuck *m*
штурвал *m K* (*MAR*) Steuerruder *nt*
штурм *m K* Sturm *m*; **мозговой ~** Brainstorming *nt*; **брать ~ом** im Sturm nehmen
штурман *m K* **1.** Pilot *m*; **2.** (*MAR*) Steuermann *m*
штурмовать *vt E2 impf* (*MIL*) erstürmen
штурмовщина *f A größte Bemühung, (Plan-)Rückstände aufzuarbeiten*
штык *m K* Bajonett *nt*
шуба *f A* **1.** Pelz *m*; **2.** Pelzmantel *m*
шум ⟨*gen sg*: -а,-у⟩ *m K* **1.** Geräusch *nt*; **2.** Lärm *m*, Krach *m*; **3.** (*скандал*) Eklat *m*
шуметь ⟨*präs*: -млю, -мишь⟩ *vi I impf* **1.** lärmen; **2.** aufbrausen; **3.** randalieren
шумиха *f A* (*umg*) Aufsehen *nt*, Rummel

m
шу́мный ⟨*kf*: -мен, -мна́, -мно, шу́мны́⟩ *adj* **1.** geräuschvoll; **2.** lärmend; **3.** (*бу́рный*) rauschend; **шу́мная компа́ния** (*umg*) Rasselbande *f*
шуру́п *m K* Schraube *f*; **крестови́дный ~** Kreuzschlitzschraube *f*
шурша́ть ⟨*präs*: -шу́, -ши́шь⟩ *vi I impf* rascheln
шут *m K e* Narr *m*, Kaspar *m*
шути́ть ⟨*präs*: шучу́, шу́тишь⟩ *vi I impf* (*pf:* по-) scherzen, spaßen
шу́тка *f A* **1.** Scherz *m*; **2.** Streich *m*; **с ни́м шу́тки пло́хи** mit ihm ist nicht zu spaßen; **зла́я ~** Schabernack *m*; **первоапре́льская ~** Aprilscherz *m*; **обраща́ть в шу́тку** als Scherz abtun; **сыгра́ть с кем-ли́бо злу́ю шу́тку** jdm einen bösen Streich spielen; **шу́тки ра́ди** spaßeshalber; **шу́тки в сто́рону** Spaß beiseite
шутли́вый ⟨*kf*: -ив⟩ *adj* scherzhaft; **~ вопро́с** Scherzfrage *f*
шутни́к *m K e* Spaßvogel *m*, Witzbold *m*

Щ

щ, Щ *nt indekl kyrillischer Buchstabe*
щади́ть ⟨*präs*: щажу́, щади́шь⟩ *vt I impf* (*pf:* по-) schonen; **~ себя́** kürzertreten
ще́бень ⟨*gen sg*: -бня⟩ *m K1* **1.** Schotter *m*; **2.** Kies *m*
ще́бет *m K* Gezwitscher *nt*
щебета́ть ⟨*präs*: -ечу́, -е́чешь⟩ *vi E4 impf* **1.** zwitschern; **2.** (*fig*) plappern
ще́дрость *f I* Freigebigkeit *f*, Großzügigkeit *f*
ще́дрый ⟨*kf*: щедр, щедра́, ще́дро, ще́дры́⟩ *adj* freigebig, großzügig
щека́ ⟨*akk sg*: щёку, *pl*: щёки, щёк, щека́м⟩ *f A e2* Wange *f*, Backe *f*
щекота́ть ⟨*präs*: -очу́, -о́чешь⟩ *vt E4 impf* (*pf:* по-) **1.** kitzeln, kribbeln; **у меня́ щеко́чет в носу́** mir kribbelt es in der Nase; **2.** (*fig*) kitzeln, reizen
щеко́тка *f A* **1.** Juckreiz *m*; **2.** Kitzeln *nt*
щекотли́вый ⟨*kf*: -ив⟩ *adj* **1.** kitzlig; **2.** heikel; **щекотли́вое положе́ние** heikle Angelegenheit *f*
щеко́тный *adj* kitzlig
щёлкать *vt E impf* (*pf:* щёлкнуть) **I.** (*оре́хи*) knacken; **II.** *vi E* **1.** (*кнут*) knallen; **2.** (*ра́дио*) knacken; **~ языко́м** mit der Zunge schnalzen; **~ зуба́ми** mit den Zähnen klappern
щелку́нчик *m K* Nußknacker *m*
щёлочь *f I ple1* Lauge *f*
щелчо́к ⟨*gen sg*: -чка́⟩ *m K e* **1.** Puff *m*, leichter Stoß *m*; **2.** Kränkung *f*
щель *f I ple1* Schlitz *m*, Spalt *m*, Ritze *f*
щепети́льный ⟨*kf*: -лен, -льна⟩ *adj* **1.** heikel, delikat; **2.** pedantisch
ще́пки ⟨*gen pl*: -пок⟩ *f pl A* Kleinholz *nt*
щепо́тка *f A* (*таба́ку, со́ли*) Prise *f*
щети́на *f A* **1.** Borste *f*; **2.** (*im pl*) Bartstoppeln *pl*
щётка *f A* Bürste *f*; **~ для воло́с** Haarbürste *f*
щипа́ть ⟨*präs*: щиплю́, щи́плешь⟩ *vt E4 impf* (*pf:* о-, об-) **1.** rupfen; **2.** (*ко́жу*) kneifen; **3.** (*пе́рец*) brennen
щипцы́ ⟨*gen pl*: -цо́в⟩ *pl K e* **1.** Kneifzange *f*; **2.** (*MED*) Geburtszange *f*
щит *m K e* Brett *nt*, Tafel *f*
щитови́дный *adj*: **щитови́дная железа́** Schilddrüse *f*
щито́к ⟨*gen sg*: -тка́⟩ *m K e* **1.** kleine Tafel *f*, kleines Brett *nt*; **2.** (*SPORT*) Beinschiene *f*
щу́ка *f A* Hecht *m*
щуп *m K* **1.** Sonde *f*; **2.** (*TECH*) Sensor *m*
щу́пальце *nt O* (*у безпозвоно́чных живо́тных*) Fühler *m*
щу́пать *vt E impf* (*pf:* по-) befühlen, betasten
щу́рить *vt I impf* (*pf:* по-) (*глаза́*) blinzeln

Ъ

ъ, Ъ *nt indekl hartes Zeichen*

Ы

ы, Ы *nt indekl kyrillischer Buchstabe*

Ь

ь, Ь *nt indekl weiches Zeichen*

Э

э, Э *nt indekl kyrillischer Buchstabe*
эвакуи́ровать *vt E2 impf/pf* evakuieren
эволю́ция *f A2* Evolution *f*
эвтана́зия *f A2* Euthanasie *f*, Sterbehilfe *f*
эвфеми́зм *m K* Euphemismus *m*
эги́да *f A* (*geh*) Schirmherrschaft *f*; **под**

эги́дой unter der Schirmherrschaft
эгои́зм *m K* Egoismus *m*
эгои́ст, **эгои́стка** *m K / f A* Egoist, -in *m/f*
эгоисти́чный ⟨*kf*: -чен, -чна⟩ *adj* egoistisch
эгоцентри́чный ⟨*kf*: -чен, -чна⟩ *adj* (*geh*) egozentrisch
эзоте́рика *f A* Esoterik *f*
эйфори́йный *adj* euphorisch
эйфори́я *f A2* Euphorie *f*, Begeisterung *f*
эква́тор *m K* Äquator *m*
эквивале́нт *m K* Äquivalent *nt*, Entsprechung *f*
экзальти́рованный ⟨*kf*: -ан, -анна⟩ *adj* exaltiert, verzückt
экза́мен *m K* **1.** Prüfung *f*, Examen *nt*; **~ по вожде́нию** Fahrprüfung *f*; **вступи́тельный** [*o* **приёмный**]**~** Aufnahmeprüfung *f*; **выпускно́й ~** Abschlußprüfung *f*; **госуда́рственный ~** Staatsexamen *nt*; **2.** (*fig*) Prüfung *f*, Probe *f*
экзаменацио́нный *adj* Examens-, Prüfungs-; **экзаменацио́нная коми́ссия** Prüfungskommission *f*
экзамену́емый *m wie adj* Prüfling *m*
экзеку́ция *f A2* Exekution *f*, Hinrichtung *f*
экзе́ма *f A* Ekzem *nt*
эконо́мика *f A* Ökonomie *f*, Wirtschaft *f*
эконо́мить ⟨*präs*: -млю, -мишь⟩ *vt I* einsparen
эконо́мия *f A2* **1.** Sparsamkeit *f*; **2.** Einsparung *f*
эконо́мничать *vi E* (*umg*) geizen
эконо́мный ⟨*kf*: -мен, -мна⟩ *adj* sparsam, wirtschaftlich
экранизи́ровать *vt E2 impf/pf* verfilmen
экрани́ровать *vt E2 impf/pf* abschirmen
экскава́тор *m K* Bagger *m*
эксклюзи́вный *adj* exklusiv
экскреме́нты ⟨*gen pl*: -тов⟩ *m pl K* Kot *m*, Exkremente *pl*
э́кскурс *m K* (*geh*) Exkurs *m*
экскурса́нт *m K* Ausflügler, -in *m/f*
экску́рсия *f A2* Exkursion *f*, Ausflug *m*; **~ по го́роду** Stadtbesichtigung *f*
экспа́нсия *f A2* Expansion *f*
экспеди́тор *m K* Spediteur *m*
экспеди́ция *f A2* **1.** Expedition *f*; **нау́чная ~** Forschungsreise *f*; **2.** Spedition *f*
экспериме́нт *m K* Experiment *nt*, Versuch *m*
эксперимента́льный *adj* Experimental-, Versuchs-, experimentell
эксперименти́ровать *vi E2 impf* experimentieren
экспе́рт *m K* Experte, Expertin *m/f*
эксперти́за *f A* Expertise *f*, Begutachtung *f*; **подверга́ть эксперти́зе** begutachten
экспе́ртный *adj* Experten-; **экспе́ртное заключе́ние** Gutachten *nt*
эксплуата́ция *f A2* **1.** Ausbeutung *f*; **2.** (*TECH*) Nutzung *f*, Betreibung *f*; **3.** (*BERGB*) Abbau *m*
эксплуати́ровать *vt E2 impf* **1.** ausbeuten; **2.** (*TECH*) betreiben, bewirtschaften; **3.** (*BERGB*) abbauen
экспози́ция *f A2* **1.** Ausstellung *f*; **2.** (*LIT, MUS*) Exposition *f*
экспона́т *m K* Exponat *nt*, Ausstellungsgegenstand *m*
экспоне́нт *m K* Aussteller *m*
экспони́ровать *vt E2 impf/pf* ausstellen
э́кспорт *m K* Export *m*, Ausfuhr *f*; **идти́ на ~** exportiert werden
экспортёр *m K* Exporteur *m*
экспорти́ровать *vt E2 impf/pf* exportieren, ausführen
экспре́сс *m K* Schnellzug *m*, Express *m*; **скоростно́й ~** Hochgeschwindigkeitszug *m*
экспрессиони́зм *m K* Expressionismus *m*
экспре́сс-кафе́ *nt indekl* Fast-Food-Restaurant *nt*
экспро́мт *m K* Improvisation *f*
экспро́мтом *adv* aus dem Stegreif
экспроприа́ция *f A2* Enteignung *f*
экспроприи́ровать *vt E2 impf/pf* enteignen
экста́з *m K* Ekstase *f*
экстрава́гантный ⟨*kf*: -тен, -тна⟩ *adj* extravagant
экстра́кт *m K* Extrakt *m*
экстраордина́рный ⟨*kf*: -рен, -рна⟩ *adj* **1.** außerordentlich; **~ профе́ссор** außerordentlicher Professor *m*; **2.** außergewöhnlich; **экстраордина́рное собы́тие** außergewöhnliches Ereignis *nt*
экстраполя́ция *f A2* Hochrechnung *f*
экстрасе́нс *m K* Mensch *m* mit übersinnlicher Wahrnehmung
экстреми́зм *m K* Extremismus *m*; **пра́вый ~** Rechtsextremismus *m*
экстреми́ст *m K* Extremist, in *m/f*; **пра́вый ~** Rechtsradikale(r) *mf*
экстреми́стский *adj* extremistisch, radikal
э́кстренный ⟨*kf*: -рен, -ренна⟩ *adj* **1.** eilig; **~ вы́зов** Notruf *m*; **~ ме́тод** Schnellverfahren *nt* **2.** Extra-, Sonder-; **~ вы́пуск газе́т** Extrablatt *nt*
эксцентри́чный ⟨*kf*: -чен, -чна⟩ *adj* exzentrisch
эксце́сс *m K* Exzess *m*, Ausschweifung *f*
экумени́ческий *adj* ökumenisch

эласти́чность *f I* Elastizität *f*
эласти́чный ⟨*kf*: -чен, -чна⟩ *adj* elastisch
элега́нтность *f I* Eleganz *f*
элега́нтный ⟨*kf*: -тен, -тна⟩ *adj* elegant
электризова́ть *vt E2 impf* elektrisieren
эле́ктрик *m K* Elektriker *m*
электри́ческий *adj* elektrisch
электри́чество *nt O* Elektrizität *f*
электро́д *m K* Elektrode *f*
электромоби́ль *m K1* Elektrofahrzeug *nt*
электромото́р *m K* Elektromotor *m*
электро́н *m K* Elektron *nt*
электронагрева́тель *m K1* Tauchsieder *m*
электро́ника *f A* Elektronik *f*
электро́нный *adj* elektronisch
электроплита́ *f A pls* Elektroherd *m*
электроснабже́ние *nt O2* Stromversorgung *f*
электроте́хника *f A* Elektrotechnik *f*
элеме́нт *m K* **1.** Element *nt*, Bestandteil *m*; **2.** (*pej*) Element *nt*, Subjekt *nt*; **уголо́вный ~** Kriminelle(r) *m*
элемента́рный ⟨*kf*: -рен, рна⟩ *adj* **1.** elementar; **2.** simpel
эле́трик *m K* Elektriker, -in *m/f*
эликси́р *m K* Elixir *nt*; **зубно́й ~** Mundwasser *nt*
эли́та *f A* Elite *f*
элита́рный *adj* elitär
э́ллипс *m K* Ellipse *f*
Эльза́с *m K* das Elsaß *nt*
эльф *m K* Elf, -e *m/f*
эма́ль *f I* Email *nt*; **покрыва́ть эма́лю** emaillieren
эмансипа́ция *f A2* Emanzipation *f*
эмансипе́ *nt indekl* (*pej*) Emanze *f*
эмансипи́рованный *adj* emanzipiert
эмансипи́ровать *vt E2 impf/pf* emanzipieren
эмба́рго *nt indekl* Embargo *nt*; **вводи́ть ~** ein Embargo verhängen; **экономи́ческое ~** Handelsembargo *nt*
эмбрио́н *m K* Embryo *m*
эмигра́нт, **эмигра́нтка** *m K / f A* Emigrant, -in *m/f*
эмигра́ция *f A2* Emigration *f*
эмигри́ровать *vi E2 impf/pf* emigrieren, auswandern
эми́ссия *f A2* Emission *f*
эмоциона́льный ⟨*kf*: -лен. -льна⟩ *adj* emotional, gefühlsmäßig, gefühlsbetont
эмо́ция *f A2* Emotion *f*, Gemütsbewegung *f*
эмпири́ческий *adj* empirisch; **эмпири́ческие да́нные** Erfahrungswerte *m pl*; **эмпири́ческое пра́вило** Faustregel *f*
энерге́тика *f A* **1.** Energiewirtschaft *f*, Energieversorgung *f*; **2.** Energetik *f*, Energie *f*
энерги́чный ⟨*kf*: -чен, -чна⟩ *adj* energievoll, schneidig
эне́ргия *f A2* Energie *f*
энергосберега́ющий *adj* energiesparend
энергоснабже́ние *nt O2* Energieversorgung *f*
энтузиа́зм *m K* Enthusiasmus *m*, Begeisterung *f*
энциклопе́дия *f A2* Enzyklopädie *f*
ЭОИ *abk von* электро́нная обрабо́тка информа́ции *f* EDV *f*
эпиде́мия *f A2* Epidemie *f*, Seuche *f*
эпизо́д *m K* Episode *f*, Begebenheit *f*
эпизоди́ческий *adj* zeitweilig, vorübergehend
эпиле́пси́я *f A2* Epilepsie *f*
эпиле́птик *m K* Epileptiker, -in *m/f*
эпило́г *m K* **1.** Epilog *m*; **2.** Nachspiel *nt*
эпи́ческий *adj* episch
э́пос *m K* Epos *nt*
эпо́ха *f A* Epoche *f*
э́ра *f A* **1.** Ära *f*; **2.** Zeitrechnung *f*; **знамену́ющий но́вую э́ру** bahnbrechend
эргоно́мика *f A* Ergonomie *f*
эргономи́чексий *adj* ergonomisch
эре́кция *f A2* Erektion *f*
э́ркер *m K* Erker *m*
эроге́нный *adj* erogen
эро́зия *f A2* Erosion *f*
эро́тика *f A* Erotik *f*
эроти́ческий *adj* erotisch
эруди́ция *f A2* Belesenheit *f*, Gelehrsamkeit *f*; **широ́кая ~** umfassende Allgemeinbildung *f*
эска́дра *f A* Geschwader *nt*
эскала́тор *m K* Rolltreppe *f*
эскала́ция *f A2* Eskalation *f*, Ausweitung *f*
эскали́ровать *vi E2 impf/pf* eskalieren
эскало́п *m K* Steak *nt*
эскапа́д *m K* Eskapade *f*
эски́з *m K* Skizze *f*, Studie *f*
эскимо́с *m K* Eskimo *m*
эско́рт *m K* Eskorte *f*, Geleit *nt*
эспа́ндер *m K* Expander *m*
эссе́ *nt indekl* Essay *m*
эссе́нция *f A2* Essenz *f*
эста́мп *m K* **1.** Kupferstich *m*; **2.** Kunstdruck *m*
эстафе́та *f A* **1.** (*SPORT*) Stafettenlauf *m*; **2.** Stafette *f*
эстети́ческий *adj* ästhetisch; **~ вкус** Kunstsinn *m*; **эстети́ческое воспита́ние** Kunsterziehung *f*
эстроге́н *m K* Östrogen *nt*

э́та *siehe* **э́тот**
эта́ж *m K e* Etage *f*, Stockwerk *nt*; **ве́рхний ~** Obergeschoß *nt*; **пе́рвый ~** Erdgeschoß *nt*; **черда́чный ~** Dachgeschoß *nt*
эта́п *m K* Etappe *f*; **~ы жи́зни** Lebensstationen *f pl*
э́тика *f A* Ethik *f*; **профессиона́льная ~** Berufsethos *nt*
этике́т *m K* Etikette *f*
этике́тка *f A* Etikett *nt*
этилиро́ванный *adj* verbleit, bleihaltig
этимоло́гия *f A2* Ethymologie *f*
эти́ческий *adj* ethisch
этни́ческий *adj* ethnisch; **этни́ческая гру́ппа** Volksgruppe *f*
этногра́фия *f A2* Ethnologie *f*, Völkerkunde *f*
э́то *siehe* **э́тот**
э́тот, **э́та, э́то** ⟨*gen sg*: э́того, э́той, э́того⟩ *pron dem* dieser
этю́д *m K* **1.** Studie *f*; **2.** (*MUS*) Etüde *f*
Эфио́пия *f A2* Äthiopien *nt*
эфи́р *m K* Äther *m*; **прямо́й ~** Live-Sendung *f*; **выходи́ть в ~** gesendet werden
эффе́кт *m K* Effekt *m*, Wirkung *f*; **э́то рассчи́тано на дешёвые ~ы** das ist billige Effekthascherei
эффекти́вность *f I* Wirksamkeit *f*
эффекти́вный ⟨*kf*: -вен, -вна⟩ *adj* effektiv, wirksam
эффе́ктный ⟨*kf*: -тен, тна⟩ *adj* effektvoll
эх *interj* ach
э́хо *nt O* (*auch fig*) Echo *nt*
эшафо́т *m K* Schafott *nt*
эшелони́рование *nt O2* Staffelung *f*, Gliederung *f*
эшелони́ровать *vt E2 impf/pf* staffeln

Ю

ю, Ю *nt indekl kyrillischer Buchstabe*
ю́бка *f A* Rock *m*; **ни́жняя ~** Unterrock *m*; **~-брю́ки** Hosenrock *m*
ювели́рный *adj* Juwelier-; **~ магази́н** Juweliergeschäft *nt*
юг *m K* Süden *m*; **на ~** in den Süden; **на ~е** im Süden
юго-восто́к *m K* Südosten *m*
Юго-восто́чная А́зия *f A2* Südostasien *nt*
юго-за́пад *m K* Südwesten *m*
южа́нин, **южа́нка** ⟨*pl m*: -а́не⟩ *m U2 / f A* Südländer, -in *m/f*
Ю́жная Аме́рика *f A* Südamerika *nt*
Ю́жная А́фрика *f A* Südafrika *nt*
Южная Герма́ния *f A2* Süddeutschland *nt*
Ю́жная Евро́па *f A* Südeuropa *nt*
Южное мо́ре *nt O1* Südsee *f*
ю́жно-неме́цкий *adj* süddeutsch
ю́жный *adj* südlich; **~ по́люс** Südpol *m*; **ю́жные фру́кты** Südfrüchte *nt pl*
Ю́жный Тиро́ль *m K1* Südtirol *nt*
ю́мор *m K* Humor *m*; **лишённый чу́вства ~а** humorlos; **чёрный ~** schwarzer Humor *m*
юмори́ст *m K* Humorist *m*
ю́нга *f A* Schiffsjunge *m*
ю́ный ⟨*kf*: юн, юна́, ю́но⟩ *adj* jung
юриди́ческий *adj* Rechts-; **юриди́ческая консульта́ция** Rechtsberatung *f*
юриско́нсульт *m K* Rechtsberater *m*
юти́ться ⟨*präs*: ючу́сь, юти́шься⟩ *vr I impf* hausen

Я

я, Я [1] *nt indekl kyrillischer Buchstabe*
я [2] ⟨*1.pers sg*: меня́, мне, меня́, мной/мно́ю, обо мне⟩ *pron pers* ich
я́блоко ⟨*gen pl*: я́блок⟩ *nt O* Apfel *m*; **~ раздо́ра** (*fig*) Zankapfel *m*; **я́блоку не́где упа́сть** es ist so eng, daß man nicht mehr umfallen kann; **~ от я́блони недалеко́ па́дает** der Apfel fällt nicht weit vom Stamm
я́блочко *f A* **1.** kleiner Apfel *m*; **2.** Mittelpunkt *m* einer Zielscheibe; **попа́сть в ~** ins Schwarze treffen
явле́ние *nt O2* **1.** Erscheinen *nt*, Eintreffen *nt*; **2.** (*феноме́н*) Erscheinung *f*, Phänomen *nt*; **э́то сего́дня весьма́ распространённое ~** das ist heute weit verbreitet; **~ приро́ды** Naturphänomen *nt*; **3.** (*THEAT*) Auftritt *m*
я́вный ⟨*kf*: я́вен, я́вна⟩ *adj* offensichtlich, erkennbar; **~ обма́н** klarer Betrug *m*
явь *f I* Realität *f*, Wirklichkeit *f*; **стать я́вью** Wirklichkeit werden
ягнёнок ⟨*gen sg*: -нка, *pl*: ягня́та, ягня́т⟩ *m U4* Lamm *nt*
я́года *f A* Beere *f*; **они́ одного́ по́ля я́годы** (*fig*) sie sind aus einem Holz geschnitzt
яд ⟨*gen sg*: -а,-у⟩ *m K* Gift *nt*; **змеи́ный ~** Schlangengift *nt*
я́дерный *adj* nuklear; **~ взры́в** Kernexplosion *f*; **я́дерная держа́ва** Atommacht *f*; **я́дерные испыта́ния** Kernversuche *m pl*; **я́дерное ору́жие** Kernwaffen *f pl*; **~ си́нтез** Kernfusion *f*;

я́дерная фи́зика Kernphysik *f*; **я́дерная эне́ргия** Kernenergie *f*
ядови́тый ⟨*kf*: -и́т⟩ *adj* giftig; **~ газ** Giftgas *nt*; **ядови́тая змея́** Giftschlange *f*; **ядови́тые отхо́ды** Giftmüll *m*
ядро́ *nt O e* **1.** (*BOT*) Kern *m*; **2.** (*PHYS*) Atomkern *m*; **3.** (*SPORT*) Kugel *f*; **4.** (*fig*) Kern *m*, Hauptsache *f*
я́зва *f A* **1.** (*MED*) Geschwür *nt*; **~ желу́дка** Magengeschwür *nt*; **2.** (*fig*) Geißel *f*, Gebrechen *nt*; **3.** (*umg*) Spötter *m*, Lästermaul *nt*
язви́тельность *f I* Hohn *m*, Spott *m*
язви́тельный ⟨*kf*: -лен, -льна⟩ *adj* höhnisch, spöttisch, beißend
язви́ть ⟨*präs*: -влю́, -ви́шь⟩ *vt I impf* (*pf*: съ-) spotten, sticheln
язы́к *m K e* **1.** Zunge *f*; **2.** (*LING*) Sprache *f*; **~ же́стов** Zeichensprache *f*; **госуда́рственный ~** Landessprache *f*; **иностра́нный ~** Fremdsprache *f*; **официа́льный ~** Amtssprache *f*; **рабо́чий ~** Konferenzsprache *f*; **родно́й ~** Muttersprache *f*; **держа́ть ~ за зуба́ми** (*umg*) den Mund halten; **име́ть о́стрый ~** (*fig*) eine spitze Zunge haben; **с хорошо́ подве́шенным ~о́м** (*umg*) redegewandt
языкозна́ние *nt O2* Sprachwissenschaft *f*
язы́ческий *adj* heidnisch
язы́чник, **язы́чница** *m K / f A* Heide, Heidin *m/f*
язычо́к ⟨*gen sg*: -чка́⟩ *m K e* **1.** kleine Zunge *f*; **2.** (*ANAT*) Zäpfchen *nt*; **3.** Lasche *f*
яи́чник *m K* Eierstock *m*
яи́чница *f A* Eierspeise *f*; **~-болту́нья** Rührei *nt*; **~-глазу́нья** Spiegelei *nt*
яйцеви́дный ⟨*kf*: -ден, -дна⟩ *adj* eiförmig
яйцекле́тка *f A* Eizelle *f*
яйцо́ *nt O pls* Ei *nt*; **~, сва́ренное вкруту́ю** hartgekochtes Ei *nt*; **~, сва́ренное всмя́тку** weichgekochtes Ei *nt*
я́кобы *konj* **I.** daß; **II.** *adv* angeblich
я́корь *m K1 ple* Anker *m*; **поднима́ть ~** [*o* **снима́ть с я́коря**] den Anker lichten; **станови́ться на ~** [*o* **броса́ть ~**] vor Anker gehen; **стоя́ть на я́коре** vor Anker liegen
я́ма *f A* Grube *f*, Graben *m*; **оркестро́вая ~** Orchestergraben *m*
я́мочка ⟨*gen pl*: -чек⟩ *f A* Grübchen *nt*
янта́рь *m K1 e* Bernstein *m*
япо́нец, **япо́нка** ⟨*gen sg m*: -нца⟩ *m K / f A* Japaner, -in *m/f*
Япо́ния *f A2* Japan *nt*
япо́нский *adj* japanisch
я́ркий ⟨*kf*: я́рок, ярка́, я́рко, я́рки́⟩ *adj* **1.** hell; **горе́ть я́рким пла́менем** lichterloh brennen; **2.** (*fig*) leuchtend, strahlend; **я́ркая ли́чность** strahlende Persönlichkeit *f*
яркокра́сный *adj* knallrot
ярлы́к *m K e* Etikett *nt*; **снабжа́ть ~о́м** etikettieren; **наве́шивать ~ на кого́-ли́бо** (*fig*) jdn abstempeln
я́рмарка *f A* **1.** Jahrmarkt *m*; **2.** Messe *f*; **~ тщесла́вия** Jahrmarkt der Eitelkeit *m*
я́рмарочный *adj* Messe-; **~ го́род** Messestadt *f*; **~ павильо́н** Messehalle *f*
я́ростный ⟨*kf*: -тен, -тна⟩ *adj* **1.** grimmig, wütend; **2.** rabiat
я́рость *f I* Wut *f*, Rage *f*
я́рус *m K* (*THEAT*) Rang *m*
я́рый ⟨*kf*: яр⟩ *adj* eifrig, leidenschaftlich; **я́рые приве́рженцы** eifrigste Fürsprecher *m pl*
я́сень *m K1* Esche *f*
я́сли ⟨*gen pl*: -ей⟩ *f pl A1* **1.** Futterkrippe *f*; **2.** Kinderkrippe *f*
ясновидец, **ясновидица** ⟨*gen sg m*: -дца⟩ *m K / f A* Hellseher, -in *m/f*
я́сность *f I* **1.** Klarheit *f*; **вноси́ть ~ во что-ли́бо** Klarheit schaffen **2.** Helligkeit *f*
я́сный ⟨*kf*: я́сен, ясна́, я́сно, я́сны́⟩ *adj* klar, deutlich; **я́сно одно́** eins steht fest; **сохраня́ть я́сную го́лову** einen klaren Kopf behalten
я́стреб *m K* Habicht *m*
яче́йка *f A* **1.** Zelle (in Honigwaben) *f*; **2.** Vertiefung *f*, Delle *f*; **~ се́ти** Masche (eines Netzes) *f*
ячме́нь *m K1 e* **1.** (*BOT*) Gerste *f*; **2.** (*MED*) Gerstenkorn *nt*
я́щерица *f A* Eidechse *f*
я́щик *m K* **1.** Kasten *m*; **~ с песко́м** Sandkasten *m*; **~ Пандо́ры** die Büchse der Pandorra *f*, **почтово́й ~** Briefkasten *m*; **2.** (*выдвижно́й*) Schublade *f*, Schubfach *nt*; **3.** (*umg*) Fernseher *m*; **откла́дывать что-ли́бо в до́лгий ~** etw auf die lange Bank schieben; **сыгра́ть в ~** (*umg*) abkratzen

Deutsch-Russisch

A

a, A *nt* ⟨-, -⟩ a, A *nt*; **das ~ und O** áльфа и омéга; **wer ~ sagt, muß auch B sagen** кто сказáл А, дóлжен сказáть и Б
à *präp:* **~ la Napoleon** а-ля́ Наполеóн; **~ 10 DM** по 10 мáрок
AA *abk von* **Auswärtiges Amt** МИД *nt*
Aal *m* ⟨-(e)s, -e⟩ ýгорь *m*; **sich winden wie ein ~** ви́ться как уж на сковородé
aalen *vr* нéжиться *impf*; **sich in der Sonne ~** нéжиться на сóлнышке
aalglatt *adj* (*pej*) скóльзкий как ýгорь, изворóтливый
Aas *nt* ⟨-es, -e⟩ (*Tierkadaver*) труп *m* живóтного; (*vulg:Person*) пáдаль *f*
Aasgeier *m* ⟨-s, -⟩ стервя́тник *m*
ab 1. *präp +dat* (*zeitlich*) с, начинáя с; (*räumlich*) от; **~ heute** с сегóдняшнего дня; **~ Werk** от предприя́тия; **2.** *adv* (*fort, weg*) прочь; **~ und zu** врéмя от врéмени; **von jetzt ~** с настоя́щего момéнта; **Berlin ~ 9.15 Uhr** отправлéние из Берли́на в 9.15
abändern *vt* слегкá изменя́ть, -ни́ть *pf*
Abänderung *f* ⟨-, -en⟩ изменéние *nt*
abarbeiten 1. *vt* (*Pensum, Zeit*) отрабáтывать, -бóтать *pf*; **2.** *vr* (*sich abmühen*) изнуря́ть, -ри́ть *pf* себя́
Abart *f* ⟨-, -en⟩ разнови́дность *f*, подви́д *m*
abartig *adj* извращённый
Abb. *abk von* **Abbildung** рис. *m*
Abbau *m* ⟨-(e)s, -ten⟩ (*Auseinandernehmen*) разбóрка *f*, демонтáж *m*; (*Personal*) сокращéние *nt*; (*BERGB*) гóрная разрабóтка *f*; (*CHEM*) разложéние *nt*, расщеплéние *nt*
abbauen 1. *vt* (*auseinandernehmen*) разбирáть, -зобрáть *pf*, демонти́ровать *impf/pf*; (*reduzieren*) сокращáть, -крати́ть *pf*; (*BERGB*) добывáть, -бы́ть *pf*, разрабáтывать, -бóтать *pf*; (*CHEM*) разлагáть, -ложи́ть *pf*, расщепля́ть, -пи́ть *pf*; **2.** *vi* (*nachlassen*) слабéть, ослабéть *pf*, сдавáть, сдать *pf*
abbeißen *irr vt* откýсывать, -си́ть *pf*
abbekommen *irr vt* (*einen Anteil bekommen*) получáть, -чи́ть *pf* дóлю; (*umg: beschädigt werden*) достáться *pf*, -ставáться *impf*; **bei der Prügelei hat er bestimmt etw ~** при дрáке емý я́вно достáлось; **der Wagen hat bei dem Unfall etw ~** при авáрии маши́на получи́ла повреждéния
abbestellen *vt* отменя́ть, -ни́ть *pf* закáз; **eine Zeitung ~** отмени́ть подпи́ску на газéту
abbezahlen *vt* выплáчивать, вы́платить *pf* по частя́м
abbiegen 1. *irr vi* (*Straße, Fahrzeug*) поворáчивать, -вернýть *pf*, сворáчивать, свернýть *pf*; **2.** *vt* (*biegen*) отгибáть, отогнýть *pf*
Abbiegespur *f* ⟨-, -en⟩ *полосá поворóта на проéзжей чáсти дорóги*
Abbild *nt* ⟨-(e)s, -er⟩ изображéние *nt*, отображéние *nt*
abbilden *vt* изображáть, -брази́ть *pf*
Abbildung *f* ⟨-, -en⟩ изображéние *nt*, рисýнок *m*
abblasen *irr vt* (*wegblasen*) сдувáть, сдýть *pf*; (*umg:absagen*) отменя́ть, -ни́ть *pf*; **eine Maßnahme ~** отмени́ть мероприя́тие
abblenden *vt* (*KFZ*) *переключáть фáры с дáльнего на бли́жний свет*; (*FOT*) устанáвливать, -нови́ть *pf* диафрáгму
Abblendlicht *nt* ⟨-(e)s, -er⟩ (*KFZ*) бли́жний свет *m*
abblocken *vt* блоки́ровать *impf/pf*
abbrechen 1. *irr vt* (*Gebäude, Lager*) сноси́ть, снести́ *pf*; (*Verhandlungen*) прерывáть, -рвáть *pf*; **2.** *vi* (*Gespräch*) обрывáть, оборвáть *pf*
abbremsen *vi* притормози́ть *pf*, -мáживать *impf*
abbrennen 1. *irr vt* (*Haus*) сжигáть, сжéчь *pf*; (*Feuerwerk*) запускáть, -пусти́ть *pf*; **2.** *vi* сгорáть, -рéть *pf*; **abgebrannt sein** (*umg*) быть на мели́
abbringen *irr vt:* **jdn von etw ~** отговáривать когó-л. от чегó-л.
abbröckeln *vi* кроши́ться, рас- *pf*, осыпáться, оcы́паться *pf*
Abbruch *m* ⟨-(e)s, Abbrüche⟩ (*Gebäude*) снос *m*; (*Lager*) разбóрка *f*; (*Beziehungen*) разры́в *m*; (*Verhandlungen*) прекращéние *nt*; **einer Sache~ tun** наноси́ть ущéрб какóму-л. дéлу
abbuchen *vt* спи́сывать, -сáть *pf* со счёта, снимáть, снять *pf* со счёта
Abbuchung *f* ⟨-, -en⟩ спи́сание *nt* со счёта; (*Betrag*) спи́санная сýмма *f*
Abc *nt* ⟨*gen:-*⟩ *áзбука*
ABC-Waffen *pl* ⟨*gen:-*⟩ *я́дерное, биологи́ческое и хими́ческое орýжие*
abdanken *vi* (*zurücktreten*) уходи́ть, уйти́ *pf* в отстáвку; (*König*) отрекáться, -рéчься *pf* от престóла
abdecken *vt* (*Dach*) срывáть, сорвáть *pf*; (*zudecken*) покрывáть, -кры́ть *pf*; **den Tisch ~** убирáть со столá
abdichten *vt* уплотня́ть, -ни́ть *pf*
abdrehen 1. *vt* (*Gas*) перекрывáть, -кры́ть *pf*; (*Film*) отсня́ть *pf*; **2.** *vi* (*Schiff*) меня́ть , по- *pf* курс

Abdruck [1] *m* ⟨-(e)s, Abdrücke⟩ (*Finger, Fuß*) отпеча́ток *m*
Abdruck [2] *m* ⟨-(e)s, -e⟩ (*das Abdrucken*) перепеча́тка *f*
abdrucken *vt* печа́тать, на- *pf*
abdrücken 1. *vt* (*zusammendrücken*) сдави́ть *pf*, сда́вливать *impf*, сжать *pf*, сжима́ть *impf*; **2.** *vi* (*Schußwaffe*) спуска́ть, -сти́ть *pf* куро́к
abebben *vi* утиха́ть, ути́хнуть *pf*, идти́ *impf* на у́быль
abend : heute ~ сего́дня ве́чером
Abend *m* ⟨-s, -e⟩ ве́чер *m*; **guten ~!** до́брый ве́чер!; **zu ~ essen** у́жинать
Abendbrot *nt* ⟨-(e)s, -e⟩ у́жин *m*
Abendessen *nt* ⟨-s, -⟩ у́жин *m*
abendfüllend *adj:* **eine~e Veranstaltung** больша́я вече́рняя програ́мма
Abendkasse *f* ⟨-, -n⟩ ка́сса
Abendkleid *nt* ⟨-(e)s, -er⟩ вече́рнее пла́тье *nt*
Abendkurs *m* ⟨-es, -e⟩ вече́рние ку́рсы *mpl*
Abendland *nt* ⟨*gen:*-(e)s⟩ За́падная Евро́па *f*
abendlich *adj* вече́рний
Abendmahl *nt* ⟨*gen:*-(e)s⟩ (*REL*) прича́стие *nt*
Abendrot *nt* ⟨*gen:*-s⟩ вече́рняя заря́ *f*
abends *adv* по вечера́м
Abenteuer *nt* ⟨-s, -⟩ приключе́ние *nt*
abenteuerlich *adj* по́лный приключе́ний
Abenteurer, -in *m/f* ⟨-s, -⟩ иска́тель, -ница *m/f* приключе́ний
aber 1. *conj* (*dagegen: Gegensatz, Einwand*) но, а; (*jedoch: Einschränkung, Anknüpfung*) одна́ко; **2.** *adv* сно́ва, вновь; (*Verstärkung*) и; **~ ja!** (да) коне́чно же!; **nun ist ~ Schluß** ну, тепе́рь уже всё
Aber *nt* ⟨-s, -⟩: **bei der Sache gibt es noch ein großes ~** в э́том де́ле есть ещё большо́е „но"; **ohne Wenn und ~** без вся́ких „но"
Aberglaube *m* ⟨*gen:*-ns⟩ суеве́рие *nt*
abergläubisch *adj* суеве́рный
aberkennen *irr vt* (*Rechte*) лиша́ть, -ши́ть *pf*
Aberkennung *f* ⟨-, -en⟩ лише́ние *nt*
abermals *adv* опя́ть, вновь
abfahren 1. *irr vi* отправля́ться, -пра́виться *pf*, уезжа́ть, уе́хать *pf*; **2.** *irr vt* (*fortschaffen*) вывози́ть, вы́везти *pf*; (*Strecke*) объезжа́ть, объе́хать *pf*; (*Fahrkarte*) испо́льзовать *impf/pf*; **auf etw ~** балде́ть от чего́-л.
Abfahrt *f* ⟨-, -en⟩ отправле́ние *nt*; (*eines Schiffes*) отплы́тие *nt*
Abfahrtslauf *m* ⟨-(e)s, -läufe⟩ скоростно́й спуск *m* с горы
Abfahrtszeit *f* ⟨-, -en⟩ вре́мя *nt* отправле́ния
Abfall *m* ⟨-(e)s, Abfälle⟩ (*Müll*) отбро́сы *mpl*, му́сор *m*; (*vom Glauben*) отхо́д *m* (*von +dat* от *+gen*)
Abfalleimer *m* ⟨-s, -⟩ му́сорное ведро́ *nt*
abfallen *irr vi* (*herunterfallen*) опада́ть, опа́сть *pf*; (*vom Glauben*) отступа́ть, -пи́ть *impf* (*von +dat* от *+gen*); (*Gelände*) уходи́ть, уйти́ *pf* вниз; (*für jdn als Anteil*) перепада́ть, -па́сть *pf* кому́-л.
abfällig *adj* (*Bemerkung*) пренебрежи́тельный
Abfallprodukt *nt* ⟨-(e)s, -e⟩ изде́лие *nt* из отхо́дов
abfangen *irr vt* перехва́тывать, -хвати́ть *pf*; (*jdn*) подкарау́ливать, -лить *pf*
abfärben *vi* (*Wäsche*) линя́ть, по- *pf*; (*fig*) ока́зывать, -за́ть *pf* влия́ние (*auf +akk* на)
abfertigen *vt* (*Papiere*) оформля́ть, офо́рмить *pf*; (*Zug*) отправля́ть, -пра́вить *pf*
Abfertigung *f* ⟨-, -en⟩ оформле́ние *nt*; отправле́ние *nt*
abfeuern *vt* (*Schuß*) вы́стрелить *pf*, -стре́ливать *impf*
abfinden 1. *irr vt* (*Abfindung geben*) возмеща́ть, -мести́ть *pf*; **2.** *irr vr* мири́ться, при- *pf*; **sich mit einer Sache ~** примири́ться с че́м-л.
Abfindung *f* ⟨-, -en⟩ удовлетворе́ние *nt*
abflauen *vi* (*Wind*) стиха́ть, сти́хнуть *pf*; (*Nachfrage*) па́дать, упа́сть *pf*
abfliegen *irr vi* улета́ть, -те́ть *pf*
abfließen *irr vi* (*auch fig*) утека́ть, уте́чь *pf*
Abflug *m* ⟨-(e)s, Abflüge⟩ отлёт *m*, вы́лет *m*
Abflugzeit *f* ⟨-, -en⟩ вре́мя *nt* вы́лета
Abfluß *m* ⟨Abflusses, Abflüsse⟩ (*das Abfließen*) сток *m*; (*Öffnung*) сток *m*
Abfolge *f* ⟨-, -n⟩ после́довательность *f*
Abfuhr *f* ⟨-, -en⟩ (*Zurückweisung*) отпо́р *m*; **jdm eine ~ erteilen** дать отпо́р кому́-л.
abführen 1. *vt* (*Person*) забира́ть, -бра́ть *pf*, аресто́вывать, -сто́вать *pf*; (*Gelder, Steuern*) отчисля́ть, -чи́слить *pf*; **2.** *vi* (*MED*) очища́ть, очи́стить *pf* кише́чник; **dieses Arzneimittel führt ab** э́то лека́рство сла́бит
Abführmittel *nt* ⟨-s, -⟩ слаби́тельное *nt*
abfüllen *vt* разлива́ть, -ли́ть *pf*; **die Flaschen mit dem Saft ~** разлива́ть сок по буты́лкам
Abgabe *f* ⟨-, -n⟩ сда́ча *f*; (*Steuern*) нало́г *m*; (*SPORT*) пас *m*
Abgabetermin *m* ⟨-(e)s, -e⟩ срок *m* сда́чи

Abgang *m* ⟨-(e)s, Abgänge⟩ (*Ausscheiden*) ухóд *m*; (*THEAT*) ухóд *m*; (*Fehlgeburt*) вы́кидыш *m*
Abgas *nt* ⟨-es, -e⟩ выхлопнóй газ *m*
abgasarm *adj* (*Fahrzeug*) *с небольши́м содержа́нием врéдных вещéств*
Abgassonderuntersuchung *f* ⟨-, -en⟩ *провéрка выхлопнóго гáза на содержáние врéдных вещéств*
abgeben 1. *irr vt* отдавáть, -дáть *pf*; (*Erklärung*) дéлать, сдéлать *pf*; (*Wärme, Energie*) отдавáть, -дáть *pf*; (*SPORT*) пасовáть *impf*; **2.** *vr* занимáться, -ня́ться *pf*; **sich mit jdm ~** вози́ться с кéм-л.; **seine Stimme ~** голосовáть; **sein Urteil über etw ~** вы́сказать своё мнéние о чём-л.
abgebrüht *adj* прожжённый
abgedroschen *adj* изби́тый, пóшлый
abgehärtet *adj* закалённый (*gegen +akk* прóтив *+gen*)
abgehen 1. *irr vi* (*weggehen*) отходи́ть, отойти́ *pf*; (*abzweigen*) ответвля́ться, -ви́ться *pf*; (*sich lösen*) отходи́ть, отойти́ *pf*; (*fehlen*) недоставáть, -стáть *pf*, не хватáть, -ти́ть *pf*; **2.** *vt* (*Strecke*) обходи́ть, обойти́ *pf*
abgeklärt *adj* зрéлый, мýдрый
abgelegen *adj* отдалённый, далёкий
abgemacht *adj:* **~!** решенó!
abgeneigt *adj* нерасполóженный
Abgeordnete(r) *mf* ⟨-n, -n⟩ депутат *m*
abgeschieden *adj* уединённый
abgeschlossen *adj* зáмкнутый; (*getrennt*) изоли́рованный; (*beendet*) завершённый
abgeschmackt *adj* безвкýсный
abgespannt *adj* утомлённый
abgestanden *adj* вы́дохшийся
abgestumpft *adj* затупи́вшийся
abgewinnen *irr vt* вы́игрывать, вы́играть *pf*; **einer Sache nichts ~ können** не находи́ть в чём-л. ничегó привлекáтельного
abgewöhnen *vt* отучáть, -чи́ть *pf*; **jdm etw ~** отучи́ть когó-л. от чегó-л.
abgöttisch *adj* (*Liebe*) безýмный
abgrenzen 1. *vt* отгорáживать, -роди́ть *pf*; **2.** *vr* отмежёвываться, -жевáться *pf*
Abgrund *m* ⟨-(e)s, Abgründe⟩ (*auch fig*) прóпасть *f*
abgrundtief *adj* (*Haß*) глубóкий
abhacken *vt* отрубáть, -би́ть *pf*
abhaken *vt* отцепля́ть, -пи́ть *pf*
abhalten *irr vt* (*Wahlen*) проводи́ть, -вести́ *pf*; (*fernhalten*) удéрживать, -жáть *pf* (*von + dat* от *+gen*)
abhandeln *vt* (*Thema*) разрабáтывать, -бóтать *pf*; (*Ware*) выторгóвывать, вы́торговать *pf*
abhanden *adv:* **~ kommen** пропáсть
Abhandlung *f* ⟨-, -en⟩ наýчная статья́ *f*, трактáт *m*
Abhang *m* ⟨-(e)s, Abhänge⟩ склон *m*, откóс *m*
abhängen [1] *irr vt* (*Bild*) снимáть, сня́ть *pf*; (*Verfolger*) оторвáться *pf*, -рывáться *impf*
abhängen [2] *irr vi* зави́сеть *impf* (*von +dat* от *+gen*)
abhängig *adj* зави́симый
Abhängigkeit *f* ⟨-, -en⟩ зави́симость *f*
abhärten *vr* закаля́ться, -ли́ться *pf* (*gegen +akk* от *+gen*)
abhauen 1. *vt* (*abschlagen*) отрубáть, -би́ть *pf*; **2.** *vi* (*umg:sich entfernen*) смывáться, смы́ться *pf*
abheben 1. *irr vt* (*hochheben*) поднимáть, -ня́ть *pf*; (*Geld*) снимáть, сня́ть *pf*; (*Karten*) снимáть, сня́ть *pf*; **2.** *vi* (*Flugzeug*) взлетáть, -тéть *pf*; **3.** *vr* выделя́ться, вы́делиться *pf*; **sich von etw/jdm ~** отличáться от чегó-л./когó-л.
abheften *vt* подшивáть, -ши́ть *pf*
abhetzen *vr* намáяться *pf*, мáяться *impf*
Abhilfe *f* ⟨*gen:-*⟩ решéние *nt* проблéмы, устранéние *nt* бéдственного положéния; **~ schaffen** окáзывать пóмощь
abholen *vt* забирáть, -брáть *pf*; **jdn vom Bahnhof ~** встрéтить когó-л. на вокзáле
abholzen *vt* вырубáть, вы́рубить *pf*
abhorchen *vt* (*MED*) прослýшивать, -слýшать *pf*
Abitur *nt* ⟨-s, -e⟩ экзáмены *mpl* на аттестáт зрéлости
Abiturient, -in *m/f* ⟨-en, -en⟩ выпускни́к, -ни́ца *m/f* срéдней шкóлы
abjagen *vt* отбивáть, -би́ть *pf*; **jdm etw ~** вы́рвать у когó-л. чтó-л.
abkanzeln *vt* рéзко отчи́тывать, -тáть *pf*
abkapseln *vr* изоли́роваться *impf/pf*, замкнýться *pf*, -мыкáться *impf*; (*MED*) инкапсули́ровать *impf/pf*
abkaufen *vt* покупáть, купи́ть *pf*; **jdm etw ~** (*umg*) повéрить комý-л.
abklappern *vt:* **nach so einem Buch habe ich die ganze Stadt abgeklappert** в пóисках такóй кни́ги я исходи́л весь гóрод
Abklatsch *m* ⟨-es, -e⟩ (*pej*) плохáя кóпия *f*, жáлкое подóбие *nt*
abklingen *irr vi* затихáть, -ти́хнуть *pf*, утихáть, ути́хнуть *pf*
abknöpfen *vt* (*Knöpfe lösen*) отстёгивать, -стегнýть *pf*; **jdm etw ~**

забра́ть у кого́-л. что́-л.
abkochen *vt* отва́ривать, -ри́ть *pf*
abkommandieren *vt* откомандиро́вывать, -рова́ть *pf*
abkommen *irr vi* отклоня́ться, -ни́ться *pf* (*von +akk* от *+gen*); **vom Weg ~** сби́ться с пути́; **von einer Idee ~** отойти́ от иде́и
Abkommen *nt* ⟨-s, -⟩ соглаше́ние *nt*
abkratzen 1. *vt* (*herunterkratzen*) соска́бливать, -ли́ть *pf*; **2.** *vi* (*vulg-:sterben*) до́хнуть, сдо́хнуть *pf*, подыха́ть, -до́хнуть *pf*
abkriegen *vt* (*lösen*) ста́скивать, стащи́ть *pf*, снима́ть, снять *pf*; (*bekommen*) получа́ть, -чи́ть *pf*, достава́ться, -ста́ться *pf*; **etw ~** (*Schaden erleiden*) получи́ть поврежде́ния
abkühlen 1. *vt* охлажда́ть, -лади́ть *pf*; **2.** *vi* (*Wetter*) холода́ть, по- *pf*; (*Gefühle*) остыва́ть, -ты́ть *pf*
abkürzen *vt* (*verkürzen*) укора́чивать, -роти́ть *pf*; (*zeitlich*) сокраща́ть, -крати́ть *pf*; (*Wort*) сокраща́ть, -крати́ть *pf*
Abkürzung *f* ⟨-, -en⟩ (*Weg*) коро́ткая доро́га *f*; (*Wort*) сокраще́ние *nt*
Abkürzungsverzeichnis *nt* ⟨-ses, -se⟩ спи́сок *m* сокраще́ний
abladen *irr vt* сгружа́ть, сгрузи́ть *pf*
Ablage *f* ⟨-, -n⟩ скла́д *m*, архи́в *m*; (*von Akten*) подши́вка *f* докуме́нтов
ablagern 1. *vt* скла́дывать, сложи́ть *pf*; **2.** *vr* отлага́ться, -ложи́ться *pf*, осажда́ться, осади́ться *pf*
ablassen 1. *irr vt* (*herunterlassen*) спуска́ть, -сти́ть *pf*; (*fig:Dampf*) выпуска́ть, вы́пустить *pf*; **2.** *vi* оставля́ть, -та́вить *pf* в поко́е (*von +dat* в *+präpos*)
Ablativ *m* ⟨-s, -e⟩ абляти́в *m*, отложи́тельный паде́ж *m*
Ablauf *m* ⟨-(e)s, Abläufe⟩ (*Verlauf*) ход *m*, тече́ние *nt*; (*Abfluß*) сток *m*
ablaufen 1. *irr vi* (*abfließen*) стека́ть, сте́чь *pf*; (*verlaufen*) проходи́ть, пройти́ *pf*; (*Frist*) истека́ть, -те́чь *pf*; **2.** *vt* (*Strecke*) обега́ть, обе́гать *pf*; (*Sohlen*) ста́птывать, стопта́ть *pf*
ablegen 1. *vt* (*Gewohnheit*) оста́вить *pf*, -вля́ть *impf*, броса́ть, бро́сить *pf*; (*Prüfung*) сдава́ть, сдать *pf*; (*Akten*) подшива́ть, -ши́ть *pf*; (*Kleidung*) снима́ть, снять *pf*; **2.** *vi* (*Schiff*) отча́ливать, -ча́лить *pf*
Ableger *m* ⟨-s, -⟩ (*Zweigstelle*) филиа́л *m*; (*BOT*) отво́док *m*
ablehnen *vt* (*zurückweisen*) отклоня́ть, -ни́ть *pf*; (*mißbilligen*) не признава́ть, -на́ть *pf*
Ablehnung *f* ⟨-, -en⟩ отклоне́ние *nt*, отка́з *m*
ableisten *vt* (*Wehrdienst*) отбыва́ть, -бы́ть *pf*
ableiten *vt* (*wegleiten*) отводи́ть, -вести́ *pf*; (*folgern*) выводи́ть, вы́вести *pf*; (*Wort*) происходи́ть, -изойти́ *pf*
Ableitung *f* ⟨-, -en⟩ отво́д *m*; (*LING*) произво́дное сло́во *nt*
ablenken 1. *vt* (*Person*) развлека́ть, -вле́чь *pf*, отвлека́ть, -вле́чь *pf*; (*Strahlen, Geschoß*) отводи́ть, -вести́ *pf*; **2.** *vi*: **vom Thema~** отвле́чь от те́мы
Ablenkung *f* ⟨-, -en⟩ отклоне́ние *nt*
Ablenkungsmanöver *nt* ⟨-s, -⟩ отвлека́ющий манёвр *m*
ablesen *irr vt* (*Rede*) чита́ть, проче́сть *pf* по напи́санному; (*Zählerstand*) снима́ть, сня́ть *pf* показа́ния
abliefern *vt* сдава́ть, сдать *pf*, поставля́ть, -ста́вить *pf*
Ablieferung *f* ⟨-, -en⟩ сда́ча *f*, поста́вка *f*
ablösen *vt* (*abtrennen*) откле́ивать, -кле́ить *pf*, отделя́ть, -ли́ть *pf*; (*Vorgänger*) сменя́ть, -ни́ть *pf*
Ablösung *f* ⟨-, -en⟩ отделе́ние *nt*, отсла́ивание *nt*
ABM *abk von* ***Arbeitsbeschaffungsmaßnahme*** *f мероприя́тия по обеспе́чению за́нятости*
abmachen *vt* (*entfernen*) снима́ть, снять *pf*; (*vereinbaren*) догова́риваться, -вори́ться *pf*
Abmachung *f* ⟨-, -en⟩ сде́лка *f*, догово́р *m*, договорённость *f*
abmagern *vi* худе́ть, по- *pf*
abmähen *vt* ска́шивать, скоси́ть *pf*
abmalen *vt* срисо́вывать, -сова́ть *pf*
Abmarsch *m* ⟨-(e)s, Abmärsche⟩ выступле́ние *nt*
abmarschieren *vi* выступа́ть, вы́ступить *pf* в похо́д
abmelden 1. *vt* сообща́ть, -щи́ть *pf* об отъе́зде; (*Auto*) снима́ть, сня́ть *pf* с учёта; **2.** *vr* выпи́сываться, вы́писаться *pf*
Abmeldung *f* ⟨-, -en⟩ сня́тие *nt* с учёта, вы́писка *f*
abmessen *irr vt* измеря́ть, -ме́рить *pf*
abmontieren *vt* демонти́ровать *impf/pf*
abmühen *vr* неутоми́мо труди́ться *impf*, стара́ться, по- *pf*
abnabeln *vr* перереза́ть, -ре́зать *pf* пупови́ну
abnagen *vt* обгла́дывать, -глода́ть *pf*
Abnahme *f* ⟨-, -n⟩ (*das Entfernen*) сня́тие *nt*; (*Verringerung*) уменьше́ние *nt*; (*Kauf*) поку́пка *f*; (*Neubau*) приёмка *f*
abnehmen 1. *irr vt* (*herunternehmen*)

снимáть, снять *pf*; (*Ware*) покупáть, купи́ть *pf*; (*Prüfung*) принимáть, -ня́ть *pf*; **jdm etw** ~ (*umg:jdm etw glauben*) повéрить комý-л. ; **2.** *vi* (*kleiner werden*) уменьшáться, умéньшиться *pf*; (*an Gewicht*) худéть, по- *pf*
Abnehmer, -in *m/f* ⟨-s, -⟩ покупáтель, -ница *m/f*; закáзчик, -чица *m/f*
Abneigung *f* ⟨-, -en⟩ неприя́знь *f*; нерасположéние *nt* (*gegen +akk* к *+dat*)
abnorm *adj* ненормáльный, аномáльный
abnutzen *vt* изнáшивать, -носи́ть *pf*
Abnutzung *f* ⟨-, -en⟩ изнóс *m*, амортизáция *f*
Abo *akr von* ***Abonnement*** *nt*
Abonnement *nt* ⟨-s, -s⟩ абонемéнт *m*
Abonnent, -in *m/f* ⟨-en, -en⟩ абонéнт *m*; подпи́счик, -чица *m/f*
abonnieren *vt* (*Zeitung*) выпи́сывать, вы́писать *pf*
Abordnung *f* ⟨-, -en⟩ депутáция *f*, делегáция *f*
abpacken *vt* расфасóвывать, -совáть *pf*
abpassen *vt* (*Person*) поджидáть *impf*; (*Zeitpunkt*) подгáдывать, -гадáть *pf*
abpfeifen *irr vt* (*SPORT*) остановúть *pf*, -нáвливать *impf* игрý
Abpfiff *m* ⟨-(e)s, -e⟩ финáльный свистóк *m*
abplagen *vr* мýчиться, из- *pf* (*mit +akk* с *+inst*)
abprallen *vi* отскáкивать, -скочи́ть *pf*
abputzen *vt* чи́стить, по- *pf*
abquälen *vr* мýчиться, из- *pf* (*mit +akk* с *+inst*)
abrasieren *vt* сбривáть, сбрить *pf*
abraten *irr vi* отсовéтовать *pf*
abräumen *vt* (*Tisch*) убирáть, убрáть *pf*
abreagieren 1. *vr* разряди́ться *pf*, -ряжáться *impf*; **2.** *vt* (*Ärger*) срывáть, сорвáть *pf* зло
abrechnen 1. *vt* вычитáть, вы́честь *pf*; **2.** *vi* рассчи́тываться, -тáться *pf*; **mit jdm** ~ сводúть счёты
Abrechnung *f* ⟨-, -en⟩ расчёт *m*
abregen *vr* (*umg:sich beruhigen*) успокáиваться, -кóиться *pf*
abreiben *irr vt* стирáть, стерéть *pf*
Abreibung *f* ⟨-, -en⟩ (*umg:Prügel*) взбýчка *f*
Abreise *f* ⟨-, -⟩ отъéзд *m*
abreisen *vi* уезжáть, уéхать *pf*
abreißen *irr vt* отрывáть, оторвáть *pf*; (*Haus*) сноси́ть, снести́ *pf*
Abreißkalender *m* ⟨-s, -⟩ отрывнóй календáрь *m*
abrichten *vt* дрессировáть, вы́- *pf*
abriegeln *vt* запирáть, -перéть *pf* на засóв; (*Gebiet*) блоки́ровать *impf/pf*, оцепля́ть, -пи́ть *pf*
Abriß *m* ⟨Abrisses, Abrisse⟩ снос *m*; (*Kurzdarstellung*) óчерк *m*
abrücken *vi* отодвигáться, -дви́нуться *pf*
Abruf *m* ⟨*gen:*-(e)s⟩: **auf** ~ по вы́зову
abrufen *irr vt* (*Person*) вызывáть, вы́звать *pf*; (*Daten*) производи́ть, -вести́ *pf* вы́борку
abrunden *vt* закругля́ть, -ли́ть *pf*; (*Geschmack*) придавáть, -дáть *pf* завершённость
abrupt *adj* внезáпный
abrüsten *vi* разоружáться, -жи́ться *pf*
Abrüstung *f* ⟨*gen:*-⟩ разоружéние *nt*
abrutschen *vi* сползáть, -зти́ *pf*
ABS *abk von* ***Antiblockiersystem*** *nt* *антиблокирóвочная систéма*
absacken *vi* (*Flugzeug*) теря́ть, по- *pf* скорóсть; (*fig:Mensch*) морáльно опускáться, -сти́ться *pf*
Absage *f* ⟨-, -n⟩ откáз *m*
absagen 1. *vt* откáзывать, -зáть *pf*; (*Veranstaltung*) отменя́ть, -ни́ть *pf*; **2.** *vi* откáзываться, -зáться *pf*
Absatz *m* ⟨-es, Absätze⟩ (*ÖKON*) сбыт *m*; (*Schuh~*) каблýк *m*; (*Treppen~*) ступéнь *f*; (*Textabschnitt*) абзáц *m*
abschaben *vt* соскáбливать, -бли́ть *pf*
abschaffen *vt* отменя́ть, -ни́ть *pf*
Abschaffung *f* ⟨*gen:*-⟩ отмéна *f*
abschalten 1. *vt* (*ausschalten*) выключáть, вы́ключить *pf*; **2.** *vi* (*umg*) отключáться, -чи́ться *pf*
abschätzen *vt* оцéнивать, -ни́ть *pf*
abschätzig *adj* пренебрежи́тельный
Abschaum *m* ⟨*gen:*-(e)s⟩ (*pej*) отбрóсок *m* óбщества
Abscheu *m* ⟨*gen:*-(e)s⟩ отвращéние *nt*
abscheulich *adj* отврати́тельный
abschicken *vt* отсылáть, отослáть *pf*
abschieben *irr vt* (*Person*) высылáть, вы́слать *pf*, выдворя́ть, вы́дворить *pf*
Abschied *m* ⟨-(e)s, -e⟩ расставáние *nt*; ~ **nehmen** прощáться
Abschiedsabend *m* ⟨-s, -e⟩ прощáльный вéчер *m*
abschießen *irr vt* вы́стрелить *pf*, -стрéливать *impf*; (*Flugzeug*) сбить *pf*, сбивáть *impf*
abschirmen *vt* заслоня́ть, -ни́ть *pf*
abschlachten *vt* забивáть, -би́ть *pf*
Abschlag *m* ⟨-(e)s, Abschläge⟩ (*Preisnachlaß*) ски́дка *f*; (*Anzahlung*) задáток *m*; (*Vorschuß*) авáнс *m*; (*SPORT*) удáр *вратаря́ с руки́*
abschlagen *irr vt* отбивáть, -би́ть *pf*; отсекáть, -сéчь *pf*; (*Bitte*) откáзывать,

-за́ть *pf*
abschleifen *irr vt* ста́чивать, сточи́ть *pf*
Abschleppdienst *m* ⟨-(e)s, -e⟩ *слу́жба для отбуксиро́вки автомоби́лей*
abschleppen *vt* отбукси́ровать *pf*
Abschleppseil *nt* ⟨-(e)s, -e⟩ буксиро́вочный трос *m*
Abschleppwagen *m* ⟨-s, -⟩ буксиро́вочный автомоби́ль *m*
abschließen 1. *irr vt* (*Tür*) запира́ть, -пере́ть *pf*; (*beenden*) зака́нчивать, -ко́нчить *pf*; (*Vertrag*) заключа́ть, -чи́ть *pf*; **2.** *vi* конча́ться, ко́нчиться *pf*; **mit einer Sache ~** поко́нчить с каки́м-л. де́лом
Abschluß *m* ⟨Abschlusses, Abschlüsse⟩ оконча́ние *nt*; (*Vertrags~*) заключе́ние *nt*; (*Schlußrechnung*) ито́говый бала́нс *m*
Abschlußprüfung *f* ⟨-, -en⟩ выпускно́й экза́мен *m*
Abschlußzeugnis *nt* ⟨-ses, -se⟩ свиде́тельство *nt* об оконча́нии уче́бного заведе́ния
abschmecken *vt* (*Speise*) приправля́ть, -пра́вить *pf* еду́
abschmieren *vt* (*TECH*) сма́зывать, сма́зать *pf*
abschminken *vr* (*Schminke abnehmen*) снима́ть, сня́ть *pf* грим; **sich etw ~ können** (*umg*) вы́бросить что́-л. из головы́
abschnallen *vt* расстёгивать, -стегну́ть *pf*; (*umg*) отключи́ться *pf*, -ча́ться *impf*
abschneiden 1. *irr vt* (*wegschneiden*) отреза́ть, -ре́зать *pf*; **2.** *vi* получи́ть *pf*, -ча́ть *impf* результа́т; **bei etw gut/schlecht ~** име́ть в чём-л. успе́х/потерпе́ть неуда́чу
Abschnitt *m* ⟨-(e)s, -e⟩ уча́сток *m*; (*Textteil*) разде́л *m*; (*Zeit~*) отре́зок *m*
abschöpfen *vt* снима́ть, снять *pf*
abschrauben *vt* отви́нчивать, -винти́ть *pf*
abschrecken *vt* (*Person*) отпу́гивать, -пугну́ть *pf*; (*Eier*) бы́стро охлажда́ть, -ладить *pf*
Abschreckung *f* ⟨-, -en⟩ устраше́ние *nt*
abschreiben *irr vt* перепи́сывать, -са́ть *pf*; (*umg:aufgeben*) спи́сывать, -са́ть *pf*, закрыва́ть, -кры́ть *pf*; **diese Sache kann man jetzt ~** э́то де́ло мо́жно тепе́рь закры́ть; (*ÖKON*) спи́сывать, -са́ть *pf*, амортизи́ровать *impf/pf*
Abschreibung *f* ⟨-, -en⟩ амортиза́ция *f*
Abschrift *f* ⟨-, -en⟩ ко́пия *f*
abschürfen *vt* обдира́ть, ободра́ть *pf*
Abschürfung *f* ⟨-, -en⟩ сса́дина *f*
Abschuß *m* ⟨Abschusses, Abschüsse⟩ вы́стрел *m*
abschüssig *adj* круто́й
Abschußrampe *f* ⟨-, -n⟩ пускова́я устано́вка *f*
abschütteln *vt* стря́хивать, -хну́ть *pf*; (*Person*) отде́латься *pf*, -лываться *impf*; **ich habe ihn schon abgeschüttelt** я от него́ уже́ отде́лался
Abschweifung *f* ⟨-, -en⟩ отклоне́ние *nt*
abschwellen *irr vi* спада́ть, спа́сть *pf*; (*Lärm*) стиха́ть, сти́хнуть *pf*
abschwirren *vi* (*umg*) упорхну́ть *pf*, упа́рхивать *impf*
abschwören *vi*: **einer Sache ~** отрека́ться от чего́-л.
absegnen *vt* благословля́ть, -ви́ть *pf*; (*fig*) одобря́ть, одо́брить *pf*
absehbar *adj* обозри́мый; **in ~er Zeit** в обозри́мом бу́дущем
absehen 1. *irr vt* (*Folgen*) предви́деть *impf*; **2.** *vi* (*nicht berücksichtigen*) не принима́ть, -ня́ть *pf* во внима́ние; **es auf etw abgesehen haben** ме́тить на что́-л.
abseilen 1. *vt* спуска́ть, -сти́ть *pf* на кана́те; **2.** *vr* спуска́ться, -сти́ться *pf* на кана́те; (*umg*) смы́ться *pf*, смыва́ться *impf*
abseits *adv* в стороне́
Abseits *nt* ⟨*gen:-*⟩ (*SPORT*) положе́ние *nt* вне игры́; **im ~ stehen** остава́ться в тени́
Abseitsfalle *f* ⟨-, -n⟩ (*SPORT*) иску́сственное положе́ние *nt* вне игры́
absenden *vt* отсыла́ть, отосла́ть *pf*
Absender, -in *m/f* ⟨-s, -⟩ отправи́тель, -ница *m/f*
absetzen 1. *vt* снима́ть, снять *pf*; (*Fahrgast*) выса́живать, вы́садить *pf*; (*Regierung*) све́ргнуть *pf*, -га́ть *impf*; (*Ware*) сбыва́ть, сбыть *pf*; (*Fahrtkosten*) вычита́ть *impf*, вы́честь *pf*; (*Medikament*) прекрати́ть *pf*, -краща́ть *impf* приём; **2.** *vr* оторва́ться *pf*, -рыва́ться *impf* от пресле́дователя, скры́ться *pf*, скрыва́ться *impf*
absichern *vt* защища́ть, -щити́ть *pf*, предохраня́ть, -ни́ть *pf*
Absicht *f* ⟨-, -en⟩ наме́рение *nt*
absichtlich *adj* наме́ренный, умы́шленный
absitzen 1. *irr vt* (*Strafe*) отси́живать, -сиде́ть *pf*; **2.** *vi* (*Reiter*) спе́шиваться, -шиться *pf*
absolut *adj* абсолю́тный
Absolutismus *m* ⟨*gen:-*⟩ абсолюти́зм *m*
Absolvent, -in *m/f* ⟨-en, -en⟩ выпускни́к, -ни́ца *m/f*
absolvieren *vt* ока́нчивать, око́нчить *pf*
absondern 1. *vt* (*ausscheiden*) выделя́ть,

вы́делить *pf*; (*trennen*) отделя́ть, -ли́ть *pf*, разделя́ть, -ли́ть *pf*; **2.** *vr* уединя́ться, -ни́ться *pf*
Absonderung *f* ⟨-, -en⟩ (*Trennung*) отделе́ние *nt*, разделе́ние *nt*; (*Ausscheidung*) выделе́ние *nt*
absorbieren *vt* абсорби́ровать *impf/pf*; поглоща́ть, -глоти́ть *pf*
absparen *vt* эконо́мить, сэконо́мить *pf*; **sich etw vom Munde ~** эконо́мить на себе́
abspecken *vi* (*umg*) сбра́сывать, сбро́сить *pf* жиро́к
abspeichern *vt* (*DV*) записа́ть *pf*, -пи́сывать *impf* в па́мять
abspeisen *vt:* **jdn ~** отде́латься от кого́-л.
absperren *vt* (*Tür*) запира́ть, -пере́ть *pf*; (*Gelände*) отгора́живать, -роди́ть *pf*
Absperrung *f* ⟨-, -en⟩ (*das Absperren*) оцепле́ние *nt*; (*Barriere*) огра́да *f*
abspielen **1.** *vt* (*Schallplatte*) прои́грывать, -игра́ть *pf*; (*SPORT:Ball*) пасова́ть *impf*; **2.** *vr* происходи́ть, -изойти́ *pf*
Absprache *f* ⟨-, -n⟩ договорённость *f*
absprechen *irr vt* договори́ться *pf*, -ва́риваться *impf*; **jdm etw ~** (*aberkennen*) не признава́ть за ке́м-л. что́-л.
abspringen *irr vi* (*herunterspringen*) спры́гивать, -гнуть *pf*; (*Lack*) облу́пливаться, -пи́ться *pf*; (*umg:zurücktreten*) оставля́ть, -та́вить *pf*, бро́сить *pf*, -са́ть *impf*
Absprung *m* ⟨-(e)s, Absprünge⟩ прыжо́к *m*
abspülen *vt* смыва́ть, смы́ть *pf*; (*Geschirr*) опола́скивать, -поска́ть *pf*
abstammen *vi* происходи́ть, -изойти́ *pf*
Abstand *m* ⟨-(e)s, Abstände⟩ расстоя́ние *nt*; (*zeitlich*) промежу́ток *m*; **mit ~** намно́го; **von etw ~ nehmen** воздержа́ться от чего́-л.
Abstecher *m* ⟨-s, -⟩ *небольшо́е отклоне́ние от маршру́та путеше́ствия с це́лью посети́ть како́е-л. ме́сто*
abstecken *vt* (*Gebiet*) размеча́ть, -ме́тить *pf*; (*Kleid*) намеча́ть, -ме́тить *pf*
abstehen *irr vi* находи́ться *impf* на расстоя́нии
absteigen *irr vi* слеза́ть, сле́зть *pf*; (*einkehren, übernachten*) остана́вливаться, -нови́ться *pf*; (*SPORT*) *вы́быть в ни́зшую ли́гу*
abstellen *vt* (*hinstellen*) ста́вить, по- *pf*; (*ausschalten*) выключа́ть, вы́ключить *pf*; (*Auto*) ста́вить, по- *pf*; (*Mißstand*) устраня́ть, -ни́ть *pf*
Abstellgleis *nt* ⟨-es, -e⟩ запа́сный путь *m*
abstempeln *vt* (*Brief*) проштемпелева́ть *pf*, штемпелева́ть *impf*; (*Person*) наве́шивать, -ве́сить *pf* ярлы́к
Abstieg *m* ⟨-(e)s, -e⟩ спу́ск *m*; (*Niedergang*) упа́док *m*; (*SPORT*) перехо́д *m* в бо́лее ни́зкую ли́гу
abstimmen **1.** *vt* (*Farben*) подбира́ть, -добра́ть *pf*; (*Rede*) ориенти́ровать, сориенти́ровать *pf*; (*in Einklang bringen*) согласо́вывать, -сова́ть *pf*; **2.** *vi* голосова́ть, про- *pf*
Abstimmung *f* ⟨-, -en⟩ голосова́ние *nt*
abstinent *adj* уме́ренный, возде́ржанный
Abstinenz *f* ⟨*gen:-*⟩ возде́ржанность *f*
Abstoß *m* ⟨Abstoßes, Abstöße⟩ (*SPORT*) отта́лкивание *nt*, толчо́к *m*
abstoßen *irr vt* отта́лкивать, -толкну́ть *pf*; (*verkaufen*) сбыва́ть, сбы́ть *pf*
abstoßend *adj* отта́лкивающий
abstrakt *adj* абстра́ктный
Abstraktion *f* ⟨-, -en⟩ абстра́кция *f*
Abstraktionsvermögen *nt* ⟨*gen:*-s⟩ спосо́бность *f* к абстра́кции
abstrampeln *vr* (*umg*) напряга́ться, -пря́чься *pf*, стара́ться, по- *pf*
abstreifen *vt* снима́ть, сня́ть *pf*, сбра́сывать, сбро́сить *pf*
abstreiten *irr vt* оспа́ривать, -по́рить *pf*
Abstrich *m* ⟨-(e)s, -e⟩ (*Kürzung*) сокраще́ние *nt*, ограниче́ние *nt*; (*MED*) мазо́к *m*
abstufen *vt* (*in Stufen anordnen*) располага́ть, -ложи́ть *pf* усту́пами; (*staffeln*) разделя́ть, -дели́ть *pf* по катего́риям
abstumpfen **1.** *vi* тупи́ться, за- *pf*; **2.** *vt* (*auch fig*) притупля́ть, -пи́ть *pf*
Absturz *m* ⟨-es, Abstürze⟩ паде́ние *nt*
abstürzen *vi* сорва́ться *pf*, срыва́ться *impf*
abstützen *vt* подпира́ть, -пере́ть *pf*
absuchen *vt* обы́скивать, -ка́ть *pf*
absurd *adj* абсу́рдный, нele´пый; **das ist ja ~!** это же абсу́рд!
Abszeß *m* ⟨Abszesses, Abszesse⟩ нары́в *m*
Abszisse *f* ⟨-, -n⟩ абсци́сса *f*
Abt *f* ⟨-(e)s, Äbte⟩ абба́т *m*
abtasten *vt* ощу́пывать, -пать *pf*
Abtei *f* ⟨-, -en⟩ абба́тство *nt*
Abteil *nt* ⟨-(e)s, -e⟩ купе́ *nt*
Abteilung *f* ⟨-, -en⟩ отделе́ние *nt*; (*im Kaufhaus*) отде́л *m*; (*MIL*) подразделе́ние *nt*
Abteilungsleiter, -in *m/f* ⟨-s, -⟩ нача́льник *m* отде́ла

Äbtissin *f* ⟨-, -en⟩ аббати́са *f*, настоя́тельница *f*
abtöten *vt* умерщвля́ть, -ртви́ть *pf*; (*Gefühle*) заглуша́ть, -ши́ть *pf*
abtragen *irr vt* (*einebnen*) снима́ть, снять *pf* сло́й земли́; (*Kleidung*) изна́шивать, -носи́ть *pf*
abträglich *adj* неблагоприя́тный; **einer Sache ~ sein** бы́ть вре́дным для чего́-л.
abtreiben 1. *irr vi* (*Boot*) дрейфова́ть *impf*; **2.** *vt* (*Strömung*) сноси́ть, снести́ *pf*; (*MED*) де́лать, сде́лать *pf* або́рт
Abtreibung *f* ⟨-, -en⟩ або́рт *m*
abtrennen *vt* (*lösen*) отпа́рывать, -поро́ть *pf*, отрыва́ть, оторва́ть *pf*; (*abteilen*) разделя́ть, -ли́ть *pf*, отделя́ть, -ли́ть *pf*
abtreten *irr vt* (*Schuhe*) изна́шивать, -носи́ть *pf*; (*überlassen*) уступа́ть, -пи́ть *pf*
abtrocknen 1. *vt* вытира́ть, вы́тереть *pf*; **2.** *vi* высыха́ть, вы́сохнуть *pf*
abtrünnig *adj* измени́вший, неве́рный
abtun *irr vt* отклоня́ть, -ни́ть *pf*; **er tat die Kritik als unbegründet ab** он отклони́л кри́тику как . необосно́ванную
abverlangen *vt* вы́требовать *pf*; **jdm etw ~** затре́бовать у кого́-л. что́-л.
abwägen *vt* взве́шивать, -ве́сить *pf*; проду́мывать, -ду́мать *pf*
abwählen *vt* (*Person*) не вы́брать *pf*, -бира́ть *impf* при голосова́нии
abwälzen *vt* (*Schuld, Verantwortung*) сва́ливать, -ли́ть *pf* (*auf +akk* на)
abwandeln *vt* варьи́ровать *impf*, изменя́ть, -ни́ть *pf*
abwandern *vi* мигри́ровать *impf/pf*
Abwärme *f* ⟨*gen:-*⟩ (*TECH*) отходя́щее тепло́ *nt*
abwarten 1. *vt* ждать *impf*; **das Ende des Gesprächs ~** ждать оконча́ния разгово́ра; **wir müssen das Gewitter ~** мы должны́ пережда́ть грозу́; **2.** *vi* подожда́ть *pf*, повремени́ть *pf*
abwärts *adv* вниз; **mit seiner Gesundheit geht es ~** его здоро́вье ухудша́ется
Abwasch *m* ⟨*gen:-*(e)s⟩ мытьё *nt* посу́ды
abwaschbar *adj* (*Tapeten*) мо́ющийся
abwaschen *irr vt* мыть, вы- *pf*
Abwasser *nt* ⟨-s, Abwässer⟩ сто́чные во́ды *pl*
abwechseln *vr* чередова́ться *impf* (*mit +dat* с *+inst*)
Abwechslung *f* ⟨-, -en⟩ переме́на *f*, сме́на *f*; **zur ~** для разнообра́зия
abwechslungsreich *adj* разнообра́зный
Abweg *m* ⟨-(e)s, -e⟩ заблужде́ние *nt*; **auf ~e geraten** сби́ться с ве́рного пути́
abwegig *adj* (*Idee, Vorschlag*) нele ́пый, ло́жный
Abwehr *f* ⟨*gen:-*⟩ оборо́на *f*; (*SPORT*) защи́та *f*
abwehren *vt* отража́ть, -рази́ть *pf*; (*zurückweisen*) отклоня́ть, -ни́ть *pf*; (*SPORT*) отбива́ть, -би́ть *pf*
abweichen *irr vi* (*vom Kurs*) отклоня́ться, -ни́ться *pf*; (*sich unterscheiden*) отлича́ться, -чи́ться *pf*
abweichend *adj* отлича́ющийся, отли́чный
Abweichung *f* ⟨-, -en⟩ отклоне́ние *nt*
abweisen *irr vt* (*Person*) отсыла́ть, отосла́ть *pf*, высыла́ть, вы́слать *pf*; (*Antrag*) отклоня́ть, -ни́ть *pf*
abweisend *adj* недружелю́бный, отта́лкивающий
abwenden 1. *vt* отвора́чивать, -верну́ть *pf*; **2.** *vr* отвора́чиваться, -верну́ться *pf*
abwerben *irr vt* перема́нивать, -ни́ть *pf*
abwerfen *irr vt* (*Bombe*) сбра́сывать, сбро́сить *pf*; (*Gewinn*) приноси́ть, -нести́ *pf*
abwerten *vt* снижа́ть, сни́зить *pf* це́нность, обесце́нивать, -це́нить *pf*; (*Währung*) девальви́ровать *impf*
abwesend *adj* отсу́тствующий
Abwesenheit *f* ⟨-, -en⟩ отсу́тствие *nt*; **durch ~ glänzen** (*umg*) блиста́ть отсу́тствием
abwetzen *vt* обта́чивать, -точи́ть *pf*
abwickeln *vt* (*Faden*) разма́тывать, -мота́ть *pf*; (*erledigen*) выполня́ть, вы́полнить *pf*, исполня́ть, -по́лнить *pf*
Abwicklung *f* ⟨-, -en⟩ выполне́ние *nt*; **die~ eines Auftrages** выполне́ние зака́за
abwiegen *irr vt* взве́шивать, взве́сить *pf*
abwimmeln *vt* (*umg*) отде́лываться, -латься *pf*
abwinken *vi* отмахну́ться *pf*, -ма́хиваться *impf*
abwischen *vt* (*entfernen*) стира́ть, стере́ть *pf*, вытира́ть, вы́тереть *pf*; (*säubern*) вытира́ть, вы́тереть *pf*
Abwurf *m* ⟨-(e)s, Abwürfe⟩ сбра́сывание *nt*; (*SPORT*) бросо́к *m* от воро́т
abwürgen *vt* (*umg:Kritik*) подавля́ть, -ви́ть *pf*; (*umg:Auto*) заглуши́ть *pf*, -ша́ть *impf* дви́гатель
abzahlen *vt* (*Schulden*) погаша́ть, -гаси́ть *pf*; (*Raten*) выпла́чивать, вы́платить *pf* в рассро́чку
abzählen *vt* отсчи́тывать, -счита́ть *pf*
Abzahlung *f* ⟨-, -en⟩ опла́та *f* в рассро́чку

Abzeichen *nt* ⟨-s, -⟩ знак *m*
abzeichnen **1.** *vt* (*Bild*) срисо́вывать, -сова́ть *pf*; (*unterschreiben*) подпи́сывать, -са́ть *pf*; **2.** *vr* намеча́ться, -ме́титься *pf*
Abziehbild *nt* ⟨-(e)s, -er⟩ переводна́я карти́нка *f*
abziehen **1.** *irr vt* (*herabziehen, wegziehen*) стя́гивать, стяну́ть *pf*; (*Bett*) снима́ть, сня́ть *pf*; (*Fell, Haut*) сдира́ть, содра́ть *pf*; (*Foto, Negativ*) печа́тать, на- *pf*; (*subtrahieren*) вычита́ть, вы́честь *pf*; **2.** *vi* (*Mensch*) уходи́ть, уйти́ *pf*; (*Rauch*) выходи́ть, вы́йти *pf*
abzielen *vi* ме́тить *impf* (*auf +akk* на)
Abzug *m* ⟨-(e)s, Abzüge⟩ ухо́д *m*; (*Foto*) отпеча́ток *m*; (*von Rauch*) вы́тяжка *f*; (*von Truppen*) вы́вод *m*, отво́д *m*
abzüglich *präp +gen* за вы́четом
abzweigen **1.** *vi* (*Weg, Straße*) ответвля́ться, -ви́ться *pf*; **2.** *vt* (*Geld*) откла́дывать, отложи́ть *pf*
Abzweigung *f* ⟨-, -en⟩ разви́лка *f*
Accessoires *pl* ⟨*gen:-*⟩ аксессуа́ры *pl*
ach *interj* ах; ~ **was** нева́жно; ~ **so** вот как
Ach *nt* ⟨-s, -s⟩: **mit ~ und Krach** наси́лу
Achse *f* ⟨-, -n⟩ ось *f*; (*TECH*) вал *m*
Achsel *f* ⟨-, -n⟩ плечо́ *nt*; **mit den ~n zucken** пожима́ть плеча́ми
Achselhöhle *f* ⟨-, -n⟩ подмы́шка *f*
Achselzucken *nt* ⟨*gen:-s*⟩ пожима́ние *nt* плеча́ми
acht *num* во́семь
achtbar *adj* почте́нный
achte(r,s) *adj* восьмо́й; **heute ist der ~e August** сего́дня восьмо́е а́вгуста
Achtel *nt* ⟨-s, -⟩ восьма́я *f* ча́сть; (*MUS*) одна́ восьма́я *f*
achten **1.** *vt* (*Person*) уважа́ть *impf*; **2.** *vi* обраща́ть, -рати́ть *pf* внима́ние (*auf +akk* на)
Achterbahn *f* ⟨-, -en⟩ ру́сские го́рки *fpl*
achtfach *adj* во́семь раз; **in ~er Ausfertigung** в коли́честве восьми́ экземпля́ров
achtgeben *irr vi* быть *impf* осторо́жным; **gut auf etw ~** смотре́ть за че́м-л.!; **gib acht, daß es nicht kaputtgeht** смотри́, не полома́й
achthundert *num* восемьсо́т
achtjährig *adj* восьмиле́тний
achtlos *adj* невнима́тельный
achtmal *adv* во́семь раз; **~ so groß wie ...** в во́семь раз бо́льше чем...
Achtung *f* ⟨*gen:-*⟩ внима́ние *nt*; (*Respekt*) уваже́ние *nt*; **alle ~ !** вот э́то да!; **~!** осторо́жно!
achtzehn *num* восемна́дцать
achtzig *num* во́семьдесят
ächzen *vi* кряхте́ть *impf*
Acker *m* ⟨-s, Äcker⟩ по́ле *nt*
Ackerbau *m* ⟨*gen:-s*⟩ земледе́лие *nt*
ackern *vi* паха́ть, вспаха́ть *pf*
Acryl *nt* ⟨*gen:-s*⟩ акри́л *m*
Actionfilm *m* ⟨-(e)s, -e⟩ остросюже́тный фильм *m*
a.D. *abk von* ***außer Dienst***
ADAC *abk von* ***Allgemeiner Deutscher Automobil-Club*** *m* Всео́бщий неме́цкий автоклу́б
Adapter *m* ⟨-s, -⟩ ада́птер *m*
adäquat *adj* (*geh*) адеква́тный
addieren *vt* скла́дывать, сложи́ть *pf*
Addition *f* ⟨-, -en⟩ сложе́ние *nt*
Adel *m* ⟨*gen:-s*⟩ дворя́нство *nt*
adelig *adj* зна́тный
Ader *f* ⟨-, -n⟩ (*Blutgefäß*) арте́рия *f*, ве́на *f*; (*Erz~*) жи́ла *f*; (*fig:Neigung*) жи́лка *f*
Adjektiv *nt* ⟨-s, -e⟩ и́мя *nt* прилага́тельное
Adler *m* ⟨-s, -⟩ орёл *m*
Admiral *m* ⟨-s, -e⟩ адмира́л *m*
adoptieren *vt* адопти́ровать *impf/pf*; (*Sohn*) усыновля́ть, -ви́ть *pf*; (*Tochter*) удочеря́ть, -ри́ть *pf*
Adoption *f* ⟨-, -en⟩ (*Sohn*) усыновле́ние *nt*; (*Tochter*) удочере́ние *nt*
Adoptiveltern *pl* ⟨*gen:-*⟩ приёмные роди́тели *pl*
Adoptivkind *nt* ⟨-(e)s, -er⟩ приёмный ребёнок *m*
Adrenalin *nt* ⟨*gen:-s*⟩ адренали́н *m*
Adressat, -in *m/f* ⟨-en, -en⟩ адреса́т *m*
Adresse *f* ⟨-, -n⟩ а́дрес *m*
adressieren *vt* адресова́ть *impf/pf*; **ich adressiere den Brief an ihn** я адресу́ю письмо́ ему́
Adria *f* ⟨*gen:-*⟩ Адриати́ческое мо́ре *nt*
Advent *m* ⟨-(e)s, -e⟩ предрожде́ственское вре́мя *nt*
Adventskranz *m* ⟨-es, -kränze⟩ предрожде́ственский вено́к *m*
Adverb *nt* ⟨-s, -ien⟩ наре́чие *nt*
adverbial *adj* адвербиа́льный
aerodynamisch *adj* аэродинами́ческий
Affäre *f* ⟨-, -n⟩ (*Vorfall*) неприя́тная исто́рия *f*; (*Liebschaft*) любо́вная свя́зь *f*
Affe *m* ⟨-n, -n⟩ обезья́на *f*; (*Schimpfwort*) дура́к *m*
Affekt *m* ⟨*gen:-(e)s*⟩ аффе́кт *m*; **im ~ handeln** де́йствовать в состоя́нии си́льного возбужде́ния
affig *adj* (*pej*) жема́нный
Afghanistan *nt* ⟨*gen:-s*⟩ Афганиста́н *m*
Afrika *nt* ⟨*gen:-s*⟩ А́фрика *f*
Afrikaner, -in *m/f* ⟨-s, -⟩ африка́нец, -ка́нка *m/f*
afrikanisch *adj* африка́нский

After *m* ⟨-s, -⟩ ана́льное отве́рстие *nt*
After-Shave *nt* ⟨-s, -s⟩ сре́дство *nt* по́сле бритья́
AG *abk von* ***Aktiengesellschaft*** *f* АО *nt*
Agent, -in *m/f* ⟨-en, -en⟩ аге́нт *m*
Agentur *f* ⟨-, -en⟩ аге́нтство *nt*
Aggregat *nt* ⟨-(e)s, -e⟩ (*TECH*) агрега́т *m*
Aggression *f* ⟨-, -en⟩ агре́ссия *f*
aggressiv *adj* агресси́вный
Aggressivität *f* ⟨*gen:-*⟩ агресси́вность *f*
Agitation *f* ⟨-, -en⟩ агита́ция *f*
Agitator, -in *m/f* ⟨-s, -en⟩ агита́тор *m*; **sie ist auch ~in** она́ то́же агита́тор
Agrarstaat *m* ⟨-(e)s, -en⟩ агра́рное госуда́рство *nt*
Ägypten *nt* ⟨*gen:-s*⟩ Еги́пет *m*
aha *interj:* **~!** ага́!
Ahn *m* ⟨-en, -en⟩ пре́док *m*
ahnden *vt* (*geh*) кара́ть, по- *pf*
ähneln *vi:* **jdm ~** походи́ть на кого́-л.
ahnen *vt* дога́дываться, -да́ться *pf*; (*Gefahr*) предчу́вствовать *impf*
ähnlich *adj* похо́жий; **das sieht ihm ~** э́то на него́ похо́же
Ähnlichkeit *f* ⟨-, -en⟩ схо́дство *nt*
Ahnung *f* ⟨-, -en⟩ (*Vorgefühl*) предчу́вствие *nt*; (*Vermutung*) представле́ние *nt*
ahnungslos *adj* ничего́ не подозрева́ющий
Ahorn *nt* ⟨-s, -e⟩ клён *m*
Ähre *f* ⟨-, -n⟩ ко́лос *m*
Aids *nt* ⟨*gen:-*⟩ СПИД *m*
aidskrank *adj* больно́й СПИ́Дом
Aidskranke(r) *mf* ⟨-n, -n⟩ больно́й, -на́я СПИ́Дом *m/f*
Aidstest *m* ⟨-(e)s, -s⟩ ана́лиз *m* на СПИД
Airbag *m* ⟨-s, -s⟩ возду́шная поду́шка *f* безопа́сности
Akademie *f* ⟨-, -n⟩ акаде́мия *f*
Akademiker, -in *m/f* ⟨-s, -⟩ *челове́к с вы́сшим образова́нием*; **sie ist ~in** у неё есть вы́сшее образова́ние
akademisch *adj* академи́ческий
akklimatisieren *vr* акклиматизи́роваться *impf/pf*
Akkord *m* ⟨-(e)s, -e⟩ (*~arbeit*) сде́льная рабо́та *f*; (*MUS*) акко́рд *m*; **im ~ arbeiten** рабо́тать сде́льно
Akkordeon *nt* ⟨-s, -s⟩ аккордео́н *m*
Akku *akr von* ***Akkumulator*** *m*
Akkumulator *m* ⟨-s, -s⟩ аккумуля́тор *m*
Akkusativ *m* ⟨-s, -e⟩ вини́тельный паде́ж *m*
Akne *f* ⟨*gen:-*⟩ угри́ *pl*
akribisch *adj* скрупулёзный, тща́тельный
Akrobat, -in *m/f* ⟨-en, -en⟩ акроба́т, -ка *m/f*
Akt *m* ⟨-(e)s, -e⟩ (*Handlung*) де́йствие *m*; (*Theater*) акт *m*, де́йствие *nt*; (*KUNST*) обнажённая нату́ра *f*
Akte *f* ⟨-, -n⟩ акт *m*; **etw zu den ~n legen** сдать в архи́в; **eine ~ anlegen** завести́ де́ло
Aktenordner *m* ⟨-s, -⟩ скоросшива́тель *m* для докуме́нтов
Aktenschrank *m* ⟨-(e)s, -schränke⟩ канцеля́рский шкаф *m*
Aktie *f* ⟨-, -n⟩ а́кция *f*; **die ~n steigen/fallen** а́кции повыша́ются/па́дают
Aktiengesellschaft *f* ⟨-, -en⟩ акционе́рное о́бщество *nt*
Aktion *f* ⟨-, -en⟩ (*Handlung*) а́кция *f*, кампа́ния *f*; (*Tätigsein*) де́йствие *nt*; **in ~** в де́йствии
Aktionär, -in *m/f* ⟨-s, -e⟩ акционе́р *m*; **sie ist ~in dieses Unternehmens** она́ явля́ется акционе́ром э́того предприя́тия
aktiv *adj* акти́вный
Aktiv *nt* ⟨*gen:-s*⟩ (*LING*) действи́тельный зало́г *m*
Aktiva *pl* ⟨*gen:-*⟩ (*ÖKON*) акти́в *m*, нали́чность *f*
aktivieren *vt* активизи́ровать *impf/pf*
Aktivität *f* ⟨-, -en⟩ акти́вность *f*
aktualisieren *vt* актуализи́ровать *impf/pf*
Aktualität *f* ⟨*gen:-*⟩ актуа́льность *f*
aktuell *adj* актуа́льный
Akupressur *f* ⟨*gen:-*⟩ акупрессу́ра *f*
Akupunktur *f* ⟨*gen:-*⟩ иглоука́лывание *nt*
Akustik *f* ⟨*gen:-*⟩ аку́стика *f*
akustisch *adj* акусти́ческий
akut *adj* (*Gefahr*) непосре́дственный, прямо́й; (*Krankheit*) о́стрый
AKW *abk von* ***Atomkraftwerk***
Akzent *m* ⟨-(e)s, -e⟩ (*LING:Wort~*) ударе́ние *nt*; (*Aussprache*) произноше́ние *nt*; **mit starkem ~ sprechen** говори́ть с си́льным акце́нтом
akzeptabel *adj* прие́млемый
akzeptieren *vt* признава́ть, -зна́ть *pf*, соглаша́ться, -гласи́ться *pf*
Alarm *m* ⟨-(e)s, -e⟩ трево́га *f*, сигна́л *m* трево́ги; **blinder ~** ло́жная трево́га; **~ schlagen** бить трево́гу
Alarmanlage *f* ⟨-, -en⟩ авари́йная сигнализа́ция *f*
Alarmbereitschaft *f* ⟨*gen:-*⟩ боева́я гото́вность *f* ; **die Truppen wurden in ~ versetzt** войска́ бы́ли приведены́ в боеву́ю гото́вность
alarmieren *vt* поднима́ть, -ня́ть *pf* по трево́ге
Albaner, -in *m/f* ⟨-s, -⟩ алба́нец, -ба́нка

m/f
Albanien *nt* ⟨*gen:*-s⟩ Алба́ния *f*
Albatros *m* ⟨-, -se⟩ альбатро́с *m*
albern *adj* глу́пый, дура́ческий; **sei nicht ~!** не дури́!
Albino *m* ⟨-s, -s⟩ альбино́с *m*
Album *nt* ⟨-s, Alben⟩ (*Foto~*) альбо́м *m*; (*Schallplatte*) альбо́м *m*
Alchimie *f* ⟨*gen:*-⟩ алхи́мия *f*
Alge *f* ⟨-, -n⟩ во́доросль *f*
Algebra *f* ⟨*gen:*-⟩ а́лгебра *f*
Algerien *nt* ⟨*gen:*-s⟩ Алжи́р *m*
Algorithmus *m* ⟨-, Algorithmen⟩ алгори́тм *m*
Alibi *nt* ⟨-s, -s⟩ а́либи *nt*; **ein ~ haben** име́ть а́либи
Alimente *pl* ⟨*gen:*-⟩ алиме́нты *pl*; **~ zahlen** плати́ть алиме́нты
Alkohol *m* ⟨-s, -e⟩ алкого́ль *m*
alkoholarm *adj* с небольши́м содержа́нием алкого́ля
Alkoholeinfluß *m* ⟨*gen:*-einflusses⟩ возде́йствие *nt* алкого́ля; **unter ~ stehen** быть пья́ным
alkoholfrei *adj* безалкого́льный
Alkoholiker, -in *m/f* ⟨-s, -⟩ алкого́лик, -ли́чка *m/f*
alkoholisch *adj* спиртно́й
Alkoholismus *m* ⟨*gen:*-⟩ алкоголи́зм *m*
Alkoholverbot *nt* ⟨*gen:*-(e)s⟩ сухо́й зако́н *m*
all *pron indef* весь; **mit ~er Kraft** изо всех сил; **~e zwei Tage** ка́ждые два дня
All *nt* ⟨*gen:*-s⟩ (*Weltraum*) Вселе́нная *f*
alle *adv* (*umg:aus,verbraucht*) (за)ко́нчиться; **~ sein** (*umg:erschöpft sein*) быть без сил
Allee *f* ⟨-, -n⟩ алле́я *f*
Allegorie *f* ⟨-, -n⟩ аллего́рия *f*
allegorisch *adj* аллегори́ческий
allein 1. *adj* (*nicht in Gesellschaft anderer*) одино́кий; **sie saß ganz ~ da** она́ сиде́ла там совсе́м одна́; **2.** *adv* самостоя́тельно; (*ohne Hilfe*) сам; **das kann ich auch ~** э́то я могу́ сде́лать сам; (*ausschließlich*) то́лько; **das ist ~ meine Sache** э́то то́лько моё де́ло
alleinerziehend *adj* воспи́тывающий в одино́чку
Alleinerziehende(r) *mf* ⟨-n, -n⟩ воспи́тывающий, -щая *m/f* в одино́чку; (*alleinerziehende Mutter*) мать-одино́чка *f*; (*alleinerziehender Vater*) оте́ц-одино́чка *m*
Alleinstehende(r) *mf* ⟨-n, -n⟩ одино́кий, -кая *m/f*, нежена́тый, незаму́жняя *m/f*
allenfalls *adv* (*zur Not*) в кра́йнем слу́чае; (*höchstens*) ра́зве то́лько, са́мое бо́льшее
allerdings *adv* (*einschränkend*) одна́ко, пра́вда; (*sicher, gewiß*) коне́чно
Allergie *f* ⟨-, -n⟩ аллерги́я *f*
Allergiker, -in *m/f* ⟨-s, -⟩ алле́ргик *m*; **sie ist ~in** она́ алле́ргик
allergisch *adj* аллерги́ческий; **auf etw ~ reagieren** не переноси́ть чего́-л.
allerhand *adj:* **das ist ja ~** ничего́ себе́
Allerheiligen *nt* ⟨*gen:*-⟩ пра́здник *m* всех святы́х
allerlei *adj* вся́кий, всевозмо́жный
allerletzte(r,s) *adj* са́мый после́дний
Allerseelen *nt* ⟨*gen:*-⟩ день *m* поминове́ния усо́пших
allerspätestens *adv* не поздне́е
alles *pron indef* всё; **~ aussteigen!** про́сьба освободи́ть (авто́бус, трамва́й...)!; **~ in allem** в ито́ге
Alleskleber *m* ⟨-s, -⟩ универса́льный кле́й *m*
Allgäu *nt* ⟨*gen:*-s⟩ Алго́й *m*
allgemein *adj* о́бщий
Allgemeinbildung *f* ⟨*gen:*-⟩ о́бщее образова́ние *nt*
Allgemeinheit *f* ⟨*gen:*-⟩ (*Öffentlichkeit*) обще́ственность *f*; (*Unbestimmtheit*) неопределённость *f*, обобщённость *f*; **in dieser ~ kann man das doch nicht sagen** так обобща́ть всё же нельзя́
Allgemeinmedizin *f* ⟨*gen:*-⟩ о́бщая медици́на *f*
Alliierte(r) *mf* ⟨-n, -n⟩ сою́зник, -ница *m/f*
Alliteration *f* ⟨-, -en⟩ аллитера́ция *f*
alljährlich *adj* ежего́дный
allmählich *adj* постепе́нный
Allradantrieb *m* ⟨-(e)s, -e⟩ при́вод *m* на все колёса
Alltag *m* ⟨*gen:*-(e)s⟩ бу́дний день *m*, бу́дни *mpl*
alltäglich *adj* ежедне́вный; (*gewöhnlich*) обы́денный
Allüren *pl* ⟨*gen:*-⟩ мане́ры *pl*
allwissend *adj* всезна́ющий
allzu *adv* сли́шком
Alm *f* ⟨-, -en⟩ го́рное па́стбище *nt*
Almanach *m* ⟨-s, -e⟩ альмана́х *m*
Almosen *nt* ⟨-s, -⟩ подая́ние *nt*
Alpen *pl* ⟨*gen:*-⟩ А́льпы *pl*
Alpenveilchen *nt* ⟨-s, -⟩ циклaméн *m*
Alphabet *nt* ⟨-(e)s, -e⟩ алфави́т *m*
alphabetisch *adj* алфави́тный
alphabetisieren *vt* (*Person*) обуча́ть, -чи́ть *pf* гра́моте; (*alphabetisch ordnen*) располага́ть, -ложи́ть *pf* в алфави́тном поря́дке
alphanumerisch *adj* алфави́тно-цифрово́й
alpin *adj* альпи́йский
Alpinist, -in *m/f* ⟨-en, -en⟩ альпини́ст, -ка *m/f*

Alptraum *m* ⟨-(e)s, -träume⟩ (*auch fig*) кошма́р *m*
als *conj* (*zeitlich*) когда́; (*nach komp*) чем; (*in Verbindung mit 'ob'*) как, в ка́честве; **schon ~ Kind** ещё бу́дучи ребёнком; **~ ob** как бу́дто
also **1.** *conj* (*folglich*) сле́довательно; **2.** *adv* таки́м о́бразом; **na ~** вот ви́дишь; **~ gut** ну, хорошо́
alt *adj* (*von einem Menschen*) ста́рый, пожило́й; (*nicht mehr neu*) ста́рый; **sein Sohn ist zwei Jahre ~** его сы́ну два го́да; **ihre Tochter ist schon achtzehn Jahre ~** её до́чери уже́ восемна́дцать лет; **ein drei Jahre ~es Mädchen** трехле́тняя де́вочка; **ein ~es Haus abreißen** снести́ ста́рый дом
Altar *m* ⟨-(e)s, Altäre⟩ алта́рь *m*
Alter *nt* ⟨-s⟩ во́зраст *m*
altern *vi* старе́ть, по- *pf*; **er ist in den letzten Jahren sehr gealtert** он в после́дние го́ды си́льно постаре́л
alternativ *adj* (*eine Alternative darstellend*) альтернати́вный
Alternative *f* ⟨-, -n⟩ альтернати́ва *f*; **dazu gibt es keine ~** э́тому нет альтернати́вы
Altersheim *nt* ⟨-(e)s, -e⟩ дом *m* престаре́лых
Altertum *nt* ⟨-s⟩ дре́вность *f*
Altglascontainer *m* ⟨-s, -⟩ конте́йнер *m* для сбо́ра стекля́нной посу́ды
altmodisch *adj* старомо́дный
Altstadt *f* ⟨-⟩ истори́ческая часть *f* го́рода
Alu *akr von* ***Aluminium*** *nt*
Alufolie *f* ⟨-, -n⟩ алюми́ниевая фольга́ *f*
Aluminium *nt* ⟨*gen:*-s⟩ алюми́ний *m*
Amalgam *nt* ⟨-s, -e⟩ амальга́ма *f*
Amateur, -in *m/f* ⟨-s, -e⟩ люби́тель, -ница *m/f*
Amazonas *m* ⟨*gen:*-⟩ Амазо́нка *f*
Amazone *f* ⟨-, -n⟩ (*SPORT*) нае́здница *f*; (*Kriegerin*) амазо́нка *f*
Ambiente *nt* ⟨*gen:*-⟩ (*geh*) атмосфе́ра *f*
Ambiguität *f* ⟨-, -en⟩ (*geh*) двусмы́сленность *f*
Ambition *f* ⟨-, -en⟩ (*geh*) честолю́бие *nt*
Amboß *m* ⟨Ambosses, Ambosse⟩ накова́льня *f*
ambulant *adj* передвижно́й; **~e Behandlung** амбулато́рное лече́ние
Ameise *f* ⟨-, -n⟩ мураве́й *m*
Amerika *nt* ⟨*gen:*-s⟩ Аме́рика *f*
Amerikaner, -in *m/f* ⟨-s, -⟩ америка́нец, -ка́нка *m/f*
amerikanisch *adj* америка́нский
Ami *akr von* ***Amerikaner*** *m*
Amnestie *f* ⟨-, -n⟩ амни́стия *f*
Amok *m* ⟨*gen:*-(s)⟩ а́мок *m*; **~ laufen** находи́ться в при́ступе бе́шенства
Ampel *f* ⟨-, -n⟩ светофо́р *m*
Amphibie *f* ⟨-, -n⟩ амфи́бия *f*
amputieren *vt* ампути́ровать *impf/pf*
Amsel *f* ⟨-, -n⟩ чёрный дро́зд *m*
Amt *nt* ⟨-(e)s, Ämter⟩ (*Posten, Stellung*) до́лжность *f*, ме́сто *nt*; (*Behörde*) учрежде́ние *nt*
amtlich *adj* официа́льный
Amtssprache *f* ⟨-, -n⟩ официа́льный язы́к *m*
amüsant *adj* заба́вный
amüsieren **1.** *vr* смея́ться *impf* (*über +akk* над *+inst*); **2.** *vt* развлека́ть, -вле́чь *pf*
an **1.** *präp +dat* (*räumlich*) у, о́коло, в, на; **das Bild hängt ~ der Wand** карти́на виси́т на стене́; (*zeitlich*) в, по; **~ Feiertagen bleibt unser Geschäft geschlossen** в выходны́е дни наш магази́н закры́т; **es ist ~ der Zeit** пора́; **2.** *präp +akk* (*räumlich*) к, на, о́коло; **sich ~ den Tisch setzen** сади́ться к столу́; **3.** *adv:* **von nun ~** с э́того моме́нта; **das Licht ist ~** свет включён
Anabolikum *nt* ⟨-s, Anabolika⟩ анаболи́ческое сре́дство *nt*
anal *adj* ана́льный
analog *adj* аналоги́чный
Analogie *f* ⟨-, -n⟩ анало́гия *f*
Analphabet, -in *m/f* ⟨-en, -en⟩ негра́мотный, -ная *m/f*
Analyse *f* ⟨-, -n⟩ ана́лиз *m*
analysieren *vt* анализи́ровать *impf/pf*, про- *pf*
Ananas *f* ⟨-, -⟩ анана́с *m*
Anarchie *f* ⟨-, -n⟩ ана́рхия *f*
Anarchist, -in *m/f* ⟨-en, -en⟩ анархи́ст, -ка *m/f*
Anatomie *f* ⟨-, -n⟩ анато́мия *f*
anatomisch *adj* анатоми́ческий
anbändeln *vi:* **mit jdm ~** (*umg*) заи́грывать с ке́м-л.
Anbau *m* ⟨-(e)s, -ten⟩ (*Gebäude*) пристро́йка *f*; (*das Anpflanzen*) разведе́ние *nt*
anbauen *vt* (*an Haus*) пристра́ивать, -ро́ить *pf*; (*anpflanzen*) выра́щивать, вы́растить *pf*
anbei *adv* при сём; **~ senden wir Ihnen...** в приложе́нии посыла́ем вам
anbeißen **1.** *irr vi* (*Fisch, auch fig*) клева́ть, клю́нуть *pf*; **2.** *vt* (*von etw abbeißen*) надку́сывать, -си́ть *pf*
anbeten *vt* (*Gott*) моли́ться, по- *pf*; (*fig*) поклоня́ться *impf*
Anbetracht : **in ~ von** принима́я во внима́ние
anbiedern *vr* подли́зываться, -за́ться *pf*, подма́зываться, -ма́заться *pf*

anbieten 1. *irr vt* предлага́ть, -ложи́ть *pf*; 2. *vr* вызыва́ться, вы́зваться *pf*, предлага́ть, -ложи́ть *pf* себя́
anbinden *irr vt* привя́зывать, -за́ть *pf*
Anblick *m* ⟨-(e)s, -e⟩ взгля́д *m*
anblicken *vt* взгляну́ть *pf*, взгля́дывать *impf*
anbraten *irr vt* слегка́ обжа́ривать, -рить *pf*
anbrechen 1. *irr vt* надла́мывать, -ломи́ть *pf*; (*Vorräte*) начина́ть, -ча́ть *pf*; **eine angebrochene Schachtel Pralinen** на́чатая коро́бка конфе́т; 2. *vi* (*Tag, Nacht*) наступа́ть, -пи́ть *pf*
anbrennen *irr vi* загора́ться, -ре́ться *pf*; (*Fleisch*) пригора́ть, -ре́ть *pf*; **nichts ~ lassen** (*umg*) ничего́ не упуска́ть
anbringen *irr vt* (*festmachen*) приде́лывать, -де́лать *pf*, прикрепля́ть, -пи́ть *pf*; (*umg:Person*) пристра́ивать, -стро́ить *pf*
Anbruch *m* ⟨*gen:*-(e)s⟩ надло́м *m*; **bei ~ der Dunkelheit** с наступле́нием темноты́
anbrüllen *vt* рыча́ть *impf*
Andacht *f* ⟨-, -en⟩ благогове́ние *nt*; (*Gottesdienst*) моле́бен *m*
andächtig *adj* благогове́йный
andauern *vi* продолжа́ться, -до́лжиться *pf*
Andenken *nt* ⟨-s, -⟩ (*Gedenken*) па́мять *f*; (*Souvenir*) сувени́р *m*
andere(r,s) *pron indef* друго́й; **einer nach dem ~n** оди́н за други́м
andererseits *adv* с друго́й стороны́
ändern 1. *vt* изменя́ть, -ни́ть *pf*; 2. *vr* изменя́ться, -ни́ться *pf*
anders *adv* (*fremd, ungewohnt*) ина́че; **jemand ~** кто́-нибудь друго́й
Andersdenkende(r) *mf* ⟨-n, -n⟩ инакомы́слящий, -щая *m/f*
anderthalb *num* полтора́
Änderung *f* ⟨-, -en⟩ измене́ние *nt*
andeuten *vt* (*eine Andeutung machen*) намека́ть, -кну́ть *pf*; (*skizzieren*) намеча́ть, -ме́тить *pf*
Andeutung *f* ⟨-, -en⟩ (*Anzeichen*) при́знак *m*, сла́бый след *m*; (*Anspielung*) намёк *m*
andichten : **jdm etw ~** припи́сывать кому́-л. что́-л.
Andorra *nt* ⟨*gen:*-s⟩ Андо́рра *f*
Andrang *m* ⟨*gen:*-(e)s⟩ напо́р *m*; **an der Kinokasse herrschte großer ~** у ка́ссы кинотеа́тра была́ больша́я толчея́
andrehen *vt:* **jdm etw ~** (*umg*) навяза́ть кому́-л. что́-л.
androhen *vt* угрожа́ть *impf*; **jdm etw ~** угрожа́ть кому́-л. че́м-л.
anecken *vi* (*umg*) вызыва́ть, вы́звать *pf* недово́льство, производи́ть, -вести́ *pf* неприя́тное впечатле́ние
aneignen *vt:* **sich etw ~** (*widerrechtlich*) присва́ивать себе́ что́-л.; **sich Kenntnisse über etw ~** овладева́ть зна́ниями о чём-л.
aneinander *adv* друг дру́гу, друг с дру́гом
aneinandergeraten *irr vi* вздо́рить, по- *pf*
Anekdote *f* ⟨-, -n⟩ анекдо́т *m*
anekeln *vt:* **das ekelt mich an** мне э́то проти́вно
Anemone *f* ⟨-, -n⟩ ве́треница *f*
anerkannt *adj* при́знанный; **ein ~er Experte** при́знанный экспе́рт
anerkennen *irr vt* (*Person*) призна́ть *pf*, -знава́ть *impf*; (*Bemühungen*) одобря́ть, одо́брить *pf*; (*Staat*) призна́ть *pf*, -знава́ть *impf*
Anerkennung *f* ⟨-, -en⟩ (*Bestätigung*) призна́ние *nt*; (*Lob*) похвала́ *f*; (*von Staat*) призна́ние *nt*
anfahren 1. *irr vt* (*antransportieren*) привози́ть, -везти́ *pf*; (*ansteuern*) направля́ться, -пра́виться *pf*; (*verletzen*) сбить *pf*, сбива́ть *impf*, наезжа́ть, -е́хать *pf*; **er wurde von einem LKW angefahren** его́ сбил грузови́к; (*zurechtweisen*) набро́ситься *pf*, -бра́сываться *impf*, накрича́ть *pf*; 2. *irr vi* (*starten*) отъезжа́ть, -е́хать *pf*
Anfall *m* ⟨-(e)s, Anfälle⟩ припа́док *m*; **in einem ~ von Zorn** в припа́дке гне́ва
anfallen 1. *irr vt* (*angreifen*) напада́ть, -па́сть *pf*; 2. *vi* (*Kosten, Arbeit*) возника́ть, -ни́кнуть *pf*
anfällig *adj* восприи́мчивый (*für +akk* к *+dat*)
Anfälligkeit *f* ⟨-, -en⟩ подве́рженность *f*, восприи́мчивость *f*
Anfang *m* ⟨-(e)s, Anfänge⟩ нача́ло *nt*; **am ~** в нача́ле
anfangen 1. *irr vi* начина́ться, -ча́ться *pf*; 2. *vt* начина́ть, -ча́ть *pf*
Anfänger, -in *m/f* ⟨-s, -⟩ начина́ющий, -щая *m/f*, новичо́к *m*
anfangs *adv* снача́ла
Anfangsbuchstabe *m* ⟨-n, -n⟩ нача́льная бу́ква *f*
anfassen 1. *vt* (*berühren*) дотра́гиваться, -тро́нуться *pf*; **jdn hart ~** гру́бо обраща́ться с ке́м-л.; 2. *vi* (*mithelfen*) бра́ться, взя́ться *pf*; **steh hier nicht so rum, faß doch auch mal mit an** не́чего тут стоя́ть, возьми́сь-ка, да помоги́; **eine Sache beim rechten Ende ~** уме́ло взя́ться за де́ло
anfechten *irr vt* оспа́ривать, -по́рить *pf*

anfertigen *vt* изготовля́ть, -то́вить *pf*
anfeuchten *vt* увлажня́ть, -ни́ть *pf*
anfeuern *vt* (*fig*) воодушевля́ть, -ви́ть *pf*
anflehen *vt* умоля́ть, -ли́ть *pf*
anfliegen *irr vt* прилета́ть, -те́ть *pf*
Anflug *m* ⟨-(e)s, Anflüge⟩ прилёт *m*
anfordern *vt* тре́бовать, по- *pf*
Anfrage *f* ⟨-, -n⟩ запро́с *m*
anfragen *vi* запра́шивать, -проси́ть *pf*
anfreunden *vr:* **sich mit jdm ~** подружи́ться с ке́м-л.; **sich mit etw ~** (*Gegebenheit, Gedanke*) смири́ться с че́м-л.
anfühlen *vt* (*betasten*) ощу́пывать, -пать *pf*
anführen *vt* (*vorbringen*) приводи́ть, -вести́ *pf*; **ich möchte ein Beispiel ~** хочу́ привести́ приме́р
Anführer, -in *m/f* ⟨-s, -⟩ предводи́тель, -ница *m/f*
Anführungszeichen *nt* ⟨-s, -⟩ кавы́чки *fpl*
Angabe *f* ⟨-, -n⟩ (*Aussage, Information*) сообще́ние *nt*, информа́ция *f*; (*SPORT*) пода́ча *f*; (*umg:Angeberei*) хвастовство́ *nt*
angeben 1. *irr vt* (*eine Angabe machen*) сообща́ть, -щи́ть *pf*; (*Ton*) задава́ть, -да́ть *pf*; **2.** *vi* (*aufschneiden*) хва́статься, по- *pf*; (*SPORT*) подава́ть, -да́ть *pf*
Angeber, -in *m/f* ⟨-s, -⟩ (*umg*) хвасту́н, -нья *m/f*
Angeberei *f* ⟨-, -en⟩ (*umg*) хвастовство́ *nt*
angeblich *adj* мни́мый
angeboren *adj* (*Krankheit*) врождённый
Angebot *nt* ⟨-(e)s, -e⟩ предложе́ние *nt*; (*ÖKON*) предложе́ние *nt*; **jdm ein ~ machen** предлага́ть кому́-л. что́-л.
angebracht *adj* уме́стный; **etw für ~ halten** счита́ть что́-л. уме́стным
angeheitert *adj* (*angetrunken*) подвы́пивший, на подпи́тии
angehen 1. *irr vt* (*betreffen*) каса́ться, косну́ться *pf*; (*bitten*) проси́ть, по- *pf* (*um +akk* о *+präpos*); **2.** *vi* (*Licht*) зажига́ться, -же́чься *pf*; **das geht Sie überhaupt nicht an!** (*umg*) э́то вас соверше́нно не каса́ется!
angehend *adj* начина́ющий; **ein ~er Rechtsanwalt** начина́ющий адвока́т
angehören *vi* принадлежа́ть *impf*
Angehörige(r) *mf* ⟨-n, -n⟩ бли́зкий ро́дственник, -ица *m/f*
Angeklagte(r) *mf* ⟨-n, -n⟩ обвиня́емый, -мая *m/f*
angeknackst *adj* (*Gesundheit*) надло́мленный
Angel *f* ⟨-, -n⟩ у́дочка *f*; (*Tür~*) пе́тля *f*
Angelegenheit *f* ⟨-, -en⟩ де́ло *nt*; **sich in fremde ~n mischen** вме́шиваться в чужи́е дела́
angeln 1. *vt* уди́ть *impf*; **2.** *vi* выла́вливать, вы́ловить *pf*
angelsächsisch *adj* англосаксо́нский
angemessen *adj* соотве́тствующий, подоба́ющий
angenehm *adj* прия́тный
angenommen *adj* усло́вный
angepaßt *adj* подходя́щий
angesagt *adj* (*umg*) быть в мо́де; **lange Röcke sind wieder ~** дли́нные ю́бки сно́ва в мо́де
angesichts *präp +gen* пе́ред лицо́м; **~ der Tatsache, daß** ввиду́ того́, что
angespannt *adj* напряжённый
Angestellte(r) *mf* ⟨-n, -n⟩ слу́жащий, -щая *m/f*
angestrengt *adj* напряжённый
angetrunken *adj* подвы́пивший
angewiesen *adj:* **auf jdn ~ sein** зави́сеть от кого́-л.
angewöhnen *vt* приуча́ть, -чи́ть *pf*; **sich/jdm etw ~** приучи́ть себя́/кого́-л. к чему́-л.
Angewohnheit *f* ⟨-,-en⟩ плоха́я привы́чка *f*
Angina *f* ⟨-, Anginen⟩ анги́на *f*
angleichen *irr vt* прира́внивать, -ня́ть *pf* (*an +akk* к *+dat*)
Angler, -in *m/f* ⟨-s, -⟩ рыболо́в *m*
Anglizismus *m* ⟨-, Anglizismen⟩ англици́зм *m*
angreifen *irr vt* (*Person*) напада́ть, -па́сть *pf*; (*Vorräte*) нача́ть *pf*, -чина́ть *impf*; (*beschädigen*) пло́хо де́йствовать, по- *pf*
Angreifer, -in *m/f* ⟨-s, -⟩ напада́ющий, -щая *m/f*
Angriff *m* ⟨-(e)s, -e⟩ нападе́ние *nt*; **etw in ~ nehmen** взя́ться за что́-л.
angriffslustig *adj* провокати́вный, задиристый
Angst *f* ⟨-, Ängste⟩ страх *m*; **keine ~ !** споко́йно !; **(keine) ~ haben** (не) боя́ться
Angsthase *m* ⟨-n, -n⟩ (*umg*) труси́шка *m*, боягу́з *m*
ängstigen 1. *vt* пуга́ть, ис- *pf*; **2.** *vr* боя́ться, по- *pf*
ängstlich *adj* боязли́вый; (*besorgt*) обеспоко́енный
Ängstlichkeit *f* ⟨*gen:-*⟩ боязли́вость *f*
angucken *vt* (*umg*) гляде́ть, по- *pf*
anhaben *irr vt* (*Kleidung*) носи́ть *impf*; **er kann mir nichts~** он не мо́жет мне ничего́ сде́лать
anhalten 1. *irr vt* (*aufhalten*)

останáвливать, -новúть *pf*; (*Atem*) затáивать, -úть *pf*; **2.** *vi* (*stehenbleiben*) останáвливаться, -новúться *pf*; (*andauern*) продолжáться, -дóлжиться *pf*; **ein Kind zur Ehrlichkeit ~** приучáть ребёнка к прáвдивости

anhaltend *adj* длúтельный

Anhalter, -in *m/f* ⟨-s, -⟩ éдущий, -щая *m/f* „автостóпом"; **per ~ fahren** éхать „автостóпом"

Anhaltspunkt *m* ⟨-(e)s, -e⟩ основáние *nt*, отправнáя тóчка *f*

Anhang *m* ⟨-(e)s, Anhänge⟩ (*Ergänzung*) дополнéние *nt*; (*Angehörige*) блúзкие *pl*; (*Gefolge*) привéрженцы *mpl*

anhängen 1. *vt* (*an etw hängen*) вéшать, повéсить *pf*; (*Wagen*) брать, взять *pf* на буксúр, прицеплять, -пúть *pf*; (*hinzufügen*) прибавлять, -бáвить *pf*; **2.** *vr* прицепúться *pf*, -пляться *impf* (*an +akk* к *+dat*); **jdm etw ~** наговорúть на когó-л. чтó-л.

Anhänger *m* ⟨-s, -⟩ (*Mensch*) привéрженец *m*; (*Wagen*) прицéп *m*; (*Schmuck*) кулóн *m*

anhänglich *adj* прéданный, привязчивый

Anhänglichkeit *f* ⟨*gen:-*⟩ прéданность *f*, привязанность *f*

Anhängsel *nt* ⟨-s, -⟩ подвéска *f*

Anhäufung *f* ⟨-, -en⟩ накоплéние *nt*; (*fig*) нагромождéние *nt*

anheben *irr vt* (*heben*) приподнимáть, -нять *pf*; (*erhöhen*) повышáть, -вы́сить *pf*

Anhieb : auf ~ одним мáхом

anhimmeln *vt:* **jdn anhimmeln** быть без умá от когó-л.

Anhöhe *f* ⟨-, -n⟩ возвы́шенность *f*, пригóрок *m*

anhören 1. *vt* вы́слушать *pf*, -слýшивать *impf*; **2.** *vr:* **das hörte sich häßlich an** это звучáло ужáсно

Animateur, -in *m/f* ⟨-s, -e⟩ организáтор *m* досýга

animieren *vt* подзадóривать, -рить *pf*; **jdn zu etw ~** побуждáть когó-л. к чемý-л.

Anis *m* ⟨-(es), -e⟩ анúс *m*

ankämpfen *vi* борóться *impf* (*gegen +akk* с *+inst*)

Anker *m* ⟨-s, -⟩ якорь *m*; **vor ~ liegen** стоять на якоре

ankern *vi* стáть *pf*, становúться *impf* на якорь

Anklage *f* ⟨-, -n⟩ упрёк *m*, обвинéние *nt*; (*JUR*) обвинéние *nt*

Anklagebank *f* ⟨*gen:-*⟩ скамья *f* подсудúмых

anklagen *vt* упрекáть, -кнýть *pf*; (*JUR*) обвинять, -нúть *pf*

Anklang *m* ⟨-(e)s, Anklänge⟩ óтклик *m*; **~ finden** находúть óтклик

ankleben *vt* наклéивать, -ить *pf*

ankleiden *vr* одевáться, одéться *pf*

anklopfen *vi* стучáться, по- *pf*

anknüpfen 1. *vi* продолжáть, -дóлжить *pf*; **an die alte Tradition ~** продóлжить стáрую традúцию; **2.** *vt* (*Strick*) привязывать, -зáть *pf*; (*Beziehung*) завязывать, -зáть *pf*

ankommen *irr vi* (*an einem Ort*) прибывáть, -бы́ть *pf*; (*von Bedeutung sein*) зависеть *impf* (*auf +akk* от *+gen*); **es kommt darauf an, daß ...** всё зависит от тогó, что...; **es auf etw ~ lassen** не останáвливаться пéред чéм-л.; **bei jdm gut ~** (*umg*) быть хорошó воспрúнятым кéм-л.; **gegen jdn ~** тягáться с кéм-л.

ankotzen *vt* (*vulg*) тошнúть, стошнúть *pf*; **das kotzt mich an** мне это отвратúтельно

ankreiden *vt:* **jdm etw ~** стáвить чтó-л. комý-л. в винý

ankündigen 1. *vt* объявлять, -вúть *pf*; **2.** *vr* заявлять, -вúть *pf* о себé

Ankündigung *f* ⟨-, -en⟩ объявлéние *nt*

Ankunft *f* ⟨-, Ankünfte⟩ прибы́тие *nt*

Ankunftszeit *f* ⟨-, -en⟩ врéмя *nt* прибы́тия

anlächeln *vt* улыбáться, -бнýться *pf*

anlachen *vt* смотрéть, по- *pf* смеясь

Anlage *f* ⟨-, -n⟩ (*Bau, Gebäude*) сооружéние *nt*; (*Park*) парк *m*; (*Brief~*) приложéние *nt*; (*Geld~*) вложéние *nt*, помещéние *nt*; (*TECH*) устрóйство *nt*; (*Begabung*) спосóбность *f*

Anlaß *m* ⟨Anlasses, Anlässe⟩ пóвод *m*; (*Ereignis*) собы́тие *nt*; **keinen ~ zu etw sehen** не вúдеть причúны для чегó-л.

anlassen 1. *irr vt* (*Motor*) запускáть, -стúть *pf*; (*Kleidung*) оставáться, -тáться *pf* в одéжде; (*Licht*) не выключáть, не вы́ключить *pf*; **2.** *vr:* **etw läßt sich gut/schlecht an** чтó-то идёт/не идёт на лад

Anlasser *m* ⟨-s, -⟩ (*KFZ*) стáртер *m*

anläßlich *präp +gen* по пóводу

Anlauf *m* ⟨-(e)s, Anläufe⟩ (*SPORT*) разбéг *m*; (*Versuch*) попы́тка *f*; **~ nehmen** взять разбéг; **im** [*o* **beim**] **ersten ~** с пéрвой попы́тки

anlaufen *irr vi* (*beginnen*) начинáться, -чáться *pf*; (*Metall*) тускнéть, по- *pf*; (*kommen*) прибежáть *pf*, -бегáть *impf*; (*SPORT*) разбегáться, -бежáться *pf*; **rot ~** покраснéть

anlegen 1. *vt* (*an etw legen*) приклáдывать, приложúть *pf* к грудú;

(*Schmuck*) надева́ть, -де́ть *pf*; (*Vorrat*) де́лать, сде́лать *pf*; (*Geld*) вкла́дывать, вложи́ть *pf*; (*Garten*) разбива́ть, -би́ть *pf*; (*Gewehr*) вски́нуть *pf*, вски́дывать *impf*; **2.** *vi* (*Schiff*) прича́ливать, -лить *pf*
anlehnen 1. *vt* (*an etw lehnen*) прислоня́ть, -ни́ть *pf*; (*Tür*) притворя́ть, -ри́ть *pf*; **2.** *vr* прислоня́ться, -ни́ться *pf*
Anleihe *f* ⟨-, -n⟩ заём *m*
anleiten *vt* руководи́ть *impf*
Anleitung *f* ⟨-, -n⟩ указа́ние *nt*, руково́дство *nt*; **unter ~** под руково́дством
Anliegen *nt* ⟨-s, -⟩ жела́ние *nt*, про́сьба *f*; **ein ~ haben** име́ть про́сьбу
Anlieger, -in *m/f* ⟨-s, -⟩ *живу́щий в до́ме/на уча́стке, прилега́ющем к доро́ге*; **Parken nur für ~** стоя́нка разрешена́ то́лько жи́телям да́нной у́лицы
anlocken *vt* привлека́ть, -ле́чь *pf*
anlügen *vt* лгать, солга́ть *pf*
anmachen *vt* (*befestigen*) прикрепля́ть, -пи́ть *pf*; (*Salat*) заправля́ть, -пра́вить *pf*; (*umg:Frau, Mann*) пристава́ть, -та́ть *pf*, заи́грывать *impf*
anmaßen *vr:* **sich etw~** позволя́ть себе́ что́-л.; **sich das Recht ~** присва́ивать себе́ пра́во; **jd maßt sich viel an** кто́-л. мно́го на себя́ берёт
anmaßend *adj* высокоме́рный, надме́нный
Anmaßung *f* ⟨-, -en⟩ высокоме́рие *nt*, де́рзость *f*
anmeckern *vt* (*umg*) придира́ться, -дра́ться *pf*
Anmeldeformular *nt* ⟨-(e)s, -e⟩ регистрацио́нный бланк *m*
anmelden 1. *vt* объявля́ть, -ви́ть *pf*; (*Ansprüche*) заявля́ть, -ви́ть *pf*; (*Konkurs*) объявля́ть, -ви́ть *pf*; **2.** *vr* пропи́сываться, -са́ться *pf*; (*sich ankündigen*) сообщи́ть *pf*, -ща́ть *impf* о своём прибы́тии
Anmeldung *f* ⟨-, -en⟩ (*das Anmelden*) прописка *f*; (*Schalter*) регистрату́ра *f*
anmerken *vt* (*notieren*) замеча́ть, -ме́тить *pf*; **an dieser Stelle sollte man ~, daß ...** в э́том ме́сте необходи́мо заме́тить, что...; (*spüren*) замеча́ть, -ме́тить *pf*; **man konnte ihm die Enttäuschung deutlich ~** разочарова́ние бы́ло напи́сано у него́ на лице́; **sich nichts ~ lassen** не пока́зывать ви́ду
Anmerkung *f* ⟨-, -en⟩ (*Bemerkung*) замеча́ние *nt*; (*Fußnote*) сно́ска *f*
Anmut *f* ⟨*gen:-*⟩ пре́лесть *f*, изя́щество *nt*
anmutig *adj* преле́стный
annähen *vt* пришива́ть, -ши́ть *pf*
annähernd 1. *adv* (*fast*) почти́, приблизи́тельно; **2.** *adj* приблизи́тельный, приме́рный; **nicht ~** ничего́ похо́жего
Annäherung *f* ⟨-, -en⟩ приближе́ние *nt*
Annäherungsversuch *m* ⟨-(e)s, -e⟩ попы́тка *f* сближе́ния
Annahme *f* ⟨-, -n⟩ приём *m*; (*Vermutung*) предположе́ние *nt*; **in der ~, daß** предполага́я, что
Annalen *pl* ⟨*gen:-*⟩ анна́лы *pl*
annehmbar *adj* прие́млемый
annehmen 1. *irr vt* (*entgegennehmen*) принима́ть, -ня́ть *pf*; (*Gewohnheit*) брать, взять *pf* в привы́чку; (*vermuten*) предполага́ть, -ложи́ть *pf*; **2.** *vr:* **sich einer Sache/Person ~** взя́ться за како́е-л. де́ло/кого́-л.
Annehmlichkeit *f* ⟨-, -en⟩ удово́льствие *nt*, прия́тность *f*
annektieren *vt* аннекси́ровать *impf/pf*
Annonce *f* ⟨-, -n⟩ анонс *m*, объявле́ние *nt*
annoncieren *vi* помеща́ть, -мести́ть *pf* объявле́ние
annullieren *vt* отменя́ть, -ни́ть *pf*, аннули́ровать *impf/pf*
Anode *f* ⟨-, -n⟩ ано́д *m*
anöden *vt* (*umg*) надоеда́ть, -е́сть *pf*, наску́чивать, -чить *pf*
anomal *adj* анома́льный
anonym *adj* анони́мный
Anonymität *f* ⟨*gen:-*⟩ анони́мность *f*
Anorak *m* ⟨-s, -s⟩ спорти́вная ку́ртка *f*
anordnen *vt* (*ordnen*) располага́ть, -ложи́ть *pf*; (*befehlen*) прика́зывать, -за́ть *pf*
Anordnung *f* ⟨-, -en⟩ расположе́ние *nt*; (*Befehl*) распоряже́ние *nt*, приказа́ние *nt*
anorganisch *adj* неоргани́ческий
anpacken *vt* схвати́ть *pf*, схва́тывать *impf*; (*fig*) бра́ться, взя́ться *pf*
anpassen 1. *vt* приспоса́бливать, -со́бить *pf*; (*Kleider*) подгоня́ть, -догна́ть *pf*; **2.** *vr* приспоса́бливаться, -со́биться *pf*
Anpassung *f* ⟨-, -en⟩ приспособле́ние *nt*, адапта́ция *f*
anpassungsfähig *adj* приспоса́бливающийся
Anpfiff *m* ⟨-(e)s, -e⟩ (*SPORT*) свисто́к *m* к нача́лу игры́; (*umg:Rüge*) нагоня́й *m*
anpflaumen *vt* (*umg*) дразни́ть *impf*
anpöbeln *vt* груби́ть, на- *pf*
anprangern *vt* клейми́ть, за- *pf* позо́ром
anpreisen *irr vt* расхва́ливать, -ли́ть *pf*

Anprobe *f* ⟨-, -n⟩ приме́рка *f*
anprobieren *vt* примеря́ть, -ме́рить *pf*
anpumpen *vt:* **jdn um 50 DM ~** скача́ть у кого́-л. 50 ма́рок
anrechnen *vt* засчи́тывать, -та́ть *pf*; **jdm etw hoch ~** ста́вить что́-л. кому́-л. в заслу́гу
Anrecht *nt* ⟨-(e)s, -e⟩ пра́во *nt*
Anrede *f* ⟨-, -n⟩ обраще́ние *nt*
anreden *vt* загова́ривать, -вори́ть *pf*; **jdn mit Vornamen ~** обрати́ться к кому́-л. по и́мени
anregen *vt* (*zu etw bewegen*) побужда́ть, -буди́ть *pf*; (*Thema*) затра́гивать, -тро́нуть *pf*
anregend *adj* возбужда́ющий; (*Gespräch*) увлека́тельный
Anregung *f* ⟨-, -en⟩ побужде́ние *nt*, толчо́к *m*; (*Vorschlag*) предложе́ние *nt*, инициати́ва *f*
anreichern *vt* обогаща́ть, -гати́ть *pf*
Anreise *f* ⟨-, -n⟩ прие́зд *m*, зае́зд *m*
anreisen *vi* приезжа́ть, -е́хать *pf*
Anreiz *m* ⟨-es, -e⟩ побужде́ние *nt*; **jdm einen ~ zu etw geben** побуди́ть кого́-л. к чему́-л.
anrichten *vt* (*Schaden*) причини́ть *pf*, -ня́ть *impf*; (*Speisen*) гото́вить *impf* к пода́че на стол
anrüchig *adj* по́льзующийся дурно́й сла́вой
Anruf *m* ⟨-(e)s, -e⟩ (*Telefon~*) звоно́к; (*Zuruf*) о́клик *m*
Anrufbeantworter *m* ⟨-s, -⟩ автоотве́тчик *m*
anrufen *irr vt* (*telefonisch*) звони́ть, по- *pf*
Ansage *f* ⟨-, -n⟩ объявле́ние *nt*
ansagen 1. *vt* объявля́ть, -ви́ть *pf*; **2.** *vr* извеща́ть , -вести́ть *pf*
Ansager, -in *m/f* ⟨-s, -⟩ веду́щий, -щая *m/f*
Ansammlung *f* ⟨-, -en⟩ (*Anhäufung*) накопле́ние *nt*; (*Menschen~*) скопле́ние *nt*
ansässig *adj* ме́стный
Ansatz *m* ⟨-es, Ansätze⟩ (*Schicht*) налёт *m*
anschaffen *vt* приобрета́ть, -рести́ *pf*
Anschaffung *f* ⟨-, -en⟩ приобрете́ние *nt*
anschalten *vt* включа́ть, -чи́ть *pf*
anschauen *vt* смотре́ть, по- *pf*
anschaulich *adj* нагля́дный
Anschauung *f* ⟨-, -en⟩ (*Betrachtungsweise*) взгля́д *m*; (*Meditation*) созерца́ние *nt*; **etw aus eigener ~ kennen** знать что-л. по со́бственному о́пыту
Anschein *m* ⟨*gen:*-(e)s⟩ ви́димость *f*; **dem/allem ~ nach** по все́й ви́димости
anscheinend *adv* ви́димо
anschieben *irr vt* придвига́ть, -ви́нуть *pf*
Anschlag *m* ⟨-(e)s, Anschläge⟩ (*Attentat*) покуше́ние *nt*; (*Aushang*) афи́ша *f*; (*auf Schreibmaschine, an Klavier*) уда́р *m*; (*Endpunkt*) упо́р *m*
anschlagen 1. *irr vt* (*aushängen*) выве́шивать, вы́весить *pf*; (*Tasten*) ударя́ть, уда́рить *pf*; **2.** *vi* (*wirken*) де́йствовать, по- *pf*
anschleppen *vt* (*Auto*) подта́лкивать, -толкну́ть *pf*, подта́скивать, -тащи́ть *pf*
anschließen 1. *irr vt* (*Fahrrad*) запира́ть, -пере́ть *pf*; (*Elektrogerät*) подключа́ть, -чи́ть *pf*; **2.** *vr* (*zustimmen*) присоединя́ться, -ни́ться *pf*; **sich der Mehrheit ~** присоодини́ться к большинству́
anschließend 1. *adj* примыка́ющий; (*zeitlich*) после́дующий; **2.** *adv* вслед (*an +akk* за *+inst*)
Anschluß *m* ⟨Anschlusses, Anschlüsse⟩ присоедине́ние *nt*, подключе́ние *nt*; (*Zugverbindung*) возмо́жность *f* переса́дки; **ich muß dann einen halben Tag auf einen ~ warten** мне тогда́ придётся полдня́ ждать переса́дки; (*Kontakt*) подключе́ние *nt*, конта́кт *m*; **im ~ an** сра́зу же по́сле
anschmiegsam *adj* (*Kleid*) облега́ющий, прилега́ющий
anschnallen 1. *vr* пристёгиваться, -стегну́ться *pf*; **2.** *vt* пристёгивать, -стегну́ть *pf* ремнём
anschnauzen *vt* (*umg*) наора́ть *pf*
anschneiden *irr vt* (*in etw schneiden*) надреза́ть, -ре́зать *pf*; (*Thema*) затро́нуть *pf*, -тра́гивать *impf*
anschreiben *irr vt* (*an Tafel*) запи́сывать, -са́ть *pf*; (*Schulden*) записыва́ть, -са́ть *pf* в креди́т; **bei jdm gut/schlecht angeschrieben sein** бы́ть у кого́-то на хоро́шем/плохо́м счету́
anschreien *irr vt* накрича́ть *pf*
Anschrift *f* ⟨-, -en⟩ а́дрес *m*
anschwärzen *vt* (*umg*) черни́ть, очерни́ть *pf*, клевета́ть, оклевета́ть *pf*
anschwellen *irr vi* набуха́ть, -бу́хнуть *pf*; (*Lärm*) уси́ливаться, -литься *pf*
anschwindeln *vt* (*umg*) обма́нывать, -ну́ть *pf*, надува́ть, -ду́ть *pf*
ansehen *irr vt* смотре́ть, по- *pf*, осма́тривать, -мотре́ть *pf*; **jdm etw ~** замеча́ть что́-л. по кому́-л.
Ansehen *nt* ⟨*gen:*-s⟩ авторите́т *m*, уваже́ние *nt*; **großes ~ genießen** по́льзоваться больши́м уваже́нием
ansehnlich *adj* (*stattlich*) ви́дный; (*be-*

trächtlich) значи́тельный
ansein *irr vi* (*umg:angeschaltet sein*) быть *impf* включённым
ansetzen **1.** *vt* (*anfügen*) наса́живать, -сади́ть *pf*, присоединя́ть, -ни́ть *pf*; (*Trinkgefäß*) подноси́ть, -нести́ *pf*; (*Termin*) устана́вливать, -нови́ть *pf*; **2.** *vi* (*beginnen*) начина́ть, -ча́ть *pf*
Ansicht *f* ⟨-, -en⟩ взгля́д *m*; (*Meinung*) мне́ние *nt*; **meiner ~ nach** по моему́ мне́нию
Ansichtskarte *f* ⟨-, -n⟩ видова́я откры́тка *f*
Ansichtssache : **das ist ~** э́то де́ло вку́са
Anspannung *f* ⟨-, -en⟩ натяже́ние *nt*
Anspiel *nt* ⟨-(e)s, -e⟩ (*SPORT*) пода́ча *f*, пас *m*
anspielen **1.** *vi* намека́ть, -кну́ть *pf* (*auf +akk* на); **2.** *vt* (*SPORT*) пасова́ть *impf*
Anspielung *f* ⟨-, -en⟩ намёк *m*
Ansporn *m* ⟨*gen:*-(e)s⟩ сти́мул *m*, побужде́ние *nt*
anspornen *vt* (*Pferd*) пришпо́ривать, -рить *pf*; (*Person*) подстёгивать, -стегну́ть *pf*
Ansprache *f* ⟨-, -n⟩ (*Rede*) обраще́ние *nt*
ansprechen **1.** *irr vt* (*Person*) загова́ривать, -вори́ть *pf*; **ich möchte Sie direkt ~** я хочу́ обрати́ться непосре́дственно к вам; (*Thema*) обраща́ться, -рати́ться *pf*; **das Thema wurde schon lange nicht mehr angesprochen** к э́той те́ме уже́ давно́ не обраща́лись; (*gefallen*) нра́виться, по- *pf*; **2.** *irr vi* реаги́ровать, про- *pf* (*auf +akk* на); **auf diese Medizin spricht er nicht an** э́то лека́рство на него́ не де́йствует
ansprechend *adj* привлека́тельный, прия́тный
Ansprechpartner *m* ⟨-s, -⟩ конта́ктное лицо́ *nt*
anspringen **1.** *irr vt* (*anfallen*) броса́ться, бро́ситься *pf*, набра́сываться, -бро́ситься *pf*; **2.** *irr vi* (*Motor*) зарабо́тать *pf*
Anspruch *m* ⟨-(e)s, Ansprüche⟩ притяза́ние *nt*; **etw in ~ nehmen** воспо́льзоваться че́м-л. ; **auf etw ~ erheben** претендова́ть на что́-л.; **Ansprüche stellen** быть тре́бовательным
anspruchslos *adj* непритяза́тельный
anspruchsvoll *adj* взыска́тельный
anstacheln *vt* побужда́ть, -буди́ть *pf*, подстрека́ть, -стрекну́ть *pf*
Anstalt *f* ⟨-, -en⟩ учрежде́ние *nt*
Anstalten *pl* ⟨*gen:*-⟩: **~ machen, etw zu tun** гото́виться к чему́-л.
Anstand *m* ⟨*gen:*-(e)s⟩ прили́чие *nt*
anständig *adj* прили́чный
Anständigkeit *f* ⟨-, -en⟩ прили́чие *nt*, поря́дочность *f*
anstandslos *adv* неме́дленно, безоговоро́чно
anstarren *vt* уста́виться *pf*, глазе́ть *impf*
anstatt **1.** *präp +gen* вме́сто, взаме́н; **2.** *conj* : **~ etw zu tun** вме́сто того́, что́бы что́-то сде́лать
anstechen *irr vt* прока́лывать, -коло́ть *pf*, нака́лывать, -коло́ть *pf*; **ein Faß ~** начина́ть бо́чку вина́
anstecken **1.** *vt* (*mit einer Krankheit*) зарази́ть *pf*, -ража́ть *impf*; **2.** *vr* зарази́ться *pf*, -ража́ться *impf*
ansteckend *adj* зара́зный
Ansteckung *f* ⟨-, -en⟩ зараже́ние *nt*
anstehen *irr vi* стоя́ть *impf* в о́череди
ansteigen *irr vi* (*Gelände*) поднима́ться, -ня́ться *pf*; (*wachsen*) возраста́ть, -расти́ *pf*
anstelle *präp +gen* вме́сто
anstellen **1.** *vt* (*anschalten*) включа́ть, -чи́ть *pf*; (*beschäftigen*) принима́ть, -ня́ть *pf* на рабо́ту; (*Nachforschungen*) производи́ть, -вести́ *pf*; **2.** *vr* стать *pf*, станови́ться *impf* в о́чередь; **etw ~** (*umg*) натвори́ть что́-л; **stell dich nicht so an** (*umg*) не валя́й дурака́
Anstellung *f* ⟨-, -en⟩ приём *m* на рабо́ту
Anstieg *m* ⟨-(e)s, -e⟩ (*Erhöhung*) рост *m*, повыше́ние *nt*; (*Steigen*) подъём *m*; (*Weg*) подъём *m*
anstiften *vt:* **jdn ~, etw zu tun** подстрека́ть кого́-л. к каки́м-л. де́йствиям
Anstiftung *f* ⟨-, -en⟩ подстрека́тельство *nt*
anstimmen *vt* (*Lied*) запева́ть, -пе́ть *pf*
Anstoß *m* ⟨-es, Anstöße⟩ (*das Anstoßen*) удар *m*, толчо́к *m*; (*Antrieb*) по́вод *m*, толчо́к *m*; (*SPORT*) пе́рвый уда́р *m* по мячу́; **an etw ~ nehmen** раздража́ться и́з-за чего́-л.
anstoßen **1.** *irr vi* ударя́ться, уда́риться *pf*; (*SPORT*) нача́ть *pf*, -чина́ть *impf* игру́; **2.** *vt* толка́ть, -кну́ть *pf*; **auf etw/jdn ~** пить за что́-л./кого́-л.
anstößig *adj* предосуди́тельный
anstrahlen *vt* освеща́ть, -вети́ть *pf* ; (*Person*) смотре́ть, по- *pf* сия́ющими глаза́ми
anstreben *vt* стреми́ться *impf*
anstreichen *irr vt* (*mit Farbe*) кра́сить, по- *pf*; (*markieren*) отмеча́ть, -ме́тить *pf*
Anstreicher, -in *m/f* ⟨-s, -⟩ маля́р *m*
anstrengen **1.** *vr* напряга́ться, -ря́чься *pf*, **2.** *vt* напряга́ть, -ря́чь *pf*; (*Prozeß*)

возбуждáть, -будúть *pf*
anstrengend *adj* напряжённый, утомúтельный
Anstrengung *f* ⟨-, -en⟩ усúлие *nt*; (*Bemühung*) старáние *nt*
Anstrich *m* ⟨-(e)s, -e⟩ (*mit Farbe*) окрáска *f*; (*fig*) вид *m*, вúдимость *f*
anstürmen *vi* налетáть, -тéть *pf*
Antagonismus *m* ⟨-, Antagonismen⟩ (*geh*) антагонúзм *m*
Antarktis *f* ⟨*gen:-*⟩ Антáрктика *f*
antasten *vt* притрáгиваться, -рóнуться *pf*; (*fig*) посягáть, -гнýть *pf*
Anteil *m* ⟨-(e)s, -e⟩ часть *f*, дóля *f*; **an etw ~ nehmen** принимáть учáстие в чём-л.
Anteilnahme *f* ⟨*gen:-*⟩ учáстие *nt*
Antenne *f* ⟨-, -n⟩ антéнна *f*
Anthrazit *m* ⟨-s, -e⟩ антрацúт *m*
Anthropologie *f* ⟨*gen:-*⟩ антропológия *f*
antiautoritär *adj* антиавторитáрный
Antibabypille *f* ⟨-, -n⟩ противозачáточные таблéтки *fpl*
Antibiotikum *nt* ⟨-s, Antibiotika⟩ антибиóтик *m*
Antiblockiersystem *nt* ⟨-(e)s, -e⟩ антиблокирóвочная систéма *f*
antik *adj* (*die Antike betreffend*) антúчный; (*alt*) старúнный
Antike *f* ⟨*gen:-*⟩ антúчность *f*
Antikörper *m* ⟨-s, -⟩ антитéло *nt*
Antilope *f* ⟨-, -n⟩ антилóпа *f*
Antipathie *f* ⟨-, -n⟩ антипáтия *f*
Antiquariat *nt* ⟨-s, -e⟩ букинистúческий магазúн *m*
antiquiert *adj* устарéлый
Antiquität *f* ⟨-, -en⟩ антиквáрная вещь *f*
Antiquitätenhandel *m* ⟨*gen:-s*⟩ тóрговля *f* антиквариáтом
Antisemitismus *m* ⟨*gen:-*⟩ антисемитúзм *m*
antistatisch *adj* антистатúческий
Antiterroreinheit *f* ⟨-, -en⟩ антитеррористúческая оперáтивная грýппа *f*
Antithese *f* ⟨-, -n⟩ (*geh*) противопоставлéние *nt*, антитéза *f*
Antonym *nt* ⟨-s, -e⟩ антóним *m*
Antrag *m* ⟨-(e)s, Anträge⟩ (*allgemein*) предложéние *nt*; (*Gesuch*) заявлéние *nt*, ходáтайство *nt*; **einen ~ auf etw stellen** подавáть заявлéние на чтó-л.
Antragsformular *nt* ⟨-s, -e⟩ блáнк *m* заявлéния
antreffen *irr vt* заставáть, -стáть *pf*
antreiben **1.** *irr vt* (*Motor*) приводúть, -вестú *pf* в дéйствие; (*Mensch*) подгонять *impf*, -догнáть *pf*; (*Tier*) погонять *impf*; **2.** *vi* (*herantreiben*) приносúть, -нестú *pf* течéнием
antreten **1.** *irr vt* (*Amt*) приступáть, -тупúть *pf* к рабóте; (*Reise*) отправлятьcя, -прáвиться *pf*; (*Erbe*) вступáть, -пúть *pf* во владéние; **2.** *irr vi* (*SPORT*) выступáть, вы́ступить *pf* (*gegen +akk* прóтив *+gen*); (*MIL*) стрóиться, по- *pf*
Antrieb *m* ⟨-(e)s, -e⟩ прúвод *m*; (*fig*) побуждéние *nt*, толчóк *m*
antrinken *irr vt* отпúть *pf*, -пивáть *impf*; **sich Mut ~** вы́пить для хрáбрости
Antritt *m* ⟨-s, -e⟩ (*einer Reise*) начáло *nt*; (*eines Amtes*) вступлéние *nt* в дóлжность
antun *irr vt*: **jdm/sich etw ~** причинять комý-л./себé чтó-л.
Antwort *f* ⟨-, -en⟩ отвéт *m*
antworten *vi* отвечáть, -вéтить *pf*
anvertrauen **1.** *vt* доверять, -вéрить *pf*; **jdm etw ~** довéрить комý-л. чтó-л.; **2.** *vr* доверяться, -вéриться *pf*
anwachsen *irr vi* (*sich vermehren*) прирастáть, -стú *pf*; (*größer werden*) возрастáть, -стú *pf*, увелúчиваться, -чúться *pf*
Anwalt, Anwältin *m/f* ⟨-s, Anwälte⟩ адвокáт *m*
Anwandlung *f* ⟨-, -en⟩ прúступ *m*, припáдок *m*
Anwärter, -in *m/f* ⟨-s, -⟩ претендéнт, -ка *m/f*
anweisen *irr vt* (*zuteilen*) предоставлять, -тáвить *pf*; **jdn ~, etw zu tun** поручáть комý-л. сдéлать чтó-л.
Anweisung *f* ⟨-, -en⟩ (*Befehl*) распоряжéние *nt*, прикáзание *nt*; (*Zahlungs~*) перевóд *m*
anwendbar *adj* применúмый
anwenden *vt* применять, -нúть *pf*
Anwender, -in *m/f* ⟨-s, -⟩ пóльзователь, -ница *m/f*
Anwendung *f* ⟨-, -en⟩ применéние *nt*
anwerben *irr vt* вербовáть, за- *pf*
anwesend *adj* присýтствующий
Anwesenheit *f* ⟨*gen:-*⟩ присýтствие *nt*
anwidern *vt* вызывáть, вы́звать *pf* отвращéние
Anwohner, -in *m/f* ⟨-s, -⟩ *живýщий в непосрéдственной блúзости от чегó-л.*
Anzahl *f* ⟨*gen:-*⟩ числó *nt*, колúчество *nt*
anzahlen *vt* уплáчивать, -латúть *pf* пéрвый взнóс
Anzahlung *f* ⟨-, -en⟩ задáток *m*
anzapfen *vt* (*Faß*) починáть, -чáть *pf* бóчку; (*umg:Telefon*) подключáться, -чúться *pf*
Anzeichen *nt* ⟨-s, -⟩ прúзнак *m*; **beim geringsten ~ von** при малéйшем прúзнаке чегó-л.

Anzeige *f* ⟨-, -n⟩ (*TECH*) индика́ция *f*; (*JUR*) иск *m*; (*Werbung*) объявле́ние *nt*; **gegen jdn ~ erstatten** заяви́ть на кого́-л.
anzeigen *vt* официа́льно сообща́ть, -щи́ть *pf*; (*JUR*) заявля́ть, -ви́ть *pf*
Anzeiger *m* ⟨-s, -⟩ индика́тор *m*
anzetteln *vt* замышля́ть, -мы́слить *pf*
anziehen 1. *irr vt* (*Person*) привлека́ть, -ле́чь *pf*; (*Kleidung*) надева́ть, -де́ть *pf*; (*Schraube*) подтя́гивать, -тяну́ть *pf*; **2.** *irr vi* (*Preise*) поднима́ться, -ня́ться *pf*, расти́, вы- *pf*; **3.** *irr vr* одева́ться, оде́ться *pf*
anziehend *adj* зама́нчивый, привлека́тельный
Anziehung *f* ⟨-, -en⟩ (*Reiz*) привлека́тельность *f*
Anziehungskraft *f* ⟨-, -kräfte⟩ си́ла *f* притяже́ния
Anzug *m* ⟨-(e)s, Anzüge⟩ костю́м *m*
anzüglich *adj* ко́лкий; (*anstößig*) неприли́чный, двусмы́сленный
Anzüglichkeit *f* ⟨-, -en⟩ двусмы́сленность *f*
anzünden *vt* зажига́ть, -же́чь *pf*
Anzünder *m* ⟨-s, -⟩ зажига́лка *f*
anzweifeln *vt* сомнева́ться *impf*
AOK *abk von* ***Allgemeine Ortskrankenkasse*** *f общая ме́стная больни́чно-страхова́я ка́сса*
apart *adj* изы́сканный, оригина́льный
Apartheid *f* ⟨*gen:-*⟩ апартейд *m*
Apartment *nt* ⟨-s, -s⟩ аппартаме́нт *m*
Apathie *f* ⟨-, -n⟩ апа́тия *f*
apathisch *adj* апати́чный, безразли́чный
Aperitif *m* ⟨-s, -s⟩ аперити́в *m*
Apfel *m* ⟨-s, Äpfel⟩ я́блоко *nt*; **in den sauren ~ beißen** (*fig*) смири́ться с необходи́мостью
Apfelmus *nt* ⟨*gen:-es*⟩ я́блочное пюре́ *nt*
Apfelsaft *m* ⟨-(e)s, -säfte⟩ я́блочный сок *m*
Apfelsine *f* ⟨-, -n⟩ апельси́н *m*
Apfelstrudel *m* ⟨-s, -⟩ я́блочный стру́дель *m*
Apfelwein *m* ⟨-(e)s, -e⟩ я́блочное вино́ *nt*
Apostel *m* ⟨-s, -⟩ апо́стол *m*
Apostroph *m* ⟨-s, -e⟩ апостро́ф *m*
Apotheke *f* ⟨-, -n⟩ апте́ка *f*
Apotheker, -in *m/f* ⟨-s, -⟩ апте́карь *m*
Apparat *m* ⟨-(e)s, -e⟩ аппара́т *m*, прибо́р *m*; (*Telefon*) аппара́т *m*; **am ~!** у аппара́та!
Appell *m* ⟨-s, -e⟩ (*Aufruf*) призы́в *m*, обраще́ние *nt*; (*MIL*) перекли́чка *f*
appellieren *vi* апелли́ровать *impf/pf* (*an +akk* к *+dat*)
Appetit *m* ⟨-(e)s, -e⟩ аппети́т *m*; **guten ~!** прия́тного аппети́та !
appetitlich *adj* аппети́тный; (*fig*) привлека́тельный
Appetitlosigkeit *f* ⟨*gen:-*⟩ отсу́тствие *nt* аппети́та
applaudieren *vi* аплоди́ровать *impf*
Applaus *m* ⟨-es, -e⟩ аплодисме́нты *mpl*
Apposition *f* ⟨-, -en⟩ приложе́ние *nt*
Appretur *f* ⟨-, -en⟩ аппрети́рование *nt*, отде́лка *f*
Approbation *f* ⟨-, -en⟩ апроба́ция *f*
Aprikose *f* ⟨-, -n⟩ абрико́с *m*
April *m* ⟨-(s), -e⟩ апре́ль *m*; **jdn in den ~ schicken** подшути́ть над ке́м-л.
Aprilschauer *m* ⟨-s, -⟩ неожи́данный дождь *m*
Aprilwetter *nt* ⟨*gen:-s*⟩ переме́нчивая пого́да *f*
apropos *adv* кста́ти
Aquädukt *m* ⟨-(e)s, -e⟩ акведу́к *m*
Aquarell *nt* ⟨-s, -e⟩ акваре́ль *f*
Aquarium *nt* ⟨-s, Aquarien⟩ аква́риум *m*
Äquator *m* ⟨*gen:-(s)*⟩ эква́тор *m*
Äquivalent *nt* ⟨-(e)s, -e⟩ эквивале́нт *m*
Ära *f* ⟨*gen:-*⟩ э́ра *f*
Araber, -in *m/f* ⟨-s, -⟩ ара́б, -ка *m/f*
arabisch *adj* ара́бский
Arbeit *f* ⟨-, -en⟩ труд *m*, рабо́та *f*; (*Arbeitsstelle*) рабо́та *f*; (*Werk, Erzeugnis*) рабо́та *f*, изде́лие *nt*; (*wissenschaftliche ~*) труд *m*, рабо́та *f*; (*PHYS*) рабо́та *f*
arbeiten *vi* рабо́тать *impf*
Arbeiter, -in *m/f* ⟨-s, -⟩ рабо́чий, -бо́тница *m/f*
Arbeitgeber, -in *m/f* ⟨-s, -⟩ работода́тель, -ница *m/f*
Arbeitnehmer, -in *m/f* ⟨-s, -⟩ рабо́тающий, -щая *m/f* по на́йму
Arbeitsamt *nt* ⟨-(e)s, -ämter⟩ би́ржа *f* труда́
Arbeitsbeschaffungsmaßnahme *f* ⟨-, -n⟩ мероприя́тия *ntpl* по обеспече́нию за́нятости
arbeitsfähig *adj* трудоспосо́бный
Arbeitsgang *m* ⟨-(e)s, -gänge⟩ произво́дственная опера́ция *f*
Arbeitsgemeinschaft *f* ⟨-, -en⟩ кружо́к *m*
Arbeitskraft *f* ⟨-, -kräfte⟩ (*Arbeiter*) рабо́чий *m*; (*Leistung*) рабо́чая си́ла *f*
arbeitslos *adj* безрабо́тный
Arbeitslose(r) *mf* ⟨-n, -n⟩ безрабо́тный, -ная *m/f*
Arbeitslosengeld *nt* ⟨-es, -er⟩ посо́бие *nt* по безрабо́тице
Arbeitslosenhilfe *f* ⟨*gen:-*⟩ по́мощь *f* по безрабо́тице
Arbeitslosigkeit *f* ⟨*gen:-*⟩ безрабо́тица *f*

Arbeitsmarkt *m* ⟨-es, -märkte⟩ ры́нок *m* труда́
Arbeitsplatz *m* ⟨-es, -plätze⟩ рабо́чее ме́сто *nt*
Arbeitsspeicher *m* ⟨-s, -⟩ (*DV*) операти́вная па́мять *f*
Arbeitstag *m* ⟨-(e)s, -e⟩ рабо́чий день *m*
Arbeitstier *nt* ⟨-(e)s, -e⟩ рабо́чее живо́тное *nt*; (*fig*) рабо́чая ло́шадь *f*
arbeitsunfähig *adj* нетрудоспосо́бный
Arbeitszeit *f* ⟨-, -en⟩ рабо́чее вре́мя *nt*; **gleitende ~** скользя́щий гра́фик
Arbeitszeugnis *nt* ⟨-es, -se⟩ ≈ трудова́я кни́жка *f*
arbiträr *adj* (*geh*) произво́льный
archaisch *adj* архаи́чный
Archäologe, Archäologin *m/f* ⟨-n, -n⟩ архео́лог *m*
Archäologie *f* ⟨*gen:*-⟩ археоло́гия *f*
Architekt, -in *m/f* ⟨-en, -en⟩ архите́ктор *m*
Architektur *f* ⟨-, -en⟩ архитекту́ра *f*
Archiv *nt* ⟨-s, -e⟩ архи́в *m*
arg *adj* (*schlimm*) плохо́й
Argentinien *nt* ⟨*gen:*-s⟩ Аргенти́на *f*
Ärger *m* ⟨*gen:*-s⟩ (*Zorn*) гнев *m*; (*Scherereien*) неприя́тности *pl*; **mit jdm/etw ~ haben** име́ть с ке́м-л./че́м-л. неприя́тности
ärgerlich *adj* (*zornig*) серди́тый; (*lästig*) неприя́тный
ärgern 1. *vt* (*Person*) зли́ть, разо- *pf*; **2.** *vr* серди́ться, рас- *pf*
Ärgernis *nt* ⟨-ses, -se⟩: **öffentliches ~ erregen** вызыва́ть обще́ственное недово́льство
arglos *adj* (*nichtsahnend*) простоду́шный; (*harmlos*) безоби́дный
Argument *nt* ⟨-(e)s, -e⟩ аргуме́нт *m*
Argumentation *f* ⟨-, -en⟩ аргумента́ция *f*
argumentieren *vi* аргументи́ровать *impf/pf*
Argwohn *m* ⟨*gen:*-(e)s⟩ подозре́ние *nt*, недове́рие *nt*
argwöhnisch *adj* подозри́тельный, недове́рчивый
Arie *f* ⟨-, -n⟩ а́рия *f*
Aristokrat, -in *m/f* ⟨-en, -en⟩ аристокра́т, -ка *m/f*
Aristokratie *f* ⟨-, -n⟩ аристокра́тия *f*
aristokratisch *adj* аристократи́ческий
arithmetisch *adj* арифмети́ческий
Arktis *f* ⟨*gen:*-⟩ А́рктика *f*
arktisch *adj* аркти́ческий
arm *adj* (*mittellos*) бе́дный; (*bedauernswert*) бе́дный, несча́стный
Arm *m* ⟨-(e)s, -e⟩ рука́ *f*; (*eines Flusses*) рука́в *m*; **jdn auf den ~ nehmen** подшути́ть над ке́м-л.
Armatur *f* ⟨-, -en⟩ армату́ра *f*
Armaturenbrett *nt* ⟨-(e)s, -er⟩ прибо́рная доска́ *f*
Armband *nt* ⟨-(e)s, -bänder⟩ брасле́т *m*
Armbanduhr *f* ⟨-, -en⟩ нару́чные часы́ *mpl*
Arme(r) *mf* ⟨-n, -n⟩ бедня́к, -ня́чка *m/f*
Armee *f* ⟨-, -n⟩ а́рмия *f*
Ärmel *m* ⟨-s, -⟩ рука́в *m*; **die ~ hochkrempeln** засучи́ть рукава́
Ärmelkanal *m* ⟨*gen:*-s⟩ проли́в Ла-Ма́нш *m*
ärmlich *adj* жа́лкий
armselig *adj* убо́гий
Armut *f* ⟨*gen:*-⟩ бе́дность *f*
Armutszeugnis *nt* ⟨-ses, -se⟩ свиде́тельство *nt* о бе́дности; **sich ein ~ ausstellen** расписа́ться в свое́й несостоя́тельности
Aroma *nt* ⟨-s, Aromen⟩ арома́т *m*
aromatisch *adj* арома́тный
arrangieren 1. *vt* (*gestalten*) оформля́ть, офо́рмить *pf*; (*bewerkstelligen*) устра́ивать, -ро́ить *pf*; **2.** *vr* договори́ться *pf*, -ва́риваться *impf* (*mit +dat* с *+inst*)
Arrest *m* ⟨-(e)s, -e⟩ аре́ст *m*; **unter ~ stehen** находи́ться под аре́стом
arrogant *adj* надме́нный, высокоме́рный
Arroganz *f* ⟨*gen:*-⟩ надме́нность *f*, высокоме́рие *nt*
Arsch *m* ⟨-es, Ärsche⟩ (*vulg*) жо́па *m*
Arsenal *nt* ⟨-s, -e⟩ арсена́л *m*
Art *f* ⟨-, -en⟩ (*Weise*) спо́соб *m*, мане́ра *f*; (*Sorte*) сорт *m*; (*BIO*) вид *m*; **von der ~** подо́бный; **die ~ und Weise** спо́соб; **nach ~ des Hauses** по реце́пту до́ма
Art. *abk von Artikel*
Arterie *f* ⟨-, -n⟩ арте́рия *f*
Arterienverkalkung *f* ⟨*gen:*-⟩ артериосклеро́з *m*
artig *adj* послу́шный
Artikel *m* ⟨-s, -⟩ (*Text*) статья́ *f*; (*Ware*) това́р *m*; (*LING*) арти́кль *m*
artikulieren 1. *vt* произноси́ть, -нести́ *pf* членоразде́льно; **2.** *vr* выража́ться, вы́разиться *pf*
Artischocke *f* ⟨-, -n⟩ артишо́к *m*
Artist, -in *m/f* ⟨-en, -en⟩ арти́ст, -ка *m/f*
Arznei *f* ⟨-, -en⟩ лека́рство *nt*
Arzneimittel *nt* ⟨-s, -⟩ лека́рство *nt*, медикаме́нт *m*
Arzt *m* ⟨-es, Ärzte⟩ врач *m*
Arzthelferin *f* ⟨-, -nen⟩ *слу́жащая, помога́ющая врачу и веду́щая регистра́цию в ча́стной враче́бной пра́ктике*
Ärztin *f* ⟨-, -nen⟩ врач *m*, же́нщина-врач *f*; **sie ist eine gute ~** она́ хоро́ший врач

ärztlich *adj* врачéбный
As *nt* ⟨-ses, -se⟩ (*Kartenspiel*) туз *m*; (*umg: Könner*) ас *m*, мáстер *m*
Asbest *m* ⟨-(e)s, -e⟩ асбéст *m*
Asche *f* ⟨-, -n⟩ пéпел *m*
Aschenbahn *f* ⟨-, -en⟩ гáревая дорóжка *f*
Aschenbecher *m* ⟨-s, -⟩ пéпельница *f*
Aschenbrödel *nt* ⟨-s, -⟩ Зóлушка *f*
Aschermittwoch *m* ⟨*gen:*-s⟩ *средá на пéрвой недéле вели́кого постá*
Asiat, -in *m/f* ⟨-en, -en⟩ азиáт, -ка *m/f*
asiatisch *adj* азиáтский
Asien *nt* ⟨*gen:*-s⟩ Áзия *f*
Askese *f* ⟨*gen:*-⟩ аскети́зм *m*
Asket, -in *m/f* ⟨-en, -en⟩ аскéт *m*
asketisch *adj* аскети́чный
Äskulapstab *m* ⟨*gen:*-(e)s⟩ жéзл *m* Эскулáпа
asozial *adj* асоциáльный
Aspekt *m* ⟨-(e)s, -e⟩ аспéкт *m*; (*LING*) вид *m*
Asphalt *m* ⟨-s, -e⟩ асфáльт *m*
asphaltieren *vt* асфальти́ровать *impf/pf*, за- *pf*
aß *prät von* **essen**
Assembler *m* ⟨-s, -⟩ (*DV*) Ассéмблер *m*
Assistent, -in *m/f* ⟨-en, -en⟩ ассистéнт, -ка *m/f*
Assoziation *f* ⟨-, -en⟩ ассоциáция *f*
assoziieren *vt* ассоции́ровать *impf/pf*; **etw mit etw ~** ассоции́ровать чтó-л. с чéм-л.
Ast *m* ⟨-es, Äste⟩ сук *m*, вéтка *f*
Aster *f* ⟨-, -n⟩ áстра *f*
ästhetisch *adj* эстети́ческий; (*schön*) краси́вый, эстети́чный
Asthma *nt* ⟨*gen:*-(s)⟩ áстма *f*
Asthmatiker, -in *m/f* ⟨-s, -⟩ астмáтик *m*
astrein *adj* (*umg*) безупрéчный
Astrologe, Astrologin *m/f* ⟨-n, -n⟩ астрóлог *m*
Astrologie *f* ⟨*gen:*-⟩ астролóгия *f*
Astronaut, -in *m/f* ⟨-en, -en⟩ астронáвт *m*
Astronom, -in *m/f* ⟨-en, -en⟩ астронóм *m*
Astronomie *f* ⟨*gen:*-⟩ астронóмия *f*
astronomisch *adj* астрономи́ческий; (*sehr groß*) астрономи́ческий
ASU *akr von* ***Abgassonderuntersuchung*** *f анáлиз выхлопны́х гáзов*
ASU-Plakette *f* ⟨-, -n⟩ (*KFZ*) *значóк анáлиза выхлопны́х гáзов*
Asyl *nt* ⟨-s, -e⟩ убéжище *nt*; (*Heim*) прию́т *m*, ночлéжка *f*; **~ beantragen** подавáть прошéние о предоставлéнии убéжища; **~ gewähren** предостáвить убéжище
Asylant, -in *m/f* ⟨-en, -en⟩ бéженец, -нка *m/f*
Asylbewerber, -in *m/f* ⟨-s, -⟩ *подáвший заявлéние на предоставлéние убéжища*
Asylrecht *nt* ⟨*gen:*-(e)s⟩ прáво *nt* убéжища
A.T. *abk von* ***Altes Testament*** *Вéтхий завéт*
Atelier *nt* ⟨-s, -s⟩ ателье́ *nt*
Atem *m* ⟨*gen:*-s⟩ дыхáние *nt*; **~ holen** перевести́ дух; **außer ~ sein** запы́хаться; **den ~ anhalten** затаи́ть дыхáние; **den ~ verschlagen** захвáтывать дух
atemberaubend *adj* захвáтывающий дух
atemlos *adj* (*vor Anstrengung*) запы́хавшийся; (*gespannt*) напряжённый
Atempause *f* ⟨-, -n⟩ переды́шка *f*
Atemzug *m* ⟨-(e)s, -züge⟩ вдох *m*
Atheismus *m* ⟨*gen:*-⟩ атеи́зм *m*
Atheist, -in *m/f* ⟨-en, -en⟩ атеи́ст, -ка *m/f*
atheistisch *adj* атеисти́ческий
Äther *m* ⟨*gen:*-(s)⟩ эфи́р *m*
Äthiopien *nt* ⟨*gen:*-s⟩ Эфиóпия *f*
Athlet, -in *m/f* ⟨-en, -en⟩ атлéт *m*
athletisch *adj* атлети́ческий
Atlantik *m* ⟨*gen:*-s⟩ Атланти́ческий океáн *m*
atlantisch *adj* атланти́ческий
Atlas *m* ⟨-ses, Atlanten⟩ географи́ческий áтлас *m*
atmen 1. *vi* дышáть *impf*; **2.** *vt* вдыхáть, вдохну́ть *pf*
Atmosphäre *f* ⟨*gen:*-⟩ (*Erd~*) атмосфéра *f*; (*Stimmung*) атмосфéра *f*, обстанóвка *f*
Atmung *f* ⟨*gen:*-⟩ дыхáние *nt*
Atoll *nt* ⟨-s, -e⟩ атóлл *m*
Atom *nt* ⟨-s, -e⟩ áтом *m*
atomar *adj* áтомный
Atombombe *f* ⟨-, -n⟩ áтомная бóмба *f*
Atomenergie *f* ⟨*gen:*-⟩ áтомная энéргия *f*
Atomkraft *f* ⟨*gen:*-⟩ áтомная энéргия *f*
Atomkraftwerk *nt* ⟨-(e)s, -e⟩ áтомная электростáнция *f*
Atomkrieg *m* ⟨-(e)s, -e⟩ áтомная войнá *f*
Atommüll *m* ⟨*gen:*-s⟩ радиоакти́вные отхóды *pl*
Atomphysik *f* ⟨*gen:*-⟩ я́дерная фи́зика *f*
Atomrakete *f* ⟨-, -n⟩ ракéта *f* с я́дерной боеголóвкой
Atomreaktor *m* ⟨-s, -en⟩ áтомный реáктор *m*
Atomsperrvertrag *m* ⟨*gen:*-(e)s⟩ договóр *m* о нераспространéнии я́дерного орýжия
Atomsprengkopf *m* ⟨-es, -köpfe⟩ я́дерная боеголóвка *f*

Atomuhr *f* ⟨-, -en⟩ áтомные часы́ *mpl*
Atomwaffe *f* ⟨-, -n⟩ áтомное орýжие *nt*
atomwaffenfrei *adj* безъя́дерный; **~e Zone** безъя́дерная зóна
Atomzeitalter *nt* ⟨*gen:*-s⟩ áтомный век *m*
Attacke *f* ⟨-, -n⟩ атáка *f*
attackieren *vt* атаковáть *impf/pf*
Attentat *nt* ⟨-(e)s, -e⟩ покушéние *nt*; **ein ~ auf jdn verüben** соверши́ть покушéние на когó-л.
Attentäter, -in *m/f* ⟨-s, -⟩ соверши́вший -шая *m/f* покушéние
Attest *nt* ⟨-(e)s, -e⟩ свидéтельство *nt*
Attraktion *f* ⟨-, -en⟩ (*Reiz*) привлекáтельность *f*; (*Sehenswürdigkeit*) достопримечáтельность *f*
attraktiv *adj* эффéктный; (*reizvoll*) привлекáтельный
Attrappe *f* ⟨-, -n⟩ бутафóрия *f*
Attribut *nt* ⟨-(e)s, -e⟩ свóйство *nt*; (*LING*) определéние *nt*
ätzen *vi* трави́ть, вы- *pf*
ätzend *adj* (*Substanz*) éдкий; (*umg:übel*) отврати́тельный, проти́вный
Aubergine *f* ⟨-, -n⟩ баклажáн *m*
auch *adv* (*ebenso*) тáкже, тóже; (*sogar, selbst*) дáже; (*bestätigend:wirklich*) действи́тельно; **~ das noch** тóлько э́того не хватáло; **wie dem ~ sei** как бы то ни́ бы́ло; **wo ~ immer** где бы то ни́ бы́ло; **sowohl als ~** как.., так и...; **ohne ~ nur zu fragen** дáже не спроси́в
Audienz *f* ⟨-, -en⟩ аудиéнция *f*, приём *m*
audiovisuell *adj* аудиовизуáльный
auf 1. *präp lok +dat* на, в, по; **~ dem Tisch** на столé; **~ dem Lande** в дерéвне; **2.** *präp +akk* (*Richtung*) на, в; (*zeitlich*) на; **er hat ein Taxi ~ 14 Uhr bestellt** он заказáл такси́ на 14 часóв; **~ deutsch** по-немéцки; **~ den ersten Blick** с пéрвого взгля́да; **~ diese Weise** таки́м óбразом; **von heute ~ morgen** с сегóдня на зáвтра; **alle bis ~ ihn** все крóме негó; **~ einmal** вдруг; **3.** *adv* откры́то; **~ und ab** вверх и вниз; **sich ~ und davon machen** убежáть
aufarbeiten *vt* довéлать *pf*, -лывать *impf*
aufatmen *vi* вздохнýть *pf*
Aufbau *m* ⟨-(e)s, -ten⟩ (*Errichtung*) сооружéние *nt*; (*Struktur*) построéние *nt*, структýра *f*
aufbauen *vt* (*errichten*) сооружáть, -руди́ть *pf*, устанáвливать, -нови́ть *pf*; (*organisieren*) создавáть, -дáть *pf*, организóвывать, -зовáть *pf*; (*gründen*) бази́роваться *impf*
aufbäumen *vr* (*Pferd*) вставáть, встáть на дыбы́ *pf*; (*fig*) проти́виться, вос- *pf*
aufbauschen *vt* надувáть, -дýть *pf*, раздувáть, -дýть *pf*; (*fig*) раздувáть, -дýть *pf*
aufbekommen *irr vt* (*öffnen*) откры́ть *pf*, -крывáть *impf*; (*Hausaufgaben*) получи́ть *pf*, -чáть *impf*; **was habt ihr heute ~?** что вам сегóдня зáдали нá дом?
aufbereiten *vt* (*Trinkwasser*) очищáть, очи́стить *pf*; (*Daten*) анализи́ровать *impf/pf*, про- *pf*, оцéнивать, -ни́ть *pf*
aufbessern *vt* (*Gehalt*) повышáть, -вы́сить *pf*
aufbewahren *vt* (*Gepäck*) храни́ть *impf*; (*aufheben*) сохраня́ть, -ни́ть *pf*
Aufbewahrung *f* ⟨*gen:*-⟩ хранéние *nt*
aufbieten *irr vt* (*Kraft*) напрягáть, -ря́чь *pf*; (*Einfluß*) употребля́ть, -би́ть *pf*; (*Leute*) мобилизóвывать, -вáть *pf*, призывáть, -звáть *pf*
aufblähen *vr* вздувáться, вздýться *pf*
aufblasen 1. *irr vt* надувáть, -дýть *pf*; **2.** *vr* (*umg*) пы́житься, на- *pf*, стрóить *impf* из себя́
aufbleiben *irr vi* (*wach bleiben*) бóдрствовать *impf*; (*offenbleiben*) оставáться, -тáться *pf* откры́тым
aufblenden *vt* (*KFZ*) включáть, -чи́ть *pf* дáльний свет
aufblühen *vi* расцветáть, -цвести́ *pf*; (*Mensch*) воспря́нуть *pf* дýхом
aufbrechen 1. *irr vt* взлáмывать, взломáть *pf*; **2.** *vi* вскрывáться, вскры́ться *pf*; (*gehen*) отправля́ться, -прáвиться *pf*
aufbringen *irr vt* (*Geld*) доставáть, -тáть *pf*; (*öffnen*) открывáть, -кры́ть *pf*; (*Mut*) проявля́ть, -ви́ть *pf*; (*neue Mode*) ввести́ *pf*, вводи́ть *impf*
Aufbruch *m* ⟨-(e)s, Aufbrüche⟩ отправлéние *nt*, выступлéние *nt*
aufbrühen *vt* завáривать, -ри́ть *pf*
aufbürden *vt:* **jdm etw ~** взвали́ть на когó-л. чтó-л.
aufdecken *vt* раскрывáть, -ры́ть *pf*
aufdrängen 1. *vt* навя́зывать, -зáть *pf*; **jdm etw ~** навязáть комý-л. чтó-л.; **2.** *vr* навя́зываться; -зáться *pf*
aufdrehen 1. *vt* отвернýть *pf*, -вёртывать *impf*, открывáть, -кры́ть *pf*; **2.** *vi* (*umg:beschleunigen*) ускоря́ться, -кóриться *pf*
aufdringlich *adj* назóйливый
aufeinander *adv* (*räumlich*) друг на дрýге; (*zeitlich*) друг за дрýгом; (*gegenseitig*) друг дрýга
aufeinanderliegen *irr vi* лежáть *impf* однó на другóм, лежáть *impf* друг на дрýге
aufeinandertreffen *irr vi* встрéтиться

pf, встреча́ться *impf*
Aufenthalt *m* ⟨-(e)s, -e⟩ пребыва́ние *nt*; (*eines Zuges*) остано́вка *f*; (*Verzögerung*) заде́ржка *f*
Aufenthaltsgenehmigung *f* ⟨-, -en⟩ вид *m* на жи́тельство
Aufenthaltsort *m* ⟨-(e)s, -e⟩ местопребыва́ние *nt*
auferlegen *vt* налага́ть, -ложи́ть *pf*
auferstehen *irr vi* воскреса́ть, -кре́снуть *pf*
Auferstehung *f* ⟨-, -en⟩ воскресе́ние *nt*
aufessen *irr vt* съеда́ть, съесть *pf*
auffahren *irr vi* (*anfahren*) наезжа́ть, -е́хать *pf*; (*dicht heranfahren*) подъезжа́ть, -е́хать *pf*; (*hochschrecken*) вска́кивать, вскочи́ть *pf*; (*aufbrausen*) вспыли́ть *pf*
Auffahrt *f* ⟨-, -en⟩ въе́зд *m*
Auffahrunfall *m* ⟨-(e)s, -unfälle⟩ нае́зд *m*
auffallen *irr vi* броса́ться, бро́ситься *pf* в глаза́
auffallend *adj* (*auffällig*) броса́ющийся в глаза́, выделя́ющийся
auffällig *adj* выделя́ющийся, необы́чный
auffangen *irr vt* подхва́тывать, -хвати́ть *pf*
Auffanglager *nt* ⟨-s, -⟩ приёмный ла́герь *m*, перева́лочный ла́герь *m*
auffassen *vt* понима́ть, -ня́ть *pf*; (*deuten*) толкова́ть *impf*
Auffassung *f* ⟨-, -en⟩ (*Meinung*) мне́ние *nt*, то́чка *f* зре́ния; (*Auslegung*) толкова́ние *nt*
Auffassungsgabe *f* ⟨*gen*:-⟩ сообрази́тельность *f*
auffinden *irr vt* находи́ть, найти́ *pf*, обнару́живать, -жить *pf*
aufflammen *vi* воспламеня́ться, -ни́ться *pf*; (*fig*) вспы́хивать, -хнуть *pf*
auffordern *vt* (*zum Tanzen*) приглаша́ть, -гласи́ть *pf*; **jdn ~ etw zu tun** потре́бовать от кого́-л. сде́лать что́-л.
Aufforderung *f* ⟨-, -en⟩ тре́бование *nt*
aufforsten *vt* разводи́ть, -вести́ *pf* лес
auffrischen 1. *vt* (*Kenntnisse*) освежа́ть, -жи́ть *pf*; **2.** *vi* (*Wind*) крепча́ть, по- *pf*
aufführen 1. *vt* (*Theaterstück*) пока́зывать, -за́ть *pf*; (*Musik*) исполня́ть, -по́лнить *pf*; (*nennen*) приводи́ть, -вести́ *pf*; **2.** *vr* (*umg:sich aufspielen*) вести́ *impf* себя́
Aufführung *f* ⟨-, -en⟩ постано́вка *f*
Aufgabe *f* ⟨-, -n⟩ (*Auftrag*) зада́ча *f*; (*Beendigung*) прекраще́ние *nt*; (*Verzicht*) отка́з *m*; (*Übung*) зада́ние *nt*
Aufgabenbereich *m* ⟨-(e)s, -e⟩ круг *m* зада́ч
Aufgang *m* ⟨-(e)s, Aufgänge⟩ (*von Sonne, Mond*) восхо́д *m*; (*Treppen~*) ле́стница *f*
aufgeben 1. *irr vt* (*verzichten auf*) отка́зываться, -за́ться *pf*; (*Bestellung*) дава́ть, да́ть *pf*; (*Paket*) сдава́ть, сда́ть *pf*; (*Schulaufgaben*) задава́ть, -да́ть *pf*; **2.** *vi* сдава́ться, сда́ться *pf*
Aufgebot *nt* ⟨-(e)s, -e⟩ (*Polizeikräfte*) наря́д *m*; (*Transportmittel*) примене́ние *nt*; (*SPORT*) соста́в *m* кома́нды
aufgedreht *adj* (*umg*) возбуждённый
aufgedunsen *adj* распу́хший
aufgehen *irr vi* (*Sonne*) восходи́ть, взойти́ *pf*; (*Teig*) поднима́ться, -ня́ться *pf*; (*Tür*) открыва́ться, -кры́ться *pf*; **in einer Sache ~** по́лностью отдава́ться де́лу
aufgeklärt *adj* просвещённый
aufgekratzt *adj* (*umg*) в припо́днятом настрое́нии
aufgelegt : gut/schlecht ~ sein быть в хоро́шем/плохо́м настрое́нии
aufgeregt *adj* взволно́ванный, возбуждённый
aufgeschlossen *adj* общи́тельный, откры́тый
aufgeschmissen *adv*: **~ sein** (*umg*) быть в безвы́ходном положе́нии
aufgeweckt *adj* смышлёный
aufgreifen *irr vt* (*Thema*) подхва́тывать, -хвати́ть *pf*; (*Person*) заде́рживать, -жа́ть *pf*
aufgrund *präp +gen* и́з-за; **~ der Tatsache, daß** на осно́ве того́ фа́кта, что
aufhaben 1. *irr vt* (*Hut*) име́ть *impf* на себе́; (*Hausaufgaben*) име́ть *impf* зада́ние; **2.** *vi* (*Läden*) быть *impf* откры́тым
aufhalten 1. *irr vt* (*Tür*) держа́ть *impf* откры́тым, приде́рживать, -держа́ть *pf*; (*verzögern*) заде́рживать, -жа́ть *pf*; (*Person*) заде́рживать, -жа́ть *pf*; **2.** *irr vr* (*sich befinden*) пребыва́ть *impf*, находи́ться *impf*
aufhängen 1. *vt* ве́шать, пове́сить *pf*, разве́шивать, -ве́сить *pf*; (*Mensch*) ве́шать, пове́сить *pf*; (*umg*) всу́чивать, -чи́ть *pf*; **2.** *vr* пове́ситься *pf*, ве́шаться *impf*
Aufhänger *m* ⟨-s, -⟩ ве́шалка *f*; (*fig*) удо́бный слу́чай *m*, по́вод *m*
aufheben *irr vt* поднима́ть, -ня́ть *pf*; (*Urteil*) отменя́ть, -ни́ть *pf*; (*Sitzung*) закрыва́ть, -ры́ть *pf*; (*Verbot*) снима́ть, сня́ть *pf*; (*aufbewahren*) сохраня́ть, -ни́ть *pf*
aufheitern 1. *vt* (*Person*) весели́ть, раз- *pf*; **2.** *vr* (*Himmel*) проясня́ться, -ни́ться *pf*
aufhellen 1. *vt* осветля́ть, -ветли́ть *pf*;

2. *vr* проясня́ться, -ни́ться *pf*
aufhetzen *vt* подстрека́ть, -кну́ть *pf*
aufholen *vi* догоня́ть, -гна́ть *pf*
aufhorchen *vi* прислу́шиваться, -шаться *pf*
aufhören *vi* перестава́ть, -ста́ть *pf*; **~, etw zu tun** прекрати́ть де́лать что́-л.
aufkaufen *vt* скупа́ть, -пи́ть *pf*
aufklaren *vi* проясня́ться, -ни́ться *pf*
aufklären *vt* (*aufdecken*) раскрыва́ть, -кры́ть *pf*; (*Person*) просвеща́ть, -свети́ть *pf*
Aufklärung *f* ⟨-, -en⟩ (*Klärung*) выясне́ние *nt*; (*Unterrichtung*) просвеще́ние *nt*; (*Zeitalter*) эпо́ха *f* Просвеще́ния
aufkleben *vt* накле́ивать, -ить *pf*
Aufkleber *m* ⟨-s, -⟩ накле́йка *f*
aufkommen *irr vi* (*Wind*) поднима́ться, -ня́ться *pf*; (*Zweifel*) закра́дываться, -ра́сться *pf*; (*Mode*) возника́ть, -ни́кнуть *pf*; **für etw ~** нести́ расхо́ды за что́-л.
aufladen *irr vt* (*verladen*) нагружа́ть, -грузи́ть *pf*; (*Batterie*) заряжа́ть, -ряди́ть *pf*
Auflage *f* ⟨-, -n⟩ (*eines Buches*) изда́ние *nt*; **jdm etw zur ~ machen** обяза́ть кого́-л. сде́лать что́-л.
auflassen *irr vt* (*Hut*) оста́вить *pf*, -ля́ть *impf* на голове́ ; (*Fenster*) оста́вить *pf*, -ля́ть *pf* откры́тым
auflauern *vi* подстерега́ть, -ре́чь *pf*; **jdm ~** подкарау́ливать кого́-л.
Auflauf *m* ⟨-(e)s, Aufläufe⟩ (*Massen~*) стече́ние *nt*; (*Speise*) запека́нка *f*
auflaufen *irr vi* (*Schiff*) наскочи́ть *pf*, -ка́кивать *impf* на мель; **sich die Füße ~** (*umg*) натере́ть себе́ но́ги
aufleben *vi* ожива́ть, ожи́ть *pf*
auflegen *vt* стели́ть, по- *pf*; (*Telefonhörer*) кла́сть, положи́ть *pf*; (*Buch*) издава́ть, -да́ть *pf*; (*Make-up*) накла́дывать, наложи́ть *pf*
auflehnen *vr* восстава́ть, -ста́ть *pf* (*gegen +akk* про́тив *+gen*)
auflesen *irr vt* подбира́ть, -добра́ть *pf*
aufleuchten *vi* вспы́хивать, вспы́хнуть *pf*
auflisten *vt* перечисля́ть, -чи́слить *pf*, де́лать, сде́лать *pf* спи́сок
auflockern **1.** *vt* разрыхля́ть, -рыхли́ть *pf*; (*Gestaltung*) оживля́ть, -ви́ть *pf*, разнообра́зить *impf*; **2.** *vr* расслабля́ться, -сла́биться *pf*
auflösen **1.** *vt* (*in Flüssigkeit*) растворя́ть, -ри́ть *pf*; (*Versammlung*) распуска́ть, -сти́ть *pf*; (*Haushalt*) распрода́ть *pf*, -дава́ть *impf*; **2.** *vr* растворя́ться, -ри́ться *pf*; **das Problem löste sich in Wohlgefallen auf** пробле́ма разреши́лась ко всео́бщему удовлетворе́нию
Auflösung *f* ⟨-, -en⟩ развя́зывание *nt*; (*Lösung*) разреше́ние *nt*
aufmachen **1.** *vt* (*Fenster*) открыва́ть, -кры́ть *pf*, раскрыва́ть, -кры́ть *pf*; (*Brief*) вскрыва́ть, вскры́ть *pf*; **2.** *vr* отправля́ться, -пра́виться *pf*
Aufmachung *f* ⟨-, -en⟩ (*Gestaltung*) оформле́ние *nt*; (*Kleidung*) вне́шний вид *m*, наря́д *m*
Aufmarsch *m* ⟨-(e)s, Aufmärsche⟩ пара́д *m*, демонстра́ция *f*
aufmerksam *adj* внима́тельный; **jdn auf etw ~ machen** обрати́ть чье́-л. внима́ние на что́-л.
Aufmerksamkeit *f* ⟨-, -en⟩ внима́ние *nt*; (*Geschenk*) знак *m* внима́ния
aufmuntern *vt* весели́ть, раз- *pf*; (*ermutigen*) ободря́ть, ободри́ть *pf*
Aufnahme *f* ⟨-, -n⟩ (*Empfang*) приём *m*, приня́тие *nt*; (*eines Krankenhauses*) приёмная *f*; (*des Studiums*) поступле́ние *nt* в вы́сшее уче́бное заведе́ние; (*Foto*) съёмка *f*; (*Aufzeichnung*) за́пись *f*
Aufnahmefähigkeit *f* ⟨*gen:-*⟩ вмести́мость *f*
Aufnahmeprüfung *f* ⟨-, -en⟩ вступи́тельный экза́мен *m*
aufnehmen *irr vt* поднима́ть, -ня́ть *pf*; (*Tätigkeit*) начина́ть, -ча́ть *pf*, возобновля́ть, -ви́ть *pf*; (*empfangen*) принима́ть, -ня́ть *pf*; (*Kontakt*) устана́вливать, -нови́ть *pf*; (*Kredit*) брать, взять *pf*; (*Foto*) снима́ть, сня́ть *pf*; (*Diktat*) запи́сывать, -са́ть *pf*; **es mit jdm ~** мочь конкури́ровать с ке́м-л.
aufopfern *vr* же́ртвовать, по- *pf* собо́й
aufpäppeln *vt* вска́рмливать, вскорми́ть *pf*
aufpassen *vi* присма́тривать, -смотре́ть *pf* (*auf +akk* за *+inst*)
aufpolieren *vt* полирова́ть, от- *pf*
Aufprall *m* ⟨*gen:-*(e)s⟩ уда́р *m*
aufprallen *vi* ста́лкиваться, столкну́ться *pf*
Aufpreis *m* ⟨-es, -e⟩ наце́нка *f*
aufpumpen *vt* нака́чивать, -кача́ть *pf*
aufputschen *vt* возбужда́ть, -буди́ть *pf*; (*aufwiegeln*) подстрека́ть, -кну́ть *pf*
Aufputschmittel *m* ⟨-s, -⟩ возбужда́ющее сре́дство *nt*
aufraffen *vr* (*umg*) собира́ться, -бра́ться *pf* с си́лами; **sich zu einem Entschluß ~** реши́ться на что́-л.
aufräumen **1.** *vt* убира́ть, убра́ть *pf*; **2.** *vi* распра́виться *pf*, -вля́ться *impf* (*mit +dat* с *+inst*)

aufrecht *adj* прямо́й; (*fig*) честный, поря́дочный
aufrechterhalten *irr vt* подде́рживать, -жа́ть *pf*, сохраня́ть, -ни́ть *pf*
aufregen **1.** *vr* волнова́ться, взволнова́ться *pf*; **2.** *vt* волнова́ть, взволнова́ть *pf*
aufregend *adj* захва́тывающий
Aufregung *f* ⟨-, -en⟩ волне́ние *nt*, возбужде́ние *nt*
aufreiben **1.** *irr vt* (*Gegner*) уничтожа́ть, -что́жить *pf*; **2.** *irr vr* изнуря́ть, -ри́ть *pf* себя́
aufreibend *adj* изнури́тельный
aufreißen *irr vt* разрыва́ть, -зорва́ть *pf*; (*Tür*) распа́хивать, -хну́ть *pf*; (*Augen*) тара́щить, вы́- *pf*
aufreizen *vt* возбужда́ть, -буди́ть *pf*, раздража́ть *impf*
aufrichten **1.** *vt* поднима́ть, -ня́ть *pf*; (*ermutigen*) ободря́ть, -дри́ть *pf*; **2.** *vr* поднима́ться, -ня́ться *pf*
aufrichtig *adj* и́скренний, открове́нный
aufrücken *vi* подвига́ться, -ви́нуться *pf*
Aufruf *m* ⟨-(e)s, -e⟩ вы́зов *m*; (*Appell*) призы́в *m*
aufrufen *irr vt* (*Name*) вызыва́ть, вы́звать *pf*; (*DV*) вызыва́ть, вы́звать *pf*; **jdn ~, etw zu tun** призва́ть кого́-л. к де́йствию
Aufruhr *m* ⟨-s, -e⟩ возмуще́ние *nt* масс, бунт *m*
aufrunden *vt* округля́ть, -ли́ть *pf*
aufrüsten **1.** *vi* вооружа́ться, -жи́ться *pf*; **2.** *vt* вооружа́ть, -жи́ть *pf*
Aufrüstung *f* ⟨*gen:*-⟩ вооруже́ние *nt*
aufrütteln *vt* тормоши́ть *impf*, буди́ть, раз- *pf*
aufs *präp +akk:* ~ **neue** снова; ~ **Geratewohl** экспро́мтом
aufsagen *vt* расска́зывать, -за́ть *pf* наизу́сть
aufsammeln *vt* подбира́ть, -добра́ть *pf*
aufsässig *adj* упря́мый, непослу́шный
Aufsatz *m* ⟨-es, Aufsätze⟩ наса́дка *f*; (*Text*) сочине́ние *nt*
aufsaugen *vt* впи́тывать, -та́ть *pf*, вса́сывать, всоса́ть *pf*
aufscheuchen *vt* вспу́гивать, -гну́ть *pf*
aufschichten *vt* укла́дывать, уложи́ть *pf* штабеля́ми
aufschieben *irr vt* (*verschieben*) откла́дывать, отложи́ть *pf*, отсро́чивать, -чить *pf*; (*öffnen*) отодвига́ть, -дви́нуть *pf*, открыва́ть, -кры́ть *pf*
Aufschlag *m* ⟨-(e)s, Aufschläge⟩ (*von Preisen*) наце́нка *f*; (*Aufprall*) уда́р *m*; (*SPORT*) пода́ча *f*
aufschlagen **1.** *irr vt* (*Ei*) разбива́ть, -би́ть *pf*; (*Buch*) открыва́ть, -кры́ть *pf*; (*Zelt*) разбива́ть, -би́ть *pf*; **2.** *vi* (*aufprallen*) ударя́ться, уда́риться *pf*; (*Preise*) увели́чиваться, -ли́читься *pf*, расти́, вы́- *pf*
aufschließen **1.** *irr vt* (*Tür*) отпира́ть, -пере́ть *pf*; (*offenbaren*) открыва́ть, -кры́ть *pf*; (*BERGB*) вскрыва́ть, -ры́ть *pf*; **2.** *vi* (*aufrücken*) смыка́ться, сомкну́ться *pf*
Aufschluß *m* ⟨Aufschlusses, Aufschlüsse⟩: ~ **geben** дава́ть разъясне́ния
aufschlußreich *adj* содержа́тельный, информати́вный
aufschneiden **1.** *irr vt* разреза́ть, -ре́зать *pf*; (*Fleisch*) нареза́ть, -ре́зать *pf*; **2.** *vi* (*umg*) хва́статься, по- *pf*, преувели́чивать, -чить *pf*
Aufschnitt *m* ⟨*gen:*-(e)s⟩ *наре́занная то́нкими ло́мтиками колбаса́ ра́зных сорто́в*
aufschrecken *vi* пуга́ться, ис- *pf*, вска́кивать, вскочи́ть *pf* в испу́ге
Aufschrei *m* ⟨-(e)s, -e⟩ крик *m*, вопль *m*
aufschreien *irr vi* вскри́кивать, вскри́кнуть *pf*
Aufschrift *f* ⟨-, -en⟩ на́дпись *f*
Aufschub *m* ⟨-s, Aufschübe⟩ отсро́чка *f*
aufschwatzen *vt* (*umg*) навя́зывать, -за́ть *pf*; **jdm etw** ~ навяза́ть кому́-л. что́-л.
Aufschwung *m* ⟨-(e)s, Aufschwünge⟩ (*Auftrieb*) толчо́к *m*, и́мпульс *m*; (*ÖKON*) подъём *m*, расцве́т *m*
aufsehen *irr vi* смотре́ть, по- *pf* вверх; **zu jdm** ~ уважа́ть кого́-л.
Aufsehen *nt* ⟨*gen:*-s⟩ внима́ние *nt*; всео́бщий интере́с *m*
aufsehenerregend *adj* сенсацио́нный, привлека́ющий внима́ние
Aufseher, -in *m/f* ⟨-s, -⟩ смотри́тель, -ница *m/f*; (*Wächter*) надзира́тель, -ница *m/f*
aufsein *irr vi* (*offen sein*) быть откры́тым *impf*; (*Mensch*) не спать *impf*, бо́дрствовать *impf*
aufsetzen **1.** *vt* (*Hut*) надева́ть, -де́ть *pf*; (*Brief*) писа́ть, на- *pf*; (*Wasser*) ста́вить, по- *pf* на ого́нь; **2.** *vi* (*Flugzeug*) приземля́ться, -ли́ться *pf*; **3.** *vr* приподнима́ться, -ня́ться *pf*
Aufsicht *f* ⟨-, -en⟩ надзо́р *m*, наблюде́ние *nt*
Aufsichtsrat *m* ⟨-(e)s, -räte⟩ наблюда́тельный сове́т *m*
aufsitzen *irr vi* сади́ться, сесть *pf* на коня́
aufsperren *vt* (*aufschließen*) отпира́ть, -пере́ть *pf*; (*Mund*) разева́ть, -зи́нуть *pf*
aufspießen *vt* нака́лывать, -коло́ть *pf*

aufspringen *irr vi* вска́кивать, вскочи́ть (*auf +akk* в); (*sich öffnen*) распахну́ться *pf*, -па́хиваться *impf*; (*Haut*) тре́скаться, по- *pf*
aufstacheln *vt* подстрека́ть, -кну́ть *pf*
Aufstand *m* ⟨-(e)s, Aufstände⟩ восста́ние *nt*
aufstapeln *vt* скла́дывать, сложи́ть *pf* штабеля́ми
aufstauen 1. *vt* пруди́ть, за- *pf*; **2.** *vr* ска́пливаться, скопи́ться *pf*; (*Gefühle*) накипе́ть *pf*, -па́ть *impf*
aufstechen *irr vt* прока́лывать, -коло́ть *pf*
aufstehen *irr vi* (*sich erheben*) поднима́ться, -ня́ться *pf*; (*offen sein*) быть *impf* откры́тым
aufsteigen *irr vi* (*beruflich, sozial*) продви́нуться *pf*, -двига́ться *impf*; (*Reiter*) сади́ться, сесть *pf* верхо́м; (*Sonne*) всходи́ть, взойти́ *pf*
aufstellen *vt* расставля́ть, -та́вить *pf*; (*aufreihen*) ста́вить, по- *pf* в ряд; (*nominieren*) выдвига́ть, вы́двинуть *pf*; (*Rechnung*) составля́ть, -та́вить *pf*; (*Rekord*) устана́вливать, -нови́ть *pf*
Aufstellung *f* ⟨-, -en⟩ постано́вка *f*, расстано́вка *f*; (*SPORT*) расстано́вка *f*
Aufstieg *m* ⟨-(e)s, -e⟩ подъём *m*; (*gesellschaftlich*) расцве́т *m*; (*beruflich*) повыше́ние *nt*
aufstocken *vt* надстра́ивать, -стро́ить *pf*
aufstoßen 1. *irr vt* (*Tür*) открыва́ть, -кры́ть *pf* уда́ром; **2.** *vi* отрыгну́ть *pf*, -ры́гивать *impf*
Aufstrich *m* ⟨-(e)s, Aufstriche⟩ *проду́кты для нама́зывания на хлеб*
aufstützen 1. *vt* подпира́ть, -пере́ть *pf*; **2.** *vr* опира́ться, опере́ться *pf*
aufsuchen *vt* навеща́ть, -вести́ть *pf*; (*Arzt*) обрати́ться *pf*, -раща́ться *impf* к врачу́
auftakeln 1. *vr* (*umg*) расфуфы́риться *pf*, -риваться *impf*, разоде́ться *pf*; **2.** *vt* (*Schiff*) оснаща́ть, -насти́ть *pf*
Auftakt *m* ⟨-(e)s, -e⟩ (*Beginn*) нача́ло *nt*, откры́тие *nt*; (*MUS*) вступле́ние *nt*
auftanken 1. *vt* заправля́ть, -пра́вить *pf*; **2.** *vi* заправля́ться, -пра́виться *pf*; (*fig*) набра́ться *pf*, -бира́ться *impf* сил
auftauchen *vi* (*Taucher*) всплыва́ть, всплы́ть *pf*; (*erscheinen*) появля́ться, -ви́ться *pf*
auftauen 1. *vt* отта́ивать, -та́ить *pf*; **2.** *vi* та́ять, рас- *pf*; (*fig*) оживи́ться *pf*, -вля́ться *impf*, станови́ться, стать *pf* раско́ванным
aufteilen *vt* дели́ть, по- *pf*; (*Raum*) разделя́ть, -ли́ть *pf*
Aufteilung *f* ⟨-, -en⟩ разде́л *m*
auftischen *vt* (*Speisen*) подава́ть, -да́ть *pf*; (*umg:Lügen*) обма́нывать, -ну́ть *pf*
Auftrag *m* ⟨-(e)s, Aufträge⟩ (*Anweisung*) поруче́ние *nt*; (*Aufgabe*) зада́ние *nt*; (*ÖKON*) зака́з *m*; **im ~ von** по поруче́нию; **etw in ~ geben** заказа́ть что́-л.
auftragen *irr vt* (*Farbe*) наноси́ть, -нести́ *pf*; (*Speisen*) подава́ть, -да́ть *pf* на стол; **jdm etw ~** поруча́ть кому́-л. что́-л.
Auftraggeber, -in *m/f* ⟨-s, -⟩ зака́зчик, -чица *m/f*
auftreiben *irr vt* (*beschaffen*) достава́ть, -ста́ть *pf*; (*aufwirbeln*) поднима́ть, -ня́ть *pf*
auftreten *irr vi* ступа́ть, -пи́ть *pf*; (*vorkommen*) возника́ть, -ни́кнуть *pf*, появля́ться, -ви́ться *pf*; (*sich verhalten*) держа́ться *impf*; (*Schauspieler*) выступа́ть, вы́ступить *pf*
Auftreten *nt* ⟨*gen:*-s⟩ (*Vorkommen*) появле́ние *nt*; (*Verhalten*) поведе́ние *nt*
Auftrieb *m* ⟨*gen:*-(e)s⟩ (*PHYS*) выта́лкивающая си́ла *f*; (*fig*) сти́мул *m*, и́мпульс *m*
Auftritt *m* ⟨-(e)s, -e⟩ (*Schauspieler*) выступле́ние *nt*; (*THEAT:Szene*) сце́на *f*, явле́ние *nt*; (*fig*) сце́на *f*
auftrumpfen *vi* козыря́ть, -рну́ть *pf*
auftun 1. *irr vr* (*Möglichkeit*) открыва́ться, -кры́ться *pf*; (*sich öffnen*) раскрыва́ться, -кры́ться *pf*; **2.** *vt* (*umg*) открыва́ть, -кры́ть *pf*, находи́ть, найти́ *pf*; **er hat in der Nähe ein tolles Weingeschäft aufgetan** он нашёл побли́зости отли́чный ви́нный магази́н
aufwachen *vi* просыпа́ться, -сну́ться *pf*
aufwachsen *irr vi* выраста́ть, вы́расти *pf*
Aufwand *m* ⟨*gen:*-(e)s⟩ расхо́ды *mpl*, затра́ты *fpl*
aufwärmen 1. *vt* (*Essen*) подогрева́ть, -гре́ть *pf*; **2.** *vr* согрева́ться, -гре́ться *pf*; (*SPORT*) де́лать, сде́лать *pf* размі́нку
aufwärts *adv* вверх, наве́рх
Aufwärtsentwicklung *f* ⟨*gen:*-⟩ подъём *m*, прогре́сс *m*
aufwärtsgehen *irr vi* улучша́ться, улу́чшиться *pf*; **es geht aufwärts** дела́ иду́т на лад
aufwecken *vt* буди́ть, раз- *pf*
aufweichen *vt* размягча́ть, -чи́ть *pf*, разма́чивать, -мочи́ть *pf*
aufweisen *irr vt* пока́зывать, -за́ть *pf*, ука́зывать, -за́ть *pf*
aufwenden *vt* (*Mühe*) прилага́ть,

-ложи́ть *pf*; (*Geld*) тра́тить, ис- *pf*
aufwendig *adj* дорогосто́ящий; (*kostspielig*) расточи́тельный
aufwerfen *irr vt* (*Frage*) поднима́ть, -ня́ть *pf*, затра́гивать, -тро́нуть *pf*; (*Damm*) насыпа́ть, -сы́пать *pf*
aufwerten *vt* поднима́ть, -ня́ть *pf* прести́ж; (*Währung*) ревальви́ровать *impf/pf*
aufwickeln *vt* (*Faden*) нама́тывать, -мота́ть *pf*; (*enthüllen*) развора́чивать, -верну́ть *pf*
aufwiegeln *vt* подстрека́ть, -кну́ть *pf*
Aufwind *m* ⟨-(e)s, -e⟩ восходя́щий пото́к *m* во́здуха; (*fig*) сти́мул *m*
aufwirbeln *vt* вздыма́ть *impf*; **Staub ~** (*fig*) подня́ть шуми́ху
aufwischen *vt* вытира́ть, вы́тереть *pf*
aufwühlen *vt* разрыва́ть, -ры́ть *pf*; (*fig*) будора́жить, взбудора́жить *pf*
aufzählen *vt* перечисля́ть, -чи́слить *pf*
aufzeichnen *vt* (*zeichnen*) черти́ть, на- *pf*, рисова́ть, на- *pf*; (*aufnehmen*) запи́сывать, -са́ть *pf*; (*schriftlich*) запи́сывать, -са́ть *pf*
Aufzeichnung *f* ⟨-, -en⟩ чертёж *m*, набро́сок *m*; (*schriftlich*) за́пись *f*; (*Tonaufnahme*) за́пись *f*; (*Notiz*) заме́тка *f*; (*TV*) за́пись *f*
aufzeigen *vt* пока́зывать, -за́ть *pf*
aufziehen *irr vt* (*Vorhang*) поднима́ть, -ня́ть *pf*; (*Uhr*) заводи́ть, -вести́ *pf*; (*Kind*) расти́ть *impf*, воспи́тывать, -та́ть *pf*; (*jdn necken*) дразни́ть *impf*
Aufzug *m* ⟨-(e)s, Aufzüge⟩ (*Fahrstuhl*) лифт *m*; (*Kleidung*) наря́д *m*; (*THEAT*) акт *m*, де́йствие *nt*
aufzwingen 1. *irr vt* навя́зывать, -за́ть *pf*; **2.** *vr* (*Gedanke*) неотсту́пно пресле́довать *impf*
Auge *nt* ⟨-s, -n⟩ глаз *m*; (*TECH*) ушко́ *nt*; **unter vier ~n** с гла́зу на глаз; **seinen ~n nicht trauen** не ве́рить со́бственным глаза́м; **etw nicht aus den ~ lassen** не спуска́ть с чего́-л. глаз; **etw im ~ behalten** не теря́ть что́-л. из ви́ду; **mit einem blauen ~ davonkommen** отде́латься лёгким испу́гом; **jdm etw vor ~n führen** нагля́дно показа́ть кому́-л.что́-л.
Augenarzt, -ärztin *m/f* ⟨-es, -ärzte⟩ окули́ст *m*, глазно́й врач *m*
Augenblick *m* ⟨-(e)s, -e⟩ миг *m*, мгнове́ние *nt*
augenblicklich *adj* (*momentan*) настоя́щий, тепе́решний; (*sofortig*) мгнове́нный
Augenbraue *f* ⟨-, -n⟩ бро́вь *f*
Augenhöhe : in ~ на у́ровне глаз
Augenlicht *nt* ⟨*gen:*-(e)s⟩ зре́ние *nt*
Augenschein *m* ⟨*gen:*-(e)s⟩ вид *m*, ви́димость *f*; **etw in ~ nehmen** осмотре́ть
Augenweide *f* ⟨*gen:*-⟩ отра́да *f* для глаз
Augenzeuge, -zeugin *m/f* ⟨-en, -en⟩ очеви́дец, -ви́дица *m/f*
August *m* ⟨-(e)s, -e⟩ а́вгуст *m*; **im ~** в а́вгусте
Auktion *f* ⟨-, -en⟩ аукцио́н *m*
Aula *f* ⟨-, Aulen⟩ а́ктовый зал *m*
aus 1. *präp +dat* (*räumlich*) из, с; (*Grund, Herkunft*) по, из; (*Material*) из; **~ London** из Ло́ндона; **~ eigener Erfahrung** по со́бственному о́пыту; **~ Freude** от ра́дости; **~ Holz** из де́рева; **2.** *adv* (*vorbei, beendet*) ко́нчено, коне́ц; **von mir ~** как хоти́те; **weder ein noch ~ wissen** не знать, как быть; **bei jdm ein und ~ gehen** ча́сто быва́ть у кого́-л.
ausarbeiten *vt* разраба́тывать, -бо́тать *pf*, составля́ть, -та́вить *pf*
ausarten *vi* переходи́ть, -рейти́ *pf*, превраща́ться, -врати́ться *pf*
ausatmen *vi* выдыха́ть, вы́дохнуть *pf*
ausbaden *vt:* **etw ~ müssen** (*umg*) быть вы́нужденным расхлёбывать что́-л.
Ausbau *m* ⟨*gen:*-(e)s⟩ (*das Ausbauen*) разбо́рка *f*, демонта́ж *m*; (*Erweiterung*) расшире́ние *nt*, разви́тие *nt*; (*Haus~*) отстро́йка *f*
ausbauen *vt* разбира́ть, -зобра́ть *pf*; (*erweitern*) расширя́ть, -ши́рить *pf*; (*Haus*) отстра́ивать, -стро́ить *pf*, достра́ивать, -стро́ить *pf*
ausbaufähig *adj* спосо́бный к разви́тию, спосо́бный к расшире́нию
ausbedingen *vt:* **sich etw ~** огова́ривать своё пра́во на что́-л.
ausbeißen *irr vt:* **sich an etw die Zähne ~** (*fig*) облома́ть себе на чём-то зу́бы
ausbessern *vt* исправля́ть, -пра́вить *pf*
ausbeuten *vt* (*Person*) эксплуати́ровать *impf*, бессо́вестно испо́льзовать *impf/pf*; (*BERGB*) разраба́тывать, -бо́тать *pf*
Ausbeutung *f* ⟨-, -en⟩ (*von Menschen*) эксплуата́ция *f*; (*von Rohstoffen*) разрабо́тка *f*
ausbilden *vt* (*Lehrling*) обуча́ть, -чи́ть *pf*; (*Fähigkeiten*) развива́ть, -ви́ть *pf*
Ausbildung *f* ⟨-, -en⟩ обуче́ние *nt*
ausbleiben *irr vi* не случи́ться *pf*, -ча́ться *impf*, не наступа́ть, -пи́ть *pf*
Ausblick *m* ⟨-(e)s, -e⟩ (*Aussicht*) вид *m*; (*Perspektive*) перспекти́ва *f*
ausborgen *vt* ода́лживать, -одолжи́ть *pf*; **sich etw ~** бра́ть что́-л. в долг
ausbrechen 1. *irr vt* (*herausbrechen*) выла́мывать, вы́ломать *pf*; **2.** *irr vi* (*Gefangener*) сбежа́ть *pf*, сбега́ть *impf*;

(*Schweiß*) выступа́ть, вы́ступить *pf*; (*Krieg*) разража́ться, -рази́ться *pf*; **in Tränen ~** уда́риться в слёзы
ausbreiten 1. *vt* (*Decke*) расстила́ть, -стели́ть *pf*; (*Flügel*) расправля́ть, -пра́вить *pf*; (*Arme*) раскрыва́ть, -кры́ть *pf*; **2.** *vr* (*Feuer, Seuche, Rauch*) распространя́ться, -ни́ться *pf*; (*sich über etw verbreiten*) распространя́ться *impf*, разглаго́льствовать, по- *pf*; **er liebte es, sich über dieses Thema auszubreiten** он люби́л поразглаго́льствовать на э́ту те́му
Ausbruch *m* ⟨-(e)s, Ausbrüche⟩ нача́ло *nt*; (*von Gefangenen*) побе́г *m*; (*von Gefühlen*) взрыв *m*; (*Vulkan~*) изверже́ние *nt*
ausbrüten *vt* выси́живать, вы́сидеть *pf*; **etw ~** (*fig*) замышля́ть что́-л.
ausbügeln *vt* (*fig*) загла́живать, -гла́дить *pf*, ула́живать, ула́дить *pf*
ausbuhen *vt* освиста́ть *pf*, -ви́стывать *impf*
ausbürgern *vt* лиша́ть, -ши́ть *pf* гражда́нства
ausbürsten *vt* чи́стить, вы́- *pf* щёткой
Ausdauer *fsg* ⟨*gen:-*⟩ вы́держка *f*, выно́сливость *f*
ausdauernd *adj* выно́сливый, терпели́вый
ausdehnen *vt* (*erweitern*) расширя́ть, -ши́рить *pf*, растя́гивать, -тяну́ть *pf*; (*verlängern*) продлева́ть, -дли́ть *pf*; (*Einfluß*) распространя́ть, -ни́ть *pf*
ausdenken *irr vt* выду́мывать, вы́думать *pf*; **sich etw ~** сочиня́ть
ausdiskutieren *vt* реши́ть, -ша́ть *impf* в хо́де диску́ссии
ausdörren *vt* высу́шивать, вы́сушить *pf*
Ausdruck [1] *m* ⟨-(e)s, Ausdrücke⟩ выраже́ние *nt*, проявле́ние *nt*; (*Wort*) выраже́ние, оборо́т *m*; **etw zum ~ bringen** вы́разить
Ausdruck [2] *m* ⟨-(e)s, -e⟩ (*DV*) распеча́тка *f*
ausdrucken *vt* (*DV*) распеча́тывать, -ча́тать *pf*
ausdrücken 1. *vt* (*formulieren*) выража́ть, вы́разить *pf*; (*zeigen*) изобража́ть, -брази́ть *pf*; (*Zitrone*) выжима́ть, вы́жать *pf*; (*Zigarette*) гаси́ть, по- *pf*; **2.** *vr* выража́ться, вы́разиться *pf*
ausdrücklich *adj* я́сный, определённый
ausdruckslos *adj* невырази́тельный
Ausdrucksweise *f* ⟨*gen:-*⟩ спо́соб *m* выраже́ния
auseinander *adv* врозь, отде́льно друг от дру́га; **die beiden Häuser liegen nicht weit ~** о́ба до́ма стоя́т недалеко́ друг от дру́га
auseinanderbringen *vi* разнима́ть, -ня́ть *pf*
auseinanderfallen *irr vi* распада́ться, -па́сться *pf*, разва́ливаться, -ли́ться *pf*
auseinandergehen *irr vi* расходи́ться, разойти́сь *pf*; (*Ansichten*) расходи́ться, разойти́сь *pf*; (*Gegenstand*) разва́ливаться, -ли́ться *pf*; (*zunehmen*) раздава́ться, -да́ться *pf*
auseinanderhalten *irr vt* различа́ть, -чи́ть *pf*
auseinandernehmen *irr vt* разбира́ть, -зобра́ть *pf*
auseinanderreißen *irr vt* разрыва́ть, -зорва́ть *pf*
auseinandersetzen 1. *vt* расса́живать, -сади́ть *pf*; **jdm etw ~** растолкова́ть кому́-л. что́-л.; **2.** *vr:* **sich mit etw ~** занима́ться че́м-л.; **sich mit jdm ~** объясня́ться с ке́м.-л.
Auseinandersetzung *f* ⟨-, -en⟩ (*Streit*) спор *m*, диску́ссия *f*; (*Beschäftigung*) разбо́р *m*, рассмотре́ние *nt*
ausfahren *irr vt* (*Ausflug machen*) выезжа́ть, вы́ехать *pf*; (*ausliefern*) вывози́ть, вы́везти *pf*; (*Fahrgestell*) выпуска́ть, вы́пустить *pf*
Ausfahrt *f* ⟨-, -en⟩ (*Tor~*) воро́та *pl*; (*Autobahn~*) вы́езд *m*; (*Spazierfahrt*) вы́езд *m*, прогу́лка *f*
Ausfall *m* ⟨-(e)s, Ausfälle⟩ (*das Ausfallen*) выпаде́ние *nt*; (*Nichtstattfinden*) отме́на *f*, выпаде́ние *nt*
ausfallen *irr vi* (*Haare*) выпада́ть, вы́пасть *pf*; (*nicht stattfinden*) не состоя́ться *pf*; (*nicht funktionieren*) выходи́ть, вы́йти *pf* из стро́я; (*fehlen*) недостава́ть, -ста́ть *pf*; (*Ergebnis*) получа́ться, -чи́ться *pf*, удава́ться, уда́ться *pf*
ausfallend *adj* на́глый, гру́бый
ausfertigen *vt* изгота́вливать, -то́вить *pf*
Ausfertigung *f* ⟨-, -en⟩ изготовле́ние *nt*; (*Abschrift*) экземпля́р *m*; **in doppelter ~** в двух экземпля́рах
ausfindig *adv:* **jdn/etw ~ machen** разыска́ть кого́-л./что́-л.
ausfließen *irr vi* вытека́ть, вы́течь *pf*
ausflippen *vt* (*umg*) выходи́ть, вы́йти *pf* из себя́, сорва́ться *pf*, срыва́ться *impf*
Ausflucht *f* ⟨-, Ausflüchte⟩ отгово́рка *f*
Ausflug *m* ⟨-(e)s, Ausflüge⟩ экску́рсия *f*, прогу́лка *f*
Ausflügler, -in *m/f* ⟨-s, -⟩ экскурса́нт, -ка *m/f*, прогу́ливающийся, -щаяся *m/f*
Ausfluß *m* ⟨Ausflusses, Ausflüsse⟩ (*Ausfließen*) вытека́ние *nt*; (*Stelle*) сток *m*; (*MED*) выделе́ние *nt*

ausfragen *vt* расспра́шивать, -спроси́ть *pf*
ausfransen *vi* обтрепа́ться *pf*, -трёпываться *impf*
ausfressen *irr vt* (*Futter*) вы́есть *pf*, выеда́ть *impf*; (*zerstören*) разъеда́ть, разъе́сть *pf*; **etw ausgefressen haben** (*umg*) натвори́ть что́-л.
Ausfuhr *f* ⟨*gen:*-⟩ вы́воз *m*, э́кспорт *m*
ausführen *vt* (*Hund*) выводи́ть, вы́вести *pf* ; (*exportieren*) вывози́ть, вы́везти *pf*, экспорти́ровать *impf/pf*; (*darlegen*) излага́ть, -ложи́ть *pf*
ausführlich *adj* (*detailliert*) подро́бный, обстоя́тельный
Ausführung *f* ⟨-, -en⟩ (*Durchführung*) проведе́ние *nt*, осуществле́ние *nt*; (*Typ*) моде́ль *f*, констру́кция *f*; (*Darlegung*) изложе́ние *nt*; **wir folgten gespannt seinen ~en** мы внима́тельно следи́ли за его́ изложе́нием
ausfüllen *vt* (*vollmachen*) заполня́ть, -по́лнить *pf*, засыпа́ть, -сы́пать *pf*; (*Formular*) заполня́ть, -по́лнить *pf*
Ausgabe *f* ⟨-, -⟩ (*Aushändigung*) вы́дача *f*; (*Geld~*) расхо́д *m*, затра́та *f*; (*eines Buches*) изда́ние *nt*; (*Nummer*) но́мер *m*, вы́пуск *m*
Ausgang *m* ⟨-(e)s, Ausgänge⟩ вы́ход *m*; (*Ende*) коне́ц *m*; (*Ergebnis*) результа́т *m*, исхо́д *m*
Ausgangspunkt *m* ⟨-(e)s, -e⟩ исхо́дный пункт *m*, отправна́я то́чка *f*
ausgeben *irr vt* (*Geld*) расхо́довать, из- *pf*; (*aushändigen*) выдава́ть, вы́дать *pf*
ausgedient *adj* (*Gegenstand*) отслужи́вший, него́дный; **~ haben** отслужи́ть
ausgefallen *adj* необыча́йный, исключи́тельный
ausgeglichen *adj* уравнове́шенный
Ausgeglichenheit *f* ⟨*gen:*-⟩ уравнове́шенность *f*
ausgehen *irr vi* (*herausgehen*) выходи́ть, вы́йти *pf*; (*enden*) конча́ться, ко́нчиться *pf*; (*Licht*) га́снуть, по- *pf*; (*Vorrat*) конча́ться, ко́нчиться *pf*, иссяка́ть, -ся́кнуть *pf*; (*Haare*) выпада́ть, вы́пасть *pf*; **davon ~, daß** исходи́ть из того́, что
ausgehungert *adj* изголода́вшийся
ausgekocht *adj* (*umg*) отъя́вленный
ausgelassen *adj* весёлый, непринуждённый
ausgenommen *conj* кро́ме, за исключе́нием
ausgeprägt *adj* характе́рный; (*deutlich*) ярковы́раженный, я́вный
ausgerechnet *adv* как раз, и́менно; **~ jetzt!** и́менно сейча́с!
ausgeschlossen *adj* исключённый; **~!** это исключено́!
ausgesprochen 1. *adj* (*unverkennbar*) я́вный, очеви́дный; (*Gauner*) отъя́вленный; **2.** *adv* (*sehr*) о́чень, исключи́тельно
ausgestorben *adj*: **die Stadt ist völlig ~** го́род по́лностью вы́мер
ausgesucht *adj* (*erlesen*) изы́сканный, исключи́тельный
ausgewachsen *adj* вы́росший
ausgewogen *adj* уравнове́шенный, гармони́чный
ausgezeichnet *adj* отли́чный; **~!** превосхо́дно!
ausgiebig *adj* (*reichlich*) оби́льный
Ausgleich *m* ⟨-(e)s, -e⟩ (*das Ausgleichen*) ура́внивание *nt*; (*Entschädigung*) компенса́ция *f*; **zum ~** в ви́де компенса́ции; **den ~ erzielen** (*SPORT*) сравня́ть счёт
ausgleichen 1. *irr vt* ко̀мпенси́ровать *impf/pf*; **2.** *irr vi* (*SPORT*) выра́внивать, вы́ровнять *pf*
Ausgleichssport *m* ⟨*gen:*-(e)s⟩ компенси́рующий вид *m* спо́рта
ausgraben *irr vt* выка́пывать, вы́копать *pf*
Ausgrabung *f* ⟨-, -en⟩ раско́пка *f*
Ausguß *m* ⟨Ausgusses, Ausgüsse⟩ (*Abfluß*) слив *m*, сток *m*; (*Tülle*) но́сик *m* ча́йника
aushaben *irr vi* (*Schule*) зака́нчиваться, -ко́нчиться *pf*; **wir haben um 12 Uhr aus** мы зака́нчиваем в 12 часо́в
aushalten 1. *irr vt* (*ertragen*) выде́рживать, вы́держать *pf*, выноси́ть, вы́нести *pf*; (*pej*) содержа́ть *impf*; **2.** *vi* (*durchhalten*) держа́ться *impf*
aushandeln *vt* выторго́вывать, вы́торговать *pf*
aushändigen *vt* вруча́ть, -чи́ть *pf*, выдава́ть, вы́дать *pf*
Aushang *m* ⟨-(e)s, Aushänge⟩ объявле́ние *nt*
aushängen 1. *vt* (*Anschlag*) выве́шивать, вы́весить *pf*; (*Tür*) снима́ть, снять *pf* с пе́тель; **2.** *irr vi* быть *impf* вы́вешенным, висе́ть *impf*
Aushängeschild *nt* ⟨-(e)s, -er⟩ вы́веска *f*
ausharren *vi* терпели́во выжида́ть, вы́ждать *pf*
ausheben *irr vt* (*Grube*) вырыва́ть, вы́рыть *pf*, (*Verbrecher*) брать, взять *pf*
aushecken *vt* (*umg*) выду́мывать, вы́думать *pf*
aushelfen *irr vi* помога́ть, помо́чь (*mit +dat* с *+inst*)
Aushilfe *f* ⟨-, -n⟩ (*das Aushelfen*) по́мощь *f* на вре́мя; (*Mensch*) вре́менный

помо́щник *m*
Aushilfskraft *f* ⟨-, -kräfte⟩ вре́менный помо́щник *m*
aushöhlen *vt* выда́лбливать, вы́долбить *pf*; (*Regeln*) выхола́щивать, вы́холостить *pf*
ausholen *vi* зама́хиваться, -хну́ться *pf*
aushorchen *vt* выве́дывать, вы́ведать *pf*; **er möchte mich über etw ~** он хо́чет у меня́ что́-то вы́ведать
aushungern *vt* мори́ть, за- *pf* го́лодом
auskehren *vt* вымета́ть, вы́мести *pf*
auskennen *irr vr* (*in einer Gegend*) ориенти́роваться *impf/pf*, сориенти́роваться *pf*; (*auf einem Gebiet*) разбира́ться, -зобра́ться *pf*
ausklammern *vt* (*Thema*) исключа́ть, -чи́ть *pf*, не затра́гивать, -тро́нуть *pf*
Ausklang *m* ⟨*gen:*-(e)s⟩ заключи́тельный акко́рд *m*, оконча́ние *nt* музыка́льного произведе́ния; **zum ~** в конце́
auskochen *vt* выва́ривать, вы́варить *pf*
auskommen *irr vi:* **mit etw ~** обходи́ться че́м-л.; **mit jdm (gut/schlecht) ~** ла́дить/не ла́дить с ке́м-л.
auskugeln *vt* вы́вихнуть *pf*, -ви́хивать *impf*; **sich den Arm ~** вы́вихнуть себе́ ру́ку
auskühlen *vi* (*Raum*) охлажда́ться, -ди́ться *pf*; (*Körper*) остыва́ть, -ты́ть *pf*
auskundschaften *vt* разузнава́ть, -зна́ть *pf*
Auskunft *f* ⟨-, Auskünfte⟩ спра́вка *f*; (*Schalter*) спра́вочное бюро́ *nt*; **jdm ~ erteilen** дава́ть кому́-л. спра́вку (информа́цию)
auskuppeln *vi* (*KFZ*) выключа́ть, вы́ключить *pf* сцепле́ние
auskurieren *vt* выле́чивать, вы́лечить *pf*
auslachen *vt* высме́ивать, вы́смеять *pf*
ausladen *irr vt* выгружа́ть, вы́грузить *pf*; (*Gäste*) отменя́ть, -ни́ть *pf* приглаше́ние
Auslage *f* ⟨-, -n⟩ витри́на *f*; **~n** (*Unkosten*) изде́ржки
Ausland *nt* ⟨*gen:*-(e)s⟩ зарубе́жные стра́ны *fpl*, заграни́ца *f*; **im ~** за грани́цей; **ins ~** за грани́цу
Ausländer, -in *m/f* ⟨-s, -⟩ иностра́нец, -нка *m/f*
ausländerfeindlich *adj* вражде́бный к иностра́нцам
Ausländerfeindlichkeit *f* ⟨*gen:*-⟩ вражде́бность *f* к иностра́нцам
ausländisch *adj* иностра́нный, заграни́чный
Auslandsabteilung *f* ⟨-, -en⟩ междунаро́дный отде́л *m*
Auslandsgespräch *nt* ⟨-(e)s, -e⟩ междунаро́дный разгово́р *m*
Auslandskorrespondent, -in *m/f* ⟨-en, -en⟩ зарубе́жный корреспонде́нт, -ная -ка *m/f*
auslassen 1. *irr vt* (*weglassen*) выпуска́ть, вы́пустить *pf*; (*Butter*) раста́пливать, -топи́ть *pf*; (*Wut*) вымеща́ть, вы́местить *pf* (*an +dat* на *+präpos*); **2.** *irr vr:* **sich über etw/jdn ~** выска́зываться о чём-л./ко́м-л.
Auslauf *f* ⟨-(e)s, Ausläufe⟩ (*Bewegung*) вытека́ние *nt*; (*Abfluß*) сток *m*
auslaufen *irr vi* (*Flüssigkeit*) вытека́ть, вы́течь *pf*; (*aufhören, enden*) конча́ться, ко́нчиться *pf*; (*Schiff*) отплыва́ть, -плы́ть *pf*
Ausläufer *m* ⟨-s, -⟩ (*Gebirgs~*) отро́г *m*
Auslaut *m* ⟨-(e)s, -e⟩ коне́чный звук *m*
ausleeren *vt* опоражнивать, -рожни́ть *pf*
auslegen *vt* (*zur Ansicht*) выкла́дывать, вы́ложить *pf*; (*Geld*) вноси́ть, внести́ *pf*, плати́ть, за- *pf*; (*deuten*) истолко́вывать, -кова́ть *pf*, интерпрети́ровать *impf/pf*
Auslegung *f* ⟨-, -en⟩ (*Deutung*) истолкова́ние *nt*, интерпрета́ция *f*
ausleiern *vi* (*umg:Mechanismus*) разболта́ться *pf*, -ба́лтываться *impf*; (*Gewinde*) стере́ться *pf*, стира́ться *impf*
Ausleihe *f* ⟨-, -n⟩ (*das Ausleihen*) прока́т *m*; (*Stelle*) пункт *m* прока́та
ausleihen *irr vt* дава́ть , дать *pf* напрока́т
Auslese *f* ⟨-, -n⟩ отбо́р *m*; (*Elite*) эли́та *f*
auslesen *irr vt* отбира́ть, отобра́ть *pf*, сортирова́ть, от- *pf*; (*umg:Buch*) прочи́тывать, -та́ть *pf* до конца́
ausliefern *vt* поставля́ть, -ста́вить *pf*; (*Person*) выдава́ть, вы́дать *pf*; **jdm ausgeliefert sein** быть о́тданным на че́й-то произво́л
ausliegen *irr vi* быть *impf* вы́ставленным; **in der Bibliothek lagen Zeitungen und Prospekte aus** в библиоте́ке бы́ли вы́ложены газе́ты и проспе́кты
auslöschen *vt* гаси́ть, за- *pf*
auslosen *vt* разы́грывать, -гра́ть *pf*
auslösen *vt* (*in Gang setzen*) запуска́ть, -сти́ть *pf*; (*verursachen*) вызыва́ть, вы́звать *pf*; (*Pfand*) выкупа́ть, вы́купить *pf*
Auslöser *m* ⟨-s, -⟩ (*FOT*) спуск *m*
ausmachen *vt* (*ausschalten*) выключа́ть, вы́ключить *pf*; (*löschen*) гаси́ть, по- *pf*; (*vereinbaren*) догова́риваться, -вори́ться *pf* (*mit +dat* с *+inst*); (*sichten*) высма́тривать, вы́смотреть *pf*,

обнару́живать, -ру́жить *pf*; (*bedeuten*) име́ть *impf* значе́ние; **es macht mir nichts aus** мне э́то не соста́вит труда́
ausmalen *vt* раскра́шивать, -кра́сить *pf*; **sich etw ~** представля́ть себе́ что́-л.
Ausmaß *nt* ⟨-es, -e⟩ разме́р *m*
ausmerzen *vt* искореня́ть, -ни́ть *pf*, уничтожа́ть, -что́жить *pf*; (*Fehler*) устраня́ть, -ни́ть *pf*
ausmessen *irr vt* вымеря́ть, вы́мерить *pf*
ausmisten *vt* (*umg:aufräumen*) наводи́ть, -вести́ *pf* поря́док; (*Stall*) очища́ть, очи́стить *pf* от наво́за
ausmustern *vt* бракова́ть, за- *pf*; (*MIL*) признава́ть, -на́ть *pf* него́дным к вое́нной слу́жбе; (*Waffen*) снять *pf*, снима́ть *impf* с вооруже́ния
Ausnahme *f* ⟨-, -n⟩ исключе́ние *nt*; **mit ~ von** за исключе́нием; **eine ~ machen** де́лать исключе́ние
Ausnahmezustand *m* ⟨-(e)s, -zustände⟩ чрезвыча́йное положе́ние *nt*
ausnahmslos *adv* без исключе́ния
ausnahmsweise *adv* в ви́де исключе́ния
ausnehmen 1. *irr vt* (*Nest*) разоря́ть, -ри́ть *pf*; (*Tier*) потроши́ть, вы́- *pf*; (*umg: Person*) обобра́ть *pf*, обира́ть *impf*; (*ausschließen*) исключа́ть, -чи́ть *pf*; **2.** *vr* (*wirken*) вы́глядеть *impf*, смотре́ться *impf*
ausnehmend *adv* о́чень, чрезвыча́йно; **~ schön/häßlich** исключи́тельно краси́вый/уро́дливый
ausnützen *vt* (*Gelegenheit*) испо́льзовать *impf/pf*; (*Person*) эксплуати́ровать *impf*
auspacken *vt* (*Koffer, Geschenk*) распако́вывать, -кова́ть *pf*
ausparken *vi* выезжа́ть, вы́ехать *pf* с ме́ста парко́вки
auspfeifen *irr vt* осви́стывать, -ста́ть *pf*; **der Redner wurde vom Publikum ausgepfiffen** ора́тор был осви́стан пу́бликой
ausplaudern *vt* выба́лтывать, вы́болтать *pf*
ausplündern *vt* (*Mensch*) гра́бить, огра́бить *pf*; (*Land*) разгра́бить *pf*, -грабля́ть *impf*
auspressen *vt* выжима́ть, вы́жать *pf*
ausprobieren *vt* про́бовать, по- *pf*, ис- *pf*
Auspuff *m* ⟨-(e)s, -e⟩ вы́хлоп *m*
Auspuffrohr *nt* ⟨-(e)s, -e⟩ выхлопна́я труба́ *f*
Auspufftopf *m* ⟨-es, -töpfe⟩ глуши́тель *m*
auspumpen *vt* выка́чивать, вы́качать *pf*; (*Magen*) промыва́ть, -мы́ть *pf*
ausradieren *vt* стира́ть, стере́ть *pf*
ausrangieren *vt* (*umg*) выки́дывать, вы́кинуть *pf*, спи́сывать, -са́ть *pf*
ausrasten *vi* (*umg:Mensch*) вы́йти *pf*, выходи́ть *impf* из себя́
ausrauben *vt* гра́бить, огра́бить *pf*
ausräumen *vt* (*Zimmer*) освобожда́ть, -боди́ть *pf*; (*Bedenken*) устраня́ть, -ни́ть *pf*
ausrechnen *vt* вычисля́ть, вы́числить *pf*
Ausrede *f* ⟨-, -n⟩ отгово́рка *f*
ausreden 1. *vi* конча́ть, ко́нчить *pf* речь; **2.** *vt* отгова́ривать, -говори́ть; **jdm etw ~** отгова́ривать кого́-л. от чего́-л.
ausreichen *vi* хвата́ть, -ти́ть *pf*
ausreichend *adj* доста́точный
Ausreise *f* ⟨-, -n⟩ вы́езд *m*
ausreisen *vi* выезжа́ть, вы́ехать *pf*
ausreißen 1. *irr vi* оторва́ться *pf*, -рыва́ться *impf*; **2.** *vi* (*Unkraut*) выдёргивать, вы́дернуть *pf*, вы́рвать *pf*, -рыва́ть *impf*; (*weglaufen*) удира́ть, удра́ть *pf*
Ausreißer, -in *m/f* ⟨-s, -⟩ бегле́ц, -гля́нка *m/f*
ausrenken *vt* вы́вихнуть *pf*, -ви́хивать *impf*
ausrichten *vt* (*erreichen*) достига́ть, -сти́гнуть *pf*, добива́ться, -би́ться *pf*; (*Botschaft*) передава́ть, -да́ть *pf*; (*Hochzeit*) устра́ивать, -ро́ить *pf*, справля́ть, спра́вить *pf*; (*einstellen*) ориенти́ровать, сориенти́ровать *pf* (*auf +akk* на)
ausrotten *vt* истребля́ть, -би́ть *pf*, уничтожа́ть, -что́жить *pf*
ausrücken *vi* (*Feuerwehr*) выезжа́ть, вы́ехать *pf*; (*weglaufen*) удира́ть, удра́ть *pf*
Ausruf *m* ⟨-(e)s, -e⟩ восклица́ние *nt*
ausrufen 1. *irr vt* (*bekanntgeben*) объявля́ть, -ви́ть *pf*; (*Streik, Notstand*) объявля́ть, -ви́ть *pf*, провозглаша́ть, -гласи́ть *pf*; **2.** *vi* восклица́ть, -кли́кнуть *pf*
Ausrufezeichen *nt* ⟨-s, -⟩ восклица́тельный знак *m*
ausruhen *vr* отдыха́ть, -дохну́ть *pf*
ausrüsten *vt* снабжа́ть, снабди́ть *pf*, оснаща́ть, -насти́ть *pf*
Ausrüstung *f* ⟨-, -en⟩ обору́дование *nt*
ausrutschen *vi* поскользну́ться *pf*, -ска́льзываться *impf*
Ausrutscher *m* ⟨-s, -⟩ (*Fauxpas*) про́мах *m*, беста́ктность *f*
Aussage *f* ⟨-, -n⟩ выска́зывание *nt*

aussagen 1. *vt* выска́зывать, вы́сказать *pf*; (*ausdrücken*) выража́ть, вы́разить *pf*; **2.** *vi* (*JUR*) дава́ть, дать *pf* показа́ния
Aussagesatz *m* ⟨-es, -sätze⟩ повествова́тельное предложе́ние *nt*
ausschalten *vt* выключа́ть, вы́ключить *pf*
Ausschank *m* ⟨*gen:*-(e)s⟩ (*das Ausschenken*) прода́жа *f* в разли́в; (*Theke*) сто́йка *f*
Ausschau *f* ⟨*gen:*-⟩: **~ halten** высма́тривать
ausschauen *vi* высма́тривать, вы́смотреть; (*aussehen*) вы́глядеть *impf*
ausscheiden 1. *irr vt* (*MED*) выделя́ть, вы́делить *pf*; **2.** *irr vi* (*SPORT*) выбыва́ть, вы́быть *pf*
ausschenken *vt* разлива́ть, -ли́ть *pf*
ausscheren *vi* отклоня́ться, -ни́ться *pf* в сто́рону
ausschimpfen *vt* руга́ть, вы́- *pf*
ausschlachten *vt* разде́лывать, разде́лать *pf*; (*Auto*) разбира́ть, -зобра́ть *pf*
ausschlafen 1. *irr vi* высыпа́ться, вы́спаться *pf*; **2.** *irr vt*: **seinen Rausch ~** просп́аться
Ausschlag *m* ⟨-(e)s, Ausschläge⟩ (*von Zeiger*) отклоне́ние *nt*; (*MED*) сыпь *f*; **den ~ geben (zu etw)** име́ть (для чего́-л.) реша́ющее значе́ние
ausschlagen 1. *irr vt* (*Angebot*) отверга́ть, -ве́ргнуть *pf*; (*Einladung*) отка́зываться, -за́ться *pf*; **2.** *irr vi* (*Pferd*) брыка́ться, -кну́ться *pf*; (*Zeiger*) отклоня́ться, -ни́ться *pf*; (*Baum*) распуска́ться, -сти́ться *pf*
ausschlaggebend *adj* реша́ющий
ausschließen 1. *irr vt* (*Tatsache, Umstand*) исключа́ть, -чи́ть *pf*; (*von der Kirche*) отлуча́ть, -чи́ть *pf*; **2.** *vr* исключа́ть, исключи́ть *pf* себя́; **man kann dieses Risiko nicht ganz ~** э́тот риск по́лностью исключи́ть нельзя́; **das eine schließt das andere nicht aus** одно́ друго́го не исключа́ет
ausschließlich 1. *adj* (*alleinig*) исключи́тельный, еди́нственный; **2.** *adv* (*nur/allein*) то́лько, исключи́тельно; **3.** *präp +gen* исключа́я, за исключе́нием
Ausschluß *m* ⟨Ausschlusses, Ausschlüsse⟩ (*aus der Partei*) исключе́ние *nt*
ausschmücken *vt* украша́ть, укра́сить *pf*; (*Bericht*) приукра́шивать, -кра́сить *pf*
ausschneiden *irr vt* выреза́ть, вы́резать *pf*
Ausschnitt *m* ⟨-(e)s, -e⟩ отры́вок *m*, вы́держка *f*; (*am Kleid*) вы́рез *m*, декольте́ *nt*; (*Zeitungs~*) вы́резка *f*
ausschreiben *irr vt* (*Wort*) выпи́сывать, вы́писать *pf*; (*bekanntgeben*) объявля́ть, -ви́ть *pf*; **die Stelle ist seit dem Januar ausgeschrieben** ко́нкурс на э́то ме́сто объя́влен в январе́
Ausschreitung *f* ⟨-, -en⟩ беспоря́дки *pl*, бесчи́нства *pl*
Ausschuß *m* ⟨Ausschusses, Ausschüsse⟩ комите́т *m*, коми́ссия *f*; (*bei Produktion*) брак *m*
ausschütten *vt* высыпа́ть, вы́сыпать *pf*, вылива́ть, вы́лить *pf*
ausschweifend *adj* необу́зданный, безу́держный
Ausschweifung *f* ⟨-, -en⟩ необу́зданность *f*, безу́держность *f*
ausschweigen *irr vr* отма́лчиваться, -молча́ться *pf*; **sich über etw ~** молча́ть о чём-л.
ausschwitzen *vt* вы́потеть *pf*, -тева́ть *impf*
aussehen *irr vi* вы́глядеть *impf*; **gut/schlecht ~** хорошо́/пло́хо вы́глядеть; **es sieht nach Regen aus** похо́же, что бу́дет дождь
Aussehen *nt* ⟨*gen:*-s⟩ вне́шний вид *m*
aussein *irr vi* (*zu Ende sein*) око́нчиться *pf*, ока́нчиваться *impf*; (*ausgeschaltet sein*) быть *impf* вы́ключенным; **auf etw ~** стреми́ться к чему́-л.
außen *adv* снару́жи; **von ~** снару́жи; **nach ~** нару́жу
Außenbezirk *m* ⟨-(e)s, -e⟩ окра́ина *f*
Außenbordmotor *m* ⟨-s, -en⟩ подвесно́й мото́р *m*
aussenden *vt* высыла́ть, вы́слать *pf*
Außendienst *m* ⟨*gen:*-(e)s⟩ *рабо́та вне́ рабо́чего ме́ста*
Außenhandel *m* ⟨*gen:*-s⟩ вне́шняя торго́вля *f*
Außenminister, -in *m/f* ⟨-s, -⟩ мини́стр *m* иностра́нных дел
Außenministerium *nt* ⟨-s, -ien⟩ министе́рство *nt* иностра́нных дел
Außenpolitik *f* ⟨-, -en⟩ вне́шняя поли́тика *f*
Außenseite *f* ⟨-, -n⟩ нару́жная сторона́ *f*
Außenseiter, -in *m/f* ⟨-s, -⟩ аутса́йдер *m*
Außenspiegel *m* ⟨-s, -⟩ нару́жное зе́ркало *nt* за́днего ви́да
Außenstehende(r) *mf* ⟨-n, -n⟩ посторо́нний, -няя *m/f*
außer 1. *präp +dat* вне, за; (*abgesehen von, neben*) кро́ме, поми́мо; **~ Gefahr** вне опа́сности; **~ Betrieb sein** не рабо́тать; **~ Dienst** в отста́вке; **alle ~**

einem все крóме одногó; ~ **sich sein** быть вне себя́; **2.** *conj* (*ausgenommen*) крóме, рáзве что; ~ **wenn** рáзве тóлько
außerdem *adv* крóме тогó
Äußere *nt* ⟨*gen:*-n⟩ внéшность *f*, нарýжность *f*
äußere(r,s) *adj* внéшний
außerehelich *adj* внебрáчный
außergewöhnlich *adj* необыкновéнный, чрезвычáйный
außerhalb 1. *präp +gen* за, вне; **2.** *adv* вне, снарýжи
außerirdisch *adj* внеземнóй
äußerlich *adj* внéшний, нарýжный; **nur zur ~en Anwendung** тóлько для нарýжного применéния
äußern 1. *vt* выражáть, вы́разить *pf*; **2.** *vr* выскáзываться, вы́сказаться *pf*; (*sich zeigen*) проявля́ться, -ви́ться *pf* (*in +dat* в *+präpos*)
außerordentlich *adj* чрезвычáйный, внеочереднóй; (*besondere(r)*) чрезвычáйный, исключи́тельный
außerplanmäßig *adj* внеплáновый
äußerst *adv* крáйне, весьмá
außerstande *adv:* ~ **sein, etw zu tun** быть не в си́лах чтó-л. сдéлать
äußerste(r,s) *adj* (*räumlich*) крáйний; (*letztmöglich*) предéльный; (*größtmöglich*) максимáльный
Äußerung *f* ⟨-, -en⟩ проявлéние *nt*; (*Bemerkung*) выскáзывание *nt*
aussetzen 1. *vt* (*Passagiere*) высáживать, вы́садить *pf*; (*Kind*) бросáть, брóсить *pf*; (*Belohnung*) назначáть, -нáчить *pf*; (*Urteil*) отклáдывать, отложи́ть *pf*; **2.** *vi* (*Mensch*) прерывáться, -рвáться *pf*, дéлать, сдéлать *pf* пáузу; (*Herz*) останáвливаться, -нови́ться *pf*, давáть, дать *pf* сбóй; **etw auszusetzen haben** находи́ть каки́е-л. недостáтки; **sich der Gefahr** ~ подвергáть себя́ опáсности
Aussicht *f* ⟨-, -en⟩ вид *m*; (*fig*) перспекти́ва *f*, вид *m*; **jdm etw in ~ stellen** обещáть комý-л. чтó-л.; **etw in ~ haben** имéть чтó-л. в перспекти́ве
aussichtslos *adj* безнадёжный, бесперспекти́вный
Aussichtspunkt *m* ⟨-(e)s, -e⟩ *мéсто, с котóрого открывáется краси́вый вид*
aussieben *vt* (*fig*) отбирáть, отобрáть *pf*, отсéивать, -сéять *pf*
aussiedeln *vi* выселя́ть, вы́селить *pf*
Aussiedler, -in *m/f* ⟨-s, -⟩ переселéнец, -нка *m/f*
aussöhnen *vr* мири́ться, по- *pf* (*mit +dat* с *+inst*)
Aussöhnung *f* ⟨-, -en⟩ примирéние *nt*
aussondern *vt* отделя́ть, -ли́ть *pf*
aussortieren *vt* отсортирóвывать, -ровáть *pf*
ausspannen 1. *vt* (*Pferd*) распрягáть, -пря́чь *pf*; **er hat ihm die Freundin ausgespannt** он увёл у негó дéвушку; **2.** *vi* отдыхáть, -дохнýть *pf*
aussparen *vt* (*freilassen*) оставля́ть, -тáвить *pf* свобóдным; (*Thema*) обходи́ть, обойти́ *pf*, опускáть, -сти́ть *pf*
aussperren *vt* не впускáть, -сти́ть *pf*; (*Arbeiter*) подвергáть, -вéргнуть *pf* локáуту
Aussperrung *f* ⟨-, -en⟩ локáут *m*
ausspielen *vt* (*Person*) настрáивать, -стрóить *pf* (*gegen +akk* прóтив *+gen*); (*Karte*) ходи́ть *impf*
Aussprache *f* ⟨-, -n⟩ произношéние *nt*; (*klärendes Gespräch*) обмéн *m* мнéниями, бесéда *f*
aussprechen 1. *irr vt* произноси́ть, -нести́ *pf*; (*äußern*) выскáзывать, вы́сказать *pf*; **2.** *irr vi* (*ausreden*) договáривать, -вори́ть *pf*; **3.** *irr vr* выскáзываться, вы́сказаться; **wie spricht man dieses Wort aus?** как произнóсится э́то слóво?; **sich für etw/jdn ~** выскáзываться за чтó-л./прóтив чегó-л.; **sich mit jdm ~** объясни́ться с кéм-л.
Ausspruch *m* ⟨-(e)s, Aussprüche⟩ изречéние *nt*, выскáзывание *nt*
ausspucken 1. *vt* выплёвывать, вы́плюнуть *pf*; **2.** *vi* плевáть, плю́нуть *pf*
ausspülen *vt* выполáскивать, вы́полоскать *pf*; (*Mund*) полоскáть, про- *pf*
Ausstand *m* ⟨*gen:*-(e)s⟩ (*Streik*) забастóвка *f*, стáчка *f*
ausstatten *vt* (*jdn*) снабжáть, снабди́ть *pf*
Ausstattung *f* ⟨-, -en⟩ снабжéние *nt*, оборýдование *nt*; (*Gestaltung*) оформлéние *nt*; (*THEAT*) костю́мы *mpl*, декорáция *f*
ausstechen *irr vt* (*Auge*) выкáлывать, вы́колоть *pf*; (*Kekse*) вырезáть, вы́резать *pf*; (*Person*) превосходи́ть, превзойти́ *pf*
ausstehen 1. *irr vi* (*Antwort*) отсýтствовать *impf*; (*Zahlung*) не быть *impf* уплáченным; **dieser Betrag steht noch aus** э́та сýмма ещё не уплáчена ; **2.** *irr vt* (*ertragen*) выноси́ть, вы́нести *pf*; **ich kann ihn nicht ~** (*umg*) я егó не выношý
aussteigen *irr vi* выходи́ть, вы́йти *pf*,

высáживаться, вы́садиться *pf*; (*fig*) выходи́ть, вы́йти *pf*; **aus einem Geschäft** ~ выходи́ть из дéла

ausstellen *vt* (*Kunst*) выставля́ть, вы́ставить *pf*; (*Paß, Bescheinigung*) выпи́сывать, вы́писать *pf*, выдавáть, вы́дать *pf*; (*ausschalten*) выключáть, вы́ключить *pf*

Ausstellung *f* ⟨-, -en⟩ вы́ставка *f*

aussterben *irr vi* вымирáть, вы́мереть *pf*

Aussteuer *f* ⟨-, -n⟩ придáное *nt*

Ausstieg *m* ⟨-(e)s, -e⟩ вы́ход *m*

ausstopfen *vt* набивáть, -би́ть *pf*

ausstoßen *irr vt* (*Schrei*) испускáть, -пусти́ть *pf*; (*Rauch*) выпускáть, вы́пустить *pf*; (*ausschließen*) исключáть, -чи́ть *pf*

ausstrahlen *vt* излучáть *impf*; (*Sendung*) передавáть, -дáть *pf*; (*Ruhe*) распространя́ть, -ни́ть *pf*

Ausstrahlung *f* ⟨-, -en⟩ (*Wirkung*) *воздéйствие, котóрое ктó-л. окáзывает на окружáющих*

ausstrecken 1. *vt* (*Hand*) протя́гивать, -тяну́ть *pf*; **2.** *vr* растя́гиваться, -тяну́ться *pf*, ложи́ться, лечь *pf*

ausstreichen *irr vt* вычёркивать, вы́черкнуть *pf*; (*Falten*) разглáживать, -глáдить *pf*

ausstreuen *vt* рассыпáть, -сы́пать *pf*, разбрáсывать, -бросáть *pf*; (*Gerüchte*) распространя́ть, -ни́ть *pf*, распускáть, -пусти́ть *pf*

ausströmen 1. *vt* (*fig*) излучáть *impf*; **2.** *vi* утекáть, утéчь *pf*

aussuchen *vt* выбирáть, вы́брать *pf*

Austausch *m* ⟨*gen:*--(e)s⟩ обмéн *m*, замéна *f*

austauschbar *adj* замени́мый

austauschen 1. *vt* обмéнивать, -меня́ть *pf*; (*Gedanken*) обмéниваться, -ня́ться *pf*; **2.** *vr*: **sich über etw** ~ обмéниваться мнéниями о чём-л.

austeilen *vt* раздавáть, -дáть *pf*

Auster *f* ⟨-, -n⟩ у́стрица *f*

austoben *vr* (*Kinder*) разойти́сь *pf*, расходи́ться *impf*, бу́йно игрáть *impf*

austragen *irr vt* (*Zeitungen*) разноси́ть, -нести́ *pf*, доставля́ть, -стáвить *pf*; (*Kind*) вы́носить *pf*, -нáшивать *impf*; (*Konflikt*) разрешáть, -реши́ть *pf*; (*Wettkampf*) проводи́ть, -вести́ *pf*

Australien *nt* ⟨*gen:*-s⟩ Австрáлия *f*

Australier, -in *m/f* ⟨-s, -⟩ австрали́ец, -ли́йка *m/f*

australisch *adj* австрали́йский

austreiben *irr vt* выгоня́ть, вы́гнать *pf*; (*Teufel*) изгоня́ть, -гнáть *pf*; **jdm etw** ~ отучáть когó-л. от чегó-л.

austreten 1. *irr vt* (*Zigarette*) гаси́ть, по- *pf*; (*Pfad*) протáптывать, -топтáть *pf*; **2.** *irr vi* выходи́ть, вы́йти *pf*; **aus einem Verein** ~ вы́йти из объединéния

austricksen *vt* обстáвить *pf*, -ставля́ть *impf*, обхитри́ть *pf*

austrinken *irr vt* (*Getränk*) вы́пить *pf*

Austritt *m* ⟨-(e)s, -e⟩ (*Entweichen*) утéчка *f*; (*aus Partei*) вы́ход *m*

austrocknen 1. *vt* высу́шивать, вы́сушить *pf*; **2.** *vi* высыхáть, вы́сохнуть *pf*

ausüben *vt* (*Beruf*) рабóтать *impf*; (*Druck*) окáзывать, -зáть *pf* (*auf +akk* на); (*Recht*) осуществля́ть, -стви́ть *pf*

Ausverkauf *m* ⟨-(e)s, -käufe⟩ распродáжа *f*

ausverkaufen *vt* распродавáть, -продáть *pf*; **ausverkauft sein** быть (рас)прóданным

Auswahl *f* ⟨*gen:*-⟩ (*Wahl*) вы́бор *m*; (*SPORT*) сбóрная *f*; (*Angebot*) вы́бор *m*, ассортимéнт *m*; (*Auslese*) эли́та *f*, цвет *m*

auswählen *vt* выбирáть, вы́брать *pf*, подбирáть, -добрáть *pf*

Auswanderer *m* ⟨-s, -⟩ переселéнец, -нка *m/f*

auswandern *vi* переселя́ться, -ли́ться *pf*, эмигри́ровать *impf/pf*

Auswanderung *f* ⟨-, -en⟩ переселéние *nt*, эмигрáция *f*

auswärtig *adj* иногорóдний; **Auswärtiges Amt** Министéрство инострáнных дел

auswärts *adv* (*nach außen*) нару́жу; **-essen** питáться не дóма

auswaschen *irr vt* вымывáть, вы́мыть *pf*, отмывáть, -мы́ть *pf*

auswechseln *vt* меня́ть, по- *pf*; (*SPORT*) заменя́ть, -ни́ть *pf*

Ausweg *m* ⟨-(e)s, -e⟩ вы́ход *m*

ausweglos *adj* безвы́ходный

ausweichen *irr vi* увёртываться, уверну́ться *pf*; (*fig*) уклоня́ться, -ни́ться *pf*, избегáть, -бежáть *pf*

ausweinen *vr* вы́плакаться *pf*, -плáкиваться *impf*

Ausweis *m* ⟨-es, -e⟩ (*Personal~*) удостоверéние *nt* ли́чности

ausweisen 1. *irr vt* высылáть, вы́слать; **2.** *vr* удостоверя́ть, -вéрить *pf* свою ли́чность

Ausweispapiere *pl* ⟨*gen:*-⟩ докумéнты *pl*

Ausweisung *f* ⟨-, -en⟩ вы́сылка *f*

ausweiten 1. *vt* растя́гивать, -тяну́ть *pf*; **2.** *vr* (*Unruhen*) распространя́ться, -ни́ться *pf*

auswendig *adv* наизу́сть, на пáмять; ~

lernen учи́ть наизу́сть
auswerten *vt* оце́нивать, -ни́ть *pf*
Auswertung *f* ⟨-, -en⟩ обрабо́тка *f*, ана́лиз *m*
auswickeln *vt* развёртывать, -верну́ть *pf*
auswirken *vr* ска́зываться, -за́ться *pf*, отража́ться, -рази́ться *pf*
Auswirkung *f* ⟨-, -en⟩ возде́йствие *nt*, сле́дствие *nt*
Auswuchs *m* ⟨-es, Auswüchse⟩ (*fig*) уро́дство *nt*, извраще́ние *nt*
auswuchten *vt* (*Rad*) баланси́ровать, сбаланси́ровать *pf*
auszahlen 1. *vt* выпла́чивать, вы́платить *pf*; (*Person*) рассчи́тывать, -счита́ть *pf*; **2.** *vr* (*sich lohnen*) сто́ить *impf*, быть *impf* вы́годным
auszählen *vt* (*Wahlzettel*) подсчи́тывать, -та́ть *pf*
auszeichnen 1. *vt* (*ehren*) отмеча́ть, -ме́тить *pf*, награжда́ть, -гради́ть *pf*; (*Waren*) снабжа́ть, -снабди́ть *pf* це́нником; **2.** *vr* отлича́ться, -чи́ться *pf*, выделя́ться, вы́делиться *pf*
Auszeichnung *f* ⟨-, -en⟩ (*Auszeichnung*) награжде́ние *nt*; (*Orden*) о́рден *m*, награ́да *f*; (*von Waren*) маркиро́вка *f*; **mit ~** с отли́чием
ausziehen 1. *irr vt* (*Tisch*) раздвига́ть, -дви́нуть *pf*; (*Kleidungsstück*) снима́ть, сня́ть *pf*; (*Person*) раздева́ть, -де́ть *pf*; **2.** *irr vi* съезжа́ть, съе́хать *pf*; **3.** *irr vr* раздева́ться, -де́ться *pf*
Auszubildende(r) *mf* ⟨-n, -n⟩ учени́к, -ни́ца *m/f* на произво́дстве
Auszug *m* ⟨-(e)s, Auszüge⟩ (*aus Wohnung*) перее́зд *m*; (*Bank~*) вы́писка *f* из счёта; (*Ausschnitt*) вы́держка *f*, фрагме́нт *m*; **eine Rede in Auszügen wiedergeben** передава́ть вы́держки из ре́чи
authentisch *adj* по́длинный, аутенти́чный
Auto *nt* ⟨-s, -s⟩ автомоби́ль *m*, маши́на *f*; **~ fahren** води́ть маши́ну
Autobahn *f* ⟨-, -en⟩ автостра́да *f*
Autobahnauffahrt *f* ⟨-, -en⟩ въезд *m* на автостра́ду
Autobahnausfahrt *f* ⟨-, -en⟩ съезд *m* с автостра́ды
Autobahnraststätte *f* ⟨-, -n⟩ *автостоя́нка при автостра́де с рестора́ном и запра́вочной ста́нцией*
Autobus *m* ⟨-ses, -se⟩ авто́бус *m*
Autodidakt, -in *m/f* ⟨-en, -en⟩ самоу́чка *mf*
Autofahrer, -in *m/f* ⟨-s, -⟩ води́тель, -ница *m/f*; шофёр *m*
autogen *adj* автоге́нный
Autogramm *m* ⟨-s, -e⟩ авто́граф *m*; **ein ~ geben** дать авто́граф
Automat *m* ⟨-en, -en⟩ автома́т *m*
Automatikgetriebe *nt* ⟨-s, -⟩ автомати́ческая коро́бка *f* переда́ч
automatisch *adj* автомати́ческий
autonom *adj* автоно́мный, незави́симый
Autonummer *f* ⟨-, -n⟩ но́мер *m* автомоби́ля
Autopsie *f* ⟨-, -n⟩ вскры́тие *nt* тру́па
Autor, -in *m/f* ⟨-en, -en⟩ а́втор *m*
Autoradio *nt* ⟨-s, -s⟩ автомоби́льный радиоприёмник *m*
Autoreifen *m* ⟨-s, -⟩ автомоби́льная ши́на *f*
Autorennen *nt* ⟨-s, -⟩ автомоби́льные го́нки *fpl*, автого́нки *fpl*
Autoreverse *nt* ⟨*gen:-*⟩ авторе́верс *m*
autoritär *adj* авторита́рный
Autorität *f* ⟨-, -en⟩ (*Eigenschaft*) авторите́т *m*; (*Person*) авторите́т *m*, авторите́тная ли́чность *f*
Autounfall *m* ⟨-(e)s, -fälle⟩ автомоби́льная катастро́фа *f*
Autoverleih *m* ⟨-(e)s, -e⟩ прока́т *m* автомоби́лей
Autowaschanlage *f* ⟨-, -n⟩ пункт *m* мо́йки автомоби́лей
Autowerkstatt *f* ⟨-, -stätten⟩ авторемо́нтная мастерска́я *f*
Avantgarde *f* ⟨*gen:-*⟩ аванга́рд *m*
Aversion *f* ⟨-, -en⟩ отвраще́ние *nt*; **eine ~ gegen etw/jdn haben** испы́тывать отвраще́ние к чему́-л./кому́-л.
Avocado *f* ⟨-, -s⟩ авока́до *m*
Axt *f* ⟨-, Äxte⟩ топо́р *m*
Azoren ⟨*gen:-*⟩ Азо́рские острова́ *pl*
Azubi *m* ⟨-s/-, -s⟩ учени́к, -ни́ца *m/f* на произво́дстве

B

b, B *nt* ⟨-, -⟩ б, Б *nt*
Baby *nt* ⟨-s, -s⟩ ма́ленький ребёнок *m*, младе́нец *m*
Babyausstattung *f* ⟨-, -en⟩ прида́ное *nt* для новоро́жденного
Babynahrung *f* ⟨*gen:-*⟩ де́тское пита́ние *nt*
Babysitter, -in *m/f* ⟨-s, -⟩ *ня́ня для дете́й на вре́мя отсу́тствия роди́телей*
Bach *m* ⟨-(e)s, Bäche⟩ руче́й *m*
Backblech *nt* ⟨-(e)s, -e⟩ про́тивень *m*, лист *m*
Backbord *nt* ⟨*gen:-*⟩ ле́вый борт *m*
Backe *f* ⟨-, -n⟩ (*Wange*) щека́ *f*; (*Brems~*)

тормозна́я коло́дка *f*
backen ⟨backte, gebacken⟩ *vt* печь, ис *pf*, выпека́ть, вы́печь *pf*
Backenbart *m* ⟨-(e)s, -bärte⟩ бакенба́рды *fpl*
Backenzahn *m* ⟨-(e)s, -zähne⟩ коренно́й зуб *m*
Bäcker, -in *m/f* ⟨-s, -⟩ пе́карь *m*
Bäckerei *f* ⟨-, -en⟩ пека́рня *f*, бу́лочная *f*
Backform *f* ⟨-, -en⟩ фо́рма *f* для вы́печки
Background *m* ⟨-s, -s⟩ духо́вное происхожде́ние *nt*, среда́ *f*
Backobst *nt* ⟨*gen:*-(e)s⟩ сушёные фру́кты *mpl*
Backofen *m* ⟨-s, -öfen⟩ печь *f*, духо́вка *f*
Backpflaume *f* ⟨-, -en⟩ чернosли́в *m*
Backpulver *nt* ⟨*gen:*-s⟩ порошко́вый разрыхли́тель *m* те́ста
Backstein *m* ⟨-(e)s, -e⟩ обожжённый кирпи́ч *m*
backte *prät von* **backen**
Bad *nt* ⟨-(e)s, Bäder⟩ (*in Wanne*) ва́нна *f*; (*Badezimmer*) ва́нная *f*; (*Schwimm~*) бассе́йн *m*; **ein ~ nehmen** принима́ть ва́нну
Badeanstalt *f* ⟨-, -en⟩ откры́тый бассе́йн *m*
Badeanzug *m* ⟨-(e)s, -anzüge⟩ купа́льник *m*, купа́льный костю́м *m*
Badehose *f* ⟨-, -n⟩ пла́вки *mpl*
Bademantel *m* ⟨-s, -mäntel⟩ купа́льный хала́т *m*
Bademeister, -in *m/f* ⟨-s, -⟩ дежу́рный, -ная *m/f* по пля́жу
Bademütze *f* ⟨-, -n⟩ купа́льная ша́почка *f*
baden 1. *vi* купа́ться, вы- *pf*; (*in Wanne*) принима́ть, -ня́ть *pf* ва́нну; **2.** *vt* купа́ть, вы́- *pf*; **~ gehen** (*umg*) оста́ться ни с чем
Baden-Württemberg *nt* ⟨*gen:*-s⟩ Ба́ден-Вю́ртемберг *m*
Badeofen *m* ⟨-s, -öfen⟩ *коло́нка для подогре́ва воды́ в ва́нной*
Badeort *m* ⟨-(e)s, -e⟩ куро́рт *m*
Badetuch *nt* ⟨-(e)s, -tücher⟩ купа́льное полоте́нце *nt*
Badewanne *f* ⟨-, -n⟩ ва́нна *f*
Badezimmer *nt* ⟨-s, -⟩ ва́нная *f*
baff *adj:* **~ sein** (*umg*) быть ошара́шенным
Bafög *akr von* ***Bundesausbildungsförderungsgesetz*** *nt федера́льный зако́н о поощре́нии обуче́ния*
Bagatelle *f* ⟨-, -n⟩ ме́лочь *f*, пустя́к *m*
Bagger *m* ⟨-s, -⟩ экскава́тор *m*
baggern *vi* вы́копать *pf*, -ка́пывать *impf* экскава́тором, копа́ть, вы́- *pf*
Baggersee *m* ⟨-s, -n⟩ *иску́сственное о́зеро*
Baguette *f* ⟨-, -n⟩ францу́зский бе́лый бато́н *m*
Bahamas *pl* ⟨*gen:* -⟩ Бага́мские Острова́ *pl*
Bahn *f* ⟨-, -en⟩ (*Weg*) доро́га *f*, путь *m*; (*Zug*) по́езд *m*; (*Straßen~*) трамва́й *m*; (*Bundes~*) железнодоро́жное ве́домство *nt*; (*Kegel~*) кегельба́н *m*; (*Stoff~*) поло́тнище *nt*, полотно́ *nt*; **freie ~ haben** име́ть „зелёную у́лицу"; **auf die schiefe ~ geraten** пойти́ по накло́нной пло́скости
Bahnbeamte(r), -beamtin *m/f* ⟨-n, -n⟩ железнодоро́жный слу́жащий, -щая *m/f*
bahnbrechend *adj* нова́торский, открыва́ющий но́вые пути́
Bahndamm *m* ⟨-(e)s, -dämme⟩ железнодоро́жная на́сыпь *f*
bahnen *vt:* **sich einen Weg ~** проде́лывать себе́ доро́гу
Bahnfahrt *f* ⟨-, -en⟩ пое́здка *f* на по́езде
Bahnhof *m* ⟨-(e)s, -höfe⟩ железнодоро́жный вокза́л *m*
Bahnhofsmission *f* ⟨*gen:*-⟩ железнодоро́жная ми́ссия *f*
Bahnlinie *f* ⟨-, -n⟩ железнодоро́жная ли́ния *f*
Bahnpolizei *f* ⟨*gen:*-⟩ железнодоро́жная поли́ция *f*
Bahnsteig *m* ⟨-(e)s, -e⟩ перро́н *m*
Bahnübergang *m* ⟨-(e)s, -gänge⟩ железнодоро́жный перее́зд *m*
Bahre *f* ⟨-, -n⟩ носи́лки *fpl*
Bakterie *f* ⟨-, -n⟩ бакте́рия *f*
bakteriell *adj* бактериа́льный
Balance *f* ⟨-, n⟩ равнове́сие *nt*; **die ~ halten** держа́ть равнове́сие
balancieren 1. *vi* баланси́ровать, сбаланси́ровать *pf*; **2.** *vt* уде́рживать, -жа́ть *pf* в равнове́сии
bald *adv* ско́ро, вско́ре; **~ wird es dunkel** ско́ро стемнее́т; (*beinahe*) чу́ть не; **bis ~!** до ско́рого!
baldig *adj* ско́рый
baldmöglichst *adj* как мо́жно скоре́е
Baldrian *m* ⟨*gen:*-s⟩ валериа́на *f*
balgen *vr* боро́ться, по- *pf*
Balkan *m* ⟨*gen:*-s⟩ Балка́ны *fpl*
Balkon *m* ⟨-s, -e⟩ балко́н *m*
Ball *m* ⟨-(e)s, Bälle⟩ (*zum Spiel*) мяч *m*; (*Tanz~*) бал *m*; **am ~ bleiben** продолжа́ть пресле́довать свою́ цель
Ballade *f* ⟨-, -n⟩ балла́да *f*
Ballast *m* ⟨-(e)s, -e⟩ балла́ст *m*; (*fig*) бре́мя *nt*; **~ abwerfen** сбро́сить бре́мя
Ballaststoffe *pl* ⟨*gen:*-⟩ балла́стные вещества́ *pl*
ballen 1. *vt:* **die Faust ~** сжима́ть кула́к;

2. *vr* сжима́ться, сжа́ться *pf* в ком
Ballen *m* ⟨-s, -⟩ (*Hand~*) мя́коть *f* ладо́ни; (*Heu~*) тюк *m*; (*Stoff~*) руло́н *m*
Ballett *nt* ⟨-(e)s, -e⟩ бале́т *m*; (*~stück*) бале́т *m*
Ballettänzer, -in *m/f* ⟨-s, -⟩ арти́ст, -ка *m/f* бале́та, танцо́вщик, -щица *m/f*, балери́на *f*
Balljunge *m* ⟨-n, -n⟩ (*Tennis*) *ма́льчик, подаю́щий мяч*
Ballon *m* ⟨-s, -e⟩ (*Heißluft~*) возду́шный шар *m*; (*Glas~*) балло́н *m*, буты́ль *f*
Ballspiel *nt* ⟨-(e)s, -e⟩ игра́ *f* с мячо́м
Ballung *f* ⟨-, -en⟩ концентра́ция *f*
Ballungsraum *m* ⟨-(e)s, -räume⟩ райо́н *m* высо́кой пло́тности населе́ния
Balsam *m* ⟨-s, -e⟩ бальза́м *m*
Balte, Baltin *m/f* ⟨-n, -n⟩ жи́тель, -ница *m/f* Приба́лтики
Baltikum *nt* ⟨*gen:*-s⟩ Приба́лтика *f*
Bambus *m* ⟨-ses, -se⟩ бамбу́к *m*
Bambusrohr *nt* ⟨-(e)s, -e⟩ ствол *m* бамбу́ка
banal *adj* бана́льный
Banalität *f* ⟨-, -en⟩ бана́льность *f*
Banane *f* ⟨-, -n⟩ бана́н *m*
Banause *m* ⟨-n, -n⟩ (*pej*) неве́жда *mf*
band *prät von* **binden**
Band [1] *nt* ⟨-(e)s, Bänder⟩ (*Stoff~*) ле́нта *f*; (*Ton~*) магнитофо́нная плёнка *f*; (*Fließ~*) конве́йер *m*; (*Gelenk~*) свя́зка *f*; **am laufenden ~** непреры́вно; **etw auf ~ sprechen** записа́ть что́-л. на плёнку
Band [2] *m* ⟨-(e)s, Bände⟩ (*Buch*) том *m*
Bandage *f* ⟨-, -n⟩ банда́ж *m*
bandagieren *vt* ту́го забинто́вывать, -това́ть *pf*
Bande [1] *f* ⟨-, -n⟩ (*Jugend~*) ват́ага *f*; (*Verbrecher~*) ба́нда *f*
Bande [2] *f* ⟨-, -n⟩ (*Einfassung*) борт *m*
bändigen *vt* (*Tier*) усмиря́ть, -ри́ть *pf*, укроща́ть, -роти́ть *pf*; (*fig*) обу́здывать, -да́ть *pf*
Bandit *m* ⟨-en, -en⟩ банди́т *m*
Bandscheibe *f* ⟨-, -n⟩ межпозвоно́чный диск *m*
Bandwurm *m* ⟨-(e)s, -würmer⟩ солитёр *m*
bange *adj* (*ängstlich*) боязли́вый; **ihm wurde (angst und) ~** ему́ ста́ло стра́шно; (*besorgt*) трево́жный, беспоко́йный; **~ Ruhe erfüllte das Zimmer** трево́жная тишина́ запо́лнила ко́мнату
bangen *vi:* **um jdn/etw ~** трево́житься о ко́м-л./чём-л.
Banjo *nt* ⟨-s, -s⟩ ба́нджо *nt*
Bank [1] *f* ⟨-, Bänke⟩ (*Sitz~*) скамья́ *f*, ла́вка *f*; (*Sand~*) песча́ная коса́ *f*, о́тмель *f*; **etw auf die lange ~ schieben** (*umg*) откла́дывать что́-л. в до́лгий я́щик
Bank [2] *f* ⟨-, -en⟩ банк *m*
Bankangestellte(r) *mf* ⟨-n, -n⟩ ба́нковский слу́жащий, -кая -щая *m/f*
Bankett *nt* ⟨-(e)s, -e⟩ (*geh:Festessen*) банке́т *m*
Bankguthaben *nt* ⟨-s, -⟩ ба́нковские акти́вы *mpl*
Bankier *m* ⟨-s, -s⟩ банки́р *m*
Bankkonto *nt* ⟨-s, -konten⟩ ба́нковский счёт *m*
Bankleitzahl *f* ⟨-, -en⟩ код *m* ба́нка
Bankomat *m* ⟨-en, -en⟩ банкома́т *m*
Bankraub *m* ⟨-(e)s, -e⟩ ограбле́ние *nt* ба́нка
bankrott *adj* обанкро́тившийся, неплатёжеспосо́бный
Bankrott *m* ⟨-(e)s, -e⟩ банкро́тство *nt*; **~ machen/gehen** обанкро́титься
Banküberfall *m* ⟨-(e)s, -fälle⟩ нападе́ние *nt* на банк
Bann : jdn in seinen ~ schlagen увле́чь кого́-л.; **(ganz) im ~ von etw stehen** по́лностью находи́ться под влия́нием чего́-л.
Banner *nt* ⟨-s, -⟩ зна́мя *nt*, флаг *m*
bar *adj* (*Geld*) нали́чный; (*nackt*) го́лый, непокры́тый; **in ~** нали́чными; **~er Unsinn** соверше́нная бессмы́слица; **~ jeglichen Sachverstands** соверше́нно некомпете́нтный
Bar *f* ⟨-, -s⟩ (*Theke*) сто́йка *f* ба́ра; (*Lokal*) бар *m*
Bär *m* ⟨-en, -en⟩ медве́дь *m*; **jdm einen ~en aufbinden** (*umg*) ве́шать кому́-л. лапшу́ на́ уши
Baracke *f* ⟨-, -n⟩ бара́к *m*
Barbarei *f* ⟨*gen:*-⟩ ва́рварство *nt*, неве́жество *nt*
barbarisch *adj* ва́рварский, неве́жественный
Barett *nt* ⟨-(e)s, -e⟩ бере́т *m*
barfuß *adj* босо́й; **~ gehen** идти́ босико́м
barg *prät von* **bergen**
Bargeld *nt* ⟨*gen:*-(e)s⟩ нали́чные *fpl*
bargeldlos *adj* безнали́чный; **~ zahlen** плати́ть по безнали́чному расчёту
Barhocker *m* ⟨-s, -⟩ высо́кий табуре́т *m*
Bariton *m* ⟨-s, -e⟩ барито́н *m*
Barkeeper *m* ⟨-s, -⟩ барме́н *m*
barmherzig *adj* милосе́рдный
Barmherzigkeit *f* ⟨*gen:*-⟩ милосе́рдие *nt*, сострада́ние *nt*
barock *adj* в сти́ле баро́кко; (*umg:üppig*) пы́шный, бу́йный
Barock *nt* ⟨*gen:*-s⟩ баро́кко *nt*
Barren *m* ⟨-s, -⟩ (*Gold~*) сли́ток *m*; (*SPORT*) паралле́льные бру́сья *mpl*
Barriere *f* ⟨-, -n⟩ (*Absperrung*)

заграждéние *nt*; (*Hindernis*) барьéр *m*
Barrikade *f* ⟨-, -n⟩ барикáда *f*; **für etw auf die ~n gehen** (*umg*) выступáть прóтив чегó-л.
barsch *adj* грýбый, рéзкий
Barsch *m* ⟨-(e)s, -e⟩ óкунь *m*
Barscheck *m* ⟨-s, -s⟩ расхóдный чек *m*, расхóдный óрдер *m*
barst *prät von* **bersten**
Bart *m* ⟨-(e)s, Bärte⟩ бородá *f*; **er läßt sich jetzt einen ~ wachsen** он сейчáс отпускáет себé бóроду
bärtig *adj* бородáтый
Barzahlung *f* ⟨-, -en⟩ оплáта *f* нали́чными
Basar *m* ⟨-s, -e⟩ ры́нок *m*, базáр *m*
Base *f* ⟨-, -n⟩ (*Kusine*) кузи́на *f*, двоюрóдная сестрá *f*
basieren *vi* основáться *pf*, оснóвываться *impf* (*auf +dat* на *+präpos*), бази́роваться *impf*
Basis *f* ⟨-, Basen⟩ бáзис *m*, оснóва *f*; (*POL*) мáссы *fpl*
Baske, Baskin *m/f* ⟨-n, -n⟩ баск, -óнка *m/f*
Basketball *m* ⟨-(e)s, -bälle⟩ (*Spiel*) баскетбóл *m*; (*Ball*) баскетбóльный мяч *m*
Baß *m* ⟨Basses, Bässe⟩ бас *m*
Bassin *nt* ⟨-s, -s⟩ бассéйн *m*, резервуáр *m*
Bassist, -in *m/f* ⟨-en, -en⟩ контрабаси́ст *m*
Baßschlüssel *m* ⟨-s, -⟩ басóвый ключ *m*
Bast *m* ⟨-(e)s, -e⟩ лы́ко *nt*
basta *interj* бáста; **und damit ~!** и кóнчено на э́том!
basteln *vt* мастери́ть, смастери́ть *pf*
Bastler, -in *m/f* ⟨-s, -⟩ люби́тель, -ница *m/f* мастери́ть
bat *prät von* **bitten**
Bataillon *nt* ⟨-s, -e⟩ батальóн *m*
Batik *f* ⟨-, -en⟩ бáтик *m*
batiken *vt* печáтать, на- *pf* бáтик
Batterie *f* ⟨-, -n⟩ батарéя *f*
Bau *m* ⟨-(e)s, -ten⟩ (*das Bauen*) строи́тельство *nt*; (*Gebäude*) пострóйка *f*, сооружéние *nt*; (*Aufbau*) построéние *nt*, структýра *f*; (*~stelle*) стройплощáдка *f*; (*Tier~*) норá *f*; **im ~ sein** стрóиться
Bauarbeiten *pl* ⟨*gen:-*⟩ строи́тельные рабóты *pl*
Bauarbeiter *m* ⟨-s, -⟩ строи́тель *m*, строи́тельный рабóчий *m*
Bauch *m* ⟨-(e)s, Bäuche⟩ живóт *m*; **einen ~ haben** (*dick sein*) имéть брюшкó
Bauchfell *nt* ⟨-(e)s, -e⟩ (*ANAT*) брюши́на *f*
bauchig *adj* пузáтый, вы́пуклый
bäuchlings *adv* на животé, животóм
Bauchnabel *m* ⟨-s, -⟩ пуп *m*, пупóк *m*
Bauchredner, -in *m/f* ⟨-s, -⟩ чревовещáтель, -ница *m/f*
Bauchschmerz *m* ⟨-es, -en⟩ боль *f* в животé
Bauchspeicheldrüse *f* ⟨-, -n⟩ поджелýдочная железá *f*
Bauchtanz *m* ⟨-es, -tänze⟩ тáнец *m* животá
Bauchweh *nt* ⟨*gen:-s*⟩ (*umg*) резь *f* в животé, боль *f* в животé
bauen *vt* стрóить, по- *pf*; (*konstruieren*) конструи́ровать, сконструи́ровать *pf*; **auf jdn/etw ~ (können)** (мочь) положи́ться на когó-л./чтó-л.
Bauer *m* ⟨-n, -n⟩ крестья́нин *m*; (*beim Schach*) пéшка *f*
Bäuerin *f* ⟨-, -nen⟩ крестья́нка *f*
bäuerlich *adj* крестья́нский, сéльский
Bauernfang *m* ⟨*gen:-(e)s*⟩: **auf ~ ausgehen** (*umg*) рассчи́тывать на простакóв
Bauernhaus *nt* ⟨-es, -häuser⟩ крестья́нский дом *m*
Bauernhof *m* ⟨-(e)s, -höfe⟩ крестья́нская усáдьба *f*
Bauernregel *f* ⟨-, -n⟩ нарóдная примéта *f*
baufällig *adj* вéтхий
Baufirma *f* ⟨-, -firmen⟩ строи́тельная фи́рма *f*
Baugenehmigung *f* ⟨-, -en⟩ разрешéние *nt* на строи́тельство
Baugenossenschaft *f* ⟨-, -en⟩ жили́щно-строи́тельный кооперати́в *m*
Bauherr, -in *m/f* ⟨-en, -en⟩ закáзчик *m* строи́тельных рабóт
Bauingenieur, -in *m/f* ⟨-s, -e⟩ инженéр-строи́тель *m*
Baujahr *nt* ⟨-(e)s, -e⟩ год *m* построи́йки
Baukasten *m* ⟨-s, -kästen⟩ корóбка *f* с кýбиками
Bauland *nt* ⟨*gen:-(e)s*⟩ строи́тельный учáсток *m*
baulich *adj* строи́тельный
Baum *m* ⟨-(e)s, Bäume⟩ дéрево *nt*; **auf einen ~ klettern** лезть на дéрево
Baumeister, -in *m/f* ⟨-s, -⟩ мáстер *m* строи́тельного дéла
baumeln *vi* болтáться *impf*
bäumen *vr* (*Pferd*) станови́ться, стáть *pf* на дыбы́
Baumgrenze *f* ⟨*gen:-*⟩ грани́ца *f* лесóв
Baumschule *f* ⟨-, -n⟩ древéсный питóмник *m*
Baumstamm *m* ⟨-(e)s, -stämme⟩ ствол *m* дéрева
Baumsterben *nt* ⟨*gen:-s*⟩ ги́бель *f* лесóв
Baumstumpf *m* ⟨-(e)s, -stümpfe⟩ пень *m*
Baumwolle *f* ⟨*gen:-*⟩ хлóпок *m*

Bauplan *m* ⟨-(e)s, -pläne⟩ план *m* стройтельства
Bauplatz *m* ⟨-es, -plätze⟩ стройтельная площáдка *f*, стройплощáдка *f*
Bausch *m* ⟨-(e)s, Bäusche⟩ (*Watte~*) тампóн *m*; **in ~ und Bogen** всё скóпом
Bausparkasse *f* ⟨-, -n⟩ *кредйтное учреждéние, выдающее ссýды на индивидуáльное стройтельство*
Bausparvertrag *m* ⟨-(e)s, -verträge⟩ *договóр с бáнком на накоплéние средств на жилйщное стройтельство*
Baustein *m* ⟨-(e)s, -e⟩ (*für Hausbau*) стройтельный кáмень *m*; (*fig*) компонéнт *m*
Baustelle *f* ⟨-, -n⟩ стрóйка *f*
Bauteil *nt* ⟨-(e)s, -e⟩ стройтельная детáль *f*
Bauunternehmer, -in *m/f* ⟨-s, -⟩ стройтельный подрядчик *m*
Bauweise *f* ⟨*gen:-*⟩ мéтод *m* стройтельства
Bauwerk *nt* ⟨-(e)s, -e⟩ архитектýрное сооружéние *nt*
Bauzaun *m* ⟨-(e)s, -zäune⟩ *забóр вокрýг стройтельной площáдки*
bay(e)risch *adj* бавáрский
Bayer, -in *m/f* ⟨-n, -n⟩ бавáрец, -вáрка *m/f*
Bayern *nt* ⟨*gen:-s*⟩ Бавáрия *f*
Bazillus *m* ⟨-, -en⟩ бацйлла *f*
beabsichtigen *vt*: **~, etw zu tun** намеревáться чтó-л. сдéлать
beachten *vt* (*Person*) обращáть, -тйть *pf* внимáние; (*Vorschrift*) соблюдáть, -блюстй *pf*
beachtenswert *adj* заслýживающий внимáния
beachtlich *adj* (*groß*) большóй; (*wichtig*) значйтельный
Beachtung *f* ⟨*gen:-*⟩ внимáние *nt*; **jdm/ einer Sache (keine) ~ schenken** (не) уделять комý-л./чемý-л. внимáние
Beamte(r), Beamtin *m/f* ⟨-n, -n⟩ государственный слýжащий, -ная -щая *m/f*, должностнóе лицó *nt*
Beamtendeutsch *nt* ⟨*gen:-*⟩ (*pej*) канцелярский немéцкий язык *m*
beängstigend *adj* тревóжный, пугáющий
beanspruchen *vt* (*fordern*) трéбовать, по- *pf*; (*Aufmerksamkeit*) претендовáть *impf*; (*Reifen*) нагружáть, -грузйть *pf*
beanstanden *vt* критиковáть *impf*, считáть, по- *pf* неприéмлемым
Beanstandung *f* ⟨-, -en⟩ реклама́ция *f*, жáлоба *f*
beantragen *vt* подавáть, -дáть *pf* заявлéние, ходáтайствовать *impf*
beantworten *vt* (*Frage, Brief*) отвечáть, -вéтить *pf*
bearbeiten *vt* (*Material, Antrag*) обрабáтывать, -бóтать *pf*; (*Thema*) разрабáтывать, -бóтать *pf*; (*umg:Person*) обрабáтывать, -бóтать *pf*
Bearbeitung *f* ⟨-, -en⟩ (*von Material*) обрабóтка *f*; (*eines Antrags*) обрабóтка *f*; (*eines Themas*) разрабóтка *f*; (*Fassung*) редáкция *f*
beatmen *vt* дéлать, сдéлать *pf* искýсственное дыхáние
beaufsichtigen *vt* (*Arbeiten*) контролйровать, про- *pf*; (*Kinder*) присмáтривать, -смотрéть *pf*
beauftragen *vt* поручáть, -чйть
bebauen *vt* застрáивать, -стрóить *pf*; (*Acker*) обрабáтывать, -бóтать *pf*
beben *vi* дрожáть *impf*; (*Erde*) сотрясáться, -стйсь *pf*
Beben *nt* ⟨-s, -⟩ дрожáние *nt*; (*Erd~*) землетрясéние *nt*
bebildern *vt* иллюстрйровать *impf/pf*
Becher *m* ⟨-s, -⟩ стакáн *m*, стакáнчик *m*
Becken *nt* ⟨-s, -⟩ рáковина *f*; (*ANAT*) таз *m*; (*MUS*) тарéлки *fpl*
bedacht *adj* обдýманный, осмотрйтельный; **auf etw ~ sein** óчень забóтиться о чём-л.
bedächtig *adj* осмотрйтельный, осторóжный
bedanken *vr* благодарйть, по- *pf*; **sich für etw ~** выражáть благодáрность за чтó-л.
Bedarf *m* ⟨*gen:-(e)s*⟩ потрéбность *f*; **bei ~** в слýчае необходймости; **nach ~** по мéре нáдобности; **den ~ an etw decken** удовлетворйть потрéбность в чём-л.
bedauerlich *adj* достóйный сожалéния, прискóрбный
bedauern *vt* сожалéть *impf*; (*Person*) жалéть, по- *pf*; **ich bedaure** я сожалéю
Bedauern *nt* ⟨*gen:-s*⟩ сожалéние *nt*
bedauernswert *adj* (*Mensch*) достóйный сожалéния; (*Zustand*) досáдный
bedecken *vt* покрывáть, -крыть *pf*
bedeckt *adj* (*Himmel*) пáсмурный
bedenken *irr vt* обдýмывать, -дýмать *pf*; **das habe ich nicht bedacht** об э́том я не подýмал
Bedenken *nt* ⟨-s, -⟩ (*Zweifel*) сомнéние *nt*; (*Nachdenken*) обдýмывание *nt*, размышлéние *nt*; **ohne ~** не раздýмывая
bedenkenlos *adj* бесцеремóнный, безýдержный; (*ohne Bedenken*) без сомнéния
bedenklich *adj* сомнйтельный
Bedenkzeit *f* ⟨*gen:-*⟩ врéмя *nt* на

обду́мывание; **jdm ~ gewähren/geben** дава́ть кому́-л. вре́мя на обду́мывание
bedeuten *vt* (*besagen*) означа́ть *impf*; **was hat das zu ~?** что э́то зна́чит?; (*wichtig sein*) быть *impf* ва́жным; **das bedeutet mir viel** э́то для меня́ о́чень ва́жно
bedeutend *adj* (*wichtig*) ва́жный, значи́тельный; (*zur Steigerung*) гора́здо, значи́тельно; **ihr geht es schon ~ besser** она чу́вствует себя́ гора́здо лу́чше
Bedeutung *f* ⟨-, -en⟩ значе́ние *nt*, смысл *m*; (*Wichtigkeit*) значе́ние *nt*, ва́жность *f*; **das ist von großer ~ für mich** для меня́ э́то о́чень ва́жно
bedeutungslos *adj* (*unwichtig*) незначи́тельный, нева́жный
bedeutungsvoll *adj* (*vielsagend*) многозначи́тельный; (*folgenschwer*) знамена́тельный
bedienen **1.** *vt* (*Maschine*) управля́ть *impf*; (*Kunden*) обслу́живать, -жи́ть *pf*; (*bei Tisch*) обслу́живать, -жи́ть *pf*, прислу́живать, -жи́ть *pf*; **bedient sein** (*umg*) быть сы́тым по го́рло; **2.** *vr* (*bei Tisch*) угоща́ться, угости́ться *pf*
Bedienung *f* ⟨-, -en⟩ (*das Bedienen*) обслу́живание *nt*; (*Kellner(in)*) официа́нт, -ка *m/f*
Bedienungsanleitung *f* ⟨-, -en⟩ руково́дство *nt* по эксплуата́ции
bedingen *vt* (*bewirken*) вызыва́ть, вы́звать *pf*, обусло́вливать, -слови́ть *pf*; (*erfordern*) тре́бовать, по- *pf*
bedingt *adj* усло́вный
Bedingung *f* ⟨-, -en⟩ (*Forderung*) усло́вие *nt*; (*Gegebenheit*) усло́вие *nt*; **~en stellen** ста́вить усло́вия; **unter einer ~** при одно́м усло́вии
bedingungslos *adj* безусло́вный
bedrängen *vt* притесня́ть, -ни́ть *pf*
bedrohen *vt* угрожа́ть *impf*
bedrohlich *adj* угрожа́ющий, опа́сный
Bedrohung *f* ⟨-, -en⟩ угро́за *f*
bedrucken *vt* печа́тать, на- *pf*
bedrücken *vt* тяготи́ть *impf*; **es bedrückt mich, daß ...** меня тяготи́т, что ...
Beduine *m* ⟨-n, -n⟩ бедуи́н *m*
bedürfen *irr vi:* **einer Sache ~** нужда́ться в чём-л.
Bedürfnis *nt* ⟨-ses, -se⟩ потре́бность *f*, нужда́ *f*; **ein ~ befriedigen** удовлетвори́ть потре́бность
bedürftig *adj* (*arm*) бе́дный, ни́щий
beehren *vt* удосто́ить *pf*, -ста́ивать *impf* че́сти, оказа́ть *pf*, ока́зывать *impf* честь
beeilen *vr* торопи́ться, по- *pf*, спеши́ть, по- *pf*; **beeile dich!** потороп́ись!
beeindrucken *vt* производи́ть, -вести́ *pf* впечатле́ние
beeinflussen *vt* ока́зывать, -за́ть *pf* влия́ние
Beeinflussung *f* ⟨-, -en⟩ влия́ние *nt*
beeinträchtigen *vt* вреди́ть, по- *pf*, ока́зывать, -за́ть *pf* отрица́тельное влия́ние
Beeinträchtigung *f* ⟨-, -en⟩ нанесе́ние *nt* вреда́
beenden *vt* ока́нчивать, око́нчить *pf*, заверша́ть, -ши́ть *pf*
beengen *vt* стесня́ть, -ни́ть *pf*; (*fig*) стесня́ть, -ни́ть *pf*, ограни́чивать, -ни́чить *pf*
beerben *vt* насле́довать, унасле́довать *pf*
beerdigen *vt* хорони́ть, по- *pf*
Beerdigung *f* ⟨-, -en⟩ по́хороны *fpl*
Beerdigungsinstitut *nt* ⟨-(e)s, -e⟩ похоро́нное бюро́ *nt*
Beere *f* ⟨-, -n⟩ я́года *f*
Beet *nt* ⟨-(e)s, -e⟩ гря́дка *f*, клу́мба *f*
befähigen *vt* де́лать, сде́лать *pf* спосо́бным (*zu +dat* к)
Befähigung *f* ⟨*gen:-*⟩ спосо́бность *f*, квалифика́ция *f*
befahl *prät von* **befehlen**
befahrbar *adj* прое́зжий; (*Gewässer*) судохо́дный
befahren *irr vt* е́здить *impf*; (*Gewässer*) пла́вать *impf*
befallen *irr vt* охва́тывать, -ти́ть *pf*, поража́ть, -рази́ть *pf*
befangen *adj* (*unsicher*) смущённый, ско́ванный; (*voreingenommen*) предвзя́тый
Befangenheit *f* ⟨*gen:-*⟩ стеснённость *f*, ско́ванность *f*; (*von Zeuge*) пристра́стность *f*, предубеждённость *f*
befassen *vr:* **sich mit jdm/etw ~** занима́ться ке́м-л./че́м-л.
Befehl *m* ⟨-(e)s, -e⟩ прика́з *m*; (*DV*) кома́нда *f*
befehlen **1.** *vt* ⟨befahl, befohlen⟩ прика́зывать, -за́ть *pf*; **2.** *vi* распоряжа́ться, -ряди́ться *pf*, кома́ндовать *impf*; **jdm etw ~** приказа́ть кому́-л./что́-л.
Befehlsverweigerung *f* ⟨-, -en⟩ отка́з *m* от исполне́ния прика́за
befestigen *vt* прикрепля́ть, -пи́ть *pf*, закрепля́ть, -пи́ть *pf*; (*Straße*) укрепля́ть, -пи́ть *pf*; (*MIL*) укрепля́ть, -пи́ть *pf*
Befestigung *f* ⟨-, -en⟩ прикрепле́ние *nt*, закрепле́ние *nt*; (*~sanlage*) укрепле́ние *nt*

befeuchten *vt* увлажня́ть, -ни́ть *pf*
befinden 1. *irr vr* (*sein*) находи́ться *impf*; **ihr Zimmer befindet sich im ersten Stock** её ко́мната нахо́дится на второ́м этаже́; (*sich fühlen*) чу́вствовать *impf* себя́; **2.** *vi* (*halten für*) счита́ть, по- *pf*; **etw für schlecht ~** найти́ что́-л. плохи́м
Befinden *nt* ⟨*gen:-s*⟩ самочу́вствие *nt*; **er erkundigte sich nach ihrem ~** он спра́вился о её здоро́вье; (*geh:Meinung*) мне́ние *nt*
beflissen *adj* ре́вностный, чересчу́р стара́тельный
beflügeln *vt* (*Schritte*) ускоря́ть, -ко́рить *pf*; (*geistig*) окрыля́ть, -ли́ть *pf*
befohlen *part perf von* **befehlen**
befolgen *vt* сле́довать, по- *pf*; **er befolgt strikt die Anweisungen** он стро́го сле́дует указа́ниям
befördern *vt* (*transportieren*) перевози́ть, -везти́ *pf*; (*beruflich*) повыша́ть, -вы́сить *pf*
Beförderung *f* ⟨-, -en⟩ (*das Transportieren*) перево́зка *f*, транспортиро́вка *f*; (*beruflich*) повыше́ние *nt* по слу́жбе
befragen *vt* спра́шивать, спроси́ть *pf*, опра́шивать, -роси́ть *pf*
befreien *vt* освобожда́ть, -боди́ть *pf*, вызволя́ть, вы́зволить *pf*; (*von Pflichten*) освобожда́ть, -боди́ть *pf*
Befreiung *f* ⟨-, -en⟩ освобожде́ние *nt*, избавле́ние *nt*; (*von Pflichten*) освобожде́ние *nt*
befremden *vt* вызыва́ть, вы́звать *pf* недоуме́ние; **sein Verhalten befremdete uns sehr** его поведе́ние неприя́тно порази́ло нас
Befremden *nt* ⟨*gen:-s*⟩ недоуме́ние *nt*
befreunden *vr* подружи́ться *pf*, дружи́ться *impf*
befreundet *adj* в дру́жеских отноше́ниях; **die beiden sind gut miteinander ~** они́ больши́е друзья́
befriedigen *vt* удовлетворя́ть, -твори́ть *pf*
befriedigend *adj* удовлетвори́тельно
Befriedigung *f* ⟨*gen:-*⟩ удовлетворе́ние *nt*
befristen *vt* назнача́ть, -на́чить *pf* срок; **Ihr Aufenthalt hier ist auf 6 Monate befristet** ва́ше пребыва́ние здесь ограни́чено 6 ме́сяцами
befruchten *vt* оплодотворя́ть, -ри́ть *pf*; (*fig*) вдохновля́ть, -ви́ть *pf*
Befugnis *f* ⟨-, -se⟩ полномо́чие *nt*
befugt *adj*: **~ sein, etw zu tun** быть уполномо́ченным, сде́лать что́-л.
befühlen *vt* ощу́пывать, -пать *pf*
Befund *m* ⟨-(e)s, -e⟩ результа́т *m* осмо́тра, заключе́ние *nt*; (*MED*) (медици́нское) заключе́ние *nt*
befürchten *vt* опаса́ться *impf*, боя́ться *impf*; **das Schlimmste ~** опаса́ться ху́дшего
Befürchtung *f* ⟨-, -en⟩ опасе́ние *nt*
befürworten *vt* подде́рживать, -жа́ть *pf*
Befürworter, -in *m/f* ⟨-s, -⟩ сторо́нник, -ница *m/f*
Befürwortung *f* ⟨-, -en⟩ подде́ржка *f*
begabt *adj* спосо́бный, одарённый
Begabung *f* ⟨-, -en⟩ спосо́бность *f*, тала́нт *m*
begann *prät von* **beginnen**
begeben *irr vr* (*räumlich*) отправля́ться, -пра́виться *pf*; (*geschehen*) случа́ться, -чи́ться *pf*
Begebenheit *f* ⟨-, -en⟩ слу́чай *m*, происше́ствие *nt*
begegnen *vi* (*einer Person*) встреча́ть, встре́тить *pf*; (*widerfahren*) случа́ться, -чи́ться *pf*; **jdm mit Vorsicht ~** быть сде́ржанным по отноше́нию к кому́-л.
Begegnung *f* ⟨-, -en⟩ встре́ча *f*
begehen *irr vt* (*Fest*) пра́здновать, от- *pf*; (*Verbrechen*) соверши́ть *pf*, -ша́ть *impf*; (*Ort*) обходи́ть, обойти́ *pf*; **eine Straftat ~** соверши́ть преступле́ние
begehren *vt* жела́ть, по- *pf*, жа́ждать *impf*
begehrenswert *adj* жела́нный
begeistern 1. *vt* вовосторга́ть *impf*; **2.** *vr* восторга́ться *impf*
begeistert *adj* восто́рженный; **von etw/jdm ~ sein** быть в восто́рге от чего́-л./кого́-л.
Begeisterung *f* ⟨*gen:-*⟩ восто́рг *m*
Begierde *f* ⟨-, -n⟩ стра́стное жела́ние *nt*
begierig *adj* жа́ждущий, стра́стно жела́ющий
begießen *irr vt* полива́ть, -ли́ть *pf*; (*umg: auf etw trinken*) выпива́ть, вы́пить *pf*, вспры́снуть *pf*, -скивать *impf*; **sie wollen seine Einstellung noch heute ~** они́ хотя́т ещё сего́дня вспры́снуть его́ устро́йство на рабо́ту
Beginn *m* ⟨*gen:-(e)s*⟩ нача́ло *nt*; **zu ~** в нача́ле
beginnen ⟨begann, begonnen⟩ **1.** *vt* начина́ть, -ча́ть *pf*; **2.** *vi* начина́ться, -ча́ться *pf*
beglaubigen *vt* заверя́ть, -ве́рить *pf*
Beglaubigung *f* ⟨-, -en⟩ удостовере́ние *nt*, завере́ние *nt*
begleiten *vt* провожа́ть, -води́ть *pf*, сопровожда́ть, -води́ть *pf*; (*musikalisch*) аккомпани́ровать *impf*
Begleiter, -in *m/f* ⟨-s, -⟩ сопровожда́ющий, -щая *m/f*; (*Freun-*

d(in)) спу́тник, -ница *m/f*, друг, подру́га *m/f*
Begleiterscheinung *f* ⟨-, -en⟩ сопу́тствующее явле́ние *nt*
Begleitmusik *f* ⟨*gen:-*⟩ сопровожде́ние *nt*, аккомпанеме́нт *m*
Begleitperson *f* ⟨-, -en⟩ сопровожда́ющее лицо́ *nt*
Begleitschreiben *nt* ⟨-s, -⟩ сопроводи́тельное письмо́ *nt*
Begleitung *f* ⟨-, -en⟩ сопровожде́ние *nt*; (*MUS*) аккомпанеме́нт *m*
beglückwünschen *vt* поздравля́ть, -ра́вить *pf* (*zu +dat* с *+inst*)
begnadigen *vt* ми́ловать, по- *pf*
Begnadigung *f* ⟨-, -en⟩ поми́лование *nt*, амни́стия *f*
begnügen *vr* дово́льствоваться, удово́льствоваться *pf*; **sich mit wenigem ~** дово́льствоваться ма́лым
Begonie *f* ⟨-, -n⟩ бего́ния *f*
begonnen *part perf von* **beginnen**
begraben *irr vt* (*beerdigen*) хорони́ть, по- *pf*; (*Hoffnungen*) хорони́ть, по- *pf*
Begräbnis *nt* ⟨-ses, -se⟩ по́хороны *fpl*, погребе́ние *nt*
begradigen *vt* (*Fluß, Straße*) спрями́ть *pf*, -мля́ть *impf*
begreifen *irr vt* понима́ть, -ня́ть *pf*, сообража́ть, -брази́ть *pf*
begreiflich *adj* поня́тный, постижи́мый; **jdm etw ~ machen** растолкова́ть кому́-л. что́-л.
begrenzen *vt* ограни́чивать, -ни́чить
Begrenztheit *f* ⟨*gen:-*⟩ (*auch fig*) ограни́ченность *f*
Begriff *m* ⟨-(e)s, -e⟩ поня́тие *nt*; **im ~ sein, etw zu tun** собира́ться что́-л. де́лать; **sich einen ~ von etw machen** соста́вить себе́ представле́ние о чём-л.; **schwer von ~ sein** (*umg*) ту́го сообража́ть
begriffsstutzig *adj* несообрази́тельный
begründen *vt* (*Grund angeben*) обосно́вывать, -снова́ть *pf*; (*gründen*) осно́вывать, основа́ть *pf*
Begründer, -in *m/f* ⟨-s, -⟩ основа́тель, -ница *m/f*
Begründung *f* ⟨-, -en⟩ основа́ние *nt*; (*Rechtfertigung*) обоснова́ние *nt*
begrüßen *vt* (*Person*) здоро́ваться, по- *pf*, приве́тствовать, по- *pf*; **er begrüßte mich laut** он гро́мко со мно́й поздоро́вался; (*Tat, Entwicklung*) приве́тствовать *impf*
Begrüßung *f* ⟨-, -en⟩ приве́тствие *nt*
begünstigen *vt* (*Person*) покрови́тельствовать *impf*; (*Sachverhalt*) соде́йствовать, по- *pf*, спосо́бствовать, по- *pf*
Begünstigung *f* ⟨-, -en⟩ соде́йствие *nt*, благоприя́тствование *nt*
begutachten *vt* дава́ть, дать *pf* заключе́ние, рецензи́ровать, от- *pf*
begütert *adj* зажи́точный
Behaarung *f* ⟨-, -en⟩ обраста́ние *nt* волоса́ми
behäbig *adj* (*schwerfällig*) неторопли́вый, медли́тельный
Behäbigkeit *f* ⟨*gen:-*⟩ неторопли́вость *f*, медли́тельность *f*
behaftet *adj:* **mit Schulden ~ sein** быть обременённым долга́ми; **mit Krankheit ~ sein** быть поражённым боле́знью
behagen *vi:* **jdm behagt etw/jd (nicht)** кому́-л. (не)нра́вится что́-л./кто́-л.
Behagen *nt* ⟨*gen:-s*⟩ прия́тность *f*, удово́льствие *nt*
behaglich *adj* прия́тный, ую́тный
Behaglichkeit *f* ⟨*gen:-*⟩ ую́т *m*, удо́бство *nt*
behalten *irr vt* оставля́ть, -та́вить *pf*; **sie behielt die Tasche in der Hand** она́ не выпуска́ла су́мку из рук; (*sich merken*) запомина́ть, -по́мнить *pf*
Behälter *m* ⟨-s, -⟩ конте́йнер *m*, ёмкость *f*
behandeln *vt* (*Person*) обраща́ться *impf*, обходи́ться, обойти́сь *pf*; (*Thema*) обсужда́ть, обсуди́ть *pf*, рассма́тривать, -мотре́ть *pf*; (*ärztlich*) лечи́ть *impf*
Behandlung *f* ⟨-, -en⟩ (*das Umgehen mit etw*) обхожде́ние *nt*, обраще́ние *nt*; (*eines Themas*) рассмотре́ние *nt*; (*ärztlich*) лече́ние *nt*
beharren *vi:* **auf etw ~** наста́ивать на чём-л.
beharrlich *adj* упо́рный, насто́йчивый
Beharrlichkeit *f* ⟨*gen:-*⟩ упо́рство, насто́йчивость
behaupten 1. *vt* (*Behauptung aufstellen*) утвержда́ть *impf*; (*Stellung*) отста́ивать, -стоя́ть *pf*; **2.** *vr* утвержда́ться, -верди́ться *pf*
Behauptung *f* ⟨-, -en⟩ утвержде́ние *nt*; **eine ~ aufstellen** утвержда́ть
Behausung *f* ⟨-, -en⟩ жили́ще *nt*
beheben *irr vt* (*Schaden*) устраня́ть, -ни́ть *pf*
beheimatet *adj* (*Pflanze*) произраста́ющий; (*Tier*) обита́ющий
beheizbar *adj* ота́пливаемый
beheizen *vt* ота́пливать, отопи́ть *pf*
Behelf *m* ⟨-(e)s, -e⟩ вспомога́тельное сре́дство *nt*, вре́менное сре́дство *nt*
behelfen *irr vr* обходи́ться, обойти́сь *pf*; **sich mit etw ~** обходи́ться че́м-л.
behelfsmäßig *adj* вспомога́тельный;

(*vorübergehend*) вре́менный
behelligen *vt* обременя́ть, -ни́ть *pf*, беспоко́ить *impf*; **ich möchte sie nicht damit ~** я не хочу́ вас э́тим обременя́ть
beherbergen *vt* дава́ть, дать *pf* прию́т
beherrschen 1. *vt* (*Volk*) пра́вить *impf*; (*Sprache*) владе́ть *impf*; (*Gefühle*) сде́рживать, -жа́ть *pf*, владе́ть *impf*; (*Gedanken*) завладева́ть, -де́ть *pf*; **2.** *vr* владе́ть *impf* собо́й
beherrscht *adj* споко́йный, сде́ржанный
Beherrschung *f* ⟨*gen:*-⟩ (*das Beherrschen*) владе́ние *nt*, госпо́дство *nt*; (*Selbst~*) самооблада́ние *nt*
beherzigen *vt* принима́ть, -ня́ть *pf* во внима́ние; **diesen Rat sollten Sie ~** вам сле́довало бы послу́шаться э́того сове́та
behilflich *adj* быть поле́зным; **kann ich Ihnen ~ sein?** чем я могу́ вам помо́чь?
behindern *vt* препя́тствовать, вос- *pf*; (*Verkehr*) меша́ть, по- *pf*
Behinderte(r) *mf* ⟨-n, -n⟩ инвали́д *m*
behindertengerecht *adj* го́дный для инвали́дов
Behinderung *f* ⟨-, -en⟩ препя́тствие *nt*, поме́ха *f*; (*körperlich, geistig*) неполноце́нность *f*
Behörde *f* ⟨-, -n⟩ о́рганы *pl* вла́сти, инста́нция *f*
behüten *vt* храни́ть *impf*, оберега́ть *impf*
behutsam *adj* осторо́жный, бе́режный
Behutsamkeit *f* ⟨*gen:*-⟩ осторо́жность *f*, бе́режность *f*
bei *präp +dat* (*räumlich*) у, во́зле, при, под; **~ München** под Мю́нхеном; **~ den Eltern** у роди́телей (*zeitlich*) при, во вре́мя, на, в; **~ Beginn** в нача́ле; **~ Nacht** но́чью (*modal*) при, в; **~ guter Gesundheit sein** быть в до́бром здра́вии; **~ Glatteis** в гололёд; **etw ~ sich haben** име́ть что́-л. при себе́
beibehalten *irr vt* оставля́ть, -та́вить *pf*; **seine Gewohnheiten ~** сохрани́ть свои́ привы́чки
beibringen *irr vt* (*lehren*) обуча́ть, -чи́ть *pf*, привива́ть, -ви́ть *pf*; (*Verletzung*) наноси́ть, -нести́ *pf*; (*mitteilen*) сообща́ть, -щи́ть *pf* (в делика́тной фо́рме)
Beichte *f* ⟨-, -n⟩ и́споведь *f*
beichten 1. *vi* испове́доваться *impf/pf*; **2.** *vt*: **jdm etw schonend ~** осторо́жно сообщи́ть кому́-л. что́-л.
Beichtgeheimnis *nt* ⟨*gen:*-ses⟩ та́йна *f* и́споведи
Beichtstuhl *m* ⟨-(e)s, -stühle⟩ исповеда́льня *f*
beide(s) *pron indef* о́ба, и тот и друго́й; **wir ~** мы о́ба; **alle ~** о́ба; **in ~n Fällen** в обо́их слу́чаях
beiderlei *adj* двоя́кий
beiderseitig *adj* взаи́мный, обою́дный; **in ~em Einverständnis** с обою́дного согла́сия
beieinander *adv* друг во́зле дру́га, вме́сте
Beifahrer, -in *m/f* ⟨-s, -⟩ (*im Auto*) пассажи́р *m*
Beifall *m* ⟨*gen:*-(e)s⟩ (*Applaus*) аплодисме́нты *mpl*; (*Zustimmung*) одобре́ние *nt*; **~ klatschen** аплоди́ровать
beifügen *vt* прилага́ть, -ложи́ть *pf*
beige *adj* бе́ж, бе́жевый
beigeben 1. *irr vt* (*hinzufügen*) добавля́ть, -ба́вить *pf*; **2.** *irr vi*: **klein ~** (*umg*) уступи́ть
Beigeschmack *m* ⟨*gen:*-(e)s⟩ при́вкус *m*; **einen ~ von etw haben** (*umg*) отдава́ть че́м-л.
Beihilfe *f* ⟨-, -n⟩ субси́дия *f*; (*zu Straftat*) посо́бничество *nt*
beikommen *irr vi* (*einer Person*) подступи́ться *pf*, -па́ться *impf*; **ihr ist nicht beizukommen** к ней не подсту́пишься; (*einem Problem*) преодолева́ть, -ле́ть *pf*, справля́ться, спра́виться *pf*
Beil *nt* ⟨-(e)s, -e⟩ топо́р *m*
Beilage *f* ⟨-, -n⟩ (*Zeitungs~*) приложе́ние *nt*; (*Essen*) гарни́р *m*
beiläufig *adj* несуще́ственный; **ein paar ~e Fragen wurden gestellt** бы́ло за́дано не́сколько несуще́ственных вопро́сов; (*Bemerkung*) вскользь, мимохо́дом; **etwas ~ erwähnen** заме́тить что́-л. мимохо́дом
beilegen *vt* (*beifügen*) прилага́ть, -ложи́ть *pf*; (*Streit*) ула́живать, ула́дить *pf*; (*beimessen*) припи́сывать, -писа́ть *pf*
beileibe *adv*: **~ nicht** ни в ко́ем слу́чае
Beileid *nt* ⟨*gen:*-(e)s⟩ соболе́знование *nt*
beiliegend *adj* прилага́емый, прило́женный
beim *präp +dat* при; **~ besten Willen** при всём жела́нии
beimessen *irr vt* припи́сывать, -са́ть *pf*; **etw viel/wenig Bedeutung ~** придава́ть большо́е/небольшо́е значе́ние чему́-л.
Bein *nt* ⟨-(e)s, -e⟩ нога́ *f*; **jdm ~e machen** (*umg*) подгоня́ть кого́-л.; **jdm ein ~ stellen** (*fig*) чини́ть препя́тствия кому́-л.; **auf eigenen ~en stehen** (*fig*) быть самостоя́тельным
beinah(e) *adv* чуть не, почти́; **~ wäre sie**

zu spät gekommen она́ едва́ не опозда́ла; **das ist ~ richtig** э́то почти́ пра́вильно
Beinbruch *m* ⟨-(e)s, -brüche⟩ перело́м *m* ноги́; **das ist doch kein ~** *(umg)* э́то не катастро́фа
beinhalten *vt* содержа́ть *impf*, означа́ть *impf*
Beipackzettel *m* ⟨-s, -⟩ инстру́кция *f* по примене́нию
beipflichten *vi* соглаша́ться, -ласи́ться *pf*; **jdm in etw ~** соглаша́ться с ке́м-л. в чём-л.
beirren *vt:* **sich (nicht) ~ lassen** (не) дава́ть себя́ смути́ть
beisammen *adv* вме́сте
Beisammensein *nt* ⟨*gen:*-s⟩ вечери́нка *f*, встре́ча *f*
Beischlaf *m* ⟨*gen:*-(e)s⟩ полово́й акт *m*
Beisein *nt* ⟨*gen:*-s⟩: **im ~ von** в прису́тствии
beiseite *adv* в сто́рону, прочь; **etw ~ legen** отложи́ть что́-л. ; **~ stehen** быть в стороне́
beisetzen *vt* хорони́ть, по- *pf*
Beisetzung *f* ⟨-, -en⟩ по́хороны *fpl*
Beispiel *nt* ⟨-s, -e⟩ приме́р *m*; **zum ~** наприме́р; **sich an jdm/etw ein ~ nehmen** брать с кого́-л./чего́-л. приме́р
beispielhaft *adj* приме́рный, образцо́вый
beispiellos *adj* бесприме́рный; *(unerhört)* неслы́ханный
beispielsweise *adv* наприме́р, к приме́ру
beißen ⟨biß, gebissen⟩ **1.** *vt* куса́ть, по- *pf*; **2.** *vi (Rauch)* же́чь, сжечь *pf*, щипа́ть *impf*; **3.** *vr (umg:Farben)* не гармони́ровать *impf*
beißend *adj (Rauch)* е́дкий; *(Spott)* ко́лкий
Beißzange *f* ⟨-, -n⟩ куса́чки *pl*
Beistand *m* ⟨-(e)s, -stände⟩ по́мощь *f*, соде́йствие *nt*; **jdm ~ leisten** ока́зывать кому́-л. подде́ржку
beistehen *irr vi:* **jdm ~** помога́ть кому́-л.
beisteuern *vt* вноси́ть, внести́ *pf*свою до́лю, же́ртвовать , по- *pf*
Beitrag *m* ⟨-(e)s, Beiträge⟩ до́ля *f*, часть *f*; *(Mitglieds~)* взно́с *m*; *(Veröffentlichung)* статья́ *f*; **einen ~ zu etw leisten** внести́ вклад во что́-л.
beitragen *irr vt (beisteuern)* вноси́ть, внести́ *pf*; *(mithelfen)* соде́йствовать *impf/pf*, по- *pf*
beitreten *irr vi* вступа́ть, -пи́ть *pf*; **einem Verein ~** вступи́ть в объедине́ние
Beitritt *m* ⟨-(e)s, -e⟩ вступле́ние *nt*
Beize *f* ⟨-, -n⟩ *(Holz~)* краси́тель *m*
beizeiten *adv (rechtzeitig)* своевре́менно, во́время; *(frühzeitig)* заблаговре́менно, зара́нее
bejahen *vt (Frage)* отвеча́ть, -ве́тить *pf* утверди́тельно; *(einverstanden sein)* соглаша́ться, -гласи́ться *pf*, одобря́ть, -о́брить *pf*
bejubeln *vt* встреча́ть, встре́тить *pf* с ликова́нием
bekämpfen *vt (Gegner)* боро́ться *impf*; *(Krankheit)* поборо́ть *pf*, боро́ться *impf*
Bekämpfung *f* ⟨*gen:*-⟩ борьба́ *f*, преодоле́ние *nt*
bekannt *adj (nicht fremd)* знако́мый; *(berühmt, angesehen)* изве́стный; **mit jdm ~ sein** быть знако́мым с ке́м-л.; **jdn mit jdm ~ machen** знако́мить кого́-л. с ке́м-л.; **etw kommt jdm ~ vor** что́-л. ка́жется кому́-л. знако́мым
Bekannte(r) *mf* ⟨-n, -n⟩ знако́мый, -мая *m/f*
Bekanntenkreis *m* ⟨*gen:*-⟩ круг *m* знако́мых
bekanntgeben *irr vt* объявля́ть, -ви́ть *pf*, оглаша́ть, -ласи́ть *pf*
Bekanntheitsgrad *m* ⟨*gen:*-(e)s⟩ сте́пень *f* изве́стности
bekanntlich *adv* изве́стно
bekanntmachen *vt* объявля́ть, -ви́ть *pf*, оповещать, -вести́ть *pf*
Bekanntmachung *f* ⟨-, -en⟩ объявле́ние *nt*, оповеще́ние *nt*
Bekanntschaft *f* ⟨-, -en⟩ *(das Bekanntsein)* знако́мство *nt*; *(Bekanntenkreis)* знако́мые *pl*
bekehren 1. *vt* обраща́ть, -рати́ть *pf*; **2.** *vr* приня́ть *pf*, -нима́ть *impf* (но́вую ве́ру), обрати́ться *pf*, -раща́ться *impf* *(zu +dat* в *+akk*)
Bekehrung *f* ⟨-, -en⟩ *(religiös)* обраще́ние *nt* в другу́ю ве́ру; *(umg:zu einer Meinung)* измене́ние *nt* мне́ния
bekennen 1. *irr vt* признава́ть, -зна́ть *pf*; *(Glauben)* испове́довать *impf*; **2.** *vr* признава́ть, -зна́ть *pf* себя́ отве́тственным *(zu +dat* за *+akk*), признава́ть, -зна́ть *pf* себя́ сторо́нником; **sich schuldig ~** признава́ть себя́ вино́вным
Bekenntnis *nt* ⟨-ses, -se⟩ призна́ние *nt*; **ein ~ ablegen** призна́ться в чём-л. *(Glaubens~)* вероисповеда́ние *nt*
beklagen 1. *vt* жале́ть, по- *pf*; **2.** *vr* жа́ловаться, по- *pf (über +akk* на); **ich kann mich nicht ~** не могу́ пожа́ловаться
beklagenswert *adj* досто́йный сожале́ния, приско́рбный
bekleben *vt* окле́ивать, -ить *pf*

bekleckern **1.** *vt* запятна́ть *pf*, запа́чкать *pf*, па́чкать *impf*; **2.** *vr:* **sich mit etw ~** запа́чкаться че́м-л.
bekleiden *vt* одева́ть, оде́ть *pf*; (*Amt*) занима́ть, -ня́ть *pf* до́лжность
Bekleidung *f* ⟨-, -en⟩ оде́жда *f*
beklemmen *irr vt* стесня́ть, -ни́ть *pf*
beklommen *adj* стеснённый, пода́вленный
Beklommenheit *f* ⟨*gen:-*⟩ пода́вленность *f*, тоска́ *f*
bekommen **1.** *irr vt* (*erhalten*) получа́ть, -чи́ть *pf*; **kann ich (noch) etw zu essen ~?** могу ли я (ещё) получи́ть что́-нибудь пое́сть? ; **sie hat ein Kind ~** у неё роди́лся ребёнок; **am Dienstag bekamen wir Besuch** во вто́рник к нам пришли́ го́сти; **Angst ~** испуга́ться *pf*, пуга́ться *impf*; **etw geschenkt ~** получи́ть что́-л. в пода́рок; **2.** *vi:* **jdm bekommt etw gut/schlecht** что́-л. идёт кому́-л. на по́льзу/во вред
bekömmlich *adj* (*Essen*) поле́зный, хорошо́ усва́иваемый
bekräftigen *vt* подтвержда́ть, -тверди́ть *pf*
bekreuzigen *vr* перекрести́ться *pf*, крести́ться *impf*
bekümmern *vt* огорча́ть, -чи́ть *pf*
bekunden *vt* проявля́ть, -ви́ть *pf*, выража́ть, вы́разить *pf*; **Interesse an jdm/etw ~** прояви́ть к кому́-л./чему́-л. интере́с
belächeln *vt* посме́иваться *impf*, потеша́ться *impf*
beladen *irr vt* нагружа́ть, -грузи́ть *pf*
Belag *m* ⟨-(e)s, Beläge⟩ насти́л *m*, покры́тие *nt*; (*Brot~*) *то, с чем делается бутербро́д*; (*Straßen~*) покры́тие *nt*; (*Zahn~*) налёт *m*; (*Brems~*) накла́дка *f*
belagern *vt* (*auch umg*) осажда́ть, осади́ть *pf*
Belagerung *f* ⟨-, -en⟩ оса́да *f*
Belang *m* ⟨-(e)s, -e⟩ (*Angelegenheit*) интере́сы *mpl*; (*Wichtigkeit*) значе́ние *nt*; **etw ist ohne ~** что́-л. нева́жно; **etw ist von ~** что́-л. ва́жно
belangen *vt* (*JUR*) привлека́ть, -вле́чь *pf* к отве́тственности
belanglos *adj* незначи́тельный, нева́жный
Belanglosigkeit *f* ⟨-, -en⟩ незначи́тельность *f*, нева́жность *f*
belassen *irr vt* оставля́ть, -та́вить *pf*; **können wir es dabei ~?** мо́жем мы э́то оста́вить так?
Belastbarkeit *f* ⟨*gen:-*⟩ (*von Material*) допусти́мая нагру́зка *f*; (*einer Person*) выно́сливость *f*
belasten *vt* (*mit Gewicht:auch fig*) нагружа́ть, -грузи́ть *pf*; (*Konto*) снима́ть, снять *pf* со счёта; (*JUR*) обвиня́ть, -ни́ть *pf*, улича́ть, -чи́ть *pf*
belästigen *vt* надоеда́ть, -е́сть *pf*, пристава́ть, -ста́ть *pf*; **~ Sie mich nicht!** не пристава́йте ко мне!
Belästigung *f* ⟨-, -en⟩ надоеда́ние *nt*, пристава́ние *nt*
Belastung *f* ⟨-, -en⟩ нагру́зка *f*; (*Sorge*) тя́готы *pl*; (*JUR*) обвине́ние *nt*
belaufen *irr vr* (*Kosten*) составля́ть, -та́вить *pf*
belauschen *vt* подслу́шивать, -слу́шать *pf*
beleben **1.** *vt* приводи́ть, -вести́ *pf* в чу́вство, оживля́ть, -ви́ть *pf*; **2.** *vr* оживля́ться, -ви́ться *pf*; **eine belebte Straße** оживлённая у́лица
Beleg *m* ⟨-(e)s, -e⟩ (*Quittung*) квита́нция *f*, распи́ска *f*; (*Nachweis*) доказа́тельство *nt*, оправда́тельный докуме́нт *m*
belegen *vt* покрыва́ть, -кры́ть *pf*; (*Brot*) де́лать, сде́лать *pf* бутербро́д; (*Kurs*) записа́ться *pf*, -пи́сываться *impf* на ку́рсы; (*beweisen*) подтвержда́ть, -тверди́ть *pf*, дока́зывать, -за́ть *pf*; (*Platz*) заня́ть *pf*, -нима́ть *impf*
Belegschaft *f* ⟨-, -en⟩ персона́л *m*
belehren *vt* поуча́ть *impf*; **jdn eines Besseren ~** вразумля́ть кого́-л.
Belehrung *f* ⟨-, -en⟩ поуче́ние *nt*, наставле́ние *nt*
beleidigen *vt* оскорбля́ть, -би́ть *pf*
Beleidigung *f* ⟨-, -en⟩ оскорбле́ние *nt*
belesen *adj* начи́танный
beleuchten *vt* освеща́ть, -вети́ть *pf*; (*fig:Sachverhalt*) освеща́ть, -вети́ть *pf*
Beleuchtung *f* ⟨*gen:-*⟩ освеще́ние *nt*, свет *m*
Belgien *nt* ⟨*gen:-s*⟩ Бе́льгия *f*
Belgier, -in *m/f* ⟨-s, -⟩ бельги́ец, -ги́йка *m/f*
belgisch *adj* бельги́йский
belichten *vt* (*FOT*) экспони́ровать *impf/pf*
Belichtung *f* ⟨-, -en⟩ экспони́рование *nt*
Belichtungsmesser *m* ⟨-s, -⟩ экспоно́метр *m*
Belieben *nt* ⟨*gen:-s*⟩: **nach ~** по жела́нию
beliebig *adj* любо́й; **in ~er Reihenfolge** в любо́й после́довательности
beliebt *adj* люби́мый, популя́рный; **sich bei jdm ~ machen** заслужи́ть чьё-л. расположе́ние
Beliebtheit *f* ⟨*gen:-*⟩ любо́вь *f*, расположе́ние *nt*
beliefern *vt* снабжа́ть, снабди́ть *pf*; **jdn mit Obst ~** снабжа́ть кого́-л.

фру́ктами
bellen *vi* ла́ять, про- *pf*
Belletristik *f* ⟨*gen:-*⟩ беллетри́стика *f*, худо́жественная литерату́ра *f*
belohnen *vt* награжда́ть, -гради́ть *pf*
Belohnung *f* ⟨-, -en⟩ награ́да *f*, вознагражде́ние *nt*
belügen *vt* лгать, со- *pf*, обма́нывать, -ну́ть *pf*
belustigen *vt* весели́ть, раз- *pf*
Belustigung *f* ⟨-, -en⟩ весе́лье *nt*; **zur allgemeinen ~** всем на потёху
bemächtigen *vr:* **sich einer Person ~** захвати́ть челове́ка; **sich einer Sache ~** овладе́ть ве́щью
bemalen *vt* раскра́шивать, -кра́сить *pf*
bemängeln *vt* находи́ть, найти́ *pf* недоста́тки
bemerkbar *adj* заме́тный; **die Krise macht sich deutlich ~** кри́зис стано́вится я́вно ощути́мым
bemerken *vt* замеча́ть, -ме́тить *pf*; (*äußern*) отмеча́ть, -ме́тить *pf*, замеча́ть, -ме́тить *pf*
bemerkenswert *adj* досто́йный внима́ния
Bemerkung *f* ⟨-, -en⟩ замеча́ние *nt*; (*Anmerkung*) примечание *nt*; **eine ~ fallenlassen** оброни́ть замеча́ние
bemessen *irr vt* отмеря́ть, -ме́рить *pf*; **meine Zeit ist knapp ~** у меня́ ма́ло вре́мени
bemitleiden *vt* жале́ть, по- *pf*, сочу́вствовать, по- *pf*; **sich selbst ~** напра́шиваться на сочу́вствие
bemitleidenswert *adj* досто́йный сожале́ния
bemühen *vr* стара́ться, по- *pf*, прилага́ть, -ложи́ть *pf* уси́лия; **sich um jdn ~** забо́титься о ко́м-л.
Bemühung *f* ⟨-, -en⟩ стара́ние *nt*, уси́лие *nt*; **ihre ~en blieben erfolglos** её стара́ния оста́лись безрезульта́тными
bemuttern *vt* проявля́ть, -ви́ть *pf* матери́нскую забо́ту
benachbart *adj* сосе́дний, сме́жный
benachrichtigen *vt* уведомля́ть, -ми́ть *pf*, извеща́ть, -вести́ть *pf*
Benachrichtigung *f* ⟨-, -en⟩ уведомле́ние *nt*, извеще́ние *nt*
benachteiligen *vt* обделя́ть, -ли́ть *pf*
Benachteiligung *f* ⟨-, -en⟩ (*das Benachteiligen*) обделе́ние *nt*; (*politisch*) ущемле́ние *nt* прав
benebeln *vt* опьяня́ть, -ни́ть *pf*; **ich bin von diesem Duft noch ganz benebelt** я всё ещё опьянён э́тим за́пахом
Benediktiner, -in *m/f* ⟨-s, -⟩ бенедикти́нец, -нка *m/f*
benehmen *irr vr* вести́ *impf* себя; **benimm dich!** веди́ себя́ прили́чно!
Benehmen *nt* ⟨*gen:-s*⟩ поведе́ние *nt*; **jd hat kein ~** кто́-л. не уме́ет себя́ вести́
beneiden *vt* зави́довать, по- *pf* (*um +akk* в *+präpos*); **jd ist nicht zu ~** кому́-л. не позави́дуешь; **jdn um seine Erfolge ~** зави́довать чьи́м-л. успе́хам
beneidenswert *adj* зави́дный
Beneluxstaaten *pl* ⟨*gen:-*⟩ госуда́рства *pl* Бенелю́кса
benennen *irr vt* называ́ть, -зва́ть *pf*
Bengel *m* ⟨-s, -⟩ (*umg*) мальчи́шка *m*, сорване́ц *m*
benommen *adj* оглушённый, не в себе́
benoten *vt* ста́вить, по- *pf* оце́нку
benötigen *vt* нужда́ться *impf*; **er benötigt unsere Hilfe** он нужда́ется в на́шей по́мощи
benutzen *vt* по́льзоваться, вос- *pf*, испо́льзовать *impf/pf*
Benutzer, -in *m/f* ⟨-s, -⟩ по́льзователь *m*
benutzerfreundlich *adj* удо́бный в обраще́нии
Benutzeroberfläche *f* ⟨-, -n⟩ (*DV*) по́льзовательская оболо́чка *f*
Benutzung *f* ⟨*gen:-*⟩ употребле́ние *nt*, испо́льзование *nt*; **in ~ sein** быть в употребле́нии
Benzin *nt* ⟨-s, -e⟩ бензи́н *m*
Benzinkanister *m* ⟨-s, -⟩ кани́стра *f* для бензи́на
Benzinpumpe *f* ⟨-, -n⟩ (*KFZ*) бензонасо́с *m*
beobachten *vt* наблюда́ть, про- *pf*
Beobachter, -in *m/f* ⟨-, -⟩ наблюда́тель *m*
Beobachtung *f* ⟨-, -en⟩ наблюде́ние *nt*; **eine ~ machen** сде́лать наблюде́ние; **unter ~ stehen** быть под наблюде́нием
Beobachtungsgabe *f* ⟨*gen:-*⟩ наблюда́тельность *f*
bepacken *vt* нагружа́ть, -грузи́ть *pf*
bepflanzen *vt* обса́живать, -сади́ть *pf*, заса́живать, -сади́ть *pf*
bequem *adj* удо́бный, ую́тный; (*von Person*) тяжёлый на подъём, лени́вый
Bequemlichkeit *f* ⟨-, -en⟩ удо́бство *nt*, ую́т *m*; (*Faulheit*) скло́нность *f* к ле́ни
beraten 1. *irr vt* (*Person*) помога́ть, -мо́чь *pf* сове́тами; (*Angelegenheit*) обсужда́ть, -суди́ть *pf*; **2.** *vr* сове́товаться, по- *pf*, совеща́ться, по- *pf* (*über +akk* о *+präpos*); **mit dieser Reise waren wir gut ~** э́ту пое́здку нам хорошо́ посове́товали
Berater, -in *m/f* ⟨-s, -⟩ консульта́нт *m*
Beratung *f* ⟨-, -en⟩ консульта́ция *f*; (*Besprechung*) совеща́ние *nt*
Beratungsstelle *f* ⟨-, -n⟩ консульта́ция

f
berauben *vt* гра́бить, огра́бить *pf*; **jdn seiner Freiheit ~** лиши́ть кого́-л. свобо́ды
berauschen 1. *vt* опьяня́ть, -ни́ть *pf*; (*fig*) опьяня́ть, -ни́ть *pf*, увлека́ть, -ле́чь *pf*; **2.** *vr* напива́ться, -пи́ться *pf*; (*fig*) увлека́ться, -ле́чься *pf*
berechenbar *adj* (*vorhersagbar*) предсказу́емый
berechnen *vt* вычисля́ть, вы́числить *pf*; (*Kosten*) подсчи́тывать, -та́ть *pf*
berechnend *adj* расчётливый
Berechnung *f* ⟨-, -en⟩ (*das Berechnen*) подсчёт *m*, расчёт *m*; (*berechnende Haltung*) расчётливость *f*; **~en anstellen** производи́ть подсчёт
berechtigen *vt* (*ermächtigen*) дава́ть, дать *pf* пра́во
berechtigt *adj* правоме́рный, обосно́ванный; **~ sein, etw zu tun** быть впра́ве сде́лать что́-л.
Berechtigung *f* ⟨-, -en⟩ (*offiziell*) пра́во *nt*; (*Richtigkeit*) правоме́рность *f*
bereden *vt* обсужда́ть, -суди́ть *pf*; **etw mit jdm ~** обсужда́ть что́-л. с ке́м-л.
Beredsamkeit *f* ⟨*gen:-*⟩ красноре́чие *nt*
beredt *adj* разгово́рчивый, красноречи́вый
Bereich *m* ⟨-(e)s, -e⟩ (*räumlich*) райо́н *m*, о́бласть *f*; (*fig:Gebiet*) о́бласть *f*, сфе́ра *f*
bereichern 1. *vt* обогаща́ть, -гати́ть *pf*, расширя́ть, -ши́рить *pf*; **2.** *vr* обогаща́ться, -гати́ться *pf*, нажива́ться, -жи́ться *pf*
Bereicherung *f* ⟨*gen:-*⟩ обогаще́ние *nt*
Bereifung *f* ⟨-, -en⟩ ши́ны *pl*
bereinigen *vt* (*klären*) регули́ровать, урегули́ровать *pf*, разреша́ть, ши́ть *pf*
bereisen *vt* объезжа́ть, объе́хать *pf*; **ein Land ~** путеше́ствовать по стране́
bereit *adj* гото́вый
bereiten *vt* (*Mahl*) гото́вить, при- *pf*; (*Freude*) доставля́ть, -ста́вить *pf*; **die Kinder ~ ihnen einen freudigen Empfang** де́ти гото́вят им ра́достный приём
bereithalten *irr vt* держа́ть *impf* нагото́ве
bereitlegen *vt* пригота́вливать, -то́вить *pf*
bereits *adv* уже́
Bereitschaft *f* ⟨-, -en⟩ (*das Bereitsein*) гото́вность *f*; (*Einsatztruppe*) дежу́рная ча́сть *f*; **in ~ stehen** быть нагото́ве
Bereitschaftsdienst *m* ⟨-(e)s, -e⟩ дежу́рство *nt*
bereitstehen *irr vi* стоя́ть *impf* нагото́ве
bereitwillig *adj* услу́жливый, гото́вый услужи́ть
bereuen *vt* сожале́ть *impf*, раска́яться *pf*, -ка́иваться *impf*
Berg *m* ⟨-(e)s, -e⟩ гора́ *f*; (*umg:Menge, Haufen*) ку́ча *f*, гора́ *f*; **über den ~ sein** (*umg*) вы́йти из затрудне́ния; **jdm stehen die Haare zu ~e** (*umg*) у кого́-л. во́лосы вста́ли ды́бом
bergab *adv* по́д гору; **mit etw geht es ~** что́-л. идёт по́д гору
Bergarbeiter *m* ⟨-s, -⟩ горня́к *m*
bergauf *adv* в го́ру
Bergbahn *f* ⟨-, -en⟩ фуникулёр *m*
Bergbau *m* ⟨*gen:-*(e)s⟩ го́рное де́ло *nt*
bergen *vt* ⟨barg, geborgen⟩ (*retten*) спаса́ть, -сти́ *pf*; (*geh:enthalten*) таи́ть *impf* в себе́, скрыва́ть, скры́ть *pf*
Bergführer, -in *m/f* ⟨-s, -⟩ проводни́к, -ни́ца *m/f*
bergig *adj* гори́стый
Bergkette *f* ⟨-, -n⟩ го́рная цепь *f*
Bergmann *m* ⟨-(e)s, -leute⟩ горнорабо́чий *m*
Bergnot *f* ⟨*gen:-*⟩ опа́сность *f* в гора́х
Bergrutsch *m* ⟨-es, -e⟩ о́ползень *m*
Bergschuh *m* ⟨-(e)s, -e⟩ го́рные боти́нки *pl*
bergsteigen *vi* ходи́ть *impf* в го́ры
Bergsteiger, -in *m/f* ⟨-s, -⟩ альпини́ст, -ка *m/f*
Bergtour *f* ⟨-, -en⟩ вы́лазка *f* в го́ры
Bergung *f* ⟨-, -en⟩ (*Rettung*) спасе́ние *nt*
Bergwerk *nt* ⟨-(e)s, -e⟩ рудни́к *m*
Bericht *m* ⟨-(e)s, -e⟩ (*auf einer Konferenz*) докла́д *m*; (*Nachrichtenbeitrag*) сообще́ние *nt*
berichten *vt* докла́дывать, доложи́ть *pf*
Berichterstatter, -in *m/f* ⟨-s, -⟩ докла́дчик, -чица *m/f*
berichtigen *vt* исправля́ть, -пра́вить *pf*
Berlin *nt* ⟨*gen:-*s⟩ Берли́н *m*
Bermudashorts *pl* ⟨*gen:-*⟩ берму́ды *pl*
Bernhardiner *m* ⟨-s, -⟩ сенберна́р *m*
Bernstein *m* ⟨-(e)s, -e⟩ янта́рь *m*
bersten *vi* ⟨barst, geborsten⟩ тре́снуть *pf*, -ска́ться *impf*; **vor Ungeduld ~** (*fig*) чуть не ло́пнуть от нетерпе́ния
berüchtigt *adj* пресловýтый
berücksichtigen *vt* учи́тывать, уче́сть *pf*
Beruf *m* ⟨-(e)s, -e⟩ профе́ссия *f*, специа́льность *f*; **sie ist Lehrerin von ~** она́ учи́тельница по профе́ссии; **einen ~ ausüben** рабо́тать по специа́льности; **einen ~ ergreifen** избра́ть профе́ссию
berufen 1. *irr vt* (*in Amt*) назнача́ть, -на́чить *pf*; **2.** *irr vr:* **sich auf jdn/etw ~** ссыла́ться на кого́-л./что́-л.

berufen *adj* при́званный; **zu etw ~ sein** име́ть призва́ние к чему́-л.
beruflich *adj* служе́бный, профессиона́льный
Berufsanfänger, -in *m/f* ⟨-s, -⟩ молодо́й специали́ст, -да́я -ка *m/f*
Berufsausbildung *f* ⟨-, -en⟩ профессиона́льное обуче́ние *nt*
Berufsberater, -in *m/f* ⟨-s, -⟩ консульта́нт *m* по вы́бору профе́ссии
Berufsberatung *f* ⟨*gen:-*⟩ профориента́ция *f*
Berufsbezeichnung *f* ⟨-, -en⟩ официа́льное обозначе́ние *nt* профе́ссии
Berufserfahrung *f* ⟨*gen:-*⟩ профессиона́льный о́пыт *m*
Berufsgeheimnis *nt* ⟨-ses, -se⟩ служе́бная та́йна *f*
Berufskrankheit *f* ⟨-, -en⟩ профессиона́льное заболева́ние *nt*
Berufsleben *nt* ⟨*gen:-s*⟩ трудова́я жизнь *f*
Berufsschule *f* ⟨-, -n⟩ ≈ профессиона́льно-техни́ческое учи́лище *nt*
Berufssoldat, -in *m/f* ⟨-en, -en⟩ ка́дровый вое́нный *m*
berufstätig *adj* рабо́тающий, за́нятый
Berufstätige(r) *mf* ⟨-n, -n⟩ рабо́тающий, -щая *m/f*
Berufswahl *f* ⟨*gen:-*⟩ вы́бор *m* профе́ссии
Berufung *f* ⟨-, -en⟩ (*innerer Ruf*) призва́ние *nt*; (*in Amt*) назначе́ние *nt* на до́лжность; (*JUR:Einspruch*) апелля́ция *f*; **~ einlegen** подава́ть апелля́цию
beruhen *vi* поко́иться *impf* (*auf +dat* на *+präpos*); **etw beruht auf Gegenseitigkeit** что́-л. осно́вывается на взаимности; **etw auf sich ~ lassen** оста́вить что́-л. как есть
beruhigen 1. *vt* успока́ивать, -ко́ить *pf*, усмиря́ть, -ри́ть *pf*; **2.** *vr* (*Person*) успока́иваться, -ко́иться *pf*
Beruhigung *f* ⟨*gen:-*⟩ успоко́ение *nt*
Beruhigungsmittel *nt* ⟨-s, -⟩ успока́ивающее сре́дство *nt*
berühmt *adj* знамени́тый
Berühmtheit *f* ⟨-, -en⟩ изве́стность *f*; (*Person*) знамени́тость *f*
berühren *vt* каса́ться, косну́ться *pf*, тро́гать, тро́нуть *pf*; (*fig:emotional*) тро́гать, тро́нуть *pf*, задева́ть, -де́ть *pf*; (*Thema*) затра́гивать, -тро́нуть *pf*, каса́ться, косну́ться *pf*
Berührung *f* ⟨-, -en⟩ прикоснове́ние *nt*; **mit jdm/etw in ~ kommen** соприкосну́ться с ке́м-л./че́м-л.
Berührungspunkt *m* ⟨-(e)s, -e⟩ то́чка *f* соприкоснове́ния
besagen *vt* зна́чить *impf*, означа́ть *impf*
besagt *adj* вышеупомя́нутый, ука́занный вы́ше
besänftigen *vt* успока́ивать, -ко́ить *pf*, смягча́ть, -чи́ть *pf*
Besänftigung *f* ⟨-, -en⟩ успоко́ение *nt*, смягче́ние *nt*
Besatzer *m* ⟨-s, -⟩ оккупа́нт *m*
Besatzung *f* ⟨-, -en⟩ (*in einer Festung*) гарнизо́н *m*; (*Schiffs~*) экипа́ж *m*, кома́нда *f*
Besatzungsmacht *f* ⟨-, -mächte⟩ оккупацио́нная власть *f*
besaufen *irr vr* (*umg*) напива́ться, -пи́ться *pf*
beschädigen *vt* поврежда́ть, -вреди́ть *pf*
Beschädigung *f* ⟨-, -en⟩ причине́ние *nt* вреда́; (*beschädigte Stelle*) поврежде́ние *nt*
beschaffen 1. *vt* достава́ть, -ста́ть *pf*; **2.** *adj* име́ющий те и́ли иные сво́йства; **etw ist so ~, daß...** что́-л. устро́ено так, что...
Beschaffenheit *f* ⟨*gen:-*⟩ сво́йство *nt*, ка́чество *nt*; (*des Körpers*) телосложе́ние *nt*
Beschaffung *f* ⟨*gen:-*⟩ приобрете́ние *nt*
beschäftigen 1. *vt* занима́ть, -ня́ть *pf*; (*beruflich*) дава́ть, дать *pf* рабо́ту; **2.** *vr* занима́ться, -ня́ться *pf*
Beschäftigung *f* ⟨-, -en⟩ заня́тие *nt*; (*Arbeit*) рабо́та *f*; (*mit Thema*) заня́тие *nt*, рабо́та *f*
beschämen *vt* срами́ть, по- *pf*, ста́вить, по- *pf* в нело́вкое положе́ние; **~d sein** быть посты́дным
beschatten *vt* затеня́ть, -ни́ть *pf*; (*überwachen*) следи́ть *impf*
beschaulich *adj* созерца́тельный, заду́мчивый
Bescheid *m* ⟨-(e)s, -e⟩ (*Auskunft*) спра́вка *f*; (*Entscheidung*) реше́ние *nt*; **über jdn/etw ~ wissen** быть осведомлённым о ко́м-л./чём-л.; **jdm ~ geben** сообща́ть кому́-л.
bescheiden *adj* скро́мный
Bescheidenheit *f* ⟨*gen:-*⟩ скро́мность *f*
bescheinen *irr vt* освеща́ть, -вети́ть *pf*
bescheinigen *vt* удостоверя́ть, -ве́рить *pf*; **den Empfang von etw ~** расписа́ться в получе́нии чего́-л.
Bescheinigung *f* ⟨-, -en⟩ удостовере́ние *nt*; (*Quittung*) квита́нция *f*
bescheißen *irr vt* (*umg:betrügen*) оставля́ть, -та́вить *pf* в дурака́х, надува́ть, -ду́ть *pf*
beschenken *vt* одаря́ть, -ри́ть *pf*

bescheren *vt:* **jdn ~** одáривать когó-л.
Bescherung *f* ⟨-, -en⟩ раздáча *f* (рождéственских подáрков); **das ist ja eine schöne ~!** (*umg*) вот тебé и нá!
bescheuert *adj* (*umg*) глýпый
beschimpfen *vt* ругáть, вы́ругать *pf*
Beschimpfung *f* ⟨-, -en⟩ оскорблéние *nt*, ругáтельство *nt*
Beschiß *m* ⟨*gen:*Beschisses⟩ (*umg:Betrug*) обмáн *m*, надувáтельство *nt*
beschissen *adj* (*umg:schlecht*) дерьмóвый, дряннóй
Beschlag *m* ⟨-(e)s, Beschläge⟩ (*Schließe*) застёжка *f*; (*trübe Schicht*) налёт *m*; **jdn/etw in ~ nehmen** завладéть кéм-л./чéм-л.
beschlagen *adj* (*Spiegel*) запотéлый; **in einer Sache/auf einem Gebiet (gut) ~ sein** (хорошó) разбирáться в какóм-л. дéле/в какóй-л. óбласти
beschlagen 1. *irr vt* (*mit Beschlag versehen*) обивáть, обúть *pf*; (*Pferd*) подкóвывать, -ковáть *pf*; **2.** *vi* (*Fenster*) запотевáть, -тéть *pf*
beschlagnahmen *vt* конфискóвывать, -ковáть *pf*
beschleunigen 1. *vi* развивáть, -вúть *pf* скóрость; **2.** *vt* торопúть, по- *pf*; (*Schritte*) ускорять, -кóрить *pf*
Beschleuniger *m* ⟨-s, -⟩ (*PHYS*) ускорúтель *m*
Beschleunigung *f* ⟨-, -en⟩ ускорéние *nt*; (*umg:~svermögen*) приёмистость *f*
beschließen *irr vt* решáть, -шúть *pf*; (*beenden*) закáнчивать, -кóнчить *pf*
Beschluß *m* ⟨Beschlusses, Beschlüsse⟩ решéние *nt*, постановлéние *nt*; **einen ~ fassen** принять решéние
beschmieren 1. *vt* обмáзывать, -мáзать *pf*; **2.** *vr* обмáзываться, -заться *pf*
beschmutzen *vt* пáчкать, ис- *pf*; (*fig*) осквернять, -нúть *pf*
beschneiden *irr vt* (*Vorhaut*) обрезáть, -рéзать *pf*; (*fig:Rechte*) урезáть, урéзать *pf*, ограничивать, -чить *pf*
Beschneidung *f* ⟨-, -en⟩ обрезáние *nt*
beschnuppern *vt* (*Tier*) обнюхивать, -нюхать *pf*; (*fig*) присмáтриваться, -смотрéться *pf*
beschönigen *vt* приукрáшивать, -крáсить *pf*
Beschönigung *f* ⟨-, -en⟩ приукрáшивание *nt*
beschränken 1. *vt* ограничивать, -нúчить *pf*; **2.** *vr* ограничиваться, -нúчиться *pf*
beschrankt *adj* (*Bahnübergang*) оборýдованный шлагбáумом
beschränkt *adj* ограниченный; (*geistig*) недалёкий
Beschränktheit *f* ⟨*gen:*-⟩ ограниченность *f*; (*geistig*) ограниченность *f*, недалёкость *f*
Beschränkung *f* ⟨-, -en⟩ ограничéние *nt*
beschreiben *irr vt* опúсывать, -сáть *pf*; (*Papier*) испúсывать, -сáть *pf*
Beschreibung *f* ⟨-, -en⟩ описáние *nt*; **etw spottet jeder ~** чтó-л. не поддаётся никакóму описáнию
beschriften *vt* надпúсывать, -сáть *pf*
Beschriftung *f* ⟨-, -en⟩ надпúсывание *nt*
beschuldigen *vt* обвинять, -винúть *pf*; **jdn einer Sache ~** обвинять когó-л. в какóм-л. дéле
Beschuldigung *f* ⟨-, -en⟩ обвинéние *nt*
beschummeln *vt* (*umg*) обмáнывать, -нýть *pf*, надувáть, -дýть *pf*
Beschuß *m* ⟨*gen:*Beschusses⟩ (*MIL*) обстрéл *m*; **unter ~ geraten** (*auch fig*) попáсть под обстрéл
beschützen *vt* охранять *impf*, защищáть, -щитúть *pf* (*vor +dat* от *+gen*)
Beschützer, -in *m/f* ⟨-s, -⟩ защúтник, -ница *m/f*
Beschwerde *f* ⟨-, -n⟩ (*Klage*) жáлоба *f*; **~n** (*Leiden*) жáлобы; **~ gegen jdn/etw führen** жáловаться на когó-л./чтó-л.
beschweren 1. *vr* жáловаться, по- *pf* (*über +akk* на); **2.** *vt* утяжелять, -лúть *pf*
beschwerlich *adj* затруднúтельный, трýдный
beschwichtigen *vt* успокáивать, -кóить *pf*, унимáть, унять *pf*
beschwindeln *vt* (*umg*) надувáть, -дýть *pf*
beschwingt *adj* (*Stimmung*) окрылённый; (*Bewegung*) лёгкий, летящий
beschwipst *adj* (*umg*) навеселé, под хмелькóм
beschwören *vt* (*Person*) заклинáть *impf*; (*Aussage*) давáть, дать *pf* показáния под присягой; (*Geist*) вызывáть, вы́звать *pf*
beseitigen *vt* устранять, -нúть *pf*; (*umg: töten*) ликвидúровать *impf/pf*, убивáть, убúть *pf*
Beseitigung *f* ⟨*gen:*-⟩ устранéние *nt*, ликвидáция *f*
Besen *m* ⟨-s, -⟩ метлá *f*, вéник *m*
Besenstiel *m* ⟨-(e)s, -e⟩ пáлка *f* от метлы́
besessen *adj* одержúмый, нéистовый; **er ist von dieser Idee völlig ~** он пóлностью одержúм э́той идéей
besetzen *vt* (*Rolle*) распределять, -лúть *pf*; (*Stelle*) занимáть, -нять *pf*,

замещáть, -мести́ть *pf*; (*Haus,Tisch, Fensterplatz*) занимáть, -ня́ть *pf*; (*MIL*) занимáть, -ня́ть *pf*, оккупи́ровать *impf/pf*
Besetztzeichen *nt* ⟨-s, -⟩ сигнáл *m* „зáнято"
Besetzung *f* ⟨-, -en⟩ (*eines Hauses*) захвáт *m*; (*einer Rolle*) распределéние *nt*; (*einer Stelle*) определéние *nt*, замещéние *nt*
besichtigen *vt* осмáтривать, -мотрéть *pf*
Besichtigung *f* ⟨-, -en⟩ осмóтр *m*, экскýрсия *f*
besiedeln *vt* заселя́ть, -ли́ть *pf*; **Deutschland ist dicht besiedelt** Гермáния гýсто заселенá
besiegeln *vt* (*fig*) скрепля́ть, -пи́ть *pf*
besiegen *vt* (*Gegner*) побеждáть, -беди́ть *pf*, одолéть *pf*, -левáть *impf*; (*fig*) преодолéть *pf*, -левáть *impf*
Besiegte(r) *mf* ⟨-n, -n⟩ побеждённый, -ная *m/f*
besinnen *vr* вспоминáть, вспóмнить *pf* (*auf +akk* о *+gen*); (*nachdenken*) размышля́ть *impf*, раздýмывать *impf*
besinnlich *adj* вдýмчивый, задýмчивый
Besinnung *f* ⟨*gen*:-⟩ (*das Besinnen*) размышлéние *nt*; (*Bewußtsein*) сознáние *nt*; **zur ~ kommen** (*auch fig*) прийти́ в себя́
besinnungslos *adj* (*bewußtlos*) бессознáтельный; (*außer sich*) вне себя́, потеря́в гóлову
Besitz *m* ⟨*gen*:-es⟩ (*das Besitzen*) владéние *nt*, обладáние *nt*; (*Eigentum*) имýщество *nt*, сóбственность *f*; **von etw ~ ergreifen** завладéть чéм-л.
besitzen *irr vt* владéть *impf*; (*Eigenschaft*) имéть *impf*
Besitzer, -in *m/f* ⟨-s, -⟩ владéлец, -лица *m/f*, обладáтель, -ница *m/f*
besitzlos *adj* неимýщий
besoffen *adj* (*umg*) пья́ный
besohlen *vt* подбивáть, -би́ть *pf* подмётки
Besoldung *f* ⟨-, -en⟩ жáлование *nt*
besondere(r,s) *adj* осóбый, чáстный; (*außergewöhnlich*) осóбый, необычáйный; **den ~n Umständen entsprechend** в соответствии с осóбыми обстоя́тельствами
Besonderheit *f* ⟨-, -en⟩ осóбенность *f*
besonders *adv* осóбо; (*verstärkend*) осóбенно; **das Essen ist heute ~ gut** едá сегóдня осóбенно хорошá
besonnen *adj* рассуди́тельный
Besonnenheit *f* ⟨*gen*:-⟩ рассуди́тельность *f*, благоразýмие *nt*
besorgen *vt* (*beschaffen*) доставáть, -тáть *pf*, покупáть, купи́ть *pf*; (*erledigen*) исполня́ть, -пóлнить *pf*
Besorgnis *f* ⟨-, -se⟩ опасéние *nt*, тревóга *f*
besorgt *adj* озабóченный, обеспокóенный; **um jdn/etw ~ sein** беспокóиться о кóм-л./чём-л.
Besorgung *f* ⟨-, -en⟩ исполнéние *nt*; **~en machen** дéлать покýпки
bespielen *vt* (*Tonband*) запи́сывать, -сáть *pf*
bespitzeln *vt* вести́ *impf* слéжку
besprechen *irr vt* (*Buch, Konzert*) обсуждáть, -суди́ть *pf*; (*Tonband*) наговáривать, -вори́ть *pf*
Besprechung *f* ⟨-, -en⟩ совещáние *nt*; (*von Buch*) рецéнзия *f*
bespritzen *vt* обры́згивать, -гать *pf*
besser 1. *adj* лýчший, бóлее хорóший; **um so ~!** тем лýчше!; **2.** *adv*: **laß das ~ sein** лýчше остáвь э́то; **~gesagt** точнéе говоря́
bessergehen *irr vi*: **ihm geht es ~** емý лýчше
bessern 1. *vt* улучшáть, -шить *pf*, поправля́ть, -рáвить *pf*; **2.** *vr* улучшáться, улýчшиться *pf*; (*Mensch*) исправля́ться, -прáвиться *pf*
Besserung *f* ⟨*gen*:-⟩ улучшéние *nt*; **gute ~!** скорéйшего выздоровлéния!
Besserwisser, -in *m/f* ⟨-s, -⟩ (*pej*) ýмник *m*
Besserwisserei *f* ⟨*gen*:-⟩ (*pej*) ýмничание *nt*
Bestand *m* ⟨-(e)s, Bestände⟩ (*Waren-*) нали́чность *f*, запáс *m*; (*das Fortbestehen*) постоя́нство *nt*; **~ haben** быть постоя́нным
beständig *adj* (*gleichbleibend*) постоя́нный, неизмéнный; (*dauerhaft*) прóчный; (*Wetter*) устóйчивый
Beständigkeit *f* ⟨*gen*:-⟩ постоя́нство *nt*
Bestandsaufnahme *f* ⟨-, -n⟩ инвентаризáция *f*
Bestandteil *m* ⟨-(e)s, -e⟩ составнáя чáсть *f*, элемéнт *m*; **etw in seine ~e zerlegen** разлагáть чтó-л. на составны́е чáсти
bestärken *vt* утверждáть, -верди́ть *pf*, поддéрживать, -жáть (*in +dat* в *+präpos*)
bestätigen 1. *vt* подтверждáть, -верди́ть *pf*, удостоверя́ть, -вéрить *pf*; (*Empfang*) подтверждáть, -верди́ть *pf*; **2.** *vr* подтверждáться, -верди́ться *pf*
Bestätigung *f* ⟨-, -en⟩ утверждéние *nt*; (*eines Briefes*) подтверждéние *nt*
bestatten *vt* хорони́ть, по- *pf*
Bestattung *f* ⟨-, en⟩ пóхороны *fpl*

bestäuben *vt* (*Blüte*) опыля́ть, -ли́ть *pf*
beste(r,s) *adj* лу́чший; **am ~n machst du es gleich** лу́чше ты сде́лаешь э́то сра́зу; **mein ~r Freund** мой лу́чший друг
bestechen *vt* подкупа́ть, -пи́ть *pf*; (*fig: überzeugen, beeindrucken*) подкупа́ть, -пи́ть *pf*, располага́ть, -ложи́ть *pf* к себе́; **dieses Kleid besticht durch seine Eleganz** э́то пла́тье подкупа́ет свое́й элега́нтностью
bestechlich *adj* прода́жный
Bestechlichkeit *f* ⟨*gen:-*⟩ прода́жность *f*, подку́пность *f*
Bestechung *f* ⟨-, -en⟩ по́дкуп *m*, взя́тка *f*
Besteck *nt* ⟨-(e)s, -e⟩ (*Essens~*) столо́вый прибо́р *m*; (*Arzt~*) набо́р *m* инструме́нтов
bestehen 1. *irr vi* (*sein*) существова́ть *impf*; **es besteht kein Grund zur Beunruhigung** нет по́вода для беспоко́йства; (*andauern*) продолжа́ться, -до́лжиться *pf*; **2.** *vt* (*Prüfung*) вы́держать *pf*, выде́рживать *impf*; **auf etw ~** наста́ивать на чём-л.; **aus etw ~** состоя́ть из чего́-л.
bestehenbleiben *irr vi* сохраня́ться, -ни́ться *pf*
bestehlen *irr vt* обкра́дывать, обокра́сть *pf*
besteigen *irr vt* (*Berg*) поднима́ться, -ня́ться *pf*, всходи́ть, взойти́ *pf*; (*Pferd*) сади́ться, се́сть *pf*; (*Thron*) вступи́ть *pf*, -па́ть *impf* на престо́л
bestellen *vt* (*Ware*) зака́зывать, -за́ть *pf*; (*Post*) доставля́ть, -та́вить *pf*; (*mit Möbel*) уставля́ть, -та́вить *pf*; **jdm etw ~** (*umg:ausrichten*) передава́ть кому́-л. что́-л.; **jdn zu sich ~** вызыва́ть кого́-л. к себе́
Bestellschein *m* ⟨-(e)s, -e⟩ бланк *m* зака́за
Bestellung *f* ⟨-, -en⟩ зака́з *m*; **eine ~ aufgeben** де́лать зака́з
bestenfalls *adv* в лу́чшем слу́чае
bestens *adv* наилу́чшим о́бразом
besteuern *vt* облага́ть, -ложи́ть *pf* нало́гом
bestialisch *adj* зве́рский
Bestie *f* ⟨-, -n⟩ зве́рь *m*, хи́щное живо́тное *nt*
bestimmen 1. *vt* (*festlegen*) устана́вливать, -нови́ть *pf*, назнача́ть, -на́чить *pf*; (*anordnen*) постановля́ть, -ви́ть *pf*; (*vorsehen*) предназнача́ть, -на́чить *pf* (*für +akk* для *+gen*); **2.** *vi* располага́ть *impf*, распоряжа́ться, -ряди́ться *pf*; **du kannst über meine Zeit ~** ты мо́жешь распоряжа́ться мои́м вре́менем
bestimmt 1. *adj* (*festgelegt*) устано́вленный, назна́ченный; (*gewiß*) определённый; **sie sucht ein ~es Buch** она и́щет определённую кни́гу; (*LING:Artikel*) определённый арти́кль *m*; **2.** *adv* определённо, то́чно; **das ist ~ richtig** э́то определённо ве́рно; **das weiß ich ~** я э́то зна́ю твёрдо
Bestimmungsort *m* ⟨-(e)s, -e⟩ ме́сто *nt* назначе́ния
bestrafen *vt* нака́зывать, -каза́ть *pf*, штрафова́ть, оштрафова́ть *pf* (*für +akk* за)
Bestrafung *f* ⟨-, -en⟩ наказа́ние *nt*, штраф *m*
bestrahlen *vt* освеща́ть, -вети́ть *pf*; (*MED*) облуча́ть, -чи́ть *pf*
Bestrahlung *f* ⟨-, -en⟩ (*MED*) облуче́ние *nt*
Bestreben *nt* ⟨*gen:-s*⟩ стремле́ние *nt*, стара́ние *nt*
bestreichen *irr vt* обма́зывать, -ма́зать *pf*; (*Brot*) нама́зывать, -ма́зать *pf*
bestreiken *vt* проводи́ть, -вести́ *pf* забасто́вку; **die Post wurde bestreikt** по́чта была́ охва́чена забасто́вкой
bestreiten *irr vt* (*abstreiten*) оспа́ривать, -по́рить *pf*; (*Kosten*) опла́чивать, -лати́ть *pf*, финанси́ровать *impf/pf*
bestreuen *vt* посыпа́ть, -сы́пать *pf*
Bestseller *m* ⟨-s, -⟩ бестсе́ллер *m*
bestürmen *vt* штурмова́ть *impf*
bestürzen *vt* поража́ть, -рази́ть *pf*
bestürzt *adj* поражённый, ошеломлённый
Bestürzung *f* ⟨*gen:-*⟩ смуще́ние *nt*; **in ~ versetzen** поверга́ть в смуще́ние
Besuch *m* ⟨-(e)s, -e⟩ (*das Besuchen*) посеще́ние *nt*; (*Besucher(in)*) посети́тель, -ница *m/f*; **~ haben** принима́ть посети́телей; **bei jdm zu ~ sein** быть у кого́-л. в гостя́х
besuchen *vt* посеща́ть, -сети́ть *pf*; (*Schule*) посеща́ть, -сети́ть *pf*, ходи́ть *impf*
Besucher, -in *m/f* ⟨-s, -⟩ посети́тель, -ница *m/f*
Besuchszeit *f* ⟨-, -en⟩ вре́мя *nt* посеще́ний
betagt *adj* пожило́й, ста́рый
betasten *vt* ощу́пывать, -пать *pf*
betätigen 1. *vt* (*bedienen*) управля́ть *impf*; (*Gerät*) пуска́ть, -сти́ть *pf* в ход; **2.** *vr* занима́ться, -ня́ться *pf*; **sich politisch ~** занима́ться полити́ческой де́ятельностью
Betätigung *f* ⟨-, -en⟩ заня́тие *nt*, де́ятельность *f*; (*Bedienung*) управле́ние *nt*; (*eines Gerätes*)

включéние *nt*, пуск *m*
betäuben *vt* оглушáть, -шить *pf*; (*MED*) обезбóливать, -бóлить *pf*
Betäubungsmittel *nt* ⟨-s, -⟩ обезбóливающее срéдство *nt*, наркóтик *m*
beteiligen **1.** *vt* брать, взять *pf* в дóлю; **2.** *vr* (*teilnehmen*) учáствовать *impf* (*an +dat* в *+präpos*); (*finanziell*) принимáть, -нять *pf* учáстие (*an +dat* в *+präpos*)
Beteiligte(r) *mf* ⟨-n, -n⟩ учáстник, -ница *m/f*
Beteiligung *f* ⟨-, -en⟩ учáстие *nt*; (*Anteil*) дóля *f*
beten *vi* молиться, по- *pf*
beteuern *vt* заявлять, -вить *pf*, уверять, увéрить *pf*; (*Unschuld*) клясться, по- *pf*
Beteuerung *f* ⟨-, -en⟩ заверéние *nt*, уверéние *nt*
betiteln *vt* (*nennen*) озаглáвливать, -глáвить *pf*
Beton *m* ⟨*gen:*-s⟩ бетóн *m*
betonen *vt* дéлать, сдéлать *pf* ударéние
betonieren *vt* бетонировать *impf/pf*, за- *pf*
betont *adj* удáрный; **sie gab sich ~ gleichgültig** онá велá себя подчёркнуто равнодýшно
Betonung *f* ⟨-, -en⟩ ударéние *nt*; (*Nachdruck*) подчёркивание *nt*, акцентирование *nt*
betören *vt* обворáживать, -рожить *pf*, очарóвывать, -ровáть *pf*
Betr. *abk von* ***Betreff***
Betracht *m* ⟨*gen:*-(e)s⟩: **außer ~ lassen** не принимáть во внимáние; **etw in ~ ziehen** принимáть во внимáние
betrachten *vt* (*anschauen*) рассмáтривать, -мотрéть *pf*; (*fig*) рассмáтривать, -мотрéть *pf*, анализировать *impf/pf*, про- *pf*
Betrachter, -in *m/f* ⟨-s, -⟩ наблюдáтель, -ница *m/f*
beträchtlich *adj* значительный
Betrachtung *f* ⟨-, -en⟩ рассмáтривание *nt*, разглядывание *nt*; (*Überlegung*) соображéния *ntpl*
Betrag *m* ⟨-(e)s, Beträge⟩ сýмма *f*
betragen **1.** *vi* составлять, -тáвить *pf*; **2.** *vr* вести себя *impf*
Betragen *nt* ⟨*gen:*-s⟩ поведéние *nt*
betrauen *vt:* **jdn mit etw ~** поручáть комý-л. что-л.
betreffen *irr vt* (*angehen*) касáться, коснýться *pf*; **was Sie betrifft...** что касáется вас...; (*bestürzen*) поражáть, -разить *pf*; **sie war von dieser Nachricht sehr betroffen** онá былá óчень поражéна этой нóвостью
betreffend *adj* соответствующий, дáнный
betreffs *präp +gen* относительно, по пóводу
betreiben *irr vt* (*Gewerbe*) занимáться, -няться *pf*; (*Unternehmen*) вести *impf*; (*Studien*) занимáться, -няться *pf*; (*Maschine*) эксплуатировать *impf*; (*vorantreiben*) приводить, -вести *pf* в движéние
betreten *adj* растéрянный; **~ sah er zu Boden** он смущённо смотрéл в пол
betreten *irr vt* (*Haus*) входить, войти *pf*; (*Boden*) ступáть, -пить *pf*; **Das Betreten der Bahnbrücke ist verboten!** Ходить по железнодорóжному мостý запрещáется!
betreuen *vt* (*Kinder*) заботиться, по- *pf*; (*versorgen*) обслýживать, -жить *pf*; (*Touristen*) сопровождáть, -водить *pf*
Betrieb *m* ⟨-(e)s, -e⟩ (*Firma*) предприятие *nt*; (*Betriebsamkeit*) движéние *nt*, оживлéние *nt*; **hier ist immer viel ~** здесь всегдá óчень оживлённо; **außer ~ sein** не рабóтать; **in ~ sein** рабóтать
betrieblich *adj* производственный
Betriebsausflug *m* ⟨-(e)s, -ausflüge⟩ *организóванная и оплáченная фирмой экскýрсия для сотрýдников*
betriebsbereit *adj* готóвый к эксплуатáции
betriebseigen *adj* принадлежáщий предприятию
Betriebsgeheimnis *nt* ⟨-ses, -se⟩ производственный секрéт *m*, секрéт *m* производства
Betriebsklima *nt* ⟨*gen:*-s⟩ атмосфéра *f* на предприятии
Betriebskosten *pl* ⟨*gen:*-⟩ издéржки *pl* производства
Betriebsrat *m* ⟨-(e)s, -räte⟩ производственный совéт *m*
betriebssicher *adj* надёжный в эксплуатáции
Betriebssystem *nt* ⟨-s, -e⟩ (*DV*) операциóнная систéма *f*
Betriebswirtschaft *f* ⟨*gen:*-⟩ организáция *f* производства
betrinken *irr vr* напивáться, -питься *pf*
betroffen *adj* (*erschüttert*) потрясённый, поражённый
betrüben *vt* печáлить, опечáлить *pf*
betrübt *adj* опечáленный, огорчённый
Betrug *m* ⟨*gen:*-(e)s⟩ обмáн *m*
betrügen *vt* обмáнывать, -нýть *pf*; **meine Hoffnung war nicht betrogen worden** я не обманýлась в своих надéждах; (*Ehepartner(in)*) изменять, -нить *pf*
Betrüger, -in *m/f* ⟨-s, -⟩ обмáнщик,

-щица *m/f*
betrügerisch *adj* обма́нный, моше́ннический; **in ~er Absicht** с наме́рением обману́ть
betrunken *adj* пья́ный
Bett *nt* ⟨-(e)s, -en⟩ крова́ть *f*, посте́ль *f*; (*Fluß~*) ру́сло *nt*; **ins ~ gehen** ложи́ться спать; **das ~ machen** стели́ть посте́ль
Bettbezug *m* ⟨-(e)s, -bezüge⟩ пододея́льник *m*
Bettdecke *f* ⟨-, -n⟩ одея́ло *nt*, покрыва́ло *nt*
bettelarm *adj* ни́щий
Bettelei *f* ⟨*gen:-*⟩ попроша́йничество *nt*
betteln *vi* проси́ть, по- *pf* ми́лостыню, попроша́йничать *impf*
betten *vt* укла́дывать, уложи́ть *pf* (в посте́ль)
bettlägerig *adj* лежа́чий
Bettlaken *nt* ⟨-s, -⟩ простыня́ *f*
Bettler, -in *m/f* ⟨-, -⟩ ни́щий, -щая *m/f*
Bettvorleger *m* ⟨-s, -⟩ ко́врик *m*
Bettwäsche *f* ⟨*gen:-*⟩ посте́льное бельё *nt*
Bettzeug *nt* ⟨*gen:-*⟩ посте́льные принадле́жности *fpl*
beugen 1. *vt* сгиба́ть, согну́ть *pf*; (*LING:Substantiv*) склоня́ть, про- *pf*; (*LING:Verb*) спряга́ть, про- *pf*; **2.** *vr* сгиба́ться, согну́ться *pf*; (*fig:nachgeben*) уступа́ть, -пи́ть *pf*
Beule *f* ⟨-, -n⟩ (*Schwellung*) ши́шка *f*; (*an Auto*) вмя́тина *f*
beunruhigen *vt* беспоко́ить *impf*
Beunruhigung *f* ⟨*gen:-*⟩ беспоко́йство *nt*
beurkunden *vt* удостоверя́ть, -ве́рить *pf* докуме́нтами
beurlauben *vt* дава́ть, дать *pf* о́тпуск; (*von Amt entbinden*) освобожда́ть, -боди́ть *pf* от до́лжности (на вре́мя)
beurteilen *vt* расце́нивать, -ни́ть *pf*, суди́ть *impf*; **etw ist schwer zu ~** о чём-л. тру́дно суди́ть
Beurteilung *f* ⟨-, -en⟩ (*das Beurteilen*) обсужде́ние *nt*; (*Bewertung*) оце́нка *f*
Beute *f* ⟨*gen:-*⟩ добы́ча *f*
Beutel *m* ⟨-s, -⟩ мешо́к *m*, кулёк *m*
bevölkern *vt* населя́ть *impf*
Bevölkerung *f* ⟨-, -en⟩ населе́ние *nt*
Bevölkerungsexplosion *f* ⟨*gen:-*⟩ демографи́ческий взрыв *m*
bevollmächtigen *vt* уполномо́чивать, -мо́чить *pf*
Bevollmächtigte(r) *mf* ⟨-n, -n⟩ уполномо́ченный, -ная *m/f*
bevor *conj* пре́жде че́м; **küß mich, ~ du gehst** поцелу́й меня́ пе́ред ухо́дом
bevormunden *vt* опека́ть *impf*
Bevormundung *f* ⟨*gen:-*⟩ опе́ка *f*, опеку́нство *nt*
bevorstehen *irr vi* предстоя́ть *impf*
bevorzugen *vt* предпочита́ть, -че́сть *pf*; (*Person*) оказыва́ть, -за́ть *pf* предпочте́ние
Bevorzugung *f* ⟨-, -en⟩ предпочте́ние *nt*
bewachen *vt* охраня́ть *impf*, стере́чь *impf*
Bewachung *f* ⟨*gen:-*⟩ охра́на *f*; (*Bewacher*) охра́нник *m*; **unter ~ stehen** быть под охра́ной
bewaffnen *vt* вооружа́ть, -жи́ть *pf*
Bewaffnung *f* ⟨*gen:-*⟩ (*das Bewaffnen*) вооруже́ние *nt*
bewahren *vt* охраня́ть *impf*, оберега́ть *impf*
bewähren *vr* (*Mensch*) показа́ть *pf*, -ка́зывать *impf* себя́, прояви́ть *pf*, -явля́ть *impf* себя́; (*Gegenstand, Methode*) оказа́ться *pf*, ока́зываться *impf* приго́дным, оправда́ть *pf*, -ра́вдывать *impf* себя́
bewahrheiten *vr* опра́вдываться, -да́ться *pf* на де́ле; **es bewahrheitete sich, daß...** подтверди́лось, что...
bewährt *adj* надёжный; **ein ~es Mittel** испы́танное сре́дство
Bewährung *f* ⟨-, -en⟩ прове́рка *f*, испыта́ние *nt*; **mit ~** усло́вно
Bewährungsfrist *f* ⟨-, -en⟩ срок *m* усло́вного осужде́ния
Bewährungshelfer, -in *m/f* ⟨-s, -⟩ *лицо́, ока́зывающее по́мощь усло́вно осуждённому*
bewaldet *adj* леси́стый
bewältigen *vt* (*Schwierigkeiten*) преодолева́ть, -ле́ть *pf*; (*Arbeit*) справля́ться, спра́виться *pf*
bewandert *adj* о́пытный; **in einer Sache (gut) ~ sein** быть в како́м-л. де́ле (хорошо́) све́дущим
bewässern *vt* ороша́ть, ороси́ть *pf*
Bewässerung *f* ⟨-, -en⟩ ороше́ние *nt*, ирригá́ция *f*
bewegen 1. *vt* дви́гать, дви́нуть *pf*; (*rühren*) тро́гать, тро́нуть *pf*, волнова́ть, взволнова́ть *pf*; **jdn zu etw ~** побуди́ть кого́-л. к чему́-л.; **2.** *vr* дви́гаться, дви́нуться *pf*
beweglich *adj* (*Gegenstand*) передвижно́й, дви́жущийся; (*körperlich*) подви́жный, ги́бкий; (*geistig*) живо́й
bewegt *adj* (*Leben*) бу́рный; (*gerührt*) взволно́ванный, тро́нутый
Bewegung *f* ⟨-, -en⟩ движе́ние *nt*; (*körperlich*) движе́ние *nt*; **etw mehr ~ würde dir guttun** немно́го бо́льше движе́ния тебе́ бы не повреди́ло; (*Rührung*) растро́ганность *f*, волне́ние *nt*; (*Mas-*

sen~) общéственное движéние *nt*; **sich in ~ setzen** приходи́ть в движéние
Bewegungsfreiheit *f* ⟨*gen:-*⟩ свобóда *f* передвижéния
bewegungslos *adj* неподви́жный
Beweis *m* ⟨-es, -e⟩ (*Nachweis*) доказáтельство *nt*, дóвод *m*; (*Zeichen, Ausdruck*) проявлéние *nt*; **zum ~ ihrer Anteilnahme schickten sie Blumen** в знак учáстия они́ послáли цветы́; **den ~ erbringen** привести́ доказáтельство
beweisbar *adj* доказу́емый
beweisen *irr vt* докáзывать, -зáть *pf*; (*zeigen*) проявля́ть, -ви́ть *pf*
Beweismittel *nt* доказáтельство *nt*
bewenden *vi*: **es bei etw ~ lassen** ограни́чиваться чéм-л.
bewerben *irr vr*: **sich um eine Stelle ~** подавáть заявлéние о приёме на рабóту
Bewerber, -in *m/f* ⟨-s, -⟩ претендéнт, -ка *m/f*, кандидáт *m*
Bewerbung *f* ⟨-, -en⟩ (*~sschreiben*) заявлéние *nt* о приёме на рабóту; **seine ~ einreichen** подáть своё заявлéние о приёме на рабóту
Bewerbungsunterlagen *pl* ⟨*gen:-*⟩ *докумéнты, прилагáемые к заявлéнию о приёме на рабóту, на учёбу*
bewerkstelligen *vt* осуществля́ть, -ви́ть *pf*, устрáивать, -рóить *pf*
bewerten *vt* оцéнивать, -ни́ть *pf*
Bewertung *f* ⟨-, -en⟩ óтзыв *m*; (*Note*) оцéнка *f*
bewilligen *vt* разрешáть, -ши́ть *pf*, предоставля́ть, -стáвить *pf*
bewirken *vt* вызывáть, вы́звать *pf*, быть *impf* причи́ной
bewirten *vt* угощáть, угости́ть *pf*
bewirtschaften *vt* (*Land*) обрабáтывать, -бóтать *pf*; (*Gaststätte*) управля́ть *impf*
Bewirtung *f* ⟨-, -en⟩ угощéние *nt*
bewog *prät von* **bewegen**
bewogen *part perf von* **bewegen**
bewohnbar *adj* жилóй
bewohnen *vt* (*Menschen*) населя́ть *impf*; (*Tiere*) обитáть *impf*
Bewohner, -in *m/f* ⟨-s, -⟩ (*Haus~*) жилéц, -ли́ца *m/f*; (*Einwohner*) жи́тель, -ница *m/f*
bewölken *vr* покрывáться, -кры́ться *pf* облакáми
bewölkt *adj* óблачный, покры́тый облакáми
Bewölkung *f* ⟨*gen:-*⟩ óблачность *f*
Bewunderer, Bewunderin *m/f* ⟨-s, -⟩ поклóнник, -ница *m/f*
bewundern *vt* восхищáться, -хити́ться *pf*
bewundernswert *adj* достóйный восхищéния
Bewunderung *f* ⟨*gen:-*⟩ восхищéние *nt*, востóрг *m*
bewußt *adj* сознáтельный; (*besagt*) извéстный; **sich einer Sache ~ werden** отдавáть себé отчёт в чём-л.
bewußtlos *adj* бессознáтельный
Bewußtlosigkeit *f* ⟨-, -en⟩ беспáмятство *nt*, бессознáтельное состоя́ние *nt*
bewußtmachen *vt*: **jdm etw ~** доводи́ть что́-л. до чьегó-л. сознáния
Bewußtsein *nt* ⟨*gen:-s*⟩ сознáние *nt*; **das ~ verlieren** теря́ть сознáние; **zu ~ kommen** приходи́ть в сознáние; **etw kommt jdm zu ~** что́-л. станóвится я́сно кому́-л.
bezahlen *vt* плати́ть, за- *pf*; **sich bezahlt machen** окупáться; **das ist nicht mit Geld zu ~** э́тому цены́ нет
Bezahlung *f* ⟨-, -en⟩ (*das Zahlen*) оплáта *f*; (*Entlohnung*) плáта *f*, вознаграждéние *nt*
bezaubern *vt* очарóвывать, -вáть *pf*
bezeichnen *vt* (*kennzeichnen*) помечáть, -мéтить *pf*, отмечáть, -мéтить *pf*; (*nennen*) называ́ть, -звáть *pf*
bezeichnend *adj* характéрный, показáтельный; **etw ist ~ für jdn/etw** что́-л. явля́ется для когó-л./чегó-л. характéрным
bezeichnenderweise *adv* показáтельно, характéрно
Bezeichnung *f* ⟨-, -en⟩ (*Ausdruck*) выражéние *nt*; (*Name, Benennung*) назвáние *nt*, обозначéние *nt*
bezeugen *vt* свидéтельствовать *impf*, подтверждáть, -рди́ть *pf*
bezichtigen *vt* обвиня́ть, -ни́ть *pf*
Bezichtigung *f* ⟨-, -en⟩ обвинéние *nt*
beziehen 1. *irr vt* (*Bett*) меня́ть, по- *pf* постéль; (*Wohnung*) въезжáть, въéхать *pf*; (*erhalten*) получáть, -чи́ть *pf*; (*Stellung*) занимáть, -ня́ть *pf*; **2.** *irr vr* ссылáться, сослáться *pf* (*auf +akk* на); (*Himmel*) покрывáться, -кры́ться *pf*, заволáкиваться, -лóчься *pf*
Beziehung *f* ⟨-, -en⟩ (*Zusammenhang*) свя́зь *f*; (*menschliche ~*) отношéние *nt*; (*Liebes~*) свя́зь *f*; (*Hinsicht*) отношéние *nt*, свя́зь *f*; **in dieser ~ muß ich dir Recht geben** в э́том отношéнии я дóлжен с тобóй согласи́ться
beziehungsweise *conj* (*genauer gesagt*) точнéе говоря́; **Mädchen ~ junge Frauen** дéвушки, вернéе говоря, молоды́е жéнщины; (*oder*) и́ли; **Männer ~ Frauen** мужчи́ны и́ли жéнщины

Bezirk *m* ⟨-(e)s, -e⟩ райо́н *m*
bezug *adv:* **in ~ auf** относи́тельно
Bezug *m* ⟨-(e)s, Bezüge⟩ (*Überzug*) оби́вка *f*, чехо́л *m*; (*von Waren*) поку́пка *f*, получе́ние *nt*; **Bezüge** (*Einkommen*) дохо́ды; **auf etw ~ nehmen** ссыла́ться на что́-л.
bezüglich *präp +gen* относи́тельно, каса́тельно
Bezugspunkt *m* ⟨-(e)s, -e⟩ исхо́дная то́чка *f*
bezuschussen *vt* субсиди́ровать *impf/pf*
bezwecken *vt* ста́вить, по- *pf* це́лью, добива́ться, -би́ться *pf*; **was bezweckst du damit?** чего́ ты хо́чешь э́тим доби́ться?
bezweifeln *vt* сомнева́ться *impf*; **das wage ich zu ~** в э́том я позво́лю себе́ усомни́ться
bezwingen *irr vt* (*Gegner*) побежда́ть, -беди́ть *pf*; (*Berg*) покори́ть *pf*, -ря́ть *impf*; (*sich selbst*) овладе́ть *pf*, -дева́ть *impf* собо́й
Bf *abk von* ***Bahnhof m***
BGB *abk von* ***Bürgerliches Gesetzbuch nt*** *Герма́нское гражда́нское уложе́ние*
BH *abk von* ***Büstenhalter m***
Biathlet, -in *m/f* ⟨-en, -en⟩ биатлони́ст, -ка *m/f*
Biathlon *nt* ⟨-s, -s⟩ биатло́н *m*
Bibel *f* ⟨-, -n⟩ Би́блия *f*
Bibelstelle *f* ⟨-, -n⟩ цита́та *f* из Би́блии
Biber *m* ⟨-s, -⟩ бобёр *m*
Bibliographie *f* ⟨-, -n⟩ библиогра́фия *f*
bibliographisch *adj* библиографи́ческий; **~e Angaben** библиографи́ческие да́нные
Bibliothek *f* ⟨-, -en⟩ библиоте́ка *f*
Bibliothekar, -in *m* ⟨-s, -e⟩ библиоте́карь *m*
biblisch *adj* библе́йский
Bidet *nt* ⟨-s, -s⟩ биде́ *nt*
bieder *adj* че́стный, поря́дочный; (*spießig*) обыва́тельский, меща́нский
biegen ⟨bog, gebogen⟩ **1.** *vt* гнуть, со- *pf*; **2.** *vr* сгиба́ться, согну́ться *pf*; **sich vor Lachen ~** (*umg*) ко́рчиться от сме́ха; **3.** *vi* повора́чивать, -верну́ть *pf*; **er bog um die Ecke** он сверну́л за́ угол
biegsam *adj* ги́бкий, упру́гий
Biegung *f* ⟨-, -en⟩ поворо́т *m*, изги́б *m*
Biene *f* ⟨-, -n⟩ пчела́ *f*
Bienenhonig *m* ⟨-s, -e⟩ пчели́ный мёд *m*
Bienenwachs *nt* ⟨-es, -e⟩ пчели́ный воск *m*
Bier *nt* ⟨-(e)s, -e⟩ пи́во *nt*; **das ist nicht mein ~** (*umg*) э́то меня́ не интересу́ет
Bierdeckel *m* ⟨-s, -⟩ *карто́нная подста́вка под кру́жку с пи́вом*
Bierfaß *nt* ⟨-fasses, -fässer⟩ пивна́я бо́чка *f*
Bierflasche *f* ⟨-, -n⟩ пивна́я буты́лка *f*
Biergarten *m* ⟨-s, -gärten⟩ *пивна́я со сто́ликами под откры́тым не́бом*
Bierkrug *m* ⟨-(e)s, -krüge⟩ пивна́я кру́жка *f*
Bierzelt *nt* ⟨-(e)s, -e⟩ *пала́тка, в кото́рой продаётся пи́во (устана́вливаемая во вре́мя наро́дных гуля́ний)*
Biest *nt* ⟨-(e)s, -er⟩ (*Tier*) тварь *f*; (*pej: Mensch*) бе́стия *f*, тварь *f*
bieten ⟨bot, geboten⟩ **1.** *vt* предлага́ть, -ложи́ть *pf*, дава́ть, дать *pf*; (*bei Auktion*) предлага́ть, -ложи́ть *pf*; (*Anblick*) предоставля́ть, -ста́вить *pf*; (*Hand*) протя́гивать, -тяну́ть *pf*; **2.** *vr* (*Gelegenheit*) представля́ться, -ста́виться *pf*; **das lasse ich mir nicht ~** э́того я не потерплю́
Bikini *m* ⟨-s, -s⟩ бики́ни *nt*
Bilanz *f* ⟨-, -en⟩ (*ÖKON*) бала́нс *m*; (*fig*) ито́г *m*; **~ ziehen** подвести́ ито́ги
bilateral *adj* (*POL:zweiseitig*) двусторо́нний; **~e Zusammenarbeit** двусторо́ннее сотру́дничество
Bild *nt* ⟨-(e)s, -er⟩ карти́на *f*, рису́нок *m*; (*Foto*) фотогра́фия *f*; (*Vorstellung*) представле́ние *nt*, о́браз *m*; **sich von jdm/etw ein ~ machen** соста́вить себе́ о ко́м-л./чём-л. представле́ние; **über etw im ~e sein** быть в ку́рсе чего́-л.
Bildband *m* ⟨-(e)s, -bände⟩ фотоальбо́м *m*
bilden 1. *vt* (*Sätze*) стро́ить, по- *pf*, образо́вывать, -зова́ть *pf*; (*formen*) создава́ть, -да́ть *pf*; (*Gruppe*) организо́вывать, -зова́ть *pf*; (*Meinung*) формирова́ть, сформирова́ть *pf*; (*geistig*) образо́вывать, -зова́ть *pf*; **2.** *vr* (*geistig*) просвеща́ться, -свети́ться *pf*, развива́ться, -ви́ться *pf*
Bilderbuch *nt* ⟨-(e)s, -bücher⟩ кни́га *f* с карти́нками
Bilderrahmen *m* ⟨-s, -⟩ ра́ма *f* для карти́ны
Bildfläche *f* ⟨*gen:-*⟩: **von der ~ verschwinden** (*umg*) исче́знуть из по́ля зре́ния; **auf der ~ erscheinen** (*umg*) появи́ться в по́ле зре́ния
bildhaft *adj* карти́нный, о́бразный
Bildhauer, -in *m/f* ⟨-s, -⟩ ску́льптор *m*
bildhübsch *adj* краси́вый, как на карти́нке; **sie ist ein ~es Mädchen** она пи́саная краса́вица
bildlich *adj* (*mit Hilfe von Bildern*) нагля́дный; (*Ausdruck*) о́бразный; **sich etw ~ vorstellen** что́-л. нагля́дно предста́вить себе́
Bildnis *nt* ⟨-ses, -se⟩ портре́т *m*
Bildschirm *m* ⟨-(e)s, -e⟩ экра́н *m*

bildschön *adj* очень краси́вый
Bildung *f* ⟨*gen:-*⟩ (*kulturell*) образова́ние *nt*, просвеще́ние *nt*; (*Formung*) формирова́ние *nt*
Bildungslücke *f* ⟨-, -n⟩ пробе́л *m* в образова́нии
Bildungspolitik *f* ⟨-, -en⟩ поли́тика *f* в о́бласти образова́ния
Bildwörterbuch *nt* ⟨-(e)s, -bücher⟩ иллюстри́рованный слова́рь *m*
Billard *nt* ⟨*gen:-s*⟩ билья́рд *m*
Billardkugel *f* ⟨-, -n⟩ билья́рдный шар *m*
Billardstock *m* ⟨-(e)s, -stöcke⟩ кий *m*
billig *adj* дешёвый, недорого́й; (*umg:zu einfach*) примити́вный; **eine ~e Ausrede** (*umg*) пуста́я отгово́рка; **etw ist recht und ~** что́-л. справедли́во
billigen *vt* одобря́ть, одо́брить *pf*
Billigung *f* ⟨*gen:-*⟩ одобре́ние *nt*; **jds ~ finden** получи́ть чьё-л. одобре́ние
Billion *f* ⟨-, -en⟩ биллио́н *m*
bimmeln *vi* звони́ть *impf*, трезво́нить *impf*
binär *adj* бина́рный, двои́чный
Binde *f* ⟨-, -n⟩ (*Verband*) повя́зка *f*, бинт *m*; (*Damen~*) гигиени́ческая прокла́дка *f*; (*Augen~*) повя́зка *f*
Bindegewebe *nt* ⟨*gen:-s*⟩ соедини́тельная ткань *f*
Bindeglied *nt* ⟨-(e)s, -er⟩ связу́ющее звено́ *nt*
Bindehaut *f* ⟨-, -häute⟩ конъюнкти́ва *f*
Bindehautentzündung *f* ⟨-, -en⟩ конъюнктиви́т *m*
binden ⟨band, gebunden⟩ **1.** *vt* (*fest~*) свя́зывать, -за́ть *pf*; (*Krawatte*) завя́зывать, -за́ть *pf*; (*Buch*) переплета́ть, -плести́ *pf*; (*Soße*) загусти́ть *pf*; (*fig*) свя́зывать, -за́ть *pf*; **2.** *vr* обя́зываться, -за́ться *pf*, свя́зывать, -за́ть *pf* себя обяза́тельствами
Bindestrich *m* ⟨-(e)s, -e⟩ чёрточка *f*, дефи́с *m*
Bindfaden *m* ⟨-s, -fäden⟩ шпага́т *m*, верёвка *f*
binnen *präp* в тече́ние, в; **~ drei Tagen** в тече́ние трёх дне́й; **~ eines Jahres** в тече́ние го́да
Binnenhafen *m* ⟨-s, -häfen⟩ речно́й порт *m*, при́стань *f*
Binnenhandel *m* ⟨*gen:-s*⟩ вну́тренняя торго́вля *f*
Binnenmarkt *m* ⟨-(e)s, -märkte⟩ вну́тренний ры́нок *m*
Binnenmeer *nt* ⟨-(e)s, -e⟩ вну́треннее мо́ре *nt*
Binse *f* ⟨-, -n⟩ тростни́к *m*; **etw geht in die ~n** (*umg*) что́-л. пошло́ пра́хом
Binsenweisheit *f* ⟨-, -en⟩ прописна́я и́стина *f*
Biochemie *f* ⟨*gen:-*⟩ биохи́мия *f*
Biochemiker, -in *m/f* ⟨-s, -⟩ биохи́мик *m*
Biograph, -in *m/f* ⟨-en, -en⟩ био́граф *m*
Biographie *f* ⟨-, -n⟩ биогра́фия *f*
Bioladen *m* ⟨-s, -läden⟩ *магази́н, в кото́ром продаю́тся проду́кты, вы́ращенные без примене́ния химика́тов*
Biologe, Biologin *m/f* ⟨-n, -n⟩ био́лог *m*
Biologie *f* ⟨*gen:-*⟩ биоло́гия *f*
biologisch *adj* биологи́ческий; **~ abbaubar** биологи́чески разлага́емый
Biorhythmus *m* ⟨-, -rhythmen⟩ биори́тм *m*
Biotop *nt* ⟨-(e)s, -e⟩ биото́п *m*
Birke *f* ⟨-, -n⟩ берёза *f*
Birnbaum *m* ⟨-(e)s, -bäume⟩ гру́ша *f*
Birne *f* ⟨-, -n⟩ гру́ша *f*; (*Glüh~*) электри́ческая ла́мпочка *f*; (*umg:Kopf*) башка́ *f*
birnenförmig *adj* грушеви́дный
bis 1. *präp +akk* (*zeitlich*) до; **~ Freitag** до пя́тницы; **~ bald/gleich!** до ско́рого!; **von...~...** с... по... (*räumlich*) до; **~ München fahren** е́хать до Мю́нхена; **~ hierher und nicht weiter** до сих пор и не да́льше; **die Altersgruppe ~ 30** возрастна́я гру́ппа до 30; **2.** *adv* вплоть до, кро́ме; **alle ~ auf drei** все́, за исключе́нием трёх; **~ auf den letzten Platz** до после́днего ме́ста; **3.** *conj* пока́ не; **warte, ~ sie kommt** подожди́, пока́ она́ не придёт
Bischof *m* ⟨-s, Bischöfe⟩ епи́скоп *m*
bischöflich *adj* епи́скопский, епископа́льный
Bischofssitz *m* ⟨-es, -e⟩ резиде́нция *f* епи́скопа
bisexuell *adj* бисексуа́льный
bisher *adv* до сих по́р; **~ hat das noch niemand bemerkt** до сих по́р э́того никто́ не заме́тил
bisherig *adj* пре́жний, бы́вший
Biskuit *m* ⟨-s, -s⟩ (*Keks*) бискви́т *m*
Biskuitteig *m* ⟨-s, -⟩ бискви́тное те́сто *nt*
bislang *adv* до сих по́р
biß *prät von* **beißen**
Biß *m* ⟨Bisses, Bisse⟩ уку́с *m*
bißchen *pron* немно́го; **nimm doch noch ein ~** возьми́ же ещё немно́жко; **kein ~** ни ка́пельки
Bissen *m* ⟨-s, -⟩ кусо́к *m*; **sie hat keinen ~ angerührt** она́ не притро́нулась к еде́
bissig *adj* (*Tier*) куса́ющийся, злой; (*Bemerkung*) ко́лкий, язви́тельный
Bistro *nt* ⟨-s, -s⟩ бистро́ *nt*
Bistum *nt* ⟨-s, -tümer⟩ епи́скопство *nt*

Bit *nt* ⟨-(s), -s⟩ *(DV)* бит *m*
bitte *interj* пожáлуйста, прошý; *(nach 'danke')* пожáлуйста; **~ schön/sehr** пожáлуйста; **na ~** ну вóт
Bitte *f* ⟨-, -n⟩ прóсьба *f*; **ich habe (nur) eine ~ an Sie** у меня́ есть к вам (тóлько) однá прóсьба
bitten *vt* ⟨bat, gebeten⟩ проси́ть, по- *pf*; **jdn um etw ~** проси́ть когó-л. о чём-л.; **wenn ich ~ darf** éсли позвóлите; **aber ich bitte Sie!** но поми́луйте!
bitter *adj (Geschmack)* гóрький; *(fig)* гóрький; **das ist ~er Ernst!** э́то крáйне серьёзно!; **etw ~ nötig haben** óчень нуждáться в чём-л.
bitterböse *adj* óчень серди́тый
Bitumen *nt* ⟨-s, -⟩ би́тум *m*
Biwak *nt* ⟨-s, -s⟩ бивáк *m*
bizarr *adj* необы́чный, своеобрáзный
Bizeps *m* ⟨-(es), -e⟩ би́цепс *m*
Blabla *nt* ⟨*gen:-*⟩ *(umg:Gerede)* пустáя болтовня́ *f*
blähen 1. *vt (Segel)* надувáть, -дýть *pf*; **2.** *vr (Segel)* надувáться, -дýться *pf*; **3.** *vi* пýчить, вспýчить *pf*
Blähung *f* ⟨-, -n⟩ вздýтие *nt*, метеори́зм *m*
blamabel *adj* позóрный, посты́дный
Blamage *f* ⟨-, -n⟩ позóр *m*, срам *m*
blamieren 1. *vt* позóрить, опозóрить *pf*; **2.** *vr* позóриться, опозóриться *pf*, компромети́ровать, скомпромети́ровать *pf* себя́; **sich unsterblich ~** опозóриться дó смерти
blank *adj (glänzend)* блестя́щий, сверкáющий; *(unbedeckt)* гóлый; **~ sein** *(umg)* не имéть ни грошá за душóй
blanko *adv* чи́стый, незапóлненный
Blankoscheck *m* ⟨-s, -s⟩ блáнковый чек *m*
Bläschen *nt* ⟨-s, -⟩ пузырёк *m*; *(auf Haut)* прыщ *m*
Blase *f* ⟨-, -n⟩ пузы́рь *m*; *(am Fuß)* волды́рь *m*; *(ANAT)* мочевóй пузы́рь *m*
Blasebalg *m* ⟨-(e)s, -bälge⟩ кузнéчные мехи́ *mpl*
blasen ⟨blies, geblasen⟩ **1.** *vi* дуть *impf*; **2.** *vt (Trompete)* труби́ть, про- *pf*
blasiert *adj* высокомéрный, чванли́вый
Blasinstrument *nt* ⟨-e, -e⟩ духовóй инструмéнт *m*
Blaskapelle *f* ⟨-, -n⟩ небольшóй духовóй оркéстр *m*
Blasmusik *f* ⟨*gen:-*⟩ духовáя мýзыка *f*
Blasphemie *f* ⟨-, -n⟩ богохýльство *nt*
blaß *adj (bleich)* блéдный; *(unscheinbar)* смýтный; **jd hat von etw keinen blassen Schimmer** *(umg)* ктó-л. не имéет о чём-л. ни малéйшего представлéния
Blässe *f* ⟨*gen:-*⟩ блéдность *f*
Blatt *nt* ⟨-(e)s, Blätter⟩ *(von Pflanze)* лист *m*; *(Papier~)* лист *m*, листóк *m*; *(Zeitung)* газéта *f*; *(beim Kartenspiel)* кáрта *f*; **kein ~ vor den Mund nehmen** говори́ть без обинякóв; **das steht auf einem anderen ~** э́то к дéлу не отнóсится
blättern *vi* листáть *impf*; **in etw ~** просмáтривать чтó-л.
Blätterteig *m* ⟨-(e)s, -e⟩ слоёное тéсто *nt*
blau *adj* си́ний; *(umg:betrunken)* пья́ный; **ein ~er Fleck** синя́к; **~es Blut** голубáя кровь
Blau *nt* ⟨-s, -s⟩ си́ний цвет *m*
blauäugig *adj* синеглáзый, голубоглáзый; *(naiv)* наи́вный
Blaue *nt* ⟨*gen:-*n⟩: **eine Fahrt ins ~** поéздка без определённой цéли; **ins ~ hinein** наугáд; **jdm das ~ vom Himmel herunterlügen** наврáть с три кóроба
Blaulicht *nt* ⟨-(e)s, -er⟩ голубóй проблесковóый „маячок" *m*
blaumachen *vi (umg)* прогýливать, -ля́ть *pf*
Blauwal *m* ⟨-(e)s, -e⟩ голубóй кит *m*
Blazer *m* ⟨-s, -⟩ блéйзер *m*
Blech *nt* ⟨-(e)s, -e⟩ жéсть *f*, *(Back~)* прóтивень *m*; *(umg:Unsinn)* чушь *f*, вздор *m*
Blechdose *f* ⟨-, -n⟩ жестянáя бáнка *f*
blechen *vi (umg:bezahlen)* раскошéливаться, -литься *pf*
Blechschaden *m* ⟨-s, -schäden⟩ повреждéние *nt* кýзова
Bleibe *f* ⟨-, -n⟩ пристáнище *nt*, убéжище *nt*
bleiben ⟨blieb, geblieben⟩ *vi* оставáться, -тáться *pf*; **wo bleibt sie nur?** где онá тóлько пропадáет?; **..und dabei bleibts** и кóнчено на э́том; **es bleibt zu hoffen, daß...** остаётся надéяться, что...; **bei der Wahrheit ~** говори́ть прáвду; **jdm bleibt nichts anderes übrig (als)** комý-л. не остаётся ничегó другóго, (как)
bleibenlassen *irr vt (umg)* оставля́ть, -тáвить *pf*; **das solltest du lieber ~!** тебé э́то слéдовало бы лýчше брóсить!
bleich *adj* блéдный, блёклый
bleichen *vt* отбéливать, -ли́ть *pf*
bleiern *adj* свинцóвый; *(fig:Stille)* гнетýщий
bleifrei *adj* без содержáния свинцá
bleihaltig *adj* содержáщий свинéц
Bleikristall *nt* ⟨*gen:-*s⟩ свинцóвый хрустáль *m*
Bleistift *m* ⟨-(e)s, -e⟩ карандáш *m*
Bleistiftspitzer *m* ⟨-s, -⟩ точи́лка *f* для́ карандашéй
Blende *f* ⟨-, -n⟩ *(FOT)* диафрáгма *f*

blenden *vt* слепи́ть *impf*; (*fig:beeindrucken*) ослепля́ть, -пи́ть *pf*, очаро́вывать, -рова́ть *pf*
blendend *adj* (*fig*) ослепи́тельный; **Sie sehen heute ~ aus!** Вы сего́дня великоле́пно вы́глядите!
Blick *m* ⟨-(e)s, -e⟩ взгля́д *m*, взор *m*; (*Aussicht*) вид *m*; **mit einem ~** мгнове́нно; **auf den ersten ~** на пе́рвый взгля́д; **jdm einen ~ zuwerfen** бро́сить взгляд на кого́-л. ; **einen ~ für etw haben** име́ть на что́-л. намётанный глаз
blicken 1. *vi* смотре́ть, по- *pf*, гляде́ть, по- *pf*; **2.** *vr:* **sich ~ lassen** пока́зываться
blieb *prät von* **bleiben**
blies *prät von* **blasen**
blind *adj* слепо́й; **~er Alarm** ло́жная трево́га; **ein ~er Passagier** безбиле́тный пассажи́р
Blinddarm *m* ⟨-(e)s, -därme⟩ слепа́я кишка́ *f*
Blinddarmentzündung *f* ⟨-, -en⟩ аппендици́т *m*
Blinde(r) *mf* ⟨-n, -n⟩ слепо́й, -па́я *m/f*; **das sieht doch ein ~r!** (*umg*) э́то и слепо́му ви́дно
Blindenhund *m* ⟨-(e)s, -e⟩ соба́ка-поводы́рь *m*
Blindenschrift *f* ⟨*gen:-*⟩ шрифт *m* для слепы́х
Blindheit *f* ⟨*gen:-*⟩ (*auch fig*) слепота́ *f*
blindlings *adv* сле́по
blinken *vi* мерца́ть *impf*; (*bei Auto*) подава́ть, -да́ть *pf* светові́е сигна́лы
Blinker *m* ⟨-s, -⟩ (*an Auto*) сигна́л *m* поворо́та; (*an Angel*) блесна́ *f*
Blinklicht *nt* ⟨-(e)s, -er⟩ мига́ющий свет *m*
blinzeln *vi* мига́ть, -гну́ть *pf*, морга́ть, -гну́ть *pf*
Blitz *m* ⟨-es, -e⟩ мо́лния *f*; (*FOT*) вспы́шка *f*; **wie vom ~ getroffen** как гро́мом поражённый
Blitzableiter *m* ⟨-s, -⟩ молниеотво́д *m*, громоотво́д *m*; **jdm als ~ dienen** (*umg*) служи́ть громоотво́дом
blitzen *vi* сверка́ть, -кну́ть *pf*; (*Gedanke*) мелька́ть, -кну́ть *pf*
Blitzgerät *nt* ⟨-(e)s, -e⟩ (*FOT*) фотовспы́шка *f*
Blitzlicht *nt* ⟨-(e)s, -er⟩ (*FOT*) ла́мпа-вспы́шка *f*
blitzsauber *adj* сверка́ющий чистото́й
blitzschnell *adj* молниено́сный
Block *m* ⟨-(e)s, Blöcke⟩ (*Häuser~*) блок *m*; (*Schreib~*) блокно́т *m*; (*Stein~, Holz~*) глы́ба *f*, коло́да *f*
Blockade *f* ⟨-, -n⟩ блока́да *f*
Blockflöte *f* ⟨-, -n⟩ блокфле́йта *f*
blockfrei *adj* (*Staat*) неприсоедини́вшийся
blockieren *vt* блоки́ровать *impf/pf*; (*Wasserzufuhr*) перекрыва́ть, -кры́ть *pf*
blöd *adj* глу́пый, тупо́й
blödeln *vi* (*umg*) дура́читься *impf*
Blödheit *f* ⟨*gen:-*⟩ глу́пость *f*
Blödmann *m* ⟨-(e)s, -männer⟩ (*umg*) приду́рок *m*
Blödsinn *m* ⟨*gen:-*(e)s⟩ чушь *f*; **was soll der ~?** что́ за бессмы́слица?
blödsinnig *adj* глу́пый, идио́тский
blond *adj* светловоло́сый, белоку́рый
blondieren *vt* обесцве́чивать, -ве́тить *pf*, осветля́ть, -ли́ть *pf*
Blondine *f* ⟨-, -n⟩ (*umg*) блонди́нка *f*
bloß 1. *adj* (*unbedeckt*) го́лый, обнажённый; (*allein*) оди́н то́лько; **der ~e Gedanke daran läßt mich schaudern** одна́ то́лько мысль об э́том заставля́ет меня́ содрогну́ться; **2.** *adv* (*nur*) то́лько, лишь; **du hast ~ noch eine Stunde Zeit** у тебя́ то́лько час вре́мени; **hör ~ auf** да прекрати́ же
Blöße *f* ⟨-, -n⟩ (*Nacktheit*) нагота́ *f*, обнажённость *f*; (*fig*) сла́бое ме́сто *nt*; **sich eine ~ geben** обнару́жить свою́ сла́бую сто́рону
bloßstellen *vt* разоблача́ть, -блати́ть *pf*
Blouson *m* ⟨-s, -s⟩ блузо́н *m*
Bluejeans *pl* ⟨*gen:-*⟩ си́ние джи́нсы *pl*
Blues *m* ⟨*gen:-*⟩ (*MUS*) блюз *m*; **den ~ haben** (*umg*) впа́сть в тоску́
Bluff *m* ⟨-s, -s⟩ (*umg:Täuschung*) блеф *m*, надува́тельство *nt*
bluffen *vi* блефова́ть *impf*, дура́чить, одура́чить *pf*
blühen *vi* (*Blume*) цвести́ *impf*; (*gedeihen*) процвета́ть, -цвести́ *pf*
Blume *f* ⟨-, -n⟩ цвето́к *m*; (*von Bier*) пе́на *f*; **durch die ~ sprechen** говори́ть иносказа́тельно
Blumenkohl *m* ⟨-(e)s, -e⟩ цветна́я капу́ста *f*
Blumentopf *m* ⟨-(e)s, -töpfe⟩ цвето́чный горшо́к *m*
Blumenzwiebel *f* ⟨-, -n⟩ цвето́чная лу́ковица *f*
blumig *adj* (*Sprache*) цвети́стый; (*Duft*) цвето́чный
Blut *nt* ⟨*gen:-*(e)s⟩ кровь *f*; **ruhig ~!** споко́йно!; **böses ~ schaffen** вызыва́ть си́льное раздраже́ние
blutarm *adj* малокро́вный; (*fig*) о́чень бе́дный
Blutbad *nt* ⟨-(e)s, -bäder⟩ крова́вая распра́ва *f*, резня́ *f*
Blutbild *nt* ⟨-(e)s, -er⟩ (*MED*) карти́на *f*

крóви
Blutdruck *m* ⟨*gen:*-(e)s⟩ кровянóе давлéние *nt*
blutdrucksenkend *adj* (*Medikament*) понижáющий кровянóе давлéние
Blüte *f* ⟨-, -n⟩ (*von Pflanze*) цветóк *m*; (*fig*) расцвéт *m*, процветáние *nt*; (*umg: Falschgeld*) фальшúвая купю́ра *f*
bluten *vi* кровотóчить *impf*; **jdm blutet das Herz** (*umg*) у когó-л. сéрдце крóвью обливáется
Blütenstaub *m* ⟨*gen:*-(e)s⟩ цветóчная пыльцá *f*
Bluter *m* ⟨-s, -⟩ страдáющий *m* гемофилúей
Bluterguß *m* ⟨-ergusses, -ergüsse⟩ кровоизлия́ние *nt*
Blütezeit *f* ⟨-, -en⟩ (*von Pflanze*) врéмя *nt* цветéния; (*fig*) эпóха *f* расцвéта
Blutgefäß *nt* ⟨-es, -e⟩ кровенóсный сосýд *m*
Blutgruppe *f* ⟨-, -n⟩ грýппа *f* крóви
Bluthochdruck *m* ⟨*gen:*-(e)s⟩ повы́шенное кровянóе давлéние *nt*
blutig *adj* кровáвый, окровáвленный; **ein ~er Anfänger** новичóк
blutjung *adj* ю́ный
Blutkonserve *f* ⟨-, -n⟩ консервúрованая кровь *f*
Blutkörperchen *nt* ⟨-s, -⟩ кровянóе тéльце *nt*
Blutkreislauf *m* ⟨-(e)s, -läufe⟩ кровообращéние *nt*
Blutprobe *f* ⟨-, -n⟩ анáлиз *m* крóви; **eine ~ nehmen** брать анáлиз крóви
Blutrache *f* ⟨*gen:*-⟩ кровáвая месть *f*
Bluttransfusion *f* ⟨-, -en⟩ (*~übertragung*) переливáние *nt* крóви
Blutung *f* ⟨-, -en⟩ кровотечéние *nt*; (*Monats~*) менструáция *f*
Blutvergiftung *f* ⟨-, -n⟩ заражéние *nt* крóви
Blutwurst *f* ⟨-, -würste⟩ кровянáя колбáса *f*, кровя́нка *f*
BLZ *abk von* ***Bankleitzahl*** *f*
Bö *f* ⟨-, -en⟩ шквал *m*, сúльный поры́в *m* вéтра
Boa *f* ⟨-, -s⟩ боá *m*; (*Feder~*) боá *nt*
Bob *m* ⟨-s, -s⟩ сáни *fpl* для бобслéя
Bock *m* ⟨-(e)s, Böcke⟩ (*Schaf~*) барáн *m*; (*Ziegen~*) козёл *m*; (*Ständer, Gestell*) подстáвка *f*, стóйка *f*; (*SPORT*) козёл *m*; **auf etw keinen ~ haben** (*umg*) не хотéть занимáться чéм-л.
bocken *vi* (*Esel*) упря́миться *impf*; (*Auto*) барахлúть *impf*
bockig *adj* упря́мый, капри́зный
Bockwurst *f* ⟨-, -würste⟩ сардéлька *f*
Boden *m* ⟨-s, Böden⟩ (*Erd~*) землá *f*, пóчва *f*, (*Fuß~*) пол *m*; (*Acker*) землá *f*, земéльный учáсток *m*; (*Dach~*) чердáк *m*; (*von Gefäß*) дно *nt*; **goldener ~** золотóе дно; **auf dem ~ (der Tatsachen) bleiben** опирáться на фáкты; **den ~ unter den Füßen verlieren** потеря́ть пóчву под ногáми
Bodenfrost *m* ⟨-(e)s, -fröste⟩ зáморозки *mpl* на пóчве
bodenlos *adj* бездóнный; (*umg:unglaublich*) неимовéрный; **das ist eine ~e Frechheit** неслы́ханная нáглость
Bodenpersonal *nt* ⟨*gen:*-s⟩ назéмный обслýживающий персонáл *m*
Bodensatz *m* ⟨-(e)s, -sätze⟩ осáдок *m*
Bodenschätze *mpl* ⟨*gen:*-⟩ полéзные ископáемые *ntpl*
Bodensee *m* ⟨*gen:*-s⟩ Бóденское óзеро *nt*
Bodenstation *f* ⟨-, -en⟩ назéмная стáнция *f*
Bodenturnen *nt* ⟨*gen:*-s⟩ вóльные упражнéния *ntpl*
Bodybuilding *nt* ⟨*gen:*-s⟩ культурúзм *m*
bog *prät von* **biegen**
Bogen *m* ⟨-s, Bögen⟩ дугá *f*; (*Papier~*) лист *m* бумáги; (*Waffe*) лук *m*; (*Geigen~*) смычóк *m*; **den ~ überspannen** (*umg*) перегибáть пáлку; **einen ~ um etw/jdn machen** (*umg*) обходúть чтó-л./когó-л. деся́той дорóгой
Bogenschießen *nt* ⟨*gen:*-s⟩ стрельбá *f* из лýка
Bohle *f* ⟨-, -n⟩ доскá *f*
Bohne *f* ⟨-, -n⟩ боб *m*; (*weiße ~*) фасóль *f*; (*Kaffee~*) кофéйное зернó *nt*; **nicht die ~** (*umg*) ни кáпли
Bohnenkaffee *m* ⟨-s, -s⟩ кóфе *m* в зёрнах
bohnern *vt* натирáть, -терéть *pf* мастúкой
Bohnerwachs *nt* ⟨-es, -e⟩ мастúка *f* для пóла
bohren 1. *vt* (*Loch*) сверлúть, про- *pf*; (*in Holz*) бурáвить, про- *pf*; **2.** *vi* (*mit dem Bohrer*) сверлúть, про- *pf*; (*Blick*) впивáться, впúться *pf*; (*in der Nase*) ковыря́ться *impf*; (*Schmerz*) пронзáть, -зúть *pf*; **~de Fragen stellen** задавáть мучúтельные вопрóсы
Bohrer *m* ⟨-s, -⟩ дрель *f*
Bohrinsel *f* ⟨-, -n⟩ морскáя буровáя устанóвка *f*
Bohrmaschine *f* ⟨-, -n⟩ сверлúльный станóк *m*
Bohrturm *m* ⟨-(e)s, -türme⟩ буровáя вы́шка *f*
böig *adj* (*Wind*) поры́вистый, шквáлистый
Boiler *m* ⟨-s, -⟩ бóйлер *m*
Boje *f* ⟨-, -n⟩ бýй *m*

Bolivien *nt* ⟨*gen:*-s⟩ Боли́вия *f*
Bolzen *m* ⟨-s, -⟩ болт *m*
Bombardement *nt* ⟨-s, -s⟩ бомбардиро́вка *f*
bombardieren *vt* бомбардирова́ть *impf/pf*, бомби́ть *impf*; **jdn mit Fragen ~** засыпа́ть кого́-л. вопро́сами
Bombe *f* ⟨-, -n⟩ бо́мба *f*; **etw schlägt ein wie eine ~** что́-л. произво́дит эффе́кт разорва́вшейся бо́мбы
Bombenangriff *m* ⟨-(e)s, -e⟩ возду́шный налёт *m*, возду́шная бомбардиро́вка *f*
Bombenanschlag *m* ⟨-(e)s, -anschläge⟩ *покуше́ние с примене́нием бо́мбы*
Bombenerfolg *m* ⟨-(e)s, -e⟩ (*umg*) грандио́зный успе́х *m*
Bombenstimmung *f* ⟨*gen:*-⟩ (*umg*) великоле́пное настрое́ние *nt*
Bon *m* ⟨-s, -s⟩ (*Kassenzettel*) чек *m*; (*Gutschein*) тало́н *m*
Bonbon *nt* ⟨-s, -s⟩ караме́льная конфе́та *f*
Bonus *m* ⟨-, -se⟩ бо́нус *m*, ски́дка *f*
Bonze *m* ⟨-n, -n⟩ (*umg:Partei~*) бо́нза *m*
Boom *m* ⟨-s, -s⟩ (*Wirtschafts~*) подъём *m*; **etw erlebt einen ~** что́-л. пережива́ет подъём
Boot *nt* ⟨-(e)s, -e⟩ ло́дка *f*; **im gleichen ~ sitzen** (*fig*) сиде́ть в одно́й ло́дке
Bord [1] *nt* ⟨-(e)s, -e⟩ (*Wand~*) по́лка *f*
Bord [2] *m* ⟨-(e)s, -e⟩: **an ~** на борту́; **etw über ~ werfen** вы́бросить за́ борт
Bordell *nt* ⟨-s, -e⟩ борде́ль *m*, публи́чный дом *m*
Bordkarte *f* ⟨-, -n⟩ поса́дочный тало́н *m*
Bordstein *m* ⟨-(e)s, -e⟩ бордю́рный ка́мень *m*
borgen *vt:* **sich etw (von jdm) ~** занима́ть что́-л. (у кого́-л.); **jdm etw ~** ода́лживать кому́-л. что́-л.
borniert *adj* ограни́ченный, тупо́й
Börse *f* ⟨-, -n⟩ (*ÖKON*) би́ржа *f*; (*Geld~*) кошелёк *m*
Börsenkurs *m* ⟨-(e)s, -e⟩ курс *m* на би́рже
Börsenmakler, -in *m/f* ⟨-s, -⟩ биржево́й ма́клер *m*
Börsenspekulant, -in *m/f* ⟨-en, -en⟩ биржево́й спекуля́нт, -ва́я -ка *m/f*
Borste *f* ⟨-, -n⟩ щети́на *f*
Borte *f* ⟨-, -n⟩ каймá *f*, кра́й *m*
bös *adj* (*schlimm, schlecht*) плохо́й, скве́рный; **mit uns sieht's aber ~ aus!** пло́хи на́ши дела́!; **etw nicht ~ meinen** говори́ть без зло́го у́мысла
bösartig *adj* зло́й, зло́бный; (*MED*) злока́чественный
Böschung *f* ⟨-, -en⟩ отко́с *m*, склон *m*
böse *adj* (*schlimm, schlecht*) плохо́й, скве́рный; **ein ~s Ende nehmen** пло́хо ко́нчиться; **ein ~r Mensch** скве́рный челове́к (*wütend*) зло́й, серди́тый; **auf jdn ~ sein** серди́ться на кого́-л.
boshaft *adj* зло́й, зло́бный
Bosheit *f* ⟨-, -en⟩ злость *f*, зло́ба *f*
Bosporus *m* ⟨*gen:*-⟩ Босфо́р *m*
Boß *m* ⟨Bosses, Bosse⟩ (*umg*) босс *m*
böswillig *adj* злонаме́ренный, зло́стный
bot *prät von* **bieten**
Botanik *f* ⟨*gen:*-⟩ бота́ника *f*
Bote, Botin *m/f* ⟨-n, -n⟩ курье́р *m*, посы́льный, -ная *m/f*
Botschaft *f* ⟨-, -en⟩ весть *f*, изве́стие *nt*; (*eines Landes*) посо́льство *nt*
Botschafter, -in *m/f* ⟨-s, -⟩ посо́л *m*
Bottich *m* ⟨-(e)s, -e⟩ чан *m*
Bouillon *f* ⟨-, -s⟩ бульо́н *m*
Boulevardpresse *f* ⟨*gen:*-⟩ бульва́рная пре́сса *f*
Boutique *f* ⟨-, -n⟩ сало́н *m* мод
Bowle *f* ⟨-, -n⟩ крюшо́н *m*
Box *f* ⟨-, -en⟩ бокс *m*; (*Kasten*) я́щик *m*; (*Lautsprecher*) коло́нка *f*, дина́мик *m*; (*Pferde~*) сто́йло *nt*
boxen *vi* боксирова́ть *impf*
Boxer *m* ⟨-s, -⟩ боксёр *m*
Boxhandschuh *m* ⟨-(e)s, -e⟩ боксёрские перча́тки *fpl*
Boxkampf *m* ⟨-(e)s, -kämpfe⟩ боксёрский поеди́нок *m*
Boykott *m* ⟨-(e)s, -e⟩ бойко́т *m*
boykottieren *vt* бойкоти́ровать *impf/pf*
brach *prät von* **brechen**
brachliegen *vi* (*Acker*) лежа́ть *impf* под па́ром; (*fig:Fähigkeiten*) быть *impf* невостре́бованным
brachte *prät von* **bringen**
Branche *f* ⟨-, -n⟩ о́трасль *f*
Branchenverzeichnis *nt* ⟨-ses, -se⟩ отраслево́й спра́вочник *m*
Brand *m* ⟨-(e)s, Brände⟩ пожа́р *m*; (*umg:Durst*) жа́жда *f*; **etw in ~ setzen** подже́чь что́-л.
branden *vi* разбива́ться, -би́ться *pf*, бушева́ть *impf*; **die Wellen brandeten heftig gegen die Mole** во́лны с си́лой разбива́лись о мо́л
Brandenburg *nt* ⟨*gen:*-s⟩ Бранденбу́рг *m*
brandmarken *vt:* **jdn ~ als ...** заклейми́ть кого́-л. как...
Brandsalbe *f* ⟨-, -n⟩ мазь *f* от ожо́гов
Brandstifter, -in *m/f* ⟨-s, -⟩ поджига́тель, -ница *m/f*
Brandstiftung *f* ⟨-, -en⟩ поджо́г *m*
Brandung *f* ⟨*gen:*-⟩ морско́й прибо́й *m*
brannte *prät von* **brennen**
Branntwein *m* ⟨-(e)s, -e⟩ во́дка *f*, алкого́льный напи́ток *m*
Brasilien *nt* ⟨*gen:*-s⟩ Брази́лия *f*

braten ⟨briet, gebraten⟩ **1.** *vt* жáрить, за- *pf*; **2.** *vi* жáриться, за- *pf*
Braten *m* ⟨-s, -⟩ жаркóе *nt*
Brathuhn *nt* ⟨-(e)s, -hühner⟩ жáреная кýрица *f*
Bratkartoffeln *fpl* ⟨*gen:-*⟩ жáреный картóфель *m*
Bratpfanne *f* ⟨-, -n⟩ сковородá *f*
Bratsche *f* ⟨-, -n⟩ альт *m*
Bratspieß *m* ⟨-es, -e⟩ вéртел *m*
Bratwurst *f* ⟨-, -würste⟩ жáреная колбáска *f*
Brauch *m* ⟨-(e)s, Bräuche⟩ обы́чай *m*; **nach altem ~** по стáрому обы́чаю
brauchbar *adj* (*nutzbar*) пригóдный; (*gut*) полéзный, дéльный
brauchen *vt* (*benötigen*) нуждáться *impf*; (*verwenden*) употреблять, -би́ть *pf*; **jd braucht etw nicht zu tun** комý-л. нéзачем чтó-л. дéлать; **etw braucht Zeit** чтó-л. нуждáется во врéмени
brauen *vt* (*Bier*) вари́ть, свари́ть *pf* пи́во
Brauerei *f* ⟨-, -en⟩ пивовáренный завóд *m*
braun *adj* кори́чневый; (*sonnengebräunt*) смýглый, загорéлый
Bräune *f* ⟨*gen:-*⟩ кори́чневый цвет *m*; (*Sonnen~*) загáр *m*
bräunen **1.** *vt* (*an Sonne*) покрывáть, -ры́ть *pf* загáром; **2.** *vr* (*an Sonne*) загорáть, -рéть *pf*
braungebrannt *adj* загорéлый
Braunkohle *f* ⟨*gen:-*⟩ бýрый ýголь *m*
Bräunungsstudio *nt* ⟨-s, -s⟩ салóн *m* искýсственного загáра
Brause *f* ⟨-, -n⟩ (*Dusche*) душ *m*; (*Limonade*) лимонáд *m*
Braut *f* ⟨-, Bräute⟩ невéста *f*
Bräutigam *m* ⟨-s, -e⟩ жени́х *m*
Brautjungfer *f* ⟨-, -n⟩ подрýжка *f* невéсты
Brautkleid *nt* ⟨-(e)s, -er⟩ подвенéчное плáтье *nt*
Brautpaar *nt* ⟨-(e)s, -e⟩ молоды́е *pl*
brav *adj* (*Kind*) послýшный; (*ehrlich*) чéстный, порядочный
BRD *abk von* ***Bundesrepublik Deutschland*** *f* ФРГ *f*
Brecheisen *nt* ⟨-s, -⟩ лом *m*
brechen ⟨brach, gebrochen⟩ **1.** *vt* ломáть, раз- *pf*; (*Versprechen*) нарушáть, -рýшить *pf*; (*Herz*) разбивáть, -би́ть *pf*; **2.** *vi* ломáться, по- *pf*, разбивáться, -би́ться *pf*; (*erbrechen*) рвать, вы́- *pf*; **3.** *vr* (*Licht*) прорывáться, -рвáться *pf*, бить *impf*; (*Wellen*) разбивáться, -би́ться *pf*
Brechreiz *m* ⟨*gen:-es*⟩ позы́в *m* к рвóте
Brei *m* ⟨-(e)s, -e⟩ (*Speise*) кáша *f*, пюрé *nt*; (*Masse*) мéсиво *nt*; **um den heißen ~ herumreden** (*umg*) говори́ть вокрýг да óколо
breit *adj* ширóкий; **ein Meter ~** ширинóй в оди́н метр
Breite *f* ⟨-, -n⟩ ширинá *f*
Breitengrad *m* ⟨-(e)s, -e⟩ грáдус *m* широты́
breitschult(e)rig *adj* широкоплéчий
Bremen *nt* ⟨*gen:-s*⟩ Брéмен *m*
Bremsbelag *m* ⟨-(e)s, -beläge⟩ тормознáя наклáдка *f*
Bremse *f* ⟨-, -n⟩ тóрмоз *m*; (*Insekt*) слéпень *m*; **auf die ~ treten** нажáть на тóрмоз
bremsen **1.** *vi* тормози́ть, за- *pf*, останáвливаться, -нови́ться *pf*; **2.** *vt* тормози́ть, за- *pf*, останáвливать, -нови́ть *pf*; **sie sind nicht zu ~** их не останóвишь
Bremsflüssigkeit *f* ⟨-, -en⟩ тормознáя жи́дкость *f*
Bremslicht *nt* ⟨-(e)s, -er⟩ стоп-сигнáл *m*
Bremspedal *nt* ⟨-(e)s, -e⟩ педáль *f* тóрмоза
Bremsspur *f* ⟨-, -en⟩ след *m* торможéния, тормознóй след *m*
Bremsweg *m* ⟨-(e)s, -e⟩ тормознóй путь *m*
brennbar *adj* горю́чий
Brennelement *nt* ⟨-(e)s, -e⟩ тепловыделяющий элемéнт *m*
brennen ⟨brannte, gebrannt⟩ **1.** *vi* горéть, сгорéть *pf*, пылáть *impf*; (*Licht*) горéть *impf*; **bei den Nachbarn brennt noch Licht** у сосéдей ещё гори́т свет; (*Wunde*) печь *impf*, жечь *impf*; **2.** *vt* (*Ton*) обжигáть, -жéчь *pf*; (*Schnaps*) гнать *impf*; **sich ~d für etw interessieren** óчень интересовáться чéм-л.
Brennessel *f* ⟨-, -n⟩ крапи́ва *f*
Brennmaterial *nt* ⟨-s, -ien⟩ тóпливо *nt*, горю́чее *nt*
Brennspiritus *m* ⟨*gen:-*⟩ денатури́рованный спирт *m*
Brennstoff *m* ⟨-(e)s, -e⟩ тóпливо *nt*, горю́чее *nt*
brenzlig *adj* горéлый; (*umg:gefährlich*) сомни́тельный, опáсный
Brett *nt* ⟨-(e)s, -er⟩ доскá *f*; (*Spiel~*) игрáльная доскá *f*; (*Regal*) пóлка *f*; **Schwarzes ~** доскá объявлéний; **ein ~ vor dem Kopf haben** (*umg*) быть тупы́м
Bretterzaun *m* ⟨-(e)s, -zäune⟩ дощáтый забóр *m*
Brettspiel *nt* ⟨-(e)s, -e⟩ настóльная игрá *f*
Brezel *f* ⟨-, -⟩ крéндель *m*
Brief *m* ⟨-(e)s, -e⟩ письмó *nt*; **jdm einen ~ schreiben** писáть комý-л. письмó
Briefbeschwerer *m* ⟨-s, -⟩ пресс-папьé

nt

Briefblock *m* ⟨-(e)s, -blöcke⟩ блок *m* пи́счей бума́ги, блок *m* бума́ги для пи́сем

Briefbogen *m* ⟨-s, -bögen⟩ лист *m* почто́вой бума́ги

Brieffreund, -in *m/f* ⟨-(e)s, -e⟩ партнёр, -ша *m/f* по перепи́ске

Briefing *nt* ⟨-s, -s⟩ бри́финг *m*

Briefkasten *m* ⟨-s, -kästen⟩ почто́вый я́щик *m*

Briefkopf *m* ⟨-(e)s, -köpfe⟩ ша́пка *f* официа́льного письма́

brieflich *adj* пи́сьменный

Briefmarke *f* ⟨-, -n⟩ почто́вая ма́рка *f*

Brieföffner *m* ⟨-s, -⟩ нож *m* для вскры́тия пи́сем

Briefpapier *nt* ⟨-s, -e⟩ бума́га *f* для пи́сем, пи́счая бума́га *f*

Brieftasche *f* ⟨-, -n⟩ бума́жник *m*

Briefträger, -in *m/f* ⟨-s, -⟩ почтальо́н *m*

Briefumschlag *m* ⟨-(e)s, -umschläge⟩ конве́рт *m*

Briefwahl *f* ⟨-, -en⟩ пи́сьменные вы́боры *mpl*

Briefwechsel *m* ⟨-s, -⟩ перепи́ска *f*; **mit jdm in ~ stehen** состоя́ть с ке́м-л. в перепи́ске

briet *prät von* **braten**

Brigade *f* ⟨-, -n⟩ брига́да *f*

Brikett *nt* ⟨-s, -s⟩ брике́т *m*

brillant *adj* блестя́щий, блиста́тельный; **sie ist eine ~e Rednerin** она великоле́пный ора́тор

Brillant *m* ⟨-en, -en⟩ бриллиа́нт *m*

Brille *f* ⟨-, -n⟩ очки́ *ntpl*; (*Schutz~*) защи́тные очки *ntpl*; (*Klosett~*) сиде́нье *nt* унита́за; **eine ~ tragen** носи́ть очки; **etw durch die rosa ~ sehen** смотре́ть на что́-л. сквозь ро́зовые очки́

Brillengestell *nt* ⟨-(e)s, -e⟩ опра́ва *f*

bringen ⟨brachte, gebracht⟩ *vt* (*her~*) приноси́ть, -нести́ *pf*; (*fort~*) относи́ть, -нести́ *pf*; **ich bringe dich zum Bahnhof** я провожу́ тебя́ на вокза́л; (*erbringen: Opfer*) приноси́ть, -нести́ *pf*; (*veröffentlichen*) публикова́ть, опубликова́ть *pf*; **jdn dazu ~, etw zu tun** заста́вить кого́-л. сде́лать что́-л.; **idn auf einen Gedanken ~** навести́ кого́-л. на мысль; **etw in Ordnung ~** привести́ что́-л. в поря́док; **jdn aus der Fassung ~** вы́вести кого́-л. из себя́; **jdn um etw ~** лиши́ть кого́-л. чего́-л.

Brite, Britin *m/f* ⟨-n, -n⟩ англича́нин, -ча́нка *m/f*, брита́нец, -нка *m/f*

britisch *adj* брита́нский; **die Britischen Inseln** Брита́нские острова́

bröckeln 1. *vi* кроши́ться, рас- *pf*; **2.** *vt* кроши́ть, рас- *pf*

Brocken *m* ⟨-s, -⟩ кусо́к *m*, обло́мок *m*; **er ist ein harter ~** (*umg*) он кре́пкий оре́шек

brodeln *vi* кипе́ть, вскипе́ть *pf*, бурли́ть *impf*; **vor Wut ~** (*fig*) кипе́ть от я́рости

Brokat *m* ⟨-(e)s, -e⟩ парча́ *f*

Brombeere *f* ⟨-, -n⟩ ежеви́ка *f*

Bronchien *f* ⟨*gen:-*⟩ бро́нхи *mpl*

Bronchitis *f* ⟨*gen:-*⟩ бронхи́т *m*

Bronze *f* ⟨-, -n⟩ бро́нза *f*

Bronzemedaille *f* ⟨-, -n⟩ бро́нзовая меда́ль *f*

Bronzezeit *f* ⟨*gen:-*⟩ бро́нзовый век *m*

Brosche *f* ⟨-, -n⟩ бро́шка *f*, брошь *f*

Broschüre *f* ⟨-, -n⟩ брошю́ра *f*

Brösel *m* ⟨-s, -⟩ кро́шка *f*

bröseln 1. *vi* кроши́ться, рас- *pf*; **2.** *vt* кроши́ть, рас- *pf*

Brot *nt* ⟨-(e)s, -e⟩ хлеб *m*; (*~laib*) буха́нка *f*; (*belegtes ~*) бутербро́д *m*

Brötchen *nt* ⟨-s, -⟩ бу́лочка *f*

Bruch *m* ⟨-(e)s, Brüche⟩ ло́мка *f*, поло́мка *f*; (*eines Versprechens*) наруше́ние *nt*; (*eines Gesetzes*) наруше́ние *nt*; (*Knochen~*) перело́м *m*, тре́щина *f*; (*Eingeweide~*) гры́жа *f*; (*MATH*) дробь *f*; **zu ~ gehen** разби́ться вдре́безги; **in die Brüche gehen** ру́шиться

Bruchbude *f* ⟨-, -n⟩ (*umg*) лачу́га *f*

brüchig *adj* ло́мкий; (*Stimme*) надтре́снутый

Bruchlandung *f* ⟨-, -en⟩ авари́йная поса́дка *f*

Bruchrechnung *f* ⟨*gen:-*⟩ исчисле́ние *nt* дробе́й

Bruchstrich *m* ⟨-(e)s, -e⟩ (*MATH*) дро́бная черта́ *f*

Bruchstück *nt* ⟨-(e)s, -e⟩ обло́мок *m*

Bruchteil *m* ⟨-(e)s, -e⟩ части́ца *f*; **im ~ einer Sekunde** в до́ли секу́нды

Brücke *f* ⟨-, -n⟩ мост *m*; (*Teppich*) ковро́вая доро́жка *f*; (*Zahn~*) мост *m*; **alle ~n hinter sich abbrechen** сже́чь за собо́й все мосты́

Bruder *m* ⟨-s, Brüder⟩ брат *m*

brüderlich *adj* бра́тский

Brühe *f* ⟨-, -n⟩ (*Speise~*) бульо́н *m*; (*trübe Flüssigkeit*) бурда́ *f*

brüllen *vi* (*Löwe*) рыча́ть *impf*, реве́ть *impf*; (*wütender Mensch*) ора́ть *impf*; (*Baby*) крича́ть, по- *pf*, орать *impf*

brummen *vi* (*Bär*) рыча́ть *impf*; (*Mensch*) ворча́ть *impf*; (*Insekt*) жужжа́ть *impf*; (*Motor*) гуде́ть; **jdm brummt der Kopf** у кого́-л. трещи́т голова́

brummig *adj* (*schlechtgelaunt*) ворчли́вый

brünett *adj* темноволо́сый

Brunnen *m* ⟨-s, -⟩ коло́дец *m*; (*Mineral~*)

минера́льный исто́чник *m*; (*Spring~*) фонта́н *m*

brüsk *adj* (*schroff*) круто́й, ре́зкий; **er wandte sich ~ von ihr ab** он ре́зко отверну́лся от неё

brüskieren *vt* гру́бо обраща́ться *impf*

Brust *f* ⟨-, Brüste⟩ грудь *f*; (*der Frau*) грудь *f*, бюст *m*

Brustbein *nt* ⟨-(e)s, -e⟩ груди́на *f*

brüsten *vr*: **sich mit etw ~** хва́статься че́м-л.

Brustkrebs *m* ⟨*gen:*-es⟩ рак *m* груди́

Brustschwimmen *nt* ⟨*gen:*-s⟩ брасс *m*

Brüstung *f* ⟨-, -en⟩ парапе́т *m*

Brustwarze *f* ⟨-, -n⟩ сосо́к *m* груди́

Brut *f* ⟨-, -en⟩ вы́водок *m*; (*das Brüten*) выси́живание *nt*; (*pej:Kinder*) отро́дье *nt*

brutal *adj* жесто́кий, безжа́лостный; **ein ~es Verbrechen** зве́рское преступле́ние

Brutalität *f* ⟨-, -en⟩ жесто́кость *f*, безжа́лостность *f*

brüten *vi* выси́живать, вы́сидеть *pf*; **über etw ~** лома́ть над че́м-л. го́лову; **~de Hitze** гнету́щая жара́

Brüter *m* ⟨-s, -⟩: **schneller ~** (*Kernreaktor*) реа́ктор на бы́стрых нейтро́нах

Brutkasten *m* ⟨-s, -kästen⟩ инкуба́тор *m*

brutto *adv* бру́тто

Bruttogehalt *nt* ⟨-(e)s, -gehälter⟩ зарпла́та *f* без вы́четов

Bruttogewicht *nt* ⟨-(e)s, -e⟩ о́бщий вес *m*

Bruttosozialprodukt *nt* ⟨-(e)s, -e⟩ валово́й национа́льный проду́кт *m*

Buch *nt* ⟨-(e)s, Bücher⟩ кни́га *f*; (*Dreh~*) сцена́рий *m*; (*ÖKON:Geschäfts~*) бухга́лтерская кни́га *f*; **über etw ~ führen** вести́ учёт чего́-л.

Buchdruck *m* ⟨*gen:*-(e)s⟩ книгопеча́тание *nt*

Buche *f* ⟨-, -n⟩ бук *m*

buchen *vt* (*Reise*) брони́ровать *impf/pf*, за- *pf*; (*ÖKON*) запи́сывать, -са́ть *pf* в бухга́лтерскую кни́гу

Bücherregal *nt* ⟨-(e)s, -e⟩ кни́жная по́лка *f*

Bücherwurm *m* ⟨-(e)s, -würmer⟩ (*umg*) кни́жный че́рвь *m*

Buchführung *f* ⟨-, -en⟩ бухгалте́рия *f*

Buchhalter, -in *m* ⟨-s, -⟩ бухга́лтер *m*

Buchhandel *m* ⟨*gen:*-s⟩ кни́жная торго́вля *f*

Buchhändler, -in *f* ⟨-s, -⟩ книготорго́вец *m*, продаве́ц, -вщи́ца *m/f* в кни́жном магази́не

Buchhandlung *f* ⟨-, -en⟩ кни́жный магази́н *m*

Büchse *f* ⟨-, -n⟩ ба́нка *f*; (*Blech~*) жестя́нка *f*; (*Gewehr*) охо́тничье ружьё *nt*

Büchsenöffner *m* ⟨-s, -⟩ консе́рвный нож *m*

Buchstabe *m* ⟨-n, -n⟩ бу́ква *f*

buchstabieren *vt* диктова́ть, про- *pf* по бу́квам

buchstäblich **1.** *adj* (*wörtlich*) буква́льный, досло́вный; **2.** *adv* (*sozusagen, geradezu*) буква́льно, пря́мо-таки; **sein Chef hat ihn ~ herausgeworfen** шеф его́ буква́льно вы́швырнул

Bucht *f* ⟨-, -en⟩ бу́хта *f*, зали́в *m*

Buchung *f* ⟨-, -en⟩ (*ÖKON*) бухга́лтерская за́пись *f*; (*Reise~*) брони́рование *nt*

Buchweizen *m* ⟨*gen:*-s⟩ греча́ха *f*

Buckel *m* ⟨-s, -⟩ горб *m*; (*umg:Rücken*) горб *m*, спина́ *f*; (*umg:Hügel, Wölbung*) возвы́шенность *f*, холм *m*; **etw auf dem ~ haben** (*umg*) мно́гое име́ть за спино́й

bücken *vr* нагиба́ться, -гну́ться *pf*; **sich nach etw ~** нагиба́ться за че́м-л.

Bückling *m* ⟨-s, -e⟩ (*Hering*) копчёная сельдь *f*; (*umg:Verbeugung*) покло́н *m*

Buddhismus *m* ⟨*gen:*-⟩ будди́зм *m*

Bude *f* ⟨-, -n⟩ ла́вка *f*, бу́дка *f*, пала́тка *f*; **jdm die ~ einrennen** (*umg*) надоеда́ть кому́-л. свои́ми посеще́ниями

Budget *nt* ⟨-s, -s⟩ бюдже́т *m*

Büffel *m* ⟨-s, -⟩ бу́йвол *m*

büffeln *vi* (*umg:lernen*) интенси́вно занима́ться *impf*, учи́ть *impf*

Büffet *nt* ⟨-s, -s⟩ (*Küchen~*) буфе́т *m*; (*Anrichte*) буфе́т *m*; **ein kaltes ~** холо́дные заку́ски

Bug *m* ⟨-(e)s, -e⟩ (*Schiffs~*) нос *m*, носова́я ча́сть *f*

Bügel *m* ⟨-s, -⟩ (*Kleider~*) пле́чики *pl*, ве́шалка *f*; (*Brillen~*) ду́жка *f*; (*Steig~*) стре́мя *nt*

Bügelbrett *nt* ⟨-(e)s, -er⟩ глади́льная доска́ *f*

Bügeleisen *nt* ⟨-s, -⟩ утю́г *m*

Bügelfalte *f* ⟨-, -n⟩ скла́дка *f*

bügelfrei *adj* немну́щийся

bügeln *vt* гла́дить, по- *pf*, утю́жить, вы- *pf*

Buhmann *m* ⟨-(e)s, -männer⟩ (*umg*) козёл *m* отпуще́ния

Bühne *f* ⟨-, -n⟩ сце́на *f*; (*Dachboden*) черда́к *m*; **etw (reibungslos) über die ~ bringen** (*umg*) успе́шно провести́ что́-л.

Bühnenbild *nt* ⟨-(e)s, -er⟩ декора́ция *f*

Buhruf *m* ⟨-(e)s, -e⟩ во́зглас *m* неодобре́ния

Bulette *f* ⟨-, -n⟩ ру́бленая котле́та *f*

Bulgarien *nt* ⟨*gen:*-s⟩ Болга́рия *f*

bulgarisch *adj* болга́рский
Bulldogge *f* ⟨-, -n⟩ бульдо́г *m*
Bulle *m* ⟨-n, -n⟩ бык *m*; (*umgpej:Polizist*) милиционе́р *m*, мент *m*; **jd ist ein ~ von Mann** (*umg*) кто́-л. здоро́в как бык
Bumerang *m* ⟨-s, -s⟩ бумера́нг *m*
Bummel *m* ⟨-s, -⟩ прогу́лка *f*; **wir machen einen kleinen ~ durch die Stadt** мы немно́го прогуля́емся по го́роду
bummeln *vi* броди́ть *impf*, гуля́ть, по- *pf*; (*trödeln*) копа́ться, за- *pf*, вози́ться, за- *pf*
Bummelstreik *m* ⟨-(e)s, -s⟩ *забасто́вка со сниже́нным те́мпом рабо́ты при соблюде́нии всех инстру́кций*
Bummelzug *m* ⟨-(e)s, -züge⟩ пассажи́рский по́езд *m*
bumsen *vi* (*krachen*) гро́хнуть *pf*, -хать *impf*; (*umg:miteinander schlafen*) соверша́ть, -ши́ть *pf* полово́й акт, тра́хаться, -хнуться *pf*
Bund [1] *m* ⟨-(e)s, Bünde⟩ (*Vereinigung*) сою́з *m*; (*Staaten~*) сою́з *m*; (*umg:BRD*) ФРГ *f*; (*umg:Bundeswehr*) бундесве́р *m*; (*Hosen~*) по́яс *m* брюк; **einen ~ schließen** заключи́ть сою́з; **den ~ der Ehe eingehen** сочета́ться у́зами бра́ка
Bund [2] *m* ⟨-(e)s, -e⟩ свя́зка *f*, пучо́к *m*; **bitte einen ~ Möhren** пучо́к морко́вки, пожа́луйста; (*Schlüssel~*) свя́зка ключе́й
Bündel *nt* ⟨-s, -⟩ свя́зка *f*, у́зел *m*
bündeln *vt* свя́зывать, -за́ть *pf* в узлы́; (*Strahlen*) фокуси́ровать, сфокуси́ровать *pf*
Bundes- (*in Zusammensetzungen*) федерати́вный, федера́льный
Bundesbahn *f* ⟨*gen:-*⟩ (*Deutsche ~*) Желе́зные доро́ги *fpl* ФРГ
Bundesbank *f* ⟨*gen:-*⟩ (*Deutsche ~*) Неме́цкий федера́льный банк *m*
Bundesdeutsche(r) *mf* ⟨-n, -n⟩ гражданин, -да́нка *m/f* ФРГ
Bundesgebiet *nt* ⟨*gen:-*(e)s⟩ террито́рия *f* ФРГ
Bundesgrenzschutz *m* ⟨*gen:-*(e)s⟩ федера́льная пограни́чная охра́на *f*
Bundeskanzler, -in *m/f* ⟨-s, -⟩ федера́льный ка́нцлер *m*
Bundesland *nt* ⟨-(e)s, -länder⟩ федера́льная земля́ *f*
Bundesliga *f* ⟨*gen:-*⟩ (*SPORT*) бундесли́га *f*
Bundesminister, -in *m/f* ⟨-s, -⟩ федера́льный мини́стр *m*
Bundesrepublik *f* ⟨*gen:-*⟩ федерати́вная респу́блика *f*
Bundestag *m* ⟨*gen:-*(e)s⟩ бундеста́г *m*
Bundestagsabgeordnete(r) *mf* ⟨-n, -n⟩ депута́т *m* бундеста́га
Bundestagswahl *f* ⟨-, -en⟩ вы́боры *pl* в бундеста́г
Bundesverfassungsgericht *nt* ⟨*gen:-*(e)s⟩ Федера́льный конституцио́нный суд *m*
Bundeswehr *f* ⟨*gen:-*⟩ бундесве́р *m*
bündig *adj* (*kurz*) сжа́тый, лакони́чный; **kurz und ~** ко́ротко и я́сно
Bündnis *nt* ⟨-ses, -se⟩ сою́з *m*
Bungalow *m* ⟨-s, -s⟩ бу́нгало *nt*
Bunker *m* ⟨-s, -⟩ (*MIL*) бу́нкер *m*
bunt *adj* (*farbig*) цветно́й; (*mehrfarbig*) разноцве́тный; (*gemischt*) пёстрый; **es wird mir zu ~** э́то уж сли́шком
Buntwäsche *f* ⟨*gen:-*⟩ цветно́е бельё *nt*
Burg *f* ⟨-, -en⟩ кре́пость *f*
Bürge *m* ⟨-n, -n⟩ поручи́тель *m*, гара́нт *m*
bürgen *vi* руча́ться, поручи́ться *pf* (*für +akk* за)
Bürger, -in *m/f* ⟨-s, -⟩ граждани́н, -да́нка *m/f*
Bürgerinitiative *f* ⟨-, -n⟩ инициати́ва *f* гра́ждан
Bürgerkrieg *m* ⟨-(e)s, -e⟩ гражда́нская война́ *f*
bürgerlich *adj* гражда́нский; (*spießig*) обыва́тельский; **~e Kost** проста́я дома́шняя еда́
Bürgermeister, -in *m/f* ⟨-s,-⟩ бургоми́стр *m*
Bürgerrecht *nt* ⟨*gen:-*(e)s⟩ гражда́нские права *pl*
Bürgerrechtler, -in *m/f* ⟨-s, -⟩ боре́ц *m* за гражда́нские права́
Bürgersteig *m* ⟨-(e)s, -e⟩ тротуа́р *m*
Bürgschaft *f* ⟨-, -en⟩ поручи́тельство *nt*; **eine ~ für jdn leisten** поручи́ться за кого́-л.
Büro *nt* ⟨-s, -s⟩ бюро́ *nt*
Büroangestellte(r) *mf* ⟨-n, -n⟩ слу́жащий -щая *m/f* бюро́
Büroklammer *f* ⟨-, -n⟩ канцеля́рская скре́пка *f*
Bürokommunikation *f* ⟨*gen:-*⟩ коммуника́ция *fsg* в бюро́
Bürokrat, -in *m/f* ⟨-en, -en⟩ бюрокра́т, -ка *m/f*
Bürokratie *f* ⟨-, -n⟩ бюрокра́тия *f*
bürokratisch *adj* бюрократи́ческий
Bursche *m* ⟨-n, -n⟩ (*junger ~*) подро́сток *m*; (*Kerl*) па́рень *m*, ма́лый *m*
burschikos *adj* непринуждённый, незави́симый
Bürste *f* ⟨-, -n⟩ щётка *f*
bürsten *vt* чи́стить, по- *pf*; **sie bürstet sich das Haar** она́ расчёсывает себе́ во́лосы щёткой
Bus *m* ⟨-ses, -se⟩ авто́бус *m*
Busch *m* ⟨-(e)s, Büsche⟩ ку́ст *m*, куста́рник *m*; (*Urwald*) буш *m*,

тропи́ческий лес *m*; **etw ist im ~e** *(umg)* что́-то назрева́ет
Büschel *nt* ⟨-s, -⟩ пук *m*, пучо́к *m*
buschig *adj* кусти́стый; **~e Brauen** густы́е бро́ви
Busen *m* ⟨-s, -⟩ же́нская грудь *f*; *(Meeres~)* зали́в *m*
Busenfreund, -in *m/f* ⟨-(e)s, -e⟩ *(umg)* закады́чный друг, -ная подру́га *m/f*
Busfahrer, -in *m/f* ⟨-s, -⟩ води́тель, -ница *m/f* авто́буса
Bushaltestelle *f* ⟨-, -n⟩ остано́вка *f* авто́буса
Buß- und Bettag *m* ⟨-(e)s, -e⟩ день *m* покая́ния и моли́твы
Bussard *m* ⟨-s, -s⟩ сары́ч *m*
Buße *f* ⟨-, -n⟩ покая́ние *nt*; *(Geld~)* штраф *m*; **jdm eine ~ auferlegen** наложи́ть на кого́-л. епитимью
büßen 1. *vi:* **für etw ~** поплати́ться за что́-л.; **2.** *vt (Sünden)* ка́яться, по- *pf*
Bußgeld *nt* ⟨-es, -er⟩ де́нежный штраф *m*
Büste *f* ⟨-, -n⟩ *(Statue)* бюст *m*; *(Brust)* бюст *m*, же́нская грудь *f*
Büstenhalter *m* ⟨-s, -⟩ бюстга́льтер *m*, ли́фчик *m*
Butter *f* ⟨*gen:-*⟩ ма́сло *nt*; **alles in ~!** *(umg)* всё идёт как по ма́слу
Butterbrot *nt* ⟨-(e)s, -e⟩ хлеб *m* с ма́слом
Butterbrotpapier *nt* ⟨-(e)s, -e⟩ жиронепроница́емая бума́га *f* для бутербро́дов
Buttercreme *f* ⟨-, -s⟩ сли́вочный крем *m*
Buttermilch *f* ⟨*gen:-*⟩ па́хта *f*
Button *m* ⟨-s, -s⟩ *(Anstecker)* значо́к *m*
b.w. *abk von* ***bitte wenden!*** *смотри́ на оборо́те!*
Byte *nt* ⟨-s, -s⟩ ба́йт *m*
bzw. *abk von* ***beziehungsweise***

C

c, C *nt* ⟨-, -⟩ к, К, ц, Ц, ш, Ш, х, Х
ca. *abk von* ***circa***
Cabrio(let) *nt* ⟨-s, -s⟩ кабриоле́т *m*
Café *nt* ⟨-s, -s⟩ кафе́ *nt*
Cafeteria *f* ⟨-, -s⟩ кафете́рий *m*
Callgirl *nt* ⟨-s, -s⟩ *проститу́тка, рабо́тающая по телефо́нному вы́зову*
Camp *nt* ⟨-s, -s⟩ пала́точный ла́герь *m*
campen *vi* жить *impf* в ке́мпинге
Camper, -in *m/f* ⟨-s, -⟩ отдыха́ющий, -щая *m/f* в ке́мпинге
Campingbus *m* ⟨-ses, -se⟩ жило́й миниавто́бус *m*
Campingplatz *m* ⟨-es, -plätze⟩ ке́мпинг *m*
Campus *m* ⟨*gen:-*⟩ террито́рия *f* университе́та
Cape *nt* ⟨-s, -s⟩ наки́дка *f*, пелери́на *f*
Caravan *m* ⟨-s, -s⟩ *(Kombiwagen)* автомоби́ль *m* ко́мби; *(Wohnwagen)* жило́й миниавто́бус *m*
Cartoon *m* ⟨-s, -s⟩ карикату́ра *f*, сатири́ческий рису́нок *m*
catchen *vi* уча́ствова́ть *impf* в соревнова́ниях по ке́тчу
Catcher, -in *m/f* ⟨-s, -⟩ кетчи́ст, -ка *m/f*
CD *abk von* ***Corps Diplomatique*** *nt* *дипломати́ческий ко́рпус*
CD *abk von* ***Compact Disc*** *f*
CD-Spieler *m* ⟨-s, -⟩ прои́грыватель *m* для компа́ктных ди́сков
Cellist, -in *m/f* ⟨-en, -en⟩ виолончели́ст, -ка *m/f*
Cello *nt* ⟨-s, -i⟩ виолонче́ль *f*
Cellophan ® *nt* ⟨*gen:-s*⟩ целлофа́н *m*
Celsius *nt* ⟨-, -⟩ Це́льсий *m*; **die Wassertemperatur beträgt 17 Grad ~** температу́ра воды́ составля́ет 17 гра́дусов по Це́льсию
Chamäleon *nt* ⟨-s, -s⟩ хамелео́н *m*
Champagner *m* ⟨*gen:-s*⟩ шампа́нское *nt*
Champignon *m* ⟨-s, -s⟩ шампиньо́н *m*
Champion *m* ⟨-s, -s⟩ чемпио́н *m*
Chance *f* ⟨-, -n⟩ шанс *m*, возмо́жность *f*; **keine ~ haben** не име́ть ша́нсов
Chancengleichheit *f* ⟨*gen:-*⟩ ра́вные ша́нсы *pl*
Chanson *nt* ⟨-s, -s⟩ пе́сня *f*, шансо́н *m*
Chaos *nt* ⟨*gen:-*⟩ ха́ос *m*; **auf der Straße herrscht ein ziemliches ~** на у́лице цари́т ха́ос
Chaot, -in *m/f* ⟨-en, -en⟩ *член экстреми́стской гру́ппы*
chaotisch *adj* хаоти́ческий, хаоти́чный
Charakter *m* ⟨-s, -e⟩ хара́ктер *m*; **einen guten/schwierigen ~ haben** име́ть лёгкий/тяжёлый хара́ктер
charakterisieren *vt* характеризова́ть *impf/pf*, охарактеризова́ть *pf*
charakteristisch *adj* характе́рный, типи́чный
charakterlos *adj* бесхара́ктерный
Charakterlosigkeit *f* ⟨*gen:-*⟩ бесхара́ктерность *f*
Charakterschwäche *f* ⟨-, -n⟩ сла́бость *f* хара́ктера
Charakterstärke *f* ⟨-, -n⟩ си́ла *f* хара́ктера
Charakterzug *m* ⟨-(e)s, -züge⟩ черта́ *f* хара́ктера
charmant *adj* очарова́тельный, восхити́тельный
Charme *m* ⟨*gen:-s*⟩ шарм *m*, обая́ние *nt*

Charterflug *m* ⟨-(e)s, -flüge⟩ ча́ртерный ре́йс *m*
Charterflugzeug *nt* ⟨-s, -e⟩ ча́ртерный самолёт *m*
Chassis *nt* ⟨-, -⟩ шасси́ *nt*
Chauffeur *m* ⟨-s, -e⟩ шофёр *m*, води́тель *m*
Chauvinismus *m* ⟨-, -men⟩ шовини́зм *m*
Chauvinist *m* ⟨-en, -en⟩ шовини́ст *m*
chauvinistisch *adj* шовинисти́ческий
checken *vt* проверя́ть, -ве́рить *pf*, контроли́ровать, про- *pf*
Checkliste *f* ⟨-, -n⟩ контро́льный спи́сок *m*
Chef, -in *m/f* ⟨-s, -s⟩ шеф *m*, нача́льник *m*
Chefarzt -ärztin *m/f* ⟨-es, -ärzte⟩ гла́вный врач *m*
Chemie *f* ⟨*gen:*-⟩ хи́мия *f*
Chemiefaser *f* ⟨-, -n⟩ хими́ческое волокно́ *nt*
Chemikalien *pl* ⟨-, -n⟩ химика́лии *pl*
Chemiker, -in *m/f* ⟨-s, -⟩ хи́мик *m*
chemisch *adj* хими́ческий; **~e Reinigung** химчи́стка
Chemotherapie *f* ⟨-, -en⟩ химиотерапи́я *f*
Chiffre *f* ⟨-, -n⟩ (*in einem Code*) число́ *nt*, ци́фра *f*; (*in Zeitungsannoncen*) шифр *m*
Chile *nt* ⟨*gen:*-s⟩ Чи́ли *nt*
China *nt* ⟨*gen:*-s⟩ Кита́й *m*
Chinese, Chinesin *m/f* ⟨-n, -n⟩ кита́ец, -тая́нка *m/f*
chinesisch *adj* кита́йский
Chip *m* ⟨-s, -s⟩ (*Spiel~*) фи́шка *f*; (*DV*) чип *m*
Chips *pl* ⟨*gen:*-⟩ (*Kartoffel~*) чи́псы *pl*
Chirurg, -in *m/f* ⟨-en, -en⟩ хиру́рг *m*
Chirurgie *f* ⟨-, -n⟩ хирурги́я *f*
chirurgisch *adj* хирурги́ческий; **~er Eingriff** хирурги́ческое вмеша́тельство
Chlor *nt* ⟨*gen:*-s⟩ хлор *m*
Chloroform *nt* ⟨*gen:*-s⟩ хлорофо́рм *m*
Chlorophyll *nt* ⟨*gen:*-s⟩ хлорофи́лл *m*
Cholera *f* ⟨*gen:*-⟩ холе́ра *f*
cholerisch *adj* холери́ческий, вспы́льчивый
Cholesterin *nt* ⟨*gen:*-s⟩ холестери́н *m*
Chor *m* ⟨-s, Chöre⟩ хор *m*; **im ~ singen** петь в хо́ре
Choral *m* ⟨-s, Choräle⟩ хора́л *m*
Choreograph, -in *m/f* ⟨-en, -en⟩ хорео́граф *m*
Choreographie *f* ⟨-, -n⟩ хореогра́фия *f*
Christ, -in *m/f* ⟨-en, -en⟩ христиа́нин, -а́нка *m/f*
Christbaum *m* ⟨-es, -bäume⟩ рожде́ственская ёлка *f*
Christenheit *f* ⟨*gen:*-⟩ христиа́нский мир *m*
Christentum *nt* ⟨*gen:*-s⟩ христиа́нство *nt*
Christkind *nt* ⟨*gen:*-(e)s⟩ младе́нец Христо́с *m*
christlich *adj* христиа́нский
Christus *m* ⟨*gen:*-⟩ Христо́с *m*
Chrom *nt* ⟨*gen:*-s⟩ хром *m*
Chromosom *nt* ⟨-s, -en⟩ хромосо́ма *f*
Chronik *f* ⟨-, -en⟩ хро́ника *f*
chronisch *adj* (*MED*) хрони́ческий; (*fig*) хрони́ческий, постоя́нный
Chronologie *f* ⟨-, -n⟩ хроноло́гия *f*
chronologisch *adj* хронологи́ческий; **in ~er Reihenfolge** в хронологи́ческом поря́дке
Chrysantheme *f* ⟨-, -n⟩ хризанте́ма *f*
ciao *interj:* ~!° ча́о!
circa *adv* приблизи́тельно, о́коло
City *f* ⟨-, -s⟩ си́ти *m*
clever *adj* у́мный
Clinch *m* ⟨*gen:*-es⟩ клинч *m*; **mit jdm im ~ liegen** войти́ с ке́м-л. в клинч
Clique *f* ⟨-, -n⟩ (*pej*) кли́ка *f*, ба́нда *f*
Clou *m* ⟨-s, -s⟩ (*umg*) „гвоздь" *m* сезо́на
Clown *m* ⟨-s, -s⟩ кло́ун *m*; **sich zum ~ machen** де́лать из себя́ кло́уна
Club *m* ⟨-s, -s⟩ клуб *m*
Coach *m* ⟨-s, -s⟩ (*SPORT*) тре́нер *m*
Cockpit *nt* ⟨-s, -s⟩ (*Flugzeug, Rennwagen*) каби́на *f* пило́та
Cocktail *m* ⟨-s, -s⟩ builder коктe҆́йль *m*
Code *m* ⟨-s, -s⟩ код *m*; **genetischer ~** (*BIO*) генети́ческий код
Cognac ® *m* ⟨-s, -s⟩ конья́к *m*
Collage *f* ⟨-, -n⟩ колла́ж *m*
Comeback *nt* ⟨-s, -s⟩ возвраще́ние *nt*; **ein ~ feiern** пра́здновать возвраще́ние
Comic *m* ⟨-s, -s⟩ ко́микс *m*
Compact Disc *f* ⟨-, -s⟩ компа́ктный диск *m*
Computer *m* ⟨-s, -⟩ компью́тер *m*
Computerspiel *nt* ⟨-s, -e⟩ компью́терная игра́ *f*
Container *m* ⟨-s, -⟩ конте́йнер *m*
cool *adj* (*umg*) споко́йный, холо́дный; **~ bleiben** сохраня́ть споко́йствие (*Klasse*) кла́ссный, шика́рный
Copyright *nt* ⟨-s, -s⟩ а́вторское пра́во *nt*
Cordhose *f* ⟨-, -n⟩ вельве́товые брю́ки *pl*
Corn-flakes *pl* ⟨*gen:*-⟩ кукуру́зные хло́пья *pl*
Couch *f* ⟨-, -s⟩ куше́тка *f*
Countdown *m* ⟨-s, -s⟩ отсчёт *m* вре́мени гото́вности
Coupon *m* ⟨-s, -s⟩ купо́н *m*
Courage *f* ⟨*gen:*-⟩ сме́лость *f*
Cousin, Cousine *m/f* ⟨-s, -s⟩ кузе́н, -зи́на *m/f*

Cover *nt* ⟨-s, -s⟩ (*Platten~*) конве́рт *m*; (*von Zeitschrift*) обло́жка *f*
Cowboy *m* ⟨-s, -s⟩ ковбо́й *m*
Crack *m* ⟨-s, -s⟩ (*Sportler*) спортсме́н *m* высо́кого кла́сса
Creme *f* ⟨-, -s⟩ (*kosmetische ~*) крем *m*; (*Süßspeise*) крем *m*
Crew *f* ⟨-, -s⟩ кома́нда *f*
Croissant *nt* ⟨-s, -s⟩ рога́лик *m*
Curry *nt* ⟨-s, -s⟩ ку́рри *m*, пря́ный порошо́к *m*
Cursor *m* ⟨-s, -⟩ ку́рсор *m*
Cutter, -in *m/f* ⟨-s, -⟩ монтажёр *m*

D

d, D *nt* ⟨-, -⟩ д, Д *nt*
da 1. *adv* (*dort*) там; (*hier*) здесь, тут; (*temporal*) тогда́; **hier und~** тут и там; **von ~ an** с тех пор; **2.** *conj* (*kausal*) так как; **~ das Wetter schlecht war, blieben wir im Haus** так как пого́да была́ плоха́я, мы оста́лись до́ма
DAAD *abk von* ***Deutscher Akademischer Austauschdienst*** *m Слу́жба академи́ческих обме́нов Герма́нии*
dabehalten *irr vt* задержа́ть *pf*, -де́рживать *impf*, удержа́ть *pf*, уде́рживать *impf*
dabei *adv* при э́том, при том; **was ist schon ~?** что́ же тут тако́го?; **~ bleibt** es решено́; **ich bin gerade ~, es zu tun** я как ра́з собира́юсь э́то де́лать; **das Seltsame ~ ist ...** са́мое стра́нное при э́том...
dabeihaben *irr vt* име́ть *impf* при себе́
dabeisein *irr vi* прису́тствовать *impf*
dableiben *irr vi* остава́ться, -та́ться *pf*
Dach *nt* ⟨-(e)s, Dächer⟩ кры́ша *f*; **ein/kein ~ über dem Kopf haben** (*umg*) име́ть кры́шу/не име́ть кры́ши над голово́й; **etw unter ~ und Fach bringen** зако́нчить что́-л.
Dachboden *m* ⟨-s, -böden⟩ черда́к *m*
Dachdecker *m* ⟨-s, -⟩ кро́вельщик *m*
Dachgarten *m* ⟨-s, -gärten⟩ сад *m* на кры́ше
Dachgeschoß *nt* ⟨-geschosses, -geschosse⟩ манса́рдный эта́ж *m*
Dachluke *f* ⟨-, -n⟩ слухово́е окно́ *nt*
Dachorganisation *f* ⟨-, -en⟩ головна́я организа́ция *f*
Dachrinne *f* ⟨-, -n⟩ водосто́чный жёлоб *m*
Dachs *m* ⟨-es, -e⟩ барсу́к *m*
dachte *prät von* **denken**
Dachziegel *m* ⟨-s, -⟩ кро́вельная черепи́ца *f*
Dackel *m* ⟨-s, -⟩ та́кса *f*
dadurch *adv* (*da hindurch*) че́рез; (*durch diese Maßnahme*) благодаря́ тому́, что; **die Bücher werden sorgfältig verpackt und ~ vor Beschädigung geschützt** кни́ги стара́тельно упако́вываются, благодаря́ чему́ сохраня́ются от по́рчи; (*infolge*) вслéдствие того́, что
dafür *adv* за э́то; **ich bin ~, nach Hause zu gehen** я за то́, что́бы идти́ домо́й
DAG *abk von* ***Deutsche Angestelltengewerkschaft*** *f Профсою́з неме́цких слу́жащих*
dagegen *adv* про́тив э́того; **nichts ~ haben** не име́ть ничего́ про́тив
daheim *adv* до́ма; **~ sein** быть до́ма
daher *adv* отту́да; **das kommt ~** э́то происхо́дит оттого́
daherreden *vi* (*pej*) болта́ть *impf*; **dumm ~** нести́ вся́кую вся́чину
dahin *adv* (*eine Richtung bezeichnend*) туда́; **stelle das Gepäck ~** поста́вь бага́ж туда́; **alles ist ~!** всё пропа́ло!; **das steht mir bis ~** я э́тим сыт по го́рло
dahingestellt : etw ~ sein lassen оставля́ть вопро́с откры́тым
dahinter *adv* сза́ди, позади́
dahinterkommen *irr vi* (*umg*) разузна́ть *pf*, -знава́ть *impf*
dahinterstecken *vi* (*umg*) кры́ться *impf*; **es steckt etw dahinter** за э́тим что́-то кро́ется
Dahlie *f* ⟨-, -n⟩ георги́н *m*
dalassen *irr vt* (*umg*) оста́вить *pf*, -вля́ть *impf*; **soll ich dir das Buch mal ~?** оста́вить тебе́ ка́к-нибудь кни́гу ?
damalig *adj* тогда́шний; **der ~e Innenminister** тогда́шний мини́стр вну́тренних дел
damals *adv* тогда́, в то́ вре́мя
Damast *m* ⟨*gen:*-(e)s⟩ дама́ст *m*, дама́стовая ткань *f*
Dame *f* ⟨-, -n⟩ (*Frau*) да́ма *f*, госпожа́ *f*; **eine ältere ~** пожила́я да́ма; **meine ~n und Herren!** Да́мы и господа́! (*kein pl: Brettspiel*) ша́шки *pl*; **~ spielen** игра́ть в ша́шки
Damenbinde *f* ⟨-, -n⟩ гигиени́ческие прокла́дки *pl*
Damenfahrrad *nt* ⟨-es, -fahrräder⟩ да́мский велосипе́д *m*
damenhaft *adj* подоба́ющий да́ме, элега́нтный
Damentoilette *f* ⟨-, -n⟩ же́нский туале́т *m*
Damenwahl *f* ⟨*gen:*-⟩ бе́лый та́нец *m*
Damespiel *nt* ⟨-(e)s, -e⟩ ша́шки *pl*
damit 1. *adv* э́тим, тем; **was willst du ~ sagen?** что́ ты э́тим хо́чешь сказа́ть?;

was soll ich ~ machen? что́ мне с э́тим де́лать?; **wie wär's ~, in den Urlaub zu fahren?** как насчёт о́тпуска?; **das hat ~ gar nichts zu tun** одно́ к друго́му не име́ет отноше́ния; **2.** *conj* что́бы, с тем, что́бы; **~ nicht** что́бы не

dämlich *adj* (*umgpej*) глупова́тый, придуркова́тый

Damm *m* ⟨-(e)s, Dämme⟩ (*Wall*) да́мба *f*, вал *m*; **wieder auf dem ~ sein** (*umg*) быть сно́ва бо́дрым (*ANAT*) проме́жность *f*

dämmerig *adj* су́меречный

dämmern *vi* (*Morgen werden*) рассвета́ть, -вести́ *pf*; (*Abend werden*) смерка́ться, -кну́ться *pf*; (*umg:jmd klar werden*) начина́ть, -ча́ть понима́ть *pf*

Dämmerung *f* ⟨*gen:*-⟩ су́мерки; **bei Anbruch der ~** с наступле́нием су́мерек

Dämon *m* ⟨-s, -en⟩ де́мон *m*

dämonisch *adj* демони́ческий

Dampf *m* ⟨-(e)s, Dämpfe⟩ пар *m*; **~ ablassen** (*umg*) вы́пустить пар; **jdm ~ machen** (*umg*) торопи́ть кого́-л.

Dampfbügeleisen *nt* ⟨-s, -⟩ утю́г *m* с па́ром

dampfen *vi* испаря́ться, -ри́ться *pf*

dämpfen *vt* (*Stimme*) понижа́ть, -ни́зить *pf*; (*Freude*) сде́рживать, -жа́ть *pf*; (*Gemüse*) туши́ть, стуши́ть *pf*

Dampfer *m* ⟨-s, -⟩ парохо́д *m*; **auf dem falschen ~ sein** (*umg*) быть на ло́жном пути́

Dämpfer : jdm einen ~ aufsetzen (*umg*) уме́рить че́й-то пыл

Dampflokomotive *f* ⟨-, -n⟩ парово́з *m*

Dampfmaschine *f* ⟨-, -n⟩ парова́я маши́на *f*

Dampfwalze *f* ⟨-, -n⟩ парово́й като́к *m*

danach *adv* (*zeitlich*) зате́м, по́сле э́того; **erst kaufte er ein, ~ kochte er** снача́ла он сде́лал поку́пки, пото́м стал гото́вить; (*eine Richtung bezeichnend*) за э́тим, за тем; **sie streckte die Hand ~ aus** она́ протяну́ла за э́тим ру́ку; (*einer Sache entsprechend*) в соотве́тствии ; **er kennt die Regeln, warum handelt er nicht ~?** он зна́ет пра́вила, почему́ же о́н не де́йствует соотве́тственно?

Däne *m* ⟨-n, -n⟩ датча́нин *m*

daneben *adv* ря́дом

danebenbenehmen *irr vr* пло́хо вести́ *impf* себя́

danebengehen *irr vi* (*umg:mißglücken*) не удава́ться, не уда́ться *pf*

Dänemark *nt* ⟨*gen:*-s⟩ Да́ния *f*

Dänin *f* ⟨-, -en⟩ датча́нка *f*

dänisch *adj* да́тский

dank *präp +dat* благодаря́

Dank *m* ⟨*gen:*-(e)s⟩ благода́рность *f*, призна́тельность *f*; **vielen ~!** большо́е спаси́бо!

dankbar *adj* благода́рный; **ich wäre Ihnen ~, wenn Sie mir das Geld geben könnten** я бы́л бы вам о́чень призна́телен, если бы вы́ могли дать мне де́нег

Dankbarkeit *f* ⟨*gen:*-⟩ благода́рность *f*, призна́тельность *f*

danke *interj* спаси́бо

danken *vi* благодари́ть, по- *pf*; **~d annehmen** принима́ть с благода́рностью; **nichts zu ~!** не сто́ит благода́рности!

Dankeschön *nt* ⟨*gen:*-s⟩ большо́е спаси́бо *nt*

Danksagung *f* ⟨-, -en⟩ изъявле́ние *nt* благода́рности

dann *adv* (*eine Reihenfolge bezeichnend*) тогда́, пото́м, зате́м; **erst die Arbeit, ~ das Vergnügen** снача́ла рабо́та, а пото́м развлече́ния; (*eine Folge bezeichnend*) в тако́м слу́чае, то; **wenn es regnet, ~ verschieben wir den Ausflug eben** е́сли бу́дет идти́ до́ждь,то мы перенесём прогу́лку; (*außerdem*) кро́ме того́; **und ~regnete es auch noch** и кро́ме того́ шёл дождь; **bis ~!** пока!; **~ und wann** поро́ю

daran *adv* к э́тому, к тому́, на э́том, на том; **ihr liegt viel ~** ей э́то о́чень ва́жно; **wir arbeiten ~** мы над э́тим рабо́таем; **es liegt ~, daß** э́то объясня́ется те́м, что...

daransetzen *vt* (*einsetzen, aufbieten*) употребля́ть, -би́ть *pf*, применя́ть, -ни́ть *pf*; **er hat alles darangesetzt, dieses Ziel zu erreichen** он сде́лал всё возмо́жное для достиже́ния э́той це́ли

darauf *adv* (*räumlich*) на э́том, на том; (*im Anschluß daran*) зате́м, по́сле того́; **die Woche ~** на сле́дующей неде́ле

darauffolgend *adj* сле́дующий

daraufhin *adv* по́сле э́того

daraus *adv* из э́того, отсю́да; **~ geht hervor, daß ...** отсю́да сле́дует, что; **ich schließe ~, daß** из э́того я заключа́ю, что

Darbietung *f* ⟨-, -en⟩ исполне́ние *nt*, выступле́ние *nt*

darf *1. und 3. pers sg von* **dürfen**

darin *adv* (*in dieser Sache*) в э́том, в том; **die Schwierigkeit besteht gerade ~, daß...** сло́жность заключа́ется как ра́з в том, что...; (*räumlich*) внутри́

darlegen *vt* (*Plan, Theorie, Gründe*) излага́ть, -ложи́ть *pf*

Darlehen *nt* ⟨-s, -⟩ ссу́да *f*, заём *m*; **ein ~**

aufnehmen взять ссýду
Darm *m* ⟨-(e)s, Därme⟩ кишкá *f*
Darminfektion *f* ⟨-, -en⟩ кишéчная инфéкция *f*
darstellen *vt* (*wiedergeben*) изображáть, -бразúть *pf*; **die Zeichnung stellt ein Haus dar** на рисýнке изображён дом; (*eine Rolle*) исполнять, -пóлнить *pf* роль; (*schildern*) представлять, -стáвить *pf*, изображáть, -бразúть *pf*; **er hat das Geschehen als harmlos dargestellt** он предстáвил происшéдшее в безобúдном свéте ; (*einer Sache gleichkommen*) представлять *impf* собóй, являться, явúться *pf*; **diese Erfindung stellt einen großen Fortschritt dar** это изобретéние является большúм прогрéссом
Darsteller, -in *m/f* ⟨-s, -⟩ исполнúтель, -ница *m/f*
Darstellung *f* ⟨-, -en⟩ изображéние *nt*, изложéние *nt*
darüber *adv* (*räumlich*) над этим, над тем; (*über eine Angelegenheit*) об этом, о том; **hast du mit ihr schon ~ gesprochen?** ты с ней ужé говорúл об этом ?; (*mehr*) бóльше, свыше; **~ hinaus** сверх тогó
darüberstehen *irr vi* быть *impf* выше
darum *adv* (*um diese Stelle*) вокрýг, óколо; **ein Baum mit schönen Sträuchern ~** дéрево с красúвыми кустáми вокрýг; (*um diese Sache*) об этом, о том; **er hat sich ~ gekümmert** он об этом позабóтился; **ich würde viel ~ geben, wenn...** я мнóгое óтдал бы за тó, чтóбы...
darunter *adv* (*unter einer Sache*) под этим, под тем; **dort liegt das Buch, der Notizzettel ist ~** там лежúт книга, а под ней запúска ; (*unter einem Begriff*) под этим; **Linguistik? Was verstehen Sie ~?** Лингвúстика? Что вы под этим понимáете ?; (*unter verschiedenen Dingen*) средú них, в том числé; **sie kaufte gerne Bücher, ~ auch Wörterbücher** онá с удовóльствием покупáла кнúги, в том числé и словарú
Darwinismus *m* ⟨*gen:*-⟩ дарвинúзм *m*
das 1. *art best определённый артúкль срéднего рóда*; **2.** *pron rel* котóрое, кто, что; **das einzige Fenster, ~ geöffnet war...** едúнственное окнó, котóрое было открыто...; **3.** *partdem* это, то, онó
dasein *irr vi* быть *impf* на лицó, присýтствовать *impf*; **ich bin gleich wieder da** я сейчáс вернýсь; **ist noch etw Kaffee ~ da ?** есть ещё немнóго кóфе?; **ist die Post schon da?** пóчта ужé пришлá?
Dasein *nt* ⟨*gen:*-s⟩ (*die Existenz*) бытиé *nt*; (*das menschliche Leben*) существовáние *nt*; **der ewige Kampf ums ~** вéчная борьбá за существовáние
daß *conj* что, то, что; **~ die Arbeit schon fertig ist, erstaunt mich** то, что рабóта ужé завершенá, меня удивляет; (*im Konsekutivsatz*) что; **er fuhr so schnell, ~ ich Angst bekam** он éхал так быстро, что мне стáло стрáшно; (*im Finalsatz*) чтóбы; **sage das lauter, ~ es alle hören** скажú грóмче, чтóбы все услышали
dasselbe *pron* то же сáмое; **das ist genau ~** это тóчно однó и тó же
dastehen *irr vi* (*stehen*) стоять *impf*; **er stand da und wartete** он стоял и ждал; (*in einer bestimmten Situation sein*) быть *impf* в ситуáции, окáзываться, -зáться *pf*; **ohne Mittel ~** остáться без средств
Datei *f* ⟨-, -en⟩ файл *m*
Dateiname *m* ⟨-ns, -n⟩ úмя *nt* фáйла
Daten *pl* ⟨*gen:*-⟩ дáнные *pl*; **technische ~** технúческие дáнные
Datenbank *f* ⟨-, -en⟩ банк *m* дáнных
Datenschutz *m* ⟨*gen:*-es⟩ защúта *f* дáнных
Datenträger *m* ⟨-s, -⟩ носúтель *m* дáнных
Datenverarbeitung *f* ⟨*gen:*-⟩ обрабóтка *f* дáнных
datieren 1. *vt* датúровать *impf/pf*; **er datierte den Brief auf den 24. Mai** он датúровал письмó 24 мáя; **2.** *vi* относúться *impf*; **das datiert aus dem 19. Jahrhundert** это отнóсится к 19 вéку
Dativ *m* ⟨-s, -e⟩ дáтельный падéж *m*
Dattel *f* ⟨-, -n⟩ фúник *m*
Datum *nt* ⟨-s, Daten⟩ дáта *f*; **welches ~ haben wir heute?** какóе у нас сегóдня числó ?
Dauer *f* ⟨*gen:*-⟩ продолжúтельность *f*; **auf die ~** надóлго; **von kurzer ~ sein** быть непродолжúтельным
Dauerauftrag *m* ⟨-(e)s, -aufträge⟩ долгосрóчное поручéние *nt* (бáнку)
dauerhaft *adj* прóчный, долговéчный
Dauerlauf *m* ⟨-(e)s, -läufe⟩ бег *m* на длúнную дистáнцию
dauern *vi* продолжáться, -дóлжиться *pf*, длúться, про- *pf*; **es wird nicht lange ~** это не продлúтся дóлго
dauernd *adj* продолжúтельный, постоянный; **das ~e Gemurmel im Publikum störte den Redner** непрерывный шёпот в зáле мешáл орáтору
Dauerregen *m* ⟨*gen:*-s⟩ затяжнóй дождь *m*

Dauerwelle *f* ⟨-, -n⟩ перманéнт *m*
Dauerwurst *f* ⟨-, -würste⟩ твёрдокопчёная колбасá *f*
Dauerzustand *m* ⟨*gen:*-(e)s⟩ постоя́нное положéние *nt*, хрони́ческое состоя́ние *nt*
Daumen *m* ⟨-s, -⟩ большóй пáлец *m* руки́; **jdm die ~ drücken** желáть комý-л. успéха
Daune *f* ⟨-, -n⟩ пуши́нка *f*
Daunendecke *f* ⟨-, -n⟩ пухóвое одея́ло *nt*
davon *adv* (*von einer Stelle entfernt*) отсю́да; **nur wenige Straßen ~ entfernt** всегó чéрез нéсколько ýлиц отсю́да; (*bezüglich einer Angelegenheit*) об э́том, о том; **~ habe ich noch nie gehört** об э́том я ещё никогдá не слыхáл; (*dadurch*) из-за, от э́того; **~ kann einem ja übel werden** от э́того мóжет и поплохéть; **etwas ~ haben** имéть пóльзу от чегó-л.; **das kommt ~ !** всё из-за э́того!; **abgesehen ~** не учи́тывая тогó
davonkommen *irr vi* спасти́сь *pf*, спасáться *impf*; **mit dem Schrecken ~** отдéлаться испýгом
davonlaufen *irr vt* убежáть *pf*, убегáть *impf*
davontragen *irr vt* уноси́ть, унести́ *pf*; (*Schaden, Verletzung*) получи́ть *pf*, -чáть *impf*; (*Sieg*) одержáть *pf*, одéрживать *impf*
davor *adv* (*räumlich*) пéред э́тим, пéред тем; (*zeitlich*) до э́того, до тогó; (*bezüglich einer Angelegenheit*) пéред э́тим, э́того; **~ hat er keine Angst** э́того он не бои́тся
dazu *adv* (*zu einer Sache*) к э́тому, к томý; (*bezüglich einer Angelegenheit*) на э́то, на то; **~ hat er kein Wort gesagt** на э́то он не сказáл ни слóва; (*zu diesem Zweck*) для э́того, для тогó; **~ nimmt man sich besser ausreichend Zeit** для э́того нýжно лýчше запасти́сь врéменем; (*außerdem*) сверх тогó, к томý; **er sieht gut aus und ist ~ auch intelligent** он хорошó вы́глядит и к томý же ещё умён
dazugehören *vi* принадлежáть *impf*, относи́ться *impf*; **es gehört schon einiges dazu** (*bedarf schon einiger Fähigkeiten*) э́то не тáк-то прóсто; **das gehört nicht dazu** э́то сюдá не отнóсится
dazugehörig *adj* принадлежáщий, относя́щийся
dazukommen *irr vi* подходи́ть, -дойти́ *pf*
dazwischen *adv* мéжду э́тим, мéжду тем
dazwischenkommen *irr vi* вмéшиваться, -шáться *pf*; **wenn nichts dazwischenkommt** éсли ничтó не помешáет
DB *abk von* ***Deutsche Bundesbahn*** *f* Желéзные дорóги *pl* ФРГ
DDR *abk von* ***Deutsche Demokratische Republik*** *f* Гермáнская Демократи́ческая Респýблика *f*
DDR-Bürger, -in *m/f* ⟨-s, -⟩ граждани́н, -дáнка *m/f* ГДР
dealen *vi* (*umg:mit Rauschgift handeln*) торговáть *impf* наркóтиками
Dealer *m* ⟨-s, -⟩ (*umg:Rauschgifthändler*) торгóвец *m* наркóтиками
Debakel *nt* ⟨-s, -⟩ (*geh*) крушéние *nt*, крах *m*
Debatte *f* ⟨-, -en⟩ прéния *ntpl*; **etw steht zur ~** чтó-л. обсуждáется; **etw zur ~ stellen** постáвить чтó-л. на обсуждéние
debil *adj* деби́льный, ýмственно отстáлый
Debüt *nt* ⟨-s, -s⟩ дебю́т *m*
Deck *nt* ⟨-s, -s⟩ (*MAR*) пáлуба *f*; **alle Mann an ~!** все навéрх!
Decke *f* ⟨-, -n⟩ (*Bett~*) одея́ло *nt*, покрывáло *nt*; **mit jdm unter einer ~ stecken** (*fig*) быть с кéм-л. заоднó (*Zimmer~*) потолóк *m*; (*Tisch~*) скáтерть *f*
Deckel *m* ⟨-s, -⟩ (*von Gefäß*) кры́шка *f*; (*von Buch*) твёрдая облóжка *f*
decken *vt* (*bedecken*) покрывáть, -кры́ть *pf*; (*Tisch*) накрывáть, -кры́ть *pf*
Deckmantel *m* ⟨*gen:*-s⟩ предлóг *m*, вид *m*; **unter dem ~ der Nächstenliebe** под ви́дом любви́ к бли́жнему
Deckname *m* ⟨-ns, -n⟩ псевдони́м *m*
Deckung *f* ⟨-, -en⟩ (*MIL*) укры́тие *nt*; **in ~ gehen** уйти́ в укры́тие (*FIN*) покры́тие *nt*, обеспéчение *nt*
Deckweiß *nt* ⟨*gen:*-es⟩ бéлая покрывнáя крáска *f*
defekt *adj* дефéктный, с изъя́ном
Defekt *m* ⟨-(e)s, -e⟩ дефéкт *m*, изъя́н *m*
defensiv *adj* оборони́тельный
Defensive *f* ⟨-, -n⟩ оборóна *f*; **in der ~ sein** быть в оборóне
definieren *vt* определя́ть, -ли́ть *impf*, давáть, дáть *pf* определéние
Definition *f* ⟨-, -en⟩ определéние *nt*, дефини́ция *f*
definitiv *adj* (*eindeutig*) дефинити́вный; (*endgültig*) определённый, окончáтельный
Defizit *nt* ⟨-s, -e⟩ (*Mangel*) дефици́т *m*, нехвáтка *f*
deftig *adj* (*Mahlzeit*) плóтный, питáтельный; (*derb*) óстрый, крéпкий

Degen *m* ⟨-s, -⟩ шпа́га *f*
degenerieren *vi* дегенери́ровать *impf/pf*
degradieren *vt* (*MIL*) разжа́ловать *pf*; (*fig*) деградИ́ровать *impf/pf*
dehnbar *adj* растяжи́мый, эласти́чный
dehnen 1. *vt* растя́гивать, -тяну́ть *pf*, расширя́ть, -ши́рить *pf*; (*Worte*) растя́гивать, -тяну́ть *pf*, тяну́ть *impf*; **2.** *vr* растя́гиваться, -тяну́ться *pf*, удлиня́ться, -ни́ться *pf*
Dehnung *f* ⟨-, -en⟩ растяже́ние *nt*, удлине́ние *nt*
Deich *m* ⟨-(e)s, -e⟩ плоти́на *f*
Deichsel *f* ⟨-, -n⟩ ды́шло *nt*
deichseln *vt* (*umg:fertigbringen*) обтя́пать *pf*, -пывать *impf*, провора́чивать, -верну́ть *pf*
dein *pron poss* твой, свой
deine(r,s) *pron* твой
deinerseits *adv* с твое́й стороны́, со свое́й стороны́
deinesgleichen *pron* тако́й, как ты, подо́бный тебе́
deinetwegen *adv* (*wegen dir*) и́з-за тебя́; (*dir zuliebe*) ра́ди тебя́
dekadent *adj* (*geh*) декаде́нтский, упа́дочный
Dekadenz *f* ⟨*gen:*-⟩ (*geh*) декаде́нство *nt*, декада́нс *m*
Dekan *m* ⟨-s, -e⟩ (*einer Kirche*) дека́н *m*, настоя́тель *m*; (*einer Universität*) дека́н *m*
Deklaration *f* ⟨-, -en⟩ (*feierliche Erklärung*) деклара́ция *f*, заявле́ние *nt*; (*Zollerklärung*) деклара́ция *f*
deklarieren *vt* (*feierlich erklären*) деклари́ровать *impf/pf*, провозглаша́ть, -гласи́ть *pf*; (*am Zoll*) деклари́ровать *impf/pf*
Deklination *f* ⟨-, -en⟩ склоне́ние *nt*
deklinieren *vt* склоня́ть, про- *pf*
dekodieren *vt* дешифрова́ть *impf/pf*, декоди́ровать *impf/pf*
Dekolleté *nt* ⟨-s, -s⟩ деколье́те́ *nt*
Dekorateur, -in *m/f* ⟨-s, -e⟩ (*Schaufenster~*) декора́тор *m*
Dekoration *f* ⟨-, -en⟩ украше́ние *nt*, убра́нство *nt*
dekorativ *adj* декорати́вный
dekorieren *vt* (*Schaufenster*) декори́ровать *impf/pf*, украша́ть, -ра́сить *pf*
Dekret *nt* ⟨-s, -e⟩ декре́т *m*, ука́з *m*
Delegation *f* ⟨-, -en⟩ делега́ция *f*
delegieren *vt* делеги́ровать *impf/pf*, посыла́ть, -сла́ть *pf*
Delegierte(r) *mf* ⟨-n, -n⟩ делега́т, -ка *m/f*
delikat *adj* (*schmackhaft*) вку́сный, изы́сканный; (*heikel*) щекотли́вый, делика́тный; **eine ~e Angelegenheit** делика́тное де́ло
Delikatesse *f* ⟨-, -n⟩ деликате́с *m*, ла́комство *nt*
Delikt *nt* ⟨-(e)s, -e⟩ дели́кт *m*, правонаруше́ние *nt*
Delle *f* ⟨-, -n⟩ углубле́ние *nt*, вмя́тина *f*
Delphin *m* ⟨-s, -e⟩ дельфи́н *m*
Delta *nt* ⟨-s, -s⟩ де́льта *f*
dem *dat von* **der**
Demagoge *m* ⟨-n, -n⟩ демаго́г *m*
Dementi *nt* ⟨-s, -s⟩ опроверже́ние *nt*
dementieren *vt* официа́льно опроверга́ть, -ве́ргнуть *pf*
dementsprechend *adj* соотве́тственно
demnach *adv* соотве́тственно, согла́сно
demnächst *adv* в ско́ром вре́мени, ско́ро
Demo *f* ⟨-, -s⟩ (*umg:Demonstration*) демонстра́ция *f*
Demokrat, -in *m/f* ⟨-en, -en⟩ демокра́т, -ка *m/f*
Demokratie *f* ⟨-, -n⟩ демокра́тия *f*
demokratisch *adj* демократи́ческий, демократи́чный; **eine ~e Verfassung** демократи́ческая конститу́ция
demolieren *vt* (*beschädigen*) разруша́ть, -ру́шить *pf*, по́ртить, ис- *pf*
Demonstrant, -in *m/f* ⟨-en, -en⟩ демонстра́нт, -ка *m/f*
Demonstration *f* ⟨-, -en⟩ (*gegen oder für etw*) демонстра́ция *f*; (*Vorführung*) демонстра́ция *f*, пока́з *m*
demonstrativ *adj* демонстрати́вный
demonstrieren 1. *vt* (*zeigen*) демонстри́ровать *impf/pf*, про- *pf*; **2.** *vi* (*gegen Krieg*) демонстри́ровать *impf/pf*, уча́ствовать *impf* в демонстра́ции; **für etw ~** уча́ствовать в демонстра́ции за что́-л.; **gegen etw ~** уча́ствовать в демонстра́ции про́тив чего́-л.
demoralisieren *vt* деморализова́ть *impf/pf*
Demoskopie *f* ⟨-, -n⟩ демоскопи́я *f*
Demut *f* ⟨*gen:*-⟩ смире́ние *nt*, поко́рность *f*
demütig *adj* смире́нный, поко́рный
demütigen *vt* унижа́ть, уни́зить *pf*
Demütigung *f* ⟨-, -en⟩ оскорбле́ние *nt*, униже́ние *nt*
demzufolge *adv* вследствие э́того
den *akk von* **der**
denen *dat pl von* **der**
denkbar *adj* мы́слимый, допусти́мый; **das wäre durchaus ~** э́то вполне́ допусти́мо; **das ist ~ einfach** э́то про́ще просто́го
denken *vi* ⟨dachte, gedacht⟩ (*allgemein*) ду́мать, по- *pf*; **an etw ~** ду́мать о

чём-л.; **daran ist überhaupt nicht zu ~** об э́том и ду́мать не́чего; **das habe ich mir gleich gedacht!** так я и знал! (*annehmen, vermuten*) вообража́ть, -брази́ть *pf*, предполага́ть, -ложи́ть *pf*; **das Schlimmste ~** предполага́ть са́мое ху́дшее (*von jdm/etw eine bestimmte Meinung haben*) име́ть *impf* мне́ние; **gut/schlecht von jdm ~** быть о ко́м-л. хоро́шего/плохо́го мне́ния
Denken *nt* ⟨*gen:*-s⟩ мышле́ние *nt*
Denker, -in *m/f* ⟨-s, -⟩ мысли́тель, -ница *m/f*
Denkfähigkeit *f* ⟨*gen:*-⟩ спосо́бность *f* мы́слить
Denkfehler *m* ⟨-s, -⟩ оши́бка *f*, просчёт *m*
Denkmal *nt* ⟨-s, -mäler⟩ па́мятник *m*; **jdm ein ~ setzen** поста́вить кому́-л. па́мятник
Denkmalschutz *m* ⟨*gen:*-es⟩ охра́на *f* па́мятников
Denksportaufgabe *f* ⟨-, -n⟩ головоло́мка *f*
denkwürdig *adj* па́мятный, знамена́тельный
Denkzettel *m* ⟨-s, -⟩ па́мятка *f*; **jdm einen ~ verpassen** проучи́ть кого́-л.
denn 1. *conj* так как, потому́ что; **es sei ~, ...** ра́зве то́лько, ...; **2.** *adv* же, ра́зве; **warum ~?** почему́ же ?; **ist er ~ da ?** ра́зве он здесь ?
dennoch *adv* всё-таки, всё же
Denotat *nt* ⟨-s, -e⟩ денота́т *m*, означа́емое *nt*
Denunziant, -in *m/f* ⟨-en, -en⟩ доно́счик, -чица *m/f*
denunzieren *vt* доноси́ть, -нести́ *pf*; **jdn bei der Polizei ~** донести́ на кого́-л. в поли́цию
Deo *nt* ⟨-s, -s⟩ дезодора́нт *m*
Deospray *nt* ⟨-s, -s⟩ *дезодора́нт в упако́вке с пульвериза́тором*
deplaziert *adj* (*Bemerkung*) неуме́стный
Deponie *f* ⟨-, -n⟩ сва́лка *f*
deponieren *vt* депони́ровать *impf/pf*
Deportation *f* ⟨-, -en⟩ вы́сылка *f*, депорта́ция *f*
deportieren *vt* высыла́ть, вы́слать *pf*, депорти́ровать *impf/pf*
Depot *nt* ⟨-s, -s⟩ (*Bank~*) отде́л *m* се́йфов; (*Lager*) склад *m*
Depp *m* ⟨-en, -en⟩ (*pej*) о́лух *m*
Depression *f* ⟨-, -en⟩ (*PSYCH*) депре́ссия *f*, пода́вленность *f*; (*ÖKON*) депре́ссия *f*
depressiv *adj* депресси́вный, пода́вленный
deprimieren *vt* удруча́ть, -чи́ть *pf*, угнета́ть *impf*
der 1. *art best определённый артикль мужско́го ро́да*; **2.** *pron rel* кото́рый; **~ Mann, den ich gesehen habe** мужчи́на, кото́рого я уви́дел; **3.** *pron dem* э́тот, тот, он; **~ war's!** э́то был он!
derart *adv* тако́го ро́да, до того́; **~, daß...** таки́м о́бразом, что...
derartig *adj* тако́й, тако́го ро́да
derb *adj* (*kräftig*) твёрдый, кре́пкий; (*grob, rauh*) гру́бый, ре́зкий
deren 1. *pron dem* (*fem, sg*) э́той, той; (*pl*) э́тих, тех; **2.** *pron rel* (*fem, sg*) кото́рой; (*pl*) кото́рых
derjenige *pron dem* тот
dermaßen *adv* так, насто́лько; **~, daß...** насто́лько, что...
Dermatologe, Dermatologin *m/f* ⟨-en, -en⟩ дермато́лог *m*
Dermatologie *f* ⟨*gen:*-⟩ дерматоло́гия *f*
derselbe *pron dem* тот же са́мый; **es sind immer dieselben!** э́то всё вре́мя одни́ и те́ же!
derzeitig *adj* ны́нешний, тепе́решний
des *gen von* **der**
Desaster *nt* ⟨-s, -⟩ несча́стье *nt*, катастро́фа *f*
Deserteur *m* ⟨-s, -e⟩ дезерти́р *m*
desertieren *vi* дезерти́ровать *impf/pf*
desgleichen *adv* подо́бным о́бразом, таки́м же о́бразом
deshalb *adv* по́этому, потому́; **~ also!** ах вот почему́!
Design *nt* ⟨-s, -s⟩ диза́йн *m*
Designer, -in *m/f* ⟨-s, -⟩ диза́йнер *m*
desillusionieren *vt* разочаро́вывать, -рова́ть *pf*
Desinfektion *f* ⟨-, -en⟩ дезинфе́кция *f*
Desinfektionsmittel *nt* ⟨-s, -⟩ дезинфици́рующее сре́дство *nt*
desinfizieren *vt* дезинфици́ровать *impf/pf*
Desinteresse *nt* ⟨*gen:*-s⟩ незаинтересо́ванность *f*, равноду́шие *nt*
desolat *adj* (*geh*) безуте́шный, печа́льный
desorientiert *adj* дезориенти́рованный
Despot, -in *m* ⟨-en, -en⟩ де́спот *m*
dessen *gen von* **der**
Dessert *nt* ⟨-s, -s⟩ десе́рт *m*; **zum ~** на десе́рт
Dessous *nt* ⟨-, -⟩ (*meist pl*) же́нское бельё *nt*
destillieren *vt* дистилли́ровать *impf/pf*
desto *conj* тем; **je größer, ~ besser** чем бо́льше, тем лу́чше
destruktiv *adj* (*geh*) деструкти́вный, разруши́тельный
deswegen *adv* по́этому, по э́той причи́не

Detail *nt* ⟨-s, -s⟩ дета́ль *f*, подро́бность *f*; **ins ~ gehen** вдава́ться в подро́бности
detailliert *adj* дета́льный, подро́бный
Detektiv, -in *m/f* ⟨-s, -e⟩ детекти́в *m*, сы́щик *m*
Detonation *f* ⟨-, -en⟩ детона́ция *f*, взры́в *m*
deuten 1. *vt* (*interpretieren*) истолко́вывать, -кова́ть *pf*, объясня́ть, -сни́ть *pf*; **etw falsch ~** непра́вильно истолко́вывать что́-л.; **2.** *vi* (*hindeuten*) ука́зывать, -за́ть *pf*, намека́ть, -кну́ть *pf* (*auf +akk* на)
deutlich *adj* я́сный, чёткий
Deutlichkeit *f* ⟨*gen:-*⟩ я́сность *f*; **etw in aller ~ sagen** заяви́ть что́-л. со всей я́сностью
deutsch *adj* неме́цкий; **auf gut ~ gesagt** по́просту говоря́
Deutsch *nt* ⟨*gen:*-en⟩ неме́цкий язы́к *m*
Deutsche(r) *mf* ⟨-n, -n⟩ не́мец, -мка *m/f*
Deutschland *nt* ⟨*gen:*-s⟩ Герма́ния *f*
deutschsprachig *adj* говоря́щий на неме́цком языке́
Deutung *f* ⟨-, -en⟩ толкова́ние *nt*, объясне́ние *nt*
Devise *f* ⟨-, -n⟩ (*Wahlspruch*) деви́з *m*; (*nur pl: ÖKON*) валю́та *f*
Dezember *m* ⟨*gen:*-s⟩ дека́брь *m*
dezent *adj* (*anständig*) прили́чный; (*rücksichtsvoll*) делика́тный
dezentral *adj* децентрализо́ванный
Dezernat *nt* ⟨-(e)s, -e⟩ отделе́ние *nt*, отде́л *m*
dezimal *adj* десяти́чный
Dezimalbruch *m* ⟨-(e)s, -brüche⟩ десяти́чная дробь *f*
Dezimalstelle *f* ⟨-, -n⟩ десяти́чный знак *m*
Dezimalsystem *nt* ⟨-s, -e⟩ десяти́чная систе́ма *f* счисле́ния
DFB *abk von* ***Deutscher Fußballbund m*** *Неме́цкая федера́ция футбо́ла*
DGB *abk von* ***Deutscher Gewerkschaftsbund m*** *Объедине́ние неме́цких профсою́зов*
Dia *nt* ⟨-s, -s⟩ диапозити́в *m*, слайд *m*
Diabetes *m* ⟨*gen:-*⟩ диабе́т *m*
Diabetiker, -in *m/f* ⟨-s, -⟩ больно́й, -на́я *m/f* диабе́том
Diagnose *f* ⟨-, -n⟩ диа́гноз *m*; **eine ~ stellen** поста́вить диа́гноз
diagonal *adj* диагона́льный
Diagonale *f* ⟨-, -n⟩ диагона́ль *f*
Diagramm *nt* ⟨-s, -e⟩ диагра́мма *f*
Dialekt *m* ⟨-(e)s, -e⟩ диале́кт *m*
Dialog *m* ⟨-(e)s, -e⟩ диало́г *m*
Dialyse *f* ⟨-, -n⟩ диа́лиз *m*
Diamant *m* ⟨-en, -en⟩ алма́з *m*
Diapositiv *nt* ⟨-s, -e⟩ (*FOT*) диапозити́в *m*, слайд *m*
Diaprojektor *m* ⟨-s, -en⟩ диапрое́ктор *m*
Diät *f* ⟨-, -en⟩ дие́та *f*; **~ halten** соблюда́ть дие́ту
Diäten *pl* ⟨*gen:-*⟩ (*von Abgeordneten*) су́точные *pl* для чле́нов парла́мента
dich *pron pers* тебя́
dicht *adj* (*Nebel*) густо́й; (*Gewebe*) пло́тный; (*undurchlässig*) непроница́емый, гермети́чный
dichtbevölkert *adj* гу́стонаселённый
Dichte *f* ⟨-, -n⟩ пло́тность *f*, густота́ *f*
dichten 1. *vt* (*verfassen*) создава́ть, -да́ть *pf*; **2.** *vi* (*Gedichte schreiben*) сочиня́ть, -ни́ть *pf*
Dichter, -in *m/f* ⟨-s, -⟩ поэ́т, -е́сса *m/f*
dichterisch *adj* поэти́ческий
dichthalten *irr vt* (*umg*) молча́ть *impf*, держа́ть *impf* язы́к за зуба́ми
dichtmachen *vt* (*umg:Laden*) закрыва́ть, -кры́ть *pf*
Dichtung [1] *f* ⟨-, -en⟩ (*Abdichtung*) уплотне́ние *nt*, прокла́дка *f*
Dichtung [2] *f* ⟨-, -en⟩ (*Verskunst*) поэти́ческое произведе́ние *nt*
dick *adj* то́лстый, по́лный; **jdn oder etw ~ haben** (*umg*) быть сы́тым ке́м-л. или че́м-л. по го́рло
Dicke *f* ⟨-, -n⟩ толщина́ *f*; (*Beleibtheit*) полнота́ *f*, ту́чность *f*
Dickicht *nt* ⟨-(e)s, -e⟩ ча́ща *f*, гу́ща *f*
Dickkopf *m* ⟨-(e)s, -köpfe⟩ (*umg*) упря́мец *m*; **einen ~ haben** быть упря́мым
Dickmilch *f* ⟨*gen:-*⟩ простоква́ша *f*
Didaktik *f* ⟨-, -en⟩ дида́ктика *f*
didaktisch *adj* дидакти́ческий
die 1. *art best определённый арти́кль же́нского ро́да*; **~ Schwester meiner Frau** сестра́ моей жены́; **2.** *pron rel* кото́рая; **die einzige Frau, ~ er liebt** еди́нственная же́нщина, кото́рую он лю́бит; **3.** *pron dem* э́та, та, она́; **~ war's!** э́то была́ она́!; **4.** *art* (*pl von der, die, das*) они́
Dieb, -in *m/f* ⟨-(e)s, -e⟩ вор, -о́вка *m/f*; **haltet den ~!** держи́те во́ра!
Diebesgut *nt* ⟨-(e)s, -güter⟩ кра́деное *nt*
diebisch *adj* воровско́й; **sich ~ freuen** (*umg*) злора́дствовать
Diebstahl *m* ⟨-s, -stähle⟩ воровство́ *nt*, кра́жа *f*
diejenige *pron dem* та
Diele *f* ⟨-, -n⟩ (*Brett*) полови́ца *f*, доска́ *f* насти́ла; (*Hausflur*) пере́дняя *f*, прихо́жая *f*
dienen *vi* (*als Diener*) служи́ть, по- *impf*; (*als Soldat*) отслужи́ть *pf*, -слу́живать *impf*; (*Verwendung finden als*) служи́ть, по- *pf*, быть *impf* приго́дным
Diener, -in *m/f* ⟨-s, -⟩ слуга́, служа́нка

m/f, лакéй *m*
Dienst *m* ⟨-es, -e⟩ слýжба *f*, рабóта *f*; **außer~** на пéнсии; **im ~** на слýжбе; **jdm mit etw einen schlechten ~ erweisen** оказáть комý-л. чéм-л. плохýю услýгу
Dienstag *m* ⟨-(e)s, -e⟩ втóрник *m*
dienstags *adv* по втóрникам
Dienstbote *m* ⟨-n, -n⟩ слугá *m*
Dienstgeheimnis *nt* ⟨-ses, -se⟩ служéбная тáйна *f*
Dienstgrad *m* ⟨-(e)s, -e⟩ чин *m*, ранг *m*
diensthabend *adj* дежýрный; **der ~e Arzt** дежýрный врач
Dienstleistung *f* ⟨-, -en⟩ услýга *f*
dienstlich *adj* служéбный; **ich bin ~ hier** я здесь по служéбным делáм
Dienstreise *f* ⟨-, -n⟩ командирóвка *f*, служéбная поéздка *f*
Dienststelle *f* ⟨-, -n⟩ рабóта *f*, мéсто *nt* рабóты
Dienstwagen *m* ⟨-s, -⟩ служéбная машúна *f*
Dienstwohnung *f* ⟨-, -en⟩ служéбная квартúра *f*, казённая квартúра *f*
Dienstzeit *f* ⟨-, -en⟩ срок *m* слýжбы
diesbezüglich *adj* соответствующий
diese(r,s) *pron dem* э́та, э́тот, э́то
Diesel *m* ⟨-s, -⟩ (*Kraftstoff*) дúзельное тóпливо *nt*; (*Motor*) дúзельный двúгатель *m*
dieselbe *pron dem* та же сáмая
diesig *adj* тумáнный, мглúстый
diesjährig *adj* э́того гóда
diesmal *adv* на э́тот раз
diesseits **1.** *präp* по э́ту стóрону; **2.** *adv* по э́ту стóрону
Dietrich *m* ⟨-s, -e⟩ (*Nachschlüssel*) отмы́чка *f*
diffamieren *vt* порóчить, опорóчить *pf*
Differentialrechnung *f* ⟨-, -en⟩ дифференциáльное исчислéние *nt*
Differenz *f* ⟨-, -en⟩ (*Unterschied*) рáзница *f*; (*meist pl: Auseinandersetzung*) разноглáсие *nt*
differenzieren *vt* дифференцúровать *impf/pf*, различáть, -чúть *pf*
diffus *adj* диффýзный, рассéянный; **~es Licht** рассéяный свет
digital *adj* цифровóй
Digitalanzeige *f* ⟨-, -n⟩ цифровáя индикáция *f*
Diktat *nt* ⟨-(e)s, -e⟩ диктáнт *m*; **ein ~ schreiben** писáть диктáнт
Diktator *m* ⟨-s, -en⟩ диктáтор *f*
diktatorisch *adj* диктáторский
Diktatur *f* ⟨-, -en⟩ диктатýра *f*
diktieren *vt* (*Text*) диктовáть, про- *pf*; (*vorschreiben*) предпúсывать, -сáть *pf*, диктовáть, про- *pf*; **wir lassen uns die Bedingungen nicht ~** мы не позвóлим диктовáть нам услóвия
Diktiergerät *nt* ⟨-(e)s, -e⟩ диктофóн *m*
Dilemma *nt* ⟨-s, -s⟩ дилéмма *f*
Dilettant, -in *m/f* ⟨-en, -en⟩ (*pej*) профáн *m*
dilettantisch *adj* (*pej*) повéрхностный, халтýрный
Dill *m* ⟨-(e)s, -e⟩ укрóп *m*
Dimension *f* ⟨-, -en⟩ (*PHYS*) измерéние *nt*; (*geh:Ausmaß*) масштáб *m*
Diminutiv *m* ⟨-s, -e⟩ уменьшúтельная фóрма *f*
Dimmer *m* ⟨-s, -⟩ регуля́тор *m* я́ркости свéта
DIN *akr von* ***Deutsche Industrienorm*** ДИН *m*, *гермáнский промы́шленный стандáрт*
Ding *nt* ⟨-(e)s, -e⟩ вещь *f*, предмéт *m*; **vor allen ~en** прéжде всегó
dingfest : Verbrecher ~ machen арестовáть престýпников
Dingsda *nt* ⟨*gen:-*⟩ (*umg*) *обозначéние предмéта úли лицá, назвáние úли úмя котóрых неизвéстно*
Dinosaurier *m* ⟨-s, -⟩ динозáвр *m*
Diode *f* ⟨-, -n⟩ диóд *m*
Dioptrie *f* ⟨-, -n⟩ диóптрия *f*
Diözese *f* ⟨-, -n⟩ епáрхия *f*
Diphtherie *f* ⟨-, -n⟩ дифтерúя *f*
Diphthong *m* ⟨-s, -e⟩ дифтóнг *m*
Diplom *nt* ⟨-(e)s, -e⟩ диплóм *m*; свидéтельство *nt*
Diplomarbeit *f* ⟨-, -en⟩ диплóмная рабóта *f*; **seine ~ schreiben** писáть диплóмную рабóту
Diplomat, -in *m/f* ⟨-en, -en⟩ дипломáт *m*
Diplomatie *f* ⟨*gen:-*⟩ дипломáтия *f*
diplomatisch *adj* дипломатúческий
diplomiert *adj* дипломúрованный
dir *dat von* **du**
direkt *adj* прямóй, непосрéдственный; **eine ~e Verbindung** прямóе сообщéние
Direktion *f* ⟨-, -en⟩ дирéкция *f*
Direktor, -in *m/f* ⟨-s, -en⟩ дирéктор *m*
Direktorat *nt* ⟨-(e)s, -e⟩ дóлжность *f* дирéктора, дирéкторство *nt*
Direktübertragung *f* ⟨-, -en⟩ прямáя трансля́ция *f*
Dirigent, -in *m/f* ⟨-en, -en⟩ дирижёр *m*
dirigieren *vt* дирижúровать *impf*
Dirndl *nt* ⟨-s, -(n)⟩ (*Kleid*) *бавáрский национáльный жéнский костю́м*
Dirne *f* ⟨-, -n⟩ публúчная дéвка *f*
Discountladen *m* ⟨-s, -läden⟩ *магазúн, торгýющий в рóзницу по нúзким цéнам*
Diskette *f* ⟨-, -n⟩ дискéта *f*
Diskettenlaufwerk *nt* ⟨-(e)s, -e⟩ дисковóд *m*

Diskjockey *m* ⟨-s, -s⟩ диск-жоке́й *m*
Disko *f* ⟨-, -s⟩ (*umg:Diskothek*) дискоте́ка *f*
Diskont *m* ⟨-s, -e⟩ диско́нт *m*
Diskontsatz *m* ⟨-es, -sätze⟩ учётная ста́вка *f*
Diskothek *f* ⟨-, -en⟩ дискоте́ка *f*
Diskrepanz *f* ⟨-, -en⟩ (*geh*) несоотве́тствие *nt*, расхожде́ние *nt*
diskret *adj* (*vertraulich*) конфиденциа́льный; (*taktvoll*) такти́чный, делика́тный
Diskretion *f* ⟨*gen:*-⟩ сде́ржанность *f*, такти́чность *f*
diskriminieren *vt* дискримини́ровать *impf/pf*
Diskriminierung *f* ⟨-, -en⟩ дискримина́ция *f*
Diskus *m* ⟨-, -se⟩ диск *m*
Diskussion *f* ⟨-, -en⟩ диску́ссия *f*; **(nicht) zur ~ stehen** (не) стоя́ть на обсужде́нии
diskutieren *vt* дискути́ровать *impf*
Display *nt* ⟨-s, -s⟩ (*Anzeige*) диспле́й *m*; (*Aufsteller*) подста́вка *m*
disponieren *vi* располага́ть, -ложи́ть *pf*, размеща́ть, -мести́ть *pf*
Disput *m* ⟨-(e)s, -e⟩ (*geh*) ди́спут *m*
disqualifizieren *vt* дисквалифици́ровать *impf/pf*
Dissertation *f* ⟨-, -en⟩ диссерта́ция *f*
Dissident, -in *m* ⟨-en, -en⟩ диссиде́нт, -ка *m/f*
Distanz *f* ⟨-, -en⟩ диста́нция *f*, расстоя́ние *nt*
distanzieren *vr* отмежева́ться *pf*, -жёвываться *impf*, отходи́ть, отойти́ *pf*; **sich von etw ~** отмежева́ться от чего́-л.
Distel *f* ⟨-, -n⟩ чертополо́х *m*
distinguiert *adj* (*geh*) изя́щный, изы́сканный
Distrikt *m* ⟨-(e)s, -e⟩ о́круг *m*, ди́стрикт *m*
Disziplin *f* ⟨-, -en⟩ (*Ordnung*) дисципли́на *f*; (*Wissenschaftszweig, Fach*) дисципли́на *f*; **~ halten** соблюда́ть дисципли́ну; **es herrscht strenge ~** цари́т стро́гая дисципли́на
diszipliniert *adj* дисциплини́рованный
Diva *f* ⟨-, -s⟩ ди́ва *f*, примадо́нна *f*
divers *adj* разли́чный, ра́зный
Dividende *f* ⟨-, -n⟩ дивиде́нт *m*
dividieren *vt* дели́ть, раз- *pf*
Division *f* ⟨-, -en⟩ (*MATH*) деле́ние *nt*; (*MIL*) диви́зия *f*
DM *abk von* ***Deutsche Mark*** *неме́цкая ма́рка*
DNS *abk von* ***Desoxyribonukleinsäure*** *f* ДНК *f*, *дезоксирибонуклеи́новая кислота́*
doch 1. *conj* одна́ко; **2.** *adv* всё-таки, всё же; **das stimmt nicht! - ~!** это не так! - нет, так!
Docht *m* ⟨-(e)s, -e⟩ фити́ль *m*
Dock *nt* ⟨-s, -s⟩ (*MAR*) док *m*
Dogge *f* ⟨-, -n⟩ дог *m*
Dogma *nt* ⟨-s, Dogmen⟩ до́гма *f*
Doktor, -in *m/f* ⟨-s, -en⟩ ≈ кандида́т *m* нау́к; **~ der Philosophie** кандида́т филосо́фских нау́к; **seinen ~ machen** защища́ться; (*umg:Arzt*) до́ктор *f*
Doktorand, -in *m/f* ⟨-en, -en⟩ *лицо́, занима́ющееся написа́нием кандида́тской диссерта́ции*, ≈ аспира́нт, -ка *m/f*
Doktorarbeit *f* ⟨-, -en⟩ ≈ кандида́тская диссерта́ция *f*
Doktorvater *m* ⟨-s, -väter⟩ нау́чный руководи́тель *m*
Dokument *nt* ⟨-(e)s, -e⟩ докуме́нт *m*
Dokumentarfilm *m* ⟨-(e)s, -e⟩ документа́льный фильм *m*
dokumentarisch *adj* документа́льный
dokumentieren *vt* документи́ровать *impf/pf*, подтвержда́ть, -тверди́ть *pf* докуме́нтами
Dolch *m* ⟨-(e)s, -e⟩ кинжа́л *m*
Dole *f* ⟨-, -n⟩ уклю́чина *f*
Dollar *m* ⟨-s, -s⟩ до́ллар *m*
Dollarkurs *m* ⟨*gen:*-es⟩ курс *m* до́ллара
dolmetschen 1. *vt* (*Gespräch*) у́стно переводи́ть, -вести́ *pf*; **2.** *vi* переводи́ть, -вести́ *pf*; **sie dolmetscht für den Außenminister** она́ перево́дит для мини́стра иностра́нных дел
Dolmetscher, -in *m/f* ⟨-s, -⟩ перево́дчик, -чица *m/f*
Dom *m* ⟨-(e)s, -e⟩ кафедра́льный собо́р *m*
Domäne *f* ⟨-, -n⟩ (*Staatsgut*) госуда́рственное име́ние *nt*; (*Spezialgebiet*) о́бласть *f*, сфе́ра *f*
dominant *adj* домини́рующий, преоблада́ющий
dominieren *vi* (*Eigenschaft*) домини́ровать *impf*, преоблада́ть *impf*; (*Mensch*) домини́ровать *impf*
Domizil *nt* ⟨-s, -e⟩ (*geh*) резиде́нция *f*
Dompfaff *m* ⟨-s, -en⟩ снеги́рь *m*
Dompteur Dompteuse *m/f* ⟨-s, -e⟩ укроти́тель, -ница *m/f*
Donner *m* ⟨*gen:*-s⟩ гром *m*
donnern *vi* громыха́ть, -хну́ть *pf*; **es donnert** гром греми́т
Donnerstag *m* ⟨-(e)s, -e⟩ четве́рг *m*
donnerstags *adv* по четверга́м
Donnerwetter *nt* ⟨-s, -⟩ (*umg:Schelte*) нагоня́й *m*, взбу́чка *f*; **~!** (*umg*) чёрт побери́!

doof *adj* (*umg*) глу́пый
Dope *nt* ⟨*gen:*-s⟩ (*Rauschgift*) нарко́тик *m*
dopen *vr* дава́ть, дать *pf* до́пинг
Doping *nt* ⟨-s, -s⟩ до́пинг *m*; **zwei Athleten wurden des ~s überführt** два атле́та бы́ли уличены́ в приня́тии до́пинга
Dopingkontrolle *f* ⟨-, -n⟩ контро́ль *m* на до́пинг
Doppel *nt* ⟨-s, -⟩ (*Duplikat*) дублика́т *m*; (*beim Tennis*) па́рная игра́ *f*
Doppelbett *nt* ⟨-(e)s, -en⟩ двуспа́льная крова́ть *f*
Doppeldecker *m* ⟨-s, -⟩ бипла́н *m*
Doppelgänger, -in *m/f* ⟨-s, -⟩ двойни́к *m*
Doppelkinn *nt* ⟨-(e)s, -e⟩ двойно́й подборо́док *m*
Doppelpunkt *m* ⟨-(e)s, -e⟩ двоето́чие *nt*
doppelt *adj* двойно́й, двоя́кий
Doppelzimmer *nt* ⟨-s, -⟩ ко́мната *f* на двои́х
Dorf *nt* ⟨-(e)s, Dörfer⟩ дере́вня *f*, село́ *nt*
Dorfbewohner *m* ⟨-s, -⟩ се́льский жи́тель *m*
Dorn *m* ⟨-(e)s, -en⟩ колю́чка *f*, шип *m*; (*TECH*) шип *m*; **das ist mir schon lange ein ~ im Auge** э́то давно́ для меня́ как бельмо́ на глазу́
dornig *adj* терни́стый, колю́чий
dörren *vt* суши́ть, вы́- *pf*, вя́лить, про- *pf*
Dörrobst *nt* ⟨*gen:*-(e)s⟩ сушёные фру́кты *mpl*
Dorsch *m* ⟨-(e)s, -e⟩ атланти́ческая треска́ *f*
dort *adv* там; **von ~ aus** отту́да
dorther *adv* отту́да
dorthin *adv* туда́
dortig *adj* та́мошний, ме́стный
Dose *f* ⟨-, -n⟩ (*Plastik~*) коро́бка *f*; (*Konserven~*) ба́нка *f*; (*Steck~*) розе́тка *f*
dösen *vi* дрема́ть *impf*
Dosenbier *nt* ⟨-(e)s, -e⟩ ба́ночное пи́во *nt*
Dosenöffner *m* ⟨-s, -⟩ консе́рвный нож *m*
dosieren *vt* дози́ровать *impf/pf*
Dosis *f* ⟨-, Dosen⟩ до́за *f*
Dossier *nt* ⟨-s, -s⟩ досье́ *nt*, де́ло *nt*
dotieren *vt* дава́ть, дать *pf* дота́цию
Dotter *m* ⟨-s, -⟩ желто́к *m*
doubeln *vt* дубли́ровать, про- *pf*
Double *nt* ⟨-s, -s⟩ дублёр *m*
down *adv* (*umg*) удручённый
Dozent, -in *m/f* ⟨-en, -en⟩ доце́нт *m*
Dr. *abk von* ***Doktor***
Dr. h.c. *abk von* ***doctor honoris causa*** почётный до́ктор *m*
Drache *m* ⟨-n, -n⟩ драко́н *m*
Drachen *m* ⟨-s, -⟩ (*Papier~*) бума́жный змей *m*; **einen ~ steigen lassen** запусти́ть бума́жного змея́ (*umgpej-:zänkische Frau*) ве́дьма *f*, карга́ *f*; (*SPORT*) дельтапла́н *m*
Drachenfliegen *nt* ⟨*gen:*-s⟩ дельтапланери́зм *m*
Drachenflieger, -in *m/f* ⟨-s, -⟩ дельтапланери́ст, -ка *m/f*
Dragee *nt* ⟨-s, -s⟩ драже́ *nt*
Draht *m* ⟨-(e)s, Drähte⟩ про́волока *f*; **auf ~ sein** быть начеку́
Drahtesel *m* ⟨-s, -⟩ (*umg:Fahrrad*) драндуле́т *m*
drahtig *adj* жи́листый, мускули́стый
Drahtseil *nt* ⟨-(e)s, -e⟩ трос *m*
Drahtzieher *m* ⟨-s, -⟩ волочи́льщик *m* про́волоки; (*fig*) закули́сный руководи́тель *m*
drakonisch *adj* драко́новский; **~e Zustände** драко́новские поря́дки
drall *adj* кре́пкий, пло́тно сби́тый
Drama *nt* ⟨-s, Dramen⟩ (*literarische Gattung*) дра́ма *f*; (*Bühnenstück*) пье́са *f*, сцени́ческое произведе́ние *nt*; (*dramatisches Geschehen*) дра́ма *f*
Dramatiker, -in *m/f* ⟨-s, -⟩ драмату́рг *m*
dramatisch *adj* драмати́ческий
dramatisieren *vt* (*etw hochspielen*) драматизи́ровать *impf/pf*
dran *adv* на э́том, на том; **wer ist ~?** чья о́чередь?; **drauf und ~ sein, etw zu tun** быть на гра́ни како́го-л. посту́пка
drang *prät von* **dringen**
Drang *m* ⟨*gen:*-(e)s⟩ на́тиск *m*, напо́р *m*
Drängelei *f* ⟨-, -en⟩ толкотня́ *f*
drängeln *vi* напира́ть, -пере́ть *pf*
drängen *vi* (*vordrängen*) напира́ть, -пере́ть *pf*, тесни́ть, по- *pf*; (*dringend sein*) быть *impf* сро́чным
drangsalieren *vt* (*peinigen*) подверга́ть, -ве́ргнуть *pf* притесне́ниям; (*belästigen*) досажда́ть, -сади́ть *pf*
drankommen *irr vi* (*umg*) быть *impf* на о́череди
drastisch *adj* ре́зкий, радика́льный, грубова́тый
drauf *adv:* **~ und dran sein, etw zu tun** собира́ться сде́лать что́-л.; **jd hat nicht viel ~** (*umg*) кто́-л. ма́ло на что́ спосо́бен
Draufgänger, -in *m* ⟨-s, -⟩ сорвиголова́ *m*, смельча́к *m*
draufgehen *irr vi* (*umg:sterben*) погиба́ть, -ги́бнуть *pf*
drauflos *adv* вперёд
draufzahlen *vi* (*umg*) припла́чивать, -плати́ть *pf*
draußen *adv* снару́жи, на дворе́
drechseln *vt* точи́ть, вы́- *pf*
Dreck *m* ⟨*gen:*-(e)s⟩ грязь *f*; (*umg*) дря́нь *f*; **~ am Stecken haben** (*umg*) име́ть

рыльце в пушку́; **jdn/etw durch den ~ ziehen** (*fig*) смеша́ть кого́-л./что́-л. с гря́зью
dreckig *adj* гря́зный; **es geht ihm ~** (*umg*) у него́ дела́ пло́хи
Dreckspatz *m* ⟨-en, -en⟩ (*umg*) грязну́ля *m*
Dreharbeiten *pl* ⟨*gen:*-⟩ съёмочные рабо́ты *pl*, съёмка *f*
Drehbank *f* ⟨-, -bänke⟩ тока́рный стано́к *m*
drehbar *adj* враща́ющийся
Drehbuch *nt* ⟨-(e)s, -bücher⟩ сцена́рий *m*
drehen 1. *vt* повора́чивать, -верну́ть *pf*; (*Zigarette*) скру́чивать, скрути́ть *pf*; (*FILM*) снима́ть, снять *pf*; **2.** *vr* верте́ться *impf*, крути́ться *impf*; **um was dreht es sich?** (*umg*) о чём идёт речь?
Dreher *m* ⟨-s, -⟩ то́карь *m*
Drehkreuz *nt* ⟨-es, -e⟩ турнике́т *m*
Drehorgel *f* ⟨-, -n⟩ шарма́нка *f*
Drehstuhl *m* ⟨-(e)s,-stühle⟩ враща́ющийся стул *m*
Drehtür *f* ⟨-, -en⟩ враща́ющаяся дверь *f*
Drehzahl *f* ⟨-, -en⟩ число́ *nt* оборо́тов
Drehzahlmesser *m* ⟨-s, -⟩ тахо́метр *m*
drei *num* три; **nicht bis ~ zählen können** (*umg*) ничего́ не смы́слить
dreidimensional *adj* трёхме́рный
Dreieck *nt* ⟨-(e)s, -e⟩ треуго́льник *m*
dreieckig *adj* треуго́льный
dreierlei *adj* троя́кий
dreifach *num* тройно́й, троекра́тный
dreihundert *num* три́ста
dreijährig *adj* трёхгоди́чный, трёхле́тний
Dreikäsehoch *m* ⟨-s, -s⟩ (*umg:kleiner Junge*) ≈ от горшка́ два вершка́, карапу́з *m*
dreimal *adv* три́жды, три ра́за
dreimalig *adj* троекра́тный
dreinreden *vi* (*umg*) вме́шиваться, -ша́ться *pf*
Dreipunktgurt *m* ⟨-(e)s, -e⟩ реме́нь *m* безопа́сности
Dreirad *nt* ⟨-(e)s, -räder⟩ трёхколёсный велосипе́д *m*
Dreisprung *m* ⟨*gen:*-(e)s⟩ тройно́й прыжо́к *m*
dreißig *num* три́дцать
dreist *adj* де́рзкий, бесцеремо́нный
Dreistigkeit *f* ⟨-, -en⟩ де́рзость *f*, бесцеремо́нность *f*
dreiteilig *adj* из трёх часте́й
dreiviertel *num* три че́тверти
Dreiviertelstunde *f* ⟨-,-n⟩ три че́тверти ча́са
Dreivierteltakt *m* ⟨*gen:*-(e)s⟩ такт в три че́тверти
dreizehn *num* трина́дцать
Dreizimmerwohnung *f* ⟨-, -en⟩ трёхко́мнатная кварти́ра *f*
dreschen *vt* ⟨drosch, gedroschen⟩ (*Getreide*) молоти́ть *impf*; **Phrasen ~** (*umgpej*) разглаго́льствовать
dressieren *vt* дрессирова́ть, вы́- *pf*
Dressing *nt* ⟨-s, -s⟩ припра́ва *f*
drillen *vt* муштрова́ть, вы́- *pf*
Drilling *m* ⟨-s, -e⟩ трёхство́лка *f*
drin *siehe* **darin**
dringen *vi* ⟨drang, gedrungen⟩ наста́ивать, -стоя́ть *pf*; **auf etw ~** тре́бовать чего́-л.
dringend *adj* сро́чный, неотло́жный
dringlich *adj* спе́шный, неотло́жный
Dringlichkeit *f* ⟨*gen:*-⟩ неотло́жность *f*, сро́чность *f*
Drink *m* ⟨-(s), -s⟩ алкого́льный напи́ток *m*
drinnen *adv* внутри́
dritte(r,s) *num* тре́тий; **die Dritte Welt** стра́ны тре́тьего ми́ра
Drittel *nt* ⟨-s, -⟩ треть *f*, тре́тья часть *f*
drittens *adv* в-тре́тьих
droben *adv* (*geh*) там наверху́
Droge *f* ⟨-, -n⟩ нарко́тик *m*
drogenabhängig *adj:* **~ sein** быть наркома́ном
Drogenabhängige(r) *mf* ⟨-n, -n⟩ нарком́ан, -ка *m/f*
Drogenszene *f* ⟨-, -n⟩ среда́ *f* наркома́нов
Drogerie *f* ⟨-, -n⟩ магази́н *m* парфюме́рно-галантере́йных и апте́карских това́ров
Drogist, -in *m/f* ⟨-en, -en⟩ продаве́ц *m* парфюме́рно-галантере́йных и апте́карских това́ров
drohen *vi* (*jdm* ~) грози́ть, по- *pf*; (*~d bevorstehen*) грози́ть *impf*; **es droht Gefahr** угрожа́ет опа́сность; **ihr droht die Entlassung** ей грози́т увольне́ние
dröhnen *vi* (*Lautsprecher, Motor*) грохота́ть, про- *pf*, греме́ть, про- *pf*; (*widerhallen*) гуде́ть, про- *pf*
Drohung *f* ⟨-, -en⟩ угро́за *f*
drollig *adj* заба́вный, смешно́й
Dromedar *nt* ⟨-s, -e⟩ одного́рбый верблю́д *m*
Drops *m* ⟨-, -⟩ фрукто́вый леденéц *m*
drosch *prät von* **dreschen**
Droschke *f* ⟨-, -n⟩ дро́жки *fpl*, пролётка *f*
Drossel *f* ⟨-, -n⟩ дрозд *m*
drosseln *vt* (*Motor*) глуши́ть, за- *pf*
drüben *adv* там, по ту сто́рону
drüber *siehe* **darüber**
Druck [1] *m* ⟨-(e)s, Drücke⟩ (*PHYS*) давле́ние *nt*; **das Gas steht unter sehr**

hohem ~ газ нахóдится под óчень высóким давлéнием; (*Knopf~*) нажáтие *nt*; **ein leichter ~ auf die Taste genügt** достáточно легкó нажáть на клáвишу; (*Zwang*) давлéние *nt*, нажи́м *m*; **unter ~ stehen** быть под давлéнием; **jdn unter ~ setzen** оказáть давлéние на когó-л.

Druck² *m* ⟨-(e)s, -e⟩ (*das Drucken*) печáть *f*, печáтание *nt*; (*Kunst~*) репродýкция *f*

Druckbuchstabe *m* ⟨-n, -n⟩ печáтная бýква *f*

Drückeberger, -in *m/f* ⟨-s, -⟩ (*umgpej*) лóдырь *m*

drucken *vt* печáтать, на- *pf*

drücken 1. *vi* дави́ть *impf*, нажимáть, -жáть *pf*; **sie drückte auf den Knopf** онá нажáла на кнóпку; (*Schuhe*) быть *impf* тéсным, жать *impf*; **2.** *vr* (*umg*) уви́ливать, -льнýть *pf*; **er drückte sich vor dem unangenehmen Gespräch** он уви́ливал от неприя́тного разговóра

Drucker *m* ⟨-s, -⟩ (*Beruf*) печáтник *m*; (*DV*) печáтающее устрóйство *nt*

Drücker *m* ⟨-s, -⟩ (*Tür~*) дверная рýчка *f*; **am ~ sein** (*umg*) держáть все ни́ти в свои́х рукáх

Druckerei *f* ⟨-, -en⟩ типогрáфия *f*

Druckerschwärze *f* ⟨*gen:-*⟩ чёрная типогрáфская крáска *f*

Druckfehler *m* ⟨-s, -⟩ опечáтка *f*

Druckknopf *m* ⟨-(e)s, -knöpfe⟩ кнóпка *f*

Druckluft *f* ⟨*gen:-*⟩ сжáтый вóздух *m*

Druckmittel *nt* ⟨-s, -⟩ срéдство *nt* для оказáния давлéния, срéдство *nt* нажи́ма

druckreif *adj* готóвый к печáти

Drucksache *f* ⟨-, -n⟩ печáтное издáние *nt*

Druckschrift *f* ⟨-, -en⟩ типогрáфский шрифт *m*

drum *siehe* **darum**

drunten *adv* там внизý

drunter *siehe* **darunter**

Drüse *f* ⟨-, -n⟩ железá *f*

Dschungel *m* ⟨-s, -⟩ джýнгли *pl*

du *pron pers* ты

Dübel *m* ⟨-s, -⟩ дю́бель *m*

dubios *adj* (*zweifelhaft*) сомни́тельный

ducken 1. *vr* (*vor etw*) нагибáться, -гнýться *pf*; **2.** *vt* (*pej:erniedrigen*) унижáть, уни́зить *pf*

Duckmäuser *m* ⟨-s, -⟩ (*pej*) тихóня *mf*, трус *m*

Dudelsack *m* ⟨-(e)s, -säcke⟩ волы́нка *f*

Duell *nt* ⟨-s, -e⟩ дуэ́ль *f*

Duett *nt* ⟨-(e)s, -e⟩ дуэ́т *m*

Duft *m* ⟨-(e)s, Düfte⟩ зáпах *m*, аромáт *m*

dufte *adj* (*umg*) отли́чный, шикáрный

duften *vi* пáхнуть *impf*, благоухáть *impf*

duftig *adj* души́стый; **ein ~es Sommerkleid** воздýшное лéтнее плáтье

dulden 1. *vt* (*zulassen*) терпéть *impf*, допускáть, -пусти́ть *pf*; **das kann ich nicht ~!** э́того я не потерплю́!; **2.** *vi* (*leiden*) терпéть *impf*, переноси́ть, -нести́ *pf*

duldsam *adj* терпели́вый

dumm *adj* глýпый; **sich nicht für ~ verkaufen lassen** (*umg*) не дать себя́ одурáчить; **den Dummen machen** прики́дываться дурачкóм; **das ist mir jetzt zu ~** мне э́то надоéло

dummerweise *adv* к сожалéнию, глýпым óбразом

Dummheit *f* ⟨-, -en⟩ глýпость *f*

Dummkopf *m* ⟨-(e)s, -köpfe⟩ (*pej*) дурáк *m*

dumpf *adj* (*Ton*) глухóй, приглушённый; (*muffig*) спёртый, зáтхлый

Dumping *nt* ⟨*gen:-s*⟩ дéмпинг *m*

Düne *f* ⟨-, -n⟩ дю́на *f*

düngen *vt* удобря́ть, удóбрить *pf*

Dünger *m* ⟨-s, -⟩ удобрéние *nt*

dunkel *adj* темнó; **es wird ~** темнéет

Dunkelheit *f* ⟨*gen:-*⟩ темнотá *f*, сýмрак *m*; **bei Einbruch der ~** с наступлéнием темноты́

Dunkelkammer *f* ⟨-, -n⟩ тёмная кóмната *f*

Dunkelziffer *f* ⟨-, -n⟩ *дáнные, не поддаю́щиеся статисти́ческому учёту*

dünn *adj* (*von geringem Umfang*) тóнкий; **die Wände sind hier sehr ~** здесь óчень тóнкие стéны; (*Kind*) худóй; **er ist ~ wie ein Faden** он худóй как спи́чка; (*Haar*) рéдкий; (*Kaffee*) жи́дкий

dünnflüssig *adj* жи́дкий

Dunst *m* ⟨-(e)s, Dünste⟩ (*Nebel*) ды́мка *f*; (*in der Küche*) чад *m*; **keinen blassen ~ haben** (*umg*) не имéть ни малéйшего представлéния

dünsten *vt* (*Gemüse*) туши́ть, стуши́ть *pf*

dunstig *adj* (*neblig*) тумáнный, пáсмурный

Duo *nt* ⟨-s, -s⟩ дуэ́т *m*

Duplikat *nt* ⟨-(e)s, -e⟩ дубликáт *m*

Dur *nt* ⟨*gen:-*⟩ мажóр *m*, дур *m*

durch 1. *präp* чéрез, сквозь; **2.** *adv*: **~ und ~** насквóзь; **hier darf man nicht ~** здесь прохóда нет; **die ganze Nacht ~** всю ночь напролёт

durcharbeiten 1. *vt* (*Aufgabe, Text*) прорабáтывать, -бóтать *pf*; **2.** *vi* прорабóтать *pf*; **sie arbeiteten die ganze Nacht durch** они́ прорабóтали всю ночь

durchatmen *vi* глубоко́ дыша́ть *impf*
durchaus *adv* совсе́м, вполне́; **es ist ~ möglich** э́то вполне́ возмо́жно
durchbeißen **1.** *irr vt* переку́сывать, -куси́ть *pf*, перегрыза́ть, -гры́зть *pf*; **2.** *vr* (*umg*) пробива́ться, -би́ться *pf*
durchbekommen *irr vt* (*durch eine enge Stelle*) просу́нуть *pf*, -со́вывать *impf*
durchblättern *vt* перели́стывать, -стну́ть *pf*
Durchblick *m* ⟨-(e)s, -e⟩ (*Ausblick*) вид *m*, просве́т *m*; (*umg:Verstehen*) понима́ние *nt*; **keinen ~ haben** не быть в ку́рсе де́ла
durchblicken *vi* смотре́ть, по- *impf*; (*umg:verstehen*) понима́ть, -ня́ть *pf*; **etwas ~ lassen** (*zu erkennen geben*) дать поня́ть что́-л.
Durchblutung *f* ⟨-, -en⟩ кровоснабже́ние *nt*
durchbohren *vt* просве́рливать, -ли́ть *pf*; (*mit Blicken*) пронза́ть, -зи́ть *pf*
durchboxen **1.** *vt* (*umg*) пробива́ть, -би́ть *pf*; **er hat durchgeboxt, daß...** он доби́лся того́, что́бы...; **2.** *vr* (*umg*) пробива́ться, -би́ться *pf*; **er mußte sich immer allein ~** он всегда́ до́лжен был пробива́ться в одино́чку
durchbrechen [1] **1.** *irr vt* (*in zwei Teile brechen*) разла́мывать, -лома́ть *pf*; **2.** *vi* (*Bretterboden*) пролома́ться *pf*, -ла́мываться *impf*; (*Zähne*) проре́зываться, -заться *pf*
durchbrechen [2] *irr vt* (*Hindernis*) преодолева́ть, -ле́ть *pf*; **die Demonstranten durchbrachen die Absperrung** демонстра́нты прорва́ли загражде́ние; (*Wand*) прола́мывать, -лома́ть *pf*
durchbrennen *irr vi* (*Sicherung*) перегора́ть, -ре́ть *pf*; (*umg:sich davonmachen*) удира́ть, удра́ть *pf*
durchbringen **1.** *irr vt* (*umg:verschwenden*) промота́ть *pf*, -ма́тывать *impf*; **die Erben haben das Vermögen in kürzester Zeit durchgebracht** насле́дники промота́ли состоя́ние в кратча́йший срок; (*umg:einen Kranken*) вы́ходить *pf*, -ха́живать *impf*; **es ist noch nicht sicher, ob die Ärzte ihn ~ werden** ещё не я́сно, вы́ходят ли его́ врачи́; **2.** *vr* (*umg*) перебива́ться, -би́ться *pf*; **mit seinem Verdienst kann er sich gerade so ~** на свою́ зарпла́ту он ко́е-как сво́дит концы́ с конца́ми
Durchbruch *m* ⟨-(e)s, -brüche⟩ (*das Durchbrechen*) проло́м *m*, проры́в *m*; (*fig:der Zähne*) проре́зывание *nt*
durchchecken *vt* (*überprüfen*) проверя́ть, -ве́рить *pf*
durchdenken *irr vt* проду́мывать, -ду́мать *pf*
durchdrehen **1.** *vt* (*durch eine Maschine laufen lassen*) прокру́чивать, -крути́ть *pf*, пропуска́ть, -сти́ть *pf*; **2.** *vi* (*umg:die Nerven verlieren*) теря́ть, по- *pf* самооблада́ние; **sie dreht durch** у неё сдаю́т не́рвы
durchdringen [1] *irr vi* проника́ть, -ни́кнуть *pf*; **die Sonnenstrahlen dringen durch die Wolken durch** со́лнечные лучи́ проника́ют сквозь ту́чи; (*Gerücht*) доходи́ть, дойти́ *pf*
durchdringen [2] *irr vt* (*einen Stoff*) пробива́ть, -би́ть *pf*; **diese Geschosse ~ sogar Stahl** э́ти пу́ли пробива́ют да́же сталь
durcheinander *adv* впереме́шку, как попа́ло; **~ sein** быть в замеша́тельстве
Durcheinander *nt* ⟨*gen:*-s⟩ неразбери́ха *f*; **in seinem Zimmer herrschte ein fürchterliches ~** в его́ ко́мнате цари́л ужа́сный беспоря́док
durcheinanderbringen *irr vt* спу́тать *pf*, пу́тать *impf*
durchfahren [1] *irr vi* проезжа́ть, -е́хать *pf*; **wir fuhren durch München durch** мы прое́хали Мю́нхен
durchfahren [2] *irr vt* объезжа́ть, объе́хать *pf*; **im Urlaub haben wir ganz Deutschland ~** во вре́мя о́тпуска мы объе́хали всю Герма́нию
Durchfahrt *f* ⟨-, -en⟩ прое́зд *m*; **~ verboten!** прое́зд воспрещён!
Durchfall *m* ⟨-(e)s, -fälle⟩ поно́с *m*
durchfallen *irr vi* (*durch Öffnung, im Examen*) провали́ться *pf*, -ва́ливаться *impf*
durchfragen *vr* добира́ться, -бра́ться *pf* до ме́ста, расспра́шивая доро́гу
durchführen *vt* (*ausführen*) выполня́ть, вы́полнить *pf*; (*Reparaturarbeiten*) проводи́ть, -вести́ *pf*, выполня́ть, вы́полнить *pf*
Durchführung *f* ⟨-, -en⟩ проведе́ние *nt*, выполне́ние *nt*
Durchgang *m* ⟨-(e)s, -gänge⟩ (*Verbindungsgang*) прохо́д *m*, коридо́р *m*; (*Weg*) прохо́д *m*; **~ gesperrt!** прохо́д закры́т!; **kein ~!** прохо́да нет!
Durchgangslager *nt* ⟨-s, -⟩ ла́герь *m* для вре́менного поселе́ния
Durchgangsverkehr *m* ⟨*gen:*-s⟩ транзи́тное сообще́ние *nt*
durchgefroren *adj* промёрзлый
durchgehen *irr vi* (*hindurchgehen*) проходи́ть, пройти́ *pf*; **jdm nicht ~ lassen** не дава́ть спу́ску кому́-л.
durchgehend *adj* сплошно́й, сквозно́й;

~ **geöffnet** откры́то без переры́ва на обе́д
durchgreifen *irr vi* (*einschreiten*) принима́ть, -ня́ть *pf* ме́ры
durchhalten *irr vi* продержа́ться *pf*, вы́держать *pf*, -де́рживать *impf*
durchhängen *irr vi* (*umg*) раски́снуть *pf*, -киса́ть *impf*
durchkommen *irr vi* (*durchgehen*) проходи́ть, пройти́ *pf*; (*fig:Erfolg haben*) проби́ться *pf*, -бива́ться *impf*
durchkreuzen *vt* (*fig*) расстра́ивать, -ро́ить *pf*, срыва́ть, сорва́ть *pf*; **Pläne ~** расстро́ить пла́ны
durchlassen *irr vt* пропуска́ть, -пусти́ть *pf*
durchlässig *adj* проница́емый
durchlaufen [1] **1.** *irr vt* (*Schuhe*) изна́шивать, -носи́ть *pf*; **2.** *vi* (*durchsickern*) проса́чиваться, -сочи́ться *pf*, протека́ть, -те́чь *pf*; (*ohne Unterbrechung laufen*) пробега́ть, -бе́гать *pf*; **wir sind ohne Pause 2 Stunden durchgelaufen** мы пробе́гали без остано́вки 2 часа́
durchlaufen [2] *irr vt* (*Ausbildung*) пройти́ *pf*, проходи́ть *impf*
Durchlauferhitzer *m* ⟨-s, -⟩ прото́чный нагрева́тель *m*
durchleben *vt* пережива́ть, -жи́ть *pf*, испы́тывать, -та́ть *pf*
durchlesen *irr vt* прочи́тывать, -чита́ть *pf*
durchleuchten *vt* (*röntgen*) просве́чивать *impf*; (*fig:untersuchen*) анализи́ровать *impf/pf*, про- *pf*
durchlöchern *vt* продыря́вить *pf*, -вливать *impf*
durchmachen *vt* (*erleben*) испы́тывать, -та́ть *pf*, пережива́ть, -жи́ть *pf*; **sie hat in ihrem Leben viel ~ müssen** ей пришло́сь мно́гое пережи́ть в свое́й жи́зни; (*umg:durchfeiern*) пра́здновать *impf* без переры́ва; **wir haben gestern bis zum frühen Morgen durchgemacht** мы пра́здновали вчера́ до рассве́та
Durchmesser *m* ⟨-s, -⟩ диа́метр *m*
durchnässen *vt* промочи́ть *pf*, -ма́чивать *impf*
durchnehmen *irr vt* (*in der Schule*) проходи́ть, пройти́ *pf*
durchnumerieren *vt* пронумеро́вывать, -рова́ть *pf*
durchqueren *vt* пересека́ть, -се́чь *pf*
Durchreiche *f* ⟨-, -n⟩ разда́точное око́шко *nt*, разда́ча *f*
Durchreise *f* ⟨*gen:-*⟩ прое́зд *m*; **auf der ~ sein** быть прое́здом
durchringen *irr vr:* **sich zu etw ~** реши́ться на что́-л.
durchrosten *vi* проржа́веть *pf*
Durchsage *f* ⟨-, -n⟩ переда́ча *f*
durchschauen *vt* ви́деть *impf* наскво́зь, разга́дывать, -да́ть *pf*; **ich habe dich durchschaut!** я тебя́ раскуси́л!
durchscheinen *irr vi* просве́чивать *impf*, видне́ться *impf*
durchscheinend *adj* просве́чивающийся, прозра́чный
durchschlafen *irr vi* проспа́ть *pf* до́лгое вре́мя
Durchschlag *m* ⟨-(e)s, -schläge⟩ (*Schreibmaschinen~*) ко́пия *f*
durchschlagen **1.** *irr vt* (*Geschoß*) пробива́ть, -би́ть *pf*; **die Kugel durchschlug die Wand** пу́ля проби́ла сте́ну; **2.** *vr* пробива́ться, -би́ться *pf*; **er hat es nicht leicht, aber er wird sich ~** ему́ нелегко́, но он пробьётся
durchschlagend : ein ~er Erfolg грандио́зный успе́х
durchschneiden *irr vt* разреза́ть, -ре́зать *pf*, прореза́ть, -ре́зать *pf*
Durchschnitt *m* ⟨-(e)s, -e⟩ (*das Durchschneiden*) разре́з *m*, проре́з *m*; (*Mittelwert*) сре́днее; **über dem ~ liegen** быть вы́ше сре́днего
durchschnittlich *adj* сре́дний
Durchschnittsgeschwindigkeit *f* ⟨-, -en⟩ сре́дняя ско́рость *f*
Durchschnittstemperatur *f* ⟨-, -en⟩ сре́дняя температу́ра *f*
Durchschrift *f* ⟨-, -en⟩ ко́пия *f*
durchsehen **1.** *irr vi* ви́деть, уви́деть *pf*; **ich konnte durch den Spalt in der Mauer nicht ~** че́рез щель в стене́ я ничего́ не мог уви́деть; **2.** *vt* просма́тривать, -тре́ть *pf*; **sie sah noch schnell die Unterlagen durch** она́ бы́стро просмотре́ла докуме́нты
durchsein *irr vi* (*umg:durchgearbeitet haben*) прорабо́тать *pf*, -ба́тывать *impf*; **bis zu den Sommerferien müssen wir mit dem Stoff ~** мы должны́ пройти́ матера́л до ле́тних кани́кул; (*umg:völlig gegart sein*) по́лностью пригото́виться *pf*, -та́вливаться *impf*; **nach zwei Stunden müßte das Fleisch ~** че́рез два часа́ мя́со должно́ быть по́лностью гото́во; **bei jdm unten ~** (*umg*) попа́сть в опа́лу к кому́-л.
durchsetzen **1.** *vt* (*erzwingen*) добива́ться, -би́ться *pf*, наста́ивать, -стоя́ть *pf*; **2.** *vr* проби́ться *pf*, -бива́ться *impf*
Durchsetzungsvermögen *nt* ⟨*gen:-s*⟩ спосо́бность *f* добива́ться своего́
Durchsicht *f* ⟨-, -en⟩ просмо́тр *m*; **bei genauer ~** при тща́тельном осмо́тре

durchsichtig *adj* прозра́чный
Durchsichtigkeit *f* ⟨*gen:-*⟩ прозра́чность *f*
durchsickern *vi* (*Flüssigkeit*) проса́чиваться, -сочи́ться *pf*; (*Nachrichten*) доходи́ть, дойти́ *pf*, распространя́ться, -ни́ться *pf*
durchsprechen *irr vt* обговори́ть *pf*, -ва́ривать *impf*, обсуди́ть *pf*, -сужда́ть *impf*
durchstehen *irr vt* вы́держать *pf*, -де́рживать *impf*
durchstellen *vt* (*Telefongespräch*) переключа́ть, -чи́ть *pf*
durchstöbern *vt* (*durchsuchen*) обша́рить *pf*, -ривать *impf*
durchstreichen *irr vt* зачёркивать, -черкну́ть *pf*
durchsuchen *vt* обы́скивать, -ска́ть *pf*
Durchsuchungsbefehl *m* ⟨-s, -e⟩ о́рдер *m* на о́быск
durchtrieben *adj* (*pej*) продувно́й, проны́рливый
durchwachsen *adj* (*Wetter*) неусто́йчивый, то лу́чше, то ху́же; (*Fleisch*) проро́сший жи́ром
Durchwahl *f* ⟨-, -en⟩ (*Telefon~*) прямо́й набо́р *m*
durchweg *adv* сплошь, повсю́ду
durchweichen *vt* размягча́ть, -чи́ть *pf*; **der Regen hat den Boden durchweicht** дождь размочи́л зе́млю
durchzählen 1. *vt* (*zählen*) пересчи́тывать, -та́ть *pf*; **2.** *vi* (*MIL, SPORT*) рассчита́ться *pf*, рассчи́тываться *impf* по поря́дку номеро́в
durchziehen [1] **1.** *irr vt* (*ziehen*) протя́гивать, -тяну́ть *pf*; (*umg:erledigen*) прота́скивать, -тащи́ть *pf*; **wir müssen das Projekt so schnell wie möglich ~** мы должны́ протащи́ть прое́кт как мо́жно скоре́е; **2.** *vi* сквози́ть *impf*, дуть *impf*; (*durchmarschieren*) проходи́ть, пройти́ *pf*
durchziehen [2] *irr vt* (*durch ein Gebiet ziehen*) проезжа́ть, -е́хать *pf*; (*irgendwo verlaufen*) проре́зать *pf*, -за́ть *impf*, проходи́ть, пройти́ *pf*
Durchzug *m* ⟨-(e)s, -züge⟩ (*Zugluft*) сквозня́к *m*; (*Durchmarsch*) прохо́д *m*
dürfen *vi* ⟨durfte, gedurft⟩ (*Modalverb:die Erlaubnis/Berechtigung haben*) мочь, смочь *pf*; **das Aufsichtspersonal darf Einsicht in Ihre Papiere verlangen** охра́на мо́жет потре́бовать предъявле́ния ва́ших докуме́нтов; (*in der höflichen Bitte*) разреша́ть, -ши́ть *pf*, позволя́ть, -во́лить *pf*; **darf ich einmal Ihren Ausweis sehen** позво́льте взгляну́ть на ва́ши докуме́нты; (*das Recht haben*) мочь, смочь *pf*, име́ть *impf* пра́во; **kein Staat darf die Menschenrechte verletzen** ни одно́ госуда́рство не име́ет пра́ва наруша́ть права́ челове́ка; (*wahrscheinlich sein*) вероя́тно, должно́ быть; **das dürfte einer der größten Romane der Weltliteratur sein** э́то, вероя́тно, оди́н из велича́йших рома́нов мирово́й литерату́ры; (*Vollverb: die Erlaubnis zu etw haben*) име́ть *impf* разреше́ние; **ich darf nicht/darf** мне нельзя́/мо́жно
durfte *prät von* **dürfen**
dürftig *adj* (*armselig*) ску́дный, убо́гий; (*unzulänglich*) недоста́точный
dürr *adj* (*trocken*) сухо́й, вы́сохший; (*dünn*) то́щий, худо́й
Dürre *f* ⟨-, -n⟩ (*Trockenzeit*) за́суха *f*
Durst *m* ⟨*gen:-*(e)s⟩ жа́жда *f*; **~ haben** хоте́ть пить; **einen über den ~ trinken** (*umg:sich betrinken*) вы́пить ли́шнего
durstig *adj* жа́ждущий; **er ist ~** он хо́чет пить
Dusche *f* ⟨-, -n⟩ душ *m*
duschen *vi* принима́ть, -ня́ть *pf* душ
Duschgel *nt* ⟨-s, -s⟩ сре́дство *nt* для приня́тия ду́ша
Duschkabine *f* ⟨-, -n⟩ душева́я каби́на *f*
Düse *f* ⟨-, -n⟩ сопло́ *nt*, наса́дка *f*
Düsenflugzeug *nt* ⟨-(e)s, -e⟩ реакти́вный самолёт *m*
Düsenjäger *m* ⟨-s, -⟩ реакти́вный истреби́тель *m*
düster *adj* тёмный; (*fig:drohend, finster*) мра́чный, угрю́мый
Duty-free-Shop *m* ⟨-Shops, -Shops⟩ магази́н *m* беспо́шлинной торго́вли
Dutzend *nt* ⟨-s, -e⟩ дю́жина *f*
dutzendweise *adv* дю́жинами
duzen *vt* обраща́ться, -рати́ться *pf* на ты
DV *abk von* ***Datenverarbeitung***
Dynamik *f* ⟨*gen:-*⟩ (*Kraft, Schwung*) си́ла *f*, подъём *m*; (*PHYS, MUS*) дина́мика *f*
dynamisch *adj* динами́ческий
Dynamit *nt* ⟨*gen:-*s⟩ динами́т *m*
Dynamo *m* ⟨-s, -s⟩ дина́мо-маши́на *f*
Dynastie *f* ⟨-, -n⟩ (*geh*) дина́стия *f*

E

e, E *nt* ⟨-, -⟩ е, Е, э, Э
Eau de toilette *nt* ⟨-, Eaux de toilette⟩ туале́тная вода́ *f*
Ebbe *f* ⟨-, -n⟩ отли́в *m*; **~ und Flut** отли́в и прили́в; **in der Kasse herrscht ~** (*umg*)

касса пуста́

eben 1. *adj* (*flach*) пло́ский; **2.** *adv* (*gerade erst*) то́лько что; **sie ist ~ erst gekommen** она́ то́лько что пришла́; (*genau*) и́менно; **das ist ja ~ das Problem !** в э́том-то как раз и пробле́ма!

Ebenbild *nt* ⟨-(e)s, -er⟩ (*geh*) подо́бие *nt*, о́браз *m*; **er ist das ~ seines Vaters** он ко́пия своего́ отца́

ebenbürtig *adj* ра́вный; **ein ~er Gegner** досто́йный проти́вник

Ebene *f* ⟨-, n⟩ (*Landschaft*) равни́на *f*; (*MATH*) пло́скость *f*; (*Niveau*) у́ровень *f*; **Verhandlungen auf höchster ~** перегово́ры на высо́ком у́ровне

ebenerdig *adj* на у́ровне земли́

ebenfalls *adv* та́кже, то́же; **schönes Wochenende! - Danke, ~!** прия́тно провести́ выходны́е! Спаси́бо, и вам та́кже!

ebenso *adv* так же, таки́м же о́бразом

ebensogut *adv* так же хорошо́, с таки́м же успе́хом

ebensooft *adv* так же ча́сто

ebensoviel *pron* сто́лько же

ebensowenig *pron* так же ма́ло

Eber *m* ⟨-s, -⟩ каба́н *m*, хряк *m*

Eberesche *f* ⟨-, -n⟩ ряби́на *f*

ebnen *vt* выра́внивать, вы́ровнять *pf*; **jdm den Weg ~** (*fig*) расчи́стить кому́-л. путь

EC *abk von* ***EuroCity*** *m евроси́ти - ско́рый по́езд*

Echo *nt* ⟨-s, -s⟩ э́хо *nt*; (*fig*) о́тклик *m*; **ein großes/nur ein geringes ~ finden** найти́ большо́й о́тклик/практи́чески не найти́ о́тклика

Echse *f* ⟨-, -n⟩ я́щер *m*

echt 1. *adj* (*unverfälscht*) настоя́щий, по́длинный; (*typisch*) типи́чный; **er ist ein ~er Berliner** он типи́чный берли́нец; (*wirklich, aufrichtig*) и́скренний; **sein Bedauern war ~** он и́скренне сожале́л; **2.** *adv* (*umg:wirklich*) по-настоя́щему, действи́тельно; **dein Haarschnitt ist ~ super!** твоя́ стри́жка действи́тельно класс!

Echtheit *f* ⟨*gen:-*⟩ по́длинность *f*, неподде́льность *f*

Eckball *m* ⟨-(e)s, -bälle⟩ углово́й уда́р *m*

Ecke *f* ⟨-, -n⟩ (*Zimmer~*) у́гол *m*; (*umg:Gegend*) ме́стность *f*; **in dieser ~ kenne ich mich ganz gut aus** в э́том ме́сте я дово́льно хорошо́ ориенти́руюсь

eckig *adj* (*Ecken habend*) с угла́ми; (*Bewegung*) углова́тый

Eckzahn *m* ⟨-(e)s, -zähne⟩ клык *m*

Ecu, ECU *akr von* ***European Currency Unit*** *m европе́йская валю́тная едини́ца*

Edamer *m* ⟨-s, -⟩ эда́мский сыр *m*

edel *adj* (*vornehm:Gesinnung*) благоро́дный; (*Stein*) драгоце́нный

Edelgas *nt* ⟨-es, -e⟩ благоро́дный газ *m*

Edelmetall *nt* ⟨-(e)s, -e⟩ благоро́дный мета́лл *m*

Edelstahl *m* ⟨*gen:-*(e)s⟩ высокока́чественная сталь *f*

Edelstein *m* ⟨-(e)s, -e⟩ драгоце́нный ка́мень *m*

editieren *vt* (*DV*) редакти́ровать, от- *pf*

Editor *m* ⟨-s, -en⟩ реда́ктор *m*

EDV *abk von* ***elektronische Datenverarbeitung*** *f*

EEG *abk von* ***Elektroenzephalographie*** *f* ЭЭГ *f*

Efeu *m* ⟨*gen:-*s⟩ плющ *m*

Effeff : etw aus dem ~ können (*umg*) знать что́-л. назубо́к

Effekt *m* ⟨-(e)s, -e⟩ эффе́кт *m*

Effekten *pl* ⟨*gen:-*⟩ це́нные бума́ги *pl*

Effekthascherei *f* ⟨*gen:-*⟩ (*pej*) пого́ня *f* за эффе́ктом

effektiv *adj* (*wirkungsvoll*) эффекти́вный, де́йственный; (*umg: wirklich*) на са́мом де́ле; **das ist ~ dasselbe** э́то в действи́тельности одно́ и то же

effizient *adj* эффекти́вный

EG *abk von* ***Europäische Gemeinschaft*** *f* ЕС *nt*

egal *adj* безразли́чный; **ihm ist alles ~** ему́ всё безразли́чно

Egge *f* ⟨-, -n⟩ борона́ *f*

Egoismus *m* ⟨*gen:-*⟩ эгои́зм *m*

Egoist, -in *m/f* ⟨-en, -en⟩ эгои́ст, -ка *m/f*

egoistisch *adj* эгоисти́чный

egozentrisch *adj* эгоцентри́ческий

eh *conj* пре́жде чем

ehe *conj* пре́жде чем, ра́ньше чем

Ehe *f* ⟨-, -n⟩ брак *m*, супру́жество *nt*

eheähnlich *adj* подо́бный бра́ку; **in einem ~en Verhältnis sein** быть в отноше́ниях, подо́бных бра́чным

Eheberater, -in *m/f* ⟨-s, -⟩ консульта́нт *m* по вопро́сам бра́ка

Ehebruch *m* ⟨*gen:-*(e)s⟩ наруше́ние *nt* супру́жеской ве́рности; **~ begehen** нару́шить супру́жескую ве́рность

Ehefrau *f* ⟨-, -en⟩ супру́га *f*, жена́ *f*

Ehegatte *m* ⟨-n, -n⟩ (*geh:Ehemann*) супру́г *m*; (*nur pl: Eheleute*) супру́ги *pl*

Eheleute *pl* ⟨*gen:-*⟩ супру́ги *pl*

ehelich *adj* бра́чный, супру́жеский

ehemalig *adj* бы́вший

Ehemann *m* ⟨-(e)s, -männer⟩ супру́г *m*, муж *m*

Ehepaar *nt* ⟨-(e)s, -e⟩ супру́ги *pl*

eher *adv* (*früher*) ра́ньше; **je ~ wir anfangen, desto besser** чем ра́ньше мы

начнём, тем лу́чше; (*lieber*) лу́чше
Ehering *nt* ⟨-(e)s, -e⟩ обруча́льное кольцо́ *nt*
Ehescheidung *f* ⟨-, -en⟩ расторже́ние *nt* бра́ка
Eheschließung *f* ⟨-, -en⟩ заключе́ние *nt* бра́ка
eheste(r,s) *adj* са́мый ра́нний; **zum ~n Zeitpunkt** в ближа́йший срок
ehrbar *adj* досто́йный, почте́нный
Ehre *f* ⟨*gen:-*⟩ честь *f*; **jdm die letzte ~ erweisen** отда́ть кому́-л. после́днийй долг; **jdm ~ machen** де́лать кому́-л. честь; **eine hohe ~** высо́кая честь
ehren *vt* уважа́ть *impf*
ehrenamtlich *adj* почётный, обще́ственный
Ehrenbürger, -in *m/f* ⟨-s, -⟩ (*einer Stadt*) почётный граждани́н *m*
Ehrendoktor *m* ⟨-s, -en⟩ (*einer Universität*) почётный до́ктор *m*
Ehrengast *m* ⟨-es, -gäste⟩ почётный гость *m*
Ehrenmitglied *nt* ⟨-(e)s, -er⟩ почётный член *m*
Ehrenplatz *m* ⟨-es, -plätze⟩ почётное ме́сто *nt*
Ehrensache *f* ⟨*gen:-*⟩ де́ло *nt* че́сти
Ehrenwort *nt* ⟨*gen:-(e)s*⟩ сло́во *nt* че́сти; **sein ~ geben** дать сло́во че́сти
Ehrfurcht *f* ⟨*gen:-*⟩ глубо́кое почте́ние *nt*, благогове́ние *nt*; **vor jdm/etw ~ haben** благогове́ть пе́ред ке́м-л./че́м-л.
Ehrgefühl *nt* ⟨*gen:-(e)s*⟩ самолю́бие *nt*
Ehrgeiz *m* ⟨*gen:-es*⟩ честолю́бие *nt*, тщесла́вие *nt*; **gesunder/übertriebener ~** здоро́вое/больно́е честолю́бие
ehrgeizig *adj* (*Mensch, Plan*) честолюби́вый
ehrlich *adj* че́стный
Ehrlichkeit *f* ⟨*gen:-*⟩ че́стность *f*
ehrlos *adj* бесче́стный
Ehrung *f* ⟨-, -en⟩ че́ствование *nt*
ehrwürdig *adj* досто́йный, почте́нный
Ei *nt* ⟨-s, -er⟩ (*Eizelle*) яйцекле́тка *f*; (*Hühnerei*) яйцо́ *nt*
Eiche *f* ⟨-, -n⟩ дуб *m*
Eichel *f* ⟨-, -n⟩ (*Frucht der Eiche*) жёлудь *m*
eichen *vt* (*Meßgeräte*) градуи́ровать *impf/pf*; **auf etw geeicht sein** (*fig*) хорошо́ разбира́ться в чём-л.
Eichhörnchen *nt* ⟨-s, -⟩ бе́лка *f*
Eichmaß *nt* ⟨*gen:-es*⟩ этало́нная ме́ра *f*
Eid *m* ⟨-(e)s, -e⟩ кля́тва *f*; **einen ~ leisten** дава́ть прися́гу
Eidechse *f* ⟨-, -n⟩ я́щерица *f*
eidesstattlich *adj* (*Erklärung*) равноси́льный прися́ге
Eidgenosse, -genossin *m/f* ⟨-n, -n⟩ граждани́н -да́нка *m/f* Швейца́рии
eidlich *adj* кля́твенный
Eidotter *nt* ⟨-s, -⟩ желто́к *m*
Eierbecher *m* ⟨-s, -⟩ подста́вка *f* для яиц
Eierkuchen *m* ⟨-s, -⟩ омле́т *m*
Eierlöffel *m* ⟨-s, -⟩ ло́жечка *f* для яиц
Eierstock *m* ⟨-(e)s, -stöcke⟩ яи́чник *m*
Eieruhr *f* ⟨-, -en⟩ *ма́ленькие (песо́чные) часы́, пока́зывающие вре́мя ва́рки яиц*
Eifer *m* ⟨*gen:-s*⟩ рве́ние *nt*, усе́рдие *nt*
Eifersucht *f* ⟨*gen:-*⟩ ре́вность *f*
eifersüchtig *adj* ревни́вый
eiförmig *adj* яйцеви́дный, ова́льный
eifrig *adj* ре́вностный, усе́рдный
Eigelb *nt* ⟨*gen:-s*⟩ желто́к *m*
eigen *adj* (*jdm gehörend*) со́бственный; (*für jdn typisch*) сво́йственный; **sich etw zu ~ machen** усва́ивать что́-л.
Eigenart *f* ⟨-, -en⟩ своеобра́зие *nt*
eigenartig *adj* своеобра́зный, осо́бенный
Eigenbedarf *m* ⟨*gen:-s*⟩ со́бственные ну́жды *fpl*
Eigenbrötler, -in *m/f* ⟨-s, -⟩ чуда́к, -да́чка *m/f*
eigenhändig *adj* собственнору́чный
Eigenheit *f* ⟨-, -en⟩ своеобра́зие *nt*, осо́бенность *f*
Eigenlob *nt* ⟨*gen:-(e)s*⟩ самохва́льство *f*
eigenmächtig *adj* самово́льный; **sie hat ~ gehandelt** она поступи́ла самово́льно
Eigenname *m* ⟨-s, -⟩ и́мя *nt* со́бственное
eigens *adv* специа́льно, наро́чно
Eigenschaft *f* ⟨-, -en⟩ сво́йство *nt*, ка́чество *nt*
Eigensinn *m* ⟨*gen:-(e)s*⟩ своенра́вие *nt*, упря́мство *nt*
eigensinnig *adj* своенра́вный, упря́мый
eigentlich 1. *adj* со́бственный, настоя́щий; **2.** *adv* со́бственно
Eigentor *nt* ⟨-(e)s, -e⟩ (*SPORT*) гол *m* в свой воро́та; **ein ~ schießen** (*auch fig*) заби́ть гол в свой воро́та
Eigentum *nt* ⟨*gen:-(e)s*⟩ со́бственность *f*
Eigentümer, -in *m/f* ⟨-s, -⟩ со́бственник, -ница *m/f*
eigentümlich *adj* сво́йственный, прису́щий
Eigentümlichkeit *f* ⟨-, -en⟩ своеобра́зие *nt*, осо́бенность *f*
Eigentumswohnung *f* ⟨-, -en⟩ ча́стная кварти́ра *f*
eigenwillig *adj* своево́льный, своенра́вный
eignen 1. *vi* (*geh*) быть *impf* прису́щим; **den Werken dieses Malers eignet eine**

gewisse Melancholie произведе́ниям э́того худо́жника прису́ща не́которая меланхоли́чность; **2.** *vr* (*geeignet sein*) годи́ться *impf*, подходи́ть, -дойти́ *pf*; **diese Wörterbücher ~ sich nicht für Schüler** э́ти словари́ не подхо́дят для шко́льников
Eignung *f* ⟨*gen:-*⟩ приго́дность *f*
Eilbote *m* ⟨-n, -n⟩ на́рочный *m*, курье́р *m*
Eilbrief *m* ⟨-(e)s, -e⟩ сро́чное письмо́ *nt*
Eile *f* ⟨*gen:-*⟩ поспе́шность *f*, спе́шка *f*
eilen *vi* спеши́ть, по- *pf*
eilends *adv* спе́шно
Eilgut *nt* ⟨*gen:*-(e)s⟩ груз *m* большо́й ско́рости
eilig *adj* спе́шный
Eilzug *m* ⟨-(e)s, -züge⟩ ско́рый по́езд *m*
Eimer *m* ⟨-s, -⟩ ведро́ *nt*; **etw ist im ~** (*umg*) что́-то сорвало́сь
ein(e) **1.** *art unb:* **die Tochter ~es Lehrers** дочь учи́теля; **2.** *num* оди́н; **~ Glas Bier** оди́н стака́н пи́ва; **3.** *pron indef* кто́-то, что́-то, кто́-либо, что́-либо; **es wird kaum ~er auf die Idee kommen** едва́ ли э́то кому́-либо придёт в го́лову
einander *pron refl* друг дру́га; **sie lieben ~ sehr** они́ о́чень лю́бят друг дру́га
einarbeiten **1.** *vt* знако́мить, о- *pf* с рабо́той, вводи́ть, ввести́ *pf* в курс де́ла; **2.** *vr* втя́гиваться, втяну́ться *pf* в рабо́ту; **der neue Kollege muß sich erst ~** но́вый колле́га до́лжен снача́ла войти́ в курс де́ла
einatmen **1.** *vt* вдыха́ть, вдохну́ть *pf*; **2.** *vi* дыша́ть *impf*
einäugig *adj* одногла́зый
Einbahnstraße *f* ⟨-, -n⟩ доро́га *f* с односторо́нним движе́нием
Einband *m* ⟨-(e)s, Einbände⟩ переплёт *m*
einbändig *adj* (*in einem Band*) одното́мный
Einbau *m* ⟨*gen:*-s⟩ устано́вка *f*, встро́йка *f*
einbauen *vt* встра́ивать, -ро́ить *pf*; **in das Auto wird ein neues Getriebe eingebaut** в автомоби́ль бу́дет встро́ена но́вая коро́бка переда́ч; (*figeinfügen*) вставля́ть, вста́вить *pf*; **sein Aufsatz begeistert durch geschickt eingebaute Zitate** его́ сочине́ние восторга́ет благодаря́ уда́чно вста́вленным цита́там
Einbaumöbel *nt* ⟨-s, -⟩ встро́енная ме́бель *f*
einberufen *irr vt* (*MIL*) призыва́ть, -зва́ть *pf*
Einberufung *f* ⟨-, -en⟩ (*MIL*) призы́в *m*
Einbettzimmer *nt* ⟨-s, -⟩ одноме́стный но́мер *m*
einbeziehen *irr vt* включа́ть, -чи́ть *pf*; **alle wichtigen Faktoren in einen Plan ~** ввести́ в план все ва́жные фа́кторы
einbiegen *irr vi* свора́чивать, сверну́ть *pf*
einbilden *vr* вообража́ть, -брази́ть *pf*; **sich viel ~** возомни́ть о себе́
Einbildung *f* ⟨-, -en⟩ (*in der Vorstellung*) воображе́ние *nt*, фанта́зия *f*; (*Arroganz*) высокоме́рие *nt*
Einbildungskraft *f* ⟨*gen:-*⟩ си́ла *f* воображе́ния
einbinden *irr vt* (*verletztes Körperteil*) забинто́вывать, -това́ть *pf*; (*in ein Konzept*) включа́ть, -чи́ть *pf*
Einblick *m* ⟨-(e)s, -e⟩ взгляд *m*; **jdm einen ~ in etw geben** ознако́мить кого́-л. с че́м-л.
einbrechen *irr vi* (*in eine Wohnung*) вла́мываться, вломи́ться *pf*; (*beginnen: Dunkelheit*) (внеза́пно) наступа́ть, -пи́ть *pf*
Einbrecher *m* ⟨-s, -⟩ взло́мщик *m*
einbringen *irr vt* (*Gewinn*) приноси́ть, -нести́ *pf*; (*Ernte*) убира́ть, убра́ть *pf*; (*Gesetz*) вноси́ть, внести́ *pf*
einbrocken *vt* (*Brot*) кроши́ть, на- *pf*; **da haben sie sich aber etw eingebrockt** ну и натвори́ли вы дел
Einbruch *m* ⟨-(e)s, Einbrüche⟩ (*in ein Gebäude*) взлом *m*; (*Schwächeeinbruch*) при́ступ *m*; (*das Hereinbrechen*) обруше́ние *nt*; **bei ~ der Dunkelheit** с наступле́нием темноты́
einbruchssicher *adj* защищённый от взло́ма
einbürgern **1.** *vt* (*zu Bürgern machen*) дава́ть , дать *pf* гражда́нство; **2.** *vr* (*sich verbreiten*) укореня́ться, -ни́ться *pf*; **hier haben sich ganz neue Sitten eingebürgert** здесь укорени́лись соверше́нно но́вые обы́чаи
Einbuße *f* ⟨-, -n⟩ поте́ря *f*, убы́ток *m*
einbüßen *vt* теря́ть, по- *pf*, лиша́ться, -ши́ться *pf*
einchecken *vi* (*am Flughafen*) проходи́ть, пройти́ *pf* регистра́цию
eincremen **1.** *vt* нама́зывать, -зать *pf* кре́мом; **2.** *vr* нама́зываться, -заться *pf* кре́мом
eindecken *vr* запаса́ться, -сти́сь *pf*; **sich mit Brot ~** запасти́сь хле́бом
eindeutig *adj* я́сный, недвусмы́сленный
eindringen *irr vi* проника́ть, -ни́кнуть *pf*, вторга́ться, вто́ргнуться *pf*
eindringlich *adj* насто́йчивый, настоя́тельный
Eindringling *m* ⟨-s, -e⟩ захва́тчик *m*
Eindruck *m* ⟨-(e)s, Eindrücke⟩ (*Spur*) след *m*; (*Vorstellung*) впечатле́ние *nt*; **auf jdn**

~ machen произвести́ впечатле́ние
eindrucksvoll *adj* впечатля́ющий
eine(r,s) *siehe* **ein(e)**
eineiig *adj* (*Zwillinge*) одноя́йцевой
einengen *vt* стесня́ть, -сни́ть *pf*
einerlei *adj* одина́ковый
Einerlei *nt* ⟨*gen:*-s⟩ однообра́зие *nt*
einerseits *adv* с одно́й стороны́; **~ bin ich müde, andererseits habe ich Lust, ins Kino zu gehen** с одно́й стороны́ я уста́л, с друго́й стороны́ мне хо́чется пойти́ в кино́
einfach *adj* (*leicht verständlich*) просто́й, несло́жный; (*nicht doppelt:Fahrkarte*) в оди́н коне́ц
Einfachheit *f* ⟨*gen:*-⟩ простота́ *f*
einfädeln *vt* (*Faden*) вдева́ть, вдеть *pf*
einfahren 1. *irr vt* (*Fahrzeug*) обка́тывать, -та́ть *pf*; **2.** *irr vi* (*Zug*) прибыва́ть, -бы́ть *pf*
Einfahrt *f* ⟨-, -en⟩ (*Weg*) въе́зд *m*, подъе́зд *m*; (*das Einfahren*) въе́зд *m*
Einfall *m* ⟨-(e)s, Einfälle⟩ мысль *f*, иде́я *f*; **einen ~ haben** приду́мать что́-л.
einfallen *irr vi* (*in den Sinn kommen*) приходи́ть, прийти́ *pf* на ум; **da fällt mir gerade ein, daß ...** мне как раз пришло́ в го́лову, что...; **was fällt Ihnen ein !** как вы сме́ете ! (*einstürzen*) обру́шиваться, -шиться *pf*; (*gewaltsam eindringen*) вторга́ться, вто́ргнуться *pf*
einfallslos *adj* лишённый фанта́зии
einfallsreich *adj* изобрета́тельный
einfältig *adj* простоду́шный, простова́тый
Einfamilienhaus *nt* ⟨-es, -häuser⟩ особня́к *m*
einfangen *irr vt* лови́ть, пойма́ть *pf*
einfarbig *adj* одноцве́тный
einfassen *vt* вставля́ть, вста́вить *pf* в опра́ву
einfetten *vt* сма́зывать, -зать *pf* (жи́ром)
einfinden *irr vr* яви́ться *pf*, явля́ться *impf*, объяви́ться *pf*, -вля́ться *impf*
einfließen *irr vi* втека́ть, втечь *pf*, влива́ться, влйться *pf*
einflößen *vt* (*Flüssigkeit*) влива́ть, влить *pf*; (*fig:Angst*) внуша́ть, -ши́ть *pf*
Einfluß *m* ⟨Einflusses, Einflüsse⟩ (*Wirkung*) влия́ние *nt*; (*Ansehen*) авторите́т *m*; **sie besitzt großen ~** она́ име́ет большо́й авторите́т; **auf jdn ~ ausüben** ока́зывать влия́ние на кого́-л.; **unter dem ~ von jdm stehen** находи́ться под чьи́м-л. влия́нием
Einflußbereich *m* ⟨-(e)s, -e⟩ сфе́ра *f* влия́ния
einflußreich *adj* влия́тельный
einförmig *adj* однообра́зный, моното́нный
Einförmigkeit *f* ⟨*gen:*-⟩ однообра́зие *nt*, моното́нность *f*
einfrieren 1. *irr vt* (*Lebensmittel*) замора́живать, -ро́зить *pf*; (*fig:Beziehungen*) замора́живать, -ро́зить *pf*, приостана́вливать, -нови́ть *pf*; **2.** *irr vi* (*Leitungsrohr*) замерза́ть, -мёрзнуть *pf*
einfügen 1. *vt* вставля́ть, вста́вить *pf*, вкла́дывать, вложи́ть *pf*; **2.** *vr* включа́ться, -чи́ться *pf*; **sie hat sich nur langsam in das Leben dieser Gesellschaft ~ können** она́ лишь с трудо́м смогла́ включи́ться в жизнь э́того о́бщества
einfühlsam *adj* чу́ткий, сострада́тельный
Einfühlungsvermögen *nt* ⟨*gen:*-s⟩ интуи́ция *f*
Einfuhr *f* ⟨*gen:*-⟩ ввоз *m*, и́мпорт *m*
einführen *vt* (*etw in eine Öffnung*) вводи́ть, ввести́ *pf*; (*Güter*) ввози́ть, ввезти́ *pf*, импорти́ровать *impf/pf*; (*Sitten, Regeln*) вводи́ть, ввести́ *pf*
Einführung *f* ⟨-, -en⟩ (*das Einführen*) введе́ние *nt*, ввод *m*; (*in ein Sachgebiet*) введе́ние *nt*, вступле́ние *nt*
Eingabe *f* ⟨-, -n⟩ (*DV*) ввод *m*; (*an eine Behörde*) пода́ча *f*; (*Gesuch*) заявле́ние *nt*
Eingang *m* ⟨-(e)s, Eingänge⟩ вход *m*; **in etw ~ finden** найти́ в чём-л. выраже́ние
eingangs *adv* снача́ла; **~ erwähnt** упомя́нутый внача́ле
Eingangshalle *f* ⟨-, -n⟩ вестибю́ль *m*, холл *m*
Eingangstür *f* ⟨-, -en⟩ входна́я дверь *f*
eingeben *irr vt* (*DV*) вводи́ть, ввести́ *pf*; (*Idee*) внуша́ть, -ши́ть *pf*
eingebildet *adj* (*von sich eingenommen*) вообража́ющий о себе́; (*nur in der Einbildung existierend*) вообража́емый, мни́мый
Eingeborene *mf* ⟨-n, -n⟩ ме́стный уроже́нец *m*
Eingebung *f* ⟨-, -en⟩ (внеза́пная) мысль *f*, иде́я *f*; **einer ~ folgend** по найтию
eingefallen *adj* (*Haus*) провали́вшийся; (*Gesicht*) впа́лый, ввали́вшийся
eingefleischt *adj* (*Junggeselle*) закорене́лый, отъя́вленный
eingehen *irr vi* (*Eingang finden*) входи́ть, войти́ *pf*, вступа́ть, -пи́ть *pf*; **in die Geschichte ~** войти́ в исто́рию (*Pflanzen, Tiere*) ги́бнуть, по- *pf*; **ohne Wasser werden Pflanzen ~** без воды́ расте́ния поги́бнут; (*Kleidungsstücke*) сади́ться, сесть *pf*; **die neuen Hemden sind in der Wäsche eingegangen** но́вые руба́шки

се́ли при сти́рке
eingehend *adj* обстоя́тельный, подро́бный
Eingemachte *nt* ⟨*gen:*-n⟩ консерви́рованные фру́кты *pl*
eingenommen *adj* располо́женный (к кому́-л./чему́-л.) ; **für jdn ~ sein** пита́ть симпа́тию к кому́-л.; **gegen jdn ~ sein** пита́ть неприя́знь к кому́-л.; **sehr von sich ~ sein** быть о себе́ высо́кого мне́ния
eingestehen *irr vt* (*Schuld, Fehler*) признава́ть, -зна́ть *pf*
Eingeweide *pl* ⟨*gen:*-⟩ вну́тренности *pl*
Eingeweihte *mf* ⟨-n, -n⟩ посвящённый, -ная *m/f*
eingewöhnen *vr* свыка́ться, сви́кнуться *pf*, осва́иваться, -во́иться *pf*
eingießen *irr vt* налива́ть, -ли́ть *pf*, влива́ть, влить *pf*
eingleisig *adj* одноколе́йный, однопу́тный
eingraben *irr vt* зака́пывать, -копа́ть *pf*
eingreifen *irr vi* вме́шиваться, -ша́ться *pf*; **in einen Konflikt ~** вмеша́ться в конфли́кт
Eingriff *m* ⟨-(e)s, -e⟩ вмеша́тельство *nt*; (*chirurgischer ~*) вмеша́тельство *nt*, опера́ция *f*
einhaken 1. *vt* закрыва́ть, -кры́ть *pf* (на крючо́к); **2.** *vr* брать, взять *pf* по́д руку; **sich bei jdm ~** брать кого́-л. по́д руку
Einhalt *m* ⟨*gen:*-(e)s⟩: **einer Sache ~ gebieten** положи́ть коне́ц чему́-л.
einhalten *irr vt* (*Versprechen*) сдержа́ть *pf*, сде́рживать *impf*; (*Plan*) вы́полнить *pf*, выполня́ть *impf*
einhandeln 1. *vt* (*Waren*) скупа́ть, -пи́ть *pf*, закупа́ть, -пи́ть *pf*; **2.** *vr* (*umg:Nachteile*) схлопота́ть *pf*, зарабо́тать *pf*, -ба́тывать *impf*
einhändig *adj* одноору́кий
einhängen 1. *vt* наве́шивать, -ве́сить *pf*; (*Hörer*) ве́шать, пове́сить *pf*; **2.** *vr* брать, взять *pf* по́д руку
einheimisch *adj* оте́чественный, ме́стный
Einheimische *mf* ⟨-n, -n⟩ ме́стный жи́тель *m*
Einheit *f* ⟨-, -en⟩ (*MIL*) подразделе́ние *nt*; (*physikalische ~*) едини́ца *f*; (*Ganzheit*) еди́нство *nt*; **nationale ~** национа́льное еди́нство
einheitlich *adj* еди́ный
Einheitspreis *m* ⟨-es, -e⟩ еди́ная цена́ *f*
einheizen *vt* (*Ofen*) затопи́ть *pf*, -та́пливать *impf*; (*umg*) руга́ть, отруга́ть *pf*; **jdm ~** зада́ть кому́-л. жа́ру
einhellig *adj* единогла́сный
einholen *vt* (*Person*) догоня́ть, -гна́ть *pf*; (*Fahne*) спуска́ть, -сти́ть *pf*; (*Genehmigung*) испроси́ть *pf*, испра́шивать *impf*
Einhorn *nt* ⟨-(e)s, Einhörner⟩ едино́ро́г *m*
einhüllen 1. *vt* уку́тывать, -тать *pf*, заверну́ть *pf*, -вёртывать *impf*; **2.** *vr* уку́тываться, -таться *pf*, заку́тываться, -ку́таться *pf*
einhundert *num* сто, одна́ со́тня
einig *adj* сплочённый, единоду́шный; **wir sind uns in diesem Punkt ~** в э́том пу́нкте мы еди́ны
einige(r,s) *pron indef* не́сколько, не́которые; **das wird noch ~ Probleme bereiten** из-за э́того ещё возни́кнут не́которые пробле́мы; **er besitzt ~ hundert Schallplatten** у него́ есть не́сколько со́тен пласти́нок
einigemal *adv* не́сколько раз
einigen *vr* договори́ться *pf*, -ва́риваться *impf*; **sich auf etw ~** сойти́сь на чём-л.
einigermaßen *adv* бо́лее и́ли ме́нее, терпи́мо
Einigkeit *f* ⟨*gen:*-⟩ единоду́шие *nt*, согла́сие *nt*
Einigung *f* ⟨-, -en⟩ согла́сие *nt*, соглаше́ние *nt*; **zu einer ~ kommen** прийти́ к соглаше́нию
einjährig *adj* годово́й
einkalkulieren *vt* включи́ть *pf*, -ча́ть *impf* в калькуля́цию, учи́тывать, уче́сть *pf*
Einkauf *m* ⟨-(e)s, Einkäufe⟩ (*das Einkaufen*) заку́пка *f*, поку́пка *f*; (*die eingekauften Waren*) поку́пки *pl*
einkaufen *vt* закупа́ть, -пи́ть *pf*, покупа́ть, купи́ть *pf*; **~ gehen** идти́ за поку́пками
Einkaufsbummel *m* ⟨*gen:*-s⟩ прогу́лка *f* по магази́нам; **einen ~ machen** пройти́сь по магази́нам
Einkaufspreis *m* ⟨*gen:*-(e)s⟩ покупна́я цена́ *f*
Einkaufstasche *f* ⟨-, -n⟩ су́мка *f* для поку́пок, хозя́йственная су́мка *f*
Einkaufswagen *m* ⟨-s, -wägen⟩ теле́жка *f* для поку́пок
Einkaufszentrum *nt* ⟨-s, -zentren⟩ торго́вый центр *m*
einkehren *vi* заезжа́ть, -е́хать *pf*; **in ein Gasthaus ~** зае́хать в гости́ницу
einklammern *vt* заключа́ть, -чи́ть *pf* в ско́бки
Einklang *m* ⟨*gen:*-(e)s⟩ согла́сие *nt*; **mit etw im ~ stehen** согласо́вываться с чём-л.
einkleiden 1. *vt* одева́ть, оде́ть *pf*; **2.** *vr*

одева́ться, оде́ться *pf*
einklemmen *vt* прищемля́ть, -ми́ть *pf*, защемля́ть, -ми́ть *pf*
einkochen *vt* (*Obst*) консерви́ровать, за- *pf*
Einkommen *nt* ⟨-s, -⟩ дохо́д *m*; **ein hohes/niedriges ~ haben** име́ть высо́кий/ни́зкий дохо́д
Einkommensteuer *f* ⟨*gen:*-⟩ подохо́дный нало́г *m*
einkreisen *vt* окружа́ть, -жи́ть *pf*
einkriegen *vr* (*umg*) догна́ть *pf*, -гоня́ть *impf*; **krieg dich ein!** возьми́ себя́ в ру́ки!
Einkünfte *pl* ⟨*gen:*-⟩ дохо́ды *pl*
einladen [1] *irr vt* (*Gegenstände*) грузи́ть, по- *pf*
einladen [2] *irr vt* (*Personen*) приглаша́ть, -гласи́ть *pf*; **darf ich Sie auf ein Bier ~?** позво́льте пригласи́ть вас на кру́жку пи́ва?; **jdn zum Essen ~** пригласи́ть кого́-л. на обе́д (и́ли у́жин)
Einladung *f* ⟨-, -en⟩ приглаше́ние *nt*; **einer ~ folgen** приня́ть приглаше́ние
Einlage *f* ⟨-, n⟩ (*Schuh~*) супина́тор *m*; (*Suppen~*) запра́вка *f*; (*Spar~*) вклад *m*
einlagern *vt* скла́дывать, сложи́ть *pf* (на хране́ние,в подва́л)
Einlaß *m* ⟨*gen:*Einlasses⟩ вход *m*
einlassen *irr vt* (*Personen*) впуска́ть, -сти́ть *pf*; (*Bad*) набра́ть *pf*, -бира́ть *impf*
Einlauf *m* ⟨-(e)s, Einläufe⟩ (*SPORT*) фи́ниш *m*; (*MED*) кли́зма *f*; (*TECH*) впуск *m*
einlaufen *irr vi* (*SPORT*) выбега́ть, вы́бежать *pf*; (*Wäsche*) се́сть *pf*, сади́ться *impf*
einleben *vr* свыка́ться, свы́кнуться *pf*, прижива́ться, -жи́ться *pf*; **haben Sie sich schon in Hamburg eingelebt?** вы уже́ осво́ились в Га́мбурге?
einlegen *vt* (*hineinlegen*) вкла́дывать, вложи́ть *pf*; (*Rückwärtsgang*) включа́ть, -чи́ть *pf*; (*Pause*) де́лать, сде́лать *pf*; (*JUR:Berufung*) подава́ть, -да́ть *pf*; **für jdn ein gutes Wort ~** замо́лвить за кого́-л. слове́чко
Einlegesohle *f* ⟨-, -n⟩ сте́лька *f*
einleiten *vt* (*in die Wege leiten*) начина́ть, -ча́ть *pf*, подгота́вливать, -то́вить *pf*; (*Prozeß*) возбужда́ть, -буди́ть *pf*
Einleitung *f* ⟨-, -en⟩ (*einleitender Abschnitt*) введе́ние *nt*
einlenken *vi* свора́чивать, сверну́ть *pf*
einleuchten *vi* станови́ться, стать *pf* я́сным; **das leuchtet mir ein** (*umg*) э́то меня́ убежда́ет
einliefern *vt* помеща́ть, -мести́ть *pf*; **er wurde in eine Klinik eingeliefert** его́ помести́ли в больни́цу
Einliegerwohnung *f* ⟨-, -en⟩ пристро́йка *f* для квартира́нта
einlösen *vt* (*Scheck*) обнали́чивать, -чить *pf*; (*Pfand*) выкупа́ть, вы́купить *pf*; (*Versprechen*) сдержа́ть *pf*, сде́рживать *impf*
einmachen *vt* (*Obst*) консерви́ровать, за- *pf*
Einmachglas *nt* ⟨es, -gläser⟩ стекля́нная ба́нка *f* (для консерви́рования)
einmal *adv* (*nicht mehrmals*) оди́н раз; (*in der Zukunft*) когда́-нибудь, одна́жды; **du wirst es ~ selbst sehen** когда́-нибудь ты сам э́то уви́дишь; (*irgendwann*) когда́-то; **komme doch einfach ~ vorbei!** зайди́ про́сто ка́к-нибудь!
Einmaleins *nt* ⟨*gen:*-⟩ табли́ца *f* умноже́ния
einmalig *adj* (*nur einmal notwendig*) единовре́менный, ра́зовый; **dies ist eine ~e Investition** э́то ра́зовая инвести́ция; (*sehr gut*) исключи́тельный, неповтори́мый
Einmannbetrieb *m* ⟨-(e)s, -e⟩ *предприя́тие, на кото́ром рабо́тает то́лько оди́н челове́к*
Einmarkstück *nt* ⟨-(e)s, -e⟩ моне́та *f* в одну́ ма́рку
Einmarsch *m* ⟨*gen:*-es⟩ вступле́ние *nt* (войск)
einmarschieren *vi* вступа́ть, -пи́ть *pf*, выходи́ть, вы́йти *pf*
einmassieren *vt* втира́ть, втере́ть *pf*
einmischen *vr* вме́шиваться, -ша́ться *pf*
Einmischung *f* ⟨-, -en⟩ вмеша́тельство *nt*
einmünden *vi* (*Fluß*) впада́ть *impf* (*in +akk* в); (*Straße*) выходи́ть *impf*
einmütig *adj* единоду́шный
Einnahme *f* ⟨-, -n⟩ (*Einkünfte*) прихо́д *m*, поступле́ние *nt*; (*von Medikament*) приём *m*
Einnahmequelle *f* ⟨-, -n⟩ исто́чник *m* дохо́да
einnehmen *irr vt* (*Geld*) получа́ть, -чи́ть *pf*; (*Medikament*) принима́ть, -ня́ть *pf*; (*Festung*) занима́ть, -ня́ть *pf*, брать, взять *pf*; (*Platz*) занима́ть, -ня́ть *pf*; **mit seinem Charme hat er alle für sich eingenommen** благодаря́ своему́ ша́рму, он расположи́л всех к себе́; **von sich eingenommen sein** быть самодово́льным
einnicken *vi* задрема́ть *pf*, -дрёмывать *impf*
einnisten *vr* (*pej*) посели́ться *pf*, -ля́ться *impf* без приглаше́ния; (*Vögel*) гнезди́ться *impf*

Einöde *f* ⟨-, -n⟩ глушь *f*, пусты́ня *f*
einordnen 1. *vt* располага́ть, -ложи́ть *pf*; **2.** *vr* (*in eine Gruppe*) войти́ *pf*, входи́ть *impf*; (*im Straßenverkehr*) перестро́иться *pf*, -стра́иваться *impf*; **wir merkten, daß wir uns falsch eingeordnet hatten** мы заме́тили, что непра́вильно перестро́ились
einpacken *vt* укла́дывать, уложи́ть *pf*, упако́вывать, -кова́ть *pf*; **pack ein !** (*umg*) прова́ливай!
einparken *vi* паркова́ть, за- *pf*
einpauken *vt* (*umg*)ната́скивать, -ска́ть *pf*
einpendeln *vr* стабилизи́роваться *impf/pf*
einpferchen *vt* загоня́ть, -гна́ть *pf*
einpflanzen *vt* (*Pflanze*) сажа́ть, посади́ть *pf*; (*MED*) переса́живать, -сади́ть *pf*, имплант́ировать *impf/pf*
einplanen *vt* плани́ровать, за- *pf*
einprägen 1. *vt* вы́давить *pf*, выда́вливать *impf*, вы́бить *pf*, выбива́ть *impf*; **2.** *vr* запечатле́ться *pf*, -тлева́ться *impf*, запо́мниться *pf*, -мина́ться *impf*
einprägsam *adj* запечатлева́ющийся, запомина́ющийся
einquartieren *vt* расквартиро́вывать, -рова́ть *pf*
einrahmen *vt* вставля́ть, вста́вить *pf* в ра́мку, обрамля́ть, обра́мить *pf*
einrasten *vi* заска́кивать, -скочи́ть *pf*, запада́ть, -па́сть *pf*
einräumen *vt* (*in einen Schrank*) убира́ть, убра́ть *pf*; (*zugestehen*) допуска́ть, -сти́ть *pf*; **er räumt ein, daß das stimmt, aber ...** он допуска́ет, что э́то пра́вда, но...
einrechnen *vt* засчи́тывать, -та́ть *pf*
einreden 1. *vt* внуша́ть, -ши́ть *pf*; **2.** *vr* убежда́ть, убеди́ть *pf* себя́
einregnen *vr* заряди́ть *pf*; **es hat sich eingeregnet** дождь заряди́л надо́лго
einreiben *irr vt* втира́ть, втере́ть *pf*
einreichen *vt* подава́ть, -да́ть *pf*; **einen Antrag bei einer Behörde ~** пода́ть заявле́ние в учрежде́ние
einreihen *vr* станови́ться, стать *pf* (в ряд, в о́чередь)
Einreise *f* ⟨*gen:-*⟩ въезд *m*
Einreisegenehmigung *f* ⟨-, -en⟩ разреше́ние *nt* на въезд; **jdm die ~ erteilen/verweigern** разреши́ть/запрети́ть кому́-л. въезд
einreisen *vi* въезжа́ть, въе́хать; **in ein Land ~** въезжа́ть в страну́
einreißen *irr vi* (*Stoff, Papier*) надрыва́ть, -дорва́ть *pf*; (*Unsitten*) распространя́ться, -ни́ться *pf*
einrenken *vt* вправля́ть, впра́вить *pf*; (*fig*) ула́живать, ула́дить *pf*; **das wird sich schon wieder ~** всё ула́диться
einrichten 1. *vt* (*Wohnung*) обставля́ть, -ста́вить *pf*; **2.** *vr* (*sich einstellen*) настра́иваться, -ро́иться *pf* (*auf +akk* на)
Einrichtung *f* ⟨-, -en⟩ (*Möbel*) обстано́вка *f*; (*Anlage*) устро́йство *nt*; (*staatliche*) учрежде́ние *nt*
einrosten *vi* (*auch fig*) ржаве́ть, за- *pf*
einrücken *vt* (*MIL*) вступа́ть, -пи́ть *pf*; (*Inserat*) помеща́ть, -мести́ть *pf*; (*Zeile*) отступа́ть, -пи́ть *pf*
eins *num* оди́н; (*beim Zählen*) раз; **~ zum anderen** одно́ к одно́му
einsam *adj* одино́кий
Einsamkeit *f* ⟨*gen:-*⟩ одино́чество *nt*, уединённость *nt*
einsammeln *vt* собира́ть, -бра́ть *pf*
Einsatz *m* ⟨-es, Einsätze⟩ (*beim Glücksspiel*) ста́вка *f*; (*das Einsetzen*) примене́ние *nt*, испо́льзование *nt*; (*persönlicher ~*) уча́стие *nt*; **zum ~ kommen** вступа́ть в де́йствие
einsatzbereit *adj* в по́лной гото́вности
einschalten 1. *vt* (*Gerät, Licht*) включа́ть, -чи́ть *pf*; **2.** *vr* (*sich einmischen*) подключа́ться, -чи́ться *pf*, вме́шиваться, -ша́ться *pf*
einschätzen *vt* оце́нивать, -ни́ть *pf*; **etw richtig/falsch ~** ве́рно/неве́рно оце́нивать что́-л.
Einschätzung *f* ⟨-, -en⟩ оце́нка *f*; **nach ~ von Experten** по оце́нкам экспе́ртов
einschenken *vt* (*Getränk*) налива́ть, -ли́ть *pf*
einschicken *vt* посыла́ть, -сла́ть *pf*
einschieben *irr vt* (*hineinschieben*) вдвига́ть, вдви́нуть *pf*; (*einfügen*) вставля́ть, вста́вить *pf*
einschiffen 1. *vt* (*Güter*) грузи́ть, по- *pf*; **2.** *vr* сади́ться, сесть *pf* на су́дно
einschlafen *irr vi* засыпа́ть, -сну́ть *pf*; (*fig:Bemühungen*) постепе́нно прекраща́ться, -крати́ться *pf*
einschläfern *vt* (*Tier*) усыпля́ть, -пи́ть *pf*
Einschlag *m* ⟨-(e)s, Einschläge⟩ (*von Blitz*) попада́ние *nt*; (*Nuance*) отте́нок *m*, налёт *m*
einschlagen 1. *irr vt* (*Nagel*) забива́ть, -би́ть *pf*; (*einwickeln*) завёртывать, -верну́ть *pf*; **2.** *vi* (*Geschoß*) попада́ть, -па́сть *pf*; (*umg:Erfolg haben*) име́ть *impf* успе́х
einschlägig *adj* соотве́тствующий; **dies steht in der ~en Fachliteratur** об э́том напи́сано в соотве́тствующей специа́льной литерату́ре

einschleichen *irr vr* прокрáдываться, -крáсться *pf*; (*fig*) вкрáдываться, вкрáсться *pf*; **da hat sich wohl ein Fehler eingeschlichen** тут, по-ви́димому, вкрáлась оши́бка
einschließen *irr vt* (*verschließen*) запирáть, -перéть *pf*; (*umgeben*) окружáть, -жи́ть *pf*; (*miteinbeziehen*) включáть, -чи́ть *pf*
einschließlich *präp* включи́тельно, включáя
einschmeicheln *vr* подольсти́ться *pf*, -дольщáться *impf*; **sich bei jdm ~** подольсти́ться к комý-л.
einschnappen *vi* (*Schloß*) защёлкнуться *pf*, -киваться *impf*; (*umg:beleidigt sein*) обижáться, оби́деться *pf*
einschneidend *adj* (*Veränderung, Maßnahme*) реши́тельный, радикáльный
Einschnitt *m* ⟨-(e)s, -e⟩ (*Stelle, an der etw eingeschnitten ist*) надрéз *m*, разрéз *m*; (*Umbruch*) перелóм *m*; **das kann zu einem wichtigen ~ in seinem Leben werden** э́то мóжет стать перелóмным момéнтом в егó жи́зни
einschränken 1. *vt* (*einengen*) ограни́чивать, -ни́чить *pf*; (*reduzieren*) сокращáть, -крати́ть *pf*; **2.** *vr* (*sparsam sein*) ограни́чиваться, -читься *pf*
Einschränkung *f* ⟨-, -en⟩ ограничéние *nt*
Einschreibebrief *m* ⟨-(e)s, -e⟩ заказнóе письмó *nt*
einschreiben 1. *irr vt* (*eintragen*) запи́сывать, -сáть *pf*, впи́сывать, -сáть *pf*; **2.** *vr* (*an Hochschule*) записáться *pf*, -пи́сываться *impf*
Einschreiben *nt* ⟨-s, -⟩ заказнóе *nt*; **einen Brief als ~ schicken** послáть письмó заказны́м
Einschreibesendung *f* ⟨-, -en⟩ заказнóе отправлéние *nt*
einschreiten *irr vi* принимáть, -ня́ть *pf* мéры; **gegen etw ~** принимáть прóтив чегó-л. мéры
Einschub *m* ⟨-(e)s, Einschübe⟩ встáвка *f*
einschüchtern *vt* запýгивать, -пугáть *pf*; **sich nicht ~ lassen** не дать себя́ запугáть
einsehen *irr vt* (*hineinsehen*) загля́дывать, -гляну́ть *pf*; (*Einblick nehmen*) просмáтривать, -смотрéть *pf*; (*verstehen*) признавáть, -знáть *pf*
Einsehen *nt* ⟨*gen:*-s⟩: **ein ~ haben** входи́ть в чьё-л. положéние
einseifen *vt* намы́ливать, -лить *pf*
einseitig *adj* (*nur eine Seite betreffend*) односторóнний; **~ gelähmt** односторóнний парали́ч; (*nur von einer Seite ausgehend*) односторóнний; **~e Bemühungen** односторóнние уси́лия; (*nicht vielseitig*) ограни́ченный, односторóнний; **seine Interessen sind sehr ~** у негó óчень односторóнние интерéсы
Einseitigkeit *f* ⟨*gen:*-⟩ односторóнность *f*, ограни́ченность *f*
einsenden *vt* присылáть, -слáть *pf*
Einsender, -in *m/f* ⟨-s, -⟩ отправи́тель, -ница *m/f*
Einsendeschluß *m* ⟨*gen:*-schlusses⟩ конéчная дáта *f* отправлéния; **~ ist der 30. Oktober** конéчная дáта отправлéния 30 октября́
Einsendung *f* ⟨-, -en⟩ при́сылка *f*
einsetzen 1. *vt* (*einfügen*) вставля́ть, встáвить *pf*; (*verwenden*) применя́ть, -ни́ть *pf*; (*beim Glücksspiel*) стáвить, по- *pf*; **2.** *vr* (*sich anstrengen*) прилагáть, -ложи́ть *pf* уси́лия; **sich bei jdm für etw ~** вступи́ться пéред кéм-л .за чтó-л.
Einsicht *f* ⟨-, -en⟩ (*das Hineinsehen*) просмóтр *m*; (*das Verstehen*) понимáние *nt*
einsichtig *adj* рассуди́тельный, благоразýмный
Einsiedler, -in *m/f* ⟨-s, -⟩ отшéльник, -ница *m/f*
einsilbig *adj* (*Wort*) однослóжный; (*Mensch*) неразговóрчивый, молчали́вый
einsinken *irr vi* вя́знуть, увя́знуть *pf*
Einsitzer *m* ⟨-s, -⟩ (*Fahrzeug*) одномéстный автомоби́ль *m*
einspannen *vt* (*Pferde*) впрягáть, впря́чь *pf*; (*in eine Halterung*) зажимáть, -жáть *pf*; (*umg:heranziehen*) впрягáть, впря́чь *pf*; **jdn für eine Arbeit ~** впря́чь когó-л. в рабóту
einsparen *vt* (*Kosten*) эконóмить, сэконóмить *pf*
einsperren *vt* запирáть, -перéть *pf*
einspielen 1. *vt* (*Schallplatte*) записáть *pf*, -пи́сывать *impf*; (*Unkosten*) окупи́ть *pf*, -пáть *impf*; **2.** *vr* (*sich harmonisieren*) налáживаться, -лáдиться *pf*; (*SPORT*) сыгрáться *pf*, сы́грываться *impf*; **die Mannschaft muß sich erst noch ~** комáнда должнá сначáла ещё сыгрáться
einsprachig *adj* одноязы́чный; **ein ~es Wörterbuch** одноязы́чный словáрь
einspringen *irr vi* (бы́стро) замени́ть *pf*, -ня́ть *impf*; **für jdn ~** замени́ть когó-л.
einspritzen *vt* (*MED*) впры́скивать, -снуть *pf*
Einspritzmotor *m* ⟨-s, -en⟩ дви́гатель *m* с впры́ском тóплива

Einspritzpumpe *f* ⟨-, -n⟩ то́пливный насо́с *m* высо́кого давле́ния
Einspruch *m* ⟨*gen:*-(e)s⟩ возраже́ние *nt*, проте́ст *m*; **gegen etw ~ erheben** заяви́ть проте́ст про́тив чего́-л.
einspurig *adj* (*Straße*) одноколе́йный, однополо́сный
einst *adv* (*geh:in der Vergangenheit*) когда́-то; **der Park gehörte ~ zu einem Schloß** когда́-то парк относи́лся к за́мку; (*geh:in der Zukunft*) когда́-нибудь; **sie werden uns ~ dafür dankbar sein** они́ когда́-нибудь ска́жут нам за э́то спаси́бо
Einstand *m* ⟨*gen:*-(e)s⟩: **seinen ~ geben** угоща́ть колле́г по по́воду устро́йства на рабо́ту
einstecken *vt* (*hineinstecken*) втыка́ть, воткну́ть *pf*; (*in die Tasche stecken*) вкла́дывать, вложи́ть *pf*; (*hinnehmen*) снести́ *pf*, сноси́ть *impf*
einstehen *irr vi* руча́ться, поручи́ться *pf*; **für etw ~** поручи́ться за что́-л.
einsteigen *irr vi* (*in ein Fahrzeug*) сади́ться, сесть *pf*; (*umg:mit etw beginnen*) начина́ть, -ча́ть *pf*; **die Firma will sehr bald in diesen Markt ~** фи́рма собира́ется в ско́ром вре́мени вы́йти на э́тот ры́нок
einstellbar *adj* регули́руемый
einstellen 1. *vt* (*an seinen Platz stellen*) ста́вить, по- *pf*, помеща́ть, -мести́ть *pf*; (*anstellen*) принима́ть, -ня́ть *pf*, брать, взять *pf* на рабо́ту; (*regulieren*) регули́ровать, от- *pf*; **2.** *vr* (*auftreten*) явля́ться, яви́ться *pf*; (*sich vorbereiten*) настра́иваться, -стро́иться *pf*; **sich auf eine Situation ~** настро́иться на ситуа́цию
Einstellung *f* ⟨-, -en⟩ (*das Einstellen*) регулиро́вка *f*, настро́йка *f*; (*Haltung, Ansicht*) пози́ция *f*, устано́вка *f*
Einstieg *m* ⟨-(e)s, -e⟩ (*Tür*) вход *m*, входна́я дверь *f*
einstig *adj* бы́вший, пре́жний
einstimmen 1. *vt* (*Instrument, Personen*) настра́ивать, -стро́ить *pf*; **2.** *vi* (*in Gesang*) подпева́ть, -пе́ть *pf*, подхва́тывать, -хвати́ть *pf*; **3.** *vr* настра́иваться, -стро́иться *pf*
einstimmig *adj* (*Beschluß*) единогла́сный
Einstimmigkeit *f* ⟨*gen:*-⟩ единогла́сие *nt*
einstöckig *adj* двухэта́жный
einströmen *vi* втека́ть, втечь *pf*, затека́ть, -те́чь *pf*
einstudieren *vt* зау́чивать, -чи́ть *pf*
einstufen *vt* распределя́ть, -ли́ть *pf* (по катего́риям, кла́ссам)
einstündig *adj* одночасово́й
einstürmen *vi* набро́ситься *pf*, -бра́сываться *impf*; **auf jdn ~** наки́нуться на кого́-л.
Einsturz *m* ⟨*gen:*-es⟩ обва́л *m*
einstürzen *vi* обру́шиваться, -шиться *pf*
Einsturzgefahr *f* ⟨*gen:*-⟩ угро́за *f* обва́ла; **es besteht ~** существу́ет угро́за обва́ла
einstweilen *adv* пока́, тем вре́менем
einstweilig *adj* вре́менный
eintägig *adj* однодне́вный
eintauchen 1. *vt* обма́кивать, -кну́ть *pf*; **2.** *vi* ныря́ть, -рну́ть *pf*
eintauschen *vt* обме́нивать, -ня́ть *pf*; **etw gegen etw ~** обменя́ть что́-л. на что́-л.
eintausend *num* одна́ ты́сяча
einteilen *vt* (*in Teile gliedern*) разделя́ть, -ли́ть *pf*; (*Geld, Zeit*) распределя́ть, -ли́ть *pf*
einteilig *adj* неразде́льный, це́льный
Einteilung *f* ⟨-, -en⟩ разделе́ние *nt*, распределе́ние *nt*
eintönig *adj* моното́нный, однообра́зный
Eintönigkeit *f* ⟨*gen:*-⟩ моното́нность *f*, однообра́зие *nt*
Eintopf *m* ⟨*gen:*-(e)s⟩ *густо́й суп, заменя́ющий пе́рвое и второ́е*
Eintracht *f* ⟨*gen:*-⟩ единоду́шие *nt*, согла́сие *nt*
einträchtig *adj* единоду́шный, дру́жный
Eintrag *m* ⟨-(e)s, Einträge⟩ (*in einer Liste*) за́пись *f*
eintragen *irr vt* (*hineinschreiben, -zeichnen*) запи́сывать, -писа́ть *pf*, вноси́ть, внести́ *pf* в спи́сок; (*einbringen*) приноси́ть, -нести́ *pf*
einträglich *adj* дохо́дный, при́быльный
eintreffen *irr vi* (*ankommen*) прибыва́ть, -бы́ть *pf*; (*Wirklichkeit werden*) сбыва́ться, сбы́ться *pf*; **was alle befürchtet hatten, traf ein** то, чего́ все боя́лись, случи́лось
eintreiben *irr vt* (*Geld*) взы́скивать, -ска́ть *pf*
Eintritt *m* ⟨-(e)s, -e⟩ (*das Eintreten*) вход *m*; **~ frei!** вход свобо́дный!
Eintrittsgeld *nt* ⟨-(e)s, -er⟩ входна́я пла́та *f*
Eintrittskarte *f* ⟨-, -n⟩ входно́й биле́т *m*
Eintrittspreis *m* ⟨-es, -e⟩ входна́я пла́та *f*
eintrocknen *vi* засыха́ть, -со́хнуть *pf*
eintrudeln *vi* (*umg*) приходи́ть, прийти́ *pf*, заявля́ться, заяви́ться *pf*
einüben *vt* разу́чивать, -чи́ть *pf*,

заўчивать, -чи́ть *pf*
einverleiben *vt* (*umg*) есть, съесть *pf*; **die Kinder haben sich den ganzen Kuchen einverleibt** дéти съéли весь торт
Einvernehmen *nt* ⟨*gen:*-s⟩ соглáсие *nt*; **im besten ~stehen** быть в дóбром соглáсии
einverstanden *adj* соглáсный; **mit etw ~ sein** быть соглáсным с чéм-л.; **~!** соглáсен!
Einverständnis *nt* ⟨*gen:*-ses⟩ соглáсие *nt*; **jdm sein ~ zu etw geben** дать комý-л. на чтó-л. своё соглáсие
Einwand *m* ⟨-(e)s, Einwände⟩ возражéние *nt*
Einwanderer *m* ⟨-s, -⟩ переселéнец *m*, иммигрáнт *m*
einwandern *vi* переселя́ться, -ли́ться *pf*, иммигри́ровать *impf/pf*
Einwanderung *f* ⟨-, -en⟩ иммигрáция *f*
Einwanderungsland *nt* ⟨-(e)s, -länder⟩ *странá большóго притóка иммигрáнтов*
einwandfrei *adj* безупрéчный, безукори́зненный
einwärts *adv* внутрь
einwecken *vt* консерви́ровать, за- *pf*
Einwegflasche *f* ⟨-, -en⟩ буты́лка *f* рáзового употреблéния
Einwegspritze *f* ⟨-, -n⟩ одноразóвый шприц *m*
Einwegverpackung *f* ⟨-, -en⟩ рáзовая упакóвка *f*
einweichen *vt* размáчивать, -мочи́ть *pf*
einweihen *vt* (*feierlich eröffnen*) (торжéственно) открывáть, -кры́ть *pf*; (*jdn in Pläne, Geheimnisse ~*) посвящáть, -святи́ть *pf*
Einweihung *f* ⟨-, -en⟩ (торжéственное) откры́тие *nt*
einweisen *irr vt* (*in Klinik, Heim*) направля́ть, -прáвить *pf*; (*instruieren*) инструкти́ровать *impf/pf*, про- *pf*
Einweisung *f* ⟨-, -en⟩ инструктáж *m*
einwenden *vt* возражáть, -рази́ть *pf*; **nichts einzuwenden haben** не имéть никаки́х возражéний
einwerfen *irr vt* (*hineinwerfen*) бросáть, брóсить *pf*; (*Fensterscheibe*) выбивáть, вы́бить *pf*; (*Brief*) опускáть, -сти́ть *pf*; (*SPORT*) вбрáсывать, вбрóсить *pf*
einwickeln *vt* завёртывать, -вернýть *pf*
einwilligen *vi* соглашáться, -гласи́ться *pf*; **in etw ~** согласи́ться на чтó-л.
Einwilligung *f* ⟨-, -en⟩ соглáсие *nt*
einwirken *vi* (*beeinflussen*) влия́ть, по- *pf*, воздéйствовать *impf/pf*; (*Wirkung entfalten*) дéйствовать, по- *pf*; **man muß diese Salbe 10 Minuten ~ lassen** э́той мáзи необходи́мо дать 10 минýт подéйствовать
Einwohner, -in *m/f* ⟨-s, -⟩ жи́тель -ница *m/f*
Einwohnermeldeamt *nt* ⟨-(e)s, -ämter⟩ стол *m* прописки
Einwurf *m* ⟨-(e)s, Einwürfe⟩ (*am Briefkasten*) разрéз *m*, щель *f*; (*Einwand*) возражéние *nt*; (*SPORT*) вбрáсывание *nt*
Einzahl *f* ⟨*gen:*-⟩ еди́нственное числó *nt*
einzahlen *vt* плати́ть, уплати́ть *pf*
Einzahlung *f* ⟨-, -en⟩ платёж *m*, взнос *m*
einzäunen *vt* обноси́ть, -нести́ *pf* забóром
Einzelfahrschein *m* ⟨-(e)s, -e⟩ рáзовый проезднóй билéт *m*
Einzelfall *m* ⟨-(e)s, -fälle⟩ едини́чный слýчай *m*
Einzelgänger, -in *m/f* ⟨-s, -⟩ одинóчка *m*
Einzelhaft *f* ⟨*gen:*-⟩ одинóчное заключéние *nt*
Einzelhandel *m* ⟨*gen:*-s⟩ рóзничная торгóвля *f*
Einzelheit *f* ⟨-, -en⟩ подрóбность *f*, детáль *f*; **in allen ~en** во всех подрóбностях
Einzelkind *nt* ⟨-(e)s, -er⟩ еди́нственный ребёнок *m*
einzeln *adj* отдéльный
Einzelteil *nt* ⟨-(e)s, -e⟩ детáль *f*
Einzelzimmer *nt* ⟨-s, -⟩ нóмер *m* на одногó человéка
einziehen *irr vt* (*Faden*) продевáть, -дéть *pf*; (*Kabel*) протя́гивать, -тянýть *pf*; (*Fahne*) спускáть, -сти́ть *pf*; (*zum Militär*) призывáть, -звáть *pf*
einzig *adj* еди́нственный
einzigartig *adj* еди́нственный в своём рóде, осóбенный
Einzug *m* ⟨-(e)s, Einzüge⟩ (*in eine Wohnung*) въезд *m*
Eis *nt* ⟨*gen:*-es⟩ лёд *m*; (*Speise~*) морóженое *nt*; **das ~ ist gebrochen** (*fig*) лёд трóнулся
Eisbahn *f* ⟨-, -en⟩ катóк *m*
Eisbär *m* ⟨-en, -en⟩ бéлый медвéдь *m*
Eisbecher *m* ⟨-s, -⟩ стакáнчик *m* для морóженого
Eisbein *nt* ⟨*gen:*-(e)s⟩ свинáя нóжка *f*
Eisberg *m* ⟨-(e)s, -e⟩ áйсберг *m*
Eiscreme *f* ⟨*gen:*-⟩ морóженое *nt*
Eisdecke *f* ⟨-, -n⟩ ледянóй покрóв *m*
Eisdiele *f* ⟨-, -n⟩ кафé-морóженое *nt*
Eisen *nt* ⟨-s, -⟩ желéзо *nt*; **ein heißes ~** (*fig*) щекотли́вое дéло
Eisenbahn *f* ⟨-, -en⟩ желéзная дорóга *f*
Eisenbahner, -in *m/f* ⟨-s, -⟩ железнодорóжник, -жница *m/f*
Eisenbahnschiene *f* ⟨-, -n⟩ рельс *m*
Eisenbahnschranke *f* ⟨-, -n⟩ шлагбáум

m
Eisenbahnwagen *m* ⟨-s, -⟩ железнодоро́жный ваго́н *m*
Eisenerz *nt* ⟨-es, -e⟩ желе́зная руда́ *f*
eisenhaltig *adj* желе́зистый
eisern *adj* (*auch fig*) желе́зный
Eisfach *nt* ⟨-(e)s, -fächer⟩ морози́льная ка́мера *f*
eisfrei *adj* свобо́дный о́то льда
eisgekühlt *adj* охлаждённый на льду́
Eisheiligen *pl* ⟨*gen:-*⟩: **die ~** за́морозки в ма́е
Eishockey *nt* ⟨*gen:-s*⟩ хокке́й *m* на льду́
eisig *adj* (*auch fig*) ледяно́й
eiskalt *adj* (*sehr kalt:auch fig*) холо́дный как лёд
Eiskunstlauf *m* ⟨*gen:-(e)s*⟩ фигу́рное ката́ние *nt*
eislaufen *vi* ката́ться *impf* на конька́х
Eisläufer, -in *m/f* ⟨-s, -⟩ конькобе́жец *m*
Eismeer *nt* ⟨*gen:-(e)s*⟩ поля́рное мо́ре *nt*
Eisschießen *nt* ⟨*gen:-s*⟩ кёрлинг *m*
Eiswürfel *m* ⟨-s, -⟩ ку́бик *m* льда
Eiszapfen *m* ⟨-s, -⟩ сосу́лька *f*
Eiszeit *f* ⟨-, -en⟩ леднико́вый пери́од *m*
eitel *adj* тщесла́вный, самовлюблённый
Eitelkeit *f* ⟨*gen:-*⟩ тщесла́вие *nt*, самовлюблённость *f*
Eiter *m* ⟨*gen:-s*⟩ гной *m*
eitern *vi* нагнои́ться *pf*, -гна́иваться *impf*, гнои́ться *impf*
eitrig *adj* гно́йный
Eiweiß *nt* ⟨-es, -e⟩ бело́к *m*
eiweißreich *adj* бога́тый белка́ми
Eizelle *f* ⟨-, -n⟩ яйцева́я кле́тка *f*, яйцекле́тка *f*
Ekel *m* ⟨*gen:-s*⟩ (*Abscheu*) отвраще́ние *nt*; (*umg:Person*) ме́рзкий челове́к *m*
ekelerregend *adj* отврати́тельный, омерзи́тельный
ekelhaft *adj* отврати́тельный, ме́рзкий
ekelig *adj* ме́рзкий, га́дкий
ekeln *vr* испы́тывать, -та́ть *pf* отвраще́ние; **sich vor etw ~** испы́тывать от чего́-л. отвраще́ние
EKG *abk von* ***Elektrokardiogramm*** *nt* ЭКГ *f*
Eklat *m* ⟨-s, -s⟩ сканда́л *m*
Ekstase *f* ⟨-, -n⟩ экста́з *m*, восто́рг *m*; **in ~ geraten** прийти́ в экста́з
Ekzem *nt* ⟨-s, -e⟩ экзе́ма *f*
Elan *m* ⟨*gen:-s*⟩ (*geh*) подъём *m*, воодушевле́ние *nt*
elastisch *adj* эласти́чный
Elastizität *f* ⟨*gen:-*⟩ эласти́чность *f*, упру́гость *f*
Elch *m* ⟨-s, -e⟩ лось *m*
Elefant *m* ⟨-en, -en⟩ слон *m*
elegant *adj* элега́нтный, изя́щный
Eleganz *f* ⟨*gen:-*⟩ элега́нтность *f*, изя́щество *nt*
Elektriker, -in *m/f* ⟨-s, -⟩ эле́ктрик *m*
elektrisch *adj* электри́ческий
elektrisieren *vt* (*begeistern, erregen*) возбужда́ть, -буди́ть *pf*
Elektrizität *f* ⟨*gen:-*⟩ электри́чество *nt*
Elektrizitätswerk *nt* ⟨-(e)s, -e⟩ электроста́нция *f*
Elektrode *f* ⟨-, -n⟩ электро́д *m*
Elektrofahrzeug *nt* ⟨-(e)s, -e⟩ электромоби́ль *m*
Elektroherd *m* ⟨-(e)s, -e⟩ электри́ческая плита́ *f*
Elektromotor *m* ⟨-s, -en⟩ электродви́гатель *m*
Elektron *nt* ⟨-s, -en⟩ электро́н *m*
Elektronenmikroskop *nt* ⟨-s, -e⟩ электро́нный микроско́п *m*
Elektronik *f* ⟨*gen:-*⟩ электро́ника *f*
elektronisch *adj* электро́нный
Elektrotechnik *f* ⟨*gen:-*⟩ электроте́хника *f*
Element *nt* ⟨-s, -e⟩ (*Bestandteil*) элеме́нт *m*, составна́я часть *f*; (*CHEM*) элеме́нт *m*
elementar *adj* элемента́рный
elend *adj* жа́лкий, несча́стный
Elend *nt* ⟨*gen:-s*⟩ беда́ *f*, бе́дствие *nt*
Elendsviertel *nt* ⟨-s, -⟩ ни́щенский кварта́л *m*
elf *num* оди́ннадцать
Elf *f* ⟨*gen:-*⟩ (*Fußballmannschaft*) футбо́льная кома́нда *f*
Elfe *f* ⟨-, -n⟩ эльф *m*
Elfenbein *nt* ⟨*gen:-s*⟩ слоно́вая кость *f*
Elfenbeinturm *m* ⟨*gen:-s*⟩: **im ~ sitzen** быть не от ми́ра сего́
Elfmeter *m* ⟨-s, -⟩ одиннадцатиметро́вый уда́р *m*
eliminieren *vt* (*geh*) исключа́ть, -чи́ть *pf*, устраня́ть, -ни́ть *pf*
elitär *adj* элита́рный
Elite *f* ⟨-, -n⟩ эли́та *f*
Elixier *nt* ⟨-s, -e⟩ эликси́р *m*, насто́й *m*
Ellbogen *m* ⟨-s, -⟩ ло́коть *m*; **seine ~ gebrauchen** (*fig*) прокла́дывать себе́ доро́гу локтя́ми
Elle *f* ⟨-, -n⟩ локтева́я кость *f*
Ellenbogen *m* ⟨-s, -⟩ ло́коть *m*
Ellipse *f* ⟨-, -n⟩ э́ллипс *m*
Elsaß *nt* ⟨*gen:-*⟩ Эльза́с *m*
Elster *f* ⟨-, -n⟩ соро́ка *f*, **eine diebische ~** (*fig*) соро́ка-воро́вка
elterlich *adj* роди́тельский
Eltern *pl* ⟨*gen:-*⟩ роди́тели *pl*
Elternabend *m* ⟨-s, -e⟩ роди́тельское собра́ние *nt*
Elternhaus *nt* ⟨-es, -häuser⟩ роди́тельский дом *m*
elternlos *adj* не име́ющий роди́телей

Email *nt* ⟨-s, -s⟩ эма́ль *f*
emaillieren *vt* эмалирова́ть *impf*
Emanzipation *f* ⟨-, -en⟩ эмансипа́ция *f*
emanzipieren *vr* эмансипи́роваться *impf/pf*
emanzipiert *adj* эмансипи́рованный
Embargo *nt* ⟨-s, -s⟩ эмба́рго *nt*
Embolie *f* ⟨-, -n⟩ эмболи́я *f*
Embryo *m* ⟨-s, Embryonen, Embryos⟩ эмбрио́н *m*; заро́дыш *m*
Emigrant, -in *m/f* ⟨-en, -en⟩ эмигра́нт, -ка *m/f*
Emigration *f* ⟨-, -en⟩ эмигра́ция *f*
emigrieren *vi* эмигри́ровать *impf/pf*
eminent *adj* (*geh*) выдаю́щийся, ви́дный
Emission *f* ⟨-, -en⟩ (*Luftverunreinigung*) вы́брос *m* вре́дных веще́ств; (*PHYS*) эми́ссия *f*
emotional *adj* эмоциона́льный
empfahl *prät von* **empfinden**
empfand *prät von* **empfinden**
Empfang *m* ⟨-(e)s, Empfänge⟩ (*das Empfangen*) приём *m*, приёмка *f*; (*offizieller* ~) приём *m*, встре́ча *f*; (*Rundfunk*~) приём *m*; (*Rezeption*) приёмная *f*
empfangen *vt* (*Sender*) принима́ть *impf*; (*Person*) принима́ть, -ня́ть *pf*, встреча́ть, встре́тить *pf*
Empfänger, -in *m/f* ⟨-s, -⟩ получа́тель, -ница *m/f*, адреса́т *m*
empfänglich *adj* восприи́мчивый; **für etw ~ sein** быть восприи́мчивым к чему́-л.
Empfängnis *f* ⟨*gen:-*⟩ зача́тие *nt*
Empfängnisverhütung *f* ⟨*gen:-*⟩ предупрежде́ние *nt* бере́менности
Empfangsbestätigung *f* ⟨-, -en⟩ распи́ска *f* в получе́нии
Empfangschef, -in *m/f* ⟨-s, -s⟩ администра́тор *m*
empfehlen *vt* ⟨empfahl, empfohlen⟩ рекомендова́ть *impf/pf*, по- *pf*
empfehlenswert *adj* досто́йный рекоменда́ции
Empfehlung *f* ⟨-, -en⟩ рекоменда́ция *f*; **auf jds ~ hin** по чьей-л. рекоменда́ции
Empfehlungsschreiben *nt* ⟨-s, -⟩ рекоменда́тельное письмо́ *nt*
empfinden *vt* чу́вствовать *impf*; **etw als kränkend ~** восприма́ть что́-л. как оскорбле́ние
empfindlich *adj* чувстви́тельный, восприи́мчивый
Empfindlichkeit *f* ⟨*gen:-*⟩ чувстви́тельность *f*, восприи́мчивость *f*
empfindsam *adj* чувстви́тельный, сентимента́льный
empfing *prät von* **empfangen**
empfohlen *part perf von* **empfehlen**
empfunden *part perf von* **empfinden**
empirisch *adj* (*geh*) эмпири́ческий, о́пытный
empor *adv* вверх, кве́рху
Empore *f* ⟨-, -n⟩ хо́ры *pl*
empören 1. *vt* возмуща́ть, -мути́ть *pf*; **2.** *vr* возмуща́ться, -мути́ться *pf*; **sich über etw ~** возмуща́ться по по́воду чего́-л.
empörend *adj* возмути́тельно
Emporkömmling *m* ⟨-s, -e⟩ (*pej*) вы́скочка *mf*
emporkommmen *vi* всходи́ть, взойти́ *pf*
Empörung *f* ⟨-, -en⟩ возмуще́ние *nt*
emsig *adj* усе́рдный, стара́тельный
en gros *adv* о́птом
en masse *adv* ма́ссами, во мно́жестве
End- (*in Zusammensetzungen*) коне́чный
Endausscheidung *f* ⟨-, -en⟩ фина́льный тур *m* (соревнова́ния)
Ende *nt* ⟨-s, -n⟩ (*räumlich*) коне́ц *m*, край *m*; (*zeitlich*) коне́ц *m*, исхо́д *m*; **~ des Monats** коне́ц ме́сяца; **das ~ vom Lied war...** (*fig*) зако́нчилось тем, что...; **zu ~ gehen** подходи́ть к концу́; **zu ~ sein** ко́нчиться
Endeffekt *m* ⟨*gen:-s*⟩: **im ~** в коне́чном ито́ге
enden *vi* кончаться, ко́нчиться *pf*
Endergebnis *nt* ⟨-ses, -se⟩ коне́чный результа́т *m*
endgültig *adj* оконча́тельный
endlich 1. *adj* коне́чный; **2.** *adv* наконе́ц; **da kommt er ja ~!** вот он наконе́ц-то идёт!
endlos *adj* бесконе́чный
Endprodukt *nt* ⟨-(e)s, -e⟩ коне́чный проду́кт *m*
Endspiel *nt* ⟨-(e)s, -e⟩ (*SPORT*) фина́льная игра́ *f*
Endspurt *m* ⟨*gen:-(e)s*⟩ (*SPORT*) фи́нишный рыво́к *m*
Endstation *f* ⟨-, -en⟩ коне́чная ста́нция *f*
Energie *f* ⟨-, -n⟩ (*körperlich, geistig*) эне́ргия *f*; (*PHYS*) эне́ргия *f*
Energiequelle *f* ⟨-, -n⟩ исто́чник *m* эне́ргии
Energieversorgung *f* ⟨*gen:-*⟩ энергоснабже́ние *nt*
energisch *adj* энерги́чный
eng *adj* у́зкий; (*räumlich*) те́сный; **~ste Verhältnisse** теснота́ (*Freundschaft*) те́сный, бли́зкий; **~e Beziehungen** бли́зкие отноше́ния
Engagement *nt* ⟨-s, -s⟩ (*Einsatz*) уча́стие *nt*; (*am Theater*) ангажеме́нт *m*, приглаше́ние *nt* на рабо́ту
engagieren 1. *vt* (*Schauspieler*)

ангажи́ровать *impf/pf*, принима́ть, -ня́ть *pf* на рабо́ту; **2.** *vr* уча́ствовать *impf*; **sich für etw ~** акти́вно уча́ствовать в чём-л.
Enge *f* ⟨*gen:-*⟩ теснота́ *f*; **jdn in die ~ treiben** загна́ть кого́-л. в у́гол
Engel *m* ⟨-s, -⟩ (*REL :auch fig*) а́нгел *m*
Engelsgeduld *f* ⟨*gen:-*⟩ а́нгельское терпе́ние *nt*
England *nt* ⟨*gen:-s*⟩ А́нглия *f*
Engländer, -in *m/f* ⟨-s, -⟩ англича́нин, -ча́нка *m/f*
englisch *adj* англи́йский
Englisch *nt* ⟨*gen:-(s)*⟩ англи́йский язы́к *m*
englischsprachig *adj* говоря́щий на англи́йском языке́, англоязы́чный
Englischunterricht *m* ⟨*gen:-s*⟩ уро́к *m* англи́йского языка́
Engpaß *m* ⟨-passes, -pässe⟩ недоста́ча *f*; **es treten Engpässe in der Versorgung auf** возника́ют перебо́и со снабже́нием
engstirnig *adj* узколо́бый, недалёкий
Enkel, -in *m/f* ⟨-s, -⟩ внук, вну́чка *m/f*
Enkelkind *nt* ⟨-(e)s, -er⟩ внук *m*, вну́чка *f*
enorm *adj* огро́мный, чрезме́рный
Ensemble *nt* ⟨-s, -s⟩ анса́мбль *m*
entbehren *vt* быть *impf* лишённым, обходи́ться, обойти́сь *pf*; **ich kann das Warmwasser nicht länger ~** я не могу́ бо́льше обходи́ться без горя́чей воды́; **jdn ~** не мочь обходи́ться без кого́-л.
entbehrlich *adj* нену́жный; (из)ли́шний
Entbehrung *f* ⟨-, -en⟩ нужда́ *f*; **~en auf sich nehmen** подверга́ться лише́ниям
entbinden 1. *irr vt* (*befreien*) освобожда́ть, -боди́ть *pf*; **jdn von seinen Pflichten ~** освободи́ть кого́-л. от его́ обя́занностей (*Geburtshilfe leisten*) принима́ть, -ня́ть *pf* ро́ды; **sie ist von einem gesunden Mädchen entbunden worden** она разреши́лась здоро́вой де́вочкой; **2.** *irr vi* (*ein Kind zur Welt bringen*) разреши́ться *pf*, -ша́ться *impf* от бре́мени, рожа́ть, роди́ть *pf*; **meine Frau hat gestern entbunden** моя жена́ вчера́ родила́
Entbindung *f* ⟨-, -en⟩ освобожде́ние *nt*
entblößen *vt* обнажа́ть, -жи́ть *pf*
entdecken *vt* открыва́ть, -кры́ть *pf*, обнару́живать, -жить *pf*
Entdecker, -in *m/f* ⟨-s, -⟩ (*einer Insel*) первооткрыва́тель, -ница *m/f*
Entdeckung *f* ⟨-, -en⟩ откры́тие *nt*
Ente *f* ⟨-, -n⟩ у́тка *f*
entehren *vt* позо́рить, опозо́рить *pf*
enteignen *vt* экспроприи́ровать *impf/pf*
Enteignung *f* ⟨-, -en⟩ экспроприа́ция *f*
enterben *vt* лиша́ть, -ши́ть *pf* насле́дства
entfachen *vt* (*auch fig*) раздува́ть, -ду́ть *pf*, разжига́ть, -жéчь *pf*
entfallen *irr vi* (*aus der Erinnerung*) вы́пасть *pf*, -пада́ть *impf*; **die Namen sind mir leider ~** к сожале́нию, имена́ вы́пали у меня́ из головы́; (*jdm als Anteil zukommen*) достава́ться, -ста́ться *pf*, выпада́ть, вы́пасть *pf*; **auf jede Person ~ 100 Mark** на до́лю ка́ждого выпада́ет 100 ма́рок; (*ausfallen*) не состоя́ться *pf*; **die Veranstaltung entfällt** мероприя́тие не состои́тся
entfalten 1. *vt* (*auseinanderfalten*) расправля́ть, -пра́вить *pf*; **2.** *vr* распуска́ться, -пусти́ться *pf*; (*Fallschirm*) раскрыва́ться, -ры́ться *pf*; (*fig*) развива́ться, -ви́ться *pf*
entfernen 1. *vt* удаля́ть, -ли́ть *pf*; **Rotweinflecken lassen sich nur schwer ~** пя́тна от кра́сного вина́ удали́ть о́чень сло́жно; **2.** *vr* удаля́ться, -ли́ться *pf*; **das Boot hatte sich schon weit vom Ufer entfernt** ло́дка уже́ намно́го отдали́лась от бе́рега
entfernt *adj* (*fern*) отдалённый, да́льний; (*nicht nah verwandt*) да́льний; **eine ~e Verwandte** да́льняя ро́дственница (*gering*) сла́бый, незначи́тельный; **eine ~e Ähnlichkeit** отдалённое схо́дство; **nicht im ~esten** ничу́ть
Entfernung *f* ⟨-, -en⟩ расстоя́ние *nt*
entfesseln *vt* (*Krieg*) развя́зывать, -за́ть *pf*
entfliehen *irr vi* бежа́ть, убежа́ть *pf*, спаса́ться, -сти́сь *pf* бе́гством
entfremden *vt* отчужда́ть *impf*
Entfremdung *f* ⟨*gen:-*⟩ отчужде́ние *nt*
entfrosten *vt* отта́ивать, -та́ять *pf*
entführen *vt* похища́ть, -хи́тить *pf*
Entführer, -in *m/f* ⟨-s, -⟩ похити́тель, -ница *m/f*
Entführung *f* ⟨-, -en⟩ похище́ние *nt*; (*eines Flugzeugs*) уго́н *m*
entgegen 1. *präp* про́тив, вопреки́; **2.** *adv* (*in Richtung auf*) навстре́чу; **dem Ziel ~** навстре́чу це́ли (*zuwider*) вопреки́, про́тив
entgegenbringen *irr vt* (*Gefühle*) проявля́ть, -ви́ть *pf*; относи́ться, -нести́сь *pf*; **jdm Vertrauen ~** отнести́сь к кому́-л. с дове́рием
entgegengehen *irr vi* идти́ *impf* навстре́чу
entgegengesetzt *adj* противополо́жный
entgegenhalten *irr vi* (*darbieten*) подава́ть, -да́ть *pf*; (*einwenden*) противопоставля́ть, -ста́вить *pf*

entgegenkommen *irr vi* идти́ *impf* навстре́чу
Entgegenkommen *nt* ⟨*gen:-s*⟩ предупреди́тельность *f*
entgegenkommend *adj* предупреди́тельный
entgegennehmen *irr vt* принима́ть, -ня́ть *pf*
entgegensehen *irr vi* ожида́ть *impf*
entgegentreten *irr vi* выступа́ть, вы́ступить *pf* про́тив, заступа́ть, -пи́ть *pf* доро́гу
entgegnen *vi* возража́ть, -рази́ть *pf*
Entgegnung *f* ⟨-, -en⟩ возраже́ние *nt*, отве́т *m*
entgehen *irr vi* (*jds Aufmerksamkeit*) уходи́ть, уйти́ *pf*, ускольза́ть, -зну́ть *pf*; **seinem Blick entgeht nichts** от его́ взгля́да ничто́ не ускольза́ет
entgeistert *adj* ошеломлённый; **jdn ~ ansehen** ошеломлённо смотре́ть на кого́-л.
Entgelt *nt* ⟨-(e)s, -e⟩ опла́та *f*
entgelten *irr vt* плати́ться, по- *pf*
entgleisen *vi* сходи́ть, сойти́ *pf* с ре́льсов
Entgleisung *f* ⟨-, -en⟩ (*von Zug*) круше́ние *nt*; (*Geschmacklosigkeit*) беста́ктность *f*
entgleiten *irr vi* выска́льзывать, вы́скользнуть *pf*
entgräten *vt* удаля́ть, -ли́ть *pf* ко́сти (из ры́бы)
Enthaarungsmittel *nt* ⟨-s, -⟩ сре́дство *nt* для удале́ния воло́с
enthalten **1.** *irr vt* содержа́ть *impf*; **2.** *vr* возде́рживаться, -держа́ться *pf*; **sich der Stimme ~** воздержа́ться от голосова́ния
enthaltsam *adj* уме́ренный, возде́ржанный
Enthaltsamkeit *f* ⟨*gen:-*⟩ уме́ренность *f*, воздержа́ние *nt*
Enthaltung *f* ⟨-, -en⟩ отка́з *m*, воздержа́ние *nt*; **mit einer ~** (*Wahlergebnis*) при одно́м воздержа́вшемся
enthüllen *vt* (*geh:die Hülle entfernen*) снима́ть, снять *pf* покро́в; **ein Denkmal ~** открыва́ть па́мятник (*entlarven*) разоблача́ть, -чи́ть *pf*
Enthusiasmus *m* ⟨*gen:-*⟩ энтузиа́зм *m*
enthusiastisch *adj* по́лный энтузиа́зма, восто́рженный
entkleiden **1.** *vt* раздева́ть, -де́ть *pf*; **2.** *vr* раздева́ться, -де́ться *pf*
entkommen *irr vi* убежа́ть *pf*, убега́ть *impf*; **einer Gefahr ~** уйти́ от опа́сности
entkorken *vt* откупо́ривать, -ку́порить *pf*
entkräften *vt* обесси́ливать, -лить *pf*
entladen **1.** *irr vt* разгружа́ть, -грузи́ть *pf*; **2.** *vr* разряди́ться *pf*, -ряжа́ться *impf*; **die Hitze des Tages entlud sich in einem Gewitter** дневна́я жара́ разряди́лась в бу́рю
entlang *adv* вдоль
entlangfahren *irr vi* е́хать *impf* вдоль
entlarven *vt* разоблача́ть, -чи́ть *pf*; **jdn als Lügner ~** разоблачи́ть кого́-л. как обма́нщика
entlassen *irr vt* (*Gefangenen*) освобожда́ть, -боди́ть *pf*; (*Angestellten*) увольня́ть, уво́лить *pf*
Entlassung *f* ⟨-, -en⟩ освобожде́ние *nt*; (*von Angestellten*) увольне́ние *nt*
entlasten *vt* разгружа́ть, -грузи́ть *pf*, освобожда́ть, -боди́ть *pf* (от рабо́ты)
Entlastung *f* ⟨-, -en⟩ разгру́зка *f*
Entlastungszeuge, -zeugin *m/f* ⟨-n, -n⟩ свиде́тель, -ница *m/f* защи́ты
entlaufen *irr vi* убежа́ть *pf*, убега́ть *impf*; **Katze ~!** ко́шка сбежа́ла!
entledigen *vr* избавля́ться, -ба́виться *pf*; **sich einer Sache ~** изба́виться от чего́-л.
entleeren *vt* опора́жнивать, -рожни́ть *pf*
entlegen *adj* отдалённый, удалённый
entlocken *vt* выма́нивать, вы́манить *pf*
entlüften *vt* прове́тривать, -рить *pf*
entmachten *vt* лиша́ть, -ши́ть *pf* вла́сти
entmenschen *vt* лиша́ть, -ши́ть *pf* челове́ческого о́браза (челове́ческого досто́инства)
entmilitarisieren *vt* демилитаризова́ть *impf/pf*
entmündigen *vt* брать, взять *pf* под опе́ку
entmutigen *vt* лиша́ть, -ши́ть *pf* му́жества
Entnahme *f* ⟨-, -n⟩ взя́тие *nt*, изъя́тие *nt*
entnehmen *irr vt* (*herausnehmen*) брать, взять *pf*; (*aus etw schließen*) заключа́ть, -чи́ть *pf* (из чего́-л.)
entpuppen *vr* оказа́ться *pf*, ока́зываться *impf*; **sich als Schwindler ~** оказа́ться обма́нщиком
entreißen *irr vt* вырыва́ть, вы́рвать *pf*, выхва́тывать, вы́хватить *pf*
entrichten *vt* вноси́ть, внести́ *pf*, упла́чивать, -лати́ть *pf*
entrosten *vt* удаля́ть, -ли́ть *pf* ржа́вчину
entrüsten *vr* возмуща́ться, -мути́ться *pf*; **sich über etw ~** возмуща́ться че́м-л.
Entrüstung *f* ⟨*gen:-*⟩ возмуще́ние *nt*, негодова́ние *nt*
entsagen *vi* отка́зываться, -за́ться *pf*;

einer Sache ~ отказа́ться от чего́-л.
entschädigen *vt* возмеща́ть, -мести́ть *pf*; **jdn für etw ~** возмести́ть кому́-л. что́-л.
Entschädigung *f* ⟨-, -en⟩ компенса́ция *f*, возмеще́ние *nt* убы́тков
entschärfen *vt* (*Bombe:auch fig*) разряжа́ть, -ряди́ть *pf*
Entscheid *m* ⟨-(e)s, -e⟩ реше́ние *nt*
entscheiden 1. *irr vt* (*Angelegenheit*) реша́ть, -ши́ть *pf*; **2.** *irr vr* реша́ться, -ши́ться *pf*; **sich für etw ~** реши́ться на что́-л.; **sich nicht ~ können** не мочь реши́ться
entscheidend *adj* реша́ющий; **im ~en Moment** в реша́ющий моме́нт
Entscheidung *f* ⟨-, -en⟩ реше́ние *nt*
Entscheidungsspiel *nt* ⟨-(e)s, -e⟩ реша́ющая игра́ *f*
entschieden *adj* реши́тельный; **ein ~er Gegner von etw** реши́тельный проти́вник чего́-л.
Entschiedenheit *f* ⟨*gen:-*⟩ реши́тельность *f*; **etw mit aller ~ ablehnen** отве́ргнуть что́-л. со всей реши́тельностью
entschlacken *vt* выводи́ть, вы́вести *pf* шла́ки
entschließen *irr vr* реша́ться, -ши́ться *pf*; **sich zu einer Sache ~** реши́ться на како́е-л. де́ло
entschlossen *adj* реши́тельный
Entschlossenheit *f* ⟨*gen:-*⟩ реши́тельность *f*
Entschluß *m* ⟨Entschlusses, Entschlüsse⟩ реше́ние *nt*
entschuldbar *adj* (*Fehler*) прости́тельный
entschuldigen 1. *vt* извиня́ть, -ни́ть *pf*; **2.** *vr* извиня́ться, -ни́ться *pf*; **sich für etw/jdn ~** извини́ться за что́-л./кого́-л.; **sich bei jdm ~** извини́ться пе́ред ке́м-л.
Entschuldigung *f* ⟨-, -en⟩ извине́ние *nt*; **~!** прошу́ проще́ния!
entschwefeln *vt* обессе́ривать, -рить *pf*
Entschwefelung *f* ⟨-, -en⟩ обессе́ривание *nt*
entsenden *vt* посыла́ть, -сла́ть *pf*; **jdn als Boten ~** напра́вить кого́-л. посло́м
entsetzen 1. *vt* ужаса́ть, -сну́ть *pf*; **2.** *vr* ужаса́ться, -сну́ться *pf*; **sich über etw ~** быть в у́жасе от чего́-л.
Entsetzen *nt* ⟨*gen:-s*⟩ у́жас *m*
entsetzlich *adj* ужа́сный
entsetzt *adj* в у́жасе, объя́тый у́жасом
entsichern *vt* (*Waffe*) сня́ть *pf*, снима́ть *impf* с предохрани́теля
entsinnen *irr vr* (*geh*) припомина́ть, -по́мнить *pf*; **sich einer Sache nicht mehr ~ können** не мо́чь вспо́мнить о како́м-л. де́ле
entsorgen *vt* устраня́ть, -ни́ть *pf* отхо́ды
Entsorgung *f* ⟨*gen:-*⟩ устране́ние *nt* отхо́дов
entspannen *vr* отдыха́ть, -дохну́ть *pf*, расслабля́ться, -сла́биться *pf*
Entspannung *f* ⟨*gen:-*⟩ о́тдых *m*, разря́дка *f*
Entspannungspolitik *f* ⟨*gen:-*⟩ поли́тика *f* разря́дки
entsprechen *irr vi* соотве́тствовать *impf*; **das entspricht nicht meinem Geschmack** э́то не соотве́тствует моему́ вку́су
entsprechend 1. *präp* в соотве́тствии, согла́сно; **~ seinen Weisungen** согла́сно его́ указа́ниям; **2.** *adj* соотве́тственно, соотве́тствующим о́бразом; **du kennst ihn doch, also verhalte dich ~** ты же его́ зна́ешь, так что веди́ себя́ соотве́тственно
entspringen *irr vi* (*Fluß*) брать, взя́ть *pf* нача́ло, течь *impf*
entstehen *irr vi* возника́ть, -ни́кнуть *pf*
Entstehung *f* ⟨-, -en⟩ возникнове́ние *nt*
entstellen *vt* обезобра́живать, -зобра́зить *pf*; **die Narbe entstellt ihr Gesicht** шрам обезобра́живает её лицо́
entstören *vt* устраня́ть, -ни́ть *pf* поме́хи
enttäuschen *vt* разочаро́вывать, -рова́ть *pf*
Enttäuschung *f* ⟨-, -en⟩ разочарова́ние *nt*; **über eine ~ hinwegkommen** пережи́ть разочарова́ние
entwaffnen *vt* (*die Waffen abnehmen*) разоружа́ть, -жи́ть *pf*; (*durch Charme*) обезору́живать, -жить *pf*; **ein ~des Lächeln** обезору́живающая улы́бка
Entwarnung *f* ⟨-, -en⟩ отбо́й *m*; **~ geben** дать отбо́й
entwässern *vt* осуша́ть, -ши́ть *pf*, отводи́ть, -вести́ *pf* во́ду
Entwässerung *f* ⟨*gen:-*⟩ осуше́ние *nt*, обезво́живание *nt*
entweder *conj* и́ли, ли́бо; **~ A oder B** ли́бо А, ли́бо Б
entweichen *irr vi* скрыва́ться, скры́ться *pf*
entweihen *vt* оскверня́ть, -ни́ть *pf*
entwenden *vt* (*geh*) похища́ть, -хи́тить *pf*
entwerfen *irr vt* (*Plan*) набра́сывать, -броса́ть *pf*
entwerten *vt* обесце́нивать, -нить *pf*
Entwerter *m* ⟨-s, -⟩ (*Fahrkarten~*)

компо́стер *m*
entwickeln **1.** *vt* развива́ть, -ви́ть *pf*; (*FOT*) проявля́ть, -ви́ть *pf*; **2.** *vr* развива́ться, -ви́ться *pf*
Entwicklung *f* ⟨-, -en⟩ разви́тие *nt*
Entwicklungsdienst *m* ⟨*gen:*-(e)s⟩ *доброво́льная слу́жба в развива́ющихся стра́нах*
Entwicklungshilfe *f* ⟨*gen:*-⟩ по́мощь *f* развива́ющимся стра́нам
Entwicklungsland *nt* ⟨-es, -länder⟩ развива́ющаяся страна́ *f*
entwirren *vt* (*Fäden*) распу́тывать, -тать *pf*
entwischen *vi* убежа́ть *pf*, убега́ть *impf*, улизну́ть *pf*
entwöhnen *vr* отвыка́ть, -вы́кнуть *pf*
Entwöhnung *f* ⟨*gen:*-⟩ отка́з *m* (от вре́дной привы́чки)
entwürdigen *vt* унижа́ть, уни́зить *pf*
Entwurf *m* ⟨-(e)s, Entwürfe⟩ набро́сок *m*, эски́з *m*
entwurzeln *vt* (*Bäume*) вырыва́ть, вы́рвать *pf* с ко́рнем
entziehen *irr vt* отнима́ть, -ня́ть *pf*, лиша́ть, -ши́ть *pf*; **jdm die Lebensgrundlage ~** лиша́ть кого́-л. средств к существова́нию
Entziehungskur *f* ⟨-, -en⟩ лече́ние *nt* от алкоголи́зма (наркома́нии)
entziffern *vt* расшифро́вывать, -фрова́ть *pf*
entzücken *vt* восхища́ть, -хити́ть *pf*
Entzücken *nt* ⟨*gen:*-s⟩ восто́рг *m*, восхище́ние *nt*
entzückend *adj* восхити́тельный
Entzug *m* ⟨*gen:*-(e)s⟩ лише́ние *nt*
entzünden **1.** *vt* зажига́ть, -же́чь *pf*; **2.** *vr* (*Wunde*) воспаля́ться, -ли́ться *pf*
Entzündung *f* ⟨-, -en⟩ воспале́ние *nt*
entzündungshemmend *adj* противовоспали́тельный
entzwei *adj* на́двое, попола́м
entzweibrechen *irr vi* разла́мываться, -лома́ться *pf*
entzweien *vt* ссо́рить, по- *pf*
entzweigehen *irr vi* разбива́ться, -би́ться *pf*
Enzyklopädie *f* ⟨-, -n⟩ энциклопе́дия *f*
Epidemie *f* ⟨-, -n⟩ эпиде́мия *f*
Epilepsie *f* ⟨-, -n⟩ эпиле́псия *f*
Epileptiker, -in *m/f* ⟨-s, -⟩ эпиле́птик *m*
episch *adj* эпи́ческий
Episode *f* ⟨-, -n⟩ эпизо́д *m*
Epoche *f* ⟨-, -n⟩ эпо́ха *f*, пери́од *m*
Epos *nt* ⟨-, Epen⟩ э́пос *m*
Equalizer *m* ⟨-s, -⟩ эквала́йзер *m*
er *pron pers* он
erachten *vt* счита́ть *impf*; **etw als wichtig ~** счита́ть что́-л. ва́жным
Erachten *nt* ⟨*gen:*-s⟩ усмотре́ние *nt*, мне́ние *nt*; **meines ~s** по моему́ мне́нию
erbarmen **1.** *vt* вызыва́ть, вы́звать *pf* жа́лость; **2.** *vr* (*geh*) сжа́литься *pf*; **sich eines Menschen ~** сжа́литься над челове́ком
Erbarmen *nt* ⟨*gen:*-s⟩ жа́лость *f*, сострада́ние *nt*; **kein ~ kennen** не зна́ть жа́лости
erbärmlich *adj* жа́лкий, плаче́вный
erbarmungslos *adj* безжа́лостный, беспоща́дный
Erbarmungslosigkeit *f* ⟨*gen:*-⟩ безжа́лостность *f*
erbauen **1.** *vt* стро́ить, по- *pf*; **2.** *vr* (*geh*) испы́тывать, -та́ть *pf* наслажде́ние; **sich an Gedichten ~** наслажда́ться стиха́ми
Erbauer, -in *m/f* ⟨-s, -⟩ строи́тель *m*, архите́ктор *m*
erbaulich *adj* духо́вно обогаща́ющий, возвыша́ющий
Erbauung *f* ⟨*gen:*-⟩ духо́вный подъём *m*, укрепле́ние *nt* ду́ха
Erbe Erbin *m/f* ⟨-n, -n⟩ насле́дник, -ница *m/f*
erben *vt* (*Vermögen:auch fig*) насле́довать *impf/pf*, унасле́довать *pf*
erbeuten *vt* захвати́ть *pf*, -хва́тывать *impf*
Erbgut *nt* ⟨*gen:*-(e)s⟩ насле́дственный материа́л *m*
erbittert *adj* ожесточённый
Erbkrankheit *f* ⟨-, -en⟩ насле́дственная боле́знь *f*
erblassen *vi* бледне́ть, по- *pf*; **vor Wut ~** (*umg*) побеле́ть от зло́сти
erbleichen *vi* бледне́ть , по- *pf*
erblich *adj* (*Adel, Titel*) родово́й; (*Krankheit*) насле́дственный
erblicken *vt* уви́деть *pf*, ви́деть *impf*; **das Licht der Welt ~** (*umg*) появи́ться на свет
erbrechen **1.** *irr vt* (*Briefe*) вскрыва́ть, вскрыть *pf*; **2.** *irr vr* рвать, вы- *pf*; **sich ~ müssen** тошни́ть; **jnd erbricht sich** кого́-л. рвёт
Erbschaft *f* ⟨-, -en⟩ насле́дство *nt*; **eine ~ machen** получи́ть насле́дство
Erbse *f* ⟨-, -n⟩ горо́х *m*
Erbstück *nt* ⟨-(e)s, -e⟩ *вещь, доста́вшаяся по насле́дству*; **der Schrank ist ein ~ meiner Großmutter** шкаф - э́то ба́бушкино насле́дство
Erbteil *nt* ⟨-(e)s, -e⟩ до́ля *f* насле́дства
Erdbeben *nt* ⟨-s, -⟩ землетрясе́ние *nt*
Erdbeere *f* ⟨-, -n⟩ клубни́ка *f*; (*Wald~*) земляни́ка *f*
Erdbevölkerung *f* ⟨*gen:*-⟩ населе́ние *f*

земли́
Erdboden *m* ⟨*gen:*-s⟩ земля́ *f*; **eine Stadt dem ~ gleich machen** сравня́ть го́род с землёй
Erde *f* ⟨*gen:*-⟩ (*der Planet ~*) Земля́ *f*; (*Erdreich*) земля́ *f*, по́чва *f*
erden *vt* (*EL*) заземля́ть, -ли́ть *pf*
erdenklich *adj* мы́слимый; **sich alle ~e Mühe geben** прилага́ть все уси́лия
Erdgas *nt* ⟨*gen:*-es⟩ приро́дный газ *m*
Erdgeschoß *nt* ⟨-geschosses, -geschosse⟩ пе́рвый эта́ж *m*
erdig *adj* земляно́й
Erdkunde *f* ⟨*gen:*-⟩ геогра́фия *f*
Erdnuß *f* ⟨-, -nüsse⟩ ара́хис *m*
Erdoberfläche *f* ⟨*gen:*-⟩ пове́рхность *f* земли́
Erdöl *nt* ⟨*gen:*-(e)s⟩ нефть *f*
erdreisten *vr* (*geh*) осме́ливаться, -литься *pf*
erdrosseln *vt* удави́ть *pf*, уда́вливать *impf*, души́ть, за- *pf*
erdrücken *vt* дави́ть, раз- *pf*, за- *pf*
Erdrutsch *m* ⟨-(e)s, -e⟩ о́ползень *m*
Erdteil *m* ⟨-(e)s, -e⟩ часть *f* све́та
erdulden *vt* выноси́ть, вы́нести *pf*
ereifern *vr* горячи́ться, по- *pf*; **sich wegen [*o* über] etw ~** горячи́ться по по́воду чего́-л.
ereignen *vr* происходи́ть, -изойти́ *pf*; **in den letzten Wochen hat sich viel ereignet** за после́дние неде́ли мно́гое произошло́
Ereignis *nt* ⟨-ses, -se⟩ собы́тие *nt*, происше́ствие *nt*; **die ~se überstürzen sich** происше́ствия сле́довали одно́ за други́м
ereignisreich *adj* бога́тый собы́тиями
Erektion *f* ⟨-, -en⟩ эре́кция *f*
Eremit *m* ⟨-en, -en⟩ отше́льник *m*
erfahren 1. *irr vt* узнава́ть, -на́ть *pf*; **ich habe das erst heute ~** я об э́том то́лько сего́дня узна́л; (*geh:die Erfahrung von etw machen*) испы́тывать, испыта́ть *pf*; **er hat im Leben viel Ungerechtigkeit ~** он испыта́л в жи́зни мно́го несправедли́вости; **2.** *vi* узнава́ть, -на́ть *pf* (*von +dat* о *+gen*); **er hat rechtzeitig von diesem Angebot ~** он во́время узна́л об э́том предложе́нии; **3.** *adj* о́пытный, све́дущий
Erfahrung *f* ⟨-, -en⟩ (*einzelnes Erlebnis*) о́пыт *m*; **schlechte ~en machen** име́ть печа́льный о́пыт (*Summe der persönlichen Erfahrungen*) о́пыт *m*; **viel ~ besitzen** име́ть большо́й о́пыт
erfahrungsgemäß *adv* на осно́ве о́пыта, по о́пыту
erfassen *vt* (*verstehen, begreifen*) понима́ть, -ня́ть *pf*, схва́тывать, -ти́ть *pf*; **sie kann alles sehr schnell ~** она́ всё схва́тывает на лету́; (*registrieren*) регистри́ровать, за- *pf*; (*überkommen*) охва́тывать, -ти́ть *pf*; **Verzweiflung erfaßte sie** её охвати́ло отча́яние ; (*berücksichtigen*) включа́ть, -чи́ть *pf*, охва́тывать, -ти́ть *pf*; **diese Untersuchung erfaßt auch kleinste Details** э́то иссле́дование охва́тывает всё до мельча́йших дета́лей; (*mit Gewalt mitreißen*) сбива́ть, сбить *pf*; **der Mann wurde von der Lokomotive erfaßt** мужчи́на был сбит локомоти́вом
erfinden *irr vt* (*eine Erfindung machen*) изобрета́ть, -брести́ *pf*; (*sich ausdenken*) приду́мывать, -ду́мать *pf*; **diese Geschichte hat er doch nur erfunden** э́ту исто́рию он про́сто вы́думал
Erfinder, -in *m/f* ⟨-s, -⟩ изобрета́тель, -ница *m/f*
erfinderisch *adj* изобрета́тельный
Erfindung *f* ⟨-, -en⟩ изобрете́ние *nt*; **eine ~machen** сде́лать изобрете́ние
Erfindungsreichtum *m* ⟨*gen:*-s⟩ изобрета́тельность *f*
Erfolg *m* ⟨-(e)s, -e⟩ успе́х *m*; **~ haben** име́ть успе́х; **viel ~!** успе́хов!
erfolgen *vi* сле́довать, по- *pf*
erfolglos *adj* безуспе́шный, безрезульта́тный
Erfolglosigkeit *f* ⟨*gen:*-⟩ безуспе́шность *f*
erfolgreich *adj* успе́шный, уда́чный
Erfolgsaussicht *f* ⟨-, -en⟩ шанс *m* на успе́х
erfolgversprechend *adj* обеща́ющий успе́х
erforderlich *adj* необходи́мый
erfordern *vt* (*notwendig machen*) тре́бовать, по- *pf*; **diese Arbeit erfordert ein Höchstmaß an Konzentration** э́та рабо́та тре́бует высоча́йшей концентра́ции
Erfordernis *nt* ⟨-ses, -se⟩ тре́бование *nt*, потре́бность *f*
erforschen *vt* иссле́довать *impf/pf*
Erforschung *f* ⟨*gen:*-⟩ иссле́дование *nt*
erfragen *vt* расспра́шивать, -спроси́ть *pf*; **den Weg ~** расспроси́ть доро́гу
erfreuen 1. *vt* ра́довать, об- *pf*; **2.** *vr* ра́доваться, об- *pf*; **sich an etw ~** обра́доваться чему́-л.
erfreulich *adj* ра́достный, отра́дный
erfreulicherweise *adv* к сча́стью
erfrieren *irr vi* (*sich ein Körperteil ~*) обмора́живать, -ро́зить *pf*; (*an Erfrierung sterben*) замерза́ть, -мёрзнуть *pf*
Erfrierung *f* ⟨-, -en⟩ обмороже́ние *nt*
erfrischen 1. *vt* освежа́ть, -жи́ть *pf*; **2.**

vr освежа́ться, -жи́ться *pf*

Erfrischung *f* ⟨-, -en⟩ (*das Erfrischen*) освеже́ние *nt*; (*Getränk, Speise*) прохлади́тельный напи́ток *m*, освежа́ющий напи́ток *m*; **darf ich Ihnen eine ~ anbieten?** позво́льте предложи́ть вам что́-нибудь освежа́ющее?

Erfrischungstuch *nt* ⟨-(e)s, -tücher⟩ освежа́ющая салфе́тка *f*

erfüllen 1. *vt* (*einen Raum ausfüllen*) наполня́ть, -по́лнить *pf*; **eine Stehlampe erfüllte den Raum mit einem warmen Licht** торше́р наполня́л ко́мнату тёплым све́том; (*jdn innerlich beanspruchen*) быть *impf* по́лным; **alle Mitarbeiter waren von ehrgeizigen Hoffnungen erfüllt** все сотру́дники бы́ли полны́ честолюби́вых наде́жд; (*Vertrag, Pflicht*) выполня́ть, вы́полнить *pf*; **er erfüllte immer seine Aufgaben** он всегда́ выполня́л свои́ зада́чи; **2.** *vr* (*in Erfüllung gehen*) сбыва́ться, сбы́ться *pf*, исполня́ться, -по́лниться *pf*; **seine Wünsche sollten sich erst sehr viel später ~** его́ мечта́м суждено́ бы́ло испо́лниться мно́го по́зже

Erfüllung *f* ⟨*gen:-*⟩ исполне́ние *nt*; **in ~ gehen** испо́лниться

ergänzen 1. *vt* дополня́ть, -по́лнить *pf*, добавля́ть, -ба́вить *pf*; **2.** *vr* дополня́ть, -по́лнить *pf* друг дру́га

Ergänzung *f* ⟨-, -en⟩ дополне́ние *nt*, добавле́ние *nt*

ergattern *vt* (*umg*) раздобы́ть *pf*, -быва́ть *impf*

ergeben 1. *irr vt* составля́ть, -та́вить *pf*, дава́ть, дать *pf*; **die Berechnung ergibt folgendes Ergebnis ...** подсчёт даёт сле́дующий результа́т...; **2.** *irr vr* ока́зываться, -за́ться *pf*; **es hatte sich ~, daß ...** оказа́лось, что...; **3.** *adj* пре́данный, ве́рный

Ergebenheit *f* ⟨*gen:-*⟩ пре́данность *f*

Ergebnis *nt* ⟨-ses, -se⟩ (*Auswirkung*) после́дствие *nt*; (*einer Rechnung*) результа́т *m*

ergebnislos *adj* безрезульта́тный; **die Suche nach den Vermißten verlief ~** по́иски пропа́вших зако́нчились безрезульта́тно

ergehen 1. *irr vi* жи́ться *impf*; **jdm ergeht es gut/schlecht** кому́-л. живётся хорошо́/пло́хо; **2.** *irr vr* (*geh*) вдава́ться, вда́ться *pf*; **er erging sich in weitschweifigen Erklärungen** он углуби́лся в простра́нные разъясне́ния

ergiebig *adj* оби́льный; **diese Ernte war besonders ~** э́тот урожа́й был осо́бенно оби́льным; плодотво́рный; **seine Nachforschungen waren nicht sonderlich ~** его́ рассле́дования оказа́лись не осо́бенно плодотво́рными; (*Waschmittel*) эконо́мный

Ergonomie *f* ⟨*gen:-*⟩ эргоно́мика *f*

ergonomisch *adj* эргономи́ческий

ergötzen *vr* (*geh*) доставля́ть , -ста́вить *pf* наслажде́ние; **sich an etw ~** наслажда́ться чем-л.

ergreifen *irr vt* (*eine Sache*) хвата́ть , схвати́ть *pf*; (*das Wort*) брать, взять *pf*; (*die Macht*) захвати́ть *pf*, -хва́тывать *impf*

ergriffen *adj* взволно́ванный, тро́нутый

Erguß *m* ⟨Ergusses, Ergüsse⟩ (*Blut~*) излия́ние *nt*; (*Samen~*) эякуля́ция *f*

erhaben *adj* (*erhebend*) возвыша́ющий; **ein ~es Kunstwerk** вели́кое произведе́ние иску́сства (*über den Dingen stehend*) быть вы́ше; **über jeden Zweifel ~** вне вся́кого сомне́ния; **über jeden Verdacht ~ sein** быть вы́ше вся́ких подозре́ний (*aus einer Fläche herausragend*) вы́пуклый, релье́фный

erhalten *irr vt* (*bekommen*) получа́ть, -чи́ть *pf*; (*bewahren*) сохраня́ть, -ни́ть *pf*, **gut ~e Kleidungsstücke** хорошо́ сохрани́вшаяся оде́жда (*den Lebensunterhalt sichern*) содержа́ть *impf*; **wie soll er von dem Gehalt seine Familie ~?** как ему́ на э́ту зарпла́ту содержа́ть семью́?

erhältlich *adj* кото́рый мо́жно получи́ть; **nur auf Rezept ~** мо́жно получи́ть то́лько по реце́пту

Erhaltung *f* ⟨*gen:-*⟩ сохране́ние *nt*, содержа́ние *nt*

erhängen 1. *vt* ве́шать, пове́сить *pf*; **2.** *vr* пове́ситься *pf*, ве́шаться *impf*

erhärten *vr* (*Verdacht*) подтвержда́ть, -тверди́ть *pf*

erheben 1. *irr vt* поднима́ть, -ня́ть *pf*; **wer dafür ist, möge jetzt den Arm ~** кто „за" - про́сьба подня́ть ру́ку; **2.** *irr vr* (*aufstehen*) поднима́ться, -ня́ться *pf*; **Einspruch ~** заявля́ть проте́ст

erheblich *adj* значи́тельный

erheitern *vt* весели́ть, развесели́ть *pf*

Erheiterung *f* ⟨*gen:-*⟩ развлече́ние *nt*, увеселе́ние *nt*

erhellen *vt* (*auch fig*) освеща́ть, -вети́ть *pf*

erhitzen 1. *vt* нагрева́ть, -гре́ть *pf*; **2.** *vr* нагрева́ться, -гре́ться *pf*

erhoffen *vr* ожида́ть *impf*; **er erhoffte sich viel vom Leben** он мно́гого ждал от жи́зни

erhöhen *vt* (*um zwei Prozent*) повышáть, -вы́сить *pf*
Erhöhung *f* ⟨-, -en⟩ (*das Steigern*) повышéние *nt*
erholen *vr* отдыхáть, -дохнýть *pf*; **sich von etw ~** отдохнýть от чегó-л.
erholsam *adj* спосóбствующий óтдыху
Erholung *f* ⟨*gen:*f⟩ óтдых *m*
erholungsbedürftig *adj* нуждáющийся в óтдыхе
Erholungsgebiet *nt* ⟨-(e)s, -e⟩ зóна *f* óтдыха
erhören *vt* слы́шать, услы́шать *pf*
Erika *f* ⟨-, -s *o Eriken*⟩ вéреск *m*
erinnern 1. *vt* напоминáть, -пóмнить *pf*; **jdn an etw ~** напóмнить комý-л. о чём-л.; **2.** *vr* пóмнить *impf*; вспоминáть, вспóмнить *pf*; **sich an etw ~** вспоминáть чтó-л.
Erinnerung *f* ⟨-, -en⟩ (*erinnerter Eindruck*) воспоминáние *nt*; (*Gedächtnis*) пáмять *f*; **zur ~ an ...** на пáмять о...
erkälten *vr* простужáться, -студи́ться *pf*
Erkältung *f* ⟨-, -en⟩ простýда *f*
erkennbar *adj* замéтный, узнавáемый
erkennen *irr vt* (*sehen*) ви́деть, уви́деть *pf*; **am Horizont konnte man ein Schiff ~** на горизóнте мóжно бы́ло различи́ть корáбль; (*identifizieren*) узнавáть, -нáть *pf*, распознавáть, -знáть *pf* (*an +akk* по *+dat*); **man erkennt seine Bilder gleich an den prachtvollen Farben** егó карти́ны мóжно срáзу узнáть по великолéпным крáскам
erkenntlich : sich ~ zeigen отблагодари́ть когó-л.
Erkenntnis *f* ⟨-, -se⟩ осознáние *nt*; **zu einer ~ gelangen** осознáть
Erkennung *f* ⟨*gen:*-⟩ узнавáние *nt*, опознáние *nt*
Erkennungszeichen *nt* ⟨-s, -⟩ опознавáтельный знак *m*; **als ~ sollte er eine Zeitung in der Hand halten** в кáчестве опознавáтельного знáка он дóлжен держáть в рукáх газéту
Erker *m* ⟨-s, -⟩ э́ркер *m*
erklärbar *adj* объясни́мый, поня́тный
erklären 1. *vt* (*eine Erklärung von etw geben*) объясня́ть, -ни́ть *pf*; **er erklärte uns diesen Zusammenhang** он объясни́л нам э́ту взаимосвязь; **die neue Theorie erklärte alle diese Phänomene** нóвая теóрия объясни́ла все э́ти феномéны; **das erklärt alles!** э́тим всё объясня́ется!; (*auf einer Versammlung*) заявля́ть, -ви́ть *pf*; **er wurde vermißt erklärt** он был объя́влен пропáвшим ; **2.** *vr* объясня́ться, -сни́ться *pf*; **das erklärt sich wohl von selbst** самó по себé поня́тно
erklärlich *adj* поня́тный, объясни́мый
Erklärung *f* ⟨-, -en⟩ объяснéние *nt*; **ich schulde Dir eine ~** я дóлжен тебé кóе-что объясни́ть
erklingen *irr vi* зазвенéть *pf*, зазвучáть *pf*
erkranken *vi* заболéть *pf*, -левáть *impf*; **an etw ~** заболéть чéм-л.
Erkrankung *f* ⟨-, -en⟩ заболевáние *nt*
erkunden *vt* развéдывать, -дать *pf*
erkundigen *vr* справля́ться, спрáвиться *pf*, узнавáть, -нáть *pf*; **sich nach dem Weg ~** узнавáть дорóгу
Erkundigung *f* ⟨-, -en⟩ спрáвка *f*; **~en einziehen** наводи́ть спрáвки
erlahmen *vi* (*lahm werden*) отнимáться, -ня́ться *pf*; (*geh:nachlassen*) ослабевáть, -бéть *pf*; **das Interesse erlahmte sehr rasch** интерéс бы́стро ослабéл
erlangen *vt* достигáть, -сти́чь *pf*, получáть, -чи́ть *pf*
Erlaß *m* ⟨Erlasses, Erlasse⟩ укáз *m*, предписáние *nt*
erlassen *irr vt* (*Verordnung*) издавáть, -дáть *pf*; (*Schulden*) прощáть, прости́ть *pf*; **jdm eine Strafe ~** освободи́ть когó-л. от наказáния
erlauben 1. *vt* разрешáть, -ши́ть *pf*; **jdm etw ~** разреши́ть комý-л. чтó-л.; **2.** *vr* позволя́ть, -вóлить *pf*; **es ist ungeheuerlich, was die sich in letzter Zeit ~** невероя́тно, что они́ себé позволя́ют в послéднее врéмя
Erlaubnis *f* ⟨-, -se⟩ разрешéние *nt*, позволéние *nt*; **jdm eine ~ geben** разреши́ть комý-л.
erläutern *vt* поясня́ть, -сни́ть *pf*, объясня́ть, -ни́ть *pf*
Erläuterung *f* ⟨-, -en⟩ пояснéние *nt*, объяснéние *nt*
Erle *f* ⟨-, -n⟩ ольхá *f*
erleben *vt* (*die Erfahrung von etw machen*) переживáть, -жи́ть *pf*; **er erlebte mit ihr den schönsten Urlaub seines Lebens** он провёл с ней лýчший óтпуск своéй жи́зни; **ich möchte einmal ~, daß du pünktlich bist** я хочý оди́н раз ви́деть, как ты придёшь вóвремя; (*jdn in einer bestimmten Weise erfahren*) ви́деть, уви́деть *pf*; **man mußte ihn einmal erlebt haben** егó нýжно бы́ло оди́н раз уви́деть; (*noch am Leben sein*) доживáть, -жи́ть *pf*; **die Hochzeit seiner Tochter hat er leider nicht mehr erlebt** до свáдьбы своéй дóчери он к сожалéнию не дóжил
Erlebnis *nt* ⟨-ses, -se⟩ собы́тие *nt*; **zum ~ werden** стать больши́м собы́тием

erledigen *vt* выполня́ть, вы́полнить *pf*, исполня́ть, -по́лнить *pf*; **das Problem ist erledigt** пробле́ма решена́
Erledigung *f* ⟨-, -en⟩ исполне́ние *nt*, оконча́ние *nt*
erlegen *vt* (*Tier*) убива́ть, уби́ть *pf*
erleichtern *vt* (*etw einfacher machen*) облегча́ть, -чи́ть *pf*; **dieses Computerprogramm erleichtert die Arbeit ungemein** э́та компью́терная програ́мма чрезвыча́йно облегча́ет рабо́ту; (*von Sorge befreien*) успока́ивать, -ко́ить *pf*; **nach dem Geständnis wirkte er sichtlich erleichtert** по́сле призна́ния он вы́глядел я́вно успоко́енным; (*umg:bestehlen*) обкра́дывать, обокра́сть *pf*; **die Diebe haben ihn um 1000 DM erleichtert** во́ры обокра́ли его́ на 1000 ма́рок
Erleichterung *f* ⟨-, -en⟩ облегче́ние *nt*; **das Medikament verschaffte dem Kranken ~** медикаме́нт принёс больно́му облегче́ние
erleiden *irr vt* терпе́ть, по- *pf*; **sie haben eine Niederlage erlitten** они́ потерпе́ли пораже́ние
erlernbar *adj* поддаю́щийся изуче́нию
erlernen *vt* изуча́ть, -чи́ть *pf*
erlesen *adj* отбо́рный, и́збранный
erleuchten *vt* (*mit Licht*) освеща́ть, -вети́ть *pf*; **der Saal war von Kronleuchtern festlich erleuchtet** зал был пра́зднично освещён лю́страми; (*geh: geistig, spirituell*) озаря́ть, -ри́ть *pf*
Erleuchtung *f* ⟨*gen:*-⟩ просветле́ние *nt*, озаре́ние *nt*
erlitt *prät von* **erleiden**
erlogen *adj* ло́жный, лжи́вый
Erlös *m* ⟨-es, -e⟩ вы́ручка *f*
erlosch *prät von* **erlöschen**
erloschen *adj* (*Vulkan*) поту́хший
erlöschen *vi* ⟨erlosch, erloschen⟩ га́снуть, по- *pf*, ту́хнуть, по- *pf*
erlösen *vt* избавля́ть, -ба́вить *pf*; **jdn von etw ~** спасти́ кого́-л. от чего́-л.
Erlösung *f* ⟨*gen:*-⟩ избавле́ние *nt*, спасе́ние *nt*; **der Tod stellte für den Kranken eine ~ dar** смерть была́ для больно́го избавле́нием
ermächtigen *vt* уполномо́чивать, -чить *pf* (*zu + akk* на)
Ermächtigung *f* ⟨-, -en⟩ полномо́чие *nt*
ermahnen *vt* предостерега́ть, -ре́чь *pf*
Ermahnung *f* ⟨-, -en⟩ предостереже́ние *nt*, предупрежде́ние *nt*
ermäßigen *vt* уменьша́ть, уме́ньшить *pf*, снижа́ть, сни́зить *pf*
Ermäßigung *f* ⟨-, -en⟩ ски́дка *f*, льго́та *f*; **Kinder unter 10 Jahren erhalten ~** де́ти до 10 лет получа́ют ски́дку
ermessen *irr vt* измеря́ть, -ме́рить *pf*; **das Ausmaß der Katastrophe kann man noch nicht ~** масшта́б катастро́фы ещё нельзя́ определи́ть
Ermessen *nt* ⟨*gen:*-s⟩ мне́ние *nt*, усмотре́ние *nt*; **nach menschlichem ~** наско́лько мо́жно суди́ть
ermitteln *vt* выясня́ть, вы́яснить *pf*, рассле́довать *impf/pf*; **die Polizei ermittelt bereits in diesem Fall** поли́ция занима́ется рассле́дованием э́того слу́чая
Ermittlung *f* ⟨-, -en⟩ рассле́дование *nt*; **die Polizei hat ihre ~en eingestellt** поли́ция прекрати́ла рассле́дование
ermöglichen *vt* де́лать, сде́лать *pf* возмо́жным
ermorden *vt* убива́ть, уби́ть *pf*
Ermordung *f* ⟨-, -en⟩ уби́йство *nt*
ermüden 1. *vt* утомля́ть, -ми́ть *pf*; **das Training hat die Sportler ermüdet** трениро́вка утоми́ла спортсме́нов; **2.** *vi* устава́ть, уста́ть *pf*
Ermüdung *f* ⟨*gen:*-⟩ утомле́ние *nt*, уста́лость *f*
Ermüdungserscheinung *f* ⟨-, -en⟩ при́знак *m* уста́лости
ermuntern *vt* ободря́ть, -дри́ть *pf*
ermutigen *vt* ободря́ть, -дри́ть *pf*; **jdn zu etw ~** воодушеви́ть кого́-л. на что́-л.
ernähren 1. *vt* (*Nahrung geben*) корми́ть, на- *pf*; **zuletzt mußte er künstlich ernährt werden** вконце́ он до́лжен был получа́ть иску́сственное пита́ние; (*den Lebensunterhalt sichern*) содержа́ть *impf*; **von dem Gehalt kann er kaum seine Familie ~** на зарпла́ту он едва́ мо́жет содержа́ть семью́; **2.** *vr* пита́ться *impf*; **sich von etw ~** пита́ться че́м-л.
Ernährer, -in *m/f* ⟨-s, -⟩ корми́лец, -лица *m/f*
Ernährung *f* ⟨*gen:*-⟩ пита́ние *nt*; **ausgewogene/einseitige ~** уравнове́шенное/односторо́ннее пита́ние
Ernährungswissenschaft *f* ⟨*gen:*-⟩ диетоло́гия *f*
ernennen *irr vt* назнача́ть, -на́чить *pf*, производи́ть, -вести́ *pf*; **er wurde zum Oberbefehlshaber der Truppen ernannt** он был произведён в главнокома́ндующие войска́ми
Ernennung *f* ⟨-, -en⟩ назначе́ние *nt* (на до́лжность), произво́дство *nt* (в о́фице́ры)
Ernennungsurkunde *f* ⟨-, -n⟩ вери́тельная гра́мота *f*
erneuern 1. *vt* (*auswechseln*) обновля́ть,

-ви́ть *pf*, заменя́ть, -мени́ть *pf*; (*wieder aufleben lassen*) возобновля́ть, -ви́ть *pf*; **eine Freundschaft ~** возобнови́ть дру́жбу; **2.** *vr* (*nachwachsen*) обновля́ться, -ви́ться *pf*
Erneuerung *f* ⟨-, -en⟩ обновле́ние *nt*
erneut *adj* обновлённый, но́вый
erniedrigen *vt* унижа́ть, уни́зить *pf*
ernst *adj* (*Mensch, Lage*) серьёзный; (*wichtig*) ва́жный
Ernst *m* ⟨*gen:*-es⟩ серьёзность *f*; **im ~!** серьёзно!; **der ~ des Lebens** про́за жи́зни
Ernstfall *m* ⟨-(e)s, -fälle⟩: **im ~** в слу́чае реа́льной опа́сности
ernstgemeint *adj* серьёзный
ernsthaft *adj* серьёзный, настоя́тельный
ernstlich *adj* серьёзный, настоя́тельный
Ernte *f* ⟨-, -n⟩ урожа́й *m*
Erntedankfest *nt* ⟨*gen:*-(e)s⟩ пра́здник *m* урожа́я
ernten *vt* убира́ть, убра́ть *pf* урожа́й; (*fig*) пожина́ть, -жа́ть *pf*
Ernüchterung *f* ⟨-, -en⟩ отрезвле́ние *nt*
Eroberer *m* ⟨-s, -⟩ завоева́тель *m*
erobern *vt* завоёвывать, -воева́ть *pf*, захва́тывать, -ти́ть *pf*
Eroberung *f* ⟨-, -en⟩ завоева́ние *nt*, захва́т *m*
eröffnen 1. *vt* (*Geschäft*) открыва́ть, -кры́ть *pf*; **hier eröffnet nächsten Monat ein Kaufhaus** в сле́дующем ме́сяце здесь откро́ется универма́г; (*offenbaren*) открыва́ть, -кры́ть *pf*, сообща́ть, -щи́ть *pf*; **er sagte, er habe mir etw zu ~** он сказа́л, что до́лжен сообщи́ть мне что́-то; **2.** *vr* открыва́ться, -кры́ться *pf*; **der Medizin ~ sich ganz neue Möglichkeiten** медици́не открыва́ются соверше́нно но́вые возмо́жности
Eröffnung *f* ⟨-, -en⟩ (*eines Geschäfts*) откры́тие *nt*; (*Mitteilung*) сообще́ние *nt*; **diese ~ traf sie hart** э́то сообще́ние стра́шно подéйствовало на неё
Eröffnungsfeier *f* ⟨-, -n⟩ церемо́ния *f* откры́тия
erogen : die ~en Zonen эроге́нные зо́ны
erörtern *vt* обсужда́ть, -суди́ть *pf*, разбира́ть, -зобра́ть *pf*
Erörterung *f* ⟨-, -en⟩ обсужде́ние *nt*, разбо́р *m*
Erosion *f* ⟨-, -en⟩ эро́зия *f*
Erotik *f* ⟨*gen:*-⟩ эро́тика *f*
erotisch *adj* эроти́ческий
erpicht : auf etw ~sein быть па́дким на что́-л.
erpressen *vt* шантажи́ровать *impf*; **jd versuchte, sie mit Fotos zu ~** кто́-то пыта́лся её шантажи́ровать фотогра́фиями
Erpresser, -in *m/f* ⟨-s, -⟩ шантажи́ст, -ка *m/f*
Erpressung *f* ⟨-, -en⟩ шанта́ж *m*, вымога́тельство *nt*
erproben *vt* испы́тывать, -та́ть *pf*
erraten *irr vt* разга́дывать, -да́ть *pf*
erregbar *adj* возбуди́мый
Erregbarkeit *f* ⟨*gen:*-⟩ возбуди́мость *f*, раздражи́тельность *f*
erregen *vt* (*aufregen*) возбужда́ть, -буди́ть *pf*, вызыва́ть, вы́звать *pf* возбужде́ние; (*sexuell*) возбужда́ть, -буди́ть *pf*; (*Aufmerksamkeit*) привлека́ть, -вле́чь *pf* внима́ние
Erreger *m* ⟨-s,-⟩ (*MED*) возбуди́тель *m*
Erregung *f* ⟨*gen:*-⟩ возбужде́ние *nt*, волне́ние *nt*
erreichbar *adj* досяга́емый, достижи́мый; **das Hotel ist gut mit öffentlichen Verkehrsmitteln ~** до гости́ницы мо́жно легко́ добра́ться обще́ственным тра́нспортом
erreichen *vt* (*an einen Zielort gelangen*) достига́ть, -сти́гнуть *pf*; **die Expedition erreichte nach einem Monat den Südpol** спустя́ оди́н ме́сяц экспеди́ция дости́гла ю́жного по́люса; (*telefonisch*) застава́ть, -ста́ть *pf*; **er ist tagsüber nur schwer zu ~** его́ о́чень тру́дно заста́ть в тече́ние дня; (*etwas durchsetzen*) достига́ть, -сти́чь *pf*, добива́ться, -би́ться *pf*
errichten *vt* сооружа́ть, -руди́ть *pf*
erringen *vt* добива́ться, -би́ться *pf*
erröten *vi* красне́ть, по- *pf*
Errungenschaft *f* ⟨-, en⟩ (*technisch, kulturell*) достиже́ние *nt*; **eine ~ der modernen Medizin** достиже́ние совреме́нной медици́ны (*umg:Anschaffung*) приобрете́ние *nt*
Ersatz *m* ⟨*gen:*-es⟩ заме́на *f*
Ersatzdienst *m* ⟨*gen:*-es⟩ альтернати́вная слу́жба *f* (в а́рмии)
Ersatzmann *m* ⟨-es, -männer *o -leute*⟩ замести́тель *m*
Ersatzreifen *m* ⟨-s, -⟩ запасна́я покры́шка *f*
Ersatzteil *nt* ⟨-(e)s, -e⟩ запасна́я часть *f*
ersaufen *irr vi* (*umg*) утону́ть *pf*, тону́ть *impf*
ersäufen *vt* утопи́ть *pf*, топи́ть *impf*
erschaffen *irr vt* (*geh*) создава́ть, -да́ть *pf*; **Gott hat die Welt ~** бог со́здал мир
erscheinen *irr vi* (*sichtbar werden*) появля́ться, -ви́ться *pf*, возника́ть, -ни́кнуть *pf*; **auf dem Bildschirm erschien ein Zeichen** на экра́не появи́лся знак; (*im Traum*) явля́ться, яви́ться *pf*;

im Traum erschien ihm sein Bruder во сне́ ему́ яви́лся брат; (*Buch, Zeitung*) выходи́ть, вы́йти *pf*; **das Magazin erscheint vierteljährlich** жу́рнал выхо́дит раз в кварта́л

Erscheinung *f* ⟨-, -en⟩ (*das Erscheinen*) появле́ние *nt*; **in ~ treten** появи́ться (*Persönlichkeit*) вне́шность *f*, о́блик *m*; **eine stattliche ~** представи́тельная вне́шность

erschießen *irr vt* застрели́ть *pf*, -стре́ливать *impf*

erschlaffen *vi* ослабева́ть, -бе́ть *pf*

erschlagen *irr vt* убива́ть, уби́ть *pf*

erschleichen *irr vr* (*pej*) выма́нивать, вы́манить *pf*, приобрета́ть, -брести́ *pf* нече́стным путём; **sich jds Vertrauen ~** втере́ться в чьё-л. дове́рие

erschließen *irr vt* (*aus etw schließen*) заключи́ть *pf*, -ча́ть *impf*, де́лать, сде́лать *pf* вы́вод; (*Erdölvorkommen ~*) вскрыва́ть, вскрыть *pf*, осва́ивать, -во́ить *pf*

erschöpfen *vt* исчерпа́ть *pf*, -че́рпывать *impf*

erschöpft *adj* изнурённый, без сил

Erschöpfung *f* ⟨*gen:-*⟩ изнеможе́ние *nt*, истоще́ние *nt*

erschrecken 1. *vt* пуга́ть, ис- *pf*; **2.** *vi* ⟨erschrak, erschrocken⟩ пуга́ться, ис- *pf*

erschrocken *adj* испу́ганный

erschüttern *vt* сотряса́ть, -сти́ *pf*; (*auch fig*) потряса́ть, -сти́ *pf*

Erschütterung *f* ⟨-, -en⟩ сотрясе́ние *nt*; (*seelisch*) потрясе́ние *nt*

erschweren *vt* затрудня́ть, -ни́ть *pf*, осложня́ть, -ни́ть *pf*

erschwinglich *adj* досту́пный (по цене́)

ersetzbar *adj* замени́мый

ersetzen *vt* заменя́ть, -ни́ть *pf*; **etw durch etw ~** замени́ть что́-л. че́м-л.

ersichtlich *adj* ви́димый, ви́дный; **daraus ist ~** отсю́да я́вствует

ersparen *vt* (*Geld*) копи́ть, на- *pf*, эконо́мить, сэконо́мить *pf*; (*jdn mit etw verschonen*) избавля́ть, -ба́вить *pf*; **ich versuche, ihm unnötige Arbeit zu ~** я постара́юсь изба́вить его́ от нену́жной рабо́ты

Ersparnis *f* ⟨-, -se⟩ эконо́мия *f*

erst *adv* (*als erstes*) сперва́, пре́жде; (*nicht früher*) то́лько, лишь; **sie ist ~ jetzt gekommen** она́ то́лько сейча́с пришла́; (*am Anfang*) снача́ла; **~ waren sie begeistert, dann enttäuscht** снача́ла они́ бы́ли в восто́рге, пото́м разочарова́лись; (*nur*) то́лько, лишь; **ich habe ~ die Hälfte der Arbeit erledigt** я сде́лал лишь полови́ну рабо́ты

erstarren *vi* затвердева́ть, -де́ть *pf*, застыва́ть, -сты́ть *pf*

erstatten *vt* возврати́ть *pf*, -враща́ть *impf*, верну́ть *pf*

Erstaufführung *f* ⟨-, -en⟩ премье́ра *f*

erstaunen *vt* удивля́ть, -ви́ть *pf*, изумля́ть, -ми́ть *pf*

Erstaunen *nt* ⟨*gen:-s*⟩ удивле́ние *nt*, изумле́ние *nt*; **zu meinem ~** к моему́ удивле́нию; **jdn in ~ versetzen** поверга́ть кого́-л. в изумле́ние

erstaunlich *adj* удиви́тельный, порази́тельный

erstbeste(r,s) *adj* любо́й, пе́рвый попа́вшийся

erste(r,s) *num* (*Ordinalzahl zu eins*) пе́рвый; **du bist der ~, der das bemerkt** ты пе́рвый, кто э́то заме́тил; **es war Liebe auf den ~n Blick** э́то была́ любо́вь с пе́рвого взгля́да

erstechen *irr vt* заколо́ть *pf*, -ка́лывать *impf*

erstehen 1. *irr vi* (*geh:das alte Schloß ersteht in neuem Glanz*) возрожда́ться, -роди́ться *pf*; **2.** *vt* (*kaufen*) приобрета́ть, -брести́ *pf*

erstellen *vt* сооружа́ть, -руди́ть *pf*, возводи́ть, -вести́ *pf*

erstemal *adv:* **das ~** (в) пе́рвый раз

erstens *num* во-пе́рвых

erstere(r,s) *adj* пе́рвый (из двух); **~..., letzterer ...** пе́рвый..., после́дний...

ersticken 1. *vt* (*Menschen*) души́ть, за- *pf*; (*Feuer*) туши́ть, по- *pf*, за- *pf*; **2.** *vi* дави́ться, по- *pf*, задохну́ться *pf*, -дыха́ться *impf*; **er wäre fast an einer Gräte erstickt** он чу́ть не подави́лся ры́бной ко́сточкой

erstklassig *adj* первокла́ссный

Erstkommunion *f* ⟨*gen:-*⟩ пе́рвое прича́стие *nt*

erstmalig *adj* пе́рвый

erstmals *adv* впервы́е

erstrebenswert *adj* жела́емый, жела́нный

erstrecken *vr* простира́ться, -стере́ться *pf*; **sich von Norden nach Süden ~** простира́ться с се́вера на юг

Erstschlag *m* ⟨-es, -schläge⟩ (*MIL*) пе́рвый уда́р *m*

Erstsemester *nt* ⟨-s, -⟩ первоку́рсник, -ница *m/f*

ersuchen *vt* проси́ть, по- *pf*; **jdn um etw ~** обрати́ться к кому́-л. с про́сьбой о че́м-л.

ertappen *vt* пойма́ть *pf*, лови́ть *impf*; **jdn bei etw ~** засти́чь кого́-л. за че́м-л.

erteilen *vt* дава́ть, дать *pf*; (*Verweis*) де́лать, сде́лать *pf*; (*Unterricht*)

давáть, дать *pf*
ertönen *vi* звучáть, за- *pf*, раздавáться, -дáться *pf*
Ertrag *m* ⟨-(e)s , Erträge⟩ дохóд *m*, вы́ручка *f*
ertragen *irr vt* терпéть, вы́- *pf*, переноси́ть, -нести́ *pf*
erträglich *adj* терпи́мый, снóсный
ertränken *vt* топи́ть, утопи́ть *pf*
erträumen *vr* воображáть, -брази́ть *pf*, представля́ть, -стáвить *pf* себé
ertrinken *irr vi* тонýть, утонýть *pf*
erübrigen 1. *vt* (*übrigbehalten*) сберегáть, -рéчь *pf*; **Zeit für jdn/etw ~** удели́ть комý-л./чемý-л. врéмя; **2.** *vr* быть *impf* изли́шним; **damit erübrigt sich jeder weitere Versuch** э́то дéлает изли́шним любы́е дальнéйшие попы́тки
eruieren *vt* (*geh*) устанáвливать, -нови́ть *pf*
erwachen *vi* просыпáться, -снýться *pf*
erwachsen *adj* взрóслый
erwachsen *vi* возникáть, -ни́кнуть *pf*; **aus diesen Rechten ~ bestimmte Pflichten** из э́тих прав вытекáют определённые обя́занности
Erwachsene(r) *mf* ⟨-n, -n⟩ взрóслый *m*
Erwachsenenbildung *f* ⟨*gen:-*⟩ обучéние *nt* взрóслых
erwägen *vt* взвéшивать, взвéсить *pf*, обдýмывать, -мать *pf*
Erwägung *f* ⟨-, -en⟩ соображéние *nt*; **etw in ~ ziehen** приними́ть чтó-л. во внимáние
erwähnen *vt* упоминáть, -мянýть *pf*
erwähnenswert *adj* достóйный упоминáния
Erwähnung *f* ⟨-, -en⟩ упоминáние *nt*
erwärmen 1. *vt* грéть *impf*, согревáть, -грéть *pf*; **2.** *vr* согревáться, -грéться *pf*; **sich für jdn/etw ~** (*umg*) заинтересовáться кéм-л./чéм-л.
erwarten *vt* (*auf jdn warten*) ожидáть *impf*, ждать *impf*; **ich erwarte Sie morgen früh in meinem Büro** я жду вас зáвтра ýтром в моём бюрó; **es kaum noch ~ können** не мочь дождáться чегó-л. (*eine Erwartung an jdn/etw haben*) ожидáть *impf*, ждать *impf*; **er erwartet viel von seinem Sohn** он мнóгого ждёт от своегó сы́на; **ein Kind ~** ждать ребёнка
Erwartung *f* ⟨-, -en⟩ ожидáние *nt*
erwartungsgemäß *adv* как и слéдовало ожидáть
erwartungsvoll *adj* пóлный надéжды, пóлный ожидáний
erwecken *vt* (*Gefühle*) буди́ть, про- *pf*
erwehren *vr* сопротивля́ться *impf*; **er konnte sich des Gedankens nicht ~, daß ...** он не мог отдéлаться от мы́сли, что...
erweichen *vt* размягчáть, -чи́ть *pf*; (*auch fig*) смягчáть, -чи́ть *pf*
erweisen *irr vt* окáзывать, -зáть *pf*; **jdm einen Gefallen ~** сдéлать комý-л. одолжéние
erweitern *vt* расширя́ть, -ши́рить *pf*
Erwerb *m* ⟨*gen:-*(e)s⟩ (*Tätigkeit*) рабóта *f*, прóмысел *m*; (*eines Grundstücks*) приобретéние *nt*, покýпка *f*; (*Verdienst*) зáработок *m*
erwerben *irr vt* (*Kenntnisse*) приобретáть, -брести́ *pf*; (*etw käuflich ~*) покупáть, купи́ть *pf*; (*durch Arbeit*) зарабáтывать, -бóтать *pf*
erwerbsfähig *adj* трудоспосóбный
erwerbslos *adj* безрабóтный
erwerbstätig *adj* рабóтающий
erwerbsunfähig *adj* нетрудоспосóбный
erwidern *vt* (*antworten*) отвечáть, -вéтить *pf*; (*Gruß*) отвечáть, -вéтить *pf*; (*Gefühle*) отвечáть, -вéтить *pf* (взаи́мностью)
erwischen *vt* (*umg:ertappen*) поймáть *pf*, лови́ть *impf*; (*umg:erreichen*) заставáть, -стáть *pf*; **sie wollte ihn noch unbedingt heute ~** онá непремéнно хотéла застáть егó ещё сегóдня; **sie hat gerade noch die Straßenbahn erwischt** онá едвá успéла на трамвáй
erwog *imperf von* **erwägen**
erwünscht *adj* желáтельный; **seine Einmischung war nicht ~** егó вмешáтельсвто бы́ло нежелáтельно
erwürgen *vt* души́ть, за- *pf*
Erz *nt* ⟨-es, -e⟩ рудá *f*
erzählen *vt* расскáзывать, -зáть *pf*
Erzähler, -in *m/f* ⟨-s, -⟩ расскáзчик, -чица *m/f*
Erzählung *f* ⟨-, -en⟩ (*das Erzählen*) расскáз *m*; (*literarisches Werk*) расскáз *m*
Erzbischof *m* ⟨-(e)s, -bischöfe⟩ архиепи́скоп *m*
Erzengel *m* ⟨-s, -⟩ архáнгел *m*
erzeugen *vt* производи́ть, -вести́ *pf*, изготовля́ть, -тóвить *pf*
Erzeugnis *nt* ⟨-ses, -se⟩ издéлие *nt*, продýкт *m*
Erzeugung *f* ⟨*gen:-*⟩ изготовлéние *nt*, произвóдство *nt*
Erzfeind, -in *mf* ⟨-(e)s, -.e⟩ закля́тый враг *m*
erziehen *irr vt* воспи́тывать, -тáть *pf*; **Kinder zur Ordnung ~** приучáть детéй к поря́дку
Erzieher, -in *m/f* ⟨-s, -⟩ воспитáтель,

-ница *m/f*
Erziehung *f* ⟨*gen:-*⟩ воспитáние *nt*
Erziehungsberechtigte(r) *mf* ⟨-, -n⟩ *родители и лица их заменяющие (рóдственники, опекуны́)*; опекýн, -ша *m/f*
Erziehungsheim *nt* ⟨-(e)s, -e⟩ интернáт *m* для трудновоспитýемых
erzielen *vt* добивáться, -би́ться *pf*, достигáть, -сти́чь *pf*
erzwingen *vt* вынуждáть, вы́нудить *pf*
es *pron pers* онó; **das Fahrrad ist fast neu - ~ ist keine drei Wochen alt** велосипéд почти́ нóвый - емý нет трёх недéль; **du kannst doch sorgfältig arbeiten - dann tue ~ auch** ты же мóжешь аккурáтно рабóтать - так дéлай э́то; **~ ist schön, daß ihr mitkommt** хорошó, что вы тóже идёте; **~ regnet** идёт дождь; **sie ist ~!** э́то онá и есть!; **Peter war ~, der das gemacht hat** э́то сдéлал Пéтер
Esche *f* ⟨-, -n⟩ я́сень *m*
Esel *m* ⟨-s, -⟩ осёл *m*
Eselsbrücke *f* ⟨*gen:-*⟩ ключевóе слóво *nt*, подскáзка *f*
Eselsohr *nt* ⟨-(e)s, -en⟩ зáгнутый ýгол *m* страни́цы (в тетрáди)
Eskalation *f* ⟨-, -en⟩ эскалáция *f*
eskalieren *vi* эскали́ровать *impf*, обостря́ть, -стри́ть *pf*
Eskapade *f* ⟨-, -n⟩ эскапáда *f*
Eskimo *m* ⟨-s, -s⟩ эскимóс *m*
Eskorte *f* ⟨-, -n⟩ эскóрт *m*
Espresso *m* ⟨-(s), -s⟩ крéпкий кóфе *m*
Esprit *m* ⟨*gen:-s*⟩ (*geh*) остроýмие *nt*
Essay *m* ⟨-s, -s⟩ эссé *nt*, óчерк *m*
eßbar *adj* съедóбный
essen *vt* ⟨aß, gegessen⟩ есть, по- *pf*, съесть *pf*; **mit großem Appetit ~** есть с больши́м аппети́том; **den Teller leer ~** съесть всю тарéлку
Essen *nt* ⟨-s, -⟩ (*die Nahrungsaufnahme*) едá *f*; (*die Mahlzeit*) едá *f*, пи́ща *f*; **beim ~** во врéмя еды́ (*die Speise*) блю́до *nt*
Essensmarke *f* ⟨-, -n⟩ талóнчик *m* на обéд (зáвтрак и́ли ýжин)
Essenszeit *f* ⟨-, -en⟩ врéмя *nt* обéда
Essenz *f* ⟨-, -en⟩ (*der Kern*) сýщность *m*; (*Duftessenz*) эссéнция *f*
Essig *m* ⟨*gen:-s*⟩ ýксус *m*
Essiggurke *f* ⟨-, -n⟩ маринóванный огýрчик *m*
Eßkastanie *f* ⟨-, -n⟩ каштáн *m* посевнóй
Eßlöffel *m* ⟨-s, -⟩ столóвая лóжка *f*
Eßtisch *m* ⟨-(e)s, -e⟩ обéденный стол *m*
Eßzimmer *nt* ⟨-s, -⟩ столóвая *f* (кóмната)
Estland *nt* ⟨*gen:-s*⟩ Эстóния *f*
etablieren 1. *vt* оснóвывать, -вáть *pf*; **2.** *vr* обоснóвываться, -сновáться *pf*
Etage *f* ⟨-, -n⟩ этáж *m*
Etagenheizung *f* ⟨-, -en⟩ этáжное отоплéние *nt*
Etagenwohnung *f* ⟨-, -en⟩ кварти́ра *f* (в многокварти́рном дóме)
Etappe *f* ⟨-, --n⟩ (*SPORT:auch fig*) этáп *m*; (*Abschnitt*) отрéзок *m*
Etappensieg *m* ⟨-(e)s, -e⟩ (*SPORT*) этáпная побéда *f*
Etat *m* ⟨-s, -s⟩ бюджéт *m*
etc. *abk von* ***et cetera*** и т.д.
etepetete *adj* (*umgpej*) чóпорный
Ethik *f* ⟨-,-en⟩ э́тика *f*
ethisch *adj* эти́ческий
ethnisch *adj* этни́ческий
Ethnologie *f* ⟨*gen:-*⟩ этнолóгия *f*
Etikett *nt* ⟨-(e)s, -en *o -s*⟩ этикéтка *f*, ярлы́к *m*
Etikette *f* ⟨*gen:-*⟩ этикéт *m*
etikettieren *vt* этикети́ровать *impf*
etlich .. *pron indef* нéкоторый
Etui *nt* ⟨-s, -s⟩ футля́р *m*
etwa *adv* (*ungefähr*) примéрно, óколо; **~ hundert Mitarbeiter** óколо ста сотрýдников; **in ~** приблизи́тельно
etwaig *adj* возмóжный
etwas *pron indef* (*eine unbestimmte Größe bezeichnend*) чтó-нибудь, чтó-то; **da bewegt sich doch ~** там всё-таки чтó-то дви́жется; **niemand hat dir ~ getan** тебé никтó ничегó не сдéлал; **hast du gerade mal ~ zum Schreiben?** у тебя́ есть чтó-нибýдь пи́шущее? ; (*einen unbestimmten Teil von etw bezeichnend*) немнóго; **ich möchte auch ~ von dem Kuchen** я тóже хочý пирóжного; (*ein wenig*) чýточку, чуть; **sie fühlt sich jetzt ~ besser** онá чýвствует себя́ тепéрь чýточку лýчше; **in den letzten Tagen ist es ~ wärmer geworden** в послéдние дни стáло чуть теплée
Etwas *nt* ⟨-, -⟩ нéчто; **das gewisse ~** нéчто осóбеное
Etymologie *f* ⟨-, -n⟩ этимолóгия *f*
euch *pron pers* вам; **das muß ~ klar sein** э́то вам должнó быть поня́тно; **ich habe ~ gewarnt** я вас предупреждáл; **ihr macht ~ was vor** вы себя́ обмáнываете
euer *pron poss* ваш, свой; **alles Liebe, ~ Peter** всегó хорóшего, ваш Петер
euere(r,s) *siehe* **euer**
Eule *f* ⟨-, -n⟩ совá *f*, **~n nach Athen tragen** (*geh*) лить вóду в колóдец
Euphemismus *m* ⟨-, Euphemismen⟩ эвфеми́зм *m*
Euphorie *f* ⟨-, -n⟩ эйфори́я *f*
euphorisch *adj* эйфори́ческий
eure(r,s) *pron poss* ваш, свой

eurerseits *adv* с ва́шей стороны́
euresgleichen *pron* тако́й как вы, подо́бный вам
euretwegen *adv* из-за вас, ра́ди вас
Eurocheque *m* ⟨-s, -s⟩ еврочéк *m*
Europa *nt* ⟨*gen:*-s⟩ Евро́па *f*
Europacup *m* ⟨-s, -s⟩ ку́бок *m* Евро́пы
Europäer, -in *m/f* ⟨-s, -⟩ европе́ец, -пе́йка *m/f*
europäisch *adj* европе́йский
Europameister, -in *m/f* ⟨-s, -⟩ чемпио́н, -ка *m/f* Евро́пы
Europameisterschaft *f* ⟨-, -en⟩ чемпиона́т *m* Евро́пы
Eurovision *f* ⟨*gen:*-⟩ Еврови́дение *nt*
Euter *nt* ⟨-s, -⟩ вы́мя *nt*
Euthanasie *f* ⟨*gen:*-⟩ евтана́зия *f*
e.V. *abk von* ***eingetragener Verein*** *m* *зарегистри́рованное о́бщество*
evakuieren *vt* эваку́ировать *impf/pf*
evangelisch *adj* евангели́ческий
Evangelium *nt* ⟨-s, Evangelien⟩ ева́нгелие *nt*
eventuell **1.** *adj* возмо́жный; **2.** *adv* мо́жет быть, возмо́жно
Evolution *f* ⟨*gen:*-⟩ эволю́ция *f*
EWG *abk von* ***Europäische Wirtschaftsgemeinschaft*** *f* ЕЭС *nt*
ewig *adj* (*unendlich*) ве́чный; **an das ~e Leben glauben** ве́рить в загро́бную жи́знь (*umg:sehr lange*) ве́чный, бесконе́чный; **das dauert ja ~** э́то продолжа́ется це́лую ве́чность
Ewigkeit *f* ⟨*gen:*-⟩ (*auch fig*) ве́чность *f*
exakt *adj* то́чный
Examen *nt* ⟨-s, - *o Examina*⟩ экза́мен *m*; **~ machen** сдава́ть экза́мен
exekutieren *vt* (*hinrichten*) казни́ть *impf/pf*
Exekutive *f* ⟨-, -n⟩ исполни́тельная власть *f*
Exempel *nt* ⟨-s, -⟩ приме́р *m*; **die Probe aufs ~ machen** прове́рить на де́ле
Exemplar *nt* ⟨-s, -e⟩ экземпля́р *m*
exemplarisch *adj* приме́рный, образцо́вый
exerzieren *vi* занима́ться, -ня́ться *pf* строево́й подгото́вкой
Exhibitionist *m* ⟨-en, -en⟩ эксгибициони́ст *m*
Exil *nt* ⟨*gen:*-(e)s⟩ изгна́ние *nt*, эмигра́ция *f*; **ins ~ gehen** эмигри́ровать; **im ~ leben** жить в изгна́нии
Existenz *f* ⟨-, -en⟩ (*das Existieren*) существова́ние *nt*, нали́чие *nt*; **Kernphysiker hatten die ~ dieser Teilchen vorhergesagt** фи́зики-я́дерщики предсказа́ли существова́ние э́тих части́ц; (*das menschliche Leben*) существова́ние *nt*; (*PHIL*) бытие́ *nt*; **eine verkrachte ~** неуда́чник
Existenzberechtigung *f* ⟨*gen:*-⟩ пра́во *nt* на существова́ние
Existenzkampf *m* ⟨*gen:*-(e)s⟩ борьба́ *f* за существова́ние
Existenzminimum *nt* ⟨*gen:*-s⟩ прожи́точный ми́нимум *m*; **am ~ leben** жить на гра́ни бе́дности
existieren *vi* существова́ть *impf*
exklusiv *adj* исключи́тельный, изы́сканный
Exkurs *m* ⟨-es, -e⟩ (*geh*) э́кскурс *m*
Exkursion *f* ⟨-, -en⟩ экску́рсия *f*
exmatrikulieren *vt* исключа́ть, -чи́ть *pf* из соста́ва студе́нтов
exotisch *adj* экзоти́ческий
Expander *m* ⟨-s, -⟩ экспа́ндер *m*
expandieren *vi* расширя́ться, -ши́риться *pf*, разрасти́сь *pf*, -та́ться *impf*
Expansion *f* ⟨*gen:*-⟩ экспа́нсия *f*, распростране́ние *nt*
Expedition *f* ⟨-, -en⟩ экспеди́ция *f*
Experiment *nt* ⟨-(e)s, -e⟩ экспериме́нт *m*
experimentell *adj* эксперимента́льный, о́пытный
experimentieren *vi* экспериме́нти́ровать *impf*
Experte Expertin *m/f* ⟨-en, -en⟩ экспе́рт *m*; **ein ~ auf diesem Gebiet** экспе́рт в э́той о́бласти
Expertensystem *nt* ⟨-s, -e⟩ экспе́ртная систе́ма *f*
explodieren *vi* взрыва́ться, взорва́ться *pf*
Explosion *f* ⟨-, -en⟩ взрыв *m*
explosiv *adj* взры́вчатый; (*auch fig*) взрывно́й
Exponent *m* ⟨-en, -en⟩ (*Vertreter eines Gebiets*) представи́тель *m*; (*MATH*) показа́тель *m*
exponiert *adj* откры́тый, незащищённый
Export *m* ⟨-(e)s, -e⟩ э́кспорт *m*, вы́воз *m*
Exporteur, -in *m/f* ⟨-s, -e⟩ экспортёр *m*
Exporthandel *m* ⟨*gen:*-s⟩ э́кспортная торго́вля *f*
exportieren *vt* экспорти́ровать *impf/pf*, вывози́ть, вы́везти *pf*
Exportland *nt* ⟨-(e)s, -länder⟩ экспорти́рующая страна́ *f*
Expreßgut *nt* ⟨-(e)s, -güter⟩ груз *m* большо́й ско́рости
Expressionismus *m* ⟨*gen:*-⟩ экспрессиони́зм *m*
exquisit *adj* изы́сканный, люкс
extern *adj* вне́шний, нару́жный
extra *adv* отде́льно, дополни́тельно
Extra *nt* ⟨-s, -s⟩ дополне́ние *nt*, дополни́тельная часть *f*

Extrablatt *nt* ⟨*gen:*-(e)s⟩ э́кстренный выпуск *m* газе́ты
Extrakt *nt* ⟨-(e)s, -e⟩ экстра́кт *m*, вы́тяжка *f*
extravagant *adj* экстрава́гантный
extrem *adj* кра́йний
Extrem *nt* ⟨-(e)s, -e⟩ кра́йность *f*; **von einem ~ ins andere fallen** броса́ться из одно́й кра́йности в другу́ю
Extremismus *m* ⟨*gen:*-⟩ экстреми́зм *m*
extremistisch *adj* экстреми́стский
extrovertiert *adj* экстраве́ртный
exzellent *adj* превосхо́дный, великоле́пный
Exzellenz *f* ⟨-, -en⟩ превосходи́тельство *nt*
exzentrisch *adj* (*Mensch*) эксцентри́чный; (*MATH*) эксцентри́ческий
Exzeß *m* ⟨Exzesses, Exzesse⟩ эксцесс *m*
exzessiv *adj* чрезме́рный
Eyeliner *m* ⟨-s, -⟩ ко́нтурный каранда́ш *m* для глаз

F

f, F *nt* ⟨-, -⟩ ф, Ф
Fabel *f* ⟨-, -n⟩ (*Tier~*) ба́сня *f*; (*erdichtete Geschichte*) вы́мысел *m*
fabelhaft *adj* басносло́вный; **sie ist ~ reich** она́ басносло́вно бога́та; (*umg: sehr gut*) чуде́сный, потряса́ющий; **der Hut steht dir ~** шля́па потряса́юще тебе́ идёт
Fabrik *f* ⟨-, -en⟩ фа́брика *f*, заво́д *m*
Fabrikant, -in *m/f* ⟨-en, -en⟩ (*Hersteller*) изготови́тель *m*; (*Besitzer*) фабрика́нт *m*
Fabrikarbeiter, -in *m/f* ⟨-s, -⟩ рабо́чий, -бо́тница *m/f*
Fabrikat *nt* ⟨-(e)s, -e⟩ фабрика́т *m*
Fabrikation *f* ⟨-, -en⟩ произво́дство *nt*, изготовле́ние *nt*
Fabrikgebäude *nt* ⟨-s, -⟩ фабри́чное зда́ние *nt*, заводско́е зда́ние *nt*
Fabrikgelände *nt* ⟨-s, -⟩ террито́рия *f* фа́брики, террито́рия *f* заво́да
fabrikneu *adj* соверше́нно но́вый
fabrizieren *vt* (*herstellen*) изготовля́ть, -то́вить *pf*; (*umg*) натвори́ть *pf*, наде́лать *pf*
Fach *nt* ⟨-(e)s, Fächer⟩ по́лка *f*; (*Schub~*) я́щик *m*; (*~gebiet*) о́бласть *f*; (*Unterrichts~*) предме́т *m*; **er ist vom ~** он специали́ст
Facharbeiter, -in *m/f* ⟨-s, -⟩ квалифици́рованный рабо́чий, -ная -бо́тница *m/f*
Facharzt, -ärztin *m/f* ⟨-es, -ärzte⟩ врач-специали́ст *m*
Fachausdruck *m* ⟨-(e)s, -ausdrücke⟩ специа́льный те́рмин *m*
Fachbereich *m* ⟨-(e)s, -e⟩ специа́льность *f*
Fächer *m* ⟨-s, -⟩ ве́ер *m*
Fachgebiet *nt* ⟨-(e)s, -e⟩ специа́льность *f*, о́трасль *f*
fachgerecht *adj* со зна́нием де́ла, квалифици́рованно; **sie hat den Wasserhahn ~ repariert** она́ квалифици́рованно отремонти́ровала кран
Fachgeschäft *nt* ⟨-(e)s, -e⟩ специализи́рованный магази́н *m*
Fachhochschule *f* ⟨-, -n⟩ институ́т *m*
Fachkenntnisse *pl* ⟨*gen:*-⟩ специа́льные зна́ния *ntpl*; **diese Aufgabe erfordert umfassende ~** э́та рабо́та тре́бует глубо́кого зна́ния предме́та
Fachkraft *f* ⟨-, -kräfte⟩ специали́ст *m*
fachlich *adj* специа́льный, профессиона́льный; **jd ist ~ (gut) versiert** кто́-л. хорошо́ подко́ван по специа́льности
Fachliteratur *f* ⟨*gen:*-⟩ специа́льная литерату́ра *f*
Fachmann, -frau *m/f* ⟨-(e)s, -leute⟩ специали́ст, -ка *m/f*, знато́к *m*
fachmännisch *adj* квалифици́рованный
fachsimpeln *vi* (*umg*) *мно́го и подро́бно обсужда́ть узкопрофессиона́льные те́мы*
Fachsprache *f* ⟨-, -n⟩ профессиона́льный язы́к *m*
Fachwerk *nt* ⟨*gen:*-(e)s⟩ фахве́рк *m*
Fackel *f* ⟨-, -n⟩ фа́кел *m*
fade *adj* (*Geschmack*) безвку́сный; (*langweilig*) ску́чный, пусто́й
Faden *m* ⟨-s, Fäden⟩ нить *f*, ни́тка *f*; **den ~ verlieren** (*fig*) потеря́ть нить; **sich wie ein roter ~ durchziehen** (*fig*) проходи́ть кра́сной ни́тью
fadenscheinig *adj* (*durchschaubar*) неубеди́тельный; (*Stoff*) потёртый, изно́шенный
fähig *adj* (*begabt*) спосо́бный, тала́нтливый; **zu etw ~ sein** быть спосо́бным к чему́-л.; **zu allem ~ sein** быть спосо́бным на всё
Fähigkeit *f* ⟨-, -en⟩ спосо́бность *f*; (*Begabung*) одарённость *f*
fahnden *vi*: **nach jdm ~** разы́скивать кого́-л.
Fahndung *f* ⟨-, -en⟩ пресле́дование *nt*, ро́зыск *m*
Fahndungsliste *f* ⟨-, -n⟩ спи́сок *m* разы́скиваемых (лиц)

Fahne *f* ⟨-, -n⟩ знáмя *f*, флаг *m*; (*umg: Alkohol~*) *зáпах спиртнóго ѝзо рта*
Fahnenflucht *f* ⟨*gen:-*⟩ дезертѝрство *nt*
Fahrausweis *m* ⟨-es, -e⟩ проезднóй билéт *m*; **die ~e, bitte!** предъявѝте, пожáлуйста, проездны́е билéты!
Fahrbahn *f* ⟨-, -en⟩ проéзжая часть *f*
fahrbar *adj* передвижнóй; **~er Untersatz** (*umg*) тáчка
Fähre *f* ⟨-, -n⟩ парóм *m*
fahren ⟨fuhr, gefahren⟩ **1.** *vt* (*Auto*) водѝть *impf*; (*befördern*) везтѝ *impf*, возѝть *impf*; **jdn nach Hause ~** отвезтѝ когó-л. домóй; **2.** *vi* (*mit Auto, mit Zug*) éхать *impf*; (*abfahren*) отправля́ться, -прáвиться *pf*; **wann fährt Ihr Zug?** когдá отхóдит ваш пóезд ?; **mit dem Bus/Zug ~** éхать автóбусом/пóездом; **mit der Hand über etw ~** провестѝ рукóй по чемý-л.; **was ist nur in sie gefahren?** что э́то на неё нашлó ?
Fahrer, -in *m/f* ⟨-s, -⟩ водѝтель, -ница *m/f*, шофёр *m*
Fahrerflucht *f* ⟨*gen:-*⟩ бéгство *nt* водѝтеля с мéста происшéствия; **~ begehen** совершѝть побéг с мéста авáрии
Fahrgast *m* ⟨-(e)s, -gäste⟩ пассажѝр *m*
Fahrgeld *nt* ⟨-es, -er⟩ плáта *f* за проéзд
Fahrgemeinschaft *f* ⟨-, -en⟩ *грýппа людéй, организýющаяся для совмéстного проéзда на рабóту*
Fahrgestell *nt* ⟨-(e)s, -e⟩ (*von Auto, von Flugzeug*) шассѝ *nt*; (*umg:Beine*) нóги *pl*
fahrig *adj* (*Bewegung*) нéрвный, торопливый; (*unkonzentriert*) рассéянный, несóбранный
Fahrkarte *f* ⟨-, -n⟩ проезднóй билéт *m*
Fahrkartenautomat *m* ⟨-en, -en⟩ автомáт для продáжи проездны́х билéтов
Fahrkartenschalter *m* ⟨-s, -⟩ билéтная кáсса *f*
fahrlässig *adj* халáтный; **~e Tötung** (*JUR*) убѝйство по неосторóжности
Fahrlässigkeit *f* ⟨-, -en⟩ халáтность *f*, небрéжность *f*
Fahrlehrer, -in *m/f* ⟨-s, -⟩ инстрýктор *m* по вождéнию
Fahrplan *m* ⟨-(e)s, -pläne⟩ расписáние *nt* движéния (трáнспорта)
fahrplanmäßig *adj* по расписáнию; **~e Ankunft/Abfahrt 14 Uhr** прибы́тие/отбы́тие по грáфику в 14 часóв
Fahrpreis *m* ⟨-(e)s, -e⟩ стóимость *f* проéзда
Fahrprüfung *f* ⟨-, -en⟩ экзáмен *m* по вождéнию
Fahrrad *nt* ⟨-(e)s, -räder⟩ велосипéд *m*
Fahrradfahrer, -in *m/f* ⟨-s, -⟩ велосипедѝст, -ка *m/f*
Fahrradweg *m* ⟨-(e)s, -e⟩ велосипéдная дорóжка *f*
Fahrschule *f* ⟨-, -n⟩ автошкóла *f*
Fahrschüler, -in *m/f* ⟨-s, -⟩ слýшатель, -ница *m/f* автошкóлы
Fahrstuhl *m* ⟨-(e)s, -stühle⟩ лифт *m*
Fahrt *f* ⟨-, -en⟩ (*Auto~*) ездá *f*; (*Reise*) поéздка *f*; (*~geschwindigkeit*) скóрость *f*, ход *m*; **in ~ kommen** (*umg*) войтѝ в раж; **in voller ~** пóлным хóдом
Fährte *f* ⟨-, -n⟩ след *m*; **auf der falschen ~ sein** (*fig*) быть на лóжном путѝ
Fahrtkosten *fpl* ⟨*gen:-*⟩ стóимость *f* проéзда
Fahrtrichtung *f* ⟨-, -en⟩ направлéние *nt* движéния; **in ~** по направлéнию движéния
Fahrtwind *m* ⟨*gen:*-(e)s⟩ воздýшный потóк *m*
Fahrwerk *nt* ⟨-(e)s, -e⟩ шассѝ *nt*
Fahrzeug *nt* ⟨-(e)s, -e⟩ трáнспортное срéдство *nt*
Fahrzeughalter, -in *m/f* ⟨-s, -⟩ владéлец -лица *m/f* автомобѝля
Faible *nt* ⟨-s, -s⟩: **ein ~ für etw/jdn haben** питáть слáбость к чемý-л./комý-л.
fair *adj* поря́дочный, чéстный; **das ist nicht ~ von dir!** э́то непоря́дочно с твоéй стороны́
Fairneß *f* ⟨*gen:-*⟩ поря́дочность *f*
faktisch *adj* (*tatsächlich*) фактѝческий, действѝтельный
Faktor *m* ⟨-s, -en⟩ фáктор *m*; (*MATH*) мнóжитель *m*
Faktum *nt* ⟨-s, Fakten⟩ факт *m*
Fakultät *f* ⟨-, -en⟩ факультéт *m*
fakultativ *adj* факультатѝвный
Falke *m* ⟨-n, -n⟩ сóкол *m*
Fall *m* ⟨-(e)s, Fälle⟩ (*das Fallen*) падéние *nt*; (*Sachverhalt*) слýчай *m*; **das ist nicht der ~** э́то не так; (*JUR*) уголóвное дéло *nt*; (*LING*) падéж *m*; **auf jeden ~** в любóм слýчае; **im schlimmsten ~** в хýдшем слýчае; **auf alle Fälle** на вся́кий слýчай; **für den ~, daß** в слýчае, éсли; **er ist nicht mein ~** (*umg*) он не в моём вкýсе
Falle *f* ⟨-, -n⟩ ловýшка *f*; **jdm eine ~ stellen** (*fig*) расстáвить комý-л. ловýшку
fallen ⟨fiel, gefallen⟩ *vi* пáдать, упáсть *pf*; (*sinken*) опускáться, -стѝться *pf*; (*Bemerkung*) выскáзывать, вы́сказать *pf*; (*Soldat*) пасть *pf*, погибáть, -гѝбнуть *pf*; (*Schuß*) раздáться *pf*, -давáться *impf*; (*Verdacht, Blick*) пáдать, упáсть *pf* (*auf +akk* на); (*Termin*) прийтѝсь *pf*, -ходѝться *impf* (*auf +akk* на); **jdm in**

die Rede ~ перебить кого-л.; **etw fällt (nicht) ins Gewicht** что-л. играет важную роль (не играет роли); **jdm in die Arme ~** бросаться кому-л. в объятия; **durch eine Prüfung ~** провалиться на экзамене
fällen *vt* (*Baum*) валить, по- *pf*; (*Urteil*) выносить, вынести *pf*; (*Entscheidung*) принимать, -нять *pf*
fallenlassen *irr vt* (*Bemerkung*) обронить *pf*; (*aufgeben*) отказываться, -казаться *pf*; **diesen Plan habe ich längst ~** от этого плана я давно отказался
fällig *adj* подлежащий уплате, подлежащий исполнению
Fälligkeit *f* ⟨*gen:-*⟩ истечение *nt* срока платежа, наступление *nt* срока исполнения
Fallobst *nt* ⟨*gen:*-(e)s⟩ падалица *f*
Fallout *m* ⟨-s, -s⟩ (*PHYS:radioaktiver Niederschlag*) радиоактивный осадок *m*
falls *conj* (в случае,) если; **~ du Lust hast, komme bei mir mal vorbei** если хочешь, зайди ко мне как-нибудь
Fallschirm *m* ⟨-(e)s, -e⟩ парашют *m*
Fallschirmspringer, -in *m/f* ⟨-s, -⟩ парашютист, -ка *m/f*
falsch *adj* неправильный; **meine Uhr geht ~** мой часы идут неправильно; (*fehlerhaft*) ошибочный, неверный; **dieses Wort ist ~ geschrieben** это слово написано неверно; (*nachgemacht:Zähne*) искусственный; (*Geld, Paß*) фальшивый; (*hinterhältig*) двуличный, коварный; (*unangemessen:Bescheidenheit*) ложный
fälschen *vt* (*Kunstwerk*) подделывать, -делать *pf*
Fälscher, -in *m/f* ⟨-s, -⟩ фальсификатор *m*
Falschfahrer, -in *m/f* ⟨-s, -⟩ *водитель, выехавший на встречную полосу движения*
Falschgeld *nt* ⟨*gen:*-es⟩ фальшивые деньги *fpl*
Falschheit *f* ⟨*gen:-*⟩ (*von Mensch*) лживость *f*, неискренность *f*; (*Unrichtigkeit*) ложность *f*, неверность *f*
fälschlich *adj* ошибочный
fälschlicherweise *adv* по ошибке
Fälschung *f* ⟨-, -en⟩ (*das Fälschen*) подлог *m*, фальсификация *f*; (*etw Gefälschtes*) подделка *f*, фальшивка *f*; **dieses Bild ist eine ~** эта картина является подделкой
Faltblatt *nt* ⟨-(e)s, -blätter⟩ буклет *m*
Falte *f* ⟨-, -n⟩ складка *f*; (*Haut~*) морщина *f*; (*Rock~*) складка *f*, сборка *f*
falten *vt* складывать, сложить *pf*, сгибать, согнуть *pf*; (*zusammenlegen*) складывать, сложить *pf*; **die Hände ~** сложить руки
Faltenrock *m* ⟨-(e)s, -röcke⟩ юбка *f* в складку
Falter *m* ⟨-s, -⟩ мотылёк *m*
faltig *adj* (*Stoff*) в складках; (*Haut*) морщинистый
familiär *adj* семейный; (*vertraulich*) непринуждённый; **dort herrschte eine ~e Atmosphäre** там царила непринуждённая атмосфера
Familie *f* ⟨-, -n⟩ семья *f*; **er kommt aus guter ~** он из хорошей семьи; (*BIO*) семейство *nt*
Familienähnlichkeit *f* ⟨-, -en⟩ семейное сходство *nt*
Familienangehörige(r) *mf* ⟨-n, -n⟩ член *m* семьи
Familienbetrieb *m* ⟨-(e)s, -e⟩ семейное предприятие *nt*
Familienfeier *f* ⟨-, -n⟩ семейный праздник *m*
Familienkreis *m* ⟨*gen:*-es⟩ круг *m* семьи; **im engsten ~** в узком семейном кругу
Familienname *m* ⟨-n, -n⟩ фамилия *f*
Familienplanung *f* ⟨*gen:-*⟩ планирование *nt* рождаемости
Familienstand *m* ⟨*gen:*-(e)s⟩ семейное положение *nt*
Familienvater *m* ⟨-s, -väter⟩ отец *m* семейства
famos *adj* (*umg*) отличный, чудный
Fan *m* ⟨-s, -s⟩ болельщик *m*, страстный поклонник *m*
Fanatiker, -in *m/f* ⟨-s, -⟩ фанатик, -тичка *m/f*
fanatisch *adj* фанатический, фанатичный
Fanatismus *m* ⟨*gen:-*⟩ фанатизм *m*; **blinder ~** слепой фанатизм
Fanclub *m* ⟨-s, -s⟩ клуб *m* болельщиков, клуб *m* поклонников
fand *prät von* **finden**
Fanfare *f* ⟨-, -n⟩ фанфара *f*
Fang *m* ⟨-(e)s, Fänge⟩ (*das Fangen*) ловля *f*; (*Beute:auch fig*) добыча *f*; **das ist ein guter ~** это хороший результат; (*~zähne*) клыки *mpl*
fangen ⟨fing, gefangen⟩ **1.** *vt* ловить, поймать *pf*; **2.** *vr* -пасться *pf*, попадаться *impf*, поматься *pf*, ловиться *impf*; (*seelisch*) овладевать, -деть *pf* собой; **er hat sich wieder gefangen** он снова взял себя в руки
Fangfrage *f* ⟨-, -n⟩ провокационный вопрос *m*
Farbabzug *m* ⟨-(e)s, -abzüge⟩ цветной фотоснимок *m*
Farbband *nt* ⟨-(e)s, -bänder⟩ красящая

ле́нта *f*
Farbe *f* ⟨-, -n⟩ цве́т *m*; (*Wand~*) кра́ска *f*; (*Gesichts~*) цвет *m* лица́; **~ bekennen** раскры́ть свои́ ка́рты
färben 1. *vt* (*Haar, Stoff*) кра́сить, вы́красить *pf*; **2.** *vr* окра́шиваться, -ра́ситься *pf*
farbenblind *adj* не различа́ющий цвета́
farbenfroh *adj* пёстрый, я́ркий
Farbfernseher *m* ⟨-s, -⟩ цветно́й телеви́зор *m*
Farbfilm *m* ⟨-(e)s, -e⟩ цветно́й фильм *m*
Farbfoto *nt* ⟨-s, -s⟩ цветна́я фотогра́фия *f*
farbig *adj* цветно́й, пёстрый; (*fig*) я́ркий, о́бразный
Farbige(r) *mf* ⟨-n, -n⟩ цветно́й, -на́я *m/f*
Farbkasten *m* ⟨-s, -kästen⟩ коро́бка *f* с кра́сками
farblos *adj* бесцве́тный, прозра́чный; (*fig*) бесцве́тный, невырази́тельный
Farbstift *m* ⟨-(e)s, -e⟩ цветно́й каранда́ш *m*
Farbstoff *m* ⟨-(e)s, -e⟩ краси́тель *m*; **natürlicher/künstlicher ~** натура́льный/иску́сственный краси́тель
Farbton *m* ⟨-(e)s, -töne⟩ отте́нок *m*
Färbung *f* ⟨-, -en⟩ (*das Färben*) краше́ние *nt*, окра́ска *f*; (*Farbe*) отте́нок *m*, окра́ска *f*; (*auch fig:Einschlag, Tendenz*) тон *m*, окра́ска *f*
Farce *f* ⟨-, -n⟩ (*auch fig*) фарс *m*
Farm *f* ⟨-, -en⟩ фе́рма *f*
Farn *m* ⟨-(e)s, -e⟩ па́поротник *m*
Fasan *m* ⟨-(e)s, -e⟩ фаза́н *m*
Fasching *m* ⟨-s, -e/-s⟩ ма́сленица *f*, карнава́л *m*
Faschismus *m* ⟨*gen:-*⟩ фаши́зм *m*
Faschist, -in *m/f* ⟨-en, -en⟩ фаши́ст, -ка *m/f*
faschistisch *adj* фаши́стский
faseln *vi* (*umg*) пустосло́вить *impf*; **was faselst du für dummes Zeug?** что за чепуху́ ты несёшь?
Faser *f* ⟨-, -n⟩ жи́лка *f*, волокно́ *nt*; (*Muskel~*) мы́шечное волокно́ *nt*
faserig *adj* (*Gemüse, Fleisch*) волокни́стый
Faß *nt* ⟨Fasses, Fässer⟩ бо́чка *f*, бочо́нок *m*; **ein ~ ohne Boden sein** быть бездо́нной бо́чкой; **Bier vom ~** бо́чковое пи́во
Fassade *f* ⟨-, -n⟩ (*von Gebäude*) фаса́д *m*; (*fig*) фаса́д *m*, вне́шняя сторона́ *f*
faßbar *adj* (*begreiflich*) поня́тный, постижи́мый
Faßbier *nt* ⟨-(e)s, -e⟩ бо́чковое пи́во *nt*
fassen 1. *vt* (*ergreifen*) хвата́ть, схвати́ть *pf*, бра́ться, взя́ться *pf*; (*Dieb*) схвати́ть *pf*, хвата́ть *impf*, арестова́ть *pf*, -сто́вывать *impf*; (*verstehen*) понима́ть, -ня́ть *pf*, постига́ть, -сти́чь *pf*; **das ist nicht zu ~!** э́то непостижи́мо!; (*Entschluß*) приня́ть *pf*, -нима́ть *impf*; (*Edelstein*) вставля́ть, вста́вить *pf* в опра́ву; **2.** *vi* (*greifen: Schraube*) держа́ться *impf*, схва́тывать, -ти́ть *pf*; **3.** *vr* успоко́иться *pf*, -ка́иваться *impf*; **etw in Worte ~** сформули́ровать что́-л.; **sich kurz ~** быть кра́тким; **(zu jdm) Vertrauen ~** почу́вствовать дове́рие к кому́-л.
Fassung *f* ⟨-, -en⟩ (*Edelstein~, Brillen~*) опра́ва *f*; (*Lampen~*) патро́н *m*; (*Bearbeitung*) обрабо́тка *f*, отде́лка *f*; (*sprachliche Form*) формулиро́вка *f*, реда́кция *f*; (*Beherrschung*) самооблада́ние *nt*; **jdn aus der ~ bringen** вы́вести кого́-л. из себя́; **etw mit ~ tragen** переноси́ть что́-л. с досто́инством; **eine vorläufige ~** вре́менная реда́кция
fassungslos *adj* вне себя́, потеря́вший самооблада́ние
Fassungsvermögen *nt* ⟨*gen:-s*⟩ сообрази́тельность *f*; **das übersteigt mein ~** э́то вы́ше моего́ понима́ния; (*eines Tanks*) вмести́мость *f*
fast *adv* почти́; **das Essen ist ~ fertig** еда́ почти́ гото́ва
fasten *vi* пости́ться *impf*
Fasten *nt* ⟨*gen:-s*⟩ пост *m*, голода́ние *nt*
Fastenzeit *f* ⟨*gen:-*⟩ пост *m*, вре́мя *nt* поста́
Fastnacht *f* ⟨*gen:-*⟩ кану́н *m* вели́кого поста́
faszinieren *vt* очаро́вывать, -рова́ть *pf*; **von etw/jdm fasziniert sein** быть очаро́ванным че́м-л./ке́м-л.
Fata Morgana *f* ⟨-, -s⟩ фа́та-морга́на *f*, мира́ж *m*
fatal *adj* фата́льный, роково́й; **der Unfall hatte ~e Folgen** несча́стный слу́чай име́л роковы́е после́дствия
faul *adj* (*verdorben*) гнило́й, ту́хлый; (*Mensch*) подозри́тельный, не вызыва́ющий дове́рия; (*Ausrede*) пустой; **an der Sache ist etw ~** тут что́-то нела́дно; **auf der ~en Haut liegen** (*umg*) безде́льничать; **ein ~er Witz** (*umg*) глу́пая шу́тка
faulen *vi* гнить, сгнить *pf*
faulenzen *vi* лентя́йничать *impf*
Faulenzer, -in *m/f* ⟨-s, -⟩ (*pej*) лентя́й, -ка *m/f*
Faulheit *f* ⟨*gen:-*⟩ лень *f*, ле́ность *f*
faulig *adj* подгни́вший

Fäulnis *f* ⟨*gen:-*⟩ гние́ние *nt*
Faulpelz *m* ⟨-es, -e⟩ (*umg*) лентя́й *m*
Fauna *f* ⟨-, Faunen⟩ фа́уна *f*
Faust *f* ⟨-, Fäuste⟩ кула́к *m*; **die ~ ballen** сжима́ть кулаки́; **auf eigene ~** самостоя́тельно; **etw paßt wie die ~ aufs Auge** (*umg*) что́-л. идёт как коро́ве седло́
faustdick *adj:* **er hat es ~ hinter den Ohren** (*umg*) он себе́ на уме́
Fausthandschuh *m* ⟨-(e)s, -e⟩ рукави́ца *f*
Faustregel *f* ⟨-, -n⟩ просто́е пра́вило *nt*
favorisieren *vt* (*vorziehen*) отдава́ть, -да́ть *pf* предпочте́ние
Favorit, -in *m/f* ⟨-en, -en⟩ (*Liebling*) люби́мец, -мица *m/f*, фаво́рит, -ка *m/f*; (*SPORT*) фаво́рит *m*
faxen *vt* передава́ть, -да́ть *pf* по фа́ксу
Faxen *pl* ⟨*gen:-*⟩ (*Grimasse*) грима́са *f*; (*Unsinn*) дура́чество *nt*; **mach keine ~!** не валя́й дурака́!
Fazit *nt* ⟨-s, -s⟩ ито́г *m*, вы́вод *m*; **das ~ aus etw ziehen** де́лать вы́вод из чего́-л.
FCKW *abk von* ***Fluorkohlenwasserstoff*** *m* *фторхлоруглеводоро́ды*
FDP *abk von* ***Freie Demokratische Partei*** *f* СвДП *f*, *Свобо́дная демократи́ческая па́ртия*
Februar *m* ⟨-(s), -e⟩ февра́ль *m*
fechten ⟨focht, gefochten⟩ *vi* фехтова́ть *impf*; (*kämpfen*) боро́ться *impf* (*mit +dat* с *+inst*)
Feder *f* ⟨-, -n⟩ (*Vogel~, Schreib~*) перо́ *nt*; (*TECH*) пружи́на *f*, рессо́ра *f*
Federball *m* ⟨-(e)s, -bälle⟩ вола́н *m*, вола́нчик *m*; (*~spiel*) бадминто́н *m*
Federbett *nt* ⟨-(e)s, -en⟩ пери́на *f*
Federhalter *m* ⟨-s, -⟩ черни́льная ру́чка *f*
federleicht *adj* лёгкий как пёрышко
federn *vi* (*elastisch sein*) быть *impf* эласти́чным; (*nachgeben*) пружи́нить *impf*
Federung *f* ⟨-, -en⟩ рессо́ры *fpl*, пружи́ны *fpl*
Fee *f* ⟨-, -n⟩ фе́я *f*
Feedback *nt* ⟨-s, -s⟩ (*Rückmeldung*) обра́тная связь *f*
Fegefeuer *nt* ⟨*gen:-s*⟩ чисти́лище *nt*
fegen 1. *vt* мести́, под- *pf*; **2.** *vi* (*umg: rasen*) нести́сь *impf*, мча́ться *impf*; **er kam um die Ecke gefegt** он вы́бежал из-за угла́
fehl *adv:* **~ am Platz(e) sein** быть неуме́стным
fehlen *vi* (*abwesend sein*) отсу́тствовать *impf*; (*mangeln*) недостава́ть, -ста́ть *pf*, не хвата́ть, -ти́ть *pf*; **jdm fehlt etw** кому́-л. не хвата́ет чего́-л.; **was fehlt dir?** что с тобо́й?; **jdm ~ die Worte** кому́-л. не хвата́ет слов; **das hat gerade noch gefehlt** (*umg*) э́того то́лько не хвата́ло
Fehler *m* ⟨-s, -⟩ оши́бка *f*, погре́шность *f*; **das war (nicht) mein ~** э́то была́ (не) моя́ оши́бка; (*Mangel*) недоста́ток *m*, дефе́кт *m*; **~ machen** [*o* **begehen**] де́лать оши́бки
fehlerfrei *adj* безоши́бочный, безукори́зненный
fehlerhaft *adj* оши́бочный, непра́вильный
Fehlgeburt *f* ⟨-, -en⟩ вы́кидыш *m*
fehlgehen *irr vi* (*Schuß*) промахну́ться *pf*, -ма́хиваться *impf*; (*sich irren*) ошиба́ться, -би́ться *pf*; **Sie gehen fehl in der Annahme, daß** вы ошиба́етесь, предполага́я, что
Fehlgriff *m* ⟨-(e)s, -e⟩ про́мах *m*; **einen ~ tun** соверши́ть про́мах
Fehlinformation *f* ⟨-, -en⟩ дезинформа́ция *f*
Fehlkonstruktion *f* ⟨-, -en⟩ неуда́чная констру́кция *f*
Fehlpaß *m* ⟨-passes, -pässe⟩ нето́чная переда́ча *f*
Fehlschlag *m* ⟨-(e)s, -schläge⟩ про́мах *m*
fehlschlagen *irr vi* не удава́ться, -да́ться *pf*, не сбыва́ться, не сбы́ться *pf*
Fehlstart *m* ⟨-(e)s, -s⟩ фальста́рт *m*; (*von Rakete*) неуда́чный за́пуск *m*
Fehltritt *m* ⟨-(e)s, -e⟩ неве́рный шаг *m*
Fehlzündung *f* ⟨-, -en⟩ отка́з *m* зажига́ния
Feier *f* ⟨-, -n⟩ пра́зднество *nt*, торжество́ *nt*; **zur ~ des Tages** в честь сего́дняшнего пра́здника
Feierabend *m* ⟨-s, -e⟩ коне́ц *m* рабо́чего дня; **wann macht ihr heute ~?** когда́ вы сего́дня зака́нчиваете рабо́ту?; **was machst du nach ~?** что ты де́лаешь по́сле рабо́ты?
feierlich *adj* торже́ственный, пра́здничный; **ein ~es Versprechen** торже́ственное обеща́ние
feiern 1. *vt* (*Fest*) пра́здновать, от- *pf*, отмеча́ть, -ме́тить *pf*; (*Person*) че́ствовать *impf*; **2.** *vi* не рабо́тать *impf*, безде́йствовать *impf*
Feiertag *m* ⟨-(e)s, -e⟩ пра́здник *m*
feig(e) *adj* трусли́вый, малоду́шный
Feige *f* ⟨-, -n⟩ инжи́р *m*
Feigheit *f* ⟨*gen:-*⟩ тру́сость *f*, малоду́шие *nt*
Feigling *m* ⟨-s, -e⟩ трус *m*
Feile *f* ⟨-, -n⟩ напи́льник *m*; (*Nagel~*) пи́лочка *f* для ногте́й

feilen 1. *vt* опи́ливать, -ли́ть *pf*, подпи́ливать, -ли́ть *pf*; **2.** *vi* шлифо́вать, от- *pf*; **an dieser Formulierung hat sie lange gefeilt** э́ту формулиро́вку она́ до́лго шлифова́ла

feilschen *vi* торгова́ться *impf* (*um +akk* и́з-за *+gen*)

fein *adj* (*nicht grob*) ме́лкий; (*zart*) то́нкий, не́жный; (*auserlesen*) изы́сканный, и́збранный; (*feinsinnig*) утончённый; (*Gehör*) то́нкий; (*vornehm*) зна́тный, благоро́дный; (*umg:erfreulich*) прекра́сный, отли́чный; **das ist aber ~!** вот э́то здо́рово!; **sich ~ machen** наряжа́ться; **~ heraussein** (*umg*) уда́чно устро́иться

Feind, -in *m/f* ⟨-(e)s, -e⟩ враг *m*, проти́вник *m*; **sich (mit etw) ~e machen** нажива́ть себе́ (че́м-л.) враго́в

Feindbild *nt* ⟨-(e)s, -er⟩ о́браз *m* врага́

feindlich *adj* вра́жеский; **jdm ~ gesonnen sein** быть вражде́бно настро́енным к кому́-л.

Feindschaft *f* ⟨-, -en⟩ вражда́ *f*, неприя́знь *f*

feindselig *adj* вражде́бный, неприя́зненный

Feindseligkeit *f* ⟨-, -en⟩ вражде́бность *f*, неприя́знь *f*; **die ~en einstellen/eröffnen** прекраща́ть/начина́ть вражде́бные де́йствия

feinfühlig *adj* делика́тный, чу́ткий

Feingefühl *nt* ⟨*gen:*-(e)s⟩ делика́тность *f*, такт *m*

Feinheit *f* ⟨-, -en⟩ (*Einzelheit*) дета́ль *f*, нюа́нс *m*; (*Dünne*) то́нкость *f*; (*Zartheit*) не́жность *f*; (*Feinsinnigkeit*) утончённость *f*, изы́сканность *f*; **~en** то́нкости

Feinkost *f* ⟨*gen:*-⟩ деликате́с *m*

Feinmechanik *f* ⟨*gen:*-⟩ то́чная меха́ника *f*

Feinschmecker, -in *m/f* ⟨-s, -⟩ гурма́н *m*

Feinwaschmittel *nt* ⟨-s, -⟩ мя́гкое мо́ющее сре́дство *nt*

feist *adj* жи́рный; **~ grinsen** (*umg*) на́гло ухмыля́ться

feixen *vi* (*umg:grinsen*) ухмыля́ться, -мыльну́ться *pf*

Feld *nt* ⟨-(e)s, -er⟩ (*Acker*) по́ле *nt*, па́шня *f*; (*Spiel~*) игрово́е по́ле *nt*; (*Bereich*) о́бласть *f*; (*beim Schach*) ша́хматное по́ле *nt*; (*Schlacht~*) по́ле *nt* сраже́ния; **das ~ räumen** отступи́ть

Feldbett *nt* ⟨-(e)s, -en⟩ похо́дная крова́ть *f*

Feldflasche *f* ⟨-, -n⟩ похо́дная фля́га *f*

Feldherr *m* ⟨-en, -en⟩ полково́дец *m*

Feldstecher *m* ⟨-s, -⟩ полево́й бино́кль *m*

Feldwebel *m* ⟨-s, -⟩ фельдфе́бель *m*

Feldweg *m* ⟨-(e)s, -e⟩ просёлочная доро́га *f*

Feldzug *m* ⟨-(e)s, -züge⟩ похо́д *m*; (*fig*) кампа́ния *f*

Felge *f* ⟨-, -n⟩ обод *m* (колеса́)

Fels *m* ⟨-en, -en⟩ скала́ *f*, утёс *m*

felsenfest *adj* твёрдый как скала́; **von etw ~ überzeugt sein** быть в чём-л. твёрдо убеждённым

felsig *adj* скали́стый

Felsspalte *f* ⟨-, -n⟩ рассе́лина *f* в скале́

Felswand *f* ⟨-, -wände⟩ отве́сная скала́ *f*

feminin *adj* же́нственный; (*LING*) же́нского ро́да

Feminismus *m* ⟨*gen:*-⟩ фемини́зм *m*

Feminist, -in *m/f* ⟨-en, -en⟩ фемини́ст, -ка *m/f*

feministisch *adj* фемини́стский

Fenchel *m* ⟨*gen:*-s⟩ фе́нхель *m*

Fenster *nt* ⟨-s, -⟩ окно́ *nt*; (*DV*) окно́ *nt*; **weg vom ~ sein** (*umg*) потеря́ть актуа́льность

Fensterbank *f* ⟨-, -bänke⟩ подоко́нник *m*

Fensterladen *m* ⟨-s, -läden⟩ ста́вень *m*

Fensterplatz *m* ⟨-es, -plätze⟩ ме́сто *nt* у окна́

Fensterscheibe *f* ⟨-, -n⟩ око́нное стекло́ *nt*

Fenstersims *m* ⟨-es, -e⟩ око́нный карни́з *m*

Ferien *pl* ⟨*gen:*-⟩ (*Schul~*) кани́кулы *pl*; (*Urlaub*) о́тпуск *m*; **~ haben** быть в о́тпуске

Ferienhaus *nt* ⟨-es, -häuser⟩ дом *m* о́тдыха, да́ча *f*

Ferienkurs *m* ⟨-es, -e⟩ ле́тние ку́рсы *pl*

Ferkel *nt* ⟨-s, -⟩ поросёнок *m*; (*umg:unsauberer Mensch*) грязну́ля *m*, поросёнок *m*

fern *adj* (*zeitlich*) далёкий; (*weit fort*) да́льний; **von ~** и́здали

Fernbedienung *f* ⟨-, -en⟩ дистанцио́нное управле́ние *nt*

fernbleiben *vi* отсу́тствовать *impf*; **jdm/einer Sache ~** держа́ться от кого́-л./чего́-л. в стороне́

Ferne *f* ⟨*gen:*-⟩ (*räumlich*) даль *f*; **etw liegt in weiter ~** до чего́-л. ещё далеко́

ferner 1. *adv* (*weiter*) в дальне́йшем; **ich werde auch ~ meine Meinung äußern** я и в дальне́йшем бу́ду выска́зывать своё мне́ние; **2.** *conj* (*außerdem*) кро́ме того́, ещё

Fernfahrer, -in *m/f* ⟨-s, -⟩ води́тель, -ница *m/f* на да́льних ре́йсах

Ferngespräch *nt* ⟨-(e)s, -e⟩ междугоро́дный разгово́р *m*

ferngesteuert *adj* с дистанцио́нным управле́нием

Fernglas *nt* ⟨-es, -gläser⟩ бино́кль *m*
fernhalten 1. *irr vt* уберега́ть, -ре́чь *pf*, оберега́ть, -ре́чь *pf* (*von +dat* от *+gen*); **2.** *irr vr* сторони́ться *impf*
Fernheizung *f* ⟨-, -en⟩ центра́льное отопле́ние *nt*
Fernkopie *f* ⟨-, -n⟩ (*Fax*) *ко́пия, полу́ченная по фа́ксу*; (*umg*) факс *m*
fernkopieren *vt* (*faxen*) *передава́ть по фа́ксу*
Fernkopierer *m* ⟨-s, -⟩ аппара́т *m* факсими́льной свя́зи, фа́кс *m*
Fernlicht *nt* ⟨-(e)s, -er⟩ (*beim Fahrzeug*) да́льний свет *m*
fernliegen *irr vi* быть чу́ждым; **jdm liegt etw fern** что́-л. чу́ждо кому́-л.
Fernmeldeamt *nt* ⟨-(e)s, -ämter⟩ у́зел *m* телефо́нной свя́зи
Fernrohr *nt* ⟨-(e)s, -e⟩ телескоп *m*
Fernschreiben *nt* ⟨-s, -⟩ те́лекс *m*
Fernschreiber *m* ⟨-s, -⟩ телета́йп *m*
Fernsehansager, -in *m/f* ⟨-s, -⟩ ди́ктор *m* телеви́дения
Fernsehapparat *m* ⟨-(e)s, -e⟩ телеви́зор *m*
fernsehen *irr vi* смотре́ть, по- *pf* телеви́зор
Fernsehen *nt* ⟨*gen:*-s⟩ теле́видение *nt*; **was kommt heute im ~?** что бу́дет сего́дня по телеви́зору?
Fernseher *m* ⟨-s, -⟩ телеви́зор *m*; **den ~ einschalten** включи́ть телеви́зор
Fernsicht *f* ⟨*gen:*-⟩ перспекти́ва *f*
Fernsprecher *m* ⟨-s, -⟩ (*Telefon*) телефо́н *m*
Fernsteuerung *f* ⟨-, -en⟩ дистанцио́нное управле́ние *nt*
Fernstudium *nt* ⟨*gen:*-s⟩ зао́чное обуче́ние *nt*
Fernverkehr *m* ⟨*gen:*-s⟩ да́льнее сле́дование *nt*
Fernweh *nt* ⟨*gen:*-s⟩ тя́га *f* к путеше́ствиям
Ferse *f* ⟨-, -n⟩ пя́тка *f*; **jdm auf den ~n sein** гна́ться за ке́м-л. по пята́м
fertig *adj* (*bereit*) гото́вый; (*beendet, vollendet*) гото́вый, зако́нченный; (*umg: erschöpft*) без сил; **mit etw ~ werden** спра́виться с че́м-л.; **mit jdm ~ sein** поко́нчить с ке́м-л.
Fertigbauweise *f* ⟨*gen:*-⟩ строи́тельство *nt* сбо́рными констру́кциями
fertigbringen *irr vt* (*zustandebringen*) справля́ться, спра́виться *pf*, суме́ть *pf*; (*beenden*) зака́нчивать, -ко́нчить *pf*, доводи́ть, -вести́ *pf* до конца́
fertigen *vt* изготовля́ть, -то́вить *pf*
Fertiggericht *nt* ⟨-(e)s, -e⟩ (быстрозаморо́женное) гото́вое блю́до *nt*
Fertighaus *nt* ⟨-es, -häuser⟩ сбо́рный дом *m*
Fertigkeit *f* ⟨-, -en⟩ (*Geschick*) ло́вкость *f*, мастерство́ *nt*; (*Können*) на́вык *m*, уме́ние *nt*
fertigmachen *vt* (*beenden*) зака́нчивать, -ко́нчить *pf*, доде́лывать, -де́лать *pf*; (*bereitmachen*) подгота́вливать, -то́вить *pf*; **sie machten sich zum Ausgehen fertig** они́ гото́вились к вы́ходу; (*umg:zermürben*) измота́ть *pf*, -ма́тывать *impf*
fertigstellen *vt* зака́нчивать, -ко́нчить *pf*, заверша́ть, -ши́ть *pf*
Fertigung *f* ⟨*gen:*-⟩ изготовле́ние *nt*, произво́дство *nt*
Fessel[1] *f* ⟨-, -n⟩ (*ANAT:beim Menschen*) лоды́жка *f*; (*ANAT:beim Pferd*) ба́бка *f*
Fessel[2] *f* ⟨-, -n⟩ кандалы́ *pl*
fesseln *vt* зако́вывать, -кова́ть *pf* в кандалы́, свя́зывать, -за́ть *pf*; (*fig*) привя́зывать, -за́ть *pf*, прико́вывать, -кова́ть *pf*; **durch eine Krankheit ans Bett gefesselt werden** быть прико́ванным боле́знью к посте́ли
fest *adj* (*hart*) твёрдый; (*straff, kräftig*) кре́пкий, про́чный; (*dicht*) пло́тный; (*sicher*) обяза́тельный; (*Schlaf*) глубо́кий; (*Wohnsitz*) постоя́нный; **~ bei etw bleiben** не отступа́ть от чего́-л.; **zu etw ~ entschlossen sein** быть реши́тельно настро́енным на что́-л.; **etw ~ versprechen** твёрдо обеща́ть что́-л.
Fest *nt* ⟨-(e)s, -e⟩ (*Feier*) пра́здник *m*, пра́зднество *nt*
festangestellt *adj* быть зачисленным шта́тно
Festbeleuchtung *f* ⟨*gen:*-⟩ пра́здничная иллюмина́ция *f*
festbinden *irr vt* привя́зывать, -за́ть *pf* (*an +dat* к *+dat*)
Festessen *nt* ⟨-s, -⟩ зва́ный обе́д *m*, банке́т *m*; **ein ~ geben** дава́ть банке́т
festfahren *irr vr* (*mit Fahrzeug*) застря́ть *pf*, -стрева́ть *impf*; (*fig*) запу́таться *pf*, -тываться *impf*, заходи́ть, зайти́ *pf* в тупи́к
festhalten 1. *irr vt* держа́ть *impf*, уде́рживать, -жа́ть *pf*; (*aufzeichnen*) запечатле́ть *pf*, -лева́ть *impf*; **2.** *vr* кре́пко держа́ться *impf* (*an +dat* за *+akk*); **halt dich gut fest!** держи́сь кре́пко!; **3.** *vi* приде́рживаться *impf*; **an etw ~** приде́рживаться чего́-л.
festigen 1. *vt* укрепля́ть, -пи́ть *pf*; **2.** *vr* укрепля́ться, -пи́ться *pf*
Festigkeit *f* ⟨*gen:*-⟩ твёрдость *f*; (*Entschlossenheit*) непоколеби́мость *f*

Festival *nt* ⟨-s, -s⟩ фестива́ль *m*
festklammern *vr* кре́пко ухвати́ться *pf*, - ва́тываться *impf* (*an +dat* за *+akk*)
Festland *nt* ⟨*gen:*-(e)s⟩ матери́к *m*, су́ша *f*
festlegen 1. *vt* (*festsetzen*) устана́вливать, -нови́ть *pf*; (*vorschreiben*) определя́ть, -ли́ть *pf*; **2.** *vr* свя́зывать, -за́ть *pf* себя́; **ich möchte mich auf keinen Termin ~** я не хочу́ свя́зывать себя́ каки́ми-л. сро́ками
festlich *adj* торже́ственный, пра́здничный; (*Kleidung*) пра́здничный
festmachen *vt* (*befestigen*) прикрепля́ть, -пи́ть *pf*, закрепля́ть, -пи́ть *pf*; (*vereinbaren*) догова́риваться, -вори́ться *pf*
festnageln *vt* прибива́ть, -би́ть *pf* гвоздя́ми; **jdn auf etw ~** (*umg*) пойма́ть кого́-л. на чём-либо
Festnahme *f* ⟨-, -n⟩ задержа́ние *nt*, аре́ст *m*
festnehmen *irr vt* заде́рживать, -жа́ть *pf*, аресто́вывать, -стова́ть *pf*
Festplatte *f* ⟨-, -n⟩ жёсткий диск *m*
festsetzen 1. *vt* устана́вливать, -нови́ть *pf*; (*Person*) сажа́ть, посади́ть *pf* в тюрьму́; **2.** *vr* (*Schmutz, Staub*) ска́пливаться, скопи́ться *pf*, оседа́ть, осе́сть *pf*; (*Überzeugung*) утвержда́ться, -верди́ться *pf*
festsitzen *irr vi* (*befestigt sein*) про́чно держа́ться *impf*; (*nicht weiterkommen*) завя́знуть *pf*, вя́знуть *impf*, застря́ть *pf*, -стрева́ть *impf*
Festspiel *nt* ⟨-(e)s, -e⟩ фестива́ль *m*
feststehen *irr vi* (*sicher sein*) быть *impf* решённым; **also eines steht fest: ..** итак, одно́ решено́ то́чно:...; (*Termin*) быть *impf* устано́вленым
feststellen *vt* (*herausfinden*) устана́вливать, -нови́ть *pf*, констати́ровать *impf/pf*; **wir mußten leider ~, daß ..** к сожале́нию, мы вы́нуждены бы́ли констати́ровать, что...; (*Personalien*) устана́вливать, -нови́ть *pf*
Feststellung *f* ⟨-, -en⟩ (*das Feststellen*) установле́ние *nt*; (*Aussage*) заключе́ние *nt*, констата́ция *f*
Festtag *m* ⟨-(e)s, -e⟩ пра́здник *m*, пра́здничный день *m*
Festung *f* ⟨-, -en⟩ кре́пость *f*
Fete *f* ⟨-, -n⟩ (*umg*) пиру́шка *f*, вечери́нка *f*
Fetisch *m* ⟨-s, -e⟩ фети́ш *m*
Fetischist, -in *m* ⟨-en, -en⟩ фетиши́ст, -ка *m/f*
fett *adj* (*Essen*) жи́рный; (*Erde*) ту́чный
Fett *nt* ⟨-(e)s, -e⟩ жир *m*; (*Talg*) са́ло *nt*; (*Speise~*) столо́вый жир *m*; (*Schmier~*) консисте́нтная сма́зка *f*; **sein ~abkriegen** (*umg*) получи́ть нагоня́й
fettarm *adj* нежи́рный
fetten 1. *vt* (*ein~*) сма́зывать, -за́ть *pf* жи́ром; **2.** *vi* ма́слиться *impf*
Fettfleck *m* ⟨-(e)s, -en⟩ жи́рное пятно́ *nt*
Fettgehalt *nt* ⟨-(e)s, -e⟩ содержа́ние *nt* жи́ра
fettig *adj* жи́рный, са́льный; (*Haut, Haar*) жи́рный
Fettnäpfchen *nt*: **(bei jdm) ins ~ treten** (*umg*) наступи́ть кому́-л. на люби́мую мозо́ль
Fettwanst *m* ⟨-(e)s, -wänste⟩ (*umg:pej*) толстя́к *m*
Fetzen *m* ⟨-s, -⟩ (*Stoff~, Papier~*) лоску́т *m*, клочо́к *m*; (*Lumpen*) тря́пьё *nt*; (*Gesprächs~*) обры́вок *m* (разгово́ра)
fetzig *adj* (*umg*) кла́ссный
feucht *adj* (*Luft*) вла́жный; (*Augen*) вла́жный
feuchtfröhlich *adj* (*umg*) навеселе́
Feuchtigkeit *f* ⟨*gen:*-⟩ сы́рость *f*; (*Luft~*) вла́жность *f*
Feuchtigkeitscreme *f* ⟨-, -s⟩ увлажня́ющий крем *m*
feudal *adj* феода́льный; (*umg:prachtvoll*) великоле́пный, шика́рный
Feuer *nt* ⟨-s, -⟩ (*Herd~, Kamin~*) ого́нь *m*, пла́мя *nt*; (*offenes ~, Brand*) пожа́р *m*; (*MIL*) оруди́йный ого́нь *m*, стрельба́ *f*; (*fig:Leidenschaft*) страсть *f*, пыл *m*; **~ (an etw) legen** поджига́ть что́-л.; **das ~ eröffnen** откры́ть ого́нь; **~ fangen** загоре́ться; **~ und Flamme für etw sein** (*umg*) стра́стно увле́чься че́м-л.; **jdm ~ geben** дать кому́-л. прикури́ть
Feueralarm *m* ⟨-(e)s, -e⟩ пожа́рная трево́га *f*
Feuerbestattung *f* ⟨-, -en⟩ крема́ция *f*
Feuereifer *m* ⟨*gen:*-s⟩ пыл *m*, усе́рдие *nt*
feuerfest *adj* огнесто́йкий; (*Gefäß*) жаросто́йкий
Feuergefahr *f* ⟨*gen:*-⟩ опа́сность *f* пожа́ра
feuergefährlich *adj* огнеопа́сный
Feuerleiter *f* ⟨-, -n⟩ пожа́рная ле́стница *f*
Feuerlöscher *m* ⟨-s, -⟩ огнетуши́тель *m*
Feuermelder *m* ⟨-s, -⟩ пожа́рный извеща́тель *m*
feuern 1. *vt* (*umg:entlassen*) увольня́ть, уво́лить *pf*; (*umg:schleudern*) швыря́ть, швырну́ть *pf*; **verärgert feuerte er seine Jacke aufs Sofa** он раздражённо швырну́л свою́ ку́ртку на софу́; **2.** *vi* (*schießen*) стреля́ть *impf*, пали́ть, вы- *pf* (*auf +akk* по *+dat*)
feuerrot *adj* о́гненно-кра́сный
Feuerschlucker, -in *m/f* ⟨-s, -⟩

глота́тель *m* огня́
feuersicher *adj* огнесто́йкий, невоспламеня́ющийся
Feuerstein *m* ⟨-(e)s, -e⟩ креме́нь *m*
Feuerwaffe *f* ⟨-, -n⟩ огнестре́льное ору́жие *nt*
Feuerwehr *f* ⟨-, -en⟩ пожа́рная кома́нда *f*
Feuerwehrmann, -frau *m/f* ⟨-(e)s, -leute⟩ пожа́рный *m*
Feuerwerk *nt* ⟨-(e)s, -e⟩ фейерве́рк *m*
Feuerzeug *nt* ⟨-(e)s, -e⟩ зажига́лка *f*
Feuilleton *nt* ⟨-s, -s⟩ фельето́н *m*
feurig *adj* о́гненный; (*Liebhaber(in)*) стра́стный, пы́лкий
ff. *abk von* ***(und) folgende (Seiten)*** *и на сле́дующих страни́цах*
Fiasko *nt* ⟨-s, -s⟩ фиа́ско *nt*; **ein ~ erleben** потерпе́ть фиа́ско
Fichte *f* ⟨-, -n⟩ е́ль *f*
ficken *vt* (*vulg*) тра́хать, -хнуть *pf*
fidel *adj* (*umg*) весёлый, живо́й
fieb(e)rig *adj* лихора́дочный; (*aufgeregt*) не́рвный, возбуждённый
Fieber *nt* ⟨*gen:*-s⟩ горя́чка *f*, жар *m*; **er hat hohes ~** у него́ высо́кая температу́ра; **(jdm das) ~ messen** измеря́ть кому́-л. температу́ру
fieberhaft *adj* (*eilig, hektisch*) лихора́дочный
fiebern *vi* лихора́дить *impf*; (*gespannt sein*) быть *impf* в возбужде́нии
Fieberthermometer *nt* ⟨-s, -⟩ гра́дусник *m*
fiel *prät von* **fallen**
fies *adj* (*umg:gemein*) га́дкий; **das war aber ~ von dir!** э́то га́дко с твое́й стороны́!; (*ekelhaft*) ме́рзкий
FIFA *akr von* ***Fédération Internationale de Football Association*** *f* ФИФА *f*, *Междунаро́дная федера́ция футбо́ла*
fifty-fifty *adv:* **(mit jdm) ~ machen** (*umg*) раздели́ть что́-л. (с ке́м-л.) по́ровну
Fight *m* ⟨-s, -s⟩ (*SPORT:Wettkampf*) состяза́ние *nt*, соревнова́ние *nt*
fighten *vi* боро́ться *impf*; **der Läufer fightete verbissen um seinen Vorsprung** бегу́н упо́рно боро́лся за своё преиму́щество
Figur *f* ⟨-, -en⟩ фигу́ра *f*; **er hat wirklich eine gute ~** у него́ действи́тельно хоро́шая фигу́ра; (*Roman~*) персона́ж *m*; (*Spiel~*) фигу́ра *f*; **eine gute/schlechte ~ machen** производи́ть хоро́шее/плохо́е впечатле́ние
figürlich *adj* (*Darstellung*) фигу́рный; (*LING:übertragen*) перено́сный, фигура́льный
fiktiv *adj* фикти́вный
Filet *nt* ⟨-s, -s⟩ филе́ *nt*
Filiale *f* ⟨-, -n⟩ филиа́л *m*
filigran *adj* (*kunstvoll, zart gearbeitet*) филигра́нный
Film *m* ⟨-(e)s, -e⟩ (*Beschichtung, Belag*) плёнка *f*; (*Fernseh~, Kino~*) фильм *m*, кинофи́льм *m*; (*~branche*) кинематогра́фия *f*, кино́ *nt*; (*FOT*) плёнка *f*; **ich muß einen neuen ~ einlegen** я до́лжен вложи́ть но́вую плёнку; **einen ~ drehen** снима́ть (кино)фи́льм
Filmaufnahme *f* ⟨-, -n⟩ киносъёмка *f*
Filmemacher, -in *m/f* ⟨-s, -⟩ а́втор *m* фи́льмов
filmen **1.** *vt* производи́ть, -вести́ *pf* киносъёмку, снима́ть, сня́ть *pf* на плёнку; **2.** *vi* (*Schauspieler*) снима́ться, сня́ться *pf* в кино́
Filmfestival *nt* ⟨-s, -s⟩ кинофестива́ль *m*
Filmkamera *f* ⟨-, -s⟩ кинока́мера *f*
Filmmusik *f* ⟨-, -en⟩ му́зыка *f* к фи́льму
Filmschauspieler, -in *m/f* ⟨-s, -⟩ киноактёр, -три́са *m/f*, актёр, -три́са *m/f* кино́
Filmstar *m* ⟨-s, -s⟩ кинозвезда́ *f*
Filter *m* ⟨-s, -⟩ фильтр *m*
filtern *vt* фильтрова́ть, про- *pf*
Filterpapier *nt* ⟨*gen:*-s⟩ фильтрова́льная бума́га *f*
Filterzigarette *f* ⟨-, -n⟩ сигаре́та *f* с фи́льтром
Filz *m* ⟨-es, -e⟩ (*Stoff*) во́йлок *m*, фетр *m*
filzen **1.** *vt* (*umg:durchsuchen*) обы́скивать, -ска́ть *pf*; **2.** *vi* (*Wolle*) сва́ливаться, -ля́ться *pf*
Filzstift *m* ⟨-(e)s, -e⟩ флома́стер *m*
Fimmel *m* ⟨-s, -⟩ (*umg*) пу́нктик *m*; **was Pferde angeht, hat er einen~!** он про́сто пове́ден на лошадя́х!
Finale *nt* ⟨-s, -(s)⟩ (*SPORT*) фина́л *m*
Finanzamt *nt* ⟨-(e)s, -ämter⟩ фина́нсовое управле́ние *nt*
Finanzbeamte(r) *m* ⟨-n, -n⟩ слу́жащий, -щая *m/f* фина́нсового управле́ния
Finanzen *pl* ⟨*gen:*-⟩ фина́нсы *pl*, бюдже́т *m*
finanziell *adj* фина́нсовый, де́нежный
finanzieren *vt* финанси́ровать *impf/pf*
Finanzierung *f* ⟨-, -en⟩ финанси́рование *nt*
Finanzminister, -in *m/f* ⟨-s, -⟩ мини́стр *m* фина́нсов
finden ⟨fand, gefunden⟩ **1.** *vt* оты́скивать, -ка́ть *pf*; (*Verwendung*) находи́ть, найти́ *pf*; (*meinen, halten für*) счита́ть *impf*, находи́ть, найти́ *pf*; **er hat recht - ~ Sie nicht?** он прав, не так ли?; **2.** *vr* (*sich wieder ~*) находи́ть, найти́ *pf* себя́, обрета́ть, -рести́ *pf* себя́; **Gefallen an**

etw/jdm ~ получа́ть удово́льствие от чего́-л./кого́-л.; **das wird sich ~** всё образу́ется
Finder, -in *m/f* ⟨-s, -⟩ наше́дший, -шая *m/f*
Finderlohn *m* ⟨*gen:*-(e)s⟩ вознагражде́ние *nt* за нахо́дку
findig *adj* нахо́дчивый
fing *prät von* **fangen**
Finger *m* ⟨-s, -⟩ па́лец *m*; **~ weg!** ру́ки прочь!; **die ~ von etw lassen** (*umg*) не вме́шиваться во что́-л.; **jdn um den kleinen ~ wickeln** (*umg*) обвести́ кого́-л. вокру́г па́льца; **sich etw aus den ~n saugen** (*umgpej*) вы́сосать что́-л. из па́льца
Fingerabdruck *m* ⟨-(e)s, -abdrücke⟩ отпеча́ток *m* па́льцев
Fingerhut *m* ⟨-(e)s, -hüte⟩ напёрсток *m*; (*Pflanze*) наперстя́нка *f*
Fingernagel *m* ⟨-s, -nägel⟩ но́готь *m* (па́льца руки́)
Fingerspitze *f* ⟨-, -n⟩ ко́нчик *m* па́льца
Fingerspitzengefühl *nt* ⟨*gen:*-s⟩ чутьё *nt*; **etw verlangt (viel) ~** для чего́-л. тре́буется осо́бое чутьё
Fingerzeig *m* ⟨*gen:*-s⟩ знак *m*, намёк *m*; **jdm einen ~ geben** пода́ть кому́-л. знак
fingieren *vt* (*vortäuschen*) симули́ровать *impf/pf*, де́лать, сде́лать *pf* вид
Finish *nt* ⟨-s, -s⟩ фи́ниш *m*
Fink *m* ⟨-en, -en⟩ зя́блик *m*
Finne *m* ⟨-n, -n⟩ финн *m*
Finnin *f* ⟨-, -en⟩ фи́нка *f*
finnisch *adj* фи́нский
Finnland *nt* ⟨*gen:*-s⟩ Финля́ндия *f*
finster *adj* (*dunkel*) тёмный, су́мрачный; (*unheimlich*) злове́щий, жу́ткий; (*Miene*) угрю́мый, мра́чный; **er sah mich ~ an** он угрю́мо посмотре́л на меня́
Finsternis *f* ⟨*gen:*-⟩ темнота́ *f*, мрак *m*
Finte *f* ⟨-, -n⟩ уло́вка *f*; (*SPORT*) финт *m*
Firlefanz *m* ⟨*gen:*-es⟩ (*umg:Kram*) барахло́ *nt*; (*umg:Albernheit*) дура́чество *nt*
firm *adj*: **in etw ~ sein** в соверше́нстве владе́ть че́м-л.
Firma *f* ⟨-, Firmen⟩ фи́рма *f*
firmeneigen *adj* принадлежа́щий фи́рме
Firmung *f* ⟨-, -en⟩ конфирма́ция *f*
Firnis *m* ⟨-ses, -se⟩ (*Lack*) лак *m*
First *m* ⟨-(e)s, -e⟩ (*Dach~*) конёк *m* кры́ши
First Lady *f* ⟨-, -ies⟩ пе́рвая ле́ди *f*
Fisch *m* ⟨-(e)s, -e⟩ ры́ба *f*; **~e** (*ASTR*) Ры́бы; **weder ~ noch Fleisch** (*umg:fig*) ни ры́ба ни мя́со; **kleine ~e** (*umg*) пустяки́
fischen *vt* рыба́чить *impf*, лови́ть , пойма́ть *pf* ры́бу; (*umg:fig*) выла́вливать, вы́ловить *pf*; **er fischte ein Blatt Papier aus dem Stapel** он вы́тащил из сто́пки лист бума́ги
Fischer, -in *m/f* ⟨-s, -⟩ рыба́к, -ба́чка *m/f*
Fischerei *f* ⟨*gen:*-⟩ рыболо́вство *nt*
Fischfang *m* ⟨*gen:*-(e)s⟩ рыболо́вство *nt*, ры́бная ло́вля *f*
Fischfilet *nt* ⟨-s, -s⟩ ры́бное филе́ *nt*
fit *adj* в хоро́шей фо́рме, хорошо́ трениро́ванный; **in etw ~ sein** (*umg:etw gut beherrschen*) хорошо́ разбира́ться в чём-л.
Fitneß *f* ⟨*gen:*-⟩ хоро́шая спорти́вная фо́рма *f*
Fitneßcenter *nt* ⟨-s, -⟩ центр *m* заня́тий спо́ртом, спортце́нтр *m*
fix *adj* (*fest*) твёрдый, определённый; (*umg:schnell*) прово́рный, шу́стрый; **jetzt mach aber ~!** тепе́рь дава́й живе́е!; **~ und fertig sein** (*umg:erschöpft, erledigt*) быть без сил
fixen *vi* (*Jargon: Drogen spritzen*) впры́скивать, -снуть *pf*
Fixer, -in *m* ⟨-s, -⟩ (*Jargon: Rauschgiftsüchtige(r)*) наркома́н, -ка *m/f*
fixieren *vt* (*festhalten*) фикси́ровать, за- *pf*; (*jdn mustern*) присталльно смотре́ть, по- *pf*
Fjord *m* ⟨-(e)s, -e⟩ фьо́рд *m*
FKK *abk von* ***Freikörperkultur*** *f* *нуди́зм*
flach *adj* (*Gelände*) равни́нный, ни́зменный; (*Wasser*) ме́лкий, неглубо́кий; (*Schuhe*) на ни́зком каблуке́; (*fig:seicht*) пло́ский; **sich ~ auf den Boden legen** распласта́ться на полу́; **die ~e Hand** ладо́нь
Flachdach *nt* ⟨-(e)s, -dächer⟩ пло́ская кры́ша *f*
Fläche *f* ⟨-, -n⟩ пло́щадь *f*, террито́рия *f*; (*Ober~*) пове́рхность *f*; (*Ebene*) пло́скость *f*, равни́на *f*
Flächeninhalt *m* ⟨-(e)s, -e⟩ пло́щадь *f*
Flächenmaß *nt* ⟨-es, -e⟩ ме́ра *f* пло́щади
flachfallen *vi* (*umg:ausfallen*) не состоя́ться *pf*; **bei Regen fällt das Picknick flach** при дожде́ пикни́к отпада́ет
Flachland *nt* ⟨*gen:*-(e)s⟩ равни́на *f*
Flachs *m* ⟨*gen:*-es⟩ лён *m*; (*umg:Neckerei*) ша́лость *f*, шу́тка *f*; **ohne ~!** кро́ме шу́ток!
flachsen *vi* (*umg*) дура́читься *impf*
flackern *vi* (*Licht*) мерца́ть *impf*, мига́ть *impf*; (*Augen*) горе́ть *impf*
Flagge *f* ⟨-, -n⟩ флаг *m*; **die ~ streichen** (*fig*) призна́ть себя́ побеждённым
Flair *nt* ⟨*gen:*-s⟩ отте́нок *m*, налёт *m*
Flak *akr von* ***Flug(zeug)abwehrkanone*** *f* *зени́тное ору́дие*
Flakon *nt* ⟨-s, -s⟩ (*Fläschchen*) флако́н *m*
flambieren *vt* *обли́ть блю́до спи́ртом*

и зажéчь

Flamingo *m* ⟨-s, -s⟩ флами́нго *m*

Flamme *f* ⟨-, -n⟩ плáмя *nt*, огóнь *m*; (*umg: Geliebte*) любóвь *f*; **sie ist seine alte Flamme** онá егó стáрая любóвь; **etw steht in (hellen) ~n** чтó-л. гори́т я́сным плáменем

Flanell *m* ⟨-s, -e⟩ фланéль *f*

flanieren *vi* флани́ровать *impf*, прогу́ливаться, -ля́ться *pf*

Flanke *f* ⟨-, -n⟩ (*Seite*) бок *m*; (*MIL*) фланг *m*

flankieren *vt* идти́ *impf*, стоя́ть *impf* сбóку (от когó-л.); **~de Maßnahmen** дополни́тельные мероприя́тия

flapsig *adj* (*umg*) гру́бый, неотёсанный

Flasche *f* ⟨-, -n⟩ буты́лка *f*, фля́жка *f*; (*umg:Versager*) неудáчник *m*; **einem Kind die ~ geben** дать ребёнку буты́лочку

Flaschenbier *nt* ⟨-(e)s, -e⟩ буты́лочное пи́во *nt*

Flaschenöffner *m* ⟨-s, -⟩ ключ *m* для открывáния буты́лок

Flaschenpfand *nt* ⟨*gen:*-(e)s⟩ залóг *m* за буты́лку

Flaschenpost *f* ⟨*gen:*-⟩ буты́лочная пóчта *f*

flatterhaft *adj* вéтреный, легкомы́сленный

flattern *vi* (*Vogel*) порхáть *impf*; (*Blatt*) кружи́ться *impf*; **ihr Haar flatterte im Wind** её вóлосы развевáлись на ветру́; (*Herz*) трепетáть *impf*, дрожáть *impf*

flau *adj* (*schwach*) слáбый, вя́лый; **die Nachfrage ist derzeit eher ~** спрос в настоя́щее врéмя скорéе слáбый; **jdm ist (ganz) ~** кому́-л. не по себé

Flaum *m* ⟨*gen:*-(e)s⟩ пух *m*, пушóк *m*

Flausen *fpl* ⟨*gen:*-⟩: **jd hat (nur) ~ im Kopf** (*umg*) у когó-л. тóлько глу́пости на умé

Flaute *f* ⟨-, -n⟩ (*Windstille*) безвéтрие *nt*, зати́шье *nt*; (*Wirtschaftstief*) застóй *m*

Flechte *f* ⟨-, -n⟩ (*Pflanze*) лишáйник *m*; (*Geflochtenes*) косá *f*; (*Haut~*) лишáй *m*

flechten ⟨flocht, geflochten⟩ *vt* (*Haare*) заплетáть, -плести́ *pf*; (*Kranz*) вить, свить *pf*; (*Korb*) плести́, сплести́ *pf*

Fleck *m* ⟨-(e)s, -en⟩ (*Schmutz~*) пятнó *nt*; (*Stelle*) мéсто *nt*; **vom ~ weg** немéдленно; **nicht vom ~ kommen** не дви́гаться с мéста

Fleckenentferner *m* ⟨-s, -⟩ пятновыводи́тель *m*

fleckenlos *adj* без пя́тен; (*Ruf*) безупрéчный, безукори́зненный

fleckig *adj* (*gefleckt*) пятни́стый; (*von Schmutz*) в пя́тнах

Fledermaus *f* ⟨-, -mäuse⟩ летýчая мышь *f*

Flegel *m* ⟨-s, -⟩ грубия́н *m*

flegelhaft *adj* невéжливый, гру́бый; **~es Benehmen** хáмское поведéние

Flegeljahre *ntpl* ⟨*gen:*-⟩ перехóдный вóзраст *m*; **er kommt jetzt in die ~** у негó сейчáс начинáется перехóдный вóзраст

flehen *vi* умоля́ть, -ли́ть *pf*, моли́ть *impf* (*um +akk* о *+präpos*)

flehentlich *adj* умоля́ющий; **jdn ~ um etw bitten** умоля́ть когó-л. о чём-л.

Fleisch *nt* ⟨*gen:*-(e)s⟩ (*zum Essen*) мя́со *nt*; (*von Lebenden*) тéло *nt*; **sich (mit etw) ins eigene ~ schneiden** навреди́ть (чéм-л.) самому́ себé; **etw ist jdm in ~ und Blut übergegangen** чтó-л. вошлó кому́-л. в плоть и кровь

Fleischbrühe *f* ⟨-, -n⟩ бульóн *m*

Fleischer, -in *m/f* ⟨-s, -⟩ мясни́к *m*

Fleischerei *f* ⟨-, -en⟩ мяснáя лáвка *f*

fleischfressend *adj* (*Tier, Pflanze*) плотоя́дный

fleischlos *adj* худóй; (*vegetarisch*) вегетариáнский, без мя́са

Fleischwolf *m* ⟨-(e)s, -wölfe⟩ мясору́бка *f*

Fleiß *m* ⟨*gen:*-es⟩ старáние *nt*, усéрдие *nt*

fleißig *adj* старáтельный, прилéжный

flektieren *vt* (*LING:Substantiv*) склоня́ть, про- *pf*; (*LING:Verb*) спрягáть, про- *pf*

flennen *vi* (*umg:pej*) ревéть *impf*

fletschen *vt:* **die Zähne ~** скáлить зу́бы

flexibel *adj* ги́бкий

flicken *vt* штóпать, за- *pf*, латáть, за- *pf*

Flicken *m* ⟨-s, -⟩ заплáта *f*

Flickzeug *nt* ⟨-(e)s, -e⟩ (*zum Nähen*) швéйные принадлéжности *pl*; (*für Reifen*) принадлéжности *pl* для ремóнта шин

Flieder *m* ⟨-s, -⟩ сирéнь *f*

Fliege *f* ⟨-, -n⟩ му́ха *f*, (*Schleife*) бáбочка *f*; **zwei ~n mit einer Klappe schlagen** (*umg*) одни́м вы́стрелом двух зáйцев уби́ть

fliegen ⟨flog, geflogen⟩ **1.** *vi* летáть *impf*, летéть, по- *pf*; (*umg:entlassen werden*) вы́лететь *pf*; **2.** *vt* (*Flugzeug*) води́ть *impf*, вести́ *impf*; **durch eine Prüfung ~** (*umg*) провали́ться на экзáмене

Fliegenpilz *m* ⟨-es, -e⟩ мухомóр *m*

Flieger, -in *m/f* ⟨-s, -⟩ лётчик, -чица *m/f*, пилóт *m*

Fliegeralarm *m* ⟨-(e)s, -e⟩ возду́шная тревóга *f*

Fliegerei *f* ⟨*gen:*-⟩ лётное дéло *nt*

fliehen ⟨floh, geflohen⟩ **1.** *vi* бежáть *impf*, убегáть, убежáть *pf* (*vor +dat* от *+gen*); **2.** *vt* (*geh:meiden*) избегáть, -бежáть

pf
Fliehkraft *f* ⟨*gen:-*⟩ центробе́жная си́ла *f*
Fliese *f* ⟨-, -n⟩ (керами́ческая) пли́тка *f*; **~n legen** класть пли́тку
Fließband *nt* ⟨-(e)s, -bänder⟩ конве́йер *m*; **am ~ stehen** рабо́тать на конве́йере
fließen ⟨floß, geflossen⟩ *vi* (*Flüssigkeit*) ли́ться *impf*, струи́ться *impf*; (*ins Meer*) впада́ть *impf*
fließend *adj* теку́щий; (*Sprache*) бе́глый; **sie spricht ~ Deutsch** она́ бе́гло говори́т по-неме́цки; (*Übergänge*) расплы́вчатый, нечёткий
flimmern *vi* (*einmal*) сверка́ть, сверкну́ть *pf*, мерца́ть *impf*; (*Bildschirm*) мига́ть *impf*, мигну́ть *pf*; **jdm flimmert es vor den Augen** у кого́-то ряби́т в глаза́х
flink *adj* прово́рный, ло́вкий
Flinte *f* ⟨-, -n⟩ ружьё *nt*; **man darf nicht gleich die ~ ins Korn werfen** нельзя́ так бы́стро сдава́ться
flippig *adj* (*umg*) бро́ский, необы́чный
Flirt *m* ⟨-s, -s⟩ флирт *m*
flirten *vi* флиртова́ть *impf*; **mit jdm ~** флиртова́ть с ке́м-л.
Flitterwochen *fpl* ⟨*gen:-*⟩ медо́вый ме́сяц *m*; **in die ~ fahren** отпра́виться в сва́дебное путеше́ствие
flitzen *vi* (*umg*) стреми́тельно нести́сь *impf*
flocht *prät von* **flechten**
Flocke *f* ⟨-, -n⟩ (*Schnee~*) снежи́нка *f*; (*Woll~*) клочо́к *m*
flockig *adj* хло́пьями, пуши́стый
flog *prät von* **fliegen**
floh *prät von* **fliehen**
Floh *m* ⟨-(e)s, Flöhe⟩ блоха́ *f*; **wer hat dir denn diesen ~ ins Ohr gesetzt?** кто зарази́л тебя́ э́той иде́ей?
Flohmarkt *m* ⟨-(e)s, -märkte⟩ толку́чка *f*, барахо́лка *f*
Flop *m* ⟨-s, -s⟩ пусто́й но́мер *m*, неуда́ча *f*; **das Konzert war ein echter ~** конце́рт не уда́лся
Flora *f* ⟨-, Floren⟩ (*Pflanzenwelt*) фло́ра *f*
florieren *vi* процвета́ть, -цвести́ *pf*
Florist, -in *m/f* ⟨-en, -en⟩ цветово́д *m*
Floskel *f* ⟨-, -n⟩ пуста́я фра́за *f*
floß *prät von* **fließen**
Floß *nt* ⟨-es, -e⟩ плот *m*
Flosse *f* ⟨-, -n⟩ плавни́к *m*; (*Taucher~*) ла́сты *mpl*; (*umg:Hand*) ла́па *f*; **~n weg!** убери́ ла́пы!
Flöte *f* ⟨-, -n⟩ фле́йта *f*
flöten *vi* (*auf Flöte*) игра́ть, сыгра́ть *pf*; (*umg:schmeichelnd reden*) говори́ть, сказа́ть *pf* еле́йным го́лосом
flötengehen *irr vi* (*umg:verlorengehen*) пропа́сть *pf*, -пада́ть *impf*; **mir ging die gute Laune flöten** у меня́ пропа́ло всё настрое́ние
flott *adj* (*schnell*) бы́стрый, расторо́пный; **bißchen ~, wenn's geht!** немно́го быстре́е, е́сли мо́жно; (*Kleidung*) мо́дный, эффе́ктный; (*Schiff*) на плаву́
Flotte *f* ⟨-, -n⟩ флот *m*
flottmachen *vt* (*Schiff*) снять *pf*, снима́ть *impf* кора́бль с ме́ли; (*umg: Fahrzeug*) ремонти́ровать, от- *pf*
Fluch *m* ⟨-(e)s, Flüche⟩ руга́тельство *nt*; (*Verwünschung*) прокля́тие *nt*; **auf etw liegt ein ~** на чём-то лежи́т прокля́тие
fluchen *vi* руга́ться, вы́- *impf*, брани́ться, вы́- *pf*
Flucht *f* ⟨-, -en⟩ (*das Fliehen*) бе́гство *nt*, побе́г *m*; (*Häuser~*) верени́ца *f* домо́в; **die ~ ergreifen** обрати́ться в бе́гство; **jdn in die ~ schlagen** обрати́ть кого́-л. в бе́гство
fluchtartig *adj* о́чень бы́стро; **~ verließ er das Haus** он стремгла́в вы́бежал из до́му
flüchten *vi* бежа́ть *impf*, убежа́ть *pf*, убега́ть *impf*
Fluchthelfer, -in *m/f* ⟨-s, -⟩ *помога́ющий осуществи́ть побе́г*
flüchtig *adj* (*auf Flucht*) бе́глый; (*oberflächlich*) мимолётный, пове́рхностный; **ich kenne ihn nur ~** я знако́м с ним пове́рхностно; (*kurz, eilig*) коро́ткий, бе́глый; **sie warf einen ~en Blick darauf** она́ оки́нула э́то бе́глым взгля́дом; (*CHEM*) летýчий
Flüchtigkeit *f* ⟨-, -en⟩ (*Oberflächlichkeit*) пове́рхностность *f*; (*Kürze, Eile*) поспе́шность *f*; (*Vergänglichkeit*) быстроте́чность *f*; (*CHEM*) лету́честь *f*
Flüchtigkeitsfehler *m* ⟨-s, -⟩ оши́бка *f* из-за невнима́тельности
Flüchtling *m* ⟨-s, -e⟩ бегле́ц *m*; (*Vertriebener*) бе́женец *m*
Flüchtlingslager *nt* ⟨-s, -⟩ ла́герь *m* бе́женцев
Flug *m* ⟨-(e)s, Flüge⟩ полёт *m*; **die Zeit vergeht wie im ~e** вре́мя лети́т; **einen ~ buchen** заброни́ровать биле́т на самолёт
Flugabwehr *f* ⟨*gen:-*⟩ противовозду́шная оборо́на *f*
Flugbahn *f* ⟨-, -en⟩ траекто́рия *f* (полёта)
Flugblatt *nt* ⟨-(e)s, -blätter⟩ листо́вка *f*
Flügel *m* ⟨-s, -⟩ крыло́ *nt*; (*Haus~*) крыло́ *nt* зда́ния; (*Fenster~, Tür~*) ство́рка *f*; **die ~ hängen lassen** (*umg*) опусти́ть кры́лья

Fluggast *m* ⟨-(e)s, -gäste⟩ авиапассажи́р *m*
flügge *adj* (*Vogel*) опери́вшийся; (*fig:Kinder*) самостоя́тельный
Fluggesellschaft *f* ⟨-, -en⟩ авиакомпа́ния *f*
Flughafen *m* ⟨-s, -häfen⟩ аэропо́рт *m*
Flugkapitän *m* ⟨-s, -e⟩ капита́н *m* корабля́
Fluglotse, -lotsin *m/f* ⟨-n, -n⟩ авиадиспе́тчер *m*
Flugplatz *m* ⟨-es, -plätze⟩ аэродро́м *m*
flugs *adv* ми́гом, мгнове́нно
Flugverkehr *m* ⟨*gen:*-s⟩ возду́шное сообще́ние *nt*
Flugzeug *nt* ⟨-(e)s, -e⟩ самолёт *m*
Flugzeugabsturz *m* ⟨-es, -abstürze⟩ авиакатастро́фа *f*
Flugzeugentführung *f* ⟨-, -en⟩ уго́н *m* самолёта
Flugzeugträger *m* ⟨-s, -⟩ авиано́сец *m*
Fluktuation *f* ⟨-, -en⟩ (*Schwankung, Austausch*) теку́честь *f*
flunkern *vi* (*umg*) врать, со- *pf*, приврать *pf*, -вира́ть *impf*
Fluor *m* ⟨*gen:*-s⟩ фто́р *m*
fluoreszieren *vi* флуоресци́ровать *impf*, свети́ться *impf*
Fluorkohlenwasserstoff *m* ⟨-(e)s, -e⟩ фтороводоро́д *m*
Flur [1] *m* ⟨-(e)s, -e⟩ (*Haus~*) ле́стничная площа́дка *f*, коридо́р *m*; (*in Wohnung*) прихо́жая *f*, пере́дняя *f*
Flur [2] *f* ⟨-, -en⟩ (*Feld*) по́ле *nt*; (*Acker*) ни́ва *f*
Flurbereinigung *f* ⟨-, -en⟩ землеустро́йство *nt*
Flurschaden *m* ⟨-s, -schäden⟩ потра́ва *f* поле́й
Fluß *m* ⟨Flusses, Flüsse⟩ река́ *f*; (*das Fließen*) тече́ние *nt*, ход *m*; **etw in ~ bringen** возобнови́ть что́-л.
flußabwärts *adv* вниз по тече́нию
flußaufwärts *adv* вверх по тече́нию
Flußbett *nt* ⟨-(e)s, -en⟩ ру́сло *nt* реки́
flüssig *adj* (*nicht fest*) жи́дкий, теку́чий; (*nicht stockend*) пла́вный; **das Kind liest schon recht ~** ребёнок уже́ вполне́ свобо́дно чита́ет ; **~ sein** (*umg:Geld haben*) быть при деньга́х
Flüssigkeit *f* ⟨-, -en⟩ жи́дкость *f*
Flußlauf *m* ⟨-(e)s, -läufe⟩ речно́й пото́к *m*
Flußpferd *nt* ⟨-(e)s, -e⟩ бегемо́т *m*
flüstern 1. *vt* шепта́ть *impf*; **jdm etw ins Ohr ~** шепну́ть кому́-л. что́-л. на у́хо; **2.** *vi* шепта́ться *impf*
Flut *f* ⟨-, -en⟩ (*nicht Ebbe*) прили́в *m*; (*Wassermasse*) пото́п *m*, наводне́ние *nt*; **eine ~ von** (*fig*) пото́к чего́-л.
Flutkatastrophe *f* ⟨-, -n⟩ наводне́ние *nt*
Flutlicht *nt* ⟨-(e)s, -er⟩ свет *m* проже́кторов
flutschen *vi* (*umg:gleiten*) скользи́ть *impf*, вы́скользнуть *pf*, -ска́льзывать *impf*; **mir ist die Seife aus der Hand geflutscht** у меня́ вы́скользнуло мы́ло из рук; (*umg:leicht gehen*) ла́диться *impf*; **heute flutscht die Arbeit nur so** сего́дня рабо́та спо́риться
focht *prät von* **fechten**
Föderalismus *m* ⟨*gen:*-⟩ федерали́зм *m*
Fohlen *nt* ⟨-s, -⟩ жеребёнок *m*
Föhn *m* ⟨-(e)s, -e⟩ фён *m*
Föhre *f* ⟨-, -n⟩ сосна́ *f*
Folge *f* ⟨-, -n⟩ (*Auswirkung*) после́дствие *nt*, сле́дствие *nt*; (*Aufeinander~*) после́довательность *f*; (*Reihen~*) очерёдность *f*; (*Fortsetzung*) продолже́ние *nt*; (*Reihe*) ряд *m*, се́рия *f*; **die ~n (von etw) tragen** отвеча́ть за после́дствия; **einer Einladung ~ leisten** приня́ть приглаше́ние; **zur ~ haben** повле́чь за собо́й
folgen *vi* сле́довать, по- *pf*; (*einem Gespräch*) следи́ть *impf*; **können Sie mir ~?** вы меня́ понима́ете?; (*gehorchen*) слу́шаться, по- *pf*; (*aufeinander~*) сле́довать, по- *pf*; **daraus folgt, daß ...** из э́того сле́дует, что...; **einem Rat ~** после́довать сове́ту; **Fortsetzung folgt** продолже́ние сле́дует
folgendermaßen *adv* сле́дующим о́бразом
folgenschwer *adj* чрева́тый после́дствиями
folgerichtig *adj* после́довательный, логи́чный
folgern 1. *vt* заключа́ть, -чи́ть *pf* (*aus +dat* из *+gen*); **daraus läßt sich ~** отсю́да мо́жно заключи́ть; **2.** *vi* сле́довать *impf*
Folgerung *f* ⟨-, -en⟩ заключе́ние *nt*, вы́вод *m*
folglich *adv* сле́довательно, поэ́тому
folgsam *adj* послу́шный
Folie *f* ⟨-, -n⟩ фольга́ *f*, плёнка *f*
Folklore *f* ⟨*gen:*-⟩ фолькло́р *m*
Folter *f* ⟨-, -n⟩ пы́тка *f*, истяза́ние *nt*; (*etw Unangenehmes*) муче́ние *nt*; **jdn auf die ~ spannen** (*fig*) му́чить кого́-л.
foltern *vt* пыта́ть *impf*, подверга́ть, -ве́ргнуть *pf* пы́ткам
Fön ® *m* ⟨-(e)s, -e⟩ фен *m*
fönen *vt* суши́ть, вы́- *pf* фе́ном; **er fönt sich das Haar** он су́шит во́лосы фе́ном
Fontäne *f* ⟨-, -n⟩ фонта́н *m*
foppen *vt* (*umg*) дура́чить, одура́чить *pf*
forcieren *vt* (*vorantreiben*) форси́ровать *impf/pf*, ускоря́ть, -ко́рить *pf*
Förderband *nt* ⟨-(e)s, -bänder⟩

ле́нточный транспортёр *m*, ковéйер *m*
Förderkorb *m* ⟨-(e)s, -körbe⟩ подъёмная клеть *f*
förderlich *adj* полéзный; **das ist der Arbeit nicht gerade ~** это не óчень спосóбствует рабóте
fordern *vt* (*verlangen*) требовáть, по- *pf*; (*heraus~*) вызывáть, вы́звать *pf*
fördern *vt* спосóбствовать, по- *pf*, содéйствовать *impf/pf*, по- *pf*; (*Person*) поддéрживать, -жáть *pf*, покровúтельствовать *impf*; (*BERGB*) добывáть, добы́ть *pf*
Forderung *f* ⟨-, -en⟩ (*Anspruch, Verlangen*) претéнзия *f*, притязáние *nt*; (*Erfordernis*) трéбование *nt*; **~en stellen** предъявля́ть трéбования
Förderung *f* ⟨-, -en⟩ поощрéние *nt*, содéйствие *nt*; (*Unterstützung*) поддéржка *f*, пóмощь *f*; (*BERGB*) добы́ча *f*
Forelle *f* ⟨-, -n⟩ форéль *f*
Form *f* ⟨-, -en⟩ фóрма *f*, вид *m*; (*Gestalt*) óбраз *m*; (*Back~*) фóрма *f* для вы́печки; (*Guß~*) фóрма *f*, шаблóн *m*; **gut/schlecht in ~ sein** быть в хорóшей/плохóй фóрме; **die ~ wahren** соблюдáть прáвила прилúчия; **in ~ von** в вúде; **feste ~en annehmen** конкретизúроваться
formal *adj* формáльный; **~ gesehen, bist du im Recht** формáльно ты прав
Formaldehyd *nt* ⟨*gen:*-s⟩ формальдегúд *m*
Formalität *f* ⟨-, -en⟩ формáльность *f*
Format *nt* ⟨-(e)s, -e⟩ формáт *m*, размéр *m*; (*Bedeutung, Größe*) значúтельность *f*; **von ~** значúтельный
formatieren *vt* форматúровать, от- *pf*
Formation *f* ⟨-, -en⟩ (*Aufstellung*) формировáние *nt*
Formel *f* ⟨-, -n⟩ (*MATH*) фóрмула *f*; (*Spruch, Formulierung*) выражéние *nt*, формулирóвка *f*; **etw auf die ~ bringen** сформулúровать
formell *adj* формáльный
formen *vt* (*Charakter*) формировáть, сформировáть *pf*; (*in Ton*) лепúть, вы́- *pf*
formieren 1. *vr* образóвываться, -зовáться *pf*, формировáться, с- *pf*; **2.** *vt* образóвывать, -зовáть *pf*, формировáть, с- *pf*
förmlich 1. *adj* формáльный; **2.** *adv* (*wirklich, geradezu*) буквáльно, пря́мо-таки; **er strahlte ~ vor Freude** он пря́мо-таки сия́л от счáстья
Förmlichkeit *f* ⟨-, -en⟩ формáльность *f*
formlos *adj* бесфóрменный; (*Benehmen*) раскóванный, непринуждённый; (*Antrag*) в свобóдной фóрме; **ein ~er Antrag genügt** достáточно заявлéния в свобóдной фóрме
Formular *nt* ⟨-s, -e⟩ формуля́р *m*, бланк *m*; **bitte füllen Sie das ~ aus** запóлните, пожáлуйста, бланк
formulieren *vt* формулúровать, сформулúровать *pf*; **anders formuliert** ины́ми словáми
Formulierung *f* ⟨-, -en⟩ формулирóвка *f*
forsch *adj* решúтельный; (*betont ~, zu ~*) залихвáтский, ýхарский
forschen *vi* (*wissenschaftlich*) исслéдовать *impf/pf*, изучáть, -чúть *pf*; (*suchen*) искáть *impf*; **nach der Wahrheit ~** искáть úстину; **sie blickte ihn ~d an** онá испытýюще посмотрéла на негó
Forscher, -in *m/f* ⟨-s, -⟩ исслéдователь, -ница *m/f*
Forschung *f* ⟨-, -en⟩ исслéдование *nt*, изыскáние *nt*
Forschungszentrum *nt* ⟨-s, -zentren⟩ исслéдовательский центр *m*
Forst *m* ⟨-(e)s, -e⟩ лес *m*
Förster, -in *m* ⟨-s, -⟩ леснúчий *m*
Forstwirtschaft *f* ⟨*gen:*-⟩ леснóе хозя́йство *nt*
fort *adv* прочь; **er ist schon ~** он ужé ушёл; **mein Schlüssel ist ~** мой ключ пропáл; (*weiter*) дáльше; **in einem ~** беспреры́вно; **und so ~** и так дáлее
Fortbestand *m* ⟨*gen:*-(e)s⟩ дальнéйшее существовáние *nt*
fortbestehen *irr vi* продолжáть, -дóлжить *pf* существовáть
fortbewegen 1. *vr* двúгаться, двúнуться *pf* вперёд; **2.** *vt* сдвигáть, сдвúнуть *pf* с мéста
fortbilden *vr* повышáть, -вы́сить *pf* свою́ квалификáцию, совершéнствоваться, усовершéнствоваться *pf*
Fortbildung *f* ⟨-, -en⟩ повышéние *nt* квалификáции
fortbleiben *irr vi* отсýтствовать *impf*
Fortdauer *f* ⟨*gen:*-⟩ продолжéние *nt*, продолжúтельность *f*
forte *adv* (*MUS*) фóрте
fortfahren *irr vi* (*wegfahren*) уезжáть, уéхать *pf*; (*weitermachen*) продолжáть, -дóлжить *pf*; **bitte fahren Sie fort!** продолжáйте, пожáлуйста!
fortführen *vt* (*fortsetzen*) продолжáть, -дóлжить *pf*
fortgehen *irr vi* уходúть, уйтú *pf*
fortgeschritten *adj* продвúнутый; *ужé имéющий нéкоторые знáния (в какóй-л. óбласти)*; **im ~en Alter** в преклóнном вóзрасте
fortkommen *irr vi* (*wegkommen*)

уходи́ть, уйти́ *pf*; **mach, daß du fortkommst!** убира́йся отсю́да!; (*vorankommen*) продвига́ться, -дви́нуться *pf* вперёд
fortlaufen *irr vi* убега́ть, убежа́ть *pf*
fortpflanzen *vr* размножа́ться, -мно́житься *pf*; (*Schall, Bewegung*) распространя́ться, -ни́ться *pf*
Fortpflanzung *f* ⟨*gen:-*⟩ размноже́ние *nt*; (*von Schall, Bewegung*) распростране́ние *nt*
fortschreiten *irr vi* идти́ *impf* вперёд; **mit der Zeit ~** идти́ в но́гу со вре́менем
Fortschritt *m* ⟨-(e)s, -e⟩ прогре́сс *m*; **~e machen** де́лать успе́хи
fortschrittlich *adj* прогресси́вный, передово́й; **er ist sehr ~ eingestellt** он о́чень прогресси́вно настро́ен
fortschrittsfeindlich *adj* вражде́бный прогре́ссу
fortschrittsgläubig *adj* ве́рящий в прогре́сс
fortsetzen 1. *vt* продолжа́ть, -до́лжить *pf*; **2.** *vr* продолжа́ться, -до́лжиться *pf*
Fortsetzung *f* ⟨-, -en⟩ продолже́ние *nt*; **~ folgt** продолже́ние сле́дует
fortwährend *adj* беспреры́вный, постоя́нный
fortziehen 1. *irr vi* (*umziehen*) уезжа́ть, уе́хать *pf*, переселя́ться, -ли́ться *pf*; **2.** *irr vt* отта́скивать, -тащи́ть *pf*
Fossil *nt* ⟨-s, -ien⟩ ископа́емое *nt*
Foto *nt* ⟨-s, -s⟩ фотогра́фия *f*
Fotoalbum *nt* ⟨-s, -alben⟩ фотоальбо́м *m*
Fotoapparat *m* ⟨-(e)s, -e⟩ фотоаппара́т *m*
fotogen *adj* фотогени́чный
Fotograf, -in *m/f* ⟨-en, -en⟩ фото́граф *m*
Fotografie *f* ⟨-, -n⟩ фотогра́фия *f*; (*Foto*) фотогра́фия *f*, фотосни́мок *m*
fotografieren *vt* фотографи́ровать, сфотографи́ровать *pf*, снима́ть, снять *pf*
Fotokopie *f* ⟨-, -n⟩ фотоко́пия *f*
fotokopieren *vt* снима́ть, снять *pf* фотоко́пию
Fotokopierer *m* ⟨-s, -⟩ фотокопирова́льное устро́йство *nt*
Fotomodell *nt* ⟨-s, -e⟩ фотомоде́ль *f*
Foul *nt* ⟨-s, -s⟩ фол *m*, наруше́ние *nt* пра́вил
foulen *vt* наруша́ть, -ру́шить *pf* пра́вила
Foxtrott *m* ⟨-s, -s⟩ фокстро́т *m*
Fracht *f* ⟨-, -en⟩ (*Bahn~*) груз *m*; (*Schiffs~*) фрахт *m*; (*Kosten*) фрахт *m*, пла́та *f* за прово́з
Frachter *m* ⟨-s, -⟩ грузово́е су́дно *nt*
Frack *m* ⟨-(e)s, Fräcke⟩ фрак *m*
Frage *f* ⟨-, -n⟩ вопро́с *m*; **haben Sie noch ~n?** у вас есть ещё вопро́сы?; (*Problem*) пробле́ма *f*, вопро́с *m*; **jdm eine ~ stellen** зада́ть кому́-л. вопро́с; **das kommt nicht in ~** об э́том не мо́жет быть и ре́чи; **etw in ~ stellen** ста́вить что́-л. под сомне́ние
Fragebogen *m* ⟨-s, -bögen⟩ анке́та *f*
fragen *vt* спра́шивать, спроси́ть *pf*, справля́ться, спра́виться *pf* (*nach +dat* о *+präpos*); **wenn ich ~ darf** позво́льте спроси́ть; **es fragt sich (noch)** э́то ещё вопро́с; **ich frage nicht danach** э́то меня́ не интересу́ет
Fragestellung *f* ⟨-, -en⟩ постано́вка *f* вопро́са
Fragezeichen *nt* ⟨-s, -⟩ вопроси́тельный знак *m*
fraglich *adj* (*unklar, zweifelhaft*) сомни́тельный, спо́рный; (*in Frage stehend*) име́ющийся ввиду́, соотве́тствующий
fraglos *adj* бесспо́рный, несомне́нный
Fragment *nt* ⟨-(e)s, -e⟩ фрагме́нт *m*, отры́вок *m*
fragwürdig *adj* сомни́тельный, спо́рный
Fraktion *f* ⟨-, -en⟩ (*in Parlament*) фра́кция *f*
Fraktionschef, -in *m/f* ⟨-s, -s⟩ председа́тель *m* фра́кции
Fraktur *f* ⟨-, -en⟩ (*MED:Bruch*) перело́м *m* ко́сти
frankieren *vt* опла́чивать, -лати́ть *pf* почто́вый сбор, накле́ивать, -ить *pf* ма́рку
Frankreich *nt* ⟨*gen:*-s⟩ Фра́нция *f*
Franse *f* ⟨-, -n⟩ бахрома́ *f*
Franzbranntwein *m* ⟨*gen:*-(e)s⟩ францу́зская во́дка *f*
Franzose *m* ⟨-n, -n⟩ францу́з *m*
Französin *f* ⟨-, -nen⟩ францу́женка *f*
französisch *adj* францу́зский
fräsen *vt* фрезерова́ть, от- *pf*
fraß *prät von* **fressen**
Fratze *f* ⟨-, -n⟩ грима́са *f*; **~n schneiden** грима́сничать
Frau *f* ⟨-, -en⟩ же́нщина *f*; (*Ehe~*) жена́ *f*; (*Anrede*) госпожа́ *f*, фра́у *f*; **jdn zur ~ nehmen** взять кого́-л. в жёны
Frauenarzt, -ärztin *m/f* ⟨-es, -ärzte⟩ гинеко́лог *m*
Frauenbewegung *f* ⟨*gen:*-en⟩ же́нское движе́ние *nt*
Frauenklinik *f* ⟨-, -en⟩ гинекологи́ческая кли́ника *f*
Frauenzeitschrift *f* ⟨-, -en⟩ журна́л *m* для же́нщин
Fräulein *nt* ⟨-s, -s⟩ де́вушка *f*, ба́рышня *f*; (*Anrede*) госпожа́ *f*
fraulich *adj* же́нственный

Freak *m* ⟨-s, -s⟩ (*umg*) чуда́к; (*Fan*) люби́тель *m*, фана́т *m*
frech *adj* (*Kind*) де́рзкий; (*unverschämt*) наха́льный, на́глый; **werde nicht ~!** не нагле́й!
Frechdachs *m* ⟨-es, -e⟩ (*umg*) наха́л *m*
Frechheit *f* ⟨-, -en⟩ (*Eigenschaft*) на́глость *f*, наха́льство *f*; (*Äußerung*) де́рзость *f*; **die ~ besitzen, etw zu tun** име́ть на́глость, что́-л. де́лать
Fregatte *f* ⟨-, -n⟩ фрега́т *m*
frei *adj* свобо́дный; (*unabhängig*) незави́симый; (*Stelle*) свобо́дный, вака́нтный; **ist dieser Platz noch ~?** э́то ме́сто ещё свобо́дно?; (*kostenlos*) беспла́тно, да́ром; (*Rede*) открове́нный; (*Beruf*) свобо́дный; **einen ~en Tag haben** име́ть выходно́й день; **Eintritt ~** вход беспла́тный; **im Freien** на приро́де; **~ von etw sein** быть свобо́дным от чего́-л.; **jdn auf ~en Fuß setzen** освободи́ть кого́-л.
Freibad *nt* ⟨-(e)s, -bäder⟩ откры́тый бассе́йн *m*
freibekommen *irr vt* (*Gefangene*) вызволя́ть, вы́зволить *pf*
freiberuflich *adj* на гонора́рной осно́ве, на договорно́й осно́ве; **er ist ~ tätig** он рабо́тает по до́говору
freigeben *irr vt* (*Gefangene*) освобожда́ть, -боди́ть *pf*; (*Akten*) предоставля́ть, -ста́вить *pf* в распоряже́ние; **etw zum Verkauf ~** пусти́ть что́-л. в прода́жу; **jdm einen Tag ~** отпусти́ть кого́-л. на день
freigebig *adj* ще́дрый
Freigebigkeit *f* ⟨*gen:-*⟩ ще́дрость *f*
freihaben *irr vi* (*umg*) быть *impf* свобо́дным
freihalten *irr vt* оставлять, -та́вить *pf* свбо́дным; **ich habe dir einen Platz freigehalten** я держа́л для тебя́ ме́сто; (*Person*) угоща́ть, угости́ть *pf*; **Einfahrt ~!** въезд не перекрыва́ть!
Freihandelszone *f* ⟨-, -n⟩ зо́на *f* свобо́дной торго́вли
freihändig *adj* от руки́, вручну́ю; (*radfahren*) без рук
Freiheit *f* ⟨-, -en⟩ свобо́да *f*, (*Unabhängigkeit*) незави́симость *f*; **sich die ~ nehmen, etw zu tun** позво́лить себе́ сде́лать что́-л. ; **künstlerische ~** худо́жественная во́льность; **jdm die ~ schenken** освободи́ть кого́-л.; **sich ~en herausnehmen** мно́гое себе́ позволя́ть
freiheitlich *adj* свободолюби́вый
Freiheitskampf *m* ⟨-(e)s, -kämpfe⟩ борьба́ *f* за свобо́ду
Freiheitsstrafe *f* ⟨-, -n⟩ наказа́ние *nt* лише́нием свобо́ды
Freikarte *f* ⟨-, -n⟩ беспла́тный биле́т *m*, контрама́рка *f*
freikommen *irr vi* выходи́ть, вы́йти *pf* на во́лю, освобожда́ться, -боди́ться *pf*
freilassen *irr vt* выпуска́ть, вы́пустить *pf*; (*aus Gefängnis*) освобожда́ть, -боди́ть *pf*
freilich *adv* (*gewiß*) коне́чно, разуме́ется; **ja ~!** ну коне́чно!; (*zwar*) пра́вда
Freilichtbühne *f* ⟨-, -n⟩ откры́тая сце́на *f*, ле́тний теа́тр *m*
freimachen 1. *vt* (*Weg*) освобожда́ть, -боди́ть *pf*; (*Brief*) опла́чивать, -лати́ть *pf* почто́вый сбор; **2.** *vr* (*sich entkleiden*) раздева́ться, -де́ться *pf*
freimütig *adj* открове́нный, прямоду́шный
freinehmen *irr vi:* **sich einen Tag ~** взять свобо́дный день
Freiraum *m* ⟨-(e)s, -räume⟩ простра́нство *nt*; **sich Freiräume schaffen** созда́ть себе́ возмо́жность; **Freiräume (für etw) lassen** оставля́ть возмо́жность (для чего́-л.)
freischaffend *adj:* **~e Künstlerin** свобо́дная худо́жница
freisprechen *irr vt* опра́вдывать, -равда́ть *pf*
Freispruch *m* ⟨-(e)s, -sprüche⟩ оправда́тельный пригово́р *m*, оправда́ние *nt*
freistehen *irr vi* (*leerstehen*) быть *impf* неза́нятым, пустова́ть *impf*; **es steht Ihnen frei zu wählen** вам предоста́влена возмо́жность выбира́ть
freistellen *vt* (*von Pflicht*) освобожда́ть, -боди́ть *pf*; **jdm etw ~** предоставля́ть кому́-л. что́-л.
Freistoß *m* ⟨-es, -stöße⟩ (*Fußball*) свобо́дный уда́р *m*
Freitag *m* ⟨-(e)s, -e⟩ пя́тница *f*
freitags *adv* по пя́тницам
freiwillig *adj* доброво́льный
Freiwillige(r) *mf* ⟨-n, -n⟩ доброво́лец *m*
Freizeit *f* ⟨-, -en⟩ свобо́дное вре́мя *nt*, досу́г *m*; (*~lager, Jugend~*) (де́тский) ла́герь *m*
Freizeitgestaltung *f* ⟨*gen:-*⟩ организа́ция *f* досу́га, проведе́ние *nt* свобо́дного вре́мени
freizügig *adj* (*offen, liberal*) свобо́дный, откры́тый; (*großzügig*) ще́дрый
fremd *adj* (*nicht vertraut*) чужо́й, посторо́нний; (*unbekannt*) незнако́мый, неизве́стный; **das ist mir ~** э́то мне чу́ждо; (*ausländisch*) иностра́нный, инозе́мный; **etw ist nicht für ~e Ohren**

bestimmt что́-л. не предназна́чено для чужи́х уше́й
fremdartig *adj* стра́нный, необы́чный
Fremde(r) *mf* ⟨-n, -n⟩ (*Unbekannter*) незнако́мец, -мка *m/f*; (*Ausländer*) иностра́нец, -нка *m/f*
Fremdenführer, -in *m/f* ⟨-s, -⟩ гид *m*
Fremdenlegion *f* ⟨*gen:-*⟩ иностра́нный легио́н *m*
Fremdenverkehr *m* ⟨*gen:-s*⟩ иностра́нный тури́зм *m*
Fremdenzimmer *nt* ⟨-s, -⟩ но́мер *m* для прие́зжих
fremdgehen *irr vi* изменя́ть, -ни́ть *pf* му́жу/жене́ (*mit +dat* с *+inst*)
Fremdkörper *m* ⟨-s, -⟩ иноро́дное те́ло *nt*
fremdländisch *adj* иностра́нный
Fremdsprache *f* ⟨-, -n⟩ иностра́нный язы́к *m*
fremdsprachlich *adj* относя́щийся к иностра́нному языку́
Fremdwort *nt* ⟨-(e)s, -wörter⟩ иностра́нное сло́во *nt*; **Höflichkeit ist für ihn ein ~** ве́жливость для него́ иностра́нное сло́во
frenetisch *adj:* **~er Beifall** бу́рные ова́ции
Frequenz *f* ⟨-, -en⟩ (*Häufigkeit*) частота́ *f*; (*bei Radio*) частота́ *f*
Fresko *nt* ⟨-s, Fresken⟩ фре́ска *f*
fressen ⟨fraß, gefressen⟩ **1.** *vt* (*Tier*) есть, съесть *pf*; (*umg:Mensch*) ло́пать, сло́пать *pf*; **2.** *vr* (*Rost, Säure*) разъеда́ть, -е́сть *pf*; **jdn gefressen haben** (*umg*) не перева́ривать кого́-л.
Freßnapf *m* ⟨-(e)s, -näpfe⟩ ми́ска *f* для ко́рма
Freßsack *m* ⟨-(e)s, -säcke⟩ (*umg*) обжо́ра *mf*
Freude *f* ⟨-, -n⟩ ра́дость *f*, весе́лье *nt*; (*Vergnügen*) удово́льствие *nt*; **jdm eine ~ machen** доста́вить кому́-л. удово́льствие; **vor ~ strahlen** сия́ть от ра́дости; **an jdm/etw seine ~ haben** получа́ть удово́льствие от кого́-л./чего́-л.; **mit ~n** с ра́достью
freudestrahlend *adj* сия́ющий от ра́дости
freudig *adj* (*Stimmung*) весёлый; (*Nachricht*) ра́достный
freudlos *adj* безра́достный, безотра́дный
freuen 1. *vr:* **sich auf etw/jdn ~** ра́доваться чему́-л./кому́-л.; **sich seines Lebens ~** ра́доваться жи́зни; **2.** *vt* ра́довать, об- *pf*; **das wird sie ~!** э́то её обра́дует!; **es freut mich zu hören, daß es dir besser geht** я рад слы́шать, что тебе́ ста́ло лу́чше
Freund, -in *m/f* ⟨-(e)s, -e⟩ друг, подру́га *m/f*, прия́тель -ница *m/f*; **er ist ein guter ~ von mir** он мой хоро́ший друг; (*Partner(in)*) партнёр, -ша *m/f*, друг, подру́га *m/f*; **sie hat schon den dritten ~** у неё уже тре́тий партнёр; **er kommt mit seiner Freundin** он придёт со свое́й де́вушкой; (*von Kunst, Musik*) люби́тель, -ница *m/f*; **(k)ein ~ von etw sein** (не) быть люби́телем чего́-л.
Freundeskreis *m* ⟨-es, -e⟩ круг *m* друзе́й
freundlich *adj* (*nett*) ми́ло; **sehr ~ von Ihnen!** о́чень ми́ло с ва́шей стороны́!; (*freundschaftlich*) дру́жеский; (*Einrichtung*) приве́тливый; **mit ~en Grüßen** с дру́жеским приве́том
freundlicherweise *adv* любе́зно
Freundlichkeit *f* ⟨*gen:-*⟩ приве́тливость *f*, раду́шие *nt*; (*Gefälligkeit*) любе́зность *f*
Freundschaft *f* ⟨-, -en⟩ дру́жба *f*; **mit jdm ~ schließen** подружи́ться с ке́м-л.
freundschaftlich *adj* дру́жественный, дру́жеский
Frevel *m* ⟨-s, -⟩ преступле́ние *nt*, злодея́ние *nt*
freveln *vi* соверша́ть, -ши́ть *pf* преступле́ние
Frieden *m* ⟨-s, -⟩ мир *m*, согла́сие *nt*; **(mit jdm) ~ schließen** заключи́ть (с ке́м-л.) мир; **jdn mit etw in ~ lassen** (*umg*) оста́вить кого́-л. с че́м-л. в поко́е
Friedensbewegung *f* ⟨*gen:-*⟩ движе́ние *nt* в защи́ту ми́ра
Friedensnobelpreis *m* ⟨*gen:-es*⟩ Но́белевская пре́мия *f* ми́ра
Friedensverhandlungen *pl* ⟨*gen:-*⟩ ми́рные перегово́ры *pl*
Friedensvertrag *m* ⟨-(e)s, -verträge⟩ ми́рный догово́р *m*
friedfertig *adj* миролюби́вый
Friedhof *m* ⟨-(e)s, -höfe⟩ кла́дбище *nt*
friedlich *adj* ми́рный; (*ruhig*) споко́йный; **sei ~!** (*umg*) споко́йно!
frieren ⟨fror, gefroren⟩ **1.** *vi* (*Mensch, Tier*) мёрзнуть, за- *pf*, зя́бнуть, озя́бнуть *pf*; (*Wasser*) замерза́ть *impf*; **2.** *vt:* **jdn friert (es)** кому́-л. хо́лодно
Fries *m* ⟨-es, -e⟩ фриз *m*
Frikadelle *f* ⟨-, -n⟩ фрикаде́лька *f*, тефте́лька *f*
Frikassee *nt* ⟨-s, -s⟩ фрикасе́ *nt*
frisch *adj* све́жий; (*kühl*) све́жий, прохла́дный; **es ist noch ~ draußen** снару́жи ещё свежо́; (*Gesichtsfarbe*) здоро́вый, све́жий; **~es Gemüse/Obst** све́жие о́вощи/фру́кты; **~es Brot** све́жий хлеб; **an der ~en Luft** на све́жем во́здухе; **~ gestrichen**

свежепокрашенный
Frische *f* ⟨*gen:-*⟩ свежесть *f*, бодрость *f*; (*Kühle*) свежесть *f*, прохлада *f*
Frischhaltefolie *f* ⟨-, -n⟩ плёнка *f* для хранения продуктов
Friseur, -in *m/f* ⟨-s, -e⟩ парикмахер *m*
Friseursalon *m* ⟨-s, -s⟩ парикмахерская *f*
Friseuse *f* ⟨-, -n⟩ парикмахер *m*
frisieren 1. *vt* (*Haar*) причёсывать, -чесать *pf*, укладывать, уложить *pf*; (*umg:Motor*) переделывать, -лать *pf*, совершенствовать, усовершенствовать *pf*; (*umg:Abrechnung*) приукрашивать, -расить *pf*; **2.** *vr* причёсываться, -чесаться *pf*
Frist *f* ⟨-, -en⟩ (*Zeitraum*) срок *m*, время *nt*; (*Zeitpunkt*) срок *m*; **jdm eine ~ setzen** установить кому-л. срок; **eine ~ einhalten** уложиться в срок
fristlos *adj* бессрочный; **jdn ~ entlassen** уволить кого-л. без предупреждения
Frisur *f* ⟨-, -en⟩ причёска *f*
Friteuse *f* ⟨-, -n⟩ фритюрница *f*
frivol *adj* фривольный, легкомысленный
Frl. *abk von* ***Fräulein*** *nt*
froh *adj* весёлый, довольный; (*Nachricht*) радостный; **über etw ~ sein** радоваться чему-л.; **seines Lebens nicht mehr ~ werden** утратить интерес к жизни
fröhlich *adj* весёлый, радостный
Fröhlichkeit *f* ⟨*gen:-*⟩ весёлость *f*, веселье *nt*
frohlocken *vi* (*geh*) ликовать *impf*
Frohnatur *f* ⟨-, -en⟩ весёлый нрав *m*
Frohsinn *m* ⟨*gen:-*(e)s⟩ весёлое настроение *nt*
fromm *adj* (*gläubig*) набожный, благочестивый; **ein ~er Wunsch** (*umg*) благое намерение
Frömmelei *f* ⟨-, -en⟩ (*pej*) ханжество *nt*, фарисейство *nt*
Frömmigkeit *f* ⟨*gen:-*⟩ набожность *f*, благочестие *nt*
frönen *vi:* **einer Sache ~** предаваться чему-л.
Fronleichnam *m* ⟨*gen:-*(e)s⟩ праздник *m* тела Христова
Front *f* ⟨-, -n⟩ (*Vorder~*) фасад *m*; (*gegnerische ~*) фронт *m*; **in vorderster ~** в первых рядах; **gegen jdn/etw ~ machen** выступать против кого-л./чего-л.
frontal *adj* фронтальный
Frontantrieb *m* ⟨-(e)s, -e⟩ привод *m* на передние колёса
for *prät von* **frieren**
Frosch *m* ⟨-(e)s, Frösche⟩ лягушка *f*; **sei kein ~!** (*umg*) не валяй дурака!; **einen ~ im Hals haben** (*umg*) хрипеть
Froschmann *m* ⟨-(e)s, -männer⟩ (*Taucher*) аквалангист *m*
Frost *m* ⟨-(e)s, Fröste⟩ мороз *m*, стужа *f*
Frostbeule *f* ⟨-, -n⟩ обмороженное место *nt*
frösteln 1. *vi* зябнуть, озябнуть *pf*; **sie fröstelt schon vor Kälte** она уже зябнет от холода; **2.** *vt:* **jdn fröstelt (es)** у кого-л. озноб
frostig *adj* (*kalt*) морозный; (*Empfang*) ледяной, холодный
Frostschutzmittel *nt* ⟨-s, -⟩ антифриз *m*
Frottee *nt* ⟨-(s), -s⟩ (*Stoff*) махровая ткань *f*
frottieren *vt* растирать, -тереть *pf* полотенцем
frotzeln *vi* (*umg*) дразнить *impf*
Frucht *f* ⟨-, Früchte⟩ плод *m*; (*Obst*) фрукт *m*; (*fig:Ergebnis*) плод *m*, результат *m*; **Früchte tragen** плодоносить
fruchtbar *adj* плодородный, урожайный; (*nützlich*) плодотворный
Fruchtbarkeit *f* ⟨*gen:-*⟩ плодородие *nt*, плодородность *f*
fruchten *vi* плодоносить *impf*; **das fruchtet nichts!** это бесполезно!
Fruchtfleisch *nt* ⟨*gen:-*(e)s⟩ мякоть *f* плода
fruchtig *adj* фуктовый
fruchtlos *adj* бесплодный; **ihre Bemühungen blieben ~** их усилия были тщетными
Fruchtsaft *m* ⟨-(e)s, -säfte⟩ фруктовый сок *m*
früh *adj* ранний; **am ~en Morgen** ранним утром; **heute/morgen ~** сегодня/завтра утром; **von ~ bis spät** с раннего утра до позднего вечера
Frühaufsteher, -in *m/f* ⟨-s, -⟩ *человек, привыкший рано вставать*
Frühe *f* ⟨*gen:-*⟩ рань *f*, **in aller ~** чуть свет
früher 1. *adj* ранний; (*ehemalig*) бывший, прежний; **sie ist meine ~e Frau** она моя бывшая жена; **2.** *adv* раньше, прежде; **~ oder später** рано или поздно
frühestens *adv* не раньше чем, самое раннее
Frühgeburt *f* ⟨-, -en⟩ (*Vorgang*) преждевременные роды *pl*; (*Kind*) недоношенный *m* ребёнок
Frühjahr *nt* ⟨-(e)s, -e⟩ весна *f*
Frühjahrsmüdigkeit *f* ⟨*gen:-*⟩ весенняя слабость *f*
Frühling *m* ⟨-s, -e⟩ весна *f*
frühreif *adj* не по возрасту развитой
Frühschicht *f* ⟨-, -en⟩ утренняя смена *f*

Frühstück *nt* ⟨-s, -e⟩ за́втрак *m*; **möchtest du ein Ei zum ~?** хо́чешь на за́втрак яйцо́?
frühstücken *vi* за́втракать, по- *pf*
frühzeitig *adj* ра́нний; (*vorzeitig*) преждевре́менный, ра́нний
Frust *m* ⟨*gen:*-(e)s⟩ (*umg*) неудовлетворённость *f*
frusten *vt* (*umg*) не удовлетворя́ть, -ри́ть *pf*; **mein Job frustet mich total** моя рабо́та меня́ совсе́м не удовлетворя́ет
Frustration *f* ⟨-, -en⟩ фрустра́ция *f*, раздраже́ние *nt*, чу́вство *nt* неудовлетворённости
frustrieren *vt* не удовлетворя́ть, -ри́ть *pf*, раздража́ть *impf*
Fuchs *m* ⟨-es, Füchse⟩ лиси́ца *f*, лиса́ *f*; (*umg:schlauer Mensch*) лиса́ *f*, хитре́ц *m*
Füchsin *f* ⟨-, -nen⟩ лиси́ца-са́мка *f*
fuchsteufelswild *adj* (*umg*) взбешённый, рассвирепе́вший
Fuchtel *f* ⟨*gen:*-⟩: **unter jds ~ stehen** (*umg*) находи́ться под стро́гим надзо́ром; **jdn unter der ~ haben** (*umg*) держа́ть кого́-л. в ежо́вых рукави́цах
fuchteln *vi* маха́ть *impf*; **mit den Händen ~** разма́хивать рука́ми
Fuge *f* ⟨-, -n⟩ стык *m*; (*MUS*) фу́га *f*; **aus den ~n geraten** расшата́ться
fügen *vr* прикла́дываться, приложи́ться *pf*; **sich ineinander ~** вкла́дываться одно́ в друго́е (*nachgeben*) покоря́ться, -ри́ться *pf*, смиря́ться, -ри́ться *pf*; **sich der Forderung des Tages ~** подчини́ться тре́бованиям вре́мени (*passen*) подходи́ть, -дойти́ *pf*; (*schicksalhaft geschehen*) скла́дываться, сложи́ться *pf*, устра́иваться, -тро́иться *pf*; **die Umstände ~ sich so, daß...** обстоя́тельства скла́дываются таки́м о́бразом, что...
fügsam *adj* покла́дистый, послу́шный
fühlbar *adj* (*merklich*) заме́тный; (*spürbar*) осяза́емый, ощути́мый
fühlen 1. *vt* чу́вствовать, по- *pf*, ощуща́ть *impf*, ощути́ть *pf*; **2.** *vi* иска́ть *impf* о́щупью; **3.** *vr* чу́вствовать, по- *pf* себя́; **wie ~ Sie sich?** как вы себя́ чу́вствуете?; **sich verpflichtet ~** счита́ть себя́ обя́занным; **jdm den Puls ~** щу́пать у кого́-л. пульс
Fühler *m* ⟨-s, -⟩ щу́пальце *nt*, у́сик *m*; **seine ~ nach etw ausstrecken** (*umg*) прощу́пывать по́чву
fuhr *prät von* **fahren**
führen 1. *vt* (*Führer sein*) руководи́ть *impf*; (*Touristen*) води́ть *impf*; (*Name*) носи́ть *impf*; **einen Titel ~** име́ть ти́тул (*Ware*) держа́ть *impf*, име́ть *impf* в прода́же; **~ Sie Kinderkleidung?** есть ли у вас в прода́же де́тская оде́жда?; (*Gespräch*) вести́ *impf*; (*Geschäft*) руководи́ть *impf*, управля́ть *impf*; (*Fahrzeug*) води́ть *impf*, управля́ть *impf*; **2.** *vi* (*SPORT*) вести́ *impf*, лиди́ровать *impf*; **3.** *vr* вести́ *impf* себя́; **einen Prozeß (gegen jdn) ~** вести́ суде́бное де́ло (про́тив кого́-л.); **zu nichts ~** ни к чему́ не привести́; **jdn hinters Licht ~** (*umg*) провести́ кого́-л.
Führer, -in *m/f* ⟨-s, -⟩ (*An~*) во́ждь *m*, ли́дер *m*; (*Reise~*) проводни́к, -ни́ца *m/f*; (*Buch*) путеводи́тель *m*; (*eines Fahrzeugs*) води́тель, -ница *m/f*
Führerschein *m* ⟨-(e)s, -e⟩ води́тельские права́ *pl*; **den ~ machen** (*die Fahrprüfung bestehen*) получи́ть води́тельские права́
Fuhrmann *m* ⟨-(e)s, -leute⟩ изво́зчик *m*
Fuhrpark *m* ⟨-s, -s⟩ парк *m* грузовы́х автомоби́лей
Führung *f* ⟨-, -en⟩ (*das Anführen*) предводи́тельство *nt*; (*von Unternehmen*) руково́дство *nt*, управле́ние *nt*; (*Vorsprung*) ли́дерство *nt*; (*Besichtigung*) экску́рсия *f* с экскурсово́дом; (*Verhalten*) поведе́ние *nt*, о́браз *m* де́йствий; **die Mannschaft geht mit 3:2 in ~** кома́нда ведёт со счётом 3:2; **die ~ übernehmen** вы́йти вперёд
Führungskraft *f* ⟨-, -kräfte⟩ руководя́щий рабо́тник *m*
Führungszeugnis *nt* ⟨-ses, -se⟩ свиде́тельство *nt* о поведе́нии
Fuhrwerk *nt* ⟨-(e)s, -e⟩ пово́зка *f*
Fülle *f* ⟨*gen:*-⟩ (*Menge*) изоби́лие *nt*, избы́ток *m*; (*Körper~*) полнота́ *f*, ту́чность *f*; **in Hülle und ~** в изоби́лии
füllen 1. *vt* наполня́ть, -по́лнить *pf*, заполня́ть, -по́лнить *pf*; **2.** *vr* наполня́ться, -по́лниться *pf*; **seine Augen füllten sich mit Tränen** его́ глаза́ напо́лнились слеза́ми; **eine Lücke ~** запо́лнить пробе́л
Füller *m* ⟨-s, -⟩ (*umg*) автору́чка *f*
Füllfederhalter *m* ⟨-s,-⟩ авторучка *f*
Füllung *f* ⟨-, -en⟩ наполне́ние *nt*; (*Zahn~*) пло́мба *f*
Fund *m* ⟨-(e)s, -e⟩ (*das Finden*) откры́тие *nt*; (*Gefundenes*) нахо́дка *f*
Fundament *nt* ⟨-(e)s, -e⟩ (*Grundlage*) осно́ва *f*; (*von Gebäude*) фунда́мент *m*, основа́ние *nt*
fundamental *adj* фундамента́льный, основа́тельный
Fundamentalismus *m* ⟨*gen:*-⟩ фундаментали́зм *m*
Fundamentalist, -in *m/f* ⟨-en, -en⟩ фундаментали́ст *m*

Fundbüro *nt* ⟨-s, -s⟩ бюро́ *nt* нахо́док
Fundgrube *f* ⟨-, -n⟩ сокро́вищница *f*
fundiert *adj* (*Kenntnisse*) глубо́кий
fündig *adj:* ~ **werden** натолкну́ться на что-л.
fünf *num* пять, пя́теро; ~ **gerade sein lassen** (*umg*) смотре́ть сквозь па́льцы на ме́лкие погре́шности
fünffach *num* пятикра́тный
fünfhundert *num* пятьсо́т
Fünfjahresplan *m* ⟨-(e)s, -pläne⟩ пятиле́тка *f*, пятиле́тний план *m*
fünfjährig *adj* пятиле́тний
fünfmal *adv* пять раз
Fünfmarkstück *nt* ⟨-(e)s, -e⟩ моне́та *f* в пять ма́рок
Fünftagewoche *f* ⟨*gen:-*⟩ пятидне́вная рабо́чая неде́ля *f*
fünfte(r,s) *num* пя́тый; **sie steht an ~r Stelle** она стои́т на пя́том ме́сте
Fünftel *nt* ⟨-s, -⟩ пя́тая часть *f*
fünftens *num* в-пя́тых
fünfzehn *num* пятна́дцать
fünfzig *num* пятьдеся́т
fungieren *vi:* **als etw ~** исполня́ть обя́занности кого́-л.
Funk *m* ⟨*gen:*-s⟩ ра́дио *nt*; (*Rund~*) радиовеща́ние *nt*
Funke *m* ⟨-ns, -n⟩ и́скра *f*; **ich habe keinen ~n Hoffnung** у меня́ нет ни мале́йшей наде́жды
funkeln *vi* (*Augen*) сверка́ть, -кну́ть *pf*; (*Edelstein*) искри́ться *impf*
funkelnagelneu *adj* (*umg*) но́венький, с иго́лочки
funken *vt* передава́ть, -да́ть *pf* по ра́дио, ради́ровать *impf/pf*; **bei ihm hat es gefunkt** (*umg*) до него́ дошло́
Funker, -in *m/f* ⟨-s, -⟩ ради́ст, -ка *m/f*
Funkgerät *nt* ⟨-(e)s, -e⟩ ра́ция *f*
Funkhaus *nt* ⟨-es, -häuser⟩ радиосту́дия *f*
Funkspruch *m* ⟨-(e)s, -sprüche⟩ радиогра́мма *f*
Funkstille *f* ⟨*gen:-*⟩ радиомолча́ние *nt*; **bei jdm herrscht ~** (*umg*) от кого́-л. не слы́шно ни сло́ва
Funktion *f* ⟨-, -en⟩ (*Aufgabe*) фу́нкция *f*, зада́ча *f*; (*Stellung*) до́лжность *f*, рабо́та *f*; (*MATH*) фу́нкция *f*; **eine ~ bekleiden** занима́ть до́лжность
Funktionär, -in *m/f* ⟨-s, -e⟩ парти́йный рабо́тник *m*, аппара́тчик *m*
funktionieren *vi* функциони́ровать *impf*; **wie funktioniert dieses Gerät?** как функциони́рует э́тот прибо́р ?
für *präp +akk* для; **~ heute** на сего́дня; **was ~ (ein)** что за ?; **an und ~ sich** само́ по себе́; **das ist eine Sache ~ sich** э́то осо́бая статья́; **ein ~ allemal !** раз и навсегда́ !; **das Für und Wider** за и про́тив; **Tag ~ Tag** день за днём
Fürbitte *f* ⟨-, -n⟩ хода́тайство *nt*, про́сьба *f*
Furche *f* ⟨-, -n⟩ борозда́ *f*; **eine ~ ziehen** проводи́ть борозду́
Furcht *f* ⟨*gen:-*⟩ страх *m*, боя́знь *f*; **~ vor etw/jdm haben** боя́ться чего́-л./кого́-л.; **jdm ~ einflößen** внуша́ть кому́-л. страх
furchtbar 1. *adj* ужа́сный, стра́шный; **2.** *adv* (*umg:sehr*) о́чень, ужа́сно; **das ist ~ nett von Ihnen** э́то ужа́сно ми́ло с ва́шей стороны́
fürchten 1. *vt* боя́ться *impf*; **ich fürchte, wir kommen zu spät** бою́сь, что мы опозда́ем; **2.** *vi* боя́ться *impf*, опаса́ться *impf* (*um +akk* за); **3.** *vr* боя́ться, опаса́ться; **sie brauchen vor ihm nichts zu ~** вам не́чего его́ боя́ться
fürchterlich *adj* стра́шный, ужа́сный; (*umg:sehr*) ужа́сно, о́чень; **er hat sich ~ darüber aufgeregt** он ужа́сно разволнова́лся и́з-за э́того
furchtlos *adj* бесстра́шный, неустраши́мый
furchtsam *adj* боязли́вый, трусли́вый
füreinander *adv* друг для дру́га
Furie *f* ⟨-, -n⟩ фу́рия *f*
Furnier *nt* ⟨-s, -e⟩ фане́ра *f*
Furore *f* ⟨*gen:-*⟩: **~ machen** произвести́ фуро́р
Fürsorge *f* ⟨*gen:-*⟩ забо́та *f*; (*umg:Sozialhilfe*) социа́льная по́мощь *f*; **er lebt von der ~** он живёт на социа́льную по́мощь
Fürsorger, -in *m/f* ⟨-s, -⟩ сотру́дник, -ница *m/f* отде́ла социа́льного обеспече́ния, социа́льный рабо́тник *m*
Fürsprache *f* ⟨-, -n⟩ хода́тайство *nt*; **bei jdm ~ einlegen** хода́тайствовать за кого́-л.
Fürsprecher, -in *m/f* ⟨-s, -⟩ засту́пник, -ница *m/f*, защи́тник, -ница *m/f*
Fürst, -in *m/f* ⟨-en, -en⟩ князь, княжна́ *m/f*
Fürstentum *nt* ⟨-s, -tümer⟩ кня́жество *nt*
fürstlich *adj* кня́жеский; (*großzügig*) роско́шный, ца́рский
Furt *f* ⟨-, -en⟩ брод *m*
Furz *m* ⟨-es, Fürze⟩ (*umg*) га́зы *pl*
furzen *vi* (*umg*) пу́кать, пу́кнуть *pf*
Fusel *m* ⟨*gen:*-s⟩ (*umg:pej*) сиву́ха *f*
Fusion *f* ⟨-, -en⟩ (*Vereinigung*) слия́ние *nt*; (*PHYS, BIO*) си́нтез *m*
fusionieren *vi* (*von Unternehmen*) слива́ться, сли́ться *pf*
Fusionsreaktor *m* ⟨-s, -en⟩ термоя́дерный реа́ктор *m*
Fuß *m* ⟨-es, Füße⟩ нога́ *f*, ступня́ *f*; (*von*

Möbeln) но́жка *f*; (*Sockel*) цо́коль *m*; ~ **fassen** обоснова́ться; **zu ~** пешко́м; **auf großem ~ leben** жить на широ́кую но́гу
Fußball *m* ⟨-(e)s, -bälle⟩ (*~spiel*) футбол *m*; (*Ball*) футбо́льный мяч *m*
Fußballer, -in *m/f* ⟨-s, -⟩ (*umg*) футболи́ст, -ка *m/f*
Fußballfan *m* ⟨-s, -s⟩ футбо́льный боле́льщик *m*
Fußballmannschaft *f* ⟨-, -en⟩ футбо́льная кома́нда *f*
Fußballspiel *nt* ⟨-(e)s, -e⟩ футбо́льный матч *m*
Fußballspieler, -in *m/f* ⟨-s, -⟩ футболи́ст, -ка *m/f*
Fußballstadion *nt* ⟨-s, -stadien⟩ футбо́льное по́ле *nt*
Fußboden *m* ⟨-s, -böden⟩ пол *m*
Fussel *f* ⟨-, -n⟩ ворси́нка *f*
Fußgänger, -in *m/f* ⟨-s, -⟩ пешехо́д *m*
Fußgängerüberweg *m* ⟨-(e)s, -e⟩ пешехо́дный перехо́д *m*
Fußgängerzone *f* ⟨-, -n⟩ пешехо́дная зо́на *f*
Fußmarsch *m* ⟨-(e)s, -märsche⟩ пе́ший похо́д *m*
Fußnote *f* ⟨-, -n⟩ сно́ска *f*
Fußsohle *f* ⟨-, -n⟩ подо́шва *f*
Fußspur *f* ⟨-, -en⟩ след *m* ноги́
Fußstapfen *pl* ⟨*gen:*-⟩ следы́ *pl* ног; **in jds ~ treten** пойти́ по чьим-л. стопа́м
Fußtritt *m* ⟨-(e)s, -e⟩ пино́к *m*
Fußweg *m* ⟨-(e)s, -e⟩ пешехо́дная доро́жка *f*
futsch *adj* (*umg:verloren*) пропа́вший; **der Tag ist ~** день пропа́л
Futter *nt* ⟨*gen:*-s⟩ (*für Tier*) корм *m*; (*von Kleidung*) подкла́дка *f*
Futteral *nt* ⟨-s, -e⟩ футля́р *m*
füttern *vt* (*Tier*) дава́ть, дать *pf* корм, корми́ть, по- *pf*; (*mit Stoff*) подшива́ть, -ши́ть *pf* подкла́дку
Futur *nt* ⟨-s, -e⟩ бу́дущее вре́мя *nt*, футу́рум *m*
futuristisch *adj* футуристи́ческий

G

g, G *nt* ⟨-, -⟩ г, Г
gab *prät von* **geben**
Gabe *f* ⟨-, -n⟩ (*Geschenk*) дар *m*, пода́рок *m*; (*Begabung*) дар *m*; **eine milde ~** подая́ние
Gabel *f* ⟨-, -n⟩ (*zum Essen*) ви́лка *f*; (*Heu~*) ви́лы *fpl*
gabeln *vr* раздва́иваться, -дво́иться *pf*
Gabelstapler *m* ⟨-s, -⟩ ви́лочный автопогру́зчик *m*
Gabelung *f* ⟨-, -en⟩ разветвле́ние *nt*, развилка *f*
gackern *vi* куда́хтать *impf*
gaffen *vi* глазе́ть *impf*, гляде́ть, по- *pf* рази́нув рот
Gag *m* ⟨-s, -s⟩ эффе́ктный трюк *m*, остроу́мная нахо́дка *f*
Gage *f* ⟨-, -n⟩ гонора́р *m*
gähnen *vi* зева́ть *impf*, зевну́ть *pf*
Gala *f* ⟨-, -s⟩ пара́дная оде́жда *f*, наря́дное пла́тье *nt*
galant *adj* гала́нтный, учти́вый
Galerie *f* ⟨-, -n⟩ галере́я *f*
Galerist, -in *m/f* ⟨-en, -en⟩ галери́ст *m*
Galgen *m* ⟨-s, -⟩ ви́селица *f*; **am ~ enden** пло́хо ко́нчить
Galgenfrist *f* ⟨*gen:*-⟩ отсро́чка *f* на коро́ткое вре́мя
Galgenhumor *m* ⟨*gen:*-s⟩ мра́чный ю́мор *m*, ю́мор *m* ви́сельника
Galle *f* ⟨-, -n⟩ жёлчный пузы́рь *m*; **jdm läuft die ~ über** кто́-л. прихо́дит в я́рость
Galopp *m* ⟨-s, -s⟩ гало́п *m*; **im ~** гало́пом
galoppieren *vi* галопи́ровать *impf*, скака́ть *impf* гало́пом
galt *prät von* **gelten**
gammeln *vi* (*umg*) по́ртиться, ис- *pf*
Gammler, -in *m/f* ⟨-s, -⟩ хи́ппи *m*
Gang [1] *m* ⟨-s, Gänge⟩ (*von Personen*) похо́дка *f*; (*von Pferden*) ход *m*; (*Spazier~*) прогу́лка *f*; (*Visite*) похо́д *m*, визи́т *m*; (*Flur*) коридо́р *m*; (*im Zug*) прохо́д *m*; (*beim Essen*) блю́до *nt*; **etw in ~ bringen** привести́ что́-л. в де́йствие; **seinen ~ gehen** идти́ свои́м поря́дком; **der letzte ~** после́дний путь
Gang [2] *f* ⟨-, -s⟩ (*Bande*) ба́нда *f*, ша́йка *f*
gängeln *vt* (изли́шне) опека́ть *impf*
gängig *adj* (*gebräuchlich*) общеупотреби́тельный, общепри́нятый
Gangschaltung *f* ⟨-, -en⟩ переключе́ние *nt* переда́ч
Gangster *m* ⟨-s, -⟩ га́нгстер *m*, банди́т *m*
Gangway *f* ⟨-, -s⟩ передвижно́й трап *m*
Ganove *m* ⟨-n, -n⟩ (*umg*) моше́нник *m*, жу́лик *m*
Gans *f* ⟨-, Gänse⟩ гусь *m*; **dumme ~!** ду́ра
Gänseblümchen *nt* ⟨-s, -⟩ маргари́тка *f*
Gänsefüßchen *pl* ⟨-s, -⟩ кавы́чки *pl*
Gänsehaut *f* ⟨*gen:*-⟩ гуси́ная ко́жа *f*
Gänsemarsch *msg* ⟨*gen:*-es⟩: **im ~** гусько́м
ganz *adj* (*vollständig*) весь, це́лый; (*umg: heil*) це́лый, невреди́мый; **~ und gar** совсе́м; **im großen und ~en** в о́бщем и це́лом
Ganze *nt* ⟨*gen:*-n⟩ це́лое *nt*,

совоку́пность *f*; **nichts ~s und nichts Halbes** ни два ни полтора́; **aufs ~ gehen** идти́ на всё
gar[1] *adj* (*Speisen*) гото́вый, сва́ренный
gar[2] *adv* (*sogar*) да́же; **~ nicht** во́все не
Garage *f* ⟨-, -n⟩ гара́ж *m*
Garantie *f* ⟨-, -n⟩ гара́нтия *f*; **etw hat noch ~** что́-л. ещё на гара́нтии; **auf etw ein Jahr ~ geben** дава́ть на что́-л. оди́н год гара́нтии
garantieren *vt* гаранти́ровать *impf/pf*; **ich kann dir für nichts ~** я тебе́ ничего́ не могу́ гаранти́ровать
Garaus : jdm den ~ machen прико́нчить кого́-л.
Garbe *f* ⟨-, -n⟩ (*BOT*) тысячели́стник *m*
Garderobe *f* ⟨-, -n⟩ (*Kleiderablage*) гардеро́б *m*; (*Raum*) гардеро́б *m*, раздева́лка *f*; (*Kleidung*) гардеро́б *m*
Gardine *f* ⟨-, -n⟩ гарди́на *f*, занаве́ска *f*
gären *vi* ⟨gor, gegoren⟩ броди́ть *impf*
Garn *nt* ⟨-(e)s, -e⟩ ни́тки *fpl*; (*Woll~*) пря́жа *f*
Garnele *f* ⟨-, -n⟩ креве́тка *f*
garnieren *vt* украша́ть, -ра́сить *pf*
Garnison *f* ⟨-, -en⟩ гарнизо́н *m*
Garnitur *f* ⟨-, -en⟩ (*Satz*) набо́р *m*, компле́кт *m*; **die erste ~** лу́чшие си́лы
Garten *m* ⟨-s, Gärten⟩ сад *m*; **zoologischer ~** зоологи́ческий сад; **botanischer ~** ботани́ческий сад
Gartenbau *m* ⟨*gen:-s*⟩ садово́дство *nt*
Gartenfest *nt* ⟨-(e)s, -e⟩ пра́здник *m* в саду́
Gartenhaus *nt* ⟨-es, -häuser⟩ (*Gartenlaube*) ле́тний до́мик *m*; (*Geräteschuppen*) сара́й *m*
Gartenschere *f* ⟨-, -n⟩ садо́вые но́жницы *pl*
Gartenwirtschaft *f* ⟨-, -en⟩ (*Gartenlokal*) *кафе́-рестора́н со сто́ликами под откры́тым не́бом*
Gärtner, -in *m/f* ⟨-s, -⟩ садо́вник, -ница *m/f*
Gärtnerei *f* ⟨-, -en⟩ садо́вое хозя́йство *nt*
Gärung *f* ⟨-, -en⟩ броже́ние *nt*
Garzeit *f* ⟨-, -en⟩ вре́мя *nt* гото́вки
Gas *nt* ⟨-es, -e⟩ газ *m*; **~ geben** дать газ; **das ~ wegnehmen** сбра́сывать газ
Gasflasche *f* ⟨-, -n⟩ га́зовый балло́н *m*
Gasherd *m* ⟨-(e)s, -e⟩ га́зовая плита́ *f*
Gaskammer *f* ⟨-, -n⟩ га́зовая ка́мера *f*
Gasmaske *f* ⟨-, -n⟩ противога́з *m*
Gaspedal *nt* ⟨-s, -e⟩ педа́ль *m* га́за
Gasse *f* ⟨-, -n⟩ переу́лок *m*, у́лочка *f*
Gast *m* ⟨-es, Gäste⟩ гость *m*; **bei jdm zu ~ sein** быть у кого́-л. в гостя́х
Gastarbeiter, -in *m/f* ⟨-s, -⟩ рабо́чий-иностра́нец *m*
Gästebuch *nt* ⟨-(e)s, -bücher⟩ кни́га *f* посети́телей
gastfreundlich *adj* гостеприи́мный, раду́шный
Gastfreundschaft *f* ⟨*gen:-*⟩ гостеприи́мство *nt*, раду́шие *nt*
Gastgeber, -in *m/f* ⟨-s, -⟩ хозя́ин, -зя́йка *m/f* до́ма
Gasthaus *nt* ⟨-es, -häuser⟩ небольша́я гости́ница *f*
Gasthof *m* ⟨-(e)s, -höfe⟩ гости́ница *f* в дере́вне
gastieren *vi* гастроли́ровать *impf*
gastlich *adj* гостеприи́мный, хлебосо́льный
Gastritis *f* ⟨*gen:-*⟩ гастри́т *m*
Gastronomie *f* ⟨*gen:-*⟩ рестора́нное де́ло *nt*
gastronomisch *adj* гастрономи́ческий
Gastspiel *nt* ⟨-s, -e⟩ гастро́ль *f*
Gaststätte *f* ⟨-, -n⟩ рестора́н *m*
Gastwirt, -in *m/f* ⟨-(e)s, -e⟩ владе́лец, -лица *m/f* рестора́на
Gastwirtschaft *f* ⟨-, -en⟩ небольша́я гости́ница *f*
Gaswerk *nt* ⟨-s, -e⟩ га́зовый заво́д *m*
Gaszähler *m* ⟨-s, -⟩ га́зовый счётчик *m*
Gatte *m* ⟨-n, -n⟩ (*geh*) супру́г *m*
Gatter *nt* ⟨-s, -⟩ решётчатое огражде́ние *nt*
Gattin *f* ⟨-, -nen⟩ (*geh*) супру́га *f*
Gattung *f* ⟨-, -en⟩ (*Art*) вид *m*; (*ZOOL*) род *m*; (*Rasse*) поро́да *f*; (*Sorte*) сорт *m*
Gaudi *f* ⟨-, -s⟩ (*umg*) весе́лье *nt*, потёха *f*
Gaul *m* ⟨-(e)s, Gäule⟩ (*umg*) кля́ча *f*
Gaumen *m* ⟨-s, -⟩ нёбо *nt*
Gauner, -in *m/f* ⟨-s, -⟩ (*Betrüger*) моше́нник *m*; (*umg:Schlaukopf*) ловка́ч *m*
Gaunerei *f* ⟨-, -en⟩ моше́нничество *nt*, жу́льничество *nt*
Gazelle *f* ⟨-, -n⟩ газе́ль *f*
geb. *abk von* **geborene** урождённая
Gebäck *nt* ⟨-(e)s, -e⟩ пече́нье *nt*
Gebälk *nt* ⟨*gen:-(e)s*⟩ ба́лки *fpl*, перекры́тие *nt*
gebar *prät von* **gebären**
Gebärde *f* ⟨-, -n⟩ жест *m*
gebärden *vr* вести́ *impf* себя́
gebären *vt* ⟨gebar, geboren⟩ роди́ть *impf/pf*, рожа́ть *impf*
Gebärmutter *f* ⟨-, -n⟩ ма́тка *f*
Gebäude *nt* ⟨-s, -⟩ зда́ние *nt*, сооруже́ние *nt*
Gebell *nt* ⟨*gen:-(e)s*⟩ лай *m*
geben *vt* ⟨gab, gegeben⟩ дава́ть, да́ть *pf*; (*ein Konzert*) дава́ть, дать *pf*; (*Karten*) сдава́ть, сдать *pf*; (*Beispiel*) подава́ть, -да́ть *pf*; **so was gibt's nicht** тако́го не быва́ет; **was gibt's?** что тако́е?; **sich**

etw ~ lassen попроси́ть дать себе́ что́-л.
Gebet *nt* ⟨-(e)s, -e⟩ моли́тва *f*
gebeten *part perf von* **bitten**
Gebiet *nt* ⟨-(e)s, -e⟩ о́бласть *f*, райо́н *m*; (*fig*) о́бласть *f*, сфе́ра *f*
gebieten *vt* ⟨gebot, geboten⟩ прика́зывать, -за́ть *pf*, повелева́ть, -ле́ть *pf*
gebieterisch *adj* повели́тельный
Gebilde *nt* ⟨-s, -⟩ (*Ding*) образова́ние *nt*; **ein ~ der Phantasie** плод воображе́ния (*Konstruktion*) структу́ра *f*, строе́ние *nt*
gebildet *adj* (*kultiviert*) образо́ванный, культу́рный
Gebirge *nt* ⟨-s, -⟩ го́ры *pl*
gebirgig *adj* гори́стый
Gebirgskette *f* ⟨-, -n⟩ го́рная цепь *f*
Gebiß *nt* ⟨Gebisses, Gebisse⟩ (*Zähne*) че́люсть *f*, зу́бы *mpl*; (*künstliches*) зубно́й проте́з *m*, иску́сственные зу́бы *mpl*
gebissen *part perf von* **beißen**
geblasen *part perf von* **blasen**
geblieben *part perf von* **bleiben**
geblümt *adj* в цвета́х
gebogen *adj* криво́й
geboren *part perf von* **gebären**
geborgen 1. *part perf von* **bergen; 2.** *adj* укры́тый, находя́щийся в безопа́сности
Geborgenheit *f* ⟨*gen:-*⟩ защищённость *f*, безопа́сность *f*
geborsten *part perf von* **bersten**
Gebot *nt* ⟨-(e)s, -e⟩ (*religiöses Gesetz*) за́поведь *f*; **die Zehn ~e** де́сять за́поведей (*Vorschrift*) предписа́ние *nt*, приказа́ние *nt*; (*Grundsatz*) при́нцип *m*; **ein ~ der Stunde** тре́бование моме́нта
geboten [1] *part perf von* **bieten**
geboten [2] *part perf von* **gebieten**
gebracht *part perf von* **bringen**
gebrannt *part perf von* **brennen**
gebraten *part perf von* **braten**
Gebrauch *m* ⟨-(e)s, Gebräuche⟩ (*Anwendung*) по́льзование *nt*, примене́ние *nt*; (*Gepflogenheit*) обы́чай *m*; **von etw ~ machen** воспо́льзоваться че́м-л.
gebrauchen *vt* (*benutzen*) употребля́ть, -би́ть *pf*, по́льзоваться, вос- *pf*; (*anwenden*) применя́ть, -ни́ть *pf*; **etw gebraucht kaufen** купи́ть что́-л. бы́вшее в употребле́нии
gebräuchlich *adj* употреби́тельный; **das ist nicht mehr ~** э́то вы́шло из употребле́ния
Gebrauchsanweisung *f* ⟨-, -en⟩ руково́дство *nt* по эксплуата́ции
Gebrauchsgegenstand *m* ⟨-(e)s, -stände⟩ предме́т *m* обихо́да
Gebrauchtwagen *m* ⟨-s, -wägen⟩ подде́ржанный автомоби́ль *m*
Gebrechen *nt* ⟨-s, -⟩ физи́ческий недоста́ток *m*, поро́к *m*
gebrechlich *adj* сла́бый, хи́лый; **alt und ~ sein** быть ста́рым и не́мощным
gebrochen 1. *part perf von* **brechen; 2.** *adj* сло́манный; **in ~em Russisch** на ло́маном ру́сском
Gebrüll *nt* ⟨*gen:-*(e)s⟩ (*von Menschen*) рёв *m*; (*von Tieren*) рыча́ние *nt*, рык *m*
Gebühr *f* ⟨-, -en⟩ сбор *m*, по́шлина *f*; (*Beitrag*) взнос *m*; **nach ~** по заслу́гам
gebühren *vi* подоба́ть *impf*, надлежа́ть *impf*; **wie es sich gebührt** как сле́дует
gebührend *adj* до́лжный, надлежа́щий
gebührenfrei *adj* свобо́дный от опла́ты, беспо́шлинный
gebührenpflichtig *adj* подлежа́щий опла́те, облага́емый по́шлиной
gebunden *part perf von* **binden**
Geburt *f* ⟨-, -en⟩ рожде́ние *nt*; **von ~ an** с рожде́ния
Geburtenkontrolle *fsg* ⟨*gen:-*⟩ контро́ль *m* за рожда́емостью
geburtenstark *adj:* **ein ~er Jahrgang** год повы́шенной рожда́емости
gebürtig *adj* (*aus*) урождённый, ро́дом; **sie ist ~ aus Moskau** она́ ро́дом из Москвы́
Geburtsdatum *nt* ⟨-s, -daten⟩ да́та *f* рожде́ния
Geburtshilfe *fsg* ⟨*gen:-*⟩ акуше́рство *nt*
Geburtsort *m* ⟨-(e)s, -e⟩ ме́сто *nt* рожде́ния
Geburtstag *m* ⟨-(e)s, -e⟩ день *m* рожде́ния; **herzlichen Glückwunsch zum ~** серде́чно поздравля́ю с днём рожде́ния
Geburtsurkunde *f* ⟨-, -n⟩ свиде́тельство *nt* о рожде́нии
Gebüsch *nt* ⟨-es, -e⟩ куста́рник *m*
gedacht *part perf von* **denken**
Gedächtnis *nt* ⟨-ses, -se⟩ па́мять *f*; **sich etw ins ~ rufen** воскреси́ть что́-л. в па́мяти; **ein gutes ~ haben** име́ть хоро́шую па́мять
Gedächtnisstütze *f* ⟨-, -n⟩ опо́ра *f* для па́мяти
Gedanke *m* ⟨-n, -n⟩ мысль *f*; (*Idee*) иде́я *f*; **sich über etw ~n machen** беспоко́иться и́з-за чего́-л.; **auf andere ~n kommen** переключи́ться на друго́е; **~n lesen** чита́ть мы́сли
Gedankenaustausch *m* ⟨*gen:-*(e)s⟩ обме́н *m* мы́слями
Gedankengang *m* ⟨-(e)s, -gänge⟩ ход *m* мы́слей
gedankenlos *adj* (*unüberlegt*) необду́манный; (*zerstreut*) рассе́янный

Gedankenlosigkeit *f* ⟨-, -en⟩ (*Unüberlegtheit*) необду́манность *f*, недомы́слие *nt*; (*Zerstreutheit*) рассе́янность *f*
Gedankenstrich *m* ⟨-(e)s, -e⟩ тире́ *nt*
Gedankenübertragung *f* ⟨-, -en⟩ переда́ча *f* мыслей на расстоя́ние
gedanklich *adj* мы́сленный
Gedeck *nt* ⟨-(e)s, -e⟩ (столо́вый) прибо́р *m*
gedeihen *vi* ⟨gedieh, gediehen⟩ расти́, вы́- *pf*, развива́ться, -ви́ться *pf*; **wie weit sind die Vorbereitungen gediehen?** как продвига́ются приготовле́ния ?
gedenken *vi* ⟨gedachte, gedacht⟩ (*denken an*) по́мнить *impf*; (*beabsichtigen*) намерева́ться *impf*, собира́ться, -бра́ться *pf*; **ich gedenke, Urlaub zu machen** я намерева́юсь отпра́виться в о́тпуск
Gedenkminute *f* ⟨-, -n⟩ мину́та *f* молча́ния
Gedenkstätte *f* ⟨-, -n⟩ па́мятное ме́сто *nt*
Gedicht *nt* ⟨-(e)s, -e⟩ стихотворе́ние *nt*
gediegen *adj* добро́тный, соли́дный
gedieh *prät von* **gedeihen**
gediehen *part perf von* **gedeihen**
Gedränge *nt* ⟨*gen:*-s⟩ (*Menschenmenge*) толпа́ *f*; (*Drängelei*) толкотня́ *f*, да́вка *f*; **ins ~ geraten** попа́сть в да́вку
gedroschen *part perf von* **dreschen**
gedrungen *adj* (*Körperbau*) призе́мистый, корена́стый
Geduld *f* ⟨*gen:*-⟩ терпе́ние *nt*; **ich verliere gleich die ~!** моё терпе́ние сейча́с ло́пнет!
gedulden *vr* име́ть *impf* терпе́ние
geduldig *adj* терпели́вый
Geduldsprobe *f* ⟨-, -n⟩ испыта́ние *nt* терпе́ния
gedurft *part perf von* **dürfen**
geeignet *adj* (при)го́дный, подходя́щий; **im ~en Moment** в удо́бный моме́нт
Gefahr *f* ⟨-, -en⟩ опа́сность *f*; (*Risiko*) риск *m*; **auf eigene ~** на свой страх и риск; **in ~ schweben** находи́ться в опа́сности; **es besteht die ~, daß...** существу́ет опа́сность, что...
gefährden *vt* угрожа́ть *impf*, подверга́ть, -ве́ргнуть *pf* опа́сности
gefahren *part perf von* **fahren**
Gefahrenzulage *f* ⟨-, -n⟩ надба́вка *f* за рабо́ту в опа́сных усло́виях
gefährlich *adj* опа́сный
Gefährte *m* ⟨-n, -n⟩ спу́тник *m*
Gefährtin *f* ⟨-, -nen⟩ спу́тница *f*
Gefälle *nt* ⟨-s, -⟩ (*Abhang*) склон *m*
gefallen *irr vi* нра́виться *impf*, быть *impf* по вку́су
Gefallen *m* ⟨-s, -⟩ любе́зность *f*, одолже́ние *nt*; (*Vergnügen*) удово́льствие *nt*; **jdm (mit etw) einen ~ tun** сде́лать кому́-л. одолже́ние; **an etw ~ finden** находи́ть в чём-л. удово́льствие
Gefälligkeit *f* ⟨-, -en⟩ (*Gefallen*) любе́зность *f*, одолже́ние *nt*; (*Hilfsbereitschaft*) услу́жливость *f*; **jdm eine ~ erweisen** оказа́ть кому́-л. любе́зность
gefangen *part perf von* **fangen**
Gefangene(r) *m* ⟨-n, -n⟩ пле́нный *m*
gefangennehmen *irr vt* брать, взять *pf* в плен
Gefangenschaft *f* ⟨*gen:*-⟩ плен *m*, нево́ля *f*; **in ~ geraten** попа́сть в плен
Gefängnis *nt* ⟨-ses, -se⟩ тюрьма́ *f*; **im ~ sitzen** сиде́ть в тюрьме́
Gefängnisstrafe *f* ⟨-, -n⟩ тюре́мное заключе́ние *nt*
Gefasel *nt* ⟨*gen:*-s⟩ (*pej:unsinniges Gerede*) болтовня́ *f*
Gefäß *nt* ⟨-es, -e⟩ (*Behälter*) сосу́д *m*, посу́дина *f*; (*ANAT*) сосу́д *m*
gefaßt *adj* споко́йный, сохраня́ющий самооблада́ние; **sich auf etw ~ machen** пригото́виться к чему́-л.
Gefecht *nt* ⟨-(e)s, -e⟩ бой *m*; **jdn außer ~ setzen** вы́вести кого́-л. из стро́я
gefeit *adj* неуязви́мый; **gegen etw ~ sein** быть неуязви́мым в како́м-л. отноше́нии
Gefieder *nt* ⟨-s, -⟩ опере́ние *nt*
gefleckt *adj* пятни́стый, в пя́тнах
geflochten *part perf von* **flechten**
geflogen *part perf von* **fliegen**
geflohen *part perf von* **fliehen**
geflossen *part perf von* **fließen**
Geflügel *nt* ⟨*gen:*-s⟩ дома́шняя пти́ца *f*
geflügelt *adj* крыла́тый; **~e Worte** крыла́тые слова́
gefochten *part perf von* **fechten**
gefragt *adj* по́льзующийся спро́сом
gefräßig *adj* прожо́рливый
Gefreite *m* ⟨-n, -n⟩ ефре́йтор *m*
gefressen *part perf von* **fressen**
gefrieren *vi* ⟨gefror, gefroren⟩ замерза́ть, -мёрзнуть *pf*
Gefrierfach *nt* ⟨-(e)s, -fächer⟩ морози́льная ка́мера *f*, морози́лка *f*
gefriergetrocknet *adj* вы́сушенный в заморо́женном состоя́нии
Gefrierpunkt *m* ⟨-es, -e⟩ то́чка *f* замерза́ния; **unter dem ~** ни́же нуля́
Gefriertruhe *f* ⟨-, -n⟩ морози́льная ка́мера *f*
gefroren [1] *part perf von* **frieren**
gefroren [2] *part perf von* **gefrieren**
Gefüge *nt* ⟨-s, -⟩ строе́ние *nt*, структу́ра *f*

gefügig *adj* сговóрчивый, устýпчивый; **jdn ~ machen** сдéлать когó-л. устýпчивым
Gefühl *nt* ⟨-s, -e⟩ чýвство *nt*; **gemischte ~e** смéшанные чýвства; **etw im ~ haben** инстинктíвно чýвствовать чтó-л.
gefühllos *adj* (*herzlos*) бессердéчный, бесчýвственный; (*Körperteil*) онемéвший, нечувствительный
Gefühllosigkeit *f* ⟨-, -en⟩ бесчýвственность *f*, чёрствость *f*
gefühlsbetont *adj* эмоционáльный
Gefühlsduselei *f* ⟨-, -en⟩ (*umg*) сентиментáльничанье
gefühlsmäßig *adj* эмоционáльный, интуитúвный
gefühlvoll *adj* глубокó чýвствующий
gefunden *part perf von* **finden**
gegangen *part perf von* **gehen**
gegeben *part perf von* **geben**
gegebenenfalls *adv* в слýчае, éсли
gegen *präp* (*Gegenteil von: für*) прóтив; (*etwa*) óколо; (*etwa: zeitlich*) óколо, к; **~ etw sein** быть прóтив чегó-л.; **gut ~ Kopfschmerzen** помогáет от головнóй бóли; **~ fünf Uhr** óколо пятú часов
Gegenargument *nt* ⟨-(e)s, -e⟩ контраргумéнт *m*
Gegenbeweis *m* ⟨-es, -e⟩ доказáтельство *nt* противополóжного
Gegend *f* ⟨-, -en⟩ мéстность *f*; **eine schöne ~** красúвая мéстность
gegeneinander *adv* друг прóтив дрýга; **etw ~ haben** не лáдить мéжду собóй
Gegenfahrbahn *f* ⟨-, -en⟩ встрéчная полосá *f*
Gegenfrage *f* ⟨-, -n⟩ встрéчный вопрóс *m*
Gegengewicht *nt* ⟨*gen:*-(e)s⟩ противовéс *m*
Gegengift *nt* ⟨-(e)s, -e⟩ противоя́дие *nt*
Gegenleistung *f* ⟨-, -en⟩ ответная услýга *f*; **als ~ für** в кáчестве отвéтной услýги
Gegenliebe *f* ⟨*gen:*-⟩ взаúмная любóвь *f*, взаúмность *f*; **ihr Vorschlag fand wenig ~** её предложéние не встрéтило сочýвствия
Gegenmaßnahme *f* ⟨-, -n⟩ контрмéра *f*, отвéтная мéра *f*
Gegensatz *m* ⟨-es, -sätze⟩ противополóжность *f*; **im ~ zu** в отлúчие
gegensätzlich *adj* противополóжный; **~e Meinungen vertreten** придéрживаться противополóжных мнéний
Gegenschlag *m* ⟨-(e)s, -schläge⟩ (*MIL*) контрудáр *m*; **einen ~ planen** планúровать отвéтный удáр
Gegenseite *f* ⟨-, -n⟩ противополóжная сторонá *f*
gegenseitig *adj* взаúмный, обоюдный
Gegenseitigkeit *f* ⟨*gen:*-⟩ взаúмность *f*; **das beruht auf ~** э́то оснóвывается на взаúмности
Gegenspieler, -in *m/f* ⟨-s, -⟩ протúвник, -ница *m/f*
Gegenstand *m* ⟨-(e)s, -stände⟩ (*Ding*) предмéт *m*, вещь *f*; (*fig:Thema*) предмет *m*, тéма *f*
gegenstandslos *adj* беспредмéтный; **etw als ~ betrachten** считáть чтó-л. необоснóванным
Gegenstimme *f* ⟨-, -n⟩ гóлос *m* прóтив (при голосовáнии)
Gegenteil *nt* ⟨*gen:*-s⟩ противополóжность *f*; **im ~** напрóтив; **ins ~ umschlagen** превратúться в свою противополóжность
gegenteilig *adj* противополóжный
gegenüber 1. *adv* напрóтив; **2.** *präp* (*in Bezug auf*) в отношéнии; **anderen ~ ist er höflich** по отношéнию к другúм он вéжлив
gegenüberliegen *irr vi* лежáть *impf* напрóтив, быть *impf* располóженным напрóтив
gegenüberstehen *irr vi* стоя́ть напрóтив
gegenüberstellen *vt* противопостáвить *pf*, -вля́ть *impf*; (*vergleichen*) сопостáвить *pf*, -вля́ть *impf*
Gegenverkehr *m* ⟨*gen:*-s⟩ встрéчное движéние *nt*
Gegenvorschlag *m* ⟨-(e)s, -vorschläge⟩ встрéчное предложéние *nt*
Gegenwart *f* ⟨*gen:*-⟩ (*Anwesenheit*) присýтствие *nt*; (*Jetztzeit*) настоя́щее *nt*, совремéнность *f*; **in jds ~** в чьём-л. присýтствии
gegenwärtig *adj* настоя́щий, совремéнный
Gegenwehr *f* ⟨*gen:*-⟩ оборóна *f*, сопротивлéние *nt*; **~ leisten** окáзывать сопротивлéние
Gegenwert *m* ⟨*gen:*-(e)s⟩ эквивалéнт *m*
Gegenwind *m* ⟨*gen:*-(e)s⟩ встрéчный вéтер *m*
gegenzeichnen *vt* стáвить, по- *pf* вторýю пóдпись
gegessen *part perf von* **essen**
geglichen *part perf von* **gleichen**
geglitten *part perf von* **gleiten**
geglommen *part perf von* **glimmen**
Gegner, -in *m/f* ⟨-s, -⟩ протúвник, -ницá *f*; (*Feind*) враг *m*, неприя́тель *m*
gegnerisch *adj* (*feindlich*) враждéбный
gegolten *part perf von* **gelten**
gegoren *part perf von* **gären**

gegossen *part perf von* **gießen**
gegraben *part perf von* **graben**
gegriffen *part perf von* **greifen**
gehabt *part perf von* **haben**
Gehalt [1] *nt* ⟨-(e)s, Gehälter⟩ (*Entlohnung*) зáработная плáта *f*, оклáд *m*; **sie hat ein gutes ~** у неё хорóшая зарплáта
Gehalt [2] *m* ⟨-(e)s, -e⟩ (*Anteil*) содержáние *nt*
gehalten *adj* степéнный, сдéржанный
Gehaltsempfänger, -in *m/f* ⟨-s, -⟩ получáтель, -ница *m/f* зáработной плáты
Gehaltserhöhung *f* ⟨-, -en⟩ повышéние *nt* зáработной плáты
gehaltvoll *adj* содержáтельный; **ein ~es Buch** содержáтельная кни́га
gehandikapt *adj:* **durch die Verletzung ~, wurde er heute nur fünfter** и́з-за трáвмы он оказáлся сегóдня лишь пя́тым
gehangen *part perf von* **hängen**
gehässig *adj* злóбный, язви́тельный
Gehässigkeit *f* ⟨-, -en⟩ враждéбность *f*, неприя́зненность *f*
gehauen *part perf von* **hauen**
Gehäuse *nt* ⟨-s, -⟩ (*TECH*) кóрпус *m*; (*Obst~*) сердцеви́на *f*
gehbehindert *adj* *с нарушéнием дви́гательных фу́нкций*; **~ sein** передвигáться с трудóм
Gehege *nt* ⟨-s, -⟩ огорóженное мéсто *nt*, заповéдник *m*; (*im Zoo*) вольéр *m*; **jdm ins ~ kommen** вмéшиваться в чужи́е делá
geheim *adj* тáйный; **das bleibt ~** э́то остáнется в тáйне
Geheimdienst *m* ⟨-es, -e⟩ секрéтная слу́жба *f*
geheimhalten *irr vt* держáть *impf* в тáйне, скрывáть, скрыть *pf*
Geheimnis *nt* ⟨-ses, -se⟩ тáйна *f*, секрéт *m*; **aus etw ein ~ machen** дéлать из чегó-л. секрéт
Geheimniskrämerei *f* ⟨-, -en⟩ (*pej*) секрéтничанье *nt*
geheimnisvoll *adj* таи́нственный, загáдочный
geheißen *part perf von* **heißen**
gehemmt *adj* стесни́тельный, с кóмплексами
gehen *vi* ⟨ging, gegangen⟩ идти́ *impf*, ходи́ть *impf*; **wie geht es Dir?** как ты поживáешь?; **über die Straße ~** переходи́ть чéрез у́лицу; **das geht zu weit** э́то захóдит сли́шком далекó; **es geht um...** речь идёт о...
gehenlassen *irr vr* давáть, дать *pf* себé вóлю; **er hat sich ziemlich ~** он довóльно-таки распусти́лся
geheuer *adj:* **das ist mir nicht (ganz) ~** здесь чтó-то нелáдно
Geheul *nt* ⟨*gen:*-(e)s⟩ вой *m*, плач *m*
Gehilfe *m* ⟨-n, -n⟩ помóщник *m*, ассистéнт *m*
Gehilfin *f* ⟨-, -nen⟩ помóщница *f*, ассистéнтка *f*
Gehirn *nt* ⟨-(e)s, -e⟩ мозг *m*
Gehirnerschütterung *f* ⟨-, -en⟩ сотрясéние *nt* мóзга
Gehirnschlag *m* ⟨-(e)s, -schläge⟩ апоплекси́ческий удáр *m*
Gehirnwäsche *f* ⟨-, -n⟩ обрабóтка *f* мозгóв
gehoben 1. *part perf von* **heben; 2.** *adj* (*Stimmung*) припóднятый; (*Stil*) высóкий
geholfen *part perf von* **helfen**
Gehör *nt* ⟨*gen:*-(e)s⟩ слух *m*; **sich ~ verschaffen** доби́ться внимáния; **~ finden** быть вы́слушанным; **jdm ~ schenken** вы́слушать когó-л.
gehorchen *vi* слу́шаться, по- *pf*, повиновáться *impf*
gehören *vi* (*Eigentum sein*) принадлежáть *impf*; (*erfordern*) трéбоваться, по- *pf*, быть *impf* ну́жным; (*Teil sein von*) относи́ться *impf*, принадлежáть *impf*; **wem gehört das?** комý э́то принадлежи́т?; **wie es sich gehört** как полагáется
gehörig *adj* (*gebührend*) надлежáщий, дóлжный; (*umg:beträchtlich*) поря́дочный, изря́дный; **er hat eine ~e Tracht Prügel verdient** он заслужи́л поря́дочную взбу́чку
gehorsam *adj* послу́шный
Gehorsam *m* ⟨*gen:*-s⟩ послушáние *nt*, повиновéние *nt*
Gehweg *m* ⟨-s, -e⟩ (*Bürgersteig*) тротуáр *m*; (*Fußweg*) пешехóдная дорóжка *f*
Geier *m* ⟨-s, -⟩ кóршун *m*
geifern *vi* пускáть, пусти́ть *pf* слюну́
Geige *f* ⟨-, -n⟩ скри́пка *f*; **die erste ~ spielen** игрáть пéрвую скри́пку
Geigerzähler *m* ⟨-s, -⟩ счётчик *m* Гéйгера
geil *adj* похотли́вый; (*umg*) клáссный, балдёжный
Geisel *f* ⟨-, -n⟩ залóжник, -ница *m/f*; **jdn als ~ nehmen** взять когó-л. в кáчестве залóжника
Geiselnahme *f* ⟨-, -n⟩ захвáт *m* залóжников
Geiselnehmer, -in *m/f* ⟨-s, -⟩ террори́ст, -ка *m/f*
geißeln *vt* (*auch fig:*) бичевáть *impf*
Geist *m* ⟨-(e)s, -er⟩ (*Intellekt*) ум *m*; (*Gespenst*) дух *m*, привидéние *nt*; (*Gesinnung*) дух *m*, душá *f*; **etw gibt den ~ auf**

что́-л. лома́ется; **du gehst mir auf den ~** ты мне де́йствуешь на не́рвы; **von allen guten ~ern verlassen sein** быть не в своём уме́; **im ~e** мы́сленно
Geisterbahn *f* ⟨-, -en⟩ пеще́ра *f* у́жасов
Geisterfahrer *siehe* **Falschfahrer**
geisterhaft *adj* при́зрачный
geistern *vi* блужда́ть *impf*, броди́ть *impf*
geistesabwesend *adj* отсу́тствующий, рассе́янный
Geistesblitz *m* ⟨-es, -e⟩ блестя́щая иде́я *f*
Geistesgegenwart *f* ⟨*gen:*-⟩ прису́тствие *nt* ду́ха
geisteskrank *adj* душевнобольно́й; **du bist wohl ~!** ты не в своём уме́!
Geisteskranke(r) *mf* ⟨-n, -n⟩ душевнобольно́й *m*
Geisteswissenschaft *f* ⟨-, -en⟩ гумани́тарная нау́ка *f*
Geisteszustand *m* ⟨-(e)s, -zustände⟩ душе́вное состоя́ние *nt*
geistig *adj* (*seelisch*) духо́вный; (*intellektuell*) у́мственный; **~ behindert** у́мственно отста́лый; **~e Arbeit** у́мственный труд
geistlich *adj* религио́зный, духо́вный
Geistliche(r) *m* ⟨-n, -n⟩ духо́вное лицо́ *nt*
geistlos *adj* (*langweilig*) ску́чный; (*dumm*) глу́пый, пусто́й
geistreich *adj* остроу́мный
Geiz *m* ⟨*gen:*-es⟩ жа́дность *f*, ску́пость *f*
geizen *vi* скупи́ться, по- *pf*; **mit etw ~** скупи́ться на что́-л.
Geizhals *m* ⟨-es, -hälse⟩ скря́га *mf*
geizig *adj* скупо́й, жа́дный
Geizkragen *m* ⟨-s, -krägen⟩ скря́га *mf*; **was für ein alter ~!** что за ста́рый скуперд́яй!
Gejammer *nt* ⟨*gen:*-s⟩ во́пли *mpl*, пла́ч *m*
gekannt *part perf von* **kennen**
Geklapper *nt* ⟨*gen:*-s⟩ стук *m*, стукотня́ *f*
geklungen *part perf von* **klingen**
geknickt *adj* (*umg*) удручённый, пода́вленный; **einen ~en Eindruck machen** производи́ть уны́лое впечатле́ние
gekniffen *part perf von* **kneifen**
gekommmen *part perf von* **kommen**
gekonnt *adj* уме́лый; **das war ~!** э́то бы́ло ма́стерски сде́лано!
Gekritzel *nt* ⟨*gen:*-s⟩ кара́кули *pl*, неразбо́рчивый по́черк *m*
gekrochen *part perf von* **kriechen**
gekünstelt *adj* неесте́ственный, напускно́й; (*geziert*) мане́рный, жема́нный
Gel *nt* ⟨-s, -e⟩ гель *m*
Gelaber *nt* ⟨*gen:*-s⟩ (*umg*) пусто́й трёп *m*
Gelächter *nt* ⟨-s, -⟩ смех *m*, хо́хот *m*; **er brach in schallendes ~ aus** он разрази́лся гро́мким хо́хотом
geladen 1. *part perf von* **laden; 2.** *adj* (*Gast*) зва́ный, приглашённый
Gelage *nt* ⟨-s, -⟩ пир *m*, пи́ршество *nt*
gelähmt *adj* парализо́ванный
Gelände *nt* ⟨-s, -⟩ (*Grundstück*) уча́сток *m* земли́; (*freies Land*) террито́рия *f*, ме́стность *f*
geländegängig *adj* вездехо́дный
Geländer *nt* ⟨-s, -⟩ (*Treppen~*) пери́ла *pl*; (*als Begrenzung*) парапе́т *m*
Geländewagen *m* ⟨-s, -wägen⟩ автомоби́ль *m* повы́шенной проходи́мости
gelang *prät von* **gelingen**
gelangen *vi* попада́ть, -па́сть *pf*; **ans Ziel ~** дости́гнуть це́ли; **zu der Überzeugung ~, daß...** прийти́ к убежде́нию, что...
gelassen *adj* споко́йный; **~ bleiben** остава́ться невозмути́мым
Gelassenheit *f* ⟨*gen:*-⟩ споко́йствие *nt*, невозмути́мость *f*
Gelatine *f* ⟨*gen:*-⟩ желати́н *m*
gelaufen *part perf von* **laufen**
geläufig *adj* употреби́тельный, привы́чный; **das ist mir ~** э́то мне знако́мо
gelaunt *adj* настро́енный; **gut/schlecht ~ sein** быть хорошо́/пло́хо настро́енным
gelb *adj* жёлтый; **Gelbe Seiten** а́дресный спра́вочник
gelblich *adj* желтова́тый
Gelbsucht *f* ⟨*gen:*-⟩ желту́ха *f*
Geld *nt* ⟨-es, -er⟩ де́ньги *pl*; **etw zu ~ machen** (*umg*) прода́ть; **im ~ schwimmen** (*umg*) купа́ться в деньга́х; **~ wie Heu haben** (*umg*) име́ть у́йму де́нег; **das ist rausgeschmissenes ~!** (*umg*) э́то вы́брошенные де́ньги!
Geldanlage *f* ⟨-, -n⟩ помеще́ние *nt* де́нег, вложе́ние *nt* де́нег
Geldautomat *m* ⟨-en, -en⟩ банкома́т *m*, *ба́нковский автома́т для вы́дачи де́нег*
Geldbeutel *m* ⟨-s, -⟩ кошелёк *m*
Geldbuße *f* ⟨-, -n⟩ де́нежный штраф *m*
Geldgeber, -in *m/f* ⟨-s, -⟩ кредито́р *m*
geldgierig *adj* а́лчный, жа́дный до де́нег
Geldinstitut *nt* ⟨-(e)s, -e⟩ (*Bank*) банк *m*
Geldschein *m* ⟨-(e)s, -e⟩ (*Banknote*) банкно́т *m*, де́нежный знак *m*
Geldschrank *m* ⟨-(e)s, -schränke⟩ (*Tresor*) сейф *m*
Geldstrafe *f* ⟨-, -n⟩ де́нежный штраф *m*
Geldstück *nt* ⟨-(e)s, -e⟩ (*Münze*) моне́та *m*

Gelee *nt* ⟨-s, -s⟩ желé *nt*
gelegen **1.** *part perf von* **liegen; 2.** *adj* (*örtlich*) располóженный; (*günstig*) удóбный; **das kommt mir ~** э́то мне кстáти; **daran ist mir wenig ~** э́то для меня́ не óчень вáжно
Gelegenheit *f* ⟨-, -en⟩ (*Anlaß*) пóвод *m*; (*günstige ~*) удóбный слу́чай *m*; **die ~ nutzen, etw zu tun** воспóльзоваться возмóжностью, чтó-л. сдéлать; **wenn sich die ~ ergibt** éсли предостáвиться возмóжность
Gelegenheitsarbeit *f* ⟨-, -en⟩ случáйная рабóта *f*
Gelegenheitskauf *m* ⟨-(e)s, -käufe⟩ случáйная покýпка *f*
gelegentlich *adj* (*zeitweise*) иногдá, от слу́чая к слу́чаю
gelehrig *adj* спосóбный, поня́тливый
gelehrt *adj* учёный
Gelehrte(r) *mf* ⟨-n, -n⟩ учёный
Gelehrtheit *f* ⟨*gen:-*⟩ учёность *f*
Geleit *nt* ⟨-(e)s, -e⟩ (*Begleitung*) сопровождéние *nt*; (*MIL*) охрáна *f*, конвóй *m*; **jdm das ~ geben** сопровождáть когó-л.
geleiten *vt* сопровождáть, -води́ть *pf*
Geleitschutz *m* ⟨*gen:-es*⟩ конвои́рование *nt*
Gelenk *nt* ⟨-(e)s, -e⟩ (*ANAT*) сустáв *m*; (*TECH*) шарни́р *m*
gelenkig *adj* (*geschmeidig*) ги́бкий; (*agil*) подви́жный, провóрный
gelesen *part perf von* **lesen**
Geliebte(r) *m* ⟨-n, -n⟩ любóвник *m*
geliehen *part perf von* **leihen**
gelingen *vi* ⟨gelang, gelungen⟩ удавáться, удáться *pf*; **es gelingt mir nicht** мне не удаётся
gelitten *part perf von* **leiden**
gellen *vi* рéзко звучáть *impf*; **in den Ohren ~** звенéть в ушáх
geloben *vt* торжéственно обещáть *impf/pf*; **ewige Treue ~** кля́сться в вéчной вéрности
gelogen *part perf von* **lügen**
gelten *vi* ⟨galt, gegolten⟩ быть *impf* действи́тельным; **etw nicht ~ lassen** не признавáть чегó-л.; **das gilt auch für dich** э́то и тебя́ касáется
Geltung *f* ⟨*gen:-*⟩ (*Gültigkeit*) дéйствие *nt*, си́ла *f*; (*Ansehen*) знáчимость *f*, авторитéт *m*; **sich ~ verschaffen** приобрести́ влия́ние; **etw kommt zur ~** чтó-л. проявля́ется; **etw zur ~ bringen** выставля́ть чтó-л. в вы́годном свéте
Geltungsbedürfnis *nt* ⟨*gen:-ses*⟩ потрéбность *f* в признáнии
Gelübde *nt* ⟨-s, -⟩ обéт *m*; **ein ~ ablegen** дать обéт
gelungen **1.** *part perf von* **gelingen; 2.** *adj* удáчный; **das war ein ~er Abend** э́то был замечáтельный вéчер
gemächlich *adj* спокóйный, мéдленный; **~e Schritte** неторопли́вые шаги́
Gemahl *m* ⟨-(e)s, -e⟩ супру́г *m*
Gemahlin *f* ⟨-, -nen⟩ супру́га *f*
Gemälde *nt* ⟨-s, -⟩ карти́на *f*
gemäß **1.** *präp* соглáсно, в соотвéтствии; **2.** *adj* (*angemessen*) соотвéтствующий
gemäßigt *adj* умéренный; **~es Klima** умéренный кли́мат
gemein *adj* (*bösartig*) пóдлый, ни́зкий; (*gemeinsam*) óбщий; **das ist eine ~e Lüge** э́то пóдлая ложь; **etw ~ haben mit** имéть чтó-то óбщее
Gemeinde *f* ⟨-, -n⟩ (*städtische*) общи́на *f*; (*REL*) прихóд *m*
Gemeinderat *m* ⟨-(e)s, -räte⟩ (*Körperschaft*) совéт *m* общи́ны, коммунáльный совéт *m*; (*Person*) член *m* совéта общи́ны
Gemeindewahl *f* ⟨-, -en⟩ коммунáльные вы́боры *pl*
gemeingefährlich *adj* социáльно опáсный, угрожáющий общéственной безопáсности
Gemeingut *nt* ⟨*gen:-*(e)s⟩ óбщее достоя́ние *nt*, óбщая сóбственность *f*
Gemeinheit *f* ⟨-, -en⟩ ни́зость *f*, пóдлость *f*
gemeinnützig *adj* общéственно полéзный
gemeinsam **1.** *adj* óбщий; **mit jdm ~e Sache machen** дéлать с кéм-л. óбщее дéло; **der Gemeinsame Markt** Óбщий ры́нок; **2.** *adv* (*zusammen*) вмéсте
Gemeinsamkeit *f* ⟨-, -en⟩ схóдство *nt*
Gemeinschaft *f* ⟨-, -en⟩ (*soziale*) óбщность *f*; (*Gemeinde*) общи́на *f*; (*Bündnis*) сообщество *nt*
gemeinschaftlich *adj* óбщий, коллекти́вный
Gemeinschaftspraxis *f* ⟨-, -praxen⟩ коллекти́вная врачéбная прáктика *f*
gemessen **1.** *part perf von* **messen; 2.** *adj* размéренный, мéрный; **~en Schrittes** размéренным шáгим
Gemetzel *nt* ⟨-s, -⟩ резня́ *f*, бóйня *f*
gemieden *part perf von* **meiden**
Gemisch *nt* ⟨-(e)s, -e⟩ смесь *f*
gemischt *adj* смéшанный
gemocht *part perf von* **mögen**
gemolken *part perf von* **melken**
Gemse *f* ⟨-, -n⟩ сéрна *f*
Gemurmel *nt* ⟨*gen:-s*⟩ бормотáнье *nt*, шёпот *m*
Gemüse *nt* ⟨-s, -⟩ óвощи *pl*

Gemüsegarten *m* ⟨-s, -gärten⟩ огоро́д *m*
gemußt *part perf von* **müssen**
Gemüt *nt* ⟨-(e)s, -er⟩ нрав *m*, хара́ктер *m*; **sich etw zu ~e führen** сле́довать сове́ту; **sie hat ein fröhliches ~** у неё весёлый нрав
gemütlich *adj* (*bequem*) удо́бный, ую́тный; (*gelassen*) споко́йный, невозмути́мый; **es sich ~ machen** устро́иться поудо́бней; **ein ~er Mensch** доброду́шный челове́к
Gemütlichkeit *f* ⟨*gen:-*⟩ споко́йствие *nt*, неторопли́вость *f*; **in aller ~** не спеша́
Gemütsbewegung *f* ⟨-, -en⟩ пережива́ние *nt*, душе́вное волне́ние *nt*
Gemütsmensch *m* ⟨-en, -en⟩ невозмути́мый челове́к *m*
Gemütsruhe *f* ⟨*gen:-*⟩ душе́вный поко́й *m*, невозмути́мость *f*
Gen *nt* ⟨-s, -e⟩ ген *m*
genannt *part perf von* **nennen**
genas *prät von* **genesen**
genau 1. *adj* (*exakt*) то́чный; (*detailliert*) подро́бный; **2.** *adv* то́чно; **es mit etw (nicht so) ~ nehmen** относи́ться к чему́-л. (не) о́чень серьёзно; **die Uhr geht ~** часы́ иду́т то́чно
genaugenommen *adv* точне́е говоря́
Genauigkeit *f* ⟨-, -en⟩ то́чность *f*
genauso *adv* то́чно так же
genehmigen *vt* (*ADMIN*) разреша́ть, -ши́ть *pf*, санкциони́ровать *impf/pf*
Genehmigung *f* ⟨-, -en⟩ (*ADMIN*) разреше́ние *nt*; **eine ~ einholen** получи́ть разреше́ние; **eine ~ erteilen** дать разреше́ние
geneigt *adj* (*aufgelegt zu*) скло́нный, располо́женный; (*wohlwollend*) благоскло́нный; **zu etw ~ sein** быть скло́нным к чему́-л.
General *m* ⟨-s, -e⟩ генера́л *m*
Generaldirektor, -in *m/f* ⟨-s, -en⟩ генера́льный дире́ктор *m*
generalisieren *vi* (*verallgemeinern*) обобща́ть, -щи́ть *pf*
Generalprobe *f* ⟨-, -n⟩ генера́льная репети́ция *f*
Generalsekretär, -in *m/f* ⟨-s, -e⟩ генера́льный секрета́рь *m*
Generalstreik *m* ⟨-s, -s⟩ всео́бщая забасто́вка *f*
Generation *f* ⟨-, -en⟩ поколе́ние *nt*, генера́ция *f*
Generationskonflikt *m* ⟨-(e)s, -e⟩ конфли́кт *m* поколе́ний
Generator *m* ⟨-s, -en⟩ генера́тор *m*
generell *adj* (все)о́бщий
genesen *vi* ⟨genas, genesen⟩ выздора́вливать, вы́здороветь *pf*
Genetik *f* ⟨*gen:-*⟩ гене́тика *f*
genetisch *adj* генети́ческий
Genf *nt* ⟨*gen:-s*⟩ Жене́ва *f*
Genfer See *m* ⟨*gen:-s*⟩ Жене́вское о́зеро *nt*
genial *adj* гениа́льный; (*umg:hervorragend*) прекра́сный; **das ist ein ~er Einfall** э́то прекра́сная иде́я
Genick *nt* ⟨-(e)s, -e⟩ заты́лок *m*; **das hat ihm das ~ gebrochen** э́то его́ погуби́ло
Genie *nt* ⟨-s, -s⟩ ге́ний *m*
genieren *vr* стесня́ться, по- *pf*; **du brauchst dich nicht zu ~** тебе́ не́чего стесня́ться
genießbar *adj* (*Speisen*) съедо́бный
genießen *vt* ⟨genoß, genossen⟩ (*das Essen*) есть, пое́сть *pf*; (*das Leben*) наслажда́ться, -слади́ться *pf*; **das Leben in vollen Zügen ~** наслажда́ться жи́знью
Genießer, -in *m/f* ⟨-s, -⟩ жуи́р *m*; (*Feinschmecker*) гурма́н *m*
genießerisch *adj* с наслажде́нием
Genitalien *pl* ⟨*gen:-*⟩ полово́е о́рганы *pl*
Genitiv *m* ⟨-s, -e⟩ роди́тельный паде́ж *m*
genommen *part perf von* **nehmen**
genoß *prät von* **genießen**
Genosse *m* ⟨-n, -n⟩ (*Kamerad*) това́рищ *m*, прия́тель *m*; (*POL*) това́рищ *m*
genossen *part perf von* **genießen**
Genossenschaft *f* ⟨-, -en⟩ това́рищество *nt*
Genossin *f* ⟨-, -nen⟩ това́рищ *m*
Genre *nt* ⟨-s, -s⟩ жанр *m*; (*Gattung, Art*) род *m*
Gentechnologie *f* ⟨*gen:-*⟩ ге́нная техноло́гия *f*
Gentleman *m* ⟨-s, -men⟩ дже́нтльмен *m*
genug *adv* доста́точно, дово́льно; **mehr als ~** бо́лее чем доста́точно
genügen *vi* хвата́ть, -ти́ть *pf*, быть *impf* доста́точным
genügsam *adj* непритяза́тельный
Genügsamkeit *f* ⟨*gen:-*⟩ непритяза́тельность *f*, нетре́бовательность *f*
Genugtuung *f* ⟨-, -en⟩ удовлетворе́ние *nt*
Genus *nt* ⟨-, Genera⟩ род *m*
Genuß *m* ⟨Genusses, Genüsse⟩ (*Vergnügen*) удово́льствие *nt*, наслажде́ние *nt*; (*Konsum*) потребле́ние *nt*; **in den ~ von etw kommen** по́льзоваться че́м-л.
genüßlich *adj* наслажда́ющийся, с наслажде́нием
geöffnet *adj* откры́тый
Geograph, -in *m/f* ⟨-en, -en⟩ гео́граф *m*
Geographie *f* ⟨*gen:-*⟩ геогра́фия *f*
geographisch *adj* географи́ческий
Geologe *m* ⟨-n, -n⟩ гео́лог *m*

Geologie *f* ⟨*gen:-*⟩ геоло́гия *f*
Geologin *f* ⟨-, -nen⟩ гео́лог *m*
Geometrie *f* ⟨*gen:-*⟩ геоме́трия *f*
geometrisch *adj* геометри́ческий
Gepäck *nt* ⟨*gen:-*(e)s⟩ бага́ж *m*; **sein ~ aufgeben** сдать бага́ж
Gepäckabfertigung *f* ⟨-, -en⟩ бага́жное отделе́ние *nt*
Gepäckaufbewahrung *f* ⟨-, -en⟩ ка́мера *f* хране́ния
Gepäcknetz *nt* ⟨-es, -e⟩ бага́жная се́тка *f*
Gepäckschein *m* ⟨-s, -e⟩ бага́жная квита́нция *f*
Gepäckträger *m* ⟨-s, -⟩ (*Person*) носи́льщик *m*; (*am Fahrrad*) бага́жник *m*
Gepäckwagen *m* ⟨-s, -wägen⟩ бага́жный ваго́н *m*
Gepard *m* ⟨-s, -e⟩ гепа́рд *m*
gepfeffert *adj* сли́шком высо́кий, о́чень дорого́й; **~e Preise** басносло́вные це́ны
gepfiffen *part perf von* **pfeifen**
gepflegt *adj* (*Rasen, Haus*) ухо́женный; (*Person*) ухо́женный, холёный; **eine ~e Unterhaltung** изы́сканная бесе́да; **~es Aussehen** элега́нтный вид
Geplänkel *nt* ⟨-s, -⟩ (*harmlose Auseinandersetzung*) сты́чка *f*, перебра́нка *f*
Geplapper *nt* ⟨*gen:-s*⟩ (*nichtssagendes Gerede*) болтовня́ *f*
gepriesen *part perf von* **preisen**
Gequatsche *nt* ⟨*gen:-s*⟩ (*pej*) болтовня́ *f*, вздор *m*
gequollen *part perf von* **quellen**
gerade 1. *adj* прямо́й; **2.** *adv* (*eben*) пря́мо, и́менно; **warum ~ er?** почему́ и́менно он?; **~ das meine ich ja** и́менно э́то я и име́ю в виду́; **~ Zahl** чётное число́
Gerade *f* ⟨-n, -n⟩ пряма́я *f*
geradeaus *adv* пря́мо, напрями́к
geradebiegen *vt* разогну́ть *pf*, разгиба́ть *impf*, распрями́ть *pf*, -мля́ть *impf*
geradeheraus *adv* без обиняко́в, напрями́к
gerädert *adj* разби́тый, изму́ченный; **wie ~ sein** быть соверше́нно изму́ченным
geradestehen *vi* стоя́ть *impf* пря́мо; **für etw ~** нести́ за что́-л. отве́тственность
geradewegs *adv* пря́мо
geradezu *adv* (*beinahe*) почти́; (*geradeheraus*) без обиняко́в, напрями́к; **das ist ~ unglaublich** э́то про́сто невероя́тно
gerammelt *adv:* **~ voll** битко́м наби́тый
Geranie *f* ⟨-, -n⟩ гера́нь *f*
gerannt *part perf von* **rennen**
Gerät *nt* ⟨-(e)s, -e⟩ прибо́р *m*, аппара́т *m*
geraten *vi* ⟨geriet, ~⟩ (*gelangen*) попа́сть *pf*, -пада́ть *impf*, очути́ться *pf*; (*fig:ausfallen*) выходи́ть, вы́йти *pf*, получа́ться, -чи́ться *pf*; **eine gut ~e Arbeit** хорошо́ уда́вшаяся рабо́та; **außer sich ~** вы́йти из себя́
Geräteturnen *nt* ⟨*gen:-s*⟩ гимна́стика *f* на снаря́дах
Geratewohl *nt:* **aufs ~** на аво́сь
geraum *adj* до́лгий, продолжи́тельный; **vor ~er Zeit** задо́лго
geräumig *adj* просто́рный
Geräusch *nt* ⟨-(e)s, -e⟩ шо́рох *m*, шум *m*
Geräuschkulisse *f* ⟨-, -n⟩ шумово́й фон *m*, звуково́й фон *m*
geräuschlos *adj* бесшу́мный, ти́хий
geräuschvoll *adj* шу́мный
gerben *vt* (*Leder*) дуби́ть, вы́- *pf*
Gerberei *f* ⟨-, -en⟩ (*Betrieb*) дуби́льня *f*; (*das Gerben*) дубле́ние *nt*
gerecht *adj* справедли́вый; **jdm/einer Sache ~ werden** оцени́ть по досто́инству кого́-л./что́-л.
Gerechtigkeit *f* ⟨*gen:-*⟩ справедли́вость *f*
Gerede *nt* ⟨*gen:-s*⟩ болтовня́ *f*; **ins ~ kommen** стать предме́том то́лков; **was für ein dummes ~!** что за глу́пая болтовня́!
geregelt *adj* урегули́рованный; **ein ~es Leben führen** вести́ упоря́доченный о́браз жи́зни
gereift *adj* зре́лый
gereizt *adj* раздражённый
Gericht [1] *nt* ⟨-(e)s, -e⟩ блю́до *nt*
Gericht [2] *nt* ⟨-(e)s, -e⟩ суд *m*; **über jdn ~ halten** суди́ть кого́-л.; **jdn vor ~ bringen** привле́чь кого́-л. к суду́; **das Jüngste ~** Стра́шный суд
gerichtlich *adj* суде́бный; **gegen jdn ~ vorgehen** пода́ть в суд на кого́-л.
Gerichtshof *m* ⟨-(e)s, -höfe⟩ суд *m*
Gerichtskosten *pl* ⟨*gen:-*⟩ суде́бные изде́ржки *pl*
Gerichtsmedizin *f* ⟨*gen:-*⟩ суде́бная медици́на *f*
Gerichtssaal *m* ⟨-(e)s, -säle⟩ зал *m* суда́
Gerichtsverfahren *nt* ⟨-s, -⟩ суде́бное произво́дство *nt*
Gerichtsverhandlung *f* ⟨-,-en⟩ суде́бное заседа́ние *nt*, суде́бное разбира́тельство *nt*
Gerichtsvollzieher *m* ⟨-s, -⟩ суде́бный исполни́тель *m*
gerieben *part perf von* **reiben**
geriet *prät von* **geraten**
gering *adj* (*niedrig*) ни́зкий; (*klein*) ма́лый, незначи́тельный; **eine ~e**

Menge незначи́тельное коли́чество
geringfügig *adj* (*klein*) небольшо́й; (*unwichtig*) незначи́тельный, малова́жный; **~e Unterschiede** незначи́тельные разли́чия
geringschätzen *vt* (*gering einschätzen*) пренебрега́ть, -бре́чь *pf*; (*verachten*) презира́ть *impf*
geringschätzig *adj* пренебрежи́тельный, презри́тельный
gerinnen *vi* ⟨geronn, geronnen⟩ (*Milch*) сверну́ться *pf*, свёртываться *impf*
Gerippe *nt* ⟨-s, -⟩ (*Skelett*) скеле́т *m*
gerissen 1. *part perf von* **reißen; 2.** *adj* (*schlau*) продувно́й, у́шлый
geritten *part perf von* **reiten**
Germanist, -in *m/f* ⟨-en, -en⟩ германи́ст *m*
Germanistik *f* ⟨*gen:*-⟩ германи́стика *f*
gern *adv* охо́тно; **jdn ~ haben** хорошо́ относи́ться к кому́-л.; **~ geschehen!** не сто́ит благода́рности!
gerochen *part perf von* **riechen**
geronnen [1] *part perf von* **gerinnen**
geronnen [2] *part perf von* **rinnen**
Gerontologie *f* ⟨*gen:*-⟩ геронтоло́гия *f*
Gerste *f* ⟨*gen:*-⟩ ячме́нь *m*
Gerte *f* ⟨-, -n⟩ прут *m*
gertenschlank *adj* то́нкий как тро́сти́нка
Geruch *m* ⟨-(e)s, Gerüche⟩ за́пах *m*
geruchlos *adj* без за́паха
Geruchssinn *m* ⟨*gen:*-(e)s⟩ обоня́ние *nt*
Gerücht *nt* ⟨-(e)s, -e⟩ слух *m*; **es kursiert das ~, daß ...** хо́дят слу́хи, что...
gerufen *part perf von* **rufen**
geruhen *vi* (*geh*) соизво́лить *pf*, -ля́ть *impf*; **~, etw zu tun** соблагоголи́ть сде́лать что́-л.
geruhsam *adj* нетороплі́вый, споко́йный
Gerümpel *nt* ⟨*gen:*-s⟩ ру́хлядь *f*
gerungen *part perf von* **ringen**
Gerüst *nt* ⟨-(e)s, -e⟩ леса́ *pl*
gesalzen *adj* (*unfreundlich, grob*) гру́бый, ре́зкий; **ein ~er Brief** письмо́ в ре́зком то́не
gesamt *adj* весь, це́лый; **die ~e Rechnung** о́бщий счёт
Gesamtausgabe *f* ⟨-, -n⟩ по́лное собра́ние *nt* сочине́ний
gesamtdeutsch *adj* общегерма́нский
Gesamteindruck *m* ⟨*gen:*-(e)s⟩ о́бщее впечатле́ние *nt*
Gesamtheit *f* ⟨*gen:*-⟩ совоку́пность *f*; **das Volk in seiner ~** наро́д в це́лом
Gesamtschule *f* ⟨-, -n⟩ еди́ная шко́ла *f*
gesandt *part perf von* **senden**
Gesandte(r) *m* ⟨-n, -n⟩ посла́нник *m*
Gesandtschaft *f* ⟨-, -en⟩ ми́ссия *f*
Gesang *m* ⟨-(e)s, -Gesänge⟩ (*das Singen*) пе́ние *nt*; (*Lied*) пе́сня *f*, (*Choral*) церко́вное песнопе́ние *nt*
Gesangbuch *nt* ⟨-es, -bücher⟩ сбо́рник *m* церко́вных песнопе́ний
Gesangverein *m* ⟨-s, -e⟩ о́бщество *nt* люби́телей пе́ния, пе́вческий кружо́к *m*
Gesäß *nt* ⟨-es, -e⟩ я́годицы *pl*
geschaffen *part perf von* **schaffen**[1]
geschafft *part perf von* **schaffen**[2]
Geschäft *nt* ⟨-(e)s, -e⟩ (*Laden*) магази́н *m*; (*Gewerbe*) фи́рма *f*, де́ло *nt*; **mit jdm ~e machen** заключа́ть с ке́м-л. сде́лки; **ins ~ gehen** идти́ на слу́жбу
Geschäftemacher, -in *m/f* ⟨-s, -⟩ (*pej*) деле́ц *m*
geschäftig *adj* де́ятельный, делово́й
Geschäftigkeit *f* ⟨*gen:*-⟩ делови́тость *f*, де́ятельность *f*
geschäftlich 1. *adj* делово́й, служе́бный; **~e Angelegenheiten** служе́бные дела́; **2.** *adv* по де́лу, по слу́жбе
geschäftsfähig *adj* дееспосо́бный
Geschäftsführer, -in *m/f* ⟨-s, -⟩ управля́ющий, -ая *m/f*, заве́дующий, -щая *m/f*
Geschäftsjahr *nt* ⟨-es, -e⟩ хозя́йственный год *m*
Geschäftslage *f* ⟨*gen:*-⟩ положе́ние *nt* дел
Geschäftsleitung *f* ⟨-, -en⟩ руково́дство *nt* предприя́тием
Geschäftsmann *m* ⟨-(e)s, -leute⟩ делово́й челове́к *m*
geschäftsmäßig *adj* делово́й
Geschäftsreise *f* ⟨-, -n⟩ делова́я пое́здка *f*, командиро́вка *f*
Geschäftsschluß *m* ⟨*gen:*-schlusses⟩ оконча́ние *nt* рабо́ты; **nach ~** по́сле рабо́ты
Geschäftsstelle *f* ⟨-, -n⟩ бюро́ *nt*, конто́ра *f*; (*Zweigstelle*) отделе́ние *nt*
geschäftstüchtig *adj* делово́й
geschah *prät von* **geschehen**
geschehen *vi* ⟨geschah, geschehen⟩ произойти́ *pf*, -исходи́ть *impf*, случи́ться *pf*, -ча́ться *impf*; **geschieht dir recht** так тебе́ и на́до; **es war um ihn ~** он пропа́л
Geschehen *nt* ⟨*gen:*-s⟩ собы́тие *nt*, происше́ствие *nt*
gescheit *adj* у́мный, разу́мный
Geschenk *nt* ⟨-(e)s, -e⟩ пода́рок *m*, дар *m*
Geschichte *f* ⟨-, -n⟩ (*Erzählung*) расска́з *m*, исто́рия *f*; (*Menschheits~*) исто́рия *f*; (*Angelegenheit*) исто́рия *f*; **eine schöne ~!** хоро́шенькое де́ло!

geschichtlich *adj* истори́ческий; **ein ~ bedeutsames Ereignis** собы́тие истори́ческого значе́ния
Geschichtsschreibung *f* ⟨*gen:-*⟩ историогра́фия *f*
Geschick *nt* ⟨-(e)s, -e⟩ (*Schicksal*) судьба́ *f*, рок *m*; (*Fertigkeit*) мастерство́ *nt*, сноро́вка *f*
Geschicklichkeit *f* ⟨*gen:-*⟩ мастерство́ *nt*, уме́ние *nt*
geschickt *adj* ло́вкий, иску́сный
geschieden *adj* разведённый
geschienen *part perf von* **scheinen**
Geschirr *nt* ⟨-(e)s, -e⟩ (*Küchen~*) посу́да *f*; (*Geschirrstück*) посу́дина *f*
Geschirrspülmaschine *f* ⟨-, -n⟩ посудомо́ечная маши́на *f*
Geschirrtuch *nt* ⟨-(e)s, -tücher⟩ ку́хонное полоте́нце *f*
geschissen *part perf von* **scheißen**
geschlafen *part perf von* **schlafen**
geschlagen *part perf von* **schlagen**
Geschlecht *nt* ⟨-(e)s, -er⟩ (*menschliches ~*) род *m*; **das schöne ~** [*o* **schwache ~**] прекра́сный пол [*o* сла́бый пол] (*LING*) род *m*; (*Familie*) род *m*, семья́ *f*
geschlechtlich *adj* полово́й
Geschlechtskrankheit *f* ⟨-, -en⟩ венери́ческая боле́знь *f*
Geschlechtsorgan *nt* ⟨-(e)s, -e⟩ полово́й о́рган *m*
Geschlechtsreife *f* ⟨*gen:-*⟩ полова́я зре́лость *f*
Geschlechtsteile *pl* половы́е о́рганы *pl*
Geschlechtsverkehr *m* ⟨*gen:-s*⟩ полово́е сноше́ние *nt*
geschlichen *part perf von* **schleichen**
geschliffen 1. *part perf von* **schleifen; 2.** *adj* (*Glas*) шлифо́ванный; (*fig*) отто́ченный
geschlossen 1. *part perf von* **schließen; 2.** *adj* (*verschlossen*) закры́тый; **vorübergehend ~** вре́менно закры́то
geschlungen *part perf von* **schlingen**[1]
Geschmack *m* ⟨-(e)s, Geschmäcke⟩ вкус *m*; **an etw ~ finden** находи́ть удово́льствие в чём-л.
geschmacklos *adj* безвку́сный
Geschmacklosigkeit *f* ⟨-, -en⟩ безвку́сица *f*
Geschmackssache *f* ⟨*gen:-*⟩: **das ist ~** э́то де́ло вку́са
Geschmackssinn *m* ⟨*gen:-(e)s*⟩ чу́вство *nt* вку́са
geschmackvoll *adj* со вку́сом; **~ gekleidet sein** быть оде́тым со вку́сом
geschmeidig *adj* (*weich*) мя́гкий; (*fig: Bewegungen*) ги́бкий, пла́вный; (*fig: Körper*) ги́бкий, упру́гий
Geschmier *nt* ⟨*gen:-(e)s*⟩ (*pej*) пачкотня́ *f*, мазня́ *f*
geschmissen *part perf von* **schmeißen**
geschmolzen *part perf von* **schmelzen**
geschnitten *part perf von* **schneiden**
geschoben *part perf von* **schieben**
gescholten *part perf von* **schelten**
Geschöpf *nt* ⟨-(e)s, -e⟩ существо́ *nt*
geschoren *part perf von* **scheren**
Geschoß [1] *nt* ⟨Geschosses, Geschosse⟩ (*Rakete*) раке́та *f*; (*Kugel*) пу́ля *f*
Geschoß [2] *nt* ⟨Geschosses, Geschosse⟩ (*Haus~*) эта́ж *m*
geschossen *part perf von* **schießen**
Geschrei *nt* ⟨*gen:-s*⟩ крик *m*, вопль *m*; **ein großes ~ über etw machen** подня́ть большо́й шум вокру́г чего́-л.
geschrieben *part perf von* **schreiben**
geschrien *part perf von* **schreien**
geschritten *part perf von* **schreiten**
geschunden *part perf von* **schinden**
Geschütz *nt* ⟨-es, -e⟩ ору́дие *f*; **schweres ~ auffahren** пусти́ть в ход тяжёлую артилле́рию
Geschwader *nt* ⟨-s, -⟩ эска́дра *f*
Geschwätz *nt* ⟨*gen:-es*⟩ (*umg:Unsinn*) болтовня́ *f*; (*Klatsch*) спле́тни *pl*
geschwätzig *adj* болтли́вый
geschweige *conj* не говоря́; **er mag grundsätzlich keine Rockmusik, ~ denn Hard Rock** он вообще́ не лю́бит рок му́зыку, не говоря́ уже́ о тяжёлом ро́ке
geschwiegen *part perf von* **schweigen**
geschwind *adj* бы́стрый, ско́рый
Geschwindigkeit *f* ⟨-, -en⟩ ско́рость *f*; **mit einer ~ von ...** со ско́ростью ...
Geschwindigkeitsbeschränkung *f* ⟨-, -en⟩ ограниче́ние *nt* ско́рости
Geschwister *pl* ⟨*gen:-*⟩ брат и сестра́ ; **haben sie noch ~?** есть ли у вас ещё бра́тья и сёстры?
geschwollen 1. *part perf von* **schwellen; 2.** *adj* опу́хший
geschwommen *part perf von* **schwimmen**
geschworen 1. *part perf von* **schwören; 2.** *adj* (*Feind*) закля́тый
Geschworene(r) *m* ⟨-n, -n⟩ прися́жный заседа́тель *m*
Geschwulst *f* ⟨-, Geschwülste⟩ о́пухоль *f*
geschwunden *part perf von* **schwinden**
geschwungen 1. *part perf von* **schwingen; 2.** *adj* изо́гнутый
Geschwür *nt* ⟨-(e)s, -e⟩ нары́в *m*, гнойни́к *m*
gesehen *part perf von* **sehen**
Geselle *m* ⟨-n, -n⟩ (*Handwerks~*) подмасте́рье *m*; (*Kamerad*) това́рищ *m*;

ein guter ~ [*o* **treuer ~**] хоро́ший това́рищ [*o* ве́рный това́рищ] (*Bursche, Kerl*) па́рень *m*, ма́лый *m*
gesellen *vt* присоединя́ться, -ни́ться *pf*; **sich zu jdm ~** присоедини́ться к кому́-л.
gesellig *adj* общи́тельный, конта́ктный
Geselligkeit *f* ⟨-, -en⟩ общи́тельность *f*
Gesellschaft *f* ⟨-, -en⟩ (*kapitalistische~*) о́бщество *nt*; (*Begleitung*) компа́ния *f*; **jdm ~ leisten** соста́вить кому́-л. компа́нию; **geladene ~** и́збранное о́бщество; **eine ~ geben** устро́ить зва́ный ве́чер (*ÖKON*) о́бщество *nt*, компа́ния *f*; **~ mit beschränkter Haftung** о́бщество с ограни́ченной отве́тственностью
gesellschaftlich *adj* обще́ственный
Gesellschaftsordnung *f* ⟨-, -en⟩ обще́ственный строй *m*
Gesellschaftsschicht *f* ⟨-, -en⟩ слой *m* о́бщества
Gesellschaftsspiel *nt* ⟨-(e)s, -e⟩ насто́льная игра́ *f*
gesessen *part perf von* **sitzen**
Gesetz *nt* ⟨-es, -e⟩ (*Recht*) зако́н *m*; **nach dem ~** по зако́ну; **ein ungeschriebenes ~** непи́санный зако́н (*~esvorlage*) законопрое́кт *m*; **ein ~ erlassen** [*o* **verabschieden**] изда́ть зако́н [*o* приня́ть зако́н]
Gesetzbuch *nt* ⟨-(e)s, -bücher⟩ ко́декс *m*, свод *m* зако́нов
Gesetzentwurf *m* ⟨-(e)s, -entwürfe⟩ прое́кт *m* зако́на; законопрое́кт *m*
Gesetzesvorlage *f* ⟨-, -n⟩ прое́кт *m* зако́на, законопрое́кт *m*
gesetzgebend *adj* законода́тельный
Gesetzgeber *m* ⟨-s, -⟩ законода́тель *m*
Gesetzgebung *f* ⟨-, -en⟩ законода́тельство *nt*
gesetzlich *adj* зако́нный; **~ geschützt** охраня́емый зако́ном; **~er Feiertag** госуда́рственный пра́здник
gesetzmäßig *adj* закономе́рный; (*rechtmäßig*) зако́нный
gesetzt *adj* степе́нный; **ein ~er älterer Herr** степе́нный пожило́й челове́к
gesetzwidrig *adj* противозако́нный; **~es Verhalten** противозако́нное поведе́ние
Gesicht *nt* ⟨-(e)s, -er⟩ лицо́ *nt*; **sein wahres ~ zeigen** показа́ть своё и́стинное лицо́; **etw zu ~ bekommen** уви́деть что́-л. (*Erscheinung*) вид *m*, о́блик *m*
Gesichtsausdruck *m* ⟨-(e)s, -ausdrücke⟩ выраже́ние *nt* лица́
Gesichtsfarbe *f* ⟨-, -n⟩ цвет *m* лица́
Gesichtspunkt *m* ⟨-(e)s, -e⟩ то́чка *f* зре́ния
Gesichtswasser *nt* ⟨-s, -wässer⟩ туале́тная вода́ *f*
Gesichtszüge *pl* ⟨-(e)s, -züge⟩ черты́ *pl* лица́
Gesindel *nt* ⟨*gen:*-s⟩ (*pej*) сброд *m*, отре́бье *nt*
gesinnt *adj* настро́енный; **jdm freundlich/übel ~ sein** быть дружелю́бно/вражде́бно настро́енным по отноше́нию к кому́-л.
Gesinnung *f* ⟨-, -en⟩ убежде́ния *pl*; **politische ~** полити́ческие убежде́ния
Gesinnungswandel *m* ⟨*gen:*-s⟩ измене́ние *nt* убежде́ний
gesittet *adj* благовоспи́танный, благонра́вный
gesoffen *part perf von* **saufen**
gesogen *part perf von* **saugen**
gesonnen *adj:* **~ sein, etw zu tun** намерева́ться сде́лать что́-л.
gesotten *part perf von* **sieden**
Gespann *nt* ⟨-(e)s, -e⟩ (*Zugtier~*) упря́жка *f*
gespannt *adj* (*erwartungsvoll*) по́лный нетерпе́ния, нетерпели́вый; **auf etw ~ sein** с нетерпе́нием ожида́ть чего́-л. (*neugierig*) по́лный любопы́тства; (*straff*) натя́нутый; (*fig:belastet*) напряжённый, натя́нутый; **es herrschte eine ~e Stimmung** цари́ла напряжённая атмосфе́ра
Gespenst *nt* ⟨-(e)s, -er⟩ привиде́ние *nt*; **du siehst doch ~er!** (*umg*) тебе́ показа́лось!
gespenstisch *adj* (*Aussehen*) жу́ткий; (*fig:schauerlich*) злове́щий, жу́ткий
gesponnen *part perf von* **spinnen**
Gespött *nt* ⟨*gen:*-(e)s⟩ насме́шка *f*; **sich zum ~ machen** сде́лать кого́-л. посме́шищем
Gespräch *nt* ⟨-(e)s, -e⟩ разгово́р *m*, бесе́да *f*; **mit jdm ins ~ kommen** завяза́ть с ке́м-л. бесе́ду (*Telefon~*) телефо́нный разгово́р *m*; **ein ~ anmelden** заказа́ть телефо́нный разгово́р
gesprächig *adj* разгово́рчивый, словоохо́тливый
Gesprächspartner, -in *m/f* ⟨-s, -⟩ собесе́дник, -ница *m/f*
Gesprächsstoff *m* ⟨-(e)s, -e⟩ предме́т *m* разгово́ра
Gesprächsthema *nt* ⟨-s, -themen⟩ те́ма *f* разгово́ра
gesprochen *part perf von* **sprechen**
gesprungen *part perf von* **springen**
Gespür *nt* ⟨*gen:*-s⟩ чутьё *nt*, нюх *m*
Gestalt *f* ⟨-, -en⟩ (*Form*) фо́рма *f*, вид *m*; **~ annehmen** приобрета́ть я́сные

очерта́ния (*Körperbau*) фигу́ра *f*; (*Roman~*) о́браз *m*, персона́ж *m*
gestalten *vt* оформля́ть, офо́рмить *pf*
Gestaltung *f* ⟨-, -en⟩ оформле́ние *nt*
gestanden *part perf von* **gestehen**
geständig *adj* созна́вшийся; **~ sein** призна́ть себя́ вино́вным
Geständnis *nt* ⟨-ses, -se⟩ призна́ние *nt*; **ein ~ ablegen** созна́ться (в чём-л.)
Gestank *m* ⟨*gen:*-(e)s⟩ вонь *f*, смрад *m*
gestatten 1. *vt* разреша́ть, -ши́ть *pf*, позволя́ть, -во́лить *pf*; **jdm etw ~** позво́лить кому́-л. что́-л; **~ sie?** вы позво́лите?; **2.** *vr* разреша́ть, -ши́ть *pf* себе́; **sich ~, etw zu tun** позво́лить себе́, сде́лать что́-л.
Geste *f* ⟨-, -n⟩ жест *m*
gestehen *vt* ⟨gestand, gestanden⟩ сознава́ть, -зна́ть *pf*, признава́ть, -зна́ть *pf*; **ich muß ~, daß ...** до́лжен призна́ться, что...; **offen gestanden** открове́нно говоря́
Gestein *nt* ⟨-(e)s, -e⟩ го́рная поро́да *f*
Gestell *nt* ⟨-(e)s, -e⟩ (*Unterbau*) основа́ние *nt*, ра́ма *f*; (*Bücher~*) по́лка *f*, стелла́ж *m*
gestern *adv* вчера́; **nicht von ~ sein** не быть старомо́дным; **~ abend** вчера́ ве́чером
gestiegen *part perf von* **steigen**
gestikulieren *vi* жестикули́ровать *impf*
Gestirn *nt* ⟨-(e)s, -e⟩ (*Himmelskörper*) небе́сное те́ло *nt*; (*Sternbild*) созве́здие *nt*
gestochen 1. *part perf von* **stechen; 2.** *adj* чёткий, ре́зкий; **eine ~ scharfe Schrift** чёткий по́черк
gestohlen *part perf von* **stehlen**
gestorben *part perf von* **sterben**
gestoßen *part perf von* **stoßen**
Gesträuch *nt* ⟨-(e)s, -e⟩ кустa ́рник *m*
gestreift *adj* полоса́тый
gestrichelt *adj* заштрихо́ванный
gestrichen *part perf von* **streichen**
gestrig *adj* вчера́шний; **die ~e Zeitung** вчера́шняя газе́та
gestritten *part perf von* **streiten**
Gestrüpp *nt* ⟨-(e)s, -e⟩ густы́е за́росли *pl*
gestunken *part perf von* **stinken**
Gestüt *nt* ⟨-(e)s, -e⟩ ко́нный заво́д *m*
Gesuch *nt* ⟨-(e)s, -e⟩ проше́ние *nt*; (*Antrag*) заявле́ние *nt*; **ein ~ einreichen auf** пода́ть заявле́ние на
gesund *adj* (*körperlich ~*) здоро́вый; **er ist immer noch ~ und munter** он по-пре́жнему бодр и здоро́в (*fig*) поле́зный; **Gemüse ist ~** о́вощи поле́зны; **~er Menschenverstand** здра́вый смысл
gesunden *vi* выздора́вливать, вы́здороветь *pf*, поправля́ться, -пра́виться *pf*
Gesundheit *f* ⟨*gen:*-⟩ (*körperliches Wohlbefinden*) здоро́вье *nt*; **auf deine ~!** твоё здоро́вье!; **Gesundheit!** бу́дьте здоро́вы!
gesundheitlich *adj* относя́щийся к здоро́вью; **~er Zustand** состоя́ние здоро́вья
Gesundheitsamt *nt* ⟨-(e)s, -ämter⟩ отде́л *m* здравоохране́ния
gesundheitsschädlich *adj* вре́дный для здоро́вья; **Zigaretten sind ~** сигаре́ты вредны́ для здоро́вья
Gesundheitswesen *nt* ⟨*gen:*-s⟩ здравоохране́ние *nt*
Gesundheitszustand *m* ⟨-(e)s, -zustände⟩ состоя́ние *nt* здоро́вья
gesungen *part perf von* **singen**
gesunken *part perf von* **sinken**
getan *part perf von* **tun**
Getöse *nt* ⟨*gen:*-s⟩ бушева́ние *nt*
getragen 1. *part perf von* **tragen; 2.** *adj* поно́шенный
Getränk *nt* ⟨-(e)s, -e⟩ напи́ток *m*
Getränkeautomat *m* ⟨-en, -en⟩ автома́т *m* для прода́жи напи́тков
getrauen *vr* осме́ливаться, -литься *pf*
Getreide *nt* ⟨-s, -⟩ зла́ки *pl*, зерновы́е культу́ры *pl*; (*geh*) хлеба́ *pl*
getrennt *adj* разде́льный, отде́льный; **~ leben** жить отде́льно; **~ bezahlen** плати́ть отде́льно
getreten *part perf von* **treten**
getreu *adj* ве́рный, пре́данный; (*genau entsprechend*) ве́рный, то́чный; **~ seinem Vorsatz handeln** де́йствовать как бы́ло наме́чено
Getriebe *nt* ⟨-s, -⟩ (*TECH*) переда́точный механи́зм *m*; (*im Auto*) коро́бка *f* переда́ч
getrieben *part perf von* **treiben**
getroffen *part perf von* **treffen**
getrogen *part perf von* **trügen**
getrost 1. *adj* споко́йный, уве́ренный; **2.** *adv* споко́йно; **du kannst dich ~ auf mich verlassen** ты мо́жешь споко́йно на меня́ положи́ться
getrunken *part perf von* **trinken**
Getue *nt* ⟨*gen:*-s⟩ суета́ *f*, возня́ *f*
Getümmel *nt* ⟨*gen:*-s⟩ (*Volksmenge*) толчея́ *f*, су́толока *f*; (*Durcheinander*) сумато́ха *f*
geübt *adj* (*erfahren*) о́пытный; **ein ~es Auge** намётанный глаз (*fähig*) спосо́бный
Gewächs *nt* ⟨-es, -e⟩ расте́ние *nt*
Gewächshaus *nt* ⟨-es, -häuser⟩ (*Treibhaus*) тепли́ца *f*
gewagt *adj* риско́ванный, опа́сный

gewählt *adj* (*POL*) и́збранный; (*fig:ausgewählt*) изы́сканный; **sich ~ ausdrücken** выража́ться изы́сканно
Gewähr *f* ⟨*gen:-*⟩ гара́нтия *f*, руча́тельство *nt*; **ohne ~** без гара́нтии
gewähren *vt* (*Bitte*) удовлетворя́ть, -ри́ть *pf*; (*bewilligen*) дава́ть, дать *pf* согла́сие; (*gestatten*) позволя́ть, -во́лить *pf*; **jdn ~ lassen** предоста́вить кому́-л. свобо́ду де́йствий
gewährleisten *vt* (*sicherstellen*) обеспе́чивать, -чить *pf*
Gewahrsam *m* ⟨*gen:-s*⟩ хране́ние *nt*; **jdn in ~ nehmen** взя́ть кого́-л. под стра́жу
Gewalt *f* ⟨-, -en⟩ (*~anwendung*) наси́лие *nt*; **~ anwenden** примени́ть си́лу (*Macht*) вла́сть *f*; **höhere ~** непреодоли́мые обстоя́тельства (*Wucht*) си́ла *f*; **mit aller ~** и́зо всех сил
Gewaltanwendung *f* ⟨-, -en⟩ примене́ние *nt* си́лы
Gewaltherrschaft *f* ⟨-, -en⟩ деспоти́зм *m*
gewaltig *adj* (*eindrucksvoll*) впечатля́ющий; (*stark*) си́льный; **da täuschst du dich aber ~!** (*umg*) тут ты си́льно ошиба́ешься! (*riesig*) огро́мный, мо́щный
gewaltlos 1. *adj* ненаси́льственный; **2.** *adv* ненаси́льственно
gewaltsam 1. *adj* наси́льственный; **ein ~er Tod** наси́льственная смерть; **2.** *adv* наси́льно; **~ die Tür öffnen** вы́ломать дверь
gewalttätig *adj* гру́бый, жесто́кий
Gewand *nt* ⟨-(e)s, Gewänder⟩ одея́ние *nt*
gewandt *adj* (*flink*) прово́рный; (*geschickt*) ло́вкий
gewann *prät von* **gewinnen**
gewaschen *part perf von* **waschen**
Gewässer *nt* ⟨-s, -⟩ во́ды *pl*
Gewässerschutz *m* ⟨*gen:-es*⟩ охра́на *f* водоёмов
Gewebe *nt* ⟨-s, -⟩ (*BIO*) ткань *f*; (*Stoff*) ткань *f*
Gewehr *nt* ⟨-(e)s, -e⟩ ружьё *nt*, винто́вка *f*
Gewehrkolben *m* ⟨-s, -⟩ прикла́д *m* ружья́
Gewehrlauf *m* ⟨-(e)s, -läufe⟩ ствол *m* ружья́
Geweih *nt* ⟨-(e)s, -e⟩ оле́ньи рога́ *mpl*
Gewerbe *nt* ⟨-s, -⟩ про́мысел *m*, ремесло́ *nt*
Gewerbegebiet *nt* ⟨-(e)s, -e⟩ индустриа́льный райо́н *m*
Gewerbeschein *m* ⟨-(e)s, -e⟩ промысло́вое свиде́тельство *nt*
Gewerbesteuer *f* ⟨-, -n⟩ промысло́вый нало́г *m*
gewerbetreibend *adj* занима́ющийся про́мыслом
gewerblich *adj* промысло́вый, реме́сленный; (*industriell*) промы́шленный, индустриа́льный
gewerbsmäßig *adj* профессиона́льный
Gewerkschaft *f* ⟨-, -en⟩ профессиона́льный сою́з *m*, профсою́з *m*
Gewerkschafter, -in *m/f* ⟨-s, -⟩ член *m* профсою́за
gewerkschaftlich *adj* профсою́зный
Gewerkschaftsbund *m* ⟨-(e)s, -bünde⟩ объедине́ние *nt* профсою́зов
gewesen *part perf von* **sein**[1]
gewichen *part perf von* **weichen**
Gewicht *nt* ⟨-(e)s, -e⟩ вес *m*, тя́жесть *f*; (*Wichtigkeit*) ва́жность *f*; **ins ~ fallen** име́ть значение; **~ legen auf** придава́ть значе́ние
Gewichtheben *nt* ⟨*gen:-s*⟩ тяжёлая атле́тика *f*
gewichtig *adj* уве́систый
gewieft *adj* (*umg*) у́шлый, хи́трый
gewiesen *part perf von* **weisen**
gewillt *adj*: **~ sein, etw zu tun** (*geh*) намерева́ться сде́лать что́-л.
Gewinde *nt* ⟨-s, -⟩ резьба́ *f*
Gewinn *m* ⟨-(e)s, -e⟩ (*ÖKON*) при́быль *f*; **~ abwerfen** дава́ть при́быль; **einen ~ erzielen** получи́ть при́быль (*Spiel~*) вы́игрыш *m*
Gewinnbeteiligung *f* ⟨-, -en⟩ уча́стие *nt* в при́были
gewinnbringend *adj* при́быльный, дохо́дный; **Geld ~ anlegen** вы́годно вложи́ть де́ньги
gewinnen *vt* ⟨gewann, gewonnen⟩ выи́грывать, вы́играть *pf*; **Zeit ~** вы́играть вре́мя (*Bodenschätze*) добыва́ть, -бы́ть *pf*
gewinnend *adj* прия́тный, располага́ющий
Gewinner, -in *m/f* ⟨-s, -⟩ победи́тель, -ница *m/f*
Gewirr *nt* ⟨*gen:-(e)s*⟩ пу́таница *f*
gewiß 1. *adj* (*bestimmt*) не́кий, определённый; **ein gewisser Herr Meier** не́кий господи́н Ма́йер; **2.** *adv* (*sicher*) несомне́нно, коне́чно; **aber ~ doch!** ну коне́чно!
Gewissen *nt* ⟨-s, -⟩ со́весть *f*; **etw auf dem ~ haben** име́ть что́-л. на со́вести; **jdm ins ~ reden** взыва́ть к чье́й-л. со́вести
gewissenhaft *adj* добросо́вестный
Gewissenhaftigkeit *f* ⟨*gen:-*⟩ добросо́вестность *f*
gewissenlos *adj* бессо́вестный

Gewissenlosigkeit *f* ⟨*gen:-*⟩ бессо́вестность *f*
Gewissensbisse *pl* ⟨*gen:-*⟩ угрызе́ния *pl* со́вести
Gewissensfrage *f* ⟨-, -n⟩ вопро́с *m* со́вести
Gewissensfreiheit *f* ⟨*gen:-*⟩ свобо́да *f* со́вести
Gewissenskonflikt *m* ⟨-(e)s, -e⟩ конфли́кт *m* со свое́й со́вестью
gewissermaßen *adv* в изве́стной сте́пени, в не́которой сте́пени
Gewißheit *f* ⟨-, -en⟩ уве́ренность *f*; **sich ~ über etw verschaffen** удостове́риться в чём-л.
Gewitter *nt* ⟨-s, -⟩ гроза́ *f*
gewittrig *adj* грозово́й
gewitzt *adj* (*geschickt, schlau*) ло́вкий , хи́трый
gewoben *part perf von* **weben**
gewogen 1. *part perf von* **wiegen; 2.** *adj* доброжела́тельный; **jdm ~ sein** быть располо́женным к кому́-л.
gewöhnen 1. *vt* приуча́ть, -чи́ть *pf*; **jdn an etw ~** приучи́ть кого́-л. к чему́-л.; **etw gewöhnt sein** быть привы́чным к чему́-л.; **2.** *vr* привыка́ть, -вы́кнуть *pf*; **sich an etw ~** привы́кнуть к чему́-л.
Gewohnheit *f* ⟨-, -en⟩ привы́чка *f*; **zur ~ werden** войти́ в привы́чку; **die Macht der ~** си́ла привы́чки
Gewohnheitsrecht *nt* ⟨*gen:-es*⟩ обы́чное пра́во *nt*
gewöhnlich *adj* (*üblich*) обы́чный; (*unfein*) обыкнове́нный, зауря́дный; **ein ziemlich ~er Mensch** дово́льно зауря́дный челове́к
gewohnt *adj* привы́чный; **etw ~ sein** быть приу́ченным к чему́-л.
Gewöhnung *f* ⟨*gen:-*⟩ (*Anpassung*) привыка́ние *nt*
Gewölbe *nt* ⟨-s, -⟩ свод *m*
gewonnen *part perf von* **gewinnen**
geworben *part perf von* **werben**
geworden *part perf von* **werden**
geworfen *part perf von* **werfen**
gewrungen *part perf von* **wringen**
Gewühl *nt* ⟨*gen:-(e)s*⟩ (*Menschen~*) да́вка *f*, толчея́ *f*; (*Wühlen*) копа́ние *nt*
gewunden *part perf von* **winden**
Gewürz *nt* ⟨-es, -e⟩ пря́ность *f*, припра́ва *f*
gewußt *part perf von* **wissen**
Gezeiten *pl* ⟨*gen:-*⟩ прили́вы и отли́вы
Gezeitenkraftwerk *nt* ⟨-(e)s, -e⟩ прили́вная гидроэлектроста́нция *f*
Gezeter *nt* ⟨*gen:-s*⟩ кри́ки *pl*; **mach nicht so ein ~!** не поднима́й тако́й крик!
gezielt *adj* целенапра́вленный; **~e Fragen** целенапра́вленные вопро́сы; **~e Kritik** целенапра́вленная кри́тика
gezogen *part perf von* **ziehen**
Gezwitscher *nt* ⟨*gen:-s*⟩ щебета́ние *nt*, щё́бет *m*
gezwungen 1. *part perf von* **zwingen; 2.** *adj* (*unnatürlich, gekünstelt*) натя́нутый, принуждё́нный
gezwungenermaßen *adv* понево́ле
Ghetto *nt* ⟨-s, -s⟩ ге́тто *nt*
Gicht *f* ⟨*gen:-*⟩ пода́гра *f*
Giebel *m* ⟨-s, -⟩ фронто́н *m*
Gier *f* ⟨*gen:-*⟩ жа́дность *f*, а́лчность *f*
gierig *adj* (*nach*) жа́дный, а́лчный (до чего́-л)
gießen 1. *vt* ⟨goß, gegossen⟩ (*in ein Gefäß*) лить *impf*; (*in ein Glas*) налива́ть, -ли́ть *pf*; (*verschütten*) пролива́ть, -ли́ть *pf*; (*Blumen*) полива́ть, -ли́ть *pf*; **2.** *vi* (*umg: regnen*) лить *impf*; **es gießt in Strömen** льёт как из ведра́
Gießerei *f* ⟨-, -en⟩ лите́йный цех *m*
Gießkanne *f* ⟨-, -en⟩ ле́йка *f*
Gift *nt* ⟨-(e)s, -e⟩ (*zubereitetes ~*) отра́ва *f*, яд *m*; (*Tier~*) яд *m*; **auf etw ~ nehmen können** (*umg*) дава́ть го́лову на отсече́ние
Giftgas *nt* ⟨*gen:-es*⟩ ядови́тый газ *m*
giftig *adj* (*vergiftet*) отра́вленный; (*ZOOL*) ядови́тый; (*BOT, MED*) токси́чный; (*boshaft*) язви́тельный, ядови́тый
Giftmüll *m* ⟨*gen:-(e)s*⟩ ядови́тые отхо́ды *pl*
Giftschlange *f* ⟨-, -n⟩ ядови́тая змея́ *f*
Gigant *m* ⟨-en, -en⟩ гига́нт *m*, велика́н *m*
gigantisoh *adj* гига́нтский
Gilde *f* ⟨-, -n⟩ ги́льдия *f*
Gin *m* ⟨-s, -s⟩ джин *m*
ging *prät von* **gehen**
Ginseng *m* ⟨-s, -s⟩ женьше́нь *m*
Gipfel *m* ⟨-s, -⟩ верши́на *f*; **einen ~ besteigen** [*o* **erzwingen**] подня́ться на верши́ну [*o* покори́ть верши́ну] (*fig*) апоге́й *m*
gipfeln *vi* (*in*) достига́ть, -сти́гнуть *pf* вы́сшей то́чки
Gipfeltreffen *nt* ⟨-s, -⟩ встре́ча *f* в верха́х
Gips *m* ⟨-es, -e⟩ гипс *m*
Gipsbein *nt* ⟨-(e)s, -e⟩ нога́ *f* в ги́псе
gipsen *vt* гипсова́ть, за- *pf*; (*MED*) наложи́ть *pf* ги́псовую повя́зку
Gipsverband *m* ⟨-(e)s, -bände⟩ ги́псовая повя́зка *f*
Giraffe *f* ⟨-, -n⟩ жира́ф *m*
Girlande *f* ⟨-, -n⟩ гирля́нда *f*
Girokonto *nt* ⟨-s, -konten⟩ теку́щий счёт *m*
Gischt *f* ⟨*gen:-*⟩ пе́на *f*
Gitarre *f* ⟨-, -n⟩ гита́ра *f*

Gitarrist, -in *m/f* ⟨-en, -en⟩ гитари́ст, -ка *m/f*
Gitter *nt* ⟨-s, -⟩ решётка *f*; **jdn hinter ~ bringen** (*umg*) посади́ть кого́-л. за решётку
Gladiole *f* ⟨-, -n⟩ гладио́лус *m*
Glanz *m* ⟨*gen:*-es⟩ (*von Gegenständen*) блеск *m*; (*Schein*) сия́ние *nt*; **sich im ~ des Ruhmes sonnen** гре́ться в луча́х со́бственной сла́вы
glänzen *vi* блесте́ть *impf*; (*glitzern*) сверка́ть *impf*; (*vor Fett*) лосни́ться *impf*; (*fig*) блиста́ть *impf*; **durch Abwesenheit ~** блиста́ть отсу́тствием
glänzend *adj* блестя́щий; (*glitzernd*) сверка́ющий; (*fig*) блестя́щий
Glanzleistung *f* ⟨-, -en⟩ отли́чная рабо́та *f*
glanzlos *adj* ма́товый, ту́склый; (*fig*) бесцве́тный
Glanzrolle *f* ⟨-, -n⟩ коро́нная роль *f*
Glanzzeit *f* ⟨-, -en⟩ пери́од *m* расцве́та
Glas *nt* ⟨-es, Gläser⟩ стекло́ *nt*; (*Fern~*) бино́кль *m*; (*Brillen~*) стекло́ *nt* для очко́в; **ein ~ Bier** стака́н пи́ва
Glaser, -in *m/f* ⟨-s, -⟩ стеко́льщик, -щица *m/f*
Glaserei *f* ⟨-, -en⟩ стеко́льная мастерска́я *f*
gläsern *adj* (*aus Glas*) стекля́нный; (*fig: starr*) стекля́нный, засты́вший
Glasfaserkabel *nt* ⟨-s, -⟩ волоко́нно-опти́ческий ка́бель *m*
glasieren *vt* (*Gebäck*) глазкрова́ть *impf/pf*, покрыва́ть, -кры́ть *pf* глазу́рью
glasig *adj* (*Zwiebeln*) прозра́чный; (*fig: Blick*) стекля́нный, засты́вший
Glasnost *f* ⟨*gen:*-⟩ гла́сность *f*
Glasscherbe *f* ⟨-, -n⟩ оско́лок *m* стекла́
Glasur *f* ⟨-, -en⟩ (*Keramik~, Kuchen~*) глазу́рь *f*
glatt 1. *adj* (*eben*) ро́вный; (*rutschig*) ско́льзкий; (*Stoff*) гла́дкий; **2.** *adv* (*eben*) гла́дко, ро́вно; (*direkt*) пря́мо; **er hat mir ~ ins Gesicht gesagt, daß ...** он мне пря́мо в лицо́ сказа́л, что...
Glätte *f* ⟨*gen:*-⟩ (*Ebenheit*) ро́вность *f*, гла́дкость *f*; (*Schlüpfrigkeit*) ско́льзкость *f*
Glatteis *nt* ⟨*gen:*-es⟩ гололе́дица *f*, гололёд *m*; **jdn aufs ~ führen** (*fig*) сбить кого́-л. с то́лку
glätten 1. *vt* (*glatt machen*) разгла́живать, -гла́дить *pf*; **2.** *vr* (*fig*) сгла́живать, сгла́дить *pf*
Glatze *f* ⟨-, -n⟩ лы́сина *f*; **eine ~ bekommen** облысе́ть
Glaube *m* ⟨-ns, -n⟩ (*REL*) ве́ра *f*; (*Gewißheit, Überzeugung*) убеждённость *f*; **den ~n an etw verlieren** потеря́ть ве́ру во что́-л.
glauben *vt* (*meinen*) полага́ть *impf*, ду́мать, по- *pf*; **glaubst du?** ты полага́ешь? (*für wahr halten*) ве́рить, по- *pf*; **ob du es glaubst oder nicht** ве́ришь ты э́тому и́ли нет; **das ist kaum zu ~** э́тому невозмо́жно пове́рить
Glaubensbekenntnis *nt* ⟨-ses, -se⟩ вероисповеда́ние *nt*
Glaubenskrieg *m* ⟨-es, -e⟩ религио́зная война́ *f*
glaubhaft *adj* (*zu glauben*) правдоподо́бный; **jdm etw ~ machen** предста́вить кому́-л. что́-л. в правдоподо́бном ви́де (*überzeugend*) убеди́тельный
gläubig *adj* ве́рующий
Gläubige(r) *m* ⟨-n, -n⟩ ве́рующий *m*; **die ~n** ве́рующие
Gläubiger, -in *m/f* ⟨-s, -⟩ кредито́р *m*
glaubwürdig *adj* (*Person*) заслу́живающий дове́рия; (*Information*) достове́рный, правди́вый
gleich 1. *adj* (*identisch, übereinstimmend*) одина́ковый, тако́й же; **auf die ~e Weise** таки́м же о́бразом (*vergleichbar*) сравни́мый, подо́бный; **sie hat die ~e Figur wie ihre Mutter** у неё та́ же фигу́ра, что и у ма́тери ; **sie sind ~ alt** они́ одного́ во́зраста (*gleichgültig*) безразли́чный; **das ist ihm ~** ему́ э́то всё равно́; **2.** *adv* (*sofort*) сейча́с; **ich komme ~** сейчас иду́ (*in ~er Weise*) таки́м же о́бразом
gleichaltrig *adj* одного́ во́зраста
gleichartig *adj* одноро́дный
gleichbedeutend *adj* равнозна́чный, равноси́льный; **~ mit etw sein** быть равнозна́чным чему́-л.
gleichberechtigt *adj* равнопра́вный; **~ sein** быть равнопра́вным
Gleichberechtigung *f* ⟨*gen:*-⟩ равнопра́вие *nt*
gleichbleiben 1. *irr vi* (*unverändert bleiben*) не изменя́ться, -ни́ться *pf*, остава́ться, -та́ться *pf* неизме́нным; **2.** *vr* остава́ться, -та́ться *pf* неизме́нным; **das bleibt sich doch gleich** э́то же всё равно́
gleichen *vi* ⟨glich, geglichen⟩ походи́ть *impf*; **sie gleicht ganz ihrer Mutter** она́ вся в мать
gleichermaßen *adv* (*in gleicher Weise*) ра́вным о́бразом
gleichfalls *adv* та́кже, то́же; **danke, ~!** спаси́бо, и вам того́ же!
gleichgesinnt *adj* одни́х взгля́дов, одни́х убежде́ний
Gleichgewicht *nt* ⟨*gen:*-(e)s⟩

равнове́сие *nt*; **das ~ verlieren** теря́ть равнове́сие
gleichgültig *adj* (*uninteressiert*) равноду́шный, безразли́чный; **jdm gegenüber ~ sein** быть к кому́-л. равноду́шным (*belanglos, unwichtig*) несуще́ственный; **über ~e Dinge sprechen** говори́ть о несуще́ственном; **das ist mir ~** мне э́то безразли́чно
Gleichgültigkeit *f* ⟨*gen:-*⟩ безразли́чие *nt*, равноду́шие *nt*
Gleichheitszeichen *nt* ⟨-s, -⟩ знак *m* ра́венства
gleichkommen *irr vi* равня́ться *impf*; **jdm ~ an** быть ра́вным кому́-л. в чём-л.
gleichmäßig *adj* (*ebenmäßig*) равноме́рный; (*fig:ausgeglichen*) уравнове́шенный
Gleichnis *nt* ⟨-ses, -se⟩ (*REL*) при́тча *f*
gleichsehen *irr vi* походи́ть *impf*, быть *impf* похо́жим; **das sieht ihm gleich** э́то на него́ похо́же
gleichseitig *adj* равносторо́нний
gleichsetzen *vt* (*vergleichen*) прира́внивать, -равня́ть *pf*; (*als gleichwertig betrachten*) отождествля́ть, -стви́ть *pf*
Gleichstand *m* ⟨*gen:-*(e)s⟩ ро́вный счёт *m*
Gleichstellung *f* ⟨-, -en⟩ ура́внивание *nt*
Gleichstrom *m* ⟨*gen:-*es⟩ постоя́нный ток *m*
gleichtun *vt:* **es jdm ~** подража́ть кому́-л.
Gleichung *f* ⟨-, -en⟩ уравне́ние *nt*
gleichwertig *adj* равноце́нный; (*CHEM*) с одина́ковой вале́нтностью
gleichzeitig 1. *adv* одновреме́нно, ра́зом; **2.** *adj* одновреме́нный
Gleis *nt* ⟨-es, -e⟩ железнодоро́жный путь *m*; **jdn aus dem ~ bringen** (*fig*) вы́бить кого́-л. из колеи
gleiten *vi* ⟨glitt, geglitten⟩ (*über das Eis*) скользи́ть *impf*; (*Blicke*) скользи́ть *impf*; **die Blicke ~ lassen** оки́дывать взгля́дом
Gleitzeit *f* ⟨-, -en⟩ скользя́щий гра́фик *m*
Gletscher *m* ⟨-s, -⟩ ледни́к *m*, глétчер *m*
Gletscherspalte *f* ⟨-, -n⟩ ледни́ковая тре́щина *f*
glich *prät von* **gleichen**
Glied *nt* ⟨-(e)s, -er⟩ (*Körperteil*) член *m*, коне́чность *f*; **an allen ~ern zittern** дрожа́ть всем те́лом (*Penis*) мужско́й полово́й член *m*; (*Ketten~*) звено́ *nt*
gliedern 1. *vt* (*unter~:in*) подразделя́ть, -ли́ть *pf*, разделя́ть, -ли́ть *pf*; **2.** *vr* (*in*) подразделя́ться *impf*
Gliederung *f* ⟨-, -en⟩ (*Aufbau, Einteilung*) разделе́ние *nt*, деле́ние *nt*
Gliedmaßen *pl* ⟨*gen:-*⟩ коне́чности *pl*
glimmen *vi* ⟨glomm, geglommen⟩ тлеть *impf*; (*fig*) тлеть *impf*, те́плиться *impf*
glimpflich *adj* благополу́чный, без больши́х поте́рь; **er war noch einmal ~ davongekommen** он сно́ва легко́ отде́лался
glitschig *adj* ско́льзкий
glitt *prät von* **gleiten**
glitzern *vi* блесте́ть *impf*; (*Sterne*) сверка́ть *impf*
global *adj* глоба́льный, мирово́й
Globus *m* ⟨-, Globen⟩ гло́бус *m*
Glocke *f* ⟨-, -n⟩ (*Turm~*) ко́локол *m*; (*Klingel*) звоно́к *m*; **etw an die große ~ hängen** (*fig*) трезво́нить о чём-л. повсю́ду
glomm *prät von* **glimmen**
Glossar *nt* ⟨-s, -e⟩ глосса́рий *m*
Glosse *f* ⟨-, -n⟩ ирони́ческое замеча́ние *nt*
glotzen *vi* глазе́ть *impf*, уста́виться *pf*
Glück *nt* ⟨*gen:-*(e)s⟩ сча́стье *nt*; **auf gut ~** наудáчу; **zum ~** к сча́стью; **jd hat~** кому́-л. везёт (*~sfall*) уда́ча *f*; **was für ein ~!** что за уда́ча!; **du kannst von ~ sagen** счита́й, что тебе́ повезло́; **ein ~, daß ...** сча́стье, что...
glücken *vi* уда́ться *pf*, удава́ться *impf*; **ein geglückter Versuch** уда́чная попы́тка
gluckern *vi* (*Wasser*) бу́лькать *impf*
glücklich *adj* (*froh*) счастли́вый; (*erfolgreich*) успе́шный, уда́чный
glücklicherweise *adv* к сча́стью
Glücksfall *m* ⟨-(e)s, -fälle⟩ счастли́вый слу́чай *m*
Glückspilz *m* ⟨-es, -e⟩ (*umg*) счастли́вчик *m*
Glücksspiel *nt* ⟨-(e)s, -e⟩ аза́ртная игра́ *f*
Glückssträhne *f* ⟨-, -n⟩ полоса́ *f* уда́чи
Glückwunsch *m* ⟨-es, -wünsche⟩ поздравле́ние *nt*; **herzlichen ~ zum Geburtstag!** серде́чно поздравля́ю с днём рожде́ния!
Glühbirne *f* ⟨-, -n⟩ электри́ческая ла́мпочка *f*
glühen *vi* горе́ть *impf*; (*die Herdplatte*) накаля́ться, -ли́ться *pf*; **er glühte vor Wut** он пыла́л гне́вом
Glühwein *m* ⟨-(e)s, -e⟩ глинтве́йн *m*
Glühwürmchen *nt* ⟨-s, -⟩ светлячо́к *m*
Glut *f* ⟨-, -en⟩ (*Sonnen~*) зной *m*, жар *m*; (*glühende Masse*) жар *m*
GmbH *abk von* ***Gesellschaft mit beschränkter Haftung*** *f* ⟨-, -s⟩ ГмбХ *nt*, *о́бщество с ограни́ченной отве́тственностью*

Gnade *f* ⟨-, -n⟩ (*Erbarmen*) ми́лость *f*; **~ vor Recht ergehen lassen** сми́лостивиться; **um ~ bitten** проси́ть поща́ды
Gnadenfrist *f* ⟨*gen:-*⟩ отсро́чка *f*; **jdm eine ~ geben** [*o* **gewähren**] дать кому́-л. отсро́чку [*o* предоста́вить кому́-л. отсро́чку]
Gnadengesuch *nt* ⟨-(e)s, -e⟩ проше́ние *nt* о поми́ловании; **ein ~ einreichen** пода́ть проше́ние о поми́ловании
gnadenlos *adj* беспоща́дный, безжа́лостный
gnädig *adj* (*barmherzig*) ми́лостивый; (*herablassend*) снисходи́тельный
Gold *nt* ⟨*gen:*-(e)s⟩ зо́лото *nt*
golden *adj* золото́й; **~er Schnitt** золото́е сече́ние; **die ~e Mitte wählen** вы́брать золоту́ю середи́ну
Goldfisch *m* ⟨-(e)s, -e⟩ золота́я ры́бка *f*
Goldgrube *f* ⟨-, -n⟩ золото́е дно *f*
goldig *adj* (*fig*) преле́стный
Goldmedaille *f* ⟨-, -n⟩ золота́я меда́ль *f*
Goldschmied, -in *m/f* ⟨-(e)s, -e⟩ ювели́р *m*
Golf [1] *m* ⟨-(e)s, -e⟩ (*GEOG*) морско́й зали́в *m*
Golf [2] *m* ⟨*gen:*-s⟩ (*SPORT*) гольф *m*
Golfplatz *m* ⟨-es, -plätze⟩ площа́дка *f* для игры́ в гольф
Golfspieler, -in *m/f* ⟨-s, -⟩ игро́к *m* в гольф
Golfstrom *m* ⟨*gen:*-(e)s⟩ гольфстри́м *m*
Gondel *f* ⟨-, -n⟩ (*Boot*) гондо́ла *f*; (*Seilbahnkabine*) каби́на *f*
Gong *m* ⟨-s, -s⟩ гонг *m*
gönnen 1. *vt* удоста́ивать, -сто́ить *pf*; **sie gönnt ihm keinen Blick** она не удоста́ивает его́ взгля́дом; **2.** *vr* позволя́ть, -во́лить *pf*, разреша́ть, -ши́ть *pf*; **sich einige Tage Ruhe ~** позво́лить себе́ не́сколько дне́й о́тдыха
Gönner, -in *m/f* ⟨-s, -⟩ покрови́тель, -ница *m/f*
gönnerhaft *adj* покрови́тельственный
gor *prät von* **gären**
Gorilla *m* ⟨-s, -s⟩ гори́лла *f*
goß *prät von* **gießen**
Gosse *f* ⟨-, -n⟩ водосто́чный жёлоб *m*, сто́чная кана́ва *f*
Gotik *f* ⟨*gen:-*⟩ го́тика *f*
gotisch *adj* готи́ческий
Gott *m* ⟨-es, Götter⟩ бог *m*; **mein ~!** о бо́же!; **~ sei Dank!** сла́ва бо́гу!; **es ist, weiß ~, schon spät** видит бог, уже по́здно; **an ~ glauben** ве́рить в бо́га
Gottesdienst *m* ⟨-(e)s, -e⟩ богослуже́ние *nt*, слу́жба *f*
Gotteshaus *nt* ⟨-es, -häuser⟩ дом *m* госпо́день
Gottheit *f* ⟨-, -en⟩ (*Göttlichkeit*) боже́ственность *f*; (*ein Gott*) божество́ *nt*
Göttin *f* ⟨-, -nen⟩ боги́ня *f*
göttlich *adj* бо́жий, бо́жеский
gottlob *adv* сла́ва бо́гу; **~ ist es nicht mehr weit** сла́ва бо́гу, тепе́рь недалеко́
gottlos *adj* безбо́жный
Götze *m* ⟨-n, -n⟩ и́дол *m*; (*pej*) истука́н *m*
Gourmet *m* ⟨-s, -s⟩ гурма́н *m*
Grab *nt* ⟨-(e)s, Gräber⟩ моги́ла *f*; **jdn zu ~e tragen** хорони́ть кого́-л.; **jdn ins ~ bringen** свести́ кого́-л. в моги́лу; **ein Geheimnis mit ins ~ nehmen** унести́ та́йну в моги́лу; **dein Vater würde sich im ~ umdrehen, wenn ...** твой оте́ц переверну́лся бы в гробу́, если бы...
graben *vt* ⟨grub, gegraben⟩ копа́ть, вы́- *pf*, рыть, вы́- *pf*
Graben *m* ⟨-s, Gräben⟩ ров *m*, кана́ва *f*; (*MIL*) око́п *m*, транше́я *f*
Grabmal *nt* ⟨-s, -mäler⟩ надгро́бный па́мятник *m*
Grabstein *m* ⟨-(e)s, -e⟩ надгро́бный ка́мень *m*
Grad *m* ⟨-(e)s, -e⟩ гра́дус *m*; **es ist 10 ~ über/unter Null** 10 гра́дусов вы́ше/ни́же нуля́; **bis zu einem gewissen ~** до определённой сте́пени
Graf *m* ⟨-en, -en⟩ граф *m*
Graffito *nt* ⟨-s, Graffiti⟩ *на́дписи коми́ческого или призы́вного хара́ктера, нанесённые пульвериза́тором на сте́ны зда́ний*
Gräfin *f* ⟨-, -nen⟩ графи́ня *f*
Grafschaft *f* ⟨-, -en⟩ гра́фство *nt*
grämen *vr* горева́ть, по- *pf*; **sich über jdn ~** тоскова́ть по кому́-л.
Gramm *nt* ⟨-s, (-e)⟩ грамм *m*
Grammatik *f* ⟨-, -en⟩ грамма́тика *m*
grammatisch *adj* граммати́ческий
Granate *f* ⟨-, -n⟩ грана́та *f*
grandios *adj* грандио́зный
Granit *m* ⟨-s, -e⟩ грани́т *m*
grantig *adj* (*übelgelaunt, ärgerlich*) раздражённый, не в ду́хе
Grapefruit *f* ⟨-, -s⟩ грейпфру́т *m*
Graphik *f* ⟨-, -en⟩ (*Kunstwerk, Gewerbe*) гра́фика *f*
Graphiker, -in *m/f* ⟨-s, -⟩ гра́фик *m*
graphisch *adj* графи́ческий; **~e Darstellung** графи́ческое изображе́ние
Graphit *m* ⟨-(e)s, -e⟩ графи́т *m*
grapschen *vt* ца́пать, сца́пать *pf*, хвата́ть, схвати́ть *pf*
Gras *nt* ⟨-es, Gräser⟩ трава́ *f*; **ins ~ beißen** (*umg*) протяну́ть но́ги

grasen *vi* пасти́сь *impf*
Grashalm *m* ⟨-(e)s, -e⟩ сте́бель *m* травы́, трави́нка *f*
grassieren *vi* (*Seuche*) свире́пствовать *impf*
gräßlich *adj* (*grauenvoll*) ужа́сный; (*widerlich*) отврати́тельный, омерзи́тельный; (*furchtbar*) стра́шный; **ein ~er Kerl** отврати́тельный тип; **ein ~es Verbrechen** ужа́сное преступле́ние
Grat *m* ⟨-(e)s, -e⟩ (*Berg~*) го́рный хребе́т *m*; (*TECH*) ребро́ *nt*, грань *f*
Gräte *f* ⟨-, -n⟩ ры́бья кость *f*
Gratifikation *f* ⟨-, -en⟩ де́нежная награ́да *f*
gratis *adv* беспла́тно, да́ром
Gratulant, -in *m/f* ⟨-en, -en⟩ поздрави́тель *m*
Gratulation *f* ⟨-, -en⟩ поздравле́ние *nt*
gratulieren *vi* поздравля́ть, -ра́вить *pf*; **jdm zum Geburtstag ~** поздра́вить кого́-л. с днём рожде́ния
grau *adj* се́рый; **~e Haare bekommen** седе́ть; **alles ~ in ~ sehen** ви́деть всё в мра́чном све́те; **dem ~en Alltag entfliehen** сбежа́ть от се́рых бу́дней
grauen *vi* света́ть *impf*; **der Morgen fängt an zu ~** начина́ет света́ть
Grauen *nt* ⟨*gen:*-s⟩ (*Entsetzen*) у́жас *m*
grauenhaft *adj* ужа́сный, страшный
grauhaarig *adj* седо́й, седоволо́сый
Graupel *f* ⟨-, -n⟩ ме́лкий град *m*
grausam *adj* (*brutal*) жесто́кий; **ein ~er Mensch** жесто́кий челове́к (*fig:*) ужа́сный, стра́шный; **eine ~e Enttäuschung** стра́шное разочарова́ние
Grausamkeit *f* ⟨-, -en⟩ жесто́кость *f*, зве́рство *nt*
grausen *vr* (*vor*) о́чень боя́ться *impf*
grausig *adj* ужа́сный, стра́шный
gravieren *vt* гравирова́ть, вы́- *pf*
gravierend *adj* (*schwerwiegend*) ве́ский
Gravitation *f* ⟨*gen:*-⟩ гравита́ция *f*, тяготе́ние *nt*
grazil *adj* грацио́зный, изя́щный
greifbar *adj* (*zur Verfügung stehend*) име́ющийся в распоряже́нии; **in ~er Nähe** в непосре́дственной бли́зости
greifen *vt* ⟨griff, gegriffen⟩ (*er~*) брать, взять *pf*; **nach etw ~** бра́ться за что́-л. (*fangen*) хвата́ть , схвати́ть *pf*
Greis *m* ⟨-es, -e⟩ стари́к *m*, ста́рец *m*
grell *adj* (*Stimme*) ре́зкий; (*Sonne*) я́ркий; (*Farben*) крича́щий
Gremium *nt* ⟨-s, Gremien⟩ коми́ссия *f*, сове́т *m*
Grenze *f* ⟨-, -n⟩ (*Staats~*) грани́ца *f*; (*Trennungslinie*) грани́ца *f*, рубе́ж *m*; (*fig*) преде́л *m*; **alles hat seine ~n** всему́ есть преде́л
grenzen *vi* (*an*) грани́чить *impf*
grenzenlos *adj* безграни́чный, бескра́йний
Grenzfall *m* ⟨-(e)s, -fälle⟩ пограни́чный слу́чай *m*
Grenzgebiet *nt* ⟨-(e)s, -e⟩ пограни́чная о́бласть *f*
Grenzschutz *m* ⟨*gen:*-es⟩ охра́на *f* грани́ц
Grenzübergang *m* ⟨-(e)s, -übergänge⟩ перехо́д *m* че́рез грани́цу
Grenzwert *m* ⟨-(e)s, -e⟩ преде́льное значе́ние *nt*
Greuel *m* ⟨-s, -⟩ (*Grauen*) у́жас *m*; **etw ist jdm ein ~** кто́-л. терпе́ть не мо́жет чего́-л. (*~tat*) злодея́ние *nt*, зве́рство *nt*
Grieche *m* ⟨-n, -n⟩ грек *m*
Griechenland *nt* ⟨*gen:*-s⟩ Гре́ция *f*
Griechin *f* ⟨-, -nen⟩ греча́нка *f*
griechisch *adj* гре́ческий
griesgrämig *adj* (*unfreundlich, mürrisch*) угрю́мый
Grieß *m* ⟨*gen:*-es⟩ ма́нная крупа́ *f*
griff *prät von* **greifen**
Griff *m* ⟨-(e)s, -e⟩ (*Greifen, Zugriff*) хвата́ние *nt*, схва́тывание *nt*; (*Stiel*) ру́чка *f*; (*Revolver~*) рукоя́тка *f*; (*Tür~*) ру́чка *f*; (*Hand~*) приём *m*; **etw im ~ haben** (*Situation*) контроли́ровать ситуа́цию; **etw in den ~ bekommen** спра́виться с че́м-л.
griffbereit *adj* под руко́й
Grill *m* ⟨-s, -s⟩ гриль *m*; (*KFZ:Kühler~*) решётка *f* радиа́тора
Grille *f* ⟨-, -n⟩ сверчо́к *m*
grillen *vt* жа́рить, за- *pf* на гри́ле
Grimasse *f* ⟨-, -n⟩ грима́са *m*; **~n schneiden** де́лать грима́сы
grimmig *adj* (*zornig*) гне́вный; **ein ~es Gesicht machen** сде́лать свире́пое лицо́ (*übermäßig*) чрезвыча́йно си́льный; **~e Kälte** лю́тый моро́з
grinsen *vi* ухмыля́ться, -льну́ться *pf*
Grippe *f* ⟨-, -n⟩ грипп *m*
Grips *m* ⟨*gen:*-es⟩ ум *m*, смека́лка *f*; **streng mal deinen ~ an!** ну́-ка, поду́май как сле́дует!
grob *adj* (*derb, rauh*) гру́бый; (*ungefähr*) приблизи́тельный; (*barsch, unhöflich*) гру́бый, неве́жливый; **ein ~er Mensch** гру́бый челове́к
Grobheit *f* ⟨-, -en⟩ гру́бость *f*; **jdm ~en ins Gesicht sagen** груби́ть кому́-л. в лицо́
Grobian *m* ⟨-(e)s, -e⟩ грубия́н *m*
Grog *m* ⟨-s, -s⟩ грог *m*
groggy *adj* (*umg:erschöpft*) измо́танный, в изнеможе́нии

grölen *vi* ора́ть *impf*
Groll *m* ⟨*gen:*-(e)s⟩ затаённая зло́ба *f*, злость *f*; **einen ~ auf jdn haben** затаи́ть на кого́-л. зло́бу
grollen *vi* (*jdm* ~) серди́ться, рас- *pf*; (*Donner*) греме́ть, про- *pf*, громыха́ть, про- *pf*
Grönland *nt* ⟨*gen:*-s⟩ Гренла́ндия *f*
groß *adj* (*bedeutend*) значи́тельный; **ein ~er Schriftsteller** вели́кий писа́тель (*räumlich*) большо́й, кру́пный; **ein ~es Grundstück** большо́й уча́сток (*umfangreich*) большо́й, обши́рный; **eine ~e Zuhörerschaft** обши́рный круг слу́шателе́й (*riesig*) огро́мный; (*hochgewachsen*) высо́кий; **das Kind ist sehr ~ für sein Alter** ребёнок о́чень кру́пный для своего́ во́зраста (*großartig*) бесподо́бный, великоле́пный; **~ dastehen** (*Erfolg haben*) преуспева́ть (*Fläche*) большо́й; (*sehr*) о́чень; **wir haben nicht ~ darauf geachtet** мы не о́чень на э́то обраща́ли внима́ние; **~e Lust auf etw haben** о́чень хоте́ть чего́-л.; **im ~en und ganzen** в о́бщем и це́лом; **~e Kälte** си́льные холода́; **~e Hitze** си́льная жара́
großartig *adj* (*wunderbar*) чуде́сный, великоле́пный; (*ausgezeichnet*) отли́чный, превосхо́дный
Großaufnahme *f* ⟨-, -n⟩ съёмка *f* кру́пным пла́ном
Großbetrieb *m* ⟨-(e)s, -e⟩ кру́пное предприя́тие *nt*
Großbritannien *nt* ⟨*gen:*-s⟩ Великобрита́ния *f*
Großbuchstabe *m* ⟨-n, -n⟩ больша́я бу́ква *f*, загла́вная бу́ква *f*
Größe *f* ⟨-, -n⟩ (*Umfang, Format, Nummer*) разме́р *m*; (*Höhe*) высота́ *f*; (*PHYS*) величина́ *f*; **unbekannte ~** неизве́стная величина́ (*Bedeutsamkeit*) значи́тельность *f*, вели́чие *nt*; **die ~ des Augenblicks** вели́чие моме́нта
Großeltern *pl* ⟨*gen:*-⟩ де́душка и ба́бушка
Größenordnung *f* ⟨-, -en⟩ поря́док *m*; **in der ~ von** поря́дка
Größenwahn *m* ⟨*gen:*-(e)s⟩ ма́ния *f* вели́чия
größenwahnsinnig *adj* страда́ющий ма́нией вели́чия
Großgrundbesitz *m* ⟨-es, -e⟩ кру́пное землевладе́ние *nt*
Großhandel *m* ⟨*gen:*-s⟩ опто́вая торго́вля *f*
Großmacht *f* ⟨-, -mächte⟩ вели́кая держа́ва *f*
Großmarkt *m* ⟨-(e)s, -märkte⟩ опто́вый ры́нок *m*
Großmaul *nt* ⟨-(e)s, -mäuler⟩ (*pej*) хвасту́н *m*
Großmutter *f* ⟨-, -mütter⟩ ба́бушка *f*
Großraum *m* ⟨-(e)s, -räume⟩ кру́пный райо́н *m*; **im ~ München** в райо́не Мю́нхена
Großraumwagen *m* ⟨-s, -wägen⟩ *пассажи́рский ваго́н с о́бщим сало́ном*
Großschreibung *f* ⟨*gen:*-⟩ написа́ние *nt* с большо́й бу́квы
großspurig *adj* кичли́вый, высокоме́рный
Großstadt *f* ⟨-, -städte⟩ большо́й го́род *m*
größtmöglich *adj* са́мый большо́й, максима́льно возмо́жный
Großvater *m* ⟨-s, -väter⟩ де́душка *m*
Großveranstaltung *f* ⟨-, -en⟩ ма́ссовое мероприя́тие *nt*
großziehen *irr vt* выра́щивать, вы́растить *pf*
großzügig *adj* (*tolerant*) великоду́шный; (*spendabel*) ще́дрый; (*weiträumig*) просто́рный
Großzügigkeit *f* ⟨*gen:*-⟩ (*Freigebigkeit*) ще́дрость *f*; (*räumlich*) просто́рность *f*
grotesk *adj* гроте́скный
Grotte *f* ⟨-, -n⟩ грот *m*
grub *prät von* **graben**
Grübchen *nt* ⟨-s, -⟩ я́мочка *f*
Grube *f* ⟨-, -n⟩ (*gegrabene ~*) я́ма *f*; (*BERGB*) ша́хта *f*; **wer anderen eine ~ gräbt, fällt selbst hinein** не ро́й друго́му я́му - сам в неё попадёшь
grübeln *vi* (*über*) размышля́ть *impf*; **erfolglos über eine Frage ~** безуспе́шно лома́ть себе́ го́лову над вопро́сом
Gruft *f* ⟨-, Grüfte⟩ (*Grabgewölbe*) склеп *m*; (*Grabmal*) надгро́бный па́мятник *m*
grün *adj* зелёный; **das ist dasselbe in ~** (*umg*) э́то то же са́мое; **jdm nicht ~ sein** недолю́бливать кого́-л.; **sich ~ und blau ärgern** позелене́ть от зло́сти; **jdm ~es Licht geben** дать кому́-л. зелёную у́лицу
Grünanlage *f* ⟨-, -n⟩ зелёные насажде́ния *pl*, сквер *m*
Grund *m* ⟨-(e)s, Gründe⟩ (*Ursache*) причи́на *f*, основа́ние *nt*; **einen ~ zum Feiern haben** име́ть по́вод для пра́зднования (*Boden von Gewässern*) дно *nt*; **einer Sache auf den ~ gehen** глубоко́ вни́кнуть в су́ть како́го-л. де́ла; **von ~ auf** коренны́м о́бразом; **im ~e** в су́щности (*Grundlage*) осно́ва *f*, основа́ние *nt*; **den ~ zu etw legen** (*die Voraussetzung für etw schaffen*) созда́ть предпосы́лки для чего́-л.
Grundbedeutung *f* ⟨-, -en⟩ сновно́е

значе́ние *nt*

Grundbesitz *m* ⟨-es, -e⟩ земе́льная со́бственность *f*

Grundbuch *nt* ⟨-(e)s, -bücher⟩ поземе́льная кни́га *f*

gründen *vt* осно́вывать, -нова́ть *pf*, учрежда́ть, -реди́ть *pf*; **sich auf etw ~** осно́вываться на чём-л.

Gründer, -in *m/f* ⟨-s, -⟩ основа́тель, -ница *m/f*

Grundgebühr *f* ⟨-, -en⟩ основно́й тари́ф *m*

Grundgedanke *m* ⟨-n, -n⟩ основна́я мысль *f*

Grundgesetz *nt* ⟨*gen:*-es⟩ конститу́ция *f*

Grundkenntnisse *pl* ⟨*gen:*-⟩ осно́вы *pl* нау́к

Grundlage *f* ⟨-, -n⟩ осно́ва *f*, основа́ние *nt*; **die ~n für etw schaffen** созда́ть осно́ву для чего́-л.

Grundlagenforschung *f* ⟨-, -en⟩ фундамента́льные иссле́дования *pl*

grundlegend *adj* (*für*) основополага́ющий, основно́й

gründlich *adj* основа́тельный, тща́тельный

grundlos *adj* (*unbegründet*) беспричи́нный; (*sehr tief*) бездо́нный

Grundnahrungsmittel *nt* ⟨-s, -⟩ основно́й проду́кт *m* пита́ния

Gründonnerstag *m* свято́й четве́рг *m*

Grundrecht *nt* ⟨-(e)s, -e⟩ основно́е пра́во *nt*

Grundriß *m* ⟨-risses, -risse⟩ (*eines Hauses*) горизонта́льная прое́кция *f*

Grundsatz *m* ⟨-es, -sätze⟩ при́нцип *m*; **an seinen Grundsätzen festhalten** твёрдо отста́ивать свои́ при́нципы

grundsätzlich *adj* принципиа́льный; (*im allgemeinen*) в о́бщем; **~ zu etw bereit sein** быть в при́нципе к чему́-л. гото́вым

Grundschule *f* ⟨-, -n⟩ нача́льная шко́ла *f*

Grundstück *nt* ⟨-(e)s, -e⟩ земе́льный уча́сток *m*

Gründung *f* ⟨-, -en⟩ основа́ние *nt*, учрежде́ние *nt*

Grundwasser *nt* ⟨*gen:*-s⟩ грунтовы́е во́ды *pl*

Grundwehrdienst *m* ⟨-es, -e⟩ обяза́тельная вое́нная слу́жба *f*

Grundwortschatz *m* ⟨*gen:*-es⟩ основно́й запа́с *m* слов

Grüne(r) *m* ⟨-n, -n⟩ (*POL*) „зелёный“ *m*; **die ~n** Па́ртия зелёных

Grünstreifen *m* ⟨-s, -⟩ раздели́тельная полоса́ *f* с зелёными насажде́ниями

Gruppe *f* ⟨-, -n⟩ гру́ппа *f*; (*Arbeits~*) рабо́чая гру́ппа *f*; **in ~n einteilen** группирова́ть

Gruppenarbeit *f* ⟨-, -en⟩ коллекти́вная рабо́та *f*

gruselig *adj* жу́ткий, стра́шный

Gruß *m* ⟨-es, Grüße⟩ приве́т *m*; **jdm einen ~ ausrichten** переда́ть кому́-л. приве́т; **viele Grüße, Euer ...** (*am Briefende*) всем привет, ваш...

grüßen *vt* приве́тствовать, по- *pf*; **grüß dich!** приве́тствую!; **jdn ~ lassen** переда́ть приве́т кому́-л.

gucken *vi* гляде́ть, по- *pf*; **durchs Schlüsselloch ~** смотре́ть сквозь замо́чную сква́жину

Guerillakrieg *m* ⟨-(e)s, -e⟩ партиза́нская война́ *f*

Gulasch *nt* ⟨-(e)s, -e⟩ гуля́ш

gültig *adj* действи́тельный; **wie lange ist dein Angebot noch ~?** как до́лго твоё предложе́ние остаётся в си́ле?; **ein ~er Ausweis** действи́тельное удостовере́ние ; **der Fahrplan ist ab 1. Januar ~** расписа́ние движе́ния действи́тельно с 1 января́

Gültigkeit *f* ⟨*gen:*-⟩ (*das Gültigsein*) действенно́сть *f*, зако́нность *f*

Gültigkeitsdauer *f* ⟨*gen:*-⟩ срок *m* де́йствия

Gummi *nt* ⟨-s, -s⟩ рези́на *f*; (*Radiergummi*) рези́нка *f*

Gummiband *nt* ⟨-(e)s, -bänder⟩ (*für Kleider*) рези́нка *f*

Gummiknüppel *m* ⟨-s, -⟩ рези́новая дуби́нка *f*

Gummistiefel *m* ⟨-s, -⟩ рези́новый сапо́г *m*

Gunst *f* ⟨*gen:*-⟩ благоскло́нность *f*, расположе́ние *nt*; **sich jds ~ erwerben** завоева́ть чьё-л. расположе́ние; **zu jds ~en** в чью-л. по́льзу

günstig *adj* удо́бный, вы́годный; **etw ~ kaufen** вы́годно купи́ть что́-л.; **im ~sten Falle** в лу́чшем слу́чае; **in ~er Lage** в вы́годном положе́нии

Gurgel *f* ⟨-, -n⟩ го́рло *nt*, гло́тка *f*; **jdn an der ~ packen** взя́ть кого́-л. за го́рло; **etw durch die ~ jagen** (*umg:etw vertrinken*) пропи́ть что́-л.

gurgeln *vi* (*mit Mundwasser*) полоска́ть, про- *pf*

Gurke *f* ⟨-, -n⟩ огуре́ц *m*; (*Essig~*) марино́ванный огуре́ц *m*

Gurt *m* ⟨-(e)s, -e⟩ (*Riemen*) реме́нь *m*; (*Gürtel*) по́яс *m*, реме́нь *m*

Gürtel *m* ⟨-s, -⟩ (*Hosen~*) по́яс *m*; (*Streifen, Zone*) полоса́ *f*, зо́на *f*

Guru *m* ⟨-s, -s⟩ гу́ру *m*

Guß *m* ⟨Gusses, Güsse⟩ (*das Gießen*) литьё *nt*; (*Erzeugnis*) лито́е изде́лие *nt*; (*Wasser~*) облива́ние *nt*, душ *m*; (*Regen~*)

ли́вень *m*; (*Zucker~*) глазу́рь *f*; **wie aus einem ~** (*fig:einheitlich*) це́льный
Gußeisen *nt* ⟨-s, -⟩ чугу́н *m*
gut 1. *adj* хоро́ший, до́брый; **wie ~, daß ...** как хорошо́, что...; **das ist ja alles schön und ~, aber ...** всё э́то чуде́сно, но...; **~e Besserung!** поправля́йтесь!; **~en Morgen!** до́брое у́тро!; **2.** *adv* хорошо́; **so ~ wie** почти́; **~ gemacht!** отли́чно срабо́тано!; **du hast ~ lachen** тебе́ хорошо́ смея́ться
Gut *nt* ⟨-(e)s, Güter⟩ (*Landgut*) име́ние *nt*; (*ÖKON:Handelsgüter*) това́р *m*
Gutachten *nt* ⟨-s, -⟩ о́тзыв *m*, заключе́ние *nt*; **ein ~ abgeben** дать заключе́ние
Gutachter, -in *m/f* ⟨-s, -⟩ экспе́рт *m*
gutartig *adj* (*MED:Geschwulst*) доброка́чественный
Güte *f* ⟨*gen:-*⟩ (*Freundlichkeit*) доброта́ *f*; (*ÖKON:Qualität*) доброка́чественность *f*, ка́чество *nt*; **ach du meine ~!** бо́же мой!
Güteklasse *f* ⟨-, -n⟩ сорт *m*
Güterbahnhof *m* ⟨-s, -höfe⟩ това́рная ста́нция *f*
Güterfernverkehr *m* ⟨*gen:-s*⟩ да́льние грузовы́е перево́зки *pl*
Gütertrennung *f* ⟨*gen:-*⟩ разде́л *m* иму́щества
Güterwagen *m* ⟨-s, -wägen⟩ това́рный ваго́н *m*
Güterzug *m* ⟨-(e)s, -züge⟩ това́рный по́езд *m*
gutgelaunt *adj* весёлый, в хоро́шем настрое́нии
gutgemeint *adj* доброжела́тельный
gutgläubig *adj* (*leichtgläubig*) легкове́рный; **du bist viel zu ~** ты сли́шком дове́рчив
Guthaben *nt* ⟨-s, -⟩ акти́в *m*; **er hatte noch ein ~ von 500 DM** у него́ ещё бы́ло 500 ма́рок в акти́ве
gutheißen *irr vt* (*etw*) одобря́ть, одо́брить *pf*
gütig *adj* (*freundlich*) любе́зный; (*voller Güte*) до́брый, добросерде́чный
gütlich *adj* полюбо́вный; **sich an etw ~ tun** (*mit Genuß etw verzehren*) ла́комиться чем-л.
gutmütig *adj* доброду́шный
Gutmütigkeit *f* ⟨*gen:-*⟩ доброду́шие *nt*
Gutschein *m* ⟨-s, -e⟩ (*als Zahlung*) ба́нковский чек *m*; (*für umgetauschte Waren*) чек *m*, тало́н *m*
Gutschrift *f* ⟨-, -en⟩ (*Bescheinigung, Gutschein*) квита́нция *f* на су́мму креди́та; (*Betrag*) креди́т *m*; (*Vorgang*) кредитова́ние *nt*
Gutsherr, -in *m/f* ⟨-n, -n⟩ поме́щик, -щица *m/f*
Gutshof *m* ⟨-(e)s, -höfe⟩ поме́щичья уса́дьба *f*
gutsituiert *adj* обеспе́ченный, состоя́тельный
guttun *irr vi* хорошо́ де́йствовать, по- *pf*, приноси́ть, -нести́ *pf* по́льзу; **der Urlaub wird dir ~** о́тпуск бу́дет тебе́ поле́зен
Gymnasiast, -in *m/f* ⟨-en, -en⟩ гимнази́ст, -ка *m/f*
Gymnasium *nt* ⟨-s, -ien⟩ гимна́зия *f*
Gymnastik *f* ⟨*gen:-*⟩ гимна́стика *f*; **~ machen** де́лать гимна́стику
Gynäkologe *m* ⟨-n, -n⟩ гинеко́лог *m*

H

h, H *nt* ⟨-, -⟩ х, Х; (*vor allem bei Eigennamen*) г, Г
Haar *nt* ⟨-(e)s, -e⟩ во́лос *m*; **sie wusch sich die ~e** она́ мы́ла го́лову; **ihm standen die ~e zu Berge** у него́ во́лосы вста́ли ды́бом; **um ein ~** (*umg*) на волосо́к; **etw an den ~en herbeiziehen** (*umg*) притяну́ть что́-л. за во́лосы
Haarausfall *m* ⟨*gen:-(e)s*⟩ выпаде́ние *nt* воло́с
Haarbürste *f* ⟨-, -n⟩ щётка *f* для воло́с
haaren *vi* (*bei Tieren*) линя́ть *impf*
Haaresbreite : um ~ на волосо́к
Haarfestiger *m* ⟨-s, -⟩ фикса́тор *m* для воло́с
haargenau *adj* (*umg*) точь-в-то́чь
haarig *adj* волоса́тый; (*umg:schwierig, heikel*) сло́жный, щекотли́вый
Haarlack *m* ⟨-(e)s, -e⟩ лак *m* для воло́с
Haarnadel *f* ⟨-, -n⟩ шпи́лька *f* для воло́с
Haarnadelkurve *f* ⟨-, -n⟩ круто́й поворо́т *m*
haarscharf *adj* (*beobachten*) о́чень то́чный; (*sehr nah, dicht*) о́чень бли́зкий; **der Schuß ging an seinem Kopf ~ vorbei** вы́стрел прошёл на волосо́к от его́ головы́
Haarschnitt *m* ⟨-(e)s, -e⟩ стри́жка *f*
Haarspalterei *f* ⟨-, -en⟩ (*pej*) ме́лочность *f*
Haarspange *f* ⟨-, -n⟩ зако́лка *f* для воло́с
Haarspray *nt* ⟨-s, -s⟩ лак *m* для воло́с
haarsträubend *adj* (*grauenhaft*) ужа́сный, ужаса́ющий
Haarteil *nt* ⟨-(e)s, -e⟩ шиньо́н *m*
Haartrockner *m* ⟨-s, -⟩ автома́т *m* для су́шки воло́с
Haarwaschmittel *nt* ⟨-s, -⟩ сре́дство *nt* для мытья воло́с, шампу́нь *m*

Habe *f* ⟨*gen:-*⟩ (*geh*) иму́щество *nt*; **seine gesamte ~ paßt in einen Koffer** всё его́ добро́ помеща́ется в оди́н чемода́н
haben 1. *vt* ⟨hatte, gehabt⟩ (*besitzen*) име́ть *impf*, владе́ть *impf*; **ein eigenes Haus~** име́ть со́бственный до́м (*über etw verfügen*) име́ть *impf*, располага́ть *impf*; **keine Zeit ~** не име́ть вре́мени; **Angst ~** боя́ться; **Hunger ~** проголода́ться; **kann ich mal ihre Zeitung ~?** мо́жно взгляну́ть на ва́шу газе́ту?; **2.** *vr:* **hab dich nicht so!** не будь таки́м!
Habgier *f* ⟨*gen:-*⟩ (*pej*) жа́дность *f*, а́лчность *f*
habgierig *adj* (*pej*) жа́дный, а́лчный
Habicht *m* ⟨-s, -e⟩ я́стреб *m*
Habilitation *f* ⟨-, -en⟩ защи́та *f* до́кторской диссерта́ции
habilitieren *vr* защити́ть *pf*, -щища́ть *impf* до́кторскую диссерта́цию
Hacke *f* ⟨-, -n⟩ пя́тка *f*
hacken 1. *vt* (*Boden, Feld*) вска́пывать, вскопа́ть *pf*; (*klein~*) ме́лко наре́зать *pf*, -за́ть *impf*; **2.** *vi* (*Vogel*) клева́ть, по- *pf*
Hackfleisch *m* ⟨*gen:-*(e)s⟩ ру́бленое мя́со *nt*
hadern *vi* ссо́риться, по- *pf* (*mit +dat* с *+inst*); **er haderte schwer mit seinem Schicksal** он си́льно ропта́л на судьбу́
Hafen *m* ⟨-s, Häfen⟩ порт *m*, га́вань *f*, (*fig:sicherer Ort*) га́вань *f*, приста́нище *nt*; **einen ~ anlaufen** заходи́ть в порт
Hafenarbeiter, -in *m/f* ⟨-s, -⟩ порто́вый рабо́чий *m*, до́кер *m*
Hafenstadt *f* ⟨-, -städte⟩ порто́вый го́род *m*
Hafer *m* ⟨*gen:-s*⟩ овёс *m*; **ihn sticht der ~** (*umg*) он с жи́ру бе́сится
Haft *f* ⟨*gen:-*⟩ аре́ст *m*; **jdn in ~ nehmen** арестова́ть кого́-л.
Haftanstalt *f* ⟨-, -en⟩ ме́сто *nt* заключе́ния, тюрьма́ *f*
haftbar *adj:* **jdn für etw ~ machen** возлага́ть на кого́-л. отве́тственность за что́-л.
Haftbefehl *m* ⟨-(e)s, -e⟩ прика́з *m* об аре́сте, о́рдер *m* на аре́ст
haften [1] *vi:* **für etw/jdn ~** (*haftbar sein*) нести́ отве́тственность за что́-л./кого́-л.
haften [2] *vi* (*kleben, bleiben*) прилипа́ть, -ли́пнуть *pf*, пристава́ть, -ста́ть *pf* (*an +dat* к); **Rauchgeruch haftete an ihren Kleidern** за́пах ды́ма приста́л к её оде́жде
haftenbleiben *vi* пристава́ть, -ста́ть *pf*, прилипа́ть, -ли́пнуть *pf*; (*im Gedächtnis*) остава́ться, -та́ться *pf* в па́мяти, запо́мниться *pf*, -мина́ться *impf*; **von dem Buch ist mir nichts haftengeblieben** из кни́ги мне ничего́ не запо́мнилось
Häftling *m* ⟨-s, -e⟩ заключённый *m*, ареста́нт *m*
Haftpflicht *f* ⟨*gen:-*⟩ отве́тственность *f*
Haftpflichtversicherung *f* ⟨-, -en⟩ страхова́ние *nt* от отве́тственности за причине́ние вреда́
Haftschale *f* ⟨-, -n⟩ (*Kontaktlinse*) конта́ктная ли́нза *f*
Haftung [1] *f* ⟨*gen:-*⟩ (*JUR*) отве́тственность *f*, **dafür übernehme ich keine ~** за э́то я не несу́ отве́тственность
Haftung [2] *f* ⟨-, -en⟩ (*das Festhaften*) конта́кт *m*
Hagebutte *f* ⟨-, -n⟩ шипо́вник *m*
Hagel *m* ⟨*gen:-s*⟩ град *m*; (*von Vorwürfen*) пото́к *m*, град *m*; (*von Geschossen*) град *m*
hageln 1. *vi:* **es hagelt** идёт град; **2.** *vt:* **es hagelt etw** (*Vorwürfe*) что́-л. сы́плется гра́дом
hager *adj* худо́й, то́щий
Häher *m* ⟨-s, -⟩ со́йка *f*
Hahn [1] *m* ⟨-(e)s, Hähne⟩ (*Vogel*) пету́х *m*; **nach etw kräht kein ~** (*umg*) о чём-л. и ду́мать забы́ли
Hahn [2] *m* ⟨-(e)s, Hähne⟩ (*Wasser~*) кран *m*; **der ~ tropft** кран течёт; **einen ~ auf-/abdrehen** открути́ть/закрути́ть кран
Hähnchen *nt* ⟨-s, -⟩ (*Brat~*) жа́реная ку́рочка *f*
Hai *m* ⟨-(e)s, -e⟩ аку́ла *f*
Häkelarbeit *f* ⟨-, -en⟩ вяза́ние *nt* крючко́м
häkeln 1. *vt* вяза́ть, связа́ть *pf* крючко́м; **2.** *vr* подтру́нивать, -ни́ть *pf* друг над дру́гом
Häkelnadel *f* ⟨-, -n⟩ вяза́льный крючо́к *m*
haken *vt* (*ein~*) зацепи́ть *pf*, -пля́ть *impf* крючко́м; (*klemmen:auch fig*) застря́ть *pf*, -стрева́ть *impf*; **wo hakts?** в чём заде́ржка?
Haken *m* ⟨-s, -⟩ (*Wand~*) крючо́к *m*; (*Zeichen*) га́лочка *f*, пти́чка *f*; (*Boxhieb*) боково́й уда́р *m*, хук *m*; (*umg:Schwierigkeit*) загво́здка *f*; **die Sache hat einen ~** в де́ле есть одна́ загво́здка; **einen ~ schlagen** петля́ть
Hakenkreuz *nt* ⟨-es, -e⟩ сва́стика *f*
Hakennase *f* ⟨-, -n⟩ нос *m* крючко́м
halb 1. *adj* полови́нный; **es ist ~ fünf** сейча́с полпя́того; **eine ~e Stunde** полчаса́; **die ~e Wahrheit** полупра́вда; **2.** *adv* (*zur Hälfte*) наполови́ну; **~ so alt** вдвое́ моло́же (*beinahe*) почти́; **sie hat sich schon ~ beruhigt** она́ уже́ почти́

успоко́илась; **es ist ~ so schlimm** (*umg*) всё не так стра́шно
halber *präp* (*wegen*) ра́ди, и́з-за; **der Ehrlichkeit ~ muß ich zugeben, daß ...** пра́вды ра́ди до́лжен призна́ться, что...
Halbfinale *nt* ⟨-s, -⟩ полуфина́л *m*
halbherzig *adj* неохо́тный
halbieren *vt* дели́ть, по- *pf* попола́м
Halbinsel *f* ⟨-, -n⟩ полуо́стров *m*
Halbjahr *nt* ⟨-(e)s, -e⟩ полуго́дие *nt*; **im ersten ~1995** в пе́рвом полуго́дии 1995
Halbkreis *m* ⟨-es, -e⟩ полукру́г *m*
Halbkugel *f* ⟨-, -n⟩ полуша́рие *nt*
Halbleiter *m* ⟨-s, -⟩ () полупроводни́к *m*
Halbmond *m* ⟨-(e)s, -e⟩ полуме́сяц *m*
halboffen *adj* полуоткры́тый; **die Tür steht ~** дверь полуоткры́та
Halbschlaf *m* ⟨*gen:*-(e)s⟩ полусо́н *m*; **im ~** в полусне́
Halbschuh *m* ⟨-(e)s, -e⟩ полуботи́нок *m*
Halbstarke(r) *mf* ⟨-n, -n⟩ (*umgpej*) хулига́н *m*
halbstündig *adj* получасово́й
halbtags *adv* в тече́ние полови́ны дня; **~ arbeiten** рабо́тать по полдня́
Halbtagskraft *f* ⟨-, -kräfte⟩ слу́жащий *m* на полста́вки
Halbwelt *f* ⟨*gen:*-⟩ (*pej*) полусве́т *m*
Halbwertszeit *f* ⟨-, -en⟩ () пери́од *m* полураспа́да
Halbwüchsige(r) *mf* ⟨-n, -n⟩ подро́сток *m*
Halbzeit *f* ⟨-, -en⟩ тайм *m*
Halde *f* ⟨-, -n⟩ отло́гость *f*, отко́с *m*
half *prät von* **helfen**
Hälfte *f* ⟨-, -n⟩ полови́на *f*; **bis zur ~** наполови́ну
Halfter *nt* ⟨-s, -⟩ (*Pferde~*) недоу́здок *m*; (*Pistolen~*) кобура́ *f*
Halle *f* ⟨-, -n⟩ зал *m*; (*Fabrik~*) цех *m*; (*Sport~*) зал *m*; **im Winter spielen wir in der ~** зимо́й мы игра́ем в за́ле
hallen *vi* звучать *impf*; (*wider~*) раздава́ться, разда́ться *pf*; **das Echo hallte von den Bergen** в гора́х раздало́сь э́хо
Hallenbad *nt* ⟨-(e)s, -bäder⟩ закры́тый пла́вательный бассе́йн *m*
Hallensport *m* ⟨*gen:*-s⟩ заня́тия *pl* спо́ртом в за́ле
hallo *interj* приве́т; **~, wie gehts?** приве́т, как дела́?
Halluzination *f* ⟨-, -en⟩ галлюцина́ция *f*
Halm *m* ⟨-(e)s, -e⟩ (*Gras~*) сте́бель *m*; (*Trink~*) соло́минка *f*
Halogen *nt* ⟨-s, -e⟩ галоге́н *m*
Hals *m* ⟨-es, Hälse⟩ ше́я *f*; (*Kehle*) гло́тка *f*; (*Flaschen~*) го́рлышко *f*; **aus vollem ~(e)** во всё го́рло; **jdm um den ~ fallen** бро́ситься кому́-л. на ше́ю; **~ über Kopf** (*umg*) сломя́ го́лову; **etw hängt jdm zum ~(e) heraus** (*umg*) что́-л. осточерте́ло кому́-л.; **jdm den ~ umdrehen** (*umg*) оторва́ть кому́-л. го́лову; **jdm mit etw vom ~(e) bleiben** (*umg*) не пристава́ть к кому́-л. с че́м-л.
Halsband *nt* ⟨-(e)s, -bänder⟩ (*Hunde~*) оше́йник *m*
halsbrecherisch *adj:* **mit ~er Geschwindigkeit** на сумасше́дшей ско́рости
Halsentzündung *f* ⟨-, -en⟩ анги́на *f*
Halskette *f* ⟨-, -n⟩ ожере́лье *nt*
Hals-Nasen-Ohren-Arzt, -Ärztin *m/f* ⟨-es, -Ärzte⟩ врач *m* у́хо-го́рло-нос; отоларинго́лог *m*
Halsschmerzen *pl* ⟨*gen:*-⟩ боль *f* в го́рле
halsstarrig *adj* (*hartnäckig*) упо́рный, упря́мый; (*stur*) твердоло́бый
Halstuch *nt* ⟨-(e)s, -tücher⟩ ше́йный плато́к *m*
Halsweh *nt* ⟨*gen:*-s⟩ (*umg*) боль *f* в го́рле
halt 1. *interj:* **~!** стой!; **du mußt ~ sagen, wenn du genug hast** ты до́лжен сказа́ть „стоп", когда́ бу́дет доста́точно; **2.** *part abtönend* (*nun einmal, eben*) та́к уж; **es ist halt so** та́к уж оно́ есть
Halt *m* ⟨-(e)s, -e⟩ (*Stütze*) подде́ржка *f*, опо́ра *f*; **sie ist zur Zeit sein einziger ~** она́ сейча́с его́ еди́нственная опо́ра; (*innerer ~*) опо́ра *f*; **den ~ verlieren** (*auch fig*) потеря́ть то́чку опо́ры (*das Anhalten, Verweilen*) остано́вка *f*, стоя́нка *f*; **laß uns hier ~ machen** дава́й сде́лаем здесь остано́вку
haltbar *adj* (*belastbar, dauerhaft*) про́чный; (*Lebensmittel*) го́дный для хране́ния; (*Behauptung*) прие́млемый; **diese Annahme ist kaum ~** э́то предположе́ние едва́ ли прие́млемо
Haltbarkeit *f* ⟨*gen:*-⟩ про́чность *f*
halten ⟨hielt, gehalten⟩ **1.** *vt* держа́ть *impf*; (*fest~*) уде́рживать, -жа́ть *pf*, заде́рживать, -жа́ть *pf*; (*ein~, erfüllen: Versprechen*) сде́рживать, -жа́ть *pf*, выполня́ть, вы́полнить *pf*; (*beibehalten: Kurs*) сохраня́ть, -ни́ть *pf*, держа́ть *impf*; **eine Rede ~** произноси́ть речь; **den Mund ~** молча́ть; **ein Tier ~** держа́ть живо́тное; **Hochzeit ~** справля́ть сва́дьбу; **etw für falsch/richtig ~** счита́ть что́-л. непра́вильным/пра́вильным; **sein Wort ~** сдержа́ть сло́во; **2.** *vi* (*haltbar sein*) храни́ться *impf*, сохраня́ться, -ни́ться *pf*; (*an~*) остана́вливаться, -нови́ться *pf*; **an sich ~** владе́ть собо́й; **3.** *vr*

(*frisch bleiben*) сохраня́ться, -ни́ться *pf*; (*sich behaupten*) держа́ться *impf*; **sich für sich ~** держа́ться особняко́м; **sich an etw ~** приде́рживаться чего́-л.
Halter, -in *m/f* ⟨-s, -⟩ (*eines Fahrzeugs*) владе́лец, -лица *m/f*
Halterung *f* ⟨-, -en⟩ держа́тель *m*, крепле́ние *nt*
Haltestelle *f* ⟨-, -n⟩ остано́вка *f*
Halteverbot *nt* ⟨*gen:*-(e)s⟩: **~!** остано́вка запрещена́!
haltlos *adj* (*Mensch*) мора́льно неусто́йчивый; (*Behauptung*) необосно́ванный, безоснова́тельный
haltmachen *vi* остана́вливаться, -нови́ться *pf*; **vor etw nicht ~** не остана́вливаться перед че́м-л.
Haltung *f* ⟨-, -en⟩ (*Körper~*) оса́нка *f*; (*Einstellung*) пози́ция *f*; (*Fassung*) самооблада́ние *nt*; **~ bewahren** сохраня́ть самооблада́ние; **eine ~ (zu etw) einnehmen** заня́ть каку́ю-л. пози́цию (в отноше́нии чего́-л.)
Halunke *m* ⟨-n, -n⟩ мерза́вец *m*
Hamburg *nt* ⟨*gen:*-s⟩ Га́мбург *m*
Hamburger *m* ⟨-s, -⟩ (*Bulette*) га́мбургер *m*
hämisch *adj* зло́бный, злора́дный; **er grinste ~** он злора́дно усмехну́лся
Hammel *m* ⟨-s, -⟩ (кастри́рованный) бара́н *m*; (*~fleisch*) бара́нина *f*; (*umg: Dummkopf*) бара́н *m*
Hammer *m* ⟨-s, Hämmer⟩ мо́лот *m*, молото́к *m*; (*SPORT*) мо́лот *m*
hämmern *vi* стуча́ть, по- *pf*
Hammerwerfen *nt* ⟨*gen:*-s⟩ мета́ние *nt* мо́лота
Hämorrhoiden *pl* ⟨*gen:*-⟩ геморро́й *m*
Hampelmann *m* ⟨-(e)s, -männer⟩ (*umg: lenkbarer Mensch*) марионе́тка *f*, безво́льный челове́к *m*
Hamster *m* ⟨-s, -⟩ хомя́к *m*
hamstern 1. *vt* (*horten*) де́лать, сде́лать *pf* запа́сы проду́ктов; **2.** *vi* выме́нивать, вы́менять *pf* проду́кты
Hand *f* ⟨-, Hände⟩ рука́ *f*; **~ und Fuß haben** (*fig*) быть обосно́ванным; **jdm die ~ schütteln** пожа́ть кому́-л. ру́ку; **bei etw die ~ im Spiel haben** (*fig*) быть в чём-л. заме́шанным; **jdm freie ~ geben** (*fig*) предоста́вить кому́-л. свобо́ду де́йствий; **die Hände in den Schoß legen** (*fig*) сложи́ть ру́ки; **zwei linke Hände haben** (*fig*) быть безру́ким; **etw aus erster/zweiter ~ kaufen** покупа́ть что́-л. но́вым/бы́вшим в употребле́нии; **in guten Händen sein** быть в хоро́ших рука́х; **mit leeren Händen** (*fig*) с пусты́ми рука́ми; **von der ~ in den Mund leben** (*fig*) едва́ своди́ть концы́ с конца́ми
Handarbeit *f* ⟨-, -en⟩ (*von Hand hergestellt*) ручна́я рабо́та *f*; **diese Decke ist echte ~** э́то покрыва́ло настоя́щей ручно́й рабо́ты; (*Stricken, Nähen*) рукоде́лие *nt*
Handball *m* ⟨-(e)s, -bälle⟩ (*Spiel*) гандбо́л *m*; (*Ball*) гандбо́льный мяч *m*
Handbesen *m* ⟨-s, -⟩ небольша́я метёлка *f*
Handbewegung *f* ⟨-, -en⟩ движе́ние *nt* руко́й; (*Geste*) жест *m*
Handbremse *f* ⟨-, -n⟩ ручно́й то́рмоз *m*
Handbuch *nt* ⟨-(e)s, -bücher⟩ спра́вочник *m*
Handcreme *f* ⟨-, -s⟩ крем *m* для рук
Händedruck *m* ⟨-(e)s, -drücke⟩ рукопожа́тие *nt*
Handel *m* ⟨*gen:*-s⟩ торго́вля *f*; (*Geschäft*) магази́н *m*; **~ treiben** вести́ торго́влю
handeln 1. *vi* де́йствовать *impf*; **wir müssen endlich ~!** мы должны́ наконе́ц де́йствова́ть!; (*Handel treiben*) торгова́ть *impf*; (*feilschen*) торгова́ться (*um +akk* о *+präpos*); **von etw ~** (*Erzählung*) говори́ться; **2.** *vr:* **worum handelt es sich?** о чём идёт речь?
Handelsabkommen *nt* ⟨-s, -⟩ торго́вое соглаше́ние *nt*
Handelsgesellschaft *f* ⟨-, -en⟩ торго́вое о́бщество *nt*
Handelskette *f* ⟨-, -n⟩ торго́вая сеть *f*
Handelsregister *nt* ⟨*gen:*-s⟩ рее́стр *m* торго́вых фирм
Handelsschule *f* ⟨-, -n⟩ торго́вая шко́ла *f*
Handelsvertreter, -in *m/f* ⟨-s, -⟩ торго́вый аге́нт *m*
Handelsware *f* ⟨-, -n⟩ това́р *m*
Handfeger *m* ⟨-s, -⟩ небольша́я метёлка *f*
handfest *adj* (*Mensch*) кре́пкий, дю́жий; (*deutlich:Beweis*) ве́ский, я́вный; **er machte mir ein ~es Angebot** он сде́лал мне конкре́тное предложе́ние; (*stark, kräftig:Prügelei*) си́льный
Handgelenk *nt* ⟨-(e)s, -e⟩ запя́стье *nt*; **etw aus dem ~ schütteln** (*umgfig*) сде́лать что́-л. игра́ючи
handgemacht *adj* сде́ланный вручну́ю; **dieser Pullover ist ~** э́тот пуло́вер ручно́й рабо́ты
Handgemenge *nt* ⟨*gen:*-s⟩ потасо́вка *f*, дра́ка *f*
Handgepäck *nt* ⟨*gen:*-s⟩ ручно́й бага́ж *m*
Handgranate *f* ⟨-, -n⟩ ручна́я грана́та *f*
handgreiflich *adj:* **~ werden** дава́ть во́лю рука́м
Handgriff *m* ⟨-(e)s, -e⟩ приём *m*; **das**

kann mit einem ~ erledigt werden э́то мо́жно сде́лать одни́м ма́хом; (*zum Festhalten*) ру́чка *f*, рукоя́тка *f*
handhaben *vt* (*Gerät, Werkzeug*) обраща́ться *impf*, управля́ть *impf*; (*Vorschriften*) применя́ть, -ни́ть *pf*
Handicap *nt* ⟨-s, -s⟩ (*Nachteil*) недоста́ток *m*; (*Behinderung*) препя́тствие *nt*; (*SPORT*) фо́ра *f*
Handkuß *m* ⟨-kusses, -küsse⟩ поцелу́й *m* руки́; **etw mit ~ nehmen** (*umg:sehr gern nehmen*) приня́ть что́-л. с больши́м удово́льствием
Handlanger, -in *m/f* ⟨-s, -⟩ (*Hilfsarbeiter(in)*) подсо́бный рабо́чий *m*; (*abwertend*) прислу́жник, -ница *m/f*
Händler, -in *m/f* ⟨-s, -⟩ торго́вец, -го́вка *m/f*; (*Einzel~*) ме́лкий торго́вец, -кая -го́вка *m/f*
handlich *adj* удо́бный в обраще́нии
Handlung *f* ⟨-, -en⟩ (*das Tun*) де́йствие *nt*, посту́пок *m*; (*Ablauf, Geschehen*) де́йствие *nt*; **kennst du die ~ des Films?** ты зна́ешь сюже́т фи́льма?
Handlungsbevollmächtigte(r) *mf* ⟨-n, -n⟩ торго́вый уполномо́ченный *m* фи́рмы
Handlungsspielraum *m* ⟨-(e)s, -räume⟩ свобо́да *f* де́йствий
Handrücken *m* ⟨-s, -⟩ ты́льная сторона́ *f* ки́сти руки́
Handschelle *f* ⟨-, -n⟩ нару́чник *m*; **jdn in ~n legen** наде́ть кому́-л. нару́чники
Handschlag *m* ⟨*gen:*-(e)s⟩ рукопожа́тие *nt*; **jdn mit ~ begrüßen** приве́тствовать кого́-л. рукопожа́тием; **keinen ~ tun** (*umg*) ничего́ не де́лать
Handschrift *f* ⟨-, -en⟩ по́черк *m*; (*Text, Manuskipt*) ру́копись *f*, манускри́пт *m*
Handschuh *m* ⟨-(e)s, -e⟩ перча́тка *f*
Handschuhfach *nt* ⟨-(e)s, -fächer⟩ я́щик *m* для веще́й (в автомоби́ле)
Handstand *m* ⟨-(e)s, -stände⟩ сто́йка *f* на рука́х
Handtasche *f* ⟨-, -n⟩ да́мская су́мочка *f*
Handtuch *nt* ⟨-(e)s, -tücher⟩ полоте́нце *f*; **das ~ schmeißen** (*umg*) призна́ть себя́ побеждённым
Handumdrehen *nt:* **im ~** в мгнове́ние о́ка
Handvoll *f* ⟨*gen:*-⟩: **nur eine ~ Besucher kam zur Vorstellung** всего́ не́сколько посети́телей пришли́ на представле́ние
Handwäsche *f* ⟨*gen:*-⟩ ручна́я сти́рка *f*
Handwerk *nt* ⟨*gen:*-(e)s⟩ ремесло́ *nt*; **jdm das ~ legen** положи́ть коне́ц чьим-л. про́искам; **sein ~ verstehen** быть знатоко́м своего́ де́ла
Handwerker, -in *m/f* ⟨-s, -⟩ реме́сленник *m*
Handwerksbetrieb *m* ⟨-(e)s, -e⟩ реме́сленное предприя́тие *nt*
Handwerkskammer *f* ⟨-, -n⟩ реме́сленная пала́та *f*
Handwerkszeug *nt* ⟨*gen:*-(e)s⟩ (*Werkzeug*) набо́р *m* инструме́нтов
Hanf *m* ⟨*gen:*-(e)s⟩ (*Pflanze*) конопля́ *f*; (*Faser*) пенька́ *f*
Hang *m* ⟨-(e)s, Hänge⟩ (*Berg~, Ab~*) отко́с *m*, склон *m*; (*fig:Neigung*) скло́нность *f*; **er hat einen ~ zur Übertreibung** у него́ есть скло́нность к преувеличе́нию
Hangar *m* ⟨-s, -s⟩ анга́р *m*
Hängebrücke *f* ⟨-, -n⟩ вися́чий мост *f*
Hängematte *f* ⟨-, -n⟩ гама́к *m*
hängen ⟨hing, gehangen⟩ **1.** *vi* висе́ть *impf*; **an der Wand hing ein Bild** на стене́ висе́ла карти́на; **2.** *vt* (*Menschen*) быть *impf* привя́занным; **an etw/jdm ~** люби́ть что́-л./быть привя́занным к кому́-л.; **sich an jdn ~** (*fig*) приста́ть к кому́-л.
hängenbleiben *irr vi* застря́ть *pf*, -стрева́ть *impf*; (*festsitzen, bestehenbleiben*) остава́ться, -та́ться *pf*; **der Verdacht ist an ihr hängengeblieben** на ней оста́лось подозре́ние
hängenlassen 1. *irr vt* оста́вить *pf*, -вля́ть *impf* висе́ть; (*im Stich lassen*) бро́сить *pf*, -са́ть *impf*; **deine Freunde haben dich ganz schön ~** твои друзья́ бро́сили тебя́ на произво́л судьбы́; **2.** *vr* унывать *impf*; **laß dich nicht so hängen** не па́дай ду́хом
Hängeschrank *m* ⟨-(e)s, -schränke⟩ насте́нный шка́фчик *m*
Hänselei *f* ⟨-, -en⟩ насме́шничество *nt*, подтру́нивание *nt*
hänseln *vt* дразни́ть *impf*, насмеха́ться *impf*
Hantel *f* ⟨-, -n⟩ ганте́ль *f*
hantieren *vi:* **mit etw ~** (*umg*) ору́довать чем-л.
hapern *vi:* **es hapert an etw** чего́-л. не хвата́ет
Happen *m* ⟨-s, -⟩ (*umg*) *небольшо́е коли́чество еды́*; **möchtest du einen ~ essen?** хо́чешь слегка́ перекуси́ть?
Happening *nt* ⟨-s, -s⟩ хе́ппенинг *m*
happig *adj* (*umg*) немы́слимый; **die Preise sind ganz schön ~** це́ны про́сто безбо́жные
Happy-End *nt* ⟨-(s), -s⟩ хе́ппи-э́нд *m*, счастли́вый коне́ц *m*
Hard Rock *m* ⟨*gen:*-⟩ тяжёлый рок *m*
Hardware *f* ⟨-, -s⟩ техни́ческое обеспе́чение *nt*
Harfe *f* ⟨-, -n⟩ а́рфа *f*
Harke *f* ⟨-, -n⟩ гра́бли *pl*; **ich zeige dir,**

was eine ~ ist (*umg*) я тебе́ покажу́, где ра́ки зиму́ют
harken *vi* разра́внивать, -ня́ть *pf* гра́блями
harmlos *adj* безоби́дный; неви́нный
Harmlosigkeit *f* ⟨-, -en⟩ безоби́дность *f*, неви́нность *f*; **in aller ~** неви́нно
Harmonie *f* ⟨-, -n⟩ гармо́ния *f*, согла́сие *nt*; (*MUS*) гармо́ния *f*
harmonieren *vi* гармони́ровать *impf* (*mit +dat* с *+inst*)
harmonisch *adj* гармони́чный; **sie führen eine ~e Ehe** они́ живу́т в согла́сии
Harn *m* ⟨-(e)s, -e⟩ моча́ *f*
Harnblase *f* ⟨-, -n⟩ мочево́й пузы́рь *m*
Harnisch *m* ⟨-s, -e⟩ ла́ты *pl*, доспе́хи *pl*; **jdn in ~ bringen** привести́ кого́-л. в я́рость
Harpune *f* ⟨-, -n⟩ гарпу́н *m*
harren *vi:* **einer Sache ~** ожида́ть чего́-л.
hart *adj* твёрдый; (*schwer, anstrengend*) тяжёлый, тру́дный; **sein Tod hat uns ~ getroffen** мы тяжело́ пережива́ли его́ смерть; (*streng*) суро́вый; **das Urteil ist sehr ~ ausgefallen** пригово́р оказа́лся о́чень суро́вым; **~ bleiben** остава́ться непреклонным
Härte *f* ⟨-, -n⟩ твёрдость *f*, жёсткость *f*; (*Strenge*) стро́гость *f*, суро́вость *f*; (*Unbill*) несправедли́вость *f*
härten 1. *vt* (*Metall*) зака́ливать, -ли́ть *pf*; **2.** *vi* (*Beton*) схвати́ться *pf*, схва́тываться *impf*
hartgekocht *adj* (*Ei*) сва́ренный вкруту́ю
hartherzig *adj* жёсткосе́рдный, бессерде́чный
hartnäckig *adj* насто́йчивый, упо́рный; **sie leistete ~ Widerstand** она́ упо́рно ока́зывала сопротивле́ние; (*Krankheit*) упо́рный, затяжно́й
Harz *nt* ⟨-es, -e⟩ смола́ *f*
haschen [1] *vi:* **nach Beifall ~** гна́ться за успе́хом
haschen [2] *vi* (*umg:Haschisch rauchen*) кури́ть *impf* гаши́ш
Haschisch *nt* ⟨*gen:*-(s)⟩ гаши́ш *m*
Hase *m* ⟨-n, -n⟩ за́яц *m*; **ein alter ~** (*umg*) быва́лый челове́к
Haselnuß *f* ⟨-, -nüsse⟩ лесно́й оре́х *m*
Hasenscharte *f* ⟨-, -n⟩ за́ячья губа́ *f*
Haß *m* ⟨*gen:*Hasses⟩ не́нависть *f*; (*umg: Wut, Ärger*) зло́сть *f*; **ich kriege einen ~, wenn ich das sehe** я злюсь, когда́ ви́жу э́то; **blinder ~** слепа́я не́нависть
hassen *vt* ненави́деть *impf*; (*nicht mögen*) не люби́ть *impf*; **ich hasse Unpünktlichkeit** терпе́ть не могу непункту́альность
haßerfüllt *adj* испо́лненный не́нависти; **sie sah ihn ~ an** она́ смотре́ла на него́ ненави́дящим взгля́дом
häßlich *adj* (*nicht schön*) некраси́вый, уро́дливый; (*scheußlich*) отврати́тельный; **sie hatte ein ~es Erlebnis** с ней случи́лось не́что отврати́тельное; (*gemein*) по́длый; **du bist immer so ~ zu ihr** ты с ней всегда́ так ужа́сно обраща́ешься
Häßlichkeit *f* ⟨-, -en⟩ некраси́вость *f*, безобра́зие *nt*; (*gemeine Bemerkung*) гну́сность *f*
Haßliebe *f* ⟨*gen:*-⟩ любо́вь-не́нависть *f*
Hast *f* ⟨*gen:*-⟩ спе́шка *f*, го́нка *f*
hasten *vi* торопи́ться, по- *pf*; спеши́ть, по- *pf*
hastig *adj* тороплив́ый, бы́стрый
hatte *prät von* **haben**
Haube *f* ⟨-, -n⟩ че́пчик *m*; (*Motor~*) ко́рпус *m*; **unter die ~ kommen** (*umg*) вы́йти за́муж
Hauch *m* ⟨*gen:*-(e)s⟩ (*Atem~*) дыха́ние *nt*; (*Luft~*) дунове́ние *nt*; (*fig:Spur*) след *m*
hauchdünn *adj* тонча́йший; **er gewann die Wahl mit ~er Mehrheit** он победи́л на вы́борах с незначи́тельным переве́сом
hauchen 1. *vi* ти́хо дыша́ть *impf*; (*einmal*) дохну́ть; **2.** *vt* (*flüstern*) шепта́ть *impf*
hauen ⟨haute/hieb, gehauen⟩ **1.** *vt* (*Holz*) коло́ть *impf*, руби́ть *impf*; (*umg:schlagen*) ударя́ть, уда́рить *pf*, бить, по- *pf*; **2.** *vr* (*umg:sich prügeln*) дра́ться, по- *pf*; **sich aufs Ohr ~** (*umg*) отпра́виться на бокову́ю
häufen *vr* нагроможда́ться, -мозди́ться *pf*
Haufen *m* ⟨-s, -⟩ гру́да *f*; (*umg:große Menge*) ку́ча *f*; **der Anzug hat einen ~ Geld gekostet** костю́м сто́ил ку́чу де́нег; **etw über den ~ werfen** (*umg*) сорва́ть что́-л.; **jdn über den ~ rennen** (*umg*) наскочи́ть на кого́-л.
haufenweise *adv* (*umg*) ку́чей
häufig *adj* ча́стый; **dieser Fehler wird ~ gemacht** э́та оши́бка допуска́ется ча́сто
Haupt *nt* ⟨-(e)s, Häupter⟩ голова́ *f*; (*Ober~*) глава́ *f*, шеф *m*; **mit bloßem ~** с непокры́той голово́й; **das ~ neigen** склоня́ть го́лову
hauptamtlich *adj* шта́тный
Hauptanliegen *nt* ⟨*gen:*-s⟩ основно́е жела́ние *nt*, гла́вная цель *f*
Hauptbahnhof *m* ⟨-(e)s, -höfe⟩ центра́льный вокза́л *m*
hauptberuflich *adj* по основно́й

профе́ссии
Hauptdarsteller, -in *m/f* ⟨-s, -⟩ исполни́тель, -ница *m/f* гла́вной ро́ли
Haupteingang *m* ⟨-(e)s, -eingänge⟩ гла́вный вход *m*
Hauptfach *nt* ⟨-(e)s, -fächer⟩ основно́й уче́бный предме́т *m*
Hauptgebäude *nt* ⟨-s, -⟩ гла́вный ко́рпус *m*
Hauptgericht *m* ⟨-(e)s, -e⟩ (*beim Essen*) гла́вное *nt* блю́до, второ́е *nt*
Hauptgeschäftsstraße *f* ⟨-, -n⟩ гла́вная торго́вая у́лица *f*
Hauptgewinn *m* ⟨-(e)s, -e⟩ гла́вный вы́игрыш *m*
Häuptling *m* ⟨-s, -e⟩ во́ждь *m*
Hauptmahlzeit *f* ⟨-, -en⟩ обе́д *m*
Hauptmann *m* ⟨-(e)s, -leute⟩ капита́н *m*
Hauptperson *f* ⟨-, -en⟩ пе́рвое лицо́ *nt*; **sie will immer die ~ sein** она всегда́ хо́чет быть гла́вной; (*in Roman, Drama*) гла́вный геро́й *m*
Hauptpostamt *nt* ⟨-(e)s, -ämter⟩ гла́вный почта́мт *m*
Hauptquartier *nt* ⟨-s, -e⟩ штаб-кварти́ра *f*
Hauptrolle *f* ⟨-, -n⟩ гла́вная роль *f*
Hauptsache *f* ⟨*gen:-*⟩ гла́вное *nt*; **~, es geht dir gut** гла́вное, у тебя́ всё в поря́дке; **das ist die ~** э́то са́мое гла́вное; **in der ~** в основно́м
hauptsächlich 1. *adj* гла́вный, важне́йший; **2.** *adv* (*vor allem*) пре́жде всего́, гла́вным о́бразом; **er ist ~ im Verkauf beschäftigt** он за́нят гла́вным о́бразом в сфе́ре сбы́та
Hauptsaison *f* ⟨*gen:-*⟩ разга́р *m* сезо́на; **in der ~** в разга́р сезо́на
Hauptsatz *m* ⟨-es, -sätze⟩ гла́вное предложе́ние *nt*
Hauptschlagader *f* ⟨-, -n⟩ ао́рта *f*
Hauptschule *f* ⟨-, -n⟩ общеобразова́тельная шко́ла *f*
Hauptstadt *f* ⟨-, -städte⟩ столи́ца *f*
Hauptstraße *f* ⟨-, -n⟩ гла́вная у́лица *f*
Hauptverkehrszeit *f* ⟨-, -n⟩ час *m* пик; **zur ~** в час пик
Hauptversammlung *f* ⟨-, -en⟩ о́бщее собра́ние *nt*
Hauptwort *nt* ⟨-(e)s, -wörter⟩ и́мя *nt* существи́тельное
Haus *nt* ⟨-es, Häuser⟩ (*Wohn~*) дом *m*; (*Gebäude*) зда́ние *nt*; (*Fürsten~*) род *m*; **nach ~e** домо́й; **zu ~e** до́ма; **das ~ hüten** сиде́ть до́ма; **fühlen Sie sich wie zu ~e!** чу́вствуйте себя́ как до́ма!
Hausapotheke *f* ⟨-, -n⟩ дома́шняя апте́чка *f*
Hausarbeit *f* ⟨-, -en⟩ (*im Haushalt*) рабо́та *f* по до́му; (*schriftliche ~*) дома́шняя рабо́та *f*
Hausarrest *m* ⟨-(e)s, -e⟩ дома́шний аре́ст *m*; **sie steht unter ~** она́ нахо́дится под дома́шним аре́стом
Hausarzt, -ärztin *m/f* ⟨-(e)s, -ärzte⟩ дома́шний врач *m*
Hausaufgabe *f* ⟨-, -n⟩ дома́шнее зада́ние *nt*; **hast du deine ~n schon gemacht?** ты уже́ сде́лал своё дома́шнее зада́ние?
Hausbesitzer, -in *m/f* ⟨-s, -⟩ домовладе́лец, -лица *m/f*
Hausbesuch *m* ⟨-(e)s, -e⟩ посеще́ние *nt* на дому́
Hausboot *nt* ⟨-(e)s, -e⟩ *ло́дка, испо́льзуемая для жилья́*
Häuschen *nt* ⟨-s, -⟩ до́мик *m*; **aus dem ~ sein** (*umg*) быть вне себя́
hausen *vi* (*umgpej:wohnen*) прозяба́ть *impf*, юти́ться *impf*; (*umg:verwüsten*) свире́пствовать *impf*
Häuserblock *m* ⟨-(e)s, -s⟩ кварта́л *m*
Häusermakler, -in *m/f* ⟨-s, -⟩ ма́клер *m* по прода́же домо́в
Hausflur *m* ⟨-(e)s, -e⟩ подъе́зд *m*, ле́стничная кле́тка *f*
Hausfrau *f* ⟨-, -en⟩ дома́шняя хозя́йка *f*
Hausfriedensbruch *m* ⟨-(e)s, -brüche⟩ наруше́ние *nt* неприкоснове́нности жили́ща
hausgemacht *adj* дома́шнего приготовле́ния
Haushalt *m* ⟨-(e)s, -e⟩ дома́шнее хозя́йство *nt*; (*Staats~*) бюдже́т *m*; **jdm den ~ führen** вести́ кому́-л. дома́шнее хозя́йство
haushalten *vi:* **mit etw ~** дорожи́ть че́м-л.; **mit seinen Kräften ~** бере́чь си́лы
Haushälterin *f* ⟨-, -nen⟩ эконо́мка *f*
Haushaltsartikel *m* ⟨-s, -⟩ предме́т *m* дома́шнего обихо́да
Haushaltsgeld *nt* ⟨-es, -er⟩ де́ньги *fpl* на веде́ние хозя́йства
Hausherr, -in *m/f* ⟨-(e)n, -en⟩ хозя́ин, -зя́йка *m/f* до́ма
haushoch *adj* (*sehr hoch*) огро́мный
hausieren *vi* торгова́ть *impf* вразно́с; **mit etw ~ gehen** разноси́ть что́-л. по дома́м
Hausierer, -in *m/f* ⟨-s, -⟩ торго́вец *m* вразно́с
Hauskatze *f* ⟨-, -n⟩ дома́шняя ко́шка *f*
häuslich *adj* дома́шний; (*gemütlich*) ую́тный; **sich (bei jdm/an einem Ort) ~ niederlassen** (*umg*) посели́ться (у кого́-л./в како́м-л. ме́сте)
Hausmannskost *f* ⟨*gen:-*⟩ проста́я пи́ща *f*
Hausmeister, -in *m/f* ⟨-s, -⟩ дво́рник *m*

Hausmittel *nt* ⟨-s, -⟩ домáшнее средство *nt*; **dagegen gibt es ein altes ~** прóтив э́того есть однó стáрое домáшнее срéдство
Hausnummer *f* ⟨-, -n⟩ нóмер *m* дóма
Hausordnung *f* ⟨-, -en⟩ прáвила *pl* внýтреннего распорядка
Hausputz *m* ⟨*gen:*-es⟩ генерáльная убóрка *f*
Hausrat *m* ⟨*gen:*-(e)s⟩ домáшняя ýтварь *f*, обстанóвка *f* дóма
Hausratversicherung *f* ⟨-, -en⟩ страховáние *nt* домáшнего имýщества
Hausschlüssel *m* ⟨-s, -⟩ ключ *m* от дóма
Hausschuh *m* ⟨-(e)s, -e⟩ домáшний тáпочек *m*
Haussegen *m:* **bei jdm hängt der ~ schief** (*umg*) у когó-л. в семьé нелáды
Haussuchung *f* ⟨-, -en⟩ домáшний óбыск *m*
Haustier *nt* ⟨-(e)s, -e⟩ домáшнее живóтное *nt*; **ein ~ halten** держáть домáшнее живóтное
Haustür *f* ⟨-, -en⟩ входнáя дверь *f*
Hausverbot *nt* ⟨-(e)s, -e⟩ откáз *m* от дóма; **jdm ~ erteilen** отказáть комý-л. от дóма
Hausverwalter, -in *m/f* ⟨-s, -⟩ домоуправля́ющий *m*
Hauswirt, -in *m/f* ⟨-(e)s, -e⟩ хозя́ин, -зя́йка *m/f* дóма
Hauswirtschaft *f* ⟨*gen:*-⟩ домáшнее хозя́йство *nt*
Haut *f* ⟨-, Häute⟩ кóжа *f*; (*Tier~*) шкýра *f*, кóжа *f*; (*auf Flüssigkeit*) плёнка *f*, пéнка *f*; **sich seiner ~ wehren** (*umg*) постоя́ть за себя́; **aus der ~ fahren** (*umg*) вы́йти из себя́; **etw geht jdm unter die ~** (*umg*) чтó-л. задевáет когó-л. за живóе; **nicht in jds ~ stecken wollen** (*umg*) не хотéть оказáться в чьéй-л. шкýре
Hautarzt, -ärztin *m/f* ⟨-(e)s, -ärzte⟩ дерматóлог *m*
Hautcreme *f* ⟨-, -s⟩ крем *m* для кóжи
häuten 1. *vt* снимáть, снять *pf* шкýру; **2.** *vr* (*Schlange*) сбрáсывать, сбрóсить *pf* кóжу, линя́ть *impf*
hauteng *adj* плóтно облегáющий
Hautfarbe *f* ⟨-, -n⟩ цвет *m* кóжи
hautfreundlich *adj* (*Creme, Stoff*) прия́тный для кóжи
Hautkrankheit *f* ⟨-, -en⟩ кóжная болéзнь *f*
Hautkrebs *m* ⟨*gen:*-es⟩ рак *m* кóжи
Hautpflege *f* ⟨*gen:*-⟩ ухóд *m* за кóжей
Hbf. *abk von* ***Hauptbahnhof*** *m главный железнодорóжный вокзáл*
H-Bombe *f* ⟨-, -n⟩ (*Wasserstoffbombe*) водорóдная бóмба *f*
Hearing *nt* ⟨-s, -s⟩ (*Anhörung*) слýшание *nt*
Heavy metal *nt* ⟨*gen:*-s⟩ тяжёлый метáлл *m*
Hebamme *f* ⟨-, -n⟩ акушéрка *f*
Hebel *m* ⟨-s, -⟩ (*Bedienungs~*) рычáг *m*, рукоя́тка *f*; (*PHYS*) рычаг *m*; **alle ~ in Bewegung setzen** (*fig*) задéйствовать все рычаги́
heben ⟨hob, gehoben⟩ **1.** *vt* (*hoch~*) поднимáть, -ня́ть *pf*; **sie hob die Hand zum Gruß** онá поднялá рýку в привéтствии; (*Rang, Niveau*) повышáть, -вы́сить *pf*; (*Schatz*) найти́ *pf*, находи́ть *impf*; **2.** *vr* (*sich verbessern:Stimmung*) повышáться, -вы́ситься *pf*, поднимáться, -ня́ться *pf*
hecheln *vi* (*Hund*) тяжелó дышáть *impf*
Hecht *m* ⟨-(e)s, -e⟩ щýка *f*
Heck *nt* ⟨-(e)s, -e⟩ (*eines Flugzeugs*) хвост *m*; (*eines Schiffs*) кормá *f*
Hecke *f* ⟨-, -n⟩ живáя и́згородь *f*
Heckenschere *f* ⟨-, -n⟩ садóвые нóжницы *pl*
Heckscheibe *f* ⟨-, -n⟩ зáднее стеклó *nt*
Heer *nt* ⟨-(e)s, -e⟩ áрмия *f*; (*große Menge*) мáсса *f*; **ein ~ von Mücken plagte uns** пóлчища мошкары́ мýчили нас
Hefe *f* ⟨-, -n⟩ дрóжжи *pl*
Hefeteig *m* ⟨-(e)s, -e⟩ дрожжевóе тéсто *nt*
Heft [1] *nt* ⟨-(e)s, -e⟩ (*von Messer*) рукоя́ть *f*; **das ~ in der Hand behalten** (*fig*) держáть в рукáх бразды́ правлéния
Heft [2] *nt* ⟨-(e)s, -e⟩ (*Schreib~*) тетрáдь *f*; (*von Zeitschrift*) вы́пуск *m*, нóмер *m*; **wann erscheint das nächste ~?** когдá выхóдит слéдующий нóмер?
heften 1. *vt* прикрепля́ть, -пи́ть *pf*; **er heftete einen Zettel an ihre Tür** он прикрепи́л запи́ску к её двери́; (*nähen*) метáть, сметáть *pf*; (*Buch*) сшивáть, сшить *pf*; **2.** *vr:* **sich an jds Fersen ~** преслéдовать когó-л.; **seinen Blick auf etw/jdn ~** приковáть свóй взгляд к чемý-л./комý-л.
Hefter *m* ⟨-s, -⟩ (*Schnell~*) скоросшивáтель *m*
heftig *adj* (*stark, ungestüm*) си́льный; **es regnete ~** шёл си́льный дóждь; **sie leistete ~en Widerstand** онá окáзывала ожесточённое сопротивлéние; (*unbeherrscht*) вспы́льчивый, горя́чий; **sie antwortete eine Spur zu ~** онá отвéтила нéсколько несдéржанно
Heftklammer *f* ⟨-, -n⟩ тетрáдная скóбка *f*
Heftpflaster *nt* ⟨-s, -⟩ плáстырь *m*
Hegemonie *f* ⟨-, -n⟩ гегемóния *f*

hegen *vt* (*pflegen*) уха́живать *impf*, леле́ять *impf*; (*Abneigung*) таи́ть *impf*
Hehl *m*: **kein(en) ~ aus etw machen** не де́лать та́йны из чего́-л.
Hehler, -in *m/f* ⟨-s, -⟩ ску́пщик, -щица *m/f* кра́деного, укрыва́тель, -ница *m/f* кра́деного
Hehlerei *f* ⟨-, -en⟩ укрыва́тельство *nt*
Heide [1] *m* ⟨-n, -n⟩ (*Ungläubiger*) язы́чник *m*
Heide [2] *f* ⟨-, -n⟩ (*~landschaft*) пу́стошь *f*
Heidelbeere *f* ⟨-, -n⟩ черни́ка *f*
Heidenspaß *m* ⟨*gen:*-es⟩ (*umg*) огро́мное удово́льствие *nt*; **wir hatten einen ~ daran** нам э́то доставля́ло ди́кое удово́льствие
Heidin *f* ⟨-, -nen⟩ язы́чница *f*
heidnisch *adj* язы́ческий; **~e Bräuche** язы́ческие обы́чаи
heikel *adj* (*Sache, Thema*) щекотли́вый; (*Person*) взыска́тельный; **in diesem Punkt ist sie sehr ~** в э́том пу́нкте она́ о́чень разбо́рчива
heil *adj* (*gesund, unverletzt*) це́лый, невреди́мый; **hoffentlich kommen wir hier ~ heraus!** наде́юсь, мы вы́беремся отсю́да це́лыми и невреди́мыми!; (*geheilt*) вы́здоровевший
Heil *nt* ⟨*gen:*-s⟩ бла́го *nt*, сча́стье *nt*; (*Seelen~*) спасе́ние *nt* души́; **sein ~ in der Flucht suchen** иска́ть спасе́ния в бе́гстве
Heiland *m* ⟨*gen:*-(e)s⟩ спаси́тель *m*
Heilbad *nt* ⟨-(e)s, -bäder⟩ лече́бные во́ды *pl*; (*Badeort*) куро́рт *m*
heilbar *adj* (*Krankheit*) излечи́мый
heilen 1. *vt* лечи́ть *impf*, исцеля́ть, -ли́ть *pf*; **2.** *vi* выле́чиваться, вы́лечиться *pf*; **davon ist er jetzt geheilt** (*umg*) э́тим он сыт тепе́рь по го́рло
heilfroh *adj* рад-радёхонек
heilig *adj* свято́й; **jdm etw hoch und ~ versprechen** (*umg*) свя́то обеща́ть кому́-л. что́-л.
Heiligabend *m* ⟨-s, -e⟩ рожде́ственский соче́льник *m*
Heilige(r) *mf* ⟨-n, -n⟩ свято́й
Heiligenschein *m* ⟨-(e)s, -e⟩ нимб *m*
Heiligtum *nt* ⟨-s, -tümer⟩ (*Ort*) святи́лище *nt*; (*Gegenstand*) святы́ня *f*
heillos *adj* (*ungeheuer*) ужа́сный, жу́ткий; **er richtete eine ~e Unordnung an** он устро́ил жу́ткий беспоря́док; (*hoffnungslos*) безнадёжный
Heilmittel *nt* ⟨-s, -⟩ лече́бное сре́дство *nt*
Heilpraktiker, -in *m/f* ⟨-s, -⟩ *ле́карь, практику́ющий нетрадицио́нные ме́тоды лече́ния*
heilsam *adj* поле́зный; **der Schreck war ~** испуг пошёл на по́льзу
Heilsarmee *f* ⟨*gen:*-⟩ А́рмия *f* спасе́ния
Heilung *f* ⟨-, -en⟩ (*einer Wunde*) заживле́ние *nt*; (*von Krankheit*) исцеле́ние *nt*, излече́ние *nt*; (*fig:von Schmerz*) исцеле́ние *nt*
heim *adv* домо́й
Heim *nt* ⟨-(e)s, -e⟩ родно́й дом *m*, дома́шний оча́г *m*; (*Kinder~*) де́тский дом *m*
Heimarbeit *f* ⟨*gen:*-⟩ рабо́та *f* на дому́
Heimat *f* ⟨*gen:*-⟩ ро́дина *f*; **geistige ~** духо́вная ро́дина; **Augsburg ist seine zweite ~** А́угсбург - его́ втора́я ро́дина
Heimatland *nt* ⟨-(e)s, -länder⟩ ро́дина *f*, отчи́зна *f*
heimatlich *adj* родно́й
heimatlos *adj* без ро́дины
Heimatort *m* ⟨-(e)s, -e⟩ родно́й го́род *m*
Heimatvertriebene(r) *mf* ⟨-n, -n⟩ изгна́нник *m* ро́дины
heimbegleiten *vt* сопровожда́ть, -води́ть *pf* домо́й, провожа́ть, -води́ть *pf* домо́й
heimbringen *irr vt* приводи́ть, -вести́ *pf* домо́й, провожа́ть, -води́ть *pf* домо́й; **ich kann dich nachher ~** я могу́ тебя́ пото́м проводи́ть домо́й
Heimcomputer *m* ⟨-s, -⟩ дома́шний компью́тер *m*
heimelig *adj* дома́шний, ую́тный; **der Kamin verbreitet eine ~e Wärme** ками́н распространя́ет дома́шнее тепло́
heimfahren 1. *irr vt* отвози́ть, -везти́ *pf* домо́й; **2.** *vi* е́хать *impf* домо́й, возвраща́ться, -врати́ться *pf* домо́й
Heimfahrt *f* ⟨-, -en⟩ пое́здка *f* домо́й, возвраще́ние *nt*; **sie machen sich auf die ~** они́ отправля́ются домо́й; **auf der ~ sein** быть на пути́ домо́й
heimgehen *irr vi* идти́ *pf* по дома́м
heimisch *adj* (*ein~*) ме́стный; (*vertraut*) бли́зкий, родно́й
Heimkehr *f* ⟨*gen:*-⟩ возвраще́ние *nt* домо́й
heimkehren *vi* возвраща́ться, -врати́ться *pf* домо́й
heimlich *adj* (*geheim*) та́йный, секре́тный; **sie trafen sich ~** они́ встреча́лись тайко́м; (*verborgen*) укра́дкой, исподтишка́; **sie lächelte ~** она́ улыбну́лась укра́дкой
Heimreise *f* ⟨-, -n⟩ возвраще́ние *nt* домо́й; **auf der ~** по пути́ домо́й
heimreisen *vi* возвраща́ться , -врати́ться *pf* домо́й
Heimspiel *nt* ⟨-(e)s, -e⟩ игра́ *f* на своём по́ле
heimsuchen *vt* постига́ть, пости́чь *pf*,

обру́шиваться, -шиться *pf*
heimtückisch *adj* (*Mensch*) веролóмный, ковáрный; (*Krankheit*) ковáрный
heimwärts *adv* домóй; **~ ziehen** éхать домóй
Heimweg *m* ⟨-(e)s, -e⟩ дорóга *f* домóй; **ich bin schon auf dem ~** я ужé на пути́ домóй; **sich auf den ~ machen** отправля́ться домóй
Heimweh *nt* ⟨*gen*:-s⟩ тоскá *f* по рóдине; **sie hat großes ~** онá óчень тоску́ет по рóдине
Heimwerker, -in *m/f* ⟨-s, -⟩ *ремéсленник, рабóтающий на дому́*
heimzahlen *vt* отплати́ть *pf*, -плáчивать *impf*, расквитáться *pf*; **das zahle ich dir heim!** я с тобóй за э́то расквитáюсь!
Heirat *f* ⟨-, -en⟩ брак *m*; (*einer Frau*) заму́жество *nt*; (*eines Mannes*) жени́тьба *f*
heiraten 1. *vt* (*eine Frau~*) жени́ться *impf/pf*; (*einen Mann~*) выходи́ть, вы́йти *pf* зáмуж; **2.** *vi* жени́ться *impf/pf*, по- *pf*; **in zwei Monaten ~ sie** чéрез два мéсяца они́ жéнятся
Heiratsanzeige *f* ⟨-, -n⟩ сообщéние *nt* о бракосочетáнии
Heiratsvermittlung *f* ⟨-, -en⟩ слу́жба *f* знакóмств
heiser *adj* хри́плый, охри́пший; **mit ~er Stimme** охри́пшим гóлосом
Heiserkeit *f* ⟨*gen*:-⟩ хрипотá *f*
heiß *adj* жáркий, **mir ist ~** мнé жáрко; (*Liebe*) горя́чий; (*Kampf*) жáркий; **ein ~er Wunsch** стрáстное желáние; **eine ~e Spur** (*umg*) свéжий след; **etw ist ein ~es Eisen** (*umg*) что́-л. явля́ется óчень опáсным
heißen 1. *vi* ⟨hieß, geheißen⟩ (*sich nennen*) называ́ться, -звáться *pf*; **wie heißt du/ heißen Sie?** как тебя́/вас зову́т?; (*bedeuten*) означáть *impf*; **was heißt das auf russisch?** как э́то бу́дет по-ру́сски?; **2.** *vt* (*nennen*) называ́ть, -звáть *pf*; **sie hieß ihn einen Lügner** онá назвалá егó лгунóм; **jdn ~, etw zu tun** велéть кому́-л. сдéлать что́-л.; **jdn willkommen ~** привéтствовать когó-л.; **das heißt, ...** э́то знáчит, ...; **was soll das ~?** что э́то знáчит?; **das will nichts ~** э́то ничегó не означáет
heißgeliebt *adj* горячó люби́мый
heißlaufen *irr vi* (*auch fig*) перегревáться, -грéться *pf*; **bei uns läuft das Telefon heiß** наш телефóн перегревáется
Heißluft *f* ⟨*gen*:-⟩ горя́чий вóздух *m*
heiter *adj* (*fröhlich*) весёлый, рáдостный; (*Wetter, Farben*) я́сный, свéтлый; **wie der Blitz aus ~em Himmel** как гром среди́ я́сного нéба; **das kann ja noch ~ werden** (*umg*) весёленькое дéло
Heiterkeit *f* ⟨*gen*:-⟩ (*Fröhlichkeit*) весёлость *f*, (*Erheiterung, Gelächter*) весéлье *nt*; **seine Bemerkung erregte allgemeine ~** егó замечáние вы́звало всеóбщее весéлье; **etw sorgt für ~** что́-л. обеспéчивает весéлье
heizbar *adj* (*Raum*) отáпливаемый; (*Heckscheibe*) с обогрéвом
Heizdecke *f* ⟨-, -n⟩ электроодея́ло *nt*
heizen 1. *vt* (*Raum*) отáпливать, отопи́ть *pf*, (*Ofen*) топи́ть *impf*, натопи́ть *pf*, -тáпливать *impf*; **2.** *vi* топи́ть *impf*; **sie heizt mit Kohle** онá тóпит углём
Heizkörper *m* ⟨-s, -⟩ батарéя *f* центрáльного отоплéния, радиáтор *m*
Heizlüfter *m* ⟨-s, -⟩ тепловентиля́тор *m*
Heizöl *nt* ⟨-(e)s, -e⟩ жи́дкое тóпливо *nt*
Heizstrahler *m* ⟨-s, -⟩ электрокамин *m*
Heizung *f* ⟨-, -en⟩ отоплéние *nt*; **die ~ anstellen/abstellen** включи́ть/вы́ключить отоплéние
Heizungskeller *m* ⟨-s, -⟩ котéльная *f*
Hektar *nt* ⟨-s, -e⟩ гектáр *m*
Hektik *f* ⟨*gen*:-⟩ спéшка *f*; **nur keine ~!** тóлько без спéшки!
hektisch *adj* торопли́вый, лихорáдочный
Held *m* ⟨-en, -en⟩ герóй *m*; (*im Roman*) герóй *m*; **~ des Tages** герóй дня
Heldin *f* ⟨-, -nen⟩ герои́ня *f*; (*im Roman*) герои́ня *f*
helfen ⟨half, geholfen⟩ *vi* помогáть, -мóчь *pf*; **jdm bei etw ~** помогáть кому́-л. в чём-л.; **sich zu ~ wissen** умéть находи́ть вы́ход из слóжных ситуáций; **jdm ist nicht (mehr) zu ~** кóму-л. ничéм ужé нельзя́ помóчь; **ich kann mir nicht helfen, aber ...** ничегó не могу́ с собóй подéлать, но...
Helfer, -in *m/f* ⟨-s, -⟩ помóщник, -ница *m/f*
Helfershelfer *m* ⟨-s, -⟩ (*pej*) сообщник *m*
Helikopter *m* ⟨-s, -s⟩ вертолёт *m*, геликóптер *m*
Helium *nt* ⟨*gen*:-s⟩ гéлий *m*
hell *adj* свéтлый; **draußen wird es schon ~** на дворé ужé светáет; (*Farbe*) свéтлый; **an etw/jdm seine ~e Freude haben** (*umg*) не нарáдоваться на что́-л./когó-л.; **ein ~er Kopf** (*umg*) свéтлая головá
hellblond *adj* белоку́рый
hellhörig *adj* (*Wohnung*)

звукопроница́емый; ~ **werden** следи́ть за че́м.-л. с осо́бым внима́нием
Helligkeit *f* ⟨*gen:-*⟩ я́ркость *f*, я́сность *f*; (*von Beleuchtung*) я́ркость *f*
Hellseher, -in *m/f* ⟨-s, -⟩ ясновидец, -дица *m/f*, ясновидящий, -щая *m/f*
Helm *m* ⟨-(e)s, -e⟩ шлем *m*
Hemd *nt* ⟨-(e)s, -en⟩ соро́чка *f*, руба́шка *f*; (*Unter~*) ма́йка *f*
Hemisphäre *f* ⟨-, -n⟩ (*Erdhalbkugel*) полуша́рие *nt*; **die nördliche/südliche ~** се́верное/ю́жное полуша́рие (*MED: Hirn~*) полуша́рие *nt*
hemmen *vt* заде́рживать, -жа́ть *pf*, сде́рживать, -жа́ть *pf*; (*seelisch, geistig*) тормози́ть, за- *pf*, препя́тствовать, вос- *pf*
Hemmung *f* ⟨-, -en⟩ заде́ржка *f*; (*seelisch, geistig*) ко́мплекс *m*; **nur keine ~en!** то́лько без ко́мплексов!
hemmungslos *adj* безу́держный, необу́зданный; **er betrank sich ~** он безу́держно напива́лся
Hengst *m* ⟨-(e)s, -e⟩ жеребе́ц *m*
Henkel *m* ⟨-s, -⟩ ру́чка *f*
Henker *m* ⟨-s, -⟩ пала́ч *m*; **scher dich zum ~!** (*pej*) убира́йся к чёрту!
Henne *f* ⟨-, -n⟩ ку́рица *f*
her *adv* (*räumlich*) сюда́; **komm ~** иди́ сюда́; **von außen ~** снару́жи; **er kommt von weit ~** он пришёл издалека́; **das ist schon lange ~** э́то бы́ло давны́м давно́; **das ist drei Wochen ~** э́то бы́ло три неде́ли тому́ наза́д; **hinter jdm ~ sein** пресле́довать кого́-л.
herab *adv* вниз; **von oben ~** (*fig*) свысока́
herabblicken *vi* смотре́ть, по- *pf* вниз (*auf +akk* на); **auf jdn ~** смотре́ть на кого́-л. свысока́
herablassen **1.** *irr vr:* **sich ~, etw zu tun** соблаговоли́ть сде́лать что́-л.; **2.** *irr vt* спуска́ть, -сти́ть *pf*; **er ließ die Strickleiter herab** он спусти́л верёвочную ле́стницу
Herablassung *f* ⟨*gen:-*⟩ надме́нность *f*
herabsetzen *vt* (*Verdienste einer Person*) принижа́ть, -ни́зить *pf*; (*Preis*) понижа́ть, -ни́зить *pf*; **die Ware ist stark herabgesetzt** това́р ре́зко подешеве́л
Herabsetzung *f* ⟨-, -en⟩ (*von Verdiensten*) приниже́ние *nt*; (*von Preisen*) сниже́ние *nt*
herabwürdigen *vt* унижа́ть, уни́зить *pf*
heran *adv* сюда́
herankommen *irr vi* (*näher ~*) подходи́ть, -дойти́ *pf* побли́же; (*erreichen*) приближа́ться, -бли́зиться *pf* (*an +akk* к *+dat*); **er kommt nicht an seinen Vorgänger heran** ему́ не прибли́зиться к у́ровню его́ предше́ственника; **nichts an sich ~ lassen** (*umg*) ничего́ не принима́ть бли́зко к се́рдцу
heranmachen *vr:* **sich an jdn ~** (*umg*) пристава́ть к кому́-л.; **sich an etw ~** (*umg*) принима́ться за что́-л.
herantreten *irr vi* (*sich nähern*) подходи́ть, -дойти́ *pf*; (*sich wenden an*) обраща́ться, -рати́ться *pf*; **er trat mit einer Bitte an sie heran** он обрати́лся к ней с про́сьбой
heranwachsen *irr vi* подраста́ть, -расти́ *pf*
Heranwachsende(r) *mf* ⟨-n, -n⟩ подро́сток *m*
heranwagen *vr* рискну́ть приблизиться *pf*, -ближа́ться *impf*; (*an Aufgabe*) рискну́ть взя́ться *pf*, бра́ться *impf* (*an +akk* за)
heranziehen *irr vt* приближа́ться, -бли́зиться *pf*; (*aufziehen*) выра́щивать, вы́растить *pf*; (*berücksichtigen*) принима́ть, -ня́ть *pf* во внима́ние; **jdn zu etw ~** привле́чь кого́-л. к чему́-л.
herauf *adv* вверх; **von unten ~** сни́зу вверх
heraufbeschwören *irr vt* (*wachrufen*) воскреша́ть, -креси́ть *pf* в па́мяти; (*verursachen*) провоци́ровать *impf/pf*, спровоци́ровать *pf*; **sie wird noch ein Unglück ~** она́ ещё накли́чет беду́
heraus *adv* нару́жу; **~ mit der Sprache!** (*umg*) выкла́дывай!; **der Artikel ist noch nicht ~** (*umg*) статья́ ещё не опублико́вана
herausarbeiten *vt* (*sichtbar machen, hervorheben*) выраба́тывать, вы́работать *pf*, устана́вливать, -нови́ть *pf*
herausbekommen *irr vt* вы́ведать *pf*, -ве́дывать *impf*; **wie hast du das ~?** как ты до э́того докопа́лся?; (*Geld*) получа́ть, -чи́ть *pf* сда́чу; **Sie bekommen noch 5 DM heraus** вы получа́ете ещё 5 ма́рок сда́чи; (*Fleck*) вы́вести *pf*, выводи́ть *impf*
herausfinden **1.** *irr vt* выясня́ть, вы́яснить *pf*; **hast du herausgefunden, wann der Bus abfährt?** ты вы́яснил вре́мя отправле́ния авто́буса?; **2.** *vi* выпу́тываться, вы́путаться *pf*
herausfordern *vt* (*Person*) вызыва́ть, вы́звать *pf*; (*Schicksal*) испы́тывать, -та́ть *pf*
Herausforderung *f* ⟨-, -en⟩ (*Aufforderung*) вы́зов *m*; (*SPORT*) *вы́зов претенде́нтом облада́теля ти́тула*; **eine ~ annehmen** приня́ть вы́зов
herausgeben *irr vt* выдава́ть, вы́дать *pf*; (*zurückgeben*) возвраща́ть, -врати́ть

pf; (*Wechselgeld*) дава́ть, дать *pf* сда́чу; (*Buch*) издава́ть, -да́ть *pf*
Herausgeber, -in *m/f* ⟨-s, -⟩ изда́тель, -ница *m/f*
herausgehen *irr vi* выходи́ть, вы́йти *pf*; (*Fleck*) выводи́ться, вы́вестись *pf*; **aus sich ~** вы́йти из себя́
heraushaben *irr vt* (*umg:verstanden haben*) поня́ть *pf*, -нима́ть *impf*
heraushalten *irr vr* держа́ться *impf* в стороне́, не вме́шиваться, -ша́ться *pf* (*aus +dat* в *+akk*); **aus der Sache halte ich mich heraus** в э́то де́ло я не вме́шиваюсь
herausholen *vt* выта́скивать, вы́тащить *pf*; (*abgewinnen*) выжима́ть, вы́жать *pf* (*aus +dat* из *+gen*); **sie hatte alles aus sich herausgeholt** она́ вы́ложилась по́лностью
herauskehren *vt* выпя́чивать, вы́пятить *pf*, подчёркивать, -черкну́ть *pf*
herausnehmen *irr vt* вынима́ть, вы́нуть *pf*; **sich (jdm gegenüber) zuviel ~** мно́го себе́ позво́лить (по отноше́нию к кому́-л.)
herausplatzen *vi:* **mit etw ~** (*umg*) вы́палить что́-л.
herausputzen *vr* наряди́ться *pf*, -ряжа́ться *impf*
herausreden *vr* опра́вдываться, -да́ться *pf*, выгора́живать, вы́городить *pf* себя́
herausreißen *irr vt* вырыва́ть, вы́рвать *pf*; **das reißt es auch nicht mehr heraus** (*umg*) э́тим ситуа́цию уже́ то́же не спасёшь
herausrücken 1. *vi* говори́ть, сказа́ть *pf*, выкла́дывать, вы́ложить *pf*; **nun rücke schon heraus damit** ну, выкла́дывай, что там; **2.** *vt* (*umg:hergeben*) отдава́ть, -да́ть *pf*
herausrutschen *vi* вы́скользнуть *pf*, -ска́льзывать *impf*; **das ist mir nur so herausgerutscht** у меня́ э́то про́сто вы́рвалось
herausschlagen *irr vt* выбива́ть, вы́бить *pf*; (*Vorteil*) извлека́ть, -вле́чь *pf*; **etw für sich ~** извле́чь что́-л. для себя́
herausspringen *irr vi* выска́кивать, вы́скочить *pf*
herausstellen 1. *vr* оказа́ться *pf*, ока́зываться *impf*; **wie sich herausgestellt hat** как оказа́лось; **2.** *vt* (*Person*) выставля́ть, вы́ставить *pf*
heraussuchen *vt* выи́скивать, вы́искать *pf*, подбира́ть, -добра́ть *pf*
herauswachsen *irr vi* вы́расти *pf*, выраста́ть *impf*
herausziehen *irr vt* выдёргивать, вы́дернуть *pf*
herb *adj* (*Geschmack*) те́рпкий; (*Empfindung*) го́рький, суро́вый; **eine ~e Enttäuschung** го́рькое разочарова́ние
herbei *adv* сюда́
herbeiführen *vt* (*bewirken*) вызыва́ть, вы́звать *pf*; (*verursachen*) явля́ться, яви́ться *pf* причи́ной
Herberge *f* ⟨-, -n⟩ постоя́лый двор *m*; (*Jugend~*) турба́за *f*
Herbergsmutter *f* ⟨-, -mütter⟩ заве́дующая *f* турба́зой
Herbergsvater *m* ⟨-s, -väter⟩ заве́дующий *m* турба́зой
herbestellen *vt* вызыва́ть, вы́звать *pf*; **ich habe ihn für 14 Uhr herbestellt** я вы́звал его́ на 14.00 часо́в
Herbizid *nt* ⟨-(e)s, -e⟩ гербици́д *m*
Herbst *m* ⟨-(e)s, -e⟩ о́сень *f*; **im ~** о́сенью
herbstlich *adj* осе́нний
Herd *m* ⟨-(e)s, -e⟩ плита́ *f*; **am ~ stehen** гото́вить еду́; **am heimischen ~** у дома́шнего очага́ (*MED, GEOL*) оча́г *m*; **der ~ eines Erdbebens** оча́г землетрясе́ния
Herde *f* ⟨-, -n⟩ ста́до *nt*
herein *adv* сюда́; **~!** входи́те!; **von draußen ~** снару́жи внутрь
hereinbitten *irr vt* проси́ть, по- *pf* войти́; **darf ich Sie ~?** позво́льте пригласи́ть вас войти?
hereinbrechen *irr vi* (*Nacht, Dämmerung*) наступа́ть, -ступи́ть *pf*; **etw bricht über jdn herein** что́-л. обру́шивается на кого́-л.
hereinbringen *irr vt* вноси́ть, внести́ *pf*; (*Verlust*) приноси́ть, -нести́ *pf*; **die Kosten müssen wieder hereingebracht werden** затра́ты должны быть оку́плены
hereinfallen *irr vi* свали́ться *pf*, сва́ливаться *impf*; попа́сться *pf*, -пада́ться *impf*; **auf etw ~** пове́рить чему́-л.
hereinkommen *irr vi* входи́ть, войти́ *pf*
hereinlassen *irr vt* (*umg*) впуска́ть, -сти́ть *pf*
hereinlegen *vt* (*umg:Person*) обма́нывать, -ну́ть *pf*, наду́ть *pf*, -дува́ть *impf*
hereinplatzen *vi* (*umg*) ввали́ться *pf*, вва́ливаться *impf*
hereinschauen *vi* (*umg*) загляну́ть *pf*, -гля́дывать *impf*; **ich wollte nur kurz bei dir ~** я хоте́л то́лько на мину́тку загляну́ть к тебе́
hereinschneien *vi* (*umg:unerwartet kommen*) внеза́пно прийти́ *pf*, приходи́ть *impf*, заяви́ться *pf*, -вля́ться *impf*

Herfahrt *f* ⟨-, -en⟩ поéздка *f* сюдá; **auf der ~** по дорóге сюдá
herfallen *irr vi:* **über jdn ~** (*jdn angreifen*) напáсть на когó-л.; **mit etw über jdn ~** (*mit Fragen, Wünschen*) обрýшиться на когó-л. с чéм-л.; **über etw ~** наброситься на чтó-л.
Hergang *m* ⟨*gen:*-(e)s⟩ ход *m*, течéние *nt*; **bitte schildern Sie den ~ des Unfalls** опишите, пожáлуйста, как произошёл несчáстный слýчай
hergeben *irr vt* отдавáть, -дáть *pf*, подавáть, -дáть *pf*; **sich zu etw ~** соглашáться на чтó-л.
hergehen *irr vi:* **vor/neben/hinter jdm ~** идти́ пéред/рядом с/за кéм-л.; **hier geht es hoch her** (*umg*) здесь такóе твори́тся
herhalten *vi:* **für etw ~ (müssen)** (быть вы́нужденным) отдувáться; **als Vorwand ~** служи́ть предлóгом
herhören *vi* слýшать, по- *pf*; **bitte ~!** пожáлуйста, внимáние!
Hering *m* ⟨-s, -e⟩ сéльдь *f*, селёдка *f*
herkommen *irr vi* подойти́ *pf*, подходи́ть *impf*; **kannst du bitte mal ~?** мóжешь, пожáлуйста, подойти́?; (*stammen aus*) происходи́ть, -изойти́ *pf*; **wo kommen Sie her?** откýда вы рóдом?
herkömmlich *adj* обы́чный; **auf ~e Art** по обыкновéнию
Herkunft *f* ⟨*gen:*-⟩ (*soziale ~*) происхождéиие; **er ist (von) einfacher ~** он из простых; (*Ursprung*) истóк *m*; **die ~ dieses Brauchs ist unbekannt** истóки э́того обы́чая неизвéстны
Herkunftsland *nt* ⟨-(e)s, -länder⟩ странá *f* происхождéния товáра
herlaufen *irr vi:* **vor/neben/hinter jdm ~** бежáть пéред/рядом с/за кéм-л.
hermachen *vi:* **sich über etw ~** брáться за чтó-л.; **wenig ~** не производи́ть осóбого впечатлéния
Hermelin *nt* ⟨-s, -e⟩ горностáй *m*
hermetisch *adj* (*(luft)dicht*) гермети́чный, воздухонепроницáемый
Heroin *nt* ⟨*gen:*-s⟩ герóин *m*
heroisch *adj* (*heldenhaft*) герои́ческий
Herpes *m* ⟨*gen:*-⟩ гéрпес *m*
Herr *m* ⟨-en, -en⟩ (*Mann*) мужчи́на *m*; (*Gebieter*) господи́н *m*, повели́тель *m*; (*Anrede*) господи́н *m*, сýдарь *m*; **sehr geehrter ~ Müller** глубокоуважáемый господи́н Мю́ллер; **meine Damen und ~en** дáмы и господá; **sein eigener ~ sein** быть самомý себé хозя́ином; **~ der Lage sein** быть хозя́ином положéния; **meine ~en!** господá!
Herrchen *nt* ⟨-s, -⟩ (*von Hund*) хозя́ин *m*
herrenlos *adj* (*Gegenstand*) ничéй, бесхóзный; (*Tier*) брóшенный
Herrenmode *f* ⟨*gen:*-⟩ мужскáя мóда *f*
Herrentoilette *f* ⟨-, -n⟩ мужскóй туалéт *m*
herrichten **1.** *vt* приготáвливать, -тóвить *pf*; **ich habe dir etw zum Essen hergerichtet** я приготóвил тебé кóе-что поéсть; **2.** *vr* (*sich feinmachen*) наряжáться, -ряди́ться *pf*
Herrin *f* ⟨-, -nen⟩ хозя́йка *f*
herrisch *adj* (*gebieterisch*) повели́тельный; (*hochmütig*) высокомéрный
herrlich *adj* великолéпный, прекрáсный; **heute ist ~es Wetter** сегóдня великолéпная погóда
Herrlichkeit *f* ⟨-, -en⟩ (*Schönheit, Größe*) великолéпие *nt*, вели́чие *nt*; **die ~ des Lebens** прéлести жи́зни
Herrschaft *f* ⟨-, -en⟩ (*POL*) господствó *nt*; (*Steuerung, Gewalt*) управлéние *nt*, власть *f*; **die ~ über etw verlieren** потеря́ть власть над чéм-л. (*nur pl: Damen und Herren*) господá *pl*
herrschen *vi* госпóдствовать *impf*; (*vor~*) преобладáть *impf*; **laut ~der Meinung ...** соглáсно распространённому мнéнию...; (*sein, bestehen*) цари́ть *impf*; **es herrschte Stille** цари́ла тишинá
Herrscher, -in *m/f* ⟨-s, -⟩ власти́тель, -ница *m/f*; (*Fürst(in)*) госудáрь, -рыня *m/f*
Herrschsucht *f* ⟨*gen:*-⟩ жáжда *f* влáсти
herrühren *vi* происходи́ть, -изойти́ (*von +dat* от *+akk*)
hersehen *irr vi* смотрéть, по- *pf* сюдá; **sieh mal her!** посмотри́-ка сюдá!
herstellen *vt* (*erzeugen*) производи́ть, -вести́ *pf*, изготовля́ть, -тóвить *pf*; (*Verbindung*) устанáвливать, -нови́ть *pf*
Hersteller, -in *m/f* ⟨-s, -⟩ производи́тель, -ница *m/f*, изготови́тель, -ница *m/f*
Herstellung *f* ⟨*gen:*-⟩ произвóдство *nt*, изготовлéние *nt*
Herstellungskosten *pl* ⟨*gen:*-⟩ издéржки *pl* произвóдства
Hertz *nt* ⟨-, -⟩ герц *m*
herüber *adv* сюдá, на э́ту стóрону
herum *adv* вокрýг; **um etw ~** вокрýг чегó-л.; **um ... ~** (*umg:ungefähr*) óколо
herumärgern *vr* ссóриться, по- *pf* (*mit +dat* с *+inst*)
herumführen *vt* води́ть *impf*; **sie führte ihn in der Stadt herum** онá води́ла егó по гóроду; **um etw ~** обводи́ть вокрýг чегó-л.
herumgehen *irr vi* (*umg*) обходи́ть, обойти́ *pf*; **um etw ~** обойти́ чтó-л.

herumhacken *vi:* **auf jdm ~** (*umg*) ругáть когó-л.
herumkommandieren *vt* (*umg*) комáндовать *impf*, хозя́йничать *impf*
herumkommen *irr vi* мнóго éздить *impf*; **er ist weit herumgekommen** он мнóго путешéствовал; **um etw (nicht) ~** (не)избежáть чегó-л.
herumkriegen *vt* (*umg:Person*) уговори́ть *pf*, -вáривать *impf*; (*umg:Zeit*) коротáть, скоротáть *pf*; **ich muß noch eine Stunde bis zur Abfahrt ~** я дóлжен скоротáть ещё час до отправлéния
herumlungern *vi* (*umg*) шля́ться *impf*, шатáться *impf*
herumschlagen *irr vr:* **sich mit jdm/etw ~** (*umg:abmühen*) би́ться с кéм-л./над чéм-л.
herumsitzen *irr vi* (*umg*) бездéльничать *impf*; **willst du den ganzen Tag ~?** ты собирáешься весь день сидéть сложá рýки?
herumsprechen *irr vr* распространя́ться, -ни́ться *pf*; **es hat sich überall herumgesprochen, daß ...** всéм стáло извéстно, что...
herumtreiben *irr vr* (*umg*) слоня́ться *impf*, шля́ться *impf*; **wo hast du dich wieder herumgetrieben?** где ты опя́ть шля́лся?
herunter *adv* вниз; **von oben ~** свéрху вниз; **~ damit!** долóй!
heruntergekommen *adj* (*Person*) опусти́вшийся; (*Gebäude*) запýщенный
herunterkommen *irr vi* (*nach unten kommen*) спускáться, -сти́ться *pf*; (*nachlassen, verkommen*) опускáться, -сти́ться *pf*
heruntermachen *vt* (*entfernen*) снимáть, снять *pf*; **sie macht den Vorhang herunter** онá снимáет занавéски; (*umg: zurechtweisen*) отчи́тывать, -читáть *pf*
herunterspielen *vt* (*umg*) умаля́ть, -ли́ть *pf* значéние
hervor *adv* нарýжу, вперёд
hervorbringen *irr vt* породи́ть *pf*, -рождáть *impf*; (*äußern*) произноси́ть, -нести́ *pf*
hervorgehen *irr vi* выходи́ть, вы́йти *pf*; **er ist als Sieger aus dem Kampf hervorgegangen** он вы́шел из бóя победи́телем; (*sich ergeben, sich zeigen*) слéдовать, по- *pf*; **das geht aus seinem Bericht nicht hervor** э́то не вытекáет из егó доклáда; (*stammen*) происходи́ть, -изойти́ *pf* (*aus +dat* из *+akk*)
hervorheben *irr vt* подчёркивать, -черкнýть *pf*, осóбо отмечáть, -мéтить *pf*
hervorragend *adj* выдаю́щийся; **das ist eine ~e Leistung** э́то выдаю́щееся достижéние; (*vorstehend*) выступáющий
hervorrufen *irr vt* вызывáть, вы́звать *pf*; **ihr Auftritt rief Begeisterung hervor** её выступлéние вы́звало востóрг
hervortreten *irr vi* выступáть, вы́ступить *pf* вперёд; (*vorstehen*) выдавáться, вы́даться *pf* вперёд
hervortun *irr vr* выделя́ться, вы́делиться *pf*; **sie hat sich als ausgezeichnete Tänzerin hervorgetan** онá отличáлась великолéпным умéнием танцевáть
Herz *nt* ⟨-ens, -en⟩ сéрдце *nt*; (*bei Spielkarten*) чéрви *fpl*; **schweren ~ens** с тяжёлым сéрдцем; **ein ~ und eine Seele sein** жить душá в дýшу; **jdm sein ~ ausschütten** изли́ть комý-л. дýшу; **jdn in sein ~ schließen** привязáться к комý-л.
Herzanfall *m* ⟨-(e)s, -fälle⟩ сердéчный при́ступ *m*
Herzenslust *f* ⟨*gen:-*⟩: **nach ~** вво́лю
Herzenswunsch *m* ⟨-(e)s, -wünsche⟩ и́скреннее желáние *nt*
Herzfehler *m* ⟨-s, -⟩ порóк *m* сéрдца
herzhaft *adj* (*kräftig*) крéпкий, си́льный; (*Essen*) сы́тный, плóтный; **sie nahmen ein ~es Mahl zu sich** они́ плóтно поéли
Herzinfarkt *m* ⟨-(e)s, -e⟩ инфáркт *m* миокáрда
Herzklopfen *nt* ⟨*gen:-s*⟩ сердцебиéние *nt*; **~ haben** (*sich fürchten*) боя́ться
herzlich 1. *adj* (*Begrüßung*) сердéчный; **~ lachen** смея́ться от души́; **~en Dank!** сердéчное спаси́бо!; **~en Glückwunsch!** от души́ поздравля́ю!; **2.** *adv* (*sehr, äußerst*) óчень; **~ gern** с бóльши́м удовóльствием; **~ wenig** óчень мáло
Herzlichkeit *f* ⟨*gen:-*⟩ сердéчность *f*, задушéвность *f*
herzlos *adj* бессердéчный, бездýшный
Herz-Lungen-Maschine *f* ⟨-, -n⟩ аппарáт *m* „сéрдце-лёгкие"
Herzog, -in *m/f* ⟨-s, Herzöge⟩ гéрцог, -и́ня *m/f*
Herzogtum *nt* ⟨-s, -tümer⟩ гéрцогство *nt*
Herzoperation *f* ⟨-, -en⟩ оперáция *f* на сéрдце
Herzschlag *m* ⟨*gen:-(e)s*⟩ биéние *nt* сéрдца, сердцебиéние *nt*; (*Herzanfall*) парали́ч *m* сéрдца
Herzschrittmacher *m* ⟨-s, -⟩ электростимуля́тор *m* сéрдца
Herztransplantation *f* ⟨-, -en⟩ пересáдка *f* сéрдца
Herzversagen *nt* ⟨*gen:-s*⟩ прекращéние *nt* сердéчной дéятельности

herzzerreißend *adj* душераздира́ющий
Hessen *nt* ⟨*gen:*-s⟩ Ге́ссен *m*
heterogen *adj* (*uneinheitlich*) гетероге́нный, неодноро́дный
heterosexuell *adj* гетеросексуа́льный
Hetze *f* ⟨*gen:*-⟩ (*Eile*) спе́шка *f*; (*gegen jdn*) тра́вля *f*
hetzen 1. *vt* (*antreiben*) подгоня́ть, -догна́ть *pf*, торопи́ть ,по- *pf*; (*jagen*) трави́ть, за- *pf*; **die Hunde hetzen einen Hasen** соба́ки тра́вят за́йца; **2.** *vi* вести́ *impf* кампа́нию тра́вли (*gegen +akk* про́тив *+gen*)
Hetzkampagne *f* ⟨-, -n⟩ тра́вля *f*
Heu *nt* ⟨*gen:*-(e)s⟩ се́но *nt*; **~ machen** коси́ть се́но; **jd hat Geld wie ~** (*umg*) у кого́-л. де́нег ку́ры не клюю́т
Heuchelei *f* ⟨-, -en⟩ лицеме́рие *nt*
heucheln 1. *vt* (*vorgeben*) притворя́ться, -ри́ться *pf*; **er heuchelte Mitleid** он изобража́л сочу́вствие; **2.** *vi* лицеме́рить *impf*
Heuchler, -in *m/f* ⟨-s, -⟩ лицеме́р, -ка *m/f*, притво́рщик, -щица *m/f*
heuchlerisch *adj* лицеме́рный, притво́рный
heulen *vi* (*umgpej:weinen*) реве́ть *impf*, рыда́ть *impf*; (*Wolf*) выть *impf*; (*Sirene*) выть *impf*; **das ist doch zum Heulen** (*umg*) э́то про́сто ужа́сно; **das ~de Elend** (*umg*) вопию́щая убо́гость
Heuschnupfen *m* ⟨*gen:*-s⟩ сенно́й на́сморк *m*
Heuschrecke *f* ⟨-, -n⟩ саранча́ *f*
heute *adv* сего́дня; **~ morgen** сего́дня у́тром; **~ abend** сего́дня ве́чером; **~ in acht Tagen** че́рез во́семь дней; **der wievielte ist ~?** како́е сего́дня число́?; **lieber ~ als morgen** лу́чше сего́дня, чем за́втра
heutig *adj* сего́дняшний; (*derzeitig*) совреме́нный
heutzutage *adv* в на́ше вре́мя, ны́нче
Hexe *f* ⟨-, -n⟩ ве́дьма *f*, колду́нья *f*
hexen *vi* колдова́ть *impf*; (*Wunder vollbringen*) твори́ть чудеса́, со- *pf* чу́до; **ich kann auch nicht ~!** я же не волше́бник!
Hexenschuß *m* ⟨*gen:*-schusses⟩ простре́л *m*, люмба́го *nt*
Hexerei *f* ⟨*gen:*-⟩ колдовство́ *nt*, волшебство́ *nt*; **das ist keine ~** э́то не мудрено́ сде́лать
hieb *prät von* **hauen**
Hieb *m* ⟨-(e)s, -e⟩ уда́р *m*; **~e bekommen** (*umg*) получи́ть взбу́чку
hielt *prät von* **halten**
hier *adv* здесь; **was machst du denn ~?** что ты здесь де́лаешь?; **sind Sie von ~?** вы ме́стный?; **~ und da** там и сям; **von ~ aus** отсю́да
hieran *adv* на э́том ме́сте, здесь; **~ zeigt sich ...** из э́того ви́дно
Hierarchie *f* ⟨-, -n⟩ иера́рхия *f*
hierarchisch *adj* иерархи́ческий; **~er Aufbau** иерархи́ческое построе́ние
hierauf *adv* на э́то; **~ kenne ich keine Antwort** на э́то у меня́ нет отве́та; (*daraufhin*) зате́м, по́сле э́того; **~ gingen wir nach Hause** зате́м мы пошли́ домо́й
hieraus *adv* из э́того, отсю́да; **~ folgt, daß ..** отсю́да сле́дует, что...
hierbehalten *irr vt* оставля́ть, -та́вить *pf* у себя́
hierbei *adv* при э́том, здесь; **~ geht es um ...** при э́том речь идёт о...
hierbleiben *irr vi* остава́ться, -та́ться *pf* здесь
hierdurch *adv* (*infolgedessen*) в результа́те э́того, таки́м о́бразом; **~ kam es zu dem Unfall** таки́м о́бразом де́ло дошло́ до несча́стного слу́чая; (*örtlich*) сюда́
hierfür *adv* за э́то, на э́то
hierher *adv* сюда́; **bis ~ und nicht weiter** до сих пор и не да́льше
hierhin *adv* сюда́
hierlassen *irr vt* оставля́ть, -та́вить *pf* здесь; **ich lasse dir den Regenschirm hier** я оста́влю зо́нтик здесь
hiermit *adv* э́тим, настоя́щим
hiernach *adv* по э́тому, соотве́тственно э́тому
Hieroglyphe *f* ⟨-, -n⟩ иеро́глиф *m*
hiervon *adv* об э́том; **~ höre ich heute zum ersten Mal** об э́том я слы́шу сего́дня впервы́е; (*von diesem*) э́того, из э́того; **bitte geben Sie mir ~ 100 g** э́того да́йте мне, пожа́луйста, 100г ; (*örtlich*) от э́того, отсю́да
hierzu *adv* к э́тому; **~ gehört ein herber Rotwein** к э́тому полага́ется сухо́е кра́сное вино́; **~ kann ich Ihnen nur raten** по э́тому по́воду я могу́ вам то́лько посове́товать
hierzulande *adv* в э́той стране́, здесь
hiesig *adj* ме́стный, здё́шний
hieß *prät von* **heißen**
Hi-Fi-Anlage *f* ⟨-,-n⟩ высокока́чественная акусти́ческая систе́ма *f*
high *adj* (*umg:von Drogen*) одурма́ненный
High-Society *f* ⟨*gen:*-⟩ вы́сший свет *m*
High-Tech *f* ⟨*gen:*-⟩ высокото́чная те́хника *f*
Hilfe *f* ⟨-, -n⟩ по́мощь *f*; (*Unterstützung*) подде́ржка *f*; (*Hilfskraft*) помо́щник *m*; **~!** на по́мощь!; **mit ~ von** с по́мощью;

jdm ~ leisten оказывать кому́-л. по́мощь; **etw zur ~ nehmen** прибе́гнуть к по́мощи чего́-л.; **um ~ rufen** звать на по́мощь; **Erste ~** пе́рвая по́мощь

hilflos *adj* беспо́мощный

Hilflosigkeit *f* ⟨*gen:-*⟩ беспо́мощность *f*

hilfreich *adj* гото́вый помо́чь; (*nützlich*) поле́зный; **deine Kenntnisse wären sehr ~** твои́ зна́ния бы́ли бы о́чень поле́зны

Hilfsaktion *f* ⟨-, -en⟩ а́кция *f* по оказа́нию по́мощи

Hilfsarbeiter, -in *m/f* ⟨-s, -⟩ подсо́бный рабо́чий *m*

hilfsbedürftig *adj* нужда́ющийся в по́мощи

hilfsbereit *adv* гото́вый помо́чь

Hilfsbereitschaft *f* ⟨*gen:-*⟩ гото́вность *f* помо́чь

Hilfskraft *f* ⟨-, -kräfte⟩ вспомога́тельная рабо́чая си́ла *f*, подсо́бная рабо́чая си́ла *f*

Hilfsmittel *nt* ⟨-s, -⟩ вспомога́тельное сре́дство *nt*; **als ~ dienen** служи́ть вспомога́тельным сре́дством

Hilfsorganisation *f* ⟨-, -en⟩ организа́ция *f* по оказа́нию по́мощи

Hilfsverb *nt* ⟨-s, -en⟩ вспомога́тельный глаго́л *m*

Himbeere *f* ⟨-, -n⟩ мали́на *f*

Himmel *m* ⟨*gen:-s*⟩ не́бо *nt*; **am ~ steht keine Wolke** на не́бе ни о́блачка; (*REL*) небеса́ *pl*; **aus heiterem ~** с я́сного не́ба; **um ~s willen!** ра́ди бо́га!

himmelblau *adj* небе́сно-голубо́й, лазо́ревый

Himmelfahrt *f* ⟨*gen:-*⟩ (*Christi ~*) вознесе́ние *nt*

himmelschreiend *adj* (*empörend*) вопию́щий; **das ist eine ~e Ungerechtigkeit!** э́то вопию́щая несправедли́вость!; (*groß, äußerst*) чрезвыча́йно, ужа́сно

Himmelskörper *m* ⟨-s, -⟩ небе́сное те́ло *nt*

Himmelsrichtung *f* ⟨-, -en⟩ сторона́ *f* све́та

himmlisch *adj* небе́сный; (*großartig, wunderbar*) восхити́тельный, ди́вный; **ein ~es Vergnügen** боже́ственное удово́льствие

hin *adv* (*dort~*) туда́, по направле́нию к; **~ und her** туда́-сюда́; **~ und wieder** вре́мя от вре́мени; **alles ist ~** всё пропа́ло; **auf jds Rat ~** по чьему́-л. сове́ту; **auf die Gefahr ~, ...** с ри́ском...

hinab *adv* вниз; **den Berg ~** вниз по горе́

hinarbeiten *vi:* **auf etw ~** добива́ться чего́-л.

hinauf *adv* вверх, наве́рх

hinaufgehen *irr vi* поднима́ться, -ня́ться *pf*

hinaufsteigen *irr vi* всходи́ть, взойти́ *pf*; (*Treppe*) поднима́ться, -ня́ться *pf*

hinaus *adv* нару́жу, из; **~ mit dir!** убира́йся вон!; **darüber ~** сверх того́; **über Jahre ~** че́рез го́ды

hinausbefördern *vt* вы́вести *pf*, -води́ть *impf*

hinausblicken *vi* выгля́дывать, вы́глянуть *pf*; **sie blickte zum Fenster hinaus** она́ вы́глянула из окна́

hinausgehen *irr vi* выходи́ть, вы́йти *pf*; (*ausgerichtet sein*) выходи́ть *impf*; **mein Fenster geht auf den Hof hinaus** моё окно́ выхо́дит во двор; **über etw ~** выходи́ть за преде́лы чего́-л.

hinauslaufen *irr vi* выбега́ть, вы́бежать *pf*; **auf etw ~** своди́ться к чему́-л.

hinausschieben *irr vt* (*verzögern*) отсро́чивать, -чить *pf*, откла́дывать, отложи́ть *pf*

hinauswerfen *irr vt* (*wegwerfen*) выбра́сывать, вы́бросить *pf*; (*Person*) прогоня́ть, -гна́ть *pf*; **Geld zum Fenster ~** (*umg*) выбра́сывать де́ньги из окна́

hinauswollen *vi:* **auf etw ~** клони́ть к чему́-л.; **hoch ~** высоко́ ме́тить

hinausziehen *irr vr* (*sich hinziehen*) затя́гиваться, -тяну́ться *pf*

hinauszögern 1. *vt* оття́гивать, -тяну́ть *pf*; **er zögerte den Abschied noch hinaus** он всё ещё оття́гивал проща́нье; **2.** *vr* отсро́чиваться, -сро́читься *pf*, откла́дываться, отложи́ться *pf*

Hinblick *m:* **im ~ auf** ввиду́ чего́-л.

hinderlich *adj* затрудни́тельный; (*im Wege*) меша́ющий; **jdm ~ sein** быть кому́-л. поме́хой

hindern *vt* (*aufhalten, hemmen*) препя́тствовать, вос- *pf*; **jdn daran ~, etw zu tun** (*von etw abhalten*) не дать кому́-л. сде́лать что́-л.

Hindernis *nt* ⟨-ses, -se⟩ препя́тствие *nt*, поме́ха *f*; **das soll kein ~ sein** э́то не должно́ быть поме́хой; (*SPORT*) препя́тствие *nt*; **ein ~ nehmen** взять препя́тствие; **jdm ~se in den Weg legen** (*fig*) чини́ть кому́-л. препя́тствия

hindeuten *vi* ука́зывать, -за́ть *pf* (*auf +akk* на); **alle Anzeichen deuten darauf hin, daß ...** все при́знаки свиде́тельствуют о том, что...

Hinduismus *m* ⟨*gen:-*⟩ индуи́зм *m*

hindurch *adv* (*räumlich*) че́рез, сквозь; (*zeitlich*) в тече́ние; **das ganze Jahr ~** в тече́ние всего́ го́да

hinein *adv* (*räumlich*) в, внутрь; **in das Zimmer ~** в ко́мнату; (*zeitlich*) вплоть

до ; **er arbeitete bis tief in die Nacht ~** он рабо́тал до по́здней но́чи
hineindenken *irr vr* вду́мываться, -маться *pf* (*in +akk* в)
hineinfallen *irr vi* па́дать, упа́сть *pf*
hineingehen *irr vi* входи́ть, войти́ *pf*; (*hineinpassen*) входи́ть, войти́ *pf*, вмеща́ться, вмести́ться *pf*; **in den Eimer gehen fünf Liter hinein** в ведро́ вхо́дит пять ли́тров
hineingeraten *irr vi* попа́сть *pf*, -пада́ть *impf*
hineinpassen *vi* входи́ть, войти́ *pf*, вмеща́ться, вмести́ться *pf* (*in +akk* в)
hineinreden *vi* (*in Angelegenheiten*) вме́шиваться, -ша́ться *pf*; **da laß ich mir nicht ~!** здесь я не позво́лю вме́шиваться!
hineinschlittern *vi* (*umg*) вли́пнуть *pf*, -па́ть *impf*
hineinsehen *irr vi* загля́дывать, -гляну́ть *pf*
hineinversetzen *vr:* **sich in jdn ~** предста́вить себя́ на чьём-л. ме́сте
hineinwachsen *irr vi* враста́ть, -сти́ *pf* (*in +akk* в)
hinfahren 1. *irr vt* отвози́ть, -везти́ *pf*; **soll ich dich ~?** отвезти́ тебя́?; **2.** *vi* съе́здить *pf*
Hinfahrt *f* ⟨-, -en⟩ пое́здка *f* туда́; **auf der ~** по доро́ге туда́
hinfallen *irr vi* па́дать, упа́сть *pf*
hinfällig *adj* недействи́тельный; (*schwach*) сла́бый, дря́хлый
hing *prät von* **hängen**
Hingabe *f* ⟨*gen:-*⟩ увлечённость *f*, отда́ча *f*; **mit ~ hörte sie Musik** она увлечённо слу́шала му́зыку
hingeben *irr vr:* **sich einer Sache ~** отдава́ться како́му-л. де́лу; **sich jdm ~** отдава́ться кому́-л.
hingehen *irr vi* идти́ *impf*; **wo gehst du hin?** куда́ ты идёшь?
hingehören *vi* принадлежа́ть *impf*; **das gehört hier nicht hin** э́то сюда́ не отно́сится
hinhalten *irr vt* подава́ть, -да́ть *pf*, протя́гивать, -тяну́ть *pf*; (*Person*) заде́рживать, -жа́ть *pf*
hinken *vi* хрома́ть *impf*; **der Vergleich hinkt** сравне́ние хрома́ет
hinkriegen *vt* (*umg:fertigbringen*) удава́ться, уда́ться *pf*; **das werde ich nie ~!** мне э́то никогда́ не уда́стся!
hinlegen 1. *vt* класть, положи́ть *pf*; (*umg:gekonnt ausführen*) исполня́ть, -по́лнить *pf*; (*umg:bezahlen*) раскоше́ливаться, -ше́литься *pf*; **für einen Mercedes mußt du schon was ~** на мерсе́де́с тебе́ придётся как сле́дует раскоше́литься; **2.** *vr* ложи́ться, лечь *pf*
hinnehmen *irr vt* принима́ть, -ня́ть *pf*; **etw als selbverständlich ~** воспринима́ть что́-л. как само́ собо́й разуме́ющееся
hinreichend *adj* (*ausreichend*) доста́точный
Hinreise *f* ⟨-, -n⟩ пое́здка *f* туда́; **auf der ~** по доро́ге туда́
hinreißen *irr vt* увлека́ть, -ле́чь *pf*; **er lauschte hingerissen ihrem Gesang** он увлечённо слу́шал её пе́ние; **sich (von jdm/etw) zu etw ~ lassen** дать (кому́-л./чему́-л). увле́чь себя́ че́м-л.
hinrichten *vt* казни́ть *impf/pf*
Hinrichtung *f* ⟨-, -en⟩ казнь *f*
hinsagen *vt* (*umg*) говори́ть, сказа́ть *pf* про́сто так, ля́пнуть *pf*; **das hat er nur so hingesagt** э́то он про́сто так ля́пнул
hinsehen *irr vi* взгляну́ть *pf*, взгля́дывать *impf*; **vor sich ~** смотре́ть пе́ред собо́й
hinsetzen *vr* сади́ться, сесть *pf*, уса́живаться, усе́сться *pf*
Hinsicht *f:* **in dieser ~** в э́том отноше́нии; **in jeder ~** с любо́й то́чки зре́ния; **in ~ auf** относи́тельно чего́-л.
hinsichtlich *präp +gen* относи́тельно, в отноше́нии
hinstellen 1. *vt* ста́вить, по- *pf*; (*parken*) припарко́вывать, -кова́ть *pf*; **2.** *vr* стать *pf*, станови́ться *impf*; **jdn als Vorbild ~** ста́вить кого́-л. в приме́р
hinten *adv* сза́ди; **nach ~** наза́д; **von ~** сза́ди; **weit ~** далеко́ позади́; **etw reicht ~ und vorne nicht** (*umg*) чего́-л. однозна́чно не хвата́ет
hintenherum *adv* око́льным путём; (*umg:heimlich, auf Umwegen*) тайко́м, исподтишка́
hinter *präp* за; **unser Garten liegt ~ dem Haus** наш сад нахо́дится за до́мом; **sie stellte sich ~ die Säule** она́ ста́ла за коло́нну; **~ ... her** за; **~ jds Rücken** за чье́й-л. спино́й; **etw ~ sich bringen** заверши́ть что́-л.; **~ etw kommen** раскры́ть что́-л.; **~jdm her sein** пресле́довать кого́-л.; **etw ~ sich haben** пережи́ть что́-л.
Hinterausgang *m* ⟨-(e)s, -gänge⟩ чёрный ход *m*, вход *m* со двора́
Hinterbliebene(r) *mf* ⟨-n, -n⟩ бли́зкий ро́дственник, -кая -ница *m/f* поко́йного
hintere(r,s) *adj* за́дний; после́дний
hintereinander *adv* (*räumlich*) оди́н за други́м; **bitte stellt euch ~ auf!** пожа́луйста, постро́йтесь друг за дру́гом!; (*zeitlich*) подря́д; **er fehlte drei**

Tage ~ он отсу́тствовал три дня подря́д

hinterfragen *vt* расспра́шивать, -проси́ть *pf*

Hintergedanke *m* ⟨-n, -n⟩ за́дняя мысль *f*; **ohne ~n** без за́дних мы́слей

hintergehen *irr vt* обма́нывать, -ману́ть *pf*

Hintergrund *m* ⟨-(e)s, -gründe⟩ за́дний план *m*, фон *m*; *(fig)* за́дний план *m*; **in den ~ treten** отойти́ на за́дний план

Hinterhalt *m* ⟨-(e)s, -e⟩ заса́да *f*

hinterhältig *adj* кова́рный, вероло́мный

hinterher *adv* *(räumlich)* позади́, сза́ди; *(zeitlich)* пото́м, зате́м

hinterherlaufen *irr vi* бежа́ть *impf* вслед; **jdm ~** *(umg)* бе́гать за ке́м-л.

hinterhersein *irr vi* пресле́довать *impf*; **hinter jdm hersein** *(umg)* гна́ться за ке́м-л.; **mit etw ~** *(umg:zurückliegen)* отста́ть в чём-л.; **hinter etw hersein (müssen)** *(umg:auf etw achten)* (быть вы́нужденным) внима́тельно следи́ть за че́м-л.

Hinterhof *m* ⟨-(e)s, -höfe⟩ за́дний двор *m*

Hinterkopf *m* ⟨-(e)s, -köpfe⟩ заты́лок *m*

hinterlassen *irr vt* оставля́ть, -та́вить *pf*; **ich hinterlasse dir eine Nachricht** я оста́влю тебе́ запи́ску; *(vererben)* завеща́ть *impf*

hinterlegen *vt* сдава́ть, сдать *pf*, отдава́ть, -да́ть *pf* на хране́ние

Hinterlist *f* ⟨-, -en⟩ кова́рство *nt*, вероло́мство *nt*; *(List, Trick)* хи́трость *f*, уло́вка *f*

hinterlistig *adj* кова́рный, хи́трый

Hintermann *m* ⟨-(e)s, -männer⟩ *(in einer Reihe)* стоя́щий *m* позади́

Hintern *m* ⟨-, -⟩ *(umg)* зад *m*, за́дница *f*; **sich auf den ~ setzen** *(hinfallen)* упа́сть

Hinterrad *nt* ⟨-(e)s, -räder⟩ за́днее колесо́ *nt*

Hinterradantrieb *m* ⟨-(e)s, -e⟩ при́вод *m* на за́дние колёса

hinterrücks *adv* *(heimtückisch)* вероло́мно, кова́рно

Hintertreffen *nt*: **ins ~ geraten** попа́сть в невы́годное положе́ние

Hintertür *f* ⟨-, -en⟩ чёрный ход *m*; **sich eine ~ offenhalten** *(fig)* обеспе́чить себе́ путь к отступле́нию

hinterziehen *irr vt* *(Steuern)* уклоня́ться, -ни́ться *pf*

hinüber *adv* на ту сто́рону, туда́; **bringen sie es ~** отнеси́те э́то туда́

hinunter *adv* вниз; **die Straße ~** вниз по у́лице

hinunterbringen *irr vt* сноси́ть, снести́ *pf*; *(umg:schlucken)* с трудо́м прогла́тывать, -глоти́ть *pf*; глота́ть *impf*

hinuntergehen *irr vi* сходи́ть, сойти́ *pf*, спуска́ться, -сти́ться *pf*

hinunterschlucken *vt* глота́ть; *(einmal)* глотну́ть; *(Vorwurf, Gefühl)* прогла́тывать, -глоти́ть *pf*; **er schluckte seine Tränen hinunter** он глота́л слёзы

Hinweg *m* ⟨-(e)s, -e⟩ доро́га *f* туда́; путь *m* туда́; **auf dem ~** по пути́ туда́

hinwegkommen *irr vi*: **über etw ~** пережи́ть что́-л.

hinwegsehen *irr vi*: **über etw ~** закрыва́ть глаза́ на что́-л.; **über jdn ~** не замеча́ть кого́-л.

hinwegsetzen *vr*: **sich über etw ~** не принима́ть что́-л. бли́зко к се́рдцу; **sich über jdn ~** не обраща́ть внима́ния на кого́-л.

Hinweis *m* ⟨-es, -e⟩ указа́ние *nt*, замеча́ние *nt*; *(Andeutung, Rat)* намёк *m*, замеча́ние *nt*; **wenn ich mir den ~ erlauben darf...** е́сли позво́лите заме́тить...; *(Verweis, Anweisung)* указа́ние *nt*, ссы́лка *f*; **jdm einen ~ geben** дать кому́-л. указа́ние

hinweisen **1.** *irr vt*: **jdn auf etw ~** указа́ть кому́-л. на что́-л.; **2.** *vi* *(zeigen)* ука́зывать, -за́ть *pf*, пока́зывать, -за́ть *pf* *(auf +akk* на); *(verweisen)* ссыла́ться, сосла́ться *pf*, ука́зывать, -за́ть *pf* *(auf +akk* на)

hinzufügen *vt* добавлять, -ба́вить *pf*; **dem möchte ich etw ~** к э́тому я хочу́ ко́е-что доба́вить

Hirn *nt* ⟨-(e)s, -e⟩ головно́й мозг *m*; *(umg: Verstand)* сообрaже́ние *nt*; **streng mal dein ~ an!** напряги́ свои́ мозги́

Hirngespinst *nt* ⟨-(e)s, -e⟩ химе́ра *f*, игра́ *f* больно́го воображе́ния

Hirnhautentzündung *f* ⟨-, -en⟩ менинги́т *m*

hirnverbrannt *adj* *(umg)* сумасбро́дный; **du bist ja völlig ~!** ты совсе́м с ума́ сошёл!

Hirsch *m* ⟨-(e)s, -e⟩ оле́нь *m*

Hirse *f* ⟨*gen:-*⟩ пшено́ *nt*

Hirt *m* ⟨-n, -n⟩ пасту́х *m*

hissen *vt* *(Flagge)* поднима́ть, -ня́ть *pf*

Historiker, -in *m/f* ⟨-s, -⟩ исто́рик *m*

historisch *adj* истори́ческий; *(bedeutsam)* значи́тельный; **ein ~er Augenblick** истори́ческий моме́нт

Hit *m* ⟨-s, -s⟩ *(umg:Schlager)* хит *m*, шля́гер *m*

Hitparade *f* ⟨-, -n⟩ хит-пара́д *m*

Hitze *f* ⟨*gen:-*⟩ жара́ *f*; **eine ~ ist das heute!** ну сего́дня и жара́!; **in ~ geraten** разгорячи́ться; **in der ~ des Gefechts** в пылу́ сраже́ния

hitzebeständig *adj* жаросто́йкий
hitzefrei *adj* (*von Schule, Arbeit*) *свобо́дный от заня́тий в шко́ле, от рабо́ты из-за жары́*
Hitzewelle *f* ⟨-, -n⟩ пери́од *m* жары́
hitzig *adj* (*aufbrausend*) вспы́льчивый; (*Wortstreit, Gefecht*) горя́чий
Hitzkopf *m* ⟨-(e)s, -köpfe⟩ (*umg*) вспы́льчивый челове́к *m*
Hitzschlag *m* ⟨-(e)s, -schläge⟩ теплово́й уда́р *m*
HIV *abk von* ***human immune (deficiency) virus*** *m* ВИЧ *m*
HIV-negativ *adj* (*nicht HIV-befallen*) отрица́тельный ВИЧ
HIV-positiv *adj* (*HIV-befallen*) положи́тельный ВИЧ
H-Milch *f* ⟨*gen:-*⟩ гомогенизи́рованное молоко́ *nt*
hob *prät von* **heben**
Hobby *nt* ⟨-s, -s⟩ хо́бби *nt*; **ein ~ haben** име́ть хо́бби
Hobel *m* ⟨-s, -⟩ руба́нок *m*
hobeln *vi* строга́ть, вы́- *pf*
hoch *adj* высо́кий; (*Preis*) высо́кий; **sie mußte eine hohe Strafe zahlen** она́ должна́ была́ заплати́ть большо́й штра́ф; (*Ehre*) высо́кий; (*Fieber*) си́льный; **er hat hohes Fieber** у него́ сильный жар; **~ hinauswollen** высоко́ ме́тить; **wenn es ~ kommt** от си́лы; **das ist mir zu ~** (*umg*) э́то вы́ше моего́ понима́ния
Hoch *nt* ⟨-s, -s⟩ (*~druckgebiet*) о́бласть *f* высо́кого давле́ния; (*~ruf*) ура́; **ein dreifaches ~ auf dich!** троекра́тное ура́ в твою́ честь!
Hochachtung *f* ⟨*gen:-*⟩ глубо́кое уваже́ние *nt*; **meine ~!** моё почте́ние!
hochachtungsvoll *adv* (*im Brief*) с глубо́ким уваже́нием
hochanständig *adj* в вы́сшей сте́пени поря́дочный; **das war ~ von ihm** э́то бы́ло в вы́сшей сте́пени поря́дочно с его́ стороны́
hochauflösend *adj* (*Bildschirm*) с высо́кой разреша́ющей спосо́бностью
Hochbau *m* ⟨-(e)s, -ten⟩ (*Gebäude*) надзе́мное сооруже́ние *nt*; (*~wesen*) надзе́мное стро́ительство *nt*
hochbegabt *adj* высокоодарённый
Hochbetrieb *m* ⟨*gen:-*(e)s⟩ напряжённая рабо́та *f*, максима́льная нагру́зка *f*
hochbrisant *adj* исключи́тельно взрывоопа́сный; **die Angelegenheit ist ~** де́ло исключи́тельно взрывоопа́сно
Hochburg *f* ⟨-, -en⟩ цитаде́ль *f*, опло́т *m*
hochdeutsch *adj* литерату́рный неме́цкий
Hochdeutsch *nt* ⟨*gen:-n*⟩ неме́цкий литерату́рный язы́к *m*
Hochdruck *m* ⟨*gen:-*(e)s⟩ (*Wetter, Blut~*) высо́кое давле́ние *nt*; **mit ~ arbeiten** (*umg*) напряжённо рабо́тать
Hochform *f* ⟨*gen:-*⟩ наилу́чшая фо́рма *f*; **in ~ sein** быть в наилу́чшей фо́рме
Hochformat *nt* ⟨-(e)s, -e⟩ (*von Bild*) вертика́льный форма́т *m*
Hochgebirge *nt* ⟨-s, -⟩ высокого́рный масси́в *m*, высокого́рье *nt*
Hochglanz *m* ⟨*gen:-es*⟩: **etw auf ~bringen** довести́ что́-л. до бле́ска
hochgradig *adj* си́льный, чрезвыча́йный; **sie war ~verwirrt** она́ была́ чрезвыча́йно смущена́
hochhalten *vt* высоко́ держа́ть *impf*; (*ehren, achten*) дорожи́ть *impf*; **er hielt das Andenken seines Vaters hoch** она́ дорожи́т па́мятью о своём отце́
Hochhaus *nt* ⟨-es, -häuser⟩ высо́тный дом *m*
hochheben *vt* высоко́ поднима́ть, -ня́ть *pf*
hochintelligent *adj* о́чень у́мный
Hochkonjunktur *f* ⟨*gen:-*⟩ высо́кая конъюнкту́ра *f*; **etw hat ~** (*umg:ist in Mode*) что́-л. в мо́де
Hochland *nt* ⟨-(e)s, -länder⟩ плоского́рье *nt*, наго́рье *nt*; **das schottische ~** го́рная Шотла́ндия
hochleben *vi*: **jd/etw lebe hoch!** да здра́вствует кто́-л./что́-л.!; **jdn/etw ~ lassen** провозглаша́ть тост в че́сть кого́-л./чего́-л.
Hochleistungssport *m* ⟨*gen:-*(e)s⟩ большо́й спорт *m*
Hochmut *m* ⟨*gen:-*(e)s⟩ высокоме́рие *nt*, надме́нность *f*
hochmütig *adj* высокоме́рный, надме́нный
hochnäsig *adj* (*umg*) зано́счивый
Hochofen *m* ⟨-s, -öfen⟩ до́менная печь *f*
hochprozentig *adj* (*Alkohol*) высокопроце́нтный
hochqualifiziert *adj* высококвалифици́рованный
Hochrechnung *f* ⟨-, -en⟩ экстраполя́ция *f*
Hochsaison *f* ⟨*gen:-*⟩ (*Hauptsaison*) разга́р *m* сезо́на
Hochschulabschluß *m* ⟨-schlusses, -schlüsse⟩ свиде́тельство *nt* об оконча́нии вы́сшего уче́бного заведе́ния
Hochschule *f* ⟨-, -n⟩ вы́сшее уче́бное заведе́ние *nt*
Hochschulreife *f* ⟨*gen:-*⟩ аттеста́т *m* об оконча́нии сре́днего уче́бного заведе́ния, *пра́во на обуче́ние в вы́сшем уче́бном заведе́нии*

Hochschulstudium *nt* ⟨*gen:*-s⟩ учёба *f* в высшем учебном заведении
hochschwanger *adj* на последних неделях беременности
Hochsommer *m* ⟨*gen:*-s⟩ разгар *m* лета
Hochspannung *f* ⟨*gen:*-⟩ (*PHYS*) высокое напряжение *nt*
Hochspannungsleitung *f* ⟨-, -en⟩ высоковольтная линия *f* электропередачи
Hochsprung *m* ⟨*gen:*-(e)s⟩ прыжки *pl* в высоту
höchst *adv* (*äußerst*) чрезвычайно, исключительно; **das ist ~ unangenehm** это чрезвычайно неприятно
Hochstapler, -in *m/f* ⟨-s, -⟩ (*Betrüger*) аферист, -ка *m/f*, мошенник, -ница *m/f*
höchste(r,s) *adj* самый высокий; (*größte*) самый большой; (*äußerste*) исключительный, чрезвычайный; **~ Zeit** самое время; **im ~n Fall** в крайнем случае
höchstens *adv* самое большее, максимум; (*bestenfalls*) в лучшем случае; **ich kann ~ nachkommen** я могу в лучшем случае прийти позже; (*nicht mehr als*) не более чем; **das kostet ~ 50 DM** это стоит не дороже 50 марок
Höchstgeschwindigkeit *f* ⟨-, -en⟩ максимальная скорость *f*; **zulässige ~** максимально допустимая скорость
höchstpersönlich *adj* самолично, собственной персоной
Höchstsatz *m* ⟨-es, -sätze⟩ высший тариф *m*, высшая ставка *f*; **der steuerliche ~ liegt bei ... Prozent** высшая налоговая ставка составляет ...процентов
höchstwahrscheinlich *adv* вероятнее всего, по всей вероятности; **~ komme ich spät nach Hause** по всей вероятности я вернусь домой поздно
Hochtouren : auf ~ laufen (*umg*) идти полным ходом
hochtrabend *adj* высокопарный
Hochverrat *m* ⟨*gen:*-(e)s⟩ государственная измена *f*; **er ist des ~s schuldig** он виновен в государственной измене
Hochwasser *nt* ⟨-s, -⟩ (*Flut*) прилив *m*; (*Überschwemmung*) наводнение *nt*
hochwertig *adj* высококачественный
Hochzeit *f* ⟨-, -en⟩ свадьба *f*; **~ halten** справлять свадьбу; **goldene/silberne ~** золотая/серебряная свадьба
Hochzeitsreise *f* ⟨-, -n⟩ свадебное путешествие *nt*
Hochzeitstag *m* ⟨*gen:*-(e)s⟩ день *m* свадьбы; **sie feiern ihren zwanzigsten ~** они празднуют двадцатую годовщину свадьбы
hocken *vi* сидеть *impf* на корточках; (*umg:*) торчать *impf*; **zu Hause ~** торчать дома
Hocker *m* ⟨-s, -⟩ (*Schemel*) табуретка *f*
Höcker *m* ⟨-s, -⟩ (*Kamel~*) горб *m*
Hockey *nt* ⟨*gen:*-⟩ хоккей *m* на траве
Hoden *m* ⟨-s, -⟩ (семенное) яичко *nt*
Hof *m* ⟨-(e)s, Höfe⟩ двор *m*; (*Bauern~*) крестьянский двор *m*; (*Hinter~*) задний двор *m*; (*Königs~*) двор *m*; **einem Mädchen den ~ machen** ухаживать за девушкой
hoffen **1.** *vi* надеяться, по- *pf* (*auf +akk* на); **2.** *vt* надеяться, по- *pf*; **das hoffe ich auch** я тоже на это надеюсь; **das Beste ~** надеяться на лучшее
hoffentlich *adv* надо надеяться; **~ geht es ihm bald besser** надо надеяться, что ему скоро станет лучше
Hoffnung *f* ⟨-, -en⟩ надежда *f* (*auf +akk* на); **er ist meine letzte ~** он моя последняя надежда; **sich (keine) ~en auf etw machen** (не) надеяться на что-л.; **die ~ verlieren/aufgeben** терять/оставлять надежду
hoffnungslos *adj* безнадёжный; **es ist ein ~er Fall** это безнадёжный случай
Hoffnungslosigkeit *f* ⟨*gen:*-⟩ безнадёжность *f*, безысходность *f*
hoffnungsvoll *adj* полный надежд; (*vielversprechend*) многообещающий
höflich *adj* вежливый; (*aufmerksam*) внимательный, учтивый
Höflichkeit *f* ⟨-, -en⟩ вежливость *f*, учтивость *f*; **~en austauschen** обменяться любезностями
Höhe *f* ⟨-, -n⟩ высота *f*; (*Ausmaß, Niveau*) уровень *m*; (*An~*) возвышенность *f*, холм *m*; (*Ton~*) высота *f* тона; (*geographische ~*) широта *f*; **das ist doch die ~!** (*umg*) это уж слишком!; **auf der ~ sein** быть на высоте положения; **in die ~ steigen** подниматься вверх
Hoheit *f* ⟨-, -en⟩ (*Staats~*) суверенитет *m*; (*Titel*) высочество *nt*; **Eure (königliche) ~!** ваше (королевское) высочество!
Hoheitsgebiet *nt* ⟨-(e)s, -e⟩ суверенная территория *f*
Hoheitsgewässer *pl* ⟨*gen:*-⟩ территориальные воды *pl*
Höhenluft *f* ⟨*gen:*-⟩ горный воздух *m*
Höhenmesser *m* ⟨-s, -⟩ высотомер *m*
Höhensonne *f* ⟨-, -n⟩ (*Lampe*) кварцевая лампа *f*
Höhenunterschied *m* ⟨-(e)s, -e⟩ разность *f* высот
Höhenzug *m* ⟨-(e)s, -züge⟩ горная цепь *f*
Höhepunkt *m* ⟨-(e)s, -e⟩ высшая точка *f*, кульминационный момент *m*

höher *komp von* **hoch**
hohl *adj* пустóй, пóлый; (*Stimme*) глухóй; (*inhaltsleer*) пустóй; **das ist ~es Geschwätz** это пустые разговóры
Höhl *f* ⟨-, -n⟩ пещéра *f*, (*Tierbau*) норá *f*
Höhlenmalerei *f* ⟨-, -en⟩ пещéрная живопись *f*, наскáльные рисýнки *pl*
Hohlmaß *nt* ⟨-es, -e⟩ мéра *f* ёмкости
Hohn *m* ⟨*gen:*-(e)s⟩ (*Spott*) насмéшка *f*, издёвка *f*; **das ist der blanke~!** (*umg*) это настоящее издевáтельство!; **für etw nur Spott und ~ ernten** пожинáть за чтó-л. лишь насмéшки и издевáтельства
höhnen *vt* издевáться *impf*
höhnisch *adj* издевáтельский, язвительный; **er lächelte ~** он язвительно усмехнýлся
holen *vt* приносить, -нести *pf*; **ich gehe es ~** пойдý, принесý это; (*Person*) приводить, -вести *pf*; **Atem ~** перевести дух; **sich bei jdm Rat ~** обратиться к комý-л. за совéтом; **jdn ~ lassen** посылáть за кéм-л.; **sich etw ~** (*umg:Krankheit*) подцепить чтó-л.
Holland *nt* ⟨*gen:*-s⟩ Голлáндия *f*
Holländer, -in *m/f* ⟨-s, -⟩ голлáндец, -ндка *m/f*
holländisch *adj* голлáндский
Hölle *f* ⟨*gen:*-⟩ áд *m*, преиспóдняя *f*; **dort ist die ~ los** (*umg*) там сýщий ад; **jdm das Leben zur ~ machen** превратить чьюó-л. жизнь в ад
höllisch *adj* áдский; (*umg:sehr, äußerst*) дьявольский, чертóвский; **es tut ~ weh** это áдская боль; **vor etw/jdm ~e Angst haben** (*umg*) боя́ться чегó-л./когó-л. как огня́
Holocaust *m* ⟨*gen:*-s⟩ мáссовое уничтожéние *nt*
Holographie *f* ⟨-, -n⟩ голográфия *f*
holperig *adj* (*Weg*) ухáбистый; (*Rede, Stil*) нерóвный
holpern *vi* трясти́сь *impf*; **unser Wagen holperte den Feldweg hinab** нáша машина тряслáсь вниз по просёлочной дорóге
Holunder *m* ⟨-s, -⟩ бузинá *f*
Holz *nt* ⟨-es, Hölzer⟩ дéрево *nt*; **der Tisch ist aus massivem ~** стол из масси́вного дéрева; (*Bau~, Nutz~*) древеси́на *f*
hölzern *adj* (*aus Holz*) деревя́нный; (*nicht gewandt, steif*) деревя́нный, нелóвкий
Holzfäller *m* ⟨-s, -⟩ дровосéк *m*, лесорýб *m*
holzfrei *adj* (*Papier*) без содержáния древесины
holzig *adj* деревяни́стый
Holzkohle *f* ⟨-, -n⟩ древéсный ýголь *m*
Holzschnitt *m* ⟨-(e)s, -e⟩ гравюра *f* на дéреве
Holzschnitzer, -in *m/f* ⟨-s, -⟩ рéзчик -чица *m/f* по дéреву
Holzweg : auf dem ~ sein (*umg*) быть на лóжном пути́
Holzwurm *m* ⟨-(e)s, -würmer⟩ древотóчец *m*
Hometrainer *m* ⟨-s, -⟩ домáшний тренажёр *m*
Hommage *f* ⟨-, -n⟩ (*Huldigung*) чéствование *nt*
homogen *adj* (*einheitlich*) гомогéнный, однорóдный
homogenisiert *adj* гомогенизи́рованный
Homöopathie *f* ⟨*gen:*-⟩ гомеопáтия *f*
Homosexualität *f* ⟨*gen:*-⟩ гомосексуали́зм *m*
homosexuell *adj* гомосексуáльный
Homosexuelle(r) *mf* ⟨-n, -n⟩ гомосексуали́ст *m*
Honig *m* ⟨-s, -e⟩ мёд *m*; **jdm ~ ums Maul schmieren** (*umg*) умáсливать когó-л.
Honigmelone *f* ⟨-, -n⟩ ды́ня *f*
Honorar *nt* ⟨-s, -e⟩ гонорáр *m*; **gegen angemessenes ~** за соотвéтствующее вознаграждéние
honorieren *vt* (*würdigen*) вознаграждáть, -градить *pf*; **seine Bemühungen wurden nicht honoriert** егó уси́лия нé были вознаграждены́; (*mit Geld*) оплáчивать, -плати́ть *pf*
Hopfen *m* ⟨*gen:*-s⟩ хмель *m*; **da ist ~ und Malz verloren** (*umg*) это дéло пропáщее
hopsen *vi* (*umg*) подпры́гивать, -гнуть *pf*
hörbar *adj* слы́шный, слы́шимый; (*geräuschvoll*) грóмкий; **er schluckte ~** он грóмко сглотнýл
horchen *vi* (*hören*) прислýшиваться, -слýшаться *pf*; (*lauschen*) подслýшивать, -слýшать *pf*; **er horchte an der Tür** он подслýшивал под двéрью; **horch!** ш-ш!
Horde *f* ⟨-, -n⟩ ордá *f*
hören 1. *vt* слýшать *impf*; (*hin~, an~*) слýшать, по- *pf*; **sie hört gerne Musik** она с удовóльствием слýшает мýзыку; (*erfahren*) слы́шать, услы́шать *pf*; **hast du etw Neues von ihm gehört?** ты слы́шал чтó-нибудь нóвенькое о нём?; **2.** *vi* слýшать, по- *pf*; слýшаться, по- *pf*; **auf jdn ~** послýшаться когó-л.; **etw von sich ~ lassen** давáть о себé знать; **von etw nichts ~ wollen** не желáть слы́шать о чём-л.
Hörensagen : etw/jdn vom ~ kennen знáть чтó-л./когó-л. понаслы́шке

Hörer [1] *m/f* ⟨-s, -⟩ (*Telefon~*) трубка *f*; **sie nahm den ~ ab und wählte** она сняла трубку и набрала номер; (*Kopf~*) наушник *m*
Hörer [2]**, -in** *m/f* ⟨-s, -⟩ слушатель, -ница *m/f*
Hörfunk *m* ⟨*gen:*-s⟩ радио *nt*
Hörgerät *nt* ⟨-(e)s, -e⟩ слуховой аппарат *m*; **er trägt ein ~** он носит слуховой аппарат
Horizont *m* ⟨-(e)s, -e⟩ горизонт *m*; (*geistiger ~*) кругозор *m*; **etw geht über jds ~** что-л. выше чьего-л. понимания
horizontal *adj* (*waagrecht*) горизонтальный
Hormon *nt* ⟨-s, -e⟩ гормон *m*
Horn *nt* ⟨-(e)s, Hörner⟩ рог *m*; (*MUS*) горн *m*
Hornhaut *f* ⟨-, -häute⟩ ороговевшая кожа *f*; (*des Auges*) роговая оболочка *f*
Hornisse *f* ⟨-, -n⟩ шершень *m*
Horoskop *nt* ⟨-s, -e⟩ гороскоп *m*; **jdm ein ~ (er)stellen** составить кому-л. гороскоп
horrend *adj* (*unglaublich hoch, groß*) громадный, невероятный; **das ist eine ~e Summe** это невероятная сумма
Horror *m* ⟨*gen:*-s⟩ ужас *m*
Horrorfilm *m* ⟨-(e)s, -e⟩ фильм *m* ужасов
Hörsaal *m* ⟨-(e)s, -säle⟩ лекционный зал *m*
Hörspiel *nt* ⟨-(e)s, -e⟩ радиоспектакль *m*
Hort *m* ⟨-(e)s, -e⟩ (*Kinder~*) группа *f* продлённого дня; (*Schutzraum*) прибежище *nt*
horten *vt* копить, на- *pf*
Hose *f* ⟨-, -n⟩ брюки *fpl*; (*kurze ~*) шорты *pl*; (*Unter~*) трусы *pl*; **etw ist in die ~ gegangen** (*umg*) что-л. потерпело провал; **die ~(n) voll haben** (*umg:sich fürchten*) наложить в штаны
Hosenanzug *m* ⟨-(e)s, -anzüge⟩ женский брючный костюм *m*
Hosenbein *nt* ⟨-(e)s, -e⟩ брючина *f*, штанина *f*
Hosenrock *m* ⟨-(e)s, -röcke⟩ юбка-брюки *pl*
Hosentasche *f* ⟨-, -n⟩ карман *m* брюк
Hosenträger *pl* ⟨-s, -⟩ подтяжки *pl*
Hospital *nt* ⟨-s, -e/-täler⟩ больница *f*
Hosteß *f* ⟨-, Hostessen⟩ хостесса *f*; *сопровождающая и информирующая гостей на выставках, ярмарках и т. п.*
Hostie *f* ⟨-, -n⟩ гостия *f*, облатка *f*
Hotel *nt* ⟨-s, -s⟩ гостиница *f*; **sie übernachten im ~** они ночуют в гостинице
Hotelfachschule *f* ⟨-, -n⟩ школа *f* гостиничного хозяйства
Hotelier *m* ⟨-s, -s⟩ хозяин *m* гостиницы
Hotelzimmer *nt* ⟨-s, -⟩ гостиничный номер *m*
Hovercraft *nt* ⟨-s, -s⟩ (*Luftkissenboot*) катер *m* на воздушной подушке
Hrsg. *abk von* ***Herausgeber(in)***
Hubraum *m* ⟨*gen:*-(e)s⟩ рабочий объём *m*
hübsch *adj* (*gutaussehend*) красивый; (*gefällig, nett*) милый, симпатичный; **sie hat ihre Wohnung ~ eingerichtet** она красиво обставила свою квартиру; (*umg:beträchtlich, groß*) большой, приличный; **das ist eine ~e Summe** это приличная сумма; **sich ~ machen** прихорашиваться
Hubschrauber *m* ⟨-s, -⟩ вертолёт *m*
hudeln *vi* (*umg*) работать *impf* в спешке, халтурить, схалтурить *pf*; **nur nicht ~!** только не халтурить!
Huf *m* ⟨-(e)s, -e⟩ копыто *nt*
Hufeisen *nt* ⟨-s, -⟩ подкова *f*
Hüfte *f* ⟨-, -n⟩ бедро *nt*; **die Arme in die ~ stemmen** упереть руки в боки
Hüftgelenk *nt* ⟨-(e)s, -e⟩ тазобедренный сустав *m*
Hügel *m* ⟨-s, -⟩ холм *m*, бугор *m*
hügelig *adj* (*Gelände*) холмистый
Huhn *nt* ⟨-(e)s, Hühner⟩ (*Henne*) курица *f*; (*Fleisch*) курятина *f*; **da lachen ja die Hühner** (*umg*) это курам на смех
Hühnerauge *nt* ⟨-s, -n⟩ мозоль *f*
huldigen *vi:* **jdm ~** почитать кого-л.; **einer Anschauung ~** быть приверженцем какого-л. воззрения
Huldigung *f* ⟨-, -en⟩ почитание *nt*
Hülle *f* ⟨-, -n⟩ оболочка *f*; (*Schallplatten~*) конверт *m*; (*Ausweis~*) обложка *f*; **in ~ und Fülle** в изобилии; **die sterbliche ~** (*geh*) бренные останки
hüllen *vt* закутывать, -тать *pf* (*in +akk* в); **sie hüllte sich in eine Decke** она закуталась в покрывало; **sich in Schweigen ~** хранить молчание
Hülse *f* ⟨-, -n⟩ футляр *m*; (*Frucht~*) стручок *m*
human *adj* гуманный, человечный
Humanismus *m* ⟨*gen:*-⟩ гуманизм *m*
humanistisch *adj* гуманистический; **ein ~es Gymnasium** классическая гимназия
humanitär *adj* гуманитарный; **aus ~en Gründen** из гуманитарных соображений
Humbug : etw ist reiner ~ (*umg*) что-л. является чистейшим шарлатанством; **jd redet lauter ~** (*umg*) кто-л. несёт сплошную чушь
Hummel *f* ⟨-, -n⟩ шмель *m*
Hummer *m* ⟨-s, -⟩ омар *m*

Humor *m* ⟨*gen:*-s⟩ ю́мор *m*; **Sinn für ~ haben** име́ть чу́вство ю́мора; **den ~ nicht verlieren** не теря́ть чу́вства ю́мора
Humorist, -in *m/f* ⟨-en, -en⟩ юмори́ст, -ка *m/f*
humorlos *adj* без чу́вства ю́мора
humorvoll *adj* остроу́мный
humpeln *vi* прихра́мывать *impf*, слегка́ хрома́ть *impf*
Humus *m* ⟨*gen:*-⟩ гу́мус *m*, перегно́й *m*
Hund *m* ⟨-(e)s, -e⟩ соба́ка *f*, пёс *m*; **er nahm den ~ an die Leine** он взял соба́ку на поводо́к; (*Jagd~*) охо́тничья соба́ка *f*; (*Schimpfwort*) соба́ка *f*, пёс *m*; **Warnung vor dem ~e!** осторо́жно, зла́я соба́ка!; **das ist ein dicker ~!** (*umg*) э́то неви́данная на́глость!; **auf den ~ kommen** (*umg*) обнища́ть; **jd ist bekannt wie ein bunter ~** (*umg*) кого́-л. ка́ждая соба́ка зна́ет
Hundefutter *nt* ⟨*gen:*-s⟩ корм *m* для соба́к
Hundehütte *f* ⟨-, -n⟩ соба́чья бу́дка *f*, соба́чья конура́ *f*; (*umg:kleines Haus*) конура́
Hundekuchen *m* ⟨-s, -⟩ гале́та *f* для соба́к
Hundeleine *f* ⟨-, -n⟩ поводо́к *m*
hundemüde *adj* (*umg*) уста́вший как соба́ка; **ich bin wirklich ~** я действи́тельно уста́л как соба́ка
hundert *num* сто
hundertjährig *adj* (*Alter*) столе́тний; (*Dauer, Bestehen*) веково́й, столе́тний
hundertmal *num* сто раз; (*umg:sehr oft*) сто раз; **ich hab es dir doch schon ~ gesagt** я тебе́ э́то уже́ сто раз говори́л!
hundertprozentig *adj* стопроце́нтный; (*umg:völlig*) по́лный, стопроце́нтный; **ich bin mir ~ sicher** я уве́рен на сто проце́нтов; **~e Sicherheit** стопроце́нтная уве́ренность
Hundertstel *nt* ⟨-s, -⟩ со́тая ча́сть *f*
Hundesteuer *f* ⟨-, -n⟩ нало́г *m* на содержа́ние соба́к
Hüne *m* ⟨-n, -n⟩ богаты́рь *m*; **er ist ein ~ von Mann** он настоя́щий богаты́рь
Hunger *m* ⟨*gen:*-⟩ го́лод *m*; (*Verlangen, Sehnsucht*) жа́жда *f*; **~ haben** быть голо́дным; **~ leiden** голода́ть; **~ stillen** утоли́ть го́лод
Hungerlohn *m* ⟨-(e)s, -löhne⟩ ни́щенская зарпла́та *f*; **sie arbeitet für einen ~** она́ рабо́тает за грош
hungern *vi* голода́ть *impf*; (*fasten*) пости́ться *impf*
Hungersnot *f* ⟨-, -nöte⟩ го́лод *m*
Hungerstreik *m* ⟨-s, -s⟩ голодо́вка *f*
hungrig *adj* голо́дный; **ich bin ~ wie ein Wolf** я го́лоден как волк
Hupe *f* ⟨-, -n⟩ звуково́й сигна́л *m*, клаксо́н *m*; **auf die ~ drücken** нажа́ть на клаксо́н
hupen *vi* сигна́лить, про- *pf*
hüpfen *vi* скака́ть, по- *pf*; **der Vogel hüpfte vom Ast** пти́чка спры́гнула с ве́тки; (*Ball*) пры́гать, -гнуть *pf*
Hupkonzert *nt* ⟨-(e)s, -e⟩ (*umg*) *ча́стые автомоби́льные сигна́лы*
Hürde *f* ⟨-, -n⟩ (*SPORT*) барье́р *m*; (*Hindernis*) препя́тствие *nt*; (*Schaf~*) заго́н *m*; **eine ~ nehmen** преодоле́ть препя́тствие
Hürdenlauf *m* ⟨-(e)s, -läufe⟩ бег *m* с препя́тствиями
Hure *f* ⟨-, -n⟩ (*pej*) шлю́ха *f*
hurra! *interj* ура́!
huschen *vi* промелькну́ть *pf*, проскользну́ть *pf*; **ein Lächeln huschte über seine Lippen** улы́бка проскользну́ла по его́ губа́м
husten 1. *vi* ка́шлять *impf*; **2.** *vt:* **dir werde ich was ~** (*umg*) чиха́л я на тебя́
Husten *m* ⟨*gen:*-s⟩ ка́шель *m*; **schwerer ~** тяжёлый ка́шель
Hustenanfall *m* ⟨-(e)s, -anfälle⟩ при́ступ *m* ка́шля
Hustenbonbon *nt* ⟨-s, -s⟩ ледене́ц *f* от ка́шля
Hustensaft *m* ⟨-(e)s, -säfte⟩ миксту́ра *f* от ка́шля
Hut [1] **: auf der ~ sein** быть насторо́же
Hut [2] *m* ⟨-(e)s, Hüte⟩ шля́па *f*; **~ ab!** (*umg*) ша́пки доло́й!; **etw ist ein alter ~** (*umg*) что́-л. ста́ро́; **unter einen ~ bringen** (*umg*) объедини́ть
hüten 1. *vt* охраня́ть, -ни́ть *pf*; (*Vieh*) пасти́ *impf*; **2.** *vr* остерега́ться, -ре́чься *pf*; **ich werde mich ~!** и не поду́маю!; **das Bett ~** боле́ть; **seine Zunge ~** держа́ть язы́к за зуба́ми; **sich vor jdm/etw ~** остерега́ться кого́-л./чего́-л.
Hütte *f* ⟨-, -n⟩ хи́жина *f*
hutzelig *adj* (*umg:faltig*) морщи́нистый; (*umg:Apfel*) смо́рщенный
Hyäne *f* ⟨-, -n⟩ гие́на *f*
Hyazinthe *f* ⟨-, -n⟩ гиаци́нт *m*
hydraulisch *adj* гидравли́ческий
Hydrokultur *f* ⟨-, -en⟩ гидропо́ника *f*
Hygiene *f* ⟨*gen:*-⟩ гигие́на *f*
hygienisch *adj* гигиени́чный, гигиени́ческий
Hymne *f* ⟨-, -n⟩ гимн *m*; **eine ~ auf etw/jdn** гимн чему́-л./кому́-л.
Hypnose *f* ⟨*gen:*-⟩ гипно́з *m*; **unter ~ stehen** находи́ться под гипно́зом
hypnotisieren *vt* гипнотизи́ровать, за-

pf
Hypochonder, -in *m/f* ⟨-s, -⟩ ипохо́ндрик *m*
Hypothek *f* ⟨-, -en⟩ ипоте́ка *f*
Hypothese *f* ⟨-, -n⟩ гипо́теза *f*; **eine ~ aufstellen** вы́двинуть гипо́тезу
hypothetisch *adj* гипотети́ческий; **rein ~ könntest du Recht haben** чи́сто гипотети́чески ты мог бы быть прав
Hysterie *f* ⟨*gen:*-⟩ истери́я *f*
hysterisch *adj* истери́чный, истери́ческий; **nun werde nicht gleich ~** не устра́ивай тут же исте́рику

I

i, I *nt* ⟨-, -⟩ и, И, ы, Ы
i.A. *abk von* ***im Auftrag***
IC *abk von* ***Intercity***
ICE *abk von* ***Intercity-Express*** *m* *скоростно́й осо́бо комфорта́бельный по́езд*
ich *pron pers* я; **~ bin es** э́то я; **~ nicht** не я; **~ Dummkopf!** я ду́рень!
ideal *adj* идеа́льный; **wir haben ~e Voraussetzungen** у нас идеа́льные предпосы́лки
Ideal *nt* ⟨-s, -e⟩ идеа́л *m*; **ein unerreichbares ~** недостижи́мый идеа́л
Idealgewicht *nt* ⟨-(e)s, -e⟩ идеа́льный вес *m*; **~ haben** име́ть идеа́льный вес
idealisieren *vt* идеализи́ровать *impf/pf*
Idealismus *m* ⟨*gen:*-⟩ идеали́зм *m*
Idealist, -in *m/f* ⟨-en, -en⟩ идеали́ст, -ка *m/f*
idealistisch *adj* идеалисти́ческий; (*weltfremd*) ото́рванный от ми́ра
Idee *f* ⟨-, -n⟩ иде́я *f*; (*Einfall*) иде́я *f*, мысль *f*; **ich habe eine gute ~** у меня́ есть хоро́шая иде́я; **wie kommst du auf die ~?** как тебе́ э́то в го́лову пришло́?; **eine fixe ~** иде́я фикс
identifizieren 1. *vt* идентифици́ровать *impf/pf*, отождествля́ть, -ви́ть *pf*; **2.** *vr:* **die Schauspielerin identifizierte sich mit der Rolle** актри́са вжила́сь в роль
identisch *adj* иденти́чный
Identität *f* ⟨*gen:*-⟩ то́ждество *nt*, иденти́чность *f*
Ideologie *f* ⟨-, -n⟩ идеоло́гия *f*
ideologisch *adj* идеологи́ческий
Idiom *nt* ⟨-s, -e⟩ идио́ма *f*
idiomatisch *adj* идиомати́ческий
Idiot, -in *m/f* ⟨-en, -en⟩ (*umg:pej*) идио́т, -ка *m/f*
idiotisch *adj* (*umg:pej*) идио́тский; **eine ~e Idee** идио́тская иде́я
Idol *nt* ⟨-s, -e⟩ и́дол *m*, куми́р *m*
idyllisch *adj* идилли́ческий
IG *abk von* ***Industriegewerkschaft***
Igel *m* ⟨-s, -⟩ ёж *m*
Ignoranz *f* ⟨*gen:*-⟩ (*Unkenntnis*) неве́жество *nt*
ignorieren *vt* игнори́ровать *impf/pf*, про- *pf*; **sie ignorierte seinen Gruß** она́ проигнори́ровала его́ приве́тствие
ihm [1] *dat von* **er**
ihm [2] *dat von* **es**
ihn *akk von* **er**
ihnen *dat von* **sie**
Ihnen *dat sg und pl von* **Sie**
ihr 1. *dat* **sie; 2.** *pron pers* (*2. pers nom pl*) вы; **~ könnt das auch anders machen** вы могли́ бы э́то сде́лать по-друго́му; **3.** *pron poss* (*3. pers f sg*) её; **das ist ~ Geld** э́то её де́ньги; (*3. pers pl*) их
Ihr *pron poss zu* **Sie**
ihre(r,s) *pron poss* (*3. pers f sg*) её; **wessen Buch ist das? -~s** чья э́то кни́га? - её; (*3. pers pl*) их; **wessen Bücher sind das? - ihre** чьи э́то кни́ги? - их
Ihre(r,s) *pron poss* (*2. pers*) ва́ши
ihrerseits *adv* (*bezüglich sie:f sg*) с её стороны́, со свое́й стороны́; **sie ~ hält nichts davon** она́, со свое́й стороны́, невысо́кого мне́ния об э́том; (*bezüglich sie:pl*) с их стороны́, со свое́й стороны́; **sie ~ halten nichts davon** они́, со свое́й стороны́, невысо́кого мне́ния об э́том
ihresgleichen *pron* (*f sg*) тако́й как она́; **für ~ habe ich kein Verständnis** таки́х как она́ я не понима́ю; (*pl*) тако́й как они́
ihretwegen *adv* (*wegen ihr*) и́з-за неё; (*ihr zuliebe*) ра́ди неё; **~ sind wir zu Hause geblieben** ра́ди неё мы оста́лись до́ма; (*wegen ihnen*) и́з-за вас; **~ kommen wir zu spät** и́з-за вас мы опа́здываем; (*ihnen zuliebe*) ра́ди вас
Ikone *f* ⟨-, -n⟩ ико́на *f*, о́браз *m*
illegal *adj* нелега́льный, незако́нный; **der Handel mit Drogen ist ~** торго́вля нарко́тиками противозако́нна
illegitim *adj* незако́нный, неправоме́рный
Illusion *f* ⟨-, -en⟩ иллю́зия *f*; **sich (über etw) ~en machen** стро́ить себе́ (по по́воду чего́-л.) иллю́зии
illusorisch *adj* иллюзо́рный, обма́нчивый; **die Hoffnung war ~** наде́жда была́ иллюзо́рна
Illustration *f* ⟨-, -en⟩ иллюстра́ция *f*
illustrieren *vt* (*bebildern*) иллюстри́ровать *impf/pf*, про- *pf*; (*erläutern*) иллюстри́ровать *impf/pf*, про- *pf*; **das möchte ich an einem Beispiel ~** я хочу́ проиллюстри́ровать э́то

примéром
Illustrierte *f* ⟨-n, -n⟩ иллюстри́рованный журнáл *m*
Iltis *nt* ⟨-ses, -se⟩ хорёк *m*
im *präp +dat* (*in dem*) в; **sie ist ~ Garten** она́ в саду́; **~ Gegenteil** напро́тив; **im ersten Stock** на второ́м этаже́; **~ Alter von...** в во́зрасте...
Image *nt* ⟨-(s), -s⟩ и́мидж *m*; **sein ~ pflegen** забо́титься о своём и́мидже
imaginär *adj* мни́мый, воображáемый
Imbiß *m* ⟨Imbisses, Imbisse⟩ закýска *f*; (*~stand*) буфе́тная сто́йка *f*; **einen ~ einnehmen** перекуси́ть
Imbißstube *f* ⟨-, -n⟩ закýсочная *f*
Imitation *f* ⟨-, -en⟩ имитáция *f*, подражáние *nt*
imitieren *vt* имити́ровать *impf/pf*, сымити́ровать *pf*, подражáть *impf*
Imker, -in *m/f* ⟨-s, -⟩ пчелово́д *m*
Immatrikulation *f* ⟨-, -en⟩ приём *m* в вы́сшее учéбное заведéние, зачислéние *nt* в вы́сшее учéбное заведéние
immatrikulieren *vr* принимáть, -ня́ть *pf*; зачисля́ть, -чи́слить *pf*
immens *adj* огро́мный, необъя́тный; **~e Kosten kommen auf uns zu** нам предстоя́т огро́мные расхо́ды
immer 1. *adv* всегдá, постоя́нно; **er ist ~ schlecht gelaunt** он всегдá в плохо́м настрое́нии; (*jedesmal*) постоя́нно, кáждый раз; **~ wenn ich anrufe, ist besetzt** кáждый раз, когдá я звоню́, зáнято; **2.** *part* (*in zunehmendem Maße*) всё; **die Musik wird ~ lauter** мýзыка стано́вится всё гро́мче; **~ noch** всё ещё; **~ mehr** всё бо́льше; **wer/was auch ~** кто́/что́ бы ни
immerhin *adv* (*wenigstens*) по крáйней мéре; **~ hat er sich bemüht** по крáйней мéре, он старáлся; (*schließlich*) всёже, всё-таки; **~ ist sie dafür verantwortlich** всёже отвéтственность за э́то несёт она́
Immigrant, -in *m* ⟨-en, -en⟩ иммигрáнт, -ка *m/f*
Immission *f* ⟨-, -en⟩ (*von Schadstoffen*) вы́брос *m*, эми́ссия *f*
Immobilie *f* ⟨-, -n⟩ недви́жимое имýщество *nt*
immun *adj* (*MED*) иммýнный, невосприи́мчивый; (*JUR: POL:Abgeordnete*) по́льзующийся прáвом неприкосновéнности; **gegen etw ~ sein** (*umg:fig*) быть невосприи́мчивым к чемý-л.
Immunität *f* ⟨*gen:*-⟩ (*MED*) иммуните́т *m*, невосприи́мчивость *f*; (*JUR, POL: von Abgeordneten*) неприкосновéнность *f*, иммуните́т *m*; **~ genießen** по́льзоваться иммуните́том
Immunschwächekrankheit *f* ⟨-, -en⟩ *болéзнь, вы́званная ослаблéнием иммуните́та*
Immunsystem *nt* ⟨-s, -e⟩ иммýнная систéма *f*
Imperativ *m* ⟨-s, -e⟩ повели́тельное наклонéние *nt*, императи́в *m*
Imperfekt *nt* ⟨-s, -e⟩ имперфе́кт *m*
Imperialismus *m* ⟨*gen:*-⟩ империали́зм *m*
imperialistisch *adj* империалисти́ческий
Imperium *nt* ⟨-s, Imperien⟩ импéрия *f*
Impfausweis *m* ⟨-es, -e⟩ свидéтельство *nt* о приви́вке
impfen *vt* прививáть, -ви́ть *pf* (*gegen +akk* про́тив *+gen*)
Impfung *f* ⟨-, -en⟩ приви́вка *f*
implizieren *vt* (*geh:mit beinhalten, zur Folge haben*) предполагáть *impf*, подразумевáть *impf*
implizit *adj* имплици́тный
imponieren *vi* импони́ровать *impf*; **das hat mir besonders ~** э́то мне осо́бенно импони́ровало
Import *m* ⟨-(e)s, -e⟩ и́мпорт *m*, ввоз *m*
Importeur *m* ⟨-s, -e⟩ импортёр *m*
importieren *vt* импорти́ровать *impf/pf*, ввози́ть, ввезти́ *pf*
imposant *adj* импозáнтный; **das Gebäude ist eine ~e Erscheinung** у здáния импозáнтный вид
impotent *adj* импотéнтный
Impotenz *f* ⟨*gen:*-⟩ импотéнция *f*, половóе бесси́лие *nt*
imprägnieren *vt* (*wasserdicht machen*) пропи́тывать, -тáть *pf*
Impressionismus *m* ⟨*gen:*-⟩ импрессиони́зм *m*
Improvisation *f* ⟨-, -en⟩ импровизáция *f*, экспро́мт *m*; (*MUS*) импровизáция *f*
improvisieren *vt* импровизи́ровать *impf/pf*, сымпровизи́ровать *pf*, говори́ть, сказáть *pf* экспро́мтом; (*MUS*) импровизи́ровать *impf/pf*, сымпровизи́ровать *pf*
Impuls *m* ⟨-es, -e⟩ и́мпульс *m*; **einen ~ geben** дáть толчо́к
impulsiv *adj* импульси́вный; **sie ist immer sehr ~** она́ всегдá о́чень импульси́вна
imstande *adv*: **~ sein, etw zu tun** (*fähig sein*) быть в состоя́нии сдéлать что́-л.; **zu etw ~ sein** (*in der Lage sein*) быть спосо́бным на что́-л.; **jd ist ~ und kann etw tun** кто́-л. вполнé мо́жет что́-л. сдéлать
in [1] *präp* (*räumlich*) в; **~ der Kanne ist**

noch etw Tee в ча́йнике есть ещё немно́го ча́я; (*hinein* ~) в; **sie stellte das Buch ~ den Schrank** она́ поста́вила кни́гу в шкаф; (*zeitlich*) че́рез; **~ einer Stunde fährt mein Zug** мой по́езд отхо́дит че́рез час; (*innerhalb*) за, в ; **~ einer Woche muß das fertig werden** за неде́лю э́то должно́ быть гото́во; **~ Berlin** в Берли́не; **~ der Nacht** но́чью; **~ der Stadt** в го́роде; **~ Schwierigkeiten sein** быть в тру́дном положе́нии; **~ die Schule gehen** ходи́ть в шко́лу

in [2] *adj:* **~ sein** (*umg*) быть в мо́де

inakzeptabel *adj* неприе́млемый; **dieser Vorschlag ist ~** э́то предложе́ние неприе́млемо

Inbegriff *m* ⟨-(e)s, -e⟩ воплоще́ние *nt*; **er ist der ~ von Sturheit** он воплоще́ние упря́мства

inbegriffen *adj* включа́я, включи́тельно; **Frühstück im Preis ~** за́втрак включён в це́ну

Inbetriebnahme *f* ⟨-, -n⟩ пуск *m* в эксплуата́цию; **die ~ des Werkes erfolgte im Juli** пуск заво́да в эксплуата́цию произошёл в ию́ле

indem *conj* (*dadurch, daß*) тем что; **er half uns, ~ er umsonst arbeitete** он помог нам тем, что рабо́тал беспла́тно; (*während*) тем вре́менем, ме́жду тем

Inder, -in *m/f* ⟨-s, -⟩ инди́ец, -диа́нка *m/f*

Index *m* ⟨-(es), -e/Indizes⟩ (*Meßwert*) и́ндекс *m*; (*Verzeichnis*) оглавле́ние *nt*, и́ндекс *m*; **auf dem ~ stehen** (*verboten sein:Buch*) быть в спи́ске запрещённых книг

Indianer, -in *m/f* ⟨-s, -⟩ инде́ец, -диа́нка *m/f*

Indien *nt* ⟨*gen:*-s⟩ И́ндия *f*

indigniert *adj* (*geh*) возмущённый

Indikation *f* ⟨-, -en⟩ индика́ция *f*, показа́ние *nt*

Indikativ *m* ⟨-s, -e⟩ изъяви́тельное наклоне́ние *nt*, индикати́в *m*

indirekt *adj* ко́свенный, непрямо́й; **~e Rede** (*LING*) ко́свенная речь

indisch *adj* инди́йский

indiskret *adj* нескро́мный, беста́ктный

Indiskretion *f* ⟨-, -en⟩ нескро́мность *f*, беста́ктность *f*; **gezielte ~** наме́ренное разглаше́ние та́йны

indiskutabel *adj* не подлежа́щий обсужде́нию, недискуссио́нный; **dieser Vorschlag ist ~** э́то предложе́ние не подлежи́т обсужде́нию

Individualismus *m* ⟨*gen:*-⟩ индивидуали́зм *m*

Individualist, -in *m/f* ⟨-en, -en⟩ индивидуали́ст, -ка *m/f*

individuell *adj* индивидуа́льный

Individuum *nt* ⟨-s, -duen⟩ индиви́д *m*

Indiz *nt* ⟨-es, -ien⟩ (*Hinweis*) при́знак *m*; (*JUR*) ули́ка *f*

Indonesien *nt* ⟨*gen:*-s⟩ Индоне́зия *f*

industrialisieren *vt* идустриализи́ровать *impf/pf*

Industrialisierung *f* ⟨*gen:*-⟩ индустриализа́ция *f*

Industrie *f* ⟨-, -en⟩ индустри́я *f*, промы́шленность *f*

Industrie- und Handelskammer *f* ⟨-, -n⟩ Торго́во-промы́шленная пала́та *f*

Industriegebiet *nt* ⟨-(e)s, -e⟩ промы́шленный райо́н *m*

Industriegewerkschaft *f* ⟨-, en⟩ промы́шленный профсою́з *m*

Industrieland *nt* ⟨-(e)s, -länder⟩ индустриа́льная страна́ *f*

industriell *adj* индустриа́льный, промы́шленный; **~ gefertigt** промы́шленного изготовле́ния

Industrielle(r) *mf* ⟨-n, -n⟩ промы́шленник *m*

Industrieroboter *m* ⟨-s, -⟩ промы́шленный ро́бот *m*

ineffizient *adj* (*Arbeitsweise, Methode*) неэффекти́вный

ineinander *adv* (*etwas*) одно́ в друго́е; (*jemand*) друг в дру́га

infam *adj* (*übel, bösartig*) по́длый, гну́сный; **das ist eine ~e Lüge** э́то гну́сная ложь

Infanterie *f* ⟨-, -n⟩ пехо́та *f*

infantil *adj* (*kindisch*) инфанти́льный

Infarkt *m* ⟨-(e)s, -e⟩ (*MED*) инфа́ркт *m*

Infektion *f* ⟨-, -en⟩ инфе́кция *f*, зараже́ние *nt*

Infektionskrankheit *f* ⟨-, -en⟩ инфекцио́нное заболева́ние *nt*

Inferno *nt* ⟨*gen:*-⟩ ад *m*, преиспо́дняя *f*

Infinitiv *m* ⟨-s, -e⟩ инфинити́в *m*, неопределённая фо́рма *f* глаго́ла

infizieren 1. *vt* инфици́ровать *impf/pf*, зарази́ть *pf*, -ража́ть *impf*; **2.** *vr* зарази́ться *pf*, -ража́ться *impf*; **er hat sich mit einer Grippe ~** он зарази́лся гри́ппом

Inflation *f* ⟨*gen:*-⟩ инфля́ция *f*

inflationär *adj* инфляцио́нный

Inflationsrate *f* ⟨-, -n⟩ проце́нт *m* инфля́ции

Info *abk von* ***Information***

infolge 1. *präp +gen* всле́дствие; **~ dieser Vorfälle mußte der Minister abdanken** всле́дствие э́тих инциде́нтов мини́стр был вы́нужден уйти́ в отста́вку; **2.** *adv:* **~ von** в свя́зи с

infolgedessen *adv* вслéдствие э́того, поэ́тому
Informant, -in *m/f* ⟨-en, -en⟩ информáтор *m*
Informatik *f* ⟨*gen:-*⟩ информáтика *f*
Informatiker, -in *m/f* ⟨-s, -⟩ информáтик *m*
Information *f* ⟨-, -en⟩ информáция *f*; **zu jds ~** к чьему́-л. свéдению; **~en austauschen** обмéниваться информáцией
Informationsmaterial *nt* ⟨-s, -ien⟩ информацио́нный материáл *m*
informieren 1. *vt* информи́ровать *impf/pf*, про- *pf* (*über +akk* о *+präpos*); **sie wurden eingehend informiert** они́ бы́ли подро́бно проинформи́рованы; **2.** *vr* осведомля́ться, -ми́ться *pf* (*über +akk* о *+präpos*)
infrarot *adj* инфракрáсный
Infrastruktur *f* ⟨*gen:-*⟩ инфраструкту́ра *f*
Infusion *f* ⟨-, -en⟩ вливáние *f*
Ing. *abk von* ***Ingenieur***
Ingenieur, -in *m/f* ⟨-s, -e⟩ инженéр *m*
Ingenieurbüro *nt* ⟨-s, -s⟩ констру́кторское бюро́ *nt*
Ingwer *m* ⟨*gen:-s*⟩ имби́рь *m*
Inhaber, -in *m/f* ⟨-s, -⟩ (*Geschäfts~, Firmen~*) владéлец, -лица *m/f*; (*Besitzer*) обладáтель, -ница *m/f*; (*von Konto, Titel*) владéлец, -лица *m/f*
inhaftieren *vt* арестовáть *pf*, -сто́вывать *impf*
inhalieren *vt* ингали́ровать *impf*
Inhalt *m* ⟨-(e)s, -e⟩ (*eines Buchs, Films*) содержáние *nt*; **ich gebe kurz den ~ des Gesprächs wieder** я ко́ротко передáм содержáние разгово́ра; (*Flächen~*) плóщадь *f*; (*einer Flasche*) содержи́мое *nt*
Inhaltsangabe *f* ⟨-, -n⟩ передáча *f* содержáния
inhaltslos *adj* (*leer*) пусто́й; (*gehaltlos*) бессодержáтельный
Inhaltsverzeichnis *nt* ⟨-ses, -se⟩ оглавлéние *nt*, содержáние *nt*
inhuman *adj* негумáнный, бесчеловéчный
Initiative *f* ⟨-, -n⟩ инициати́ва *f*; **die ~ ergreifen** взять инициати́ву; **aus eigener ~** по со́бственной инициати́ве
Initiator, -in *m/f* ⟨-s, -en⟩ инициáтор *m*
Injektion *f* ⟨-, -en⟩ инъéкция *f*
Inkarnation *f* ⟨-, -en⟩ инкарнáция *f*
inklusive 1. *präp +gen* включáя; **2.** *adv* включи́тельно; **bitte lesen Sie bis Seite 30 ~** прочти́те, пожáлуйста, до стр. 30 включи́тельно
inkognito *adv* инко́гнито; **der Präsident reist ~** президéнт путешéствует инко́гнито
inkompatibel *adj* (*unvereinbar, unpassend*) несовмести́мый
inkompetent *adj* некомпетéнтный
inkonsequent *adj* непослéдовательный
Inkrafttreten *nt* ⟨*gen:-s*⟩ вступлéние *nt* в си́лу
Inkubationszeit *f* ⟨-, -en⟩ инкубацио́нный перио́д *m*
Inland *nt* ⟨*gen:-(e)s*⟩ (*nicht Ausland*) странá *f*; **die Autoproduktion des ~es** отéчественная автопроду́кция
inländisch *adj* отéчественный, вну́тренний; **die ~ Autoproduktion** отéчественная автопроду́кция
inmitten 1. *präp +gen* среди́, в кругу́; **sie saß ~ ihrer Schüler** онá сидéла в кругу́ свои́х ученико́в; **2.** *adv:* **~ von** посреди́
innehaben *vt* имéть *impf*, занимáть, -ня́ть *pf*; **er hat ein wichtiges Amt inne** он занимáет вáжную до́лжность
innen *adv* внутрь; (*im Haus*) внутри́; **~ ist es wärmer** внутри́ теплéе; **von ~** изнутри́; **nach ~** внутрь; **~ und außen** внутри́ и снару́жи
Innenarchitekt, -in *m/f* ⟨-en, -en⟩ архитéктор *m* по интерьéру
Inneneinrichtung *f* ⟨*gen:-*⟩ обстано́вка *f*, вну́треннее убрáнство *nt*
Innenhof *m* ⟨-(e)s, -höfe⟩ вну́тренний двор *m*
Innenminister, -in *m/f* ⟨-s, -⟩ мини́стр *m* вну́тренних дел
Innenministerium *nt* ⟨-, -ien⟩ министéрство *nt* вну́тренних дел
Innenpolitik *f* ⟨*gen:-*⟩ вну́тренняя поли́тика *f*
Innenseite *f* ⟨-, -n⟩ вну́тренняя сторонá *f*
Innenstadt *f* ⟨-, -städte⟩ центр *m* го́рода
Innere *nt* ⟨*gen:-n*⟩ вну́тренность *f*, вну́тренняя часть *f*; (*fig:eines Menschen*) вну́тренний мир *m*; **sie war im tiefsten ~n berührt** онá былá тро́нута до глубины́ души́; **im ~n des Landes** внутри́ страны́; **Minister des ~n** мини́стр вну́тренних дел
innere(r,s) *adj* вну́тренний; **~ Verletzungen** вну́тренние ранéния; **~ Angelegenheiten** вну́тренние делá; **~ Stimme** вну́тренний го́лос
Innereien *pl* ⟨*gen:-*⟩ вну́тренности *pl*; (*von Schlachttieren*) потрохá *pl*
innerhalb 1. *präp +gen* внутри́; (*zeitlich*) за, в течéние; **Sie sollten ~ der nächsten zwei Tage fertigwerden** вы должны́ бы́ли бы закóнчить в течéние двух послéдующих дней ; **2.** *adv:* **~ von** в

течéние
innerlich *adj* внýтренний; (*geistig, seelisch*) душéвный; **~e Ruhe** душéвный покóй
innig *adj* и́скренний, сердéчный; **er umarmte sie ~** он сердéчно óбнял её; (*sehr nah, eng*) бли́зкий, тéсный; **sie waren ~ befreundet** они́ бы́ли бли́зкими друзья́ми; **eine ~e Beziehung** тéсная дрýжба
Innung *f* ⟨-, -en⟩ ги́льдия *f*, корporáция *f*
inoffiziell *adj* неофициáльный
Input *m* ⟨-s, -s⟩ (*DV*) ввод *m* информáции
ins *präp +akk* в; **ich gehe ~ Bett** я идý в постéль; **etw ~ Leben rufen** вы́звать чтó-л. к жи́зни
Insasse *m* ⟨-n, -n⟩ (*Fahrzeug~*) пассажи́р *m*; (*Gefängnis~*) заключённый *m*
insbesondere *adv* осóбенно, в осóбенности; **sie liebt Tiere, ~ Bären** онá лю́бит звéрей, осóбенно медвéдей
Inschrift *f* ⟨-, -en⟩ нáдпись *f*
Insekt *nt* ⟨-s, -en⟩ насекóмое *nt*
Insektizid *nt* ⟨-s, -e⟩ инсектици́д *m*, срéдство *nt* от насекóмых
Insel *f* ⟨-, -n⟩ óстров *m*
Inselgruppe *f* ⟨-, -n⟩ архипелáг *m*
Inserat *nt* ⟨-(e)s, -e⟩ объявлéние *nt* в газéте; **ein ~ aufgeben** дать объявлéние
Inserent, -in *m/f* ⟨-en, -en⟩ помещáющий, -щая *m/f* объявлéние в газéте
inserieren *vi* помещáть, -мести́ть *pf* объявлéние, давáть, дать *pf* объявлéние
insgeheim *adv* втáйне, тайкóм; **aber ~ dachte er an etw ganz anderes** но втáйне он дýмал о чём-то совсéм другóм
insgesamt *adv* в цéлом, в óбщей слóжности; **wir hatten ~ 200 DM** у нас бы́ло всегó 200 мáрок
Insider, -in *m/f* ⟨-s, -⟩ посвящённый *m*
insofern 1. *conj* (*falls, wenn*) éсли, покá; **2.** *adv* (*was dies betrifft*) в э́том отношéнии; **~ gebe ich dir recht** в э́том отношéнии ты прав; **~ ..., als ...** постóльку, поскóльку...
Inspektion *f* ⟨-, -en⟩ инспéкция *f*; (*beim Auto*) техосмóтр *m*
Inspektor, -in *m/f* ⟨-s, -en⟩ (*Beamte(r)*) инспéктор *m*
Inspiration *f* ⟨-, -en⟩ вдохновéние *nt*; **heute fehlt es mir an ~** сегóдня мне не хватáет вдохновéния
inspirieren *vt* вдохновля́ть, -ви́ть *pf*; **Italien hat Goethe inspiriert** Итáлия вдохнови́ла Гёте
inspizieren *vt* инспекти́ровать, про- *pf*
Installateur, -in *m/f* ⟨-s, -e⟩ монтёр *m*
Installation *f* ⟨-, -en⟩ (*das Installieren*) установка *f*, монтáж *m*; (*technische Einrichtung*) устрóйство *nt*, оборýдование *nt*
installieren *vt* устанáвливать, -нови́ть *pf*, монти́ровать, смонти́ровать *pf*; **sie hat ihre neue Stereoanlage installiert** онá установи́ла свою́ нóвую стереоустанóвку
Instandhaltung *f* ⟨*gen:-*⟩ ухóд *m*, техобслýживание *nt*
inständig *adj* настоя́тельный, настóйчивый; **ich wünsche ~, daß er kommt** я óчень хочý, чтóбы он пришёл; **~ (um etw) bitten** настоя́тельно проси́ть (о чём-л.)
Instanz *f* ⟨-, -en⟩ инстáнция *f*; **in letzter ~** (*auch fig:letztendlich*) в концé концóв; **den Weg durch die ~en gehen** пойти́ по инстáнциям
Instinkt *m* ⟨-(e)s, -e⟩ инсти́нкт *m*; (*Gespür*) чутьё *nt*; **er hat einen feinen ~ dafür** у негó на э́то тóнкое чутьё
instinktiv *adj* инстинкти́вно; **~ (richtig) handeln** поступáть инстинкти́вно (прáвильно)
Institut *nt* ⟨-(e)s, -e⟩ инститýт *m*
Institution *f* ⟨-, -en⟩ учреждéние *nt*
instruieren *vt* (*anweisen*) инструкти́ровать *impf/pf*, про- *pf*; (*in Kenntnis setzen*) стáвить, по- *pf* в извéстность
Instruktion *f* ⟨-, -en⟩ (*Anweisung*) инстрýкция *f*, указáние *nt*; **sie hat genaue ~en erhalten** онá получи́ла тóчные указáния
Instrument *nt* ⟨-(e)s, -e⟩ (*Gerät, Werkzeug*) прибóр *m*, инструмéнт *m*; (*Mittel*) орýдие *nt*; (*MUS*) инструмéнт *m*; **ein ~ spielen** игрáть на музыкáльном инструмéнте; **sich jds/einer Sache als ~ bedienen** испóльзовать когó-л./чтó-л. в кáчестве инструмéнта
instrumental *adj* инструментáльный; (*MUS:ohne Gesang*) инструментáльный
Insulin *nt* ⟨*gen:-s*⟩ инсули́н *m*
inszenieren *vt* (*Theaterstück*) инсцени́ровать *impf/pf*, стáвить *impf*, по- *pf*; (*fig:veranstalten*) инсцени́ровать *impf/pf*
Inszenierung *f* ⟨-, -en⟩ инсцениррóвка *f*; **mir hat diese ~ von Hamlet nicht gefallen** э́та инсценирóвка „Гамлета" мне не понрáвилась
intakt *adj* цéлый, невреди́мый; **er hat eine ~e Familie** у негó хорóшая семья́
Integralhelm *m* ⟨-(e)s, -e⟩ мотоциклéтный шлем *m*

Integralrechnung *f* ⟨-, -en⟩ интегра́льное исчисле́ние *nt*
Integration *f* ⟨-, -en⟩ интегра́ция *f*; **die politische ~ Europas** полити́ческая интегра́ция Евро́пы; **die ~ von Minderheiten** интегра́ция меньши́нств
integrieren *vt* интегри́ровать *impf/pf*; **ein integrierter Bestandteil (von)** составна́я часть (чего́-л.)
Intellekt *m* ⟨*gen:*-(e)s⟩ интелле́кт *m*, ра́зум *m*
intellektuell *adj* интеллектуа́льный
Intellektuelle(r) *mf* ⟨-n, -n⟩ рабо́тник *m* у́мственного труда́
intelligent *adj* у́мный, разу́мный
Intelligenz *f* ⟨*gen:*-⟩ ум *m*, интелле́кт *m*; (*soziale Schicht*) интеллиге́нция *f*; **Künstliche ~** (*DV*) иску́сственный интелле́кт
Intelligenzquotient *m* ⟨-en, -en⟩ коэффицие́нт *m* интелле́кта
Intendant, -in *m/f* ⟨-en, -en⟩ управля́ющий *m*, интенда́нт *m*
Intensität *f* ⟨*gen:*-⟩ интенси́вность *f*
intensiv *adj* (*Arbeit, Gespräch*) интенси́вный; **sie führten ~e Gespräche darüber** они́ вели́ об э́том напряжённые разгово́ры; (*Schmerz*) си́льный; **ihr Kleid war von ~em Rot** её пла́тье бы́ло насы́щенного кра́сного цве́та
intensivieren *vt* интенсифици́ровать *impf/pf*; **wir werden unsere Anstrengungen ~** мы бу́дем интенсифици́ровать на́ши уси́лия
Intensivstation *f* ⟨-, -en⟩ отделе́ние *nt* реанима́ции
Intention *f* ⟨-, -en⟩ (*Absicht*) наме́рение *nt*
Interaktion *f* ⟨-, -en⟩ интера́кция *f*
Intercity *m* ⟨-s, -s⟩ комфорта́бельный ско́рый по́езд *m*
interdisziplinär *adj* межотраслево́й; **~e Zusammenarbeit** сотру́дничество специали́стов из ра́зных о́траслей
interessant *adj* интере́сный, заня́тный; **was soll daran ~ sein?** и что в э́том интере́сного?; **sie ist ein ~r Mensch** она́ интере́сный челове́к
Interesse *nt* ⟨-s, -n⟩ интере́с *m*; **haben Sie ~ daran?** вас э́то интересу́ет?; **für etw ~ zeigen** проявля́ть к чему́-л. интере́с; **in jds ~ liegen** быть в чьих-л. интере́сах; **seine/jds ~n verfolgen** пресле́довать свои́/чьи́-л. интере́сы
Interessengebiet *nt* ⟨-(e)s, -e⟩ круг *m* интере́сов; **das fällt nicht in mein ~** э́то не вхо́дит в круг мои́х интере́сов
Interessengemeinschaft *f* ⟨-, -en⟩ кружо́к *m*; (*ÖKON*) объедине́ние *nt*
Interessent, -in *m/f* ⟨-en, -en⟩ заинтересо́ванное лицо́ *nt*, заинтересо́ванная сторона́ *f*
interessieren 1. *vt* интересова́ть *impf*; **der Film interessiert mich nicht** фильм меня́ не интересу́ет; **2.** *vr* интересова́ться *impf*; **sie interessiert sich für ihn** она́ им интересу́ется; **sie interessiert sich für Literatur** она́ интересу́ется литерату́рой
interessiert *adj* заинтересо́ванный; **~ folgte er dem Gespräch** он с интере́сом следи́л за разгово́ром
Interjektion *f* ⟨-, -en⟩ междоме́тие *nt*
Interkontinentalrakete *f* ⟨-, -n⟩ межконтинента́льная раке́та *f*
intern *adj* вну́тренний
Internat *nt* ⟨-(e)s, -e⟩ интерна́т *m*
international *adj* интернациона́льный, междунаро́дный
internieren *vt* интерни́ровать *impf/pf*
Internist, -in *m/f* ⟨-en, -en⟩ терапе́вт *m*, врач *m* по вну́тренним боле́зням
Interpol *f* ⟨*gen:*-⟩ Интерпо́л *m*
Interpret, -in *m/f* ⟨-en, -en⟩ (*in Musik, Tanz*) исполни́тель, -ница *m/f*
Interpretation *f* ⟨-, -en⟩ интерпрета́ция *f*, истолкова́ние *nt*
interpretieren *vt* интерпрети́ровать *impf/pf*, толкова́ть *impf*; **wie darf ich Ihre Äußerung ~?** как понима́ть ваше вы́сказывание?
Interpunktion *f* ⟨*gen:*-⟩ пунктуа́ция *f*
Interrogativpronomen *nt* ⟨-s, -nomina⟩ вопроси́тельное местоиме́ние *nt*
Intervall *nt* ⟨-s, -e⟩ (*zeitlicher Abstand*) интервал *m*
Intervention *f* ⟨-, -en⟩ (*POL*) интерве́нция *f*; **militärische ~en** вое́нные интерве́нции
Interview *nt* ⟨-s, -s⟩ интервью́ *nt*; **ein ~ (mit jdm) führen** брать у кого́-л. интервью́; **ein ~ geben** дава́ть интервью́
interviewen *vt* интервьюи́ровать *impf/pf*, про- *pf*
intim *adj* инти́мный, ли́чный; **darf ich Ihnen eine ~e Frage stellen?** позво́льте зада́ть вам ли́чный вопро́с?; **mit jdm ~ sein** быть с ке́м-л. в инти́мных отноше́ниях; **ein ~er Kenner von etw sein** быть то́нким знатоко́м чего́-л.
Intimbereich *m* ⟨-(e)s, -e⟩ инти́мная сфе́ра *f*; полова́я сфе́ра *f*
Intimität *f* ⟨*gen:*-⟩ инти́мность *f*, бли́зость *f*; **~en** инти́мности
Intimsphäre *f* ⟨-, -n⟩ инти́мная сфе́ра *f*; **in jds ~ eindringen** вторга́ться в чью́-л. инти́мную жизнь
intolerant *adj* нетерпи́мый; **jdm/einer**

Sache gegenüber ~ sein быть нетерпи́мым по отноше́нию к кому́-л./чему́-л.
Intoleranz *f* ⟨*gen:-*⟩ нетерпи́мость *f*
Intonation *f* ⟨-, -en⟩ интона́ция *f*
intransitiv *adj* неперехо́дный; **ein ~es Verb** неперехо́дный глаго́л
intravenös *adj* внутриве́нный
Intrige *f* ⟨-, -n⟩ интри́га *f*; **eine ~ spinnen** плести́ интри́гу
introvertiert *adj* интроверти́рованный
Intuition *f* ⟨-, -en⟩ интуи́ция *f*
intuitiv *adj* интуити́вный; **etw ~ spüren** интуити́вно чу́вствовать что́-л.
Invalide *m/f* ⟨-n, -n⟩ инвали́д *m*
Invasion *f* ⟨-, -en⟩ вторже́ние *nt*
Inventar *nt* ⟨-s, -e⟩ (*Einrichtung*) инвента́рь *m*; (*~liste*) инвента́рный спи́сок *m*; **lebendes/totes ~** живо́й/мёртвый инвента́рь
Inventur *f* ⟨-, -en⟩ инвентариза́ция *f*; **~ machen** проводи́ть инвентариза́цию
investieren *vt* (*ÖKON*) инвести́ровать *impf/pf*, вкла́дывать, вложи́ть *pf* (*in +akk* в); (*Mühe, Zeit*) вкла́дывать, вложи́ть *pf* (*in +akk* в); **er investiert viel Zeit in sein Hobby** он отдаёт мно́го вре́мени своему́ хо́бби
Investition *f* ⟨-, -en⟩ инвести́ция *f*
involvieren *vt* (*geh:verwickeln*) заме́шивать, -ша́ть *pf*; **sie ist in diese Affäre nicht involviert** она́ не заме́шана в э́той афе́ре; (*mit einschließen*) включа́ть, -чи́ть *pf* в себя́
inwiefern 1. *conj* в како́й ме́ре, наско́лько; **es ist unklar, ~ uns das betrifft** нея́сно, в како́й ме́ре э́то каса́ется нас; **2.** *adv* в како́й ме́ре, наско́лько; **~ trifft seine Behauptung zu?** наско́лько его́ утвержде́ние соотве́тствует действи́тельности?
Inzest *m* ⟨-(e)s, -e⟩ инце́ст *m*, кровосмеше́ние *nt*
Inzucht *f* ⟨-, -en⟩ инцу́хт *m*, близкоро́дственное размноже́ние *nt*
inzwischen *adv* ме́жду тем, тем вре́менем; **~ war es dunkel geworden** тем вре́менем ста́ло темно́
IOK *abk von* ***Internationales Olympisches Komitee*** *nt* МОК *m*, *Междунаро́дный олимпи́йский комите́т*
Ion *nt* ⟨-s, -en⟩ ио́н *m*
IQ *abk von* ***Intelligenzquotient*** *m*
i.R. *abk von* ***im Ruhestand*** *на пе́нсии*
Irak *m* ⟨*gen:-s*⟩ Ира́к *m*
Iran *m* ⟨*gen:-s*⟩ Ира́н *m*
irdisch *adj* земно́й; **~e Freuden** земны́е ра́дости
Ire *m* ⟨-n, -n⟩ ирла́ндец *m*
irgend *adv* то́лько; **wenn es~ möglich wird, komme ich** е́сли то́лько бу́дет возмо́жно, я приду́; **~ etw/jd** что́-нибудь/кто́-нибудь
irgendein(e,s) *pron* како́й-нибудь, како́й-либо; **aus ~m Grund ist sie nicht gekommen** по како́й-то причи́не она́ не пришла́
irgendwann *adv* когда́-нибудь, когда́-либо; **hast du ~ Zeit für mich?** бу́дет у тебя́ для меня́ когда́-нибудь вре́мя?
irgendwas *pron* (*umg*) что́-нибудь, что́-либо; **~ stimmt da nicht** что́-то там не та́к
irgendwer *pron* (*umg*) кто́-нибудь, кто́-либо; **geht ~ mit mir ins Kino?** кто́-нибудь пойдёт со мной в кино́?
irgendwie *adv* ка́к-нибудь, ка́к-либо; **~ gefällt es mir nicht** мне э́то ка́к-то не нра́вится
irgendwo *adv* где́-нибудь, где́-либо; **hast du ~ meine Schlüssel gesehen?** ты ви́дел где́-нибудь мои́ ключи́?; **~ hat sie recht** где́-то она́ права́
Irin *f* ⟨-, -nen⟩ ирла́ндка *f*
Iris *f* ⟨-, -⟩ (*Pflanze*) и́рис *m*; (*des Auges*) ра́дужная оболо́чка *f* гла́за
irisch *adj* ирла́ндский
Irland *nt* ⟨*gen:-s*⟩ Ирла́ндия *f*
Ironie *f* ⟨*gen:-*⟩ иро́ния *f*; **mit feiner ~** с то́нкой иро́нией; **etw ist eine ~ des Schicksals** что́-л. явля́ется иро́нией судьбы
ironisch *adj* ирони́ческий, насме́шливый
irr(e) *adj* (*verrückt*) сумасше́дший; **du machst mich noch ganz ~** ты меня́ совсе́м собьёшь с то́лку; (*umg:unglaublich, toll*) невероя́тный; **das ist doch ~** э́то же невероя́тно; **~ gut** (*umg*) о́чень хорошо́!
irrational *adj* иррациона́льный
Irre *f* ⟨*gen:-*⟩: **in die ~ führen** ввести́ в заблужде́ние
Irre(r) *mf* ⟨-n, -n⟩ (*umg*) сумасше́дший *m*, поме́шанный *m*; **ein armer ~r** (*umg*) бедня́га
irreführen *vt* сбива́ть, сбить *pf* с то́лку, вводи́ть, ввести́ *pf* в заблужде́ние; **laß dich davon nicht ~** не дава́й себя́ э́тим ввести́ в заблужде́ние
irregulär *adj* нерегуля́рный, непра́вильный
irrelevant *adj* нева́жный, не име́ющий значе́ния
irren 1. *vr* ошиба́ться, -би́ться *pf* (*in +dat* в *+präpos*); **ich habe mich in ihr geirrt** я в ней оши́бся; **ich habe mich in der Nummer geirrt** я оши́бся но́мером; **2.** *vi* блужда́ть *impf*; **durch den Wald ~**

блуждáть по лéсу
irreparabel *adj* непоправи́мый; **irreparable Schäden** непоправи́мые повреждéния
irreversibel *adj* необрати́мый
irrig *adj* оши́бочный; **in der ~en Annahme** в оши́бочном предположéнии
irritieren *vt* (*beirren, stören*) отвлекáть, -влéчь *pf*, мешáть, по- *pf*; **die Unruhe im Publikum irritierte den Redner** волнéние пýблики мешáло орáтору; (*ärgern*) раздражáть, -жи́ть *pf*
irrsinnig *adj* (*wahnsinnig*) безýмный; (*umg:sehr, äußerst groß*) ужáсный; **die Arbeit ist ~ anstrengend** рабóта ужáсно напряжённая
Irrtum *m* ⟨-s, Irrtümer⟩ заблуждéние *nt*; (*Fehler*) оши́бка *f*; **hier muß ein ~ vorliegen** здесь должнó быть какáя-то оши́бка; **im ~ sein/sich im ~ befinden** заблуждáться/пребывáть в заблуждéнии
irrtümlich *adj* оши́бочный
Ischias *m* ⟨*gen:*-⟩ и́шиас *m*
Islam *m* ⟨*gen:*-⟩ ислáм *m*
islamisch *adj* ислáмский
Island *nt* ⟨*gen:*-s⟩ Ислáндия *f*
Isländer, -in *m/f* ⟨-s, -⟩ ислáндец, -дка *m/f*
isländisch *adj* ислáндский
Isolation *f* ⟨-, -en⟩ изоля́ция *f*; (*TECH*) изоля́ция *f*, изоляциóнный материáл *m*
Isolierband *nt* ⟨-(e)s, -bänder⟩ изоляциóнная лéнта *f*
isolieren 1. *vt* (*Person*) изоли́ровать *impf/pf*, обосóбить *pf*, -собля́ть *impf*; **man soll ihn von anderen ~** егó нýжно изоли́ровать от други́х; (*TECH*) изоли́ровать *impf/pf*; **2.** *vr* обосóбиться *pf*, -собля́ться *impf*, изоли́роваться *impf/pf*; **er hat sich selbst isoliert** он сам себя́ изоли́ровал
Isotop *nt* ⟨-s, -e⟩ изотóп *m*
Israel *nt* ⟨*gen:*-s⟩ Изрáиль *m*
Israeli *mf* ⟨-(s), -(s)⟩ израильтя́нин, -тя́нка *m/f*
Italien *nt* ⟨*gen:*-s⟩ Итáлия *f*
Italiener, -in *m/f* ⟨-s, -⟩ италья́нец, -нка *m/f*
italienisch *adj* италья́нский

J

j, J *nt* ⟨-, -⟩ й, Й, ь, Б
ja *adv* (*zustimmend*) да; (*feststellend*) безуслóвно; **aber ~** ну конéчно (*fragend: wirklich?*) прáвда; **~?** да? (*unbedingt*) обязáтельно; **er soll ~ seine Hausaufgaben machen** он дóлжен обязáтельно сдéлать домáшнее задáние (*allerdings*) конéчно; **~, das waren Zeiten** да, э́то бы́ли временá; **komm ~ nicht zu spät** тóлько не приходи́ сли́шком пóздно; **wir sehen uns dann morgen, ~?** мы уви́димся зáвтра, да?
Jacht *f* ⟨-, -en⟩ я́хта *f*
Jacke *f* ⟨-, -n⟩ жакéт *m*, кýртка *f*; (*Strick~*) кóфта *f*
Jackett *nt* ⟨-(e)s, -e/-s⟩ пиджак *m*
Jade *f* ⟨*gen:*-⟩ (*Schmuckstein*) нефри́т *m*
Jagd *f* ⟨-, -en⟩ (*fig:Verfolgung*) погóня *f*, преслéдование *nt*; (*das Jagen*) охóта *f*; **auf die ~ gehen** идти́ на охóту
Jagdgewehr *nt* ⟨-(e)s, -e⟩ охóтничье ружьё *nt*
Jagdrevier *nt* ⟨-(e)s, -e⟩ охóтничье угóдье *nt*
Jagdschein *m* ⟨-(e)s, -e⟩ свидéтельство *nt* на прáво охóты
jagen 1. *vt* (*Tiere, auch Menschen*) охóтиться *impf*; (*verfolgen*) преслéдовать *impf*; **damit kannst du mich ~** (*umg*) я э́того терпéть не могý; **2.** *vi* (*auf die Jagd gehen*) охóтиться *impf*; (*fig:rasen, eilen*) мчáться, про- *pf*
Jäger *m* ⟨-s, -⟩ охóтник *m*
Jaguar *m* ⟨-s, -e⟩ ягуáр *m*
jäh *adj* (*steil*) обры́вистый, отвéсный; (*plötzlich*) внезáпный; (*unvermittelt*) неожи́данный; (*überstürzt*) бы́стрый, стреми́тельный; **das Gespräch wurde ~ abgebrochen** разговóр был внезáпно прéрван
Jahr *nt* ⟨-(e)s, -e⟩ год *m*; **nach ~ und Tag** когдá-то; **in den besten ~en** в расцвéте лет; **ein halbes ~** полгóда; **alle drei ~e** кáждые три гóда; **~ für ~** год за гóдом; **im ~e 1993** в 1993 годý; **im Dezember vorigen ~es** в декабрé прóшлого гóда; **übers ~** чéрез год; **von ~ zu ~** из гóда в год
Jahrbuch *nt* ⟨-(e)s, -bücher⟩ ежегóдник *m*
jahrelang *adj* многолéтний
jähren *vr* наступáть, -пи́ть *pf*; **heute jährt sich sein Todestag zum dritten Mal** сегóдня исполня́ется трéтья годовщи́на егó смéрти
Jahresbeginn *m* ⟨*gen:*-(e)s⟩ начáло *nt* гóда; **zu ~** к начáлу гóда
Jahresbericht *m* ⟨-(e)s, -e⟩ годовóй отчёт *m*
Jahresende *nt* ⟨gen, -s⟩ конéц *m* гóда
Jahreskarte *f* ⟨-, -n⟩ годовóй билéт *m*; (*Eintritts-*) годовóй абонемéнт *m*
Jahresring *m* ⟨-(e)s, -e⟩ годи́чное

кольцó *nt*
Jahrestag *m* ⟨-(e)s, -e⟩ годовщи́на *f*
Jahresurlaub *m* ⟨*gen:*-s⟩ ежегóдный óтпуск *m*
Jahreswechsel *m* ⟨-s, -⟩ (*Neujahr*) нóвый год *m*
Jahreszeit *f* ⟨-, -en⟩ врéмя *nt* гóда
Jahrgang *m* ⟨-(e)s, -gänge⟩ (*selbe Altersstufe*) год *m* рождéния; (*einer Zeitschrift*) год *m* вы́пуска, год *m* издáния; (*von Wein*) урожáй *m*; **~1994** урожáя 1994 гóда
Jahrhundert *nt* ⟨-s, -e⟩ век *m*, столéтие *nt*
jährlich *adj* ежегóдный, годи́чный; **~es Einkommen** годовóй дохóд
Jahrmarkt *m* ⟨-(e)s, -märkte⟩ я́рмарка *f*
Jahrzehnt *nt* ⟨-(e)s, -e⟩ десятилéтие *nt*
Jähzorn *m* ⟨*gen:*-(e)s⟩ внезáпная вспы́шка *f* гнéва
jähzornig *adj* вспы́льчивый
Jalousie *f* ⟨-, -n⟩ жалюзи́ *nt*
Jammer *m* ⟨*gen:*-s⟩ (*Klage*) плач *m*, вóпли *pl*; (*Elend*) гóре *nt*, несчáстье *nt*; **welch ein ~** как жáлко; **ein Bild des ~s bieten** имéть несчáстный вид
jämmerlich *adj* (*elend*) жáлкий, плачéвный; **einen ~en Eindruck machen** производи́ть жáлкое впечатлéние; **~ aussehen** имéть плачéвный вид (*verachtenswert*) ничтóжный; **ein ~er Feigling** жáлкий трус
jammern *vi* (*über*) грóмко плáкать *impf*, вопи́ть *impf*
Januar *m* ⟨-, -e⟩ янвáрь *m*
Japan *nt* ⟨*gen:*-s⟩ Япóния *f*
Japaner, -in *m/f* ⟨-s, -⟩ япóнец, -нка *m/f*
japanisch *adj* япóнский
japsen *vi* (*stoßweise, mühsam atmen*) преры́висто дышáть *impf*
Jargon *m* ⟨-s, -s⟩ жаргóн *m*
jäten *vt* (*Unkraut*) полóть, вы́- *pf*
Jauche *f* ⟨-, -n⟩ навóзная жи́жа *f*
jauchzen *vi* ликовáть *impf*; **vor Freude ~** ликовáть от рáдости
jaulen *vi* выть *impf*, завывáть *impf*
jawohl *adv* совершéнно вéрно, да; **haben sie alles verstanden? - ~, Herr Leutnant** Вы всё пóняли? - так тóчно, господи́н лейтенáнт
Jazz *m* ⟨*gen:*-⟩ джáзовая мýзыка *f*, джаз *m*
Jazzband *f* ⟨-, -s⟩ джаз-бáнд *m*, джáзовый ансáмбль *m*
Jazzmusiker, -in *m/f* ⟨-s, -⟩ джáзовый исполни́тель, -вая -ница *m/f*
je 1. *präp +akk* (*pro*) по; **der Eintritt kostet 5 DM ~ Person** вход стóит по 5 мáрок с человéка; **~ ein Exemplar** по одномý экземпля́ру; **2.** *adv temp* (*jemals*) когдá-нибудь, когдá-либо; **wer hätte das ~ gedacht** кто бы мог когдá-л. подýмать; **3.** *conj* **: ~ ... desto...** чем... тем...; **~ nachdem** смотря́ по
Jeans *pl* ⟨-, -⟩ джи́нсы *pl*
jede(r,s) *pron indef* (*~r einzelne*) кáждый; **~r einzelne** кáждый в отдéльности (*jegliche(r,s), jedwede(r,s)*) любóй; **um ~n Preis** любóй ценóй; **~r beliebige** пéрвый встрéчный; **~ halbe Stunde schaut er auf die Uhr** он смóтрит кáждые полчасá на часы́
jedenfalls *adv* (*auf jeden Fall*) в любóм слýчае, непремéнно; (*zumindest*) по мéньшей мéре
jedermann *pron indef* (*ein jeder*) кáждый; **das ist nicht ~s Sache** э́то не кáждый смóжет (*jeder beliebige*) любóй
jederzeit *adv* (*zu jeder Zeit*) в любóе врéмя; **ein ~ gern gesehener Gast** всегдá желáнный гóсть (*ständig, in jedem Augenblick*) всегдá, постоя́нно; **~ auf etw gefaßt sein** постоя́нно быть готóвым к чемý-л.
jedesmal *adv* кáждый раз; **~, wenn** вся́кий раз, когдá
jedoch *conj* однáко, тем не мéнее
Jeep®, *m* ⟨-s, -s⟩ джип *m*
jeher *adv:* **von ~** с дáвних пор
jemals *adv* когдá-нибудь, когдá-либо
jemand *pron indef* ктó-нибудь, ктó-либо; **sonst noch ~?** ещё ктó-нибудь?; **das wird kaum ~ wollen** едвá ли ктó-либо э́того захóчет
jene(r,s) *pron* тот; **dieses und ~s** вся́кая вся́чина
jenseits *präp +gen* по ту стóрону; **~ des Meeres** за мóрем; **~ von Gut und Böse sein** быть за предéлами добрá и зла
Jenseits *nt* ⟨*gen:*-⟩ потусторóнний мир *m*; **jdn ins ~ befördern** (*umg*) отпрáвить когó-л. на тот свет
Jet *m* ⟨-s, -s⟩ (*Düsenflugzeug*) реакти́вный самолёт *m*
Jet-set : zum ~ gehören принадлежáть к и́збранному óбществу
jetzig *adj* ны́нешний, тепéрешний
jetzt *adv* тепéрь, сейчáс; **bis ~** до сих пор; **von ~ an** с э́того момéнта; **~ oder nie** тепéрь и́ли никогдá
jeweilig *adj* соответ́ствующий, дáнный; **der ~en Mode entsprechend** соответ́ствующий дáнной мóде
jeweils *adv* (*jedesmal*) кáждый раз; **die Nachrichten kommen ~ um 20 Uhr** нóвости передаю́тся всегдá в 20 часóв (*jeder einzelne*) в кáждом слýчае, кáждый
Jh. *abk von* ***Jahrhundert*** *nt* в.

Job *m* ⟨-s, -s⟩ (*umg*) работа *f*
jobben *vi* (*umg*) рабо́тать *impf*
Joch *nt* ⟨-(e)s, -e⟩ хому́т *m*; (*fig*) ярмо́ *nt*, бре́мя *nt*; **ein schweres ~ tragen** нести́ тя́жкое бре́мя
Jockey *m* ⟨-s, -s⟩ (*Rennreiter*) жоке́й *m*
Jod *nt* ⟨*gen:*-(e)s⟩ йод *m*
Joga *m* ⟨*gen:*-(s)⟩ йо́га *f*
joggen *vi* бе́гать *impf* трусцо́й
Jogging *nt* ⟨*gen:*-s⟩ бег *m* трусцо́й
Jogginganzug *m* ⟨-(e)s, -anzüge⟩ трениро́вочный костю́м *m*
Joghurt *m* ⟨-s, -s⟩ йогу́рт *m*
Johannisbeere *f* ⟨-, -n⟩ сморо́дина *f*; **rote ~** кра́сная сморо́дина; **schwarze ~** чёрная сморо́дина
johlen *vi* (*grölen*) горла́нить *impf*
Joint *m* ⟨-s, -s⟩ сигаре́та *f* с гаши́шем
Joint-venture *nt* ⟨-(s), -s⟩ () совме́стное предприя́тие *nt*
Joker *m* ⟨-s, -⟩ (*im Kartenspiel*) джо́кер *m*
Jongleur, -in *m/f* ⟨-s, -e⟩ жонглёр *m*
jonglieren *vi* жонгли́ровать *impf*
Joule *nt* ⟨-(s), -⟩ джо́уль *m*
Journalismus *m* ⟨*gen:*-⟩ журнали́стика *f*
Journalist, -in *m/f* ⟨-en, -en⟩ журнали́ст, -ка *m/f*
jovial *adj* (*wohlwollend*) доброжела́тельный
Joystick *m* ⟨-s, -s⟩ джо́йстик *m*
Jubel *m* ⟨*gen:*-s⟩ ликова́ние *nt*, весе́лье *nt*
jubeln *vi* ликова́ть *impf*, весели́ться *impf*
Jubilar, -in *m/f* ⟨-s, -e⟩ юбиля́р *m*
Jubiläum *nt* ⟨-s, -läen⟩ юбиле́й *m*
jucken *vi* чеса́ться *impf*; **das juckt mich nicht** (*umg*) меня́ э́то не че́шет; **mir juckt die Haut** у меня́ че́шется ко́жа
Juckreiz *m* ⟨-es, -e⟩ зуд *m*
Jude *m* ⟨-n, -n⟩ евре́й *m*
Judentum *nt* ⟨*gen:*-s⟩ евре́йство *nt*
Judenverfolgung *f* ⟨-, -en⟩ пресле́дование *nt* евре́ев
Jüdin *f* ⟨-, -nen⟩ евре́йка *f*
jüdisch *adj* евре́йский
Judo *nt* ⟨*gen:*-(s)⟩ дзюдо́ *nt*
Jugend *f* ⟨*gen:*-⟩ (*~zeit*) мо́лодость *f*, ю́ность *f*; **in meiner frühen ~** во времена́ моей ра́нней мо́лодости; **von ~ an** смо́лоду (*~lichkeit*) мо́лодость *f*; (*junge Menschen*) молодёжь *f*; **die heutige ~** совреме́нная молодёжь
Jugendamt *nt* ⟨-(e)s, -ämter⟩ управле́ние *nt* по дела́м молодёжи
jugendfrei *adj* (*Film*) *допу́щенный к просмо́тру детьми́ до 16 лет*
Jugendfreund, -in *m/f* ⟨-(e)s, -e⟩ друг, подру́га *m/f* ю́ности
Jugendgruppe *f* ⟨-, -n⟩ молодёжная гру́ппа *f*
Jugendherberge *f* ⟨-, -n⟩ молодёжная турба́за *f*
jugendlich *adj* (*jung*) молодо́й; (*jung wirkend*) моложа́вый; (*JUR*) несовершенноле́тний
Jugendliche(r) *m* ⟨-n, -n⟩ подро́сток *m*; (*Minderjährige(r)*) несовершенноле́тний
Jugendliebe *f* ⟨*gen:*-⟩ ю́ношеская любо́вь *f*
Jugendstil *m* ⟨*gen:*-s⟩ стиль *m* моде́рн
Jugendsünde *f* ⟨-, -n⟩ грех *m* мо́лодости
Jugendzentrum *nt* ⟨-s, -zentren⟩ де́тско-ю́ношеский центр *m*
Jugoslawe *m* ⟨-n, -n⟩ югосла́в *m*
Jugoslawien *nt* ⟨*gen:*-s⟩ Югосла́вия *f*
Jugoslawin *f* ⟨-, -nen⟩ югосла́вка *f*
jugoslawisch *adj* югосла́вский
Juli *m* ⟨-(s), -s⟩ ию́ль *m*
jung *adj* (*an Lebensjahren*) молодо́й, ю́ный; **ein ~er Mann** молодо́й челове́к (*frisch*) све́жий; **~es Gemüse** све́жие о́вощи (*noch nicht lange bestehend*) неда́вний; **ein ~es Paar** молодожёны
Junge *m* ⟨-n, -n(s)⟩ ма́льчик *m*; **~,~!** ну и ну́!; **Tag, alter ~** приве́т, старина́
Junge(s) *nt* ⟨-n, -n⟩ (*ZOOL*) детёныш *m*; (*vom Hund*) щено́к *m*; (*von der Katze*) котёнок *m*; (*vom Vogel*) птене́ц *m*
Jünger, -in *m/f* ⟨-s, -⟩ приве́рженец, -нка *m/f*, после́дователь, -ница *m/f*
Jungfer *f* ⟨-, -n⟩ де́ва *f*, деви́ца *f*; **alte ~** ста́рая де́ва
Jungfernfahrt *f* ⟨-, -en⟩ пе́рвый рейс *m*, пе́рвое пла́ванье *nt*
Jungfrau *f* ⟨-, -en⟩ (*unberührtes Mädchen*) де́вственница *f*, (*ASTR*) Де́ва *f*
Junggeselle *m* ⟨-n, -n⟩ холостя́к *m*; **ein eingefleischter ~** закорене́лый холостя́к
Jüngling *m* ⟨-s, -e⟩ (*geh*) ю́ноша *m*
jüngste(r,s) *adj* са́мый мла́дший; **nicht mehr der Jüngste sein** быть не пе́рвой мо́лодости (*letzte(r,s)*) после́дний; **der Jüngste Tag** день стра́шного суда́; **die ~n Ereignisse** после́дние собы́тия; **sein ~r Roman** его́ после́дний рома́н
Juni *m* ⟨-(s), -s⟩ ию́нь *m*
junior *adj* (*nur nachgestellt*) мла́дший
Junior, -in *m/f* ⟨-s, -en⟩ юнио́р *m*
Junkie *m* ⟨-s, -s⟩ наркома́н *m*
Jura *nt* юриспруде́нция *f*, пра́во *nt*; **~ studieren** изуча́ть пра́во
Jurist, -in *m/f* ⟨-en, -en⟩ юри́ст *m*
juristisch *adj* юриди́ческий; **die ~e Fakultät** юриди́ческий факульте́т; **~e Person** юриди́ческое лицо́; **der ~e**

Beistand юриди́ческая подде́ржка
Jury *f* ⟨-, -s⟩ жюри́ *nt*
Justiz *f* ⟨*gen:-*⟩ юсти́ция *f*, правосу́дие *nt*; **jdn der ~ überantworten** переда́ть кого́-л. о́рганам правосу́дия
Justizirrtum *m* ⟨-s, -irrtümer⟩ суде́бная оши́бка *f*
Jute *f* ⟨*gen:-*⟩ (*tropische Pflanze*) джут *m*
Juwel *nt* ⟨-s, -en⟩ драгоце́нный ка́мень *m*, драгоце́нность *f*
Juwelier *m* ⟨-s, -e⟩ ювели́р *m*
Jux *m* ⟨-es, -e⟩ (*umg:Scherz, Spaß*) шу́тка *f*; **sich einen ~ aus etw machen** обрати́ть что́-л. в шу́тку; **das war doch nur ein ~** э́то же была́ то́лько шу́тка; **aus lauter ~ und Tollerei** ра́ди сме́ха

K

k, K *nt* ⟨-, -⟩ к, К
Kabarett *nt* ⟨-s, -s⟩ (*Kleinkunst(bühne)*) теа́тр *m* миниатю́р; (*~programm*) сатири́ческая програ́мма *f*; **politisches ~** полити́ческая эстра́да; **literarisches ~** литерату́рная эстра́да
Kabarettist, -in *m/f* ⟨-en, -en⟩ эстра́дный арти́ст(-сати́рик) *m*
Kabel *nt* ⟨-s, -⟩ (*EL*) ка́бель *m*; (*TV*) ка́бельное телеви́дение *nt*; (*Drahtseil*) трос *m*
Kabelfernsehen *nt* ⟨*gen:-s*⟩ ка́бельное телеви́дение *nt*
Kabeljau *m* ⟨-s,-e⟩ треска́ *f*
Kabine *f* ⟨-, -n⟩ (*Umkleide~*) приме́рочная *f*; (*MAR*) каю́та *f*; (*Dusch~*) каби́на *f*
Kabinett *nt* ⟨-s, -e⟩ кабине́т *m*
Kachel *f* ⟨-, -n⟩ ка́фельная пли́тка *f*, изразе́ц *m*
Kachelofen *m* ⟨-s, -öfen⟩ изразцо́вая печь *f*
Kacke *f* ⟨*gen:-*⟩ (*vulg*) дерьмо́ *nt*
Kadaver *m* ⟨-s, -⟩ труп *m*
Kadmium *nt* ⟨*gen:-s*⟩ ка́дмий *m*
Käfer *m* ⟨-s, -⟩ жук *m*
Kaff *nt* ⟨-(e)s, Käffer⟩ (*umgpej:kleiner Ort*) захолу́стье *nt*
Kaffee *m* ⟨*gen:-s*⟩ (*Pflanze, Strauch*) ко́фе *m*; (*Getränk*) ко́фе *m*; (*Milch~*) ко́фе *m* с молоко́м; **das ist doch alles kalter ~** (*umg:fig*) да э́то всё про́сто глу́пости; **einen ~, bitte** ко́фе, пожа́луйста
Kaffeebohne *f* ⟨-, -n⟩ кофе́йное зерно́ *nt*
Kaffeefahrt *f* ⟨-, -en⟩ *прогу́лка и́ли экску́рсия по́сле обе́да с обяза́тельным кофепи́тием*
Kaffeefilter *m* ⟨-s, -⟩ кофе́йный фильтр *m*
Kaffeekanne *f* ⟨-, -n⟩ кофе́йник *m*
Kaffeeklatsch *m* ⟨*gen:-(e)s*⟩ *непринуждённая бесе́да за ко́фе с пиро́жным*
Kaffeemaschine *f* ⟨-, -n⟩ кофева́рка *f*
Kaffeepause *f* ⟨-, -n⟩ ко́фе-па́уза *f*, переры́в *m* на ко́фе
Kaffeesatz *m* ⟨*gen:-es*⟩ кофе́йная гу́ща *f*
Käfig *m* ⟨-s, -e⟩ кле́тка *f*
kahl *adj* (*Bäume*) го́лый; (*Landschaft*) лишённый расти́тельности; (*Mensch*) лы́сый
kahlscheren *vt* стри́чь, остри́чь *pf* на́голо
Kahn *m* ⟨-(e)s, Kähne⟩ ло́дка *f*; (*Last~*) ба́ржа *f*; **~ fahren** ката́ться на ло́дке
Kai *m* ⟨-s, -e/ -s⟩ на́бережная *f*
Kaiser, -in *m/f* ⟨-s, -⟩ императо́р, -три́ца *m/f*
kaiserlich *adj* императо́рский
Kaiserreich *nt* ⟨-(e)s, -e⟩ импе́рия *f*
Kaiserschnitt *m* ⟨-(e)s, -e⟩ ке́сарево сече́ние *nt*
Kajak *m* ⟨-s, -s⟩ байда́рка *f*
Kajalstift *m* ⟨-(e)s,-e⟩ ко́нтурный каранда́ш *m* для глаз
Kajüte *f* ⟨-, -n⟩ каю́та *f*
Kakao *m* ⟨*gen:-s*⟩ кака́о *nt*; **jdn/etw durch den ~ ziehen** (*umg*) вы́смеять кого́-л./что́-л.
Kaktus *m* ⟨-, Kakteen⟩ ка́ктус *m*
Kalauer *m* ⟨-s, -⟩ незате́йливая шу́тка *f*, пло́ская шу́тка *f*
Kalb *nt* ⟨-(e)s, Kälber⟩ телёнок *m*
Kalbfleisch *nt* ⟨*gen:-(e)s*⟩ теля́тина *f*
Kalender *m* ⟨-s, -⟩ (*Wand~*) насте́нный календа́рь *m*; (*Taschen~*) карма́нный календа́рь *m*
Kalenderwoche *f* ⟨-, -n⟩ календа́рная неде́ля *f*
Kaliber *nt* ⟨-s, -⟩ кали́бр *m*
Kalium *nt* ⟨*gen:-s*⟩ ка́лий *m*
Kalk *m* ⟨-(e)s, -e⟩ и́звесть *f*; **gebrannter ~** негашёная и́звесть; **gelöschter ~** гашёная и́звесть
Kalkstein *m* ⟨-(e)s, -e⟩ силика́тный кирпи́ч *m*
Kalkulation *f* ⟨-, -en⟩ (*Berechnung*) калькуля́ция *f*, расчёт *m*; (*Kostenvoranschlag*) предвари́тельный расчёт *m* затрат
kalkulieren *vt* калькули́ровать, скалькули́ровать *pf*
Kalorie *f* ⟨-, -n⟩ (*meist pl*) кало́рия *f*
kalorienarm *adj* малокалори́йный
Kaloriengehalt *m* ⟨-(e)s, -e⟩ калори́йность *f*
kalt *adj* холо́дный; (*gefühllos*) бесчу́вственный, холо́дный; **~e Füße haben** дрожа́ть от стра́ха; **~e Platte**

холóдные закýски; **~er Schweiß brach ihm aus** у негó вы́ступил холóдный пот; **der Kalte Krieg** холóдная войнá (*nüchtern*) трéзвый, холóдный; **das läßt mich ~** э́то меня́ не волнýет; **mit ~er Berechnung** хладнокрóвно (*abweisend*) пренебрежи́тельный; **jdm die ~e Schulter zeigen** повернýться к комý-л. спинóй

kaltblütig *adj* (*fig*) хладнокрóвный; (*lässig, gelassen*) спокóйный

Kaltblütigkeit *f* ⟨*gen:-*⟩ (*fig*) хладнокрóвие *nt*

Kälte *f* ⟨*gen:-*⟩ хóлод *m*, морóз *m*; **fünf Grad ~** пять грáдусов морóза (*fig*) хóлодность *f*

Kälteeinbruch *m* ⟨-(e)s, -einbrüche⟩ внезáпное понижéние *nt* температýры

Kaltfront *f* ⟨-, -en⟩ холóдный фронт *m*

Kaltmiete *f* ⟨-, -n⟩ квартплáта *f* без надбáвки за отоплéние

Kalzium *nt* ⟨*gen:-s*⟩ кáльций *m*

kam *prät von* **kommen**

Kamel *nt* ⟨-(e)s, -e⟩ верблю́д *m*

Kamera *f* ⟨-, -s⟩ кáмера *f*

Kamerad, -in *m/f* ⟨-en, -en⟩ (*MIL*) товáрищ *m*; (*umg:Freund*) приятель *m*

Kameradschaft *f* ⟨*gen:-*⟩ товáрищеские отношéния *f*

kameradschaftlich *adj* товáрищеский

Kameramann *m* ⟨-(e)s, -männer/ -leute⟩ оперáтор *m*

Kamille *f* ⟨-, -n⟩ ромáшка *f*

Kamillentee *m* ⟨-s, -s⟩ ромáшковый чай *m*

Kamin *m* ⟨-s, -e⟩ (*Schornstein*) дымовáя трубá *f*; (*im Zimmer*)ками́н *m*

Kaminkehrer *m* ⟨-s, -⟩ трубочи́ст *m*

Kamm *m* ⟨-(e)s, Kämme⟩ (*Haar~*) расчёска *f*, грéбень *m*; (*Wellen~*) грéбень *m*; (*Berg~*) грéбень *m*, хребéт *m*; **alles über einen ~ scheren** (*fig*) стричь всё под однý гребёнку

kämmen 1. *vt* (*Haare*) расчёсывать, -чесáть *pf*; (*Wolle*) чесáть *impf*; **2.** *vr* расчёсываться, -чесáться *pf*

Kammer *f* ⟨-, -n⟩ (*kleiner Raum*) кóмнатка *f*, камóрка *f*; (*fig:Behörde*) палáта *f*; (*Ärzte~*) палáта *f*

Kammermusik *f* ⟨*gen:-*⟩ кáмерная мýзыка *f*

Kampagne *f* ⟨-, -n⟩ кампáния *f*

Kampf *m* ⟨-(e)s, Kämpfe⟩ борьбá *f*, бой *m*; **einer Sache den ~ ansagen** (*fig*) объяви́ть бой чемý-л.; **~ auf Leben und Tod** борьбá не на жизнь, а нá смерть; **~ ums Dasein** борьбá за существовáние (*MIL:Schlacht*) бой *m*, би́тва *f*; **er ist im ~ gefallen** он пал в бою́; (*Wettkampf*) состязáние *nt*

kämpfen *vt* борóться *impf*, сражáться, срази́ться *pf*; **um die Freiheit ~** борóться за свобóду; **mit den Tränen ~** сдéрживать слёзы

Kämpfer, -in *m/f* ⟨-s, -⟩ борéц *m*; (*Krieger*) боéц *m*

kämpferisch *adj* боевóй, вои́нственный

Kampfflugzeug *nt* ⟨-(e)s, -e⟩ боевóй самолёт *m*

Kampfhandlungen *pl* ⟨-, -en⟩ боевы́е дéйствия *pl*

kampflos *adj* без бóя, без борьбы́; **sich ~ ergeben** сдáться без бóя

Kampfrichter *m* ⟨-s, -⟩ арби́тр *m*

Kampfsport *m* ⟨*gen:-*(e)s⟩ спорти́вное единобóрство *nt*

kampieren *vi* разби́ть *pf*, -бивáть *impf* палáтку, расположи́ться *pf*, -лагáться *impf* в палáтке

Kanada *nt* ⟨*gen:-s*⟩ Канáда *f*

Kanadier, -in *m/f* ⟨-s, -⟩ канáдец, -дка *m/f*

kanadisch *adj* канáдский

Kanal *m* ⟨-s, Kanäle⟩ (*natürlicher ~, künstlicher~*) канáл *m*; (*Ärmel~*) рукáв *m*; (*Abwasser~*) канáл *m*; (*TV*) канáл *m*

Kanalisation *f* ⟨-, -en⟩ канализáция *f*

kanalisieren *vt* (*mit einer Kanalisation versehen*) канализи́ровать *impf/pf*; (*schiffbar machen*) шлюзовáть *impf/pf*; (*fig:Energie, Gefühle*) направля́ть, -прáвить *pf*

Kanarienvogel *m* ⟨-s, -vögel⟩ канарéйка *f*

Kandidat, -in *m/f* ⟨-en, -en⟩ (*Bewerber*) кандидáт *m*; (*Anwärter*) претендéнт *m*

Kandidatur *f* ⟨-, -en⟩ кандидатýра *f*

kandidieren *vi* выставля́ть, вы́ставить *pf* свою кандидатýру, баллоти́роваться *impf*; **für ein Amt ~** баллоти́роваться на пост

Kandiszucker *m* ⟨*gen:-s*⟩ крупнокристалли́ческий сáхар *m*

Känguruh *nt* ⟨-s, -s⟩ кенгурý *m*

Kaninchen *nt* ⟨-s, -⟩ крóлик *m*

Kanister *m* ⟨-s, -⟩ кани́стра *f*

Kännchen *nt* ⟨-s, -⟩ (*Milch~*) молóчник *m*; (*Kaffee~*) кофéйничек *m*

Kanne *f* ⟨-, -n⟩ (*Milch~*) бидóн *m*; (*Kaffee~*) кофéйник *m*; (*Tee~*) чáйник *m*

Kannibale *m* ⟨-n, -n⟩ каннибáл *m*, людоéд *m*

Kannibalismus *m* ⟨*gen:-*⟩ каннибали́зм *m*

kannte *prät von* **kennen**

Kanon *m* ⟨-s, -s⟩ (*Lied mit mehreren Stimmen*) канóн *m*; (*Regel~*) канóн *m*, прáвило *nt*

Kanone *f* ⟨-, -n⟩ пу́шка *f*; (*umg:Könner*) специали́ст *m*; **das ist unter aller ~** (*umg*) э́то ни́же вся́кой кри́тики
Kante *f* ⟨-, -n⟩ (*Rand*) край *m*; (*~ eines Gegenstandes, einer Fläche*) кант *m*, край *m*; **Geld auf der hohen ~ haben** (*umg*) име́ть сбереже́ния
Kantine *f* ⟨-, -n⟩ произво́дственная столо́вая *f*
Kanton *m* ⟨-s, -e⟩ канто́н *m*
Kanu *nt* ⟨-s, -s⟩ кано́э *nt*
Kanzel *f* ⟨-, -n⟩ (*REL*) церко́вная ка́федра *f*; **von der ~ herab predigen** пропове́довать с ка́федры (*Flugzeug~*) каби́на *f* пило́та
Kanzlei *f* ⟨-, -en⟩ (*Dienststelle*) канцеля́рия *f*; (*Rechtsanwalts~*) бюро́ *nt*, канцеля́рия *f*
Kanzler *m* ⟨-s, -⟩ ка́нцлер *m*
Kanzleramt *nt* ⟨*gen:*-(e)s⟩ пост *m* ка́нцлера
Kanzlerkandidat *m* ⟨-en, -en⟩ кандида́т *m* на пост ка́нцлера
Kap *nt* ⟨-s, -s⟩ мыс *m*
Kapazität *f* ⟨-, -en⟩ (*Volumen*) ёмкость *f*, вмести́мость *f*; (*umg:Experte*) экспе́рт *m*, кру́пный специали́ст *m*
Kapelle *f* ⟨-, -en⟩ (*Musik~*) капе́лла *f*; (*kleine Kirche*) часо́вня *f*
kapern *vt* (*Schiff*) захвати́ть *pf*, -хва́тывать *impf*
kapieren *vt* (*umg*) понима́ть, -ня́ть *pf*; **er kapiert aber auch gar nichts** он же абсолю́тно ничего́ не понима́ет
Kapital *nt* ⟨-s, -e/ -ien⟩ (*ÖKON*) капита́л *m*; **~ anlegen** помеща́ть капита́л; **~ aus etw schlagen** (*fig*) извлека́ть при́быль из чего́-л. (*fig*) капита́л *m*, бага́ж *m*; **das geistige ~** духо́вный капита́л
Kapitalanlage *f* ⟨-, -n⟩ капиталовложе́ние *nt*, помеще́ние *nt* капита́ла
Kapitalismus *m* ⟨*gen:*-⟩ капитали́зм *m*
Kapitalist, -in *m/f* ⟨-en, -en⟩ капитали́ст *m*
kapitalistisch *adj* капиталисти́ческий
Kapitalverbrechen *nt* ⟨-s, -⟩ тя́жкое уголо́вное преступле́ние *nt*
Kapitän, -in *m/f* ⟨-s, -e⟩ (*Schiffs~, Flugzeug~*) капита́н *m*
Kapitel *nt* ⟨-s, -⟩ глава́ *f*; **das ist ein ~ für sich** (*fig*) э́то осо́бая статья́
Kapitulation *f* ⟨*gen:*-⟩ капитуля́ция *f*
kapitulieren *vi* капитули́ровать *impf/pf*
Kappe *f* ⟨-, -n⟩ (*Mütze*) ша́пка *f*; (*von Flaschen*) кры́шка *f*, **etw auf seine eigene ~ nehmen** (*umg:die Verantwortung für etw übernehmen*) брать что́-л. на свою́ отве́тственность
kappen *vt* отруба́ть, -би́ть *pf*
Kapsel *f* ⟨-, -n⟩ ка́псула *f*
kaputt *adj* (*zerbrochen*) разби́тый, сло́манный; (*umg:erschöpft*) разби́тый, уста́лый; **gestern war ich völlig ~** вчера́ я был соверше́нно разби́т; (*Gesundheit*) испо́рченный, загу́бленный; **mach dich doch nicht so ~** не доводи́ себя́ до тако́го состо́яния
kaputtgehen *irr vi* (*entzweigehen*) разби́ться *pf*, -бива́ться *impf*, разла́мываться, -лома́ться *pf*; (*Geräte etc*) по́ртиться, ис- *pf*, лома́ться, слома́ться *pf*
kaputtlachen *vr* (*umg*) смея́ться *impf* до упа́ду
kaputtmachen *vt* лома́ть, по- *pf*, по́ртить, ис- *pf*; **mußt du denn immer alles ~?** тебе́ обяза́тельно ну́жно всё всегда́ испо́ртить?
Kapuze *f* ⟨-, -n⟩ капюшо́н *m*
Karaffe *f* ⟨-, -n⟩ графи́н *m*
Karambolage *f* ⟨-, -n⟩ (*Auto*) столкнове́ние *nt*
Karamel *m* ⟨*gen:*-s⟩ караме́ль *f*
Karat *nt* ⟨-(e)s, -e⟩ кара́т *m*
Karate *nt* ⟨*gen:*-(s)⟩ карате́ *nt*
Karawane *f* ⟨-, -n⟩ карава́н *m*
Kardanwelle *f* ⟨-, -n⟩ карда́нный вал *m*
Kardinal *m* ⟨-s, Kardinäle⟩ кардина́л *m*
Kardinalzahl *f* ⟨-, -en⟩ коли́чественное числи́тельное *nt*
Kardiologie *f* ⟨*gen:*-⟩ кардиоло́гия *f*
Karfreitag *m* страстна́я пя́тница *f*
karg *adj* (*spärlich*) ску́дный, убо́гий; (*unfruchtbar*) неплодоро́дный
Karibik *f* ⟨*gen:*-⟩ Кари́бское мо́ре *nt*
kariert *adj* (*Stoff*) клётчатый; (*Papier*) в клёточку
Karies *f* ⟨*gen:*-⟩ ка́риес *m*
Karikatur *f* ⟨-, -en⟩ карикату́ра *f*
Karikaturist, -in *m/f* ⟨-en, -en⟩ карикатури́ст *m*
karikieren *vt* представля́ть, -ста́вить *pf* в карикату́рном ви́де
Karneval *m* ⟨-s, -s⟩ карнава́л *m*
Karo *nt* ⟨-s, -s⟩ (*Quadrat*) квадра́т *m*; (*Raute*) ромб *m*; (*quadratisches Stoffmuster*) клётка *f*, клёточка *f*; (*Kartenfarbe*) бу́бны *pl*
Karosserie *f* ⟨-, -n⟩ ку́зов *m*
Karotin *nt* ⟨*gen:*-s⟩ кароти́н *m*
Karotte *f* ⟨-, -n⟩ морко́вь *f*
Karpfen *m* ⟨-s, -⟩ карп *m*
Karren *m* ⟨-s, -⟩ (*Schub~*) теле́жка *f*; (*umg: Auto*) та́чка *f*; **den ~ aus dem Dreck ziehen** (*fig*) нала́дить де́ло; **den ~ laufen lassen** (*fig*) пусти́ть де́ло на самотёк
Karriere *f* ⟨-, -n⟩ карье́ра *f*; **~ machen** де́лать карье́ру

Karst *m* ⟨-(e)s, -e⟩ карст *m*
Karte *f* ⟨-, -n⟩ (*Post~*) откры́тка *f*; (*Land~*) ка́рта *f*; (*Fahr~*) проездно́й биле́т *m*; (*Theater-, Kino~*) биле́т *m*; (*Spiel~*) игра́льная ка́рта *f*; **~n spielen** игра́ть в ка́рты (*Speise~*) меню́ *nt*; **die gelbe ~** (*SPORT*) жёлтая ка́рточка; **die rote ~** (*SPORT*) кра́сная ка́рточка; **alles auf eine ~ setzen** (*fig*) поста́вить всё на одну́ ка́рту
Kartei *f* ⟨-, -en⟩ картоте́ка *f*
Karteikarte *f* ⟨-, -n⟩ ка́рточка *f*
Kartell *nt* ⟨-s, -e⟩ карте́ль *f*
Kartenspiel *nt* ⟨-(e)s, -e⟩ (*das ~en*) игра́ *f* в ка́рты; (*einzelnes Spiel*) ка́рточная игра́ *f*; (*die Karten*) ка́рты *pl*
Kartentelefon *nt* ⟨-s, -e⟩ ка́рточный телефо́н *m*
Kartenvorverkauf *m* ⟨*gen:*-s⟩ предвари́тельная прода́жа *f* биле́тов
Kartoffel *f* ⟨-, -n⟩ карто́фель *m*, карто́шка *f*; **~n schälen** чи́стить карто́шку
Kartoffelbrei *m* ⟨*gen:*-(e)s⟩ карто́фельное пюре́ *nt*
Kartoffelkäfer *m* ⟨-s, -⟩ колора́дский жук *m*
Kartoffelpuffer *m* ⟨-s, -⟩ карто́фельная ола́дья *f*
Kartoffelsalat *m* ⟨*gen:*-(e)s⟩ карто́фельный сала́т *m*
Kartoffelschäler *m* ⟨-s, -⟩ картофелечи́стка *f*
Karton *m* ⟨-s, -s⟩ (*Pappe*) карто́н *m*; (*Schachtel*) карто́нная коро́бка *f*
Karussell *nt* ⟨-s, -s⟩ карусе́ль *f*
Karwoche *f* страстна́я неде́ля *f*
Karzinom *nt* ⟨-s, -e⟩ карцино́ма *f*
kaschieren *vt* пря́тать, спря́тать *pf*, маскирова́ть, за- *pf*; (*Bucheinband*) кашировать *impf*
Kaschmir *m* ⟨-s, -e⟩ кашеми́р *m*
Käse *m* ⟨-s, -⟩ (*Milchprodukt*) сыр *m*; (*umg: Unsinn*) ерунда́ *f*, чепуха́ *f*
Käsebrot *nt* ⟨-(e)s, -e⟩ бутербро́д *m* с сы́ром
Käseglocke *f* ⟨-, -n⟩ колпа́к *m* для сы́ра
Käsekuchen *m* ⟨-s, -⟩ творо́жник *m*, пиро́г *m* с творого́м
Kaserne *f* ⟨-, -n⟩ каза́рма *f*
käsig *adj* (*käseartig*) сы́рный, как сыр; (*blaß*) желтова́то-бле́дный
Kasino *nt* ⟨-s, -s⟩ (*Spiel~*) казино́ *nt*; (*Offiziers~*) офице́рский клуб *m*
Kasper *m* ⟨-s, -⟩ шут *m*
Kasperletheater *nt* ку́кольный теа́тр *m*
Kasse *f* ⟨-, -n⟩ (*Geldkasten*) ка́сса *f*, конте́йнер *m* с деньга́ми; (*im Laden*) ка́сса *f*; **zahlen Sie bitte an der ~** заплати́те, пожа́луйста, в ка́ссу; (*Theater~*) ка́сса *f*; **jdn zur ~ bitten** (*fig*) тре́бовать де́ньги с кого́-л. ; **gut/schlecht bei ~ sein** (*umg*) быть при/не при деньга́х
Kassenarzt *m* ⟨-es, -ärzte⟩ *врач, обслу́живающий пацие́нтов-чле́нов больни́чной ка́ссы*
Kassenpatient, -in *m/f* ⟨-en, -en⟩ *пацие́нт-член больни́чной ка́ссы*
Kassenzettel *m* ⟨-s, -⟩ ка́ссовый чек *m*
Kassette *f* ⟨-, -n⟩ (*Kästchen*) коро́бка *f*, я́щичек *m*; (*Buchkasten*) футля́р *m*; (*Musik~, Film~, Video~*) кассе́та *f*
Kassettenrecorder *m* ⟨-s, -⟩ кассе́тный магнитофо́н *m*
kassieren *vt* (*Betrag einziehen, einnehmen*) получа́ть, -чить *pf*; **die Miete ~** получа́ть квартпла́ту (*wegnehmen, beschlagnahmen*) отбира́ть, отобра́ть *pf*; (*gefangennehmen*) схвати́ть *pf*, хвата́ть *impf*
Kassierer, -in *m/f* ⟨-s, -⟩ касси́р, -ша *m/f*
Kastanie *f* ⟨-, -n⟩ кашта́н *m*; **für jdn die ~n aus dem Feuer holen** (*fig*) таска́ть для кого́-л. кашта́ны из огня́
Kastanienbaum *m* ⟨-(e)s, -bäume⟩ кашта́н *m*
Kästchen *nt* ⟨-s, -⟩ (*kleiner Kasten*) я́щичек *m*; (*auf Papier*) кле́тка *f*, кле́точка *f*
Kasten *m* ⟨-s, Kästen⟩ (*Kiste*) я́щик *m*; (*Truhe*) сунду́к *m*; (*umgpej:Gerät*) я́щик *m*; (*Turngerät*) гимнасти́ческий плинт *m*; (*fig:häßliches Gebäude*) коро́бка *f*; **etw auf dem ~ haben** (*fig*) хорошо́ сообража́ть
Kastration *f* ⟨-, -en⟩ кастра́ция *f*
kastrieren *vt* кастри́ровать *impf/pf*
Kasus *m* ⟨-, -⟩ (*geh:Fall*) (ре́дкий) слу́чай *m*, ка́зус *m*; (*LING*) паде́ж *m*
Kat *akr von* ***Katalysator***
Katalog *m* ⟨-(e)s, -e⟩ катало́г *m*
katalogisieren *vt* каталогизи́ровать *impf/pf*
Katalysator *m* ⟨-s, -en⟩ (*CHEM, KFZ*) катализа́тор *m*
Katarrh *m* ⟨-s, -e⟩ ката́р *m*
katastrophal *adj* катастрофи́чный, катастрофи́ческий
Katastrophe *f* ⟨-, -n⟩ катастро́фа *f*
Katastrophengebiet *nt* ⟨-(e)s, -e⟩ райо́н *m* катастро́фы
Kategorie *f* ⟨-, -n⟩ катего́рия *f*
kategorisch *adj* категори́ческий, категори́чный; **etw ~ ablehnen** категори́чески отверга́ть что́-л.
kategorisieren *vt* категоризи́ровать *impf/pf*
Kater *m* ⟨-s, -⟩ (*männliche Katze*) кот *m*;

(*umg:Unwohlsein nach übertriebenem Alkoholgenuß*) похмéлье *nt*
Kathedrale *f* ⟨-, -n⟩ кафедрáльный собóр *m*
Katheter *m* ⟨-s, -⟩ катéтер *m*; **einen ~ anlegen** стáвить катéтер
Kathode *f* ⟨-, -n⟩ катóд *m*
Katholik, -in *m/f* ⟨-en, -en⟩ катóлик, -ли́чка *m/f*
katholisch *adj* католи́ческий
Kätzchen *nt* ⟨-s, -⟩ кóшечка *f*
Katze *f* ⟨-, -n⟩ кóшка *f*; **für die Katz sein** (*umg:umsonst sein*) пойти́ котý под хвост; **die ~ im Sack kaufen** (*fig*) купи́ть котá в мешкé; **die ~ aus dem Sack lassen** (*fig*) разгласи́ть тáйну; **wie die ~ um den heißen Brei herumschleichen** (*umg*) ходи́ть вокрýг да óколо
Katzensprung : es ist nur ein ~ э́то в двух шагáх
Kauderwelsch *nt* ⟨*gen:*-(e)s⟩ (*Sprachgemisch*) смесь *f* языкóв; (*unverständliche Ausdrucksweise*) тарабáрщина *f*, неразберúха *f*
kauen 1. *vt* жевáть *impf*; **daran wird sie noch zu ~ haben** (*fig*) над э́тим ей ещё придётся повози́ться; **2.** *vi* грызть *impf*
kauern 1. *vi* сидéть *impf* на кóрточках; **2.** *vr* притаи́ться *pf*, -тáиваться *impf*, сади́ться, сесть *pf* скóрчившись
Kauf *m* ⟨-(e)s, Käufe⟩ (*das Einkaufen*) кýпля *f*, покýпка *f*; **etw zum ~ anbieten** предлагáть чтó-л. на продáжу (*das Eingekaufte*) покýпка *f*; **einen guten ~ machen** сдéлать харóшую покýпку; **etw in ~ nehmen** пойти́ на чтó-л.
kaufen 1. *vt* (*erwerben*) купи́ть *pf*, покупáть *impf*; **den kaufe ich mir noch** (*umg:jdn zur Rede stellen*) я до негó ещё доберýсь (*umg:bestechen*) подкупáть, -пи́ть *pf*; **jdn ~** подкупи́ть когó-л.; **2.** *vi* (*ein~*) дéлать, сдéлать *pf* закýпки
Käufer, -in *m/f* ⟨-s, -⟩ покупáтель, -ница *m/f*; (*Kunde*) клиéнт, -ка *m/f*
Kauffrau *f* ⟨-, -en⟩ специали́ст *m* по торгóвле
Kaufhaus *nt* ⟨-es, -häuser⟩ универмáг *m*
Kaufkraft *f* ⟨*gen:*-⟩ покупáтельная спосóбность *f*
käuflich *adj* (*erhältlich*) имéющийся в продáже; **etw ~ erwerben** приобрести́ чтó-л. путём покýпки (*fig:bestechlich*) продáжный
Kaufmann *m* ⟨-(e)s, -leute⟩ (*Einzelhandels~*) продавéц *m*; (*Händler*) торгóвец *m*; (*Geschäftsmann*) коммерсáнт *m*, делéц *m*
kaufmännisch *adj* торгóвый; (*geschäftsmäßig*) коммéрческий; **~er Angestellter** коммéрческий слýжащий
Kaufvertrag *m* ⟨-(e)s, -verträge⟩ договóр *m* о кýпле-продáже
Kaugummi *nt* ⟨-s, -s⟩ жевáтельная рези́нка *f*
Kaulquappe *f* ⟨-, -n⟩ головáстик *m*
kaum 1. *adv* (*mit Mühe*) с трудóм, наси́лу; (*wahrscheinlich nicht*) едвá ли, вряд ли; **er wird wohl ~ wiederkommen** он едвá ли придёт ещё раз; **2.** *conj* тóлько; **~ war er gegangen, als ...** тóлько он ушёл, как...
kausal *adj* причи́нный
Kaution *f* ⟨-, -en⟩ (*JUR*) залóг *m*, дéнежное поручи́тельство *nt*; **jdn gegen ~ freilassen** отпусти́ть когó-л. под залóг (*Miet~*) залóг *m* за нанимáемую жилплóщадь ; **eine ~ hinterlegen** остáвить залóг
Kautschuk *m* ⟨-s, -e⟩ каучýк *m*
Kavalier *m* ⟨-s, -e⟩ кавалéр *m*
Kavaliersdelikt *nt* незначи́тельное нарушéние *nt*
Kavallerie *f* ⟨-, -n⟩ кавалéрия *f*
Kaviar *m* ⟨-s, -e⟩ икрá *f*
Kcal *abk von* ***Kilokalorie*** *f* ккал *f*
keck *adj* (*frech*) дéрзкий; (*kühn*) отвáжный; (*flott*) мóдный
Kegel *m* ⟨-s, -⟩ (*Figur beim Kegeln*) кéгля *f*
Kegelbahn *f* ⟨-, -en⟩ кегельбáн *m*
kegeln *vi* игрáть, сыгрáть *pf* в кéгли
Kehle *f* ⟨-, -n⟩ гóрло *nt*, глóтка *f*; **jdm das Messer an die ~ setzen** пристáвить комý-л. нож к гóрлу; **jdm die ~ durchschneiden** перерéзать комý-л. глóтку; **eine trockene ~ haben** хотéть пить; **aus voller ~** во всё гóрло
Kehlkopf *m* ⟨-(e)s, -köpfe⟩ гортáнь *f*
Kehre *f* ⟨-, -n⟩ (*Kurve*) поворóт *m*; (*SPORT*) соскóк *m* с поворóтом
kehren [1] **1.** *vt* поворáчивать , -вернýть *pf*; (*drehen, wenden*) разворáчивать, -вернýть *pf*; **jdm den Rücken ~** отвернýться от когó-л.; **in sich gekehrt sein** быть углублённым в себя́; **2.** *vi* поворáчиваться, -вернýться *pf*; **3.** *vr* (*sich drehen, wenden*) разворáчиваться, -вернýться *pf*; (*sich kümmern*) беспокóиться *impf*
kehren [2] *vt* (*fegen*) подметáть, -мести́ *pf*
Kehrmaschine *f* ⟨-, -n⟩ (*Straßen~*) подметáльная маши́на *f*
Kehrreim *m* ⟨-(e)s, -e⟩ припéв *m*
Kehrseite *f* ⟨-, -n⟩ (*Rückseite*) обрáтная сторонá *f*, изнáнка *f*; **das ist die ~ der Medaille** (*fig*) э́то обрáтная сторонá медáли (*Rücken*) спинá *f*
kehrtmachen *vi* (*MIL*) поворáчиваться, -вернýться *pf* кругóм; (*umkehren*) поворáчивать, повернýть *pf* обрáтно

keifen *vi* (*böse zanken*) брани́ться, по- *pf*, руга́ться, по- *pf*
Keil *m* ⟨-(e)s, -e⟩ клин *m*
Keilriemen *m* ⟨-s, -⟩ клиново́й реме́нь *m*
Keim *m* ⟨-(e)s, -e⟩ (*Krankheits~*) микро́б *m*; (*Sprößling*) росто́к *m*; (*MED*) заро́дыш *m*; (*fig*) заро́дыш *m*, зача́ток *m*; **etw im ~ ersticken** (*fig*) уничто́жить что́-л. в заро́дыше
keimen *vi* (*BOT*) прораста́ть, -расти́ *pf*; (*fig:von Verdacht etc*) зарожда́ться, -роди́ться *pf*
keimfrei *adj* стери́льный, стерилизо́ванный
Keimzelle *f* ⟨-, -n⟩ заро́дышевая кле́тка *f*; (*fig*) перви́чная яче́йка *f*
kein *pron indef* (*nicht ein*) ни оди́н, никто́; **~e Arbeit finden** не находи́ть рабо́ты; **~ Wort mehr!** ни сло́ва бо́льше!; **~ bißchen** ничу́ть; **~ einziges Mal** ни ра́зу; **~ Geld haben** быть без де́нег
keine(r,s) *pron indef* (*niemand*) никто́; **~r rührte sich** никто́ не пошевели́лся ((*überhaupt*) *nicht*) никако́й; **Post ist heute ~ da** сего́дня нет никако́й по́чты
keinesfalls *adv* ни в ко́ем слу́чае, нико́им о́бразом
keineswegs *adv* (*nicht im geringsten*) ничу́ть, нима́ло; **sie ist ~ dumm** она́ отню́дь не глупа́
keinmal *adv* (*nicht ein einziges Mal*) ни ра́зу; **er hat dieses Turnier noch ~ gewonnen** он ни ра́зу не вы́играл э́тот турни́р
Keks *m* ⟨-(e)s, -e⟩ пече́нье *nt*, кекс *m*; **das geht mir aber gewaltig auf den ~** (*umg*) э́то мне ужа́сно де́йствует на не́рвы
Kelch *m* ⟨-(e)s, -e⟩ (*Becher*) бока́л *m*; (*Blüten~*) ча́шечка *f*; (*REL*) ча́ша *f*
Kelle *f* ⟨-, -n⟩ (*Schöpf~*) разлива́тельная ло́жка *f*; (*Maurer~*) мастеро́к *m*; (*Zugführer~*) сигна́льный диск *m*
Keller *m* ⟨-s, -⟩ по́греб *m*
Kellerei *f* ⟨-, -en⟩ ви́нные погреба́ *mpl*
Kellner, -in *m/f* ⟨-s, -⟩ официа́нт, -ка *m/f*, ке́льнер *m*
Kelter *f* ⟨-, -n⟩ виногра́дный пресс *m*
Kenia *nt* ⟨*gen:*-s⟩ Ке́ния *f*
kennen *vt* ⟨kannte, gekannt⟩ (*Person*) знать *impf*; **ich kenne ihn schon lange** я его́ давно́ зна́ю; (*Sachverhalt*) быть *impf* знако́мым; **ich kenne diese Methode** я знако́м с э́тим ме́тодом; **sich vor Wut nicht mehr ~** (*außer sich sein vor Wut*) быть вне себя́ от я́рости
kennenlernen *vt* знако́миться, по- *pf*; (*zum ersten Mal sehen*) узнава́ть, -на́ть *pf*; **du wirst mich noch ~** (*umg*) ты меня́ ещё узна́ешь
Kenner, -in *m/f* ⟨-s, -⟩ (*Wein~*) знато́к *m*; (*Experte*) экспе́рт *m*
kenntlich *adj* (*erkennbar*) заме́тный; **etw ~ machen** сде́лать что́-л. заме́тным (*unterscheidbar*) различи́мый
Kenntnis *f* ⟨-, -se⟩ зна́ние *nt*; **etw zur ~ nehmen** приня́ть что́-л. к све́дению; **jdn von etw in ~ setzen** поста́вить кого́-л. о чём-л. в изве́стность; **jdm etw zur ~ bringen** довести́ что́-л. до чьего́-л. све́дения
Kennwort *nt* ⟨-(e)s, -wörter⟩ (*Chiffre*) шифр *m*; (*DV*) код *m*; (*MIL*) паро́ль *m*
Kennzahl *f* ⟨-, -en⟩ показа́тель *m*
Kennzeichen *nt* ⟨-s, -⟩ (*Charakteristikum*) характе́рная черта́ *f*; (*MED:Anzeichen*) симпто́м *m*; (*Markierung*) маркиро́вка *f*; (*Auto~*) номерно́й знак *m*
kennzeichnen *vt* (*markieren:als*) маркирова́ть *impf/pf*; (*charakterisieren*) характеризова́ть *impf/pf*, охарактеризова́ть *pf*
Kennziffer *f* ⟨-, -n⟩ (*bei Chiffreanzeigen*) шифр *m*
kentern *vi* опроки́дываться, -ки́нуться *pf*
Keramik *f* ⟨-, -en⟩ (*Tonwaren*) кера́мика *f*, керами́ческое изде́лие *nt*; (*Kunst*) кера́мика *f*
Kerbe *f* ⟨-, -n⟩ зару́бка *f*; **in die gleiche ~ schlagen** (*fig*) де́йствовать заодно́
Kerbholz : etw auf dem ~ haben (*umg*) име́ть что́-л. на со́вести
Kerker *m* ⟨-s, -⟩ тюрьма́ *f*
Kerl *m* ⟨-(e)s, -e⟩ па́рень *m*, ма́лый *m*; **er ist ein ganzer ~** он сла́вный ма́лый; **sie ist ein feiner ~** она́ про́сто душа́-челове́к
Kern *m* ⟨-(e)s, -e⟩ (*Obst~*) ко́сточка *f*; (*Atom~*) ядро́ *nt*; (*Stadt~*) центр *m*; (*fig: Hauptsache*) суть *f*; **der ~ der Frage** су́щность вопро́са
Kernbrennstoff *m* ⟨*gen:*-(e)s⟩ я́дерное то́пливо *nt*
Kernenergie *f* ⟨*gen:*-⟩ я́дерная эне́ргия *f*
Kernfusion *f* ⟨-, -en⟩ я́дерный си́нтез *m*
Kerngehäuse *nt* ⟨-s, -⟩ сердцеви́на *f* плода́
kerngesund *adj* соверше́нно здоро́вый
Kernkraftwerk *nt* ⟨-(e)s, -e⟩ а́томная электроста́нция *f*
Kernphysik *f* ⟨*gen:*-⟩ я́дерная фи́зика *f*
Kernreaktion *f* ⟨-, -en⟩ я́дерная реа́кция *f*
Kernseife *f* ⟨-, -n⟩ ядро́вое мы́ло *nt*
Kernspaltung *f* ⟨*gen:*-⟩ расщепле́ние ядра́ *f*
Kernwaffe *f* ⟨-, -n⟩ а́томное ору́жие *nt*
Kerze *f* ⟨-, -n⟩ (*Wachs~*) свеча́ *f*;

(*KFZ:Zünd~*) свечá *f*
kerzengerade *adj* прямóй
Kerzenlicht *nt* ⟨-(e)s, -er⟩ свет *m* от свечи́
Kerzenständer *m* ⟨-s, -⟩ подсвéчник *m*
keß *adj* (*frech, vorlaut*) дéрзкий, нáглый; (*fesch*) шикáрный, мóдный
Kessel *m* ⟨-s, -⟩ (*Tee~*) чáйник *m*; (*Wasser~*) котёл *m*; (*Tal~*) котлови́на *f*
Ketchup *nt* ⟨*gen:*-s⟩ кéтчуп *m*
Kette *f* ⟨-, -n⟩ цепь *f*; **einen Hund an die ~ legen** посади́ть собáку на цепь (*Hals~*) цепóчка *f*; (*Berg~*) цепь *f*; (*Serie*) ряд *m*, цепь *f*
Kettenraucher, -in *m/f* ⟨-s, -⟩ зая́длый кури́льщик, -лая -щица *m/f*
Kettenreaktion *f* ⟨-, -en⟩ (*PHYS*) цепнáя реáкция *f*
Ketzerei *f* ⟨-, -en⟩ éресь *f*
ketzerisch *adj* ерети́ческий
keuchen *vi* задыхáться, -дохнýться *pf*, тяжелó дышáть *impf*
Keuchhusten *m* ⟨*gen:*-s⟩ кóклюш *m*
Keule *f* ⟨-, -n⟩ (*Schlagwaffe*) дуби́на *f*; (*Fleisch~*) ля́жка *f*, нóжка *f*
keusch *adj* целомýдренный, дéвственный
Keyboard *nt* ⟨-s, -s⟩ ки́борд *m*
Kfz *abk von* ***Kraftfahrzeug*** авт. *m*
kg *abk von* ***Kilogrammm*** кг *m*
kichern *vi* хихи́кать *impf*
kicken *vi* (*umg*) игрáть, сыгрáть *pf* в футбóл; **er kickt für Bayern München** (*umg*) он игрáет за Бавáрию Мю́нхен
kidnappen *vt* похищáть, -хи́тить *pf*
Kidnapper *m* ⟨-s, -⟩ похити́тель *m*
Kiefer [1] *m* ⟨-s, -⟩ (*ANAT*) чéлюсть *f*
Kiefer [2] *f* ⟨-, -n⟩ (*BOT*)оснá *f*
Kiel *m* ⟨-(e)s, -e⟩ (*Feder~*) ствол *m*; (*MAR*) киль *m*
Kielwasser *nt* ⟨*gen:*-s⟩ кильвáтер *m*
Kieme *f* ⟨-, -n⟩ жáбра *f*
Kies *m* ⟨-es, (-e)⟩ грáвий *m*
Kieselstein *m* ⟨-s, -e⟩ гáлька *f*
Kiesgrube *f* ⟨-, -n⟩ грави́йный карьéр *m*
kiffen *vi* (*umg:Haschisch rauchen*) кури́ть *impf* гаши́ш
Kikeriki *nt* ⟨-s, -s⟩ кукарекý *nt*
killen *vt* (*umg:umbringen*) убивáть, уби́ть *pf*
Killer *m* ⟨-s, -⟩ уби́йца *f*
Kilo *nt* ⟨-s, -s⟩ килó *nt*
Kilobyte *nt* ⟨-(s), -(s)⟩ килобáйт *m*
Kilogramm *nt* ⟨-s, -(s)⟩ килогрáмм *m*
Kilojoule *nt* ⟨-(s), -⟩ килоджóуль *m*
Kilokalorie *f* ⟨-, -n⟩ килокалóрия *f*
Kilometer *m* ⟨-s, -⟩ киломéтр *m*
Kilometerstand *m* ⟨-(e)s, -stände⟩ прóйденное числó *nt* киломéтров километражá
Kilometerzähler *m* ⟨-s, -⟩ счётчик *m*
Kind *nt* ⟨-(e)s, -er⟩ ребёнок *m*, дитя́ *nt*; **von ~ an** с дéтства; **ein ~ erwarten** ждать ребёнка; **mit ~ und Kegel** (*umg*) со всéми пожи́тками; **das ~ mit dem Bade ausschütten** (*fig*) вмéсте с водóй вы́плеснуть и ребёнка; **ein ~ der Liebe** (*fig*) дитя́ любви́; **jdn an ~es Statt annehmen** адапти́ровать когó-л.; **das ~ beim rechten Namen nennen** (*fig*) называ́ть вéщи свои́ми именáми
Kinderarzt *m* ⟨-es, -ärzte⟩ педиáтр *m*, дéтский врач *m*
Kinderbett *nt* ⟨-(e)s, -en⟩ дéтская кровáть *f*
Kinderbuch *nt* ⟨-(e)s, -bücher⟩ дéтская кни́га *f*
Kinderei *f* ⟨-, -en⟩ ребя́чество *nt*; **hör doch endlich auf mit den ~en** прекрати́ наконéц э́то ребя́чество
Kinderfreibetrag *m* ⟨-(e)s, -beträge⟩ *зави́сящая от коли́чества детéй часть дохóда, не облагáемая налóгом*
Kindergarten *m* ⟨-s, -gärten⟩ дéтский сад *m*
Kindergärtnerin *f* ⟨-, -nen⟩ воспитáтельница *f* дéтского сáда
Kindergeld *nt* ⟨*gen:*-es⟩ посóбие *nt* на ребёнка
Kinderheim *nt* ⟨-(e)s, -e⟩ дéтский дом *m*
Kinderhort *m* ⟨-(e)s, -e⟩ грýппа *f* продлённого дня́
Kinderkrankheit *f* ⟨-, -en⟩ дéтская болéзнь *f*
Kinderlähmung *f* ⟨*gen:*-⟩ полиомиели́т *m*
kinderleicht *adj* óчень лёгкий
kinderlieb *adj* любя́щий детéй
kinderlos *adj* бездéтный
kinderreich *adj* многодéтный
Kinderschuh *m* ⟨-(e)s, -e⟩ дéтский боти́нок *m*; **noch in den ~en stecken** (*fig*) находи́ться в начáльной стáдии разви́тия
Kindersitz *m* ⟨-es, -e⟩ (*im Auto*) сидéнье *nt* для ребёнка
Kinderspiel *nt* ⟨-(e)s, -e⟩ (*Spiel für Kinder*) дéтская игрá *f*; (*fig*) сýщий пустя́к *m*; **das ist doch ein ~** да э́то же плёвое дéло
Kinderteller *m* ⟨-s, -⟩ (*im Restaurant*) дéтская пóрция *f*
Kinderwagen *m* ⟨-s, -wägen⟩ дéтская коля́ска *f*
Kinderzimmer *nt* ⟨-s, -⟩ дéтская *f*
Kindheit *f* ⟨*gen:*-⟩ дéтство *nt*
kindisch *adj* (*pej*) ребя́чливый, несерьёзный
kindlich *adj* дéтский, наи́вный

Kinn *nt* ⟨-(e)s, -e⟩ подборо́док *m*
Kinnhaken *m* ⟨-s, -⟩ боково́й уда́р *m* в че́люсть
Kino *nt* ⟨-s, -s⟩ кино́ *nt*; **ins ~ gehen** идти́ в кино́
Kinokarte *f* ⟨-, -n⟩ биле́т *m* в кино́
Kiosk *m* ⟨-(e)s, -e⟩ кио́ск *m*
Kippe [1] *f* ⟨-, -n⟩ (*Müll~*) сва́лка *f*; **etw steht auf der ~** (*fig*) что́-л. нахо́дится в крити́ческом положе́нии
Kippe [2] *f* (*umg:Zigaretten~*) оку́рок *m*
kippen **1.** *vt* (*umkippen*) опроки́дывать, -ки́нуть *pf*, перевора́чивать, -верну́ть *pf*; (*Getränk*) опроки́дывать, -ки́нуть; **einen Schnaps ~** опроки́нуть рю́мку во́дки; **2.** *vi* теря́ть, по- *pf* равнове́сие, кача́ться *impf*
Kippschalter *m* ⟨-s, -⟩ перекидно́й выключа́тель *m*
Kirche *f* ⟨-, -n⟩ це́рковь *f*; **in die ~ gehen** ходи́ть в це́рковь
Kirchenlied *nt* ⟨-(e)s, -er⟩ церко́вный хора́л *m*
Kirchenmaus : arm sein wie eine ~ быть бе́дным как церко́вная мышь
Kirchensteuer *f* ⟨-, -n⟩ церко́вный нало́г *m*
Kirchentag *m* ⟨-(e)s, -e⟩ съезд *m* евангели́ческой це́ркви
kirchlich *adj* (*die Kirche betreffend*) церко́вный; **~er Feiertag** церко́вный пра́здник (*religiös*) религио́зный
Kirchturm *m* ⟨-(e)s, -türme⟩ колоко́льня *f*
Kirsche *f* ⟨-, -n⟩ ви́шня *f*
Kissen *nt* ⟨-s, -⟩ поду́шка *f*
Kissenbezug *m* ⟨-(e)s, -bezüge⟩ на́волочка *f*
Kiste *f* ⟨-, -n⟩ (*Behälter*) я́щик *m*; (*Truhe*) сунду́к *m*; (*Wein~*) я́щик *m*; (*umg:Auto*) драндуле́т *m*; (*umg:Fernseher*) я́щик *m*
Kitsch *m* ⟨*gen:*-(e)s⟩ кич *m*
kitschig *adj* безвку́сный
Kitt *m* ⟨-(e)s, -e⟩ зама́зка *f*
Kittchen *nt* ⟨-s, -⟩ (*umg:Gefängnis*) катала́жка *f*; **ins ~ kommen** (*umg*) попа́сть за решётку
Kittel *m* ⟨-s, -⟩ (*Arbeits~*) рабо́чий хала́т *m*; (*Arzt~*) враче́бный хала́т *m*
kitten *vt* скле́ивать, скле́ить *pf*; (*Fenster*) вставля́ть, вста́вить *pf* стекло́
Kitz *nt* ⟨-es, -e⟩ (*Zicklein*) ко́злёнок *m*; (*Reh~*) оленёнок *m*
Kitzel *m* ⟨-s, -⟩ щеко́тка *f*
kitzeln *vt* щекота́ть, по- *pf*
kitzlig *adj* щекотли́вый
Kiwi *f* ⟨-, -s⟩ ки́ви *m*
KKW *abk von* ***Kernkraftwerk*** АЭС *f*
klaffen *vi* зия́ть *impf*
kläffen *vi* (*pej*) тя́вкать *impf*, ла́ять *impf*
Klage *f* ⟨-, -n⟩ (*Beschwerde*) жа́лоба *f*; (*Weh~*) плач *m*; (*JUR*) жа́лоба *f*, иск *m*; **eine ~ einreichen** пода́ть жа́лобу в суд
klagen **1.** *vi* (*sich beklagen*) жа́ловаться, по- *pf* (*über +akk* на); (*wehklagen*) опла́кивать, -ка́ть *pf*; **er klagt über den Tod seines Freundes** он опла́кивает смерть своего́ дру́га; (*trauern*) скорбе́ть *impf*; (*JUR*) подава́ть, -да́ть *pf* в суд; **auf Schadenersatz ~** пода́ть иск о возмеще́нии убы́тка; **2.** *vt* жа́ловаться, по- *pf*; **jdm sein Leid ~** изли́ть кому́-л. свою́ печа́ль
Kläger, -in *m/f* ⟨-s, -⟩ исте́ц, -ти́ца *m/f*
kläglich **1.** *adj* (*mitleiderregend*) жа́лобный; (*minderwertig*) ничто́жный, незначи́тельный; **ein ~es Ergebnis** ничто́жный результа́т (*jämmerlich*) жа́лкий, плаче́вный; **2.** *adv* (*in ~er Weise*) плаче́вно; **er ist ~ gescheitert** он ко́нчил плаче́вно
Klamauk *m* ⟨*gen:*-s⟩ (*umg:pej*) шум *m*, гром *m*
klamm *adj* (*feuchtkalt*) сыро́й; (*starr*) окочене́вший
Klammer *f* ⟨-, -n⟩ (*Haar~*) зако́лка *f*; (*Büro~*) скре́пка *f*; (*Wäsche~*) прище́пка *f*; (*Satzzeichen*) ско́бка *f*
klammern **1.** *vt* (*Wäsche*) прикрепля́ть, -пи́ть *pf* прище́пкой; (*Papier*) скрепля́ть, -пи́ть *pf* скре́пкой; **2.** *vi* (*SPORT*) захва́тывать, -ти́ть *pf*; **3.** *vr* (*auch fig*) цепля́ться *impf* (*an +akk* за)
klammheimlich *adj* (*umg*) та́йно
Klamotten *pl* ⟨*gen:*-⟩ (*umg*) шмо́тки *pl*, тря́пки *pl*
klang *prät von* **klingen**
Klang *m* ⟨-(e)s, Klänge⟩ звук *m*; (*MUS:Tonqualität*) звук *m*, звуча́ние *nt*
klangvoll *adj* зву́чный, полнозву́чный; (*fig:Namen*) зву́чный
Klappe *f* ⟨-, -n⟩ (*Deckel*) кры́шка *f*; (*MUS: von Blasinstrumenten*) кла́пан *m*; (*Herz~*) кла́пан *m*; (*umg:Mund*) рот *m*; **halt die ~!** заткни́сь!; **zwei Fliegen mit einer ~ schlagen** (*fig*) одни́м вы́стрелом двух за́йцев уби́ть
klappen **1.** *vi* хло́пать, -пнуть *pf*; (*umg: gut gehen*) ла́диться *impf*; **es klappt wie am Schnürchen** всё идёт как по ма́слу; **2.** *vt* (*herauf~*) отки́нуть *pf*, -ки́дывать *impf*; (*herunter~*) опуска́ть, -сти́ть *pf*
klapperig *adj* (*fig:Auto*) дребезжа́щий; (*fig:Mensch*) дря́хлый
klappern *vi* греме́ть, про- *pf*, шуме́ть *impf*; (*mit den Zähnen*) стуча́ть, по- *pf*
Klapperschlange *f* ⟨-, -n⟩ грему́чая змея́ *f*
Klappmesser *nt* ⟨-s, -⟩ складно́й нож *m*

Klappstuhl *m* ⟨-(e)s, -stühle⟩ складно́й стул *m*
Klaps *m* ⟨-es, -e⟩ шлепо́к *m*; **jdm einen ~ geben** дать кому́-л. шлепо́к
klar *adj* (*durchsichtig*) прозра́чный; (*wolkenlos*) я́сный; (*offensichtlich*) я́сный; (*eindeutig*) поня́тный, вня́тный; **sich ~ ausdrücken** поня́тно выража́ться; **~es Wasser** прозра́чная вода́; **ein ~er Himmel** я́сное не́бо; **es ist völlig ~, daß ...** соверше́нно я́сно, что...
Kläranlage *f* ⟨-, -n⟩ очистна́я устано́вка *f*
klären 1. *vt* (*Problem*) выясня́ть, вы́яснить *pf*; (*Abwässer*) очища́ть, очи́стить *pf*; **2.** *vr* (*Himmel*) проясня́ться, -ни́ться *pf*
Klarheit *f* ⟨-, -en⟩ (*Reinheit, Schärfe*) я́сность *f*; (*fig:Deutlichkeit*) я́сность *f*, вня́тность *f*; **jdm etw in aller ~ zu verstehen geben** дать кому́-л. со всей я́сностью поня́ть что́-л.; **sich über etw ~ verschaffen** проясни́ть для себя́ что́-л.
Klarinette *f* ⟨-, -n⟩ кларне́т *m*
klarkommen *irr vi* справля́ться, спра́виться *pf*; **mit jdm ~** справля́ться с ке́м-л.
klarmachen *vt* (*erklären*) объясня́ть, -ни́ть *pf*; **jdm etw ~** объясня́ть кому́-л. что́-л. (*MAR*) подгота́вливать, -то́вить *pf* к отплы́тию
klarsehen *irr vi* (*verstehen*) я́сно ви́деть, уви́деть *pf*, понима́ть, -ня́ть *pf*
Klarsichtfolie *f* ⟨-, -n⟩ прозра́чная плёнка *f*
klarstellen *vt* (*klären*) проясня́ть, -ни́ть *pf*, уточня́ть, -ни́ть *pf*
Klärung *f* ⟨-, -en⟩ (*Beseitigung von Mißverständnissen*) выясне́ние *nt*; (*Reinigung*) очи́стка *f*; **die ~ der Abwässer** очи́стка сто́чных вод
Klasse *f* ⟨-, -n⟩ (*Kategorie*) класс *m*; (*Schul~*) класс *m*; (*Gesellschaftsschicht*) класс *m*; (*Güte~*) сорт *m*
klasse *interj* класс!; **das ist ja ~!** э́то про́сто класс!
Klassenarbeit *f* ⟨-,-en⟩ кла́ссная рабо́та *f*
Klassenkamerad, -in *m/f* ⟨-en, -en⟩ одноклáссник, -ница *m/f*
Klassenkampf *m* ⟨*gen:*-(e)s⟩ кла́ссовая борьба́ *f*
Klassenlehrer, -in *m/f* ⟨-s, -⟩ кла́ссный руководи́тель, -ная ница *m/f*
Klassentreffen *nt* ⟨-s, -⟩ встре́ча *f* одноклáссников
Klassenzimmer *nt* ⟨-s, -⟩ класс *m*, кла́ссная ко́мната *f*
Klassifikation *f* ⟨-, -en⟩ классифика́ция *f*
klassifizieren *vt* классифици́ровать *impf/pf*, рас- *pf*
Klassik *f* ⟨*gen:*-⟩ кла́ссика *f*; (*klassische Musik*) класси́ческая му́зыка *f*, кла́ссика *f*
Klassiker *m* ⟨-s, -⟩ кла́ссик *m*
klassisch *adj* (*die Klassik betreffend*) класси́ческий; (*zeitlos*) класси́ческий; **ein ~es Kostüm** класси́ческий костю́м (*typisch*) типи́чный, класси́ческий; **ein ~er Fall** типи́чный слу́чай
Klatsch *m* ⟨-(e)s, (-e)⟩ (*klatschendes Geräusch*) хлопо́к *m*, шлепо́к *m*; (*umgpej: Gerede*) спле́тни *pl*, разгово́ры *pl*
Klatschbase *f* ⟨-, -n⟩ (*umgpej*) спле́тница *f*, болту́нья *f*
klatschen 1. *vt* (*Takt, Beifall*) хло́пать *impf*; (*knallen, schlagen*) стуча́ть, по- *pf*, бить, по- *pf*; **2.** *vi* (*mit den Händen*) хло́пать *impf*; (*platschen, spritzen*) стуча́ть, по- *pf*; (*umg:tratschen*) болта́ть *impf*, спле́тничать *impf*; **jdm Beifall ~** аплоди́ровать кому́-л.; **Regen klatschte an das Fenster** дождь стуча́л в окно́
klatschnaß *adj* (*umg*) промо́кший до ни́тки
klauben *vt* (*ernten:Kartoffeln, Beeren*) выбира́ть, вы́брать *pf*, собира́ть, -бра́ть *pf*, (*verlesen:Erbsen*) перебира́ть, -бра́ть *pf*, отбира́ть, отобра́ть *pf*
Klaue *f* ⟨-, -n⟩ (*Raubtier~*) ла́па *f* с когтя́ми; (*umg:unleserliche Schrift*) плохо́й по́черк *m*
klauen *vt* (*umg:stehlen*) тащи́ть, стащи́ть *pf*, стяну́ть *pf*
Klausel *f* ⟨-, -n⟩ (*Bedingung*) усло́вие *nt*, огово́рка *f*
Klaustrophobie *f* ⟨*gen:*-⟩ клаустрофо́бия *f*
Klausur *f* ⟨-, -en⟩ (*schriftliche Arbeit*) контро́льная рабо́та *f*; (*Abgeschlossenheit*) затво́рничество *nt*
Klavier *nt* ⟨-s, -e⟩ пиани́но *nt*, фортепья́но *nt*; **~ spielen** игра́ть на пиани́но
Klebeband *nt* ⟨-(e)s, -bänder⟩ кле́йкая ле́нта *f*
kleben 1. *vt* кле́ить, скле́ить *pf*; **jdm eine ~** (*umg:jdn ohrfeigen*) влепи́ть кому́-л. пощёчину; **2.** *vi* (*anhaften*) прикле́иваться, -кле́иться *pf*, кле́иться *impf*; (*fig:festhalten:an*) быть *impf* привя́занным
klebrig *adj* кле́йкий, ли́пкий
Klebstoff *m* ⟨-(e)s, -e⟩ клей *m*
kleckern *vi* (*beim Essen*) па́чкать, за- *pf*
Klecks *m* ⟨-es, -e⟩ (*Tinten~*) кля́кса *f*; (*Farb~*) пятно́ *nt*
klecksen *vi* сажа́ть, посади́ть *pf* пя́тна;

(*fig:schlecht malen*) пáчкать *impf*, малевáть, на- *pf*

Klee *m* ⟨*gen*:-s⟩ клéвер *m*; **jdn über den grünen ~ loben** (*umg*) превозноси́ть когó-л. до небéс

Kleid *nt* ⟨-(e)s, -er⟩ плáтье *nt*; (*Kleidung*) одéжда *f*; **~er machen Leute** по одёжке встречáют

kleiden 1. *vt* (*mit Kleidern ausstatten*) одевáть, одéть *pf*; (*kleidsam sein*) быть *impf* к лицý; **der Mantel kleidet ihn gut** пальтó емý к лицý; **2.** *vr* (*sich anziehen*) одевáться, одéться *pf*

Kleiderbügel *m* ⟨-s, -⟩ плéчики *pl*, вéшалка *f*

Kleiderhaken *m* ⟨-s, -⟩ крючóк *m*

Kleiderschrank *m* ⟨-(e)s, -schränke⟩ платянóй шкаф *m*

Kleidung *f* ⟨*gen*:-⟩ одéжда *f*

Kleidungsstück *nt* ⟨-(e)s, -e⟩ предмéт *m* одéжды

Kleie *f* ⟨-, -n⟩ óтруби *fpl*

klein *adj* (*nicht groß*) мáленький, небольшóй; (*geringfügig*) незначи́тельный, маловáжный; (*unbedeutend*) несущéственный, незначи́тельный; (*Kind*) мáленький; **ihr ~er Bruder** её млáдший брат; **von ~ auf** с дéтства; **~, aber oho** мáленький, да удáленький; **~ beigeben** уступи́ть; **~ anfangen** начинáть с мáлого; **bis ins ~ste** до мельчáйших подрóбностей; **ein ~ wenig** чуть-чýть; **ein ~er Beamter** скрóмный слýжащий; **ein ~er Fehler** незначи́тельная оши́бка; **die ~en Leute** просты́е лю́ди

Kleinanzeige *f* ⟨-, -n⟩ мáленькое объявлéние *nt*

Kleinbildkamera *f* ⟨-, -s⟩ малоформáтный фотоаппарáт *m*

Kleinbuchstabe *m* ⟨-n, -n⟩ стрóчная бýква *f*

Kleinbus *m* ⟨-ses, -se⟩ микроавтóбус *m*

Kleine(r,s) *m/f* ⟨-n, -n⟩ (*kleiner Junge, kleines Mädchen*) малы́ш, -ка *m/f*

Kleingeld *nt* ⟨*gen*:-(e)s⟩ мéлочь *f*; **das nötige ~ haben** (*umg*) располагáть деньгáми

Kleinhirn *nt* ⟨-(e)s, -e⟩ мозжечóк *m*

Kleinholz *nt* ⟨*gen*:-es⟩ щéпки *pl*; **aus etw ~ machen** (*umg*) переби́ть чтó-л.

Kleinigkeit *f* ⟨-, -en⟩ (*kleine Sache*) мéлочь *f*; (*leichte Aufgabe, Angelegenheit*) пустя́к *m*; (*ein bißchen*) мáлость *f*; (*Bagatelle*) пустя́к *m*, мéлочь *f*; **sich nicht mit ~en abgeben** не размéниваться по пустякáм; **eine ~ essen** немнóго поéсть; **das war doch eine ~ für mich** э́то был для меня́ пустя́к; **ich muß noch eine ~ einkaufen** я дóлжен ещё купи́ть кóе-какýю мéлочь; **das hat nur eine ~ gekostet** э́то почти́ ничегó не стóило; **wegen jeder ~ begannen sie zu streiten** они́ начинáли ссóриться по кáждому пустякý

kleinkariert *adj* (*mit kleinen Karos gemustert*) в мéлкую клéтку; (*umg:engstirnig*) узколóбый, твердолóбый

Kleinkind *nt* ⟨-(e)s, -er⟩ мáленький ребёнок *m*

Kleinkram *m* ⟨*gen*:-s⟩ (*umg*) мéлочи *pl*

Kleinkrieg *m* ⟨-(e)s, -e⟩ ссóра *f*; **sie führen einen ständigen ~ miteinander** (*fig*) у них постоя́нные ссóры

Kleinkunst *f* ⟨*gen*:-⟩ искýсство *nt* мáлых форм

kleinlich *adj* (*pedantisch*) приди́рчивый; (*engstirnig*) ограни́ченный; (*knauserig*) мéлочный

kleinschneiden *vt* мéлко нарезáть, -рéзать *pf*

Kleinstadt *f* ⟨-, -städte⟩ мáленький городóк *m*

Kleinwagen *m* ⟨-s, -wägen⟩ малолитрáжный автомоби́ль *m*

Kleister *m* ⟨-s, -⟩ клéйстер *m*

Klemme *f* ⟨-, -n⟩ (*Klammer*) зажи́м *m*; (*schwierige Situation*) затрудни́тельная ситуáция *f*; **in der ~ sitzen** быть в затрудни́тельном положéнии; **in eine ~ geraten** попáсть в затрудни́тельную ситуáцию

klemmen 1. *vt* (*Draht etc*) прищемля́ть, -ми́ть *pf*; (*festklemmen*) сжимáть, сжать *pf*, зажимáть, -жáть *pf*; **2.** *vi* (*Tür etc*) заéсть *pf*, -едáть *impf*; **3.** *vr* прищемля́ться, -ми́ться *pf*, защемля́ться, -ми́ться *pf*; **sich hinter etw ~** (*umg*) форси́ровать чтó-л.

Klempner *m* ⟨-s, -⟩ жестя́нщик *m*

Kleptomanie *f* ⟨*gen*:-⟩ клептомáния *f*

Klerus *m* ⟨*gen*:-⟩ духовéнство *nt*

Klette *f* ⟨-, -n⟩ репéй *m*; **wie eine ~ an jdm hängen** пристáть к комý-л. как репéй

Kletterer *m* ⟨-s, -⟩ скалолáз *m*

klettern *vi* лáзить, слáзить *pf*, взбирáться, взобрáться *pf*

Kletterpflanze *f* ⟨-, -n⟩ вью́щееся растéние *nt*

klicken *vi* щёлкнуть *pf*, щёлкать *impf*

Klient, -in *m/f* ⟨-en, -en⟩ клиéнт, -ка *m/f*

Klima *nt* ⟨-s, -s/ -ta⟩ кли́мат *m*

Klimaanlage *f* кондиционéр *m*

Klimakterium *nt* ⟨*gen*:-s⟩ кли́макс *m*, климактéрий *m*

klimatisch *adj* климати́ческий

klimatisieren *vt* кондициони́ровать *impf/pf* вóздух

Klimawechsel *m* перемéна *f* кли́мата

Klimmzug *m* ⟨-(e)s, -züge⟩ подтя́гивание *nt* на рука́х

klimpern *vi* (*Kleingeld*) звене́ть, про- *pf*; (*auf der Gitarre*) бренча́ть, про- *pf*

Klinge *f* ⟨-, -n⟩ ле́звие *nt*

Klingel *f* ⟨-, -n⟩ звоно́к *m*

klingeln *vi* (*läuten*) звони́ть, по- *pf*; **das Telefon klingelt** телефо́н звони́т

klingen *vi* ⟨klang, geklungen⟩ (*tönen, sich anhören*) звуча́ть *impf*; **sie klang lustig** её го́лос звуча́л ве́село (*Glocke*) звони́ть, про- *pf*

Klinik *f* ⟨-, -en⟩ кли́ника *f*

klinisch *adj* клини́ческий; **~er Tod** клини́ческая сме́рть

Klinke *f* ⟨-, -n⟩ (*Tür~*) ру́чка *f*

klipp : jdm etw ~ und klar sagen (*umg*) сказа́ть кому́-л. что́-л. ко́ротко и я́сно

Klippe *f* ⟨-, -n⟩ (*am Steilufer*) скала́ *f*, утёс *m*; (*im Meer*) подво́дный ка́мень *m*, риф *m*; (*fig:Hindernis*) подво́дный ка́мень *m*, скры́тое препя́тствие *nt*

klirren *vi* (*Waffen*) бряца́ть, про- *pf*; (*Ketten*) звене́ть, про- *pf*; (*Glas*) дребезжа́ть *impf*, звене́ть, про- *pf*

Klischee *nt* ⟨-s, -s⟩ клише́ *nt*

Klo *nt* ⟨-s, -s⟩ (*umg*) клозе́т *m*

Kloake *f* ⟨-, -n⟩ (*Abwasserkanal*) клоа́ка *f*

klobig *adj* (*unförmig:Stiefel etc*) гру́бый, бесфо́рменный; (*plump:Mensch*) гру́бый, неотёсанный

Klobrille *f* ⟨-, -n⟩ (*umg*) туале́тное очко́ *nt*

klopfen 1. *vi* (*an der Tür etc*) стуча́ть, по- *pf*; **es hat geklopft** в дверь постуча́ли (*Herz*) би́ться *impf*; (*Motor*) стуча́ть, по- *pf*; **2.** *vt* (*Teppich*) выбива́ть, вы́бить *pf*; (*Takt*) отбива́ть, -би́ть *pf*

Klops *m* ⟨-es, -e⟩ бито́к *m*

Klosett *nt* ⟨-s, -s⟩ клозе́т *m*, убо́рная *f*

Klosettpapier *nt* ⟨*gen:*-s⟩ туале́тная бума́га *f*

Kloß *m* ⟨-es, Klöße⟩ (*Knödel*) клёцка *f*; (*Fleisch~*) фрикаде́лька *f*; (*Erd~*) ком *m*

Kloster *nt* ⟨-s, Klöster⟩ монасты́рь *m*

klösterlich *adj* монасты́рский

Klotz *m* ⟨-es, Klötze⟩ (*Holz~*) коло́да *f*, чурба́н *m*; (*grober Mensch*) чурба́н *m*; (*fig:häßliches Gebäude*) коро́бка *f*; **jdm ein ~ am Bein sein** (*fig*) быть кому́-л. в тя́гость

Klub *m* ⟨-s, -s⟩ клуб *m*

Kluft [1] *f* ⟨-, -en⟩ (*Kleidung für einen bestimmten Zweck*) фо́рменная оде́жда *f*, специа́льная оде́жда *f*

Kluft [2] *f* ⟨-, Klüfte⟩ (*Schlucht*) уще́лье *nt*; (*Felsspalte*) рассе́лина *f*; (*Abgrund*) про́пасть *f*; (*fig:großer Gegensatz*) про́пасть *f*; **zwischen ihnen besteht eine tiefe ~** ме́жду ни́ми существу́ет огро́мная про́пасть

klug *adj* (*intelligent*) у́мный; (*gebildet, gelehrt*) образо́ванный; (*geschickt, schlau*) смышлёный, толко́вый; **aus jdm nicht ~ werden** не мочь разгада́ть кого́-л.

Klugheit *f* ⟨*gen:*-⟩ (*Intelligenz*) ум *m*; (*Vernunft*) благоразу́мие *f*

Klümpchen *nt* ⟨-s, -⟩ ком *m*, комо́к *m*

Klumpen *m* ⟨-s, -⟩ (*Erd~*) ком *m*; (*Gold~*) самоpо́док *m*

Klüngel *m* ⟨-s, -⟩ (*pej*) кли́ка *f*

km *abk von* ***Kilometer*** км *m*

km/h *abk von* ***Stundenkilometer*** км/ч *m*

knabbern *vt* грызть, по- *pf*; **an etw zu ~ haben** (*umg*) име́ть над чем полома́ть го́лову

Knabe *m* ⟨-n, -n⟩ (*geh*) ма́льчик *m*, о́трок *m*

knabenhaft *adj* мальчи́шеский

Knäckebrot *nt* ⟨-(e)s, -e⟩ хрустя́щий хлебе́ц *m*

knacken 1. *vi* (*Gebälk*) треща́ть *impf*, хрусте́ть *impf*; **2.** *vt* (*umg:Auto, Tresor*) взлома́ть *pf*, взла́мывать *impf*; (*Nüsse*) щёлкать, -кнуть *pf*; (*fig:Rätsel*) реша́ть, -ши́ть *pf*

knackig *adj* (*fest, knusprig*) кре́пкий, хрустя́щий; (*jugendlich frisch*) све́жий, аппети́тный

Knacks *m* ⟨-es, -e⟩ (*umg:Riß/Sprung*) тре́щина *f*; **die Tasse hat einen ~** на ча́шке тре́щина (*umg:Defekt*) тре́щина *f*; **ihre Beziehung hat einen ~ bekommen** (*fig*) их отноше́ния да́ли тре́щину

Knall *m* ⟨-(e)s, (-e)⟩ (*einer Peitsche*) щелчо́к *m*; (*einer Tür*) гро́хот *m*, треск *m*; (*Krach*) шум *m*; **~ auf Fall** (*umg:plötzlich, unvermittelt*) внеза́пно

knallen 1. *vt* влепи́ть *pf*, -пля́ть *impf*; **jdm eine ~** (*jdn ohrfeigen*) влепи́ть кому́-л. пощёчину; **2.** *vi* (*Peitsche*) щёлкать, -кнуть *pf*; (*Tür*) хло́пать, -пнуть *pf*; (*Sektkorken*) хло́пать, -пнуть *pf*; (*umg:Sonne*) жа́рить *impf*

Knallgas *nt* ⟨*gen:*-es⟩ грему́чий газ *m*

knallrot *adj* (*umg*) я́рко-кра́сный

knapp *adj* (*spärlich*) ску́дный; (*kurz, eng*) у́зкий, те́сный; (*Geld*) ограни́ченный; (*nicht ganz, kaum*) непо́лный; (*kurz, gerafft*) сжа́тый, кра́ткий; **eine ~e Mitteilung** кра́ткое сообще́ние; **vor ~ einer Stunde** о́коло ча́су тому́ наза́д; **der Kaffee wird ~** ко́фе зака́нчивается; **~ sitzende Hosen** пло́тно сидя́щие брю́ки; **~ bei Kasse sein** быть ограни́ченным в де́ньгах

Knappheit *f* ⟨*gen:*-⟩ (*an Mittel*) недоста́ток *m*, ограни́ченность *f*; (*an*

Zeit) недостáток *m*
knarren *vi* трещáть *impf*
Knast *m* ⟨-(e)s, -e⟩ (*umg:Gefängnis*) тюрьмá *f*; **im ~ sitzen** (*umg*) сидéть в тюрьмé
knattern *vi* (*rattern*) трещáть *impf*; (*KFZ*) тарахтéть *impf*
Knäuel *nt* ⟨-s, -⟩ (*Garn~*) клубóк *m*, мотóк *m*
Knauf *m* ⟨-(e)s, Knäufe⟩ (*Tür~*) крýглая дверна́я рýчка *f*; (*Degen~*) голóвка *f*
knauserig *adj* скупóй, скáредный
knausern *vi* скупи́ться, по- *pf* (*mit +akk* на)
Knebel *m* ⟨-s, -⟩ кляп *m*
knebeln *vt* затыкáть, -ткнýть *pf* кля́пом
Knecht *m* ⟨-(e)s, -e⟩ (*Bauern~*) рабóтник *m*, батрáк *m*; (*Diener*) слугá *m*
knechten *vt* порабощáть, -боти́ть *pf*
Knechtschaft *f* ⟨*gen:*-⟩ рáбство *nt*
kneifen 1. *vt* ⟨kniff, gekniffen⟩ щипáть, ущипнýть *pf*; **jdm in die Backe ~** ущипнýть когó-л. за щекý; **2.** *vi* (*Hose, Gummiband*) жáть *impf*; (*umg:sich vor etw drücken*) уви́ливать, -льнýть *pf*
Kneifzange *f* ⟨-, -n⟩ (*Beißzange*) кусáчки *pl*
Kneipe *f* ⟨-, -n⟩ кабáк *m*, пивнáя *f*
kneten *vt* меси́ть, смеси́ть *pf*
Knetmasse *f* ⟨-, -n⟩ пластели́н *m*
Knick *m* ⟨-(e)s, -e⟩ (*Biegung*) изги́б *m*; (*Falte*) склáдка *f*
knicken 1. *vt* разлáмывать, -ломи́ть *pf*; **2.** *vi* сгибáться, согнýться *pf*
knickerig *adj* (*umg:geizig*) скупóй
Knicks *m* ⟨-es, -e⟩ кни́ксен *m*; **vor jdm einen ~ machen** сдéлать пéред кéм-л. кни́ксен
Knie *nt* ⟨-s, -⟩ (*ANAT*) колéно *nt*; (*Flußbiegung*) изги́б *m*; (*TECH:Rohr~ etc*) колéно *nt*; **etw übers ~ brechen** (*umg*) дéлать чтó-л. нáспех; **ein Kind übers ~ legen** вы́пороть ребёнка; **jdn in die ~ zwingen** (*fig*) постáвить когó-л. на колéни; **weiche ~ bekommen** (*fig*) óчень испугáться
Kniebeuge *f* ⟨-, -n⟩ присед *m*
Kniekehle *f* ⟨-, -n⟩ подколéнная впáдина *f*
knien 1. *vi* (*vor*) стоя́ть *impf* на колéнях; **2.** *vr* станови́ться, стать *pf* на колéни
Kniescheibe *f* ⟨-, -n⟩ колéнная чáшечка *f*
Kniestrumpf *m* ⟨-(e)s, -strümpfe⟩ гольф *m*
kniff *prät von* **kneifen**
Kniff *m* ⟨-(e)s, -e⟩ (*Kneifen*) щипóк *m*; (*Knick, Falte*) сгиб *m*, склáдка *f*; (*Trick*) улóвка *f*, трюк *m*
kniffelig *adj* мудрёный; (*heikel*) щекотли́вый
knipsen 1. *vt* (*umg:FOT*) щёлкать, -кнуть *pf*; (*lochen:Fahrkarte*) компости́ровать, за- *pf*; **2.** *vi* (*umg: FOT*) щёлкать, -кнуть *pf*
Knirps *m* ⟨-es, -e⟩ (*kleiner Junge*) карапýз *m*
knirschen *vi* (*Schnee*) скрипéть *impf*; **mit den Zähnen ~** скрежетáть зубáми
knistern *vi* (*Feuer*) потрéскивать *impf*; (*Papier, Seide*) шуршáть *impf*, шелестéть *impf*
knittern 1. *vi* (*Stoff*) мя́ться, по- *pf*; **2.** *vt* мять, из- *pf*; **ein Papier ~** мять бумáгу
Knoblauch *m* ⟨*gen:*-(e)s⟩ чеснóк *m*
Knöchel *m* ⟨-s, -⟩ (*Fuß~*) лоды́жка *f*; (*Hand~*) сгиб *m* пáльцев, костя́шка *f*
Knochen *m* ⟨-s, -⟩ кость *f*; **naß bis auf die ~ sein** вы́мокнуть до ни́тки; **bis in die ~** до мозгá костéй
Knochenbau *m* ⟨*gen:*-(e)s⟩ строéние *nt* костéй
Knochenbruch *m* ⟨-(e)s, -brüche⟩ перелóм *m* кóсти
Knochenmark *nt* ⟨*gen:*-(e)s⟩ кóстный мозг *m*
knochig *adj* костля́вый
Knödel *m* ⟨-s, -⟩ клёцка *f*
Knolle *f* ⟨-, -n⟩ клýбень *m*
Knopf *m* ⟨-(e)s, Knöpfe⟩ (*an Kleidern*) пýговица *f*; (*an Geräten*) кнóпка *f*; **auf den ~ drücken** нажáть на кнóпку
knöpfen *vt* застёгивать, -стегнýть *pf*
Knopfloch *nt* ⟨-(e)s, -löcher⟩ пéтля *f*
Knorpel *m* ⟨-s, -⟩ хрящ *m*
knorpelig *adj* хрящеви́дный
knorrig *adj* (*Holz*) сковáтый; (*Baum*) коря́вый; **eine ~e Eiche** коря́вый дуб
Knospe *f* ⟨-, -n⟩ пóчка *f*
knoten *vt* (*Schnürsenkel etc*) завя́зывать, -зáть *pf* узлóм
Knoten *m* ⟨-s, -⟩ ýзел *m*; **der gordische ~** гóрдиев ýзел; **einen ~ lösen** развязáть ýзел (*Haar~*) узелóк *m*; (*BOT*) ýзел *m*; (*MED*) нарóст *m*; (*MAR*) ýзел *m*; **das Schiff fährt mit 20 ~** корáбль дéлает 20 узлóв (*Knotenpunkt*) узловóй пункт *m*
Know-how *nt* ⟨*gen:*-(s)⟩ „нóу-хáу“ *nt*
Knüller *m* ⟨-s, -⟩ (*umg:Sensation*) сенсáция *f*
knüpfen 1. *vt* (*Knoten, Band*) завя́зывать, -вязáть *pf*, свя́зывать, -зáть *pf*; (*Netz*) плести́, сплести́ *pf*; (*Freundschaft*) завя́зывать, -вязáть *pf*; **große Hoffnungen an etw ~** свя́зывать с чéм-л. большúе надéжды; **2.** *vr* (*mit etw verbunden sein*) быть *impf* свя́занным
Knüppel *m* ⟨-s, -⟩ (*dicker Stock*) дуби́на *f*;

(*Polizei~*) дуби́нка *f*; (*Steuer~*) ру́чка *f* управле́ния; **jdm einen ~ zwischen die Beine werfen** (*fig*) вставля́ть кому́-л. па́лки в колёса
knurren *vi* (*Hund*) ворча́ть *impf*, рыча́ть *impf*; (*fig:murren*) ворча́ть *impf*, урча́ть *impf*; **jdm knurrt der Magen** у кого́-л. урчи́т в животе́
knusprig *adj* (*Brot, Braten etc*) хрустя́щий
knutschen 1. *vi* (*umg*) ти́скать *impf*, обнима́ть, -ня́ть *pf*; **2.** *vr* (*umg*) ти́скаться *impf*, обнима́ться, -ня́ться *pf*
k.o. *adv* (*SPORT:kampfunfähig, besiegt*) в нока́уте; **der Boxer wurde ~ geschlagen** боксёр был нокаути́рован (*umg: erschöpft*) в нока́уте, без сил
K.o. *m* ⟨-, -⟩ (*SPORT:Knockout*) нока́ут *m*
Koalition *f* ⟨-, -en⟩ коали́ция *f*
Kobalt *m* ⟨*gen:*-s⟩ ко́бальт *m*
Kobold *m* ⟨-(e)s, -e⟩ домово́й *m*
Koch *m* ⟨-(e)s, Köche⟩ по́вар *m*; **Hunger ist der beste ~** го́лод - лу́чший по́вар
Kochbuch *nt* ⟨-(e)s, -bücher⟩ пова́ренная кни́га *f*
kochen 1. *vi* (*Wasser*) кипе́ть, вскипе́ть *pf*; **vor Wut ~** (*fig*) кипе́ть от зло́сти (*Essen*) вари́ться, свари́ться *pf*; **2.** *vt* (*Kaffee*) вари́ть, свари́ть *pf*; (*Essen*) гото́вить, сгото́вить *pf*
Kocher *m* ⟨-s, -⟩ (*Camping~*) при́мус *m*
Köcher *m* ⟨-s, -⟩ колча́н *m*
Kochgelegenheit : ein Zimmer mit ~ ко́мната с ку́хонной ни́шей
Köchin *f* ⟨-, -nen⟩ повари́ха *f*
Kochlöffel *m* ⟨-s, -⟩ поварска́я ло́жка *f*
Kochplatte *f* ⟨-, -n⟩ электри́ческая комфо́рка *f*
Kochsalz *nt* ⟨*gen:*-es⟩ пова́ренная соль *f*
Kochtopf *m* ⟨-(e)s, -töpfe⟩ кастрю́ля *f*
Kochwäsche *f* ⟨*gen:*-⟩ *бельё, предназна́ченное для выва́ривания*
Köder *m* ⟨-s, -⟩ прима́нка *f*
ködern *vt* прима́нивать, -ни́ть *pf*; (*fig*) завлека́ть, -вле́чь *pf*; **sich ~ lassen** (*fig*) дать себя́ замани́ть
Koeffizient *m* ⟨-en, -en⟩ коэффицие́нт *m*
Koffein *nt* ⟨*gen:*-s⟩ кофеи́н *m*
koffeinfrei *adj* без содержа́ния кофеи́на, не содержа́щий кофеи́н
Koffer *m* ⟨-s, -⟩ чемода́н *m*; **die ~ packen** пакова́ть чемода́ны; **aus dem ~ leben** всё вре́мя быть в разъе́здах
Kofferkuli *m* ⟨-s, -s⟩ *теле́жка для перево́зки чемода́нов на террито́рии вокза́ла*
Kofferradio *nt* ⟨-s, -s⟩ портати́вный радиоприёмник *m*
Kofferraum *m* ⟨-(e)s, -räume⟩ бага́жник *m*
Kognak *m* ⟨-s, -s⟩ конья́к *m*
Kohl *m* ⟨*gen:*-(e)s⟩ (*Gemüse*) капу́ста *f*; (*umg:Unsinn*) вздор *m*; **das macht den ~ auch nicht mehr fett** (*umg*) э́то де́ло не улу́чшит
Kohldampf *m* си́льный го́лод *m*; **~ haben** (*Hunger haben*) быть голо́дным
Kohle *f* ⟨-, -n⟩ (*Stein~*) ка́менный у́голь *m*; (*Brennmaterial für Öfen, Herde etc*) у́голь *m*; **wie auf glühenden ~n sitzen** (*umg*) сиде́ть как на у́глях (*umg:Geld*) капу́ста *f*, ба́бки *pl*
Kohlendioxid *nt* ⟨*gen:*-(e)s⟩ диокси́д *m* углеро́да
Kohlenhydrat *nt* ⟨*gen:*-(e)s⟩ углево́ды *pl*
Kohlensäure *f* ⟨*gen:*-⟩ углекислота́ *f*
Kohlenstoff *m* ⟨*gen:*-(e)s⟩ углеро́д *m*
Kohlenwasserstoff *m* ⟨*gen:*-(e)s⟩ углеводоро́д *m*
Kohlepapier *nt* ⟨*gen:*-s⟩ копирова́льная бума́га *f*
Kohlmeise *f* ⟨-, -n⟩ больша́я сини́ца *f*
Kohlrabi *m* ⟨-(s), -(s)⟩ кольра́би *f*
Koitus *m* ⟨*gen:*-⟩ ко́итус *m*; **~ interruptus** пре́рванное полово́е сноше́ние
Koje *f* ⟨-, -n⟩ (*MAR*) ко́йка *f*; (*umg:Bett*) ко́йка *f*; **sich in die ~ hauen** (*umg*) упа́сть в ко́йку
Kokain *nt* ⟨*gen:*-s⟩ кокаи́н *m*
kokett *adj* коке́тливый
kokettieren *vi* коке́тничать *impf*
Kokosnuß *f* ⟨-, -nüsse⟩ коко́совый оре́х *m*
Koks [1] *m* ⟨*gen:*-es⟩ (*Brennstoff*) кокс *m*
Koks [2] *m* ⟨*gen:*-es⟩ (*umg:Kokain*) кокаи́н *m*
Kolchose *f* ⟨-, -n⟩ колхо́з *m*
Kolik *f* ⟨-, -en⟩ ко́лики *pl*
Kollaps *m* ⟨-es, -e⟩ колла́пс *m*
Kollege *m* ⟨-n, -n⟩ колле́га *m*; (*Arbeits~*) сослужи́вец *m*, колле́га *m*
kollegial *adj* коллегиа́льный; (*hilfsbereit*) това́рищеский
Kollegin *f* ⟨-, -nen⟩ колле́га *f*
Kollegium *nt* ⟨-s, Kollegien⟩ (*Lehrer~, Ärzte~*) колле́гия *m*
Kollekte *f* ⟨-, -n⟩ *сбор поже́ртвований во вре́мя и́ли по́сле богослуже́ния*
kollektiv *adj* коллекти́вный
kollidieren *vi* ста́лкиваться, столкну́ться *pf* (*mit + dat* с +*inst*); (*zeitlich*) совпада́ть, -па́сть *pf*
Kollision *f* ⟨-, -en⟩ колли́зия *f*; (*zwischen Autos*) столкнове́ние *nt*; (*zeitlich*) совпаде́ние *nt*
Kollokation *f* ⟨-, -en⟩ коллока́ция *f*
Kolonialismus *m* ⟨*gen:*-⟩ колониали́зм *m*
Kolonialmacht *f* ⟨-, -mächte⟩

колониальная держава *f*
Kolonie *f* ⟨-, -n⟩ колóния *f*
Kolonisation *f* ⟨-, -en⟩ колонизáция *f*
Kolonne *f* ⟨-, -n⟩ (*MIL*) колóнна *f*; (*Auto~*) колóнна *f*; (*Arbeiter~*) колóнна *f*, грýппа *f*
kolorieren *vt* раскрáшивать, -крáсить *pf*
Koloß *m* ⟨Kolosses, Kolosse⟩ колóсс *m*
kolossal **1.** *adj* колоссáльный; (*umg:sehr groß*) гигáнтский; **2.** *adv* грандиóзно
Kolumbianer, -in *m/f* ⟨-s, -⟩ колумбúец, -бúйка *m/f*
Kolumbien *nt* ⟨*gen:*-s⟩ Колýмбия *f*
Kolumne *f* ⟨-, -n⟩ полосá *f*, колóнка *f*
Koma *nt* ⟨-s, -s/ -ta⟩ кóма *f*; **im ~ liegen** лежáть в кóме
Kombination *f* ⟨-, -en⟩ (*Verbindung*) соединéние *nt*, комбинáция *f*; (*Schach*) комбинáция *f*; (*von Kleidung*) сочетáние *nt*, комбинáция *f*
kombinieren *vt* комбинúровать, скомбинúровать *pf*
Kombiwagen *m* ⟨-s, -wägen⟩ автомобúль *m* „кóмби"
Komet *m* ⟨-en, -en⟩ комéта *f*
Komfort *m* ⟨*gen:*-s⟩ (*Luxus*) комфóрт *m*; (*Bequemlichkeiten*) удóбства *f*
komfortabel *adj* (*mit Komfort*) комфортáбельный; (*bequem*) удóбный
Komik *f* ⟨*gen:*-⟩ комúзм *m*, комúчность *f*; **unfreiwillige ~** невóльная комúчность
Komiker, -in *m/f* ⟨-s, -⟩ кóмик *m*
komisch *adj* (*spaßig, lächerlich*) комúчный, забáвный; **etw irrsinnig ~ finden** находúть чтó-л. ужáсно забáвным; **eine ~e Figur machen** имéть комúчный вид (*merkwürdig*) стрáнный; **das kommt mir ~ vor** мне э́то кáжется стрáнным
Komitee *nt* ⟨-s, -s⟩ комитéт *m*
Komma *nt* ⟨-s, -s/ -ta⟩ запятáя *f*; **ein-setzen** постáвить запятýю
Kommandant, -in *m/f* ⟨-en, -en⟩ комендáнт *m*
Kommandeur, -in *m/f* ⟨-s, -e⟩ командúр *m*
kommandieren **1.** *vt* (*Truppen*) комáндовать *impf*; (*entsenden*) командировáть *impf/pf*; **2.** *vi* (*Kommandeur sein*) быть командúром *impf*; (*Befehle erteilen*) давáть, дать *pf* прикáз; (*befehlen*) прикáзывать, -зáть *pf*, комáндовать, скомáндовать *pf*
Kommando *nt* ⟨-s, -s⟩ (*Befehl*) комáнда *f*, прикáз *m*; (*Befehlsgewalt:über*) комáндование *nt*; (*MIL:Abteilung*) комáнда *f*
kommen *vi* ⟨kam, gekommen⟩ приходúть, прийтú *pf*, идтú *impf* (сюдá); (*ankommen*) прибывáть, -бы́ть *pf*, приходúть, прийтú *pf*; (*herkommen*) быть *impf* рóдом; (*von der Arbeit*) приходúть, прийтú, возвращáться, вернýться *pf*; (*gelangen, hinkommen*) попадáть, -пáсть *pf*, проходúть, пройтú *pf*; **wie komme ich hier zum Bahnhof?** как мне попáсть на вокзáл?; **von der Arbeit ~** возвращаться с рабóты; **aus Deutschland ~** быть рóдом из Гермáнии; **der nächste Zug kommt in einer halben Stunde** слéдующий пóезд прибýдет чéрез полчасá; **ich komme gleich** я сейчáс придý; **kommst du?** ты идёшь?; **auf etw zu sprechen ~** заговорúть о чём-л.; **auf einen Gedanken ~** прийтú к мы́сли; **auf jdn nichts ~ lassen** не давáть сказáть о кóм-л. дурнóго слóва; **komme, was da wolle** будь, что бýдет; **wie kommt es, daß ...** как получúлось, что...; **wer kommt als nächstes?** кто слéдующий?; **so mußte es ~** так и должнó было случúться; **los, komm schon!** ну, давáй!; **das kommt mir sehr gelegen** э́то для меня́ óчень кстáти; **komm mir doch nicht schon wieder damit!** не приставáй ко мне с э́тим снóва!; **einen Arzt ~ lassen** вы́звать врачá; **auf seine Kosten ~** окупúть свой расхóды; **in die Schule ~** идтú в шкóлу; **ums Leben ~** погúбнуть; **hinter etw ~** разгадáть чтó-л.; **zu etw ~** прийтú к чемý-л.; **ich bin noch nicht dazu gekommen** я ещё до э́того не дошёл; **zu sich ~** прийтú в себя́; **zu spät ~** опоздáть
Kommentar *m* ⟨-s, -e⟩ комметáрий *m*; (*Stellungnahme gegenüber der Presse*) комментáрий *m*
Kommentator, -in *m/f* ⟨-s, -en⟩ комментáтор *m*
kommentieren *vt* комментúровать *impf/pf*, про- *pf*
kommerziell *adj* коммéрческий
Kommilitone *m* ⟨-n, -n⟩ сокýрсник *m*, товáрищ *m* по учёбе
Kommilitonin *f* ⟨-, -nen⟩ сокýрсница *f*
Kommissar, -in *m/f* ⟨-s, -e⟩ комиссáр *m*
kommissarisch *adj* (*vorübergehend*) врéменный; **der ~e Leiter einer Dienststelle** исполня́ющий обя́занности руководúтеля учреждéния
Kommission *f* ⟨-, -en⟩ (*Komitee*) комúссия *f*, (*Untersuchungsausschuß*) комúссия *f*, (*ÖKON*) комúссия *f*; **etw in ~ geben** сдавáть чтó-л. на комúссию
Kommode *f* ⟨-, -n⟩ комóд *m*

Kommunalpolitik *f* ⟨*gen:-*⟩ коммуна́льная поли́тика *f*
Kommunalwahl *f* ⟨-, -en⟩ коммуна́льные вы́боры *pl*
Kommune *f* ⟨-, -n⟩ (*Gemeinde, Ortschaft*) общи́на *f*; (*Wohngemeinschaft*) комму́на *f*
Kommunikation *f* ⟨-, -en⟩ коммуника́ция *f*
kommunikativ *adj* (*die Kommunikation betreffend*) коммуникацио́нный; (*mitteilsam*) общи́тельный
Kommunion *f* ⟨-, -en⟩ прича́стие *nt*
Kommuniqué *nt* ⟨-s, -s⟩ коммюнике́ *nt*
Kommunismus *m* ⟨*gen:-*⟩ коммуни́зм *m*
Kommunist, -in *m/f* ⟨-en, -en⟩ коммуни́ст, -ка *m/f*
kommunistisch *adj* коммунисти́ческий; **das Kommunistische Manifest** Коммунисти́ческий мани́фест
kommunizieren *vi* (*in Verbindung stehen*) сообща́ться *impf*; (*geh:sich verständigen*) обща́ться *impf*; **mit jdm ~** обща́ться с ке́м-л. (*REL:zur Kommunion gehen*) причаща́ться, -части́ться *pf*
Komödiant, -in *m/f* ⟨-en, -en⟩ комедиа́нт, -ка *m/f*
Komödie *f* ⟨-, -n⟩ (*THEAT*) коме́дия *f*; (*fig*) коме́дия *f*; **~ spielen** (*fig*) разы́грывать коме́дию
Kompagnon *m* ⟨-s, -s⟩ компаньо́н *m*
kompakt *adj* кампа́ктный
Kompanie *f* ⟨-, -n⟩ ро́та *f*
Komparativ *m* ⟨-s, -e⟩ сравни́тельная сте́пень *f*
Kompaß *m* ⟨Kompasses, Kompasse⟩ ко́мпас *m*; **nach dem ~ marschieren** идти́ по ко́мпасу
kompatibel *adj* (*DV*) совмести́мый
kompensieren *vt* компенси́ровать *impf/pf*, возмеща́ть, -мести́ть *pf*
kompetent *adj* (*sachverständig, befähigt*) компете́нтный, све́дущий; (*zuständig, befugt*) компете́нтный
Kompetenz *f* ⟨-, -en⟩ (*Sachverstand, Fähigkeit*) компете́нтность *f*; (*JUR:Zuständigkeit*) компете́нция *f*, полномо́чия *pl*; **seine ~en überschreiten** превы́сить свой полномо́чия
komplett *adj* компле́ктный, по́лный
komplex *adj* ко́мплексный
Komplex *m* ⟨-es, -e⟩ (*Fragen~, Gebäude~*) ко́мплекс *m*; (*Minderwertigkeitsgefühl*) ко́мплекс *m*; **~e haben** име́ть ко́мплексы
Komplikation *f* ⟨-, -en⟩ (*MED*) осложне́ние *nt*
Kompliment *nt* ⟨-(e)s, -e⟩ комплиме́нт *m*; **jdm für etw ~e machen** сде́лать кому́-л. за что́-л. комплиме́нт; **mein ~!** мой комплиме́нты!
Komplize *m* ⟨-n, -n⟩ сообщник *m*
kompliziert *adj* сло́жный
Komplizin *f* ⟨-, -nen⟩ со́общница *f*
Komplott *nt* ⟨-(e)s, -e⟩ за́говор *m*; **ein ~ schmieden** гото́вить за́говор
Komponente *f* ⟨-, -n⟩ (*Bestandteil*) компоне́нт *m*, составна́я часть *f*; (*Teilkraft*) составля́ющая *f*
komponieren *vt* (*Musik*) сочиня́ть, -ни́ть *pf*; (*Farben*) компонова́ть, скомпонова́ть *pf*
Komponist, -in *m/f* ⟨-en, -en⟩ компози́тор *m*
Komposition *f* ⟨-, -en⟩ (*MUS*) музыка́льное произведе́ние *nt*; (*geh: eines Romans*) построе́ние *nt*; (*eines Parfums*) компози́ция *f*
Kompositum *nt* ⟨-s, Komposita⟩ сло́жное сло́во *nt*
Kompost *m* ⟨-(e)s, -e⟩ компо́ст *m*
Kompott *nt* ⟨-(e)s, -e⟩ компо́т *m*
Kompresse *f* ⟨-, -n⟩ компре́сс *m*
Kompressor *m* ⟨-s, -en⟩ компре́ссор *m*
Kompromiß *m* ⟨Kompromisses, Kompromisse⟩ компроми́сс *m*; **einen ~ schließen** приня́ть компроми́ссное реше́ние
kompromißbereit *adj* гото́вый к компроми́ссу
Kompromißlösung *f* ⟨-, -en⟩ компроми́ссное реше́ние *nt*
kompromittieren **1.** *vt* компромети́ровать, скомпромети́ровать *pf*; **2.** *vr* компромети́ровать, скомпромети́ровать *pf* себя́
kondensieren *vt* конденси́ровать *impf/pf*, сконденси́ровать *pf*
Kondensmilch *f* ⟨*gen:-*⟩ сгущённое молоко́ *nt*
Kondensstreifen *m* ⟨-s, -⟩ конденсацио́нный след *m*
Kondenswasser *nt* ⟨*gen:-s*⟩ конденса́т *m*
Kondition *f* ⟨-, -en⟩ (*SPORT:kein pl*) физи́ческая фо́рма *f*; (*Bedingung*) усло́вие *nt*
Konditional *m* ⟨-s, -e⟩ кондициона́лис *m*, усло́вное наклоне́ние *nt*
Konditionstraining *nt* ⟨*gen:-s*⟩ о́бщая физи́ческая подгото́вка *f*
Konditor, -in *m/f* ⟨-s, -en⟩ конди́тер *m*
Konditorei *f* ⟨-, -en⟩ конди́терская *f*
kondolieren *vi* (*jdm sein Beileid aussprechen*) выража́ть, вы́разить *pf* соболе́знования
Kondom *nt* ⟨-s, -e⟩ презервати́в *m*
Konfekt *nt* ⟨-(e)s, -e⟩ конфе́ты *pl*
Konfektionsgröße *f* ⟨-, -n⟩ разме́р *m* оде́жды

Konferenz *f* ⟨-, -en⟩ конфере́нция *f*; (*Zusammenkunft*) заседа́ние *nt*, собра́ние *nt*; **eine ~ abhalten** проводи́ть собра́ние
Konferenzraum *m* ⟨-(e)s, -räume⟩ конфере́нц-за́л *m*
Konfession *f* ⟨-, -en⟩ вероисповéдание *nt*; **einer ~ angehören** испове́довать каку́ю-л. рели́гию
konfessionell *adj* конфессиона́льный
konfessionslos *adj* не принадлежа́щий ни к како́му вероисповéданию
Konfetti *nt* ⟨*gen:*-(s)⟩ конфетти́ *nt*
Konfirmand, -in *m/f* ⟨-en, -en⟩ конфирма́нд *m*, конфирму́ющийся, -щаяся *m/f*
Konfirmation *f* ⟨*gen:*-⟩ конфирма́ция *f*
konfirmieren *vt* конфирмова́ть *impf/pf*
Konfitüre *f* ⟨-, -n⟩ конфитю́р *m*
Konflikt *m* ⟨-(e)s, -e⟩ конфли́кт *m*
konform *adj* одина́ковый, совпада́ющий; **mit jds Ansichten ~ gehen** быть одного́ мне́ния с ке́м-л.
Konformismus *m* ⟨*gen:*-⟩ (*geh*) конформи́зм *m*
konfrontieren *vt* ста́лкиваться, столкну́ться *pf* (*mit +akk* с *+inst*)
konfus *adj* смущённый, расте́рянный; **~es Zeug reden** говори́ть непоня́тно что
Kongreß *m* ⟨Kongresses, Kongresse⟩ (*POL*) парла́мент *m*; (*Fach~*) конгре́сс *m*
kongruent *adj* (*MATH*) конгруэ́нтный
Kongruenz *f* ⟨-, -en⟩ (*MATH*) конгруэ́нция *f*
König, -in *m/f* ⟨-s, -e⟩ коро́ль, -ле́ва *m/f*
königlich *adj* короле́вский; **sich ~ amüsieren** весели́ться вовсю́
Königreich *nt* ⟨-(e)s, -e⟩ короле́вство *nt*
konisch *adj* кони́ческий
Konjugation *f* ⟨-, -en⟩ спряже́ние *nt*
konjugieren *vt* спряга́ть, про- *pf*
Konjunktion *f* ⟨-, -en⟩ сою́з *m*
Konjunktiv *m* ⟨-s, -e⟩ ко́нъюнктив *m*, сослага́тельное наклоне́ние *nt*
Konjunktur *f* ⟨-, -en⟩ (*Wirtschaftslage*) экономи́ческое положе́ние *nt*, конъюнкту́ра *f*; **steigende ~** улучша́ющаяся конъюнкту́ра
konjunkturell *adj* конъюнкту́рный; **~bedingt** обусло́вленный конъюнкту́рой
konkav *adj* (*nach innen gewölbt*) во́гнутый
konkret *adj* конкре́тный
Konkurrent, -in *m/f* ⟨-en, -en⟩ (*ÖKON*) конкуре́нт, -ка *m/f*; (*Rivale*) сопе́рник, -ница *m/f*
Konkurrenz *f* ⟨*gen:*-⟩ (*ÖKON:Wettbewerb*) конкуре́нция *f*; (*Rivalität*) сопе́рничество *nt*; (*die Konkurrenten*) конкуре́нция *f*; **jdm ~ machen** конкури́ровать с ке́м-л.; **außer ~** вне конкуре́нции
konkurrenzfähig *adj* конкурентоспосо́бный
Konkurrenzkampf *m* конкуре́нтная борьба́ *f*
konkurrieren *vi* конкури́ровать *impf* (*mit +dat* с *+inst*); сопе́рничать *impf* (*mit +dat* с *+inst*)
Konkurs *m* ⟨-es, -e⟩ банкро́тство *nt*; **~ anmelden** объяви́ть банкро́тство
können 1. *vt* ⟨konnte, gekonnt⟩ (*vermögen*) мочь, смочь *pf*, быть *impf* в состоя́нии; (*beherrschen, verstehen*) уме́ть, суме́ть *pf*, знать *impf*; (*dürfen*) мочь, смочь *pf*; **kann ich jetzt gehen?** могу́ я тепе́рь идти́?; **er kann gut Russisch** он хорошо́ зна́ет ру́сский; **Auto fahren ~** мочь води́ть маши́ну; **kannst du mir eine Antwort geben?** ты мо́жешь мне дать отве́т?; **jdm etw erklären ~** мочь объясни́ть кому́-л. что́-л.; **kann ich das Fenster öffnen?** мо́гу я откры́ть окно́?; **jd kann nichts dafür** кто́-л. ни при чём; **das kann nicht wahr sein!** э́того не мо́жет быть!; **das kann schon sein** э́то вполне́ мо́жет быть; **du kannst mich mal!** (*vulg*) поцелу́й меня́ в за́д!; **2.** *vi* мочь, смочь *pf*; **nicht mehr ~** не мочь бо́льше
Können *nt* ⟨*gen:*-s⟩ (*Fähigkeit*) уме́ние *nt*; (*Kenntnisse*) зна́ние *nt*
Könner, -in *m/f* ⟨-s, -⟩ специали́ст, -ка *m/f*, уме́лец, -лица *m/f*
konnte *prät von* **können**
Konsens *m* ⟨*gen:*-es⟩ (*Zustimmung*) согла́сие *nt*
konsequent *adj* после́довательный; **etw ~ einhalten** после́довательно соблюда́ть что́-л.
Konsequenz *f* ⟨-, -en⟩ (*Folgerichtigkeit*) после́довательность *f*; (*Härte, Strenge*) упо́рство *f*, твёрдость *f*; (*Folge*) сле́дствие *nt*, после́дствие *nt*; **ernste ~en haben** име́ть серьёзные после́дствия; **aus etw die ~en ziehen** сде́лать вы́воды из чего́-л.
konservativ *adj* (*Behandlung*) консервати́вный; (*politisch*) консервати́вный
Konserve *f* ⟨-, -n⟩ (*Konservenbüchse*) ба́нка *f* консе́рвов; **von ~n leben** пита́ться консе́рвами
Konservenbüchse *f* ⟨-, -n⟩ ба́нка *f* консе́рвов
konservieren *vt* консерви́ровать, за- *pf*
Konservierungsmittel *nt* ⟨-s, -⟩

консерви́рующее сре́дство *nt*, консерва́нт *m*
Konsole *f* ⟨-, -n⟩ консо́ль *f*
Konsonant *m* ⟨-en, -en⟩ согла́сный звук *m*
konstant *adj* постоя́нный
Konstante *f* ⟨-, -n⟩ конста́нта *f*, постоя́нная величина́ *f*
Konstellation *f* ⟨-, -en⟩ (*geh:Gesamtlage*) положе́ние *nt* дел; **eine ungünstige politische ~** невы́годная полити́ческая ситуа́ция (*ASTR*) положе́ние *nt* звёзд
konsterniert *adj* (*geh*) ошеломлённый
Konstitution *f* ⟨-, -en⟩ (*MED*) телосложе́ние *nt*, конститу́ция *f*; (*POL:Verfassung, Satzung*) конститу́ция *f*
konstitutionell *adj* (*MED*) физи́ческий, органи́ческий; (*POL*) конституцио́нный
konstruieren *vt* (*entwerfen*) конструи́ровать, сконструи́ровать *pf*
Konstrukteur, -in *m/f* ⟨-s, -e⟩ констру́ктор *m*
Konstruktion *f* ⟨-, -en⟩ (*Entwurf, Bauweise*) констру́кция *f*, прое́кт *m*; (*fig*) построе́ние *nt*
konstruktiv *adj* конструкти́вный
Konsul, -in *m/f* ⟨-s, -n⟩ ко́нсул *m*
Konsulat *nt* ⟨-(e)s, -e⟩ ко́нсульство *nt*
konsultieren *vt* консульти́роваться, про- *pf*
Konsum *m* ⟨*gen:*-s⟩ (*Verbrauch*) потребле́ние *nt*
Konsument, -in *m/f* ⟨-en, -en⟩ потреби́тель, -ница *m/f*
Konsumgesellschaft *f* ⟨-, -en⟩ о́бщество *nt* потребле́ния
konsumieren *vt* потребля́ть, -би́ть *pf*
Kontakt *m* ⟨-(e)s, -e⟩ конта́кт *m*; **mit jdm in ~ kommen** войти́ в конта́кт с ке́м-л.; **den ~ herstellen** установи́ть конта́кт (*EL*) конта́кт *m*
kontaktarm *adj* необщи́тельный
kontaktfreudig *adj* общи́тельный
kontaktieren *vt* обща́ться *impf*, контакти́ровать *impf*
Kontaktlinse *f* ⟨-, -n⟩ конта́ктная ли́нза *f*
Kontaktperson *f* ⟨-, -en⟩ *челове́к, име́вший конта́кт с зара́зным больны́м*
kontern *vt* контратакова́ть *impf/pf*
Kontext *m* ⟨-(e)s, -e⟩ (*LING*) конте́кст *m*; (*Zusammenhang*) конте́кст *m*, связь *f*
Kontinent *m* ⟨-(e)s, -e⟩ контине́нт *m*, матери́к *m*
Kontinentalklima *nt* ⟨*gen:*-s⟩ континента́льный кли́мат *m*
Kontingent *nt* ⟨-(e)s, -e⟩ (*ÖKON*) часть *f*, до́ля *f*; (*MIL:Truppen~*) континге́нт *m*
kontinuierlich *adj* непреры́вный
Kontinuität *f* ⟨*gen:*-⟩ непреры́вность *f*
Konto *nt* ⟨-s, Konten⟩ счёт *m*; **das geht auf mein ~** (*umg:das ist meine Schuld*) э́то моя́ вина́; **etw auf dem ~ haben** (*etw auf dem Gewissen haben*) име́ть что́-то на со́вести
Kontoauszug *m* ⟨-(e)s, -auszüge⟩ вы́писка *f* из счёта
Kontoführungsgebühr *f* ⟨-, -en⟩ пла́та *f* за веде́ние счёта
Kontoinhaber, -in *m/f* ⟨-s, -⟩ владе́лец, -лица *m/f* счёта
Kontonummer *f* ⟨-, -n⟩ но́мер *m* счёта
Kontostand *m* ⟨*gen:*-(e)s⟩ состоя́ние *nt* счёта
kontra 1. *präp +akk* (*gegen, wider*) про́тив; **2.** *adv* (*dagegen, entgegengesetzt*) про́тив; **er ist immer ~** он всегда́ про́тив
Kontrabaß *m* ⟨-basses, -bässe⟩ контраба́с *m*
Kontrahent, -in *m/f* ⟨-en, -en⟩ (*Gegenspieler*) сопе́рник, -ница *m/f*; (*ÖKON, JUR:Vertragspartner*) контраге́нт *m*, догова́ривающаяся сторона́ *f*
Kontraktion *f* ⟨-, -en⟩ (*MED*) стя́гивание *nt*, сокраще́ние *nt*; (*PHYS*) сжа́тие *nt*, суже́ние *nt*
konträr *adj* противополо́жный
Kontrast *m* ⟨-(e)s, -e⟩ (*Gegensatz*) противополо́жность *f*; (*PHOT, TV*) контра́стность *f*
Kontrolle *f* ⟨-, -n⟩ (*Überprüfung*) прове́рка *f*, контро́ль *m*; **die ~n verschärfen** уси́лить контро́ль (*Kontrollstelle*) контро́льный пункт *m*; (*Kontrolleur(in)*) контролёр *m*; (*Herrschaft, Gewalt*) контро́ль *m*; **etw unter ~ haben** держа́ть что́-л. под контро́лем; **die ~ verlieren** потеря́ть контро́ль; **außer ~ geraten** вы́йти и́з-под контро́ля
Kontrolleur, -in *m/f* ⟨-s, -e⟩ контролёр *m*
kontrollieren *vt* (*nachprüfen*) проверя́ть, -ве́рить *pf*; (*überwachen*) контроли́ровать, про- *pf*, следи́ть, про- *pf*; (*beherrschen, lenken*) контроли́ровать, про- *pf*, управля́ть *impf*
kontrovers *adj* (*strittig, umstritten*) спо́рный
Kontroverse *f* ⟨-, -n⟩ разногла́сие *nt*
Kontur *f* ⟨-, -en⟩ ко́нтур *m*
Konvention *f* ⟨-, -en⟩ конве́нция *f*, соглаше́ние *nt*
konventionell *adj* общепри́нятый
Konversation *f* ⟨-, -en⟩ разгово́р *m*, бесе́да *f*
konvertieren 1. *vt* (*ÖKON, DV*)

конверти́ровать *impf/pf*; **2.** *vi* (*REL*) переходи́ть, -рейти́ *pf* в другу́ю ве́ру
konvex *adj* (*nach außen gewölbt*) вы́пуклый
Konvoi *m* ⟨-s, -s⟩ конво́й *m*; **im ~ fahren** е́хать коло́нной
Konzentrat *nt* ⟨-(e)s, -e⟩ концентра́т *m*
Konzentration *f* ⟨*gen:-*⟩ концентра́ция *f* (*auf +akk* на *+präpos*)
Konzentrationsfähigkeit *f* ⟨*gen:-*⟩ спосо́бность *f* сосредото́чиваться
Konzentrationslager *nt* ⟨-s, -⟩ концентрацио́нный ла́герь *m*
Konzentrationsschwäche *f* ⟨*gen:-*⟩ пони́женная спосо́бность *f* к сосредото́чению
konzentrieren 1. *vt* концентри́ровать *impf*; **2.** *vr* концентри́роваться, сконцентри́роваться *pf*, сосредото́чиваться, -то́читься *pf* (*auf +akk* на *+präpos*)
konzentrisch *adj* концентри́ческий; **~e Kreise** концентри́ческие окру́жности
Konzept *nt* ⟨-(e)s, -e⟩ (*stichwortartiger Textentwurf*) план *m*, конспе́кт *m*; **aus dem ~ geraten** прийти́ в замеша́тельство; **jdn aus dem ~ bringen** сбить кого́-л. с то́лку (*Begriff, Vorstellung*) представле́ние *nt*; **etw paßt jdm nicht ins ~** что́-л. не подхо́дит кому́-л.
Konzeption *f* ⟨-, -en⟩ конце́пция *f*
Konzern *m* ⟨-s, -e⟩ конце́рн *m*
Konzert *nt* ⟨-(e)s, -e⟩ (*~vorstellung*) представле́ние *nt*, конце́рт *m*; (*musikalische Gattung*) конце́рт *m*
Konzession *f* ⟨-, -en⟩ (*Zugeständnis*) усту́пка *f*; **zu ~en bereit sein** быть гото́вым идти́ на усту́пки (*Lizenz*) конце́ссия *f*, лице́нзия *f*
konzessiv *adj* уступи́тельный
konzipieren *vt* составля́ть, -та́вить *pf* конце́пцию, набра́сывать, -броса́ть *pf* план
Kooperation *f* ⟨-, -en⟩ коопера́ция *f*, сотру́дничество *nt*
kooperativ *adj* кооперати́вный
Koordinate *f* ⟨-, -n⟩ координа́та *f*
Koordinatensystem *nt* ⟨*gen:-s*⟩ систе́ма *f* координа́т
koordinieren *vt* координи́ровать, скоордини́ровать *pf*
Kopf *m* ⟨-(e)s, Köpfe⟩ голова́ *f*; (*leitende Persönlichkeit*) руководи́тель *m*; (*einzelner Mensch*) голова́ *f*; (*Brief~*) ша́пка *f*; (*fig:Verstand*) ум *m*, голова́ *f*; **ein heller ~** све́тлая голова́; **pro ~** на го́лову; **er ist der ~ dieser Bewegung** он стои́т во главе́ э́того движе́ния; **nicht wissen, wo einem der ~ steht** не знать, с како́го кра́я нача́ть; **den ~ hängen lassen** пове́сить го́лову; **der Wein stieg ihm in den ~** вино́ уда́рило ему́ в го́лову; **sich etw in den ~ setzen** вбить что́-л. себе́ в го́лову; **sich etw durch den ~ gehen lassen** ду́мать над че́м-л.; **sich über etw den ~ zerbrechen** лома́ть себе́ над че́м-л. го́лову; **sich etw aus dem ~ schlagen** вы́бить себе́ что́-л. из головы́; **Hals über ~** стремгла́в; **~ und Kragen riskieren** рискова́ть жи́знью; **es will ihm nicht in den ~, daß ...** у него́ не укла́дывается в голове́, что...; **jdn vor den ~ stoßen** неприя́тно порази́ть кого́-л.; **jdm den ~ verdrehen** свести́ кого́-л. с ума́; **etw auf den ~ stellen** переверну́ть что́-л. с ног на го́лову; **den ~ verlieren** потеря́ть го́лову
Kopfball *m* ⟨-(e)s, -bälle⟩ *мяч, заби́тый голово́й*
köpfen *vt* (*hinrichten*) обезгла́вливать, -вить *pf*; (*umg:Flasche*) открыва́ть, -ры́ть *pf*; (*Fußball*) игра́ть, сыгра́ть *pf* голово́й
Kopfhörer *m* ⟨-s, -⟩ нау́шник *m*
Kopfkissen *nt* ⟨-s, -⟩ поду́шка *f*
kopflos *adj* (*fig*) безмо́зглый; **er hat ~ gehandelt** он поступи́л безрассу́дно
kopfrechnen *vi* счита́ть, по- *pf* в уме́
Kopfschmerz *m* ⟨-es, -en⟩ головна́я боль *f*; **sie hat starke ~en** у неё стра́шные головны́е бо́ли
Kopfschmerztablette *f* ⟨-, -n⟩ табле́тка *f* от головно́й бо́ли
Kopfsprung *m* ⟨-(e)s, -sprünge⟩ вход *m* в во́ду голово́й
Kopfstand *m* ⟨-(e)s, -stände⟩ сто́йка *f* на голове́
Kopfsteinpflaster *nt* ⟨-s, -⟩ булы́жная мостова́я *f*
Kopfstütze *f* ⟨-, -n⟩ подголо́вник *m*
Kopftuch *nt* ⟨-(e)s, -tücher⟩ плато́к *m*
Kopfzerbrechen : etw bereitet jdm ~ кому́-л. придётся лома́ть го́лову над че́м-л.; **sich über etw ~ machen** лома́ть го́лову над че́м-л.
Kopie *f* ⟨-, -n⟩ (*Photo~*) ко́пия *f*; (*Durchschlag*) ко́пия *f*; (*Imitation*) имита́ция *f*, дублика́т *m*
kopieren *vt* копи́ровать, скопи́ровать *pf*, де́лать, сде́лать *pf* ко́пию; (*seinen Freund*) имити́ровать, сымити́ровать *pf*
Kopierer *m* ⟨-s, -⟩ копирова́льный аппара́т *m*
Kopiergerät *nt* ⟨-(e)s, -e⟩ копирова́льный аппара́т *m*
koppeln *vt* (*Pferde*) трено́жить, strено́жить *pf*; (*Hunde*) *бра́ть соба́к на сво́ру*; (*verbinden*) свя́зывать, -за́ть

pf; (*Raumschiffe*) производи́ть, -вести́ *pf* стыко́вку
Kopplung *f* ⟨-, -en⟩ (*Pferde*) стрено́живание *nt*; (*Verbindung*) связь *f*; (*Raumschiffe*) стыко́вка *f*
Koralle *f* ⟨-, -n⟩ кора́лл *m*
Korallenriff *nt* ⟨-(e)s, -e⟩ кора́лловый риф *m*
Koran *m* ⟨*gen:*-s⟩ кора́н *m*
Korb *m* ⟨-(e)s, Körbe⟩ корзи́на *f*; корзи́нка *f*; (*BERGB:Förder~*) подъёмная клеть *f*; **jdm einen ~ geben** (*fig*) отказа́ть кому́-л.; **einen ~ bekommen** (*fig*) получи́ть отка́з
Kordel *f* ⟨-, -n⟩ шнур *m*
Korea *nt* ⟨*gen:*-s⟩ Коре́я *f*
Kork *m* ⟨-(e)s, -e⟩ про́бка *f*
Korken *m* ⟨-s, -⟩ буты́лочная про́бка *f*; (*Plastik~*) пла́стиковая про́бка *f*
Korkenzieher *m* ⟨-s, -⟩ што́пор *m*
Korn *nt* ⟨-(e)s, Körner⟩ (*Samen~*) семенно́е зерно́ *nt*; (*Salz~, Sand~*) крупи́нка *f*; (*Getreide*) зерно́ *nt*, жи́то *nt*; (*~branntwein*) хле́бная во́дка *f*; (*am Gewehr*) му́шка *f*; **jdn aufs ~ nehmen** (*fig*) взять кого́-л. на приме́ту; **die Flinte ins ~ werfen** (*fig*) пасова́ть пе́ред тру́дностями
Kornblume *f* ⟨-, -n⟩ василёк *m*
Kornkammer *f* ⟨-, -n⟩ жи́тница *f*
Körper *m* ⟨-s, -⟩ те́ло *nt*, ту́ловище *nt*; (*geometrisches Gebilde*) геометри́ческая фигу́ра *f*
Körperbau *m* ⟨*gen:*-(e)s⟩ телосложе́ние *nt*
Körpergewicht *nt* ⟨*gen:*-(e)s⟩ вес *m* те́ла
Körpergröße *f* ⟨-, -n⟩ рост *m* челове́ка
körperlich *adj* физи́ческий, теле́сный
Körperpflege *f* ⟨*gen:*-⟩ гигие́на *f* те́ла
Körperschaft *f* ⟨-, -en⟩ о́рган *m*
Körperteil *m* ⟨-(e)s, -e⟩ часть *f* те́ла
Körperverletzung *f* ⟨-, -en⟩ теле́сные поврежде́ния *pl*
Korps *nt* ⟨-, -⟩ ко́рпус *m*
korpulent *adj* по́лный
korrekt *adj* корре́ктный, пра́вильный
Korrektur *f* ⟨-, -en⟩ (*Berichtigung*) пра́вка *f*, исправле́ние *nt*; (*~lesen*) чте́ние *nt* корректу́ры; (*~fahne*) гра́нка *f*; **~ lesen** чита́ть корректу́ру
Korrespondent, -in *m/f* ⟨-en, -en⟩ корреспонде́нт, -ка *m/f*
Korrespondenz *f* ⟨-, -en⟩ корреспонде́нция *f*, перепи́ска *f*; **mit jdm in ~ stehen** состоя́ть с ке́м-л. в перепи́ске
Korridor *m* ⟨-s, -e⟩ коридо́р *m*
korrigieren *vt* (*berichtigen*) исправля́ть, -пра́вить *pf*; (*Aufsätze*) проверя́ть, -ве́рить *pf*
Korrosion *f* ⟨-, -en⟩ корро́зия *f*
korrumpieren *vt* (*geh:pej*) коррумпи́ровать *impf/pf*
korrupt *adj* (*pej*) коррумпи́рованный
Korruption *f* ⟨-, -en⟩ (*pej*) корру́пция *f*
Korsett *nt* ⟨-s, -s⟩ корсе́т *m*
Kosename *m* ⟨-n, -n⟩ ласка́тельное и́мя *nt*
Kosewort *nt* ⟨-(e)s, -wörter⟩ ласка́тельное сло́во *nt*
Kosinus *m* ⟨-, -/ -se⟩ ко́синус *m*
Kosmetik *f* ⟨*gen:*-⟩ (*Körperpflege*) косме́тика *f*
Kosmetiker, -in *m/f* ⟨-s, -⟩ космето́лог *m*, космети́чка *f*
Kosmetikum *nt* ⟨-s, Kosmetika⟩ космети́ческое сре́дство *nt*
kosmetisch *adj* космети́ческий
kosmisch *adj* косми́ческий
Kosmonaut, -in *m/f* ⟨-en, -en⟩ космона́вт *m*
Kosmopolit, -in *m/f* ⟨-en, -en⟩ космополи́т *m*
Kosmos *m* ⟨*gen:*-⟩ ко́смос *m*
Kost *f* ⟨*gen:*-⟩ (*Essen, Nahrung*) пи́ща *f*, пита́ние *nt*; **magere ~** по́стная пи́ща; **leichte ~** лёгкая пи́ща (*Verköstigung, Pension*) стол *m*, пита́ние *nt*
kostbar *adj* (*wertvoll*) драгоце́нный; (*kostspielig, luxuriös*) дорогосто́ящий
Kostbarkeit *f* ⟨-, -en⟩ (*das Kostbarsein*) высо́кая це́нность *f*; (*kostbarer Gegenstand*) драгоце́нность *f*
Kosten *pl* ⟨*gen:*-⟩ (*Ausgaben*) расхо́ды *pl*; (*Auslagen*) изде́ржки *pl*; **auf jds ~** за че́й-л. счёт; **das geht auf ~ der Gesundheit** э́то вреди́т здоро́вью; **die ~ für etw tragen** нести́ расхо́ды на что́-л.; **keine ~ scheuen** не остана́вливаться пе́ред расхо́дами; **auf seine ~ kommen** (*fig*) не оста́ться внакла́де
kosten [1] *vt* сто́ить *impf*; (*erfordern*) сто́ить *impf*, тре́бовать, по- *pf*; **Zeit und Mühe ~** сто́ить вре́мени и уси́лий; **was kostet das?** ско́лько э́то сто́ит?; **das kostet mich meine ganze Kraft** э́то сто́ит всех мои́х сил; **koste es, was es wolle** чего́ бы э́то не сто́ило
kosten [2] *vt* (*probieren*) про́бовать, по- *pf*
kostenlos *adj* беспла́тный
Kostenvoranschlag *m* ⟨-(e)s, -schläge⟩ предвари́тельная сме́та *f* расхо́дов
köstlich *adj* (*schmackhaft*) о́чень вку́сный, ла́комый; (*erlesen*) изы́сканный; (*amüsant*) великоле́пный; **sich ~ amüsieren** великоле́пно весели́ться
Kostprobe *f* ⟨-, -n⟩ (*auch fig*) про́ба *f*

kostspielig *adj* дорогосто́ящий, разори́тельный
Kostüm *nt* ⟨-s, -⟩ (*Jackenkleid*) костю́м *m*
kostümieren 1. *vt* (*als*) переодева́ть, -де́ть *pf*, наряжа́ть, -ряди́ть *pf*; **sie hat ihn als Clown kostümiert** она́ его́ наряди́ла кло́уном; **2.** *vr* переодева́ться, -де́ться *pf*, наряжа́ться, -ряди́ться *pf*
Kot *m* ⟨*gen:*-(e)s⟩ кал *m*
Kotelett *nt* ⟨-(e)s, -s⟩ отбивна́я котле́та *f*
Koteletten *pl* ⟨*gen:*-⟩ бакенба́рды *pl*
Köter *m* ⟨-s, -⟩ (*pej*) пёс *m*
Kotflügel *m* ⟨-s, -⟩ крыло́ *nt* ку́зова
kotzen *vi* (*vulg*) рвать, вы́- *pf*; **das ist zum Kotzen!** э́то проти́вно!
Krabbe *f* ⟨-, -n⟩ краб *m*
krabbeln *vi* по́лзать *impf*
Krach *m* ⟨-(e)s, Kräche⟩ (*Lärm*) шум *m*; **~ machen** поднима́ть шум (*umg:Streit*) ссо́ра *f*, сканда́л *m*; **mit jdm ~ bekommen** поссо́риться с ке́м-л. (*Krawall, Aufruhr*) волне́ние *nt*, беспоря́дки *pl*
krachen *vi* (*Krach machen*) шуме́ть *impf*, треща́ть *impf*; (*Schuß*) греме́ть, про- *pf*, тре́снуть *pf*, -ска́ть *impf*
krächzen *vi* ка́ркать *impf*
kraft *präp* в си́лу; **~ seines Amtes** по до́лгу слу́жбы
Kraft *f* ⟨-, Kräfte⟩ (*Körper~*) си́ла *f*; (*PHYS*) си́ла *f*; **aus eigener ~** свои́ми си́лами; **wieder zu Kräften kommen** набра́ться сил; **am Ende seiner Kräfte sein** вы́биться из сил; **noch bei Kräften sein** быть ещё по́лным сил; **die treibende ~** дви́жущая си́ла; **etw tritt in ~** что́-л. вступает в си́лу; **etw außer ~ setzen** отмени́ть что́-л.
Kraftausdruck *m* ⟨-(e)s, -ausdrücke⟩ кре́пкое выраже́ние *nt*
Kraftfahrzeug *nt* ⟨-(e)s, -e⟩ автомаши́на *f*, автомоби́ль *m*
Kraftfahrzeugbrief *m* ⟨-(e)s, -e⟩ па́спорт *m* автомобиля
Kraftfahrzeugsteuer *f* ⟨*gen:*-⟩ нало́г *m* на автомоби́ль
Kraftfahrzeugversicherung *f* ⟨*gen:*-⟩ страхова́ние *nt* автомобиля
kräftig 1. *adj* (*kraftvoll*) си́льный, кре́пкий; (*Essen:*) пита́тельный; (*Händedruck*) кре́пкий; **eine ~e Tracht Prügel erhalten** получи́ть кре́пкую взбу́чку; **2.** *adv* си́льно, кре́пко
kraftlos *adj* (*schwach*) бесси́льный, не́мощный
Kraftprobe *f* ⟨-, -n⟩ про́ба *f* сил
Kraftstoff *m* ⟨*gen:*-(e)s⟩ то́пливо *nt*
kraftvoll *adj* по́лный сил
Kraftwerk *nt* ⟨-(e)s, -e⟩ электроста́нция *f*
Kragen *m* ⟨-s, Krägen⟩ воротни́к *m*; **jdm an den ~ wollen** пыта́ться взя́ть кого́-л. за го́рло; **es geht um Kopf und ~** речь идёт о жи́зни и сме́рти; **jetzt platzt mir gleich der ~** (*umg*) моему́ терпе́нию сейча́с придёт коне́ц; **das wird ihm den ~ kosten** э́то бу́дет сто́ить ему́ головы́
Krähe *f* ⟨-, -n⟩ воро́на *f*
krähen *vi* крича́ть *impf* кукареку́
krakeelen *vi* (krakeelte, krakeelt) ора́ть *impf*, сканда́лить, на- *pf*
Kralle *f* ⟨-, -n⟩ (*Vogel~*) ко́готь *m*; **jdm die ~n zeigen** (*fig*) показа́ть кому́-л. ко́гти
krallen 1. *vt* впи́ться *pf*, впива́ться *impf*; **jdn ~** схвати́ть кого́-л.; **2.** *vr* цепля́ться *impf*
Kram *m* ⟨*gen:*-s⟩ (*umgpej:Gegenstände*) барахло́ *nt*; (*umgpej:Angelegenheiten*) дела́ *pl*; **das paßt mir gar nicht in den ~** э́то меня́ соверше́нно не устра́ивает
kramen 1. *vi* ры́ться *impf* (*in +akk* в *+präpos*); **2.** *vt* достава́ть, -ста́ть *pf*; **alte Sachen aus dem Keller ~** доста́ть ста́рые ве́щи из по́греба
Krampf *m* ⟨-(e)s, Krämpfe⟩ (*MED*) спа́зм *m*, су́дорога *f*; (*umgpej:Blödsinn*) бессмы́слица *f*
Krampfader *f* ⟨-, -n⟩ расши́ренная ве́на *f*
krampfhaft *adj* (*krampfartig*) су́дорожный; (*angestrengt*) напряжённый
Kran *m* ⟨-(e)s, Kräne⟩ кран *m*
Kranich *m* ⟨-s, -e⟩ жура́вль *m*
krank *adj* (*körperlich*) больно́й; (*geistig*) душевнобольно́й; **~ werden** заболе́ть; **jdn ~ schreiben** вы́писать кому́-л. больни́чный лист; **sich ~ lachen** (*umg*) хохота́ть до упа́ду
Kranke(r) *m/f* ⟨-n, -n⟩ больно́й, -на́я *m/f*
kränkeln *vi* хвора́ть *impf*
kranken *vi* боле́ть *impf*; **an Asthma ~** боле́ть а́стмой
kränken *vt* обижа́ть, оби́деть *pf*, оскорбля́ть, -би́ть *pf*; **tief gekränkt sein** быть глубоко́ оскорблённым; **jdn in seiner Ehre ~** заде́ть чью́-л. честь
Krankengeld *nt* ⟨*gen:*-(e)s⟩ посо́бие *nt* по боле́зни
Krankengymnast, -in *m/f* ⟨-en, -en⟩ специали́ст, -ка *m/f* по лече́бной физкульту́ре
Krankengymnastik *f* ⟨*gen:*-⟩ лече́бная физкульту́ра *f*
Krankenhaus *nt* ⟨-es, -häuser⟩ больни́ца *f*; **im ~ liegen** лежа́ть в больни́це; **jdn in ein ~ einliefern** помести́ть кого́-л. в

больни́цу; **jdn aus dem ~ entlassen** вы́писать кого́-л. из больни́цы
Krankenkasse *f* ⟨-, -n⟩ больни́чная ка́сса *f*
Krankenpfleger, -in *m/f* ⟨-s, -⟩ санита́р, -ка *m/f*
Krankenschein *m* ⟨-(e)s, -e⟩ *свиде́тельство о чле́нстве в больни́чной ка́ссе*
Krankenschwester *f* ⟨-, -n⟩ медсестра́ *f*
Krankenversicherung *f* ⟨-, -en⟩ страхова́ние *nt* на слу́чай боле́зни
Krankenwagen *m* ⟨-s, -wägen⟩ маши́на *f* „ско́рой по́мощи"
krankhaft *adj* (*pathologisch*) боле́зненный, патологи́ческий; (*nicht normal*) боле́зненный; **~e Eifersucht** боле́зненная ре́вность
Krankheit *f* ⟨-, -en⟩ боле́знь *f*, заболева́ние *nt*; **ansteckende ~** зара́зная боле́знь; **eine ~ durchmachen** переболе́ть; **sich eine ~ zuziehen** подцепи́ть боле́знь; **einer ~ vorbeugen** предупрежда́ть заболева́ние; **von einer ~ genesen** выздора́вливать
Krankheitserreger *m* ⟨-s, -⟩ возбуди́тель *m* боле́зни
kränklich *adj* боле́зненный, хи́лый
Krankmeldung *f* ⟨-, -en⟩ сообще́ние *nt* о заболева́нии
krankschreiben *vt* вы́дать *pf*, -дава́ть *impf* больни́чный лист
Kranz *m* ⟨-es, Kränze⟩ вено́к *m*; **Zweige zu einem ~ binden** сплета́ть ве́тки в вено́к
Krapfen *m* ⟨-s, -⟩ ола́дья *f*
kraß *adj* (*auffallend*) я́ркий, броса́ющийся в глаза́
Krater *m* ⟨-s, -⟩ кра́тер *m*
kratzbürstig *adj* (*widerspenstig*) стропти́вый, ко́лкий
kratzen 1. *vt* цара́пать, по- *pf*; (*ab~*) соска́бливать, -бли́ть *pf*; **das kratzt mich nicht** (*umg*) меня́ э́то не волну́ет; **2.** *vi* цара́паться, по- *pf*; **der Pulli kratzt** пуло́вер куса́ется; **3.** *vr* чеса́ться, по- *pf*; **sich hinterm Ohr ~** почеса́ть за у́хом
Kratzer *m* ⟨-s, -⟩ (*Schramme*) цара́пина *f*
Kraul *nt* ⟨*gen:*-s⟩ (*Kraulschwimmen*) кроль *m*
kraulen [1] *vi* (*SPORT*) плыть *impf* кро́лем
kraulen [2] *vt* (*liebkosen*) гла́дить, по- *pf*, почёсывать *impf*
kraus *adj* запу́танный; (*Haar*) кудря́вый; (*Stirn*) смо́рщенный; **die Stirn ~ ziehen** намо́рщить лоб
Krause *f* ⟨-, -n⟩ (*Kragen*) жабо́ *nt*; (*Haar~*) завито́к *m*
kräuseln 1. *vt* (*Haar*) завива́ть, -ви́ть; **2.** *vr* (*Haar*) завива́ться, -ви́ться *pf*; (*Wasser*) ряби́ть *impf*; (*Rauch*) ви́ться *impf*
Kraut *nt* ⟨-(e)s, Kräuter⟩ трава́ *f*; (*Kohlgemüse*) капу́ста *f*; (*umgpej:Tabak*) зе́лье *nt*; **wie ~ und Rüben** (*umg*) как попа́ло; **dagegen ist kein ~ gewachsen** про́тив э́того нет сре́дства
Kräutertee *m* ⟨-s, -s⟩ чай *m* из трав, травяно́й чай *m*
Krawall *m* ⟨-s, -e⟩ (*Aufruhr*) волне́ния *pl*, беспоря́дки *pl*; (*Krach, Lärm*) шум *m*; **~ machen** бу́янить
Krawatte *f* ⟨-, -n⟩ га́лстук *m*
Krawattennadel *f* ⟨-, -n⟩ була́вка *f* для га́лстука
kreativ *adj* тво́рческий
Kreativität *f* ⟨*gen:*-⟩ тво́рчество *nt*
Kreatur *f* ⟨-, -en⟩ (*geh:Geschöpf*) созда́ние *nt*, творе́ние *nt*; (*pej*) тварь *f*
Krebs [1] *m* ⟨-es, -e⟩ (*Fluß~*) рак *m*
Krebs [2] *m* (*ASTR*) рак *m*; (*MED*) рак *m*
Krebsvorsorge *f* ⟨*gen:*-⟩ мероприя́тия *f* по ра́ннему выявле́нию ра́ка
Kredit *m* ⟨-(e)s, -e⟩ (*Anleihe, Darlehen*) креди́т *m*; **einen ~ aufnehmen** брать креди́т; **ein zinsloser ~** беспроце́нтный креди́т (*Zahlungsaufschub*) креди́т *m*; **jdm ~ gewähren** предоста́вить кому́-л. креди́т; **auf ~ kaufen** покупа́ть в креди́т (*ÖKON:Vertrauen in die Kreditwürdigkeit*) комме́рческое дове́рие *nt*, ве́ра *f* в кредитоспосо́бность
Kreditkarte *f* ⟨-, -n⟩ креди́тная ка́рточка *f*
Kreide *f* ⟨-, -n⟩ (*Schreib~*) мел *m*, мело́к *m*; (*GEOL*) мел *m*; **bei jdm tief in der ~ stehen** (*umg:bei jdm viele Schulden haben*) кре́пко задолжа́ть кому́-л.
kreidebleich *adj* бе́лый как мел
kreieren *vt* создава́ть, -да́ть *pf*
Kreis *m* ⟨-es, -e⟩ круг *m*; (*Land~*) райо́н *m*; (*nur pl: gesellschaftliche ~e*) обще́ственные круги́ *pl*; (*EL:Strom~*) цепь *f*; (*geh:Personen~*) круг *m* лиц; **weite ~e der Bevölkerung** широ́кие наро́дные круги́; **sich im ~ bewegen** (*fig*) дви́гаться по кру́гу
kreischen *vi* визжа́ть *impf*
Kreisel *m* ⟨-s, -⟩ (*Spielzeug*) юла́ *f*; (*TECH*) гироско́п *m*
kreisen *vi* кружи́ть *impf*, кружи́ться *impf*; **seine Gedanken kreisten dauernd um dieses Thema** его́ мы́сли постоя́нно кружи́лись вокру́г э́той те́мы; (*Satellit*) враща́ться *impf*
Kreislauf *m* ⟨*gen:*-(e)s⟩ циркуля́ция *f*; (*Blut~*) кровообраще́ние *nt*
Kreislaufkollaps *m* ⟨-es, -e⟩ сосу́дистый

ко́ллапс *m*
Kreislaufstörung *f* ⟨-, -en⟩ наруше́ние *nt* кровообраще́ния
Kreissäge *f* ⟨-, -n⟩ ди́сковая пила́ *f*
Kreißsaal *m* ⟨-(e)s, -säle⟩ роди́льная пала́та *f*
Kreisstadt *f* ⟨-, -städte⟩ райо́нный центр *m*
Kreisverkehr *m* ⟨*gen:*-s⟩ кругово́е движе́ние *nt*
Krematorium *nt* ⟨-s, Krematorien⟩ крема́то́рий *m*
Kreml *m* ⟨*gen:*-(s)⟩ кремль *m*
Krempe *f* ⟨-, -n⟩ поля́ *ntpl* шля́пы
Krempel *m* ⟨*gen:*-s⟩ (*umgpej*) хлам *m*
krepieren *vi* (*verenden*) околева́ть, -ле́ть *pf*
Krepp *m* ⟨-s, -s/ -e⟩ креп *m*
Kreppapier *nt* ⟨*gen:*-(e)s⟩ кре́повая бума́га *f*
Kreuz *nt* ⟨-es, -e⟩ крест *m*; (*Kartenfarbe*) тре́фы *pl*; (*ANAT*) кресте́ц *m*, поясни́ца *f*; **jdn aufs ~ legen** (*fig*) положи́ть кого́-л. на лопа́тки; **das ~ des Südens** Ю́жный Крест; **sein ~ tragen** нести́ свой крест (*MUS*) дие́з *m*
kreuzen **1.** *vt* скре́щивать, скрести́ть *pf*; **die Klingen mit jdm ~** скрести́ть с ке́м-л. шпа́ги (*BIO*) скре́щивать, скрести́ть *pf*; **2.** *vr* (*Wege*) пересека́ться, -се́чься *pf*; **3.** *vi* (*MAR*) крейси́ровать *impf*
Kreuzfahrt *f* ⟨-, -en⟩ (*Kreuzzug*) кресто́вый похо́д *m*; (*MAR*) круи́з *m*
Kreuzfeuer *nt* ⟨*gen:*-s⟩ перекрёстный ого́нь *m*; **ins ~ der Kritik geraten** попа́сть под перекрёстный ого́нь кри́тики
kreuzigen *vt* распя́ть *pf*, -пина́ть *impf*
Kreuzigung *f* ⟨-, -en⟩ распя́тие *nt*
Kreuzotter *f* ⟨-, -n⟩ гадю́ка *f* обыкнове́нная
Kreuzung *f* ⟨-, -en⟩ (*Straßen~*) перекрёсток *m*; (*BIO:Vorgang*) скре́щивание *nt*; (*BIO:Ergebnis*) гибри́д *m*
Kreuzworträtsel *nt* ⟨-s, -⟩ кроссво́рд *m*
Kreuzzug *m* ⟨-(e)s, -züge⟩ кресто́вый похо́д *m*
kribbeln *vi* (*jucken*) зуде́ть *impf*, чеса́ться *impf*
kriechen *vi* ⟨kroch, gekrochen⟩ по́лзать *impf*; (*umg:unterwürfig sein*) пресмыка́ться *impf* (*vor +dat* пе́ред *+inst*)
Kriecher *m* ⟨-s, -⟩ (*umg:pej*) подхали́м *m*, лизоблю́д *m*
Kriechspur *f* ⟨-, -en⟩ (*auf Autobahnen*) полоса́ *f* заме́дленного движе́ния
Krieg *m* ⟨-(e)s, -e⟩ война́ *f*; **~ führen mit** вести́ войну́ с; **sich im ~ befinden mit** быть в войне́ с
kriegen *vt* (*umg*) получа́ть, -чи́ть *pf*
kriegerisch *adj* вои́нственный; **~e Auseinandersetzung** вое́нный конфли́кт
Kriegsdienstverweigerer *m* ⟨-s, -⟩ отка́зывающийся *m* от вое́нной слу́жбы
Kriegsfuß : mit jdm auf ~ stehen (*umg*) враждова́ть с ке́м-л.
Kriegsgefangene(r) *m* ⟨-n, -n⟩ военнопле́нный *m*
Kriegsgefangenschaft *f* ⟨*gen:*-⟩ плен *m*; **in ~ geraten** попа́сть в плен
Kriegsgericht *nt* ⟨-(e)s, -e⟩ вое́нный трибуна́л *m*; **jdn wegen etw vors ~ stellen** отпра́вить кого́-л. за что́-л. под трибуна́л
Kriegsschauplatz *m* ⟨-es, -plätze⟩ теа́тр *m* вое́нных де́йствий
Kriegsschiff *nt* ⟨-(e)s, -e⟩ вое́нный кора́бль *m*
Kriegsverbrechen *nt* ⟨-s, -⟩ вое́нное преступле́ние *nt*
Kriegsverbrecher *m* ⟨-s, -⟩ вое́нный престу́пник *m*
Kriegsversehrte(r) *m* ⟨-n, -n⟩ инвали́д *m* войны́
Krimi *m* ⟨-s, -s⟩ (*umg*) детекти́в *m*
Kriminalbeamte(r) *m* ⟨-n, -n⟩ сотру́дник *m* уголо́вного ро́зыска
Kriminalität *f* ⟨*gen:*-⟩ (*Verbrechertum*) престу́пность *f*; (*~srate*) у́ровень *m* престу́пности
Kriminalpolizei *f* ⟨*gen:*-⟩ уголо́вный ро́зыск *m*
Kriminalroman *m* ⟨-s, -e⟩ детекти́в *m*, детекти́вный рома́н *m*
kriminell *adj* кримина́льный, уголо́вный
Kriminelle(r) *m* ⟨-n, -n⟩ уголо́вный престу́пник *m*
Kripo *akr von* ***Kriminalpolizei*** *f* УГРО *m*
Krippe *f* ⟨-, -n⟩ (*Kinder~, Futter~*) я́сли *mpl*
Krise *f* ⟨-, -n⟩ кри́зис *m*
kriseln : es kriselte heftig был си́льный кри́зис
Krisengebiet *nt* ⟨-(e)s, -e⟩ райо́н *m* кри́зиса
Krisenstab *m* ⟨-(e)s, -stäbe⟩ штаб *m* по преодоле́нию кри́зиса
Kristall *m* ⟨-(e)s, -e⟩ криста́лл *m*
Kriterium *nt* ⟨-s, Kriterien⟩ крите́рий *m*; (*SPORT*) крите́риум *m*
Kritik *f* ⟨-, -en⟩ кри́тика *f*; (*Rezension*) реце́нзия *f*; (*die ~er*) кри́тики *pl*; **ins Kreuzfeuer der ~ geraten** попа́сть под перекрёстный ого́нь кри́тики; **unter**

aller ~ (*umg*) ни́же вся́кой кри́тики
Kritiker, -in *m/f* ⟨-s, -⟩ кри́тик *m*
kritiklos *adj* некрити́ческий, некрити́чный
kritisch *adj* крити́ческий; **unsere Lage ist ~** на́ше положе́ние крити́ческое; крити́ческий, крити́чный; **etw ~ prüfen** проверя́ть что́-л. крити́чески; **~e Bemerkungen** крити́ческие замеча́ния
kritisieren 1. *vt* (*Bücher*) рецензи́ровать, про- *pf*; **2.** *vi* критикова́ть *impf*
kritzeln 1. *vt* цара́пать, на- *pf*, писа́ть, на- *pf* неразбо́рчиво; **2.** *vi* цара́пать, на- *pf*
Kroate *m* ⟨-n, -n⟩ хорва́т *m*
Kroatien *nt* ⟨*gen:*-s⟩ Хорва́тия *f*
Kroatin *f* ⟨-, -nen⟩ хорва́тка *f*
kroch *prät von* **kriechen**
Krokette *f* ⟨-, -n⟩ кроке́т *m*
Krokodil *nt* ⟨-s, -e⟩ крокоди́л *m*
Krokus *m* ⟨-, -se⟩ кро́кус *m*
Krone *f* ⟨-, -n⟩ (*Königs~*) коро́на *f*; (*Zahn~*) коро́нка *f*; (*Baum~*) кро́на *f*; **das setzt doch wirklich allem die ~ auf!** э́то уже́ выхо́дит за вся́кие грани́цы!; **einen in der ~ haben** (*umg*) быть на подпи́тии
krönen *vt* коронова́ть *impf/pf*; **jdn zum König ~** коронова́ть кого́-л. на ца́рство; **vom Erfolg gekrönt sein** (*fig*) увенча́ться успе́хом
Kronkorken *m* ⟨-s, -⟩ кро́нчатый колпачо́к *m*
Kronleuchter *m* ⟨-s, -⟩ лю́стра *f*
Kronprinz *m* ⟨-en, -en⟩ насле́дный при́нц *m*
Kronprinzessin *f* ⟨-, -nen⟩ супру́га *f* кронпри́нца
Krönung *f* ⟨-, -en⟩ (*Königs~*) коронова́ние *nt*, корона́ция *f*; (*fig:Höhepunkt*) вене́ц *m*
Kronzeuge *m* ⟨-n, -n⟩ гла́вный свиде́тель *m*; **als ~ auftreten** выступа́ть в ка́честве гла́вного свиде́теля
Kropf *m* ⟨-(e)s, Kröpfe⟩ (*Tauben~*) зоб *m*; (*MED*) базе́довая боле́знь *f*, зоб *m*
Kröte *f* ⟨-, -n⟩ жа́ба *f*; **~n** де́ньги
Krücke *f* ⟨-, -n⟩ (*Gehhilfe*) клюка́ *f*, па́лка *f*
Krug *m* ⟨-(e)s, Krüge⟩ кувши́н *m*; (*Bier~*) кру́жка *f*
Krümel *m* ⟨-s, -⟩ кро́шка *f*
krümeln *vi* кроши́ться, рас- *pf*; (*beim Essen*) кроши́ть, на- *pf*, сори́ть, на- *pf*
krumm *adj* криво́й; **keinen Finger für jdn ~ machen** (*umg*) не пошевели́ть па́льцем ра́ди кого́-л.; **sich ~ und schief lachen** (*umg*) смея́ться до упа́ду (*verbogen*) изо́гнутый; (*unrechtmäßig*) нече́стный; **etw auf die ~e Tour machen** (*umg*) де́лать что́-л. нече́стным путём
krümmen 1. *vt* сгиба́ть, согну́ть *pf*; **2.** *vr* (*Straße, Fluß*) извива́ться *impf*, петля́ть *impf*; (*Wurm*) извива́ться *impf*; **sich vor Schmerzen ~** ко́рчиться от бо́ли
krummnehmen *vt* (*umg*) обижа́ться, оби́деться *pf*; **jdm etw ~** оби́деться на кого́-л. за что́-л.
Krümmung *f* ⟨-, -en⟩ (*Biegung*) изги́б *m*, поворо́т *m*
Krüppel *m* ⟨-s, -⟩ кале́ка *mf*; **jdn zum ~ schlagen** искале́чить кого́-л.
Kruste *f* ⟨-, -n⟩ ко́рка *f*; (*Braten~*) ко́рочка *f*; (*MED*) струп *m*
Kruzifix *nt* ⟨-es, -e⟩ распя́тие *nt*
KSZE *abk von* ***Konferenz für Sicherheit und Zusammenarbeit in Europa*** *f* СБСЕ *nt*; *Совеща́ние по безопа́сности и сотру́дничеству в Евро́пе*
Kuba *nt* ⟨*gen:*-s⟩ Ку́ба *f*
Kübel *m* ⟨-s, -⟩ (*Eimer*) ведро́ *nt*, бадья́ *f*; **es gießt wie aus ~n** льёт как из ведра́
Kubikzentimeter *m* ⟨-s, -⟩ куби́ческий сантиме́тр *m*
Kubismus *m* ⟨*gen:*-⟩ кубизм *m*
Küche *f* ⟨-, -n⟩ (*Raum*) ку́хня *f*; (*Kochkunst*) ку́хня *f*; (*fig:Essen, Speisen*) пи́ща *f*, еда́ *f*
Kuchen *m* ⟨-s, -⟩ пиро́жное *nt*, пиро́г *m*
Küchenchef *m* ⟨-s, -s⟩ шеф-по́вар *m*
Kuchenform *f* ⟨-, -en⟩ фо́рма *f* для вы́печки пирого́в
Küchenmaschine *f* ⟨-, -n⟩ ку́хонный комба́йн *m*
Küchenschrank *m* ⟨-(e)s, -schränke⟩ ку́хонный буфе́т *m*
Kuckuck *m* ⟨-s, -e⟩ куку́шка *f*; (*umg: Pfandsiegel*) печа́ть *f* суде́бного исполни́теля; **zum ~ noch mal!** (*umg*) чёрт побери́!; **(das) weiß der ~** (*umg*) чёрт его́ зна́ет
Kufe *f* ⟨-, -n⟩ (*Schlitten~*) по́лоз *m*
Kugel *f* ⟨-, -n⟩ шар *m*; (*Geschoß*) пу́ля *f*; **sich eine ~ durch den Kopf jagen** пусти́ть себе́ пу́лю в лоб; **eine ruhige ~ schieben** (*umg*) рабо́тать не напряга́ясь
Kugelhagel *m* ⟨*gen:*-s⟩ град *m* пуль
Kugelkopfschreibmaschine *f* ⟨-, -n⟩ пи́шущая маши́нка *f* с шарово́й голо́вкой
Kugellager *nt* ⟨-s, -⟩ шарикоподши́пник *m*
kugelrund *adj* кру́глый как шар; (*wohlgenährt und dick*) по́лный, то́лстый
Kugelschreiber *m* ⟨-s, -⟩ ша́риковая ру́чка *f*
kugelsicher *adj* пуленепробива́емый
Kugelstoßen *nt* ⟨*gen:*-s⟩ толка́ние *nt*

ядрá
Kuh *f* ⟨-, Kühe⟩ корóва *f*; **heilige ~** святáя корóва
Kuhhaut : das geht auf keine ~ (*umg*) э́то умý не постижи́мо
kühl *adj* прохлáдный, холóдный; **für die Jahreszeit ist es zu ~** для э́того врéмени гóда э́то сли́шком прохлáдно (*fig*) трéзвый, холóдный; (*abweisend*) сдéржанный, холóдный
Kühle *f* ⟨*gen:-*⟩ прохлáда *f*, свéжесть *f*; (*Abweisung*) сдéржанность *f*, хóлодность *f*
kühlen 1. *vt* охлаждáть, -лади́ть *pf*; **Sekt ~** охлади́ть шампáнское; **2.** *vi* (*Kühle verbreiten*) холоди́ть *impf*; **das Wasser kühlt** водá холоди́т
Kühler *m* ⟨-s, -⟩ радиáтор *m*
Kühlerhaube *f* ⟨-, -n⟩ капóт *m* радиáтора
Kühlhaus *nt* ⟨-es, -häuser⟩ холоди́льник *m*
Kühlschrank *m* ⟨-(e)s, -schränke⟩ холоди́льник *m*
Kühltasche *f* ⟨-, -n⟩ сýмка-холоди́льник *f*
Kühlturm *m* ⟨-(e)s, -türme⟩ гради́рня *f*
Kühlwasser *nt* ⟨*gen:-s*⟩ охлаждáющая водá *f*
kühn *adj* смéлый, рискóванный; **das habe ich in meinen ~sten Träumen nicht zu hoffen gewagt** я не смéл на э́то надéяться дáже в сáмых смéлых свои́х мечтáх
Kühnheit *f* ⟨*gen:-*⟩ смéлость *f*
Kuhstall *m* ⟨-(e)s, -ställe⟩ корóвник *m*
Küken *nt* ⟨-s, -⟩ цыплёнок *m*
kulant *adj* любéзный, предупреди́тельный
Kuli [1] *m* ⟨-s, -s⟩ (*Lastträger*) кýли *m*
Kuli [2] *m* ⟨-s, -s⟩ (*umg:Kugelschreiber*) шáрик *m*
kulinarisch *adj* кулинáрный
Kulisse *f* ⟨-, -n⟩ (*THEAT*) кули́сы *pl*; **einen Blick hinter die ~n werfen** (*fig*) заглянýть за кули́сы
kullern *vi* (*Tränen*) кати́ться *impf*, по- *pf*
Kult *m* ⟨-(e)s, -e⟩ культ *m*
kultivieren *vt* культиви́ровать *impf*
kultiviert *adj* культиви́рованный; (*verfeinert, anspruchsvoll*) изы́сканный, утончённый
Kultur *f* ⟨-, -en⟩ культýра *f*; (*Bakterien-, Pilz~ etc*) культýра *f*
Kulturbeutel *m* ⟨-s, -⟩ сýмочка *f* для туалéтных принадлéжностей
Kulturdenkmal *nt* ⟨-s, -denkmäler⟩ пáмятник *m* культýры
kulturell *adj* культýрный
Kultusminister, -in *m/f* ⟨-s, -⟩ министр *m* культýры
Kultusministerium *nt* ⟨-s, -ministerien⟩ министéрство *nt* культýры
Kümmel *m* ⟨-s, -⟩ (*Gewürz*) тмин *m*; (*~branntwein*) тми́нная вóдка *f*
Kummer *m* ⟨*gen:-s*⟩ (*Betrübnis*) огорчéние *nt*, печáль *f*; **vor ~ nicht schlafen können** не мочь спать от гóря (*Ärger*) огорчéние *nt*; **jdm ~ bereiten** достáвить комý-л. огорчéние
kümmerlich *adj* (*karg, armselig*) жáлкий, убóгий; (*schwächlich*) хи́лый; **eine ~e Gestalt** хи́лая фигýра (*ungenügend*) недостáточный; **ein ~es Ergebnis** плохóй результáт; **ein ~er Rest** скýдный остáток
kümmern 1. *vt* (*betreffen*) касáться, коснýться *pf*; **das kümmert mich nicht** э́то меня́ не касáется; **2.** *vr* (*sorgen*) беспокóиться, по- *pf*, забóтиться, по- *pf*; **sich um jdn ~** забóтиться о кóм-л. (*sich befassen*) занимáться, -ня́ться *pf*; **~ Sie sich um Ihre eigenen Angelegenheiten** занимáйтесь свои́ми делáми; **sich darum ~, daß ...** позабóтиться о том, что́...
Kumpan *m* ⟨-s, -e⟩ соучáстник *m*
Kumpel *m* ⟨-s, -(s)⟩ (*umg:Freund*) прия́тель *m*; (*BERGB*) горня́к *m*
Kunde *m* ⟨-n, -n⟩ клиéнт *m*
Kundendienst *m* ⟨*gen:-es*⟩ (*Service*) сéрвис *m*; (*~abteilung*) слýжба *f* сéрвиса
Kundgebung *f* ⟨-, -en⟩ манифестáция *f*, демонстрáция *f*
kündigen 1. *vt* (*Vertrag*) расторгáть, -тóргнуть *pf*; (*bei einer Mitgliedschaft*) прекращáть, -крати́ть *pf*; **2.** *vi* (*vom Arbeitnehmer*) увольня́ться, увóлиться *pf*; (*vom Mieter*) отказáться, -кáзываться *pf* от кварти́ры; (*vom Arbeitgeber aus*) увольня́ть, увóлить *pf*; (*vom Vermieter aus*) отказáть *pf*, -кáзывать *impf* квартирáнту; (*bei einer Mitgliedschaft*) прекращаться, -крати́ться *pf*
Kündigung *f* ⟨-, -en⟩ (*von Stellung*) увольнéние *nt*; (*von Vertrag*) расторжéние *nt*; **fristlose ~** увольнéние без предвари́тельного предупреждéния
Kündigungsfrist *f* ⟨-, -en⟩ (*von Stellung*) срок *m* для увольнéния с рабóты; (*von Vertrag*) срок *m* для расторжéния довóра
Kündigungsschutz *m* ⟨*gen:-es*⟩ защи́та *f* от необоснóванного увольнéния
Kundin *f* ⟨-, -nen⟩ клиéнтка *f*
Kundschaft *f* ⟨-, -en⟩ (*von Dienstleistungsbetrieb*) клиентýра *f*, закáзчики *pl*;

(*Nachricht*) информáция *f*, сообщéние *nt*
künftig 1. *adj* бýдущий; **2.** *adv* в бýдущем
Kunst *f* ⟨-, Künste⟩ искýсство *nt*; (*Geschick*) искýсство *nt*, мастерствó *nt*; **die ärztliche ~** врачéбное мастерствó; **die schönen Künste** изя́щные искýсства; **die bildenden Künste** изобрази́тельные искýсства; **eine brotlose ~** неблагодáрное занятие; **das ist keine ~** э́то ничегó не стóит; **mit seiner ~ am Ende sein** быть бесси́льным
Kunstakademie *f* ⟨-, -n⟩ Акадéмия *f* искýсств
Kunstdruck *m* ⟨-(e)s, -e⟩ худóжественная печáть *f*
Kunstdünger *m* ⟨-s, -⟩ минерáльное удобрéние *nt*
Kunstfaser *f* ⟨-, -n⟩ искýсственное волокнó *nt*
Kunstfehler *m* ⟨-s, -⟩ врачéбная оши́бка *f*
Kunstgegenstand *m* ⟨-(e)s, -gegenstände⟩ предмéт *m* искýсства
Kunstgeschichte *f* ⟨*gen:*-⟩ истóрия *f* искýсства
Kunsthistoriker, -in *m/f* ⟨-s, -⟩ искусствовéд *m*
Künstler, -in *m/f* ⟨-s, -⟩ (*Kunstschaffende(r)*) арти́ст, -ка *m/f*, худóжник, -ница *m/f*; (*fig:Könner*) умéлец, -лица *m/f*
künstlerisch *adj* худóжественный
künstlich *adj* искýсственный; (*synthetisch*) синтети́ческий; (*Haar, Zähne*) искýсственный; **sich ~ aufregen** дéланно волновáться; **~e Befruchtung** искýсственное оплодотворéние; **jdn ~ ernähren** искýсственно питáть когó-л.
Kunststoff *m* ⟨-(e)s, -e⟩ пластмáсса *f*
Kunststück *nt* ⟨-(e)s, -e⟩ трюк *m*, фóкус *m*
Kunstturnen *nt* ⟨*gen:*-s⟩ спорти́вная гимнáстика *f*
kunstvoll *adj* искýсный
Kunstwerk *nt* ⟨-(e)s, -e⟩ произведéние *nt* искýсства
kunterbunt *adj* (*vielfarbig*) пёстрый; (*abwechslungsreich*) разнообрáзный
Kupfer *nt* ⟨*gen:*-s⟩ медь *f*
kupfern *adj* мéдный
Kupferstich *m* ⟨-(e)s, -e⟩ (*das Kupferstechen*) гравировáние *nt* на мéди; (*~karte etc*) гравю́ра *f* на мéди, эстáмп *m*
Kuppe *f* ⟨-, -n⟩ (*Berg~*) закруглённая верши́на *f*; (*Finger~*) кóнчик *m* пáльца
Kuppel *f* ⟨-, -n⟩ кýпол *m*
Kuppelei *f* ⟨-, -en⟩ (*JUR*) свóдничество *nt*
kuppeln 1. *vi* (*sich als Kuppler(in) betätigen*) своди́ть, свести́ *pf*, свóдничать *impf*; (*JUR*) свóдничать *impf*; (*KFZ*) нажимáть, -жáть *pf* на сцеплéние; **2.** *vt* (*TECH:verbinden*) сцепля́ть, -пи́ть *pf*, стыкóвывать, -ковáть *impf/pf*
Kuppler, -in *m/f* ⟨-s, -⟩ свóдник, -ница *m/f*
Kupplung *f* ⟨-, -en⟩ (*das Koppeln*) стыкóвка *f*; (*KFZ*) сцеплéние *nt*; **die ~ treten** нажáть на сцеплéние (*TECH*) соединéние *nt*, мýфта *f*
Kur *f* ⟨-, -en⟩ (*MED*) лечéние *nt*; (*Haar~*) срéдство *nt* для лечéния
Kür *f* ⟨-, -en⟩ произвóльная прогрáмма *f*
Kurbel *f* ⟨-, -n⟩ рукоя́тка *f*, рýчка *f*
Kurbelwelle *f* ⟨-, -n⟩ колéнчатый вал *m*
Kürbis *m* ⟨-ses, -se⟩ ты́ква *f*
Kurgast *m* ⟨-es, -gäste⟩ курóртник *m*
Kurier *m* ⟨-s, -e⟩ курьéр *m*
kurieren *vt* лечи́ть *impf*
kurios *adj* (*seltsam*) стрáнный
Kuriosität *f* ⟨-, -en⟩ (*einzelner Gegenstand*) рéдкость *f*; (*Merkwürdigkeit*) стрáнность *f*
Kurort *m* ⟨-(e)s, -e⟩ курóрт *m*
Kurpfuscher, -in *m/f* ⟨-s, -⟩ (*pej*) шарлатáн, -ка *m/f*
Kurs *m* ⟨-es, -e⟩ (*MAR*) курс *m*; (*POL*) курс *m*; (*Wechsel~*) курс *m*; (*Aktien~*) курс *m*; (*Lehrgang*) курс *m*; **einen ~ besuchen** посещáть кýрсы; **den ~ herabsetzen** понижáть курс; **vom ~ abkommen** отклони́ться от кýрса; **~ nehmen auf** взять курс на; **den ~ wechseln** смени́ть курс
Kursbuch *nt* ⟨-(e)s, -bücher⟩ железнодорóжный спрáвочник *m*
kursieren *vi* курси́ровать *impf*
kursiv *adj* курси́вный; **etw ~ schreiben** написáть чтó-л. курси́вом
Kurtaxe *f* ⟨-, -n⟩ курóртный сбор *m*
Kurve *f* ⟨-, -n⟩ (*Straßen~*) поворóт *m*; (*MATH*) кривáя *f*; **die ~ kratzen** (*umg*) смы́ться
kurz 1. *adj* (*räumlich und zeitlich*) корóткий; (*rasch*) бы́стрый; **ich gehe ~ noch in die Stadt etw einkaufen** я схожý ещё бы́стро в гóрод за покýпками; **2.** *adv* (*nicht lang, nicht weit*) кóротко; (*für ~e Zeit*) ненадóлго; (*bündig*) крáткий; **mach's ~!** будь крáток!; **~ und bündig** кóротко и я́сно; **zu ~ kommen** быть в убы́тке; **sich ~ fassen** говори́ть крáтко; **~ und gut** корóче говоря́; **binnen ~em** в скóром врéмени; **vor ~em** недáвно ; **vor ~er Zeit** недáвно; **seit ~em** с недáвних пор; **über ~ oder lang** рáно или пóздно; **~ und gut** корóче говоря́; **etw ~ und klein schlagen** разнести́

что́-л. на ме́лкие кусо́чки
Kurzarbeit *f* ⟨*gen:*-⟩ непо́лный рабо́чий день *m*
kurzärmelig *adj* с коро́ткими рукава́ми
Kürze *f* ⟨-, -n⟩ непродолжи́тельность *f*; **in ~** (*bald, demnächst*) вско́ре (*von Aufsatz, Bericht etc*) кра́ткость *f*, сжа́тость *f*; (*Bündigkeit*) кра́ткость *f*; **in aller ~** о́чень кра́тко; **in der ~ liegt die Würze** кра́ткость - сестра́ тала́нта
kürzen *vt* (*kürzer machen*) укора́чивать, -роти́ть *pf*; (*Text*) сокраща́ть, -крати́ть *pf*
kurzerhand *adv* (*ohne Umschweife*) без ли́шних церемо́ний; (*auf der Stelle*) сра́зу, неме́дленно
Kurzform *f* ⟨-, -en⟩ кра́ткая фо́рма *f*
kurzfristig 1. *adj* краткосро́чный; **2.** *adv* (*ohne Ankündigung*) внеза́пный; (*für kurze Zeit*) непродолжи́тельный
Kurzgeschichte *f* ⟨-, -n⟩ коро́ткий расска́з *m*
kurzhalten *vt* не дава́ть , не дать *pf* свобо́ды де́йствий, держа́ть *impf* в стро́гости
kurzlebig *adj* недолгове́чный
kürzlich *adv* неда́вно
Kurzschluß *m* ⟨-schlusses, -schlüsse⟩ коро́ткое замыка́ние *nt*
kurzsichtig *adj* близору́кий
Kurzsichtigkeit *f* ⟨-, -en⟩ (*schlechte Sehfähigkeit*) близору́кость *f*; (*kurzsichtiges Denken, Handeln*) недальнови́дность *f*
Kurzurlaub *m* ⟨-(e)s, -e⟩ кратковре́менный о́тпуск *m*
Kurzwaren *pl* ⟨*gen:*-⟩ галантере́йные това́ры *pl*
Kurzwelle *f* ⟨-, -n⟩ коро́ткие во́лны *pl*
kuscheln *vi* прижима́ться, -жа́ться *pf*, ласка́ться, при- *pf*; **sich an jdn ~** прильну́ть к кому́-л.
Kusine *f* ⟨-, -n⟩ кузи́на *f*
Kuß *m* ⟨Kusses, Küsse⟩ поцелу́й *m*; **jdm einen ~ geben** поцелова́ть кого́-л.
küssen 1. *vt* целова́ть, по- *pf*; **2.** *vr* целова́ться, по- *pf*
Küste *f* ⟨-, -n⟩ побере́жье *nt*
Küster *m* ⟨-s, -⟩ церко́вный слу́жка *m*
Kutsche *f* ⟨-, -n⟩ каре́та *f*; (*umg:Auto*) колыма́га *f*
Kutscher *m* ⟨-s, -⟩ ку́чер *m*
Kutte *f* ⟨-, -n⟩ ря́са *f*
Kuwait *nt* ⟨*gen:*-s⟩ Куве́йт *m*
kV *abk von **Kilovolt*** кВ *m*
kW *abk von **Kilowatt*** кВт *m*
Kybernetik *f* ⟨*gen:*-⟩ киберне́тика *f*
kyrillisch : ~e Schrift кири́ллица
KZ *abk von **Konzentrationslager***

L

l, L *nt* ⟨-, -⟩ л, Л
Label *nt* ⟨-s, -s⟩ этике́тка *f*, накле́йка *f*
labil *adj* неусто́йчивый
Labor *nt* ⟨-s, -s⟩ лаборато́рия *f*
Laborant, -in *m/f* ⟨-en, -en⟩ лабора́нт, -ка *m/f*
Laboratorium *nt* ⟨-s, Laboratorien⟩ лаборато́рия *f*
Labyrinth *nt* ⟨-(e)s, -e⟩ лабири́нт *m*
Lache *f* ⟨-, -n⟩ (*Pfütze*) лу́жа *f*
lächeln *vi* улыба́ться, улыбну́ться *pf*
lachen *vt* смея́ться, по- *pf* (*über +akk* над *+inst*); **er hat nichts zu ~** ему́ не до сме́ха; **du hast gut ~** тебе́ легко́ говори́ть; **wer zuletzt lacht, lacht am besten** хорошо́ смеётся тот, кто смеётся после́дним
lächerlich *adj* (*komisch*) смешно́й; (*minimal, gering*) смехотво́рный; **ein ~er Preis** смехотво́рная цена́; **sich vor jdm ~ machen** выставля́ть себя́ на посме́шище кому́-л.; **jdn ~ machen** поднима́ть на́ смех кого́-л.
lachhaft *adj* смешно́й
Lachs *m* ⟨-es, -e⟩ лосо́сь *m*
Lack *m* ⟨-(e)s, -e⟩ лак *m*
lackieren *vt* лакирова́ть, от- *pf*
Ladegerät *nt* ⟨-(e)s , -e⟩ (*EL*) заря́дное устро́йство *nt*
laden *vt* ⟨lud, geladen⟩ (*Gäste*) приглаша́ть, -гласи́ть *pf*; (*JUR*) вызыва́ть, вы́звать *pf*; (*mit etw beladen*) грузи́ть, по- *pf*; (*EL, PHYS, auch Feuerwaffe ~*) заряжа́ть, -ряди́ть *pf*; **Schuld auf sich ~** взя́ть вину́ на себя́
Laden *m* ⟨-s, -Läden⟩ (*Fenster~*) ста́вень *m*; (*Geschäft*) магази́н *m*; **den ~ dichtmachen** (*umg*) прикры́ть ла́вочку
Ladenhüter *m* ⟨-s, -⟩ залежа́вшийся това́р *m*
Ladenpreis *m* ⟨-es, -e⟩ магази́нная цена́ *f*
Ladenschluß *m* ⟨*gen:*-schlusses⟩ вре́мя *nt* закры́тия магази́на
Ladentisch *m* ⟨-(e)s , -e⟩ прила́вок *m*
lädieren *vt* (*beschädigen*) поврежда́ть, -вреди́ть *pf*
Ladung *f* ⟨-, -en⟩ груз *m*; (*JUR:Vor~*) пове́стка *f* в суд; (*Sprengstoff~*) заря́д *m*
lag *prät von* **liegen**
Lage *f* ⟨-, -n⟩ (*Situation*) положе́ние *nt*, ситуа́ция *f*; (*Schicht*) слой *m*; (*örtliche ~*) расположе́ние *nt*; **Herr der ~ sein** быть хозя́ином положе́ния; **die ~ der Dinge** положе́ние веще́й; **jdn in die ~ versetzen, etw zu tun** дать кому́-л.

возмо́жность сде́лать что́-л.; **dazu bin ich nicht in der ~** я не в состоя́нии сдела́ть э́то (э́того); **ein Haus in günstiger ~** уда́чно располо́женный дом; **in ruhiger ~ wohnen** жи́ть в ти́хом ме́сте

Lager *nt* ⟨-s, -⟩ (*Unterkunft, POL : Partei*) ла́герь *m*; (*Lagerhaus*) склад *m*; (*Vorrat*) запа́с *m*; (*KFZ, TECH*) подши́пник *m*; **etw auf ~ haben** (*fig*) име́ть что-л. в запа́се; **ein ~ aufschlagen** разби́ть ла́герь; **das ~ abbrechen** сня́ться с ла́геря

Lagerfeuer *nt* ⟨-s, -⟩ костёр *m*

lagern 1. *vt* (*hinlegen*) скла́дывать, сложи́ть *pf*; (*ÖKON:auf Lager haben*) храни́ть *impf* (на скла́де); **2.** *vi* (*ÖKON:im Lager sein*) храни́ться *impf* (на скла́де)

Lagerung *f* ⟨-, -en⟩ склади́рование *nt*

Lagune *f* ⟨-, -n⟩ лагу́на *f*

lahm *adj* (*gelähmt*) парализо́ванный; (*am Bein*) хромо́й; (*fig*) вя́лый

lähmen *vt* парализова́ть *pf*; **vor Schreck wie gelähmt sein** онеме́ть от у́жаса

lahmlegen *vt* парализова́ть *impf*

Lähmung *f* ⟨-, -en⟩ парали́ч *m*

Laib *m* ⟨-(e)s, -e⟩ буха́нка *f* (хле́ба)

Laich *m* ⟨-(e)s, -e⟩ икра́ *f*

laichen *vi* нерести́ться *impf*

Laie *m* ⟨-n, -n⟩ люби́тель *m*; (*pej*) дилета́нт *m*; **er ist in dieser Hinsicht ein völliger ~** он в э́том отноше́нии полне́йший профа́н

Laken *nt* ⟨-s, -⟩ (*Bettuch*) простыня́ *f*

lakonisch *adj* лакони́чный; **eine ~e Antwort** лакони́чный отве́т

lallen 1. *vt* лепета́ть, про- *pf*; **2.** *vi* лепета́ть, про- *pf*; **der Betrunkene lallt** у пья́ного язы́к заплета́ется

Lama *nt* ⟨-s, -s⟩ ла́ма *f*

Lamelle *f* ⟨-, -n⟩ (*BOT*) спороно́сный слой *m* (гриба́); (*TECH*) то́нкая пласти́на *f*, ламе́ль *f*

lamentieren *vi* (*jammern*) жа́ловаться, по- *pf*

Lametta *nt* ⟨*gen:*-s⟩ серебря́ный дождь *m*

Lamm *nt* ⟨-(e)s, Lämmer⟩ ягнёнок *m*

lammfromm *adj* кро́ткий как ове́чка

Lampe *f* ⟨-, -n⟩ ла́мпа *f*; (*Glühbirne*) (электри́ческая) ла́мпочка *f*

Lampenschirm *m* ⟨-(e)s, -e⟩ абажу́р *m*

Lampion *m* ⟨-s, -s⟩ лампио́н *m*

Land *nt* ⟨-(e)s, Länder⟩ (*Staat*) страна́ *f*; (*im Gegensatz zur Stadt*) дере́вня *f*, се́льская ме́стность *f*; (*Bundesland*) земля́ *f*; (*Festland*) су́ша *f*; **auf dem ~ wohnen** жить в дере́вне; **am Wochenende aufs ~ fahren** пое́хать на выходны́е за́ город

Landbevölkerung *f* ⟨*gen:*-⟩ се́льское населе́ние *nt*

Landebahn *f* ⟨-, -en⟩ взлётно-поса́дочная полоса́ *f*

landen *vi* приземля́ться, -ли́ться *pf*, соверша́ть, -ши́ть *pf* поса́дку; (*fig:enden*) ока́зываться, -за́ться *pf*; **im Gefängnis ~** оказа́ться в тюрьме́

Länderspiel *nt* ⟨-(e)s, -e⟩ междунаро́дный матч *m*

Landesfarben *fpl* (*einer Nation*) национа́льные цвета́ *pl*

Landeskunde *f* ⟨*gen:*-⟩ странове́дение *nt*

Landesregierung *f* ⟨-, -en⟩ (*in der Bundesrepublik und Österreich*) прави́тельство *nt* земли́

Landessprache *f* ⟨-, -n⟩ национа́льный язы́к *m*

landesüblich *adj* (обще)при́нятый в (данной) стране́

Landflucht *f* ⟨*gen:*-⟩ (ма́ссовое) переселе́ние *nt* из дере́вни в го́род

Landhaus *nt* ⟨-es, -häuser⟩ за́городный дом *m*, да́ча *f*

Landkarte *f* ⟨-, -n⟩ географи́ческая ка́рта *f*

Landkreis *m* ⟨-es, -e⟩ райо́н *m*

ländlich *adj* се́льский, дереве́нский

Landschaft *f* ⟨-, -en⟩ (*ländliche Gegend*) ландша́фт *m*; (*auf Photos oder Gemälden*) пейза́ж *m*

Landschaftsschutzgebiet *nt* ⟨-(e)s, -e⟩ ландша́фтный запове́дник *m*

Landsmann *m* ⟨-(e)s, -leute/ (-männer)⟩ сооте́чественник *m*

Landstraße *f* ⟨-, -n⟩ шоссе́ *nt*

Landstreicher *m* ⟨-s, -⟩ бродя́га *mf*

Landtag *m* ⟨-(e)s, -e⟩ ландта́г *m*

Landung *f* ⟨-, -en⟩ поса́дка *f*; **zur ~ ansetzen** приступи́ть к поса́дке; **weiche ~** мя́гкая поса́дка

Landwirtschaft *f* ⟨*gen:*-⟩ се́льское хозя́йство *nt*

landwirtschaftlich *adj* сельскохозя́йственный

lang 1. *adj* дли́нный; **seit ~em** уже́ давно́; **auf ~e Sicht** в долговре́менной перспекти́ве; **ein ~es Gesicht machen** (*umg*) сде́лать ки́слое лицо́; **etw auf die ~e Bank schieben** (*umg:fig*) отло́жить что́-л. в до́лгий я́щик; **2.** *adv* до́лго; **über kurz oder ~** ра́но и́ли по́здно; **zehn Jahre ~** в тече́ние десяти́ лет

langärmelig *adj* с дли́нными рукава́ми

langatmig *adj* ску́чный

lange *adv* до́лго; **das ist schon ~ her** прошло́ уже́ мно́го вре́мени; **es ist**

noch gar nicht so ~ her, daß ... прошло ещё совсем не много времени с тех пор, как...
Länge *f* ⟨-, -n⟩ (*räumlich*) длина *f*; (*ASTR, GEOG*) долгота *f*; **westlicher ~** западной долготы; (*zeitlich*) продолжительность *f*; **sich in die ~ ziehen** затягиваться
langen 1. *vt* (*reichen*) брать, взять *pf*; **jdm eine ~** (*umg:jdn ohrfeigen*) дать кому-л. пощёчину; **2.** *vi* (*umg:genügen*) хватать, -тить *pf*; **jetzt langt's mir aber!** хватит с меня!
Längengrad *m* ⟨-(e)s, -e⟩ градус *m* долготы
Längenmaß *nt* ⟨-es, -e⟩ мера *f* длины
Langeweile *f* ⟨*gen:-*⟩ скука *f*; **~ haben** скучать
langfristig 1. *adj* долгосрочный; **2.** *adv* долгосрочно
Langlauf *m* ⟨*gen:-*(e)s⟩ лыжная гонка *f*
langlebig *adj* (*haltbar*) долголетний, живучий
länglich *adj* продолговатый, удлинённый
längs 1. *präp* вдоль (+ *gen*); **2.** *adv* вдоль, в длину
langsam 1. *adj* медленный; **2.** *adv* медленно; (*umg:allmählich, endlich*) постепенно; **~ reicht es mir aber!** (*umg*) постепенно это мне начинает надоедать!; **es wird ~ Zeit, daß ...** пора уже...; **~ könnten wir dann mal anfangen** мы уже могли бы постепенно начинать; **fahr bitte ~** ехай, пожалуйста, помедленнее
Langsamkeit *f* ⟨*gen:-*⟩ медленность *f*
Langschläfer, -in *m/f* ⟨-s, -⟩ соня *m/f*
Langspielplatte *f* ⟨-, -n⟩ долгоиграющая пластинка *f*
längst *adv* (*schon lange*) давно; **er wußte schon ~, daß ...** он уже давно знал, что...; **der Zug war schon ~ weg** поезд уже давным-давно ушёл
längste(r,s) *adj* самый длинный, самый долгий
Languste *f* ⟨-, -n⟩ лангуст *m*
langweilen 1. *vt* быть, стать *pf* скучным; **das langweilt mich** мне от этого становится скучно; **2.** *vi* скучать, соскучиться *pf*
langweilig *adj* скучный
Langwelle *f* ⟨*gen:-*⟩ длинные волны *fpl*
langwierig *adj* длительный, затяжной
Lanze *f* ⟨-, -n⟩ копьё *nt*, пика *f*; **für jdn eine ~ brechen** (*für jdn eintreten, jdn verteidigen*) вступиться за кого-л.
lapidar *adj* лапидарный
Lappalie *f* ⟨-, -n⟩ пустяк *m*
Lappen *m* ⟨-s, -⟩ (*Stück Stoff*) тряпка *f*; **jdm durch die ~ gehen** (*umg:jdm entkommen*) улизнуть от кого-л.
läppisch *adj* (*albern*) глупый, нелепый; (*lächerlich gering*) смешной, незначительный; **eine ~e Summe** смешная сумма
Lapsus *m* ⟨-, -⟩ ляпсус *m*
Laptop *m* ⟨-s, -s⟩ лэптоп *m*
Lärche *f* ⟨-, -n⟩ лиственница *f*
Lärm *m* ⟨*gen:-*(e)s⟩ шум *m*; **viel ~ um nichts machen** делать много шуму из ничего
Lärmbelästigung *f* ⟨-, -en⟩ вредное воздействие *nt* шума
lärmen *vi* шуметь, по- *pf*
Larve *f* ⟨-, -n⟩ личинка *f*
las *prät von* **lesen**
lasch *adj* вялый, ленивый
Lasche *f* ⟨-, -n⟩ (*Schuh~*) язычок *m* (обуви); (*Schlaufe*) петля *f*
Laser *m* ⟨-s, -⟩ лазер *m*
Laserdrucker *m* ⟨-s, -⟩ лазерный принтер *m*
Laserstrahl *m* ⟨-(e)s, -en⟩ лазерный луч *m*
lassen 1. *vt* ⟨ließ, gelassen⟩ (*zulassen, erlauben*) позволять, -волить *pf*; (*veranlassen*) велеть, по- *pf*; **laßt uns gehen** пойдём; **~ Sie uns gehen!** пойдёмте! ; **sich etw schicken ~** заказать что-л.; **jdn kommen ~** вызвать кого-л.; **sich von jdm scheiden ~** развестись с кем-л.; **etw reparieren ~** отдать что-л. в ремонт; **sich die Haare schneiden ~** подстричься; **~ wir das für heute!** хватит на сегодня!; **dann ~ wir's eben!** оставим это!; **~ wir es dabei bewenden!** оставим это как было!; **laß mich in Ruhe!** оставь меня в покое!; **das läßt sich machen!** это возможно сделать!; **laß mal mich machen!** дай мне!; **2.** *vi* (*ab~, aufgeben*) бросать, бросить *pf*
lässig *adj* (*nach~*) небрежный, неряшливый; (*ungezwungen*) непринуждённый, свободный
Lässigkeit *f* ⟨*gen:-*⟩ непринуждённость *f*
Last *f* ⟨-, -en⟩ груз *m*; (*geh*) бремя *nt*; **jdm zur ~ fallen** быть кому-л. в тягость; **jdm etw zur ~ legen** обвинять кого-л. в чём-л.
Laster *nt* ⟨-s, -⟩ порок *m*
lasterhaft *adj* порочный, испорченный
lästern 1. *vt* (*Gott*) богохульствовать *impf*; **2.** *vi* злословить *impf* (*über +akk* о *+präpos*)
lästig *adj* (*Mensch*) надоедливый, назойливый; **jdm ~ fallen** надоедать кому-л.; **er wird langsam ~** он постепенно надоедает мне (*Pflicht*)

обременительный
Lastschrift *f* ⟨-, -en⟩ запись *f* в дебет счёта
Lasttier *nt* ⟨-(e)s, -e⟩ вьючное животное *nt*
Lastwagen *m* ⟨-s, -wägen⟩ грузовик *m*
Lastzug *m* ⟨-(e)s, -züge⟩ (грузовой) автопоезд *m*
Latein *nt* ⟨*gen:*-s⟩ латынь *f*, латинский язык *m*; **mit seinem ~ am Ende sein** не знать, что делать дальше
lateinisch 1. *adj* латинский; **2.** *adv* по-латински
latent *adj* скрытый
Laterne *f* ⟨-, -n⟩ (*auch Straßen~*) фонарь *m*
Latte *f* ⟨-, -n⟩ (*Brett*) планка *f*, рейка *f*; (*SPORT:beim Hochsprung*) планка *f*; (*SPORT:beim Fußball*) верхняя штанга (ворот) *f*, перекладина *f*
Lattenrost *m* ⟨-(e)s, -e⟩ деревянная решётка *f*
Latz *m* ⟨-es, Lätze⟩ (*Kleider~*) нагрудник *m*; (*Baby~*) детский нагрудничек *m*
lau *adj* тепловатый, тёплый
Laub *nt* ⟨*gen:*-(e)s⟩ листва *f*
Laubbaum *m* ⟨-(e)s, -bäume⟩ лиственное дерево *nt*
Laube *f* ⟨-, -n⟩ беседка *f*; (*Gartenhäuschen*) садовый домик *m*
Laubfrosch *m* ⟨-(e)s, -frösche⟩ обыкновенная квакша *f*
Laubsäge *f* ⟨-, -n⟩ лобзик *m*
Laubwald *m* ⟨-es, -wälder⟩ лиственный лес *m*
Lauch *m* ⟨-(e)s, -e⟩ зелёный лук *m*
Lauer : auf der ~ liegen подстерегать кого-л.
lauern *vi* подстерегать, -речь *pf*; **die Löwin lauert auf ihre Beute** львица подстерегает свою добычу
Lauf *m* ⟨-(e)s, Läufe⟩ (*schneller Schritt*) бег *m*; (*SPORT:Wett~*) бег *m*, забег *m*; (*Gewehr~*) ствол *m*; (*Fluß~*) русло *nt*; (*Bein von Tieren*) нога *f*, лапа *f*; (*ASTR:~ der Gestirne*) движение *nt*; (*fig:Ver~, Ab~ von Ereignissen*) ход *m*; **etw nimmt seinen ~** что-л. идёт своим ходом; **seinen Gefühlen freien ~ lassen** дать волю своим чувствам; **der ~ der Dinge** ход вещей; **im ~ der Zeit** с течением времени
Laufbahn *f* ⟨-, -en⟩ (*Berufs~*) карьера *f*
laufen 1. *vi* ⟨lief, gelaufen⟩ (*zu Fuß gehen*) бежать, по- *pf*, про- *pf*, бегать, по- *pf*, про- *pf*; (*funktionieren*) работать *impf*; (*undicht sein, lecken*) протекать, -течь *pf*; (*fig:im Gange sein*) идти, пойти *pf*; (*Weg*) проходить, пройти *pf*; (*FILM*) идти *impf*; **2.** *vt* кататься, по- *pf*; **Ski/Rollschuh ~** кататься на лыжах/роликах; **Gefahr ~, etw zu tun** рисковать чем-л. [о сделать что-л.]
laufend 1. *adj* (*ständig*) постоянный; (*Monat, Jahr*) текущий; **auf dem ~en sein** быть в курсе событий; **jdn auf dem ~en halten** держать кого-л. в курсе событий; **2.** *adv* постоянно
laufenlassen *irr vt* отпускать, -пустить *pf*
Läufer, -in *m/f* ⟨-s, -⟩ (*SPORT*) бегун *m*; (*beim Schach*) слон *m*; (*Teppich*) дорожка *f*, коврик *m*
Laufkundschaft *f* ⟨*gen:*-⟩ случайные покупатели *mpl*
Laufmasche *f* ⟨-, -n⟩ спустившаяся петля *f*
Laufsteg *m* ⟨-(e)s, -e⟩ помост *m* (для демонстраций моделей одежды)
Laufwerk *nt* ⟨-(e)s, -e⟩ (*DV*) дисковод *m*
Lauge *f* ⟨-, -n⟩ щёлок *m*, щёлочь *f*, щелочной раствор *m*
Laune *f* ⟨-, -n⟩ (*Stimmung*) настроение *nt*; (*Einfall*) каприз *m*, причуда *f*; **guter ~ sein** быть в хорошем настроении; **schlechter ~ sein** быть в плохом настроении; **aus einer ~ heraus** из-за своего каприза
launisch *adj* капризный
Laus *f* ⟨-, Läuse⟩ вошь *f*; **ihm ist eine ~ über die Leber gelaufen** (*umg:er hat schlechte Laune*) его муха укусила
Lausbub *m* ⟨-en, -en⟩ (*umg*) озорник *m*, пострел *m*
lauschen *vi* (*heimlich mithören*) подслушивать, -шать *pf*; (*zuhören*) внимательно слушать *impf*
lauschig *adj* (*gemütlich*) тихий, уютный; **ein ~es Plätzchen** укромное местечко
lausig *adj* (*schlecht, unangenehm*) дрянной; (*schäbig, geringfügig, unbedeutend*) жалкий; (*umg:sehr (groß)*) зверский; **eine ~e Kälte** зверский холод
Laut *m* ⟨-(e)s, -e⟩ звук *m*; **keinen ~ von sich geben** не издавать ни звука
laut [1] *adj* громкий; (*lärmend*) шумный; **mit ~er Stimme** громким голосом; **das Radio ~er stellen** включить радио погромче
laut [2] *präp +gen* согласно (+ *dat*)
lauten *vi* гласить *impf*; **das Urteil lautet auf drei Jahre Gefängnis** (*JUR*) приговор гласит: три года тюремного заключения; **die Antwort lautet...** ответ звучит следующим образом...; **der Reisepaß lautet auf seinen Namen** заграничный паспорт выписан на его имя
läuten *vi* звонить, по- *pf*, за- *pf*; **es hat**

geläutet был звоно́к; **an der Tür ~** звони́ть в дверь
lauter 1. *adj* (*geh:rein*) чи́стый; **~e Wahrheit** чи́стая пра́вда; **2.** *adv* то́лько, сплошь, исключи́тельно; **~ Lügen** сплошна́я ложь
lauthals *adv* гро́мко
lautlos *adj* беззву́чный, бесшу́мный
Lautschrift *f* ⟨*gen:-*⟩ фонети́ческая транскри́пция *f*
Lautsprecher *m* ⟨-s, -⟩ громкоговори́тель *m*
lautstark *adj* о́чень гро́мкий, шумли́вый
Lautstärke *f* ⟨-, -n⟩ гро́мкость *f*
lauwarm *adj* теплова́тый
Lava *f* ⟨*gen:-*⟩ ла́ва *f*
Lavendel *m* ⟨-s, -⟩ лава́нда *f*
Lawine *f* ⟨-, -n⟩ лави́на *f*
Layout *nt* ⟨-s, -s⟩ маке́т *m*
Lazarett *nt* ⟨-(e)s, -e⟩ (вое́нный) го́спиталь *m*
leasen *vt* брать, взять *pf* в аре́нду
Leasing *nt* ⟨-s, -s⟩ ли́зинг *m*
leben 1. *vt* жить, прожи́ть *pf*; **2.** *vi* жить, прожи́ть *pf*; **in bescheidenen Verhältnissen ~** скро́мно жить; **sie lebt in Berlin** она́ живёт в Берли́не; **in den Tag hinein ~** жить одни́м днём
Leben *nt* ⟨-s, -⟩ жизнь *f*; **sein ~ aufs Spiel setzen** рискова́ть свое́й жи́знью; **nie im ~** (*umg:niemals*) никогда́ в жи́зни; **ein Kampf auf ~ und Tod** борьба́ не на жи́знь, а на́ смерть ; **am ~ bleiben** оста́ться в живы́х; **ums ~ kommen** поги́бнуть; **jdn ums ~ bringen** уби́ть кого́-л. (*Lebhaftigkeit, Betriebsamkeit*) оживле́ние *nt*, оживлённость *f*
lebendig *adj* (*nicht tot*) живо́й; (*fig:lebhaft*) живо́й, оживлённый; (*Erinnerungen etc*) живо́й
Lebendigkeit *f* ⟨*gen:-*⟩ (*fig*) жи́вость *f*, оживлённость *f*
Lebensart *f* ⟨-, -en⟩ (*Lebensweise*) о́браз *m* жи́зни; (*gute Umgangsformen*) воспи́танность *f*
Lebensaufgabe *f* ⟨-, -n⟩ цель *f* жи́зни
Lebensdauer *f* ⟨*gen:-*⟩ продолжи́тельность *f* жи́зни
Lebenserfahrung *f* ⟨*gen:-*⟩ жи́зненный о́пыт *m*
Lebenserwartung *f* ⟨*gen:-*⟩ предпологáемая продолжи́тельность *f* жи́зни
Lebensfreude *f* ⟨*gen:-*⟩ жизнера́достность *f*
lebensfroh *adj* жизнера́достный
Lebensgefahr *f* ⟨*gen:-*⟩ опа́сность *f* для жи́зни; **unter ~** риску́я (свое́й) жи́знью
lebensgefährlich *adj* опа́сный для жи́зни
Lebensgefährte *m* ⟨-n, -n⟩ спу́тник *m* жи́зни
Lebensgefährtin *f* ⟨-, -nen⟩ спу́тница *f* жи́зни
Lebenshaltungskosten *pl* сто́имость *f* жи́зни
Lebensjahr *nt* ⟨-(e)s, -e⟩ год *m* жи́зни
Lebenslage *f* ⟨-, -n⟩ жи́зненная ситуа́ция *f*; **sich in jeder ~ zurechtfinden** находи́ть вы́ход из любо́го положе́ния
lebenslänglich *adj* (*auch Haftstrafe*) пожи́зненный
Lebenslauf *m* ⟨-(e)s, -läufe⟩ биогра́фия *f*
lebenslustig *adj* жизнера́достный
Lebensmittel *nt* ⟨-s, -⟩ проду́кт *m*; (*im Plural auch*) продово́льствие *nt*
lebensmüde *adj* уста́вший от жи́зни
Lebensstandard *m* ⟨-s, -s⟩ жи́зненный у́ровень *m*
Lebensunterhalt *m* ⟨*gen:-(e)s*⟩ пропита́ние *nt*; **sich seinen ~ verdienen** зараба́тывать (себе́) на жизнь
Lebensversicherung *f* ⟨-, -en⟩ страхова́ние *nt* жи́зни
Lebenswandel *m* ⟨*gen:-s*⟩ о́браз жи́зни *m*; поведе́ние *nt*; **er hat einen lockeren ~** он ведёт лёгкий о́браз жи́зни
lebenswichtig *adj* жи́зненно ва́жный
Lebenswille *m* ⟨*gen:-ns*⟩ во́ля *f* к жи́зни
Lebenszeichen *nt* ⟨-s, -⟩ при́знаки *pl* жи́зни; **kein ~ von sich geben** не подава́ть при́знаков жи́зни
Leber *f* ⟨*gen:-*⟩ пе́чень *f*; **frisch von der ~ weg reden** (*umg:ohne Hemmungen sprechen*) говори́ть не стесня́ясь
Leberfleck *m* ⟨-(e)s, -e⟩ роди́мое пятно́ *nt*
Leberwurst *f* ⟨-, -würste⟩ ли́верная колбаса́ *f*; **die beleidigte ~ spielen** (*umg*) разы́грывать оскорблённую неви́нность
Lebewesen *nt* ⟨-s, -⟩ живо́е существо́ *nt*; живо́й органи́зм *m*
lebhaft *adj* оживлённый, живо́й; **~er Beifall** оживлённые аплодисме́нты; **~e Phantasie** жива́я фанта́зия; **ich bedaure lebhaft, daß...** мне о́чень жаль, что...
Lebhaftigkeit *f* ⟨*gen:-*⟩ (*Lebendigkeit*) оживлённость *f*; (*der Phantasie*) жи́вость *f*
Lebkuchen *m* ⟨-s, -⟩ пря́ник *m*
leblos *adj* (*ohne Leben*) безжи́зненный; (*fig*) неподви́жный
Lebzeiten *pl:* **zu ~** при жи́зни
lechzen *vi* жа́ждать *impf*; **nach etw ~** жа́ждать чего́-л.
Leck *nt* ⟨-(e)s, -s⟩ пробо́ина *f*, течь *f*

lecken 1. *vt* (*schlecken*) лизáть, -знýть *pf*; **sich die Finger nach etw ~** облизывать пáльчики в предвкушéнии чегó-л.; **leck mich am Arsch!** (*vulg*) иди ты в жóпу!; **2.** *vi* (*undicht sein*) течь *impf*
lecker *adj* вкýсный
Leckerbissen *m* ⟨-s, -⟩ лáкомый кусóчек *m*
Leder *nt* ⟨-s, -⟩ кóжа *f*
ledern *adj* кóжаный
Lederwaren *pl* издéлия из кóжи *pl*
ledig *adj* (*unverheiratet: Mann*) холостóй; **er ist immer noch ~** он всё ещё не женáт; (*unverheiratet: Frau*) незáмужняя; **sie ist immer noch ~** она всё ещё не зáмужем; (*frei von*) свобóдный
lediglich *adv* тóлько, лишь
Lee *f* ⟨*gen:*-⟩ подвéтренная сторонá *f*
leer *adj* пустóй; **~ ausgehen** уйти́ с пусты́ми рукáми; **~e Worte** пусты́е словá; **~ stehen** пустéть (*unbeschrieben*) чи́стый; **~e Versprechungen machen** дéлать пусты́е обещáния
Leere *f* ⟨*gen:*-⟩ пустотá *f*; **gähnende ~** зия́ющая пустотá
leeren *vt* опорожня́ть, -ни́ть *pf*
Leergut *nt* ⟨*gen:*-(e)s⟩ тáра *f*
Leerlauf *m* ⟨*gen:*-(e)s⟩ холостóй ход *m*
Leertaste *f* ⟨-, -n⟩ клáвиша *f* пробéла
Leerung *f* ⟨-, -en⟩ (*Briefkasten*) вы́емка *f* пи́сем из почтóвого я́щика
legal *adj* легáльный, закóнный
legalisieren *vt* легализовáть *impf/pf*, узакóнивать, -нить *pf*
Legalität *f* ⟨*gen:*-⟩ легáльность *f*, закóнность *f*
legen 1. *vt* класть *impf*, положи́ть *pf*; **etw beiseite ~** отложи́ть чтó-л. в стóрону; **Wert auf etw ~** дорожи́ть чéм-л.; **einen Brand ~** поджéчь чтó-л.; **Eier ~** нести́ я́йца; **2.** *vr* ложи́ться, лечь *pf*; (*aufhören, abklingen*) улéчься *pf*; **das Fieber hat sich gelegt** температýра спáла; **sich ins Bett ~** лечь в постéль; **sich in die Sonne ~** лечь на сóлнце
legendär *adj* (*nach Art der Legende*) легендáрный; (*unwahrscheinlich, unglaublich*) невероя́тный
Legende *f* ⟨-, -n⟩ легéнда *f*, предáние *nt*
leger *adj* лёгкий, непринуждённый
Leggins *pl* ⟨*gen:*-⟩ дóльчики *mpl*
Legierung *f* ⟨-, -en⟩ () сплав *m*
Legislative *f* ⟨-, -n⟩ законодáтельная власть *f*
Legislaturperiode *f* ⟨-, -n⟩ перíод *m* дéятельности законодáтельного óргана
legitim *adj* закóнный
Legitimation *f* ⟨-, -en⟩ узаконéние *nt*, признáние *nt*
legitimieren 1. *vt* (*legitim machen*) узакóнивать, -нить *pf*; **2.** *vr* (*sich ausweisen*) удостоверя́ть, -вéрить *pf* свою ли́чность
Lehm *m* ⟨-(e)s, -e⟩ гли́на *f*
lehmig *adj* гли́нистый
Lehne *f* ⟨-, -n⟩ (*Rücken~*) спи́нка *f*; (*Arm~*) подлокóтник *m*
lehnen 1. *vt* прислоня́ть, -ни́ть *pf* (*an +akk* к *+dat*); **2.** *vi* прислоня́ться, -ни́ться *pf*, быть *impf* прислонённым (*an +dat* к *+dat*); **3.** *vr* прислоня́ться, -ни́ться *pf*; **sich aus dem Fenster ~** вы́сунуться из окнá
Lehnwort *nt* ⟨-(e)s, -wörter⟩ заи́мствованное слóво *nt*
Lehramt *nt* ⟨*gen:*-(e)s⟩ дóлжность *f* учи́теля
Lehre *f* ⟨-, -n⟩ (*Lektion*) урóк *m*; (*Lehrmeinung*) учéние *nt*, теóрия *f*, доктри́на *f*; (*Theorie*) теóрия *f*; (*Berufsausbildung*) обучéние *nt*, учёба *f*; **eine ~ machen** быть в ученикáх у мáстера
lehren *vt* учи́ть *impf*; (*an einer Universität, Schule*) преподавáть *impf*; **sie lehrt in Oxford** онá преподаёт в Óксфорде; **(jdn) Geschichte ~** преподавáть (комý-л.) истóрию
Lehrer, -in *m/f* ⟨-s, -⟩ учи́тель, -ница *m/f*; (*Fahr~*) инструктор *m* по вождéнию
Lehrgang *m* ⟨-(e)s, -gänge⟩ кýрсы *mpl*; **einen ~ besuchen** учáствовать в кýрсах
Lehrjahr *nt* ⟨-(e)s, -e⟩ учéбный год *m*
Lehrkörper *m* ⟨-s, -⟩ (профéссорско-)преподавáтельский состáв *m*
Lehrkraft *f* ⟨-, -kräfte⟩ преподавáтель *m*
Lehrling *m* ⟨-s, -e⟩ учени́к *m*
Lehrplan *m* ⟨-(e)s, -pläne⟩ учéбная прогрáмма *f*
lehrreich *adj* () поучи́тельный, назидáтельный
Lehrstelle *f* ⟨-, -n⟩ мéсто *nt* ученикá
Lehrstuhl *m* ⟨-(e)s, -stühle⟩ кáфедра *f*; **ein ~ für etw** кáфедра чегó-л.
Lehrzeit *f* ⟨*gen:*-⟩ врéмя *nt* обучéния
Leib *m* ⟨-(e)s, -er⟩ () тéло *nt*; **mit ~ und Seele** всей душóй; **etw am eigenen ~ erfahren** испытáть чтó-л. на сóбственной шкýре; **jdm auf den ~ rücken** добрáться до когó-л.; **sich jdn vom ~e halten** держáться подáльше от когó-л.
Leibgericht *nt* ⟨-(e)s, -e⟩ люби́мое блю́до *nt*
leiblich *adj* (*körperlich*) физи́ческий; (*Mutter, Vater*) роднóй
Leibwächter *m* ⟨-s, -⟩ телохрани́тель *m*

Leiche *f* ⟨-, -n⟩ труп *m*; **über ~n gehen** шагáть через трýпы; **nur über meine ~!** (*umg*) тóлько черéз мой труп!
Leichenhalle *f* ⟨-, -n⟩ морг *m*
Leichenwagen *m* ⟨-s, -wägen⟩ катафáлк *m*
Leichnam *m* ⟨-(e)s, -e⟩ труп *m*
leicht *adj* (*von geringem Gewicht*) лёгкий; (*einfach*) лёгкий, простóй; (*geringfügig*) лёгкий, небольшóй; **eine ~e Grippe** лёгкий грип; **etw auf die ~e Schulter nehmen** (*fig*) не придавáть чемý-л. большóго значéния; **das wird nicht so ~ sein** э́то бýдет не так прóсто; **mit etw/jdm ~es Spiel haben** без трудá спрáвиться с кéм-л./чéм-л.; **das ist ~er gesagt als getan** лéгче сказáть, чем сдéлать
Leichtathletik *f* ⟨*gen:*-⟩ лёгкая атлéтика *f*
leichtfallen *vi* легкó давáться, дáться *pf*; **diese Entscheidung ist uns nicht leichtgefallen** э́то решéние далóсь нам не легкó
leichtfertig *adj* легкомы́сленный; необдýманный
leichtgläubig *adj* легковéрный
Leichtgläubigkeit *f* ⟨*gen:*-⟩ легковéрие *nt*
Leichtigkeit *f* ⟨*gen:*-⟩ (*fig:Mühelosigkeit*) лёгкость *f*; **mit ~** с лёгкостью
leichtmachen *vt* облегчáть, -чи́ть *pf*
Leichtmetall *nt* ⟨-s, -e⟩ лёгкий металл *m*
leichtnehmen *vt* легкó относи́ться, -нести́сь *pf* (к *+dat*); **die Dinge ~** не принимáть ничегó близкó к сéрдцу
Leichtsinn *m* ⟨*gen:*-(e)s⟩ легкомы́слие *nt*; беспéчность *f*
leichtsinnig *adj* легкомы́сленный
leichtverdaulich *adj* легкó перевáриваемый
leichtverständlich *adj* поня́тный, я́сный
leid *adj* :; **das tut mir ~** мне жаль; **er tut mir ~** мне егó жаль
Leid *nt* ⟨*gen:*-(e)s⟩ гóре *nt*; **jdm sein ~ klagen** подели́ться с кем-л. свои́м гóрем; **jdm ein ~ antun** причини́ть комý-л. гóре
leiden 1. *vt* ⟨litt, gelitten⟩ (*er~*) страдáть *impf*; **Not ~** страдáть от нужды́; **ich kann ihn nicht ~** я не выношý егó; **jdn gern ~ können** люби́ть когó-л.; **2.** *vi* страдáть, по- *pf* (*an +dat* от *+gen*)
Leidenschaft *f* ⟨-, -en⟩ страсть *f*
leidenschaftlich *adj* стрáстный, пы́лкий
leider *adv* к сожалéнию; **~ muß ich jetzt gehen** к сожáлению, я сейчáс дóлжен уйти́
leidig *adj* неприя́тный
leidlich *adj* снóсный, терпи́мый
Leier *f* ⟨-, -n⟩ ли́ра *f*; **immer die alte ~!** (*umg*) всё тá же сáмая пéсня!
leihen *vt* ⟨lieh, geliehen⟩ (*jdm etw aus~*) давáть, дать *pf* в долг; одáлживать, одолжи́ть *pf*; (*von jdm etw ent~*) брать, взять *pf* в долг; **ich werde mir das Geld von der Bank ~** я возьмý в бáнке креди́т
Leihgebühr *f* ⟨-, -en⟩ плáта *f* за прокáт
Leihwagen *m* ⟨-s, -wägen⟩ автомоби́ль *m*, взя́тый в прокáт
Leim *m* ⟨-(e)s, -e⟩ клей *m*; **jdm auf den ~ gehen** попáсться комý-л. на ýдочку
leimen *vt* (*zusammen~*) клéить *impf*, склéить *pf*
Leine *f* ⟨-, -n⟩ (*Wäsche~*) верёвка *f*; (*Hunde~*) поводóк *m*
Leinen *nt* ⟨-s, -⟩ холст *m*, полотнó *nt*
Leinwand *f* ⟨-, -wände⟩ (*für Zelte etc*) полотнó *nt*; (*FILM*) экрáн *m*
leise *adj* (*still*) ти́хий; **mach bitte das Radio ~r!** сделáй, пожáлуйста, поти́ше рáдио! (*schwach, gering*) лёгкий, слáбый; **ich habe nicht die ~ste Ahnung** у меня́ нет ни малéйшего поня́тия
Leiste *f* ⟨-, -n⟩ (*Holz~*) плáнка *f*, рéйка *f*; (*ANAT*) пах *m*
leisten *vt* (*tun*) окáзывать, -зáть *pf*; **jdm einen Dienst ~** оказáть комý-л. услýгу; **jdm Hilfe ~** оказáть пóмощь комý-л.; **gute Arbeit ~** продéлать хорóшую рабóту; **jdm Gesellschaft ~** состáвить компáнию комý-л. (*vollbringen*) совершáть, -ши́ть *pf*; (*gönnen*) позволя́ть, позвóлить *pf*; **sich etw ~ können** позвóлить себé чтó-л.
Leistenbruch *m* ⟨-(e)s, -brüche⟩ паховáя гры́жа *f*
Leistung *f* ⟨-, -en⟩ (*Geleistetes*) достижéние *nt*, результáт *m*; (*geleistete Arbeit*) рабóта *f*; (*~sfähigkeit*) работоспосóбность; (*Zahlung durch Versicherung, Krankenkasse*) платёж *m*; (*betriebliche Leistung, Ausstoß*) производи́тельность *f*; (*KFZ*) мóщность *f*
Leistungssport *m* ⟨*gen:*-(e)s⟩ большóй спорт *m*
Leitartikel *m* ⟨-s, -⟩ передовáя статья́ *f*
leiten *vt* (*eine Versammlung*) вести́, по- *pf*; (*ÖKON:als Manager*) руководи́ть *impf*; (*PHYS, EL*) проводи́ть *impf*; **sich von etw ~ lassen** руковóдствоваться чем-л.; **eine Abteilung ~** руководи́ть отдéлом
leitend *adj* (*führend*) руководя́щий;

(*PHYS, EL*) проводя́щий; (*Stellung*) веду́щий; **der ~e Ingenieur** веду́щий инжене́р

Leiter [1] *m* ⟨-s, -⟩ (*Chef, Abteilungs~*) руководи́тель *m*, дире́ктор *m*, заве́дующий *m*; (*Schul~*) дире́ктор *m* (шко́лы); (*PHYS, EL*) проводни́к *m*

Leiter [2] *f* ⟨-, -n⟩ ле́стница *f*

Leitfaden *m* ⟨-s, -fäden⟩ руково́дство *nt*

Leitfähigkeit *f* ⟨*gen:-*⟩ (*PHYS, EL*) проводи́мость *f*

Leitmotiv *nt* ⟨-s, -e⟩ лейтмоти́в *m*

Leitung *f* ⟨-, -en⟩ (*das Führen*) веде́ние *nt*; (*fig:das Lenken, Steuern*) управле́ние *nt*; (*Vorsitz*) руково́дство *nt*; (*leitende Personen, Leiter*) руково́дство *nt*; (*Telefon~, Strom~*) прово́д *m*; (*Gas~, Wasser~*) газопрово́д *m*, водопрово́д *m*; (*telefonische Verbindung*) ли́ния *f*; **er hat eine lange ~** (*umg*) он ме́дленно соображáетумг

Leitungswasser *nt* ⟨*gen:-s*⟩ водопрово́дная вода́ *f*

Lektion *f* ⟨-, -en⟩ уро́к *m*; **jdm eine ~ erteilen** (*fig*) проучи́ть кого́-л.

Lektor, -in *m/f* ⟨-s, -en⟩ (*Verlags~*) реда́ктор *m*

Lektorat *nt* ⟨-(e)s, -e⟩ реда́кция *f*

Lektüre *f* ⟨-, -n⟩ (*das Lesen*) чте́ние *nt*; (*Lesestoff*) литерату́ра *f*

Lende *f* ⟨-, -n⟩ поясни́ца *f*

lenken *vt* (*führen, leiten, Fahrzeuge etc steuern*) управля́ть *impf*; **ein Auto ~** управля́ть автомоби́лем; (*fig:Schritte, Gedanken, Gespräch etc*) направля́ть, -пра́вить *pf*; **die Aufmerksamkeit auf etw ~** обрати́ть внима́ние на что-л.

Lenker *m* ⟨-s, -⟩ (*Fahrer*) води́тель *m*; (*fig:Führer*) руководи́тель *m*

Lenkrad *nt* ⟨-(e)s, -räder⟩ (*Steuerrad*) руль *m*

Lenkung *f* ⟨-, -en⟩ (*das Leiten, Führen*) управле́ние *nt*; (*KFZ:Lenkvorrichtung*) рулево́е управле́ние *f*

Leopard *m* ⟨-en, -en⟩ леопа́рд *m*

Lepra *f* ⟨*gen:-*⟩ прока́за *f*

Lerche *f* ⟨-, -n⟩ жа́воронок *m*

lerneifrig *adj* приле́жный

lernen 1. *vt* учи́ть, вы́- *pf*; учи́ться, на- *pf*; **lesen ~** учи́ться чита́ть; **etw ~** учи́ть что-л. [*o* учи́ться чему́-л.]; **das werde ich nie ~** э́тому я никогда́ не научу́сь; **einen Beruf ~** обуча́ться профе́ссии кого́-л.; **2.** *vi* (*sich Wissen aneignen*) учи́ться

lesbar *adj* (*leserlich*) разбо́рчивый

Lesbe *f* ⟨-, -nen⟩ лесбия́нка *f*

lesbisch *adj* лесбийский

Lese *f* ⟨-, -n⟩ (*ein~*) сбор *m* урожа́я

Lesebuch *nt* ⟨-(e)s, -bücher⟩ кни́га *f* для чте́ния

lesen 1. *vt* ⟨las, gelesen⟩ (*Buch etc*) чита́ть, про- *pf*; **2.** *vr* чита́ться, про- *pf*; **dieser Roman liest sich gut** э́тот рома́н хорошо́ чита́ется

Leser, -in *m/f* ⟨-s, -⟩ чита́тель, -ница *m/f*

Leserbrief *m* ⟨-(e)s, -e⟩ письмо́ *nt* чита́теля

leserlich *adj* разбо́рчивый

Lesezeichen *nt* ⟨-s, -⟩ (*in einem Buch*) закла́дка *f* (для кни́ги)

Lesung *f* ⟨-, -en⟩ (*Dichter~*) а́вторский ве́чер *m*; (*POL*) чте́ние *nt*

Lethargie *f* ⟨*gen:-*⟩ летарги́я *f*

Lette *m* ⟨-n, -n⟩ лито́вец *m*

Lettin *f* ⟨-, -nen⟩ лито́вка *f*

lettisch 1. *adj* лито́вский; **2.** *adv* по-лито́вски

Lettland *nt* ⟨*gen:-s*⟩ Ла́твия *f*

letzte(r,s) *adj* после́дний; **er ging als ~r** он ушёл после́дним; **in ~r Zeit** в после́днее вре́мя

letztlich *adv* в коне́чном счёте

leuchten *vi* (*glänzen, scheinen*) свети́ть, по- *pf*; свети́ться, по- *pf*, сия́ть, по- *pf*; **mit einer Lampe ~** свети́ть ла́мпой

Leuchtturm *m* ⟨-(e)s, -türme⟩ мая́к *m*

leugnen 1. *vt* отрица́ть *impf*, оспа́ривать, -по́рить *pf*; **2.** *vi* отрица́ть *impf*; **ich kann nicht ~, daß ...** я не отрица́ю, что...

Leukämie *f* ⟨*gen:-*⟩ лейкеми́я *f*

Leumund *m* ⟨*gen:-(e)s*⟩ репута́ция *f*

Leute *pl* ⟨*gen:-*⟩ лю́ди *pl*

Leutnant *m* ⟨-s, -s⟩ лейтена́нт *m*

leutselig *adj* приве́тливый, общи́тельный

Level *m* ⟨-s, -s⟩ (*Niveau, Rang*) у́ровень *m*

Lexikograph, -in *m/f* ⟨-en, -en⟩ лексикогра́ф *m*

Lexikographie *f* ⟨*gen:-*⟩ лексикогра́фия *f*

Lexikon *nt* ⟨-s, Lexika⟩ энциклопе́дия *f*

Libanon *m* ⟨*gen:-s*⟩ Лива́н *m*

Libelle *f* ⟨-, -n⟩ стрекоза́ *f*

liberal *adj* либера́льный

liberalisieren *vt* либерализова́ть *impf/pf*

Liberalisierung *f* ⟨-, -en⟩ либерализа́ция *f*

Liberalismus *m* ⟨*gen:-*⟩ либерали́зм *m*

Libero *m* ⟨-s, -s⟩ свобо́дный защи́тник *m*

Libyen *nt* ⟨*gen:-s*⟩ Ли́вия *f*

Licht *nt* ⟨-(e)s, -er⟩ свет *m*; **einer Sache grünes ~ geben** (*fig*) дать зелёный свет чему́-л.; **jdn hinters ~ führen** обману́ть кого́-л.

Lichtbild *nt* ⟨-(e)s, -er⟩ фотогра́фия *f*

Lichtblick *m* ⟨-(e)s, -e⟩ све́тлый моме́нт *m*

lichten 1. *vt* (*Anker*) поднима́ть, -ня́ть *pf*; **2.** *vr* (*spärlicher werden*) реде́ть, по- *pf*; (*Wolken, Nebel*) рассе́иваться, рассе́яться *pf*
lichterloh *adj:* **~ brennen** горе́ть я́рким пла́менем
Lichtgeschwindigkeit *f* ⟨*gen:-*⟩ ско́рость *f* све́та
Lichthupe *f* ⟨-, -n⟩ светово́й сигна́л *m*
Lichtjahr *nt* ⟨-(e)s, -e⟩ светово́й год *m*
Lichtmaschine *f* ⟨-, -n⟩ генера́тор *m*
Lichtschalter *m* ⟨-s, -⟩ выключа́тель *m* (све́та)
Lichtstrahl *m* ⟨-(e)s, -en⟩ луч *m* све́та
Lichtung *f* ⟨-, -en⟩ поля́на *f*
Lid *nt* ⟨-(e)s, -er⟩ ве́ко *nt*
Lidschatten *m* ⟨-s, -⟩ те́ни *fpl* для век
lieb *adj* (*teuer, geschätzt*) дорого́й; (*angenehm*) ми́лый; (*nett*) симпати́чный; (*~enswürdig*) ми́лый; (*artig, brav*) послу́шный; **ich würde ~er noch damit warten** я лу́чше бы подожда́л с э́тим; **am ~sten würde ich ...** охо́тнее всего́ я...
liebäugeln *vi* коке́тничать, по- *pf*; **mit dem Gedanken ~, etw zu tun** носи́ться с мы́слью сде́лать что́-л.
Liebe *f* ⟨*gen:-*⟩ любо́вь *f*; **~ auf den ersten Blick** любо́вь с пе́рвого взгля́да; **~ macht blind** любо́вь слепа́
Liebelei *f* ⟨-, -en⟩ флирт *m*
lieben *vt* люби́ть *impf*; (*aufhören zu ~*) разлюби́ть *pf*
liebenswürdig *adj* любе́зный; **das ist sehr ~ von Ihnen** э́то о́чень любе́зно с Ва́шей стороны́
Liebenswürdigkeit *f* ⟨-, -en⟩ любе́зность *f*
lieber 1. *adj* (*Komparativ*) доро́же, миле́е; **2.** *adv* (*eher, besser*) лу́чше; **ich möchte ~ nach Hause gehen** я лу́чше пойду́ домо́й
Liebesbrief *m* ⟨-(e)s, -e⟩ любо́вное письмо́ *nt*
Liebeserklärung *f* ⟨-, -en⟩ объясне́ние *nt* в любви́; **jdm eine ~ machen** объясни́ться кому́-л. в любви́
Liebeskummer *m* ⟨*gen:-s*⟩ любо́вная тоска́ *f*
Liebespaar *nt* ⟨-(e)s, -e⟩ влюблённая па́ра *f*
liebevoll *adj* ла́сковый, не́жный
liebhaben *vt* люби́ть, по- *pf*
Liebhaber, -in *m/f* ⟨-s, -⟩ (*Geliebte(r)*) любо́вник, -ница *m/f*; (*Kenner(in)*) люби́тель, -ница *m/f*
Liebhaberei *f* ⟨-, -en⟩ (*fig:Steckenpferd*) люби́мое заня́тие *nt*
liebkosen *vt* ⟨liebkoste, liebkost⟩ ласка́ть, по- *pf*
lieblich *adj* милови́дный, хоро́шенький, преле́стный
Liebling *m* ⟨-s, -e⟩ (*Geliebte(r)*) люби́мый, -мая; (*Günstling*) люби́мец, -мица *m/f*
Lieblings - (*in Zusammensetzungen*) люби́мый
lieblos *adj* бессерде́чный, чёрствый
Liechtenstein *nt* ⟨*gen:-s*⟩ Лихтенште́йн *m*
Lied *nt* ⟨-(e)s, -er⟩ пе́сня *f*
Liederbuch *nt* ⟨-(e)s, -bücher⟩ пе́сенник *m*
liederlich *adj* (*schlampig*) неря́шливый, безала́берный; (*unmoralisch*) распу́тный
Liedermacher, -in *m/f* ⟨-s, -⟩ а́втор *m* и исполни́тель *m* со́бственных пе́сен
lief *prät von* **laufen**
Lieferant *m* ⟨-en, -en⟩ поставщи́к *m*
lieferbar *adj* (*vorrätig*) гото́вый к поста́вке, име́ющийся на скла́де; **die Ware ist zur Zeit nicht ~** мы не мо́жем в настоя́щее вре́мя поста́вить э́тот това́р
liefern *vt* (*versorgen mit*) поставля́ть, -ста́вить *pf*; (*erzeugen*) выпуска́ть, вы́пустить *pf*; **einen Beweis ~** предста́вить доказа́тельство чего́-л.
Lieferung *f* ⟨-, -en⟩ поста́вка
Lieferwagen *m* ⟨-s, -⟩ автофурго́н *m*, пика́п *m*
Liege *f* ⟨-, -n⟩ тахта́ *f*
liegen *vi* ⟨lag, gelegen⟩ лежа́ть, про- *pf*, по- *pf*; (*sich befinden*) находи́ться *impf*, быть *impf* располо́женным; (*von jdm abhängen*) зави́сеть *impf*; (*jdm zusagen, entsprechen*) подходи́ть *impf*; **in der Sonne ~** загора́ть (на со́лнце); **mir liegt viel daran** мне э́то о́чень ва́жно; **daran liegt mir überhaupt nichts** мне́ э́то соверше́нно не ва́жно; **die Verantwortung liegt bei dir** (*fällt dir zu*) отве́тственность лежи́т на те́бе; **das liegt nicht an mir** я здесь ни при чём; **woran liegt es?** в чём причи́на?; **die Arbeit liegt ihm nicht** э́та рабо́та ему́ не подхо́дит
liegenbleiben *irr vi* (*nicht aufstehen*) остава́ться, оста́ться *pf* лежа́ть; (*unerledigt bleiben:Arbeit*) стоя́ть *impf*; **die ganze Arbeit bleibt liegen** вся рабо́та стои́т; (*steckenbleiben:Auto, Zug*) застрева́ть, застря́ть *pf*; (*vergessen werden*) остава́ться, оста́ться *pf*
liegenlassen *irr vt* (*vergessen*) забыва́ть, -бы́ть *pf*, оставля́ть, оста́вить *pf*; (*unerledigt lassen:Arbeit*) оставля́ть, оста́вить *pf*; **jdn links ~** игнори́ровать кого́-л.
Liegesitz *m* ⟨-es, -e⟩ сиде́нье *nt* с

откидно́й спи́нкой
Liegestuhl *m* ⟨-(e)s, -stühle⟩ шезло́нг *m*
Liegestütz *m* упо́р *m* лёжа; **fünfzig ~e machen** сде́лать пятьдеся́т отжима́ний
Liegewagen *m* ⟨-s, -⟩ ваго́н *m* со спа́льными места́ми
lieh *prät von* **leihen**
ließ *prät von* **lassen**
Lift *m* ⟨-(e)s, -e⟩ лифт *m*
Likör *m* ⟨-s, -e⟩ ликёр *m*
lila *adj* лило́вый
Lilie *f* ⟨-, -n⟩ ли́лия *f*
Liliputaner, -in *m/f* ⟨-s, -⟩ лилипу́т *m*
Limit *nt* ⟨-s, -s⟩ ограниче́ние *nt*, преде́л *m*, лими́т *m*
Limonade *f* ⟨-, -n⟩ лимона́д *m*
Limousine *f* ⟨-, -n⟩ лимузи́н *m*
Linde *f* ⟨-, -n⟩ ли́па *f*
lindern *vt* облегча́ть, -чи́ть *pf*; **die Schmerzen ~** облегчи́ть боль
Linderung *f* ⟨*gen:-*⟩ (*Erleichterung*) облегче́ние *nt*; (*Milderung*) смягче́ние *nt*
Lineal *nt* ⟨-s, -e⟩ лине́йка *f*
linear *adj* лине́йный
Linguist, -in *m/f* ⟨-en, -en⟩ лингви́ст *m*
Linguistik *f* ⟨*gen:-*⟩ лингви́стика *f*
Linie *f* ⟨-, -n⟩ ли́ния *f*, черта́ *f*; **in erster ~** в пе́рвую о́чередь; **auf die schlanke ~ achten** следи́ть за фигу́рой (*Straßenbahn~, Bus~*) но́мер *m*, маршру́т *m* тра́мвая, авто́буса; **welche ~ führt zum Bahnhof?** како́й трамва́й идёт до вокза́ла?
Linienmaschine *f* ⟨-, -n⟩ ре́йсовый самолёт *m*
Linienrichter *m* ⟨-s, -⟩ судья́ *m* на ли́нии
linientreu *adj* ве́рный ли́нии
Linke *f* ⟨-n, -n⟩ (*Hand*) ле́вая рука́ *f*; (*Seite*) ле́вая сторона́; (*POL*) ле́вые *pl*; **zur ~n sehen Sie den Dom** с ле́вой стороны́ Вы ви́дите собо́р
linke(r,s) *adj* ле́вый; **~ Seite** ле́вая сторона́лохнен; **~r Hand** сле́ва; **~ Masche** (*beim Stricken*) изна́ночная пе́тля (*POL*) ле́вый; **der ~ Flügel** ле́вое крыло́
linkisch *adj* (*ungeschickt*) неуклю́жий
links *adv* сле́ва, с ле́вой стороны́; **das mach' ich mit ~** (*fig*) э́то я сде́лаю одно́й ле́вой; **sich ~ einordnen** (*im Verkehr*) вста́ть в ле́вый ряд; **~ von etw** сле́ва от чего́-л. (*POL*) ле́вый
Linksaußen *m* ле́вый кра́йний *m*
Linkshänder, -in *m/f* ⟨-s, -⟩ левша́ *m*
Linkskurve *f* ⟨-, -n⟩ поворо́т *m* (доро́ги) нале́во
linksradikal *adj* леворадика́льный
Linoleum *nt* ⟨*gen:-s*⟩ лино́леум *m*
Linse *f* ⟨-, -n⟩ (*BOT*) чечеви́ца *f*; (*PHYS*) ли́нза *f*; (*ANAT*) хруста́лик *m*
Lippe *f* ⟨-, -n⟩ губа́ *f*; **kein Wort über die ~n bringen** не промо́лвить ни сло́ва
Lippenstift *m* ⟨-(e)s, -e⟩ губна́я пома́да *f*
liquidieren *vt* (*töten*) уничтожа́ть, -то́жить *pf*; (*ÖKON*) ликвиди́ровать *impf/pf*
lispeln *vi* (*Zischlaute fehlerhaft aussprechen*) шепеля́вить *impf*
List *f* ⟨-, -en⟩ (*Schlauheit, Verschlagenheit*) хи́трость *f*, лука́вство *nt*; (*Trick, Kunstgriff*) хи́трость *f*, уло́вка *f*
Liste *f* ⟨-, -n⟩ (*Aufstellung*) спи́сок *m*; **sich in eine ~ eintragen** занести́ себя́ в спи́сок; **eine ~ aufstellen** соста́вить спи́сок
listig *adj* хи́трый, лука́вый
Litanei *f* ⟨-, -en⟩ (*REL*) лита́ния *f*
Litauen *nt* ⟨*gen:-s*⟩ Литва́ *f*
Litauer, -in *m/f* ⟨-s, -⟩ лито́вец, -вка *m/f*
litauisch 1. *adj* лито́вский; **2.** *adv* по-лито́вски
Liter *m* ⟨-s, -⟩ литр *m*
literarisch *adj* литерату́рный
Literatur *f* ⟨-, -en⟩ литерату́ра *f*
Literaturverzeichnis *nt* ⟨-ses, -se⟩ указа́тель *m* литерату́ры, спи́сок *m* литерату́ры
Literaturwissenschaft *f* ⟨*gen:-*⟩ литературове́дение *nt*
Lithographie *f* ⟨-, -n⟩ литогра́фия
litt *prät von* **leiden**
Liturgie *f* ⟨-, -n⟩ литурги́я *f*
Live-Übertragung *f* ⟨-, -en⟩ пряма́я трансля́ция *f*
Livree *f* ⟨-, -n⟩ ливре́я *f*
Lizenz *f* ⟨-, -en⟩ (*Genehmigung*) лице́нзия *f*; **eine ~ erwerben** приобрести́ лице́нзию; **jdm eine ~ erteilen** вы́дать кому́-л. лице́нзию
Lob *nt* ⟨*gen:-(e)s*⟩ похвала́ *f*
Lobby *f* ⟨-, Lobbies⟩ ло́бби *nt*
loben *vt* хвали́ть, по- *pf*
lobenswert *adj* досто́йный похвалы́
Loch *nt* ⟨-(e)s, Löcher⟩ дыра́ *f*, ды́рка *f*; **saufen wie ein ~** (*vulg*) пить как сапо́жник (*fig:schlechte Wohnung*) конура́ *f*
lochen *vt* (*Fahrkarte*) пробива́ть, -би́ть *pf*, компости́ровать, про- *pf*; (*perforieren*) перфори́ровать *impf/pf*
Locher *m* ⟨-s, -⟩ дыроко́л *m*
löcherig *adj* дыря́вый
Locke *f* ⟨-, -n⟩ ку́дри *pl*
locken 1. *vt* зама́нивать, -мани́ть *pf*; **jdn in einen Hinterhalt ~** замани́ть кого́-л. в западню́; **jdn von irgendwo heraus~** вы́манить кого́-л. отку́да-л. (*drehen, in*

Locken legen) завивáть, завить *pf*; **2.** *vr* (*kräuseln, sich in Locken legen*) вúться *impf*

Lockenwickler *m* ⟨-s, -⟩ бигудú *pl*

locker *adj* (*lose*) расшáтанный; **etw ~ machen** ослáбить чтó-л.; **Geld ~ machen** раскошéлиться (*Schnee*) рыхлый; (*fig:gelöst, entspannt*) расслáбленный; (*unmoralisch*) легкомысленный, беспýтный; **er führt einen ~en Lebenswandel** он ведёт распýтный óбраз жизни

lockerlassen *vi:* **nicht ~** не уступáть

lockern 1. *vt* (*locker machen*) расслаблять, -слáбить *pf*; **2.** *vr* (*SPORT*) расслабляться, -слáбиться *pf*; (*locker werden*) ослабевáть, -бéть *pf*

lockig *adj* кудрявый

lodern *vi* пылáть *impf*

Löffel *m* ⟨-s, -⟩ лóжка *f*; (*Hasenohr*) ýхо *nt* зáйца; (*TECH:von ~Bagger*) ковш *m*

löffeln *vt* хлебáть, по- *pf*

log *prät von* **lügen**

Logarithmus *m* ⟨-, Logarithmen⟩ логарифм *m*

Loge *f* ⟨-, -n⟩ (*THEAT*) лóжа *f*; (*Pförtner~*) швейцáрская *f*; (*Freimaurer~*) лóжа *f*

Logik *f* ⟨*gen:-*⟩ лóгика *f*; **das verstößt gegen jegliche ~** это противорéчит всякой лóгике

logisch *adj* логúчный; (*MATH*) логúческий

Logistik *f* ⟨*gen:-*⟩ логúстика *f*

Lohn *m* ⟨-(e)s, Löhne⟩ (*Arbeits~*) зарплáта *f*; (*fig:Belohnung*) вознаграждéние *nt*, награ́да *f*

Lohnarbeit *f* ⟨-, -en⟩ наёмный труд *m*

lohnen 1. *vt* (*be~:jdn, etw*) вознаграждáть, -градúть *pf*; **jdm seine Hilfe ~** вознаградúть когó-л. за пóмощь (*wert sein*) окупáть, -пúть *pf*; **2.** *vr* (*vor allem finanziell*) окупáться, -пúться *pf*; (*allgemein*) опрáвдываться, оправдáться *pf*; **das lohnt sich nicht** это не окупáется; **unsere Mühe hat sich gelohnt** нáши усилия оправдáлись

Lohnkosten *pl* ⟨*gen:-*⟩ расхóды *pl* на зáработную плáту

Lohnsteuer *f* ⟨*gen:-*⟩ подохóдный налóг *m*

Loipe *f* ⟨-, -n⟩ лыжня́ *f*

Lok *abk von* ***Lokomotive***

lokal *adj* мéстный

Lokal *nt* ⟨-(e)s, -e⟩ ресторáн *m*, кафé *nt*

lokalisieren *vt* локализовáть *impf/pf*

Lokomotive *f* ⟨-, -n⟩ локомотúв *m*

Lokomotivführer *m* ⟨-s, -⟩ машинúст *m* (локомотúва)

Look *m* ⟨-s, -s⟩ (*Aussehen*) (внéшний) вид *m*; (*Moderichtung*) мóда *f*

Lorbeer *m* ⟨-s, -en⟩ (*Gewürz*) лавр *m*; **sich auf seinen ~en ausruhen** (*fig*) почить на лáврах

los 1. *adj* (*locker, gelöst*) свобóдный; **was ist ~?** что случúлось?; **was ist denn mit dir ~?** что с тобóй случúлось?; **2.** *adv:* **~!** давáй!; **warum wollt ihr erst morgen ~?** (*losfahren*) почемý вы хотúте вы́ехать [*o* поéхать]тóлько зáвтра?

Los *nt* ⟨-es, -e⟩ (*Schicksal*) ýчасть *f*, судьбá *f*; (*Lotterie~*) лотерéйный билéт *m*; **etw durch das ~ entscheiden** разыгрáть что-л.

losbinden *irr vt* (*von*) отвязывать, -вязáть *pf*

löschen *vt* (*Feuer, Licht*) тушúть, по- *pf*, гасúть, по- *pf*; (*Durst*) утолять, -лúть *pf*; (*Daten, Tonband*) стирáть, стерéть *pf*; (*Konto*) закрывáть, -крыть *pf*

Löschfahrzeug *nt* ⟨-(e)s, -e⟩ пожáрная машúна *f*

Löschpapier *nt* ⟨-(e)s, -e⟩ промокáтельная бумáга *f*

lose *adj* (*Lebenswandel*) распýщенный; (*locker*) свобóдный, незакреплённый; (*unverpackt*) неупакóванный; **ein ~s Mundwerk haben** быть дéрзким

Lösegeld *nt* ⟨-(e)s, -er⟩ вы́куп *m*

losen *vi* бросáть, брóсить *pf* жрéбий

lösen 1. *vt* (*losmachen, entfernen*) снимáть, снять *pf* (*von +dat* с *+gen*), отделять, -лúть *pf* (*von +dat* от *+gen*); (*Rätsel*) разгáдывать, -гадáть *pf*; (*Problem*) решáть, -шúть *pf*; (*Fahrkarte*) покупáть, купúть *pf*; (*CHEM*) растворять, -рúть *pf* (*in +dat* в *+präpos*); **2.** *vr* (*sich losmachen*) освобождáться, -бодúться *pf* (*von +dat* от *+gen*), отделяться, -лúться *pf* (*von +dat* от *+gen*); (*fig:sich trennen*) расставáться, расстáться *pf* (*von +dat* с *+inst*); (*sich aufklären, auf~:Problem*) решáться, -шúться *pf*; (*CHEM*) растворяться, -рúться *pf*; **Salz löst sich in Wasser** соль растворяется в водé

losfahren *irr vi* выезжáть, вы́ехать *pf*

losgehen *irr vi* (*sich lösen, abgehen*) отрывáться, оторвáться *pf*; (*umg:anfangen*) начинáться, -чáться *pf*; **der Film geht erst in einer Stunde los** фильм начнётся тóлько чéрез час

loskaufen *vt* (*einen Entführten*) выкупáть, вы́купить *pf*

loskommen *irr vi* избавляться, избáвиться *pf* (*von +dat* от *+gen*)

loslassen *irr vt* отпускáть, -пустúть *pf*

löslich *adj* растворúмый

losmachen *vt* (*eine Leine*) отвязывать, -вязáть *pf*

Losnummer *f* ⟨-, -n⟩ нóмер *m*

лотере́йного биле́та
lossagen *vr:* **sich von jdm/etw ~** отре́чься от кого́-л./чего́-л.
Losung *f* ⟨-, -en⟩ (*MIL*) паро́ль *m*; (*Devise*) ло́зунг *m*
Lösung *f* ⟨-, -en⟩ реше́ние *nt*; (*Annulierung*) расторже́ние *nt*; (*PHYS, CHEM*) раство́р *m*
Lösungsmittel *nt* ⟨-s, -⟩ раствори́тель *m*
loswerden *vt* избавля́ться, изба́виться *pf*; **ein altes Auto ~** изба́виться от ста́рой маши́ны
Lot *nt* ⟨-(e)s, -e⟩ (*Senkblei*) грузи́ло *nt*, лот *m*; (*MATH*) перпендикуля́р *m*
löten *vt* пая́ть *impf*, запа́ивать, -пая́ть *pf*
Lotion *f* ⟨-, -en⟩ лосьо́н *m*
Lötkolben *m* ⟨-s, -⟩ пая́льник *m*
Lotse *m* ⟨-n, -n⟩ ло́цман *m*
lotsen *vt* проводи́ть, -вести́ *pf* (кора́бль)
Lotterie *f* ⟨-, -n⟩ лотере́я *f*
Lotto *nt* ⟨-s, -s⟩ лото́ *nt*
Lottogewinn *m* ⟨-(e)s, -e⟩ вы́игрыш *m* в лото́
Löwe *m* ⟨-n, -n⟩ лев *m*; (*ASTR*) Лев *m*
Löwenanteil *m* ⟨*gen:*-(e)s⟩ (*fig*) льви́ная до́ля *f*
Löwenzahn *m* ⟨*gen:*-(e)s⟩ одува́нчик *m*
Löwin *f* ⟨-, -nen⟩ льви́ца *f*
loyal *adj* лоя́льный
Loyalität *f* ⟨-, (-en)⟩ лоя́льность *f*
LP *abk von* ***Langspielplatte***
LSD *abk von* ***Lysergsäurediäthylamid*** *nt* ЛСД *m*
Luchs *m* ⟨-es, -e⟩ рысь *f*
Lücke *f* ⟨-, -n⟩ пусто́е ме́сто *nt*; (*Gesetzes~, Schlupfloch*) лазе́йка *f*
Lückenbüßer *m* ⟨-s, -⟩ зату́чка *f*
lückenhaft *adj* (*voller Lücken*) с пробе́лами; (*fig:unvollständig*) непо́лный
lückenlos *adj* (*vollständig*) по́лный; **ein ~er Lebenslauf** подро́бная биогра́фия
lud *prät von* **laden**
Luder *nt* ⟨-s, -⟩ (*pej:Biest*) сте́рва *f*
Luft *f* ⟨-, Lüfte⟩ во́здух *m*; **etw ist aus der ~ gegriffen** что-л. взя́то с потолка́; **~ für jdn sein** (*fig:von jdm nicht beachtet werden*) не существова́ть для кого́-л.; **jdn wie ~ behandeln** (*fig:jdn nicht beachten*) игнори́ровать кого́-л.; **~ holen** перевести́ дыха́ние; **die ~ anhalten** задержа́ть дыха́ние; **frische ~ schnappen** подыша́ть све́жим во́здухом; **etw in die ~ sprengen** взорва́ть что-л.
Luftangriff *m* ⟨-(e)s, -e⟩ бомбардиро́вка *f*
Luftballon *m* ⟨-s, -s⟩ возду́шный [*o* надувно́й] шар(ик) *m*
Luftbild *nt* ⟨-(e)s, -er⟩ аэрофотосни́мок *m*
Luftbrücke *f* ⟨-, -n⟩ возду́шный мост *m*
Luftdruck *m* ⟨*gen:*-(e)s⟩ атмосфе́рное давле́ние *nt*
lüften *vt* (*mit Luft versorgen*) прове́тривать, -ве́трить *pf*; (*hochheben*) приподнима́ть, -ня́ть *pf*
Luftfahrtgesellschaft *f* ⟨-, -en⟩ (*Fluggesellschaft*) авиакомпа́ния *f*
luftig *adj* лёгкий; (*luftdurchlässig, dünn*) возду́шный
Luftkissenboot *nt* ⟨-(e)s, -e⟩ су́дно *nt* на возду́шной поду́шке
Luftkurort *m* ⟨-(e)s, -e⟩ климати́ческий куро́рт *m*
luftleer *adj* безвозду́шный; **~er Raum** безвозду́шное простра́нство
Luftlinie *f* ⟨*gen:*-⟩ пряма́я ли́ния *f*
Luftmatratze *f* ⟨-, -n⟩ надувно́й матрац *m*
Luftpirat *m* ⟨-en, -en⟩ возду́шный пира́т *m*
Luftpost *f* ⟨*gen:*-⟩ авиапо́чта *f*
Luftpumpe *f* ⟨-, -n⟩ возду́шный насо́с *m*
Luftröhre *f* ⟨-, -n⟩ трахе́я *f*
Luftschiff *nt* ⟨-(e)s, -e⟩ дирижа́бль *m*
Luftschutzkeller *m* ⟨-s, -⟩ бомбоубе́жище *nt*
Lüftung *f* ⟨-, -en⟩ прове́тривание *nt*; (*Be~, Ventilation*) вентиля́ция *f*
Luftverschmutzung *f* ⟨-, -en⟩ загрязне́ние *nt* во́здуха
Luftwaffe *f* ⟨-, -n⟩ вое́нно-возду́шные си́лы *fpl*
Luftwiderstand *m* ⟨*gen:*-(e)s⟩ сопротивле́ние *nt* во́здуха
Luftzug *m* ⟨-(e)s, -züge⟩ сквозня́к *m*
Lüge *f* ⟨-, -n⟩ ложь *f*; **~n haben kurze Beine** (*Sprichwort*) у лжи коро́ткие но́ги
lügen *vi* ⟨log, gelogen⟩ лгать, со- *pf*, врать, со- *pf*; **wie gedruckt ~** (*umg*) врать как по-пи́саному
Lügner, -in *m/f* ⟨-s, -⟩ врун *m*, лгун *m*
Luke *f* ⟨-, -n⟩ люк *m*
lukrativ *adj* при́быльный
Lümmel *m* ⟨-s, -⟩ (*Flegel*) о́лух *m*
lümmeln *vr* валя́ться *impf*, развали́ться *pf*; **er lümmelt sich den ganzen Tag nur auf dem Sofa** он весь день валя́ется на тахте́
Lump *m* ⟨-en, -en⟩ подле́ц *m*
Lumpen *m* ⟨-s, -⟩ тря́пка *f*
lumpig *adj* (*zerlumpt*) дрянно́й; (*pej:gering, unbedeutend*) по́длый
Lunge *f* ⟨-, -n⟩ лёгкое *nt*; **sich die ~ aus dem Hals schreien** (*umg*) крича́ть до

изнеможéния
Lungenentzündung *f* ⟨-, -en⟩ воспалéние *nt* лёгких
Lungenflügel *m* ⟨-s, -⟩ лёгкое *nt*
Lungenkrebs *m* ⟨*gen:*-es⟩ рак *m* лёгких
Lunte *f* ⟨-, -n⟩ (*Zündschnur*) фити́ль *m*; (*Schwanz des Fuchses*) хвост *m*; **~ riechen** (*umg*) проню́хать что-л.
Lupe *f* ⟨-, -n⟩ лу́па *f*; **etw unter die ~ nehmen** (*fig*) присмотрéться побли́же к чему́-л.
Lust *f* ⟨-, Lüste⟩ (*Freude*) рáдость *f*, удовóльствие *nt*; (*Neigung, Verlangen*) желáние *nt*, охóта *f*; **~ haben, etw zu tun** хотéть сдéлать что-л.; **auf etw ~ haben** хотéть чегó-л. (*sinnliche Begierde*) страсть *f*
lüstern *adj* похотли́вый; **ein ~er Kerl** похотли́вый мужи́к
lustig *adj* (*vergnügt, fröhlich*) весёлый; (*komisch*) смешнóй; **sich über etw/jdn ~ machen** смея́ться над чем-л./кем-л.
lustlos *adj* (*ohne Antrieb*) неохóтный; (*ÖKON:Markt, Börse*) вя́лый
lutschen *vt* сосáть, по- *pf*; **an etw ~** сосáть что-л.
Lutscher *m* ⟨-s, -⟩ леденéц *m* (на пáлочке)
Luv *f* ⟨*gen:*-s⟩ навéтренная сторонá *f*
Luxemburg *nt* ⟨*gen:*-s⟩ Люксембу́рг *m*
luxuriös *adj* роскóшный; **eine ~e Wohnung** роскóшная квarти́ра
Luxus *m* ⟨*gen:*-⟩ рóскошь *f*
Luxusartikel *m* ⟨-s, -⟩ предмéт *m* рóскоши
Lymphe *f* ⟨-, -n⟩ ли́мфа *f*
Lymphknoten *m* ⟨-s, -⟩ лимфати́ческий у́зел *m*
lynchen *vt* линчевáть *impf/pf*
Lyrik *f* ⟨*gen:*-⟩ ли́рика *f*
Lyriker, -in *m/f* ⟨-s, -⟩ ли́рик *m*

M

m, M *nt* ⟨-, -⟩ м, М
Machart *f* ⟨-, -en⟩ фасóн *m*
machbar *adj* (*realisierbar*) осуществи́мый
Mache *f* ⟨*gen:*-⟩ (*umgpejTäuschung*) улóвка *f*
machen *vt* (*tun*) дéлать, сдéлать *pf*; **was machst du da?** что ты здесь дéлаешь?; **großen Eindruck auf jdn ~** произвести́ большóе впечатлéние на когó-л.; **macht nichts!** (*umg*) ничегó!; **sich aus etw nichts ~** не придавáть чему́-л. большóго значéния; **ich kann da leider nichts ~** здесь я ничéм не могу́ помóчь; **mach's gut!** (*umg*) покá!
Macht *f* ⟨-, Mächte⟩ власть *f*; **an die ~ kommen** прийти́ к влáсти; **~ über jdn haben** обладáть влáстью над кем-л.
Machthaber *m* ⟨-s, -⟩ власти́тель *m*
mächtig *adj* (*gewaltig*) могу́щественный; (*umg:sehr groß*) огрóмный
Machtkampf *m* ⟨-(e)s, -kämpfe⟩ борьбá *f* за власть
machtlos *adj* бесси́льный
Machtprobe *f* ⟨-, -n⟩ прóба *f* сил
Machtwort : ein ~ sprechen сказáть решáющее слóво
Mädchen *nt* ⟨-s, -⟩ дéвочка *f*; (*Teenager*) дéвушка *f*; **~ für alles** (*umg*) мáльчик на побегу́шках
mädchenhaft *adj* дéвичий
Mädchenname *m* ⟨-ns, -n⟩ (*Vorname*) жéнское и́мя *nt*; (*einer verheirateten Frau*) дéвичья фамилия *f*
Made *f* ⟨-, -n⟩ личи́нка *f*; **wie die ~ im Speck leben** катáться как сыр в мáсле
madig *adj* черви́вый
Mafia *f* ⟨-, -s⟩ мáфия *f*
Magazin *nt* ⟨-s, -e⟩ (*Zeitschrift*) журнáл *m*; (*Lager*) склад *m*; (*MIL:Waffen~*) магази́н *m*
Magd *f* ⟨-, Mägde⟩ служáнка *f*
Magen *m* ⟨-s, Mägen⟩ желу́док *m*; **auf nüchternen ~** на голóдный желу́док
Magengeschwür *nt* ⟨-(e)s, -e⟩ я́зва *f*
Magenverstimmung *f* ⟨-, -en⟩ расстрóйство *nt* желу́дка
mager *adj* (*dünn*) худóй; (*fig:dürftig*) ску́дный; (*Fleisch*) пóстный
Magerkeit *f* ⟨*gen:*-⟩ худобá *f*
Magersucht *f* ⟨*gen:*-⟩ истощéние *nt*
Magie *f* ⟨*gen:*-⟩ мáгия *f*
Magier *m* ⟨-s, -⟩ волшéбник *m*
magisch *adj* маги́ческий; **~e Anziehungskraft auf jdn haben** окáзывать на когó-л. маги́ческое дéйствие
Magister *m* ⟨-s, -⟩ (*Titel*) маги́стр *m*
Magnesium *nt* ⟨*gen:*-s⟩ мáгний *m*
Magnet *m* ⟨-en, -en⟩ магни́т *m*
Magnetband *nt* ⟨-(e)s, -bänder⟩ магни́тная лéнта *f*
Magnetfeld *nt* ⟨-(e)s, -er⟩ магни́тное пóле *nt*
magnetisch *adj* магни́тный
Mahagoni *nt* ⟨*gen:*-⟩ крáсное дéрево *nt*
Mähdrescher *m* ⟨-s, -⟩ зерновóй комбáйн *m*
mähen *vt* коси́ть, с- *pf*
Mahl *nt* ⟨-(e)s, -e/ (Mähler)⟩ (*geh*) обéд *m*, трáпеза *f*
mahlen *vt* (*Korn*) молóть, по- *pf*
Mahlzeit *f* ⟨-, -en⟩ едá *f*; **~!** (*am Eßtisch*) Прия́тного аппети́та!
Mähne *f* ⟨-, -n⟩ гри́ва *f*

mahnen *vt* (*erinnern, auch wegen Schulden*) напоминáть, -пóмнить *pf*; **jdn an etw/wegen etw ~** напоминáть комý-л. о чём-л.; (*aufrufen*) призывáть, -звáть *pf* (*zu +dat* к *+dat*); (*warnen*) предостерегáть, предостерéчь *pf*
Mahnmal *nt* ⟨-(e)s, -e/ (-mäler)⟩ мемориáл *m*
Mahnung *f* ⟨-, -en⟩ (*Er~*) предостережéние *nt*, призыв *m*; (*Mahnbrief*) напоминáние *nt*
Mai *m* ⟨*gen:*-(e)s⟩ май *m*; **der Erste ~** Пéрвое мáя
Maibaum *m* ⟨-(e)s, -bäume⟩ мáйское дéревце *nt*
Maiglöckchen *nt* ⟨-s, -⟩ лáндыш *m*
Maikäfer *m* ⟨-s, -⟩ мáйский жук *m*
Mais *m* ⟨-es, (-e)⟩ кукурýза *f*
Maiskolben *m* ⟨-s,-⟩ початок *m* кукурýзы
Maisonettewohnung *f* ⟨-, -en⟩ двухэтáжная квартúра *f*
Majestät *f* ⟨*gen:*-⟩ велúчие *nt*, велúчественность *f*; **Seine ~** Егó Велúчество
majestätisch *adj* велúчественный
Major *m* ⟨-s, -e⟩ майóр *m*
Majoran *m* ⟨-s, -e⟩ майорáн *m*
makaber *adj* мрáчный
Makel *m* ⟨-s, -⟩ (*fig:Fehler, Mangel*) недостáток *m*; (*fehlerhafte Beschaffenheit*) позóр *m*
makellos *adj* безупрéчный
mäkeln *vi* придирáться, -дрáться *pf* (*an +dat* к *+dat*)
Make-up *nt* ⟨-s, -s⟩ макияж *m*
Makkaroni *pl* ⟨*gen:*-⟩ макарóны *pl*
Makler, -in *m/f* ⟨-s, -⟩ (*Wohnungs~*) мáклер *m*; (*Börsen~*) брóкер *m*
Makrele *f* ⟨-, -n⟩ скýмбрия *f*
Makrone *f* ⟨-, -n⟩ миндáльное пирóжное *nt*
mal *adv* (*umg:einmal*) раз; **komm ~ her!** подойдú-ка сюдá!; **sag ~, ...** скажú-ка,...
Mal [1] *nt* ⟨-(e)s, -e⟩ раз *m*; **das letzte ~** послéдний раз; **ein für alle ~** раз и навсегдá; **ein einziges ~** единственный раз
Mal [2] *nt* ⟨-(e)s, -e/ Mäler⟩ (*Zeichen*) пятнó *nt*; (*Mahn~*) монумéнт *m*
Malaria *f* ⟨*gen:*-⟩ малярúя *f*
malen *vt* (*mit Farbe*) крáсить, по- *pf*; (*zeichnen*) рисовáть, на- *pf*
Maler, -in *m/f* ⟨-s, -⟩ худóжник, -ница *m/f*; (*Anstreicher*) малÿр *m*
Malerei *f* ⟨-, -en⟩ (*Kunst*) живопись *f*; (*Gemälde*) картúна *f*
malerisch *adj* живопúсный
Malheur *nt* ⟨-s, -s⟩ (*umg:Unglück*) неудáча *f*
Malkasten *m* ⟨-s, -kästen⟩ ящик *m* с крáсками
Malta *nt* ⟨*gen:*-s⟩ Мáльта *f*
malträtieren *vt* (*mißhandeln*) третúровать *impf*
Malz *nt* ⟨*gen:*-es⟩ сóлод *m*
Mama *f* ⟨-, -s⟩ (*umg*) мáма *f*
Mami *f* ⟨-, -s⟩ (*umg*) мáмочка *f*
Mammut *nt* ⟨-s, -s⟩ мáмонт *m*
man *pron indef*: **~ kann...** мóжно...; **~ sagt, daß ...** говорят, что...; **~ nehme ...** (*in Kochrezepten*) возьмúте...
Management *nt* ⟨-s, -s⟩ мéнеджмент *m*
Manager, -in *m/f* ⟨-s, -⟩ (*in Unternehmen*) мéнеджер *m*; (*Betreuer von Künstlern*) антрепренёр *m*
manche(r,s) *pron indef* нéкоторый
mancherlei *adj* рáзный, разлúчный
manchmal *adv* иногдá
Mandant, -in *m/f* ⟨-en, -en⟩ мандáнт *m*
Mandarine *f* ⟨-, -n⟩ мандарúн *m*
Mandat *nt* ⟨-(e)s, -e⟩ мандáт *m*; (*Parlamentssitz*) депутáтский [*o* парлáментский] мандáт *m*; **sein ~ niederlegen** сложúть с себя свой депутáтские полномóчия
Mandel *f* ⟨-, -n⟩ (*Frucht*) миндáль *f*; (*ANAT:Drüse*) миндáлина *f*
Mandelentzündung *f* ⟨-, -en⟩ воспалéние *nt* миндáлин
Manege *f* ⟨-, -n⟩ манéж *m*
Mangan *nt* ⟨*gen:*-s⟩ мáрганец *m*
Mangel [1] *f* ⟨-, -n⟩ катóк *m* для бельÿ; **jdn in die ~ nehmen** (*fig*) взять когó-л. в оборóт
Mangel [2] *m* ⟨-s, Mängel⟩ (*Fehlen, Knappheit*) недостáток *m*, дефицúт *m*; (*Fehler*) дефéкт *m*, неисправность *f*; **aus ~ an etw** из-зá нехвáтки чегó-л.; **technische Mängel** технúческие дефéкты
mangelhaft *adj* (*unzureichend*) недостáточный; (*Schulnote*) неудовлетворúтельный
mangeln *vi* (*fehlen*) недоставáть *impf*; **es mangelt ihnen an nichts** у них всегó вдóволь; **es mangelte ihm an Geld** емý недоставáло дéнег
mangels *präp +gen* за недостáтком (+ *gen*)
Mangelware *f* ⟨*gen:*-⟩ дефицúт *m*
Mango *f* ⟨-, -s⟩ мáнго *nt*
Manie *f* ⟨-, -n⟩ мáния *f*
Manier *f* ⟨-, -en⟩ манéра *f*
manierlich *adj* (*Kind*) благовоспúтанный; (*Aussehen etc*) прилúчный; **sich ~ benehmen** вестú себя прилúчно
Manifest *nt* ⟨-(e)s, -e⟩ манифéст *m*
Maniküre *f* ⟨-, -n⟩ (*Hand- und Nagelpflege*)

маникю́р *m*; (*Person*) маникю́рша *f*
maniküren *vt* ⟨manikürte, manikürt⟩ де́лать, с- *pf* маникю́р
Manipulation *f* ⟨-, -en⟩ (*das Manipulieren*) манипуля́ция *f*; **betrügerische ~en** престу́пные махина́ции
manipulieren *vt* манипули́ровать *impf* (+ *inst*)
Manko *nt* ⟨-s, -s⟩ (*fig:Fehler*) недоста́ток *m*; (*ÖKON:Fehlbetrag*) недочёт *m*
Mann *m* ⟨-(e)s, Männer⟩ мужчи́на *m*; (*Gatte*) муж *m*; **seinen ~ stehen** не уда́рить лицо́м в грязь; **etw an den ~ bringen** (*umg*) прода́ть что-л.
Männchen *nt* ⟨-s, -⟩ (*kleiner Mann*) челове́чек *m*; (*ZOOL:Tier~*) саме́ц *m*
Mannequin *nt* ⟨-s, -s⟩ манеке́нщица *f*
männlich *adj* мужско́й; (*fig:mannhaft*) му́жественный
Männlichkeit *f* ⟨*gen:-*⟩ (*fig:Mannhaftigkeit*) му́жественность *f*
Mannschaft *f* ⟨-, -en⟩ (*SPORT*) кома́нда *f*; (*MAR*) экипа́ж *m*
Manöver *nt* ⟨-s, -⟩ (*MIL*) манёвры *pl*; **ein ~ abhalten** проводи́ть манёвры (*pej: List*) уло́вка *f*
manövrieren *vt* маневри́ровать, с- *pf*
Mansarde *f* ⟨-, -n⟩ манса́рда *f*
Manschette *f* ⟨-, -n⟩ (*am Hemd*) манже́та *f*; **~n haben** (*umg:Angst haben*) трепета́ть пе́ред кем-л.
Manschettenknopf *m* ⟨-(e)s, -knöpfe⟩ за́понка *f*
Mantel *m* ⟨-s, Mäntel⟩ (*Kleidungsstück*) пальто́ *nt*; **den ~ nach dem Wind hängen** (*fig*) держа́ть нос по ве́тру (*TECH-:Rohr~*) оболо́чка *f*; (*Reifen~*) покры́шка *f*
manuell **1.** *adj* ручно́й; **2.** *adv* вручну́ю
Manuskript *nt* ⟨-(e)s, -e⟩ ру́копись *f*, манускри́пт *m*
Mappe *f* ⟨-, -n⟩ (*Akten~*) портфе́ль *m*; (*Hefter*) па́пка *f*
Marathonlauf *m* ⟨-(e)s, -läufe⟩ марафо́нский бег *m*
Märchen *nt* ⟨-s, -⟩ ска́зка *f*; (*fig*) небыли́ца *f*
märchenhaft *adj* ска́зочный
Marder *m* ⟨-s, -⟩ куни́ца *f*
Margarine *f* ⟨*gen:-*⟩ маргари́н *m*
Margerite *f* ⟨-, -n⟩ маргари́тка *f*
Marienkäfer *m* ⟨-s, -⟩ бо́жья коро́вка *f*
Marihuana *nt* ⟨*gen:-s*⟩ марихуа́на *f*
Marinade *f* ⟨-, -n⟩ марина́д *m*
Marine *f* ⟨-, -n⟩ (вое́нно-) морско́й флот *m*
Marionette *f* ⟨-, -n⟩ марионе́тка *f*
Mark *nt* ⟨*gen:-(e)s*⟩ (*Knochen~*) ко́стный мозг *m*; (*Währungseinheit*) ма́рка *f*
markant *adj* (*ausgeprägt*) характе́рный; **~e Gesichtszüge** характе́рные черты́ лица́
Marke *f* ⟨-, -n⟩ (*Auto~* , *Warensorte*) ма́рка *f*; (*Brief~*) (почто́вая) ма́рка *f*; (*Essens~*) тало́н *m*
Markenartikel *m* ⟨-s, -⟩ фи́рменное изде́лие *nt*
Marketing *nt* ⟨*gen:-s*⟩ ма́ркетинг *m*
markieren *vt* (*mit einer Markierung versehen*) маркирова́ть *impf*; **den Dummen ~** притворя́ться дурако́м
Markierung *f* ⟨-, -en⟩ маркиро́вка *f*
Markt *m* ⟨-(e)s, Märkte⟩ (*~handel*) ры́нок *m*; **auf den ~ gehen** пойти́ на ры́нок
Marktplatz *m* ⟨-(e)s, -plätze⟩ ры́ночная пло́щадь *f*
Marktwirtschaft *f* ⟨*gen:-*⟩ ры́ночная экомо́мика *f*
marktwirtschaftlich *adj* ры́ночный
Marmelade *f* ⟨-, -n⟩ мармела́д *m*
Marmor *m* ⟨-s, -e⟩ мра́мор *m*
Marokko *nt* ⟨*gen:-s*⟩ Маро́кко *nt*
Marone *f* ⟨-, -n⟩ (*Eßkastanie*) (съедо́бный) кашта́н *m*
Marotte *f* ⟨-, -n⟩ (*schrullige Eigenart*) причу́да *f*
Mars *m* ⟨*gen:-*⟩ Марс *m*
marsch *interj* марш!
Marsch *m* ⟨-(e)s, Märsche⟩ (*MIL*) марш *m*, похо́д *m*; (*MUS*) марш *m*
Marschflugkörper *m* ⟨-s, -⟩ крыла́тая раке́та *f*
marschieren *vi* маршировáть *impf*
Marschroute *f* ⟨-, -n⟩ маршру́т *m*
Märtyrer, -in *m/f* ⟨-s, -⟩ му́ченик, -ница *m/f*
Marxismus *m* ⟨*gen:-*⟩ маркси́зм *m*
Marxist, -in *m/f* ⟨-en, -en⟩ маркси́ст, -ка *m/f*
marxistisch *adj* маркси́стский
März *m* ⟨-(es), -e⟩ март *m*
Marzipan *nt* ⟨-s, -e⟩ марципа́н *m*
Masche *f* ⟨-, -n⟩ (*Strick~*) пе́тля *f*; (*Netzschlinge*) ячея́ *f*; (*umg*) трю́к *m*; **immer die gleiche ~!** всё тот же са́мый трюк!
Maschine *f* ⟨-, -n⟩ (*TECH*) маши́на *f*, стано́к *m*; (*Flugzeug*) самолёт *m*; (*Schreib~*) печа́тная маши́нка *f*
maschinell *adj* маши́нный
Maschinenbau *m* ⟨*gen:-(e)s*⟩ машинострое́ние *nt*
Maschinengewehr *nt* ⟨-(e)s, -e⟩ пулемёт *m*
Maschinenpistole *f* ⟨-, -n⟩ автома́т *m*
Maschinenschlosser, -in *m/f* ⟨-s, -⟩ сле́сарь-сбо́рщик *m*
maschineschreiben *vi* печа́тать , на- *pf* на маши́нке
Maschinist, -in *m/f* ⟨-en, -en⟩ машини́ст, -ка *m/f*

Masern *pl* корь *f*
Maserung *f* ⟨-, -en⟩ тексту́ра *f*
Maske *f* ⟨-, -n⟩ ма́ска *f*
Maskenball *m* ⟨-(e)s, -bälle⟩ бал-маскара́д *m*
Maskerade *f* ⟨-, -n⟩ (*Verkleidung*) маскара́д *m*
maskieren 1. *vt* маскирова́ть, за- *pf*; **2.** *vr* маскирова́ться, за- *pf*
Maskottchen *nt* ⟨-s, -⟩ талисма́н *m*
maskulin *adj* (*männlich*) мужско́й; (*LING*) мужско́го ро́да
masochistisch *adj* мазохи́стский
maß *prät von* **messen**
Maß *nt* ⟨-es, -e⟩ (*~einheit*) ме́ра *f*, едини́ца *f* измере́ния; (*~band*) метр *m*; (*gemessene Größe*) разме́р *m*; (*Aus~*) разме́р *m*; **mit zweierlei ~ messen** подходи́ть к чему́-л. с разли́чными ме́рками; **in höchstem ~e** в вы́сшей сте́пени
Massage *f* ⟨-, -n⟩ масса́ж *m*
Massaker *nt* ⟨-s, -⟩ (*Blutbad*) бо́йня *f*, резня́ *f*; **ein ~ anrichten** устро́ить бо́йню
Maßarbeit *f* ⟨-, -en⟩ рабо́та *f* на зака́з
Masse *f* ⟨-, -n⟩ (*ungeformter Stoff*) ма́сса *f*; (*Menge*) ма́сса *f*, большо́е коли́чество *nt*; (*Menschenmenge*) ма́сса *f*, толпа́ *f*; **die breiten ~en** широ́кие ма́ссы
Massenentlassung *f* ⟨-, -en⟩ ма́ссовое увольне́ние *nt*
Massengrab *nt* ⟨-(e)s, -gräber⟩ бра́тская моги́ла *f*
massenhaft 1. *adj* ма́ссовый; **2.** *adv* (*umg:sehr viel*) в большо́м коли́честве
Massenkarambolage *f* ⟨-, -n⟩ ма́ссовое столкнове́ние *nt* автомоби́лей
Massenmedium *nt* ⟨-s, -medien⟩ сре́дство *nt* ма́ссовой информа́ции
Massenware *f* ⟨-, -n⟩ ма́ссовый това́р *m*
Masseur, -in *m/f* ⟨-s, -e⟩ массажи́ст, -ка *m/f*
maßgebend *adj* (*Person*) авторите́тный; (*Entscheidung*) реша́ющий; **sein Urteil ist für mich nicht ~** его́ сужде́ние не игра́ет для меня́ большо́й ро́ли
maßgeschneidert *adj* сде́ланный на зака́з
massieren *vt* масси́ровать, по- *pf*
massig 1. *adj* масси́вный; **2.** *adv* (*umg: massenhaft*) о́чень мно́го
mäßig *adj* (*gemäßigt*) уме́ренный; (*mittel~*) посре́дственный; (*gering*) небольшо́й
mäßigen *vt* (*mindern*) сде́рживать, сдержа́ть *pf*
massiv *adj* (*fest, stabil*) масси́вный, про́чный
Massiv *nt* ⟨-s, -e⟩ масси́в *m*
maßlos 1. *adj* чрезме́рный, кра́йний; **2.** *adv* (*äußerst, außerordentlich*) кра́йне
Maßnahme *f* ⟨-, -n⟩ ме́ра *f*, мероприя́тие *nt*; **~n treffen** [*o* **ergreifen**] принима́ть ме́ры
Maßstab *m* ⟨-(e)s, -stäbe⟩ (*fig:Richtlinie*) крите́рий *m*; (*Zollstock*) метр *m*; (*maßstäbliches Verhältnis*) масшта́б *m*
maßvoll *adj* уме́ренный
Mast [1] *m* ⟨-(e)s, -en/ (-e)⟩ (*EL:Strom~*) сто́лб *m*; (*MAR*) ма́чта *f*
Mast [2] *f* ⟨-, -en⟩ (*das Mästen*) отко́рм *m* (скота́)
mästen *vt* отка́рмливать, -корми́ть *pf*
masturbieren *vi* мастурби́ровать *impf*
Match *nt* ⟨-es, -s⟩ матч *m*
Material *nt* ⟨-s, -ien⟩ материа́л *m*
Materialismus *m* ⟨*gen:-*⟩ материали́зм *m*
Materialist, -in *m/f* ⟨-en, -en⟩ материали́ст, -ка *m/f*
materialistisch *adj* материалисти́ческий
Materie *f* ⟨-, -n⟩ мате́рия *f*; (*Gegenstand, Thema*) те́ма *f*
materiell *adj* (*die Materie betreffend*) материа́льный; (*geldlich*) материа́льный, экономи́ческий
Mathematik *f* ⟨*gen:-*⟩ матема́тика *f*
Mathematiker, -in *m/f* ⟨-s, -⟩ матема́тик *m*
mathematisch *adj* математи́ческий
Matratze *f* ⟨-, -n⟩ матра́с *m*
Matrize *f* ⟨-, -n⟩ (*Schablone*) ма́трица *f*
Matrose *m* ⟨-n, -n⟩ матро́с *m*
Matsch *m* ⟨*gen:-(e)s*⟩ (*Schnee~*) сля́коть *f*
matschig *adj* (*breiig*) вя́зкий; (*Schnee*) сля́котный
matt *adj* (*glanzlos*) ма́товый; (*schwach*) вя́лый; **jdn ~ setzen** (*Schach*) объяви́ть мат кому́-л.
Matte *f* ⟨-, -n⟩ (*Fuß~*) ко́врик *m*, цино́вка *f*; (*SPORT*) ковёр *m*
Mattscheibe *f* ⟨-, -n⟩ (*umg:Fernsehbildschirm*) экра́н *m* телеви́зора
Mauer *f* ⟨-, -n⟩ стена́ *f*
mauern *vt* стро́ить, по- *pf* из кирпича́
Maul *nt* ⟨-(e)s, Mäuler⟩ пасть *f*, мо́рда *f*; **halt's ~!** (*vulg*) заткни́сь!; **ein großes ~ haben** (*vulg:prahlerisch reden*) люби́ть хва́статься
Maulkorb *m* ⟨-(e)s, -körbe⟩ намо́рдник *m*
Maultier *nt* ⟨-(e)s, -e⟩ мул *m*
Maulwurf *m* ⟨-(e)s, Maulwürfe⟩ крот *m*
Maurer, -in *m/f* ⟨-s, -⟩ ка́меньщик, -щица *m/f*
Maus *f* ⟨-, Mäuse⟩ (*ZOOL, DV*) мышь *f*
Mausefalle *f* ⟨-, -n⟩ мышело́вка *f*
mausern *vr* (*von Vögeln*) линя́ть, по- *pf*

Mausoleum *nt* ⟨-s, Mausoleen⟩ (*Grabmal*) мавзолéй *m*
Maut *f* ⟨-, -en⟩ (*Straßen-*) дорóжная пóшлина *f*
maximal *adj* максимáльный
Maximum *nt* ⟨-s, Maxima⟩ мáксимум *m*
Mayonnaise *f* ⟨-, -n⟩ майонéз *m*
Mazedonien *nt* ⟨*gen:*-s⟩ Макeдóния *f*
Mäzen, -in *m/f* ⟨-s, -e⟩ меценáт *m*
Mechanik *f* ⟨-, -en⟩ мехáника *f*; (*fig*) механи́зм *m*
Mechaniker, -in *m/f* ⟨-s, -⟩ мехáник *m*
mechanisch *adj* механи́ческий
Mechanismus *m* ⟨-, Mechanismen⟩ механи́зм *m*
meckern *vi* (*Ziege*) блéять *impf*; (*umg: nörgeln*) ныть *impf*
Mecklenburg-Vorpommern *nt* ⟨*gen:*-s⟩ Мекленбýрг *m*-Перéдняя Померáния *f*
Medaille *f* ⟨-, -n⟩ медáль *f*
Medaillon *nt* ⟨-s, -s⟩ медальóн *m*
Medikament *nt* ⟨-(e)s, -e⟩ лекáрство *nt*
Meditation *f* ⟨-, -en⟩ медитáция *f*
meditieren *vi* медити́ровать *impf*
Medium *nt* ⟨-s, Medien⟩ (*vermittelndes Element*) средá *f*; (*Einrichtung für die Vermittlung von Meinungen*) срéдство *nt* коммуникáции
Medizin *f* ⟨-, -en⟩ (*Arznei*) лекáрство *nt*; (*Wissenschaft*) медици́на *f*
Mediziner, -in *m/f* ⟨-s, -⟩ (*Arzt*) врач *m*; (*Medizinstudent*) студéнт *m*-мéдик *m*
medizinisch *adj* медици́нский
Meer *nt* ⟨-(e)s, -e⟩ мóре *nt*; **im ~ baden** купáться в мóре (*große Anzahl, Fülle*) мóре *nt*
Meerenge *f* ⟨-, -n⟩ проли́в *m*
Meeresspiegel *m* ⟨*gen:*-s⟩ ýровень *m* мóря; **über/unter dem ~** над ýровнем/ни́же ýровня мóря
Meerrettich *m* ⟨-s, -e⟩ хрен *m*
Meerschweinchen *nt* ⟨-s, -⟩ морскáя сви́нка *f*
Meeting *nt* ⟨-s, -s⟩ (*offizielle Zusammenkunft*) собрáние *nt*, ми́тинг *m*
Megabyte *nt* ⟨-(s), -(s)⟩ мегабáйт *m*
Megaphon *nt* ⟨-s, -e⟩ мегафóн *m*
Mehl *nt* ⟨-(e)s, -e⟩ (*Getreide-*~) мукá *f*; (*Pulver*) порошóк *m*
mehlig *adj* (*mehlbestäubt*) обсы́панный мукóй; (*Früchte*) несóчный
mehr 1. *pron indef* бóльше, бóлее; **~ oder minder** бóлее или мéнее; **nicht ~ und nicht weniger** не бóлее и не мéнее; **immer ~** всё бóльше; **noch ~** ещё бóльше; **2.** *adv* бóльше; **ich kann nicht ~!** (*umg*) я бóльше не могý
mehrdeutig *adj* многознáчный
mehrere *pron indef* (*einige, etliche*) нéсколько (+ *gen*), нéкоторые; (*verschiedene*) разли́чные
mehreres *adv* нéкоторое
Mehrfamilienhaus *nt* ⟨-es, -häuser⟩ многокварти́рный дом *m*
Mehrheit *f* ⟨-, -en⟩ большинствó *nt*; **in der ~ sein** быть в большинствé
mehrmals *adv* неоднокрáтно, не раз
mehrstimmig *adj* многоголóсый
Mehrwertsteuer *f* ⟨*gen:*-⟩ налóг *m* на добáвленную стóимость
Mehrzahl *f* ⟨*gen:*-⟩ (*LING*) мнóжественное числó *nt*; (*Mehrheit*) большинствó *nt*
meiden *vt* ⟨mied, gemieden⟩ избегáть, -бежáть *pf* (+ *inst*)
Meile *f* ⟨-, -n⟩ ми́ля *f*
Meilenstein *m* ⟨-(e)s, -e⟩ (*fig*) вéха *f*
meilenweit *adj* (*fig*) óчень далекó
mein *pron poss* мой, свой
Meineid *m* ⟨-(e)s, -e⟩ клятвопреступлéние *nt*; **einen ~ leisten** соверши́ть клятвопреступлéние
meinen *vt* (*denken, glauben*) дýмать *impf*, считáть *impf*; **das meine ich auch** я тóже так считáю (*sagen wollen*) имéть *impf* в видý; **was ~ Sie?** что Вы имеéте в видý?
meinerseits *adv* с моéй стороны́
meinesgleichen *pron* такóй, как я
meinetwegen *adv* (*umg:von mir aus*) по мне; **~ kannst du gehen** я не возражáю, если ты уйдёшь (*um meinetwillen*) рáди меня́
Meinung *f* ⟨-, -en⟩ мнéние *nt*; **meiner ~ nach** по моемý мнéнию
Meinungsforschung *f* ⟨-, -en⟩ изучéние *nt* общéственного мнéния
Meinungsfreiheit *f* ⟨*gen:*-⟩ свобóда *f* слóва
Meinungsumfrage *f* ⟨-, -n⟩ опрóс *m* общéственного мнéния
Meinungsverschiedenheit *f* ⟨-, -en⟩ разноглáсие *nt*
Meise *f* ⟨-, -n⟩ сини́ца *f*; **eine ~ haben** (*umg:nicht recht bei Verstand sein*) у негó не все дóма
Meißel *m* ⟨-s, -⟩ резéц *m*
meißeln *vt* высекáть, высечь *pf*
meist *adv* (*meistens*) чáще всегó, в основнóм
meiste(r,s) *pron indef* бóльший, сáмый большóй; **die ~n Briefe** большинствó пи́сем; **am meisten** бóльше всегó
meistens *adv* чáще всегó, в основнóм
Meister, -in *m/f* ⟨-s, -⟩ мáстер *m*; **es ist noch kein ~ vom Himmel gefallen** не бóги горшки́ обжигáют
meisterhaft 1. *adj* мáстерский, превосхóдный; **2.** *adv* мáстерски
meistern *vt* справля́ться, спрáвиться

pf; **Schwierigkeiten ~** спрáвиться с трýдностями
Meisterschaft *f* ⟨-, -en⟩ (*meisterliches Können*) мастерствó *nt*; (*SPORT*) чемпионáт *m*
Meisterwerk *nt* ⟨-(e)s, -e⟩ шедéвр *m*
Melancholie *f* ⟨*gen:-*⟩ меланхóлия *f*
melancholisch *adj* меланхолúчный
melden 1. *vt* сообщáть, -щúть *pf*; **mir wurde gemeldet, daß ...** мне бы́ло сообщенó, что...; **jdm etw ~** сообщúть комý-л. о чём-л.; **2.** *vr* (*in der Schule*) поднимáть, -ня́ть *pf* рýку; (*von sich hören lassen*) давáть, дать *pf* знать о себé; (*kommen*) прийтú *pf*; (*am Telefon*) отвечáть, -вéтить *pf* (по телефóну); **er versprach, sich telefonisch zu ~** он обещáл позвонúть
Meldepflicht *f* ⟨*gen:-*⟩ обязáтельная регистрáция *f*
Meldestelle *f* ⟨-, -n⟩ стол *m* прописки
Meldung *f* ⟨-, -en⟩ (*RUNDF, TV*) сообщéние *nt*; (*SPORT*) заявка *f*; (*dienstliche Mitteilung*) доклáд *m*
melken *vt* доúть, по- *pf*
Melodie *f* ⟨-, -n⟩ мелóдия *f*
melodisch *adj* мелодúчный
Melone *f* ⟨-, -n⟩ (*Wasser-*) арбýз *m*; (*Hut*) котелóк *m*
Membran *f* ⟨-, -en⟩ (*TECH*) мембрáна *f*; (*ANAT*) перепóнка *f*
Memoiren *pl* мемуáры *pl*
Menge *f* ⟨-, -n⟩ (*bestimmte Anzahl*) большóе колúчество *nt*; **jede ~** (*umg: sehr viel*) скóлько хóчешь (*Menschen~*) толпá *f*; (*MATH*) мнóжество *nt*
mengen *vt* смéшивать, смешáть *pf*
Mengenrabatt *m* ⟨-(e)s, -e⟩ скидка *f* с ценьí за колúчество товáра
Meniskus *m* ⟨-, Menisken⟩ менúск *m*
Mensa *f* ⟨-, -s/ Mensen⟩ студéнческая столóвая *f*
Mensch *m* ⟨-en, -en⟩ (*menschliches Wesen*) человéк *m*; **kein ~** (*niemand*) никтó (*pl: Leute*) лю́ди *pl*; **der Saal war voller ~en** зал был пóлон людéй
menschenfeindlich *adj* человеконенавúстнический
Menschenkenntnis *f* ⟨*gen:-*⟩ знáние *nt* людéй
Menschenmenge *f* ⟨-, -n⟩ толпá *f* людéй
Menschenrecht *nt* ⟨-es, -e⟩ прáво человéка *nt*
Menschenrechtsverletzung *f* ⟨-, -en⟩ нарушéние *nt* прав человéка
menschenscheu *adj* необщúтельный
Menschheit *f* ⟨*gen:-*⟩ человéчество *nt*
menschlich *adj* (*den Menschen betreffend*) человéческий; (*human*) человéчный
Menschlichkeit *f* ⟨-, -en⟩ человéчность *f*
Menstruation *f* ⟨-, -en⟩ менструáция *f*
Mentalität *f* ⟨-, -en⟩ (*Geistesart, Gemütsart*) склад *m* умá
Menthol *nt* ⟨*gen:-s*⟩ ментóл *m*
Menü *nt* ⟨-s, -s⟩ (*Speisenfolge*) стандáртный обéд *m*; (*DV*) менió *nt*
merken 1. *vt* (*wahrnehmen*) замечáть, -мéтить *pf*; (*spüren*) чýвствовать, по- *pf*; **2.** *vr* (*im Gedächtnis behalten*) запоминáть, -пóмнить *pf*; **merk dir das!** запóмни э́то!
merklich *adj* замéтный
Merkmal *nt* ⟨-s, -e⟩ прúзнак *m*
merkwürdig *adj* (*seltsam*) стрáнный
meßbar *adj* измерúмый
Meßbecher *m* ⟨-s, -⟩ мéрный стакáн *m*
Messe [1] *f* ⟨-, -n⟩ (*REL*) богослужéние *nt*, мéсса *f*
Messe [2] *f* ⟨-, -n⟩ (*ÖKON:Ausstellung*) я́рмарка *f*
Messehalle *f* ⟨-, -n⟩ (вы́ставочный) павильóн *m*
messen 1. *vt* ⟨maß, gemessen⟩ мéрить, по- *pf*, измеря́ть, -мéрить *pf*; **Fieber ~** измéрить температýру; **2.** *vr* мéриться, по- (сúлами) *pf* (*mit +dat* с *+inst*)
Messer *nt* ⟨-s, -⟩ нож *m*
Messestand *m* ⟨-(e)s, -stände⟩ я́рмарочный стенд *m*
Messing *nt* ⟨*gen:-s*⟩ латýнь *f*
Meßinstrument *nt* ⟨-(e)s, -e⟩ измерúтельный инструмéнт *m*
Meßtechnik *f* ⟨-, -en⟩ измерúтельная тéхника *f*
Metall *nt* ⟨-s, -e⟩ метáлл *m*
Metallindustrie *f* ⟨-, -n⟩ металлообрабáтывающая промы́шленность *f*
metallisch *adj* (*aus Metall*) металлúческий
Metapher *f* ⟨-, -n⟩ метáфора *f*
Metastase *f* ⟨-, -n⟩ метастáз *m*
Meteor *m* ⟨-s, -e⟩ метеóр *m*
Meteorologe *m* ⟨-n, -n⟩ метеорóлог *m*
Meteorologie *f* ⟨*gen:-*⟩ метеоролóгия *f*
Meter *m* ⟨-s, -⟩ метр *m*
Metermaß *nt* ⟨-es, -e⟩ (*Zollstock*) метр *m*
Methangas *nt* ⟨*gen:-es*⟩ метáновый газ *m*
Methode *f* ⟨-, -n⟩ мéтод *m*
methodisch *adj* методúческий
Metropole *f* ⟨-, -n⟩ столúца *f*
Metzgerei *f* ⟨-, -en⟩ мяснóй магазúн *m*
Meuterei *f* ⟨-, -en⟩ бунт *m*
meutern *vi* поднимáть, -ня́ть бунт *pf*
Mexiko *nt* ⟨*gen:-s*⟩ Мéксика *f*
MEZ *abk von* **mitteleuropäische Zeit** *f*

среднеевропе́йское вре́мя *nt*
miauen *vi* мяу́кать, -у́кнуть *pf*
mich *pron pers* меня́
mied *prät von* **meiden**
Miene *f* ⟨-, -n⟩ (*Gesichtsausdruck*) ми́на *f*; **gute ~ zum bösen Spiel machen** де́лать хоро́шую ми́ну при плохо́й игре́
mies *adj* (*umg:schlecht*) скве́рный
miesmachen *vt* (*umg*) по́ртить, ис- *pf*; **er muß immer alles ~** он всё́гда всё до́лжен испо́ртить
Miesmuschel *f* ⟨-, -n⟩ ми́дия *f*
Miete *f* ⟨-, -n⟩ квартпла́та *f*; **zur ~ wohnen** снима́ть кварти́ру
mieten *vt* брать, взять *pf* напрока́т, снима́ть, снять *pf*
Mieter, -in *m/f* ⟨-s, -⟩ квартиросъёмщик, -щица *m/f*
Mietvertrag *m* ⟨-(e)s, -verträge⟩ догово́р *m* об аре́нде кварти́ры
Mietwohnung *f* ⟨-, -en⟩ сдава́емая внаём кварти́ра *f*
Migräne *f* ⟨-, -n⟩ мигре́нь *f*
Mikrobe *f* ⟨-, -n⟩ микро́б *m*
Mikroelektronik *f* ⟨*gen:-*⟩ микроэлектро́ника *f*
Mikrophon *nt* ⟨-s, -e⟩ микрофо́н *m*
Mikroprozessor *m* ⟨-s, -en⟩ микропроце́ссор *m*
Mikroskop *nt* ⟨-s, -e⟩ микроско́п *m*
Mikrowelle *f* ⟨-, -n⟩ микрово́лны *pl*
Mikrowellenherd *m* ⟨-(e)s, -e⟩ микроволно́вая печь *f*
Milch *f* ⟨*gen:-*⟩ молоко́ *nt*
Milchflasche *f* ⟨-, -n⟩ моло́чная буты́лка *f*
Milchglas *nt* ⟨-es, -gläser⟩ моло́чное стекло́ *nt*
milchig *adj* моло́чный
Milchkaffee *m* ⟨-s, -s⟩ ко́фе *nt* с молоко́м
Milchkanne *f* ⟨-, -n⟩ кувши́н *m* для молока́; (*aus Metall*) бидо́н *m* для молока́
Milchpulver *nt* ⟨*gen:-s*⟩ сухо́е молоко́ *nt*
Milchstraße *f* ⟨*gen:-*⟩ Мле́чный Путь *m*
Milchzahn *m* ⟨-(e)s, -zähne⟩ моло́чный зуб *m*
mild *adj* (*sanft*) мя́гкий; (*nachsichtig*) до́брый
Milde *f* ⟨*gen:-*⟩ (*Sanftheit*) мя́гкость *f*; (*Nachsicht*) доброта́ *f*
mildern *vt* смягча́ть, -чи́ть *pf*; (*Schmerzen*) облегча́ть, -чи́ть *pf*
Milieu *nt* ⟨-s, -s⟩ (*soziales Umfeld*) среда́ *f*
militant *adj* вои́нствующий
Militär *nt* ⟨*gen:-s*⟩ а́рмия *f*, вооружённые си́лы *pl*; **beim ~ sein** служи́ть в а́рмии
Militärdienst *m* ⟨*gen:-es*⟩ вое́нная слу́жба *f*
militärisch *adj* вое́нный
Militarismus *m* ⟨*gen:-*⟩ милитари́зм *m*
militaristisch *adj* милитаристи́ческий, милитари́стский
Milliardär, -in *m/f* ⟨-s, -e⟩ миллиарде́р, -ша *m/f*
Milliarde *f* ⟨-, -n⟩ миллиард *m*
Milligramm *nt* ⟨-s, (-e)⟩ миллигра́мм *m*
Millimeter *m* ⟨-s, -⟩ миллиме́тр *m*
Million *f* ⟨-, -en⟩ миллио́н *m*; **fünf ~en Menschen** пять миллио́нов челове́к
Millionär, -in *m/f* ⟨-s, -e⟩ миллионе́р, -ша *m/f*
Milz *f* ⟨*gen:-*⟩ селезёнка *f*
Mimik *f* ⟨*gen:-*⟩ ми́мика *f*
Mimose *f* ⟨-, -n⟩ мимо́за *f*; (*umg*) недотро́га *mf*
Minarett *nt* ⟨-s, -e⟩ минаре́т *m*
mindere(r,s) *adj* (*geringere(r, s):Qualität*) ни́зкий; **diese Frage ist von ~r Bedeutung** э́то ме́нее ва́жный вопро́с
Minderheit *f* ⟨-, -en⟩ меньшинство́ *nt*; **in der ~ sein** быть в меньшинстве́
minderjährig *adj* несовершенноле́тний
Minderjährige(r) *mf* ⟨-n, -n⟩ несовершенноле́тний, -няя *m/f*
mindern **1.** *vt* уменьша́ть, уме́ньшить *pf*, умаля́ть, -ли́ть *pf*; **2.** *vr* (*sich verringern*) уменьша́ться, уме́ньшиться *pf*
Minderwertigkeitskomplex *m* ⟨-es, -e⟩ ко́мплекс *m* неполноце́нности
mindeste(r,s) **1.** *adj* мале́йший, минима́льный, са́мый ме́ньший; **2.** *adv* минима́льно; **nicht im ~n** (*überhaupt nicht*) ничу́ть
mindestens *adv* по кра́йней ме́ре, ми́нимум
Mindestmaß *nt* ⟨*gen:-es*⟩ ми́нимум *m*
Mine *f* ⟨-, -n⟩ (*BERGB*) рудни́к *m*; (*Sprengkörper*) ми́на *f*; (*Bleistift~*) графи́т *m*; (*Kugelschreiber~*) сте́ржень *m*
Minensuchboot *nt* ⟨-(e)s, -e⟩ тра́льщик *m*-иска́тель *m*
Mineral *nt* ⟨-s, -e/ -ien⟩ минера́л *m*
Mineralwasser *nt* ⟨-s, -⟩ минера́льная вода́ *f*
minimal *adj* минима́льный
Minimum *nt* ⟨-s, -ma⟩ ми́нимум *m*
Minirock *m* ⟨-(e)s, -röcke⟩ мини-ю́бка *f*
Minister, -in *m/f* ⟨-s, -⟩ мини́стр *m*
Ministerium *nt* ⟨-s, Ministerien⟩ министе́рство *nt*
Ministerpräsident, -in *m/f* ⟨-en, -en⟩ премье́р-мини́стр *m*
Ministerrat *m* ⟨-(e)s, -räte⟩ сове́т *m* мини́стров
minus *conj* (*MATH*) ми́нус
Minus *nt* ⟨*gen:-*⟩ (*~betrag*) дефици́т *m*; (*fig:Nachteil*) ми́нус *m*
Minuspol *m* ⟨-s, -e⟩ отрица́тельный

по́люс *m*
Minuszeichen *nt* ⟨-s, -⟩ знак *m* ми́нуса
Minute *f* ⟨-, -n⟩ мину́та *f*; **es ist zehn ~n nach zwölf** сейча́с де́сять мину́т пе́рвого; **zwanzig ~n vor acht** без двадцати́ мину́т во́семь; **er kam in letzter ~** он пришёл в после́днюю мину́ту
Minutenzeiger *m* ⟨-s, -⟩ мину́тная стре́лка *f*
mir *pron* мне; **von ~ aus!** (*umg*) я не про́тив!; **das ist ein Freund von ~** э́то мой друг
Mischehe *f* ⟨-, -n⟩ сме́шанный брак *m*
mischen 1. *vt* (*vermengen*) сме́шивать, смеша́ть *pf*, меша́ть, по- *pf*; (*Karten*) тасова́ть, пере- *pf*; **2.** *vr* (*sich mit etw ver~*) сме́шиваться, смеша́ться *pf*; (*sich ein~*) вме́шиваться, вмеша́ться *pf*; **sich in fremde Angelegenheiten ~** вме́шиваться в чужи́е дела́
Mischling *m* ⟨-s, -e⟩ (*Tier*) по́месь *f*; (*Mensch*) мети́с *m*
Mischung *f* ⟨-, -en⟩ смесь *f*
Mischwald *m* ⟨-(e)s, -wälder⟩ сме́шанный лес *m*
miserabel *adj* (*schlecht*) скве́рный; (*gemein*) по́длый
mißachten *vt* (*nicht beachten*) не соблюда́ть, не соблюсти́ *pf*; **Vorschriften ~** не соблюда́ть инстру́кции (*jdn/etw nicht achten*) не уважа́ть *impf*
Mißachtung *f* ⟨-, -en⟩ (*Verachtung*) презре́ние *nt*; (*Geringschätzung*) пренебреже́ние *nt*
Mißbildung *f* ⟨-, -en⟩ уро́дство *nt*
mißbilligen *vt* отверга́ть, -ве́ргнуть *pf*
Mißbilligung *f* ⟨*gen:-*⟩ неодобре́ние *nt*
Mißbrauch *m* ⟨-(e)s, -bräuche⟩ злоупотребле́ние *nt*; **der ~ von Medikamenten** злоупотребле́ние лека́рствами
mißbrauchen *vt* злоупотребля́ть, -би́ть *pf*; **sein Amt ~** злоупотребля́ть свои́м служе́бным положе́нием
Mißerfolg *m* ⟨-(e)s, -e⟩ неуда́ча *f*
Mißgeburt *f* ⟨-, -en⟩ (*MED*) уро́д *m*; (*pej:unsympathischer Mensch*) ублю́док *m*
Mißgeschick *nt* ⟨-(e)s, -e⟩ несча́стье *nt*; **ihm ist ein ~ passiert** у него́ случи́лось несча́стье
mißgünstig *adj* недоброжела́тельный
mißhandeln *vt* (*auch JUR*) жесто́ко обраща́ться *impf* (с *+inst*), истяза́ть *impf*
Mißhandlung *f* ⟨-, -en⟩ жесто́кое обраще́ние *nt*, истяза́ние *nt*
Mission *f* ⟨-, -en⟩ (*geh:Auftrag, Sendung*) ми́ссия *f*; **in geheimer ~** с та́йной ми́ссией (*Verbreitung einer religiösen Lehre*) ми́ссия *f*
Missionar, -in *m/f* ⟨-s, -e⟩ миссионе́р *f*
Mißklang *m* ⟨-(e)s, -klänge⟩ (*MUS:Dissonanz*) неблагозву́чие *nt*; (*fig:Unstimmigkeit*) разла́д *m*
Mißkredit *m* недове́рие *nt*; **etw in ~ bringen** дискредити́ровать что-л.
mißlang *prät von* **mißlingen**
mißlingen *vi* ⟨mißlang, mißlungen⟩ не удава́ться, не уда́ться *pf*
mißmutig *adj* угрю́мый
Mißstand *m* ⟨-(e)s, -stände⟩ плохо́е состоя́ние *nt*, безобра́зие *nt*
mißtrauen *vi* не доверя́ть *impf*
Mißtrauen *nt* ⟨*gen:-s*⟩ недове́рие *nt*; **~ gegen jdn hegen** пита́ть недове́рие к кому́-л.
mißtrauisch *adj* недове́рчивый
Mißverhältnis *nt* ⟨-ses, -se⟩ несоразме́рность *f*
Mißverständnis *nt* ⟨-ses, -se⟩ (*falsche Deutung einer Aussage*) недоразуме́ние *nt*; (*Meinungsverschiedenheit*) недоразуме́ние *nt*
mißverstehen *vt* непра́вильно понима́ть, поня́ть *pf*
Mist *m* ⟨*gen:-(e)s*⟩ (*Dünger*) наво́з *m*; (*umg:Unsinn*) чушь; **er redet wirklich nur ~** (*umg*) он говори́т то́лько одну́ чушь; **~ bauen** (*umg:einen Fehler machen*) наде́лать глу́постей
mit 1. *präp +dat* с (+ *inst*), вме́сте с (+ *inst*); **willst du ~ uns essen?** бу́дешь с на́ми есть?; **~ dem Zug fahren** е́хать на по́езде; **komm' ~!** пойдём со мно́й!; **2.** *adv* (*ebenfalls, auch*) та́кже, то́же
Mitarbeit *f* ⟨*gen:-*⟩ сотру́дничество *nt*; (*Beteiligung*) уча́стие *nt*
mitarbeiten *vi* принима́ть, -ня́ть *pf* уча́стие (в рабо́те) , сотру́дничать *impf*; **wir haben an diesem Projekt auch mitgearbeitet** мы та́кже принима́ли уча́стие в рабо́те над э́тим прое́ктом
Mitarbeiter, -in *m/f* ⟨-s, -⟩ (*Angestellter*) сотру́дник, -ница *m/f*
mitbekommen *irr vt* (*hören, wahrnehmen*) поня́ть *pf*; **ich habe vor Müdigkeit nur die Hälfte ~** я от уста́лости по́нял то́лько полови́ну
mitbestimmen *vi* принима́ть, -ня́ть *pf* уча́стие в реше́нии (како́го-л. вопро́са)
Mitbestimmung *f* ⟨*gen:-*⟩ уча́стие *nt* в приня́тии реше́ний
mitbringen *irr vt* (*Geschenk*) приноси́ть, принести́ *pf* с собо́й; (*als Voraussetzung haben, besitzen*) облада́ть *impf* (+ *inst*)
Mitbringsel *nt* ⟨-s, -⟩ (*Geschenk*) пода́рочек *m*
Mitbürger, -in *m/f* ⟨-s, -⟩ сограждани́н,

-данка *m/f*
miteinander *adv* друг с дру́гом; (*gemeinsam*) вме́сте; **alle ~** все вме́сте
miterleben *vt* пережи́ть *pf*, быть, стать *pf* свиде́телем чего́-л.
Mitesser *m* ⟨-s, -⟩ (*Haut~*) у́горь *m*
mitgeben *irr vt* дава́ть, дать *pf* с собо́й
Mitgefühl *nt* ⟨*gen:*-(e)s⟩ сочу́вствие *nt*
mitgehen *irr vi* (*mit jdm fortgehen*) идти́, пойти́ *pf* вме́сте с кем-л.
Mitgift *f* ⟨-, -en⟩ прида́ное *nt*
Mitglied *nt* ⟨-(e)s, -er⟩ член *m*
Mitgliedschaft *f* ⟨-, -en⟩ чле́нство *nt*
mithalten *irr vi* не отстава́ть , не отста́ть *pf* от други́х
Mithilfe *f* ⟨*gen:*-⟩ по́мощь *f*
mitkommen *irr vi* (*begleiten*) провожа́ть, -води́ть *pf*, идти́, пойти́ *pf* вме́сте (*mit +dat* с *+inst*); **kommst du mit zum Bahnhof?** ты прово́дишь меня́ до вокза́ла? (*fig:geistig folgen*) понима́ть, -ня́ть *pf*; **da komme ich nicht mit** (*umg*) я бо́льше ничего́ не понима́ю
Mitleid *nt* ⟨*gen:*-(e)s⟩ сострада́ние *nt*; **mit jdm ~ haben** сочу́вствовать кому́-л.
Mitleidenschaft *f*: **etw in ~ ziehen** повреди́ть что-л. [*o* нанести́ уще́рб чему́-л.]
mitleidig *adj* сострада́тельный
mitmachen *vt* принима́ть , -ня́ть *pf* уча́стие (в *+präpos*)
Mitmensch *m* ⟨-en, -en⟩ бли́жний *m*
mitnehmen *irr vt* (*mit sich nehmen*) брать, взять *pf* с собо́й
mitreißen *irr vt* (*fortreißen*) уноси́ть, унести́ *pf* с собо́й; (*fig:begeistern*) увлека́ть, увле́чь *pf*
Mitschuld *f* ⟨*gen:*-⟩ соуча́стие *nt* (*an +dat* в *+präpos*)
mitschuldig *adj* прича́стный (*an +dat* к *+dat*)
mitspielen *vi* уча́ствовать *impf* в игре́; **jdm übel ~** (*schlimm mit jdm umgehen*) сыгра́ть с кем-л. злу́ю шу́тку
Mittag *m* ⟨-s, -e⟩ по́лдень *m*; **zu ~ essen** обе́дать
Mittagessen *nt* ⟨*gen:*-s⟩ обе́д *m*; **beim ~ sitzen** обе́дать
mittags *adv* в по́лдень, днём
Mittagspause *f* ⟨-, -n⟩ обе́денный переры́в *m*
Mitte *f* ⟨*gen:*-⟩ середи́на *f*; **die goldene ~** золота́я середи́на; **er ist ~ Zwanzig** ему́ о́коло двадцати́ пяти́ лет; **~ des Jahres** в середи́не го́да; **~ Mai** в середи́не ма́я
mitteilen *vt* сообща́ть, -щи́ть *pf*; **jdm etw ~** сообщи́ть кому́-л. о чём-л.; **ich muß Ihnen leider ~, daß ...** я до́лжен, к сожале́нию, сообщи́ть Вам,что...
Mitteilung *f* ⟨-, -en⟩ сообще́ние *nt*
Mittel *nt* ⟨-s, -⟩ (*Methode, Hilfs~, Präparat*) сре́дство *nt*; **etw mit allen ~n versuchen** испро́бовать все сре́дства; **ein ~ gegen Ungeziefer** сре́дство про́тив вреди́телей; (*Medikament*) лека́рство *nt*; (*Durchschnittswert*) сре́дняя величина́ *f*; **das arithmetische ~** сре́днее арифмети́ческое; (*pl: Geldmittel*) фина́нсовые сре́дства *pl*; **etw aus eigenen ~n bezahlen** оплати́ть что-л. за со́бственный счёт
Mittelalter *nt* ⟨*gen:*-s⟩ средневеко́вье *nt*, сре́дние века́ *pl*
mittelalterlich *adj* средневеко́вый
Mitteleuropa *nt* ⟨*gen:*-s⟩ Центра́льная Евро́па *f*
Mittelfeld *nt* ⟨*gen:*-(e)s⟩ (*SPORT*) центр *m* по́ля
Mittelfinger *m* ⟨-s, -⟩ сре́дний па́лец *m*
mittelfristig *adj* среднесро́чный
Mittelgebirge *nt* ⟨-s, -⟩ го́ры *pl* сре́дней высоты́
mittellos *adj* неиму́щий
mittelmäßig *adj* зауря́дный
Mittelmeer *nt* ⟨*gen:*-(e)s⟩ Средизе́мное мо́ре *nt*
Mittelpunkt *m* ⟨-(e)s, -e⟩ центр *m*; **im ~ stehen** (*fig*) находи́ться в це́нтре внима́ния
mittels *präp +gen* при по́мощи (*+ gen*), с по́мощью (*+ gen*)
Mittelstand *m* ⟨*gen:*-(e)s⟩ сре́дний слой *m* (о́бщества)
Mittelstreckenrakete *f* ⟨-, -n⟩ раке́та *f* сре́дней да́льности
Mittelstufe *f* ⟨*gen:*-⟩ кла́ссы *pl* сре́дней ступе́ни
Mittelwelle *f* ⟨*gen:*-⟩ сре́дние во́лны *pl*
mitten *adv* среди́, посреди́; **~ in der Nacht** среди́ но́чи; **~ auf der Straße** посреди́ у́лицы
Mitternacht *f* ⟨*gen:*-⟩ по́лночь *f*
mittlere(r,s) *adj* (*in der Mitte befindlich*) сре́дний; **das ~ Fenster** сре́днее окно́; **ein ~s Unternehmen** сре́днее предприя́тие
mittlerweile *adv* ме́жду тем
Mittwoch *m* ⟨-(e)s, -e⟩ среда́ *f*; **am ~** в сре́ду
mittwochs *adv* по сре́дам
mitwirken *vi* (*mitarbeiten*) принима́ть, -ня́ть *pf* уча́стие (*an, bei +dat* в *+präpos*); (*mitspielen*) игра́ть, сыгра́ть *pf*
Mitwirkung *f* ⟨*gen:*-⟩ уча́стие *nt*
Mixer *m* ⟨-s, -⟩ (*Bar~*) ба́рмен *m*; (*Mixgerät*) ми́ксер *m*
Mixtur *f* ⟨-, -en⟩ миксту́ра *f*
mm *abk von Millimeter*

Möbel *nt* ⟨-s, -⟩ ме́бель *f*
Möbelwagen *m* ⟨-s, -wägen⟩ ме́бельный автофурго́н *m*
mobil *adj* подви́жный, моби́льный
Mobiliar *nt* ⟨-s, -e⟩ ме́бель *f*
mobilisieren *vt* (*MIL:mobil machen*) объяви́ть *pf* мобилиза́цию; (*fig:aktivieren*) мобилизова́ть *impf/pf*
möblieren *vt* меблирова́ть *impf/pf*; **ein möbliertes Zimmer** меблиро́ванная ко́мната
mochte *prät von* **mögen**
Modalverb *nt* ⟨-s, -en⟩ мода́льный глаго́л *m*
Mode *f* ⟨-, -n⟩ мо́да *f*; **die neueste ~ tragen** одева́ться по после́дней мо́де; **lange Röcke sind gerade große ~** дли́нные ю́бки сейча́с в большо́й мо́де
Modell *nt* ⟨-s, -e⟩ (*Entwurf, Muster*) моде́ль *f*, образе́ц *m*; **jdm ~ stehen** пози́ровать для кого́-л.
Modelleisenbahn *f* ⟨-, -en⟩ миниатю́рная желе́зная доро́га *f*
Modem *nt* ⟨-s, -s⟩ мо́дем *m*
Modenschau *f* ⟨-, -en⟩ демонстра́ция *f* мод
Moderator, -in *m/f* ⟨-s, -en⟩ веду́щий, -щая *m/f*, модера́тор *m*
moderieren *vt* вести́ *impf*, модери́ровать *impf*
modern *adj* (*zeitgemäß*) совреме́нный; (*modisch*) мо́дный
modernisieren *vt* модернизи́ровать *impf/pf*
modifizieren *vt* (*umgestalten, abwandeln*) модифици́ровать *impf/pf*
modisch *adj* мо́дный
Modus *m* ⟨-, Modi⟩ (*Verfahrensweise*) спо́соб *m*; (*LING*) наклоне́ние *nt*
Mofa *nt* ⟨-s, -s⟩ мопе́д *m*
mogeln *vi* моше́нничать, с- *pf*
mögen 1. *vt* ⟨mochte, gemocht⟩ (*gern haben*) люби́ть, по- *pf*; **sie mag klassische Musik** она́ лю́бит класси́ческую му́зыку; **2.** *vi* (*können*) мочь *impf*; **was mag das bedeuten?** что э́то могло́ бы означа́ть? (*den Wunsch haben, wollen*) хоте́ть *impf*; **ich möchte gerne ins Kino gehen** я хоте́л бы пойти́ в кино́
möglich *adj* (*erreichbar, zu verwirklichen*) возмо́жный; **das ist doch nicht ~!** э́того не мо́жет быть!; **~ ist alles** всё возмо́жно
möglicherweise *adv* быть мо́жет, возмо́жно
Möglichkeit *f* ⟨-, -en⟩ (*das Mögliche*) возмо́жность *f*; **nach ~** (*wenn möglich*) по возмо́жности (*Gelegenheit, Chance*) возмо́жность *f*; **die ~ haben, etw zu tun** име́ть возмо́жность сде́лать что-л.; **die ~ nutzen** воспо́льзоваться возмо́жностью; **es besteht die ~, daß ...** име́ется возмо́жность...
möglichst *adv* по возмо́жности
Mohn *m* ⟨-(e)s, (-e)⟩ (*Pflanze*) мак *m*; (*Samen*) мак *m*
Möhre *f* ⟨-, -n⟩ морко́вь *f*
Mokka *m* ⟨-s, -s⟩ мо́кко *nt*
Mole *f* ⟨-, -n⟩ волноре́з *m*
Molekül *nt* ⟨-s, -e⟩ моле́кула *f*
Molkerei *f* ⟨-, -en⟩ моло́чный заво́д *m*
Moll *nt* ⟨*gen:-*⟩ мино́р *m*
mollig *adj* (*behaglich warm*) ую́тный; (*rundlich*) по́лный
Moment *m* ⟨-(e)s, -e⟩ (*Augenblick*) моме́нт *m*; **~ mal!** (*umg*) одну́ мину́тку!; **im ersten ~** в пе́рвый моме́нт
momentan 1. *adj* настоя́щий; **2.** *adv* в да́нный моме́нт; **was tust du ~?** что ты де́лаешь в настоя́щий моме́нт?
Monaco *nt* ⟨*gen:-s*⟩ Мона́ко *nt*
Monarch, -in *m/f* ⟨-en, -en⟩ мона́рх *m*
Monarchie *f* ⟨-, -n⟩ мона́рхия *f*
Monat *m* ⟨-(e)s, -e⟩ ме́сяц *m*; **vor zwei ~en** два ме́сяца тому́ наза́д; **sie ist im vierten ~** (*umg*) она́ на четвёртом ме́сяце
monatlich *adj* ме́сячный
Monatsgehalt *nt* ⟨-(e)s, -gehälter⟩ ме́сячный за́работок *m*
Monatskarte *f* ⟨-, -n⟩ (*Fahrkarte*) ме́сячный проездно́й биле́т *m*; (*eine für mehrere Verkehrsmittel gültige ~*) еди́ный проездно́й биле́т *m*; (*umg*) еди́ный *m*
Mönch *m* ⟨-(e)s, -e⟩ мона́х *m*
Mond *m* ⟨-(e)s, -e⟩ (*der Erde*) луна́ *f*; **hinter dem ~ leben** (*umg:nicht auf dem Laufenden sein*) быть отста́лым челове́ком (*ASTR*) луна́ *f*
mondän *adj* (*extravagant*) све́тский
Mondfinsternis *f* ⟨-, -se⟩ лу́нное затме́ние *nt*
Monitor *m* ⟨-s, -en⟩ монито́р *m*
monogam *adj* монога́мный
Monokultur *f* ⟨-, -en⟩ монокульту́ра *f*
Monolog *m* ⟨-(e)s, -e⟩ моноло́г *m*; **einen ~ sprechen** чита́ть моноло́г
Monopol *nt* ⟨-s, -e⟩ монопо́лия *f*; **ein ~ ausüben** облада́ть монопо́лией
monoton *adj* моното́нный
Monotonie *f* ⟨*gen:-*⟩ моното́нность *f*
Monster *nt* ⟨-s, -⟩ монстр *m*
Monsun *m* ⟨-s, -e⟩ муссо́н *m*
Montag *m* ⟨-(e)s, -e⟩ понеде́льник *m*
Montage *f* ⟨-, -n⟩ монта́ж *m*, сбо́рка *f*
montags *adv* по понеде́льникам
Monteur, -in *m/f* ⟨-s, -e⟩ (*KFZ*) меха́ник-монтёр *m*; (*EL*) монтёр *m*; (*für beides auch*) сбо́рщик *m*

montieren *vt* (*aufbauen*) монти́ровать, с- *pf*; (*befestigen*) укрепля́ть, -пи́ть *pf*
Monument *nt* ⟨-(e)s, -e⟩ па́мятник *m*
monumental *adj* монумента́льный
Moor *nt* ⟨-(e)s, -e⟩ боло́то *nt*
Moos *nt* ⟨-es, -e⟩ мох *m*
Moped *nt* ⟨-s, -s⟩ мопе́д *m*
Mops *m* ⟨-es, Möpse⟩ мопс *m*
Moral *f* ⟨*gen:-*⟩ мора́ль *f*, нра́вственность *f*; **eine doppelte ~** двойна́я мора́ль
moralisch *adj* мора́льный, нра́вственный
Moräne *f* ⟨-, -n⟩ море́на *f*
Morast *m* ⟨-(e)s, -e/ Moräste⟩ боло́то *nt*
Mord *m* ⟨-(e)s, -e⟩ убийство *nt*; **einen ~ begehen** соверши́ть уби́йство
Mordanschlag *m* ⟨-(e)s, -anschläge⟩ покуше́ние *nt* на убийство; **einen ~ auf jdn verüben** соверши́ть покуше́ние на кого́-л.
Mörder, -in *m/f* ⟨-s, -⟩ убийца *mf*
mörderisch *adj* (*grausam*) уби́йственный; (*umg:furchtbar*) стра́шный; (*umg:heftig, gewaltig*) ужа́сный
Mordkommission *f* ⟨-, -en⟩ коми́ссия *f* по рассле́дованию убийства
Mordwaffe *f* ⟨-, -n⟩ ору́дие *nt* убийства
morgen *adv* (*am folgenden Tag*) за́втра; (*am Morgen*) у́тром; **heute ~** сего́дня у́тром
Morgen *m* ⟨-s, -⟩ (*Tageszeit*) у́тро *nt*; **guten ~!** до́брое у́тро!; **früh am ~** ра́но у́тром; **am nächsten ~** на сле́дующее у́тро
morgens *adv* у́тром, по утра́м
morgig *adj* за́втрашний
Morphem *nt* ⟨-s, -e⟩ морфе́ма *f*
Morphium *nt* ⟨*gen:-s*⟩ мо́рфий *m*
Morphologie *f* ⟨*gen:-*⟩ морфоло́гия *f*
morsch *adj* гнило́й
Morsealphabet *nt* ⟨*gen:-(e)s*⟩ а́збука *f* Мо́рзе
Mörtel *m* ⟨*gen:-s*⟩ строи́тельный раство́р *m*
Mosaik *nt* ⟨-s, -en⟩ моза́ика *f*
Moschee *f* ⟨-, -n⟩ мече́ть *f*
Moskau *nt* ⟨*gen:-s*⟩ Москва́ *f*
Moskauer, -in *m/f* ⟨-s, -⟩ москви́ч, -ка *m/f*
Moskauer 1. *adj* моско́вский; **2.** *adv* по-моско́вски
Moskito *m* ⟨-s, -s⟩ моски́т *m*
Moslem *m* ⟨-s, -s⟩ мусульма́нин *m*
moslemisch 1. *adj* мусульма́нский; **2.** *adv* по-мусульма́нски
Moslime *f* ⟨-, -n⟩ мусульма́нка *f*
Motel *nt* ⟨-s, -s⟩ моте́ль *m*
Motiv *nt* ⟨-s, -e⟩ (*Beweggrund*) моти́в *m*, по́вод *m*; (*LIT:allgemeines Thema*) сюже́т *m*; (*MUS*) моти́в *m*
Motivation *f* ⟨-, -en⟩ мотива́ция *f*
motivieren *vt* (*anregen*) поощря́ть, -ри́ть *pf*; **jdn zur Arbeit ~** поощря́ть к рабо́те кого́-л. (*begründen*) мотиви́ровать *impf/pf*
Moto-Cross *nt* ⟨*gen:-*⟩ мотокро́сс *m*
Motor *m* ⟨-s, -en⟩ дви́гатель *m*, мото́р *m*
Motorboot *nt* ⟨-(e)s, -e⟩ мото́рная ло́дка *f*
Motorhaube *f* ⟨-, -n⟩ капо́т *m*
Motorrad *nt* ⟨-(e)s, -räder⟩ мотоци́кл *m*
Motorroller *m* ⟨-s, -⟩ моторо́ллер *m*
Motorsport *m* ⟨*gen:-(e)s*⟩ мотоспо́рт *m*
Motte *f* ⟨-, -n⟩ моль *f*
Motto *nt* ⟨-s, -s⟩ мо́тто *nt*, деви́з *m*
Möwe *f* ⟨-, -n⟩ ча́йка *f*
Mücke *f* ⟨-, -n⟩ кома́р *m*; **aus einer ~ einen Elefanten machen** (*umg*) де́лать из му́хи слона́
Mückenstich *m* ⟨-(e)s, -e⟩ комари́ный уку́с *m*
müde *adj* уста́лый, утомлённый
Müdigkeit *f* ⟨*gen:-*⟩ уста́лость *f*
Muffel *m* ⟨-s, -⟩ (*umg*) ворчу́н *m*
muffig *adj* (*Geruch*) за́тхлый; (*mürrisch*) ворчли́вый
Mühe *f* ⟨-, -n⟩ труд *m*, уси́лия *ntpl*; **sich ~ geben** постара́ться; **mit Müh und Not** с грехо́м попола́м; **sich die ~ machen, etw zu tun** постара́ться сде́лать что-л.; **machen Sie sich bitte keine ~** не беспоко́йтесь
mühelos *adj* лёгкий
mühevoll *adj* тру́дный
Mühle *f* ⟨-, -n⟩ ме́льница *f*
mühsam 1. *adj* тру́дный, утоми́тельный; **2.** *adv* тру́дно
Mulatte *m* ⟨-n, -n⟩ мула́т *m*
Mulattin *f* ⟨-, -nen⟩ мула́тка *f*
Mulde *f* ⟨-, -n⟩ лощи́на *f*
Mull *m* ⟨*gen:-(e)s*⟩ (*leichtes Baumwollgewebe*) ма́рля *f*
Müll *m* ⟨*gen:-s*⟩ му́сор *m*; **radioaktiver ~** радиоакти́вные отхо́ды
Müllabfuhr *f* ⟨-, -en⟩ вы́воз *m* му́сора
Mullbinde *f* ⟨-, -n⟩ ма́рлевый бинт *m*
Müllcontainer *m* ⟨-s, -⟩ му́сорный конте́йнер *m*
Mülldeponie *f* ⟨-, -n⟩ му́сорная сва́лка *f*
Mülleimer *m* ⟨-s, -⟩ му́сорное ведро́ *nt*
Müllschlucker *m* ⟨-s, -⟩ мусоропрово́д *m*
Mülltonne *f* ⟨-, -n⟩ му́сорный бак *m*
Müllwagen *m* ⟨-s, -⟩ мусорово́з *m*
multikulturell *adj* мультикульту́рный
multilateral *adj* (*mehrseitig*) многосторо́нний; **ein ~es Abkommen** (*POL*) многосторо́ннее соглаше́ние

Multiplikation *f* ⟨-, -en⟩ умноже́ние *nt*
multiplizieren *vt* умножа́ть, -но́жить *pf* (*mit +dat* на *+akk*)
Mumps *m* ⟨*gen:-*⟩ сви́нка *f*
München *nt* ⟨*gen:-s*⟩ Мю́нхен *m*
Mund *m* ⟨-(e)s, Münder⟩ рот *m*; **halt den ~!** (*umg*) закро́й рот!; **sie ist nicht auf den ~ gefallen** (*umg*) она́ за сло́вом в карма́н не ле́зет; **jdm den ~ verbieten** не дава́ть сказа́ть кому́-л.; **jdm nach dem ~ reden** льсти́ть кому́-л.
Mundart *f* ⟨-, -en⟩ диале́кт *nt*, наре́чие *nt*
münden *vi* (*Wasserlauf*) впада́ть *impf* (*in +akk* в *+akk*)
mundfaul *adj* (*umg*) неразгово́рчивый
Mundgeruch *m* ⟨*gen:-*(e)s⟩ за́пах *m* изо рта
mündig *adj* совершенноле́тний
mündlich *adj* у́стный
Mundstück *nt* ⟨-(e)s, -e⟩ (*einer Zigarette , Pfeife*) мундшту́к *m*; (*an Blasinstrumenten*) мундшту́к *m*
Mündung *f* ⟨-, -en⟩ (*Fluß~*) у́стье *nt*
Munition *f* ⟨*gen:-*⟩ боеприпа́сы *pl*
Munitionslager *nt* ⟨-s, -⟩ склад *m* боеприпа́сов
munkeln *vi* (*umg*) погова́ривать *impf*; **es wird gemunkelt, daß ...** погова́ривают, что...
munter *adj* (*lebhaft*) живо́й; (*lustig*) весёлый; (*wach*) бо́дрый
Munterkeit *f* ⟨*gen:-*⟩ (*Lebhaftigkeit*) бо́дрость *f*
Münze *f* ⟨-, -n⟩ моне́та *f*; **etw für bare ~ nehmen** (*umg*) принима́ть что-л. за чи́стую моне́ту
mürb(e) *adj* (*krümelig*) хру́пкий; (*brüchig*) ло́мкий
murmeln *vi* бормота́ть, про- *pf*
Murmeltier *nt* ⟨-(e)s, -e⟩ суро́к *m*; **wie ein ~ schlafen** (*umg*) спать как суро́к
murren *vi* ворча́ть *impf*
mürrisch *adj* (*übelgelaunt*) ворчли́вый; (*abweisend*) угрю́мый
Mus *nt* ⟨-es, -e⟩ пюре́ *nt*
Muschel *f* ⟨-, -n⟩ ра́ковина *f*
Muse *f* ⟨-, -n⟩ му́за *f*
Museum *nt* ⟨-s, Museen⟩ музе́й *m*
Musical *nt* ⟨-s, -s⟩ мю́зикл *m*
Musik *f* ⟨-, -en⟩ му́зыка *f*
musikalisch *adj* музыка́льный
Musiker, -in *m/f* ⟨-s, -⟩ музыка́нт *m*
Musikinstrument *nt* ⟨-(e)s, -e⟩ музыка́льный инструме́нт *m*
musizieren *vi* занима́ться *impf* му́зыкой
Muskat *m* ⟨-(e)s, -e⟩ муска́т *m*
Muskel *m* ⟨-s, -n⟩ му́скул *m*, мы́шца *f*
Muskelkater *m* мы́шечная боль *f*
Muskulatur *f* ⟨-, -en⟩ мускулату́ра *f*
muskulös *adj* мускули́стый
Muße *f* ⟨*gen:-*⟩ досу́г *m*
müssen *vi* ⟨mußte, gemußt⟩ (*gezwungen sein*) быть до́лжным; **ich muß jetzt gehen** я до́лжен сейча́с уйти́; **ich muß dringend in die Stadt** мне ну́жно сро́чно в го́род; **ich hätte es tun ~** мне сле́довало бы сде́лать э́то
müßig *adj* (*untätig*) пра́здный; (*überflüssig*) бесполе́зный
Müßiggang *m* ⟨*gen:-*(e)s⟩ (*geh*) безде́лье *nt*
mußte *prät von* **müssen**
Muster *nt* ⟨-s, -⟩ (*Probestück*) образе́ц *m*; (*fig:Vorbild*) приме́р *m*
mustergültig *adj* образцо́вый
mustern *vt* (*kritisch betrachten*) осма́тривать, -мотре́ть *pf*; (*MIL*) проводи́ть, -вести́ *pf* медици́нское освиде́тельствование
Musterung *f* ⟨-, -en⟩ (*Durchsicht*) осмо́тр *m*; (*Wehrdienst~*) медици́нское освиде́тельствование *nt*
Mut *m* ⟨*gen:-*(e)s⟩ сме́лость *f*, му́жество *nt*; **den ~ verlieren** пасть ду́хом
Mutation *f* ⟨-, -en⟩ мута́ция *f*
mutig *adj* сме́лый
mutlos *adj* пода́вленный
mutmaßlich *adj* предполага́емый; **der ~e Täter** предполага́емый престу́пник
Mutter *f* ⟨-, Mütter⟩ (*Elternteil*) мать *f*; (*TECH*) га́йка *f*
mütterlich *adj* матери́нский
mütterlicherseits *adv* со стороны́ ма́тери
Mutterliebe *f* ⟨*gen:-*⟩ матери́нская любо́вь *f*
Muttermal *nt* ⟨-(e)s, -e⟩ роди́мое пятно́ *nt*
Mutterschaft *f* ⟨*gen:-*⟩ матери́нство *nt*
Mutterschutz *m* ⟨*gen:-es*⟩ охра́на *f* матери́нства
Muttersöhnchen *nt* ⟨-s, -⟩ (*pej*) ма́менькин сыно́к *m*
Muttersprache *f* ⟨-, -n⟩ родно́й язы́к *m*
Muttersprachler, -in *m/f* ⟨-s, -⟩ носи́тель *m* языка́
mutwillig *adj* (*aus böser Absicht*) преднаме́ренный; (*übermütig, leichtsinnig*) озорно́й
Mütze *f* ⟨-, -n⟩ ша́пка *f*; **eins auf die ~ bekommen** (*umg*) получи́ть по ша́пке
mysteriös *adj* таи́нственный
Mystik *f* ⟨*gen:-*⟩ ми́стика *f*
Mystiker, -in *m/f* ⟨-s, -⟩ ми́стик *m*
Mythologie *f* ⟨-, -n⟩ мифоло́гия *f*
Mythos *m* ⟨-, Mythen⟩ (*Sage*) миф *m*

N

n, N *nt* ⟨-, -⟩ н, Н
n. Chr. *abk von* ***nach Christus*** н. э. (но́вой э́ры), от рождества́ Христо́ва
na *interj* (*umg*) ну; **~und?** ну и что?; **~ also!** ну вот, ви́дите!
Nabe *f* ⟨-, -n⟩ (*Rad~*) ступи́ца *f*, вту́лка *f*
Nabel *m* ⟨-s, -⟩ (*Bauch~*) пупо́к *m*; **der ~ der Welt** (*geh*) пуп земли́
Nabelschnur *f* ⟨-, -schnüre⟩ пуповина *f*
nach 1. *präp +dat* (*Richtung*) в (+ *akk*), на (+ *akk*); **wir fahren ~ Berlin** мы е́дем в Берли́н; **~ Westen** на за́пад (*entsprechend, gemäß*) по (+ *dat*); **meiner Meinung ~** по моему́ мне́нию; (*nach Beendigung einer Handlung*) по́сле (+ *gen*); **~ der Arbeit** по́сле рабо́ты; (*nach einem anderen Menschen*) по́сле (+ *gen*), за (+ *inst*); **ich bin ~dir dran** я (иду́) по́сле тебя́; **einer ~ dem anderen** оди́н за други́м; (*nach einem bestimmten Zeitraum*) че́рез (+ *akk*); **er ist ~ drei Tagen zurückgekommen** он верну́лся че́рез три дня; (*als Zielsetzung*) за (+ *inst*); **~ jdm/etw schicken** посла́ть за кем-л./чем-л.; **2.** *adv* (*hinterher*) (вслед) за; **wir müssen ihm ~** мы до́лжны идти́ вслед за ним; **~ wie vor** по-пре́жнему
nachahmen *vt* подража́ть *impf*; **den großen Komponisten~** подража́ть вели́кому компози́тору
Nachbar, -in *m/f* ⟨-n, -n⟩ сосе́д, -ка *m/f*
Nachbarhaus *nt* ⟨-es, -häuser⟩ сосе́дний дом *m*
Nachbarschaft *f* ⟨*gen:-*⟩ сосе́ди *pl*; **sie wohnt in der ~** она́ живёт по сосе́дству
nachbilden *vt* воссоздава́ть, -да́ть *pf*
Nachbildung *f* ⟨-, -en⟩ ко́пия *f*
nachdem *conj* (*zeitlich*) по́сле того́ как; **~ er Moskau besucht hatte, flog er weiter auf die Krim** по́сле того́ как он побывал Москву, он полете́л в Крым; **je ~** смотря́ по обстоя́тельствам
nachdenken *irr vi* ду́мать, по- *pf*; **über etw ~** ду́мать о чём-л./над чем-л.
nachdenklich *adj* заду́мчивый
Nachdruck *m* ⟨*gen:*-(e)s⟩ (*Tatkraft, Energie*) упо́рство *nt*; **mit ~** насто́йчиво
nachdrücklich *adj* настоя́тельный, убеди́тельный
nacheinander *adv* оди́н за други́м, друг за дру́гом
Nacherzählung *f* ⟨-, -en⟩ изложе́ние *nt*
Nachfolge *f* ⟨-, -n⟩ преемственность *f*; **die/jds ~ antreten** стать пре́емником кого́-л.
Nachfolger, -in *m/f* ⟨-s, -⟩ пре́емник, -ница *m/f*
nachforschen *vi* рассле́довать *impf/pf*
Nachforschung *f* ⟨-, -en⟩ рассле́дование *nt*
Nachfrage *f* ⟨-, -n⟩ запро́с *m*; спрос *m*
nachfragen *vi* обраща́ться, -рати́ться *pf* с запро́сом
nachfüllen *vt* долива́ть, -ли́ть *pf*
nachgeben *irr vi* (*einlenken*) уступа́ть, -пи́ть *pf*
nachgehen *irr vi* (*folgen*) сле́довать, по- *pf* (за *+inst*); (*Uhr*) отстава́ть, -ста́ть *pf*; **die Uhr geht 5 Minuten nach** часы́ отстаю́т на пять мину́т; **einer Sache ~** (*erforschen*) вы́яснить что-л.; **seinen Geschäften ~** (*ausüben*) занима́ться свои́ми дела́ми
Nachgeschmack *m* ⟨*gen:*-(e)s⟩ при́вкус *m*
nachgiebig *adj* пода́тливый, сгово́рчивый
nachhaltig *adj* продолжи́тельный; **sie hat mich ~ beeindruckt** она́ произвела́ на меня́ глубо́кое впечатле́ние
nachher *adv* пото́м , по́сле э́того, поздне́е; **bis ~!** до ско́рого!
Nachhilfestunde *f* ⟨-, -n⟩ дополни́тельное заня́тие *nt*; **~ n geben** дава́ть дополни́тельные заня́тия
nachholen *vt* (*von Versäumtem*) навёрстывать, наверста́ть *pf*; (*später holen*) забира́ть, -бра́ть *pf*
Nachkomme *m* ⟨-n, -n⟩ пото́мок *m*
nachkommen *irr vi* (*später kommen*) приходи́ть, прийти́ *pf* поздне́е; (*mitkommen, Schritt halten*) успева́ть, -пе́ть *pf*
Nachkriegszeit *f* ⟨*gen:-*⟩ послевое́нное вре́мя *nt*
Nachlaß *m* ⟨Nachlasses, Nachlasse *o Nachlässe*⟩ (*Preis~s*) ски́дка *f*; (*Erbe*) насле́дство *nt*
nachlassen *irr vi* ослабева́ть, -бе́ть *pf*; (*sich verschlechtern*) ухудша́ться, уху́дшиться *pf*
nachlässig *adj* небре́жный, хала́тный
Nachlässigkeit *f* ⟨-, -en⟩ небре́жность *f*
nachmachen *vt* (*nachahmen*) подража́ть *impf*; **Peter macht seinem großen Bruder alles nach** Пе́тер во всём подража́ет своему́ ста́ршему бра́ту; (*fälschen*) подде́лывать, подде́лать *pf*
nachmittag *adv:* **heute ~** сего́дня во второ́й полови́не дня
Nachmittag *m* ⟨-s, -e⟩ втора́я полови́на *f* дня; **am ~** во второ́й полови́не дня; **am ~** (*umg*) по́сле обе́да
nachmittags *adv* во второ́й полови́не дня

Nachnahme *f:* **per ~** нало́женным платежо́м
Nachname *m* ⟨-n, -n⟩ фами́лия *f*
nachprüfen *vt* (*überprüfen*) проверя́ть, -ве́рить *pf*; (*nochmals prüfen*) перепроверя́ть, -ве́рить *pf*
nachrechnen *vt* пересчи́тывать, -счита́ть *pf*
Nachricht *f* ⟨-, -en⟩ изве́стие *nt*; (*Mitteilung*) сообще́ние *nt*; **~en** (*TV, Radio*) изве́стия
Nachrichtenagentur *f* ⟨-, -en⟩ информацио́нное аге́нтство *nt*
Nachrichtendienst *m* ⟨-(e)s, -e⟩ (*für TV, Zeitung, Radio*) информацио́нное бюро́ *nt*; (*POL*) слу́жба *f* разве́дки, разведслу́жба *f*
Nachrichtentechnik *f* ⟨*gen:-*⟩ те́хника *f* свя́зи
Nachruf *m* ⟨-(e)s, -e⟩ некроло́г *m*
Nachrüstung *f* ⟨*gen:-*⟩ (*von Gerät, Auto*) оснаще́ние *nt* дополни́тельным обору́дованием; (*MIL*) довооруже́ние *nt*
nachsagen *vt* (*nachsprechen*) повторя́ть, -ри́ть *pf*; **jdm etw ~** (*von jdm etw behaupten*) говори́ть о ком-л. что-л.
Nachsaison *f* ⟨*gen:-*⟩ послесезо́нный пери́од *m*
nachschicken *vt* посыла́ть, -сла́ть *pf* вслед; **jdm etw ~** посла́ть что-л. вслед кому́-л.
nachschlagen *irr vt:* **das Wort muß ich ~** я до́лжен посмотре́ть [*o* найти́] э́то сло́во в словаре́
Nachschlagewerk *nt* ⟨-(e)s, -e⟩ спра́вочник *m*
Nachschub *m* ⟨*gen:-*(e)s⟩ снабже́ние *nt*; (*MIL*) подво́з *m*
nachsenden *vt* посыла́ть, -сла́ть *pf* вслед
Nachsicht *f* ⟨*gen:-*⟩ доброжела́тельное отноше́ние *nt*; **~ üben/haben** идти́ навстре́чу кому́-л.
nachsichtig *adj* доброжела́тельный
Nachspeise *f* ⟨-, -n⟩ десе́рт *m*
Nachspiel *nt* ⟨-(e)s, -e⟩ (*THEAT*) эпило́г *m*; (*MUS*) постлю́дия *f*; (*fig*) после́дствия *ntpl*
nächste(r,s) *adj* (*folgend*) сле́дующяя, -щий, -щее; **der ~, bitte!** сле́дующий, пожа́луйста!; (*nächstgelegen*) ближа́йший
Nächste(r) *mf* ⟨-n, -n⟩ (*in einer Reihe*) сле́дующий, -щая *m/f*; (*Mitmensch*) бли́жний, -няя *m/f*
Nächstenliebe *m* ⟨*gen:-*⟩ любо́вь *f* к бли́жнему
nächstens *adv* (*bald*) в ближа́йшее вре́мя
Nacht *f* ⟨-, Nächte⟩ ночь *f*; **gute ~!** споко́йной но́чи!; **bei ~** но́чью; **über ~** (*auf einmal*) за́ ночь
Nachtdienst *m* ⟨-(e)s, -e⟩ ночно́е дежу́рство *nt*
Nachteil *m* ⟨-(e)s, -e⟩ недоста́ток *m*; (*Schaden*) уще́рб *m*
Nachthemd *nt* ⟨-(e)s, -en⟩ ночна́я руба́шка *f*
Nachtigall *f* ⟨-, -en⟩ солове́й *m*
nächtlich *adj* ночно́й
Nachtlokal *nt* ⟨-s, -e⟩ ночно́й рестора́н *m*
Nachtrag *m* ⟨-(e)s, -träge⟩ добавле́ние *nt*, дополне́ние *nt*
nachtragen *irr vt* (*hinzufügen*) добавля́ть, -ба́вить *pf*
nachts *adv* но́чью, по ноча́м
Nachtschicht *f* ⟨-, -en⟩ ночна́я сме́на *f*
Nachtwächter *m* ⟨-s, -⟩ ночно́й сто́рож *m*
Nachweis *m* ⟨-(e)s, -e⟩ (*Beweis*) доказа́тельство *nt*; (*Bescheinigung*) спра́вка *f*
nachweisen *irr vt* (*beweisen*) дока́зывать, -каза́ть *pf*; **jdm etw ~** доказа́ть кому́-л. что-л.
nachweislich *adj* доказу́емый
Nachwort *nt* ⟨-(e)s, -e⟩ послесло́вие *nt*
Nachwuchs *m* ⟨*gen:-*(e)s⟩ пото́мство *nt*; (*beruflicher ~*) сме́на *f*
nachzahlen *vi* (*mehr zahlen*) допла́чивать, -плати́ть *pf*; (*später zahlen*) опла́чивать, оплати́ть *pf* за́дним число́м [*o* поздне́е]
nachzählen *vt* пересчи́тывать, -счита́ть *pf*
Nachzügler, -in *m/f* ⟨-s, -⟩ опозда́вший, -шая *m/f*
Nacken *m* ⟨-s, -⟩ заты́лок *m*
nackt *adj* (*unbekleidet*) го́лый, обнажённый; (*bloß, bar*) го́лый
Nadel *f* ⟨-, -n⟩ (*Näh~*) игла́ *f*; (*umg:Näh~*) иго́лка *f*; (*Steck~*) була́вка *f*; (*Zeiger*) стре́лка *f*; (*BOT*) игла́ *f*
Nadelbaum *m* ⟨-(e)s, -bäume⟩ хво́йное де́рево *nt*
Nadelöhr *nt* ⟨-(e)s, -e⟩ иго́льное ушко́ *nt*
Nadelwald *m* ⟨-(e)s, -wälder⟩ хво́йный лес *m*
Nagel *m* ⟨-s, Nägel⟩ гвоздь *m*; (*Zehen~, Finger~*) но́готь *m*; **er schnitt sich die Nägel** он подстри́г себе́ но́гти; **etw an den ~ hängen** (*umgfig*) бро́сить что-л.
Nagelfeile *f* ⟨-, -n⟩ пи́лка *f* для ногте́й
Nagellack *m* ⟨-(e)s, -e⟩ лак *m* для ногте́й
nageln *vt* прибива́ть, -би́ть *pf* гвоздя́ми
nagelneu *adj* (*umg*) с иго́лочки
Nagelschere *f* ⟨-, -n⟩ но́жницы *pl* для

ногтéй
nagen *vi* грызть *impf*, обгрызáть, -грызть *pf*; **der Hund nagt an seinem Knochen** собáка грызёт свою кость; (*fig:Zweifel*) грызть *impf*
Nagetier *nt* ⟨-(e)s, -e⟩ грызýн *m*
nahe 1. *adj* блúзкий, недалёкий; **in ~r Zukunft** в недалёком бýдущем; **der Nahe Osten** Блúжний Востóк; **2.** *präp +dat* вóзле (+ *gen*), близ (+ *gen*); **er war den Tränen ~** он был готóв расплáкаться
Nähe *f* ⟨*gen:-*⟩ блúзость *f*; **in der ~ von etw** поблúзости от чегó-л.
nahelegen *vt:* **jdm etw ~** навести когó-л. на мысль о чём-л.
naheliegen *irr vi* напрáшиваться *impf*
naheliegend *adj* понятный
nahen *vi* приближáться, -блúзиться *pf*
nähen *vt* шить, с- *pf*; (*MED*) зашивáть, -шúть *pf*
nähere(r,s) *adj* бóлее блúзкая, -кий, -кое
Naherholungsgebiet *nt* ⟨-(e)s, -e⟩ зóна *f* óтдыха
nähern *vr* приближáться, -блúзиться *pf*; **sich jdm/etw ~** приблúзиться к комý-л./чемý-л.
nahestehen *vi:* **sie steht mir sehr nahe** онá óчень близкá мне
nahezu *adv* почтú (что)
Nähgarn *nt* ⟨-(e)s, -e⟩ (швéйные) нúтки *pl*
nahm *prät von* **nehmen**
Nähmaschine *f* ⟨-, -n⟩ швéйная машúна *f*
nähren *vt* (*er~*) кормúть, по- *pf*; (*geh: Zweifel, Bedenken, Hoffnung*) питáть *impf*
nahrhaft *adj* питáтельный
Nährstoff *m* ⟨-(e)s, -e⟩ питáтельное веществó *nt*
Nahrung *f* ⟨-, -en⟩ питáние *nt*
Nahrungsmittel *nt* ⟨-s, -⟩ продýкт *m* питáния
Nährwert *m* ⟨-(e)s, -e⟩ питáтельность *f*
Naht *f* ⟨-, Nähte⟩ шов *m*
nahtlos *adj* бесшóвный; **ein ~er Übergang** плáвный перехóд
Nahverkehr *m* ⟨*gen:-s*⟩ прúгородное сообщéние *nt*
Nahverkehrszug *m* ⟨-(e)s, -züge⟩ пóезд *m* прúгородного сообщéния; (*umg*) электрúчка *f*
naiv *adj* наúвный
Naivität *f* ⟨*gen:-*⟩ наúвность *f*
Name *m* ⟨-n, -n⟩ úмя *nt*; **im ~n von** от úмени когó-л./чегó-л.; **sich einen ~n machen** приобрестú извéстность
namens *adv* по фамúлии, по úмени
Namenstag *m* ⟨-(e)s, -e⟩ именúны *pl*
namentlich *adj* поимённый
namhaft *adj* (*berühmt*) извéстный; (*groß, beträchtlich*) значúтельный
nämlich *adv* (*und zwar*) а úменно; (*begründend*) так как
nannte *prät von* **nennen**
Napf *m* ⟨-(e)s, Näpfe⟩ мúска *f*
Narbe *f* ⟨-, -n⟩ шрам *m*, рубéц *m*
Narkose *f* ⟨-, -n⟩ наркóз *m*; **unter ~** под наркóзом
Narr *m* ⟨-en, -en⟩ дурáк *m*; (*Hof~*) шут *m*; **jdn zum ~en halten** считáть когó-л. дуракóм
Närrin *f* ⟨-, -nen⟩ дýра *f*
närrisch *adj* дурáцкий
Narzisse *f* ⟨-, -n⟩ нарцúс *m*
naschen 1. *vi* любúть *impf* слáдкое; **2.** *vt* лáкомиться, по- *pf* (+ *inst*)
Nase *f* ⟨-, -n⟩ нос *m*; **pro ~** (*umg*) нá нос; **jdn an der ~ herumführen** (*umg*) водúть когó-л. зá нос
Nasenbluten *nt* ⟨*gen:-s*⟩ кровотечéние *nt* из нóса
Nasenloch *nt* ⟨-(e)s, -löcher⟩ ноздря́ *f*
Nashorn *nt* ⟨-(e)s, -hörner⟩ носорóг *m*
naß *adj* мóкрый; **sie ist ~ bis auf die Haut** онá промóкла до нúтки
Nässe *f* ⟨*gen:-*⟩ сырость *f*
naßkalt *adj* промóзглый
Nation *f* ⟨-, -en⟩ нáция *f*
national *adj* национáльный
Nationalhymne *f* ⟨-, -n⟩ национáльный гимн *m*
Nationalismus *m* ⟨*gen:-*⟩ националúзм
Nationalität *f* ⟨-, -en⟩ национáльность *f*; **welcher ~ sind Sie?** кто Вы по национáльности?
Nationalmannschaft *f* ⟨-, -en⟩ национáльная сбóрная *f*
Nationalsozialismus *m* ⟨*gen:-*⟩ национáл-социалúзм *m*
Nationalsozialist, -in *m/f* ⟨-en, -en⟩ национáл-социалúст, -ка *m/f*
NATO *akr von North Atlantic Treaty Organization f* НАТО (Организáция *f* Североатлантúческого договóра)
Natrium *nt* ⟨*gen:-s*⟩ нáтрий *m*
Natur *f* ⟨*gen:-*⟩ прирóда *f*; **von ~ aus** от прирóды
Naturalismus *m* ⟨*gen:-*⟩ натуралúзм *m*
Naturfaser *f* ⟨-, -n⟩ натурáльное волокнó *nt*
naturgemäß 1. *adj* естéственный; **2.** *adv* естéственным óбразом
Naturgesetz *nt* ⟨-(e)s, -e⟩ закóн *m* прирóды
Naturkatastrophe *f* ⟨-, -n⟩ стихúйное бéдствие *nt*
natürlich 1. *adj* естéственный; **2.** *adv* (*selbstverständlich*) конéчно,

естéственно
Natürlichkeit *f* ⟨*gen:-*⟩ естéственность *f*
Naturprodukt *nt* ⟨-(e)s, -e⟩ натурáльный продýкт *m*
Naturschutz *m* ⟨*gen:-*es⟩ охрáна *f* прирóды
Naturschutzgebiet *nt* ⟨-(e)s, -e⟩ прирóдный заповéдник *m*
Naturwissenschaft *f* ⟨-, -en⟩ естествознáние *nt*
Naturwissenschaften *pl* естéственные нáуки *pl*
Navigation *f* ⟨*gen:-*⟩ навигáция *f*
Nazi *akr von* ***Nationalsozialist/-in***
Nebel *m* ⟨-s, -⟩ тумáн *m*; **dichter ~** густóй тумáн
Nebelscheinwerfer *m* ⟨-s, -⟩ противотумáнная фáра *f*
neben *präp* (*örtlich*) ря́дом с (+ *inst*), óколо (+ *gen*); **sie setzte sich ~ mich** онá сéла ря́дом со мной ; (*außer*) крóме (+ *gen*), нарядý с (+ *inst*); (*verglichen mit*) по сравнéнию с (+ *inst*)
nebenan *adv* ря́дом
nebenbei *adv* попýтно, мéжду прóчим, параллéльно; **sie studiert und arbeitet ~als Bedienung** онá ýчится и одновремéнно рабóтает официáнткой
Nebenberuf *m* ⟨-(e)s, -e⟩ побóчная рабóта *f*, рабóта *f* по совместúтельству
nebeneinander *adv* ря́дом друг с дрýгом
Nebenfach *nt* ⟨-(e)s, -fächer⟩ побóчный предмéт *m*, побóчная специáльность *f*
nebenher *adv* ря́дом; (*beiläufig*) побóчно
Nebenkosten *pl* ⟨*gen:-*⟩ накладны́е [*o* побóчные] расхóды *mpl*
Nebenprodukt *nt* ⟨-(e)s, -e⟩ побóчный продýкт *m*
Nebensache *f* ⟨-, -n⟩ второстепéнное дéло *nt*
nebensächlich *adj* второстепéнный
Nebensatz *m* ⟨-(e)s, -sätze⟩ придáточное предложéние *nt*
Nebenwirkung *f* ⟨-, -en⟩ побóчное дéйствие *nt*
Nebenzimmer *nt* ⟨-s, -⟩ сосéдняя кóмната
necken *vt* дразнúть *impf*
neckisch *adj* задóрный, лукáвый
Neffe *m* ⟨-n, -n⟩ племя́нник *m*
negativ *adj* отрицáтельный, негатúвный
Negativ *nt* ⟨-s, -e⟩ негатúв *m*
Neger, -in *m/f* ⟨-s, -⟩ негр, -итя́нка *f*
nehmen ⟨nahm, genommen⟩ *vt* брать, взять *pf*; **etw auf sich ~** взять что-л. на себя́; **jdn ernst ~** принимáть когó-л. всерьёз; **etw in Betrieb ~** ввестú что-л. в эксплуатáцию; **ein Hindernis ~** взять препя́тствие; **eine Sache in die Hand ~** взя́ться за что-л.; **wie man's nimmt** как посмотрéть; **jdm die Hoffnung ~** лишúть когó-л. надéжды; **ein Taxi ~** взять таксú; **einen Zug ~** поéхать на пóезде; **ein Flugzeug ~** полетéть на самолёте; **ein Doppelzimmer ~** снять двухмéстный нóмер
Neid *m* ⟨*gen:-*(e)s⟩ зáвисть; **aus ~** из зáвисти
neidisch *adj* завúстливый; **auf jdn ~ sein** завúдовать комý-л.
Neige : zur ~ gehen кончáться
neigen 1. *vt* наклоня́ть, -нúть *pf*; **2.** *vi:* **zu etw ~** быть склóнным к чемý-л.; **3.** *vr* наклоня́ться, -нúться *pf*
Neigung *f* ⟨-, -en⟩ (*Vorliebe*) склóнность *f*; (*Gefälle*) наклóн *m*
nein *adv* нет
Nelke *f* ⟨-, -n⟩ (*auch Gewürz~*) гвоздúка *f*
nennen ⟨nannte, genannt⟩ **1.** *vt* назывáть, -звáть *pf*; **wie willst du deine Tochter ~?** как ты хóчешь назвáть свою́ дочь? ; **2.** *vr* назывáться, -звáться *pf*
nennenswert *adj* сущéственный, замéтный
Nenner *m* ⟨-s, -⟩ (*MATH*) знаменáтель *m*; **etw auf einen gemeinsamen ~ bringen** привестú что-л. к óбщему знаменáтелю
Nennwert *m* ⟨-(e)s, -e⟩ номинáльная стóимость *f*
Neofaschismus *m* ⟨*gen:-*⟩ неофашúзм *m*
Neon *nt* ⟨*gen:-*s⟩ неóн *m*
Neonazi *m* ⟨-s, -s⟩ неонацúст *m*
Neonröhre *f* ⟨-, -n⟩ неóновая трýбка *f*
Nerv *m* ⟨-s, -en⟩ нерв *m*; **jdm auf die ~en gehen** (*umg*) нервúровать когó-л.
Nervenkitzel *m* ⟨*gen:-*s⟩ (*umg*) óстрые ощущéния *ntpl*
Nervenzusammenbruch *m* ⟨-(e)s, -brüche⟩ истощéние *nt* нéрвной систéмы
nervlich *adj* нéрвный
nervös *adj* нéрвный
Nervosität *f* ⟨*gen:-*⟩ нéрвность *f*, нервóзность *f*
Nerz *m* ⟨-es, -e⟩ (*Tier, Pelz*) нóрка *f*
Nessel *f* ⟨-, -n⟩ крапúва *f*
Nest *nt* ⟨-(e)s, -er⟩ гнездó *nt*; (*umg:Kleinstadt, Dorf*) глушь *f*
nett *adj* мúлый; (*hübsch*) миловúдный; (*freundlich*) симпатúчный; **das ist sehr ~ von Ihnen** э́то óчень мúло с Вáшей стороны́
netto *adv* нéтто

Nettoeinkommen *nt* ⟨-s, -⟩ чистый дохо́д *m*
Netz *nt* ⟨-es, -e⟩ сеть *f*; (*Computer~, Verkehrs~, Telefon~*) сеть *f*; (*Spinnen~*) паути́на *f*; (*Sport*) се́тка *f*; **jdm ins ~ gehen** (*umg*) попа́сться в чьи-л. се́ти
neu *adj* (*noch ungebraucht*) но́вый; **er hat ein ~es Fahrrad** у него́ но́вый велосипе́д; (*erst kürzlich entstanden*) но́вый; (*in einer Gemeinschaft*) но́вый; **mein ~er Kollege** мой но́вый колле́га
neuartig *adj* но́вый
Neubau *m* ⟨-(e)s, -ten⟩ новостро́йка *f*
Neubearbeitung *f* ⟨-, -en⟩ перерабо́тка *f*, но́вая обрабо́тка *f*
neuerdings *adv* с неда́вних пор
Neuerscheinung *f* ⟨-, -en⟩ (кни́жная) нови́нка *f*
Neuerung *f* ⟨-, -en⟩ но́вшество *nt*
Neugier(de) *f* ⟨*gen:*-⟩ любопы́тство *nt*; **aus ~** из любопы́тства
neugierig *adj* любопы́тный
Neuigkeit *f* ⟨-, -en⟩ но́вость *f*
Neujahr *nt* ⟨-s, -e⟩ Но́вый год *m*
Neuland *nt* ⟨*gen:*-(e)s⟩ целина́ *f*
neulich *adv* неда́вно
Neuling *m* ⟨-s, -e⟩ новичо́к *m*
Neumond *m* ⟨-(e)s, -e⟩ новолу́ние *nt*
neun *num* де́вять
neunfach *num* девятикра́тный
neunhundert *num* девятьсо́т
neunjährig *adj* девятиле́тний
neunmal *num* де́вять раз
neunte(r,s) *num* девя́тая, -тый, -тое
Neuntel *nt* ⟨-s, -⟩ девя́тая часть
neuntens *adv* в-девя́тых
neunzehn *num* девятна́дцать
neunzig *num* девяно́сто
neureich *adj* бы́стро разбогате́вший, но́вый бога́тый
Neurologe *m* ⟨-n, -n⟩ невро́лог *m*
Neurologie *f* ⟨*gen:*-⟩ невроло́гия *f*
Neurose *f* ⟨-, -n⟩ невро́з *m*
Neurotiker, -in *m/f* ⟨-s, -⟩ невро́тик, -вроти́чка *m/f*
neurotisch *adj* невроти́ческий
Neuseeland *nt* ⟨*gen:*-s⟩ Но́вая Зела́ндия *f*
neutral *adj* нейтра́льный; **ein ~er Staat** нейтра́льное госуда́рство
neutralisieren *vt* нейтрализова́ть *impf/pf*
Neutron *nt* ⟨-s, -en⟩ нейтро́н *m*
Neutronenwaffe *f* ⟨-, -n⟩ нейтро́нное ору́жие *nt*
Neutrum *nt* ⟨-s, -tra/-tren⟩ сре́дний род *m*
Neuzeit *f* ⟨*gen:*-⟩ но́вое вре́мя *nt*
nicht *adv* не; **noch ~** ещё нет; **~ wahr?** не так ли?; **besser ~** лу́чше не на́до
Nichte *f* ⟨-, -n⟩ племя́нница *f*
nichtig *adj* (*JUR:ungültig*) недействи́тельный; (*unbedeutend*) незначи́тельный
Nichtraucher, -in *m/f* ⟨-s, -⟩ некуря́щий, -щая *m/f*
nichts *pron* ничто́, ничего́; **sie wußte ~ davon** она́ ничего́ не зна́ла об э́том; **~ zu machen!** ничего́ не поде́лаешь!; **~ zu danken!** не́ за что!
Nichts *nt* ⟨*gen:*-⟩ ничто́; (*unbedeutender Mensch*) ничто́жество *nt*; **er ist ein ~** он ничто́жество
nichtssagend *adj* ничего́ не говоря́щий; (*ausdruckslos*) бессодержа́тельный
Nickel *nt* ⟨*gen:*-s⟩ ни́кель *m*
nicken *vi* кива́ть, кивну́ть *pf*
nie *adv* никогда́; **das schaffst du ~ bis morgen** э́того ты никогда́ не успеешь до за́втра; **fast ~** практи́чески никогда́; **~ wieder** бо́льше никогда́; **jetzt oder ~** тепе́рь или никогда́
nieder 1. *adj* ни́зкий; **2.** *adv* вниз; **auf und ~** вверх и вниз
Niedergang *m* ⟨*gen:*-(e)s⟩ (*Verfall*) упа́док *m*
niedergeschlagen *adj* удручённый
Niedergeschlagenheit *f* ⟨*gen:*-⟩ удручённость *f*
Niederlage *f* ⟨-, -n⟩ пораже́ние *nt*; **eine schwere ~** тяжёлое пораже́ние; **eine ~ erleiden** потерпе́ть пораже́ние
Niederlande *pl* ⟨*gen:*-⟩ Нидерла́нды *pl*
niederländisch *adj* нидерла́ндский
niederlassen *irr vr* (*hinsetzen*) опуска́ться, опусти́ться *pf*; (*an einem Ort*) сели́ться, по- *pf*; (*eine Praxis eröffnen*) открыва́ть, -кры́ть *pf* пра́ктику
Niederlassung *f* ⟨-, -en⟩ поселе́ние *nt*; (*Geschäfts~*) отделе́ние *nt*, филиа́л *m*
niederlegen *vt* класть, положи́ть *pf*; (*Amt*) слага́ть, сложи́ть *pf* с себя́ ; **die Arbeit ~** прекрати́ть рабо́ту
Niedersachsen *nt* ⟨*gen:*-s⟩ Ни́жняя Саксо́ния *f*
Niederschlag *m* ⟨-(e)s, -schläge⟩ (*Regen, Schnee*) оса́док *m*; (*Ausdruck, Ergebnis*) выраже́ние *nt*; **etw findet seinen ~ (in etw)** что́-то нахо́дит своё выраже́ние (в чём-л.)
niederschlagen 1. *irr vt* (*Person*) сбива́ть, сбить *pf* с ног; (*Aufstand*) подавля́ть, -ви́ть *pf*; **2.** *vi* осажда́ться, осе́сть *pf*
niederträchtig *adj* ни́зкий, по́длый; **das ist eine ~e Lüge** э́то ни́зкая ложь
Niederung *f* ⟨-, -en⟩ (*Senkung*) ни́зменность *f*
niedlich *adj* миловидный
niedrig *adj* ни́зкий; (*Einstellung*) ни́зкий,

по́длый
niemals *adv* никогда́
niemand *pron* никто́; **das weiß ~** э́того никто́ не зна́ет
Niere *f* ⟨-, -n⟩ по́чка *f*
nieseln *vi* моросить *impf*; **es nieselt** мороси́т (дождь)
Nieselregen *m* ⟨*gen:*-s⟩ ме́лкий дождь *m*
niesen *vi* чиха́ть, -хну́ть *pf*
Niete *f* ⟨-, -n⟩ (*Los*) пусто́й (лотере́йный) биле́т *m*; (*umg:Versager/-in*) ничто́жество *nt*; **eine ~ ziehen** вы́тянуть пусто́й биле́т
Nihilismus *m* ⟨*gen:*-⟩ нигили́зм *m*
nihilistisch *adj* нигили́стский
Nikotin *nt* ⟨*gen:*-s⟩ никоти́н *m*
nikotinarm *adj* содержа́щий ма́ло никоти́на
Nilpferd *nt* ⟨-(e)s, -e⟩ бегемо́т *m*
Nippes *pl* ⟨*gen:*-⟩ безде́лушки *pl*
nirgends *adv* нигде́
Nische *f* ⟨-, -n⟩ ни́ша *f*
nisten *vi* (*von Vögeln*) гнезди́ться *impf*
Nistkasten *m* ⟨-s, -kästen⟩ скворе́чник *m*
Nitrat *nt* ⟨-(e)s, -e⟩ нитра́т *m*
Niveau *nt* ⟨-s, -s⟩ у́ровень *m*
niveaulos *adj* се́рый
Nixe *f* ⟨-, -n⟩ руса́лка *f*
nobel *adj* (*von Person*) благоро́дный; (*teuer, vornehm*) шика́рный
Nobelpreis *m* ⟨-es, -e⟩ Но́белевская пре́мия *f*
Nobelpreisträger, -in *m/f* ⟨-s, -⟩ лауреа́т *m* Но́белевской пре́мии
noch 1. *conj* ни; **weder ... ~ ...** ни... , ни...; **2.** *adv* ещё; **~ hast du Zeit** у тебя́ ещё есть вре́мя; (*außerdem, sonst ~*) ещё; (*irgendwann ~*) ещё; **sie wird schon ~ sehen** она́ ещё уви́дит; **~ nicht** ещё нет; **~ einmal** ещё раз; **~ vor zwei Tagen** ещё позавчера́
nochmalig *adj* повто́рный
nochmals *adv* ещё раз
Nockenwelle *f* ⟨-, -n⟩ распредели́тельный вал *m*
Nomade, Nomadin *m/f* ⟨-n, -n⟩ коче́вник, -ница *m/f*
Nomen *nt* ⟨-s, Nomina⟩ и́мя *nt*
Nominativ *m* ⟨-s, -e⟩ имени́тельный паде́ж *m*
Nonne *f* ⟨-, -n⟩ мона́хиня *f*
Nordamerika *nt* ⟨*gen:*-s⟩ Се́верная Аме́рика *f*
norddeutsch *adj* северонеме́цкий, северогерма́нский
Norddeutschland *nt* ⟨*gen:*-s⟩ Се́верная Герма́ния *f*
Norden *m* ⟨*gen:*-s⟩ се́вер *m*; **nach/von ~** на се́вер/с се́вера; **der hohe ~** Кра́йний Се́вер
Nordeuropa *nt* ⟨*gen:*-s⟩ Се́верная Евро́па *f*
Nordirland *nt* ⟨*gen:*-s⟩ Се́верная Ирла́ндия *f*
nördlich 1. *adj* се́верный; **~ von** на се́вере от; **2.** *präp +gen* к се́веру́ от (+ *gen*)
Nordosten *m* ⟨*gen:*-s⟩ се́веро-восто́к *m*
Nordpol *m* ⟨*gen:*-s⟩ Се́верный по́люс *m*
Nordrhein-Westfalen *nt* ⟨*gen:*-s⟩ Се́верный Рейн *m*-Вестфа́лия *f*
Nordsee *f* ⟨*gen:*-⟩ Се́верное мо́ре *nt*
Nordwesten *m* ⟨*gen:*-s⟩ се́веро-за́пад *m*
nörgeln *vi* придира́ться, -дра́ться *pf*; **sie nörgelte über das Essen** она́ придира́лась к еде́
Nörgler, -in *m/f* ⟨-s, -⟩ приди́ра *mf*
Norm *f* ⟨-, -en⟩ но́рма *f*; **der ~ entsprechen** соотве́тствовать но́рме
normal *adj* норма́льный; (*umg:~erweise*) обы́чно
normalisieren 1. *vr* нормализова́ться *impf/pf*; **die Lage hat sich normalisiert** положе́ние нормализова́лось; **2.** *vt* нормализова́ть *impf/pf*
Norwegen *nt* ⟨*gen:*-s⟩ Норве́гия *f*
Norweger, -in *m/f* ⟨-s, -⟩ норве́жец, -жка *m/f*
norwegisch 1. *adj* норве́жский; **2.** *adv* по-норве́жски
Nostalgie *f* ⟨*gen:*-⟩ ностальги́я *f*
Not *f* ⟨-, Nöte⟩ (*Mangel, Elend*) нужда́ *f*, бе́дственное положе́ние *nt*, беда́ *f*; (*Zwang, Notwendigkeit*) необходи́мость *f*, нужда́ *f*; **aus ~** по необходи́мости; **zur ~** в кра́йнем слу́чае; **~ leiden** испы́тывать нужду́
Notar, -in *m/f* ⟨-s, -e⟩ нота́риус *m*
notariell *adj* нотариа́льный; **etw ~ beglaubigen lassen** заве́рить что-л. у нота́риуса [*o* в нотариа́льной конто́ре]
Notarzt, -ärztin *m/f* ⟨-(e)s, -ärzte⟩ дежу́рный врач *m*
Notausgang *m* ⟨-(e)s, -gänge⟩ запа́сный вы́ход *m*
Notbehelf *m* ⟨-(e)s, -e⟩ вре́менная ме́ра *f*
Notbremse *f* ⟨-, -n⟩ э́кстренный то́рмоз *m*
notdürftig *adj* бе́дный
Note *f* ⟨-, -n⟩ (*Schul~*) оце́нка *f*; **er hat gute ~n** у него́ хоро́шие оце́нки; (*MUS*) но́та *f*; (*Eigenart*) отте́нок *m*
Notenschlüssel *m* ⟨-s,-⟩ ключ *m*
Notenständer *m* ⟨-s, -⟩ пюпи́тр *m* для нот
Notfall *m* ⟨-(e)s, -fälle⟩ кра́йний слу́чай *m*; **im ~** в кра́йнем слу́чае

notfalls *adv* в крáйнем слýчае
notgedrungen *adv* поневóле
notieren *vt* запúсывать, -сáть *pf*; **er notierte sich ihre Adresse** он записáл себé её áдрес
nötig *adj* нýжный
nötigen *vt* (*zwingen*) принуждáть, -нýдить *pf*
Notiz *f* ⟨-, -en⟩ зáпись *f*; **sich ~en machen** дéлать себé замéтки; **von jdm/etw ~ nehmen** обращáть внимáние на когó-л./что-л.
Notizbuch *nt* ⟨-(e)s, -bücher⟩ записнáя кнúжка *f*
Notlage *f* ⟨-, -n⟩ бéдственное положéние *nt*; **in einer ~ sein** находúться в бéдственном положéнии
notlanden *vi* совершáть, -шúть *pf* вынужденную посáдку
Notlandung *f* ⟨-, -en⟩ вынужденная посáдка *f*
Notlösung *f* ⟨-, -en⟩ врéменное решéние *nt*
Notlüge *f* ⟨-, -n⟩ вынужденная ложь *f*
Notruf *m* ⟨-(e)s, -e⟩ э́кстренный вызов *m*
Notstand *m* ⟨*gen:*-(e)s⟩ бéдствие *nt*; (*POL*) чрезвычáйное положéние *nt*; **den ~ ausrufen** объявúть чрезвычáйное положéние
Notwehr *f* ⟨*gen:*-⟩ самозащúта *f*
notwendig *adj* необходúмый
Notwendigkeit *f* ⟨-, -en⟩ необходúмость *f*
Novelle *f* ⟨-, -n⟩ (*Erzählung*) новéлла *f*; (*JUR:Gesetzes~*) изменéние *nt* закóна
November *m* ⟨-(s), -⟩ ноя́брь *m*
Nuance *f* ⟨-, -n⟩ нюáнс *m*
nüchtern *adj* трéзвый; (*zweckmäßig, vernünftig*) рассудúтельный; (*Magen*) пустóй; **auf ~en Magen** на пустóй желýдок
Nüchternheit *f* ⟨*gen:*-⟩ трéзвость *f*, (*Zweckmäßigkeit, Vernunft*) рассудúтельность *f*
Nudel *f* ⟨-, -n⟩ вермишéль *f*
nuklear *adj* я́дерный
null *num* ноль; **~ und nichtig** ничтóжный
Null *f* ⟨-, -en⟩ (*Ziffer*) ноль *m*; (*umg:Versager/-in*) ничтóжество *nt*
Nullpunkt *m* ⟨*gen:*-(e)s⟩ нулевáя тóчка *f*; (*Gefrierpunkt*) нуль *m*
Nulltarif *m* ⟨*gen:*-s⟩ бесплáтная услýга; **zum ~** бесплáтно
numerieren *vt* нумеровáть, про- *pf*
numerisch *adj* числовóй, чúсленный
Nummer *f* ⟨-, -n⟩ нóмер *m*; (*Kabarett~, Zirkus~*) выступлéние *nt*
Nummernschild *nt* ⟨-(e)s, -er⟩ таблúчка *f* с нóмерным знáком, номернóй знак *m*
nun 1. *adv* (*jetzt*) тепéрь; **von ~ an** отны́не; **was ~?** что тепéрь?; **2.** *part* ну, так
nur 1. *adv* тóлько, лишь; **nicht ~ ..., sondern auch** не тóлько, но и; **2.** *part* тóлько; **was hat sie ~?** что же с ней?; **warte ~!** подождú-ка!
Nuß *f* ⟨-, Nüsse⟩ орéх *m*
Nußbaum *m* ⟨-(e)s, -bäume⟩ орéх *m* грéцкий
Nutte *f* ⟨-, -n⟩ (*pej*) шлю́ха *f*, проститýтка *f*
nutzen *vt* испóльзовать *impf/pf*; **die Gelegenheit ~** воспóльзоваться возмóжностью
nützen *vi* приносúть, -нестú *pf* пóльзу; **wem soll das ~?** комý э́то нýжно?
Nutzen *m* ⟨*gen:*-s⟩ пóльза *f*; (*Vorteil*) вы́года *f*; **~ aus etw ziehen** извлéчь вы́году [*o* пóльзу] из чегó-л.
nützlich *adj* (*nutzbringend*) полéзный
Nützlichkeit *f* ⟨*gen:*-⟩ полéзность *f*
nutzlos *adj* бесполéзный
Nutzlosigkeit *f* ⟨*gen:*-⟩ бесполéзность *f*
NVA *abk von* ***Nationale Volksarmee*** *f* ННА (Национáльная нарóдная áрмия *f*)
Nylon *nt* ⟨*gen:*-s⟩ нейлóн *m*

O

o, O *nt* ⟨-, -⟩ o, O
Oase *f* ⟨-, -n⟩ оáзис *m*
ob *conj* ли; **als ~** как бýдто; **und ~!** ещё как!
Obdach *nt* ⟨*gen:*-(e)s⟩ прию́т *m*
obdachlos *adj* бездóмный
Obdachlose(r) *mf* ⟨-n, -n⟩ бездóмный, -ная *m/f*
Obduktion *f* ⟨-, -en⟩ вскры́тие *nt*
O-Beine *pl* ⟨*gen:*-⟩ нóги *fpl* колесóм
oben *adv* наверхý, вверхý, свéрху; **das Bad ist ~** вáнная нахóдится наверхý; **nach ~** навéрх; **von ~** свéрху; **von ~ bis unten** свéрху дóнизу; **von ~ herab** (*fig*) свысокá
obendrein *adv* (*noch dazu*) крóме тогó
obengenannt *adj* (*in Text, Rede*) вышеупомя́нутый
Ober *m* ⟨-s, -⟩ официáнт *m*
Oberarm *m* ⟨-(e)s, -e⟩ плечó *nt*
Oberarzt, -ärztin *m/f* ⟨-es, -ärzte⟩ ≈ завéдующий, -щая *m/f* отделéнием (в больнúце)
Oberbefehl *m* ⟨*gen:*-(e)s⟩ глáвное комáндование *nt*
Oberbefehlshaber, -in *m/f* ⟨-s, -⟩ главнокомáндующий *m*

Oberbegriff *m* ⟨-(e)s, -e⟩ óбщее поня́тие *nt*
Oberbekleidung *f* ⟨*gen:-*⟩ ве́рхняя оде́жда *f*
obere(r,s) *adj* ве́рхняя, -ний, -нее; **die ~n Zehntausend** (*umg*) верху́шка о́бщества
Oberfläche *f* ⟨-, -n⟩ пове́рхность *f*
oberflächlich *adj* (*auch von Person*) пове́рхностный
oberhalb **1.** *adv* пове́рх, вы́ше; **2.** *präp +gen* вы́ше (+ *gen*)
Oberhaupt *nt* ⟨-(e)s, -häupter⟩ глава́ *f*
Oberin *f* ⟨-, -nen⟩ (*im Kloster*) настоя́тельница *f* монастыря́; (*im Krankenhaus*) ста́ршая сестра́ *f* (в больни́це)
Oberkiefer *m* ⟨-s, -⟩ ве́рхняя че́люсть *f*
Oberkörper *m* ⟨-s, -⟩ ве́рхняя часть *f* ту́ловища
Oberleitung *f* ⟨-, -en⟩ конта́ктный про́вод *m*
Oberlippe *f* ⟨-, -n⟩ ве́рхняя губа́ *f*
Oberschenkel *m* ⟨-s, -⟩ бедро́ *nt*
Oberschicht *f* ⟨-, -en⟩ (*gesellschaftlich*) ве́рхний слой *m* (о́бщества)
Oberst *m* ⟨-en, -en⟩ полко́вник *m*
oberste(r,s) *adj* вы́сшая, -ший, -шее
Oberteil *nt* ⟨-(e)s, -e⟩ ве́рхняя часть *f*
Oberweite *f* ⟨-, -n⟩ объём *m* груди́
Obhut *f* ⟨*gen:-*⟩ надзо́р *m*
Objekt *nt* ⟨-s, -e⟩ (*auch LING*) объе́кт *m*
objektiv *adj* объекти́вный; **eine ~ Darstellung** объекти́вное изложе́ние
Objektiv *nt* ⟨-s, -e⟩ объекти́в *m*
Objektivität *f* ⟨*gen:-*⟩ объекти́вность *f*
obligatorisch *adj* обяза́тельный
Oboe *f* ⟨-, -n⟩ гобо́й *m*
obskur *adj* (*seltsam, fragwürdig*) подозри́тельный
Obst *nt* ⟨*gen:-*(e)s⟩ фру́кты *pl*; **ein Stück ~** фрукт
Obstbaum *m* ⟨-(e)s, -bäume⟩ плодо́вое де́рево *nt*
obszön *adj* скабрёзный
Obszönität *f* ⟨-, -en⟩ скабрёзность *f*
obwohl *conj* хотя́, несмотря́ на то что
Ochse *m* ⟨-n, -n⟩ вол *m*; (*umg:Dummkopf*) болва́н *m*; **wie der ~ vorm Berg stehen** (*umg*) уста́виться как бара́н на но́вые воро́та
öd(e) *adj* пусты́нный; (*umg:langweilig*) ску́чный
Öde *f* ⟨*gen:-*⟩ (*Gegend*) пусты́нная ме́стность *f*; (*Langweiligkeit, Leere*) безысхо́дность *f*
oder *conj* или; **entweder ... ~** или... или...
Ofen *m* ⟨-s, Öfen⟩ пе́чь *f*; (*umg*) пе́чка *f*
offen *adj* (*unverschlossen, aufrichtig*) откры́тый; **~ gesagt** открове́нно говоря́; **auf ~ er See** в откры́том мо́ре; **eine ~e Rechnung** откры́тый счёт
offenbar **1.** *adj* очеви́дный; **2.** *adv* очеви́дно
offenbaren **1.** *vt* признава́ться, -зна́ться *pf*; **2.** *vr* обнару́живаться, -житься *pf*; **sich jdm ~** дове́риться кому́-л.
Offenbarung *f* ⟨-, -en⟩ (*auch REL*) открове́ние *nt*
offenbleiben *irr vi* остава́ться, оста́ться *pf* откры́тым
offenhalten *irr vt* держа́ть *impf* откры́тым
Offenheit *f* ⟨*gen:-*⟩ откры́тость *f*
offenherzig *adj* чистосерде́чный
offenlassen *irr vt* оставля́ть, оста́вить *pf* откры́тым
offensichtlich *adj* очеви́дный
offensiv *adj* наступа́тельный
Offensive *f* ⟨-, -n⟩ наступле́ние *nt*; **in die ~ gehen** нача́ть наступле́ние
offenstehen *vi* (*Tür, Fenster, Rechnung*) быть *impf* откры́тым; **jdm steht offen, etw zu tun** име́ть возмо́жность вы́бора: де́лать или не де́лать что-л.
öffentlich *adj* обще́ственный; **die ~e Meinung** обще́ственное мне́ние; **die ~en Verkehrsmittel** обще́ственный тра́нспорт
Öffentlichkeit *f* ⟨*gen:-*⟩ обще́ственность *f*; **in aller ~** гла́сно
Offerte *f* ⟨-, -n⟩ (*Angebot*) предложе́ние *nt*
offiziell *adj* официа́льный
Offizier *m* ⟨-s,-e⟩ офице́р *m*
öffnen **1.** *vt* открыва́ть, -кры́ть *pf*; **sie öffnete ihm die Tür** она́ откры́ла ему́ дверь; **2.** *vr* открыва́ться, -кры́ться *pf*
Öffnung *f* ⟨-, -en⟩ (*das Öffnen*) откры́тие *nt*; (*offene Stelle*) отве́рстие *nt*
Öffnungszeit *f* ⟨-, -en⟩ часы́ *pl* рабо́ты
oft *adv* ча́сто
öfter *adv* ча́стый
öfters *adv* ча́сто
ohne **1.** *präp +akk* без (+ *gen*); **~ weiteres** сра́зу; **2.** *conj* без того́, чтобы; **~ zu klopfen trat sie ein** она́ вошла́ не постуча́в; **er ging, ~ daß sie es bemerkte** он ушёл незаме́тно для неё
ohnehin *adv* и без того
Ohnmacht *f* ⟨-, -en⟩ о́бморок *m*; **in ~ fallen** упа́сть в о́бморок
ohnmächtig *adj* без созна́ния
Ohr *nt* ⟨-(e)s, -en⟩ у́хо *nt*; **jdn übers ~ hauen** (*umg*) наду́ть кого́-л.; **sich etw hinter die ~en schreiben** (*umg*) намота́ть себе́ что-л. на ус
Ohrfeige *f* ⟨-, -n⟩ пощёчина *f*; **jdm eine ~ geben** дать кому́-л. пощёчину

Ohrläppchen *nt* ⟨-s, -⟩ ушная мочка *f*
Ohrring *m* ⟨-(e)s, -e⟩ серьга *f*
o.k. *siehe* **okay**
okay 1. *adj:* ~ **sein** быть в (полном) порядке; **sie ist ~** с ней всё в порядке; **2.** *adv* окей, хорошо, ладно; **~, ich komme gleich** окей, я сейчас приду
Ökologe, -login *m/f* ⟨-n, -n⟩ эколог *m*
Ökologie *f* ⟨*gen:-*⟩ экология *f*
ökologisch *adj* экологический; **das ~e Gleichgewicht** экологическое равновесие
Ökonomie *f* ⟨-, -n⟩ экономика *f*
ökonomisch *adj* (*wirtschaftlich*) экономический; (*sparsam:Motor, Verfahren*) экономичный; (*sparsam:Mensch, Haushalt*) экономный
Ökosystem *nt* ⟨-s, -e⟩ экосистема *f*
Oktanzahl *f* ⟨-, -en⟩ октановое число *nt*
Oktave *f* ⟨-, -n⟩ октава *f*
Oktober *m* ⟨-(s), -⟩ октябрь *m*
Oktoberrevolution *f* ⟨*gen:-*⟩ Октябрьская революция *f*
ökumenisch *adj* экуменический
Öl *nt* ⟨-(e)s, -e⟩ (*Speise~*) растительное масло *nt*; (*Heiz~*) мазут *m*; (*Erd~*) нефть *f*; **nach ~ bohren** бурить в поисках нефти
ölen *vt* смазывать, -зать *pf* маслом
Ölfarbe *f* ⟨-, -n⟩ масляная краска *f*
Ölfeld *nt* ⟨-(e)s, -er⟩ нефтяной промысел *m*
Ölheizung *f* ⟨-, -en⟩ мазутное отопление *nt*
ölig *adj* масляный; (*salbungsvoll, glatt*) елейный
Olive *f* ⟨-, -n⟩ маслина *f*
Ölpest *f* ⟨*gen:-*⟩ загрязнение *nt* нефтью
Ölquelle *f* ⟨-, -n⟩ нефтяной источник *m*
Ölstand *m* ⟨-(e)s, -stände⟩ уровень *m* масла; **den ~ messen** измерить уровень масла
Öltanker *m* ⟨-s, -⟩ нефтяной танкер *m*
Olympiade *f* ⟨-, -n⟩ олимпиада *f*
Olympiasieger, -in *m/f* ⟨-s, -⟩ олимпийский чемпион, олимпийская чемпионка *m/f*
olympisch *adj* олимпийский; **die Olympischen Spiele** Олимпийские игры
Oma *f* ⟨-, -s⟩ (*umg:Großmutter*) бабушка *f*; (*umg:ältere Frau*) бабуля *f*
Omelett *nt* ⟨-(e)s, -e/-s⟩ омлет *m*
Omen *nt* ⟨-s, -⟩ (*geh*) предзнаменование *nt*
Omnibus *m* ⟨-ses, -se⟩ автобус *m*; **mit dem ~ fahren** ехать на автобусе
Onkel *m* ⟨-s, -⟩ дядя *m*
OP *abk von* ***Operationssaal***
Opa *m* ⟨-s, -s⟩ (*umg:Großvater*) дедушка *m*; (*umg:älterer Mann*) дедушка *m*
OPEC *akr von* ***Organization of the Petroleum Exporting Countries*** *f* ОПЕК *m* (Организация *f* стран-экспортёров нефти)
Oper *f* ⟨-, -n⟩ (*MUS*) опера *f*; (*~nhaus*) оперный театр *m*; **in die ~ gehen** пойти в оперу
Operation *f* ⟨-, -en⟩ операция *f*
Operationssaal *m* ⟨-(e)s, -säle⟩ операционный зал *m*
Operette *f* ⟨-, -n⟩ оперетта *f*
operieren 1. *vt* (*MED*) оперировать, про- *pf*; **sich ~ lassen** оперироваться; **2.** *vi* оперировать *impf*; **mit etw ~** оперировать чем-л.
Opernglas *nt* ⟨-es, -gläser⟩ театральный бинокль *m*
Opernsänger, -in *m/f* ⟨-s, -⟩ оперный певец *m*, оперная певица *f*
Opfer *nt* ⟨-s, -⟩ жертва *f*; **(für etw/jdn) ein ~ bringen** пожертвовать чем-л. (для чего-л./кого-л.); **jdm/etw zum ~ fallen** стать жертвой кого-л./чего-л.
opfern 1. *vt* жертвовать, по- *pf* (+ *inst*); **2.** *vr* (*sich auf~*) жертвовать, по- *pf* собой
Opium *nt* ⟨*gen:-s*⟩ опиум *m*
Opportunismus *m* ⟨*gen:-*⟩ оппортунизм *m*
Opportunist, -in *m/f* ⟨-en, -en⟩ оппортунист *m*
Opposition *f* ⟨-, -en⟩ оппозиция *f*; **in ~ zu etw stehen** находиться в оппозиции к чему-л.
oppositionell *adj* оппозиционный
Optik *f* ⟨*gen:-*⟩ оптика *f*
Optiker, -in *m/f* ⟨-s, -⟩ оптик *m*
optimal *adj* оптимальный
Optimismus *m* ⟨*gen:-*⟩ оптимизм *m*
Optimist, -in *m/f* ⟨-en, -en⟩ оптимист, -ка *m/f*
optimistisch *adj* оптимистический
Optimum *nt* ⟨-s, Optima⟩ оптимум *m*
optisch *adj* оптический; **eine ~e Täuschung** оптический обман
orange *adj* оранжевый
Orange *f* ⟨-, -en⟩ апельсин *m*
Orangensaft *m* ⟨*gen:-*(e)s⟩ апельсиновый сок *m*
Orchester *nt* ⟨-s, -⟩ оркестр *m*
Orchidee *f* ⟨-, -n⟩ орхидея *f*
Orden *m* ⟨-s, -⟩ (*Auszeichnung, Ordensgemeinschaft*) орден *m*; **jdm für etw einen ~ verleihen** наградить кого-л. за что-л. орденом
ordentlich *adj* аккуратный; (*anständig*) приличный; (*umg:gehörig, tüchtig*) здоровый, приличный
Ordinalzahl *f* ⟨-, -en⟩ порядковое

числи́тельное *nt*
ordinär *adj* (*gewöhnlich*) обы́чный
ordnen *vt* располага́ть, -ложи́ть *pf*; (*regeln*) приводи́ть, -вести́ *pf* в поря́док
Ordner *m* ⟨-s, -⟩ (*Aufpasser*) распоряди́тель *m*; (*Akten~*) скоросшива́тель *m*
Ordnung *f* ⟨-, -en⟩ поря́док *m*; (*das Ordnen*) упоря́дочение *nt*; (*Regelung*) урегули́рование *nt*; (*Rang, auch BIO*) строй *m*; **~ halten** соблюда́ть поря́док; **jdn zur ~ rufen** призва́ть кого́-л. к поря́дку; **der ~ halber** ра́ди поря́дка; **in ~ sein** (*umg*) быть в поря́дке; **etw in ~ bringen** (*umg*) привести́ что-л. в поря́док
Ordnungsliebe *f* ⟨*gen:-*⟩ любо́вь *f* к поря́дку
Ordnungsstrafe *f* ⟨-, -n⟩ дисциплина́рное взыска́ние *nt*
Organ *nt* ⟨-s, -e⟩ (*ANAT, Behörde, Stelle, Zeitung*) о́рган *m*; (*umg:Stimme*) го́лос *m*; **sie hat ein lautes ~** у неё гро́мкий го́лос
Organisation *f* ⟨-, -en⟩ организа́ция *f*
Organisator, -in *m/f* ⟨-s, -en⟩ организа́тор *m*
organisatorisch *adj* организацио́нный
organisieren 1. *vt* организова́ть *impf/pf*; **2.** *vr* организова́ться *impf/pf*; **das organisierte Verbrechen** организо́ванная престу́пность
Organismus *m* ⟨-, -men⟩ органи́зм *m*
Organist, -in *m/f* ⟨-en, -en⟩ органи́ст, -ка *m/f*
Organspender, -in *m/f* ⟨-s, -⟩ до́нор *m*
Orgasmus *m* ⟨-, -men⟩ орга́зм *m*
Orgel *f* ⟨-, -n⟩ орга́н *m*
Orgie *f* ⟨-, -n⟩ дебо́ш *m*, о́ргия *f*, попо́йка *f*; **~n feiern** устра́ивать дебо́ши
Orient *m* ⟨*gen:-s*⟩ Восто́к *m*
orientalisch 1. *adj* восто́чный; **2.** *adv* по-восто́чному
orientieren 1. *vr* ориенти́роваться, с- *pf* (*an +akk* на *+gen*); **2.** *vt:* **jdn über etw ~** проинформи́ровать кого́-л. о чём-л.
Orientierung *f* ⟨*gen:-*⟩ ориенти́рование *nt*, ориентиро́вка *f*; **die ~ verlieren** потеря́ть ориентиро́вку
original *adj* оригина́льный
Original *nt* ⟨-s, -e⟩ оригина́л *m*; (*umg:origineller Mensch*) чуда́к *m*, оригина́л *m*; **Homer im ~ lesen** чита́ть Гоме́ра в оригина́ле
Originalität *f* ⟨*gen:-*⟩ оригина́льность *f*; (*Echtheit*) по́длинность
originell *adj* оригина́льный
Orkan *m* ⟨-(e)s, -e⟩ урага́н *m*
Ornament *nt* ⟨-(e)s, -e⟩ орна́мент *m*
Ornithologe, -login *m/f* ⟨-n, -n⟩ орнито́лог *m*
Ort *m* ⟨-(e)s, e⟩ ме́сто *nt*; (*~schaft*) населённый пункт *m*; **an ~ und Stelle** на ме́сте
orten *vt* обнару́живать, -жить *pf*
orthodox 1. *adj* (*stenggläubig*) ортодокса́льный; (*griechisch-~*) правосла́вный; **2.** *adv* (*strenggläubig*) ортодокса́льно; (*griechisch-~*) по-правосла́вному
Orthographie *f* ⟨*gen:-*⟩ орфогра́фия *f*
orthographisch *adj* орфографи́ческий
Orthopäde *m* ⟨-n, -n⟩ ортопе́д *m*
Orthopädin *f* ⟨-, -nen⟩ ортопе́д *m*
orthopädisch *adj* ортопеди́ческий
örtlich *adj* ме́стный; **~e Betäubung** (*MED*) ме́стная анестези́я
Ortschaft *f* ⟨-, -en⟩ посёлок *m*, населённый пункт *m*
ortsfremd *adj* прие́зжий
Ortsgespräch *nt* ⟨-(e)s, -e⟩ (телефо́нный) разгово́р *m* в преде́лах населённого пу́нкта
Ortsnetz *nt* ⟨-es, -e⟩ ме́стная телефо́нная сеть *f*
Ortszeit *f* ⟨-, -en⟩ ме́стное вре́мя *nt*; **um 6 Uhr ~** в шесть часо́в по ме́стному вре́мени
Öse *f* ⟨-, -n⟩ ушко́ *nt*
Ostblock *m* ⟨*gen:-(e)s*⟩ стра́ны *pl* Восто́чного бло́ка
ostdeutsch *adj* восточногерма́нский
Ostdeutschland *nt* ⟨*gen:-s*⟩ Восто́чная Герма́ния *f*
Osten *m* ⟨*gen:-s*⟩ восто́к *m*; **nach/von ~** на восто́к/с восто́ка; **der Ferne ~** Да́льний Восто́к ; **der Nahe ~** Бли́жний Восто́к
Osterei *nt* ⟨-(e)s, -er⟩ пасха́льное яйцо́ *nt*
Ostermontag *m* ⟨-(e)s, -e⟩ второ́й день *m* Па́схи
Ostern *nt* ⟨-, -⟩ Па́сха *f*; **zu ~** на Па́сху
Österreich *nt* ⟨*gen:-s*⟩ А́встрия *f*
Österreicher, -in *m/f* ⟨-s, -⟩ австри́ец, -ри́йка *m/f*
österreichisch 1. *adj* австри́йский; **2.** *adv* по-австри́йски
Ostersonntag *m* ⟨-s, -e⟩ пе́рвыи день *m* Па́схи
Osteuropa *nt* ⟨*gen:-s*⟩ Восто́чная Евро́па *f*
östlich 1. *adj* восто́чный; **~ von** к восто́ку от; **2.** *präp +gen* восто́чнее (+ *gen*), на восто́ке от (+ *gen*)
Ostsee *f* ⟨*gen:-*⟩ Балти́йское мо́ре *nt*
Otter [1] *m* ⟨-s, -⟩ (*Fisch~*) вы́дра *f*
Otter [2] *f* ⟨-, -n⟩ (*Schlange*) гадю́ка *f*
oval *adj* ова́льный
Overall *m* ⟨-s, -s⟩ комбинезо́н *m*
Oxid *nt* ⟨-(e)s, -e⟩ окси́д *m*, о́кись *f*

oxidieren *vi* окисляться, окислиться *pf*
Ozean *m* ⟨-s, -e⟩ океан *m*
ozeanisch *adj* океанский
Ozon *nt* ⟨*gen:*-s⟩ озон *m*
Ozonloch *nt* ⟨-(e)s, -löcher⟩ озоновая дыра *f*
Ozonschicht *f* ⟨*gen:*-⟩ озоновый слой *m*

P

p, P *nt* ⟨-, -⟩ п, П
paar *adj* несколько; **warte noch ~ Minuten** подожди ещё пару минут; **ein ~** несколько
Paar *nt* ⟨-(e)s, -e⟩ пара *f*; **ein ~ Schuhe** пара ботинок
paaren 1. *vt* (*Tiere*) спаривать, -рить *pf*; **2.** *vr* (*Tiere*) спариваться, -риться *pf* (*mit +dat* с *+inst*)
Paarung *f* ⟨-, -en⟩ (*von Tieren*) спаривание *nt*
paarweise *adv* парами
Pacht *f* ⟨*gen:*-⟩ (*~verhältnis*) аренда *f*; (*~summe*) арендная плата *f*; **etw in ~ nehmen** брать что-л. в аренду
pachten *vt* арендовать *impf/pf*
Pächter, -in *m/f* ⟨-s, -⟩ арендатор *m*
Pack *nt* ⟨*gen:*-(e)s⟩ (*umgpej:Gesindel*) шпана *f*
Päckchen *nt* ⟨-s, -⟩ (*Postsendung*) бандероль *f*; (*Zigaretten~*) пачка *f*
Packeis *nt* ⟨*gen:*-es⟩ паковый лёд *m*
packen 1. *vt* (*greifen, fassen*) хватать, схватить *pf*; **jdn am Kragen ~** схватить кого-л. за шиворот (*Koffer, Gepäck*) паковать, у- *pf*, упаковывать *impf*; **2.** *vr:* **pack dich!** (*umg:geh fort!*) проваливай!
Packpapier *nt* ⟨-s, -e⟩ упаковочная бумага *f*
Packung *f* ⟨-, -en⟩ упаковка *f*; (*MED*) обёртывание *nt*
Pädagoge *m* ⟨-n, -n⟩ педагог *m*
Pädagogik *f* ⟨*gen:*-⟩ педагогика *f*
Pädagogin *f* ⟨-, -nen⟩ педагог *m*
pädagogisch *adj* педагогический
Paddel *nt* ⟨-s, -⟩ байдарочное весло *nt*
paddeln *vi* грести *impf*
paffen *vt* (*umg*) дымить *impf*
Page *m* ⟨-n, -n⟩ (*Hotel~*) посыльный *m*
Paillette *f* ⟨-, -n⟩ мишура *f*
Paket *nt* ⟨-(e)s, -e⟩ (*Postsendung*) посылка *m*; (*fig*) пакет *m*
Pakistan *nt* ⟨*gen:*-s⟩ Пакистан *m*
Pakt *m* ⟨-(e)s, -e⟩ пакт *m*; **(mit jdm) einen ~ schließen** заключить (с кем-л.) пакт
Palast *m* ⟨-(e)s, Paläste⟩ дворец *m*
Palästina *nt* ⟨*gen:*-s⟩ Палестина *f*
Palästinenser, -in *m/f* ⟨-s, -⟩ палестинец, -нка *m/f*
Palette *f* ⟨-, -n⟩ (*Farb~*) палитра *f*; (*Lade~*) поддон *m*; (*Angebots~*) гамма *f*, палитра *f*
Palme *f* ⟨-, -n⟩ пальма *f*; **etw bringt jdn auf die ~** (*umg*) вывести кого-л. из себя
Pampelmuse *f* ⟨-, -n⟩ грейпфрут *m*
panieren *vt* (*Fleisch, Fisch*) панировать *impf/pf*
Panik *f* ⟨*gen:*-⟩ паника *f*; **in ~ geraten** впасть в панику; **nur keine ~!** только без паники!
panisch *adj* панический
Panne *f* ⟨-, -n⟩ (*technischer Schaden*) неисправность *f*; (*für eine größere ~ auch*) авария *f*; **sie hatte unterwegs eine ~** у неё по пути сломалась машина
Pannendienst *m* ⟨*gen:*-(e)s⟩ аварийная служба *f*
Panorama *nt* ⟨-s, Panoramen⟩ панорама *f*
Panther *m* ⟨-s, -⟩ пантера *f*
Pantoffel *m* ⟨-s, -n⟩ тапок *m*; **unter dem ~ stehen** (*umg*) быть под башмаком у кого-л.
Pantomime *f* ⟨-, -n⟩ пантомима *f*
Panzer *m* ⟨-s, -⟩ (*von Tieren*) панцирь *m*; (*MIL*) танк *m*
Panzerglas *nt* ⟨*gen:*-es⟩ пуленепробиваемое стекло *nt*
Papa *m* ⟨-s, -s⟩ (*umg*) папа *m*
Papagei *m* ⟨-en/-s, -en⟩ попугай *m*
Papier *nt* ⟨-s, -e⟩ бумага *f*; (*Schriftstück*) документ *m* ; (*Wert~*) ценная бумага *f*; **~e** (*Ausweisdokumente*) документы; **ein Blatt ~** лист бумаги
Papiergeld *nt* ⟨*gen:*-es⟩ бумажные деньги *fpl*
Papierkorb *m* ⟨-(e)s, -körbe⟩ корзина *f* для бумаг
Papierkrieg *m* ⟨-(e)s, -e⟩ (*umg*) бумажная волокита *f*
Papiertaschentuch *nt* ⟨-(e)s, -tücher⟩ бумажный носовой платок *m*
Papiertüte *f* ⟨-, -n⟩ бумажный пакет *m*
Pappbecher *m* ⟨-s, -⟩ бумажный стакан *m*
Pappe *f* ⟨-, -n⟩ картон *m*
Pappel *f* ⟨-, -n⟩ тополь *m*
Paprika *f* ⟨-, -s⟩ (*Frucht*) перец *m*; (*Gewürz*) красный молотый перец *m*
Papst *m* ⟨-(e)s, Päpste⟩ папа римский *m*
Parabel *f* ⟨-, -n⟩ (*Gleichnis*) парабола *f*; (*MATH*) парабола *f*
Parabolantenne *f* ⟨-, -n⟩ параболическая антенна *f*
Parade *f* ⟨-, -n⟩ (*MIL*) парад *m*; **eine ~ abnehmen** принимать парад (*SPORT: Abwehr*) защита *f*

Paradies *nt* ⟨-es, -e⟩ (*REL*) рай *m*; (*fig: schöner Ort*) ра́йское ме́сто *nt*
paradiesisch *adj* ра́йский
paradox *adj* (*widersprüchlich*) парадокса́льний
Paragraph *m* ⟨-en, -en⟩ (*Textabschnitt*) пара́граф *m*; (*Gesetzesabschnitt*) статья́ *f*
parallel *adj* паралле́льный
Parallele *f* ⟨-, -n⟩ (*MATH, ähnlicher Fall*) паралле́ль *f*; **eine ~ zu etw ziehen** провести́ паралле́ль к чему́-л.
Parallelogramm *nt* ⟨-s, -e⟩ параллелогра́мм *m*
Parameter *m* ⟨-s, -⟩ пара́метр *m*
Parasit *m* ⟨-en, -en⟩ парази́т *m*
parat *adj* гото́вый; **etw ~ haben** держа́ть что-л. нагото́ве
Parfüm *nt* ⟨-s, -e⟩ духи́ *pl*
Parfümerie *f* ⟨-, -n⟩ парфюме́рия *f*
parieren *vi* (*gehorchen*) слу́шаться, по- *pf*
Paris *nt* Пари́ж *m*
Park *m* ⟨-s, -s⟩ парк *m*
parken 1. *vt* паркова́ть, при- *pf*; **2.** *vi* паркова́ться, при- *pf*; **Parken verboten!** стоя́нка запрещена́!
Parkett *nt* ⟨-(e)s, -e/-s⟩ парке́т *m*
Parkhaus *nt* ⟨-es, -häuser⟩ *пла́тный многоэта́жный подзе́мный и́ли назе́мный гара́ж-автостоя́нка*
Parklücke *f* ⟨-, -n⟩ свобо́дное ме́сто *nt* на автостоя́нке
Parkplatz *m* ⟨-es, -plätze⟩ автостоя́нка *f*
Parkuhr *f* ⟨-, -en⟩ счётчик *m* вре́мени (на автостоя́нке)
Parlament *nt* ⟨-(e)s, -e⟩ парла́мент *m*
Parlamentarier, -in *m/f* ⟨-s, -⟩ член *m* парла́мента
parlamentarisch *adj* парла́ментский
Parlamentswahl *f* ⟨-, -en⟩ парла́ментские вы́боры *mpl*
Parodie *f* ⟨-, -n⟩ паро́дия *f*; **eine ~ auf jdn/etw** паро́дия на кого́-л./что-л.
parodieren *vt* пароди́ровать *impf*
Parodontose *f* ⟨-, -n⟩ пародонто́з *m*
Parole *f* ⟨-, -n⟩ (*Leitsatz*) ло́зунг *m*; (*Paßwort*) паро́ль *m*
Partei *f* ⟨-, -en⟩ (*politische ~*) па́ртия *f*; **(für jdn/etw) ~ ergreifen** встать на сто́рону (кого́-л./чего́-л.)
Parteigenosse, -genossin *m/f* ⟨-n, -n⟩ това́рищ *m* по па́ртии
parteiisch *adj* пристра́стный
Parteitag *m* ⟨-(e)s, -e⟩ парти́йный съезд *m*
Parterre *nt* ⟨-s, -s⟩ (*Erdgeschoß*) пе́рвый эта́ж *m*; **im ~ wohnen** жить на пе́рвом этаже́
Partie *f* ⟨-, -n⟩ (*Spiel, Sport, von Waren*) па́ртия *f*
Partikel *f* ⟨-, -n⟩ (*auch LING*) части́ца *f*
Partisan, -in *m/f* ⟨-s/-en, -en⟩ партиза́н, -ка *m/f*
Partitur *f* ⟨-, -en⟩ партиту́ра *f*
Partizip *nt* ⟨-s, -ien⟩ прича́стие *nt*
Partner, -in *m/f* ⟨-s, -⟩ (*allgemein*) партнёр, -ша *m/f*
Partnerschaft *f* ⟨-, -en⟩ партнёрство *nt*
partnerschaftlich *adj* партнёрский
Partnerstadt *f* ⟨-, -städte⟩ го́род *m*-побрати́м *m*
Party *f* ⟨-, -s⟩ вечери́нка *f*
Parzelle *f* ⟨-, -n⟩ (*Landstück*) уча́сток *m* (земли́)
Paß *m* ⟨Passes, Pässe⟩ (*amtlicher ~*) па́спорт *m*; (*Gebirgs~*) го́рный перева́л *m*; (*SPORT*) переда́ча *f*
passabel *adj* сно́сный
Passage *f* ⟨-, -n⟩ (*Durchfahrt*) пасса́ж *m*; (*Textausschnitt*) отры́вок *m*
Passagier *m* ⟨-s, -e⟩ пассажи́р *m*; **ein blinder ~** за́яц
Passant, -in *m/f* ⟨-en, -en⟩ прохо́жий, -жая *m/f*, пешехо́д *m*
passen *vi* подходи́ть, подойти́ *pf* (*zu +dat* к *+dat*); **die Farben ~ gut zueinander** э́ти цвета́ хорошо́ подхо́дят друг к дру́гу; **jdm paßt etw/ jd (nicht)** кому́-л. (не) подхо́дит что-л./кто-л.; **passend sein** (*angemessen sein*) быть подходя́щим; **wann würde es dir ~?** когда́ тебе́ бы́ло бы удо́бно?
passieren 1. *vi* случа́ться, -чи́ться *pf* (*mit +dat* с *+inst*); происходи́ть, произойти́ *pf* (*mit +dat* с *+inst*); **was ist denn passiert?** что случи́лось?; **2.** *vt* пересека́ть, -се́чь *pf*; **wir konnten ungehindert die Grenze ~** мы смогли́ беспрепя́тственно пересе́чь грани́цу
passiv *adj* пасси́вный
Passiv *nt* ⟨-s, -e⟩ страда́тельный зало́г *m*
Passiva *pl* ⟨*gen:-*⟩ пасси́вы *pl*
Passivität *f* ⟨*gen:-*⟩ пасси́вность *f*
Paßkontrolle *f* ⟨-, -n⟩ па́спортный контро́ль *m*
Pastell *nt* ⟨-(e)s, -e⟩ пасте́ль *f*
Pastete *f* ⟨-, -n⟩ паште́т *m*
Pastor, -in *m/f* ⟨-s, -en⟩ па́стор *m*
Pate *m* ⟨-n, -n⟩ крёстный оте́ц *m*
Patenkind *nt* ⟨-(e)s, -er⟩ крёстный ребёнок *m*
Patent *nt* ⟨-(e)s, -e⟩ пате́нт *m*
Patentamt *nt* ⟨-(e)s, -ämter⟩ пате́нтное ве́домство *nt*
patentieren *vt* патентова́ть, за- *pf*
Pater *m* ⟨-s, -⟩ па́тер *m*
pathetisch *adj* патети́ческий
Pathologie *f* ⟨*gen:-*⟩ патоло́гия *f*

pathologisch *adj* патологи́ческий
Pathos *nt* ⟨*gen:-*⟩ па́фос *m*
Patient, -in *m/f* ⟨-en, -en⟩ пацие́нт, -ка *m/f*, больно́й, -на́я *m/f*
Patin *f* ⟨-, -nen⟩ крёстная мать *f*
Patriot, -in *m/f* ⟨-en, -en⟩ патрио́т, -ка *m/f*
patriotisch *adj* патриоти́ческий
Patriotismus *m* ⟨*gen:-*⟩ патриоти́зм *m*
Patrone *f* ⟨-, -n⟩ (*Tinten~*) балло́нчик *m* с черни́лами; (*für Schußwaffe*) патро́н *m*
Patrouille *f* ⟨-, -n⟩ патру́ль *m*
patrouillieren *vi* патрули́ровать *impf*
patzig *adj* (*umg*) де́рзкий
Pauke *f* ⟨-, -n⟩ лита́вры *pl*
pauken 1. *vi* (*umg:lernen*) зубри́ть *impf*; **2.** *vt* (*umg:lernen*) зубри́ть, вы́зубрить *pf*
pausbäckig *adj* толстощёкий
pauschal 1. *adj* о́бщий; **2.** *adv* всё вме́сте, в о́бщем и це́лом
Pauschale *f* ⟨-, -n⟩ о́бщая су́мма *f*
Pause *f* ⟨-, -n⟩ (*Erholungs~, Innehalten*) па́уза *f*; (*MUS*) па́уза *f*; (*THEAT*) антра́кт *m*; **eine ~ machen** сде́лать па́узу; **die große ~** (*in der Schule*) больша́я переме́на
pausenlos *adj* беспреры́вный
Pavian *m* ⟨-s, -e⟩ павиа́н *m*
Pavillon *m* ⟨-s, -s⟩ павильо́н *m*
Pazifik *m* ⟨*gen:-s*⟩ Ти́хий океа́н *m*
Pazifist, -in *m/f* ⟨-en, -en⟩ пацифи́ст, -ка *m/f*
pazifistisch *adj* пацифи́стский
Pech *nt* ⟨*gen:-s*⟩ смола́ *f*; (*Mißgeschick*) неуда́ча *f*; **wir haben ~ gehabt** нам не повезло́
Pechsträhne *f* ⟨-, -n⟩ (*umg*) полоса́ *f* неуда́ч
Pechvogel *m* ⟨-s, -vögel⟩ (*umg*) неуда́чник *m*
Pedal *nt* ⟨-s, -e⟩ педа́ль *f*
Pedant, -in *m/f* ⟨-en, -en⟩ педа́нт, -ка *m/f*
Pedanterie *f* ⟨*gen:-*⟩ педанти́зм *m*
pedantisch *adj* педанти́чный
Pegel *m* ⟨-s, -⟩ (*Maß*) водоме́рная ре́йка *f*; (*Wasserstand*) у́ровень *m* воды́
peilen *vt* (*MAR:Standort*) пеленгова́ть, за- *pf*; **über den Daumen gepeilt** (*umg*) прики́нуть на глаз [*o* глазо́к]
Pein *f* ⟨*gen:-*⟩ (*geh*) муче́ние *nt*
peinigen *vt* му́чить, за- *pf*
peinlich *adj* неприя́тный, нело́вкий; **es war ihm furchtbar ~** ему́ бы́ло ужа́сно нело́вко
Peinlichkeit *f* ⟨-, -en⟩ тя́гостное положе́ние *nt*
Peitsche *f* ⟨-, -n⟩ бич *m*
peitschen 1. *vt* хлеста́ть, хлестну́ть *pf*; **2.** *vi* (*Wind, Regen*) хлеста́ть, хлестну́ть *pf*
Pelikan *m* ⟨-s, -e⟩ пелика́н *m*
Pelle *f* ⟨-, -n⟩ шелуха́ *f*
Pellkartoffel *f* ⟨-, -n⟩ карто́фель *m* в мунди́ре
Pelz *m* ⟨-es, -e⟩ (*Pelzmantel*) шу́ба *f*; (*an lebendem Tier, als Bekleidungsmaterial*) мех *m*, шку́ра *f*
Pelzmantel *m* ⟨-s, -mäntel⟩ шу́ба *f*
Pendel *nt* ⟨-s, -⟩ ма́ятник *m*
pendeln *vi* кача́ться, качну́ться *pf*; (*zwischen zwei Orten*) курси́ровать *impf*
penetrant *adj* (*pej:Verhalten*) навя́зчивый; (*Geruch*) ре́зкий, тяжёлый
penibel *adj* (*genau*) педанти́чный
Penis *m* ⟨-, -se⟩ пе́нис *m*
Penizillin *nt* ⟨-s, -e⟩ пеницилли́н *m*
Pension *f* ⟨-, -en⟩ (*Gästehaus*) пансио́н *m*; (*Ruhestand, Ruhegehalt*) пе́нсия *f*; **in ~ gehen** уйти́ на пе́нсию
Pensionär, -in *m/f* ⟨-s, -e⟩ пенсионе́р, -ка *m/f*
pensionieren *vt* увольня́ть, уво́лить *pf* на пе́нсию
Pensum *nt* ⟨-s, -sen/-sa⟩ нагру́зка *f*, зада́ние *nt*
per *präp +akk* по (+ *dat*); **~ Post** по по́чте
Perestroika *f* ⟨*gen:-*⟩ перестро́йка *f*
perfekt *adj* соверше́нный; (*besiegelt, abgemacht*) оконча́тельный; **der Vertrag ist ~** догово́р заключён оконча́тельно
Perfekt *nt* ⟨-s, -e⟩ перфе́кт *m*
Perfektion *f* ⟨*gen:-*⟩ соверше́нство *nt*; **etw (bis) zur ~ bringen** довести́ что-л. до соверше́нства
Perfektionist, -in *m/f* ⟨-en, -en⟩ перфекциони́ст *m*
Pergament *nt* ⟨-(e)s, -e⟩ перга́мент *m*
Periode *f* ⟨-, -n⟩ (*Zeitraum*) перио́д *m*; (*Menstruation*) менструа́ция *f*; (*MATH*) перио́д *m*
periodisch *adj* периоди́ческий
Peripherie *f* ⟨-, -n⟩ перифери́я *f*; (*einer Stadt*) окра́ина *f*; (*DV*) перифери́я *f*
Perle *f* ⟨-, -n⟩ (*von Auster*) жемчу́жина *f*; (*Glas~, Holz~*) би́серинка *f*; (*Schweiß~*) ка́пля *f* по́та
perlen *vi* (*von Tropfen*) ка́пать *impf*; (*von Blasen*) пузы́риться *impf*
Perlmutt *nt* ⟨*gen:-s*⟩ перламу́тр *m*
permanent *adj* постоя́нный; **er ist ~ unzufrieden** он постоя́нно недово́лен
perplex *adj* (*umg*) озада́ченный
Person *f* ⟨-, -en⟩ челове́к *m*; (*FILM, THEAT*) де́йствующее лицо́ *nt*; (*LING, offiziell*) лицо́ *nt*
Personal *nt* ⟨*gen:-s*⟩ персона́л *m*, ли́чный соста́в *m*
Personalabteilung *f* ⟨-, -en⟩ отде́л *m*

ка́дров
Personalausweis *m* ⟨-es, -e⟩ удостовере́ние *nt* ли́чности
Personalchef, -in *m/f* ⟨-s, -s⟩ нача́льник *m* отде́ла ка́дров
Personalien *pl* ⟨*gen:*-⟩ да́нные *pl* (о ли́чности); **seine ~ angeben** указа́ть свой да́нные
Personalpronomen *nt* ⟨-s, -nomina⟩ ли́чное местоиме́ние *nt*
Personenwagen *m* ⟨-s, -⟩ легкова́я маши́на *f*
persönlich *adj* ли́чный
Persönlichkeit *f* ⟨-, -en⟩ ли́чность *f*; (*bekannter Mensch*) (высокопоста́вленное) лицо́ *nt*
Perspektive *f* ⟨-, -n⟩ (*einer Zeichnung*) перспекти́ва *f*; (*Sichtweise*) то́чка *f* зре́ния; **aus jds ~** с то́чки зре́ния кого́-л. (*Aussichten*) перспекти́ва *f*
Perücke *f* ⟨-, -n⟩ пари́к *m*
pervers *adj* (*abartig*) извращённый
Perversität *f* ⟨-, -en⟩ извращённость *f*
Pessimismus *m* ⟨*gen:*-⟩ пессими́зм *m*
Pessimist, -in *m/f* ⟨-en, -en⟩ пессими́ст, -ка *m/f*
pessimistisch *adj* пессимисти́ческий
Pest *f* ⟨*gen:*-⟩ чума́ *f*
Pestizid *nt* ⟨-s, -e⟩ пестици́д *m*
Petersilie *f* ⟨*gen:*-⟩ петру́шка *f*
Petroleum *nt* ⟨*gen:*-s⟩ кероси́н *m*
Pfad *m* ⟨-(e)s, -e⟩ тропа́ *f*; (*DV*) путь *m* до́ступа
Pfadfinder, -in *m/f* ⟨-s, -⟩ бойска́ут *m*
Pfahl *m* ⟨-(e)s, Pfähle⟩ столб *m*
Pfand *nt* ⟨-(e)s, Pfänder⟩ (*auch im Spiel*) зало́г *m*
pfänden *vt* опи́сывать, описа́ть *pf* иму́щество
Pfandschein *m* ⟨-(e)s, -e⟩ ломба́рдная квита́нция *f*
Pfändung *f* ⟨-, -en⟩ наложе́ние *nt* аре́ста на иму́щество
Pfanne *f* ⟨-, -n⟩ сковорода́ *f*; (*umg*) сковоро́дка *f*; (*ANAT:Gelenk~*) я́мка *f*; **jdn in die ~ hauen** (*umg*) стере́ть кого́-л. в порошо́к
Pfannkuchen *m* ⟨-s, -⟩ ола́дья *f*; (*flacher ~*) блин *m*
Pfarramt *nt* ⟨-(e)s, -ämter⟩ до́лжность *f* па́стора
Pfarrei *f* ⟨-, -en⟩ (*Pfarrhaus*) дом *m* свяще́нника; (*Gemeinde*) церко́вная общи́на *f*
Pfarrer, -in *m/f* ⟨-s, -⟩ па́стор *m*, свяще́нник *m*
Pfau *m* ⟨-(e)s, -en⟩ павли́н *m*
Pfeffer *m* ⟨*gen:*-s⟩ пе́рец *m*; **bleiben, wo der ~ wächst** (*umg*) убира́ться к чёрту
Pfefferminze *f* ⟨*gen:*-⟩ мя́та *f*
pfeffern *vt* (*mit Pfeffer würzen*) перчи́ть, по- *pf*
Pfeife *f* ⟨-, -n⟩ (*Instrument*) свисто́к *m*; (*Tabaks~*) тру́бка *f*; **nach jds ~ tanzen** (*umg*) пляса́ть под чью-л. ду́дку
pfeifen ⟨pfiff, gepfiffen⟩ **1.** *vi* свисте́ть, по- *pf*, сви́стнуть *pf*; **2.** *vt* (*Melodie*) насви́стывать *impf*; **auf etw ~** (*umg*) чиха́ть на что-л.
Pfeil *m* ⟨-(e)s, -e⟩ стрела́ *f*; (*als Zeichen*) стре́лка *f*
Pfeiler *m* ⟨-s, -⟩ столб *m*; (*fig:Stütze*) опо́ра *f*
Pfennig *m* ⟨-s, -e⟩ пфе́нниг *m*
Pferd *nt* ⟨-(e)s, -e⟩ (*weiblichen Geschlechts*) ло́шадь *f*; (*männlichen Geschlechts*) конь *m*; (*SPORT*) конь *m*; (*beim Schach*) конь *m*; **das ~ beim [*o* am]Schwanz aufzäumen** (*umg*) запряга́ть ло́шадь позади́ теле́ги
Pferderennen *nt* ⟨-s, -⟩ ска́чки *pl*
Pferdeschwanz *nt* ⟨-es, -schwänze⟩ (*Frisur*) ко́нский хвост *m*
Pferdestall *m* ⟨-(e)s, -ställe⟩ коню́шня *f*
Pferdestärke *f* ⟨-, -n⟩ лошади́ная си́ла *f*
pfiff *prät von* **pfeifen**
Pfiff *m* ⟨-(e)s, -e⟩ свисто́к *m*
Pfifferling *m* ⟨-s, -e⟩ (*Pilz*) лиси́чка *f*
pfiffig *adj* ло́вкий
Pfingsten *nt* ⟨-, -⟩ Тро́ица *f*
Pfirsich *m* ⟨-s, -e⟩ пе́рсик *m*
Pflanze *f* ⟨-, -n⟩ расте́ние *nt*
pflanzen *vt* сажа́ть, посади́ть *pf*
Pflanzenschutzmittel *nt* ⟨-s, -⟩ сре́дство *nt* для защи́ты расте́ний
pflanzlich *adj* расти́тельный
Pflanzung *f* ⟨-, -en⟩ (*Plantage*) планта́ция *f*
Pflaster *nt* ⟨-s, -⟩ (*Straßen~*) мостова́я *f*; (*Wund~*) пла́стырь *m*
Pflasterstein *m* ⟨-(e)s, -e⟩ булы́жник *m*
Pflaume *f* ⟨-, -n⟩ сли́ва *f*; (*umgpej*) растя́па *mf*
Pflege *f* ⟨*gen:*-⟩ (*das Pflegen*) ухо́д *m*
Pflegeeltern *fpl* ⟨*gen:*-⟩ приёмные роди́тели *mpl*
Pflegeheim *nt* ⟨-(e)s, -e⟩ дом *m* инвалидов
Pflegekind *nt* ⟨-(e)s, -er⟩ приёмный ребёнок *m*
pflegen 1. *vt* уха́живать *impf* (за *+inst*), забо́титься *impf* (о *+präpos*); (*Idee, Beziehung*) подде́рживать *impf*; **2.** *vi*: **etw zu tun ~** име́ть привы́чку де́лать что-л.
Pflicht *f* ⟨-, -en⟩ долг *m*; (*SPORT*) обяза́тельная програ́мма *f*; **seine ~ (jdm/etw gegenüber) erfüllen** вы́полнить свой долг (по отноше́нию к кому́-л./чему́-л.)

pflichtbewußt *adj* сознáтельный
Pflichtbewußtsein *nt* ⟨*gen:*-s⟩ чýвство *nt* дóлга
Pflock *m* ⟨-(e)s, Pflöcke⟩ кóлышек *m*
pflog *prät von* **pflegen**
pflücken *vt* рвать, сорвáть *pf*, срывáть *impf*, собирáть, собрáть *pf*
Pflug *m* ⟨-(e)s, Pflüge⟩ плуг *m*
pflügen *vt* пахáть, вспахáть *pf*
Pförtner, -in *m/f* ⟨-s, -⟩ стóрож *m*
Pfosten *m* ⟨-s, -⟩ (*Tür~*) косяк *m*; (*Fußballtor~*) подпóрка *f*
Pfote *f* ⟨-, -n⟩ лáпа *f*; (*umg:Hand*) лáпа *f*
Pfropfen *m* ⟨-s, -⟩ прóбка *f*
pfui *interj* (*angeekelt*) тьфý!, фу!
Pfund *nt* ⟨-(e)s, -e⟩ полкилó *nt*; **ich möchte ein ~ Tomaten** я хотéл бы полкилó помидóров; **~ Sterling** фунт стéрлингов
pfuschen *vi* (*umg*) халтýрить, с- *pf*; **jdm ins Handwerk ~** (*umg*) совáть свой нос в чужи́е делá
Pfütze *f* ⟨-, -n⟩ лýжа *f*
PH *abk von* ***Pädagogische Hochschule***
Phänomen *nt* ⟨-s-, e⟩ (*Erscheinung*) фенóмен *m*; (*umg:Person*) явлéние *nt*
Phantasie *f* ⟨-, -n⟩ фантáзия *f*
phantasieren *vi* фантази́ровать, по- *pf*
phantastisch *adj* фантасти́ческий; (*umg:hervorragend, toll*) порази́тельный
Pharmaindustrie *f* ⟨*gen:*-⟩ фармацевти́ческая промы́шленность *f*
pharmazeutisch *adj* фармацевти́ческий
Pharmazie *f* ⟨*gen:*-⟩ фармацéвтика *f*
Phase *f* ⟨-, -n⟩ (*PHYS, Abschnitt*) фáза *f*
Philippinen *pl* ⟨*gen:*-⟩ Филиппи́ны *pl*
Philologe *m* ⟨-n, -n⟩ филóлог *m*
Philologie *f* ⟨-, -n⟩ филолóгия *f*
Philologin *f* ⟨-, -nen⟩ филóлог *m*
Philosoph, -in *m/f* ⟨-en, -en⟩ филóсоф *m*
Philosophie *f* ⟨-, -n⟩ филосóфия *f*
philosophisch 1. *adj* филосóфский; **2.** *adv* по-филосóфски, с тóчки зрéния филосóфии
phlegmatisch *adj* флегмати́чный
Phonetik *f* ⟨*gen:*-⟩ фонéтика *f*
phonetisch *adj* фонети́ческий
Phosphat *nt* ⟨-(e)s, -e⟩ фосфáт *m*
Phosphor *m* ⟨-s, -e⟩ фóсфор *m*
Photo *siehe* **Foto**
Phrase *f* ⟨-, -n⟩ фрáза *f*; **~n dreschen** (*umg*) молóть языкóм
Physik *f* ⟨*gen:*-⟩ фи́зика *f*
physikalisch *adj* физи́ческий
Physiker, -in *m/f* ⟨-s, -⟩ фи́зик *m*
Physiologie *f* ⟨*gen:*-⟩ физиолóгия *f*
physisch *adj* физи́ческий
Pianist, -in *m/f* ⟨-en, -en⟩ пиани́ст, -ка *m/f*
piano *adv* пиáно
Pickel [1] *m* ⟨-s, -⟩ (*Werkzeug*) ледорýб *m*
Pickel [2] *m* ⟨-s, -⟩ (*Pustel*) прыщ *m*
picken *vt* клевáть, клю́нуть *pf*
Picknick *nt* ⟨-s, -s/-e⟩ пикни́к *m*
Pigment *nt* ⟨-(e)s, -e⟩ пигмéнт *m*
Pik *nt* ⟨-s,-⟩ пи́ки *fpl*
pikant *adj* пикáнтный
Pilger, -in *m/f* ⟨-s, -⟩ палóмник, -ница *m/f*
pilgern *vi* совершáть, -ши́ть *pf* палóмничество
Pille *f* ⟨-, -n⟩ пилю́ля *f*, (*Antibaby~*) противозачáточная таблéтка *f*; **eine bittere ~** (*umg*) гóрькая пилю́ля
Pilot, -in *m/f* ⟨-en, -en⟩ лётчик, -чица *m/f*, пилóт *m*
Pilz *m* ⟨-es, -e⟩ гриб *m*; **sie gehen ~e sammeln** они́ идýт собирáть грибы́; (*Haut~*) грибóк *m*
Pilzvergiftung *f* ⟨-, -en⟩ отравлéние *nt* грибáми
Pinguin *m* ⟨-s, -e⟩ пингви́н *m*
Pinie *f* ⟨-, -n⟩ пи́ния *f*
pink *adj* рóзовый
pinkeln *vi* (*umg*) пи́сать, по- *pf*, на- *pf*
Pinsel *m* ⟨-s, -⟩ кисть *f*
Pinzette *f* ⟨-, -n⟩ пинцéт *m*
Pionier, -in *m/f* ⟨-s, -e⟩ (*MIL*) сапёр *m*; (*Vorkämpfer, auch Mitglied einer kommunistischen Kinderorganisation*) пионéр, -ка *m/f*
Pipeline *f* ⟨-, -s⟩ нефтепровóд *m*
Pirat, -in *m/f* ⟨-en, -en⟩ пирáт, -ка *m/f*
Piste *f* ⟨-, -n⟩ (*Rennbahn*) трек *m*; (*Rollbahn*) лётная полосá *f*; (*Ski~*) трáсса *f* скоростнóго спýска
Pistole *f* ⟨-, -n⟩ пистолéт *m*
Pizza *f* ⟨-, -s/Pizzen⟩ пи́цца *f*
Pkw *akr von* ***Personenkraftwagen***
plädieren *vi* (*geh*) выступáть, вы́ступить *pf* (*für +akk* за *+akk*)
Plage *f* ⟨-, -n⟩ мучéние *nt*
plagen 1. *vt* мýчить, из- *pf*; **2.** *vr* мýчиться, из- *pf* (*mit +dat* с *+inst*)
Plakat *nt* ⟨-(e)s, -e⟩ плакáт *m*
Plan *m* ⟨-(e)s, Pläne⟩ план *m*; **hast du schon Pläne für die Ferien?** у тебя́ ужé есть плáны на кани́кулы; (*Zeit~, Stunden~*) грáфик *m*; (*Bau~*) проéкт *m*; (*Stadt~*) план *m*
Plane *f* ⟨-, -n⟩ брезéнт *m*
planen *vt* плани́ровать, за- *pf*; **was hast du für heute geplant?** что ты заплани́ровал на сегóдня?
Planet *m* ⟨-en, -en⟩ планéта *f*
Planetarium *nt* ⟨-s, -ien⟩ планетáрий *m*
planieren *vt* вырáвнивать, вы́ровнять *pf*

Planierraupe *f* ⟨-, -n⟩ бульдо́зер *m*
Planke *f* ⟨-, -n⟩ доска́ *f*
Plankton *nt* ⟨*gen:*-s⟩ планкто́н *m*
planlos *adj* беспла́новый
planmäßig 1. *adj* пла́новый; **2.** *adv* по пла́ну
Planstelle *f* ⟨-, -n⟩ шта́тная до́лжность *f*
Plantage *f* ⟨-, -n⟩ планта́ция *f*
Planung *f* ⟨-, -en⟩ плани́рование *nt*; **in ~ sein** плани́роваться
Planwirtschaft *f* ⟨-, -en⟩ пла́новая эконо́мика *f*
plappern *vi* (*umg*) болта́ть *impf*
Plasma *nt* ⟨-s, Plasmen⟩ пла́зма *f*
Plastik [1] *f* ⟨-, -en⟩ (*Skulptur*) скульпту́ра *f*
Plastik [2] *nt* ⟨*gen:*-s⟩ пластма́сса *f*, пла́стик *m*
Plastiktüte *f* ⟨-, -n⟩ пла́стиковый паке́т *m*
plastisch *adj* (*anschaulich*) вырази́тельный; (*bildhauerisch*) скульпту́рный; (*MED*) пласти́ческий; **~e Chirurgie** пласти́ческая хирурги́я
Platane *f* ⟨-, -n⟩ плата́н *m*, чина́ра *f*
Platin *nt* ⟨*gen:*-s⟩ пла́тина *f*
platonisch : ~e Liebe платони́ческая любо́вь
platt *adj* (*flach, auch geistlos, nichtssagend*) пло́ский; **ein ~er Witz** пло́ская шу́тка
plattdeutsch *adj* нижненеме́цкий
Platte *f* ⟨-, -n⟩ (*Tisch~*) доска́ *f*; (*Koch~*) пли́тка *f*; (*Schall~*) пласти́нка *f*; **eine ~ auflegen** поста́вить пласти́нку (*Fliese*) пли́тка *f*; **kalte ~** холо́дная заку́ска
Plattenspieler *m* ⟨-s, -⟩ прои́грыватель *m*
Plattform *f* ⟨-, -en⟩ площа́дка *f*, платфо́рма *f*
Plattfuß *m* ⟨-es, -füße⟩ плоскосто́пие *nt*
Platz *m* ⟨-es, Plätze⟩ (*Raum*) ме́сто *nt*; **der Schrank braucht viel ~** шкаф занима́ет мно́го ме́ста; (*öffentlicher ~*) пло́щадь *f*; (*Sitz~*) ме́сто *nt*; **ist bei Ihnen noch ein ~ frei?** у Вас ещё есть свобо́дное ме́сто?; **~ nehmen** сади́ться; **(jdm) ~ machen** освободи́ть ме́сто (кому́-л.)
Platzangst *f* ⟨*gen:*-⟩ клаустрофо́бия *f*
Plätzchen *nt* ⟨-s, -⟩ (*Keks*) пече́нье *nt*
platzen *vi* ло́паться, ло́пнуть *pf*; **vor Lachen ~** умере́ть со́ смеху
Platzpatrone *f* ⟨-, -n⟩ холосто́й патро́н *m*
Platzwunde *f* ⟨-, -n⟩ рва́ная ра́на *f*
plaudern *vi* болта́ть, по- (*mit +dat* с *+inst*)
plausibel *adj* поня́тный
Playback *nt* ⟨-s, -s⟩ исполне́ние *nt* под фоногра́мму
Playboy *m* ⟨-s, -s⟩ плейбо́й *m*
plazieren 1. *vt* (*an eine Stelle*) помеща́ть, -мести́ть *pf*; **2.** *vr* (*sich auf-/hinstellen*) размеща́ться, -мести́ться *pf*
pleite *adv*: **~ gehen** обанкро́титься
Pleite *f* ⟨-, -n⟩ (*umg:Bankrott*) банкро́тство *nt*; (*umg:Reinfall*) неуда́ча *f*
Plenum *nt* ⟨-s, Plenen⟩ пле́нум *m*
Plexiglas, Wz *nt* ⟨*gen:*-es⟩ плексигла́с *m*
PLO *abk von* ***Palestine Liberation Organization*** *f* ООП(Организа́ция *f* освобожде́ния Палести́ны)
Plombe *f* ⟨-, -n⟩ пло́мба *f*
plombieren *vt* пломбирова́ть, о- *pf*; (*Zahn*) пломбирова́ть, за- *pf*
plötzlich *adj* внеза́пный, неожи́данный
plump *adj* (*Bewegung*) неуклю́жий, нело́вкий
Plunder *m* ⟨*gen:*-s⟩ (*umgpej*) барахло́ *nt*
plündern *vt* (*auch fig*) гра́бить, раз- *pf*
Plünderung *f* ⟨-, -en⟩ грабёж *m*, мародёрство *nt*
Plural *m* ⟨*gen:*-s⟩ мно́жественное число́ *nt*
Pluralismus *m* ⟨*gen:*-⟩ плюрали́зм *m*
plus 1. *präp +gen* (*zuzüglich*) плюс (*+ nom*); **2.** *adv* плюс; **wir haben ~ 3 Grad** у нас три гра́дуса тепла́; **3.** *conj* (*MATH*) плюс
Plus *nt* ⟨*gen:*-⟩ (*~punkt*) преиму́щество *nt*, плюс *m*; (*Gewinn*) при́быль *f*
Plüsch *m* ⟨*gen:*-(e)s⟩ плюш *m*
Pluspol *m* ⟨-s, -e⟩ положи́тельный по́люс *m*
Plusquamperfekt *nt* ⟨*gen:*-s⟩ плюсквамперфе́кт *m*
Pluszeichen *nt* ⟨-s, -⟩ знак *m* сложе́ния
Plutonium *nt* ⟨*gen:*-s⟩ плуто́ний *m*
PLZ *abk von* ***Postleitzahl***
Po *m* ⟨-s, -s⟩ (*umg*) по́па *f*, по́пка *f*
Pöbel *m* ⟨*gen:*-s⟩ (*pej*) сброд *m*
pochen *vi* стуча́ть, по- *pf* (*an +akk* в *+akk*); (*Herz*) стуча́ться *impf*; **auf sein Recht ~** наста́ивать на своём пра́ве
Pocken *fpl* ⟨*gen:*-⟩ о́спа *f*
Podium *nt* ⟨-s, -ien⟩ трибу́на *f*
Poesie *f* ⟨*gen:*-⟩ поэ́зия *f*
Poet, -in *m/f* ⟨-en, -en⟩ поэ́т, поэте́сса *m/f*
poetisch *adj* поэти́ческий
Pogrom *nt* ⟨-s, -e⟩ погро́м *m*
Pointe *f* ⟨-, -n⟩ остро́та *f*
Pokal *m* ⟨-s, -e⟩ ку́бок *m*
Pokalspiel *nt* ⟨-(e)s, -e⟩ игра́ *f* на ку́бок
Pol *m* ⟨-s, -e⟩ по́люс *m*
polar *adj* поля́рный
Polarkreis *m* ⟨-es, -e⟩ поля́рный круг *m*
Pole *m* ⟨-n, -n⟩ поля́к *m*
Polemik *f* ⟨-, -en⟩ поле́мика *f*
polemisch *adj* полеми́ческий
Polen *nt* ⟨*gen:*-s⟩ По́льша *f*
polieren *vt* полирова́ть, от- *pf*

Polin *f* ⟨-, -en⟩ полька *f*
Politik *f* ⟨-, -en⟩ политика *f*; **eine ~ betreiben** проводить политику
Politiker, in *m/f* ⟨-s, -⟩ политик *m*
Politikwissenschaft *f* ⟨*gen:-*⟩ политология *f*
politisch *adj* политический; **eine ~e Entscheidung** политическое решение
Polizei *f* ⟨-, -en⟩ полиция *f*; **die ~ rufen** вызвать полицию
polizeilich *adj* полицейский
Polizeipräsidium *nt* ⟨-s, -ien⟩ управление *nt* полиции
Polizeistaat *m* ⟨-(e)s, -en⟩ полицейское государство *nt*
Polizist, -in *m/f* ⟨-en, -en⟩ полицейский *m*
Pollen *m* ⟨-s, -⟩ (*Blüten~*) пыльца *f*
polnisch 1. *adj* польский; **2.** *adv* по-польски
Polster *nt* ⟨-s, -⟩ мягкая обивка *f*; (*fig*) запасы *mpl*
Polstergarnitur *f* ⟨-, -en⟩ гарнитур *m* мягкой мебели
polstern *vt* (*Möbel*) обивать, обить *pf*
poltern *vi* (*Geräusch erzeugen*) громыхать, -хнуть *pf*
Polyamid *nt* ⟨-(e)s, -e⟩ полиамид *m*
Polyester *m* ⟨-s, -⟩ полиэфир *m*
Pomade *f* ⟨-, -n⟩ помада *f*
Pommes frites *fpl* ⟨*gen:-*⟩ картофель *m* фри
Pomp *m* ⟨*gen:-(e)s*⟩ пышность *f*
pompös *adj* пышный, помпезный
Pony [1] *nt* ⟨-s, -s⟩ (*kleines Pferd*) пони *m*
Pony [2] *m* ⟨-s, -s⟩ (*Frisur*) чёлка *f*
Popmusik *f* ⟨*gen:-*⟩ поп-музыка *f*
poppig *adj* (*bunt, knallig*) броский
populär *adj* популярный
Popularität *f* ⟨*gen:-*⟩ популярность *f*
populärwissenschaftlich *adj* научно-популярный
Pore *f* ⟨-, -n⟩ пора *f*
Pornographie *f* ⟨*gen:-*⟩ порнография *f*
porös *adj* пористый
Portal *nt* ⟨-s, -e⟩ портал *m*
Portemonnaie *nt* ⟨-s, -s⟩ кошелёк *m*
Portier *m* ⟨-s, -s⟩ швейцар *m*
Portion *f* ⟨-, -en⟩ порция *f*; (*umg:Anteil*) доля *f*
Porto *nt* ⟨-s, -s⟩ почтовый сбор *m*
Porträt *nt* ⟨-s, -s⟩ портрет *m*
Portugal *nt* ⟨*gen:-s*⟩ Португалия *f*
Portugiese *m* ⟨-n, -n⟩ португалец *m*
Portugiesin *f* ⟨-, -nen⟩ португалка *f*
portugiesisch 1. *adj* португальский; **2.** *adv* по-португальски
Portwein *m* ⟨-(e)s, -e⟩ портвейн *m*
Porzellan *nt* ⟨-s, -e⟩ фарфор *m*; (*Geschirr*) фарфоровая посуда *f*
Posaune *f* ⟨-, -n⟩ тромбон *m*
Pose *f* ⟨-, -n⟩ поза *f*; **sich in ~ werfen** встать в позу
Position *f* ⟨-, -en⟩ (*Standpunkt*) позиция *f*, точка *f* зрения; (*berufliche Stellung*) пост *m*, должность *f*; (*Standort*) позиция *f*, расположение *nt*
positiv *adj* положительный
Possessivpronomen *nt* ⟨-s, -nomina⟩ притяжательное местоимение *nt*
possierlich *adj* (*Tier*) забавный
Post *f* ⟨*gen:-*⟩ почта *f*; **ein Paket auf die** [*o* **zur**] **~ bringen** отнести посылку на почту; **etw mit der ~ schicken** послать что-л. по почте
Postamt *nt* ⟨-(e)s, -ämter⟩ почта *f*
Postbote *m* ⟨-n, -n⟩ почтальон *m*
Postbotin *f* ⟨-, -nen⟩ почтальон *m*
Posten *m* ⟨-s, -⟩ (*Arbeitsstelle*) пост *m*, должность *f*; (*auf Liste*) статья *f*; (*ÖKON:Menge*) партия *f* товара; (*MIL*) пост *m*
Poster *nt* ⟨-s, -⟩ постер *m*
Postfach *nt* ⟨-(e)s, -fächer⟩ абонементный почтовый ящик *m*
Postkarte *f* ⟨-, -n⟩ (почтовая) открытка *f*
postlagernd *adj* до востребования
Postleitzahl *f* ⟨-, -en⟩ почтовый индекс *m*
Poststempel *m* ⟨-s, -⟩ почтовый штемпель *m*
potent *adj* потентный
potentiell *adj* потенциальный
Potenz *f* ⟨-, -en⟩ (*sexuelle ~*) потенция *f*; (*MATH*) степень *f*; **in höchster ~** (*umg*) в высшей степени
PR *abk von* ***Public Relations***
Pracht *f* ⟨*gen:-*⟩ великолепие *nt*
prächtig *adj* великолепный, прекрасный
prädestiniert *adj* (*geh:vorbestimmt*) предназначенный
Prädikat *nt* ⟨-(e)s, -e⟩ сказуемое *nt*, предикат *m*
Präfix *nt* ⟨-es, -e⟩ приставка *f*
prägen *vt* (*Münze*) чеканить, от- *pf*; (*Menschen*) формировать, с- *pf*; **die Kriegszeit hat ihn geprägt** война наложила на него свой отпечаток
Pragmatik *f* ⟨-, -en⟩ прагматика *f*
Pragmatiker, -in *m/f* ⟨-s, -⟩ прагматик *m*
pragmatisch *adj* прагматический
prägnant *adj* меткий
Prägung *f* ⟨-, -en⟩ (*von Münzen*) чеканка *f*; (*Aus~*) качество *nt*; (*von Begriffen*) образование *nt*
prahlen *vi* хвалиться, по- *pf*, хвастаться, по- *pf*; **er prahlt mit seinem**

neuen Lada он хвáстается своими нóвыми жигулями

Prahlerei *f* ⟨-, -en⟩ хвастовствó *nt*

Praktikant, -in *m/f* ⟨-en, -en⟩ практикáнт, -ка *m/f*

Praktikum *nt* ⟨-s, -ka⟩ прáктика *f*, практи́ческое занятие *nt*

praktisch *adj* (*zweckmäßig*) практи́чный; (*auf die Praxis bezogen*) практи́ческий

praktizieren **1.** *vt* практиковáть, по- *pf*; **2.** *vi* (*Arzt, Anwalt*) практиковáть *impf*

Praline *f* ⟨-, -n⟩ шоколáдная конфéта *f*

prall *adj* (*straff*) упру́гий, тугóй

prallen *vi* наскáкивать, -скочи́ть *pf* (*gegen +akk* на *+akk*); (*mit dem Auto*) наезжáть, -éхать *pf* (*gegen +akk* на *+akk*)

prämi(i)eren *vt* премировáть *impf/pf*

Prämie *f* ⟨-, -n⟩ прéмия *f*; (*Versicherungs~*) (страховáя) прéмия *f*; **eine ~ für etw aussetzen** назнáчить прéмию за что-л.

Pranger *m*: **jdn/etw an den ~ stellen** (*fig*) заклейми́ть когó-л. (позóром)

Präparat *nt* ⟨-(e)s, -e⟩ препарáт *m*

Präposition *f* ⟨-, -en⟩ предлóг *m*

Präsens *nt* ⟨*gen*:-s⟩ настоя́щее врéмя *nt*

Präsentation *f* ⟨-, -en⟩ презентáция *f*

präsentieren **1.** *vt* (*schenken, anbieten*) преподноси́ть, -нести́ *pf*; **2.** *vr* представля́ть, -стáвить *pf* себя́; **er präsentierte sich im günstigsten Licht** он представил себя́ в лу́чшем свéте

Präservativ *nt* ⟨-s, -e⟩ презервати́в *m*

Präsident, -in *m/f* ⟨-en, -en⟩ президéнт *m*

Präsidentschaft *f* ⟨*gen*:-⟩ президéнтсво *nt*

Präsidentschaftskandidat, -in *m/f* ⟨-en, -en⟩ кандидáт *m* в президéнты

Präsidium *nt* ⟨-s, -ien⟩ (*Vorsitz*) прези́диум *m*

Präteritum *nt* ⟨*gen*:-s⟩ претéрит *m*

Präventivmaßnahme *f* ⟨-, -n⟩ превенти́вная мéра *f*

Praxis *f* ⟨-, Praxen⟩ (*Wirklichkeit*) прáктика *f*; (*Arzt~*) прáктика *f*

Präzedenzfall *m* ⟨-(e)s, -fälle⟩ прецедéнт *m*; **einen ~ schaffen** создáть прецедéнт

präzis(e) *adj* тóчный

Präzision *f* ⟨*gen*:-⟩ тóчность *f*

predigen **1.** *vt* проповéдовать *impf*; **2.** *vi* читáть , про- *pf* прóповедь

Prediger, -in *m/f* ⟨-s, -⟩ проповéдник *m*

Predigt *f* ⟨-, -en⟩ прóповедь *f*

Preis *m* ⟨-es, -e⟩ (*Kaufpreis*) ценá *f*; **die ~e sind gestiegen** цéны повы́сились; **zum ~ von 50 DM** по ценé (в) 50 немéцких мáрок (*in einem Wettbewerb*) приз *m*; **sie hat den ersten ~ bekommen** онá полу́чила пéрвое мéсто; **um keinen ~** ни за что; **um jeden ~** любóй ценóй; **einen ~ aussetzen** назнáчить приз

Preisausschreiben *nt* ⟨-s, -⟩ кóнкурс *m*

Preiselbeere *f* ⟨-, -n⟩ брусни́ка *f*

preisen ⟨pries, gepriesen⟩ *vt* (*geh*) восхваля́ть, -ли́ть *pf*

preisgeben *vt* (*aussetzen, ausliefern*) бросáть, брóсить *pf* на произвóл (судьбы́); (*Geheimnis*) выдавáть, вы́дать *pf*

preisgekrönt *adj* отмéченный нагрáдами, награждённый

preisgünstig *adj* недорогóй

Preisschild *nt* ⟨-(e)s, -er⟩ цéнник *m*

Preisträger, -in *m/f* ⟨-s, -⟩ лауреáт *m*, -ка *m/f*

prellen *vt* ушиби́ть *pf*; (*betrügen*) обмáнывать, -ману́ть *pf* (*um +akk* на + *akk*)

Prellung *f* ⟨-, -en⟩ уши́б *m*

Premiere *f* ⟨-, -n⟩ премьéра *f*

Premierminister, in *m/f* ⟨-s, -⟩ премьéр-министр *m*

Presse *f* ⟨-, -n⟩ (*Obst~*) пресс *m*; (*Drukker~*) печáтный станóк *m*; (*die Zeitungen*) печáть *f*

Pressefreiheit *f* ⟨*gen*:-⟩ свобóда *f* печáти

Pressekonferenz *f* ⟨-, -en⟩ пресс-конферéнция *f*

pressen *vt* (*TECH*) прессовáть, с- *pf*; (*drücken*) жать, с- *pf*, сжимáть *impf*; (*Saft*) выжимáть, вы́жать *pf*

Preßlufthammer *m* ⟨-s,-hämmer⟩ пневмати́ческий молотóк *m*

Prestige *nt* ⟨*gen*:-s⟩ прести́ж *m*

prickeln *vi* покáлывать *impf*; (*Sekt*) пузы́риться *impf*

pries *prät von* **preisen**

Priester, -in *m/f* ⟨-s, -⟩ свящéнник *m*

prima *adj* (*umg:sehr gut*) прекрáсный, замечáтельный

Primel *f* ⟨-, -n⟩ первоцвéт *m*

primitiv *adj* (*Kultur, Stamm*) примити́вный, первобы́тный; (*pej: Mensch*) примити́вный, незамысловáтый

Primzahl *f* ⟨-, -en⟩ простóе числó *nt*

Prinz *m* ⟨-en, -en⟩ принц *m*

Prinzessin *f* ⟨-, -nen⟩ принцéсса *f*

Prinzip *nt* ⟨-s, -ien⟩ при́нцип; **im ~** в при́нципе; **aus ~** из при́нципа

prinzipiell *adj* принципиáльный

Priorität *f* ⟨-, -en⟩ приоритéт *m*

Prise *f* ⟨-, -n⟩ щепóтка *f*; **eine ~ Salz** щепóтка сóли

Prisma *nt* ⟨-s, Prismen⟩ при́зма *f*

privat *adj* (*persönlich*) ли́чный; (*nicht öffentlich*) чáстный; **sie geht auf eine ~e**

Schule онá хóдит в чáстную шкóлу
Privatangelegenheit *f* ⟨-, -en⟩ лúчное дéло *nt*
Privateigentum *nt* ⟨*gen:*-s⟩ чáстная сóбственность *f*
privatisieren *vt* (*POL, ÖKON:von Eigentum*) приватизúровать *impf/pf*
Privatisierung *f* ⟨*gen:*-⟩ (*POL, ÖKON*) приватизáция *f*
Privileg *nt* ⟨-s, -ien⟩ привилéгия *f*
pro 1. *präp +akk* на (+ *akk*), в (+ *akk*), за (+ *akk*); **50 km ~ Stunde** 50 км в час; **~ Kopf** (*umg*) на человéка; **~ Stück** за штýку; **2.** *adv* (*für*) за
Probe *f* ⟨-, -n⟩ провéрка *f*, прóба *f*; (*THEAT, MUS*) репетúция *f*; (*CHEM*) прóба *f*
proben *vt* репетúровать, от- *pf*
Probezeit *f* ⟨-, -en⟩ испытáтельный срок *m*
probieren *vt* прóбовать, по- *pf*
Problem *nt* ⟨-s, -e⟩ (*schwierige Angelegenheit*) проблéма *f*
Problematik *f* ⟨-, -en⟩ проблемáтика *f*
problematisch *adj* проблематúчный
problemlos *adj* благополýчный
Produkt *nt* ⟨-(e)s, -e⟩ продýкт *m*
Produktion *f* ⟨*gen:*-⟩ продýкция *f*
produktiv *adj* продуктúвный
Produktivität *f* ⟨*gen:*-⟩ продуктúвность *f*
Produzent, -in *m/f* ⟨-en, -en⟩ (*Hersteller*) производúтель *m*; (*FILM*) продюсер *m*
produzieren *vt* производúть, -вестú *pf*, выпускáть, вы́пустить *pf*
professionell *adj* профессионáльный
Professor, -in *m/f* ⟨-s, -en⟩ профéссор *m*; **er ist ~ für Physik** он профéссор фúзики
Profi *m* ⟨-s, -s⟩ (*umg*) профессионáл *m*
Profil *nt* ⟨-s, -e⟩ прóфиль *m*
Profit *m* ⟨-(e)s, -e⟩ прúбыль *f*
profitieren *vi* получáть, -чúть *pf* пóльзу [*o* вы́году] (*von +dat* от *+gen*)
Prognose *f* ⟨-, -n⟩ прогнóз *m*; **eine düstere ~** мрáчный прогнóз
Programm *nt* ⟨-s, -e⟩ прогрáмма *f*; **auf dem ~ stehen** стоя́ть в прогрáмме
programmieren *vt* (*DV*) программúровать *impf*
Programmierer, -in *m/f* ⟨-s, -⟩ программúст *m*
progressiv *adj* прогрессúвный
Projekt *nt* ⟨-(e)s, -e⟩ проéкт *m*
Projektor *m* ⟨-s, -en⟩ проéктор *m*
projizieren *vt* проецúровать, с- *pf* (*auf +akk* на *+akk*)
Pro-Kopf-Einkommen *nt* ⟨-s, -⟩ дохóд *m* на дýшу населéния
Proletariat *nt* ⟨*gen:*-(e)s⟩ пролетариáт *m*
Proletarier, -in *m/f* ⟨-s, -⟩ пролетáрий *m*
Prolog *m* ⟨-(e)s, -e⟩ прológ *m*
Promille *nt*⟨-(s), -⟩ ты́сячная дóля *f*
prominent *adj* вúдный, знаменúтый
Prominenz *f* ⟨*gen:*-⟩ знаменúтости *pl*
Promotion *f* ⟨-, -en⟩ защúта *f* кандидáтской диссертáции
promovieren *vi* защищáть, защитúть *pf* кандидáтскую диссертáцию (*über +akk* о *+dat*)
Pronomen *nt* ⟨-s, -nomina⟩ местоимéние *nt*
Propaganda *f* ⟨*gen:*-⟩ пропагáнда *f*
propagieren *vt* пропагандúровать *impf*
Propangas *nt* ⟨*gen:*-es⟩ пропáн *m*
Propeller *m* ⟨-s, -⟩ пропéллер *m*
Prophet, -in *m/f* ⟨-en, -en⟩ прорóк *m*
prophetisch *adj* прорóчный
prophezeien *vt* прорóчить *impf*, предскáзывать, -сказáть *pf*
Prophezeiung *f* ⟨-, -en⟩ прорóчество *nt*
prophylaktisch *adj* (*geh*) профилактúческий
Proportion *f* ⟨-, -en⟩ пропóрция *f*
proportional *adj* пропорционáльный; **~ zu etw sein** быть пропорционáльным чемý-л.
Prosa *f* ⟨*gen:*-⟩ прóза *f*
prosaisch *adj* прозáичный
prosit *interj* за твоё [*o* Вáше] здорóвье !
Prospekt *m* ⟨-(e)s, -e⟩ проспéкт *m*
Prostituierte *f* ⟨-, -n⟩ проститýтка *f*
Prostitution *f* ⟨*gen:*-⟩ проститýция *f*
Protein *nt* ⟨-s, -e⟩ протеúн *m*
Protektionismus *m* ⟨*gen:*-⟩ протекционúзм *m*
Protest *m* ⟨-(e)s, -e⟩ протéст *m*; **aus ~** из протéста
Protestant, -in *m/f* ⟨-en, -en⟩ протестáнт *m*
protestantisch *adj* протестáнтский
protestieren *vi* протестовáть *impf* (*gegen +akk* прóтив *+gen*)
Prothese *f* ⟨-, -n⟩ протéз *m*
Protokoll *nt* ⟨-s, -e⟩ протокóл *m*; **~ führen** вестú протокóл
Proton *nt* ⟨-s, -en⟩ протóн *m*
Prototyp *m* ⟨-s, -en⟩ прототúп *m*
protzen *vi* (*umg*) хвалúться, по- *pf* (+ *inst*)
protzig *adj* (*umg*) чванлúвый
Proviant *m* ⟨*gen:*-s⟩ провиáнт *m*
Provinz *f* ⟨-, -en⟩ провúнция *f*
provinziell *adj* провинциáльный
Provision *f* ⟨-, -en⟩ комиссиóнные *pl*
provisorisch *adj* врéменный
Provokation *f* ⟨-, -en⟩ провокáция *f*
provozieren *vt* провоцúровать, с- *pf*
Prozedur *f* ⟨-, -en⟩ процедýра *f*

Prozent *nt* ⟨-(e)s, -e⟩ проце́нт *m*; (*nur pl:Preisnachlaß*) ски́дка *f*
Prozentsatz *m* ⟨-(e)s, -sätze⟩ проце́нт *m*
prozentual *adj* проце́нтный
Prozeß *m* ⟨-Prozesses, Prozesse⟩ (*Vorgang*) проце́сс *m*; (*JUR*) проце́сс *m*, суде́бное де́ло *nt*; **gegen jdn einen ~ führen** вести́ проце́сс про́тив кого́-л.
Prozession *f* ⟨-, -en⟩ проце́ссия *f*
Prozessor *m* ⟨-s, -en⟩ проце́ссор *m*
prüde *adj* чо́порный
prüfen *vt* проверя́ть, -ве́рить *pf*; (*erwägen, betrachten*) рассма́тривать *impf*
Prüfer, -in *m/f* ⟨-s, -⟩ экзамена́тор *m*
Prüfling *m* ⟨-s, -e⟩ экзамену́ющийся, -щаяся *m/f*
Prüfung *f* ⟨-, -en⟩ (*in der Schule*) экза́мен *m*; **sie bereitet sich auf die ~ vor** она гото́вится к экза́мену; **eine ~ bestehen** сдать экза́мен; **durch eine ~ fallen** провали́ться на экза́мене (*Nach~, Über~*) прове́рка *f*
Prüfungskommission *f* ⟨-, -en⟩ экзаменацио́нная коми́ссия *f*
Prügel *m* ⟨-s, -⟩ (*Schläge*) побо́и *mpl*; **eine Tracht ~ bekommen** (*umg*) получи́ть по ше́е
Prügelei *f* ⟨-, -en⟩ дра́ка *f*
prügeln 1. *vt* бить, по- *pf*, избива́ть, -бить *pf*; **2.** *vr* дра́ться, по- *pf* (*mit +dat* с *+inst*)
Prunk *m* ⟨*gen:*-(e)s⟩ ро́скошь *f*
prunkvoll *adj* роско́шный
PS *abk von* ***Pferdestärke***
Psalm *m* ⟨-s, -en⟩ псало́м *m*
Pseudonym *nt* ⟨-s, -e⟩ псевдони́м *m*; **sie schrieb unter einem ~** она́ писа́ла под псевдони́мом
Psyche *f* ⟨-, -n⟩ пси́хика *f*
Psychiater, -in *m/f* ⟨-s, -⟩ психиа́тр *m*
Psychiatrie *f* ⟨-, -n⟩ психиатри́я *f*
psychisch *adj* психи́ческий
Psychoanalyse *f* ⟨-, -n⟩ психоана́лиз *m*
Psychologe *m* ⟨-n, -n⟩ психо́лог *m*
Psychologie *f* ⟨*gen:*-⟩ психоло́гия *f*
Psychologin *f* ⟨-, -nen⟩ психо́лог *m*
psychologisch *adj* психологи́ческий
Psychopath, -in *m/f* ⟨-en, -en⟩ психопа́т *m*
Psychotherapeut, -in *m/f* ⟨-en, -en⟩ психотерапе́вт *m*
Pubertät *f* ⟨*gen:*-⟩ половое созрева́ние *nt*
Publikation *f* ⟨-, -en⟩ публика́ция *f*
Publikum *nt* ⟨*gen:*-s⟩ пу́блика *f*, зри́тели *pl*; (*Zuhörer*) слу́шатели *pl*; (*Zuschauer*) зри́тели *pl*; **ein breites ~** широ́кая пу́блика
Publizistik *f* ⟨*gen:*-⟩ публици́стика *f*
Pudding *m* ⟨-s, -e⟩ пу́динг *m*
Pudel *m* ⟨-s, -⟩ пу́дель *m*; **wie ein begossener ~** (*umg*) как поби́тая соба́ка
Puder *m* ⟨-s, -⟩ пу́дра *f*
pudern *vt* пу́дрить, на- *pf*
Puderzucker *m* ⟨*gen:*-s⟩ са́харная пу́дра *f*
Puff *m* ⟨-s, -s⟩ (*umg:Bordell*) публи́чный дом *m*, борде́ль *m*
Puffer *m* ⟨-s, -⟩ бу́фер *m*
Pufferzone *f* ⟨-, -n⟩ (*POL*) бу́ферная зо́на *f*
Pullover *m* ⟨-s, -⟩ сви́тер *m*
Puls *m* ⟨-es, -e⟩ пульс *m*
Pulsader *f* ⟨-, -n⟩ арте́рия *f*
Pulsschlag *m* ⟨-(e)s, -schläge⟩ бие́ние *nt* пу́льса
Pult *nt* ⟨-(e)s, -e⟩ пульт *m*, ка́федра *f*
Pulver *nt* ⟨-s, -⟩ порошо́к *m*; (*Schieß~*) по́рох *m*
Pulverfaß *nt* ⟨-fasses, -fässer⟩ бо́чка *f* с по́рохом; **auf einem ~ sitzen** (*fig*) сиде́ть на бо́чке с по́рохом
pulverig *adj* порошкообра́зный
Pulverkaffee *m* ⟨-s, -s⟩ раствори́мый ко́фе *m*
Pulverschnee *m* ⟨*gen:*-s⟩ ры́хлый снег *m*
Puma *m* ⟨-s, -s⟩ пу́ма *f*
pummelig *adj* (*umg*) пу́хленький
Pumpe *f* ⟨-, -n⟩ насо́с *m*
pumpen *vt* кача́ть, вы́качать *pf* (насо́сом)
Pumps *m* ⟨-, -⟩ ту́фля *f*-ло́дочка *f*
Punk *m* ⟨-s, -s⟩ (*Punker(in)*) панк *m*
Punkt *m* ⟨-(e)s, -e⟩ то́чка *f*; (*Einzelheit*) пункт *m* ; (*Wertungs~*) очко́ *nt*; (*Satzzeichen*) то́чка *f*
pünktlich *adj* пунктуа́льный
Pünktlichkeit *f* ⟨*gen:*-⟩ пунктуа́льность *f*
Punktrichter, -in *m/f* ⟨-s, -⟩ боково́й судья́ *m*
Punktsieg *m* ⟨-(e)s, -e⟩ побе́да *f* по очка́м
Pupille *f* ⟨-, -n⟩ зрачо́к *m*
Puppe *f* ⟨-, -n⟩ ку́кла *f*; (*ZOOL:von Insekt*) ку́колка *f*
Puppenspiel *nt* ⟨-(e)s, -e⟩ ку́кольное представле́ние *nt*
Puppenwagen *m* ⟨-, -⟩ коля́ска *f* для ку́клы
pur *adj* (*Getränk*) без при́меси, чи́стый
Püree *nt* ⟨-s, -s⟩ пюре́ *nt*
Purzelbaum *m* ⟨-(e)s, -bäume⟩ (*umg*) кувыро́к *m*; **einen ~ schlagen** кувырка́ться
Pustel *f* ⟨-, -n⟩ пу́стула *f*
pusten *vt* (*umg*) ду́ть, ду́нуть *pf*
Pute *f* ⟨-, -n⟩ инде́йка *f*
Puter *m* ⟨-s, -⟩ индю́к *m*

Putsch *m* ⟨-(e)s, -e⟩ путч *m*
Putschist, -in *m/f* ⟨-en, -en⟩ путчи́ст, -ка *m/f*
Putz *m* ⟨*gen:*-es⟩ штукату́рка *f*; **auf den ~ hauen** (*umg*) гульну́ть на широ́кую но́гу
putzen *vt* чи́стить, по- *pf*
Putzfrau *f* ⟨-, -en⟩ убо́рщица *f*
putzig *adj* (*umg:niedlich*) умори́тельный
Puzzle *nt* ⟨-s, -s⟩ игра́ *f*-головоло́мка *f*
Pyjama *m* ⟨-s, -s⟩ пижа́ма *f*
Pyramide *f* ⟨-, -n⟩ пирами́да *f*
Python *m* ⟨-, -s⟩ пито́н *m*

Q

q, Q *nt* ⟨-, -⟩ кв, Кв
Quadrat *nt* ⟨-(e)s, -e⟩ квадра́т *m*
quadratisch *adj* квадра́тный
Quadratmeter *m* ⟨-s, -⟩ квадра́тный метр *m*
quaken *vi* (*Frosch*) ква́кать, ква́кнуть *pf*; (*Ente*) кря́кать, кря́кнуть *pf*
Qual *f* ⟨-, -en⟩ муче́ние *nt*, му́ка *f*
quälen 1. *vt* му́чить, из- *pf*; **2.** *vr* му́читься, из- *pf* (*mit +dat* с *+inst*)
Quälerei *f* ⟨-, -en⟩ (*umg:Mühe*) муче́ние *nt*, му́ка *f*
Qualifikation *f* ⟨-, -en⟩ квалифика́ция *f*
qualifizieren *vt* квалифици́ровать *impf/pf*
Qualität *f* ⟨-, -en⟩ ка́чество *nt*; **von guter/schlechter ~ sein** быть хоро́шего/плохо́го ка́чества
qualitativ *adj* ка́чественный
Qualle *f* ⟨-, -n⟩ меду́за *f*
Qualm *m* ⟨gen, -(e)s⟩ дым *m*, чад *m*
qualmen *vi* (*umg:rauchen*) дыми́ть, на- *pf*, чади́ть, на- *pf*
qualvoll *adj* мучи́тельный
Quantität *f* ⟨*gen:*-⟩ коли́чество *nt*
Quarantäne *f* ⟨-, -n⟩ каранти́н *m*; **unter ~ stehen** находи́ться на каранти́не
Quark *m* ⟨*gen:*-s⟩ тво́рог *m*; (*umg:Unsinn*) чепуха́ *f*
Quartal *nt* ⟨-s, -e⟩ кварта́л *m*
Quartett *nt* ⟨-(e)s, -e⟩ кварте́т *m*
Quarz *m* ⟨-es, -e⟩ кварц *m*
Quarzuhr *f* ⟨-, -en⟩ ква́рцевые часы́ *pl*
Quaste *f* ⟨-, -n⟩ кисть *f*
Quatsch *m* ⟨*gen:*-(e)s⟩ ерунда́ *f*, глу́пость *f*
quatschen *vi* (*umg:reden*) болта́ть, по- *pf* (*mit +dat* с *+inst*)
Quecksilber *nt* ⟨*gen:*-s⟩ ртуть *f*
Quelle *f* ⟨-, -n⟩ исто́чник *m*
quellen ⟨quoll, gequollen⟩ *vi* (*hervor~*) вылива́ться, вы́литься *pf*, ли́ться *impf* ручьём; (*auf~*) разбуха́ть, -бу́хнуть *pf*, набуха́ть, -бу́хнуть *pf*
Quellenangabe *f* ⟨-, -n⟩ пе́речень *m* цити́руемых исто́чников
quer *adv* поперёк; **kreuz und ~** вдоль и поперёк
Quere : der ~ nach поперёк; **jdm in die ~ kommen** (*umg*) стать кому́-л. поперёк доро́ги
Querflöte *f* ⟨-, -n⟩ попере́чная фле́йта *f*
quetschen 1. *vt* (*etw/jdn gegen etw*) приплю́снуть *pf* (*gegen +akk* к *+dat*); (*etw in etw*) засовыва́ть, -су́нуть *pf* (*in +akk* в *+akk*); (*Körperteil*) прищемля́ть, -ми́ть *pf*; **2.** *vr* (*umg:sich zwängen*) вти́скиваться, вти́снуться *pf*
Quetschung *f* ⟨-, -en⟩ ущемле́ние *nt*
Quintett *nt* ⟨-(e)s, -e⟩ квинте́т *m*
Quirl *m* ⟨-(e)s, -e⟩ меша́лка *f*
quitt *adj*: **mit jdm ~ sein** (*umg*) расквита́ться с кем-л.
Quitte *f* ⟨-, -n⟩ айва́ *f*
quittieren *vt* (*Empfang*) распи́сываться, -писа́ться *pf* в получе́нии чего́-л.; (*wahrnehmen, beantworten*) отвеча́ть, -ве́тить
Quittung *f* ⟨-, -en⟩ квита́нция *f*; **gegen ~** под распи́ску; **eine ~ ausstellen** вы́писать квита́нцию
quoll *prät von* **quellen**
Quote *f* ⟨-, -n⟩ кво́та *f*
Quotenregelung *f* ⟨-, -en⟩ урегули́рование *nt* кво́той, квоти́рование *nt*
Quotient *m* ⟨-en, -en⟩ ча́стное *nt*

R

r, R *nt* ⟨-, -⟩ р, Р
Rabatt *m* ⟨-(e)s, -e⟩ ски́дка *f*; **jdm auf etw ~ geben/gewähren** дать/предоста́вить кому́-л. ски́дку на что-л.
Rabe *m* ⟨-n, -n⟩ во́рон *m*
rabiat *adj* бесцеремо́нный
Rache *f* ⟨*gen:*-⟩ месть *f*; **an jdm (für etw) ~ nehmen** отомсти́ть кому́-л. (за что-л.)
rächen 1. *vr* мстить, отомсти́ть *pf*; **er wollte sich an ihr für ihren Verrat ~** он хоте́л отомсти́ть ей за её преда́тельство; **2.** *vt* мстить , отомсти́ть *pf*; **einen Mord an jdm ~** отомсти́ть за убийство кому́-л.
Rachen *m* ⟨-s, -⟩ (*Tier*) пасть *f*; (*ANAT*) гло́тка *f*
Rachitis *f* ⟨*gen:*-⟩ рахи́т *m*
rachsüchtig *adj* мсти́тельный
Rad *nt* ⟨-(e)s, Räder⟩ колесо́ *nt*; **ein ~**

wechseln поменя́ть колесо́ (*SPORT:Turnen*) колесо́ *nt*; **ein ~ schlagen** де́лать колесо́
Radar *m* ⟨*gen:*-s⟩ рада́р *m*
Radau *m* ⟨*gen:*-s⟩ (*umg*) шум *m*, сканда́л *m*
radfahren *vi* е́здить *impf*, е́хать, по- *pf* на велосипе́де
Radfahrer, -in *m/f* ⟨-s, -⟩ велосипеди́ст, -ка *m/f*
Radfahrweg *m* ⟨-(e)s, -e⟩ велосипе́дная доро́жка *f*
radieren *vi* (*weg~*) стира́ть, стере́ть *pf*; (*in Kunst*) гравирова́ть *impf*
Radiergummi *m* ⟨-s, -s⟩ рези́нка *f*, ла́стик *m*
Radierung *f* ⟨-, -en⟩ (*Graphik*) офо́рт *m*
Radieschen *nt* ⟨-s, -⟩ реди́ска *f*
radikal *adj* радика́льный
Radio *nt* ⟨-s, -s⟩ ра́дио *nt*; **~ hören** слу́шать ра́дио
radioaktiv *adj* радиоакти́вный; **~er Niederschlag** радиоакти́вные оса́дки; **~er Müll** радиоакти́вные отхо́ды
Radioaktivität *f* ⟨*gen:*-⟩ радиоакти́вность *f*
Radioapparat *m* ⟨-(e)s, -e⟩ радиоприёмник *m*
Radiorecorder *m* ⟨-s, -⟩ радиомагнитофо́н *m*
Radium *nt* ⟨*gen:*-s⟩ ра́дий *m*
Radius *m* ⟨-, Radien⟩ ра́диус *m*
Radkappe *f* ⟨-, -n⟩ колпа́к *m* колеса́
Radrennen *nt* ⟨-s, -⟩ велого́нки *pl*
Radsport *m* ⟨*gen:*-(e)s⟩ велоспо́рт *m*
Radtour *f* ⟨-, -en⟩ велосипе́дная прогу́лка *f*
Radweg *m* ⟨-(e)s, -e⟩ велосипе́дная доро́жка *f*
raffen *vt* хвата́ть, схвати́ть *pf*
raffiniert *adj* изы́сканный, утончённый; (*schlau*) хи́трый, кова́рный
Rage *f* ⟨*gen:*-⟩ (*umg*) я́рость *f*
ragen *vi* возвыша́ться, -вы́ситься *pf*
Ragout *nt* ⟨-s, -s⟩ рагу́ *nt*
Rahm *m* ⟨*gen:*-(e)s⟩ сли́вки *pl*
Rahmen *m* ⟨-s, -⟩ (*Bilder~*) ра́ма *f*; (*kleiner ~*) ра́мка *f*
Rakete *f* ⟨-, -n⟩ раке́та *f*; **eine ~ abfeuern** вы́пустить раке́ту
Raketenabwehrsystem *nt* ⟨-s, -e⟩ систе́ма *f* противораке́тной оборо́ны
Rallye *f* ⟨-, -s⟩ (авто)ралли *nt*
rammen *vt* вбива́ть, вбить *pf* (*in +akk* в *+akk*); (*Fahrzeug*) вреза́ться, вре́заться *pf* (в *+akk*)
Rampe *f* ⟨-, -n⟩ (*Lade~*) накло́нный въезд *m*; (*THEAT*) ра́мпа *f*; (*MIL:Abschuß~*) (раке́тная) пускова́я устано́вка *f*
Ramsch *m* ⟨*gen:*-(e)s⟩ (*pej*) барахло́ *nt*
Rand *m* ⟨-(e)s, Ränder⟩ край *m*; (*von Gefäß*) край *m*; (*auf Papier*) по́ле *nt*; **mit etw/jdm (nicht) zu ~e kommen** (*umg*) (не) спра́виться с чем-л./кем-л.
randalieren *vi* устра́ивать, -ро́ить *pf* беспоря́дки, хулига́нить *impf*
Randalierer, -in *m/f* ⟨-s, -⟩ хулига́н *m*, наруши́тель *m* поря́дка, скандали́ст *m*
Randgruppe *f* ⟨-, -n⟩ маргина́льная гру́ппа *f*
Randstein *m* ⟨-(e)s, -e⟩ бордю́рный ка́мень *m*
rang *prät von* **ringen**
Rang *m* ⟨-(e)s, Ränge⟩ сте́пень *f*, значе́ние *nt*; (*THEAT*) я́рус *m*; (*MIL*) зва́ние *nt*, ранг *m*
rangieren 1. *vt* (*EIS*) формирова́ть, с- *pf*; **2.** *vi* (*in Rangordnung*) занима́ть, -ня́ть *pf* ме́сто
Ranke *f* ⟨-, -n⟩ у́сик *m*
rann *prät von* **rinnen**
rannte *prät von* **rennen**
Ranzen *m* ⟨-s, -⟩ (*Schultasche*) ра́нец *m*; (*umg:Bauch*) брю́хо *nt*
ranzig *adj* прого́рклый
rapid(e) *adj* бы́стрый
Rappe *m* ⟨-n, -n⟩ вороно́й *m*
Raps *m* ⟨-es, -e⟩ рапс *m*
rar *adj* ре́дкий, дефици́тный
Rarität *f* ⟨-, -en⟩ ре́дкость *f*, ре́дкая вещь *f*
rasch *adj* бы́стрый, ско́рый
rascheln *vi* шурша́ть, по- *pf*
rasen *vi* (*vor Wut*) бу́йствовать *impf*; (*umg: schnell fahren, laufen*) нести́сь, про- *pf*
Rasen *m* ⟨-s, -⟩ газо́н *m*
Rasenmäher *m* ⟨-s, -⟩ газонокоси́лка *f*
Raserei *f* ⟨*gen:*-⟩ (*Toben*) бе́шенство *nt*; (*mit Auto*) лиха́чество *nt*
Rasierapparat *m* ⟨-(e)s, -e⟩ (электро)бри́тва *f*
rasieren 1. *vt* брить, по- *pf*; **2.** *vi* бри́ться, по- *pf*
Rasierklinge *f* ⟨-, -n⟩ ле́звие *nt* (безопа́сной) бри́твы
Rasiermesser *nt* ⟨-s, -⟩ бри́тва *f*
Rasierpinsel *m* ⟨-s, -⟩ помазо́к *m*
Rasierwasser *nt* ⟨-s, -⟩ туале́тная вода́ *f*
Rasse *f* ⟨-, -n⟩ (*bei Menschen*) ра́са *f*; (*bei Tieren*) поро́да *f*
Rassel *f* ⟨-, -n⟩ трещо́тка *f*
rasseln *vi* греме́ть, про- *pf*; (*von höheren Tönen*) звене́ть, про- *pf*; **durch eine Prüfung ~** (*umg*) провали́ться с тре́ском на экза́мене
Rassendiskriminierung *f* ⟨*gen:*-⟩ ра́совая дискримина́ция *f*

Rassenhaß *m* ⟨*gen:*-hasses⟩ ра́совая не́нависть *f*
Rassentrennung *f* ⟨*gen:*-⟩ ра́совая сегрега́ция *f*
Rassenunruhen *fpl* ⟨*gen:*-⟩ ра́совые беспоря́дки *mpl*
Rassismus *m* ⟨*gen:*-⟩ раси́зм *m*
Rassist, -in *m/f* ⟨-en, -en⟩ раси́ст, -ка *m/f*
rassistisch *adj* раси́стский
Rast *f* ⟨-, -en⟩ о́тдых *m*, переды́шка *f*
rasten *vi* остана́вливаться, -нови́ться *pf* на о́тдых, де́лать, с- *pf* прива́л
Raster *nt* ⟨-s, -⟩ (*TV*) растр *m*; (*Rahmen, Muster*) систе́ма *f*, схе́ма *f*
Rasthaus *nt* ⟨-es, -häuser⟩ *рестора́н, располо́женный о́коло автоба́на*
rastlos *adj* неутоми́мый
Rastplatz *m* ⟨-es, -plätze⟩ ме́сто *nt* для о́тдыха; (*an einer Autobahn*) площа́дка *f* для о́тдыха (во́зле автодоро́ги, автоба́на), (авто)стоя́нка *f*
Rasur *f* ⟨-, -en⟩ бритьё *nt*
Rat *m* ⟨-(e)s, Räte⟩ (*Ratschlag*) сове́т *m*; **jdn um ~ fragen** попроси́ть сове́та у кого́-л.; **jdm einen ~ geben** дать сове́т кому́-л.
Rate *f* ⟨-, -n⟩ (*Geldbetrag*) платёжный взнос *m*, части́чный платёж *m*; (*Prozentzahl*) у́ровень *m*, показа́тель *m*; **etw in ~n bezahlen** опла́чивать что-л. в рассро́чку; **etw auf ~n kaufen** покупа́ть что-л. в рассро́чку
raten ⟨riet, geraten⟩ *vt* сове́товать, по- *pf*; **ich habe ihm zur Vorsicht geraten** я посове́товал ему́ быть осторо́жным; (*er~*) гада́ть, от- *pf*
Ratenkauf *m* ⟨-(e)s, -käufe⟩ поку́пка *f* в рассро́чку
Ratenzahlung *f* ⟨-, -en⟩ упла́та *f* в рассро́чку
Rathaus *nt* ⟨-es, -häuser⟩ ра́туша *f*
ratifizieren *vt* (*Vertrag*) ратифици́ровать *impf/pf*
Ration *f* ⟨-, -en⟩ рацио́н *m*; (*umg*) паёк *m*; **die eiserne ~** неприкоснове́нный запа́с
rational *adj* рациона́льный
rationalisieren 1. *vt* рационализи́ровать *impf/pf*; **2.** *vi* проводи́ть, -вести́ *pf* рационализа́цию
rationell *adj* рациона́льный, эконо́мный
ratlos *adj* расте́рянный, беспо́мощный
Ratlosigkeit *f* ⟨*gen:*-⟩ расте́рянность *f*
ratsam *adj* благоразу́мный
Rätsel *nt* ⟨-s, -⟩ зага́дка *f*; **jdm ein ~ aufgeben** зада́ть зага́дку кому́-л.
rätselhaft *adj* зага́дочный; **es ist mir ~, ...** я не понима́ю, ...
Ratte *f* ⟨-, -n⟩ кры́са *f*
rattern *vi* треща́ть, про- *pf*
Raub *m* ⟨*gen:*-(e)s⟩ (*das Rauben*) разбо́й *m*, грабёж *m*, ограбле́ние *nt*; (*das Geraubte*) награ́бленное *nt*
rauben 1. *vt* отнима́ть, -ня́ть *pf*, похища́ть, -хи́тить *pf*; **jdm etw ~** похи́тить [*o* отня́ть] у кого́-л. что-л.; **2.** *vi* гра́бить *impf*, разбо́йничать *impf*
Räuber, -in *m/f* ⟨-s, -⟩ разбо́йник, -ница *m/f*
räuberisch *adj* граби́тельский
Raubtier *nt* ⟨-(e)s, -e⟩ хи́щный зверь *m*
Raubüberfall *m* ⟨-(e)s, -fälle⟩ разбо́йное нападе́ние *nt*
Raubvogel *m* ⟨-s, -vögel⟩ хи́щная пти́ца *f*
Rauch *m* ⟨*gen:*-(e)s⟩ дым *m*
rauchen 1. *vi* кури́ть, по- *pf*; **~ wie ein Schlot** дыми́ть как парово́з; **2.** *vt* кури́ть, вы- *pf*, по- *pf*; **ich gehe eine ~** пойду́ покурю́
Raucher, -in *m/f* ⟨-s,-⟩ кури́льщик, -щица *m/f*
räuchern *vt* копти́ть *impf*
Rauchfleisch *nt* ⟨*gen:*-(e)s⟩ копчёное мя́со *nt*
rauchig *adj* ды́мный; (*Stimme*) хри́плый
raufen 1. *vi* дра́ться, по- *pf* (*mit +dat* с *+inst*); **2.** *vt:* **sich die Haare ~** рвать на себе́ во́лосы
Rauferei *f* ⟨-, -en⟩ дра́ка *f*
rauh *adj* (*Oberfläche*) шерохова́тый; (*Hals*) воспалённый; (*Stimme*) хри́плый; (*Klima*) суро́вый; (*Umgangston*) гру́бый
Rauhreif *m* ⟨*gen:*-(e)s⟩ и́зморозь *f*
Raum *m* ⟨-(e)s, Räume⟩ простра́нство *nt*; **die Bücher nehmen zuviel ~ ein** кни́ги занима́ют сли́шком мно́го ме́ста; (*Zimmer*) помеще́ние *nt*; (*Gebiet*) райо́н *m*, регио́н *m*
räumen *vt* (*wegstellen*) убира́ть, убра́ть *pf*; (*Saal, Ort*) освобожда́ть, -боди́ть *pf*; **Schnee ~** убира́ть снег; **jdn aus dem Weg ~** (*umg*) убра́ть кого́-л. с доро́ги
Raumfahrt *f* ⟨*gen:*-⟩ космона́втика *f*
Rauminhalt *m* ⟨-(e)s, -e⟩ ёмкость *f*
räumlich *adj* простра́нственный
Raumschiff *nt* ⟨-(e)s, -e⟩ косми́ческий кора́бль *m*
Raumstation *f* ⟨-, -en⟩ орбита́льная ста́нция *f*
Räumung *f* ⟨-, -en⟩ (*von Wohnung, Haus*) освобожде́ние *nt*; (*von Straßen*) убо́рка *f*
Räumungsverkauf *m* ⟨-(e)s, -käufe⟩ оконча́тельная распрода́жа *f*
Raupe *f* ⟨-, -n⟩ (*des Schmetterlings, auch Kettenraupe*) гу́сеница *f*
Rausch *m* ⟨-(e)s, Räusche⟩ опьяне́ние *nt*; (*fig*) упое́ние *nt*
rauschen *vi* (*Meer, Wind*) шуме́ть *impf*;

(*Bach*) журча́ть *impf*
Rauschgift *nt* ⟨-(e)s, -e⟩ нарко́тик *m*; **~ nehmen** употребля́ть нарко́тики
Rauschgiftsüchtige(r) *mf* ⟨-n, -n⟩ наркома́н, -ка *m/f*
räuspern *vr* отка́шливаться, -ляться *pf*
Raute *f* ⟨-, -n⟩ ромб *m*
Razzia *f* ⟨-, Razzien⟩ обла́ва *f*
Reagenzglas *nt* ⟨-es, -gläser⟩ проби́рка *f*
reagieren *vi* реаги́ровать, от- *pf* (*auf +akk* на *+akk*); (*CHEM*) вступа́ть, -пи́ть *pf* в (хими́ческую) реа́кцию (*mit +dat* с *+inst*)
Reaktion *f* ⟨-, -en⟩ реа́кция *f*
reaktionär *adj* (*POL*) реакцио́нный
Reaktor *m* ⟨-s, -en⟩ реа́ктор *m*
Reaktorblock *m* ⟨-(e)s, -blöcke⟩ реа́кторный блок *m*
Reaktorsicherheit *f* ⟨*gen:-*⟩ безопа́сность *f* реа́ктора
real *adj* реа́льный; **das ~e Einkommen** реа́льный дохо́д
realisieren 1. *vt* (*verwirklichen*) реализова́ть *impf/pf*; **2.** *vi* реализова́ться *impf/pf*
Realismus *m* ⟨*gen:-*⟩ реали́зм *m*
Realist, -in *m/f* ⟨-en, -en⟩ реали́ст, -ка *m/f*
realistisch 1. *adj* реалисти́ческий; **2.** *adv* реа́льно
Realität *f* ⟨*gen:-*⟩ реа́льность *f*, действи́тельность *f*
Rebe *f* ⟨-, -n⟩ (*Weinranke*) (виногра́дная) ло́за *f*; (*Weinstock*) виногра́д *m*
Rebell, -in *m/f* ⟨-en, -en⟩ мяте́жник *m*
rebellieren *vi* бунтова́ть, взбунтова́ться *pf* (*gegen +akk* про́тив *+gen*)
Rebellion *f* ⟨-, -en⟩ мяте́ж *m*
rebellisch *adj* мяте́жный; (*widerspenstig*) стропти́вый
Rebhuhn *nt* ⟨-(e)s, -hühner⟩ куропа́тка *f*
Rechen *m* ⟨-s, -⟩ гра́бли *fpl*
Rechenaufgabe *f* ⟨-, -n⟩ арифмети́ческая зада́ча *f*
Rechenfehler *m* ⟨-s, -⟩ арифмети́ческая оши́бка *f*
Rechenschaft *f* ⟨*gen:-*⟩ отчёт *m*; **jdn zur ~ ziehen** привле́чь к отве́ту кого́-л.; **über etw ~ ablegen** отчита́ться о чём-л.
Recherche *f* ⟨-, -n⟩ рассле́дование *nt*, по́иск *m*
recherchieren 1. *vi* собира́ть *impf* информа́цию; **2.** *vt* рассле́довать *impf/pf*
rechnen 1. *vt* счита́ть, по- *pf*; **2.** *vi:* **mit etw/jdm ~** счита́ться с чем-л./кем-л. [*o* принима́ть в расчёт что-л.]; **auf etw/jdn ~** полага́ться [*o* рассчи́тывать] на что-л./кого́-л.; **jdn/etw zu jdm/etw ~** счита́ть кого́-л./что-л. кем-л./чем-л.
Rechner *m* ⟨-s, -⟩ (*Computer*) электро́нно-вычисли́тельная маши́на *f*, ЭВМ *f*, компью́тер *m*
Rechnung *f* ⟨-, -en⟩ счёт *m*; (*umg:Einschätzung*) расчёт *m*; **einer Sache ~ tragen** учи́тывать что-л.
recht 1. *adj* (*passend*) подходя́щий; **2.** *adv* (*richtig*) пра́вильно; (*ganz, ziemlich*) дово́льно; **~ haben** быть пра́вым; **etw ist jdm ~** что-л. подхо́дит кому́-л.; **jdm ~ geben** призна́ть чью-л. правоту́
Recht *nt* ⟨-(e)s, -e⟩ пра́во *nt*; **zu ~** по пра́ву; **ein ~ auf etw haben** име́ть пра́во на что-л.; **~ sprechen** верши́ть правосу́дие; **von ~s wegen** по пра́ву
Rechte *f* ⟨-n, -n⟩ (*Hand*) пра́вая рука́ *f*; (*Seite*) пра́вая сторона́ *f*; **er saß zu ihrer ~n** он сиде́л сле́ва от неё; (*POL*) пра́вые *pl*
rechte(r, s) *adj* пра́вая, -вый, -вое; **ein ~r Winkel** (*MATH*) прямо́й у́гол; **jds ~ Hand sein** (*fig*) быть пра́вой руко́й кого́-л.
Rechteck *nt* ⟨-s, -e⟩ прямоуго́льник *m*
rechteckig *adj* прямоуго́льный
rechtfertigen 1. *vt* опра́вдывать, оправда́ть *pf*; **2.** *vr* опра́вдываться, оправда́ться *pf* (*vor +dat* перед *+inst*)
Rechtfertigung *f* ⟨*gen:-*⟩ (*Verteidigung*) оправда́ние *nt*
rechthaberisch *adj* несговóрчивый
rechtlich *adj* зако́нный
rechtmäßig 1. *adj* зако́нный; **2.** *adv* по зако́ну, в соотве́тствии с зако́ном
rechts 1. *adv* спра́ва; **nach ~** напра́во; **~ von jdm/etw** спра́ва от кого́-л./чего́-л.; **2.** *präp +gen* спра́ва от (*+ gen*)
Rechtsanwalt, -anwältin *m/f* ⟨-(e)s, -anwälte⟩ адвока́т *m*; **sich einen ~ nehmen** наня́ть адвока́та
Rechtsaußen *m* ⟨-(s), -⟩ пра́вый кра́йний напада́ющий *m*
Rechtsberatung *f* ⟨*gen:-*⟩ юриди́ческая консульта́ция *f*
Rechtschreibung *f* ⟨*gen:-*⟩ правописа́ние *nt*
Rechtsextremismus *m* ⟨*gen:-*⟩ пра́вый радикали́зм *m*
Rechtsextremist, -in *m/f* ⟨-en, -en⟩ пра́вый радика́л, пра́вая радика́лка *m/f*
Rechtshänder, -in *m/f* ⟨-s, -⟩ правша́ *mf*
rechtskräftig *adj* име́ющий зако́нную си́лу
Rechtskurve *f* ⟨-, -n⟩ поворо́т *m* напра́во
Rechtsprechung *f* ⟨*gen:-*⟩ юрисди́кция

f
rechtsradikal *adj* праворадика́льный
Rechtsweg *m* ⟨*gen:*-(e)s⟩ суде́бный поря́док *m*
rechtswidrig *adj* противозако́нный
rechtwinklig *adj* прямоуго́льный; **ein ~es Dreieck** прямоуго́льный треуго́льник
rechtzeitig *adj* своевре́менный
Reck *nt* ⟨-(e)s, -e⟩ перекла́дина *f*
recken 1. *vr* вытя́гиваться, вы́тянуться *pf*; **2.** *vt* вытя́гивать, вы́тянуть *pf*
Recorder *m* ⟨-s, -⟩ (*Kassetten~*) магнитофо́н *m*; (*Video~*) видеомагнитофо́н *m*
Recycling *nt* ⟨*gen:*-s⟩ перерабо́тка *f* и втори́чное испо́льзование *nt* промы́шленных и хозя́йственных отхо́дов, реса́йклинг *m*
Redakteur, -in *m/f* ⟨-s, -e⟩ реда́ктор *m*
Redaktion *f* ⟨-, -en⟩ реда́кция *f*; (*das Redigieren*) редакти́рование *nt*
Redaktionsschluß *m* ⟨*gen:*-schlusses⟩ подписа́ние *nt* в печа́ть
Rede *f* ⟨-, -n⟩ речь *f*; **davon war nicht die ~** речь шла не об э́том; **davon kann gar keine ~ sein** об э́том не мо́жет быть и ре́чи; **eine ~ halten** выступа́ть с ре́чью
redegewandt *adj* красноречи́вый
reden 1. *vi* говори́ть, по- *pf*, разгова́ривать *impf* (*über +akk* о *+präpos*); **mit ihr kann man nicht ~** с ней невозмо́жно разгова́ривать; **2.** *vt* говори́ть *impf*; **du redest Unsinn** ты говори́шь чушь; **er hat gut ~** (*umg*) ему́ легко́ говори́ть
Redewendung *f* ⟨-, -en⟩ оборо́т *m* речи
redlich *adj* добросо́вестный
Redner, -in *m/f* ⟨-s, -⟩ ора́тор *m*
redselig *adj* словоохо́тливый
reduzieren *vt* сокраща́ть, -крати́ть *pf* (*auf +akk* до *+gen*); **wir konnten den Verbrauch um ein Drittel ~** мы смогли́ сократи́ть потребле́ние на одну́ треть
Reede *f* ⟨-, -n⟩ рейд *m*; **auf ~ liegen** стоя́ть на ре́йде
Reeder, -in *m/f* ⟨-s, -⟩ судовладе́лец *m*
Reederei *f* ⟨-, -en⟩ судохо́дная компа́ния *f*
reell *adj* (*wirklich*) реа́льный; (*solide, ehrlich*) надёжный, че́стный
Referat *nt* ⟨-(e)s, -e⟩ (*Vortrag, Abhandlung*) рефера́т *m*, докла́д *m*
Referent, -in *m/f* ⟨-en, -en⟩ докла́дчик, -чица *m/f*
Referenz *f* ⟨-, -en⟩ рекоменда́ция *f*
reflektieren *vt* (*Licht*) рефлекти́ровать *impf/pf*
Reflektor *m* ⟨-s, -en⟩ рефле́ктор *m*
Reflex *m* ⟨-es, -e⟩ рефле́кс *m*
Reflexion *f* ⟨-, -en⟩ (*Widerspiegelung*) отраже́ние *nt*; (*das Überdenken*) рефле́ксия *f*
reflexiv *adj* возвра́тный
Reflexivpronomen *nt* ⟨-s, -nomina⟩ возвра́тное местоиме́ние *nt*
Reform *f* ⟨-, -en⟩ рефо́рма *f*
Reformation *f* ⟨*gen:*-⟩ Реформа́ция *f*
reformieren *vt* реформи́ровать *impf/pf*
Refrain *m* ⟨-s, -s⟩ (*Kehrreim*) припе́в *m*
Regal *nt* ⟨-s, -e⟩ по́лка *f*; **etw ins ~ stellen** поста́вить что-л. на по́лку; **im ~ stehen** стоя́ть на по́лке
Regatta *f* ⟨-, Regatten⟩ рега́та *f*
rege *adj* (*betriebsam, aktiv*) оживлённый; (*wach, munter*) живо́й
Regel *f* ⟨-, -n⟩ (*Konvention*) пра́вило; (*Monatsblutung*) менструа́ция *f*; **in der ~** как пра́вило
regelmäßig *adj* регуля́рный
Regelmäßigkeit *f* ⟨*gen:*-⟩ регуля́рность *f*
regeln 1. *vt* регули́ровать, от- *pf*; **2.** *vr*: **etw regelt sich von selbst** что-л. ула́дится само́ собо́й
Regelung *f* ⟨-, -en⟩ урегули́рование *nt*
regelwidrig *adj* непра́вильный
regen *vr* шевели́ться, по- *pf*
Regen *m* ⟨*gen:*-s⟩ дождь *m*; **saurer ~** ки́слый дождь
Regeneration *f* ⟨*gen:*-⟩ (*Wiederherstellung*) регенера́ция *f*
regenerieren *vr* (*sich erholen, wiederherstellen*) регенери́ровать *impf/pf*
Regenmantel *m* ⟨-s, -mäntel⟩ плащ *m*
Regenrinne *f* ⟨-, -n⟩ водосто́чный жёлоб *m*
Regenschauer *m* ⟨-s, -⟩ кратковре́меннный дождь *m*
Regenschirm *m* ⟨-(e)s, -e⟩ зонт *m*; (*umg*) зо́нтик *m*
Regentropfen *m* ⟨-s, -⟩ дождева́я ка́пля *f*
Regenwald *m* ⟨-(e)s, -wälder⟩ вла́жный тропи́ческий ле́с *m*
Regenwasser *nt* ⟨*gen:*-s⟩ дождева́я вода́
Regenwetter *nt* ⟨*gen:*-s⟩ дождли́вая пого́да *f*
Regenwurm *m* ⟨-(e)s, -würmer⟩ дождево́й червь *m*
Regenzeit *f* ⟨-, -en⟩ сезо́н *m* дожде́й
Regie *f* ⟨-, -n⟩ режиссу́ра *f*
regieren 1. *vt* пра́вить *impf* (+ *inst*), управля́ть *impf* (+ *inst*); **2.** *vi* пра́вить *impf*
Regierung *f* ⟨-, -en⟩ прави́тельство *nt*; (*Herrschaft*) правле́ние *nt*

Regierungschef, -in *m/f* ⟨-s, -s⟩ главá *f* прави́тельства
Regierungswechsel *m* ⟨-s, -⟩ смéна *f* прави́тельства
Regime *nt* ⟨-s, -(s)⟩ режи́м *m*
Regiment *nt* ⟨-(e)s, -er⟩ полк *m*
Region *f* ⟨-, -en⟩ региóн *m*, óбласть *f*, райóн *m*
regional *adj* регионáльный
Regisseur, -in *m/f* ⟨-s, -e⟩ режиссёр *m*
Register *nt* ⟨-s, -⟩ (*Verzeichnis*) реги́стр *m*, реéстр *m*; (*in einem Buch*) алфави́тный указáтель *m*; (*einer Orgel*) регíстр *m*
Registratur *f* ⟨-, -en⟩ регистратýра *f*
registrieren *vt* регистри́ровать, за- *pf*
Regler *m* ⟨-s, -⟩ регуля́тор *m*
regnen *vi:* **es regnet** идёт дождь
regnerisch *adj* дождли́вый
regulieren *vt* регули́ровать, от- *pf*
Regung *f* ⟨-, -en⟩ (*gefühlsmäßig*) поры́в *m*, побуждéние *nt*; (*Bewegung*) движéние *nt*
regungslos *adj* неподви́жный
Reh *nt* ⟨-(e)s, -e⟩ косýля *f*
Rehabilitation *f* ⟨*gen:-*⟩ реабилитáция *f*
rehabilitieren *vt* (*bezüglich Ruf, Ansehen*) реабилити́ровать *impf/pf*
Reibe *f* ⟨-, -n⟩ (*Küchen~*) тёрка *f*
reiben ⟨rieb, gerieben⟩ *vt* терéть, на- *pf*, натирáть *impf*; **Käse ~** натерéть сыр; **sich die Augen ~** протирáть глазá; **sich die Hände ~** потирáть рýки; **der Schuh reibt** боти́нок трёт; **sich etw wund ~** натерéть себé что-л. (до крóви)
Reiberei *f* ⟨-, -en⟩ трéния *pl*
Reibung *f* ⟨-, -en⟩ трéние *nt*
reibungslos *adj* беспрепя́тственный
reich *adj* богáтый; **~ an etw sein** быть богáтым чем-л.
Reich *nt* ⟨-(e)s, -e⟩ (*König~*) госудáрство *nt*, импéрия *f*; (*Bereich*) цáрство *nt*, мир *m*
reichen 1. *vt* (*geben*) протя́гивать, -тянýть *pf*; **2.** *vi* (*genügen*) хватáть, хвати́ть *pf*; **das Brot muß bis morgen ~** хлéба должнó хвати́ть до утрá; **danke, das reicht** (э́того) хвáтит, спаси́бо; **jetzt reicht's mir aber!** (*umg*) с меня́ хвáтит!; **die Leiter reichte bis zum zweiten Stock** лéстница доходи́ла [*о* доставáла] до трéтьего этажá
reichhaltig *adj* богáтый, оби́льный
Reichtum *m* ⟨-s, -tümer⟩ богáтство *nt*
Reichweite *f* ⟨-, -n⟩ дáльность *f* дéйствия; **in/außer ~ sein** быть в предéлах/вне дáльности дéйствия
reif *adj* (*Früchte*) спéлый; (*innerlich*) зрéлый
Reif *m* ⟨*gen:-*(e)s⟩ (*Niederschlag*) и́ней *m*
Reife *f* ⟨*gen:-*⟩ (*von Früchten*) спéлость *f*; (*Gereiftsein*) зрéлость *f*
reifen *vi* (*auch von Menschen*) созревáть, -зрéть *pf*, зреть *impf*
Reifen *m* ⟨-s, -⟩ ши́на *f*
Reifenpanne *f* ⟨-, -n⟩ повреждéние *nt* ши́ны
Reihe *f* ⟨-, -n⟩ (*Anordnung, Anzahl*) ряд *m*; (*von Menschen*) ряд *m*, шерéнга *f*; (*Anzahl*) ря́д *m*; **der ~ nach** по óчереди; **du bist an der ~** твоя́ óчередь
Reihenfolge *f* ⟨-, -n⟩ послéдовательность *f*; **in alphabetischer ~** по алфави́ту
Reihenhaus *nt* ⟨-es, -häuser⟩ дом *m* рядовóй застрóйки
Reiher *m* ⟨-s, -⟩ цáпля *f*
Reim *m* ⟨-(e)s, -e⟩ (*im Vers*) ри́фма *f*
reimen 1. *vr* рифмовáться *impf* (*auf +akk* с *+inst*); **2.** *vt* рифмовáть (*auf +akk* с *+inst*)
rein 1. *adj* (*sauber, klar, pur*) чи́стый; **2.** *adv* (*alleinig, lediglich*) чи́сто; **~ zufällig** чи́сто случáйно
Reinfall *m* ⟨-(e)s, -fälle⟩ (*umg*) провáл *m*
Reingewinn *m* ⟨-(e)s, -e⟩ чи́стая при́быль *f*
Reinheit *f* ⟨*gen:-*⟩ чистотá *f*
reinigen *vt* чи́стить, о- *pf*, очищáть *impf* (*von +dat* от *+gen*)
Reiniger *m* ⟨-s, -⟩ срéдство *nt* для чи́стки, чи́стящее срéдство *nt*
Reinigung *f* ⟨-, -en⟩ (*das Reinigen*) очищéние *nt*; (*Textil~*) химчи́стка *f*
reinlich *adj* чи́стый, чистоплóтный
Reinlichkeit *f* ⟨*gen:-*⟩ чистоплóтность *f*
reinrassig *adj* порóдистый
Reis *m* ⟨*gen:-*es⟩ рис *m*
Reise *f* ⟨-, -n⟩ поéздка *f*, путешéствие *nt*; **eine ~ antreten** отпрáвиться в поéздку; **gute ~!** счастли́вого пути́!
Reiseandenken *nt* ⟨-s, -⟩ сувени́р *m*
Reisebüro *nt* ⟨-s, -s⟩ туристи́ческое бюрó *nt*, бюрó *nt* путешéствий
Reisebus *m* ⟨-ses, -se⟩ туристи́ческий автóбус *m*
Reiseführer *m* ⟨-s, -⟩ путеводи́тель *m*
Reisegepäck *nt* ⟨*gen:-*(e)s⟩ багáж *m*
Reiseleiter, -in *m/f* ⟨-s, -⟩ руководи́тель, -ница *m/f* тури́стической грýппы
reisen *vi* путешéствовать *impf*, éхать, по- *pf*, éздить *impf* (*nach +dat* в *+akk*); **sie reiste mit dem Zug nach Italien** она поéхала на пóезде в Итáлию
Reisende(r) *mf* ⟨-n, -n⟩ путешéственник, -нница *m/f*
Reisepaß *m* ⟨-passes, -pässe⟩ загрании́чный пáспорт *m*
Reisetasche *f* ⟨-, -n⟩ дорóжная сýмка *f*
Reiseveranstalter, -in *m/f* ⟨-s, -⟩ организáтор *m* туристи́ческой

поездки
Reiseziel *nt* ⟨-(e)s, -e⟩ цель *f* поездки, пункт *m* назначения
Reisig *nt* ⟨*gen:*-s⟩ хворост *m*
Reißbrett *nt* ⟨-(e)s, -er⟩ чертёжная доска *f*
reißen ⟨riß, gerissen⟩ **1.** *vt* (*entreißen*) вырывать, вырвать *pf*; (*zerreißen*) разрывать, разорвать *pf*; **2.** *vr:* **sich um etw ~** (*umg*) драться из-за чего-л.
reißend *adj* быстрый, бурный
Reißverschluß *m* ⟨-verschlusses, -verschlüsse⟩ застёжка *f*-молния *f*; (*umg*) молния *f*
Reißzwecke *f* ⟨-, -n⟩ (канцелярская) кнопка *f*
reiten ⟨ritt, geritten⟩ *vi* ездить *impf* верхом [*o* на лошади], ехать *impf*, по- *pf* верхом [*o* на лошади], скакать, по- *pf*; **auf einem Kamel ~** ехать на верблюде
Reiter, -in *m/f* ⟨-s, -⟩ наездник, -ница *m/f*, всадник, -ница *m/f*
Reitpferd *nt* ⟨-(e)s, -e⟩ верховая лошадь *f*
Reitsport *m* ⟨*gen:*-s⟩ конный спорт *m*
Reiz *m* ⟨-es, -e⟩ (*Anziehung*) привлекательность *f*
reizbar *adj* раздражительный, обидчивый
Reizbarkeit *f* ⟨*gen:*-⟩ раздражительность *f*
reizen *vt* (*ärgern, angreifen*) раздражать *impf*; (*herausfordern*) побуждать, -будить *pf*; (*sexuell*) возбуждать, -будить *pf*
reizend *adj* очаровательный
reizlos *adj* непривлекательный
Reizung *f* ⟨-, -en⟩ (*MED*) раздражение *nt*
reizvoll *adj* привлекательный
Reizwäsche *f* ⟨*gen:*-⟩ эротическое нижнее бельё *nt*
Reklamation *f* ⟨-, -en⟩ рекламация *f*
Reklame *f* ⟨-, -n⟩ реклама *f*; **für etw ~ machen** рекламировать что-л.
reklamieren *vt* (*Beschwerde führen*) делать *impf* рекламацию
rekonstruieren *vt* реконструировать *impf/pf*
Rekonstruktion *f* ⟨-, -en⟩ реконструкция *f*
Rekord *m* ⟨-(e)s, -e⟩ рекорд *m*; **einen ~ aufstellen** установить рекорд
Rekrut, -in *m/f* ⟨-en, -en⟩ рекрут *m*
rekrutieren *vr* рекрутировать *impf/pf* (*aus +dat* из *+gen*)
Rektor, -in *m/f* ⟨-en, -en⟩ (*Schul~*) директор *m*; (*Universitäts~*) ректор *m*
Relais *nt* ⟨-, -⟩ реле *nt*
Relation *f* ⟨-, -en⟩ (*Verhältnis*) отношение *nt*
relativ *adj* относительный; **im Winter ist es hier ~warm** зимой здесь относительно тепло
Relativsatz *m* ⟨-es, -sätze⟩ относительное придаточное предложение *nt*
relevant *adj* (*geh*) значимый
Relief *nt* ⟨-s, -s⟩ рельеф *m*
Religion *f* ⟨-, -en⟩ религия *f*; (*Schulfach*) закон *m* божий
Religionsunterricht *m* ⟨*gen:*-s⟩ преподавание *nt* закона божьего
religiös *adj* религиозный
Reling *f* ⟨*gen:*-⟩ поручень *m*
Reliquie *f* ⟨-, -n⟩ мощи *fpl*
Renaissance *f* ⟨*gen:*-⟩ Ренессанс *m*
Rendezvous *nt* ⟨-, -⟩ свидание *nt*
Rendite *f* ⟨-, -n⟩ проценты *mpl*, доход *m*; **~ abwerfen** приносить доход
Rennbahn *f* ⟨-, -en⟩ (*Pferde~*) ипподром *m*; (*Rad~*) велодром *m*; (*Auto~*) автодром *m*
rennen ⟨rannte , gerannt⟩ *vi* бежать, по- *pf*, мчаться, по- *pf*
Rennen *nt* ⟨-s, -⟩ (*Pferde~*) скачки *pl*, бега *mpl*; (*Auto~ etc*) гонки *pl*
Rennfahrer, -in *m/f* ⟨-s, -⟩ гонщик *m*
Rennwagen *m* ⟨-s, -⟩ гоночный автомобиль *m*
renovieren *vt* ремонтировать, от- *pf*
Renovierung *f* ⟨-, -en⟩ ремонт *m*
rentabel *adj* рентабельный
Rente *f* ⟨-, -n⟩ (*der Ruhestand, die Geldbezüge*) пенсия *f*
Rentenalter *nt* ⟨*gen:*-s⟩ пенсионный возраст *m*
Rentenversicherung *f* ⟨-, -en⟩ пенсионное страхование *nt*
Rentner, -in *m/f* ⟨-s, -⟩ пенсионер, -ка *m/f*
Reparatur *f* ⟨-, -en⟩ ремонт *m*, починка *f*; **etw in ~ geben** отдать что-л. в ремонт
Reparaturwerkstatt *f* ⟨-, -stätten⟩ ремонтная мастерская *f*
reparieren *vt* чинить, по- *pf*, ремонтировать, от- *pf*
Reportage *f* ⟨-, -n⟩ репортаж *m*
Reporter, -in *m/f* ⟨-s, -⟩ корреспондент, -ка *m/f*, репортёр *m*
Repräsentant, -in *m/f* ⟨-en, -en⟩ представитель, -ница *m/f*
repräsentativ *adj* представительный
Repressalien *pl* ⟨*gen:*-⟩ репрессия *f*
repressiv *adj* репрессивный
Reptil *nt* ⟨-s, -ien⟩ пресмыкающееся *nt*
Republik *f* ⟨-, -en⟩ республика *f*
Republikaner, -in *m/f* ⟨-s, -⟩ республиканец, -нка *m/f*

republikanisch *adj* республика́нский
Requiem *nt* ⟨-s, -s⟩ ре́квием *m*
Requisiten *pl* ⟨*gen:-*⟩ (*THEAT*) реквизи́т *m*
Reserve *f* ⟨-, -n⟩ запа́с *m*, резе́рв *m*; **etw in ~ haben** име́ть что-л. в запа́се
Reservekanister *m* ⟨-s, -⟩ запасна́я кани́стра *f*
reservieren *vt* резерви́ровать, за- *pf*; **ich lasse uns einen Tisch ~** я закажу́ для нас стол; **ein Zimmer im Hotel ~ lassen** заброни́ровать но́мер в оте́ле
reserviert *adj* сде́ржанный
Reservist, -in *m/f* ⟨-en, -en⟩ резерви́ст, -ка *m/f*
Residenz *f* ⟨-, -en⟩ резиде́нция *f*
Resignation *f* ⟨*gen:-*⟩ разочаро́ванность *f*, поко́рность *f*, пессими́зм *m*
resignieren *vi* смиря́ться, -ри́ться со свои́м положе́нием *pf*
resolut *adj* реши́тельный
Resonanz *f* ⟨-, -en⟩ резона́нс *m*; **~ finden** получи́ть резона́нс
Respekt *m* ⟨*gen:-*(e)s⟩ уваже́ние *nt*
respektabel *adj* почте́нный
respektieren *vt* уважа́ть *impf*
respektlos *adj* неуважи́тельный
respektvoll *adj* почти́тельный
Ressentiment *nt* ⟨-s, -s⟩ (*geh*) вражде́бность *f*
Ressource *f* ⟨-, -n⟩ ресу́рсы *pl*
Rest *m* ⟨-(e)s, -e⟩ оста́ток *m*; **der ~ von** оста́ток чего́-л.
Restaurant *nt* ⟨-s, -s⟩ рестора́н *m*
restlich *adj* остаю́щийся, остально́й
restriktiv *adj* (*geh*) ограничи́тельный
Resultat *nt* ⟨-(e)s, -e⟩ результа́т *m*
Resümee *nt* ⟨-s, -s⟩ резюме́ *nt*
Retorte *f* ⟨-, -n⟩ рето́рта *f*; **aus der ~** (*umgpej*) из проби́рки
retten 1. *vt* спаса́ть, спасти́ *pf* (*vor +dat* от *+gen*); **2.** *vr* спаса́ться, спасти́сь *pf* (*vor +dat* от *+gen*)
Retter, -in *m/f* ⟨-s, -⟩ спаси́тель, -ница *m/f*
Rettich *m* ⟨-s, -e⟩ ре́дька *f*
Rettung *f* ⟨-, -en⟩ спасе́ние *nt*
Rettungsboot *nt* ⟨-(e)s, -e⟩ спаса́тельная шлю́пка *f*
Rettungsring *m* ⟨-(e)s, -e⟩ спаса́тельный круг *m*
Rettungsschwimmer, -in *m/f* ⟨-s, -⟩ пловéц *m* -спаса́тель *m*
Reue *f* ⟨*gen:-*⟩ раска́яние *nt*
reuen *vt* раска́иваться, -ка́яться *pf*; **seine Tat reute ihn** он раска́ивался в своём посту́пке
reuig *adj* раска́ивающийся
Revanche *f* ⟨-, -n⟩ рева́нш *m*
revidieren *vt* (*Einstellung, Meinung*) пересма́тривать, -смотре́ть *pf*; (*JUR*) обжа́ловать *impf/pf*
Revier *nt* ⟨-s, -e⟩ (*von Tieren*) уча́сток *m*; (*Polizei~*) полице́йский уча́сток *m*; (*Jagd~*) террито́рия *f*
Revision *f* ⟨-, -en⟩ (*Neubearbeitung*) реви́зия *f*, прове́рка *f*; (*JUR*) пересмо́тр *m*, обжа́лование *nt*
Revolte *f* ⟨-, -n⟩ бунт *m*, мятéж *m*
Revolution *f* ⟨-, -en⟩ револю́ция *f*
revolutionär *adj* революцио́нный
Revolutionär, -in *m/f* ⟨-s, -e⟩ революционе́р, -ка *m/f*
Revolver *m* ⟨-s, -⟩ револьве́р *m*
rezensieren *vt* (*Buch, Film, Aufführung*) рецензи́ровать, от- *pf*
Rezension *f* ⟨-, -en⟩ реце́нзия *f*
Rezept *nt* ⟨-(e)s, -e⟩ (*MED, Koch~*) реце́пт *m*; **auf ~** по реце́пту
rezeptfrei 1. *adj* (*Medikament*) отпуска́емый без реце́пта; **2.** *adv* без реце́пта
Rezeption *f* ⟨-, -en⟩ (*im Hotel*) бюро́ *nt* регистра́ции
rezeptpflichtig *adj* (*Medikament*) отпуска́емый то́лько по реце́пту
Rezession *f* ⟨-, -en⟩ спад *m*
Rhabarber *m* ⟨*gen:-*s⟩ реве́нь *m*
Rhein *m* ⟨*gen:-*(e)s⟩ Рейн *m*
Rheinland-Pfalz *nt* ⟨*gen:-*⟩ Ре́йнланд-Пфальц *m*
Rhesusfaktor *m* ⟨-s, -en⟩ ре́зус-фа́ктор *m*
Rhetorik *f* ⟨*gen:-*⟩ рито́рика *f*
rhetorisch *adj* ритори́ческий; **eine ~e Frage** ритори́ческий вопро́с
Rheuma *nt* ⟨*gen:-*s⟩ ревмати́зм *m*
Rhinozeros *nt* ⟨-(ses), -se⟩ носоро́г *m*
rhythmisch *adj* ритми́ческий
Rhythmus *m* ⟨-, Rhythmen⟩ ритм *m*
richten 1. *vt* (*lenken*) направля́ть, -пра́вить *pf* (*auf +akk* на *+akk*); (*zielen*) наце́ливать, -це́лить *pf* (*auf +akk* на *+akk*); **2.** *vr* быть *impf* напра́вленным (*auf +akk* на *+akk*); **sich nach jdm/etw ~** сле́довать кому́-л./чему́-л.
Richter, -in *m/f* ⟨-s, -⟩ судья́ *m*
richterlich *adj* суде́йский
Richtgeschwindigkeit *f* ⟨-, -en⟩ (*im Verkehr*) рекомендо́ванная ско́рость *f*
richtig 1. *adj* пра́вильный; **2.** *adv* пра́вильно; (*wirklich, tatsächlich*) по-настоя́щему
Richtlinie *f* ⟨-, -en⟩ директи́ва *f*
Richtung *f* ⟨-, -en⟩ направле́ние *nt*; **du gehst in die falsche ~** ты идёшь в непра́вильном направле́нии
Richtwert *m* ⟨-(e)s, -e⟩ нормати́вный показа́тель *m*

rieb *prät von* **reiben**
riechen ⟨roch, gerochen⟩ **1.** *vi* пáхнуть *impf*; **nach etw ~** пáхнуть чем-л.; **2.** *vt* нюхать, по- *pf*; **an etw ~** обнюхивать что-л.
rief *prät von* **rufen**
Riegel *m* ⟨-s, -⟩ (*von Schloß*) задви́жка *f*
Riemen *m* ⟨-s, -⟩ ремéнь *m*
Riese *m* ⟨-n, -n⟩ великáн *m*
rieseln *vi* (*Sand*) струи́ться, по- *pf*; (*Flüssigkeit*) журчáть, по- *pf*
riesengroß *adj* (*umg*) гигáнтский
Riesenrad *nt* ⟨-(e)s, -räder⟩ колесó *nt* обозрéния
riesig **1.** *adj* (*sehr groß*) колоссáльный; **2.** *adv* (*umg:sehr*) ужáсно
riet *prät von* **raten**
Riff *nt* ⟨-(e)s, -e⟩ риф *m*
rigoros *adj* стрóгий, категори́чный
Rille *f* ⟨-, -n⟩ желобóк *m*
Rind *nt* ⟨-(e)s, -er⟩ (*weibliches ~*) корóва *f*; (*männliches ~*) бык *m*; (*pl:* Rinder) крýпный рогáтый скот *m*; (*Fleisch*) говя́дина *f*
Rinde *f* ⟨-, -n⟩ (*Baum~*) корá *f*; (*Brot~*) кóрка *f*
Rindfleisch *nt* ⟨*gen:*-(e)s⟩ говя́дина *f*
Rindvieh *nt* ⟨*gen:*-(e)s⟩ (*umg:Schimpfwort*) скоти́на *f*
Ring *m* ⟨-(e)s, -e⟩ кольцó *nt*
Ringbuch *nt* ⟨-(e)s, -bücher⟩ записня́ кни́жка *f* на кóльцах
Ringelnatter *f* ⟨-, -n⟩ уж *m* обыкновéнный
ringen ⟨rang, gerungen⟩ *vi* борóться *impf* (*mit +dat* с *+inst*)
Ringer, -in *m/f* ⟨-s, -⟩ борéц *m*
Ringfinger *m* ⟨-s, -⟩ безымя́нный пáлец *m*
Ringkampf *m* ⟨-(e)s, -kämpfe⟩ борьбá *f*
Ringrichter, -in *m/f* ⟨-s, -⟩ судья́ *m* на ри́нге
ringsherum *adv* вокрýг, кругóм
Rinne *f* ⟨-, -n⟩ жёлоб *m*, канáвка *f*
rinnen ⟨rann, geronnen⟩ *vi* течь *impf*
Rinnstein *m* ⟨-(e)s, -e⟩ стóчная канáва *f*
Rippe *f* ⟨-, -n⟩ ребрó *nt*
Risiko *nt* ⟨-s, Risiken⟩ риск *m*; **ein ~ eingehen** идти́ на риск; **etw auf eigenes ~ tun** дéлать что-л. на сóбственный риск
riskant *adj* рискóванный
riskieren *vt* рисковáть, рискнýть *pf*; etw~ рисковáть чем-л.
riß *prät von* **reißen**
Riß *m* ⟨Risses, Risse⟩ трéщина *f*, щель *f*
rissig *adj* потрéскавшийся
ritt *prät von* **reiten**
Ritt *m* ⟨-(e)s, -e⟩ поéздка *f* верхóм
Ritter *m* ⟨-s, -⟩ ры́царь *m*
ritterlich **1.** *adj* ры́царский; **2.** *adv* по-ры́царски
Ritual *nt* ⟨-s, -e/-ien⟩ обря́д *m*, ритуáл *m*
rituell *adj* ритуáльный
Ritze *f* ⟨-, -n⟩ щель *f*
ritzen *vt* (*ein~*) царáпать, на- *pf* (*in +akk* на *+akk*)
Rivale *m* ⟨-n, -n⟩ сопéрник *m*
Rivalin *f* ⟨-, -nen⟩ сопéрница *f*
rivalisieren *vi* сопéрничать *impf* (*mit +dat* с *+inst*)
Rivalität *f* ⟨-, -en⟩ сопéрничество *nt*
Robbe *f* ⟨-, -n⟩ тюлéнь *m*
Roboter *m* ⟨-s, -⟩ рóбот *m*
robust *adj* (*kräftig*) крéпкий
roch *prät von* **riechen**
röcheln *vi* хрипéть, про- *pf*
Rock *m* ⟨-(e)s, Röcke⟩ (*Damenkleidung*) юбка *f*
Rockband *f* ⟨-, -s⟩ рок-грýппа *f*
Rocker *m* ⟨-s, -⟩ рóкер *m*
Rockmusik *f* ⟨*gen:*-⟩ рок-мýзыка *f*
rodeln *vi* катáться, по- *pf* на саня́х [*o* на сáнках]
roden *vt* (*Wald, Land*) корчевáть, вы́корчевать *pf*
Rodung *f* ⟨-, -en⟩ (*das Roden*) корчевáние *nt*; (*gerodete Fläche*) раскорчёванный учáсток *m*
Roggen *m* ⟨-s,-⟩ рожь *f*
Roggenbrot *nt* ⟨-(e)s, -e⟩ ржанóй хлеб *m*
roh *adj* (*grob, brutal*) грýбый; (*unbearbeitet*) сырóй, необрабóтанный
Rohbau *m* ⟨-(e)s, -ten⟩ неотдéланная пострóйка *f*
Rohkost *f* ⟨*gen:*-⟩ сырáя расти́тельная пи́ща *f*
Rohöl *nt* ⟨*gen:*-(e)s⟩ сырáя нефть *f*
Rohr *nt* ⟨-(e)s, -e⟩ трубá *f*
Röhre *f* ⟨-, -n⟩ (*Rohr*) трýбка *f*; **in die ~ schauen** (*umg*) остáться с нóсом
Rohrzange *f* ⟨-, -n⟩ трýбный ключ *m*
Rohrzucker *m* ⟨*gen:*-s⟩ тростникóвый сáхар *m*
Rohstoff *m* ⟨-(e)s, -e⟩ сырьё *nt*
Rokoko *nt* ⟨*gen:*-s⟩ рококó *nt*
Rolladen *m* ⟨-s, -läden⟩ жалюзи́ *pl*
Rolle *f* ⟨-, -n⟩ (*von Garn, Kabel*) катýшка *f*; (*Rad*) рóлик *m*; (*THEAT*) роль *f*; (*SPORT*) кувырóк *m*; **etw spielt keine ~** что-л. не игрáет рóли
rollen **1.** *vt* катáть *impf*, кати́ть, по- *pf*; **2.** *vi* кати́ться, по- *pf*, катáться *impf*; **etw ins Rollen bringen** (*umg*) сдви́нуть что-л. с мёртвой тóчки
Roller *m* ⟨-s, -⟩ (*Motor~*) моторóллер *m*; (*Kinder~*) самокáт *m*
Rollfeld *nt* ⟨-(e)s, -er⟩ лётное пóле *nt*
Rollkragenpullover *m* ⟨-s, -s⟩ сви́тер *m* с высóким воротникóм; (*umg*)

водола́зка *f*
Rollschuh *m* ⟨-(e)s, -e⟩ ро́ликовый конёк *m*
Rollstuhl *m* ⟨-(e)s, -stühle⟩ инвали́дная коля́ска *f*
Rolltreppe *f* ⟨-, -n⟩ эскала́тор *m*
Roman *m* ⟨-s, -e⟩ рома́н *m*
Romanik *f* ⟨*gen:-*⟩ (*Epoche*) рома́нская эпо́ха *f*
romanisch *adj* рома́нский; **~e Sprachen** рома́нские языки́
Romanistik *f* ⟨*gen:-*⟩ романи́стика
Romantik *f* ⟨*gen:-*⟩ (*Epoche*) романти́ческая эпо́ха *f*
Romantiker, -in *m/f* ⟨-s, -⟩ рома́нтик *m*
romantisch *adj* романти́ческий
Romanze *f* ⟨-, -n⟩ рома́нс *m*
Römer, -in *m/f* ⟨-s, -⟩ ри́млянин, -лянка *m/f*
römisch *adj* ри́мский
römisch-katholisch *adj* ри́мско-католи́ческий
röntgen *vt* делать, с- *pf* рентге́новский сни́мок
Röntgenaufnahme *f* ⟨-, -n⟩ рентге́новский сни́мок *m*
Röntgenstrahlen *mpl* ⟨*gen:-*⟩ рентге́новское излуче́ние *nt*
rosa *adj* ро́зовый
Rose *f* ⟨-, -n⟩ ро́за *f*
Rosenkohl *m* ⟨*gen:*-(e)s⟩ брюссе́льская капу́ста *f*
Rosenkranz *m* ⟨-es, -kränze⟩ чётки *pl*
Rosette *f* ⟨-, -n⟩ розе́тка *f*
rosig *adj* ро́зовый
Rosine *f* ⟨-, -n⟩ изю́минка *f*
Rost [1] *m* ⟨-(e)s, -e⟩ решётка *f*
Rost [2] *m* ⟨*gen:*-(e)s⟩ (*an Metall*) ржа́вчина *f*
rosten *vi* ржаве́ть, за- *pf*
rösten *vt* жа́рить, под- *pf*
rostfrei *adj* нержаве́ющий
rostig *adj* ржа́вый
Rostschutz *m* ⟨*gen:*-es⟩ (*~farbe*) антикоррозио́нное покры́тие *nt*
rot *adj* кра́сный; (*politisch*) кра́сный; **~ werden** покрасне́ть
rotblond *adj* рыжева́тый
Röte *f* ⟨*gen:-*⟩ краснота́ *f*
Röteln *fpl* ⟨*gen:-*⟩ красну́ха *f*
röten *vr* красне́ть, по- *pf*
rothaarig *adj* ры́жий
rotieren *vi* враща́ться *impf*
Rotkäppchen *nt* ⟨*gen:*-s⟩ Кра́сная Ша́почка *f*
Rotkohl *m* ⟨-(e)s, -e⟩ краснокоча́нная капу́ста *f*
rötlich *adj* краснова́тый
Rotor *m* ⟨-s, -en⟩ ро́тор *m*
Rotwein *m* ⟨-(e)s, -e⟩ кра́сное вино́ *nt*
Rotz *m* ⟨*gen:*-es⟩ (*umg*) сопля́ *f*
Rouge *nt* ⟨*gen:*-s⟩ румя́на *pl*; **~ auflegen** наложи́ть румя́на
Roulette *nt* ⟨-s, -s⟩ руле́тка *f*
Route *f* ⟨-, -n⟩ маршру́т *m*
Routine *f* ⟨*gen:-*⟩ рути́на *f*
Routineuntersuchung *f* ⟨-, -en⟩ очередно́е обсле́дование *nt*
routiniert *adj* о́пытный, ло́вкий
Rowdy *m* ⟨-s, -s⟩ (*pej*) хулига́н *m*
Rübe *f* ⟨-, -n⟩ (*rote ~*) свёкла *f*; (*gelbe ~*) морко́вь *f*; (*weiße ~*) ре́па *f*; (*umg:Kopf*) башка́ *f*
Rubin *m* ⟨-s, -e⟩ руби́н *m*
Rubrik *f* ⟨-, -en⟩ ру́брика *f*
Ruck *m* ⟨-(e)s, -e⟩ толчо́к *m*
ruckartig *adj* толчко́м, рывко́м
rückbezüglich *adj* возвра́тный
rückblickend *adj* ретроспекти́вный
Rücken *m* ⟨-s, -⟩ спина́ *f*; (*von Buch*) корешо́к *m*; (*Berg~*) хребе́т *m*
Rückenlehne *f* ⟨-, -n⟩ спи́нка *f*
Rückenmark *nt* ⟨*gen:*-(e)s⟩ спинно́й мозг *m*
Rückenschmerzen *mpl* ⟨*gen:-*⟩ боль *f* в спине́
Rückenschwimmen *nt* ⟨*gen:*-s⟩ пла́вание *nt* на спине́
Rückenwind *m* ⟨*gen:*-(e)s⟩ попу́тный ве́тер *m*
Rückfahrkarte *f* ⟨-, -n⟩ обра́тный биле́т *m*
Rückfahrscheinwerfer *m* ⟨-s, -⟩ фа́ра *m* за́днего хо́да
Rückfahrt *f* ⟨-, -en⟩ обра́тный путь *m*
Rückfall *m* ⟨-(e)s, -fälle⟩ рециди́в *m*
rückfällig *adj* повто́рный
Rückflug *m* ⟨-(e)s, -flüge⟩ обра́тный полёт *m*
Rückfrage *f* ⟨-, -n⟩ переспро́с *m*
Rückgabe *f* ⟨-, -n⟩ возвра́т *m*
Rückgang *m* ⟨-(e)s, -gänge⟩ сниже́ние *nt*, сокраще́ние *nt*
rückgängig *adj* обра́тный; **etw ~ machen** отменя́ть что-л.
Rückgrat *nt* ⟨-(e)s, -e⟩ позвоно́чник *m*
Rückhalt *m* ⟨*gen:*-(e)s⟩ подде́ржка *f*, опо́ра *f*; **(bei jdm) ~ finden** найти́ в ком-л. опо́ру
Rückkehr *f* ⟨*gen:-*⟩ возвраще́ние *nt*
Rücklicht *nt* ⟨-(e)s, -er⟩ (*an Auto*) за́дний свет *m*
Rückreise *f* ⟨-, -n⟩ обра́тный путь *m*
Rückruf *m* ⟨-(e)s, -e⟩ (*telefonisch*) отве́тный звоно́к *m*
Rucksack *m* ⟨-(e)s, -säcke⟩ рюкза́к *m*
Rückschlag *m* ⟨-(e)s, -schläge⟩ прова́л *m*, неуда́ча *f*
Rückschritt *m* ⟨-(e)s, -e⟩ регре́сс *m*
Rückseite *f* ⟨-, -n⟩ обра́тная сторона́ *f*

Rücksicht *f* ⟨*gen:-*⟩ внимáние *nt*, уважéние *nt*; **auf jdn/etw ~ nehmen** учи́тывать интерéсы когó-л./чегó-л.
rücksichtslos *adj* бесцеремóнный
Rücksichtslosigkeit *f* ⟨-, -en⟩ бесцеремóнность *f*
rücksichtsvoll *adj* внимáтельный
Rücksitz *m* ⟨-es, -e⟩ зáднее сидéнье *nt*
Rückspiegel *m* ⟨-s, -⟩ зéркало *nt* зáднего ви́да
Rückstand *m* ⟨-(e)s, -stände⟩ отставáние *nt*; **die Mannschaft ist mit drei Toren im ~** комáнда отстаёт на три очкá
rückständig *adj* отстáлый
Rücktritt *m* ⟨-(e)s, -e⟩ *(von Amt)* отстáвка *f*; *(von Vertrag)* откáз *m*
Rücktrittbremse *f* ⟨-, -n⟩ педáльный тóрмоз *m*
rückwärts *adv* обрáтно, назáд
Rückwärtsgang *m* ⟨-(e)s, -gänge⟩ зáдний ход *m*
Rückweg *m* ⟨-(e)s, -e⟩ обрáтный путь *m*
Rückzahlung *f* ⟨-, -en⟩ возврáт *m* дéнег
Rückzug *m* ⟨*gen:-*(e)s⟩ отступлéние *nt*; **auf dem ~ sein** отступáть
Rud(r)erin *f* ⟨-, -nen⟩ гребéц, гребчи́ха *m/f*
Rüde *m* ⟨-n, -n⟩ кобéль *m*
Rudel *nt* ⟨-s, -⟩ стáя *f*, стáдо *nt*
Ruder *nt* ⟨-s, -⟩ веслó *nt*
Ruderboot *nt* ⟨-(e)s, -e⟩ гребнáя лóдка *f*
rudern *vi* грести́ *impf*
Ruf *m* ⟨-(e)s, -e⟩ *(das Rufen)* крик *m*; *(Ansehen)* репутáция *f*; **einen guten ~ haben** пóльзоваться хорóшей репутáцией *(Berufung eines Professors)* приглашéние *nt*
rufen ⟨rief, gerufen⟩ *vt* кричáть, кри́кнуть *pf*, звать, позвáть *pf*; **um Hilfe ~** звать на пóмощь; **nach jdm ~** звать когó-л.
Rufmord *m* ⟨-(e)s, -e⟩ злонамéренная клеветá *f*
Rufname *m* ⟨-n, -n⟩ и́мя *nt*
Rufnummer *f* ⟨-, -n⟩ нóмер *m* телефóна
Rugby *nt* ⟨*gen:-*(s)⟩ рéгби *nt*
Rüge *f* ⟨-, -n⟩ вы́говор *m*
rügen *vt* дéлать, с- *pf* вы́говор *(wegen +gen* из-за *+gen*)
Ruhe *f* ⟨*gen:-*⟩ *(Stille)* тишинá *f*, покóй *f*; *(Gelassenheit)* спокóйствие *nt*; *(Erholung)* óтдых *m*; **~, bitte!** прошý тишины́, пожáлуйста!; **jdn in ~ lassen** остáвить когó-л. в покóе; **keine ~ geben** *(umg)* не давáть покóя
ruhelos *adj* беспокóйный
ruhen *vi* *(liegen)* отдыхáть, отдохнýть *pf*; *(nicht in Betrieb sein)* бездéйствовать *impf*
Ruhepause *f* ⟨-, -n⟩ переды́шка *f*
Ruhestand *m* ⟨*gen:-*(e)s⟩ пéнсия *f*; **in den ~ gehen** уйти́ на пéнсию
Ruhestörung *f* ⟨-, -en⟩ нарушéние *nt* тишины́
Ruhetag *m* ⟨-(e)s, -e⟩ выходнóй день *m*
ruhig 1. *adj* спокóйный; **2.** *part (umg)* спокóйно
Ruhm *m* ⟨*gen:-*(e)s⟩ слáва *f*
rühmen 1. *vt* прославля́ть, -слáвить *pf*; **2.** *vr:* **sich einer Sache ~** хвали́ться чем-л.
Ruhr *f* ⟨*gen:-*⟩ дизентери́я *f*
Rührei *nt* ⟨-(e)s, -er⟩ яи́чница *f*
rühren 1. *vt (umrühren)* мешáть, по- *pf*; *(innerlich)* трóгать, трóнуть *pf*; **2.** *vr (sich bewegen)* шевели́ться, по- *pf*
rührend *adj* трóгательный
rührig *adj* предприи́мчивый
Rührteig *m* ⟨-(e)s, -e⟩ сдóбное тéсто *nt*
Rührung *f* ⟨*gen:-*⟩ умилéние *nt*
Ruin *m* ⟨*gen:-*s⟩ разорéние *nt*, крах *m*
Ruine *f* ⟨-, -n⟩ развáлины *pl*
ruinieren 1. *vt* разоря́ть, разори́ть *pf*; *(Gesundheit)* губи́ть, по- *pf*; **2.** *vr* разоря́ться, разори́ться *pf*
Rum *m* ⟨-s, -s⟩ ром *m*
Rumäne *m* ⟨-n, -n⟩ румы́н *m*
Rumänien *nt* ⟨*gen:-*s⟩ Румы́ния *f*
Rumänin *f* ⟨-, -nen⟩ румы́нка *f*
rumänisch 1. *adj* ру́мынский; **2.** *adv* по-румы́нски
Rummel *m* ⟨*gen:-*s⟩ *(Jahrmarkt)* я́рмарка *f*
Rumpf *m* ⟨-(e)s, Rümpfe⟩ *(von Mensch, Tier)* тýловище *nt*; *(von Schiff, Flugzeug)* кóрпус *m*
rümpfen : über etw die Nase~ вороти́ть нос от чегó-л.
rund *adj* крýглый
Rundblick *m* ⟨-(e)s, -e⟩ кругóвой обзóр *m*
Runde *f* ⟨-, -n⟩ *(von Personen)* компáния *f*; *(im Wettkampf)* рáунд *m*
runden 1. *vt (Zahl, Summe)* округля́ть, -ли́ть *pf*; **2.** *vr (rund werden)* округля́ться, -ли́ться *pf*
Rundfahrt *f* ⟨-, -en⟩ экскýрсия *f*
Rundfunk *m* ⟨*gen:-*s⟩ радиовещáние *nt*
Rundfunksender *m* ⟨-s, -⟩ радиостáнция *f*
Rundgang *m* ⟨-(e)s, -gänge⟩ обхóд *m*
rundlich *adj* пóлный
Runzel *f* ⟨-, -n⟩ морщи́на *f*
runzelig *adj* морщи́нистый
runzeln : die Stirn ~ мóрщить лоб
Rüpel *m* ⟨-s, -⟩ *(pej)* хам *m*
rüpelhaft *adj (pej)* хáмский
rupfen *vt (Federn)* щипáть, о- *pf*, ощи́пывать *impf*
Rüsche *f* ⟨-, -n⟩ рюш *m*
Ruß *m* ⟨*gen:-*es⟩ сáжа *f*

Russe *m* ⟨-n, -n⟩ ру́сский *m*
Rüssel *m* ⟨-s, -⟩ хо́бот *m*
rußen *vi* копти́ть *impf*
rußig *adj* закопте́лый
Russin *f* ⟨-, -nen⟩ ру́сская *f*
russisch 1. *adj* ру́сский; **2.** *adv* по-ру́сски
Russisch *nt* ⟨*gen:*-(s)⟩ (*Sprache*) ру́сский язы́к *m*
Rußland *nt* ⟨*gen:*-s⟩ Росси́я *f*
rüsten *vi* (*MIL*) вооружа́ться, -жи́ться *pf*
rüstig *adj* бо́дрый, кре́пкий
Rüstung *f* ⟨-, -en⟩ (*MIL*) вооруже́ние *nt*
Rüstungsbegrenzung *f* ⟨*gen:*-⟩ (*MIL, POL*) ограниче́ние *nt* вооруже́ний
Rüstungskontrolle *f* ⟨*gen:*-⟩ (*MIL, POL*) контро́ль *m* над вооруже́ниями
Rute *f* ⟨-, -n⟩ (*Stock*) прут *m*; (*Angel~*) у́дочка *f*; (*Tierschwanz*) хвост *m*
Rutsch *m*: **guten ~!** (*umg:Neujahrsgruß*) с Но́вым го́дом!
Rutschbahn *f* ⟨-, -en⟩ го́рка *f* для ката́ния
rutschen *vi* сполза́ть, сползти́ *pf*; **seine Hose rutscht** у него́ брю́ки сполза́ют; (*gleiten*) скользи́ть *impf*
rutschig *adj* ско́льзкий
rütteln *vi* трясти́, по- *pf*; **an etw ist nicht zu ~** здесь ничего́ не поде́лаешь

S

s, S *nt* ⟨-, -⟩ с, С; з, З
Saal *m* ⟨-(e)s, Säle⟩ зал *m*
Saarland *nt* ⟨*gen:*-(e)s⟩ Саа́р *m*
Saat *f* ⟨-, -(en)⟩ (*die Aussaat*) сев *m*; (*das Ausgesäte*) семена́ *ntpl*
Saatgut *nt* ⟨*gen:*-(e)s⟩ посевно́е зерно́ *nt*
Sabbat *m* ⟨-s, -e⟩ суббо́та *f*
Säbel *m* ⟨-s, -⟩ са́бля *f*
Sabotage *f* ⟨-, -n⟩ сабота́ж *m*
sabotieren *vt* саботи́ровать *impf*
Sache *f* ⟨-, -n⟩ (*Gegenstand*) вещь *f*; (*Umstand, Angelegenheit*) де́ло *nt*; **zur ~ kommen** перейти́ к де́лу; **das ist meine ~** (*umg*) э́то моё де́ло (*umg, nur pl: Kleidungsstücke*) ве́щи *pl*
Sachgebiet *nt* ⟨-(e)s, -e⟩ о́трасль *f*
sachgemäß *adj* пра́вильный
sachkundig *adj* компете́нтный
sachlich *adj* (*nüchtern, objektiv*) делово́й
sächlich *adj* сре́днего ро́да
Sachschaden *m* ⟨-s, -schäden⟩ материа́льный уще́рб *m*
Sachsen *nt* ⟨*gen:*-s⟩ Саксо́ния *f*
Sachsen-Anhalt *nt* ⟨*gen:*-s⟩ Саксо́ния *f*-Анга́льт *m*
Sachverhalt *m* ⟨-(e)s, -e⟩ обстоя́тельства *ntpl* де́ла
Sachverständige(r) *mf* ⟨-n, -n⟩ экспе́рт *m*
Sack *m* ⟨-(e)s, Säcke⟩ мешо́к *m*; **die Katze im ~ kaufen** (*umg*) купи́ть кота́ в мешке́; **mit ~ und Pack** со все́ми пожи́тками
Sackgasse *f* ⟨-, -n⟩ тупи́к *m*; **in einer ~ stecken** (*fig*) оказа́ться в тупике́
Sadismus *m* ⟨*gen:*-⟩ сади́зм *m*
sadistisch *adj* сади́стский
säen *vt* се́ять, по- *pf*
Safe *m* ⟨-s, -s⟩ сейф *m*
Safran *m* ⟨*gen:*-s⟩ шафра́н *m*
Saft *m* ⟨-(e)s, Säfte⟩ сок *m*
saftig *adj* со́чный
Sage *f* ⟨-, -n⟩ сказа́ние *nt*, леге́нда *f*
Säge *f* ⟨-, -n⟩ пила́ *f*
Sägemehl *nt* ⟨*gen:*-(e)s⟩ опи́лки *pl*
sagen *vt* (*äußern, aussprechen*) говори́ть *impf*, сказа́ть *pf*; (*bedeuten, besagen*) зна́чить *impf*; **nichts zu ~ haben** не име́ть значе́ния; **du hast mir gar nichts zu ~** ты мне не ука́з!; **sich etw nicht zweimal ~ lassen** (*umg*) не заставля́ть себя́ упра́шивать
sägen *vi* (*Holz*) пили́ть, рас- *pf*
sagenhaft *adj* (*legendär*) легенда́рный
Sägewerk *nt* ⟨-(e)s, -e⟩ лесопи́льный заво́д *m*
sah *prät von* **sehen**
Sahne *f* ⟨*gen:*-⟩ сли́вки *pl*; **saure ~** смета́на
Saison *f* ⟨-, -s⟩ сезо́н *m*
Saite *f* ⟨-, -n⟩ струна́ *f*
Saiteninstrument *nt* ⟨-(e)s, -e⟩ стру́нный инструме́нт *m*
Sakko *nt* ⟨-, -s⟩ пиджа́к *m*
sakral *adj* (*heilig*) сакра́льный
Sakrament *nt* ⟨-(e)s, -e⟩ та́инство *nt*
Salami *f* ⟨-, -(s)⟩ саля́ми *f*
Salat *m* ⟨-(e)s, -e⟩ (*Speise*) сала́т *m*; (*Pflanze*) сала́т *m*
Salatkopf *m* ⟨-(e)s, -köpfe⟩ коча́н *m* сала́та
Salbe *f* ⟨-, -n⟩ мазь *f*
Salbei *m* ⟨*gen:*-s⟩ шалфе́й *m*
Saldo *m* ⟨-s, Salden⟩ са́льдо *nt*
Salmiak *m* ⟨*gen:*-s⟩ нашаты́рь *m*
Salmiakgeist *m* ⟨*gen:*-(e)s⟩ нашаты́рный спирт *m*
Salmonellen *pl* сальмоне́ллы *fpl*
Salon *m* ⟨-s, -s⟩ сало́н *m*
salopp *adj* (*Kleidung*) свобо́дного покро́я; (*unbekümmert, zwanglos*) непринуждённый, фамилья́рный
Salpeter *m* ⟨*gen:*-s⟩ сели́тра *f*
Salpetersäure *f* ⟨*gen:*-⟩ азо́тная кислота́ *f*

Salto *m* ⟨-s, -s⟩ са́льто *nt*; **einen ~ machen** сде́лать са́льто
salutieren *vi* отдава́ть, -да́ть *pf* честь
Salve *f* ⟨-, -n⟩ залп *m*; **eine ~ abschießen** дать залп
Salz *nt* ⟨-es, -e⟩ соль *f*
salzen *vt* соли́ть, по- *pf*
salzig *adj* солёный
Salzkartoffeln *fpl* ⟨-, -n⟩ отварно́й карто́фель *m*
Salzsäure *f* ⟨*gen:*-⟩ соля́ная кислота́ *f*
Salzstreuer *m* ⟨-s, -⟩ соло́нка *f*
Salzwasser *nt* ⟨*gen:*-s⟩ солёная вода́ *f*
Samen *m* ⟨-s, -⟩ (*von Pflanzen*) се́мя *nt*; (*Sperma*) сперматозо́ид *m*
Sammelband *m* ⟨-(e)s, -bände⟩ сбо́рник *m*
sammeln 1. *vt* собира́ть, -бра́ть *pf*; **2.** *vr* собира́ться, -бра́ться *pf*
Sammler, -in *m/f* ⟨-s, -⟩ коллекционе́р *m*
Sammlung *f* ⟨-, -en⟩ (*das Sammeln*) сбор *m*; (*Gesamtheit gesammelter Gegenstände*) колле́кция *f*, собра́ние *nt*; **eine ~ von Briefmarken** колле́кция почто́вых ма́рок (*Anthologie*) сбо́рник *m*
Samstag *m* ⟨-(e)s, -e⟩ суббо́та *f*
samstags *adv* по суббо́там
Samt *m* ⟨-(e)s, -e⟩ ба́рхат *m*
sämtliche *pron indef* (*alle*) все; **~ Anwesenden** все прису́тствующие
Sanatorium *nt* ⟨-s, Sanatorien⟩ санато́рий *m*
Sand *m* ⟨*gen:*-(e)s⟩ песо́к *m*; **im ~e verlaufen** (*fig*) загло́хнуть
Sandale *f* ⟨-, -n⟩ санда́лия *f*
Sandbank *f* ⟨-, -bänke⟩ мель *f*
sandig *adj* песча́ный
Sandkasten *m* ⟨-s, -kästen⟩ песо́чница *f*
Sandpapier *nt* ⟨*gen:*-s⟩ (*Schleifpapier*) нажда́чная бума́га *f*
Sandstrand *m* ⟨-(e)s, -strände⟩ песча́ный пляж *m*
sandte *prät von* **senden**
Sanduhr *f* ⟨-, -en⟩ песо́чные часы́ *pl*
Sandwich *nt* ⟨-(e)s, -(e)s⟩ се́ндвич *m*
sanft *adj* мя́гкий, не́жный
sang *prät von* **singen**
Sänger, -in *m/f* ⟨-s, -⟩ певе́ц, певи́ца *m/f*
sanieren *vt* сани́ровать *impf/pf*
Sanierung *f* ⟨-, -en⟩ (*eines Stadtgebietes*) сана́ция *f*
sanitär *adj* санита́рный; **~e Anlagen** сантехни́ческое обору́дование
Sanitäter, -in *m/f* ⟨-s, -⟩ санита́р, -ка *m/f*
sank *prät von* **sinken**
Sanktion *f* ⟨-, -en⟩ (*meist pl*) са́нкция *f*; **~en gegen jdn verhängen** объяви́ть са́нкции про́тив кого́-л.
sanktionieren *vt* санкциони́ровать *impf/pf*
Saphir *m* ⟨-s, -e⟩ сапфи́р *m*
Sardelle *f* ⟨-, -n⟩ анчо́ус *m*
Sardine *f* ⟨-, -n⟩ сарди́на *f*
Sardinien *nt* ⟨*gen:*-s⟩ Сарди́ния *f*
Sarg *m* ⟨-(e)s, Särge⟩ гроб *m*
Sarkasmus *m* ⟨*gen:*-⟩ сарка́зм *m*
sarkastisch *adj* саркасти́ческий
Sarkophag *m* ⟨-s, -e⟩ саркофа́г *m*
saß *prät von* **sitzen**
Satan *m* ⟨*gen:*-s⟩ сатана́ *m*
Satellit *m* ⟨-en, -en⟩ спу́тник *m*
Satellitenfernsehen *nt* ⟨*gen:*-s⟩ спу́тниковое телеви́дение *nt*
Satin *m* ⟨-s, -s⟩ сати́н *m*
Satire *f* ⟨-, -n⟩ сати́ра *f* (*auf +akk* на *+akk*)
satirisch *adj* сатири́ческий
satt *adj* (*gesättigt*) сы́тый; **ich habe ihn ~** он мне надое́л; (*kräftig, intensiv*) со́чный
Sattel *m* ⟨-s, Sättel⟩ седло́ *nt*
satteln *vt* седла́ть, о- *pf*
Saturn *m* ⟨*gen:*-s⟩ Сату́рн *m*
Satz *m* ⟨-es, Sätze⟩ (*LING*) предложе́ние *nt*; (*SPORT:Tennis*) сет *m*; (*Sprung*) прыжо́к *m*; (*festgelegter Betrag, Tarif*) тари́ф *m*; (*MUS*) часть *f*
Satzung *f* ⟨-, -en⟩ (*JUR*) уста́в *m*
Satzzeichen *nt* ⟨-s, -⟩ (*LING*) знак *m* препина́ния
Sau *f* ⟨-, Säue⟩ (*Tier, auch Schimpfwort*) свинья́ *f*
sauber *adj* чи́стый
Sauberkeit *f* ⟨*gen:*-⟩ чистота́ *f*
säuberlich *adj* опря́тный, аккура́тный
säubern *vt* чи́стить, по- *pf*
Säuberung *f* ⟨-, -en⟩ (*Reinigung, auch fig*) чи́стка *f*
Sauce *f* ⟨-, -n⟩ со́ус *m*
Saudi-Arabien *nt* ⟨*gen:*-s⟩ Сау́довская Ара́вия *f*
sauer *adj* (*nicht süß*) ки́слый; **saure Gurken** солёные огурцы́; **auf jdn ~ sein** обижа́ться на кого́-л.; **saurer Regen** кисло́тный [*o* ки́слый] дождь
Sauerei *f* ⟨-, -en⟩ (*pej*) сви́нство *nt*
Sauerkraut *nt* ⟨*gen:*-(e)s⟩ ки́слая [*o* ква́шеная] капу́ста *f*
säuerlich *adj* кислова́тый
Sauerrahm *m* ⟨*gen:*-(e)s⟩ смета́на *f*
Sauerstoff *m* ⟨*gen:*-(e)s⟩ кислоро́д *m*
Sauerstoffflasche *f* ⟨-, -n⟩ кислоро́дный балло́н *m*
saufen 1. *vt* ⟨soff, gesoffen⟩ (*von Tieren*) пить, по- *pf*; **2.** *vi* (*gewohnheitsmäßig Alkohol trinken*) пья́нствовать *impf*
Säufer, -in *m/f* ⟨-s, -⟩ пья́ница *mf*
Sauferei *f* ⟨-, -en⟩ (*pej*) пья́нство *nt*
saugen 1. *vi* ⟨sog, gesogen⟩ (*einsaugen*)

сосáть, по- *pf*; **2.** *vt* сосáть, по- *pf*, вcáсывать, всосáть *pf*
säugen *vt* кормúть, по- *pf*
Sauger *m* ⟨-s, -⟩ (*an einer Flasche*) сóска *f*
Säugetier *nt* ⟨-(e)s, -e⟩ млекопитáющее *nt*
Säugling *m* ⟨-s, -e⟩ груднóй ребёнок *m*
Säule *f* ⟨-, -n⟩ колóнна *f*
Saum *m* ⟨-(e)s, Säume⟩ (*beim Nähen*) каймá *f*, крóмка *f*
Sauna *f* ⟨-, -s⟩ сáуна *f*
Säure *f* ⟨-, -n⟩ кислотá *f*
säurehaltig *adj* кислотосодержáщий, кислóтный
Saus : in ~ und Braus leben катáться как сыр в мáсле
sausen *vi* (*eilen*) нестúсь, про- *pf*; (*Wind, Sturm*) шумéть *impf*
Saxophon *nt* ⟨-s, -e⟩ саксофóн *m*
S-Bahn *f* ⟨-, -en⟩ (*Schnellbahn*) (городскáя) электрúчка *f*
Schabe *f* ⟨-, -n⟩ таракáн *m*
schaben *vt* скрестú, по- *pf*, скоблúть, по- *pf*
schäbig *adj* убóгий
Schablone *f* ⟨-, -n⟩ (*auch fig*) шаблóн
Schach *nt* ⟨-s, -s⟩ (*Brettspiel*) шáхматы *fpl*; (*Spielstellung*) шах *m*; **~ spielen** игрáть в шáхматы
Schachbrett *nt* ⟨-(e)s, -er⟩ шáхматная доскá *f*
Schachfigur *f* ⟨-, -en⟩ шáхматная фигýра *f*
Schachspiel *nt* ⟨*gen:*-(e)s⟩ шáхматы *pl*
Schacht *m* ⟨-(e)s, Schächte⟩ шáхта *f*
Schachtel *f* ⟨-, -n⟩ корóбка *f*; **alte ~!** (*Schimpfwort*) стáрая каргá!; **eine ~ Zigaretten** пáчка сигарéт
schade *adj* жаль; (*umg*) жáлко; **das ist aber ~** óчень жаль [*o* жáлко]; **es ist ~ um ihn** жаль [*o* жáлко] егó
Schädel *m* ⟨-s, -⟩ чéреп *m*
schaden *vi* вредúть, на- *pf*; **Rauchen schadet der Gesundheit** курéние вредúт здорóвью
Schaden *m* ⟨-s, Schäden⟩ (*materiell und finanziell*) ущерб *m*, вред *m*; (*Beschädigung, auch MED*) повреждéние *nt*; (*TECH*) неисправность *f*; **jdm ~ zufügen** причинúть комý-л. ущéрб [*o* вред]
Schadenersatz *m* ⟨*gen:*-(e)s⟩ возмещение *nt* ущéрба
Schadenfreude *f* ⟨*gen:*-⟩ злорáдство *nt*
schadenfroh *adj* злорáдный
schadhaft *adj* (*beschädigt*) повреждённый
schädigen *vt* (*bei jdm Schaden hervorrufen*) повреждáть, -вредúть *pf*
schädlich *adj* врéдный (*für +akk* для *+gen*)
Schädling *m* ⟨-s, -e⟩ вредúтель *m*
Schädlingsbekämpfungsmittel *nt* ⟨-s, -⟩ срéдство *nt* для борьбы́ с вредúтелями
Schadstoff *m* ⟨-(e)s, -e⟩ врéдное вещество *nt*
Schaf *nt* ⟨-(e)s, -e⟩ овцá *f*
Schäfchen *nt* ⟨-s, -⟩ овéчка *f*
Schäfer, -in *m/f* ⟨-s, -⟩ пастýх *m*, чабáн *m*
Schäferhund *m* ⟨-(e)s, -e⟩ овчáрка *f*
Schaffen *nt* ⟨*gen:*-s⟩ твóрчество *nt*, дéятельность *f*
schaffen [1] *vt* ⟨schuf, geschaffen⟩ (*erzeugen*) создавáть, -дáть *pf*
schaffen [2] *vt* ⟨schaffte, geschafft⟩ (*erreichen, bewältigen*) справля́ться, спрáвиться *pf*, успевáть, -пéть *pf*; **schaffst du das?** ты спрáвишься с э́тим?; **den Zug ~** успéть на пóезд (*bringen*) убирáть, убрáть *pf*
Schaffner, -in *m/f* ⟨-s, -⟩ кондýктор *m*
Schaft *m* ⟨-(e)s, Schäfte⟩ (*eines Stiefels*) голенúще *nt*; (*eines Gewehrs*) лóже *nt*; (*BOT*) стéбель *m*
Schah *m* ⟨-s, -s⟩ шах *m*
Schakal *m* ⟨-s, -e⟩ шакáл *m*
Schal *m* ⟨-s, -s⟩ шарф *m*
Schale *f* ⟨-, -n⟩ (*Gefäß*) чáша *f*; (*kleinere~*) чáшка *f*; (*Teetasse ohne Henkel*) пиáла *f*; (*Nuß~, Eier~*) скорлупá *f*; (*Bananen~, Apfelsinen~, Kartoffel~*) кожурá *f*
schälen 1. *vt* (*Obst*) чúстить, о- *pf*, снимáть, снять *pf* кожурý; **2.** *vr* (*Haut*) шелушúться *impf*
Schall *m* ⟨-(e)s, -e/ Schälle⟩ звук *m*
Schalldämpfer *m* ⟨-s, -⟩ глушúтель *m*
schalldicht *adj* звуконепроницáемый
schallen *vi* (*tönen*) звучáть, про- *pf*, раздавáться, -дáться *pf*
Schallgeschwindigkeit *f* ⟨*gen:*-⟩ скóрость *f* звýка
Schallmauer *f* ⟨*gen:*-⟩ звуковóй барьер *m*
Schallplatte *f* ⟨-, -n⟩ (грам)пластúнка *f*
schalt *prät von* **schelten**
schalten *vi* (*ein~*) включáть, -чúть *pf*; (*um~*) переключáть, -чúть *pf*; **in den dritten Gang ~** включúть трéтью передáчу
Schalter *m* ⟨-s, -⟩ (*EL*) переключáтель *m*, включáтель *m*; (*in Bahnhof, Bank*) окóшечко *nt*
Schalthebel *m* ⟨-s, -⟩ рубúльник *m*; (*KFZ*) рычáг *m* переключéния скоростéй
Schaltjahr *nt* ⟨-(e)s, -e⟩ високóсный год *m*

Schalttafel *f* ⟨-, -n⟩ (*EL*) распределительный щит *m*
Schaltung *f* ⟨-, -en⟩ (*Gangschaltung*) переключéние *nt* передáч; (*EL*) схéма *f*
Scham *f* ⟨*gen:-*⟩ стыд *m*; **vor ~ erröten** покраснéть от стыдá
schämen *vr* стыдйться *impf*; **du solltest dich was ~** (*umg*) постыдйлся бы
schamhaft *adj* (*voller Scham*) стыдлйвый
schamlos *adj* (*skrupellos, gewissenlos*) бесстыдный
Schamlosigkeit *f* ⟨*gen:-*⟩ бесстыдство *nt*
Schande *f* ⟨*gen:-*⟩ позóр *m*
schändlich *adj* позóрный
Schanze *f* ⟨-, -n⟩ (*MIL*) окóп *m*; (*SPORT: Sprung~*) трамплйн *m*
Schar *f* ⟨-, -en⟩ (*Menge*) толпá *f*; **in ~en** (*in großer Menge*) тóлпами
scharen *vr* толпйться, с- *pf*; **sich um jdn ~** столпйться вокрýг когó-л.
scharf *adj* (*schneidend, stark gewürzt*) óстрый; (*fig:bissig*) злой; **ein ~er Hund** злáя собáка (*fig:deutlich, klar*) чёткий, ясный; (*streng, unnachsichtig*) стрóгий; (*umg:vom Sexualtrieb beherrscht*) похотлйвый; **~ auf jdn sein** (*von Verlangen nach jdm erfüllt sein*) хотéть когó-л.
Schärfe *f* ⟨-, -n⟩ (*einer Klinge*) остротá *f*; (*fig:unnachsichtige Strenge*) стрóгость *f*; (*Deutlichkeit, Klarheit*) рéзкость *f*
schärfen *vt* точйть, на- *pf*
Scharfschütze *m* ⟨-n, -n⟩ снáйпер *m*
Scharfsinn *m* ⟨*gen:-(e)s*⟩ проницáтельность *f*
scharfsinnig *adj* проницáтельный
Scharlach *m* ⟨*gen:-s*⟩ (*Scharlachfieber*) скарлатйна *f*
Scharlatan *m* ⟨-s, -e⟩ шарлатáн *m*
Scharnier *nt* ⟨-s, -e⟩ шарнйр *m*
Scharte *f* ⟨-, -n⟩ зазýбрина *f*, вы́боина *f*; **eine ~ auswetzen** искупйть винý
Schaschlik *m* ⟨-s, -s⟩ шашлы́к *m*
Schatten *m* ⟨-s, -⟩ тень *f*; **jdn in den ~ stellen** (*fig*) затмйть когó-л.; **es sind 30 Grad im ~** 30 грáдусов в тенй
schattenhaft *adj* тенйстый
Schattenseite *f* ⟨*gen:-*⟩ (*auch fig*) теневáя сторонá *f*
schattieren *vt* оттенять, -нйть *pf*
Schattierung *f* ⟨-, -en⟩ оттéнок *m*
schattig *adj* тенйстый
Schatulle *f* ⟨-, -n⟩ шкатýлка *f*
Schatz *m* ⟨-es, Schätze⟩ сокрóвище *nt*
schätzen *vt* (*hochachten*) ценйть, о- *pf*; (*abschätzen*) оцéнивать, оценйть *pf*; (*umg:annehmen, vermuten*) дýмать *impf*
Schätzung *f* ⟨-, -en⟩ оцéнка *f*
schätzungsweise *adv* приблизйтельно
Schau *f* ⟨-, -en⟩ (*Vorführung*) покáз *m*, демонстрáция *f*
Schauder *m* ⟨-s, -⟩ дрожь *f*, знóб *m*
schauderhaft *adj* (*widerlich, scheußlich*) жýткий, ужáсный
schaudern *vi* ужасáться, ужаснýться *pf*
schauen *vi* смотрéть, по- *pf*, глядéть, по- *pf*; **schau mal** (*umg*) посмотрй-ка
Schauer *m* ⟨-s, -⟩ (*Schauder*) дрóжь *f*; (*Regenguß*) лйвень *m*
schauerlich *adj* ужáсный
Schaufel *f* ⟨-, -n⟩ (совкóвая) лопáта *f*
schaufeln *vt* (*Schnee*) грестй, раз- *pf*; (*Kohle*) кидáть *impf*; (*einen Graben*) копáть, вы- *pf*
Schaufenster *nt* ⟨-s, -⟩ витрйна *f*
Schaufensterpuppe *f* ⟨-, -n⟩ манекéн *m*
Schaukel *f* ⟨-, -n⟩ качéли *pl*
schaukeln 1. *vt* качáть, по- *pf*; **2.** *vi* (*auf einer Schaukel*) качáться, по- *pf* на качéлях; (*Boote auf dem Wasser*) качáться, по- *pf*
Schaukelstuhl *m* ⟨-(e)s, -stühle⟩ крéсло *nt*-качáлка *nt*
Schaulustige(r) *mf* ⟨-n, -n⟩ зевáка *mf*
Schaum *m* ⟨*gen:-(e)s*⟩ пéна *f*
schäumen *vi* пéниться *impf*
Schaumgummi *m* ⟨-s, -s⟩ пенорезйна *f*
schaumig *adj* пéнистый
Schaumstoff *m* ⟨-(e)s, -e⟩ пеноплáст *m*
Schaumwein *m* ⟨-(e)s, -e⟩ игрйстое винó *nt*
Schauplatz *m* ⟨-es, -plätze⟩ мéсто *nt* дéйствия
schaurig *adj* (*unheimlich*) жýткий, зловéщий
Schauspiel *nt* ⟨-(e)s, -e⟩ (*Bühnenstück*) пьéса *f*; (*fig:Anblick*) зрéлище *nt*
Schauspieler, -in *m/f* ⟨-s, -⟩ актёр, актрйса *m/f*
Schauspielhaus *nt* ⟨-es, -häuser⟩ драматйческий теáтр *m*
Scheck *m* ⟨-s, -s/ -e⟩ чек *m*; **einen ~ ausstellen** вы́писать чек; **einen ~ einlösen** получйть дéньги по чéку; **ein ~ über 10000 DM** чек на (сýмму в) 10000 немéцких мáрок
Scheckbuch *nt* ⟨-(e)s, -bücher⟩ чéковая кнйжка *f*
scheckig *adj* (*Pferd*) пéгий
Scheibe *f* ⟨-, -n⟩ (*Glasscheibe*) стеклó *nt*; (*Schnitte*) кусóк *m*, лóмтик *m*; (*TECH*) шáйба *f*, диск *m*
Scheibenbremse *f* ⟨-, -n⟩ дйсковой тóрмоз *m*
Scheibenwaschanlage *f* ⟨-, -n⟩ омывáтель *m* стёкол

Scheibenwischer *m* ⟨-s, -⟩ стеклоочисти́тель *m*; (*umg*) дво́рник *m*
Scheich *m* ⟨-s, -s/ -e⟩ шейх *m*
Scheide *f* ⟨-, -n⟩ (*eines Schwerts*) но́жны *fpl*; (*Vagina*) влага́лище *nt*
scheiden *vt* ⟨schied, geschieden⟩ (*Ehe*) расторга́ть, растóргнуть *pf*; **sich von jdm ~ lassen** развести́сь с кем-л.
Scheidung *f* ⟨-, -en⟩ разво́д *m*; **die ~ einreichen** пода́ть на разво́д
Schein *m* ⟨-(e)s, -e⟩ (*Geld~*) купю́ра *f*, банкно́та *f*; (*Anschein*) ви́димость *f*; **der ~ trügt** вне́шность обма́нчива; **zum ~** для ви́да (*Lichtschein*) свет *m*
scheinbar *adj* (*umg:anscheinend*) ви́димый; (*vorgeblich*) мни́мый
scheinen *vi* ⟨schien, geschienen⟩ (*leuchten*) свети́ть, по- *pf*; (*den Anschein haben*) каза́ться, по- *pf*; **es scheint mir, daß ...** мне ка́жется, что...; **wie es scheint ...** как ка́жется...
Scheinwerfer *m* ⟨-s, -⟩ (*am Auto*) фа́ра *f*; (*zur Beleuchtung*) проже́ктор *m*
Scheiße *f* ⟨*gen:-*⟩ (*vulg*) говно́ *nt*, дерьмо́ *nt*
scheißen *vi* ⟨schiß, geschissen⟩ (*vulg*) срать, на- *pf*
Scheitel *m* ⟨-s, -⟩ пробо́р *m*
Scheiterhaufen *m* ⟨-s, -⟩ костёр *m*
scheitern *vi* терпе́ть, по- *pf* неуда́чу; **er ist mit allen seinen Plänen gescheitert** он потерпе́л неуда́чу со все́ми свои́ми пла́нами
schelten *vt* ⟨schalt, gescholten⟩ руга́ть, от- *pf*
Schema *nt* ⟨-s, -s/ Schemata⟩ схе́ма *f*
schematisch *adj* схемати́ческий, схемати́чный
Schenkel *m* ⟨-s, -⟩ бедро́ *nt*; (*MATH*) сторона́ *f* угла́
schenken *vt* дари́ть, по- *pf*
Schenkung *f* ⟨-, -en⟩ даре́ние *nt*
Scherbe *f* ⟨-, -n⟩ оско́лок *m*
Schere *f* ⟨-, -n⟩ (*Werkzeug*) но́жницы *fpl*; (*eines Krebses*) клешня́ *f*
scheren *vt* ⟨schor, geschoren⟩ (*schneiden*) стричь, по- *pf*
Scherz *m* ⟨-es, -e⟩ шу́тка *f*
scherzhaft *adj* (*im Scherz*) шутли́вый
scheu *adj* ро́бкий, засте́нчивый
Scheu *f* ⟨*gen:-*⟩ боя́знь *f*, ро́бость *f*
scheuchen *vt* спу́гивать, спугну́ть *pf*
scheuen 1. *vt* боя́ться *impf*; **sich vor niemandem ~** никого́ не боя́ться; **keine Arbeit ~** не боя́ться рабо́ты; **2.** *vi* (*Pferde*) испуга́ться *pf* (+ *gen*)
Scheuerlappen *m* ⟨-s, -⟩ полова́я тря́пка *f*
scheuern *vt* (*putzen*) тере́ть, по- *pf*; (*reiben*) тере́ть, на- *pf*, натира́ть *impf*
Scheuklappe *f* ⟨-, -n⟩ нагла́зник *m*; (*pl*) шо́ры *fpl*; **~n haben** (*fig:keinen Weitblick haben*) быть зашо́ренным
Scheune *f* ⟨-, -n⟩ сара́й *m*
Scheusal *nt* ⟨-s, -e⟩ (*pej*) чудо́вище *nt*, и́зверг *m*
scheußlich *adj* ужа́сный
Scheußlichkeit *f* ⟨-, -en⟩ чудо́вищность *f*, у́жас *m*
Schi *siehe* **Ski**
Schicht *f* ⟨-, -en⟩ (*Gestein, Farbe, einer Gesellschaft*) слой *m*; (*eines Arbeitstages*) сме́на *f*, **~ arbeiten** рабо́тать посме́нно; **in zwei ~en arbeiten** рабо́тать в две сме́ны
Schichtarbeit *f* ⟨*gen:-*⟩ посме́нная рабо́та *f*
schichten *vt* (*Blätter Papier, Wäsche*) укла́дывать, уложи́ть *pf* друг на дру́га, класть, положи́ть *pf* в сто́пку
schick *adj* шика́рный
schicken *vt* посыла́ть, -сла́ть *pf*
Schicksal *nt* ⟨-s, -e⟩ судьба *f*; **jdn seinem ~ überlassen** бро́сить кого́-л. на произво́л судьбы́
Schiebedach *nt* ⟨-(e)s, -dächer⟩ люк *m*, сдвижная кры́ша *f*
schieben *vt* ⟨schob, geschoben⟩ дви́гать, дви́нуть *pf*; (*weg~*) отодвига́ть, -дви́нуть *pf*; (*näher an etw ~*) пододвига́ть, -дви́нуть *pf*; **die Verantwortung auf jdn ~** свали́ть отве́тственность на кого́-л.; **ein Fahrrad ~** вести́ велосипе́д; **ein Auto ~** толка́ть маши́ну
Schiebetür *f* ⟨-, -en⟩ сдвижна́я дверь *f*
schied *prät von* **scheiden**
Schiedsgericht *nt* ⟨-(e)s, -e⟩ арбитра́ж *m*, трете́йский суд *m*
Schiedsrichter, -in *m/f* ⟨-s, -⟩ (*Angehöriger des Schiedsgerichts*) трете́йский судья́ *m*; (*SPORT*) арби́тр *m*, судья́ *m*
schief *adj* (*geneigt, nicht gerade*) криво́й, косо́й
Schiefer *m* ⟨*gen:-s*⟩ ши́фер *m*
Schieferdach *nt* ⟨-(e)s, -dächer⟩ ши́ферная кры́ша *f*
schiefgehen *irr vi* (*umg*) не удава́ться, не уда́ться *pf*
schielen *vi* коси́ть *impf*
schien *prät von* **scheinen**
Schienbein *nt* ⟨*gen:-(e)s*⟩ го́лень *f*
Schiene *f* ⟨-, -n⟩ (*Eisenbahnschiene*) рельс *m*; (*MED:Stütze*) ши́на *f*
schienen *vt* (*MED*) накла́дывать, наложи́ть *pf* ши́ну
schier *adv* (*nahezu, fast*) почти́ (что)
Schießbude *f* ⟨-, -n⟩ тир *m*
schießen 1. *vt* ⟨schoß, geschossen⟩ (*Kugel*)

вы́стрелить *pf*; (*SPORT:Tor*) забива́ть, -би́ть *pf*; **2.** *vi* стреля́ть, вы́стрелить *pf* (*auf, nach* в +*akk*); (*sich rasch bewegen*) нести́сь, про- *pf*; **in die Höhe ~** вы́махать
Schießerei *f* ⟨-, -en⟩ стрельба́ *f*, перестре́лка *f*
Schießplatz *m* ⟨-(e)s, -plätze⟩ стре́льбище *nt*
Schießpulver *nt* ⟨*gen:*-s⟩ по́рох *m*
Schießscharte *f* ⟨-, -n⟩ амбразу́ра *f*, бойни́ца *f*
Schießstand *m* ⟨-(e)s, -stände⟩ тир *m*
Schiff *nt* ⟨-(e)s, -e⟩ кора́бль *m*, су́дно *nt*; **an Bord eines ~es gehen** сесть на кора́бль
Schiffahrt *f* ⟨-, -en⟩ судохо́дство *nt*
Schiffbruch *m* ⟨*gen:*-(e)s⟩ кораблекруше́ние *nt*
Schiffsjunge *m* ⟨-n, -n⟩ ю́нга *m*
Schiit *m* ⟨-en, -en⟩ шии́т *m*
Schikane *f* ⟨-, -n⟩ приди́рка *f*, издева́тельство *nt*
schikanieren *vt* (*tyrannisieren*) издева́ться *impf* (над +*inst*), придира́ться, -дра́ться *pf* (к +*dat*)
Schild [1] *m* ⟨-(e)s, -e⟩ щит *m*
Schild [2] *nt* ⟨-(e)s, -er⟩ (*Türschild*) табли́чка *f*; (*Reklame~*) вы́веска *f*, щит *m*; (*Etikett*) этике́тка *f*; (*Preisschild*) це́нник *m*
Schilddrüse *f* ⟨-, -n⟩ щитови́дная железа́ *f*
schildern *vt* изобража́ть, -брази́ть *pf*
Schilderung *f* ⟨-, -en⟩ (*Beschreibung*) изображе́ние *nt*, описа́ние *nt*
Schildkröte *f* ⟨-, -n⟩ черепа́ха *m*
Schilf *nt* ⟨*gen:*-(e)s⟩ камы́ш *m*
Schilling *m* ⟨-s, -e⟩ ши́ллинг *m*
Schimmel *m* ⟨-s, -⟩ (*weißes Pferd*) бе́лая ло́шадь *f*; (*Schimmelpilz*) пле́сень *f*
schimmelig *adj* заплесневе́лый
schimmeln *vi* плесневе́ть, за- *pf*
Schimmer *m* ⟨*gen:*-s⟩ блеск *m*, мерца́ние *nt*; **keinen blassen ~ von etw haben** (*umg:überhaupt nichts von etw verstehen*) не име́ть о чём-л. ни мале́йшего поня́тия
schimmern *vi* блесте́ть, -сну́ть *pf*, мерца́ть *impf*
Schimpanse *m* ⟨-n, -n⟩ шимпанзе́ *m*
schimpfen *vr:* **über jdn ~** руга́ться о ком-л.; **laut ~** гро́мко руга́ться
Schimpfwort *nt* ⟨-(e)s, -wörter⟩ руга́тельство *nt*
schinden 1. *vt* ⟨schund, geschunden⟩ (*peinigen, quälen*) му́чить, из- *pf*; **2.** *vr* (*sich abquälen*) му́читься, из- *pf*
Schinderei *f* ⟨-, -en⟩ (*pej:Plackerei, Strapaze*) издева́тельство *nt*, муче́ние *nt*
Schinken *m* ⟨-s, -⟩ ветчина́ *f*
Schirm *m* ⟨-(e)s, -e⟩ (*Regen~, Sonnen~*) зонт *m*; (*umg*) зо́нтик *m*; (*Bild~*) экра́н *m*
Schirmherrschaft *f* ⟨*gen:*-⟩ покрови́тельство *nt*; **unter der ~ von ...** под покрови́тельством кого́-л.
Schirmmütze *f* ⟨-, -n⟩ фура́жка *f*
schiß *prät von* **scheißen**
schizophren *adj* шизофрени́ческий
Schlacht *f* ⟨-, -en⟩ би́тва *f*; **die ~ bei ...** би́тва под...
schlachten *vt* забива́ть, -бить *pf*
Schlachtfeld *nt* ⟨*gen:*-(e)s⟩ по́ле *nt* би́твы
Schlachthof *m* ⟨-(e)s, -höfe⟩ скотобо́йня *f*
Schlachtvieh *nt* ⟨*gen:*-(e)s⟩ убо́йный скот *m*
Schlacke *f* ⟨-, -n⟩ шлак *m*
Schlaf *m* ⟨*gen:*-(e)s⟩ сон *m*
Schlafanzug *m* ⟨-(e)s, -anzüge⟩ пижа́ма *f*
Schläfe *f* ⟨-, -n⟩ висо́к *m*
schlafen *vi* ⟨schlief, geschlafen⟩ спа́ть, по- *pf*; **~ gehen** идти́ спать; **mit jdm/bei jdm ~** спать с кем-л./у кого́-л.
schlaff *adj* (*locker hängend*) прови́сший, обви́сший; (*schlapp, kraftlos*) сла́бый
Schlaffheit *f* ⟨*gen:*-⟩ вя́лость *f*
schlaflos *adj* бессо́нный
Schlaflosigkeit *f* ⟨*gen:*-⟩ бессо́нница *f*
Schlafmittel *nt* ⟨-s, -⟩ снотво́рное *nt*
schläfrig *adj* со́нный
Schlafsack *m* ⟨-(e)s, -säcke⟩ спа́льный мешо́к *m*
Schlaftablette *f* ⟨-, -n⟩ снотво́рное *nt*, табле́тка *f* снотво́рного
schlaftrunken *adj* со́нный
Schlafwagen *m* ⟨-s, -wägen⟩ спа́льный ваго́н *m*
Schlafzimmer *nt* ⟨-s, -⟩ спа́льня *f*
Schlag *m* ⟨-(e)s, Schläge⟩ уда́р *m*; (*des Herzens*) бие́ние *nt*; (*Stromschlag*) уда́р *m*; **mit einem ~** (*umg:*) одни́м уда́ром; **jdm einen ~ versetzen** (*fig:jdn hart treffen*) нанести́ кому́-л. уда́р
Schlagader *f* ⟨-, -n⟩ арте́рия *f*
Schlaganfall *m* ⟨-(e)s, -anfälle⟩ (апоплекси́ческий) уда́р *m*
schlagen 1. *vt* ⟨schlug, geschlagen⟩ (*jdm Schläge versetzen*) бить, по- *pf*, уда́рить *pf*; (*mit Werkzeug*) забива́ть, -би́ть *pf*; (*besiegen*) выи́грывать, вы́играть *pf*; **jdn im Tennis ~** вы́играть у кого́-л в те́ннис; **einen Nagel in die Wand ~** заби́ть гвоздь в сте́ну; **jdm auf den Kopf ~** бить кого́-л. по голове́; **jdn ins Gesicht ~** уда́рить кого́-л. в лицо́; **2.** *vi* (*Herz*) би́ться *impf*; (*Turmuhr*) бить, проби́ть *pf*; **3.** *vr* (*sich prügeln*) дра́ться,

по- *pf* (*mit* с *+inst*)

schlagend *adj* меткий

Schlager *m* ⟨-s, -⟩ (*Lied*) шлягер *m*; (*Buch*) бестселлер *m*; (*Theaterstück, Modegegenstand*) гвоздь *m* сезона

Schläger *m* ⟨-s, -⟩ (*SPORT*) ракетка *f*

Schlägerei *f* ⟨-, -en⟩ драка *f*

schlagfertig *adj* (*Mensch*) находчивый; **eine ~e Antwort** меткий ответ

Schlagfertigkeit *f* ⟨*gen:-*⟩ находчивость *f*

Schlaginstrument *nt* ⟨-(e)s, -e⟩ ударный инструмент *m*

Schlagloch *nt* ⟨-(e)s, -löcher⟩ выбоина *f*

Schlagsahne *f* ⟨*gen:-*⟩ сбитые сливки *pl*

Schlagwort *nt* ⟨-(e)s, -wörter⟩ ключевое слово *nt*

Schlagzeile *f* ⟨-, -n⟩ крупный заголовок *m*

Schlagzeug *nt* ⟨-(e)s, -e⟩ ударные инструменты *mpl*

Schlagzeuger, -in *m/f* ⟨-s, -⟩ ударник, -ница *m/f*

Schlamm *m* ⟨*gen:-*(e)s⟩ тина *f*, ил *m*

schlammig *adj* илистый

Schlamper, -in *m* ⟨-s, -⟩ (*umg*) неряха *mf*

Schlamperei *f* ⟨-, -en⟩ (*umg:Nachlässigkeit*) небрежность *f*; (*umg:Unordnung*) неряшливость *f*

schlampig *adj* (*unordentlich*) неряшливый; (*nachlässig*) небрежный

schlang *prät von* **schlingen**[1]

Schlange *f* ⟨-, -n⟩ (*Reptil*) змея *f*; (*von Wartenden*) очередь *f*; **~ stehen** стоять в очереди

schlängeln *vr* (*auch fig*) извиваться *impf*

schlank *adj* стройный

Schlankheitskur *f* ⟨-, -en⟩ лечение *nt* от ожирения

schlapp *adj* (*erschöpft*) слабый; (*umg:ohne Energie*) вялый

Schlappe *f* ⟨-, -n⟩ (*umg:Niederlage*) неудача *f*

schlau *adj* (*verschlagen*) хитрый; (*klug*) умный; **aus etw nicht ~ werden** не понимать чего-л.

Schlauch *m* ⟨-(e)s, Schläuche⟩ (*für Wasser*) шланг *m*; (*eines Reifens*) камера *f*

Schlauchboot *nt* ⟨-(e)s, -e⟩ надувная лодка *f*

Schläue *f* ⟨*gen:-*⟩ хитрость *f*

Schlaukopf *m* ⟨-(e)s, -köpfe⟩ (*umg*) хитрец *m*

schlecht *adj* (*nicht gut*) плохой; **mir ist ~** мне плохо

schlechthin *adv* (*an sich, als solche(r)*) как таковой; (*geradezu*) просто; **das ist ~ unmöglich** это просто невозможно

schlechtmachen *vt* (*umg:jdn verächtlich machen*) чернить, о- *pf*

schleichen 1. *vi* ⟨schlich, geschlichen⟩ (*langsam gehen*) ползти *impf*; **2.** *vr* красться, про- *pf*

Schleier *m* ⟨-s, -⟩ вуаль *f*, фата *f*

schleierhaft 1. *adj* (*umg:rätselhaft*) туманный, таинственный; **2.** *adv* непонятно

Schleife *f* ⟨-, -n⟩ (*zur Zierde*) бант *m*

schleifen 1. *vt* ⟨schliff, geschliffen⟩ (*schärfen*) точить, на- *pf*; (*ziehen*) тащить *impf*; **die Kupplung ~ lassen** держать сцепление; **2.** *vi* (*Kupplung*) проворачиваться *impf*

Schleifpapier *nt* ⟨*gen:-*(e)s⟩ наждачная бумага *f*

Schleifstein *m* ⟨-(e)s, -e⟩ точильный камень *m*

Schleim *m* ⟨*gen:-*(e)s⟩ слизь *f*

schleimig *adj* слизистый

schlendern *vi* бродить *impf*

Schleppe *f* ⟨-, -n⟩ шлейф *m*

schleppen 1. *vt* (*schwer tragen,*) тащить, по- *pf*, таскать *impf*; (*hinter sich herziehen*) тащить, по- *pf*, волочить, по- *pf*; **2.** *vr* (*sich hinziehen*) тянуться *impf*; (*sich mühsam fortbewegen*) тащиться, до- *pf*

schleppend *adj* (*schwerfällig, mühsam*) медленный

Schlepper *m* ⟨-s, -⟩ (*Schleppschiff*) буксир *m*; (*Traktor*) трактор *m*

Schleswig-Holstein *nt* ⟨*gen:-s*⟩ Шлезвиг-Гольштейн *m*

Schleuder *f* ⟨-, -n⟩ (*Steinschleuder*) рогатка *f*; (*Wäscheschleuder*) центробежная сушилка *f*

schleudern 1. *vt* (*schwungvoll werfen*) метать, метнуть *pf*; (*Wäsche*) отжимать, -жать *pf* (в центрифуге); **2.** *vi:* **in der Kurve begann der Wagen plötzlich zu ~** на повороте машину неожиданно начало заносить

Schleuderpreis *m* ⟨-es, -e⟩ (*umg*) бросовая цена *f*; **zu ~en** по бросовым ценам

Schleudersitz *m* ⟨-es, -e⟩ катапультируемое кресло *nt*

schleunigst *adv* как можно скорее

Schleuse *f* ⟨-, -n⟩ шлюз *m*

schlich *prät von* **schleichen**

Schlich *m* ⟨-(e)s, -e⟩ (*meist pl*) уловка *f*

schlicht *adj* простой, скромный

schlichten *vt* (*Streit*) улаживать, уладить *pf*

Schlichtung *f* ⟨-, -en⟩ улаживание *nt*

Schlick *m* ⟨*gen:-*(e)s⟩ ил *m*

schlief *prät von* **schlafen**

schließen 1. *vt* ⟨schloß, geschlossen⟩ (*zumachen*) закрывать, -крыть *pf*; (*Vertrag, Frieden*) заключать, -чить *pf*; **2.** *vi* (*Ge-*

schäft) закрыва́ться, закры́ться *pf*; **die Geschäfte ~ um sechs Uhr** магази́ны закрыва́ются в шесть часо́в; *(schlußfolgern)* де́лать, с- *pf* вы́вод; *(sich schließen lassen)* закрыва́ться, -кры́ться *pf*

Schließfach *nt* ⟨-(e)s, -fächer⟩ *(für Gepäck)* ка́мера *f* хране́ния; *(Postfach)* абонеме́нтный я́щик *m*

schließlich *adv (endlich)* наконе́ц; *(immerhin)* всё-таки

schliff *prät von* **schleifen**

schlimm *adj* плохо́й, дурно́й, скве́рный; **es ist alles halb so ~** *(umg)* э́то не беда́; **ein ~er Fehler** гру́бая оши́бка; **das ~ste ist, daß ...** са́мое ужа́сное заключа́ется в том, что...; **es hätte ~er kommen können** *(umg)* мо́гло бы быть и ху́же *(böse)* зло́й

schlimmstenfalls *adv* в ху́дшем слу́чае

Schlinge *f* ⟨-, -n⟩ пе́тля *f*

schlingen [1] **1.** *vt* ⟨schlang, geschlungen⟩ *(binden)* обма́тывать, -мота́ть *pf*; *(umschlingen)* обхва́тывать, -хвати́ть *pf*; **2.** *vr* ви́ться, об- *pf*; **sich um etw ~** обвива́ться вокру́г чего́-л.

schlingen [2] *vt* ⟨schlang, geschlungen⟩ *(Essen)* прогла́тывать, -глоти́ть *pf*

Schlingpflanze *f* ⟨-, -n⟩ вью́щееся расте́ние *nt*

Schlips *m* ⟨-es, -e⟩ *(umg:Krawatte)* га́лстук *m*

Schlitten *m* ⟨-s, -⟩ са́ни *pl*; *(Kinder~)* са́нки *pl*; *(umg:Wagen)* та́чка *f*; **~ fahren** ката́ться на са́нках [*o* саня́х]

schlittern *vi (auf einer Eisfläche rutschen)* скользи́ть, про- *pf*

Schlittschuh *m* ⟨-(e)s, -e⟩ конёк *m*

Schlittschuhläufer, -in *m/f* ⟨-s, -⟩ конькобе́жец, -жка *m/f*

Schlitz *m* ⟨-es, -e⟩ разре́з *m*

schloß *prät von* **schließen**

Schloß *nt* ⟨Schlosses, Schlösser⟩ за́мок *m*; *(einer Tür)* замо́к *m*

Schlosser, -in *m/f* ⟨-s, -⟩ сле́сарь *m*

Schlot *m* ⟨-es, -e⟩ *(Fabrikschornstein)* труба́ *f*; **rauchen wie ein ~** *(umg)* дыми́ть как парово́з

Schlucht *f* ⟨-, -en⟩ уще́лье *nt*

schluchzen *vi* рыда́ть *impf*

Schluck *m* ⟨-(e)s, -e⟩ глото́к *m*; **ein ~ Kaffee** глото́к ко́фе

Schluckauf *m* ⟨*gen:*-s⟩ ико́та *f*; **einen ~ haben** ика́ть

schlucken *vt* глота́ть, проглоти́ть *pf*

schludern *vi (umg)* халту́рить *impf*

schlug *prät von* **schlagen**

Schlummer *m* ⟨*gen:*-s⟩ *(geh)* дремо́та *f*

schlummern *vi (geh)* дрема́ть, по- *pf*

Schlund *m* ⟨-(e)s, Schlünde⟩ () пасть *f*

schlüpfen *vi* проска́льзывать, -скользну́ть *pf*; *(Jungvögel)* вылупля́ться, вы́лупиться *pf*

Schlüpfer *m* ⟨-s, -⟩ тру́сики *pl*

Schlupfloch *nt* ⟨-(e)s, -löcher⟩ *(Durchschlupf)* лазе́йка *f*

schlüpfrig *adj (glatt)* ско́льзкий; *(fig:anstößig)* скабрёзный

schlurfen *vi* ша́ркать, по- *pf*

schlürfen 1. *vt (einen Wein)* потя́гивать *impf*, попива́ть *impf*; *(eine Suppe)* хлеба́ть, по- *pf*; **2.** *vi* ча́вкать, -кну́ть *pf*

Schluß *m* ⟨Schlusses, Schlüsse⟩ *(Ende)* коне́ц *m*; *(Folgerung, Ableitung, Abschluß)* вы́вод *m*; **~ für heute!** хва́тит на сего́дня!; **~ machen** *(umg:Feierabend machen)* зака́нчивать (рабо́ту); **mit etw ~ machen** *(mit etw aufhören)* зако́нчить что-л.; **wir sind zu dem ~ gekommen, daß ...** мы пришли́ к вы́воду, что...

Schlüssel *m* ⟨-s, -⟩ *(zu einem Schloß, Schrauben~, MUS)* ключ *m*

Schlüsselbein *nt* ⟨-(e)s, -e⟩ ключи́ца *f*

Schlüsselblume *f* ⟨-, -n⟩ первоцве́т *m*

Schlüsselbund *m* ⟨-(e)s, -e⟩ свя́зка *f* ключе́й

Schlüsselloch *nt* ⟨-(e)s, -löcher⟩ замо́чная сква́жина *f*

Schlüsselposition *f* ⟨-, -en⟩ ключева́я пози́ция *f*

Schlußfolgerung *f* ⟨-, -en⟩ вы́вод *m*, заключе́ние *nt*; **aus etw ~en ziehen** де́лать из чего́-л. вы́воды

schlüssig *adj* убеди́тельный

Schlußlicht *nt* ⟨-(e)s, -er⟩ *(an Fahrzeug)* фона́рь *m* за́днего све́та

Schlußstrich *m (fig)* ито́г *m*; **einen ~ unter etw ziehen** поко́нчить с каки́м-л. де́лом

Schlußverkauf *m* ⟨*gen:*-(e)s⟩ сезо́нная распрода́жа *f*

Schlußwort *nt* ⟨-(e)s, -e⟩ заключи́тельное сло́во *nt*

schmächtig *adj* щу́плый, худоща́вый

schmackhaft *adj* вку́сный

schmählich *adj (geh:schändlich)* позо́рный

schmal *adj (eng)* у́зкий; *(schlank)* то́нкий; **~e Hände** то́нкие ру́ки

schmälern *vt (herabsetzen)* умаля́ть, -ли́ть *pf*; **jdn in seinen Rechten ~** ущемля́ть чьи-л. права́

Schmalfilm *m* ⟨-(e)s, -e⟩ у́зкая плёнка *f*

Schmalz *nt* ⟨*gen:*-es⟩ топлёное са́ло *nt*, сма́лец *m*

schmarotzen *vi* ⟨schmarotzte, schmarotzt⟩ паразити́ровать *impf* (*bei* за счёт +*gen*)

Schmarotzer, -in *m/f* ⟨-s, -⟩ (*fig:Mensch*) паразит, -ка *m/f*; (*BOT, ZOOL*) паразит *m*
schmatzen *vi* чавкать *impf*
schmecken 1. *vi* нравиться, по- *pf*, быть *impf* вкусным; **das schmeckt nicht** это невкусно; **das Essen schmeckt nach nichts** это безвкусная еда; **wie schmeckt's?** (*umg*) вкусно?; **2.** *vt* пробовать, по- *pf*
Schmeichelei *f* ⟨-, -en⟩ лесть *f*
schmeicheln *vi* льстить, по- *pf*; **jdm ~** льстить кому-л.; **sich geschmeichelt fühlen** чувствовать себя польщённым; **es schmeichelt mir, daß ...** мне льстит, что...
Schmeichler, -in *m/f* ⟨-s, -⟩ льстец *m*
schmeißen *vt* ⟨schmiß, geschmissen⟩ (*umg:werfen, aufgeben*) бросать, бросить *pf*; **etw auf den Boden ~** сбросить что-л. на пол; (*etw sicher bewältigen*) справляться, справиться *pf* (с *+inst*)
Schmelz *m* ⟨-es, -e⟩ (*glänzender Überzug, Email*) эмаль *f*, (*Zahnschmelz*) зубная эмаль *f*
schmelzen 1. *vt* ⟨schmolz, geschmolzen⟩ плавить, рас- *pf*; (*Schnee, Butter*) топить, рас- *pf*; **2.** *vi* плавиться, рас- *pf*; (*Schnee, Eis, Butter*) таять, рас- *pf*
Schmelzkäse *m* ⟨*gen:*-s⟩ плавленый сыр *m*
Schmelzpunkt *m* ⟨*gen:*-(e)s⟩ точка *f* плавления
Schmelzwasser *nt* ⟨*gen:*-s⟩ талая вода *f*
Schmerz *m* ⟨-es, -en⟩ боль *f*; **hast du noch ~en?** у тебя ещё что-то болит?
schmerzempfindlich *adj* чувствительный к боли
schmerzen *vi* (*weh tun*) болеть *impf*
Schmerzensgeld *nt* ⟨-es, -er⟩ денежное возмещение *nt* за причинённый нематериальный ущерб
schmerzhaft *adj* болезненный
schmerzlich *adj* (*Kummer verursachend*) мучительный, болезненный
schmerzlos *adj* безболезненный
schmerzstillend *adj* болеутоляющий; **ein ~es Mittel** болеутоляющее средство
Schmetterling *m* ⟨-s, -e⟩ бабочка *f*
schmettern *vt* (*heftig werfen*) швырять, швырнуть *pf*
Schmied, -in *m/f* ⟨-(e)s, -e⟩ кузнец *m*
Schmiedeeisen *nt* ⟨-s, -⟩ кованое железо *nt*
schmieden *vt* ковать, вы- *pf*
schmiegen *vr* прижиматься, -жаться *pf* (*an* к *+dat*); **sich an jdn ~** прильнуть к кому-л. (*Kleidung*) облегать *impf*; (*Haar*) плотно прилегать *impf*
schmiegsam *adj* гибкий, податливый
Schmiere *f* ⟨-, -n⟩ мазь *f*, смазка *f*; **~ stehen** (*umg*) стоять на стрёме
schmieren 1. *vt* (*auftragen*) намазывать, -зать *pf*; (*Maschinen*) смазывать, -зать *pf*; **jdn ~** (*umg:jdn bestechen*) дать взятку кому-л.; **2.** *vi* (*pej:unsauber schreiben*) пачкать, на- *pf*; **das läuft ja wie geschmiert!** (*umg*) всё идёт как по маслу
Schmiergeld *nt* ⟨-(e)s, -er⟩ (*umg*) взятка *f*; **~er nehmen** брать взятки
schmierig *adj* (*klebrig, unangenehm freundlich*) скользкий, липкий; (*unappetitlich, schmutzig*) грязный
Schmiermittel *nt* ⟨-s, -⟩ смазочный материал *m*
Schmierseife *f* ⟨*gen:*-⟩ жидкое мыло *nt*
Schmierzettel *m* ⟨-s, -⟩ (*umg*) черновик *m*
Schminke *f* ⟨-, -n⟩ грим *m*, косметика *f*
schminken 1. *vt* красить, на- *pf*; (*THEAT*) гримировать, за- *pf*; **2.** *vr* краситься, на- *pf*
Schmirgelpapier *nt* ⟨-(e)s, -e⟩ наждачная бумага *f*
schmiß *prät von* **schmeißen**
schmollen *vi* дуться, на- *pf*; **mit jdm ~** дуться на кого-л.
schmolz *prät von* **schmelzen**
schmoren 1. *vt* тушить, по- *pf*; **2.** *vi* тушиться, по- *pf*
Schmuck *m* ⟨*gen:*-(e)s⟩ (*Schmuckstück(e)*) украшения *ntpl*, драгоценности *fpl*; (*Dekoration, Zierde*) украшение *nt*
schmücken *vt* украшать, -расить *pf*
schmucklos *adj* (*einfach, schlicht*) скромный
Schmuckstück *nt* ⟨-(e)s, -e⟩ украшение *nt*; (*fig*) жемчужина *f*
schmudd(e)lig *adj* (*umg*) грязный, испачканный
Schmuggel *m* ⟨*gen:*-s⟩ (*das Schmuggeln*) контрабанда *f*
schmuggeln 1. *vt* провозить, -везти *pf* контрабандой; **2.** *vi* заниматься, -няться *pf* контрабандой
Schmuggler, -in *m/f* ⟨-s, -⟩ контрабандист, -ка *m/f*
schmunzeln *vi* улыбаться, -бнуться *pf*, усмехаться, -хнуться *pf*
schmusen *vi* (*umg*) ласкаться, по- *pf* (*mit +dat* с *+inst*)
Schmutz *m* ⟨*gen:*-es⟩ грязь *f*
schmutzen *vi* (*schmutzig werden*) пачкаться, ис- *pf*
schmutzig *adj* грязный; **etw ~ machen** испачкать что-л.
Schnabel *m* ⟨-s, Schnäbel⟩ (*eines Vogels*)

клюв *m*; (*umg:Mund*) рот *m*; (*einer Kanne*) носик *m*
Schnake *f* ⟨-, -n⟩ комáр *m*
Schnalle *f* ⟨-, -n⟩ пря́жка *f*, застёжка *f*
schnallen *vt* пристёгивать, -стегну́ть *pf*; **den Gürtel enger ~** затяну́ть поту́же по́яс ; **einen Rucksack auf den Rücken ~** наде́ть рюкза́к на́ спину
schnalzen *vi* (*mit der Zunge, den Fingern*) щёлкать , -кнуть *pf* (языко́м, па́льцами) *pf*
schnappen **1.** *vt* (*umg:etw ergreifen, erwischen, jdn festnehmen*) хвата́ть, схвати́ть *pf*; **2.** *vi:* **nach etw ~** хоте́ть схвати́ть что-л. ; **nach Luft ~** тяжело́ дыша́ть
Schnappschuß *m* ⟨-schusses, -schüsse⟩ момента́льный сни́мок *m*
Schnaps *m* ⟨-es, Schnäpse⟩ во́дка *f*
schnarchen *vi* храпе́ть *impf*
schnarren *vi* (*knarren*) треща́ть *impf*
schnattern *vi* (*Gänse*) гогота́ть *impf*; (*Enten*) кря́кать, кря́кнуть *pf*; (*umg:hastig durcheinanderreden*) треща́ть *impf*
schnauben *vi* (*Pferd*) фы́ркать, -кнуть *pf*; (*Mensch*) сопе́ть *impf*
schnaufen *vi* пыхте́ть *impf*
Schnauzbart *m* ⟨-(e)s, -bärte⟩ усы́ *pl*
Schnauze *f* ⟨-, -n⟩ (*eines Tieres*) мо́рда *f*; (*vulg:Mund*) рот *m*; **halt die ~!** (*vulg*) заткни́сь!; **eine große ~ haben** (*umg*) име́ть дли́нный язы́к
Schnecke *f* ⟨-, -n⟩ ули́тка *f*; **jdn zur ~ machen** (*umg*) расчихво́стить кого́-л.
Schneckenhaus *nt* ⟨-es, -häuser⟩ ра́ковина *f* ули́тки
Schneckentempo *nt* (*umg*) черепа́ший те́мп *m*
Schnee *m* ⟨*gen:*-s⟩ снег *m*; **~ schippen** разгреба́ть [*o* убира́ть] снег
Schneeball *m* ⟨-(e)s, -bälle⟩ снежо́к *m*
Schneebesen *m* ⟨-s, -⟩ сбива́лка *f* (для белка́)
Schneeflocke *f* ⟨-, -n⟩ снежи́нка *f*
Schneegestöber *nt* ⟨*gen:*-s⟩ мете́ль *f*, вью́га *f*
Schneeglöckchen *nt* ⟨-s, -⟩ подсне́жник *m*
Schneekette *f* ⟨-, -n⟩ цепь *f* противоскольже́ния
Schneemann *m* ⟨-(e)s, -männer⟩ сне́жная ба́ба *f*
Schneepflug *m* ⟨-(e)s, -pflüge⟩ плу́жный снегоочисти́тель *m*
Schneeschmelze *f* ⟨*gen:*-⟩ о́ттепель *f*
Schneewehe *f* ⟨-,-n⟩ сугро́б *m*
Schneewittchen *nt* Снегу́рочка *f*
Schneide *f* ⟨-, -n⟩ (*Klinge*) ле́звие *nt*
schneiden **1.** *vt* ⟨schnitt, geschnitten⟩ ре́зать, от- *pf*; **Brot ~** наре́зать хлеб; **sich die Nägel ~** подстри́чь себе́ но́гти; **sich die Haare ~ lassen** подстри́чься; **2.** *vr* поре́заться *pf*; **sich in den Finger ~** поре́зать себе́ па́лец (*MATH:Linien*) пересека́ться, -се́чься *pf*
schneidend *adj* (*fig:durchdringend*) прони́зывающий
Schneider, -in *m/f* ⟨-s, -⟩ портно́й, портни́ха *m/f*
schneidern *vt* шить, с- *pf*
Schneidezahn *m* ⟨-(e)s, -zähne⟩ резе́ц *m*
schneien *vi:* **es schneit** идёт снег; **draußen hat es geschneit** (на у́лице) вы́пал снег
Schneise *f* ⟨-, -n⟩ про́сека *f*
schnell *adj* бы́стрый; **so ~ wie möglich** как мо́жно быстре́е; **ich muß noch ~ etw einkaufen** я до́лжен ещё бы́стро ко́е-что́ купи́ть
Schnellhefter *m* ⟨-s, -⟩ скоросшива́тель *m*
Schnelligkeit *f* ⟨*gen:*-⟩ ско́рость *f*, быстрота́ *f*
Schnellkochtopf *m* ⟨-(e)s, -kochtöpfe⟩ скорова́рка *f*
schnellstens *adv* (*unverzüglich*) как мо́жно скоре́е
Schnellstraße *f* ⟨-, -n⟩ скоростна́я (авто)магистра́ль *f*
Schnellzug *m* ⟨-(e)s, -züge⟩ скоростно́й по́езд *m*
schneuzen *vr* сморка́ться, вы́- *pf*
schnippisch *adj* задо́рный, насме́шливый
schnitt *prät von* **schneiden**
Schnitt *m* ⟨-(e)s, -e⟩ (*Kleidung*) покро́й *m*; (*Einschnitt*) разре́з *m*; (*Längsschnitt, Querschnitt*) разре́з *m*, сече́ние *nt*; (*Schnittmuster*) вы́кройка *f*; **der Mantel hat einen lässigen ~** у э́того пальто́ свобо́дный покро́й; (*umg:Durchschnittswert*) сре́дняя величина́ *f*; **er raucht im ~ 3 Zigarren am Tag** он ку́рит в сре́днем три сигаре́ты в день
Schnittblume *f* ⟨-, -n⟩ *сре́занный для прода́жи цвето́к*
Schnittlauch *m* ⟨*gen:*-s⟩ зелёный лук *m*
Schnittmuster *nt* ⟨-s, -⟩ вы́кройка *f*
Schnittpunkt *m* ⟨-(e)s, -e⟩ то́чка *f* пересече́ния
Schnittstelle *f* ⟨-, -n⟩ (*DV*) интерфе́йс *m*
Schnittwunde *f* ⟨-, -n⟩ ре́заная ра́на *f*
Schnitzel *nt* ⟨-s, -⟩ (*Papierfetzen*) обры́вок *m*; (*Fleischgericht*) шни́цель *m*
schnitzen *vt* ре́зать, вы́- *pf*, выреза́ть *impf* (по дереву́, ко́сти)
Schnitzerei *f* ⟨-, -en⟩ резьба́ *f* (по дереву́, ко́сти)
Schnorchel *m* ⟨-s, -⟩ дыха́тельная тру́бка *f*

Schnörkel *m* ⟨-s, -⟩ завиток *m*
schnorren 1. *vt:* **bei jdm etw ~** стрельнуть у кого-л. что-л.; 2. *vi* попрошайничать *impf*
schnüffeln *vi* (*schnuppern*) обнюхивать, -хать *pf*; **an jdm/etw ~** обнюхивать кого-л./что-л. (*in fremden Angelegenheiten*) вынюхивать, вынюхать *pf*; (*Lösungsmittel inhalieren*) нюхать *impf*
Schnüffler *m* ⟨-s, -⟩ (*pej:in fremden Angelegenheiten*) шпик *m*; (*von Lösungsmitteln*) нюхач *m*
Schnuller *m* ⟨-s, -⟩ соска *f*
Schnupfen *m* ⟨*gen:*-s⟩ насморк *m*; **ich habe ~** у меня насморк
Schnur *f* ⟨-, Schnüre⟩ верёвка *f*; (*umg: elektrisches Kabel*) шнур *m*
schnüren *vt* шнуровать, за- *pf*
Schnurrbart *m* ⟨-(e)s, -bärte⟩ усы *pl*
schnurren *vt* (*Katze*) мурлыкать *impf*
Schnürschuh *m* ⟨-(e)s, -e⟩ ботинок *m* со шнурками
Schnürsenkel *m* ⟨-s, -⟩ шнурок *m*
schnurstracks *adv* (*umg:auf dem kürzesten Weg*) прямо
schob *prät von* **schieben**
Schock *m* ⟨-s, -s⟩ шок *m*
schockieren *vt* шокировать *impf/pf*
Schöffe *m* ⟨-n, -n⟩ (судебный) заседатель *m*
Schöffin *f* ⟨-, -nen⟩ (судебный) заседатель *m*
Schokolade *f* ⟨*gen:*-⟩ шоколад *m*; (*umg:eine ~*) шоколадка *f*
Schokoladentafel *f* ⟨-, -n⟩ плитка *f* шоколада
scholl *prät von* **schallen**
Scholle *f* ⟨-, -n⟩ (*Stück Erde*) ком *m*, глыба *f*
schon *adv* (*bereits*) уже; **er kommt ~ heute** он придёт уже [*o* ещё] сегодня; **ich kenne das ~** это я уже знаю; **mach ~!** (*umg:komm endlich!*) давай же!; **wem nützt das ~?** кому (же) это нужно?
schön *adj* (*hübsch*) красивый; **~e Augen** красивые глаза (*angenehm*) прекрасный, хороший; **~es Wetter** хорошая погода; **~ der Reihe nach!** (*umg*) строго по порядку!
schonen 1. *vt* беречь, по- *pf*, щадить, по- *pf*; 2. *vi* беречься, по- *pf*
Schönheit *f* ⟨*gen:*-⟩ красота *f*; (*schöne Frau*) красавица *f*
Schönheitsreparatur *f* ⟨-, -en⟩ косметический ремонт *m*
Schonung *f* ⟨*gen:*-⟩ (*das Schonen*) пощада *f*; (*Jungwald*) молодняк *m*
schonungslos *adj* беспощадный
Schonzeit *f* ⟨-, -en⟩ запретное время *nt* для охоты
schöpfen *vt* черпать *impf* (*aus* из +*gen*); **neuen Mut ~** (*fig*) воспрянуть духом
Schöpfer, -in *m/f* ⟨-s, -⟩ создатель, -ница *m/f*, творец *m*
schöpferisch *adj* творческий
Schöpflöffel *m* ⟨-s, -⟩ ковш *m*
Schöpfung *f* ⟨-, -en⟩ (*von Gott erschaffene Welt*) сотворение *nt*; (*geh:Kunstwerk*) творение *nt*
schor *prät von* **scheren**
Schorf *m* ⟨-(e)s, -e⟩ (*von Wunde*) струп *m*
Schorle *nt* ⟨-s, -s⟩ вино *nt* с газированной водой
Schornstein *m* ⟨-s, -e⟩ труба
Schornsteinfeger, -in *m/f* ⟨-s, -⟩ трубочист *m*
schoß *prät von* **schießen**
Schoß *m* ⟨-es, Schöße⟩ колени *ntpl*
Schote *f* ⟨-, -n⟩ стручок *m*
Schotte *m* ⟨-n, -n⟩ шотландец *m*
Schotter *m* ⟨*gen:*-s⟩ щебень *m*
Schottin *f* ⟨-, -nen⟩ шотландка *f*
schottisch 1. *adj* шотландский; 2. *adv* по-шотландски
Schottland *nt* ⟨*gen:*-s⟩ Шотландия *f*
schräg *adj* косой, наклонный; (*diagonal*) по диагонали
Schräge *f* ⟨-, -n⟩ наклон *m*
Schramme *f* ⟨-, -n⟩ царапина *f*
Schrank *m* ⟨-(e)s, Schränke⟩ шкаф *m*; **etw in den ~ hängen** повесить что-л. в шкаф
Schranke *f* ⟨-, -n⟩ заграждение *nt*; (*Schlagbaum*) шлагбаум *m*
Schrankwand *f* ⟨-, -wände⟩ стенка *f*
Schraube *f* ⟨-, -n⟩ винт *m*, шуруп *m*, болт *m*; **bei dir ist wohl eine ~ locker** (*umg*) у тебя, кажется, крыша поехала
schrauben *vt* вкручивать, вкрутить *pf*, ввинчивать, ввинтить *pf*
Schraubenschlüssel *m* ⟨-s, -⟩ гаечный ключ *m*
Schraubenzieher *m* ⟨-s, -⟩ отвёртка *f*
Schraubstock *m* ⟨-(e)s, -stöcke⟩ тиски *pl*
Schreck *m* ⟨-(e)s, -e⟩ испуг *m*; **einen ~ bekommen** испугаться
schreckhaft *adj* пугливый, боязливый
schrecklich *adj* ужасный, страшный
Schrei *m* ⟨-(e)s, -e⟩ крик *m*; **einen ~ ausstoßen** издать крик; **der letzte ~** (*umg:die neueste Mode*) последний крик моды
Schreibblock *m* ⟨-(e)s, -blöcke⟩ блокнот *m*
schreiben *vt* ⟨schrieb, geschrieben⟩ писать, на- *pf*; **einen Brief ~** написать письмо; **wie schreibt man das?** как это пишется?; **jdm ~** написать кому-л.
Schreiben *nt* ⟨-s, -⟩ (официальное)

письмо́ *nt*
Schreibfehler *m* ⟨-s, -⟩ опи́ска *f*
Schreibkraft *m* ⟨-, -kräfte⟩ машини́стка *f*
Schreibmaschine *f* ⟨-, -n⟩ печа́тная маши́нка *f*; ~ **schreiben** печа́тать на маши́нке
Schreibtisch *m* ⟨-(e)s, -e⟩ пи́сьменный стол *m*
Schreibwaren *pl* канцеля́рские това́ры *pl*
schreien *vi* ⟨schrie, geschrie(e)n⟩ крича́ть; кри́кнуть *pf*; **um Hilfe ~** звать на по́мощь
Schreiner, -in *m/f* ⟨-s, -⟩ столя́р *m*
Schreinerei *f* ⟨-, -en⟩ столя́рная мастерска́я *f*
schreiten *vi* ⟨schritt, geschritten⟩ (*geh*) шага́ть, по- *pf*
schrie *prät von* **schreien**
schrieb *prät von* **schreiben**
Schrift *f* ⟨-, -en⟩ шрифт *m*; (*Handschrift*) по́черк *m*; (*schriftliche Darstellung*) сочине́ние *nt*
schriftlich 1. *adj* пи́сьменный; **eine ~e Prüfung** пи́сьменный экза́мен; **2.** *adv* пи́сьменно
Schriftsprache *f* ⟨*gen:-*⟩ литерату́рный язы́к *m*
Schriftsteller, -in *m/f* ⟨-s, -⟩ писа́тель, -ница *m/f*
Schriftstück *nt* ⟨-(e)s, -e⟩ пи́сьменный докуме́нт *m*
schrill *adj* ре́зкий, пронзи́тельный
schritt *prät von* **schreiten**
Schritt *m* ⟨-(e)s, -e⟩ (*beim Gehen*) шаг *m*; **auf ~ und Tritt** на ка́ждом шагу́; **mit jdm ~ halten** идти́ в но́гу с кем-л. (*Art zu gehen*) похо́дка *f*; (*fig:Maßnahme*) шаг *m*; **den ersten ~ tun** (*den Anfang machen*) сде́лать пе́рвый шаг; **~ für ~** (*allmählich*) шаг за ша́гом
schrittweise *adv* постепе́нно, шаг за ша́гом
schroff *adj* (*steil abfallend*) круто́й; (*fig:ablehnend*) ре́зкий, жёсткий
Schrot *nt* ⟨*gen:-*(e)s⟩ (*Getreide*) крупа́ *f* гру́бого помо́ла; (*Munition*) дробь *f*; **mit ~ schießen** стреля́ть дро́бью
Schrott *m* ⟨*gen:-*(e)s⟩ металлоло́м *m*
Schrubber *m* ⟨-s, -⟩ шва́бра *f*
Schrulle *f* ⟨-, -n⟩ (*umg*) капри́з *m*
schrullig *adj* (*umg*) капри́зный
schrumpfen *vi* (*sich zusammenziehen*) смо́рщиваться, -щиться *pf*; (*fig:abnehmen*) сокраща́ться, -крати́ться *pf*
Schub *m* ⟨-(e)s, Schübe⟩ (*Stoß*) толчо́к *m*; (*PHYS*) тя́га *f*
Schubkarre *f* ⟨-, -n⟩ та́чка *f*
Schublade *f* ⟨-, -n⟩ (выдвижно́й) я́щик *m*
Schubs *m* ⟨-es, -e⟩ (*umg*) толчо́к *m*
schüchtern *adj* ро́бкий
Schüchternheit *f* ⟨*gen:-*⟩ ро́бость *f*
schuf *prät von* **schaffen**[1]
Schuft *m* ⟨-(e)s, -e⟩ подле́ц *m*
schuften *vi* (*umg*) вка́лывать *impf*
Schuh *m* ⟨-(e)s, -e⟩ боти́нок *m*; (*Damen~*) ту́фля *f*; (*als Sammelbegriff im pl*) о́бувь *f*; **jdm etw in die ~e schieben** (*umg*) свали́ть вину́ на кого́-л.
Schuhcreme *f* ⟨-, -s⟩ крем *m* для о́буви
Schuhgröße *f* ⟨-, -n⟩ разме́р *m* о́буви
Schuhmacher, -in *m/f* ⟨-s, -⟩ сапо́жник *m*
Schulbuch *nt* ⟨-(e)s, -bücher⟩ шко́льный уче́бник *m*
Schuld *f* ⟨-, -en⟩ вина́ *f*; (*Geldschuld*) долг *m*; **die ~ an etw haben** быть винова́тым в чём-л.; **die ~ auf sich nehmen** взять вину́ на себя́; **~en machen** наде́лать долго́в; **jdm eine ~ erlassen** списа́ть кому́-л. долг; **seine ~en begleichen** погаси́ть свои́ долги́
schulden *vt* быть *impf* до́лжным, задолжа́ть *pf*; **er schuldet mir 10000 Rubel** он до́лжен мне де́сять ты́сяч рубле́й
schuldig *adj* (*Schuld habend*) винова́тый; (*JUR*) вино́вный; (*verpflichtet, etw zu geben*) до́лжный; **was bin ich Ihnen ~?** ско́лько я Вам до́лжен?
schuldlos *adj* невино́вный, неви́нный
Schuldner, -in *m/f* ⟨-s, -⟩ должни́к, -ни́ца *m/f*
Schuldspruch *m* ⟨-(e)s, -sprüche⟩ обвини́тельный пригово́р *m*
Schule *f* ⟨-, -n⟩ шко́ла *f*; **in die ~ gehen** ходи́ть в шко́лу
schulen *vt* обуча́ть, -чи́ть *pf*
Schüler, -in *m/f* ⟨-s, -⟩ учени́к, -ни́ца *m/f*
Schulferien *pl* шко́льные кани́кулы *fpl*
Schuljahr *nt* ⟨-(e)s, -e⟩ уче́бный год *m*
schulpflichtig *adj* шко́льного во́зраста
Schulstunde *f* ⟨-, -n⟩ шко́льный уро́к *m*
Schultasche *f* ⟨-, -n⟩ шко́льный портфе́ль *m*
Schulter *f* ⟨-, -n⟩ плечо́ *nt*; **etw auf die leichte ~ nehmen** (*etw nicht ernst nehmen*) не принима́ть что-л. всерьёз; **mit den ~n zucken** пожима́ть плеча́ми; **jdm auf die ~ klopfen** похло́пать кого́-л. по плечу́
Schulterblatt *nt* ⟨-(e)s, -blätter⟩ лопа́тка *f*
Schulung *f* ⟨-, -en⟩ обуче́ние *nt*
Schuppe *f* ⟨-, -n⟩ (*von Fisch*) чешу́йка *f*; (*im pl auch*) чешуя́ *f*; (*pl: am Kopf*) пе́рхоть *f*; **es fiel mir wie ~n von den Augen** (*fig*) у меня́ сло́вно пелена́ с глаз упа́ла

schuppen **1.** *vr* (*Fisch*) чи́стить, о- *pf*; **2.** *vi* шелуши́ться *impf*
Schuppen *m* ⟨-s, -⟩ сара́й *m*
schüren *vt* (*Feuer, Streit*) раздува́ть, -ду́ть *pf*, разжига́ть, -же́чь *pf*
Schürfwunde *f* ⟨-, -n⟩ сса́дина *f*
Schurke *m* ⟨-n, -n⟩ подле́ц *m*
Schurwolle *f* ⟨*gen:-*⟩ натура́льная шерсть *f*
Schürze *f* ⟨-, -n⟩ фа́ртук *m*, пере́дник *m*
Schuß *m* ⟨Schusses, Schüsse⟩ (*einer Feuerwaffe*) вы́стрел *m*; (*beim Fuß-/Handball*) уда́р *m*; (*umg:Heroininjektion*) до́за *f*; **sich einen ~ setzen** (*umg*) кольну́ться
Schüssel *f* ⟨-, -n⟩ ми́ска *f*
Schußverletzung *f* ⟨-, -en⟩ огнестре́льная ра́на *f*
Schußwaffe *f* ⟨-, -n⟩ огнестре́льное ору́жие *nt*
Schuster *m* ⟨-s, -⟩ сапо́жник *m*
Schutt *m* ⟨*gen:-*(e)s⟩ (*Bau~*) му́сор *m*; (*GEOL*) щёбень *m*
Schüttelfrost *m* ⟨*gen:-*(e)s⟩ озно́б *m*
schütteln **1.** *vt* трясти́, по- *pf*; **jdm die Hand ~** пожа́ть кому́-л. ру́ку; **2.** *vi* трясти́сь *impf*; **sich vor Lachen ~** трясти́сь от сме́ха
schütten *vt* (*gießen*) лить, на- *pf*
Schutz *m* ⟨*gen:-*es⟩ защи́та *f*, охра́на *f* (*gegen +akk* от *+gen*); **jdn in ~ nehmen** взять кого́-л. под свою́ защи́ту ; **im ~ der Dunkelheit** под защи́той темноты́; **sich in jds ~ begeben** встать под чью-л. защи́ту
Schutzanzug *m* ⟨-(e)s, -anzüge⟩ защи́тный костю́м *m*
Schutzblech *nt* ⟨-(e)s, -e⟩ брызгови́к *m*
Schutzbrille *f* ⟨-, -n⟩ защи́тные очки́ *mpl*
Schütze *m* ⟨-n, -n⟩ стрело́к *m*; (*ASTR*) Стреле́ц *m*
schützen **1.** *vt* защища́ть, защити́ть *pf* (*gegen* от *+gen*); **2.** *vi* защища́ться, защити́ться *pf* (*vor, gegen* от *+gen*); **sich vor Ansteckung ~** предохраня́ться от зараже́ния
Schutzengel *m* ⟨-s, -⟩ а́нгел *m*-храни́тель *m*
Schutzhelm *m* ⟨-(e)s, -e⟩ защи́тный шлем *m*
Schutzimpfung *f* ⟨-, -en⟩ предохрани́тельная приви́вка *f*
schutzlos *adj* беззащи́тный
Schutzumschlag *m* ⟨-(e)s, -umschläge⟩ (*eines Buches*) суперобло́жка *f*
schwach *adj* сла́бый, хи́лый; **der Kaffee ist zu ~** ко́фе сли́шком сла́бый
Schwäche *f* ⟨-, -n⟩ сла́бость *f*, бесси́лие *nt*; **er hat eine ~ für Frauen** же́нщины - его́ сла́бость; (*im pl auch*) сла́бые сто́роны *fpl*
schwächen *vt* ослабля́ть, осла́бить *pf*
Schwächling *m* ⟨-s, -e⟩ (*pej*) сла́бый челове́к *m*, слаба́к *m*
Schwachsinn *m* ⟨*gen:-*s⟩ (*MED*) слабоу́мие *nt*; (*umg:Blödsinn*) бред *m*
schwachsinnig *adj* (*MED*) слабоу́мный; (*umg*) бредо́вый
Schwachstrom *m* ⟨*gen:-*(e)s⟩ ток *m* ни́зкого напряже́ния
Schwächung *f* ⟨-, -en⟩ ослабле́ние *nt*
Schwager *m* ⟨-s, Schwäger⟩ (*Bruder des Ehemannes*) де́верь *m*; (*Bruder der Ehefrau*) шу́рин *m*; (*Ehemann der Schwester*) зять *m*; (*Ehemann der Schwester der Ehefrau*) своя́к *m*
Schwägerin *f* ⟨-, -nen⟩ (*Schwester des Ehemanns*) золо́вка *f*; (*Ehefrau des Bruders*) неве́стка *f*; (*Schwester der Ehefrau*) своя́чница *f*
Schwalbe *f* ⟨-, -n⟩ ла́сточка *f*; **eine ~ macht noch keinen Sommer** одна́ ла́сточка весны́ не де́лает
Schwall *m* ⟨*gen:-*(e)s⟩ пото́к *m*; **ein ~ Wasser** пото́к воды́; **ein ~ von Worten** (*fig*) пото́к слов
schwamm *prät von* **schwimmen**
Schwamm *m* ⟨-(e)s, Schwämme⟩ гу́бка *f*; **~ darüber!** (*umg:reden wir nicht mehr davon!*) забу́дем э́то!
schwammig *adj* (*weich und porös*) гу́бчатый, по́ристый; (*aufgedunsen*) разду́тый; (*vage, nicht klar und eindeutig*) расплы́вчатый
Schwan *m* ⟨-(e)s, Schwäne⟩ ле́бедь *m*
schwand *prät von* **schwinden**
schwang *prät von* **schwingen**
schwanger *adj* бере́менная; **~ werden** забере́менеть
schwängern *vt:* **er hat sie geschwängert** (*geh*) он сде́лал ей ребёнка
Schwangerschaft *f* ⟨-, -en⟩ бере́менность *f*
Schwangerschaftsabbruch *m* ⟨-(e)s, -abbrüche⟩ або́рт *m*
schwanken *vi* колеба́ться, по- *pf*
Schwankung *f* ⟨-, -en⟩ колеба́ние *nt*
Schwanz *m* ⟨-es, Schwänze⟩ (*eines Tieres*) хвост *m*; (*vulg:Penis*) хуй *m*; **kein ~** (*umg:niemand*) ни оди́н чёрт!
schwänzen *vt* (*umg*) прогу́ливать, -гуля́ть *pf*, дина́мить, про- *pf*
Schwarm *m* ⟨-(e)s, Schwärme⟩ (*Vögel*) ста́я *f*; (*Fische*) кося́к *m*; (*Bienen*) рой *m*
schwärmen *vi* (*Bienen*) рои́ться *impf*; (*verehren*) восхища́ться *impf*; **für jdn ~** восхища́ться кем-л.
schwärmerisch *adj* мечта́тельный
schwarz *adj* чёрный; **eine ~e Katze** чёрная ко́шка

Schwarzarbeit *f* ⟨*gen:-*⟩ чёрная рабо́та *f*
Schwarzbrot *nt* ⟨*gen:*-(e)s⟩ чёрный хлеб *m*
schwarzfahren *irr vi* е́здить, пое́хать *pf* за́йцем
Schwarzfahrer, -in *m/f* ⟨-s, -⟩ за́яц *m*
Schwarzmarkt *m* ⟨-(e)s, -märkte⟩ чёрный ры́нок *m*
Schwarzwald *m* ⟨*gen:*-(e)s⟩ Шва́рцвальд *m*
schwarzweiß *adj* чёрно-бе́лый
schwatzen *vi* (*sich zwanglos unterhalten*) болта́ть, по- *pf*
Schwätzer, -in *m/f* ⟨-s, -⟩ болту́н, -ту́шка *m/f*
schwatzhaft *adj* болтли́вый
Schwebebahn *f* ⟨-, -en⟩ подвесна́я доро́га *f*
Schwebebalken *m* ⟨-s, -⟩ бревно́ *nt*
schweben *vi* пари́ть *impf*
Schwede *m* ⟨-n, -n⟩ швед *m*
Schweden *nt* ⟨*gen:*-s⟩ Шве́ция *f*
Schwedin *f* ⟨-, -nen⟩ шве́дка *f*
schwedisch 1. *adj* шве́дский; **2.** *adv* по-шве́дски
Schwefel *m* ⟨*gen:*-s⟩ се́ра *f*
Schwefelsäure *f* ⟨*gen:-*⟩ се́рная кислота́ *f*
schweigen *vi* ⟨schwieg, geschwiegen⟩ молча́ть, по- *pf* (*über, zu* о *+präpos*); **ganz zu ~ von ...** не говоря́ уже́ о...
Schweigen *nt* ⟨*gen:*-s⟩ молча́ние *nt*, тишина́ *f*
schweigsam *adj* молчали́вый
Schweigsamkeit *f* ⟨*gen:-*⟩ молчали́вость *f*
Schwein *nt* ⟨-(e)s, -e⟩ свинья́ *f*
Schweinefleisch *nt* ⟨*gen:*-(e)s⟩ свини́на *f*
Schweinerei *f* ⟨-, -en⟩ (*pej:Unordnung*) барда́к *m*; (*Gemeinheit*) сви́нство *nt*
Schweinestall *m* ⟨-(e)s, -ställe⟩ свина́рник *m*
schweinisch *adj* (*schmutzig*) сви́нский; (*unanständig*) са́льный
Schweiß *m* ⟨*gen:*-es⟩ пот *m*; **sich den ~ trocknen** вы́тереть пот
Schweißbrenner *m* ⟨-s, -⟩ сва́рочная горе́лка *f*
schweißen *vt* сва́ривать, -ри́ть *pf*
Schweißer *m* ⟨-s, -⟩ сва́рщик *m*
Schweißfuß *m* ⟨-es, -füße⟩ (*meist pl*) потли́вые но́ги *fpl*
schweißgebadet *adj* покры́тый по́том
Schweiz *f* ⟨*gen:-*⟩ Швейца́рия *f*
Schweizer, -in *m/f* ⟨-s, -⟩ швейца́рец, -рка *m/f*
Schweizerdeutsch *nt* ⟨*gen:-*⟩ швейца́рский вариа́нт *m* неме́цкого языка́
schweizerisch *adj* швейца́рский
schwelen *vi* тлеть *impf*
schwelgen *vi:* **in Erinnerungen ~** предава́ться воспомина́ниям
Schwelle *f* ⟨-, -n⟩ (*einer Tür*) поро́г *m*; **an der ~ stehen** (*fig:am Beginn stehen*) стоя́ть на поро́ге (*der Eisenbahn*) шпа́ла *f*
schwellen *vi* ⟨schwoll, geschwollen⟩ (*Knospen*) набуха́ть, -бу́хнуть *pf*; (*Fuß*) опуха́ть, опу́хнуть *pf*; **geschwollene Mandeln** увели́ченные минда́лины (*Wasser*) прибыва́ть *impf*
Schwellung *f* ⟨-, -en⟩ (*Prozeß*) распуха́ние *nt*, опуха́ние *nt*; (*eine angeschwollene Stelle*) о́пухоль *f*
schwenken 1. *vt* (*schwingen*) маха́ть, махну́ть *pf*; **2.** *vi* (*einbiegen*) повора́чивать, поверну́ть *pf*
schwer 1. *adj* (*von großem Gewicht*) тяжёлый; (*schwierig*) сло́жный, тру́дный; **es ist ~ zu sagen, ob ...** тру́дно сказа́ть, ... (*schwerwiegend*) тяжёлый, серьёзный; **2.** *adv* (*umg:sehr*) о́чень
Schwere *f* ⟨*gen:-*⟩ (*Gewicht*) тя́жесть *f*; (*Schwierigkeitsgrad*) тру́дность *f*
schwerelos *adj* невесо́мый
Schwerelosigkeit *f* ⟨*gen:-*⟩ невесо́мость *f*
schwerfallen *irr vi* быть *impf* тяжёлым [*о* тру́дным]; **es fällt mir schwer, dir zu glauben** мне нелегко́ пове́рить тебе́
schwerfällig *adj* неуклю́жий, неповоро́тливый
Schwergewicht *nt* ⟨*gen:*-(e)s⟩ (*SPORT: höchste Körpergewichtsklasse*) тяжёлый вес *m*; **das ~ auf etw legen** уделя́ть чему́-л. основно́е внима́ние
schwerhörig *adj* глухова́тый
Schwerindustrie *f* ⟨*gen:-*⟩ тяжёлая промы́шленность *f*
Schwerkraft *f* ⟨*gen:-*⟩ тяготе́ние *nt*
schwerkrank *adj* тяжелобольно́й
schwerlich *adv* вряд ли
schwermachen *vt* осложня́ть, -ни́ть *pf*
Schwermetall *nt* ⟨-s, -e⟩ тяжёлый мета́лл *m*
schwermütig *adj* уны́лый, тоскли́вый
Schwerpunkt *m* ⟨-(e)s, -e⟩ (*PHYS*) центр *m* тя́жести; (*Hauptgewicht*) основно́й моме́нт *m*
Schwert *nt* ⟨-(e)s, -er⟩ (*Waffe*) меч *m*; (*MAR*) шверт *m*
Schwerverbrecher, -in *m/f* ⟨-s, -⟩ опа́сный престу́пник *m*
schwerverdaulich *adj* трудноперева́риваемый
schwerverletzt *adj* тяжелора́неный
schwerwiegend *adj* (*Fehler, Folgen*)

серьёзный; (*Argument*) вéский
Schwester *f* ⟨-, -n⟩ сестрá *f*; (*im Krankenhaus*) медсестрá *f*
schwesterlich *adj* сéстринский
schwieg *prät von* **schweigen**
Schwiegereltern *pl* (*Eltern des Ehemannes*) свёкор *m* и свекрóвь *f*; (*Eltern der Ehefrau*) тесть *m* и тёща *f*
Schwiegermutter *f* ⟨-, -mütter⟩ (*Mutter des Ehemannes*) свекрóвь *f*; (*Mutter der Ehefrau*) тёща *f*
Schwiegersohn *m* ⟨-(e)s, -söhne⟩ зять *m*
Schwiegertochter *f* ⟨-, -töchter⟩ невéстка *f*
Schwiegervater *m* ⟨-s, -väter⟩ (*Vater des Ehemannes*) свёкор *m*; (*Vater der Ehefrau*) тесть *m*
Schwiele *f* ⟨-, -n⟩ мозóль *f*
schwierig *adj* трýдный, слóжный
Schwierigkeit *f* ⟨-, -en⟩ трýдность *f*, слóжность *f*; **die ~ liegt darin, daß ...** слóжность заключáется в том, что...
Schwimmbad *nt* ⟨-(e)s, -bäder⟩ плáвательный бассéйн *m*
Schwimmbecken *nt* ⟨-s, -⟩ плáвательный бассéйн *m*
schwimmen *vi* ⟨schwomm, geschwommen⟩ (*auch fig*) плáвать, по- *pf*, плыть, про- *pf*; **~ gehen** пойти́ купáться
Schwimmer, -in *m/f* ⟨-s, -⟩ пловéц, пловчи́ха *m/f*; (*TECH*) поплавóк *m*
Schwimmflosse *f* ⟨-, -n⟩ лáста *f*
Schwimmring *m* ⟨-(e)s, -e⟩ плáвательный круг *m*
Schwimmsport *m* ⟨*gen:*-s⟩ плáвание *nt*
Schwimmweste *f* ⟨-, -n⟩ спасáтельный жилéт *m*
Schwindel *m* ⟨*gen:*-s⟩ (*Schwindelgefühl*) головокружéние *nt*; (*umg:Täuschung, Betrug*) обмáн *m*, надувáтельство *nt*
schwindelfrei *adj* с устóйчивым вестибуля́рным аппарáтом
schwindeln *vi:* **mir schwindelt** у меня́ крýжится головá
schwinden *vi* ⟨schwand, geschwunden⟩ (*geh:weniger werden*) исчезáть, -чéзнуть *pf*
Schwindler, -in *m/f* ⟨-s, -⟩ (*pej*) обмáнщик, -щица *m/f*, мошéнник, -нница *m/f*
schwindlig *adj:* **mir ist ~** у меня́ крýжится головá
schwingen 1. *vt* ⟨schwang, geschwungen⟩ размáхивать *impf*; **eine Fahne ~** размáхивать знáменем; **2.** *vi* (*Pendel*) раскáчиваться *impf*, колебáться *impf*; **3.** *vr:* **sich in den Sattel ~** вскочи́ть в седлó
Schwingung *f* ⟨-, -en⟩ (*Vibration*) вибрáция *f*, (*PHYS*) колебáние *nt*
Schwips *m* ⟨-es, -e⟩ (*umg:leichter Rausch*) лёгкое опьянéние *nt*; **einen ~ haben** быть навеселé
schwirren : Mücken ~ durch die Luft мошкá жужжи́т в вóздухе; **mir schwirrt der Kopf** у меня́ крýжится головá
schwitzen *vi* потéть, вс- *pf*
schwoll *prät von* **schwellen**
schwor *prät von* **schwören**
schwören *vt* ⟨schwor, geschworen⟩ кля́сться, по- *pf*; (*geh*) присягáть, -гнýть *pf*; **einen Eid ~** дать кля́тву; **ich schwöre dir, daß...** я клянýсь тебé, что...; **auf etw ~** присягнýть на чём-л.
schwul *adj* (*umg*) голубóй
schwül *adj* дýшный
Schwule(r) *m* ⟨-n, -n⟩ (*umg*) голубóй *m*
schwülstig *adj* вы́чурный
Schwund *m* ⟨*gen:*-(e)s⟩ (*das Schwinden*) уменьшéние *nt*, сокращéние *nt*
Schwung *m* ⟨*gen:*-(e)s⟩ (*kraftvolle Bewegung*) взмах *m*; (*Elan*) воодушевлéние *nt*; **etw in ~ bringen** (*umg:etw in Gang bringen*) вдохнýть (нóвую) жизнь во что-л.; **in ~ sein** (*umg:gut funktionieren*) быть на подъёме
schwungvoll *adj* темперáментный, воодушевлённый
Schwur *m* ⟨-(e)s, Schwüre⟩ кля́тва *f*; **einen ~ leisten** дать кля́тву
Schwurgericht *nt* ⟨-(e)s, -e⟩ суд *m* прися́жных
Science-fiction *f* ⟨*gen:*-⟩ наýчная фантáстика *f*
sechs *num* шесть
sechsfach *num* шестикрáтный
sechshundert *num* шестьсóт
sechsjährig *adj* шестилéтний
sechsmal *adv* шесть раз
sechste(r, s) *num* шестáя, -тóй, -тóе
Sechstel *nt* ⟨-s, -⟩ шестáя часть *f*
sechzehn *num* шестнáдцать
sechzig *num* шестьдеся́т
Secondhandladen *m* ⟨-s, -läden⟩ комиссиóнный магази́н *m*
See [1] *m* ⟨-s, -n⟩ (*Binnengewässer*) óзеро *nt*
See [2] *f* ⟨*gen:*-⟩ (*Meer*) мóре *nt*; **auf hoher ~** в откры́том мóре
Seebad *nt* ⟨-(e)s, -bäder⟩ морскóй курóрт *m*
Seefahrt *f* ⟨-, (-en)⟩ морскóе судохóдство *nt*
Seehund *m* ⟨-(e)s, -e⟩ тюлéнь *m*
seekrank *adj* страдáющий морскóй болéзнью
Seekrankheit *f* ⟨*gen:*-⟩ морскáя болéзнь *f*
Seelachs *m* ⟨-es, -e⟩ сáйда *f*
Seele *f* ⟨-, -n⟩ душá *f*, **mit Leib und ~** со

всéй душóй
Seeleute *pl* морякѝ *pl*
seelisch *adj* душéвный, психѝческий
Seemacht *f* ⟨-, -mächte⟩ морскáя держáва *f*
Seemann *m* ⟨-(e)s, -leute⟩ морЯк *m*
Seemeile *f* ⟨-, -n⟩ морскáя мѝля *f*
Seenot *f* ⟨*gen:-*⟩ бéдствие *nt* на мóре; **in ~ geraten** потерпéть бéдствие (на мóре)
Seepferdchen *nt* ⟨-s, -⟩ морскóй конёк *m*
Seeräuber *m* ⟨-s, -⟩ пирáт *m*
Seerose *f* ⟨-, -n⟩ кувшѝнка *f*
Seestern *m* ⟨-(e)s, -e⟩ морскáя звездá *f*
Seeweg *m* ⟨*gen:-(e)s*⟩ морскóй путь *m*
Segel *nt* ⟨-s, -⟩ пáрус *m*
Segelboot *nt* ⟨-(e)s, -e⟩ пáрусная лóдка *f*
Segelflieger, -in *m/f* ⟨-s, -⟩ планерѝст, -ка *m/f*
Segelflugzeug *nt* ⟨-(e)s, -e⟩ плáнер *m*
segeln *vi* ходѝть *impf* под пáрусом [*o* парусáми]
Segelschiff *nt* ⟨-(e)s, -e⟩ пáрусник *m*
Segelsport *m* ⟨*gen:-(e)s*⟩ пáрусный спорт *m*
Segeltuch *nt* ⟨-(e)s, -e⟩ парусѝна *f*
Segen *m* ⟨*gen:-s*⟩ (*des Priesters*) благословéние *nt*; (*Glück, Glücksfall*) счáстье *nt*
Segler, -in *m/f* ⟨-s, -⟩ яхтсмéн, -ка *m/f*
segnen *vt* благословлЯть, -словѝть *pf*
sehen *vt* ⟨sah, gesehen⟩ вѝдеть, у- *pf*, смотрéть, по- *pf*; **aus dem Fenster ~** посмотрéть из окнá; **auf die Uhr ~** посмотрéть на часы́; **sieh mal!** смотрѝ-ка!; **wie ich sehe, ist alles in Ordnung** как я вѝжу, всё в порЯдке; **ihr werdet schon noch ~** вы ещё увѝдите; **wir werden ja ~, wer recht hat** мы ещё увѝдим, кто прав; **ich sehe schlecht** я плóхо вѝжу
sehenswert *adj* достопримечáтельный
Sehenswürdigkeit *f* ⟨-, -en⟩ достопримечáтельность *f*; **die ~en einer Stadt besichtigen** посещáть достопримечáтельности гóрода
Sehkraft *f* ⟨*gen:-*⟩ зрéние *nt*
Sehne *f* ⟨-, -n⟩ (*ANAT*) сухожѝлие *nt*; (*des Bogens*) тетивá *f*
sehnen *vr* тосковáть *impf*; **sich nach jdm/etw ~** тосковáть по комý-л./чемý-л.
Sehnsucht *f* ⟨-, Sehnsüchte⟩ тоскá *f*, томлéние *nt* (*nach* по *+dat*)
sehnsüchtig *adj* стрáстный
sehr *adv* óчень; **danke ~!** большóе спасѝбо!; **ich bin ~ müde** я óчень устáл
seicht *adj* (*nicht tief*) мéлкий; (*fig:banal*)повéрхностный
Seide *f* ⟨-, -n⟩ шёлк *m*
seiden *adj* шёлковый; **~e Unterwäsche** шёлковое бельё
Seife *f* ⟨-, -n⟩ мы́ло *nt*; **ein Stück ~** кусóк мы́ла
Seifenoper *f* ⟨-, -n⟩ (*umg*) мы́льная óпера *f*
seifig *adj* (*voller Seife*) мы́льный
Seil *nt* ⟨-(e)s, -e⟩ канáт *m*
Seilbahn *f* ⟨-, -en⟩ канáтная дорóга *f*
sein [1] *vi* ⟨war, gewesen⟩ быть; **was ist los?** что случѝлось?; **was ist das?** чтó э́то?; **ich bin's** (*umg*) э́то я; **das wär's** (*umg*) вот, пожáлуй, и всё; **wie dem auch sei** (*wie immer es sich auch verhält*) как бы то нѝ было; **das kann schon ~** э́то вполнé мóжет быть; **sei doch so nett und bringe mir bitte die Zeitung** будь так любéзен, принесѝ мне, пожáлуйста, газéту; **das ist schwer zu verstehen** э́то слóжно понЯть; **die Sitzung ist am Freitag** заседáние бýдет в пЯтницу
sein [2] *pron poss* егó, свой; **das ist ~ Buch** э́то егó кнѝга; **er hat ~ Buch vor kurzem veröffentlicht** он недáвно опубликовáл свою́ кнѝгу
seinerseits *adv* со своéй стороны́, с егó стороны́
seinerzeit *adv* в своё врéмя
seinesgleichen *pron* подóбный себé; **jdn wie ~ behandeln** общáться с кем-л. как с рáвным
seinetwegen *adv* ѝз-зá негó
Seismograph *m* ⟨-en, -en⟩ сейсмóграф *m*
seit 1. *präp +dat* (*seit einem bestimmten Zeitpunkt*) с (+ *gen*); (*im Laufe einer bestimmten Zeit*) ужé; **~ drei Wochen/ fünf Tagen** ужé три недéли/пять дней; **~ langem** (ужé) давнó; **~ kurzem** недáвно; **~ gestern** со вчерáшнего днЯ; **~ Montag** с понедéльника; **~ wann seid Ihr wieder da?** когдá вы вернýлись?; **2.** *conj* с тех пор как
seitdem 1. *adv* (*von da an*) с тех пор, с тогó врéмени; **2.** *conj* (*seit*) с тех пор как, с тогó врéмени как
Seite *f* ⟨-, -n⟩ сторонá *f*; (*Körperpartie*) бок *m*; (*von Buch, Zeitung*) странѝца *f*; (*Richtung, Partei*) сторонá *f*; **von allen ~n** со всех сторóн; **auf ~ 20** на двадцáтой странѝце; **etw zur ~ legen** положѝть что-л. в стóрону; **zur ~ treten** отойтѝ в стóрону; **jdn auf seine ~ ziehen** (*jdn für seine Pläne gewinnen*) перетянýть когó-л. на свою́ стóрону
Seitenansicht *f* ⟨-, -en⟩ вид *m* с бóку

Seitenblick : jdm einen ~ zuwerfen посмотре́ть на кого́-л. и́скоса
seitens *präp +gen (auf, von seiten)* со стороны́ (+ *gen*)
Seitensprung *m* ⟨-(e)s, -sprünge⟩ изме́на *f*; **einen ~ machen** *(fig)* изменя́ть кому́-л.
seitenverkehrt *adj* зерка́льный
seither *adv* с тех пор
seitlich 1. *adj* боково́й; **2.** *präp +gen* сбо́ку от (+ *gen*)
seitwärts 1. *adv* в стороне́, в сто́рону, сбо́ку; **2.** *präp +gen* в стороне́ от (+ *gen*)
Sek. *abk von* ***Sekunde***
Sekretär *m* ⟨-s, -e⟩ *(Möbelstück)* секрете́р *m*; *(einer Partei)* секрета́рь *m*
Sekretariat *nt* ⟨-(e)s, -e⟩ секретариа́т *m*
Sekretärin *f* ⟨-, -en⟩ секрета́рша *f*
Sekt *m* ⟨-(e)s, -e⟩ шампа́нское *nt*
Sekte *f* ⟨-, -n⟩ се́кта *f*
Sektor *m* ⟨-s, -en⟩ се́ктор *m*
sekundär *adj* второстепе́нный
Sekunde *f* ⟨-, -n⟩ секу́нда *f*
selbst 1. *pron dem (m)* сам; *(f)* сама́; *(nt)* само́; *(pl)* са́ми; **sie muß immer alles ~ machen** ей прихо́дится всё де́лать само́й; **das versteht sich von ~** э́то само́ собо́й разуме́ется; **2.** *adv (sogar, auch)* да́же
Selbstachtung *f* ⟨*gen:-*⟩ чу́вство *nt* со́бственного досто́инства
selbständig *adj* самостоя́тельный; **sich ~ machen** *(ein Unternehmen gründen)* откры́ть со́бственное де́ло
Selbständigkeit *f* ⟨*gen:-*⟩ самостоя́тельность *f*
Selbstbedienung *f* ⟨*gen:-*⟩ самообслу́живание *nt*
Selbstbefriedigung *f* ⟨*gen:-*⟩ мастурба́ция *f*
Selbstbeherrschung *f* ⟨*gen:-*⟩ самооблада́ние *nt*
Selbstbestimmung *f* ⟨*gen:-*⟩ самоопределе́ние *nt*
selbstbewußt *adj* уве́ренный в себе́, самоуве́ренный
Selbstbewußtsein *nt* ⟨*gen:-s*⟩ чу́вство *nt* со́бственного досто́инства
Selbsterkenntnis *f* ⟨*gen:-*⟩ самопозна́ние *nt*
selbstgefällig *adj* самодово́льный
selbstgemacht *adj* самоде́льный
Selbstgespräch *nt* ⟨-(e)s, -e⟩ моноло́г *m*
Selbstkostenpreis *m* ⟨*gen:-es*⟩ цена́ *f* по себесто́имости; **etw zum ~ abgeben** прода́ть что-л. по себесто́имости
selbstlos *adj* бескоры́стный
Selbstmitleid *nt* ⟨*gen:-s*⟩ *(pej)* жа́лость *f* к самому́ себе́
Selbstmord *m* ⟨-(e)s, -e⟩ самоуби́йство *nt*; **~ begehen** поко́нчить с собо́й
Selbstmörder, -in *m/f* ⟨-s, -⟩ самоуби́йца *mf*
selbstmörderisch *adj* самоуби́йственный
selbstsicher *adj* уве́ренный в себе́
selbstsüchtig *adj* себялюби́вый
selbstverständlich 1. *adj* само́ собо́й разуме́ющийся; **2.** *adv* само́ собо́й разуме́ется
Selbstverteidigung *f* ⟨*gen:-*⟩ самооборо́на *f*
Selbstvertrauen *nt* ⟨*gen:-s*⟩ уве́ренность *f* в себе́, самоуве́ренность *f*
Selbstverwaltung *f* ⟨*gen:-*⟩ самоуправле́ние *nt*
Selbstzweck *m* ⟨*gen:-(e)s*⟩ самоце́ль *f*
selektiv *adj (geh)* избира́тельный
selig *adj* блаже́нный; *(glücklich)* сча́стливый
Seligkeit *f* ⟨-, -en⟩ блаже́нство *nt*
Sellerie *m* ⟨-s, -(s)⟩ сельдере́й *m*
selten *adj* ре́дкий
Seltenheit *f* ⟨-, -en⟩ ре́дкость *f*
seltsam *adj* стра́нный; **ein ~er Mensch** стра́нный челове́к
seltsamerweise *adv* как ни стра́нно, стра́нным о́бразом
Seltsamkeit *f* ⟨-, -en⟩ стра́нность *f*
Semester *nt* ⟨-s, -⟩ семе́стр *m*; **er ist im dritten ~** он на тре́тьем семе́стре
Semikolon *nt* ⟨-s, -s⟩ то́чка *f* с запято́й
Seminar *nt* ⟨-s, -e⟩ *(Fakultätsabteilung)* отделе́ние *nt*; **das germanistische ~** отделе́ние германи́стики *(Lehrveranstaltung)* семина́р *m*
Semmel *f* ⟨-, -n⟩ бу́лочка *f*
Senat *m* ⟨-(e)s, -e⟩ сена́т *m*
senden 1. *vt* ⟨sandte, gesandt⟩ *(geh:schikken)* посыла́ть, -сла́ть, направля́ть, -пра́вить *pf*; **2.** *vi (RUNDF, TV:ausstrahlen)* трансли́ровать *impf*
Sender *m* ⟨-s, -⟩ *(Anlage)* переда́тчик *m*, радиоста́нция *f*; *(Kanal)* радиоста́нция *f*
Sendereihe *f* ⟨-, -n⟩ се́рия *f* переда́ч
Sendung *f* ⟨-,-en⟩ *(Waren~)* посы́лка *f*; *(Rundfunk~, Fernseh~)* переда́ча *f*
Senf *m* ⟨-(e)s, -e⟩ горчи́ца *f*
sengen *vi (Sonne, Hitze)* пали́ть *impf*
senil *adj (pej)* ста́рческий
senior *adj (nur nachgestellt)* ста́рший; **Walter Müller ~** Ва́льтер Мю́ллер ста́рший
Senke *f* ⟨-, -n⟩ низи́на *f*
senken 1. *vt* снижа́ть, снизить *pf*; **den Kopf ~** опусти́ть го́лову; **2.** *vi* опуска́ться, опусти́ться *pf*; **der Boden**

hat sich gesenkt пол осéл
senkrecht *adj* вертикáльный, отвéсный
Senkrechte *f* ⟨-, -n⟩ перпендикуля́р *m*
Sensation *f* ⟨-, -en⟩ сенсáция *f*
sensationell *adj* сенсациóнный
Sense *f* ⟨-, -n⟩ косá *f*
sensibel *adj* чувстви́тельный, сенси́бельный
Sensibilität *f* ⟨*gen:-*⟩ впечатли́тельность *f*
Sensor *m* ⟨-s, -en⟩ (*Meßfühler*) дáтчик *m*
sentimental *adj* сентиментáльный
Sentimentalität *f* ⟨*gen:-*⟩ сентиментáльность *f*
separat *adj* отдéльный; **ein ~es Zimmer** отдéльная кóмната
Separatismus *m* ⟨*gen:-*⟩ сепарати́зм *m*
September *m* ⟨-(s), -⟩ сентя́брь *m*
Serbe *m* ⟨-n, -n⟩ серб *m*
Serbien *nt* ⟨*gen:-s*⟩ Сéрбия *f*
Serbin *f* ⟨-, -nen⟩ сéрбка
serbisch 1. *adj* сéрбский; **2.** *adv* по-сéрбски
Serie *f* ⟨-, -n⟩ сéрия *f*
Serienproduktion *f* ⟨*gen:-*⟩ сери́йное произвóдство *nt*
seriös *adj* соли́дный
Seriosität *f* ⟨*gen:-*⟩ соли́дность *f*
Serum *nt* ⟨-s, Seren/ Sera⟩ сы́воротка *f*
Service [1] *nt* ⟨-(s), -⟩ (*Geschirr*) серви́з *m*
Service [2] *m* ⟨-, -s⟩ (*Betreuung, Bedienung*) обслу́живание *nt*, сéрвис *m*
servieren *vt* сервировáть *impf/pf*
Serviette *f* ⟨-, -n⟩ салфéтка *f*
Servolenkung *f* ⟨-, -en⟩ сервоуправлéние *nt*
Sessel *m* ⟨-s, -⟩ крéсло *nt*
Sessellift *m* ⟨-(e)s, -e⟩ крéсельный канáтный подъёмник *m*
seßhaft *adj* осéдлый; **sich ~ machen** осéсть
Set *nt* ⟨-(s), -s⟩ (*zusammengehörende Gegenstände*) набóр *m*, комплéкт *m*
setzen 1. *vt* сажáть, посади́ть *pf*; **Kartoffeln ~** сажáть картóфель; **jdm eine Frist ~** дать комý-л. срок; **sich ein Ziel ~** постáвить пéред собóй какýю-л. цель; **2.** *vi* (*springen*) перепры́гивать, -пры́гнуть (*über +akk* через *+akk*); (*beim Wetten*) стáвить, по- *pf* (*auf +akk* на *+akk*); **3.** *vr* сади́ться, сесть *pf*; **sich an den Tisch ~** сесть за стол; **setz dich !** сади́сь! (*CHEM:Giftstoffe*) оседáть, -сéсть *pf*
Setzer, -in *m/f* ⟨-s, -⟩ (*Schriftsetzer(in)*) набóрщик, -щица *m/f*
Setzerei *f* ⟨-, -en⟩ набóрный цех *m*
Seuche *f* ⟨-, -n⟩ эпидеми́я *f*
seufzen *vi* вздыхáть, вздохнýть *pf*
Seufzer *m* ⟨-s, -⟩ вздох *m*
Sex *m* ⟨*gen:-(es)*⟩ секс *m*
Sexist *m* ⟨-en, -en⟩ секси́ст *m*
sexistisch *adj* секси́стский
Sexualität *f* ⟨*gen:-*⟩ сексуáльность *f*
sexuell *adj* сексуáльный; **jdn ~ mißbrauchen** изнаси́ловать когó-л.
sexy *adj* (*umg*) сексуáльный, сексапи́льный
sezieren *vt* вскрывáть, вскрыть
Shampoo *nt* ⟨-(s), -s⟩ шампýнь *m*
Shorts *pl* шóрты *fpl*
Show *f* ⟨-, -s⟩ (*Schau*) шóу *nt*; **eine ~ abziehen** (*umg*) устрóить шóу
sich *pron refl* (*dat*) себé; (*akk*) себя́; **an ~** сам по себé; **wieder zu ~ kommen** прийти́ в себя́; **außer ~ sein** быть вне себя́
Sichel *f* ⟨-, -n⟩ серп *m*; (*Mond~*) серп *m* луны́
sicher 1. *adj* (*ungefährdet*) безопáсный; **sich ~ fühlen** чýвствовать себя́ в безопáсности (*zuverlässig*) надёжный; (*gewiß, selbstbewußt*) увéренный; **ich bin ~, daß ...** я увéрен в том, что ...; **ich bin mir da nicht so ~** я в э́том не óчень увéрен; **2.** *adv* (*höchstwahrscheinlich*) наверняќа, конéчно
Sicherheit *f* ⟨*gen:-*⟩ (*vor Gefahr*) безопáсность *f*; (*Gewißheit*) увéренность *f*; (*Zuverlässigkeit*) надёжность *f*
Sicherheitsabstand *m* ⟨-(e)s, -abstände⟩ безопáсная дистáнция *f*
Sicherheitsglas *nt* ⟨-es, -gläser⟩ безопáсное стеклó *nt*
Sicherheitsgurt *m* ⟨-(e)s, -e⟩ ремéнь *m* безопáсности
Sicherheitsnadel *f* ⟨-, -n⟩ булáвка *f*
Sicherheitsrat *m* ⟨-(e)s, -räte⟩ (*Organ der UNO*) Совéт *m* Безопáсности
sicherlich *adv* (*ganz gewiß*) обязáтельно
sichern 1. *vt* (*vor Gefahr schützen*) защищáть, защити́ть *pf*; (*garantieren*) обеспéчивать, -пéчить *pf*; (*Gewehr*) стáвить, по- *pf* на предохрани́тель; **2.** *vr* (*sich schützen, auch beim Bergsteigen*) страховáться, за- *pf* (*gegen +akk* от *+gen*)
Sicherung *f* ⟨-, -en⟩ (*das Sicherstellen*) обеспечéние *nt*; **die ~ der Arbeitsplätze** обеспечéние рабóчими местáми (*EL*) предохрани́тель *m*; **die ~ ist durchgebrannt** предохрани́тель перегорéл
Sicht *f* ⟨*gen:-*⟩ (*Sichtverhältnisse*) ви́димость *f*; (*Sichtweite*) ви́димость *f*, вид *m*; (*Betrachtungsweise, Anschauung*) тóчка *f* зрéния; **aus meiner ~** с моéй тóчки зрéния; **auf lange ~** (*für lange*

Zeit) на до́лгий срок
sichtbar *adj* (*erkennbar, auch fig*) ви́димый
sichten *vt* (*erspähen*) обнару́живать, -жить *pf*; (*durchsehen und ordnen*) просма́тривать, -смотре́ть *pf*
sichtlich *adj* (*offenkundig, merklich*) я́вный, очеви́дный
Sichtverhältnisse *fpl* ви́димость *f*
Sichtweite *f* ⟨-, -n⟩ по́ле *nt* ви́димости; (*fig*) кругозо́р *m*
sickern *vi* сочи́ться, про- *pf*
sie *pron* (*f sg*) она́; (*pl*) они́; **~ kommt heute nicht** она́ не придёт сего́дня; **~ wollen heiraten** они́ хотя́т пожени́ться
Sie *pron* Вы; **was wollen ~?** что Вы хоти́те?
Sieb *nt* ⟨-(e)s, -e⟩ си́то *nt*, решето́ *nt*; (*Tee~*) си́течко *nt*
sieben [1] *vt* просе́ивать, -се́ять *pf*; (*fig: aussortieren*) отсе́ивать, -се́ять *pf*
sieben [2] *num* семь
siebenfach *adj* семикра́тный
siebenhundert *num* семьсо́т
siebenjährig *adj* семиле́тний
siebenmal *adv* семь раз
siebte(r, s) *adj* седьма́я, -мо́й, -мо́е
Siebtel *nt* ⟨-s, -⟩ седьма́я часть *f*
siebzehn *num* семна́дцадть
siebzig *num* се́мьдесят
sieden *vi* кипе́ть, вс- *pf*
Siedepunkt *m* ⟨-(e)s, -e⟩ то́чка *f* кипе́ния
Siedler, -in *m/f* ⟨-s, -⟩ поселе́нец, -нка *m/f*
Siedlung *f* ⟨-, -en⟩ поселе́ние *nt*
Sieg *m* ⟨-(e)s, -e⟩ побе́да *f* (*über +akk* над *+inst*); **einen ~ erringen** [*o* **davontragen**] одержа́ть побе́ду
Siegel *nt* ⟨-s, -⟩ печа́ть *f*
siegen *vi* побежда́ть, -беди́ть *pf*; **über jdn ~** победи́ть кого́-л.
Sieger, -in *m/f* ⟨-s, -⟩ победи́тель, -ница *m/f*
siegessicher *adj* уве́ренный в побе́де
siegreich *adj* победоно́сный
Signal *nt* ⟨-s, -e⟩ сигна́л *m*
signalisieren *vt* сигнализи́ровать *impf*
Signatur *f* ⟨-, -en⟩ (*Unterschrift*) по́дпись *f*; (*Bibliotheks~*) шифр *m*
Silbe *f* ⟨-, -n⟩ слог *m*
Silber *nt* ⟨*gen:*-s⟩ (*Metall*) серебро́ *nt*
silbern *adj* серебряный
Silhouette *f* ⟨-, -n⟩ силуэ́т *m*
Silizium *nt* ⟨*gen:*-s⟩ кре́мний *m*
Silo *m* ⟨-s, -s⟩ си́лосное сооруже́ние *nt*
Silvester *nt* ⟨-s, -⟩ новогодний ве́чер *m*
simpel *adj* (*einfach*) просто́й; (*pej:einfältig*) простоду́шный
Sims *m* ⟨-es, -e⟩ карни́з *m*
simulieren *vt* (*vortäuschen*) симули́ровать *impf/pf*; (*modellhaft nachbilden*) имити́ровать, сыми- *pf*
simultan *adj* (*gleichzeitig*) синхро́нный
Sinfonie *f* ⟨-, -n⟩ симфо́ния *f*
Sinfonieorchester *nt* ⟨-s, -⟩ симфони́ческий орке́стр *m*
singen *vt* ⟨sang, gesungen⟩ петь, с- *pf*
Single *m* ⟨-(s), -s⟩ сингл *m*; **als ~ leben** жить си́нглом
Singular *m* ⟨-s, -e⟩ еди́нственное число́ *nt*
Singvogel *m* ⟨-s, -vögel⟩ пе́вчая пти́ца *f*
sinken *vi* ⟨sank, gesunken⟩ (*nieder~*) опуска́ться, опусти́ться *pf*; (*abnehmen*) снижа́ться, сни́зиться *pf*, па́дать, упа́сть *pf*
Sinn *m* ⟨-(e)s, -e⟩ (*Empfindung der Sinnesorgane*) чу́вство *nt*; (*Bedeutung*) смысл *m*; **das macht keinen ~** (*umg*) э́то не име́ет смы́сла; **der ~ des Lebens** смысл жи́зни; **es hat keinen ~, noch lange zu warten** не име́ет смы́сла ждать да́льше
Sinnbild *nt* ⟨*gen:*-(e)s⟩ си́мвол *m*
sinnbildlich *adj* символи́ческий
Sinnesorgan *nt* ⟨-s, -e⟩ о́рган *m* чувств
Sinnestäuschung *f* ⟨-, -en⟩ обма́н *m* чувств
sinngemäß *adj* по смы́слу
sinnlich *adj* чу́вственный; **ein ~er Mensch** чу́вственный челове́к
Sinnlichkeit *f* ⟨*gen:*-⟩ чу́вственность *f*
sinnlos *adj* (*unsinnig*) бессмы́сленный
Sinnlosigkeit *f* ⟨*gen:*-⟩ бессмы́сленность *f*
sinnvoll *adj* осмы́сленный
Sintflut *f* ⟨*gen:*-⟩ пото́п *m*; **nach mir die ~** по́сле меня́ хоть пото́п
Sinus *m* ⟨-, -⟩ си́нус *m*
Siphon *m* ⟨-s, -s⟩ сифо́н *m*
Sippe *f* ⟨-, -n⟩ клан *m*
Sirene *f* ⟨-, -n⟩ сире́на *f*
Sirup *m* ⟨*gen:*-s⟩ сиро́п *m*
Sitte *f* ⟨-, -n⟩ обы́чай *m*
sittlich *adj* нра́вственный
Sittlichkeit *f* ⟨*gen:*-⟩ нра́вственность *f*
Sittlichkeitsverbrechen *nt* ⟨-s, -⟩ полово́е преступле́ние *nt*
Situation *f* ⟨-, -en⟩ положе́ние *nt*, ситуа́ция *f*
Sitz *m* ⟨-es, -e⟩ (*~gelegenheit*) сиде́нье *nt*; (*Platz*) ме́сто *nt*; (*Wohn~*) местонахожде́ние *nt*; **ein gepolsterter ~** мя́гкое сиде́нье
sitzen *vi* ⟨saß, gesessen⟩ сиде́ть, по- *pf*; (*umg:im Gefängnis sein*) сиде́ть, от- *pf*; **beim Kaffee ~** сиде́ть за ча́шкой ко́фе; **der Anzug sitzt schlecht** костю́м пло́хо сиди́т

sitzenbleiben *vi* (*umg:in der Schule*) оставáться, остáться *pf* на вторóй год
sitzend *adj* сидя́чий
Sitzgelegenheit *f* ⟨-, -en⟩ сидéнье *nt*
Sitzplatz *m* ⟨-es, -plätze⟩ сидя́чее мéсто *nt*
Sitzung *f* ⟨-, -en⟩ заседáние *nt*
Sizilien *nt* ⟨*gen:*-s⟩ Сици́лия *f*
Skala *f* ⟨-, Skalen⟩ шкалá *f*
Skalpell *nt* ⟨-s, -e⟩ скáльпель *m*
Skandal *m* ⟨-s, -e⟩ скандáл *m*; **einen ~ verursachen** устрóить скандáл
skandalös *adj* скандáльный
Skandinavien *nt* ⟨*gen:*-s⟩ Скандинáвия *f*
Skat *m* ⟨-(e)s, -e/ -s⟩ скат *m*
Skateboard *nt* ⟨-s, -s⟩ доскá *f* на рóликах
Skelett *nt* ⟨-(e)s, -e⟩ скелéт *m*
Skepsis *f* ⟨*gen:*-⟩ скéпсис *m*
skeptisch *adj* скепти́ческий
Ski *m* ⟨-s, -er⟩ лы́жа *f*; **~ fahren** [*o* **laufen**] катáться на лы́жах
Skianzug *m* ⟨-(e)s, -anzüge⟩ лы́жный костю́м *m*
Skibindung *f* ⟨-, -en⟩ лы́жное креплéние *nt*
Skibrille *f* ⟨-, -n⟩ лы́жные очки́ *pl*
Skifahrer, -in *m/f* ⟨-s, -⟩ лы́жник, -ница *m/f*
Skisport *m* ⟨*gen:*-(e)s⟩ лы́жный спорт *m*
Skispringen *nt* ⟨-s, -⟩ прыжки́ *pl* на лы́жах (с трампли́на)
Skistiefel *m* ⟨-s, -⟩ лы́жный боти́нок *m*
Skizze *f* ⟨-, -n⟩ эски́з *m*
skizzieren *vt* (*als Skizze zeichnen*) дéлать, с- *pf* эски́з
Sklave *m* ⟨-n, -n⟩ раб *m*
Sklaverei *f* ⟨*gen:*-⟩ рáбство *nt*
Sklavin *f* ⟨-, -nen⟩ рабы́ня *f*
Skonto *nt* ⟨-s, -s⟩ ски́дка *f*
Skorpion *m* ⟨-s, -e⟩ скорпиóн *m*; (*ASTR*) Скорпиóн *m*
Skript *nt* ⟨-(e)s, -en/ -s⟩ зáпись *f*
Skrupel *m* ⟨-s,-⟩ сомнéния *pl*; угрызéния сóвести *pl*
skrupellos *adj* бессóвестный
Skrupellosigkeit *f* ⟨*gen:*-⟩ бессóвестность *f*
Skulptur *f* ⟨-, -en⟩ скульптýра *f*
Slalom *m* ⟨-s, -s⟩ слáлом *m*
Slang *m* ⟨*gen:*-s⟩ сленг *m*
slawisch 1. *adj* славя́нский; **2.** *adv* по-славя́нски
Slawistik *f* ⟨*gen:*-⟩ слави́стика *f*
Slip *m* ⟨-s, -s⟩ трýсики *pl*
Slogan *m* ⟨-s, -s⟩ лóзунг *m*
Slowenien *nt* ⟨*gen:*-s⟩ Словéния *f*
Slum *m* ⟨-s, -s⟩ (*meist pl*) трущоба *f*
Smaragd *m* ⟨-(e)s, -e⟩ изумрýд *m*
Smog *m* ⟨*gen:*-s⟩ смог *m*
Smoking *m* ⟨-s, -s⟩ смóкинг *m*
Snob *m* ⟨-s, -s⟩ (*pej*) сноб *m*
so 1. *adv* (*auf diese Art*) так, таки́м óбразом ; **gut ~** хорошó; **~ oder ~** (*in jedem Fall*) так и́ли инáче; **ach ~** вот как; **~ ein Zufall** вот так слýчай; **2.** *conj* : **~ daß** тáк что; **3.** *part* так; **~ höre doch endlich auf!** так прекрати́ же!
s.o. *abk von* ***siehe oben***
sobald *conj* как тóлько
Socke *f* ⟨-,-n⟩ носóк *m*
Sockel *m* ⟨-s, -⟩ цóколь *m*
Sodbrennen *nt* ⟨*gen:*-s⟩ изжóга *f*
soeben *adv* тóлько что
Sofa *nt* ⟨-s, -s⟩ дивáн *f*
sofern *conj* поскóльку
soff *prät von* **saufen**
sofort *adv* сейчáс, немéдленно
Software *f* ⟨-, -s⟩ прогрáммное обеспéчение *nt*
Softwarepaket *nt* ⟨-(e)s, -e⟩ пакéт *m* компью́терных прогрáмм
sog *prät von* **saugen**
sog. *abk von* ***sogenannt***
sogar *adv* дáже; **er ist ~ selbst gekommen** он пришёл дáже сам
sogenannt *adj* так называ́емый
sogleich *adv* тóтчас
Sohle *f* ⟨-, -n⟩ (*Schuh~*) подóшва *f*; (*Fuß~*) ступня́ *f*
Sohn *m* ⟨-(e)s, -Söhne⟩ сын *m*; **der verlorene ~** (*geh*) блýдный сын
Soja *f* ⟨*gen:*-⟩ сóя *f*
solang(e) *conj* покá
Solarenergie *f* ⟨*gen:*-⟩ сóлнечная энéргия *f*
Solarium *nt* ⟨-s, Solarien⟩ соля́рий *m*
Solarzelle *f* ⟨-, -n⟩ элемéнт *m* сóлнечной батерéи
solch *pron dem* такóй
Soldat, -in *m/f* ⟨-en, -en⟩ солдáт, -ка *m/f*
Söldner, -in *m/f* ⟨-s, -⟩ наёмник, -ница *m/f*
solidarisch *adj* солидáрный
solidarisieren *vr* быть *impf* солидáрным (*mit +dat* с *+inst*)
Solidarität *f* ⟨*gen:*-⟩ солидáрность *f*
Solidaritätsgefühl *nt* ⟨*gen:*-(e)s⟩ чýвство *nt* солидáрности
solide *adj* соли́дный, надёжный
Solist, -in *m/f* ⟨-en, -en⟩ соли́ст, -ка *m/f*
Soll *nt* ⟨-(s), -(s)⟩ (*fin*) дéбет *m*; (*ÖKON:Plansoll*) плáновое задáние *nt*; **~ und Haben** дéбет и крéдит
sollen *vi* (*als Modalverb*) быть *impf* дóлжным; **was soll's?** (*umg*) в чём дéло?; **was soll ich tun?** что я дóлжен дéлать?; **was soll ich da?** что я там

бу́ду де́лать?; **soll ich dir helfen?** мне помо́чь тебе́?; **sollte er anrufen ...** е́сли он вдруг позвони́т, то ...; **er soll verreist sein** говоря́т, что он уе́хал
solo *adj* (*MUS*) со́ло; (*umg:allein*) оди́н
Solo *nt* ⟨-s, -s/ Soli⟩ со́ло *nt*
somit *adv* (*folglich, also*) таки́м о́бразом
Sommer *m* ⟨-s, -⟩ ле́то *nt*; **den ~ über** всё ле́то
Sommerferien *fpl* ле́тние кани́кулы *pl*
sommerlich *adj* ле́тний; **es ist ~ warm** по-ле́тнему тепло́
Sommerschlußverkauf *m* ⟨*gen:*-(e)s⟩ распрода́жа *f* това́ров ле́тнего сезо́на
Sommersprosse *f* ⟨-, -n⟩ (*meist pl*) весну́шка *f*
Sommerzeit *f* ⟨*gen:*-⟩ ле́тнее вре́мя *nt*
Sonate *f* ⟨-, -n⟩ сона́та *f*
Sonde *f* ⟨-, -n⟩ (*MED*) зонд *m*; (*Raumfahrt*) автомати́ческая межплане́тная ста́нция *f*
Sonderangebot *nt* ⟨-(e)s, -e⟩ распрода́жа *f* това́ров
sonderbar *adj* стра́нный
Sonderfall *m* ⟨-(e)s, -fälle⟩ осо́бый слу́чай *m*
sonderlich *adj* (*besonders*) осо́бенный
Sonderling *m* ⟨-s, -e⟩ чуда́к *m*
Sondermüll *m* ⟨*gen:*-(e)s⟩ опа́сный му́сор *m*
sondern *conj* но, а; **nicht ich bin schuld daran, ~ du** не я винова́т в э́том, а ты; **nicht nur ..., ~ auch ...** не то́лько ..., но́ и ...
Sonderschule *f* ⟨-, -n⟩ специа́льная шко́ла *f* (для дете́й-инвали́дов)
sondieren *vt* зонди́ровать, про- *pf*
Sonett *nt* ⟨-(e)s, -e⟩ соне́т *m*
Sonnabend *m* ⟨-s, -e⟩ суббо́та *f*
sonnabends *adv* по суббо́там
Sonne *f* ⟨-, -n⟩ со́лнце *nt*; Со́лнце *nt*; **in der ~ liegen** загора́ть
sonnen *vr* (*auch fig*) загора́ть, -ре́ть *pf*
Sonnenaufgang *m* ⟨-s, -aufgänge⟩ восхо́д *m* со́лнца
Sonnenblume *f* ⟨-, -n⟩ подсо́лнечник *m*
Sonnenbrand *m* ⟨-(e)s, -brände⟩ со́лнечный ожо́г *m*
Sonnenbrille *f* ⟨-, -n⟩ тёмные очки́ *pl*
Sonnenenergie *f* ⟨*gen:*-⟩ со́лнечная эне́ргия *f*
Sonnenfinsternis *f* ⟨-, -se⟩ со́лнечное затме́ние *nt*
Sonnenlicht *nt* ⟨*gen:*-(e)s⟩ со́лнечный свет *m*
Sonnenschirm *m* ⟨-(e)s, -e⟩ зо́нтик *m* от со́лнца
Sonnenschutzmittel *nt* ⟨-s, -⟩ сре́дство *nt* от зага́ра
Sonnenstich *m* ⟨-(e)s, -e⟩ со́лнечный уда́р *m*
Sonnenuhr *f* ⟨-, -en⟩ со́лнечные часы́ *pl*
Sonnenuntergang *m* ⟨-(e)s, -untergänge⟩ зака́т *m* со́лнца
sonnig *adj* со́лнечный
Sonntag *m* ⟨-s, -e⟩ воскресе́нье *nt*
sonntags *adv* по воскресе́ньям
sonst *adv* (*andernfalls*) ина́че, а то́; (*außerdem*) ещё; **~ noch was?** ещё что́-нибу́дь?; **wie ~** как всегда́; **besser als ~** лу́чше чем обы́чно
sonstig *adj* остально́й
sooft *conj* (*jedesmal wenn, immer wenn*) ка́ждый раз, когда́
Sopran *m* ⟨-s, -e⟩ сопра́но *nt*
Sorge *f* ⟨-, -n⟩ (*Unruhe, Angst*) забо́та *f*, беспоко́йство *nt*; **keine ~!** не волну́йся!; **sich um jdn ~n machen** беспоко́иться о ком-л.
sorgen 1. *vt* (*sich um jdn kümmern*) забо́титься, по- *pf*; **für jdn/etw ~** забо́титься о ком-л./чём-л.; **2.** *vr* беспоко́иться *impf*; **sich um jdn ~** беспоко́иться о ком-л.
sorgenfrei *adj* беззабо́тный
sorgenvoll *adj* озабо́ченный
Sorgerecht *nt* ⟨*gen:*-(e)s⟩ роди́тельские права́ *ntpl*
Sorgfalt *f* ⟨*gen:*-⟩ тща́тельность *f*
sorgfältig *adj* тща́тельный
sorglos *adj* беззабо́тный
Sorglosigkeit *f* ⟨*gen:*-⟩ (*Achtlosigkeit*) беззабо́тность *f*
sorgsam *adj* забо́тливый
Sorte *f* ⟨-, -n⟩ сорт *m*
sortieren *vt* сортирова́ть, рас- *pf*
Sortiment *nt* ⟨-(e)s, -e⟩ ассортиме́нт *m*
sosehr *conj* как бы ни...
Soße *f* ⟨-, -n⟩ со́ус *m*
Souffleur *m* ⟨-s, -e⟩ суфлёр *m*
Souvenir *nt* ⟨-s, -s⟩ сувени́р *m*
souverän *adj* сувере́нный; **ein ~er Staat** сувере́нное госуда́рство
Souveränität *f* ⟨*gen:*-⟩ сувере́нность *f*
soviel 1. *conj* наско́лько; **2.** *adv* (*ebensoviel*) ско́лько; **~ wie möglich** как мо́жно бо́льше
Sowchose *f* ⟨-, -n⟩ совхо́з *m*
soweit *conj* наско́лько
sowenig 1. *conj* как ни ма́ло; **2.** *adv* (*ebensowenig*) так же ма́ло, как и
sowie *conj* (*und auch*) а та́кже; (*sobald*) как то́лько
sowieso *adv* (*ohnehin*) так и́ли ина́че, всё равно́
Sowjetunion *f* ⟨*gen:*-⟩ Сове́тский Сою́з *m*
sowohl *conj* : **~ ... als auch** как ..., так и ...

sozial *adj* социа́льный
Sozialabgaben *fpl* расхо́ды *pl* на социа́льное страхова́ние со стороны́ работода́теля
Sozialamt *nt* ⟨-(e)s, -ämter⟩ ве́домство *nt* по социа́льному обеспе́чению
Sozialarbeit *f* ⟨*gen:*-⟩ социа́льная рабо́та *f*
Sozialarbeiter, -in *m* ⟨-s, -⟩ социа́льный рабо́тник, -ная -ница *m/f*
Sozialdemokrat, -in *m/f* ⟨-en, -en⟩ социа́л-демокра́т, -ка *m/f*
Sozialhilfe *f* ⟨*gen:*-⟩ социа́льное посо́бие *nt*
Sozialismus *m* ⟨*gen:*-⟩ социали́зм *m*
Sozialist, -in *m/f* ⟨-en, -en⟩ социали́ст, -ка *m/f*
sozialistisch **1.** *adj* социалисти́ческий; **2.** *adv* по-социалисти́чески
Sozialpolitik *f* ⟨*gen:*-⟩ социа́льная поли́тика *f*
Sozialversicherung *f* ⟨-, -en⟩ социа́льное страхова́ние *nt*
Sozialwissenschaften *pl* социа́льные нау́ки *pl*
Sozialwohnung *f* ⟨-, -en⟩ кварти́ра *f* для малоиму́щих
Soziologe *m* ⟨-n, -n⟩ социо́лог *m*
Soziologie *f* ⟨*gen:*-⟩ социоло́гия *f*
Soziologin *f* ⟨-, -nen⟩ социо́лог *m*
soziologisch *adj* социологи́ческий
sozusagen *adv* так сказа́ть
Spachtel *m* ⟨-s, -⟩ (*Werkzeug*) шпа́тель *m*; (*~kitt*) шпаклёвка *f*
Spaghetti *pl* спаге́тти *pl*
Spalt *m* ⟨-(e)s, -e⟩ (*schmale Öffnung*) щель *f*
spaltbar *adj* (*Holz*) легко́ раска́лывающийся; (*PHYS*) расщепля́емый
Spalte *f* ⟨-, -n⟩ (*in einer Mauer*) тре́щина *f*; (*im Druckwesen*) столбе́ц *m*
spalten **1.** *vt* (*Holz*) коло́ть, на- *pf*; (*CHEM, PHYS*) расщепля́ть, -пи́ть *pf*; **2.** *vr* (*sich teilen, trennen*) раска́лываться, -коло́ться *pf*; (*CHEM, PHYS*) расщепля́ться, -пи́ться *pf*
Spaltung *f* ⟨-, -en⟩ (*PHYS*) расщепле́ние *nt*; (*das Gespaltensein*) раско́л *m*
Span *m* ⟨-(e)s, Späne⟩ (*Holz*) ще́пка *f*; (*Metall*) стру́жка *f*
Spange *f* ⟨-, -n⟩ (*Haar~*) зако́лка *f*; (*Arm~*) брасле́т *m*; (*Schuh~*) пря́жка *f*; (*Zahn~*) пласти́на *f*
Spanien *nt* ⟨*gen:*-s⟩ Испа́ния *f*
Spanier, -in *m/f* ⟨-s, -⟩ испа́нец, -нка *m/f*
spanisch **1.** *adj* испа́нский; **2.** *adv* по-испа́нски
spann *prät von* **spinnen**
Spanne *f* ⟨-, -n⟩ (*Zeit~*) промежу́ток *m* вре́мени; (*Preis~*) ра́зница *f*
spannen **1.** *vt* (*strecken, dehnen*) натя́гивать, -тяну́ть *pf*; **ein Netz ~** натяну́ть сеть; **2.** *vi* (*zu eng sein*) жать *impf*, тяну́ть *impf*
spannend *adj* (*fesselnd*) увлека́тельный; **ein ~er Roman** увлека́тельный рома́н
Spannung *f* ⟨-, -en⟩ (*erregte Erwartung*) напряже́ние; **politische ~en** полити́ческая напряжённость (*EL*) напряже́ние *nt*
Spannweite *f* ⟨-, -n⟩ (*Flügel~*) разма́х *m*; (*Brücken~*) пролёт *m*
Spanplatte *f* ⟨-, -n⟩ древесностру́жечная плита́ *f*
Sparbuch *nt* ⟨-(e)s, -bücher⟩ сберега́тельная кни́га *f*; (*umg*) сберега́тельная кни́жка *f*
sparen *vt* копи́ть, на- *pf*, эконо́мить, с- *pf*; **Geld für ein Auto ~** копи́ть де́ньги на маши́ну; **Zeit ~** эконо́мить вре́мя; **am Essen ~** эконо́мить на еде́
Spargel *m* ⟨-s, -⟩ спа́ржа *f*
Sparkasse *f* ⟨-, -n⟩ сберка́сса *f*
Sparkonto *nt* ⟨-s, -s/ -konten⟩ лицево́й счёт *m* в сберка́ссе
spärlich *adj* ску́дный, бе́дный
Sparmaßnahme *f* ⟨-, -n⟩ мероприя́тие в це́лях эконо́мии
sparsam *adj* бережли́вый, эконо́мный
Sparsamkeit *f* ⟨*gen:*-⟩ бережли́вость *f*, эконо́мность *f*
Sparte *f* ⟨-, -n⟩ (*einer Zeitung*) ру́брика *f*
Spaß *m* ⟨-es, Späße⟩ (*Scherz*) шу́тка *f*; **das war doch nur ein ~** я же то́лько пошути́л (*Freude, Vergnügen*) удово́льствие *nt*; **viel ~!** жела́ю прия́тно провести́ вре́мя!
spaßen *vi* шути́ть, по- *pf*
spaßeshalber *adv* (*umg*) в шу́тку
spaßig *adj* (*zum Lachen reizend*) смешно́й, заба́вный; (*humorvoll*) шутли́вый
Spaßvogel *m* ⟨-s, -vögel⟩ шутни́к, -ни́ца *m/f*
spät *adj* по́здний; **es ist schon ziemlich ~** уже́ дово́льно по́здно; **wie ~ ist es?** ско́лько сейча́с вре́мени?
Spaten *m* ⟨-s, -⟩ (штыкова́я) лопа́та *f*
später **1.** *adj* бо́лее по́здний; **2.** *adv* по́зднее, по́зже; **früher oder ~** ра́но и́ли по́здно
spätestens *adv* са́мое по́зднее
Spatz *m* ⟨-es/ -en, -en⟩ воробе́й *m*
spazieren *vi* (*schlendern*) гуля́ть, по- *pf*
spazierengehen *irr vi* гуля́ть, по- *pf*
Spaziergang *m* ⟨-(e)s, -gänge⟩ прогу́лка *f*; **einen ~ machen** прогуля́ться
SPD *akr von* ***Sozialdemokratische Partei Deutschlands*** *f* СДПГ

(Социал-демократи́ческая па́ртия *f* Герма́нии)
Specht *m* ⟨-(e)s, -e⟩ дя́тел *m*
Speck *m* ⟨*gen:*-(e)s⟩ (*Schweine~*) са́ло *nt*; **geräucherter ~** копчёное са́ло (*Fettpolster*) жир *m*; **~ ansetzen** обрасти́ жи́ром
Spediteur *m* ⟨-s, -e⟩ экспеди́тор *m*
Spedition *f* ⟨-, -en⟩ тра́нспортно-экспедицио́нное аге́нство *nt*
Speer *m* ⟨-(e)s, -e⟩ копьё *nt*
Speiche *f* ⟨-, -n⟩ (*am Rad*) спи́ца *f*; (*ANAT*) лучева́я кость *f*
Speichel *m* ⟨*gen:*-s⟩ слюна́ *f*
Speicher *m* ⟨-s, -⟩ (*Lager~*) склад *m*; (*Dachboden*) черда́к *m*; (*Wasser~*) водохрани́лище *nt*; (*DV*) па́мять *f*, блок *m* па́мяти
speichern *vt* (*Waren etc*) храни́ть, со- *pf*, скла́дывать *impf*; (*fig:Wissen, Kenntnisse*) нака́пливать, -копи́ть *pf*; (*DV*) собира́ть, собра́ть *pf*, нака́пливать, -копи́ть *pf*; (*EL*) аккумули́ровать, с- *pf*
Speise *f* ⟨-, -n⟩ (*Nahrung*) пи́ща *f*; (*Gericht*) блю́до *nt*
Speiseeis *nt* ⟨*gen:*-es⟩ моро́женое *nt*
Speisekarte *f* ⟨-, -n⟩ меню́ *nt*
Speiseröhre *f* ⟨-, -n⟩ пищево́д *m*
Speisewagen *m* ⟨-s, -⟩ ваго́н *m*-рестора́н *m*
Spektakel *nt* ⟨-s, -⟩ (*Lärm, Krach*) шум *m*; **ein großes ~ machen** (на)де́лать мно́го шу́ма
spektakulär *adj* сенсацио́нный
Spektrum *nt* ⟨-s, Spektren⟩ (*PHYS*) спектр *m*; (*fig*) разнообра́зие *nt*
Spekulant, -in *m/f* ⟨-en, -en⟩ спекуля́нт, -ка *m/f*
Spekulation *f* ⟨-, -en⟩ спекуля́ция *f*
spekulieren *vi* (*umg:auf etw rechnen*) рассчи́тывать *pf* (*auf +akk* на *+akk*); (*durch Spekulation Gewinne machen wollen*) спекули́ровать *impf*; **an der Börse ~** спекули́ровать на би́рже
Spende *f* ⟨-, -n⟩ поже́ртвование *nt*
spenden *vt* поже́ртвовать *pf* (*für +akk* на *+akk*); **Blut ~** сдава́ть кровь
Spender, -in *m/f* ⟨-s, -⟩ до́нор *m*
Sperma *nt* ⟨-s, Spermen/ -ta⟩ спе́рма *f*
sperrangelweit *adv* на́стежь
Sperre *f* ⟨-, -n⟩ загражде́ние *nt*, прегра́да *f*; (*Verbot*) запре́т *m*
sperren *vt* (*versperren*) перегора́живать, -городи́ть *pf*; **eine Straße für den Verkehr ~** закры́ть у́лицу для движе́ния; **das Gas/Telefon ~** отключи́ть газ/телефо́н; **ein Konto ~** заморо́зить счёт ; **den Handel ~** наложи́ть эмба́рго на торго́влю (*einsperren*) закрыва́ть, -кры́ть *pf*
Sperrholz *nt* ⟨*gen:*-es⟩ фане́ра *f*
sperrig *adj* громо́здкий
Sperrmüll *m* ⟨*gen:*-(e)s⟩ *крупногабари́тные предме́ты, предназна́ченные для утилиза́ции (наприме́р ста́рая ме́бель)*
Sperrstunde *f* ⟨*gen:*-⟩ коменда́нтский час *m*
Spesen *pl* изде́ржки *pl*
spezialisieren *vr* специализи́роваться *pf* (*auf +dat* на *+präpos*)
Spezialisierung *f* ⟨-, -en⟩ специализа́ция *f*
Spezialist, -in *m/f* ⟨-en, -en⟩ специали́ст, -ка *m/f*
Spezialität *f* ⟨-, -en⟩ специа́льность *f*
speziell 1. *adj* (*besonders*) специа́льный, осо́бенный; **2.** *adv* специа́льно
spezifisch *adj* специфи́ческий, специфи́чный; **das ~e Gewicht** (*PHYS*) уде́льный вес
Sphäre *f* ⟨-, -n⟩ сфе́ра *f*
spicken *vt* (*Braten, auch fig*) шпигова́ть, на- *pf*
Spickzettel *m* ⟨-s, -⟩ (*umg*) шпарга́лка *f*
Spiegel *m* ⟨-s, -⟩ зе́ркало *nt*; (*Wasserstand*) у́ровень *m*
Spiegelbild *nt* ⟨-(e)s, -er⟩ отраже́ние *nt*
Spiegelei *nt* ⟨-(e)s, -er⟩ яи́чница *f*
spiegeln 1. *vt* (*widerspiegeln*) отража́ть, -рази́ть *pf*; **2.** *vi* (*sich widerspiegeln*) отража́ться, -рази́ться *pf*
Spiegelreflexkamera *f* ⟨-, -s⟩ зерка́льный фотоаппара́т *m*
Spiegelung *f* ⟨-, -en⟩ отраже́ние *nt*
Spiel *nt* ⟨-(e)s, -e⟩ игра́ *f*; **etw aufs ~ setzen** (*etw in Gefahr bringen*) поста́вить что-л. на ка́рту; **etw steht auf dem ~** (*gefährdet sein*) что-л. поста́влено на ка́рту
spielen *vt* игра́ть, сыгра́ть *pf*, поигра́ть *pf*; (*vortäuschen*) разы́грывать, разыгра́ть *pf*; **mit jds Gefühlen ~** игра́ть чьи́ми-л. чу́вствами; **jdn ~** (*THEAT*) игра́ть кого́-л.; **heute wird im Theater ... gespielt** сего́дня в теа́тре идёт ...; **die Handlung spielt in ...** де́йствие происхо́дит в ...; **Fußball ~** игра́ть в футбо́л; **Gitarre ~** игра́ть на гита́ре
spielend *adj* (*mühelos*) игра́ючи
Spieler, -in *m/f* ⟨-s, -⟩ (*Spielteilnehmer(in), Glücks~*) игро́к *m*
Spielerei *f* ⟨-, -en⟩ баловство́ *nt*, заба́ва *f*
Spielfeld *nt* ⟨-(e)s, -er⟩ (игрово́е) по́ле *nt*
Spielfilm *m* ⟨-(e)s, -e⟩ худо́жественный фильм *m*
Spielplan *m* ⟨-(e)s, -pläne⟩ (*THEAT*)

репертуа́р *m*
Spielplatz *m* ⟨-es, -plätze⟩ де́тская площа́дка *f*
Spielregel *f* ⟨-, -n⟩ пра́вило игры́
Spielsachen *pl* игру́шки *pl*
Spieß *m* ⟨-es, -e⟩ (*Waffe*) копьё *nt*; (*Brat~*) ве́ртел *m*
Spießbürger, -in *m/f* ⟨-s, -⟩ (*pej*) обыва́тель, -ница *m/f*, мещани́н, -ща́нка *m/f*
spießig *adj* (*pej*) обыва́тельский, меща́нский
Spinat *m* ⟨*gen:*-(e)s⟩ шпина́т *m*
Spindel *f* ⟨-, -n⟩ (*am Spinnrad*) веретено́ *nt*; (*TECH*) шпи́ндель *m*
Spinne *f* ⟨-, -n⟩ пау́к *m*
spinnen 1. *vt* ⟨sponn, gesponnen⟩ (*Garn, Wolle*) пря́сть *impf*; (*Spinne, auch fig*) плести́, с- *pf*; **2.** *vi* (*umg:nicht ganz bei Verstand sein*) быть *impf* не в своём уме́; **spinnst du?** ты что, рехну́лся?
Spinnerei *f* ⟨-, -en⟩ (*Betrieb*) пряди́льная фа́брика *f*; (*umg:wunderlicher Gedanke*) бред *m*
Spinnwebe *f* ⟨-, -n⟩ паути́на
Spion, -in *m/f* ⟨-s, -e⟩ шпио́н, -ка *m/f*; (*Guckloch an der Tür*) глазо́к *m*
Spionage *f* ⟨*gen:*-⟩ шпиона́ж *m*
spionieren *vi* (*als Spion tätig sein*) занима́ться, -ня́ться *pf* шпиона́жем; (*fig:herumsuchen*) шпио́нить *impf*
Spirale *f* ⟨-, -n⟩ спира́ль *f*
spirituell *adj* духо́вный
Spiritus *m* ⟨*gen:*-⟩ спирт *m*
spitz *adj* о́стрый; (*stichelnd*) ко́лкий
Spitz *m* ⟨-es, -e⟩ (*Hunderasse*) шпиц *m*
Spitzbube *m* ⟨-n, -n⟩ (*pej:Betrüger*) моше́нник *m*, жу́лик *m*
Spitze *f* ⟨-, -n⟩ (*von Gegenständen*) ко́нчик *m*, остриё *nt*; (*Finger~*) ко́нчик *m*; (*Baum~*) верху́шка *f*; (*Berg~*) верши́на *f*; (*Anfang*) голова́ *f*; **an der ~ der Kolonne** в голове́ коло́нны; **an der ~ von etw stehen** (*die höchste Position innehaben*) стоя́ть во главе́ чего́-л. (*fig:Höchstmaß, Gipfel*) кра́йность *f*; **das ist einsame ~** (*umg*) э́то вы́сший класс
Spitzel *m* ⟨-s, -⟩ (*Schnüffler*) шпик *m*; (*Polizei~*) сы́щик *m*
spitzen *vt* (*anspitzen*)точи́ть, на- *pf*; **einen Bleistift ~** наточи́ть каранда́ш; **die Ohren ~** навостри́ть у́ши
Spitzenkandidat *m* ⟨-en, -en⟩ гла́вный [*o* основно́й] кандида́т *m*
Spitzensportler, -in *m/f* ⟨-s, -⟩ спортме́н, -ка *m/f* экстракла́сса
spitzfindig *adj* хитроу́мный
Spitzname *f* ⟨-ns, -n⟩ про́звище *nt*
Splitter *m* ⟨-s, -⟩ (*Holz~*) зано́за *f*; (*Glas~, Granaten~*) оско́лок *m*
Splittergruppe *f* ⟨-, -n⟩ ме́лкая группиро́вка *f*
splittern *vi* раска́лываться, -коло́ться *pf*
splitternackt *adj* (*umg*) соверше́нно го́лый
Spoiler *m* ⟨-s, -⟩ спо́йлер *m*
spontan *adj* стихи́йный, sponта́нный
Spontaneität *f* ⟨*gen:*-⟩ стихи́йность *f*, спонта́нность *f*
Sport *m* ⟨*gen:*-(e)s⟩ спорт *m*; **~ treiben** занима́ться спо́ртом
Sportlehrer, -in *m/f* ⟨-s, -⟩ преподава́тель, -ница *m/f* физкульту́ры
Sportler, -in *m/f* ⟨-s, -⟩ спортсме́н, -ка *m/f*
sportlich *adj* спорти́вный
Sportplatz *m* ⟨-es, -plätze⟩ спорти́вная площа́дка *f*
Sportverein *m* ⟨-s, -e⟩ спорти́вное о́бщество *nt*
Sportwagen *m* ⟨-s, -⟩ (*Auto*) спорти́вная маши́на *f*; (*Kinderwagen*) прогу́лочная коля́ска *f*
Spott *m* ⟨*gen:*-(e)s⟩ насме́шка *f*
spotten *vi* насмеха́ться *impf* (*über +akk* над *+inst*)
spöttisch *adj* насме́шливый
sprach *prät von* **sprechen**
sprachbegabt *adj* спосо́бный к изуче́нию языко́в
Sprache *f* ⟨-, -n⟩ язы́к *m*; (*Sprechweise*) речь *f*; **zur ~ kommen** ста́ть предме́том разгово́ра; **mehrere ~n beherrschen** владе́ть мно́гими языка́ми
Sprachenschule *f* ⟨-, -n⟩ ку́рсы *pl* иностра́нных языко́в
Sprachfehler *m* ⟨-s, -⟩ дефе́кт *m* ре́чи
Sprachführer *m* ⟨-s, -⟩ разгово́рник *m*
Sprachkurs *m* ⟨-es, -e⟩ ку́рсы *pl* иностра́нных языко́в
Sprachlabor *nt* ⟨-s, -s/ -e⟩ фоноза́л *m*
sprachlich 1. *adj* языково́й; **2.** *adv* в языково́м пла́не
sprachlos *adj* онеме́вший; **vor Staunen ~ sein** онеме́ть от удивле́ния
Sprachrohr *nt* ⟨-(e)s, -e⟩ (*fig*) ру́пор *m*
Sprachwissenschaft *f* ⟨*gen:*-⟩ языкозна́ние *nt*
sprang *prät von* **springen**
Spray *m* ⟨-s, -s⟩ аэрозо́ль *m*
Sprechanlage *f* ⟨-, -n⟩ перегово́рное устро́йство *nt*
sprechen *vt* ⟨sprach, gesprochen⟩ говори́ть, по- *pf*, разгова́ривать *impf*; (*eine Rede halten*) выступа́ть, вы́ступить; **wann kann ich ihn ~?** когда́ я смогу́ поговори́ть с ним?; **mehrere**

Sprachen ~ он говори́т на мно́гих языка́х; **miteinander ~** говори́ть друг с дру́гом; **Deutsch/Russisch ~** говори́ть по-неме́цки/по-ру́сски
Sprecher, -in *m/f* ⟨-s, -⟩ (*Redner*) ора́тор *m*; (*Regierungs~*) представи́тель, -ница *m/f*; (*Radio~*) ди́ктор *m*
Sprechstunde *f* ⟨-, -n⟩ приём *m*; (*pl*) часы́ *mpl* приёма
Sprechzimmer *nt* ⟨-s, -⟩ приёмная *f*
spreizen *vt* растопы́ривать, -пы́рить *pf*
sprengen *vt* (*mit Sprengstoff zerstören*) взрыва́ть, взорва́ть *pf*
Sprengkopf *m* ⟨-(e)s, -köpfe⟩ боеголо́вка *f*
Sprengstoff *m* ⟨*gen:*-(e)s⟩ взры́вчатое вещество́ *nt*; (*umg*) взрывча́тка *f*
Sprichwort *nt* ⟨-(e)s, -wörter⟩ посло́вица *f*
Springbrunnen *m* ⟨-s, -⟩ фонта́н *m*
springen *vi* ⟨sprang, gesprungen⟩ пры́гать, пры́гнуть *pf*; **ins Wasser ~** пры́гнуть в во́ду
Springer, -in *m/f* ⟨-s, -⟩ (*SPORT*) прыгу́н *m*; (*Schachfigur*) конь *m*
Sprint *m* ⟨-s, -s⟩ спринт *m*
Sprit *m* ⟨*gen:*-(e)s⟩ (*umg:Benzin*) бензи́н *m*; (*umg:Schnaps*) спирт *m*
Spritze *f* ⟨-, -n⟩ (*Injektions~*) шприц *m*; (*Injektion*) уко́л *m*; **jdm eine ~ geben** сде́лать кому́-л. уко́л (*Feuer~*) пожа́рный насо́с *m*
spritzen *vt* (*injizieren*) впры́скивать, -снуть *pf*, де́лать, с- *pf* инъе́кцию; (*ver~*) бры́згать, -знуть *pf*; **etw ~** бры́згать чем-л. (*Baum etc*) опры́скивать, -снуть
Spritzer *m* ⟨-s, -⟩ бры́зги *pl*
spritzig *adj* игри́стый; **ein ~er Wein** игри́стое вино́
spröde *adj* (*brüchig*) хру́пкий, ло́мкий; **~ Haut** суха́я ко́жа (*fig:verschlossen*) чо́порный
Sproß *m* ⟨Sprosses, Sprosse *o Sprossen*⟩ побе́г *m*
Sprosse *f* ⟨-, -n⟩ (*Leiter~*) перекла́дина *f*
Sprößling *m* ⟨-s, -e⟩ о́тпрыск *m*
Spruch *m* ⟨-(e)s, Sprüche⟩ (*einprägsamer Satz*) изрече́ние *nt*; (*JUR:Urteils~*) при́говор *m*
Sprudel *m* ⟨-s, -⟩ (*Mineralwasser*) минера́льная вода́ *f*
sprudeln *vi* (*hervor~*) бить *impf* ключо́м; (*vor Kohlensäure etc*) пузыри́ться *impf*, бурли́ть *impf*
Sprühdose *f* ⟨-, -n⟩ аэрозо́льный балло́нчик *m*
sprühen 1. *vi* (*Flüssigkeit*) бры́згать, -знуть *pf*; (*Funken*) разлета́ться, -лете́ться *pf*; **2.** *vt* (*zerstäuben*) бры́згать, по- *pf*; **Wasser auf die Blätter ~** опры́скивать водо́й ли́стья
Sprühregen *m* ⟨*gen:*-s⟩ и́зморось *f*
Sprung *m* ⟨-(e)s, -Sprünge⟩ прыжо́к *m*; **jdn auf einen ~ besuchen** забежа́ть к кому́-л. на мину́тку
Sprungbrett *nt* ⟨-(e)s, -er⟩ гимнасти́ческий мо́стик *m*; подкидна́я доска́ *f*
sprunghaft *adj* (*unstetig*) неуравнове́шенный; (*rasch*) ре́зкий
Spucke *f* ⟨*gen:*-⟩ (*umg:Speichel*) слюна́ *f*
spucken *vi* (*speien*) плева́ть, плю́нуть *pf*
Spuk *m* ⟨*gen:*-(e)s⟩ привиде́ние *nt*
spuken *vi:* **in dem Schloß soll es noch ~** говоря́т, что в э́том за́мке всё ещё во́дятся привиде́ния
Spule *f* ⟨-, -n⟩ (*auch EL*) кату́шка *f*
Spüle *f* ⟨-, -n⟩ мо́йка *f*
spülen 1. *vt* (*Geschirr*) мыть, по- *pf*; (*auswaschen*) полоска́ть, про- *pf*; **2.** *vi* (*Wasserspülung betätigen*) спуска́ть, спусти́ть *pf* во́ду
Spülmaschine *f* ⟨-, -n⟩ посудомо́йная маши́на *f*
Spülmittel *nt* ⟨-s, -⟩ сре́дство *nt* для мытья́ посу́ды
Spülung *f* ⟨-, -en⟩ (*der Toilette*) смы́в *m*; (*MED:das Durchspülen*) промыва́ние *nt*
Spur *f* ⟨-, -en⟩ (*Bodenabdruck*) след *m*; **seine ~en verwischen** замести́ следы́; **jdm auf die ~ kommen** (*fig*) напа́сть на след кого́-л. (*Fahr~*) полоса́ *f*, ряд *m*; **die ~ wechseln** встать в друго́й ряд
spürbar *adj* ощути́мый
spüren *vt* (*fühlen*) чу́вствовать, по- *pf*
Spurenelement *nt* ⟨-(e)s, -e⟩ микроэлеме́нт *m*
Spurensicherung *f* ⟨*gen:*-⟩ фикса́ция *f* следо́в
spurlos *adj* бессле́дный; **~ verschwinden** бессле́дно исче́знуть
Spürsinn *m* ⟨*gen:*-(e)s⟩ чутьё *nt*
Spurt *m* ⟨-(e)s, -s⟩ рыво́к *m*
Staat *m* ⟨-(e)s, -en⟩ госуда́рство *nt*
staatenlos *adj* не име́ющий гражда́нства
staatlich *adj* госуда́рственный
Staatsangehörigkeit *f* ⟨-, -en⟩ гражда́нство *nt*; **die deutsche ~ annehmen** приня́ть неме́цкое гражда́нство
Staatsanwalt *m* ⟨-(e)s, -anwälte⟩ прокуро́р *m*
Staatsanwältin *f* ⟨-, -nen⟩ прокуро́р *m*
Staatsbürger, -in *m/f* ⟨-s, -⟩ граждани́н, -да́нка *m/f* госуда́рства
Staatsexamen *nt* ⟨-s, -/ -examina⟩ госуда́рственный экза́мен *m*
Staatsoberhaupt *nt* ⟨-es, -oberhäupter⟩

главá *f* госудáрства
Staatssekretär, -in *m/f* ⟨-s, -e⟩ госудáрственный секретáрь *m*
Staatsstreich *m* ⟨-(e)s, -e⟩ госудáрственный переворóт *m*, путч *m*
Stab *m* ⟨-(e)s, Stäbe⟩ (*Stock*) пáлка *f*; (*leitende Gruppe*) штаб *m*
Stabhochsprung *m* ⟨*gen:*-(e)s⟩ прыжкѝ *mpl* с шестóм
stabil *adj* стабѝльный, устóйчивый
stabilisieren *vt* стабилизѝровать *impf/pf*
stach *prät von* **stechen**
Stachel *m* ⟨-s, -⟩ (*Dorn*) шип *m*; (*Insekten~*) жáло *nt*; (*beim Igel*) колю́чка *f*
Stachelbeere *f* ⟨-, -n⟩ крыжóвник *m*
Stacheldraht *m* ⟨*gen:*-(e)s⟩ колю́чая прóволока *f*
stachelig *adj* колю́чий
Stadion *nt* ⟨-s, Stadien⟩ стадиóн *m*
Stadium *nt* ⟨-s, Stadien⟩ стáдия *f*
Stadt *f* ⟨-, Städte⟩ гóрод *m*
Stadtbahn *f* ⟨-, -en⟩ городскáя электрѝчка *f*
städtisch *adj* городскóй
Stadtplan *m* ⟨-(e)s, -pläne⟩ план *m* гóрода
Stadtstaat *m* ⟨-(e)s, -en⟩ гóрод *m*-госудáрство *nt*
Stadtverwaltung *f* ⟨-, -en⟩ городскóе управлéние *nt*, мэ́рия *f*
Staffel *f* ⟨-, -n⟩ (*SPORT*) эстафéта *f*; (*MIL:Flug~*) эскадрѝлья *f*
Stagnation *f* ⟨-, -en⟩ застóй *m*
stahl *prät von* **stehlen**
Stahl *m* ⟨-(e)s, Stähle/ -e⟩ (*Metall*) сталь *f*
Stahlbeton *m* ⟨*gen:*-s⟩ железобетóн *m*
stak *prät von* **stecken**
Stalagmit *m* ⟨-s/ -en, -e(n)⟩ сталагмѝт *m*
Stalaktit *m* ⟨-s/ -en, -e(n)⟩ сталактѝт *m*
Stall *m* ⟨-(e)s, Ställe⟩ (*Kuh~*) корóвник *m*; (*Schweine~*) свинáрник *m*; (*Pferde~*) коню́шня *f*
Stamm *m* ⟨-(e)s, Stämme⟩ (*Baum~*) ствол *m*; (*Volks~*) плéмя *nt*
Stammbaum *m* ⟨-(e)s, -bäume⟩ (*Ahnentafel*) родослóвное дéрево *nt*
stammeln *vt* лепетáть, про- *pf*
stammen *vi* (*abstammen*) просходѝть, произойтѝ *pf* (*aus* из *+gen*); **er stammt aus Smolensk** он рóдом из Смолéнска; **die Information stammt von ihm** э́та информáция полу́чена от негó
Stammgast *m* ⟨-(e)s, -gäste⟩ постоя́нный клиéнт
stämmig *adj* (*kräftig*) коренáстый
stampfen 1. *vi* (*fest auftreten*) тóпать, по- *pf*; **mit dem Füßen auf den Boden ~** тóпать ногáми по полу́; **2.** *vt* (*pressen*) трамбовáть, у- *pf*
stand *prät von* **stehen**
Stand *m* ⟨-(e)s, Stände⟩ (*das Stehen*) расположéние *nt*; **aus dem ~ heraus** (*umg*) с мéста (*Marktstand*) стенд *m*; (*erreichte Stufe*) положéние *nt*; **der ~ der Dinge** положéние вещéй (*Wasserstand*) у́ровень *m*; (*SPORT:Spielstand*) счёт *m*; (*soziale Stellung*) соcлóвие *nt*
Standard *m* ⟨-s, -s⟩ стандáрт *m*
Ständer *m* ⟨-s, -⟩ (*für Kleidung*) вéшалка *f*; (*für Noten*) пюпѝтр *m*
Standesamt *nt* ⟨-(e)s, -ämter⟩ загс *m*
standhaft *adj* упóрный, стóйкий
standhalten *vi* (*fig:widerstehen*) устоя́ть *pf*; **der Versuchung ~** устоя́ть пéред искушéнием
ständig *adj* (*andauernd*) постоя́нный
Standlicht *nt* ⟨-(e)s, -er⟩ стоя́ночный свет *m*
Standort *m* ⟨-(e)s, -e⟩ (*Ort des Aufenthalts*) местоположéние *nt*
Standpunkt *m* ⟨-(e)s, -e⟩ (*Beobachtungspunkt*) мéсто *nt*; (*fig:Ansicht*) тóчка *f* зрéния; **auf dem ~ stehen, daß ...** считáть, что ...
Stange *f* ⟨-, -n⟩ (*Stab*) шест *m*, стéржень *m*; **eine ~ Zigaretten** блок сигарéт
stank *prät von* **stinken**
stanzen *vt* (*ausstanzen*) штамповáть *impf*
Stapel *m* ⟨-s, -⟩ (*Haufen*) стóпка *f*; **vom ~ laufen** (*Schiff*) сойтѝ со стáпеля
stapeln 1. *vt* (*Bücher, Wäschr*) склáдывать, сложѝть *pf* в стóпку; (*Holz etc*) уклáдывать, уложѝть *pf* штапеля́ми; **2.** *vr* накáпливаться, -копѝться *pf*
Star *m* ⟨-s, -s⟩ (*Vogel*) скворéц *m*; (*fig*) звездá *f*; (*MED*) катарáкта *f*; **grüner ~** глаукóма
starb *prät von* **sterben**
stark 1. *adj* сѝльный; **~er Kaffee** крéпкий кóфе; **2.** *adv* (*sehr*) сѝльно
Stärke *f* ⟨-, -n⟩ (*Kraft, Macht*) сѝла *f*, мощь *f*, (*vorteilhafte Eigenschaft*) сѝльная сторонá *f*; (*Laut~*) грóмкость *f*; (*Intensität*) у́ровень *m*, интенсѝвность *f*; (*Breite*) толщинá *f*; (*Anzahl*) чѝсленность *f*; (*von einem Getränk*) крéпость *f*; (*Speisestärke*) крахмáл *m*
stärken 1. *vt* (*kräftigen*) укрепля́ть, -пѝть *pf*; (*Wäsche*) крахмáлить, на- *pf*; **2.** *vr* (*essen*) подкрепля́ться, -крепѝться *pf*
Starkstrom *m* ⟨*gen:*-(e)s⟩ ток *m* высóкого напряжéния
Stärkung *f* ⟨-, -en⟩ (*Kräftigung*) укреплéние *nt*
starr *adj* засты́вший; (*starrköpfig*) упря́мый

starren *vi* (*starr blicken*) уста́виться *pf* (*auf +akk* на *+akk*)
starrköpfig *adj* (*pej*) упря́мый
Starrsinn *m* ⟨*gen:*-(e)s⟩ упря́мство *nt*
Start *m* ⟨-(e)s, -s⟩ старт *m*
Startbahn *f* ⟨-, -en⟩ взлётная полоса́ *f*
starten **1.** *vi* стартова́ть *impf/pf*; **2.** *vt* (*Rakete*) запуска́ть, -пусти́ть *pf*
Startkapital *nt* ⟨*gen:*-s⟩ ста́ртовый капита́л *m*
Stasi *akr von* ***Staatssicherheitsdienst***
Station *f* ⟨-, -en⟩ (*Haltestelle*) остано́вка *f*; (*Metro~*) ста́нция *f*; (*Krankenhausabteilung*) отделе́ние *nt*
stationär *adj* (*MED*) стациона́рный
stationieren *vt* (*Raketen*) устана́вливать, -нови́ть *pf*; (*Truppen*) размеща́ть, -мести́ть *pf*
statisch *adj* стати́чный
Statist, -in *m/f* ⟨-en, -en⟩ стати́ст, -ка *m/f*
Statistik *f* ⟨-, -en⟩ стати́стика *f*
statistisch *adj* статисти́ческий
Stativ *nt* ⟨-s, -e⟩ стати́в *m*
statt **1.** *conj* (*an Stelle von*) вме́сто того́ что́бы; **2.** *präp +gen* (*an Stelle*) вме́сто (+ *gen*); **~ dessen** вме́сто э́того
stattfinden *vi* состоя́ться *pf*, быть *impf*
statthaft *adj* допусти́мый
stattlich *adj* (*von kräftiger Statur*) ста́тный; (*ansehnlich*) соли́дный
Statue *f* ⟨-, -n⟩ ста́туя *f*
Statur *f* ⟨-, -en⟩ телосложе́ние *nt*
Status *m* ⟨*gen:*-⟩ ста́тус *m*
Stau *m* ⟨-(e)s, -s/ -e⟩ (*des Verkehrs*) про́бка *f*; (*allgemein*) засто́й *m*
Staub *m* ⟨*gen:*-(e)s⟩ пыль *f*; **~ wischen** вы́тереть пыль
staubig *adj* пы́льный
staubsaugen *vi* пылесо́сить, про- *pf*
Staubsauger *m* ⟨-s, -⟩ пылесо́с *m*
Staudamm *m* ⟨-(e)s, -dämme⟩ плоти́на *f*
stauen **1.** *vt* (*Wasser*) запру́живать, -пруди́ть *pf*; **2.** *vr* (*sich ansammeln*) нака́пливаться, -копи́ться *pf*
staunen *vi* удивля́ться, -ви́ться *pf*; **ich muß wirklich über dich ~** я про́сто удивля́юсь тебе́
Stausee *m* ⟨-s, -n⟩ водохрани́лище *nt*
Stauung *f* ⟨-, -en⟩ (*Verkehrsstau*) про́бка *f*; (*MED*) засто́й *m*
Std. *abk von* ***Stunde***
stechen **1.** *vt* ⟨stach, gestochen⟩ (*jdn mit einem spitzen Gegenstand ~*) коло́ть, у- *pf*; (*von Insekten*) куса́ть, укуси́ть *pf*; (*jdn mit einem Messer ~*) ударя́ть, уда́рить *pf*; **2.** *vi* коло́ться *impf*; **3.** *vr* уколо́ться *pf*; **ich habe mich in den Finger gestochen** я уколо́л себе́ па́лец
stechend *adj* (*Schmerz, Blick*) пронзи́тельный; (*Geruch*) ре́зкий
Stechuhr *f* ⟨-, -en⟩ контро́льные часы́ *mpl*
Steckdose *f* ⟨-, -n⟩ розе́тка *f*
stecken **1.** *vt* (*hineinstecken*) втыка́ть, воткну́ть *pf*, засо́вывать, -су́нуть *pf*; **einen Ring an den Finger ~** наде́ть кольцо́ на па́лец; **2.** *vi* торча́ть *impf*; **wo hast du denn gesteckt?** (*umg*) где ты пропада́л?
steckenbleiben *irr vi* застрева́ть, застря́ть *pf*
Stecker *m* ⟨-s, -⟩ ште́псель *m*, ви́лка *f*
Steckling *m* ⟨-s, -e⟩ черено́к *m*
Stecknadel *f* ⟨-, -n⟩ була́вка *f*
Steg *m* ⟨-(e)s, -e⟩ (*schmale Brücke*) мо́стик *m*; (*Bootsanlegestelle*) прича́л *m*
Stegreif : aus dem ~ без подгото́вки
stehen *vi* ⟨stand, gestanden⟩ стоя́ть *impf*; **wie stehst du dazu?** как ты отно́сишься к э́тому?; **der Hut steht dir gut** э́та шля́па идёт тебе́
stehenbleiben *irr vi* остана́вливаться, -нови́ться *pf*
stehlen *vt* ⟨stahl, gestohlen⟩ красть, укра́сть *pf*
Stehplatz *m* ⟨-(e)s, -plätze⟩ стоя́чее ме́сто *nt*
steif *adj* (*starr*) жёсткий; (*fig:förmlich*) натя́нутый; **ein ~er Empfang** подчёркнуто официа́льный приём
Steigbügel *m* ⟨-s, -⟩ стре́мя *nt*
steigen *vi* ⟨stieg, gestiegen⟩ (*sich nach oben bewegen, anwachsen*) поднима́ться, -ня́ться *pf*; **auf einen Turm ~** подня́ться на ба́шню; **aufs Fahrrad ~** сесть на велосипе́д; **vom Fahrrad ~** слезть с велосипе́да; **in den Bus/ Zug/ins Auto ~** сесть в авто́бус/на по́езд/в маши́ну; **aus dem Zug/Bus ~** вы́йти из по́езда/авто́буса; **die Temperatur ist auf 30 Grad/um 5 Grad gestiegen** температу́ра подняла́сь до тридцати́ гра́дусов/на пять гра́дусов; **die Aktien sind gestiegen** а́кции подняли́сь (в цене́)
steigern **1.** *vt* (*vergrößern*) увели́чивать, -чить *pf*; **2.** *vr* (*sich intensivieren*) увели́чиваться, -читься *pf*
Steigerung *f* ⟨-, -en⟩ повыше́ние *nt*, увеличе́ние *nt*; (*LING*) сте́пень *f* сравне́ния
Steigung *f* ⟨-, -en⟩ подъём *m*, накло́н *m*
steil *adj* круто́й
Steilküste *f* ⟨-, -n⟩ круто́й бе́рег *m*
Stein *m* ⟨-(e)s, -e⟩ ка́мень *m*; (*Spielstein*) ша́шка *f*; (*MED*) ка́мень *m*
Steinbock *m* ⟨-(e)s, -böcke⟩ (*Tier*) го́рный козёл *m*; (*ASTR*) Козеро́г *m*
Steinbruch *m* ⟨-(e)s, -brüche⟩ каменоло́мня *f*

steinern *adj* (*aus Stein, auch fig*) ка́менный
Steingut *nt* ⟨*gen:*-(e)s⟩ фая́нс *m*
steinhart *adj* твёрдый как ка́мень
steinig *adj* камени́стый
Steinkohle *f* ⟨*gen:*-⟩ ка́менный у́голь *m*
Steinmetz *m* ⟨-en, -en⟩ каменотёс *m*
Steinobst *nt* ⟨*gen:*-(e)s⟩ ко́сточковый плод *m*
Steinzeit *f* ⟨*gen:*-⟩ ка́менный век *m*
Steißbein *nt* ⟨-(e)s, -e⟩ ко́пчик *m*
Stelle *f* ⟨-, -n⟩ (*Ort*) ме́сто *nt*; **an deiner ~ ...** на твоём ме́сте ...; **an erster ~** в пе́рвую о́чередь; **an ~ von etw/jdm** вме́сто чего́-л./кого́-л.; **auf der ~** (*sofort*) неме́дленно (*Arbeitsstelle*) рабо́та *f*; (*Dienststelle*) инста́нция *f*; (*Textstelle*) отры́вок *m*
stellen 1. *vt* (*hinstellen*) ста́вить, по- *pf*; (*erstellen*) составля́ть, -ста́вить *pf*; (*Personen*) аресто́вывать, -това́ть *pf*; **2.** *vr* (*einen Zustand vortäuschen*) притворя́ться, притвори́ться *pf*; (*sich hinstellen*) станови́ться, встать *pf*; (*sich freiwillig melden*) явля́ться, яви́ться *pf* с пови́нной; **sich ans Fenster ~** встать к окну́; **sich krank ~** притворя́ться больны́м
Stellenanzeige *f* ⟨-, -n⟩ объявле́ние *nt* о вака́нтной до́лжности
Stellung *f* ⟨-, -en⟩ (*Lage*) положе́ние *nt*, по́за *f*; (*Amt, Posten*) до́лжность *f*; **zu etw ~ nehmen** (*seine Meinung zu etw äußern*) вы́сказать своё мне́ние по како́му-л. вопро́су
Stellungnahme *f* ⟨-, -n⟩ то́чка *f* зре́ния
stellvertretend *adj* замеща́ющий; **der ~e Vorsitzende** замести́тель председа́теля
Stellvertreter, -in *m/f* ⟨-s, -⟩ замести́тель, -ница *m/f*
Stelze *f* ⟨-, -n⟩ ходу́ля *f*; **~n laufen** ходи́ть на ходу́лях
Stemmbogen *m* ⟨-s, -bögen⟩ (*SPORT:Ski*) поворо́т *m* полуплу́гом
stemmen 1. *vt* (*in die Höhe*) поднима́ть, -ня́ть *pf*; **2.** *vr* упира́ться, упере́ться *pf* (*gegen +akk* в *+akk*)
Stempel *m* ⟨-s, -⟩ (*Gerät, Abdruck*) печа́ть *f*, штамп *m*; (*BOT*) пе́стик *m*; (*Post~*) ште́мпель *m*
Stempelkissen *nt* ⟨-s, -⟩ ште́мпельная поду́шка *f*
stempeln *vt* ста́вить, по- *pf* печа́ть
Stengel *m* ⟨-s, -⟩ сте́бель *m*
Stenographie *f* ⟨*gen:*-⟩ стеногра́фия *f*
stenographieren *vt* стенографи́ровать, за- *pf*
Steppdecke *f* ⟨-, -n⟩ стёганое одея́ло *nt*
Steppe *f* ⟨-, -n⟩ степь *f*
sterben *vi* ⟨starb, gestorben⟩ умира́ть, умере́ть *pf* (*an +dat* от *+gen*)
sterblich *adj* сме́ртный; **~e Überreste** (*geh*) бре́нные оста́нки
Sterblichkeit *f* ⟨*gen:*-⟩ сме́ртность *f*
stereo *adj* стереофони́ческий
Stereoanlage *f* ⟨-, -n⟩ стереофони́ческая устано́вка *f*, стереоустано́вка *f*
stereotyp *adj* стереоти́пный
steril *adj* (*keimfrei*) стери́льный; (*MED: unfruchtbar*) беспло́дный
Sterilisation *f* ⟨-, -en⟩ стерилиза́ция *f*
sterilisieren *vt* стерилизова́ть *impf/pf*
Stern *m* ⟨-(e)s, -e⟩ звезда́ *f*
Sternbild *nt* ⟨-(e)s, -er⟩ созве́здие *nt*
Sternschnuppe *f* ⟨-, -n⟩ па́дающая звезда́ *f*
Sternwarte *f* ⟨-, -n⟩ обсервато́рия *f*
Sternzeichen *nt* ⟨-s, -⟩ знак *m* Зодиа́ка
stetig *adj* постоя́нный
stets *adv* всегда́
Steuer [1] *nt* ⟨-s, -⟩ (*Lenkrad*) руль *m*; (*Ruder*) штурва́л *m*
Steuer [2] *f* ⟨-, -n⟩ нало́г *m*; **~n abführen** плати́ть нало́ги; **~n hinterziehen** укрыва́ться от упла́ты нало́гов; **~n erheben** взима́ть нало́ги
Steuerberater, -in *m/f* ⟨-s, -⟩ консульта́нт, -ка *m/f* по нало́говым вопро́сам
Steuerbord *nt* ⟨*gen:*-(e)s⟩ пра́вый борт *m*
Steuererklärung *f* ⟨-, -en⟩ нало́говая деклара́ция *f*
Steuerhinterziehung *f* ⟨-, -en⟩ уклоне́ние *nt* от упла́ты нало́гов
steuerlich *adj* нало́говый
steuern *vt* управля́ть *impf*; **etw ~** управля́ть чем-л.
steuerpflichtig *adj* облага́емый нало́гом
Steuerung *f* ⟨-, -en⟩ (*TECH:das Steuern*) управле́ние *f*; (*Steuergerät*) управля́ющее устро́йство *nt*
Steuerzahler, -in *m/f* ⟨-s, -⟩ налогоплате́льщик, -щица *m/f*
Steward *m* ⟨-s, -s⟩ стюа́рд *m*
Stewardeß *f* ⟨-, Stewardessen⟩ стюарде́сса *f*
Stich *m* ⟨-(e)s, -e⟩ (*einer Nadel, eines Dornes*) уко́л *m*; (*eines Messers*) уда́р *m*; (*eines Insekts*) уку́с *m*; (*stechender Schmerz*) ко́лющая боль *m*; (*Kupferstich*) гравю́ра *f*; **jdn im ~ lassen** бро́сить кого́-л. на произво́л судьбы́
stichhaltig *adj* убеди́тельный, обосно́ванный
Stichprobe *f* ⟨-, -n⟩ вы́борочный контро́ль *m*

Stichwort *nt* ⟨-(e)s, - wörter⟩ (*im Wörterbuch*) загла́вное сло́во *nt*, слова́рная статья́ *f*; (*Wort als Gedächtnisstütze*) ключево́е сло́во *nt*
sticken *vt* вышива́ть, вы́шить *pf*
Stickerei *f* ⟨-, -en⟩ вы́шивка *f*
stickig *adj* (*muffig*) ду́шный
Stickstoff *m* ⟨*gen:*-(e)s⟩ азо́т *m*
Stiefbruder *m* ⟨-s, -brüder⟩ сво́дный брат *m*
Stiefel *m* ⟨-s, -⟩ сапо́г *m*
Stiefkind *nt* ⟨-(e)s, -er⟩ неродно́й ребёнок *m*
Stiefmutter *f* ⟨-, -mütter⟩ ма́чеха *f*
Stiefschwester *f* ⟨-, -n⟩ сво́дная сестра́ *f*
Stiefvater *m* ⟨-s, -väter⟩ о́тчим *m*
stieg *prät von* **steigen**
Stiel *m* ⟨-(e)s, -e⟩ (*BOT:Stengel*) сте́бель *m*; (*eines Besens*) ру́чка *f*
Stier *m* ⟨-(e)s, -e⟩ (*Bulle*) бык *m*; (*ASTR*) Теле́ц *m*
stieß *prät von* **stoßen**
Stift *m* ⟨-(e)s, -e⟩ (*zur Befestigung*) штифт *m*, штырь *m*; (*Schreib-/ Zeichenstift*) каранда́ш *m*
stiften *vt* (*Preis*) учрежда́ть, -реди́ть *pf*; (*gründen*) осно́вывать, -нова́ть *pf*; **Verwirrung ~** вы́звать замеша́тельство; **Frieden ~** установи́ть мир
Stiftung *f* ⟨-, -en⟩ (*JUR:Schenkung*) поже́ртвование *nt*; (*Institution*) фонд *m*; (*Prozeß*) основа́ние *f*, учрежде́ние *nt*
Stil *m* ⟨-(e)s, -e⟩ стиль *m*
stilistisch *adj* стилисти́ческий
still *adj* (*ruhig, leise*) ти́хий; (*reglos*) споко́йный; **im ~en** (*unbemerkt*) тайко́м; **sei doch endlich ~** замолчи́ же наконе́ц
Stille *f* ⟨*gen:*-⟩ (*Ruhe*) тишина́ *f*, споко́йствие *nt*
Stilleben *nt* ⟨-s, -⟩ натюрмо́рт *m*
stillegen *vt* (*Betrieb*) закрыва́ть, -крыть *pf*
stillen *vt* (*Säugling*) корми́ть, по- *pf* гру́дью; (*Hunger, Durst*) утоля́ть, -ли́ть *pf*
Stillschweigen *nt* ⟨*gen:*-s⟩ молча́ние *nt*
stillschweigend *adj* молчали́вый
Stillstand *m* ⟨*gen:*-(e)s⟩ засто́й *m*; (*TECH*) просто́й *m*
Stimmband *nt* ⟨-(e)s, -bänder⟩ голосова́я свя́зка *f*
stimmberechtigt *adj* име́ющий пра́во го́лоса
Stimme *f* ⟨-, -n⟩ го́лос *m*; **jdm seine ~ geben** (*jdn wählen*) отда́ть за кого́-л. свой го́лос
stimmen 1. *vi* (*richtig sein*) быть *impf* пра́вильным; **stimmt das?** пра́вильно?; **stimmt so!** (*beim Geben von Trinkgeld*) без сда́чи! (*bei einer Wahl*) голосова́ть, про- *pf* (*für* за *+akk*); **2.** *vt* (*Instrument*) настра́ивать, -стро́ить *pf*
stimmhaft *adj* зво́нкий
stimmlos *adj* глухо́й
Stimmrecht *nt* ⟨*gen:*-(e)s⟩ избира́тельное пра́во *nt*
Stimmung *f* ⟨-, -en⟩ (*Gemütsverfassung*) настрое́ние *nt*; **in ~ sein** (*in guter Laune sein*) быть в хоро́шем настрое́нии
Stimmzettel *m* ⟨-s, -⟩ избира́тельный бюллете́нь *m*
stimulieren *vt* стимули́ровать *impf*
stinken *vi* ⟨stank, gestunken⟩ воня́ть *impf*; **hier stinkt es** здесь воня́ет
Stipendium *nt* ⟨-s, Stipendien⟩ стипе́ндия *f*
Stirn *f* ⟨-, -en⟩ лоб *m*
stöbern *vi* ры́ться *impf* (*nach* в по́исках *+gen*)
stochern *vi* ковыря́ть, по- *pf* (*in +dat* в *+präpos*)
Stock *m* ⟨-(e)s, Stöcke⟩ па́лка *m*; (*Blumenstock*) куст *m*; (*Spazierstock*) па́лка *f*, трость *f*; (*Stockwerk*) эта́ж *m*; **er wohnt im vierten ~** он живёт на пя́том этаже́
Stöckelschuh *m* ⟨-(e)s, -e⟩ ту́фля *f* на высо́ком каблуке́
stocken *vi* (*aussetzen*) замира́ть, -мере́ть *pf*; (*beim Sprechen innehalten*) запина́ться, запну́ться *pf*
Stockwerk *nt* ⟨-(e)s, -e⟩ эта́ж *m*
Stoff *m* ⟨-(e)s, -e⟩ (*Gewebe*) ткань *f*; (*Materie, Substanz*) вещество́ *nt*, материа́л *m*; (*Inhalt, Grundlage*) материа́л *m*, те́ма *f*
Stoffwechsel *m* ⟨*gen:*-s⟩ обме́н *m* веще́ств
stöhnen *vi* стона́ть, за- *pf*
Stollen *m* ⟨-s, -⟩ (*BERGB*) што́льня *f*
stolpern *vi* (*auch fig*) спотыка́ться, споткну́ться *pf* (*über +akk* о́ *+akk*)
stolz *adj* го́рдый; **ich bin ~ auf dich** я горжу́сь тобо́й
Stolz *m* ⟨*gen:*-es⟩ го́рдость *f*
stopfen *vt* (*Strümpfe*) што́пать, за- *pf*; **etw in die Tasche ~** запихну́ть что-л. в су́мку; **etw mit etw ~** набива́ть что-л. чем-л. (*zustopfen*) затыка́ть, заткну́ть *pf*
stopp *interj* (*umg:halt!*) стоп!
Stoppel *f* ⟨-, -n⟩ (*meist pl: von Getreide*) жнивьё *nt*; (*meist pl: des Bartes*) щети́на *f*
stoppen 1. *vt* (*anhalten*) остана́вливать, -нови́ть *pf*; **2.** *vi* (*innehalten*) остана́вливаться, -нови́ться *pf*
Stoppschild *nt* ⟨-(e)s, -er⟩ знак *m* обяза́тельной остано́вки

Stoppuhr *f* ⟨-, -en⟩ секундоме́р *m*
Stöpsel *m* ⟨-s, -⟩ про́бка *f*
Storch *m* ⟨-(e)s, Störche⟩ а́ист *m*
stören *vt* меша́ть, по- *pf*; **jdn bei der Arbeit ~** меша́ть кому́-л. рабо́тать; **störe ich?** я меша́ю?
Störenfried *m* ⟨-(e)s, -e⟩ наруши́тель *m* споко́йствия
störrisch *adj* упря́мый
Störung *f* ⟨-, -en⟩ (*Ordnung, Frieden*) наруше́ние *nt*; (*Arbeit*) поме́ха *f*; (*RUNDF*) поме́ха *f*
Stoß *m* ⟨-es, Stöße⟩ (*Schlag*) толчо́к *m*, уда́р *m*; (*Stapel*) сто́пка *f*
Stoßdämpfer *m* ⟨-s, -⟩ амортиза́тор *m*
stoßen 1. *vt* ⟨stieß, gestoßen⟩ (*einen Stoß geben*) толка́ть, -кну́ть *pf*; **jdn in die Seite ~** толкну́ть кого́-л. в бок; **jdn ins Wasser ~** столкну́ть кого́-л. в во́ду; **2.** *vi* (*auf etw treffen*) натыка́ться, наткну́ться *pf* (*auf +akk* на *+akk*); **3.** *vr* (*sich wehtun*) ударя́ться, уда́риться *pf*
Stoßstange *f* ⟨-, -n⟩ ба́мпер *m*
Stoßzahn *m* ⟨-(e)s, -zähne⟩ клык *m*
stottern *vi* (*Mensch*) заика́ться, -кну́ться *pf*
Str. *abk von* ***Straße***
Strafanstalt *f* ⟨-, -en⟩ ме́сто *nt* заключе́ния
strafbar *adj* наказу́емый
Strafe *f* ⟨-, -n⟩ (*Bestrafung*) наказа́ние *nt*; (*Geldbuße*) штраф *m*
strafen *vt* нака́зывать, -каза́ть *pf*; **jdn Lügen ~** уличи́ть кого́-л. во лжи
straff *adj* (*gespannt*) туго́й, натя́нутый
straffällig *adj:* **~ werden** нару́шить зако́н
Strafgefangene(r) *mf* ⟨-n, -n⟩ заключённый, -нная *m/f*
Strafgesetzbuch *nt* ⟨*gen:*-(e)s⟩ уголо́вный ко́декс *m*
sträflich *adj* непрости́тельный; **das war ~er Leichtsinn** престу́пное легкомы́слие
Sträfling *m* ⟨-s, -e⟩ заключённый
Strafraum *m* ⟨*gen:*-(e)s⟩ штрафна́я площа́дка *f*
Strafrecht *nt* ⟨*gen:*-(e)s⟩ уголо́вное пра́во *nt*
Strafstoß *m* ⟨-es, -stöße⟩ пена́льти *nt*
Straftat *f* ⟨-, -en⟩ преступле́ние *nt*
Strahl *m* ⟨-(e)s, -en⟩ (*von Licht*) луч *m*; (*von Wasser*) струя́ *f*
strahlen *vi* (*leuchten, auch fig*) сия́ть *impf*; **Plutonium strahlt** плуто́ний излуча́ет радиоакти́вность
Strahlenbehandlung *f* ⟨-, -en⟩ лучева́я терапи́я *f*
Strahlenbelastung *f* ⟨*gen:*-⟩ до́за *f* облуче́ния
Strahlenkrankheit *f* ⟨-, -en⟩ лучева́я боле́знь *f*
Strahlenschutz *m* ⟨*gen:*-es⟩ радиацио́нная защи́та *f*
Strahlung *f* ⟨-, -en⟩ излуче́ние *nt*
Strähne *f* ⟨-, -n⟩ (*Haar~*) прядь *f*
stramm *adj* (*straff*) пло́тно натя́нутый; (*kraftvoll aussehend*) кре́пкий
strampeln *vi* бара́хтаться, по- *pf*
Strand *m* ⟨-(e)s, Strände⟩ пляж *m*; **am ~ liegen** лежа́ть на пля́же
stranden *vi* (*auf Grund laufen*) сади́ться, сесть *pf* на мель
Strandkorb *m* ⟨-(e)s, -körbe⟩ шезло́нг *m*
Strang *m* ⟨-(e)s, Stränge⟩ (*Strick*) верёвка *f*
Strapaze *f* ⟨-, -n⟩ тру́дность *f*
strapazieren *vt* (*abnützen*) изна́шивать, -носи́ть *pf*; (*in Anspruch nehmen*) изма́тывать, измота́ть *pf*, утомля́ть, -ми́ть *pf*
strapazierfähig *adj* про́чный; **~es Material** про́чный материа́л
Straße *f* ⟨-, -n⟩ у́лица *f*; (*Meerenge*) проли́в *m*; **die ~ von Gibraltar** Гибралта́рский проли́в; **auf die ~ gehen** (*umg:demonstrieren*) вы́йти на у́лицу; **in einer ruhigen ~ wohnen** жить на ти́хой у́лице; **Jdn auf der ~ treffen** встре́тить кого́-л. на у́лице
Straßenbahn *f* ⟨-, -en⟩ трамва́й *m*; **mit der ~ fahren** е́здить на трамва́е
Straßenverkehr *m* ⟨*gen:*-(e)s⟩ у́личное движе́ние *nt*
Straßenverkehrsordnung *f* ⟨*gen:*-⟩ пра́вила *ntpl* доро́жного движе́ния
Strategie *f* ⟨-, -n⟩ страте́гия *f*
strategisch *adj* стратеги́ческий
Stratosphäre *f* ⟨*gen:*-⟩ стратосфе́ра *f*
sträuben *vi* (*Haare*) топо́рщиться *impf*; (*sich widersetzen*) проти́виться *impf*; **sich gegen etw ~** проти́виться чему́-л.
Strauch *m* ⟨-(e)s, Sträucher⟩ куст *m*
Strauß[1] *m* ⟨-es, Sträuße⟩ (*von Blumen*) буке́т *m*
Strauß[2] *m* ⟨-es, -e⟩ (*Vogel*) стра́ус *m*
streben *vi* (*sich um etw bemühen*) стреми́ться *impf* (*nach +dat* к *+dat*)
Streber, -in *m/f* ⟨-s, -⟩ (*pej*) карьери́ст, -ка *m/f*
strebsam *adj* усе́рдный
Strecke *f* ⟨-, -n⟩ (*Wegabschnitt*) расстоя́ние *nt*; (*Eisenbahnstrecke*) ли́ния *f*; (*SPORT:Rennstrecke*) диста́нция *f*; (*MATH*) отре́зок *m*
strecken 1. *vt* (*ausstrecken*) вытя́гивать, вы́тянуть *pf*; **2.** *vr* (*sich ausgestreckt hinlegen*) вытя́гиваться, вы́тянуться *pf*
Streich *m* ⟨-(e)s, -e⟩ шу́тка *f*; **jdm einen ~ spielen** сыгра́ть с кем-л. шу́тку

streicheln *vt* (*liebkosen*) гла́дить, по- *pf*
streichen 1. *vt* ⟨strich, gestrichen⟩ (*über etw hinfahren*) гла́дить, по- *pf*; (*Butter*) нама́зывать, -ма́зать *pf*; (*anstreichen*) кра́сить, по- *pf*; (*ausstreichen*) зачёркивать, -черкну́ть *pf*; (*Segel*) спуска́ть, спусти́ть *pf*; **2.** *vi* (*umhergehen*) броди́ть *impf*
Streichholz *nt* ⟨-es, -hölzer⟩ спи́чка *f*
Streichinstrument *nt* ⟨-(e)s, -e⟩ стру́нный инструме́нт *m*
Streife *f* ⟨-, -n⟩ патру́ль *m*; **~ gehen** патрули́ровать
streifen 1. *vt* каса́ться, косну́ться; **jdn am Arm ~** косну́ться чье́й-л. руки́; **ein Thema nur am Rande ~** косну́ться вкра́тце како́й-л. те́мы; **2.** *vi* (*umherstreifen*) броди́ть *impf*
Streifen *m* ⟨-s, -⟩ полоса́ *f*; **ein ~ Papier** поло́ска бума́ги
Streifenwagen *m* ⟨-s, -⟩ патру́льная маши́на *f*
Streik *m* ⟨-(e)s, -s⟩ забасто́вка *f*; **in den ~ treten** нача́ть забасто́вку
Streikbrecher, -in *m/f* ⟨-s, -⟩ штрейкбре́хер *m*
streiken *vi* (*Arbeitnehmer*) бастова́ть, за- *pf*
Streikposten *m* ⟨-s, -⟩ ста́чечный пике́т *m*
Streit *m* ⟨-(e)s, -e⟩ ссо́ра *f*; **~ miteinander bekommen** поссо́риться друг с дру́гом
streiten *vi* ⟨stritt, gestritten⟩ (*zanken*) ссо́риться, по- *pf*; (*heftig diskutieren*) спо́рить, по- *pf* (*über +akk* о *+präpos*); **sie ~ sich wegen jeder Kleinigkeit** они́ ссо́рятся из-за ка́ждой ме́лочи
Streitfrage *f* ⟨-, -n⟩ спо́рный вопро́с *m*
Streitigkeit *f* ⟨-, -en⟩ (*meist Pl.*) ссо́ра *f*
Streitkräfte *fpl* войска́ *pl*, вооружённые си́лы *pl*
streng *adj* (*unnachsichtig, strikt*) стро́гий; **im ~en Sinne** стро́го говоря́ (*herb*) суро́вый; (*rauh*) суро́вый; **ein ~er Winter** суро́вая зима́
strenggenommen *adv* со́бственно говоря́
strenggläubig *adj* ортодокса́льный
strengstens *adv* строжа́йше
Streß *m* ⟨*gen:*Stresses⟩ стресс *m*
stressig *adj* (*umg*) напряжённый; **die Arbeit ist sehr ~** рабо́та о́чень не́рвная
streuen *vt* сы́пать, на- *pf*
strich *prät von* **streichen**
Strich *m* ⟨-(e)s, -e⟩ (*Linie*) черта́ *f*; (*umg:Prostitution auf der Straße*) пане́ль *f*; **auf den ~ gehen** пойти́ на пане́ль; **unter dem ~** (*fig:insgesamt*) в результа́те
Strichjunge *m* ⟨-n, -n⟩ гомосексуа́льная проститу́тка *f*; (*umg*) ма́льчик *m*
Strichmädchen *nt* ⟨-s, -⟩ проститу́тка *f*
Strichpunkt *m* ⟨-(e)s, -e⟩ то́чка *f* с запято́й
Strick *m* ⟨-(e)s, -e⟩ верёвка *f*
stricken *vt* вяза́ть, с- *pf*
Strickjacke *f* ⟨-, -n⟩ вя́заная ко́фта *f*
Strickleiter *f* ⟨-, -n⟩ верёвочная ле́стница *f*
Stricknadel *f* ⟨-, -n⟩ (вяза́льная) спи́ца *f*
Strickwaren *pl* трикота́ж *m*
strikt *adj* то́чный
Striptease *m* ⟨*gen:*-⟩ стрипти́з *m*
stritt *prät von* **streiten**
strittig *adj* спо́рный
Stroh *nt* ⟨*gen:*-(e)s⟩ соло́ма *f*
Strohhalm *m* ⟨-(e)s, -e⟩ соло́минка *f*
Strohmann *m* ⟨-(e)s, -männer⟩ подставно́е лицо́ *nt*
Strohwitwer *m* ⟨-s, -⟩ (*umg*) соло́менный вдове́ц *m*
Strolch *m* ⟨-(e)s, -e⟩ бродя́га *m*
Strom *m* ⟨-(e)s, Ströme⟩ пото́к *m*; (*Fluß*) (больша́я) река́ *f*; (*EL*) (электри́ческий) ток *m*, электри́чество *nt*, электроэне́ргия *f*; **ein ~ von etw** (*auch fig*) пото́к чего́-л.; **mit dem ~ schwimmen** (*fig*) плыть по тече́нию
stromabwärts *adv* вниз по тече́нию
stromaufwärts *adv* вверх по тече́нию
strömen *vi* течь, по- *pf*
Stromschnelle *f* ⟨-, -n⟩ стремни́на *f*
Strömung *f* ⟨-, -en⟩ (*auch fig*) тече́ние *nt*
Stromversorgung *f* ⟨*gen:*-⟩ электроснабже́ние *nt*
Strophe *f* ⟨-, -n⟩ строфа́ *f*
Strudel *m* ⟨-s, -⟩ (*auch fig*) водоворо́т *m*
Struktur *f* ⟨-, -en⟩ структу́ра *f*
strukturell *adj* структу́рный
Strukturkrise *f* ⟨-,-n⟩ структу́рный кри́зис *m*
Strumpf *m* ⟨-(e)s, Strümpfe⟩ чуло́к *m*
Strumpfhose *f* ⟨-, -n⟩ колго́тки *pl*
Strunk *m* ⟨-(e)s, Strünke⟩ (*von Salat*) сте́бель *m*; (*von Baum*) кочеры́жка *f*
struppig *adj* растрёпанный
Stube *f* ⟨-, -n⟩ ко́мната *f*
Stubenhocker, -in *m/f* ⟨-s, -⟩ (*umg*) домосе́д, -ка *m/f*
stubenrein *adj* чи́стый
Stuck *m* ⟨*gen:*-(e)s⟩ лепни́на *f*
Stück *nt* ⟨-(e)s, -e⟩ кусо́к *m*; **ein ~ Kuchen** кусо́к пирога́; **ein ~** (*ein bißchen*) немно́го (*Theaterstück*) пье́са *f*; (*Musikstück*) (музыка́льное) произведе́ние *nt*; (*Exemplar*) шту́ка *f*
Stückchen *nt* ⟨-s, -⟩ кусо́чек *m*
Stücklohn *m* ⟨*gen:*-(e)s⟩ сде́льная

оплáта *f*
stückweise *adv* поштýчно
Student, -in *m/f* ⟨-en, -en⟩ студéнт, -ка *m/f*
Studentenwohnheim *nt* ⟨-(e)s, -e⟩ студéнческое общежи́тие *nt*
Studie *f* ⟨-, -n⟩ (*skizzenhafter Entwurf*) эски́з *m*; (*wissenschaftliche Untersuchung*) исслéдование *nt*
Studienaufenthalt *m* ⟨-(e)s, -e⟩ стажирóвка *f*
Studienfach *nt* ⟨-(e)s, -fächer⟩ учéбная дисципли́на *f*, (учéбный) предмéт *m*
studieren 1. *vi* учи́ться *impf*(в университéте, институ́те); **2.** *vt* изучáть *impf*; **Jura ~** изучáть прáво (*genau untersuchen*) изучáть, -чи́ть *pf*
Studio *nt* ⟨-s, -s⟩ ателье́ *nt*
Studium *nt* ⟨-s, Studien⟩ учёба *f*
Stufe *f* ⟨-, -n⟩ (*einer Treppe*) ступéнь *f*, ступéнька *f*; (*fig:Entwicklungsstadium*) ступéнь *f*, ýровень *m*; (*fig:Rang*) ýровень *m*; (*einer Rakete*) ступéнь *f*
stufenweise *adv* постепéнно
Stuhl *m* ⟨-(e)s, Stühle⟩ стул *m*; **fast vom ~ fallen** (*umg:sehr überrascht sein*) чуть не упáсть со стýла
Stuhlgang *m* ⟨*gen:*-(e)s⟩ стул *m*
stumm *adj* немóй
Stummel *m* ⟨-s, -⟩ окýрок *m*
Stummfilm *m* ⟨-(e)s, -e⟩ немóй фильм *m*
stumpf *adj* тупóй; (*matt, glanzlos*) мáтовый; (*MATH:Winkel*) тупóй; **ein ~er Blick** тупóй взгляд
Stumpf *m* ⟨-(e)s, Stümpfe⟩ (*allgemein*) кóнчик *m*, остáток *m*; (*Kerzen~*) огáрок *m*; (*Baum~*) пень *m*
Stumpfsinn *m* ⟨*gen:*-(e)s⟩ тýпость *f*
stumpfsinnig *adj* тупóй
Stunde *f* ⟨-, -n⟩ час *m*; (*Unterrichts~*) урóк *m*; **eine halbe ~** полчасá; **eine geschlagene ~ warten** ждать би́тый час
stundenlang *adj* часáми
Stundenlohn *m* ⟨-(e)s, -löhne⟩ почасовáя оплáта *f*
Stundenplan *m* ⟨-(e)s, -pläne⟩ расписáние *nt*
stündlich *adv* кáждый час, ежечáсно
Stupsnase *f* ⟨-, -n⟩ курнóсый нос *m*
stur *adj* упря́мый
Sturm *m* ⟨-(e)s, Stürme⟩ (*Wind*) бýря *f*; (*Angriff*) штурм *m*; (*SPORT:Gesamtheit der Stürmer*) нападáющие *mpl*
stürmen *vt* (*etw im Sturm nehmen*) штурмовáть *impf*
Stürmer, -in *m/f* ⟨-s, -⟩ нападáющий, -щая *m/f*
Sturmflut *f* ⟨-, -en⟩ штормовóй прили́в *m*
stürmisch *adj* (*auch fig*) бýрный
Sturmwarnung *f* ⟨-, -en⟩ штормовóе предупреждéние *nt*
Sturz *m* ⟨-es, Stürze⟩ (*Fall, auch fig*) падéние *nt*; **den ~ einer Regierung planen** плани́ровать свержéние прави́тельства
stürzen 1. *vt* (*fig:Regierung*) свергáть, свéргнуть *pf*; **2.** *vi* (*fallen*) пáдать, упáсть *pf*; (*eilen*) ри́нуться *pf*; **aus dem Fenster ~** упáсть из oкнá; **sich aus dem Fenster ~** вы́броситься из oкнá; **3.** *vr* (*über jdn herfallen*) бросáться, брóситься *pf*; **sich auf jdn ~** наброситься на когó-л.
Sturzflug *m* ⟨-(e)s, -flüge⟩ пики́рующий полёт *m*
Sturzhelm *m* ⟨-(e)s, -e⟩ защи́тный шлем *m*
Stute *f* ⟨-, -n⟩ коби́ла *f*
Stütze *f* ⟨-, -n⟩ подпóрка *f*; (*Pfosten, Pfeiler*) столб *m*; (*fig:Hilfe, Halt*) опóра *f*
stutzen *vt* (*beschneiden*) подрезáть, -рéзать *pf*
stützen 1. *vt* (*durch eine Stütze*) подпирáть, -перéть *pf*; **die Hände in die Seiten ~** подбочéниться; **2.** *vr* (*sich aufstützen*) опирáться, оперéться *pf*; **sich auf einen Stock ~** опирáться на пáлку
stutzig *adj* озадáченный; **jdn ~ machen** озадáчить когó-л.; **~ werden** озадáчиться
Stützpunkt *m* ⟨-(e)s, -e⟩ воéнная бáза *f*
s.u. *abk von* **siehe unten** см. ни́же
Subjekt *nt* ⟨-(e)s, -e⟩ (*LING*) подлежáщее; (*pej:verachtenswerter Mensch*) субъéкт *m*
subjektiv *adj* субъекти́вный
Subkultur *f* ⟨-, -en⟩ субкультýра *f*
Substantiv *nt* ⟨-s, -e⟩ существи́тельное *nt*
Substanz *f* ⟨-, -en⟩ (*Stoff*) веществó *nt*; (*innerer Gehalt*) сýщность *f*
subtil *adj* (*differenziert*) тóнкий; (*schwierig*) слóжный
Subvention *f* ⟨-, -en⟩ субси́дия *f*
subventionieren *vt* субсиди́ровать *impf*
subversiv *adj* (*geh*) подрывнóй
Suche *f* ⟨-, (-n)⟩ пóиск *m*; **sich auf die ~ nach etw machen** отпрáвиться на пóиск чегó-л.
suchen *vt* искáть *impf*; **eine Wohnung ~** искáть кварти́ру
Sucher *m* ⟨-s, -⟩ (*FOT*) видоискáтель *m*
Sucht *f* ⟨-, Süchte⟩ страсть *f*, (болéзненное) влечéние *nt*, мáния *f* (*nach +dat* к *+dat*); (*Drogen~*) наркомáния *f*
süchtig *adj:* **er ist ~** (*drogen~*) он наркомáн; **sie ist ~** (*arbeits~*) онá

работого́лик
Südafrika *nt* ⟨*gen:-s*⟩ Ю́жно-Африка́нская Респу́блика *f* (ЮАР)
Südamerika *nt* ⟨*gen:-s*⟩ Ю́жная Аме́рика *f*
süddeutsch *adj* южнонеме́цкий
Süddeutschland *nt* ⟨*gen:-s*⟩ Ю́жная Герма́ния *f*
Süden *m* ⟨*gen:-s*⟩ юг *m*; **von ~** с ю́га; **im ~** на ю́ге
Südeuropa *nt* ⟨*gen:-s*⟩ Ю́жная Евро́па *f*
Südeuropäer, -in *m/f* ⟨-s, -⟩ жи́тель, -ница *m/f* Ю́жной Евро́пы
Südfrucht *f* ⟨-, -früchte⟩ субтропи́ческий плод *m*
südlich **1.** *adj* ю́жный; **2.** *präp +gen* к ю́гу от (+ *gen*), южне́е (+ *gen*)
Südostasien *nt* ⟨*gen:-s*⟩ Ю́го-Восто́чная А́зия *f*
Südosten *m* ⟨*gen:-s*⟩ ю́го-восто́к *m*
Südpol *m* ⟨*gen:-s*⟩ Ю́жный по́люс *m*
Südtirol *nt* ⟨*gen:-s*⟩ Ю́жный Тиро́ль *m*
Südwesten *m* ⟨*gen:-s*⟩ ю́го-за́пад *m*
Suite *f* ⟨-, -n⟩ (*Hotelsuite*) но́мер люкс (в гости́нице); (*MUS*) сюи́та *f*
Sultan *m* ⟨-s, -e⟩ султа́н *m*
Sultanine *f* ⟨-, -n⟩ кишми́ш *m*
Sülze *f* ⟨-, -n⟩ сту́день *f*
summarisch *adj* сумма́рный
Summe *f* ⟨-, -n⟩ су́мма *f*
summen *vi* (*Insekten*) жужжа́ть, по- *pf*
summieren *vt* сумми́ровать *impf/pf*
Sumpf *m* ⟨-(e)s, Sümpfe⟩ боло́то *nt*
sumpfig *adj* боло́тистый
Sünde *f* ⟨-, -n⟩ грех *m*; **eine ~ begehen** соверши́ть грех
Sündenbock *m* ⟨-(e)s, -böcke⟩ козёл *m* отпуще́ния
Sünder, -in *m/f* ⟨-s, -⟩ гре́шник, -ница *m/f*
sündigen *vi* греши́ть, со- *pf*
Sunnit *m* ⟨-en, -en⟩ сунни́т *m*
super *adj* (*umg*) кла́ссный, су́пер
Superlativ *m* ⟨-s, -e⟩ превосхо́дная сте́пень *f*
Supermarkt *m* ⟨-(e)s, -märkte⟩ суперма́ркет *m*
Suppe *f* ⟨-, -n⟩ суп *m*
Surfbrett *nt* ⟨-(e)s, -er⟩ доска́ *f* для сёрфинга
surfen *vi* занима́ться, -ня́ться *pf* сёрфингом
Surfing *nt* ⟨*gen:-s*⟩ сёрфинг *m*
surren *vi* гуде́ть, по- *pf*
suspekt *adj* подозри́тельный
suspendieren *vt* (*jdn*) (вре́менно) отстраня́ть, -ни́ть *pf* от до́лжности
süß *adj* (*nicht sauer*) сла́дкий; (*umg:lieb*) ми́лый, сла́дкий
Süßigkeit *f* ⟨-, -en⟩ сла́дость *f*
süßlich *adj* сладкова́тый
süß-sauer *adj* (*Speise*) ки́сло-сла́дкий
Süßspeise *f* ⟨-, -n⟩ сла́дкое *nt*
Süßstoff *m* ⟨-(e)s, -e⟩ сахари́н *m*
Süßwasser *nt* ⟨*gen:-s*⟩ пре́сная вода́ *f*
Sweatshirt *nt* ⟨-s, -s⟩ футбо́лка *f* с дли́нними рукава́ми
Symbiose *f* ⟨-, -n⟩ симбио́з *m*
Symbol *nt* ⟨-s, -e⟩ си́мвол *m*
symbolisch *adj* символи́ческий; (*für etw/jdn*) символи́чный (*für +akk* для *+gen*)
symbolisieren *vt* символизи́ровать *impf*
Symmetrie *f* ⟨-, -n⟩ симме́трия *f*
symmetrisch *adj* симмметри́ческий
Sympathie *f* ⟨-, -n⟩ симпа́тия *f*
sympathisch *adj* симпати́чный; **er ist mir sehr ~** он мне о́чень симпати́чен
sympathisieren *vi* симпатизи́ровать *impf*; **mit jdm ~** симпатизи́ровать кому́-л.
Symptom *nt* ⟨-s, -e⟩ симпто́м *m*
Synagoge *f* ⟨-, -n⟩ синаго́га *f*
synchron *adj* (*gleichzeitig*) синхро́нный
synchronisieren *vt* (*FILM*) синхронизи́ровать *impf/pf*
Syndrom *nt* ⟨-s, -e⟩ синдро́м *m*
synonym *adj* синоними́ческий
Synonym *nt* ⟨-s, -e⟩ сино́ним *m*
Syntax *f* ⟨*gen:-*⟩ си́нтаксис *m*
Synthese *f* ⟨-, -n⟩ си́нтез *m*
Synthesizer *m* ⟨-s, -⟩ синтеза́тор *m*
Synthetik *nt* ⟨*gen:-s*⟩ (*Kunstfaser*) синте́тика *f*
Syphilis *f* ⟨*gen:-*⟩ си́филис *m*
Syrien *nt* ⟨*gen:-s*⟩ Си́рия *f*
System *nt* ⟨-s, -e⟩ систе́ма *f*
Systematik *f* ⟨-, -en⟩ системáтика *f*
systematisch *adj* систематиче́ский
systematisieren *vt* систематизи́ровать *impf/pf*
Szene *f* ⟨-, -n⟩ сце́на *f*

T

t, T *nt* ⟨-, -⟩ т, Т
tabellarisch *adj* в ви́де табли́цы [*o* схе́мы]
Tabelle *f* ⟨-, -n⟩ табли́ца *f*
Tablett *nt* ⟨-(e)s, -e/-s⟩ подно́с *m*
Tablette *f* ⟨-, -n⟩ табле́тка *f*
Tachometer *m* ⟨-s, -⟩ спидо́метр *m*
Tadel *m* ⟨-s, -⟩ вы́говор *m*
tadellos *adj* безупре́чный
tadeln *vt* брани́ть *impf* (*für +akk* за *+akk*)
Tafel *f* ⟨-, -n⟩ (*Schultafel*) доска́ *f*; (*Schoko-*

ladentafel) пли́тка *f*; (*Schaubild*) табли́ца *f*; (*Gedenktafel*) плита́ *f*; (*geh: festlich gedeckter Tisch*) (обе́денный) стол *m*
Tag *m* ⟨-(e)s, -e⟩ день *m*; **welcher ~ ist heute?** како́й сего́дня день?; **guten ~!** здра́вствуйте!; **eines ~es** одна́жды; **in drei ~en** че́рез три дня; **~ für ~** день за днём; **sie hat ihre ~e** у неё ме́сячные
tagaus *adv*: **~, tagein** изо дня́ в день
Tagebuch *nt* ⟨-(e)s, -bücher⟩ дневни́к *m*
tagelang *adj* дня́ми
Tagesanbruch *m* ⟨-(e)s, -anbrüche⟩ рассве́т *m*; **bei ~** на рассве́те
Tageslicht *nt* ⟨*gen:*-(e)s⟩ дневно́й свет *m*
Tagesordnung *f* ⟨*gen:*-⟩ пове́стка *f* дня; **etw ist an der ~** что-л. стои́т на пове́стке дня
Tageszeit *f* ⟨-, -en⟩ вре́мя *nt* дня
Tageszeitung *f* ⟨-, -en⟩ ежедне́вная газе́та *f*
täglich *adj* ежедне́вный
tagsüber *adv* днём
Tagung *f* ⟨-, -en⟩ заседа́ние *nt*
Taille *f* ⟨-, -n⟩ та́лия *f*
Takt *m* ⟨-(e)s, -e⟩ (*MUS, auch ~gefühl*) такт *m*
Taktik *f* ⟨-, -en⟩ та́ктика *f*
taktisch *adj* такти́ческий
taktlos *adj* беста́ктный
Taktlosigkeit *f* ⟨-, -en⟩ беста́ктность *f*
taktvoll *adj* такти́чный, делика́тный
Tal *nt* ⟨-(e)s, Täler⟩ доли́на *f*
Talent *nt* ⟨-(e)s, -e⟩ тала́нт *m*; **er hat ~ dazu** у него́ тала́нт к э́тому
talentiert *adj* тала́нтливый
Talg *m* ⟨-(e)s, -e⟩ са́ло *nt*, жир *m*
Talisman *m* ⟨-s, -e⟩ талисма́н *m*
Talk-Show *f* ⟨-, -s⟩ то́к-шо́у *nt*
Talsperre *f* ⟨-, -n⟩ (*Staudamm*) плоти́на *f*; (*Stausee*) водохрани́лище *nt*
Tampon *m* ⟨-s, -s⟩ тампо́н *m*
Tandem *nt* ⟨-s, -s⟩ та́ндем *m*
Tang *m* ⟨-(e)s, -e⟩ во́доросль *f*
Tangente *f* ⟨-, -n⟩ каса́тельная *f*
Tank *m* ⟨-s, -s⟩ бак *m*
tanken *vi* заправля́ться, -пра́виться *pf*; **40 Liter Benzin/Diesel ~** запра́вить со́рок ли́тров бензи́на/ди́зеля
Tanker *m* ⟨-s, -⟩ та́нкер *m*
Tankstelle *f* ⟨-, -n⟩ запра́вочная ста́нция *f*; (*umg*) запра́вка *f*
Tankwagen *m* ⟨-s, -⟩ автоцисте́рна *f*
Tanne *f* ⟨-, -n⟩ пи́хта *f*, ель *f*
Tannenbaum *m* ⟨-(e)s, -bäume⟩ ёлка *m*
Tannennadel *f* ⟨-, -n⟩ пи́хтовая игла́ *f*
Tannenzapfen *m* ⟨-s, -⟩ пи́хтовая ши́шка *f*
Tante *f* ⟨-, -n⟩ тётя *f*
Tanz *m* ⟨-es, Tänze⟩ та́нец *m*; **jdn zum ~ auffordern** пригласи́ть кого́-л. на та́нец
tanzen *vt* танцева́ть, по- *pf*
Tänzer, -in *m/f* ⟨-s, -⟩ танцо́вщик, -щица *m/f*, танцо́р *m*
Tanzschule *f* ⟨-, -en⟩ танцева́льная шко́ла *f*
Tapete *f* ⟨-, -n⟩ обо́и *m*
tapezieren *vt* окле́ивать, -ле́ить *pf* обо́ями
tapfer *adj* му́жественный, сме́лый
Tapferkeit *f* ⟨*gen:*-⟩ му́жественность *f*, сме́лость *f*
Tarif *m* ⟨-s, -e⟩ тари́ф *m*
tarnen *vt* маскирова́ть, за- *pf*
Tarnung *f* ⟨-, -en⟩ маскиро́вка *f*
Tasche *f* ⟨-, -n⟩ (*an Kleidungsstück*) карма́н *m*; (*Gepäckstück*) су́мка *f*
Taschengeld *nt* ⟨*gen:*-es⟩ карма́нные де́ньги *fpl*
Taschenlampe *f* ⟨-, -n⟩ карма́нный фона́рик *m*
Taschenmesser *nt* ⟨-s, -⟩ перочи́нный нож *m*
Taschenrechner *m* ⟨-s, -⟩ микрокалькуля́тор *m*
Taschentuch *nt* ⟨-(e)s, -tücher⟩ носово́й плато́к *m*
Tasse *f* ⟨-, -n⟩ ча́шка *f*; **eine ~ Tee/Kaffee** ча́шка ча́я/ко́фе
Tastatur *f* ⟨-, -en⟩ клавиату́ра *f*
Taste *f* ⟨-, -n⟩ кла́виша *f*
tasten *vi* иска́ть *impf* о́щупью [*o* на о́щупь]; **er tastete nach dem Lichtschalter** он иска́л на о́щупь выключа́тель
Tastentelefon *nt* ⟨-s, -e⟩ кно́почный телефо́н *m*
Tastsinn *m* ⟨*gen:*-(e)s⟩ осяза́ние *nt*
tat *prät von* **tun**
Tat *f* ⟨-, -en⟩ посту́пок *m*; **in der ~** в действи́тельности
Tatbestand *m* ⟨-(e)s, -bestände⟩ фа́кты *mpl*; (*JUR*) соста́в *m* преступле́ния
tatenlos *adj* безде́ятельный
Täter, -in *m/f* ⟨-s, -⟩ (*Straf~*) престу́пник, -ница *m/f*
tätig *adj*: **sie ist als Lehrerin ~** она́ рабо́тает учи́тельницей
Tätigkeit *f* ⟨-, -en⟩ де́ятельность *f*
tatkräftig *adj* энерги́чный
Tatort *m* ⟨-(e)s, -e⟩ ме́сто *nt* происше́ствия
Tätowierung *f* ⟨-, -en⟩ татуиро́вка *f*
Tatsache *f* ⟨-, -n⟩ факт *m*
tatsächlich **1.** *adj* факти́ческий; **2.** *adv* факти́чески, на са́мом де́ле
Tatze *f* ⟨-, -n⟩ ла́па *f*

Tau [1] *nt* ⟨-(e)s, -e⟩ (*Seil*) кана́т *m*
Tau [2] *m* ⟨*gen:*-(e)s⟩ роса́ *f*
taub *adj* глухо́й; (*betäubt*) онеме́лый
Taube *f* ⟨-, -n⟩ (*Vogel*) го́лубь *m*
taubstumm *adj* глухонемо́й
tauchen 1. *vi* ныря́ть, нырну́ть *pf* (*nach +dat* за *+inst*); **2.** *vt* погружа́ть, -грузи́ть *pf*
Taucher, -in *m/f* ⟨-s, -⟩ ныря́льщик, -щица *m/f*; (*mit Taucherausrüstung*) водола́з *m*, акваланги́ст, -ка *m/f*
Taucheranzug *m* ⟨-(e)s, -anzüge⟩ водола́зный костю́м *m*, скафа́ндр *m*
Tauchsieder *m* ⟨-s, -⟩ кипяти́льник *m*
tauen *vi* (*Eis, Schnee*) та́ять, рас- *pf*; **es taut** та́ет (снег)
Taufe *f* ⟨-, -n⟩ креще́ние *nt*
taufen *vt* крести́ть, о- *pf*
taugen *vi* годи́ться *impf* (*zu +dat* к *+dat*); **etw taugt nichts** э́то никуда́ не годи́тся
Taugenichts *m* ⟨-(es), -e⟩ (*pej*) безде́льник *m*
tauglich *adj* приго́дный; (*MIL*) го́дный к вое́нной слу́жбе
taumeln *vi* шата́ться, пошатну́ться *pf*
Tausch *m* ⟨-(e)s, -e⟩ обме́н *m*
tauschen *vt* меня́ть, об- *pf*; **mit jdm etw ~** поменя́ться с кем-л. чем-л.; **etw gegen etw ~** обменя́ть что-л. на что-л.; **Plätze ~** поменя́ться места́ми
täuschen 1. *vt* обма́нывать, -ну́ть *pf*; **2.** *vi* обма́нываться, -ману́ться *pf*; **sich in jdm ~** ошиби́ться в ком-л.
täuschend *adj* обма́нчивый
Tauschhandel *m* ⟨*gen:*-s⟩ ба́ртерная торго́вля *f*
Täuschung *f* ⟨-, -en⟩ (*das Täuschen*) обма́н *m*; **optische ~** опти́ческий обма́н
tausend *num* ты́сяча
Tausendfüßler *m* ⟨-s, -⟩ многоно́жка *f*
Tauwetter *nt* ⟨*gen:*-s⟩ о́ттепель *f*
Taxi *nt* ⟨-s, -s⟩ такси́ *nt*; **ein ~ nehmen** взять такси́; **ein ~ rufen** вы́звать такси́
Taxifahrer, -in *m/f* ⟨-s, -⟩ такси́ст *m*
Team *nt* ⟨-s, -s⟩ (*SPORT*) кома́нда *f*; (*allgemein*) коллекти́в *m*
Teamwork *nt* ⟨*gen:*-s⟩ рабо́та *f* в коллекти́ве, коллекти́вная рабо́та *f*
Technik *f* ⟨-, -en⟩ те́хника *f*
Techniker, -in *m/f* ⟨-s, -⟩ те́хник *m*
technisch *adj* техни́ческий
Technologie *f* ⟨-, -n⟩ техноло́гия *f*
technologisch *adj* технологи́ческий
Teddybär *m* ⟨-en, -en⟩ (плю́шевый) медве́дь *m* Ми́шка *m*
Tee *m* ⟨-s, -s⟩ чай *m*; **schwarzer ~** чёрный чай
Teekanne *f* ⟨-, -n⟩ ча́йник *m*
Teelöffel *m* ⟨-s, -⟩ ча́йная ло́жка *f*
Teenager *m* ⟨-s, -⟩ подро́сток *m*
Teer *m* ⟨-(e)s, -e⟩ смола́ *f*, гудро́н *m*
Teich *m* ⟨-(e)s, -e⟩ пруд *m*
Teig *m* ⟨-(e)s, -e⟩ те́сто *nt*
Teigwaren *pl* ⟨*gen:*-⟩ макаро́нные изде́лия *ntpl*
Teil *m* ⟨-(e)s, -e⟩ часть *f*; (*Anteil*) до́ля *f*; **zum ~** части́чно
teilbar *adj* дели́мый
Teilchen *nt* ⟨-s, -⟩ (*PHYS*) части́ца *f*
teilen 1. *vt* дели́ть, раз- *pf* (*in +akk* на *+akk*); **etw mit jdm ~** подели́ться чем-л. с кем-л.; **jds Meinung ~** разделя́ть чьё-л. мне́ние; **2.** *vi* (*Weg, Fluß*) разветвля́ться, -ветви́ться *pf*; (*Auffassung*) разделя́ться, -ли́ться *pf*
Teilhaber, -in *m/f* ⟨-s, -⟩ (*ÖKON*) компаньо́н *m*
Teilnahme *f* ⟨*gen:*-⟩ уча́стие *nt* (*an + dat* в *+präpos*)
teilnahmslos *adj* равноду́шный
teilnehmen *vi* принима́ть, -ня́ть *pf* уча́стие (*an +dat* в *+präpos*)
Teilnehmer, -in *m/f* ⟨-s, -⟩ уча́стник, -ница *m/f*
teils *adv* отча́сти
Teilung *f* ⟨-, -en⟩ разделе́ние *nt*
teilweise *adv* отча́сти, части́чно
Teint *m* ⟨-s, -s⟩ цвет *m* лица́
Tel. *abk von* ***Telefonnummer***
Telefax *nt* ⟨-, -(e)⟩ телефа́кс *m*
Telefon *nt* ⟨-s, -e⟩ телефо́н *m*; **ans ~ gehen** подойти́ к телефо́ну
Telefonat *nt* ⟨-(e)s, -e⟩ телефо́нный разгово́р *m*
Telefonbuch *nt* ⟨-(e)s, -bücher⟩ телефо́нный спра́вочник *m*
telefonieren *vi* разгова́ривать *impf* по телефо́ну, говори́ть, по- *pf* по телефо́ну (*mit +dat* с *+inst*), звони́ть, по- *pf* (*+ dat*)
telefonisch *adj* телефо́нный
Telefonist, -in *m/f* ⟨-en, -en⟩ телефони́ст, -ка *m/f*
Telefonkarte *f* ⟨-, -n⟩ телефо́нная ка́рточка *f*
Telefonnummer *f* ⟨-, -n⟩ но́мер *m* телефо́на
Telefonzelle *f* ⟨-, -n⟩ телефо́нная бу́дка *f*
Telegramm *nt* ⟨-s, -e⟩ телегра́мма *f*; **ein ~ aufgeben** отпра́вить телегра́мму
Telekommunikation *f* ⟨*gen:*-⟩ телекоммуника́ция *f*
Teleobjektiv *nt* ⟨-s, -e⟩ телеобъекти́в *m*
Telepathie *f* ⟨*gen:*-⟩ телепа́тия *f*
Teleskop *nt* ⟨-s, -e⟩ телеско́п *m*
Telex *nt* ⟨-, -(e)⟩ те́лекс *m*
Teller *m* ⟨-s, -⟩ таре́лка *f*

Tempel *m* ⟨-s, -⟩ храм *m*
Temperament *nt* ⟨-(e)s, -e⟩ темпера́мент *m*
temperamentvoll *adj* темпера́ментный
Temperatur *f* ⟨-, -en⟩ температу́ра *f*; (*leichtes Fieber*) (повы́шенная) температу́ра *f*
Tempo *nt* ⟨-s, -s/Tempi⟩ ско́рость *f*, темп *m*; (*MUS*) темп *m*
Tempolimit *nt* ⟨-s, -s⟩ ограниче́ние *nt* ско́рости
Tempotaschentuch ® *nt* ⟨-(e)s, -tücher⟩ *бума́жный носово́й плато́к*
Tendenz *f* ⟨-, -en⟩ тенде́нция *f*
Tennis *nt* ⟨*gen:-*⟩ те́ннис *m*
Tennisplatz *m* ⟨-es, -plätze⟩ те́ннисная площа́дка *f*
Tennisschläger *m* ⟨-s, -⟩ те́ннисная раке́тка *f*
Tennisspieler, -in *m/f* ⟨-s, -⟩ тенниси́ст, -ка *m/f*
Tenor *m* ⟨-s, Tenöre⟩ (*MUS*) те́нор *m*
Teppich *m* ⟨-s, -e⟩ ковёр *m*
Teppichboden *m* ⟨-s, -böden⟩ ковро́вое покры́тие *nt*
Termin *m* ⟨-s, -e⟩ (*Zeitpunkt*) срок *m*, да́та *f*; (*Frist*) срок *m*; (*Treffen*) встре́ча *f*; (*Arzttermin etc*) приём *m*, вре́мя *nt* приёма; **bei jdm einen ~ bekommen** записа́ться к кому́-л. на приём
Terminal *nt* ⟨-s, -s⟩ (*am Flughafen*) аэровокза́л *m*; (*DV*) термина́л *m*
Terminkalender *m* ⟨-s, -⟩ календа́рное расписа́ние *nt*
Terminologie *f* ⟨-, -n⟩ терминоло́гия *f*
Terpentin *nt* ⟨-s, -e⟩ терпенти́н *m*
Terrasse *f* ⟨-, -n⟩ терра́са *f*
Territorium *nt* ⟨-s, -rien⟩ террито́рия *f*
Terror *m* ⟨*gen:-s*⟩ терро́р *m*
terrorisieren *vt* терроризи́ровать *impf*
Terrorismus *m* ⟨*gen:-*⟩ террори́зм *m*
Terrorist, -in *m/f* ⟨-en, -en⟩ террори́ст, -ка *m/f*
Tesafilm ® *m* ⟨-(e)s, -e⟩ клéющая ле́нта *f*, „скотч" *m*
Test *m* ⟨-(e)s, -s/-e⟩ испыта́ние *nt*, тест *m*
Testament *nt* ⟨-(e)s, -e⟩ завеща́ние *nt*
testen *vt* испы́тывать, -пыта́ть *pf*
Tetanus *m* ⟨*gen:-*⟩ столбня́к *m*
teuer *adj* дорого́й
Teuerung *f* ⟨-, -en⟩ дорожа́ние *nt*
Teufel *m* ⟨-s, -⟩ чёрт *m*
Teufelskreis *m* ⟨-es, -e⟩ заколдо́ванный круг *m*
teuflisch *adj* черто́вский
Text *m* ⟨-(e)s, -e⟩ текст *m*
textil *adj* тексти́льный
Textilien *pl* ⟨*gen:-*⟩ тексти́льные изде́лия *ntpl*
Theater *nt* ⟨-s, -⟩ теа́тр *m*; **ins ~ gehen** пойти́ в теа́тр
Theaterkarte *f* ⟨-, -n⟩ биле́т *m* в теа́тр
Theaterstück *nt* ⟨-(e)s, -e⟩ пье́са *f*
theatralisch *adj* театра́льный
Theke *f* ⟨-, -n⟩ (*eines Lokals*) сто́йка *f*; (*eines Ladens*) прила́вок *m*
Thema *nt* ⟨-s, Themen⟩ те́ма *f*
Thematik *f* ⟨-, -en⟩ тема́тика *f*
Theologe *m* ⟨-n, -n⟩ богосло́в *m*
Theologie *f* ⟨*gen:-*⟩ богосло́вие
theologisch *adj* богосло́вский
theoretisch *adj* теорети́ческий
Theorie *f* ⟨-, -n⟩ тео́рия *f*
Therapeut, -in *m* ⟨-en, -en⟩ терапе́вт *m*
therapeutisch *adj* терапевти́ческий
Therapie *f* ⟨-, -n⟩ терапи́я *f*
Thermometer *nt* ⟨-s, -⟩ термо́метр *m*
Thermosflasche ® *f* ⟨-, -n⟩ те́рмос *m*
Thermostat *m* ⟨-(e)s, -e(n)⟩ термоста́т *m*
These *f* ⟨-, -n⟩ те́зис *m*
Thrombose *f* ⟨-, -n⟩ тромбо́з *m*
Thron *m* ⟨-(e)s, -e⟩ престо́л *m*
Thunfisch *m* ⟨-(e)s, -e⟩ туне́ц *m*
Thüringen *nt* ⟨*gen:-s*⟩ Тюри́нгия *f*
Thymian *m* ⟨-s, -e⟩ тимья́н *m*
ticken *vi* (*Uhr*) ти́кать *impf*
tief *adj* глубо́кий; (*niedrig*) ни́зкий; (*Schlaf*) глубо́кий; **10 Meter ~** глубино́й в де́сять ме́тров; **bis ~ in die Nacht** до глубо́кой но́чи
Tiefbau *m* ⟨*gen:-(e)s*⟩ подзе́мное строи́тельство *nt*
Tiefe *f* ⟨-, -n⟩ глубина́ *f*
Tiefebene *f* ⟨-, -n⟩ ни́зменность *f*
tiefgekühlt *adj* заморо́женный
Tiefkühlfach *nt* ⟨-(e)s, -fächer⟩ морози́льная ка́мера *f*
tiefsinnig *adj* глубо́кий
Tier *nt* ⟨-(e)s, -e⟩ живо́тное *nt*, зверь *m*; **ein hohes ~** (*umg*) ва́жная пти́ца
Tierarzt, -ärztin *m/f* ⟨-es, -ärzte⟩ ветерина́р *m*
Tierheim *nt* ⟨-(e)s, -e⟩ прию́т *m* для живо́тных
tierisch *adj* (*von Tieren stammend*) живо́тный, звери́ный; (*umg:äußerst, groß*) зве́рский; **~e und pflanzliche Fette** живо́тные и расти́тельные масла́
Tierpark *m* ⟨-s, -s⟩ зоопа́рк *m*
Tierquälerei *f* ⟨-, -en⟩ живодёрство *nt*
Tiger, -in *m/f* ⟨-s, -⟩ тигр, -ри́ца *m/f*
tilgen *vt* (*Schulden*) погаша́ть, -гаси́ть *pf*
Tilgung *f* ⟨-, -en⟩ (*von Schulden*) погаше́ние
Tinktur *f* ⟨-, -en⟩ насто́йка *f*
Tinte *f* ⟨-, -n⟩ черни́ла *ntpl*
Tintenfisch *m* ⟨-(e)s, -e⟩ карака́тица *f*
Tip *m* ⟨-s, -s⟩ (*umg*) сове́т *m*; **jdm einen ~ geben** дать кому́-л. сове́т

tippen 1. *vi* ста́вить , по- *pf* (*auf +akk* на *+akk*); **2.** *vt* (*auf der Schreibmaschine*) печа́тать, на- *pf*; (*leicht berühren*) постуча́ть *pf* (*auf +akk* по *+dat*)
Tippfehler *m* ⟨-s, -⟩ опеча́тка *f*
Tisch *m* ⟨-(e)s, -e⟩ стол *m*; **den ~ decken** накрыва́ть на стол
Tischdecke *f* ⟨-, -n⟩ ска́терть *f*
Tischler, -in *m/f* ⟨-s, -⟩ столя́р *m*
Tischlerei *f* ⟨-, -en⟩ столя́рная мастерска́я *f*
Tischtennis *nt* ⟨*gen:*-⟩ насто́льный те́ннис *m*
Titan *nt* ⟨*gen:*-s⟩ (*CHEM*) тита́н *m*
Titel *m* ⟨-s, -⟩ (*Buch*) назва́ние *nt*; (*Ehrentitel*) зва́ние *nt*, ти́тул *m*
Titelseite *f* ⟨-, -n⟩ ти́тульный лист *m*
Toast *m* ⟨-s, -s⟩ (*Brot*) поджа́реный кусо́к *m* хле́ба; (*Trinkspruch*) тост *m*
toben *vi* (*herumtoben*) беси́ться *impf*
tobsüchtig *adj* бе́шеный
Tochter *f* ⟨-, Töchter⟩ дочь *f*
Tochtergesellschaft *f* ⟨-, -en⟩ доче́рнее о́бщество *nt*
Tod *m* ⟨-(e)s, -e⟩ смерть *f*; **jdn zum ~e verurteilen** приговори́ть кого́-л. к сме́рти
todernst *adj* чрезвыча́йно серьёзный
Todesangst *f* ⟨-, -ängste⟩ смерте́льный страх *m*
Todesanzeige *f* ⟨-, -n⟩ извеще́ние *nt* о чьей-л. сме́рти
Todesfall *m* ⟨-(e)s, -fälle⟩ смерте́льный слу́чай *m*
Todesopfer *nt* ⟨-s, -⟩ поги́бший, -шая *m/f*; (*im pl auch*) челове́ческие же́ртвы *fpl*
Todesstrafe *f* ⟨*gen:*-⟩ сме́ртная казнь *f*
Todesurteil *nt* ⟨-s, -e⟩ сме́ртный пригово́р *m*
todkrank *adj* смерте́льно больно́й
tödlich *adj* смерте́льный; **sie hatte einen ~en Unfall** она погибла в ава́рии
todmüde *adj* (*umg*) смерте́льно уста́лый
Todsünde *f* ⟨-, -n⟩ сме́ртный грех *m*
Toilette *f* ⟨-, -n⟩ туале́т *m*
Toilettenpapier *nt* ⟨*gen:*-s⟩ туале́тная бума́га *f*
tolerant *adj* терпи́мый
Toleranz *f* ⟨-, -en⟩ терпи́мость *f*; (*TECH*) до́пуск *m*
toll *adj* (*umg*) кла́ссный, потряса́ющий
Tollwut *f* ⟨*gen:*-⟩ бе́шенство *nt*
Tolpatsch *m* ⟨-(e)s, -e⟩ (*umg*) растя́па *mf*
Tomate *f* ⟨-, -n⟩ помидо́р *m*
Tomatenmark *nt* ⟨*gen:*-(e)s⟩ тома́тная па́ста *f*
Tombola *f* ⟨-, -len/-s⟩ вещева́я лотере́я *f*
Ton [1] *m* ⟨-(e)s, -e⟩ (*Tonerde*) гли́на *f*
Ton [2] *m* ⟨-(e)s, Töne⟩ (*Klang*) звук *m*; (*Redeweise, Farbton, MUS*) тон *m*; **der gute ~** хоро́ший тон; **den ~ angeben** задава́ть тон
Tonart *f* ⟨-, -en⟩ тона́льность *f*
Tonband *nt* ⟨-(e)s, -bänder⟩ магнитофо́нная плёнка *f*
Tonbandgerät *nt* ⟨-(e)s, -e⟩ магнитофо́н *m*
tönen 1. *vi* (*erklingen*) звуча́ть, про- *pf*; **2.** *vt* (*färben*) подкра́шивать, -кра́сить *pf*
Tonfall *m* ⟨*gen:*-(e)s⟩ интона́ция *f*
Tonleiter *f* ⟨-, -n⟩ га́мма *f*
tonlos *adj* (*Stimme*) беззву́чный
Tonne *f* ⟨-, -n⟩ (*Behälter*) бо́чка *f*; (*Gewichtsmaß*) то́нна *f*
Topf *m* ⟨-(e)s, Töpfe⟩ (*Kochtopf*) кастрю́ля *f*; (*Blumentopf*) горшо́к *m*
Töpfer, -in *m/f* ⟨-s, -⟩ гонча́р *m*
Töpferei *f* ⟨-, -en⟩ гонча́рная мастерска́я *f*; (*umg*) гонча́рная *f*
topfit *adj* (*umg*) в отли́чной фо́рме
Topflappen *m* ⟨-s, -⟩ ку́хонная тря́пка *f*
Tor *nt* ⟨-(e)s, -e⟩ (*Portal*) воро́та *ntpl*; (*SPORT*) гол *m*; **ein ~ schießen** заби́ть гол
Torf *m* ⟨*gen:*-(e)s⟩ торф *m*
Torheit *f* ⟨-, -en⟩ глу́пость *f*
Torhüter, -in *m/f* ⟨-s, -⟩ врата́рь *m*
töricht *adj* безу́мный
torpedieren *vt* торпеди́ровать *pf*
Torpedo *m* ⟨-s, -s⟩ торпе́да *f*
Torte *f* ⟨-, -n⟩ торт *m*
Tortur *f* ⟨-, -en⟩ пы́тка *f*
tot *adj* мёртвый
total *adj* по́лный, тота́льный
totalitär *adj* (*Staat*) тоталита́рный
Tote(r) *mf* ⟨-n, -n⟩ поко́йник, -ница *m/f*; (*bei einem Unfall, Krieg*) поги́бший, -шая *m/f*; (*im Krieg auch*) уби́тый, -тая *m/f*
töten *vt* убива́ть, уби́ть *pf*
Totschlag *m* ⟨*gen:*-(e)s⟩ уби́йство *nt*
Toupet *nt* ⟨-s, -s⟩ пари́к *m*
Tour *f* ⟨-, -en⟩ (*Rundfahrt*) пое́здка *f*; (*Umdrehung*) оборо́т *m*
Tourismus *m* ⟨*gen:*-⟩ тури́зм *m*
Tourist, -in *m/f* ⟨-en, -en⟩ тури́ст, -ка *m/f*
touristisch *adj* туристи́ческий
Tournee *f* ⟨-, -n⟩ турне́ *nt*; **auf ~ gehen** соверша́ть турне́
toxisch *adj* токси́чный
Trab *m* ⟨*gen:*-(e)s⟩ рысь *f*
Trabant *m* ⟨-en, -en⟩ (*ASTR*) спу́тник *m*
Trabantenstadt *f* ⟨-, -städte⟩ го́род *m*-спу́тник *m*
Tracht *f* ⟨-, -en⟩ национа́льный костю́м *m*
trächtig *adj* бере́менная
Tradition *f* ⟨-, -en⟩ тради́ция *f*

traditionell *adj* традицио́нный
traf *prät von* **treffen**
Trafo *akr von Transformator*
Tragbahre *f* ⟨-, -n⟩ носи́лки *fpl*
tragbar *adj* (*Gerät*) портати́вный; (*annehmbar*) прие́млимый
träge *adj* вя́лый, ине́ртный; **~ Masse** (*PHYS*) ине́ртная ма́сса
tragen ⟨trug, getragen⟩ **1.** *vt* нести́, по- *pf*, носи́ть *impf*; (*Kleidung*) носи́ть *impf*; **er trägt eine graue Hose** он но́сит се́рые брю́ки; (*Kosten, Verantwortung*) нести́, по- *pf*; **2.** *vi* (*Eis*) держа́ть *impf*; **3.** *vi* (*Kleidung*) носи́ться *impf*
Träger [1] *m* ⟨-s, -⟩ (*an Kleidung*) ля́мка *f*; (*tragendes Bauelement*) (несу́щая) ба́лка *f*
Träger [2]**, -in** *m/f* ⟨-s, -⟩ (*Lastenträger*) носи́льщик, -щица *m/f*; (*von Veranstaltungen,Einrichtungen*) организа́тор *m*
Trägerrakete *f* ⟨-, -n⟩ раке́та *f*-носи́тель *m*
Tragfähigkeit *f* ⟨*gen:-*⟩ грузоподъёмность *f*
Tragfläche *f* ⟨-, -n⟩ несу́щая пове́рхность *f*
Trägheit *f* ⟨*gen:-*⟩ (*Faulheit*) ине́ртность *f*; (*PHYS*) ине́рция *f*
tragisch *adj* траги́ческий
Tragödie *f* ⟨-, -n⟩ (*auch fig*) траге́дия *f*
Tragweite *f* ⟨-, -n⟩ (*Bedeutung*) значе́ние *nt*; (*MIL:von Waffe*) ра́диус *m* де́йствия
Trainer, -in *m/f* ⟨-s, -⟩ (*SPORT*) тре́нер *m*
trainieren **1.** *vi* тренирова́ться, по- *pf*; **2.** *vt* тренирова́ть, по- *pf*
Training *nt* ⟨-s, -s⟩ трениро́вка *f*
Trainingsanzug *m* ⟨-(e)s, -anzüge⟩ спорти́вный костю́м *m*
Traktor *m* ⟨-s, -en⟩ тра́ктор *m*
trampeln *vi* то́пать, по- *pf* (нога́ми)
trampen *vi* путеше́ствовать *impf* автосто́пом
Tramper, -in *m/f* ⟨-s, -⟩ путеше́ствующий, -щая *m/f* автосто́пом
Trampolin *nt* ⟨-s, -e⟩ бату́т *m*
Tran *m* ⟨-(e)s, -e⟩ ры́бий жир *m*
Trance *f* ⟨*gen:-*⟩ транс *m*
Träne *f* ⟨-, -n⟩ слеза́ *f*
tränen *vi* слези́ться *impf*
Tränengas *nt* ⟨-es, -e⟩ слезоточи́вый газ *m*
trank *prät von* **trinken**
Tränke *f* ⟨-, -n⟩ водопо́й *m*
tränken *vt* пропи́тывать, -пита́ть *pf*; **etw mit etw ~** пропита́ть что-л. чем-л.
Transformator *m* ⟨-s, -en⟩ трансформа́тор *m*
Transfusion *f* ⟨-, -en⟩ перелива́ние *nt* кро́ви
Transistor *m* ⟨-s, -en⟩ транзи́стор *m*
Transit *m* ⟨-s, -e⟩ транзи́т *m*
transitiv *adj* перехо́дный
Transitverkehr *m* ⟨*gen:-s*⟩ транзи́тное сообще́ние *nt*
transparent *adj* прозра́чный
Transparent *nt* ⟨-(e)s, -e⟩ транспара́нт *m*
Transplantation *f* ⟨-, -en⟩ переса́дка *f*
Transport *m* ⟨-(e)s, -e⟩ перево́зка *f*
transportieren *vt* перевози́ть, -везти́ *pf*
Transvestit *m* ⟨-en, -en⟩ трансвести́т *m*
Trapez *nt* ⟨-es, -e⟩ (*SPORT, MATH*) трапе́ция *f*
trat *prät von* **treten**
Traube *f* ⟨-, -n⟩ (*einzelne Frucht*) виногра́дина *f*; (*pl*) виногра́д *m*; (*Fruchtstand*) гроздь *f* (виногра́да)
Traubenzucker *m* ⟨*gen:-s*⟩ глюко́за *f*
trauen **1.** *vi* (*vertrauen*) доверя́ть, -ве́рить *pf*; **2.** *vi* боя́ться *impf* сде́лать *pf*; **er traute sich nicht aus dem Haus** он боя́лся вы́йти из до́ма; **3.** *vt* (*kirchlich*) венча́ть, по- *pf*; **sich ~ lassen** повенча́ться (*auf dem Standesamt*) регистри́ровать, за- *pf* брак; **sie wurden auf dem Standesamt getraut** они расписа́лись в за́гсе
Trauer *f* ⟨*gen:-*⟩ печа́ль *f*, (*um Toten*) тра́ур *m*
trauern *vi* скорбе́ть *impf* (*um +akk* о *+präpos*)
Trauerspiel *nt* ⟨-(e)s, -e⟩ траге́дия *f*
Traufe : vom Regen in die ~ (*umg*) попа́сть из огня́ да в по́лымя
träufeln *vt* ка́пать, на- *pf*
Traum *m* ⟨-(e)s, Träume⟩ (*während des Schlafs*) сон *m*; (*Wunsch*) мечта́ *f*
Trauma *nt* ⟨-s, -ta⟩ (*MED, PSYCH*) тра́вма *f*
träumen *vi* мечта́ть *impf* (*von +dat* о *+präpos*); **sie hat etw Schönes geträumt** ей присни́лось что́-то хоро́шее
Träumer, -in *m/f* ⟨-s, -⟩ мечта́тель, -ница *m/f*
Träumerei *f* ⟨-, -en⟩ мечта́ния *ntpl*
träumerisch *adj* мечта́тельный
traumhaft *adj* (*umg*) ска́зочный
traurig *adj* гру́стный; **er ist sehr ~ darüber** ему́ о́чень жаль э́того
Traurigkeit *f* ⟨*gen:-*⟩ печа́ль *f*
Trauschein *m* ⟨-(e)s, -e⟩ свиде́тельство *nt* о заключе́нии бра́ка
Trauung *f* ⟨-, -en⟩ бракосочета́ние *nt*
treffen ⟨traf, getroffen⟩ **1.** *vt* (*begegnen*) встреча́ть, встре́тить *pf*; (*verletzen*) задева́ть, -де́ть *pf*; **2.** *vi* попада́ть, попа́сть *pf*; **sie hat ins Schwarze getroffen** она́ попа́ла в са́мую то́чку; **3.** *vr* встреча́ться, встре́титься *pf* (*mit*

+dat с *+inst*); **Maßnahmen ~** принима́ть ме́ры; **es trifft sich gut, daß ...** э́то о́чень уда́чно, что ...

Treffen *nt* ⟨-s, -⟩ встре́ча *f*

treffend *adj* ме́ткий

Treffer *m* ⟨-s, -⟩ попада́ние *nt*; (*Los*) вы́игрыш *m*; (*SPORT:Tor*) гол *m*

Treffpunkt *m* ⟨-(e)s, -e⟩ ме́сто *nt* встре́чи

treiben ⟨trieb, getrieben⟩ **1.** *vt* (*Kuh etc*) гнать, по- *pf*; **Sport ~** занима́ться спо́ртом; **Handel ~** вести́ торго́влю; **2.** *vi* (*auf dem Wasser*) дрейфова́ть *impf*; **jdn zum Wahnsinn ~** (*umg*) довести́ кого́-л. до сумасше́ствия; **es zu weit ~** (*umg*) зайти́ сли́шком далеко́

Treibhaus *nt* ⟨-es, -häuser⟩ тепли́ца *f*

Treibstoff *m* ⟨-(e)s, -e⟩ то́пливо *nt*

trennen 1. *vt* отделя́ть, -ли́ть *pf* (*von +dat* от *+gen*); (*Familie*) разъединя́ть, -ни́ть *pf*; (*Naht, Knopf*) отпа́рывать, -поро́ть *pf*; **2.** *vr* (*auseinandergehen, auch fig*) расходи́ться, разойти́сь *pf*; **sich von etw/jdm ~** расста́ться с кем-л./чем-л.

Trennung *f* ⟨-, -en⟩ (*das Trennen*) отделе́ние *nt*, разделе́ние *nt*; (*Abschied*) разлу́ка *f*

Treppe *f* ⟨-, -n⟩ ле́стница *f*; **die ~ hinauf-/hinuntergehen** подня́ться/спусти́ться по ле́стнице

Treppenhaus *nt* ⟨-es, -häuser⟩ ле́стничная кле́тка *f*

Tresor *m* ⟨-s, -e⟩ сейф *m*

Tretboot *nt* ⟨-(e)s, -e⟩ во́дный велосипе́д *m*

treten ⟨trat, getreten⟩ *vi* наступа́ть, -пи́ть *pf* (*auf + akk* на *+akk*); **sie trat zur Seite** она́ отошла́ с сто́рону; **ins Zimmer ~** войти́ в ко́мнату; **in den Streik ~** нача́ть забасто́вку; **mit jdm in Verbindung ~** вступи́ть в конта́кт с кем-л.

treu *adj* ве́рный; **jdm ~ sein** быть ве́рным кому́-л.

Treue *f* ⟨*gen:*-⟩ ве́рность *f*

treuherzig *adj* дове́рчивый

treulos *adj* неве́рный

Triathlon *nt* ⟨-s, -s⟩ триатло́н *m*

Tribüne *f* ⟨-, -n⟩ трибу́на *f*

Trichter *m* ⟨-s, -⟩ воро́нка *f*

Trick *m* ⟨-s, -s⟩ трю́к *m*

Trickfilm *m* ⟨-(e)s, -e⟩ мультфи́льм *m*

trieb *prät von* **treiben**

Trieb *m* ⟨-(e)s, -e⟩ инсти́нкт *m*; (*BOT*) побе́г *m*

Triebkraft *f* ⟨-, -kräfte⟩ (*fig*) дви́жущая си́ла *f*

Triebwagen *m* ⟨-s, -⟩ мото́рный ваго́н *m*

Triebwerk *nt* ⟨-(e)s, -e⟩ силова́я устано́вка *f*

triftig *adj:* **ein ~er Grund** уважи́тельная причи́на

Trigonometrie *f* ⟨*gen:*-⟩ тригономе́трия *f*

Trikot *nt* ⟨-s, -s⟩ ма́йка *f*

Triller *m* ⟨-s, -⟩ трель *f*

Trillerpfeife *f* ⟨-, -n⟩ сигна́льный свисто́к *m*

trinken ⟨trank, getrunken⟩ *vt* (*auch alkoholsüchtig sein*) пить, вы- *pf*; **er trinkt viel** он мно́го пьёт

Trinker, -in *m/f* ⟨-s, -⟩ (*Alkoholsüchtige(r)*) пья́ница *mf*

Trinkgeld *nt* ⟨-es, -er⟩ чаевы́е *pl*; **ein ~ geben** дать чаевы́е

Trinkwasser *nt* ⟨*gen:*-s⟩ питьева́я вода́ *f*

Trio *nt* ⟨-s, -s⟩ (*MUS*) три́о *nt*

Trip *m* ⟨-s, -s⟩ (*umg:Kurzreise*) пое́здка *f*

Tritt *m* ⟨-(e)s, -e⟩ (*Fußtritt*) пино́к *m*; (*Stufe*) ступе́нька *f*

Trittbrett *nt* ⟨-(e)s, -er⟩ подно́жка *f*

Triumph *m* ⟨-es, -e⟩ триу́мф *m*

triumphal *adj* триумфа́льный

Triumphbogen *m* ⟨-s, -bögen⟩ триумфа́льная а́рка *f*

trivial *adj* тривиа́льный

trocken *adj* сухо́й; **~ sein** (*umg:von Alkoholiker*) быть тре́звым

Trockenheit *f* ⟨-, -en⟩ су́хость *f*; (*Dürre*) за́суха *f*

trockenlegen *vt* (*Sumpf*) осуша́ть, -ши́ть *pf*

Trockenmilch *f* ⟨*gen:*-⟩ сухо́е молоко́ *nt*

trocknen 1. *vt* суши́ть, вы́сушить *pf*; **2.** *vi* (*Wäsche auf der Leine*) суши́ться *impf*; (*trocken werden*) со́хнуть, вы́сохнуть *pf*

Trockner *m* ⟨-s, -⟩ суши́лка *f*

trog *prät von* **trügen**

Trog *m* ⟨-(e)s, Tröge⟩ коры́то *nt*

Trommel *f* ⟨-, -n⟩ бараба́н *m*

Trommelbremse *f* ⟨-, -n⟩ бараба́нный то́рмоз *m*

Trommelfell *nt* ⟨-(e)s, -e⟩ бараба́нная перепо́нка *f*

trommeln *vi* бараба́нить, по- *pf*

Trommler, -in *m/f* ⟨-s, -⟩ бараба́нщик, -щица *m/f*

Trompete *f* ⟨-, -n⟩ труба́ *f*

Trompeter, -in *m/f* ⟨-s, -⟩ труба́ч *m*

Tropen *fpl* ⟨*gen:*-⟩ тро́пики *mpl*

Tropf *m* ⟨-(e)s, -e⟩ ка́пельница *f*

tropfen *vi* ка́пать, по- *pf*

Tropfen *m* ⟨-s, -⟩ ка́пля *f*

Trophäe *f* ⟨-, -n⟩ трофе́й *m*

tropisch *adj* тропи́ческий

Trost *m* ⟨*gen:*-(e)s⟩ утеше́ние *nt*

trösten 1. *vt* утеша́ть, уте́шить *pf*; **2.** *vr* (*sich*) утеша́ться, уте́шиться *pf*

tröstlich *adj* утеши́тельный

trostlos *adj* (*Gegend, Umgebung*) уны́лый
Trottel *m* ⟨-s, -⟩ (*umgpej*) простофи́ля *m*
trotz *präp +gen* несмотря́ на (+ *akk*)
Trotz *m* ⟨*gen:*-es⟩ упря́мство *nt*; **jdm zum ~** назло́ кому́-л.
trotzdem 1. *adv* несмотря́ на э́то; **2.** *conj* (*obgleich*) несмотря́ на то что, хотя́
trotzig *adj* упря́мый
trüb(e) *adj* му́тный; (*Wetter*) па́смурный; (*Stimmung*) мра́чный
Trubel *m* ⟨*gen:*-s⟩ сумато́ха *f*
trüben *vt* (*Flüssigkeit*) мути́ть, за- *pf*; (*Stimmung*) омрача́ть, -чи́ть *pf*
trübselig *adj* печа́льный
trübsinnig *adj* уны́лый
Trüffel *m* ⟨-, -n⟩ трю́фель *m*
trug *prät von* **tragen**
trügen ⟨trog, getrogen⟩ *vt* обма́нывать, обману́ть *pf*; **der Schein trügt** вне́шность обма́нчива
trügerisch *adj* обма́нчивый
Trugschluß *m* ⟨-schlusses, -schlüsse⟩ ло́жный вы́вод *m*
Truhe *f* ⟨-, -n⟩ сунду́к *m*
Trümmer *fpl* ⟨*gen:*-⟩ разва́лины *fpl*
Trumpf *m* ⟨-(e)s, Trümpfe⟩ ко́зырь *m*
Truppe *f* ⟨-, -n⟩ (*MIL*) во́инская часть *f*; (*Schauspieltruppe*) тру́ппа *f*
Truthahn *m* ⟨-(e)s, -hähne⟩ индю́к *m*
Tscheche *m* ⟨-n, -n⟩ чех *m*
Tschechien *nt* ⟨*gen:*-⟩ Че́хия *f*
Tschechin *f* ⟨-, -nen⟩ че́шка *f*
tschechisch 1. *adj* че́шский; **2.** *adv* по-че́шски
tschüs *interj* (*umg*) пока́
T-Shirt *nt* ⟨-s, -s⟩ футбо́лка *f*
TU *akr von* ***Technische Universität***
Tube *f* ⟨-, -n⟩ тю́бик *m*
Tuberkulose *f* ⟨-,-n⟩ туберкулёз *m*
Tuch *nt* ⟨-(e)s, Tücher⟩ (*Hals-/ Kopftuch*) плато́к *m*; (*Stoff, Textil*) сукно́ *nt*
tüchtig *adj* приле́жный
Tüchtigkeit *f* ⟨*gen:*-⟩ приле́жность *f*
Tücke *f* ⟨-, -n⟩ кова́рство *nt*
tückisch *adj* кова́рный
Tugend *f* ⟨-, -en⟩ доброде́тель *f*
tugendhaft *adj* доброде́тельный
Tüll *m* ⟨-s, -e⟩ тюль *m*
Tulpe *f* ⟨-, -n⟩ тюльпа́н *m*
tummeln *vr* вози́ться *impf*
Tumor *m* ⟨-s, -e(n)⟩ о́пухоль *f*
Tumult *m* ⟨-(e)s, -e⟩ шум *m*
tun ⟨tat, getan⟩ *vt* де́лать, с- *pf*; (*legen, stellen*) класть, положи́ть *pf*, ста́вить, по- *pf*; **ich habe viel zu ~** у меня́ мно́го дел; **mit etw/jdm nichts zu ~ haben** не име́ть с чем-л./кем-л. ничего́ о́бщего; **so ~, als ob** де́лать вид, как бу́дто ...
Tunesien *nt* ⟨*gen:*-s⟩ Туни́с *m*
Tunnel *m* ⟨-s, -(s)⟩ тунне́ль *m*
Tupfen *m* ⟨-s, -⟩ то́чка *f*
Tupfer *m* ⟨-s, -⟩ тампо́н *m*
Tür *f* ⟨-, -en⟩ дверь *f*
Turbine *f* ⟨-, -n⟩ турби́на *f*
turbulent *adj* бу́рный
Türke *m* ⟨-n, -n⟩ ту́рок *m*
Türkei *f* ⟨*gen:*-⟩ Ту́рция *f*
Türkin *f* ⟨-, -nen⟩ турча́нка *f*
türkis *adj* бирюзо́вый
Türkis *m* ⟨-es, -e⟩ бирюза́ *f*
türkisch 1. *adj* туре́цкий; **2.** *adv* по-туре́цки
Türklinke *f* ⟨-, -n⟩ дверна́я ру́чка *f*
Turm *m* ⟨-(e)s, Türme⟩ ба́шня *f*; (*Schachfigur*) ладья́ *f*
turnen *vi* занима́ться, заня́ться *pf* гимна́стикой
Turnen *nt* ⟨*gen:*-s⟩ спорти́вная гимна́стика *f*
Turner, -in *m/f* ⟨-s, -⟩ гимна́ст, -ка *m/f*
Turnhalle *f* ⟨-, -n⟩ спортза́л *m*
Turnier *nt* ⟨-s, -e⟩ турни́р *m*
Turnschuh *m* ⟨-(e)s, -e⟩ кроссо́вок *m*
Tusche *f* ⟨-, -n⟩ тушь *f*
tuscheln *vi* шушу́каться, по- *pf*
Tüte *f* ⟨-, -n⟩ паке́т *m*
tuten *vi* гуде́ть, про- *pf*
Typ *m* ⟨-s, -en⟩ тип *m*; (*umg:Kerl*) тип *m*
Type *f* ⟨-, -n⟩ (*von Schreibmaschine*) ли́тера *f*
Typenrad *nt* ⟨-(e)s, -räder⟩ печа́тающее колёсико *nt* „рома́шка" *f*
Typhus *m* ⟨*gen:*-⟩ тиф *m*
typisch *adj* типи́чный
Tyrann, -in *m/f* ⟨-en, -en⟩ тира́н *m*
tyrannisch *adj* тирани́ческий

U

u, U *nt* ⟨-, -⟩ у, У
U-Bahn *f* ⟨-, -bahnen⟩ метро́ *nt*; **mit der ~ fahren** пое́хать на метро́
übel *adj* дурно́й, плохо́й; **ihm wurde plötzlich ~** ему́ неожи́данно ста́ло пло́хо
Übel *nt* ⟨-s, -⟩ зло *nt*
Übelkeit *f* ⟨*gen:*-⟩ тошнота́ *f*
übelnehmen *irr vt:* **jdm etw ~** оби́деться на кого́-л. за что-л.
üben 1. *vi* тренирова́ться, по- *pf*, упражня́ться, по- *pf*; **sich in etw ~** упражня́ться в чём-л.; **2.** *vt* тренирова́ть, по- *pf*; (*Musikstück, Theaterstück*) разу́чивать, -зучи́ть *pf*; **Kritik an jdm/etw ~** критикова́ть кого́-л./что-л.; **Nachsicht ~** быть снисходи́тельным

über 1. *präp* (*räumlich oder eine Richtung angebend*) над (+ *inst*); (*das Überqueren bezeichnend*) чéрез (+ *akk*); **~ Smolensk nach Moskau fahren** éхать чéрез Смолéнск в Москвý (*bei Temperaturangaben*) вы́ше (+ *gen*); **zwei Grad ~ Null** два грáдуса вы́ше нуля́; **2.** *adv* бóльше, свы́ше; **~ zwei Stunden** бóльше двух часóв
überall *adv* вездé
überanstrengen 1. *vr* перенапрягáть, -напря́чь *pf*; **2.** *vr* переутомля́ться, -утоми́ться *pf*
überarbeiten 1. *vt* перерабáтывать, -рабóтать *pf*; **2.** *vr* перерабóтаться *pf*
überaus *adv* весьмá
überbieten *irr vt* (*Rekord*) превосходи́ть, превзойти́ *pf*
Überbleibsel *nt* ⟨-s, -⟩ остáток *m*
Überblick *m* обзóр *m*
überblicken *vt* обозревáть, -зрéть *pf*
überbringen *irr vt* (*Botschaft*) передавáть, -дáть *pf*
überbrücken *vt* преодолевáть, -лéть *pf*
überdenken *irr vt* продýмывать, -дýмать *pf*
überdies *adv* (*noch dazu*) притóм
Überdosis *f* ⟨*gen:*-⟩ сверхдóза *f*
Überdruck *m* ⟨*gen:*-(e)s⟩ избы́точное давлéние *nt*
Überdruß *m* ⟨*gen:*Überdrusses⟩ пресыщéние *nt*
übereinander *adv* (*räumlich*) друг над дрýгом; (*Richtung angebend*) друг на дрýга; (*in Bezug auf*) друг о дрýге
übereinkommen *irr vi* договáриваться, -вори́ться *pf*
Übereinkunft *f* ⟨-, -künfte⟩ соглашéние *nt*
übereinstimmen *vi* (*die gleiche Meinung haben*) быть *impf* соглáсным; **in diesem Punkt stimme ich voll mit Ihnen überein** по э́тому пýнкту я пóлностью соглáсен с вáми; (*gleichartig sein*) совпадáть, -пáсть *pf*
Übereinstimmung *f* ⟨*gen:*-⟩ соглáсие *nt*; **in ~ mit etw** в соотвéтствии с чем-л.
überempfindlich *adj* сверхчувстви́тельный
überfahren *irr vt* (*Mensch, Tier*) переезжáть, переéхать *pf*
Überfall *m* ⟨-(e)s, Überfälle⟩ нападéние *nt*
überfallen *irr vt* нападáть, -пáсть *pf* (на +*akk*)
überfällig *adj* просрóченный
überfliegen *irr vt* (*flüchtig lesen*) просмáтривать, -смотрéть *pf*
Überfluß *m* ⟨*gen:*Überflusses⟩ изоби́лие *nt*; **im ~** в изоби́лии
überflüssig *adj* ли́шний
überführen[1] *vt* (*einen Verbrecher*) изобличáть, -чи́ть *pf*; **jdn eines Verbrechens ~** изобличи́ть когó-л. в преступлéнии
überführen[2] *vt* (*transportieren*) перевози́ть, -везти́ *pf*; (*einen Gefangenen, Kranken auch*) переводи́ть, -вести́ *pf* (*in* +*akk* в +*akk*)
Überführung *f* ⟨-, -en⟩ (*Transportieren etc*) перевóзка *f*, перевóд *m*; (*eines Verbrechers*) изобличéние *nt*; (*Brücke*) путепровóд *m*
Übergabe *f* ⟨-, -⟩ передáча *f*
Übergang *m* ⟨*gen:*-(e)s⟩ перехóд *m*
Übergangszeit *f* ⟨-, -en⟩ перехóдный перúод *m*
übergeben 1. *irr vt* (*jdm geben*) передавáть, -дáть *pf*; **2.** *irr vr:* **sie mußte sich ~** (*sich erbrechen*) её вы́рвало
übergehen 1. *irr vt* (*absichtlich übersehen*) обходи́ть, обойти́ *pf*; **2.** *irr vi* переходи́ть, перейти́ *pf* (*zu* + *dat* к +*dat*)
Übergewicht *nt* ⟨*gen:*-(e)s⟩ избы́точный вес *m*
überhäufen *vt* засыпáть, -сы́пать *pf*; **jdn mit Geschenken ~** засы́пать когó-л. подáрками
überhaupt *adv* вообщé
überheblich *adj* надмéнный
Überheblichkeit *f* ⟨*gen:*-⟩ надмéнность *f*
überholen *vt* (*Gerät*) ремонти́ровать, от- *pf*; (*schneller laufen/fahren*) обгоня́ть, обогнáть *pf*
Überholspur *f* ⟨*gen:*-⟩ полосá *f* обгóна
überholt *adj* (*veraltet*) устарéвший
überirdisch *adj* сверхъестéственный
überlassen *irr vt* (*Entscheidung*) предоставля́ть, -стáвить *pf*
überlasten *vi* перегружáть, -грузи́ть *pf*
überlaufen 1. *vi* (*Flüssigkeit*) переливáться, -ли́ться *pf* чéрез край; (*Milch*) убегáть, убежáть *pf*; (*zu jdm ~*) перебегáть, -бежáть *pf* (к +*dat*); **2.** *vt* (*Gefühle*) охвáтывать, охвати́ть *pf*
überleben 1. *vt* пережи́ть *pf*, **2.** *vi* выживáть, вы́жить *pf*
überlegen 1. *vr* дýмать, по- *pf* (о +*präpos*), обдýмывать, -мать *pf*; **er hat es sich anders überlegt** он передýмал; **2.** *adj:* **jdm ~ sein** превосходи́ть когó-л.
Überlegenheit *f* ⟨*gen:*-⟩ превосхóдство *nt*
Überlegung *f* ⟨-, -en⟩ соображéние *nt*
Überlieferung *f* ⟨-, -en⟩ предáние *nt*
Übermacht *f* ⟨*gen:*-⟩ превосхóдство *nt*
übermächtig *adj* превосходя́щий

Übermaß *nt* ⟨*gen:*-es⟩ избы́ток *m*
übermäßig *adj* чрезме́рный
übermenschlich *adj* сверхчелове́ческий
übermitteln *vt* (*Informationen*) передава́ть, -да́ть *pf*
übermorgen *adv* послеза́втра
Übermüdung *f* ⟨*gen:*-⟩ переутомле́ние *nt*
Übermut *m* ⟨*gen:*-(e)s⟩ озорство́ *nt*
übermütig *adj* озорно́й
übernachten *vi* переночева́ть *pf*
Übernachtung *f* ⟨-, -en⟩ ночёвка *f*
Übernahme *f* ⟨*gen:*-⟩ приём *m*
übernatürlich *adj* сверхъесте́ственный
übernehmen 1. *irr vt* (*als Nachfolger*) перенима́ть, -ня́ть *pf*; (*annehmen*) бра́ть, взя́ть *pf* на себя́; **2.** *vr* бра́ть, взять *pf* на себя́ сли́шком мно́го
überprüfen *vt* проверя́ть, -ве́рить *pf*
Überprüfung *f* ⟨-, -en⟩ прове́рка *f*
überqueren *vt* пересека́ть, -се́чь *pf*
überraschen *vt* удивля́ть, -ви́ть *pf*; **jdn mit etw ~** удиви́ть кого́-л. чем-л.
Überraschung *f* ⟨-, -en⟩ (*Verwunderung*) удивле́ние *nt*; (*etw Schönes oder Unangenehmes*) сюрпри́з *m*
überreden *vt* угова́ривать, уговори́ть *pf*
überreichen *vt* вруча́ть, -чи́ть *pf*
übersättigt *adj* пресы́щенный
Überschallgeschwindigkeit *f* ⟨*gen:*-⟩ сверхзвукова́я ско́рость *f*
überschätzen 1. *vt* переоце́нивать, -цени́ть *pf*; **2.** *vr* переоце́нивать, -цени́ть *pf* себя́
überschaubar *adj* обозри́мый
Überschlag *m* ⟨-(e)s, -schläge⟩ ориентиро́вочная сме́та *f*
überschlagen *vr* перевёртываться, переверну́ться *pf*
überschnappen *vi* (*umg*) спя́тить *pf*
überschneiden *irr vr* пересека́ться, -се́чься *pf*
überschreiten *irr vt* (*Grenze*) переходи́ть, перейти́ *pf*; (*Gesetz*) наруша́ть, -ру́шить *pf*; (*Befugnisse, Frist, Tempolimit*) превыша́ть, -вы́сить *pf*
Überschrift *f* ⟨-, -en⟩ заголо́вок *m*
Überschuß *m* ⟨Überschusses, Überschüsse⟩ чи́стая при́быль *f*
überschüssig *adj* избы́точный
überschütten *vt* (*auch fig*) засыпа́ть, -сы́пать *pf*
überschwemmen *vt* наводня́ть, -водни́ть *pf*
Überschwemmung *f* ⟨-, -en⟩ наводне́ние *nt*
überschwenglich *adj* чрезме́рный
Übersee : in ~ за океа́ном
übersehen *vt* (*Gegend*) обозрева́ть, -зре́ть *pf*; (*Fehler*) не замеча́ть, не заме́тить *pf*
übersenden *vt* посыла́ть, посла́ть *pf*
übersetzen [1] **1.** *vi* (*ans andere Ufer*) переправля́ться, -пра́виться *pf* (на друго́й бе́рег); **2.** *vt* переправля́ть, -пра́вить *pf* (на друго́й бе́рег)
übersetzen [2] *vt* (*in eine andere Sprache*) переводи́ть, -вести́ *pf*; **aus dem Deutschen ins Russische ~** переводи́ть с неме́цкого языка́ на ру́сский
Übersetzer, -in *m/f* ⟨-s, -⟩ перево́дчик, -чица *m/f*
Übersetzung *f* ⟨-, -en⟩ перево́д *m*
Übersicht *f* ⟨*gen:*-⟩ обзо́р *m*
übersichtlich *adj* нагля́дный
Übersichtlichkeit *f* ⟨*gen:*-⟩ нагля́дность *f*
überspielen *vt* (*über etw hinwegtäuschen*) скрыва́ть, скры́ть *pf*; (*aufnehmen*) перепи́сывать, -писа́ть *pf* (*auf +akk* на *+akk*)
überspitzt *adj* утри́рованный
überspringen *irr vt* (*Hindernis, Hürde, auch fig*) перепры́гивать, -пры́гнуть *pf*
überstehen *irr vt* (*Strapazen*) выноси́ть, вы́нести *pf*
übersteigen *irr vt* превосходи́ть, превзойти́ *pf*
übersteigert *adj* завы́шенный
Überstunde *f* ⟨-, -n⟩ сверхуро́чная рабо́та *f*; **~n machen** рабо́тать сверхуро́чно
überstürzen *vt* потороп́иться *pf* (с *+inst*)
übertragbar *adj:* **nicht ~** (*Ausweis*) без пра́ва переда́чи
übertragen *irr vt* (*Sichtweise, Methode*) переноси́ть, -нести́ *pf* (*auf +akk* на *+akk*); (*im Fernsehen/Rundfunk*) передава́ть, -да́ть *pf*
Übertragung *f* ⟨f, -en⟩ (*das Übertragen*) перево́д *m*; (*Fernseh-/ Rundfunk~*) переда́ча *f*
übertreffen *irr vt* превосходи́ть, превзойти́ *pf* (*in +dat* в *+präpos*)
übertreiben *irr vt* преувели́чивать, -чить *pf*
Übertreibung *f* преувеличе́ние *nt*
übertrieben *adj* чрезме́рный, преувели́ченный
überwachen *vt* следи́ть *impf* (за *+inst*)
Überwachung *f* ⟨-, -en⟩ надзо́р *m* (над *+inst*)
überwältigen *vt* (*Verbrecher*) обезвре́живать, -вре́дить *pf*; (*Gefühl, Schlaf*) овладева́ть, -де́ть *pf*; (*Ansicht*) потряса́ть, -трясти́ *pf*
überwältigend *adj* (*Ansicht*)

потрясáющий; **die ~e Mehrheit** подавля́ющее большинствó
überweisen *irr vt* (*Geld auf ein Konto*) переводи́ть, -вести́ *pf* (*auf +akk* на *+akk*); (*einen Patienten zum Facharzt*) направля́ть, -прáвить *pf* (*zu +dat* к *+dat*)
Überweisung *f* ⟨f, -en⟩ (*Geld~*) перевóд *m*; (*ärztliche ~*) направлéние *nt*
überwiegend *adj* преобладáющий; **die ~e Mehrheit der Bevölkerung** преобладáющее большинствó населéния
überwinden *irr vt* (*Schwierigkeiten, Widerstand*) преодолевáть, -лéть *pf*
Überwindung *f* ⟨*gen:-*⟩ (*das Überwinden*) преодолéние *nt*; (*Anstrengung*) уси́лие *nt*
Überzahl *f* ⟨*gen:-*⟩ большинствó *nt*; **in der ~ sein** составля́ть большинствó
überzählig *adj* ли́шний
überzeugen 1. *vt* убеждáть, убеди́ть *pf* (*von +dat* в *+präpos*); **2.** *vr* убеждáться, убеди́ться *pf* (*von +dat* в *+präpos*)
überzeugend *adj* убеди́тельный
Überzeugung *f* ⟨f, -en⟩ убеждéние *nt*
überziehen *irr vt* (*mit einem Bezug versehen*) покрывáть, -кры́ть *pf*; **etw mit etw ~** покры́ть что-л. чем-л.; (*Konto*) перерасхóдовать *pf*
Überzug *m* ⟨-(e)s, -züge⟩ нáволочка *f*
üblich *adj* общепри́нятый
U-Boot *nt* ⟨-(e)s, -e⟩ подвóдная лóдка *f*
übrig *adj* остальнóй
übrigbleiben *irr vi* оставáться, остáться *pf*
übrigens *adv* мéжду прóчим
Übung *f* ⟨-, -en⟩ упражнéние *nt*
UdSSR *abk von* ***Union der Sozialistischen Sowjetrepubliken*** *f* СССР *m* (Coю́з Совéтских Социалисти́ческих Респýблик)
Ufer *nt* ⟨-s, -⟩ бéрег *m*
Ufo *akr von* ***unbekanntes Flugobjekt*** *nt* НЛО *m* (неопóзнанный летáющий объéкт *m*)
Uhr *f* ⟨-, -en⟩ часы́ *pl*
Uhrmacher, -in *m/f* ⟨-s, -⟩ часовщи́к, -щи́ца *m/f*
Uhrwerk *nt* ⟨-(e)s, -e⟩ часовóй механи́зм *m*
Uhrzeiger *m* ⟨-s, -⟩ часовáя стрéлка *f*
Uhrzeigersinn : im ~ по часовóй стрéлке; **entgegen dem ~** прóтив часовóй стрéлки
Uhu *m* ⟨-s, -s⟩ фи́лин *m*
Ukraine *f* ⟨*gen:-*⟩ Украи́на *f*; **in der ~** на Украи́не
Ukrainer, -in *m/f* ⟨-s, -⟩ украи́нец, -нка *m/f*
ukrainisch *adj* украи́нский
UKW *abk von* ***Ultrakurzwelle*** *f* УКВ (ультракорóткие вóлны *fpl*)
ulkig *adj* (*umg*) потéшный
Ulme *f* ⟨-, -n⟩ вяз *m*
Ultimatum *nt* ⟨*gen:*-s⟩ ультимáтум *m*
Ultrakurzwelle *f* ⟨*gen:-*⟩ ультракорóткие вóлны *fpl*
Ultraschall *m* ⟨*gen:*-(e)s⟩ ультразвýк *m*
um *präp +akk* вокрýг (+ *gen*)
umarmen *vt* обнимáть, -ня́ть *pf*
Umbau *m* ⟨-(e)s, -bauten⟩ перестрóйка *f*
umbauen *vt* (*auch fig*) перестрáивать, -стрóить *pf*
umbenennen *irr vt* переименóвывать, -новáть *pf*
umblättern *vt* перевёртывать, -вернýть *pf* страни́цу
umbringen 1. *irr vt* убивáть, уби́ть *pf*; **2.** *vr* покóнчить *pf* с собóй
Umbruch [1] *m* (*Umwälzung*) перелóм *m*
Umbruch [2] *m* (*Seiten~*) вёрстка *f*
umdrehen 1. *vt* (*von oben nach unten*) перевёртывать, -вернýть *pf*; (*horizontal, auch technische Vorrichtung, Schlüssel*) поворáчивать, повернýть *pf*; **2.** *vr* поворáчиваться, повернýться *pf*; (*TECH*) вращáться *impf*
Umdrehung *f* ⟨-, -en⟩ (*Motor*) оборóт *m*
umfallen *irr vi* пáдать, упáсть *pf*
Umfang *m* ⟨-(e)s, Umfänge⟩ объём *m*
umfangreich *adj* объёмный
umfassen *vt* (*enthalten*) охвáтывать, охвати́ть *pf*
umfassend *adj* обши́рный
Umfeld *nt* ⟨*gen:*-(e)s⟩ окружéние *nt*
umformen *vt* преобразóвывать, -зовáть *pf*
Umfrage *f* ⟨-, -n⟩ опрóс *m*
umfüllen *vt* переливáть, -ли́ть *pf*
Umgang *m* ⟨*gen:*-(e)s⟩ общéние *nt*; **der ~ mit Menschen** общéние с людьми́; **der ~ mit einem Gerät** обращéние с прибóром
umgänglich *adj* общи́тельный
Umgangsformen *pl* ⟨*gen:-*⟩ манéры *pl*
Umgangssprache *f* ⟨*gen:-*⟩ разговóрный язы́к *m*
umgeben *irr vt* окружáть, -жи́ть *pf*
Umgebung *f* ⟨-, -en⟩ (*Natur*) окрéстность *f*; (*fig*) окружéние *nt*
umgehen *irr vt* обходи́ть, обойти́ *pf*
umgehend *adv* срóчно
Umgehungsstraße *f* ⟨-, -n⟩ объéзд *m*
umgekehrt 1. *adj* обрáтный; **2.** *adv* наоборóт
umgraben *irr vt* перекáпывать, -копáть *pf*
Umhang *m* ⟨-(e)s, Umhänge⟩ наки́дка *f*
Umhängetasche *f* ⟨-, -n⟩ наплéчная

су́мка *f*
umher *adv* вокру́г
umhören *vr* расспра́шивать, расспроси́ть *pf*, *наприме́р люде́й, знако́мых*
umkehren *vi* повора́чивать, поверну́ть *pf* наза́д
Umkehrfilm *m* ⟨-(e)s, -e⟩ обрати́мая плёнка *f*
umklappen **1.** *vt* отки́дывать, -ки́нуть *pf*; **2.** *vi* упа́сть *pf* в о́бморок
Umkleideraum *m* ⟨-(e)s, -räume⟩ раздева́лка *f*
umkommen *irr vi* погиба́ть, поги́бнуть *pf*
Umkreis *m* ⟨*gen:*-es⟩ окру́га *f*; **im ~ von 50 Kilometern** на пятьдеся́т киломе́тров вокру́г [*o* в ра́диусе пяти́десяти киломе́тров]
umkreisen *vt* (*ASTR*) враща́ться *impf* вокру́г (+ *gen*)
umkrempeln *vt* (*Ärmel*) подвора́чивать, подверну́ть *pf*
umladen *irr vt* перегружа́ть, -грузи́ть *pf*
Umlauf *m* ⟨*gen:*-(e)s⟩ обраще́ние *nt*
Umlaufbahn *f* ⟨-, -en⟩ орби́та *f*
Umlaut *m* ⟨-(e)s, -e⟩ умля́ут *m*
Umleitung *f* ⟨-, -en⟩ объе́зд *m*
umliegend *adj* окре́стный
umrechnen *vt* пересчи́тывать, -счита́ть *pf*
Umrechnungskurs *m* ⟨-es, -e⟩ перерасчётный курс *m*
umreißen [2] *irr vt* (*skizzieren*) обрисо́вывать, -сова́ть *pf*
umringen *vt* окружа́ть, -жи́ть *pf*
Umriß *m* ⟨Umrisses, Umrisse⟩ очерта́ние *nt*
umrühren *vt* переме́шивать, -меша́ть *pf*
Umsatz *m* ⟨-es, Umsätze⟩ (товаро)оборо́т *m*
Umsatzsteuer *f* ⟨*gen:*-⟩ нало́г *m* с оборо́та
umschalten *vt* переключа́ть, -чи́ть *pf*
Umschau *f* ⟨*gen:*-⟩ осмо́тр *m*; **~ halten** осма́триваться
umschauen *vr* осма́триваться, осмотре́ться *pf*
Umschlag *m* ⟨-(e)s, Umschläge⟩ (*von Brief*) конве́рт *m*; (*von Buch*) обло́жка *f*; (*kein pl:von Gütern*) оборо́т *m*
umschreiben [1] *irr vi* (*einen Text*) перепи́сывать, -писа́ть *pf*
umschreiben [2] *irr vt* (*beschreiben*) опи́сывать, описа́ть *pf*
umschulen **1.** *vt* переквалифици́ровать *impf/pf*; **2.** *vi* переквалифици́роваться *impf/pf*
Umschweife : **ohne ~** напрями́к
Umschwung *m* ⟨*gen:*-(e)s⟩ (*Entwicklung*) поворо́т *m*; (*Stimmung*) сме́на *f*; (*SPORT*) оборо́т *m*
Umsicht *f* ⟨*gen:*-⟩ осмотри́тельность *f*
umsichtig *adj* осмотри́тельный
umsiedeln **1.** *vt* переселя́ть, -ли́ть *pf*; **2.** *vi* переселя́ться, -ли́ться *pf*
umsonst *adv* напра́сно
Umstand *m* ⟨-(e)s, Umstände⟩ обстоя́тельство *nt*; **unter diesen Umständen** в э́тих обстоя́тельствах
umständlich *adj* простра́нный
Umstandskleidung *f* ⟨*gen:*-⟩ оде́жда *f* для бере́менных
Umstandswort *nt* ⟨-(e)s, -wörter⟩ наре́чие *nt*
umsteigen *irr vi* (*in einen Zug*) переса́живаться, пересе́сть *pf* (*in +akk* на *+akk*)
umstellen **1.** *vt* (*an eine andere Stelle*) переставля́ть, -ста́вить *pf*; (*Produktion, Uhr*) переводи́ть, -вести́ *pf* (*auf +akk* на *+akk*); **2.** *vr* перестра́иваться, -стро́иться *pf* (*auf +akk* на *+akk*)
Umstellung *f* ⟨-, -en⟩ (*Produktion*) перехо́д *m*, перево́д *m*; (*Anpassung*) адапта́ция *f*
umstimmen *vt* (*jdn*) переубежда́ть, -убеди́ть *pf*
umstritten *adj* спо́рный
Umsturz *m* ⟨-es, Umstürze⟩ сверже́ние *nt*, переворо́т *m*
Umtausch *m* ⟨*gen:*-es⟩ обме́н *m*
umtauschen *vt* обме́нивать, -меня́ть *pf*
umwandeln *vt* превраща́ть, -врати́ть *pf* (*in +akk* в *+akk*)
Umwandlung *f* ⟨-, -en⟩ преобразова́ние *nt*, превраще́ние *nt*
Umweg *m* ⟨-(e)s, -e⟩ объе́зд *m*, обхо́д *m*
Umwelt *f* ⟨*gen:*-⟩ окружа́ющая среда́ *f*
umweltfeindlich *adj* причиня́ющий вред окружа́ющей среде́
umweltfreundlich *adj* не нанося́щий уще́рба окружа́ющей среде́
Umweltschutz *m* ⟨*gen:*-es⟩ охра́на *f* окружа́ющей среды́
Umweltschutzorganisation *f* ⟨-, -en⟩ организа́ция *f* по охра́не окружа́ющей среды́
Umweltverschmutzung *f* ⟨*gen:*-⟩ загрязне́ние *nt* окружа́ющей среды́
umziehen **1.** *irr vi* (*in eine andere Wohnung*) переезжа́ть, перее́хать *pf* (*in +akk* в *+akk*); **2.** *vr* (*die Kleidung wechseln*) переодева́ться, -де́ться *pf*; **3.** *vt* (*Kind*) переодева́ть, -де́ть *pf*
Umzug *m* ⟨-(e)s, Umzüge⟩ перее́зд *m*
unabänderlich *adj* (*Entscheidung*) неизме́нный; (*Tatsache*) непрело́жный
unabhängig *adj* незави́симый

Unabhängigkeit *f* ⟨*gen:-*⟩ незави́симость *f*
unablässig *adj* беспреры́вный
unabsehbar *adj* необозри́мый
unabsichtlich *adj* неумы́шленный
unachtsam *adj* невнима́тельный
unangebracht *adj* неуме́стный
unangenehm *adj* неприя́тный; **etw ist jdm ~** что-л. кому́-л. неприя́тно
Unannehmlichkeit *f* ⟨-, -en⟩ (*meist pl*) неприя́тность *f*
unansehnlich *adj* невзра́чный
unanständig *adj* неприли́чный
unappetitlich *adj* неаппети́тный
Unart *f* ⟨-, -en⟩ дурна́я привы́чка *f*
unartig *adj* непослу́шный
unauffällig *adj* незаме́тный
unaufgefordert *adj* по со́бственной инициати́ве
unaufhaltsam *adj* неудержи́мый
unaufhörlich *adj* беспреры́вный
unaufmerksam *adj* невнима́тельный
unaufrichtig *adj* нei̇́скренний
unausgeglichen *adj* неуравнове́шенный
unaussprechlich *adj* невырази́мый
unausstehlich *adj* невыноси́мый
unausweichlich *adj* неизбе́жный
unbändig *adj* неукроти́мый
unbarmherzig *adj* немилосе́рдный
unbeabsichtigt *adj* ненаме́ренный
unbeachtet *adj* незаме́ченный
unbedenklich *adj* не вызыва́ющий сомне́ний
unbedeutend *adj* незначи́тельный
unbedingt *adj* обяза́тельно
unbefangen *adj* непринуждённый
Unbefangenheit *f* ⟨*gen:-*⟩ непринуждённость *f*
unbefriedigend *adj* неудовлетвори́тельный
unbefugt *adj* не име́ющий пра́ва на что-л.
unbegreiflich *adj* непостижи́мый
unbegrenzt *adj* неограни́ченный
unbegründet *adj* необосно́ванный
Unbehagen *nt* ⟨*gen:-s*⟩ неприя́тное чу́вство *nt*
unbehaglich *adj* неприя́тный
unbeholfen *adj* нело́вкий
unbekannt *adj* неизве́стный
unbekümmert *adj* беззабо́тный
unbeliebt *adj* непопуля́рный
unbequem *adj* неудо́бный
unberechenbar *adj* непредсказу́емый
unberechtigt *adj* неопра́вданный
unbeschreiblich *adj* невырази́мый
unbeschwert *adj* беззабо́тный
unbesonnen *adj* безрассу́дный
unbeständig *adj* (*Wetter*) неусто́йчивый; (*Mensch*) непостоя́нный
unbestimmt *adj* неопределённый
unbeteiligt *adj* непричáстный
unbeugsam *adj* непреклóнный
unbeweglich *adj* неподви́жный
unbewußt *adj* бессознáтельный
unbrauchbar *adj* непригóдный
unbürokratisch *adj* небюрократи́ческий
und *conj* и; **~ so weiter** и так дáлее
Undank *m* ⟨*gen:-(e)s*⟩ неблагодáрность *f*
undankbar *adj* неблагодáрный
undenkbar *adj* невообрази́мый
undeutlich *adj* неясный
undicht *adj* неплóтный
undiszipliniert *adj* недисциплини́рованный
undurchlässig *adj* непромокáемый
undurchsichtig *adj* (*nicht durchsichtig*) непрозрáчный; (*umg:unseriös*) тёмный
unecht *adj* (*gefölscht*) поддéльный; (*künstlich*) искýсственный
unehelich *adj* (*Kind*) внебрáчный
unehrlich *adj* нечéстный
uneigennützig *adj* бескоры́стный
uneingeschränkt *adj* неограни́ченный
uneinig *adj:* **sich ~ sein** расходи́ться во мнéниях
unempfindlich *adj* нечувстви́тельный
unendlich *adj* бесконéчный
Unendlichkeit *f* ⟨*gen:-*⟩ бесконéчность *f*
unentbehrlich *adj* необходи́мый
unentgeltlich *adj* бесплáтный
unentschieden *adj* (*SPORT*) вничью́
unentschlossen *adj* нереши́тельный
unerbittlich *adj* неумоли́мый
unerfahren *adj* неóпытный
unerfreulich *adj* неприя́тный
unergründlich *adj* непостижи́мый
unerhört *adj* неслы́ханный
unerläßlich *adj* необходи́мый
unerlaubt *adj* запрéтный
unermüdlich *adj* неутоми́мый
unersättlich *adj* ненасы́тный
unerschöpflich *adj* неисчерпáемый
unerschütterlich *adj* незы́блемый
unerschwinglich *adj* недостýпный
unerträglich *adj* невыноси́мый
unerwartet *adj* неожи́данный
unerwünscht *adj* нежелáтельный
unfähig *adj* некомпетéнтный
Unfähigkeit *f* ⟨*gen:-*⟩ некомпетéнтность *f*
unfair *adj* нечéстный
Unfall *m* ⟨-(e)s, Unfälle⟩ несчáстный слýчай *m*, авáрия *f*
Unfallversicherung *f* ⟨*gen:-*⟩ страховáние *nt* от несчáстных

случаев
unfaßbar *adj* немыслимый
unfehlbar *adj* непогрешимый
Unfehlbarkeit *f* ⟨*gen:-*⟩ непогрешимость *f*
unflätig *adj* непристойный
unförmig *adj* бесформенный
unfrankiert *adj* неоплаченный
unfreiwillig *adj* вынужденный
unfreundlich *adj* неприветливый
Unfreundlichkeit *f* ⟨*gen:-*⟩ неприветливость *f*
Unfriede(n) *m* ⟨*gen:-s*⟩ раздор *m*; **Unfrieden stiften** сеять раздор
unfruchtbar *adj* бесплодный
Unfug *m* ⟨*gen:-(e)s*⟩ безобразие *nt*
Ungar, -in *m/f* венгр, венгерка *m/f*
ungarisch 1. *adj* венгерский; **2.** *adv* по-венгерски
Ungarn *nt* Венгрия *f*
ungeachtet *präp +gen* (*geh*) несмотря на (+ *akk*)
ungeahnt *adj* непредвиденный
ungebeten *adj* незваный
ungebildet *adj* необразованный
ungebräuchlich *adj* неупотребительный
ungedeckt *adj* (*Scheck*) непокрытый
Ungeduld *f* ⟨*gen:-*⟩ нетерпение *nt*
ungeduldig *adj* нетерпеливый
ungeeignet *adj* неподходящий
ungefähr 1. *adj* приблизительный; **2.** *adv* около (+ *gen*), приблизительно
ungefährlich *adj* безопасный
ungehalten *adj* рассерженный
ungeheuer *adj* чудовищный
Ungeheuer *nt* ⟨-s, -⟩ чудовище *nt*
ungeheuerlich *adj* возмутительный
ungehobelt *adj* (*Holz*) необструганный, неотёсанный; (*pej:Mensch, Manieren*) неотёсанный
ungehörig *adj* неподобающий
ungehorsam *adj* непослушный
Ungehorsam *m* ⟨*gen:-s*⟩ непослушность *f*
ungelegen : etw kommt jdm ~ что-л. кому-л. некстати
ungemütlich *adj* неуютный
ungenau *adj* неточный
ungeniert *adj* непринуждённый
ungenießbar *adj* (*nicht eßbar*) несъедобный
ungenügend *adj* недостаточный
ungepflegt *adj* неухоженный
ungerade *adj* нечётный
ungerecht *adj* несправедливый
ungerechtfertigt *adj* необоснованный
Ungerechtigkeit *f* ⟨-, -en⟩ несправедливость *f*
ungern *adv* неохотно
ungeschickt *adj* неловкий
ungeschminkt *adj* (*Gesicht*) ненакрашенный; (*fig*) неприкрашенный
ungesetzlich *adj* незаконный
ungestört *adj* спокойный
ungestraft *adj* безнаказанный
ungestüm *adj* пылкий
ungesund *adj* вредный, нездоровый
ungetrübt *adj* безмятежный
ungewiß *adj* неопределённый
Ungewißheit *f* ⟨*gen:-*⟩ неопределённость *f*
ungewöhnlich *adj* необычный
ungewohnt *adj* непривычный
Ungeziefer *nt* ⟨*gen:-s*⟩ паразиты *mpl*
ungezogen *adj* (*Kind*) невоспитанный
ungezwungen *adj* непринуждённый
ungläubig *adj* скептический
unglaublich *adj* невероятный
unglaubwürdig *adj* недостоверный
ungleich *adj* неравный
ungleichmäßig *adj* неравномерный
Unglück *nt* ⟨*gen:-(e)s*⟩ несчастье *nt*; (*Unfall*) несчастный случай *m*
unglücklich *adj* несчастный
unglücklicherweise *adv* к несчастью
ungültig *adj* недействительный
ungünstig *adj* неблагоприятный
Unheil *nt* ⟨*gen:-(e)s*⟩ беда *f*
unheilvoll *adj* пагубный
unheimlich *adj* страшный, жуткий
unhöflich *adj* невежливый
unhygienisch *adj* негигиеничный
Uni *akr von* ***Universität***
Uniform *f* ⟨-, -en⟩ форменная одежда *f*, форма *f*
uniformiert *adj* в форме
uninteressant *adj* неинтересный
Union *f* ⟨-, -en⟩ союз *m*
Universität *f* ⟨-, -en⟩ университет *m*
Universum *nt* ⟨*gen:-s*⟩ вселенная *f*
unkenntlich *adj* неузнаваемый
Unkenntnis *f* ⟨*gen:-*⟩ незнание *nt*
unklar *adj* неясный
Unklarheit *f* ⟨*gen:-*⟩ неясность *f*
unklug *adj* неразумный
unkonventionell *adj* нетрадиционный
Unkosten *pl* ⟨*gen:-*⟩ издержки *fpl*
Unkraut *nt* ⟨*gen:-(e)s*⟩ сорняк *m*
Unkrautvernichtungsmittel *nt* ⟨-s, -⟩ гербицид *m*
unlängst *adv* недавно
unleserlich *adj* неразборчивый
unlogisch *adj* нелогичный
unlösbar *adj* нерешимый
unmäßig *adj* неумеренный
Unmenge *f* ⟨-, -n⟩ масса *f*
Unmensch *m* ⟨*gen:-en*⟩ (*pej*) изверг *m*
unmenschlich *adj* бесчеловечный

unmerklich *adj* незаме́тный
unmißverständlich *adj* недвусмы́сленный
unmittelbar *adj* непосре́дственный
unmöglich *adj* невозмо́жный
unmoralisch *adj* безнра́вственный
Unmut *m* ⟨*gen:*-(e)s⟩ раздраже́ние *nt*
unnachgiebig *adj* неусту́пчивый
unnahbar *adj* непристу́пный
unnötig *adj* нену́жный
unnütz *adj* нену́жный
UNO *akr von* ***Organisation der Vereinten Nationen*** *f* ООН *f* (Организа́ция *f* Объединённых На́ций)
unordentlich *adj* неря́шливый
Unordnung *f* ⟨*gen:*-⟩ беспоря́док *m*
unparteiisch *adj* беспристра́стный
unpassend *adj* неуме́стный
unpopulär *adj* непопуля́рный
unpraktisch *adj* непракти́чный
unproblematisch *adj* непроблемати́чный
unpünktlich *adj* непунктуа́льный, нето́чный
unqualifiziert *adj* неквалифици́рованный
Unrecht *nt* ⟨*gen:*-(e)s⟩ несправедли́вость *f*
unrechtmäßig *adj* незако́нный
unregelmäßig *adj* нерегуля́рный
unreif *adj* незре́лый
unrentabel *adj* нерента́бельный
unrichtig *adj* непра́вильный
Unruhe *f* ⟨-, -n⟩ беспоко́йство *nt*
unruhig *adj* беспоко́йный
uns *pron* (*dat*) нам; (*akk*) нас
unsachlich *adj* неделово́й
unsagbar *adj* невырази́мый
unsanft *adj* неделика́тный
unsauber *adj* гря́зный
unschädlich *adj* безвре́дный; **jdn ~ machen** (*umg*) обезвре́дить кого́-л.
unscharf *adj* нере́зкий
unschätzbar *adj* бесце́нный
unscheinbar *adj* невзра́чный
unschlüssig *adj* нереши́тельный
unschön *adj* некраси́вый
Unschuld *f* ⟨*gen:*-⟩ неви́нность *f*; (*JUR*) невино́вность *f*
unschuldig *adj* неви́нный; (*JUR*) невино́вный
unselbständig *adj* несамостоя́тельный
unser *pron* наш; **~e Wohnung** на́ша кварти́ра
unsere(r, s) *adj* на́ша, наш, на́ше
unsererseits *adv* с на́шей стороны́
unseretwegen *adv* ра́ди нас, из-за нас
unsicher *adj* (*nicht gesichert*) опа́сный; (*Auftreten*) неуве́ренный
Unsicherheit *f* ⟨*gen:*-⟩ неуве́ренность *f*
unsichtbar *adj* неви́димый
Unsinn *m* ⟨*gen:*-(e)s⟩ вздор *m*
unsinnig *adj* бессмы́сленный
Unsitte *f* ⟨-, -n⟩ дурна́я привы́чка *f*
unsittlich *adj* безнра́вственный
unsportlich *adj* неспорти́вный
unsterblich *adj* бессме́ртный
Unstimmigkeit *f* ⟨-, -en⟩ разногла́сие *nt*
Unsumme *f* ⟨-, -n⟩ (*meist pl*) грома́дная су́мма *f*
unsympathisch *adj* несимпати́чный
untätig *adj* безде́ятельный
untauglich *adj* неприго́дный
unteilbar *adj* недели́мый
unten *adv* (*räumlich*) внизу́; **nach ~** вниз; **von ~** сни́зу
unter *präp* (*räumlich*) под (+ *inst*); (*Richtung angebend*) под (+ *akk*); (*bei Termperaturangaben*) ни́же; (*bei Altersangaben*) моло́же (+ *gen*); (*einen Begriff bezeichnend*) под (+ *inst*); (*zwischen*) ме́жду (+ *inst*), среди́ (+ *gen*); **~ Freunden** среди́ друзе́й; **drei Grad ~ Null** три гра́дуса ни́же нуля́; **~ sich** ме́жду собо́й; **~ der Voraussetzung, daß ...** при усло́вии, что ...
Unterarm *m* ⟨-(e)s, -e⟩ предпле́чье *nt*
Unterbewußtsein *nt* ⟨*gen:*-s⟩ подсозна́ние *nt*
unterbinden *vt* пресека́ть, -се́чь *pf*
unterbrechen *vt* (*Arbeit, Menschen*) прерыва́ть, прерва́ть *pf*
Unterbrechung *f* ⟨-, -en⟩ переры́в *m*; **ohne ~** без переры́ва
unterbringen *irr vt* (*Gegenstände, Gäste*) размеща́ть, -мести́ть *pf*
Unterbringung *f* ⟨*gen:*-⟩ размеще́ние *nt*
unterdessen *adv* ме́жду тем
Unterdruck *m* ⟨*gen:*-(e)s⟩ разреже́ние *nt*
unterdrücken *vt* (*Bedürfnisse*) подавля́ть, -ви́ть *pf*; (*Menschen*) угнета́ть *impf*
Unterdrückung *f* ⟨*gen:*-⟩ угнете́ние *nt*
untere(r, s) *adj* ни́жняя, ни́жний, ни́жнее
untereinander *adv* ме́жду собо́й
unterentwickelt *adj* недора́звитый
unterernährt *adj* истощённый
Unterernährung *f* ⟨*gen:*-⟩ недоеда́ние *nt*
Unterführung *f* ⟨-, -en⟩ подзе́мный перехо́д *m*
Untergang *m* ⟨-(e)s, Untergänge⟩ зака́т *m*
Untergebene(r) *mf* ⟨-n, -n⟩ подчинённый, -ная *m/f*
untergehen *irr vi* (*Sonne*) заходи́ть, зайти́ *pf*; (*Schiff*) тону́ть, за- *pf*
Untergewicht *nt* ⟨*gen:*-(e)s⟩ вес *m* ни́же но́рмы
untergliedern *vt* подразделя́ть, -ли́ть

pf
Untergrund *m* ⟨*gen:*-(e)s⟩ (*Erdreich*) подпо́чва *f*; (*fig:politischer ~*) подпо́лье; **in den ~ gehen** уйти́ в подпо́лье
Untergrundbahn *f* ⟨-, -en⟩ метро́ *nt*
Untergrundbewegung *f* ⟨*gen:*-⟩ подпо́льное движе́ние *nt*
unterhalb *präp +gen* (*räumlich*) под (+ *inst*), ни́же (+ *gen*); (*eines Vergleichswerts*) ни́же (+ *gen*)
Unterhalt *m* ⟨*gen:*-(e)s⟩ содержа́ние *nt*
unterhalten **1.** *vt* (*betreiben und finanzieren*) содержа́ть *impf*; (*Beziehungen*) подде́рживать, поддержа́ть *pf*; (*amüsieren*) развлека́ть, -вле́чь *pf*; **2.** *vr* (*im Gespräch*) бесе́довать, по- *pf* (*über +akk* о *+präpos*); (*sich amüsieren*) развлека́ться, -вле́чься *pf*
unterhaltsam *adj* развлека́тельный
Unterhaltspflicht *f* ⟨*gen:*-⟩ обя́занность *nt* содержа́ть дете́й
Unterhaltung *f* ⟨-, -en⟩ (*Gespräch*) разгово́р *m*, бесе́да *f*; (*Zeitvertreib*) развлече́ние *nt*
Unterhemd *nt* ⟨-(e)s, -en⟩ ма́йка *f*
Unterhose *f* ⟨-, -n⟩ трусы́ *mpl*
unterirdisch *adj* подзе́мный
Unterkiefer *m* ⟨-s, -⟩ ни́жняя че́люсть *f*
unterkommen *vi* (*einen Arbeitsplatz finden*) устра́иваться, устро́иться *pf* (на рабо́ту); (*von jdm erfahren/erlebt werden: meist mit Negation*) встреча́ться, встре́титься *pf*
Unterkunft *f* ⟨-, Unterkünfte⟩ прию́т *m*
Unterlage *f* ⟨-, -n⟩ (*etw zum Unterlegen*) подсти́лка *f*, подкла́дка *f*; (*schriftliche ~*) докуме́нт *m*
unterlaufen *vi* (*Fehler*) вкра́дываться, вкра́сться *pf*
unterlegen **1.** *vt* подкла́дывать, подложи́ть *pf*; **2.** *adj:* **jdm ~ sein** уступа́ть кому́-л. в чём-л.
Unterleib *m* ⟨*gen:*-(e)s⟩ ни́жняя часть *f* живота́
unterliegen *vi* (*eine Niederlage erleiden*) прои́грывать, -игра́ть *pf*; (*Gesetzmäßigkeiten*) подчиня́ться, -ни́ться *pf*
Unterlippe *f* ⟨-, -n⟩ ни́жняя губа́ *f*
Untermiete *f* ⟨*gen:*-⟩ поднаём *m* жило́й пло́щади
Untermieter, -in *m/f* поднанима́тель, -ница *m/f* жило́й пло́щади
unternehmen *irr vt* предпринима́ть, -ня́ть *pf*
Unternehmen *nt* ⟨-s, -⟩ (*Firma u. Vorhaben*) предприя́тие *nt*
Unternehmer, -in *m/f* ⟨-s, -⟩ предпринима́тель, -ница *m/f*
unternehmungslustig *adj* предприи́мчивый
unterordnen **1.** *vt* подчиня́ть, -ни́ть *pf*; **2.** *vr* подчиня́ться, -ни́ться *pf*
Unterredung *f* ⟨-, -en⟩ бесе́да *f*
Unterricht *m* ⟨*gen:*-(e)s⟩ (*das Unterrichten*) обуче́ние *nt*; (*Unterrichtsstunde*) заня́тие *nt*
unterrichten *vt* преподава́ть *impf*; **jdn in etw ~** преподава́ть кому́-л. что-л.
Unterrock *m* ⟨-(e)s, -röcke⟩ ни́жняя ю́бка *f*
untersagen *vt* запреща́ть, -прети́ть *pf*
unterschätzen *vt* недооце́нивать, -цени́ть *pf*
unterscheiden **1.** *irr vt* отлича́ть, -чи́ть *pf* (*von +dat* от *+gen*); **man unterscheidet zwischen Tieren und Pflanzen** при́нято различа́ть ме́жду живо́тными и расте́ниями; **2.** *irr vr* (*Unterschiede aufweisen*) отлича́ться, -чи́ться *pf*
Unterschied *m* ⟨m, -e⟩ ра́зница *f*; **einen ~ zwischen etw/jdm machen** де́лать ра́зницу ме́жду чем-л./кем-л.; **im ~ zu jdm/etw** в отли́чие от кого́-л./чего́-л.
unterschiedlich *adj* различ́ный, ра́зный
unterschlagen *irr vt* (*Geld*) растра́чивать, -тра́тить *pf*
Unterschlagung *f* ⟨-, -en⟩ растра́та *f*
Unterschlupf *m* ⟨*gen:*-(e)s⟩ убе́жище *nt*
unterschreiben *irr vt* подпи́сывать, -писа́ть *pf*
Unterschrift *f* ⟨-, -en⟩ по́дпись *f*; **seine ~ unter etw setzen** поста́вить свою́ по́дпись по́д чем-л.
Unterseeboot *nt* ⟨-(e)s, -e⟩ подво́дная ло́дка *f*
Unterseite *f* ⟨-, -n⟩ ни́жняя сторона́ *f*
Untersetzer *m* ⟨-s, -⟩ подста́вка *f*
untersetzt *adj* корена́стый
unterste(r, s) *adj* са́мая ни́жняя, - -ний, - -нее
unterstehen *irr vi* (*unterstellt sein*) подчиня́ться *impf*
unterstellen [1] **1.** *vr* (*bei Regen*) спря́таться *pf* (под *+inst*); **2.** *vt* (*unter etw*) подставля́ть, подста́вить *pf* (под *+akk*)
unterstellen [2] *vt* (*unterordnen*) подчиня́ть, -ни́ть *pf*; **jdm etw ~** (*Böses*) припи́сывать кому́-л. что-л.
unterstreichen *irr vt* (*auch fig*) подчёркивать, -черкну́ть *pf*
Unterstufe *f* ⟨*gen:*-⟩ мла́дшие кла́ссы *mpl*
unterstützen *vt* подде́рживать, поддержа́ть *pf*
Unterstützung *f* ⟨-, -en⟩ подде́ржка *f*
untersuchen *vt* (*ärztlich*) обсле́довать

impf/pf; (*wissenschaftlich*) исслéдовать *impf/pf*
Untersuchung *f* ⟨-, -en⟩ (*ärztliche*) обслéдование *nt*; (*wissenschaftliche*) исслéдование *nt*
Untersuchungshaft *f* ⟨*gen:-*⟩ предвари́тельное заключéние *nt*
Untertasse *f* ⟨-, -n⟩ блю́дце *nt*
Unterteil *nt* ⟨-(e)s, -e⟩ ни́жняя часть *f*
Untertitel *m* ⟨-s, -⟩ подзаголóвок *m*
Unterwäsche *f* ⟨*gen:-*⟩ ни́жнее бельё *nt*
unterwegs *adv* по дорóге
Unterwelt *f* ⟨*gen:-*⟩ (*Mythologie*) преиспóдняя *f*
unterwerfen 1. *irr vt* покоря́ть, -ри́ть *pf*; **2.** *vr* покоря́ться, -ри́ться *pf*
unterwürfig *adj* покóрный
unterziehen *irr vt* подвергáть, -вéргнуть *pf*; **sich einer Behandlung ~** пройти́ лечéние
untreu *adj* невéрный
untröstlich *adj* безутéшный
unüberlegt *adj* необду́манный
unübersehbar *adj* необозри́мый
unumgänglich *adj* неизбéжный
ununterbrochen *adj* непреры́вный
unveränderlich *adj* неизмéнный
unverantwortlich *adj* безответственный
unverbesserlich *adj* неисправи́мый
unverbindlich *adj* необязáтельный
unverbleit *adj* неэтили́рованный
unverblümt *adj* откровéнный
unvereinbar *adj* несовмести́мый
unverfroren *adj* нáглый
unvergeßlich *adj* незабывáемый
unverhofft *adj* неожи́данный
unverkennbar *adj* несомнéнный
unvermeidlich *adj* неизбéжный
unvermutet *adj* внезáпный
Unvernunft *f* ⟨*gen:-*⟩ безрассу́дство *nt*
unvernünftig *adj* неразу́мный
unverschämt *adj* нáглый
Unverschämtheit *f* ⟨-, -en⟩ нáглость *f*
unversöhnlich *adj* непримири́мый
unverständlich *adj* непоня́тный
unverträglich *adj* несовмести́мый
unverwechselbar *adj* неповтори́мый
unverwüstlich *adj* прóчный
unverzeihlich *adj* непрости́тельный
unverzüglich *adj* немéдленный
unvollkommen *adj* несовершéнный
unvollständig *adj* непóлный
unvorbereitet *adj* неподготóвленный
unvoreingenommen *adj* непредвзя́тый
unvorhergesehen *adj* непредви́денный
unvorsichtig *adj* неосторóжный
unvorstellbar *adj* невообрази́мый
unvorteilhaft *adj* невы́годный
unwahr *adj* невéрный
Unwahrheit *f* ⟨-, -en⟩ непрáвда *f*
unwahrscheinlich *adj* невероя́тный
Unwahrscheinlichkeit *f* ⟨*gen:-*⟩ невероя́тность *f*
unweit *adv* недалекó
Unwesen : sein ~ treiben бесчи́нствовать
Unwetter *nt* ⟨-s, -⟩ непогóда *f*
unwichtig *adj* невáжный
unwiderlegbar *adj* неопровержи́мый
unwiderstehlich *adj* неодоли́мый
unwillig *adj* недовóльный
unwillkürlich *adj* невóльный
unwirklich *adj* нереáльный
unwirksam *adj* неэффекти́вный
unwirsch *adj* рéзкий
unwirtlich *adj* неую́тный
unwirtschaftlich *adj* нерентáбельный
unwissend *adj* невéжественный
Unwissenheit *f* ⟨*gen:-*⟩ невéжество *nt*
unwohl *adj*: **ich fühle mich ~** я плóхо себя́ чу́вствую
Unwohlsein *nt* ⟨*gen:-s*⟩ недомогáние *nt*
unwürdig *adj* недостóйный
unzählig *adj* бесчи́сленный
unzeitgemäß *adj* несоврéменный
unzertrennlich *adj* неразлу́чный
Unzucht *f* ⟨*gen:-*⟩ разврáт *m*
unzüchtig *adj* разврáтный
unzufrieden *adj* недовóльный; **er ist damit sehr ~** он óчень недовóлен э́тим
Unzufriedenheit *f* ⟨*gen:-*⟩ недовóльство *nt*
unzulänglich *adj* недостáточный
unzulässig *adj* недопусти́мый
unzurechnungsfähig *adj* невменя́емый
unzusammenhängend *adj* бессвя́зный
unzutreffend *adj* несоотвéтствующий
unzuverlässig *adj* ненадёжный
üppig *adj* пы́шный
uralt *adj* дрéвний
Uran *m* ⟨-en, -en⟩ урáн *m*
Uraufführung *f* ⟨-, -en⟩ премьéра *f*
Ureinwohner, -in *m/f* ⟨-s, -⟩ереннóй жи́тель, креннáя жи́тельница *m/f*
Urenkel, -in *m/f* ⟨-s, -⟩ прáвнук, -внучка *m/f*
Urgroßmutter *f* ⟨-, -mütter⟩ прабáбушка *f*
Urgroßvater *m* ⟨-s, -väter⟩ прадéдушка *m*
Urheber, -in *m/f* ⟨-s, -⟩ áвтор *m*
Urheberrecht *nt* ⟨-(e)s, -e⟩ áвторское прáво *nt*
Urin *m* ⟨*gen:-s*⟩ мочá *f*
Urkunde *f* ⟨-, -n⟩ докумéнт *m*

Urkundenfälschung *f* ⟨-, -en⟩ подде́лка *f* докуме́нтов
Urlaub *m* ⟨-(e)s, -e⟩ о́тпуск *m*; **in den ~ fahren** пое́хать в о́тпуск; **im ~ sein** быть в о́тпуске
Urlauber, -in *m/f* ⟨-s, -⟩ отпускни́к, -ни́ца *m/f*
Urlaubsgeld *nt* ⟨*gen:*-es⟩ отпускны́е де́ньги *pl*; (*umg*) отпускны́е *pl*
Urne *f* ⟨-, -n⟩ у́рна *f*
Urologe *m* ⟨-n, -n⟩ уро́лог *m*
Ursache *f* ⟨-, --n⟩ причи́на *f*
Ursprung *m* ⟨-(e)s, -⟩ происхожде́ние *nt*
ursprünglich *adj* первонача́льный
Urteil *nt* ⟨-(e)s, -e⟩ (*Gerichts~*) пригово́р *m*; **ein ~ über jdn fällen** вы́нести кому́-л. пригово́р (*Einschätzung*) мне́ние *nt*
urteilen *vi* суди́ть *impf* (*über +akk* о *+präpos*)
Urteilsspruch *m* ⟨-(e)s, -sprüche⟩ пригово́р *m*
Urwald *m* ⟨-(e)s, -wälder⟩ джу́нгли *pl*
urwüchsig *adj* самобы́тный
USA *abk von* ***United States of America*** *f* США *nt* (Соединённые Шта́ты *mpl* Аме́рики)
usw. *abk von* ***und so weiter*** и т. д. (и так да́лее)
Utopie *f* ⟨-, -n⟩ уто́пия *f*
utopisch *adj* утопи́ческий
UV *abk von* ***ultraviolett***
UV-Strahlung *f* ⟨*gen:*-⟩ ультрафиоле́товое излуче́ние *nt*

V

v, V *nt* ⟨-, -⟩ в, В; ф, Ф
Vagabund *m* ⟨-en, -en⟩ бродя́га *m*
vage *adj* сму́тный
Vagina *f* ⟨-, Vaginen⟩ влага́лище *nt*
Vakuum *nt* ⟨-s, -en⟩ ва́куум *m*
Vampir *m* ⟨-s, -e⟩ вампи́р *m*
Vanille *f* ⟨*gen:*-⟩ вани́ль *f*
variabel *adj* переме́нный
Variable *f* ⟨-n, -n⟩ (*MATH, PHYS*) переме́нная *f* (величина́ *f*)
Variante *f* ⟨-, -n⟩ (*geh*) вариа́нт *m*
Varieté *nt* ⟨-s, -s⟩ варьете́ *nt*
Vase *f* ⟨-, -n⟩ ва́за *f*
Vater *m* ⟨-s, Väter⟩ оте́ц *m*
Vaterland *nt* ⟨-(e)s, -länder⟩ оте́чество *nt*
väterlich *adj* оте́ческий
Vaterunser *nt* ⟨-s, -⟩ моли́тва *f* „О́тче наш“
Vatikan *m* ⟨*gen:*-s⟩ Ватика́н *m*
V-Ausschnitt *m* ⟨-(e)s, -e⟩ треуго́льный вы́рез *m*
Vegetarier, -in *m/f* ⟨-s, -⟩ вегетариа́нец *m*, -нка *f*
Veilchen *nt* ⟨-s, -⟩ фиа́лка *f*
Vene *f* ⟨-, -n⟩ ве́на *f*
Ventil *nt* ⟨-s, -e⟩ кла́пан *m*
Ventilator *m* ⟨-s, -en⟩ вентиля́тор *m*
verabreden 1. *vr* догова́риваться, договори́ться *pf*; **wir haben uns in einem Restaurant verabredet** мы договори́лись встре́титься в рестора́не; **2.** *vt* догова́риваться, договори́ться *pf*; **aber wir hatten doch verabredet, daß ...** но мы же договори́лись о том, что ...
Verabredung *f* ⟨-, -en⟩ (*Treffen*) встре́ча *f*; **ich habe um fünf eine ~ mit ihr** я договори́лся в пять часо́в встре́титься с ней; (*Vereinbarung*) договорённость *f*
verabschieden 1. *vr* (*Abschied nehmen*) проща́ться, прости́ться *pf* (*von +dat* с *+inst*); **2.** *vt* (*Gesetz, Richtlinien*) принима́ть, приня́ть *pf*
Verabschiedung *f* ⟨-, -en⟩ (*Abschied*) проща́ние *nt*; (*eines Gesetzes*) приня́тие *nt*
verachten *vt* презира́ть, презре́ть *pf*
Verachtung *f* ⟨-⟩ презре́ние *nt*
verallgemeinern *vt* обобща́ть, -щи́ть *pf*
Verallgemeinerung *f* ⟨-, -en⟩ обобще́ние *nt*
veralten *vi* устарева́ть, -ре́ть *pf*; **diese Technik ist völlig veraltet** э́та те́хника по́лностью устаре́ла
veränderlich *adj* изме́нчивый
verändern 1. *vt* изменя́ть, -ни́ть *pf*; **2.** *vr* изменя́ться, -ни́ться *pf*; **du hast dich in letzter Zeit sehr stark verändert** ты в после́днее вре́мя о́чень си́льно измени́лся
Veränderung *f* ⟨-, -en⟩ измене́ние *nt*
veranlagt *adj* предрасполо́женный
Veranlagung *f* ⟨-, -en⟩ скло́нность *f*, спосо́бность *f*
veranlassen *vt* (*etw*) распоряжа́ться, -ряди́ться *pf* (о *+präpos*); **jdn ~, etw zu tun** побуди́ть кого́-л. сде́лать что-л.
Veranlassung *f* ⟨-, -en⟩ (*das Veranlassen*) побужде́ние *nt*; (*Grund*) по́вод *m*
veranschaulichen *vt* поясня́ть, -ни́ть *pf*
veranschlagen *vt* (*Kosten*) оце́нивать, оцени́ть *pf*
veranstalten *vt* (*organisieren, ausrichten*) организова́ть *impf/pf*
Veranstalter, -in *m/f* ⟨-s, -⟩ организа́тор *m*
Veranstaltung *f* ⟨-, -en⟩ (*Durchführung*) проведе́ние *nt*; (*Feier*) мероприя́тие *nt*

verantworten **1.** *vt* нести́, по- *impf* отве́тственность (за *+akk*), брать, взять *pf* на себя́ отве́тственность (за *+akk*); **2.** *vr* отвеча́ть, отве́тить *pf* (*für +akk* за *+akk*)
verantwortlich *adj* отве́тственный (*für +akk* за *+akk*)
Verantwortung *f* ⟨*gen:-*⟩ отве́тственность *f*; **jdn zur ~ ziehen** привле́чь кого́-л. к отве́тственности
verantwortungsbewußt *adj* отве́тственный
verantwortungslos *adj* безотве́тственный
verarbeiten *vt* перераба́тывать, -бо́тать *pf*
Verarbeitung *f* ⟨-, -en⟩ (*das Verarbeiten*) перерабо́тка *f*; (*Art der Verarbeitung*) ка́чество *nt*
verärgern *vt* разозли́ть *pf*
Verb *nt* ⟨-s, -en⟩ глаго́л *m*
verbal *adj* глаго́льный
Verband *m* ⟨-(e)s, Verbände⟩ (*Wundverband*) повя́зка *f*; **er legte ihr einen ~ an** он наложи́л ей повя́зку; (*Vereinigung*) о́бщество *nt*; (*MIL:Truppenverband*) формирова́ние *nt*
Verband(s)zeug *nt* ⟨*gen:*-(e)s⟩ перевя́зочный материа́л *m*
Verbot *nt* ⟨-(e)s, -e⟩ (*etw zu tun*) запреще́ние *nt*, запре́т *m*
Verbrauch *m* ⟨*gen:*-(e)s⟩ потребле́ние *nt*
verbrauchen *vt* потребля́ть *pf*, расхо́довать, из- *pf*
Verbraucher, -in *m/f* ⟨-s, -⟩ потреби́тель, -ница *f*
verbraucht *adj* (*Mensch*) разби́тый; (*Luft*) спёртый
Verbrechen *nt* ⟨-s, -⟩ преступле́ние *nt*; **ein ~ begehen** соверши́ть преступле́ние
Verbrecher, -in *m/f* ⟨-s, -⟩ престу́пник, -ница *m/f*
verbrecherisch *adj* престу́пный
verbreiten **1.** *vt* распространя́ть, -ни́ть *pf*; **2.** *vr* распространя́ться, -ни́ться *pf*
Verbreitung *f* ⟨-, -en⟩ распростране́ние *nt*
verbrennen **1.** *irr vt* сжига́ть, сжечь *pf*; **2.** *irr vi* сгора́ть, -ре́ть *pf*; **3.** *irr vr* обжига́ться, -же́чься *pf* (*an +dat* о *+akk*)
Verbrennung *f* ⟨-, -en⟩ (*das Verbrennen*) сгора́ние *nt*; (*~ von etw*) сжига́ние *nt*; (*MED*) ожо́г *m*; **~en zweiten Grades** (*MED*) ожо́г второ́й сте́пени
Verbrennungsmotor *m* ⟨-s, -en⟩ дви́гатель *m* вну́треннего сгора́ния
verbringen *irr vt* проводи́ть, -вести́ *pf*
verbunden : **jdm ~ sein** быть обя́занным кому́-л.; **Sie sind falsch ~** Вы не туда́ попа́ли
verbünden *vr* объединя́ться, -ни́ться *pf* (*mit +dat* с *+inst*)
Verbündete(r) *mf* ⟨-n, -n⟩ сою́зник, -ница *m/f*
Verbundglas *nt* ⟨*gen:*-es⟩ (*TECH*) многосло́йное стекло́ *nt*
verdrängen *vt* вытесня́ть, вы́теснить
Verdrängung *f* ⟨-, -en⟩ (*MAR*) водоизмеще́ние *nt*; (*PSYCH*) вытесне́ние *nt*
verdrehen *vt* (*Tatsachen*) извраща́ть, изврати́ть *pf*; **jdm den Kopf ~** (*umg*) вскружи́ть кому́-л. го́лову
verdreifachen **1.** *vt* утра́ивать, утро́ить *pf*; **2.** *vr* утра́иваться, утро́иться *pf*
verdrossen *adj* угрю́мый, недово́льный
Verdruß *m* ⟨*gen:* Verdrusses⟩ огорче́ние *nt*; **zu jds ~** к огорче́нию кого́-л.
Verdunk(e)lung *f* ⟨gen, -⟩ (*auch fig*) затемне́ние *nt*
verdunkeln **1.** *vt* (*Zimmer, Haus, Tatsachen*) затемня́ть, -ни́ть *pf*; **2.** *vr* (*Himmel*) темне́ть, по- *pf*
verdünnen *vt* разбавля́ть, -ба́вить *pf*; **sie verdünnte ihren Kaffee mit Wasser** она́ разба́вила свой ко́фе водо́й
verdunsten *vi* испаря́ться, -ри́ться *pf*
verdursten *vi* умира́ть, умере́ть *pf* от жа́жды
verdutzt *adj* озада́ченный
verehren *vt* почита́ть *impf*
Verehrer, -in *m/f* ⟨-s, -⟩ (*einer Person, Sache*) покло́нник, -нница *m/f*
verehrt *adj* (*in Anrede*) уважа́емый
Verehrung *f* ⟨*gen:-*⟩ почита́ние *nt*
vereidigen *vt* приводи́ть, -вести́ *pf* к прися́ге
Vereidigung *f* ⟨gen, -⟩ принесе́ние *nt* прися́ги
Verein *m* ⟨-(e)s, -e⟩ о́бщество *nt*, сою́з *m*, организа́ция *f*
vereinbar *adj* совмести́мый (*mit + dat* с *+inst*)
vereinbaren *vt* (*ausmachen*) догова́риваться, -вори́ться *pf* (о *+präpos*); (*in Einklang bringen*) согласо́вывать, -сова́ть *pf* (*mit +dat* с *+inst*)
Vereinbarung *f* ⟨-, -en⟩ соглаше́ние *nt*; **eine ~ treffen** заключи́ть соглаше́ние
vereinfachen *vt* упроща́ть, упрости́ть *pf*
vereinigen **1.** *vt* (*eine Einheit herstellen*) объединя́ть, -ни́ть *pf*; **2.** *vr* объединя́ться, -ни́ться *pf*
Vereinigung *f* ⟨-, -en⟩ (*das Vereinigen*) объедине́ние *nt*; (*Organisation*) сою́з *m*, объедине́ние *nt*

vereinsamen *vi* станови́ться *impf* всё бо́лее одино́ким
vereint *adj* объединённый
vererben 1. *vt* оставля́ть, оста́вить *pf* в насле́дство; (*BIO, MED*) передава́ть, -да́ть *pf* по насле́дству; **2.** *vr* (*BIO, MED*) передава́ться, -да́ться *pf* по насле́дству
Vererbung *f* ⟨*gen:-*⟩ (*BIO, MED*) насле́дственность *f*
verewigen *vt* (*Person*) увекове́чивать, -чить *pf*
verfahren *irr vi* (*vorgehen*) де́йствовать *impf*
Verfahren *nt* ⟨-s, -⟩ (*Vorgehen*) спо́соб *m*, ме́тод *m*; (*Gerichts~*) де́ло *nt*
Verfall *m* ⟨*gen:*-(e)s⟩ упа́док *m*; (*Zerfall*) разруше́ние *nt*
verfallen *irr vi* (*zerfallen*) приходи́ть, прийти́ *pf* в упа́док
verfälschen *vt* подде́лывать, подде́лать *pf*
verfärben 1. *vr* (*Wäsche*) окра́шиваться, окра́ситься *pf* в друго́й цвет; **2.** *vt* (*Wäsche*) окра́шивать, окра́сить *pf*
Verfasser, -in *m/f* ⟨-s, -⟩ составитель, -ница *m/f*
Verfassung *f* ⟨-, -en⟩ (*Zustand*) состоя́ние *nt*; (*Staatsverfassung*) конститу́ция *f*
Verfassungsgericht *nt* ⟨-(e)s, -e⟩ коституцио́нный суд *m*
verfaulen *vi* прогнива́ть, -гни́ть *pf*
verfehlen *vt:* **das Thema ~** непра́вильно раскры́ть те́му; **das Ziel ~** промахну́ться; **seinen Beruf ~** ошиби́ться в вы́боре профе́ссии; **sich ~** (*sich nicht treffen*) размину́ться
verfilmen *vt* (*Roman*) экранизи́ровать *impf/pf*
verfliegen *irr vi* (*Duft, Zeit*) улету́чиваться, -читься *pf*
verfluchen *vt* проклина́ть, -кля́сть *pf*
verflüchtigen *vr* (*Duft, Aroma, auch fig*) улету́чиваться, -читься *pf*
verfolgen *vt* (*Person, Ziel, politisch, gerichtlich*) пресле́довать *impf*; (*gedanklich*) сле́довать *impf*
Verfolger, -in *m/f* ⟨-s, -⟩ пресле́дователь *m*
Verfolgung *f* ⟨-, -en⟩ пресле́дование *nt*
Verfolgungswahn *m* ⟨*gen:*-(e)s⟩ ма́ния *f* пресле́дования
verfrüht *adj* преждевре́менный
verfügen 1. *vt* (*behördlich anordnen*) распоряжа́ться, -ряди́ться *pf* (о *+präpos*); **2.** *vi:* **über etw ~** (*zur Verfügung haben*) име́ть что-л. в своём распоряже́нии
Verfügung *f* ⟨-, -en⟩ распоряже́ние *nt*; **zur ~ stehen** находи́ться в чьём-л. распоряже́нии; **jdm etw zur ~ stellen** предоста́вить что-л. кому́-л.
verführen *vt* склоня́ть, -ни́ть *pf* (*zu +dat* к *+dat*); (*sexuell*) соблазня́ть, -ни́ть *pf*
verführerisch *adj* соблазни́тельный
Verführung *f* ⟨-, -en⟩ (*etw Verführerisches*) собла́зн *m*; (*das Verführen*) соблазне́ние *nt*
vergangen *adj* про́шлый
Vergangenheit *f* ⟨-, -en⟩ про́шлое *nt*; (*LING*) проше́дшее вре́мя *nt*
vergänglich *adj* бре́нный
Vergaser *m* ⟨-s, -⟩ карбюра́тор *m*
vergaß *prät von* **vergessen**
vergeben *irr vt* (*verzeihen*) проща́ть, прости́ть *pf*; (*Auftrag*) дава́ть, дать *pf*
vergebens *adv* напра́сно
vergeblich *adj* напра́сный
Vergebung *f* ⟨*gen:-*⟩ проще́ние *nt*; **um ~ bitten** проси́ть проще́ния
vergehen 1. *irr vi* (*verstreichen, verschwinden*) проходи́ть, пройти́ *pf*; **2.** *vr* (*sexuell*) наси́ловать, из- *pf*; **er hatte sich an dem Mädchen vergangen** он изнаси́ловал де́вушку
Vergehen *nt* ⟨-s, -⟩ преступле́ние *nt*
Vergeltung *f* ⟨*gen:-*⟩ возме́здие *nt*
vergessen ⟨vergaß, vergessen⟩ *vt* забыва́ть, -бы́ть *pf*
Vergessenheit : in ~ geraten быть пре́данным забве́нию
vergeßlich *adj* забы́вчивый
Vergeßlichkeit *f* ⟨*gen:-*⟩ забы́вчивость *f*
vergeuden *vt* расточа́ть *impf*; **wir ~ hier nur unsere Zeit** мы зря теря́ем здесь на́ше вре́мя
vergewaltigen *vt* (*sexuell*) наси́ловать, из- *pf*
Vergewaltigung *f* ⟨-, -en⟩ изнаси́лование *nt*
vergewissern *vr* удостоверя́ться, -ве́риться; **sich einer Sache ~** удостове́риться в чём-л.
vergießen *irr vt* пролива́ть, -ли́ть *pf*
vergiften *vt* (*auch fig*) отравля́ть, -ви́ть *pf*
Vergiftung *f* ⟨-, -en⟩ отравле́ние *nt*
Vergißmeinnicht *nt* ⟨-(e)s, -(e)⟩ незабу́дка *f*
Vergleich *m* ⟨-(e)s, -e⟩ (*das Vergleichen*) сравне́ние *nt*; **im ~ zu** в сравне́нии с; **einen ~ ziehen** проводи́ть сравне́ние
vergleichbar *adj* сравни́мый
vergleichen 1. *irr vt* сра́внивать, сравни́ть *pf* (*mit +dat* с *+inst*); **2.** *irr vr* сра́вниваться, сравни́ться *pf* (*mit +dat* с *+inst*)
vergleichsweise *adv* относи́тельно

vergnügen *vr* развлека́ться, развле́чься *pf* (*mit +dat* с *+inst*)
Vergnügen *nt* ⟨*gen:-s*⟩ удово́льствие *nt*; **mit ~!** с удово́льствием!
vergnügt *adj* весёлый
Vergnügung *f* ⟨-, -en⟩ развлече́ние *nt*
vergolden *vt* покрыва́ть, -кры́ть *pf* позоло́той
vergöttern *vt* обожествля́ть, -ви́ть *pf*
vergraben *irr vt* (*eingraben*) зака́пывать, -копа́ть *pf*
vergriffen *adj* (*Ware*) распро́данный; **dieses Buch ist leider ~** э́та кни́га, к сожале́нию, распро́дана
vergrößern 1. *vt* увели́чивать, -чить *pf*; **2.** *vr* (*größer werden*) увели́чиваться, -читься *pf*
Vergrößerung *f* ⟨-, -en⟩ увеличе́ние *nt*
Vergrößerungsglas *nt* ⟨-es, -gläser⟩ увеличи́тельное стекло́ *nt*, лу́па *f*
Vergünstigung *f* ⟨-, -en⟩ льго́та *f*
vergüten *vt* (*erstatten*) возмеща́ть, -мести́ть *pf*; (*Arbeitsleistung*) опла́чивать, оплати́ть *pf*
Vergütung *f* ⟨-, -en⟩ (*Erstattung*) возмеще́ние *nt*; (*für Arbeit*) опла́та *f*
verh. *abk von* ***verheiratet***
verhaften *vt* аресто́вывать, -това́ть *pf*
Verhaftung *f* ⟨-, -en⟩ аре́ст *m*
verhalten *irr vr* (*ein bestimmtes Verhalten zeigen*) вести́ *impf* себя́ (*gegenüber +dat* по отноше́нию к *+dat*); **es verhält sich genau umgekehrt** дела́ обстоя́т совсе́м ина́че; (*auch MATH*) относи́ться *impf* (*zu +dat* к *+dat*)
Verhalten *nt* ⟨*gen:-s*⟩ поведе́ние *nt*
Verhältnis *nt* ⟨-ses, -se⟩ (*zu einer Person*) отноше́ния *ntpl*; (*Bedingungen*) усло́вия *ntpl*; (*Liebesbeziehung*) рома́н *m*; (*Relation*) соотноше́ние *nt*
verhältnismäßig *adj* (*vergleichsweise*) сравни́тельно
Verhältniswahl *f* ⟨-, -en⟩ пропорциона́льные вы́боры *pl*
verhandeln *vi* вести́, про- *pf* перегово́ры (*über +akk* о *+präpos*); (*JUR*) слу́шать, вы́- *pf* де́ло
Verhandlung *f* ⟨-, -en⟩ перегово́ры *mpl*; (*JUR*) суде́бное заседа́ние *nt*
verhängen *vt* (*abdecken*) заве́шивать, -ве́сить *pf*; (*Strafe*) пригова́ривать, -говори́ть *pf*; **über jdn eine Strafe ~** приговори́ть кого́-л. к наказа́нию; **den Ausnahmezustand ~** объяви́ть чрезвыча́йное положе́ние
Verhängnis *nt* ⟨*gen:-ses*⟩ рок *m*
verhängnisvoll *adj* рокова́й
verharmlosen *vt* преуменьша́ть, -ме́ньшить *pf*
verharren *vi* наста́ивать *impf* (*auf + dat* на *+präpos*)
verhaßt *adj* ненави́стный
verheerend *adj* (*umg:schlimm*) опустоши́тельный
verheilen *vi* зажива́ть, -жи́ть *pf*
verheimlichen *vt* скрыва́ть, скры́ть *pf* (*vor +dat* от *+gen*)
verheiraten *vr* (*mit einer Frau*) жени́ться *impf/pf* (на *+präpos*); (*mit einem Mann*) выходи́ть, вы́йти *pf* за́муж (за *+akk*); **verheiratet sein** быть жена́тым/за́мужем
verheißen *irr vt* (*geh*) предвеща́ть *impf*
verherrlichen *vt* прославля́ть, -сла́вить *pf*
verhindern *vt* (*Entscheidung etc.*) препя́тствовать, вос- *pf*; (*abwenden: Krieg, Unfall*) предотвраща́ть, -врати́ть *pf*; **Herr Müller ist im Augenblick leider verhindert** господи́н Мю́ллер в настоя́щий моме́нт, к сожале́нию, за́нят; **jds Heirat ~** воспрепя́тствовать чему́-л. бра́ку
verhöhnen *vt* издева́ться *impf* (над *+inst*)
Verhör *nt* ⟨-(e)s, -e⟩ допро́с *m*; **jdn einem ~ unterziehen** подве́ргнуть кого́-л. допро́су
verhören 1. *vt* (*ein Verhör durchführen*) допра́шивать , -проси́ть *pf*; **2.** *vr* (*falsch hören*) ослы́шаться *pf*
verhungern *vi* умира́ть, умере́ть *pf* с го́лоду
verhüten *vt* (*verhindern*) предотвраща́ть, -отврати́ть *pf*; (*Empfängis*) предупрежда́ть, предупреди́ть *pf*
Verhütung *f* ⟨*gen:-*⟩ (*das Verhüten*) предотвраще́ние *nt*; (*Empfängnis~*) предупрежде́ние *nt* бере́менности
Verhütungsmittel *nt* ⟨-s, -⟩ противозача́точное сре́дство *nt*
verirren *vr* заблуди́ться *pf*
verjagen *vt* прогоня́ть, -гна́ть *pf*
verjähren *vi* (*Straftat, Schulden*) теря́ть, по- *pf* си́лу за да́вностью
verkabeln *vt* (*an das Netz des Kabelfernsehens anschließen*) присоединя́ть, -ни́ть *pf* к сети́ ка́бельного телеви́дения
verkalkulieren *vr* ошиба́ться, -би́ться *pf* в расчёте
Verkauf *m* ⟨-(e)s, Verkäufe⟩ (*das Verkaufen*) прода́жа *f*; (*Verkausabteilung*) отде́л *m* сбы́та
verkaufen 1. *vt* продава́ть, -да́ть *pf*; **2.** *vr* (*Ware*) покупа́ться *impf*
Verkäufer, -in *m/f* ⟨-s, -⟩ продаве́ц, -вщи́ца *m/f*
verkäuflich *adj:* **das Haus ist nicht ~** дом не продаётся

Verkaufspreis *m* ⟨-es, -e⟩ продáжная ценá *f*
Verkehr *m* ⟨*gen:*-(e)s⟩ (*Straßenverkehr*) движéние *nt*; (*sexueller*) половóе сношéние *nt*; **etw aus dem ~ ziehen** изъя́ть что-л. из обращéния
verkehren 1. *vi* (*Bus, Straßenbahn, Zug*) ходи́ть *impf*; (*Fähre*) курси́ровать *impf*; (*an einem Ort*) вращáться *impf*, бывáть *impf*; **2.** *vt* (*Sinn*) извращáть, -врати́ть *pf*
Verkehrsmittel *nt* ⟨-s, -⟩ трáнспортное срéдство *nt*; **die öffentlichen ~** общéственный трáнспорт
verkehrsreich *adj* оживлённый
Verkehrsunfall *m* ⟨-(e)s, -unfälle⟩ дорóжно-трáнспортное происшéствие *nt*
Verkehrszeichen *nt* ⟨-s, -⟩ дорóжный знак *m*
verkehrt *adj* непрáвильный
verkennen *vt* не прáвильно понимáть, -ня́ть *pf*; **ihre Ziele sind nicht zu ~** её цель очеви́дна; **ein verkanntes Genie** (*umg*) неприя́знанный гéний
verklagen *vt:* **jdn wegen etw ~** подáть на когó-л. (жáлобу) в суд; **jdn auf etw ~** предъявля́ть комý-л. иск о чём-л.
verkleiden 1. *vr* (*sich kostümieren*) переодевáться, -дéться *pf* (*als +nom* в *+akk*); **2.** *vt* (*kostümieren*) переодевáть, -дéть *pf*; (*Flächen mit einer Verkleidung überziehen*) облицóвывать, -цевáть; **Wände mit Holz ~** обивáть стéны дéревом
Verkleidung *f* ⟨-, -en⟩ (*Kostüm*) маскирóвка *f*; (*von Flächen*) облицóвка *f*
verkleinern 1. *vt* (*kleiner machen*) уменьшáть, умéньшить *pf*; (*verringern*) сокращáть, -крати́ть *pf*; **2.** *vi* (*Linse*) уменьшáть *impf*; **3.** *vr* (*kleiner werden*) уменьшáться, умéньшиться *pf*; (*sich verringern*) сокращáться, -крати́ться *pf*
Verkleinerungsform *f* ⟨-, -en⟩ уменьши́тельная фóрма *f*
verklemmt *adj* (*Person*) скóванный
verklingen *irr vi* затихáть, -ти́хнуть *pf*
verkniffen *adj* (*Gesicht*) ки́слый
verknüpfen *vt* свя́зывать, связáть *pf* (*mit +dat* с *+inst*)
verkommen *vi* (*verwahrlosen*) приходи́ть, прийти́ *pf* в упáдок; (*Lebensmittel*) пропадáть, пропáсть *pf*; (*Mensch*) опускáться, опусти́ться *pf*
verkörpern *vt* (*Rolle*) воплощáть, -плоти́ть *pf*
Verkörperung *f* ⟨-, -en⟩ воплощéние *nt*
verkraften *vt* справля́ться, спрáвиться *pf* (с *+inst*)
verkrampfen *vr* (*Muskel*) сýдорожно сжимáться, сжáться *pf*
verkrümmt *adj* искривлённый
verkrüppelt *adj* искалéченный
verkümmern *vi* чáхнуть, за- *pf*
verkünden *vt* (*bekannt geben*) заявля́ть, -ви́ть *pf* (о *+präpos*); (*Urteil*) объявля́ть, -ви́ть *pf*
verkürzen 1. *vt* (*kürzer machen*) укорáчивать, -роти́ть *pf* (*um +akk* на *+akk*); (*zeitlich*) сокращáть, -крати́ть *pf* (*um +akk* на *+akk*); **2.** *vr* (*kürzer werden*) уменьшáться, умéньшиться *pf* (*um +akk* на *+akk*); (*zeitlich*) сокращáться, -крати́ться *pf* (*um +akk* на *+akk*)
verladen *irr vt* (*Gütern*) грузи́ть, по- *pf* (*auf +akk* на *+akk*)
Verlag *m* ⟨-(e)s, -e⟩ издáтельство *nt*
verlagern 1. *vt* (*den Schwerpunkt verschieben*) переноси́ть, -нести́ *pf* (*auf +akk* на *+akk*); **2.** *vr* (*sich von irgenwo weg bewegen*) перемещáться, -мести́ться *pf*
verlangen *vt* (*fordern, erfordern*) трéбовать, по- *pf*
Verlangen *nt* ⟨*gen:*-s⟩ (*Bedürfnis*) желáние *nt*, потрéбность *f*; (*Forderung*) трéбование *nt*; **auf ~** по трéбованию
verlängern 1. *vt* (*länger machen*) удлиня́ть, -ни́ть *pf* (*um +akk* на *+akk*); (*zeitlich*) продлевáть, -ли́ть *pf* (*um +akk* на *+akk*); **2.** *vr* (*länger werden*) удлиня́ться, -ни́ться *pf* (*um +akk* на *+akk*); (*zeitlich*) продлевáться, -дли́ться *pf* (*um +akk* на *+akk*)
Verlängerung *f* ⟨-, -en⟩ (*das Längerwerden, auch zeitlich*) продлéние *nt*; (*SPORT*) дополни́тельное врéмя *nt*
Verlängerungsschnur *f* ⟨-, -schnüre⟩ (*Verlängerungskabel*) удлини́тель *m*
verlangsamen 1. *vt* (*langsamer machen*) замедля́ть, -мéдлить *pf*; **2.** *vr* (*langsamer werden*) замедля́ться, -мéдлиться *pf*
Verlaß *m:* **auf jdn ist (kein) ~** на когó-л. мóжно/нельзя́ положи́ться
verlassen 1. *irr vr* (*auf jds Handeln oder auf etw vertrauen*) полагáться, положи́ться *pf* (*auf + akk* на *+akk*); **2.** *irr vt* (*Ort*) покидáть, -ки́нуть *pf*; (*jdn*) бросáть, брóсить *pf*; **eine ~e Gegend** забрóшенная мéстность
verläßlich *adj* надёжный
Verlauf *m* ⟨-(e)s, Verläufe⟩ (*der Zeit*) течéние *nt*; **im ~ der Woche** в течéние недéли (*das Ablaufen*) ход *m*; **im ~ des Seminars** в хóде семинáра
verlaufen 1. *irr vr* (*sich verirren*) заблуди́ться *pf*; **2.** *irr vi* (*Zeit, Verhandlungen, Straße*) проходи́ть, пройти́ *pf*
verleben *vt* провести́ *pf*; **verlebte Jahre**

прóжитые гóды
verlegen [1] *vt* (*verschieben*) переносúть, -нестú *pf* (*auf + akk* на *+akk*); (*Buch*) издавáть, -дáть *pf*; **ich habe meinen Schlüssel verlegt** я кудá-то дел свой ключ
verlegen [2] *adj* смущённый; **~ blickte er zur Seite** он смущённо отвёл глазá в стóрону
Verlegenheit : jdn in ~ bringen смутúть когó-л.
Verleger, -in *m/f* ⟨-s, -⟩ издáтель, -ница *m/f*
Verleih *m* ⟨-(e)s, -e⟩ прокáт *m*
verleihen *irr vt* давáть, дать *pf* напрокáт; (*Titel*) присвáивать, -свóить *pf*; (*Preis*) присужать, -судúть *pf*; (*verschaffen*) придавáть, -дáть *pf*; **jdm einen Orden ~** наградúть когó-л. óрденом
Verleihung *f* ⟨-, -en⟩ (*von Preis*) присуждéние *nt*; (*von Titel*) присвоéние *nt*; (*eines Ordens*) награждéние *nt*
verleiten *vt:* **jdn zu etw ~** склонять когó-л. к чемý-л.
verlernen *vt:* **eine Fremdsprache ~** забы́ть инострáнный язы́к
verlesen *irr vt* зачúтывать, зачитáть *pf*
verletzen 1. *vt* (*körperlich*) повреждáть, -вредúть *pf*; (*gefühlsmäßig*) задевáть, -дéть *pf*; (*Gesetz*) нарушáть, -рýшить *pf*; **2.** *vr* порáниться *pf*
verletzend *adj* оскорбúтельный
Verletzte(r) *mf* ⟨-n, -n⟩ рáненый *m*, рáненая *f*
Verletzung *f* ⟨-, -en⟩ (*körperlich*) ранéние *nt*; (*von Gefühlen*) оскорблéние *nt*
verleugnen *vt* отрицáть *impf*
verleumden *vt* оклеветáть *pf*
verleumderisch *adj* клеветнúческий
Verleumdung *f* ⟨-, -en⟩ (*Äußerung*) клеветá *f*
verlieben *vr* влюбляться, -бúться *pf* (*in +akk* в *+akk*); **bis über beide Ohren in jdn verliebt sein** (*umg*) быть пó уши влюблённым в когó-л.
Verliebtheit *f* ⟨-, -en⟩ влюблённость *f*
verlieren ⟨verlor, verloren⟩ **1.** *vt* терять, по- *pf*; **2.** *vi* (*in Sport, Spiel*) проúгрывать, -игрáть *pf*; **3.** *vr* (*verschwinden, abschweifen*) теряться, по- *pf*; **die Geduld ~** потерять терпéние; **den Faden ~** (*fig*) сбúться с мы́сли
Verlierer, -in *m/f* ⟨-s, -⟩ проигрáвший, -шая *m/f*
verloben *vr* помóлвиться *pf* (*mit +dat* с *+inst*)
Verlobte(r) *mf* ⟨-n, -n⟩ женúх, невéста *m/f*
Verlobung *f* ⟨-, -en⟩ помóлвка *f*
Verlockung *f* ⟨-, -en⟩ соблáзн *m*
verlogen *adj* лжúвый
Verlogenheit *f* ⟨*gen:-*⟩ лжúвость *f*
verlor *prät von* **verlieren**
verloren *adj* (*ausgeliefert, hilflos*) потéрянный
verlorengehen *vi* теряться, по- *pf*
verlosen *vt* разы́грывать, разыгрáть *pf* (в лотерéе)
Verlosung *f* ⟨-, -en⟩ рóзыгрыш *m* (в лотерéе)
Verlust *m* ⟨-(e)s, -e⟩ (*das Verlieren*) потéря *f*; (*finanziell*) убы́ток *m*; (*an Truppen*) потéря *f*
vermachen *vt* завещáть *impf/pf*
Vermächtnis *nt* ⟨-ses, -se⟩ (*Erbe*) завещáние *nt*; (*Testament*) завéт *m*
vermehren 1. *vr* (*fortpflanzen*) размножáться, -мнóжиться *pf*; **2.** *vt* умножáть, умнóжить *pf*
Vermehrung *f* ⟨*gen:-*⟩ (*das Vermehren*) увеличéние *nt*, умножéние *nt*; (*Fortpflanzung*) размножéние *nt*
vermeiden *irr vt* избегáть, -бежáть *pf*; **etw ~** избегáть чегó-л.
vermeintlich *adj* мнúмый
Vermerk *m* ⟨-(e)s, -e⟩ замéтка *f*
vermerken *vt* (*schriftlich*) отмечáть, -мéтить *pf*
Vermessung *f* ⟨-, -en⟩ измерéние *nt*
vermieten *vt* сдавáть, сдать *pf* (внаём); **Zimmer zu ~** сдаётся кóмната
Vermieter, -in *m/f* ⟨-s, -⟩ хозяúн, хозяйка *m/f* квартúры
vermindern 1. *vt* (*geringer machen*) снижáть, снúзить *pf*; **2.** *vr* (*geringer werden*) уменьшáться, умéньшиться *pf*
Verminderung *f* ⟨-, -en⟩ уменьшéние *nt*
vermischen 1. *vt* смéшивать, смешáть *pf* (*mit +dat* с *+inst*); **2.** *vr* смéшиваться, смешáться *pf*
vermissen *vt:* **ich werde dich sehr ~** мне бýдет óчень недоставáть [*o* не хватáть] тебя
vermißt *adj:* **~ werden** пропáсть бéз вести
vermißt *adj* пропáвший бéз вести; **~ werden** пропáсть бéз вести
Vermißte(r) *mf* ⟨-n, -n⟩ пропáвший, -шая *m/f* бéз вести
vermitteln 1. *vt* (*Wissen*) передавáть, -дáть *pf*; **sie konnte ihm eine Stelle ~** она помоглá емý устрóиться на рабóту; **Aufträge ~** поставлять закáзы; **2.** *vi* (*als Mittler agieren*) посрéдничать *impf*
Vermittler, -in *m/f* ⟨-s, -⟩ посрéдник, -ница *m/f*

Vermittlung *f* ⟨-, -en⟩ посре́дничество *nt*; (*TELKOM*) центра́льная телефо́нная ста́нция *f*
Vermögen *nt* ⟨-s, -⟩ (*Besitz*) состоя́ние *nt*; (*Fähigkeit*) уме́ние *nt*
vermögend *adj* состоя́тельный
vermuten *vt* предполага́ть, -ложи́ть *pf*; **ich habe sie hier vermutet** я ду́мал, что она́ здесь; **man vermutet eine defekte Gasleitung als Brandursache** предполага́ют, что причи́ной пожа́ра яви́лся неиспра́вный газопрово́д
vermutlich 1. *adj* предполага́емый; 2. *adv* наве́рно, предположи́тельно
Vermutung *f* ⟨-, -en⟩ предположе́ние *nt*
vernachlässigen *vt* (*Pflichten, Arbeit*) небре́жно относи́ться, отнести́сь *pf* (к +*dat*); (*Äußeres, Haus*) запуска́ть, -пусти́ть *pf*
vernarben *vi* зарубцо́вываться, -цева́ться *pf*
vernehmen *irr vt* (*JUR:Zeugen*) допра́шивать, -проси́ть *pf*
Vernehmung *f* ⟨-, -en⟩ допро́с *m*
verprügeln *vt* избива́ть, -би́ть *pf*
Verputz *m* ⟨*gen:*-es⟩ штукату́рка *f*
verputzen *vt* (*Wand*) штукату́рить, от- *pf*
Verrat *m* ⟨*gen:*-(e)s⟩ изме́на *f*, преда́тельство *nt*
verraten 1. *irr vt* (*Geheimnis, Person*) выдава́ть, вы́дать *pf*; (*Person, Vaterland*) предава́ть, -да́ть *pf*; 2. *irr vr* выдава́ть, вы́дать *pf* себя́
Verräter, -in *m/f* ⟨-s, -⟩ преда́тель *m*, -ница *m/f*
verräterisch *adj* преда́тельский
verrechnen 1. *vt* (*Kosten*) *учи́тывать при расчёте, опла́те*; (*Scheck*) перечисля́ть, -чи́слить *pf*; 2. *vr* (*falsch rechnen*) обсчи́тываться, -счита́ться *pf*
verreisen *vi* уезжа́ть, уе́хать *pf*; **sie ist verreist** она́ уе́хала
verrenken *vt* вы́вихнуть *pf*
Verrenkung *f* ⟨-, -en⟩ вы́вих *m*
verriegeln *vt* запира́ть, -пере́ть *pf*
verringern 1. *vt* уменьша́ть, уме́ньшить *pf*; 2. *vr* уменьша́ться, уме́ньшиться *pf*
Verringerung *f* ⟨*gen:*-⟩ сниже́ние *nt*, уменьше́ние *nt*
verrosten *vi* ржаве́ть, по- *pf*
verrückt *adj* сумасше́дший; **jdn ~ machen** (*umg*) свести́ кого́-л. с ума́; **bist du ~ geworden?** (*umg*) ты с ума́ сошёл?
Verrückte(r) *mf* ⟨-n, -n⟩ сумасше́дший, -дшая *m/f*
Verruf *m:* **jdn in ~ bringen** дискредити́ровать кого́-л.; **in ~ geraten** потеря́ть репута́цию
Vers *m* ⟨-es, -e⟩ (стихотво́рная) строка́ *f*; (*pl*) стихи́ *mpl*
versagen *vi* (*Mensch*) терпе́ть, по- *pf* прова́л; (*Maschine*) отка́зывать, -каза́ть *pf* (в рабо́те)
versalzen *vt* (*Essen*) переса́ливать, -соли́ть *pf*
versammeln 1. *vt* собира́ть, собра́ть *pf*; 2. *vr* собира́ться, собра́ться *pf*
Versammlung *f* ⟨-, -en⟩ собра́ние *nt*; **eine ~ abhalten** проводи́ть собра́ние
Versand *m* ⟨*gen:*-(e)s⟩ (*das Versenden*) отпра́вка *f*, посы́лка *f*
Versandhaus *nt* ⟨-es, -häuser⟩ предприя́тие *nt* почто́вой торго́вли
versäumen *vt* (*Unterricht*) пропуска́ть, -пусти́ть *pf*; (*Zeit, Bus*) упуска́ть, упусти́ть *pf*
Versäumnis *nt* ⟨-ses, -se⟩ упуще́ние *nt*
verschämt *adj* засте́нчивый
verschärfen 1. *vt* (*strenger machen*) ужесточа́ть, -чи́ть *pf*; (*verschlimmern, erschweren*) обостря́ть, -ри́ть *pf*; 2. *vr* (*sich steigern*) обостря́ться, -ри́ться *pf*
verscheuchen *vt* спу́гивать, спугну́ть *pf*
verschicken *vt* рассыла́ть, разосла́ть *pf*
verschieben 1. *irr vt* (*an eine andere Stelle schieben*) передвига́ть, -дви́нуть *pf*; (*zeitlich*) переноси́ть, -нести́ *pf*; 2. *irr vr* (*zeitlich*) переноси́ться, -нести́сь *pf*
verschieden *adj* (*unterschiedlich*) разли́чный, ра́зный
verschiedenartig *adj* разнообра́зный
Verschiedenheit *f* ⟨-, -en⟩ разли́чие *nt*
verschimmeln *vi* плесневе́ть, за- *pf*
verschlafen *irr vt* (*umg:versäumen*) просыпа́ть, -спа́ть *pf*
verschlechtern 1. *vt* ухудша́ть, уху́дшить *pf*; 2. *vr* ухудша́ться, уху́дшиться *pf*
Verschlechterung *f* ⟨*gen:*-⟩ ухудше́ние *nt*
verschleiern *vt* (*mit einem Schleier verhüllen*) закрыва́ть, -кры́ть *pf* вуа́лью; (*vertuschen*) скрыва́ть, скрыть *pf*
Verschleiß *m* ⟨*gen:*-es⟩ изно́с *m*
verschleppen *vt* (*Menschen*) угоня́ть, угна́ть *pf*; **eine verschleppte Krankheit** запу́щенная боле́знь
verschließen *irr vt* (*abschließen*) закрыва́ть, -кры́ть *pf*
verschlossen *adj* (*Mensch*) за́мкнутый
verschlucken 1. *vt* (*hinunterschlucken*) глота́ть, проглоти́ть *pf*; 2. *vr* дави́ться, по- *pf*
Verschluß *m* ⟨Verschlusses, Verschlüsse⟩ (*Flaschen~*) про́бка *f*; (*Glas~*) кры́шка *f*; (*Halsketten~*) застёжка *f*
verschlüsseln *vt* коди́ровать, за- *pf*

verschmitzt *adj* хи́трый
verschmutzen 1. *vt* загрязня́ть, -ни́ть *pf*; **2.** *vi* па́чкаться, ис- *pf*; **die Umwelt (mit etw) ~** загрязня́ть (чем-л.) окружа́ющую сре́ду
verschneit *adj* засне́женный
verschollen *adj* пропа́вший бе́з вести
verschonen *vt* щади́ть, по- *pf*
verschränken *vt* (*Arme, Beine*) перекре́щивать, -крести́ть *pf*
verschreiben 1. *irr vt* (*MED:Medikament*) пропи́сывать, -писа́ть *pf*; **2.** *irr vr* (*falsch schreiben*) опи́сываться, описа́ться *pf*
verschrotten *vt* пуска́ть, пусти́ть *pf* на лом
verschulden 1. *vt* (*die Schuld an etw haben*) быть винова́тым (в *+präpos*); **2.** *vr* (*Schulden machen*) задолжа́ть *pf*, влеза́ть, влезть *pf* в долги́
Verschuldung *f* ⟨*gen:-*⟩ задо́лженность *f*
verschütten *vt* (*unter sich begraben*) засыпа́ть, -сы́пать *pf*
verschweigen *irr vt* скрыва́ть, скрыть *pf*
verschwenden *vt* растра́чивать, -тра́тить *pf*
Verschwender, -in *m/f* ⟨-s, -⟩ расточи́тель, -ница *m/f*
verschwenderisch *adj* расточи́тельный
Verschwendung *f* ⟨*gen:-*⟩ расточи́тельство *nt*
Verschwiegenheit *f* ⟨*gen:-*⟩ молчали́вость *f*
verschwimmen *vi* расплыва́ться, -плы́ться *pf*
verschwinden *irr vi* исчеза́ть, -че́знуть *pf*
verschwören *vr* составля́ть, -ста́вить *pf* за́говор (*gegen +akk* про́тив *+gen*)
Verschwörung *f* ⟨-, -en⟩ за́говор *m*
versehen *irr vt* (*mit etw ausstatten*) снабжа́ть, -бди́ть *pf*
Versehen *nt* ⟨-s, -⟩ оши́бка; **aus ~** по оши́бке
versehentlich 1. *adv* по оши́бке, оши́бочно; **2.** *adj* оши́бочный
versenken 1. *vt* (*Schiff*) потопля́ть, потопи́ть *pf*; **2.** *vr* (*sich konzentrieren auf*) погружа́ться, -грузи́ться *pf* (*in +akk* в *+akk*)
versessen *adj:* **auf etw/jdn ~ sein** помеша́ться на чём-л./ком-л.
versetzen *vt* (*an einen anderen Punkt setzen*) перемеща́ть, -мести́ть *pf*; (*in der Schule, dienstlich*) переводи́ть, -вести́ *pf*
Versetzung *f* ⟨-, -en⟩ перево́д *m*
verseuchen *vt* заража́ть, -рази́ть *pf*
versichern 1. *vt* (*eine Versicherung abschließen*) страхова́ть, за- *pf*; **die wertvollen Geräte sind hoch versichert** всё це́нное обору́дование застрахо́вано на большу́ю су́мму де́нег; (*beteuern, bestätigen*) уверя́ть, уве́рить *pf*; **sie hat es mir ausdrücklich versichert** она́ кля́твенно заве́рила меня́ в э́том; **2.** *vr* (*durch eine Versicherung*) страхова́ться, за- *pf*
Versicherung *f* ⟨-, -en⟩ (*Versichern*) страхова́ние *nt*; (*Bestätigung, Erklärung*) увере́ние *nt*; (*Versicherungsunternehmen*) страхова́я компа́ния *f*; (*Versicherungsvertrag*) страхово́й догово́р *m*; (*umg*) страхо́вка *f*; **eine ~ abschließen** заключи́ть страхо́вку
versiegeln *vt* (*Brief*) запеча́тывать, -ча́тать *pf*; (*Tür*) опеча́тывать, -ча́тать *pf*
versiegen *vi* (*Quelle, Gespräch*) иссяка́ть, исся́кнуть *pf*
versiert *adj* о́пытный
versinken *irr vi* (*untergehen*) тону́ть, у- *pf*; **in Gedanken versunken sein** погрузи́ться в свои́ мы́сли
Version *f* ⟨-, -en⟩ ве́рсия *f*
versöhnen 1. *vt* примиря́ть, -мири́ть *pf* (*mit +dat* с *+inst*); **2.** *vr* примиря́ться, -мири́ться *pf* (*mit +dat* с *+inst*)
versöhnlich *adj* примири́тельный
Versöhnung *f* ⟨-, -en⟩ примире́ние *nt*
versorgen *vt* (*beliefern*) снабжа́ть, -бди́ть *pf*; **das Kernkraftwerk versorgt das ganze Gebiet mit Strom** а́томная электроста́нция снабжа́ет всю э́ту о́бласть электроэне́ргией; (*Familie*) содержа́ть *impf*
Versorgung *f* ⟨*gen:-*⟩ (*das Beliefern*) снабже́ние *nt*, обеспе́чение *nt*; **die ~ der Bevölkerung mit Medikamenten** обеспече́ние населе́ния медикаме́нтами
verspäten *vr* опа́здывать, опозда́ть *pf*
Verspätung *f* ⟨-, -en⟩ опозда́ние *nt*; **ihr Flug hatte 30 Minuten ~** её рейс был заде́ржан на три́дцать мину́т
versperren *vt* загора́живать, -городи́ть *pf*; **die Zufahrt war mit Holzbalken versperrt** подъе́зд был загоро́жен деревя́нными ба́лками
verspielen *vt* (*Geld*) прои́грывать, -игра́ть *pf*
verspotten *vt* издева́ться *impf* (над *+inst*)
versprechen 1. *irr vt* (*ein Versprechen geben*) обеща́ть *impf/pf*; **2.** *irr vr* (*beim Sprechen*) огова́риваться, -вори́ться *pf*
Versprechen *nt* ⟨-s, -⟩ обеща́ние *nt*; **jdm ein ~ geben** дать кому́-л. обеща́ние;

jdm ein ~ abnehmen взять с кого́-л. обеща́ние; **ein ~ halten** сдержа́ть обеща́ние
Verstand *m* ⟨*gen:*-(e)s⟩ ра́зум *m*; **den ~ verlieren** потеря́ть рассу́док
verständigen *vr* (*jdm etw mitteilen*) объясня́ться, -ни́ться *pf* (*mit +dat* с *+inst*); (*sich einig werden*) догова́риваться, -вори́ться *pf* (*über +akk* о *+präpos*)
Verständigung *f* ⟨*gen:*-⟩ (*Kommunikation*) коммуника́ция *f*, обще́ние *nt*; (*Einigung*) соглаше́ние *nt*
verständlich *adj* поня́тный
Verständnis *nt* ⟨*gen:*-ses⟩ понима́ние *nt*
verständnislos *adj* непоня́тливый
verständnisvoll *adj* понима́ющий
verstärken 1. *vt* уси́ливать, уси́лить *pf*; **2.** *vr* (*stärker werden*) уси́ливаться, уси́литься *pf*
Verstärker *m* ⟨-s, -⟩ усили́тель *m*
Verstärkung *f* ⟨-, -en⟩ (*das Verstärken*) усиле́ние *nt*; (*zahlenmäßig*) подде́ржка *f*
verstauchen *vt* растя́гивать, -тяну́ть *pf*
Verstauchung *f* ⟨-, -en⟩ растяже́ние *nt*
Versteck *nt* ⟨-(e)s, -e⟩ укры́тие *nt*; **~ spielen** игра́ть в пря́тки
verstecken 1. *vt* пря́тать, с- *pf* (*vor +dat* от *+gen*); **2.** *vr* пря́таться, с- *pf*
versteckt *adj* скры́тый
verstehen 1. *irr vt* (*hören können, begreifen*) понима́ть, -ня́ть *pf*; **er versteht sein Handwerk** он хорошо́ зна́ет своё де́ло; **2.** *irr vi* (*Sachkenntnis haben*) разбира́ться (*von +akk* в *+präpos*); (*unter einem Begriff*) понима́ть *impf* (*unter +akk* под *+inst*); **3.** *vr:* **ich verstehe mich gut mit ihr** мы хорошо́ понима́ем друг дру́га
versteifen *vr* (*Gelenk*) онеме́ть *pf*; (*Penis*) станови́ться, ста́ть *pf* твёрдым
versteigern *vt* продава́ть, -да́ть с аукцио́на [*o* с торго́в]
Versteigerung *f* ⟨-, -en⟩ аукцио́н *m*, торги́ *mpl*
verstellbar *adj* регули́руемый
verstellen *vt* (*anders einstellen*) переставля́ть, -ста́вить *pf*, регули́ровать, от- *pf* (*in +dat* по *+dat*); (*versperren*) заставля́ть, -ста́вить *pf*; (*Stimme,Handschrift*) изменя́ть, -ни́ть *pf*
versteuern *vt* плати́ть, за- *pf* нало́г (за *+akk*)
verstockt *adj* упря́мый
verstopfen *vt* (*etw zustopfen*) затыка́ть, заткну́ть *pf*; (*unpassierbar machen*) засоря́ть, -ри́ть *pf*; **die Kanalisation ist völlig verstopft** канализа́ция по́лностью засори́лась; **meine Nase ist verstopft** у меня́ заби́т нос
Verstopfung *f* ⟨-, -en⟩ засо́р *m*; запо́р *m*
verstorben *adj* поко́йный
verstört *adj* растé́рянный
Verstoß *m* ⟨-es, Verstöße⟩ наруше́ние *nt*
verstoßen 1. *irr vi* наруша́ть, -ру́шить *pf*; **gegen das Gesetz ~** наруша́ть зако́н; **2.** *vt* (*verbannen*) изгоня́ть, изгна́ть *pf*
verstümmeln *vt* изуро́довать *pf*
verstummen *vi* (*Mensch, Geräusch*) умолка́ть, умо́лкнуть *pf*
Versuch *m* ⟨-(e)s, -e⟩ (*wissenschaftliches Experiment*) о́пыт *m*; (*das Versuchen*) попы́тка *f*
versuchen *vt* (*einen Versuch machen, etw zu tun*) про́бовать, по- *pf*; **wir haben alles versucht** мы уже́ всё перепро́бовали; **versuche es nochmal** попро́буй ещё раз
Versuchskaninchen *nt* ⟨-s, -⟩ (*umg*) подо́пытный кро́лик *m*
versuchsweise *adv* в ка́честве экспериме́нта
Versuchung *f* ⟨-, -en⟩ искуше́ние *nt*
versüßen *vt:* **jdm/sich etw ~** скра́сить кому́-л./себе́ что-л.
vertagen *vt* (*zeitlich verschieben*) переноси́ть, -нести́ *pf*
vertauschen *vt* (*verwechseln*) перепу́тывать, -пу́тать *pf*
verteidigen 1. *vt* (*vor Angreifern, vor Gericht*) защища́ть, защити́ть *pf* (*gegen +akk* от *+gen*); **2.** *vr* защища́ться, защити́ться *pf* (*gegen +akk* от *+gen*)
Verteidiger, -in *m/f* ⟨-s, -⟩ (*auch vor Gericht*) защи́тник, -ница *m/f*
Verteidigung *f* ⟨-, -en⟩ (*auch vor Gericht*) защи́та *f*
Verteidigungsminister *m* ⟨-s, -⟩ мини́стр *m* оборо́ны
verteilen 1. *vt* (*an verschiedene Personen, räumlich aufteilen*) распределя́ть, -ли́ть *pf* (*an +akk* среди́ *+gen*); **Prüfungsaufgaben ~** раздава́ть экзаменацио́нные зада́ния; **2.** *vr* (*Menschen*) распределя́ться, -ли́ться *pf*
Verteiler *m* ⟨-s, -⟩ (*EL*) распредели́тель *m*
Verteilung *f* ⟨-, -en⟩ распределе́ние *nt*
verteuern 1. *vt* приводи́ть, -вести́ к подорожа́нию (*+ gen*); **2.** *vr* дорожа́ть, по- *pf*
vertiefen 1. *vt* (*tiefer machen, auch Kentnisse*) углубля́ть, -би́ть *pf*; **2.** *vr* (*sich auf etw konzentrieren*) углубля́ться, -би́ться *pf*
Vertiefung *f* ⟨-, -en⟩ углубле́ние *nt*
vertikal *adj* вертика́льный
vertilgen *vt* (*Unkraut*) уничтожа́ть, уничто́жить *pf*

Vertrag *m* ⟨-(e)s, Verträge⟩ договóр *m*; **einen ~ mit jdm über etw schließen** заключи́ть с кем-л. договóр о чём-л.; **einen ~ erfüllen** выполня́ть договóр
vertragen 1. *irr vt* (*aushalten*) выноси́ть, вы́нести *pf*; **er verträgt keine Kritik** он не вынóсит кри́тики; **2.** *vr* (*umg:vereinbar sein*) сочета́ться *pf* (*mit +dat* с *+inst*)
vertraglich *adj* договóрный
verträglich *adj* (*Mensch*) ужи́вчивый; (*Speise*) хорошó усва́иваемый
Vertragsbruch *m* ⟨-(e)s, -brüche⟩ наруше́ние *nt* договóра
Vertragspartner, -in *m/f* ⟨-s, -⟩ догова́ривающаяся сторона́ *f*
vertrauen *vi:* **jdm/etw ~** доверя́ть комý-л./чемý-л.; **auf jdn/etw ~** полага́ться на когó-л./что-л.
Vertrauen *nt* ⟨*gen:*-s⟩ дове́рие *nt*; **zu jdm ~ haben** доверя́ть комý-л.
vertrauenerweckend *adj* вызыва́ющий дове́рие
vertrauensvoll *adj* довери́тельный
vertraulich *adj* конфиденциа́льный
Vertraulichkeit *f* ⟨-, -en⟩ довéрчивость *f*; (*von Mitteilung*) конфиденциа́льность *f*; **~en** (*Zudringlichkeit*) фамилья́рность
verträumt *adj* мечта́тельный
vertraut *adj* (*wohlbekannt*) хорошó знакóмый; **sich mit etw ~ machen** познакóмиться с чем-л.
vertreiben *irr vt* (*Menschen*) прогоня́ть, -гна́ть *pf*; **sich die Zeit ~** проводи́ть врéмя
Vertreibung *f* ⟨-, -en⟩ изгна́ние *nt*
vertreten *irr vt* (*Person*) замеща́ть, -мести́ть *pf*; (*Firma, Gruppe, Interessen*) представля́ть *impf*
Vertreter, -in *m/f* ⟨-s, -⟩ (*Stellvertreter*) замести́тель, -ница *m/f*; (*einer bestimmten Sache, eines Unternehmens*) представи́тель, -ница *m/f*; (*Handelsvertreter*) торгóвый аге́нт *m*
Vertretung *f* ⟨-, -en⟩ (*das Vertreten*) замеще́ние *nt*; (*einer Firma*) представи́тельство *nt*
Vertrieb *m* ⟨*gen:*-(e)s⟩ (*das Vertreiben, Verkaufen*) сбыт *m*; (*Vertriebsabteilung*) отде́л *m* сбы́та
Vertriebene(r) *mf* ⟨-n, -n⟩ и́згнанный, -нная *m/f*
vertrocknen *vi* засыха́ть, -сóхнуть *pf*; (*Fluß*) высыха́ть, вы́сохнуть *pf*
vertuschen *vt* замина́ть, -мя́ть *pf*
verüben *vt* (*Anschlag, Verbrechen, Selbstmord*) соверша́ть, -ши́ть *pf*
verunglücken *vi* (*mit dem Auto*) попада́ть, попа́сть *pf* в ава́рию; **tödlich ~** поги́бнуть во врéмя ава́рии [*o* несча́стного слýчая]
verunreinigen *vt* загрязня́ть, -ни́ть *pf*
verunsichern *vt* вселя́ть, -ли́ть *pf* неувéренность (в *+akk*); **ein verunsicherter Mensch** неувéренный человéк
verunstalten *vt* изурóдовать *pf*
veruntreuen *vt* (*Gelder*) растра́чивать, -тра́тить *pf*
verursachen *vt* вызыва́ть, вы́звать *pf*
verurteilen *vt* (*jdn/ etw negativ beurteilen*) осужда́ть, осуди́ть *pf*, (*JUR*) пригова́ривать, -говори́ть *pf* (*zu +dat* к *+dat*); **er wurde zu drei Jahren Haft verurteilt** он был приговорён к трём года́м лише́ния свобóды
Verurteilung *f* ⟨-, -en⟩ (*auch JUR*) осужде́ние *nt*
vervielfältigen *vt* размножа́ть, -мнóжить *pf*
Vervielfältigung *f* ⟨*gen:*-⟩ размноже́ние *nt*
vervollkommnen 1. *vt* соверше́нствовать, у- *pf*; **2.** *vr* соверше́нствоваться, у- *pf*
vervollständigen *vt* дополня́ть, -пóлнить *pf*
verwählen *vr* (*am Telefon*) непра́вильно набира́ть, непра́вильно набра́ть *pf* нóмер (телефóна)
verwahren 1. *vt* храни́ть *impf*; **2.** *vr:* **sich gegen einen Vorwurf ~** протестова́ть прóтив обвине́ния
verwahrlosen *vi* проходи́ть, прийти́ *pf* в упа́док
verwaist *adj* осиротéлый
verwalten *vt* (*Besitz, Vermögen, Nachlaß*) управля́ть *impf*; **das Vermögen seines Bruders ~** управля́ть имýществом своегó бра́та
Verwalter, -in *m/f* ⟨-s, -⟩ администра́тор *m*
Verwaltung *f* ⟨-, -en⟩ управле́ние *nt*
verwandeln 1. *vt* (*verändern*) преобража́ть, -образи́ть *pf*; **sie war wie verwandelt** её как бýдто бы подмени́ли; (*umwandeln*) превраща́ть, -врати́ть *pf* (*in +akk* в *+akk*); **2.** *vr* (*zu einem anderen Wesen werden*) превраща́ться, -врати́ться *pf* (*in +akk* в *+akk*)
Verwandlung *f* ⟨-, -en⟩ превраще́ние *nt*
verwandt [1] *part perf von* **verwenden**
verwandt [2] *adj* (*von gleicher Abstammung*) рóдственный; (*ähnlich, nahe*) схóжий
Verwandte(r) *mf* ⟨-n, -n⟩ рóдственник, -нница *m/f*
Verwandtschaft *f* ⟨*gen:*-⟩ (*das Verwandtsein*) родствó *nt*; (*die Verwandten*) рóдственники *mpl*; (*Nähe, Ähnlichkeit*)

родство́ *nt*
verwarnen *vt* де́лать, с- *pf* предупрежде́ние (+ *dat*)
Verwarnung *f* ⟨-, -en⟩ предупрежде́ние *nt*
verwechseln *vt* (*etw für etw anderes halten, vertauschen*) пу́тать, пере- *pf* (*mit +dat* с *+inst*)
verwegen *adj* де́рзкий
Verwegenheit *f* ⟨*gen:-*⟩ де́рзость *f*
verweigern *vt* отка́зывать, -каза́ть *pf*; **ihm wurde das Visum verweigert** ему́ бы́ло отка́зано в ви́зе; **er hat den Wehrdienst verweigert** он отказа́лся нести́ во́инскую слу́жбу
Verweigerung *f* ⟨-, -en⟩ отка́з *m*
Verweis *m* ⟨-es, -e⟩ (*strenger Tadel*) вы́говор *m*; (*Hinweis*) ссы́лка *f* (*auf + akk* на *+akk*)
verweisen *irr vt:* **jdn auf etw ~** указа́ть кому́-л. на что-л.; **jdn des Landes ~** вы́слать кого́-л. из страны́
verwelken *vi* вя́нуть, за- *pf*
verwenden ⟨verwendete, verwandte, verwandt⟩ *vt* (*benutzen*) применя́ть, -ни́ть *pf*; **viel Zeit auf etw verwenden** потра́тить мно́го вре́мени на что-л.
Verwendung *f* ⟨*gen:-*⟩ примене́ние *nt*; **~ finden** находи́ть примене́ние
verwerfen *irr vt* (*fallenlassen, aufgeben*) броса́ть, бро́сить *pf*
verwerflich *adj* недосто́йный
verwerten *vt* (*Erfindung*) применя́ть, -ни́ть *pf*; **Abfall ~** перераба́тывать отхо́ды
verwesen *vi* разлага́ться, -ложи́ться *pf*
verwickeln 1. *vr* запу́тываться, -пу́таться *pf* (*in +akk* в *+präpos*); **2.** *vt* вовлека́ть, -ле́чь *pf* (*in +akk* в *+akk*)
verwinden *irr vt* преодолева́ть, -ле́ть *pf*
verwirklichen 1. *vt* осуществля́ть, -ви́ть *pf*; **2.** *vr* (*Wirklichkeit werden*) осуществля́ться, -ви́ться *pf*; (*seinen Neigungen gemäß leben*) реализова́ть *impf/pf* себя́
Verwirklichung *f* ⟨*gen:-*⟩ осуществле́ние *nt*
verwirren *vt* пу́тать, за- *pf*
Verwirrung *f* ⟨*gen:-*⟩ смуще́ние *nt*; **jdn in ~ bringen** смути́ть кого́-л.
verwischen 1. *vt* (*unscharf machen*) стира́ть, стере́ть *pf*; **2.** *vr* (*unscharf werden*) стира́ться, стере́ться *pf*
verwitwet *adj* овдове́вший
verwöhnen *vt* ба́ловать, из- *pf*
verworren *adj* запу́танный
verwundbar *adj* рани́мый
verwunden *vt* ра́нить *pf*
verwunderlich *adj* удиви́тельный
Verwunderung *f* ⟨*gen:-*⟩ удивле́ние *nt*; **zu jds ~** к чьему́-л. удивле́нию
Verwundete(r) *mf* ⟨-n, -n⟩ ра́неный, ра́неная *m/f*
Verwundung *f* ⟨-, -en⟩ ране́ние *nt*
verwüsten *vt* опустоша́ть, -ши́ть *pf*
Verwüstung *f* ⟨-, -en⟩ опустоше́ние *nt*
verzaubern *vt* (*verwandeln, bezaubern*) заколдо́вывать, -дова́ть *pf* (*in +akk* в *+akk*)
verzeichnen *vt* (*schriftlich aufzeichnen*) запи́сывать, -писа́ть *pf*
Verzeichnis *nt* ⟨-ses, -se⟩ (*Liste*) спи́сок *m*; (*Register*) указа́тель *m*
verzeihen ⟨verzieh, verziehen⟩ **1.** *vt* проща́ть, прости́ть *pf*; **bitte ~ Sie die Störung!** прости́те за беспоко́йство!; **2.** *vi:* **~ Sie!** извини́те!
Verzeihung *f* ⟨*gen:-*⟩ проще́ние *nt*; **~!** извини́те!; **jdn um ~ bitten** проси́ть у кого́-л. проще́ния
verzerren *vt* (*verziehen, auch fig*) искажа́ть, -кази́ть *pf*
Verzicht *m* ⟨-(e)s, -e⟩ отка́з *m*
verzichten *vi* отка́зываться, -каза́ться (*auf +akk* от *+gen*)
verzieh *prät von* **verzeihen**
verziehen 1. *irr vt* (*Kind*) изба́ловать *pf*; **ein verzogenes Mädchen** избало́ванная де́вочка; **2.** *irr vi:* **Empfänger verzogen** адреса́т перее́хал; **3.** *irr vr* (*Wolken*) рассе́иваться, рассе́яться *pf*
verzieren *vt* украша́ть, -ра́сить *pf*
Verzierung *f* ⟨-, -en⟩ украше́ние *nt*
verzinsen *vt:* **das Kapital ist mit 6% verzinst** капита́л прино́сит шесть проце́нтов годовы́х
verzögern 1. *vt* затя́гивать, -тяну́ть *pf*; **2.** *vr* заде́рживаться, -держа́ться *pf* (*um +akk* на *+akk*)
Verzögerung *f* ⟨-, -en⟩ замедле́ние *nt*, заде́ржка *f*
verzollen *vt* плати́ть, за- *pf* по́шлину (за *+akk*); **haben Sie etw zu ~?** у Вас есть ве́щи, подлежа́щие обложе́нию тамо́женной по́шлиной?
verzückt *adj* восто́рженный
Verzückung *f* ⟨*gen:-*⟩ восхище́ние *nt*; **über etw in ~ geraten** восхища́ться чем-л.
Verzug *m* ⟨*gen:-*(e)s⟩: **ohne ~** неме́дленно
verzweifeln *vi* отча́иваться, -ча́яться *pf*
verzweifelt *adj* отча́явшийся; (*aussichtslos*) безвы́ходный
Verzweiflung *f* ⟨*gen:-*⟩ отча́яние *nt*; **aus ~** от отча́яния; **jdn zur ~ bringen** привести́ кого́-л. в отча́яние
verzwickt *adj* (*umg*) запу́танный

Vesper *nt* ⟨-s, -⟩ *(REL)* вече́рня *f*
Veteran, -in *m* ⟨-en, -en⟩ ветера́н *m*
Veto *nt* ⟨-s, -s⟩ ве́то *nt*; **(gegen etw) sein ~ einlegen** наложи́ть ве́то (на что-л.)
Vetter *m* ⟨-s, -n⟩ двою́родный брат *m*
Vetternwirtschaft *f* ⟨*gen:-*⟩ (*umgpej*) кумовство́ *nt*
vgl. *abk von* ***vergleiche***
VHS *abk von* ***Volkshochschule***
Vibration *f* ⟨-, -en⟩ вибра́ция *f*
vibrieren *vi* вибри́ровать *impf*
Video *nt* ⟨-s, -s⟩ ви́део *nt*
Videofilm *m* ⟨-(e)s, -e⟩ видеофи́льм *m*
Videokamera *f* ⟨-, -s⟩ видеока́мера *f*
Videokassette *f* ⟨-, -n⟩ видеокассе́та *f*
Videorecorder *m* ⟨-s, -⟩ видеомагнитофо́н *m*
Videothek *f* ⟨-, -en⟩ видеоте́ка *f*
Vieh *nt* ⟨*gen:-*(e)s⟩ скот *m*
viel 1. *pron indef* мно́го; **er hat ~ Zeit** у него́ мно́го вре́мени; **~en Dank!** большо́е спаси́бо!; **2.** *adv* мно́го; **mir geht es schon ~ besser** мне уже́ гора́здо лу́чше; **er geht ~ spazieren** он мно́го гуля́ет
viele *pron indef* мно́гие
vielerlei *pron indef* разли́чный
vieles *pron indef* мно́гое
vielfach *adj* многокра́тный, многочи́сленный
Vielfalt *f* ⟨*gen:-*⟩ разнообра́зие *nt*
vielfältig *adj* разносторо́нний
vielleicht *adv* мо́жет быть, возмо́жно
vielmals *adv* многокра́тно
vielmehr *adv* скоре́е
vielsagend *adj* многозначи́тельный
vielschichtig *adj* многосло́йный
vielseitig *adj* разносторо́нний
vielversprechend *adj* многообеща́ющий; **das hört sich ~ an** э́то звучи́т зама́нчиво
Vielzahl *f* ⟨*gen:-*⟩ большо́е коли́чество *nt*
vier *num* четы́ре; **auf allen ~en** (*umg*) на четвере́ньках
Viereck *nt* ⟨-(e)s, -e⟩ четырёхуго́льник *m*
viereckig *adj* четырёхуго́льный
vierfach *num* четырёхкра́тный
vierhundert *num* четы́реста
vierjährig *adj* четырёхле́тний
vierspurig *adj* четырёхря́дный
Viertaktmotor *m* ⟨-s, -en⟩ четырёхта́ктный дви́гатель *m*
vierte(r, s) *num* четвёртая, -тый, -тое
Viertel *nt* ⟨-s, -s⟩ четвёртая часть *f*, че́тверть *f*; (*Stadtteil*) кварта́л *m*; **~ nach zehn** че́тверть оди́ннадцатого; **~ vor zehn** без че́тверти де́сять
Vierteljahr *nt* ⟨-(e)s, -e⟩ кварта́л *m*
Viertelstunde *f* ⟨-, -n⟩ че́тверть *f* часа́
viertens *num* в-четвёртых
vierzehn *num* четы́рнадцать
vierzig *num* со́рок
Vikar, -in *m/f* ⟨-s, -e⟩ вика́рий *m*
Villa *f* ⟨-, Villen⟩ ви́лла *f*, особня́к *m*
Villenviertel *nt* ⟨-s, -⟩ фешене́бельный кварта́л *m*
violett *adj* фиоле́товый
Violine *f* ⟨-, -n⟩ скри́пка *f*
Violinschlüssel *m* ⟨-s, -⟩ скрипи́чный ключ *m*
Violoncello *nt* ⟨-s, -celli/-s⟩ виолонче́ль *f*
Viper *f* ⟨-, -n⟩ гадю́ка *f*
Virus *nt* ⟨-, Viren⟩ ви́рус *m*
Virusinfektion *f* ⟨-, -en⟩ ви́русная инфе́кция *f*
Visier *nt* ⟨-s, -e⟩ (*von Helm*) забра́ло *nt*; (*von Waffe*) прице́л *m*
Vision *f* ⟨-, -en⟩ виде́ние *nt*
Visite *f* ⟨-, -n⟩ обхо́д *m*
Visitenkarte *f* ⟨-, -n⟩ визи́тная ка́рточка *f*
Viskose *f* ⟨*gen:-*⟩ виско́за *f*
visuell *adj* зри́тельный
Visum *nt* ⟨-s, Visa/Visen⟩ ви́за *f*; **ein ~ beantragen** пода́ть заявле́ние на получе́ние ви́зы; **ein ~ ausstellen** вы́дать ви́зу
Vitamin *nt* ⟨-s, -e⟩ витами́н *m*
Vitrine *f* ⟨-, -n⟩ витри́на *f*
Vizepräsident, -in *m/f* ⟨-en, -en⟩ вице-президе́нт *m*
Vogel *m* ⟨-s, Vögel⟩ пти́ца *f*
Vogelbauer *nt* ⟨-s, -⟩ клётка *f* для птиц
Vogelhäuschen *nt* ⟨-s, -⟩ пти́чник *m*, скворе́чник *m*
Vogelscheuche *f* ⟨-, -n⟩ пу́гало *nt*
Vokabel *f* ⟨-, -n⟩ сло́во *nt*
Vokabular *nt* ⟨-s, -e⟩ запа́с *m* слов
Vokal *m* ⟨-s, -e⟩ гла́сный
Volk *nt* ⟨-(e)s, Völker⟩ наро́д *m*
Völkerrecht *nt* ⟨*gen:-*(e)s⟩ междунаро́дное пра́во *nt*
völkerrechtlich *adj* междунаро́дно-правово́й
Völkerverständigung *f* ⟨*gen:-*⟩ взаимопонима́ние *nt* ме́жду наро́дами
Völkerwanderung *f* ⟨*gen:-*⟩ вели́кое переселе́ние *nt*
Volksentscheid *m* ⟨-(e)s, -e⟩ рефере́ндум *m*
Volksgruppe *f* ⟨-, -n⟩ наро́дность *f*
Volkslied *nt* ⟨-(e)s, -er⟩ наро́дная пе́сня *f*
Volksmund *m* ⟨*gen:-*(e)s⟩ наро́дная му́дрость *f*
Volksrepublik *f* ⟨-, -en⟩ наро́дная респу́блика *f*
Volkstanz *m* ⟨-es, -tänze⟩ наро́дный та́нец *m*

volkstümlich *adj* нарóдный
Volkswirtschaft *f* ⟨-, -en⟩ нарóдное хозя́йство *nt*
voll *adj* (*gefüllt*) пóлный, напóлненный; **er brachte einen Krug ~ Milch** он принёс пóлный кувши́н молокá; (*ganz*) весь, цéлый; **~ und ganz** целикóм и пóлностью; **er ist ~** (*umg:betrunken*) он здóрово набрáлся
vollauf *adv* вполнé, достáточно
Vollbeschäftigung *f* ⟨*gen:-*⟩ пóлная зáнятость *f*
vollbringen *vt* совершáть, -ши́ть *pf*
vollenden 1. *vt* (*fertigmachen*) завершáть, -ши́ть *pf*; **2.** *vr* (*vervollkommnen*) совершéнствовать, у- *pf*
vollends *adv* пóлностью
Vollendung *f* ⟨*gen:-*⟩ завершéние *nt*
Volleyball *m* ⟨-(e)s, -bälle⟩ (*Spiel*) волейбóл *m*; (*Ball*) волейбóльный мяч *m*
Vollgas *nt*: **mit ~** на пóлном газý
völlig *adj* пóлный; **~ naß** совершéнно мóкрый
volljährig *adj* совершеннолéтний
vollkommen *adj* (*völlig*) пóлный; **er war ~ durcheinander** он совершéнно сби́лся с мы́сли; (*vollendet*) совершéнный
Vollkommenheit *f* ⟨*gen:-*⟩ совершéнство *nt*
Vollkornbrot *nt* ⟨-(e)s, -e⟩ хлеб *m* из мукú грýбого помóла
Vollmacht *f* ⟨-, -en⟩ полномóчие; (*Dokument*) довéренность *f*
Vollmilch *f* ⟨*gen:-*⟩ цéльное молокó *nt*
Vollmond *m* ⟨-(e)s, -e⟩ полнолýние *nt*
Vollpension *f* ⟨*gen:-*⟩ пóлный пансиóн *m*
vollständig 1. *adj* пóлный; **2.** *adv* совершéнно, пóлностью
vollstrecken *vt* приводи́ть, -вести́ *pf* в исполнéние
volltanken *vi* заправля́ть, запрáвить *pf* пóлный бак
Volltreffer *m* ⟨-s, -⟩ (*MIL*) прямóе попадáние *nt*; (*fig*) удáча *f*
Vollwertkost *f* ⟨*gen:-*⟩ биологи́чески чи́стая пи́ща *f*
vollzählig *adj* в пóлном состáве
vollziehen 1. *irr vt* выполня́ть, вы́полнить *pf*; **2.** *irr vr* происходи́ть, произойти́ *pf*
Volt *nt* ⟨-/-(e)s, -⟩ вольт *m*
Volumen *nt* ⟨-s, -/-mina⟩ объём *m*
voluminös *adj* объёмный
von *präp +dat*: **~ oben/unten** свéрху/сни́зу; **~ Wladiwostok nach Chabarowsk fahren** éхать из Владивостóка в Хабáровск; **~ Moskau bis Scheremetjewo sind es 30 Kilometer** от Москвы́ до Шеремéтьево три́дцать киломéтров; **~ morgen an** начинáя с зáвтрашнего дня; **~ Montag bis Freitag** с понедéльника по пя́тницу; **die Zeitung vom 3. Mai** газéта от трéтьего мáя; **~ der Arbeit kommen** прийти́ с рабóты; **ein Freund ~ mir** мой друг; **ein Bild ~ Kandinsky** карти́на Канди́нского; **~ selbst** самó по себé; **~ mir aus** (*umg*) я не прóтив; **im Abstand ~ 5 Metern** на расстоя́нии пяти́ мéтров; **~ etw ausgehen** исходи́ть из чегó-л.; **~ jdm/etw sprechen** говори́ть о кóм-л./чём-л.
voneinander *adv* друг от дрýга
vor *präp* (*räumlich, Richtung anweisend, vor einer Handlung*) пéред (+ *inst*); (*ursächlich*) от (+ *gen*); **~ allem** прéжде всегó; **~ drei Tagen** три дня томý назáд; **~ dem Essen** пéред едóй; **fünf Minuten ~ zwölf** без пяти́ минýт двенáдцать; **~ Wut/Freude** от гнéва/рáдости
Vorabend *m* ⟨-s, -e⟩ канýн *m*; **am ~ von etw** на канýне чегó-л.
voran *adv* (*vorwärts*) вперёд
vorangehen *irr vi* (*an der Spitze gehen*) идти́ , пойти́ *pf* впереди́; (*vorankommen*) продвигáться, -дви́нуться *pf*; **einer Sache ~** (*zeitlich*) предшéствовать чемý-л.
voraus *adv* впереди́; **im ~** зарáнее; **seiner Zeit ~ sein** рáньше своегó врéмени
vorausgehen *irr vi* идти́, пойти́ *pf* вперёд; **einer Sache ~** предшéствовать чемý-л.
voraushaben *irr vt*: **jdm etw ~** превосходи́ть когó-л. в чём-л.
Voraussage *f* ⟨-, -en⟩ прогнóз *m*
voraussagen *vt* предскáзывать, -сказáть *pf*
voraussetzen *vt* (*Fähigkeiten*) предусмáтривать *impf*; (*von etw ausgehen*) исходи́ть *impf* (из +*gen*); **vorausgesetzt, daß ...** при услóвии, если...
Voraussetzung *f* ⟨-, -en⟩ услóвие *nt*, предпосы́лка *f*
voraussichtlich *adj* предполагáемый
Vorbehalt *m* ⟨-(e)s, -e⟩ оговóрка *f*; **unter dem ~, daß ...** с той оговóркой,что ...
vorbehalten *irr vt*: **sich/jdm etw ~** остáвить за собóй/кем-л. прáво на что-л.; **jdm ~ sein** принадлежáть комý-л. [*o* является прáвом когó-л.]
vorbehaltlos *adj* безоговóрочный
vorbei *adv*: **~ an etw/jdm** ми́мо чегó-л./когó-л.; **das ist alles längst ~** всё э́то ужé давнó прошлó [*o* позади́]
vorbeigehen *irr vi* проходи́ть, пройти́ *pf* (*an +dat* ми́мо +*gen*)

vorbereiten 1. *vt* подготáвливать, -готóвить *pf* (*auf +akk* к *+dat*); **2.** *vr* подготáвливаться, -готóвиться *pf* (*auf +akk* к *+dat*)
Vorbereitung *f* ⟨-, -en⟩ подготóвка *f*
vorbestraft *adj* имéющий судúмость
vorbeugen 1. *vr* наклонЯ́ться, -клонúться *pf* вперёд; **2.** *vi* предупреждáть, -предúть *pf*; **einer Sache ~** предупреждáть что-л.
vorbeugend *adj* предупредúтельный
Vorbeugung *f* ⟨*gen:*-⟩ предупреждéние *nt*
Vorbild *nt* ⟨-(e)s, -er⟩ примéр *m*; **sich jdn zum ~ nehmen** брáть с когó-л. примéр
vorbildlich *adj* примéрный
vorbringen *irr vt* выдвигáть, вы́двинуть *pf*
Vorderachse *f* ⟨-, -n⟩ перéдний мост *m*
vordere(r, s) *adj* перéдняя, -ний, -нее
Vordergrund *m* ⟨-(e)s, -gründe⟩ перéдний план *m*; **im ~** на перéднем плáне
Vorderradantrieb *m* ⟨-(e)s, -e⟩ привóд *m* на перéдние колёса
Vorderseite *f* ⟨-, -n⟩ перéдняя сторонá *f*
voreilig *adj* поспéшный
voreingenommen *adj* предвзЯ́тый
Voreingenommenheit *f* ⟨*gen:*-⟩ предвзЯ́тость *f*
vorenthalten *irr vt:* **jdm etw ~** лишáть когó-л. чегó-л.
vorerst *adv* покá
Vorfahr, -in *m/f* ⟨-en, -en⟩ прéдок *m*
vorfahren *irr vi* подъезжáть, -éхать *pf*; **sie fuhr mit dem Taxi vor** онá подъéхала на таксú
Vorfahrt *f* ⟨*gen:*-⟩ прáво *nt* преимýщественного проéзда; **jdm die ~ lassen** уступúть комý-л. дорóгу
Vorfall *m* ⟨-(e)s, -fälle⟩ слýчай *m*
vorfinden *irr vt* заставáть, -стáть *pf*, вúдеть, у- *pf*
vorführen *vt* (*Film, Person, Auto*) покáзывать, -казáть *pf*
Vorführung *f* ⟨-, -en⟩ (*Film~*) покáз *m*; (*Vorstellung*) представлéние *nt*
Vorgang *m* ⟨-(e)s, -gänge⟩ (*Hergang*) процéсс *m*; (*Vorfall*) собы́тие *nt*; (*Akten~*) дéло *nt*
Vorgänger, -in *m/f* ⟨-s, -⟩ предшéственник, -нница *m/f*
vorgeben *irr vt* (*angeben*) приводúть, -вестú *pf* в кáчестве предлóга; (*SPORT*) давáть, дáть *pf* фóру; (*festlegen*) задавáть, -дáть *pf*
Vorgefühl *nt* ⟨*gen:*-(e)s⟩ предчýвствие *nt*
vorgehen *irr vi* (*nach vorn gehen*) выходúть, вы́йти *pf* (вперёд) (*an +akk* к *+dat*); (*Uhr*) спешúть *impf*; (*geschehen*) происходúть, произойтú *pf*; (*handeln*) дéйствовать, поступáть, -ступúть *pf*
Vorgeschichte *f* ⟨-, -n⟩ предыстóрия *f*
Vorgeschmack *m* ⟨*gen:*-(e)s⟩ предвкушéние *nt*
Vorgesetzte(r) *mf* ⟨-n, -n⟩ начáльник, -ница *m/f*
vorgestern *adv* позавчерá
vorhaben *irr vt* *собирáться, собрáться сдéлать что-л.*; **was hast du damit vor?** что ты собирáешься сдéлать с э́тим?; **was hast du für heute vor?** что ты запланúровал на сегóдня?
Vorhaben *nt* ⟨-s, -⟩ намéрение *nt*
vorhanden *adj* имéющийся (в налúчии); **es sind noch drei Bücher ~** остáлись ещё три кнúги
Vorhandensein *nt* ⟨*gen:*-s⟩ налúчие *nt*
Vorhang *m* ⟨-(e)s, Vorhänge⟩ занавéска *f*; (*Theater*) зáнавес *m*
Vorhängeschloß *nt* ⟨-schlosses, -schlösser⟩ висЯ́чий замóк *m*
Vorhaut *f* ⟨-, -häute⟩ крáйняя плоть *f*
vorher *adv* зарáнее; **drei Tage ~** за три дня до э́того
vorhergehen *irr vi:* **etw geht einer Sache vorher** что-л. предшéствует чемý-л.
vorherig *adj* прéжний
Vorherrschaft *f* ⟨*gen:*-⟩ господствo *nt*
vorherrschen *vi* преобладáть *impf*
Vorhersage *f* ⟨-, -n⟩ прогнóз *m*
vorhersagen *vt* предскáзывать, -сказáть *pf*
vorhersehbar *adj* предсказýемый
vorhersehen *irr vt* предвúдеть *impf*
vorhin *adv* тóлько что
vorhinein *adv:* **im ~** зарáнее
vorig *adj* прóшлый
Vorjahr *nt* ⟨-(e)s, -e⟩ прóшлый год *m*
Vorkehrung *f* ⟨-, -en⟩ (*meist pl*) мéра *f* предосторóжности
Vorkenntnisse *pl* ⟨*gen:*-⟩ предвари́тельные знáния *pl*
vorkommen *vi* (*auftreten*) встречáться, встрéтиться *pf*; (*geschehen*) случáться, случúться *pf*; **sie kommt mir bekannt vor** мне кáжется, что я её знáю
Vorkommen *nt* ⟨-s, -⟩ (*von Bodenschätzen*) месторождéние *nt*
Vorkommnis *nt* ⟨-ses, -se⟩ происшéствие *nt*
Vorladung *f* ⟨-, -en⟩ вы́зов *m* в суд
Vorlage *f* ⟨-, -n⟩ (*das Vorlegen*) предъявлéние *nt*; (*Muster, Vorbild*) образéц *m*; (*Gesetzesvorlage*) проéкт *m*
vorläufig *adj* врéменный
vorlaut *adj* дéрзкий

vorlegen *vt* (*vorzeigen*) предъявля́ть, -ви́ть *pf*; (*Entwurf*) представля́ть, -ста́вить *pf*
vorlesen *irr vt* чита́ть, про- *pf* вслух
Vorlesung *f* ⟨-, -en⟩ ле́кция *f*; **eine ~ halten** чита́ть ле́кцию
Vorlesungsverzeichnis *nt* ⟨-ses, -se⟩ расписа́ние *nt* заня́тий
vorletzte(r, s) *adj* предпосле́дняя, -ний, -нее
Vorliebe *f* ⟨-, -n⟩ пристра́стие *nt*; **eine ~ für etw/jdn haben** име́ть пристра́стие к чему́-л./кому́-л.
vorliegen *irr vi* (*existieren, dasein*) име́ться *impf*; **hier muß ein Irrtum ~** здесь произошла́ оши́бка
vorliegend *adj* да́нный; **im ~en Fall** в да́нном слу́чае
Vormachtstellung *f* ⟨*gen:-*⟩ госпо́дствующее положе́ние *nt*
vormerken *vt* запи́сывать, -писа́ть *pf*; **sich für etw ~ lassen** записа́ться на что-л.
Vormittag *m* ⟨-s, -e⟩ пе́рвая полови́на *f* дня
vormittags *adv* в пе́рвой полови́не дня
Vormund *m* ⟨-(e)s, -e⟩ опеку́н *m*
vorn(e) *adv* впереди́; **nach ~** вперёд; **von ~** спе́реди; **von ~ anfangen** начина́ть снача́ла
Vorname *m* ⟨-n, -n⟩ и́мя *nt*
vornehm *adj* изы́сканный
vornehmen *irr vr* (*etw anpacken, auch sich jdn ~*) бра́ться, взя́ться *pf* (за *+akk*); **sich** *dat* **~, etw zu tun** реши́ть сде́лать что-л.; **eine Reparatur ~** провести́ ремо́нт
vornehmlich *adv* пре́жде всего́
vornherein *adv:* **von ~** с са́мого нача́ла
Vorort *m* ⟨-(e)s, -e⟩ при́город *m*
Vorortzug *m* ⟨-(e)s, -züge⟩ электри́чка *f*
Vorrang *m* ⟨*gen:-*(e)s⟩ преиму́щество *nt*; **(vor etw/jdm) den ~ haben** име́ть преиму́щество (пе́ред чем-л./кем-л.)
vorrangig *adj* первоочередно́й
Vorrat *m* ⟨-(e)s, Vorräte⟩ запа́с *m*
vorrätig *adj* име́ющийся (в запа́се)
Vorrecht *nt* ⟨-(e)s, -e⟩ привиле́гия *f*
Vorrichtung *f* ⟨-, -en⟩ устро́йство *nt*
vorsagen *vt:* **jdm etw ~** подска́зывать кому́-л. что-л.
Vorsaison *f* ⟨*gen:-*⟩ предсезо́нный пери́од *m*
Vorsatz *m* ⟨-es, -sätze⟩ наме́рение *nt*
vorsätzlich *adj* преднаме́ренный
Vorschein *m:* **zum ~ kommen** появи́ться
vorschieben *irr vt* (*nach vorn schieben*) подвига́ть, -ви́нуть *pf* вперёд; **den Riegel ~** задви́нуть засо́в
Vorschlag *m* ⟨-(e)s, Vorschläge⟩ предложе́ние *nt*; **auf jds ~ hin** по предложе́нию кого́-л.; **einen ~ machen** сде́лать предложе́ние
vorschlagen *irr vt* предлага́ть, -ложи́ть *pf*
vorschnell *adj* опроме́тчивый
vorschreiben *irr vt* предпи́сывать, -писа́ть *pf*
Vorschrift *f* ⟨-, -en⟩ инстру́кция *f*
vorschriftsmäßig *adj* согла́сно инстру́кции
Vorschub *m:* **einer Sache ~ leisten** соде́йствовать
Vorschuß *m* ⟨Vorschusses, Vorschüsse⟩ зада́ток *m*
vorschweben *vi* представля́ться, предста́виться *pf*
vorsehen 1. *irr vt* (*nach vorn sehen*) выгля́дывать, вы́глянуть *pf* (*hinter +dat* и́з-за́ *+gen*); (*angeben, einplanen*) предусма́тривать, -мотре́ть *pf*; **2.** *irr vr* быть *impf* осторо́жным (*mit* с *+inst*)
Vorsehung *f* ⟨*gen:-*⟩ прови́дение *nt*
Vorsicht *f* ⟨*gen:-*⟩ осторо́жность *f*; **~!** осторо́жно!
vorsichtig *adj* осторо́жный; **mit etw ~ sein** быть осторо́жным с чем-л.
Vorsichtsmaßnahme *f* ⟨-, -n⟩ ме́ра *f* предосторо́жности
Vorsilbe *f* ⟨-, -n⟩ приста́вка *f*
Vorsitz *m* ⟨*gen:-*es⟩ председа́тельство *nt*; **den ~ führen** председа́тельствовать
Vorsitzende(r) *mf* ⟨-n, -n⟩ председа́тель, -ница *m/f*
Vorsorge *f* ⟨*gen:-*⟩ ме́ра *f* предосторо́жности
Vorsorgeuntersuchung *f* ⟨-, -en⟩ профилакти́ческий осмо́тр *m*
vorsorglich *adj* забо́тливый
Vorspeise *f* ⟨-, -n⟩ заку́ска *f*
Vorspiel *nt* ⟨-(e)s, -e⟩ (*MUS*) прелю́дия *f*; (*sexuell*) предвари́тельные ла́ски *pl*
vorspielen *vt* (*auf Instrument*) исполня́ть, испо́лнить *pf*
vorsprechen 1. *irr vt* (*einen Text*) диктова́ть, про- *pf*; **2.** *irr vi* зайти́ *pf*; **bei einer Behörde/bei jdm ~** зайти́ в како́е-л. учрежде́ние/к кому́-л.
Vorsprung *m* ⟨-(e)s, Vorsprünge⟩ (*vorstehender Teil*) вы́ступ *m*; (*Voraussein*) преиму́щество *nt*; **einen ~ vor jdm haben** име́ть преиму́щество пе́ред кем-л.
Vorstadt *f* ⟨-, -städte⟩ при́город *m*
Vorstand *m* ⟨-(e)s, -stände⟩ правле́ние *nt*; (*Vorstandsmitglied*) член *m* правле́ния
vorstehen *irr vi* (*nach vorn ragen*) выступа́ть *impf* (*aus +dat* из *+gen*)
vorstellbar *adj* постижи́мый

vorstellen 1. *vt* (*Person, Gegenstand*) представля́ть, -ста́вить *pf*; (*Uhr*) ста́вить, по- *pf* вперёд (*um +akk* на *+akk*); (*darstellen*) представля́ть *impf* из себя́; **2.** *vr* (*eine Vorstellung von etw haben*) представля́ть, -ста́вить *pf* себе́
Vorstellung *f* ⟨-, -en⟩ (*das Vorstellen*) представле́ние *nt*; (*Theater*) спекта́кль *m*; (*Kino*) сеа́нс *m*; (*Gedanke*) представле́ние *nt*
Vorstoß *m* ⟨-es, Vorstöße⟩ (*MIL*) проры́в *m*, уда́р *m*, ата́ка *f*; (*SPORT*) рыво́к *m*
vorstoßen *vi* проника́ть, -ни́кнуть *pf* (*in +akk* в *+akk*); (*MIL*) прорыва́ться, прорва́ться *pf*
vorstrecken *vt* (*Hand, Kopf*) вытя́гивать, вы́тянуть *pf* вперёд
Vorstufe *f* ⟨-, -n⟩ предвари́тельный эта́п *m*
vortäuschen *vt* симули́ровать *impf*
Vorteil *m* ⟨-(e)s, -e⟩ преиму́щество *nt*; **(für jdn) von ~ sein** быть вы́годным кому́-л.
vorteilhaft *adj* вы́годный
Vortrag *m* ⟨-(e)s, -träge⟩ докла́д *m*; **einen ~ halten** выступа́ть с докла́дом
vortragen *irr vt* (*Gedicht*) чита́ть, про- *pf*; (*Meinung*) излага́ть, -ложи́ть *pf*
vortrefflich *adj* превосхо́дный
vorüber *adv* ми́мо
vorübergehen *irr vi* (*vorbeigehen*) проходи́ть, пройти́ *pf* ми́мо (*an +dat* ми́мо *+gen*)
vorübergehend *adj* вре́менный
Vorurteil *nt* ⟨-s, -e⟩ предрассу́док *m*
Vorverkauf *m* ⟨*gen:*-(e)s⟩ предвари́тельная прода́жа *f*
Vorwahl *f* ⟨-, -en⟩ (*TELKOM*) (телефо́нный) код *m* (населённого пу́нкта)
Vorwand *m* ⟨-(e)s, -wände⟩ предло́г *m*; **unter einem ~** под каки́м-л. предло́гом
vorwärts *adv* вперёд
Vorwärtsgang *m* ⟨-(e)s, -gänge⟩ переда́ча *f* пере́днего хо́да
vorwärtsgehen *vi:* **mit etw geht es vorwärts** (*umg*) что-л. продвига́ется
Vorwäsche *f* ⟨*gen:*-⟩ предвари́тельная сти́рка *f*
vorweg *adv* (*im voraus*) снача́ла
vorweisen *irr vt* (*vorzeigen*) предъявля́ть, -ви́ть *pf*; **sie kann sehr gute Qualifikationen ~** у неё о́чень хоро́шая квалифика́ция
vorwerfen *vt:* **jdm etw ~** упрека́ть кого́-л. в чём-л.
vorwiegend *adv* в основно́м, преиму́щественно
vorwitzig *adj* (*keck, frech*) нескро́мный; (*neugierig*) любопы́тный
Vorwort *nt* ⟨-(e)s, -e⟩ предисло́вие *nt*
Vorwurf *m* ⟨-(e)s, -würfe⟩ упрёк *m*
vorwurfsvoll *adj* укори́зненный
Vorzeichen *nt* ⟨-s, -⟩ (*Omen*) предзнаменова́ние *nt*; (*MATH*) знак *m*
vorzeigen *vt* предъявля́ть, -ви́ть *pf*
vorzeitig *adj* преждевре́менный
vorziehen *irr vt* (*Vorhänge*) задёргивать, -дёрнуть *pf*; (*lieber mögen*) предпочита́ть, -че́сть *pf*; **jdn (einem anderen) ~** предпочита́ть кого́-л. (кому́-л. друго́му)
Vorzimmer *nt* ⟨-s, -⟩ приёмная *f*
Vorzug *m* ⟨-(e)s, -züge⟩ (*Vorrang*) предпочте́ние *nt*; (*positive Eigenschaft*) преиму́щество *nt*; **einer Sache den ~ geben** отда́ть чему́-л. предпочте́ние
vorzüglich *adj* великоле́пный
Votum *nt* ⟨-s, Voten⟩ (*geh*) во́тум *m*
vulgär *adj* вульга́рный
Vulkan *m* ⟨-s, -e⟩ вулка́н *m*

W

w, W *nt* ⟨-, -⟩ в, В *nt*
waag(e)recht *adj* горизонта́льный
Waage *f* ⟨-, -n⟩ весы́ *mpl*; (*ASTR*) Весы́ *mpl*
wabb(e)lig *adj* (*umg*) дря́блый
Wabe *f* ⟨-, -n⟩ сот *m*
wach *adj* (*rege*) бо́дрый; **~ werden** просну́ться; **~ sein** не спать
Wachablösung *f* ⟨-, -en⟩ сме́на *f* карау́ла
Wache *f* ⟨-, -n⟩ (*Wachperson*) карау́льный *m*; (*Wachdienst*) карау́л *m*
wachen *vi* (*geh:wach sein*) бо́дрствовать *impf*; (*auf etw aufpassen*) следи́ть *impf* (*über +akk* за *+inst*)
Wacholder *m* ⟨*gen:*-s⟩ можжеве́льник *m*
Wachs *nt* ⟨*gen:*-es⟩ воск *m*
wachsam *adj* бди́тельный
Wachsamkeit *f* ⟨*gen:* -⟩ бди́тельность *f*
wachsen *vi* ⟨wuchs, gewachsen⟩ (*an Größe zunehmen, sich verstärken*) расти́, вы́расти *pf*; **die Umsätze sind um 5% gewachsen** оборо́т вы́рос на 5%; **jmd ist einer Sache gewachsen** что-л. кому́-л. по плечу́
Wachstum *nt* ⟨*gen:*-s⟩ рост *m*, разви́тие *nt*
Wächter, -in *m/f* ⟨-s, -⟩ сто́рож *m*
Wachtmeister, -in *m/f* ⟨-s, -⟩ полице́йский *m*
Wachturm *m* ⟨-(e)s, -türme⟩ сторожева́я вы́шка *f*
wackelig *adj* ша́ткий
Wackelkontakt *m* ⟨-(e)s, -e⟩ непло́тный

контáкт *m*
wackeln *vi* (*schwanken*) шатáться *impf*
Wade *f* ⟨-, -n⟩ икрá *f*
Waffe *f* ⟨-, -n⟩ орýжие *nt*
Waffel *f* ⟨-, -n⟩ вáфля *f*
Waffenstillstand *m* ⟨-(e)s, -stände⟩ перемѝрие *nt*
Wagemut *m* ⟨*gen:*-(e)s⟩ отвáга *f*
wagemutig *adj* отвáжный
wagen *vt* осмéливаться, -литься *pf*; **er wagte nicht, sie anzusprechen** он не осмéлился заговорѝть с ней
Wagen *m* ⟨-s, -⟩ (*Auto*) машѝна *f*, автомобѝль *m*; (*Eisenbahn~*) вагóн *m*; (*Hand~*) телéжка *f*
Wagenheber *m* ⟨-s, -⟩ домкрáт *m*
Waggon *m* ⟨-s, -s⟩ вагóн *m*
waghalsig *adj* рискóванный
Wagnis *nt* ⟨-ses, -se⟩ риск *m*
Wahl *f* ⟨-, -en⟩ вы́бор *m*; **keine andere ~ haben** не имéть другóго вы́бора (*politische Wahl*) вы́боры *mpl*; **die ~ gewinnen** победѝть на вы́борах; **die ~ verlieren** проигрáть на вы́борах
wahlberechtigt *adj* имéющий прáво гóлоса
Wahlbeteiligung *f* ⟨*gen:*-⟩ учáстие *nt* в вы́борах
wählen *vt* (*zwischen Alternativen, seine Stimme abgeben*) выбирáть, вы́брать *pf*; **Sie können unter drei verschiedenen Menüs ~** Вы мóжете вы́брать однó из трёх меню́; (*am Telefon*) набирáть, набрáть *pf*
Wähler, -in *m/f* ⟨-s, -⟩ избирáтель, -ница *m/f*
wählerisch *adj* разбóрчивый
Wahlgang *m* ⟨-(e)s, -gänge⟩ тур *m* вы́боров
Wahlkabine *f* ⟨-, -en⟩ избирáтельная кабѝна *f*
Wahlkampf *m* ⟨-(e)s, -kämpfe⟩ предвы́борная кампáния *f*
Wahlkreis *m* ⟨-es, -e⟩ избирáтельный óкруг *m*
Wahllokal *nt* ⟨-(e)s, -e⟩ избирáтельный учáсток *m*
Wahlrecht *nt* ⟨*gen:*-(e)s⟩ избирáтельное прáво *nt*
Wählscheibe *f* ⟨-, -n⟩ диск *m* телефóна
wahlweise *adv* по вы́бору, на вы́бор
Wahn *m* ⟨*gen:*-(e)s⟩ бред *m*
Wahnsinn *m* ⟨*gen:*-s⟩ (*Geistesgestörtheit*) помешáтельство *nt*; (*unvernünftiges Handeln*) безýмие *nt*
wahnsinnig *adj* (*geistesgestört*) сумасшéдший; (*stark:Hunger etc*) ужáсный; **~ interessant** безýмно интерéсно
wahr *adj* (*richtig, nicht falsch*) вéрный, прáвильный; (*eigentlich*) ѝстинный; (*wirklich*) настоя́щий; **nicht ~?** не тáк ли?
wahren *vt* (*Geheimnis*) сохраня́ть, -нѝть *pf*; (*verteidigen*) защищáть, защитѝть *pf*
während 1. *conj* (*zeitlich*) покá, в то врéмя как; **2.** *präp +gen* во врéмя (+ *gen*)
wahrhaftig 1. *adj* (*geh*) ѝстинный; **2.** *adv* действѝтельно
Wahrheit *f* ⟨*gen:*-⟩ прáвда *f*, ѝстина *f*; **er sagt die ~** он говорѝт прáвду; **das ist die reine ~** э́то чѝстая прáвда
wahrnehmen *irr vt* (*mit den Sinnen*) воспринимáть, -ня́ть *pf*; (*Pflichten*) исполня́ть, испóлнить *pf*
Wahrnehmung *f* ⟨*gen:*-⟩ восприя́тие *nt*
wahrsagen *vi*: **jdm die Zukunft ~** предскáзывать комý-л. бýдущее; **aus dem Kaffeesatz ~** гадáть на кофéйной гýще
Wahrsager, -in *m/f* ⟨-s, -⟩ предсказáтель, -ница *m/f*
wahrscheinlich 1. *adj* вероя́тный, возмóжный; **2.** *adv* вероя́тно, возмóжно
Wahrscheinlichkeit *f* ⟨*gen:*-⟩ вероя́тность *f*, возмóжность *f*
Währung *f* ⟨-, -en⟩ валю́та *f*
Wahrzeichen *nt* ⟨-s, -⟩ сѝмвол *m*
Waise *m/f* ⟨-, -n⟩ сиротá *mf*
Wal *m* ⟨-(e)s, -e⟩ кит *m*
Wald *m* ⟨-(e)s, -e⟩ лес *m*
Wäldchen *nt* ⟨-s, -⟩ лесóк *m*
waldig *adj* лесѝстый
Wales *nt* ⟨*gen:*-⟩ Уэ́льс *m*
Walkie-talkie *nt* ⟨-s, -s⟩ портатѝвная рáция *f*
Walkman *m* ⟨-, Walkmen⟩ плейер *m*
Wall *m* ⟨-(e)s, Wälle⟩ вал *m*
Wallfahrt *f* ⟨-, -en⟩ палóмничество *nt*
Walnuß *f* ⟨-, Walnüsse⟩ грéцкий орéх *m*
Walroß *nt* ⟨Walrosses, Walrosse⟩ морж *m*
Walze *f* ⟨-, -n⟩ (*Straßenwalze*) катóк *m*; (*TECH*) вал *m*
walzen *vt* (*Stahl*) прокáтывать *impf*
wälzen 1. *vt* катѝть, по- *pf*; **2.** *vr* перевopáчиваться, переверну́ться *pf*; **sich schlaflos im Bett ~** ворóчиться в постéли от бессóницы
Walzer *m* ⟨-s, -⟩ вальс *m*
wand *prät von* **winden**
Wand *f* ⟨-, Wände⟩ стенá *f*
Wandel *m* ⟨*gen:*-s⟩ перемéна *f*
wandelbar *adj* перемéнчивый
wandeln *vr* (*sich verändern*) изменя́ться, -нѝться *pf*
Wanderausstellung *f* ⟨-, en⟩ передвижнáя вы́ставка *f*
Wanderer *m* ⟨s, -⟩ турѝст *m*

wandern *vi* (*eine Wanderung machen*) ходи́ть, пойти́ *pf* в похо́д; (*Nomaden, auch fig*) кочева́ть, пере- *pf*
Wanderung *f* ⟨-, en⟩ похо́д *m*; **eine ~ machen** пойти́ в похо́д
Wandlung *f* ⟨-, -en⟩ переме́на *f*
Wandmalerei *f* ⟨-, -en⟩ насте́нная жи́вопись *f*
Wandschrank *m* ⟨-(e)s, -schränke⟩ стенно́й шкаф *m*
wandte *prät von* **wenden**
Wandzeitung *f* ⟨-, -en⟩ стенгазе́та *f*
Wange *f* ⟨-, -n⟩ щека́ *f*
wankelmütig *adj* нереши́тельный
wanken *vi* кача́ться, покачну́ться *pf*
wann *adv* (*nach einem Zeitpunkt fragend*) когда́; (*in Verbindung mit "immer" : jederzeit*) всегда́, когда́ ...
Wanne *f* ⟨-, -n⟩ ва́нна *f*
Wanze *f* ⟨-, -n⟩ (*Tier*) клоп *m*; (*umg:Abhörgerät*) жучо́к *m*
Wappen *nt* ⟨-s, -⟩ герб *m*
war *prät von* **sein**[1]
warb *prät von* **werben**
ward *prät von* **werden**
Ware *f* ⟨-, -n⟩ това́р *m*
Warenhaus *nt* ⟨-es, -häuser⟩ универма́г *m*
Warenlager *nt* ⟨-s, -⟩ това́рный склад *m*
Warenprobe *f* ⟨-, -n⟩ образе́ц *m* това́ра
Warenzeichen *nt* ⟨-s, -⟩ това́рный знак *m*
warf *prät von* **werfen**
warm *adj* тёплый; **jdm ist es~** кому́-л. тепло́
Wärme *f* ⟨*gen:-*⟩ (*Temperatur*) тепло́ *nt*; (*Warmherzigkeit*) теплота́ *f*
Wärmekraftwerk *nt* ⟨-(e)s, -e⟩ теплоэлектроста́нция *f*
wärmen *vt* (*warm machen*) греть, на- *pf*; **der Pullover wärmt gut** сви́тер хорошо́ гре́ет
Wärmflasche *f* ⟨-, -n-⟩ гре́лка *f*
warmherzig *adj* серде́чный
Warnblinker *m* ⟨-s, -⟩ авари́йная сигнализа́ция *f*
Warndreieck *nt* ⟨-(e)s, -e⟩ предупреди́тельный треуго́льник *m*
warnen *vt* предупрежда́ть, предупреди́ть *pf* (*vor +dat* о *+präpos*)
Warnstreik *m* ⟨-(e)s, -s⟩ предупреди́тельная забасто́вка *f*
Warnung *f* ⟨-, -en⟩ предупрежде́ние *nt*
warten 1. *vi* ждать, подо- *pf*; **wir ~ schon seit einer Stunde auf dich** мы ждём тебя́ уже́ це́лый час; **2.** *vt* (*Maschinen, Geräte*) проводи́ть, -вести́ *pf* обслу́живание (+ *gen*); **der Motor muß regelmäßig gewartet werden** дви́гатель до́лжен регуля́рно проходи́ть техни́ческое обслу́живание
Wärter, -in *m/f* ⟨-s, -⟩ сто́рож *m*
Wartesaal *m* ⟨-(e)s, -säle⟩ зал *m* ожида́ния
Warteschlange *f* ⟨-, -n⟩ о́чередь *f*
Wartezimmer *nt* ⟨-s, -⟩ приёмная *f*
Wartung *f* ⟨*gen:-*⟩ обслу́живание *nt*
warum *adv* почему́
Warze *f* ⟨-, -n⟩ борода́вка *f*
was 1. *pron inter* что; **2.** *pron rel* что; **3.** *adv* (*umg:warum*) что; **4.** *pron indef* что́-то, ко́е-что́; **da muß man doch ~ tun** на́до же что́-то де́лать; **ich weiß ~ Besseres** я зна́ю ко́е-что́ полу́чше
Waschanlage *f* ⟨f, -en⟩ мо́ечная устано́вка *f*
Waschbecken *nt* ⟨-s, -⟩ умыва́льник *m*
Wäsche *f* ⟨*gen:-*⟩ (*Kleidungsstücke*) бельё *nt*; (*das Waschen*) сти́рка *f*
waschecht *adj* (*umg:echt, typisch*) настоя́щий
Wäscheklammer *f* ⟨-, -n⟩ прище́пка *f*
Wäscheleine *f* ⟨-, -n⟩ бельева́я верёвка *f*
waschen 1. *vt* ⟨wusch, gewaschen⟩ (*Hände, Auto etc*) мыть, по- *pf*; (*Wäsche*) стира́ть, по- *pf*; **2.** *vr* мы́ться, по- *pf*; (*sich Gesicht und Hände ~*) умыва́ться, умы́ться *pf*
Wäscherei *f* ⟨-, -en⟩ пра́чечная *f*
Wäscheschleuder *f* ⟨-, -n⟩ центрифу́га *f*
Wäschetrockner *m* ⟨-s, -⟩ суши́лка *f* для белья́
Waschküche *f* ⟨-, -n⟩ (*umg:dichter Nebel*) густо́й тума́н *m*
Waschlappen *m* ⟨-s, -⟩ (*zum Waschen*) моча́лка *f*; (*umgpej*) мя́мля *mf*
Waschmaschine *f* ⟨-, -n⟩ стира́льная маши́на *f*
Waschmittel *nt* ⟨-s, -⟩ мо́ющее сре́дство *nt*
Wasser *nt* ⟨*gen:-s*⟩ вода́ *f*
wasserdicht *adj* водонепроница́емый
Wasserfall *m* ⟨-(e)s, -fälle⟩ водопа́д *m*
Wasserfarbe *f* ⟨-, -n⟩ акваре́льная кра́ска *f*
Wasserhahn *m* ⟨-(e)s, -hähne⟩ кран *m*
Wasserhaushalt *m* ⟨*gen:-(e)s*⟩ во́дный бала́нс *m*
Wasserkraftwerk *nt* ⟨-(e)s, -e⟩ гидроэлектроста́нция *f*
Wasserleitung *f* ⟨-, -en⟩ водопрово́д *m*
Wassermann *m* ⟨*gen:-(e)s*⟩ (*ASTR*) Водоле́й *m*
Wassermelone *f* ⟨-, -en⟩ арбу́з *m*
Wasserpflanze *f* ⟨-, -n⟩ водяно́е расте́ние *nt*
Wasserschutzgebiet *nt* ⟨-(e)s, -e⟩ во́дный запове́дник *m*
Wasserski *m* ⟨-, -⟩ во́дные лы́жи *pl*

Wasserstand *m* ⟨-(e)s, -stände⟩ у́ровень *m* воды́
Wasserstoff *m* ⟨*gen:*-(e)s⟩ водоро́д *m*
Wasserstoffbombe *f* ⟨-, -n⟩ водоро́дная бо́мба *f*
Wasserwaage *f* ⟨-, -n⟩ ватерпа́с *m*
Wasserwerfer *m* ⟨-s, -⟩ водомёт *m*
Wasserwerk *nt* ⟨-(e)s, -e⟩ водопрово́дная ста́нция *f*
Wasserzeichen *nt* ⟨-s, -⟩ водяно́й знак *m*
Watt *nt* ⟨*gen:*-(e)s⟩ ва́тты *mpl*; (*PHYS*) ватт *m*
Watte *f* ⟨*gen:*-⟩ ва́та *f*
weben *vt* ⟨wob, gewoben⟩ тка́ть, со- *pf*
Webstuhl *m* ⟨-(e)s, -stühle⟩ тка́цкий стано́к *m*
Wechsel *m* ⟨-s, -⟩ (*das Wechseln*) сме́на *f*; (*Bank*) ве́ксель *m*
Wechselbeziehung *f* ⟨-, -en⟩ взаимоотноше́ние *nt*
Wechselgeld *nt* ⟨-es, -er⟩ разме́нные де́ньги *fpl*
wechselhaft *adj* переме́нчивый
Wechseljahre *fpl* ⟨*gen:*-⟩ кли́макс *m*
Wechselkurs *m* ⟨-es, -e⟩ курс *m* обме́на валю́ты
wechseln 1. *vt* меня́ть, по- *pf*, смени́ть *pf*; **100 Mark in Rubel ~** поменя́ть сто ма́рок на рубли́; **10 000 Rubel ~** (*in kleinere Rubelbanknoten*) разменя́ть де́сять ты́сяч рубле́й; **2.** *vi* меня́ться, по- *pf*, смени́ться *pf*
wechselseitig *adj* взаи́мный
Wechselstrom *m* ⟨*gen:*-(e)s⟩ переме́нный ток *m*
Wechselwirkung *f* ⟨-, -en⟩ взаимоде́йствие *nt*
wecken *vt* (*Schlafenden, Gefühle*) буди́ть, раз- *pf*
Wecker *m* ⟨-s, -⟩ буди́льник *m*; **den ~ auf sechs Uhr stellen** поста́вить буди́льник на шесть часо́в
wedeln *vi:* **mit dem Schwanz ~** виля́ть хвосто́м
weder *conj* ни; **~ ... noch** ни..., ни...
weg *adv:* **am anderen Tag waren die Schmerzen wieder ~** на друго́й день боль прошла́; **geh ~!** уходи́!; **sie ist schon längst ~** она́ уже́ давно́ ушла́; **er wohnt weit ~ von hier** он живёт далеко́ отсю́да; **alle waren ganz ~ vor Begeisterung** все бы́ли восхищены́ до безу́мия
Weg *m* ⟨-(e)s, -e⟩ (*zum Gehen oder Fahren*) доро́га *f*; (*fig*) путь *m*; **nach dem ~ fragen** спроси́ть доро́гу
wegbleiben *irr vi* (*fernbleiben*) не возвраща́ться, не возврати́ться *pf*; **vom Unterricht ~** (*umg*) не яви́ться на заня́тие
wegen *präp +gen* (*einen Grund angebend*) и́з-за́ (+ *gen*)
wegfahren *irr vi* уезжа́ть, уе́хать *pf*
wegfallen *irr vi* (*entfallen*) отпада́ть, -па́сть *pf*
weggehen *irr vi* уходи́ть, уйти́ *pf*
weglassen *irr vt* (*jdn irgendwohin gehen lassen*) отпуска́ть, -пусти́ть *pf*; (*fortlassen*) выпуска́ть, вы́пустить *pf*
weglaufen *irr vi* убега́ть, убежа́ть *pf*
wegmüssen *irr vi:* **ich muß ~** я до́лжен уйти́
wegnehmen *irr vt* (*wegräumen*) убира́ть, убра́ть *pf*; **jdm etw ~** отня́ть у кого́-л. что-л.
wegräumen *vt* убира́ть, убра́ть *pf*
Wegweiser *m* ⟨-s, -⟩ доро́жный указа́тель *m*
wegwerfen *irr vt* выки́дывать, вы́кинуть *pf*
wegziehen 1. *irr vt* (*Menschen, Gegenstände*) отта́скивать, оттащи́ть *pf* (*von +dat* от *+gen*); **2.** *vi* (*an einen Ort*) уезжа́ть, уе́хать *pf*; **sie sind schon vor drei Jahren hier weggezogen** они́ уе́хали отсю́да уже́ три го́да тому́ наза́д
weh *adj:* **mein Bauch tut mir ~** у меня́ боли́т живо́т; **habe ich dir ~ getan?** я уши́б тебя́?; **tut es dir ~?** тебе́ бо́льно?
Wehe *f* ⟨-, -n⟩ (*Geburtswehe*) родовы́е схва́тки *fpl*
wehen *vi* дуть, поду́ть *pf*; **es weht ein kräftiger Wind** ду́ет си́льный ве́тер
wehleidig *adj* (*pej*) жа́лобный
Wehmut *f* ⟨*gen:*-⟩ тоска́ *f*
wehmütig *adj* тоскли́вый
Wehrdienst *m* ⟨*gen:*-(e)s⟩ вое́нная слу́жба *f*, **seinen ~ ableisten** проходи́ть вое́нную слу́жбу; **den ~ verweigern** отказа́ться от прохожде́ния вое́нной слу́жбы
wehren *vr* защища́ться, защити́ться *pf* (*gegen +akk* от *+gen*); (*gegen Vorwürfe*) отверга́ть, отве́ргнуть *pf*
wehrlos *adj* беззащи́тный
Wehrpflicht *f* ⟨*gen:*-⟩ во́инская пови́нность *f*
Weib *nt* ⟨-(e)s, -er⟩ (*pej*) ба́ба *f*
Weibchen *nt* ⟨-s, -⟩ са́мка *f*
weiblich *adj* же́нский; (*fraulich*) же́нственный
weich *adj* мя́гкий
Weiche *f* ⟨-, -n⟩ стре́лка *f*
weichen *vi* ⟨wich, gewichen⟩ (*sich von irgendwo entfernen*) не отходи́ть, не отойти́ *pf* (*von +dat* от *+gen*); (*Platz machen*) уступа́ть, -пи́ть *pf*

Weichheit *f (auch fig)* мя́гкость *f*
Weide *f* ⟨-, -n⟩ *(Viehweide)* па́стбище *nt*; *(Baum)* и́ва *f*
weiden *vi* пасти́сь *impf*
weigern *vr* отка́зываться, -каза́ться *pf*; **die Demonstranten ~ sich, den Saal zu räumen** демонстра́нты отка́зываются освободи́ть зал
Weigerung *f* ⟨-, -en⟩ отка́з *m*
Weihe *f* ⟨-, -n⟩ освяще́ние *nt*
weihen *vt* освяща́ть, -вяти́ть *pf*; **jdn zum Priester ~** посвяща́ть кого́-л. в сан свяще́нника
Weiher *m* ⟨-s, -⟩ пруд *m*
Weihnachten *nt* ⟨-s, -⟩ рождество́ *nt*
weihnachtlich *adj* рожде́ственский
Weihnachtsabend *m* ⟨-s, -e⟩ соче́льник *m*
Weihnachtsbaum *m* ⟨-(e)s, -bäume⟩ рожде́ственская ёлка *f*
Weihnachtsmann *m* ⟨-(e)s, -männer⟩ Дед *m* Моро́з *m*
Weihrauch *m* ⟨*gen:*-(e)s⟩ ла́дан *m*
Weihwasser *nt* ⟨*gen:*-s⟩ свята́я вода́ *f*
weil *conj* потому́ что, так как
Weile *f* ⟨*gen:*-⟩ не́которое вре́мя *nt*
Wein *m* ⟨-(e)s, -e⟩ вино́ *nt*; **ein Glas ~** бока́л вина́; **eine Flasche~** буты́лка вина́
Weinbau *m* ⟨*gen:*-s⟩ виногра́дарство *nt*
Weinberg *m* ⟨-(e)s, -e⟩ виногра́дник *m*
Weinbergschnecke *f* ⟨-, -n⟩ виногра́дная ули́тка *f*
Weinbrand *m* ⟨*gen:*-s⟩ конья́к *m*
weinen *vi* пла́кать, за- *pf*
weinerlich *adj* плакси́вый
Weinlese *f* ⟨-, -n⟩ сбор *m* урожа́я виногра́да
Weinrebe *f* ⟨-, n⟩ виногра́дная лоза́ *f*
weinrot *adj* цве́та бордо́
Weinstock *m* ⟨-(e)s, -stöcke⟩ виногра́дная лоза́ *f*
Weintraube *f* ⟨-, -n⟩ виногра́дная кисть *f*; *(pl)* виноград *m*
weise *adj* му́дрый
Weise *f* ⟨-, -n⟩ спо́соб *m*, о́браз *m*; **auf diese ~** таки́м спо́собом [*o* о́бразом]; **etw in einer bestimmten ~ tun** де́лать что-л. определённым способом [*o* о́бразом]
Weise *m* мудре́ц *m*
weisen *vt* ⟨wies, gewiesen⟩ пока́зывать, -каза́ть *pf* *(auf +akk* на *+akk*); **jdm den Weg ~** показа́ть кому́-л. доро́гу
Weisheit *f* ⟨*gen:*-⟩ му́дрость *f*
Weisheitszahn *m* ⟨-(e)s, -zähne⟩ зуб *m* му́дрости
weiß *adj* бе́лый
Weißbrot *nt* ⟨-(e)s, -e⟩ бе́лый хлеб *m*
Weißkohl *m* ⟨*gen:*-s⟩ белокоча́нная капу́ста *f*
Weißwein *m* ⟨-s, -e⟩ бе́лое вино́ *nt*
Weisung *f* ⟨-, -en⟩ указа́ние *nt*
weit *adj* далёкий, да́льний; **von ~em** издалека́; **bei ~em** гора́здо; **bei ~em nicht** далеко́ не; **etw geht zu weit** что-л. захо́дит сли́шком далеко́
Weitblick *m* ⟨*gen:*-(e)s⟩ дальнови́дность *f*
Weite *f* ⟨*gen:*-⟩ да́ль *f*, *(eines Kleidungsstücks)* ширина́ *f*, разме́р *m*; *(SPORT)* расстоя́ние *nt*
weiter *adv* да́лее, да́льше; **und so ~** и так да́лее
Weiterbildung *f* ⟨*gen:*-⟩ повыше́ние *nt* квалифика́ции
weitergehen *irr vi (seinen Weg fortsetzen)* идти́, пойти́ *pf* да́льше; *(sich fortsetzen)* продолжа́ться, -до́лжиться *pf*
weitermachen *vi* продолжа́ть, -до́лжить *pf*
weitersehen *irr vi* уви́деть *pf*
weitgehend *adj* далеко́ иду́щий
weitreichend *adj* обши́рный
weitschweifig *adj* простра́нный
weitsichtig *adj (MED)* дальнозо́ркий; *(fig)* дальнови́дный
Weitsprung *m* ⟨*gen:*-s⟩ прыжки́ *mpl* в длину́
weitverbreitet *adj* широко́ распространённый
Weitwinkelobjektiv *nt* ⟨-s, -e⟩ широкоуго́льный объекти́в *m*
Weizen *m* ⟨*gen:*-s⟩ пшени́ца *f*
welch; *siehe auch* **welche(r, s)** како́й
welche(r, s) 1. *pron inter* кака́я, како́й, како́е; *(pl)* каки́е; **~s Buch könntest du mir empfehlen?** каку́ю кни́гу ты мне посове́товал бы?; **2.** *pron indef* ко́е-кака́я, ко́е-како́й, ко́е-како́е; *(pl)* ко́е-каки́е, не́которые; **hast du Streichhölzer? - im Schrank müssen ~ sein** у тебя́ есть спи́чки? - в шкафу́ должны́ быть ко́е-каки́е; *(in Fragen)* кака́я-нибудь, како́й-нибудь, како́е-нибудь; *(pl)* каки́е-нибу́дь
welk *adj* вя́лый
welken *vi* вя́нуть, за- *pf*; *(auch fig)* увяда́ть, увя́сть *pf*
Welle *f* ⟨-, -n⟩ *(auch fig)* волна́ *f*
Wellenbrecher *m* ⟨-s, -⟩ волноре́з *m*
Wellengang *m* ⟨*gen:*-s⟩ волне́ние *nt*
Wellenlänge *f* ⟨-, -n⟩ длина́ *f* волны́
Wellenreiten *nt* ⟨*gen:*-s⟩ сёрфинг *m*
Wellensittich *m* ⟨-s, -e⟩ волни́стый попуга́йчик *m*
wellig *adj* волни́стый
Welt *f* ⟨-, -en⟩ *(die Erde, die Menschen)* мир *m*; **die dritte ~** „тре́тий мир"; **in der ~** в ми́ре [*o* на земно́м ша́ре]; **auf die ~**

kommen роди́ться; **zur ~ bringen** рожа́ть
Weltall *nt* ⟨*gen:*-s⟩ вселе́нная *f*
Weltanschauung *f* ⟨-, -en⟩ мировоззре́ние *nt*
weltberühmt *adj* изве́стный во всём ми́ре
weltfremd *adj* ото́рванный от жи́зни
Weltkrieg *m* ⟨-(e)s, -e⟩ мирова́я война́ *f*; **der erste ~** пе́рвая мирова́я война́; **der zweite ~** втора́я мирова́я война́
weltlich *adj* све́тский
Weltmacht *f* ⟨-, -mächte⟩ мирова́я держа́ва *f*
Weltmeister, -in *m/f* ⟨-s, -⟩ чемпио́н *m* ми́ра
Weltmeisterschaft *f* ⟨-, -en⟩ чемпиона́т *m* ми́ра
Weltraum *m* ⟨*gen:*-(e)s⟩ косми́ческое простра́нство *nt*, ко́смос *m*
Weltreise *f* ⟨-, -n⟩ кругосве́тное путеше́ствие *nt*
Weltrekord *m* ⟨-(e)s, -e⟩ мирово́й реко́рд *m*; **ein ~ in etw** мирово́й реко́рд по чему́-л.
weltweit 1. *adj* всеми́рный, мирово́й; **2.** *adv* во всём ми́ре
Weltwunder *nt* ⟨-s, -⟩ чу́до *nt* све́та
wem *dat. sg. von* **wer**
wen *akk sg von* **wer**
Wende *f* ⟨*gen:*-⟩ (*von Ereignissen*) поворо́т *m*
Wendekreis *m* ⟨-es, -e⟩ (*KFZ*) ра́диус *m* поворо́та
Wendeltreppe *f* ⟨-, -n⟩ винтова́я ле́стница *f*
wenden 1. *vt* (*umdrehen*) перевора́чивать, переверну́ть *pf*; **den Kopf ~** поверну́ть го́лову; **2.** *vi* (*Fahrzeug*) развора́чиваться, разверну́ться *pf*; **3.** *vr* (*sich ändern*) изменя́ться, -ни́ться *pf*; **die Dinge ~ sich zum Guten** ситуа́ция изменя́ется в лу́чшую сто́рону; (*sich an jdn richten*) обраща́ться, -рати́ться *pf* (*an +akk* к *+dat*)
Wendepunkt *m* ⟨-(e)s, -e⟩ перело́мный моме́нт *m*
wendig *adj* подви́жный
Wendung *f* ⟨-, -en⟩ (*das Wenden, Sichwenden*) поворо́т *m*; (*Redewendung*) оборо́т *m*; **eine ~ um 180°** поворо́т на 180 гра́дусов
wenig 1. *adj* ма́ло, немно́го; **~ Geld** ма́ло де́нег; **~ Zeit** ма́ло вре́мени; **das können nur ~e machen** э́то ма́ло кто уме́ет; **2.** *adv* ма́ло, немно́го
wenige *siehe* **wenig**
wenigste(r, s) *adj:* **das wenigste** наиме́ньшее
wenigstens *adv* (*zumindest*) по кра́йней ме́ре
wenn *conj* (*zeitlich*) когда́; (*falls*) е́сли
wer 1. *pron inter* кто; **2.** *pron rel* кто; **~ so etw tut, macht sich strafbar** тот, кто занима́ется подо́бными дела́ми, наруша́ет зако́н
werben *vi* ⟨warb, geworben⟩ (*Werbung machen*) реклами́ровать *impf*; **für eine neue Zigarettenmarke ~** реклами́ровать но́вую ма́рку сигаре́т; (*jdn für sich zu gewinnen versuchen*) боро́ться *impf* (*um +akk* за *+akk*)
Werbespot *m* ⟨-s, -s⟩ рекла́мный ро́лик *m*
Werbung *f* ⟨-, -en⟩ (*einzelnes Werbemittel, das Werben*) рекла́ма *f*
werden *vi* ⟨wurde, geworden⟩ (*sich zu etw entwickeln, einen Zustand erreichen*) станови́ться, стать *pf*; **jds Frau ~** стать чей-л. жено́й; **Jurist ~** ста́ть юри́стом; **er wird nächstes Jahr 60** в сле́дующем году́ ему́ испо́лнится шестьдеся́т лет ; **reich ~** разбогате́ть; **es ist kalt geworden** ста́ло хо́лодно; **der Aufsatz ist nichts geworden** сочине́ние не получи́лось; **er wird erst nächste Woche zurückkommen** он вернётся то́лько на сле́дующей ноде́ле; **das Haus wird gerade renoviert** дом как раз ремонти́руется
werfen 1. *vt* ⟨warf, geworfen⟩ (*durch die Luft, etw an einen Ort befördern*) броса́ть, бро́сить *pf*, кида́ть, ки́нуть *pf*; **die Randalierer warfen mit Steinen** хулига́ны броса́лись камня́ми; **2.** *vr* (*sich irgendwohin fallen lassen*) броса́ться, бро́ситься *pf*; **3.** *vt* (*entstehen lassen, erzeugen*) дава́ть, дать *pf*
Werft *f* ⟨-, -en⟩ верфь *f*
Werk *nt* ⟨-(e)s, -e⟩ (*geistiges Produkt*) произведе́ние *nt*, труд *m*; (*Industriebetrieb*) заво́д *m*; (*gesamtes Schaffen*) тво́рчество *nt*
Werkstatt *f* ⟨-, -stätten⟩ мастерска́я *f*
Werktag *m* ⟨-(e)s, -e⟩ рабо́чий день *m*
werktags *adv* по рабо́чим дням
Werkzeug *nt* ⟨-(e)s, -e⟩ (*auch fig*) инструме́нт *m*
Wermut *m* ⟨*gen:*-s⟩ (*Pflanze*) го́рькая полы́нь *f*; (*Wein*) ве́рмут *m*
wert *adj* уважа́емый; **das Gemälde ist ein Vermögen ~** э́та карти́на сто́ит це́лое состоя́ние; **etw ist der Mühe ~** ра́ди чего́-л. сто́ит потруди́ться
Wert *m* ⟨-(e)s, -e⟩ (*materieller Wert*) сто́имость *nt*; (*ideeller Wert*) це́нность *f*; (*Bedeutung*) значе́ние *nt*; **großen ~ auf etw legen** придава́ть чему́-л. большо́е значе́ние

werten *vt* (*betrachten*) расце́нивать, -цени́ть *pf*; (*in einer Wertung*) оце́нивать, оцени́ть *pf*
wertlos *adj* нену́жный; (*Geld*) обесце́ненный
Wertpapier *nt* ⟨-(e)s, -e⟩ це́нная бума́га *f*
Wertsachen *fpl* ⟨*gen:-*⟩ це́нные ве́щи *fpl*
Wertung *f* ⟨-, -en⟩ (*SPORT*) зачёт *m*; (*pl*) очки́ *pl*; (*allgemein*) оце́нка *f*
wertvoll *adj* це́нный
Wesen *nt* ⟨-s, -⟩ (*Lebewesen*) существо́ *nt*; (*Wesensart*) нату́ра *f*, нрав *m*; (*Grundbeschaffenheit*) суть *f*
wesentlich **1.** *adj* (*entscheidend, das Wesen betreffend*) суще́ственный; **2.** *adv* гора́здо; **~ heißer** гора́здо тепле́е; **sich ~ verändern** суще́ственно измени́ться
weshalb *adv* почему́
Wespe *f* ⟨-, -n⟩ оса́ *f*
wessen *gen. von* **wer**
westdeutsch *adj* западногерма́нский
Weste *f* ⟨-, -n⟩ жиле́т *m*, жиле́тка *f*
Westen *m* ⟨*gen:-s*⟩ за́пад *m*; **der ~** (*die westliche Welt*) За́пад
Westeuropa *nt* ⟨*gen:-s*⟩ За́падная Евро́па *f*
Westeuropäer, -in *m/f* ⟨-s, -⟩ западноевропе́ец *m*
westlich **1.** *adj* за́падный; **2.** *präp +gen* к за́паду от (+ *gen*)
weswegen *adv* почему́
Wettbewerb *m* ⟨-(e)s, -e⟩ ко́нкурс *m*; (*sportlicher ~*) соревнова́ние *nt*; (*Konkurrenz*) конкуре́нция *f*
Wette *f* ⟨-, -n⟩ спор *m*; **die Kinder laufen um die ~** де́ти бе́гают наперегонки́; **was gilt die ~?** на что спо́рим?; **mit jdm eine ~ abschließen** заключи́ть спор с кем-л.
wetteifern *vi* соревнова́ться *impf* (*um +akk* за *+akk*)
wetten *vi* спо́рить, по- *pf* (*um +akk* на *+akk*)
Wetter *nt* ⟨*gen:-s*⟩ пого́да *f*; **er ist bei jedem ~ draußen** он в любу́ю пого́ду на у́лице; **schönes ~** хоро́шая пого́да; **schlechtes ~** плоха́я пого́да
Wetterbericht *m* ⟨-(e)s, -e⟩ сво́дка *f* пого́ды
Wetterdienst *m* ⟨-(e)s, -e⟩ метеослу́жба *f*
Wetterkarte *f* ⟨-, -n⟩ синопти́ческая ка́рта *f*
Wetterlage *f* ⟨-, -n⟩ состоя́ние *nt* пого́ды
Wettervorhersage *f* ⟨-, -n⟩ прогно́з *m* пого́ды
Wettkampf *m* (*sportlicher ~*) соревнова́ние *nt*, состяза́ние *nt*
Wettlauf *m* ⟨-(e)s, -läufe⟩ соревнова́ние *nt* по бе́гу, забе́г *m*
wettmachen *vt* (*Schaden*) восполня́ть, -по́лнить *pf*; (*Fehler*) исправля́ть, -ра́вить *pf*
wetzen *vt* (*Messer*)точи́ть, на- *pf*
WG *abk von* **Wohngemeinschaft**
Whisky *m* ⟨-s, -s⟩ ви́ски *nt*
wich *prät von* **weichen**
wichtig *adj* ва́жный; **etw ist jdm ~** что-л. ва́жно для кого́-л.; **sich ~ machen** (*pej*) ва́жничать
Wichtigkeit *f* ⟨*gen:-*⟩ ва́жность *f*
wickeln **1.** *vt* (*allgemein*) нама́тывать, -мота́ть *pf* (*um, auf +akk* на *+akk*); (*etw in Papier*) завора́чивать, заверну́ть *pf* (*in +akk* в *+akk*); (*Baby*) пелена́ть, за- *pf*; **jdn um den Finger ~** (*umg*) обвести́ кого́-л. вокру́г па́льца; **2.** *vr* заку́тываться, -ку́таться *pf* (*in +akk* в *+akk*)
Widder *m* ⟨-s, -⟩ (*Schafbock*) бара́н *m*; (*ASTR*) Ове́н *m*
wider *präp +akk* (*geh*) вопреки́ (+ *dat*)
widerlegen *vt* опроверга́ть, -ве́ргнуть *pf*
widerlich *adj* проти́вный
widerrechtlich *adj* незако́нный, противопра́вный
Widerruf *m* ⟨*gen:-*(e)s⟩ отме́на *f*
widerrufen *irr vt* (*Erlaubnis*) отменя́ть, -ни́ть *pf*; (*Behauptung*) отка́зываться, -каза́ться *pf* (от *+gen*)
widersetzen *vr* сопротивля́ться *impf*
widersinnig *adj* абсу́рдный
widerspenstig *adj* упря́мый
widerspiegeln **1.** *vt* отража́ть, -рази́ть *pf*; **2.** *vr* отража́ться, -рази́ться *pf* (*in +dat* в *+präpos*)
widersprechen *irr vi* противоре́чить *impf*
Widerspruch *m* ⟨-(e)s, -sprüche⟩ противоре́чие *nt*
widersprüchlich *adj* противоречи́вый
widerspruchslos *adj* беспрекосло́вно
Widerstand *m* ⟨-(e)s, -stände⟩ (*gegen etw, auch EL*) сопротивле́ние *nt*; **jdm ~ leisten** ока́зывать кому́-л. сопротивле́ние
Widerstandsbewegung *f* ⟨-, -en⟩ движе́ние *nt* Сопротивле́ния
widerstandsfähig *adj* сто́йкий
widerstandslos *adj* без сопротивле́ния
widerstehen *irr vi* (*einer Versuchung, einem Gegner*) устоя́ть *pf* (пе́ред *+inst*); (*einer Beanspruchung, einer Attacke*) выде́рживать, вы́держать *pf*; **etw widersteht jdm** что-л. проти́вно кому́-л.
widerwärtig *adj* отврати́тельный
Widerwille *m* ⟨*gen:-n*⟩ отвраще́ние *nt*

widmen 1. *vt* посвяща́ть, -святи́ть *pf*; **er hat sein ganzes Leben der wissenschaftlichen Forschung gewidmet** он всю свою жизнь посвяти́л нау́чным иссле́дованиям; **2.** *vr* (*sich beschäftigen*) посвяща́ть, -святи́ть *pf* себя́; **sich ganz der Malerei ~** посвяти́ть всего́ себя́ жи́вописи
Widmung *f* ⟨-, -en⟩ посвяще́ние *nt*
wie 1. *conj* (*als Vergleichspartikel*) как; (*zur Anführung von Beispielen*) как наприме́р; **2.** *adv* (*die Art und Weise erfragend*) как; (*Qualität, Grad oder Zustand erfragend*) как; **~ ist das Wetter?** кака́я пого́да на у́лице?; **~ geht es dir ?** как дела́?; **~ alt sind Sie?** ско́лько Вам лет?
wieder *adv* (*Wiederaufnahme eines Zustands, noch einmal*) сно́ва, опя́ть; (*noch einmal*) ещё раз
Wiederaufbau *m* ⟨*gen:*-s⟩ восстановле́ние *nt*
Wiederaufnahme *f* ⟨*gen:*-⟩ возобновле́ние *nt*
wiederaufnehmen *irr vt* (*Verhandlungen, Gespräche*) возобновля́ть, -обнови́ть *pf*
wiedererkennen *irr vt* узнава́ть, -на́ть *pf*
wiederfinden 1. *irr vt* (*Gegenstand*) находи́ть, найти́ *pf*; **2.** *vr* (*irgendwohin geraten sein*) ока́зываться, оказа́ться *pf*
Wiedergabe *f* ⟨*gen:*-⟩ (*Inhalts~*) переда́ча *f*; (*MUS*) исполне́ние *nt*; (*Ton~*) воспроизведе́ние *nt*, звуча́ние *nt*
wiedergeben *irr vt* (*zurückgeben*) передава́ть, -да́ть *pf*; (*darstellen*) изобража́ть, -брази́ть *pf*; (*jds Worte etc*) передава́ть, -да́ть *pf*
wiedergutmachen *vt* (*Schaden*) возмеща́ть, -мести́ть *pf*; (*Fehler*) исправля́ть, испра́вить *pf*
Wiedergutmachung *f* ⟨*gen:*-⟩ возмеще́ние *nt*; (*Geldsumme*) компенса́ция *f*
wiederherstellen *vt* (*neu herstellen*) восстана́вливать, -нови́ть *pf*
wiederholen 1. *vt* повторя́ть, -ри́ть *pf*; **2.** *vr* (*etwas mehrmals sagen*) повторя́ться, -ри́ться *pf*
Wiederholung *f* ⟨-, -en⟩ повторе́ние *nt*
Wiederkehr *f* ⟨*gen:*-⟩ возвраще́ние *nt*
wiedersehen *irr vt* увидеть *pf* сно́ва
Wiedersehen *nt* ⟨-s, -⟩ встре́ча *f*; **auf ~!** до свида́ния!
wiederum *adv* (*wieder, erneut*) опя́ть, сно́ва; (*andererseits*) с друго́й стороны́
wiedervereinigen *vt* объединя́ть, -ни́ть *pf*; **das wiedervereinigte Deutschland** объединённая Герма́ния
Wiedervereinigung *f* ⟨*gen:*-⟩ объедине́ние *nt*; **die ~ Deutschlands** объедине́ние Герма́нии
Wiederwahl *f* ⟨*gen:*-⟩ переву́боры *pl*
Wiege *f* ⟨-, -n⟩ колыбе́ль *f*
wiegen 1. *vt* ⟨wog, gewogen⟩ (*das Gewicht feststellen*) взве́шивать, взве́сить *pf*; **2.** *vi* ве́сить *impf*
wiehern *vi* ржать *impf*
wies *prät von* **weisen**
Wiese *f* ⟨-, -n⟩ лу́г *m*
Wiesel *nt* ⟨-s, -⟩ ла́ска *f*
wieso *adv* почему́; **~ denn?** как так?
wieviel *adv* ско́лько, как мно́го; **~ Uhr ist es?** кото́рый час?; (*in Ausrufesätzen*) наско́лько
wievielmal *adv* ско́лько раз
wievielte(r, s) *adj* кото́рая, -рый, -рое
wieweit *adv* (*inwieweit*) наско́лько, в како́й сте́пени
wild *adj* (*wildlebend, wildwachsend, auch fig*) ди́кий
Wild *nt* ⟨*gen:*-s⟩ (*Tiere, Fleisch*) дичь *f*
Wildbahn : in freier ~ в приро́де
wildern *vi* браконье́рствовать *impf*
Wildleder *nt* ⟨*gen:*-s⟩ за́мша *f*
Wildnis *f* ⟨*gen:*-⟩ глуха́я ме́стность *f*
Wildschwein *nt* ⟨-s, -e⟩ каба́н *m*
Wille *m* ⟨*gen:*-s⟩ во́ля *f*; **einen starken ~n haben** быть волевы́м челове́ком
willen *präp +gen:* **um jds ~** ра́ди кого́-л.; **um einer Sache ~** ра́ди чего́-л.
willenlos *adj* безво́льный
willensschwach *adj* слабово́льный
willensstark *adj* волево́й
willig *adj* послу́шный
willkommen *adj* жела́нный; **herzlich ~!** добро́ пожа́ловать!
willkürlich *adj* (*Anordnungen*) самово́льный; (*zufällig*) произво́льный
wimmeln *vi:* **hier wimmelt es von Touristen** здесь полно́ тури́стов
wimmern *vi* жа́лобно стона́ть, про- *pf*
Wimper *f* ⟨-, -n⟩ ресни́ца *f*
Wimperntusche *f* ⟨*gen:*-⟩ тушь *f* для ресни́ц
Wind *m* ⟨-(e)s, -e⟩ ве́тер *m*; **von etw ~ bekommen** (*umg*) пронюхать о чём-л.
Winde *f* ⟨-, -n⟩ лебёдка *f*
Windel *f* ⟨-, -n⟩ пелёнка *f*
winden 1. *vt* ⟨wand, gewunden⟩ (*Kranz, Girlande*) плести́, с- *pf*; **2.** *vr* (*Schlange, Straße*) ви́ться *impf*
Windhund *m* ⟨-(e)s, -e⟩ борза́я *f*
windig *adj* ве́треный
Windjacke *f* ⟨-, -n⟩ ветро́вка *f*
Windmühle *f* ⟨-, -n⟩ ветряна́я ме́льница *f f*
Windpocken *pl* ⟨*gen:*-⟩ ветряна́я о́спа *f*;

(*umg*) ветря́нка *f*
Windschutzscheibe *f* ⟨-, -n⟩ лобово́е стекло́ *nt*
Windstärke *f* ⟨-, -n⟩ си́ла *f* ве́тра
Windstille *f* ⟨*gen:-*⟩ безве́трие *nt*
Windstoß *m* ⟨-es, -stöße⟩ поры́в *m* ве́тра
Windsurfer, -in *m/f* ⟨-s, -⟩ виндсерфинги́ст, -ка *m/f*
Windsurfing *m* ⟨*gen:-*⟩ ви́ндсёрфинг *m*
Wink *m* ⟨-(e)s, -e⟩ намёк *m*; **jdm einen ~ geben** намекну́ть кому́-л.
Winkel *m* ⟨-s, -⟩ (*MATH*) у́гол *m*; **im ~ von 45 Grad** под угло́м в со́рок пять гра́дусов
winken *vi* маха́ть, по- *pf* руко́й
winseln *vi* (*Hund*) скули́ть, за- *pf*
Winter *m* ⟨-s, -⟩ зима́ *f*; **im ~** зимо́й
Wintergarten *m* ⟨-s, -gärten⟩ зи́мний сад *m*
winterlich *adj* зи́мний; **~ kalt** по-зи́мнему хо́лодно
Winterreifen *m* ⟨-s, -⟩ зи́мняя ши́на *f*
Winterschlaf *m* ⟨*gen:*-(e)s⟩ зи́мняя спя́чка *f*
Winterschlußverkauf *m* ⟨*gen:*-(e)s⟩ зи́мняя распрода́жа *f*
Wintersport *m* ⟨*gen:*-(e)s⟩ зи́мние ви́ды *pl* спо́рта
Winzer, -in *m/f* ⟨-s, -⟩ виногра́дарь *m*
winzig *adj* кро́шечный
Wipfel *m* ⟨-s, -⟩ верху́шка *f* (де́рева)
wir *pron pers* мы
Wirbel *m* ⟨-s, -⟩ (*von Wasser, auch fig*) водоворо́т *m*; (*von Luft*) вихрь *m*; (*Aufregung, Aufsehen*) шуми́ха *f*, (*ANAT*) позвоно́к *m*
wirbeln 1. *vi* (*durch die Luft*) носи́ться, пронести́сь *pf* (в во́здухе); **2.** *vt* носи́ть, пронести́ *pf* (в во́здухе)
Wirbelsäule *f* ⟨-, -n⟩ позвоно́чник *m*
Wirbelsturm *m* ⟨-(e)s, -stürme⟩ смерч *m*
Wirbelwind *m* ⟨-(e)s, -e⟩ (*Sturmwind*) вихрь *m*
wirken *vi* (*Wirkung zeigen*) де́йствовать, по- *pf* (*auf + akk* на *+akk*)
wirklich 1. *adj* (*echt, eigentlich*) настоя́щий; **2.** *adv* на са́мом де́ле, действи́тельно
Wirklichkeit *f* ⟨*gen:-*⟩ действи́тельность *f*
wirksam *adj* де́йственный
Wirksamkeit *f* ⟨*gen:-*⟩ де́йственность *f*
Wirkung *f* ⟨-, -en⟩ (*das Wirken*) де́йствие *nt*; (*Eindruck*) возде́йствие *nt*
Wirkungsgrad *m* ⟨-(e)s, -e⟩ (*PHYS*) коэффицие́нт *m* поле́зного де́йствия; (*oft als Abkürzung*) кпд *m*
wirkungslos *adj* безрезульта́тный
wirkungsvoll *adj* эффекти́вный
wirr *adj* пу́таный
Wirren *pl* ⟨*gen:-*⟩ неразбери́ха *f*
Wirt, -in *m/f* хозя́ин, хозя́йка *m/f*, *наприме́р рестора́на, до́ма*
Wirtschaft *f* ⟨-, -en⟩ (*Volkswirtschaft*) эконо́мика *f*
wirtschaftlich *adj* (*auf die Wirtschaft bezogen, finanziell*) экономи́ческий; (*sparsam vorgehend*) эконо́мный
Wirtschaftlichkeit *f* ⟨*gen:-*⟩ экономи́чность *f*
Wirtschaftskrise *f* ⟨-, -n⟩ экономи́ческий кри́зис *m*
Wirtschaftswissenschaften *pl* ⟨*gen:-*⟩ эконо́мика *f*
wischen *vt* (*Tischplatte, Fußboden, Mund*) протира́ть, -тере́ть *pf*; (*Staub, Schweiß*) вытира́ть, вы́тереть *pf*
wispern 1. *vi* шепта́ться, по- *pf*; **2.** *vt* шепта́ть, про- *pf*
Wißbegier(de) *f* ⟨*gen:-*⟩ любозна́тельность *f*
wißbegierig *adj* любозна́тельный
wissen *vt* ⟨wußte, gewußt⟩ знать *impf*; **soviel ich weiß, ist sie verheiratet** наско́лько я зна́ю, она́ за́мужем; **er weiß sich nicht zu helfen** он не зна́ет, что де́лать
Wissen *nt* ⟨en, -s⟩ зна́ние *nt*, зна́ния *ntpl*
Wissenschaft *f* ⟨-, -en⟩ нау́ка *f*
Wissenschaftler, -in *m/f* ⟨-s, -⟩ учёный, -ная *m/f*
wissenschaftlich *adj* нау́чный
wittern *vt* (*Tier, auch fig*) чу́ять, по- *pf*
Witterung *f* ⟨*gen:-*⟩ (*Wetter*) пого́да *f*; (*eines Tieres*) чутьё *nt*, нюх *m*
Witwe *f* ⟨-, -⟩ вдова́ *f*
Witwer *m* ⟨-s, -⟩ вдове́ц *m*
Witz *f* ⟨-es, -e⟩ шу́тка *f*; **einen ~ machen** шути́ть; **das ist doch ein ~** (*umg*) э́то то́лько шу́тка
Witzbold *m* ⟨-(e)s, -e⟩ (*umg*) шутни́к *m*
witzig *adj* остроу́мный
WM *abk von* ***Weltmeisterschaft***
wo *adv* где
woanders *adv* в друго́м ме́сте
wob *prät von* **weben**
wobei *adv* причём
Woche *f* ⟨-, -n⟩ неде́ля *f*; **in einer ~** че́рез неде́лю; **vor einer ~** неде́лю тому́ наза́д
Wochenende *nt* ⟨-s, -n⟩ выходны́е *pl* (дни); коне́ц *m* неде́ли; **am~** на выходны́е
wochenlang 1. *adj* для́щийся неде́лями; **2.** *adv* неде́лями
Wochentag *m* ⟨-(e)s, -e⟩ де́нь *m* неде́ли
wöchentlich *adj* ка́ждую неде́лю
Wochenzeitung *f* ⟨-, -en⟩ еженеде́льная газе́та *f*
Wodka *m* ⟨*gen:-*⟩ во́дка *f*

wodurch *adv* в результа́те чего́
wofür *adv* для чего́
wog *prät von* **wiegen**
wogegen 1. *adv* про́тив чего́; **2.** *conj* в то вре́мя как
woher *adv* отку́да
wohin *adv* куда́
wohl *adv* (*angenehm*) хорошо́; (*ungefähr*) вероя́тно
Wohl *nt* ⟨*gen:*-(e)s⟩ бла́го *nt*; **zum ~!** за ва́ше [*o* твоё] здоро́вье!
wohlhabend *adj* состоя́тельный
wohlig *adj* прия́тный
Wohlklang *m* ⟨*gen:*-(e)s⟩ благозву́чие *nt*
Wohlstand *m* ⟨*gen:*-(e)s⟩ благосостоя́ние *nt*
Wohltat *f* ⟨-, -en⟩ (*gute Tat*) благодея́ние *nt*
wohltätig *adj* благотвори́тельный
Wohlwollen *nt* ⟨*gen:*-s⟩ благоскло́нность *f*
wohlwollend *adj* благоскло́нный
wohnen *vi* жить *impf*; **ich habe dort drei Jahre gewohnt** я прожи́л там три го́да
Wohngebiet *nt* ⟨-(e)s, -e⟩ жило́й райо́н *m*
wohnhaft *adj* прожива́ющий
Wohnheim *nt* ⟨-(e)s, -e⟩ общежи́тие *nt*
Wohnmobil *nt* ⟨-s, -e⟩ автомоби́ль *m* -да́ча *f*
Wohnort *m* ⟨-(e)s, -e⟩ местожи́тельство *nt*
Wohnsitz *m* ⟨-es, -e⟩ местожи́тельство *nt*
Wohnung *f* ⟨-, -en⟩ кварти́ра *f*
Wohnungsbau *m* ⟨*gen:*-(e)s⟩ жили́щное строи́тельство *nt*
Wohnungsnot *f* ⟨*gen:*-⟩ нехва́тка *f* жилья́
Wohnwagen *m* ⟨-s, -⟩ прице́п *m* -да́ча *f*
Wohnzimmer *nt* ⟨-s, -⟩ жила́я ко́мната *f*
wölben *vr* изгиба́ться, изогну́ться *pf*
Wölbung *f* ⟨-, -en⟩ изги́б *m*, выпуклость *f*
Wolf *m* ⟨-(e)s, Wölfe⟩ волк *m*
Wölfin *f* ⟨-, -en⟩ волчи́ца *f*
Wolfram *nt* ⟨gen, -s⟩ вольфра́м *m*
Wolke *f* ⟨-, -n⟩ о́блако *nt*
Wolkenkratzer *m* ⟨-s, -⟩ (*umg*) небоскрёб *m*
wolkig *adj* о́блачный
Wolle *f* ⟨*gen:*-⟩ шерсть *f*
wollen [1] *adj* (*aus Wolle*) шерстяно́й
wollen [2] *vt* хоте́ть, за- *pf*
womit *adv* чем
womöglich *adv* возмо́жно
wonach *adv* (*nach einer Sache fragend*) что; **~ suchst du?** что ты и́щешь?; (*einer Sache zufolge*) в соотве́тствии с кото́рым, -рой, -рыми
woran *adv:* **man weiß nie , ~ man bei ihm ist** никогда́ не зна́ешь, чего́ он хо́чет; **~ liegt es?** в чём тут причи́на [*o* де́ло]?; **~ denkst du?** о чём ты ду́маешь?; **~ arbeitest du gerade?** над чем ты сейча́с рабо́таешь?
worauf *adv:* **~ warten wir noch?** чего́ мы ещё ждём?; **er betätigte einen Schalter, ~ man ein Geräusch hörte** он включи́л переключа́тель, по́сле чего́ послы́шался шум
woraus *adv* из чего́
worin *adv* в чём
Wort *nt* ⟨-(e)s , -e *o Wörter*⟩ сло́во *nt*
Wörterbuch *nt* ⟨-(e)s, -bücher⟩ слова́рь *m*
wortkarg *adj* неразгово́рчивый
Wortlaut *m* ⟨*gen:*-(e)s⟩ досло́вный текст *m*
wörtlich 1. *adj* досло́вный; **2.** *adv* досло́вно, сло́во в сло́во
wortlos 1. *adj* безмо́лвный; **2.** *adv* безмо́лвно, мо́лча
Wortschatz *m* ⟨*gen:*-es⟩ (*einer Sprache*) слова́рный соста́в *m*; (*eines Menschen*) слова́рный запа́с *m*, лексико́н *m*
Wortspiel *nt* ⟨-(e)s, -e⟩ игра́ *f* слов
Wortwechsel *m* ⟨-s, -⟩ спор *m*, перепа́лка *f*
wortwörtlich *adj* досло́вный
worüber *adv:* **~ ärgerst du dich ?** чем ты недово́лен?; **~ haben sie gesprochen?** о чём они́ говори́ли?
worum *adv* о чём
wovon *adv:* **~ handelt dieser Film?** о чём э́тот фильм?; **das ist ein Thema, ~ du gar keine Ahnung hast** э́то те́ма, о кото́рой у тебя́ нет ни мале́йшего представле́ния
wovor *adv* (*in Fragesätzen*) пе́ред чем; (*vor dem vorher genannten Gegenstand*) пе́ред кото́рым, -рой, -рыми; **~ hat das Kind Angst?** чего́ бои́тся ребёнок?
wozu *adv* для чего́, заче́м
Wrack *nt* ⟨-(e)s, -s⟩ (*eines Schiffs*) оста́тки *pl*, обло́мки *pl*; (*Mensch*) разва́лина *f*
wrang *prät von* **wringen**
wringen *vt* ⟨wrang, gewrungen⟩ выжима́ть, вы́жать *pf*
Wucher *m* ⟨*gen:*-s⟩ (*pej*) грабёж *m*
Wucherung *f* ⟨-, -en⟩ (*Geschwulst*) о́пухоль *f*, наро́ст *m*; (*Prozeß*) разраста́ние *nt*
wuchs *prät von* **wachsen**
Wucht *f* ⟨*gen:*-⟩ си́ла *f*
wuchtig *adj* си́льный, мо́щный
wühlen 1. *vi* ры́ться, по- *pf*, копа́ться *impf* (*in +dat* в *+präpos*); **2.** *vr* (*fig*) ры́ться, по- *pf*, копа́ться *impf*, по- *pf*
Wulst *f* ⟨-, Wülste⟩ о́пухоль *f*
wulstig *adj* взду́тый

wund *adj* порáненный, стёртый до крóви
Wunde *f* ⟨-, -n⟩ рáна *f*
Wunder *nt* ⟨-s, -⟩ чýдо *nt*
wunderbar *adj* чудéсный
Wunderkind *nt* ⟨-s, -er⟩ вундеркúнд *m*
wunderlich *adj* стрáнный
wundern *vi* удивля́ться, -вúться *pf*; **ich muß mich sehr über sein Verhalten ~** я óчень удивлён/удивля́юсь егó поведéнию
wunderschön *adj* чудéсный, замечáтельный
Wunsch *m* ⟨-es, Wünsche⟩ желáние *nt*; **auf jds ~** по желáнию [*o* прóсьбе] когó-л.
wünschen *vt* желáть, по- *pf*; **ich wünschte, er wäre in der Schule fleißiger** я хотéл бы, чтóбы он был бóлее прилéжным в шкóле; **ich wünsche dir alles Gute zum Geburtstag** я желáю тебé в день рождéния всегó сáмого лýчшего
wünschenswert *adj* желáтельный
wurde *prät von* **werden**
Würde *f* ⟨*gen:-*⟩ достóинство *nt*
würdevoll *adj* достóйный, торжéственный
würdig *adj* достóйный; **er hat sich dieses Amtes als ~ erwiesen** он оказáлся достóйным э́той дóлжности
würdigen *vt* удостáивать, -стóить *pf*; **sie hat mich nicht eines Blickes gewürdigt** онá не удостóила меня́ и взгля́дом
Wurf *m* ⟨-(e)s, Würfe⟩ (*das Werfen*) бросóк *m*; (*von Tieren*) приплóд *m*
Würfel *m* ⟨-s, -⟩ кýбик *m*; **ein ~ Zucker** кусóк сáхара
Würfelspiel *nt* ⟨-s, -e⟩ игрá *f* в кóсти
Würfelzucker *m* ⟨*gen:-*⟩ кусковóй сáхар *m*
würgen *vt* душúть, за- *pf*
Wurm *m* ⟨-(e)s, Würmer⟩ червь *m*; (*umg*) червя́к *m*
wurmig *adj* (*Obst*) червúвый
Wurst *f* ⟨-, Würste⟩ колбасá *f*
Würstchen *nt* ⟨-s, -⟩ сосúска *f*
Würze *f* ⟨*gen:-*⟩ припрáва *f*, пря́ность *f*
Wurzel *f* ⟨-, -n⟩ (*BOT, MATH, auch fig*) кóрень *m*
würzen *vt:* **etw mit etw ~** (*Speisen, auch fig*) припрáвить что-л. чем-л.
würzig *adj* пря́ный
wusch *prät von* **waschen**
wußte *prät von* **wissen**
wüst *adj* (*unbewohnt*) забрóшенный; (*Haar*) спýтанный; (*ausschweifend*) дúкий, распýтный; **ein ~es Durcheinander** стрáшный беспоря́док
Wüste *f* ⟨-, -n⟩ пусты́ня *f*
Wut *f* ⟨*gen:-*⟩ гнев *m*, бéшенство *nt*
wüten *vi* (*Unwetter*) бушевáть *impf*; (*Truppen*) свирéпствовать *impf*
wütend *adj* (*Mensch, Tier, Schmerzen*) бéшеный; (*Menge*) рассвирепéвший; **~ werden** разъяри́ться

X

x, X *nt* ⟨-, -⟩ кс, Кс; (*MATH*) ь; **ein Herr ~** мúстер икс
X- Beine *ntpl* кривы́е нóги *fpl*
x-beliebig *adj* (*umg*) любóй
Xenophobie *f* ⟨*gen:-*⟩ ксенофóбия *f*
x-mal *adv* (*umg*) мнóго раз
Xylophon *nt* ⟨-s, -e⟩ ксилофóн *m*

Y

y, Y *nt* ⟨-, -⟩ й, Й
Yard *nt* ⟨-s, -s⟩ ярд *m*; **zehn ~** дéсять я́рдов
Yen *m* ⟨-(s), -(s)⟩ йéна *f*; **100 ~** сто йен
Yeti *m* ⟨-s, -s⟩ снéжный человéк *m*
Yoga *nt* ⟨*gen:-s*⟩ йóга *f*
Yuan *m* ⟨-(s), -(s)⟩ юáнь *m*; **100 ~** сто юáней

Z

z, Z *nt* ⟨-, -⟩ ц, Ц
Zacke *f* ⟨-, -n⟩ (*Auszackung*) зазýбрина *f*; (*am Kamm, an der Gabel*) зубéц *m*
zackig *adj* (*gezackt*) зýбчатый; (*umg: Mensch, Bewegungen*) молодцевáтый, энергúчный
zaghaft *adj* рóбкий
Zaghaftigkeit *f* ⟨*gen:-*⟩ рóбость *f*
zäh *adj* (*zähflüssig*) вя́зкий; (*Fleisch*) жёсткий; (*ausdauernd, beharrlich*) упóрный
zähflüssig *adj* (*zäh*) вя́зкий, густóй
Zähigkeit *f* ⟨*gen:-*⟩ (*Widerstandsfähigkeit*) вынóсливость *f*; (*Beharrlichkeit*) упóрство *nt*
Zahl *f* ⟨-, -en⟩ (*MATH*) числó *nt*; (*Ziffer*) цúфра *f*; (*LING:Numerus*) числó *nt*; (*Anzahl*) числó *nt*, колúчество *nt*
zahlbar *adj* оплачиваемый, подлежáщий оплáте
zahlen 1. *vt* (*eine bestimmte Geldsumme für etw*) платúть, за- *pf* (*für + akk* за *+akk*); (*Rechnung*) оплáчивать, оплатúть *pf*;

die Miete ~ заплатить за квартиру; **den Taxifahrer** ~ заплатить таксисту; **2.** *vi* платить, за- *pf*; **Herr Ober, bitte ~!** официант, принесите, пожалуйста, счёт!; **mit einem Scheck** ~ платить чеком
zählen 1. *vt* считать, по- *pf*, пере- *pf*; **2.** *vi* (*eine Zahlenfolge*) считать, по- *pf*; (*angehören*) считаться *impf*; **er zählt zu den reichsten Männern der Welt** он считается одним из самых богатых людей в мире; (*gültig sein*) считаться *impf*; (*sich verlassen*) полагаться, положиться *pf* (*auf +akk* на *+akk*); (*von Bedeutung sein*) быть *impf* важным (*für + akk* для *+gen*)
zahlenmäßig *adj* численный
Zahler *m* ⟨-s, -⟩ плательщик *m*
Zähler *m* ⟨-s, -⟩ (*Ablesegerät*) счётчик *m*; (*MATH*) числитель *m*
zahllos *adj* бесчисленный
zahlreich *adj* многочисленный
Zahlung *f* ⟨-, -en⟩ выплата *f*, платёж *m*
zahlungsfähig *adj* платёжеспособный
zahlungsunfähig *adj* неплатёжеспособный
Zahlwort *nt* ⟨-(e)s, -wörter⟩ числительное *nt*
zahm *adj* (*Tier, auch fig*) ручной, послушный
zähmen *vt* (*Tiere*) приручать, -чить *pf*; (*fig:Leidenschaft*) обуздывать, обуздать *pf*
Zahn *m* ⟨-(e)s, -Zähne⟩ зуб *m*; **jdm einen ~ ziehen** удалить [*o* вырвать] кому-л. зуб; **sich die Zähne putzen** чистить зубы; **die dritten Zähne** вставные зубы (*Zacke eines Kamms*) зубец *m*
Zahnarzt, -ärztin *m/f* ⟨-es, -ärzte⟩ зубной врач *m*
Zahnbürste *f* ⟨-, -n⟩ зубная щётка *f*
Zahnersatz *m* ⟨*gen:*-es⟩ зубной протез *m*
Zahnfleisch *nt* ⟨*gen:*-(e)s⟩ десна *f*
Zahnlücke *f* ⟨-, -n⟩ щербина *f*
Zahnpasta *f* ⟨-, -pasten⟩ зубная паста *f*
Zahnrad *nt* ⟨-(e)s, -räder⟩ шестерня *f*; (*ein kleineres* ~) шестерёнка *f*
Zahnschmelz *m* ⟨*gen:*-es⟩ зубная эмаль *f*
Zahnschmerzen *mpl* зубная боль *f*; **ich habe** ~ у меня болит зуб [*o* болят зубы]
Zahnseide *f* ⟨*gen:*-⟩ нитка *f* для чистки зубов
Zahnstein *m* ⟨*gen:*-(e)s⟩ зубной камень *m*
Zahnstocher *m* ⟨-s, -⟩ зубочистка *f*
Zange *f* ⟨-, -n⟩ (*Werkzeug*) клещи *fpl*, щипцы *mpl*; (*eines Krebses*) клещи *fpl*
zanken 1. *vi* (*schimpfen*) ругаться *impf*; **2.** *vr* (*sich streiten*) ссориться, по- *pf*
zänkisch *adj* (*streitlustig*) сварливый
Zäpfchen *nt* ⟨-s, -⟩ (*MED*) свеча *f*; (*ANAT*) язычок *m*
Zapfen *m* ⟨-s, -⟩ (*Tannen~*) шишка *f*; (*am Faß*) пробка *f*; (*Eis~*) сосулька *f*
zapfen *vt* наливать, -лить *pf* (из бочки)
Zapfsäule *f* ⟨-, -n⟩ заправочная колонка *f*
zappelig *adj* (*umg:unruhig*) нервный
zappeln *vi* (*sich unruhig bewegen*) барахтаться *impf*
Zar, -in *m/f* ⟨-en, -en⟩ царь, царица *m/f*
zart *adj* нежный
Zartgefühl *nt* ⟨*gen:*-(e)s⟩ деликатность *f*
zärtlich *adj* (*liebevoll*) нежный; **zu jdm ~ sein** быть нежным с кем-л.
Zärtlichkeit *f* ⟨-, -en⟩ (*Zärtlichsein*) нежность *f*, (*Liebkosung*) ласка *f*
Zauber *m* ⟨-s, -⟩ (*magische Handlung*) колдовство *nt*; (*Zauberbann*) чары *fpl*; (*Ausstrahlung, Reiz*) прелесть *f*, очарование *nt*
Zauberei *f* ⟨-, -en⟩ (*Magie*) колдовство *nt*; (*Zauberkunststück*) фокус *m*
Zauberer *m* ⟨-s, -⟩ (*Magier*) волшебник *m*; (*pej*) колдун *m*; (*Zauberkünstler*) фокусник *m*
zauberhaft *adj* (*bezaubernd*) очаровательный
Zauberin *f* ⟨-, -nen⟩ (*Magierin*) волшебница *f*; (*pej*) колдунья *f*; (*Zauberkünstlerin*) фокусница *f*
zaubern *vi* (*übernatürliche Kräfte einsetzen*) колдовать *impf*; (*Zaubertricks vorführen*) показывать, -казать *pf* фокусы
Zauberspruch *m* ⟨-(e)s, -sprüche⟩ заклинание *nt*
Zauberwort *nt* ⟨-(e)s, -e⟩ волшебное слово *nt*
Zaum *m* ⟨-(e)s, Zäume⟩ узда *f*
Zaun *m* ⟨-(e)s, Zäune⟩ забор *m*
Zaunpfahl *m* ⟨-(e)s, -pfähle⟩ кол *m*
z.B. *abk von* **zum Beispiel** напр.
ZDF *akr von* **Zweites Deutsches Fernsehen** *nt*
Zebra *nt* ⟨-s, -s⟩ зебра *f*
Zeche *f* ⟨-, -n⟩ (*Wirtshausrechnung*) счёт *m*; (*BERGB:Grube*) шахта *f*, рудник *m*
Zecke *f* ⟨-, -n⟩ клещ *m*
Zehe *f* ⟨-, -n⟩ (*ANAT*) палец *m* (ноги); (*Knoblauch~*) зубчик *m*
zehn *num* десять
zehnfach *num* десятикратный
zehnjährig *adj* десятилетний
Zehnkampf *m* ⟨-(e)s, -kämpfe⟩ десятиборье *nt*
zehnmal *adv* десять раз
zehnte(r, s) *num* десятая, -тый, -тое

Zehntel *nt* ⟨-s, -⟩ деся́тая часть *f*
zehntens *adv* в-деся́тых, деся́тое
Zeichen *nt* ⟨-s, -⟩ (*Hinweis, Signal*) знак *m*, сигна́л *m*; (*Anzeichen*) при́знак *m*; (*Schriftzeichen, Tierkreiszeichen*) знак *m*; (*Satzzeichen*) знак *m* препина́ния
Zeichensetzung *f* ⟨*gen:-*⟩ (*LING*) пунктуа́ция *f*
Zeichensprache *f* ⟨-, -n⟩ язы́к *m* же́стов
Zeichentrickfilm *m* ⟨-(e)s, -e⟩ мультфи́льм *m*
zeichnen 1. *vi* (*Zeichnungen machen*) рисова́ть, на- *pf*; **2.** *vt* (*graphisch darstellen*) рисова́ть, на- *pf*
Zeichner, -in *m/f* ⟨-s, -⟩ худо́жник, рисова́льщик, -ница *m/f*, -щица *m/f*; (*technischer ~*) чертёжник, -ница *m/f*
Zeichnung *f* ⟨-, -en⟩ (*Darstellung*) рису́нок *m*, изображе́ние *nt*
Zeigefinger *m* ⟨-s, -⟩ указа́тельный па́лец *m*
zeigen 1. *vt* (*vorzeigen, anzeigen*) пока́зывать, -каза́ть *pf*; **2.** *vi* (*deuten*) пока́зывать, -каза́ть *pf* (*auf +akk* на *+akk*); **3.** *vr* (*sichtbar werden*) пока́зываться, -каза́ться *pf*; **das wird sich noch ~** э́то мы ещё уви́дим; **er hat sich von seiner besten Seite gezeigt** он показа́л себя́ с са́мой лу́чшей стороны́
Zeiger *m* ⟨-s, -⟩ стре́лка *f*
Zeile *f* ⟨-, -n⟩ (*eines Texts*) строка́ *f*
Zeilenabstand *m* ⟨-(e)s, -abstände⟩ расстоя́ние *nt* ме́жду строка́ми
Zeit *f* ⟨-, -en⟩ вре́мя *nt*; **mit der ~** со вре́менем; **jdm ~ lassen** дать кому́-л. вре́мя; **um diese ~** в э́то вре́мя; **zu jeder ~** в любо́е вре́мя; **von ~ zu ~** вре́мя от вре́мени; **zur ~** в настоя́щее вре́мя; **zu seiner ~** в своё вре́мя; **es ist höchste ~, daß wir gehen** нам уже́ давно́ пора́ идти́
Zeitalter *nt* ⟨-s, -⟩ эпо́ха *f*
Zeitarbeit *f* ⟨*gen:-*⟩ вре́менная рабо́та *f*
Zeitgeist *m* ⟨*gen:-(e)s*⟩ дух *m* вре́мени
zeitgemäß *adj* актуа́льный
Zeitgenosse *m* ⟨-n, -n⟩ совреме́нник *m*
Zeitgenossin *f* ⟨-, -nen⟩ совреме́нница *f*
zeitlich 1. *adj* (*die Zeit betreffend*) временно́й; **2.** *adv* по вре́мени
zeitlos *adj* безвре́менный
Zeitpunkt *m* ⟨-(e)s, -e⟩ (*Augenblick*) моме́нт *m*, вре́мя *nt*
Zeitraum *m* ⟨-(e)s, -räume⟩ пери́од *m* (вре́мени)
Zeitrechnung *f* ⟨*gen:-*⟩ летоисчисле́ние *nt*
Zeitschrift *f* ⟨-, -en⟩ журна́л *m*
Zeitung *f* ⟨-, -en⟩ газе́та *f*
Zeitverschwendung *f* ⟨*gen:-*⟩ тра́та *f* вре́мени
zeitweilig 1. *adj* вре́менный; **2.** *adj* вре́мя от вре́мени
Zeitwort *nt* ⟨-(e)s, -wörter⟩ глаго́л *m*
Zeitzünder *m* ⟨-s, -⟩ взрыва́тель *m* заме́дленного де́йствия
Zelle *f* ⟨-, -n⟩ (*kleiner Raum*) ка́мера *f*; (*BIO*) кле́тка *f*; (*EL*) элеме́нт *m*
Zellstoff *m* ⟨-(e)s, -e⟩ целлюло́за *f*
Zelt *nt* ⟨-(e)s, -e⟩ пала́тка *f*
zelten *vi* жить *impf* в пала́тке
Zeltlager *nt* ⟨-s, -⟩ пала́точный ла́герь *m*
Zement *m* ⟨*gen:-(e)s*⟩ цеме́нт *m*
zementieren *vt* (*mit Zement*) цементи́ровать, за- *pf*
zensieren *vt* (*einer Zensur unterziehen*) подверга́ть, -ве́ргнуть *pf* цензу́ре; (*benoten*) оце́нивать, оцени́ть *pf*
Zensur *f* ⟨-, -en⟩ (*Kontrolle, Institution*) цензу́ра *f*; (*Benotung*) оце́нка *f*
Zentimeter *m* ⟨-s, -⟩ сантиме́тр *m*
Zentner *m* ⟨-s, -⟩ полце́нтнера *m*, пятьдеся́т килогра́ммов
zentral *adj* центра́льный
Zentrale *f* ⟨-, -n⟩ (*Zentralbüro*) руково́дство *nt*, управле́ние *nt*; (*Taxizentrale*) диспе́черская *f* (такси́); (*Telefonzentrale*) (центра́льный) телефо́нный у́зел *m*
Zentralheizung *f* ⟨-, -en⟩ центра́льное отопле́ние *nt*
zentralisieren *vt* централизова́ть *impf/pf*
zentralistisch *adj* централи́стский
Zentralnervensystem *nt* ⟨-s, -e⟩ центра́льныя не́рвная систе́ма *f*
Zentralverriegelung *f* ⟨-, -en⟩ центра́льное запира́ние *nt* двере́й
zentrieren *vt* центри́ровать, от- *pf*
Zentrifuge *f* ⟨-, -n⟩ центрифу́га *f*
Zentrum *nt* ⟨-s, Zentren⟩ центр *m*; **im ~ wohnen** жить в це́нтре
Zepter *nt* ⟨-s, -⟩ ски́петр *m*
zerbrechen 1. *irr vt* (*etw entzweibrechen*) разбива́ть, -би́ть *pf*; **2.** *vi* (*entzweigehen*) разбива́ться, -би́ться *pf*
zerbrechlich *adj* хру́пкий
zerdrücken *vt* раздави́ть *pf*
Zeremonie *f* ⟨-, -n⟩ церемо́ния *f*
Zerfall *m* ⟨*gen:-(e)s*⟩ (*Auflösung, Zerstörung*) разруше́ние *nt*; (*eines Reiches*) распа́д *m*, упа́док *m*; (*von Kultur*) упа́док *m*
zerfallen *irr vi* (*Haus*) разруша́ться, -ру́шиться *pf*; (*umg:Haus, Reich*) разва́ливаться, -вали́ться *pf*; (*Moral, Kultur*) приходи́ть, прийти́ *pf* в упа́док; (*verwesen*) разлага́ться, разложи́ться

pf; (*PHYS, auch von Imperium*) распада́ться, -па́сться *pf*
zerfetzen *vt* рвать, разорва́ть *pf* на ча́сти
zerfließen *irr vi* (*Farbe, Tinte etc*) расплыва́ться, -плы́ться *pf*
zergehen *irr vi* (*sich auflösen:* vor Wärme, im Mund) та́ять, рас- *pf*; (*im Wasser*) растворя́ться, -твори́ться *pf*
zerkleinern *vt* размельча́ть, -чи́ть *pf*
zerlegen *vt* (*auseinandernehmen*) разбира́ть, разобра́ть *pf*
zerquetschen *vt* раздави́ть *pf*
zerreißen 1. *irr vt* (*auseinanderreißen*) разрыва́ть, разорва́ть *pf*, рвать *impf*; **2.** *vi* (*auseinandergehen, Risse bekommen*) разрыва́ться, разорва́ться *pf*, рва́ться *impf*
zerren 1. *vt* (*fortziehen*) тащи́ть, вы- *pf*; (*überdehnen*) растя́гивать, -тяну́ть *pf*; **2.** *vi* (*ruckartig ziehen*) дёргать, дёрнуть *pf*; **der Hund zerrte an der Leine** соба́ка дёргала за поводо́к
zerrissen *adj* разо́рванный
Zerrung *f* ⟨-, -en⟩ растяже́ние *nt*
zerrüttet *adj* (*Gesundheit, Finanzen*) подо́рванный; **eine ~e Ehe** разби́тая семья́
zerschlagen 1. *irr vt* (*zerbrechen, auch fig*) разбива́ть, -би́ть *pf*; **2.** *vr* (*nicht zustande kommen*) разбива́ться, -би́ться *pf*
zerschneiden *vt* разреза́ть, -ре́зать *pf*
zersetzen 1. *vt* (*verfaulen lassen*) разлага́ть, -ложи́ть *pf*; (*fig:unterminieren*) подрыва́ть, -дорва́ть *pf*; **2.** *irr vr* (*verfaulen*) разлага́ться, -ложи́ться *pf*
Zerstäuber *m* ⟨-s, -⟩ распыли́тель *m*
zerstören *vt* разруша́ть, -ру́шить *pf*
Zerstörung *f* ⟨-, -en⟩ разруше́ние *nt*
zerstreiten *irr vr* ссо́риться, по- *pf* (*über +akk* и́з-за́ *+gen*)
zerstreuen 1. *vt* (*verstreuen*) разбра́сывать, -броса́ть *pf*; (*fig:auseinandertreiben*) разгоня́ть, разогна́ть *pf*; **einen Verdacht ~** рассе́ять подозре́ния; **2.** *vr* (*auseinandergehen*) рассе́иваться, рассе́яться *pf*; (*sich ablenken*) отвлека́ться, -ле́чься *pf*
zerstreut *adj* (*fig*) рассе́янный
Zerstreutheit *f* ⟨*gen:-*⟩ рассе́янность *f*
Zerstreuung *f* ⟨-, -en⟩ (*Ablenkung*) развлече́ние *nt*; (*von Demonstranten*) разго́н *m*
zerstritten *adj* поссо́рившийся
zertrümmern *vt* разбива́ть, -би́ть *pf*
zerzausen *vt* растрепа́ть *pf*
Zettel *m* ⟨-s, -⟩ (*Notiz~*) запи́ска *f*; (*Kassenbon*) чек *m*
Zeug *nt* ⟨*gen:-*(e)s⟩ (*pej*) барахло́ *nt*, говно́ *nt*; (*umg:Unsinn*) чушь *f*; **dummes ~!** глу́пости!; **albernes ~ reden** нести́ чушь
Zeuge *m* ⟨-n, -n⟩ свиде́тель *m*; **~ von etw werden** стать свиде́телем чего́-л.
zeugen 1. *vi* свиде́тельствовать *impf* (*von + dat* о *+präpos*); **2.** *vt* зачина́ть, зача́ть *impf*
Zeugenaussage *f* ⟨-, -n⟩ свиде́тельское показа́ние *nt*
Zeugin *f* ⟨-, -nen⟩ свиде́тельница *f*
Zeugnis *nt* ⟨-ses, -se⟩ (*Schulzeugnis*) аттеста́т *m* (зре́лости); (*Arbeitszeugnis*) характери́стика *f*, спра́вка *f* с ме́ста рабо́ты; (*Gutachten*) удостове́рение *nt*, заключе́ние *nt*
Zeugung *f* ⟨-, -en⟩ зача́тие *nt*
zeugungsunfähig *adj* беспло́дный
z.H. *abk von* **zu Händen von**
Ziege *f* ⟨-, -n⟩ коза́ *f*
Ziegel *m* ⟨-s, -⟩ (*Ziegelstein*) кирпи́ч *m*; (*Dachziegel*) черепи́ца *f*
Ziegelei *f* ⟨-, -en⟩ кирпи́чный заво́д *m*
ziehen 1. *vt* ⟨zog, gezogen⟩ тяну́ть, по- *pf*, тащи́ть, по- *pf*; (*an einen Ort*) переезжа́ть, перее́хать *pf*; (*Pflanzen*) выра́щивать, вы́растить *pf*; **jdn an sich ~** притяну́ть кого́-л к себе́; **etw aus der Tasche ~** вы́тащить что-л. из карма́на; **einen Graben ~** вы́рыть ров; **jdn am Ärmel ~** тяну́ть кого́-л. за рука́в; **2.** *vi* (*Tee, Kaffee*) наста́иваться, -стоя́ться *pf*; (*inhalieren*) потя́гивать *impf*; (*Luftzug*) дуть *impf*; **es zieht!** здесь ду́ет!; **es zieht mir am Rücken** мне ду́ет в спи́ну; **an der Zigarette ~** затяну́ться (сигаре́той); **die Menschen zogen zur Kirche** лю́ди потяну́лись к це́ркви; **die Vögel ~ nach Süden** пти́цы перелета́ют на юг
Ziehharmonika *f* ⟨-, -s⟩ гармо́нь *f*
Ziehung *f* ⟨-, -en⟩ (*Lotterie*) тира́ж *m*, ро́зыгрыш *m*
Ziel *nt* ⟨-(e)s, -e⟩ (*einer Reise*) цель *f*; (*SPORT:Ende einer Strecke*) фи́ниш *m*; (*beim Schießen*) мише́нь *f*; (*Zweck, Absicht*) цель *f*; **sich ein ~ setzen** поста́вить пе́ред собо́й цель; **am ~ sein** быть у це́ли
zielen *vi* це́литься, при- *pf* (*auf +akk* в *+akk*); (*fig*) быть *impf* наце́ленным (*auf +akk* на *+akk*)
Zielgruppe *f* ⟨-, -n⟩ целева́я гру́ппа *f*
ziellos *adj* бесце́льный
Zielscheibe *f* ⟨-, -n⟩ (*beim Schießen, auch fig*) мише́нь *f*
zielstrebig *adj* целеустремлённый
ziemlich 1. *adv* (*in hohem Maße*) дово́льно; (*umg:annähernd, fast*) почти́, приблизи́тельно; **2.** *adj* (*beträchtlich*)

довóльно большóй
zieren 1. *vt* (*schmücken*) украшáть, -рáсить *pf*; **2.** *vr* (*Umstände machen*) кривля́ться *impf*, жемáниться *pf*
zierlich *adj* (*klein und fein*) изя́щный
Zierlichkeit *f* ⟨*gen:-*⟩ (*Feinheit, Zerbrechlichkeit*) изя́щность *f*
Zierpflanze *f* ⟨-, -n⟩ декоратúвное растéние *nt*
Ziffer *f* ⟨-, -n⟩ (*Zahlzeichen*) цúфра *f*; **römische/arabische ~n** рúмские/арáбские цúфры
Zifferblatt *nt* ⟨-(e)s, -blätter⟩ циферблáт *m*
zig *num* (*umg*) деся́тки; **~ mal** деся́тки раз
Zigarette *f* ⟨-, -n⟩ сигарéта *f*
Zigarettenschachtel *f* ⟨-, -n⟩ пáчка *f* сигарéт
Zigarre *f* ⟨-, -n⟩ сигáра *f*
Zigeuner, -in *m/f* ⟨-s, -⟩ цыгáн, -ка *m/f*
Zimmer *nt* ⟨-s, -⟩ кóмната *f*
Zimmerantenne *f* ⟨-, -n⟩ кóмнатная антéнна *f*
Zimmermädchen *nt* ⟨-s, -⟩ гóрничная *f*
Zimmermann *m* ⟨-(e)s, -leute⟩ плóтник *m*
zimmern 1. *vt* сколáчивать, -лотúть *pf*; **2.** *vi* плóтничать *impf*
Zimmerpflanze *f* ⟨-, -n⟩ кóмнатное растéние *nt*
zimperlich *adj* (*überempfindlich*) изнéженный; (*prüde*) чóпорный
Zimt *m* ⟨*gen:*-(e)s⟩ корúца *f*
Zink *nt* ⟨*gen:*-(e)s⟩ цинк *m*
Zinke *f* ⟨-, -n⟩ (*am Kamm, an der Gabel*) зубéц *m*
Zinn *m* ⟨*gen:*-(e)s⟩ óлово *nt*
Zins *m* ⟨-es, -en⟩ процéнт *m*
zinslos *adj* беспроцéнтный
Zinssatz *m* ⟨-es, -sätze⟩ процéнтная стáвка *f*
Zipfel *m* ⟨-s, -⟩ уголóк *m*, край *m*
zirka *adv* приблизúтельно, óколо
Zirkel *m* ⟨-s, -⟩ (*Gerät*) цúркуль *m*; (*Gruppe von Personen*) кружóк *m*
Zirkus *m* ⟨-, -se⟩ цирк *m*
zischen *vi* (*Schlange, Dampf, Menschen*) шипéть, за- *pf*; **durch die Zähne ~** прошипéть сквозь зýбы
Zitat *nt* ⟨-(e)s, -e⟩ цитáта *f*
zitieren *vt* цитúровать, про- *pf*
Zitrone *f* ⟨-, -n⟩ лимóн *m*
Zitronensaft *m* ⟨*gen:*-(e)s⟩ лимóнный сок *m*
Zitrusfrucht *f* ⟨-, -früchte⟩ цúтрусовый фрукт *m*
zitt(e)rig *adj* дрожáщий
zittern *vi* дрожáть, за- *pf*; **vor Kälte ~** дрожáть от хóлода
Zitze *f* ⟨-, -n⟩ сосóк *m*
Zivil *nt*: **in ~** в граждáнском
zivil *adj* (*nicht militärisch*) граждáнский; (*umg:anständig*) прилúчный
Zivilbevölkerung *f* ⟨*gen:-*⟩ граждáнское населéние *nt*
Zivilcourage *f* ⟨*gen:-*⟩ граждáнская смéлость *f*
Zivildienst *m* ⟨*gen:*-(e)s⟩ альтернатúвная граждáнская слýжба *f*
Zivilisation *f* ⟨-, -en⟩ цивилизáция *f*
zivilisiert *adj* цивилизóванный
Zivilist, -in *m/f* ⟨-en, -en⟩ граждáнское лицó *nt*
Zivilrecht *nt* ⟨*gen:*-(e)s⟩ граждáнское прáво *nt*
zog *prät von* **ziehen**
zögern *vi* мéдлить, по- *pf*
Zölibat *nt* ⟨*gen:*-(e)s⟩ целибáт *m*, безбрáчие *nt*
Zoll *m* ⟨-(e)s, Zölle⟩ (*auf Waren*) (тамóженная) пóшлина *f*; (*Behörde*) тамóжня *f*
Zollamt *nt* ⟨-(e)s, -ämter⟩ тамóженное управлéние *nt*, тамóжня *f*
Zollbeamte(r) *mf* ⟨-n, -n⟩ тамóженник *m*
Zollerklärung *f* ⟨-, -en⟩ тамóженная декларáция *f*
zollfrei *adj* беспóшлинный
zollpflichtig *adj* облагáемый пóшлиной
Zollstock *m* ⟨-(e)s, Stöcke⟩ (складнóй) метр *m*
Zone *f* ⟨-, -n⟩ зóна *f*
Zoo *m* ⟨-s, -s⟩ зоопáрк *m*; **in den ~ gehen** пойтú в зоопáрк
Zoologe *m* ⟨-n, -n⟩ зоóлог *m*
Zoologie *f* ⟨*gen:-*⟩ зоолóгия *f*
Zoologin *f* ⟨-, -nen⟩ зоóлог *m*
zoologisch *adj* зоологúческий
Zoom *nt* ⟨-s, -s⟩ увеличéние *nt*
Zopf *m* ⟨-(e)s, Zöpfe⟩ косá *f*
Zorn *m* ⟨*gen:*-(e)s⟩ я́рость *f*, гнев *m*; **in ~ geraten** прийтú в я́рость
zornig *adj* гнéвный
Zote *f* ⟨-, -n⟩ пóшлость *f*
zottig *adj* (*struppig*) лохмáтый; **ein ~es Fell** пушúстый мех
z.T. *abk von* ***zum Teil***
zu 1. *präp +dat* (*räumlich*) к (+ *dat*), на (+ *akk*), в (+ *akk*); (*zeitlich*) в (+ *präpos*); (*zum Ausdruck von Zweck, Ziel einer Handlung*) на (+ *akk*), к (+ *dat*); **jdm etw ~m Geburtstag schenken** подарúть комý-л. что-л. на день рождéния; **das Spiel endete drei ~ eins** игрá окóнчилась со счётом три - одúн; **~m Arzt gehen** пойтú ко врачý; **kommst du morgen ~ mir?** ты придёшь зáвтра ко мнé?; **~ Boden stürzen** упáсть нá пол;

~m Flughafen/Bahnhof fahren е́хать в аэропо́рт/на вокза́л; **2.** *adv* (*allzu*) сли́шком; (*geschlossen*) закры́тый; **der Pullover ist ~ groß** сви́тер сли́шком вели́к; **wir machen heute früher ~** мы закрыва́ем сего́дня ра́ньше

zuallererst *adv* в пе́рвую о́чередь

zuallerletzt *adv* в после́днюю о́чередь

Zubehör *nt* ⟨-(e)s, -e⟩ принадле́жности *pl*

zubereiten *vt* гото́вить , при- *pf*

zubinden *vt* завя́зывать, -вяза́ть *pf*

zubringen *vt* (*verbringen*) проводи́ть, -вести́ *pf*

Zubringerstraße *f* ⟨-, -n⟩ подъездна́я доро́га *f*

Zucht *f* ⟨-, -en⟩ (*das Aufziehen*) выра́щивание *nt*, разведе́ние *nt*

züchten *vt* (*aufziehen*) выра́щивать, вы́растить *pf*

Züchter, -in *m/f* ⟨-s, -⟩ (*von Tieren*) животново́д *m*; (*von Pflanzen*) растениево́д *m*, садово́д *m*

züchtig *adj* (*sittsam*) стыдли́вый

Züchtung *f* ⟨-, -en⟩ (*das Züchten*) разведе́ние *nt*

zucken 1. *vi* (*ruckartige Bewegungen machen*) вздра́гивать, вздро́гнуть *pf*; (*aufleuchten*) сверка́ть, -кну́ть *pf*; **2.** *vt*: **die Achseln ~** пожима́ть плеча́ми

zücken *vt* (*Messer*) выхва́тывать, вы́хватить *pf*

Zucker *m* ⟨*gen:*-s⟩ са́хар *m*

Zuckerdose *f* ⟨-, -n⟩ са́харница *f*

zuckerkrank *adj* стра́дающий са́харным диабе́том; **sie ist ~** у неё са́харный диабе́т

zuckern *vt* сласти́ть; под- *pf*

Zuckerrohr *nt* ⟨*gen:*-(e)s⟩ са́харный тростни́к *m*

Zuckerrübe *f* ⟨-, -n⟩ са́харная свёкла *f*

Zuckung *f* ⟨-, -en⟩ вздра́гивание *nt*, подёргивание *nt*

zudecken *vt* закрыва́ть, -кры́ть *pf*

zudrehen *vt* (*Wasserhahn*) закру́чивать, -крути́ть *pf*

zudringlich *adj* навя́зчивый

zudrücken *vt* закрыва́ть, -кры́ть *pf*

zueinander *adv* друг к дру́гу

zuerst *adv* (*zunächst, anfangs*) снача́ла, внача́ле, сперва́; **ich bin ~ gekommen** я пришёл пе́рвым

Zufahrt *f* ⟨-, -en⟩ подъе́зд *m*

Zufahrtsstraße *f* ⟨-, -n⟩ подъездна́я доро́га *f*

Zufall *m* ⟨-(e)s, Zufälle⟩ слу́чай *m*, случа́йность *f*; **welch ein ~!** во́т так слу́чай!

zufallen *irr vi* (*Tür*) захло́пываться, -хло́пнуться *pf*; (*zuteil werden*) достава́ться, доста́ться *pf*

zufällig 1. *adj* случа́йный; **2.** *adv* случа́йно

Zuflucht *f* ⟨-, -en⟩ спасе́ние *nt*, убе́жище *nt* (*vor +dat* от *+gen*)

Zufluß *m* ⟨Zuflusses, Zuflüsse⟩ (*das Zufließen, in ein Gewässer fließender Fluß*) прито́к *m*

zufolge *präp +dat* (*gemäß*) в соотве́тствии с (+ *inst*), согла́сно (+ *dat*), по (+ *dat*)

zufrieden *adj* дово́льный; **mit etw ~ sein** быть дово́льным чем-л.

Zufriedenheit *f* ⟨*gen:*-⟩ удовлетворе́ние *nt*

zufriedenstellen *vt* удовлетворя́ть, -ри́ть *pf*

zufrieren *irr vi* замерза́ть, -мёрзнуть *pf*

zufügen *vt* (*hinzufügen*) причиня́ть, -ни́ть *pf*

Zufuhr *f* ⟨*gen:*-⟩ (*Versorgung*) снабже́ние *nt*

zuführen *vt* (*Strom, Gas zuleiten*) подава́ть, -да́ть *pf*; (*transportieren, übergeben*) доставля́ть, -ста́вить *pf*; (*mit einem Kraftfahrzeug auch*) подвози́ть, -везти́ *pf*

Zug *m* ⟨-(e)s, Züge⟩ (*Eisenbahnzug*) по́езд *m*; **fahren Sie mit dem Auto oder mit dem ~?** Вы е́дете на маши́не и́ли на по́езде?; **wann fährt der nächste ~ nach Heidelberg?** когда́ отправля́ется сле́дующий по́езд в Хайдельберг?; (*Kolonne*) коло́нна *f*, ше́ствие *nt*; (*militärische Abteilung*) взвод *m*; (*Schluck*) глото́к *m*; (*an einer Zigarette*) затя́жка *f*; (*im Gesicht*) черта́ *f* (лица́); (*Wesenszug*) черта́ *f* (хара́ктера); (*bei Brettspielen*) ход *m*; **in groben Zügen** (*nur in Umrissen*) в о́бщих черта́х

Zugabe *f* ⟨-, -n⟩ (*im Konzert*) выступле́ние *nt* на бис; (*das Zugeben*) добавле́ние *nt*; **noch drei ~n geben** сыгра́ть три ра́за на бис

Zugang *m* ⟨-(e)s, Zugänge⟩ (*Eingang, Einfahrt*) вход *m*, до́ступ *m*; (*Zutritt*) до́ступ *m*; (*Neueingang von Waren*) поступле́ние *nt*

zugänglich *adj* (*betretbar, verfügbar*) досту́пный

Zugbrücke *f* ⟨-, -n⟩ подъёмный мост *m*

zugeben *irr vt* (*eingestehen*) признава́ть, -на́ть *pf*; (*hinzufügen*) добавля́ть, -ба́вить *pf*

zugehen *irr vi* (*sich nähern, auch fig*) приближа́ться, -бли́зиться *pf* (*auf +akk* к *+dat*); (*in einer bestimmten Weise sein*) быть *impf*; **auf dem Geburtstag ging es lustig zu** на дне рожде́ния бы́ло ве́село; (*umg:sich schließen*)

закрыва́ться, -кры́ться *pf*
Zugehörigkeit *f* ⟨*gen:-*⟩ (*Mitgliedschaft*) принадле́жность *f* (*zu +dat* к *+dat*)
Zügel *m* ⟨-s, -⟩ по́вод *m*, узда́ *f*
zügellos *adj* (*hemmungslos*) безу́держный, необу́зданный
Zügellosigkeit *f* ⟨-, -en⟩ безу́держность *f*, необу́зданность *f*
zügeln 1. *vt* (*Pferd, auch fig*) обу́здывать, обузда́ть *pf*; **2.** *vr* (*sich zurückhalten*) обузда́ть *pf* себя́
Zugeständnis *nt* ⟨-ses, -se⟩ усту́пка *f*; **~e an etw machen** пойти́ на усту́пки чему́-л.
zugestehen *irr vt* (*geben, einräumen*) признава́ть, -зна́ть *pf*; **jdm ein Recht ~ auf etw** призна́ть за кем-л. пра́во на что-л.
Zugführer *m/f* ⟨-s, -⟩ (*Bahnbeamter*) нача́льник *m* по́езда; (*MIL*) команди́р *m* взво́да
zügig *adj* бы́стрый
zugleich *adv* (*gleichzeitig, ebenso*) одновреме́нно
Zugluft *f* ⟨*gen:-*⟩ сквозня́к *m*
Zugmaschine *f* ⟨-, -n⟩ тяга́ч *m*
zugreifen *irr vi* (*beim Essen*) угоща́ться, угости́ться *pf*; (*nach etw greifen, auch kaufen*) хвата́ть, схвати́ть *pf*; **greifen Sie zu!** Угоща́йтесь!
Zugriff *m* ⟨-(e)s, -e⟩ (*das Zugreifen*) хва́тка *f*; (*DV*) до́ступ *m*
zugrunde *adv:* **~ gehen** погиба́ть; **etw einer Sache ~ legen** положи́ть что-л. в осно́ву чего́-л.; **einer Sache ~ liegen** лежа́ть в осно́ве чего́-л.
zugunsten *präp +gen* в по́льзу (+ *gen*)
zugute *adv* на по́льзу; **jdm/einer Sache ~ kommen** пойти́ на по́льзу кому́-л./чему́-л.
Zugverbindung *f* ⟨-, -en⟩ железнодоро́жное сообще́ние *nt*
Zugvogel *m* ⟨-s, -vögel⟩ перелётная пти́ца *f*
zuhalten *irr vt* держа́ть закры́тым; **sich die Ohren ~** закры́ть себе́ у́ши
Zuhälter *m* ⟨-s, -⟩ сутенёр *m*
Zuhause *nt* ⟨*gen:-s*⟩ дом *m*, дома́шний оча́г *m*
zuhören *vi* слу́шать, по- *pf*; **jetzt hör mal gut zu** (*umg*) тепе́рь хороше́нько послу́шай
Zuhörer, -in *m/f* ⟨-s, -⟩ слу́шатель, -ница *m/f*
zujubeln *vi:* **jdm ~** приве́тствовать кого́-л.
zukleben *vt* закле́ивать, -кле́ить *pf*
zuknöpfen *vt* застёгивать, -стегну́ть *pf*
zukommen *irr vi* (*sich nähern*) подходи́ть, подойти́ *pf* (*auf +akk* к *+dat*); (*bevorstehen*) предстоя́ть *impf*; **das wird auf dich noch ~** э́то тебе́ ещё предстои́т; **wir werden es auf uns ~ lassen** мы подождём э́того; (*geh:zuteil werden*) полага́ться *impf*; (*gebühren*) подоба́ть *impf*; **es kommt mir nicht zu, darüber zu urteilen** тебе́ не подоба́ет суди́ть об э́том
Zukunft *f* ⟨*gen:-*⟩ бу́дущее *nt*; (*LING-:Futur*) бу́дущее вре́мя *nt*; **in ~** в бу́дущем; **für die ~** на бу́дущее; **in die ~ blicken** смотре́ть в бу́дущее
zukünftig 1. *adj* бу́дущий; **2.** *adv* в бу́дущем
Zulage *f* ⟨-, -n⟩ () надба́вка *f*
zulassen *irr vt* (*dulden, tolerieren, Zugang gewähren*) допуска́ть, -пусти́ть *pf* (*zu +dat* к *+dat*); **das Fenster ~** оста́вить откры́тым окно́
zulässig *adj* (*zugelassen, erlaubt*) допусти́мый
Zulassung *f* ⟨-, -en⟩ разреше́ние *nt*, до́пуск *m*; (*umg:Kraftfahrzeugschein*) регистра́ция *f* (тра́нспортного сре́дства)
zulaufen *irr vi* (*laufen*) подбега́ть, -бежа́ть *pf* (*auf +akk* к *+dat*); **ein spitz ~der Gegenstand** о́стрый предме́т; **uns ist ein Hund zugelaufen** к нам приби́лась соба́ка [*o* мы нашли́ соба́ку]
zulegen *vr* (*umg:kaufen*) приобрета́ть, -брести́ *pf*; (*einen Hund, eine Freundin*) заводи́ть, -вести́ *pf* себе́
zuletzt *adv* (*als letzter*) в после́днюю о́чередь; (*umg:das letzte Mal*) в после́дний раз; (*schließlich*) под коне́ц, в конце́
zuliebe *präp +dat* ра́ди (+ *gen*)
zum *präp* к (+ *dat*)
zumachen 1. *vt* (*umg:schließen*) закрыва́ть, -кры́ть *pf*; **2.** *vi* (*Laden*) закрыва́ться, -кры́ться *pf*
zumal 1. *adv* (*namentlich*) осо́бенно; **2.** *conj* (*besonders da, weil*) тем бо́лее что
zumindest *adv* по ме́ньшей [*o* кра́йней] ме́ре
zumute *adv* на душе́
zumuten *vt:* **das kann man niemandem ~** э́того ни от кого́ нельзя потре́бовать; **er hat sich einfach zuviel zugemutet** он, про́сто, сли́шком мно́го взял на себя́
Zumutung *f* ⟨-, -en⟩ (*etw Unzumutbares*) чрезме́рное тре́бование *nt*, обстоя́тельство *nt*
zunächst *adv* (*anfangs, zuerst*) сна́чала, внача́ле; (*vorerst*) пока́
zunähen *vt* зашива́ть, -ши́ть *pf*
Zunahme *f* ⟨-, -n⟩ увеличе́ние *nt*, повыше́ние *nt*

zünden 1. *vi* (*TECH:Motor*) заводи́ться, -вести́сь *pf*; (*Rakete*) запуска́ться, -пусти́ться *pf*; (*zu brennen beginnen*) зажига́ться, -же́чься *pf*; **2.** *vt* (*entzünden:* eine Bombe) взрыва́ть, взорва́ть *pf*

zündend *adj* (*fig*) зажига́тельный

Zünder *m* ⟨-s, -⟩ взрыва́тель *m*

Zündholz *nt* ⟨-es, -hölzer⟩ спи́чка *f*

Zündkerze *f* ⟨-, -n⟩ свеча́ *f* зажига́ния

Zündschlüssel *m* ⟨-s, -⟩ ключ *m* зажига́ния

Zündschnur *f* ⟨-, -schnüre⟩ запа́льный шнур *m*

Zündung *f* ⟨-, -en⟩ (*das Zünden*) поджига́ние *nt*; (*KFZ*) зажига́ние *nt*

zunehmen *irr vt* (*sich vergrößern*) увели́чиваться, -читься *pf*, уси́ливаться, -литься *pf*; (*an Gewicht*) прибавля́ть, -ба́вить *pf* в ве́се; (*umg*) полне́ть, по- *pf*; **er hat im diesem Jahr fünf Kilo zugenommen** он приба́вил в э́том году́ пя́ть килогра́ммов

Zuneigung *f* ⟨*gen:-*⟩ симпа́тия *f*, расположе́ние *nt*

Zunge *f* ⟨-, -n⟩ язы́к *m*

Zungenbrecher *m* ⟨-s, -⟩ (*umg*) скорогово́рка *f*

zunichte *adv:* **das schlechte Wetter machte unsere Pläne wieder ~** плоха́я пого́да опя́ть перечеркну́ла все на́ши пла́ны

zunutze *adv:* **sich etw ~ machen** воспо́льзоваться чем-л.

zuordnen *vt* относи́ть, -нести́ *pf*; **jdn einer Gruppe ~** отнести́ кого́-л. к како́й-л. гру́ппе

zupfen *vt* дёргать, дёрнуть *pf* (*an +dat* за *+akk*)

zurechtfinden *irr vr* ориенти́роваться, с- *pf*

zurechtkommen *irr vi* (*bewältigen*) справля́ться, спра́виться *pf* (*mit +dat* с *+inst*)

zurechtlegen *vt* (*bereitlegen, sich im voraus überlegen*) приготовля́ть, -гото́вить *pf*; (*Antwort*) приду́мывать, -мать *pf*

zurechtmachen 1. *vt* (*umg:herrichten*) приготовля́ть, -то́вить *pf*; (*umg:schminken*) кра́сить, на- *pf*; (*umg:anziehen*) наряжа́ть, -ряди́ть *pf*; **2.** *vr* (*umg:sich schminken*) кра́ситься, на- *pf*; (*umg:sich anziehen*) наряжа́ться, -ряди́ться *pf*

zurechtweisen *irr vt* (*tadeln*) руга́ть, от- *pf*

Zurechtweisung *f* ⟨-, -en⟩ вы́говор *m*, ре́зкая кри́тика *f*

zureden *vi:* **jdm ~** угова́ривать кого́-л.

zurück *adv* наза́д; **vor und ~** вперёд и наза́д; **hinter jdm weit ~ sein** суще́ственно отста́ть от кого́-л.

zurückbehalten *irr vt* оставля́ть, оста́вить *pf* себе́

zurückbekommen *irr vt* получа́ть, -чи́ть *pf* наза́д

zurückbleiben *irr vi* (*an seinem Platz bleiben*) остава́ться, оста́ться *pf*; (*in der Entwicklung*) отстава́ть, отста́ть *pf*

zurückbringen *irr vt* (*an seinen Platz bringen, in Richtung vom Sprecher weg*) относи́ть, -нести́ *pf* (наза́д); (*in Richtung zum Sprecher*) приноси́ть, -нести́ *pf* (наза́д); (*allgemein*) возвраща́ть, -врати́ть *pf*

zurückdrängen *vt* оттесня́ть, -ни́ть *pf*

zurückerobern *vt* отвоёвывать, -воева́ть *pf*

zurückfahren 1. *irr vi* (*zum Ausgangspunkt*) е́хать, по- *pf* наза́д [*o* обра́тно], возвраща́ться, -врати́ться *pf* (наза́д); **2.** *vt* (*zurückbefördern*) отвози́ть, -везти́ *pf* наза́д [*o* обра́тно]

zurückfallen *irr vi* (*wieder herunterfallen*) па́дать, упа́сть *pf* сно́ва [*o* опя́ть]; (*SPORT:in Rückstand geraten*) отстава́ть, -ста́ть *pf*; (*in einen Fehler*) повторя́ть, -ри́ть *pf*

zurückfinden *irr vi* находи́ть, найти́ *pf* обра́тную доро́гу

zurückfordern *vt* тре́бовать, по- *pf* наза́д [*o* обра́тно]

zurückführen 1. *vi* (*zum Ausgangspunkt führen:* Weg, Straße) вести́, при- *pf* наза́д [*o* обра́тно]; **2.** *vt:* **viele Krankheiten lassen sich auf falsche Ernährung ~** мно́гие боле́зни объясня́ются непра́вильным пита́нием

zurückgeben *irr vt* отдава́ть, -да́ть *pf* (обра́тно)

zurückgeblieben *adj* отста́лый

zurückgehen *irr vi* (*zum Ausgangspunkt gehen*) идти́, пойти́ *pf* наза́д [*o* обра́тно]; (*abnehmen, schwächer werden*) уменьша́ться, уме́ньшиться *pf*; (*seine Herkunft in etw haben*) восходи́ть *impf* (*auf +akk* к *+dat*)

zurückgezogen *adj* уединённый

zurückgreifen *irr vi* воспо́льзоваться *pf*; **darf ich auf Ihr Angebot ~?** я могу́ воспо́льзоваться Ва́шим предложе́нием?

zurückhalten 1. *irr vt* (*nicht fortlassen, aufhalten, auch Informationen*) заде́рживать, -держа́ть *pf*; (*Zorn, Demonstranten*) сде́рживать, сдержа́ть *pf*; **2.** *irr vi* (*warten*) (пока́) возде́рживаться, -держа́ться *pf* (*mit +akk* от *+gen*); **3.** *irr vr* (*sich beherrschen*) сде́рживаться, сдержа́ться *pf*

zurückhaltend *adj* (*unaufdringlich, reser-*

viert) сдéржанный

Zurückhaltung *f* ⟨*gen:-*⟩ *(Unaufdringlichkeit, Reserve)* сдéржанность *f*

zurückkehren *vi (zurückkommen)* возвращáться, -вратиться (назáд/обрáтно) *pf*, вернýться *pf* (обрáтно/назáд)

zurückkommen *irr vi* приходи́ть, прийти́ *pf* (назáд); *(auch wieder aufgreifen)* возвращáться, -врати́ться *pf*, вернýться *pf (auf +akk* к *+dat*); **aus dem Urlaub ~** возврати́ться из óтпуска

zurücklassen *irr vt (nicht mitnehmen, hinterlassen)* оставля́ть, остáвить *pf*

zurücklegen 1. *vt (an seinen Platz)* класть, положи́ть *pf* обрáтно (на своё мéсто); *(reservieren)* отклáдывать, отложи́ть *pf*; *(Wegstrecke, zu Fuß)* проходи́ть, пройти́ *pf*; *(mit einem Fahrzeug)* проезжáть, проéхать *pf*; **2.** *vr* отки́дываться, отки́нуться *pf*

zurücknehmen *irr vt (wieder annehmen, auch Worte)* брать, взять *pf* обрáтно [*o* назáд]; *(Anordnung)* отменя́ть, -ни́ть *pf*

zurückrufen *irr vt (telefonisch rückmelden)* перезвáнивать, -звони́ть *pf*; **sich etw ins Gedächtnis ~** вспóмнить что-л.

zurückschrecken *vi:* **er schreckt vor nichts zurück** он ничегó не бóится

zurückstellen *vt (an seinen Platz)* стáвить, по- *pf* обрáтно; *(Uhr)* переводи́ть, -вести́ *pf* назáд; *(aufschieben, auch Interessen)* отклáдывать, отложи́ть *pf* (в стóрону)

zurücktreten *irr vi (nach hinten treten)* отходи́ть, отойти́ *pf* назáд; *(sein Amt niederlegen)* уходи́ть, уйти́ *pf* в отстáвку *(von +dat* с *+gen*); *(von einer Vereinbarung)* откáзываться, -казáться *pf (von +dat* от *+gen*); **bitte einen Schritt ~!** отойди́те, пожáлуйста, на оди́н шаг назáд!

zurückversetzen 1. *vt (in eine vergangene Zeit)* переноси́ть, -нести́ *pf* (назáд) *(in +akk* в *+akk*); **2.** *vr (sich zurückdenken)* переноси́ться, -нести́сь *pf* (назáд) *(in +akk* в *+akk*)

zurückweisen *irr vt (abweisen:Antrag)* отклоня́ть, -ни́ть *pf*; *(Vorwurf)* отвергáть, отвéргнуть *pf*

zurückziehen *irr vr* уединя́ться, -ни́ться *pf*; *(MIL)* отступáть, -пи́ть *pf*; **sich aus der Politik ~** уйти́ из поли́тики

Zuruf *m* ⟨-(e)s, -e⟩ крик *m*, вы́крик *m*

Zusage *f* ⟨-, -n⟩ *(zustimmender Bescheid)* соглáсие *nt*; *(Zusicherung)* обещáние *nt*

zusagen 1. *vt (zusichern)* обещáть, по- *pf*; **2.** *vi (auf eine Einladung)* давáть, дать своё соглáсие *pf*; *(behagen, gefallen)* нрáвиться, по- *pf*

zusammen *adv (gemeinsam)* вмéсте, совмéстно; *(insgesamt)* в итóге; **das macht ~ 50 DM** итогó пятьдеся́т немéцких мáрок

Zusammenarbeit *f* ⟨*gen:-*⟩ сотрýдничество *nt*

zusammenarbeiten *vi* сотрýдничать *pf*

zusammenbeißen *irr vt:* **die Zähne ~** сти́снуть зýбы

zusammenbrechen *irr vi (einstürzen)* обрýшиваться, -шиться *pf*; *(zum Erliegen kommen:* Verkehr, Wirtschaft) останáвливаться, -нови́ться *pf*; *(Pläne etc)* терпéть, по- *pf* крах; *(vor Erschöpfung)* надрывáться, надорвáться *pf*

zusammenbringen *irr vt (Geld, Personen)* собирáть, собрáть *pf*

Zusammenbruch *m* ⟨-(e)s, -brüche⟩ *(Nerven~)* нéрвный срыв *m*; *(wirtschaftlicher, politischer)* крах *m*, крушéние *nt*

zusammenfallen *irr vi (einstürzen)* обрýшиваться, -шиться *pf*; *(sich dekken)* совпадáть, -пáсть *pf*

zusammenfassen 1. *vt (vereinigen)* объединя́ть, -ни́ть *pf*; *(resümieren)* обобщáть, -щи́ть *pf*; **2.** *vi (als Fazit)* подводи́ть, -вести́ *pf* итóг [*o* итóги]

Zusammenfassung *f* ⟨-, -en⟩ *(Vereinigung)* объединéние *nt*; *(zusammengefaßte Darstellung)* обобщéние *nt*, резюмé *nt*

zusammengesetzt *adj:* **ein ~es Wort** составнóе слóво; **ein ~er Satz** слóжное предложéние

zusammenhalten *irr vi (zueinanderstehen)* держáться *pf* вмéсте

Zusammenhang *m* ⟨-(e)s, -hänge⟩ связь *f*, взаимосвя́зь *f*

zusammenhängen *irr vi (fig:in Beziehung stehen)* быть *impf* свя́занным; **das hängt damit zusammen, daß ...** э́то свя́зано с тем, что...

zusammenkommen *irr vi (sich versammeln)* встречáться, встрéтиться *pf*; *(sich gleichzeitig ereignen)* совпадáть, -пáсть *pf*

Zusammenkunft *f* ⟨-, -künfte⟩ встрéча *f*, собрáние *nt*

zusammenlegen 1. *vt (zusammenfalten)* склáдывать, сложи́ть *pf*; **2.** *vi (Geld)* склáдываться, сложи́ться *pf*

zusammennehmen 1. *irr vr:* **nimm dich zusammen** возьми́ себя́ в рýки; **2.** *irr vt:* **seinen ganzen Mut ~** собрáться с дýхом; **alles zusammengenommen ...** всё вмéсте взя́тое ...

zusammenpassen *vi (harmonieren)* подходи́ть, подойти́ *pf* друг к дрýгу, сочета́ться *impf* (друг с дру́гом)

zusammenschlagen *irr vt* (*verprügeln*) избива́ть, -би́ть *pf*

zusammenschließen *irr vr* (*sich vereinigen*) объединя́ться, -ни́ться *pf* (*zu +dat* в *+akk*)

Zusammenschluß *m* ⟨-schlusses, -schlüsse⟩ объедине́ние *nt*

zusammensetzen **1.** *vt* (*zusammenfügen*) собира́ть, собра́ть *pf*; (*Personen nebeneinandersetzen*) сажа́ть, посади́ть *pf* ря́дом друг с дру́гом; **2.** *vr* (*bestehen aus*) состоя́ть *impf* (*aus* из *+gen*); (*sich zueinandersetzen*) сади́ться, сесть *pf* друг к дру́гу; **sich zu Verhandlungen ~** сесть за стол перегово́ров

Zusammensetzung *f* ⟨-, -en⟩ (*Aufbau*) соста́в *m*

Zusammenspiel *nt* ⟨*gen:*-(e)s⟩ (*Zusammenwirken*) взаимоде́йствие *nt*; (*SPORT auch*) сы́гранность *f*

zusammenstellen *vt* (*Liste, aich zueinanderstellen*) составля́ть, соста́вить *pf*

Zusammenstellung *f* ⟨-, -en⟩ (*Zusammensetzung*) соста́в *m*; (*Übersichtsdarstellung*) спи́сок *m*, сбо́рник *m*

Zusammenstoß *m* ⟨-es, -stöße⟩ (*Kollision, Auseinandersetzung*) столкнове́ние *nt*

zusammenstoßen *vi* (*kollidieren*) ста́лкиваться, столкну́ться *pf*

zusammentragen *irr vt* собира́ть, собра́ть *pf*

Zusammentreffen *nt* ⟨-s, -⟩ (*Treffen*) встре́ча *f*; (*zeitliches Zusammenfallen*) совпаде́ние *nt*

zusammentreffen *irr vi* (*sich treffen*) встреча́ться, встре́титься *pf* (*mit +dat* с *+inst*); (*gleichzeitig stattfinden*) совпада́ть, совпа́сть *pf*

zusammenzählen *vt* подсчи́тывать, -счита́ть *pf*

zusammenziehen **1.** *irr vt* (*enger machen*) затя́гивать, -тяну́ть *pf*; **2.** *irr vi* (*in eine Wohnung*) съезжа́ться, съе́хаться *pf*

Zusatz *m* ⟨-es, Zusätze⟩ (*Zugabe*) добавле́ние *nt*; (*zusätzliche Bemerkung*) дополне́ние *nt*

zusätzlich *adj* (*ergänzend*) дополни́тельный

Zuschauer *m/f* ⟨-s, -⟩ зри́тель *m*

zuschicken *vt* посыла́ть, -сла́ть *pf*

Zuschlag *m* ⟨-(e)s, Zuschläge⟩ (*bei Fahrkarten*) допла́та *f*, (*bei Auktionen*) присужде́ние *nt* ло́та

zuschlagen **1.** *irr vt* (*Fenster, Tür*) захло́пывать, -пну́ть *pf*; **2.** *vi* (*zufallen*) захло́пываться, -пнуться *pf*; (*schlagen*) бить *impf*, уда́рить *pf*

zuschließen *irr vt* закрыва́ть, -кры́ть *pf* (на ключ)

zuschneiden *irr vt* (*Stoff*) кро́йть, рас- *pf*; **auf jdn/etw genau zugeschnitten sein** (*fig*) бы́ть то́чно рассчи́танным на кого́-л./что-л.

zuschnüren *vt* (*Schuhe, Paket*) завя́зывать, -вяза́ть *pf*; (*Schuhe auch*) зашнуро́вывать, -рова́ть *pf*

zuschrauben *vt* зави́нчивать, -винти́ть *pf*

zuschreiben *irr vt* (*als Urheber betrachten, auch Schuld ~*) припи́сывать, -писа́ть *pf*

Zuschrift *f* ⟨-, -en⟩ (*Schreiben*) письмо́ *nt*, отве́т *m*

Zuschuß *m* ⟨Zuschusses, Zuschüsse⟩ (*finanzielle Hilfe*) посо́бие *nt*; (*Extrageld*) надба́вка *f*

zuschütten *vt* (*zufüllen*) засыпа́ть, -сы́пать *pf*; (*umg:dazugießen*) долива́ть, -ли́ть *pf*

zusehen *vi* (*beobachten, mitansehen*) наблюда́ть, по- *pf*, смотре́ть, по- *pf*; **jdm bei der Arbeit ~** наблюда́ть за кем-л. во вре́мя рабо́ты; **sieh zu, daß du nicht reingelegt wirst** смотри́, что́бы тебя́ не наду́ли

zusenden *vt* посыла́ть, -сла́ть *pf*

zusichern *vt* гаранти́ровать *impf*

zuspielen *vt* (*Ball*) передава́ть, -да́ть *pf*, (*fig:zukommen lassen*) подки́дывать, -ки́нуть *pf*

zuspitzen **1.** *vr* (*fig:sich verschärfen*) обостря́ться, -ри́ться *pf*; **2.** *vt* (*spitz machen*) заостря́ть, -ри́ть *pf*

Zustand *m* ⟨-(e)s, Zustände⟩ (*Beschaffenheit*) состоя́ние *nt*

zustande *adv:* **etw ~ bringen** осуществля́ть что-л.; **~ kommen** состоя́ться

zuständig *adj* (*verantwortlich*) отве́тственный; **für diesen Bereich ist Herr Müller ~** за э́то отвеча́ет господи́н Мю́ллер

Zuständigkeit *f* ⟨-, -en⟩ (*Befugnis, Kompetenz*) компете́нция *f*

zustehen *irr vi* полага́ться *impf*

zustellen *vt* (*zuschicken*) доставля́ть, -ста́вить *pf*; (*versperren*) заставля́ть, -ста́вить *pf*

zustimmen *vi* (*gleicher Meinung sein*) соглаша́ться, -гласи́ться *pf*; **jdm ~** согласи́ться с кем-л. (*billigen, akzeptieren*) одобря́ть, одо́брить *pf*; **einem Vorschlag ~** одо́брить како́е-л. предложе́ние

Zustimmung *f* ⟨*gen:*-⟩ (*Einverständnis*) согла́сие *nt*; (*Billigung*) одобре́ние *nt*, подде́ржка *f*

zustoßen **1.** *irr vt* (*heftig schließen*)

захло́пывать, -пнуть *pf*; **2.** *vi* (*geschehen*) случа́ться, -чи́ться *pf*; **hoffentlich ist ihm nichts zugestoßen** я наде́юсь, что с ним ничего́ не случи́лось
Zustrom *m* ⟨*gen:*-(e)s⟩ (*von Menschen, das Strömen*) напл́ыв *m*, прито́к *m*
zutage *adv:* **~ treten** (*Schuld*) выявля́ться; **~ treten** (*Eigenschaften*) проявля́ться; **etw ~ bringen** выявля́ть [*o* обнару́живать]
Zutaten *pl* ингредие́нты *mpl*, проду́кты *mpl*
zuteilen *vt* (*Aufgabe*) поруча́ть, -чи́ть *pf*; (*an viele Menschen austeilen:* Lebensmittel, Wohnungen) распределя́ть, -ли́ть *pf*; (*Wohnung, Grundstück*) выделя́ть, вы́делить *pf*
zutiefst *adv* в вы́сшей сте́пени
Zutrauen *nt* ⟨*gen:*-s⟩ дове́рие *nt* (*zu +dat* к *+dat*), ве́ра *f* (*zu +dat* в *+akk*)
zutrauen *vt:* **so etw hätte ich ihm niemals zugetraut** э́того я от него́ никогда́ не ожида́л; **das traue ich ihm durchaus zu** я счита́ю, что он вполне́ спосо́бен на э́то
zutraulich *adj* дове́рчивый
Zutraulichkeit *f* ⟨-, -en⟩ дове́рчивость *f*
zutreffen *irr vi* (*richtig sein*) соотве́тствовать *impf* действи́тельности; (*gelten*) подходи́ть, подойти́ *pf* (*auf +akk* к *+dat*)
zutreffend *adj* (*richtig*) пра́вильный
Zutritt *m* ⟨*gen:*-(e)s⟩ (*Betreten*) вход *m*; **Unbefugten ist der ~ verboten** посторо́нним вход воспрещён; (*Zugang*) до́ступ *m*
Zutun *nt* ⟨*gen:*-s⟩ уча́стие *nt*
zuverlässig *adj* надёжный
Zuverlässigkeit *f* ⟨*gen:*-⟩ надёжность *f*
Zuversicht *f* ⟨*gen:*-⟩ уве́ренность *f*
zuversichtlich *adj* уве́ренный
zuviel *pron indef* сли́шком мно́го
zuvor *adv:* **wie ~** как ра́ньше; **nie ~** никогда́ пре́жде [*o* до э́того]; **tags ~** за день до э́того
zuvorkommen *irr vi* опережа́ть, -реди́ть *pf*; **ich bin ihm zuvorgekommen** я опереди́л его́
zuvorkommend *adj* (*hilfsbereit, höflich*) предупреди́тельный, ве́жливый
Zuwachs *m* ⟨*gen:*-es⟩ увеличе́ние *nt*, приро́ст *m*
zuwachsen *irr vi* (*überwuchert werden, auch Wunde*) зараста́ть, -расти́ *pf*
zuweisen *irr vt* (*Aufgabe*) поруча́ть, -чи́ть *pf*; (*Wohnung, Arbeit*) предоставля́ть, -ста́вить *pf*
zuwenden 1. *vt* (*etw zu etw/jdm hinwenden*) повора́чивать, поверну́ть (к *+dat*); (*Aufmerksamkeit*) посвяща́ть, -святи́ть *pf*; **2.** *vr* (*sich zu etw/jdm hinwenden*) повора́чиваться, поверну́ться *pf* (к *+dat*); (*fig:sich widmen*) посвяща́ть, -святи́ть *pf* себя́
Zuwendung *f* ⟨-, -en⟩ (*Geldbetrag*) дота́ция *f*, де́нежная по́мощь *f*; (*liebevolle Aufmerksamkeit*) внима́ние *nt*
zuwenig *pron indef* сли́шком ма́ло
zuwerfen *vt* (*hinwerfen*) броса́ть, бро́сить *pf*
zuwider 1. *adv* (*entgegengesetzt, unangenehm*) проти́вный; **etw ist jdm ~** что-л. проти́вно кому́-л.; **2.** *präp +dat* (*entgegen*) вопреки́ (+ *dat*)
zuwiderhandeln *vi:* **einem Verbot ~** наруша́ть запре́т
Zuwiderhandlung *f* ⟨*gen:*-⟩ наруше́ние *nt*
zuwiderlaufen *irr vi* противоре́чить *impf*
zuziehen 1. *irr vt* (*Vorhänge*) закрыва́ть, -кры́ть *pf*; (*Schlinge*) затя́гивать, -тяну́ть *pf*; **sich eine Grippe ~** зарази́ться гри́ппом; **sich eine Erkältung ~** простуди́ться; **2.** *irr vi* (*als Einwohner*) приезжа́ть, -е́хать *pf*; **3.** *irr vr* (*Schlinge*) затя́гиваться, -тяну́ться *pf*; (*jds Zorn*) навлека́ть, -вле́чь *pf* на себя́
zuzüglich *präp +gen* включа́я (+ *akk*)
Zwang *m* ⟨-(e)s, Zwänge⟩ (*innerer Drang*) вну́тренняя необходи́мость *f*; (*Gewalt*) наси́лие *nt*, принужде́ние *nt*; (*gesellschaftlicher ~*) давле́ние *nt*; (*Notwendigkeit*) необходи́мость *f*
zwang *prät von* **zwingen**
zwängen 1. *vt* вти́скивать, вти́снуть *pf*; **2.** *vr* проти́скиваться, -ти́снуться *pf* (*durch +akk* сквозь *+akk*)
zwanglos *adj* (*locker, ungezwungen*) непринуждённый
Zwanglosigkeit *f* ⟨*gen:*-⟩ (*Unbekümmertheit*) непринуждённость *f*
Zwangsarbeit *f* ⟨*gen:*-⟩ принуди́тельная рабо́та *f*
Zwangslage *f* ⟨-, -n⟩ затрудни́тельное положе́ние *f*
zwangsläufig *adj* неизбе́жный, вы́нужденный
Zwangsmaßnahme *f* ⟨-, -n⟩ принуди́тельная ме́ра *f*
zwangsweise *adv* принуди́тельным о́бразом
zwanzig *num* два́дцать
zwar *adv* хотя́; **und ~** а и́менно
Zweck *m* ⟨-(e)s, -e⟩ (*Beweggrund, Ziel, Sinn*) цель *f*, зада́ча *f*, смысл *m*; **was hat das für einen ~?** како́й в э́том смысл?
Zwecke *f* ⟨-, -n⟩ (*Reiß~*) канцеля́рская

кнóпка *f*
zwecklos *adj* (*nutzlos*) бесцéльный; (*sinnlos*) бессмы́сленный
zweckmäßig *adj* (*passend*) практи́чный, удóбный; (*sinnvoll*) разу́мный, целесообрáзный
Zweckmäßigkeit *f* ⟨*gen:-*⟩ целесообрáзность *f*
zwecks *präp +gen* с цéлью (+ *gen*)
zwei *num* (*Ziffer*) два; (*mit Maskulina und Neutra*) два, двóе; (*mit Feminina*) две
zweideutig *adj* (*doppeldeutig*) двусмы́сленный
zweierlei *adj* двух ви́дов; **es ist ~, ob ...** э́то две рáзные вéщи ...; **~ Sorten** два сóрта
zweifach *num* (*doppelt*) двойнóй; (*zweimal*) два рáза
Zweifel *m* ⟨-s, -⟩ сомнéние *nt*; **es besteht kein ~, daß ...** нет сомнéний в том, что ...; **ohne ~** (*ganz bestimmt*) без сомнéния
zweifelhaft *adj* (*fraglich, fragwürdig*) сомни́тельный
zweifellos *adv* (*ohne Zweifel*) несомнéнно, без сомнéния
zweifeln *vi* сомневáться, за- *pf* (*an +dat* в *+präpos*)
Zweifelsfall *m* ⟨-(e)s, -fälle⟩ сомни́тельный слу́чай; **im ~** éсли возни́кнут сомнéния [*o* вопрóсы]
Zweig *m* ⟨-(e)s, -e⟩ (*ein kleinerer ~*) вéтка *f*; (*ein größerer ~*) ветвь *f*; (*Abteilung, Sparte*) óтрасль *f*
Zweigstelle *f* ⟨-, -n⟩ филиáл *m*, отделéние *nt*
zweihundert *num* двéсти
zweijährig *adj* двухлéтний
Zweikampf *m* ⟨-(e)s, -kämpfe⟩ (*Duell*) поеди́нок *m*, дуэ́ль *f*; (*SPORT:Wettkampf*) двоебóрье *nt*
zweimal *num* два рáза
zweireihig *adj* (*in zwei Reihen*) двухря́дный
zweisprachig *adj* двуязы́чный; **ein ~es Wörterbuch** переводнóй словáрь
zweit *adv:* **zu ~** вдвоём; **wir sind zu ~** нас двóе
Zweitaktmotor *m* ⟨-s, -en⟩ двухтáктный дви́гатель *m*
zweite(r, s) *num* вторáя, -рóй, -рóе
zweitens *adv* во-вторы́х
zweitgrößte(r, s) *adj* вторáя, -рóй, -рóе по величинé
zweitklassig *adj* (*pej*) второклáссный
zweitletzte(r, s) *adj* предпослéдняя, -ний, -нее
Zwerchfell *nt* ⟨-(e)s, -e⟩ диафрáгма *f*
Zwerg, -in *m/f* ⟨-(e)s, -e⟩ (*Märchenwesen*) гном *m*; (*umg:Knirps*) кáрлик *m*
Zwetschge *f* ⟨-, -n⟩ сли́ва *f*
zwicken *vt* (*kneifen*) щипáть, -пну́ть *pf* (*in +akk* за *+akk*)
Zwieback *m* ⟨-(e)s, Zwiebäcke⟩ сухáрь *m*
Zwiebel *f* ⟨-, -n⟩ лук *m*; (*Blumenzwiebel*) лу́ковица *f*
Zwiegespräch *nt* ⟨-(e)s, -e⟩ диалóг *m*
Zwielicht *nt* ⟨*gen:-*(e)s⟩ су́мерки *pl*
Zwiespalt *m* ⟨*gen:-*(e)s⟩ разлáд *m*
Zwietracht *f* ⟨*gen:-*⟩ раздóр *m*
Zwilling *m* ⟨-s, -e⟩ близнéц *m*; **~e** (*ASTR*) Близнецы́
zwingen *vt* ⟨zwang, gezwungen⟩ принуждáть, -ну́дить *pf* (*zu +dat* к *+dat*); **ich sehe mich gezwungen ...** я вы́нужден ...; **jdn ~, etw zu tun** заставля́ть когó-л. сдéлать что-л.
zwingend *adj* (*Argument*) убеди́тельный
Zwinger *m* ⟨-s, -⟩ клéтка *f*
zwinkern *vi:* **mit den Augen ~** моргáть глазáми
Zwirn *m* ⟨-(e)s, -e⟩ ни́тки *fpl*
zwischen *präp* мéжду (+ *inst*)
Zwischenbemerkung *f* ⟨-, -en⟩ рéплика *f*
zwischendurch *adv* (*hin und wieder mal*) врéмя от врéмени; (*in der Zwischenzeit*) тем врéменем
Zwischenfall *m* ⟨-(e)s, -fälle⟩ происшéствие *nt*, инцидéнт *m*
Zwischenlandung *f* ⟨-, -en⟩ промежу́точная посáдка *f*
zwischenmenschlich *adj* межли́чностный; **~e Beziehungen** отношéния мéжду людьми́
Zwischenraum *m* ⟨-(e)s, -räume⟩ (*Lücke, zeitlicher Abstand*) промежу́ток *m*; (*zeitlicher Abstand auch*) интервáл *m*
zwischenstaatlich *adj* межгосудáрственный
Zwischenzeit *f* ⟨-, -en⟩ промежу́ток *m* врéмени; (*SPORT*) промежу́точное врéмя *nt*; **in der ~** (*inzwischen*) в э́то врéмя
zwitschern *vi* щебетáть *impf*
Zwitter *m* ⟨-s, -⟩ гермафроди́т *m*
zwölf *num* двенáдцать
Zyklus *m* ⟨-, Zyklen⟩ цикл *m*
Zylinder *m* ⟨-s, -⟩ цили́ндр *m*
zylindrisch *adj* цилиндри́ческий
Zyniker, -in *m/f* ⟨-s, -⟩ ци́ник, -ни́чка *m/f*
zynisch *adj* цини́чный
Zynismus *m* ⟨-, -Zynismen⟩ цини́зм *m*
Zypern *nt* ⟨*gen:-s*⟩ Кипр *m*
Zypresse *f* ⟨-, -n⟩ кипари́с *m*
Zyste *f* ⟨-, -n⟩ кистá *f*
z.Z(t). *abk von zur Zeit*

DAS RUSSISCHE ALPHABET

		Aussprache	Buchstabenname
А а	*А а*	a	**а**
Б б	*Б б*	b	**бе**
В в	*В в*	w	**ве**
Г г	*Г г*	g	**ге**
Д д	*Д д*	d	**дэ**
Е е	*Е е*	je, je	**е**
Ё ё	*Ё ё*	jo, jo	**ё**
Ж ж	*Ж ж*	„g" wie in Garage	**же**
З з	*З з*	s (stimmhaft, wie in Rose)	**зэ**
И и	*И и*	i	**и**
Й й	*Й й*	j	**и кра́ткое**
К к	*К к*	k	**ка**
Л л	*Л л*	l	**эль**
М м	*М м*	m	**эм**
Н н	*Н н*	n	**эн**
О о	*О о*	o	**о**
П п	*П п*	p	**пе**
Р р	*Р р*	r	**эр**
С с	*С с*	s	**эц**
Т т	*Т т*	t	**тэ**
У у	*У у*	u	**у**
Ф ф	*Ф ф*	f	**эф**
Х х	*Х х*	ch	**ха**
Ц ц	*Ц ц*	z	**цэ**
Ч ч	*Ч ч*	tsch	**че**
Ш ш	*Ш ш*	sch	**ша**
Щ щ	*Щ щ*	s(ch)tsch	**ща**
Ъ ъ	*ъ*	*hartes Zeichen*	**твёрдый знак**
Ы ы	*Ы ы*	i (wie in Wirt)	**ы**
Ь ь	*ь*	*weiches Zeichen*	**мя́гкий знак**
Э э	*Э э*	e	**э**
Ю ю	*Ю ю*	ju, ju	**ю**
Я я	*Я я*	ja, ja	**я**

Die Konsonanten

Man unterscheidet im Russischen harte und weiche Konsonanten. Die weichen Konsonanten werden mit einem j-Beiklang gesprochen, wobei Konsonant + ‘j’ zu einem Laut verschmelzen. Man erkennt harte und weiche Konsonanten am nachfolgenden Vokal, beziehungsweise am weichen Zeichen **ь** oder am harten Zeichen **ъ**. Vergleiche:

hart:		weich:	
да	= [da]	де́душка	= [djeduschka]
фо́то	= [Foto]	Фёдор	= [Fjodor]
Во́лга	= [Wolga]	О́льга	= [Oljga]

Einige Konsonanten treten nur hart, andere nur weich auf:

Schreibung		Aussprache
hart:		
ш	маши́на	машы́на
ж	уже́	ужэ́
ц	це́нтр	цэнтр
weich:		
ч	Камча́тка	[Kamtschʲatka]
щ	щу́ка	[schtschʲuka]

ш und **ж** nennt man harte, **ч** und **щ** weiche Zischlaute.

Konsonantenwechsel

Bei der Beugung eines Wortes, besonders beim Verb, oder bei einem Wechsel der Wortart kann bei bestimmten Konsonanten ein Konsonantenwechsel eintreten. Dies ist besonders wichtig beim Verb - für die Bildung der 1. Person Singular, des Partizips sowie des Aspektpartners und - beim Adjektiv - für die Komparation (Steigerung).

Arten des Konsonantenwechsels

г	ж	дорогóй	дорóже
г	з	друг	друзья́
д	ж	ви́деть	я ви́жу
д	жд	освободи́ть	освобождённый
з	ж	ни́зкий	ни́же
к	ц	дурáк	дурáцкий
к	ч	дурáк	дурачóк
т	ч	отвéтить	я отвéчу
т	щ	освети́ть	я освещу́
ц	ч	отéц	отéческий
с	ш	писáть	я пишу́
х	ш	у́хо	у́ши
ск	ст	пускáть	пусти́ть
ст	щ	густóй	гу́ще
б	бл	люби́ть	я люблю́
в	вл	дешёвый	дешéвле
к	кл	знакóмиться	я знакóмлюсь
п	пл	купи́ть	я куплю́

Die Vokale

Die russische Sprache hat zehn Vokalbuchstaben, die zu fünf Paaren geordnet werden können. Die Buchstaben **а**, **э**, **ы**, **о**, **у** geben an, daß der vorhergehende Konsonant hart ist, während die Buchstaben **я**, **е**, **и**, **ё**, **ю** , zeigen, daß der vorgehende Konsonant weich ist.

Die Aussprache von **ы** ist für Deutsche oft problematisch. Sie liegt zwischen 'i' und 'u', entspricht jedoch nicht dem deutschen 'ü'. Versuchen Sie ein 'u' zu sprechen, ohne die Lippen vorzustülpen oder zu runden!
Im Wort- und Silbenanlaut werden **е**, **ё**, **ю**, **я** mit einem 'j' gesprochen, z. B.: *Я*ма́йка, *Ю*госла́вия, Татья́на, мо*ё*
э und **е** werden vor harten Konsonanten und im Auslaut offen gesprochen, vgl. die Aussprache von 'e' in 'Herr', z. B.: э́то, все.
Vor weichen Konsonanten werden sie jedoch geschlossen gesprochen wie das 'e' im deutschen Wort 'Mehl', z. B.: *э́*ти, в*е́*чером, Алекс*е́*й.

Betonung und Vokalreduktion

Alle betonten Vokale werden halblang gesprochen, alle unbetonten Vokale sehr kurz.
In der Silbe vor der betonten Silbe (Silbe vor dem Ton) und im Anlaut werden sowohl **a** als auch **o** als kurzes 'a' - in der phonetischen Umschrift [ʌ] - ausgesprochen.
Ebenfalls in der Silbe vor dem Ton und im Anlaut fallen **е**, **и**, **я** zu einem zwischen 'e' und 'i' liegenden Laut zusammen.
Wird innerhalb einer Deklination oder Konjugation die Betonung von **ё** auf einen anderen Vokal verlagert, so wird **ё** (außer bei einigen wenigen Ausnahmen) sowohl in der Schrift als auch in der Aussprache zu **е**.

Rechtschreibung und andere Besonderheiten

Der immer betonte Vokal **ё** wird in russischen Texten oft nicht gekennzeichnet, sondern als **е** dargestellt.

Groß- und Kleinschreibung

Großschreibung gibt es im Russischen nur am Satzanfang und bei Eigennamen. Der im Eigenname enthaltene Gattungsname wird klein geschrieben, z. B.:

Кра́сная пло́щадь	der Rote Platz
Ти́хий океа́н	der Stille Ozean

Zur Rechtschreibung nach den Zischlauten **ш**, **ж**, **ч**, **щ**, nach **ц** und nach **г**, **к**, **х**.

Nach:	steht nur:	nie:
ш, ж, ч, щ	**и, у, а, о**	ы, ю, я, ё
г, к, х	**и**	ы

Nach **ш**, **ж**, **ч**, **щ** und **ц** wird unbetontes **о** zu **е**.

Bewegliches **о/е**

Oft tritt ein **о**, oder nach weichen Konsonanten ein **е**, zwischen zwei Konsonanten am Ende eines Wortes, um die Aussprache zu erleichtern. Sie fallen jedoch weg, sobald ein Vokal hinter diesen Konsonanten tritt. Bewegliches **о** und **е** sind besonders bei der Deklination der Substantive und der Kurzform der Adjektive von Bedeutung.

Bsp.:

nom sg окнó	gen pl óк**о**н	nom sg от**é**ц	gen sg отцá
m. нúз**о**к	f. низкá	m. бóл**е**н	f. больнá

SUBSTANTIV

Deklinationsklassen

Bedingt durch die gewählte Struktur der Wörterbucheinträge, war es leider nicht möglich, bei der sonst eher üblichen Einteilung in I., II. und III. Deklinationsklasse zu bleiben, da sonst eine eindeutige Zuordnung nach Buchstabe und gegebenenfalls Zahl nicht möglich gewesen wäre. Nach der traditionelleren Sichtweise würden K und O zur I., A zur II. und I zur III. Deklinationsklasse gehören.

! Bitte vergessen Sie nicht die Rechtschreibregeln nach Zischlauten und nach **г**, **к**, **х**, **ц**, die im folgenden nicht gesondert angegeben werden.

! Im Russischen macht es einen Unterschied, ob ein Substantiv „belebt“, d. h. ein Mensch oder ein Tier, oder „unbelebt“, d. h. eine Sache ist. Nähere Angaben zu den Formen finden sich bei den einzelnen Deklinationsklassen.

K-Deklination (konsonantische)

(meist) maskulin

K

	K auf harten Konsonanten *Journal*	K auf harten Konsonanten *Journalist*	K1 auf weichen Konsonanten *Kartoffel*	K2 auf Vokal + **й** *Museum*
Singular		(belebt)		
Nominativ	журна́л	журнали́ст	карто́фель	музе́**й**
Genitiv	журна́л**а**	журнали́ст**а**	карто́фел**я**	музе́**я**
Dativ	журна́л**у**	журнали́ст**у**	карто́фел**ю**	музе́**ю**
Akkusativ	журна́л	журнали́ст**а**	карто́фель	музе́**й**
Instrumental	журна́л**ом**	журнали́ст**ом**	карто́фел**ем***	музе́**ем***
Präpositiv	журна́л**е**	журнали́ст**е**	карто́фел**е**	музе́**е**
Plural				
Nominativ	журна́л**ы**	журнали́ст**ы**	карто́фел**и**	музе́**и**
Genitiv	журна́л**ов**	журнали́ст**ов**	карто́фел**ей**	музе́**ев**
Dativ	журна́л**ам**	журнали́ст**ам**	карто́фел**ям**	музе́**ям**
Akkusativ	журна́л**ы**	журнали́ст**ов**	карто́фел**и**	музе́**и**
Instrumental	журна́л**ами**	журнали́ст**ами**	карто́фел**ями**	музе́**ями**
Präpositiv	журна́л**ах**	журнали́ст**ах**	карто́фел**ях**	музе́**ях**

* Wird die Endung betont, so steht für **e** ein **ë**.

Bei belebten Substantiven ist der Akkusativ nicht gleich dem Nominativ, sondern gleich dem Genitiv.

O-Deklination

(meist) neutrum

O

	O *Wort*	O1 *Meer*	O2 *Gebäude*
Singular			
Nominativ	сло́в**о**	мо́р**е***	зда́ни**е**

Genitiv	сло́в**а**	мо́р**я**	зда́ни**я**
Dativ	сло́в**у**	мо́р**ю**	зда́ни**ю**
Akkusativ	сло́в**о**	мо́р**е***	зда́ни**е**
Instrumental	сло́в**ом**	мо́р**ем***	зда́ни**ем**
Präpositiv	сло́в**е**	мо́р**е**	зда́ни**и**

Plural

Nominativ	слов**а́**	мор**я́**	зда́ни**я**
Genitiv	слов	мор**е́й**	зда́ни**й**
Dativ	слов**а́м**	мор**я́м**	зда́ни**ям**
Akkusativ	слов**а́**	мор**я́**	зда́ни**я**
Instrumental	слов**а́ми**	мор**я́ми**	зда́ни**ями**
Präpositiv	слов**а́х**	мор**я́х**	зда́ни**ях**

* Wird die Endung betont, so steht für **е** ein **ё**.

A-Deklination

(meist) weiblich

A

	A auf harten Konsonanten *Minute*	A auf harten Konsonanten *Dame*	A1 auf weichen Konsonanten *Woche*	A2 auf Vokal *Geschichte*
Singular		(belebt)		
Nominativ	мину́т**а**	да́м**а**	неде́л**я**	исто́ри**я**
Genitiv	мину́т**ы**	да́м**ы**	неде́л**и**	исто́ри**и**
Dativ	мину́т**е**	да́м**е**	неде́л**е**	исто́ри**и**
Akkusativ	мину́т**у**	да́м**у**	неде́л**ю**	исто́ри**ю**
Instrumental	мину́т**ой**	да́м**ой**	неде́л**ей**	исто́ри**ей**
Präpositiv	мину́т**е**	да́м**е**	неде́л**е**	исто́ри**и**
Plural				
Nominativ	мину́т**ы**	да́м**ы**	неде́л**и**	исто́ри**и**
Genitiv	мину́т	дам	неде́ль	исто́ри**й**
Dativ	мину́т**ам**	да́м**ам**	неде́л**ям**	исто́ри**ям**
Akkusativ	мину́т**ы**	дам	неде́л**и**	исто́ри**и**
Instrumental	мину́т**ами**	да́м**ами**	неде́л**ями**	исто́ри**ями**
Präpositiv	мину́т**ах**	да́м**ам**	неде́л**ях**	исто́ри**ях**

Die Instrumental Singularformen **-ою/ -ею** gehören dem formalen Sprachgebrauch an.

Ist das Substantiv belebt, so ist der Akkusativ Plural gleich dem Genitiv Plural und nicht gleich dem Nominativ Plural.

I-Deklination

weiblich (außer **путь**)

I

	I *Teil*	I1 mit -ep- Einschub *Mutter*
Singular		(belebt)
Nominativ	часть	мать
Genitiv	ча́ст**и**	ма́т**ери**
Dativ	ча́ст**и**	ма́т**ери**
Akkusativ	часть	мать
Instrumental	ча́ст**ью**	ма́т**ерью**
Präpositiv	ча́ст**и**	ма́т**ери**
Plural		
Nominativ	ча́ст**и**	ма́т**ери**
Genitiv	част**е́й**	мат**ере́й**
Dativ	част**я́м**	мат**еря́м**
Akkusativ	ча́ст**и**	мат**ере́й**
Instrumental	част**я́ми**	мат**еря́ми**
Präpositiv	част**я́х**	мат**еря́х**

Der Instrumental Singular von **путь**(m) lautet **путём**.
Дочь wird wie **мать** dekliniert. Der Instrumental Plural lautet jedoch meist **дочерьми́**.
Ist das Substantiv belebt, so ist der Akkusativ Plural gleich dem Genitiv Plural und nicht gleich dem Nominativ Plural.

Unregelmäßige Deklination

U

	U1 auf -мя mit ен-Einschub (neutrum) *Zeit*	U2 auf -анин, -янин, Ausfall von-ин im Plural (maskulin) *Bürger*	U3 abweichender Plural *Freund*	U4 sg -о/ёнок pl -ят (maskulin) *Kalb*
Singular		(belebt)	(belebt)	(belebt)
Nominativ	вре́мя	гражданѝн	друг	телёнок
Genitiv	вре́мени	граждани́на	дру́га	телёнка
Dativ	вре́мени	граждани́ну	дру́гу	телёнку
Akkusativ	вре́мя	граждани́на	дру́га	телёнка
Instrumental	вре́менем	граждани́ном	дру́гом	телёнком
Präpositiv	вре́мени	граждани́не	дру́ге	телёнке
Plural				
Nominativ	времена́*	гра́ждане	друзья́	теля́та
Genitiv	времён	гра́ждан	друзе́й	теля́т
Dativ	времена́м	гра́жданам	друзья́м	теля́там
Akkusativ	времена́	гра́ждан	друзе́й	теля́т
Instrumental	времена́ми	гра́жданами	друзья́ми	теля́тами
Präpositiv	времена́х	гра́жданах	друзья́х	теля́тах

* Ist die Endung unbetont, so steht statt **е** ein **ё**.

Die Substantive der Form U2, U3, U4 verhalten sich bei Belebt- oder Unbelebtheit wie die Substantive der K-Deklination.
zu U4: Der Plural von **ребёнок** *Kind* lautet **де́ти**. Der grammatische Plural **ребя́та** bedeutet *junge Leute*, *Jungs* und wird besonders in der informellen Anrede verwendet.

Zu den einzelnen Fällen

Der Instrumental
ist dem lateinischen Ablativ vergleichbar. Er bezeichnet die Person oder Sache durch die oder mit der etwas geschieht. Einige Präpositionen und einige Verben fordern den Instrumental.

Der Präpositiv
wird nur mit bestimmten Präpositionen gebraucht.

Abweichende Bildungen
Einige Substantive der konsonantischen Deklination haben im Singular neben der üblichen Genitivendung noch eine Genitivendung auf **-у**, **-ю**. Sie weist den sogenannten Teilungsgenitiv aus. Bsp.: **ча́шка ча́ю** *ein Täßchen Tee* .
Nach den Präpositionen **в** und **на** haben einige einsilbige Substantive der konsonantischen Deklination im Singular die betonte Präpositivendung **-у**, **-ю**. Bsp.: **в лесу́** *im Wald*, **на мосту́** *auf der Brücke*.

Betonungsmuster

Wird das Substantiv in allen Fällen an der gleichen Stelle betont, so wird dieses im Wörterbuchteil nicht gekennzeichnet. Gekennzeichnet werden nur die Betonungsmuster, die von der Betonung des Nominativ Singular abweichen:

e endungsbetont

e1 endungsbetont, außer Nominativ Singular +Plural (bei Formgleichheit auch Akkusativ Singular + Plural)

e2 endungsbetont, außer Akkusativ Singular + Nominativ Plural

ple endungsbetont im Plural

ple1 endungsbetont im Plural, außer Nominativ (bei Formgleichheit auch Akkusativ)

pls stammbetont im Plural (bei mehr als zweisilbigen Wörtern wird die Form angegeben) pls1 stammbetont im Plural, im Gegensatz zum Singular verschiebt sich die Betonung um eine Silbe zum Wortende

Verkleinerungsformen der Substantive

Die Verkleinerungsform wird, wie auch im Deutschen, durch Suffixe gebildet. Sie drückt nicht nur die Kleinheit eines Gegenstandes aus, sondern in vielen Fällen eine positive emotionale Beziehung des Sprechers.

Bei den Substantiven der K-Deklination:
-ик, **-чик**, **-ок (-ёк)**, **-ец**

до́мик	(дом)	Häuschen
дива́нчик	(дива́н)	kleines Sofa
жучо́к	(жук)	Käferchen
бра́тец	(брат)	Brüderchen

Bei den Substantiven der O-Deklination:
-це (-цо́), **-ице (-ецо́)**, **-ышко**

деревцо́	(де́рево)	Bäumchen
пла́тьице	(пла́тье)	Kleidchen
вёдрышко	(ведро́)	Eimerchen

Bei den Substantiven der A- und I-Deklination:
-ка, **-онька**, **-очка**, **-ушка**

до́чка	дочь	Töchterchen
до́ченька	дочь	Töchterchen
звёздочка	звезда́	Sternchen
голо́вушка	голова́	Köpfchen

Pronomina

! Die Genitivform auf **-го** (bei Formgleichheit auch der Akkusativ) wird wie [vo] ausgesprochen.

Personalpronomina

Singular	*ich*	*du*	*er/es*	*sie*
Nominativ	я	ты	он/оно́	она́
Genitiv	меня́	тебя́	(н)его	(н)её
Dativ	мне	тебе́	(н)ему	(н)ей
Akkusativ	меня́	тебя́	(н)его	(н)её
Instrumental	мной	тобо́й	(н)им	(н)ей
Präpositiv	мне	тебе́	нём	ней

Plural	*wir*	*ihr*	*sie*
Nominativ	мы	вы	они
Genitiv	нас	вас	(н)их
Dativ	нам	вам	(н)им
Akkusativ	нас	вас	(н)их
Instrumental	на́ми	ва́ми	(н)и́ми
Präpositiv	нас	вас	них

! Den deklinierten Formen von **он**, **оно́**, **она́** , **они́** wird, wenn sie nach Präpositionen stehen, ein **н-** vorgestellt.
Bsp.: у него́, к нему, с ним, о нём.

Die Instrumentalformen **мно́ю**, **тобо́ю** und **е́ю** (für **ей**) werden seltener gebraucht.

Possessivpronomina

Deklination der 1. und 2. Person: *mein*, *dein*, *unser*, *euer*. Für die 3. Person treten die Genitive des Personalpronomens ein: **его́**, **её**, **их**. Sie werden nicht dekliniert.

	m. (nt.) *mein*	f. *meine*	pl. *meine*
Singular			
Nominativ	мой (моё)	моя́	мои́
Genitiv	моего́	мое́й	мои́х
Dativ	моему́	мое́й	мои́м
Akkusativ	мой (моё) /-его́	мою́	мои́/ -и́х
Instrumental	мои́м	мое́й	мои́ми
Präpositiv	моём	мое́й	мои́х

	unser(-es) m. (nt.)	*unsere* f.	*unsere* pl
Plural			
Nominativ	наш (на́ше)	на́ша	на́ши
Genitiv	на́шего	на́шей	на́ших
Dativ	на́шему	на́шей	на́шим
Akkusativ	на́ш (на́ше) /-его	на́шу	на́ши /-их
Instrumental	на́шим	на́шей	на́шими
Präpositiv	на́шем	на́шей	на́ших

Ebenso wie **мой** (*mein*) werden auch **твой** (*dein*) und das reflexive Possessivpronomen **свой** dekliniert. **Свой** wird für alle drei Personen, Singular und Plural verwendet. Es bezieht sich immer auf das Subjekt des Satzes. Bsp.: **Он целу́ет свою́ подру́гу**. *Er küßt seine (eigene) Freundin.* **Он целу́ет его́ подру́гу**. *Er küßt seine Freundin (die eines anderen).*

Frage- und Relativpronomina

Die Fragepronomen werden auch als Relativpronomen verwendet.

	wer	*was*
Nominativ	кто	что
Genitiv	кого́	чего́
Dativ	кому́	чему́
Akkusativ	кого́	что
Instrumental	кем	чем
Präpositiv	ком	чём

wessen	m. (nt.)	f.	pl.
Nominativ	чей (чьё)	чья	чьи
Genitiv	чьегó	чьей	чьих
Dativ	чьемý	чьей	чьим
Akkusativ	чей (чьё) /чьегó	чью	чьи /чьих
Instrumental	чьим	чьей	чьи́ми
Präpositiv	чьём	чьей	чьих

Чей (*wessen*) wird im Gegensatz zum Deutschen wie ein Adjektiv gebraucht. Bsp.: до чьегó дóма *bis zu wessen Haus*, в чью пóльзу *zu wessen Gunsten.*

Какóй (*welcher*, *was für ein*) und **котóрый** (*welcher*) werden wie Adjektive dekliniert; **скóлько**, **-их** (*wieviel*) wie **эти**. Das nur prädikativ gebrauchte **какóв** (*welcher,was für ein*) hat wie die Kurzform des Adjektivs nur folgende Formen: **какóв**, **-á**, **-ó**, **-ы́**

Negativpronomina

Von **кто** und **что** leiten sich auch die negierenden Pronomen **никтó** (*niemand*) und **ничтó** (*nichts*) (häufiger in der Genitivform **ничегó**) ab, die genauso dekliniert werden. Präpositionen treten zwischen **ни** und das abgetrennte Fragepronomen. Bsp.: Э́то ни к чемý.

Demonstrativpronomina

	m. (nt.)		f.		pl.	
	diese-r(-s)	*jene-r(-s)*	*diese*	*jene*	*diese*	*jene*
Nominativ	э́тот (э́то)	тот	э́та	та	э́ти	те
Genitiv	э́того	тогó	э́той	той	э́тих	тех
Dativ	э́тому	томý	э́той	той	э́тим	тем
Akkusativ	э́тот (э́то)/	тот (то)/	э́ту	ту	э́ти/	те/ тех
	э́того	тогó			э́тих	
Instrumental	э́тим	тем	э́той	той	э́тими	тéми́
Präpositiv	э́том	том	э́той	той	э́тих	тех

Determinativpronomen

	m. (nt.) *ganz*	f. *ganz*	pl. *alle*
Nomintiv	весь (всё)	вся	все
Genitiv	всегó	всей	всех
Dativ	всемý	всей	всем
Akkusativ	весь (всё)/	всю	все/ всех
	всегó		
Instrumental	всем	всей	всéми
Präpositiv	всём	всей	всех

	m. (nt.) *selber*	f. *selber*	pl. *selber*
Nomintativ	сам (самó)	самá	сáми
Genitiv	самогó	самóй	самúх
Dativ	самомý	самóй	самúм
Akkusativ	самогó (самó)	самоё	самúх
Instrumental	самúм	самóй	самúми
Präpositiv	самóм	самóй	самúх

VERB

! Bitte vergessen Sie nicht die Rechtschreibregeln nach Zischlauten und nach **г**, **к**, **х**, **ц**, da in den Konjugationsklassen nicht gesondert darauf eingegangen wird.

E-Konjugation

Zu den Endungen:

Nach hartem Konsonanten und Zischlaut stehen in der 1. Person Singular und in der 3. Person Plural **-у(т)**. Ist das Verb endungsbetont, so steht statt **-е**, **-ё**.

E

	Endungen	*lesen*	*bedauern*
Infinitiv	**-ать, -ять, -еть, -уть**	читáть	жалéть
я	**-ю, -у**	читáю	жалéю
ты	**-ешь, -ёшь**	читáешь	жалéешь
он/ онá/ онó	**-ет, -ёт**	читáет	жалéет
мы	**-ем, -ём**	читáем	жалéем
вы	**-ете, -ёте**	читáете	жалéете
они́	**-ут, -ют**	читáют	жалéют
Imperativ		читáй!	/
Präteritum		читáл	жалéл

Partizipien

	Aktiv	Passiv
Präsens	читáющий	читáемый
Präteritum	читáвший	читáнный

Adverbialpartizipien

Präsens	Präteritum
читáя	читáв

E1

Verben auf **-нуть**

	aufschreien	*a) verschwinden*
Infinitiv	кри́кнуть	исчéзнуть
я	кри́кну	исчéзну
ты	кри́кнешь	исчéзнешь
они́	кри́кнут	исчéзнут
Imperativ	кри́кни!	исчéзни!
Präteritum	кри́кнул	исчéз/ исчéзла

Partizipien

	Aktiv	Passiv
Präsens	кри́кнущий	/
Präteritum	кри́кнувший	кри́кнутый

Adverbialpartizipien

Präsens	Präteritum
/	кри́кнув

E2

Verben auf **-овать**, **-евать**

	fühlen
Infinitiv	чу́вствовать
я	чу́вствую
ты	чу́вствуешь
они́	чу́ствуют
Imperativ	чу́вствуй!
Präteritum	чу́вствовал

Partizipien

	Aktiv	Passiv
Präsens	чу́вствующий	чу́вствуемый
Präteritum	чу́вствовавший	почу́вствованный

Adverbialpartizipien

Präsens	Präteritum
чу́вствуя	чу́вствовав

E3

Verben auf **-авать**, im Präsens fällt **-ва-** aus, endbetont

	geben
Infinitiv	дава́ть
я	даю́
ты	даёшь
они́	даю́т
Imperativ	дава́й!
Präteritum	дава́л

Partizipien

	Aktiv	Passiv
Präsens	даю́щий	дава́емый
Präteritum	дава́вший	/

Adverbialpartizipien

Präsens	Präteritum
дава́я	дава́в

E4

Ausfall des Vokals vor der Endung, oft Konsonantenwechsel in den Präsensformen. Tritt ein Konsonantenwechsel ein, so wird dies im Wörterbuchteil angegeben.

a) mit Vokaleinschub in den Präsensformen

b) Verben auf **-ереть**

c) Verben auf **-ить**

	schreiben	*warten*	a) *rufen*	b) *reiben*	c)*schlagen*
Infinitiv	писа́ть	ждать	звать	тере́ть	бить
я	пишу́	жду	зову́	тру	бью
ты	пи́шешь	ждёщь	зовёшь	трёшь	бьёшь
они́	пи́шут	ждут	зову́т	трут	бьют
Imperativ	пиши́!	жди!	зови́!	три!	бей!
Präteritum	писа́л	ждал	звал	тёр/ -ла	бил

Partizipien

	Aktiv	Passiv
Präsens	пи́шущий a) зову́щий b) тру́щий c) бью́щий	/
Präteritum	писа́вший a) зва́вший b) тёрший c) би́вший	пи́санный a) зва́нный b) тёртый c) би́тый

Adverbialpartizipien

Präsens	Präteritum
/	писáв
a) зовя́	a) /
b) /	b) тёрши
c) (бия́)	c) /

E5

Verben auf **-еять(ся)**

	hoffen
Infinitiv	надéяться
я	надéюсь
ты	надéешся
они́	надéются
Imperativ	надéйся!
Präteritum	надéялся

Partizipien

	Aktiv	Passiv
Präsens	надéющийся	/
Präteritum	надéявшийся	/

Adverbialpartizipien

Präsens	Präteritum
/	надéясь

E6

Verben auf Konsonant + **-ти**, **-ть**

	fahren/ bringen	*tragen*	a) *führen*
Infinitiv	везти́	нести́	вести́
я	везу́	несу́	веду́
ты	везёшь	несёшь	ведёшь
они́	везу́т	несу́т	веду́т
Imperativ	вези́!	неси́!	веди́!
Präteritum	вёз/ везлá	нёс/ неслá	вёл/ велá (!)

Partizipien

	Aktiv	Passiv
Präsens	везу́щий а) веду́щий	везо́мый а) ведо́мый
Präteritum	вёзший а) ве́дший	везённый а) ведённый

Adverbialpartizipien

Präsens	Präteritum
везя́ а) ведя́	вёзший а) ве́дший

E7

идти́ und Komposita

	gehen	а) *finden*
Infinitiv	идти́	найти́
я	иду́	найду́
ты	идёшь	найдёшь
они́	иду́т	найду́т
Imperativ	иди́!	найди́!
Präteritum	шёл/шла	нашёл/-шла́

Partizipien

	Aktiv	Passiv
Präsens	иду́щий а) найду́щий	/
Präteritum	ше́дший а) наше́дший	/ а) на́йденный

Adverbialpartizipien

Präsens	Präteritum
идя́ (и́дучи) а) найдя́	/ а) найдя́ (наше́дший)

E8

Verben auf **-ыть**, **-еть** mit **- о -** Einschub

	waschen	*singen*
Infinitiv	мыть	петь
я	мóю	пою́
ты	мóешь	поёшь
они́	мóют	пою́т
Imperativ	мой!	пой!
Präteritum	мыл	пел

Partizipien

	Passiv	Aktiv
Präsens	мóющий	/
Präteritum	мы́вший	мы́тый

Adverbialpartizipien

Präsens	Präteritum
мóя	мы́в

E9

Nasalstämme mit Einschub von **-м-/-н-**

a) mit Stammerweiterung

b) mit nur einem Stammvokal

	annehmen	*anfangen*	a) *hochheben*	b) *aufstehen*
Infinitiv	приня́ть	начáть	подня́ть	стать
я	пприму́	начну́	подниму́	стáну
ты	при́мешь	начнёшь	подни́мешь	стáнешь
они́	при́мут	начну́т	подни́мут	стáнут
Imperativ	прими́	начни́!	подними́!	стань!
Präteritum	при́нял	нáчал	подня́л	стал

Partizipien

	Passiv	Aktiv
Präteritum	/	/
Präsens	приня́вший	при́нятый

Adverbialpartizipien

Präsens	Präteritum
/	принЯв

I-Konjugation

Zu den Endungen:
Nach Zischlaut und **ц** stehen statt **-ю**, **-ят** die Endungen **-у**, **-ат**.

I

	Endungen	*bauen*	*gehen*	*sitzen*	*stehen*
Infinitiv	**-ить, -еть, -ать, -ять**	стрóить	ходúть	сидéть	стоЯть
я	**-ю/-у**	стрóю	хожý	сижý	стою́
ты	**-ишь**	стрóишь	хóдишь	сидúшь	стоúшь
он/ онá/ онó	**-ит**	стрóит	хóдит	сидúт	стоúт
мы	**-им**	стрóим	хóдим	сидúм	стоúм
вы	**-ите**	стрóите	хóдите	сидúте	стоúте
онú	**-ят/-ат**	стрóят	хóдят	сидЯт	стоЯт
Imperativ		строй!	ходú!	сидú!	стой!
Präteritum		стрóил	ходúл	сидéл	стоЯл

Partizipien

	Aktiv	Passiv
Präsens	стрóящий	стрóимый
Präteritum	стрóивший	строённый

Adverbialpartizipien

Präsens	Präteritum
стрó**я**	стрóи**в**

Unregelmäßige E-Konjugation

UE1

Infinitiv	*sein* (Präsensformen mit futurischer Bedeutung) быть	Präsensformen (verneintes Präsens)
я	бу́ду	
ты	бу́дешь	
он/ она́/ оно́	бу́дет	есть (нет)
мы	бу́дем	
вы	бу́дете	
они́	бу́дут	суть (нет)
Imperativ	будь!	
Präteritum	был	

Partizipien

	Aktiv	Passiv
Präsens	/	/
Präteritum	бы́вший	/

Adverbialpartizipien

Präsens	Präteritum
бу́дучи	быв

UE2

Infinitiv	*fahren* е́хать
я	е́ду
ты	е́дешь
они́	е́дут
Imperativ	поезжа́й!
Präteritum	е́хал

Partizipien

	Aktiv	Passiv
Präsens	е́дущий	/
Präteritum	е́хавший	/

Adverbialpartizipien

Präsens	Präteritum
(éдучи)	éхав

UE3 mit **-в-** Einschub

	leben
Infinitiv	жить
я ты они́	живу́ живёшь живу́т
Imperativ	живи́!
Präteritum	жил

Partizipien

	Aktiv	Passiv
Präsens Präteritum	живу́щий жи́вший	/ /

Adverbialpartizipien

Präsens	Präteritum
живя́ (жи́вучий)	 /

UE4

	können
Infinitiv	мочь
я ты они́	могу́ мо́жешь мо́гут
Imperativ	/
Präteritum	мог, могла́

Partizipien

	Aktiv	Passiv
Präsens Präteritum	могу́щий мо́гший	/ /

UE5 Wechsel des Stammvokals

	sich hinlegen	*sich setzen*
Infinitiv	лечь	сесть
я	ля́гу	ся́ду
ты	ля́жешь	ся́дешь
они́	ля́гут	ся́дут
Imperativ	ляг!	сядь!
Präteritum	лёг/ легла́ (!)	сел

Partizipien

	Aktiv	Passiv
Präsens	/	/
Präteritum	лёгший	
	се́вший	/

Adverbialpartizipien

Präsens	Präteritum
/	
/	лёгши
	сев

Unregelmäßige I-Konjugation

UI

	laufen
Infinitiv	бежа́ть
я	бегу́
ты	бежи́шь
они́	бегу́т
Imperativ	беги́!
Präteritum	бежа́л

Partizipien

	Aktiv	Passiv
Präsens	бегу́щий	/
Präteritum	бежа́вший	/

Adverbialpartizipien

Präsens	Präteritum
/	бежа́в

Unregelmäßige Konjugation

U1

	wollen
Infinitiv	хоте́ть
я	хочу́
ты	хо́чешь
он/ она́/ оно́	хо́чет
мы	хоти́м
вы	хоти́те
они́	хотя́т
Imperativ	(хоти́!)
Präteritum	хоте́л

Partizipien

	Aktiv	Passiv
Präsens	хотя́щий	/
Präteritum	хоте́вший	/

Adverbialpartizipien

Präsens	Präteritum
/	хоте́в

U2

	geben	*essen*
Infinitiv	дать	есть
я	дам	ем
ты	дашь	ешь
он/ онá/ онó	даст	ест
мы	дади́м	еди́м
вы	дади́те	еди́те
они́	даду́т	едя́т
Imperativ	дай!	ешь
Präteritum	дал	ел

Partizipien

	Aktiv	Passiv
Präsens	/	/
	едя́щий	/
Präteritum	да́вший	да́нный
	е́вший	/

Adverbialpartizipien

Präsens	Präteritum
/	дав
/	е́вши

Das reflexive Verb

Reflexive Verben werden gebildet, indem man an die Konjugationsformen **-ся** oder **-сь** anfügt. Nach Konsonanten steht **-ся**, nach Vokalen **-сь**. Im Gegensatz zum Deutschen, wo das Reflexivpronomen mit der Person wechselt, verwendet man im Russischen die Endungen **-сь**, **-ся** in allen Personen.

	sich waschen
Infinitiv	умыва́ть**ся**
я	умыва́ю**сь**
ты	умыва́ешь**ся**
они́	умыва́ют**ся**
Imperativ	умыва́й**ся**!
Präteritum	умыва́л**ся**/ -ла**сь**

Partizipien

	Aktiv
Präsens	умыва́ющий**ся**
Präteritum	умыва́вший**ся**

Adverbialpartizipien

Präsens	Präteritum
умыва́я**сь**	умыва́вши**сь**

Das Präsens

Das Präsens kann nur von imperfektiven Verben gebildet werden. Die Präsensformen der perfektiven Verben haben futurische Bedeutung.

Das Präteritum

Das russische Verb hat nur eine Vergangenheitsform: das Präteritum. Dieser Vergangenheitsform stehen im Deutschen die Formen des Präteritums, des Perfekts und des Plusquamperfekts gegenüber, z. B.: он учи́лся - er lernte/ er hat gelernt/ er hatte gelernt. Die jeweils richtige Übersetzung ergibt sich aus dem Zusammenhang. Da diese Formen aus Partizipien entstanden sind, zeigen sie keine Personalendungen, sondern unterscheiden sich nur im Genus (Geschlecht).
Man leitet das Präteritum vom Infinitiv ab, indem man die Infinitivendung abtrennt und an ihre Stelle die Endung des Präteritums setzt.

Infinitiv	m.	f.	nt.	pl. (m.,f.,nt.)
чита́-ть	чита́-л	чита́-ла	чита́-ло	чита́-ли
говори́-ть	говори́-л	говори́-ла	говори́-ло	говори́-ли
бы-ть	бы-л	бы-ла́	бы́-ло	бы́-ли

Unregelmäßigkeiten

1. Ausfall der Endung **-л** bei der maskulinen Form

- bei Verben auf **-сти**, **-зти**, **-зть** mit **-с-**, **-з-** in den Präsensformen

Infinitiv	m.	f.	nt.	pl.
нес-ти́	нёс	нес-ла́	нес-ло́	нес-ли́
вез-ти́	вёз	вез-ла́	вез-ло́	вез-ли

- bei Verben auf **-чь** mit **-г-** in den Präsensformen

Infinitiv	m.	f.	nt.	pl.
мо-чь	мог	мог-ла́	мог-ло́	мог-ли́

- bei Verben auf **-нуть**, die das Präteritum ohne **-ну-** bilden

Infinitiv	m.	f.	nt.	pl.
поги́бну-ть	поги́б	поги́б-ла	поги́б-ло	поги́б-ли

2. Präteritumsformen von **идти́**

Infinitiv	m.	f.	nt.	pl.
идти́	шё-л	ш-ла	ш-ло	ш-ли

Zur Betonung:
Normalerweise liegt die Betonung im Präteritum auf dem Stamm. Bei einer Reihe von Verben liegt die Betonung jedoch ganz oder teilweise auf der Endung.
Nur in der weiblichen Form endbetont sind viele einsilbige Verben, bei denen vor der Endung ein Vokal steht. z.B.: **быть**, **брат**, **взять**, **дать**, **ждать**, **жить**.

In allen Formen endbetont sind viele Verben auf **-сти**, **-зти**, **-чь**, z. B.: **вести́**, **везти́**, **мочь**.

Das Futur

Wie im Präteritum gibt es auch im Futur einen vollendeten und einen unvollendeten Aspekt. Die Präsensformen der vollendeten Verben haben futurische Bedeutung. Die unvollendeten Verben bilden das zusammengesetzte Futur mit den futurischen Formen von **быть**.

Bsp.:
Я ей э́то скажу́. - Ich werde es ihr sagen.
Я бу́ду говори́ть с ней. - Ich werde mit ihr sprechen.

Der Konjunktiv

Man bildet den Konjunktiv mit den Formen des Präteritums und der Partikel **бы**, die normalerweise, jedoch nicht immer, hinter der zugehörigen Verbform steht. Steht **бы** hinter dem Fragepronomen **что**, so verschmelzen die beiden zu **что́бы**. Der Konjunktiv steht zum Ausdruck der Nichtwirklichkeit. Er wird meist in Wunsch- und Bedingungssätzen gebraucht. Je nach Sinnzusammenhang können die Konjunktivformen die Gegenwart, die Vergangenheit und die Zukunft bezeichnen:

Я пое́хала бы - ich führe/ ich würde fahren/ ich wäre gefahren

Бы kann nach Vokalen zu **б** verkürzt werden, **что́бы** wird zu **чтоб**:
Если б он мог, то рабо́тал бы.

Что́бы kann mit dem Infinitiv verbunden werden und bedeutet dann 'um...zu'.

Partizipien

Partizip Präsens Aktiv (part präs akt)

(lesende, lesender, lesendes)

Die Partizipien des Aktivs finden in der Umgangssprache nur selten Verwendung. Sie werden überwiegend in der Schriftsprache gebraucht. Das Partizip Präsens Aktiv wird nur von imperfektiven Verben gebildet. Man leitet es von der 3. Person Plural ab, indem man das **-т** der Endung wegstreicht und durch die Partizipendungen ersetzt.

Infinitv	3. pers pl	m.	f.	nt.	pl.
чита́ть	чита́ю-**т**	чита́ю-**щий**	чита́ю-**щая**	чита́ю-**щее**	чита́ю-**щие**

Partizip Präteritum Aktiv (part prät akt)

(der/ die/ das gelesen habende, der/ die/ das gelesen hat)

Die Partizipien des Aktivs werden überwiegend in der Schriftsprache gebraucht. Das Partizip Präteritum Aktiv wird von perfektiven und imperfektiven Verben gebildet. Man leitet es von der männlichen Form des Präteritums ab. Endet diese Form nicht auf **-л**, so fällt das **-в-** der Partizipendung aus.

Infinitiv	3. pers pl	m.	f.	nt.	pl.
чита́ть	чита́-**л**	чита́-**вший**	чита́-**вшая**	чита́-**вшее**	чита́-**вшие**
нести́	нёс	нёс-**ший**	нёс-**шая**	нёс-**шее**	нёс-**шие**

Ausnahmen:

вести́ ве́дший
идти́ ше́дший
прийти́ прише́дший

Partizip Präsens Passiv (part präs pass)

(das gelesen werdende; das, was gerade gelesen wird)

Das Partizip Präsens Passiv wird in der Umgangssprache äußerst selten gebraucht. Auch in der Schriftsprache findet man es nur gelegentlich. Ein Satz wie: **он был люби́м** (*er wurde geliebt*) wird im modernen Russisch beispielsweise durch: **его́ люби́ли** wiedergegeben. Das part präs pass wird nur von unvollendeten transitiven Verben gebildet. Wie das Adjektiv hat es eine Lang- und eine Kurzform. (Die Langform wird in den runden Klammern angegeben.) Es wird gebildet, indem man die Endung der 3. Person Plural durch die Partizipendung ersetzt. Hierbei sind die Partizipendungen in E- und I- Konjugation verschieden.

	3. pers pl	m.	f.	nt.	pl.
E-Konjugation	читá-**ют**	читá-**ем(ый)**	читá-**ема(я)**	читá-**емо(е)**	читá-**емы(е)**
I-Konjugation	стрó-**ят**	стрó-**им(ый)**	стрó-**има(я)**	стрó-**имо(е)**	стрó-**имы(е)**

Unregelmäßige Bildungen

Infinitiv	3. pers pl	m.	f.	nt.	pl.
вести́	вед-у́т	вед-**óм(ый)**	вед-**óма(я)**	вед-**óмо(е)**	вед-**óмы(е)**
нести́	нес-у́т	нес-**óм(ый)**	нес-**óма(я)**	нес-**óмо(е)**	нес-**óмы(е)**
давáть	(даю́т)	давá-**ем(ый)**	давá-**ема(я)**	давá-**емо(е)**	давá-**емы(е)**

Zur Betonung:
Bei Verben der I-Konjugation stimmt die Betonung nicht mit der Betonung der 3. Person Plural, sondern mit der des Infinitivs überein.

Partizip Präteritum Passiv (part prät pass)

(das gelesen worden seiende; das, was gelesen wurde)

Das Partizip Präteritum Passiv wird sowohl in der Umgangssprache als auch in der Schriftsprache häufiger gebraucht. Während die Langformen zumeist in der Schriftsprache Verwendung finden, kommen die Kurzformen nicht selten auch in der Umgangssprache vor. Es wird fast nur von vollendeten transitiven Verben gebildet. Wie das Adjektiv hat es Lang- und Kurzformen. Die Langformen sind in der Tabelle als erste abgetragen.

Verben auf		m.	f.	nt.	pl.
1. **-ать, -ять** einige mehrsilbige auf **-еть**	-ть	-нный -н	-нная -на	-нное -но	-нные -ны
2.**-ить, -чь, -зть, -сть, -ти**	-ю (-у)	е-(ё-)нный е-(ё-)н	е-(ё-)нная е-(ё-)на	е-(ё-)нное е-(ё-)но	е-(ё-)нные е-(ё-)ны
3. **-уть, -ыть, -оть,** einsilbige auf **-еть, -ить,** Nasalstämme	-ть	-тый -т	-тая -та	-тое -то	-тые -ты

1. Die Infinitivendung **-ть** wird durch die oben angegebenen Endungen ersetzt.
2. Die Endung der 1. Person Singular wird ersetzt. Der bei diesen Verben häufige Konsonantenwechsel in der 1. Person Singular bleibt dabei

erhalten. Ist das Partizip nicht endungsbetont, so steht **е** statt **ё**.
3. Die Infintivendung **-ть** wird ersetzt.

Zur Betonung:
zu 1. Bei Verben, die im Infinitiv stammbetont sind, wird die Betonung meist um eine Silbe zurückgezogen.

zu 2. Bei Verben auf **-ить** der I-Konjugation stimmt die Betonung meist mit der 2. Person Singular überein. Bei Verben, deren Infinitiv auf **-чь**, **-зть**,**- сть**, **-ти** ausgeht, ist das Partizip meist endbetont, d. h. für **е** steht **ё**. Oft kommt unregelmäßige Betonung vor, z. B.: найти́/ на́йденный, пройти́/ про́йденный.

zu 3. Die Betonung der Langform stimmt meist mit der maskulinen Form des Präteritums überein. Bei den Ableitungen von Verben auf **-еть** und **-ить** sowie bei den Nasalstämmen ist die weibliche Kurzform häufig endungsbetont.

Adverbialpartizipien (das russische Gerundium)

Die unveränderlichen Adverbialpartizipien werden überwiegend in der Schriftsprache gebraucht. Sie drücken eine Nebenhandlung aus, die die durch das Prädikat des Satzes ausgedrückte Haupthandlung erläutert. Haupt- und Nebenhandlung haben das gleiche Subjekt. Adverbialpartizipien drücken keine Zeit aus, sondern lediglich Vor- oder Gleichzeitigkeit. Die Zeit wird durch die Haupthandlung vorgegeben, z. B.: **мы идём разгова́ривая** (*wir gehen und unterhalten uns dabei*) **мы шли разгова́ривая** (*wir gingen und unterhielten uns dabei*).

Das Adverbialpartizip des Präsens (g präs akt) (lesend)

Das Adverbialpartizip auf **-а**, **-я** wird zumeist von unvollendeten Verben gebildet. Man bildet es, indem man die Endungen der 3. Person Plural durch **-а**, **-я** ersetzt.

Infinitiv	3. P. Pl.	Adverbialpartizip
чита́ть	чита́-ют	чита́-**я**
стро́ить	стро́-ят	стро́-**я**

Von manchen häufig vorkommenden Verben (**писа́ть, бежа́ть, е́хать, хоте́ть, звать, ждать**) kann kein Adverbialpartizip auf **-я, -а** gebildet werden.

Zur Betonung:
Die Betonung stimmt normalerweise mit der Betonung der 1. Person Singular überein.

Das Adverbialpartizip des Präteritums (g prät akt) (gelesen habend)

Das Adverbialpartizip auf **-в(ши)**, **-ши** bezeichnet in der Regel eine Nebenhandlung, die gegenüber der Haupthandlung vorzeitig verlaufen ist. Die Wiedergabe im Deutschen kann durch ein weiteres Prädikat, nicht selten aber auch durch einen Adverbialsatz der Zeit erfolgen, z. B.: **Взяв** свой фотоаппара́т, ма́льчик вы́бежал из ко́мнаты. *Der Junge nahm seinen Fotoapparat und lief aus dem Zimmer* (oder) *Nachdem der Junge seinen Fotoapparat genommen hatte, lief er aus dem Zimmer*.
Es wird überwiegend von vollendeten Verben gebildet. Man leitet es vom Partizip Präteritum Aktiv ab. Die Partizipendung **-вший** wird durch **-в**, **-вши**, die Endung **-ший** durch **-ши** ersetzt. Die Form auf **-в** kommt häufiger vor. Die Form auf **-вши** ist umgangssprachlicher. Reflexive Verben haben stets die Endung **-вшись**, **-шись**.

Zur Betonung:
Die Betonung stimmt meist mit der des Infinitivs überein.

Das Passiv

Das Passiv kann mit den Partizipien des Passivs (mit oder ohne einer Form von **быть**) gebildet werden, z. B.: **Он (был) уво́лен** *Er wurde entlassen/ Er ist entlassen*. Weitere Möglichkeiten das Passiv auszudrükken sind die Verwendung von reflexiven Verben und der 3. Person Plural, z. B.: **Она́ порани́лась** *Sie wurde verletzt*; **Меня́ экзамену́ют по фи́зике** *Ich werde in Physik geprüft*.

Die Aspekte

Eine Handlung oder ein Geschehen wird im Russischen meist durch zwei Verben ausgedrückt. Die beiden der Form nach verschiedenen Verben, die als Aspektpaar bezeichnet werden, haben im Deutschen die gleiche Übersetzung. Sie unterscheiden sich jedoch durch die Art, wie die Tätigkeit gesehen wird: die Betrachtungsweise oder den Aspekt. Der Gebrauch des einen oder des anderen Verbs wird durch die Betrachtungsweise des Sprechenden oder durch den Sinnzusammenhang festgelegt.

Man unterscheidet sie nach imperfektiven (unvollendeten) Verben, die eine unvollendete Handlung beschreiben und nach perfektiven (vollendeten) Verben, die eine abgeschlossene Handlung bezeichnen.

imperfektive Verben	perfektive Verben
Dauer Fortdauer Wiederholung	Vollendung (Ergebnis) zeitliche Begrenzung Beginn
allgemeine Aussage	auf einen bestimmten Einzelfall bezogene Handlung

In der Gegenwart, die stets andauert, ist eine Handlung (ein Geschehen, ein Prozeß) nur unvollendet denkbar. Perfektive Verben bilden daher kein Präsens. Ihre Präsensformen haben Futurbedeutung. Die Bildung eines zusammengesetzten Futurs ist bei perfektiven Verben nicht möglich.

	Präteritum	Präsens	Futur
imperfektiver (unvollendeter) Aspekt	Мы стро́или дом. Wir bauten ein Haus.	Мы стро́им дом. Wir bauen ein Haus.	Мы бу́дем стро́ить дом. Wir werden ein Haus bauen.
perfektiver (vollendeter) Aspekt	Мы постро́или дом. Wir bauten ein Haus. Wir haben (hatten) ein Haus gebaut.		Мы постро́им дом. Wir werden ein Haus bauen. Wir werden ein Haus gebaut haben.

Beispiele für die Bildung von Aspektpaaren

imperfektiv	perfektiv	Übersetzung
гуля́ть	**по**гуля́ть	*spazierengehen*
де́лать	**с**де́лать	*machen*
хоте́ть	**за**хоте́ть	*wünschen*
писа́ть	**на**писа́ть	*schreiben*
чита́ть	**про**чита́ть	*lesen*
ви́деть	**у**ви́деть	*sehen*
выступ**а́**ть	вы́туп**и**ть	*auftreten*
пока́з**ыв**ать	показа́ть	*zeigen*
да**ва́**ть	дать	*geben*
при**ходи́ть**	при**йти́**	*kommen*

Einige häufig gebrauchte Verben haben sehr unterschiedliche Aspekt-partner

imperfektiv	perfektiv	Übersetzung
спра́шивать	спроси́ть	*fragen*
брать	взять	*nehmen*
говори́ть	сказа́ть	*sprechen*
класть	положи́ть	*legen*
ложи́тся	лечь	*sich hinlegen*
сади́ться	сесть	*sich setzen*

Es gibt Verben, die nur im unvollendeten Aspekt vorkommen, wie z. B.: **быва́ть** *zu sein pflegen*, **люби́ть** *lieben*. Alle Verben der Bewegung ohne Vorsilbe, z. B. **е́хать**, kommen ebenfalls nur imperfektiv vor.

Verben, die nur im perfektiven Aspekt vorkommen, sind z. B.: **побыва́ть** *(eine Zeitlang) verweilen*, **пое́хать** *losfahren*. Obwohl sie formal wie die Aspektpartner des entsprechendenen imperfektiven Verbs aussehen, werden sie nicht als Aspektpartner betrachtet, da sie sich in der Bedeutung unterscheiden.

Bestimmte und unbestimmte Verben der Bewegung

Einige unvollendete Verben der Bewegung haben zwei Formen, eine bestimmte und eine unbestimmte. Die Übersetzung beider Verben bleibt im Deutschen dieselbe. Der unterschiedliche Gebrauch ist in der nachstehenden Tabelle zusammengefaßt.

bestimmt	unbestimmt
einmalig nicht unterbrochen in bestimmter Zeit in bestimmter Richtung	mehrmalig ohne bestimmte Richtung (z. B. hin und her) wiederholt, gewohnheitsmäßig allgemeine Fähigkeit zur Ausführung einer Bewegung

Bestimmt:
Я сего́дня иду́ в го́род. *Ich gehe heute* (einmalig, nicht unterbrochen, in bestimmter Zeit) *in die Stadt* (in bestimmter Richtung).

Студе́нт е́хал в Пари́ж. *Der Student ist nach Paris gefahren.* (einmalig, in bestimmter Richtung, d. h. er ist noch dort)

Unbestimmt:
Два ра́за в день почтальо́н но́сит по́чту. *Zweimal am Tag trägt der Briefträger die Post aus* (wiederholt, gewohnheitsmäßig).

Вчера́ я е́здила в Москву́. *Gestern bin ich nach Moskau gefahren.* (hin und zurück, d. h. ich bin schon wieder zu Hause)

Bestimmt und unbestimmt kommen vor:

bestimmt	unbestimmt	Übersetzung
идти́	ходи́ть	*gehen*
е́хать	е́здить	*fahren*
лете́ть	лета́ть	*fliegen*
бежа́ть	бе́гать	*laufen*
нести́	носи́ть	*tragen*
везти́	вози́ть	*transportieren, fahren*
вести́	води́ть	*führen*
плыть	пла́вать	*schwimmen*

Tritt eine Vorsilbe vor diese Verben, so verlieren sie ihre Bestimmtheit, bzw. Unbestimmtheit. Sie werden dann zu Aspektpartnern.

Bsp.: **выходи́ть** (imperfektiv), **вы́йти** (perfektiv) *herausgehen.*

Vorsilben bei Verben

Zahlreiche einfache imperfektive Verben können durch Präfixe ganz bestimmte Bedeutungen erhalten. Die entstehenden zusammengesetzten Verben sind in den meisten Fällen perfektiv. Der dazugehörige Aspektpartner wird oft durch das Infix **-ива-/-ыва**- gebildet. Die wichtigsten Vorsilben sind:

вы-	heraus-, hinaus-; aus-
в- (въ-)	herein-, hinein-; ein-
у-	weg-, fort-, davon-
от- (ото-, отъ-)	weg-, ab-
до-	bis...zu, bis...hin; zu-
при-	heran-, herbei-, an-; hin-
пере-	über-, hinüber-, durch-
про-	durch-, hindurch-; vorbei-
раз- (разо-, рас-)	auseinander-, ver-; zer-

Komposita von идтú

Идтú erscheint in Zusammensetzungen als **-йти**, z. B.:вы́йти *herausgehen*, уйтú *weggehen*, прийтú *kommen*. Diese Zusammensetzungen werden wie **идтú** konjugiert: **я придý**, **ты придёшь**.

Adjektiv

Das Adjektiv stimmt in Fall (Kasus), Zahl (Numerus), Geschlecht (Genus) und Belebtheit mit dem Wort, auf das es sich bezieht, überein, z. B.: **Ленúвый человéк трýдную рабóту не лю́бит**. *Ein fauler Mensch mag keine schwere Arbeit.*

! Die Pluralformen des Adjektivs sind für alle drei Geschlechter gleich.

! Bei endungsbetonten Adjektiven lautet die maskuline Endung im Nominativ Singular (bei Formgleichheit auch Akkusativ Singular) **-ой**. Im Instrumental Singular des weiblichen Adjektivs kann in der gehobenen Schriftsprache auch **-ою**, beziehungsweise **-ею** stehen.

! Bitte beachten Sie die Rechtschreibregeln nach **г**, **к**, **х**, **ц** und Zischlaut.

! Die Genitivendung auf **-го** wird [vo] ausgesprochen.

Harte Deklination

	m. (nt.)	f.	m. (nt.)	f.	m. (endbetont, Zischlaut)
Singular	*neu*	*neu*	*hoch*	*hoch*	*groß*
Nom	нó**вый (-ое)**	нó**вая**	высó**кий (-ое)**	высó**кая**	болъш**óй**
Gen	нó**вого**	нó**вой**	высó**кого**	высó**кой**	больш**óго**
Dat	нó**вому**	нó**вой**	высó**кому**	высó**кой**	больш**óму**
Akk	нó**вый (-ое)**/ нó**вого**	нó**вую**	высó**кий (-ое)**/ высó**кого**	высó**кую**	больш**óй**/ больш**óго**
Inst	нó**вым**	нó**вой**	высó**ким**	высó**кой**	больш**úм**
Präp	нó**вом**	нó**вой**	высó**ком**	высó**кой**	больш**óм**

Plural

Nom	но́в**ые**	wie m.(nt.)	высо́к**ие**	wie m. (nt.)	больш**и́е**
Gen	но́в**ых**		высо́к**их**		больш**и́х**
Dat	но́в**ым**		высо́к**им**		больш**и́м**
Akk	но́в**ые** /		высо́к**ие**/		больш**и́е**/
	но́в**ых**		высо́к**их**		больш**и́х**
Inst	но́в**ыми**		высо́к**ими**		больш**и́ми**
Präp	но́в**ых**		высо́к**их**		больш**и́х**

Deklination von nicht endungsbetonten Adjektiven auf Zischlaut

	m.(nt.)	f.	m.(nt.)	f.
Singular	*heiß*	*heiß*	*gut*	*gut*
Nom	горя́ч**ий** (**-ее**)	горя́ч**ая**	хоро́ш**ий**	хоро́ш**ая**
Gen	горя́ч**его**	горя́ч**ей**	хоро́ш**его**	хоро́ш**ей**
Dat	горя́ч**ему**	горя́ч**ей**	хоро́ш**ему**	хоро́ш**ей**
Akk	горя́ч**ий** (**-ее**)/	горя́ч**ую**	хоро́ш**ий**/	хоро́ш**ую**
	горя́ч**его**		хоро́ш**его**	
Inst	горя́ч**им**	горя́ч**ей**	хоро́ш**им**	хоро́ш**ей**
Präp	горя́ч**ем**	горя́ч**ей**	хоро́ш**ем**	хоро́ш**ей**
Plural				
Nom	горя́ч**ие**	wie m. (nt.)	хоро́ш**ие**	wie m. (nt.)
Gen	горя́ч**их**		хоро́ш**их**	
Dat	горя́ч**им**		хоро́ш**им**	
Akk	горя́ч**ие**/		хоро́ш**ие**/	
	горя́ч**их**		хоро́ш**их**	
Inst	горя́ч**ими**		хоро́ш**ими**	
Präp	горя́ч**их**		хоро́ш**их**	

Weiche Deklination

Singular	m.(nt.) *dunkelblau*	f. *dunkelblau*
Nominativ	си́н**ий (ее)**	си́н**яя**
Genitiv	си́н**его**	си́н**ей**
Dativ	си́н**ему**	си́н**ей**
Akkusativ	си́н**ий (ее)**си́н**его**	си́н**юю**
Instrumental	си́н**им**	си́н**ей**
Präpositiv	си́н**ем**	си́н**ей**
Plural		
Nominativ	си́н**ие**	wie m. (nt.)
Genitiv	си́н**их**	
Dativ	си́н**им**	
Akkusativ	си́н**ие**/си́н**их**	
Instrumental	си́н**ими**	
Präpositiv	си́н**их**	

Gattungsadjektive auf **-ий**, **-ье**, **ья**

Singular	m.(nt.) *Vogel-*	f. *Vogel-*
Nominativ	пти́ч**ий (ье)**	пти́ч**ья**
Genitiv	пти́ч**ьего**	пти́ч**ьей**
Dativ	пти́ч**ьему**	пти́ч**ьей**
Akkusativ	пти́ч**ий (ье)**/ пти́ч**ьего**	пти́ч**ью**
Instrumental	пти́ч**ьим**	пти́ч**ьей (ьею)**
Präpositiv	пти́ч**ьем**	пти́ч**ьей**
Plural		
Nominativ	пти́ч**ьи**	wie m. (nt.)
Genitiv	пти́ч**ьих**	
Dativ	пти́ч**ьим**	
Akkusativ	пти́ч**ьи**/ пти́ч**ьих**	
Instrumental	пти́ч**ьими**	
Präpositiv	пти́ч**ьих**	

Besitzadjektive

Singular	m.(nt.) *des Vaters*	f. *des Vaters*
Nominativ	отцóв (**о**)	отцóв**а**
Genitiv	отцóв**а**	отцóв**ой**
Dativ	отцóв**у**	отцóв**ой**
Akkusativ	отцóв (**о**)/ отцóв**а**	отцóв**у**
Instrumental	отцóв**ым**	отцóв**ой**
Präpositiv	отцóв**ом**	отцóв**ой**
Plural		
Nominativ	отцóв**ы**	wie m. (nt.)
Genitiv	отцóв**ых**	
Dativ	отцóв**ым**	
Akkusativ	отцóв**ы** /	
отсóв**ых**		
Instrumental	отцóв**ыми**	
Präpositiv	отцóв**ых**	

Kurzform der Adjektive

Die meisten Adjektive, die gesteigert werden können, bilden auch Kurzformen. Sie werden vom Stamm des Adjektivs abgeleitet und existieren nur in der Nominativform.

Stammauslaut	m.	f.	nt.	pl.
hart	нов	нов**á**	нóв**о**	нóв**ы**
weich	синь	син**я́**	си́н**е**	си́н**и**
Zischlaut	горя́ч	горяч**á**	горя́ч**е**	горя́ч**и**

Endet der Stamm eines Adjektivs auf zwei Konsonанten, so wird in der männlichen Kurzform oft ein bewegliches **о** oder **е** eingeschoben, z. B.: корóткий - кóрот**о**к, интерéсный - интерéс**е**н.

Die Kurzformen werden vor allem prädikativ gebraucht, wobei oft kein Bedeutungsunterschied zur Langform besteht. Manchmal werden sie verwendet, um im Unterschied zur Langform einen zeitlich begrenzten Zustand auszudrücken, z. B.: **Он бóлен**. **У негó грипп**. *Er ist krank. Er*

hat die Grippe. **Дéдушка больнóй** *Der Großvater ist (chronisch) krank.*
Die Kurzformen werden außerdem verwendet, wenn man das Übermaß einer Eigenschaft ausdrücken möchte, z. B.: **Э́та шáпка мне великá**. *Diese Mütze ist mir zu groß.*
Die Kurzformen stehen immer, wenn von ihnen ein Objekt oder eine Adverbialbestimmung abhängt, z. B.: **Я с вáми не соглáсна**. *Ich kann Ihnen nicht zustimmen.*
Sie stehen außerdem immer, wenn **э́то** oder die Höflichkeitsform **вы** als Subjekt steht, z. B.: **Э́то очень интерéсно**. *Das ist sehr interessant.*

Einige Kurzformen unterscheiden sich in ihrer Bedeutung von der dazugehörigen Langform, z. B.: **хорóший** *gut*, **хорóш** *hübsch*; **прáвый** *rechte(r,s)*, **Онá всегдá правá** *sie hat immer recht.*
Einige Adjektive haben nur Kurzformen, z. B.: рáд(а) - **Я очень рáд тебя́ ви́деть**. *Ich freue mich sehr, dich zu sehen.*

Die sächliche Kurzform dient häufig als Adverb.

Die Steigerung der Adjektive und Adverbien

Einfacher Komparativ und Superlativ

Der einfache Komparativ ist in Geschlecht, Zahl und Fall unveränderlich. Man bildet ihn, indem man an den Adjektivstamm **-ее** (oder in der Umgangssprache **-ей**) anfügt. Nach Stämmen auf **г, к, х, д, т, ст** steht das Suffix **-е**. Diese Stämme verändern sich nach den Regeln des Konsonantenwechsels.
Den einfachen Superlativ bildet man, indem man an den Stamm des Adjektivs **-ейший**, **-ая**, **-ее**, **-ие** anfügt. Geht der Stamm auf **г**, **к**, **х** aus, so wird **-айший** angefügt. Diese Stämme verändern sich nach den Regeln des Konsonantenwechsels. Der Superlativ wird wie ein Adjektiv dekliniert.

Positiv	Komparativ	Superlativ
краси́вый	краси́в-**ее (-ей)**	краси́в-**ейший**
ти́хий	тиш-**е**	тиш-**áйший**

Zur Betonung:
Die Betonung der Komparativformen auf **-ee** entspricht der Betonung der weiblichen Kurzform. Die Betonung der Komparativformen auf **-e** liegt stets auf dem Stamm. Während die Silbe **-айш-** beim Superlativ stets betont wird, wird die Silbe **-ейш-** nur betont, wenn der Komparativ auf betontes **-ée** oder **-e** ausgeht. Die Betonung aller übrigen Formen auf **-ейш-** richtet sich nach der Betonung der Grundform.

Wichtige unregelmäßige Komparativformen

Grundform	Komparativ	Übersetzung
хоро́ший	лу́чше	*gut, besser*
плохо́й	ху́же	*schlecht, schlechter*
большо́й	бо́льше	*groß, größer*
ма́лый	ме́ньше	*wenig, weniger*
ма́ленький	ме́ньше	*klein, kleiner*
ни́зкий	ни́же	*niedrig, niedriger*
бли́зкий	бли́же	*nah, näher*
широ́кий	ши́ре	*breit, breiter*

Bei den Komparativformen von **ста́рый** ist zu beachten, daß **ста́рше** das Gegenteil von **моло́же** bezeichnet, sich also auf das Lebensalter bezieht, während **старée** das Gegenteil von **новée** *neuer* ist.

Einige wenige deklinierbare Komparativformen auf **-ш** haben sowohl Komparativ- als auch Superlativbedeutung: **бо́льший** *größerer*, *größter*, **ме́ньший** *kleinerer*, *kleinster*, **вы́сший** *höherer*, *höchster*, **ни́зший** *niedrigerer*, *niedrigster*, **лу́чший** *besserer*, *bester*, **ху́дший** *schlechterer*, *schlechtester*, **ста́рший** *älterer*, *ältester*, **мла́дший** *jüngerer*, *jüngster*.

больно́й *krank*, **гро́мкий** *laut*, **молодо́й** *jung*, **плохо́й** *schlecht* bilden keine einfachen Superlativformen.

Das deutsche *als* beim Komparativ wird entweder durch den Genitiv des Wortes mit dem verglichen wird oder durch **чем** wiedergegeben, z. B.: **Э́та кни́га интереснée друго́й - Э́та кни́га интереснée**, **чем друга́я**. *Dieses Buch ist interessanter als das andere*.

Der zusammengesetzte Komparativ und Superlativ

Der zusammengesetzte Komparativ wird gebildet, indem man vor die Grundform des Adjektivs das unveränderliche **бóлее** (zur Verkleinerung **мéнее**) setzt. Der einfache Komparativ steht meist als Prädikat: **Дя́дя Фёдор стáрше отцá** *Onkel Fjodor ist älter als Vater*. Der zusammengesetzte Komparativ kann auch als Attribut stehen: **Мы ещё не ви́дели бóлее высóкого здáния** *Wir haben noch nie ein größeres Gebäude gesehen*. Der zusammengesetzte Superlativ wird mit **сáмый**, **-ая**, **-ое**, **-ые** gebildet. Der zusammengesetzte Superlativ ist in der Umgangssprache gebräuchlicher als der einfache.

Elativ

Der einfache Superlativ kann auch die Bedeutung des Elativs haben. Er gibt ein hohes Maß einer Eigenschaft an und wird im Deutschen durch *sehr...*, *äußerst...*, *höchst...*etc. wiedergegeben.

Numerale (Zahlwörter)

Grundzahlen

0	ноль	10	дéсать	20	двáдцать
1	оди́н	11	оди́надцать	21	двáдцать оди́н
2	два	12	двенáдцать	22	двáдцать два
3	три	13	тринáдцать	30	три́дцать
4	четы́ре	14	четы́рнадцать	40	сóрок
5	пять	15	пятнáдцать	50	пятьдеся́т
6	шесть	16	шестнáдцать	60	шестьдеся́т
7	семь	17	семнáдцать	70	сéмьдесят
8	вóсемь	18	восемнáдцать	80	вóсемьдесят
9	дéвать	19	девятнáдцать	90	девянóсто

100	сто	1000	ты́сяча
200	две́сти	2000	две ты́сячи
300	три́ста	3000	три ты́сячи
400	четы́реста	5000	пять ты́сяч
500	пятьсо́т	1000000	миллио́н
600	шестьсо́т	2000000	два миллио́на
700	семьсо́т	3000000	три миллио́на
800	восемьсо́т	5000000	пять миллио́нов
900	девятсо́т	1000000000	миллиа́рд

Mehrgliedrige Grundzahlwörter werden durch Aneinanderreihung gebildet (siehe Tabelle 21, 22). Bei mehrgliedrigen Grundzahlwörtern wird jedes einzelne Glied dekliniert, z. B.: 134 *Nominativ* **сто три́дцать четы́ре**, *Genitiv* **ста тридцати́ четырёх**

Zur Deklination der Grundzahlwörter

оди́н, Genitiv **одного́**, wird wie **э́тот** dekliniert. Das **и** des Nominativ Singular fällt jedoch, außer beim unbelebten Akkusativ, aus.

	zwei m./ nt.	*zwei* f.	*drei*
Nom	два	две	три
Gen	двух	двух	трёх
Dat	двум	двум	трём
Akk	два/ двух	две	три/ трёх
Inst	двумя́	двумя́	тремя́
Präp	двух	двух	трёх

Die nicht angegebenen Zahlwörter gehen nach der I-Deklination des Substantivs.

	zweihundert	*dreihundert*	*fünfhundert*
Nom	двéсти	трúста	пятьсóт
Gen	двухсóт	трёхсóт	пятисóт
Dat	двумстáм	трёмстáм	пятистáм
Akk	двéсти/ двухсóт	трúста/ трёхсóт	пятьсóт/ пятисóт
Inst	двумястáми	тремястáми	пятьюстáми
Präp	двухстáх	трёхстáх	пятистáх

Zur Deklination nach den Grundzahlwörtern

Beim Nominativ der Zahlwörter wird das dazugehörige nur mit **одúн** ebenfalls in den Nominativ gesetzt. Bei **два (две)**, **три**, **четы́ре** steht es im Genitiv Singular, bei allen anderen Zahlwörtern, auch bei **ноль**, im Genitiv Plural.

Nominativ	одúн мáльчик	однó письмó	однá дéвушка
Genitiv Singular	два мáльчика	два письмá	две дéвушки
	три мáльчика	три письмá	три дéвушки
Genitiv Plural	пять мáльчиков	пять пúсем	пять дéвушек

Bei mehrgliedrigen Grundzahlwörtern richtet sich der Fall des Substantivs nach dem letzten Glied.

Nach Grundzahlwörtern lautet der Genitiv Plural von **год - лет**, von **лю́ди - человéк**.

In allen anderen Fällen stimmen Zahlwort und Substantiv im Kasus überein. Der Akkusativ ist in der Regel formgleich mit dem Nominativ, nur bei den Zahlwörtern 1-4 ist er gleich dem Genitiv, wenn sie sich auf ein belebtes Substantiv beziehen.

Steht das Zahlwort hinter dem Substantiv, handelt es sich um eine ungefähre Zeitangabe.

Ordnungszahlen

1.	пéрвый	21.	двáдцать пéрвый
2.	вторóй	30.	тридцáтый
3.	трéтий	40.	сороковóй
4.	четвёртый	50.	пятидеся́тый
5.	пя́тый	60.	шестидеся́тый
6.	шестóй	70.	семидеся́тый
7.	седьмóй	80.	восьмидеся́тый
8.	восьмóй	90.	девянóстый
9.	девя́тый	100.	сóтый
10.	деся́тый	200.	двухсóтый
11.	оди́надцатый	225.	двéсти двáдцать пя́тый
12.	двенáдцатый		
13.	тринáдцатый	300.	трёхсóтый
14.	четы́рнадцатый	400.	четырёхсóтый
15.	пятнáдцатый	500.	пятисóтый
16.	шестнáдцатый	600.	шестисóтый
17.	семнáдцатый	700.	семисóтый
18.	восемнáдцатый	800.	восьмисóтый
19.	девятнáдцатый	900.	девятисóтый
20.	двадцáтый	1000.	ты́сячный

Sammelzahlwörter

	zwei	*vier*
Nom	двóе	чéтверо
Gen	двои́х	четверы́х
Dat	двои́м	четверы́м
Akk	двóе	чéтверо
Inst	двои́ми	четверы́ми
Präp	двои́х	четверы́х

Die Sammelzahlwörter bedeuten in etwa *zwei zusammen*, *vier zusammen* etc. Sie werden im allgemeinen nur von den Zahlen 2-10 gebildet: **двóе**, **трóе**, **чéтверо**, **пя́теро**, **шéстеро**, **сéмеро**, **вóсьмеро**, **дéватеро**,

де́сятеро. Das zum Sammelzahlwort gehörige Substantiv wird in den Genitiv Plural gesetzt, z. B.: **че́тверо дете́й** *vier Kinder*.

Ähnlich wie die Sammelzahlwörter wird auch **о́ба**, **о́бе** *beide* dekliniert.

	beide (m, nt)	*beide (f)*
Nom	о́ба	о́бе
Gen	обо́их	обе́их
Dat	обо́им	обе́им
Akk	о́ба	о́бе
Inst	обо́ими	обе́ими
Präp	обо́их	обе́их

PRÄPOSITIONEN

Die Präpositionen ziehen normalerweise einen bestimmten Kasus (Fall) nach sich. Die folgenden Präpositionen können jedoch mit mehreren Fällen verbunden werden. Sie unterscheiden sich je nach Kasus in der Bedeutung (im Wörterbuchteil nachzuschlagen): **в**, **за**, **на**, **о**, **по**, **под**, **с**. Bei **в**, **за**, **на**, **под** spielt dabei die Bewegungsrichtung für die Wahl des Kasus eine Rolle, d. h. man fragt *wo?* oder *wohin?*. Diesen Fall gibt es auch im Deutschen: Er läuft im Haus (*wo?*) herum. Sie läuft in das Haus *(wohin?)*.

An die Präpositionen **без**, **в**, **из**, **к**, **над**, **от**, **перед**, **под**, **с** kann ein **о** angehängt werden wenn das folgende Wort mit zwei Konsonanten beginnt: **во** всех страна́х, **передо** мно́й.

Die Präposition **о** wird vor vokalischem Anlaut zu **об**: об успе́хе. Merke: **обо** мне, **обо** всём.

Notizen

Notizen

Notizen

Notizen

Notizen

Notizen

Notizen

Notizen

Notizen

Notizen